中国证券业协会◎编

创新与发展

中国证券业2018年论文集

（上册）

中国财政经济出版社
中国财经出版传媒集团

图书在版编目（CIP）数据

创新与发展：中国证券业 2018 年论文集／中国证券业协会编．—北京：中国财政经济出版社，2019.7

ISBN 978-7-5095-9027-0

Ⅰ.①创… Ⅱ.①中… Ⅲ.①证券业－中国－文集　Ⅳ.①F832.51-53

中国版本图书馆 CIP 数据核字（2019）第 102220 号

编辑人员：张小莉	姜婧一	刘相君	李亦博	李劭琛	责任校对：胡永立
责任编辑：翁晓红	郁东敏	贾延平			封面设计：孙俪铭

中国财政经济出版社 出版

URL: http://www.cfeph.cn

E-mail: cfeph@cfeph.cn

（版权所有　翻印必究）

社址：北京市海淀区阜成路甲 28 号　邮政编码：100142

营销中心电话：010-88191537　北京财经书店电话：64033436　84041336

北京时捷印刷有限公司印刷　各地新华书店经销

787×1092 毫米　16 开　113 印张　2 724 000 字

2019 年 7 月第 1 版　2019 年 7 月北京第 1 次印刷

定价：200.00 元（上、下册）

ISBN 978-7-5095-9027-0

（图书出现印装问题，本社负责调换）

本社质量投诉电话：010-88190744

打击盗版举报热线：010-88191661　　QQ：2242791300

《创新与发展：中国证券业 2018 年论文集》编委会名单

顾　　　问：陈共炎
主　　　编：安青松
委　　　员：（按照姓氏笔画排序）

万华伟	王　松	王　岩	王常青
王琳晶	兰　荣	毕玉国	毕明建
刘肃毅	孙树明	李　康	李格平
李晓安	杨　龙	杨德红	何　如
何之江	沈继宁	张向阳	张志刚
张佑君	林治海	岳克胜	周　易
顾伟国	黄金琳	阎卫星	储晓明
蔡　咏	霍　达	瞿秋平	

执行主编：葛伟平　彭镇华　王燕红　孟宥慈
　　　　　张冀华

执行副主编：曹永强

前　言

站在我国经济转向高质量发展的新的历史方位上，我国资本市场也迎来了新时代发展机遇。2018年中央经济工作会议提出"资本市场在金融运行中具有牵一发而动全身的作用，要通过深化改革，打造一个规范、透明、开放、有活力、有韧性的资本市场"。这就要求证券行业要以金融供给侧结构性改革为重点，坚持回归本源、优化结构，深化对金融本质和规律的认识，立足中国资本市场和证券行业实际加强分析研究，充分发挥证券业研究的智慧和力量，推动证券业高质量发展。

中国证券业协会作为行业自律组织高度重视行业研究，多年来认真履行《证券法》第9章第176条赋予的"组织会员就证券业的发展、运作及有关内容进行研究"的重要职责，积极组织证券业开展研究，并将优秀成果通过协会刊物《中国证券》《传导》刊登。这些研究成果均为一线证券从业人员对行业热点问题的所思、所感、所悟，是对证券业实践的思考和总结，对促进证券业发展有一定的理论和实践指导意义。

为集中展示2018年证券行业研究成果，促进行业研究与交流，推动资本市场和证券业高质量发展，中国证券业协会精选2018年《中国证券》《传导》文章结集出版，供学习交流。在此，感谢每一位作者的辛勤贡献！由于编写时间紧迫，《创新与发展：中国证券业2018年论文集》的编撰工作难免有疏漏、错误之处，敬请业内同仁、广大读者提出宝贵意见和建议。

中国证券业协会

2019年5月

目 录

上 册

纪念改革开放 40 周年暨资本市场建立 28 周年

一部车子两个轮子，充分发挥协会作用 …………………………………… 马忠智（3）
改革开放、经济发展 40 周年志记
　　——暨资本市场助力发展、提升行业的 28 年 ………………………… 朱云来（14）
中国证券业协会对行业自律管理的早期探索 ……………………………… 马庆泉（29）
我国股票市场若干重要事件的历史回忆 …………………………………… 聂庆平（36）
改革创新代办股份转让系统 ………………………………………………… 邓映翎（49）
中国证券业协会推动行业创新发展的工作和启示
　　——以参与筹备推出融资融券业务为例 ……………………………… 陈自强（55）
股权分置改革回顾与启示 …………………………………………………… 安青松（63）
第五届中国证券业协会的三次创新发展研讨会及体会 …………………… 王　旻（68）
搭建专业的平台，凝聚行业的力量，做好自己的事情
　　——中国证券业协会专业委员会工作的心得和体会 ………………… 李格平（73）
中国证券行业的回顾及思考 ………………………………………………… 牛冠兴（77）
中国移动上市那些事儿 ……………………………………………………… 方风雷（82）
市场的力量
　　——我与光大证券的一些回忆 ………………………………………… 解植春（89）
资本市场发展助力金融改革与国家战略 …………………………………… 瞿秋平（95）
继承改革开放精神，践行国泰君安共识 …………………………………… 杨德红（103）
规范和创新发展是证券业持续健康发展的生命线 ………………………… 李　玮（107）

资本市场风险防范与证券业风险管理

当前金融开放背景下的证券行业风险及防范研究 ………… 何诚颖　张立超　黄　城（115）
资本市场系统性风险的跨产品传导及防范研究 …………… 李　滨　王　雯　田英良（124）
证券公司综合压力测试体系构建及应用
　　——基于美国 CCAR 实践 ………………………… 广发证券股份有限公司课题组（135）
证券公司数据治理业务开展情况调研报告
　　……………………………………… 中国证券业协会风险管理委员会专题研究小组（152）
数据生态分析报告 …………………………………………………………… 俞　枫（164）

证券公司股票质押回购业务风险管理研究
………………………… 蔡晓斌　谢　翀　王炜扬　胡安琪　陈宇鹏（171）
股票质押回购业务的风险管理体系与处置实务研究…… 中信建投证券股份有限公司（178）
防范和化解股票质押回购业务风险的实务研究 ………………… 高伟生　黄翌飘（193）
公司债市场的风险预警与控制研究 ……………………… 中山证券有限责任公司（199）
中国债券市场违约回收和处置分析研究 ………… 大公国际资信评估有限公司课题组（213）
违约潮背景下的债券信用风险防控研究 ………………………………………… 张　驰（238）
基于大数据的证券公司信用风险评级与预警体系研究
………………………………………… 招商证券股份有限公司　北京大学汇丰商学院（246）
中小型证券公司信用风险管理实践研究 ………………………………… 尹海程　李　茜（260）
资本市场企业信用风险预警体系构建 ……………… 张剑文　余艳炯　倪力超　冯瑞敏（267）
证券公司操作风险管理体系研究与实践 ……………… 常　玖　崔舟航　刘双红　杨鸿运（276）
证券公司模型风险管理体系探讨 ………………………………………………… 朱红军（285）
业务结构对券商经营业绩及风险的影响研究 …………… 南京证券股份有限公司课题组（292）
优化大类资产配置　防范资本市场风险 ………………………………… 先晓玲　牟馨晨（315）
关于证券公司固定收益业务风险的调研报告 ……………… 顾秀娟　李洲闻溪　靳章辉（327）
IPO 企业财务造假手法及保荐业务风险防控措施研究
………………………………………… 信达证券股份有限公司投资银行事业部课题组（334）
IPO 财务舞弊手法分析及保荐风险防控措施 …………………………… 梁爱华　廖海华（356）

资本市场服务实体经济和支持国家战略

产业结构演变对资本市场服务实体经济发展影响研究
…………………………………………………………… 申万宏源证券有限公司课题组（367）
多层次资本市场服务实体经济的效果研究 ……………………………… 卞继飞　徐丽娜（391）
资本市场对于创新驱动国家战略的影响研究
——基于上市公司角度 ………………………………………………………… 梁燕子（401）
资本市场支持科技创新的体制机制研究
…………………………………………… 申万宏源证券有限公司　清华大学联合课题组（408）
A 股市场支持高科技、新经济企业上市的探究 …………… 陈友新　刘　念　杨　昊（433）
中国证券公司参与"一带一路"的实践及发展建议
………………………………………… 中国证券业协会国际战略委员会专题研究小组（440）
资本市场支持绿色金融发展的国际实践与中国路径
…………………………………………………………… 东北证券股份有限公司课题组（449）
我国绿色债券市场与发展前景 …………………………………………………… 马　骏（474）
我国创新创业公司债券理论与实务研究 ………………… 东吴证券股份有限公司课题组（481）
商品期货服务"三农"研究 ……………………………… 万联证券股份有限公司课题组（493）
住房租赁 REITs 专题研究报告 …………………………………………………… 胡　毅（515）
上市公司再融资制度的国际比较研究 …………………… 中信建投证券股份有限公司课题组（531）

多层次资本市场建设

坚定信心　凝聚共识　促进区域性股权市场规范健康发展
　　——在区域性股权市场规范发展座谈会上的讲话 ………………… 阎庆民（549）
区域性股权市场政策解读 …………………………………………………… 李至斌（557）
充分发挥委员会作用　推动区域性股权市场规范发展
　　——在中国证券业协会区域性股权市场委员会成立大会暨第一次全体委员会议上的致辞
　　…………………………………………………………………………… 陈共炎（564）
进一步发挥自律组织作用　推动区域性股权市场规范发展
　　——在区域性股权市场规范发展座谈会上的发言 ……………………… 安青松（568）
区域性股权市场服务新旧动能转换　助推实体经济发展的山东实践 …… 高鹏飞（573）
区域性股权市场对接县域金融工程的湖北实践 ……………… 龚　波　何元庆（578）
区域性股权市场服务中小微企业的制约与突破
　　——以内蒙古自治区为例 … 卢　龙　李　志　孙　枫　李海芳　池慕平　兰婷然（585）
构建科创企业全生命周期精准服务体系的广东实践 ……………………… 黄　成（595）
关于区域性股权市场政策环境优化与规范发展的报告
　　………………… 孔令贵　徐　涛　胡新华　陈　云　万海龙　张昕欣（601）
量体裁衣服务实体经济　证券公司走出特色之路
　　——长江证券股份有限公司深度参与区域性股权市场业务的实践 … 谷　松　石　海（612）
我国区域性股权市场发展研究
　　——以安徽省股权交易市场为例 ………… 国元证券股份有限公司　合肥工业大学（619）
区域性股权市场推动科技金融创新的机制研究 ……………… 袁志辉　刘志龙（632）
区域性股权市场支持科技创新型中小企业发展体制机制及效果研究
　　……………………………………… 上海股权托管交易中心股份有限公司课题组（641）
区域性股权市场开展精准扶贫的湖北实践 ………………………………… 方迎定（664）
新三板市场交易机制、流动性问题及对策研究
　　………………………………………… 国信证券股份有限公司　厦门大学（672）
关于"充分发挥券商职能，构建新三板二级市场服务体系"的建议 ………… 段飞飞（693）
我国证券公司柜台市场发展问题与对策研究 ………… 东方证券股份有限公司课题组（700）

推进证券业实现高质量发展

建设我国国际一流投行的政策建议 ……………… 建设国际一流投行专题研究小组（721）
我国加快建设世界一流投行的研究 ………………… 董　晨　杨丰强　刘雨薇（736）
证券公司国际化发展战略和路径选择研究 ……………… 海通证券股份有限公司（748）
中国投资银行国际化经营策略研究 ……………… 海通证券股份有限公司课题组（769）
证券公司集团化经营发展趋势、特征及展望 …… 中信建投证券股份有限公司课题组（793）
中国投资银行集团管控与一体化发展模式研究 ……… 海通证券股份有限公司课题组（818）

证券公司专注主业 提升服务质量专题研究报告 …………………………… 胡 毅（842）
证券公司提升综合金融服务能力研究
　　…………………………… 国信证券股份有限公司 上海交通大学联合课题组（856）
证券公司差异化发展与特色化经营研究 ………… 海通证券股份有限公司课题组（876）
证券经营机构战略绩效管理研究 ………………… 国泰君安证券股份有限公司课题组（897）
我国证券市场退市制度及机制研究 ………………………… 民生证券股份有限公司（920）

下 册

证券经营机构业务转型与发展

国内券商财富管理业务模式研究 …………………… 广发证券股份有限公司（937）
回归本源 提升财富管理专业能力
　　——兼议国内券商财富管理业务推进之路径 ………………………… 邓淑斌（949）
证券公司提升经纪业务专业服务能力研究 ……… 杨孟华 陈亚超 周玉健 安 然（956）
证券公司高端客户服务组织管理模式研究 …………………… 海通证券股份有限公司（963）
证券经纪业务线上线下相结合的业务模式研究 ……………… 中泰证券股份有限公司（983）
新资管格局下券商资产管理业务的布局研究 …………………………… 徐丰羽（996）
推动上市券商开展跨境业务 扩大国内证券行业对外开放 ……………… 陈峥嵘（1006）
中国证券公司跨境并购投资研究 ………… 国泰君安证券股份有限公司课题组（1014）
证券公司主经纪商业务研究
　　——基于美国经验的探讨
　　………………………… 海通证券股份有限公司 上海对外经贸大学联合课题组（1037）
美国证券经营机构场外股权和私募基金业务经验研究
　　………………………… 海通证券股份有限公司 上海对外经贸大学联合课题组（1057）
固定收益类私募证券交易平台建设研究 ………… 上海申银万国证券研究所有限公司（1079）
固定收益类平台产品运行研究 ………… 上海申银万国证券研究所有限公司课题组（1094）
我国私募基金电子合同应用探析 ………………………………………… 钟振东（1116）
浅析美国账户管理业务的发展及借鉴
　　………………………… 中国证券业协会托管结算委员会专题研究小组（1124）
国内 PB 业务发展现状与中小券商业务发展路径研究 ………………………… 邓 维（1133）

金融科技与监管科技应用

金融科技引领下证券公司的商业模式重构及监管机制研究 …… 申万宏源证券有限公司（1145）
金融科技浪潮下券商个性化服务探索 ……………… 肖 钢 李剑戈 曹 震（1167）
金融科技助力证券公司智慧运营转型研究
　　………………… 鲍 清 王 东 金宗敏 赵智鹏 许红涛 侯立阳 吴丹阳（1178）

金融科技防范系统性金融风险的应用探究 ………… 胡开南　李　滨　肖晓超（1189）
监管科技在证券监管中的运用研究 …………………………… 何海锋　银丹妮（1200）
智能监管合规报告系统研究 ………………… 北京艾真融科技技术有限公司课题组（1208）
监管科技（RegTech）发展及在智能投顾监管的应用研究
　　………………………………………………… 北京艾真融科技技术有限公司（1235）
人工智能在证券投资顾问业务中的运用情况调研报告
　　……………………………… 中国证券业协会互联网证券委员会专题研究小组（1249）
金融科技在证券行业应用研究
　　——量化投研平台引致的新业务模式与监管研究
　　………………………………………… 国泰君安证券股份有限公司课题组（1260）
智能投顾在新型财富管理中的理论与实务研究 ………………………… 孟庆江（1278）
基于智能投研提高券商投研能力的探讨 ………………………………… 李嘉宝（1287）
智能大数据平台在证券行业的应用与研究 …………………… 金学禹　井明刚（1294）
证券行业大数据平台建设及未来展望 ………………………… 胡智慧　徐飒英（1304）
基于大数据挖掘技术的证券零售客户适配性服务应用研究
　　………………………………………………… 长江证券股份有限公司（1314）
区块链在我国证券市场的关键应用与监管研究
　　………………… 天风证券股份有限公司　武汉大学法学院　中国科学院软件研究所（1330）
区块链在证券行业的应用方向与挑战 ………… 刘　斌　郭　东　王　玥　陈　锋（1352）
智能化区块链在场外市场运营和操作风险防范中的应用
　　…… 平安证券股份有限公司　南京审计大学　金证科技股份有限公司联合课题组（1362）
基于联盟链的债权类ABS服务平台研究 ……………………………… 吴鑫涛（1382）
移动互联在证券经纪业务中的应用研究 ………… 国泰君安证券股份有限公司（1391）
证券互联网服务发展新模式研究
　　………………… 国泰君安证券股份有限公司　阿里云计算有限公司联合课题组（1405）
分析师荐股行为、声誉评估及金融产品创新研究
　　………………………… 中山证券有限责任公司　东莞理工学院联合课题组（1427）
大数据画像技术在证券公司的研究与应用 ………… 兴业证券股份有限公司课题组（1450）
深度学习和知识图谱在智能公司监管中的应用研究
　　………………………………… 上交所技术有限责任公司　同济大学
　　　　　　　　　　　　　　　　深圳市智搜信息技术有限公司联合课题组（1480）
结合容器技术的行业云可行性方案研究
　　………………………… 上交所技术有限责任公司　东方证券股份有限公司
　　　　　　　　　　　　　　　　　　　上海优刻得信息科技有限公司（1515）

投资者保护

适当性是投资者合法权益得到有效保护的基础 ………………………… 安青松（1535）
证券公司投资者适当性管理的大数据应用研究 …… 华泰证券股份有限公司课题组（1538）

大数据技术驱动的投资者适当性管理与监管研究
………… 中证信用增进股份有限公司 中证征信（深圳）有限公司联合课题组（1558）
证券公司场外衍生品业务投资者适当性管理探讨 ………………………… 吴紫艳（1583）
构建以投教基地为中心的智慧化投教服务体系 ………… 刘心义 赵尚琪 沈 青（1591）
以投资者为中心的投教服务体系研究 …… 庄 炜 胡光华 陈 晴 黄 力 王苏蓉（1599）
境外投资者教育经验调研报告 …………………………………………… 余德曼（1608）
证券市场纠纷非诉调解机制研究
…… 中泰证券（上海）资产管理有限公司 上海对外经贸大学法学院联合课题组（1617）
进一步完善我国证券纠纷调解机制的思考
——来自地方协会工作的思考 …… 郑晓满 金 昊 郝建熙 何海涛 冯传奇（1638）
股东积极主义的创新发展
——"投服中心"及其实践 …………………………………………… 黄 凯（1646）
投资者民事赔偿制度完善研究 ……………………………………………… 刘春松（1654）
我国内幕交易民事赔偿制度的完善研究 …………………………………… 纪巧慧（1661）
内幕交易若干案例分析及法理探讨 ………………………………………… 黄江东（1668）
基于深度学习构建个人投资者画像探讨 …………………………………… 李嘉宝（1677）
完善私募基金托管机制保障投资者合法权益 ……………………………… 邓 维（1684）

证券行业文化建设

贯彻习近平总书记扶贫开发战略思想 探索资本市场扶贫新路径
——证券公司"一司一县"精准扶贫实践与思考
…………………………………… 中国证券业协会行业扶贫工作课题组（1695）
媒体融合背景下券商企业文化建设的路径
——德邦证券在"三问"中探寻企业文化建设挖潜之策
………………………………………… 吴清梅 刘海琴 高啸吟（1706）
证券公司培育践行社会主义核心价值观研究
——以万联证券为例 ………………………… 王耀南 李 莉 陈赞坚（1711）
证券公司推进雷锋精神时代化与学雷锋活动常态化路径研究
——以万联证券为研究对象 ………………… 张建军 王 青 韦 怡（1724）
坚持正统正规正道 推动发展行稳致远
——南京证券精心打造"三正"企业文化品牌
………………………………… 步国旬 李剑锋 陈 晏 王浩然（1740）
证券公司青年员工职业发展关怀研究
…………………………… 中国证券业协会人力资源管理委员会行业文化课题组（1747）
中型证券公司加强员工队伍建设的对策研究 ……………………… 赵夏夏 郜 斐（1758）
2017 年证券行业人力资源管理研究报告
…………………………… 中国证券业协会人力资源管理委员会专题研究小组（1765）
基于协同管理理念的国有企业责任追究协同模式研究 …………………… 陈 琴（1786）

纪念改革开放 40 周年暨
资本市场建立 28 周年

纪念改革开放 40 周年暨
资本市场建立 28 周年

一部车子两个轮子，充分发挥协会作用*

马忠智**

根据国外经验对证券市场的监督管理，除了国家行政监管部门（通常有相对独立的证券监管部门——证监会）进行行政监管外，还必须有证券经营机构（主要是证券公司）自律性组织——证券商协会进行自我约束管理。证监会与证券商协会各司其职，相辅相成，遥相呼应，共同监管，如同"一部车子两个轮子"，缺一不可。

1991年，金融市场主管机关——中国人民银行决定组建行业自律组织，便把我（时任中国人民银行沈阳市分行副行长）抽调到总行，让我负责组建信托业协会和证券业协会工作。我国金融改革以来陆续成立了一些非银行金融机构，除保险公司之外，最先建立的是信托投资公司并陆续兼营证券业务。随着证券业务的发展，证券业务陆续从信托公司中分立出来成立了专业证券公司。因此20世纪90年代以前，全国呈现"大信托，小证券"的格局。信托公司号称"金融百货公司"，金融业务包罗万象，无所不及。证券公司业务较为单一，专业性较强。于是我本着先易后难的原则，决定先着手组建证券业协会（我负责把证券业协会组建起来之后，再没有精力组建信托业协会了，结果信托业协会拖了十几年之后才成立，期间信托公司被清理整顿四五次。倘若当初我们先组建信托业协会，后组建证券业协

---

* 此文节选自《新中国资本市场初创时期的往事》。
** 作者简介：马忠智，1944年1月15日生，辽宁省沈阳市人，大学文化，高级经济师、硕士生导师。1964年参加银行工作，历任信贷员、科长、副处长，先后从事货币发行、工业信贷、综合计划、调研信息和证券工作；1970年至1984年，历年评为区级、市级、省级先进工作者；1984年7月任中国人民银行沈阳市分行副行长兼国家外汇管理局沈阳分局副局长、党组成员；1991年调入中国人民银行（总行），任证券管理办公室副主任（副司级），兼任中国证券业协会秘书长至1998年末；1992年10月负责组建国务院证券委员会办公室，任副主任（主持工作），1995年1月3日任主任（正局级），1997年9月中国证券监督管理委员会成立首届党组，兼任党组成员（中管干部），1998年3月27日中国证监会升为正部级单位后继任党组成员、系统党委委员；1998年11月9日任国务院稽查特派员（副部长级），2000年6月22日过渡为国务院国有重点大型企业监事会主席（副部长级）。于2007年6月退休至中国证监会。1987年编写25万字《日本证券市场考察与思考》专著，由中国金融出版社出版发行。先后编辑并担任《企业股份制操作全书》《股票债权全书》《中国证券百科全书》《证券基础知识》《美国证券市场筹资必读》和《可转换债券发行与交易及实务》等二十余本大型专业书籍的副主编、主编。1993年被中国人民银行授予国家部委级"有突出贡献中青年专家"称号。1992年至今被中国人民银行金融研究所研究生部聘为硕士生导师，辽宁大学、武汉大学兼职教授。原载自《中国证券》2018年第12期。

会,两个专业发展状况将可能是另一番模样)。中国人民银行金管司抽调宋会同志协助我开展工作,他熟悉业务,工作积极主动,文笔较好,在组建证券业协会工作中发挥了不可或缺的作用。

在组建证券业协会过程中遇到的第一个问题就是协会称谓问题。据了解,国外通常称谓为证券商协会,即证券公司协会,而当时我国只有少数几家专业证券公司,绝大部分是信托投资公司证券营业部兼营证券业务,如果我们成立证券商协会,它们将被排除在外,从发展角度看,这些兼营证券业务的证券营业部迟早要独立出来成立专业证券公司,于是我们必须把凡是从事证券业务的机构都组织起来才行,于是便起名为"中国证券业协会",从而把专营和兼营证券经营机构全部囊括进来。

遇到的第二个问题就是我们协会到国家民政部申请注册时(按规定凡是带"中国""中华""全国""国家"等字样的全国性社团组织必须经国家民政部批准注册),发现国家财政部同时也在申请注册证券协会。于是我们主动向国家民政部汇报介绍证券市场基本概念、国外通行管理体制。西方发达资本主义国家均有独立的证券监管机构代表政府管理证券市场,同时还有证券商自律组织,如同"一部车子两个轮子",缺一不可。我国目前虽没有独立的证券监管部门,但国务院授权国务院证券办公会议设在中国人民银行,专门行使证券主管机关职能。证券公司的设立和日常管理都是中国人民银行审批和管理。最后,民政部采纳了我们的意见,核准注册了中国人民银行组建中国证券业协会的报告。

遇到的第三个问题就是由于我国证券市场刚刚建立,业务分工尚不明确,涉及多家部委,如国有企业改制成股份制要经过国家体改委和财政部审批,发行股票募集资金用于扩大再生产上项目要经过国家计委审批,用于技术改造项目要经过国家经贸委审批等等。为了减少成立证券业协会的阻力,便于今后开展工作,我们便把凡是与证券市场沾边的有关部门领导都拉了进来作为证券业协会的副会长。协会会长由中国人民银行常务副行长(正部级)郭振乾同志担任,名誉会长请金融界德高望重的中国人民银行老行长、全国人大常务副委员长陈慕华同志兼任。值得一提的是,这些协会的副会长除中国人民大学黄达教授和民政部副部长之外,其他副会长绝大部分均成为后来成立的国务院证券委员会的委员。

1991年6月19日中国人民银行批准成立中国证券业协会;同年8月3日至6日,在北京京西宾馆召开协会成立筹备会议,我作为协会筹备组负责人主持了会议,中国人民银行金管司金建栋司长出席了会议。1991年8月28日中国证券业协会在人民大会堂举行正式成立大会。中国人民银行常务副行长郭振乾同志作了大会工作报告。证券经营机构会员代表123人参加了会议。出席大会的有全国人大常委会副委员长陈慕华、全国人大常委会委员张劲夫、国务委员兼中国人民银行行长李贵鲜、国务院有关部委负责同志出席大会并表示祝贺;各大金融机构和北京市政府等单位负责同志以及美国、英国、日本、德国、韩国、中国香港等6个国家和地区的金融界、证券界人士,亚洲开发银行的代表以及一些国家驻华使馆、金融界代表,共计500多人参加了大会(见图1)。

大会通过了协会章程,选举产生了协会领导机构和人员,我被选为协会秘书长,负责日常具体领导工作。因为当时我正处在办理调往总行工作的过程中,不便以中国人民银行沈阳市分行副行长身份担任协会秘书长,便以中国人民银行高级经济师身份出现(我于1987年荣获中国人民银行高级技术职称评审委员会授予的全国第二批高级经济师技术职称,并荣获中国人民银行有突出贡献中青年专家称号)。我自中国证券业协会成立之日至1998年底,离

图 1　1991 年 8 月 28 日中国证券业协会
在人民大会堂举行成立大会

开证券监管工作阶段，始终兼中国证券业协会秘书长职务。在此期间我先后出任中国人民银行证券管理办公室常务副主任兼国务院证券办公会议办公室常务副主任，国务院证券委员会办公室常务副主任（主持工作）、主任，兼中国证监会党委委员等职务。在我兼任中国证券业协会秘书长期间，正值我国证券市场开创阶段，以协会名义先后开展了以下几项主要工作：

一、1992 年 5—6 月间，我以中国证券业协会秘书长身份在《人民日报》连续刊登 14 篇有关证券知识的介绍

我事先将写好的 14 篇证券知识介绍一次性交给了人民日报社。当时《人民日报》只有 4 版，每隔一段时间在第二版相对固定位置刊发一份连载稿件，每次大约占 1/5 版面。这在全国普遍不熟悉证券市场的启蒙阶段，一定程度上发挥了迅速普及证券知识的作用。

二、参加国际证券商协会年会，积极开展国际交往和合作

资本市场是国际化的市场，虽然我国证券市场重新恢复和建立不久，十分脆弱，暂时还无法参与国际竞争，但不可能长期封闭，必须尽快走出去学习借鉴西方发达资本主义国家经验，参与他们的活动，尽快融入国际大家庭，与国际接轨。中国证券业协会成立第二年，1992 年 3 月 29 日至 31 日恰逢国际证券商协会第五届年会（ICSA）在日本大阪召开。东道主日本主动邀请我国协会以观察员身份列席会议。我带一名协会常务理事刘大伟和一名翻译安四洋一行三人东渡日本赴会。这是我们第一次代表我国参加国际性大型会议活动。我们穿着当时国内时兴的灰色西服，而人家清一色地穿着国际流行的深藏蓝色或黑色西服，特别是在开会第一天正餐晚宴时，除我们仍然穿那套灰色西服之外，全体男士全部穿着深黑色燕尾服，我们显得格格不入，十分寒酸，弄得我们十分尴尬，很没面子。尽管如此，因为我们后面有极具发展潜力的新兴证券市场作后盾，加上我们不卑不亢、十分得体的表现，在活动中赢得了与会者的尊重，当即吸纳中国证券业协会为国际证券商协会正式会员，并收到下届会议举办国——法国证券商协会邀请出席会议。

为了扩大国际交往和学习机会，我国证券业协会积极与各国证券商协会联系，组织国内证券公司到美国、日本、韩国等西方发达资本市场考察与学习，促进交流与合作。值得一提的是我国证券业协会成立初期与韩国证券商协会的合作经历。20 世纪 90 年代初，我们证券公司经费和外汇都十分拮据，出国考察较为困难，于是我们与韩国证券商协会协商并达成共识：双方每年各派一个考察团，人数对等，互相考察访问。双方除往返机票自理外，落地后一切费用均由对方承担，从而大大缓解了我国证券公司出国费用问题。一开始双方每年各派 5 至 10 人互访，即韩国来 5 至 10 人到我国介绍交流经验，我们负责接待并承担费用；同时我们再派出 5 至 10 人到韩国考察学习，他们负责接待并承担费用，这样双方均可节约大量经费。由于韩国只有 31 家证券公司，而我国证券业协会有 123 个会员，照此下去韩国券商就可以很快轮一圈，而我国券商需要十多年才能轮一圈，很难满足我国广大证券从业人员出国考察的需求。于是我们又与韩国方面磋商，每年我国出访人数适当增加一些，从而加快了走出去、请进来的互访考察进度，使我国证券业通过这一窗口迅速学习到了国际经验，增进了友谊。我国证券业协会改革开放的姿态在国际上产生了较好影响，赢得国内外券商的认可和好评。中国证监会成立之后，许多团到韩国、日本等国考察访问，所到之处无不打听我证券业协会及我个人的情况，可见当时国际影响力之大。

三、1993 年 4 月 29 日至 9 月 30 日，中国证券业协会会同上海证券交易所、深圳证券交易所、《金融时报》以及中央电视台等 5 家单位决定联合举办"1993 年全国证券知识竞赛"

1993 年 4 月 29 日，中国证券业协会等 5 家单位联合召开知识竞赛筹备会议。会议决定成立筹委会和专家评委会及其组成人员，决定分个人和集体两种参赛方式，分初赛、复赛、决赛三阶段进行。

6 月 7 日由中国证券业协会等 5 家单位联合主办的"1993 年全国证券知识竞赛"大赛组委会在人民大会堂举行新闻发布会。全国人大常务委员会副委员长程思远、国务院证券委员会常务副主任周道炯、国务院证券委员会委员、国家计委副主任王春正、监察部副部长冯梯云等领导出席会议。国家司法部、工商总局、中国证监会、沪深证券交易所等单位领导和在京证券经营机构代表共计 100 多人出席了新闻发布会。会后 18 家新闻单位进行了报道。

6 月 11 日证券知识竞赛试题在《金融时报》上公布。中国证券业协会在数万份答卷中选出 12 支代表队。

7 月 1 日至 3 日协会为进一步落实"1993 年全国证券知识竞赛"电视创作事宜，在北京怀柔农业银行总行招待所召开证券知识竞赛电视创作座谈会。我以协会秘书长身份主持会议并讲话，中国证监会交易部主任夏斌、中央电视台经济部罗贵亭等相关创作人员参加会议。

7 月 7 日浙江省体改委副主任张荣高等证券知识竞赛复赛组委会办公室同志来京汇报筹备情况，我以协会秘书长身份接待，听取汇报并提出一些要求。

8 月 15 日在杭州顺利举行复赛，选出了 6 支种子队伍准备参加决赛，浙江电视台进行了实况转播。

9 月 23 日，中央电视台现场直播大赛决赛（见图 2）。参加决赛的有中国人民银行研究生部、江苏仪征化学公司、交通银行西安分行、天津证券交易中心、上海海通证券公司、上海申银证券公司 6 支代表队。当时请中央电视台经济节目著名主持人赵赫和敬一丹两位主持。我事先把竞赛题目和标准答案给了他们，并与我彩排一次便很快上场，举办了以现场直播方式的史无前例的证券知识竞赛。为了解决选手未按标准答案回答问题时如何判断答案是否正确的难题，我们约定好：我和中国人民银行金管司金建栋司长坐在观众席第一排，手里拿着红、黑两块牌子，当选手回答问题未按标准答案回答不能判断正确与否时，我们举出红牌子或黑牌子示意回答正确或错误。

图2　1993年协会与CCTV等合作成功举办全国证券知识竞赛

因为当时中国证券业协会隶属中国人民银行领导，而中国证监会又直接监管证券市场，于是我们分别邀请了中国人民银行和中国证监会领导光临指导，同时我们荣幸地邀请到了全国人大常委会副委员长田纪云、王光英，中国人民银行行长戴相龙，中国证监会刘鸿儒，国务院证券委员会委员、财政部副部长项怀诚等领导莅临指导，使我们这次全国性证券知识竞赛规格达到空前高度并取得圆满成功（见图3）。

图3　相关领导莅临1993年全国证券知识竞赛决赛现场

协会这一活动对广大投资者、证券公司、上市公司以及广大电视观众进行了一次最直接、最迅速、最大范围的证券知识普及教育，在人民群众中产生了前所未有的深远影响，有力推动了证券知识普及和证券市场发展，在社会上产生了极大影响，增强了社会公众的投资意识。整个证券知识竞赛活动中我以协会秘书长身份组织策划，大量具体工作主要由协会几个部门负责同志——俞白桦、周阿满、王燕红、杨小兵、薛兰、张明莉、夏博等不辞辛苦、夜以继日地完成的。

四、1996 年 2 月 2 日至 5 日协会在昆明举办"中国 B 股市场发展研讨会"

"中国 B 股市场发展研讨会"会议由我国国泰君安证券公司和日本野村证券公司赞助。中国证监会主席到会并致开幕词，日本野村证券公司董事田渊义久先生到会并讲话，国泰君安证券公司董事长金建栋出席会议并发言。大会由我主持并作了主旨发言和会议总结。国务院有关部委领导、全国各地证券管理部门、证券交易所、证券公司以及上市公司的代表共 80 余人参加了会议（见图 4）。

图 4　时任证监会主席周道炯参加中国 B 股市场发展研讨会

这次会议主要目的是倾听各方特别是日本客人的高见和建议，我是会议主持，整天忙得连宾馆大门都没迈出一步，但有幸聆听了世界顶尖专家的高论，是难得的学习机会。

知识就是这样靠貌似平常、不经意间的学习慢慢积累起来的。正所谓"泰山不让土壤，故能成其大；河海不择细流，故能就其深"。过去打仗讲究"平时多流汗，战时少流血"，现在搞经济建设，特别搞证券新兴业务更要努力学习，不断更新知识，做到平时学习不嫌少，集腋成裘，用时方能不恨少，运用自如。我的所作所为被与会者看在眼里，记在心上，不但赢得国内与会者的尊重，并且给日本证券界同仁留下了深刻印象，为日后学习和交往奠定了良好基础。

五、组织"第二届海峡两岸证券与期货法制研讨会"

为了促进海峡两岸证券界的交往，第一届海峡两岸证券市场研讨会在我国台湾举办。当时大陆有高西庆、吴亚伦、禹国刚、龙涛、郭峰等人参会，并未邀请我国证券业协会参加。轮到第二届研讨会在大陆举办时，却迟迟没有单位敢于担此重任。当我们中国证券业协会得知此事时，便主动担起重任。当时虽然国务院证券委员会和中国证监会均已成立，但中国证券业协会及证券公司仍由中国人民银行管理，经中国人民银行批准，1995 年 1 月 12 日至 14 日，协会会同沪深证券交易所、北京大学、中国人民大学、浙江证券公司以及台湾辅仁大学、台湾证券期货发展基金会、台湾工商时报、元大证券公司等单位联合举办中国大陆首次

"第二届海峡两岸证券与期货法制研讨会"（见图5）。研讨主要议题包括：有价证券店头市场、证券期货法制、信用交易制度、公用事业民营化、财务会计咨询披露、海外募集发行有价证券、期货与现货互动关系、上市辅导制度、外资进入资本市场、结算制度、有价证券溢价发行制度等，有三四十位海峡两岸专家学者发言。我以中国证券业协会秘书长身份主持开幕式，协会理事长金建栋和台湾辅仁大学副校长张宇恭先生分别代表主办方致辞，协会副会长、中国人民银行副行长陈元到会表示祝贺，中国证监会刘鸿儒主席和台湾证管委主任（相当于中国证监会主席）戴立宁先生分别作了热情洋溢的演讲。全国人大常委会副委员长王光英以原辅仁大学校友会名誉主席身份看望台湾代表，为会议增添了光彩并提升了规格。研讨会期间我作为总协调人，每半天换一位主持人，由两岸业内人士轮流主持。1月14日我主持闭幕式并致闭幕词，当晚中国证券业协会与沪深证券交易所联合举办联谊酒会暨欢送会。全国政协副主席经叔平出席晚宴并看望台湾与会人员，为会议圆满结束画上了句号。大会结束后，协会组织安排台湾代表赴杭州参观考察。

图5 举办"第二届海峡两岸证券与期货法制研讨会"

由于这是祖国大陆第一次组织证券界人士大规模研讨会，台湾方面热情很高，报名人数不断增加，最后高达108人参会（如此庞大的台湾专业人士回祖国大陆参加研讨会队伍，迄今为止是绝无仅有的）。我们及时向中国人民银行和国务院对台办公室进行请示报告，引起国务院海峡两岸大陆工作委员会的高度重视，并派出副主任亲临会议指导。整个会议会务工作全部由中国证券业协会承办，当时协会不过十几名工作人员，我只是做些组织协调、请示报告工作，具体工作都是协会部门负责人——俞白桦、周阿满、王燕红、薛兰、杨小兵、张明莉、周素霞、王孜红、夏博等同志经办的。他们为了开好这次会议克服重重困难，夜以继日地工作，经常工作到深夜，睡在协会办公室的办公桌上。为了表示大陆宽阔的胸怀和热情，协会动员了几乎全体工作人员到机场欢迎和欢送来自海峡对岸的同仁。

由于这次研讨会参会人员较多，层次较高，从起初只限于学术交流逐步上升到政治高度来对待。台湾方面参会人员既有证券经营者、专家学者，又有证券监管者，并且来自不同党派。为了防止发生意外政治事件，我们除多次与台湾承办方——辅仁大学沟通外，还与参加会议的主体单位、证券界自律组织——台北市证券商同业公会等同仁联系，要求他们做好台湾方面各界的工作：无论哪一党派人员，在会议上双方称谓一律统称"大陆""台湾"，不要节外生枝制造麻烦，防止不愉快的事情发生。在双方努力下，研讨会取得圆满成功。通过交流我们认识到，我国证券界无论经营者还是监管者，学习以美国为代表的西方发达资本主义国家经验固然重要,但更应重视汲取台湾证券业经验教训,少走弯路。因为两岸同根同族,传统文化和思维方式都很接近,台湾过去证券市场上发生过的事情,大陆现在正在简单地重复再现。台湾证券界人士看到大陆证券市场发展迅速,潜力巨大,有很大的合作空间,愿意把他们的经验教训分享给大陆,使大陆避免走相同的弯路,促进两岸证券市场健康发展。我国证券业协会通过这次研讨会促进了两岸证券界、学术界的交流,培养和锻炼了协会工作人员对外交往与合作的能力,赢得了国家有关部门的重视,为后来全国人大立法确立协会地位奠定了基础。

协会组织的这次研讨会结束后不久,中国人民银行研究生部按计划也将举办1个国际研讨会,他们向国务院有关部门汇报工作进度时,国务院有关部门感到有些不足,便要求他们到证券业协会来学习。我自1991年起被中国人民银行研究生院聘为兼职教授,成为硕士研究生学位论文指导教师,中国人民银行研究生院领导找到我说明来意,他们都是我的领导,岂敢懈怠?便派协会得力干将薛兰等同志去帮助他们做些工作。可见当时我们协会的知名度和影响力之大。

六、组织证券公司主要负责人赴日考察期间发表讲话引起强烈反响

有一次我率团在日本考察期间发表谈话,震惊日本证券界,使他们对我国证券业协会不可小视。

我国证券公司实行属地化管理,但在业务上原来由中国人民银行统一管理,中国证监会成立后交由证监会统一管理。在这一管理体制下,改革开放初期,证券公司出国由各地分别审批,往往造成同一时间不同地区代表团到境外同一地方考察,出现前脚刚走了一拨,后脚又来一拨的现象,引起接待方的反感。于是我们以协会名义统筹组团出国,既方便了分散各地的证券公司出国考察学习,又相对减少了对方重复接待,提高了学习广度和深度,深受国内外同行的赞许。

20世纪90年代初期,我以中国证券业协会秘书长身份组织十几家大证券公司总裁到日本考察学习(见图6)。由于历史的原因,我国证券业半个世纪几乎停滞,与国际发达资本主义国家存在很大差距,加上有些日本人从骨子里就瞧不起中国人,因此我国几届证监会主席去日本考察学习,约见日本大藏省证券局局长(相当于我国证监会主席)时,他们牛得很,总找些理由推脱不见。

图6 20世纪90年代初期中国证券业协会代表团赴日本考察

过去，我与日本证券界有过五次较深的交往，彼此互相了解，他们对我比较尊重。这五次大的交往是：第一次，1986年日本野村证券公司董事长率团考察沈阳率先开办的证券交易业务，我以中国人民银行沈阳市分行副行长身份接待了他们，给他们留下深刻印象。第二次，1987年应日本野村证券公司董事长邀请，我去日本进修证券专业，回国之后编辑出版了25万多字的专著——《日本证券市场考察与思考》，令他们刮目相看。第三次，1991年我调到中国人民银行总行证券管理办公室任副主任兼中国证券业协会秘书长期间，应国际证券商协会联合会年会举办国——日本证券商协会邀请列席了会议，在我不卑不亢的努力下，我们赢得了世界证券同行的认同，接纳我国证券业协会成为正式会员国。第四次，我调到国务院证券委员会办公室任副主任、主任兼中国证券业协会秘书长期间，他们来拜访我。一些日本证券界老朋友见到曾在日本证券业基层工作过而现已成为中国证监会中层负责同志的我感到惊愕并颇有微词，我当即有理有据地予以驳斥。第五次，我以中国证券业协会秘书长身份邀请日本野村证券公司为我国证券监管与经营负责人进行较系统的讲座，我主持会议并自始至终听取他们的讲座，他们被我认真求学的精神感动了。

　　这次我率团到日本考察学习再次与日本证券界交锋，并即席发表讲话，引起日本证券界震撼。当时我指出，日本早在20世纪80年代初就开始培养中国证券方面的人才，其中我也是一员。当时我就问过你们，我国证券市场刚刚建立，你们花这么大精力培养中国证券业人才有何用？你们说虽然中国现在证券市场不发达，但过20年就发展起来了，到时我们就有生意可做了。没想到我国改革开放和证券市场发展速度之快，超越你们的想象，不过8年时间我国证券市场已初具规模。可当我国新兴证券市场初具规模、有业务可做时，你们却没拿到中国证券市场的业务，相比之下美国前期一点功夫没下，却抢到大把生意，你们想过是何原因没有？我来帮你们分析一下，原因在于：一是，你们误判形势，没想到中国改革开放和证券市场开放速度之快，大大超过你们的预期；二是，当我国证券市场迅猛发展有生意可做时，由于你们证券界自己出了丑闻，忙于整改，错失了与中国做生意的机会；三是，你们日本人从骨子里就瞧不起中国人，到中国做业务也不启用中国人，而美国人很聪明，启用大量中国人，很快拿到大量业务。跟中国人做生意还瞧不起中国人，不启用中国员工，怪不得别人，活该拿不到中国业务。当时我指出五条原因现在只想起上述三条，条条直指要害，句句猛戳心窝，说得他们脸红一阵白一阵，个个心跳加速。在我慷慨陈词的过程中，会场鸦雀无声，日本方面一会儿进来个人，一会儿又进来个人，一个比一个官大，不一会儿屋里坐满了人，后来的只能站着听我带有挖苦味道的讲话。可能他们看惯了别人唯唯诺诺的样子，听惯了谦卑、赞扬的声音，头一次看到另类人这样讲话，特别是发自一个中国人的不同声音，他们用异样的眼光看着我，甚至有些呆傻的样子，使我感到十分有趣。我发完言中间休息时，日本人逐渐地离开会场。其中一个中文翻译是华裔，走时到我面前竖起大拇指说："你讲得太好了，句句呛日本人肺子，可给中国人出气！"当屋里只剩下我们团里的十几个人时，他们表示听我发言时大气都没敢喘，生怕日本人下不了台，为我捏把汗。几个跟我要好的同志善意地提醒我，你带有辛辣的批评，这样讲合适吗？况且还在日本国土上，他们能接受吗？我自信地跟大家说，请放心，我太了解日本人啦！你平时不注意自己的所作所为，不注意自己的形象，在他们面前再卑躬屈膝、唯唯诺诺也赢得不了他们的尊重，他们反而瞧不起你。你平时注意树立自己的形象和威信，说话说到点子上，再戳心窝他们也能接受，反而更能赢得他们的敬佩和尊重，这正是日本善于倾听不同意见和建议、不断进步之处。果不其然，复会时日本同行兴奋地告诉我们说，他们把我的即席讲话向上报告过后，大藏省证券局局长想邀请我到大藏省会面。要知道我国前几任证监会主席到日本考察想约他，他总找借口推脱不见。今天我把他们训了一通，反而在行程之外特意放下身段约见我，也算破例了。于是我与大家商量，决定要与中国证券公司考察团全体成员一起去。日方经请示后破例邀请全体成员会见。本来日本人是非常讲究兵对兵将对将的，日本证券局局长能临时安排见我已是给足我面子，没想到我方还"得寸进尺"，要求全体成员参加会见，他居然也同意了。可见日本证券界对我们一行人格外礼遇和重视，再不敢小视中国证券界。我的所作所为大涨了中国证券业协会士气和威风，在国内外也树立了良好形象。从此日本证券界到中国考察与访问，除要求拜见证监会主席外，大都希望拜见我一下。

我除在日本证券界享有威望外，在韩国和美国等国证券界也同样享有个人魅力和威望，甚至有过之而无不及（美国美林证券公司取代日本野村证券公司成为世界最大证券公司后聘请我去担任亚太地区总负责，被我当面婉拒一事，背后有很多故事，因篇幅有限本文不展开）。生活和工作中若想赢得别人的尊重，首先要自己尊重自己，从每件小事、每个细节做起，长年累月积淀、关键时刻发力才能收到事半功倍的效果。光靠官阶、"官大一级压死人"是难以为继的；光靠名声，徒有其名吓唬人是维系不了的；光靠拉关系、走后门、套近乎也是维系不多时的。必须依靠自己为人处事的过硬本领才行。有道是"花繁柳密处拨得开，方见手段"。

七、积极参与证券立法起草工作

在我国，往往出现新成立的机构否定以前的机构及其工作，后上来的领导否定前任领导的工作和成就的现象，从而导致人们思维和逻辑的混乱，简单重复地犯过去的错误，使整个事业不能直线发展，而呈螺旋式上升局面，从而制约中华民族伟大事业的复兴。这一现象，在证券市场上表现得尤为突出。为从根本上解决这一问题，必须通过立法加以约束。所有法律都是保护弱者的，作为民间组织在证券市场中始终处于弱者地位，促进协会法律地位的确立显得至关重要。我们抓住全国人大研究制定《证券法》的有利时机，主动向人大财经委、法工委《证券法》起草小组介绍西方发达国家协会在证券市场的地位与作用，突出宣讲证券业协会与证券行政监管部门是"一部车子两个轮子"的关系。主动介绍改革开放以来，我国证券市场重新恢复和建立形成的过程：先是自下而上自发建立证券市场，之后建立了证券商行业自律性组织——中国证券业协会，最后才建立了全国集中统一的监管部门——国务院证券委员会和中国证券监督管理委员会；同时汇报我国证券业协会前期工作情况及业内与社会反应，希望取得立法者的理解与支持。

1993年6月2日，中国证券业协会与全国人大财经委、《证券法》起草小组联合召开座谈会，征求《证券法》第五稿修改意见。我以国务院证券委员会办公室副主任和中国证券业协会秘书长双重身份主持会议。参加座谈会的有全国人大财经委、《证券法》起草小组、中国证监会以及在京证券公司、法律界代表共约30人。与会代表充分发表各自的真知灼见，为尽力完善呼之欲出的《证券法》做出一点贡献。经过各界努力，终于在国家一级法律中明确了中国证券业协会的法律地位，这是在全国各类社团组织中第一个通过人大立法确立法律地位的协会，这为中国证券业协会在今后工作和活动中提供了法律保障。在此，特别感谢全国人大财经委、法工委和《证券法》起草小组同志及证券界经营者、监管者和法律工作者的不懈努力和支持；特别感谢全国人大财经委王连洲同志上下沟通协调、艰苦卓绝的工作。

由于我在《证券法》立法工作中所做出的努力和对信托业的熟悉，全国人大在后来研究制定《信托法》时聘请我为《信托法》起草小组顾问。

回首往事难全是，静看今朝好自为。中国证券业协会在我国证券市场重新恢复和建立初期，为推进证券市场发展、完善证券市场管理体系做出了不可磨灭的贡献，发挥了不可替代的作用。回顾往事并不仅在于追记历史，更重要的是为了做好现在工作。忘记过去，不认真总结经验教训，极易迷失方向，忘记初衷，导致停滞不前，甚至倒退。现在的证券业协会已今非昔比，不可同日而语，有了如此之大的平台，进一步发挥了"一部车子两个轮子"的功能，在波澜壮阔的资本市场上发挥着更大的作用，为我国证券市场规范发展做出新的更大贡献！

改革开放、经济发展40周年志记

——暨资本市场助力发展、提升行业的28年[*]

朱云来[**]

导言

40年的历史（1978—2018年）令人难忘，成就斐然，世界亦为中国侧目。世界人口的1/5成功地走过一段令人瞩目的高速发展阶段，从农村到城市，从机制到体制，一系列的改革开放、突破创新为这个发展提供了持续不断的动力；虽然几经危机，终能得到克服或缓解。中国经济产值（依据1978年不变价格计算）增长了36倍，年均增速9.4%。中国资本市场实现从无到有的质变，上市公司在总体经济中已占到约1/3[①]，成为世界最大的资本市

---

[*] 未经著作权人授权，不得转载、引用、改编、编纂本文中全部或任何部分之文字、数据及与之相关的任何描述及内容。

[**] 作者简介：朱云来先生1998—2014年在中国国际金融股份有限公司（简称"中金公司"）工作（2002—2014年担任公司总裁兼首席执行官）。其间，中金公司业务快速发展，规模迅速扩张，多次获得《欧洲货币》《亚洲货币》等国际知名奖项。朱云来拥有丰富的投行业务经验，先后领导主持了中国移动、石化、宝钢、电信、招行、人寿、国航、网通、神华、东风汽车、中铝、工行、中国重汽、中信银行、中煤能源、中国远洋、太保、中海、南车、北车、国药、建行、农行、光大银行、新华保险、人保、中国建筑、中金公司、邮储银行、新华网、浙商银行、杭州银行、上海电影等多个大型上市项目，和其他多个行业重组并购项目。他积极推进研究导向的投行服务模式，系统建设包括研究、投行、交易、资管四大板块在内的资本市场业务平台，实施国际化战略，开拓海外市场，先后在纽约、伦敦和新加坡增设新的分支机构，同时继续完善国内网络体系，在16个重点城市增设营业部。他曾被选入"亚洲最具影响力的25位商界领袖"（《财富》）、"投资银行业亚洲银行家杰出成就奖"（《亚洲银行家》）。他拥有威斯康星大学气象学博士学位、芝加哥德保罗大学会计学硕士学位、瑞士信贷第一波士顿国际银行家学院工商管理硕士学位，曾在国际性投行瑞士信贷第一波士顿以及会计师事务所安达信公司工作，中国证券业协会兼职副会长（2007年1月—2015年9月）。原载于《中国证券》2018年第12期。

[①] 上市公司的资产、负债、权益、收入、利润占总体经济的比例为20%—40%。

场之一（排名第二位）。① 历史的成就值得骄傲，历史的经验值得总结。因篇幅所限，只能摘取一些历史片段以记之，难免挂一漏万。我们充满信心，展望未来，持续的改革一定能够带来持续的发展。

一、经济发展

经过历史的反思，艰苦的努力，解放思想，打破僵化，1978 年的中国历史性地确定了"改革开放"的方针政策，中国经济从此迸发出巨大的热情和活力，走出了举世瞩目的、长达 40 年的持续增长之路：开放学习，改革体制，搞活经济，吸引外资，合资建厂，出口创汇，技术引进，技术改造，企业改制，国际接轨，提升产业，完善体系，丰富产品，创造收入，提高人民生活水平。国家的经济产值（当年价格，名义产值）从 1978 年的 3 679 亿元增至 2017 年的 82.7 万亿元，40 年增长了 224 倍，年均增速 14.9%（40 年累计总值 756.0 万亿元）。不变价格产值（真实产值，以 1978 年价格为基准），从 1978 年的 3 679 亿元增至 2017 年的 12.7 万亿元，40 年间增长约 34 倍，年均增速 9.5%（40 年累计达 151.3 万亿元）。同期历年累计积累原值总额（即全社会权益总额），按照当年价格计算为 399.5 万亿元，按照不变价格计算为 62.8 万亿元（见图 1）。作为参考，1952—1977 年，产值（当年价格）年均增速 6.4%，不变价格产值（真实产值，以 1952 年价格为基准）年均增速 5.9%。

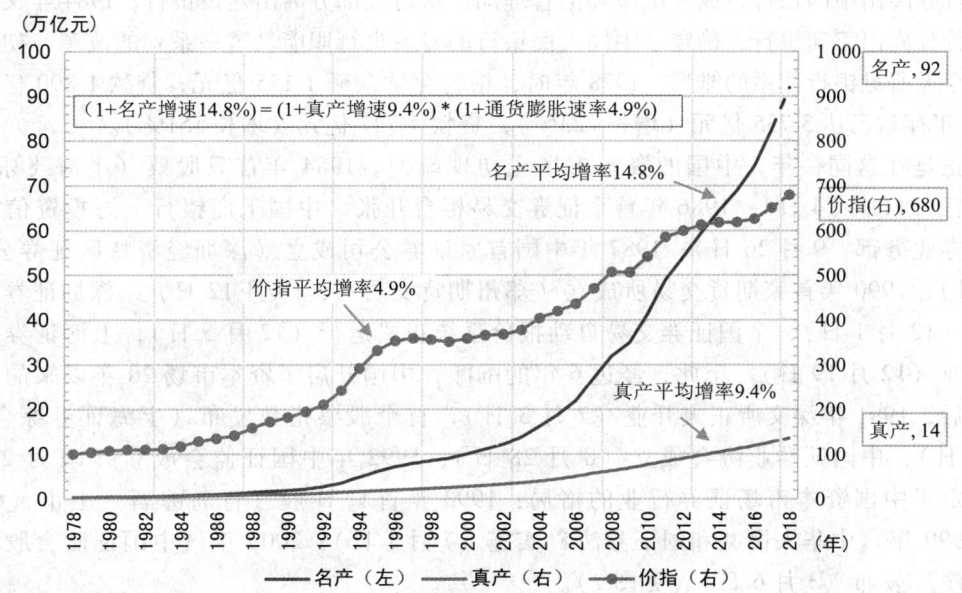

图 1 1978—2018 年产值与价格指数

注：（1）名产指名义产值，真产指真实产值；（2）2018 年为预测值。
资料来源：中国统计年鉴。

---

① 根据彭博数据，2018 年 12 月 20 日中国股市流通市值 5.46 万亿美元，仅次于美国的 27.08 万亿美元，居第二位。第三位的英国为 3.08 万亿美元。

2001年，中国产值超越意大利，世界排名第六位；2005年超越法国成为第五名；2006年超越英国成为第四名；2007年超越德国成为第三名；2010年又超过日本居第二位。与此同时，中国社会也经历了巨大变化，人口从1978年的9.6亿人增加到2017年的13.9亿人；就业从4.0亿人增加到7.8亿人。1978年中国工业企业34.8万个，2017年达到371.3万个（占法人单位总数2 201万个的16.9%）。1978年人均产值（当年价格）382元/人，2017年升至59 502元/人，相比1978年增长155倍，年均增速13.8%。2017年人均产值（不变价格）升至9 137元/人，增长23倍，年均增速8.5%，说明改革开放以来中国参与世界经济，使得劳动生产率（人均产值）不断提升。比较上述产值（不变价格）年均增速9.4%，可以看出，同期劳动生产率（不变价格）年均增速8.5%加上同期人口年均增速0.9%正好与之相等。劳动生产率增长和人口增长对产值增长的贡献率分别为90%和10%，由此可见，过去40年的真实产值增长绝大部分来自劳动生产率的提升。作为参考，1952年，中国人口5.6亿人，就业2.1亿人，人均产值（当年价格）118元/人。1952—1977年人均产值（当年价格）年均增速4.3%，人均产值（不变价格）年均增速3.8%。

二、金融改革

随着改革开放进程的展开，农村改革、联产承包、政社分开率先迅速在全国推开，政府体制、投资体制、金融体制的改革也相继系统地开始了。1979年国家先后恢复农业银行，从中国人民银行分离出中国银行并成立国家外汇管理局，从财政部分离出建设银行；1984年又从中国人民银行分离出工商银行，确定了中国人民银行的专一央行职能。这一系列的改革，初步确定了我们今天所见银行体系的雏形。1978年时，银行存款余额1 155亿元，贷款1 890亿元，到了1984年存款已达3 735亿元（增长223%），贷款4 747亿元（增长151%）。

也正是在这同一年，中国的资本市场也初现端倪。1984年首只股票（上海飞乐音响）公开发行（11月14日）；1986年首个证券交易柜台开张（中国工商银行上海投资信托公司静安证券业务部，9月26日）；1987年中国首家证券公司成立（深圳经济特区证券公司，9月27日）；1990年首家期货交易所成立（郑州期货交易所，10月12日），深圳证券交易所试营业（12月1日），全国证券交易自动报价系统正式运行（12月5日），上海证券交易所正式开业（12月19日）。至此，经过6年的酝酿，中国开启了资本市场28年以来的系统发展。随后，1991年深交所正式开业（7月3日），首个股票指数发布（上海证券综合指数，7月15日），中国证券业协会成立（8月28日）；1992年中国证监会成立（10月25日），初步奠定了中国资本市场证券行业的格局；1993年首只H股（青岛啤酒）上市（6月29日）；1999年《中华人民共和国证券法》实施（7月1日）；2000年《中国证监会股票发行核准程序》发布（3月6日）（见图2）。

根据国家资金流量表推算，2017年，全国金融产品存量669万亿元（1977年为7 124亿元），其中银行类产品399万亿元（60%），证券类87万亿元（13%），保险类15万亿元（2%），基金类11万亿元（2%），其他类88万亿元（13%）；此外还有68万亿元（10%）的隐性金融产品（可以理解为未能全部纳入统计的"其他"和"民间"融资活动）。根据国家统计局现有数据，1992—2017年，传统银行类别产品（间接融资）在金融产品总量之中的比例逐年下降，从77%降至60%，而非银（直接融资）类产品不断增加。2017年证

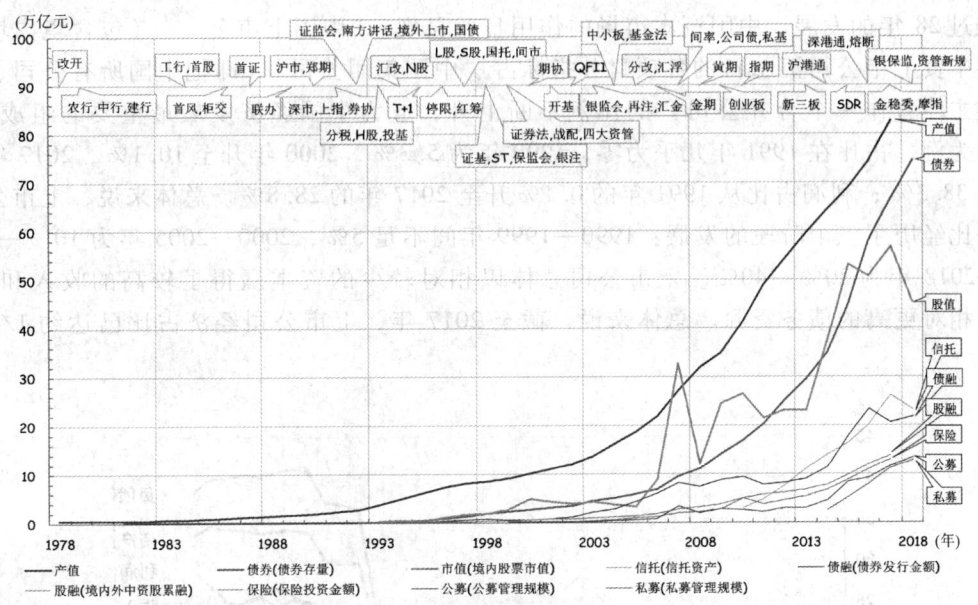

图2 资本市场的历史发展进程

注：2018年为截至12月20日值。

资料来源：中国统计年鉴，Wind。

券、保险和基金合计占17%，"其他"类别金融和隐性金融合计占23%（见图3）。值得注意的是，证券、保险、基金类融资占比在1992—2007年系统上升，其后2007—2013年有所下降，在2014—2018年才逐步恢复到2007年相应的水平。另一个需要注意的是，2009年之后"其他"和隐性产品类融资占比不断攀升（从2009年的8%上升至2017年的23%），应当引起重视。概而言之，截至2017年，银行类融资产品的占比已经小于2/3，资本市场类融资产品约占到剩余1/3的一半。

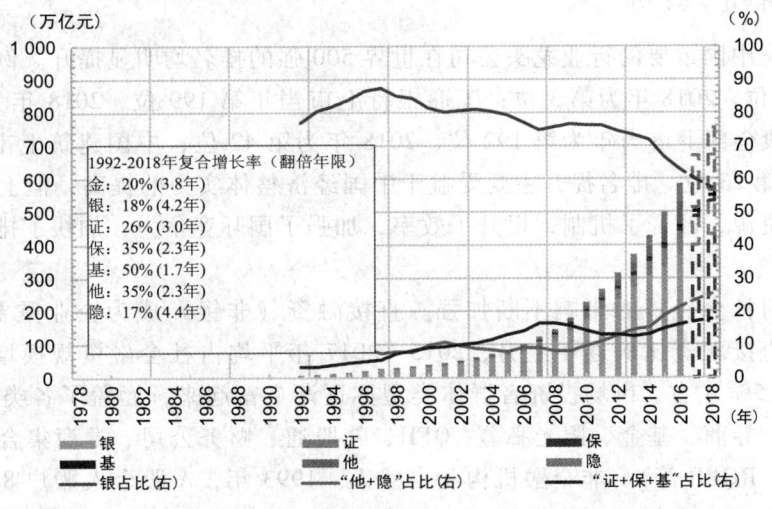

图3 各类金融产品规模及构成变化

注：2017年和2018年为预测值。

资料来源：中国统计年鉴。

经过28年的发展,中国资本市场的作用日益显现。"中国上市公司"(包含境内境外所有各类中资上市公司汇总)的各项财务指标占"中国集团公司"(即把中国所有公司、机构等各类主体看作一个合并公司)的比例不断上升,成为中国经济发展最重要的组成部分。以资产为例,占比在1991年几乎为零,1999年为5.3%,2000年升至10.1%,2017年进一步增至38.3%;利润占比从1991年的0.1%升至2017年的28.8%。总体来说,上市公司各要素占比经历了三个阶段的发展:1990—1999年间不足5%,2000—2005年为10%—15%,2006—2018年为20%—40%。上市公司总体以相对较少的资本赢得了较高的收入和利润,支撑了相对更高的债务资源。总体来说,截至2017年,上市公司经济占比已达约1/3(见图4)。

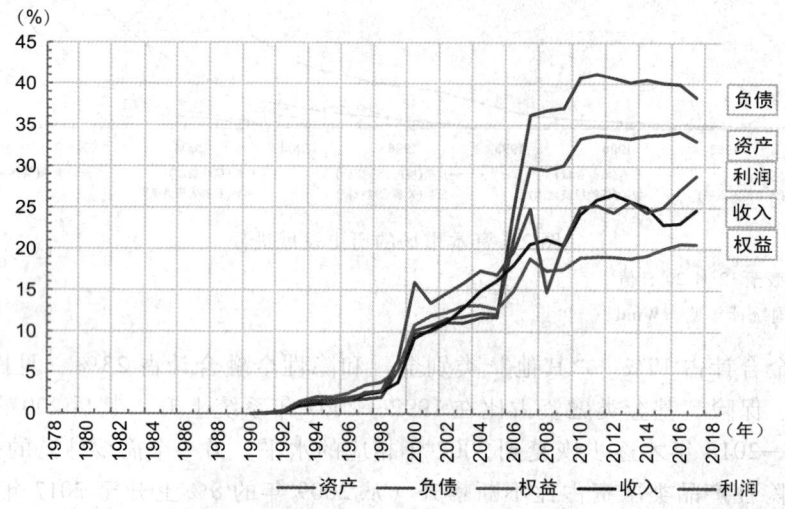

图4 境内外上市公司财务指标的全国占比

注:1995年前境外上市公司数据有缺失,但估计规模较小。

资料来源:中国统计年鉴,Wind。

上市之后,中国重要的行业龙头公司在世界500强的排名均明显提升。例如中国石化上市当年排第58位,2018年为第3位;工商银行上市当年第199位,2018年为第26位;中国人寿A+H股全部上市当年为第192位,2018年为第42位;中国建筑上市当年为第292位,2018年为第23位。排名提升主要受益于中国经济整体实力的提高,但上市帮助这些龙头公司整合了资源,改变了机制,提升了效率,加强了国际竞争力,加快了排名提升的步伐(见图5)。

资本市场对社会经济的影响不断加强。直接融资(非银)成为企业重要的资金来源,股票、债券等直接融资比例逐年上升,2015—2017年平均占社会融资规模增量的约17%,而2002年仅为5%左右。市场投资者群体类型亦逐渐丰富起来,涵盖了各类金融主体(包括银行、保险、券商、基金、阳光私募、QFII、陆股通、财务公司、券商集合理财、信托公司、企业年金、RQFII等),非金融机构和自然人。1993年,A股个人账户830.8万个,机构账户2.5万个;2000年,A股个人账户5 882万个,机构账户25.7万个;截至2018年12月中,A股个人账户1.5亿个(比1993年增长17倍,比2000年增长155%),机构账户33.0万个(比1993年增长12倍,比2000年增长28%)。

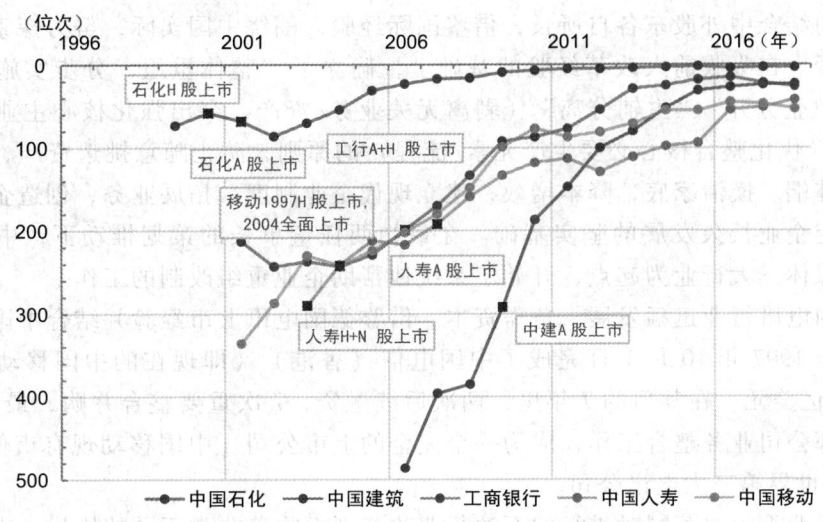

图5　中国公司在世界500强历年排名

资料来源：财富中国，www.fortunechina.com。

三、金融机构

金融行业机构对资本市场的发展起着重要作用，随着经济金融改革的逐步发展和深入，越来越多的机构发展起来。1995年，作为国内首家中外合资投资银行，中金公司应运而生，开始系统参与到企业改制重组上市融资发展的进程之中。从1997年主承第一个股本项目以来，中金公司承销的股本首发项目累计发行规模占市场的比例一直处于较高水平，境内首发占比最高达34%（2009年）；境外首发占比最高达62%（2013年）（见图6）。

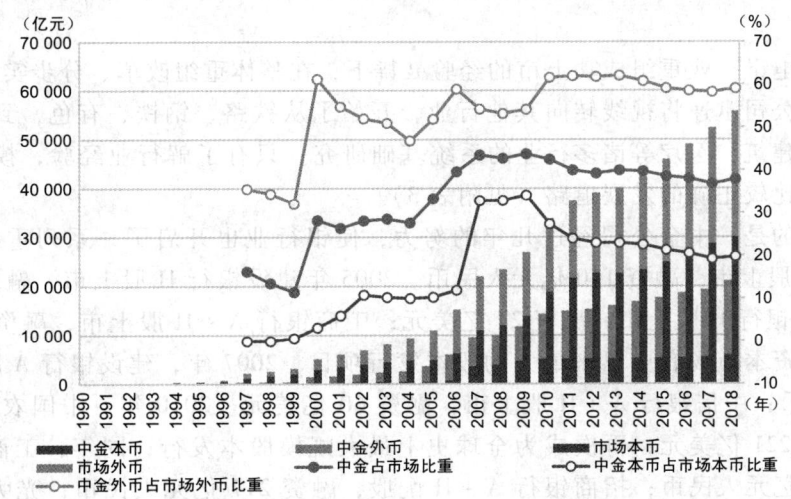

图6　1997—2018年中金股本首发累计发行规模及市场占比

注：（1）中金股本首发规模为中金主承的股本首发项目规模；市场本币包括A股，市场外币包括香港中资股（H股、红筹股、中资民营股）和全球市场中国概念股。（2）外币发行按当年汇率转换成人民币。（3）2018年为截至12月20日值。

资料来源：Wind。

中金公司结合中外股东各自所长,借鉴国际经验,围绕中国实际,努力探索中国企业改革提升之路径。在吸收前人改革经验的基础上,确立了"整体重组,分步实施"的基本思路,秉承"政企分开""主辅分离"(剥离无关业务/资产,突出强化核心主业竞争能力)、"整体重组"(优化整合核心必要生产元素/流程)的原则,防止随意挑选资产、同业竞争和关联交易等弊端。摸清家底,降本增效,建立现代企业制度,拓展业务,创造企业价值,上市融资,奠定企业长久发展的坚实基础。在最初两任董事长的策划推动下,中金公司以石油、电讯、媒体三大行业为起点,开始了系统地帮助企业重组改制的工作。

时值中国电讯行业迅猛发展,急需资本。借鉴德国电讯上市经验并结合中国国情,中金公司成功地于1997年10月1日完成了中国电信(香港)(即现在的中国移动)的上市工作,融资42亿美元。在其后的7年里,两次后续融资,7次重要整合并购,最终于2004年彻底完成全部公司业务整合工作,成为一个完全的上市公司。中国移动现有市值约1 988亿美元[①],成为世界第三大电讯公司。

与电讯行业重组改革同时进行的石油行业改革则面临着非常不同的挑战。中国石油与中国石化都是"大企业""小社会",动辄上百万人(中国石油150万人,中国石化120万人),多处边远地区,自办医院、学校、商店、消防等社会服务职能,重组的问题千千万。不过,政府和企业齐心协力,挖掘潜力,改革体制,解决历史遗留问题,开创新的发展契机,最终两大企业也双双于2000年完成上市,分别融资29亿美元和35亿美元,成功实现转型。中国石油A股现有市值约1.3万亿元,市场排名第三位;中国石化A股市值约6 792亿元,排名第八位。[②]

2000年中金完成五大项目,除了中国石油首次发行(28.90亿美元)和中国石化首次发行(34.64亿美元),还有中国联通首次发行(56.50亿美元)、宝钢股份首次发行(78.46亿元人民币)和中国移动二次发行(68.70亿美元),总共融资折合人民币1 641亿元(其中境外融资合计188.74亿美元),可算是中国资本市场十周年庆典上一个响亮的音符。

在石油、电讯行业重组成功上市的经验鼓舞下,在整体重组改革、分步实施上市的理念指导下,中金公司迅速将视线转向其他行业,开始了从铁路、钢铁、有色,到银行、保险、运输、煤炭、建筑、医疗等诸多行业的系统基础研究。只有了解行业经验,摸清企业家底,才有可能找到比较正确的发展道路(见附表3)。

值得一提的是,中金公司经过几年的努力,使银行业也开启了一系列重组之路。2002年招商银行A股上市,融资110亿元人民币。2005年建设银行H股上市,融资92亿美元。2006年,招商银行H股上市,融资27亿美元;工商银行A+H股上市,融资219亿美元,成为当年全球资本市场有史以来最大的股本发行项目。2007年,建设银行A股上市,融资581亿元人民币;中信银行A+H股上市,融资60亿美元。2010年,中国农业银行A+H股上市,融资221亿美元,再次成为全球史上最大规模股本发行;同年,工商银行A股上市,融资337亿元人民币;招商银行A+H配股,融资217亿元人民币;光大银行A股上市,融资217亿元人民币。2010年中金公司承销的这四家商业银行发行融资折合人民币共

---

① 中国移动市值为Wind 2018年12月20日数据。
② 中国石油和中国石化市值为Wind 2018年12月20日数据。

计 2 268 亿元人民币，为中国资本市场二十周年又增添了一大亮点。

与银行业重组同时展开的还有保险业重组。中金公司经过深入研究保险精算，在系统性地制订了数百亿元历史利差损解决方案后，2003 年中国人寿 H 股上市，融资 35 亿美元；同年，人保财险 H 股上市，融资 8 亿美元。2007 年中国人寿 A 股上市，融资 283 亿元人民币。2009 年中国太保 H 股上市，融资 36 亿美元。2012 年，中国人保集团 H 股上市，融资 36 亿美元。2015 年中国再保险公司 H 股上市，融资 21 亿美元。2018 年人保集团 A 股上市，融资 60 亿元人民币。这一系列银行业和保险业的重组上市也可说是中国金融改革、资本市场发展的一个重要体现。

四、资本市场

28 年证券市场发展历程，也是每个参与者不断学习、提高、研究、领悟的过程，最终希望这些学习和积累能够提升我们经济发展的质量和效率。经济和市场是客观的存在，虽然经济的参与者个人都是具有主观的个体，但最终经济规律是不服从于每个个人主观意志的客观规律，是反映具有个人主观的群体的总体变动规律的。如果能够比较好地了解和运用这种客观经济规律，相信能帮助我们更快、更好地发展我国的经济。

资本市场是一个比较复杂和难以把握的市场，但是人们还是总结出了几个基本要点和原理，包括信息披露与价格发现、制度建立与市场机构、治理结构与激励约束机制、自律规范与监管处罚、收益预判与风险把控等。

信息披露是资本市场所有活动的核心基础，价格发现是资本市场存在的核心作用，价格是通过自由公正的交易形成的。投资者通过资本市场公开、客观、全面、准确的信息披露，了解经济和公司，发现合理投资价格，预判投资收益，把控投资风险。这也正是资本市场对于社会投资促进提升的基本原理。

要想让资本市场的投资效用得以充分发挥，需要在制度与机构、治理与激励约束、自律与处罚等方面建立系统体系，提供制度保障。资本市场是活跃度很高、波动很大的市场，只有建立严格规范的市场运行制度，并能根据实际情况及时完善修正，才能确保市场有序运行。资本市场需要多种类型和不同角色的机构参与并提供服务，同时不同角色之间可能存在潜在的利益冲突，通过建立较为完善的治理结构和必要的防火墙制度，可以减少不当利益冲突。同时，制定适宜的激励约束机制，鼓励证券从业人员自觉遵守规则，减少违规操作。考虑到资本市场快速多变，新生事物不断出现，难免存在一些模糊边界，有必要制定明确的自律规范，这样既可保留市场足够的灵活性，鼓励市场机构主动按原则进行判断，允许一定的试错空间，同时又有相应系统的监管处罚办法，确保能够及时纠正市场机构的过度不当行为，引导资本市场向依法有序的方向发展。

有了高效有序的资本市场，投资者可以更好地预判收益、把控风险，最大化投资效用、最小化投资损失，这样的资本市场就能最大限度地发挥其投资促进和提升的效用，提高经济发展的质量和效率。

结语

改革开放 40 周年，中国经济取得了长足发展。在中国现代化道路上我们仍需继续推动经济市场化，真正"使市场在资源配置中起决定性作用"，同时持续推动科技现代化，提高自己设计、自己制造的能力，真正掌握核心制造技术。资本市场 28 周年，取得了令人鼓舞的成绩，进一步改革完善市场制度体系仍需一些时间，系统促进资本市场化可以提高经济和投资的效率，循序推进金融科技化可以提高资本市场效率。面向未来，我们仍然需要保持解放思想的态度，深刻审视资本市场的作用原理，客观研究未来的发展问题，继续持续不断地改革和提升。

附表 1　　主要宏观指标数据

指标	单位	1978 年	2017 年	2018 年
中国股市规模	万亿元			48.6
全国人口	万人	96 259	139 008	139 749
就业人数	万人	40 152	77 640	77 730
名产（年计）	亿元	3 679	827 122	919 373
名产倍数	x		224	249
名产均增	%		14.9	14.8
名产（累计）	亿元	3 679	7 560 924	8 480 297
真产（年计）	亿元	3 679	127 009	135 265
真产倍数	x		34	36
真产均增	%		9.5	9.4
真产（累计）	亿元	3 679	1 513 128	1 648 393
价指		100	651	680
价指均增	%		4.9	4.9
人均名产	元/人	382	59 502	65 787
均名倍数	x		155	171
均名均增	%		13.8	13.7
人均真产	元/人	382	9 137	9 679
均真倍数	x		23	24
均真均增	%		8.5	8.4
名义储蓄	亿元	1 401	376 585	410 484
名储倍数	x		268	292
名储均增	%		15.4	15.3
真实储蓄	亿元	1 401	48 379	51 524
真储倍数	x		34	36
真储均增	%		9.5	9.4

续表

指标	单位	1978 年	2017 年	2018 年
法人单位	万个		2 201	2 681
工业企业	万个	34.8	371.3	428.0
工企倍数	x		9.7	11.3
金融产品	亿元	7 911	6 685 555	7 537 782
银	亿元	3 260	3 992 609	4 318 531
银占比	%	41	60	57
证	亿元	0	867 563	1 002 223
证占比	%	0	13	13
保	亿元	0	154 240	172 177
保占比	%	0	2	2
基	亿元	0	109 610	151 580
基占比	%	0	2	2
他	亿元	0	880 041	1 063 281
他占比	%	0	13	14
隐	亿元	4 650	681 493	829 991
隐占比	%	59	10	11

资料来源：中国统计年鉴。

附表 2　　主要金融产品的历年发展　　（单位：亿元）

时间	存款	贷款	股票发行	债券发行	保险资金运用金额	保费收入	信托资产余额
1978	1 155	1 890					
1979	1 363	2 082					
1980	1 690	2 478					
1981	2 097	2 853		49			
1982	2 449	3 163		44			
1983	2 883	3 567		42			
1984	3 735	4 747		42			
1985	4 560	5 906		61			
1986	5 934	8 143		62			
1987	7 392	9 814		117			
1988	8 810	11 964		189			
1989	10 710	14 249		248			
1990	13 943	15 166		347			

续表

时间	存款	贷款	股票发行	债券发行	保险资金运用金额	保费收入	信托资产余额
1991	17 973	21 116		352			
1992	23 468	25 743	69	411			
1993	29 646	26 461	306	528			
1994	40 503	39 976	402	1 321		376	
1995	53 882	50 544	131	2 291		453	
1996	68 596	61 157	409	4 401		538	
1997	82 390	74 914	1 248	5 465		773	
1998	95 698	86 524	825	8 538		1 256	
1999	108 779	93 734	921	5 984		1 406	
2000	123 804	99 371	2 078	6 398		1 598	
2001	143 617	112 315	1 311	7 453		2 109	
2002	170 917	131 294	912	11 362		3 054	
2003	208 056	158 996	1 203	20 849		3 880	
2004	241 424	178 198	1 298	27 984	10 779	4 318	
2005	287 170	194 690	2 005	43 872	14 093	4 932	
2006	335 460	225 347	5 447	59 370	17 785	5 640	
2007	389 371	261 691	8 742	81 610	26 648	7 036	
2008	466 203	303 468	3 624	73 158	30 553	9 784	
2009	597 741	399 685	5 902	86 908	37 417	11 137	
2010	718 238	479 196	12 143	93 506	46 047	14 528	30 405
2011	809 368	547 947	7 887	78 343	55 193	14 339	48 114
2012	917 555	629 910	5 540	80 981	68 543	15 488	74 706
2013	1 043 847	718 961	5 348	90 170	76 873	17 222	109 071
2014	1 138 645	816 770	10 752	112 875	93 314	20 235	139 799
2015	1 357 022	939 540	19 136	178 680	111 795	24 283	163 036
2016	1 505 864	1 066 040	21 706	233 366	133 911	30 904	202 186
2017	1 641 044	1 201 321	18 443	206 406	149 206	36 578	262 453

附注：1952 年，人口 57 482 万人，产值 679 亿元，人均产值 118 元/人（名义和真实相同）。1977 年，人口 94 974 万人，名义产值 3 221 亿元，人均名产 339 元/人；真实产值 2 866 亿元，人均真产 302 元/人。

资料来源：中国统计年鉴，Wind。

附表3 中金公司重组上市的行业轮拓

年份	1997	1998	1999	2000	2001	2002	2003	2004	2005	2006	2007	2008	2009	2010	2011	2012	2013	2014	2015	2016	2017	2018	融资额(亿元)	发行数(家)
总市值(亿元)	1 665	1 687	7 105	12 028	13 138	13 093	28 287	27 740	43 212	97 169	210 988	81 938	128 212	123 595	108 750	116 712	103 626	142 026	131 877	133 058	155 027	146 777		
上市公司数(家)	1	1	5	6	9	12	15	19	23	29	30	34	40	43	44	45	48	50	53	54	58			
融资额(亿元)	350	0	166	1 641	158	359	378	424	1 345	2 401	3 711	480	1 657	3 585	363	381	770	664	348	678	1 304	2 192	23 353	
发行数(家)	1	0	1	5	2	4	3	5	5	7	11	4	6	10	4	3	4	5	3	4	6	7		100
1 电讯	移动R		移动R	移动R 联通R		电信H 联通A			网通R 联通A 电信A												联通A	铁塔H	3 334	12
2 钢铁					宝钢A				宝钢A														685	3
3 石油				石化H 中油H	石化A						海油A 中油A	海油A											1 409	6
4 有色					中铝H					中铝H		陕色A											177	3
5 银行						招行A			建行H	招行H 工行AH	建行A 信行AH		民生H	工行A 招行AH 光银A 农行AH 建行AH			光银H 招行AH			杭银A 信行A 邮储H	光银H 农行A		9 477	19
6 航运						中海A					中远A 中远AH 集运A												649	5

续表

序号	年份	1997	1998	1999	2000	2001	2002	2003	2004	2005	2006	2007	2008	2009	2010	2011	2012	2013	2014	2015	2016	2017	2018	融资额（亿元）	发行数（家）
7	保险							人财H 人寿H				人寿A 太保A		太保H		人财H 新华AH	人保H 人财AH		人财H	中再H			人保A	1 914	12
8	机场							白云A																24	1
9	航空								国航H		国航A													148	2
10	电子								TCL A														工富A 小米G	608	3
11	汽车									东风H		重汽R			广汽H							广汽A		512	4
12	煤炭									神华H	中煤H	神华A	中煤A						陕煤A					1 386	5
13	电力									华电A					西电A				广核H					346	3
14	铁路										大秦A		南车AH	北车A	大秦A		南车A 北车A		北车A			中车A		914	8
15	造船													中船A										147	1
16	建筑													中建A										502	1
17	物流														GLP								海尔	203	2
18	机械														陕鼓A									38	1
19	医药															上药H								133	1
20	媒体															凤凰A					新华网A			59	2
21	金融																	信达H		华融H				333	2
22	地产																		万达H					248	1
23	家装																			红美H			红星A	90	2
24	港口																					广港A		16	1

附表 4　　　　　　　　　　　　　　历史年表

时间	事件
1977 年 7 月 21 日	中共中央十届三中全会决定恢复邓小平政治局常委等多项职务
1977 年 10 月 21 日	教育部在北京召开全国高等学校招生工作会议，决定恢复高考制度
1978 年 12 月 18 日	十一届三中全会召开
1979 年 2 月 1 日	中央恢复中国农业银行
1979 年 3 月 13 日	中国银行从中国人民银行中分离，国家外汇管理局成立
1979 年 8 月 1 日	中国建设银行成立
1979 年 10 月 4 日	首家信托投资公司中国国际信托投资公司成立（2002 年更名为"中信"）
1984 年 1 月 1 日	中国工商银行成立，由中国人民银行开始专门行使中央银行职能
1984 年 11 月 14 日	首只股票飞乐音响向社会公开发行
1985 年 4 月 1 日	国务院制定的《保险企业管理暂行条例》实施
1986 年 9 月 26 日	首个证券交易柜台工行上海投资信托公司静安证券业务部宣告营业
1987 年 9 月 27 日	首家证券公司深圳经济特区证券公司成立
1990 年 10 月 12 日	第一家期货交易所郑州期货交易所成立
1990 年 12 月 19 日	上交所正式营业
1991 年 7 月 3 日	深交所正式营业
1991 年 7 月 15 日	首个股票指数上证综指发布
1991 年 8 月 28 日	中国证券业协会成立
1992 年 1 月 19 日	邓小平南方谈话
1992 年 10 月 25 日	中国证监会及证券委成立
1993 年 4 月 22 日	《股票发行与交易管理暂行条例》由国务院发布并实施
1993 年 6 月 29 日	内地首只 H 股青岛啤酒在港交所上市
1993 年 8 月 2 日	《企业债券管理条例》由国务院发布并实施
1993 年 12 月 15 日	国务院作出关于实行分税制财政管理体制的决定（分税制改革）
1993 年 12 月 25 日	国务院出台《关于金融体制改革的决定》（确立央行宏观调控体系）
1994 年 1 月 1 日	一系列外汇管理体制改革措施实施（汇率并轨，单一汇率制）
1994 年 8 月	内地首家 N 股山东华能在纽交所上市
1995 年 6 月 30 日	《中华人民共和国保险法》实施
1995 年 9 月 10 日	《中华人民共和国商业银行法》实施
1997 年 6 月 16 日	银行间债券市场成立
1997 年 11 月 14 日	国务院证券委发布《证券投资基金管理暂行办法》
1997 年 12 月 10 日	国务院证券委发布《证券交易所管理办法》
1998 年 4 月	中国证监会与国务院证券委合并
1998 年 3 月 5 日	中国首家公募基金公司国泰基金成立
1998 年 3 月 27 日	首批证券投资基金"开元"和"金泰"同时宣告成立
1998 年 8 月 13 日	财政部发行 2 700 亿元特别国债，第一次对四大银行注资

续表

时间	事件
1998年11月18日	中国保监会成立
1999年4月20日	四大（银行）金融资产管理公司成立
1999年7月1日	《中华人民共和国证券法》实施
1999年7月1日	《中华人民共和国公司法》实施
1999年9月1日	国务院批准的《期货交易管理暂行条例》实施
2000年3月6日	国务院批准的《中国证监会股票发行核准程序》发布
2000年12月29日	中国期货业协会成立
2001年12月11日	中国正式加入世界贸易组织（WTO）
2002年12月1日	合格境外机构投资者制度（QFII）正式启动
2003年4月25日	中国银监会成立
2003年12月16日	中央汇金公司成立，第二次对中行、建行注资
2004年6月1日	《中华人民共和国证券投资基金法》实施
2005年5月	中国信托业协会成立
2005年7月21日	人民币汇率形成机制改革
2007年8月14日	公司债发行正式启动
2007年9月29日	中国投资有限责任公司成立
2010年4月16日	股指期货上市
2017年7月14日	国务院金融稳定发展委员会宣布设立
2018年3月21日	中国银行保险监督管理委员会成立
2018年4月27日	资管新规正式落地

中国证券业协会对行业自律管理的早期探索

马庆泉*

我原来是在证券市场一线工作。从中国人民大学读完博士学位以后，我分配到中共中央党校工作，先后担任研究所经济研究室主任，校委秘书。1993年被破格评定为教授职称，随后根据中央党校教师挂职锻炼的要求，到广东发展银行证券业务部挂职锻炼，在陈云贤博士团队里参加广发证券的早期创建；直到1998年又回到北京与洪磊同志一起筹建嘉实基金公司。2000年，由于中国证监会领导要求充实中国证券业协会，加强证券业自律管理，根据证监会机构部吴清同志的推荐，证监会领导批准我到中国证券业协会担任专职秘书长。陈耀先副主席亲自带领我出席在友谊宾馆召开的第二届中国证券业协会会员大会。他说："我们一直在物色一位专职秘书长，现在这个事情算是落定了。"此后我一直在协会工作到2005年夏天。我先后历经整个第二、三届协会和第四届协会一段时间的工作，有幸在常振明理事长、庄心一会长、黄湘平会长的领导下，为证券业自律管理做了一些有益的工作，这是我一生中很有意义的一段经历。

第二届协会的主要领导是常振明理事长，当时常理事长任中信证券的董事长，我在协会担任专职秘书长和法人代表。共有25家证券公司董事长或总裁担任协会第二届理事会理事（见图1）。常理事长对协会的工作非常负责、关心和支持，经常到协会布置、督促和检查工作。有时候我也和周阿满、俞白桦两位副秘书长一起去中信证券面见常振明理事长报告工作。那个时期协会的员工只有十来个人，后来专职员工发展到29人。这个时期的协会，和第一届协会一样，应该是属于打基础的起步阶段。在中国证监会的关心支持和常振明理事长的领导下，我们做了三个方面的工作，为证券业自律管理进行了有益的探索。第一是，第二届协会在服务会员、围绕市场热点和监管中心方面做了许多努力，比如及时组织各种培训和

---

* 作者简介：马庆泉，经济学博士、教授、中国人民大学博士生导师，特华博士后工作站博士后导师，原第二、三、四届中国证券业协会副理事长、秘书长、常务副会长（1999年12月—2005年5月），历任中央党校教授、校委秘书、研究所经济研究室主任，广发证券总裁，嘉实基金董事长，广发基金董事长，香山财富论坛创始理事、北京香山财富投资管理有限公司董事长。原载于《中国证券》2018年第12期。

研讨活动，获得了证券经营机构的广泛好评，同时也在协会经费比较紧张的阶段为协会筹集了必要的办公经费。第二，中国证券业从业人员（包括基金从业人员）的从业资格管理开始起步。在这方面，由于当时绝大多数证券公司的高管人员经验丰富而年龄偏大，经时任证监会主席周正庆同志批准，对副总以上的证券公司高级管理人员采取了"以训带考、训考结合"的形式，开办大体一周的培训班，复习重点内容，最后一天进行结业考试，考试合格发予结业证书。第三方面的工作也是很有意义的，就是后来作为新三板基础的、为解决原来 NET、SDAQ 等遗留问题而进行的探索。当时这个工作是挂在中国证券业协会名下，由协会和若干大型证券公司参与，主要由证监会信息部领导并组织实施。具体的负责人是信息部主任徐雅萍同志（她后来调入中国证券业协会任副会长），协会由我负责衔接，证监会领导屠光绍副主席负责指导这项工作。第一家试点企业是在国泰君安挂牌的，徐雅萍同志和我参加了挂牌仪式。当时这个工作是初步的探讨，后来在第三届协会时期发展成为一个正式的市场层次。第二届协会的这些工作既受到业内的高度赞赏，同时也赢得了证券经营机构的大力支持。在这里值得提出的是，常振明理事长根据他丰富的工作经验，认为协会应该拥有固定的办公场所。为了解决这个问题，他提议，第二届协会常务理事会通过决议，由每家副理事长单位向协会捐赠 300 万元（记得好像是总计捐赠 4 200 万元），作为协会购置办公场地的费用。在第三届协会的时候，就是用这笔捐赠，购买了后来协会在富凯大厦 B 座二层的办公地（见图 2）。

图 1　1999 年 12 月 15 日、16 日第二届会员大会正副理事长、监事长合影

图 2　2005 年 6 月 20 日中国证券业协会迁址至富凯大厦 B 座 2 层

在第二届协会期间,高西庆、陈东征、屠光绍、桂敏杰副主席和吴利军主席助理,都分管负责过协会的工作(见图3)。

图3　时任证监会副主席高西庆出席协会常务理事会会议

第三届协会是中国证券业自律管理和证券业协会发展的一个比较重要的阶段。中国证监会领导决定调原来曾在国务院证券委办公室工作、后任深圳副市长的庄心一同志到协会工作,做一把手,负责中国证券市场自律管理体系的进一步建立和完善。

我对庄心一同志到协会担任主要领导衷心拥护。我原来从事教育工作,后来在证券公司工作,行政机关经历有限,魄力和能力都有欠缺。协会发展到当时的阶段,我深感需要庄心一同志这样既熟悉证券市场同时又有丰富行政工作经验和魄力的领导同志带领协会继续发展。因此在2002年的3月8日我专程飞往深圳,迎接庄心一同志;随后在3月11日,庄心一会长在证监会领导和深圳市委领导的陪同下正式到协会履新(见图4)。

图4　第三届中国证券业协会会长庄心一

从庄心一同志到协会工作起,中国证券业协会改为会长制。庄心一同志任会长,我担任庄心一同志助手,任常务副会长。中国证监会为协会的转型配备了强有力的领导班子,先后调光大证券总裁聂庆平同志任秘书长,后又从证监会调信息部主任徐雅萍、培训部主任杨晓武、上市部副主任邓映翎、机构部副主任熊伟、机构部处长钟蓉萨等同志到协会任职,分别担任副会长、副秘书长等职。中国证监会根据周小川主席提议，主席办公会议以证监会红头文件形式，给中国证券业协会以8项授权，把之前由中国证监会行使的一些行政监管职能移交到协会，变为行业自律管理职能，从而为中国证券业自律组织的自律权限提供了法律法规依据，为中国证券业协会的组织和运行机制的转变提供了坚实的基础。

庄心一同志为协会的发展付出了巨大的努力。他在协会任专职会长的两年里，就我所见，他在晚上10点钟之前下班离开办公室的情形是很少的，常常是工作到深夜。后来他调任证监会主席助理和副主席，对协会的领导也是非常具体和深入的。

庄心一同志非常重视对行业的调查研究。自从担任协会会长起，每年春节之后的第一件事，基本上是到各地进行调查研究。由于深入掌握了行业发展的第一手资料，所以协会的工作就比较能够贴近行业需要，想行业所想，急行业所急；同时也能够更有效地与证券经营机构沟通，在行业监管和自律管理之间架起桥梁，更好地贯彻市场监管的法律法规和政策。在第三届协会期间，证券投资基金和证券咨询机构的自律管理，都还隶属在中国证券业协会之下。

根据证券行业子系统的特点，分别建立相应的专业工作委员会，是庄心一同志领导协会在自律管理方面的一个重要探索。在他的领导下，我和聂庆平同志具体负责成立了投资银行业委员会、证券经纪业委员会、证券分析师专业委员会、证券公司财务管理专业委员会、证券投资基金业委员会、行业准则和纪律处分委员会等等。后来为了筹建代办股份转让系统（即后来的新三板），成立了金融创新委员会。这些委员会多数由行业里有影响的机构的主要负责人担任领导。在协会领导下，专业委员会在证券行业的不同领域发挥了重要作用（见图5、图6）。

图5　2000年7月5日—6日协会证券分析师专业委员会成立大会

图6　协会证券经纪业委员会第一次会议

证券行业的从业资格管理在第二届协会的时候开始起步，在第三届协会的时候走上了建制化、规范化的轨道。由周自盛同志牵头，协会编写了完整的一套从业人员资格考试教材及其配套的考试题库。杨晓武同志牵头，建设了从业人员资格考试的电脑考试系统。周巍屏同志负责的部门则实现了全市场从业人员资格的录入和查询系统。

第三届协会高度重视证券业的国际交流。在这个时期，协会与日本、韩国、美国、澳大利亚、英国等国家的证券业、证券咨询业、证券投资基金业都建立了密切的联系，有经常性的互访和交流。由杨晓武同志具体负责，协会曾经与美国宾夕法尼亚大学沃顿商学院合作，组织过9届中国证券业的沃顿培训班，培训了一大批中国证券公司的高管人员（见图7）。我本人也曾负责与欧洲证券培训中心在英国里丁大学合作组织的中国基金业培训班，基金业不少公司领导和基金经理都曾经参加过这个班的培训。国际交流中的一些考察报告，有些曾经上报给中国证监会和国务院有关部门，有些建议对市场建设起到了积极的作用。这里要特别提出，在第三届协会期间，中国证券业协会于2002年10月24日在北京钓鱼台国宾馆主办了"亚洲证券论坛第八届年会"，这是这个国际组织第一次在中国主办年会。这次年会召开得圆满成功，提升了中国证券市场的国际形象和影响力（见图8）。

图7 与美国沃顿商学院联合举办的"证券业领导力高级培训项目"第二期培训班结业式师生合影

图8 成功举办"亚洲证券论坛第八届年会"，各成员组织代表合影留念

新三板的建设应该说是第三届协会的一项重要成就。这个工作的探索在第二届协会的时候已经开始，到第三届协会的时候开始强力推进。这个工作在第二届协会的时候，由证监会信息部主任徐雅萍同志牵头组织；后来徐雅萍和邓映翎同志都先后调入证券业协会工作，在协会成立金融创新委之后，则由邓映翎同志担任主任，专职负责这项工作，进行前期论证、方案和运行机制设计等等。协会从深交所借调过来一批专业人员组成团队，他们做了许多基础性、创造性、实质性的有意义的具体工作，为新三板的建立打下了坚实的基础。在庄心一同志领导下，协会与证监会和国务院有关部门密切沟通，以中关村高科技企业为突破口，为多层次资本市场的建立做出了重要贡献。在这里，我想说，徐雅萍同志后来英年早逝，她早期在多层次资本市场建设中的工作贡献应该在此记上一笔。第三届协会在自律组织的组织体系建设方面迈进了一大步。协会在党委领导下工作，实行理事会领导下的会长负责制。协会建立有监事会，对会员大会负责。对于之前在各地已经存在的地方证券业协会，中国证券业协会逐步探索对它的指导机制，曾经数次组织过地方证券业协会工作经验交流会。尤其是，庄心一会长提议并亲自组织、设立了证券业自律监管联席会议，协会与沪深证券交易所（登记结算公司获邀每次参加）轮流主持，通过自律监管机构间的沟通会商，协调解决行业自律管理中的一些具体问题（见图9）。我个人体会，从第三届中国证券业协会开始，它才真正在证券市场上成为一个有名有实的行业自律组织。

图9　协会与沪深证券交易所建立了联席会议机制

庄心一同志在协会工作期间，我曾经亲聆他许多讲话，确实非常精彩，非常有理论价值。我离开协会后曾经建议他结集出版，作为证券业自律管理的理论探索成果，被他婉拒了。他说话有时候不给人面子，但我在他身边工作，知道他为人正派，没有恶意，都是从工作出发，也很谦虚。

第四届协会是黄湘平同志任会长。黄湘平会长曾任湖南省证券管理委员会、湖北证监局的一把手，有丰富的市场监管经验。他平易近人，有亲和力，同时有全局把握能力。我有幸在第四届协会工作过大半年时间，亲身体会到湘平会长的工作作风，非常佩服。

我自2000年初到2005年5月，在中国证券业协会工作近六年时间，先后参与了第二、三、四届协会的部分工作，与协会班子各位领导和协会同事们都建立了终生的友谊。我为能够与他们一起工作这么长时间感到荣幸。

顺便提一下，根据协会领导的提议和中国证监会的推荐，我和原中国证监会首席会计师张卫国同志曾经一起获得过国务院政府特殊津贴。我的证书上写的是"因为在证券行业监管方面的贡献",为此,我个人觉得非常惭愧许多协会领导比我做的贡献更大,这个奖励本应发给他们。

谨以此文纪念中国改革开放40周年。

我国股票市场若干重要事件的历史回忆*

聂庆平**

  2018 年是我国改革开放 40 周年和资本市场建立 28 周年。1990 年 9 月报经党中央、国务院同意，中国人民银行正式批复上海证券交易所成立，这是我国实行改革开放后建立股票市场的里程碑。1991 年 7 月中国人民银行又正式批复深圳证券交易所成立。沪、深两地证券交易所的设立，开启了我国资本市场改革开放的伟大征程。

一、股份制与股票交易始自民间

  我国的企业股份制和股票市场试点最初是自下而上搞起来的，由地方集体企业和乡镇企业擅自进行不规范的股票集资，自发产生了改革开放后最早的股票发行和股票流通。

  1984 年至 1985 年，我国进行了一次宏观经济调整，记得当时提出"调整、改革、整顿、提高"的八字方针，背景是我国经济在经历了 1978 年的改革开放以后，经济发展很快，信贷急剧膨胀，出现比较严重的通货膨胀，需要进行国民经济调整。

  经济调整怎么搞？在传统经济体制下就是搞"一刀切"，实行财政信贷紧缩政策，严格控制信贷总规模和固定资产投资规模。1978 年我国实行经济体制改革后，企业的所有制结构已经发生了很大改变，不完全是国营企业，当时已经发展了乡镇企业、城镇集体企业和个体企业，出现多种所有制结构。国营企业在"一刀切"的紧缩政策下可以优先得到贷款，

---

  * 说明：因版面有限，本文仅选取《我国股票市场若干重要事件的历史回忆》原文的部分内容刊登。
  ** 作者简介：聂庆平，男，1961 年出生。现担任中国证券金融股份有限公司党委书记、董事长。曾担任中国人民银行金融管理司副处长、中国证监会发行部、海外上市部和国际业务部副主任，光大证券有限责任公司党组书记代总裁、中国光大控股有限公司董事总经理、中国证券业协会副会长兼秘书长（2002 年 7 月—2007 年 1 月）、中国证监会机构监管部巡视员、融资融券工作小组办公室主任。聂庆平先生 1988 年在中国人民银行研究生部获金融学硕士学位，2000 年在武汉大学获经济学博士学位，2002 年在北京大学获经济学博士后。主要研究方向为资本市场、国际资本流动与国际货币体系、金融监管体制比较研究和投资银行实务。出版专著《看多中国：资本市场历史与金融开放战略》《中国股票市场探索》，主编《证券借贷理论与实务》，翻译《英汉金融与投资术语词典》，发表 50 多篇金融领域学术文章，聘为中国社会科学院研究员，在清华大学和中国社会科学院研究生院担任讲座教授。原载于《中国证券》2018 年第 12 期。

但集体企业和乡镇企业受宏观调控的影响就可能得不到贷款，企业资金周转困难，只能靠自筹。在那时就出现了"以资代劳、集资入股、发行内部债券和股票"等企业筹集资金方式，当时称为"乱集资"。也正是这种擅自集资行为，才有了我国第一批股份制企业和股票发行，包括北京的天桥股份，沈阳的金杯股份，上海的真空电、大飞乐、小飞乐等。

上海是最早比较系统进行企业股份制改造和股票公开发行试点的城市。从1984年至1986年11月，由于一批新的集体企业筹集资金的需要，企业债券和股票在上海开始出现。1984年，上海飞乐音响有限公司在上海发行股票50万元。1987年1月，上海真空电子公司发行股票2亿元，这是上海第一家国营企业发行的股票。1991年经中国人民银行批准，上海兴业房产股份有限公司、上海飞乐音响股份有限公司、上海爱使电子股份有限公司、上海浦东大众出租汽车股份有限公司、上海异型钢管股份有限公司、上海众城实业股份有限公司向社会公众公开溢价发行股票1.3亿元，其中个人股3 370万元。此外，经国务院同意、中国人民银行批准，上海真空电子器件股份有限公司向海外投资者发行人民币特种股票（B种股票）1亿元（100万股），溢价420元/股发行。这是我国最先发行的B股，也是第一家以海外参股投资形式开办的中外合资企业。

深圳开展股票市场试点的探索也比较早。1986年，深圳市企业为了扩大经营规模，开始出现股票集资活动。据记载，1983年深圳三和有限公司、银湖旅游中心和宝安县联合投资公司就通过发行股票筹集资金。1987年5月，深圳发展银行率先向社会发行股票；后来有万科、金田、蛇口安达和原野等公司发行股票。

由于有上海、深圳两地股份制和股票发行试点的示范作用，中央也没有明令禁止，从1986年到1992年，全国各地都开始了企业股份制和股票发行试点，出现"股份制"热和"发股票"热。据国家体改委有关部门的不完全统计，到1991年底，全国有各种类型的股份制试点企业约3 220家（不包括乡镇企业中的股份合作制和中外合资、国内联营企业）。其中，法人持股的股份制试点企业380家，占12%；内部职工持股的股份制试点企业2 751家，占85%；向社会公众发行股票的股份制试点企业89家，占3%。其实，当时全国各地已经出现股份制试点"一哄而起"的现象，搞股份制试点的企业家数远大于国家体改委的统计数据。比如，某些省份一夜之间就冒出数百家股份制试点企业，说明当时各地政府在审批股份制试点企业方面存在失控的情况。

在20世纪90年代初，我国的银行监管和证券监管尚未实行分业管理的体制，中国人民银行是证券市场的主管机关，在股份制和股票公开发行试点政策方面强调在国家综合信贷计划的总盘子内确定股票公开发行的额度，然后在此额度内再确定股份制试点企业，进行公开发行股票的试点。试点范围先在上海、深圳、广东、福建和厦门，然后逐步扩大到其他省、市。同时，强调按比较规范的股票公开发行程序进行股票发行，要求各地人民银行，尤其是上海、深圳两地的人民银行分行起草好地方性的股份制和股票发行办法后稳妥试点，在中央没有明确股份制和股票市场试点政策之前，股票流通市场试点只限于上海、深圳两地进行。很显然，在当时的"股票热"背景下，这种试点步伐是难以满足各地股份制改革要求的。因此，有的地方省市相关负责同志讲"上海、深圳喝汤，我们连骨头都啃不上"，抱怨股票公开发行管得过死。

如何使股份制试点步伐快一点？没有额度怎么办？有些地方和部门就提出了内部职工持股的股份制试点，说是国外有公开发行股票不上市的股份公司，也不需要经证券主管机关注册或审批。此办法一出,一下子就突破了股票公开发行额度的限制,各地的股份制试点企业如雨后春笋般出现,也的确出现了混乱现象。四川有名的红庙子股票交易市场,就是当时股票内部发行后擅自进行股票交易的情况反映。

总体上讲,我国的股份制和股票发行试点可分为两个阶段:1986—1989 年为第一阶段。这段时间,全国各地搞股份制试点处于观望状态,除上海、深圳进行股份制试点范围稍大一点外,其他省市只是选择很少量的企业进行股份制试点,而且多为集体企业和乡镇企业。1989 年初,国家体改委、国务院生产办和国家经贸委三部委牵头开始起草股份制试点规范意见,曾掀起一拨股份制试点热潮,各地开始选择国营企业进行股份制试点,但随后因 1989 年政治风波的影响停了下来。

1990—1992 年为第二阶段。这是因为 1989 年政治风波后,大家看到中国的改革开放政策并没有变,上海、深圳的股票市场试点并没有停止,邓小平同志在 1992 年发表了重要的南方谈话:"证券、股市,这些东西究竟好不好,有没有危险,是不是资本主义独有的东西,社会主义能不能用?允许看,但要坚决地试。看对了,搞一两年对了,放开;错了,纠正,关了就是了。关,也可以快关,也可以慢关,也可以留一点尾巴。怕什么,坚持这种态度就不要紧,就不会犯大错误。"受讲话鼓舞,我国掀起了第二拨企业股份制试点的热潮。

这个时期的股份制和股票发行还是非常不规范的。一是我国当时处于改革开放的初期,无论是国务院,还是地方政府都没有股份制度的立法,企业的股份制属于试点观察阶段,企业资产也未进行折股,因此,说是企业搞股份制,其实并没有真正进行股份制改造。二是当时发行的股票既保底、又分红,入股者既可以获得同期银行存款利息的保障,还可以按股分红,债务证券与权益证券的特征混淆。三是股票发行没有面值,没有实行一元一股。四是股票规定了偿还期限,通常为 5 年期。五是股票发行没有严格的招股说明书和必要的信息披露。

二、深圳股市"狂热"事件

上海和深圳是我国改革开放后最先进行股票交易试点的城市。深圳于 1988 年开始进行股票交易市场试点,最早在深圳经济特区证券公司红荔路营业部开办了深圳 5 家企业股票的柜台交易。这 5 家企业是深圳发展银行、深圳金田股份有限公司、深圳万科股份有限公司、深圳蛇口安达运输股份有限公司和深圳原野股份有限公司。万科于 1988 年 12 月进行股份制试点,当时主要做实业和贸易,还没有进入房地产业。金田于 1988 年 2 月进行股份制试点,以做贸易为主。深圳发展银行是在 1987 年 5 月中国人民银行作为金融改革的试点,把深圳的 13 家农村信用社进行合并,组建成股份制银行,也就是把信用社的股金直接转化为深圳发展银行的股份,当时的注册资本 1 000 万元,设立了深圳发展银行。

最早的股票交易就是这样起来的。开始没有人看重股票,股票交易并不活跃。到 1990 年,随着企业股份制试点在全国热起来,人们买卖股票也逐步活跃起来,进行股票交易的人越来越多。深圳的股票柜台交易逐步升温,股价不断上涨,出现拥挤,柜台买卖股票不得不靠发号进行,许多人一大早排在特区证券公司红荔路营业部的门前拿号。据说,当时每天发 200 个号,领到号的 200 人就可以到场内报价配对成交,买卖价格写在黑板上,确实就像我们在电影或小说里描述的最初股票交易的情形,像纽约的梧桐树下的交易、英国的咖啡馆里的交易。

为什么1988年前深圳股票柜台交易比较冷清，到了1990年开始出现"炒股"狂热的现象呢？1988年底，全国的企业股份制与股票发行试点本来已经开始出现高潮，受1989年政治风波的影响，一部分舆论把股份制等同私有制，私有制等同自由化，老百姓觉得股市看不准，所以持观望态度，股市也不活跃。1990年初，国务院李鹏总理视察深圳，强调继续办好深圳特区，人们的疑虑就打消了，又都去证券公司柜台看行情，买卖股票。最初，深圳缺乏严格的股票交易制度，所以整个股票买卖是完全凭着相互之间的信誉来进行的。比如说，张三的股票卖给李四，成交后，他们把身份证号码互相记下来，股票就交割了。由于深圳股市早期的股票价格涨得很快，比如发展银行股票，今天成交27元一股，第二天就涨到30元以上了，那时也没有涨跌停板制，张三可能就不干了，要反悔，不卖出已成交的股票，发生争执和斗殴的情况。炒股的影响很大，很多人跑到深圳特区证券公司红荔路营业部门口去排队、围观，很快就出现了深圳炒股"狂热"现象。

深圳股市"狂热"现象引起了中央重视。事情是这样的，当时有名记者写了一份动态清样，本意是想反映深圳出现了股票交易市场，存在一些混乱情况，后来采取了措施，是改革开放产生的新东西，应该引起中央的高度重视，不能再这样"狂热"下去。但是没想到，这个动态清样在编辑时把后面采取的措施部分给去掉了，只把前面骇人听闻的炒股"狂热"现象给列举出来了。比如深圳股市炒股"狂热"，已经达到"万人空巷"的状况，机关干部、群众不去上班，就是去炒股，获利极高。深圳股市"狂热"涉及是否关闭深圳股票市场试点问题。按照中央领导批示精神，先由国家审计署和中国人民银行组成调查组，派人去调查。

我当时刚刚从伦敦股票交易所培训回来，1990年7月1号被派去深圳调查。当时调查组由审计署和中国人民银行的5位同志组成，包括审计署财政金融司肖远才副司长、刘学敬副处长和中国人民银行金融管理司金建栋司长、金颖处长和聂庆平副处长。这次调查的报告对深圳股市试点至关重要，因为当时有意见认为深圳搞股票市场试点是资本主义的东西，不应该任其发展。如果那个时候关掉了，我国就没有资本市场，就没有后来成立的证券交易所，也就没有股票的全国发行，也就不会一直发展到现在的资本市场。

调查组的调查报告认为，深圳的股市为什么会"狂热"，首先就是高分红，因为那个时候深圳股票分红的水平超过了银行的同期储蓄存款利率水平，老百姓当然就愿意买股票了。虽然当时股票是一个新生事物，有风险，但是老百姓首先看到的不是风险，而是它的回报，所以能造成深圳股市炒股"狂热"。其次是股价天天涨，而且又有送红股和配送股份，价差这一块远远超过红利的水平，只要能买到股票就赚钱。当时流行一句话："专家不如炒家，炒家不如坐在家"。意思是专家当时看市盈率，到十多倍的市盈率，赶快就把股票卖了；炒家不看市盈率，敢投机冒风险，等股票炒高了后才卖；最赚钱的就是深圳的渔民，在组建深圳发展银行时，将入股农信社的股金折成深圳发展银行的股份，渔民不懂股票交易，股票压在箱子里不去问，也不去炒，等到炒得很高的时候，最后卖掉了，结果是最高点卖掉的。所以说"专家不如炒家，炒家不如坐在家"，这就是当时的情况。最后是股市供求不平衡。据当时的调查，深圳的储蓄存款80个亿，但是股票的总股本才1.25个亿，80个亿对1.25个亿，加上还有不断涌入的外地游资，造成深圳股市股票和资金的供求关系极不平衡。当然其他方面的缺陷也存在，比如税收问题；比如没有集中交易的场所，相应的股东权益得不到保证，还容易产生纠纷，可能有打架、斗殴；比如没有完整的法律，也没有相应的交易制度。

国家审计署和中国人民银行调查报告提的建议是：第一要增加股票发行量，把上海和深圳作为试点的地区，真正进行国有企业股份制改造，允许进行公开发行股票的股份制试点；第二是加强证券交易的税收制度，研究征收交易税和资本利得税；第三要逐步建立集中交易的股票交易所。

三、设立国务院股票市场办公会议

在确定了上海和深圳为继续进行公开发行股票的试点城市以后，除两市的人民政府负有管理责任外，在国务院层面主要由中国人民银行担负监管职责。但是，中国人民银行觉得这件事情非常复杂，因为发行股票要进行股份制改组，要实行新的会计制度，要进行相应的工商登记变更，如果是"三资"企业，还要经过外经贸部的同意。由于中国人民银行只管股票公开发行额度，企业股份制和股票市场试点的其他政策还需要国务院的其他部门配合，所以当时中国人民银行向国务院提出《关于建立股票市场办公会议制度的请示》，经国务院领导同意，设立了我国最早的证券市场决策机构——股票市场办公会议。

股票市场办公会议由国务委员兼中国人民银行行长李贵鲜同志召集，李贵鲜同志不在时，由中国人民银行副行长郭振乾同志召集。参加股票市场办公会议的成员有：中国人民银行、国家体改委、国家计委、财政部、国家外汇管理局、国家税务总局、国有资产管理局等部委的有关领导。

股票市场办公会议的常设机构设在中国人民银行，主要任务是：确定全国股票市场发展的重大方针、政策，报国务院批准后执行；审定全国股票发行规模，根据国家计划确定上海、深圳公开发行股票的额度；审定全国股票市场的管理办法；协调各部门关系；通报上海、深圳股票市场运作情况，研究解决有关重大问题。

第一次股票市场办公会议讨论了上海、深圳股票公开发行额度问题，既然确定上海、深圳两地进行股票市场的试点，买的人又这么多，只能给上海、深圳额度，扩大股票公开发行数量，要求上海、深圳选择合适的股份制试点企业。由于当时并没有股票公开发行和股份制方面的法律法规，中国人民银行总行只好起草了关于股票公开发行的一些基本要求，主要内容来自中国香港、英国、美国的证券法规。比如说，公开发行的股份不得低于25%；企业应该进行股份制改制，把资产折成股份，不能资产还是国有企业的老样子，要资产评估后折成股份，要改制，要从有限责任公司变成股份有限公司；实行股份制的企业发行的股票不能够担保红利回报，还原股票风险性的股权投资属性，以前发行的股票都担保10%的派息率，就不能再这样搞了。既然要规范，就写到当时的股票发行管理办法中去；发行的股票面值必须统一，必须一元钱一股，明确股票面值，这是基本的条件；当然还有信息披露，招股说明书等等。

按照当时股份制与股票公开发行规定的这几条，上海、深圳负责挑选企业，由第一次股票市场办公会议根据上海、深圳选的企业确定股票发行额度。我记得当时深圳做的报送材料比较好，准备得比较充分，12家报送企业，每家厚厚的一本，内容包括股票发行申请、招股说明书、经审计的财务报表、股改方案和股票发行方案。股票市场办公会议上大家一看，像回事，真的像搞股份制了。上海市只是由中国人民银行上海分行和上海市经济体制改革办公室报送了《关于报送上海市一九九一年股份制试点企业名单的请示》，选定22家企业进行股份制试点，其中4家是新组建的，18家是改组设立的。此外，还有2家股份公司拟发行股票，即上海真空电子器件股份有限公司发行1亿元人民币面值的B种股票，上海兴业房产股份有限公司发行500万元人民币股票。另外，2家股份公司增发人民币股票，上海飞乐音响增发335万元，上海爱使电子增发230万元。

考虑到上海报送的材料缺乏企业股份制改制方案，最后股票市场办公会议原则同意了深圳12家企业的股票发行方案，给了相应的股票公开发行额度，大概是两亿多元人民币。原则同意上海真空电子的B股发行额度和3家企业的股票公开发行，其他申请的企业则需制订好股份制试点方案后再定。

四、深圳发行股票认购证"8·10"事件

深圳拿到股票公开发行额度后，在股票公开发行额度和股份制试点资格审批方面一直协调不下来，结果准备被批复为股份制试点的企业得不到股票公开发行的额度，而得到股票公开发行额度的企业又得不到股份制改制的批复，因此，额度给深圳很久，股票却迟迟不能进行公开发行。

当时深圳市政府成立了证券市场领导小组，负责协调股份制试点和股票发行工作。领导小组的主要职责：一是领导和推动深圳市证券市场的筹建和发展；二是领导制定深圳证券市场有关方针政策、法规及工作计划，并对实施情况进行检查和指导；三是审批上市公司的发行计划及资信，查处证券业违法行为；四是定期或不定期地向市政府报告证券市场发展情况，提出解决问题的措施和建议。

1992年，老百姓一听说深圳要发行股票，早就闻风而动，全国出现股民大量收购农村身份证的现象，一麻袋一麻袋地去收购。因为按照当时的股票发行办法，需要用居民身份证购买股票认购证，股票认购证限量发行，规定一张身份证只能买多少张认购证。为了排队购买股票认购证，大量的股民涌向深圳，大概聚集了十多万人，男的女的，老的少的都有。想买认购证的人多了，交通也成了问题，许多人从广州直接坐火车去不了深圳，就绕道从珠海坐船，那时候珠海的船票八块钱一张，头等最多十二块，后来涨到三十多块，很多人倒船票也赚了不少钱。当时还有人倒卖塑料凳子，因为认购证在深圳大剧院前的工行、建行营业网点发售，需要排队，不能一天老站着，三五块钱一个的塑料凳，后来也涨到十几块。为了防止排队买认购证的人插队和队伍被挤散，排队的人也不分男女，相互紧紧搂着，当时香港的报纸还把排队的情况刊登出来，场面的确很混乱。

当时深圳市在如何发行股票问题上有两种方案：一种方案是实行凭预交款存单抽签认购1992年新股的方案。预交款存单采取在银行整存整取，活期计息，为记名式的特种存款单，并以存款号码作为认购股票的抽签号码。存户中签后以存单交付股款，多退少补。存单只对1992年期内上市的新股有一次中签的机会，未中签可参加1992年度下一家新股上市的抽签。具体意见是：印制从0000001开始顺序的定额存单300万份，每份等额为5 000元，以存款单的顺序号参加抽签。存单购买对象为个人，每个名字可购买2张，购买者必须18周岁以上（1974年12月31日以前出生）。另一种方案是深圳市1991年曾经使用过的抽签表方案。

深圳最初准备采用预交款存单抽签方案,但由于这一方案的酝酿时间过长,社会各方意见不一。据说当时有很多人纷纷向深圳市政府信访办、市长专线电话、市政府及《每日快报》《深圳特区报》《深圳商报》等反映,认为预交款抽签方式不行,强烈要求仍采取1991年购买抽签表发售的方式。深圳市不得不重新研究了预交款、发行债券、特种储蓄、竞价投标和购表抽签5种方案。最后,深圳市组织专题座谈,7月4日讨论确定"买表抽签"方案。

在发行认购抽签表的具体方式上,当时也是有争论的。有的认为应该无限量发售股票认购证,然后通过抽签确定股票的认购;有的认为无限量很难准备认购证,印刷多了是浪费,印刷少了一时也很难加印,还是限量发行比较好。最后,深圳市采用了限量发行认购证的方式,确定为500万张,一次性抽出50万张中签表,中签率为10%,每张中签表可认购1 000股,每人一次最多可持有10张身份证购买10张认购证。每张认购证最初确定为50元,后来担心买表的人太多,提高到100元一张。

按照认购抽签表的方案,1992年8月7日,深圳人民银行、公安局、监察局、工商局联合通过新闻媒体向社会公告:于8月9日至10日两天,在303个网点发售新股抽签表,并公布了每个网点的发售数量、区间号码。公告发布后的当天下午,许多网点出现了"人龙",直到9日发售的当天晚上,还有大量外地人员争相涌入深圳。据统计,排队认购抽签表的人数超过120万人。认购证大概是上午9点钟开始卖,不到10点钟就全部卖完了,很多人就没有买到。开始还没觉得什么,大家以为认购证发完就完了,但到10日晚上就出事了。一些人感到,排了两天两夜的队,厕所也没上,饭也没吃,还没买到认购证,心里很不平衡,于是就开始闹事,很多排队的人游行,出现了混乱的局面。据当时的调查报告讲,滋事分子殴打执勤干警、群众,设置路障,破坏交通设施,砸毁车辆和商业门店,这在当时是很大的事情(见图1)。记得深圳市临时决定加印500万张认购证,并采取措施,组织人员在8月11日下午开始发售,才平息了购表群众的不满情绪,全市社会治安、工作和生活秩序恢复正常。

图1 深圳"8·10"事件

当时北京正在京西宾馆召开全国证券工作会议,深圳发生的事情很快就报告到北京,朱镕基副总理在会议上讲,这个事件惊动了中央。为了加强对股票市场的集中管理,在"8·10"事件后不久,国务院决定单独设立中国证券监督管理委员会。

五、上海、深圳证券交易所成立的经过

1990年初,我国的股票市场尚处于探索阶段,联办①曾提出在北京设立证券交易委员会和成立北京股票交易所的建议。这个建议就是联办的"白皮书"。从当时的情况来看,在北京设立证券交易所和设立证券交易管理委员会(类似美国的SEC),虽然由联办提出来,但中国人民银行批准实际面临很多困难,主要有以下几个方面的原因:

第一,在当时的背景下,股份制和股票市场的试点还处于摸索的初期阶段,虽然上海和深圳进行了股票交易的试点,但是国家并没有明确政策将股票市场试点在全国铺开。所以在这种背景下,无论是从股份制试点和股票市场的发展状况看,还是从讲政治的要求看,当时批准设立证券交易所条件不成熟。

第二,北京本身是一个敏感的地方,是我国政治、经济、社会、文化的中心。所以当时提出在北京设立股票交易所或者说证券交易所也不一定是可接受的,本身就存在争论。到底是在上海设立,还是在北京设立,没有人敢表态,也是"白皮书"建议没能付诸实现的原因。

第三,设立证券交易所是改革开放的一件大事,也是金融改革的一件大事。在当时的背景下,由联办直接主导发起组建证券交易所,中国人民银行能不能受理也是很敏感的问题。因为从1987年开始我国在7个沿海开放城市进行国库券流通试点后,上海、深圳等许多省市都提出了设立证券交易所的方案,因没有明确的政策,中国人民银行一直未予表态;而且设立证券交易所,通常是由地方人民政府提出申请,国务院进行决定,中国人民银行才能审批。

设立上海证券交易所是我国改革开放的一个标志性事件,也是中国资本市场的起点。到底是最先有上海证券交易所,还是最先有深圳证券交易所,这个问题的争议意义其实不大。如果硬要说谁先谁后,那么深圳证券交易所是"先运营,后有照",上海证券交易所是"先有照,后运营"。从当时的实际情况来看,经国务院同意,并由中国人民银行正式批复,设立上海证券交易所在前,开业仪式也是上海证券交易所在前。深圳证券交易所筹建和试营业早于上海,当时深圳证券交易所筹备组经中国人民银行深圳分行向中国人民银行总行报送了设立深圳证券交易所的申请,因政策原因中国人民银行总行没有批复,只是说先别叫"交易所",可以先以"深圳证券市场"的名义试着干,深圳市政府自己拍板试营业,但正式经过中国人民银行总行批准设立、开业确实在上海证券交易所之后。所以,从履行申请和批复来看,我国是先设立上海证券交易所,后有深圳证券交易所。

上海证券交易所的设立也是根据上海市的股份制和股票市场的发展情况而设立的。在此之前,其实上海市已经在开始着手考虑设立股票交易所问题,当时成立了关于建立上海证

---

① 1989年3月15日,由中化、光大等9家单位发起成立了证券交易所研究设计联合办公室,简称"联办",后改名为中国证券市场研究设计中心。

交易所的研究小组,这个小组由中国人民银行上海市分行和上海市体改办组成,共同研究上海证券交易所方案。

我这里有上海证券交易所最初发起设立时的申请文件资料,从当时考虑的情况来看,在设立上海证券交易所方面有这么几层考虑:首先,上海证券交易所成为全国证券交易的中心,所以采用集中交易的模式设立,这种集中模式只适用上海和深圳两家证券交易所。也就是说在最初我国设立证券交易所的时候,只考虑设立上海和深圳两家证券交易所,并把它们作为全国的证券交易中心。其次,在当时的情况下,证券交易所是以国债交易为主,因为当时股票发行量很小,考虑到交易所开业以后仅仅只有几只股票进行交易,同样还希望有其他的债券也可以进入,所以最初上海证券交易所设立的宗旨是以国债交易为主、以股票交易为辅。最后,上海证券交易所也像全球其他交易所一样,实行会员制方式设立。

上海证券交易所的章程和深圳证券交易所的章程内容大体一致。像章程的总则部分,都是讲为完善证券交易制度,加强证券市场管理,促进我国证券事业的发展,维护国家、企业和社会公众的合法权益,特设立证券交易所,而且都定义证券交易所是会员制的非营利性机构。在管理权上当然有一点区别,深圳证券交易所写的是"接受深圳市人民银行以及深圳市人民政府的领导、管理、协调、监督和稽核";上海证券交易所写的是接受"中国人民银行上海市分行的领导、管理和监督"。从当时的情况来看,股票市场设立初期,两家证券交易所是分别隶属于上海和深圳地方政府管理的。

上海、深圳证券交易所最初的注册资金都是1 000万元人民币。从业务职责看,一是提供集中交易的场所,二是管理上市证券的买卖,三是办理上市证券交易的清算交割,四是提供上市证券的过户和集中保管服务,五是提供证券市场的信息服务,六是中国人民银行许可和委托的其他业务。

上海证券交易所刚设立时对会员的资格要求不高,经中国人民银行或者一级分行批准设立,可以经营证券业务的金融机构就可以作为会员。会员资本金的要求为100万元人民币以上,证券经营连续盈利两年以上,有符合条件的组织机构和人员就可以作为上海证券交易所的会员。

1990年11月24日到11月26日,上海证券交易所在上海的华南宾馆召开了预备会议,这个会议通过了设立上海证券交易所的决议。会议认为,建立上海证券交易所是我国坚持改革开放、开放浦东的重要措施,对进一步推动我国证券市场的发展,促进社会主义现代化建设事业具有积极的作用。当时有22家金融机构作为首批会员,签字联合发起建立上海证券交易所。

为什么上海证券交易所会设立得那么快?对于中国到底应不应该搞股份制和股票市场,在上海证券交易所设立之前都是存在争议的,到底股份制是姓"资还是姓社",存在一定的政治风险。所以在当时的情况下,虽然上海和深圳两个地方都开始了股票的柜台交易,尤其是深圳还采用集中交易的方法,相当于建立股票交易所,但是最后能否得到中央认可,当时还是看不准的。上海证券交易所成立的一个重要的契机是中央关于开发浦东的十条意见当中的最后一条,中央同意在上海设立证券交易所。有了中央的决定,大家就没有顾虑了,才使上海证券交易所的设立顺利完成。

在筹备的过程中,上海证券交易所审批过程非常快,在我的记忆当中,当时设立上海证券交易所的请示过程,都是用传真的方法进行会签的。上海市分管副市长、市长签字同意以后，传真到中国人民银行总行，中国人民银行总行领导签字同意以后报国务院，国务院很快同意设立上海证券交易所的请示。上海证券交易所于1991年12月19日正式挂牌成立，成为中国股市发展的一个里程碑。

六、成立国务院证券委和中国证监会

随着我国股份制试点和股票市场的发展，如何建立证券监管体制是我国股票市场早期探讨的重要问题。在没有成立中国证监会之前，中国人民银行既承担了证券监管的职责，对证券发行与交易进行监管，也承担了中央银行的职责，对银行进行监管。所以随着市场的发展，我国是否需要实行分业的证券管理体制，把证券市场监管的职责从中国人民银行分离出来，是在当时十分受关注和被讨论的重要问题。在此之前，中国人民银行也对设立单独的证券管理机构进行过探讨，主要是我国究竟实行哪个国家模式设立证券监督管理机构比较好。从世界各国情况来看，第一种是美国模式。美国的证券交易委员会是独立于中央银行和财政部的，是直接隶属于国会的一个独立的证券管理机构。第二种是日本模式。日本的证券监督管理机构是在日本大藏省下面分设的一个局，由大藏省来行使对证券市场的最高管理权限。第三种就是中央银行下的模式。比如像英国，在英格兰银行下面设立证券金融监管局对证券市场进行监管。

最初中国人民银行提出设立证券监督管理机构的意见，是在中国人民银行下设类似于国家外汇管理局性质的国家证券监督管理委员会。为了探讨在我国建立证券监管体制问题，我记得当时中国人民银行领导还在深圳银湖度假村召集香港方面有关专家进行研讨，像恒生银行董事长利国伟先生，香港交易所李业广先生，还有其他的一些知名人士也都出席会议，提出意见和建议。第二种设想，设立独立的证券监管机构，主要是以国家体改委所提出的意见为主。也就是说类似于采用美国模式，包括像联办也是主张成立独立的证券监督管理体制。

最初在设立证监会的时候实行两个层次。一是把股票市场办公会议制度转化成国务院证券委员会，国务院证券委员会由国务院相关部委的领导同志组成。这个委员会主要是负责发展资本市场，或者说发展证券市场的宏观决策和政策协调。就像我在前面介绍的一样，企业股份制改制涉及公司设立、国有股权的折股、工商登记、实行新的会计制度、实行新的计划管理等诸多方面，不是中国人民银行一家能够协调的，有必要成立国务院证券委员会。二是也考虑在国务院证券委下面单设中国证监会，证监会主要负责日常监管。这种体制是我国不同于其他国家所形成的一种比较特别的证券监管制度。

证监会是在1992年10月设立的。在最初设立证监会的章程上，考虑借鉴国外经验，不想把证监会作为一个国务院的所属部门来设立。因为在国外，证券监管机构都是专业性的管理部门，它们通常是社会化的，采用聘用制的方式来设定，而且不是政府机构，但由政府赋予其监管职权，督促上市公司进行信息披露和对证券交易行为进行监管。所以证监会最初采用的是这种模式，是半政府机构性质的证券监督管理机构。

当时筹建的时候非常困难，因为既没有经费，也没有人员。最初的办公经费还是借的。在筹建证监会的时候，主要由三方面的人员组成。第一方面人员来自中国人民银行，因为这部分人员对证券市场的监管以及早期证券市场的试点和股票发行的情况比较了解，也懂得金融管理的基本要求和基本规范，所以这部分人聘用来以后主要是在资本市场发展的政策制定

和监管方面履行一些职责。第二方面人员来自市场，主要是联办的人员，因为这部分人员从海外学成归来的居多，对于国际市场、对于国外投行的运作规律、对于国外资本市场的监管规则都比较了解，有利于他们把国外的经验带回来，结合中国的实际制定相关的管理规则和相应的管理办法。第三方面人员来自政府各个部门，主要是从国家体改委过来的一部分人，这部分人员从事过企业股份制改革和经济改革的规范制定。

当时这三方面人员在一起负责起草国务院68号文件《关于加强证券市场管理的意见》和国务院《股票发行与交易管理条例》。这是我国股票市场最重要的两个基础性文件，也是里程碑式的文件。因为这两个文件是新中国成立以后，自1978年实行经济体制改革以来，第一个以国务院名义下发的关于股票市场的文件，等于是党中央、国务院肯定了股票市场试点，肯定了股票发行，肯定了国有企业的股份制改造和股份制试点，所以是一个标志性的文件。也正是有了这个文件，我国的股份制试点和股票的公开发行才从由各个地方发行发展到全国统一发行，对全国铺开股份制试点起到非常重要的作用。文件明确了国家对于证券市场，尤其是对于股票的公开发行实行集中监管制度，确定了股票公开发行的规模，允许股票公开发行从上海、深圳试点扩大到全国的其他省市。国务院颁布的《股票发行与交易管理条例》，也结束了各地方政府制定股份制试点和股票发行法律法规的做法，由地方分散进行证券立法过渡到集中由国家统一立法。证监会成立以后，不断扩大股票公开发行的额度，1993年50亿元，1994年55亿元，1996年150亿元，1997年300亿元，股票公开发行在全国范围内展开，从此，我国的资本市场在短短的20年内得到了空前的发展，不仅我们没想到，当时同我们一道准备H股上市的外国投资银行家与我谈起这段历史时也都表示没想到，认为中国股市是个奇迹。

七、几点启示

回顾历史，关键在于总结经验教训，规划中国股市的未来。从我国股票市场早期发展遇到的问题、挫折和经验看，有几个根本性的问题需要我们去研究、去探讨，进一步深化我国资本市场改革发展。

一是股票市场改革的核心是市场化。从我国股票市场跌宕起伏的20年历史看，深化行政审批和行政监管改革始终是我国资本市场改革发展的关键环节。如何处理好市场与政府行政监管的关系，一直是股票市场改革发展政策选择的难题。回顾我国股票发行制度的经过，可以看出这一点。最初是上海、深圳给额度，后来给额度的范围从上海、深圳扩大到全国。额度制的缺陷是明显的，国家每年确定额度，然后在全国按照行政区划，把股票的额度切到各个省市。额度到省市后，省市又把额度往下细切到企业，切到恰好满足股票公开发行必须占公司总股份25%的临界点上。在这种股票发行管理体制下，股票发行筛选的企业都是小企业。大型企业为什么都到海外去上市？主要是由股票发行审批制度造成的，海外上市不要额度，所以各省市都推荐大企业。香港联交所跟我们商谈H股的时候，就明确地讲要大企业，要有中国概念，能代表中国的大企业到香港上市。后来发现额度管理不行，就采用家数控制，但还是指标管理。股票发行不能市场化，定价就不能市场化，定价机制没有了，股票发行一级市场和二级市场的市盈率可以相差20—30倍，会造成股票市场价格严重扭曲。所以，我国股票市场基础性市场制度改革，是股票发行审批制度改革。近年来，我国在询价制改革方面迈出了可喜的步伐，基本具备了境外成熟市场的做法，只要再往前走一步，就可以实现市场化的股票发行方法。只有股票发行审批放开了，才有利于理顺目前股票市场的各种利益关系，遇到的各种矛盾也好化解，强化市场约束。

市场化是解决股市大起大落问题的最好良方。股市有其自然的运行规律，根据学术上的统计，成熟股票市场的涨跌一般有自己的规律性，通常4—5年一个周期。当股市处于"熊市"时，银行利率和固定收入证券市场会相对有较高投资回报；若股市处于"牛市"时，则是股票投资回报升高，银行利率和固定收入证券的收益齐下降。近年来，随着资本市场的全球化，这一周期间隔有所缩短。长期以来，我国股市都被人们视为"政策市"，这是与我国股市几次大的涨跌都与政府出台政策相关联而形成的。政策市会扼杀股市的自然反弹机制，也会扼杀中小投资者信心。当投资者普遍预期政府政策时，影响股市涨跌的其他因素都会处于无效状态，股市的"羊群效应"也无法产生，投资者对上市公司业绩的预期、对股价涨跌的技术性分析预期都会为零，其结果是股市的自然动力趋于零，而对政策预期的动力极大化。因此，要想让股市成为有效性的市场，必须明确市场参与者的风险预期机制，涉及股市风险的政策应具有透明性，让中小投资者的利益通过市场的有效性获得保护。

二是证券监管的核心理念是什么？提高信息披露透明度、防止不正当的关联交易和严厉处罚股票市场操纵，历来是证券监管的核心原则和主要内容。在成熟资本市场，严格要求市场参与者进行信息披露，不断提高市场的透明度；防止不正当的关联交易，禁止上市公司董事和高管人员侵占中小股东利益；严格执法，打击证券市场上的各种虚假和操纵行为是资本市场监管的基本任务。大家对我国股市的普遍认识是"新兴+转轨"的市场。"新兴"是没有错的，因为我国股市还属于发展中的市场，但"转轨"如何理解就值得思索了。"转轨"有两种。一种是实行市场经济制度国家的新兴市场向成熟市场的转轨；另一种是实行计划经济制度国家的新兴市场向成熟市场的转轨。我国属于后一种转轨的国家。从理论上讲，第一步是从计划经济制度向市场经济制度转轨，第二步是从新兴市场向成熟市场转轨。但我国股市发展的实际是先走第二步，先建立股票市场，然后才是监管体制和方法的逐步转轨。这样，我国股市发展始终面临一个矛盾，监管制度和内容是市场经济的，甚至是借鉴英美最成熟市场的监管要求，但监管的方法是行政性的，这里不仅仅指证券监管部门，正如我在前面提到的，股票市场监管实际上牵涉整个政府管理部门。受制于整个经济体制的转轨进程，市场监管的行政化会降低市场的弹性和透明度，会退化股市的市场选择功能，从根本上讲，我国股市的监管方式和监管制度在如何提高信息透明度、加强对关联交易的监管，以及完善法制与执法等方面面临艰巨的任务，市场化的监管程度并不高，需要深化改革。

三是建立上市公司运行与信息披露的特别机制。上市公司，尤其是国有控股上市公司的运行机制应遵循股市的"特别规定"，股市才有长久增长的动力。要想防止上市公司的"圈钱"和"造假"行为，必须要有约束上市公司运行的机制。同其他经济改革一样，我国股市也具有"双轨制"的特征，上市公司外部的经济运行与审批管理仍然是行政管理，上市公司本身则应遵循市场要求进行经营管理。我国上市公司市场化经营的内在要求与外部行政监管的矛盾成为上市公司监管的体制性原因。股市要求具有较高的透明度和上市公司的良好业绩才能保持持续发展，这都与外部的制度环境或者说"体制"因素密切相关，将政府与股市的联系规范化，是推动我国证券市场创新与发展的关键环节。我国在H股试点时实行了"特别规定"的尝试，我认为这种"特别规定"的做法仍可沿用于现行的我国A股市场改革。所谓"特别规定",就是中国企业到香港上市时,国有企业习以为常的管理方式和方法如有不适用于香港上市规则和公司法规要求的内容,以"特别规定"的形式规定下来,由国有企业和政府部门遵照执行,从而使计划经济模式下的国有企业运行符合境外上市的特别要求,解决好股市与体制的矛盾。这些特别规定包括:董事及高级管理人员的任命及诚信责任,关联交易和同业竞争的信息披露与监管要求,中小股东利益保护和股东诉董事的法律程序,严格的会计标准和审计责任,须予披露的交易和持续信息披露要求。

股权分置改革为我国股市解决体制性、制度性问题奠定了基础,但在国有上市公司还不能完全转化为个人持股的条件下,深化政府部门对上市公司的规范化、市场化管理方式和管理内容的改革,将有利于从制度上提升我国股市的市场化程度和竞争能力。从目前股市运行的经验看,一是必须深化上市公司的人事制度改革,形成上市公司高管人员的筛选、聘任、考核、激励和辞退机制。二是必须深化政府的行政审批改革,在上市公司领域进行"市场化"改革试点,探索上市公司工商注册、劳动人事、投资项目审批、收购合并、财务税收、合作合资等"人、财、物"经营管理权限的改革,变审批为监管。三是必须实行严格的审计制度,虚假交易都要受到法律制裁。四是资本市场的"问责制度"必须法制化。完善董事诚信责任和现代金融企业法律制度,是我国证券市场创新与发展的基本要求。提高上市公司质量,防范虚假交易和市场操纵,保护中小投资者权益,关键是强化对上市公司董事及高级管理人员的法律约束。有法律界的人士讲,我国股份公司制度中所有人缺位问题并不是关键问题,关键是我国《公司法》沿用了大陆法系的委托代理制,又采用了英美法系信托责任的有关内容,但不完整。因此,从法律上细化上市公司股东、董事和高级管理人员的诚信责任,对我国资本市场的长期稳定发展具有基础性的作用。从成熟股市的经验看,董事的法律责任是严格的、完善的,主要是对欺诈行为追究相应的刑事责任。为什么西方的证券市场把刑事责任规定得这样具体呢?关键在于上市公司融资是一种公共财产利益关系,必须受到法律的制约和保护。因此,任何发起人和高级管理人员一旦涉足证券市场,都负有法律责任,股票发行与交易法律必须具有明确的刑事处罚规定。从建立完善的市场经济制度要求看,我国迫切需要完善上市公司监管的刑事法律制度,形成严格的股市法制环境。

改革创新代办股份转让系统

邓映翎*

2002年,我从中国证监会来证券业协会工作。在庄心一会长领导下,组建金融创新委员会,对代办股份转让系统进行两项改革与创新。

一、对"老三板"大改革

2001年启动的代办股份转让系统是一个以证券公司及相关当事人的契约为基础,依托深圳证券交易所和登记结算公司的技术系统,以证券公司代理买卖挂牌公司股份为核心业务的股份转让平台。代办股份转让系统建立之初,主要是为解决两网系统和退市公司股票流通,所以被投资者称为"老三板"。当时"老三板"运行主要问题是:券商少、挂牌公司风险差异大和投资者报价成交困难。为了提高代办股份转让系统效率,更好地为投资者服务,协会金融创新委员会深入调研,提出增加主办券商数量等如下改革:

(一)建立以净资本为核心的主办券商资格管理制度

"老三板"初期,只有申银万国等6家券商有资格从事代办股份转让业务。随着退市公司数量增加,为方便退市股票转让,吸引和稳定客户,许多证券公司都要求从事代办股份转让业务。为了减少在选择主办券商时自由裁量空间,避免发生道德风险和寻租可能,协会金融创新委员会对所有证券公司财务报表进行量化分析,提出申请代办股份转让业务的证券公司必须最近年度净资产不低于8亿元,净资本不低于5亿元,同时具有20家以上的营业部。这个定量标准的规定,开启了证券公司按净资本分类管理的先河。

---

* 作者简介:邓映翎,经济学博士、教授。历任西南财经大学金融系副主任、中国光大银行重庆分行发展部总经理、中国证监会上市公司部副主任、政策研究室副主任、第三届中国证券业协会副秘书长、第四届中国证券业协会副会长(2002年—2012年12月),全国中小企业股份转让系统有限责任公司纪委书记、党委副书记、监事长。原载于《中国证券》2018年第12期。

（二）建立主办券商自律制度

为了有效开展代办股份转让业务，协会一方面将一线监管职责赋予主办券商，如指导和督促挂牌公司披露信息，及时发布风险报告，调整股份转让方式，调查或协助调查异常事项；另一方面，协会加强对券商执业的事中、事后监管，形成以主办券商自律管理为基础的代办股份转让监管体系。

（三）建立股份分类转让制度

代办股份转让初期，挂牌公司风险差异大。我们认真分析各类挂牌公司风险特点和交易需求后，提出如下按股份公司质量、区别对待、分类转让制度：

一是股份每周转让五次。符合转让五次的公司必须满足的条件是：规范履行信息披露义务，股东权益为正值或净利润为正值，最近年度财务报告未被注册会计师出具否定意见或拒绝发表意见。

二是股份每周转让三次。符合转让三次的公司必须满足的条件是：股东权益和净利润均为负值，或最近年度财务报告被注册会计师出具否定意见或拒绝发表意见的公司。其股份每周一、三、五各转让一次。

三是股份每周转让一次。符合每周转让一次的公司必须满足的条件是：未与主办券商签订委托代办股份转让协议，或不履行基本信息披露义务的公司。其股份实行每周星期五转让一次。

（四）建立成交价格预揭示制度

代办股份转让采用每天下午3点集中撮合一次竞价交易方式。很多投资者反映，代办股份这种竞价，在整个交易时段既看不到价格，也看不到申报信息，委托买卖十分不便。为方便投资者报价，我们建立了成交价格预揭示制度。具体是在转让日的10:30、11:30、14:00揭示一次可能的成交价格；14:00后，每十分钟揭示一次可能的成交价格；14:50后，每分钟揭示一次可能的成交价格。为防止价格操纵，规定最后3分钟不许撤单。

上述改革有效提高了代办股份转让系统股份交易的效率，解决了两网公司和退市公司的股份流通问题，缓解了关闭两网以及公司退市引发的投资者大规模上访等尖锐矛盾，维护了资本市场的整体稳定运行。更重要的是，搭建起市场基本框架，储备了队伍和人员，积累了市场运行和管理经验，为2006年中关村股份报价转让试点奠定了发展空间（见图1）。

二、创新建立"新三板"

在创业板未开，科教兴国、自主创新需要大发展的背景下，如何实现高新企业与资本市场对接已成为十分紧迫的问题。由证监会市场部统一牵头，北京市政府、科技部火炬中心、中关村管委会、协会金融创新委员会等有关各方通力合作，积极研究推动高新园区企业进入代办股份转让系统进行报价。2006年1月经国务院批准，中国证监会与北京市政府联合召开发布会，宣布中关村科技园区非上市股份报价转让试点正式启动（见图2）。2016年1月23日，第一批两家企业——世纪瑞尔、中科软正式在系统挂牌。因挂牌企业是高新技术企业，不同于原来挂牌的退市公司，故被投资者称为"新三板"。

图1　2003年代办系统主办券商业务培训现场

图2　2006年1月代办系统启动报价转让业务

"新三板"的"新",不仅是服务对象都是高新技术企业,更主要体现在如下制度创新上:

(一) 备案制

备案制是不同于核准制的重大制度创新。在备案制下,实质审核由券商项目小组进行,券商内核委员会作实质性鉴定。协会主要工作是按预先制定的券商尽职调查和内核规则及程序,检查券商是否按规定完成要求的实质性调查内容。如果券商已按要求完成尽职调查和内核,能较全面真实地把握拟挂牌公司的信息,协会就给予备案。这套机制较好地解决了实质审查与形式审查分工配合的问题,有效促进了挂牌公司真实完整地披露信息。

与交易所市场股票发行上市核准制相比,备案制下审查有以下特点:

一是以主办券商工作底稿为依据,审查标准化。为使协会的备案审查做到有据可依、审查标准清晰明确,协会制定了《主办券商尽职调查工作指引》以及《主办券商内核工作指引》,并在后期实践中制定了《主办券商尽职调查工作底稿目录》。在具体审查中,协会按照尽职调查工作指引的规定,将尽职调查内容层层细化到主办券商的调查行为,然后逐一对券商尽职调查的每一项内容进行工作底稿核对和打分,得分70分以上的为通过,从而实现审查标准化。当时制定尽职调查指引也是一项开创性工作。"新三板"实行尽职调查工作底稿制后，许多证券公司建议 IPO 建立尽职调查工作底稿制度。一年后，证监会发布 IPO 保荐工作的尽职调查指引。

二是审查程序公开透明。协会建立备案审查网上公示制度，通过协会网站定期公示股份挂牌申请受理及审查情况，使市场各参与方了解协会的审查工作情况，接受市场监督。

三是以信息披露为核心。备案制下股份挂牌没有财务指标限制，备案审查的重点是申请挂牌公司是否能按相关规则的要求真实、准确、完整地披露信息，因而一些微利、甚至亏损企业也实现了在报价系统挂牌。

四是审查效率高。从协会受理备案文件到出具备案确认函的平均周期为 54 个工作日，如扣除主办券商对反馈意见进行补充调查及回复的时间，备案文件的审查周期平均仅为 29 个工作日。

（二）主办券商制度

主办券商处于"新三板"市场所有业务环节的核心，协会从行业自律出发，创建了主办券商制度，通过对主办券商的自律管理实现对"新三板"市场的有效管理。

一是建立了一套以净资产和净资本为主要指标，以规范运作、稳健经营为重要条件的主办券商资格管理办法，同时加强事中、事后监管，强调责任到人，对违规行为及时查处，力求保持足够监管压力，促使主办券商勤勉尽责、规范运作，有效降低各业务环节的风险。

二是推荐挂牌方面，与保荐制度不同，主办券商不仅负责对挂牌企业的辅导、尽职调查、内核，还拥有最终决定是否推荐挂牌的权力。

三是通过终身督导建立市场化的激励约束机制。主办券商不仅负责推荐公司挂牌，而且要对挂牌后的企业进行终身督导，督促范围涵盖信息披露、公司治理、规范运作等各方面，同时还需提供增资、并购以至保荐上市等全方位服务。因为挂牌企业质量与券商的信誉、利益息息相关。这一方面使主办券商的责、权、利更为统一，使其有动力担负起实质性审查职责，为报价系统推荐如实披露信息的园区企业；另一方面使主办券商在企业选择上，更加注重市场投资者的需求，主动选择真正有发展潜力、有自主知识产权的企业，避免了在核准制下券商按照发审委的审核倾向过于重视企业规模、有形资产、过往业绩以及规范性的局限。主办券商与挂牌企业间的长期绑定关系形成了有效的市场约束机制，防范了券商的短期行为，将券商与公司合谋作假的可能性降到最低，促使券商注重诚信执业，做到勤勉尽责，不断强化内控机制，注重业务风险防范，努力提升执业质量与水平，实现自我约束与自我发展的统一。

上述两项制度是中关村报价转让的核心制度。2012 年 3 月，时任国务院副总理王岐山同志视察中关村，我在汇报试点情况时重点阐述了中关村试点实施的备案制和主办券商制度，得到了王岐山副总理的充分肯定。

（三）定向增资制度

试点刚推出时，没有相应的融资制度，挂牌企业无法融资，市场功能受到很大影响。在证监会市场部领导下，协会针对中小企业的融资特点，推动建立挂牌企业的定向增资制度，有效解决科技型中小企业融资难、融资贵问题。2006 年 10 月 25 日，中科软和北京时代公告定向增资。经过不断实践和总结经验，最终确立了"小额、快速、按需"的定向增资制度，其特点是：第一，融资额度以满足需要为原则，鼓励小额分批融资。科技型中小企业融资需求一般额度不大，但时限性和阶段性较强，因此该制度鼓励企业根据实际需要和项目进展情况，小额分批融资，避免贪多求大，资金闲置。第二，程序简单，无须事前核准。企业提出融资需求，经主办券商督导并出具专业意见，到协会备案即可，无须实质性核准。第三，企业自主性较强。在投资者选择、额度确定、定价等方面，企业可以完全决定，一般不进行限制，充分体现公司的自治精神。第四，融资仅面向特定投资者，主要是PE、VC、相近行业的机构以及公司内部的管理层、核心技术人员和员工。这些投资者或具备专业投资经验，或对公司行业有较深的了解，均具有较强的风险承担能力。

（四）地方政府合作监管制度

中关村园区股份报价转让试点之初，协会就探索建立了与地方政府的合作监管模式。协会与北京市人民政府签订合作监管备忘录，约定双方责任，确定各自监管重点。协会侧重对券商、市场、信息披露等进行监管，北京市政府侧重于对挂牌公司进行监管：一是确认挂牌企业的试点资格，进行准入的前置把关；二是制定多职能部门参与的风险处置预案，发挥属地管辖的优势，有效防范和化解试点中可能产生的社会风险，维护社会稳定；三是对拟挂牌企业在优惠政策、资金安排等方面给予大力支持。此外，协会与北京市政府之间还建立了信息沟通和共享机制，一旦发现公司有违法违规行为，协会及时通报北京市政府进行处理。实践中，北京市政府对管辖内公司只选择资质较好的进行报价试点，从挂牌公司源头上把住了风险。

（五）投资者适当性制度

由于报价系统服务对象为科技型中小企业，这些企业多数规模较小，成立时间短，产品、市场单一，业绩波动较大，对客户、细分市场、核心技术人员等依赖程度高，投资风险大于主板市场，因此自试点之初，报价系统就建立了投资者适当性制度。当时主要是通过提高最小交易单位（3万股）以及采用协议转让方式等手段，让具备一定风险承受能力的投资者参与试点。2009年7月6日，投资者适当性制度进行了调整，调整后的投资者主要包括两类：一是机构投资者，特别是创投、私募股权基金、合伙企业、信托计划等。二是特殊自然人。只允许公司原有自然人股东进入，挂牌后公司高管、核心技术人员可以参与增资，自然人投资者只允许买卖所持股份公司的股票。同时，主办券商承担投资者适当性管理职责，负责资格审查、持续的资格管理以及投资行为监控。实践表明，投资者适当性制度有效控制了试点期间的风险，维护了市场稳定，但也带来了市场交易清淡、流动性差的问题。

在6年的中关村试点中，有50多家高科技企业挂牌融资。试点得到社会各界的普遍认可和赞扬。时任证监会主席尚福林在一次主席办公会上指出：中关村试点用最小的监管成本，实现了系统的稳定运行，试点非常成功。

中关村试点成功，对我来说首先要感谢庄心一会长的信任和授权，允许我把在证监会上市公司监管一线工作的经验融入"新三板"制度建设。如备案制度的设计，以过去经验，无论是核准制还是备案制，对企业任何报批事项，监管部门都要进行实质性审核。"新三板"由协会实行自律监管，没有行政监管权。庄心一会长要求建立一个与过去完全不同的备案制，即对券商上报企业挂牌材料一律不进行审核，只对挂牌材料进行达标检查，符合要求的即可挂牌。怎样才能实现领导的要求？我思考建立券商尽职调查工作底稿制度，用检查券商工作底稿质量替代行政审核。这种思路提出是鉴于我过去的两次经历：一是我在证监会上市部参与上市公司财务巡检时，发现注册会计师制作上市公司年报财务数据时都有工作底稿。注册会计师为了免责，在工作底稿上都真实记录上市公司财务问题。检查上市公司财务有无造假，认真查看注册会计师工作底稿即可知。二是刚到证券业协会时，国务院法制办转来中国证监会发审委改革方案，要求协会发表意见。为了提高发审质量，督促发审委员勤勉敬业，我提出建立发审委委员工作底稿制度，被采纳实施后效果良好。建立券商工作底稿这一方案的提出得到庄心一会长批准，我们认真总结退市公司的教训并采用国际会计师工作方法，制定了一套有中国特色与国际接轨的主办券商挂牌企业尽职调查和工作底稿规则，要求券商按统一标准进行尽职调查并上报工作底稿，实现了不审核只检查的企业挂牌备案。这也许为发展多层次资本市场和注册制提供了一些中国实践和经验。

其次要感谢科技部火炬中心梁桂主任和中关村管委会郭洪主任的大力支持！感谢证监会市场部王娴副主任在制度建设上的长期指导！

最后，我感谢所有对证券业协会代办股份转让系统作出贡献的同仁们！

中国证券业协会推动行业创新发展的工作和启示
——以参与筹备推出融资融券业务为例

陈自强*

一、在证券业协会工作这七年

我们20世纪60年代出生的人是在改革开放的大潮中学习、成长、成熟起来的一代人,对改革开放有直观、深切、丰富的感受。1986年,我从厦门大学毕业后,分配到中国人民银行资金管理司工作,到现在已经工作32年了。30多年来,我先后在8个单位和部门工作。2007年1月22日证券业协会召开第四次会员大会后,我离开证监会证券公司风险处置办公室的岗位,到协会担任党委副书记、副会长兼秘书长,接替时任证券业协会副会长兼秘书长聂庆平同志,工作地点从富凯大厦A座搬到B座。2014年4月8日,我离开证券业协会,又回到证监会机关,出任证监会新成立的私募基金监管部主任。证券业协会是我工作的第7个单位,也是目前工作时间最长的单位。

在证券业协会工作这七年,我幸运地经历了协会自身的发展壮大。我先后在黄湘平、陈共炎两位会长领导下工作。黄湘平同志担任会长期间,我和俞白桦、周阿满、钟蓉萨副秘书长一道负责证券公司、基金公司、投资咨询公司等会员自律管理服务以及协会的日常管理工作,当时协会的领导同志还包括专职副会长杨晓武、邓映翎同志。2011年6月23日证券业协会第五次会员大会后,陈共炎同志当选为会长,我仍然担任党委副书记、副会长,秘书长一职由李格平同志接任(见图1)。当时证券公司综合治理刚刚结束,行业迈入创新发展的

---

* 作者简介:陈自强同志曾任中国人民银行资金管理司、中国光大集团光大银行筹备处干部,中国科技财务公司综合计划部总经理,中国科技国际信托投资公司国内金融部总经理,中国证监会机构监管部处长,中国证监会海口特派办副主任,中国证监会海南监管局副局长、党委书记、局长,中国证监会证券公司风险处置办公室副主任等。2007年1月任中国证券业协会党委副书记、副会长兼秘书长。2014年2月任中国证监会私募基金监管部主任。原载于《中国证券》2018年第12期。

新时期，在证监会的监督、指导、支持下，证券业协会积极推动行业创新，加强会员管理服务，做好从业人员考试培训，增强行业国际交流，促进中关村园区和证券公司场外市场建设等，各项工作有声有色，行业地位不断提高。回顾这些工作，我感觉是愉快的、幸运的，收获也是满满的。

图1　2012年协会领导班子春节团拜会

在证券业协会工作这七年，我幸运地参与了协会推动行业发展创新。在证监会的监督指导下，证券业协会以专业评价平台为依托积极组织行业创新实践，推动行业创新发展。根据协会《证券公司专业评价实施办法》，按照发起主体不同，协会组织的专业评价分为证券公司自主申请专业评价、证监会委托专业评价和协会发起专业评价三类，发起主体分别为证券公司、证监会和协会。从数量上看，证券公司自主申请专业评价项目占绝对多数。2009年至2011年，协会共组织三次证券公司自主申请专业评价，涉及证券公司创新项目113个。三年以来，协会不断完善证券公司自主申请专业评价相关制度，健全自主申请专业评价组织体系，积极推动行业创新，有力地推动了证券公司的创新活动和协会的自律管理（见图2）。证券公司信息隔离墙制度、客户服务与投资者教育体系、压力测试、双因素身份认证等行业现有的基础内部控制体系，都是在借鉴专业评价项目经验的基础上形成的。2012年以后，证券公司进入自主创新阶段，根据证监会发布《证券公司业务（产品）创新工作指引》，协会暂停了自主申请专业评价，着力根据证监会的委托推进具体业务（产品）创新。

图2　证券公司自主申请专业评价复评工作会

在证券业协会工作这七年，我幸运地见证了协会的发展变化。协会在推动创新发展中开枝散叶，衍生出许多新的业务和监管领域，实现了与资本市场同成长共发展。根据新的

《基金法》，2012年6月6日将有关基金自律管理服务工作独立，专门成立中国证券投资基金业协会，作为基金行业的法定自律组织。2012年9月20日全国中小企业股份转让系统在国家工商总局注册，2013年1月16日正式揭牌运营，协会原来的中关村股份转让代办系统，俗称"老三板"独立出来，成为第三家全国性证券交易场所。2013年2月，经证监会批准，成立中证资本市场发展监测中心有限责任公司，后来根据行业发展需要，将涉及证券公司资管产品备案监测的职能整合到基金业协会，公司着力发展机构间报价系统，并于2015年2月更名改制为中证机构间报价系统股份有限公司。

不同于一般的行会或者商会，证券业协会是具有《证券法》明确授权的法定行业自律组织，在全国性行业协会中有较高的知名度和较大的影响力，其自律地位作用类似于美国金融行业监管局。在证券业协会工作这七年，我参与了大量促进行业自律管理、推动行业创新发展的相关工作，其中，印象最深的是参与筹备和推出证券公司融资融券业务。

二、融资融券的推出背景

融资融券业务是一种信用交易，为投资者提供了多空双向交易机制，在境外已经发展很长时间，非常成熟。但在我国很长一段时期内，融资融券是被禁止的。2005年修订后的《证券法》放开了这一限制，2008年实施的《证券公司监督管理条例》对融资融券业务作了进一步规定，这些规定为业务推出打开了政策空间，奠定了坚实的法律基础。证监会经过审慎研究，决定筹备推出融资融券业务。

推出融资融券业务主要是考虑到：一方面，为了改变长期以来股市单边运行的格局，在做好风险防控基础上引入做空机制，促进二级市场股票价格趋于合理，为市场稳定注入双向均衡力量，增强市场稳定的内生动力，减少市场大起大落的负面影响。另一方面，按照宜疏不宜堵的思路，加强对市场需求的正向引导，为投资者提供管理市场风险的工具。此前，因市场有强烈需求，各类非法融资行为屡禁不止，如投资者在证券公司进行"透支"交易或向其他单位个人融资买入股票，或者从证券公司违规"借入"股票后卖出，这带来大量挪用资金、股票等行为，更有甚者，还有证券公司做融资中介，为坐庄、"老鼠仓"等非法行为提供资金支持。再一方面，能够打通货币市场和资本市场的资金融通渠道，提高证券市场交投活跃性，借助杠杆机制放大对资金和股票的需求，增强市场流动性，也是希望借此业务进一步丰富证券公司业务类型，增加营业收入，壮大行业实力。另外，证券公司综合治理的完成，也为这项业务的推出奠定了比较坚实的基础。

三、筹备和推出的过程

筹备推出融资融券业务是一项系统工程，经历了3年半时间准备，按照"试点先行、逐步推开"的原则，经历了试点、扩大试点、转常规三个阶段。在庄心一副主席的关心支持下，机构部、证监局、沪深证券交易所、中国结算、证券业协会全面参与。其中，证券业协会在筹备阶段主要做了以下工作。

一是组织研究境外经验，为我国融资融券业务的设计思路、业务模式等提供借鉴。境外市场融资融券业务的授信模式一般有集中授信和分散授信两种模式。集中授信又分为单轨制和双轨制，前者以日本为代表，后者以我国台湾为代表；分散授信模式以美国、我国香港为代表。两种模式各有优缺点。证券业协会通过组团实地考察、组织专题研究等方式研究美国、日本、韩国以及我国香港、台湾地区等融资融券业务开展和监管实践情况，形成专题报告，为证监会研究决策提供参考。

二是研究制定业务规则，明确展业条件、监管要求。2006年，证券业协会配合证监会《证券公司融资融券业务试点管理办法》《证券公司融资融券业务试点内部控制指引》等，发布《融资融券合同必备条款》和《融资融券交易风险揭示书必备条款》。

2010年，以证监会发布《中国证券监督管理委员会关于开展证券公司融资融券业务试点工作的指导意见》，证券业协会、沪深证券交易所发布配套规则为标志，融资融券业务进入试点阶段。由证券业协会组织对证券公司试点实施方案进行专业评价，通过后由证监会颁发业务许可证。2010年3月19日，第一批中信证券、国泰君安、国信证券、光大证券、海通证券、广发证券六家证券公司获得证监会批准的首批试点资格；同年6月、11月，证监会核准第二批、第三批申银万国等19家试点公司，同时在第二批试点后降低了资格准入门槛；2011年10月，证监会发布《关于修改〈证券公司融资融券业务试点管理办法〉的决定》《关于修改〈证券公司融资融券业务试点内部控制指引〉的决定》，融资融券业务由试点阶段进入常规发展阶段。

四、证券业协会的专业评价工作

证券业协会组织对证券公司业务试点实施方案进行专业评价是业务试点阶段的核心工作之一，对把好入口关、夯实业务基础非常重要。专业评价工作具体由我和周阿满副秘书长共同负责，欧阳国黎、宋夏、王爱宾先后负责专业评价的日常组织实施工作。为了使这项工作万无一失，保障业务试点工作稳妥推进，我们从组织纪律保障、工作实施方案、评价专家选择等方面做了大量具体的工作，取得了超过预期的良好效果。

（一）制度规则先行

探索开展评价工作，无可以遵循的经验，必须研究周详，制定科学的方案制度，保障工作有条不紊地有序进行。为此，2010年1月27日，证券业协会发布了《证券公司融资融券业务试点实施方案专业评价工作规程》《证券公司融资融券业务试点实施方案专业评价申请材料内容与格式》《证券公司融资融券业务试点实施方案专业评价专家工作守则》《关于报送证券公司融资融券业务试点实施方案专业评价申请材料的通知》等文件，对评价工作涉及的各项内容进行统筹安排。

（二）确定指标要点

在试点期间，逐步总结形成一整套证券公司评价体系，包括组织架构与决策授权、客户征信与授信管理、开销户环节、盯市与平仓、担保品及折算管理、保证金与维持担保比例、业务技术系统、账户管理、证券与资金划转控制、应急处理、业务合同与风险揭示书、客户服务与投资者教育、制度齐备性及窗口指导事项14项指标、135个要点，这完全涵盖了融资融券业务相关规范的各项具体要求，经过实践证明是合理的。随着试点的深入推进，经过组织专家对专业评价指标、流程和机制进行讨论、完善、修改，最终形成14项指标、152个要点。我们还根据不同指标要点的重要程度，赋予不同的分数值，最终形成对申请证券公司评价的指标体系。

（三）审慎选择专家

我深信，专业评价工作成败在于能不能筛选出一大批公道正派、业务精深的评审专家，在于能不能充分发挥他们的经验、智慧和力量评判鉴别证券公司试点方案，做好把关工作。我们从证监会相关部门、交易所等系统单位、证券公司等不同领域广泛遴选专家，保障专家在来源、专业、工作经历等方面的构成合理。证监会办公厅赵山忠，市场部郑锋，机构部童卫华，法律部何艳春、陈黎君，上交所皮六一、邹常林、武剑锋，深交所喻华丽、唐瑞，中国结算申兵、孔庆文、夏峰、陈加赞，证券金融公司聂庆平、徐风雷、隆武华、拓小燕，投资者保护基金公司张伟，中信证券宋成，国泰君安蒋忆明，长江证券董腊发，东方证券刘毅，中金公司华海玥等都担任过我们的评审专家。这些专家与我们一道成为融资融券业务筹备推出工作的参与者、见证者、实践者、贡献者。工作中，评审专家队伍不断壮大。初期，我们聘任了21名专业评价专家，绝大部分为监管部门专家；首次评价后，又增加9名行业专家，增加后共有13位专家来自证券公司；转常规后，继续增加了22名专家。我们按照工作需要将专家分为四个小组，分头对业务试点实施方案的不同内容进行审核。

（四）细化评价流程

在试点阶段，制订了详细的评价方案，将评价过程划分为专家各自审核材料、小组讨论、集中汇报审核情况、听取公司陈述与答辩、逐家集中评议和投票表决五个阶段，细化每个阶段各个环节的要求，努力做到超前计划，有备无患。其中，在转常规后，由于对申报业务方案专业评价证券公司数量无法控制，我们还专门制订了三套方案，通过拆分已有专家小组、分批次组织评价等方式，应对不同申请数量情形下的评价组织工作。

（五）专家评议表决

这一环节是关键环节。全体专家集中、逐一讨论、修改对每家公司业务试点实施方案的专业评价意见，按照评价规程对每一家公司的业务试点实施方案进行投票表决和综合评分。期间，还邀请了证监会机构部、部分证监局列席会议。

（六）及时总结优化

召开专题评审专家座谈会，讨论有关调整划分评价小组，调整专业评价个别指标及其分值，优化指标体系，以满足转常规后公司数量多、水平差别大、评价时间集中等情况；同时，优化评价打分及表决机制，做好窗口指导等；组织老专家对新增补专家进行培训，让新增补专家尽快熟悉和胜任专业评价工作。

从试点期间专业评价情况看，整个机制流程运行顺畅高效，评价过程公开透明，评价结果总体公正客观，得到了申请试点证券公司和证监局的认可，达到了预期效果。通过专业评价工作，督促证券公司高度重视，认真筹备，扎实做好各环节各方面的准备，也锻炼了员工；机构部、相关证监局参加专业评价过程，能够了解证券公司试点方案的问题和不足，为后续行政许可和日常监管提供了支持；另外，也为证券业协会了解融资融券业务、做好自律管理服务夯实基础。可以说，试点期间的专业评价保证了融资融券业务试点工作的顺利进行，促进了融资融券业务日常监管，为接下来转常规后的专业评价工作奠定了坚实基础。

2011年该项业务由试点转入常规后，证券业协会又开展了一系列专业评价工作，包括：发布修订后的融资融券业务相关必备条款，与沪深证券交易所交易规则内容保持一致、同步发布；新增补并公布专业评价专家名单，做好增补专家分组工作，发布受理业务方案专业评价申请申报材料的通知等文件，明确接收申报材料的时间、条件、程序、内容、格式要求等。

五、融资融券业务的成效

回头来看，推出融资融券业务"准备充分、低调务实、平稳有序、稳步发展"，经过几年的发展，市场参与者不断增多，业务规模整体扩大，在一定程度上放大了资金的使用效果和证券供求，增加了市场交易量，降低了流动性风险，而且经受住了2015年股市异常波动的考验。同时，融资融券业务为证券公司丰富了业务条线，开辟了新的收入来源，改善了生存环境。总体看来，融资融券业务达到了当时的预期，推出是成功的，工作是扎实的，是行业发展的里程碑。

一是融资融券业务规模持续增长，已经成为证券公司的营业收入的主要支柱之一。《中国证券业发展报告（2018）》显示，截至2017年底已有93家证券公司参与融资融券业务，融资融券业务已成为证券公司主营业务之一，与经纪业务形成良性互动，为行业和证券公司贡献了稳定而可观的交易量和收入。2017年行业整体营业收入为3 113.28亿元，融资融券利息收入为710.03亿元，融资融券利息收入占行业整体营业收入的比例为22.81%。

二是融资融券业务技术系统安全稳定，证券交易所、中国结算、证券公司和存管银行等相关参与者的交易结算系统和市场监控系统运行平稳正常，业务处理及时、准确、顺畅，未出现重大业务差错和技术故障。

三是拓宽了证券公司业务范围，提高了业务综合管理能力。证券公司从事融资融券业务的相关部门和从业人员已成为证券行业的重要组成部分。在展业中，证券公司设立独立业务部门、配备专门人员、制定专项业务制度、建设运行专门技术系统，促进公司深化细化内部管理，提升了证券公司内部控制和风险管理水平。目前，这项业务操作流程比较完善，业务整体运作合规平稳，投资者合法权益得到较为有效的维护。

四是融资融券业务风险控制实现了"可测、可控、可承受"的预期目标，各项风险应对预案和风险控制指标经试点检验审慎合理，相关风险控制措施和业务统计监测制度有效实施，未发生重大强制平仓风险。

六、思考与启示

成功推出融资融券业务说明，只有大胆地试、勇敢地改，才能干出一片新天地。行之力则知愈进，知之深则行愈达。推出融资融券业务中形成的经验是行业发展的宝贵财富，对我们后来的工作有很好的启示作用。概括说来，就是要把握好创新与规范、试点与推广、外情与国情、监管与行业四对关系。

（一）创新与规范的关系

没有规范和稳妥，创新就缺少坚实的基础，二者兼顾才能真正做到积极稳妥、蹄疾步稳、行稳致远。融资融券业务的开展离不开完善的监管体系。其中，通过监管指标体系，明确业务风险控制指标，扣减净资本，计算风险资本准备，审慎确定标的证券和可充抵保证金证券名单，建立逐日盯市制度，加强对投资者信用状况和风险承担能力监测评估，做好风险预警等；通过专业评价指标体系中组织架构与决策授权、客户征信与授信管理等14项指标、152个要点，对各个业务环节和方面进行全面了解评估；通过转融通机制，赋予证金公司统计监测职责，及时掌握融资融券整体运行情况，监测监控融资融券市场风险和信用风险，有效规范市场运行；通过现场检查等方式对业务开展情况进行监管，并对违规的证券公司和相关责任人采取监管措施，促进融资融券业务规范开展。正是这些措施和制度，构成了有关融资融券业务的全方位、多角度、立体化的监管规范网络，保障业务创新的平稳推进。

（二）试点与推广的关系

在业务创新中，一定要稳，稳扎稳打，步步为营，包括做好科学详细的方案设计和制度建设，充分开展合规风控等方面准备，做好风险应急预案，提高试点工作的成功率。否则，急躁冒进、准备工作粗枝大叶往往容易导致整个工作失败。推出融资融券业务遵循了"试点先行、逐步推开"思路，先试点，再扩大试点，最后转常规。试点期间，选择符合规定条件的少数创新类证券公司提出申请，通过"两所一司"组织的技术系统全网测试，后通过证券业协会专业评价，再向证监局报备业务方案并通过验收，由证监会核准业务资格，最后在交易所取得交易权限。

为了保障成功，选择的第一批试点证券公司都是实力强、业务精、合规风控水平高的优质市场机构。待首批试点取得成功并积累一定经验后，适当放宽申请条件，扩大到第二批、第三批试点。试点中兼顾试点机构类型的多样性，继续积累经验，修订相应规则，不断提高监管部门、行业机构、投资者等各方对试点业务功能作用、风险特征、合规运作规律等的认识、理解和把握水平，做到心中有数后，再转为常规业务。融资融券业务从试点到转为常规业务用了一年多时间，事后证明，这是正确的、可行的、有效的。

（三）外情与国情的关系

融资融券业务在国外运作成熟，但在我国是一项新业务。推出融资融券业务，首先要学习了解境外的经验做法，知道境外有什么模式、具体做法是什么、为什么形成当前的经验做法，这是我们进行制度设计的宝贵财富，能够使我们缩短摸索时间，降低失败风险；其次根据我们的自身需求，综合考虑我国市场特点、行业特点、投资者特点、外部经济金融环境特点、监管和自律特点等多重因素，设计我国的制度，做到实事求是、善作善成。

在筹备过程中，我们在授信模式、账户体系、交易模式、标的证券范围等方面借鉴了境外市场的经验，并根据我国资本市场情况，制定了适合自身的融资融券业务规则。例如，授信模式设计方面，我们充分研究了日本单轨制集中授信模式、我国台湾双轨制授信模式、美国和我国香港的分散授信模式后，采用"集中化、单轨制"模式，由证券公司作为融资融券业务主体，为投资者提供融资融券服务；证券金融公司为证券公司提供资金和证券转融通服务，解决证券公司融资融券业务的资金和证券来源问题，但不与客户发生业务关系，从而有效建立了风险控制和风险隔离机制，提高了市场运行效率。

（四）监管与行业的关系

融资融券业务在筹备和试点阶段充分调动了全行业的力量，由证监会统一领导，多方共同努力推进业务成功落地。证监会由机构部具体牵头，成立了以聂庆平为组长、陈华平和我为副组长的融资融券工作小组，专项推进融资融券的筹备和落地。沪深证券交易所、中国结算、投资者保护基金公司和证券业协会等充分参与、各司其职，做好证券公司融资融券业务试点的相关工作，加强对试点的业务指导和自律管理。

证券业协会是融资融券业务的研究平台、议事平台和办事平台，发挥专业评价机制的作用，还成立融资融券专业委员会，组织研讨问题，形成多项促进业务创新发展的研究报告，推动该项业务创新的规范发展。证券公司按照证监会等单位要求认真做好业务筹备。另外，在专业评价中，遴选证监会、沪深证券交易所、中国结算、证券业协会和证券公司熟悉融资融券业务流程、技术系统和风险控制要求的专业人士担任专家，充分发挥他们了解政策、贴近行业、熟悉操作实务的优势，弥补监管机构人员不足，为融资融券业务的筹备和专业评价提供人才保障。

离开证券业协会，我又从富凯大厦B座回到A座。五年来我一直把自己当作协会温暖大家庭的一员，关注协会的发展变化和协会老同事的成长进步。在证券业协会七年的经验是我的宝贵的工作财富。这几年，在开展私募基金日常监管工作、组织协调基金业协会私募基金自律服务工作、研究解决私募行业问题时，我还经常借鉴在协会积累的发展理念和探索的工作方法。当前，资本市场进一步改革开放，我们已经处在千帆竞发、百舸争流的新时代，我相信，在证监会的监督指导下，在广大会员的大力支持下，证券业协会必将继续勇立潮头、奋勇搏击，在"自律、服务、传导"方面发挥新的、更大的作用。

股权分置改革回顾与启示

安青松*

2018年是我国改革开放40周年和资本市场建立28周年。1990年11月26日上海证券交易所成立,成为我国实行改革开放后建立股票市场的重要里程碑。2018年11月5日习近平总书记在首届中国国际进口博览会开幕式主旨演讲中宣布,将在上海证券交易所设立科创板并试点注册制,开启了推动我国资本市场迈向服务高质量发展新的历史征程。

党的十九大报告提出我国发展的战略目标是建设现代化经济体系,实现实体经济、科技创新、现代金融和人力资源协同发展,是现代化经济体系的重要特征。科创板在推动实现协同发展中发挥着重要的枢纽作用,是我国资本市场迈向服务高质量发展的重要起点。科创板设立和注册制试点是我国资本市场基础性制度创新,在借鉴国际成功经验的同时,应当重视、研究、借鉴我国资本市场改革发展的历史经验。股权分置改革作为我国资本市场全局性、基础性制度变革的经验,可以为科创板的制度创新和机制设计提供有益的启示。

一、坚持创新驱动发展,用增量改革破解"路径依赖"难题

资本市场基础制度改革,涉及千家万户的切身利益和复杂的权责关系及利益格局调整,具有典型的"路径依赖"特征。道格拉斯·诺斯在其制度变迁理论中指出,"路径依赖"是经济机制中由于规模经济、学习效应、协调效应、适应性预期以及既得利益约束等因素存在,事物一旦进入某一路径,就可能对该路径产生依赖。"路径依赖"是制度变革最大的障碍。在我国股票市场建立之初,涉及国有企业改制上市时,为照顾对传统公有制概念的"路径依赖",采取了"存量不动,增量上市"的方法,使得股票市场在创立之初避免了姓

---

* 作者简介:安青松,经济学博士,从事证券工作25年。曾任北京市天桥百货股份有限公司首任董事会秘书,证监会股权分置改革领导小组副主任,上市公司监管部副主任,中国上市公司协会党委委员、副会长兼秘书长,青岛证监局党委书记、局长,天津证监局党委书记、局长兼天津稽查局局长。现任中国证券业协会党委书记、执行副会长(法定代表人)。原载于《中国证券》2018年第12期。

“资”姓“社”的争议。但是随着股票市场的发展，又形成“公开发行前股份暂不上市流通”的新的“路径依赖”。这种状况被称为“股权分置”，一直持续到 2005 年股权分置改革前。党的十四大确立建立社会主义市场经济体制，十四届三中全会明确股份制是公有制的重要实现形式，基本消除传统公有制概念原有的“路径依赖”，但是由此形成的股权分置已成为股票市场积重难返的“路径依赖”。当时的 A 股市场上，上市公司非流通股达 4 462. 59 亿股，流通股为 2 516. 85 亿股，分别占总股本的 64% 和 36%。为推动国有企业战略性重组，1999 年国务院部署开展减持部分国有股充实社会保障资金的试点，2001 年国务院出台《减持国有股筹集社会保障资金管理暂行办法》，两次国有股减持工作均因股市剧烈波动而停止。究其原因，是上市公司“存量”股份已形成不能流动的“路径依赖”，使得通过减持国有股充实社会保障资金，这一利国利民的重要国策难以施行。

2005 年 4 月启动的股权分置改革（见图 1），另辟蹊径，采取增量改革的思路，以帕累托改进为目标，形成非流通股股东与流通股股东通过协商平衡预期收益的改革方案，最终仅用两年时间就顺利解决了 1 333 家上市公司股权分置问题。同股权分置改革一样，设立科创板和试点注册制是增量改革，都是以服务国家战略为方向解决“路径依赖”问题，实现资本市场的基础性制度变革。因此，科创板不是简单地增加一个市场板块，而是资本市场的重大制度创新，将进一步完善我国多层次资本市场体系，补齐资本市场服务科技创新的短板。在机制设计和制度创新上，应当赋予基础性制度改革的基本定位和监管理念、发展逻辑的全新定义，将在盈利状况、股权结构等方面做出更为妥善的差异化安排，增强对科创企业的包容性和适应性，增强服务实体经济和创新驱动发展战略的能力。

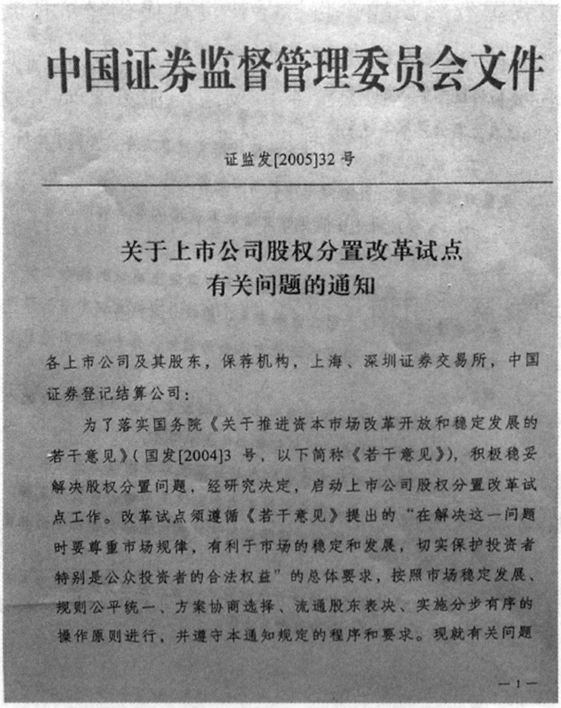
中国证券监督管理委员会文件

证监发[2005]32号

关于上市公司股权分置改革试点
有关问题的通知

各上市公司及其股东，保荐机构，上海、深圳证券交易所，中国证券登记结算公司：

为了落实国务院《关于推进资本市场改革开放和稳定发展的若干意见》（国发[2004]3 号，以下简称《若干意见》），积极稳妥解决股权分置问题，经研究决定，启动上市公司股权分置改革试点工作。改革试点须遵循《若干意见》提出的“在解决这一问题时要尊重市场规律，有利于市场的稳定和发展，切实保护投资者特别是公众投资者的合法权益”的总体要求，按照市场稳定发展、规则公平统一、方案协商选择、流通股东表决、实施分步有序的操作原则进行，并遵守本通知规定的程序和要求。现就有关问题

— 1 —

图 1 中国证监会于 2005 年 4 月启动股权分置改革

二、坚持市场化取向，发挥市场在资源配置中的决定性作用

股权分置改革是一场影响深远的市场化改革，所形成的全流通市场格局，使得我国股票市场出现转折性变化，真正具备现代资本市场的基本特征，为私募市场和私募基金、创业板和创新企业、股指期货和各类金融衍生品的创设和发展打开了空间，构建起权利公平、机会公平、规则公平的股权文化和公司治理的股东共同利益基础。而改革方案本身就具有鲜明的市场化特征，主要体现在四个方面：一是以机制设计激励形成合作博弈。按照莱昂尼德·赫维奇等提出的机制设计理论，在自由选择、自愿交换的分散化决策条件下，可以设计出一种经济机制解决信息成本和激励相容问题，使得经济活动参与者的个人利益和既定的社会或经济目标相一致。参考机制设计理论原理，股权分置改革构建的"统一组织，分散决策"机制，将政府主导的减持国有股实践中两类股东形成的非合作博弈，转变为市场主导的两类股东协商平衡预期收益的合作博弈。二是以分散决策构建共同利益基础。为解决分散决策的有效性，在非流通股股东的提案机制与流通股股东的票决机制之间形成分权和制衡，即非流通股股东提出平衡预期收益的改革动议，与流通股股东协商形成共同利益方案，由参加相关股东会议流通股股东所持表决权的2/3以上通过，形成提案权、协商权和表决权之间的相互制衡，保障改革方案具有的股东共同利益基础。三是以股东自治包容市场多样性。在规则既定的条件下，尊重股东通过协商形成的自由选择、自愿交换的利益平衡安排，1 000多家上市公司形成1 000多个改革方案，有条不紊地顺利实施。在改革中，134家上市公司存在的127亿募集法人股问题，270家上市公司存在的股东登记名不符实、法人股个人化问题，138家上市公司存在的股东占用资金问题等疑难杂症得到妥善化解。四是以流动性管理稳定市场预期。为防止改革完成后形成流动性冲击，在改革规则中预设"锁一爬二"的限售安排稳定市场预期，即改革后公司原非流通股股份，自方案实施之日起，在12个月内锁定不得上市交易或者转让；持有上市公司股份总数5%以上的原非流通股股东，在锁定期满后，通过交易所集中竞价系统出售股份12月内不得超过5%，24个月内不得超过10%。由于主动加强流动性管理，有效稳定市场预期，在股权分置改革完成后市场稳定上涨，两类股东持股市值增长3—5倍（见图2）。

股权分置改革采取"统一组织，分散决策"的机制设计，尊重市场规律，注重保护中小投资者合法权益，充分发挥市场在资源配置中的决定性作用，可以为科创板和注册制的机制设计提供有益的借鉴。科创板是现代金融体系的重要组成部分，是促进实体经济、科技创新、现代金融、人力资源协同发展的重要枢纽。《"十三五"现代金融体系规划》中提出我国发展现代金融的五大战略目标是：实现更高水平的金融市场化、推动更加全面的金融国际化、创新高效安全金融信息化、推进完备统一的金融法治化、实现金融业治理体系和治理能力现代化。科创板的制度设计应当充分体现我国发展现代金融的战略目标，特别是在发挥市场在资源配置中的决定性作用方面要切实迈出步伐、付诸实践。

三、坚持法治化方向，建立中国特色的规则体系和责任体系

法治化是股权分置改革顺利推进的基础，体现在四个方面：一是信息披露规则体系健

图 2 《上海证券报》的相关报道

全。在股权分置改革全程中至少在非流通股股东之间协商形成动议、非流通股股东与流通股股东之间协商确定方案、相关股东会议对方案形成表决结果的 3 个时点上，上市公司董事会应当履行信息披露义务，并保证披露信息真实、准确、完整，为分散决策的有效达成提供信息支持。二是切实保障中小股东知情权、投票权和收益权。设定程序要求在停牌期间完成网络投票、征集投票权、现场投票和支付对价。三是改革方案具有广泛的股东基础。在改革进程中参与改革方案投票表决的社会公众股东超过 278 万人次，股权平等意识得以广泛普及。四是税收政策、会计制度配套有效。股权分置改革中配套出台相关政策发挥激励改革的作用。在税收政策方面，因非流通股向流通股股东支付对价而发生的股权转让免征印花税；通过对价方式向流通股股东支付的股份、现金收入，免征应缴纳的企业所得税和个人所得税。在会计制度方面，允许改革企业设置"股权分置流通权"和"应付权证"科目分别核算各种对价方式取得的权益价值，平时不进行结转、不计提减值准备，待相关权益出售时予以结转。在上交所设立科创板和试点注册制，需要借鉴股权分置改革的经验，构建一套反映现代金融特征、具有中国特色的规则体系和责任体系。注册制改革的核心是理顺政府与市场的关系。注册制改革的关键是要落实好发行人的基础信用责任、中介机构的专业信誉责任、注册审核机关的忠实信任责任，强化自律管理、行政监管和司法惩戒三位一体的责任约束机制。

四、坚持国际化水准，以高质量发展提升国际核心竞争力

在股权分置改革期间，为消除改革预期不稳定带来的市场波动，按照国际通行的做法，建立上市公司回购股份、大股东增持股份、向券商提供流动性支持等市场化稳定股价机制。这种做法不同于我国香港、台湾"基金"直接入市，而是由市场主体自觉采取预先安排好的机制进行短期护盘，市场主体自主投资并承担风险和收益，有效降低政府信用风险和道德风险。科创板制度设计应当借鉴股权分置改革的经验，对标美国纽交所、纳斯达克、中国香港等成熟国际资本市场的通行做法，高起点、高标准实施注册制试点。在科创板试点注册制，可以减少对存量IPO和市场的影响，可以采取更加具有包容性和适应性的制度设计，支持不同类型的科创企业IPO上市需求，形成对中小投资者的预期管理。并通过建立以机构投资者为主体的买方市场，引入分析师路演、管理层路演，增加机构投资者配售比例，推广普及"绿鞋机制"，不断强化和完善市场参与方的定价能力，全面推行市场化定价机制。总之，科创板要对标国际水准，以高质量发展提高国际核心竞争力，建设国际领先的创新资本形成中心，把寻求海外上市的科创企业吸引回来，立足于本国资本市场上市融资，让资本市场更好地服务于高质量发展、创新驱动发展，让投资者更加广泛地分享新经济增长的成果。

第五届中国证券业协会的三次创新发展研讨会及体会

王 旻*

我们都经历并见证了改革开放带来的巨大变化和欣欣向荣景象。40年来，如果说改革开放是一首波澜壮阔的交响乐，各行各业的创新发展就好比这交响乐中一个个跳动的音符和一段段美妙的乐章。

资本市场的发展在我国是从无到有、从小到大的。无论是监管还是行业，实际上始终都在创新发展和防控风险的辩证逻辑中前行。证券行业伴随着资本市场的发展也经历了起起伏伏，甚至经历了一些波折，但总的方向是不断壮大，服务能力日益增强。

第五届中国证券业协会以召开行业创新发展研讨会的形式，推动行业创新发展，是这届协会最富有活力的关键之处、最值得浓墨重彩书写的一笔。三次创新发展研讨会的组织召开，有着深刻的行业发展背景，也可以说是大势所趋，人心所向。

一、时代的责任：创新发展研讨会背景

证券行业从20世纪90年代初诞生到2004年前后，应当说建立了行业的基本业务结构，也就是经纪业务和投行业务条线，其基本服务功能基本确立。但在此时，由于普遍存在挪用客户交易结算资金、违规委托理财以及大量投资实业等违规行为，加上市场交易低迷，出现了全行业亏损的情况，行业生存甚至出现了危机。这也是全行业出现的第一次危机。

在这个危机时刻，证监会以高度的智慧、坚定的决心、顽强的毅力，开始了为期三年的综合治理。一方面，下决心纠正违法违规行为，在证券公司风险处置期间，成立了风险处置

---

* 作者简介：王旻，博士研究生，1994年至1999年在中国人民大学财政金融学院投资系任教。1999年开始历任中国证监会培训中心培训一处、机构部检查三处、检查四处主任科员，机构部检查四处副处长，证券公司风险处置办公室二处副处长、处长，上海证券监管专员办副专员，河北证监局党委委员、副局长，中国证券业协会党委委员、副会长、秘书长（2014年2月—2017年8月）。现任建投中信资产管理公司总经理，华证资产管理公司党委副书记、总经理。2005年被国务院授予"全国劳动模范"称号。2016年至今任全国金融教育指导委员会委员。原载于《中国证券》2018年第12期。

办公室，关闭了31家高风险证券公司，重组了19家证券公司；另一方面，加强监管，推动行业规范经营和创新发展。综合治理的成果，综合体现在出台了《证券公司监管条例》《证券公司风险处置条例》，此时行业的面貌焕然一新。

经历了综合治理后的证券行业，规范经营意识和风险防控能力大大增强，伴随着2007年开始的大牛市，行业规模和行业盈利水平逐步增加。2008年至2011年，证券公司传统的经纪业务、投行业务得到了巩固，推出集合理财、融资融券、直接投资等一系列新产品、新业务，在国际金融危机及欧债危机相继爆发的逆境中，整体保持了稳定健康发展态势，各项风控指标优于监管标准，行业实力大幅增强。

到2011年，证券行业总资产、净资产、净资本分别是2004年的5倍、8倍和10倍。但是与金融系统的银行业、保险业相比，自身的发展速度仍然较慢，在金融系统中的规模比重反而降低了。这时候，全行业认识到，自身的服务意识、服务能力、服务方式、服务范围需要进行大幅改革、创新提升，迫切需要打开思路、创新发展。

2011年6月，第五届协会正式成立。在会员大会上，时任证监会主席尚福林对第五届协会工作提出了四点要求：协会要进一步拓展自律和服务空间，提高工作的自主性和主动性；进一步加强市场调研，提高工作的指导性和前瞻性；进一步创新工作机制，提高工作的公信力和权威性；进一步引领行业创新，提高工作的专业性和创造性。时任中国证监会副主席庄心一也对第五届协会工作提出了两点要求：协会要抓住机遇，务实推进创新发展；归位尽责，深化行业改革发展。

在证监会的支持和指导下，刚刚上任的第五届协会会长陈共炎带队，开始了近一年的调研，分业务条线梳理行业发展中存在的问题，走访了将近一半多的证券公司。此次调研后，协会代表行业向证监会提交了调研报告，提出在当前经济社会需求下，证券公司在服务实体经济转型升级和改革发展、满足企业和居民多元化的投融资需求等方面的专业服务能力不足；与银行、信托等金融同业和国际先进投行相比，不可替代的核心竞争力尚未完全形成；2011年市场低迷，证券公司传统业务盈利水平大幅下滑，专业服务能力不足、不能适应市场需求并及时有效推出新产品、新服务的问题充分暴露。

二、行业和监管的共同目标：第一次创新发展研讨会

2012年5月，是证券行业记忆犹新的崭新时刻。经过充分准备，证监会批准证券业协会联合沪深证券交易所、证券登记结算公司、中国证券投资者保护基金公司，在北京组织召开了第一次行业创新发展研讨会（见图1）。这是全行业召开的第一次创新发展大会，其中最重要的文件，是协会牵头起草并由证监会发布的《关于推进证券公司改革开放、创新发展的思路与措施》（简称"67号文"），提出了11条创新意见，明确了行业创新发展的具体方向。

时任证监会主席郭树清在创新发展研讨会上指出，当前我国证券行业的金融创新迎来了历史最好时期，我国产业结构调整、转变发展方式的进程在日益深化，财富管理已成为全社会的迫切需要，利率和汇率市场化改革正在加速深化，社会各界对推进新一轮证券行业的改革具有较高期望，国家对外开放程度整体水平的提升，使金融创新具有更好的条件。郭树清主席表示，证券行业的创新必须紧紧围绕实体经济需要，创新肯定会出错，需要各方面的理解和包容，要勇于承担起行业的责任，实现证券业与国民经济的健康协调发展。

图 1　2012 年 5 月首次证券公司创新发展研讨会在北京召开

证监会副主席庄心一在这次创新大会上指出，证券业的创新发展要自觉吸取经验教训，实事求是、循序渐进、量力而行，确保正确的方向和原则。一是坚持服务实体经济；二是坚持资本市场中介服务的基本属性；三是坚持立足公司自身的发展；四是坚持保护投资者合法权益；五是坚持创新发展和内控管理协调并进。

这次创新大会之后，67 号文提出的 11 条创新工作，分工表共列示的 36 项任务，协会参与了 31 项，包括制定发布《证券公司客户资产管理业务规范》《证券公司直接投资业务规范》《证券公司证券营业部信息技术指引》《证券公司柜台交易业务规范》，起草《关于规范证券公司参与区域性股权交易市场的指导意见》（由证监会发布），发布《2011 年度证券公司履行社会责任情况报告》《证券公司投资者适当性制度指引》《证券公司客户开户业务规范》、建立证券纠纷调解机制等等。

这次创新大会的目标，是"以防范化解风险为基础，以保护投资者合法权益为出发点，以提高证券公司服务资本市场和实体经济的能力为目的，以提升行业核心竞争力为手段，坚持市场化、国际化、法治化的改革方向，加快多层次资本市场体系建设和证券公司对内对外开放进程，不断增强证券公司的资本市场中介功能和服务水平，实现证券行业与经济社会和谐共进及可持续发展"。实践证明这个目标至今仍然有其现实意义。

2012 年创新大会后的一年时间内，通过相应创新措施的落实，证券行业发展环境出现了较大变化，证券公司基础功能得以恢复，服务实体经济的能力明显提升。2011 至 2012 年，行业佣金净收入占营业收入的比重下降 11.8%，下降幅度明显。与此相对应的是，资产管理业务实行备案制后，证券公司客户资产管理业务规模及收入实现了双增长。截至 2012 年底，证券公司客户资产管理总规模达到 1.89 万亿元，业务净收入 26.76 亿元，分别较 2011 年增长 569.96% 和 26.64%。2012 年证券公司融资融券业务实现收入 70.96 亿元，较 2011 年增加 1 倍以上，在营业总收入中的比重也达到了 5.48%，仅次于经纪、自营、投行三大传统业务。

三、创新与风控的动态平衡：第二次创新发展研讨会

2013 年 5 月 8 日、9 日，证券业协会组织召开了第二次行业创新发展研讨会。围绕"总结、交流、巩固、提高"的主题，由来自安信证券、第一创业证券、广发证券、光大证券、

国泰君安、国信证券、海通证券、宏源证券、华宝证券、申银万国证券、银河证券、招商证券、中信证券、中金公司等10余家证券公司代表，从不同角度对证券公司产品和业务创新、盈利模式转型、柜台市场发展等问题进行了总结和交流，对行业发展创新发展中需要进一步巩固和提高的问题进行了深入的探讨。

在这次创新发展研讨会上，庄心一副主席讲了五个"必须"，也称为五个"共识"：创新发展必须持续不断地向前推进；创新发展必须致力于提升核心竞争力；创新发展和风控合规必须动态均衡；创新发展必须深化改革，加强配套机制建设；监管工作必须跟上行业创新发展的步伐。这五个"必须"，其中创新发展和风控合规必须保持动态平衡，成为证券业协会、证券行业普遍传诵并认可遵循的标尺，是证券行业在长期实践中共同形成的宝贵财富。

庄心一副主席指出，脱离了风险控制，创新发展一定会遭遇挫折，甚至导致灾难性后果，这是国内外金融市场上一个重要而普遍的深刻教训；我国证券公司身处新兴加转轨时期的公开市场，一旦发生风险溢出，极易形成"冲击波"迅速扩散，应对处理难度很大，造成的后果往往很严重。在整个创新过程中，风险防范、控制、应对体系都必须同步跟上。各证券公司都要坚持以风控能力为拓展业务的边界线，确保风险可测、可控，始终把风险控制在证券公司自身可承受的范围内。

陈共炎会长在总结发言中指出，证券公司创新发展要认真学习并落实庄心一副主席关于创新发展与风险防控动态平衡的要求。行业创新发展应重点考虑两个方面的问题：一是对2012年创新发展研讨会以来已经出台的措施进行评估，细化相关业务规则，加强配套衔接，充分发挥已出台措施的效果；二是要研究行业发展的顶层设计，解决事关行业长远发展的根本问题。协会在支持、引导行业创新发展机制上将做出重大调整，将依靠协会各专业委员会组织、引导行业创新，用市场化的方式促进行业创新发展。协会已经组织行业力量成立专门小组研究行业发展的顶层设计问题，同时各专业委员会也提出了当年的工作重点，从不同层面持续推动行业创新发展。

四、创新推动力的转换：第三次创新发展研讨会

2014年5月8日，国务院发布了《关于进一步促进资本市场健康发展的若干意见》（国发〔2014〕17号），对提高证券期货服务业竞争力、促进中介机构创新发展提出了新的要求。为了贯彻落实国发〔2014〕17号文要求，2014年5月，证券业协会联合上海证券交易所、深圳证券交易所、中国证券登记结算公司、中国证券投资者保护基金公司、中国证券金融公司在北京召开第三次证券行业创新发展研讨会。

第三次创新发展研讨会邀请了全国人大财经委副主任委员吴晓灵、中国社会科学院副院长李扬、香港证监会中介机构监察科高级总监浦伟光作主题演讲。证监会机构部主任王林参加会议并进行主题演讲。中信证券董事长王东明、海通证券董事长王开国、安信证券董事长牛冠兴、兴业证券董事长兰荣作为行业代表发言。

这次研讨会设立了六个分论坛，涉及私募市场、财富管理、互联网证券、融资业务、投资咨询、风险管理等热点问题，以主题演讲和讨论相结合的方式展开研讨。

这次研讨会的特点是更具开放性。参会代表不再仅限于证券公司，投资咨询公司作为一个整体首次参加，评级机构、私募基金、基金公司、期货公司也都有代表参加。演讲和对话

嘉宾不仅有来自监管部门和行业的代表,还包括来自银行、信托、高校、海外机构、实体企业等行业外的专家,研讨的主题也更具多元性和前瞻性。

陈共炎会长在会议总结时指出,创新发展的过程就是改革的过程;创新开局阶段,在证监会指导下,由行业协会等自律组织引导创新,推动制度建设和规则变革,为行业创新发展创造宽松的环境,是非常必要的。陈共炎会长表示,经过三年的努力,目前行业创新发展的目标和路径已经明确,行业创新发展的空间正逐步拓宽;下一步创新的组织应当从监管机构、自律组织推动创新向证券经营机构自主创新转变;充分发挥证券经营机构的作用,是市场在资源配置中起决定性作用的保障,是行业创新发展的持久动力。

五、责任和担当:向创新发展的参与者和支持者致敬

经过三次创新发展研讨会的推动,通过相应创新和风控措施的落实,证券行业发展环境出现了较大变化,证券公司基础功能得以恢复,服务实体经济的能力明显提升。

陈共炎会长在2017年7月证券业协会第六次会员大会工作报告中指出,截至2017年3月底,我国证券公司数量达到129家,比2011年新增了20家;证券营业部达到9 442家,5年间新增4 513家;全行业人员总数达到35万人,较2011年底增加8万人,增长30%。在沪深交易所上市的证券公司数量达到29家,比2011年增加了11家;在香港上市的证券公司数量达到13家,而2011年只有1家证券公司在香港完成上市。证券公司总资产5.76万亿元,净资产1.72万亿元,净资本1.50万亿元,分别是2011年的3.7倍、2.7倍、3.2倍。

每个时代都有每个时代的历史责任。顺应时代、改革创新需要强烈的责任意识和大无畏的担当精神,连续三年的推动,是这种责任和精神最好的体现。

创新发展是首要目标。以提高行业服务能力、核心竞争力、风险防控能力为目标的创新发展,其方向与"五大发展理念"是一致的,这个方向获得了市场内外广泛的认同和支持。

三年的创新发展研讨会,得到了全国人大财经委、国务院相关部门、证监会各部门、各派出机构、各会管单位的指导与帮助,市场各类机构广泛参与,协会内部各部门全力参与。

创新发展研讨会务实不虚。每次研讨会前,证券业协会都开展广泛的调研,摸清问题所在,提出准确的解决方案;会前充分酝酿,征求意见;会后都有具体政策措施出台。

第五届协会获得行业的高度认可,创新发展研讨会的顺利成功举办是重要因素。为了市场发展,研讨会的各方参与者同心协力、精心谋划、勇挑重担、精耕细作、求真务实,是新时代创新精神的典范。

搭建专业的平台，凝聚行业的力量，做好自己的事情
——中国证券业协会专业委员会工作的心得和体会

李格平*

专业委员会是中国证券业协会履行"自律、服务、传导"三大职能的重要组织形式，既是协会工作的一个有力抓手，也是会员为行业做事的平台，较为充分地体现了自律管理工作的特点和优势。2011年6月至2014年2月，我担任协会秘书长期间，一直分管三个会员服务部，对口服务各专业委员会，投入了极大热情，付出了不少努力，对如何做好专业委员会的工作有一些心得和体会。

一、专业委员会是协会交流、议事、办事的平台

虽然第二届协会期间就成立了证券分析师专业委员会，但当时的证券分析师专业委员会相对独立，有自己的团体会员和个人会员，还收取会费，与后来的专业委员会有较大差别。协会正式设立专业委员会始于庄心一同志担任协会会长的第三届协会时期。庄心一同志认为，行业的事情应该由行业自主解决，协会应该有自己的一套运作规则、体系和属性，不要成为附属。他非常重视专业委员会的工作，要求专业委员会应该将精力花在研究问题上，而不是聚在一起抱怨。他强调不要局限于提出问题，更应该思考如何解决问题。在他的直接推动下，第三届协会设立了经纪、投行、财会、IT、分析师、投资基金业等专业委员会，搭建了专业委员会运作的基本框架。

第四届协会增设自律监察、合规、资信评级、基金销售、托管等专业委员会。第五届协会在原有8个专业委员会（此时与基金业相关的几个专业委员会已经从证券业协会剥离了，

---

* 作者简介：李格平，博士研究生，研究员。历任长江证券股份有限公司总裁、党委副书记，中国证券业协会秘书长（2011年6月—2014年2月），中国证券监督管理委员会证券基金机构监管部副主任，中央汇金投资有限责任公司证券机构管理部、保险机构管理部主任。现任中信建投证券股份有限公司党委副书记、总裁。原载于《中国证券》2018年第12期。

划归新成立的证券投资基金业协会）的基础上，又增设了创新发展战略、资产管理业务、证券国际合作、人力资源管理、证券调解、自律协调（曾叫"地方证券业协会专业委员会"）、直接投资、托管结算、场外市场、固定收益业务、证券投资咨询、融资融券、互联网证券13个专业委员会；同时将原证券分析师专业委员会调整为证券分析师与投资顾问专业委员会，将原财务会计专业委员会调整为财务会计与风险控制专业委员会。第五届协会会长陈共炎同志认为，做实协会首先要做实专业委员会，充分发挥专业委员会的作用。他强调协会要全力支持专业委员会发挥作用，努力将专业委员会做强、做实、做精。因此，第五届协会在完善专业委员会的工作机制方面做了很多探索。不仅增设了多个专业委员会，更重要的是成立了三个会员服务部，直接支持和服务各专业委员会。

第六届协会根据行业自律管理的需要，对部分委员会进行更名或者调整，并增设和撤销部分委员会。一是调整五个委员会名称，即将融资融券专业委员会更名为融资类业务委员会，将直接投资专业委员会更名为投资业务委员会，将证券投资咨询专业委员会更名为证券投资咨询机构委员会，将国际合作专业委员会更名为国际战略委员会，将证券公司合规专业委员会更名为合规管理委员会；二是将财务会计与风险控制专业委员会进行拆分，分设财务会计委员会和风险管理委员会；三是增设绿色证券、区域性股权市场两个专业委员会；四是撤销创新发展战略专业委员会，将相关职责并入其他委员会。至此，协会专业委员会总数达到23个，基本覆盖了会员核心业务和综合管理职能。

在数量不断增加的过程中，协会专业委员会的工作职责也得到了进一步的拓展。一是充分利用委员贴近市场、专业性强的特点，汇集行业智慧，深入研究行业面临的重大前沿问题；二是积极参与资本市场基础性制度的设计和评估，参与监管部门有关政策的制定，在确立行业基本制度过程中发挥独特的作用；三是参与制定行业自律规则，并对已有的自律规则进行梳理，根据市场发展情况定期评估自律规则的适用性，加强行业标准和执业规范的制定和修订；四是参与相关业务领域的执业检查，选取敏感问题、敏感地区进行有针对性的执业检查，发现问题及时解决，促进行业自我修复和自我发展；五是参与对从业人员的培训工作，开展职业道德教育，加强各自领域的从业人员管理，特别是对专业人才和特殊岗位人员的管理；六是积极开展行业宣传工作，加强投资者教育的力度，引导全社会形成良好的投资理念，在行业营造良好的文化氛围，树立行业良好形象。

二、做好专业委员会工作的几点切身体会

做好专业委员会工作的关键是做实专业委员会。这既是转变协会工作理念、依靠行业力量开展协会工作的需要，也是充分调动委员积极性、保持委员工作热情和委员会工作连续性的需要。专业委员会不能仅满足于交流、议事，还要真正成为办事的机构，要能办事、办成事，真正成为"交流平台、议事平台、办事平台"。

（一）以抓重点工作带动专业委员会建设

各专业委员会要坚持工作导向，通过具体工作推动专业委员会建设和工作机制的磨合。各专业委员会每年都要确定工作重点，围绕年度工作重点来开展工作，集中精力全力完成一两项最迫切的重点工作，把专业委员会工作真正落到实处。在确定重点工作时，各专业委员

会要在行业意见和监管部门意见之间找到平衡点和切入点。对于上下意见一致的问题，可以作为专业委员会近期的重点工作加以落实和解决；对于上下意见不一致的问题，则可以作为中长期的研究课题，发挥专业委员会行业专家的优势，进行深入的研究和探讨。只有把行业迫切需要解决的问题和监管部门最关注的工作结合起来，遵循"上下一致"的原则，才能确保年度重点工作的现实意义和可执行性，从而有效落实和切实推进专业委员会的各项工作。为了保证各专业委员会各项年度重点工作都能务实开展、落到实处、见到实效，各专业委员会可分别确定各项重点工作的牵头负责人，由牵头负责人带领工作小组开展工作，其他委员结合自身专业特长，按照自愿的原则参与到一项或多项具体的工作小组中去。有相对固定的工作班子、明确的工作时限和工作计划，就避免了专业委员会工作由主任委员一人"唱独角戏"的状况，也能有效防止出现重点工作无人负责、无法落实的状况。

（二）提高委员的责任感和使命感是做好专业委员会工作的核心

做实专业委员会必须以充分调动委员的积极性和主动性为前提。从委员的层面看，当委员是一种荣誉，大家的参与热情很高；但很多当选委员都认为干好本职工作是自己的首要责任，不太愿意投入更多精力去做专业委员会的具体工作，仅仅满足于来开开会、发发言的状态。从专业委员会的层面来看，由于组织形式比较松散，委员们各有个性，众口难调，意见难以统一。因此，如何使专业委员会切实完成既定目标，也是工作中面临的一项重要课题。为此，必须加强对专业委员会的宣传，传播协会"归位尽责"的理念，为专业委员会开展工作创造良好的舆论氛围；要加强联系沟通，进一步提高专业委员会的凝聚力，提高委员的责任感和使命感；要建立对委员的持续激励和约束机制，奖勤罚懒，使委员外有压力、内有动力；要强化专业委员会作为专业领域行业代表的权威地位，使专业委员会达成的共识和意见能够发挥应有作用，提高委员工作的成就感和荣誉感。

（三）有效的工作机制和工作方式是做好专业委员会工作的重要保障

专业委员会的委员都是兼职身份，必然会以本职工作为主，为了汇聚有不同经历和想法的委员们的力量，使专业委员会在协会的统一部署下开展工作，需要动脑筋、想办法，探索建立有效的工作机制，创新工作方式，采取各种灵活方式开展工作。针对部分委员离职、分管业务范围调整等情况，在总结经验的基础上，要制定和不断完善专业委员会统一的工作规则，对专业委员会委员的担任条件及其产生和筛选、聘任、考核、奖惩、退出程序，外聘顾问的担任条件及其聘任程序，专业委员会的工作形式和工作程序等进行规范。要加强对各类会议的制度化、流程化管理，致力于达到开会前精心准备、开会时务实讨论、开会后真抓实干的效果，并在实践的基础上形成和不断完善标准化的会议流程、规范化的会议纪要管理等。总之，要使专业委员会的工作逐步规范化、条理化、系统化。同时，要鼓励每个专业委员会根据各自的工作特点，建立个性化的工作流程和议事规则，不断改进专业委员会工作方式。第五届协会期间特别强调充分调动各位副主任委员的积极性，让每名副主任委员都领导一个工作任务明确的小组，责任到人，以便提高专业委员会工作的针对性和灵活性。在此基础上，各专业委员会既可以召开全体会议，研究专业委员会工作重点、探讨行业重大问题；也可以分小组、分片区、分专题进行活动，提高工作效率；还可以采取小型见面会、联合调研、座谈会等形式，与监管部门、其他行业或部门、会员的客户群体等各个方面加强沟通和交流，推动解决行业面临的重大问题，引领行业创新发展。

(四) 协会要为专业委员会发挥作用提供更多的支持和服务

为了充分发挥专业委员会作用、完善专业委员会工作机制，除了设立三个会员服务部专门负责为专业委员会的工作提供直接支持和服务以外，协会还应将有限资源进一步综合利用，并向专业委员会倾斜。一是协会自律规则的制定与建议权向专业委员会倾斜。新业务规则的制定与征求意见都要通过专业委员会进行，形成合议机制，提出真正能代表行业的专业意见。专业委员会也要积极参与到监管部门对行业有影响的政策措施的制定过程中去。二是协会的培训资源向专业委员会倾斜。专业委员会要参与协会培训计划的制定，使协会的培训进一步贴近市场、贴近会员的需要。三是协会参与的有关国际交流活动要向专业委员会倾斜，出访和接待外宾都可以由专业委员会来组织或参加。四是协会的执业检查权和纪律处分权向专业委员会倾斜。专业委员会要参与有关的执业检查；协会在对有关会员单位或从业人员进行纪律处分前，要听取相关专业委员会的意见。

回顾过去，经过几届协会的持续努力，专业委员会的制度日益成熟，工作机制日益完善。这其中凝聚了协会历届领导班子、协会同事以及许许多多业内同仁的辛勤和汗水。特别要感谢的是庄心一同志，无论是在担任会长期间还是在升任证监会副主席之后，他都一如既往地关心协会的工作，关心专业委员会的工作。还记得第五届协会换届后就迅速着手改组或新设专业委员会，时任证监会副主席的庄心一同志百忙之中参加了一些专业委员会的筹备会议，并对这些专业委员会的工作做出重要的、具体的指导，极大地鼓舞了大家。展望未来，我相信协会专业委员会的务实传统和优秀经验会在今后继续得到发扬，专业委员会必将为行业发展和自律管理水平提高发挥更大的作用。

中国证券行业的回顾及思考

牛冠兴*

伴随着中国经济改革开放和资本市场的快速发展，中国证券行业历经 28 年的波折和锤炼，从无到有、从小到大、从本土化到国际化、从粗放经营到规范发展，取得了巨大成就。行业规模迅速扩大，资本实力显著提升，业务体系日益完善，治理水平和风控能力大幅提高，科技化程度不断加深，多层次资本市场有序搭建，为实体经济发展提供了强有力的支持。我作为证券行业的一名老兵，在证券行业一线耕耘近 30 年，亲身经历和见证了证券行业的巨大变迁，抚今追昔，感触良多。在此结合自己的工作经历，对中国证券行业做些回顾与思考，仅供参考。

一、发展历程及回顾

中国证券业是在改革开放大背景下形成与发展起来的，没有起始于 40 年前的改革开放，没有当时自上而下的思想大解放，就没有中国的证券市场和证券行业。邓小平于 1986 年 11 月在人民大会堂会见华尔街金融巨头，标志着改革开放的中国正式拥抱现代金融，证券、股票这些曾被妖魔化的"怪物"，开始进入我们的经济生活。经过近 30 年的发展，中国已成为世界第二大资本市场，多层次资本市场体系架构基本完成搭建。截至 2017 年底，沪深两市上市公司达 3 485 家，总市值 56.71 万亿元，新三板市场共有挂牌公司 11 630 家，总股本 6 756.73 亿股。与此同时，证券行业经过这些年的转型创新和综合治理，其规模、实力和能力都达到了新的高度，已成长为国民经济和金融市场体系中的重要组成部分。截至 2017 年底，国内共有证券公司 131 家，业务体系相对完备，涵盖经纪业务、证券承销和发行业务、财务顾问业务、资产管理业务、融资类业务、国际化业务及衍生品业务等。回顾中

---

* 作者简介：牛冠兴，经济学硕士。现任中证信用增进股份有限公司董事长、执委会主任。曾先后担任招商证券总裁、招商基金董事长，南方证券行政接管组组长，安信证券董事长，中国证券业协会副会长（1999 年 12 月—2015 年 9 月）。原载于《中国证券》2018 年第 12 期。

国资本市场和证券行业的发展历程，大致可分成三个阶段。

（一）形成及初步发展阶段

20世纪80年代开始，我国恢复发行国债，一些企业开始进行股份制改造，并尝试发行企业债券。以飞乐音响为代表的一批股票开始面向社会公众公开发行，这标志着我国的证券市场有了一个开端和雏形。随着各类证券持有人交易意愿的日益增强，对证券流通与发行的中介需求日渐增加。各大银行、信托及地方财政部门开始陆续设立一些证券营业网点，1991年末在中国证券业协会登记的机构类会员达170家。在早期的试验探索阶段，证券经营机构的业务结构较为单一，资产规模相对较小，且缺乏机构独立性和业务专业度。1995年《商业银行法》出台后，大量证券经营机构从银行、信托及财政体系中剥离出来，形成了专业独立的证券公司。截至1995年末，专业证券公司数量为97家，这一时期证券经营机构的数量从飞速发展到理性回落。从监管视角来看，面对新生的市场和行业，如何堵漏补缺是当时行业监管中的一道难题。20世纪90年代初，沪深证券交易所、中国证券业协会及中国证监会相继成立，标志着中国证券行业的集中市场和统一监管开始成型。整体来看，这一时期的资本市场和证券行业在规制建设、机构数量、市场规模等方面有了长足的进步。但作为新生事物，行业发展尚处于初期，监管制度也不完善，不可避免地存在很多问题，这些问题在当时并未得到有效根治，滋生蛰伏之后在2001年的"熊市"开始集中爆发。

（二）处置及规范发展阶段

由于证券行业仍处于新生阶段，相关法律法规及有关制度不健全，证券公司法人治理结构不完善，经营模式较为单一，风险防范意识薄弱，抗风险能力不强，对周期性行业调整的适应能力较差，因此我国早期的证券市场呈现出较强的周期性特征，市场行情波动大，极其不稳定。尤其是1992—1995年，证券市场持续4年低迷，直接导致证券公司热衷于对外投资实业，从而形成大量不良资产，部分证券公司的自营投资和委托理财业务形成严重亏损。证券公司挪用客户交易结算资金、违规资产管理等问题所形成的风险，在行业景气度下降和业绩亏损的背景下逐渐暴露出来。一些证券公司在陷入困境后，投资者的权益得不到有效保护，监管部门对此高度重视，于2001年底开始着手行业综合治理。

2002年1月中国证监会颁布实施《客户交易结算资金管理办法》，旨在防范和监控证券公司挪用客户保证金的违规现象，为客户资金建立安全的防火墙。但由于证券交易结算资金存管体系存在缺陷及券商落实不到位等问题，导致挪用保证金的现象广泛存在，不少券商被有关部门责令关闭清算，如大连证券、鞍山证券等，其中最为典型的是南方证券，因经营违法违规、内部管控混乱，被中国证监会和深圳市人民政府宣布实施行政接管。十年沉疴，一朝梦断，草创之初，大举投资实业，沉沙折戟，后期大规模违规自营、委托理财，终于酿成灭顶之灾。

2004年1月，我受命担任南方证券行政接管组组长，在证监会的直接领导下，全面负责南方证券行政接管具体工作。当时的南方证券由于历史上的乱投资和做庄炒股等问题，导致自有资金不足，靠大量举债和挪用客户保证金维持经营。为妥善处理南方证券的风险问题，保持证券市场稳定，行政接管组一是合理运用市场化的处置手段，在资产评估、股票处置等环节采取市场化的方式，最大限度地保全南方证券的资产、员工、债权人及股东的多方利益；二是率先在南方证券开展客户保证金银行存管模式的创新，为国内证券公司的保证金安全管理进行了有益尝试；三是在风险处置的同时保证业务稳定发展，尽可能地保障南方证券的运营价值；四是引进新的投资机构，保持了公司业务的平稳过渡和人员的有序接收。南方证券作为我国第一家被处置的大型证券公司，为后续其他证券公司的处置工作提供了诸多借鉴经验。

2004年1月"国九条"发布，标志着证券行业开启综合治理的阶段。一方面"刮骨疗毒"，陆续处置和关闭了30多家问题券商，行业的合规经营意识和风险管理能力显著增强；另一方面"去腐生肌"，对相关政策和制度进行变革和调整，鼓励和扶持优质证券公司做大做强，资本实力明显增厚。截至2006年末，注册资本在10亿元以上的券商达51家，占比接近一半，证券行业也在此时扭亏为盈。总体而言，这一阶段爆发出来的问题是市场、机构及监管等内外因素共同叠加发酵的结果。经过三年多的综合治理，证券行业的制度更加健全，治理水平、合规和风控能力大幅提升，为行业下一步规范发展奠定了良好基础。

（三）拓展及创新发展阶段

在诸多历史遗留问题解决后，中国证券行业翻开了新的发展篇章。得益于国民经济持续快速的发展和国家实施的各项配套政策，市场开始全面复苏。在顶层设计方面，创业板、新三板、科创板等制度创新相继落地推进；在产品创设方面，股指期权、中国存托凭证、信用风险保护工具等已进入研发或试点运行阶段；在国际化方面，沪港通、深港通、债券通先后开通，MSCI和富时罗素也相继将A股纳入其指数体系，中国资本市场的国际化进程显著提速。

从证券公司2006年至2017年的发展成果来看，一是机构数量平稳增长，从104家增至131家；二是营收能力显著增强，行业全年营业收入从627亿元增至3 113亿元，利润从255亿元增至1 130亿元，增幅接近4倍；三是资产规模极大增厚，证券公司净资产从1 062亿元增至1.85万亿元；四是行业专业化水平不断提升，各项收入更趋均衡，传统经纪业务收入占比已低于30%，多业务共同发展的格局正在形成。证券行业在此期间取得了令人瞩目的发展成就，但我们也要时刻警惕金融自由化带来的市场泡沫，高杠杆的场外配资是2015年股市异常波动的直接诱因，大幅异常波动对市场形成强烈冲击，对所有参与主体带来严重的不良影响。得益于监管部门对套利投机、高频交易、多层嵌套、高杠杆的限制性举措，股票市场逐渐趋于稳定。

近年来，中资证券公司的"出海"进程也在不断加快，各大券商纷纷通过设立海外分支机构、收购海外金融机构等方式拓展海外版图。我国香港作为国际主要金融市场和中资金融机构走向海外的"主阵地"和"试验田"，充分见证了中资金融机构的国际化发展之路。截至2017年末，香港中资券商已经突破80家，在股债承销等方面，中资大型投资银行已逐渐能和外资大行分庭抗礼。如今的香港一级市场上，中资投行已占据半壁江山。按照承销金额排名，2007年排名前20位的承销商中仅有4家中资公司，发展到2017年，中资公司已占到11家。实践证明，中资券商只要能找准自身定位和优势，深入挖掘好国家的发展红利，完全可以在和国际一流投行的竞争中开创出适合自己的发展道路。

二、行业思考与建议

当前,证券行业的环境正在发生深刻变化,信用风险不断暴露、市场开放进程提速、新技术对传统模式的渗透和颠覆等因素相互叠加,将全方位、深层次地改变中国证券业的业态和格局。证券行业如何在监管新规条件下,保持稳定有序的良性发展,是摆在证券行业面前的重要问题。我本人于2015年离开证券行业后,参与创建了中证信用,结合三年来业态的发展和新的工作体会,谈几点不成熟的思考和建议。

(一)强化资本市场的资源配置功能,提升服务实体经济能力

金融是实体经济的血脉,脱离了实体经济的证券行业将会是无根之萍,经不起市场和历史的检验。资本市场应充分发挥直接融资和风险定价功能,引导社会资金向优质企业聚集,对新一代信息技术、高端装备制造、新能源、生物医药等战略板块和新兴产业要予以重点支持,对广大中小微企业可采取创新的方式,发挥金融产品的普适性,纾解中小微企业融资难、融资贵的问题。在产融结合的过程中,各类市场机构和金融产品应积极协同,防范资金脱离主业、脱实向虚、盲目扩张等风险,发挥多层次资本市场对优质企业的筛选、培育和推动作用。

(二)强化信用风险的监测管理,提升券商的整体风险管控能力

在结构性去杠杆的背景下,市场信用环境仍不容乐观,证券行业的固收业务和"两融"业务都面临着信用风险,必须引起高度重视。从2014年公开市场首只债券发生违约至2018年10月末,债券市场共有91个主体发行的206只债券发生了违约,涉及违约的债券本金规模超过1 670亿元。随着市场逐步打破刚兑,大型民营企业的经营及流动性风险逐渐显露,中低等级信用债利差明显走扩。同时,公司信用类债券将面临集中到期高峰和回售高峰,偿债压力较大,需警惕信用风险和区域性金融风险。伴随着主体资质的不断下沉和信用资产的日益复杂,必须做到穿透和动态监控,才能有效控制信用风险。但大部分证券公司缺乏一套全面客观、量化驱动的信用风险评估模型,信用决策极大依赖于人工判断,评价过程缺乏系统支持,数据信息更新滞后,传统的风控技术难以为继。在此背景下,证券公司可以智能化信用预警为目标,基于一套完整的企业信用风险评估与监测体系,运用大数据、机器学习等技术,及时评估发债主体和交易对手的信用风险并形成信用风险管理解决方案,建立动态准入池、持仓债券池、禁投池,覆盖投前、投中、投后等多个环节,全面提升自身的整体风险管控能力。

(三)强化科技与行业的融合,提升科技在证券行业的渗透率

金融科技正多维度地改造着整个金融行业,"金融+科技"不仅是一场技术革命,更是一种经营理念和商业模式的深层次变革。放眼全球资本市场,2008年金融危机爆发后,金融服务市场结构发生变化,国际投行不断受到市场冲击,机构服务收入在营收中的占比从2012年起逐步减小。为应对挑战,高盛、摩根大通等顶级投行纷纷开启大刀阔斧的科技改革。高盛集聚了大量的科技类人才,开发了全新的编程语言和建立了庞大的数据库,整合交

易、市场和投研的信息数据用以训练机器学习算法,并以此为基础打造出多款极具竞争力的金融科技产品;摩根大通则提出了"数字化无处不在"的发展策略,以技术手段革新现有业务,不但加大了在 IT 方面的投入,还对众多在线金融机构和创新实验室进行投资,建立金融科技公司的孵化器和加速器。反观国内证券行业,我们欣喜地看到各家券商已纷纷在金融科技领域发力,在智能投顾、数据体系建设、投资策略开发、APP 优化等方面均取得了实质性成果,但整体而言,国内证券行业的科技渗透率仍处于较低水平。证券行业可进一步加大对大数据、区块链、云计算、人工智能等新技术的投入力度,通过科技渗透和赋能,对行业生态及业务流程进行改造,提升管理效率和精细化程度。具体而言,一是结合风险预测模型和自然语言处理等大数据分析技术,针对舆情等数据进行动态风险分析,形成"快数据"风险监测服务,提升风险管理的时效性和前瞻性;二是利用知识图谱技术,刻画资本市场中主体、产品、交易等核心要素间的深层次关系,提升客户管理的颗粒度和市场营销的精确性;三是通过规则和模型的建立,识别异常交易行为,提前发现潜在风险,以便采取有效措施,提升风险防控的针对性。

回首二十八载,中国证券业走过的路非常不平凡,尽管发生过这样那样的波折,存在这样那样的问题,但一直保持着改革开放的根本取向,保持着服务实体经济的核心逻辑,保持着业务创新和管理规范的基本策略。从 0 到 1 的过程中,中国证券业构建了较为完善的业务体系和较为完备的管理架构,成就了一大批优秀的企业及企业家,为我国金融市场和实体经济的发展做出了巨大贡献。新经济、新金融、新业态、新技术、新监管,意味着中国资本市场和证券行业已进入新的发展阶段,从数量型传统化的发展模式转向质量型科技化的发展模式。不忘初心,固本培元,相信中国证券行业一定会有更广阔的未来,为国家经济建设和"一带一路"建设发挥更大的作用。

中国移动上市那些事儿

方风雷*

一、石上三年

日本有句俗语:"再冷的石头,坐上三年也会暖。"中国移动上市就是一个"石上三年"的故事。从1994年10月24日中金公司成立到1997年10月23日中国移动成功登陆香港联交所,前后恰是三年。

1994年,中国首家中外合资投资银行——中金公司成立,在北京钓鱼台国宾馆举行了签约仪式(见图1)。时任建设银行行长、兼任中金公司董事长王岐山在第一次董事会上定下目标,要把中金公司发展成为一个提供全方位服务的世界级投资银行,为中国金融业的发展树立一个样板。

万事开头难。投行是个靠业绩说话的行业,没有过往的成功案例,很难说服客户将动辄上亿元的上市项目托付给初出茅庐的中金。当时我在中金公司任副总裁。有一天,我列了一个潜在项目清单,向岐山董事长汇报。他接过单子看了看,没有发表意见,却给了我一本户川猪佐武写的《田中角荣传》。两个星期后,他问我书看了有什么心得。我回答:"要像田中先生那样,做事情就要做大事情,做大事情就要有'石上三年'的精神。"岐山董事长说:"对,小项目不用着急做,要做大事。中金的使命是推动国企改革,以此来推动中国资

---

* 作者简介:方风雷,毕业于广州中山大学,拥有中国语言文学学士学位,并获颁哈佛商学院高级管理培训课程证书。现任厚朴投资创办人暨董事长,并担任高盛高华证券董事长。曾在中国对外经济贸易合作部和多家地区性公司任职,历任中国国际金融公司(简称"中金")副总裁、中银国际控股首席执行官和工商东亚金融控股首席执行官、中国证券业协会理事(2007年1月—2017年6月)。20多年来,在资本市场多个重大交易项目的开发、结构设计和监督执行方面拥有广泛经验,包括中国电信收购香港电讯股权,中移动、中电信、联通、网通、中石油和中石化的首次公开招股,以及电讯盈科收购香港电讯和中海油收购尼日利亚油田等重大并购项目。曾是《亚洲金融》杂志评出的"中国资本市场最具影响力的十大领袖"之一,并获《欧洲货币》杂志颁发"亚洲金融服务发展杰出成就"大奖。美丽中国理事会理事、林肯表演艺术中心中国顾问委员会委员和肯尼迪艺术中心国际委员会委员,河北端村学校和甘肃伏羲学校创办人。原载于《中国证券》2018年第12期。

图1　1994年10月24日，中金公司成立签约仪式（左起为
金立佐、汤世生、张宏久、林重庚、Harrison Young、方风雷）

本市场发展。"

岐山董事长的话指明了大方向。于是，我把手头项目放到一边，先去"西天取经"。中金股东摩根士丹利为我安排了纽约和伦敦的学习考察。在伦敦，我印象最深刻的就是当年英国首相撒切尔夫人大刀阔斧推动的国企股份制改革（他们叫私有化）。那是一个波澜壮阔的历程，英国石油（British Petroleum）、英国电信（British Telecom）、国家电力（National Power）等相继完成改革，英国经济重现生机。在纽约，我观察到国际资本市场特别注重行业概念，喜欢说"故事"，先从行业说起，再落到具体公司层面，这种"自上而下"的分析方法如今在投资界十分普遍，但当时国内还没有这个概念。

行业当中，国际资本市场似乎对电信业颇感兴趣。仅1994年、1995年两年，全球就有包括葡萄牙电信、西班牙电信、丹麦电信、挪威电信在内的20多家大型电信公司相继登陆资本市场，受到国际投资者追捧。上市给这些电信公司不仅带来了相当可观的资金，而且完善了公司治理。回国后，我将在欧美资本市场的见闻向岐山董事长作了汇报。

二、电信业改革突围

20世纪90年代初期，中国的电信体系和邮政体系均归邮电部统一管理。当时百业待兴，电信业也正处于大发展阶段。1990年，全国固定电话覆盖率只有1%，在"八五"期间以每年1个百分点的速度提高，全国邮电固定资产投资额累计2 109亿元，是"七五"期间的14倍。发展的背后是巨大的资金需求。当时国内资金匮乏，而在利用外资方面，电信业仍是一个禁区。

一个推动中国电信行业重组并在境外上市筹资的想法渐渐形成。岐山董事长与时任邮电部部长吴基传就此设想进行了探讨。走境外上市这条路，不仅可以引进外资、获得长期资本，还能推动电信行业市场化改革。吴部长对此十分支持。电信业在这轮国企改革浪潮中走到最前列，吴部长的魄力和远见起了很大作用。

对中金公司而言，这也是不可多得的机会，是在国际资本市场的首次亮相。我跟摩根士丹利方面谈了四次，邀请他们参与这个项目，但他们认为这是一个不可能完成的任务。在他们看来,中国当时只有"邮电部",连上市主体都没有,谈何上市?他们更愿意将精力放在成功率更高的广东电信发债项目上。

在这种情况下,正在做德国电信私有化项目的高盛闻讯而来。时任高盛全球首席运营官亨利·保尔森(Henry Paulson)对此事十分重视。在高盛欧洲和亚太区联席主席约翰·桑顿(John Thornton)的积极推动下,高盛团队很快与中金展开合作。他们还派来了一员干将——欧洲股权资本市场业务主管迈克·埃文斯(Mike Evans)。德国电信与中国电信有不少相似之处。德国的邮电系统最初也是由国家经营的庞然大物,一度拥有 50 余万名行政人员。1989 年 7 月,德国邮电部门开始实施改革,经历了邮电分设、政企分开、股份制改造等步骤,甚至牵涉国家法律的修订。整个过程历时 8 年之久。

"境外上市"对当时许多人而言是个陌生的概念。1996 年 11 月,德国电信在法兰克福、纽约、东京三地同时上市。我建议高盛安排中国邮电部代表赴法兰克福交易所观摩整个上市仪式。邮电部香港天波公司董事长石萃鸣、总经理陈兆滨、副总经理李平参加了这次考察。高盛全球总裁乔恩·科尔津(Jon Corzine)专程赴德国接待了中国邮电部代表团,并且详细介绍了德国电信上市始末。上市融得的资金令德国电信的资产负债表大为改观,而且,通过重组上市,德国电信改变了运作机制,实现了市场化转型,成为一家真正的商业机构。法兰克福之行是邮电部代表们第一次与国际资本市场近距离接触,令他们有了最直观的感受。

代表团回国后不久,我建议举办一场更加深入的研讨会,对境外上市作一个系统全面的介绍。研讨会在海南三亚召开,共有 60 多人参加。邮电部邀请了全国各省市邮电管理系统的局长和相关财务人员参会。会议由约翰·桑顿主持,高盛副主席罗伯特·霍马茨(Robert Hormats)也出席了会议。从最基础的为什么要上市、上市有什么好处、上市有哪些方式讲起,高盛重点介绍了德国电信上市经验,包括重组结构设计、会计处理、招股书撰写、全球路演等等。他们还请来了德国电信的财务总监介绍经验,并特地安排了两名翻译,先从德语翻成英语,再从英语翻成汉语。研讨会为上市工作做了进一步铺垫。

同时,中金和高盛团队为邮电部"量身定制"了一套上市方案。邮电部在香港成立了中国电信(香港)有限公司(中国移动的前身)作为上市主体。当时它只是一个空壳,装入什么样的资产,是决定上市成功与否的关键。经过反复讨论,我们建议注入正在兴起的移动通信业务。这块业务具有高成长性,市场发展潜力巨大,预计将受到国际资本市场青睐。我们聘请了国际知名的第三方评估机构安达信咨询[①]对 10 年后的中国移动通信市场规模作了预测。当时全国移动用户只有 1 000 万户,安达信预测 10 年后这个数字将翻 10 倍达到 1 个亿。大家对这个数字半信半疑。日后的事实证明,这是一个太过保守的估计。2007 年底中国移动用户数是 10 年前的 50 多倍,达到 5.47 亿户。这种超乎想象的增长速度就是中国奇迹。

我们还提出了一个"靓女先嫁"的方案:将个别发达地区的移动资产率先剥离出来上市,未来可视情况再慢慢将其他省市的移动资产注入上市公司。一来,整体剥离移动通信资产难度太大,电信业总体采取条块结合的管理方式,大部分省份的电信业务归各地邮电管理局管,若各省逐一推动,进度太慢。二来,避免了因各地发展不平衡,一些落后省份拉低整

---

① 安达信咨询于 2000 年更名为埃森哲(Accenture)。

体资产估值的问题。三来，上市后陆续注入资产也给投资者留下巨大的想象空间。这个方案得到了邮电部的高度赞赏。邮电部决定将广东和浙江的移动通信业务列为首批上市资产。这两个中国经济最发达的省份，移动通信业务起步得早，用户数量占全国市场的30%。

上市方案上报了国务院，朱镕基副总理批示同意。1997年8月10日，根据朱总理的指示，国务院办公厅就中国电信（香港）境外上市问题，约请了国家计委、财政部、邮电部、外经贸部、税务总局、土地局、港澳办、证监会、国资局、外汇局和建设银行的相关负责人在北戴河召开会议，并最终正式通过了上市方案，同意邮电部将广东、浙江、江苏三省的移动通信资产注入中国电信（香港）有限公司，将其25%的股份在香港和纽约两地上市。根据方案，资产分批注入，广东和浙江为第一批，江苏待上市后注入。

对邮电部资产的重组和剥离是一项浩大的工程。不仅要将与固定电话缠绕在一起的移动通信资产剥离出来，使其成为产权清晰的移动通信公司，还要对邮电部各个层级庞杂的账目进行梳理。毕马威会计师事务所参与项目尽职调查的人员有350人之多。从邮电部到广东、浙江两省相关部门，最多的时候抽调了3 000人参与项目。这是一支特别能"战斗"的队伍。整个工作组以惊人的效率，在短短几个月的时间里，实现了两省移动通信资产及相应的人、财、物剥离，通过签订新的网间互联、中继线租赁等15项协议，规范了公司与管理局，以及与地、市、县邮电局之间的关系，使公司脱胎成一个按照国际惯例运作的实体。

德国电信、法国电信、韩国电信等电信公司的上市，无一例外都花费了数年时间。中国电信（香港）从1997年5月21日召开上市筹备启动会议到10月23日香港挂牌上市，前后只用了5个月。

三、"人不自信，谁人信之"

中国电信（香港）上市有一项创举，就是引入"基石投资者（cornerstone investor）"，这是高盛发明的销售策略。这种做法后来被业界广泛效仿。为了获得在香港的承销资格，中金在中国人民银行、中国证监会、香港证监会的支持下，迅速成立了中金香港公司，我担任中金香港总裁。我们选了李嘉诚、郑裕彤、郭鹤年、查济民、郭炳湘、李兆基、吴光正、利汉钊八大家族集团，以及中信和光大两大陆企的香港分支作为基石投资者。很快，这些投资者就"消化"了10亿美元额度。这让高盛感到不可思议，成立不久的中金，还没有完备的境外销售网络，竟然一下就卖出10个亿。

可好景不长，一场席卷亚洲的金融危机打乱了销售部署。1997年7月，危机首先从泰国爆发，进而迅速蔓延开来。菲律宾、印度尼西亚、马来西亚等国货币相继告急。香港市场情绪也急转直下，基石投资者开始担心起来，有的打起了退堂鼓。上市在即，怎么才能稳住人心？关键时刻还得请领导出马。我们安排吴基传部长与基石投资者在深圳五洲宾馆开了一次会，吴部长在会上的一番发言给大家带来了信心。他说不管市场现在如何，长期来看中国电信（香港）潜力巨大："今后将有近30个省份的移动通信资产注入，这样的公司不值得投资吗？"他做了一个形象的比喻，"这只是'头盘'，'大菜'还在后面。"那次会议，李嘉诚没有出席，他会前让其子李泽楷捎来一句话："谁退股，我全包下。"

9月底，中国电信（香港）的初步报价区间定了下来：每股7.75到10.00港元，相当于18至23.3倍市盈率。9月29日至10月15日，短短两个星期的时间里，中金团队陪同邮电部领导一行马不停蹄,横跨亚、欧、美三大洲,在全球 10 多个国家的 16 个城市进行路演,最多的时候一天要跑三个国家,总共举办推介会 17 场,"一对一"会晤 67 场,见了 2 200 多位投资者。

社会各界也对此次上市给予了高度关注。关贸总协定前总干事、世贸组织创办总干事彼得·萨瑟兰(Peter Sutherland)在接受《中华工商时报》首席记者胡舒立采访时评价说:"如果中国电信(香港)登台国际资本市场,意义将十分重大:其一,这会被视为邓小平先生之后改革开放的标志;其二,体现了中国国有企业改革的阶段性成果;其三,巧妙回答了世贸组织对中国电信市场开放的诘问。"

路演到了伦敦,国际投资机构认购相当踊跃,出现大规模超额申购。10 月 8 日晚,我向岐山董事长汇报了前线情况,建议提价。他非常干脆地表示同意,并让我征求吴部长意见。吴部长也表示赞成。我将这一决定告知了中金路演前线的毕明建。10 月 9 日,价格区间从原先每股 7.75 到 10.00 港元提升至每股 9.50 到 12.60 港元,提价幅度 20% 以上。路演中途提价是十分罕见的。香港《信报》专门就此发表社论,指中国电信(香港)提价偏高,但合理,目的是打击国际炒家。高盛后来将此列入其经典案例,称其为"为数甚少、有史以来调价幅度最大且大获成功的"一个上市案例。

路演归来,面临最终定价,在这个问题上出现了分歧。恒生指数在路演这两周急挫 10%。"现在市场环境不是不好,而是恶劣。"高盛团队建议采取更保守的定价,取价格区间的中间值 11.00 港元附近。吴部长和岐山董事长希望更接近价格区间上限,定在 11.88 港元。埃文斯竭力劝说:"如果一上市就跌破发行价,就像一出生就残疾的婴儿,对公司非常不利。"最后,岐山董事长说:"我们就定 11.80。"埃文斯知道岐山董事长不是在征求他的意见,而是在发指令。虽然这个价格略有让步,但仍然比中间价高出 7%。事后证明,岐山董事长的决策是正确的。11.80 港元的定价相当于 27.44 倍市盈率,与高盛提出的 11.00 港元相比,多融资近 3 亿美元,募资总额达到 42.2 亿美元。

10 月 23 日,星期四,香港乌云密布,大雨滂沱。外汇市场的刀光剑影令香港股市弥漫着恐慌情绪。埃文斯和我陪同中国电信(香港)董事长石萃鸣一起去香港联交所挂牌,股票代码为"HK.941"。挂牌结束后,我们被守候在联交所门外的一大波记者围住,问怎么看待股市异常波动中的上市表现。石萃鸣一边答"日久见人心,路遥知马力",一边跟着我们突破记者的层层包围。

那天香港股市狂泻 1200 多点,被称为"黑色星期四"。这一天,在香港外汇市场,特区政府与国际炒家进行了激烈厮杀,银行隔夜拆息由 6% 飙升至 300%。中国电信(香港)股价跌跌撞撞,当日报收 10.55 港元。

当晚,在香港君悦酒店举办了上市庆祝酒会,满城精英尽出,700 多人济济一堂(见图 2)。上任不久的香港特别行政区行政长官董建华、新华社香港分社副社长朱育诚、香港财政司司长曾荫权均出席了酒会。电信总局局长张立贵代表邮电部发表讲话,称中国电信(香港)的上市"标志着中国电信发展进入一个新阶段"。平时一向躲着记者的李嘉诚主动把记者叫到身边,表达了他对中国电信(香港)发展前景的乐观态度,相信会给投资者带来可观回报。

图 2　1997 年 10 月 23 日，中国电信（香港）上市庆祝活动（左起为约翰·桑顿、石萃鸣、方风雷）

岐山董事长在酒会上的一番即兴发言，很多人至今记忆犹新，大致内容是：尽管今天股价跌了，但我们对中国电信的未来有信心，因为它的背后有一个生机勃勃的中国，有一个改革开放逐渐深入的中国。人是要有一点自信的。人不自信，谁人信之？

次日，星期五，随着大盘的反弹，中国电信（香港）的股价回升至 12.15 港元。到了年底，股价比发行价涨了 14%。而恒指在这期间仅上涨 3%。

中国电信（香港）就像它的股票代码"941"一样，"九死一生"。眼前的惊涛骇浪，在历史的回望中不过是细小涟漪。中国电信（香港）一上市就跻身于香港十大上市公司，成为继汇丰、和记黄埔、香港电讯之后市值排名第四位的上市公司，并于 1998 年 1 月被纳入香港恒生指数，成为 33 只成分股之一。如果我们把视角放得更广一些，三年后中国电信的股价稳稳地站上了 50 港元，在 2007 年一度冲破 150 港元，2008 年全球金融危机后股价一直保持在 70 港元上方，是香港股民十分钟爱的一只红筹股。这对于稳定香港市场，增强香港投资者对中国的信心起到了积极作用。2000 年，中国电信正式更名为"中国移动"。

四、42 亿美元的真金白银

虽然此前也有中国的企业在境外上市，然而，无论从融资规模还是影响力来看，与筹得 42 亿美元的中国移动是无法比拟的。要知道，1997 年中国国家外汇储备总共不过 1 400 亿美元。中国移动上市在当时创下四个"第一"：中国企业海外融资规模第一；亚洲（除日本外）资本市场融资规模第一；世界移动通信领域融资规模第一；国企招股市盈率第一。当时全球十大上市电信企业几乎都是整个国家的电信资产，而中国只拿出两个省的移动通信资产就融得 42 亿美元，着实让全球资本市场惊叹。

1998 年 5 月，江苏移动通信资产注入上市公司。此后，各省市的移动通信资产被陆续注入，直至 2004 年完成全国所有移动资产的注入。

中国移动上市，也是中国电信行业市场化改革的重要一步。如今我们都知道，做企业的核心目标之一是要为股东创造回报。这些经营理念在当时却是一种新思想的植入。上市之后，中国移动的公司治理水平和透明度显著提升。公司董事会聘请了香港中文大学校长李国章、摩根大通银行亚太区主席梁锦松等人担任独立董事。财务上也与国际接轨，聘请国际知名会计师事务所进行审计，定期披露中报、年报。正如董事长石萃鸣所说的："股价和经营业绩联系在一起，不断督促我们向先进的国际管理水平靠拢。"

1997年11月27日，朱镕基副总理在中南海紫光阁接见了高盛和中金的代表。高盛方面来的是亨利·保尔森、约翰·桑顿、迈克·埃文斯、徐子望和王学明；中金方面岐山董事长带着我和毕明建参会。毕明建目前是中金公司总裁，他如今带领的中金在规模、实力和业务覆盖上已与当年的中金不可同日而语。

会上，朱总理问保尔森："你对中国移动的股票表现有信心吗？"保尔森说："尽管发生了亚洲金融危机，但它是亚洲表现最好的股票。"朱总理引用了一句成语"一枝独秀"，一旁的翻译将之译为"one beautiful flower in the garden"，保尔森会意地点点头。

"高盛做得很好，"朱总理说，然后指着迈克·埃文斯问保尔森，"你们高盛有多少个像他这样的人？"

"只有一个。他在这个领域是全球顶尖的。"保尔森说着转向我和毕明建，"他们也做了很多事。"

中国移动上市是中金公司在国际资本市场的一次大胆实验，揭开了大型国企重组改制的序幕。随后，中国石油行业也掀起改革浪潮，中国石油、中国石化、中国海洋石油相继完成重组改制，于2000年前后登陆国际资本市场。银行业紧随其后，四大国有银行先后扬帆出海。中国移动上市也令中金一战成名，让一家名不见经传的中国投行自立于国际资本市场。在之后很长一段时间里，中国的大型国企海外上市项目，中金几乎从未缺席。

市场的力量

——我与光大证券的一些回忆

解植春[*]

40年前,我在家乡伊春林区刚刚结束了伐木工人的生活,即将进入林业局团委机关工作的时候,接到了恢复高考的喜讯。我们那时候都意识到了整个国家命运和每个人的个人生活即将发生改变,但谁也没有想到的是,中国从此进入了近代史上甚至是几千年历史上一段激荡壮阔的历史时期。如果说,中国改革开放的历史是一部伟大的交响曲,那么28年的中国资本市场产生、发展的历史,就是其中最精彩的乐章。我有幸参与其中,参与组建并主持了光大证券这一资本市场上有特点的金融机构,见证了中国社会这一变革的历史过程。回顾以往,无限感叹,庆幸为自己人生道路做出了正确选择,深刻地体会到生活的快乐和人生的意义。每念及此,十分感恩这个时代!谨以此文纪念中国改革开放40周年和中国资本市场建立28周年。

一、时代感召

1992年底,我从黑龙江省委大院离开,到中国光大银行这一国有金融企业工作,一晃近三十年已经过去了。当时,我是一个踌躇满志的青年干部,在省委省政府的两个大院也是最年轻的正处级干部之一。在我的职业生活中,有无数人问过我,你放着大好的仕途不走,为什么选择了金融,选择了证券业?实际上,是时代的脚步促使我们离开党政机关,投身到

---

[*] 作者简介:解植春,现任中国富强金融集团董事会主席,深圳前海蛇口自贸片区及深圳市前海深港合作区咨委会副主任委员,兼任中国民生银行、中国太平保险集团等金融机构独立董事,担任清华大学五道口金融学院硕士研究生导师及南开大学、黑龙江大学、深圳大学客座教授。原中国投资有限责任公司副总经理;原中央汇金公司执行董事、总经理。曾任光大银行大连分行副行长、中国光大亚太有限公司执行董事兼总裁(CEO)、光大证券股份有限公司总裁(CEO)、光大集团执行董事、副总经理兼任光大永明人寿保险公司董事长、光大永明资产管理股份有限公司董事长、中国证券业协会兼职副会长(2002年7月—2006年)等职。原载于《中国证券》2018年第12期。

国有金融企业。

在这个过程中有两件事对我影响甚深。

一件事是 1990 年随省委调研组到南方调研,一路从浙江到深圳,再到海南。当时的大背景是,1989 年风波之后,内地的党政机关气氛比较沉闷,我们这些给省委领导写文字的人,地命海心,每天都在思考中国的下一步路该怎么走。但到了南方,感觉则不一样,尤其是深圳这个年轻城市的活力、市场经济意识以及开风气之先的开放氛围,都给我们带来了很大的震撼和冲击。与封闭的北方相比,在南方,你会看到人的价值取向在发生深刻的变化。作为党政机关的领导干部以及制定政策的人,枯燥地坐在计划经济体制的旧椅子上,已经没办法理解鲜活的社会生活,无法理解市场上发生的许多故事。这引起了我对生活道路的选择以及发展路径的深入思考,内心形成了对传统官僚责任的一种另类认识。

还有一件事就是邓小平南方谈话。不了解当时的历史环境,就无法理解小平南方谈话给人民带来的冲击。众所周知,小平南方谈话之前,第一个社会主义国家苏联解体,加上国内政治风波之后,一些人开始否定改革开放政策,左的思潮开始复辟,甚至出现了姓"社"还是姓"资"的争论,给人们带来了极大的困惑,在党政机关弥漫着一种无所适从的压抑氛围。实际上在小平南方谈话没正式传达之前,已经开始有各种各样的版本在一定范围内流传。讲话正式传达后,像一缕春风吹进人们的心里,打破了一段时期以来的局面,解除了人们普遍存在的困惑与彷徨,带来了改革开放的新思路和广阔的新视野。

小平南方谈话的影响是多方面的、深刻的,不但影响了整个国家的发展进程,也给按照传统路径在党政机关发展的年轻人带来了巨大的冲击和影响,"到市场上去",去经风雨、见世面、练就真本事,成了一批敢于进取的年轻人的新选择。那时流传着一句顺口溜"龙下海虎上山,蔫头耷脑坐机关",我也和众多"92 派"一样离开了省委机关,投身到国有金融企业。先是在银行,后来到了证券业,开始了近 30 年在资本市场摸爬滚打的职业生涯。

二、草莽岁月

在银证分业经营之前,我在光大银行大连分行担任副行长。由于分管证券业务,设立了光大银行第二家营业部,与总行主管证券业务的副行长周道志多有业务上的配合与接触。在银证分业经营之后,组建光大证券时,他和我的大学同学、时任光大证券深圳营业部总经理的史致金推荐我到光大证券任副总经理,从此开始了我在光大证券十多年的难忘经历。

尽管当时已经是小平南方谈话三年之后,市场经济已经深入人心,但人们对金融特别是对证券的认识仍很肤浅。当时为了开拓业务,我去拜访某省负责主管金融的副省长,他是我过去在黑龙江工作的老领导,希望他开放省内上市公司的指标,支持光大证券在当地开设新的营业部。当我表明来意后,他说:"你放着好好的银行行长不干,搞什么证券,要指标帮我们省内企业上市可以,但要在我主管的范围开营业部,不就是设赌场骗老百姓的钱吗?我不能支持。"他当时的表态在一部分党政干部中很有代表性,体现出那个阶段人们对证券市场的认识。

光大证券刚开始注册资本很少,只有 2.5 亿元,而且还不是真金白银,由光大集团下属的光大外贸出资 1 000 万美元,其他是光大银行、光大信托的几家营业部评估作价,才补足了 2.5 亿元的资本。

光大证券成立时，集团非常重视，当时的集团董事长邱晴亲自任光大证券董事长，集团的副董事长刘纪元任副总经理。邱晴的资历不用说，刘纪元20世纪80年代在甘肃做过宋平同志的秘书，曾任甘肃省人民银行行长。因此，光大证券从一开始就在整合、调动资源方面具有很大的优势。光大证券的批设许可应该是1996年3月8日拿到的，当时周正庆行长特意给邱董事长打了个电话，半开玩笑地说："邱大姐，三八妇女节给您送个礼物——光大证券成立的批复。"

当时光大证券在取得牌照、获取各项业务资质等方面走得比较快，然而当时面对的最大问题还是如何尽快赚到钱，并把管理完善起来。当时的市场很不稳定，各业务板块的发展不平衡，同时当市场热点来了，赚钱又很容易，我们把这个过程叫作"抢钱"。当时无论是国债业务，还是到地方上拿指标帮企业上市的投行业务，都是如此。尤其是"打新股"这个简单粗暴的业务，非常典型，因为当时的上市公司很少，发行的股票远远满足不了市场的需求，一旦股票上市，打到新股通常都有30%甚至高达100%以上的回报。这种赚钱的模式，简单但是非常快。

我当时主管北方总部，对业务推动力度大，总结出"稳、准、快、狠"四字经营风格，那时候感觉每天账户都在进钱，很过瘾。这个风格也深深地影响了我后来的企业管理理念。

当时市场上弥漫着各类投机行为，甚至被逐步放大，一些公司发展为"坐庄"、挪用股民保证金、保底代客理财等，为后来行业的风险集中爆发埋下了隐患。

三、迁册上海

1997年后，朱小华从中国人民银行到光大接任董事长，为了加快光大证券的发展，他做了几个对光大证券发展影响很大的决策。

一是调整领导班子，配备了豪华管理阵容。董事长由朱小华本人兼任，孔丹兼任副董事长，同时把深圳建行行长惠小兵调任总裁，设置了两位常务副总裁，一位是高国富，另一位是周道志，还有两位副总分别是聂庆平和我。惠小兵敢作敢为，有"惠大胆"之称，在深圳地区影响较大。在任行长期间，支持了华为、中兴等一批优秀企业。高国富人很稳重，有经营头脑和政治智慧，他后来没有到位，一直在上海做得顺风顺水，先后任上海久事公司总经理、太平洋保险董事长等。现在上海市委对他也很重视，超期服役任浦发银行董事长。聂庆平年纪很轻就是中国证监会国际部的领导，理论功底扎实，他把规范的理念带到了光大证券。后来回到中国证监会，在2015年股市波动后被委以重任，出任证金公司董事长。

二是把光大证券注册资本金由2.5亿元增资到5亿元。实际上集团也没有出钱，就是把证券公司成立后三年的所有者权益转增为资本金。光大证券成立时除了那些营业部和1 000万美金外，集团没有出过钱，此后一直经营稳定，主要依靠自身的经营和股份制改革募集资金。那个年代许多金融机构都经历了把资本金亏掉再重组注资的过程，包括光大集团内部绝大多数企业都经历了这一过程。实事求是地说，光大证券的案例是那个时代金融机构少有的案例。

三是把公司总部迁到上海。由于朱小华对上海比较熟悉，对浦东比较有感情，他来后就做出了这个决策。开发建设浦东是朱镕基总理提出来的。1997年时，上海浦东还比较冷清，受"宁要浦西一张床，不要浦东一间房"的传统观念影响，上海本地人也不愿意去浦东。我记得刚到浦东时，只有上海证券大厦和上海人民银行两个像样的办公大楼。当时与我们共事的同事很多住在浦西,很不方便。有一次公司来了客人,由于时间比较紧,说好了第二天去浦东吃早餐,然后开会,结果餐厅没有开门导致早餐没有吃成。到了晚上,浦东更是一片沉寂。

由于我们是第一家迁至浦东的全国性非银行金融机构,上海市委市政府非常重视、支持,浦东区委区政府下决心在陆家嘴核心地段给光大一块非常好的地,就是现在的上海21世纪大厦的位置。但是后来由于种种原因,光大没有开发,时间久了只好转手他人,而当时浦东的房地产还没有起来,现在想起来实在是可惜了。

还有一项决策,就是把光大证券的一部分股权装入在香港的上市公司光大金融控股,由于当时中国证监会还没有针对此类情况的相关政策规定,于是向朱镕基总理请示,朱总理开会当面请时任中国证监会主席周正庆支持,成功装入上市公司。

现在来看,上述这些决策都对光大证券的发展起到了重要作用。尽管朱小华本人后来出事了,但不能因人废事,他做的这些事还是应该肯定的。他在来光大集团之前,曾任新华社香港分社经济部副部长、央行副行长,视野比较开阔,也把现代管理和金融运作的一些观念引入了光大集团,我们这些年轻人在当时学到了很多东西。我与他并无渊源,我曾经记了一整本他所讲的企业管理方面的笔记,后来我搬家时看到了,那时他刚从监狱出来,我在这本笔记上写了几句话寄给他留作纪念。一天早上,他给我发来了一条短信,很动情:"读后很感慨,让我想起了泰戈尔的一句诗:我曾在天上飞过。非常感谢。"

四、高歌猛进

光大证券有了这些积累和作了这些调整之后,迎来了一个快速发展的时期,尤其是趁着"5·19行情"的东风,光大证券跨越式发展,上了新的台阶。

1999年5月19日,在互联网股票的带领下,沪深股市一扫低迷,走出了一波凌厉的行情,在不到两个月的时间里,涨幅超过50%,随后展开了长达两年的大牛市,在2001年达到最高点2245点,这波行情叫作"5·19行情"。

除了前面提到的光大证券成立时的基因优势及做出的正确决策之外,还有一个至关重要的因素,就是理顺了激励机制。光大证券在1997年率先实行了投行变动费用包干制度,即业务净收入的20%在扣除差旅费、招待费等变动费用后,结余部分作为投行业务人员的奖金。这一制度对激励投行人员的积极性、控制公司成本等方面发挥了非常重要的作用。同时,市场从额度制逐步转向市场化,光大的投行条线也是看得非常准的。那时候经常出现内部好几拨人一起去抢一个项目的情况,充分说明了内部市场竞争的程度。由此创造了第一家可转债南宁化工、第一家定向增发真空电子等市场上的经典案例。1998年、1999年,光大证券投行在业内各项指标一直处于领先地位,这与光大集团的品牌优势、公司领导对投行业务的重视和能够充分调动业务人员积极性的激励机制是分不开的。1999年光大证券IPO进入全市场前十名;2002年再融资全市场排名第八位,定向增发全市场家数第一位;第一批保荐人考试中,保荐人数量排名全市场第二位。

另外,公司在经纪业务方面也推行了激励机制,将经纪收入的8%作为激励奖金,大大提高了经纪业务的占比。大力发展了网络非现场业务,这对营业部比较少的光大证券来说,是非常大的突破。

光大证券做了这些整合工作之后,人员、机构和业务都进入了一个快速发展的时期,尤其是随着市场的发展，迈上了新的台阶。用短短5年时间，从一个名不见经传、规模较小的证券公司迅速发展成为在证券市场上具有影响力、各项主要经营指标进入前列的证券公司。

五、创新试点

2001年10月，我接任光大证券总裁、党委书记。这时长达两年的"5·19行情"接近尾声，经过两年的快速发展，光大证券已经有了扎实的基础。但整个证券市场的系统性价值高估、同股不同权、投资者利益保护不足等深层次问题不断爆发和激化，并引发了长达4年的结构性调整"熊市"，最后出现了全行业亏损的严峻局面。

在高速发展过程中，光大证券也和其他证券公司一样，积累的问题在市场下行过程中逐步暴露出来。我接手公司一把手后，连续做了几件对公司发展比较有影响的事。

一是改革调整。从2002年初开始，在前任工作的基础上，对公司内部的组织架构和部门设置果断进行调整，将管理和业务总部全部集中到上海，直接管理的部门由41个缩减到16个，总部员工减少了25.8%，中层干部缩减了40.6%。调整后，干部的平均年龄大大下降，学历水平也明显提高。

二是加强了风险管理，清理了代客理财，调整了客户关系。特别是加强了各营业部的风险排查，坚决对营业部总经理进行轮岗，暴露出一批在市场上行时的违法违规案件，妥善处理了公司的突发性金融风险。

三是增资扩股。光大证券由于当时部分股权装入上市公司股权时，缺乏法律依据，内资、外资身份不明确，致使增资扩股迟迟不能解决，资本金排名已经在行业前50名之外，严重制约了公司各项业务的发展。经过多方努力，我们解决了历史问题造成的种种障碍，成功增资扩股至26亿元人民币。同时启动新一轮增资工作，为上市做准备。

四是下决心调整业务结构，提高公司的核心竞争力。首先抓了研究工作，当时我作为公司一把手，亲自兼任研究所所长。后来招聘了一大批以北大毕业生为主、素质高、研究能力强、市场意识敏锐、发展潜力大的专业人士，使公司的研究能力大大增强。光大证券研究所很快在行业内崭露头角，连续三年被新财富杂志评为"本土进步最快研究团队"，在宏观经济、汽车等十几个行业的最佳分析师评选中都进入了前三名。彼时新财富评比更关注研究成果和效果本身，不像后面那样跑偏。光大证券后来培养了大批优秀的研究人才，成为资本市场的中流砥柱，高善文连续几年获评宏观经济研究第一名，后来主动退出评比。现在在私募股权投资领域享有盛誉、在当时有"股市巫师"之称的程定华，以及赵雪桂、赵强、王云、诸海滨、李婕等，在各研究领域都有相当的地位和影响。当时还设立了国际业务部，与光大控股合作，在香港上市业务方面取得实质突破。成果之一的紫金矿业后来成功在香港上市，成为当年最佳的IPO项目。我和光大银行合作，开展银证通业务，为后来的股民保证金集中托管奠定了基础；还试点合作建设了"阳光理财室"、QFII工作小组等，为标准化的资产管理业务打下了基础。后来成功推出了证券行业第一只集合资产管理计划，叫作"光大阳光1号集合资产管理计划"。

那时候券商研究是非常薄弱的。高善文的回忆文章《时光的刻痕》中，对当时券商研究的社会地位以及光大证券在股市困难时期的办公环境都有生动的描述。我记得当时带队去社保基金理事会，去见李克平副理事长时，我们说光大证券有当时市场上一流的研究队伍。

克平是从国务院研究部门出来的,他当时觉得只有他们的研究才是比较权威的。后来在中投公司,我们在一个班子工作,我还和他开玩笑提及这段往事。那时高善文、程定华等人已经成为股票市场上特别是年轻人眼中"大神级"的人物。

正是因为有了上述扎实的基础工作,光大证券成为市场上138家证券公司中资产负债表健康、核心竞争力较强、市场形象较好的证券公司。当时由于部分证券公司风险暴露,中国证监会作为监管部门启动了全面风险处置等综合治理工作,采取托管、接管、撤销、责令关闭、破产重整等方式处置了31家高风险证券公司,清理了违规账户1 100多万个,弥补客户交易结算缺口250多亿元。当时我本人也多次参与这类会议,与当时主管这一工作的时任中国证监会主席助理、后任中国证监会副主席的庄心一,以及风险处置办的吴清、黄红元等同志接触较多,他们都给我留下了深刻的印象,特别是庄主席,勇于任事、敢于负责、无所畏惧的工作态度,是处置这些风险的前提,没有这样的工作作风,这些风险就不会得到有效的处置。

中国证监会在关闭高风险券商的同时,也适时推出了创新试点,目的是使得一些条件比较好、经营有序、管理规范、财务健康的证券公司先行先试。正是因为有了以上的积累和扎实工作,光大证券与中信证券、中金公司一起被评为首批三家创新试点公司,由此奠定了光大证券在中国资本市场上的地位,也成为证券公司中最早的一批上市公司之一。

六、几点思考

光大证券是中国资本市场成长发展的一个缩影,有着自己鲜明的特点。在回顾其成长发展历史时,一些客观存在的问题和经验教训也值得认真思考。

一是金融机构的发展必须坚守"一大主题,两条主线"。"一大主题"是指一定要抓住市场发展机会,超常规发展。"两条主线"中,一条是不断进行创新,持续提高盈利能力;另外一条是严守企业合法合规的底线,不出现系统性风险。不断创新才能获得生命,控制风险才能走得长远。这是金融企业在市场风浪中立于不败之地的根本。

二是要高度重视人才的培养。人才是企业的第一核心竞争力,对证券公司来说尤其如此,光大证券之所以在市场上很快获得了市场地位,在很短时间内进入100多家证券公司前列,主要是提拔任用了一大批年轻、素质较高、专业能力强的人才。据不完全统计,从光大证券走出去的人才中有近50人成为全国性证券公司、基金管理公司、上市公司、期货公司以及其他金融机构的高管,有十多位成为企业一把手。

三是主要领导不能频繁更换。光大证券成立22年至今,董事长先后9任,总经理先后6任。其中有些都是资历深厚的前辈,我们经常开玩笑说,我们光大证券管理团队有可能是证券圈子里资历最深、级别最高的一帮人。先后担任过光大证券董事长的有邱晴、朱小华、刘明康、王明权、唐双宁、袁长清、葛海蛟等人。但是从一个成熟的金融机构角度来看,更换过于频繁,不利于一个企业的顺畅发展。华尔街的一些"百年老店",企业的CEO都是一当十几年甚至二十几年,而且在掌舵企业之前,绝大多数在企业的各个部门任职过,对企业有深刻的了解。目前光大证券和其他国有企业一样,不是个别的现象,这并不利于企业的发展。

还有其他一些值得思考的经验教训,在国有金融机构中有其共性,在此就不一一赘述了。

资本市场发展助力金融改革与国家战略

瞿秋平*

资本市场的改革开放不仅是我国市场经济改革开放的重要组成部分,同时也是改革开放以来经济跨越式发展的重要推力。我国资本市场起步晚、底子薄,近30年来,不断完善与革新,持续开放与合作,在经济改革开放、不断发展的过程中,为国家战略提供了强有力的支持。

一、资本市场助力金融改革

如今我国的资本市场,已经扭转了长期存在的股权结构痼疾,建立了较为完备的交易机制和风险防控体系,机构投资者正逐步成为资本市场的中坚力量,投资者结构日趋成熟,市场稳定性不断提高。我国已经初步建立由沪深主板、中小板、创业板、新三板、区域性股权市场、证券公司柜台市场组成的多层次市场体系,成为服务实体经济的重要力量。

(一)推动机构投资者发展,逐步构建稳定的投资者结构

机构投资者对资本市场的稳定和资本市场的资源配置作用具有重大意义。以机构投资者为主体的资本市场,投资者相对理性,投资理念和投资框架稳定,带来市场更高的稳定性和更趋合理的估值体系。同时,机构投资者囊括了各类专业投资人才和技术人才,这对资本市场资源配置、上市公司规范化治理、行业技术模式发展都能起到有效的促进作用。

我国资本市场在发展初期,散户作为资本市场的主力,带来了证券市场的众多问题:股市投机性强、市场波动率高、各类违规行为多。这样的证券市场投资者结构,已经使众多的

---

* 作者简介:瞿秋平,男,1961年出生,复旦大学经济学硕士。现任海通证券股份有限公司党委副书记、董事、总经理,海通国际控股、海通国际证券董事局主席。曾任工商银行上海分行、江苏省分行副行长,上海银行党委副书记、行长、副董事长,中国证监会派出机构工作协调部主任、投资者教育办公室主任、非上市公众公司监管部主任。兼任国务院参事室金融研究中心专家委员会委员、中国证券业协会副会长(2017年5月至今)、深圳证券交易所理事等职务。原载于《中国证券》2018年第12期。

散户投资者成为不成熟市场的"牺牲品",无益于市场的稳定和上市公司治理结构的改善,更遑论行使资本市场固有的资源配置功能。

借鉴成熟市场的发展经验,我国从 2000 年开始,大力推动机构投资者的发展。2000 年 10 月,《开放式证券投资基金试点办法》开始实施,公募基金从此走上快速发展的道路。仅 2001—2006 年短短 5 年间,新成立基金 51 家,为 2001 年期初的 5 倍(见图 1)。2002 年 12 月,《全国社会保障基金投资管理暂行办法》发布,社保基金作为机构投资者的重要组成部分进入资本市场。随后,随着保险资金和企业年金管理相关法规的出台,保险资金和企业年金也在 2004 年后陆续进入证券市场,成为机构投资者的重要力量。截至 2018 年第三季度,我国公募基金公司资产净值 13.22 万亿元,其中,管理的社保基金和企业年金规模达到 1.62 万亿元;证券资管市场规模 14.18 万亿元;保险资金运用于资本市场总规模达到 13.59 万亿元(见图 2)。具有专业投资能力的机构投资者正逐步成为资本市场的主力。

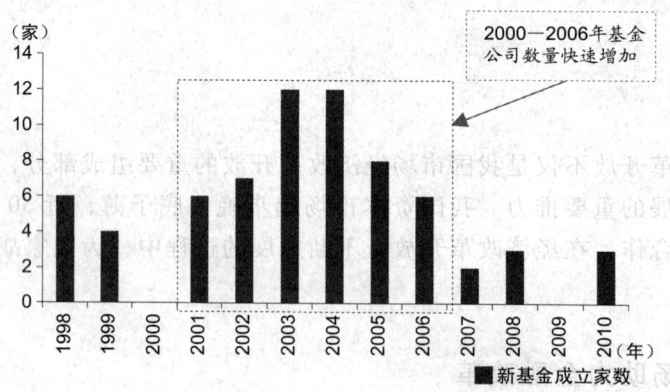

图 1　2000 年后基金公司迅速发展

资料来源:Wind 资讯,海通证券研究所。

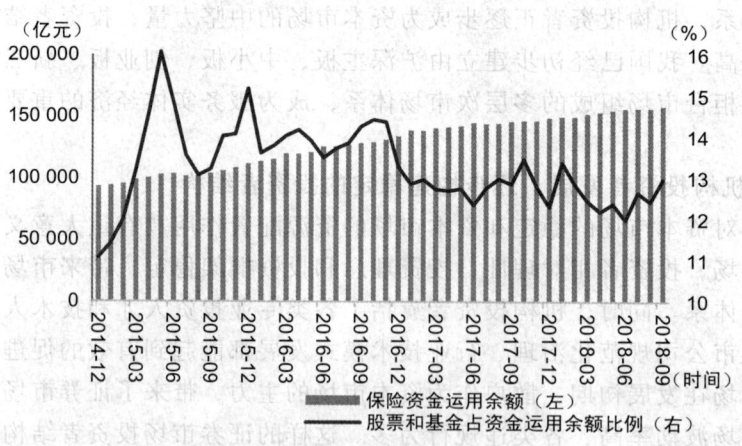

图 2　保险投资资金快速增长

资料来源:Wind 资讯,海通证券研究所。

(二)进行股权分置改革,解决我国资本市场长期存在的同股不同权制度痼疾

我国由于历史遗留问题致使证券市场一直存在流通股和非流通股两类股票类型。这两类股票同股不同权,成为我国证券市场发展的重大制约因素。从上市公司发展的角度来看,两类股东获取股票的成本、风险和收益各不相同,造成两者利益目标的不一致,造成公司决策和长远发展的困难。从市场角度来看,两类股东的存在侧面反映的是上市公司治理结构的问题无法通过市场化的途径进行优化,市场显失公平。同时,这样二元定价体系的存在使得股票价格严重偏离其内在价值,证券市场优化资源配置的作用不能顺畅发挥。

着眼于证券市场的长远发展,中国证监会、国资委等相关监管机构于 2005 年发布了一系列股权分置改革试点法规,保障股权分置改革试点不断推动。2005 年 9 月《上市公司股权分置改革管理办法》正式颁布,股权分置改革全面启动。

股权分置改革作为我国证券市场制度改革的重要内容,不仅解决了我国证券市场长期以来存在的制度弊端,合理完善了资本市场的定价机制,同时也让证券市场的资产配置功能得以有效发挥,更有利于企业自身治理结构的优化。此外,股权分置改革的顺利完成也使得国有经济战略布局的调整成为可能。股改后更加公开透明的信息披露和管理体制不仅有利于投资者保护,也有利于上市公司长远发展。

(三) 构建完善的切实服务实体经济的多层次资本市场体系

构建完善的多层次资本市场是促进我国资本市场长远稳定发展的重大战略。首先,从促进经济发展、发挥资本市场作用角度来看,多层次资本市场的发展,是适应实体经济多样性、企业发展不同阶段需求、满足创新不同层次需求的必要条件。其次,从海外成熟市场发展经验来看,拥有适应本国或本地区经济发展的多层次资本市场,往往能吸引和培育有发展潜力的上市公司,对促进本国经济发展起到重要作用。

早在 20 世纪 90 年代,我国监管层就认识到建设多层次资本市场对我国经济金融发展的重要性,初步提出要建立"多层次资本市场"。2003 年,党的十六届三中全会明确提出要"建立多层次资本市场体系,完善资本市场结构"。2004 年,中小板正式成立,服务于中小企业发展。2009 年 10 月,创业板市场启动,定位于扶助高成长科技公司发展。2012 年起,新三板快速发展,凡是符合条件的公司,均可在新三板挂牌上市,为众多中小企业提供了融资和交易的重要平台。经过多年发展,我国目前已经初步建立由主板、中小板、创业板、新三板、区域性股权市场和证券公司柜台市场组成的多层次资本市场体系,成为服务实体经济的重要力量。

二、资本市场和证券行业开放成就斐然

尽管建立时间较短,但无论是投资者、证券机构,还是上市公司以及监管等各层面,我国资本市场和证券行业开放是全方位多角度的,开放的措施及其步伐都是跨越式的。

一是资本市场投资者的开放方面,双向开放的举措清晰且有计划步骤,合格境外机构投资者(QFII)、合格境内机构投资者(QDII)制度建立和不断扩容是典型的"引进来"和"走出去"的措施。

2002 年 11 月,中国证监会和央行联合发布 QFII 有关法规。在不能完全自由兑换人民币的情况下,在一定限度内引进外资机构投资境内证券市场,QFII 制度对我国资本市场有限的局部开放和今后的整体开放打下了基础。在经历多次改革后,QFII 不断放宽准入门槛,并且投资范围也逐步从股票拓宽至债券、基金、资产支持证券等多类别资产,截至 2018 年

11月底投资额度已达1 005.56亿美元。经过不断完善调整，QFII制度日臻成熟。

与QFII类似但途径相反，QDII有限度地允许符合条件的境内机构投资者投资境外资本市场。QDII是在人民币升值和我国外汇储备增长的背景下，国内资本"出海"对全球资产的配置需求不断升温，为分散金融风险和增强资本收益而设。QDII最先选择香港资本市场，便捷地绕开人民币不可兑换的障碍，又可促进香港金融市场的繁荣，可谓一举两得。之后QDII的步伐也越走越快、越走越顺，截至2018年11月底，QDII投资额度为1 032.33亿美元。在外汇体制改革不断推进的趋势下，QDII制度完善也将指日可待。

RQFII（人民币合格境外机构投资者）制度的推出，既解决了离岸人民币重新回到本土的困难，又给资本市场开放拓展了新的实践方向。和QFII、QDII不同的是，不需要境外机构或境内投资者兑换外币或人民币，RQFII是境外人民币资金直接投资于我国的资本市场，大大简化了手续和过程，不仅在推动人民币国际化、外汇改革和解决离岸人民币回流问题方面做出了积极的尝试，而且还对资本市场开放拓宽了新的渠道。因此RQFII规模扩张较快，就缘于其受益于外汇改革和资本市场两个方面，自2012年推出以来规模迅速增长，较QFII、QDII增速都快，截至2018年11月底，RQFII额度已达人民币6 426.72亿元。

二是我国资本市场与境外市场的双向打通壁垒，"沪港通""深港通"前期实践后，"沪伦通""债券通"又为我国资本市场和境外市场建立了连接渠道。

2014年4月"沪港通"得以正式批复，同年11月17日开通。交易标的从2014年北向沪股通596个和南向港股通273个扩大至2017年北向和南向分别为791个和311个，成交金额也从2014年的北向1 675亿元人民币和南向260亿港元增加至2017年北向1.31万亿元人民币和南向1.72万亿港元。

"深港通"于2016年12月启动，内地与香港证券市场的合作进一步加强。"深港通"吸引了更多境外长期资金进入我国资本市场，也给香港市场带来了更多的新鲜血液，人民币国际化也进一步加快。"深港通"从2016年的北向深股通投资标的881个和南向港股通标的417个，到2017年扩大至北向1 028个和南向445个；交易金额从2016年的北向262亿元人民币和南向92亿港元，到2017年增加至北向9 507亿元和南向5 353亿港元（见图3和图4）。

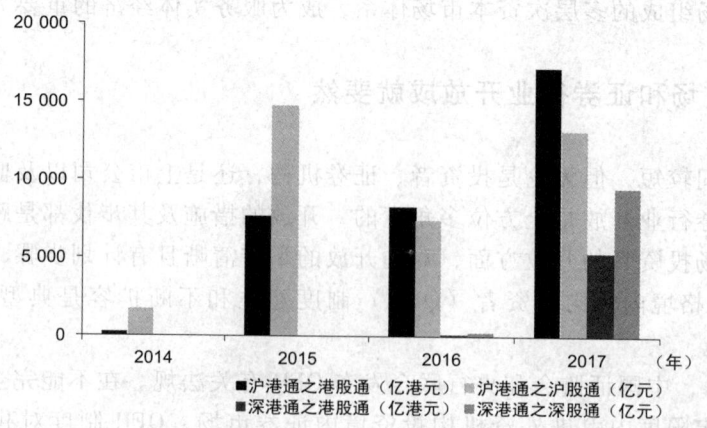

图3 "沪港通""深港通"成交金额逐年增长

资料来源：Wind资讯，海通证券研究所。

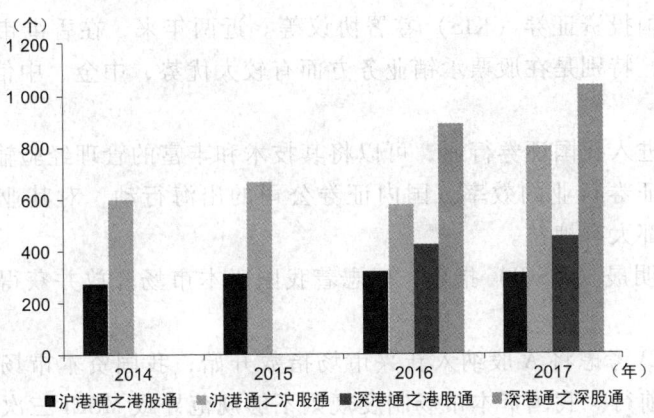

图 4 "沪港通""深港通"可投资股票标的范围扩大

资料来源：Wind 资讯，海通证券研究所。

继"沪港通"和"深港通"之后，2017 年 7 月，境外投资者可以通过"债券通"投资于内地银行间债券市场，"北向通"可投资于银行间市场所有券种，而且既可以认购一级市场债券，也可以买卖二级市场标的。"债券通"在债券市场的开放方面起到了积极作用。

2018 年 10 月 12 日，中国证监会正式发布有关"沪伦通"的规定，"沪伦通"计划有望尽快实施。上海证交所和伦敦股票交易市场的互联互通就此开启，目前以存托凭证（DR）的方式来实现，我国上市公司在境外发行全球存托凭证（GDR），而境外发行人在我国发行中国存托凭证（CDR）。2018 年 11 月 30 日华泰证券收到中国证监会的批复，核准其发行 GDR、对应新增 A 股基础股票不超过 82 515 万股，发行的 GDR 将在伦敦证券交易所上市。从未来发展来看，"沪伦通"的前景较"沪港通"和"深港通"要更加广阔，交易所以及资本市场国际化的步伐正式从香港亚太周边向欧美迈进。

三是加强证券业的对外开放，"引进来"的举措包括外资参股证券公司和基金公司等证券经营机构、外资证券机构设立代表处，"走出去"的行动主要是我国证券公司到境外开设下属的分支机构和开展境外业务。

境外证券类机构设立中国代表处或办事处是"引进来"的起步，之后陆续设立合资券商，截至目前合资证券公司已达 15 家。有关外资参股和投资证券公司方面的规则几经修改，新的管理办法于 2018 年 4 月 28 日公布。最突出之处就是将允许外资持股比例最高可达 51%，允许外资控股合资券商逐步放开业务范围，表明证券行业对外资的开放程度又加深了。

这一规定得到了多家外资的积极响应。中国证监会已批准瑞银证券对合资公司的持股比例由 24.99% 提高到 51%；野村控股和摩根大通也向中国证监会递交持股 51% 外商证券公司的申请，近期获批的可能性较大。除上述证券公司申请之外，申港、华菁、汇丰前海、东亚前海等合资证券公司都在积极申请增加业务牌照。

跨出国门是国内证券公司近年来开展国际业务的趋势。目前已有 20 家券商在香港开设了子公司；海通、中信、中金、中银等还在纽约、伦敦等国际重要金融中心以及新加坡次中心等地设立了分支机构；招商证券设立韩国子公司，华泰证券收购美国 AssetMark，光大证券收购光证（国际），海通国际收购海通印度等。和国际机构的合作也在加速，海通银行与波兰华沙证券交易所进行合作；广发信德借美国投资机构 Bay City Capital 进军美国资管市场;方正证券与韩国投资证券(KIS)签署协议等。近两年来,在香港市场,中资证券机构的业务开展得较好,特别是在股票承销业务方面有较大优势,中金、中信、海通等龙头公司优势较强。

外资证券公司进入我国证券行业,可以将其技术和丰富的管理经验输送给国内同行,以竞争效应提高国内证券行业的效率。国内证券公司的出海行动,对其业务多元化、积累经验、提高经营能力都大有裨益。

四是A股纳入明晟(MSCI)指数,标志着我国资本市场开放并获得国际认可走出了实质性的一步。

自2013年MSCI考虑将A股纳入新兴市场指数开始,我国资本市场迈着坚定有力的步伐朝着国际化方向前行。我国资本市场制度规则不够规范导致MSCI三次审议都没有将A股纳入指数。存疑包括很多方面:QFII/RQFII额度分配、资本流动受限、资本利得税的不确定性、投资收益所有权问题、股票停牌制度、对相关的金融产品存在预审批限制。我国针对MSCI的质疑积极改进,在各项制度建设方面进一步市场化和规范化。这些积极的举措终于迎来了MSCI宣布于2018年将A股纳入新兴市场指数的决定,而且在2018年9月还建议将A股大盘股的权重从5%提高至20%。这标志着我国资本市场被国际市场的接纳和认同,资本市场国际地位提升、与全球市场联动性增强,将成为我国资本市场国际化发展的必然趋势。

三、资本市场始终践行国家战略

首先,资本市场在金融体系中的地位显著提升。自20世纪90年代交易所市场设立以来,资本市场的发行、交易和信息披露等各项制度逐步完善,市场服务实体经济能力稳步提升,投融资功能显著增强。根据Wind数据统计,从1990年到2017年,股票市场共计实现融资规模约11.45万亿元,累计融资8 602次;且近十年股票市场融资功能明显增强,2007年以来融资规模约占总融资额的91.70%(见图5)。

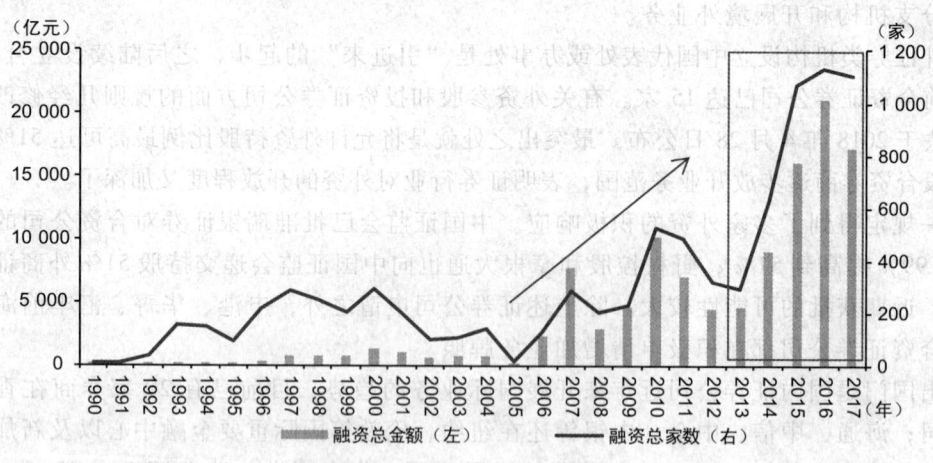

图5 境内股票市场融资规模显著提升

与银行信贷相比，股票融资的相对占比明显提升。以股市融资/新增贷款这一比值来看，2013年前，其均值约为6.8%（见图6），2013年后该比值迅速攀升，2016年达到短期峰值，约为15.42%。从社会融资规模角度来看，2002年全社会融资规模中新增人民币贷款的占比超过九成，此后间接融资比重持续下行，2013年下降至51.35%；此间，直接融资规模稳步提升，股票、债券等各类直接融资方式在金融体系中的相对地位显著提升，企业债券融资比重从2002年的不到2%快速增至近几年的20%左右，股票融资占比在2016年也已达到6.97%。资本市场对实体经济的支持力度显著增强。

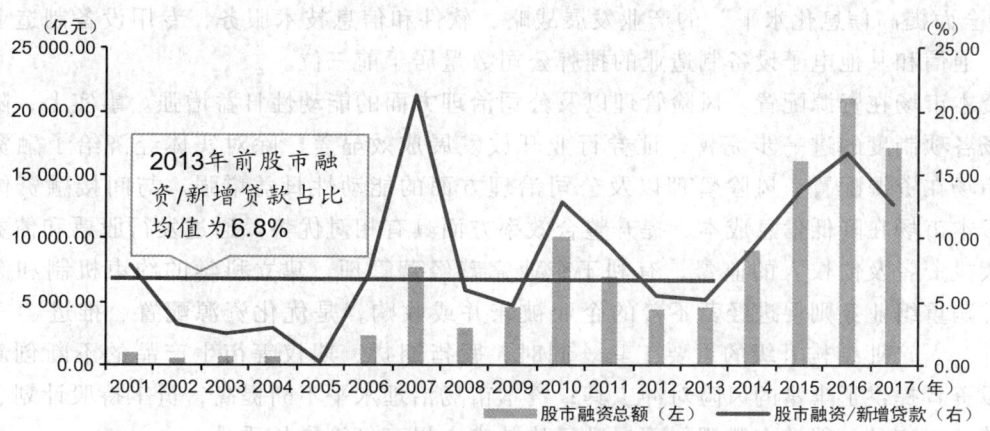

图6　境内股票市场融资功能迅速提升

其次，在若干个五年规划的发展进程中，多层次资本市场对国家战略具有显著的融资支持作用。股票市场融资支持与国家产业发展战略重点产业契合度较高。"九五"计划在产业发展战略上强调机械、电子、石油化工、汽车和建筑业五大支柱产业和轻纺等重点行业支柱产业带动经济增长和结构升级；即使此间我国股票市场仍处于初步发展阶段，市场层次较为单一，但市场对国家行业发展战略的支持仍窥见一斑，其间化工、汽车和机械行业的全市场融资比重分别高达8.80%、5.63%和4.41%。

"十五"计划明确提出"加快工业改组改造和结构优化升级""加快发展信息产业"，股票市场对产业发展战略的融资支持作用主要体现在能源、冶金、水电和通信设备行业；其中能源和冶金行业的IPO融资占比在全市场的比重均达到10%左右，中国石化、阳泉煤业、开滦股份等能源及冶金类公司在当期上市融资，其中中国石化首发融资116亿元，并通过债券发行融资135亿元；水电和通信行业的股权融资规模在"十五"期间达到历史峰值，全市场融资比重分别达到4%和6.5%。

"十一五"计划纲要在产业发展方面主要提出以下几个关键性的发展任务：（1）加快发展高技术产业；（2）振兴装备制造业；（3）优化发展能源工业；（4）提升轻纺工业水平；（5）积极推进信息化；（6）促进服务业加快发展。这期间股票市场对银行、非银金融、煤炭开采和高端装备的融资支持作用突显，这四大行业的融资占比均为历史最高值，分别达到14%、10%、5%和3%。对能源和电气设备行业也具有持续支持作用：股票市场对于能源和电气设备的融资支持在全市场的比重达到14%和3.5%，高于"十五"期间的10%与2%，呈现持续上升的趋势。这一阶段，大唐电力首发上市，融资规模达到33.4亿元。

"十二五"规划纲要的核心内容则是改造提升制造业、培育发展战略新兴产业、全面提高信息化水平。股票市场对新能源、节能环保、新一代信息技术、新能源汽车、新材料、高端装备、物流、医疗等新兴行业均给予了突出支持。

债券市场作为资本市场的重要组成部分，在"十二五"国家经济转型的战略发布后，交易所债券市场给予企业更多的融资机会。"十二五"期间，总共实现对企业融资 2.99 万亿元，在债券总发行规模中占比超过 30%。而在 2012 年，更为具体的支持小微企业发展的政策出台后，支持小微企业创设的企业集合、私募债发行提速。

新三板市场也在"十二五"期间崛起，呼应"十二五"计划纲要中"改造提升制造业""全面提高信息化水平"的产业发展战略，软件和信息技术服务，专用设备制造业，计算机、通信和其他电子设备制造业的挂牌公司数量居于前三位。

资本市场在资源配置、风险管理以及公司治理方面的能动性日益增强。事实上，随着资本市场各项制度的进一步完善，证券行业开放发展成效显著，除对实体经济给予融资支持外，市场在资源配置、风险管理以及公司治理方面的能动性日益增强。与间接融资体系相比，资本市场在降低信息成本、提升整合效率方面具有相对优势。通过发行股票和债券，通过广大投资者及债权人的监督，有利于企业完善经营管理，建立科学的约束机制和激励机制；并购重组业务则促进经营不善的企业被兼并或收购，是优化资源配置、推进"三去一降一补"及产业结构升级的重要工具。同时，股指期货、期权等衍生产品的不断创新，给专业投资者提供了丰富的风险对冲工具；资本市场治理水平不断提高，员工持股计划、股票期权等新兴产品，能够在微观层面提升经济效率、提高经济增长质量。

总之，经过 30 年的改革与开放，中国资本市场已经成为我国市场经济的重要组成部分，在助力金融改革、服务实体经济、支持国家战略方面发挥了重要的作用。可以坚信，只要资本市场坚持继续改革开放的大方向，就会在助力中国经济发展方面发挥更大的作用。

继承改革开放精神，践行国泰君安共识

杨德红*

习近平总书记在庆祝改革开放40周年大会上的讲话指出，改革开放是党和人民大踏步赶上时代的重要法宝，是坚持和发展中国特色社会主义的必由之路，是决定当代中国命运的关键一招，也是决定实现"两个一百年"奋斗目标、实现中华民族伟大复兴的关键一招。

正是靠着改革开放，不断打破思想的束缚、扫除发展的障碍，中国成功开启了新的发展征程，开创了新的发展道路，开辟了新的发展空间，取得了巨大的发展成就。

一、改革开放40年来的发展成就有目共睹

改革开放40年来，国民经济快速持续稳定发展，中国用几十年时间走完了发达国家几百年走过的工业化历程，今天的中国已经成为全球第二大经济体，中国人民在富起来、强起来的征程上迈出了决定性的步伐。

从行业来看，中国证券市场从无到有，经过28年的发展，中国证券市场实现了从0到1到N的跨越，已成为全球规模靠前的资本市场，不仅为实体经济提供了大量资金支持，为普通老百姓提供了便捷的投资渠道，也发展了一个超过35万名从业人员的行业，培育了多家各具特色的证券公司。截至2018年10月底，沪深两市上市公司3 571家，总市值46.19万亿元，流通市值37.55万亿元，证券市场的直接融资功能日益完备，服务实体经济能力逐步增强；同时，在服务创新驱动、国资国企改革、制造强国、网络强国、脱贫攻坚等国家战略方面的作用日益增强。1991年8月中国证券业协会成立以来，证券行业自律管理越来越规范和有序。

国泰君安是在中国资本市场建立之初的20世纪90年代第一批成立并持续经营至今的证

---

* 作者简介：杨德红，工商管理硕士，金融从业29年。曾在上海国际信托投资有限公司、上海国际集团、上海国际集团资产经营有限公司、上海爱建股份有限公司等企业任职。现任国泰君安证券股份有限公司党委书记、董事长，中国证券业协会副会长（2015年9月至今）。原载于《中国证券》2018年第12期。

券公司,可以说,没有改革开放,就没有证券行业,没有改革开放,就没有国泰君安,国泰君安是改革开放政策的直接受益者。20多年来,国泰君安始终秉持服务实体经济的初心,坚持改革创新,坚守合规经营底线,经受了多轮市场周期的考验,不断砥砺前行,追求卓越。如今,国泰君安已成长为拥有1 000多万名客户、1万多名员工、年均创利100亿元左右的头部券商。近三年来,立足公司发展新阶段提炼企业价值理念体系,形成了《国泰君安共识》,实现A+H上市,构建现代投资银行的"四梁八柱",完善公司长期发展的内生性机制,探索综合金融服务模式,国泰君安的思想架构、资本架构、制度架构、业务架构日益形成并完善,迈入了发展的新时代。取得这样的成绩,除了全体国泰君安人的努力,离不开中国经济和资本市场快速发展提供的良好发展环境,很大程度上也得益于改革开放带来的观念、政策和制度创新。

从我个人来看,作为这40年巨变的亲历者,不仅为中国经济良好的发展态势感到骄傲和自豪,也深感无论企业还是个人的发展都不可脱离大环境,任何组织和个人只有和扎根的土壤相连才会有强大的力量。历史也已经证明,只有国家强盛才有金融的强盛,只有国家繁荣才有金融的繁荣,这也是我们提出"金融报国"理念的初衷。

二、改革开放带给中国巨大的物质和精神财富

如果要总结改革开放40年带给中国的财富,个人认为至少体现在以下三个方面:一是创造了巨大的物质财富,40年来,中国昂首迈入发展新时代,综合国力显著上升,老百姓生活发生了翻天覆地的变化;二是沉淀生成的精神财富,比如解放思想、求真务实的精神,比如求同存异、开放学习的精神,特别是形成了习近平新时代中国特色社会主义思想,这些都是我们未来前行道路上的思想指引;三是探索走出了中国特色社会主义道路,开辟了马克思主义中国化的新境界,也为世界贡献了中国智慧和中国方案。

媒体关于改革开放的宣传报道很多,对改革开放精神的总结也各有角度,个人认为,改革开放不仅是一场生产力的革命,还是一场制度的革命,更是一场观念的革命。改革开放精神的内涵至少体现在以下三个方面:一是以人民为中心,"一切为了人民,一切依靠人民"的人民立场,通过改革充分调动和激发群众的积极性和创造性,带来生产力的全面释放。二是"解放思想、勇于探索"的开拓精神,在中国这个13亿人口的大国走向现代化的过程中,并没有先例可循,正是通过实践上的大胆探索和理念上的不断创新,才实现了中华民族从站起来到富起来并走向强起来的梦想。三是"求真务实、实事求是"的实干精神,强调实践是检验真理的唯一标准,对暂时的分歧先搁置争议,干起来再说,用实际效果说话。这些,都是被实践证明行之有效的成功经验,也是我们未来应当继承的思想财富。

三、《国泰君安共识》与改革开放精神一脉相承

物质决定意识。作为在改革开放进程中诞生、成长的企业,国泰君安在提炼价值理念体系的过程中,自觉汲取了改革开放的诸多营养,也充分体现了社会主义核心价值观的基本要求。我们认为,《国泰君安共识》无论其内涵还是形成过程,都与改革开放精神一脉相承。

在形成过程方面,改革开放是先从基层实践,然后进行制度确认,并形成改革开放的理

论、制度和政策框架,改革开放的过程注重充分调动群众积极性和创造性。《国泰君安共识》则是基于公司20多年发展经验和教训自主总结提炼而成,其提炼过程是全员参与、充分吸纳全体员工意见建议的过程,体现了全体国泰君安人的智慧。

在核心内容方面,新中国成立以来特别是改革开放40年的实践证明,坚持党对一切工作的领导,坚持爱国主义和集体主义,顺应时代潮流,企业才能保持正确方向和获得长治久安的发展。《国泰君安共识》提出的"金融报国"理念,承诺当公司盈利目标和国家需要发生冲突时,首先确保国家需要,与上述理念在底层逻辑上是一致的,正是基于这一理念,国泰君安无论在维护市场稳定、风险防范,还是精准扶贫方面都比较主动和靠前,努力成为行业的榜样。

在发挥作用方面,改革开放精神作为40年实践沉淀的宝贵精神财富,必将对未来的中国产生日益深远的影响。而《国泰君安共识》倡导的"金融报国""客户至上""以人为本"等理念也正在融入公司制度、员工行为、产品和服务中,成为公司运行的强大基因,对经营管理行为产生价值导向作用。

四、继承改革开放精神,践行《国泰君安共识》

正因为《国泰君安共识》与改革开放精神一脉相承,因此,践行《国泰君安共识》就是对改革开放精神的继承和弘扬。

继承改革开放精神,践行《国泰君安共识》,必须坚持"以人民为中心"的发展思想。一切为了人民,一切依靠人民,是我们党的宗旨,是我们的事业不断发展的根本保证,也是40年改革开放的重要经验。习近平总书记在十九大报告中提出"人民群众对美好生活的向往"的重大命题,是未来中国共产党追求发展和进步的努力方向。从公司情况看,我们要继续坚持"客户至上",把客户的需求作为一切工作的出发点和立足点,驱动我们的综合金融服务不断升级,坚持以专业服务为客户创造价值,在保护和增值社会财富方面体现更大作为;要继续坚持"以人为本",把人才作为公司最重要的资源,让员工人尽其才、才尽其用,在实现个人价值的同时与公司共同成长。

继承改革开放精神,践行《国泰君安共识》,必须在深化改革上攻坚克难。随着2016年以来供给侧结构性改革进入深水区,改革面临的形势越发复杂,改革的任务越发艰巨和繁重,需要我们以勇于担当的精神,敢啃硬骨头的决心,撸起袖子加油干,正确处理改革发展稳定的关系,确保改革效果与目标的一致,在深化改革的过程中确保金融稳定和不发生系统性风险。在微观层面,我们要做好防风险的准备、深化强内功的举措、贯彻做布局的思路,为下一轮战略规划打好基础,为未来的发展积蓄力量。

继承改革开放精神,践行《国泰君安共识》,必须开放包容,善于学习。要深入学习领会习近平新时代中国特色社会主义思想,用以指导公司改革发展实践,确保公司正确发展方向。要把改革开放40年中开放包容、兼收并蓄的精神内化为一种品质,始终保持谦虚的态度,尊重多样性和差异性,对世界文明成果保持敏感,对自身不足保持自省,理性认知和吸纳外部世界的长处和优点,通过持续学习获得新能力,达到新境界。

习近平总书记指出,2018年不仅是"两个一百年"奋斗目标的历史交汇期,也将是改革开放再出发的起点。随着"庆祝改革开放40周年大会"的胜利召开,随着一系列政策措施的陆续出台，可以预期，改革开放仍将成为中国经济发展最重要的动力源，并将为下一个40年的高质量发展打开空间。而身处从站起来、富起来到强起来的新时代，金融对于中国经济的战略意义和全局影响将进一步凸显，可以在服务中国经济整体转型中发挥更大作用。

面对全球经济的不确定性，我们要坚持以习近平新时代中国特色社会主义思想为指导，进一步深入学习领会改革开放精神，正确处理好促发展和防风险之间的关系，从历史中汲取前行的力量，在改革开放再出发的进程中，牢记以金融服务创造价值的初心，强化大型领先金融企业的责任担当，践行金融报国的承诺，更好地凝聚共识，为中国资本市场发展和为中国经济振兴贡献力量。

规范和创新发展是证券业持续健康发展的生命线

李 玮*

1978 年党的十一届三中全会确立了以经济建设为中心、坚持四项基本原则、坚持改革开放的基本路线。"40 年的实践充分证明，改革开放是党和人民大踏步赶上时代的重要法宝，是坚持和发展中国特色社会主义的必由之路，是决定当代中国命运的关键一招，也是决定实现'两个一百年'奋斗目标、实现中华民族伟大复兴的关键一招。"[①]

资本市场和证券业的发展壮大是我国改革开放的重要成果之一。经过近 30 年的改革发展，我国现已拥有全球第二大股票市场、第三大债券市场、第二大私募市场，以及位居全球前列的商品期货市场。截至 2018 年第三季度末，国内共有证券公司 131 家，总资产 6.19 万亿元，净资产 1.89 万亿元，客户交易结算资金余额（含信用交易资金）9 743.81 亿元，托管证券市值 35.64 万亿元，受托管理资金本金总额 14.82 万亿元，在促进资本形成、资源配置、财富管理、风险管理等方面发挥着不可替代的作用。近 30 年来资本市场和证券业发展历程证明，规范和创新发展是支撑行业持续健康发展的生命线。在改革开放 40 年之际，回望近 30 年来证券行业逐步规范、创新发展的改革历程，既是对过往峥嵘岁月的纪念，也对促进培育行业核心竞争力、探索持续健康发展、支持建设资本市场强国具有重要意义。

一、中泰证券改革发展历程

作为目前山东省属唯一的法人证券经营机构，中泰证券的发展历程贯穿了顽强拼搏、砥砺前行的改革精神，是证券行业改革历程的一个缩影。公司发展历程大体分为三个阶段。

---

* 作者简介：李玮，中共党员，经济学博士，高级会计师。第十二届、十三届全国人大代表。现任中泰证券股份有限公司党委书记、董事长，中国证券业协会理事（2007 年 1 月至今），山东省证券业协会会长等职务。曾获"全国五一劳动奖章""山东省劳动模范"等荣誉称号。原载于《中国证券》2018 年第 12 期。

① 参见《庆祝改革开放 40 周年大会在京隆重举行 习近平发表重要讲话》，新华网，时间：2018 年 12 月 18 日，网址：http://www.xinhuanet.com/politics/leaders/2018-12/18/c_112387 1 854.htm，最后访问日期：2018 年 12 月 19 日。

（一）化解风险，增资扩股

中泰证券前身齐鲁证券成立于 2001 年，脱胎于省内的信托投资公司，初始注册资本 5.12 亿元，从事经纪业务。由于存在挪用巨额保证金、巨额违规担保、违规经营、严重亏损等问题，2003 年初被中国证监会列为待稽查的高风险券商。2003 年 7 月，按照山东省委省政府的决定，莱钢集团控股齐鲁证券。2004 年，公司化解了挪保、担保等重大风险，增资扩股至 8.12 亿元，摘掉了高风险券商的"帽子"，组织实施了三项制度改革，推动公司从一家高风险、经纪类券商转变为规范类、综合类券商。

（二）托管天同证券，实现"蛇吞象"

2004 年下半年，由于委托理财产品到期无法兑付等问题，天同证券风险显现。按照山东省委省政府的工作部署，齐鲁证券负责对天同证券进行托管，积极参与化解风险工作。2006 年 3 月，按照中国证监会有关通知要求，齐鲁证券开始托管天同证券经纪业务及所属分公司、证券营业部和服务部。2007 年 1 月，齐鲁证券成功收购了天同证券证券类资产，安置了天同证券 1 200 余名员工，取得化解风险和优化山东地方证券资源的双赢效果。

（三）规范创新发展，提升效益

2007 年以来，面对公司重组初期百业待兴、实力羸弱的严峻形势，齐鲁证券高度重视规范化发展，不断完善治理结构，加强内控制度建设，取得积极成效；组织推动实施发展战略、基础管理、业务体系、人才队伍、合规风控、企业文化六大建设工程，逐步发展成为全国大型综合类券商。近年来，面对经济高质量发展和资本市场"依法全面从严"监管的新形势、新要求，齐鲁证券认真贯彻落实党的十九大、中央经济工作会议和全国金融工作会议精神，以服务实体经济为根本宗旨，实施综合金融服务商、大客户、高端人才、省内外并重发展、创新驱动和国际化"六大战略"，高度重视创新发展，推动传统业务转型升级，加快创新业务发展，持续推动管理创新、业务模式创新和体制机制创新，致力于将公司打造成为具有自主创新力、综合竞争力、品牌影响力，备受社会认知，各种专业化证券业务协同发展的系统重要性现代投资银行。目前，公司已经成长为集证券、期货、基金等为一体的综合性证券控股集团，截至 2017 年底，公司总资产 1 322 亿元，净资产 341 亿元。近几年，共为 900 多家企业提供股权债券融资、新三板挂牌、跨境融资等服务，融资额 4 000 多亿元；服务客户 600 多万人，管理客户资产近万亿元，核心竞争力和服务实体经济的能力不断提升。

规范和创新发展是公司能够走到今天并不断成长的基础，也是证券业持续健康发展的生命线。一是规范发展是证券业赖以生存的底线。回望 2004—2007 年证券业三年综合治理，市场上近 1/3 的证券公司退出了历史舞台，固然有系统性风险的影响，但根本原因还在于依法合规经营意识缺失，严重违法违规，最终招致灭顶之灾。二是创新发展是实现证券业持续健康发展的关键。不管是重组后的齐鲁证券在战略、组织、人事、业务等方面推进的各项改革，还是行业在业务转型、模式变革、对外开放等方面所做的积极探索，都在改革开放的大环境中为行业和公司发展打下了坚实的基础，为培育核心竞争力和持续健康发展提供了保障。

二、证券业改革发展趋势

当前,经济转向高质量发展,国内外经济一体化趋势愈加明显,金融科技与实体经济深度融合,我国证券业发展也展现出一些新趋势。

(一)"金融脱媒"带来直接融资体系大发展,资本市场在经济高质量发展中扮演更加重要的角色

英美成熟资本市场的发展经验表明,伴随以利率市场化为核心的金融深化进程,境外金融体系无一例外都经历了金融脱媒的过程,带来直接融资体系的大发展。据测算,1980 年美国推行利率市场化以来,直接融资比重从不足 10% 显著提升到现在的约 80%;英国自 1980 年以来直接融资比重也显著提升至 70% 的水平。当前我国处在经济转型升级及向高质量发展的新常态,传统动能转型升级,新动能加速培育壮大,都需要资本市场助力,为实体经济转型发展与提质增效注入新动力。实体经济对直接融资的需求将会不断提升,新经济企业境内融资或将成为金融服务实体经济的重要突破口。

(二)依法、从严、全面监管已成常态,行业发展更加规范

2017 年 4 月 25 日,习近平总书记在主持中共中央政治局第四十次集体学习时指出,维护金融安全,要坚持底线思维,坚持问题导向,在全面做好金融工作基础上,着力深化金融改革,加强金融监管,科学防范风险,强化安全能力建设,不断提高金融业竞争能力、抗风险能力、可持续发展能力,坚决守住不发生系统性金融风险底线。[①] 2017 年 7 月 14 日,习近平在第五次全国金融工作会议上再次强调,强化监管,提高防范化解金融风险能力,防止发生系统性金融风险是金融工作的永恒主题,要把主动防范化解系统性金融风险放在更加重要的位置。[②] 可以说,做好金融体制改革的关键是强化监管和推动行业规范发展,切实有效防范金融风险。从全球资本市场发展进程看,资本市场发展史实际上是加强监管、防控风险、保护投资者合法权益的历史。未来,依法、从严、全面监管仍将是净化资本市场环境、推进证券业规范治理和防范金融风险的主要手段。

(三)资本市场改革为证券公司发展提供重要机遇,行业创新发展趋势不可逆转

党的十九大报告指出,加快建设创新型国家,创新是引领发展的第一动力,是建设现代化经济体系的战略支撑。[③] 随着国家创新驱动战略的实施,尤其资本市场各项改革制度的推出,如直接融资制度改革持续深化,科创板试点注册制,并购重组审批优化,再融资业务松

---

① 参见《做好维护国家安全的"压舱石"》,人民网,时间:2017 - 8 - 3,网址:http://theory.people.com.cn/n1/2017/0803/c40531 - 29446238.html,最后访问日期:2018 年 12 月 19 日。

② 参见《习近平出席全国金融工作会议并发表重要讲话》,人民网,时间:2017 - 7 - 15,网址:http://www.xinhuanet.com//photo/2017 - 07/15/c_ 1121324607.htm,最后访问日期:2018 年 12 月 19 日。

③ 参见《习近平:决胜全面建成小康社会 夺取新时代中国特色社会主义伟大胜利——在中国共产党第十九次全国代表大会上的报告》,新华网,时间:2017 - 10 - 27,网址:http://www.xinhuanet.com/politics/19cpcnc/2017 - 10/27/c_ 1121867529.htm,最后访问日期:2018 年 12 月 19 日。

绑,股指期货交易安排放松,金融业对外开放继续推进,"沪伦通"开通在即等,都将为证券业持续健康发展带来新机遇。目前,相关监管政策措施表明,监管部门在逐步强化监管的同时,正有序、规范地引导证券行业创新、开放。在防范系统性金融风险的前提下,探索严监管下的行业改革创新发展,将是不可逆转的大趋势。

(四) 金融科技兴起,证券公司数字化转型将会持续加快

近年来,证券行业受到金融科技发展的影响较大,从改革开放初期的证券业电子化和自动化,到20世纪90年代证券业务网络化,再到近年来的互联网金融、金融科技的兴起,金融与科技正从简单"拼接"走向深度"融合",科技对金融服务影响的驱动力愈发凸显。未来,以大数据、云计算、人工智能、区块链等为代表的新兴科技将被加速运用到金融领域,有望全面重构传统证券公司在客户服务、产品设计、运营模式、风险控制等方面的经营和业务模式,实现数字化转型。可以说,证券行业正面临格局重塑的新形势,科技应用和数字化转型力度将成为决定证券公司实力的核心竞争力。

(五) 资本市场进入主动开放新时代,证券业开放步伐将会不断加快

习近平总书记在2018年博鳌亚洲论坛上指出,中国决定在扩大开放方面采取一系列新的重大举措,包括大幅度放宽市场准入。确保放宽银行、证券、保险行业外资股比限制的重大措施落地,同时加大开放力度,加快保险行业开放进程,放宽外资金融机构设立限制,扩大外资金融机构在华业务范围,拓宽中外金融市场合作领域。① 同期,中国人民银行行长易纲进一步明确了将大幅度放开金融业对外开放,提升国际竞争力。随着我国对外开放格局的深化,"一带一路"沿线国家、企业、投资者等将会迸发出更多的资本市场服务需求,如贸易金融、跨境投融资、资产管理、财务顾问、风险管理等。同时,对外开放带来更加丰富的产品工具、更加雄厚的境外资金、更加先进的国际经验、更加广阔的合作空间等,都将对券商国际化业务布局和境外资产配置能力提升起到强大的推动作用。

三、证券业持续健康发展的建议

40年改革开放催人奋进,资本市场发展硕果累累,展望新时代信心满怀。我们亟须在改革开放赋予的历史使命中披荆斩棘、迎风破浪,打造证券行业美好的明天,共同谱写资本市场壮美的篇章。为此,提出如下建议:

(一) 完善资本市场体系,支持证券行业做大做强

资本市场强则证券行业强,证券行业做大做强亦可促进构建富有竞争力的资本市场。当前,我国资本市场总量仍然偏小、市场分割及有效性不足依然存在,证券公司综合实力及竞争力偏弱、投资者结构不合理等问题尚存。建议继续坚持市场化、法治化、国际化方向,深化资本市场改革,建设多层次资本市场体系,发展多样化投融资工具,培育多元化投资者群

---

① 参见《习近平在博鳌亚洲论坛2018年年会开幕式上的主旨演讲》,光明网,时间:2018-10-23,网址:http://theory.gmw.cn/2018-10/23/content_ 31806973.htm,最后访问日期:2018年12月29日。

体,加强资本市场诚信体系建设,打击资本市场违法违规行为,防范化解系统性金融风险,把资本市场建设成为层次丰富、功能完备,风险防范能力强、运行稳健,制度扎实、监管有效,生态健康、投资者保护充分,开放包容、富有核心竞争力的市场。

(二)优化完善行业监管,支撑证券业规范创新发展

加强监管是防范证券行业自身高风险特性的现实需求,有效的监管能够支持行业持续健康发展。一是完善顶层设计和监管体系,强化功能监管、重视行为监管、补足监管短板;把握监管尺度,明确行政监管边界,进一步厘清行政监管与自律管理的关系,促进监管协调、优化行业监管。二是协调平衡行业监管与创新。辩证看待与正确处理加强监管与创新的关系,认清支持行业创新并非简单的简政放权及风险合规尺度的放松,而是基于时代环境发展与行业自身驱动做出的一种主动式调节性变革,创新必须以合规经营和风险控制为前提,目的在于建立一个健康、完善、可持续发展的成熟资本市场;重塑证券行业监管秩序,在培育行业国际化视野、构建有效的市场机制、加强市场创新等方面,为证券行业发展提供方向和指引。三是加大技术在证券行业监管与风险防范中的应用,大力发展监管科技(Regtech),降低监管成本、提升监管效率。

(三)做强主业、回归本源,深度服务实体经济

金融的天职是服务实体经济,证券业创新不应脱离实体经济需求。党的十九大报告指出,要深化金融体制改革,增强金融服务实体经济能力,提高直接融资比重,促进多层次资本市场健康发展。习近平总书记在第五次全国金融工作会议上也指出,做好金融工作要回归本源,金融要把为实体经济服务作为出发点和落脚点。证券行业应紧抓资本市场各项改革机遇,做优做强主业,做精做好专业,培育可持续竞争力。一是发挥风险经营、投资交易、产品设计、研究分析等核心能力优势,发挥好融通资金供求、促进资本形成、推动企业并购、优化资源配置、支持科技创新、引导风险管理等功能;二是加快业务转型与创新,提高主动管理能力、投资交易能力、产品创设能力及风险管理能力,为企业投融资需求和增加居民财产性收入提供更多更好的金融产品、丰富的投融资渠道和财富配置渠道;三是积极发挥IPO、再融资、并购重组、新三板、场外业务、直接投资等业务优势,助力国家战略有效实施,支持供给侧结构性改革、区域经济协调发展、"一带一路"实施、企业走出去,加大对新经济、民营企业、中小微企业等的支持力度,努力发展成为经济发展的发动机、产业转型升级和创新驱动的推进器;四是坚持创新与风控并重,把握业务发展与防范风险之间的平衡,加强风险的事前、事中、事后全过程控制,全方位提升风险管理能力,防范系统性金融风险,维护国家金融安全。

(四)大力发展金融科技,探索证券业智能化转型

信息化和数字化已成为当今社会变革的催化剂,证券业应充分顺应金融与科技深度融合发展的趋势,大力发展金融科技,推动行业创新发展。一是推动行业发展向数字化方向转型。树立数据驱动理念,持续发力大数据和机器学习,整合治理内外部客户数据,构建统一的大数据平台和深度学习平台,聚焦客户行为信息挖掘,以数据的方式深度了解客户,有针对性地提供服务,与客户建立起更加紧密的共生关系,形成内生增长动力。二是变革业务模

式。渠道方面，发展线上综合业务平台，建立起营销推动、业务流程审批、资源配置、线上风控等涵盖前中后台、全流程的闭环式管理体系，实现产品线上化、客户线上化、管理线上化；业务方面，探索各类创新服务模式，如智能客服、智能投顾、量化投资、智能投行、在线理财、投资社区等，基于客户需求提供一站式、一揽子的个性化金融服务。三是向平台化转型。加强与金融科技公司、互联网企业的合作，实现服务供给从单一化、产品化向多元化、场景化转变，打造能为客户提供沉浸式和旅程式体验的一站式智能化金融服务平台，提升价值流转效率。

（五）发挥境内外协同优势，推动证券业国际化进程

本土业务优势是境内机构进军国际市场的重要条件，国际知名投行美林、高盛、摩根士丹利在进驻西欧市场时，分别依托其经纪、并购、证券承销等核心优势业务，深入挖掘传统核心业务积累的各种资源，为在国际市场进行业务扩展奠定了基础。建议一是境内证券公司立足本土、循序渐进推进业务国际化。不管采取"立足香港、走向亚洲、辐射全球"策略，还是"近邻扩张"，甚至"全球布局"，都应基于自身资源和业务优势，有针对性地布局海外市场，进而实现海外经营整体化、多元化。二是紧抓国内金融业对外开放及"一带一路"实施机遇，进一步拓展海外布局，有效对接客户的国际业务需求，延伸服务链条，打造多元化收入结构，构建差异化竞争优势；基于国际市场进行全球资产配置，分散单一市场风险；开展产品创新，转变业务模式，丰富收入来源，提高业务收入。三是以适当方式加强机构经营国际化。通过在境外设立分支机构、收购兼并、合资经营、业务合作、赴港上市等方式开展跨境金融业务，提供跨境金融服务；加强境内、境外业务的互补与协同，构建多元化、有机统一的业务链条，充分调动公司资源为客户提供全面的金融服务；加大高层次国际化人才培养及储备，为开展国际化业务提供人力基础和智力支持。

资本市场风险防范与证券业风险管理

当前金融开放背景下的证券行业风险及防范研究

何诚颖　张立超　黄　城[*]

一、当前中国金融开放的背景及现状

金融开放是新时代、新经济背景下中国资本市场的新特征之一。立足于党的十九大关于"大幅度放宽市场准入,扩大服务业对外开放"的决策部署,2018年中国金融体制改革的总体思路已经显现,即关于多层次资本市场、利率汇率市场化等金融监管体制改革措施将落地,金融对外开放的力度和范围也将继续增加。一方面,银行、证券、保险等行业对外开放的范围不断扩大,外资机构在中国的业务规模日益增加,形成良性发展态势;另一方面,中国金融体制改革不断走向深化,进一步带来金融开放的有序推进,对稳定中国金融体系、促进经济发展起到重要作用(见表1)。

表1　中国自加入 WTO 以来金融开放进展

时间	主要事件
2002 年	合格境外机构投资者(QFII)制度
2004 年	中国香港开展人民币业务
2006 年	合格境内机构投资者(QDII)制度
2007 年	中国香港发行人民币债券
2010 年	境外投资者以人民币参与银行间债券市场
2011 年	《外商直接投资人民币结算业务管理办法》发布
2014 年	沪港通开通
2016 年	深港通开通

改革开放40周年金融开放提速,坚定新时代全球化之路。2018年是贯彻党的十九大精

---

[*] 作者单位:国信证券股份有限公司。原载于《中国证券》2018年第7期。

神开局之年，也是中国改革开放 40 周年。2018 年 4 月，习近平总书记在博鳌亚洲论坛上指出，过去 40 年来中国经济发展是在开放条件下取得的，未来中国经济实现高质量发展也必须在更加开放条件下进行。随后，央行宣布在遵循三大原则的基础上推进金融业对外开放：一是准入前国民待遇和负面清单原则；二是金融业对外开放将与汇率形成机制改革和资本项目可兑换进程相互配合，共同推进；三是在开放的同时，要重视防范金融风险，要使金融监管能力与金融开放度相匹配。三大原则为金融业对外开放确立了实施框架，反映出中国金融业对外开放秉承"开放与管理并举，力度与节奏并重"的宗旨以及理念（见表 2）。

表 2　　　　　　　　　　当前中国证券行业开放的主要内容

具体领域	主要内容
证券公司	（1）外资持股比例上限放宽至 51%，三年后不再设限 （2）不再要求合资证券公司境内股东至少有一家是证券公司 （3）不再对合资证券公司业务范围单独设限，内外资一致
基金管理公司	外资持股比例上限放宽至 51%，三年后不再设限
期货公司	外资持股比例上限放宽至 51%，三年后不再设限

二、国外金融开放的主要举措与经验

美国的金融开放主要采取渐进式开放模式。1929 年美国金融危机以后，美国国内实行分业经营，并对利率进行管制。1944 年布雷顿森林体系确立了以美元为中心的国际货币体系，美元成为国际化货币。此后，美国逐步推动利率市场化和汇率市场化，防止金融体系受到严重冲击。整体来看，美国金融开放坚持分阶段进行、稳步推进的措施，以完善金融市场、增强金融机构竞争力、防止系统性金融风险为条件，不断提高金融水平和服务实体经济能力。

韩国金融开放从国内金融机构改革开始，最初以减少政府干预、提高金融机构市场竞争能力为目的，通过引入民间资本来改善金融机构治理水平。同时韩国政府放松利率管制，增强金融机构之间市场竞争程度，提高金融市场活力和抵御风险能力，促进金融机构在市场条件下健康发展。与此同时，韩国政府鼓励国内金融机构积极参与国际金融市场，不断拓宽海外市场，并逐步有序对外开放国内金融市场。20 世纪 90 年代以后，韩国金融对外开放步伐加快，在分步推进利率市场化改革的同时，外汇市场化改革也有序进行，最终实现金融完全开放。

新加坡在金融开放过程中则特别强调金融监管的作用，以金融严监管著称。一是强化金融机构监管，政府对国内金融机构实行严格管理措施，开展动态监控，确保金融机构业务的合法合规。二是加强金融风险控制，完善制度化考核机制，形成资产风险分散的市场化投资模式，同时对市场资产状况进行实时关注。三是注重国内金融业务和国际金融业务相分离，严格控制国际风险传导途径。

从美国、韩国和新加坡金融开放的经验（见表 3）可以看出，遵循经济金融发展的基本规律，以开放促改革，不断增强国内金融机构的市场竞争能力，完善金融市场体系，提高金融监管水平，防止发生系统性金融风险是提升金融开放水平、促进经济金融良性发展的核心要义。具体来说，第一，坚持强化金融监管，将金融开放程度和金融监管相匹配，创新金融监管理念，提高金融监管水平，加大金融违法违规惩处力度。第二，有序推进金融开放，以增强金融机构市场竞争力，提高金融市场活力，促进金融资源有效配置为目的。第三，防范系统性金融风险，建立完善风险预警机制，对金融市场动态监控，提前做好风险防范措施。

表3　　　　　　　　　　　　美国、韩国和新加坡金融开放主要举措

国家	具体措施
美国	减少利率管制 放松资本流动限制 逐步实现利率市场化、汇率市场化 注重金融市场活力和金融机构市场竞争力
韩国	减少政府干预 提高金融机构治理水平 逐步开放国内金融市场 实现利率市场化、汇率市场化
新加坡	强化金融监管，发挥金融监管当局积极作用 加强金融风险控制，实行制度化运作 严控金融风险传导途径

三、金融开放背景下国内证券行业面临的风险及挑战

（一）国际国内资本市场联动加强，外部冲击对国内资本市场影响加剧

随着中国资本市场开放范围不断扩大，开放程度不断深化，国内股市、债市、期市、汇市等市场已从传统相对封闭的市场转向全面开放的国际市场。在开放的环境下，外部市场条件的变化不仅作用于国际市场，对国内资本市场的影响也在不断加剧。这种国际国内市场的联动，一方面，可以促进全球资本流动，提高资本配置效率和金融对经济发展的正向作用；另一方面，当国际市场条件恶化，大国经济金融政策对国际市场的影响又将传导到中国资本市场，导致中国资本市场受国际市场冲击不断扩大。尤其在全球主要经济体之间从合作关系转变为竞争关系的过程中，以邻为壑的政策可能加剧外部风险对中国资本市场的影响。

从当前全球资本市场受到的冲击来看，中美贸易之间不确定性关系导致中国资本市场出现波动（见图1）。而美联储加息预期、美元指数走强、资本外流、人民币贬值，不仅对中国外汇市场构成一定压力，也对国内资本市场流动性造成一定的冲击。债券市场方面，近期国内债券市场违约事件增多，特别是2018年属于偿债高峰期，受美国加息预期资金收紧的影响，债券市场承受较大压力。

（二）证券行业竞争将日趋激烈，中资券商转型发展压力增大

早在2001年加入WTO的时候，中国对外资证券机构来华发展做出如下承诺：（1）外国证券机构可直接从事B股交易；（2）允许外国证券公司设立合资公司，外资比例不超过三分之一；（3）合资券商可以从事A股的承销，B股、H股、政府和公司债券的承销和交

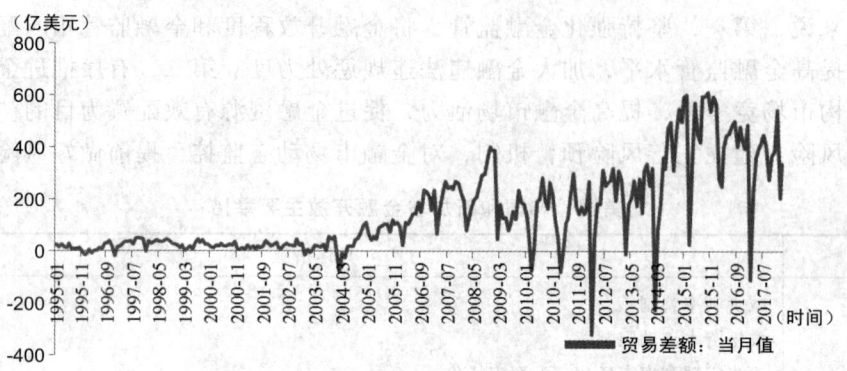

图 1　1995 年以来中国进出口贸易差额变化情况

资料来源：Wind。

易，以及发起设立基金。2012 年，中国证监会修订《外资参股证券公司设立规则》，将外资在合资证券公司的持股比例上限提高到 49%。2018 年 4 月，中国证监会发布《外商投资证券公司管理办法》，一是允许外资控股合资证券公司；二是逐步放开合资证券公司业务范围；三是统一外资持有上市和非上市两类证券公司股权的比例；四是完善境外股东条件；五是明确境内股东的实际控制人身份变更导致内资证券公司性质变更的相关政策（见图 2）。

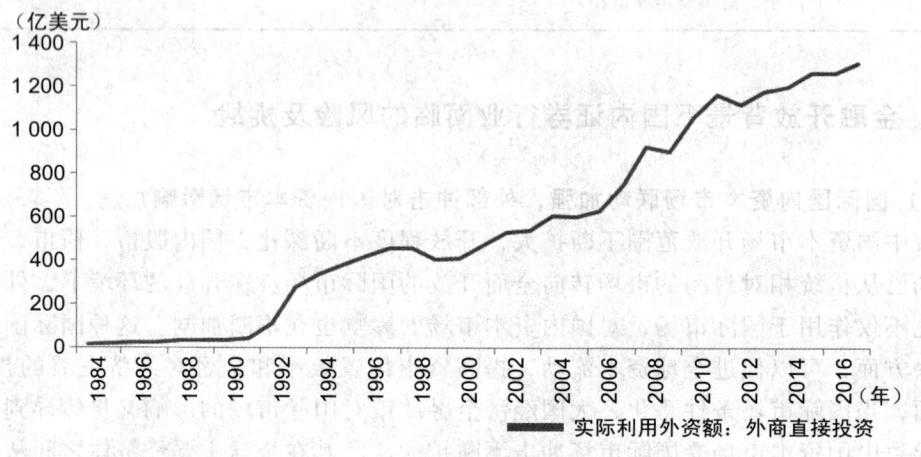

图 2　1984 年以来中国实际利用外资额情况

资料来源：Wind。

中国金融对外开放政策的正式落地，对中国证券行业发展产生重要影响：第一，外资进入中国证券行业将加大行业竞争性。由于中资券商规模相对较小，市场竞争能力和风险抵抗能力相对较弱，证券行业的开放对中资券商未来发展有可能造成一定的冲击。第二，目前中资券商的业务结构相对单一，产品创新不足，外资机构在经营模式、风险控制和产品创新等方面具有一定优势。面对证券行业竞争的加剧，中资券商转型压力增大。

（三）资本市场投资者结构改变，专业化投资水平要求提高

当前，国内资本市场共拥有包括个人投资者、境内机构投资者、合格境外机构投资者、政府持股的资本运营平台等在内约 1.4 亿名投资者，其中持股市值在 50 万元以下的中小投

资者占比超过七成（见图3）。从成熟资本市场来看，机构投资者在市场中占有较高比例，机构投资者市场投资逻辑、标的估值方式等专业能力对市场投资理念和投资风格有显著影响。而长期以来，国内个人投资者在市场中占有较高比重，且热衷于题材概念炒作，短期投机操作模式明显，不利于资本市场的健康发展。随着机构投资者的增加，传统投资理念和投资风格将受到冲击，价值投资理念和长期成长性投资风格将成为主流，未来投资将步入专业化时代。顺应金融开放的时代潮流，增强投资专业化水平，转变投资理念形成新的投资风格，成为当前国内市场投资者，尤其个人投资者面临的重要问题。

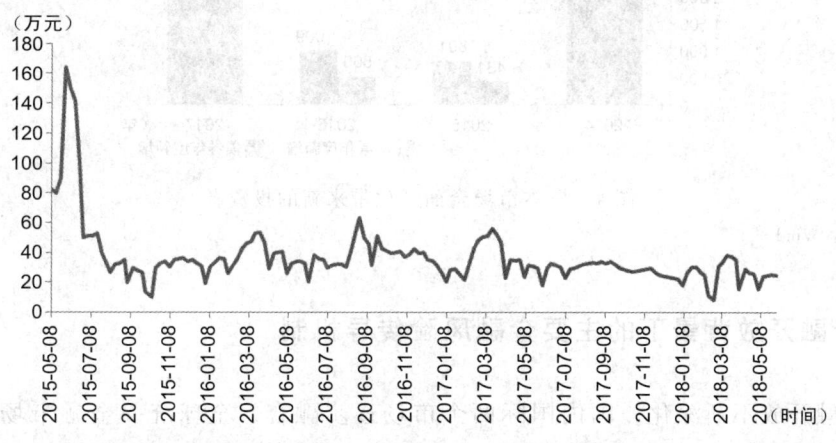

图3　近年来A股市场新增投资者数量

资料来源：中国证券登记结算公司。

从近期A股纳入MSCI指数体系进程可以看出，MSCI对国内市场投资者结构、投资理念风格等提出了更高要求。首先，针对MSCI中国指数的机构投资者数量增多，既有国内机构投资者，也有国外机构投资者，特别是A股与全球主要新兴市场投资者互联互通后驶入全新高速道，改变着市场投资者结构；其次，纳入MSCI的股票大多具有良好业绩支撑，上市公司行为符合证券市场规范，促进了投资理念和风格转变，同时对投资者自身也有着更为专业化的要求。

（四）资本双向流动进程加速，A股市场潜在波动加大

自2014年沪港通启动、2016年深港通启动以来，沪港通和深港通平稳运行，交易、登记结算等各项业务处理正常。为进一步促进内地市场和香港股票市场的互联互通机制，中国证监会决定自2018年5月1日起，将沪股通及深股通每日额度从130亿元人民币调整为520亿元人民币，港股通每日额度从105亿元人民币调整为420亿元人民币。沪深港通每日额度的双向扩大，对满足境外合格机构投资者长期投资中国A股市场的需求、促进内地资本市场和香港资本市场发展有积极作用。但与此同时，资本双向流动的加速，也给资本市场过度波动带来一定的潜在风险。跨境资本快速流动，往往对市场暴涨暴跌起推波助澜的作用。当市场中出现热点题材或概念炒作的时候，跨境资本的涌入可能导致市场部分行业估值过高形成泡沫，扭曲市场资源配置体系；而当市场环境恶化，资本外逃又可能加速市场泡沫的破裂，引发连锁反应，加大股票市场、债券市场及外汇市场等相关市场的波动风险。

未来随着A股纳入MSCI比例的提高以及中国金融市场的进一步开放，外资流入A股市

场的资金量将呈现快速增长态势（见图4）。特别是，资金自由流动的便利化和资金规模的双向扩大化，对市场潜在波动影响也不断加剧。尤其在内外市场联动加强的背景下，跨境资金短期大量出逃，对资本市场稳定运行将造成一定冲击，易造成资本市场的剧烈波动。

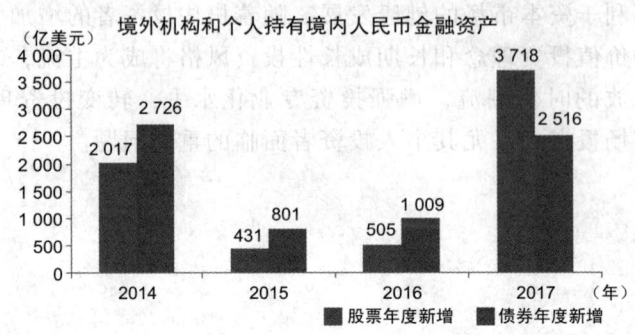

图4 资本市场全面开放带来新的投资者

资料来源：Wind。

四、金融开放背景下的主要金融风险传导机制

随着金融开放不断深化，国内国际两个市场逐步融合，全球统一金融市场体系正在形成，市场金融风险也在不断加剧。世界贸易争端、金融机构债务、金融资产泡沫、国际市场变化、市场投资预期等都是引发金融风险跨境传导的重要因素，而由此引发资本外流、货币贬值、债务违约、泡沫破裂、利润下降、市场恐慌等一系列金融事件冲击着金融市场本身（见图5）。

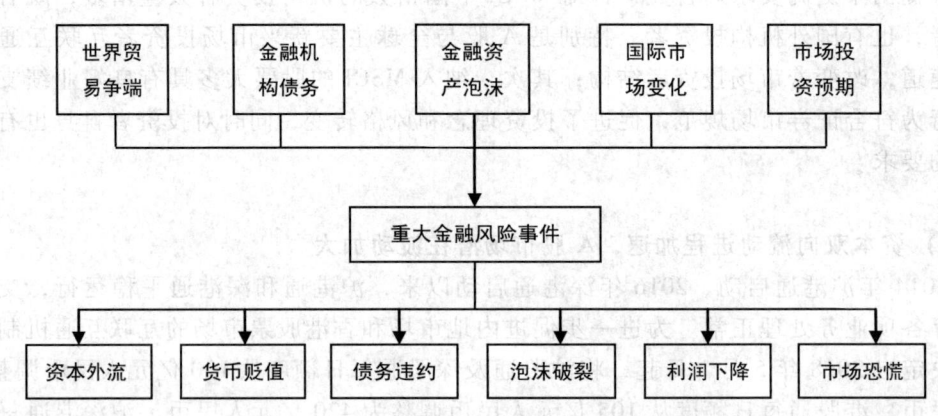

图5 金融开放环境下的金融风险传导机制

（一）世界贸易争端

在开放经济条件下，国际自由贸易有助于全球资源整合，提高资源配置效率，促进企业提高生产效率，降低生产成本。但是，当一国经济环境恶化、金融风险加剧的时候，通过改变贸易规则，制定贸易保护主义政策，或通过货币贬值，减少进口增加出口成为经济体的重要选择。基于此，贸易伙伴国之间出现的贸易保护与贸易争端极易成为引发金融风险的重要

因素。其传导机制表现为一国为了提高出口竞争能力，减少对贸易伙伴国的进口、增加对外出口，而贸易伙伴国出现贸易逆差、外汇储备减少，进而引起国内经济条件环境恶化，金融风险加剧。资本市场方面，贸易伙伴国其资本市场可能因经济条件的改变，货币存在贬值预期，市场出现资本外流的现象，并进一步加速货币贬值，引发国内债务危机，导致金融市场出现系统性风险。如2008年以后，印度曾由于资本外逃，卢比汇率出现大幅贬值，贬值幅度超过30%，汇率风险成为印度面临的重要金融风险；又如欧美与俄罗斯贸易争端期间，2013年俄罗斯资本外流为630亿美元，2014年上半年资本外流就超过750亿美元，对俄罗斯国内金融市场造成严重冲击。

（二）金融机构债务

随着金融开放程度的不断提高，金融机构部门之间的联系愈发密切，金融机构个别部门发生风险，在一定条件下不断放大，引起风险跨部门传导，并最终使得整个金融体系面临风险。例如，由于信息不对称的存在，金融机构在发放贷款过程中不能对贷款者信用状况完全掌握，导致金融机构债务存在一定违约风险。当这种贷款无法收回时便产生了违约，发放贷款的金融机构、市场中参与的金融机构以及机构投资者都将因债务违约而导致经营现金流出现问题，使得金融机构资产负债表恶化，加大市场金融风险发生的概率。如美国2008年发生的金融危机即由次级债务危机引发，最终美国政府被迫拿出7 000亿美元稳定股市波动。在开放经济条件下，由于金融机构之间的联系日益紧密，一国金融机构产品可能被其他国家的金融机构购买，当出现诸如债务违约情况的时候，金融危机呈现出全球蔓延之势，甚至引发全球性金融危机。在经济金融全球化的背景下，也可能因一国金融机构出现风险，投资者调整投资组合产生流动性冲击，加剧金融市场波动，引发金融危机。

（三）金融资产泡沫

国内金融市场的开放，使得国内国际两个市场之间的融合程度加深，国内金融市场的相关产品也成为国际资本的重要投资对象。从经验来看，金融开放的过程中，金融开放国的资本市场和房地产市场通常是国际资本投资的主要对象。当金融开放国国内股票和房地产逐渐升温的时候，国际资本的进入会导致资产价格快速上涨，并逐渐形成资产泡沫。经济出现过热时，政府部门开始通过财政货币政策等调整过热经济，国际资本在国内经济金融收紧情况下开始撤资逃离，市场资产价格下跌，资产泡沫破裂，引发债务危机和金融危机。如日本在广场协议签订后，证券化率从1985年第三季度的54.9%，到1987年第一季度达到100.3%，到1989年第四季度则高达149.6%。1990年泡沫经济破裂以后，日本经济进入下行通道，增速迅速下滑。因此，金融开放在加速资本流动速度和降低资本流动成本的过程中，也加大了国际热钱对国内金融市场的冲击力度，一定程度上可能引发系统性金融风险。国际投机资本既可以快速流入中国资本市场，又可以在短期内大规模出逃，严重影响金融市场的稳定发展，使得金融资产泡沫在全球市场不断蔓延。

（四）国际市场变化

在开放条件下，国际市场变化也是引发国内市场金融动荡的重要方面。当国内金融市场开放范围不断扩大、开放程度不断加深以后，国际市场上出现的利空信息将迅速传导到国内金融市场，并引发国内市场的连锁反应，导致国内金融市场出现剧烈波动。但是由于国内金融市场相关制度还不健全，多层次资本市场体系有待完善，金融监管法律法规还未完全形成，国际市场中的部分信息在传递和加工过程中可能出现较大偏差，引发市场恐慌，加剧市场波动，导致国内市场出现金融风险。当然，由于金融开放具有双向性，国内具有竞争力的企业在国际市场的投资比重也会相应提高。国际市场的剧烈波动对国内公司市场价值将产生严重影响，改变企业资产负债结构，影响企业正常生产经营、规模扩张和利润水平，企业融资成本不断上升，企业债券等资产波动剧烈，市场债券违约增加。

（五）市场投资预期

随着信息技术的进步，国际市场和国内市场联动更为明显，市场信息、市场环境的变化不仅对当前市场产生冲击，还会改变投资者未来市场预期，加剧市场波动程度。一旦市场中出现悲观情绪，市场投资者的避险行为可能引发羊群效应，这将反向促使投资者强化预期，偏离市场均衡状态，出现过度波动和超调现象。尤其在全球市场环境恶化的条件下，风险在国际之间传递，可能改变全球投资对市场的预期，导致全球金融市场体系受到冲击。例如，一国金融市场发生金融危机之后，其他经济体即使经济基本面良好，也可能因投资者市场预期的改变，为避免金融风险，大量使用对冲工具，加剧整个金融市场的波动。事实上，政府制定的政策如果没有及时落地，或在实施过程中出现新的变化，都可能改变整个市场对形势的判断，调整投资策略，冲击资本市场。此外，企业在经营过程中如果不能及时适应新的环境，就可能出现债务违约、破产重组等现象，同样对金融市场体系的稳定造成影响。

五、政策建议

（一）加强金融监管，使金融监管能力与金融开放程度相匹配

在中国金融对外开放不断深化的过程中，中国金融监管需要不断强化，确保金融监管能力和金融开放度相匹配，以维护中国金融业的健康发展，防止发生系统性金融风险。实际上，中国金融监管机构银监会和保监会合并之后，机构监管正朝着市场监管方向转变，监管模式也从分业监管走向分业与统一相结合的监管方式，金融监管机构更为全面地管理金融市场，防止监管空白。目前中国金融的开放程度比较低，还有很大的开放空间，但绝不是国门大开，一放了之。一方面，金融监管需要打好防范和化解金融风险的攻坚战，推动各部门协同监管；另一方面，金融监管需要继续培养国际化人才，提高监管水平。因此，在中国金融对外开放不断深化和加速的情况下，只有继续强化金融监管，才能促进中国金融行业在开放条件下更好地优化资源配置，促进实体经济健康发展，并守住不发生系统性金融风险的底线。

（二）继续深化金融体制改革，加快完善多层次资本市场体系

以金融开放为契机，继续深化金融体制改革，充分发展资本市场融资功能，加快完善多层次资本市场体系，包括主板、中小板、创业板、新三板和区域性股权交易市场等相关市场。同时，完善股票市场、债券市场和期货市场等交易制度，增强国内金融市场资本容纳能力和金融风险抵抗能力，尤其引导优质企业在 A 股市场上市，制定完善的退市制度，实现资本市场良性循环。此外，交易所需要进一步发挥服务功能，围绕企业跨境发展和投融资需

求，延伸特色服务链条，发挥专业、服务、技术优势，打造跨境资本服务体系，提高企业融资便利性，降低企业融资成本，从根本上防范金融风险。

（三）强化国际金融监管合作，避免金融风险跨境流动

加强国际金融监管合作，完善现有监管合作机制，在加大信息、人员交流合作的基础上，避免金融风险跨境流动造成系统性金融风险。同时，注重金融监管制度的建设，强化金融监管预警机制。建议有关部门着手联合建立跨境金融风险的统计监测指标体系，结合大数据技术，通过金融机构的定期报送，建立年度、季度、月度、周度的金融风险诊断直报系统，对可能的跨境风险情况进行评估、分析和提前预判，并制定应对政策，降低金融风险的跨境流动冲击。对于投机性国际资本，可在适当的时候提高流动成本，减少对国内国际金融市场的影响。在政策工具使用过程中，通过国际框架合作协议，实现政策内外的互补，在解决现有风险的同时化解市场潜在风险。

（四）加强投资者教育，提高市场风险的主动防范意识

在金融开放过程中，加强投资者教育，提高市场风险意识，将有助于减少金融市场波动，促进金融市场健康有序发展。在金融投资过程中，既要维护自身合法权益，避免出现违法违规事件，减少金融风险发生的概率；也要让市场投资者提高对信息的判断能力，防止信息偏误引发市场过度波动。同时，要让投资者树立风险自担理念，通过提高专业能力，减少投机行为，实现理性投资；并在对金融风险有全面认识的基础上，切实有效控制风险，避免加剧市场波动，造成对金融体系的冲击。

参考文献

［1］陈浪南，逢淑梅．我国金融开放的测度研究［J］．经济学家，2012（6）：35—44．

［2］傅强，张小波．金融开放外源性风险对中国经济金融稳定与安全的影响分析［J］．南开经济研究，2011（3）：30—44．

［3］贵丽娟，胡乃红，邓敏．金融开放会加大发展中国家的经济波动吗？——基于宏观金融风险的分析［J］．国际金融研究，2015（10）：43—54．

［4］王华庆，李良松．新一轮金融业开放与金融管理制度重构［J］．金融市场研究，2018（4）：1—9．

［5］张成思，朱越腾，芦哲．对外开放对金融发展的抑制效应之谜［J］．金融研究，2013（6）：16—30．

［6］张立超，刘怡君．印度经济或陷持续性低迷期［J］．环球财经，2014（4）：72—76．

资本市场系统性风险的跨产品传导及防范研究

李 滨 王 雯 田英良[*]

一、引言

金融一体化进程和金融创新步伐的加快使得各金融市场、金融产品之间相互渗透与影响，形成广泛的联动与融合，风险因素可通过多种渠道得以扩散，形成跨地域、跨市场、跨产品交叉传导，大大增加了监管政策实施和投资者决策的难度。在这一趋势下，把握风险传导规律，从源头上抑制系统性金融风险的传导，成为防范和监管系统性风险的前提与关键。本文旨在通过分析系统性风险的跨产品传导效应，勾勒风险传导路径，明确风险源头，实现对系统性风险的有效监控、跟踪与防范，以期为相关部门有针对性的风险防范策略的制定提供一定指导与借鉴。

二、已有研究评述

目前，国内外学者已对风险传导效应进行了较为丰富的研究，已有研究大致从跨境与跨市场两个层面展开。在金融市场的宏观分析方面，以往研究共同证实了金融市场联动性逐步增强这一结论，然而在具体的风险传导实证研究中，由于研究方法、时间窗口以及研究对象等主观选择的不同，导致同一问题的研究结论呈现不一致甚至相悖的现象，结果缺乏稳健性，因此，对于特定问题的实证分析有必要根据研究背景细化时间区间，并有针对性地选择代表性样本；另外，以往关于风险传导效应的研究视角较多局限于封闭系统，以单一地区或单一市场作为研究对象，而金融创新导致跨市场金融产品快速增加，客观上促进了风险在各个市场、产品间的传导，但对于金融产品层面的风险传导研究鲜有提及，透过金融产品进行跨境、跨市场、跨产品的风险传导分析值得进一步探讨与尝试。

---

[*] 作者单位：中泰证券股份有限公司风险管理部。原载于《中国证券》2018年第7期。

鉴于此，本文突破以往思路，基于经济全球化与金融自由化背景下的开放性视角，在跨境、跨市场分析基础上，重点从金融产品层面，对国内外极端风险事件背景下系统性风险的跨产品传导路径进行研究。其中，选取极端风险事件作为背景的主要原因在于极端风险事件下风险传导效应更为显著、路径更为清晰。

三、资本市场系统性风险传导机制理论初探

张华勇（2014）等多位学者对造成市场联动性及风险传导性的原因进行分析，认为放松金融管制、市场间信息传递、投资者跨市场交易行为等因素为风险的传导创造了外部条件，也正是这些因素使得风险可以在多个层面与渠道进行传导。

（一）传导层面

系统性金融风险传导层面可分为宏观与微观两个方面。宏观层面，即跨境（地区）层面，考虑近年来的金融危机不断证实危机的爆发不仅仅会使源头国家受到重创，同样会经由多个渠道波及全球多个国家（地区）。全球开放融合的一体化环境使各大金融体系间不再是独立分割的个体，区域性风险可经由信息传递、跨境资本流动等一系列连锁反应，迅速扩散与放大，演变为对全球金融体系的冲击；微观层面，即跨市场、跨机构、跨产品层面，考虑金融创新与自由化大背景下，金融业的混业经营、投资者的多渠道交易、交叉性金融工具的创新发展、机构间的内在联系以及信息的传递，使风险能够突破市场、机构、产品的物理边界，得以广泛传导与扩散。

（二）传导渠道

依据与金融风险发生国（地区）有无直接投资关系，将金融风险传导渠道分为直接传导渠道与间接传导渠道两类（见图1）。其中，金融市场渠道是本文重点探讨的内容。

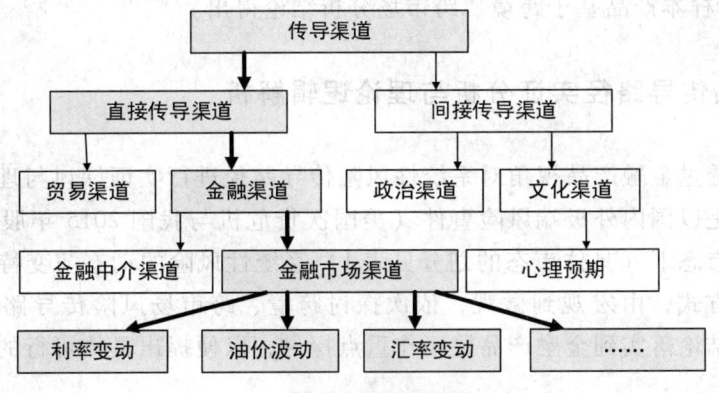

图1 金融风险传导渠道

由于资本的加速流动与逐利本质，风险可经由金融市场渠道快速传导与扩散，即金融溢出效应。金融风险溢出过程大多经由两种渠道：第一种渠道为金融机构间的业务关联导致风险沿资产负债、信贷等链条传染；第二种强调外部因素（如利率、油价、汇率等）变动诱发系统性风险。

对于不同渠道的区分主要是基于理论上的考量，而在实际的风险传导过程中，各传导渠道均彼此渗透且相互加强，其间的界限并不是严格分明的，诸多不稳定因素可通过多种传染渠道渗透到金融体系，引起汇率、信贷、流动性及资产价格的变动，而这些因素的变动又与金融体系的自源性风险结合在一起加剧金融体系的脆弱性，强化系统性风险的传导（见图2）。

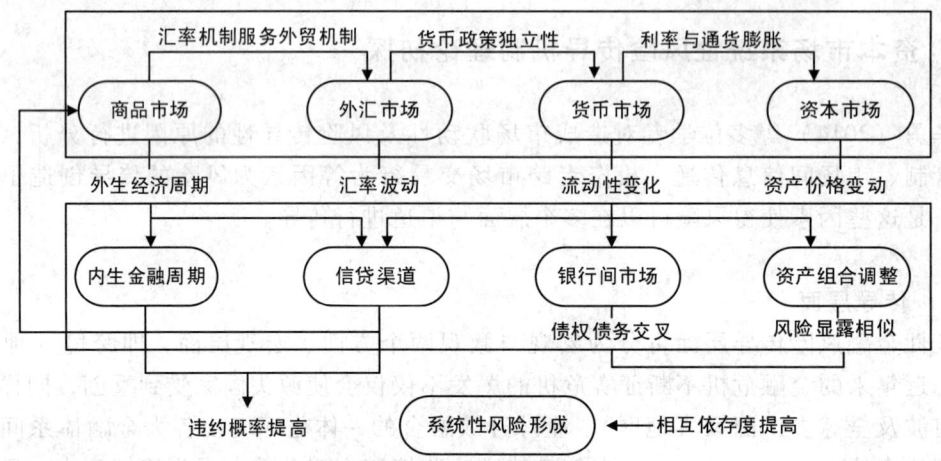

图2 系统性风险扩散渠道

资料来源：梁永礼，李孟刚：《新常态下系统性金融风险度量与防范研究》，载《西南民族大学学报（人文社科版）》2017年第38卷第8期，第125页。

（三）研究范畴界定

基于以上讨论，本文界定跨境风险为由于国际直接投资、证券投资、贷款和短期资本流动造成的跨境资本市场风险；跨市场风险为各金融市场间风险，选取流动性较高、规模较大的代表性金融子市场作为样本；跨产品风险为金融产品间风险（如股指期货与对应的股票指数间风险等），样本产品基于跨境、跨市场分析结论得出。

四、跨产品传导路径实证分析与理论逻辑解析

本部分旨在透过金融产品视角对系统性风险传导路径进行实证探讨与理论逻辑解析，主要创新在于：一是以国内外极端风险事件（美国次贷危机与我国2015年股市异常波动）为背景，分析不同市态下（具体市态的划分见表1）系统性风险的动态演变特征与规律；二是采用层层递进的方式，由宏观到微观，依次探讨跨境、跨市场风险传导路径，并最终将跨境、跨市场分析结论落实到金融产品层面作重点探讨，以便提出具体可行的风险防范对策。

表1 不同市态阶段划分

风险源	极端风险事件	不同市态阶段划分		
		危机前	危机中	危机后
国外	美国次贷危机	2006年9月—2007年10月	2007年10月—2008年11月	2008年11月—2009年12月

续表

风险源	极端风险事件	不同市态阶段划分		
		危机前	危机中	危机后
国内	中国2015年股市异常波动	2014年6月—2015年6月	2015年6月—2016年2月	2016年3月—2017年8月

研究方法方面，为更准确地量化金融风险传染效应，本文采用多种模型方法的组合应用以克服单一模型的局限性，分别从宏观与微观、静态与动态、常规风险与极端风险多个维度，全面刻画风险的跨市场跨产品传导规律。该部分研究技术路线如图3所示。①

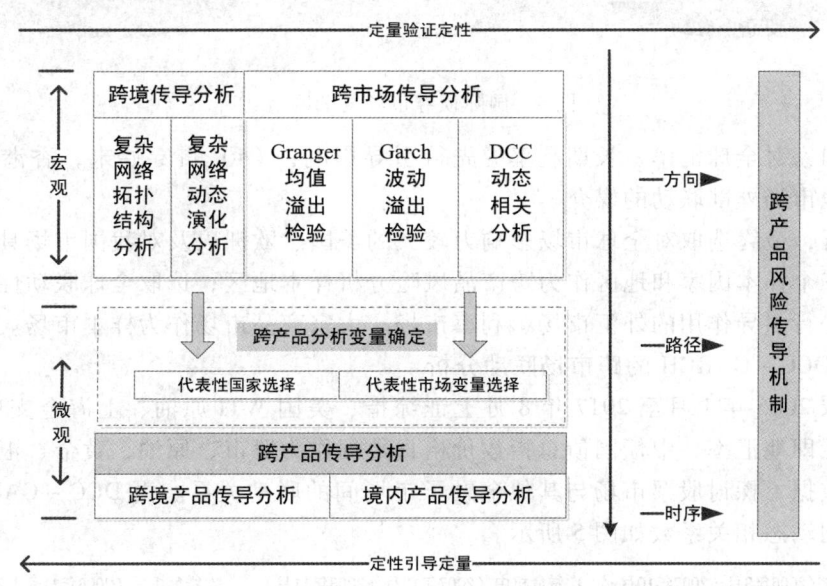

图3 风险传导实证分析技术路线

（一）基于跨境、跨市场风险传导分析的样本确定

1. 复杂网络视角下国际金融市场拓扑结构及区域特征分析

以各经济体金融市场为节点、以各经济体市场间相关性为权边，依次构建股票市场、债券市场、外汇市场、利率市场四个加权网络，以债券市场为例，所构建国债市场网络如图4所示。

通过依次分析其网络密度、标准偏差、平均路径长度与聚类系数等网络拓扑指标，得出以下结论：（1）全球国债市场联动性明显高于其他市场；（2）全球各金融子市场呈现出不同程度的空间集聚特征，大致形成三大关联区域，美国、英、德、法，中国香港与新加坡是不同区域经济体联系的纽带，且具有较高影响力，发挥着"资本市场风向标"的角色；（3）全球金融市场联动均存在显著的时变性，但时变特征不尽相同，其中外汇市场、国债市场联动性更多受到全球（尤其是发达国家）宏观经济增长预期及风险偏好影响，从侧面印证了

---

① 因篇幅有限，且跨境、跨市场分析并非本文重点，本文主要概述对后续跨产品传导研究样本的选择有益的结论，模型原理、建模过程以及其他微观结论不再详述。

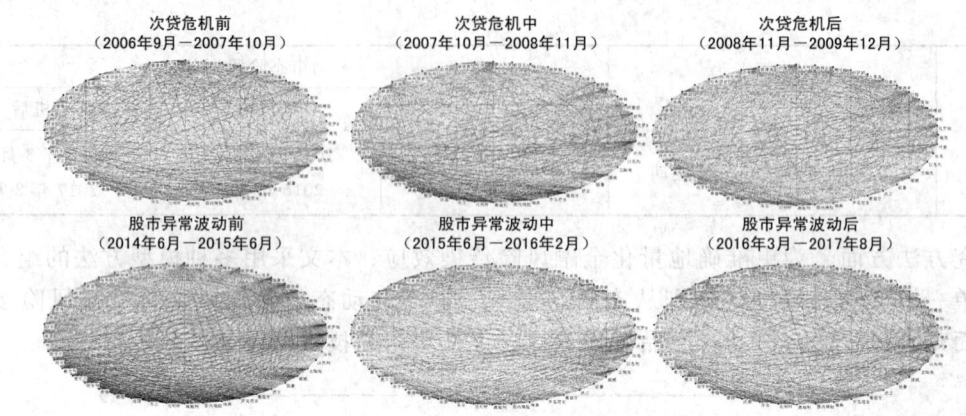

图4 国际债券市场复杂网络

欧美等发达国家对全球汇率、长期利率的先行引导影响;(4)贯穿始末,香港金融市场始终是我国内地市场外部联动的媒介。

综上分析,最终选取对全球市场影响力较大的美国、欧洲以及对我国市场具有直接传导关系的香港三个样本国家和地区作为跨产品风险分析样本地区;选取全球联动性较强、欧美对全球具有先行引导作用的外汇市场、利率市场、大宗商品市场作为样本市场。

2. 基于DCC-GARCH的跨市场联动分析

分别选取2006年1月至2017年8月上证综指、美国WTI原油、上海金交所AU9 999、人民币兑美元即期汇率、中债国债总指数价格日数据作为股市、原油、黄金、汇市、债市金融市场样本数据,探讨股票市场与其他金融子市场间的联动关系。由DCC-GARCH模型得到的各市场间动态相关系数如图5所示。

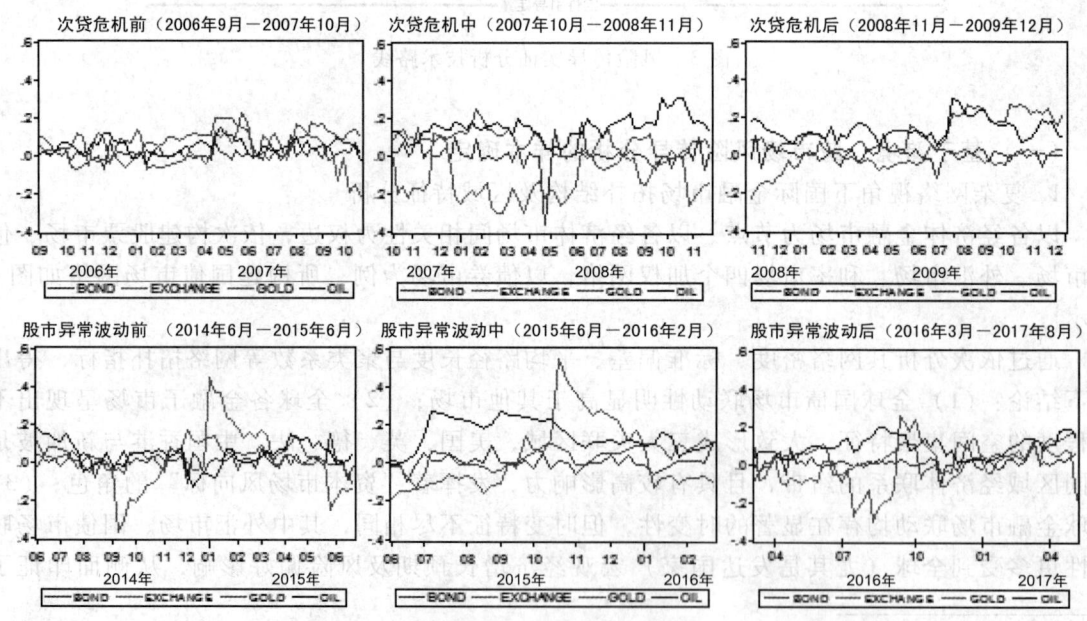

图5 不同市态下股票市场与其他金融子市场动态相关系数图

从次贷危机到 2015 年境内股市异动，各市场联动性总体呈现逐年增强趋势，境内外危机改善了各市场独立分割的局面，显著强化了各市场间联动。具体来看，债市与股市间联动效应最为强烈，但波动频繁，正负交替明显；黄金市场与股票市场间联动关系最为稳定；原油市场与股票市场正向相关，且受危机影响强烈；外汇市场与股票市场联动性变化幅度最大。

3. 样本确定

基于以上结论，选取债券市场，货币市场，股票及衍生产品市场，大宗商品（黄金、原油），外汇市场作为后续跨产品风险传导分析的样本市场，结合数据可得性，相应选取直接反映金融市场协同波动效应的代表性金融产品价格序列作为分析样本（见表2）。

表 2 跨产品风险传导分析变量

次贷危机背景		股市异常波动背景	
变量	代表地域、市场	变量	代表市场、产品
恒生指数	中国—香港股票市场	上证综指	内地股票
上证综指	中国—内地股票市场	沪深 300 期货	国内股指期货
STOXX 欧洲 50 指数	欧洲—股票市场	5 年期国债期货	国债期货
美银美国 AA 级企业债	美国—企业债	上证国债	国债
标准普尔 500 指数	美国—股票市场	美元兑在岸人民币	在岸汇率
COMEX 黄金	美国—大宗商品	美元兑离岸人民币	离岸汇率
		恒生指数	香港股票
		Wind 金融指数	金融股票综合
		WTI 原油	石油期货
		COMEX 黄金	黄金期货
		10 年期国债收益率	长期利率
		SHIBOR 隔夜利率	隔夜利率
		新加坡 A50 股指期货	国外股指期货

（二）基于 Copula 的跨产品风险传导路径分析

本部分以 2008 年美国次贷危机与 2015 年我国股市异常波动两次极端风险事件作为研究背景，依次分析次贷危机前、中、后境外风险传导至我国的跨境产品传导路径以及 2015 年我国股市异常波动前、中、后的境内产品风险传导路径。

1. 次贷危机背景下跨境产品风险传染路径分析

基于前文分析，选取 6 个变量，分别代表不同地区的不同证券市场，计算其对数收益率序列，并拟合广义双曲分布作为边际分布，继而采用 R – Vine Copula 模型[①]构建风险传导分析模型，所得风险传导路径如图 6 所示。

---

① 基于 R – Vine Copula 的传导结构采用最大扩张树原理，即以各边权重绝对值之和最大化为原则进行最优化计算，所得结构能够保证整体相关性最强。映射到风险传导分析中，则表示风险能够沿该路径得到最快、最广泛的传导。

次贷危机前（2006年9月—2007年10月）

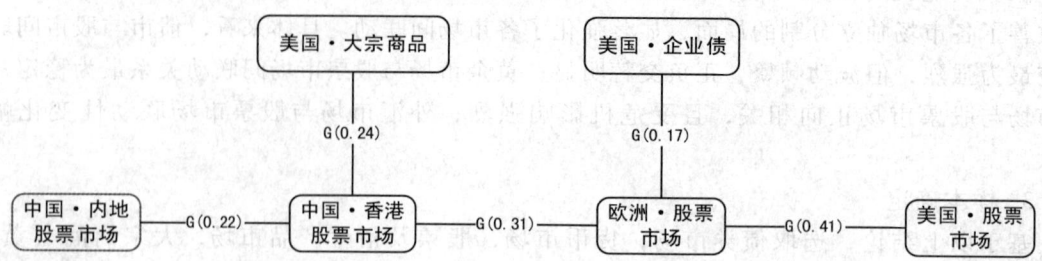

次贷危机中（2007年10月—2008年11月）

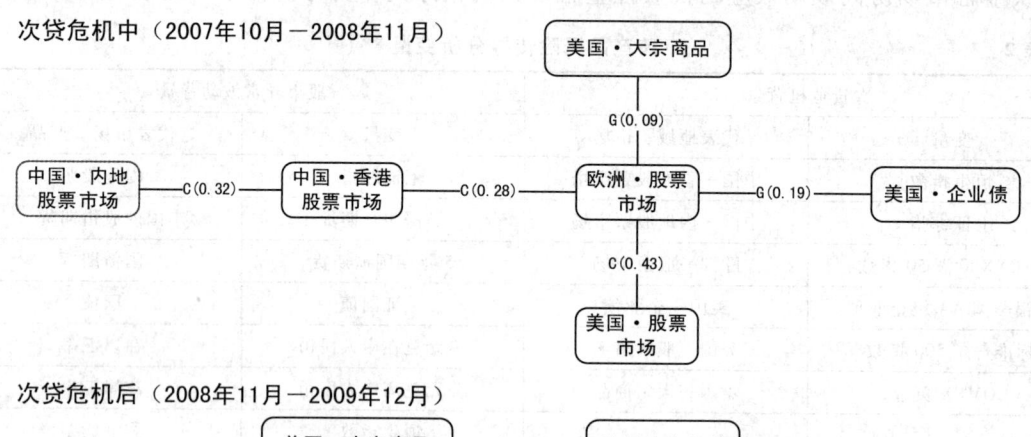

次贷危机后（2008年11月—2009年12月）

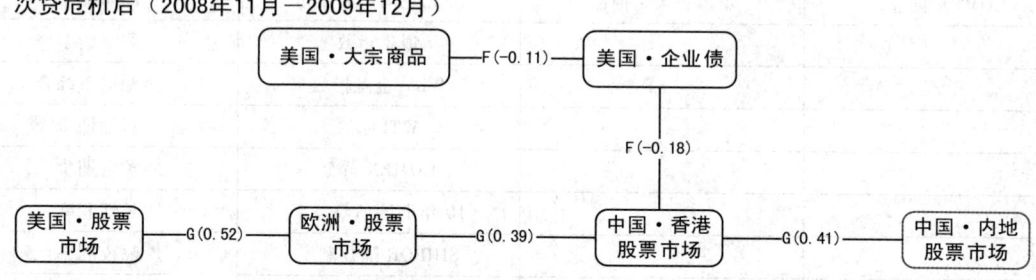

图6 次贷危机前后跨产品风险传导图

资料来源：Wind资讯，中泰证券。

通过筛选掉相关性较弱的节点，总结境外金融产品风险传导至我国内地股票的路径如下：

（1）次贷危机前，存在两条风险传导路径：美国资本市场（股票市场与债券市场）→欧洲股票市场→香港股票市场→内地股票市场或国际大宗商品市场→香港股票市场→内地股票市场；

（2）次贷危机期间的风险传导路径为：美国金融市场（股票市场、债券市场、大宗商品市场）→欧洲股票市场→香港股票市场→内地股票市场；

（3）次贷危机后风险传导路径为：美国股票市场→欧洲股票市场→香港股票市场→内地股票市场。

2. 股市异常波动背景下跨产品风险传染路径分析

在控制模型数据规模前提下，选取13个变量尽可能全面涵盖国内不同种类的金融市场与金融产品，得出风险传导路径（见图7）。其中，境外股指期货是以新加坡A50为代表的在境外交易的中国股指期货，因其包含了我国 A 股市场市值最大的 50 家公司，市值占比 33%，因而最具代表性；金融股票综合为国内上市金融企业股票，代表我国金融系统风险。

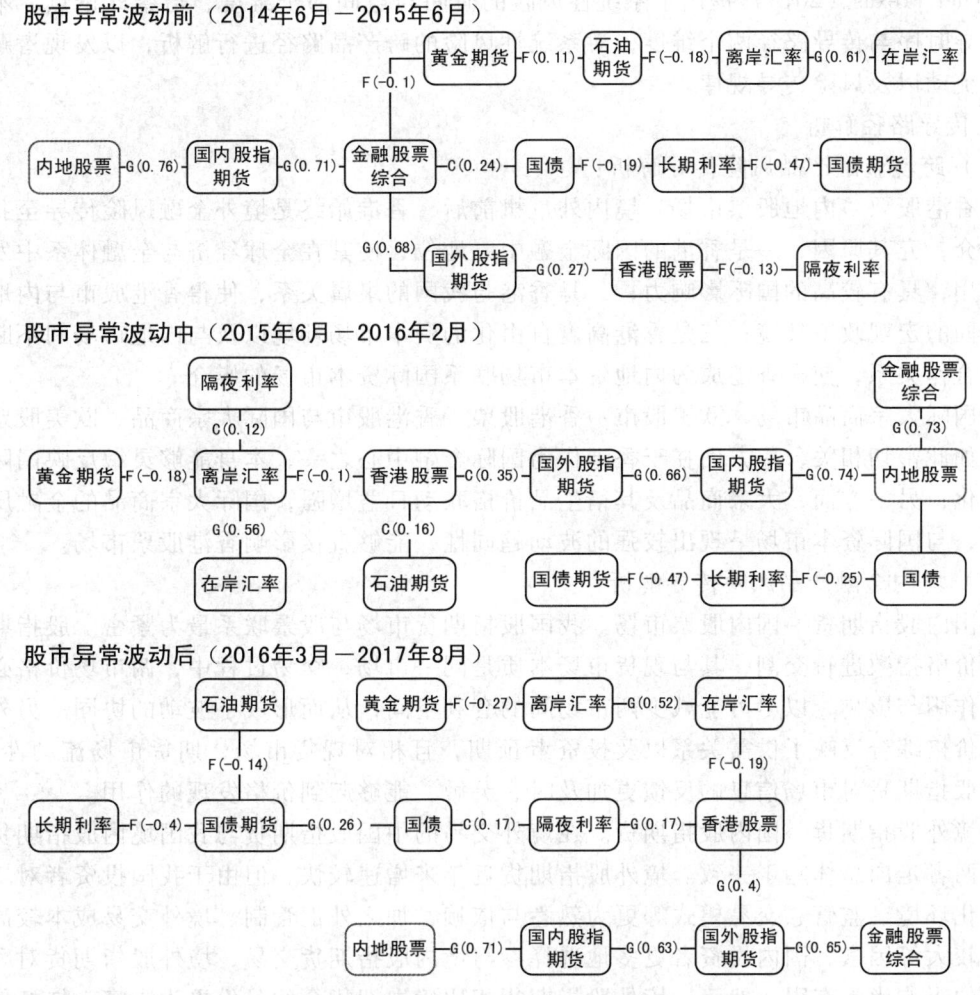

图 7　股市异常波动前后跨产品风险传导图

通过筛选掉相关性较弱的节点，梳理境内金融产品风险传导路径如下：

（1）股市异常波动前传导路径为：国际金融市场（大宗商品、汇率、股市）→内地金融行业股票→内地股指期货→内地股票市场。

（2）股市异常波动时期存在多条传导路径：国际金融市场（大宗商品、汇率、利率、股市）→香港股票→境外股指期货→内地股指期货→内地股票；内地金融行业股票→内地股票；国内利率市场→国债→内地股票。

（3）股市异常波动后存在两条传导路径：国际金融市场（大宗商品、汇率、利率、股市）→香港股票→境外股指期货→内地股指期货→内地股票；内地金融行业股票→内地股票。

总体来看，无论股市异常波动前后，与内地股票联系较为紧密的均为境内外交易的中国股指期货、内地金融行业股票与香港股票。

(三) 跨产品风险传导路径解析

Xavier Frexas（2015）提出了系统性风险的时间与空间两个维度，借鉴此论点，本文依次从传导时序与传导路径两个维度，对系统性风险的跨产品路径进行解析，以发现潜藏在内的资金流动以及风险传导规律。

1. 传导路径解析

（1）跨境金融产品风险传导解析：

①香港股票→内地股票市场。境内外危机前后，香港始终是境外金融风险传导至我国内地的媒介，究其原因，一是香港的国际金融中心地位，使其在全球经济与金融体系中发挥着关键作用，具有较高的国际影响力；二是香港与我国的隶属关系，使得香港股市与内地股市拥有共同的宏观政策环境；三是香港高度自由化的资本市场环境以及与内地市场间不断加深的金融合作关系，使得香港成为内地资本市场联系国际资本市场的媒介。

②国际大宗商品市场、欧美股市→香港股票。香港股市与国际大宗商品、欧美股票市场之所以如此密切相关，一方面在于香港作为国际金融中心之一，本身能够灵敏反映国际金融市场变化；另一方面，大宗商品及其衍生品价格联动日益增强，国际大宗商品的金融属性日益显著，与国际资本市场呈现出较强的波动趋同性，能够直接影响香港股票市场。

（2）境内金融产品风险传导解析：

①国内股指期货→国内股票市场。我国股指期货市场与股票联系最为紧密。股指期货是对股票价格指数进行交割，其与现货市场本质是同一市场，交易过程中，两市场价格必然受彼此的作用与影响，以尽可能减少两市场间的套利空间，从而形成了波动的协同。另外，股指期货价格综合反映了供需关系以及投资者预期，且相对现货市场，期货市场流动性更高，因此，股指期货对市场信息的反馈更加及时、灵敏，能够起到价格发现的作用。

②境外股指期货→国内股指期货。在境外交易的中国股指期货与我国境内股指期货结构类似，两者走向总体趋于一致。境外股指期货近年来增速较快，但由于我国投资者对境内市场的文化环境、监管、交易模式等更为熟悉与依赖，加之外汇管制、境外交易成本较高、参与难度较大等因素，国内投资者更多地选择参与境内股指期货交易，境外股指期货对我国境内市场的影响尚为有限。然而，境外股指期货相比境内期货合约月份更为丰富、杠杆倍数更高，具有一定的竞争优势。另一方面，由于交易时间更长，其对境内盘后消息反应更敏感，且相比境内股指期货本身包含了更多的国际投资预期，因而能够对我国股票及衍生品市场定价形成间接引导。

③大宗商品→境外股指期货。国际大宗商品大多以期货市场主导定价，国际期货定价仍然主导我国期货市场价格走势。尤其我国已是绝大部分大宗商品的消费大国，我国对大宗商品的需求越来越依赖国外进口，欧美股票市场可通过国际现货定价的路径，借助于进口贸易渠道间接影响我国资本市场。

2. 传导时序解析

实证结果显示，国内外危机时期跨产品传导路径更为丰富。具体表现在，次贷危机期间，欧美产品间联系更加密切，美国的股票、债券及大宗商品与欧洲股票均建立了直接联系；而非危机时期，国际大宗商品、美国债券的外部风险溢出效应随之削弱。股市异常波动期间，股指期货、大宗商品、国债均能直接影响股票；非股市异常波动时期，大宗商品、国债的风险溢出效应相对减弱。危机加速了资金在市场间的流转,强化了市场间联动,使得风险传导的路径更为丰富与多变。

五、对策建议

(一) 面向跨产品风险传导路径的风险防范对策

依据风险传导路径,相关部门可实时监测与跟踪传染源头地区或产品的风险态势与联动机制,建立阻断风险跨产品传导的防火墙与预警线。

1. 密切关注香港资本市场

随着我国资本市场的不断开放,其与香港资本市场的联系将会越来越紧密。监管机构可实时跟踪香港地区风险状况,在其金融市场发生风险事件时,及时采取措施防止其地域风险冲击内地金融市场。当出现风险的跨境传导时,建议监管机构充分考虑政策调控的时滞性,并利用风险传导过程的时间差,及时防范风险传导。

2. 妥善应对境内外股指期货影响

一方面,境内股指期货与现货间价格传递明显,尤其在 2015 年股市异常波动期间,股指期货的过度投机加剧了现货市场波动;另一方面,境外股指期货对我国股票现货市场发挥着越来越重要的影响作用。2018 年 6 月 1 日,A 股正式纳入 MSCI 国际指标体系,在加速我国资本市场国际化进程的同时,也为我国 A 股市场带来了做空工具,入"摩"所带来的大量的外部资金对 A 股及其 MSCI 指数期货的投资或使我国在自由竞争的国际资本市场上丧失主动权。

因此,对内,需抑制境内股指期货市场的过度投机,优化境内股指期货交易制度与模式,并大力推进衍生产品创新,完善多元化衍生品市场结构,提升境内股指期货市场竞争力,维护本土金融定价权;对外,建议不断探索完善跨境交易监察手段,增强股票指数的信息主权意识,密切关注流动性较高、交易量较大的标的指数期货或与内地市场联系较为紧密的国家(地区)推出的股指期货,避免境外套利资金对我国市场造成冲击与影响。

3. 争取国际大宗商品定价权

我国作为资源需求大国,同时又是被动的价格接受者,不可避免地受到国际大宗商品市场的冲击。我国对国际大宗商品的"定价权缺失"问题,越来越成为无法回避的问题。而日渐"金融化"的大宗商品已从由传统的生产商和贸易商主导定价,转变为期货市场主导定价。因此,我国可以从期货市场入手,通过培育成熟有效的期货市场、建设我国大宗商品定价中心等方式争取国际大宗商品的议价权,维护我国经济安全。

4. 加大债券市场建设力度

总体来看,股票市场与债券市场间的分割状况得到了一定的缓解,尤其在 2015 年股票市场下跌期间,股票市场风险加剧致使大规模资金抽离股市,流向收益相对更有保障的国债,体现了债券市场作为股市危机"避风港"的角色。虽然我国债券市场已能够发挥一定的融资渠道和调控平台的作用,但相比发达国家以及我国股票市场规模,我国债券市场在整个金融体系中的规模占比还比较小,因此,加快建立与完善债券市场建设,使之与我国经济发展水平相匹配,成为金融市场有效的风险缓冲器,对于维护金融体系稳定与安全、防范系统性风险具有重要意义。

（二） 面向跨产品风险传导时变特征的风险防范对策

1. 建立跨市场跨产品风险联防机制

实证研究结果显示，我国跨产品风险会随着经济形势的变化而表现出不同的传导效应，显现出极强的时变特征，尤其是危机前后，风险传导路径更为丰富，金融产品间关联更为紧密。因此，危机时期，一方面，出台宏观经济政策前须充分考虑政策对金融市场的影响，提高政策的统筹协调性，兼顾各个市场、产品间联动变化；另一方面，可通过开发跨市场、跨产品的多层次风险监测预警体系，密切监控各金融产品的风险状况，并深入分析联动机制，疏导或防范源头风险向其他产品的传导扩散，促进资金在不同产品间的合理配置。

2. 建立"穿透式"风险因子识别与报告机制

金融创新加大了风险监管的难度，建议加强对金融产品，特别是创新产品信息披露的要求，增加产品透明度，并对金融产品与业务建立穿透式风险因子识别与报告机制。对于跨市场金融产品，金融机构可根据产品的衍生链条，向相应市场的监管部门分别报送产品信息、风险敞口与关键风险点。各监管机构可在国务院金融稳定发展委员会的协调下加强合作与信息交流，识别多市场的风险因子，收集全市场产品信息，必要时监管部门之间可综合分析和监控跨地域、跨市场、跨产品金融风险，避免监管真空或多头监管现象。

参考文献

[1] 张华勇. 金融市场联动性和风险传染的内在机制研究 [J]. 云南社会科学，2014 (4)：81—84.

[2] 张原，朱梦昕. 开放条件下金融风险传导：条件、路径与机制 [J]. 财会通讯，2015 (2)：113—115.

[3] 韩冬梅，王雯. 复杂网络视角下的国际证券市场结构特征分析 [J]. 复杂系统与复杂性科学，2014，11 (3)：50—57.

[4] 梁琪，李政，郝项超. 中国股票市场国际化研究：基于信息溢出的视角 [J]. 经济研究，2015 (4).

[5] 刘成立. 股市危机中股指期货应该限制交易吗——基于2015年股市危机的实证分析 [J]. 统计与信息论坛，2017，32 (1)：84—93.

[6] Xavier Freixas, Luc Laeven, José-Luis Peydró. Systemic Risk, Crises, and Macroprudential Regulation [M]. Mit Press. 2015.

[7] 侯县平，黄登仕，徐凯，陈王. 金融危机对中国证券市场传染效应的影响 [J]. 系统工程学报，2015，30 (3)：331—343.

证券公司综合压力测试体系构建及应用
——基于美国 CCAR 实践

广发证券股份有限公司课题组[*]

一、压力测试概述

(一) 压力测试定义

压力测试作为一种方法,最早应用于工程学和计算机软件编程设计中,泛指某个系统在极端情景下恢复能力的系统评估方法。金融领域的压力测试最早可以追溯到 1995 年,当时国际证监会组织(IOSCO)首次提出压力测试的定义:假设市场出现极其不利的情形时,市场变化对资产组合的影响程度。2004 年,国际监管组织巴塞尔委员会发布 Basel Ⅱ,又进一步明确压力测试和其他风险管理工具的差异,指出压力测试用于评估特定时间或金融变量变化对金融机构财务状况的影响,作为一种风险管理技术独立于其他风险管理工具,是对其他风险管理工具的补充。

综合当前主要国际组织和国内监管机构的观点,压力测试是基于极端情景的测试,是将整个金融机构的资产组合置于极端但可能发生的市场压力情景下(例如经济增长放缓,房地产价格或股价暴跌等),然后测试在这些压力情景下,金融机构能否经受市场冲击,维持自身的正常经营。

(二) 压力测试与传统风险管理工具的比较

传统风险管理工具对于风险的计量,主要是基于一定的概率假设条件,依据金融资产历史收益特征进行统计分析,预测其未来价格波动和相关分布,从而估计其可能的最大损失。

---

[*] 本文为中国证券业协会 2018 年优秀课题。课题负责人:常玖;课题组成员:周艳利,唐凯,杨龙,魏诗琪,何沁娟。

因此，传统风险管理方法具有客观性、情景概率已知、可返回检验的特点，能衡量正常市场条件下的特定类型风险。然而，当市场出现极端情况时，由于缺乏历史数据，金融资产过去的收益特征失效，导致无法有效地预测资产价格的关联性，从而无法准确地计量风险。因此，传统风险管理工具在进行风险计量时，也会带来顺周期性和对极端事件风险防范不足的问题。

压力测试则是从风险前瞻的角度来考虑，假设市场上可能出现的极端压力场景，这种压力场景可能在历史上从未出现过，测试此时资产组合所面临的风险。在压力测试方法下，资产收益分布特征并不可知，极端压力情景的设置会参考历史情景，但会加入专家的主观判断。因此，压力测试更偏向于一种实务方法而不是理论方法，其更多依靠事件驱动，主要步骤是识别关键的风险和设置压力情景，压力情景的设计相对更加灵活。

从以上分析可以看出，压力测试和传统风险管理工具之间实质上是一种互为补充的关系。传统风险管理工具测量正常市场条件下的特定风险，将风险定量化；压力测试则是捕捉极端市场条件下的尾部风险，起到风险前瞻的作用。传统风险管理工具衡量了公司在某一段时间内在一定置信水平下可能面临的最大损失，压力测试则考虑了在某一段时间内出现极端情况下企业所面对的风险，二者都是当代风险管理不可缺少的一部分。下面的象限图分别总结了传统风险管理工具与压力测试的优缺点（见图1）。

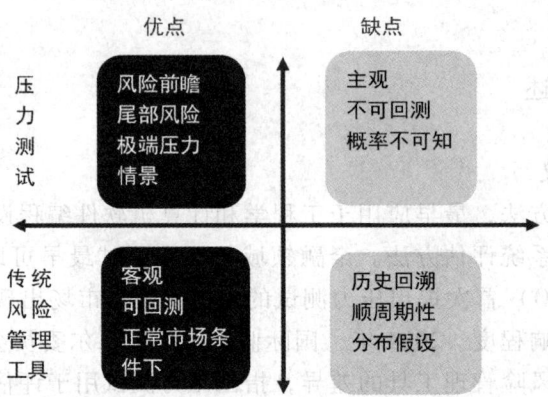

图1 压力测试和传统风险管理工具优缺点比较

（三）压力测试的分类

依据压力测试目标、测试方法、分析角度、测试逻辑的不同，可以将压力测试进行不同的分类。本文研究的是宏观审慎管理目标下的综合压力测试。宏观审慎压力测试是用于衡量金融机构整体的系统性风险和抗风险能力，一般采用自上而下的组织形式，对金融机构面临的全部风险进行综合性分析（见表1）。

表1 压力测试的分类

要素	分类	
测试目标	宏观审慎压力测试	微观压力测试
测试范围	专项风险压力测试	综合压力测试

续表

要素	分类	
测试方法	情景分析法	敏感性分析法
测试角度	传统压力测试	反向压力测试
测试逻辑	自上而下压力测试	自下而上压力测试

上述分类是从压力测试本身的具体要素出发,依据要素的不同进行了不同的分类。从压力测试实施者的角度,按照压力测试的不同管理手段,也有不同的划分。2012年,国际货币基金组织(IMF)给出了更加具体的分类方式(见表2)。

表2 IMF压力测试分类

	宏观审慎管理	微观审慎管理	内部风控	危机管理
测试目的	从监管的角度,揭示系统性风险	对金融机构进行风险评估,及时向监管机构汇报结果	对公司内部的资产组合进行风险管理	评估金融机构在危机时是否能得以生存,度过危机
组织者	各国央行、IMF等宏观管理机构	银保监会、证监会等行业监管部门	金融机构自身	危机管理部门
覆盖机构	全部	被监管机构	金融机构个体	处于危机或濒于危机的金融机构
测试频率	一年、半年或遵守FSAP*	依照监管部门要求	分具体风险类型,有的每日测试,有的是月度、季度测试等	依照实际情况需要
压力情景	系统性、极端情景	基于常见宏观假设的特异性情景	系统性风险或者特异性风险,基于机构自身需要	持续的基础或轻度压力冲击,针对偿付能力进行测试
情景发生概率	较低	较低		较高
应对措施	通常不对机构个体采取后续行动,而是从宏观审慎或全系统的角度采取措施	监管机构会要求结果不佳的机构进行解释,并采取相应的管理措施	采取相应的内控措施	未能通过的机构会被要求重组或政府救援
实际案例	FSAP、各国金融稳定报告	CCAR、Basel、EBS/EBA	计算VaR、LCR等指标	金融危机期间美国的SCAP

注:FSAP(Financial Sector Assessment Programme):金融部门评估规划。FSAP是国际货币基金组织和世界银行于1999年5月联合启动的评估项目,主要用来评估各国金融体系的稳健性(脆弱性),其中包括宏观审慎指标,如经济增长、通货膨胀、利率等;综合微观审慎指标,如资本充足性、盈利性指标、资产质量指标等,推动国际监管标准的实施。

二、美联储CCAR压力测试实践

金融危机时,美国、欧洲和其他国家的监管机构开始借助一系列的监管措施进行宏观经济情景压力测试,来检验国家金融体系中大银行的资本充足性。尤其是作为危机策源地的美国,在深刻总结金融危机教训的基础上不断深化金融监管改革,逐步将压力测试作为其核心的监管工具。2010 年,美国推出《多德-弗兰克华尔街改革和消费者保护法》(Dodd-Frank Wall Street Reform and Consumer Protection Act)(简称《多德-弗兰克法案》),该法案被认为是 20 世纪 30 年代以来美国金融监管领域影响最深远的改革,该法案要求监管机构和金融机构必须开展压力测试。随着《多德-弗兰克法案》的颁布,美联储在金融危机时奥巴马政府实施的压力测试工作的基础上,推出综合性资本分析评估(CCAR, Comprehensive Capital Analysis and Review),全面整合风险管理、资本规划、压力测试等各项工作,以形成系统化的综合压力测试体系,促使金融机构全面审慎进行风险管理。

从 2011 年开始实施的 CCAR 维持了金融系统的稳定,使美国金融体系逐渐从危机中走出来。金融危机时的美国财政部长盖特纳在其自传中充分肯定了压力测试的作用,指出压力测试制度避免了纳税人为金融机构破产买单,压力测试作为监管金融机构风险的工具具有不可替代的作用。在金融危机后,美联储推动的 CCAR 已被证明是一个非常有效而且更具有综合性的风险管理手段。

(一)美国压力测试监管的演变

1. 1999 年美联储提出资产充足性政策(Fed guidance on Capital Adequacy for large bank)

1995 年,国际证监会组织(IOSCO)已到提到过压力测试。1999 年,美联储出台过大银行的资本充足性政策,也曾提到过压力测试。但在当时,该方案只是美联储的初步设想,尚未要求银行强制执行。此时美国关于压力测试的要求尚未有严格的规定,大银行主要将压力测试作为资产管理的一种手段和内部的风险管理工具来有选择性地进行操作。

2. 2004 年 Basel Ⅱ 提出资本充足性评估(ICAAP, Internal Capital Adequacy Assessment Program)

2004 年,巴塞尔委员会发布 Basel Ⅱ,在第二支柱——外部监管中提出利用资本充足评估(ICAAP)评估资本的充足性,其中包括压力测试的运用。随着 Basel Ⅱ 的执行,银行开始推进 ICAAP 工作,因此 ICAAP 可以看作是银行压力测试工作的正式开始。ICAAP 是由银行根据自身风险状况自主假设情景,然后选择需要进行压力测试的资产组合,最后获得压力测试结果并进行解释。随着 Basel Ⅱ 的出台,美联储也开始重视压力测试工作,要求美国资产规模排名靠前的大银行遵守 Basel Ⅱ。

3. 2009 年金融危机期间美国提出监管资本评估项目(SCAP, Supervisory Capital Assessment Program)

金融危机使得监管机构意识到传统风险管理模型的重大缺陷,必须采用新的方法重新来衡量风险。金融危机时,为了监测和评估银行资本充足性,2009 年初奥巴马政府要求美联储、美国货币监理署、美国储蓄机构监理局和联邦存款保险公司等金融监管机构联合开展资本评估计划 SCAP,对 2008 年末 19 家总资产超过 1 000 亿美元的银行控股公司开展压力测试,评估这些银行的资本充足性和资本缺口,以决定政府对哪些银行进行资本援助和具体的援助金额。这次测试结果表明,19 家大型银行中只有 10 家需要政府进行资本援助,共需补充资本 746 亿美元。这一资本缺口结果远低于市场预期,有效缓解了市场恐慌,提升了投资者信心。

4. 2010 年美联储提出综合性资本分析评估（CCAR，Comprehensive Capital Analysis and Review）

2010 年美国通过《多德－弗兰克法案》（Dond－Frank ACT）。随着《多德－弗兰克法案》的颁布，美联储成为美国银行业系统性风险的主要监管机构。美联储在之前 SCAP 实施的基础上，推出 CCAR，因此 SCAP 可以看作是 CCAR 的起源。与其他压力测试不同，CCAR 压力测试为综合性资本分析评估，将压力测试、风险管理、资本规划等工作都涵盖其中。

5. 2013 年实施《多德－弗兰克法案》压力测试（DFAST，Dodd Frank ACT Stress Test）

2013 年，随着《多德－弗兰克法案》的实施，压力测试的覆盖范围更加广泛，美国开始实施 DFAST。CCAR 主要是针对在美总资产超过 500 亿美元的银行控股集团，而 DFAST 则针对在美总资产 100 亿美元至 500 亿美元的金融机构。由于被监管机构的资产规模不同，DFAST 和 CCAR 的具体要求和实施手法也有所差别。具体来说，CCAR 是以资本监管为核心的前瞻性评估，包括定量评估和定性判断两部分，而 DFAST 只涉及定量评估，不涉及定性判断，部分预测数据与 CCAR 较为相似，但对资本行为的假设不同：DFAST 中假设资本行为不变，不考虑金融机构为了维持较高的资本充足率会调整股息支付、普通股回购等资本计划；CCAR 则将这种相应的资本行为变化也考虑在内。

6. 2014 年实施对银行控股公司和外国银行机构的强化审慎标准（EPS）

除了加强对美国本土金融机构的监管，依据《多德－弗兰克法案》中第 166 条授权，美联储还有权对资产规模超过 500 亿美元的外国银行机构也制定类似美国本土银行机构的监管标准。2014 年，美国通过了《对银行控股公司和外国银行机构的强化审慎标准法案》（即 EPS 法案），美联储强化了对外国银行机构及其所在银行集团的延伸监管。EPS 法案实际上包含两部分内容：一是对美国银行控股公司的监管，对集团并表资产规模在 500 亿美元以上的美国银行控股公司的资本杠杆率、压力测试、流动性风险、风险管理委员会方面制定强化审慎标准；二是对外国银行机构的监管，对集团并表资产规模在 500 亿美元以上的外国银行机构也同样设立强化审慎标准，要求那些在美非分行的资产规模超过 500 亿美元的外国银行机构，必须设立中间控股公司（IHC，Intermediate Holding Company），且对 IHC 的要求与银行控股公司（BHC，Banking Holding Company）完全一致。[①]

7. 2018 年通过改革《多德－弗兰克法案》的法案，放松压力测试门槛

《多德－弗兰克法案》被认为是 1929 年"大萧条"以来最全面、最严厉的金融监管改革，与 1933 年出台的《格拉斯－斯蒂格尔法案》（即《1933 年银行法案》）并列，成为全球金融监管的标杆。但随着金融危机的过去与美国经济的好转，不少金融机构认为《多德－弗兰克法案》过于严厉，意欲修改该法案。

2018 年 5 月，美国国会众议院以 258∶159 票批准关于改革 2010 年《多德－弗兰克法案》的 S. 2 155 号议案。2018 年 5 月 24 日，特朗普签署该议案，这是 2010 年至今美国最大的金融监管改革。该议案重点是减轻中小型银行的监管压力，规定将美联储 CCAR 压力测试门槛从 500 亿美元提高到 2 500 亿美元；对资产规模在 1 000 亿到 2 500 亿美元之间的银行，

[①] 2008 年雷曼兄弟破产之后，一些外国银行，如法国－比利时德克夏银行集团、苏格兰皇家银行和奥地利第一储蓄集团等，向美联储的贴现窗口借走了上千亿美元，并将这部分资金用于本国的集团母公司。而成立 IHC 以后，在危机情况下，美联储可以按规定将 IHC 的资本隔离，以保护美国投资者的利益。

美联储拥有放宽压力测试要求的权限,但仍需对这些银行进行"定期"测试;而对于资产规模不足 1 000 亿美元的银行来说,则免除压力测试,2018 年是他们最后一年接受压力测试。

(二)CCAR 综合性资本分析框架

综合性资本分析评估(CCAR),目前是针对在美总资产超过 1 000 亿美元的金融机构,包括银行控股公司(BHC)、外资银行中间控股公司(IHC)、商业银行、投资银行、托管和专业银行六大类机构,通过压力测试的方法,设定压力情景,然后对银行的损失、收益、监管资本进行预测,再根据压力测试结果对资本进行前瞻性的规划,确保金融机构在压力情景下也有足够的资本抵御风险。

CCAR 综合性资本分析评估主要包括压力情景设计、收入损失估计、资本规划与管理措施、结果评估等内容。首先,由美联储设置未来 9 个季度的基准情景和压力情景,同时金融机构也要根据风险情况自行设定压力和基准情景。然后,纳入测试的金融机构在这些情景下预测业务收入、风险损失与资本占用、资本充足率等指标的变化情况。在动态估计损失与收益的基础上,提出在基准情景和压力情景下为了维持资本充足率所进行的前瞻性资本规划。其次,美联储对压力测试结果进行评估,评估共分为两个部分:第一部分是定量评估,对资本充足率、杠杆率等指标进行评估;第二部分是定性评估,判断银行的风险评估模型是否合适,压力测试结果是否可靠,资本规划是否合理,在压力情景下是否有足够的资本维持正常经营。最后,美联储公布金融机构资本规划的审查结果,分为"通过""有条件通过"和"不通过"。如果"不通过",那么没有美联储的允许,该机构将不能进行任何资本分配;如果"有条件通过",那么金融机构将在规定时间内重新提交资本规划并由美联储重新评估。CCAR 具体实施框架如图 2 所示。

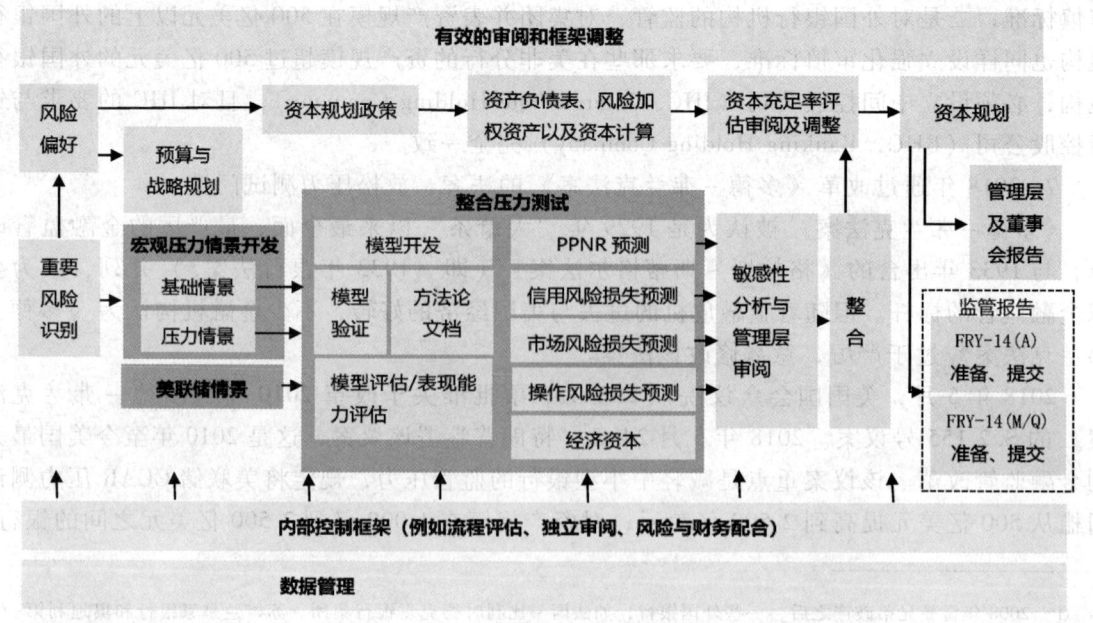

图 2　美国 CCAR 压力测试实施框架

(三) CCAR 具体实施过程

1. 压力情景设计

每年在 11 月 15 日左右,美联储公布监管设定的压力情景,在历史情景的基础上,结合专家的判断,设立基准情景、不利情景、极端不利情景三个情景,每个情景包括宏观经济、资产价格、利率、国际经济状况四大类共 28 个变量(见表 3)未来 9 个季度的预测情况。

表 3　　　　　　　　　　　　　美联储压力情景设计变量

类别	变量
宏观经济变量	实际 GDP 变化、名义 GDP 变化、实际可支配收入、名义可支配收入、CPI、失业率
资产价格变量	住宅价格、商业地产价格、道琼斯股票价格、股票市场波动率
利率变量	国债收益率:3 个月、5 年期、10 年期国债收益率 债券利率:10 年期 BBB 公司债券收益率 贷款利率:优惠和普通的 30 年固定抵押贷款利率
国际经济变量	欧盟,英国,日本,亚太发展中国家和地区(包括中国、印度、韩国、中国香港、中国台湾)四个地区实际 GDP、CPI、美元汇率

除了宏观经济波动之外,美联储还针对部分大型、业务复杂的银行设置两个额外的压力情景:全球市场震荡和交易对手违约。(1)全球市场震荡是一组瞬时风险因子冲击,一般来说这些冲击较大而且事发突然,主要是对资产价格、利率和利差的影响,反映的是市场错配和高度的不确定性。在 2017 年压力情景设计中,美联储公布的全球市场冲击主要考虑三个因素:信贷的风险溢价大幅增加,市场流动性不足,一个或多个能快速出售的资产的市场恶化。在 2017 年的 CCAR 测试中,6 家银行控股公司要求额外考虑全球市场震荡的情形,包括美国银行、花旗、高盛、摩根大通、摩根士丹利、富国银行,对其交易账户、私募股权头寸以及交易对手暴露进行压力测试。(2)交易对手违约是评估由于交易对手的违约导致的衍生品和证券的损失。2017 年,8 家银行控股公司要求额外考虑交易对手违约的情形,包括美国银行、纽约梅隆银行、花旗、高盛、摩根大通、摩根士丹利、道富银行、富国银行,评估交易对手违约时其暴露和抵押后的净损失额大小。这些结果都是作为一般监管情景结果的额外补充项。

美联储同时要求被监管银行结合自身的风险至少设计两个类似的情景,包括基准情景和压力情景。基准情景须反映在资本规划时段内银行自身对宏观经济变化的预期和判断。如果银行认为美联储设置的监管基准情景与其对风险预期估计一致,可以使用监管基准情景作为其自身的基准情景。而压力情景需要反映其自身的特定风险轮廓及运营情况,包括公司的资本充足状况及财务状况,特别是该压力情景的设置应能反映公司面临的实质性风险暴露及活动,包括表内外头寸的潜在风险。银行压力情景的前瞻性分析还应与公司董事会设定的战略方向保持一致。CCAR 压力测试整体压力情景的设计如表 4 所示。

表 4　　　　　　　　　　　　　CCAR 整体压力情景设计

	美联储压力情景设计	银行自身压力情景设计
一般情景	基准情景、不利情景、严重不利情景	基准情景、压力情景
额外情景	全球市场震荡、交易对手违约	

2. 收入损失估计

在设置压力情景后,美联储要求每年参加压力测试的金融机构执行如下测算:首先,依据资产负债表对9个季度的收益、损失进行估计,并计算风险加权资本;其次,进行资本规划,资本规划为未来9个季度;最后,根据美国会计准则(GAAP)和监管的资本框架,计算监管资本的变化。

依据净收入的来源,从收入、费用、损失和税前净收入的流入这几个方面来估计,包括预先拨备净收入(PPNR)、贷款损失和贷款准备金、租赁损失(ALLL)、出售贷款的损失(HFS)或公允价值计量下的投资损失(FVO)、可供出售贷款及持有到期证券的非临时减值估计(OTTI)、全球市场暴露的损失、对手违约造成的损失等。美联储基于数据模型对于收入、费用、各种损失、规定税前净流入进行计算和预测。模型是由美联储模型开发团队开发,并由独立团队评估。模型使用多样化数据来源,包括历史数据和专家判断。

此外,美联储非常重视监管压力测试过程中的可信性,有一个严格的监督程序支持模型风险管理。美联储的模型风险管理,包括模型开发的有效监督、模型验证的严谨独立和有效的监管治理结构。美联储开发的模型主要分为五大类:一是贷款项目损失模型,对于应计贷款中的投资组合采用权责发生制计量,而不是公允价值;二是其他类型的损失模型,包括持有贷款公允价值的变动,按照公允价值出售或计量;三是拨备前净收入模型,包括非信贷相关费用和损失,操作风险事件相关的拨备前净收入计算;四是资产负债表项目和风险加资产模型(RWAS);五是项目资本比例的计算,税前净收入预测,用于确定的规定贷款等。

3. 资本规划与管理

在进行收入损失估计后,金融机构需要根据美国会计准则(GAAP)和监管资本框架,计算监管资本的变化,并进行资本规划。对于监管资本,金融机构不仅需要估计监管资本的构成、资本水平、风险加权资产规模、杠杆水平等,还需提交满足最低监管资本充足率要求、准备采取的资本规划和经营策略调整计划。资本规划应包含四个方面的内容:一是未来9个季度内基准情景和压力情景下银行资本来源和资本使用状况,预计收入、损失、准备金以及资本总额、资本充足率等指标的变化情况,以及在基准情景和压力情景下将资本充足率维持在较高水平的行动计划;二是详细的资本充足率评估过程,确保评估方法科学准确,评估过程严格规范,评估结果科学合理;三是完善的资本管理政策,确保资本规划、资本发行、资本使用和资本分配等各种资本管理行动有章可依;四是可能对资本充足率或流动性产生实质性影响的业务变化,以及针对各种变化和冲击的应急预案。

4. 结果评估

在金融机构提交资本规划后,美联储进行评估。美联储评估主要有以下特点:

一是专业的压力测试领导小组。CCAR压力测试虽然由美联储组织,但领导小组却由美国银行业监管机构共同组建,成员包括美联储、财政部及下属的货币监理署、联邦存款保险公司、储蓄机构监理局,并设高层理事会,最终由理事会投票认定是否通过测试。

二是定量评估和定性判断相结合。定量评估是对资本充足率和杠杆率指标做出最低要求,美联储在每年11月设定压力情景时就会给出资本充足率和杠杆率指标要求。定性评估是对金融机构压力测试的基础假设和分析是否合理,内部治理结构和内部控制、资本规划过程是否稳健,是否覆盖到公司面临的基础风险等非量化部分做出评估。美联储非常强调和重视定性评估,在定性评估上掌握更多的自由裁量权。只有两部分测试结果都通过,才算通过

CCAR压力测试。

三是向市场适时披露结果。CCAR的具体实施方案及最终的详细测试结果，首先，会面向监管当局和公司董事会披露，监管机构主要审核银行压力测试的工作底稿，查验银行是否按照要求开展压力测试，同时了解银行在压力测试过程中的定义假设、模型参数、运算逻辑、应对措施等是否真实有效、合理可行。其次，面向全球市场适时披露，每年的CCAR情景设计、测试方法、最终测试结果可以在美联储官方网站查看。

四是强有力的监管行动。美联储CCAR压力测试的结果直接关系到银行能否分红、派息。通过压力测试，银行才能发布本年度的股票分红、回购计划。对于不达标需要进一步补充资本的银行，美联储要求其重新改进并提交资本规划，在新规划被批准之前，该银行要暂停股息分红、回购股票或发行新股等。

总体来看，自2009年奥巴马政府提出了以资本援助为核心内容的第二次金融救援方案，美联储、美国货币监理署、联邦存款保险公司和储蓄机构监理局联合开展资本评估计划（SCAP），对19家资产超过1 000亿美元的大型银行控股公司开展第一次压力测试以来，至今为止美国已经完成了10轮压力测试，对美国银行业进行了全面体检，衡量了美国银行体系在压力测试的假定情景下的风险承受能力。随着压力测试工作的不断实践，压力测试的覆盖范围也不断扩大，从最初的19家美国大型银行控股公司扩展到2018年的35家包括外资银行在内的金融机构，压力测试的技术，包括压力情景设计、资本监管指标、测试结果评估等方面也在逐步改进和细化。

三、我国证券业压力测试现状

（一）当前我国证券业压力测试总体情况

金融危机后，我国监管机构也意识到压力测试的重要性，推动证券公司建立、健全压力测试机制。2011年，中国证券业协会发布了《证券公司压力测试指引（试行）》，该指引首次确立了证券业压力测试行业规范，并针对压力测试工作机制作出了原则性的规定，全面指引证券公司压力测试工作有序开展。2016年12月，中国证券业协会发布修订后的指引，并正式命名为《证券公司压力测试指引》，细致地规范了证券行业的压力测试范围、方法和执行方式等。随着2016年《证券公司压力测试指引》的正式发布，国内证券公司已经意识到压力测试是一种有效的、更具前瞻性的风险管理工具，开始探索压力测试体系的建设。行业中规模较大、排名靠前的大型上市券商正在逐步完善压力测试体系，中小型非上市证券公司也在逐步建立、完善压力测试体系。

目前，在压力测试体系的建设上，大部分证券公司已经建立了定期压力测试体制，主要是测算监管要求的核心风控指标，确保在各种压力情景下的公司对监管要求的风控指标达标情况有一个很好的把握。在满足监管要求的基础上，部分大型证券公司正在尝试构建能够支持公司内部风险管理、业务决策的日常压力测试机制，测算压力情景下，公司所面临的市场风险、流动性风险、信用风险等各类风险监测指标运行情况，以便有效把控在压力情景下的公司风险轮廓，并对各业务条线提供业务拓展的决策依据。但当前我国证券公司的压力测试体系与类似CCAR的压力测试体系有一定差距，还无法做到真正从财务的三张报表出发，进行收入预测、风险损失的压力测试和在压力情景下的资本规划管理，从而真正做到能为公司的战略决策提供依据，在压力测试的情境设计、传导机制设立、配套公司治理上尚有很大改进空间（见表5）。

表5　我国证券行业压力测试现状

	体系	目标	现状
第一层次	针对监管要求的核心风控指标进行测算的定期压力测试	确保在各种压力情景下公司对监管要求的风控指标达标情况有一个很好的把握	基本完成
第二层次	建立能够支持内部风险管理、支持业务决策的日常压力机制，测算在压力情境下，各类风险监测指标的运行情况	便于有效把控在压力情境下公司的风险轮廓，并对各业务条线提供业务拓展的决策依据	部分证券公司建立
第三层次	类似CCAR的压力测试体系，从财务的三张报表出发，进行收入预测的压力测试、风险损失的压力测试和在压力情境下资本规划管理	真正做到能为公司的战略决策提供依据	尚未形成，差距较大

（二）国内证券行业压力测试和CCAR的比较

由于国内证券业压力测试工作起步较晚，在目标设定、情景设置、测试方法、结果披露、监管手段等方面都和美国CCAR存在差距。国外投行由于CCAR要求，已经建立了利用压力测试工具进行全面风险管理的框架。目前我国证券公司的压力测试工作还较为零散，夹杂在日常风险管理工作中，尚未建立公司层面系统性的框架。而且，国内券商的压力测试尚处于探索阶段，在情景设计、传导机制设立、配套公司治理、数据治理上有很大改进空间。表6将国内证券业压力测试与美国CCAR一一进行了对比。

表6　国内证券业压力测试和CCAR的对比

	CCAR	国内证券业压力测试
测试目标	全面整合风险管理、资本规划及压力测试工作，形成系统化的综合压力测试体系，对金融机构进行全面审慎的风险管理	以监管要求的核心风控指标为测算目标，进行定期的压力测试，确保指标达标
压力情景设置	（1）美联储设置：基准情景、不利情景、严重不利情景 （2）额外要求：全球市场震荡和交易对手违约 （3）被监管机构自行设置：基准情景、不利情景	央行设置：轻度冲击、中度冲击、重度冲击三种宏观情景
传导机制	银行设定传导模型，由美国银行业监管机构和外部专家共同组建压力测试小组评估、协调、验证模型，考虑风险的传染和转化	根据证券行业专家对相关参数在给定宏观情景下的估算，选取证券行业的经营风险、市场风险、信用风险、操作风险、法律合规风险等关键风险参数进行设定
测试过程	银行根据压力情景做出未来9个季度的预测，做出收入、损失、资产负债表、风险加权资产、监管资本的估计	依照选定的证券行业关键风险因子及参数的设定，对财务指标、风控指标进行压力测试； 财务指标：净利润、净资产收益率、营业外支出等； 风控指标：风险覆盖率、净资本/净资产、净资本/负债等

	CCAR	国内证券业压力测试
续表		
模型风险管理	银行对所有模型进行独立评审及验证，展示可能的缺陷，并制订改进计划和补救方案	监管机构设定统一的参数，证券公司根据统一的压力情景设置，自动生成风控指标、财务指标等压力测试结果
结果披露	CCAR的实施框架及测试结果，首先会向监管当局和银行董事会披露，然后会面向全球市场适时披露	证券公司压力测试的结果会向监管当局和公司董事会或管理层披露，央行发布的《中国金融稳定报告》中向市场披露前十大券商测试情况
监管措施	对于不达标机构，美联储要求其重新改进并提交资本计划，并限制其分红、派息、回购	对于压力测试结果，由中国证券业协会进行汇总报告，但未设置压力测试是否通过的标准，没有后续的监管措施

四、基于CCAR框架建设国内证券公司综合压力测试体系

随着2016年《证券公司风险控制指标管理办法》及配套规则的实施，证券公司进入"全面风险管理时代"。作为证券公司风险管理改革的配套规则，中国证券业协会于2016年12月30日重新修订并发布《证券公司压力测试指引》，新修订的指引对证券公司开展压力测试提出了更高的要求。国内证券公司也已经意识到压力测试是一种有效的、更具前瞻性的风险管理工具，但对于如何搭建和完善我国证券公司综合压力测试框架，还存在许多问题。

而美国的CCAR是一个很好的切入点，国内证券公司可以借鉴CCAR的理念、框架和方法，将全面风险管理以及压力测试、资本规划有机地结合起来，并在实施过程中形成一个系统化的监管与风险管理体系，促使证券公司全面、审慎地认识与应对风险。然而CCAR体系非常系统和复杂，美国大型金融机构为了每年的CCAR压力测试，需要花费巨大的人力财力。国内的证券行业现在发展尚不成熟，无法完全照搬CCAR体系，而且国内证券业业务模式和行业特点与美国也有所不同。因此在借鉴CCAR压力测试体系时，需要结合国内证券行业的特点，设立符合自身业务模式的压力测试系统。

（一）构建动态综合压力测试体系

不同于以往的压力测试以风险管理为核心、主要是衡量资产组合的风险，美联储推出的CCAR是以资本规划为核心，并全面整合风险管理、资产组合管理以及压力测试等各项工作。CCAR属于综合压力测试体系，与一般性的压力测试相比：一是提供了统一的情景设置，为各业务线的压力测试提供了一致的情景；二是压力测试的承压对象涉及多个方面，对金融机构的收益、资本、流动性等进行整体评价，而不仅仅是针对风控指标；三是压力测试的范围广泛，涉及公司的资产负债表、现金流量表、利润表三张报表。

CCAR从宏观经济的分析开始，然后依据宏观经济到行业的传导路径设置行业压力情景，在压力情景下估计金融机构的收入、损失、风险资本、监管资本的变化，将公司业务战略、资本规划与风险规划结合起来，促进管理目标与风险偏好的层层有效传导。因此，我们依据CCAR的框架，并基于在压力情景下各类资产组合的收入和损失预测，将压力测试与公

司的发展战略、资本规划、经营目标和风险偏好有机地结合起来，构建一个动态的、前瞻性的压力测试体系，具体架构如图3所示。

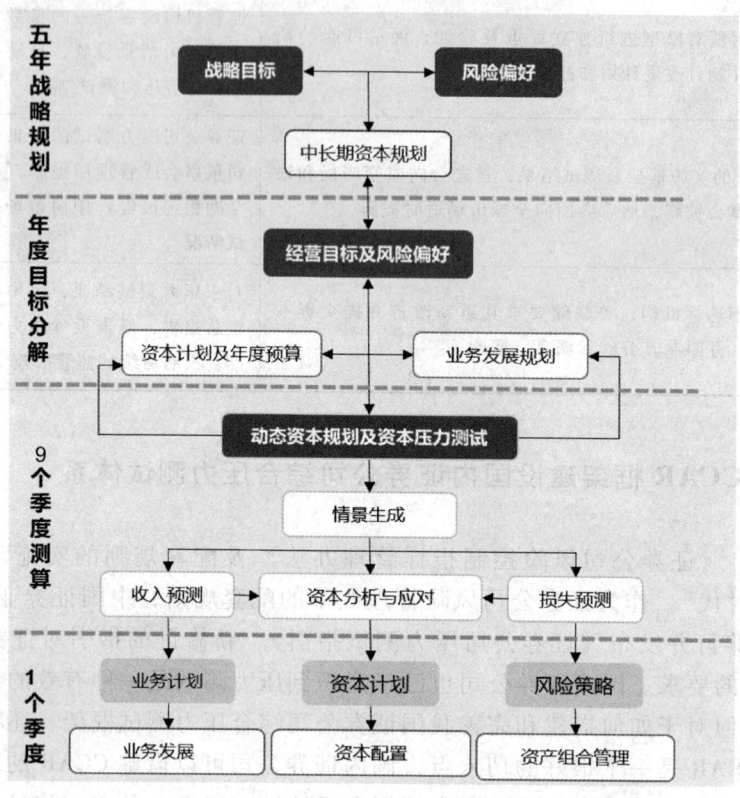

图 3 动态综合压力测试体系

1. 五年（或三年）战略规划

根据公司的发展目标、行业状况、市场变化和公司的风险偏好来设置公司五年（或三年）的战略规划，形成公司的战略目标。然后对战略目标进行分解，形成各业务线五年（或三年）的发展规划。最后，根据业务发展规划测算公司所需的资本，制定公司的资本规划，包括未来的融资计划。

2. 每年度的经营目标

在五年（或三年）战略规划的基础上，结合国家宏观经济变化和金融市场情况，分解制定公司年度经营目标。在年度经营目标的基础上，继续分解各业务条线的年度发展计划。最后财务部门和资金管理部门统筹各业务线资金需求，制定年度财务预算和相应的资本规划。

3. 动态资本规划及压力测试

基于公司长期战略分解的年度经营目标、财务预算和资本规划，再加上行业专家的讨论和判断，设置每年的压力测试情景。然后同CCAR一样，测算压力情景下未来9个季度的公司各业务线的收益和损失，最后形成风险资本及资本充足率预测。如果压力测试的结果表明公司承担的风险过高、资本充足率不足，那么反过来需要调整公司的风险偏好、经营目标和业务计划等。这样不断调整，直到二者达到动态平衡。

4. 季度业务规划、风险偏好调整

在进行年度压力测试之后，具体业务线层面依据该结果监控现有的业务策略，判断是否偏离压力测试范围。如果偏离，则修订现有的业务策略；同时根据压力测试结果，分季度修订资本计划、风险限额、资金分配等。总之，压力测试结果要和公司业务规划、资本规划结合起来，以压力测试结果作为指导，有效地调整业务活动和资本计划，落实风险策略。

在动态综合压力测试体系的具体构建中，借鉴目前证券公司的全面风险管理框架，并结合 2016 年新修订的《证券公司压力测试指引》的要求，从压力测试文化、压力测试治理架构、压力测试机制与实践、压力测试基础设施四个方面，选取核心管理要素，构建动态的综合压力测试体系（见图 4）。

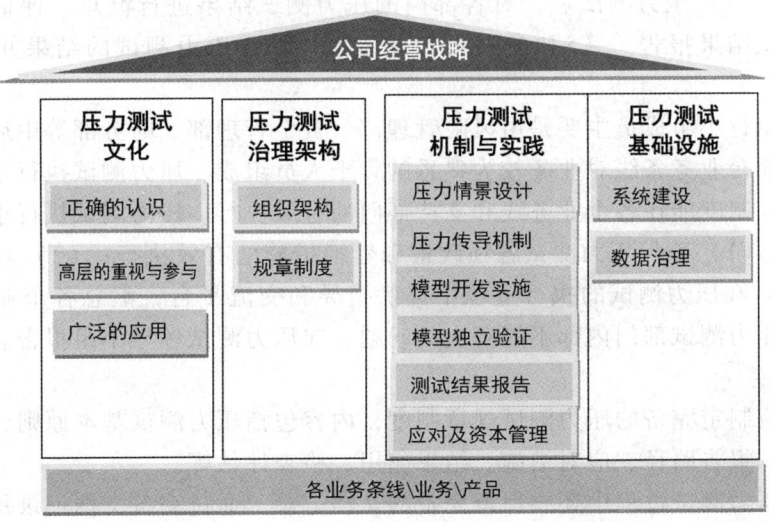

图 4　动态综合压力测试体系框架

（二）压力测试文化

风险文化是公司风险管理的灵魂。在压力测试过程中，同样也要关注压力测试文化建设，正确认识压力测试，建立正确并适当的压力测试文化。

首先，要正确认识压力测试。压力测试工作是必要的，而且要常态化。在压力测试实践中，证券公司的高层领导要重视压力测试工作，确保压力测试工作落到实处。其次，压力测试作为系统性工作，关系到公司的各业务线和每个员工，因此同全面风险管理一样，需要全员的参与，同时压力测试理念应该全面贯穿于业务运营和管理的流程之中。

（三）压力测试的治理架构

1. 组织架构

在整体的组织架构上，可与现有的风险管理组织架构一致，设置四个层级：第一层级为董事会层级，包括董事会及其下设的资产负债管理委员会、风险管理委员；第二层级为高级管理层，包括风险控制委员会、资产配置委员会；第三层级为中后台支持与控制部门，包括风险管理部、资金管理部、财务部等；第四层级为各业务线。综合压力测试工作复杂，需要各个部门的协调和参与,为了更好地落实和执行压力测试工作要求,可考虑成立两个工作小组,具体为压力测试领导小组和压力测试执行小组。

压力测试领导小组要包括公司首席风险官、首席财务官、首席经济学家、公司各业务线的负责人等。压力测试领导小组负责整个压力测试的管理,领导小组的管理职能应当相对独立于业务线。压力测试领导小组的主要职责包括但不限于:(1)负责并指导压力测试主要的重大情景的开发,确保不同的业务条线和资产组合能采用一致的压力情景开展压力测试。(2)与各业务条线和管理控制部门沟通、确定综合压力测试的具体任务、时间点、情景等因素,并予以指导和控制。明确各部门的职责分工,建立保障支持体系。(3)对压力测试工作机制进行检查和评估,关注压力测试的情景假设是否合理、数量模型是否有效、流程方法是否完备等。(4)压力测试后,对各部门的压力测试结果进行汇总、评估,产生全公司的整体压力测试结果报告。(5)向高级管理层报告综合压力测试的结果并提出改进措施建议。

压力测试执行小组成员主要是由风险管理部、资金管理部、财务部等中后台部门的专职负责人员以及前台业务条线对业务较为熟悉的骨干人员组成。压力测试执行小组负责整体性压力测试流程和制度能在各个业务线和支持部门的有效执行。压力测试执行小组的主要职责包括但不限于:(1)确保压力测试各项政策和管控措施的有效执行;(2)对压力测试结果进行监测;(3)在压力测试的执行过程中提供指导和交流平台,汇总各个业务条线的问题和关注点,对压力测试部门内部不能解决的问题,向压力测试领导小组报告。

2. 规章制度

证券公司应制定完备的压力测试规章制度,内容包括压力测试基本原则、各部门职责分工、实施流程、报告路径、应对措施、结果应用、检查评估等。

此外,在压力测试过程中还要保留完备的文档记录。通过完备文档记录每一轮的压力测试过程,确保压力测试可追溯和赋值。文档记录应包括压力测试的目标、风险因素、压力情景、基本假设、传导机制、测试方法、数据来源、压力测试的结果和相关的管理措施等。

(四) 压力测试机制与实践

1. 压力情景设计

这是压力测试中的第一个核心问题,直接关系到测试结果的意义。因为压力情景的设计至关重要,公司需要有专门负责压力情景设计的团队,可由首席经济学家、宏观研究团队、资产负债管理部门和风险管理部门共同组建压力情景设计团队。

2. 压力测试方法

目前压力情景设置常用的方法主要有历史情景法、专家经验法和统计模型法。我国市场经济的时间尚短,资本市场的发展也不过二十多年,还缺乏长期的完整的经济周期数据。因此,我国证券公司在开展压力测试时,不能只依靠历史数据和模型经验,还要适当结合专家预判法,以解决周期性数据缺失的问题。

3. 风险变量选择

选取原则:一是变量相对常见,具有一定的权威性;二是数据易获取,具有较长的时间长度;三是具有较好的经济含义,对风险有很好的解释能力。同时,在风险变量设计上,需要关注以下问题:一是考虑变量逻辑上的一致性,考虑压力情景设计的一致性,传导到各压力指标时也要在逻辑上保持一致；二是考虑风险变量之间的联动性，在设置压力情景时，应考虑到由经济规律所变现出的各风险变量之间的相互影响和反馈效应。

4. 压力传导机制

可根据各风险的传导机制，即宏观经济指标→证券行业面临的经营风险、市场风险、信用风险、流动性风险、操作风险、法律风险→证券公司各业务线收入、损失影响→资产负债表、利润表、现金流量表的影响→监管资本要求，将证券行业的各风险类型与各业务线联系起来，具体到业务的收入、损失分析，然后依据收入、损失分析计算对资产负债表、现金流量表、资产负债表的影响，最后依据三大报表计算监管资本和监管指标的变化。

5. 模型开发和验证

对模型进行风险管理。证券公司风险管理部应建立专门的模型风险管理组织架构和人员职责，确立模型评级、开发、验证、评审、使用、定期复核等机制，规定模型在上线使用前必须经过模型验证，并且投产后需要每年对模型进行回顾重检。可以按重要性、复杂度以及决策对模型的依赖程度将风险模型分成不同的风险等级，针对不同的等级规定职责。

6. 测试结果报告

对于公司年度综合压力测试结果，压力测试领导小组应将压力测试结果汇总，包含定量分析和定性分析两部分，形成关于收益、资产、负债、资本、流动性等全面的财务状况分析报告，以及公司压力测试情景设计、模型参数设定、运算逻辑等评估过程分析报告。

7. 应对及资本管理

在分析压力测试结果报告后，董事会和高级管理层还要根据压力测试结果反映的风险情况，结合自身风险承受能力，适当采取以下应对措施：启动资本补充机制，包括但不限于发行次级债、增发、处置风险资产等；增加融资渠道，调整资产负债结构；评估和调整业务经营计划，调整业务的风险限额与风险暴露；调整业务规模及业务结构，采取风险缓释措施降低公司的风险暴露水平等。必要时还要启动应急预案。

（五）压力测试基础设施

1. 健全有效的数据治理机制

压力测试工作的顺利开展应有必要的保障和支持，包括数据、系统等。目前，就数据治理来看，国内证券公司在开展压力测试时，在数据可得性和数据质量方面仍面临很大挑战：数据来源多，覆盖范围广，数据不统一，数据质量差；系统内关键指标存在变量缺失、不准确；时间序列长度不够，难以进行跨周期检验，导致压力测试模型难以准确地刻画外部环境变化对行业的冲击等问题。

针对数据问题，一方面，证券公司需要建立健全有效的数据治理机制，建立专职的数据质控部门，统一数据标准，严格保证数据的一致性、完整性、及时性、准确性、可用性，不仅为压力测试，还包括业绩考核、报表统计、风险管理等活动的精细化奠定坚实的基础；另一方面，监管部门在评估压力测试结果时将数据质量纳入考核，对各证券公司的压力测试结果使用到的数据进行分析和检验，确保压力测试结果的可靠性。

2. 一体化公司级风控系统

压力测试的实施、数据的存储和使用都离不开相适应的风险管理信息技术系统。近年来，除了自身经营和管理的需要，金融科技的发展也使得证券公司越来越意识到信息系统建设的重要性。监管机构也鼓励证券公司不断加大 IT 投入,自主研发系统。在 2017 年证券公司经营业绩考评中,中国证券业协会首次将证券公司信息系统建设投入指标纳入考核,作为证券公司分类监管工作的参考。这表明监管层鼓励证券公司大力发展金融科技,提高信息系统建设能力。

当前在系统建设上,国际投行主要以自建系统、构建统一交易平台为主。例如高盛建立了统一的交易平台,任何一笔交易数据都要计入该交易平台,依据该统一的交易平台可以方便地调取交易数据,用于风险管理、压力测试等工作。但我国证券公司由于起步较晚,初期系统建设也较为落后,主要是以外购系统为主,例如交易中多采用恒生交易系统,自主建设系统比例较低。有些证券公司的子公司尚未实现业务电子化,缺乏信息系统。这就导致证券公司内部虽然有海量的数据,但数据来源庞杂,存在于多个系统之中,同时各业务线各子公司之间信息系统建设水平参差不齐,只能进行碎片式管理,无法有效整合数据,并进行跨风险汇总计量,获得证券公司的整个风险轮廓。

因此,建议国内证券公司在系统建设上自主开发建立基于国内证券业务的公司级风控系统,建设覆盖全面业务及风险主题的数据集市,建立跨市场、跨品种、一体化的压力测试管理平台,有效地支持资产组合、业务条线、集团整体、监管要求等不同层面的压力测试工作。

五、完善我国证券业综合压力测试体系的对策建议

我国证券行业综合压力测试相对于美国 CCAR 综合压力测试体系而言,还有较大的差距。CCAR 的许多措施和成功的经验值得我国证券业借鉴,下面将在前文对我国证券公司压力测试存在的问题进行剖析的基础上,并基于 CCAR 框架建设国内证券公司综合压力测试体系的分析,进一步提出完善我国证券业综合压力测试体系的对策与建议。

(一) 对于证券公司的建议

1. 正确认识压力测试工作的必要性,高层领导重视并参与压力测试工作

如果仅仅是把压力测试当作一项日常的风险管理工作,完成压力测试以后将压力测试结果报告给管理层,那么这种做法会产生许多不良的后果,比如管理层被动地接受压力测试结果、对压力测试的工作认可度低、管理层不认同压力测试情景等,管理层关心的问题得不到回应,压力测试的工作有效性降低。因此高级管理层要重视并参与压力测试方法体系的建立、运用及结果反馈的不同流程中,才能确保风险压力测试的权威性和有效性,避免压力测试流于形式。董事会、高管和风险管理部门需要定期就压力测试进行交流,内容包括压力测试情景设置、压力测试的执行情况和潜在影响等。

2. 完善压力测试基础设施

金融监管改革的推进,对证券公司的风险控制能力和合规管理要求有了新的提升,对中后台管理提出了更高的要求。随着证券公司业务类型的增加,复杂衍生品、融资融券、境外业务、固定收益等业务不断涌现,决策和服务越来越依赖于大数据。确保信息系统安全、获得高质量的数据,对业务部门推进新业务和中后台风险合规的有效管理所起到的作用越来越重要。

证券公司应加强 IT 系统建设,完善数据治理,提高数据质量,并自主研发公司级风控系统,为压力测试工作提供保障支持。

3. 结合公司自身风险轮廓设定压力情景，提高压力测试的可靠性

国内100多家证券公司，每家公司的净资本、业务牌照、重点业务、发展战略都有所差异，证券公司需要根据自身的风险轮廓自主设置适合自身的压力情景，具体的数量由证券公司自行决定。自行设定的压力情景，需要反映公司自身的特定风险轮廓及运营情况，包括公司的资本充足及财务状况。特别是该压力情景的设置要能反映出公司面临的实质性风险暴露及活动，包括潜在的风险。压力情景的前瞻性分析还应与公司董事会设定的战略方向保持一致，合理的压力情景设置才能提高压力测试结果的可靠性和实用性。

4. 注重压力测试结果运用

压力测试不仅仅是一项风险管理工具，更应该有助于公司整体层面的经营决策以及风险管控，与公司的经营战略、资本规划有机地衔接在一起，为公司决策过程提供信息参考。可以将压力测试应用于公司内部治理和经营决策，例如制定经营战略、重大业务决策，设定风险偏好、风险限额，实施风险改进措施和应急计划等。

（二）对于监管机构的建议

从CCAR的实践中可以看出，压力测试工作主要由监管机构引导和监督，监管机构在压力测试中扮演着重要的角色。针对监管机构建议如下：

1. 不断调整优化压力测试模型，并独立评估和验证模型

压力测试模型的设定关乎压力测试的结果。监管部门在组织压力测试时，需要开发行业统一模型，而且能根据经济、金融系统和风险管理能力变化对模型进行相应调整，客观反映证券公司的承压风险状况，使得压力测试模型能很好地捕捉到证券行业所面临的主要风险，并且考虑数据的可获得性和实施的难度，使得模型具有可操作性。同时还要建立独立的模型验证和评估团队，负责评估模型的假设与结果的合理性，并对模型的稳定性和内部控制进行独立评估和验证，确保在使用前发现模型的薄弱环节，提升模型结果的有效性。

2. 加强行业培训和交流，提高压力测试的有效性

压力测试工作十分复杂，技术门槛高，对数据模型要求多，并非所有证券公司在数量分析、数据积累和模型构建方面都有丰富的经验，这会制约压力测试工作的开展。目前在实践中，部分中小证券公司存在风控人才储备不足、人员流动性问题，未正确理解风险因子的传导机制；还有部分证券公司填报相关数据时对科目存在理解差异，导致填报错误，影响了压力测试结果的合理性与有效性。监管机构有必要加强压力测试的培训工作，并将压力模型的设置过程及分析结果，提供一套基准值与业界分享，促进行业交流，帮助证券公司压力测试工作人员正确理解压力测试模型，提升压力测试的准确性和有效性。

3. 将压力测试应用于监管沟通和政策制定，提高监管效力

近年来，压力测试在金融稳定工作中的重要作用日益显现，已成为监管部门用于金融稳定工作常用的工具和手段。压力测试完成后，如果缺乏后续的监管措施，那么压力测试就难免流于形式。现阶段，我国证券行业的压力测试由中国证券业协会统一组织，但针对压力测试结果缺乏后续监管措施，这就使得压力测试难以发挥作为一项政策工具的重要作用。因此，在压力测试工作中，要提高监管效力，可以参考银行业压力测试经验，由中国证监会一同行使监管职能，同时将压力测试结果和监管措施结合起来，对于不达标的机构采取强有力的监管行动。

证券公司数据治理业务开展情况调研报告

中国证券业协会风险管理委员会专题研究小组*

为加强证券行业数据治理工作,引领证券公司发挥数据价值,提升经营管理能力,建立良好的大数据生态体系,中国证券业协会风险管理委员会数据治理课题组开展了一系列调研工作,于 2018 年 5 月至 6 月期间走访调研了银保监会、华泰证券、国泰君安证券、工商银行和招商银行,研讨金融机构在数据治理方面的优秀实践经验;于 2018 年 7 月面向全行业进行了问卷调研,厘清证券行业数据治理业务现状。现将前期实地调研成果与问卷调查统计分析情况整理形成本文,具体如下。

一、证券公司数据治理业务开展现状

截至 2018 年 7 月 25 日,共收到《证券公司数据治理调查问卷》108 份,剔除 14 家证券公司子公司,有效问卷合计 94 份。根据调研问卷统计结果,行业大部分证券公司越来越重视数据的作用,在数据治理方面开展了一系列探索和实践,特别是排名前十位证券公司,在数据治理体系化建设上取得了一定成效。

(一)数据治理业务日益受到证券公司高管层重视

根据调研问卷统计结果,多数证券公司高管层已经意识到数据资产的价值及数据治理的重要性。94 家证券公司中,有 54 家证券公司将数据治理提升至战略高度,制定了公司级别的战略规划,包括数据治理的愿景、指导原则、长期目标、实施路线等,占比 57.45%,其中部分证券公司提到其数据治理战略规划包含在公司 IT 发展规划下,是 IT 发展规划的一部分。18 家证券公司反馈已在数据治理方面进行了规划部署,但未明确是否上升至公司战略层面,占比 19.15%。22 家证券公司表示未制定数据治理战略规划,占比 23.40%(见图 1)。

---

* 研究小组成员:光大证券股份有限公司:王勇、姜天梦、朱泽璟、刘栋、黄琴。

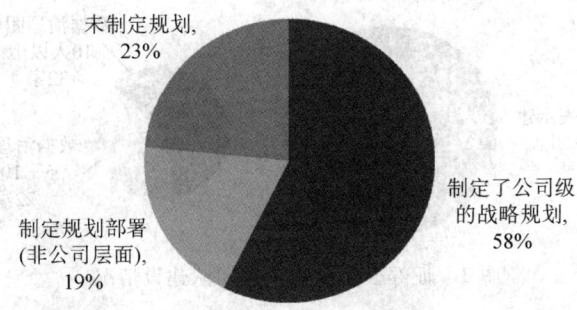

图1 证券公司数据治理战略规划情况

从上述统计结果可以看到，在信息化快速发展的今天，利用数据协助公司提升运营管理水平、加强业务创新并更好地服务客户的理念正在证券公司高管层形成共识。

（二）证券公司数据治理组织架构多已初步建立

1. 80%的证券公司搭建了数据治理组织架构

数据治理涉及领域广泛，是证券公司的全局大事，因此有效的组织架构是数据治理的有力保证。从调研问卷统计结果看，多数证券公司已建立数据治理组织架构。94家证券公司中，有76家证券公司建立了数据治理组织架构，占比80.85%。其中有53家证券公司设立了专门的数据治理决策机构，并下设由各相关部门共同参与的执行机构，推动数据治理具体工作开展；23家证券公司未设置企业级数据治理决策机构，但指定了数据治理专职机构或者牵头部门，由相关机构或部门主持开展公司全局数据管理工作。18家证券公司表示尚未建立数据治理架构，占比19.15%（见图2）。

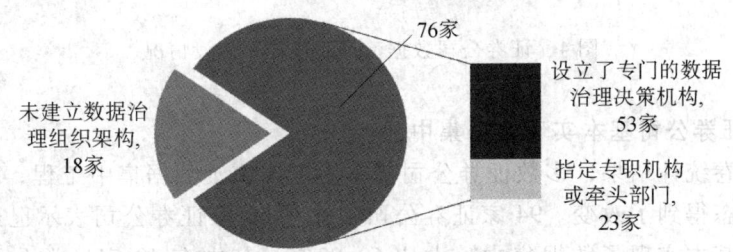

图2 证券公司数据治理组织架构建立情况

2. 83%的证券公司明确了数据治理的归口管理部门

根据调研问卷统计结果，多数证券公司已确定并授权数据治理归口管理部门牵头负责实施数据治理体系建设。94家证券公司中，有78家公司明确指定了数据治理的归口管理部门，占比82.98%，归口管理部门以信息技术管理部居多；16家公司表示还未明确数据治理归口管理部门，占比17.02%。

3. 57%的证券公司已具备一定规模的数据治理团队

在94家证券公司中，有54家证券公司明确表示形成了一定规模的数据治理团队，占比57.45%。其中有32家公司的数据治理团队人数在10人以上；有22家公司团队人数在5—10人。另有40家证券公司未明确表示已建立专职数据治理团队或团队建设工作尚在筹划中，占比42.55%（见图3）。

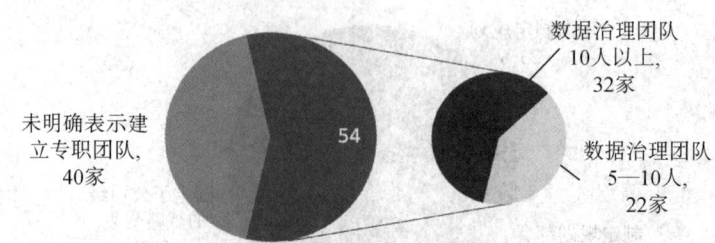

图 3　证券公司数据治理团队建设情况

（三）证券公司数据治理相关制度保障机制逐步完善

证券公司正在逐步建立并日趋完善数据治理制度保障机制。94家证券公司中，有64家证券公司在数据治理不同领域制定了相应章程、办法、规范等，占比68.09%。其中，有28家证券公司建立了包括数据治理基本制度与细则规范在内的一套较完善的制度体系，覆盖数据标准、元数据管理、数据质量等数据治理核心领域。有9家证券公司表示制度保障体系已处于规划阶段，或虽未建立数据治理方面的专项制度，但相关规定已体现在其他制度中，占比9.57%。有21家证券公司表示暂时未建立相关制度，占比22.34%（见图4）。

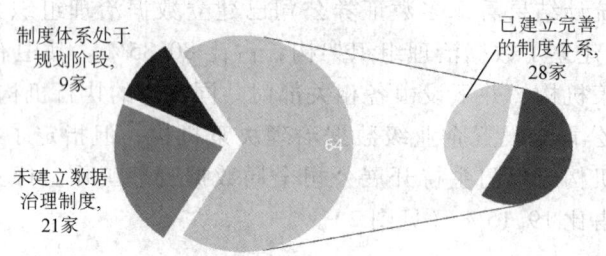

图 4　证券公司数据治理制度体系建设情况

（四）多数证券公司基本实现数据集中

根据调研问卷统计结果，多数证券公司基本上已实施了数据集中工程，使数据分散、数据资源割裂的状态得到了改变。94家证券公司中，有60家证券公司表示已通过数据仓库或数据平台等方式基本实现了数据集中，占比63.83%。其中有40家证券公司能够对全公司主要信息系统数据进行统一管理；有20家证券公司已完成数据仓库搭建，并将部分信息系统的数据纳入统一管理。另有12家证券公司数据集中管理平台正处于规划或实施阶段，或由于业务线较为单一，仅采用点对点交换模式，实现了部分系统的数据交互，占比12.77%。有22家证券公司表示未实现数据集中统一管理，占比23.40%（见图5）。

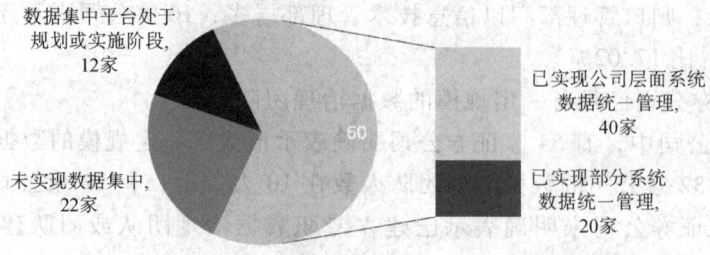

图 5　证券公司数据集中平台建设情况

（五）资本规模前十大证券公司稳步推进数据标准、元数据、生命周期管理工作

经过多年实践积累，总资产排名前十位证券公司在元数据管理、数据标准化、数据生命周期管理方面建立了企业级的管理体系，并逐步完善推进，处于行业领先地位。

在数据标准化方面，前十位证券公司中，多数证券公司已梳理了一套数据标准体系，初步建立了涵盖风控指标等重点业务条线的标准内容框架。一些证券公司还制定了数据标准协调机制与发布变更流程，为标准的推广落地与快速见效奠定了基础。

在元数据管理方面，前十位证券公司中有六家已搭建了元数据管理平台（或现有的综合数据治理平台包含了元数据管理功能），并在此基础上采取集中式的元数据管理模式，构建企业数据资产的整体视图。有七家证券公司反馈，已制定了相应的元数据制度和流程，将元数据管理融入信息系统日常的需求开发与生产运维过程中。

在数据生命周期管理方面，前十位证券公司中，多数证券公司树立了数据资产生命周期管理的理念，根据数据的重要程度、及时性等特点，对数据的创建、存储、使用、共享、归档、备份、销毁等各生命周期环节提出了相应规范和要求，以优化存储结构，提高生产数据访问效率，减少系统资源浪费。

（六）证券公司逐步加强数据质量管理

多数证券公司已认识到高质量的数据是证券公司分析决策、业务发展规划的重要基础，逐步建立起了数据质量控制机制。94家证券公司中，有66家证券公司在不同程度上对数据质量采取了管控，占比70.21%。具体管控措施为：（1）建立健全相关数据管控细则，并持续进行员工培训及宣导；（2）在数据录入与采集阶段，加强数据有效性校验；（3）在日常运维工作中，对数据质量进行持续跟踪，同时定期对数据仓库中的指标数据进行业务逻辑和一致性检核。66家证券公司中有27家公司定期或不定期生成并发布数据质量报告（见图6）。

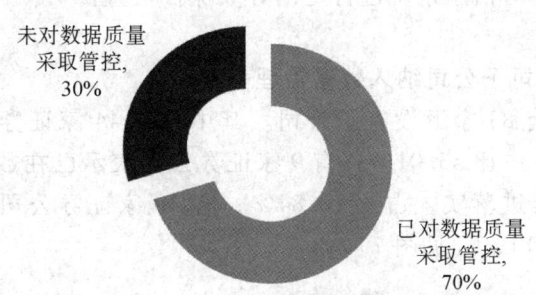

图6 证券公司数据质量控制机制建设情况

根据调研问卷统计结果，部分证券公司建立了数据质量整改机制，根据数据质量报告反映的问题进行分析并制订治理方案。如果是检核规则需要根据业务变化调整，则由技术部门协同相关业务部门调整相应规则；如果是数据产生的问题，则提供问题数据清单，配合业务部门对业务系统数据进行整改，并对整改完成后的数据重新进行质量检核。

（七）监管数据报送受到普遍重视

目前，证券公司参与报送的数据主要包括证监会 CISP 报表、证金公司融资融券报表、证金公司股票质押报表、投资者保护基金报表及中登、交易所等要求报送的其他报表，这些报表对数据准确性和时效性要求都很高。根据调研问卷统计结果，各家证券公司对于监管数据报送工作都非常重视，在人员和技术方面都有较大投入，具体体现在以下方面：一是规范报送流程，针对具体的报送事项在制度、流程、系统等各个层面进行规定，制定操作规程并设专岗负责数据报送。二是完善校验规则，例如人工复核、交叉验证、系统规则校验等，以确保数据的真实、准确、完整。三是推进报送数据生成的系统化与自动化，减少人工处理环节，提高时效性。四是定期核查报送结果。此外，部分证券公司还建立了应急报送环境，一旦正常环境出现问题，能及时切换到应急环境，保证报送工作的及时性。个别证券公司已经建设了统一报表报送平台，达到了程序化、自动化的数据加工及生成，并且保证数据标准统一。

（八）证券公司逐步加强数据安全管控措施

根据调研问卷统计结果，证券公司对数据安全与隐私保护普遍比较重视，在数据安全策略与标准、权限管理、数据隐私保护、访问行为监控以及审计等方面采取了如下保障措施：（1）对数据进行分级管理，数据按内容划分成机密数据、敏感数据、一般敏感数据和公共数据，不同等级数据设置不同的存储和访问权限。（2）采取网络隔离、磁盘阵列、数据备份、异地容灾等手段确保数据的存储安全，定期进行备份数据的恢复验证测试。（3）涉及客户交易、个人隐私的信息系统均部署在内网中，通过网络隔离、系统登录日志记录、定期进行安全审计等手段，保证信息系统数据安全与客户隐私。（4）机密数据或敏感数据的访问，需要合规部门和相关业务方的授权审批，访问授权有生命周期管理，对数据的访问记录进行留痕，以便回溯追查。（5）部署数据库审计系统，实现访问行为的监控和异常警告。对包括数据安全在内的信息技术管理和运行情况实行定期内部审计，及时发现存在问题并解决。此外，聘请外部机构对信息系统进行定期等级保护检查。

（九）逐步将证券公司子公司纳入数据治理范畴

94 家证券公司中，有 83 家下设有子公司。其中，有 44 家证券公司的数据治理工作涵盖或部分涵盖了子公司，占比 53.01%；有 9 家证券公司表示已在数据治理制度或规划中涵盖了子公司，正在积极推进落实，占比 10.84%；有 30 家证券公司表示尚未将子公司纳入数据治理工作，占比 36.14%（见图 7）。

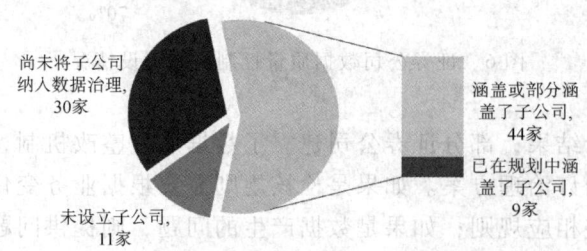

图 7　证券公司数据治理子公司覆盖情况

母公司数据治理工作对子公司的覆盖主要集中在财务并表和风险管理方面。根据调研问卷统计结果，部分证券公司已通过系统实现了对子公司经营指标和各类风险指标的对接、收集汇总与展示报告。

二、证券公司数据治理业务开展难点与不足

根据调研问卷统计结果，行业前期虽已开展了一系列数据治理工作，但由于业务复杂多样、技术资源有限、信息系统大量外购等原因，多数证券公司在数据治理体系化建设方面还存在若干薄弱环节。下一步，要持续有序地推进数据治理工作，仍需解决如下问题：

（一）数据治理组织架构和制度体系有待进一步完善

数据治理是证券公司全局性的工作，需要技术部门、业务部门等各方面通力合作。根据调研问卷统计结果，整个数据治理组织体系中，作为产生数据问题最初、最大来源的业务部门参与度欠佳。在94家证券公司中，有46家证券公司明确规定了各业务部门、中后台职能部门在数据治理工作中的职责，占比48.94%。有30家证券公司对归口管理部门以外的其他部门的工作职责未予以明确，或仅规定这些部门在数据治理中以配合为主，占比31.91%。另有18家公司对部门职责未作明确安排，占比19.15%（见图8）。

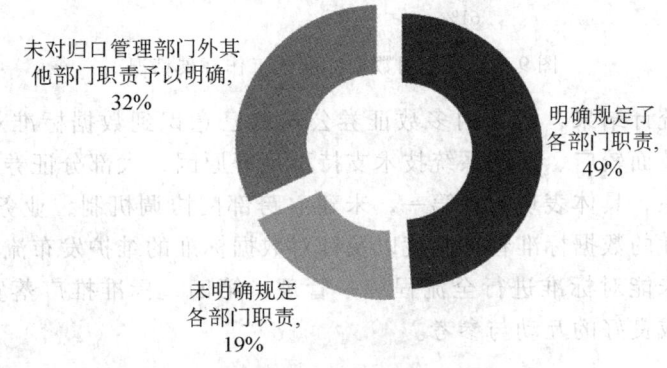

图8 证券公司数据治理部门职责设定情况

1. 多数证券公司未设置数据治理专岗

根据前述情况，在设立了数据治理归口管理部门的78家证券公司中，有30家证券公司设置了数据治理岗位，占比38.46%。有48家证券公司未明确表示已设置了相应的数据治理专岗，占比61.54%。

2. 多数证券公司的数据治理制度体系有待健全

第一，需要建立企业级的数据治理基本制度，明确数据治理的目标与工作范围，对数据治理各领域有一个总体要求，明确整个组织体系的职责分工。第二，应建立数据治理领域各主要环节的细则规范，明确每个工作环节的主要内容和技术要求，为数据治理领域内容建设和执行提供参考依据和评判标准。根据调研问卷统计结果，94家证券公司中，只有28家证券公司同时制定了数据治理基本制度与细则规范，初步建立了数据治理制度体系，占比29.79%。

（二）企业级数据标准管理体系尚未形成

数据的标准化是保障数据完整性、一致性和严密性的基础。94家证券公司中，有22家证券公司数据标准化工作尚未开展，占比23.40%。有57家证券公司已在数据标准化方面进行了不同程度的探索和实践，或聘请了咨询公司，或标准化项目已在规划实施中，或是已梳理了部分数据标准，占比60.64%。有15家证券公司在数据标准梳理、制度流程、协调机制等方面做了较为全面的工作，占比15.96%（见图9）。

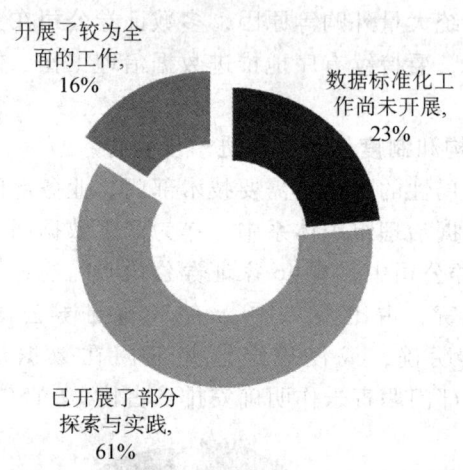

图9　证券公司数据标准化工作开展情况

根据调研问卷统计结果，行业内多数证券公司均已意识到数据标准对企业发展的重要性，但由于标准涉及面较广、外购系统技术支持不足等原因，大部分证券公司还未形成企业级数据标准管理体系，具体表现为：第一，未建立跨部门协调机制，业务部门参与度较弱；第二，未建立指导性的数据标准管理制度以及针对数据标准的维护发布流程；第三，缺乏数据标准管理系统，未能对标准进行全流程统一管理；第四，标准推广落实困难，与业务发展、系统建设未形成良好的互动与参考。

（三）企业级元数据管理体系尚未形成

元数据是数据治理的重要基础，通过元数据管理，能够准确勾勒出证券公司数据资产的整体视图，方便数据的灵活交互和扩展。94家证券公司中，有17家证券公司未开展元数据管理工作，占比18.09%。有60家证券公司元数据管理正处于规划阶段，或是不同程度地开展了部分工作，例如制定元数据管理制度、收集整理系统数据字典、初步建立元数据管理系统等，占比63.83%。有17家证券公司建立了体系清晰、内容全面的企业级元数据管理体系，占比18.09%。

根据调研问卷统计结果，证券公司在元数据管理及体系建设方面起点不一，多数证券公司的元数据管理尚未达到体系化程度，具体表现为：第一，未建立企业级元数据管理系统，并以此为核心对全公司主要应用系统的元数据进行统一管理；第二，未建立企业级元数据技术规范和实施指引，指导全公司元数据日常管理及元数据系统建设；第三，未制定合适的元数据管理流程，使元数据管理与系统研发流程紧密结合，将元数据的收集、维护、应用融入应用系统的全生命研发周期中。

（四）数据质量管理体系尚需完备

根据调研问卷统计结果，证券公司数据质量管理工作大多受制于数据治理项目的整体进度，还未形成较为完备的数据质量管理体系。首先，多数证券公司未建立数据质量规范，94 家证券公司中，有 21 家证券公司发布了专门的数据质量管理规范或办法，占比 22.34%。有 21 家证券公司处于已制定待发布阶段，或数据治理规范包含在数据治理管理办法中，占比 22.34%。其余 52 家证券公司均未建立数据质量规范，占比 55.32%（见图 10）。

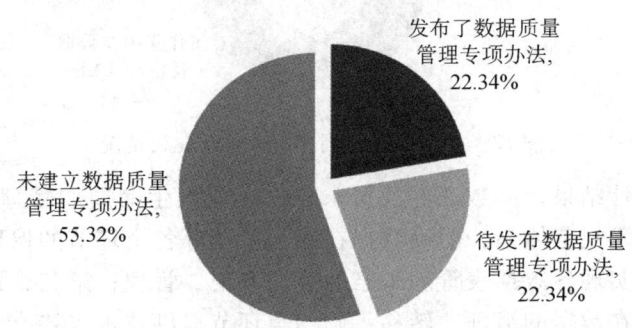

图 10　证券公司数据质量管理专项办法制定情况

其次，证券公司在数据质量考核评价方面开展工作较少。94 家证券公司中，有 10 家证券公司建立了数据质量考核评价体系，明确将数据质量的考核评价纳入部门或员工的整体绩效考核，占比 10.64%。有 9 家证券公司仅对数据治理专职岗位员工设有数据质量方面的考核指标，占比 9.57%。其余 75 家证券公司表示尚未开展数据治理考核评价工作，占比 79.79%（见图 11）。

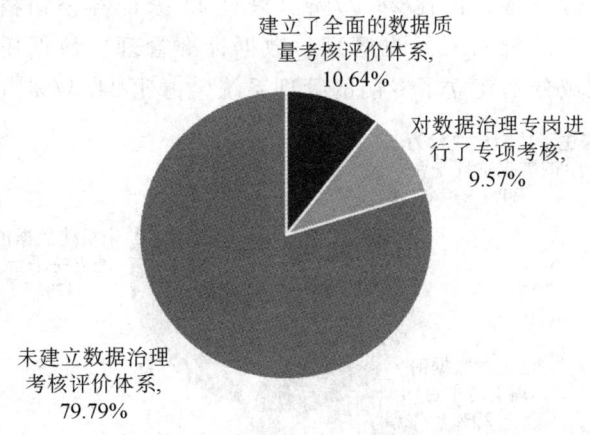

图 11　数据质量考核体系建设情况

（五）企业级生命周期管理体系尚未形成

数据生命周期管理的目标是优化应用存储结构，有效控制在线数据规模，提高生产数据访问效率，保证系统高效运行。94 家证券公司中，有 68 家证券公司生命周期管理工作主要集中在数据备份、归档，缺乏数据生命周期的统筹管理，占比72.34%。有26家证券公司明确提出了数据生命周期管理的理念，在制度规范体系下，对数据生命周期策略信息实施统一管理，包括清理方式、保留周期、清理周期、存储介质、规定方式、销毁方式等，占比27.66%（见图12）。

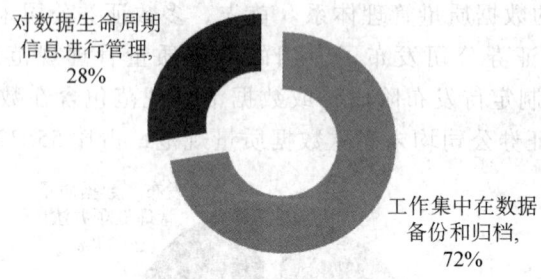

图12 企业级生命周期管理体系建设情况

根据调研问卷统计结果，多数证券公司未建立企业级生命周期管理体系，具体表现为：第一，未健全相关技术规范体系，明确数据在线、归档等各个环节的保留周期、清理策略等具体要求；第二，未实现各数据表管理策略的统一登记、管理；第三，缺乏数据生命周期管理策略的技术工具，在数据的清理、转移、归档等环节提供技术支持。

（六）系统和技术支持有待加强

证券公司业务系统复杂多样，数据量庞大，必然需要先进的技术手段、配套系统支撑数据治理工作高效有序开展。根据调研问卷统计结果，多数证券公司尚未建立起完善的数据治理平台，对数据治理工作未提供有效的技术支持。94家证券公司中，有44家证券公司表示未搭建数据治理支持平台，占比46.81%。有27家证券公司表示平台已在规划或开发过程中，具体功能模块还有待完善，占比28.72%。只有23家证券公司搭建了功能模块较为齐全的综合数据治理平台，或针对元数据管理、数据标准管理、数据质量稽核、数据权限管理、数据服务等主要领域分别建立了专门的管理系统，占比24.47%（见图13）。

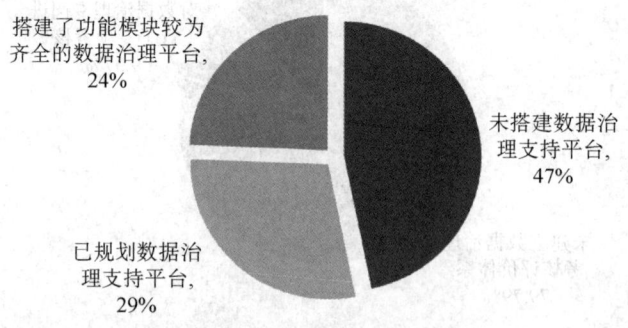

图13 系统支持和技术手段应用情况

证券公司数据治理平台系统薄弱的原因主要有：一是部分证券公司的数据治理工作还处于探索规划阶段，对系统的需求不是很迫切；二是行业内多数证券公司缺乏独立的信息系统研发能力，且当前市场上的系统供应商也缺乏成熟、可落地的解决方案。

（七）证券公司子公司数据治理开展存在一定困难

根据调研问卷统计结果，证券公司在将子公司纳入母公司数据治理范畴的过程中，普遍存在以下困难：（1）子公司和母公司服务器分处两地，为避免数据通过互联网传输存在的泄漏风险，需要额外投入建设专用数据传输通道。（2）子公司信息化建设程度不统一，很多数据并未落地至系统，大量数据通过手工台账管理，导致数据格式不一致，无法实现统一管理。（3）部分子公司业务和证券行业关联度低，对其业务数据的标准化很难界定，因此无法按照证券行业标准来制定其数据标准。（4）在对境外子公司开展数据治理工作时，受限于境外国家（地区）法律法规，证券公司在子公司数据获取方面存在一定困难。

（八）数据服务水平与分析挖掘数据价值能力有待提高

数据的管理和治理是为了更好地利用数据，如何在客户营销、风险控制、绩效考核等方面充分利用内外部数据并发挥数据的有效价值，是各家证券公司都在探索的问题。根据调研问卷统计结果，94家证券公司中，有71家公司建立了数据中心，以类数据集市的形式，开展了数据采集、汇总、推送等数据服务。有74家公司在原始数据的基础上搭建了指标体系，用于业绩经营分析、客户分析以及风险管理，这也是目前证券行业具有代表性的应用服务。有25家公司在指标计算的基础上进一步搭建了相对完整的指标体系，形成决策驾驶舱等应用，全方位高精度反映公司经营各方面的数据情况。此外，有31家公司开展了客户标签等大数据分析应用，借助客户的资产、行为信息等，构建客户偏好、客户流失分析等模型，实现精准营销功能。有8家公司反馈已搭建了公司级的资讯数据中心，解决了公司各部门之间共享行情资讯数据的问题（见图14）。

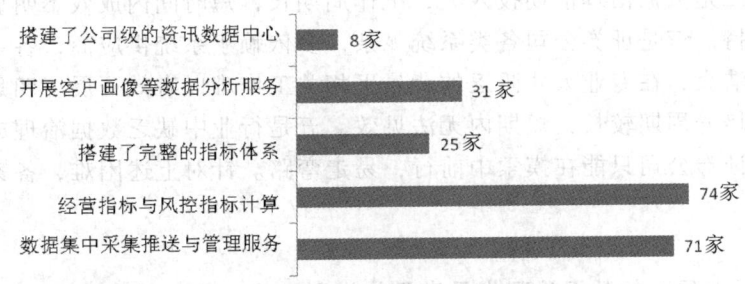

图14　数据服务水平与分析挖掘数据价值情况

总体来看，多数证券公司提供的数据服务还比较基础，多以数据汇集与基本指标查询为主，未大面积开展对数据的分析挖掘与综合利用，数据在营销、风险管理、产品创新等方面的价值未得到充分发挥。

（九）外部数据服务尚存在一些问题

证券公司对于外部数据服务的需求十分强烈，但鉴于当前外部数据服务还存在一些问题，行业数据生态也尚未形成，证券公司利用外部数据服务促进数据治理，发挥数据价值的潜力还有待挖掘。根据调研问卷统计结果，有33家证券公司不同程度地提到，接入的资讯信息没有行业标准，各资讯厂商提供的相同信息标准不一，给数据交换与共享带来较大困难，希望行业能够统一数据标准，以便进行数据采集、共享与统计。有27家公司指出由于客户评级、行为特征等数据缺乏行业共享与合作机制，中小证券公司难以从整体层面把握市场现状，建议由市场核心机构收集并发布完整的行业数据，在合法合规、客户隐私得到保护的前提下实现行业数据共享。有14家公司建议由市场核心机构提供公有云服务，这主要是考虑到第三方云服务供应商可能存在数据泄露等信息安全隐患。还有2家证券公司提出了数据交易所的概念，以实现数据与数据服务在证券公司之间的有偿使用。此外，还有个别证券公司针对策略交易分析等应用提出了行情数据回放的需求（见图15）。

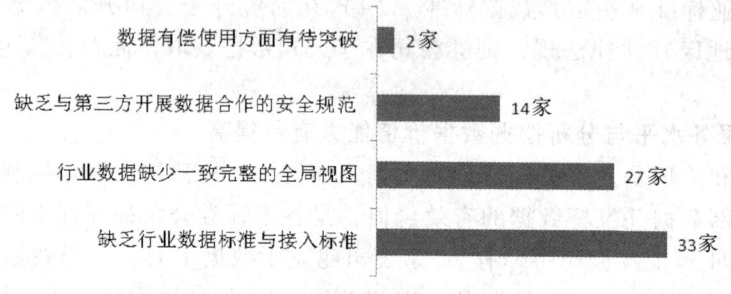

图15 外部数据服务存在的问题

三、对证券公司开展数据治理业务的建议

从调查问卷反馈情况看，证券公司在数据治理开展过程中面临的困难主要集中在以下几个方面：一是公司缺乏数据治理企业文化，业务部门对数据治理的重视程度不足，导致各项工作推进困难。二是数据治理前期投入大，工作周期长，短时间内成效不明显，难以获得公司认可与持续支持。三是证券公司各类系统庞杂，多依赖于系统供应商，各系统间的数据梳理与对接工程量浩大，在专业人才匮乏的背景下相关工作难以有效开展。四是专业人才市场招募困难，内部培养周期较长，短期内无法见效。五是行业中缺乏数据治理成熟案例与先进实践经验，各家证券公司只能在摸索中前行，易走弯路。针对上述困难，各家证券公司提出了以下建议：

（一）出台行业层面的数据治理指导意见与细则

建议出台相关数据治理指引或规范，对数据治理各领域要求进行明确，包括但不限于治理范畴、治理架构、岗位职责、资源投入等内容，提高证券公司对数据治理的重视程度，指导与引领其工作开展，提升行业整体数据治理水平。

（二）分享数据治理解决方案与最佳实践

建议行业内能够形成较为成熟的数据治理解决方案或最佳实践案例，为各证券公司开展数据治理工作提供参考与借鉴。建议定期组织数据治理培训与交流，分享业内先进经验与经典案例，带动行业整体数据治理发展。

（三）制定全行业的数据标准规范体系

建议推进数据采集、数据标准、数据分类、接口、数据质量、安全保密等关键共性标准的制定和实施，规范外部数据服务商与系统供应商的数据服务，以减少证券公司标准落地与系统改造成本，为证券公司开展数据治理方面的具体工作提供依据与指导，同时为未来行业数据共享与合作奠定基础。

（四）建立行业数据共享与合作机制

建议行业核心机构发挥带头作用，整合行业基础数据，促进行业内部以及行业间的数据资产共享与合作，形成开放、互联的数据生态体系；也要建立健全行业内和行业间数据使用的制度规范，明确客户的隐私界限，形成安全、合规、健康的数据共享秩序。

数据生态分析报告

俞 枫[*]

国务院 2015 年印发的《促进大数据发展行动纲要》(国发〔2015〕50 号)中提到,要构建数据生态体系,培育骨干企业。完善政策体系,着力营造服务环境优、要素成本低的良好氛围,构建全行业大中小企业相互支撑、协同合作的数据产业生态体系;通过整合优质公共服务资源,汇聚海量数据资源,形成面向大数据相关领域的公共服务平台,为企业和用户提供研发设计、技术产业化、人力资源、市场推广、评估评价、认证认可、检验检测、宣传展示、应用推广、行业咨询、投融资、教育培训等公共服务。

数据生态(Data Ecology)是结合生态体系和大数据两个不同领域的特点所产生的新概念。生态体系是指在自然界的一定空间内,生物与环境构成的统一整体。在这个统一整体中,生物与环境之间相互影响、相互制约,并在一定时期内处于相对稳定的动态平衡状态。因此,数据生态是指在单个行业内或跨行业之间,各参与方以大数据资源为载体,通过数据共享形成协作共赢的统一有机整体,进而推动整个行业乃至全社会的进步。

一、数据生态的发展情况

(一)国外数据生态体系建设情况

国外数据生态发展已久,典型实践是行业内部分公司之间达成战略合作伙伴关系,自愿加入一个封闭、安全和专属的平台,以便从数据交换中互惠互利。数据可以在该平台上免费共享,也可以支付对价,通过数据分享来提升成员的运营能力和业绩水平。参与此类协作平台的公司可能因此开发出新的产品、服务,或是大幅提高原有产品、服务的性能和水平。其中,空客公司和大众汽车公司在这方面有着非常成功的实践。

实践案例 1:空客公司于 2017 年 6 月推出的 Skywise 平台,是一个基于网络的集中、安全的航空数据共享平台。加入该平台的航空公司所分享的数据,使得飞机制造商能够改进其

---

[*] 作者单位:国泰君安证券股份有限公司。

飞机和设备设计，并完善其服务。作为回报，参与平台的航空公司也可以根据空客公司收集和处理的数据定期收到免费报告，这些数据有助于它们提高服务质量和效率，获取针对竞争对手的优势。

实践案例2：MAN是大众汽车公司（Volkswagen Truck& Bus Group）的成员，其开发的RIO平台是面向运输和物流行业的开放式云计算解决方案。该平台通过一个标准信息和应用系统，向运输和物流生态系统供应链中所有相关方提供数据服务，数据用户包括初创公司、制造商、远程信息处理供应商、原始设备制造商（OEM）和数字服务供应商。这个平台催生了很多的创新产品设计，极大地提高了效能。

（二）国内数据生态体系建设情况

目前国内的数据共享生态建设主要集中在以BAT为首的互联网行业，随着2015年国务院《促进大数据发展行动纲要》的提出，各行业都在纷纷探索行业内的数据生态建设。

1. 互联网巨头的数据生态建设

在移动互联网浪潮下，数据产生速度前所未有地加快。作为拥有流量入口和活跃用户的互联网企业尤为重视数据合作共享。BAT等各大巨头纷纷构建自己的数据生态体系。

实践案例1：百度与宝洁、平安等公司合作，为其提供消费者行为数据的分析和挖掘服务。这种通过数据结论指导企业推出产品的方式，是一种典型的C2B模式，最终目标是形成以百度为核心、基于解决方案的松散的数据生态体系。

实践案例2：阿里巴巴提出"数据、金融和平台"战略，前所未有地重视对全面数据的收集、挖掘和共享。为了用数据来驱动阿里巴巴电商帝国，阿里巴巴还成立了横跨各大事业部的"数据委员会"。阿里巴巴的各项投资方案也显示其整合、利用和完善数据的战略：新浪微博的社交及媒体数据、高德的地图数据和线下数据以及友盟的移动应用数据，都是其数据及平台战略的一部分。

实践案例3：腾讯目前的数据生态策略是先将产品补全，再打通产品后台数据，形成以自己主营社交和娱乐为核心的稳定生态圈。利用数据挖掘改进自己的产品，慢慢形成成熟的模式和合适的产品，再利用自己的社交及关系数据，开展对数据的进一步挖掘。

2. 国内传统行业的数据生态建设

作为对数据价值最为重视的金融行业，银行和保险都纷纷开始筹建行业内共享数据生态体系，实现数据的价值最大化。

原中国保监会颁布的《中国保险业信用体系建设规划（2015—2020年）》明确提出，"到2020年，保险业信用制度体系、信用评价基本规则和标准体系基本建立，保险业统一开放的信用信息系统和覆盖全行业的征信系统基本建成，保险信用服务体系比较完善，守信激励和失信惩戒机制全面发挥作用"，并为此拟定了明确的分阶段目标任务。即到2018年底，保险业各类信用信息数据库和共享平台建设基本完成，行业内信用信息的互联互通和交换共享基本实现；到2020年，依托国家统一的信用信息共享交换平台，与金融信用信息基础数据库及国家其他各类信用信息系统实现有机对接。信用信息数据库是保险行业数据共享的重要组成部分，它的规划落地将为整个保险风险数据共享的建设提供宝贵经验。

2018年5月21日，中国银保监会印发了《银行业金融机构数据治理指引》，将数据应用提到了一个相当重要的高度，为下一步建立行业的数据共享生态平台创造了基础。

二、金融行业数据生态建设引发的全球金融变革

(一) 国际金融共享建设蔚然成风

当前,金融数据共享一举把全球金融科技竞争带入了新阶段,金融从业者认为这是金融行业互联网化后金融业最大的变革。英国政府的竞争和市场委员会 CMA (Competition and Markets Authority) 2016 年开始主导开放的金融服务 (Open Banking) 计划。经过近两年准备,2018 年开始在英国大型银行逐步实现。欧盟 2016 年通过支付服务规划 2 (Payment Service Directive 2,简称 PSD2) 法令,规定在 2018 年 1 月 13 日起欧洲银行必须把支付服务和相关客户数据开放给第三方服务商。在美国,因著名的《多德-弗兰克法案》而成立的消费者金融保护局 CFPB (Consumer Financial Proectection Bureau),2016 年 11 月就金融数据共享广泛征求社会意见。在经过 1 年研究后,2017 年 10 月 18 日 CFPB 发布金融数据共享的 9 条指导意见。澳大利亚 2017 年 8 月发布《Review into Open Banking in Austrailia (Issue Paper)》长远规划。新加坡、日本和韩国等金融强国,都推出了各自的金融数据共享战略。

虽然各国对金融数据生态的称谓五花八门,实现的途径也不相同,但是都有一个核心理念:通过金融数据共享,推动传统金融行业构建开放共享的数据生态体系,开展更深层次的协作和竞争,最终追求用户利益最大化。

建立在金融数据共享基础上的宏伟蓝图已经初具轮廓,未来金融行业的基本业务可以进行模块化,金融服务可以按需求"拼凑"业务模块,增加服务的弹性和多样化。而银行、证券投资将成为高度开放共享的金融服务平台,金融科技公司和金融行业的关系开始由竞争转为合作,共同构成共生共存的金融生态圈。

(二) 数据私有化已经无法适应时代发展

在数据时代,数据成为最有价值的资产。数据的价值在于关联,但是现实中,数据大部分是割裂和分散的,这一点在金融行业尤为突出。个体是金融交易数据的生产者和所有人,金融机构是数据的保管者。但对机构来说,数据具有重要的商业价值,因此,机构一般不对外开放数据,同一个体在不同的金融机构中的数据是割裂的,这对于行业发展是不利的。

对监管层来说,金融数据不公开造成了数据孤岛,大大减少了数据的价值,降低了整体社会金融运行的效率并提高了社会成本,同时也助长了因为封闭带来的金融垄断,不利于行业中小企业的发展。

对个人来说,最直接的损失是无法轻易对比服务和费用,从而无法选择价廉物美的金融产品。而更大的损失在于,个体无法得到全方位的金融数据,因此限制了有效资产配置和规划,并且由于缺少完整全面的数据支持,大数据分析和人工智能投资理财等先进的技术成为摆设。

对金融科技公司来说,尽管有很多方式获得非金融数据,但是这些数据的含金量比不上银行的个人金融交易数据。倘若无法打破银行数据壁垒,金融科技公司将始终处于劣势,其发展必然受到制约。

对企业来说,数据不公开,对自身业务是一种暂时的保护。但是这种数据封闭的代价是金融企业失去利用共享数据和金融科技公司创新技术的机会,从而很难为客户提供更加多元

的产品和服务。在客户对金融服务要求越来越高、科技界巨头跨界竞争越来越激烈、社会和监管对开放数据的呼声越来越强烈的大潮下，闭关自守将失去构筑平台生态圈的机会，企业的路将越走越窄。

总体来看，国内金融业的数据共享远远落后于其他行业。目前全球已是共享经济和平台经济崛起的时代，推动国内金融业跟上共享时代潮流势在必行。

（三）国际领先的金融数据生态建设模式

为了给本国的金融创新企业注入新的活力并夺回话语权，成熟市场监管机构走出了两条截然不同的推动金融数据共享之路：欧洲政府主导模式和美国市场主导模式。

1. 欧洲政府主导模式

为了让民众受惠于金融科技的创新，让新的小金融服务公司能和大金融企业公平竞争，英国政府的竞争和市场委员会（CMA）主导并推动金融数据共享方案，其核心在于开放的金融服务计划。CMA认为，开放的金融服务计划的关键在于让个人与小企业及其他第三方服务商能和银行安全地共享数据。这种共享数据的优势直接体现在个人可以通过简单的统一界面管理所有的金融账户，从而更加便捷地根据个人需求选择合适的金融产品，也更加有效地管理资产。CMA规划了一系列改革路线图，要求英国各大银行在2018年逐一落实。

欧盟也有类似英国的战略规划，不过他们先以最基础的支付业作为突破口。根据2018年1月13日起开始正式实施的PSD2规定，欧洲银行的支付服务和相关客户数据对客户授权的第三方开放，目的是为了增加欧盟支付行业的竞争力和创新力。澳大利亚、新加坡、日本和韩国都加入了英国和欧盟的阵营，采用的都是政府主导的自上而下推动金融数据共享的模式。

2. 美国市场主导模式

相比欧洲政府主导的自上而下的共享模式，美国走出了一条截然相反、自下而上的市场主导模式，主要有三个原因：

第一，美国的法律为金融数据共享奠定了基础。2008年金融危机后的产物之一《多德-弗兰克法案》是自20世纪30年代以来美国一项最全面的金融监管改革法案，其法律条文第1033条明确规定用户或者用户授权的机构有权获取该用户在金融机构的金融交易数据。虽然该法案没有具体规定如何共享用户数据，但是明确表示新成立的消费者金融保护局有保护用户共享数据的权力。这些规定为美国金融数据共享铺平了道路。

第二，美国的金融市场竞争激烈，金融机构开放程度高。与欧洲的金融业由几家大银行占据绝大部分市场相比，美国金融市场的参与者众多，除了几家知名大银行外，还有大大小小9 000多家金融机构。在如此激烈竞争的金融环境中，美国的金融机构都把发展金融科技作为重点。一些有实力的银行主动开发数据接口，转型成为平台型金融服务公司，积极参与并推动金融科技的发展。整体上看，美国金融机构相对开放包容，更加愿意主动和金融科技公司合作，也更加愿意开放金融数据。

第三，美国金融科技公司整体实力较强。硅谷和纽约孕育出众多充满生命力的金融科技公司，其中一类就是个人财务综合管理服务公司。最典型代表为Mint公司，它是一家成立10年之久的老牌个人财务管理公司。根据2016年数据，Mint目前有2 000多万名用户（每10个美国人就有1个人有Mint账户）。用户通过授权就可以在Mint网站实时管理几乎全美所有的金融账户,包括储蓄、房贷、车贷、信用卡、学生贷、退休金和股票等账户。该公司已经和美国99%的金融机构签订了数据合作共享协议。通过一站式数据归集,Mint还能提供消费分析、财务规划和账单支付等增值服务,给用户带来极大的便利。此外还有Prosper Daily、Yodlee、Penn等多家个人财务综合管理公司,其自发地实现了金融数据共享的商业模型。

三、我国金融行业数据生态建设面临的问题

金融数据生态建设势必引发全球金融巨变,变革的浪潮会席卷企业、金融科技公司和个人,同样监管也必须相应地调整和改变。金融数据生态建设需要共享最为核心的金融数据,这牵扯到各方利益,甚至重新洗牌,因此金融数据共享必将面临诸多困难和挑战。

(一)数据生态建设缺乏方向性的指引

以证券行业为例,随着中国经济结构进入新常态,证券行业经营模式快速变革,证券公司正从传统的通道业务服务商向通道业务、信用业务与资产管理业务并重的综合金融服务商转型。在这个背景下,证券公司正在积极利用"大数据+AI技术"等金融科技新技术,在客户服务、市场分析、风险定价方面展开新的尝试。金融科技创新带来了海量的数据需求,而这样的数据需求,往往需要通过全行业内外部数据共享才能满足。但是,一方面,行业内对于个人数据隐私保护、数据监控、数据分级、法律责任等数据使用边界还缺乏权威的指引,这极大地限制了证券公司在数据生态建设方面的创新发展;另一方面,证券行业在对外合作方面同样缺乏对外合作规范、合作模式、合作内容方面的指引,限制了证券行业融入全社会大数据体系建设中。

(二)数据生态建设缺少核心带头组织

一方面,金融行业中的企业出于对自身数据隐私和行业竞争的考虑,缺乏构建行业共享数据的动力;另一方面,松散的个体企业也不具备构建全行业数据生态体系的能力。这就需要行业核心机构能够利用自己独立和连接全行业资源的能力,整合行业基础数据,推进跨行业数据合作创新,打通政府及公共事业数据平台、企业私有数据、物联网、电商平台等数据交换通道,进而形成有利于行业数据创新的生态环境。

(三)数据生态建设过程中缺乏行业共识

数据生态建设实施过程中,需要全行业在业务数据标准和技术数据标准方面达成一致。业务标准方面,如果不能形成行业内统一的关于数据的业务含义、数据产生的环境、数据间的业务依赖关系、数据产生的业务规则等,行业数据共享将不具备可用性;技术标准方面,缺乏数据标准化和互操作性,是数据生态建设的主要技术障碍,不同公司之间不同的数据格式和数据存储系统很难有效整合;缺乏统一的数据质量标准也会成为数据共享的阻碍。

四、对证券行业数据生态体系建设的建议

参考国际和国内数据生态建设中的经验和问题,对证券行业的数据生态体系建设提出如下建议:

(一)明确行业数据生态建设的监管规范和指引

随着互联网、大数据等金融科技的发展,传统机构在逐渐变成数字化机构的同时,监管也要向数字化的管理机构转型。在数据生态体系建设过程中,作为行业的守护者和政策制定者,监管机构应牵头行业骨干机构,结合数据的敏感性、重要性等制定统一的数据分级标准,明确数据边界和不同级别数据的对外控制要求,明确规范和指引行业的数据生态建设,让证券行业能够明晰如何合法利用自己控制的数据,对外提供数据需要遵循哪些条件,如何认定数据滥用行为并承担何种责任。同样,对外的数据合作也需要通过监管机构定义具体的规范指引,来建立清晰和稳定的架构,帮助企业评估自己的边界。

(二)行业数据生态体系建设组织架构设计

金融行业在数据生态建设中,行业内核心企业应该起到核心带头作用,带领企业和具有互补技能的其他公司或外部企业建立伙伴关系,由行业骨干企业建立可信的行业数据共享平台,成为数据生态建设的载体,以有效和安全的方式支持行业数据共享和应用,带动内外部企业参与进来,互通有无,利用共享数据共同开发产品或服务,形成互惠互利的良性生态建设体系。

(三)行业数据生态体系建设运作机制建设

证券行业数据生态体系建设还需要多种机制保障,包括:

1. 健全市场发展机制

通过证券行业数据生态体系的建设,建立起证券行业市场化的行业级数据应用机制。在保障公平竞争的前提下,支持证券行业数据生态体系参与公共服务建设,并且充分与政府、企业、社会机构开展合作。通过多种方式,依托专业企业开展大数据应用,降低证券行业管理成本,开展面向应用的数据交易市场试点,促进数据资源流通,建立健全数据资源交易机制和定价机制,规范交易行为。

2. 建立标准规范体系

推进证券行业数据生态体系标准体系建设,加快建立全行业的数据标准和统计标准体系,推进数据采集、数据开放、指标口径、分类目录、交换接口、访问接口、数据质量、数据交易、技术产品、安全保密等关键共性标准的制定和实施。建立标准符合性评估体系,提升证券行业服务能力并积极参与相关国际标准制定工作。

3. 加强专业人才培养

创新人才培养模式,通过证券行业数据生态体系建设,建立健全多层次、多类型的证券行业大数据人才培养体系,重点培养专业化数据工程师等复合领域人才。

4. 推进基础研究和核心技术攻关

通过实际项目建设过程中的问题，加强海量数据存储、数据清洗、数据分析发掘、数据可视化、信息安全与隐私保护等领域关键技术攻关，形成安全可靠的证券行业特有的技术体系。支持自然语言理解、机器学习、深度学习等人工智能技术创新，提升数据分析处理能力、知识发现能力和辅助决策能力。

（四）行业数据生态体系建设技术标准设计

证券行业数据生态体系涉及不同的模块，将来会支撑多个应用平台。在建设过程中，需要提前定义证券行业数据生态体系在建设过程中需要的技术选型、技术框架和具体的物理部署过程中需要的标准和规划，需要充分考虑现有大数据、人工智能、云计算等技术，结合传统的数据库和统计工具，明确证券行业数据生态体系建设的技术选型和技术框架。

一是根据当前证券业务的最新发展，针对境内境外分支机构的不同，制定相应的物理部署方式。

二是根据证券业务特点、数据规模选择适应的技术框架，充分考虑国家信息安全和保险监管的要求，制定合理的数据部署方式。

具体实施人员需要对大数据技术及人工智能充分了解，对各种传统数据分析技术充分了解，对于各级数据共享的实施目标和范围充分了解。

证券公司股票质押回购业务风险管理研究

蔡晓斌　谢　翀　王炜扬　胡安琪　陈宇鹏[*]

一、股票质押回购业务的风险识别评估

根据风险来源不同，股票质押回购业务风险主要包括三个方面：一是信用风险，即融入方未能履行协议约定事项构成违约，致使融出方遭受资金损失的风险；二是市场风险，即质押股票价格波动的风险；三是流动性风险，即质押股份变现能力不足导致融出方违约处置无法覆盖融资本息的风险。

相比传统贷款业务，股票质押回购业务有两个显著特性：一是以股票为标的资产，受市场风险影响较大，对担保物价值的监测频率、时效明显高于传统贷款；二是融入方多为上市公司大股东、董监高，融入方偿债能力与质押股票相关性较高，市场下行阶段风险暴露速度加快。因此，该业务的信用风险、市场风险与流动性风险往往相互交织、高度相关，有其特殊的评估方式。

（一）信用风险

融入方偿债能力不足是引发信用风险的主要原因，可从融入方资信状况恶化、担保风险发酵、财务负担过重、资金用途期限不匹配、缩股风险等几个维度进行识别评估。

1. 资信状况恶化

征信报告是融入方资信状况的最直观反映，包含融入方存续有息债务、负债变化情况以及部分关联方信息等，有利于评估融入方有息债务结构及稳定性，对其偿债能力做出预判。征信报告若显示融入方多次发生欠息、逾期等瑕疵，往往是其偿债能力下降的明显信号之一。此外，若融入方有涉嫌违法违规等负面舆情，亦可能影响其再融资能力，加剧信用风险。

---

[*] 作者单位：兴业证券股份有限公司。原载于《中国证券》2018年第7期。

2. 担保风险发酵

担保风险是典型的或有风险，预测难度较高，对融入方的影响具有较大的不确定性。若被担保人债务违约，融入方作为担保人或将承担代偿义务，削弱其现金流及偿债能力，同时可能卷入相关诉讼纠纷，导致融入方自身资产被司法冻结，引发一系列债务问题。因此，担保风险对融入方的影响可能是多重的，考察担保风险需深挖融入方征信报告，应着眼于三个方面：一是减少信息不对称带来的风险，尽可能获取被担保人与担保人之间的关系以及被担保人经营、财务情况等信息；二是关注担保金额过高、集中度过大的情形；三是重点考察近期新增不良类、关注类担保情形，综合评估代偿风险。

3. 财务负担过重

融入方财务负担过重不仅直接影响其还款能力，还可能因为其他债务逾期引发交叉违约间接影响融出方资金安全。融入方的财务风险可以从几个方面进行评估：一是债务规模是否与资产匹配。若融入方资产负债率明显高于同业均值，资产负债期限存在明显错配，或近期负债显著增加且增速明显，往往意味着偿债能力的下降或不足。二是债务到期集中度。存续有息负债若在某一较短区间内集中到期，可能对融入方产生较大兑付及再融资压力，降低其偿债能力。三是还款来源充足性。股票质押回购业务还款来源一般包括未质押股份再质押或减持、投资收益、经营或筹资活动净现金流、其他资产变现收入等，若债务存续期间融入方杠杆比例持续升高，或现金流情况恶化，导致其还款来源保障降低，将大大增加其违约风险。

4. 资金用途期限不匹配

股票质押回购业务期限一般不超过3年，部分融入方质押融资用于实体企业股权投资、并购投资等，资金回收期较长，前一笔融资到期时常常需要借新还旧、滚动融资，在信用紧缩时期面临较高的再融资风险。对于此类借短投长型的融入方，资金用途期限不匹配可能会因融资渠道收紧、续贷不成功导致违约风险。

5. 缩股风险

缩股风险是股票质押回购业务的特有风险，适用于融入方因上市公司并购标的公司获得上市公司股份，并对收购标的公司业绩做出承诺，当业绩未达到某一标准时将进行股份补偿的情形。当标的公司业绩不达标时，不仅会对母公司带来商誉减值风险，而且会导致承担业绩承诺的融入方以注销其持有的上市公司股份的方式来补偿业绩差额的风险，造成融入方还款来源减少。若需注销的股份处于质押状态，甚至可能导致上市公司、股票质押回购融出方利益冲突的局面，加剧处置的难度、复杂度。

（二）市场风险

市场风险主要来源于上市公司基本面恶化、黑天鹅事件以及市场性因素影响。

1. 基本面恶化

基本面恶化可能引发上市公司经营风险，包括所处行业景气度降低、财务状况不利变化、内部治理问题等。标的证券基本面恶化可能从三个方面影响股票质押回购项目风险：一是股价下跌引发补质押风险；二是标的证券资质恶化导致融入方再质押融资能力下降，间接加剧信用风险；三是上市公司经营风险可能伴随控股股东偿债能力下降，这对于投融资平台类的控股股东、大股东，其盈利和现金流往往高度依赖上市公司，影响尤为明显。

2. 黑天鹅事件

黑天鹅事件指非常难以预测且不寻常的事件，通常会引起市场连锁负面反应，股票质押回购业务特有的黑天鹅风险事件主要在于质押股票的退市风险。2017年起金融监管持续强化，2018年资本市场机制建设加快，退市制度从设计层面到执行层面不断改进。标的证券一旦触发退市情形，很有可能对融入方偿债能力造成严重影响，同时导致融出方无法对标的证券进行处置，大大增加追偿难度。

3. 市场性因素

市场性因素包括投机性买卖、估值中枢上移或下移，以及市场情绪变化等，是股价不可预测的重要原因，亦是股票质押回购业务有别于传统贷款的特殊风险之一。股价的不可预测性隐含项目履约保障比例的不可预测性，证券公司普遍通过设定履约保障比例预警线、平仓线的方式预留一定的安全边际，防止穿仓风险。

(三) 流动性风险

流动性风险可表现为多个方面：一是限售股、高管锁定股无法立即变现；二是受减持新规影响，大股东、特定股东所持流通股减持亦受诸多限制；三是流通量小、成交量低的股票，变现速度较慢、成本较高；四是股票因上市公司资产重组等重大事项长期停牌。对于依靠减持还款的股东，流动性风险削弱其及时偿付债务的能力；对于已经发生违约的项目，流动性风险影响质权人二级市场处置的效率，增加处置结果的不确定性。

二、股票质押回购业务的风险计量

股票质押回购业务相比其他信贷业务有着融入方类别多样化、质押资产波动性大等业务特点，也直接导致此项业务的风险计量方案面临融入方风险特征多样、数据积累不足、担保资产价值波动及不确定性大的挑战。在这样的业务背景下，可灵活采用初级法、高级法两套方案。其中初级法可以满足风险计量的基本需求，同时有着结构简单、易于理解、实施成本低、部署快速等优点；高级法则采用统计建模方式更精细地计量股票质押回购业务相关风险，并可以克服初级法存在的一些问题，但开发过程较为复杂，实施成本较高，部署时间较长。

(一) 初级风险计量法

初级法采用风险分层方式对股票质押回购业务的风险度进行分层，同时结合业务经验对不同风险层次的资产设定有梯度的违约率、违约损失率等风险指标，以达到有区分度的风险计量的目的。所谓风险分层，即通过对融入方及标的证券的相关重要风险要素进行评估，按照触发风险要素的数量及严重程度对项目风险度进行分类。考虑到股票质押回购业务的特点，除一般信贷类业务中常用的风险要素之外，重点需关注：(1) 融入方业绩承诺及达成情况；(2) 融入方持股质押比例；(3) 标的证券全市场累计质押比例。在实务中，一般可将项目资产的风险度由高到低分为违约类、风险类、关注类、正常类。

初级法可以满足股票质押回购业务风险计量的初步需求，同时有着结构简单、易于理解、实施成本低等优点。与此同时，该方案也存在着严重依赖业务经验、计量结果区分度不连续等问题。

(二) 高级风险计量法

高级法以主体违约率（PD, Probability of Default）、违约损失率（LGD, Loss Given Default）、风险暴露（EAD, Exposure At Default）计量为主轴，考虑股票质押回购业务的特点，主要采用统计建模方法建立风险计量模型。实务中风险暴露（EAD）一般为融出资金余额，故此方案的核心在于对 PD、LGD 的合理估计，具体模型方案如下：

1. 融入方违约率（PD）计量模型

股票质押回购业务的融入方主要分为自然人和机构两大类，两者有着不同的风险特征与业务背景。

（1）自然人客户。自然人客户的风险计量存在着历史积累数据较少、可观测样本及指标维度不足的困难。为更加合理计量客户的违约率，可通过采用层次分析法（AHP, Analytic Hierarchy Process）建立评分卡模型，进而实现股票质押回购业务自然人客户的风险计量。通过 AHP 分析各风险特征与违约情况的相互关系，将特征分解为不同层次的风险因子，形成一个多层次的分析结构模型。利用专家调研问卷对每一层次内风险因子的重要程度进行两两对比，并将比较结果形成判断矩阵，计算该矩阵的最大特征值对应的特征向量，即为各风险因子对于违约率影响的量化权重，并以此形成自然人客户违约风险评分卡模型。股票质押回购业务自然人客户的一级和二级风险因子结构建议见表1。

表 1　自然人客户违约风险评分卡模型结构

一级风险因子	二级风险因子
个人信息	基本信息
	财务信息
	交易经验
账户信息	偿债能力
	资产情况

在执行 AHP 专家调研时，通常邀请对业务及风险因子有较深入理解的专家，以便能够在对风险因子重要性的判断中做出合理的选择。专家需要达到一定数量（如 30 位左右），并需应用一致性指标（CI, Consistency Index）对专家问卷结果进行检查，以避免采集专家调研意见时出现明显的逻辑错误。

在建立完自然人客户违约风险评分卡之后就可以得到每个客户的信用评分，可以此评分对客户质量进行排序，但实务中往往需要测算每个客户的预期违约率（PD）。为达到这个目标，可使用逻辑（Logistic）回归方法，对客户得分进行校准，以得到与得分对应的违约率（PD），即采用历史数据中客户评分卡得分为自变量，客户是否违约作为应变量进行回归，得到校准参数 α 及 β。在应用模型时，自然人客户违约率 PD 的计算公式为：

$$PD = \frac{e^{(\alpha + \beta \times Score)}}{1 + e^{(\alpha + \beta \times Score)}}$$

其中 $Score$ 为自然人客户评分卡得分。

（2）机构客户。除自然人客户之外，股票质押回购业务开展过程中也会面对较多的机构客户。在机构客户的违约率计量模型开发中,虽然也存在着一定的数据不足问题,但考虑到机构很大一部分风险因子来源于财务信息,而市场上公开发行债券的公司都有对应的财务数据,可以作为研究机构客户风险特征的依据,故可以利用公开发债主体的财务数据,以 Logistic 回归建模为中心,同时辅以考虑股票质押回购业务特性的 AHP 方法,提出一套机构客户的违约率计量模型,其结构见表 2。

表 2　　机构客户违约风险评分卡模型结构

一级风险因子	二级风险因子	风险因子选取及权重参数确定方法
财务信息	流动性	Logistic 回归建模
	成长性	
	杠杆比率	
	盈利能力	
	营运能力	
	规模	
	偿债能力	AHP
机构信息	基本信息	
	交易经验	AHP
账户信息	偿债能力	
	资产情况	

一级风险因子的权重,以及二级风险因子中机构信息、账户信息的风险因子选取及权重通过 AHP 确定,具体方法可参照前文自然人客户模型部分所述。二级风险因子中财务信息的相关具体风险因子的选取及权重参数通过基于公开发债主体信息进行 Logistic 回归建模确定,下面就回归建模方法的主要过程进行说明。

① 原始数据准备。首先取发债主体的相关财务数据及外部评级数据。其中坏客户标识可基于外部评级进行设定,考虑到国际上 BBB - 以上等级的债券被视为投资级,而国内评级平均高于国际评级 6—7 个等级以上的差异,可将外部评级在 AA - 以下的样本作为坏客户标识。同时根据财务报表数据计算财务信息的风险因子,最终得到建模数据,其中财务信息的风险因子主要包含流动性、成长性、杠杆比率、盈利能力、营运能力、规模、偿债能力等。

② 行业分类。在数据准备完成后,考虑到不同行业的客户有着不同的风险特征,可将客户样本按照行业进行分类,并开发适应各自情况的计量模型。

③ 训练及验证样本抽样。为更好地评估拟合模型在实际应用中的性能,采用随机抽样方法将原始数据分为训练集和验证集,比如可随机抽样 70% 的样本构成模型训练数据集,剩余 30% 作为训练样本外的验证数据集。

④ 风险因子的单因素选择。完成建立训练样本集后,首先通过风险因子的单因素分析初步筛选进入回归模型的风险因子。此过程主要关注风险因子对违约的区分能力,以及因子与一般经济含义的一致性。各因子违约区分能力的分析主要通过统计指标实现,常用有准确率值(AR,Accuracy Ratio)、曲线下面积值(AUC,Area Under the Curve)、信息值(IV,Information Value)等。在实务中,有时存在着部分指标区分能力很好但与预期经济含义相反的情况,此类情况往往是由于数据质量问题等其他异常原因所致,将在建模过程中予以

剔除。

⑤ Logistic 回归建模。在确定初步进入回归模型的风险因子后，以这些风险因子数据为基础进行 Logistic 回归建模。在建模过程中需要进一步对目前为止留下的备选风险因子进行选择，使得这些因子组合起来获得一个具有较强区分能力的模型。区分能力可以通过模型整体对于训练及验证样本的 AR、AUC、KS 等统计值进行评估。同时这些因子对应的系数应具有统计意义上的显著性且与经济含义预期相符。在变量选择中常用的方法有向前搜索、向后搜索、逐步搜索和约束穷尽搜索等，可根据计算资源和模型性能要求选择合适的方法。通过 Logistic 建模确定由财务风险因子构成的回归模型之后，就可以以各因子的回归系数为基础，确定各个因子在机构客户违约风险评分卡模型中的权重参数。

在通过 Logistic 回归及 AHP 建模后，已经以评分卡的形式建立了机构客户违约风险模型。下一步需要将评分卡得分转换为违约率（PD）。实务中常因为分布在各不同行业分类内的机构客户违约样本非常少，无法采用以违约样本为参照的校准方法，故这里采用参数遍历法进行模型校准，即对校准参数进行遍历，然后从各种遍历组合中选取最匹配校准结果要求（AR 值较高，平均 PD 接近行业的中心违约趋势等）的一个参数组合 α 和 β，即可根据以下公式得到客户的违约率 PD：

$$\ln\left(\frac{PD}{1-PD}\right) = \alpha + \beta \times Score$$

2. 股票质押回购业务违约损失率（LGD）计量模型

股票质押回购业务的违约损失率主要在于对质押资产的价值估计，可使用以下模型，结合市场风险及质押证券估值等因素对 LGD 进行计量，具体如下：

$$LGD = Max\left(0, 1 - \frac{S \times Q}{EAD}\right)$$

其中 S 为质押证券预估卖出价格，Q 为质押数量，EAD 为违约风险暴露即融资余额。在测算 S 时，可首先根据证券所属行业特征采用合适的估值方法（如 PB 法、PE 法、NAV 法等）确定证券的合理估值，在此基础上考虑质押证券的流动性、市场风险 VaR 等指标，进一步调整得到最终的预估卖出价格 S，最终以此对 LGD 进行估计。

三、股票质押回购业务的风险管控

完善股票质押回购业务风险管控机制，证券公司应当首先确定适合的风险偏好与风险限额体系，形成相应的组织架构以支持有效的业务决策机制，优化制度体系以确保贷前充分评估风险、贷后及时监测风险，并最终落实到考虑风险因素的考核体系，贯彻风险前置理念，促进业务健康持续发展。

（一）风险偏好与风险限额体系

证券公司应根据宏观市场环境、自身风险承受能力以及盈利目标确定合理的风险偏好，明确一段时间内实现其盈利目标过程中愿意承担的资金风险以及对结果和目标之间差异的容忍程度，并根据风险偏好制定风险限额体系，对关键指标定期监控管理。风险限额可分解到相关业务部门，并纳入考核体系，从而确保股票质押回购业务整体发展方向符合公司的预期和目标。

（二）业务决策与组织架构

证券公司应将股票质押回购业务纳入全面风险管理体系，建立"董事会—业务决策机构—业务执行部门—分支机构"多层架构的决策与授权体系，实现业务隔离和前、中、后台相互分离、相互制衡，设置"业务承揽部门—风险管理部—审计监察部"的前、中、后三道防线，建立科学高效的管理及风控架构。

（三）业务制度体系

证券公司应确保股票质押回购业务制度体系覆盖全业务流程，通过立项准入标准明确业务开展边界；通过尽职调查管理办法规范尽职调查要求和内容；通过授信管理办法明确分级审批流程；通过盯市及持续管理办法明确存续期间盯市贷后管理工作内容；通过应急处置管理办法明确应急情形下的处理流程；通过业务操作规程等制度规范各环节业务运作，并根据监管要求、业务风险的变化，不断完善相关制度，形成长效管理机制，从源头防范风险。

（四）经济资本考核

证券公司可在对风险合理识别计量的基础上，对股票质押回购业务实施基于经济增加值（EVA，Economic Value Added）、风险调整资本收益（RAROC，Risk Adjusted Return on Capital）的经济资本考核。同考核挂钩的风控机制有助于提高业务人员风控意识，贯彻风险前置理念，促进风险收益平衡，提升公司资源配置效率。

参考文献

[1] 赵艳丰. 从"黑天鹅"背后看社区银行如何异军突起 [J]. 当代金融家，2017 (6)：142—143.

[2] Thomas L. Saaty. How to make a decision: The analytic hierarchy process [J]. European Journal of Operational Research，1990，48 (1)：9—26.

[3] 蒋贤锋，Packer Frank. 中外企业信用评级的差异及其决定因素 [D]. 中国人民银行工作论文，2017.

[4] Thomas J. Linsmeier，Neil D. Pearson. Value at Risk [J]. Financial Analysts Journal，2000，56 (2)：47—67.

[5] 温思雅，余建军. 证券公司类贷款业务的现状、前景与发展建议 [J]. 证券市场导报，2015 (5)：4—9.

股票质押回购业务的风险管理体系与处置实务研究

中信建投证券股份有限公司*

股票质押融资业务之前曾是银行、信托的传统融资业务，2013年6月，随着股票质押回购业务的推出，券商正式进军股票质押融资市场。得益于灵活的业务模式、统一的监管和交易平台以及股票托管、风险评估等方面的天然优势，再加上强劲的市场需求，证券公司股票质押式回购业务自推出以来蓬勃发展。2013—2016年股票质押回购市场规模分别为841亿元、3 374.62亿元、6 938.94亿元、12 840.05亿元，截至2017年12月已超过16 000亿元，较2013年规模增长了18倍。

从券商股票质押回购业务的实践情况来看，其总体平稳发展。股票质押回购业务的大部分客户均为上市公司大股东或者董、监、高，受股份控制权以及金融市场监管的双重约束，其信用违约成本高，将在很大程度上抑制和防范违约情况的发生，从而促进客户保持良好的信用履约状态。随着市场规模的逐步扩大，逐渐发生了数例重大风险事件，股票质押回购业务风险事件的防范、管理与处置也将成为影响资本市场稳定性的一个重要因素，对股票质押回购业务风险处置实务的相关研究显得愈加紧迫和重要。

一、行业发展概况、趋势与规模预测

（一）行业发展概况

股票质押回购业务市场规模超过"两融"，已成为规模最大的资本中介业务品种。从余额来看，截至2017年12月，券商股票质押回购业务余额超过16 000亿元，"两融"余额10 285亿元；券商资本中介业务中，股票质押回购占比60.87%，"两融"占比39.13%（见图1）。

---

* 课题负责人：蔡笑，中信建投证券金融部高级副总裁；课题组成员：邹子元、任效磊、谢铭、方文恪、梁玉梅、沈志峰、钱潇明、王慧。原载于《中国证券》2018年第4期。

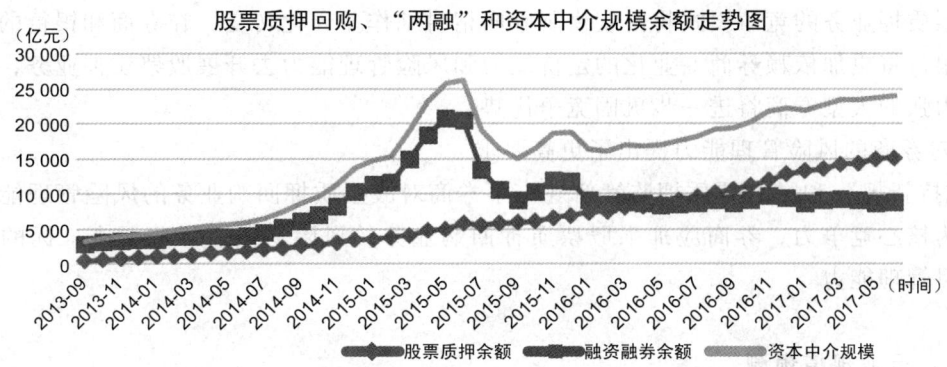

图1 股票质押回购、融资融券和资本中介规模余额

股票质押回购资金用途主要用于实体经济,已成为服务于实体经济的重要融资工具。从某大型证券公司的统计数据看,通道类项目中补充流动性、项目投资、借新还旧是主要的资金用途,三者占比达91.1%,分别占32.3%、32.3%、26.5%;非通道类项目资金用途主要为借新还旧和项目投资,分别占72.7%、54.5%。①

股票质押回购市场份额较为集中,前十大龙头券商占比在40%以上。从规模来看,行业前十大券商为中信证券(1 198亿元)、海通证券(1 172亿元)、华泰证券(882亿元)、国泰君安证券(855亿元)、申万宏源证券(531亿元)、招商证券(508亿元)、广发证券(507亿元)、长江证券(502亿元)、中信建投证券(463亿元)和兴业证券(460亿元)。

股票质押回购业务成为龙头券商的重要收入来源。中信证券2016年股票质押回购的利息收入为20.34亿元,占营业收入的10%;海通证券2016年股票质押回购的利息收入为26.11亿元,占营业收入的9%。

(二)行业发展趋势

2017年5月以来,行业监管部门相继发布《上市公司股东、董监高减持股份的若干规定》(证监会公告〔2017〕9号)《上海证券交易所上市公司股东及董事、监事、高级管理人员减持股份实施细则》《深圳证券交易所上市公司股东及董事、监事、高级管理人员减持股份实施细则》(此三份文件,以下简称"减持新规")以及《上海证券交易所股票质押式回购交易会员业务指南(2018年1月修订)》《深圳证券交易所股票质押式回购交易会员业务指南(2018年1月修订)》《股票质押式回购交易及登记结算业务办法(2018修订)》《证券公司股票质押式回购交易业务风险管理指引》(此四份文件,以下简称"股票质押监管新规")。一系列政策出台,将带来三个方面的行业变化趋势。

1. 改变融资人和出资人的供需格局

出资人的议价能力提升,市场质押率水平和行业增速将趋势性回调,市场利率水平则将趋势性上行。

2. 影响券商和银行的竞争格局

---

① 两者相加大于100%,是因为部分融资人的资金用途为多项,同时包括借新还旧和项目投资等。

股票质押业务的竞争模式将由规模制胜向精耕细作差异化转变,在券商和银行的竞争格局中,银行将更加依赖券商专业化的定价能力和风险管理能力去开展股票质押业务,而风险管理能力强的大型券商将进一步巩固竞争优势。

3. 对券商的风险管理能力提出了更高要求

"减持新规"和"股票质押监管新规"下券商对股票质押回购业务的风险管理能力将进一步成为核心竞争力,券商应加强股票质押回购业务的风险识别、尽职调查、标的证券评估、项目管理能力。

(三)行业规模预测

考虑到"减持新规"和"股票质押监管新规"将放缓股票质押回购业务的增长态势,我们认为 2018—2020 年股票质押回购业务仍将分别保持 15%、12% 和 10% 的平稳增速,到 2020 年股票质押回购业务规模将达到约 2.1 万亿元(见表 1)。

表 1　　　　　　　　2017—2020 年股票质押回购业务规模预测

年度	市场规模(亿元)	增速(%)
2014	3 374.617	301.15
2015	6 938.94	105.62
2016	12 840.05	85.04
2017	16 300	26.9
2018E	17 930	10
2019E	19 723	10
2020E	21 695	10

二、全市场风险暴露情况

股票质押回购业务市场参与程度高。截至 2017 年 12 月底,全市场股票质押回购业务规模已超 1.6 万亿元,3 257 只个股参与了股票质押,占 A 股上市公司总家数(3 305 家)的 98.5%。2016 年 1 月至 2017 年 11 月,5% 以上股东参与全市场股票质押回购业务 17 804 笔,其中 2016 年 10 940 笔,2017 年 1 月至 11 月 6 864 笔。

股票质押回购业务违约比例低。2016 年 1 月至 2017 年 11 月,根据上市公司公告统计的重大违约事件[①]有 7 例,分别采取了临时停牌、补充质押、拟转让股权、司法处置、协商延期和下调平仓线等手段履约(见表 2)。股票质押回购业务的重大风险事件均发生在 2016 年以后,以交易笔数占比计算,2016 年以来的 7 例违约事件仅占 2016 年以来发生的交易笔数的 0.028%;从违约事件涉及的标的证券占上市公司总家数看,7 例违约标的证券占上市公司总家数的 0.15%(见表 3)。

---

① 本文所统计的股票质押回购业务重大违约事件,是指融资人触及违约情形时,明显超出协议约定的履约时间而在较长时间内无法履约的违约情况。因无官方统一数据,本文所统计的重大违约事件有可能不全或者不完整。下同。

表 2　　　　　　　　　　　7 例股票质押回购违约事件的处置情况

标的证券	违约事件	处置手段	处置结果
同洲电子	2016 年 1 月，控股股东因股票质押业务触及平仓线，无法按时履约	转让所持上市公司股权给予小牛资本，小牛资本提前支付部分金额供其偿还股票质押负债	已处置完毕，债权人无本金利息损失
大东南	2016 年 1 月，控股股东股票质押业务触及平仓线	2017 年 2 月，控股股东自筹资金追加保证金	已处置完毕，公司股票复牌
*ST 德力	2017 年 5 月，控股股东股票质押业务触及平仓线，无法按时履约	通过三种方式解除质押风险：补充质押股份；延长还款时间；通过采用场外质押的方式进行股权质押，来分次置换原有的股权质押借款	已处置完毕，风险暂时解除
中毅达	2017 年 5 月，控股股东所持股票因股票质押业务触及平仓线，无法按时履约	2017 年 7 月，债权方信达证券诉至上海市第一中级人民法院，法院做出相应执行裁定书，控股股东股份被司法冻结	正在司法处置
洲际油气	2017 年 7 月，控股股东股票质押业务触及平仓线，无法按时履约	债权方平安银行拟通过二级市场强制平仓收回本金利息，随后采取财产保全措施司法冻结控股股东所持所有标的证券	已处置完毕，上市公司洲际油气转让所持焦作万方股份获得流动性支持，控股股东已全程清偿平安银行负债，债权人无本金利息损失
欢瑞世纪	2017 年 8 月，控股股东及一致行动人所持股票因股票质押业务触及平仓线，无法按时履约	通过两种方式解除质押风险：补充现金质押；给予宽限期 60 天，用于协商补充质押、筹集资金提前还款、调整相关质押条件	已处置完毕，风险暂时解除
顺威股份	2017 年 8 月，控股股东蒋九明的股票质押合约到期无力偿还	2018 年 1 月，债权人华安证券向安徽省高级人民法院提起诉讼，要求蒋九明清偿融资本息 8.95 亿元	正在司法处置

资料来源：Wind 资讯。

表 3　　　　　全市场参与股票质押回购业务的标的证券家数及违约比例

板块	标的数（例）	已质押标的数（例）	质押比例（%）	违约标的数（例）	违约占比（%）
创业板	662	649	98.04	0	0.00
中小版	873	866	99.20	4	0.23
主板	1 770	1 742	98.42	3	0.17
总计	3 305	3 257	98.55	7	0.15

资料来源：Wind 资讯。

三、股票质押违约情形及处置手段

根据现行业务规则，直接触发融资人的违约情形包括三类（见表 4）。

表 4　股票质押回购的六大类违约情形、两大类基本处置手段以及四种特殊处置情形

六大类违约情形	直接触发融资人违约的三种情况	融资人未按约定及时足额支付期间利息
		融资人未按约定通过补充质押、部分购回或其他措施提高履约保障比例至约定水平
		融资人未按约定进行购回交易
	可能触发融资人违约的三种异常情形	融资人本身可能发生的异常情况
		标的证券可能发生的异常情况
		其他异常情形
两大类基本处置手段	标的证券为无限售股份	通过二级市场卖出实现质权
	标的证券为有限售股份	通过司法拍卖、变卖实现质权，或待限售解禁后通过二级市场卖出实现质权
四种违约处置的特殊情形	国有股质押违约处置的特殊规定	
	外资股质押违约处置的特殊规定	
	质押遭遇司法冻结后违约处置	
	待业绩承诺股份质押的违约处置	

一是付息日时，融资人未按约定及时足额支付期间利息；

二是履约保障比例跌破预警线或平仓线，融资人未按约定通过补充质押、部分购回或其他措施使履约保障比例回归至约定水平；

三是在到期购回日或延期购回日，融资人未按约定进行购回交易。

除上述三种情形之外，当发生异常情况时，出资方可能要求融资人进行提前购回，融资人无法购回时，也将触发其违约。

当出现融资人违约情形时，可通过处置担保物即质押标的证券来实现质权，处置手段主要根据标的证券股份性质分为两类：

一类是对于标的证券为无限售条件股份的，可通过二级市场集中竞价、大宗交易、协议转让直接卖出标的证券。该情形下，处置标的证券的效率取决于融资人股东类型（可能受"减持新规"的各种限制）、标的证券市场流动性、融资规模等。

另一类是对于标的证券仍处于限售期的有限售条件股份的，可以待标的证券限售期届满解除限售后再行通过二级市场处置，也可以通过司法途径予以拍卖、变卖等。

在具体处置时，还会因为融资人的性质不同（如受"减持新规"影响的控股股东、大股东、董监高和特定股东，国有股股东，外资股股东，带业绩承诺股东），或者因为质押股份遭遇司法冻结等异常情况，导致处置的特殊规定以及可能会存在各种难点。

四、"减持新规"下无限售流通股质押二级市场违约处置实务

（一）"减持新规"下违约处置难点分析

"减持新规"限制了大股东、董监高和特定股东所持股份的流动性，降低了股票质押回购业务违约处置环节的效率，从两个方面增加了无限售流通股二级市场违约处置的难度：

一是对上市公司控股股东、大股东、董监高和特定股东，制定了更为严格的减持数量限

制（各类股东持有不同股份性质的详细规定见表5），有可能发生违约处置时无法通过集中竞价交易、大宗交易及时全部卖出应违约处置的股票数量的情况。如对非董监高、非大股东的股东持有的Pre—ipo股份，按照"减持新规"的要求，任意连续90日内，集中竞价交易减持的比例不得超过总股本的1%，大宗交易减持的比例不得超过总股本的2%；而按照此前的规定，此类股东的此类股份性质减持不受任何限制。

表5　　　　　　　　　不同股东持有的不同性质股份的减持比例汇总

股东	首次公开发行前股份	非公开发行前股份
非董监高、非大股东的股东	任意连续90日内，集中竞价交易不得超过总股本的1%，大宗交易不得超过总股本的2%	（1）任意连续90日内，集中竞价交易减持不得超过总股本的1%；且在股份解禁后的1年内，减持数量不得超过其持有本次非公开发行股份数量的50%； （2）任意连续90日内，大宗交易减持不得超过总股本的2%
非董监高的大股东	任意连续90日内，集中竞价交易不得超过总股本的1%，大宗交易不得超过总股本的2% （注：大股东与其一致行动人的持股合并计算）	（1）任意连续90日内，集中竞价交易减持不得超过总股本的1%；且在股份解禁后的1年内，减持数量不得超过其持有本次非公开发行股份数量的50%； （2）任意连续90日内，大宗交易减持不得超过总股本的2% （注：大股东与其一致行动人的持股合并计算）
董监高（包含非大股东的董监高以及同时为大股东的董监高）	（1）任意连续90日内，集中竞价交易不得超过总股本的1%，大宗交易不得超过总股本的2%； （2）每年转让股份不得超过所持股份的25%； （3）离职后的半年内，不得转让 （注：若董监高同时为大股东，则本条中（1）中的减持比例，董监高与其一致行动人的持股合并计算）	（1）任意连续90日内，集中竞价交易减持不得超过总股本的1%；且在股份解禁后的1年内，减持数量不得超过其持有本次非公开发行股份数量的50%； （2）任意连续90日内，大宗交易减持不得超过总股本的2%； （3）每年转让股份不得超过所持股份的25%； （4）离职后的半年内，不得转让 （注：若董监高同时为大股东，则本条中（1）中的减持比例，董监高与其一致行动人的持股合并计算）
大宗交易受让方	受让后6个月内，不得转让	无
协议转让受让方	受让后6个月内减持的，任意连续90日内，通过集中竞价交易减持不得超过总股本的1%	无

注：表中关于时间表述的天数均为自然日。

二是对控股股东、实际控制人、董监高及其一致行动人规定了一系列不得减持的情形（各类股东的不同规定汇总见表6），如融资人违约时正好发生该等情形，则无法通过二级市场卖出标的证券。

表6　　　　　　　　　　　不同股东不得减持的情形汇总

股东	不得减持情形
非董监高、非大股东的股东	若为控股股东、实际控制人、董监高的一致行动人,则当上市公司触及退市风险的下列情形时不得减持(上市公司披露公司无控股股东、实际控制人的,其第一大股东及第一大股东的实际控制人应当遵守本规定): 1. 上市公司因欺诈发行或者因重大信息披露违法受到中国证监会行政处罚; 2. 上市公司因涉嫌欺诈发行罪或者因涉嫌违规披露、不披露重要信息罪被依法移送公安机关; 3. 其他重大违法退市情形
非董监高的大股东	大股东因自身原因不得减持情形: 1. 上市公司或者大股东被中国证监会立案调查或者被司法机关立案侦查期间,以及在行政处罚决定、刑事判决做出之后未满6个月的; 2. 大股东因违反交易所业务规则,被交易所公开谴责未满3个月的 若为控股股东、实际控制人、董监高及其一致行动人,则当上市公司触及退市风险的下列情形时不得减持(上市公司披露公司无控股股东、实际控制人的,其第一大股东及第一大股东的实际控制人应当遵守本规定): 1. 上市公司因欺诈发行或者因重大信息披露违法受到中国证监会行政处罚; 2. 上市公司因涉嫌欺诈发行罪或者因涉嫌违规披露、不披露重要信息罪被依法移送公安机关; 3. 其他重大违法退市情形
董监高(包含非大股东的董监高以及同时为大股东的董监高)	董监高因自身原因不得减持情形: 1. 董监高被中国证监会立案调查或者被司法机关立案侦查期间,以及在行政处罚决定、刑事判决做出之后未满6个月的; 2. 董监高因违反交易所业务规则,被交易所公开谴责未满3个月的 董监高因上市公司触及退市风险不得减持的情形(上市公司披露公司无控股股东、实际控制人的,其第一大股东及第一大股东的实际控制人应当遵守本规定): 1. 上市公司因欺诈发行或者因重大信息披露违法受到中国证监会行政处罚; 2. 上市公司因涉嫌欺诈发行罪或者因涉嫌违规披露、不披露重要信息罪被依法移送公安机关; 3. 其他重大违法退市情形
大宗交易受让方	暂无规定
协议转让受让方	暂无规定

三是对于5%以上股东通过集中竞价交易系统的减持制定了更为严格的信息披露要求(卖出前、卖出中、卖出后三个阶段均须发布公告,详见表7),在违约处置导致的融资人被动减持阶段,相关的信息披露需要融资人及上市公司的配合,导致无法立即进入处置环节。因为"减持新规"要求大股东通过集中竞价交易卖出股份的,必须于首次卖出股份的15个交易日前向交易所报告并予以公告,则发生无限售流通股违约时将导致无法在较短时间内在二级市场卖出标的证券,而必须在违约后的15个交易日后才有可能进入处置环节;此外,减持事前、事中和事后的信息披露均需要大股东及上市公司配合,在具体实践中也有可能造成处置效率下降的情形。

表7　　　　　　　　　　　　　不同股东减持的信息披露要求

股东	信息披露
非董监高、非大股东的股东	无
非董监高的大股东	仅要求集中竞价交易需要信息披露 事前：首次卖出股份的15个交易日前向交易所报告并予以公告，每次披露减持时间不得超过6个月 事中1：在减持数量过半或者减持时间过半时，应披露减持进展； 事中2：控股股东、实际控制人及一致行动人减持达到总股本的1%的，还应当在2个交易日内公告； 事中3：在减持时间区间内，上市公司披露高送转或者筹划并购重组等重大事项的，应立即披露减持进展情况，并说明减持与前述重大事项是否有关 事后：股份减持计划实施完毕或者披露的减持时间区间届满后的两个交易日内公告具体减持情况
董监高（包含非大股东的董监高以及同时为大股东的董监高）	仅要求集中竞价交易需要信息披露 事前：首次卖出股份的15个交易日前向交易所报告并予以公告，每次披露减持时间不得超过6个月 事中1：在减持数量过半或者减持时间过半时，应披露减持进展； 事中2：控股股东、实际控制人及一致行动人减持达到总股本的1%的，还应当在2个交易日内公告； 事中3：在减持时间区间内，上市公司披露高送转或者筹划并购重组等重大事项的，应立即披露减持进展情况，并说明减持与前述重大事项是否有关 事后：股份减持计划实施完毕或者披露的减持时间区间届满后的2个交易日内公告具体减持情况
大宗交易受让方	无
协议转让受让方	无

（二）案例研究：洲际油气控股股东股票质押违约事件

上市公司洲际油气股份有限公司（股票代码：600 759，以下简称"洲际油气"或"公司"）控股股东所持股份因股票质押违约拟被强制平仓案例，被誉为"减持新规"后第一例，也是股票质押回购业务以来市场上第一例被启动强制平仓的股票质押重大风险事件。梳理其整个处置过程，对于防范和控制股票质押业务风险具有重要意义。

1. 基本情况

2017年7月25日，洲际油气发布两则控股股东减持公告《关于控股股东减持8 680万股股份计划的公告》和《关于控股股东减持8 680万股股份计划的补充公告》：

（1）广西正和实业集团有限公司（以下简称"广西正和"）为洲际油气的控股股东，持有公司665 081 232股股份，占公司总股本的29.38%。截至本公告披露日，广西正和质押公司股份665 016 368股，占其持有公司股份的99.99%。

（2）2016年8月4日，广西正和将其持有的公司8 680万股质押给长江证券股份有限公司。因该笔交易触及平仓线，本次股票质押的资金提供方平安银行已通知长江证券并告知广西正和强制平仓的决定。基于此，广西正和拟减持的股份数量不超过8 680万股，占公司总股本的 3.83%；减持方式为拟通过集中竞价交易、大宗交易、协议转让及法律、法规允许的其他方式进行减持。公告同时提及，本次减持行为属于被动减持，是根据资金提供方平安银行要求实施的减持行为，相关减持比例和方式均将严格遵守中国证监会、上海证券交易所的减持新规的要求进行。

2. 后续处置

整个后续处置涉及 11 个重要节点，其中至 2017 年 9 月 13 日，广西正和已全部清偿 8 680 万股股份质押项下的融资本金、利息等相关费用，市场上第一例因股票质押违约可能被强制平仓的重大风险事件得到妥善解决，融资人所持质押股份也未被强制平仓。

（1）7 月 27 日，平安银行司法冻结广西正和所持洲际油气所有股份，从技术条件上看，7 月 25 日发布的减持计划在司法冻结解除前，已无实施可能。

7 月 27 日，洲际油气发布《关于平安银行又向法院申请冻结广西正和股份的提示性公告》：因平安银行诉广西正和一案，公司收到深圳市中级人民法院《协助执行通知书》（〔2017〕粤 03 财保 41 号），平安银行向深圳市中级人民法院申请冻结广西正和持有的公司其他股份。因执行需要，广西正和所持有的共计 665 081 232 股被司法冻结，占公司总股本的 29.38%，冻结期限为 2 年，从 2017 年 7 月 26 日起至 2019 年 7 月 25 日止。本次冻结后，广西正和所持有公司全部股票被冻结。

（2）8 月 2 日—7 日，洲际油气所持焦作万方股份被司法冻结和轮候司法冻结。

8 月 8 日，洲际油气发布《关于持有的焦作万方股份被司法冻结的公告》：公司所持焦作万方股份于 8 月 2 日—7 日间分别被湖北省武汉市中级人民法院、上海市第二中级人民法院冻结，司法冻结累计 104 612 990 股，占焦作万方总股本的比例为 8.775%，被轮候冻结数量为 101 167 235 股，占焦作万方总股本的 8.486%。

（3）8 月 8 日，海通恒信国际租赁轮候司法冻结广西正和所持全部股份。

8 月 8 日，洲际油气发布《关于控股股东所持股份被司法冻结的提示性公告》：因海通恒信国际租赁股份有限公司诉洲际油气股份有限公司一案，上海市第二中级人民法院做出的（2017）沪 02 民初 810 号执行裁定书已经发生法律效力。因执行需要，公司控股股东广西正和实业集团有限公司所持有的公司 665 081 232 股（其中，无限售流通股股票 469 690 451 股，限售流通股股票 195 390 781 股）被轮候冻结，冻结期限为 3 年，自转为正式冻结之日起计算。

（4）8 月 8 日，洲际油气拟转让所持焦作万方股份，转让总价款 108 671 974 012 元。洲际油气在收到第一笔股份转让价款后 20 个工作日内，须负责解除标的股份的质押、冻结及其他权利限制，并同时将标的股份质押给樟树市和泰安成投资管理中心（有限合伙）（以下简称"和泰安成"）。

8 月 8 日，洲际油气发布《关于签署焦作万方股份转让协议的公告》：公司与和泰安成于 8 月 8 日签署《股份转让协议》，将公司持有的焦作万方 104 612 990 股股份（占焦作万方总股本 8.77%）转让给和泰安成，转让总价款 1 086 719 740.12 元。

（5）8 月 29 日，和泰安成已将本次股权转让的总价款 1 086 719 740.12 元汇至双方约定的共管账户中，洲际油气将按照协议约定尽快办理股份过户事宜。

洲际油气 8 月 29 日发布《关于焦作万方股份转让的进展公告》：根据《股份转让协议》的约定，受让方和泰安成已将本次股权转让的总价款人民币 1 086 719 740.12 元汇至双方约定的共管账户中。

（6）8月31日，因邵天裔诉广西正和等民间借贷纠纷一案，广西正和所持洲际油气股份再被轮候司法冻结。

洲际油气于9月1日发布的《关于控股股东所持股份被司法冻结及达成和解的提示性公告》显示，8月31日，因邵天裔诉广西正和等民间借贷纠纷一案，浙江省杭州市中级人民法院做出的（2017）浙01民初858号裁定书已经发生法律效力，广西正和所持有的洲际油气665 081 232股（其中，无限售流通股股票469 690 451股，限售流通股股票195 390 781股）被轮候冻结，冻结期限为3年。

（7）9月1日，广西正和和邵天裔达成和解，所持股份被杭州中院司法轮候冻结解除。

洲际油气于9月1日发布的《关于控股股东所持股份被司法冻结及达成和解的提示性公告》显示，洲际油气及控股股东广西正和已与债权人邵天裔达成和解，邵天裔向浙江省杭州市中级人民法院提出《解除财产保全申请书》，上述轮候冻结的665 081 232股股份予以全部解除冻结。

（8）9月13日，广西正和已全部清偿（1）中的8 680万股股份质押项下的融资本金、利息等相关费用，之前被平安银行申请司法冻结的广西正和持有的洲际油气665 081 232股股份已被解除司法冻结，并随后办理了解质押手续。

洲际油气9月13日发布《关于广西正和全部清偿平安银行债务并办理解除股份司法冻结的公告》：截至本公告披露日，广西正和已全部清偿8 680万股股份质押项下的融资本金、利息等相关费用。平安银行已向深圳市中级人民法院申请解除对广西正和持有的公司665 081 232股股份的司法冻结，长江证券随即办理8 680万股股份的质押解除手续。

（9）9月13日，洲际油气已全部清偿（2）中的债权人海通租赁债务，洲际油气持有的焦作万方股份于9月15日被解除轮候司法冻结。

洲际油气9月13日发布《关于清偿海通租赁债务并办理相关股份司法冻结解除的公告》：截至本公告披露日，洲际油气已清偿海通租赁与上述司法冻结的有关债务，海通租赁已向上海市第二中级人民法院申请撤诉并提交《解除财产保全申请书》，解除上述股份的司法冻结，洲际油气所持焦作万方股份被解除司法冻结。

9月15日，洲际油气发布《关于海通租赁所涉及相关股份已解除司法冻结的公告》：公司所持有的焦作万方3 445 755股股份已解除司法冻结，101 167 235股股份已解除轮候冻结。

（10）9月13日，洲际油气已全部清偿（2）中的债权人湖北天乾资产管理有限公司债务，9月25日洲际油气持有的焦作万方股份被解除司法冻结。

洲际油气9月13日发布《关于办理焦作万方股份解除司法冻结的公告》：洲际油气持有焦作万方104 612 990股。湖北天乾资产管理有限公司向湖北省武汉市中级人民法院申请，于2017年8月2日司法冻结公司所持焦作万方101 167 235股股份。截至本公告披露日，公司已就湖北天乾上述司法冻结的有关债务与湖北天乾达成和解并清偿，湖北天乾已启动解除相关财产司法冻结的程序。

9月22日，洲际油气发布《关于公司持有焦作万方股份解除司法冻结的公告》：公司所持有的焦作万方101 167 235股股份已解除司法冻结。

（11）9月27日，广西正和持有洲际油气股份已全部解除司法冻结，也不存在被轮候冻结的情形。

3. 处置总结

从 2017 年 7 月 25 日，洲际油气控股股东广西正和的债权方平安银行拟强制平仓、洲际油气控股股东广西正和发布相关减持公告开始，至 2017 年 9 月 13 日，广西正和全部清偿平安银行债务并办理解除股份司法冻结，期间近 2 个月，事件也得到了妥善解决。回顾整个过程，有以下启示：

（1）上市公司大股东的无限售股份股票质押违约处置中，通过二级市场违约处置标的证券是有效的"震慑手段"，是所有处置工具中的最后"撒手锏"。

洲际油气案例中，平安银行先是拟于 7 月 25 日之后的 6 个月内通过二级市场卖出处置标的证券，但随后平安银行即于 7 月 27 日通过深圳市中级人民法院司法冻结了广西正和所持有的所有洲际油气股份，技术上宣告了之前通过二级市场卖出标的证券的减持计划已无实施可能。平安银行并没有真正立即实行强制平仓，转而采取财产保全司法冻结广西正和所持股份，可能有三个方面的考量：一是可能担忧其他债权人抢先司法冻结广西正和所持股份；二是担忧"减持新规"下执行股权质押协议导致的被动减持会有某种政策上的不确定性，毕竟之前尚未有通过二级市场直接违约处置控股股东股份的案例；三是担忧违约处置会破坏与上市公司洲际油气及控股股东广西正和的良好协作关系，上市公司及控股股东、实际控制人是金融机构的重要客户。因此，在债权方平安银行看来，无限售流通股二级市场违约处置更多作为一种"震慑手段"，二级市场违约处置仅是作为最后一种不得已的实现质权、收回本金利息的手段。

（2）股票质押违约事件，有可能和其他债权债务关系叠加，使得单一的股票质押违约事件有可能引发其他违约处置事件，使得违约处置变得更为复杂和困难。

在洲际油气案例中，广西正和所持洲际油气股份在整个处置过程中，先是被股票质押债权方平安银行司法冻结，随后又被债权方海通租赁和邵天裔先后采取第 1 轮轮候冻结和第 2 轮轮候冻结，总共被司法冻结 3 次。

（3）从各债权人（包含非股票质押债权人）采取的措施看，均采取了诉讼财产保全措施，第一时间司法冻结或轮候司法冻结债务人的相关股票资产，以此作为保障债权的优先手段。

（4）在各债权人纷纷采取司法冻结等财产保全措施后，债务人广西正和和上市公司洲际油气也一直在采取相关措施（转让所持其他上市公司股份）筹集资金，避免发生违约处置标的证券。

回顾洲际油气案例的处置过程，上市公司洲际油气于 2017 年 8 月 8 日拟转让所持有的焦作万方股份以获得 10 亿余元的流动性支持，是上述违约事件得以快速妥善解决的关键。8 月 29 日，上市公司洲际油气收到股权转让款，至 9 月 13 日，上述各债权债务关系均已了结，之前被多次司法冻结的股份也已解除司法冻结。

（5）从本案例的风险控制情况看，广西正和所持股份 100% 质押，导致一旦发生风险事件，无其他股票资产及时履约，从而容易触发违约情形。

（三）政策建议

第一，控制上市公司控股股东、实际控制人所持股份的全市场质押比例，是控制融资人违约风险的最好的办法。从风险控制角度，对于某些风险较高的融资人可通过协议约定限制其在全市场的质押比例，比如待购回期间融入方所持标的证券的质押比例不得超过85%等。出资人可针对上市公司控股股东、实际控制人和大股东制定相关的全市场质押比例，并建立可行的跟踪调查体系，及时核查融资人所持股份的质押比例，一旦发现融资人违反协议约定的质押比例，或者质押比例接近100%，应及时采取措施，督促融资人提前购回或采取其他降低融资风险的措施。

第二，一旦发生无限售股份股票质押违约事件，可按照下列步骤采取措施，尽可能保障债权：

（1）立即根据上交所和深交所相关规定，启动违约处置流程。

（2）根据融资人的股东性质及股份性质，对照"减持新规"的规定，确定可行的减持数量，并联系上市公司和融资人制定符合"减持新规"的信息披露方案。

（3）根据对融资人履约能力的判断，可同时积极采取司法诉讼财产保全措施，及时司法冻结融资人所持有的股票资产，加大对融资人施压的力度。

（4）积极与融资人协商，督促融资人尽快采取其他措施筹集资金，使违约事件得到妥善解决。

第三，建立行业统一的大股东、董监高和特定股东的股份性质和减持信息查询系统，包括可减持数量、已减持数量、协议转让受让方信息、一致行动人信息、处罚信息等。减持新规下准确界定融资人的股份性质及可减持股份数对于股票质押业务十分重要，建立行业统一的查询系统，可方便券商开展相关业务及管控风险。

五、限售股质押的违约处置实务

（一）限售股质押的法理基础

根据相关法律法规，依法可转让的股份方可质押：（1）《担保法》第七十五条规定，"依法可以转让的股份、股票可以质押"；（2）《物权法》第二百零九条规定，"法律、行政法规禁止转让的动产不得出质"及第二百二十三规定，"债务人或者第三人有权处分的下列权利可以出质：（四）可以转让的基金份额、股权"；（3）《最高人民法院关于适用担保法若干问题的解释》第103条规定：以股份有限公司的股份出质的，适用《公司法》有关股份转让的规定，股权质押必须符合股权转让的法定条件，不能转让的股份不得出质。

限售股虽然在一段时间内转让受限，但其出质应认定有效。依据如下：

首先，限售股具有可让与性。股权质押旨在设立权利质权，其目的在于质权人可以优先受偿变卖质物获得的价款。《最高人民法院执行工作办公室关于上市公司发起人股份质押合同及红利抵债协议效力问题请示案的复函》（〔2002〕执他字第22号）支持这种观点，认为"《公司法》第147条规定对发起人股份转让的期间限制，应当理解为是对股权实际转让的时间的限制，而不是对达成股权转让协议的时间的限制。在质押权人有权行使质押权时，该质押的股份已经没有转让期间的限制，因此不应以该股份在设定质押时依法尚不得转让为由确认质押合同无效"，根据此《复函》，限售股的限售期限先于行权期限结束的，应当认定质押合同有效。

其次，根据《物权法》第二百二十三条和第二百二十六条规定①，只要该股权在证券登记结算机构办理了出质登记，该出质行为即有效，一旦债务人出现违约，证券公司作为质权人就可行使质权。

最后，实务中2012年的上海舜东与西安宏盛担保追偿权纠纷案以及2014年的周亚与青海贤成、国新投资、贤成集团民间借贷纠纷案②，都涉及限售股质押借款，法院对限售股质押的法律效力均未提出异议。前者直接依法委托拍卖公司执行了限售股的转让，后者也同样认可了经登记的限售股质押效力。最高法院在后者的民事判决书中认为"……且国新公司已将其用于质押的贤成矿业公司股票在中国证券登记结算有限责任公司上海分公司办理了证券质押登记，均合法有效。"③

（二）限售股质押违约处置的司法拍卖流程

限售股质押违约处置有两种途径：一是限售期内通过司法拍卖处置标的证券；二是待限售期解禁后通过二级市场违约处置标的证券。通过二级市场违约处置标的证券同本文"减持新规"下标的证券二级市场违约处置的内容，此处主要探讨限售股司法拍卖的相关问题。司法拍卖是涉案财产处置变现的基本手段，探讨司法拍卖相关问题，对提升限售股违约处置的效率具有重要作用和意义。

司法拍卖的法律及规范性文件包括：《中华人民共和国民事诉讼法》《中华人民共和国拍卖法》《最高人民法院关于人民法院民事执行中拍卖、变卖财产的规定》（法释〔2004〕16号）、《最高人民法院关于人民法院委托评估、拍卖和变卖工作的若干规定》（法释〔2009〕16号）、《最高人民法院关于人民法院委托评估、拍卖工作的若干规定》（法释〔2011〕21号）、《最高人民法院关于冻结、拍卖上市公司国有股和社会法人股若干问题的规定》（法释〔2001〕28号）、《最高人民法院关于人民法院网络司法拍卖若干问题的规定》（法释〔2016〕18号）等。司法拍卖分为人民法院委托拍卖和自行拍卖两种形式。

人民法院委托拍卖的基本程序包括保留价、先期公告、预交保证金、通知、停止拍卖与合并拍卖、流拍与续拍、变卖、抵债或解除执行措施（见图2）。④

《最高人民法院关于人民法院网络司法拍卖若干问题的规定》（以下简称《网拍司法解释》）自2017年1月1日已开始实施，将人民法院自行组织网络司法拍卖规定为拍卖中应当优先采取的方式。

2016年11月25日，最高人民法院网发布《最高人民法院关于司法拍卖网络服务提供者名单库的公告》，公告中的"司法拍卖网络服务提供者名单库"，涵盖了京东、人民法院诉讼资产网、中国拍卖行业协会网、公拍网、淘宝网5个平台，这5家入库平台获得了网络司法拍卖资格。现有的网络司法拍卖平台中，首屈一指的是淘宝司法拍卖平台。

---

① 以基金份额、证券登记结算机构登记的股权出质的，质权自证券登记结算机构办理出质登记时设立。
② 周亚与青海贤成矿业股份有限公司、西宁市国新投资控股有限公司等民间借贷纠纷二审民事判决书，最高人民法院网，网址：http://www.court.gov.cn/wenshu/xiangqing-9932.html，最后访问日期：2017年10月10日。
③ 秦杰：限售股质押的合法性需明确，和讯网，网址：http://funds.hexun.com/2016-07-11/184853911.html，最后访问日期：2017年10月10日。
④ 司法拍卖基本规则，百度文库，网址：https://wenku.baidu.com/view/a8752270227916888586d713.html，最后访问日期：2017年10月10日。

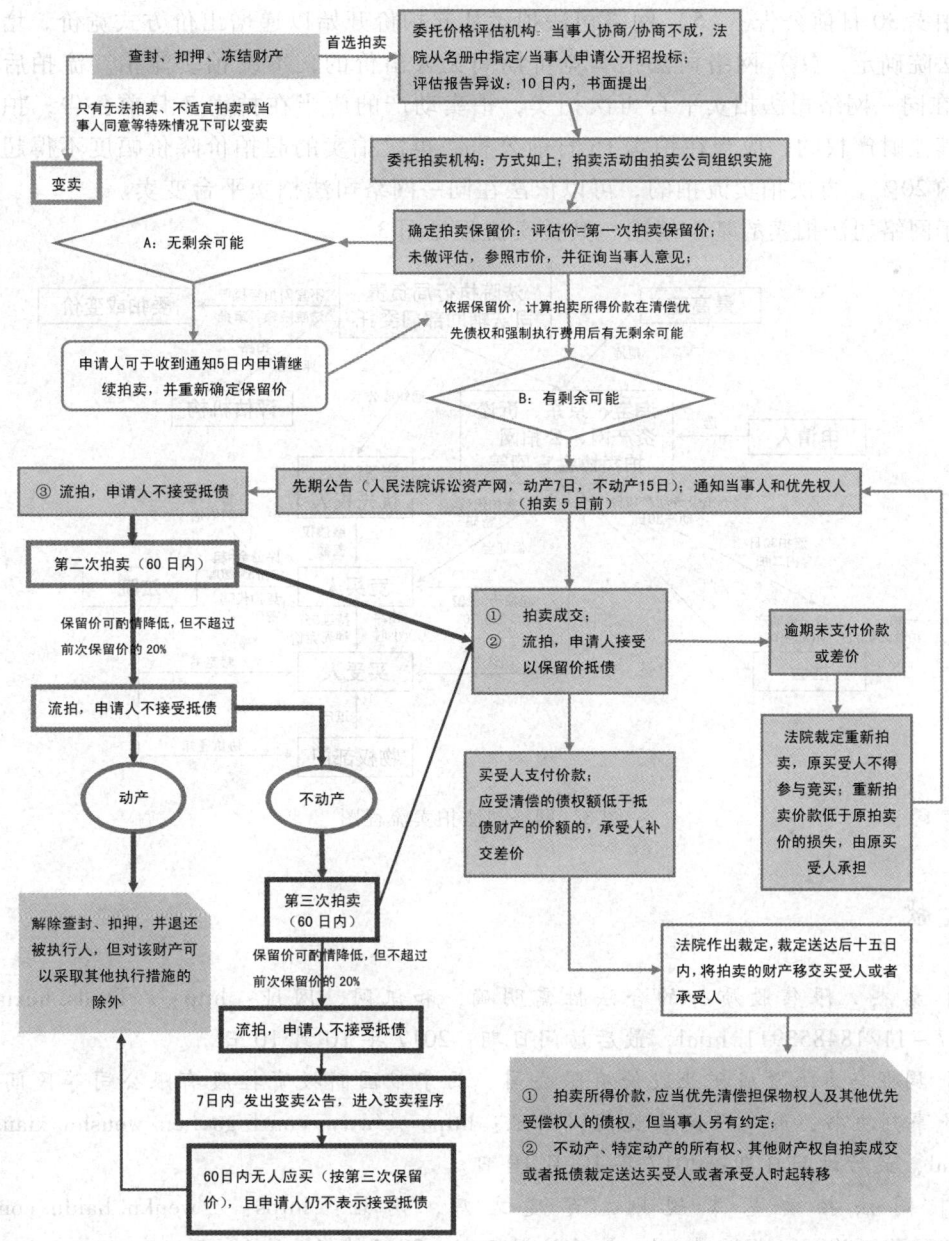

图 2 委托拍卖流程图

网络司法拍卖重要的基本规则如下[①]：（1）人民法院以拍卖方式处置财产的，应当采取网络司法拍卖方式。（2）最高人民法院建立全国性网络服务提供者名单库。（3）网络司法拍卖不限制竞买人数量。一人参与竞拍，出价不低于起拍价的，拍卖成交。（4）网络司法拍卖应当先期公告。拍卖动产的，应当在拍卖15日前公告；拍卖不动产或者其他财产权的，

---

① 本处的部分内容参考陈家绪："逐条解读：最高人民法院网络拍卖司法解释"，网址：http://www.360doc.com/content/16/0808/00/34662875_581566324.shtml，最后访问日期：2017年10月10日。

应当在拍卖30日前公告。(5) 网络司法拍卖从起拍价开始以递增出价方式竞价,增价幅度由人民法院确定。(6) 网络司法拍卖竞价期间无人出价的,本次拍卖流拍。流拍后应当在30日内在同一网络司法拍卖平台再次拍卖,拍卖动产的应当在拍卖7日前公告;拍卖不动产或者其他财产权的,应当在拍卖15日前公告。再次拍卖的起拍价降价幅度不得超过前次起拍价的20%。再次拍卖流拍的,可以依法在同一网络司法拍卖平台变卖。

基于网络司法拍卖的基本规则,其拍卖流程见图3。

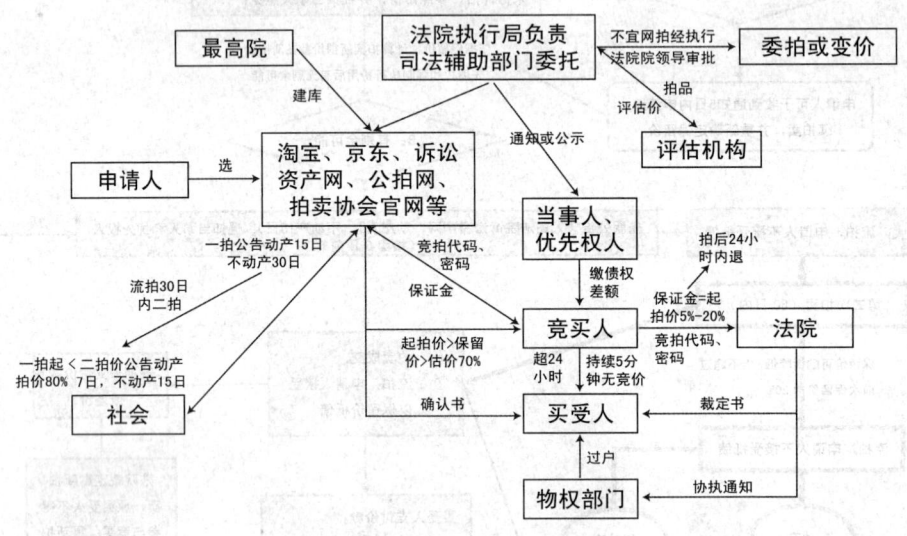

图3 网络司法拍卖流程图

参考文献

[1] 秦杰. 限售股质押的合法性需明确, 和讯网, 网址: http://funds.hexun.com/2016-07-11/184853911.html, 最后访问日期: 2017年10月10日。

[2] 周亚与青海贤成矿业股份有限公司、西宁市国新投资控股有限公司等民间借贷纠纷二审民事判决书, 最高人民法院网, 网址: http://www.court.gov.cn/wenshu/xiangqing-9932.html, 最后访问日期: 2017年10月10日。

[3] 司法拍卖基本规则, 百度文库, 网址: https://wenku.baidu.com/view/a8752270227916888586d713.html, 最后访问日期: 2017年10月10日。

[4] 最高人民法院关于人民法院网络司法拍卖若干问题的规定, 最高人民法院网, 网址: http://www.court.gov.cn/zixun-xiangqing-24391.html, 最后访问日期: 2017年10月10日。

[5] 陈家绪, 逐条解读: 最高人民法院网络拍卖司法解释, 网址: http://www.360doc.com/co.tent/16/0808/00/34662875_581566324.shtml, 最后访问日期: 2017年10月10日。

[6] 最高人民法院关于人民法院委托评估、拍卖工作的若干规定, 人民法院诉讼资产网, 网址: http://www.rmfysszc.gov.cn/statichtml/rm_xw_detail/2015/12/19/1509.shtml, 最后访问日期: 2017年10月10日。

防范和化解股票质押回购业务风险的实务研究

高伟生　黄翌飘[*]

一、引言

2018年以来，股票质押式回购业务市场规模、参与标的证券数量、质押的市值延续2017年的增长趋势，截至2018年4月30日，场内质押规模为1.58万亿元，虽然相较于2017年12月31日的业务规模1.624万亿元下降446亿元，但整体业务规模处于高位震荡、缓慢下行的过程中；3 461只A股股票中，质押股票3 333只，占比96.3%；股票质押市值5.36万亿元，占A股总市值的8.62%。但实际运行中爆发了多起大股东股票质押风险事件，比如贾跃亭质押的乐视网、涂国身质押的中安消、王靖质押的信威集团、王辉质押的华泽钴镍、庄敏质押的保千里等，特别是在市场行情向下波动时，日益增多的大股东股票质押补仓公告成为资本市场的常态，大股东股票质押的平仓风险对上市公司和资本市场产生短期和长期的负面影响。从上市公司的角度来看，短期内大股东平仓风险引发股价的下跌，股价的下跌进一步加剧平仓风险，大股东的平仓风险传导到上市公司，强化了上市公司资金链断裂的正向效应；长期看，大股东的平仓风险可能引发上市公司股权变更、对外融资渠道萎缩、投资者损失、股票退市风险增加。从资本市场的角度来看，短期内股票质押的平仓风险成为股价高波动的重要来源，加剧投资者情绪波动和市场的不稳定；长期来看，因股票质押的平仓风险引发的停牌和信息披露问题，持续引发市场主体对我国资本市场的股票停复牌制度、信息披露制度的质疑，不利于构建稳定的资本市场环境。

因此，如何防范和化解股票质押业务的风险成为保障资本市场稳定发展的重要内容。本文旨在通过对股票质押风险案例的分析研究，总结股票质押风险事件的化解机制，探讨股票质押业务的风险控制措施。

---

[*] 作者单位：德邦证券股份有限公司。原载于《中国证券》2018年第7期。

二、风险事件特征分析

(一) 融资人高比例质押

融资人高比例质押是民营企业控股股东股票质押的基本现象（杨雅洁，2015）[1]，高比例质押会导致股价持续下跌过程中融资人没有多余股票用于补仓，且高比例质押和高负债率、严重的期限错配紧密相关，当市场流动性紧张时，融资人因无法实现借新还旧，有现金流断裂的风险。高比例质押的原因主要有以下几种：一是上市公司所在行业的资本消耗特性决定了企业需要大量的现金流，比如房地产、高铁、媒体等行业；二是上市公司巨额对外投资或并购，大多涉及杠杆收购，实际操作中大部分需要上市公司或控股股东承担无限连带担保责任，一旦出现某笔负债无法正常归还，控股股东与上市公司之间将出现风险交叉传染，控股股东的负债问题将传染到上市公司，引发上市公司的现金流紧张，而这也会加剧控股股东的债务危机。

以广西正和洲际油气股票质押风险事件为例。洲际油气主营油气勘探开发，一直处于高负债运营中。其控股股东广西正和实业集团有限公司自 2009 年以来通过股票质押循环融资，质押比例常年维持在 90% 以上，主要是在洲际油气收购案中为并购对象提供大额借款和担保。为保持负债的周转，广西正和陆续在信托、券商、银行等 28 家机构轮流质押融资，2016 年 8 月 4 日广西正和将其洲际油气 8 680 万股流通股质押给某证券公司（实际资金方为平安银行）。而自 2016 年 8 月 4 日至 2017 年 7 月 25 日，洲际油气的股价从 8.09 元跌到 4.84 元，跌幅高达 40%，按照流通股 40% 的折扣率、140% 的平仓线，该笔质押能承担 36% 的跌幅，而股价的跌幅过大使该笔质押触及平仓线，此时广西正和没有股票进行补仓，短期内也没有资金进行偿还，2017 年 7 月 25 日该笔股票质押的资金方平安银行要求对广西正和的质押标的进行强制平仓。因此洲际油气发布公告，广西正和拟被动减持 8 680 万股其所持有的公司股份，进而引发广西正和洲际油气股票质押的风险。

(二) 融资主体存在诚信问题与上市公司基本面差

在股票质押风险事件中，融资主体的诚信问题比较突出[2]，特别是控股股东在会计处理、业务承诺、信息披露、环境保护、税收政策等方面违背监管规定和行业基准，容易受到监管机构处罚或者新闻媒体的质疑。根据减持新规的规定[3]，大股东被中国证监会立案调查或者被司法机关立案侦查期间，以及在行政处罚决定、刑事判决作出之后未满 6 个月的，不得减持股票。这意味着标的证券 6 个月内没有流动性，而且股票质押合同基本都会约定如果面临监管处罚，融资主体的股票质押需采取提前购回措施，如不采取提前购回措施，将导致

---

[1] 国有企业股票质押比例受制于财政部《关于上市公司国有股质押有关问题的通知》的约束，最多只能质押所持股票 50% 的份额；相关民营企业和国有企业的质押差别见高伟生（2 017）的分析。

[2] 2018 年 3 月 28 日中国证监会发布第 139 号令《证券期货市场诚信监督管理办法》，从 2018 年 7 月 1 日起构建全行业的诚信数据库。市场诚信信息查询平台网址：http://shixin.csrc.gov.cn/honestypub/。

[3] 减持新规是指 2017 年 5 月中国证监会颁布的《上市公司股东、董监高减持股份的若干规定》及上交所颁布的《上海证券交易所上市公司股东及董事、监事、高级管理人员减持股份实施细则》，深交所颁布的《深圳证券交易所上市公司股东及董事、监事、高级管理人员减持股份实施细则》。

违约。

上市公司基本面差包括以下几种情况：一是上市公司持续亏损，特别是扣除非经常性损益后的净利润持续为负，部分年份扣非后净利润亏损严重；二是上市公司业绩内生增长乏力，特别是部分上市公司通过高杠杆的外延并购和业绩承诺实现收入的大幅增长，业绩承诺具有基准完成年份业绩好而业绩承诺期限后业绩降幅较大的特点；三是上市公司信息披露考核等级较低，处于 C 级或者 D 级水平或者部分年度考核等级变动幅度大，从 A 级或者 B 级下降到 C 级或者 D 级，不仅显示出上市公司的治理水平较差，而且信息披露不规范、不透明。

以中安消股票质押风险事件为例。中安消的前身为老八股之一的飞乐股份，2013 年 7 月 15 日飞乐股份发布重组预案，通过向深圳市中恒汇志投资有限公司（以下简称"中恒汇志投资"）发行股份购买中安消技术有限公司 100% 股权，并于 2015 年登陆资本市场。自 2015 年 1 月 19 日开始，中恒汇志投资开始以中安消股票循环质押融资，截至 2017 年 4 月 21 日，中恒汇志投资向 22 家机构和个人累计质押了 4.79 亿股，占其 5.34 亿股的 89.7%。从质押时段来看，主要集中于 2015 年 1 月 19 日到 2016 年 8 月 16 日中安消股价持续上涨期间，股价从 9.70 元上涨到 21.5 元，涨幅 121.65%。然而 2016 年 12 月 22 日中安消被中国证监会立案调查，2017 年 5 月 3 日被会计师事务所出具了无法表示意见的审计报告，同时上交所对上市公司实行退市风险警示，而后中恒汇志投资的质押存量项目因债务纠纷等案件被司法冻结和多轮轮候冻结。多种负面消息导致 2017 年 5 月 26 日中安消复牌股价经历 17 个跌停，从 17.43 元下跌到 6.6 元，引发了中安消股票质押的危机。

其实自借壳上市以来，中安消基本面逐步转差，主要表现在：一是上市公司负债持续上升，资产负债率从 2015 年半年报的 39.4% 上涨到 2016 年半年报的 61.41%，2016 年底更是高达 72.48%，负债总额也从 2015 年半年报的 18.8 亿元上升至 2016 年底的 76.6 亿元。负债结构主要以短期负债为主，短期负债的占比从 2015 年的 69.9% 上升至 2016 年的 79.57%，短期负债占比过高意味着资金需求量大，期限错配较为严重，上市公司的流动性风险较大。二是上市公司收入质量差，2015 年、2016 年上市公司进行了大量对外并购，累计收购了 11 家主体。大量的对外并购形成了大量的商誉，2015 年商誉占净资产的比重为 26%，2016 年更是达到了 62%，商誉总额从 7.6 亿元增长到 18.31 亿元，而 2015 年、2016 年上市公司营业收入分别为 19.8 亿元、34.8 亿元，分别增长 25.18%、62.68%，但经营性现金净流量却与营业收入呈相反方向变化，2015 年下降到 -11 亿元，2016 年进一步下降到 -12.7 亿元。经营性现金流的巨亏表明上市公司虽然确认了相关收入，但是收入质量差，而且一旦被并购标的的业绩出现问题，商誉减值被计提，对公司资产以及净利润将产生巨大的负面影响。三是业绩承诺完成差。借壳上市时，中安消技术有巨额业绩承诺，但是中安消技术连续三年未到达盈利预测承诺，2014 年业绩承诺完成率为 87.62%，2015 年为 70.59%，2016 年为 46%，业绩承诺没有完成，融资人没有采取措施对上市公司进行补偿，上市公司的基本价值没有支撑，股价进一步下跌，全面加剧了融资人和上市公司的债务危机。

中安消的诚信问题主要体现在借壳上市过程中和年报审计中：一是在借壳上市过程中，中安消采取提前确认收入、虚增资产等财务造假手段提升估值。中国证监会处罚告知书显示，中安消技术虚构 2014 年、2015 年盈利预测和虚增 2013 年营业收入，其中中安消技术资产评估金额虚增 54.46%，中安消技术将部分不符合收入确认条件项目提前确认收入，虚增了 2013 年度营业收入 5 515 万元；二是会计师事务所对 2016 年度年报出具否定意见，中安消部分子公司内控缺失、合同缺失，会计师事务所无法确认相关营业收入、营业成本、应收应付及预付款项。因借壳上市过程中的财务造假及被审计机构出具否定意见，中安消 2016 年至 2017 年交易所的上市公司信息披露考核等级为最低等级 D。

三、风险事件的处置模式

股票质押风险事件的处置主要有三种模式：一是融资人通过出售旗下资产或者转让部分股权，回收部分流动性从而解决质押的债务问题；二是融资人无法筹集资金，质押标的证券进入处置程序，如果质押标的是流通股，根据减持新规的要求，履行相应的信息披露程序，采取二级市场卖出的方式回收资金；三是如果质押标的是限售股，通过司法途径，司法拍卖融资人的股权。

（一）出售资产或转让股权回收现金

通过出售资产解决质押债务问题以洲际油气的股票质押为例。2017 年 7 月 25 日，洲际油气公告其大股东广西正和因跌破平仓线没有采取补仓措施，被质权人平安银行采取强制平仓措施；同时 2017 年 7 月 27 日平安银行采取诉前财产保全措施，冻结了广西正和持有的洲际油气全部 6.65 亿股股份，冻结融资主体的全部持仓对广西正和其他债权人产生显著的风险溢出效应，引发其他债权人陆续采取司法冻结或轮候司法冻结措施，冻结融资人及上市公司持有的资产。2017 年 8 月 2 日、2017 年 8 月 4 日、2017 年 8 月 7 日洲际油气持有的焦作万方股份被武汉市中院、上海市二中院司法冻结和轮候冻结；2017 年 8 月 8 日债权人海通恒信国际租赁诉广西正和，广西正和持有的洲际油气股份被轮候冻结。债权人采取的诉前财产保全措施，一定程度上也促使上市公司及融资人加快处置资产的步伐，2017 年 8 月 29 日洲际油气公告将其持有的焦作万方股份转让，作价 10.86 多亿元。在获得转让款后，广西正和逐步归还了平安银行的质押融资款和其他债权人的负债。2017 年 9 月 13 日，洲际油气发布公告，广西正和已全部清偿平安银行的质押负债，平安银行解除了对广西正和洲际油气股份的司法冻结，同时其他质权人也逐步解除对广西正和和上市公司的冻结。

（二）流通股的强制平仓

流通股的强制平仓以徐蕾蕾皇氏集团股票质押为例。2016 年 11 月 16 日皇氏集团董事徐蕾蕾向某证券公司以 1 600 万股皇氏集团质押融资 1 亿元，截至 2017 年 6 月 29 日，徐蕾蕾向两家质权人质押了 2 327.99 万股，占其持股的 99.91%。自 2016 年 11 月 16 日开始，皇氏集团股价持续下跌，从 16.03 元跌到 2017 年 11 月 16 日的 8.18 元，跌幅达到 48.97%，2016 年 11 月 16 日的质押已跌破平仓线，徐蕾蕾未能采取补仓措施且未能到期回购，徐蕾蕾的质押项目实质违约。2017 年 11 月 16 日徐蕾蕾和证券公司签署了《关于无条件同意违约处置的情况说明》，徐蕾蕾同意证券公司自主选择处置质押标的证券的方式、价格、时机、顺序，2017 年 11 月 21 日证券公司强行平仓徐蕾蕾 649 187 股，收回负债约 500 万元。

（三）限售股的司法处置

限售股的司法处置具有较大的可行性，主要原因是：一是待限售股限售期满采取二级市场卖出的模式容易受到解除限售的阻碍，如果融资人是持股5%及其以上的大股东或者董、监、高，违约处置会加剧上市公司股价的剧烈波动和市场舆论的广泛关注，上市公司从股价稳定性和市场舆论考虑，倾向于不给融资人办理解除限售或者拖延给融资人解除限售，而解除限售的不确定性不利于质权人质押债权的安全，质权人此时只能通过司法诉讼的模式强制解除限售，并进行二级市场卖出。二是强制执行的问题。实务中对于限售股的股票质押交易，质权人一般会将该笔质押交易的质押合同进行强制执行公证，一旦出现需要实现债权的情形，质权人可向公证机关申请出具执行证书，并依照该执行证书向有管辖权的人民法院（一般是上市公司注册地的人民法院）申请司法强制执行，以有效实行质权。但是如果融资人提出执行异议，或者上市公司注册地的法院出于地区司法保护的原则不配合办理强制执行，强制执行的操作将面临较大的不确定性。三是诉讼程序的操作性强，大幅减少过程的不确定性。质权人可在自身的注册地直接起诉，在经历诉讼程序后，法院将融资人的股权进行司法拍卖，拍卖以网络拍卖为主，淘宝网拍卖是目前使用最多的途径，如果经三次拍卖仍不能成交，法院会将股权按第三次拍卖的保留价折价抵偿给债权人。[①]

以某证券公司盈方微股票质押的司法处置为例。2014年9月11日、2014年12月26日和2015年3月12日盈方微电子将其持有的2 800万股、4 100万股、400万股盈方微限售股质押给证券公司，融资3.24亿元。因质押的股份为限售股，证券公司与盈方微电子的质押合同均由上海市黄浦公证处出具公证书，然而2016年4月29日，盈方微2015年年报被会计师事务所出具无法表示意见的审计报告，深交所对盈方微股票实行退市风险警示。2016年10月15日，盈方微被中国证监会立案调查。2017年3月29日，盈方微电子所持有的盈方微股份全部被司法冻结。考虑到质押股份出现司法冻结、质押标的被立案调查且盈方微电子未按期支付利息，证券公司采取了违约处置措施，向上海市黄浦区公证处申请签发强制执行证书并于2017年5月16日获得执行书。2017年5月23日，证券公司根据其中2笔交易（2 800万股、4 100万股的质押）的执行书向上海一中院申请并获执行立案；但2017年6月盈方微电子向上海一中院提出执行异议，2017年7月下旬上海一中院做出裁定驳回异议，2017年8月盈方微电子向上海高院提出复议，2017年9月15日被上海高院裁定驳回。2017年11月，上海一中院取得对应质押股票的执行权，并于2018年3月14日至2018年3月15日在淘宝网网络司法拍卖6 900万股盈方微股票，但第一轮拍卖流拍；于2018年4月21日至2018年4月22日在淘宝网进行第二次司法拍卖，再次流拍；2018年5月14日上海一中院出具《执行裁定书》，将盈方微电子持有的6 900万股盈方微股票作价3.14亿元交付证券公司抵债。

四、结论及建议

现有股票质押业务风险事件呈现出融资人质押比例高、融资主体存在诚信问题、标的证

---

① 蔡笑等（2018）总结了司法拍卖的法律、规范性文件及操作流程。

券基本面差的三个基本特征,实际操作中,有三种股票质押风险处置模式:一是通过出售资产或转让股权回收现金,解决流动性问题;二是如果质押的股份是流通股,根据减持新规的要求,采取二级市场卖出的方式;三是如果质押的股份是限售股,通过司法处置是较为有效的措施。为了更好地防范和化解股票质押式回购业务的风险,事前风险识别和事后违约处置可采取相应的措施。

(一) 从事前风险识别的角度

一是严格控制融资人质押数量占其持股总数的比例,规避融资人高比例质押的情况。二是采取多种措施对融资主体的诚信情况进行严格调查,通过中国证监会的市场诚信信息查询平台查询融资主体在资本市场的诚信情况,通过中国法律文书裁判网查询融资人的司法诉讼情况,通过天眼网查询融资主体旗下所有子公司的诚信记录情况,通过中国执行信息公开网查询融资主体的失信及执行情况,在展业过程中规避诸如财务造假、被立案调查、被司法强制执行、在途诉讼金额巨大等没有诚信的融资主体。对于诚信有瑕疵的融资主体,评估诚信瑕疵的可接受度,在可接受范围内,采取控制单一客户和单一标的融资规模、增加担保等多种增信措施。三是重点关注上市公司基本面情况,综合分析上市公司的资产质量、收入质量以及现金流情况,规避资产质量差、收入基本由外延并购支撑、现金流差、上市公司信息披露考核等级差的上市公司,上市公司具备基本的投资价值是确保股票质押项目安全的最终保障。

(二) 从风险事件处置的角度

一是遵守减持新规的要求,做好信息披露的勤勉尽责工作。当标的证券出现平仓风险且和融资主体沟通后,融资主体无法采取补充措施时,撰写正式的平仓通知,要求融资主体和上市公司做好信息披露工作,并采取邮寄、电话、短信等通知模式确保融资主体和上市公司收到相关通知,做好相关通知的留痕管理,积极督促上市公司进行信息披露。

二是积极采取司法措施保障质权。虽然通过诉讼模式解决质押纠纷耗时较长、程序较多,但是相比于被动等待,司法诉讼的操作性强,结果明确,不仅有利于保障质权人的出资安全,也有利于出质人纠纷的尽快解决,因此对于证券公司来说,组建专业的律师团队既是有效威慑融资主体不解决债务纠纷的有效措施,也是提升证券公司风险控制能力、保障证券公司自有资金安全的重要措施。

参考文献

[1] 蔡笑等. 股票质押回购业务的风险管理体系与处置实务研究 [J]. 中国证券,2018 (4): 27—38.

[2] 高伟生. 控股股东股票质押下的侵占效应 [J]. 中国证券,2017 (3): 9—17.

公司债市场的风险预警与控制研究

中山证券有限责任公司[*]

一、问题提出

新常态下中国经济结构转型的顺利实现需要金融市场在快速发展的同时保持良好的系统稳定性,因此,系统性金融风险防范至关重要。2017年底召开的中央经济工作会议提出,防范化解重大风险是未来三年中国经济工作的三大攻坚战之首。党的十九大报告指出:"健全金融监管体系,守住不发生系统性金融风险的底线。"2017年7月召开的全国金融工作会议要求:"要把主动防范化解系统性金融风险放在更加重要的位置,科学防范,早识别、早预警、早发现、早处置,着力防范化解重点领域风险,着力完善金融安全防线和风险应急处置机制。"从宏观数据来看,中国的非金融企业杠杆率较高,债务占比居于世界主要经济体的首位,债务风险逐步累积,导致系统性风险防范的重要性日益凸显。

在这种背景下,作为中国金融市场重要组成部分的公司债市场,在2015年1月发行与交易管理制度改革后规模快速扩张,其市场总体规模已经不容小觑,由2014年底的7 740亿元迅速攀升到2017年12月底的5.08万亿元。在突出强调防范系统性风险的政策大背景下,公司债市场的结构性问题明显,潜在的风险问题值得重视:第一,2015年的公司债发行与交易管理制度改革以来,井喷式发行使得公司债的到期期限较为集中,债券期限主要集中在2—3年和4—5年,交易所公司债的债券兑付高峰将要到来,市场风险控制的必要性日益凸显;第二,前期的发行主体主要集中在房地产和多元金融等部门,行业的集中度高,在去杠杆的经济工作思路下,这些行业累积的潜在风险在未来可能会进一步暴露;第三,投资者结构特征(商业银行、证券公司和广义基金等金融机构为主要投资者)和交易特征(广泛采取质押式回购的杠杆操作、羊群效应)以及市场潜在风险的多发性特征(宏观经济下

---

[*] 课题负责人:李湛,中山证券首席经济学家、研究所所长;课题组成员:唐晋荣,方鹏飞,曹萍,周丹妮。原载于《中国证券》2018年第4期。

行压力、企业的行业性景气状况、发债企业盈利状况、货币政策等宏观经济政策的变动、股债联动效应的存在、汇率波动引起的企业国际债务负担变动等），决定了公司债市场快速扩容壮大的同时，其风险预警及控制问题值得格外关注。

本文梳理了中国公司债市场的潜在风险来源，从中长期发展的角度剖析了交易所公司债市场的内部风险，以及可能外溢到公司债市场以外甚至引起系统性风险。同时，本文还设定了相对合理的初始条件，测算了极端情况下信用违约冲击对公司债市场的影响，以评估当前阶段公司债市场对某些潜在重大风险爆发的承受力。基于这些结论，本文提出了相应的政策建议。

二、公司债市场的潜在风险来源及可能触发机理分析

（一）风险来源

从理论逻辑上看，根据公司债市场参与各方面临的风险进行区分，有利于理清市场主体间的交互行为以及风险在参与各方的传导和蔓延过程，进而提出针对性的应对措施。根据市场参与者的不同，可以将公司债市场风险分为来自发行者的风险、来自投资者的风险、来自交易市场的风险和来自监管层的风险四个方面。

1. 公司债发行者的风险

公司债发行者可能冲击市场的风险主要源自信用风险。企业的经营绩效下滑、流动性管理不当等都可能导致其对已发行债券还本付息的违约，而企业的违约行为会使得市场投资者直接遭受损失。如果违约的规模足够大，或者引致企业违约的因素具有行业典型性，可能引起市场风险的传染和蔓延，进而放大最初的信用违约风险。

从市场风险控制的角度分析公司债发行者的信用风险，需要关注引致信用风险的行业性特征，以及债券存量规模、该类型债券的投资者特征及投资者的集中度等问题。对于发行人、评级机构、审计机构、承销机构在发行、募集资金使用、审计和信息披露方面存在违规的行为进行依法坚决处理，这样才能更好地排除由于相关各方的违法违规行为导致整个公司债市场增加不必要的风险因素。由于未来1—5年是公司债集中到期兑付的时期，处于信用风险的高发期，因而需要密切关注宏观经济状况、行业的周期性特征和企业盈利情况，及时预判信用风险爆发可能对市场的冲击。

2. 投资者的风险

风险爆发对投资者的影响主要通过改变其资产—负债的买卖行为而对整个市场造成冲击。因而，无论是由于债券的信用评级调整或者到期兑付违约，还是央行货币政策紧缩引起的市场总体流动性下降、投资者的资产—负债结构的错配，抑或其他恐慌性情绪的迅速蔓延，都会使投资者改变其买卖策略，进而对债券的供求关系产生影响而冲击市场。事实上，极端情况下，绝大部分信用债产品都可能由于阶段性缺乏对手方而瞬间导致流动性枯竭。当大规模流动性枯竭状况出现时，市场往往陷入非理性的螺旋式下跌过程，此时需要央行发挥"最后贷款人"的作用对市场进行干预，以缓解市场的暂时性恐慌情绪。

从公司债市场风险控制的角度看，需要根据投资者的资金来源和资金的期限结构确定其对市场波动的承受力，区分不同类型投资者对价格波动的容忍度，并对市场波动尤其是大幅波动时不同类型投资者的投资策略选择进行预判。尤其需要关注价格敏感性投资者集中扎堆，相互成为某些风险较大的产品交易对手方，此时的定价可能大幅偏离其均衡价格，在市

场风险暴露时会快速引起投资者抛售进而导致市场快速陷入流动性枯竭状态。

3. 交易市场的风险

市场情绪变动可能是公司债交易市场的重要风险来源之一。不确定性主要来自两个方面：第一，总量性政策的走势。这种走势既可能来源于央行货币政策主动调控，也可能来自外部经济环境导致的国内政策的被动跟随，如美联储加息导致我国央行货币政策调控空间压缩。第二，监管政策走势的不确定性。这在 2016 年底以来的债券市场表现得尤为突出。阶段性的监管事件容易进一步加剧市场的紧张情绪，市场情绪恐慌导致抛压持续存在，使整个债券市场始终处于紧绷状态，不利于市场风险的有序释放。同时，市场剧烈波动时，系统重要性交易制度的可持续性也是公司债市场特有的风险来源之一。为提高公司债的流动性，降低公司债债券的流动性溢价，交易所实行了以标准券进行折算的中央对手方交易制度（CCP），中国结算充当回购交易双方的中央对手方。这种制度在常态时可以极大地提高回购效率，但在分业监管、监管竞争并存的结构下，潜在信用风险的上升和货币政策的收紧，可能使 CCP 制度在大规模违约发生的极端情况下面临较大的风险暴露，因而，交易市场的风险防范也需要对此进行密切关注。

4. 监管层的风险

从 2017 年初以来的债券市场波动和监管政策的出台来看，监管风险可能也是我国债券市场的一个重要风险来源：其一，政策的方向转变较为剧烈，市场参与者不得不被动按照监管要求的转变而进行投资结构的调整。比如 2017 年 4 月中国银监会对委外理财资金监管的新要求，中国证监会对券商通道业务管理的新措施等。其二，分业监管格局下的政策协调性不够，不同监管部门间的监管政策可能存在叠加效应，放大了每一个部门的政策影响力，这主要是金融机构间的资金链条和业务内容相互叠加嵌套导致的。因而，这也是管控公司债市场风险时需要重点关注的。

（二）触发机理分析

结合国内外债券市场的历史经验，从风险的波及范围来看，公司债市场的风险可以区分为债券市场内部风险和外溢到债券市场以外甚至引起金融系统危机的系统性风险两个层级。以下分别对这两个层级潜在风险的可能触发机理进行简要分析。

1. 公司债市场内部风险

这主要是指在当前阶段我国债券市场分割、监管竞争持续存在的背景下，影响公司债市场持续稳定健康发展的各类风险。具体而言，这种风险主要来自如果公司债市场的运行表现持续且大幅差于银行间市场，可能会导致发行者和投资者不愿参与公司债市场，公司债市场规模和活跃度逐步趋于萎缩停滞的风险。这种风险可以表现为三种形式：其一，公司债的发行利率较高，发行者不愿意继续发债，市场逐步萎缩；其二，公司债的风险—收益不匹配，投资者不愿意参与，进而导致公司债市场的债券发行相较于银行间而言没有优势，市场逐渐萎缩；其三，公司债市场价格大幅波动频繁，使得投资者损失惨重，投资者不愿参与。这三种情况本质都是风险定价机制失灵所引发的，存在相互联系，需要从风险定价的角度分析哪些因素可能会导致交易所公司债市场比银行间市场的扭曲更严重。从价格形成的角度看，可以通过分析债券换手率情况以及信用利差的变动灵敏性来比较两个市场的运行效率。

2. 公司债市场的系统性风险

这主要指在公司债市场爆发的、可能引发整个金融市场大幅波动的风险。从历史上国际金融危机中系统性风险爆发的共性来看，系统重要性金融机构遭受风险传导后迅速陷入经营困局，进而引发整个金融系统投融资功能和价值发现功能丧失。以此反观公司债市场，对公司债市场稳定可能产生重大影响的关键点可能有作为CCP的中国结算公司以及某些特别大型的机构投资者等。从触发因素看，由于当前中国债券市场的投资者主要以配置型持有为主，市场波动本身的风险相对有限，因而，引发这种风险的主要因素可能是存量债券的大规模集中违约。

三、公司债市场发展风险分析——基于发行和运行特征视角

在市场的总体量、投资者资金规模等方面存在显著劣势的现实约束之下，如果交易所公司债市场的运行表现比银行间市场差，那么，从中长期的角度看，交易所公司债市场的发展可能会面临重大挑战，这是交易所中长期需要重视的问题。

（一）公司债市场流动性状况比较分析

图1计算了中国和美国债券市场的日均换手率情况（此处的日均换手率以各自债市的日均交易量除以各自的年末债券托管余额得到），从两国债市日均换手率可以看出，两国的日均换手率均有小幅下滑趋势。其中，中国的日均换手率从2011年的0.0113逐步下滑到2016年的0.0077；与此同时，美国的日均换手率从2011年0.0251下滑到2016年的0.0196。而从中美债市换手率之比可以看出，2016年中国债市的日均换手率还不到美国的40%。因而，中国债市的整体流动性状况仍有待进一步改善。

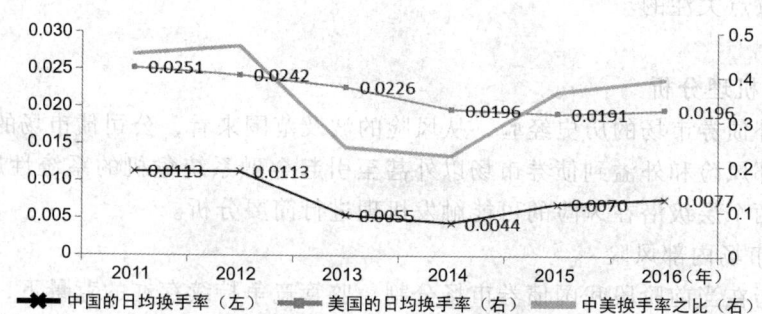

图1　中国和美国债券市场日均换手率比较

资料来源：SIFMA，Wind。

具体到公司债市场，图2给出了公司债日均换手率的变动情况，并将其与银行间市场较为相似的品种——中期票据的换手率情况进行比较。从图2可以看出，第一，公司债和中期票据的换手率存在着下滑的趋势；第二，比较来看，公司债的日均换手率总体低于中期票据；第三，2016年1月和5月以来，中期票据和公司债的日均换手率都分别跌破29个月的日均平均水平，表明信用债市场的流动性风险可能会加大。

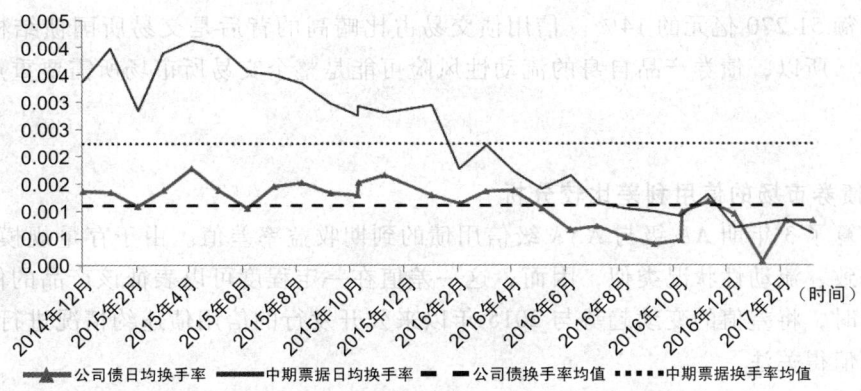

图 2　中国的公司债和中期票据日均换手率比较

资料来源：SIFMA，Wind 和中国债券信息网。

进一步将中国的公司债和中期票据的日均换手率和美国公司债的换手率进行比较，可以得到如图 3 所示的情况。从图 3 可以看出，第一，总体而言，中国的公司债和中期票据换手率大幅低于美国的公司债，以 15 个月的平均数据看，公司债和中期票据的日均换手率仅分别相当于美国的 24% 和 36%；第二，中美两国的信用债换手率都有下滑趋势，且中国的中期票据换手率下滑尤为突出。对上述数据的测算显示，美国的公司债换手率仍在均值水平左右（2017 年 4 月的换手率为 0.0033，略低于 15 个月均值 0.0036），中国的公司债换手率也还在均值附近（2017 年 4 月的换手率为 0.00082，略低于 15 个月均值 0.00086），中国的中票换手率下滑至不到 15 个月均值的一半（2017 年 4 月的换手率为 0.0006，低于 15 个月均值 0.0013 的一半）。

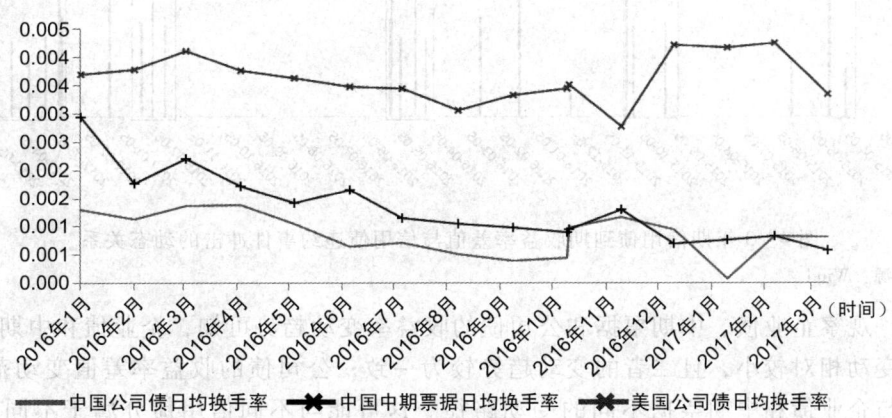

图 3　中国和美国的公司债日均换手率比较

资料来源：SIFMA，Wind 和中国债券信息网。

综合图 1 至图 3 可以看出，换手率过低导致的流动性风险依然是制约我国债市发展的重要因素。从美国债市成交量的结构来看，95% 以上的现券成交量为利率债券和有政府信用的抵押债券。我国以公司债为主的交易所市场的流动性更差。中国债券市场统计月报和 Wind 的现券成交数据显示，交易所的现券交易中，2015 年公司债总交易额为 3 647 亿元，约占交易所现券交易总额 33 920 亿元的 11%；2016 年公司债总交易额为 7 162 亿元，约占交易所现券交易总额 51 270 亿元的 14%。信用债交易占比畸高的背后是交易所国债结构占比过低的尴尬处境。所以，债券产品自身的流动性风险可能是整个交易所市场所需要重点考虑的因素之一。

（二）债券市场的信用利差比较分析

图 4 计算了 3 年期 AA 级与 AAA 级信用债的到期收益率差值。由于存量规模相对较大、期限结构一致、流动性状况类似，因而，这一差值在一定程度可以表征该产品的信用风险溢价水平。同时，将差值的变动趋势与 2015 年以来公开发行的信用债违约情况进行比较分析，有三个方面值得关注。

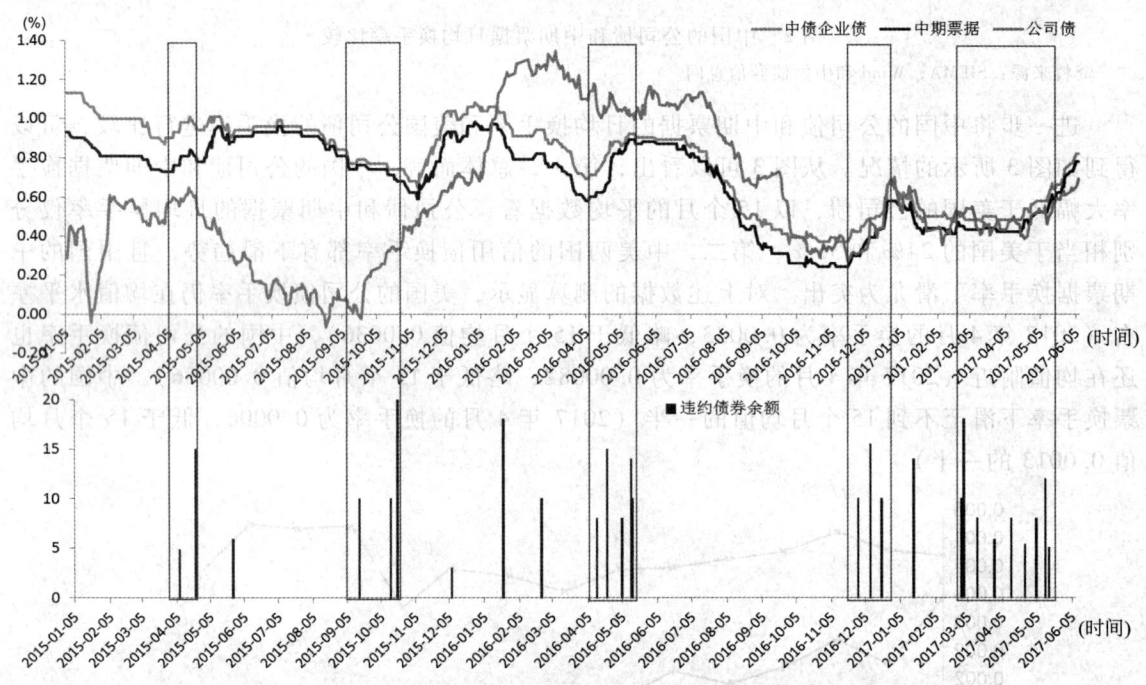

图 4 3 年期信用债到期收益率差值与信用债违约事件冲击的动态关系

资料来源：Wind。

第一，观察企业债、中期票据和公司债的收益率变动趋势可知，企业债和中期票据的收益率差值变动相对较小，且二者的变动趋势较为一致；公司债的收益率差值变动范围较大，且表现出与企业债和中期票据不同的变动路径。这可能与不同信用债分属于不同市场（企业债和中期票据主要集中在银行间市场，公司债仅在交易所市场）以及不同市场的投资者结构和投资风格不同等因素有关。

第二，比较利差变动与历史违约事件的关系，尽管历史上 32 次公开发行的信用债违约主要集中在银行间市场（共 26 次），但相比较而言，公司债产品对信用违约事件更为敏感。这一点从图 4 的五个柱形图可以看出，当信用违约事件密集发生时，总体而言公司债的利差反应更为迅速，且反应幅度相对更大。

图 5 给出了 5 年期 AA 级与 AAA 级信用债的到期收益率差值，可以发现与图 4 类似的结论，但 5 年期的信用债利差变动范围更大。这主要可能与久期更长的产品信用风险暴露更大有关。

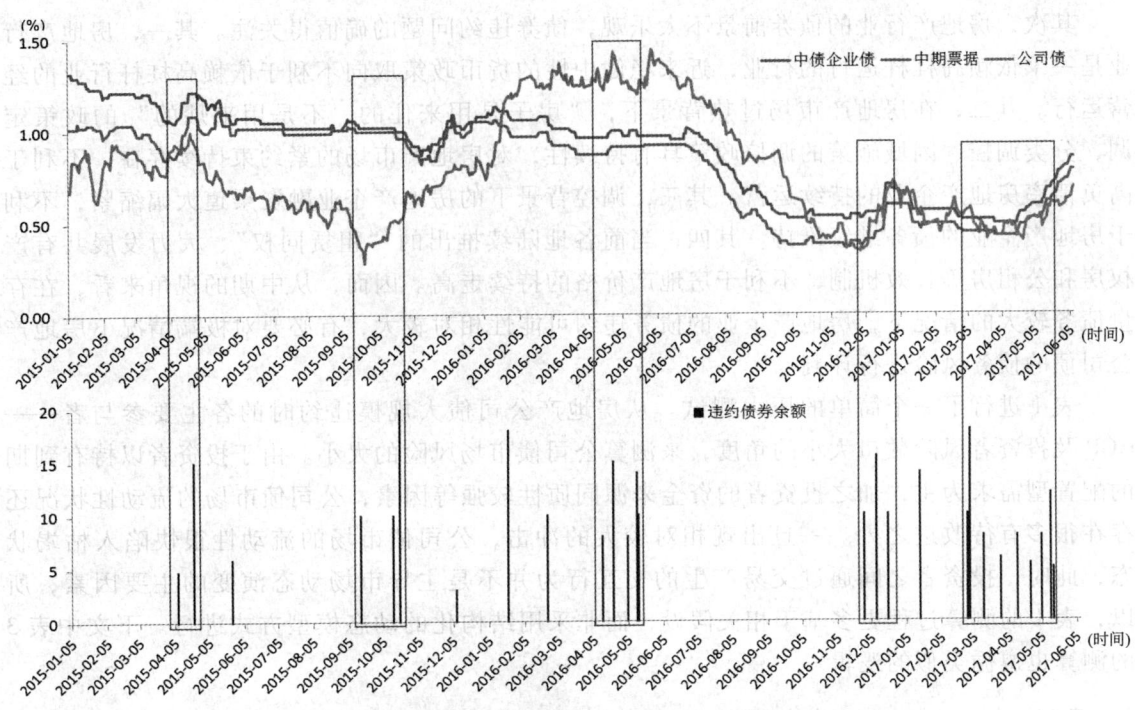

图5 5年期信用债到期收益率差值与信用债违约事件冲击的动态关系

资料来源：Wind。

四、公司债市场稳定运行风险分析——基于系统性风险视角

自2016年初以来，各界对于公司债市场中的产能过剩行业和房地产行业发债速度较快的质疑声音较大，从当前中国经济的发展态势来看，近期的去产能政策通过大幅压缩供给的方式，使得煤炭、钢铁、有色金属等产能过剩严重的行业的经营业绩快速扭转。在限产能政策的持续作用下，相关行业的业绩有望改善，企业债券违约的风险也相应降低。因而，前期产能过剩行业的债券违约风险尽管依然存在，但已经在很大程度上降低了。相比之下，房地产行业的发展前景存在较多不确定性。首先，如图6所示，房地产行业的公司债结构占比过高的特征较为明显，房地产企业债券总发行量中的61.7%是公司债。

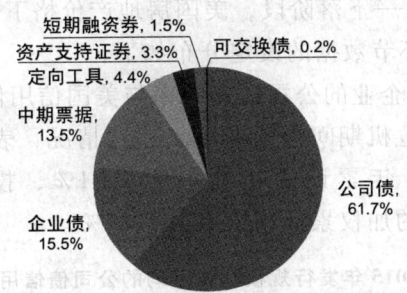

图6 2015—2017年上半年房地产企业不同类型债务工具发行规模占比

资料来源：Wind。

其次,房地产行业的债券前景不太乐观,债券违约问题的确值得关注。其一,房地产行业是一个依赖高杠杆运行的行业,近来稳健中性的货币政策取向不利于依赖高杠杆行业的经营运行。其二,在房地产市场过热背景下,"房子是用来住的,不是用来炒的"的政策定调,分类调控、因城施策的调控政策具有持续性,对房地产市场的紧约束持续存在,不利于高负债率房地产企业的持续运营。其三,调控背景下的房地产企业融资渠道大幅缩紧,不利于房地产企业的债务继续维持。其四,当前各地陆续推出的"租赁同权"、大力发展共有产权房和公租房等长效机制,不利于房地产价格的持续走高。因而,从中期的视角来看,在存量债务较大的情况下,房地产企业的债务违约可能性相对较大,有必要对极端情况下房地产公司债的债务风险进行评判。

表1进行了一个简单的压力测试。从房地产公司债大规模违约时的各主要参与者——CCP及投资者风险敞口大小的角度,来测算公司债市场风险的大小。由于投资者以持有到期的配置型需求为主,加之投资者的资金来源同质性较强等因素,公司债市场的流动性状况还存在很多有待改进之处。一旦出现相对较大的冲击,公司债市场的流动性很快陷入枯竭状态,此时,投资者之间通过交易产生的交互行为并不是主导市场动态演变的主要因素,所以,表1的测算过程更多基于相关假设,而非采用结构化的动态模型方式进行。下文中表3的测算也遵循类似的逻辑。

表1　房地产行业公司债大规模违约时的市场压力测试

情景设定	概率	严重程度	房地产公司债冲击规模	房地产公司债违约规模	CCP风险敞口	有场外杠杆者风险敞口	无场外杠杆者风险敞口	风险程度判断
遭受类似美国2008年的金融危机	4.9%	房地产资产缩水约30%	6 700亿元投资级(最高1.47%的违约概率)和5 800亿元投机级(最高16.28%的违约概率)	时点最高1 040亿元左右,累计1 600亿元左右	100亿元左右	221亿元左右	82.9亿元	将导致公司债1 900亿元左右的市场流动性缺口

表1测算过程中相关假定相应说明如下:假定在当前公司债市场结构状况下,未来5年中国爆发类似美国2008年金融危机(计算相应概率可知,5年内发生百年一遇程度的大危机的概率为4.9%),导致房地产市场出现严重问题,房地产资产大幅缩水(数据显示,在2006—2011年的房地产顶峰——下落阶段,美国房地产价格下滑33.35%,房地产资产规模下滑27.32%)。然后对相关环节数据的设定分布如下:

第一,假定中国的房地产企业的公司债违约率与美国信用债的违约率保持类似比例。进一步查找美国在2008年金融危机期间的债券市场违约情况,表2的数据显示,美国投资级债券在2007—2011年期间5年累计的违约率为1.91%,投机级债券的累计违约率为25.96%,整体债券5年期间的加权累计违约率为5.87%。

表2　2000—2015年发行规模加权平均的公司债信用违约率　　　　　　　　（单位:%）

年度	加权违约率	投资级债券违约率	投机级债券违约率
2007	0.155	0	0.796

续表

年度	加权违约率	投资级债券违约率	投机级债券违约率
2008	2.22	1.466	5.802
2009	2.758	0.217	16.284
2010	0.342	0.077	1.662
2011	0.39	0.152	1.411

资料来源：Moody's Investors Service, Annual Default Study: Corporate Default and Recovery Rates, 1920—2015.

第二，为便于对比计算，假定房地产公司债中不具备入库资格的公司债都算作高收益债。数据显示，房地产企业的存量公司债中评级为 AA+ 及 AAA 等级（假设债项评级与主体评级一致）的债券规模约为 6 700 亿元，AA+ 以下的债券规模约为 5 800 亿元。以表 2 中投资级和投机级债券的最高违约率水平（分别为 1.47% 和 16.28%）为参照，测算出单个年度的房地产企业的债券违约最高规模约为 1 040 亿元（6 700 × 1.47% + 5 800 × 16.28% ≈ 1 040）。据表 2 还可以加总得到投资级和投机级债券的 5 年累计违约率，进一步测算出累计的债券违约规模约为 1 600 亿元。

第三，假定所有符合质押入库的房地产公司债（规模约为 6 700 亿元）的质押比例约为 0.77（2017 年 4 月的公司债实际质押使用比例），按照投资级债券 5 年累计违约率 1.91% 计算，质押库里的违约债券金额大约为 98.64 亿元。

第四，投资者杠杆的测算分为场内和场外两个部分。根据我们的走访调研，前期部分机构的场外杠杆确实普遍较高，部分机构的劣后级与优先级资金的比例甚至达到过 1∶9。当前的场外杠杆普遍控制在 1∶3 的比例以内，且以资管和券商自营资金为主。再根据相关数据揭示的异质性投资者场内质押式回购杠杆 2017 年 4 月的数据，超过一半（约为 51.1%）的回购未到期余额是基金公司专户和券商自营这两类投资者所持有，场内回购的其他主要参与方如公募基金和券商集合理财、保险类产品等一般很少使用场外杠杆。因而，为简化测算，此处假定仅有基金子公司和券商自营两类投资者使用杠杆，且假设这两类投资者的场外杠杆都达到了 1∶3 的监管上限。然后，以这两类投资者使用的回购未到期余额做加权计算，测算出它们的场内融资规模相对于劣后级资金的净杠杆为 1.91 倍。因而，这两类投资者的总净杠杆为 4.91 倍。

第五，不同投资者对于房地产企业违约的公司债的持有量不同，假定它们是按照债券托管量比例均匀分布的，基金专户和券商自营这两类投资者的债券托管量约占总托管量的 37.2%，那么，这两类机构持有的、进入质押库的房地产企业违约债券持有总规模大约为 37.2 亿元，按照相应的净杠杆比例计算，其占用的资金总规模约为 220 亿元（37.2 × 5.91）。对于未使用场外杠杆的投资者而言，以融资未到期的占比为权重进行加权计算，得到的净杠杆约为 0.32，因而，这些投资者的占用资金总规模为 82.9 亿元（100 亿元 × 62.8% × 1.32）。如果场内出现 100 亿元资产的房地产公司债违约，则相应会影响 303.9 亿元的市场资金。

按照前述 5 个假定，此时交易所市场面临的资金风险大约相当于 2014 年至今违约债券的 20 倍（截至 2017 年 8 月中旬，交易所公司债违约金额为 108 亿元。发生类似次贷危机的违约事件，市场流动性缺口将达到 1 900 亿元），因而风险本身特别巨大。但是，考虑到交易所市场的关键机构——CCP 的流动性支持的日常可动用资金规模在 200 亿元左右,因而,这一层级的冲击对 CCP 制度本身还不足以构成重大威胁(此处测算的 100 亿元规模仅仅是 CCP 面临的风险敞口,而非 CCP 的直接结算对手——各机构交易会员的实质违约规模)。

参照类似做法,表 3 给出了当整个公司债市场、而非单个房地产行业出现类似于美国次贷危机期间的重大冲击时,公司债市场的违约情况和市场的承压情况。从表 3 可以看出,此时公司债违约规模约为 2 757 亿元,CCP 面临 1 200 亿元左右的风险敞口,远超出现阶段 200 亿元的日常可动用资金的规模。同时,采用结构化产品的投资者面临高达 2 600 亿元左右的流动性资金缺口,未使用场外杠杆的投资者,风险敞口也高达近 1 000 亿元。另外,整个公司债市场的流动性资金短期规模超过 6 300 亿元,是 2014 年以来公司债违约总金额 108 亿元的近 60 倍。因而,此时整个公司债市场极有可能面临失控风险。

表 3　　　　　　　　公司债市场整体大规模违约时的市场压力测试

情景设定	概率	冲击幅度	公司债违约规模	CCP 风险敞口	有场外杠杆者风险敞口	无场外杠杆者风险敞口	风险程度判断
债市爆发大规模违约风险,程度类似美国 2008 年金融危机	4.9%	5 年累计违约率约为 5.87%	2 756.55 亿元	1 172.36 亿元	2 591.31 亿元	971.84 亿元	6 319 亿元的流动性短缺

当然,表 1 和表 3 的市场风险程度测算仅仅是类比于美国的比较测算,也只是为了给极端情况提供一个现实的参照标准,但中国金融体系的规模、结构和运行特征与美国的差异较大,因而,即使发生这种极小概率的危机事件,冲击也不一定按照这种路径及影响程度演化。所以,前述的两个市场风险测试可能仅只有参照性的作用,是一个初步的量化分析,而非准确的量化测算结果;同时,为简化测算的过程,也对相关的参数进行了必要的加权汇总,可能导致结果本身的精确性也有待进一步提高。由于上述的测算过程遵循了在极端情况下取上限的测算思路。因而,给定违约规模,这一测算过程本身对风险的测算可能是高估的。但与此同时,如果这种极小概率的重大冲击一旦发生,由于银行间市场和相关各种类型企业的运行状况可能会急速恶化,因而,违约规模可能被极大地低估了。同时,后续的相关研究可以围绕相关参数、细化异质性投资者的类型、进一步精确化各类参与者的相关参数,以提高量化测算结果的精确性,为实际的政策操作提供更可靠的经验证据。

五、公司债市场风险控制的政策建议

(一) 公司债市场的风险控制原则与预警指标体系

从前述公司债市场风险来源可能触发机理的分析,以及其后对公司债市场发展风险、稳定运行风险的量化分析结果可知,对于现阶段的公司债市场而言,在现有金融市场结构和监管格局下,风险控制要坚持三个基本原则:第一,市场中长期发展的可持续性;第二,有效管控住市场内部风险,确保不外溢到其他市场;第三,对外生性的系统性风险冲击具有一定的抵御能力。相应的,风险控制方案也要围绕这三个方面改进完善。

从风险预警的指标体系来看，需要在公司债市场的产品结构、市场流动性、回购市场和系统性风险防范四个层面建立预警指标体系；从产品结构的层面看，需要重点关注存量规模、行业集中度、到期期限、信用评级、信用利差等指标；从市场流动性的层面看，需要重点关注不同类型投资者的月度交易规模、市场月度换手率等流动性指标；从回购市场的层面看，需要关注不同投资主体的回购未到期规模、场内净杠杆、加权平均杠杆、场外杠杆等指标；从系统性风险防范的层面看，需要重点关注行业性违约概率、公司债市场违约总规模、CCP风险敞口、有场外杠杆的投资者风险敞口、无场外杠杆的投资者风险敞口、潜在的流动性缺口等指标。

（二）公司债市场发展风险的防范措施

1. 公司债市场中长期发展的不利因素

从市场发展的可持续性角度来看，相比银行间市场的同类型产品而言，交易所公司债在发行主体的多样性、信用评级的分散程度和企业所有制形式的异质性方面都有显著的特征，因而，交易所公司债市场作为银行间市场的有效补充，仍然极为必要。同时，从换手率、信用利差对市场相关信息的灵敏性来看，交易所市场也要好于银行间市场，所以，交易所市场在运行效率方面仍然具有自己的优势。但是，交易所市场在中长期发展和市场运行方面存在三个显著的不利因素：

第一，在当前的市场格局下，交易所公司债市场的容量存在明显的天花板，这主要是因为交易所市场的投资者群体可动用的总资金规模有限。如前所述，在当前中国间接金融主导的市场结构下，市场资金一般是沿着央行——银行间市场——金融机构——交易所市场的路径流动。处于下游的交易所市场的资金来源单一，且严重受制于上游的商业银行。当央行的流动性阀门收紧，或者在当前监管格局下，当商业银行出于满足相应的监管政策需要而减少对中下游部门的资金投放时，交易所市场的运行会受到显著的影响。同时，由于商业银行具有资金垄断的优势，其高度厌恶风险的特性也决定其作为债券市场的主要参与者，持券主要以利率债资产配置需求为主。在"大型银行—国企"之间信贷融资扭曲和预算软约束问题未根本改变的背景下，间接融资的信贷市场的扭曲必然会影响直接融资市场的效率，进而导致银行间债券市场、同业拆借市场和SHIBOR报价等市场的扭曲长期存在。交易所市场由于投资主体更为多元化、市场化程度更高，其运行效率要高于银行间市场，因而，在全国金融工作会议确定加强金融监管协调的大方向指引下，未来的监管隔离竞争的局面可能会有所改观。在交易所债券市场运行效率高于银行间市场的现实条件下，从交易所市场长期发展的角度来看，有必要改善我国金融市场结构、提升金融市场运行效率，进一步扩大交易所各参与方的资金规模和产品供给体量，以提高交易所债券市场资金价格的稳定性和市场代表性，并据此增强市场的抗风险能力；同时，还可以倒逼银行间债券市场竞争机制的完善。

第二，某些周期性特征明显行业的发行规模占比过高。例如，统计数据显示，2015年在交易所公司债和银行间中期票据发行主体中，银行间中期票据市场的房地产业和建筑业年度发行金额合计为2 862.85亿元，仅占中期票据市场年度发行总额的22.44%。而在交易所公司债市场，房地产业和建筑业的发行金额高达5 652.51亿元，占公司债年度发行总额的54.84%，这些债券从2018年开始将逐步到期。因而，周期性行业发行规模占比过高，会加大交易所公司债市场的风险隐患。

第三，与银行间市场的共性问题在于，相对于美国等发达国家的债市而言，交易所公司债市场的换手率仍然偏低，市场流动性仍然存在较大的改善空间。从发达国家市场的经验来看，引入做市商制度对债券流动性的改善具有较好的促进作用。但做市商制度顺利运行需要一系列基本的制度保障：其一，足够多的异质性投资者；其二，规模充裕的利率债；其三，支持做市的相关配套性利益补偿机制。银行间市场由于主要投资者的同质化程度过高，尽管相关部门做出了极大的努力，但其做市商制度的运行效率一直差强人意。相比之下，交易所公司债市场的投资者异质性和分散化程度更高，投资者的进场目标更多元化，因此，如能扩大交易所市场的利率债体量，以利率债的做市带动公司债的做市，应该可以有效提升公司债市场的流动性，进而降低公司债发行端的成本，提升其中长期可持续发展能力。

2. 公司债市场中长期发展风险的改进措施

从具体的改革措施看，首先，扩大公司债市场投资者的资金规模，改进市场换手率过低的状况。从改善我国金融市场结构、改进金融市场运行效率的角度出发，建议鼓励部分大型商业银行的表外投资业务部门参与交易所债券市场，基于金融风险隔离的考虑，可以对这些部门实行业务独立核算、业绩独立考核。同时，设立必要的利率债发行协调机制，规定每年将一定比例的国债、地方政府债和政策性金融债放到交易所市场发行和托管，有利于改善交易所债券品种结构。这一方面可以壮大交易所市场的资金力量，有助于交易所市场在条件成熟时推出信用债做市商制度，降低企业的发债融资成本；另一方面有利于缓解交易所资金方居于资金链条下游、改善货币政策传导不利的局面，也有利于提高央行货币政策调控的精准性。

这种改进的另一个好处在于，在交易所债市参与主体的资金体量达到足够的规模后，市场的参与力量增强和交易活跃度增加，可以为交易所未来扩大双创债等相对标准的私募债产品发行创造条件。而双创债等创新品种的扩容既可以为能容忍更高风险以追求更高收益的资管理财产品提供更多元的资产配置出路，同时也可以更好地支持中小创新型企业的发展，促使经济增长动能新旧转换更快实现。

另外，在当前条件下，有必要继续延续当前交易所市场积极引进地方债和政策性金融债的做法，进一步扩大交易所债券市场的利率债规模占比，这既有利于增强公司债市场的抗风险能力，又有利于吸引更多投资者进入交易所市场。

（三）重大外生性冲击下的公司债市场风险防范措施

从前述的定量分析可知，即使房地产行业的公司债出现类似美国2008年金融危机的极端违约情况，相关参与者可能遭受比较严重的风险敞口冲击，但公司债市场作为一个整体系统，其关键点——CCP和主要投资者群体仍然具有一定的承受力。然而，如果中国经济爆发类似美国2008年金融危机时期的严重违约事件，无论是CCP还是主要投资者，都可能出现极大的风险敞口，整个公司债市场存在失控的风险。因而，从系统性风险防范的角度来看，需要加强公司债市场暴露出来的薄弱环节。

1. 持续关注投资者的杠杆变动情况

受益于资管产品的监管政策收紧，公司债市场的投资者场外结构化产品的杠杆比例大幅下降；监管部门对公司债质押式回购市场的入库标准提高，质押券折算比例动态调整，导致各类投资的场内杠杆也逐步可控下降。但需要跟踪关注基金专户和券商自营等某些带结构化产品的投资者的杠杆变动，尤其需要对绕过监管要求加场外杠杆的行为进行监控。对场外杠杆的监控需要监管部门通过公开座谈、组织现场调研检查和一对一沟通交流相结合的方式，积极与市场机构进行接触，提前对市场各方的操作行为模式、资金流向、真实杠杆使用情况进行摸底，以做到事先心里有数，在某些操作模式和行为具有一定的普遍性时，需要用必要的手段进行规范。

2. 需要对前期发行规模过度集中的行业债券进行动态监控

一方面及时跟进行业发展动态、主要发债企业的业绩经营变化情况；另一方面，需要从降低系统性风险的角度出发，事先有针对性地对存量债券总体规模进行逐步压缩，平稳完成必要的新旧对接。后续的市场再扩容也需要从风险防控的角度出发，更加关注周期性行业的发债集中度，为化解后续市场风险创造有利条件。

在房地产调控持续推进的当前阶段，企业间的业绩分化和行业集中度提高可能是这些行业未来发展的趋势。在行业格局可能发生较大变化的时期，可以着重从以下三个方面进行风险防范：第一，重点监控这些行业的公司债到期规模、到期集中度、部分可能存在兑付压力的企业的资产—负债状况等信息；第二，在兑付高峰期临近的关键时点，及时跟踪监测市场投资者情绪，重点关注部分发债企业运营状况和现金流情况；第三，在必要时，监管部门需提前敦促相关企业加大关键信息披露的频度，鼓励评级机构、交易所进行相关信息的公开披露和预警提示，以防止短时间内大量出乎市场意料的负面信息集中冲击市场。积极进行信息的事先披露一方面可以让市场提前做好冲击应对准备；另一方面也可以给涉及兑付责任的企业和担保机构形成压力，推动其主动积极地尽早寻找解决方案。否则，临近违约时企业和相关机构才被动披露无法兑付，在维稳压力下，地方政府和相关机构被动卷入事后处置，会加大投资者的刚兑预期，不利于市场违约风险的合规理性处置。

3. 完善 CCP 极端情形时的紧急处理流程

质押式回购的活跃降低了持券的机会成本并提高了投资收益，是公司债市场降低发行成本的一个有效途径。尽管二级结算、净额轧差等做法保证了绝大多数情况下 CCP 稳定运行，但极端情况下 CCP 存在的潜在风险仍然值得关注。尤其是随着金融去杠杆进程的推进，前期扩张过快的公司债市场中，各类发行或投资者主体的急剧调整可能带来系统性风险隐忧。需要事先对极端情况下 CCP 紧急处理抵押品、动用备付金乃至获得足够规模的流动性支持做出制度性安排，以提高整个公司债市场对极端情况下系统性风险的抵御能力。

参考文献

[1] 李扬. 中国债券市场 2015 [M]. 北京：社会科学文献出版社，2015：1—19.

[2] Campbell J. A dense of traditional hypothesis about the term – structure of interest rates [J]. Journal of Finance, 1986, 41 (1): 183 – 193.

[3] Ludvigson S., Ng S. Macro Factor in Bond Risk Premia [R]. NBER Working Paper W11703, 2005.

[4] 侯县平，黄登仕，张虎，徐凯. 交易所与银行间债券市场动态风险及差异性 [J]. 金融经济学研究，2013 (5)：25—38.

[5] 乔涵. 金融风险内部传染效应分析——基于中国债券市场、股票市场、外汇市场

的传染机制[J]. 金融经济, 2013 (16): 87—89.

[6] Wu, Chih-Chiang and Zih-Ying Lin, An Economic Evaluation of Stock-Bond Return Comovements with Copula-based GARCH Models [J]. Quantitative Finance, 2014, No.7: 1283-1296.

[7] 王茵田, 文志瑛. 股票市场和债券市场的流动性溢出效应研究 [J]. 金融研究, 2010 (3): 155—166.

[8] 冯光华. 公司信用类债券市场创新发展与信用风险防范 [J]. 金融市场研究, 2014 (7): 3—5.

[9] 王春峰, 李晔, 房振明. 中国银行间债券市场回购交易动态行为研究——基于已实现跳跃风险的分析 [J]. 管理学报, 2010 (7): 1097—1101.

[10] 岳跃, 邢昀. 交易所债市高杠杆之忧 [J]. 财新周刊, 2015 (42): 72—75.

中国债券市场违约回收和处置分析研究

大公国际资信评估有限公司课题组[*]

一、债券违约、回收的界定及处置方式

(一) 国内外对债券违约的界定

国际评级机构对违约的定义各有所侧重,从其对债券违约定义来看,违约主要包含三种类型:(1) 延迟或未能支付债券本金或利息并且在宽限期内也未能履行上述偿付义务;(2) 债券持有人被迫或有明显的意图帮助债务人向其发行新的债券用以减少财务支出(如发行优先股等);(3) 由于破产、法律接管或其他的法律原因(有可能是由于监管机构引起)导致未能按时支付利息或本金。

惠誉和穆迪对债券违约定义基本一致。标普的更为严格,使用了交叉违约的概念。此外,穆迪为区别信用风险和操作、技术风险,在定义中还特别补充债券违约不包括因债权有效性的法律纠纷而未能按期支付金融合约或债权以及所谓的"技术违约",即因纯粹技术上的原因或管理失误而导致长期债务未能及时兑付的情况不算违约,只要不影响到债务人偿还债务的能力和意愿,并能在很短的时间内得以补救。

国内方面,近年来,由于周期性行业景气度下行,部分企业信用风险暴露,债券打破刚性兑付,违约开始增多。从国内对债券违约的定义来看,由于我国债券市场存在多个市场监管主体,因此,每个监管主体对债券违约的定义也有所区别和侧重。中国银保监会出台的《商业银行信用风险内部评级体系监管指引》的定义主要侧重于商业银行信用风险,中国银行间市场交易商协会(以下简称"交易商协会")出台的《中国银行间市场金融衍生品交易主协议》定义则较为全面,基本涵盖违约的各种情形。

---

[*] 本文为中国证券业协会2017年重点课题。课题负责人:杜立辉;课题组成员:林文杰、杨莹、张文玲、刁婷、杨晓晨、赵茜、徐律、王新洋、王思明、欧阳勇兵。

(二) 本文债券违约、回收及处置概念界定

本文主要研究国内信用债市场发生的实质性债券违约事件,综合国内外各种有关债券违约的定义,为方便统计和分析,本文将债券违约定义为:债券发行人发行的任何债券未能履行债券发行条款约定义务在到期日前支付债券本金和/或利息;本文所述债券违约及样本案例包含交叉违约、协议回购违约、因企业破产重组等造成的债券违约等。

债券发生违约时,债券持有人所关心的主要是债券回收速度以及回收程度,是指违约的回收时间和回收率。在纳斯达克金融词典中,回收率被定义为通过止赎权或破产程序等收回的金额;投资百科则把回收率定义为违约债务工具的本金和应计利息被收回的程度。本文所指回收率,是指违约回收金额相对于违约金额的比率。回收金额指信用违约发生后,债权人收回的违约债券的本金及利息;违约金额指发行人发生信用违约时未能兑付的金额。若同一只债券先后发生利息违约、本金违约、利息和本金违约,则违约金额分别为违约发生时发行人未能兑付的利息金额、本金金额和本息金额;若同一发行人的同一只债券在不同的交易市场发行(即跨市场发行)发生信用违约,违约债券数量合并为一只计算,违约金额以各发行市场的合计金额计算。回收时间即从债券违约到本息全部回收所需要的时间。

债券违约处置主要是指在债券发生违约后,债务人和债权人采取相应措施实现违约债券回收率的最大化,处置的主体为债务人和债权人,处置的客体为违约债券。

(三) 国内外违约债券的处置方式

1. 国外违约债券处置方式

(1) 从法律机制角度分类。从法律机制角度来看,国外违约债券处置方式分为自主协商、诉讼和监管框架三种方式。自主协商中,最主要的处置方法是廉价交易。廉价交易主要是债务人将已发行债券进行折价处理来应对自身债务危机,通常采用债转股、债券置换等方式。如果廉价交易较难实施,公司通常会启动企业重组业务,即启动诉讼或自助申请等司法程序。监管框架作为比较特殊的方式,所触发的违约债券在处置时既不需要债权人与债务人之间的协商沟通,也不能开展法庭诉讼,而是直接在监管机构或政府的限制下开展处置工作。

(2) 从具体措施角度分类。从处置方式中债权人和债务人所采取的具体措施来看,美国债券市场对违约债券采取的处置方法较多且分类细致,主要包括资本运作、破产程序、缓释措施、行政干预及其他。

资本运作是美国债券市场上违约债券的最主要处置方法。市场主流的资本运作方法包括 4 种:债务重组、资本结构调整、财务重组和不良资产处置。债务重组应用最为广泛,主要原因是其涵盖的范围较宽。在债务重组框架下,债务人可通过债券置换、债转股(折价)、支付最低额度、折价回购、债券拍卖等方式开展。其中,债务置换是最为普遍的处置方法。

破产程序则是另外一种重要的处置方法。债务人可自行申请破产程序(自愿),也可以在协商未达成一致时,由债权人向法院提出对债务人执行破产程序(非自愿/强制)。国际市场上比较常用的破产程序主要包括破产重整、破产清算、清盘以及国际破产法庭合作。

缓释措施是在债权人预期债务人经营困境可以在短期内通过重组、再融资等方式得以缓解时通常采取的处置手段。市场主流的缓释措施包括 3 种:展期、DIP(Debtor - In - Possession）融资和放弃追责。

2. 我国违约债券处置方式

我国在债券发生违约后的处置方面市场化不高，债务发生违约时，从法律机制角度，债券持有人可通过自主协商和司法诉讼两种途径维权。

通常，若债务人仅仅因短期流动性压力等暂时因素导致兑付出现问题的情况，且其最终完成债券兑付概率较高，权衡多方因素后，债券持有人更倾向于采取自主协商的方式。若债务人与债券持有人经协商无法达成一致意见，且债务人短期内偿债可能性较低，债券持有人可采取司法诉讼的途径，但有相对较高的司法成本，且回收周期不确定性较大。司法诉讼途径主要分为违约诉讼和破产诉讼两种。

从具体措施角度来看，我国发债企业债券违约后通常采取处置抵质押物、寻求担保人代偿、向股东寻求流动性支持、出售优质资产或上市壳资源以及向银行申请贷款或申请债券展期等债务重组方式，只有个别企业走向破产重整或破产清算（见图1）。

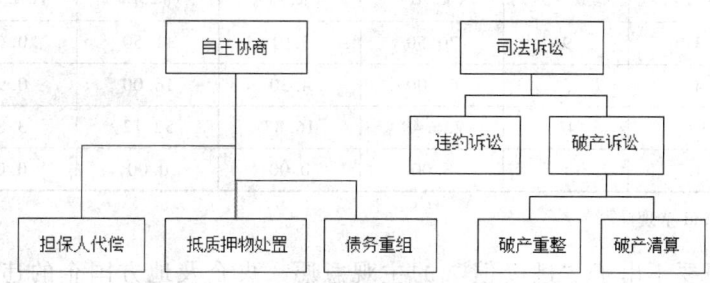

图 1　我国违约债券处置的主要方式

二、国内外违约债券处置方式及回收比较

（一）国内违约债券处置概况及案例分析

从法律机制角度，国内违约债券后续求偿可以分成自主协商与诉讼两种类型，并通过债务重组、破产重整、破产清算等各种手段进行违约债券回收。由于私募债的信息披露不完全，下文仅以公募债为分析样本。

2014—2016 年，我国公募债市场违约债券数量分别为 1 只、10 只和 30 只，违约本金额分别为 0 亿元、69.79 亿元和 194.7 亿元，违约数量和金额快速增长。自 2014 年 1 月起至 2017 年 9 月末，公募债市场共违约本金额 365.99 亿元，违约利息 25.08 亿元，涉及 27 个发债主体的 56 只债券，债券发行总额达 520.70 亿元。

1. 企业性质和回收效果

（1）回收总体情况。违约债券的处置回收时间分布差异很大。已经完成本息兑付的债券有 16 只，回收时间平均为 105.94 天。

未完成兑付的债券中，从违约发生之日起至 2017 年 10 月 1 日，违约处置时间平均达 356.89 天，最短的为 48 天，最长达 894 天。违约处置时间在 1 年以上的有 19 只债券（见表1）。

表1　　　　　　　　国内违约公募债券回收的时间分布情况

类别	债券数量（只）	7天以内（只）	3个月内（只）	3—6个月（只）	6—12个月（只）	最短天数（天）	最长天数（天）
本息全额兑付	16	6	4	3	3	1	378
未完成兑付	40	—	—	—	—	48	894

资料来源：根据 Wind 整理。

（2）企业性质与回收情况。债券回收率与发债企业性质有较高相关度。央企的回收率最高，其次是民营企业，地方国企回收率最低。民营企业违约数量多、违约总额大，回收居于央企和地方国企之间，其兑付主要依赖于民营企业自身的素质（见表2）。

表2　　　　　　　国内违约公募债券的企业性质分布和回收情况

类别	违约主体数量（只）	违约债券数量（只）	违约本金（亿元）	违约利息（亿元）	回收本金（亿元）	回收利息（亿元）	回收率（%）
地方国企	3	9	70.50	3.91	11.50	0.67	16.36
中央企业	4	5	61.00	4.30	16.00	0.95	25.96
民营企业	19	41	226.49	16.87	52.12	3.87	23.01
集体企业	1	1	8.00	0.00	0.00	0.00	0.00

资料来源：根据 Wind 整理。

综合来看，只要不出于"逃废债"的主观意愿，央企及地方国企的违约债券可以得到妥善解决。

2. 持有人大会和回收效果

（1）持有人大会召开情况。持有人会议作为债券违约后投资者保护的常规程序和应急处置机制之一，被绝大多数投资者采用。

（2）持有人大会与回收效果。召开持有人会议的违约债券回收率显著低于未召开持有人会议的债券（见表3）。

表3　　　　　　　国内违约公募债券采用的处置程序及回收情况

处置方式	主体数量（只）	主体数量占比（%）	债券只数（只）	违约本金额（亿元）	违约利息额（亿元）	回收本金（亿元）	回收利息（亿元）	回收率（%）
召开持有人会议	20	74.07	120	333.49	23.84	62.12	5.40	18.90
未召开持有人会议	7	25.93	7	32.50	1.24	17.50	1.24	55.54
其中：技术性违约			3	7.50	0.55	7.50	0.55	100.00
非技术违约			4	25.00	0.69	10.00	0.69	41.61

资料来源：根据公开资料整理。

从回收情况来看，若剔除技术性违约，未召开持有人会议的回收率达41.61%，较召开持有人会议的回收率高出22.71个百分点。未召开持有人会议但回收率较高，主要原因是违约发生后，发行人及时就违约原因、偿债安排等公告投资者，或者尚在召集持有人会议时发布兑付公告从而取消会议。

3. 处置方式和回收效果

（1）从法律机制角度。违约债券主要通过诉讼与自主协商的方式进行后续处置，整体来看，我国以自主协商为主。诉讼方式耗时较长，回收效果取决于诉讼的裁决情况；采用自主协商的主体数量和回收率均显著高于诉讼方式，较诉讼方式效果明显（见表4）。

表4　　　　　　　　通过诉讼与自主协商处置的回收情况

处置方式	主体数量（只）	主体数量占比（%）	债券只数（只）	违约本金额（亿元）	违约利息额（亿元）	回收本金（亿元）	回收利息（亿元）	回收率（%）
诉讼	9	32.14	19	182.40	12.22	14.80	1.75	8.50
自主协商	18	66.67	37	183.59	12.86	64.82	4.89	35.48
其中：技术性违约	3	11.11	3	7.50	0.55	7.50	0.55	100.00
其他	15	55.56	34	176.09	12.31	57.32	4.34	32.73

资料来源：根据公开资料整理。

①自主协商。自主协商中，技术性违约的债券3只。担保人代偿是自主协商中的重要处置方式。通过自主协商方式的其他债券中，主要是通过召开持有人会议，发行人与债权人进行协商，发行人通过各种方式筹措资金完成兑付。

②诉讼。在诉讼类型分布上，数量方面，违约求偿诉讼数量最多、涉及违约金额最大，但破产重整诉讼的回收率最大，破产清算的回收率则最小（见表5）。

表5　　　　　　　　诉讼的类型分布及回收情况

处置方式	主体数量（只）	主体数量占比（%）	债券只数（只）	违约本金额（亿元）	违约利息额（亿元）	回收本金（亿元）	回收利息（亿元）	回收率（%）
违约求偿诉讼	5	18.52	10	104.80	5.66	4.80	0.33	4.64
破产重整诉讼	4	4.81	10	89.00	6.96	10.00	0.57	11.02
破产清算诉讼	2	7.41	7	81.60	3.98	0.00	0.00	0.00

注：天威集团分别涉及违约求偿诉讼和破产重整诉讼，山东山水分别涉及违约求偿诉讼和破产诉讼，计算各处置方式的金额和数量时，将天威集团和山东山水的违约求偿诉讼及破产诉讼分别计入相应的处置方式中，因而与表中的数据有差异。

资料来源：根据公开资料整理。

债务人被以诉讼方式进行追偿的发行人为9家，涉及的公募债违约本金额为182.40亿元，但目前仅有"11超日债""12湘鄂债""12二重集MTN1"实现了兑付，回收率仅有8.50%。

（2）从具体措施角度。从具体措施角度来看，我国主要有三种途径，分别为债务重组、破产重整及破产清算。根据已经披露的信息，采用破产重整的数量最多，回收效果最好，而破产清算的信息披露程度最低，进展情况难以获知（见表6）。

表 6　　　　　　　　　违约债券的处置方式及回收情况

处置方式	主体数量（只）	主体数量占比（%）	债券只数（只）	违约本金额（亿元）	违约利息额（亿元）	回收本金（亿元）	回收利息（亿元）	回收率（%）
债务重组	1	3.70	1	20.00	1.06	-	-	-
破产重整	4	14.81	10	89.00	6.96	10.00	0.57	11.02
破产清算	2	7.41	7	81.60	3.98	0.00	0.00	0.00

资料来源：根据公开资料整理。

①债务重组。由于债务重组一般采用自主协商的方式进行，利益方在协商过程中体现了自愿、互利等原则，因而，对未来有持续经营价值的发行人而言，债权人通过债务重组实现债权利益的较好保护仍是一条较好的可行方案。

②破产重整。进入破产重整的发行人共有 4 家。超日太阳、东北特钢、二重集团均由债权人提出破产重整申请，天威集团由发行人自身及管理人提出。破产重整后，有担保的普通债权清偿率要高于无担保普通债权；小额债权组一般会 100% 清偿，但清偿金额很低，大额债权组清偿的不确定性较大（见表 7）。

表 7　　　　　　　部分破产重整的发行人债券清偿方案和清偿结果

类别		超日太阳		二重集团		东北特钢	
		债权金额（万元）	清偿比例（%）	债权金额（万元）	清偿比例（%）	债权金额（万元）	清偿比例（%）
清偿方案		≤20	100	≤25	100	≤50	100
		>20	20	>25	2、3、5 年清偿比例分别为 55%、75%、100%	>50	按比例清偿或债转股
债券清偿结果		约 3.06 万元优先受偿，108.58 万元为普通债权		股东国机集团采取"先收购后代偿"的方式，100% 清偿		根据清偿方案，现金偿付率预计为 22.09%	

资料来源：根据公开资料整理。

③破产清算。违约的公募债发行人中，五洋建设和山东山水涉及破产清算。

（二）国外违约债券处置及回收

本部分数据主要来自 1983—2016 年穆迪客户数据以及 2015 年标普客户数据。上述两大机构违约客户主要集中在北美地区，但也存在少量来自欧洲、南美洲、亚洲等地客户。本文以两机构客户为例，阐述国际债券市场违约债券的处置与回收情况。

1. 违约债券回收情况

违约债券回收率与债券优先级结构①密切相关，优先级高的债务回收率较高（见表 8）。

---

① 高级有担保债券优先级 > 高级无担保债券优先级 > 次级债券优先级。

表 8　　　　　　　　　　　国外平均债券回收率情况　　　　　　　　　（单位：%）

类型	2016 年	2015 年	1983—2016 年
高级有担保债券	36.9	59.2	62.6
高级无担保债券	14.1	43.0	48.4
次级债券	10.0	21.2	28.0

资料来源：穆迪：《Annual Default Study: Corporate Default and Recovery Rates, 1920 - 2016》（《年度违约研究：公司违约率和回收率：1920—2016》）。

由表 8 可以看出，超过半数的高级有担保债券可以被回收，而只有不到 1/3 的次级债券可以被回收。此外，美国市场违约债券回收率与行业趋势关联度较大。根据穆迪数据，2016 年美国油气行业破产企业数量继续攀升，业内企业债券违约数量大增，违约率达到了 14.1%，而平均回收率仅为 22.6%。由于油气能源行业违约债券数量较多且金额较大，很大程度上拖累了 2016 年违约债券的平均回收率，导致当年高级有担保债券、高级无担保债券和次级债券平均回收率均大幅低于 2015 年。

2. 违约债券处置情况及案例概述

（1）从法律机制角度。从法律机制角度来看，国外违约债券处置方式分为自主协商、诉讼和监管框架三种方式。根据穆迪数据显示，2016 年，油气能源行业违约债券中，采用廉价交易处置方法的回收率高于开展破产程序的回收率（见表 9）。

表 9　　　　　　　　　　　　国外违约触发方式

违约触发方式	主体数量（只）	主体数量占比（%）
未按时偿付本金或利息	34	34.69
廉价交易	31	31.63
《破产法》第 11 章（破产重整）	21	21.43
监管框架	10	9.80
《破产法》第 15 章（国际破产法庭合作）	1	1.02
《破产法》第 7 章（破产清算）	1	1.02
合计	98	100.00

资料来源：标准普尔：《2015 Annual Global Corporate Default Study And Rating Transitions》（《2015 年度全球企业违约研究和评级迁移报告》）。

总体来看，国外违约债券的处置采取协商形式的占比最高，是市场主流处置方式；其次是采取诉讼形式，占比为 1/4 左右。其中，廉价交易和《破产法》第 11 章（破产重整）是从法律机制角度来看最重要的处置方法，占到总量的半数以上。

（2）从具体措施角度。从处置方式的具体措施来看，美国债券市场处置方法主要包括资本运作、破产程序、缓释措施、行政干预及其他。其中，资本运作方式是最主要的处置方法。样本企业中，采用债务重组的占比最高。破产程序占比为 18.87%，其中破产重整的使用率占破产程序的 70%。选择自愿方式的债务人，通常具有较强的自我救济积极性（见表 10）。

表10　　　　　　　　　　　　　国外违约债券处置方法汇总

项目	总数量（只）	总占比（%）	处置方法	分类数量（只）
资本运作	57	53.77	债务重组	39
			资本结构调整	9
			财务重组	8
			不良资产处置	1
破产程序	20	18.87	破产重整	14
			破产清算	3
			清盘	2
			国际破产法庭合作	1
缓释措施	19	17.92	展期	9
			DIP融资	9
			放弃追责	1
行政干预	6	5.66	监管介入	5
			政府协调	1
其他	4	3.77	债权人保护	1
			加速清偿	1
			担保	2
合计	106	100.00	—	106

注：此处数据包括同一主体使用2种及以上处置方法。
资料来源：标准普尔：《2015 Annual Global Corporate Default Study And Rating Transitions》（《2015年度全球企业违约研究和评级迁移报告》）。

采取破产重整的样本企业中，有93.33%的债务人通过自愿申请的方式，在《破产法》第11章框架下开展重组。在样本企业的20次破产程序中，25%的债务人选择了破产清算和清盘，采取这两种方法的比较少。

第三种重要方法是缓释措施，这是国内市场完全未出现过的处置方法，主要是对企业债务进行展期以及DIP融资。

（三）中外处置方式对比分析

1. 自主协商依然是国内外最主流的违约债券处置手段

从国内来看，已经违约的27家发行人中，有66.67%采用了自主协商的方式开展违约债券的回收工作，回收率达到了35.48%；而剩余33.33%的发行人所发行债券的回收率仅为8.50%。从国外来看，从标普2015年客户违约数据为代表的国际债券市场来看，在已经违约的98家发行人中，采取协商形式的占比为66.33%，采取诉讼形式的占比为23.47%。由此看出，不论是国内还是国外的违约债券处置，从法律机制角度看，自主协商依然是最主流的违约债券处置手段（见表11）。

表 11 从法律机制角度国内外违约债券处置方式比较

处置方式 (法律机制角度)	国内		国外	
	主体数量（只）	主体数量占比（%）	主体数量（只）	主体数量占比（%）
自主协商	18	66.67	65	66.33
诉讼	9	33.33	23	23.47
其他	–	–	10	10.20
合计	27	100.00	98	100.00

资料来源：根据公开资料整理；穆迪：《Annual Default Study: Corporate Default and Recovery Rates, 1920–2016》(《年度违约研究：公司违约率和回收率：1920—2016》)。

2. 国内债券担保保证能力较弱导致回收率远低于国外水平

从违约债券回收率来看，国外平均回收率整体明显高于国内。国外高级有担保债券回收率已经超过60%，可以说大部分都可以进行回收；而国内回收率仅为25.95%，即有3/4的有担保债券依然无法有效回收。国外高级无担保债券回收率接近半数，而国内回收率还不到总量的1/5（见表12）。

表 12 国内外平均债券回收率情况 (单位:%)

类型	2014—2017年1—10月（国内）	1983—2016年（国外）
(高级)有担保债券	25.95	62.60
(高级)无担保债券	17.46	48.40
次级债券	–	28.00

资料来源：根据公开资料整理；穆迪：《Annual Default Study: Corporate Default and Recovery Rates, 1920–2016》(《年度违约研究：公司违约率和回收率：1920—2016》)。

3. 国外违约债券处置方法分类更为细致、清晰，便于清偿工作的开展（见表13）

表 13 从具体处置措施角度国内外违约债券处置方式比较

处置方式 (具体措施角度)	国内		处置方式 (具体措施角度)	国外	
	主体数量（只）	主体数量占比（%）		主体数量（只）	主体数量占比（%）
债务重组	1	3.70	资本运作（债务重组、资本结构调整、财务重组、不良资产处置）	57	53.77
破产重整	4	14.81	破产程序（破产重整）	14	13.21
破产清算	2	7.41	破产程序（破产清算）	3	2.83
其他	20	74.07	破产程序（清盘、国际破产法庭合作）	3	2.83
			缓释措施（展期、DIP融资、放弃追责）	19	17.92
			行政干预（监管介入、政府协调）	6	5.66
			其他（债权人保护、加速清偿、担保）	4	3.77
合计	27	100.00	–	106	100.00

资料来源：根据公开资料整理。

通过对比分析发现，相对于国内来说，国外处置方法分类更加细致、界定更为清晰。其中，国内对债务重组仅有一个大类概念，只要改变原有债务结构，不论折价与否、方式如何选择都归入债务重组；而国外对于债务重组方式进行了更细致的划分：出现折价处理的债务归入债务重组；出现全价债转股或增资等方式归入资本结构调整；固定资产出售等归入财务重组；债务人无力对资产做出任何处置方案并且请专门公司进行处置的归入不良资产处置。

4. 国外处置方法更为市场化

首先，国外行政干预很少。其中行政干预，即采用政府协调和监管介入方式的仅占处理方法总量的 5.66%。就国内而言，由于我国企业类型划分为国企和民企，而国企除了需要自身经营正常以外，还要承担一定的社会责任，导致行政介入现象极为普遍。

其次，国外债务重组接受度高，国外投资者更愿意接受折价处置，自负盈亏。从处置方法选择来看，国内采取债务重组处置方法的占比仅为 3.70%；而国外相同口径的处置方法划分为资本运作，占比达到 53.77%，是最为普遍的处置方法。

5. 国外破产程序完善

国外的破产程序较为完善，表现为：首先，在第三方介入上，国外由破产法庭主导维护各方利益。其次，在债权人和债务人主动性方面，国内主要由债权人提出破产重整，而国外绝大多数是由债务人自愿提出。英美法律中，《破产法》已经成为债务人开展自救的重要方式，法律对债权债务人双方都有约束。

6. 国内缺乏对部分可持续经营企业的缓释措施

对于仅仅由于流动性问题或是本身仍具有发展前景的债务人来说，国外债权人往往会采取为其提供缓释的措施来进行债务处置。国外对违约债券进行缓释的措施丰富，自成一类，主要包括展期、DIP 融资和放弃追责等。

三、债券违约风险类型与处置方式选择

（一）违约债券处置方式选择的内在逻辑

对于债券投资者来说，违约债券风险暴露时的处理应分成三个阶段，分别是分析阶段、选择阶段和实施阶段。

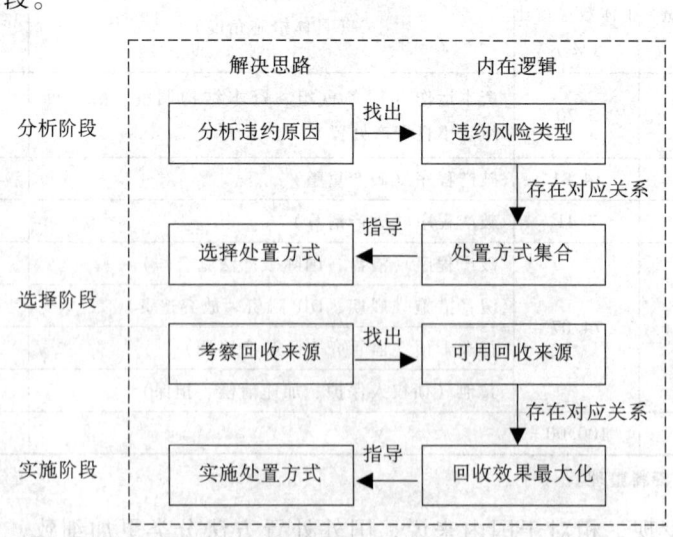

图 2　违约债券处置过程内在逻辑体系图

1. 分析阶段

投资者需要通过冷静分析发债企业的违约原因从而识别违约风险类型。由于各违约风险类型均有对应的最优化处置方式集合，因此债券投资者可以依据风险类型的特征预判发债企业的发展前景和问题处理周期，为问题的解决做好准备。

2. 选择阶段

投资者应根据发债企业的违约风险类型，结合可用回收来源进行综合考虑。投资者依据发债企业的违约风险类型能够得到处置方式集合，然而处置方式集合对处置方式选择只起到指导作用。投资者应按照回收效果最大化原则来选择最优化的处置方式，因此债券投资者需要借助资产评估机构、法律机构和审计机构等外部机构的协助，对企业的回收来源进行全面考察，从而找出企业的真实可用回收来源。由于可用回收来源与回收效果之间存在对应关系，投资者可以通过比较得到回收效果最大化的实施方案。

3. 实施阶段

债券投资者经过分析阶段和选择阶段，对应采取的违约处置方式、具体回收来源以及预期回收效果已经基本确认，可以在明确的实施方案指导下执行违约处置。

（二）债券违约风险类型及成因分析

通过对现有案例进行分析，可以从以下层面对债券违约成因进行总结，归纳出不同原因导致的主要风险类型，并分析其特征表现及风险传导路径（见表14）。

表14　　　　　　　　　　　债券违约原因与违约风险类型

违约原因		主要风险类型
单一成因	行业层面	周期性及产能过剩行业风险
	财务层面	流动性风险
	治理层面	管理层风险
	战略层面	过度扩张风险
复合成因	微观层面	多种风险类型叠加的经营不善风险
	宏观层面	系统性风险

1. 行业层面周期性及产能过剩风险

违约企业高度集中分布在钢铁、水泥、煤炭、机械、化工、光伏等周期性及产能过剩行业，这些行业占违约债券总额的比例超过80%。对于煤炭等具有较强周期性的行业，在经济面临下行压力的背景下，由于有效需求下滑，产品价格深度下跌，导致行业内企业的盈利能力普遍弱化。对于化工、光伏等结构性产能过剩行业，由于低行业进入壁垒会吸引大量盲目投资，而高退出壁垒会难以淘汰落后产能，所以行业产能严重过剩又进一步抑制了产品市场价格的增长空间，导致产能过剩行业呈现全行业亏损。

2. 财务层面流动性风险

从流动性风险的表现来看，违约企业在临近兑付日遭遇了短期内迅速加剧的流动性紧张，如出现担保代偿、合同履约纠纷被法院采取保全措施、银行贷款逾期等，并因兑付压力无法在短期内解决而引发债券违约。从流动性风险的传导过程来看，有的企业资金链长期处于紧张状态，依赖外部融资周转，推动财务费用持续走高，最终导致"走钢丝表演"难以为继；有的企业受到突发事件影响，如生产厂区被政策性关停，安全生产事故导致停产整顿，负面报道引发信任危机等，导致经营陷入被动局面，加之金融机构的"釜底抽薪"进一步加压，资金紧张问题终于无法缓解。

3. 治理层面管理层风险

治理层面出现的主要违约风险类型是因实际控制人个人行为影响或股权纷争导致的管理层风险。管理层风险在民营企业债券违约事件中频繁亮相，是民营企业债券违约的特别关注点。在已发生违约的 37 家民营企业中，出现包括实际控制人身故、遭到调查或逃匿，实际控制人占用大量资金恶意掏空企业、股东与实际控制人控制权纷争等管理层风险的民营企业共有 7 家。

民营企业管理层风险产生原因与民营企业的公司治理状况紧密联系。由于民营企业实际控制人通常为自然人，对企业的控制能力极强，因此民营企业的股东大会制度、管理层激励约束机制、董事会及监事会的独立性和有效性、信息披露透明度等方面能否真正按照公司章程设计发挥实际作用，受到实际控制人个人行为的极大影响。管理层风险不容忽视，但通常在财务报表中又较难识别，需要投资者和分析机构加强分析、判断。

4. 战略层面过度扩张风险

战略层面出现的主要违约风险类型是因决策失误导致的过度扩张风险。过度扩张风险主要表现为盲目融资、盲目扩产、盲目跨领域投资等。整体来看，优势企业也可能出现债券违约问题，而过度扩张风险就是导致优势企业陷入困境的重要因素。

过度扩张风险产生的根本原因在于行业需求误判。企业战略及管理决策能力对经营成败至关重要。优势企业往往对市场需求增长的预计过于乐观，因自身优势和成功经验而制定高速成长战略，并忽视扩张后的管理和资金问题。从过度扩张风险的传导路径来看，盲目拓展市场会占用大量流动资金并引起销售费用快速增加，盲目融资会引起偿债压力大增，盲目上马新生产线可能导致运营后盈利能力远不及预期，盲目跨领域并购可能引发经营风险大增。

5. 多种风险类型叠加的经营不善风险

出现经营不善风险的企业行业分布广泛，违约主体集中表现为经营稳定性较差、各方面偿债来源均存在问题。近年来，信用风险向周期性较弱的包装、餐饮、食品加工、皮革加工、粮食、乳制品、商贸物流、印刷、制鞋、医药、汽车零配件、农业等行业扩散。上述行业的部分企业因自身实力薄弱，在违约时表现为市场竞争力丧失殆尽、盈利能力枯竭、外部支持无法获得且扭亏无望。

经营不善风险产生的根本原因是企业抗风险能力弱。从经营不善风险的传导路径来看，在高度市场化或对技术水平要求较高的行业，企业面临激烈市场竞争并持续承受较大经营压力。随着行业下游需求升级，或是经营环境转变，企业由于资金实力和技术资源局限，对于变化缺乏及时调整的能力，产品低端化、同质化严重，最终由于盈利能力枯竭走向违约。

6. 系统性风险

全面经济滞胀或衰退导致的系统性风险是违约风险类型的一种极端表现。受宏观经济遭遇滞胀、衰退期影响，各行业经营状况恶化，所有企业的财务和经营状况均不容乐观。这种风险往往无法通过分散投资加以消除，因此一旦发生，将会对金融系统形成致命打击。

我国目前未出现过真正意义上的系统性风险，正因如此，我们更应该通过研究和借鉴其他国家的经验教训来加强对系统性风险的防控。在对美国债券市场的研究中普遍认为，债务的系统性风险被定义为在 CAPM 框架下债券回收敏感度（β值）与市场投资组合回收效果的关系（Sharpe，1964）。通常来说，当市场上发行债券企业的信用水平越来越低，同时他们发行的债券周期越来越长时，往往会预示着越来越高的系统性风险发生的可能性（Jarrow，1978）。

（三）债券违约风险类型对应处置方式及案例

当企业遭遇信用风险时，债权人应当根据债务人的具体情况，判断其存在何种类型的风险，并采取不同的风险处置方式。随着违约风险从单一型走向复合型，违约风险化解的难度越来越大，因而处置方式的最优集合也从政府救助逐步过渡到市场化解决（见表15）。

表15　债券违约风险类型对应处置方式集合

违约风险类型	处置方式集合
周期性及产能过剩行业风险	引入战略投资者或债转股等方式进行债务重组，寻求政府支持，资产管理公司介入（四大、地方 AMC）
流动性风险	债券展期或债转股
管理层风险	寻求担保机构或追加抵押物等措施进行信用增级
过度扩张风险	资产出售或债转股
多因素叠加的经营不善风险	破产重整或破产清算
系统性风险	折价交易或破产清算

1. 引入战略投资者或债转股等方式进行债务重组

当企业遭遇行业性风险导致违约风险暴露时，地方政府对当地企业一般具有较强的救助意愿，发债企业可寻求政府支持，把握债务重组机会。如在政府协调下由控股股东、资产管理公司或其他利益相关方进行债务重组，由新的主体接收整体债权，注入流动性，从而完成本息兑付。债务重组或债转股以结构化方式缓释行业性风险，待未来行业需求转暖，行业内企业仍可能保持较好的盈利空间。

太原煤气化股份有限公司（以下简称"煤气化"）主要从事煤炭开采业务，控股股东为太原煤炭气化（集团）有限责任公司（以下简称"太煤化"），山西省国资委是实际控制人。2014—2015 年，由于下游行业消费需求低迷，煤气化连续两年巨亏，股票被实行退市风险警示，债券被暂停上市交易。随后煤气化在政府协调下进行资产重组，置出除全部应付债券等以外的全部资产和负债，置入第三方晋煤集团持有的煤层气开发公司，置入资产超过置出资产的差额由煤气化向晋煤集团以非公开发行股份及支付现金方式购买，同时煤气化向7名特定对象非公开发行股份募集配套资金；太煤化向晋煤集团转让 1.25 亿股煤气化股份作为太煤化承接煤气化置出资产的交易对价。

资产重组完成后，煤气化控股股东变更为晋煤集团，主营业务转向盈利性较好的煤矿瓦斯治理及煤层气开发利用。2016 年煤气化实现归属于上市公司股东的净利润 3.84 亿元，不仅股票撤销退市风险警示，债券违约风险也得到缓解。

2. 债券展期或债转股

当企业遭遇流动性风险导致违约风险暴露时，应对其未来现金流进行测算，同时考查压力测试下企业可用偿债来源规模。如果企业主业盈利能力并未明显恶化，所处行业亦有发展前景,未来债务压力并未达到难以承受的水平,目前属于阶段性的经营困难,那么,债券展期或是债转股等处置方案有利于挽回各方利益。

2016年10月11日,武汉钢铁(集团)公司(以下简称"武钢集团")与建设银行共同设立规模为120亿元的武汉武钢转型发展基金(合伙制),基金用途包含了承接武钢集团到期债务。建设银行对基金股权的退出方式主要是未来所投资公司上市或公开挂牌,通过交易所市场、新三板市场或者区域股权市场退出。此外,建设银行与武钢集团签订远期回购协议,双方约定,如果未来管理层业绩不达预期,武钢集团将对股权进行回购,建设银行方面亦可由此退出。

3. 担保机构或追加抵押物等增信措施

当企业遭遇管理层风险导致违约风险暴露时,也会对金融机构信心造成极大冲击,债券投资者可要求企业寻求担保机构或追加抵押物等措施对债券进行增信。对债券进行信用增级可恢复市场信心,同时也为企业正常生产经营营造稳定的外部环境,帮助企业尽快恢复生产。如无信用增级或追加抵押物可能,债券投资者应考查管理层风险对企业后续经营的影响程度,以及公司治理机制运作情况、高管人员变动情况等,谨慎选择司法途径维护利益。

4. 资产出售或债转股

当企业遭遇过度扩张风险时,首先,债券投资者可以考虑债券展期并支持债务人剥离不良资产,通过资产转让变现获得偿债资金。其次,债券投资者可考虑债转股或债务减免等债务重组方式。资产剥离会对企业资产规模和市场地位构成直接影响,但剥离不良资产有利于提升企业运营效率并获取偿债资金,保证企业长期发展空间。

福建省轻纺(控股)有限责任公司(以下简称"福建轻纺")从事造纸、盐业、医药等多元化业务,实际控制人为福建省国资委。2013—2014年,为彻底扭转福建轻纺新闻纸、文化纸及化纤业务生产经营不利局面,福建省政府和国资委将福建轻纺持有的福建省南纸股份有限公司、福建星光造纸集团公司股权无偿划转给福建省投资开发集团有限责任公司,将福建轻纺持有的福建福维股份有限公司股权无偿划转给福建省国有资产管理有限公司。不良资产剥离之后,福建轻纺造纸板块专注于生产纸袋纸和溶解木浆。2016年以来,我国对国外纸袋纸产品的反倾销措施在中长期内为国内纸袋纸企业营造了良好的市场环境,同时随着粘胶纤维市场回暖,上游溶解木浆价格持续上行,福建轻纺的外部经营环境明显改善,逐步摆脱困境。

5. 破产重整或破产清算

当企业遭遇多种类型风险相互叠加导致的经营不善风险时,由于发债企业盈利能力接近枯竭,债券投资者应充分认识到发债企业问题的复杂性,可考虑通过司法途径破产重整或破产清算,借助市场化方式解决。

6. 系统性风险下债券折价交易

在系统性风险下,大批债券出现违约,可考虑采取廉价交易的方式对违约债券进行批量处理。

2008年的金融危机席卷全球,其中美国债券市场违约率达到2.41%,折价交易成为当时被广泛采用的违约债券处置方法。例如,GMAC LLC是美国著名的汽车金融和抵押贷款提供商,2008年,由于整体金融环境的恶化,GMAC LLC出现了违约,并通过折价交易的方式置换大部分债券,力求减少投资者的损失。2009年4月,福特汽车公司完成了710亿美元的折价交易,成为自 1981 年以来非金融企业债券置换之最。

四、违约债券不同回收来源对回收结果的影响

前文分析了违约债券处置方式选择的内在逻辑,并详细阐述了不同债券违约风险类型及其成因,介绍不同债券违约风险类型下的对应处置方式集合及典型案例,解决了在违约债券处置过程中识别债券违约风险类型及对应处置方式集合的问题。然而处置方式集合对处置方式选择只能起到指导作用。债券投资者仍需要对企业的回收来源进行全面考察,结合适当处置方式与具体可用的回收来源,得出回收效果最大化的实施方案。关于违约债券不同回收来源对回收效果的影响,以及不同回收来源如何与违约处置方式结合的典型案例,将在下文详细说明。

(一)违约债券回收概况

截至 2017 年 10 月 1 日,我国债券市场上违约后实现回收的债券共 16 只,剔除其中技术性违约的 3 只债券 "15 冀物流 CP002" "15 机床 CP003" "14 波鸿 CP001" 之后,其余 13 只债券的回收来源情况如表 16 所示。

表 16　　　　　　　　　　实现回收的违约债券相关情况

违约债券名称	回收率(%)	回收周期(天)	回收来源
15 华昱 CP001	100.00	7	股东支持
12 二重集 MTN1	94.61	57	股东支持
15 川煤炭 CP001	100.00	43	政府协调
11 超日债	100.00	282	壳资源
15 宏达 CP001	100.00	3	优质资产
12 湘鄂债	100.00	337	优质资产
12 中富 01	100.00	155	优质资产
12 珠中富 MTN1	100.00	65	优质资产
15 雨润 CP001	58.67	378	优质资产
13 雨润 MTN1	100.00	3	优质资产
16 博源 SCP002	100.00	161	未披露
15 亚邦 CP001	100.00	25	未披露
15 亚邦 CP004	35.88	176	未披露

资料来源:根据公开资料整理。

1. 债券发行人是否具备回收来源,对回收结果影响较大

从前文统计中可以看到,在回收率上,有上述 4 种回收来源的违约债券,实现回收后回收率大部分较高,13 只债中有 10 只实现了本金和利息的全部回收(见表 17)。

表17　　　　　　　　　　　　　不同回收来源占比情况

按照债项划分			按照主体划分		
回收来源	数量（只）	占比（%）	回收来源	数量（只）	占比（%）
股东	2	15.38	股东	2	20.00
政府	1	7.69	政府	1	10.00
壳资源	1	7.69	壳资源	1	10.00
优质资产	6	46.15	优质资产	4	40.00
未披露	3	23.08	未披露	2	20.00
合计	13	100.00	合计	10	100.00

资料来源：根据公开资料整理。

2. 优质资产相对于股东支持、政府协调和壳资源，在回收来源中数量占比最高，与债券发行人性质有关

民营企业违约后的回收情况要好于国有企业。违约后实现回收的10家企业中，国有企业3家、民营企业7家。从违约后实现回收的10家企业来看，其中40%的回收是依靠出售或抵押其拥有的优质资产实现的。优质资产相对于股东支持、政府协调和壳资源，在回收来源中数量占比最高，原因在于民营企业相对而言得到政府救助的可能性小，同时民企的股东相对于国企较弱，得到股东支持的可能性也相对小。综合以上可以看到，债券发行人性质的不同和占比，影响了违约债券回收来源所占比例的不同。

3. 回收来源为企业外部资源的，回收周期较短

通过股东支持或政府协调回收的债券平均回收周期为35.67天，通过壳资源或优质资产回收的平均回收周期为197.29天。通过企业外部资源回收的周期相对较短。究其原因，一是由救助意愿决定，对于国有企业股东或政府而言，减小债券违约的负面关注以及维持社会稳定是其主要救助动力之一，为避免违约影响扩散，国企股东或政府会尽量快速地支持完成兑付，所以回收周期相对较短；二是受处置方式影响，企业得不到外部支持时，可能选择抵质押资产或出售壳资源和其他优质资产来筹措偿债资金，这种方式需要一定时间去寻找合适的投资人并经过其相应的尽职调查程序，甚至可能涉及司法程序而延长了回收周期。

（二）股东支持

股东支持作为一个回收来源，是指债券发行人的股东直接或间接向债券发行人提供资金支持，从而帮助债券发行人偿付违约债券。剔除技术性违约的13个违约后实现回收的案例中，共有2个案例是债券发行人违约后由其股东提供了资金完成兑付，分别为"12二重集MTN1"发行人中国第二重型机械集团公司（以下简称"二重集团"）和"15华昱CP001"发行人中煤集团山西华昱能源有限公司（以下简称"中煤华昱"）。

1. 股东支持案例概述

二重集团是我国重型装备的重要企业，中国机械工业集团有限公司（以下简称"国机集团"）是其控股股东。"12二重集MTN1"发行日为2012年9月26日，到期日为2017年9月26日。2015年9月21日，德阳中院裁定受理了二重集团债权人针对公司的重整申请，"12二重集MTN1"在裁定受理时即被视为到期，停止计息。2015年9月22日，二重集团

发布公告，称其控股股东国机集团或其受托机构拟受让全部本期中期票据。2015年11月11日，"12二重集MTN1"完成兑付。"12二重集MTN1"从违约至回收历时57天。国机集团偿付了违约债券全部本金10亿元，但0.57亿元利息被全部免除，回收率为94.61%。

中煤华昱原为民企，2009年央企中国中煤能源集团有限公司（以下简称"中煤能源"）增资成为其控股股东，持股比例为60%，另有自然人持股比例为38.68%。"15华昱CP001"于2015年4月7日发行，到期日期为2016年4月6日。2016年4月6日，债券未筹措足额偿债资金，构成违约。2016年4月13日，在股东中煤集团的支持下，违约债券足额偿付本金及利息，并支付延期兑付违约金。"15华昱CP001"从违约至回收历时7天。违约债券足额偿付全部本金及利息，回收率为100%。

2. 股东支持的回收来源特点总结

（1）股东的支持意愿是否强烈，取决于企业对股东的重要性、违约的影响力及支持的成本。二重集团和中煤华昱的两只债券均为公募债券，发行人股东亦均为发债企业。违约后，如未及时偿付本息，违约影响会在债券市场上不断扩大。考虑到子公司违约会影响其股东在债券市场上的信誉及再次发债的难易程度和利率，增加了股东对发行人的救助意愿。从支持成本的角度看，对其各自股东而言，"12二重集MTN1"和"15华昱CP001"的规模均不大，分别为10亿元和6亿元，救助难度较小。

在衡量发行人在集团中的地位时，可参考几个因素：第一，子公司业务重要性以及是否具有战略意义；第二，子公司违约后的连带社会和经济影响；第三，控股股东持股比例及实际控制权的强弱。

（2）股东若有救助意愿，其反应周期一般较短；随着时间推移，股东救助意愿可能减弱。股东如果有支持意愿，其反应周期是较短的，执行效率较高。若违约后反应周期较长，则违约的影响已经扩散，债券发行人和其股东在债券市场上的信誉已受到负面影响，股东救助的动力会随之减弱。

（3）违约企业自身资质逐步恶化会减弱股东的支持意愿。从股东性质看，一般情况下，国有企业被支持的力度强于民营企业，但对于经济压力过大的国企，其股东的支持意愿也可能在不断减弱。例如债券发行人广西有色，自2012年起经营情况恶化，但作为地方重要企业，在整体融资以及短期资金周转方面一直得到股东的重要支持。但从业绩开始恶化直至2015年，公司经营情况仍未有好转，出现积重难返的迹象，其股东不得不调整对于这部分业务的战略规划。由于其股东支持意愿的下降，2015—2016年公司连续有三只PPN违约，在债权人的申请下宣告破产。

3. 股东支持来源下的处置方式选择

在处置方式上，"12二重集MTN1"和"15华昱CP001"均为自主协商的方式。二重集团的股东国机集团受让了违约的中票并偿付，"12二重集MTN1"为自主协商后通过债务重组得到回收；"15华昱CP001"为自主协商解决。

在处置方式的选择上，国企股东救助的动力多为削减违约带来的负面影响，因此希望迅速兑付债券以平息因违约带来的负面关注，所以多采取自主协商的处置方式，避免进入漫长的司法程序。

(三) 政府协调

政府协调作为一种回收来源，是指债券违约后，在地方政府的协调下，债券发行人从金融机构、其他企业等筹措到偿债资金。剔除技术性违约的 13 个违约后实现回收的案例中，有 1 个案例是通过地方政府协调，获得了偿债资金，为四川省煤炭产业集团有限责任公司（以下简称"川煤集团"）的"15 川煤炭 CP001"。

1. 政府协调案例概述

川煤集团是四川省内最大的国有煤炭企业及唯一的煤炭业务整合平台，由四川省国资委 100% 持股。"15 川煤炭 CP001"于 2015 年 6 月 13 日发行，2016 年 6 月 15 日到期后，公司未能筹措足额偿债资金，构成实质性违约。2016 年 7 月 15 日，公司发布公告，称违约后公司向四川省国资委汇报反映了资金落实过程中存在的问题，四川省国资委提出具体的解决方案，公司按国资委确定的资金筹措方案协调配合。2016 年 7 月 27 日，公司兑付了"15 川煤炭 CP001"的本金和利息，并支付了违约金。"15 川煤炭 CP001"从违约至回收历时 43 天，在政府协调下兑付了全部的本金和利息，回收率为 100%，并支付了本期债券的违约金。

2. 政府协调特点总结

（1）地方政府的救助意愿，取决于企业对政府的重要性、救助成本以及地方政府对违约的重视程度。违约后公司向四川省国资委反映资金筹措过程中的困难，在地方政府的协调下，主承销商交通银行联合其他三家银行通过四川省投资集团有限责任公司向川煤集团发放贷款，用于偿付违约的短融。"15 川煤炭 CP001"违约后，曾有债券持有人提出申请川煤集团进入破产程序，但此方案未被地方政府接受。一方面，川煤集团是四川省内煤炭行业龙头企业，且承担着政府整合省内煤炭资源平台的作用，对地方政府重要性强；另一方面，川煤集团下辖员工逾 5 万人，社会责任重，因此企业的持续经营关系到社会的稳定。以上两方面的因素加强了政府的救助意愿。此外违约债券额度为 10 亿元，对政府协调各银行，负担不是很大。

（2）部分国企违约风险暴露时已积重难返，救助成本高，后续再次违约风险大。国有企业，尤其是规模大、行业地位高的国有企业，一般而言融资难度小，获得金融机构的授信和支持较多，所以暂时性资金压力较小。但是在过度的金融扶持下，容易产生投资过度、债务负担高企的问题。尤其是企业如果在业绩初步下滑时想方设法协调资源，避免企业信用风险暴露、掩饰盈利能力下降的情况，则随着时间的推移，企业自身的经营状况、偿债能力和资产质量会不断恶化。当违约风险最终暴露时，企业的经营可能已经积重难返，而不是如民营企业可能出现的由于暂时的资金链紧张而出现信用风险。

"15 川煤炭 CP001"在地方政府的积极协调下实现了兑付，但是公司盈利弱化，自身已失去偿债能力，债券的兑付完全依赖于外部支持尤其是政府协调。川煤集团后续又有多只债券陆续到期，协调的成本和难度越来越高，地方政府在权衡利弊后只能选择放弃。最终，2016 年 12 月 25 日、2017 年 5 月 15 日和 2017 年 5 月 19 日，川煤集团又有三只债合计本金 25 亿元发生违约后至今未能兑付。

（3）随着债市违约案例增多，政府协调的难度加大。这两年债券市场上国有企业违约案例增加，反映了政府协调的意愿下降、难度加大。从原因上看，一是债市违约案例逐渐增多，违约后的受关注度和影响力不像初始的几单大。而减少违约的负面影响，是地方政府提供救助的主要动力之一。二是在国家鼓励过剩行业去产能的大背景下，国家和地方政府可能允许部分过剩行业企业违约后进行破产重组。三是如果处于宏观经济增速放缓的时期，企业的经济负担加大、金融系统的风险也上升，这种情况下地方政府的协调成本势必增加。四是救助一单后，如果企业自身盈利能力和信用资质恶化，后续的救助成本会越来越大，川煤集团的案例即具有典型性。

3. 政府协调来源下的处置方式选择

在处置方式的选择上，政府协调下自主协商的方式可能较多，这是政府协调解决兑付的主要动力：一是降低违约在债券市场上的负面影响；二是避免大型企业不能继续经营而带来的职工去向问题，或波及区域内金融系统稳定，最终影响社会稳定的问题。违约一旦进入司法程序，后续不确定性可能增加，故在政府协调下的违约处置，一般在自主协商阶段就得以解决。

（四）壳资源

壳资源是资产负债表中无法体现的隐性资产，违约企业可以通过直接或间接持有的壳资源引入投资者，实现债务清偿。剔除技术性违约的 13 个违约后实现回收的案例中，有 1 个案例是通过壳资源引入投资者而筹措到了偿债资金。

1. 壳资源案例概述

上海超日太阳能科技股份有限公司（以下简称"超日太阳"）发行的"11 超日债"是国内首例违约公募债券。2014 年 3 月 5 日，超日太阳发布公告称，"11 超日债"第二期利息金额共计人民币 8 980 万元，而超日太阳仅能按期支付 400 万元，剩余付息资金无法落实。

面对巨额债务和资不抵债、濒临破产边缘的状况，超日太阳利用自身存在的壳资源，通过重组引入投资者，由全球最大的太阳能光伏硅片巨头协鑫集团旗下的江苏协鑫能源有限公司出资认购其股份，成为超日太阳的控股股东，从而挽救了超日太阳。在回收时间上，2014 年 12 月 22 日债券兑付，距违约历时 282 天。回收率方面，公司最终偿付了全部本金及利息，回收率为 100%。

2. 壳资源特点总结

（1）市场的追捧度增加。近几年来，中国证监会加强 IPO 环节上的全链条监管，逐步加大 IPO 审核力度，严防不合规企业进入股市，IPO 审核被否企业逐步增多。根据 2017 年中国证监会发审委会议，首发企业审核通过率下降 8.83%，受此影响，违约上市公司壳资源成为部分上市困难企业追捧的对象。

（2）新进投资者综合实力较强，能够处理违约债务以及后续管理。协鑫集团是全球最大的光伏材料制造商，在香港拥有两家上市公司，协鑫集团通过收购超日太阳可以实现对整个光伏产业链的整合，增强自身的综合实力。

（3）违约企业股份较为集中，能对公司的重组事项形成统一意见。超日太阳原股东倪开禄与倪娜父女合计持有 43.89% 的股份，对超日太阳拥有实际控制权，对公司的重整决策有决定权，未出现因为公司股权过于分散而迟迟达不成统一意见的状况，使得重组事项得到合理的推进。而亚邦集团就是典型的"子强母弱"型，亚邦集团对上市子公司亚邦股份持有的比例较少且受限比例较高，无法有效利用壳资源。

（4）关注外部力量对借壳事项中的推动作用。在债券持有人会议前，某资管与债权人进行了充分沟通,并认购了 7.47 亿元的非金融债权,债权人大会上对重组事项以 69.89% 的比例顺利通过,该资管掌握的债权金额占全部同意债权金额的 42.89%;同时,该资管对 "11 超日债"提供了 7.88 亿元的担保,使得债券本金、逾期利息及罚息得以全额清偿。

3. 壳资源回收来源下的处置方式选择

在处置方式上,"11 超日债"采用自主协商的方式解决,超日太阳与江苏协鑫在内的 9 家投资方多次协商,最后通过卖壳引入投资者的方式实现了债务的全额兑付。

(五) 优质资产

剔除技术性违约的 13 个违约后实现回收的案例中,有 6 个案例是债券发行人借用优质资产实现了违约债务的兑付,债券发行人可通过拥有的优质资产,引入投资者、加强外部融资或资产变现等解决债务危机,从而实现违约债项的顺利偿付。优质资产主要包括三个方面:第一类是无形资产,主要为资质、技术实力、产品优势及商誉等;第二类是固定资产,主要是企业持有的土地、建筑物以及机械设备等,可以出售或抵押该类资产获得外部融资;第三类是应收账款等债权资产。

1. 优质资产案例概述

(1) 技术实力及产品优势案例。东北特钢是中国债券市场上的"违约大户"。2016 年 3 月 25 日,东北特钢发布兑付存在不确定性的风险提示公告。2016 年 3 月 28 日,"15 东特钢 CP001"不能按期足额偿付,构成实质性违约。

2016 年 4 月 11 日国开行组织召开债券持有人会议。公司采取以其技术实力及产品优势吸引重整意向投资人的方式筹措偿债资金。2017 年 7 月 7 日,江苏沙钢集团有限公司子公司宁波梅山保税港区锦程沙洲股权投资有限公司(以下简称"锦程沙洲")和本钢板材股份有限公司分别投资 44.62 亿元和 10.38 亿元,持有重整后东北特钢股权比例为 43% 和 10%,锦程沙洲将通过破产重整司法程序成为东北特钢控股股东。

在回收方面,东北特钢于 2017 年 7 月正式确定引入投资者,截至目前尚无具体的债券兑付协议。东北特钢以自身技术实力吸引投资人,将在一定程度上缓解债务危机。除技术外,违约债券的发行人也可以通过拥有的资质、声誉等引入新进投资者筹措偿债资金。

(2) 固定资产处置案例。2015 年 5 月 28 日,珠海中富实业股份有限公司(以下简称"珠海中富")的"12 中富 01"仅偿付利息及部分本金,剩余 65% 的本金未按时兑付,构成实质性违约。2015 年 9 月 24 日,珠海中富与鞍山银行签订合同,以其持有的未受限的两块土地作为抵押资产,向鞍山银行贷款 2 亿元,两块土地的面积合计为 166 752 平方米,评估价值为 2.80 亿元,珠海中富通过外部融资于 2015 年 10 月 27 日实现了全部兑付。

在回收时间上,2015 年 10 月 27 日公司兑付了全部本息,距违约历时 155 天。回收率上,债券最终兑付了全部本金及利息,回收率为 100%。

(3) 应收账款等债权资产。债券发行人一方面可以加强对应收账款等债权的清收力度,另一方面可以质押或转让应收账款等债权,增强自有资金,拓宽外部融资渠道,增强现金流动性,在一定程度上缓解债务压力。相对上述几种方法,此种方法融资力度较弱,可以解决部分债务情况,但面对企业的巨额债务,作用具有局限性,并且处置时间漫长。目前中国债券市场尚无利用应收账款等债权回收违约债券的案例,此方法不易操作,原因包括:①应收账款的回收很大程度上取决于欠款方的还款意愿和还款能力,欠款方如果经营困难或恶意拖欠，会导致应收账款无法收回，无法收回的部分会形成呆账、坏账。②通常应收账款的受限比例较高，部分企业前期往往会通过应收账款质押获得外部融资，当企业发生债务危机时，应收账款得不到充分利用。③应收账款普遍存在数额大、期限长、欠款方较为分散的特点，不利于应收账款等债权的处置。

2. 优质资产特点总结

（1）技术实力雄厚，产品优势明显，能形成对投资者的吸引力。技术实力及产品优势是企业的核心竞争力，是企业内部经历的积累性储备。东北特钢之所以能吸引投资者进入，在一定程度上依赖于其处于行业的龙头地位、所拥有的技术实力及产品优势。企业可依据持有的此种资源，吸引同行业或上下游产业进入，通过重组实现债务的偿付。

（2）固定资产拥有相当的价值，未受限或者受限比例较低。首先，固定资产须为非受限资产，控制人可以实现抵质押；其次，固定资产须具备一定的价值，通过抵质押获得的外部融资能实现对违约债务的部分或全部覆盖；最后，有适当的第三方机构愿意为违约企业提供贷款，这需要企业与相关机构的沟通与协商。应收账款等债权资产也是企业解决违约债务的资源，违约企业可灵活处理。超日太阳在卖壳引入投资者之前，初步采用固定资产抵押方式为"11超日债"进行担保，但抵押资产受限情况较为严重，无法形成有效的担保。

3. 优质资产回收来源的处置方式选择

上述两个案例均采用自主协商方式进行解决，通过优质资产吸引投资者进入，或通过有效的优质资产拓宽外部融资渠道。目前债券市场上通过优质资产实现违约回收的案例相对较多，主要方式仍以协商为主，诉讼方式所占比例较小。

五、我国债券违约处置中存在的问题

（一）信息披露法制不健全，惩罚力度较弱

信息披露是维护债券市场健康发展的重要方式，但目前我国尚未建立起完善的信息披露法制规范。在法律层面，《证券法》涉及债券规范的内容相对较少，并未针对临时信息披露、债券持有人大会等进行规范；《公司法》第七章仅对债券发行公告内容作了规定，未涉及信息披露；在部门规章层面，不同监管部门对信息披露的要求也不尽相同，尚未形成完善的信息披露规范。

在信息披露违规频发的情况下，惩处力度相对较弱，发行人违规成本较低。《证券法》第193条对信息披露违规的处罚仅处以警告及30万—60万元的罚款，监管部门及交易商协会一般采取诫勉谈话、通报批评、警告、公开谴责、监管谈话、强制培训、出具警示函等方式进行处分，惩处力度和警示作用较小。根据交易商协会披露的自律处分信息，自2015年至2017年10月，共有98个发债主体受到自律处分，其中，11家出现债券违约，自律处分中主要涉及未及时或长时间延缓披露财务报表信息，部分发行人甚至在涉及股权质押、借款逾期、主营业务停顿、控股股东变更等信息时进行隐瞒等情况。

（二）部分发行人利用监管政策差异实施套利

我国债券市场形成了多头监管的格局，各个部门在债券发行、交易、制度规则等方面的差异，引发了一些发债主体或中介机构利用监管政策差异实施套利的行为。在历史发展过程

中，我国公司债券市场形成了三种不同名称、适用于三套监管规则的格局，即国家发改委监管的企业债券、中国证监会监管的"公司债券"、央行领导并由交易商协会监管的非金融企业债务融资工具（见表18）。

表18　　　　　　　　　　　我国债券市场的监管格局

债券名称	公司债	企业债	中期票据
监管机构	中国证监会	国家发改委	交易商协会
主要制度规范	《公司债券发行与交易管理办法》	《企业债券管理条例》	《银行间债券市场非金融企业债务融资工具管理办法》
准入方式	核准制	审批制、核准制	注册制
债务要求	累计债券余额不超过公司净资产的40%		

资料来源：根据公开资料整理。

2011年，交易商协会推出非公开定向债务融资工具（PPN），PPN采用注册制发行，信息披露标准和方式可以与投资人协商确定，不作信用评级的强制要求，且非公开发行不受《证券法》中"累计债券余额不超过公司净资产的40%"的限制，发行条件进一步放宽。由于监管政策的差异，债券市场在交易市场、制度规则等方面形成了部门监管的分割状态，为企业利用监管规则的不一致获取利益创造了条件。

（三）投资者保护机制不健全

1. 债券发行条款设计不完善，持有人大会制度弱化

目前我国在债券发行中缺乏对发行人进行有效约束的条款设计。募集说明书中对持有人会议仅是关于会议程序的说明，对于发行人的约束性条款较少，只能通过持有人会议举行协商对话。但成熟的债券市场已经发展出了较为完善的限制性条款，主要包括控制权变更条款、核心资产出售限制条款、新增负债限制条款、担保限制条款等，从重大事件、后续融资等方面对发行人进行约束，建立债券持有人退出的事前防御机制。

在实践中，持有人会议仅是作为各参与方的议事平台，其法律约束力及法律效力很弱，持有人大会决议与发行人意见相左、发行人有选择性执行加强信息披露以及拒绝执行有实质性偿债行动的议案的行为较为普遍。从债券市场处置案例来看，持有人会议的决议对发行人不产生法定义务上的强制约束力，能否落实要依赖于发行人的意愿；法制层面缺乏对持有人会议法律效力的规定。

2. 投资者自我保护意识相对淡薄

从违约债券的处置看，持有人大会是债券投资者了解偿债进展、表达持有人利益的重要平台，但部分投资者并未充分加以利用。"11超日债"违约后，管理人发布持有人大会召集公告，但收到的持有未偿还债券面值的参会登记者仅占未偿还债券总额的18.34%，导致持有人大会缓期召开。同时，投资者对债券的风险意识也较为薄弱，仍然对债券市场出现"刚性兑付"存在幻想。以东北特钢为例，其实际控制人是辽宁省国资委，行业地位显著，故债权人对违约债券成功兑付的市场预期强烈。但辽宁省政府以市场化方式化解债务危机的方式最终使得市场对地方政府隐性担保的幻想破灭，投资者仍持有政府将承担兜底角色的意识，终将付出代价。

3. 担保机构"担而不保"问题突出

担保是债券发行中常用的增信方式,但从有担保债券违约后的兑付情况看,担保人"担而不保"问题较为突出。公募债市场,"12珠中富MTN1"的担保人深圳市捷安德实业有限公司由于自身实力较弱,债券违约后未能提供财务支持;"12圣达债"采用股权作为质押资产和全体股东承担担保,但至今未能兑付。私募债市场,"12津天联"由天津市海泰担保有限责任公司提供担保,但"12津天联"回售违约后,担保方并未履行代偿责任;"12东飞01""12东飞02"发生违约时,担保方出具声明表示对《担保函》文件毫不知情,担保事项充满了疑团。

在担保实力方面,部分担保企业经营管理不规范,代偿能力较低。在中小企业私募债的担保中,部分担保合同存在瑕疵、信息披露不充分,弱化了担保的效力;而公募债担保的履行情况与担保方实力、担保物价值等密切相关。

4. 抵质押物处置变现难、时间长

除保证方式的担保外,以抵质押物为担保也是债券增信的常用方式。但由于资产保全、资产账面价值与市场价值存在差异等原因,使得抵质押物的变现可能耗时较长、变现较难,难以为违约债券提供财务支持。"12圣达债"虽以长城动漫1 000万股股份、四川圣达水电9.75%的股权以及峨眉山仙芝竹尖茶业有限责任公司100%的股权为担保,但违约之后,当债券持有人向四川省高级人民法院提起诉讼,抵质押物却已被成都市中级人民法院和成都武侯区法院查封。截至2017年6月末,执行局与查封法院就质押物的转移处置权仍在审批手续过程中。此外,在设定担保权后,发行人对于担保物后续管理不规范将损害债券持有人权益。在"11超日债"违约处置过程中,超日太阳同意以部分应收账款、土地使用权及机器设备等资产为"11超日债"追加担保。但是,作为担保物的土地使用权及相关资产已经涉及诉讼而被法院查封,应收账款绝大部分未按期收回。

六、对策建议

(一)法律环境

1. 完善信息披露法规,加强信息披露违法违规处罚力度

司法机关应完善信息披露法规,使信息披露走向规范化、合法化;可适当公开私募债的部分信息。美国法律虽然没有对私募债的信息披露提出强制要求,但债券发行人发行债券时会提供备忘录,中国可以参考国外的经验,结合国内的国情,加大私募债的披露力度,填充私募债券的信息披露空白。另一方面,应加强信息披露违法违规处罚力度,对于信息披露不及时、重大事项遗漏、披露内容造假等情况均应制定相应的处罚条款,不仅要限制甚至取消发行人的发债资格,更要对情节严重者采取禁入政策。

2. 健全信用风险处置机制,推动债券市场法律法规体系建设

建议司法机关学习国外发达国家的运作机制和管理经验,增强诉讼处置在债券回收中的作用,建立健全信用风险处置机制,按照市场化、法治化原则处置风险。主要包括如下几个方面:(1)增加提前偿还、交叉违约、重大资产重组经债权人表决、债券持有人表决议案产生强制法律效力、相关重大事件触发召开持有人大会等条款的设计;(2)通过个案行政执法或民事责任追究,不但可以使债券持有人获得应有的赔偿,而且还可以促使发行人、投

资者以及中介服务机构等提高责任意识；（3）细化和完善持有人会议触发情形，合理调整持有人会议召开公告披露、议案发送、修订议案的提出以及召集人向持有人发送修订议案的时间，增加规定召集人履行会议召开义务的时间要求，明确提出修订议案的主体、时间、提出形式，完善持有人会议的议案提出程序；（4）推动增信行业规范创新发展，规范现有增信机构的运作，对出现"担而不保"现象的担保机构进行整顿清理，尤其是在私募债券市场，使增信行业法制化、规范化。

（二）监管环境

1. 形成多头监管、统一协调的格局

由国务院金融稳定发展委员会（以下简称"金稳会"）牵头，构建统一、权威、高效的新型监管体系。在战略目标、制度规范等方面形成统筹规划，构建完整的债券监管体系。各监管机构将企业提交的申请材料上报金稳会，由金稳会形成统一的债券市场信息平台，实现信息共享，消除部分中介机构和企业利用监管部门之间的政策差异而实施监管套利的行为，维持债券市场发行主体、投资者及产品分布的平衡，形成多头监管、统一协调的格局。

2. 理性看待债券市场违约事件，建立新型债券市场环境

违约是任何一个国家债市发展的必经之路，有高收益、高风险的券种违约，质量高、收益低的券种才有市场。监管机构要建立及完善债券市场的监管模式、信息披露机制以及市场法则，对债券发行进行形式化、要件化的审核，对市场上各方的"道德风险"进行处罚。建立新型的债券市场环境，努力实现"买者自负"与"卖者尽责"制度的有机结合，继续坚持市场化发展方向，保持市场体系总体稳定。

3. 加强对中介机构的要求，增强其服务能力

监管部门要加强对中介机构的要求，增强中介机构的服务能力。对于承销机构，可实行违约问责制，加强对承销机构过错追责力度，情节严重者取消债券承销资格。在承销机构设立赔偿基金，对于企业造假等现象而未发现的违约，要求对投资者先行赔付，依法合规履行投资者赔偿责任。对于评级机构，严厉查处评级价格竞争、级别竞争等违规情况，严格要求评级机构遵守信用评级规范，维护债券评级的独立性和公正性，杜绝评级机构与发行者进行利益交换的可能性，建立有效的市场准入和退出制度，促进评级机构的优胜劣汰。

（三）自律方面

1. 债务人方面

债务人要提升企业管理水平，审慎制定发展战略。努力推进集团化管控能力建设，进一步研究和探索有效管控的方式；加强资金管理，严格控制财务风险，在资金承受力范围内调整投资规模与节奏；严格制定境外项目投资决策，做好可行性研究和尽职调查，及时做好风险防范应急预案。债券违约后，要勇于承担责任，不消极逃避，主动召开持有人会议，与债权人及中介机构积极协商，探寻偿还债务的渠道，运用自身持有的各种有效、有价值的资产，努力实现债券兑付。

2. 投资者方面

投资者要转变投资思想，强化风险意识。债券市场同样遵从收益与风险并存的规则。高级别债券不会违约的时代已成为过去，投资者需强化风险意识，根据自身的风险承受能力，审慎选择投资品种。同时，要学会依照法律法规来主张权利，积极参加持有人大会并选择最有利于自己的议案，并需要关注发行文件中关于会议无法得出有效决议时，发行人是否可豁免相关义务的条款。有增信措施的债券，债权人还可直接要求担保人代付或通过处置抵质押物获得赔偿。

3. 承销机构

承销机构要切实了解发债企业的真实情况，不能对企业存在的问题隐瞒甚至帮助企业造假，做好违约预警工作。在债券到期之前及时跟踪、调查，了解债券的偿债来源，并在债券到期之前召开持有人会议，将发债企业的实际情况及时、全面地告知投资者。在持有人会议的召开过程中，应该发挥牵头作用，促使债权人和债务人达成和解，从而削弱因为债券风险而带来的不利影响。

4. 评级机构

评级机构应系统化地建立与发债企业、承销商、投资人等相关方的联系机制，日常通过监测随时发布相关企业的风险变动情况。同时，作为风险防控的一道措施，针对每一只债券，到期前三个月要与企业确认偿债安排及资金明细来源，要求最晚于债券到期前一个月提供。在债券兑付之后，要求发债企业提供银行转账凭证及清算所的收款凭证。在这个过程中，要重点关注发债企业信息披露的及时性和完善性。

违约潮背景下的债券信用风险防控研究

张 驰*

一、债券历史违约数据梳理与总结

探究债券违约风险的防控手段需首先立足其发生的背景和原因。统计历史违约情况可以看到,自2014年"11超日债"发生违约以来,共计发生179起债券违约事件,其中2014年6起,涉及金额13.4亿元;2015年23起,涉及金额126.1亿元;2016年78起,涉及金额393.2亿元;2017年49起,涉及金额376亿元;2018年截至6月29日,已发生至少23起债券违约事件,涉及金额超过208亿元(见图1)。

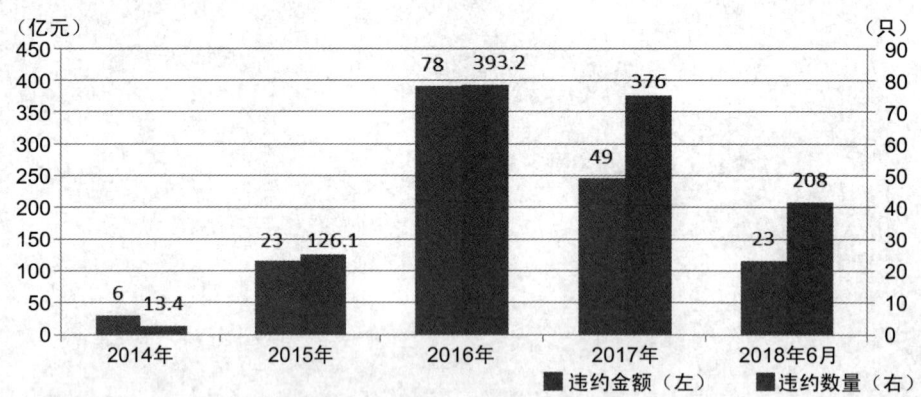

图1 债券历史违约情况统计

资料来源:Wind。

可以看到,2016年是债券信用风险大幅暴露的一年,我国宏观经济下行压力持续增大,"三去一降一补"任务带来下游市场需求下降;而供给侧改革尚未发力,中上游产业供给远

---

* 作者单位:中信建投证券股份有限公司。原载于《中国证券》2018年第7期。

超需求；产品价格下跌导致企业利润不断变薄，内部现金流每况愈下。在此背景下企业试图通过增加外部融资来缓解现金流压力，但过度依赖信贷并非长远之计，盈利匮乏叠加不断加重的期间费用负担将多个行业变成了违约的高发地带。2017 年信用风险有所缓和，虽违约涉及金额较高，但大多为往年违约企业的存量到期债，新增部分仅保千里、亿利集团、丹东港等企业为主的约 70 亿元债券。

但 2018 年以来，信用违约风险再次上升，半年内违约债券金额超过 208 亿元，其中超过一半由新增违约企业带来。同时违约企业各方面特点与过去不尽相同，显示出本次违约潮的产生原因及背景与 2016 年有所差异。

（一）行业分布

2018 年前违约债券所在行业主要集中于建筑工程、钢铁、建材水泥、机械设备和能源燃料等中上游强周期行业；而 2018 年新增违约企业的所处行业较为分散，多分布于生态环保、贸易物流等下游行业。

（二）企业性质

2018 年前违约的 65 家主体中，国企性质主体共 15 家，占比 23.08%，涉及金额 306.9 亿元，占比 33.79%；而 2018 年以来，新增违约主体全部为民营企业。此外，2018 年前上市企业仅 4 家发生违约，涉及金额 38 亿元；而截至 2018 年 6 月底，已有 4 家上市公司发生违约，涉及金额 33 亿元。可以看到，民营企业及上市公司在本轮违约潮中的占比明显增加。

（三）盈利指标

统计 2018 年前违约各主体的财报数据可发现，违约前一会计年度各主体毛利率平均为 18.95%，"三费"（销售费用、管理费用、财务费用）占比在 24% 左右，资产净利率（ROA）则为 -3.96%；而 2018 年后违约主体的毛利率达 25.13%，"三费"占比在 16.62% 左右，ROA 为 3.04%；显示出 2018 年度违约企业在主营业务盈利、期间费用控制方面均优于上轮违约企业，整体利润水平也表现出一定优势。

（四）企业投资风格

2018 年前违约主体 3 年内的投资性净现金流出平均在 6.3 亿元左右，经营净现金流入约为 2.3 亿元，内部现金流对投资的覆盖倍数在 0.37 倍左右；而 2018 年后新增主体的现金流数据分别为过去 3 年投资性净现金流出平均 21.9 亿元和经营净现金流入平均 3.5 亿元，内部现金流的覆盖倍数仅 0.16 倍。可以看出，此轮违约企业在投资风格方面明显较上轮企业更为激进。

此外，杠杆水平和短期负担方面，2018 年前违约主体三年内有息债务的复合增速仅 8.04% 左右，2018 年后新增主体则达到 58.81%；短期债务占比方面，两者数据分别为 42.9% 和 57.09%。显示出此轮违约企业近期有大幅增加杠杆的行为，且短期债务负担较上轮企业更重。

二、此轮债券违约潮的背景与成因

总结上述数据可以发现,对比上轮违约潮中的企业,新增违约企业集中表现出所处行业向中下游转移、民营及上市公司占比显著增加、盈利能力相对较好、新增投资规模较大以及杠杆水平大幅增加等特点。立足于以上微观表现,结合当前国内宏观经济形势及政策动向,可以大致归纳分析此轮违约潮的成因:

(一)供给侧改革改善中上游企业盈利的同时带来下游成本抬升

2017年前,经济景气度下行、中上游产业供过于求是导致大量周期性企业盈利下滑、内部现金流紧张的主要原因,信用风险体现出一定的行业性特征。随着2016年以来供给侧改革全面推进,中上游行业产能去化效果卓著,产品价格得到有效提振,企业盈利数据随之转好。但由于国内经济仍处于L型底部,韧性有余而反弹不足,市场需求增长幅度有限,景气度在上下游之间的传导尚不通畅,反而推升了下游行业的生产成本,使其利润空间受到挤压。

各行业利润总额增速统计显示(见图2),截至2018年4月全国规模以上工业企业利润总额同比增长15%,其中位于上游的采矿业、黑色金属加工及电力热力行业分别增长39%、95.4%和30.3%,而下游行业如医药制造、纺织服装、建材家具等利润总额增速仅为16.4%、1%和-0.5%。可以看到在目前工业企业利润之中,中上游行业确实占有较高权重,而2018年后新增违约企业大部分处于行业下游的现象也反映了信用风险在产业链后端的确有所发酵。

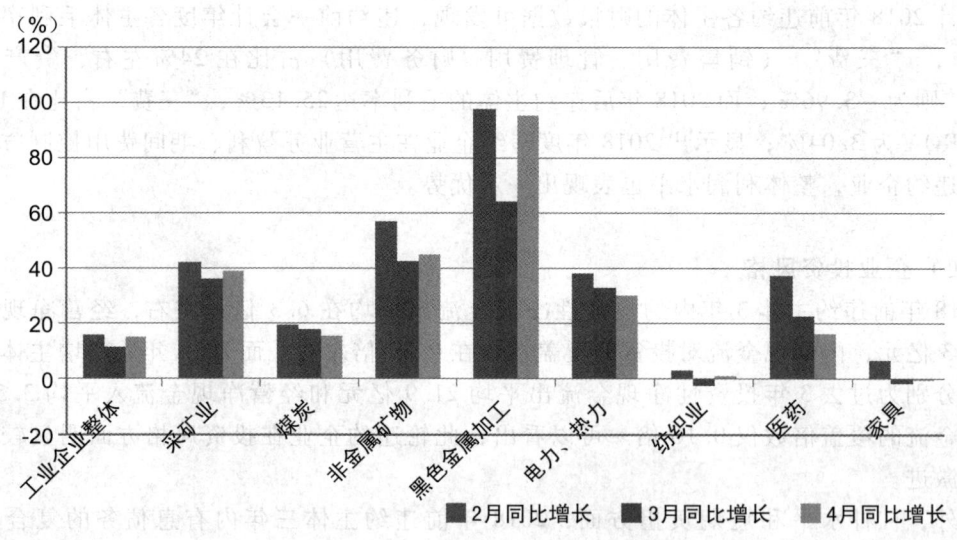

图2 2018年2—4月工业企业及各行业利润总额增速

资料来源:Wind。

(二)货币宽松背景下,企业推高杠杆,短债长用,盲目投资

企业出于抢占市场份额、分散主业风险、降低营业成本等目的往往会在所处行业或产业

链中进行相关投资,但过于激进的策略可能使企业在投资活动未完成时出现资金问题;投资后收益不及预期也会导致企业负担加重,经营走向恶性循环。

根据上文统计能够发现,此轮违约的主体过去三年投资性净现金流流出平均高达21.9亿元,而经营性净现金流流入平均仅3.5亿元,内部现金流的覆盖倍数仅0.16倍,自由现金流缺口远高于过去,企业对外部融资的依赖性大幅增加。这源于2014年以来,在经济下行背景下央行推出了多轮货币宽松政策,新增社会融资规模屡创新高,4年来分别新增16.5万亿元、15.4万亿元、17.8万亿元和19.4万亿元,贷款、非标融资、债券融资等渠道相对畅通,市场融资环境较为宽松。在此背景下实体经济融资成本显著下降,宏观经济数据开始企稳,但全社会杠杆率发生了明显上升,上述违约企业过去3年高达58.8%的有息债务复合增速也印证了这一特征。

此外,由于长期融资的财务成本较高,且对企业本身资质有一定要求,部分企业为取得足额资金会采取短债长配的融资手段,这进一步加重了其面临的流动性风险。但2018年以来,在经济金融去杠杆的大背景下,监管部门出台了以《关于规范金融机构资产管理业务的指导意见》(以下简称《资管新规》)为代表的一系列监管政策,企业融资环境得到规范,此前过于依赖外部资金进行投资的企业不同程度地面临流动性压力。

(三)2018年以来再融资环境收严,低资质企业外部现金流萎缩

企业的信用违约风险不外乎来自内部现金流恶化和外部现金流萎缩。与上轮宏观经济不景气导致企业内部现金流恶化所引起的违约潮不同,此轮违约潮中的企业虽体现了一定程度上的盈利下降,但毛利率、ROA等指标表现均好于上轮,其主要问题在于企业尤其是低评级低资质企业外部现金流的明显萎缩。这在企业非标融资萎缩、债券融资萎缩及上市公司并购、定增融资萎缩等方面均有所体现。

1. 非标融资方面

自2016年下半年以来,国内在推动政府部门及非金融企业去杠杆之余,开始重视金融体系的去杠杆。2017年中国银监会一年之内连续出台十项监管政策,积极控制银行表外信贷规模、推动杠杆去化。这一过程直接导致了国内信托和委贷融资增速的放缓,而2018年《资管新规》的落地更是将此轮融资环境的收紧推至高点。观察2018年5月社融数据可发现(见图3),目前国内社融增速降至10.30%,新增规模较上年同比下降28%,其中委托贷款、信托贷款均呈现负增长,二者2018年合计减少6 600亿元,较上年少增2.3万亿元。由于表外信贷所受监管相对宽松,长期以来银行都将其作为向低资质企业提供融资的主要途径之一,此轮监管政策出台后表外资金部分回流表内,受监管体系影响再难全部用于向低资质企业提供融资,而非银机构受银行态度影响,亦慎于向该类企业提供非标融资。以上情况在面对民营企业时表现得更为明显。

2. 债券融资方面

受非标业务大幅萎缩影响,债券再融资市场亦表现出低迷和结构分化态势,机构投资者面对中低资质主体往往采取更谨慎的风控策略。分析2015—2017年新增社融数据可发现,企业债融资占比由2015年的19.10%下滑至2017年的2.30%,2018年第一季度新增规模虽有起色,5月却重归负增长。而外评AA及以下的低资质发行人方面(见图4),2018年度债券净融资除4月为正外,其余月份均呈负数,与整个债券市场2018年6 500亿元的净融资

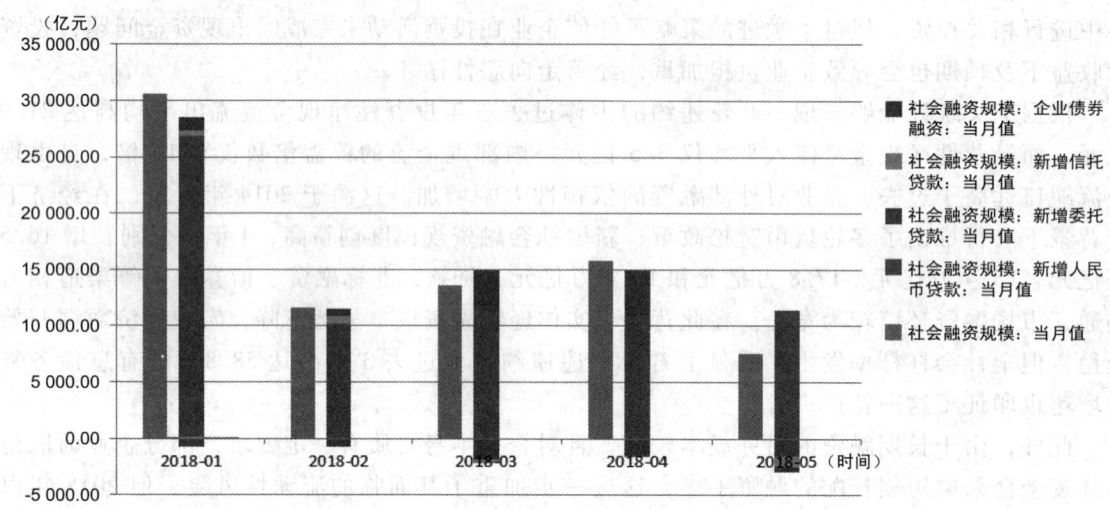

图3　2018年各月度社会融资数据

资料来源：Wind。

规模相比表现明显较弱，债券投资基本集中于 AA+ 及以上品种。考虑到 2015—2016 年货币宽松期间部分企业大规模发行的债券将在 2018—2019 年陆续到期，市场对低评级企业的再融资可能进一步持谨慎的态度，短期内信用债再融资渠道或许难有明显改善。

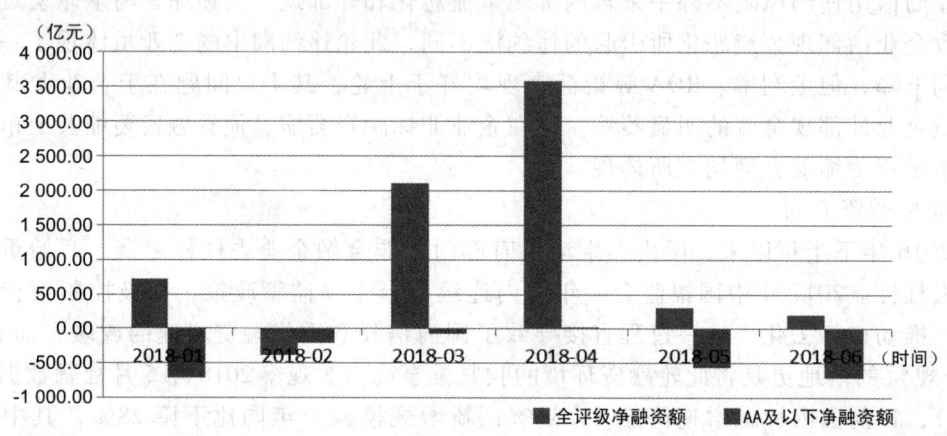

图4　2018年债券净融资额

资料来源：Wind。

3. 并购、定增等方面

此外，本轮违约中上市公司占比的明显提高也体现出目前上市公司融资渠道优势不再明显的特点。事实上通过整理分析数据可以发现，部分民企上市公司在资产规模、资产质量等方面的表现难言优秀，但此前依靠上市公司在并购重组、定向增发等方面存在的优势，其外部资金支持仍有一定保障。2017 年以来中国证监会陆续出台《关于修改〈上市公司非公开发行股票实施细则〉的决定》等多项针对再并购和再融资方面审核加强的政策，使得本身经营存在瑕疵的企业通过并购或定增获取资金的难度显著增高。统计显示 2017 年全年定向增发共 540 笔，上市规模仅 1.27 万亿元，较上年减少 25%，资质较弱的上市公司发生债券违约的可能性增大。

三、此轮违约潮持续性的探讨

总结前文可发现，本轮债券违约潮之所以发生，一是在整体经济需求尚未明显好转的背景下供给侧改革推高了下游行业生产成本；二是部分企业在货币宽松时期过度负债，增大了资金风险敞口；三是金融去杠杆背景下中低资质企业外部融资渠道明显收窄，短期现金流出现危机。而探究未来违约风险的防控则需立足于上述因素的持续性与发展情况。

（一）行业利润的改善前景

党的十九大以来，深化供给侧改革的力度继续加大，国内经济供给结构不断改善，但经济发展不充分不平衡的矛盾仍然凸显。目前国家将经济结构转型的着力点放在做大、做强、做优实体经济的竞争力上，将提高供给体系质量作为主攻方向，强调消费的基础性作用和服务业的主导作用。可以预见在此工作思路下，我国未来需求总量和需求结构均能得到显著改善，但经济转型绝非一蹴而就，经济改革仍然任重道远，短期内中下游企业仍可能面临中上游成本抬升带来的利润压力。

（二）企业杠杆率与投资规模的改善空间

考虑到投资活动收回成本所需的周期，货币宽松时期大幅增加的杠杆很难依靠企业自身在短期内化解，更多需依赖外部流动性的支持。但目前我国正处于经济去杠杆、去产能的关键阶段，且实际违约占全部债券总额的比例尚低，政府在此轮违约潮中几乎不可能对企业进行全面救助。遵循市场规律，在处理债务违约时实行差异化政策，对于长期亏损、失去清偿能力的企业坚决清退；对暂时性经营困难、未来发展前景仍好的企业采取扶持措施仍是目前最可能采用的方针。

（三）金融去杠杆政策与融资环境紧缩的持续性

此轮违约潮最核心的驱动因素仍是再融资环境的收紧。可以看到，此轮的去杠杆政策成效已开始显现，社融呈现银行贷款持续增加而非标融资显著下降的良好态势，违约企业规模虽有所增加，但总体违约金额占比仍然可控，经济数据也表现出较强的韧性。在此背景下，经济金融去杠杆的政策大概率仍将继续推进，主要原因如下：

从宏观数据分析，社融数据虽有下滑，但整体仍在合理区间范围。回顾2004年至今国内的名义GDP增长率及社会融资增速可以发现，2008年前，社融增速一般低于名义GDP增速或相差不多，二者差额不超过5个百分点；2008年后由于海外因素带来的扰动，国内经济下行压力增大，社融增速开始大幅高于名义GDP增速，在此期间，国内宏观杠杆率不断上升，债务增长持续高于经济增长；直至2017年，得益于政府及监管部门持续推进的经济金融去杠杆政策，二者才重新趋于一致。虽然近期社融数据有一定下滑迹象，但在此前债务增长率持续高企的背景下，目前数据仅是回归正常区间，是政府主动调控产生的结果。为保持国内经济稳定发展、经济结构顺利转型，未来社融数据可能会进一步向经济增速、投资增速和消费增速等指标靠拢。

从监管角度分析，监管部门对影子银行引发系统性风险的担忧始终存在。在《资管新规》落地实施的背景下，社融中非标融资的占比发生了明显下降，刚兑也逐渐开始打破。虽然新规给予银行理财账户两年半左右的缓冲期，但打破刚兑、规范非标产品的原则并无变化。

此外从行业角度分析，当前信用违约加剧的势头在市场经济下实属正常现象，且违约比例尚低于很多国家；违约率暂时的上升虽然给经济带来短期阵痛，但若不通过市场化机制将长期亏损、积重难返的企业淘汰，未来势必形成更大的系统性风险，适当的风险暴露对产业结构调整和行业去杠杆化反而有所裨益。

目前来看，未来政府及监管层最有可能采取的方式仍是积极推动经济金融去杠杆，在守住不发生系统性风险这一前提下逐步释放企业信用风险。针对目前监管可能导致的民营及中低资质企业融资困难等信用结构失衡问题，央行或将从准备金、再贷款、再贴现及利率等货币政策方面着手，在遵循市场规律的前提下以结构化方式支持其融资需求，而非简单通过维持宽松货币环境调节规模总量。

四、实际业务开展中对债券信用风险的防控策略

可以看到，引发本轮债券违约风险的各方面要素，不论是从经济基本面、政策推进状态还是企业本身等方面看，短期内均难有明显变化，外部融资环境收紧仍是大概率事件。违约情况预计将持续发生在经营不善或杠杆运用过高的企业中。

在此背景下探究债券违约风险防控，应降低对经济面、政策面等外部支持因素的预期，重点回归对企业自身的信用资质和偿债压力的评判。目前企业面临的主要风险仍是外部融资收紧带来的短期现金流压力，故业务开展中对债券风险的判断应着重由企业外部融资渠道、资产变现能力入手，综合考虑企业当前投资的激进程度及杠杆使用状况，在此基础上辅以对企业盈利与收现能力的分析，从而客观评判债券面临的违约风险。

（一）重点关注外部融资弹性较弱和成本较高的主体

此轮违约潮最直接的诱因仍是企业再融资环境恶化，故外部融资能力是判断近期信用风险的首要指标。一方面，可由企业融资结构观察其融资渠道弹性；另一方面，可由融资成本的变化观察企业经营负担以及金融机构对其认可度。

融资结构方面：目前以非标融资为主的企业受监管政策趋严影响，再融资难度较高，而以债券融资为主的企业受债券市场违约加剧的影响，再融资同样面临压力。以上融资结构的企业若在近期面临债券集中到期，则流动性风险需重点关注。拥有股权融资优势的上市公司受并购重组和定增监管趋严影响，融资途径有所收缩，业务开展中应降低对上市公司融资渠道优势的预期。银行贷款在有息债务中占比较高的企业目前融资稳定性较强，但需通过银行贷款成本、抵质押借款比例、贷款总额占有息债比重变化等指标持续观察银行对企业支持态度的变化，及时调整对其外部融资能力的评估。

融资成本方面：综合融资成本反映了企业经营负担及金融机构对其信任程度，一般可通过"偿付利息支付的现金/有息债务"进行估算。考虑到机构对不同行业的认可度差异，一般综合融资成本需在同行业间横向比较。融资成本持续抬升一般反映金融机构对企业偿债能

力认可度下降，对其相关债券应持谨慎态度。

（二）规避资产变现能力弱和质押比例过高的企业

企业面临内部获现不足和外部融资紧张等情况时，资产快速变现能力对缓解流动性压力至关重要。一方面，可分析变现能力较强的流动性资产质量；另一方面，关注企业可抵质押资产规模及抵质押比例。

流动性资产方面：首先，应评估企业未受限货币资金的真实性，部分企业惯于利用资产负债表的时点性特征，通过短期资金调节等方式粉饰货币资金数据。一般可通过观察企业融资成本、债券发行情况的变化分析企业货币资金的真实性，若在企业融资难度不断增加的情况下账面仍保有大规模非受限货币资金，其真实性往往值得关注。其次，应分析企业应收类款项及存货的回收质量和变现能力。应收类款项可通过应收对象、账款集中度及账龄结构等指标进行综合判断；存货方面则可通过跌价损失和存货周转率等指标进行判断。此外，交易性金融资产及部分可供出售金融资产也能为企业提供流动性支持，但需关注其股权中非流动、非上市股权等处置变现能力较弱部分的占比情况。

可抵质押资产方面：一般企业的优质可抵质押资产包括存货与无形资产中的土地、持有上市公司股权及房地产等。值得关注的是，土地及房地产由于估值操作空间较大，对以公允价值计量且浮动较大的部分需谨慎估计其合理性。而其抵质押情况一方面反映企业再融资的保障程度，另一方面也能体现企业当前外部融资压力，优质地产抵质押比例过高的企业可能面临更大的流动性风险。

（三）对投资扩张风格激进、杠杆结构失衡的企业保持谨慎

投资压力的判断一般可通过企业经营获现水平和杠杆负荷等方面开展。投资激进的企业往往经营性净现金流入对投资性支出的覆盖倍数较低；这类情况在主营业务经营不善但仍坚持多领域大额扩张的企业中十分常见。同时经营性净现金流对当年利息支出的覆盖倍数可以看作对投资激进程度判断的一项指标，若企业无法保持基本的借新还旧，说明投资规模与自身承受能力难以匹配，短期内将面临严峻的偿债压力。

杠杆结构方面主要对通过期限错配进行大量短债长用的企业进行关注。一方面，可通过短期债务在整体有息债务或投资支出中的占比观察企业短债长用程度；另一方面，可通过非受限货币资金对短期债务的覆盖倍数评估企业短期现金流压力。

（四）关注企业盈利能力的同时，关注实际收现质量

此轮信用风险主要由外部现金流萎缩引起，但企业内部现金创造能力仍是维持其长期稳定经营的重要基础。企业盈利能力一般可由主营业务毛利率、总资产收益率等指标进行观测，但考虑到企业对利润的调节手段较多，分析中更需结合经营现金流判断盈利质量。

盈利质量较差的企业普遍存在税息折旧及摊销前利润表现较好但经营性现金流与之长期背离等现象，这一方面可能源自资产估值变化对利润的贡献，另一方面可能源自业务中上下游占款较高，盈利实现情况不佳。同时由于ABS等融资产品的不断发展，部分企业现金流质量也需审慎进行评估，对发行有资产证券化产品的主体应关注其资产标的是否为公司未来经营性现金收入。

基于大数据的证券公司信用风险评级与预警体系研究

招商证券股份有限公司　北京大学汇丰商学院*

2016年12月30日，中国证券业协会发布了《证券公司全面风险管理规范（修订稿）》，要求对信用风险进行准确识别、审慎评估、动态监控、及时应对与全程管理。同时证券公司信用类资产快速增长，大型证券公司普遍达到千亿级规模，信用风险的复杂程度和需要进行信用风险评估的公司量级成倍增加，而外部信用评级存在机构独立性差、工作量大导致的评级不准确、不及时、区分度不够等问题。因此，选用先进的信用风险评级理论，开展基于大数据的证券公司信用风险评级与预警体系的研究，对促进证券行业的发展、保障证券公司的稳健经营以及维护金融体系的稳定性具有重要的实践与政策参考意义。

本文的研究对象为基于大数据的证券公司信用风险评级与预警体系。本文基于信用风险评级理论，结合国内外金融业的实践经验，通过对中国证券业创新发展的趋势与现行证券业所面临的风险特征与结构的分析，从信用风险的定义与层次、风险的计量模型以及核心信用风险控制指标等方面对证券公司信用风险评级与预警体系提出行业最佳实践方案。

一、海外证券业信用评级与预警体系研究

当前海外信用评级体系发展较为成熟，对于债券发行人，较权威的有标普、穆迪、惠誉等评级机构的外部信用评级信息；对于零售客户，较权威的有三大信用局的FICO个人信用评分。包括投资银行和商业银行在内的国外大型银行都有自己的信用风险模型和评级体系，无论是机构业务针对的债券发行人或者场外交易的交易对手方，或者是零售业务针对的个人贷款方，都是采用同时参考内部信用模型和外部标准模型或评级信息的方式。外部风险模型的结果往往在针对内部风险模型做评估时被作为基准参照指标。内部模型表现的好坏往往以表现超过外部基准模型多少为评价指标。比如，零售端的FICO评分或者机构端的三大评级

---

* 课题负责人：邓晓力，招商证券副总裁兼首席风险官；任颋，北京大学汇丰商学院副院长；课题组成员：张兴，张文景，肖凌，刘霄潇，田敏，朱晓天，卢骏。原载于《中国证券》2018年第4期。

公司评级，都被作为大型银行内部风险控制模型表现好坏的参考基准。所以国外大型银行实践中采用以建立自己的信用风险模型为主、参考外部信用评级或风险控制模型为辅的一种信用风险管理模式。同时海外规模较小的银行或者金融机构往往直接采用外部机构的评级或者信用风险模型，主要是从精简维护内部信用模型开发团队的角度考虑。

（一）美国投资银行风险管理系统

从制度来看，摩根士丹利、美银美林、高盛等美国大型投资银行皆采用全面风险管理制度（Enterprise Risk Management Framework，简称ERM），以加强风险管控，其主要内容包含风险管理战略、组织体系、高效预警系统等。从目标来看，由于投资银行受到高杠杆经营策略影响，因此多着重于"去杠杆化"，在对风险水平的处理上（如果看作一个比例的话），主要通过缩减分子（出售资产抵债）与加大分母（扩大资本规模）等方式，降低杠杆并控制经营风险。然而，若风险资产大幅贬值，投资银行难以通过缩减分子的形式降低杠杆，且机构大量抛售风险资产时，又再度拉低风险资产的价值，这就是典型的去杠杆化放大周期效应，多发生于金融危机时期（如2008年全球金融危机）。与此相对应的情况，加大分母则是在金融危机时较好的应对方法，通过扩大融资或者并购交易等增加资本规模（如2008年9月美国银行收购美林证券）。此外，从工具来看，VaR（Value at Risk，风险价值）是新巴塞尔协议与全球银行业普遍采用的市场风险测量模型。然而，VaR模型过度理想的假设条件也在金融危机中直接误导了市场，如假设市场为正态分布而未考虑"黑天鹅"事件，假设市场有良好流动性而未考虑流动性风险与市场波动以外的特定风险等。

（二）信用风险评级的国际实践——以德国为例

在德国，大部分银行都有内部评级体系（Internal Ratings – Based Approaches，简称IRB），这是银行自创的对企业信用进行评级的系统。

德国的央行统一对各银行的内部评级体系提出要求：首先，银行需要具备识别风险的能力，要区分各类贷款的风险；其次，要具备多个非坏账信用级别，将信贷合理分配至各个级别；最后，在贷款发放前对企业进行归类并定期复查。对于建立在统计模型基础上的银行内部评级体系，央行同样制定了相应的原则：首先，评估各信用级别一年期的违约概率；其次，定期对于违约事件进行认定；最后，妥善保存所有的数据。

根据董治（2015）的研究，尽管德国各个银行间内部评级系统不同，但大致都由定量分析、定性分析、警告信号和企业信用评级的人工调整四大部分构成。定量分析提取的数据包括企业资本结构、流动性和盈利能力，然后带入自身开发的模型计算违约概率（PD）。在实践中使用的统计方法为逻辑回归模型。定性分析是将难以直接量化但与企业信用相关的信息纳入考核，主要包括企业的市场竞争情况、企业组织结构、员工素质等。德国银行的定性分析所涵盖的范围相当广泛，一般来说，定性分析的结果与债券评级的结果类似。警告信号则是企业发生的会导致信用风险升高的特定事件，例如，违背贷款合同的行为。出现该信号时，银行都会对企业进行降级。人工调整则是指银行的信贷人员通过主观判断来影响企业的信用评级，虽然央行表示，这类主观的评判不应该作为主要的评判手段，但在实践中，很多银行的内部评级体系都拥有发挥否决权的决策板块。

德国银行的内部信用评级可以分为两类，即平行结构和垂直结构。在实践中，大部分银行采用的是以平行结构为主的混合结构,同时有一些银行采用的是一种 Knock – Out (K. O.) 淘汰规则与垂直结构组合而成的混合结构。Knock – Out 的原则是,一旦发现企业有严重的信用问题,德国银行会直接将其"K. O.",也就是说完全不批准其贷款申请。这种评级的方式降低了评级成本,所以通常被一些小型银行使用。

德国的合作银行又叫国民银行,是通过注册制合作社的形式组织起来的,国民银行的主要原则为"自助、自我责任和自我管理",他们采用自己开发的 BVR – II – Ratings 系统,该系统使用平行结构,定量:定性为 6:4,该系统重点对企业的资产财务和盈利情况进行分析,通过基于现实的企业状况,叠加银行对企业未来发展情况进行信用评级。定量分析是将风险因子代入逻辑回归模型计算违约概率;定性分析是将企业市场情况、客户和供应商结构等"软信息"进行分析判定。

二、中国证券业信用评级与预警体系实践

(一)总体情况

由于外部信用评级机构出于各种原因而存在评级不准确、不及时、区分度不够等问题,因此,我国金融机构多致力于发展内部信用评级体系。内外部评级共同应用是国内金融机构的现实选择。通过 20 世纪末到 21 世纪初的发展完善,我国证券业信用评级体系建设已初见成效。如周力、梁朝晖(2007)的研究认为,我国证券业信用评级在三个方面有所提高。首先,信用评级的主体种类扩大。不少信用机构已经在保险业、外债发行、信托产品、各类证券等领域开拓发展评级业务。其次,信用评级系统的数据指标建设有所进步,尤其是中国人民银行创建了银行信贷咨询系统,建立了覆盖全国的核心数据库,从而使信息和财务指标得以透明共享;同时,也制定了征信行业标准,以此确保证券业信用评级的平稳发展。最后,行业内开始出现龙头企业,例如中诚信证券评估有限公司、上海新世纪资信评估投资服务有限公司等。

(二)外部信用评级情况

目前国内的外部评级机构,是在吸收国外先进经验技术以及方法的基础上结合中国国情开发出来的。运用的主要方法具备三个共同特征:一是外部因素与内部因素结合,外部因素有宏观经济环境、行业环境和法律法规;内部因素包括公司治理情况、盈利能力、风险控制等。二是综合分析历史、当前、未来情况制定指标。三是定性指标与定量指标相结合。

但是,我国外部信用评级体系目前还处于发展的早期阶段,由于各种原因,还存在一定的缺陷。据估计,截至 2016 年 12 月,中国债券市场有 4 470 家发行主体有外部评级,其中,近 50% 的发行主体外部评级集中在 AA 级;金融机构和企业普遍认为外部评级产品的可信度太低并且缺乏区分度,不愿参考和参加外部评级。另外,由于我国信用评级市场还处在初级发展阶段,很多制度无法保障,信用评级机构缺乏数据和经验,进行业务拓展的成本又过高,导致评级结果确实差强人意,规模更是无法顺利扩大。所以,基于外部信用评级的现状,目前,证券业普遍采取外部信用评级和内部信用评级相结合的方式进行风险测评。

（三）内部信用评级现状

在外部评级缺乏区分度、风险辨识度低、缺乏对投资池或持仓持续监控追踪及风险分析，且无法高效对行业内的主体进行财务分析及比对的情况下，很多券商会购买第三方开发的信用风险管理系统，这类内部风控主要是采用 Moody 评分标准，以财务数据为主，对样本进行多元回归分析建模，并运用数理统计方法对模型的准确性进行验证，定期进行微调。

具体来说，首先根据所选主体行业归属自动匹配行业模型；其次进行数据录入、数据检查工作，得出评级结果；同时，在主体发生外部负面新闻时及时提醒，除对主体进行信用评级以外，还会同时对发行人、担保人、项目方、融资方等关联主体评级；后续会根据上次评级的日期每半年或 1 年自动跟踪一次，如发生不定期的外部信用风险事件，则会自动触发跟踪评级。该类信用风险管理系统，比如衡泰 xCRMS 已和中信证券、招商证券等券商达成合作，帮助客户构建内部信用评级体系，实现信用风险电子化流程管理和预警。

目前市场上另一种比较常见的 DM 信用投资分析产品，旨在揭示及管理发行主体信用风险。这是一套以量化模型、大数据分析为基础的信用投资研究工具，能高效地帮助客户做好投前的全网检测、投资池建立、债券选择以及投后的持仓管理和风险排查和分析。首先基于主体财报的数据，对市场发债主体进行更细分的信用风险区分，总共分层达 20 层；再针对 4 000 多个主体的各项重点财务指标，以图表的形式直观地呈现出每项财务指标的变化情况以及在该行业的分位；同时，使用国际标准与申万行业分类，针对 168 个行业中的不同主体通过风险区分进行排名分析，得到目标主体在行业的排名；最后，通过机器和人工相结合的方式，从 3 000 多个数据源，实现每天 2 万—3 万条舆情的抓取及与主体匹配。

除了内外部结合的信用评级方法，一些不具备内部评级体系开发能力的中小机构，也会参考基于市场数据的隐含评级。根据赵凌、李栋（2017）的定义，隐含评级是从市场价格信号和发行主体披露信息等因素中提炼出的动态反映市场投资者对债券的信用评价，是对评级公司评级的补充，评级结果可能与外部评级公司相同，也可能会不同。隐含评级的主要特点有：一是对信用风险能够及时预警。相比之下，评级公司评级的及时性较差，每半年才评价一次。二是隐含评级可对评级公司评级结果给予补充。

（四）存在的主要问题

随着全球化的不断深入，我国证券业信用评级与预警体系面临着很大的机遇，然而与国际著名机构相比，我国的信用评级体系无论是在规模、行业条例、法规的制定还是在人才的培养上都存在着许多欠缺之处，主要体现在如下方面：

1. 我国的信用评级研究不够深入

和国际相比，我国信用评级历史仅有 30 年，行业整体仍然处于亟须突破的时期，社会整体对信用评级的作用和重要性的理解仍处于较浅层次。

2. 我国评级市场的规模较小，运作不规范

目前我国大多数信用评级机构规模小，市场需求少，其主营业务根本无法盈利，加上目

前需要评级的债券数目仍然较少,涉及行业较相似,这些现状也导致市场运作不规范、执行规定的力度不够;运作上的不规范又进一步阻碍了市场的发展。

3. 我国评级行业属于多头监管

目前我国证券业信用评级采取的是分业监管,例如中国证监会监管公司债,中国人民银行监管金融债,原保监会监管保险公司等。缺乏统一的监管部门和监管制度使得工作效率降低;同时,各个监管机构之间缺少沟通交流,不一致的标准导致监管成本上升。

三、基于大数据的国内证券业信用风险管理体系建设

(一) 大数据信用风险体系建设现状

传统金融机构面对信贷和债券类业务时通常只能依靠企业的一般财务资料进行风险评估。这种方式对于信息较为齐全的大型企业也许问题不大,但在评估中小微企业时,由于信用主体的财务管理体系可能不够完善,往往难以获得全面的财务资料,其资料的可信程度也相对较低。此外,不少中小微企业由于信贷成本较高,也有动机对财务信息进行各种处理以隐藏不利信息,这也大大增加了金融机构对此类企业信用评估的难度。即使不存在上述问题,仅凭企业的财务报表也只能获得企业经营状况的基本信息,而难以了解其他影响风险的信息,如品牌声誉、客户关系、产品质量等,无法全面评估企业整体风险。

大数据的使用将可以在很大程度上改善对中小微企业信用风险评估的能力。通过大数据企业征信系统,可以获得不同的企业信息,不仅包含基本的运营与财务信息,还可以抓取其信贷行为信息、交易对手的评价信息、媒体与行业评价信息以及企业是否存在法律事件或政府监管等信息。以上各类信息对全面评估企业风险均有重要作用。在取得上述信息后便可以对数据进行分类建模,提取风险因子并综合分析其风险。这样的信息全面性只有在大数据下才能做到,对于金融机构特别是证券公司评估信用主体的风险极为重要。

通过大数据可以对信用风险进行更有效的分析与监控,大幅提升信息的准确性,降低操作成本。与传统征信不同,大数据征信可以通过爬取网页、APP、购物网站、通讯软件等各种渠道搜集数据,构建出反映被征信人性格特征、身份特质与风险承受能力的多维度模型。大数据征信使用的信息除了传统的银行借贷记录、消费记录、开户信息外,更包含了从互联网爬取的社交数据、个人偏好与特定场景下的行为数据等。大数据处理,能提供远高于传统征信的效率、多样化的信息,提高准确性,成为新时代征信业发展的重大里程碑之一。大数据风险控制模型的首要优势在于多维度的数据收集。通过互联网手段收集的被征信者的各方面数据均可被应用于风控。在数据收集完成以后,需要对数据构建画像,即对客户数据进行规整性处理,定义并提取其特征。通过特征标签的合理选取,能够细致地描述被征信者的"画像",从而提高大数据模型分析的准确性。

在完成数据刻画以后,便可以进行数据建模的工作。常用的建模方法包括聚类、分类及离群点检测等方式。聚类方法的核心在于对相似的信息进行聚合归类,从而发现相似的行为模式。分类方法则一般通过已经识别的风险行为来预测目前正在发生行为的风险程度。离群点检测则重在识别偏离常见行为方式的异常行为,并重点关注其风险。这几种建模方法在实践中均比较常见。通过大数据建模完成对被征信者的风险分析后,便可以根据预先设定的风险偏好对风险进行定价,从而完成大数据信用风险体系的全过程。

总体而言，我国在大数据信用体系建设方面虽然起步较晚，但在短短几年已经将大数据战略上升为国家战略。根据国家工信部《大数据产业发展规划（2016—2020年）》的判断，在我国政府部门、互联网企业、大型企业集团中积累沉淀了大量的数据资源，使我国成为产生和积累数据量最大、数据类型最丰富的国家之一，其中掌握在各级政府部门手中的信息数据资源占到80%以上。作为国家战略，习近平主席提出，要以数据集中和共享为途径，建设全国一体化的国家大数据中心，推进技术融合、业务融合、数据融合，实现跨层级、跨地域、跨系统、跨部门、跨业务的协同管理和服务。在加快推动数据资源共享开放和开发利用的大环境下，我国大数据信用风险体系建设也进入了快速的发展阶段。整合并运用三大类数据资源，运用大数据模型全面刻画企业或法人信用风险已经逐步运用在实践中。越来越多的券商等金融机构开始与掌握公共政务数据的大数据公司合作，提高自身金融风控模型的准确率，并进一步提升信用风险识别能力。

（二）大数据信用风险体系的实际应用

传统信用风险评级常受到信息不对称影响，金融机构只能通过传统渠道获取有限的用户信息，因此产生许多评级盲区。大数据能通过获取海量数据与处理变量逻辑的方式大幅度降低信息不对称影响，计算机会自动将历史数据进行量化，再将量化数据建构成独一无二的模型，最后再通过模型去推演出不同用户在不同方面的违约概率。

在企业大数据风控方面，不少金融机构已经开始建立信用风控体系。例如恒丰银行在2015年便开始了其基于大数据的信用风险预警系统建设。此后，在其原有数据基础上，更从各种不同渠道接入其他方方面面的信息，如海关进出口数据、企业税务数据、统计局数据等。在拥有大量全面数据的基础上，恒丰银行进一步启用了机器学习等专业化技术，从而构建更高效完善的风控体系。又例如平安集团利用其全牌照金融平台的优势，将其旗下证券、保险、信托等公司的数据汇集到中央数据平台进行综合处理。对于相对比较杂乱的各种企业信息，平安信息科技中心对其进行整合，并对许多重要信息，如法律诉讼、专利、舆情等进行量化，建立大数据仓库，为其信用风险评估提供了极其坚实的基础。在此基础上，继续对数据信息进行标准化分类，使其成为能够进行量化评估的变量。在使用大数据进行信用评估后，便可以提前预判风险，从而做到风险管理前置。

证券业通过开展融资融券与转融通业务，与其他金融机构有了更紧密联系，也因此为证券公司积累了相当丰富的数据库，并大幅提升了信息的质量。渤海证券（2016）的研究指出，融资融券与转融通业务对证券公司建立大数据信用风险体系有相当大的影响，由于此类交易性质对风险要求相当严格，证券公司可以有效搜集投资者（机构或个人）的相关信用交易记录，此举也有助于促进高端征信产品的研发。因此，证券公司在建立统一的征信平台上是不可或缺的角色。传统线下填写资料并由人工核实的方式不但效率差，且用户体验也不佳，因此基于大数据与金融科技的迅速成长，在线申请已逐渐成为市场主流。用户输入基本信息的同时，后台数据库可以及时获取该用户的行为数据、信贷数据、违约记录与历史信用评级，并就海量数据进行交叉分析。这种新的信用风险评价模式不但可以大幅提升用户体验，也能有效降低企业成本。许多企业开始使用大数据进行风险管理与控制，尤其是自身拥有大量消费者数据积累的企业在数据收集方面具有先天优势，更能通过这种优势拓展其业务。从长远来看，推动类似的第三方数据共享，使各方的数据能得到整合从而综合运用，能提高风控模型的准确性,并促进大数据风险管理的发展。

(三)创新环境下我国证券业信用风险管理体系建设的挑战和机遇

中国证券行业的持续创新,业务也逐步呈现出多元化发展态势,这给证券公司的发展带来了更多的机遇,同时也为证券行业的风险管理带来了更大的挑战。一方面,创新业务将产生新的风险类型,让证券公司面临的总体风险日趋增加;另一方面,创新业务风险也将与原有业务产生相互影响,可以改变或放大原有业务的风险,让风险管理越来越复杂,难度也越来越大。目前证券公司对融资类业务的自我约束机制不健全,信用风险管理能力偏弱。一是证券公司尚未真正建立融资类客户信用风险动态管理机制,缺乏对客户信用风险快速反应处理能力;二是业务绩效考核不健全,证券公司对业务部门承揽融资类业务绩效考核主要侧重于业务规模和合规性管理,而未与承揽项目存在的潜在风险相挂钩。

总体来看,由于信息不对称,使得各大银行偏向放贷于资金较为雄厚、现金流较为稳定的大企业,而中小企业则面临着贷款难的问题,只能向贷款利率更高的金融机构借款,加剧了资本在不同层次企业之间的分配问题。此外,金融信用风险引起信用结算方式的倒退也是创新环境下的风险之一。在资本市场,信用应是最基础的交易保证。在西方资本市场,信用结算方式占据了绝大多数,只有极小比例以现金等其他方式进行;而在中国,由于信用风险问题,信用交易占比较小,仍有较大的发展空间。

四、信用评级模型及体系的建设方法论与实践

(一)基于信用评级模型的内部信用评级体系建设

内部信用评级体系是指通过海量数据挖掘,并结合自身管理实践及专业经验,应用先进的量化分析方法对发债主体、融资客户或交易对手的偿债能力进行评价的过程。内部信用评级用简单的评级等级展示不同客户的评价结果,直观展示了不同客户违约风险的差异。

1. 内部信用评级制度

内部信用评级制度是证券公司开展内部信用评级的指导文件,包含内部信用评级的适用范围、管理原则及管理应用等,有效推动了内部信用评级的落地实施。

(1) 管理原则:各业务部门开展业务前,须在尽职调查环节按内部信用评级管理办法规定对借款人或交易对手开展内评工作。

(2) 适用范围:公司承担信用风险的业务,包括但不限于信用债券投资、融资融券、股票质押回购、场外衍生品交易等交易对手、借款人乃至债项。

(3) 评级应用:境内债券投资授信政策明确将内评结果作为准入的刚性标准严格应用,核心应用贯穿于信用风险管理的全过程,包括业务授权、业务准入管理、限额管理、风险监测及预警等关键环节,其高级应用还可应用于风险定价、经济资本计量以及风险偏好判定等领域。

2. 内部信用评级系统

内部信用评级系统包含模型配置、评级计算、流程管理、评级分析等系统功能,并应用于客户准入、授信管理、风险监测,可扩展到经济资本计算,大幅提高了内部信用评级工作的效率(见图1)。

完善的内部信用评级系统具备如下特点：

（1）信用风险业务全覆盖：支持发行人、客户、项目和个人等多种类型评级，实现信用风险业务全覆盖，并应用于客户准入、授信授权及审批、风险监测预警，将来拟扩展到经济资本计算。

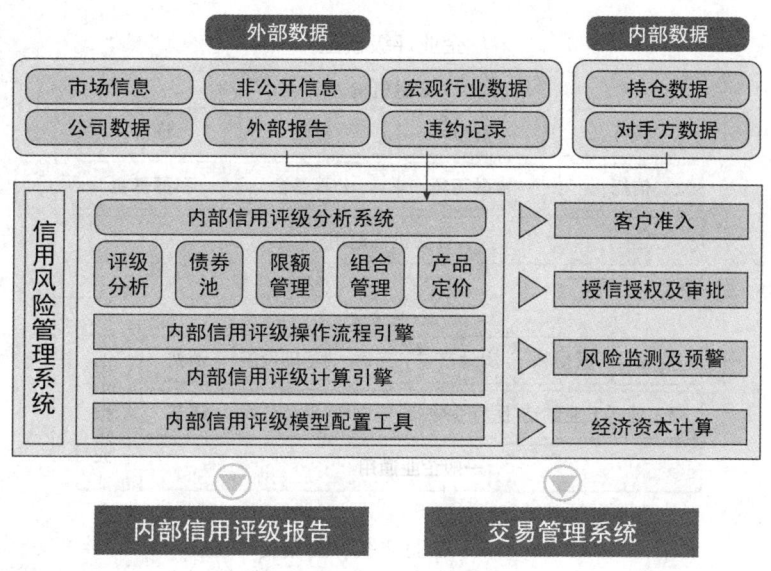

图1　内部信用评级系统框架

（2）管理功能齐全：包含模型配置、评级计算、流程管理、评级管理、任务管理、提醒管理、评级分析等系统功能，大幅提高评级工作效率。

（3）系统自动对接数据，自动化评级：系统对接自动化获取定量、定性、违约数据，当发行人数据变化时，系统支持自动评级，实时监测风险变化。

（4）信用风险数据集市的重要环节：内部信用评级系统存储的海量信用数据，为信用风险数据集市提供了有力支撑，是公司级信用风险数据集市的重要环节。

（二）信用评级模型的方法论

1. 模型分类

基于行业领先实践并结合证券行业自身业务发展情况，建议采用非零售内部信用评级模型的分类思路。模型按企业规模、企业类型和行业进行划分。首先，针对评级企业，按照企业类型，划分为金融企业、一般企业。其次，针对金融企业和一般企业的规模和行业进行细分。将金融企业按照行业分成9个类别，针对每类金融企业分别建立对应的评级模型。将一般企业先按企业规模，划分为大型企业、中小微企业，中小微企业作为一张打分卡不再细分行业。将大型企业按照行业分成13个类别，针对每类企业分别建立对应的评级模型。因此，内部信用评级模型共针对上述敞口分别开发23个评级模型。相关敞口模型分类见图2。

2. 内部信用评级模型开发概述

内评模型框架主要包括以下四个模块：一是初始模型，通常有三种模型开发方法，分别为违约统计模型开发法、标杆法以及打分卡法；二是模型外调整及政府/母公司支持，该模块主要对初始评级结果进行调整；三是模型推翻，当出现小概率事件对评级结果产生影响时，需要对评级结果进行推翻；四是行业模型调整，该模块用来提升模型对其所属行业的风险敏感度及前瞻性，内评模型开发框架示意如图3。

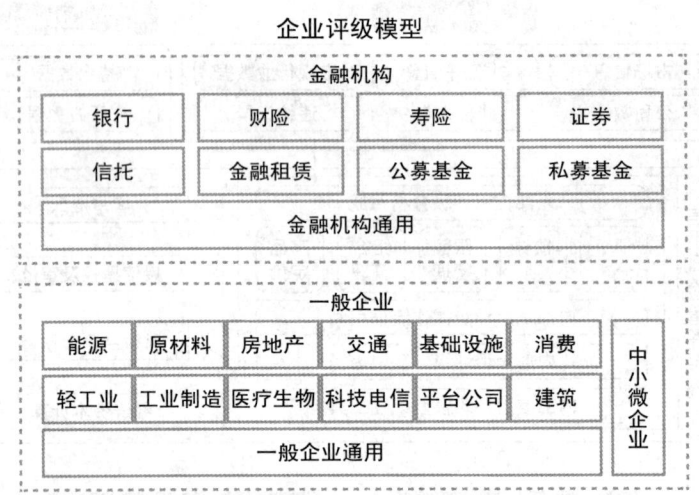

图2　企业评级行业划分

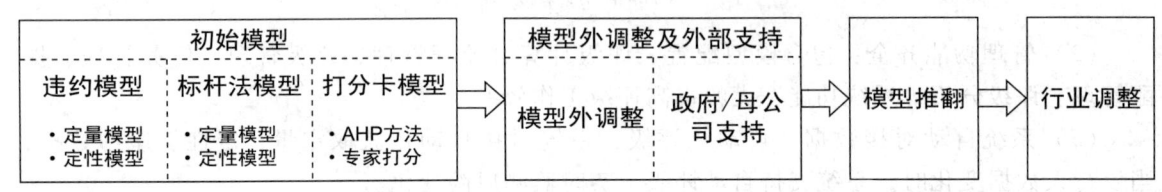

图3　内评模型框架

内评模型的开发方法通常有两种：统计模型开发法和专家判断法。评级方法的名称规范，但并不具有同一性。

统计模型开发法是根据一定的统计理论，利用数学方程模拟现实中客户信用状况与客户特征之间相互关系的研究方法，其开发包括以下几个环节：数据转换→数据标准化→单因素分析→相关性分析→多因素分析。该模型优点在于在数据量充分的前提下，可以比较准确地预测客户的信用等级；缺点在于受数据量影响，在数据量不充分或者数据质量不高的时候，此方法得到的结果可信度不高。该模型方法将在本文中违约模型法及标杆法模型中运用到。

专家判断法则是靠逐个征求专家的意见，然后再汇集个人意见进行分析预测。这种方式能充分发挥专家个人的知识、经验和特长方面的优势。其优点是简单易行，专家不受外界干扰，没有心理压力，最大限度地发挥个人的知识潜力；缺点是容易受专家个人经验及主观因素的影响，难免带片面性。该模型方法主要运用于打分卡模型的开发。

此外三种模型开发方法在建模对象、样本时间窗口、专家经验介入程度、模型验证等方面存在差别，具体如表1所述。

表1　　　　　　　　　　　　　　　内评模型的开发方法

方面	标杆法	违约模型法	打分卡法
建模对象	针对"坏"样本缺乏的资产组合，如金融机构	针对"坏"样本较为充足的资产组合，如制造业	针对样本缺乏的资产组合，如小贷公司
样本时间窗口	由于"标杆"一般是针对样本近期状况的排序，因而倾向以样本最新信息为基础，进行模型开发。相应地，样本时间窗口一般跨最近的1年或2年	对于"坏"样本，选择其变"坏"时点前一年的信息；而对于"好"样本，可以选择近期各年的信息。因此，样本时间窗口跨多个年份	同标杆法
专家经验介入程度	在"标杆"排序、模型选择等方面，需要相对较高的专家经验介入程度	相对较低，模型选择可以较大程度上依赖统计分析结果	在评估对象的排序，模型因子的选择方面，需要较高的专家经验介入程度
模型验证	模型验证以检验模型排序与"标杆"排序之间的相关度为主；由于使用标杆法的资产组合，一般样本比较少（不仅"坏"样本较少），通常不会留出额外的验证样本，因此，模型外验证以检验模型对建模样本其他时点的排序为主	模型验证以检验模型对"坏"样本的区分能力为主；通常会在建模过程中，留出部分模型验证样本，用于检验模型的样本外区分能力	模型验证以检验模型排序，与专家经验排序的相关度为主；由于使用打分卡建模的样本数较少，模型外验证以检验模型对样本其他时点的排序为主

内评模型开发工作流程分为以下三种。

一是违约模型法开发流程。内部信用评级违约模型法开发工作流程可以分为几个主要部分，即定量模型开发，定性模型开发，模型合并（含模型外调整、政府/母公司支持的规则设计），模型验证等（见表2）。

表2　　　　　　　　　　　　　　　违约模型法开发工作流程

具体工作	模型开发阶段	阶段成果
定量、定性数据整理分析：数据质量检查、数据转换、数据标准化	数据收集、准备	数据质量分析 数据对账
模型开发流程：单因素分析、相关性分析、多因素分析	模型开发	定量模型 定性模型
确定定性、定量模型比重设计统一模型；设计模型外调整以及政府/母公司支持调整项	合并、调整模型	初始模型 调整后模型
样本内验证：模型风险区分能力；模型准确性；模型稳定性 样本外验证：是否存在"过度拟合"的情况	模型验证	验证后模型
模型校准 模型微调	模型最终确定	最终模型

二是标杆法开发流程。标杆法主要运用于"坏"样本缺乏的资产组合，如金融机构内部信用评级模型的开发。开发流程与违约模型法类似，遵循数据准备、定量模型开发、定性模型开发、合并模型开发、模型外调整、模型验证等，但具体技术细节稍有差别（见表3）。

表3　　　　　　　　　　　　标杆法模型开发流程

具体工作	模型开发阶段	阶段成果
指标分档及数据收集、抽取 数据分析 数据清洗和准备	数据收集、准备	数据质量分析 数据对账
模型开发流程：单因素分析相关性分析，多因素分析	模型设计、开发	定量模型 定性模型
确定定性、定量模型比重，设计统一模型 设计模型外调整以及政府/母公司支持调整项	合并、调整模型	初始模型 调整后模型
样本内验证：模型风险，区分能力，模型准确，模型稳定性样本外验证：是否存在"过度拟合"的情况	模型验证	验证后模型
模型校准 模型微调	模型最终确定	最终模型

在定量模型开发方面，标杆法下可以采用统计法。在前期数据准备阶段，运用标杆法需对样本数据进行分档，并以该分档作为"标杆"，之后综合考虑行业经验以及专家意见确定标杆排序。

在定性模型开发方面，可采用统计法的方式来确定指标权重，也可以采用AHP方法。

三是打分卡法模型开发流程。对于财务报表不可获得或者违约样本数据较少的细分行业或风险暴露分类，主要采用打分卡法进行模型开发。开发流程遵循"两步走"：一是提出初始打分卡建议（含指标设置以及指标权重）；二是基于实际数据进行指标调整以及权重优化。

打分卡模型开发流程的各阶段与违约模型法及标杆法模型开发类似，包括数据准备、模型客制化开发、模型调整、模型测算及模型的最终确定，但在具体工作方面则有较大区别（见表4）。

表4　　　　　　　　　　　　打分卡法模型开发流程

具体工作	模型开发阶段	阶段成果
数据收集、抽取 数据分析 数据清洗和准备	数据收集、准备	数据质量分析 数据对账
根据专家经验进行本文打分卡模型的搭建	模型定制化开发	初始打分卡
收集券商风险部及相关业务部门专家意见并对模型进行调整	模型调整	调整后模型
根据前期数据及案例的收集对打分卡模型进行测算、验证，并进行优化与调整	模型测算	优化后模型
模型校准 模型微调	模型最终确定	最终模型

(三) 内部信用评级模型的应用实践与完善

1. 应用框架

内部信用评级体系是以构建内部信用评级模型为核心并完成数据、系统等方面的建设，是信用类业务决策的辅助工具，可逐步应用于客户准入、限额管理等方面（见图4）。

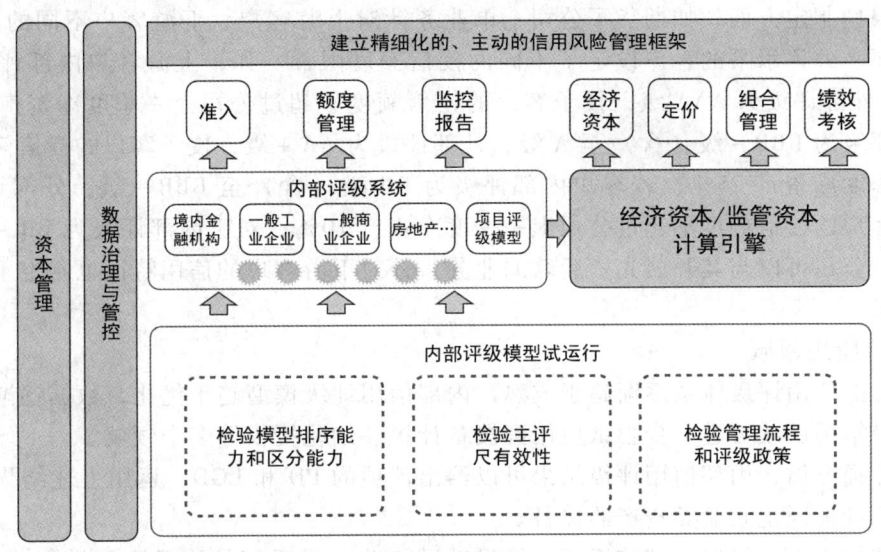

图4　内部信用评级模型应用框架

2. 成熟应用领域

对证券行业而言，内部信用评级体系应用于业务准入、经济资本计算等多个方面，较为成熟。建议内部信用评级结果在以下三个人的业务领域作为业务准入条件：

（1）固定收益总部自营业务的债券投资、自有资金跟投及承担有限补偿责任投顾产品的债券投资；资产管理子公司承担有限补偿责任的债券投资产品等；

（2）期货子公司仓单业务领域，开展先款后货业务的上游客户和开展先货后款业务的上游客户；

（3）资管子公司非标投资，要求项目借款人须进行内部信用评级并取得有效的内部信用评级结果。

除业务准入外，内部信用评级结果可应用于债券投资的信用风险经济资本的计算。即通过信用债券个券的内部信用评级结果获得债券的 PD，通过巴塞尔协议 III 推荐的内模法得到信用债券投资的信用风险经济资本。

3. 探索应用领域

在现有已经较为成熟的应用领域外，逐步探索内部信用评级体系新的应用领域，在风险监测、风险排查、资产分类和风险限额制定等领域做出尝试。

风险监测方面，对自有资金信用债券投资业务债券持仓的内部信用评级结果变动每日监控，对发生评级下调的个券查找、分析原因，对于有实质风险的债券及时与业务部门沟通解决方案。

风险排查方面，尝试将内部信用评级结果及其变动情况作为风险排查的重要关注点。

资产分类管理方面,对于信用债、非标等资产,其债项评级结果已经对资产的信用风险水平进行了排序。可根据债项评级水平对资产质量进行分类,并对正常类、风险类、退出类等不同风险水平的资产采取不同的管理手段,对风险类提出加强排查、开展现场尽调等要求,对退出类提出持有到期不再新增、逐步退出和限时退出等要求。在对信用债持仓进行分类的过程中,内部信用评级结果是进行分类的重要参考指标。

风险限额制定方面,如期货子公司仓单业务针对上游客户、下游客户不同的风险特征,对不同内评、外评水平的客户设定了不同的授信额度限额。如,上游客户内部评级 A 级以上(含),外部评级为 AAA 级,授予客户的授信额度不超过公司上一季度净资产 50%;若客户内部评级为 BBB-级(含)至 A 级,外部评级为 AA+级,授予客户的授信额度不超过公司上一季度净资产 25%;若客户内部评级为 BB 级(含)至 BBB-级,外部评级为 AA 级,授予客户的授信额度不超过公司上一季度净资产 10%;对于内部评级为 BB-级以上的上游客户,公司可以与其开展先货后款的业务。针对下游客户的信用特征也制定了相应的授信额度限额。

4. 后续应用领域

随着内部信用评级体系逐渐趋于成熟,内部信用评级模型趋于优化,数据逐渐积累,内部信用评级结果后续可进一步尝试应用到拨备计提、细化授权等多个领域。

拨备计提方面,内部信用评级结果可以给出债项的 PD 和 LGD,运用上述结果可以系统化、精确地计提固定收益类资产的拨备。

细化授权方面,根据内部信用评级结果对固定收益类投资信用风险的排序,结合外评、投资金额、期限等其他指标,在现有的分级授权的体系下,根据不同的风险等级确定授权审批层级。在兼顾效率的同时,按风险大小实行分级审批授权,风险层级越高,审批层级越高。除此之外,内评系统未来还可尝试应用于风险定价等领域。

(四) 关于内部信用评级体系规范要求的建议

1. 总体要求

证券公司应该建立跨部门的公司级内部信用评级体系委员会,作为体系建设和运营的最高决策层。证券公司应该将内部信用评级体系作为信用风险相关业务管理的量化基础工具并作为开展相关业务的参照标准。建设有效的内部信用评级体系,包括科学的内部信用评级模型、完善的内部信用评级系统、制度化的内部信用评级应用机制。

2. 评级模型规范

(1) 内部信用评级模型应该有严谨的建模过程,包括模型分类、定义风险因子、数据准备及清洗、模型开发、模型验证、模型调整、债项评级模型,过程要留痕留档,以备查验。

(2) 使用合理的方法进行模型分类和模型数量的选择,一般来说,根据模型指标同质化程度来确定模型分类。

(3) 选择科学有效的建模方法,兼顾统计学的数量基础和建模数据基础,模型的排序结果应得到专家的认可。

(4) 评级模型应该建立在海量且准确的评级数据基础之上,包括定量、定性数据和违约数据等,有完善的数据检查、校验、清洗和分析过程。

(5) 通过合适的函数建立统一且精细的内部信用评级主标尺,使不同模型的评级结果具有可比较性,标尺需精细且统一。主标尺应达到以下标准:

①风险等级的划分足够精细,能够分辨不同程度的风险,同时等级不能太多,以保证评级迁徙矩阵的稳定性;

②各个违约概率区间跨度单调且按几何级数方式增加;

③客户评级分散于各个风险等级;

④同时满足不同资产组合的客户分布期望。

(6) 建立合理的模型验证体系,从区分能力、模型准确性、模型稳定性三方面多个指标体系验证模型,每年至少对内部信用评级模型的准确性和有效性进行一次验证工作,验证结果将推动模型优化。

参考文献

[1] 姚远,张金清. 对于美国投资银行风险管理缺陷的思考 [J]. 现代管理科学,2009 (10):17—19.

[2] 陈峥嵘. 后危机时代国际投行的发展动向、发展趋势及其启示 [J]. 科学发展,2010 (4):77—88.

[3] 时辰宙. 次贷危机成因的深层次剖析——基于投资银行公司治理视角 [J]. 河北金融,2010 (2):29—31.

[4] 赵伟. 商业银行信用风险度量与管理 [D]. 首都经济贸易大学硕士论文,2014.

[5] 赵海蕾,邓鸣茂,汪桂霞. 互联网金融信用风险分析与大数据征信体系构建 [J]. 中小企业管理与科技 (中旬刊),2015,230—233.

[6] 彭文英. 基于大数据理论的信用风险评价模型设计思路 [J]. 河北金融,2014 (12):21—23.

[7] 渤海证券. 证券公司利用大数据完善风控体系的必要性与可行性分析 [J]. 华北金融,2016:56—63.

[8] 赵凌,李栋. 中债估值在 IFRS9 预期信用损失模型中的应用探索 [J]. 债券,2017 (7):89—91.

[9] 姜琳. 美国 FICO 评分系统述评 [J]. 商业研究,2006 (20):81—84.

[10] 刘聪.《巴塞尔协议Ⅲ》对全球银行业的影响 [J]. 银行家,2010 (12):68—70.

中小型证券公司信用风险管理实践研究

尹海程 李 茜[*]

证券公司信用风险主要源于债券投资、股票质押式回购、融资融券、股票约定式购回等业务。一方面，自 2012 年行业创新发展以来，伴随着业务的多元化，证券公司在信用风险资产上的配置比例逐步提高。2012—2017 年，上市证券公司融出资金、买入返售金融资产、交易性金融资产、持有至到期投资和可供出售金融资产合计规模从 4 733.04 亿元增至 35 334.85 亿元，占资产总额的比重由 37.59% 提高到 67.25%。另一方面，行业"马太效应"愈发显著，中小型证券公司业务竞争压力尤其明显，在提高风险偏好以扩张业务的同时却面临风险管理水平薄弱的尴尬。因此，完善和加强中小型证券公司信用风险管理对于自身乃至证券行业长期稳健发展，意义重大。

一、证券业信用风险现状分析

证券公司信用风险来源包括股票质押式回购、股票约定式购回、融资融券等类贷款业务，债券投资，衍生品交易以及证券公司承销的债券履约等。由于股票质押式回购业务对股票约定式购回业务的替代作用，承销债券违约风险受内控能力影响较大，衍生品交易等发展规模较小，本文重点以股票质押式回购、融资融券、债券投资为研究对象，所指信用交易业务均包含上述三类业务。

（一）信用交易业务发展情况

1. 股票质押式回购业务

2013 年 5 月，《股票质押式回购交易及登记结算业务办法（试行）》颁布后，证券公司场内股票质押业务迎来快速发展。一方面，2013 年以前，证券公司股权质押业务主要为约定购回式业务，其特点是买断式交易，即交易发生后标的证券的所有权一同划转给证券公

---

[*] 作者单位：东方金诚国际信用评估有限公司。原载于《中国证券》2018 年第 7 期。

司，同时质押标的必须是流通股，而股票质押式回购业务具备场内标准化交易、标的证券范围广以及不需要过户等优势；另一方面，与银行、信托股权质押相比，证券公司拥有来自经纪、投行和资产管理业务庞大的客户资源，且违约处置与交易灵活。在场内股票质押式回购业务正式上线后，以股票质押式回购为主的证券公司股权质押业务得到快速发展，并超过了50%的市场份额（见图1）。

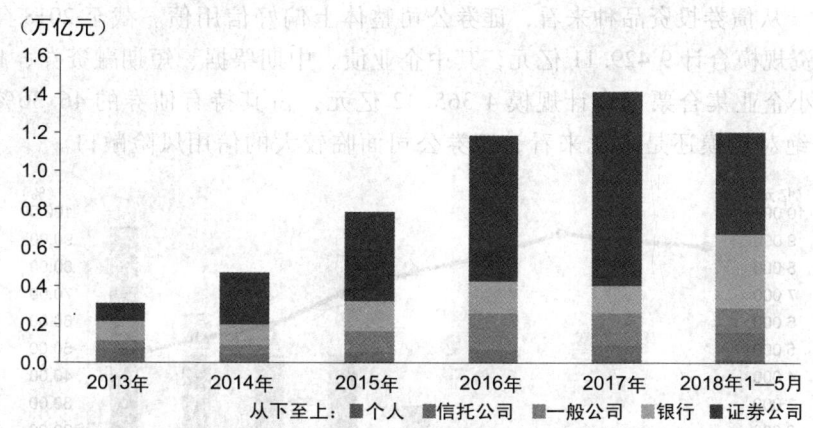

图1　按质押开始日期统计的股票质押参考市值分布情况

资料来源：Wind，东方金诚整理。

2. 融资融券业务

融资融券业务自2010年3月正式进入实际运行以来，呈现出快速发展的态势。截至2018年5月末，融资融券余额增长至9 891.77亿元，占A股流通市值的比例为2.29%。从业务结构来看，同期末融资、融券业务余额分别为9 830.46亿元和61.31亿元，融资业务活跃度均远超融券业务。融券比较适合于具备一定投资经验的机构投资者，但国内仍以个人投资者为主的证券市场，加之证券公司标的证券来源短缺，国内融券需求仍较为有限（见图2）。

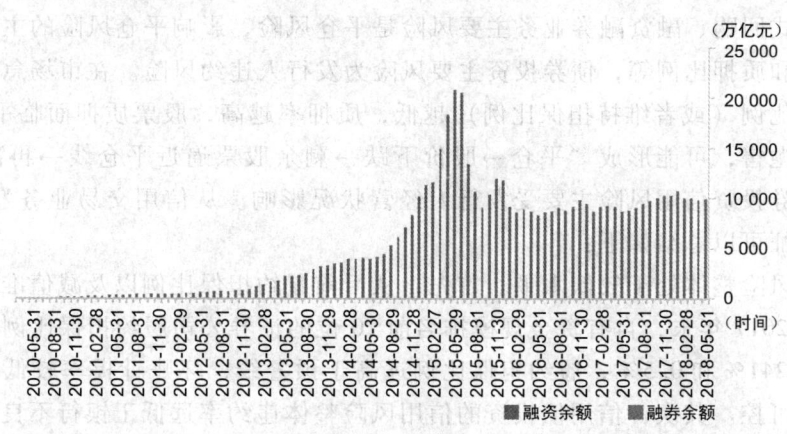

图2　融资融券业务规模

资料来源：Wind，东方金诚整理。

作为一把"双刃剑"，融资融券交易兼具做多、卖空机制和杠杆效应，一方面可以提高收益，另一方面又会放大风险，导致市场波动的加剧。相应地，证券公司容易受到市场波动导致客户违约或者处置担保物和标的证券后仍存在风险敞口影响,后续产生的流动性风险、市场风险等次生风险问题值得关注。

3. 债券投资

证券公司由于资本金偏小,相比于银行和保险机构,其投资于债券占全市场的比重很低。以 2018 年 5 月末企业债托管数据为例,证券公司持有企业债余额 1 850.73 亿元,占期末存续余额的 4.32%。从债券投资品种来看,证券公司整体上偏好信用债。截至 2018 年 5 月末,证券公司债券投资规模合计 9 429.11 亿元,其中企业债、中期票据、短期融资券、超短期融资券和区域集优中小企业集合票据合计规模 4 365.42 亿元,占其持有债券的 46.30%(见图 3)。无论从信用债绝对规模还是占比来看,证券公司面临较大的信用风险敞口。

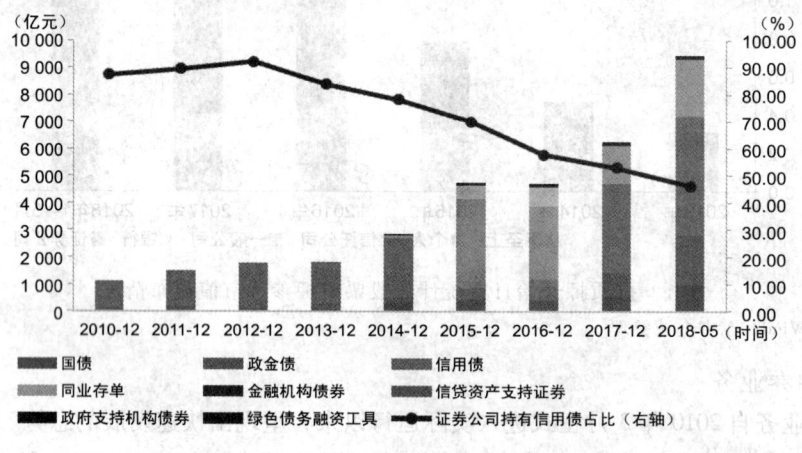

图 3　证券公司债券投资结构

资料来源:中债登,上清所,东方金诚整理。

(二)信用交易业务风险现状

股票质押式回购、融资融券业务主要风险是平仓风险,影响平仓风险的主要因素有市场行情、质押率和质押比例等,债券投资主要风险为发行人违约风险。在市场急剧下跌的情况下,履约保障比例(或者维持担保比例)越低,质押率越高,股票质押面临平仓风险越大。一旦发生平仓抛售,可能形成"平仓→股价下跌→剩余股票逼近平仓线→再次平仓"的负反馈效应。债券投资信用风险主要受发行人经营状况影响。从信用交易业务发展现状来看,信用风险的特征可以总结如下:

一是信用风险整体处于较低水平。首先,从目前履约担保比例以及减值准备计提率的情况来看,截至 2017 年末,自有资金规模排名前 10 位的证券公司履约担保比例以及减值准备计提率分别为 241% 和 0.5%,履约担保比例远高于预警线,坏账计提率较低,股票质押式回购业务风险可控。其次,信用债投资的信用风险整体违约率远低于银行不良贷款率。截至 2018 年 5 月末,企业债券违约后未兑付金额,占存量信用债总额的 0.43%。[①] 最后,证券公

---

① 参见郭树清于 2018 年 6 月 14 日在第十届陆家嘴论坛开幕式上讲话:"防范化解金融风险 奋力跨越重大关口"。中国银保监会网站,时间:2018 年 6 月 20 日,网址:http://www.cbrc.gov.cn/chinese/newShouDoc/54E46112B10C42A482140DF6DA82B67A.html,最后访问日期:2018 年 6 月 20 日。

司融资融券业务总体运行平稳,风险相对较低。相比于股票质押式回购业务客户集中度高、单一质押标的导致风险缓释措施效果较弱等,融资融券业务可以接受货币资金、基金、股票、债券等担保物,且客户集中度明显偏低。

二是虽然信用风险可控,但结构性问题较为突出,主要表现在股票质押式回购业务和债券投资业务上。股票质押式回购业务方面,截至2018年5月末,A股共有3 489只股票被质押,占A股数量的99.09%。从规模来看,A股中未解押股票质押市值达6.16万亿元,占A股总市值的10.32%。其中质押比例低于20%的公司共2 271家,占比64.50%;质押比例不低于50%的公司共130家,占比3.69%。部分股票质押比例超过70%,其中最高的为银亿股份与藏格控股,分别高达78.18%与77.99%(见图4)。债券投资方面,从中债市场隐含评级调降的债券数量及涉及的发行人数量来看,2018年1—5月分别达到1 030只和120家,分别同比增长101.57%和66.67%。① 由于证券公司偏好信用债,信用风险的快速上升使得其信用风险敞口快速增加。

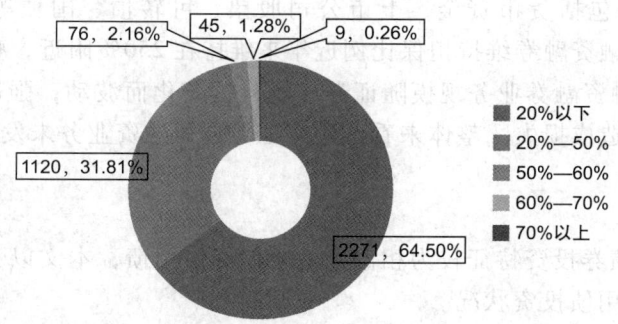

图4 截至2018年5月末上市公司股票质押比例分布情况(家)

资料来源:Wind,东方金诚整理。

证券公司信用交易业务规模与其净资本息息相关。融资渠道较为多元化的证券公司净资本雄厚,同时能通过定增、配股等多种方式以较低成本募集资金,增强竞争优势。中小型证券公司受限于较弱的净资本实力等,在信用交易业务方面往往风险偏好更高,导致其信用风险敞口更大。下文将以G、X两家非上市中小型证券公司作为分析案例,通过对其信用风险管理实践的研究,提出完善和加强中小型证券公司信用风险管理的建议。

二、案例分析——G、X两家中小型证券公司信用风险管理现状

(一)G、X证券公司信用交易业务发展情况

1. 股票质押式回购业务

G、X证券公司根据资金融出期限、质押标的类型等,确定股票质押式回购业务质押率,近年来保持在30%—50%之间,设定较为保守。从业务规模来看,两家证券公司股票质押式回购业务均得到快速发展,其中G、X证券公司自有资金融出规模均较小,剩余资金

---

① 参见"2018年债券市场信用风险情况及展望",中国金融新闻网,时间:2018年6月11日,网址:http://www.financialnews.com.cn/sc/zq/201806/t20180611_139980.html,最后访问日期:2018年6月20日。

为受托管理的资管计划融出资金。

受竞争加剧影响，G、X证券公司股票质押式回购业务竞争压力有所增加，一方面两者降低回购利率以提高业务竞争力，另一方面又提高风险偏好抢占客户资源。根据两家证券公司待回购标的市值前5名证券名单，截至2017年末，市盈率分布为30—80倍，部分标的证券存在溢价特征；履约保障比例区间为130%—250%，履约保障比例较低水平主要为机构客户参与的资管计划，风险容忍度较高。而以待回购余额口径核算，X证券公司前5名客户业务规模接近95%，对个别机构客户依赖程度较高。整体来看，受客户基础薄弱影响，G、X证券公司股票质押业务风险偏好均较高，且通过对整体信用状况一般的客户集中营销，来提高业务发展规模。上述模式虽然迅速提高了股票质押式回购业务规模，但集中度较高，导致信用风险分散度一般，亦不利于收入的稳定性。

2. 融资融券业务

G、X证券公司业务范围包括融资融券业务、转融通业务，目前全部为融资业务，规定的可充抵保证金证券包括货币资金、上市公司股票、可转债、国债等，折算率在40%—60%，两家证券公司融资融券维持担保比例近年来维持在250%附近，整体信用风险较低。

G、X证券公司融资融券业务规模随证券市场行情变化而波动，强制平仓均发生在市场大幅波动时点，均未造成损失。整体来看，两家证券公司融资业务未发生过损失，信用风险处于较低水平。

3. 信用债投资

G、X证券公司债券投资特征较为相似，主要偏好信用债，本文以X证券公司为案例分析中小型证券公司信用债投资状况。

X证券公司以信用债投资为主，未投资国债、政金债，利率债投资仅涉及少量地方政府债等。在债市信用风险事件频发、二级市场剧烈调整背景下，近年来X证券公司降低了企业债和公司债投资规模，同时增加金融债、地方政府债等其他债券，但风险偏好较高。截至2017年末，按债券品种来看，一般企业债、可转债、中期票据、可交换债、专项债和地方政府债投资市值分别占比63.74%、4.89%、20.04%、0.09%、5.53%和5.71%，基本为信用品种；分债项等级来看，AAA、AA+、AA、AA-和B分别占比6.36%、30.00%、60.02%、2.98%和0.63%。

（二）信用风险管理存在的问题

通过分析G、X证券公司信用交易业务，可以总结得出中小型证券公司信用风险管理存在的问题：

一是信用债投资呈现"高风险、低收益"特征。中小型证券公司经营范围通常局限在一定区域内，客户资源高度集中，导致接触的优质债券发行人主要以城投公司为主。在以往信用债"刚性兑付"时期，中小型证券公司通过"简单粗暴"的方式完成了信用债投资并获得一定收益，而在信用债券市场违约频发的市场环境下，中小型证券公司信用债投资面临着较大的信用风险。

二是事前把控不严、事中投资集中度较高。在业务开展过程中，部分新开业营业部合规、风险防控能力相对薄弱，存在为不符合条件的客户开立信用账户等违规行为。在为资管计划提供股票质押式回购业务时，证券公司由于发挥通道作用，往往忽视对融入方信用风险前期评估，引发诸多次生事件。在办理股票质押式回购业务和债券投资中，存在股票质押式回购业务集中于少数客户、信用债单笔投资金额较大等问题，使得承受的风险远高于收益。

三是在此轮金融去杠杆过程中，投资调整存在明显滞后性。X证券公司对趋势判断相对滞后，在债市调整过程中做多热情仍然较为浓厚。例如在2016年8月央行"锁短放长"之后，仍维持净买入。进入2017年以来，受金融严监管预期持续发酵影响，X证券公司才开始被迫降低债券投资规模。

四是风险管理架构存在不足。中小型证券公司中普遍存在首席风险官兼任合规总监的情况，导致信用交易业务的"第二道防线"效果未能得到有效发挥。

三、完善中小型证券公司信用风险管理的几点建议

证券公司加大信用交易业务发展规模，利于优化收入结构，促进资本市场的成熟发展。其中股票质押业务为实体经济提供融资服务，有助于促进直接融资市场发展；融资融券业务有利于改变国内证券市场单边走势，发挥价格发现机制；信用债投资作为证券公司最重要的业务之一，既可以活跃债券市场增加流动性，又能发挥证券公司专业能力，完善信用利差形成机制。但随着业务的快速发展，尤其是中小型证券公司信用风险管理问题日渐凸显。结合上文分析，提出以下建议：

（一）完善信用风险监测体系，注重前瞻性和风险收益的平衡

G、X证券公司现行信用风险监测指标前瞻性不足，导致往往被动应对系统性风险。建议G、X证券公司从系统层面、公司层面、项目层面三个层次完善信用风险监测指标体系：系统层面监测指标指反映市场整体风险状况，前瞻预警系统性风险，包括监测市场风险溢价和无风险利率的情况；公司层面监测指标是证券公司根据自身风险偏好，设立信用交易业务风险控制指标，注重对类贷款业务和债券投资业务的统一授信管理；项目层面监测指标主要依托具体项目，对于类贷款业务可以分别从融入方融资用途、限额管理等方面监测，对于债券投资业务主要考察发行人经营指标、舆情指数、行业排名等。

在业务开拓和日常信用风险管理中，中小型证券公司应注重风险收益的平衡，防止信用业务过度集中于某位客户，导致实质承担的信用风险远高于获得的收益。同时，透过现象深究业务内在风险，避免对存在平仓风险客户"一刀切"。具体来看，中小型证券公司可以根据该项业务利润占总利润比例，设定该项信用风险业务风险准备覆盖率，约束过激的信用风险资产配置行为；区别对待"风险客户"，对于暂时补充担保物存在困难但周转时间较长的客户，可以协商处理，适当下调平仓线。

（二）建立内部信用风险研究团队，加强运用金融科技手段

受国内经济增速趋缓、产业结构调整等因素的影响，加之金融去杠杆政策主基调，未来信用市场预计将继续分化。中小型证券公司需改变过去"简单粗暴"的投资模式，建立适合自身实际情况的投研与风险管理体系，确保信用债风险可控。鉴于中小证券公司普遍存在人员较少以及外部评级区分度不高的现状，建议增加研究人员，加强与同业机构交流，确保为信用债投资的稳健发展奠定良好基础。

债券投资分析中,中小型证券公司可加强运用金融科技手段,搭建信用分析管理系统,实现从内部评级到入池审批、前端尽调、投前评估、投后管理的全流程管理。在建设较为完善的信用研究团队基础上,对市场 5 000 余家非金融发债企业数据进行收集、归类、录入信用分析管理系统,在降低人力成本的同时强化债券投资能力。

(三)优化信用风险资本准备计量基础,控制信用风险集中度

目前,证券公司按风险类型进行风险计量,包括市场风险、信用风险、操作风险、特定风险四种,风险资本准备均是以业务规模为核心进行计量。融资融券业务、股票质押等业务的风险缓释措施,诸如维持担保比例、担保品资质、客户履约保障比例等因素,均未能得到有效反映。而对于信用债投资业务,现行风控指标体系以市场风险资本准备计量,未能够直接计提信用风险资本准备。

建议对股票质押式回购、融资融券、自营等业务直接计提信用风险资本准备,可以借鉴银行业监管要求,设定各类信用风险暴露的风险权重、信用风险缓释标准以及表外项目信用转换系数;弱化自营固定收益类证券与净资本比例的考核指标,在优化信用风险资本准备计量的基础上,引入"信用风险资本准备/净资本"指标,控制证券公司信用风险集中度。

参考文献

[1] 张剑宏,邱晓波,朱卓家. 证券公司信用风险监测体系研究——以信用交易业务为重点 [J]. 中国证券,2016 (3):34—40.

[2] 潘炳红. 我国融资融券业务的运行现状及前景展望 [J]. 中国证券,2015 (5):2—10.

[3] 杨雅洁. 股票质押式回购业务现状、风险及建议 [J]. 中国证券,2015 (5):41—46.

[4] 邓晓力,张兴,杨春,张旭涛. 新形势下的证券公司风控指标体系研究 [J]. 中国证券,2015 (12):2—11.

资本市场企业信用风险预警体系构建*

张剑文　余艳炯　倪力超　冯瑞敏**

一、问题提出

自 2016 年始,证券市场面临信用风险持续上升的挑战。国内非金融企业债务占 GDP 的比重超过 160%,远超过国际清算银行 90% 的警戒线;企业资产负债表质量恶化,宏观经济处于风险状态。2016 年和 2017 年,全市场违约主体分别超过 30 家和 20 家。2018 年上半年,违约主体已达到 14 家,民营上市公司成为新的雷区。自 2016 年开始,政府陆续推出一系列"降杠杆"政策,推动企业开展债务清理和债务整合。同时,全球利率环境进入加息周期,显著增加国内企业的财务负担,诱发信用危机。

自《证券公司全面风险管理规范》及修订稿推行以来,证券公司已完成内部评级体系的构建。但实践证明,内部评级体系应对信用风险预警,存在两大不足。第一,根据年度数据构建的信用风险模型,其预警的时效性、精准性较弱。公司财报披露一般在 3—4 月份,因此模型对财报披露前及下半年的风险事件预警效果不佳。第二,模型能纳入的定性因素有限,如经营状况、公司治理等,削弱了预警信用风险的效果。

综上所述,以财务指标为主的信用风险模型在预警方面具有较大的局限性。因此,我们需要构建其他方法,拓展信息源,提高预警的实时性和精确性。下文将从业界应用相对成熟的事件驱动预警展开,并拓展到未来极具前景的大数据智能预警,阐述它们在风险预警方面的应用原理。最后,本文将对证券公司和监管部门如何应用金融科技,构建全面、高效的信用风险预警体系提出政策建议。

---

* 本文为中国证券业协会 2017 年重点课题"资本市场企业信用风险预警体系构建"成果,感谢答辩组专家的修改建议。

** 作者单位:中证征信(深圳)有限公司。原载于《中国证券》2018 年第 7 期。

二、事件驱动预警

(一) 事件驱动预警简介

事件驱动预警通过监控发债企业的预警信号，定性和定量相结合，尽早识别风险的类型、程度、原因及发展变化趋势，并按规定的程序对风险进行有针对性的处理。在监控与管理对象时，不同的风险预警对象需有差异化的驱动预警体系，同一风险预警对象的预警信号也要有等级差异，尽可能全面发挥预警体系的作用。

事件驱动预警机制的运作相对直观：金融机构通过日常业务运作或理论研究提炼信号、归纳预警分类、构建预警规则，并设立相应的风险处理流程。

预警规则的设计分为两步。第一步是针对不同的信息源特征选取关键指标/关键字，对相应的指标或者关键字进行识别；第二步是统计分析相应的阈值，从历史数据确定规则触发条件。中证征信目前已梳理了一套较为完整的预警规则，未来的预警规则体系可在三个方面进行完善：第一，不断拓展信息源，对企业不同维度的信息进行全面覆盖；第二，对目前的数据源，继续丰富和优化相应的预警规则；第三，对规则组合进行分类学习。

下文将详细介绍根据新闻公告，季报、半年报，市场交易信息三维度的预警规则，并一一总结各类信息处理中的关键和难点。

(二) 新闻公告类预警

新闻公告分析是指根据企业的对外正式公告以及媒体针对企业的报道，提炼信息进行预警分析。新闻公告本身的时效性、指向性、及时性都优于传统的信用分析方法。公告主要包括企业季度/半年度的财务报告、债券募集说明书、招股说明书、定期公告、重大事项公告、监管报送等；新闻来源通常包括报纸、电视、网络等传媒途径。

公告类信息通常来自固定的披露渠道，比如企业的官方网页、各地工商税务公示、法院公示、监管授权的第三方信息源等。此类信息披露格式较为固定，通过简单的文本分析技术，如信息去重、关键字抓取和文本比对，就可以对公告类信息格式化。对于新闻公告类信息，在信息获取上已经有成熟的网络爬虫技术，但处理难点在于如何对海量信息进行整合分析，进而及时预警企业风险。目前业界实践应用较多的是语义分析技术，将表达此类信息的自然语言，根据预警目标的需要，转化为标准格式的数据。其中的技术关键点包括分词、情感词库、关键词抓取、光学字符识别（Optical Character Recognition）等。

实践中，中证通过对大量新闻公告类信息处理及风险事件分析，积累起一套标准的预警语料库，包含企业主体、事件分类、情感判断等关键词标签。在此基础上，通过对特殊关键字的识别与关注，使爬取的数据有针对性地直接用于企业预警，最大程度地将分析师从海量冗余数据中解放出来。表1列举了部分实践中使用的公告类预警规则。

表 1　　　　　　　　　　　　　公告类预警规则

风险类型	规则类型	规则内容
管理风险	定性	公司董事、监事、高级管理人员发生变更
管理风险	定性	企业实际控制人发生变更
管理风险	定性	企业实际控制人股权发生变动
关联方风险	定性	企业对外担保风险较高
经营风险	定性	企业出现安全事故
经营风险	定性	企业出现停产停业
经营风险	定性	企业被撤销经营执照
经营风险	定性	企业资产重组、收购、转让出现较大的不确定性
经营风险	定性	企业债券募集资金使用异常或违反了借款协议
经营风险	定性	企业面临法律诉讼
经营风险	定性	企业信息披露滞后、违规或者信息未披露

（三）季报、半年报预警

季报或半年报是企业定期报告的一部分。与年度财务报告相比，其不足在于缺乏统一规范、会计操纵的空间大；但优点在于披露频度较高，可以及时反映企业最近的经营状况。此外，选取恰当的指标进行去季节性处理后，在时间序列上进行比较，可以提供企业预警信息。比如在发生实质性违约的债券案例中，中科云网 2014 年一季报中净资产较 2013 年末大幅下降 44%，东北特钢集团 2015 年三季报披露毛利率较 2014 年全年下降近 10%，均对违约事件有强烈的指向。

季报、半年报预警指标的设计，需要考虑四个关键点：（1）能反映企业信用风险状况；（2）不同频度指标的可比性，尤其与年度指标的可比性；（3）指标跨行业的可比性；（4）季报、半年报的披露状况。选定风险指标后，根据风险偏好设置指标阈值。而季报、半年报指标阈值的触发，与信用风险事件的概率在统计上并没有直接的强相关性；但发生风险事件的企业，回溯历史，一定存在突破某个指标阈值的情况。通过设定季报、半年报的风险规则，可以将高风险的企业从大量企业主体中筛选出来。表 2 列举了一个业务实践中的季报、半年报预警规则方案。

表 2　　　　　　　　　　　季报、半年报预警规则

风险类型	规则类型	规则内容
财务风险	定量	资产负债率超 90%，且刚性负债环比增幅超 50%（季度数据）
财务风险	定量	经营性净现金流为负，且净利润为负
财务风险	定量	销售收入及净利润同比降幅超过 30%
财务风险	定量	与上年同期数据对比，应收账款周转率同比降幅超过 50% 或回收困难
财务风险	定量	现金/短期有息债务低于 50%
财务风险	定量	财务费用/营业收入超过 50%
财务风险	定量	毛利率低于 5%

续表

风险类型	规则类型	规则内容
财务风险	定量	利息保障倍数低于0.2
财务风险	定量	净利润下降超过50%

（四）市场交易类预警

市场交易规则根据证券的市场交易价格、交易量等交易数据的波动构建风险预警规则。现阶段我国发债主体主要涉及的市场仍是债券、股票市场，而价格信息最直接反映企业信用风险状态变化，因而下文将根据债券、股票市场的交易价格波动设计风险预警规则。

1. 债券价格规则

信用债价格信息的客观性从高到低依次为：交易价格、经纪商报价、第三方估值。交易价格反映了市场对企业债券的真实定价，是最理想的价格信息。然而大部分债券不一定发生每日交易，因此经纪商报价是对交易价格信息的有效补充。通过经纪商报价，可以探测到市场上存在隐忧的债券。第三方估值则实际上反映了第三方机构对债券的风险判断，可作为信用风险预警的依据。

2. 股票价格规则

股票市场的交易频率比债券市场更高，信息的及时性更好，因此可设计股价波动规则对上市公司主体的风险进行监测。由于股票市场是连续竞价交易的场内市场，交易价格即可充分反映市场情绪和观点。

除了证券交易价格以外，交易条件的变化也是企业风险变动的一个警示。例如企业上市计划被终止，一方面反映了企业在经营层面上可能出现问题使得上市条件不满足，另一方面企业融资渠道的拓展计划受阻，是企业信用风险的负面信号。表3列举了一个包括股票和债券市场交易规则的预警框架。

表3　　市场交易预警规则

风险类型	类型	规则内容
市场风险	定量	债券交易收益率出现大幅上升，高于前一交易日有效交易收益率50BP或以上
市场风险	定量	债券报价大幅度偏离，单边卖出报价高于市场估值50BP或以上
市场风险	定量	债券当天交易收益率与前一交易日估值收益率之差在20BP—30BP区间
市场风险	定性	企业股票被实行退市
市场风险	定性	企业上市计划终止
市场风险	定性	企业股票被暂停上市
市场风险	定量	企业股票价格连续两个交易日跌停

三、大数据智能预警

（一）大数据智能预警简介

事件驱动预警目前已经在业界得到广泛应用，但随着大数据和信息技术的发展，该模式在业界应用中的不足也日益凸显。目前，价值数据来源已涵盖工商税务、公检法司、微信微博、新闻媒体等，在量上已达到亿级别。如要从这些浩瀚的信息中提取出具有预警价值的事件纳入数据库，同时需在事件触发时及时预警，则对人工风控的人力、经验、操作等方面都已超过极限。因此，随着数据挖掘和人工智能技术的不断成熟，业界已出现一批结合大数据和人工智能技术的预警平台。

智能预警建立在大量与目标对象相关的数据基础上，借助多种人工智能技术，挖掘客户行为与风险表现的关联规则，寻找可能存在的规律。再将实时搜集到的信息，根据模型得出的规律，预测未来的风险趋势。与预警相关的数据，主要来自纸质媒体、网络媒体、金融机构、交易所及政府监管部门（见图1）。图2展示了大数据智能预警的流程：通过网络爬虫技术和网页搜索策略，抓取设定目标；将原始信息通过人工智能处理框架清洗和去重，再借助语义分析与文本挖掘、自然语言处理等算法提取预警信号和预警规则。最后，通过建立信息处理规则引擎，对预警信号进行重要性和情感分析，提取标签和事件，关联匹配到目标企业。在应用中，智能预警平台将采集到的实时信息快速关联到相应信号上，触发预警流程。

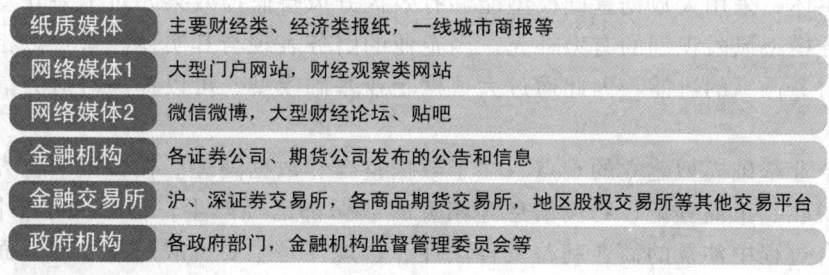

图1　主要数据来源

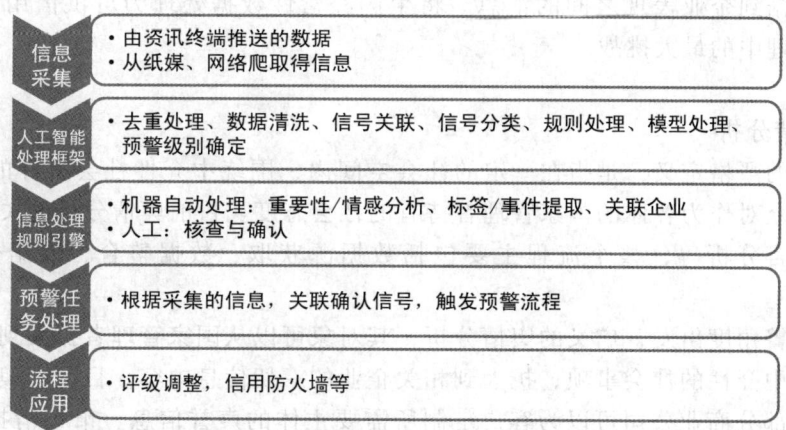

图2　大数据智能预警的流程

下文将深入介绍业界前沿的智能预警技术，并展开业务应用设想。

（二）大数据下的企业基础模型

在数据真实性较好的情况下，财务数据能刻画出企业的经营状况。然而财务数据可能被人为操纵，降低财务模型的预警效果。从美国"安然事件"到"獐子岛扇贝劫"，财务造假或者财务操纵的手段不断变化，因而有必要建立基于企业基础经营数据的信用预警模型，提高财务模型的预警效果。同时，建立在经营数据上的信用预警模型，也有助于识别渐进式违约。

目前，企业基础模型构建所需要的经营数据和数据处理技术都已相对成熟，为大数据企业基础模型提供了成熟条件。在数据积累上，涉及企业信息的价值数据来源已涵盖工商税务、水务、电力、物流等，覆盖面广泛，在量上已达到亿级别。这些数据更新频率较快，能从月度频率分析，从而更快反映企业基本面情况。在数据处理技术上，以机器学习为主的人工智能技术已大幅度提升计算机的数据处理能力。决策树、神经网络、支持向量机、遗传算法、聚类等算法已成熟并在实践中不断得到应用。此外，建立在多个学习器上的多分类器方法，例如 Boosting、Bagging、随机森林算法近年来也得到长足发展，为建立大数据企业基础模型提供了良好的技术支持。

大数据企业基础模型作为企业信用风险判断的基础，能够对全体企业进行信用风险监控，甄别和提示信用风险上升企业。尤其对于项目企业、非标融资企业、银行信贷企业等非公开信息的主体，采用大数据基础模型能够有效提升风险监控效果。对于公开发债或上市企业，则是财务模型风险识别的有力补充。当企业的财务表现与其实体经营状态相违背时，往往表明存在财务操纵的可能。因此通过大数据企业基础模型，可以提高对财务信息造假企业的鉴别度。

大数据企业基础模型建立的难点，在于数据整合和数据处理。在数据整合方面，企业水务、电力、税收、工商登记、物流信息等相关的数据都已经产生，但存储于不同的机构中。解决数据整合过程中涉及的商业利益及合法性、合规性是主要挑战。在处理方面，由于数据分布在不同机构，存储的结构差异较大，需要对数据进行标准化。同时，数据处理还需要解决经营单元数据到企业表现之间的汇总。将生产经营性数据处理为可供信用分析使用的数据，是数据处理中的最大挑战。

（三）舆情分析

舆情分析的严格定义，是指在一定的社会空间内，围绕中介性社会事件的发生和发展，作为主体的民众对作为客体的国家管理者持有的社会态度。目前舆情分析的关键技术是机器学习、自然语言分析等，整个流程主要包括数据源获取、数据整合、数据分析、结果输出等。

从信用预警角度出发，广义的舆情分析，其对象可以从国家管理者扩大到企业主体，舆情内容可以从中介性的社会事项，扩大到相关企业的一切信息内容。目前，舆情分析技术已逐渐商业化，部分商业公司可以为客户定制所需要主体的声誉信息、市场情报、竞争情报、客户反馈及细节上的统计分析，并提供辅助舆情预警。

目前舆情分析主要用于市场推广、流量引导、热点追踪等，在信用预警领域尚不多见。但实际上，舆论对于信用事件的预警作用已非常明显。以"15 东特钢 CP001"违约为例，在风险事件发生之前，"东北特钢"的百度热词指数飙升了 20 倍。这说明在违约前期，通过搜索热词可以捕捉到该企业的经营状况异动。

舆情分析应用于信用预警的难点，在于数据源的分散和信息的甄选。许多舆情与企业信用风险是否存在相关性，实证研究仍不足。举例来说，个人社交网络的言论与企业信用事件是否有相关性，尚无相关研究，但通过舆情追踪重点企业的信用状况，是未来信用预警方法的蓝海。

（四）知识图谱

知识图谱技术的核心是语义网络的构建。所谓语义网络，是一种以节点和边为存储对象的数据结构，以网络格式表达人类知识构造的形式。语义网络的概念最早是作为对人类联想记忆形式的总结，并随着人工智能技术的发展开始应用于解决机器对自然语言理解。谷歌于2012年率先推出基于语义网络数据结构的知识图谱技术，将其应用于搜索引擎的智能化查询。知识图谱通过语义网络的数据库，将用户所查询的内容拆分成实体与关系，并直接返还由实体和关系所指向的答案。

虽然知识图谱的呈现很简洁，但背后是复杂的数据获取、实体辨别、关系抽取、结构化存储以及表达。其中，数据获取的主要来源是日益发展庞大的网络知识库，如维基百科、百度百科等。然而网络知识库所涵盖的信息量毕竟在少数，更多的信息存在于海量网页中的非结构化文本，通过语义分析技术进行降噪，保证数据结构化。实体辨别的主要目的，在于识别结构化数据中的诸多人名、地名、机构名、产品名等实体。而关系抽取更具挑战，目前常用的思想是将实体A、B及其关系C简化为三元组的形式，通过已知A、B枚举C，再已知C枚举A、B。由此不断扩大三元组数量，实现语义网络构建。

虽然知识图谱目前已广泛应用于智能搜索、自助问答、精准营销等领域，但在信用风险预警领域的应用仍有待发展。目前的应用集中于反欺诈领域，即围绕"人"展开，有个体入职或其他场景下所填写的相关信息，又有外部网站如工商局、法院、征信机构所提供的公开信息；此外还包括其他数据接收方提供的消费记录、位置记录、浏览记录、注册账号等。通过对以上信息的结构化处理，即可实现实体与关系的建立，完成知识图谱的构建。

目前，知识图谱围绕"企业"所展开的探索，集中在两点：一是在于获取与扩充与"企业"相关的结构化数据；二是预测债务违约等事件。目前已知的应用，在于企业间关联关系的跟踪，即，如何将公开信息或者业务交易往来信息的共享平台作为数据源、构建知识图谱，实现以企业为实体发掘相互间的关系。未来，随着科技互联网公司的发展，企业间关系的知识图谱将日益扩展；通过以事件信号传导为驱动的预警机制，捕捉更多的违约信号。

四、政策建议

综前所述，许多前沿技术在信用预警领域大有可为。上述介绍的每一种方法都可以单独构造出新的业务模式。在目前的情况下，限于技术难以追求每类方法的使用深度，但仍然可以通过扩大信用预警的广度，综合使用各种技术手段，搭建立体的信用预警体系。对监管机构和证券公司而言，需要构建起适用自身的信用风险评估与预警机制，防范实体经济风险对金融体系的传导。结合前文的分析，需要从以下三个维度推进。

（一）构建"大数据"基础上的内部评级体系

证券行业须顺应国际规范和趋势，应用业界风险管理中成熟的量化模型，建立起以企业财务、经营指标为主的内部评级体系，提高衡量企业信用资质的准确性。以 Logistic 模型为例,该评级方法可以较准确地衡量主体信用资质,是国内外已得到广泛应用的评级模型。目前在国内证券公司的信用风险管理中,大部分公司已开始采用大数据基础上的量化方法;但仍有部分公司的内评体系是基于打分卡、专家经验等主观判断,信用风险评估的全面性和精准度不足。因此,拓展金融科技在证券公司风险管理中的应用,构建起基于大数据的信用风险内评体系,是信用风险预警的前提和基础。

(二)建设科技推动的智能预警平台

由于信用内评模型在预警上的局限,金融机构需借助人工智能等高端科技,挖掘企业行为与风险表现的关联规则,构建更全面和实时的智能预警平台。金融科技的成熟,使业界已出现个别结合大数据和人工智能技术的预警平台。以已有的大数据智能预警平台为例,均涵盖亿级大数据,通过语义分析及文本挖掘、自然语言处理、机器学习等信息技术,构建起全天候企业信用监测模型。目前,部分智能信用预警平台已应用到多家大中型银行,有效协助贷前审核及尽职调查、贷后风险监测与预警。对于证券公司,依靠金融科技在信用风险预警中的应用,构建自身的智能预警体系或引入第三方平台,让风控团队以更低的成本做出更迅捷明智的决策,是未来券商的核心竞争力之一(见图3、图4)。

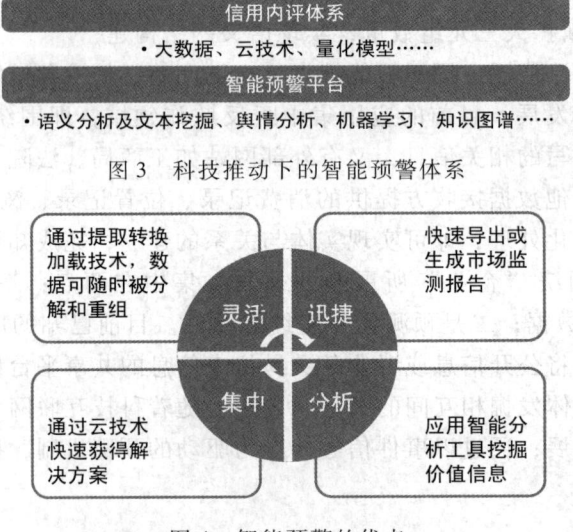

图 3 科技推动下的智能预警体系

图 4 智能预警的优点

(三)应用"监管科技"提升监管效率

监管部门也需要借助金融科技加强对市场信用风险的监控,通过"监管科技(RegTech)"快速把握市场信息、识别风险,采用更有效的政策工具,制定针对性更强的风险防范政策。"监管科技"随金融科技应运而生,广义为"适应监管过程的信息技术解决方法"。定位到监管机构,监管科技指辅助其提升风险监测效率的信息技术方案,其应用主要包括三方面:一是基于大数据的实时市场分析报告;二是通过人工智能识别更具针对性的政策变量,制定有效的宏观审慎政策;三是维护网络信息安全。在我国金融市场环境下,前两个方面的应用在信用风险预警体系构建领域最具前景和针对性。

许多应用于金融机构的信用风险预警工具，如云计算、人工智能、风险数据仓库，同样适用于监管机构。同时，由于监管的特殊性，可开发具有检测功能的工具，如市场健康度检验、市场活动监测工具等。从宏观审慎政策制定而言，监管部门面向整个市场，需更加把握行业与宏观波动信息，防范个别企业信用风险在行业或地区扩散导致的系统性金融风险。

因此，"监管科技+"下的信用风险预警体系（见图5），在针对微观层面外，还需根据企业数据构建行业层面的风险预警模型。进而，借助人工智能、深度学习等技术，识别针对性的宏观金融指标和政策工具变量，构建系统性信用风险预警模型和应对方案。

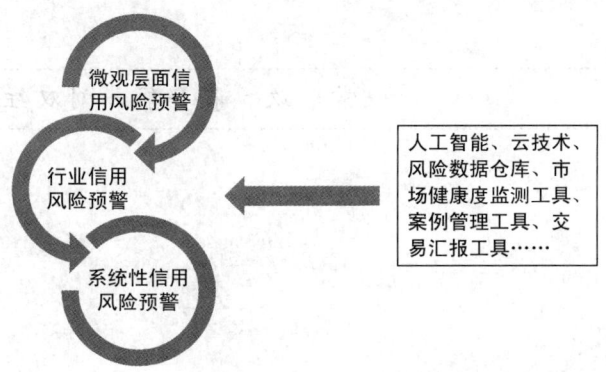

图5 "监管科技+"下的风险预警体系

参考文献

[1] Davis, P. and Karim, D. Comparing Early Warning Systems for Banking Crises [J]. Journal of Financial Stability, 2008, 4 (2)：89—120.

[2] Salvador, C., Pastor, M., and Guevara, J. Impact of the Subprime Crisis on Bank Ratings: The Effect of the Hardening of Rating Policies and Worsening of Solvency [J]. Journal of Financial Stability, 2014, 11 (1)：13—31.

[3] 庞淑娟. 大数据在银行信用风险管理中的应用 [J]. 征信, 2015 (3)：12—15.

[4] 方匡南, 范新妍, 马双鸽. 基于网络结构Logistic模型的企业信用风险预警 [J]. 统计研究, 2016 (4)：50—55.

[5] 张楠. 中国公司债券信用风险分析与控制研究 [D]. 北京：财政部财政科学研究所, 2011.

[6] 江腾蛟. 基于语法和语义挖掘的Web金融评论情感分析 [D]. 南昌：江西财经大学, 2015.

证券公司操作风险管理体系研究与实践

常 玖　崔舟航　刘双红　杨鸿运*

一、引言

提升风险防范化解能力是当前证券公司的重要任务。根据中国证监会《证券公司分类监管规定》和中国证券业协会《证券公司全面风险管理规范》（以下简称《规范》）等要求，证券公司必须进一步提升全面风险管理能力。操作风险管理是全面风险管理体系的一个重要组成部分。整体上证券业操作风险管理仍处于探索提升阶段，近年来市场发生多起操作风险事件，更凸显出证券公司切实有效地建立操作风险管理体系的必要性和紧迫性。

本文在研究国内外监管政策和国内外同业先进实践基础上，参考有关全面风险管理框架，分析当前我国证券公司操作风险管理中存在的不足，结合实践经验构建操作风险管理体系框架，并从扩展细化操作风险治理架构、推进操作风险偏好和容忍度的深度应用、合理设计和优化操作风险管理机制和管理工具、加强操作风险信息系统建设、推动风险文化落地五个方面提出实施步骤和建议。

二、证券公司操作风险管理存在的不足

当前，我国证券业操作风险管理存在的不足主要包括以下几方面：

（一）需要加强操作风险管理三道防线组织架构的落实

各业务部门、管理部门与各经营机构作为一道防线，需要进一步强化对管辖范围内的操作风险负首要责任的意识和加大资源投入。风险管理部门需要加强对一道防线的监督指导，同时也需要与合规、信息技术部门协同应对行为风险、信息科技风险、业务连续性风险等领

---

* 作者单位：广发证券股份有限公司。原载于《中国证券》2018 年第 7 期。

域的操作风险。审计部门需要提升操作风险管理审计的针对性，特别是加强对一道、二道防线操作风险管理履职情况的检查。

（二）需要深化操作风险偏好和容忍度的应用

国内部分证券公司已建立操作风险偏好，但大多局限于总体层面的表述，还需明确阐述分类偏好和制定嵌入业务的操作风险容忍度，实质传导、约束作用有限。同时，操作风险管理相关的政策、制度也未充分体现操作风险偏好和容忍度的指导作用。

（三）需要合理设计操作风险管理机制，提升管理工具的实用性

传统上国内证券公司操作风险管理主要依赖内控合规、审计部门的事后检查，缺乏有效的事前评估与事中监控工具。目前证券公司的操作风险管理机制通常都包括风险识别、评估、监测、缓释、报告等环节，但是各个环节之间的衔接和闭环管理仍需加强，操作风险管理机制与既有内控合规、审计机制的协同仍比较薄弱。在管理工具方面，国内证券公司已开始引入流程梳理，风险与控制自我评估（Risk and Control Self-Assessment, RCSA）、关键风险指标（Key Risk Indicator, KRI）、损失数据收集（Loss Data Collection, LDC）等操作风险管理工具（后三者通常被称为"操作风险管理三大工具"），但也需充分认识其存在的局限性：流程梳理存在投入高、见效慢、难持续的问题；RCSA高度依赖主观判断，影响评估结果的客观性、可靠性和可比性，国内外对该工具也存在不少批评意见；KRI存在指标敏感性、数据来源可靠性的问题；LDC则面临数据全面性、准确性、时效性等问题。

（四）需要加强操作风险管理系统建设，强化技术手段

我国证券公司大多未建立涵盖操作风险管理各个环节的信息系统。传统的操作风险管理或者高度依赖人员自觉，或者高度依赖人工、现场检查，实践中已经暴露出很多不足。国内外先进同业已经开始通过信息技术手段主动收集、分析、监测操作风险事件和隐患，但是国内大多数证券公司在此方面比较薄弱。

（五）需要推动操作风险文化建设的落地

国内证券公司普遍将风险文化建设作为操作风险管理的重要内容，但大多还停留在培训宣导、案例教育层面，需要进一步推动风险文化切实落地。

三、证券公司操作风险管理体系设计

《规范》指出，全面风险管理体系应包括管理制度、组织架构、信息系统、量化的风险指标体系、专业人才队伍、风险应对机制以及风险管理文化7个方面。本文结合当前证券公司实际和未来发展趋势，提出突出"五重点"和"全覆盖"特点的操作风险管理框架（见图1）。"五重点"指该体系以落实组织架构职责、深度应用风险偏好与容忍度、优化操作风险管理工具和流程、建设操作风险管理系统与技术手段、风险文化建设落地五个方面为重点，"全覆盖"指该体系覆盖风险评估、监测、应对（整改）、报告等操作风险管理的全流程。

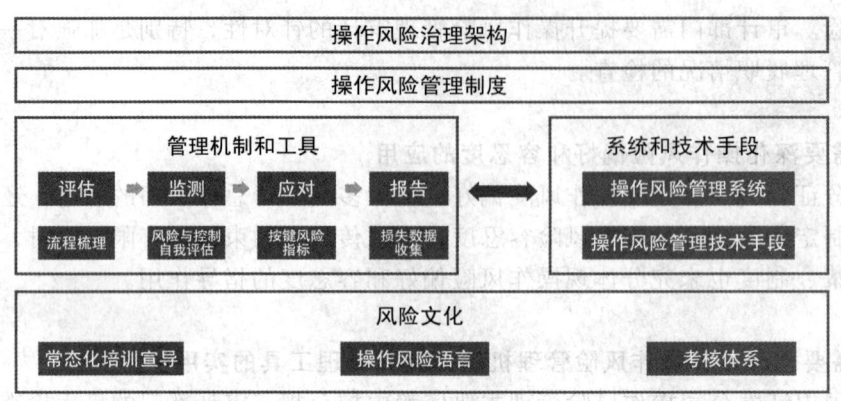

图 1　操作风险管理体系框架

四、证券公司操作风险管理体系实施步骤分析

（一）扩展细化操作风险治理架构，推动职责落实

国内证券公司已普遍建立覆盖董事会、高级管理层及三道防线的操作风险治理架构。在此基础上，可以逐步引入六道防线理念，细化三道防线组织架构。对于一道防线，在核心业务部门增设兼职或专职操作风险管理岗位，加强对各项工作的推动；对于二道防线，将行为风险、网络安全风险明确纳入操作风险范畴，将相应的专业职能部门，如合规部门、信息技术部门等纳入二道防线，与风险管理部门协同履行职责；对于三道防线，将操作风险管理的履职情况纳入稽核检查重点，并定期上报董事会审计委员会。

（二）推进操作风险偏好和容忍度的深度应用，完善操作风险管理制度流程

巴塞尔委员会提出的操作风险管理原则指出，金融机构应阐明自身愿意承受的操作风险特征、类型和水平，且董事会应审批和评估操作风险偏好和容忍度报告。《规范》要求制定包括风险容忍度的风险指标体系。操作风险偏好根据公司总体风险偏好设定，体现公司对操作风险的基本态度，操作风险容忍度指标根据风险偏好设定，用于有效传导风险偏好。

证券公司应设定可量化的操作风险容忍度指标实现操作风险偏好的有效传导，包括：一是从公司对操作风险事件的不同分类偏好入手，设定公司层级操作风险容忍度指标；二是将容忍度指标进一步细化分解至一线业务部门与各级经营机构；三是将风险偏好与容忍度植入相关管理工具中。

在公司总体偏好的基础之上，证券公司可以结合公司战略目标、盈利状况与风险承受能力制定操作风险偏好，内容包括公司关注的操作风险点、可承受的操作风险等，定性说明公司对操作风险的基本态度。在总体操作风险偏好的基础上，进一步结合公司对操作风险的关注重点，将操作风险事件分为若干大类，更细致地阐述公司的操作风险分类偏好。在分类偏好下，可以将风险偏好划分为"零容忍、严格控制、高度关注、适度容忍"四个层级，并明确各层级下公司所能承受的操作风险程度以及为此所能承担的成本。例如，对于不可抗力下的实物资产损坏事件，风险偏好为"高度关注"，表示在一定承受范围内会尽力避免此类风险，并通过购买保险、建设灾备中心等措施进行风险转移或缓释；对于内部欺诈事件，风

险偏好为"零容忍",表示公司不可容忍此类操作风险事件的发生,并通过建立健全员工管理制度、强化行为监控等,降低和杜绝此类风险。通过总体操作风险偏好及分类偏好的制定,有助于全体员工了解公司对不同类型操作风险的基本态度,明确各项监测与控制措施的优先级,有效配置风险管理资源。

由于操作风险难以量化,操作风险偏好普遍存在难以应用的问题。证券公司可以结合操作风险三大工具的应用,设置定性与定量相结合的容忍度,并向下分解至一线业务部门与各级经营机构。以风险与控制自我评估（RCSA）为例,证券公司可以结合各单位（包括部门、分支机构、子公司等）不同的业务性质、规模、收益及风险承受能力,分别设定"无法容忍、提出警戒范围、加强监控、安全范围"四个金额等级区间,体现不同单位的操作风险财务损失的容忍度。对比分析RCSA评估得出的操作风险暴露与风险容忍度,对处于安全范围的操作风险事件选择接受,否则要及时采取应对措施,从而使实现抽象的操作风险偏好具体化,产生实质管理作用。与此类似,操作风险偏好和容忍度也可以应用于KRI阈值设定、LDC收集阈值设定等方面。以此为基础,证券公司可以将操作风险偏好和容忍度要求具体体现在公司风险与控制自我评估、关键风险指标、损失数据收集等专门操作风险管理制度、流程之中,完善公司操作风险制度体系。

（三）合理设计操作风险管理机制,提升管理工具实用性

流程梳理和操作风险三大工具是目前普遍应用的操作风险管理工具,但是证券公司应充分认识流程梳理和三大工具的优点与局限,合理设计各项工具的运作机制及工具之间的衔接机制,并强化对操作风险相关问题的整改追踪管理,形成流程梳理、三大工具、问题库整改追踪"五位一体"的操作风险管理工具体系,实现对操作风险识别、评估、监测、应对、整改的闭环管理。

1. 合理选择流程梳理模式

流程梳理是整个操作风险管理的基础,主要步骤包括:一是流程盘点,识别公司现有业务及管理活动,确认流程梳理对象;二是建立流程框架,基于全公司各项业务与管理活动,自上而下地建立涵盖各业务流程、子流程的流程框架;三是识别风险点和控制点,梳理各流程中的环节,建立流程、风险、控制、信息系统、岗位及内外部规章制度等的关联。

开展流程梳理通常有两种模式:以业务流程为单位的梳理模式和以部门或机构为单位的梳理模式。前者也是多在理论上受到推崇的模式,强调端到端的流程梳理,即覆盖一项业务的起点至终点。为防止业务流程中涉及多个部门、机构出现责任不清、相互推诿、衔接不畅等情况,一般需要设定流程所有者（Process Owner）或称为流程牵头管理者,由其牵头从全流程角度把握业务流程完整性,同时详细梳理各子流程的主办、协办等部门,明确各参与方的职责边界,以确保流程梳理的全面性。后者则强调以部门为单位各司其职,梳理部门内部的业务和管理活动,识别风险点和控制点。

本文认为以部门为单位的流程梳理更适合当前国内证券公司以部门为单位管辖业务的实际情况。流程梳理工作的主要瓶颈在于协调难度高、工作量大和需要持续更新,核心是协调难度高。以流程为单位梳理意味着协调层级和协调难度的进一步增加,以部门为单位的梳理则分工明确,整体工作推进效率较高,且对于可能出现的流程割裂、交叉等问题,可以通过风险管理部门的主动分析、协调加以解决。

此外，现阶段证券公司的流程梳理还应明确服务于操作风险管理的基本定位，以识别风险点和控制点为主要目标，暂时不宜扩大应用至日常业务管理和流程优化范畴，否则会进一步增大协调、实施难度，影响推广效率。

2. 定性与定量结合的风险与控制自我评估

风险与控制自我评估针对流程梳理识别的操作风险点，评估固有风险、声誉风险，并将评估结果作为强化控制以及流程改进的依据。

目前国内金融机构的操作风险评估主要在定性层面，因各评估单位的评估标准存在差异，评估结果的可比性较差。本文提出定性与定量相结合的风险与控制自我评估方法。一方面，通过定量方法将操作风险进行量化，使各部门了解业务经营过程中所面临的操作风险暴露值，该暴露值可以通过发生频率与损失严重程度的乘积计算。对于不易量化的损失严重程度，可先定性评估，然后按一定标准转换为定量值；另一方面，通过定性方法识别操作风险的原因及控制缺陷。同时，基于已量化的风险暴露值，可以进行跨单位的比较分析，有助于掌握操作风险总体情况。

证券公司可以将操作风险偏好及容忍度向下细化为各部门风险容忍度，通过操作风险暴露相对各部门风险容忍度所处的位置，明确各类操作风险事件的风险等级，从而强化操作风险暴露评估结果对各部门的实质管理效果。

3. 提升关键风险指标体系的敏感性和全面性

关键风险指标（KRI）是可以代表操作风险变化情况的关键统计指标。关键风险指标监测主要步骤为：一是根据操作风险偏好、内外部损失事件记录、操作风险识别与评估结果等设立关键风险指标；二是按照指标收集计划收集、监测和报告指标数据；三是根据指标运行情况定期对指标进行评估和调整。

证券公司可通过以下方式来提高指标敏感性与全面性：一是明确关键风险指标设置应分公司层级、部门或分支机构层级设置，并明确监测单位，各单位的指标数量不宜过多；二是明确指标筛选标准，从指标的代表性、数据可获取性等维度，参考层次分析法等方法，提升指标筛选的科学性，选择更具敏感性的指标；三是可以测算指标覆盖率，通过建立关键风险指标与流程的映射关系，测算其对各流程环节的覆盖程度，提升指标覆盖全面性。

4. 通过动态信息源核查提升损失数据收集质量

损失数据收集（LDC）指对操作风险事件及损失数据的收集、汇总、监控、分析和报告。损失数据收集可以分为四个步骤：一是通过多种渠道收集操作风险事件，确保收集信息准确完整；二是按照要素要求填报操作风险事件信息；三是及时对填报损失数据进行更新或认定；四是合并特定情形操作风险事件。

证券公司可通过以下方式来改进提升损失数据收集工作：一是建立内部损失数据动态信息源核查机制（见图2），通过财务数据、内外部检查报告、诉讼案件信息等不同信息源核验损失数据收集结果；二是逐步通过系统自动手段从外部数据库中收集外部操作风险事件信息；三是对瞒报、迟报、漏报重大操作风险事件行为给予处罚和问责。

动态信息源核查机制通过梳理多个信息源，对内部损失数据收集结果进行验证，提升损失数据收集的完整性和准确性。例如，通过对财务数据的分析，识别与操作风险损失相关的营业外支出；通过对内部合规、稽核结果和外部审计结果、诉讼案件、客户投诉等的分析，识别可能被掩盖或遗漏的操作风险损失事件。通过多信息源核查，可以进一步补充完善公司

资本市场风险防范与证券业风险管理

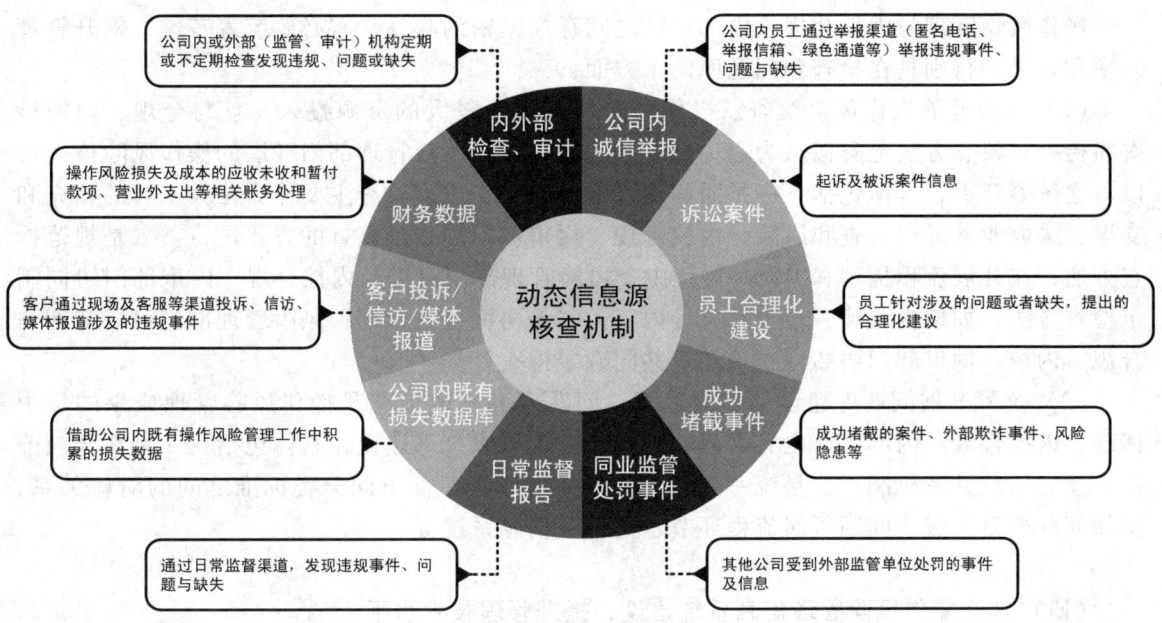

图 2　动态信息源核查示意

内部损失数据库，同时也促使各单位主动、准确报送操作风险损失数据。

5. 强化操作风险管理三大工具之间的衔接与支持

操作风险管理三大工具之间需要相互关联、印证，整体提高操作风险事前防范、事中监测与事后处置的能力。证券公司可以分别从风险与控制的关联、RCSA 与 KRI 的关联、RCSA 和 LDC 的关联、KRI 和 LDC 的关联四个角度出发，进一步挖掘信息。例如，通过对合规部门设置的诉讼相关关键风险指标的监测，发现某分公司存在一起诉讼案件并对外发生赔偿。检查对应的 RCSA 评估结果发现，其剩余风险评估等级很低，控制设计/运行有效性均为完全有效，显示业务人员对该项操作风险的评估过于乐观；检查该分公司报送的操作风险损失事件未包括该赔偿事件，说明该分公司数据报送质量存在问题。通过关联分析，公司要求该分公司重新评估相关操作风险点，优化管控措施并及时补报操作风险损失事件。

6. 通过问题整改追踪强化闭环管理

问题库与整改追踪是指通过全面收集操作风险相关问题，进行分类整理、等级划分等处理后纳入问题库，制定整改计划并追踪落实。问题库与整改追踪是三大工具成果的汇总与跟进，可以直接反映操作风险管控的效果和效率。

操作风险管理的根本目的是发现问题和解决问题，为了形成管理闭环，证券公司应将问题库与整改追踪作为流程梳理、操作风险三大工具的必要补充。问题库与整改追踪可以通过以下方式建立：一是从流程梳理、操作风险三大工具以及各类内外部检查、监管通报等其他渠道收集操作风险相关问题，纳入操作风险管理系统；二是区分问题等级，制定行动计划，明确责任人、完成时间、整改证据等要素并通过操作风险管理系统跟踪实施情况；三是对问题库进行多维度的分析，如问题在业务条线、机构、岗位等的分布情况及变化趋势等，为调整操作风险管控重点提供参考。

7. 统筹操作风险管理与内控合规、内部审计管理机制操作风险管理与内控合规、内部审计之间存在紧密的联系，有必要统筹考虑，提升管理效率和效果，特别是在检查和问题库两个方面：

（1）统筹开展操作风险检查。操作风险检查需要较大的资源投入，且与合规、内控检查在检查对象、方法上类似，为避免重复和消除空白，风险管理部门开展的操作风险检查可以与之统筹开展，具体包括：一是明确检查定位，操作风险检查主要作为三大工具的补充和支撑，采取业务部门自查和风险、内控合规、内审部门抽查、复查的方式进行。二是规范检查方法，在开展流程梳理和RCSA过程中，风险管理部门可以与内控合规、内审部门协同制定检查方法，如检查步骤、检查对象等内容。三是协调检查计划，风险管理部门可以定期与合规、内控、内审部门协商检查重点，共同确定检查计划。

（2）统筹开展问题库建设和整改追踪。问题库和整改追踪是操作风险管理成果的集中体现，内控合规、内部审计也有类似的需求，三者可以统筹建设，具体包括：一是在合规前提下建立信息共享机制；二是统一问题的分类标准或者建立不同分类标准之间的对应关系，例如问题严重等级、问题所属流程环节、岗位、信息系统等。

（四）加强操作风险管理信息系统建设，提升管理技术水平

信息系统是操作风险管理落地推进的重要手段与依托。《规范》也要求证券公司建立与业务复杂程度和风险指标体系相适应的风险管理信息技术系统。

证券公司操作风险管理信息系统应实现操作风险的全流程管理，强化三大工具间的整合应用及与既有内控合规、内部审计等系统的对接与数据共享，逐步实现对操作风险的主动监测。证券公司建设操作风险管理系统可以分阶段逐步开发、扩展。

1. 基础建设阶段

系统应具备如下基本功能：支持流程梳理、操作风险三大工具以及工具之间的关联、问题库与行动计划、基本的操作风险资本计量、基本的分析报表等。同时，系统建设中还应配套建立统一的操作风险数据标准。

2. 扩展提升阶段

一是扩展报表分析功能，根据外部监管要求与内部管理需求，生成常规和可定制的操作风险管理报表；二是扩展与既有内控合规、内审等管理系统的对接。在此基础上从两方面提升：一是将重要的操作风险管控机制内嵌至业务系统，加强风险"硬控制"；二是开发操作风险监测功能。目前国内外银行业、证券业都已出现借助技术手段进行操作风险监测和防控的案例，基本原理是通过信息技术手段分析提取操作风险事件的特征，将其转换为监测特征指标，进而设计监测模型，主动从业务系统数据和交易记录中挖掘异常情况作为主动防控操作风险的线索。

（五）推动风险文化建设，强化操作风险管理基础

操作风险管理最根本的依托是通过持续开展风险文化建设，将操作风险管理的各项要求内化为所有员工的自觉意识和行为习惯。证券公司可以通过如下方式推动风险文化建设的落地。

1. 建立操作风险管理培训与资格认证机制

（1）高层操作风险文化宣导与常态化培训机制。公司高层领导应倡导全体员工积极发

现并主动、稳健管理各类操作风险,并结合案例学习、警示教育等方式逐步培育风险文化氛围。通过设定年度操作风险管理培训计划,开展常态化、多层次的培训,如新员工培训、管理层培训及其他专项培训等。

(2) 操作风险管理人员资格认证机制。结合公司人力资源培训资格认证机制,配套设置操作风险管理人员能力与资格认证,逐步建立专业化的管理队伍。

2. 统一全公司操作风险管理术语

证券公司可以通过建立操作风险字典库为全公司操作风险识别、分类、评估等提供统一的操作风险管理术语(Taxonomy)。操作风险管理术语主要对业务与管理流程、风险事件、风险点、控制点等进行规范化分类,主要包括流程字典库、控制字典库、操作风险事件库、风险因子库、风险及控制评估标准库等。在此统一的标准基础上,证券公司可以增强全公司层面的操作风险分析、比较能力。

3. 建立操作风险管理考核体系

证券公司可以按照《规范》的要求,从操作风险管理结果成效和操作风险管理过程两方面出发建立操作风险管理考核体系,并将其纳入公司考核体系,作为推动操作风险文化落地的重要手段。

(1) 过程考核。对各单位开展操作风险工作的履职情况、工作执行的落实程度进行考核,例如,流程梳理质量、RCSA 完成情况、LDC 填报质量、整改方案制订情况等。操作风险管理体系建设初期应以过程考核为主。

(2) 结果考核。对各单位在流程梳理、操作风险管理三大工具、问题整改追踪等方面的工作结果进行考核。例如,流程梳理及时性、风险评估结果、操作风险损失情况、整改完成率等。

五、总结与展望

操作风险管理是当前证券公司风险管理中的薄弱环节之一。我国证券公司在借鉴国内外先进经验的同时,还需要从当前存在的不足和实际情况出发,建立符合自身特点的操作风险管理体系。证券公司可借鉴本文提出的框架和实施建议,进一步提出适合本公司特点的操作风险管理建设规划与具体实施路径,不断提高操作风险管理水平。

参考文献

[1] 常新功. 风险管理是证券公司的核心竞争力——证券公司全面风险管理体系研究[N]. 南方日报, 2016 – 05 – 13 (A05).

[2] Girling P. Operational Risk Management: A Complete Guide to a Successful Operational Risk Framework [M]. Wiley, 2013.

[3] Calvayrac R. Operational risk assessment: the commercial imperative of a more forensic and transparent approach [M]. Wiley, 2010.

[4] 周凯, 胡欢欢. 商业银行操作风险识别与评估:原理、方法与应用 [J]. 西部金融, 2013 (02): 64—68.

［5］姚红宇. 内评法在商业银行操作风险管理暨内部控制中的运用［D］. 北京：清华大学，2015.

［6］张吉光. 操作风险十年之痒［J］. 银行家，2016（6）：54—56.

［7］Shefrin H. Behavioral Risk Management［M］. Palgrave Macmillan US，2016.

［8］Basel Committee. Sound Practices for the Management of Operational Risk，2003.

［9］Basel Committee. Principles for the Sound Management of Operational Risk，2011.

［10］刘双红，欧阳晓灿，潘菲. 基于层次分析和模糊综合评判的信息科技风险计量方法［J］. 中国金融电脑，2015（9）：70—77.

［11］Cruz M. Big Data and Operational Risk［EB/OL］. Operational Risk & Regulation 15（5）：37.［2018 - 06 - 11］https：//search - proquest - com. proxy. library. cornell. edu/docview/1616246235？accountid = 10267.

［12］周峰. 证券公司非现场审计研究［D］. 厦门：厦门大学，2013.

证券公司模型风险管理体系探讨

朱红军*

当前国外发达的投资银行、商业银行等金融机构已经将模型风险作为一个独立的风险类别，建立起全面的识别、计量、控制、监测和处置的管理体系。和相对成熟的市场风险、信用风险、流动性风险以及操作风险等风险管理类别相比，国内证券公司对模型风险的认知和管理还处于初级发展阶段。但是随着国内金融衍生品市场的发展，特别是场外衍生品业务的增长，越来越多的模型会应用于金融衍生品的定价、估值、交易和风险管理。对应的模型风险，就会随着使用模型的数量、模型复杂性的广度和深度，日益成为证券公司面临的重大风险之一。国内证券公司应该通过分析国外的模型风险管理的演变、实践、失误和经验教训，探索如何结合目前模型使用现状以及今后业务发展对模型使用需求增长，逐步建立起模型风险管理体系，提高公司的全面风险管理水平。

要了解和管理模型风险，首先要清楚地定义什么是模型。根据美国监管机构货币监理署OCC（Office of the Comptroller of the Currency）的定义[1]："模型是指运用统计学、经济学、金融学或数学的理论、技术和假设处理输入数据得出数量预测的量化方法、系统或方式。"相应地，模型风险定义为："模型风险，是指基于不正确的模型或不当使用模型做出的公司决策导致潜在的不利结果。模型风险管理范畴覆盖金融工具估值、风险计量、交易投资策略、会计核算、信息披露等业务或管理过程中涉及的相关模型。"

一、国外金融机构模型风险管理发展历程介绍

（一）国外金融机构模型使用状况

目前欧美大型投资银行的模型种类和使用情况大致可以分为以下情形：（1）定价、估值模型。常用的有衍生品、结构化产品以及风险基准定价等模型。（2）投资管理模型。常

---

* 作者单位：国泰君安证券股份有限公司。原载于《中国证券》2018 年第 7 期。
[1] Federal Reserve & OCC, Supervisory Guidance on Model Risk Management (April 4, 2011).

用的有交易、资产组合和交易获利策略等模型。(3) 市场风险管理模型。常用的有风险价值模型 (VaR) 及压力 VaR 模型 (Stress VaR) 等。(4) 信用及对家信用风险模型。常用的有信用审批模型、坏账处置模型、PD 模型、LGD 模型、EAD 模型、信用评级模型、信用暴露模型和 CVA 模型等。(5) 操作风险模型。常用的有用于高级计算法的损失分布模型 (Loss Distribution Approach)。(6) 金融和资本管理模型。常用的有资本管理、流动性/现金流分析管理、压力测试、损益归因分析等模型。(7) 合规模型。常用的有反洗钱、反欺诈及交易员监控等模型。(8) 经营决策支持模型。常用的有市场销售、客户定位、企业金融 (如并购、重组) 等模型。(9) 其他模型。美联储 (Fed) 和货币监理署 (OCC) 的 2011 版《模型风险管理监管指引》模型定义还纳入其他一些非量化的用于机构日常经营活动的决策模型。

(二) 由模型风险引发的系统性风险事件

国外金融机构的模型开发者和使用者们都意识到了模型和模型所模拟的现实世界的差异是绝对存在的,因为模拟方式无法百分之百复制现实。因而,模型的内在差异性就有可能在使用中激发风险,而且这种内在风险因子不可能完全消除。相应地,国外金融机构在加快模型在业务中使用的同时,也开始加强模型风险控制。但金融机构第一次见识到薄弱的模型风险管理可能激发的金融系统性风险,应该是 1998 年美国对冲基金长期资本管理公司 LTCM (Long Term Capital Management) 倒闭事件。①

LTCM 是由华尔街前明星交易员和获诺贝尔经济学奖的经济学家组成的以债券交易为主的一家对冲基金公司。该基金的交易策略是进行趋同交易,利用不同证券相对于彼此定价偏离而进行套利。由于不同证券价值套利基差通常比较小,LTCM 必须使用极高的杠杆率以获得高回报。在 1998 年其建仓位最高峰时,LTCM 有大约 50 亿美元的资本,控制总价值超过 10 000 亿美元名义价值的敞口。当时,LTCM 还借了超过 1 200 亿美元的资产。LTCM 使用风险价值模型 VaR 进行市场风险水平计量和对应的必需自有资本的评估。这种高杠杆交易策略给 LTCM 带来了丰厚的回报,管理层因此忽视 VaR 是否低估了可能损失。但 1998 年突然爆发俄罗斯国债违约事件,由于极高的杠杆率,再加上交易策略的方向性错误,LTCM 遭受了巨大损失,处在借贷违约的边缘。由于当时 LTCM 的债权人几乎包含所有的华尔街投资银行,LTCM 违约将会拖垮美国的整个金融体系。美联储被迫介入救助,由华尔街投资银行联合接管 LTCM,花了数年时间才逐渐将 LTCM 的仓位清盘,避免了系统性风险事件发生。事后,乔里安 (Jorion) (2000)② 研究报告发现 VaR 模型的输入参数和模型假设条件错误导致 VaR 模型极大地低估了风险。具体来说,从 LTCM 事件得出的模型风险教训有:(1) 波动性被错误地假设为不变。实际上在市场激烈动荡时,期望波动性会相应地增大。(2) 损益回报分布被错误地假设为正态分布。实际上损益回报分布不对称,常常包含长尾和偏斜的。(3) 用于设置模型参数的数据采样时间窗口太短,而且采样时间窗口没有包含历史上重大的市场下跌事件。(4) 用 10 日存续期来计算 VaR 没有考虑到,在市场压力情形下,仓

---

① Long Term Capital Management,网址:https://www.investopedia.com/terms/l/longtermcapital.asp.
② Jorion, Philippe, 2 000, "Risk Management Lessons from Long – Term Capital Management". European Financial Management, 6 September, 227 – 300.

位变现的流动性和募集新资本需要更长的时间。

2007—2008 年全球金融危机是另外一个典型的由模型风险激发金融系统性风险的案例。从 2000 年开始，华尔街投行开始快速地、广泛地开发和销售更加复杂的、基于证券化的信用衍生品（Credit Derivative）。特别在一个新的信用事件计量方法——高斯连接函数（Gaussian Copula Function）发表后，证券化及其信用衍生品交易业务（比如 RMBS，CDO）得到爆发性的增长。高斯连接函数方法提供一个如何从信用违约互换（Credit Default Swap）交易数据中提取回报和违约损失关联关系的简单数学解决方法。尽管业界知道高斯连接函数模型的内在缺陷和薄弱性，却没有采取有效措施去控制、管理这些模型风险。与此同时，信用评级机构的证券化产品评级模型也暴露出严重缺失；相当大比例的以次级房贷组合成的证券化产品被授予 AAA 评级，因为当时信用评级模型中的假设有缺陷，比如房价没有考虑下跌情形和认为个人房贷者不会违约。同样，美国和欧洲的大型金融机构用来计算和评估内部资本充足率的经济资本模型，普遍低估了银行违约概率，进而低估了所需的内部资本要求。此外，金融机构广泛应用的市场风险管理的风险价值模型 VaR 模型，在危机爆发前，普遍没有充分考虑尾部风险、对家信用风险和市场流动性风险，因而，VaR 模型输出值严重地低估了可能的实际损失。

二、国外金融机构模型风险管理现状

美国联储会（FED）和货币监理署（OCC）的 2011 版《模型风险管理监管指引》（SR 11-7）[①] 颁布，标志着国外金融机构的模型风险管理进入一个新的阶段。模型风险管理从一个分散的、一次性活动，转变为连续的、贯穿整个"模型生命周期"的全面管理：从最初的模型需求开发、测试、独立验证、实施上线使用、监控、风险处置直到模型最终下线停用。

目前，欧美大型投资银行已按照 SR 11-7 的监管要求建立了全面模型风险管理体系。这个风险管理体系的核心就是建立"三层防御线"（见图 1）。首先，明确模型开发者和使用者是模型风险管理的"第一防线"，是模型风险的拥有者，承担重要的"事前防控"功能。模型开发者需要从模型开发时，就要考虑如何防范可能的模型风险，加强模型测试方法。另外，在模型上线使用时，需要一直监控模型使用状况，对模型使用偏离预期值的情形，及时发现并处置，进行归因分析，确定是否由模型内在原因引起。其次，独立的模型风险管理部门是模型风险管理的"第二防线"。这个"防线"的重点是"独立模型验证"。模型验证覆盖模型的所有元素：参数输入、模型理论和方法、模型处理、模型输出。模型验证还包括过程验证、结果基准比较、结果回测等手段。最后，内部审计是模型风险管理的"第三防线"。内部审计会定期评估整个模型风险管理体系运作的有效性，就发现的问题提出整改意见。其审计报告需提交给公司董事会。

[①] Jorion, Philippe, 2000, "Risk Management Lessons from Long-Term Capital Management". European Financial Management, 6 September, 227–300.

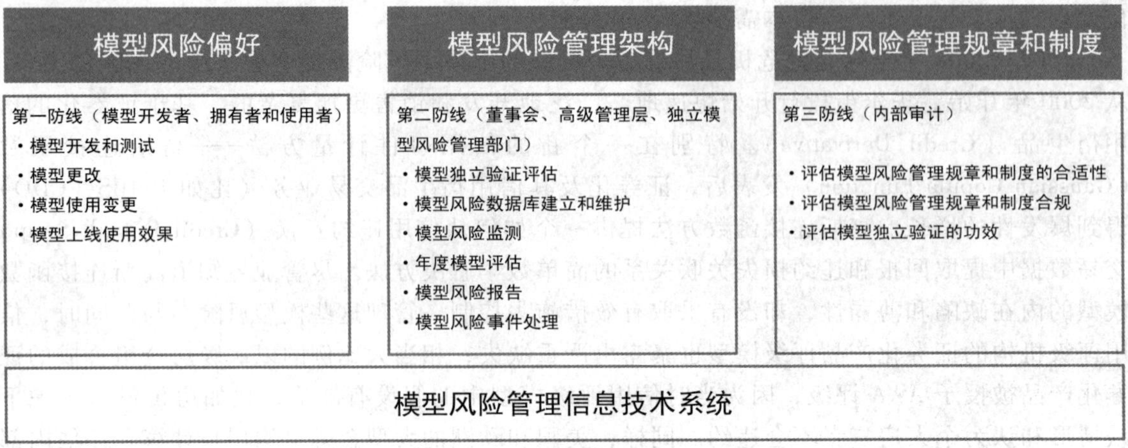

模型风险偏好	模型风险管理架构	模型风险管理规章和制度
第一防线（模型开发者、拥有者和使用者） • 模型开发和测试 • 模型更改 • 模型使用变更 • 模型上线使用效果	第二防线（董事会、高级管理层、独立模型风险管理部门） • 模型独立验证评估 • 模型风险数据库建立和维护 • 模型风险监测 • 年度模型评估 • 模型风险报告 • 模型风险事件处理	第三防线（内部审计） • 评估模型风险管理规章和制度的合适性 • 评估模型风险管理规章和制度合规 • 评估模型独立验证的功效
模型风险管理信息技术系统		

图 1 全面模型风险管理体系

欧美的大型投资银行实施的模型风险管理体系，在细节方面可能有差异，但是大体上都包含以下基本元素：

（一）模型风险管理的管理架构

目前，欧美的大型投资银行已设立独立的模型风险管理部门，并直接向首席风险官（CRO）汇报。模型风险偏好和管理工作纳入由董事会、高级经营管理层（风险管理体系）进行管理。和其他风险类别一样，模型风险有相应的政策制度、流程来规范模型风险管理。模型风险管理部门需定期向董事会提交模型风险报告。模型覆盖的范围包括自己开发的模型和外购的第三方开发模型。

（二）模型风险识别和评估体系

要管理好模型风险，首先要有模型风险识别机制。模型风险识别主要是对模型风险来源进行分解和分析，及时、准确地识别模型风险的类别和性质，进而进行模型风险的评估。模型风险识别通常会考虑以下几种情形：（1）数据（模型输入参数和输出结果）缺陷，指数据的可获得性或数据质量不足等；（2）模型估计的不确定性或模型的方法论错误，包括估计值的波动、简化、近似以及错误的假设和设计等；（3）模型使用不当，指在模型预设的使用范围外使用，未能更新数据、未进行模型重校准等。

模型风险评估包含计量评估、定性分析。计量评估可对各种风险来源使用敏感性分析；定性分析包含模型回测、估值模型结果市场验证、模型压力测试等。

（三）模型风险控制体系

欧美大型投资银行在模型风险管理部门中设有模型验证功能，对模型进行独立验证和评估工作。模型验证者具有和模型开发者同样的资质和专业水平。每个模型上线使用之前，必须通过验证，并根据验证评估结果，分配对应的模型风险评级。上线使用模型，按照模型风险评级，实施相应的风险限额、交易审批或市场价值计提等风险控制措施。对已通过验证的模型，还需要定期进行重验证。高风险的模型定期重验证频率不低于年度。

（四）模型周期管理

模型风险管理是一个连续的、贯穿整个"模型生命周期"的全面管理：从最初的模型需求开发、测试、独立验证、实施上线使用、监控、风险处置直到模型最终下线停用。

（五）模型风险管理信息系统

一个有效的模型风险管理体系必须有一个全面的管理信息系统支持。模型风险管理信息系统包含全面的模型数据库、模型文档管理和模型风险报告等。

（六）有资质的模型开发、模型验证和模型管理人员

从事模型相关工作的人员大部分拥有应用数学、物理或工程背景，相当一部人还有数学和物理博士学位。通常情况下，量化模型开发者和验证者还需要大量的计算机编程技能。

三、国内金融机构模型风险管理现状

截至目前，国内证券行业监管机构还没有发布单独、具体的模型风险管理指引或方法。但是中国证券业协会颁布的《证券公司全面风险管理规范》[①] 第三十四条规定："证券公司应当规范金融工具估值的方法、模型和流程，建立业务部门、分支机构、子公司与风险管理部门、财务部门的协调机制，确保风险计量基础的科学性。金融工具的估值方法及风险计量模型应当经风险管理部门确认。证券公司应当选择风险价值、信用敞口、压力测试等方法或模型来计量和评估市场风险、信用风险等可量化的风险类型，但应当充分认识到所选方法或模型的局限性，并采用有效手段进行补充。证券公司风险管理部门应当定期对估值与风险计量模型的有效性进行检验和评价，确保相关假设、参数、数据来源和计量程序的合理性与可靠性，并根据检验结果进行调整和改进。"要达到这一要求，就需要证券公司建立起相应的模型风险管理框架，并将模型风险管理纳入全面风险管理体系的建设和完善中。

这些年我国证券市场，特别是期货和衍生品市场，取得了快速发展。目前已上市交易衍生品有：上证50ETF期权、上证50股指期货、沪深300股指期货、中证500股指期货以及国债期货等。证券公司场外衍生品交易业务也具有一定规模：中国证券业协会《场外证券业务开展情况报告》[②] 统计数据显示，截至2018年2月，未了结场外衍生品名义本金规模为3 379亿元。随着这些金融衍生品业务的发展，证券公司需要应用相关模型于产品定价、估值和风险管理。比如，前文所提到的Black – Scholes模型是目前市场上对期权定价的常用经典方法。一些数学统计模型被用来计算市场的历史波动率和预测波动率，更是广泛应用于风险管理中。如，价值风险模型VaR是市场风险的主要计量工具。国外常用的信用风险管理模型，如CreditMetrics、CreditRisk +、Moody's KMV等开始逐步被证券公司采用，来对客户进行信用评级和授权。通过对模型输出的希腊值（Greeks）风险参数采取限额已是一种常

[①] 中国证券业协会：《证券公司全面风险管理规范》（2016年12月30日发布），网址：http://www.sac.net.cn/fl-gz/zlgz/201701/t20170104_129994.html。

[②] 中国证券业协会：《场外证券业务开展情况报告》（2018年第3期，总第30期）。

用的风险控制手段。

当然，和国外发达的投资银行相比，国内证券公司在模型应用的广度和深度方面还有相当大的差距。但是随着中国金融业对外开放程度的不断加深，国内证券公司逐步提升国际化程度，加强内部管理和业务创新，不断拓展跨境和境外金融服务的深度和广度。要成功实施国际化发展战略，扩展业务和加强风险管理所需的量化、质化模型是必不可少的工具，模型风险管理的重要性会越来越显著。

四、国内证券公司模型风险管理体系初步探索

国内证券公司应该关注和重视模型风险，根据现有的模型在各个业务条线的应用，以及伴随着将来业务创新而新增或扩展模型使用，逐步建立、完善适合自身的模型风险管理体系。

首先，像其他风险类别一样，模型风险管理工作应纳入公司全面风险管理体系进行管理。建立与业务性质、规模、复杂程度相适应的模型风险管理体系，对模型风险实施有效识别、监测和控制，将模型风险控制在公司可接受的合理范围内。

其次，公司风险管理部可以作为公司模型风险的牵头管理部门，对公司模型风险实施统一管理。模型风险管理部门具体职责可以包含：拟定公司模型风险政策制度、流程；建立和维护公司模型数据库；对业务部门模型的相关申请进行风险评估和独立验证。验证应该考虑模型投产前的初始验证以及投产后定期或不定期的应用验证及监控。模型风险管理部门需要识别、评估、计量及监测公司总体层面的模型风险，定期或不定期提供公司模型风险分析报告并提出相关应对措施。

最后，公司模型风险管理体系要包含日常、持续的风险监测机制。要针对公司主要业务及管理在实际运营中涉及的模型风险暴露，持续收集模型监测数据及相关信息，并进行综合分析和有效应对。模型风险监测是落实公司风险管理政策的重要手段。模型风险管理部门需要根据模型风险管理的要求，定期对有关模型风险监控和管理情况进行报告，为相应管理层级的风险管理决策提供基础信息和依据。

参考文献

[1] Brown, McGoutry, and Til Schuermann. "Model Risk and The Financial Crisis: The Rise Of Modern Model Risk Management" [R]. January 2015.

[2] Bernstein, Peter. Capital Ideas: The Improbable Origins of Modern Wall Street. [M]. USA: The Free Press. 1992.

[3] Derman, Emanuel. "Model Risk" [R]. Goldman Sachs Quantitative Strategies Research Notes, April, p. 7. , 1997.

[4] Jorin, Philippe. "Risk Management Lessons from Long – Term Capital Management" [J]. European Financial Management (September 6), 227 – 300, 2000.

[5] Jorin, Philippe. Value at Risk [M]. New York: McGraw Hill, 2006.

[6] Salmon, Felix, 2009. "Recipe for Disaster: The Formula That Killed Wall Street" [J].

Wired 17.03,(Feb 23),2009.

[7] Yoost, Daniel K. "Board Oversight of Model Risk Is a Challenging Imperative"[J]. The RMA Journal (November, 24), 2014.

[8] 中国银行业监督管理委员会. 商业银行资本管理办法（试行）[M]. 北京：中国金融出版社, 2012.

[9] 朱良平. 商业银行模型风险：管理模式和验证技术[J]. 金融监管研究, 2015(10): 52—65.

业务结构对券商经营业绩及风险的影响研究

南京证券股份有限公司课题组[*]

一、研究背景

纵观我国证券行业的发展历程,从1987年深圳特区证券公司——改革开放后第一家专业证券公司成立以来,先后经历了1987—1997年的自有生长阶段、1998—2004年的清理整顿阶段、2004—2007年的综合治理阶段以及2008年至今的自我规范阶段。经过三十年多的发展,中国资本市场从无到有、从小到大,逐渐成为社会主义市场经济体系的重要组成部分,在经济社会发展中也发挥着越来越重要的作用(见图1)。

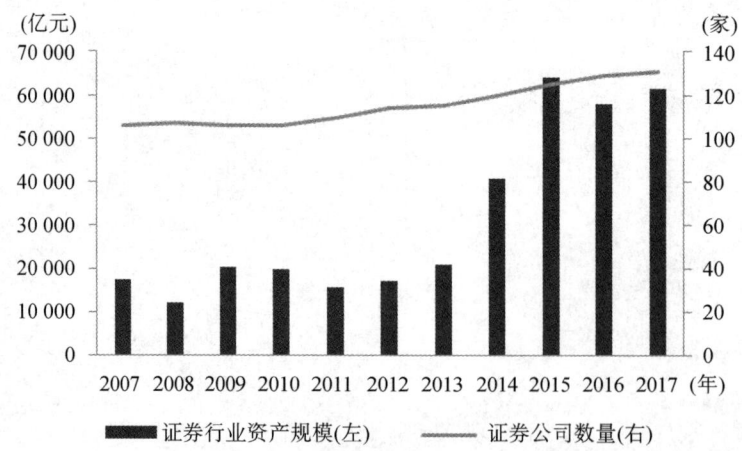

图1 证券行业资产规模和证券公司数量

资料来源:中国证券业协会。

---

[*] 本文为中国证券业协会2018年优秀课题。课题负责人:步国旬;课题组成员:周旭、陈君君、陈铄。

在发展过程中证券公司曾经出现过一些不规范的现象,这些多年积累的风险于 2003 年底开始逐渐暴露。2003 年下半年开始,闽发证券、南方证券以及"德隆系"证券公司相继出现经营问题,随后行业风险频现,行业整体资金缺口较大,并出现连续亏损,这是行业建立以来面临的第一次系统性危机。当时行业共有 84 家证券公司存在流动性缺口,总金额达 1 648 亿元,其中 34 家公司存在资金链随时断裂的风险。

在这种情形下,中国证监会于 2004 年开始了为期三年的综合治理。在此期间,监管机构清理问题账户 1 153 万个,处置高风险证券公司 31 家,其中 28 家以行政方式处置,2 家以市场化方式处置,1 家破产重整,另有近 20 家高风险证券公司在监管层的指导下进行了重组。以风险控制为核心的治理体系在这一阶段取得了良好的进展。从 2006 年开始,证券行业步入盈利时代。但受金融危机、行情不景气以及行业业务结构扭曲等因素的影响,2008—2013 年行业一直处于低迷状态,行业盈利基本维持在 2006 年的水平。究其原因,主要是行业业务创新不足、传统经纪业务占比过高,导致行业内部不同竞争者之间业务结构同质化、"靠天吃饭"现象严重,行业收入受行情波动影响较大(见图 2 和图 3)。

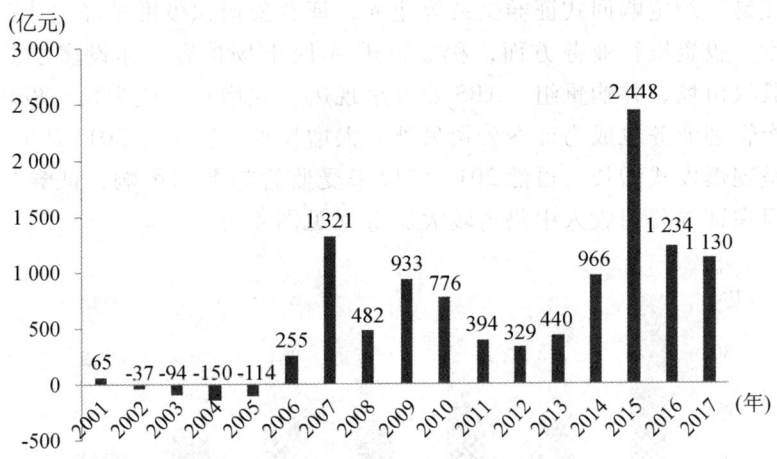

图 2　2001—2017 年证券行业净利润

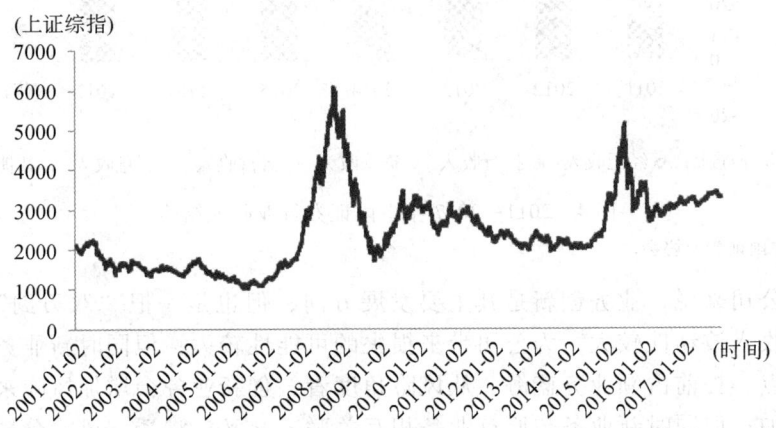

图 3　2001—2017 年上证综指变化情况

资料来源:Wind 数据库。

面对证券行业存在的问题,监管部门及各证券公司均采取了相应的应对措施,行业经营业绩得到明显改善。

监管层面主要是通过政策引导促进业务创新。2004年,中国证监会下发《关于推进证券业创新活动有关问题的通知》,鼓励证券公司在业务、经营方式和组织等方面进行创新。2010年,融资融券和股指期货两项创新业务相继启动试点。从2012年至2015年,中国证券业协会每年组织召开证券经营机构创新发展研讨会,推动证券行业创新发展,创新开始成为行业的发展趋势。除此之外,分类监管政策也是促进证券行业业务创新的重要举措。2007年,中国证监会发布《证券公司分类监管工作指引(试行)》,并组织了首次分类评价工作。通过对不同风险状况的证券公司进行分类评价、区别对待,推进证券公司差异化发展;将分类评级结果作为新产品、新业务试点公司和推广顺序的确定依据,以促进行业新产品、新业务在公开公平的原则和清晰合理的预期下循序渐进、逐步开展。

证券公司则更多地通过发展各项创新业务、提高业务多元化程度来降低经营业绩受股市行情波动的影响。经纪业务方面,证券公司丰富了传统经纪业务的范围,推出融资融券、股票质押式回购交易、约定购回式证券交易等业务,证券公司积极推进经纪业务向互联网、财富管理方向转型。投资银行业务方面,积极推进A股市场扩容,建设多层次资本市场,大力发展区域性股权市场,并购重组、ABS业务呈现爆发式增长,成为投行板块新的利润增长点。此外,资产管理业务也成为证券公司另外一大增长点,特别是2013年实行备案制之后,集合资管计划呈现爆发式增长,虽然2016年以来受监管趋严的影响,证券公司资管整体规模有所下降,但在证券公司收入中仍占较大比重(见图4)。

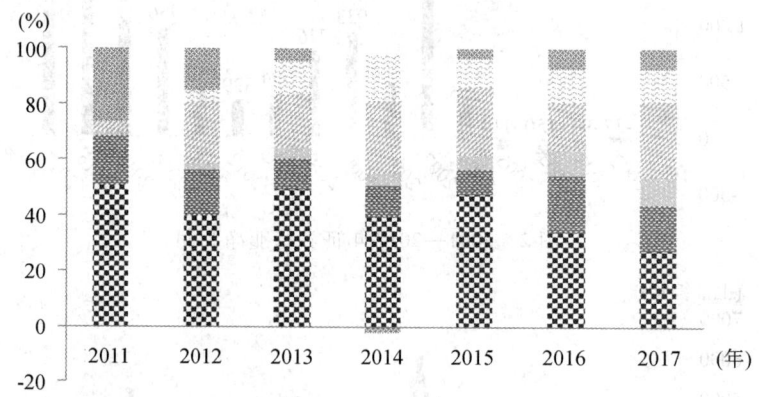

从下至上:■经纪收入 ■投行收入 ▨资管收入 ▨自营收入 ▨利息收入 ▨其他

图4 2011—2017年中国证券行业收入结构

资料来源:中国证券业协会。

对于证券公司来说,业务创新是其主要发展方向,但也是一把"双刃剑"。从业绩角度看,创新业务收入波动性较大,为公司带来损失的可能性较大;但同时新业务能够成为公司新的利润增长点,提前占领业务蓝海。从风险角度看,创新业务会增加风险来源,导致公司整体风险的增加;但同时新业务与原有业务相互关联、交叉、渗透,风险分散效应能够降低公司整体风险。因此,业务创新对证券公司经营业绩和风险的影响存在较大不确定性。

基于以上背景,本文希望对创新业务的开展、业务结构的改善对证券公司产生的具体影响进行研究，了解此前一系列促进行业创新的监管政策是否落实到证券公司的经营层面上。

2017 年 7 月，中国证监会对分类监管政策进行了修订，主要对评价指标进行优化、对监管体系进行完善，以实现引导证券公司业务创新、提高监管资源配置的有效性、促进行业健康发展的作用。证券公司分类评级工作已经进行了 10 年，这 10 年间，其是否实现了对证券公司风险进行公允评价、引导行业进行业务创新？因此，基于以上考虑，本文以证券公司分类评级为出发点，分析业务结构对证券公司产生的具体影响，了解不同评级的证券公司的业务结构对经营业绩及风险的影响程度是否存在差别，同时也对证券公司分类评级政策的成效进行验证。

二、文献综述

（一）理论基础

1. 业务多元化理论

多元化概念最先由美国学者 H. Igor. Ansoff（1957）提出，其在发表于《哈佛商业评论》的《多元化战略》一文中提到多元化即"用新的产品开发新的市场"。Edith T. Penrose（1959）提出，多元化是企业在保留原有生产线的同时，对生产活动进行拓展，进行新产品的生产。Richard P. Rumelt（1974）认为多元化战略的实质在于拓展进入新的领域，强调当前发展业务领域和培育新兴业务领域竞争优势这两方面的重要性。

2. 金融创新理论

金融创新相关理论派系众多，其中较为经典的理论包括 William L. Silber（1983）的约束诱导型金融创新理论和 Edward J. Kane（1984）的规避型金融创新理论。约束诱导型金融创新理论认为，金融创新是微观组织为了减轻外部监管的抑制作用、追求利润最大化而做出的自卫行为；规避型金融创新理论则认为金融创新行为的源泉是对各种金融监管制度的规避。

3. 金融监管理论

传统的金融监管理论大致可以分为公共利益论、监管经济论以及监管辩证论。公共利益论由 Allan H. Meltzer（1967）提出，其核心观点是监管的根本目的在于促进市场竞争、减少市场失灵，从而实现社会福利最大化。监管经济论由 George J. Stigler（1971）提出，后经 Isaac Ehrlich, Richard A. Posner（1974）和 Sam Peltzman（1976）进行补充，认为金融管制是特殊利益集团对经济资源进行重新分配的过程。监管辩证论由 Edward J. Kane（1984）提出，其认为金融监管与金融创新二者之间进行相互博弈。

（二）实证研究

1. 业务结构对经营业绩的影响

（1）银行业务结构对经营业绩的影响。学者的主要观点可以分为四种：第一，多元化可以提高经营业绩。Ralf Elsas 等（2010）研究发现业务多元化能够改善银行的利润、增加市场价值。隋聪等（2014）通过实证分析发现，由于交叉销售情况的存在，商业银行业务多元化能够提高利润。第二，多元化对经营绩效的提高存在临界点。Leonardo Gambacorta 等（2014），Piyadasa Edirisuriya 等（2015）均发现临界点之前多元化与经营业绩呈正相关关系,而临界点之后,二者存在负相关关系。第三,多元化会导致经营业绩降低。谭弦(2008)发现多元化的业务结构会降低银行的经营业绩。第四,多元化对经营业绩的影响取决于公司的特征。Steve Mercieca 等(2007)发现多元化能够促进大型银行经营业绩的提高,对小规模银行的经营业绩则不产生影响。满媛媛(2016),尚妍等(2016)也得出了相似的结论。

(2)证券公司业务结构对经营业绩的影响。相关研究均认为创新业务的开展、业务结构多元化能够促进证券公司经营业绩的提高。刘亮(2014)通过对宏源证券等5家券商的业务结构进行分析,发现创新业务的开展促进了证券公司收入的增长,改善了长期以来证券公司"靠天吃饭"的现象。夏仕亮(2015)基于国内上市证券公司展开实证分析,发现经纪、投行、自营等业务占比的上升能够显著提高证券公司的盈利能力,而资管、汇兑业务等创新业务收入占比的变化对证券公司盈利能力的影响不显著。郝杰(2017)通过对2011—2014年国内21家上市证券公司的数据进行实证分析,发现收入结构的多元化以及创新业务市场集中度与经营绩效存在正相关关系,传统业务集中度与经营绩效之间存在负相关关系。

2. 业务结构对风险的影响

(1)银行业务结构对风险的影响。相关研究的主要观点可以分为四类:第一,业务结构多元化能够降低风险。John G. Gallo 等(1996)发现公募基金业务在提高业务结构多元化程度的同时能够降低金融集团的系统性风险。刘孟飞等(2012)发现多元化有效降低了银行的风险。第二,业务结构多元化会增加风险。Asli Demirgüç – Kunt 和 Harry Huizinga(2010)发现非利息收入占比超过25%时,银行风险会上升。Barbara Casu 等(2016)发现,与证券、保险公司混业经营会增加银行的风险。第三,不同业务特征的公司在业务结构与风险的相关性上存在一定差异。Matthias Khler(2013)发现零售业务导向的银行非息收入的增加能够使经营更加稳健,而投资导向的银行非利息收入的增加会提高经营风险。第四,业务结构多元化对于银行整体风险没有显著影响。白云涛等(2016)发现分散效应的存在使得多元化能够显著降低银行的资产组合风险,但同时会增加杠杆风险,正负效应相互抵消,多元化对银行的整体风险不产生影响。

(2)证券公司业务结构对风险的影响。以证券公司作为研究对象分析业务结构与风险相关型的研究多为定性分析。吴晓求(2003)认为经纪业务、承销业务以及自营业务等传统业务存在较高的系统性风险,证券公司需要开展适量创新型业务来平衡风险。赵伟(2013)研究发现证券公司的业务结构对风险的影响与其业务特征相关,对于大型证券公司,经纪、投行等传统业务占比的提升能够降低公司整体风险;而小型证券公司资管、同业等创新型业务占比提高会降低公司整体风险。马琳琳(2010)则发现证券公司业务结构与风险之间并不存在显著的相关关系。

3. 分类监管政策

国内外学术界普遍认为分类监管能够解决行业同质化经营的问题并提高监管效率,且研究对象以商业银行为主。Robert DeYoung 和 Denise J. Duffy(2002)认为对不同规模的银行采用相同的监管政策是不公平的。刘元和王亮亮(2012)认为对服务于农村地区和中小企业的金融机构进行差异化监管,能够引导金融资源流向,改善资源错配情况。陈娟娟和侯娟(2015)实证分析发现有针对性的差异化监管效率要高于同质化监管。而我国证券行业分类监管起步较晚,相关研究较为匮乏,主要研究均认为证券行业分类监管有效提高了监管效率。

三、我国证券行业业务结构现状

(一) 我国证券行业发展历史

经过近三十年的发展，我国证券行业实现了规模扩张、业务创新、风险管理和合规水平显著提高、经营管理规范化，综合竞争力得到大幅提升。回顾三十年发展历程，证券行业经历了起步与不规范、分业与整顿治理、全面综合治理以及混业与创新发展四个阶段。

1. 起步与不规范阶段

1987年9月，改革开放后第一家专业证券公司——深圳特区证券公司正式成立。为配合国债转让的推广，1988年中国人民银行下拨资金，组建了33家证券公司，分布于各省。1992年9月，经中国人民银行批准，开始组建三大全国性证券公司——华夏证券、国泰证券和南方证券，同时财政系统也设立了一批证券公司，证券公司队伍初步形成。这批证券公司早期主要开展债券的承销和交易业务，以国债为主。

1990年底，证券流通市场和交易所开始建立。随着资本市场规模的高速增长，金融机构开始全面混业经营，除了属于证券公司自身业务范围内的代理买卖证券业务以及承销保荐业务之外，证券公司还参与属于银行业务范围的资金拆借、高息揽储、高息放贷等高风险业务，而正是这些业务风险管理的失控推动了接下来的治理整顿。

2. 分业与整顿治理阶段

1996年中国人民银行规定，除证券公司外，其他金融机构均不得开展代理买卖证券业务。1997年《证券法》颁布，证券行业正式与银行、信托、保险独立，各板块的业务由对应的专业机构负责经营。分业经营阶段由此开始，证券行业成为金融领域一个相对独立的子行业。

随着行业的调整，证券公司业务质量和规模均得到了大幅提升，经纪、投行、自营和资产管理业务四足鼎立的雏形基本形成。在证券行业壁垒高、牌照稀缺、佣金率固定等多重因素的叠加之下，证券公司仅通过营业部数量的扩张就能获得高额利润，行业整体缺乏动力改善业务结构。在这种背景下，经纪业务成为证券公司的主要业务，证券行业经营业绩高度依赖股市行情。而进入21世纪之后，股市由"牛""转""熊"，证券行业也由此开始了连续4年的全行业亏损。

3. 全面综合治理阶段

2001—2003年，股市发生剧烈波动，导致证券行业风险事件频发，甚至有扩散成行业性危机的趋势。2004年，证券行业开始了为期三年的综合治理，风险处置、日常监管和推进行业发展三管齐下，共处置高风险证券公司31家，清理问题账户1 153万个。综合治理期间，中国证监会积极推进各项业务展业制度的出台与实施，包括经纪业务实行浮动佣金，客户交易结算资金需由第三方机构存管，出台资产管理业务、自营业务相关政策规定，以及要求证券公司进行信息披露。通过一系列规定的出台，证券公司展业得到规范，行业环境得到有效改善。2007年，证券行业综合治理工作完成。此轮综合治理之后，证券公司开始步入规范运作时代，整体实力明显增强。

4. 混业与创新发展阶段

2009年,《证券公司监管分类规定》正式实施,证券行业分类监管阶段开始。随后监管政策呈现出放松的趋势,各类金融创新不断涌现。分类监管政策对证券公司的风控能力提出了更高的要求,同时也鼓励资本实力强劲的证券公司积极进行业务创新,提升市场竞争力,融资融券、资产管理、资产证券化、直接股权投资等创新型业务逐渐受到重视,在行业整体业务结构中的占比也越来越高。

(二)我国证券行业业务结构现状分析

1. 证券行业整体业务结构

截至2017年末,全行业共有证券公司131家,其中上市证券公司29家,合资证券公司11家。行业总体资产规模为6.14万亿元,净资产为1.85万亿元。2017年证券行业实现营业收入3 113.28亿元,净利润1 129.95亿元(见表1)。

表1　　　　　　　　　　　2007—2017年证券行业资产规模

年度	总资产(万亿元)	净资产(亿元)	净资本(亿元)	杠杆倍数(倍)
2007	1.73	3 443.00	2 977.00	1.40
2008	1.20	3 584.81	2 887.40	1.41
2009	2.03	4 838.80	3 831.80	1.33
2010	1.97	5 663.59	4 319.28	1.30
2011	1.57	6 302.55	4 634.02	1.41
2012	1.72	6 943.46	4 970.99	1.61
2013	2.08	7 538.55	5 204.58	2.02
2014	4.09	9 205.19	6 791.60	3.14
2015	6.42	14 500.00	12 500.00	3.00
2016	5.79	16 400.00	14 700.00	2.65
2017	6.14	18 500.00	15 800.00	2.75

资料来源:中国证券业协会。

从业务结构来看,2007年证券行业收入以传统经纪业务为主,占比达到54.46%,这导致证券行业对股市行情高度依赖。随着行业的调整,传统业务占比大幅下滑,2017年经纪业务占比下降至23.64%,自营直投业务收入占比逐渐提高,行业收入结构得到明显改善(见表2)。

表2　　　　　　　　　　2007—2017年证券行业业务结构　　　　　　　　(单位:%)

年度	经纪	投行	资管	直投自营	信用业务	其他业务
2007	54.46	7.59	1.65	30.33	3.28	2.59
2008	64.70	7.80	1.85	6.46	9.98	9.21
2009	65.37	7.84	1.28	12.20	7.25	6.07
2010	53.54	14.49	1.52	15.94	8.27	6.24
2011	44.20	15.54	2.54	14.36	13.73	9.62
2012	36.47	13.10	2.73	24.21	13.82	9.66

续表

年度	经纪	投行	资管	直投自营	信用业务	其他业务
2013	45.70	10.31	4.24	21.45	12.02	6.29
2014	37.53	11.11	4.90	30.39	11.19	4.87
2015	43.90	8.36	4.89	26.94	10.38	5.53
2016	29.64	17.92	8.54	21.10	11.03	11.77
2017	23.64	13.60	9.37	32.29	10.34	10.76

注：证券公司业务结构仅统计可比口径及数据可得的券商，后续均用此口径。
资料来源：证券公司财务报表。

2. 证券行业细分业务现状

（1）经纪业务。经纪业务作为证券公司的基础业务，在行业收入中占据了半壁江山。但随着行业整体规模扩张，经纪业务收入规模、占比、盈利能力均呈现出下滑趋势。

迫于市场环境变化，2008 年各大证券公司纷纷开始通过降低佣金率以达到招揽客户、扩大市场份额的目的，行业平均佣金率从 2007 年的 0.13% 下降至 2017 年的 0.034%，下降幅度达到 73.85%。从当前行业现状来看，经纪业务存在两大转型方向，分别是财富管理业务和机构经纪业务。作为经纪业务中具备较高附加值的领域，证券公司开展财富管理业务拥有得天独厚的条件：一方面，证券公司拥有大量线下营业网点，可以拓展客户并提供面对面的服务；另一方面，证券公司依托自身研究所，能够为财富管理业务提供坚实的后盾，为客户提供更多元化、更高效的投资策略与建议。与传统经纪业务主要集中在零售端不同，机构经纪业务的服务对象是以私募基金为主的机构客户，为机构客户提供集中托管清算、后台运营、研究支持、杠杆融资、证券拆借、资金募集等一站式综合金融服务。未来随着私募基金行业的爆发式增长，机构经纪业务将成为证券公司经纪业务的新的蓝海。

（2）投行业务。2016 年 8 月以来，首次公开募股（IPO）发行速度显著加快，发行量创下历史新高，但在审核加速的背后，审核力度也在加大，IPO 过会率显著下滑，整体表现为质量齐升。随着 2017 年 2 月《上市公司非公开发行股票细则》等系列投行新政颁布，再融资规模出现收缩，而可交换债、可转债、优先股等成为更受欢迎的融资方式。债券市场受房地产企业融资监管从严以及资金面相对较紧等因素的影响，发行规模大幅下滑。随着"三去一降一补"政策的持续推进，并购重组业务开始打开新的业务空间。在严监管的背景下，投行业务整体增速放缓（见表 3）。

表3　　　　　　　　　2007—2017 年证券行业股债承销金额

年度	股权		债权	
	数量（家）	规模（亿元）	数量（只）	规模（亿元）
2007	287	7 719.49	667	81 609.85
2008	198	2 905.60	691	73 158.05
2009	231	4 564.88	993	86 907.52
2010	527	10 167.68	1 211	93 506.12
2011	480	7 046.76	1 744	78 342.60

续表

年度	股权		债权	
	数量（家）	规模（亿元）	数量（只）	规模（亿元）
2012	317	4 457.36	2 974	80 981.24
2013	292	4 613.86	3 658	90 509.67
2014	632	9 133.10	6 955	121 860.67
2015	1 068	16 107.23	15 446	231 585.87
2016	1 134	21 134.81	28 107	362 914.66
2017	1 102	17 223.86	37 315	407 977.49

资料来源：Wind。

（3）资产管理业务。2012年中国证监会发布证券公司资产管理业务"一法两则"，取消了证券公司集合资产管理业务的行政审批，大幅拓宽了证券公司资管计划的投资范围，证券公司资管开始接替信托成为银行委外资金出表的绝佳通道，证券公司资产管理规模从2012年底的1.89万亿元增长至2017年末的16.88万亿元，年复合增长率达到54.95%。但证券公司资管业务迅速发展背后是以定向资产管理计划为主的通道业务和资金池业务的迅猛扩张，二者均蕴含着较高的风险，主要体现为高杠杆、期限错配、权责不分等问题，一旦发生无法兑付的情况，会对整个金融体系造成严重的冲击（见表4）。

表4 2014—2017年证券行业资产管理规模

年度	主动管理		被动管理	
	规模（亿元）	占比（%）	规模（亿元）	占比（%）
2014	13 492	16.98	65 971	83.02
2015	30 443	25.59	88 505	74.41
2016	49 353	28.51	123 758	71.49
2017	45 608	27.62	119 544	72.38

资料来源：中国证券投资基金业协会。

在这种背景下，2016年中国证监会开始对资管业务严加监管，主要监管措施包括提高行业进入标准、限制杠杆率、实行跨主体统一监管、清理资金池、禁止通道业务以及打破刚性兑付等方式。在监管政策的引导下，未来证券公司资管将向主动管理转型，依托自身的投研能力，提高资产管理能力，为客户提供更加优质的资产管理服务，回归本源。

（4）自营与直投业务。近年来自营业务逐渐成为证券公司新的业务支撑点，呈现出取代传统经纪与投行业务、成为行业主要利润来源的趋势。2017年全行业自营业务收入占比约为28%，超过经纪业务的26%和投行业务的16%，成为收入占比最高的板块。

直投业务从2007年9月开放试点，经过一系列调整与规范，目前已经相对成熟。截至2017年底，证券公司直投子公司的数量约为70家，管理直投基金714只，资产管理规模达3 690.79亿元。与其他PE/VC部门相比，证券公司直投机构拥有更为强大的研究支持、专业的投行团队以及广泛的资金募集渠道，因此具备得天独厚的优势。通过开展直投业务，能够与母公司传统的投行、资管业务产生业务协同效应，通过直投子公司对潜在客户资源进行前期的股权投资，帮助公司实现规范化管理，为后期上市进行铺垫，并最终实现一、二级市场联动。

（5）信用业务。信用业务可分为融资融券业务、股票质押式回购交易和约定购回式证券交易三项细分业务。融资融券业务自2012年试点以来，整体稳定增长，目前业务规模基本趋于稳定，在A股的流通市值占比基本维持在一定水平。股票质押式回购交易于2013年正式推出，目前共有96家证券公司能够开展股票质押式回购交易业务。2016年以来，沪深两市股票质押式回购业务规模稳步增长，截至2017年底，股票质押市值为61 481.94亿元，占A股总市值的10.84%。约定购回式证券交易于2011年正式推出，目前约定购回式证券交易对证券行业收入贡献较低，整体规模也偏小，2016年此业务初始交易金额为902.26亿元。

（三）证券行业业务结构的国际比较

1. 美国投资银行业务结构

从业务类型来看，中国投资银行业务类型与美国大体相似，但由于美国投资银行在业务开展上与中国略有不同，因此业务分类方式上存在一定差异。以高盛为例，其主要业务包括投资银行、机构客户服务、投资与借贷业务、投资管理业务四大类，其中机构客户服务为主要收入来源。投资银行业务主要包括财务顾问和股债承销；机构客户服务包括FICC做市和权益类业务（权益做市、手续费和佣金以及证券服务）；投资与借贷业务包括股权投资、债券投资以及贷款；投资管理业务包括管理费、业绩报酬和交易收入。

美国投资银行收入结构的变化大致经历了几个阶段：20世纪70年代及以前，经纪业务、证券承销、投资与交易业务为美国投资银行的主要收入来源，其中经纪业务佣金收入占比超过50%。进入20世纪80年代，受佣金管制放开影响，经纪业务收入开始出现明显下滑，10年间收入占比从34%下降至18%，降低了16个百分点；而与此同时，受产业结构升级以及财富管理市场的迅速发展影响，企业并购、重组等财务顾问业务以及基金管理、创业投资、直接投资等创新型业务在投行的收入结构中占据越来越高的比重。20世纪90年代，经纪业务收入占比继续下滑，证券承销收入占比基本维持在20%左右；而在金融工程理论、信息技术革命、资产证券化、金融杠杆化、交易衍生化等多重背景下，衍生品业务发展迅猛，并推动其他业务收入占比大幅提升，到20世纪90年代末，其他业务收入占比已达50%左右。21世纪之后，其他业务收入占比持续上升，到2008年金融危机期间，其他业务收入达到峰值82%；金融危机之后，市场开始意识到衍生品、证券化产品所带来的风险过高，因而其他收入占比有所下降，目前基本稳定在50%的水平，经纪业务、证券承销、交易与投资等传统业务收入占比也基本稳定在30%。

2. 中美投资银行业务比较

将中国证券行业和美国投资银行业进行比较，不难发现二者在业务类型和收入结构方面存在一定的差异。

从业务类型看，与美国投资银行业相比，中国证券行业业务类型丰富度相对较低，业务更为单薄。经过近三十年的发展，中国证券行业已经基本实现传统业务的全覆盖，投资银行业务、交易与经纪业务、资产管理业务、投资与自营业务、资本中介业务等传统业务均有涉及，但部分创新型业务还尚未开展或正在起步阶段，如OTC经纪、交易业务等。而美国投资银行业经过两百多年的发展，历经数次经济危机、金融危机的考验，早已实现各类业务的全面发展。

在收入结构方面，美国投资银行收入结构更为多元。美国投资银行业经过两百多年的发展，已基本形成综合性投行、精品投行和专业型机构三足鼎立的局面，业务结构也基本成熟。经纪、投行、投资交易等传统业务收入占比约为30%，衍生品、财务顾问业务等创新型业务收入占比约为50%。而中国证券行业目前以经纪、自营等与二级市场相关性较高的业务为主，财务顾问、资产管理等业务则与美国存在一定差距，整体业务结构与美国20世纪80年代较为相似。

四、证券公司业务结构等指标体系构建

基于本文的研究内容，涉及的指标主要包括四个方面，即对证券公司业务结构、经营业绩、风险以及分类评级结果的衡量。除此之外，影响证券公司经营情况的还有资产规模等其他因素。通过参考相关文献，本文建立了较为完整的指标体系。

为提高证券公司信息披露质量和透明度、保护投资者利益，从2006年开始，中国证监会要求行业内所有证券公司对财务报告进行定期披露，因此全行业所有公司2006—2017年共12年的年度财务报表是可获得的。由于2007年我国开始实行新的会计准则，为了保持会计科目的一致性，选择2007年作为起始年份。在样本数量上，通过对行业内所有证券公司的数据进行整理，剔除数据缺失、发生过并购重组等重大事项的证券公司，最终筛选出90家证券公司，作为全部样本。

本文数据来源包括中国证券业协会、Wind数据库、中国证监会以及各证券公司官网、年报等。

（一）业务结构衡量指标

学术界对于业务结构的衡量指标主要包括三大类：赫芬达尔指数、熵指数以及鲁梅尔特。

赫芬达尔指数，公式为 $HI = 1 - \sum_{i=1}^{n}(P_i)^2$，其中 P_i 表示不同类业务的销售收入或资产占比，n 代表业务种类。理论上讲，如果 $n=1$，则 HI 指数为0，随着 HI 指数的增加，业务多元化程度相应提高。

熵指数，公式为 $DT = (-1) \times \sum_{i=1}^{n} P_i Ln(P_i)$，$0 \leq DT \leq Ln(n)$，其中 n 代表企业涉及的产业项数目，P_i 代表企业销售额在第 i 个产业集群中的比例，DT 代表企业整体多元化程度。$DT = DR + DU$，其中 DR 代表相关多元化程度，DU 代表非相关多元化程度。

鲁梅尔特提出用企业各项业务中收入占比最大业务的收入占比来衡量企业多元化，占比越大，说明企业业务多元化程度越低。

精确程度方面，熵指数对企业多元化的衡量最为精确，鲁梅尔特精确度最差。但考虑到证券公司所从事的业务均集中在金融领域，并未涉及资本市场以外的业务，因此用赫芬达尔指数来衡量证券公司业务结构多元化最为准确。综上所述，本文选用赫芬达尔指数来衡量证

券公司业务结构。

证券公司赫芬达尔指数公式为：

$$HI = 1 - (BR^2 + IB^2 + AM^2 + Invest^2 + Interest^2 + Other^2)$$

其中 BR 指经纪业务收入占比，IB 指投行业务收入占比，AM 指资产管理业务收入占比，$Invest$ 指自营、直投业务收入占比，$Interest$ 指信用业务收入占比，$Other$ 指其他业务收入占比。HI 越大，证券公司业务结构多元化程度越高。

利用财务报表数据对 90 家证券公司 2007—2017 年的赫芬达尔指数进行统计。从纵向看，除 2008 年受金融危机影响导致自营业务出现大幅亏损，赫芬达尔指数出现极端值之外，行业整体的赫芬达尔指数从 2007 年的 0.39 提高到 2017 年的 0.69，且一直保持稳定增长状态，业务创新使得证券行业业务多元化程度得到了大幅提高；从横向看，行业内部各证券公司之间赫芬达尔指数存在较大差距，将因部分业务亏损导致赫芬达尔指数出现异常值的证券公司进行剔除，发现 2017 年业务多元化程度最高的为光大证券，HI 指数达到了 0.80，业务多元化程度最低的某中小型证券公司 HI 指数仅为 0.16，HI 指数两极分化较为严重，因此当前大型综合性证券公司与中小型证券公司在业务创新、多元化方面仍然存在较大差距。

（二）经营业绩衡量指标

证券公司的经营业绩主要体现在其盈利能力上，盈利能力衡量指标一般包括投资回报率、净资产收益率、资产回报率等。

根据财政部 2016 年修订的《金融企业绩效评价办法》，证券类金融企业盈利能力的衡量指标包括加权平均净资产收益率、资产利润率、收入利润率以及支出利润率。本文按照盈利能力权重为 100% 进行计算，分别计算出加权平均净资产收益率、资产利润率、收入利润率以及支出利润率的权重，得出证券公司经营业务（PR）的计算公式：

PR = 加权平均净资产收益率 × 33% + 资产利润率 × 33% + 收入利润率 × 17% + 支出利润率 × 17%

加权平均净资产收益率 = 2 × 净利润/(年初净资产 + 年末净资产)

资产利润率 = 2 × 利润总额/(年初资产总额 + 年末资产总额)

收入利润率 = 营业利润/营业收入 × 100%

支出利润率 = 营业利润/营业支出 × 100%

对 90 家证券公司 2007—2017 年盈利能力进行分析，可以发现证券行业盈利能力存在较大的波动性，整体并未表现出明显的发展趋势；与此同时，受当前行业整体业务结构的影响，行业盈利能力与 A 股市场行情表现出较高的相关性。横向来看，盈利能力上证券公司之间两极分化的情况依然较为严重，龙头证券公司盈利能力遥遥领先，而部分新设证券公司及合资证券公司则出现了连续亏损的现象。

（三）风险衡量指标

业务结构多元化对公司整体风险的影响主要体现在收入和盈利能力的波动性上。参考相关文献，发现总资产收益率标准差和净资产收益率标准差较多地被用来衡量公司的整体风险。考虑到证券公司经营的特殊性，其总资产中客户交易保证金占比较大，此类资金需交由商业银行存管从而获取利息收入，并不能真实地反映证券公司的盈利能力，而 ROE 衡量的是证券公司自有资本获取收益的能力,因此本文选用净资产收益率标准差来衡量证券公司的风险。

参考 Lepetit(2008)对银行业务结构多元化与风险相关性的研究,本文采用三期滚动平均的净资产收益率标准差(SDROE)作为衡量风险的指标:

$$SDROE_{it} = \sqrt{\frac{1}{3}\sum_{t=N}^{N+2}(ROE_{it} - \overline{ROE})^2}$$

$ROE = 2 \times$ 净利润$/($年初净资产 $+$ 年末净资产$)$

目前我们能获得的财务数据时间区间为2007—2017年,但由于使用三期滚动平均的净资产收益率标准差来衡量风险,风险指标的时间只能缩短为2007—2015年。被统计的90家证券公司2007—2015年风险整体较为平稳,除2007年风险明显偏高之外,其他年份标准差都在10%以下。从行业内部来看,不同证券公司之间风险也存在一定差异,风险最高的为某证券公司,标准差均值达19%;风险最低的为海通证券,标准差均值仅为3%;其他证券公司基本均匀地分布于该区间。

(四) 分类评级衡量指标

根据2017年7月修订的《证券公司分类监管规定》,中国证监会以证券公司风险管理能力为基础,将其分为A、B、C、D、E 5大类11级。为了将分类评级结果量化,我们用1—11分别代表每一级别,其中1代表最低级E,11代表最高级AAA,数字越大,对应证券公司风险管理能力越强。

中国证监会从2010年开始正式对外公布分类评级结果,我们对分类评级结果进行量化,发现从2010年到2017年,全行业的平均分类评级结果是在逐步提高的,这表明在监管力度加大、从业人员素质提高等多重因素共同作用下,证券行业的风险管理能力、合规经营水平得到了改善。从分类评级结果分布来看,目前尚未出现评级为最高评级AAA的证券公司,但也无C、D、E等低评级证券公司出现,多数证券公司评级结果集中在B—AA。2010—2017年,有国泰君安证券、招商证券和中信建投证券三家证券公司连续8年保持AA评级,17家证券公司在8年间平均评级维持在A及以上,另有5家证券公司平均评级在B以下。

在整理各家证券公司分类评级结果之后,本文对不同分类评级下的证券公司的业务结构、盈利能力以及风险指标进行了比较,不同分类评级的证券公司在业务结构及盈利能力上存在较为明显的差距,但在风险上差异较小。通过计算各家证券公司2010—2017年分类评级均值,并比较分类评级在前25%、中间及后25%证券公司的赫芬达尔指数均值,发现分类评级在前25%的证券公司赫芬达尔指数均值为61%,要高于中间证券公司(56%)和后25%的证券公司(50%),这说明不同分类评级的证券公司在业务结构上确实存在差异,高评级证券公司业务多元化程度要显著高于低评级证券公司。对盈利能力进行比较也能够得出相似的结论,分类评级在前25%的证券公司盈利能力指标均值为31%,显著高于中间证券公司(26%)和后25%的证券公司(16%),高评级证券公司盈利能力相对更强。将风险指标进行比较可以发现,前25%的高评级证券公司在风险控制能力上确实存在一定优势,其风险指标低于中间水平证券公司和后25%的证券公司,但中间证券公司与位于后25%的证券公司之间在风险指标上并未表现出明显差异。

通过描述性统计和实证分析，可看出分类评级高的证券公司大多具有更多元的业务结构，这意味着分类监管政策对于证券公司业务创新、行业转型升级具有一定的正向促进作用。分类监管政策从 2007 年开始实施，其初衷就是希望根据风险控制能力对证券公司进行分类，引导证券公司业务创新、促进行业健康发展，目前来看确实是达到了这个目的。

（五）控制变量

除了业务结构和分类评级指标之外，我们还筛选出其他会对经营业绩和风险产生影响的指标，将其作为控制变量。对于证券公司而言，其经营情况主要受公司自身和市场两大方面的影响。从公司自身来看，公司规模、资本结构、股权结构均会对其经营情况产生影响；从市场角度来看，由于证券公司经营业务的特殊性，其经营情况还会受到宏观经济和股市行情的影响。具体来看，本文选取资产规模、资本结构、股东结构、是否公开上市、股市行情、股市波动性、经济发展情况这几个指标作为控制变量。

1. 资产规模

微观经济学理论中，不同资产规模下，企业规模报酬呈现出倒 U 形，即存在规模报酬递增、不变和递减三种情况。因此从理论层面看，企业经营绩效与资产规模之间存在较强的相关关系。在实证分析方面，孟令余（2013）发现银行资产总额与资产收益率呈正相关关系。

资产规模对风险的影响具有双面性。一方面，行业普遍认为资产规模越大，证券公司风险控制能力越强，风险相应较低；另一方面，在证券公司资产规模较大的情况下，经纪业务整体规模也相应较大，而经纪业务与二级市场行情存在较高的相关性，因此一定程度上会增加风险。参考相关文献，本文采用资产规模的自然对数作为衡量资产规模的指标。

具体来看，2007—2017 年行业资产规模稳定增长，统计的 90 家证券公司资产规模合计从 2007 年的约 1.7 万亿元增长至 2017 年的约 6.99 万亿元，年复合增长率达 15%，增速迅猛，这主要是受行业自身发展速度较快的影响。行业内部，龙头证券公司和小型证券公司之间资产规模仍然存在较大差距，截至 2017 年底，资产规模最大的中信证券（6 255.7 亿元）与资产规模最小的证券公司（17.2 亿元）之间相差超过 300 倍。

2. 资本结构

根据 Franco Modigliani 和 Merton H. Miller（1958）提出的"修正的 MM 理论"，考虑公司所得税的情况下，资本结构会影响业绩，从而进一步对公司价值产生影响。同时，不同资本结构下企业的财务杠杆不同，所面临的风险也存在差异。参考相关文献，本文采用资产负债率作为衡量证券公司资本结构的指标。

由于证券公司展业具有一定的特殊性，大量业务通过加杠杆的方式展开，因此行业资产负债率与传统企业相比偏高。2007—2017 年，受统计的 90 家证券公司平均资产负债率大部分在 60%—80% 之间波动，未来预期在严控金融风险、去杠杆、严监管的行业背景下，资产负债率将有一定的下降空间。与资产规模相似，在资本结构方面行业内部分化严重，大中型证券公司在融资渠道方面具有一定优势，有实力放大杠杆开展业务，因而资产负债率相对偏高，而小型证券公司由于在融资、展业方面受到较多限制，资产负债率相对偏低。

3. 股权结构

学术界对公司股权结构进行研究通常从股东背景和股权集中情况两个方面进行。

股东背景体现在公司经营层面上即为公司的所有制性质。随着金融行业对外开放程度逐渐提高，境外资本、民营资本都争相加入，但对于不同所有制的证券公司而言，其在经营牌照、资本实力、政策待遇上均存在较大差异，这就导致了经营业绩和风险上的差别。Liangliang He 等（2017）、Yong Tan（2016）均对我国商业银行股权结构改革进行研究，发现不同所有制性质的银行在经营绩效以及风险方面存在较大差异。Wenyu Zhu 和 Jiawen Yang（2016）对我国商业银行的风险进行分析，发现国有银行存在的风险普遍较高，且中央政府控股的银行信用风险最高。参考相关文献，本文采用虚拟变量"是否国有"作为股东背景的衡量指标。

由于多数证券公司股东中均有国有成分，考虑到严谨性，本文将实际控制人是否国有作为"是否国有"指标的判断标准。经过统计，90家证券公司中国有证券公司共57家，非国有证券公司33家，且33家非国有证券公司中多数含有一定的国资背景。

在研究股权集中情况的文献中，多以第一大股东持股比例作为衡量指标。第一大股东持股比例直接反映公司的股权集中度，第一大股东持股比例越高，股权集中度越高。本文选取第一大股东持股比例作为股权集中度的衡量指标。

通过对90家证券公司的股权结构进行分析，发现2017年末有近60%的证券公司第一大股东持股比例在50%以下，其股权结构相对较为分散；有约10%的证券公司股权结构非常集中，第一大股东持股比例超过90%。股权结构相对分散的证券公司以民营企业为主，而股权结构集中的证券公司多为国有企业。

4. 是否公开上市

公司是否公开上市也是影响证券公司经营业绩和风险的重要因素。随着资本市场IPO加速，越来越多的证券公司开始通过资本市场进行融资，在A股、H股上市。上市一方面为证券公司带来了融资便利，但同时也增加了证券公司所面临的风险，因此本文将"是否上市"作为虚拟变量。

考虑到目前新三板市场尚不成熟，在融资功能、估值水平等方面与主板存在较大差距，因此暂不将在新三板上市的证券公司纳入上市证券公司行列，"是否上市"指标的确定标准仅为A、H股上市。截至2017年末，受统计的90家证券公司中共有A股上市证券公司29家，H股上市证券公司14家，其中10家证券公司在A股和H股均已上市，另外有7家证券公司于新三板上市。

5. 股市行情

对于证券公司而言，影响其经营业绩的外部因素主要包括两方面：一是二级市场行情，其直接影响证券公司经纪、自营、资本中介等多项业务；二是监管因素，监管的宽松与否直接影响证券公司展业，从而对其经营业绩产生影响。袁金宇（2015）分析了二级市场行情与证券公司整体经营业绩以及各细分业务收入波动情况之间的关系，发现二级市场行情与其他变量之间存在高度的相关性。参考相关文献，本文采用沪深300指数年涨跌幅来衡量当年股市行情。

6. 股市波动性

除股市涨跌情况之外，证券公司经营业绩还受股市波动性的影响，股市自身的波动性会导致证券公司营业收入不稳定性增加，从而提高行业风险。参考相关文献，本文采用沪深300指数年化波动率作为衡量股市波动性的指标。

通过对 2007—2017 年沪深 300 指数年波动率进行分析，发现沪深 300 指数波动整体呈现出下降的趋势，2017 年波动率在 10% 左右。股指波动率走势与市场行情基本保持一致，2008 年金融危机及 2015 年股市剧烈波动期间，股指波动率出现两次峰值。在涨跌幅方面，2007—2016 年有 2007 年、2008 年、2009 年以及 2014 年 4 个年份沪深 300 指数涨跌幅在 50% 以上，其他年份股市行情则相对较为平稳。

7. 经济发达程度

证券公司是宏观经济的重要组成部分，其业务必然受到宏观经济整体发展情况的影响。具体来看，一方面，宏观经济发展情况与企业经营状况具有较强的相关性，在企业经营状况良好、业绩改善的情况下，存在更活跃的投融资需求，对于证券公司经营业绩的改善具有一定的正向促进作用；另一方面，宏观经济状况良好，居民手中积累的财富水平相应增加，投资理财需求旺盛，也会提高证券公司的经营业绩。夏仕亮（2015）在研究证券公司收入结构与盈利能力时发现 GDP 增长情况会显著影响证券公司的盈利情况，尤其是总资产收益率和净资产收益率，盈利情况与宏观经济具有较为一致的增长性。本文采用当年 GDP 来反映宏观经济状况。

（六）指标汇总

通过上述分析，本文构建了一套较为完整的指标，对证券公司业务结构、经营业绩、风险以及其他影响经营情况的相关因素进行衡量，整理如表 5 所示。

表 5　　　　　　　　　　　　　变量统计

变量类型	变量名称	符号	计算方法
因变量	经营绩效	PR	净资产收益率、资产利润率、收入利润率、支出利润率的加权平均
	风险	SDROE	三期滚动平均的净资产收益率标准差
自变量	业务结构	HI	赫芬达尔指数
	分类评级	Grade	AAA—E，分别为 11—1
控制变量	资产规模	LnAsset	资产规模的自然对数
	资本结构	A/L	资产负债率
	股市行情	Stock Index	沪深 300 指数年涨跌幅
	股市波动性	Volatility	沪深 300 指数全年日平均波动率
	经济发达程度	GDP	当年全国 GDP
	第一大股东持股	TOP1	第一大股东持股比例
	所有制性质	State-Owned	国有 1，非国有 0
	是否公开上市	Listed	上市 1，非上市 0

五、实证分析

根据前述构建的指标体系、样本选择以及数据，本文将提出研究假设并建立研究模型，进行实证分析。实证分析中选取的时间区间与前文有所不同,由于我们采用三年滚动平均净资产收益率标准差来对证券公司风险进行衡量,所以只能将 2015 年作为时间区间的终点。本文将采用统计的 90 家证券公司 2007—2015 年的数据展开后续的实证分析。

(一)研究假设

根据前述分析,本文提出如下假设。

假设 1:业务结构多元化与经营业绩之间存在正相关关系。由于长期以来我国证券公司业务结构单一、发展高度不平衡,业务多元化能够为证券公司经营业绩改善带来明显的边际效应,因此本文认为多元化能够帮助证券公司改善传统业务占比过高导致的利润空间被压缩的局面,同时也能增进创新业务与传统业务的协同效应。因此,本文假设业务结构多元化与经营业绩之间存在正相关关系。

假设 2:业务结构多元化与风险之间相关关系不确定。业务结构对风险的影响主要体现在两方面:一方面,多元化能够对现有风险起到分散作用;另一方面,创新业务会带来新的风险源,导致整体风险增加。因此,本文假设业务结构多元化与风险之间相关关系不确定。

假设 3:分类评级越高,多元化对经营业绩的促进作用越小。在分类监管的背景下,高评级证券公司通常作为创新业务试点,其业务开展多处于探索阶段,业务模式以及配套的政策法规相对来说不够成熟,多元化经营效果通常并不显著。因此,本文假设分类评级越高,多元化对经营业绩的促进作用越小。

假设 4:不同评级的证券公司业务结构多元化与风险之间的相关性大小不确定。在分类监管的背景下,不同评级的证券公司在创新业务开展顺序、资本实力、风险控制能力方面均存在差别。但根据前述分析,我们认为业务结构多元化与风险之间的相关性存在不确定性,因此,本文假设不同评级证券公司业务结构多元化与风险之间的相关性大小也存在不确定性。

(二)研究模型

基于以上的现状分析、指标体系构建和研究假设,本文对 90 家证券公司 2007—2015 年共 9 年的面板数据、810 个样本展开实证分析。构建的回归分析模型具体如下所示:

$$PR_{it} = \alpha_i + \beta_1 HI_{it} + \beta_2 LnAsset_{it} + \beta_3 A/L_{it} + \beta_4 Stock\ Index_t + \beta_5 Volatility_t + \beta_6 GDP_t \\ + \beta_7 TOP1_i + \beta_8 State-Owned_i + \beta_9 Listed_i + \varepsilon_{it}$$

$$SDROE_{it} = \alpha_i + \beta_1 HI_{it} + \beta_2 LnAsset_{it} + \beta_3 A/L_{it} + \beta_4 Stock\ Index_t + \beta_5 Volatility_t \\ + \beta_6 GDP_t + \beta_7 TOP1_i + \beta_8 State-Owned_i + \beta_9 Listed_i + \varepsilon_{it}$$

首先,不考虑分类评级因素,直接分析业务结构对证券公司经营业绩和风险的影响。按照上述回归模型,分别以经营业绩和风险作为因变量,以业务结构作为自变量,以资产规模、资本结构、股权结构、股市波动性、是否国有、是否上市等作为控制变量,进行回归分析,以确定业务结构与经营业绩和风险之间的相关性。

这一阶段选取的是全样本,时间区间为 2007—2015 年。为了便于后续分析,我们分别将以经营业绩和风险作为因变量的回归结果记为模型 1 和模型 2。

随后,将 90 家证券公司按照分类评级结果进行分类,通过计算各家证券公司 2010—2015 年分类评级结果的均值并从高到低排序,将其分为三组,分别为排名前 25%、后 25%

及其他证券公司,排名越靠前意味着分类评级越高,证券公司的风险控制能力也就越强。按照上述模型对三组样本分别进行回归,通过比较不同评级水平之下业务结构与经营业绩和风险之间的相关系数大小,来判断证券公司业务结构对经营业绩和风险的影响程度。

此阶段实证分析中,受分类评级结果的可获得性限制,选取的时间区间为 2010—2015 年,每组样本分别包含 22、45、23 家证券公司。为了便于后续分析,我们将以经营业绩为因变量的模型记为模型 3,按照分类评级结果高低顺序将三组样本回归结果分别记为模型 3-1、3-2 和 3-3;将以风险为因变量的模型记为模型 4,按照分类评级结果高低顺序将三组样本回归结果分别记为模型 4-1、4-2 和 4-3。

(三) 模型设定形式检验

面板数据的回归分析存在三种模型,分别是固定效应、随机效应和混合效应,本文分别通过 F 检验、LM 检验和 Hausman 检验来确定模型形式的选择。通过 F 检验确定固定效应和混合效应模型二者之间的选择,LM 检验确定随机效应和混合效应模型之间的选择,Hausman 检验确定固定效应和随机效应模型之间的选择。

在模型选择的过程中,我们发现第一大股东持股比例、是否上市以及是否国有三个控制变量与其他变量之间存在较强的共线性。在采用了常用的消除多重共线性的方法,包括逐步回归、主成分分析、扩大样本量等方法后,多重共线性问题仍然没有得到解决。为了避免共线性问题对回归结果产生影响,在之后的模型中我们将第一大股东持股比例、是否上市以及是否国有三个变量直接剔除,以保证实证分析的稳健性。

通过进行 F 检验、LM 检验和 Hausman 检验,初步确定第一阶段和第二阶段各项回归采用的模型形式,在 5% 的显著性水平下,第一阶段模型 2 及第二阶段模型 4-2 选择固定效应模型进行回归分析,其他阶段各项回归分析均选择随机效应模型(见表 6)。

表 6　　　　　　　　　　模型设定形式检验

	F 检验		LM 检验		Hausman 检验	
	F 值	P 值	chi2	P 值	chi2	P 值
模型 1	2.11	0.0000	36.41	0.0000	3.44	0.7518
模型 2	1.75	0.0001	12.26	0.0002	16.14	0.0130
模型 3-1	4.03	0.0000	33.78	0.0000	2.09	0.9111
模型 3-2	4.97	0.0000	105.82	0.0000	1.42	0.9647
模型 3-3	1.76	0.0294	4.12	0.0212	0.91	0.9889
模型 4-1	1.67	0.0478	1.74	0.0936	4.37	0.6264
模型 4-2	3.30	0.0000	25.32	0.0000	27.53	0.0001
模型 4-3	3.27	0.0000	23.55	0.0000	2.06	0.9139

(四) 实证结果分析

确定模型设定形式之后,对上述 8 个模型分别进行回归分析,实证结果如下。

1. 全样本实证结果分析

在第一阶段的模型 1 和模型 2 中,分别以经营业绩 PR 和风险 SDROE 作为因变量,业务结构 HI 作为自变量,其他因素作为控制变量,采用随机效应模型进行回归分析,结果如表 7 所示。

表 7　　　　　　　　　　　模型 1 和模型 2 回归结果

	模型 1		模型 2	
	系数	标准误	系数	标准误
HI	0.0042***	0.0003	-0.0003***	0.0001
Asset	0.0522***	0.0066	-0.0176**	0.0073
A/L	0.0570	0.0601	0.0822***	0.0289
Volatility	0.7741***	0.0728	0.2558***	0.0230
Stock Index	0.1997***	0.0104	0.0768***	0.0044
GDP	-0.1939***	0.0553	0.0046	0.0336
R^2	0.5854		0.4158	

注:*、**、*** 分别表示 10%、5% 以及 1% 的显著性水平。

(1) 经营业绩。从模型 1 回归结果来看,业务结构 HI 与经营业绩 PR 在 1% 的显著性水平下正相关,这表明公司业务结构多元化提高,经营业绩也会相应提高。

长期以来,我国证券行业依赖经纪、投行等传统业务作为主要收入来源,归根到底利润来源于牌照价值。但随着行业竞争加剧、佣金率降低,传统业务的发展进入瓶颈期,经纪、投行业务对利润的边际贡献程度也在逐渐下降。在这样的背景下,行业急需寻求新的利润增长点,因此通过开展创新业务提前占领业务蓝海成为大量证券公司的选择。前期各类证券公司均着力于经纪业务的扩张,通过大量设立营业网点进行业务布局,在产生成本消耗的同时也积累了大量资源。各项创新业务开展之后,一方面为证券公司带来新的利润增长点,另一方面也与传统业务在营业网点、营销渠道、人员配置、客户基础等方面产生协同效应,创新业务与传统业务之间相辅相成,带动业绩的整体提升。

(2) 风险。从模型 2 回归结果来看,业务结构 HI 与风险 SDROE 在 1% 的显著性水平下负相关。这表明业务结构多元化在一定程度上能够降低公司的整体风险。

2012 年是证券行业创新元年,之后融资融券、股票质押、股指期货等新型业务大量推出。创新业务的推出一方面会带来新的风险源,导致整体风险的增加;另一方面也会与原有业务相互关联、交叉、渗透,产生风险分散效应。从当前创新业务的推出来看,遵循的是循序渐进的思路。首先在行业内龙头证券公司间进行小范围的试点,待业务模式成熟之后再在行业内进行推广。龙头证券公司大多资本实力雄厚、风险控制能力强,经过龙头证券公司对业务模式、行业规则的探索,创新型业务自身风险会处于相对较低的水平,其与证券公司业务之间相互关联产生的风险分散效应则从整体上降低了证券公司的风险。

2. 分组实证结果分析

(1) 经营业绩。在第二阶段的模型 3-1、3-2 以及 3-3 中,以经营业绩 PR 为因变量,分别以分类评级位于前 25%、中间以及后 25% 的证券公司作为研究样本,以业务结构 HI 作为自变量,资产规模等其他因素作为控制变量,进行回归分析。模型 3-1、3-2、3-3 均采用随机效应模型,结果如表 8 所示。

表8　　　　　　　　　　模型 3-1、3-2、3-3 回归结果

	模型 3-1		模型 3-2		模型 3-3	
	系数	标准误	系数	标准误	系数	标准误
HI	0.0241	0.0472	0.1014***	0.0146	-0.0040***	0.0009
Asset	0.0409***	0.0113	0.0367***	0.0114	0.0577**	0.0281
A/L	0.02905	0.0828	0.0125	0.0603	0.1245	0.1606
Volatility	1.0191***	0.1199	1.3429***	0.1062	1.5754***	0.3610
StockIndex	0.1807***	0.0361	0.2770***	0.0307	0.3451***	0.1034
GDP	-0.5462***	0.0914	-0.6642***	0.0799	-0.4534	-0.2979
R^2	0.5835		0.5619		0.3351	

注：*、**、*** 分别表示10%、5%以及1%的显著性水平。

从模型 3-1、3-2 和 3-3 的回归结果来看，将不同分类评级的证券公司进行拆分，对于分类评级前 25% 的证券公司，业务结构与经营业绩之间存在正相关关系，但并不显著；而对于分类评级位于中间及后 25% 的证券公司，二者之间具有显著的相关关系，其中分类评级位于中间水平的证券公司业务结构与经营业绩存在显著的正相关关系，而分类评级位于后 25% 的证券公司则表现出显著的负相关关系。这表明，对于分类评级表现不同的券商，业务多元化程度对经营业绩的影响存在一定差异。分类评级位于中间水平的证券公司，业务多元化对经营业绩的改善效果最为显著；对于分类评级位于前 25% 的证券公司，业务多元化对经营业绩具有一定的改善作用，但效果并不显著；而分类评级位于后 25% 的证券公司，业务多元化程度的提高反倒会使经营业绩出现恶化。

在前述的描述性统计中，我们发现，分类评级的高低与证券公司的规模大体是一致的，分类评级高的证券公司资产规模大于分类评级低的证券公司，且分类评级高的证券公司业务多元化程度更高。因此可以粗略地将分类评级位于前 25%、中间以及后 25% 的证券公司分别对应大型、中型和小型证券公司，大型证券公司业务多元化程度最高。

中、小型证券公司在资产规模、业务规模等方面与大型龙头证券公司存在一定差距，主要表现为资产规模相对偏小、业务发展不均衡、对传统业务依赖程度较高。除此之外，我国证券行业实行分类监管政策，对于不同评级的证券公司在监管政策上存在一定的差异，具体表现为对分类评级低的中小型证券公司实行更为严格的监管政策，而评级高的大型证券公司面临的监管政策相对宽松，且在创新业务试点时多被优先考虑，因此对于中小证券公司而言，其业务创新受到一定压制。

另外，对于高评级的大型证券公司来说，大量创新业务试点多在高评级证券公司中展开，由高评级证券公司对创新业务的展业模式进行探索，这从行业的角度来看能帮助行业稳健发展，但从高评级证券公司自身来看，由于业务模式、政策法规不完善，所以创新业务出现亏损的可能性较大。此外，高评级证券公司为了维持现有评级，在风控、合规上通常会付出更多成本，这也会对证券公司盈利能力的提升产生影响。

在上述两方面因素的作用下，业务结构多元化程度的提高对高评级证券公司带来的边际收益相对较小，这也就解释了模型 3-1 以大型券商作为样本进行回归分析时，业务多元化程度（HI）与经营业绩（PR）之间正相关关系并不显著。

但具体到中、小型证券公司,在当前业务多元化程度不高、创新业务受到监管的环境下,业务多元化程度的提高对证券公司经营业绩带来的影响又存在一定差别。与中型证券公司相比,小型证券公司资本相对匮乏、人才储备不足、经营管理规范性不够,而大多数创新业务风险相对较高,对于风险抵御能力不足的小型证券公司而言,即便是在经过大型证券公司对创新业务的模式、行业规则进行探索之后,创新业务的开展仍可能因高风险而对其经营业绩带来负面影响。基于上述原因,回归分析过程中发现小型证券公司业务多元化程度的提高使经营业绩出现下滑,而中型证券公司业务多元化程度提高则对经营业绩有显著的改善效果。

因此对于中型证券公司而言,需要通过提高资本实力、加强人才储备、注重风控合规、提高自身评级来申请更多创新业务展业资格,充分享受业务结构多元化带来的边际收益。对于小型证券公司而言,则应在日常经营中进一步夯实基础,选择与自身能力相匹配的业务,避免因创新业务的开展而对公司经营业绩产生负面影响。

(2)风险。在第二阶段的模型 4-1、4-2 以及 4-3 中,以风险 SDROE 为因变量,分别以分类评级位于前 25%、中间以及后 25% 的证券公司作为研究样本,以业务结构 HI 作为自变量、其他因素作为控制变量,进行回归分析。其中,模型 4-1 和 4-2 均采用固定效应模型,4-3 采用随机效应模型,结果如表 9 所示。

表 9　　　　　　　　　　　模型 4-1、4-2、4-3 回归结果

	模型 4-1		模型 4-2		模型 4-3	
	系数	标准误差	系数	标准误差	系数	标准误差
HI	-0.0432*	0.0245	-0.0033	0.0049	-0.0001	0.0002
Asset	0.0175	0.0157	-0.0258***	0.0076	-0.0152	0.0110
A/L	0.0557	0.0491	0.0623**	0.0256	0.0420	0.0331
Volatility	0.1818**	0.0771	0.2397***	0.0429	0.1597*	0.0846
StockIndex	0.0411**	0.0199	0.0402***	0.0110	0.0327	0.0204
GDP	0.1123**	0.0502	0.1045***	0.0284	0.0734	0.0513
R^2	0.3804		0.3966		0.1594	

注:*、**、*** 分别表示 10%、5% 以及 1% 的显著性水平。

从模型 4-1、4-2 和 4-3 的回归结果来看,将不同分类评级的证券公司进行拆分,对于分类评级前 25% 的证券公司,业务结构与风险在 10% 的显著性水平下表现出负相关关系;而对于分类评级位于中间水平及后 25% 的证券公司,业务结构与风险之间也表现出负相关关系,但并不显著。从大小关系来看,分类评级位于前 25% 的证券公司业务结构对风险的影响程度最大。这表明,分类评级高的证券公司业务多元化对风险的降低作用最为明显。

分类评级高的证券公司多是行业龙头,相对于其他中、小型证券公司的一个显著特点是业务种类丰富,基本能够实现业务全面覆盖,由于其业务种类相对更加完善,因此创新业务的加入能够更好地实现不同业务之间风险的分散。而对于中、小证券公司来说,其自身业务范围比较狭窄,创新业务的开展并不能充分发挥风险分散效应,因而分类评级高的证券公司业务多元化能够更加显著地降低风险。除此之外,多数创新型业务风险偏高,对于风控能力薄弱的中、小型证券公司来说容易造成经营业绩的大幅波动,从而导致风险上升。在这两方

面因素的共同作用下,中、小型证券公司业务多元化对风险的降低效果并不明显。

六、政策建议

(一) 证券行业应坚持业务创新以提高多元化程度

在传统业务发展进入瓶颈期的背景下,大力进行业务创新、寻找新的利润增长点、实现盈利模式的转型升级是各大证券公司的共同选择。通过理论、数据、实证分析,我们发现我国证券公司仍然具有较大的业务多元化空间,证券行业应坚持业务创新以提高业务多元化程度,从而实现经营绩效的提高。

具体来说,对于大型龙头证券公司,其业务多元化程度相对较高,应将更多的精力用于探索创新业务的展业模式,创造出更为稳定的业务开展方式,并在行业内予以推广,提高创新业务的稳健性,降低创新业务的开展给行业带来的风险;对于中型证券公司,开展创新业务能够产生明显的边际效益,因此未来的工作重点应该转向创新业务的探索,通过提高资本实力、加强人才储备、改善风控合规水平、提升自身评级,获得更多创新业务展业资格;对于小型证券公司,则应在日常经营中进一步夯实基础,选择与自身资本实力相匹配的业务,避免因盲目追求创新业务的开展而对公司整体经营业绩产生负面影响。

(二) 各类证券公司应选择合适的发展路线实现业务创新

虽然业务创新、业务结构多元化是行业发展的必然趋势,但对于不同类型的证券公司来说,需要选择适应自身经营特点的多元化路线。本文在实证分析过程中发现,虽然创新业务的开展在带动经营业绩提升的同时也会带来风险的降低,但创新业务的盈利模式不成熟、前期投入高都会导致风险的积累。因此,一味地通过业务创新提高业务结构多元化程度并不是所有证券公司都适合的发展路线。

对于资本实力相对较弱、风险承受能力相对较低的小型证券公司来说,不应过分求新,而是应首先在现有业务领域深耕细作,打下坚实的业务基础,在现有的业务领域均衡发展,待到创新型业务具备较为成熟的业务模式之时再抓住机遇,开拓新的利润增长点。而对于资本实力强劲的大、中型证券公司来说,能够较好地应对创新业务带来的风险,适合作为领头军在新的业务领域进行探索,因而适合走综合化发展路线。

(三) 业务多元化过程中应重视风险控制

业务创新虽然是行业发展的大势所趋,能够显著提高经营业绩,但业务模式不成熟带来的风险也不容小觑。创新型业务的开展使得行业面临的风险结构由原来的以市场风险为主转化为市场风险、信用风险、操作风险、流动性风险等并重,所以业务多元化也带来了风险的多元化。以股票质押业务为例,2012 年我国推出股票质押业务试点,拓展了市场的融资渠道,是证券市场支持实体经济发展的重要途径,但 2018 年以来股票市场出现大幅波动,股票质押业务风险相继暴露,民营上市公司股东没有充足的资金进行补充质押,证券公司资产减值损失计提规模大幅提高。因此创新业务面临的风险相对较高,证券公司在开展新业务的过程中应注意风险防范。

(四) 继续坚持贯彻分类监管政策

分类监管评级政策为提高证券行业业务结构多元化程度、实现行业平稳过渡指明了发展方向，因此在行业未来发展过程中，应继续坚持贯彻分类监管政策，进一步促进行业稳健发展。金融监管是一把"双刃剑"，一方面可以控制金融风险，另一方面也会对金融创新和活力产生一定的抑制作用，而分类监管政策则为差别化监管、适度性监管提供了操作空间。从理论和实证分析来看，当前的分类监管政策起到了推动行业健康发展的作用，但仍有完善和改进的空间。对于高评级证券公司，应警惕道德风险现象的发生，防止其利用评级优势进行盲目扩张、提高杠杆，导致风险暴露增加。

优化大类资产配置　防范资本市场风险

先晓玲　牟馨晨*

证券公司作为中国金融市场主要的参与者和市场秩序的维护者，其大类资产配置结构变化及现状，将深受金融市场环境的影响，同时也可能成为决定未来金融市场走势的重要因素。

根据2017年证券公司经营业绩排名情况，选取在总资产、净资产、营业收入、净利润和净资本指标中均排名前列的10家上市证券公司[①]，作为本文分析的标的公司。以上述标的公司2017年、2016年和2015年年报资料为基础，通过汇总、统一相关数据，运用横向和纵向对比、比例分析、期限分析、资产类别差异分析等方法，展示证券行业大类资产配置现状及变化过程，探索行业未来可能面临的金融市场风险及可行的大类资产配置优化方向。

一、标的公司营业收入及大类资产配置总体情况分析

（一）标的公司营业收入情况分析

2017年，10家标的公司营业收入同比增加98.33亿元，增幅仅5%。营业收入主要来自经纪业务、信用交易业务、证券投资业务、资产及基金管理业务和投资银行业务。2017年和2016年，标的公司上述业务合计收入占营业收入比重分别达到90%和91%。证券行业收入占比显示出较高的集中度和稳定性（见图1、图2）。

（二）标的公司资产配置总体情况分析

在资产负债表中，经纪业务和投资银行业务无资产科目对应，信用交易业务对应融出资金和买入返售金融资产（股票质押和约定购回），证券投资业务对应交易性金融资产、可供

---

* 作者单位：华西证券股份有限公司。原载于《中国证券》2018年第7期。
① 中信证券、海通证券、国泰君安证券、华泰证券、广发证券、招商证券、申万宏源证券、中国银河证券、国信证券和东方证券。

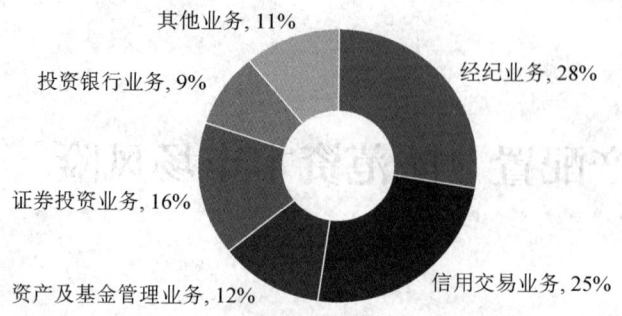

图 1　2017 年标的公司主要业务收入平均占比

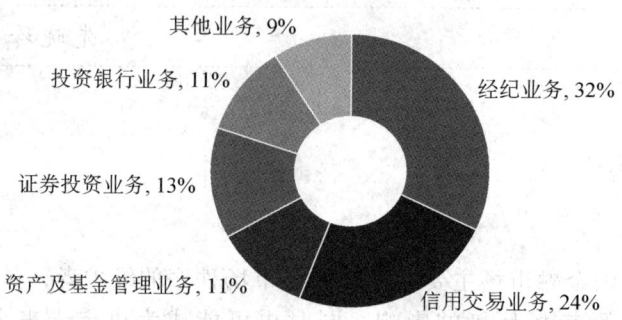

图 2　2016 年标的公司主要业务收入平均占比

出售金融资产、持有至到期投资和衍生金融工具科目，资产及基金管理业务对应资产以表外资产形式记录。

货币资金、拆出资金和买入返售金融资产（逆回购）合并作为日常流动性管理类资产。长期股权投资、应收利息、存出保证金、固定资产、无形资产、商誉、递延所得税资产等科目均占比较小或不属于主动投资形成资产。标的公司衍生金融工具科目仅按类别披露资产负债表日公允价值，无法实质分析使用衍生工具特点。

因此，本文主要以货币资金、拆出资金、融出资金、买入返售金融资产、交易性金融资产、可供出售金融资产、持有至到期投资和表外资产管理业务资产作为分析标的公司及证券行业大类资产配置情况的突破口。

标的公司 2017 年、2016 年和 2015 年末，上述表内资产余额占总资产[①]的比例列示如下（见表 1）。

表1　标的公司主要资产占总资产比例　　　　　　　　　　（单位：%）

编号	标的公司	2017 年	2016 年	2015 年
1	中信证券	87	87	87
2	海通证券	74	73	81
3	广发证券	89	90	94
4	国泰君安证券	89	90	88

---

① 不含客户资产。

续表

编号	标的公司	2017 年	2016 年	2015 年
5	华泰证券	88	89	92
6	中国银河证券	92	91	94
7	申万宏源证券	92	93	93
8	招商证券	90	89	92
9	国信证券	90	88	90
10	东方证券	93	91	88
	均值	87	87	89

通过对比发现，标的公司除海通证券外，其余公司近三年末上述主要资产占总资产的比例均达到约90%，且各年间变动不大，说明标的公司近年资产结构基本保持稳定，行业内各公司间资产配置总体结构类似。海通证券占比较低，主要因其合并范围包括海通银行，银行的资产结构与证券公司差异较大，其他资产[①]占比较高。

二、标的公司大类资产配置具体情况分析

（一）货币资金、拆出资金和买入返售金融资产（逆回购）分析

证券公司进行流动性管理的主要手段，包括投资银行存款、货币市场基金和短期银行理财产品，参与同业拆出和交易所/银行间逆回购交易等。反映在资产负债表中，主要涉及货币资金、拆出资金、买入返售金融资产（逆回购）和可供出售金融资产（基金和银行理财）科目。其中，由于可供出售金融资产明细未区分列示权益类和非权益类基金，银行理财产品余额未区分列示产品期限，所以难以判断是否属于流动性管理类资产，本文分析时全部划入自营投资业务资产范畴。标的公司上述三项资产2017年、2016年和2015年末余额占总资产的比例列示如下（见表2）。

表2　　　　　标的公司流动性管理类资产占总资产比例　　　　　（单位：%）

编号	标的公司	2017 年	2016 年	2015 年
1	申万宏源证券	14	18	15
2	华泰证券	13	17	11
3	中信证券	13	11	15
4	东方证券	13	9	7
5	海通证券	12	13	18
6	国泰君安证券	7	11	9
7	招商证券	7	8	7
8	中国银河证券	6	5	16
9	国信证券	5	5	6
10	广发证券	5	8	8

---

① 主要包括各类债项投资、理财产品投资等，未包含在本次分析范围。

以时间为轴分析，标的公司间流动性管理类资产占总资产的比重大致可划分为11%以上和8%以下两个区间，且近三年末处于上述区间的标的公司基本保持稳定。以标的公司为轴分析，各公司流动性管理类资产占比未呈现出明显规律。上述现象反映出各标的公司近三年进行流动性管理的投资习惯和风险偏好无显著变化。但由于未能获取投资货币市场基金和短期银行理财产品金额，因此难以判断标的公司实质进行流动性管理资产占比及各年间的变化趋势。

（二）融出资金和买入返售金融资产（股票质押和约定购回）分析（对应信用交易业务）

证券公司信用交易业务包括融资融券、股票质押式回购和约定购回三类。近三年末，除招商证券和东方证券2017年末信用交易类业务资产占总资产比重略低于2016年外，其余标的公司占比均呈现出逐年增长趋势。2017年末，标的公司信用交易类业务资产平均占比已超过资产总额的1/3，中国银河证券和国信证券占比甚至超过50%，是标的公司资产配置的重要组成部分（见表3）。

表3 　　　　　标的公司信用交易类业务资产占总资产比例　　　　　（单位：%）

编号	标的公司	2017年	2016年	2015年
1	中国银河证券	51	44	39
2	国信证券	51	46	42
3	国泰君安证券	42	40	33
4	招商证券	38	40	37
5	申万宏源证券	37	34	36
6	华泰证券	35	31	28
7	广发证券	31	27	25
8	海通证券	31	27	29
9	中信证券	29	23	23
10	东方证券	22	25	23
	均值	35	31	30

鉴于标的公司约定购回业务逐年萎缩，2017年年末余额均小于1%，此处仅分析融资融券业务和股票质押式回购业务的开展情况。

1. 融出资金及融资融券业务分析

标的公司融出资金科目主要记录"两融"业务、孖展业务和对外放款业务[①]的融资余额。除东方证券外，其余标的公司近三年末"两融"业务融资余额均占信用交易业务融资总额的50%以上，说明"两融"业务历年来均是信用交易业务最主要的构成部分。但标的公司近三年末"两融"业务融资余额占总资产的比重逐年减少，同时信用交易类业务资产余额占总资产的比重逐年增长，说明标的公司"两融"业务规模增速明显弱于股票质押式回购业务规模增速。标的公司2017年、2016年和2015年末"两融"业务融资余额占总资

---

① 部分标的公司合并范围内财务公司提供的财务借贷服务，由于占比较小，本文暂不分析。

产的比例列示如下（见表4）。

表4　　　　　　　标的公司"两融"业务融资余额占总资产比例　　　　　（单位:%）

编号	标的公司	2017年	2016年	2015年
1	中国银河证券	32	36	38
2	招商证券	25	30	32
3	国信证券	25	29	29
4	申万宏源证券	24	30	36
5	广发证券	21	22	23
6	国泰君安证券	20	22	26
7	华泰证券	19	18	21
8	中信证券	14	14	16
9	海通证券	14	14	17
10	东方证券	6	6	9
	均值	19	20	23

截至2017年末，全市场"两融"业务融出资金余额为1.02万亿元。[①] 10家标的公司近三年末合计融资余额占全市场累计融资余额比例维持在51%左右；单家公司各年间融资余额占比基本保持稳定，且大部分位于5%—6%。说明"两融"业务市场划分已趋于稳定，大型证券公司拥有绝对优势，且公司间相对差异较小（见表5）。

表5　　　　标的公司"两融"业务融资余额占全市场累计融资余额比例　　　（单位:%）

编号	标的公司	2017年	2016年	2015年
1	中信证券	7	7	6
2	国泰君安证券	6	6	6
3	华泰证券	6	6	6
4	中国银河证券	6	6	6
5	广发证券	6	6	6
6	招商证券	5	5	5
7	申万宏源证券	5	6	6
8	海通证券	5	5	5
9	国信证券	4	4	4
10	东方证券	1	1	1
	合计	51	52	51

从客户整体维持担保比例[②]分析，2017年和2016年末"两融"业务全市场整体维持担

---

① 资料来源：Wind统计数据。
② 整体维持担保比例＝"两融"业务担保品市值/融资余额，此处分母忽略融券业务余额；由于难以准确统计有负债客户整体维持担保比例数据，此处以全体信用账户数据代替。

保比例分别为304%①和353%,而标的公司同期维持担保比例均值分别为323%和326%。说明随着"两融"业务全市场维持担保比例的回落,大型证券公司由于风险防控意识和能力较强,回落幅度相对较小(见表6)。同时,标的公司近三年末"两融"业务整体维持担保比例均维持在高位,但部分公司担保比例呈逐年递减趋势。这在一定程度上反映出,虽然大型证券公司历年来对"两融"业务均有较好的风险防控,但可能由于对客户持仓集中度限制不同、客户持仓板块侧重不同等因素,部分证券公司安全垫有弱化趋势,需引起注意。

表6　　标的公司"两融"业务整体维持担保比例　　(单位:%)

编号	标的公司	2017年	2016年	2015年
1	国泰君安证券	366	327	290
2	中信证券	358	347	361
3	海通证券	346	360	384
4	广发证券	335	332	325
5	国信证券	309	324	350
6	东方证券	309	344	342
7	中国银河证券	304	322	308
8	招商证券	298	304	321
9	申万宏源证券	287	300	314
10	华泰证券	278	300	334
	均值	323	326	332

2. 买入返售金融资产及股票质押式回购业务分析

买入返售金融资产主要反映证券公司股票质押式回购、约定式回购以及债券逆回购业务融出资金余额。其中,逆回购业务已纳入流动性管理类资产进行分析,约定式回购业务规模占比极小,仅分析股票质押式回购业务的开展情况。

2017年末,全市场(证券公司)股票质押回购业务待回购金额为1.56万亿元,较2016年末增长27.23%。其中,证券公司自有资金融出规模为0.82万亿元,较2016年末增长68.85%,占比52.55%;资管计划融出规模为0.74万亿元,与2016年末持平,占比47.45%。证券公司自有资金参与股票质押业务规模和占比不断提升。②

2017年末,标的公司股票质押业务总规模为0.69万亿元,占全市场规模的44.46%。其中,自有资金出资规模为0.48万亿元,占证券公司自有资金融出总规模的58.10%;2016年末,该比例为59.62%。近两年末,单一标的公司自有资金融资余额占全行业自有资金累计融资余额比例变动无明显趋势,但公司间占比差距缩小,反映出在股票质押回购业务中,大型证券公司仍占有绝对优势(见表7)。

从融资期限结构分析,标的公司近三年末融出资金剩余期限均以一年以内为主,且各年末各细分期限余额占比基本维持稳定(见表8)。

---

①② 资料来源:"证券公司2017年经营情况分析",《传导》2018年第3期。

表7　标的公司自有资金融资占全行业自有资金累计融资余额比例　（单位：%）

编号	标的公司	2017年	2016年	编号	标的公司	2017年	2016年
1	中信证券	9.52	8.12	6	中国银河证券	4.43	2.62
2	国泰君安证券	9.47	11.11	7	申万宏源证券	3.94	1.23
3	海通证券	9.09	10.88	8	东方证券	3.80	6.77
4	华泰证券	5.90	7.78	9	招商证券	3.74	3.46
5	国信证券	4.95	4.84	10	广发证券	3.24	2.81

表8　标的公司融资余额剩余期限分布　（单位：%）

期限分布	2017年	2016年	2015年
1个月以内	4	4	5
1个月以上至3个月内	10	6	10
3个月以上至1年以内	55	53	56
1年以上	31	36	29
合计	100	100	100

从平均履约保障比例分析，9家[①]标的公司近三年末平均履约保障比例呈大幅下降趋势，同期行业平均履约保障比例同向变动，但均低于标的公司平均水平。这说明类似"两融"业务，股票质押式回购业务也呈现出全行业安全垫弱化趋势，大型证券公司风险防控状况相对较好（见表9）。

表9　标的公司和行业平均履约保障比例　（单位：%）

类别	2017年	2016年	2015年
标的公司	245	287	417
行业	220	245	

注：行业2015年末平均履约保障比例数据缺失。

从违约风险情况分析，标的公司2017年、2016年和2015年末，计提减值准备金额占融资余额比例分别为0.57%、0.46%和0.43%。虽然占比较小，但呈现出逐年增长趋势。同时，2017年初至今，多家上市公司披露股票质押融资存在平仓、逾期、违约、被动减持等事项。但2017年年报中，仅个别证券公司就已进入违约处置的项目计提了减值准备，因此后续股票质押式回购项目涉及减值准备甚至损失金额可能将进一步扩大。

根据沪深证券交易所2018年6月26日发布的数据，低于平仓线的股票质押融资担保品市值，沪市占比不到0.2%，深市占比不到2%。以6月22日市值测算（沪市35.85万亿元，深市20.53万亿元），假设沪深两市低于平仓线的股票质押融资担保品市值分别占两市总市值的0.2%和2%，平仓线为150%，则低于平仓线的股票质押融资余额约为0.32万亿元（沪市0.05万亿元，深市0.27万亿元）；当日沪深两市股票质押融资余额合计约为1.52

---

① 中国银河证券年报未披露股票质押式回购业务担保物在资产负债表日的公允价值，因此仅取其余9家标的公司均值。

万亿元①（沪市 0.49 万亿元，深市 1.03 万亿元），则沪深两市股票质押回购融资低于平仓线比例约为 21.09%（沪市占比约 9.70%，深市占比约 26.52%）。上述测算结果表明，虽然低于平仓线的股票质押融资担保品市值占 A 股总市值比例较低，但占证券公司该业务融资总额比例已不低。由于中小创板块波动幅度更大，深市股票质押业务的风险更应值得关注。

（三）交易性金融资产、可供出售金融资产和持有至到期投资分析（对应证券自营业务）

交易性金融资产、可供出售金融资产和持有至到期投资主要包括公司以自有资金投资债券、股票、基金以及金融产品②形成的资产，反映了证券自营业务投资情况。标的公司 2017 年、2016 年和 2015 年末上述三项资产③合计占总资产的比例列示如下（见表 10）。

表 10　　　　　标的公司自营业务投资资产占总资产比例　　　　　（单位:%）

编号	标的公司	2017 年	2016 年	2015 年
1	东方证券	57	54	53
2	广发证券	49	51	55
3	招商证券	42	37	44
4	中信证券	42	49	45
5	申万宏源证券	38	36	39
6	华泰证券	38	37	48
7	国泰君安证券	34	33	36
8	中国银河证券	31	36	33
9	国信证券	29	32	37
10	海通证券	28	29	30

近三年末，标的公司间自营业务投资资产规模占比差异明显，但单家标的公司在各年末自营业务投资资产规模占比保持相对稳定。

从投资资产类别分析，债券占比最高，基金和股票占比高低参半，且合计仍远低于债券占比。这反映出证券公司在扩大自营投资规模过程中，更倾向于投资风险相对可控的债券资产。标的公司投资其他资产占比较小，暂不分析其变化情况。各标的公司 2017 年末自营业务投资各类资产占总资产的比例列示如下（见表 11）。

表 11　　　　标的公司 2017 年末自营业务投资资产占总资产的比例　　　　（单位:%）

编号	标的公司	债券	基金	股票	金融产品	股权投资/其他权益投资	合计*
1	东方证券	40	4	7	3	1	55
2	广发证券	35	5	3	4	1	48
3	招商证券	26	9	6	0	0	41

---
① 根据沪深证券交易所每日公布的股票质押初始交易金额、购回交易金额逐日累计计算。
② 包括资产管理计划、银行理财产品和信托产品。
③ 对证金公司专户投资不属于证券公司主动投资范围，已扣减。

续表

编号	标的公司	债券	基金	股票	金融产品	股权投资/其他权益投资	合计*
4	申万宏源证券	24	3	3	7	0	37
5	华泰证券	22	6	6	0	2	36
6	国泰君安证券	20	7	4	0	1	32
7	国信证券	20	1	5	1	0	28
8	中信证券	19	5	11	1	2	39
9	中国银河证券	19	4	5	1	0	30
10	海通证券	15	4	5	1	0	25

* 未包含未列明具体投向的其他投资项。

从近两年末资产占比变动情况分析，相较2016年末，大部分标的公司债券资产占比持续增加，基金和股票占比持续下降。同时，截至2017年末，证券公司债券投资总市值为1.21万亿元[1]，标的公司债券投资市值合计0.68万亿元，占比56.2%，这反映出大型证券公司债券投资仍处于行业主导地位（见表12）。

表12　　　　　　　标的公司主要自营业务资产占总资产的比例　　　　　　（单位：%）

编号	标的公司	债券		基金		股票	
		2017年	2016年	2017年	2016年	2017年	2016年
1	东方证券	40	35	4	4	7	7
2	广发证券	35	32	5	9	3	3
3	招商证券	26	18	9	10	6	7
4	申万宏源证券	24	18	3	4	3	5
5	华泰证券	22	17	6	8	6	5
6	国泰君安证券	20	16	7	7	4	5
7	国信证券	20	21	1	3	5	6
8	中信证券	19	26	5	6	11	9
9	中国银河证券	19	22	4	7	5	5
10	海通证券	15	14	4	5	5	5

（四）资产管理业务

截至2017年末，我国资产管理规模已突破百万亿元（银行理财余额29.54万亿元[2]，信托资产规模26.25万亿元[3]，证券期货经营机构资产管理业务总规模53.57万亿元[4]），其中证券公司资产管理业务总规模为17.26万亿元，约占15.78%。[5] 2018年资管新规落地，

---

[1] 资料来源："证券公司2017年经营情况分析"，《传导》2018年第3期。
[2] 资料来源：《中国银行业理财市场报告（2017年）》。
[3] 资料来源：信托业协会：《2017年度中国信托业发展评析》。
[4] 资料来源：中国证券投资基金业协会：《证券期货经营机构资产管理业务统计数据（2017年第四季度）》。
[5] 保险资管规模较小，缺少2017年末数据，总规模中未包含。

要求打破刚性兑付、严禁监管套利和多层嵌套，引导资产管理业务向主动管理转型。证券公司定向资产管理业务规模结束了长期增长态势，开始稳中微降。从收入情况来看，证券行业资产管理业务收入依然维持正向增长。2017年，全行业资产管理业务净收入为310.21亿元，同比增长4.64%，占营业收入的9.96%（见图3、图4）。

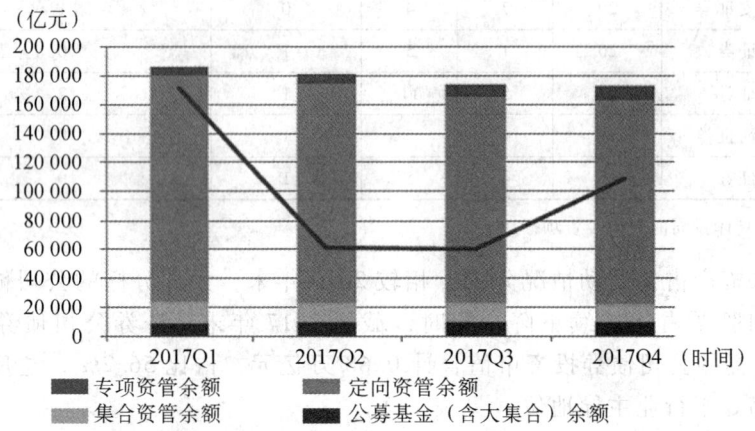

图3　2017年证券行业资管业务受托资金情况

资料来源："证券公司2017年经营情况分析"，《传导》2018年第3期。

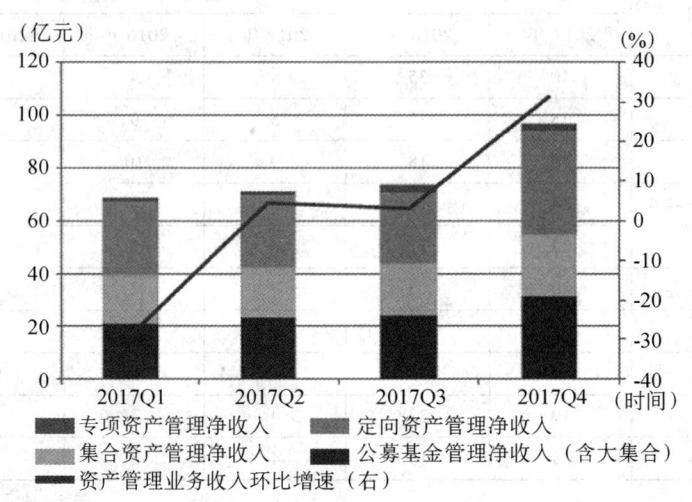

图4　2017年证券行业资管业务净收入情况

资料来源：《证券公司2017年经营情况分析》，《传导》2018年第3期。

截至2018年3月底①，证券行业资产管理业务总规模为16.93万亿元，其中月均规模排名前10位和前20位的证券公司规模合计分别达7.56万亿元和10.34万亿元②，约占44.65%和61.08%。证券行业资产管理业务集中度较高。

从资产规模分析，虽然大部分标的公司近两年末资产管理业务规模与总资产比例呈下降趋势，但比例仍较高（见表13）。

---

① 资料来源："证券公司2018年第一季度经营情况分析"，《传导》2018年第23期。
② 资料来源：中国证券投资基金业协会：2018年第一季度资管业务各项排名。

表13　　　　　　　　标的公司资产管理业务规模与总资产比例　　　　　　　　（单位:%）

编号	标的公司	2017年	2016年	编号	标的公司	2017年	2016年
1	申万宏源证券	362	370	6	广发证券	179	261
2	招商证券	332	359	7	中国银河证券	178	142
3	中信证券	317	415	8	国信证券	121	166
4	华泰证券	291	286	9	海通证券	73	184
5	国泰君安证券	245	274	10	东方证券	68	67

注：＊不含客户资产。

从资产管理业务类别分析，2017年末证券行业定向资产管理业务规模占比约为80%。除广发证券和东方证券集合资管规模占比相对较高外，其余标的公司占比均较低，证券公司资产管理业务仍是以定向为主（见表14）。

表14　　　　　　　标的公司集合资管规模占资管业务总规模比例　　　　　　（单位:%）

编号	标的公司	2017年	2016年	编号	标的公司	2017年	2016年
1	广发证券	47	51	6	中国银河证券	11	19
2	东方证券	37	25	7	中信证券	10	9
3	国信证券	16	14	8	国泰君安证券	7	10
4	海通证券	16	7	9	招商证券	6	7
5	华泰证券	12	15	10	申万宏源证券	5	6

三、证券行业可能面临的金融风险及资产配置结构调整建议

（一）信用交易业务资产占比高，但客户维持担保比例/履约保障比例逐年下滑，需控制客户维持担保比例/履约保障比例，强化融资安全垫

标的公司信用交易类业务资产平均占比已超过资产总额的1/3，是其资产配置的重要组成部分。近两年，"两融"业务全市场客户维持担保比例均在300%以上，单从数据看，该业务担保资产价值充足，风险可控。但财务报表披露担保品市值为所有客户信用交易账户资产市值之和，含未实际开仓客户，如上述客户资产较多，则维持担保比例将被大幅高估。从整体趋势看，客户维持担保比例逐年回落，但由于有未实际开仓客户影响，因此难以判断行业客户维持担保比例的实际变化趋势。建议监管及财务报表披露数据能更多关注开仓客户整体维持担保比例，确保其维持在风险可控范围内。

类似"两融"业务，股票质押式回购业务近三年全行业平均履约保障比例也呈大幅下降趋势，反映出该业务整体风险上升。同时，根据沪、深证券交易所最新发布数据，约1/5股票质押回购融资已处于平仓线以下。虽然因质押标的股票可能存在司法冻结、股份限售、减持限制等因素，目前二级市场实际执行平仓处置的比例还较低，但若股市持续走低，且低于平仓线融资最终大比例爆发违约风险，则其本身违约及后续平仓操作引发的股价进一步下跌将可能遭受损失。建议证券公司，特别是中小型券商须严格筛选质押标的股票，提升履约保障比例，强化融资安全垫。

（二）债券投资总额市场占比低，但占行业资产总额比例高，须严控利率风险和信用违约风险

2017 年末，全国债券市场托管存量达 64.57 万亿元①；证券公司债券投资总市值为 1.21 万亿元，同比增长 36.06%，但占比仅 1.88%。从标的公司来看，大部分公司债券资产占总资产比重持续增加，是最主要的自营业务投资品种。

据统计，目前上交所信用债违约率约为 2.2‰，银行间市场信用债违约率约为 7.6‰。虽然债券整体违约率还较低，但近期债券违约事件频发，信用风险恐慌情绪加重，加之经济去杠杆、强监管政策的持续推行，下半年还有近万亿元债券面临到期或回售，预计未来半年债券市场信用风险可能将更加严峻。2017 年至今，债券市场收益率整体上行，利率风险有所加大。而在信用风险加剧情况下，机构投资行为的强同向性，极可能导致债券流动性锐减，从而进一步加大收益率波动。鉴于证券公司债券投资占比高，信用风险和利率风险的联合作用可能给全行业带来较大的经济损失。②

建议目前逐步控制证券行业债券投资，特别是低等级信用债规模，严格内部信用评级筛选标准，严控债券信用风险。充分利用利率互换、国债期货等对冲工具降低利率风险暴露。

（三）未能真实反映资产管理业务风险状况，建议调整财务报表核算范围，细化风险控制指标计算标准

截至 2017 年底，中国证券行业资产管理业务受托资金规模达 17.26 万亿元。③ 其中，集合资产管理计划规模约占总规模的 6%，约为 1.04 万亿元。上述集合资产管理计划可能存在证券公司承担有限补偿义务、属于报价型资产管理计划产品等情况。证券公司基于合约义务或出于维护声誉、迫于维稳压力等原因，可能存在承担部分或全部损失的风险。而上述风险并未及时而恰当地反映在证券公司财务报表中，或虽纳入了风险控制指标计算范围，但填列标准还需进一步明确，核算比例有待商榷。一旦证券公司资产管理计划产品大面积爆发风险，则很可能对证券公司造成严重影响。建议证券公司将资产管理业务可能承担的实际风险纳入财务报表核算范围，细化风险控制指标计算中对于有限赔付义务、实际承担损失风险等的计算标准，让财务报表和风险控制指标更真实、准确地反映证券公司实际经营和风险状况。

---

① 资料来源：《2017 年债券市场统计分析报告》。
② 浦泓毅："一线监管部门详解债市热点问题"，《上海证券报》，中国证券网，2018 年 5 月 25 日，网址：http://news.cnstock.com/paper,2018-05-25,1001528.htm，最后访问日期：2018 年 6 月 27 日。
③ 中国证券业协会："证券公司 2017 年经营情况分析"，《传导》2018 年第 3 期。

关于证券公司固定收益业务风险的调研报告

顾秀娟　李洲闻溪　靳章辉*

　　为了解当前证券公司固定收益业务开展情况，加强固定收益业务风险监测和应对措施研究，提升中国证券业协会（以下简称"协会"）固定收益工作管理和服务水平，协会固定收益部于 2018 年 8 月 20—31 日赴深圳、上海、北京三地开展实地调研。结合前期准备工作与后期数据收集分析，协会固定收益部梳理了参与本次调研的 18 家证券公司反馈的情况，从固定收益业务现状、面临的主要风险、高风险与违约债券处置情况、当前主要应对措施以及行业对规范发展固定收益业务的意见建议五个方面形成本文。

一、证券公司固定收益业务现状

　　从调研的证券公司业务范围来看，固定收益业务主要为承销业务与投资交易业务。固定收益业务产品主要涵盖了公司债、企业债、短期融资券、中期票据、定向工具、国债、地方政府债券、金融债券、资产支持证券、可转债、可分离转债、利率互换、国债期货、场外期权等。大部分被调研证券公司设立债券融资部、债券销售部、资本市场部、资金运营部、债券交易部等部门承接固定收益线的各类业务。本文就证券公司开展的主要固定收益类业务情况进行了统计分析，并着重梳理了公司债券与资产证券化业务的开展情况。

　　据统计，2015 年 1 月 1 日至 2018 年 8 月 31 日（以下简称"统计期间"），证券公司累计承销 25 843 只债券（含公司债券、企业债券、中期票据、短期融资券、定向工具、金融债券、资产支持证券、地方政府债券），累计承销金额达 150 463.16 亿元。债券承销的市场集中度较高，承销金额排名前 10 位的证券公司在行业中的市场份额占 56.51%，承销金额排名前 30 位的证券公司市场份额超过 85%。证券公司在统计期间债券承销金额排名前 10 位的情况见表 1。

---

* 作者单位：中国证券业协会。

表1　　　　　统计期间证券公司承销债券排名前10位情况

排名	机构名称	总承销金额（亿元）	数量（只）	市场份额（%）
1	中信证券股份有限公司	15 761.59	2 069	10.48
2	中信建投证券股份有限公司	15 206.18	2 122	10.11
3	招商证券股份有限公司	10 310.05	1 424	6.85
4	国泰君安证券股份有限公司	9 570.26	1 409	6.36
5	中国国际金融股份有限公司	7 073.14	1 057	4.70
6	海通证券股份有限公司	6 542.24	1 151	4.35
7	光大证券股份有限公司	5 790.69	894	3.85
8	华泰证券股份有限公司	5 118.95	894	3.40
9	广发证券股份有限公司	4 908.16	975	3.26
10	德邦证券股份有限公司	4 744.97	665	3.15

资料来源：Wind。

自2015年1月《公司债券发行与交易管理办法》发布以来，公司债券在发行规模上大幅增长，且随着绿色公司债券、可续期公司债券、双创公司债券等创新型公司债券品种的陆续推出，不仅在品种上更加多元化，更为企业提供了更加细化的融资选择。统计期间证券公司共承销7 496只公司债券，累计承销金额为58 162.19亿元。与统计的债券总额类似，公司债券承销的市场集中度较高，排名前10位的证券公司的市场份额占50.37%，排名前20位的证券公司的市场份额占69%，排名前50位的证券公司的市场份额占到94%。统计期间证券公司承销公司债券金额排名前10位的情况见表2。

表2　　　　　统计期间证券公司承销公司债券排名前10位情况

排名	机构名称	金额（亿元）	数量（只）	市场份额（%）
1	中信建投证券股份有限公司	7 402.84	771	12.73
2	国泰君安证券股份有限公司	3 598.06	412	6.19
3	中信证券股份有限公司	3 030.18	280	5.21
4	平安证券股份有限公司	2 563.00	322	4.41
5	招商证券股份有限公司	2 338.04	267	4.02
6	海通证券股份有限公司	2 330.56	300	4.01
7	中国国际金融股份有限公司	2 155.13	251	3.71
8	广发证券股份有限公司	2 148.89	242	3.70
9	光大证券股份有限公司	1 947.47	243	3.35
10	中山证券有限责任公司	1 765.33	230	3.04

资料来源：Wind。

在资产证券化业务方面，统计期间证券公司开展资产证券化业务7 938单，累计金额为33 397.03亿元。排名前10位的证券公司的市场份额占70.05%，排名前20位的证券公司所占市场份额高达87%。统计期间证券公司开展资产证券化业务排名前10位的证券公司的情况见表3。

表3 统计期间证券公司开展资产证券化业务（含企业资产证券化、信贷资产证券化与资产支持票据）排名前10位情况

排名	机构名称	金额（亿元）	数量（只）	市场份额（%）
1	招商证券股份有限公司	5 181.77	717	15.52
2	中信证券股份有限公司	4 241.35	754	12.70
3	德邦证券股份有限公司	3 657.39	508	10.95
4	中信建投证券股份有限公司	2 018.57	380	6.04
5	华泰证券股份有限公司	1 617.06	456	4.84
6	中国国际金融股份有限公司	1 612.17	421	4.83
7	国开证券有限公司	1 588.16	169	4.76
8	国泰君安证券股份有限公司	1 514.83	361	4.54
9	光大证券股份有限公司	1 123.61	291	3.36
10	广发证券股份有限公司	838.22	244	2.51

资料来源：Wind。

从年度情况来看，证券公司承销债券的总额以及承销公司债券、企业债券的金额均呈现出先升后降的趋势；承销银行间债务融资工具的金额在近几年中大致持平，2016年相对最少；2015—2017年，承销资产证券化产品的金额逐渐上升，近两年趋于平稳。统计期间债券品种的承销金额升降情况见图1。

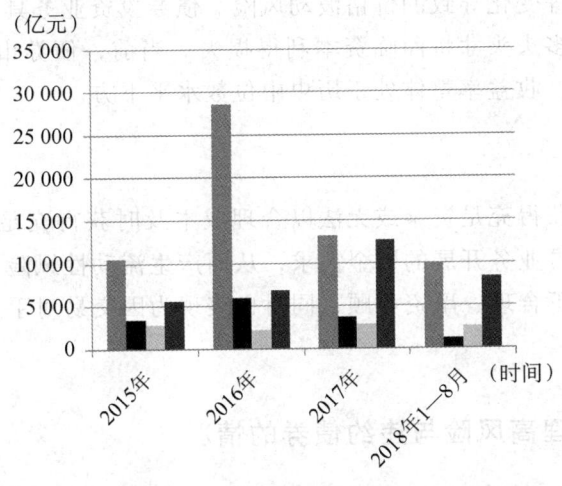

图1 统计期间证券公司承销主要债券（债务融资工具）承销金额

在债券存量与增量较为庞大的情况下，债券的偿付压力增大，其准入管理与存续期管理都备受关注。据Wind 2018年8月底的数据显示，2018年、2019年和2020年全市场到期应偿还债券金额分别达30万亿元、15万亿元和10万亿元。2018—2020年为债券到期较为集中的3个年度，且以2018年最为集中。2019—2020年，债券到期应偿还金额可能随着债券（债务融资工具）发行量的增长而出现增长趋势。

二、证券公司固定收益业务主要风险

经调研了解,目前证券公司固定收益业务面临的主要风险为信用风险、市场风险与流动性风险。具体如下。

(一)信用风险

在承销业务方面,证券公司面临的信用风险主要是所承揽业务涉及的发行人违约风险。在去杠杆的大背景下,非标准债券融资收缩,信用创造能力偏弱,企业通过借新还旧进行债务滚动的压力增大,导致信用债券违约事件频发。此外,提前回售比例高、企业再融资受限、发行人自身的经营风险等都是导致信用违约的重要原因。

在投资交易业务方面,证券公司面临的信用风险主要为投资交易业务所持债券违约导致的风险。证券公司作为信用债券的主力投资机构,不具备专业的债务清算和追讨团队,也很难参与违约后冗长的破产重组过程。目前,非银行金融机构主要以低价提前卖出、被动接受打折偿付等方式处理具有违约风险的债券,从而增加了债券二级市场投资损失概率。

(二)市场风险

证券公司固定收益业务的市场风险主要来自持仓组合在固定收益投资收益率曲线结构、利率波动性和信用利差等变化导致的价格波动风险。债券投资业务具有天然的多头性质,当市场利率大幅上行时,多头头寸将面临资本利得损失。当前,债券市场利率较 2018 年初高位已有较大幅度的下行,收益率整体处于历史中位数水平下方。

(三)流动性风险

发行人因无法及时获得充足资金或无法以合理成本及时获得充足资金以应对资产增长、支付到期债务和满足正常业务开展的资金需求,从而产生流动性风险。目前,流动性风险主要表现为资金头寸安排不合理、融资不顺,同时也表现为因交易对手发生交收失败导致公司出现的资金交收风险。

三、证券公司处理高风险与违约债券的情况

(一)违约债券数量与影响

根据 Wind 数据统计,截至 2018 年 8 月 31 日,交易所市场与银行间市场共有 76 家发行人的 164 只债券处于违约状态,涉及债券余额 1 244.49 亿元。

当债券发生违约时,除投资者将面临本金的大额损失外,信用风险可能转变为拆借市场上的对手方风险,影响整个金融市场资金链的稳定,也可能导致风险向其他金融机构传导,带来银行、信托机构等不良率的上升。2018 年以来,民营上市公司及其大股东、部分经济欠发达地区的城投公司不断出现债务违约情况,而这种信用违约风险的暴露本身又影响了同类企业的融资,特别是在债券市场的再融资。

（二）债券违约处置实践

目前，国内债券出现违约后，债权人主要通过债券受托管理人处理债券违约后的事务。债券违约处置实践中主要有以下四种处置方式：一是受托管理人主持召开债券持有人会议与债务人进行协商，达成债务重组方案；二是通过司法途径对债务人进行违约诉讼、破产诉讼等。如果债权人认为受托管理人未对该债券做到勤勉尽责，或对债券的发行以及存续期的信息披露存在隐瞒、造假、披露不充分的，可自行对受托管理人提起相关诉讼；三是债券设置外部增信担保的，对担保人进行追偿或者处置抵押物进行偿付；四是第三方直接或间接出资，一般通过政府、控股股东或其他不具有法定清偿责任的机构为发行人筹措资金用于偿债，包括但不限于直接借款、追加投资以增强发行人偿债能力、协调第三方提供融资支持等方式。

（三）高风险与违约债券处理中的难点

1. 债务人无法与债权人协商达成一致

因债务人与债权人的立场不同，考虑的因素也截然不同。通常债务人希望寻求折价赎回、尽可能延期或先行兑付利息，债权人则寄希望于企业或者企业协同受托管理人通过寻求政府等的帮助以尽快促成债务顺利偿付。

2. 债权人与债权人之间无法达成一致

通常召开债券持有人会议时，各债券持有人持有各自的想法。例如，有些债权人愿意接受债务人无法全额兑付的要求，而另一部分债权人则要求全部兑付；有些债券持有人甚至在债券违约后希望更换受托管理人，但有些债权人希望主承销商继续担任受托管理人，以方便后续的债券违约处置。

3. 债券违约涉及个人投资者后续处置难度大

一般机构投资者自身有一整套涉及违约处置的流程，对待购买的债券违约较为理性。而个人投资者则不同，一旦无法收回本息，个别个人投资者会出现一些极端的行为，后续处置需更为谨慎。

4. 债券违约后财产保全存在操作难点

财产保全是一项非常重要的债券违约处置事项，但债务人违约时往往已经资不抵债，很多优质资产都已经优先抵押给了银行。银行在长期的放贷业务中早已形成了一整套完善的对债务人的风险监控体系。债务人存在资金问题时，银行会第一时间采取行动。等到债权人申请财产保全时，债务人的可执行资产已所剩无几。

5. 部分发行人在债券违约后不配合受托管理人甚至监管机构处置后续违约事项

个别发行人涉嫌逃债，在债券到期前转移资产，欺骗受托管理人或隐瞒债权人要求了解的相关信息，甚至不配合监管机构的调查，给债券市场造成了恶劣影响。

6. 舆情传播和信息扭曲加剧紧张局面

债券出现违约迹象或者违约事件爆发后，相关负面信息在网络公开传播的速度较快，并容易出现信息扭曲，会在很大程度上引起投资者恐慌。同时，发行人外部融资环境将急剧恶化，导致其仅靠自身能力难以在短期内产生偿债现金流，在时间上给受托管理人协调工作带来挑战。

四、证券公司当前应对固定收益业务风险的主要措施

(一) 前端严格把控、持续跟踪防范信用风险

就承销业务面临的信用风险而言,在承销阶段,证券公司通过提高债券项目的准入和立项标准,加强项目前期入口的管控力度;在后续督导阶段,证券公司设立债券受托管理团队,定期及不定期对发行人进行监测和回访,及时了解发行人的经营情况和财务状况,提前启动本息偿付前的风险排查,帮助企业做好资金安排及融资计划。同时,证券公司需要准备好应急预案,在债券融资不顺畅的情况下,做好资金安排,防范信用风险。

就投资交易业务风险防控而言,证券公司通过提高债券入库标准、建立信用债券内部信用评估制度、建立日常负面舆情监控制度、建立交易对手方黑名单等方式防范持有债券的违约风险。

(二) 建立风险限额制度,防范市场风险

证券公司通过建立以风险价值模型为核心的量化指标体系,结合情景分析、压力测试、基点价值等指标在内部管理系统中设置限额,并对风险限额实行实时监控,编制监控日报,持续对市场风险进行识别和管理。

(三) 严格执行指标管理,控制流动性风险

证券公司为防范流动性风险,一方面,合理控制杠杆比例和负债结构,严格执行净稳定资金率、流动性覆盖率等流动性指标管理,对负债来源多元化处理,对负债期限合理化处理,平滑市场波动对负债端的影响;另一方面,通过对投资资产的信用风险把控以及合理安排流动性优劣资产的配置结构,对投资债券进行跟踪分析,提前处置。

五、行业对于固定收益业务监管及自律管理方面的建议

(一) 把握金融监管政策推进的节奏和力度

2017 年以来,各项监管政策的密集推出,客观上导致各类融资渠道全面收缩,流动性风险显著提升。建议循序渐进推进各项政策的制定和执行,针对不同类型的金融风险采取差异化的方法分门别类进行处置,防止"错杀"经营状况良好、仅面临短期流动性问题的民营企业。

(二) 规范项目收费标准,避免价格战影响市场秩序

当前,证券公司在开展债券承销业务时存在恶意压价、扰乱市场秩序的行为。建议加强对证券公司债券业务规范化商业竞争的指导,对恶意低价竞争进行必要处罚,构建合理收费的市场生态,维护市场秩序。

(三) 组织固定收益业务培训、违约处置研讨会和相关调研

发行人、承销商和其他中介机构对最新监管要求往往难以准确把握。建议组织相关培

训,统一多个监管及自律组织对固定收益业务的审核理念、流程和监管要求,提升发行人和中介机构规范运作、尽职履职及风险防范意识。同时,由于公开的债券实质违约案例仍然较少,建议组织研讨会或相关调研,分享相关经验及案例,以帮助各证券公司了解实务中的操作重点、难点和细节。

(四) 研究推出违约债券交易机制和转让平台

目前,对处于违约状态债券的处置欠缺有效手段,缺少处置平台。建议建立困境债券及违约债券的交易机制,减少交易障碍,为违约债券提供转让平台,为持有人提供债券违约处置的新选择,同时也为有实力跟进违约债处理的机构提供投资途径。

(五) 推动商业银行承担受托管理人角色

商业银行在募集资金合规使用环节和识别发行人合法治理、合规经营方面具有专业优势,能够对募集资金账户的开设、募集资金的使用进行事前、事中和事后的合规性判断与控制。建议继续推动商业银行开展公司债券受托管理业务,在当前违约风险集聚的情况下快速识别发行人行为的合法合规性,及时采取处置措施,防范并化解债券违约风险。

IPO 企业财务造假手法及保荐业务风险防控措施研究

信达证券股份有限公司投资银行事业部课题组[*]

一、IPO 企业主要财务造假手法

（一）样本来源、统计结果

本文选取了保荐制实施以来（2004 年至今）中国证监会公告的行政处罚决定书涉及的 10 家 IPO 企业作为分析对象，结合 COSO 发布的《Fraudulent Financial Reporting，1998—2007》虚假财务报告中所列的常见财务造假手段，将这 10 家企业涉及的财务造假手法分类统计如表 1 所示。

表 1　　　　2004 年至今 IPO 企业财务造假手法分类　　　　（单位：家）

财务造假手法分类	涉及的 IPO 企业数量
虚增收入	
虚构客户	2
虚构合同	6
自我交易	1
违规担保回笼货款	1
虚增合同销售单价	1
提前确认收入	1
虚增资产	
虚增应收账款、预付账款	2
虚增存货	1
虚增固定资产、在建工程、无形资产	4

---

[*] 课题负责人：陈贵平；课题组成员：孙波，梁爱华，代宏，王子俏，李筱。

续表

财务造假手法分类	涉及的 IPO 企业数量
少计提各项减值准备	3
虚增银行存款	3
虚减成本、费用和负债	
少计、少结转成本	3
前移或后推成本费用期间	2
虚减费用	3
通过关联方实现自有资金体外循环	3
挪用资产	2

资料来源：根据公开资料整理得出。

本文将 10 家 IPO 财务造假企业的所属行业主营业务及接受处罚的时点进行了分析和梳理（见表 2）。

表 2　　　　　　　　　　IPO 财务造假企业基本情况

序号	企业名称	所属行业及主营业务	处罚时点	造假手法
1	科大创新	计算机、通信和其他电子设备制造业，主营通信技术、计算机应用技术、光机电一体化和医疗器械新技术开发等业务	上市后	虚构合同、违规担保回笼货款、虚减管理费用、挪用资产
2	绿大地	农、林、牧、渔服业业，主营特色苗木工业化培植、销售及服务	上市后	虚构合同、虚增固定资产和无形资产、少计提各项减值准备、通过关联方实现自有资金体外循环、挪用资产
3	新大地	农副食品加工业，主营油茶及其深加工产品的研发、生产和销售	上市过程中（撤回）	虚构客户、虚增固定资产、少计和少结转成本、后推成本费用期间、通过关联方实现自有资金体外循环
4	振隆特产	农副产品加工业，主营农副产品的收购、加工和销售	上市过程中（撤回）	虚增合同销售单价、虚增存货、虚增应收账款、少计提各项减值准备、少计和少结转成本
5	万福生科	农副食品加工业，主营稻米精深加工系列产品的研发、生产和销售	上市后	虚构合同、自我交易、虚增预付账款和在建工程、虚增银行存款
6	天丰节能	建筑业，主营建筑节能新材料、新型墙体及屋面材料、集成房屋产品及体系的研发、生产	上市过程中（撤回）	虚构客户、虚构合同、虚增固定资产和在建工程、虚减财务费用

续表

序号	企业名称	所属行业及主营业务	处罚时点	造假手法
7	海联讯	软件和信息技术服务业，主营电力信息化系统集成业务	上市后	虚构合同、后推成本费用期间
8	天能科技	电气机械和器材制造业，主营半导体材料研发、生产及光伏产品设施安装工程	上市过程中（撤回）	虚构合同、通过关联方实现自有资金体外循环
9	欣泰电气	电气机械和器材制造业，主营节能型变压器等输变电设备研发、设计、生产和销售	上市后	虚增银行存款、少计提各项减值准备
10	登云股份	汽车制造业，主营汽车发动机进排气门的研发、生产和销售	上市后	少计、少结转成本、虚减费用、提前确认收入

资料来源：根据公开资料整理得出。

（二）主要财务造假手法分析

1. 虚增收入

（1）虚构客户。

案例1：新大地。

新大地主要通过虚构自然人客户的方式虚增销售收入。在新大地2009—2011年的前十大客户名单中，其自然人客户的单一销售金额非常高，从数十万元至800万元不等。对2010年和2011年新大地的第一大客户林昭青，新大地2009—2011年累计实现销售金额高达1 474万元。在新大地的招股说明书中，林昭青为一家名为"广东粤青农副产品贸易有限公司"从事茶粕、茶饼销售企业的法人代表。但是通过多方查询，无法找到此人。

案例2：天丰节能。

2010—2012年，天丰节能通过虚构客户和虚构合同的手段三年虚增销售收入共计9 256万余元。其中，2010年虚增11 302 460.63元，2011年虚增36 642 518.14元，2012年虚增44 615 618.38元，分别占当年账面销售收入的10.22%、17.54%和16.43%。虚构包括安徽长彦水利工程有限公司等74家公司客户，这些虚增销售收入达5 823万余元。

（2）虚构合同。

案例1：科大创新。

科大创新主要通过所属的中佳分公司虚构销售合同、对方单位虚开验收单据或收货证明、摊薄产品生产成本的方式虚增销售收入933.39万元，当年冲回虚增销售收入301.25万元，实际虚增销售收入632.14万元。

案例2：绿大地。

绿大地主要以现有客户的名义虚构销售合同。监管机构在监管检查中发现，一家名为生态技术的公司在与绿大地签订的销售合同中使用的公章与其年检资料中的公章不一致。经过询问，生态技术公司负责人称，该公司不认识销售合同中的绿大地公司代表，也没有使用过合同中的公章。绿大地虚构的其他合同的对方单位情况也都是如此。

案例3：天能科技。

应县道路亮化照明工程项目等3个政府工程分别为天能科技最后一个报告期2011年1—9月的第一、第四和第五大收入项目，毛利率显著高于其他项目。当地政府在对上述工程均未履行招投标程序的情况下就与天能科技签订合同，这些合同从法律上讲是无效的，且天能科技在上述工程尚未完工验收的情况下，通过伪造《工程结算书》于2011年9月底确认了收入。

除伪造《工程结算书》外，天能科技利用董事长秦某控制的其他公司银行账户，以自有资金制造虚假的资金流，伪造销售回款。天能科技在2011年1—9月财务报告中虚增收入85 641 025.64元，虚增成本47 489 057.48元，虚增当期利润38 151 968.16元，占当期利润总额的53.18%。

案例4：万福生科。

万福生科为配合虚构销售收入，伪造了相关采购和销售合同，虚构了300多个个人账户作为供应商账户。万福生科首先通过自有资金汇入事先虚构的300多个个人账户作为采购款，然后从个人账户转入公司账户，形成虚构销售收入入账，通过"采购—销售"的循环，无限虚增销售收入。由于虚增的销售收入以现金销售的形式形成，而不是通过虚增应收账款来虚增销售收入，使得审计过程难以发现收入虚增问题。

万福生科还通过私刻客户公章、编制虚假银行单据、编制虚假出库单等方式，使虚增销售收入看起来合理，并且很难通过书面资料判断收入的虚实。同时缴纳大量税负，以使虚增的销售额看上去没有破绽。

案例5：天丰节能。

2010—2012年，天丰节能通过虚构客户和虚构合同等手段虚增销售收入共计92 560 597.15元。虚构合同具体包括：虚构与广东某工程有限公司等14家公司客户的销售合同，虚增销售收入18 797 508.79元；虚构与河南某建筑装饰工程有限公司等7家公司客户的销售合同，虚增销售收入8 361 386.46元；虚构与湖北某建筑安装工程有限公司等2家公司客户的销售合同，虚增销售收入2 327 418.09元；虚构与李某等6个自然人客户的销售合同，虚增销售收入4 842 082.22元。

案例6：海联讯。

2010年度，海联讯虚构4份合同，虚增营业收入1 426万元。其中，虚构与当期第五大客户广东某公司签订合同2份，金额分别为439万元和256万元；虚构与某电网公司签订合同1份，金额为356万元；虚构与湖南某实业集团股份有限公司签订合同1份，金额为375万元。在上述虚构的4份合同中，有3份合同收入确认时间发生在"三年一期"期末的2010年9月28日。

2011年上半年，海联讯虚构6份合同，虚增营业收入1 335万元。其中，虚构与当期前十大客户签订合同4份，即：虚构与当期第二大客户某电力公司签订合同1份，金额为288万元；虚构与当期第五大客户某电网公司签订合同2份，金额分别为193万元和196万元；虚构与当期第六大客户某电力公司签订合同1份，金额为265万元。在海联讯虚构的6份合同中，有4份合同收入确认时间发生在"三年一期"期末的2011年6月29日和6月30日。

(3) 自我交易。

案例：万福生科。

万福生科的造假模式是用公司的自有资金打到体外循环，同时虚构粮食收购和产品销售业务，虚增销售收入和利润。为完成资金体外循环，万福生科借用了一些农户的身份证件开立银行账户，并由万福生科控制使用。有些个人银行账户甚至连农户本人都不知道。万福生科首先将其账户资金汇至其控制的个人账户上，同时在财务上虚假记录粮食收购的预付款，并相应地虚假记录粮食收购的入账，完成原材料采购的账务处理。之后再把这些实际控制的个人账户中的资金以不同客户回款的名义分笔转回公司的账户，财务上对应地记录上述个人客户的销售回款，并冲减之前虚构的应收账款，利用资金的体外循环达到虚增销售收入的目的。

（4）违规担保回笼货款。

案例：科大创新。

2002年10月，科大创新总裁陆某和财务总监张某将公司2 500万元私自存入公司账外银行，并将其中的2 000万元违规用于对广东某公司的担保（违规担保金额2 000万元约占前一年度年末净资产的26%），把通过担保取得的资金作为销售回款，虚增销售收入。

（5）虚增合同销售单价。

案例：振隆特产。

2012—2014年，振隆特产以虚增合同销售单价的方式累计虚增出口销售收入8 268.51万元。其中，2012年、2013年和2014年分别虚增收入662.04万元、1 813.51万元和5 792.96万元，并相应虚增各年利润，虚增利润金额分别占振隆特产当年账面利润总额的8.61%、20.81%和67.33%。

（6）提前确认收入。

案例：登云股份。

登云股份美国子公司2013年半年报提前确认收入2 398 637.03元，导致登云股份合并报表提前确认利润949 612.22元。

2. 虚增资产

（1）虚增应收账款、预付账款。

案例1：万福生科。

万福生科主要通过虚增在建工程和预付账款来虚增资产。万福生科首先从公司账户打入个人账户款项作为预付工程设备款，一部分预付工程设备款用来抵付因虚增收入、由个人账户转入公司的款项，另一部分预付工程设备款则形成在建工程。

案例2：振隆特产。

振隆特产在虚增收入的同时虚增应收账款，并通过第三方公司回款或用其他外销客户回款进行冲抵的方式调节应收账款的账龄，以达到少计提坏账准备的目的。

（2）虚增存货。

案例：振隆特产。

振隆特产的存货南瓜子、松子仁、开心果出现大额亏空。其中，2012年亏空存货数量为568.57吨，金额为1 962.43万元；2012年和2013年共亏空存货1 897.53吨，金额达4 941.66万元；2012年、2013年和2014年共亏空存货3 254.13吨，金额达7 631.24万元。

（3）虚增固定资产、在建工程、无形资产。

案例1：绿大地。

2004年2月，绿大地购买马龙县旧县村委会土地960亩，金额为955.2万元，经司法鉴定证实，绿大地虚增土地成本900.2万元。

2005年4月，绿大地账面记录购买马龙县马鸣土地4宗，共计3 500亩，金额为3 360万元。经司法鉴定证实，2005—2006年期间，绿大地仅通过昆明某园艺工程有限公司向马龙县外资办汇款170万元作为3 500亩土地使用权转让费及相关赔偿费。其中，105万元用于支付马鸣村委员会土地转让费，65万元用于赔偿云南某研究所和某农工商贸有限公司在该地块上的设施补偿费。绿大地借此事项虚增土地成本3 190万元。

除此之外，2007年1—3月，绿大地对马鸣乡基地土壤改良价值虚增2 124万元。2007—2009年，绿大地还通过伪造合同和会计资料，虚增马龙县月望乡猫猫洞村9 000亩荒山土地使用权、月望基地土壤改良及灌溉系统工程、文山州广南县12 830亩林业用地土地使用权的资产2.88亿元。

案例2：新大地。

2009—2011年，新大地以支付工程款的名义划款至平远县二轻建筑公司，由此形成在建工程，并最终计入固定资产项下，但平远县二轻建筑公司并未为其实施工程建造。由此，2009年新大地虚增固定资产227.68万元，2010年虚增固定资产648.73万元，2011年虚增固定资产264.5万元。

案例3：万福生科。

万福生科通过虚增在建工程和预付账款的方式虚增资产。万福生科首先将从公司账户汇入虚构的个人账户款项记录为预付工程设备款，一部分预付工程设备款用来抵付因虚增收入、由个人账户转入公司的款项，另一部分预付工程设备款则形成在建工程。因在建工程核算的相对自由性，万福生科对账面在建工程进行了大量虚构。

案例4：天丰节能。

2010—2011年，天丰节能通过虚构固定资产采购和贷款利息支出资本化累计虚增固定资产和在建工程10 316 140.12元，占2011年底公司资产总额的3.08%；2010—2012年共计虚增固定资产和在建工程27 923 990.26元，占公司2012年底资产总额的5.83%。天丰节能虚构资产的具体手法包括：虚构向中国台湾某机械公司和意大利某进口设备采购交易虚增固定资产与在建工程25 812 879.11元。其中，2011年虚增固定资产9 595 120.94元，2012年分别虚增固定资产和在建工程8 738 985.04元和7 478 773.13元；通过银行贷款利息支出不正当资本化虚增在建工程2 111 111.15元。其中，2011年虚增在建工程721 019.18元，2012年虚增在建工程1 390 091.97元。

（4）少计提各项减值准备。

案例1：绿大地。

绿大地作为以绿色农业为主的高风险行业企业，应当按照《企业会计准则第1号——存货》规定，在每个会计期末终了对苗木等生物资产进行核实，按照可收回金额计提存货减值准备。而绿大地申报文件披露显示，其未充分计提存货、无形资产减值准备，从而虚增了公司利润。

案例2：振隆特产。

2012—2014年，振隆特产通过未在账面确认霉变存货损失的方式，少计提存货减值准备，最终虚增利润。

案例3：欣泰电气。

2011年12月—2013年6月，欣泰电气通过外部借款或者伪造银行单据的方式虚构应收账款的收回，在年末、半年末等会计期末冲减应收款项（大部分在下一会计期期初冲回），并少计提大量坏账准备和资产减值损失，从而虚增年度利润。其中，2013年少计提坏账准备1 240万元，2014年少计提坏账准备363万元。

（5）虚增银行存款。

案例1：万福生科。

万福生科通过操纵200多个虚构的个人账户，用自有资金以现金存、取方式制造进出资金流，假冒粮食收购款和销售回款，伪造1 300多张银行回单，共计14亿元，虚增了大量银行存款。

案例2：天丰节能。

天丰节能《招股说明书》存在"母公司资产负债表中2011年12月31日货币资金余额为65 499 487.33元"的虚假记载，实际货币资金余额应为35 499 487.33元。

天丰节能明细账显示，其某银行账户2011年12月31日的余额为30 380 019.96元，某银行对账单则显示，2011年12月31日该银行账户余额为380 019.96元。为了掩盖上述差异，天丰节能伪造了2011年度某银行对账单。此外，为了配合前述财务造假行为，天丰节能还伪造了其银行信用联合社账户2010—2012年的全套对账单。

案例3：欣泰电气。

2011年12月—2013年6月，欣泰电气通过外部借款、使用自有资金或伪造银行单据的方式虚构应收账款的收回，在年末、半年末等会计期末冲减应收款项（大部分在下一会计期期初冲回），虚增了现金流量、银行存款，并少计提了坏账准备。截至2013年6月30日，虚减应收账款15 840万元，虚减其他应收款5 324万元，虚增货币资金21 232万元，虚增经营活动产生的现金净流入8 638万元。

3. 虚减成本、费用和负债

（1）少计、少结转成本。

案例1：新大地。

根据新大地招股说明书显示，生产有机肥料耗费茶粕的最低成本比例为45%。然而，在其有机肥成本计算表中，茶粕占生产成本的比例仅为2.53%。经过数据推算，其有机肥成本耗用严重不足，具有虚减成本、虚增收入的嫌疑。此外，根据新大地公司的招股说明书，其精炼茶油2011年的销售单价为52 684元/吨，按照36.19%的毛利率计算，包含直接材料、直接人工和制造费用三部分的营业成本为33 618元/吨，大幅低于赣州市林业科学研究所经济林研究室研究计算压榨茶油的直接材料的单价35 721元/吨。

案例2：振隆特产。

2012—2014年，振隆特产分别通过调节出成率、调低原材料采购单价方式少结转销售成本。

案例3：登云股份。

2015年4月16日，登云股份第一季度亏损超过1 000万元。登云股份将销售商品的单位成本手工调减了一定的百分比，主营业务成本减少4 212 385.54元，2015年第一季度财务报告由亏转盈。

(2) 前移或后推成本费用期间。

案例1：新大地。

2008年，新大地与某会计师事务所签订《业务约定书》，约定分期支付中介服务费用，新大地将已支付的20万元中介服务费用记录为预付账款，少计2009年管理费用20万元，多计预付账款20万元。

案例2：海联讯。

海联讯通过奖金推迟计入成本费用的方式虚增利润。通常情况下，奖金正常应年底计提，次年实际发放时才确认成本费用，而海联讯未按照权责发生制原则对年终奖金进行计提，调整2011年跨期确认的年终奖金，少计应付职工薪酬488.72万元。

(3) 虚减费用。

案例1：科大创新。

2001年和2002年通过账外报销费用等方式，分别虚减管理费用190万元和480万元，并通过向控股股东科大实业借款、担保收益和质押贷款等方式取得账外资金处理其公司总部、中佳分公司、科聚分公司、辐化分公司、天安分公司的管理费用190.05万元，股票发行费用5.06万元。

案例2：天丰节能。

天丰节能通过贷款利息支出不正当资本化的方式，2011年虚减财务费用721 019.18元，2012年虚减财务费用1 390 091.97元。

案例3：登云股份。

2010—2013年6月，登云股份有部分销售费用未入账，包括2012年深圳市某投资咨询有限公司的咨询服务费5万元未入账；2013年上海某会务服务有限公司的会务费5万元未入账。2011—2013年6月，登云股份涉及某汽车有限公司无锡柴油机厂等12家企业的三包索赔费未入账，总金额为9 713 764.84元。

2013年和2014年登云股份存在部分"三包"索赔费不入账、票据贴现费用不入账等情形。2013年"三包"索赔费未计入当年销售费用5 020 406.98元，贴现票据产生的利息未计提费用2 929 311.2元；2014年，"三包"索赔费未计入当年销售费用3 451 964.74元，贴现票据产生的利息未计提费用652 500元。

4. 通过关联方实现自有资金体外循环

案例1：新大地。

新大地以成功上市后的证券溢价、资产增值为由，联合关联方企业，利用私下股权转让所得、银行借款、政府补贴资金等方式虚构原材料采购或在建工程，将自有资金转出，再通过虚增收入、虚构交易等手段使资金回流，达到虚增收入的目的。

案例2：绿大地。

绿大地共计注册过35家关联公司，部分关联公司为绿大地收购的公司（如鑫景园艺等），还有部分关联公司是在绿大地公司员工不知情的情况下，使用公司员工的身份证件注册的公司。绿大地通过资金体外循环的方式，编造自己需要的财务数据，以土地款、灌溉系统工程款等各种名义转出资金，而后再利用控制的关联公司或以员工名义开立的账户将资金转回绿大地银行账户。

案例3：天能科技。

天能科技董事长秦某在提交 IPO 申请之前，注册了多家壳公司，包括太原酷博尔贸易有限公司、山西友为经济开发有限公司、太原陆宇建筑安装工程有限公司、山西众晶益新科技发展有限公司。这 4 家公司均无办公场所和实际经营业务，主要用于伪造销售回款。例如，在和谐小区项目上，2011 年 8 月 17 日，太原陆宇建筑安装工程有限公司转出 405 万元至朔州民欣物业管理有限公司。2011 年 8 月 19 日，该款项划转至天能科技用于伪造销售回款。2011 年 8 月 22 日，天能科技又将这 405 万元转回太原陆宇建筑安装工程有限公司。

5. 挪用资产

案例 1：科大创新。

2003 年 6 月，科大创新投入 3 000 万元（占 2002 年底净资产的 18%），与深圳市某投资公司签订《资产委托管理合同》。根据安徽省公安厅经济犯罪侦查队于 2004 年 3 月 22 日出具的《"12·17"案件涉案资金情况说明》，该项委托理财金已被挪用，犯罪嫌疑人正是科大创新的总裁陆某和财务总监张某。

案例 2：绿大地。

2004 年，绿大地与 5 家供应商进行了数千万元的采购和支付交易，但在其提供的会计凭证中，通过支票付款的只附有支票存根，无银行转账回单，且其中有一半的支票存根上填写的收款方与银行实际资金去向不一致。2009 年，绿大地与数十家供应商发生上亿元的采购业务，但其中数千万元资金的去向与支票收款方不一致，一部分资金流向绿大地账外银行账户。

（三）主要财务造假手法总结

通过以上分析可见，为达到上市的最终目的，IPO 企业最常采用的财务造假手法为虚增收入，其后依次为虚增资产，虚减成本、费用和负债，通过关联方实现自有资金体外循环，也有采用挪用资产的方式造假。

IPO 企业为达到虚增收入的目的，采用最多的方法为虚构销售合同、工程合同、收货证明、项目结算书等，涉及 6 家企业，包括科大创新、绿大地、天能科技、万福生科、天丰节能、海联讯。虚增收入造假采用数量居次，IPO 企业虚构客户，涉及企业为新大地和天丰节能。除此之外，万福生科采用了自我交易的方式虚增收入，科大创新通过违规担保回笼货款虚增销售收入，振隆特产采用虚增合同单价的方式虚增出口销售收入，登云股份提前确认部分收入以达到虚增收入的目的。

IPO 企业为达到虚增资产的目的，采用最多的方法为虚增固定资产、在建工程和无形资产，涉及 4 家企业，分别为绿大地、新大地、万福生科和天丰节能。绿大地和振隆特产分别通过少计提生物资产减值准备和已损坏存货的跌价准备虚增资产。欣泰电气通过操纵应收账款回款少计提大量坏账准备虚增资产。此外，IPO 企业虚增应收账款、预付账款，涉及 2 家企业，分别为万福生科和振隆特产。万福生科、天丰节能和欣泰电气还以伪造银行对账单、银行回单等方式虚增银行存款，振隆特产虚增了存货。

IPO 企业为达到虚减成本、费用和负债的目的，采用最多的方法为少计、少结转成本和虚减费用。其中，少计、少结转成本涉及 3 家企业，分别为新大地、振隆特产和登云股份；虚减费用涉及 3 家企业，分别为科大创新、天丰节能和登云股份。此外，新大地和海联讯通过前移或后移成本费用操纵了不同申报期间的财务信息。

除上述常见造假手法外，新大地、绿大地和天能科技企业均通过关联方实现自有资金体外循环，制造销售回款假象，最终虚增了资产和收入。科大创新和绿大地还涉及挪用资产的问题：科大创新挪用委托理财金虚增收入，绿大地将采购资金移作他用。

二、保荐机构保荐风险的主要原因

（一）统计结果

中国证监会在对 IPO 企业出具行政处罚决定书的同时，针对相应保荐机构亦出具了行政处罚决定书。中国证监会针对保荐机构的处罚原因主要包括未尽职履责和内部控制与风险管理存在缺陷两大类。现将中国证监会对 9 家保荐机构出具行政处罚的原因和处罚涉及的保荐机构数量归纳如表 3 所示。

表3　　　　　　　　　2004年至今保荐机构保荐风险主要原因

保荐机构保荐风险的主要原因	涉及保荐机构数量（家） （2004 年至今共 9 家）
未尽职履责对事实认定	
未对发行人主要客户和供应商的身份、购销合同和合同金额的真实性进行核实	6
未对主要客户进行充分的实地访谈	4
未向主要客户和供应商独立、充分实施函证	5
未重点核查大额货币资金的流出和流入	3
未关注并审慎核查发行人期末收到销售款项期后不正常流出情况	2
未勤勉尽责地实地抽盘大额存货	1
未对土地使用权、固定资产、在建工程进行核实	2
未对现金交易给予充分关注	1
未对有关关联关系足够关注	2
未对异常情况予以关注	3
未能独立从第三方获取核心证据	2
未审慎核查其他中介机构出具的专业意见	2
未对发行人财务状况进行必要的尽职调查	2
内部控制与风险管理	
保荐机构内部质量控制和风险管理存在问题	2

资料来源：根据公开资料整理得出。

（二）中国证监会行政处罚决定书中指出的保荐机构未尽职履责事实认定

1. 未对发行人主要客户和供应商的身份、购销合同和合同金额的真实性进行核实

（1）绿大地。由于未对有关关联关系足够关注，未对绿大地提供的销售客户和供应商的工商信息完整地进行核实，保荐机构未发现绿大地在招股说明书中编造虚假资产、虚假业务收入。

（2）新大地。保荐机构未按规定对新大地2011年、2011年1—6月、2010年主要原材料茶籽、茶饼前十大供应商进行核查，仅随机抽查10个并非前十大供应商的农户，就在对新大地上市申请文件反馈意见的回复等文件中称，通过实地走访、发询证函或查阅工商档案等方式对新大地2011年度、2011年1—6月、2010年度主要原材料茶籽、茶饼前十大供应商进行核查，并作出新大地对主要原材料茶籽、茶饼前十大供应商的采购情况符合实际的结论。

保荐机构未按规定对新大地招股说明书上会稿中披露的2009年度销售前十大客户中的梅州市喜多多超市连锁有限公司（以下简称"喜多多超市"）、梅州市绿康农副产品经营部（以下简称"梅州绿康"）的销售金额真实性进行审慎核查，从而未能发现当年新大地向喜多多超市、梅州绿康虚假销售的事实。

（3）万福生科。保荐机构未审慎核查万福生科主要供应商身份和采购合同真实性。在保荐机构保荐业务工作底稿收集的采购合同复印件中，部分主要供应商在不同采购合同中签名不一致，部分主要供应商的签名与身份证件姓名不一致。保荐机构对上述情况未作审慎核查。

（4）海联讯。保荐机构在核查重大合同时，对海联讯2008—2011年6月30日签署的47份金额在300万元以上的重大合同，仅收集了2010年度以前的22份，遗漏包括海联讯虚构的3份重大合同在内的25份合同。对所收集的合同，保荐机构也未获取核实合同真实性的充分证据。

（5）天能科技。保荐机构对于天能科技的应县道路亮化照明工程项目等3个伪造项目的真实性和合同履行情况未尽职核查，对于上述3个项目属于市政工程而必须履行相应的招投标程序未予关注，对于同一工程项目的出库单与货物验收单存在明显不一致的情况未加以核查。保荐机构对于天能科技同一项工程项目的尽职调查工作底稿有相互矛盾的记载。

（6）登云股份。保荐机构未收集报告期内登云股份与重大客户的对账落实情况，未按《保荐人尽职调查工作准则》规定核查登云股份是否按规定组织对账。

2. 未对主要客户进行充分的实地访谈

（1）新大地。保荐机构在未对新大地前十大客户之一的梅州绿康作实地访谈的情况下，就在出具的专项核查意见中作出了对梅州绿康进行了实地访谈的虚假记载。

（2）海联讯。保荐机构在核查销售情况时，虽已将海联讯各年度前十大客户拟定为访谈对象，但对其中的电力系统客户，既未访谈又未采取足够的替代核查手段以获取充分合理的尽职调查证据。

（3）振隆特产。保荐机构对振隆特产境外客户走访不充分，仅在2011年11—12月现场走访了荷兰的8家客户。保荐机构在对境外客户走访中未调取销售合同等相关凭证，在访谈境外客户时未聘请第三方翻译，访谈内容的真实性存疑。访谈记录的制作程序存在明显瑕疵，境外访谈仅聘请律师参与见证了访谈尽职调查整个过程，未取得境外客户对访谈记录的确认签字，并在回国后制作与境外客户的访谈记录。访谈记录里的销售数量和销售金额是回国后根据财务资料补充的，访谈记录的法律效力待定。2012—2014年，保荐机构未对境外客户进行实地访谈。此外，保荐机构没有关注境外客户销售合同格式存在前后不一致的情况。

（4）登云股份。保荐机构对一汽解放汽车有限公司无锡柴油机厂等7家客户的访谈程序未勤勉尽责。实地访谈发生在 2013 年财务核查期间,但访谈笔录内容中并未涉及三包索赔事项。

3. 未向主要客户和供应商独立、充分实施函证

(1) 天能科技。对于天能科技的应县道路亮化照明工程项目等 3 个伪造项目销售收入的尽职调查工作,保荐机构保荐代表人没有直接向客户发函了解情况,只是查阅了会计师针对上述客户的相关函证,没有针对天能科技 2011 年 8 月、9 月会计期末销售收入异常增长的情况予以核查,且没有关注到太原酷博尔贸易有限责任公司、山西友为经济开发有限公司、太原陆宇建筑安装工程有限公司和山西众晶益新科技发展有限公司与天能科技频繁、大额且没有经济实质的资金往来情况。

(2) 天丰节能。保荐机构在依据《保荐人尽职调查工作准则》第四条、第五条、第六条和第二十二条执行销售情况尽职调查程序时,未对 2010 年和 2011 年前十大主要客户编制销售额占年度销售总额的比例及回款情况,未独立发放函证,对明显异常回函未予以关注,在对大客户销售业务真实性的核查中,遗漏客户资料,对明显异常回款凭证未予以审慎核查,导致未能发现天丰节能报告期内虚构客户、虚增收入的行为。

保荐机构在依据《保荐人尽职调查工作准则》第四条、第五条、第六条和第二十条执行采购情况尽职调查程序时,未计算主要供应商的采购金额占天丰节能同类原材料采购金额的比例,未独立实施函证,对存在明显异常的回函未予关注。在对供应商走访过程中,保荐机构对未取得实际采购数据的企业默认无差异,导致未能发现天丰节能虚构采购、虚增成本的行为。

(3) 振隆特产。在振隆特产产品大量出口的情况下,保荐机构对境外客户的销售收入未执行独立函证程序,其保荐工作底稿中的函证文件均取自会计师,且未审慎核查会计师的函证,未尽到应有的注意义务,未发现会计师的询证函是由振隆特产寄发这一明显的程序瑕疵。在走访海关时,保荐机构未能从海关等机构确定发行人销售的真实性。

(4) 欣泰电气。保荐机构对欣泰电气进行核查时,未按照《证券发行上市保荐业务管理办法》《保荐人尽职调查工作准则》的要求,对银行存款账户进行独立函证,而是直接引用会计师事务所审计工作底稿,且对审计工作底稿未能审慎核查。

(5) 登云股份。保荐机构对一汽解放汽车有限公司无锡柴油机厂等 7 家客户的函证未勤勉尽责。一是保荐机构并未就 2011 年度、2013 年 1—6 月的交易及往来款项进行函证;二是 2012 年函证中有 2 家客户未有回函,4 家存在函证差异,仅 1 家函证金额与回函金额相同。

4. 未重点核查大额货币资金的流出和流入

(1) 海联讯。在核查货币资金和现金流量时,保荐机构只收集了海联讯各账户报告期最后 1 个月的银行对账单,而未整体关注报告期货币资金的期初余额、本期发生额和期末余额。对取得的报告期最后 1 个月的银行进账单,保荐机构也未重点核查大额货币资金流入情况。

(2) 欣泰电气。保荐机构对欣泰电气进行核查时,未按照《证券发行上市保荐业务管理办法》《保荐人尽职调查工作准则》的要求,重点核查大额货币资金的流出和流入,核查大额银行存款账户,判断其真实性。

(3) 登云股份。保荐机构发现登云股份 2011 年、2012 年以银行汇款和票据背书的方式

分别多支付申源特钢 2 233.33 万元和 14 157.76 万元。2013 年 1—6 月，登云股份向申源特钢的采购金额为 3 258.72 万元（含税），而当期登云股份实际向申源特钢支付的承兑汇票为 3 926 万元，超过合同约定可使用承兑汇票限额 1 644.9 万元。保荐机构未对登云股份与申源特钢资金往来的性质持续保持应有的职业审慎，从而未能发现登云股份少确认贴现费用的情况。

登云股份部分对外违规借款采取转账后不入账、不规范入账（例如收回借款时，登云股份会计记账借贷科目均为"银行存款"）及经供应商转账（未发生实际采购）等方式，单笔转账金额在 300 万—960 万元。保荐机构未保持应有的职业谨慎，未对大额资金往来中的异常情形予以关注，未严格按照程序对大额资金往来进行核查，从而未能发现登云股份存在未有效执行资金内控制度等情形。

5. 未关注并审慎核查发行人期末收到销售款项后不正常流出的情况

（1）海联讯。保荐机构未关注并审慎核查海联讯会计期末收到销售款项后不正常流出的情况，未能发现海联讯虚构收回应收账款的事实。保荐机构在核查销售收入和应收账款时，未适当关注海联讯在会计期末突击收到大量销售款项后不正常流出的情况。

（2）欣泰电气。保荐机构在对欣泰电气进行核查时，未按照《证券发行上市保荐业务管理办法》《保荐人尽职调查工作准则》的要求核查欣泰电气是否存在期末收到销售款项后不正常流出的情况；在对欣泰电气主要销售客户进行访谈时，部分客户（包括厂家欣泰电气收回应收账款的公司）未对应收账款余额进行确认。

6. 未勤勉尽责地实地抽盘大额存货

案例：振隆特产。保荐机构在核查振隆特产存货情况时，未按照《保荐人尽职调查工作准则》第四条、第五条、第六条、第四十一条和第五十二条的规定执行存货情况尽职调查，报告期内未勤勉尽责地实地抽盘大额存货，相关材料全部引用了会计师的存货盘点文件。同时，未对会计师存货盘点工作的合理性、准确性、完整性进行审慎核查和独立判断，进而未能发现振隆特产账实不符、虚增存货、虚增利润的情况。《保荐人尽职调查工作准则》第五十二条第二款明确规定"结合原材料及产品特性、生产需求、存货库存时间长短，实地抽盘大额存货……"，而保荐机构提供的工作日志记录的是"存货监盘"而非"实地抽盘"；保荐机构就存货核查大量复印会计师的工作底稿，而未勤勉尽责地审慎核查材料的真实性，导致未发现发行人账实不符。

7. 未对土地使用权、固定资产、在建工程进行核实

（1）绿大地。由于未对土地使用权完整地进行核实，保荐机构未发现绿大地在招股说明书中编造虚假资产。

（2）天丰节能。保荐机构在依据《保荐人尽职调查工作准则》第四条、第五条、第六条和第五十四条的相关要求执行固定资产尽职调查程序时，未能对存在明显异常的购置合同和原始单据予以审慎核查，未能获取完整的报关单，未能审慎核查固定资产的使用状态、在建工程的施工进度，未能审慎核查当期新增固定资产的真实性，导致未发现天丰节能报告期内虚增固定资产的行为。

8. 未对现金交易给予充分关注

保荐机构在核查天丰节能各报告期内的现金收款交易时，未按照中国证监会《关于进一步提高首次公开发行股票公司财务信息披露质量有关问题的意见》的相关要求给予充分

关注，未关注天丰节能刻意隐瞒现金收款的做账过程。

9. 未对有关关联关系足够关注

（1）绿大地。由于未对有关关联关系足够关注，未对绿大地提供的销售客户和供应商的工商信息完整地进行核实，保荐机构未发现绿大地在招股说明书中编造虚假资产、虚假业务收入。

（2）新大地。保荐机构未按规定全面收集并认真查验梅州绿康的工商登记资料，未能发现梅州绿康经营者陈某系新大地财务总监凌某的配偶。保荐机构在2011年6月10日出具的反馈意见回复说明中发表了梅州绿康与新大地不存在关联关系的意见。

新大地与梅州市曼陀神露山茶油专卖店（以下简称"曼陀神露"）之间存在如下异常情况：①曼陀神露先后以黄某、邹某的名义申请办理工商登记，两次工商登记预留的联系电话均与新大地相同；②黄某办理工商登记时预留的个人联系电话为新大地董事黄某的手机号码；③曼陀神露与受新大地董事长黄某实际控制的梅州市三鑫有限公司（以下简称"梅州三鑫"）签订经营房屋租赁合同时预留的联系电话，与新大地实际控制人凌某的联系方式相同；④2009年11月，梅州三鑫将其持有的新大地股份转让给他人时，收款经办人为曼陀神露的黄某。对上述异常情况，保荐机构未保持应有的职业谨慎并采取进一步的核查措施。

保荐机构收集的工作底稿及报送的新大地辅导验收材料中，均披露过新大地董事长黄某之弟系梅州市鸿达装饰有限公司（以下简称"鸿达装饰"）实际控制人，但未保持足够的职业审慎，未能核查出新大地招股说明书上会稿未披露鸿达装饰为新大地关联企业的事实，在向中国证监会出具的反馈意见回复中也未进行披露。保荐机构对上述事项的尽职调查未勤勉尽责。

10. 未对异常情况予以关注

异常情况包括但不限于：毛利率较往年大幅度增长，用电量异常，产能利用率异常等。

（1）海联讯。对海联讯在会计期末大量集中确认销售收入的情况，保荐机构未予特别关注并采取适当方法进行核查验证。在公司内核会已发现海联讯2010年1—9月毛利率较往年有较大增长的情况下，保荐机构仅重新查阅相关合同、验收报告等材料，而未采取其他核查手段以获取充分的尽职调查证据。

（2）振隆特产。保荐机构在执行生产情况尽职调查程序时，对振隆特产产能利用率超过100%、出仁率逐年上升、副料异常减少、用电量异常等情况未能保持足够关注。在对振隆特产生产工艺、技术进行分析评价的尽职调查过程中，未能发现振隆特产直接采购南瓜仁、松子仁进行加工，没有经过所谓破壳加工工序生产，开心果大部分未加工生产而是采购后直接销售产品的情形。同时，保荐机构未能合理分析南瓜子仁生产环节是否存在瓶颈制约情况，未能对南瓜子仁产能利用率超过100%的情况进行有效分析。

（3）登云股份。保荐机构未对报告期内登云股份"三包"索赔费异常情况予以充分关注并采取进一步的核查措施。2010—2013年6月，登云股份"三包"索赔费用存在巨幅波动，同与"三包"索赔费用存在直接关系的当期配套柴油机销售收入的变化趋势存在重大不一致：一是2011年"三包"索赔费用较2010年大幅增长，但2012年却较2011年明显下降；二是2013年上半年"三包"索赔费用仅3.4万元，远低于2012年的194.16万元。

11. 未能独立从第三方获取核心证据

（1）天丰节能。保荐机构在依据《保荐人尽职调查工作准则》第四条、第五条、第六条和第五十条规定要求执行货币资金尽职调查程序时,未独立获取天丰节能银行账户资料,未独立获取银行对账单,未独立实施函证,对存在明显异常的银行对账单未予以审慎核查,导致未能发现天丰节能伪造银行对账单、伪造银行业务原始凭证入账、银行资金划转与财务记账严重不符等情况。

(2) 振隆特产。保荐机构虽取得了发行人销售合同、销售发票、会计凭证、海关报关单、装箱单等相关文件,但这些文件大部分来自发行人,且上述文件的形成更多产生于发行人,而未能直接从销售客户等第三方获取核心证据予以印证。

12. 未审慎核查其他中介机构出具的专业意见

(1) 万福生科。湖南博鳌律师事务所(以下简称"博鳌所")系万福生科 IPO 法律服务机构。博鳌所向保荐机构提供的万福生科供应商访谈笔录、律师鉴证的采购合同和销售合同以及律师询证函回执等材料中,存在供应商签名与身份证件姓名不一致、销售合同鉴证日期早于合同签订日期、销售合同客户印件与工商登记不一致等情况。保荐机构未能结合其尽职调查过程中获得的信息,对上述情况进行审慎核查。

中磊会计师事务所有限责任公司(以下简称"中磊所")系万福生科 IPO 审计机构。中磊所向保荐机构提供的企业往来询证函中,部分供应商的签名与身份证件姓名不一致、与采购合同中签名不一致,部分客户加盖印章名称与工商登记名称不一致。保荐机构未能结合其尽职调查过程中获得的信息,对上述情况进行审慎核查。

(2) 振隆特产。保荐机构在核查振隆特产存货情况时,未按照《保荐人尽职调查工作准则》第四条、第五条、第六条、第四十一条和第五十二条的规定执行存货情况尽职调查,报告期内未勤勉尽责地实地抽盘大额存货,相关材料全部引用了会计师的存货盘点文件。同时,未对会计师存货盘点工作的合理性、准确性、完整性进行审慎核查和独立判断,进而未能发现振隆特产账实不符、虚增存货、虚增利润的情况。保荐机构就存货核查大量复印会计师的工作底稿,而未勤勉尽责地审慎核查材料的真实性,导致未发现发行人账实不符。

13. 未对发行人财务状况进行必要的尽职调查

(1) 科大创新。保荐机构及其相关人员未对科大创新财务状况进行必要的尽职调查,未对《招股说明书》及其摘要的内容进行充分核查,即在《首次公开发行股票申请文件主承销商核对表》中确认相应事项,未能发现公开发行股票申报材料和《招股说明书》中关于收入、费用和利润情况的重大虚假内容,出具了关于"科大创新已具备股票发行条件,公开发行股票的申请文件基本符合有关法律法规的要求,不存在虚假、严重误导性陈述或重大遗漏"的推荐函。

(2) 登云股份。保荐机构未对登云股份 2013 年 6 月底的销售收入开展核查程序,也未对登云股份 2013 年 1—6 月向 Golden Engine 公司的销售情况进行核查。

(三)中国证监会行政处罚决定书中指出的保荐机构内部质量控制和风险管理问题

保荐机构内部质量控制和风险管理存在问题

1. 海联讯

保荐机构在内核阶段已提出海联讯应收账款余额较大、海联讯 2010 年 1—9 月毛利率较往年有较大增长等问题,要求以保荐代表人作为最重要成员的项目组进行核查和说明,但保荐代表人等相关责任人此后并未进行审慎核查,再一次错失可能发现海联讯造假的机会。此案的发生与保荐机构内部控制和风险管理不当等因素有关。

2. 万福生科

万福生科欺诈发行股票，既与具体承担保荐职责的保荐代表人未勤勉尽责有关，也与保荐机构内部整体缺乏有效的质量控制和风险管理有关。虽然从形式上看，保荐机构在案发时已按照法律规定建立保荐业务制度，但从此案的发生看，保荐机构保荐业务相关质量控制制度未能得到有效执行。

（四）保荐机构保荐风险主要原因总结

自监管机构颁布和出台《证券发行上市保荐业务管理办法》《保荐人尽职调查工作准则》《证券发行上市保荐业务工作底稿指引》《发行保荐书和发行保荐工作报告准则》等一系列准则、指引以来，随着认识的深化和实践的丰富，保荐机构对保荐业务质量控制普遍较为重视，制订了保荐业务制度、质量管理与风险控制制度，做了大量的工作。但还有部分保荐机构业务流程的相关环节缺乏监督和制约，内控薄弱，没有建立起严格的质量和风险控制制度，或者虽有内控制度但未得到有效执行，采取的仍然是粗放式的经营模式；有的内核机制未发挥应有功能，对发行人的重大风险和问题揭示不够，给保荐机构埋下了极大的保荐风险隐患。

通过以上分析可见，保荐机构保荐风险原因主要体现在未尽职履责、内部质量管理和风险控制存在缺陷等方面。

1. 部分保荐机构经营模式粗放

保荐业务市场竞争激烈，一些保荐机构为追求业务规模扩张和市场份额提升，选择通过加大提成激励力度追求短期效益的粗放式经营模式，在取得短期效益的同时也埋下了风险隐患。

以某保荐机构为例，该保荐机构在回应媒体采访时坦承：一方面，在其承做的两单IPO造假被处罚之前，在应对复杂的造假手段方面，负责项目的执行人员在经验和能力上存在缺陷；另一方面，过去几年投行业务规模及数量大幅增长，但内控环节存在不足，对质量的把控相对薄弱。根据媒体的报道，导致保荐机构事故频发的原因主要为投行业务的粗放经营，即为激励各业务团队进行业务拓展的"狼性"，一些中小项目主要实行项目直接提成制度，个人收益直接与项目佣金收入挂钩，按单结算、迅速兑现。在这种情况下，保荐机构容易出现"大跃进式"发展。随着人均产能指标攀升到行业最高水平，忽视质量的粗放特征开始凸显。不少质量偏低的项目"慕名"而来。快速发展的业务与人员素质不高、质量管理不到位之间的矛盾以及过于注重项目数量和经济收益的扭曲业绩指标，为保荐机构投行业务埋下较大风险隐患，其粗放经营模式（实行项目提成激励制度扩张业务的同时，忽视质量和风险控制）是其保荐风险频发的祸根。在不断发生保荐风险丑闻后，为降低和消除风险隐患，该保荐机构进行了脱胎换骨的内部整改。公司在投行架构设置、制度建设、关键流程优化等方面均做出了一系列重大改革，投行业务从内涵和形式上已全面更新。

随着监管机构对保荐业务监管和核查力度的不断加强，前述保荐机构的保荐风险逐个爆发。保荐机构要对曾经的粗放式经营模式引以为鉴。

2. 保荐业务人员在执业过程中未能做到勤勉尽责，保荐业务尽职调查工作存在一定缺陷保荐制度要发挥效用，离不开在具体的保荐工作中的贯彻与落实。尽职调查是具体保荐工作的核心内容，也是基础内容，尽职调查质量的优劣直接决定着保荐业务的质量。目前，我国保荐机构的尽职调查工作仍存在如下方面的问题：

（1）保荐业务在法规层面确立的尽职调查的相关规则与指引尚不完善。截至目前，关于保荐工作尽职调查的主要规定为中国证监会于2006年5月29日发布实施的《保荐人尽职调查工作准则》和2009年3月27日发布的《证券发行上市保荐业务工作底稿指引》。从内容上看，前者在行业上仅适用于传统的制造业企业，后者同样存在着不区分发行人行业特征的缺点。

（2）保荐机构目前不存在自身的尽职调查标准，不像注册会计师一样有一套完整的执业准则，没有风险导向，无"重要性"判断标准。

（3）保荐机构开展尽职调查时缺乏清晰的有针对性的尽职调查个案性计划或清单，尽职调查的针对性不强，底稿中除复印文件外，很少有关于所收集文件的明确的核查结论。

保荐机构未尽职履责事实认定中数量最多的是未对发行人主要客户和供应商的身份、购销合同和金额的真实性进行核实事实认定，共发生6次，涉及5家保荐机构（其中某保荐机构因上述原因两次受罚）。数量居次的是未向主要客户、供应商独立、充分实施函证事实认定，共发生5次，涉及5家保荐机构。数量居第三位的是未对主要客户进行充分的实地访谈事实认定，共发生4次，涉及4家保荐机构。另外，未重点核查大额货币资金的流出、流入和未对异常情况予以关注事实认定分别涉及3家保荐机构。未关注并审慎核查发行人期末收到销售款项后不正常流出的情况，未对土地使用权、固定资产、在建工程进行核实，未对有关联关系足够关注，未能独立从第三方获取核心证据，未审慎核查其他中介机构出具的专业意见和未对发行人财务状况进行必要的尽职调查事实认定分别涉及2家保荐机构。未勤勉尽责地实地抽盘大额存货和未对现金交易给予充分关注事实认定分别涉及1家保荐机构。

上述关于保荐机构未尽职履责事实认定突出反映了保荐机构在尽职调查方面确实存在一定的缺陷，在执业过程中未能做到勤勉尽责，实际操作中风险防范措施存在缺失。

3. 保荐业务流程的相关环节缺乏制约和监督，没有建立起严格的保荐业务质量管理和风险控制制度

保荐机构内部质量控制与风险管理缺陷主要体现为虽然在形式上已按照法律规定建立保荐业务制度，但实际上相关质量控制制度未能得到有效执行，再加上目前保荐机构对质量控制投入资源非常有限等种种因素制约，保荐机构的内部控制机制无法发挥应有的功效，没有形成有效的质量控制。

上述问题的存在给保荐业务未来的发展带来很大风险隐患。为了保荐业务的可持续发展，保荐机构必须进一步建立健全保荐业务操作规范、质量控制和风险管理制度、内部监督核查体系，强化保荐业务的风险识别、评价和管理，提高保荐业务质量，有效防范保荐业务风险。同时，就保荐机构自身开展尽职调查工作而言，要充分认识到目前的不足，针对不同的发行人制定不同的尽职调查清单，体现出不同的重要性标准，并将工作底稿从收集的层面提升到分析判断的层面，对相关底稿的分析与总结应当在底稿中留痕，避免沦为"投行复印机"。此外，保荐机构也应当重视电子化等管理信息系统在尽职调查工作中的运用，提升工作质量和效率。

三、保荐业务风险防控措施

为进一步提高保荐业务质量，防范和控制保荐业务风险，针对本文总结的保荐业务保荐风险主要原因，结合中国证监会发布的《证券公司投资银行类业务内部控制指引》（以下简称《内控指引》）相关要求，保荐机构可以从以下几方面进行改进。

（一）加强保荐业务风险意识，统一内部控制标准，优化内部控制体系

1. 充分提高保荐业务风险意识，全员高度重视业务风险

在审核日趋严格的大趋势下，保荐机构应强化执业过程中的风险和责任意识，做到全员参与，高度重视，并着力从以下几个方面狠下功夫：

（1）高层管理模式变革，由粗放式经营向精细化经营转变。为消除粗放式经营模式可能带来的风险隐患，增强保荐机构的自我约束和风险控制能力，保荐机构应力求从粗放式经营向精细化经营转变，即优化业务流程，确立系统化、精细化的业务模式。精细化经营强调将保荐业务各关键性控制点或节点做细、做精，全面提高保荐业务的工作质量。

（2）强化保荐业务团队的风险意识和要求。保荐业务团队是项目的第一责任人，也是项目的源头和项目风险的第一道防线。只有从源头上增强风险意识和责任意识，才能从根本上杜绝风险事件的发生。如果源头上没有加强风险意识，完全依靠质量控制及内核部门的复核去防控风险，无疑等于无源之水。项目组须在工作过程中加强保荐业务风险意识，坚持风险防控重于工作业绩的原则不放松。

（3）强化保荐业务质量控制及内核的地位和作用。质量控制、内核等部门作为保荐业务系统内的技术支持和监督审核部门，需要在机构设置、人员安排、激励制度等方面独立于投资银行系统内其他业务部门。同时，需要更多业务精干、经验丰富、执业素质高的人员充实到质量控制岗位上。《内控指引》明确规定，证券公司应当为投资银行类业务配备具备相应专业知识和履职能力的内部控制人员，独立开展投资银行类业务内部控制工作。投资银行类业务专职内部控制人员数量不得低于投资银行类业务人员总数的1/10。同时，证券公司应当建立科学、合理的投资银行类业务内部控制人员薪酬考核体系，保证内部控制人员独立、有效地履行内部控制职责。内部控制人员的薪酬收入不得与单个投资银行类项目收入挂钩。内部控制人员工作称职的，其薪酬收入总额应当不低于公司同级别人员的平均水平。

2. 统一保荐业务内部控制标准，避免保荐业务质量存在差异

内部控制体系是整个风险管理的核心，风险管理体系决定了控制、监督和评估其所承担风险的能力。因此，优化和统一保荐业务内部控制标准显得尤为重要。

根据《内控指引》的要求，保荐机构需要按照现行有效的国家相关法律、行政法规、规章及其他规范性文件、行业自律组织的相关规定，针对各类投行业务制定和完善具有可操作性的内部规章制度，包括但不限于制定各类投行项目的承揽标准、业务承做标准、业务质量控制标准、内部核查制度、合规风险控制等内控要求以及项目管理规程、项目工作底稿制度、持续督导制度、业务培训制度等。

目前，保荐机构需要根据监管部门新颁布的法规规定等及时修订相关保荐业务制度，及时调整保荐项目立项、内核标准和条件，通过有效实施包括质量控制在内的内控体系，确保

保荐机构对于同类保荐业务采取同一业务内部控制标准，避免出现影响项目质量的人情申报、集中申报、突击申报等情形。

同时，保荐机构应当对保荐业务承做实行集中统一管理，明确界定总部与分支机构的职责范围，确保其在授权范围内开展业务活动。

3. 构建分工合理、权责明确、相互制衡、有效监督的内部控制体系

《内控指引》明确指出，保荐机构应当构建清晰、合理的保荐业务内部控制组织架构，建立分工合理、权责明确、相互制衡、有效监督的三道内部控制防线。

项目组、业务部门为内部控制的第一道防线。项目组应当诚实守信、勤勉尽责地开展执业活动，业务部门应当加强对业务人员的管理，确保其规范执业。

质量控制部门为内部控制的第二道防线。质量控制部门对投资银行类业务风险实施过程管理和控制，及时发现、制止和纠正项目执行过程中的问题。

内核、合规、风险管理等部门或机构为内部控制的第三道防线。通过介入主要业务环节、把控关键风险节点，实现公司层面对投资银行类业务风险的整体管控。

因此，保荐机构应制定清晰的内部控制职能部门职责范围，明确质量控制职责在于实施全过程管控，与内核、合规、风险控制等其他内部控制体系有所区别，共同构建分工合理、权责明确、相互制衡、有效监督的内部控制体系。通过强调项目组和业务部门加强一线执业和管理、质量控制实施全过程管控、内核等，严把公司层面出口管理、合规风控，加强外部监督，督促各方归位尽责，避免职责因分工不清晰导致实际工作中职责虚化或重叠的问题，进而提高保荐业务内部控制效率。

同时，保荐机构应着力提高业务内部控制的有效性，细化各道防线具体履职形式，加强对保荐业务立项、质量控制、内核等执行层面的规范和指导，从内部控制人员配备、立项和内核等人员构成和比例、表决机制，现场核查等方面提出具体要求，避免实践中的内部控制沦为走形式。

保荐机构应当根据监管要求、业务发展等情况的需要，建立内部控制执行效果定期评估机制，自行或委托外部专业机构对业务内部控制的有效性进行全面评估，内部控制执行效果评估每年不得少于1次。

（二）保荐业务人员应对措施

针对IPO企业花样繁多的造假手法，在整体上，保荐业务人员应加强与发行人、其他中介机构的沟通深度与频度，并做好与监管机构的提前沟通工作，进一步强化对以往发行或被处罚案例的研究并予以借鉴，做到举一反三。另外，在尽职调查方法上，由于监管部门制订的尽职调查程序属于公开信息，对于保荐业务人员拟实施的核查程序，发行人可能已经作出了针对性的反核查准备工作。因此，采取创新性或非常规性的尽职调查方法与核查程序，可以达到事半功倍的效果。

然而，更常见的情况是，监管机构和保荐机构已经制订了相应的尽职调查程序，但保荐业务人员没有严格履行尽职调查程序。针对监管部门对保荐机构出具的未尽职履责事实认定，保荐业务人员应严格执行监管机构发布的规范性文件中规定的尽职调查程序，狠抓实质性程序的落实。

针对中国证监会行政处罚决定书对保荐人未尽职履责的事实认定，结合在过往项目审核

中发现的问题，保荐业务人员应当在保荐项目尽职调查过程中对下列问题予以特别关注：

1. 对客户和供应商的调查与走访

被调查与走访的客户与供应商应当覆盖包括假期在内的全部申报期间；在走访前，保荐业务人员应当对客户与供应商的背景进行充分调查，调查的方式不限于工商档案查询、公开信息查询、聘请第三方咨询机构进行查询等。调查与走访内容应当覆盖与销售或采购相关的全部方面，同时对未予回复的问题予以适当的追查或获取其他证据予以验证。在走访与调查问题设计、走访执行过程中保持独立性，尽量屏蔽发行人的干扰。对被访谈人的身份予以适当核实，在条件允许的情况下尽量对单一被访单位的多名人员进行访谈，并将访谈结果相互印证。

2. 函证

函证方式除货币资金、往来交易及余额等传统事项可以采用外，还可以广泛用于投资、存货等项目。函证过程要保证独立性，对函证发出、回收和差异追查等要保持全程控制。对于样本选择，应当同时考虑业务发生额和结存余额，样本对应金额应当具有一定的覆盖比例，必要时应当将期初结存余额纳入函证范围；对于未回函的项目应当执行替代调查程序，对于回函不符的项目应当执行追加调查程序；对于回函结果应当与访谈记录、其他中介机构回函进行印证核对，发现差异应当予以重点调查。

3. 存货抽盘

执行存货抽盘应当独立编制盘点计划。优先选择数量少而价值高的存货项目作为抽查样本，同时对冷背残次、退回货物等特殊存货予以重点关注并纳入抽盘范围。抽盘应当独立执行，实行"过手"盘查。抽盘方式应当同时采用"账—实""实—账"双向核实的方式，同时关注仓库产销存账与财务明细账记录是否相符。对于无法执行盘点的存货应当采取函证、追查采购或验收记录等必要的替代调查程序。对于存货的盘亏盘盈应当追查其产生的原因和处理方法，关注是否存在虚增资产或虚做出库的情况。

4. 货币资金

应当将报告期内的所有账户及其发生额、余额纳入调查范围。重点关注其他货币资金的用途、合理性、存放机构性质及期后的解限情况。对货币资金执行独立函证程序。独立取得所有银行账户的对账单，调查未达账项形成的原因及处理的适当性。实行"账—单"与"单—账"双向核实，对报告期内发生的重大"金额相同、方向相反""期初流出、期末流入"等现金流异常情况予以重点调查。

5. 收入确认

关注发行人主营业务所处经济周期，销售季节性，销售方式（批发或零售、内销或外销等），客户集中程度，市场供需情况等与业务情况的匹配程度。结合发行人采用的会计政策，有针对性地选用恰当的收入确认原始凭证进行调查。关注客户的性质和稳定性，对自然人客户、关联方客户、经销商客户、一次性客户等特殊客户确认的收入应当进行重点调查。对销售回款来源、回款去向、重大退货等事项应当予以重点关注。

6. 生产成本与费用

结合对发行人业务特点、生产流程、工艺特征的详细了解，关注毛利率、产能利用率、主要产品原材料单位消耗等重要指标的波动原因及其合理性。执行截止测试，关注是否存在生产成本与费用的跨期调整，关注各类会计差错调整的合理性。对于非经常成本与费用项目的合理性进行重点调查。关注是否存在通过将费用计入生产成本导致当期损失沉淀于资产项目的情况。

7. 长期资产

查阅长期资产的权属证明文件、支付凭证,对重要长期资产的出让方或出售方实施访谈与函证程序。对重要生产性长期资产的运营状态进行实地观察,对重大单项资产实施抽盘程序。通过向监理机构取得监理报告或函证等方式了解重大在建项目进展情况,并重点关注长期无进展项目形成的原因、合理性和减值情况。判断资本化的费用项目是否符合会计准则的规定,并对其计算准确性予以验证;重点关注商誉的减值情况,对减值测试中采用的各项基本假设的合理性及其可实现性予以充分调查。关注是否存在未披露的重大资本承诺事项。

8. 关联交易

关注主要客户、供应商等各方工商档案细节,结合日常观察,关注是否存在隐瞒关联方、关联交易非关联化的情况。采用实质重于形式的原则,对可能产生关联方关系的交易方予以重点调查。关注在集团内各公司间存在税差的情况下是否存在定价转移的情况,取得相关的税务认定或其他可以证明交易公允性和必要性的文件。关注关联交易的性质,对于存在明显定价差异且存在销售与采购等异常情况的,应当追查其合理性和必要性。结合尽职调查中发现的其他异常交易,调查是否存在隐瞒关联交易的情况。

保荐业务人员应当在充分关注发行人是否存在舞弊的动机和机会的基础上对上述问题予以重点调查。同时,还应针对不同的发行人制定不同的尽职调查清单,体现不同的重要性标准,并将尽职调查工作底稿从收集的层面提升到充分分析判断的层面,对相关底稿的分析与总结应当在底稿中留痕。此外,保荐业务人员应当避免对其他专业机构的过度依赖,对其他专业机构出具的意见予以审慎核查,保持合理怀疑的态度。

(三) 质量控制内核部门应对措施

保荐机构的质量控制要通过对业务实施贯穿全流程、各环节的动态跟踪和管理,最大程度前置风险控制工作,履行项目质量把关和事中风险管理等职责,实施业务全过程管控。相对于风控合规等其他内控体系,质量控制工作需要更加主动、及时,通过动态跟踪,及时发现、制止和纠正投行项目执行过程中的问题。

针对保荐机构内部质量控制和风险管理缺陷,保荐机构应加强体系建设并切实落实制度管理。保荐机构必须推动实现全程有效内控,夯实保荐项目基础,健全保荐业务内控制度,提高保荐项目质量,建立对保荐代表人和项目组成员的问核制度,督促相关人员做好尽职调查工作,完善对保荐项目的持续追踪机制,避免保荐项目执行过程失控。保荐机构必须进一步建立健全保荐业务质量管理和风险控制制度、操作规范和内部监督核查体系,强化保荐业务的风险识别、评价和管理,以确保对保荐业务质量和风险进行有效控制。具体可以采用以下措施:

要建立"人人做质控、层层做质控"的多级质量控制体系,特别要发挥保荐代表人、质量控制部门、内核机构对保荐业务的内部核查作用。同时,要统一质量控制,即统一立项管理、统一保荐业务内部控制制度建设、统一内核管理,确保实施统一的执业标准和质量控制标准。

要加大对内部控制机制的资源投入,包括人力资源、财务资源和技术资源的投入。加强保荐业务质量控制人才队伍建设，把业务精、经验丰富、执业素质高的人员充实到质量控制岗位上。保荐业务专业性较强，发行人造假手法高超，必须有一支专业能力很强的质量控制队伍，才能发现和控制潜在的各种保荐风险。

完善激励约束制度，建立与质量控制挂钩的保荐业务绩效考核机制，从机制上提升保荐业务人员的质量控制意识。激励制度必须与约束制度相结合，既不能激励不足，也不能约束不足，更不能只有激励没有约束。保荐机构应从以下几个方面细化和完善约束制度：第一，建立收入递延支付机制和项目风险保证金制度，合理确定收入递延支付标准，明确递延支付人员范围、递延支付年限和比例等内容。在收入到账的同时，按照合理的比例预提项目风险保证金。第二，项目奖金兑现要以未发生风险事件、项目工作底稿、档案验收合格且移交公司档案管理部门作为奖金发放的前提。

加强对保荐业务质量控制制度、工作流程和操作规范执行情况的监督，加强项目的全程动态跟踪监控力度，从节点控制转向全过程监督，全程跟踪项目的尽职调查过程，通过持续动态跟踪项目进展，督促一线项目组和业务部门按照行业规范勤勉尽责地履行尽职调查、审慎核查义务。赋予质量控制部门对保荐业务全过程的监督和违规扣分权力，尽可能地杜绝因项目组不诚信影响保荐机构的诚信度，进而提升保荐业务的竞争力，有效降低和防范保荐业务风险。

强化尽职调查、工作底稿、信息披露文件制作三位一体的验证工作要求，提交内部审核及公司内核的招股说明书必须完成验证稿，确保所有事实内容能够得到工作底稿的验证支持，确保出具的文件不存在虚假记载、误导性陈述和重大遗漏。

推进质量控制工作前移，通过与项目组事前和事中的及时沟通，尽早发现风险所在，从源头控制风险。对于不符合内部审核、内核申请条件的申报文件，也应当在与项目组充分沟通的基础上及时予以处理，并严格明确文件编报、"三读"责任与质控审查责任，做到职责分明，确保质量控制工作的权威性和严肃性。通过事先制定业务标准、事中切实履行职责、事后及时上报等方式，最大限度地前置风险控制工作，充分发挥质量控制规范和指导作用，有效解决包括质量控制、内核等内部控制体系在实践中出现的"走过场""有名无实"等问题。

加强项目现场核查力度，提高实质性审核质量和效率。通过深入现场了解项目情况的方式，及时把握项目最新动态，及早发现风险并提出解决措施。

提高质控内核人员素质，打造专业素质过硬、执业素质高、忠诚度高的质控内核队伍。同时，加强研究与学习，随时跟踪监管部门发布的规范性文件，及时掌握最新动态，提高专业审核水平。

IPO 财务舞弊手法分析及保荐风险防控措施

梁爱华　廖海华*

　　IPO 业务保荐风险控制的核心之一是防范财务欺诈上市。在保荐 IPO 业务过程中,财务舞弊一直是困扰保荐机构的一大问题,是保荐风险控制的关键。近年来,我国保荐业务行政处罚案件发生率不断上升,而现有的保荐业务内部质量控制、风险管理和尽职调查程序尚无法保证查出重大财务舞弊行为。面对这一挑战,保荐机构亟须对 IPO 企业财务舞弊手法、高危行业、引发保荐风险的主要原因等进行深入研究,并制定有针对性的内部质量控制、风险管理措施和尽职调查程序,以有效识别、防范和控制保荐风险。

一、IPO 典型财务舞弊手法分析及高危行业

(一) IPO 典型财务舞弊手法

　　自我国实施保荐制以来(2004 年至今),中国证监会先后对 10 家 IPO 企业进行了行政处罚。本文结合美国反虚假财务报告委员会下属的发起人委员会发布的财务舞弊报告中所列的常见财务舞弊手法,将行政处罚决定书中认定的这 10 家企业采取的典型财务舞弊手法(见表 1)及 IPO 财务舞弊高危行业(见表 2)总结如下。

表 1　　　　　　　　　　　　IPO 典型财务舞弊手法

典型财务舞弊手法	涉及企业数量(家)	占比(%)	涉及企业
(1) 虚构经济业务的方式			
虚增收入			
虚构合同	7	70	科大创新、绿大地、新大地、万福生科、天丰节能、海联讯、天能科技

---

* 作者单位:开源证券股份有限公司。原载于《中国证券》2018 年第 7 期。

续表

典型财务舞弊手法	涉及企业数量（家）	占比（%）	涉及企业
通过现有客户的名义虚构合同	4	40	科大创新、新大地、海联讯、天能科技
通过虚构客户的方式虚构合同，同时对关联方关系及其关联交易进行隐瞒	4	40	绿大地、天丰节能、万福生科、新大地
虚增合同销售单价	1	10	振隆特产
小计	8	80	
虚增资产			
通过股东及其关联方垫资、借款、财政补贴等虚构销售回款，伪造银行对账单等虚增银行存款	5	50	科大创新、新大地、海联讯、天能科技、天丰节能
虚增预付账款、在建工程、固定资产、无形资产	4	40	绿大地、新大地、万福生科、天丰节能
通过自有资金体外循环	3	30	绿大地、新大地、万福生科
虚构采购进口设备等虚增固定资产与在建工程	1	10	天丰节能
虚增应收账款	1	10	振隆特产
虚增存货	1	10	振隆特产
小计	11	110**	
（2）非虚构经济业务的方式			
提前确认收入			
提前确认收入	1	10	登云股份
虚增资产			
虚增银行存款	1	10	欣泰电气
少计提各项减值准备	3	30	绿大地、振隆特产、欣泰电气
小计	4	40	
虚减成本、费用			
少计、少结转成本	3	30	新大地、振隆特产、登云股份
虚减费用	2	20	科大创新、登云股份
前移或后推成本、费用	1	10	新大地
小计	9	60	

注：* 新大地同时通过虚构和真实的客户虚构合同虚增销售收入。

** 虚构经济业务方式下虚增资产占比为110%的原因为：有3家公司分别采取了两种方式虚增资产。

资料来源：中国证监会网站。

从表1的统计中发现，不符合发行条件的IPO企业为达到上市的最终目的，主要通过虚构经济业务的方式实现收入、利润、资产的同步增长。此外为采取提前确认收入，少计提各项减值准备，虚减成本、费用的方式实现利润的增长或通过前移或后推成本、费用调节利润等非虚构经济业务方式进行财务舞弊。10 家企业中有 8 家主要采用虚构经济业务方式、2 家采用非虚构经济业务的方式进行财务舞弊。其中，在主要采用虚构经济业务方式的 8 家企业中，有 4 家同时采用了非虚构经济业务的方式少计提各项减值准备，虚减成本、费用。

1. 虚构经济业务方式

采取虚构经济业务方式进行财务舞弊，技术上须保持虚构经济业务的业务流程、财务流程的匹配。一方面，根据会计等式，财务舞弊产生的收入、成本、费用、资产等会计要素之间需要保持平衡；另一方面，虚构经济业务需要有虚构的业务流、现金流、资产进行匹配。8 家企业中有 7 家采用虚构合同、1 家采用虚增合同销售单价的方式虚增收入和利润，然后通过虚增不同资产的方式消化虚增的利润。

（1）为实现虚增收入、利润的目标，采用最多的方法为通过虚构合同的方式虚增收入、利润。其中，4 家以现有客户的名义虚构合同，主要表现为通过虚构销售合同、工程合同、收货证明、验收单据、项目结算书等伪造虚假交易。如天能科技通过伪造工程项目结算书、销售回款的方式虚构工程项目收入；科大创新通过所属的分公司虚构销售合同。4 家通过虚构客户的方式虚构合同，主要表现为通过关联方虚构客户，同时隐瞒关联方关系和关联交易的方式虚构合同。如天丰节能和新大地分别通过虚构多家公司客户、自然人客户的方式虚增销售收入；同时，对关联方关系和关联交易进行隐瞒。除此之外，振隆特产则采用虚增合同单价的方式虚增出口销售收入。

（2）为消化虚增的利润，虚增资产的方式主要包括以下几种：采用最多的方法为虚增银行存款。8 家企业中 5 家通过股东及其关联方垫资、借款、财政补贴等虚构销售回款，伪造银行对账单等虚增银行存款，消化虚增的利润。如新大地通过关联方借款、自有资金、财政补贴虚构销售回款虚增银行存款；天丰节能通过伪造银行对账单虚增银行存款。

通过虚增预付账款、在建工程、固定资产、无形资产方式虚增资产的数量居次。4 家通过虚增预付账款、在建工程、固定资产和无形资产伪造、虚构业务资金流。其中，3 家企业通过自有资金体外循环的方式虚增收入、利润，即通过关联方实现自有资金体外循环，伪造资金流，从而达到虚增收入、利润的同时消化虚增利润的目的。如绿大地通过资金体外循环的方式，编造所需要的财务数据，以土地款、灌溉系统工程款等各种名义转出资金，利用控制的关联公司或员工名义开立的账户流转资金，通过"采购—销售"的循环，无限虚增销售收入；新大地以对外支付工程款的名义虚增在建工程和固定资产；万福生科以预付工程设备款的方式虚增在建工程；1 家公司通过虚构采购进口设备等虚增固定资产与在建工程，即天丰节能以虚构向我国台湾和意大利采购机器设备的方式虚增固定资产。

虚增应收账款和存货，主要为振隆特产在虚增收入的同时虚增应收账款，同时通过调高投入产出比率的方式虚增存货。

2. 非虚构经济业务方式

除虚构经济业务方式外，不符合发行条件的 IPO 企业通常会采用提前确认收入、虚增银行存款、少计提各项减值准备、少计、少结转成本、虚减费用和前移或后推成本费用的方法，实现虚增 IPO 不同申报期间收入、虚减成本和费用的目的。其中，采用最多的方法为少计提各项减值准备和少计、少结转成本。如绿大地未充分计提存货跌价准备和无形资产减值准备，振隆特产少计提存货跌价准备，欣泰电气通过使用自有资金、外部借款或伪造银行单据的方式虚构应收账款的收回，虚减应收账款，进而少计提坏账准备。此外，新大地和海联讯通过前移或后推成本费用操纵不同申报期间财务信息；登云股份则提前确认了收入，并通过外部借款、使用自有资金或伪造银行单据的方式虚构应收账款的收回。

需要特别说明的是，虚构经济业务方式的财务舞弊为目前采用最多的财务舞弊手法，是系统性的管理层舞弊，舞弊过程中注重虚构经济业务流、资金流和财务指标之间的匹配和逻辑关系，很难通过分析性复核程序发现其财务状况的不合理之处，给保荐机构的尽职调查带来一定的挑战。

（二）IPO财务舞弊高危行业

从中国证监会公布的行政处罚案件来看，IPO企业财务舞弊高危行业集中在农业、建筑、计算机软件、通信、电气机械和器材及汽车制造业。

在表2所列的财务舞弊高危行业中，农业、建筑、计算机软件、通信企业主要通过虚构经济业务的方式进行财务舞弊，而电气机械和器材及汽车制造业则采用非虚构经济业务的方式进行财务舞弊。在分析行政处罚决定书关于这些公司财务舞弊事实认定过程中可以发现，农业、建筑、计算机软件和通信业成为虚构经济业务方式财务舞弊高危行业，与这些行业的经济业务特征密切相关。

表2　IPO财务舞弊高危行业

序号	财务舞弊高危行业	被行政处罚IPO企业家数	被行政处罚IPO企业	主要财务舞弊手法分类
1	农副食品加工业、农、林、牧、渔服业	4	绿大地、新大地、万福生科、振隆特产	虚构经济业务的方式
2	建筑业	2	天丰节能、天能科技*	虚构经济业务的方式
3	计算机、通信和其他电子设备制造业、软件和信息技术服务业	2	科大创新、海联讯	虚构经济业务的方式
4	电气机械和器材制造业、汽车制造业	2	登云股份**、欣泰电气***	非虚构经济业务的方式

注：*根据行政处罚决定书，天能科技被行政处罚事项发生在光伏产品设施安装工程项目上，收入按照《企业会计准则第15号——建造合同》的规定予以确认，为方便分析，本处从财务舞弊高危行业角度，将天能科技归类为建筑业。

**登云股份所属行业为汽车制造业，根据行政处罚决定书，其财务舞弊手法为通过提前确认收入、少计、少结转成本和虚减费用的方式虚增收入和利润，不属于虚构经济业务方式的财务舞弊行为。

***欣泰电气所属行业为电气机械和器材制造业，根据行政处罚决定书，其财务舞弊手法为通过使用自有资金、外部借款或伪造银行单据的方式虚构应收账款的收回，在会计期末冲减应收款项（在下一会计期初予以冲回），少计提坏账准备，不属于虚构经济业务方式的财务舞弊行为。

资料来源：中国证监会网站。

行政处罚案件中涉及最多的为农业企业，如绿大地、新大地、万福生科、振隆特产接连出现财务舞弊，其经济业务特征集中表现为：供应商或客户大部分为自然人；存货中生物性资产盘点难度大，难以准确计量；原材料采购或产品销售（包括运输费用）多采用现金结算方式，采购和销售环节内部控制薄弱，同时发票的取得和使用不规范；享受多环节的税收优惠，包括流转税和企业所得税，甚至符合条件的产品相关流转税全额减免。

建筑和通信业IPO公司，存货主要为工程施工成本，申报期内的收入和利润规模依赖于主要工程项目的完工情况,收入确认取决于主要工程项目阶段性关键节点的完成和验收。同时,在收入确认方法上,主要使用完工百分比法来确认,这种收入确认方法很大程度上依赖于企业内部控制和专业判断,客观上存在一定的调节空间。

计算机软件类IPO企业财务舞弊的原因,从其行业本身的经济业务特征来看,一是软件产品生产环节相对简单,主要为软件嵌入、元器件组装等,成本的构成以研发费用为主;二是软件收入与成本没有直接对应的配比关系,更多地取决于研发费用的发生额;软件产品的研发和销售享受较多的税收优惠,这些经济业务特征导致计算机软件企业容易产生财务舞弊。

通过以上分析可以看出,这几个行业本身具有系统性财务舞弊的天然条件,财务舞弊可操作性和隐蔽性强,不容易被识别,这也是被行政处罚的采用虚构经济业务方式进行财务舞弊的8家IPO企业均属于这些行业的内在原因。

二、保荐机构保荐风险的主要原因

中国证监会在对IPO企业出具行政处罚决定书的同时,针对相应保荐机构亦出具了行政处罚决定书,处罚原因包括未尽职履责和内部控制与风险管理存在缺陷两大类。现将中国证监会针对保荐机构出具的行政处罚原因与涉及的保荐机构数量统计如下(见表3)。

表3　　保荐机构保荐风险的主要原因

保荐机构保荐风险的主要原因	涉及的保荐机构数量(家)
未尽职履责	
未对发行人主要供应商和客户的身份以及购销合同及金额的真实性进行尽职核查	5
未对主要客户、供应商、银行存款账户独立实施函证	5
未对主要客户、境外客户进行充分的实地访谈	4
未重点核查大额货币资金的流入和流出	3
未对毛利率、产能利用率、用电量异常等情况予以关注和有效分析	3
未对期末销售收入异常增长的情况予以核查	2
未关注并审慎核查发行人期末收到销售款项后不正常流出的情况	2
未对有关联关系予以足够关注和充分核查,对关联交易非关联化的调查流于形式	2
未能审核核查土地使用权、固定资产、在建工程的真实性	2
未能独立从第三方获取核心证据	2
未对发行人的实际业务及各报告期内财务数据履行审慎核查义务	2
未审慎核查其他中介机构出具的专业意见	2
未勤勉尽责地实地抽盘大额存货	1
未按照《关于进一步提高首次公开发行股票公司财务信息披露质量有关问题的意见》的相关要求对现金交易给予充分关注	1
内部控制与风险管理存在缺陷	
保荐机构内部质量控制和风险管理存在问题	2*

注:* 平安证券因海联讯IPO项目和万福生科IPO项目两次受到中国证监会行政处罚。
资料来源:中国证监会网站。

(一) 未尽职履责

从表3可以看出,保荐机构被处罚的原因主要集中在未尽职履责方面,主要表现为必要的尽职调查程序缺失,部分已经执行的尽职调查程序走过场,没有保持应有的执业谨慎。

保荐机构未尽职履责事实认定中最多的是未对发行人主要供应商和客户的身份以及购销合同及金额的真实性进行尽职核查和未对主要客户、供应商、银行存款账户独立实施函证,各发生5次,分别涉及5家保荐机构。如未按规定对新大地2009年度销售前十大客户中的两个主要客户销售金额的真实性进行审慎核查,从而未能发现当年新大地向其虚假销售的事实。未对天丰节能2010年和2011年前十大主要客户独立发放函证,导致未能发现天丰节能报告期内虚构客户、虚增收入的行为。

其次,是未对主要客户、境外客户进行充分的实地访谈4次,涉及4家保荐机构。如对振隆特产境外客户走访不充分,仅在2011年11月至12月期间现场走访了荷兰的8家客户,销售额合计占振隆特产2012年外销收入的28.12%、2013年外销收入的22.47%、2014年外销收入的22.32%,未对2012—2014年境外客户进行实地访谈。

另外,未重点核查大额货币资金的流入和流出及未对毛利率、产能利用率、用电量异常等情况予以关注,各发生3次,分别涉及3家保荐机构;未对期末销售收入异常增长的情况予以核查,未关注并审慎核查发行人期末收到销售款项期后不正常流出,未对有关关联关系予以足够关注和充分核查,未对土地使用权、固定资产、在建工程进行核实,未能独立从第三方获取核心证据等7项未尽职履责事项各发生2次,分别涉及2家保荐机构;未勤勉尽责地实地抽盘大额存货和未对现金交易给予充分关注各发生1次,分别涉及1家保荐机构。

上述关于保荐机构未尽职履责的各项事实认定,突出反映了保荐机构在尽职调查方面确实存在较严重的缺陷,在执业过程中未能在勤勉尽责的基础上进行审核核查,未有效执行部分关键核查程序以获取充分的尽职调查证据,未对风险较高的行业与公司及业务领域充分执行有针对性的尽职调查程序,重要事项核查不到位,工作底稿不完善。

(二) 内部质量控制与风险管理缺陷

保荐机构内部质量控制与风险管理缺陷共发生2次,涉及1家保荐机构,主要表现为保荐机构虽然在形式上已按照法律法规规定建立了保荐业务和质量控制制度,但实际上保荐业务流程的相关环节缺乏有效的制约和监督,保荐业务和质量控制制度未能得到有效执行,再加上内部质量控制和风险管理投入资源有限、保荐机构绩效分配机制和激励与约束失衡等种种因素制约,保荐机构的内部控制机制无法发挥应有的功效,没有形成有效的内部质量控制和风险防范措施。

三、保荐业务风险防控措施

为进一步提高保荐业务质量,有效识别、防范和控制保荐业务风险,结合上面的总结分析,保荐机构需要从以下几个方面入手。

（一）加强保荐业务风险防范意识，优化完善保荐业务质量控制和风险管理体系，严格保荐业务风险管控

保荐机构应加强保荐业务风险防范意识，优化完善保荐业务质量控制和风险管理体系，严格按照法律法规、规章及其他规范性文件、行业规范和自律规则及保荐机构内部规章制度开展保荐业务，建立健全和严格执行保荐业务和质量控制制度、工作流程和操作规范，形成有效的保荐业务执行、决策和监督机制，切实保证保荐业务人员诚实守信、勤勉尽责，避免保荐项目执行过程失控，防范保荐业务风险。

保荐业务团队是项目的第一责任人，也是项目的源头和项目风险的第一道防线，保荐业务部门应确保为保荐项目委派足够的具有相关专业知识、项目经验和履职能力的保荐业务人员，只有从源头上增强了保荐业务风险和责任意识，保证了保荐项目的执业质量，才能从根本上杜绝可能出现的保荐风险事件的发生。

保荐机构从事保荐业务应当严格内部风险管控，重点须建立健全保荐项目质量和风险评价、遴选体系，明确立项标准，针对风险较高的行业与公司及业务层面的高风险领域项目，提高立项门槛，慎重选择和推荐企业，严格筛选把关。严格按照《证券公司投资银行类业务内部控制指引》的规定，根据不同类型保荐项目所属行业和风险特性，有针对性地建立尽职调查制度，规范保荐业务人员在实施尽职调查过程中的行为，确保保荐业务人员勤勉尽责地履行尽职调查程序，充分识别和评估拟 IPO 企业的经营、财务情况及其存在的风险和问题，提高保荐业务质量。同时，完善保荐人先行赔付风险控制措施，加强对保荐业务的项目管理、质量控制、合规与风险管理，强化保荐项目招股说明书验证及质量控制现场核查工作，形成对保荐业务全过程、全方位管理组合拳，从保荐业务过程管理和控制中防范和杜绝保荐风险。

（二）尽职调查应对措施

针对行政处罚决定书对保荐机构未尽职履责的事实认定，结合保荐项目所属行业和风险特征，保荐业务人员应当执行更加有针对性的尽职调查程序。

在严格按照保荐业务尽职调查指引等监管规定执行尽职调查程序的同时，保荐业务人员应进一步增强责任意识，充分发挥专业把关作用。在执业过程中，应充分了解相关行业的潜在风险，结合发行人所属行业的业务特征、行业发展状况、发行人在行业中的地位、诚信和规范运作、总体经营情况、关联关系和关联交易等非财务信息及本文第一部分梳理统计的典型财务舞弊手法涉及的关键财务数据和资料，对发行人财务信息的真实性进行有针对性的分析性复核，充分识别和评估可能存在的保荐风险。

在分析和评估的基础上，执行更加有针对性的尽职调查程序，有效执行关键的核查程序并获取充分的尽职调查证据。财务信息层面，重点加强以下方面的审慎核查工作，包括但不限于：（1）对发行人主要供应商和客户的身份和购销合同及金额的真实性进行充分核查和实地走访，对出口销售收入实施有效的核查程序；（2）对主要客户、供应商实施独立函证；（3）对期末销售收入异常增长及期末收到销售款项期后不正常流出的情况予以审慎核查；（4）全面深入核查发行人的关联关系，对关联交易非关联化实施有效的核查；（5）重点核查货币资金的流入和流出；（6）按照《关于进一步提高首次公开发行股票公司财务信息披露质量有关问题的意见》的相关要求对现金交易给予充分关注和审慎核查；（7）对发行人毛利率、产能利用率、用电量异常等情况予以充分关注，在分析性复核的基础上，对涉及的循环执行有针对性的核查程序；(8) 勤勉尽责地实地抽盘大额存货；(9) 对土地使用权、固定资产、在建工程进行实质性核查程序；(10) 独立从第三方获取核心证据；(11) 审慎核查其他中介机构出具的专业意见等，确保必要的尽职调查程序核查到位，已经执行的尽职调查程序不存在"走过场"的情形。

（三）质量控制应对措施

针对保荐机构内部质量控制和风险管理缺陷，保荐机构必须进一步建立健全保荐业务质量管理和风险控制制度、操作规范和内部监督核查体系，强化保荐业务的风险识别、评价和管理，以确保对保荐业务质量和风险进行有效控制。保荐机构必须推动实施保荐项目全流程、各环节的动态跟踪和管理，最大程度前置风险控制工作，严格履行对保荐项目质量控制和事中风险管理职责，对项目全程有效内控，夯实保荐项目基础，提高保荐项目质量。

保荐业务专业性较强，发行人财务舞弊隐蔽性强。质量控制部门作为保荐业务系统内的技术支持和监督审核部门，保荐机构应为其配备更多业务精干、审核经验丰富、履职能力强的专业人员，独立开展保荐业务内部质量控制工作，才能有效发现和控制潜在的各种保荐业务风险。

强化信息披露文件制作、尽职调查、工作底稿三位一体的验证工作要求，提交内部审核及公司内核的招股说明书必须完成验证稿，确保所有披露信息能够得到工作底稿的验证支持。同时，强化保荐业务的质量控制复核工作，需要特别关注高风险行业公司、复杂交易及重大事项尽职调查结论的恰当性。健全质量控制、内核反馈意见跟踪落实机制，夯实复核工作质量，加强合规监督问责，要求复核人员既要提出有针对性的问题，更要跟踪问题的落实和解决，真正有效监督项目尽职调查质量，发现并应对保荐业务风险。

参考文献

[1] 叶钦华. 关于 IPO 财务舞弊识别的一些思考 [J]. 财务与会计, 2017 (14): 71—72.

[2] 崔晓莉, 武磊. 万福生科财务造假案例分析及启示 [J]. 现代商贸工业, 2013 (15): 151—152.

[3] 梁箫. IPO 过程中报表粉饰动因、手段及防范措施探析 [J]. 现代商贸工业, 2013 (12): 112—113.

[4] 王甜甜. 浅析农业类上市公司审计失败案例——以蓝田股份、绿大地、万福生科为例 [J]. 商业会计, 2015 (9): 113—115.

[5] 应里孟, 阳杰渊. 基于财务舞弊 GONE 理论的新大地财务造假动机案例分析及审计启示 [J]. 商业会计, 2016 (9): 14—17.

资本市场服务实体经济和支持国家战略

产业结构演变对资本市场服务实体经济发展影响研究

申万宏源证券有限公司课题组*

一、产业结构演变与资本市场互动机制：理论基础

产业结构演变具有一般规律性，即随着人均国民收入的不断提高，产业结构也将发生显著变化。相关理论涉及配第·克拉克的不同产业收入理论、库兹涅茨的国民收入和劳动力分配理论以及钱纳里的工业化阶段理论。

为了实现产业结构的转型升级，推动经济发展，国家（或地区）通常会进行产业结构调整以实现产业结构合理化和高级化。根据学术界主流发展理论并结合世界经济发展经验，本文认为推动产业结构演进的三种作用机制分别是政府主导型、市场主导型和共同作用型。政府主导型是通过扭曲实际的要素禀赋结构和需求结构使产业结构以非连续的方式变动，试图实现"跳跃式"结构升级。但如果政府干预不当，则可能导致产业结构与资源配置之间偏差加剧，破坏产业结构。市场主导型强调市场驱动的调节和引导，是一种内生的机制。该机制有利于促进产业结构、要素结构和需求结构协调发展。但是产业升级较慢，并且带有一定的盲目性。共同作用型既强调市场在推动产业结构演变中的基础性作用，又强调政府在产业多元化、产业升级及基础设施改善过程中应起到积极的推动作用。但是，如何在不同经济发展阶段把握好两者的关系是该机制运行的关键，也对管理层提出了更高的要求。

产业结构调整的核心是通过资源在各个产业之间的重新配置，实现产业结构协调发展并逐步向更高水平演进。其中，资源在产业间实现有效配置是完成产业结构调整升级的基本前提。在价格机制的引导下，资本市场的融资、配置、优胜劣汰、支持创新、风险定价、监控、产权等基本功能推动资本要素在不同产业和企业间流动，资本要素的流动往往带动其他要素随之流动，从而又推动整个生产要素在全行业的流动和配置（见图1）。

---

* 本文为中国证券业协会2018年优秀课题。课题负责人：麻晓勇；课题组成员：朱曦，田志刚，张文君，贾天明，尤左伟，常维，韩洋。

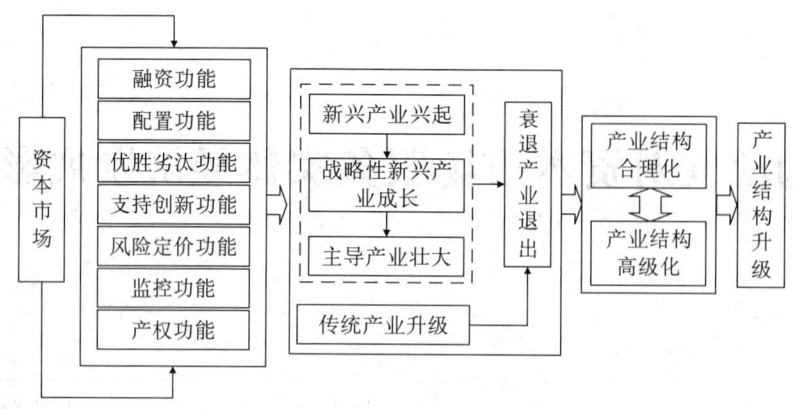

图 1　资本市场与产业结构升级关系

首先，资本市场为创新提供了良好的激励机制和动力机制。创新能够体现在新产品的开发和原有产品的改良上，在给新产品单位产量带来更高收益的同时，也使生产要素向其所在部门转移，从而促进产业结构的优化和升级。虽然新兴产业高收益属性明显，但是也存在高风险、高投入的特点。资本市场（尤其是创业板和风险投资市场）恰好能够为新兴产业的发展提供良好的平台，最大限度地降低高风险、高投入特性对新兴产业发展的不利影响。

其次，资本市场有助于战略新兴产业成长。战略新兴产业是指能够在未来成为主导产业或支柱产业的新兴产业，其成长过程具有长期性。为了能够快速引领战略新兴产业的成长，许多国家纷纷制定产业措施扶持其发展。但是，仅靠政府扶持容易出现因产业选择失误而导致资源浪费、效益低下等不良后果。因此，需要发挥市场机制在控制风险、自发选择方面的作用。资本市场尤其是风险资本和创业板在资源配置、风险分散方面具有独特功能，成为战略新兴产业培育的重要手段。

再次，资本市场有助于促进主导产业的形成及其扩散效应的实现。主导产业往往具有很高的创新性和成长性，在推动技术创新、引领产业结构升级、带动国民经济发展等方面具有重大作用。而要有效地推动主导产业的成长，对其融资支持的关键时期是在该产业成长性充分体现之前。但由于受资金转移和风险分散无法实现的影响，主导产业很难在社会中获得巨额资金扶持，从而抑制其发展过程中对其他产业的扩散效应的实现。资本市场中公开募股筹资功能和风险分散功能能够有效克服上述缺陷，满足主导产业发展过程中的融资需求。

最后，资本市场通过企业重组的方式为产业结构调整提供了实现机制。产业结构的调整往往伴随着新兴产业的壮大和衰退产业的退出，资本市场通过企业并购重组的方式为产业结构调整提供了实现机制。资本市场的优胜劣汰功能引导资金从低收益率产业流出，向高收益率产业流入，有效地提高了资源利用效率。

二、境外发达市场产业结构演变与资本市场发展实践研究：经验证据

（一）美国产业结构演变与金融政策支持

1. 1950—1960 年：消费结构变化及政府补贴政策引致产业结构调整

美国将造纸、纺织等劳动密集型产业向德国、日本等国家转移，集中发展汽车、化工等

资本密集型产业，同时对半导体、电子通讯、航天航空、计算机等技术密集型产业进行补贴。

纽约证券交易所逐渐活跃，风险投资在政府支持下形成，小企业投资公司（SBIC）被批准设立以银行为主的金融监管十分严格。

2. 1960—1970年：涉及民生的产业快速增长

资本密集型产业转移至德国和日本，涉及民生的教育、医疗等产业得到了政府支持。德国和日本逐渐开始引进和吸收美国的领先科技，并开始承接美国转移的煤炭、钢铁等资本密集型产业。

风险投资进一步发展，但SBIC的债权投资模式不适用于初创期的小型企业，银行业为规避监管，开始自发地进行多种金融创新。

3. 1970—1980年：高能耗资本密集产业转移，低能耗技术密集产业发展

此阶段美国经济面临输入性通胀，同时高能耗资本密集产业难以继续发展，经济增速下降，即"滞涨"。因此，美国将高能耗资本密集型产业转移至日本和"亚洲四小龙"，同时加强对低能耗技术密集型（如微电子技术产业）的扶持。随着中小规模科技企业不断涌现，为了扶持技术密集型中小企业发展，美国开始建立为中小企业服务的交易系统。1971年纳斯达克（NASDAQ）交易所成立。

4. 1980—1990年：高通胀、高失业下放松产业管制

为应对高通胀、高失业问题，美国放松对汽车、航空、铁路、天然气等行业管制，同时加大对技术密集型产业的扶持力度。政府继续通过政策引导民间资本从事风险投资，NASDAQ市场也为风险资本提供了有效的退出机制。

5. 1990—2008年：传统产业改造，新产业、新业态、新模式涌现

1990年以来，集成电路、计算机和互联网技术为传统产业提供了新的组织形式和利润实现形式，化学、钢铁和金融等服务业焕发出新活力，同时衍生出卫星导航、网络教育、电子商务等新产业。美国积极输出产业资本和金融资本，形成了以美国为主导的国际生产网络。

1990年，美国资本市场再度扩容，美国政府宣布成立场外柜台交易系统（OTCBB），服务那些从粉单市场（Pink Sheet）挑选出来的没有在美国资本市场上市的优质企业。

20世纪90年代以来，新一轮风险投资资金主要投向信息技术、生命科学主导的高科技产业，推动其成为增速最快的支柱产业，同时金融创新不断。

6. 2008年至今："再工业化"战略提出，部署未来产业格局

2008年金融危机后，美国提出"再工业化"发展战略以推动制造业回流，主要内容包括：第一，投资轨道交通、宽带网络等基础设施，并加大力度投资医疗和教育等产业；第二，制定多项法案，将新能源、新材料、先进制造、大数据、低碳环保、生物医疗等产业作为未来重点发展领域以推动产业转型升级。

美国的"再工业化"战略有以下两个方面特征：一方面，美国的产业结构演变紧紧围绕科技革命，是颠覆性的、引领型的，产业的演变与工业革命、一般规律是一致的；另一方面，美国完善的多层次资本市场、活跃的风险投资和金融创新适应了产业升级需求，促进了产业转型升级（见表1）。

表 1　　　　　　　　　　美国产业结构演变与金融政策支持

时间	1950—1960年	1960—1970年	1970—1980年	1980—1990年	1990—2008年	2008年至今
产业结构特征	耐用制造业比重上升，非耐用制造业比重下降；第三产业比重上升	德国、日本的钢铁等、新兴经济体的纺织等进入美国	日本的汽车、新兴经济体的食品等充斥美国市场	第二产业比重下降，第三产业大幅增长	以信息技术为代表的高新技术产业成为主导	延伸出新产业、新业态、新模式
产业政策	劳动密集型产业向德国、日本转移；集中发展资本密集型产业；加大对技术密集型产业补贴	支持教育、医疗等涉及民生的产业	高能耗资本密集产业转移至日本和"亚洲四小龙"；扶持微电子等低能耗技术密集型产业	放松对汽车、航空、铁路、天然气等行业管制；加大科技研发支出	传统产业改造；输出产业资本和金融资本，构建以其为主导的国际生产网络	"再工业化"部署；重点发展新能源、新材料、先进制造、大数据、低碳环保、生物医疗
金融政策	第二次世界大战后纽约证券交易所逐渐活跃；政府引导下风险投资开始成型		NASDAQ成立，扶持技术密集型企业；民间资本进入，风险投资逐渐发展		OTCBB市场成立，多层次资本市场助力发展；风险投资投向信息技术等高科技产业	
	金融监管加强		规避监管，创新金融产品，如CDs等等	金融监管放松，金融创新层出不穷		危机后监管加强

资料来源：本课题组整理。

（二）日本产业结构演变与金融政策支持

1. 1945—1960年：经济复兴期；建立政策性金融机构，振兴重工业

第二次世界大战结束后，日本政府实行重点发展煤炭、钢铁等重工业的经济发展战略。重工业的典型特征是投资规模大、建设周期长。而当时日本的金融资源匮乏，民间资本稀缺。日本政府通过建立各类政策性金融机构，为重工业发展提供所需资金，是重工业快速振兴的关键因素。

2. 1960—1974年：高速增长期；完善以银行为主的间接金融机构

第一，金融机构向重工业投放大量低息贷款；第二，专业化银行分工明确，有限的金融资源流入重工业产业；第三，在政府利率管制和外汇管制下，将有限的外汇资金投入重工业产业。

3. 1974—1985年：低速增长期；金融结构优化推动高科技产业发展

高科技产业实现发展，一是因为政府在计算机等电子产业的各个方面给予扶持，二是因为金融结构的优化加快了产业结构升级的进程。日本政府开始扶持直接融资市场的发展，企业的融资方式逐步由银行信贷转向资本市场。

4. 1985—2000年：结构调整期；金融政策偏离，产业结构升级进程受阻

大量新兴成长产业涌现，信息通讯、软件开发等产业比重上升，但此阶段日本国内经济呈现出"产业空心化"和"金融泡沫化"的特征，产业结构升级进程受阻，这与金融政策

重心偏离不无关系。新兴产业在发展初期融资较依赖于创投、风投等灵活的融资方式,但日本政府并没有顺应产业升级的趋势来大力发展多层次资本市场。

5. 2000 年至今:低速稳定发展期;培育多层次资本市场,抢占全球价值链高端环节

从产业结构来看,日本制造业的技术含量在全球价值链中占据高位,日本政府开始注重培育多层次资本市场。

日本产业结构的演进属于赶超型。其前期产业结构演变主要受益于银行制度构建。但是在结构调整期,日本涌现大量新兴产业,却没有顺应趋势及时培育多层次资本市场,导致产业升级受阻(见表 2)。

表 2　　日本产业结构演变与金融政策支持

时间	1945—1960 年	1960—1974 年	1974—1985 年	1985—2000 年	2000 年至今
产业阶段	经济复兴期	高速增长期	低速增长期	结构调整期	稳定发展期
产业特征	重工业长足发展,第二产业占比快速上升	重工业迅速发展,第一产业占比大幅下降,第二产业占比提高	高科技产业发展,第一、第二产业占比下降,第三产业占比上升	大量新兴产业涌现	占领全球产业链高端环节
产业政策	重点发展重工业	以重化工业为主	扶持计算机、电子等产业	电子等出口产业	高端制造业
金融政策	建立政策性金融机构	完善以银行为主的间接金融机构	发展直接金融	重心偏移,国际化战略	开始培育多层次资本市场

资料来源:本课题组整理。

(三) 韩国产业结构演变与金融政策支持

1. 1961—1979 年:出口导向型产业阶段

20 世纪 60 年代,韩国大量引入欧美地区国家和日本的转移产业,利用本国劳动力优势,实行以轻工业品出口为主的战略,实现了以劳动密集型产品出口促进经济增长的发展模式。20 世纪 70 年代,韩国以欧美地区国家和日本的能源危机为契机重点发展资源密集型产业,实行以重工业品出口为主的战略,进入了重化工业高级化阶段。

1956 年,韩国股票交易所成立,并自 1962 年起通过立法不断完善资本市场基本制度。此阶段资本市场的融资功能无法与银行相提并论,但确立了法制化、规范化发展的基调。

2. 1980—1997 年:技术密集型产业阶段

一是对发达国家过剩但韩国具有比较优势的产业(轻工纺织、水泥、家电、钢铁、汽车等)进行技术升级,并将其作为主要的出口产业;二是重点扶持发达国家已处于成熟期而韩国尚处于发展初期的产业(如精密化学、精密仪器、计算机和航空航天等);三是积极发展发达国家处于初级阶段而韩国尚处于萌芽阶段的新兴产业(如信息技术、新材料和生物工程等)。韩国实现了由重工业到高新技术产业的转变。

此阶段,韩国政府开启金融自由化的改革。1996 年成立的科斯达克(KOSDAQ)市场旨在为中小企业提供直接融资平台。

3. 1998 年至今:知识密集型产业阶段

以全球信息化浪潮为契机，将高精尖技术产业作为重点发展的战略产业，产业结构逐步走向高端化。

1997 年的金融危机促使韩国于 1998 年全面开放资本市场，从此韩国资本市场进入了充分自由竞争发展时代。多层次资本市场体系逐渐完善，金融创新产品不断推出，各类企业都能在韩国资本市场上便利融资。

通过梳理发现，韩国产业结构的演进属于赶超型，其资本市场完全开放及多层次资本市场体系在产业升级中发挥了重要作用（见表 3）。

表 3　　　　　　　　　韩国产业结构变迁与金融政策支持

时间	1961—1979 年	1980—1997 年	1998 年至今
产业阶段	出口导向型产业阶段	技术密集型产业阶段	知识密集型产业阶段
产业政策	发展劳动密集型产业，以轻工业品出口为主； 发展资源密集型产业，以重工业品出口为主	对发达国家的过剩产业进行技术升级； 积极发展在发达国家已成熟而韩国尚处于发展初期的新兴产业	推动资本和技术密集型产业主导； 重点发展第三产业和高精尖产业
金融政策	信贷分配、财税激励、金融抑制	放松金融管制，推行金融自由化，渐进开放资本市场，1996 年建立 KOSDAQ 市场	金融全面自由化； 多层次资本市场完善； 资本市场完全开放

资料来源：本课题组整理。

（四）中国台湾地区产业结构演变及金融支持

中国台湾地区从 1950 年以来经历了"劳动驱动→资本驱动→技术驱动→创新驱动"的产业结构演变过程。

1. 1950—1980 年：经济追赶阶段

该阶段产业政策主要向资本密集型的重化工业倾斜。1973 年，中国台湾地区大范围扩充交通和电力设施，大规模建设炼钢厂、造船厂等，并积极鼓励民间参与对重化工业的投资。20 世纪 80 年代初期，中国台湾地区建立起相对完备的重化工业体系，钢铁、石化等成为经济主导产业，达到较高工业化水平。

在追赶阶段，中国台湾地区金融支持以间接融资为主。从 20 世纪 50 年代开始，中国台湾地区实行高利率政策吸收存款，为产业发展提供了资金。20 世纪 60 年代初，中国台湾地区设立一系列金融机构管理存款资金的投向，分别负责不同产业的投资。资本市场以券商柜台交易为主，但市场秩序混乱。1961 年，台湾证券交易所设立，以便合理引导资金流向。

2. 1980—2000 年：经济转型阶段

20 世纪 80 年代中后期，中国台湾地区开始向高附加值产业结构转型。一方面，颁布《促进产业升级条例》，积极发展通讯、电子、精密机械、航空航天等新兴产业，并建设科技工业园区，加快相关产业孵化和聚集；另一方面，大力推动金融自由化进程，引入外部技术和投资，加快以技术密集型产业为核心的新兴产业培育。1988 年，中国台湾地区成立柜台交易服务中心，以便解决高科技企业的融资问题。

电子产业是中国台湾地区加工出口模式升级的典型代表。在政策引导、技术投资支持下,电子产业成为中国台湾地区主导行业,作为技术密集型新兴产业加速培育并实现跨越式发展。

3. 2000 年至今:多层次资本市场助力创新驱动转型

2002 年兴柜市场的开放和 2014 年创柜市场的设立,均有效扶持了中国台湾地区的小型创新企业。创柜市场的出现标志着中国台湾地区形成了多层次的资本市场体系。

中国台湾地区在 20 世纪 80 年代中后期开启了第三次信息技术革命,大力发展资本市场,便利中小高科技企业融资,促进了电子信息产业的发展。但中国台湾地区未能很好抓住智能化技术革命的机遇,产业结构单一,产业转型升级进程受阻(见表 4、表 5)。

表 4　　　　　　　　中国台湾地区在经济追赶阶段的产业政策和金融政策

时间	20 世纪 50 年代 战后重建期	20 世纪 60 年代 出口扩张期	20 世纪 70 年代 重化工业期
产业政策	加快工业发展,以农业培养工业	加快资本积累和工业建设,设立加工出口区	建立重化工业体系,扩充交通和电力设施,大规模建设炼钢厂、造船厂
金融政策	高利率政策引导金融资源投入产业发展;设立台湾交通银行和台湾开发公司,以公营银行为主的间接金融结构,采取金融管制;资本市场发展处于萌芽期,设立台湾证券交易所,发布证券交易相关规定		

资料来源:本课题组整理。

表 5　　　　　　　　中国台湾地区在经济转型阶段的产业政策和金融政策

时间	20 世纪 80 年代中后期至 20 世纪 90 年代	21 世纪
产业政策	颁布"促进产业升级条例",推动前十大新兴高科技工业建设规划,建设新竹、台中、台南等科技工业园区	提出"知识经济发展方案",推出"挑战 2008 本年发展重点计划",推动"两兆双星"产业发展(半导体、显示器、软件、生物技术)
金融政策	大力推动金融自由化,解除投资管制,放宽"侨外投资条例",修正"外汇管理条例",大幅降低进口关税等;资本市场进入快速发展期,配合"科技导向"经济发展战略,便利中小高新科技企业融资,设立柜买中心	

资料来源:本课题组整理。

(五)境外发达经济体金融支持产业升级对我国的启示

1. 不同经济发展阶段选择不同模式

以资本市场为主导的直接融资体系和以银行为主导的间接融资体系是资金与产业结合的 2 种模式。这 2 种模式不是相互对立的,而是互为补充。资本市场在不同经济发展阶段应选择不同模式。

当经济由农业向工业转变时,科技创新主要集中在工业领域。由于工业的特性完美地契合了银行资本风险厌恶的特性,银行资本愿意为这些技术创新提供资金支持。对后进经济体而言,这种以银行为主的融资体系反而会更有效。

当经济从重工业迈入到高科技新兴产业阶段时,银行的间接融资模式便不再适合,资本市场的优势显现。

因此,经济越发展,产业结构越走向高端化,资本市场发挥的作用和功能也越强大。

2. 完善多层次资本市场体系的建设

美国多层次资本市场的优势体现在以下几个方面：第一，美国的资本市场根据不同的层次以及各个板块的特点，分别设置更加符合其内在规律的交易制度；第二，分层次的上市标准和监管制度，不同的市场准入制度形成了对企业的筛选机制，使得每个层次都能吸引适应该层次要求、符合该层次条件的企业；第三，灵活的转板机制使得上市公司可以根据自身企业的变化在不同层次的市场之间实现转板；第四，严格的退市制度。美国资本市场对股票流动性和交易价格有明确要求，当公司无法满足相关指标时将面临被迫退市。基于以上优势，日本、韩国和中国台湾地区纷纷逐步建立起多层次资本市场体系。

与境外发达经济体成熟的多层次资本市场相比，我国资本市场虽然搭建了多层次的雏形，但是仍存在以下问题：第一，风险层次结构不合理，呈现典型的"倒三角"结构；第二，尚未建立起与多层次资本市场相对应的分层次监管体系；第三，转板机制不灵活，上市公司无法按照自身的发展情况在不同层次的资本市场转换，难以形成有效的衔接；第四，退市制度不成熟，导致市场只进不出，扰乱了市场上的价值回归。这些问题都阻碍了我国资本市场在促进产业升级上发挥作用。

3. 风险投资机制的运用

美国产业结构的"去工业化"以及"再工业化"战略和风险投资机制密切相关。风险投资对科技研发的支持作用加速了高新技术的研发和产业化，推进了美国产业结构转型升级。

中国台湾地区从1983年开始由政府牵头大力扶持创业投资产业，又通过政策引导使大量资金进入半导体和电子等产业。

风险投资的发展离不开政府的引导，风险投资效用的发挥需要完善的资本市场为其提供退出渠道。建议我国可将风险投资产业和多层次资本市场同步发展。

4. 金融创新的合理运用

适度的金融创新能够促进实体经济的发展，但是要注意避免过度脱离实体经济的"伪金融"创新。过度的金融创新会导致资金在金融体系内空转，无法真正流入实体经济。加强金融创新应该在不增加系统性金融风险的前提下进行，并且应当与国情相适应。

三、我国产业结构演变与资本市场发展实践研究

（一）我国产业结构演变历程

改革开放以来，我国三大产业对GDP贡献如图2所示。第一产业对GDP的贡献率在1978—1984年呈现增长态势，但在1985年至今第一产业对GDP增长的贡献率波动下行；第二产业长期以来对GDP增长的贡献率维持在较高水平，但是在1978—1991年呈现波动下降趋势，1992年之后出现小幅回升后又出现缓慢下降，直至2011年前总体保持平稳，2011年后又以较快速度下降；2011年后第三产业迅速崛起，2013年第三产业增加值达到47%，首次超过第二产业，2014年后第三产业和第二产业对GDP增长的贡献率之间的差距呈现扩大态势。

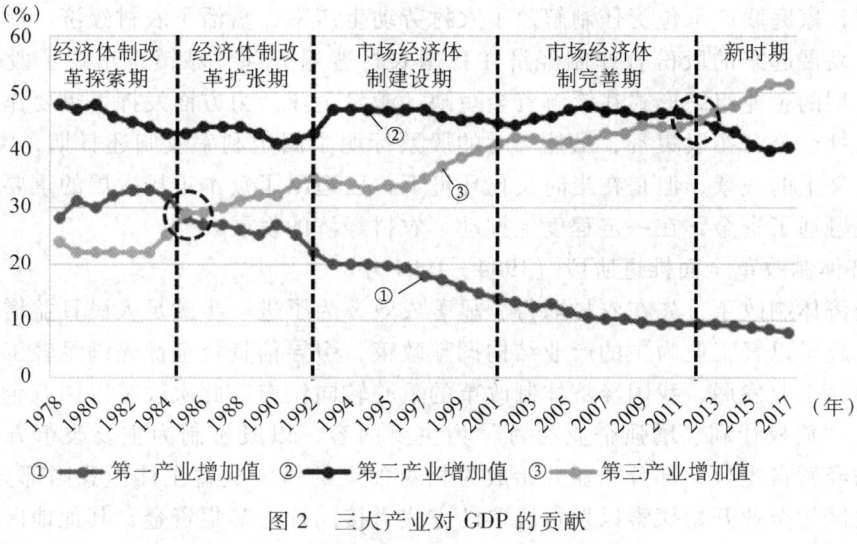

图 2 三大产业对 GDP 的贡献

（二）不同历史进程下资本市场对实体经济的作用及效果

为了进一步研究不同产业结构演变阶段下资本市场对实体经济的作用方式及效果，本文将我国改革开放近四十年时间划分为五个阶段，分别是 1978—1983 年的经济体制改革探索阶段、1984—1991 年的经济体制改革全面推进阶段、1992—2001 年的社会主义市场经济体制建设阶段、2002—2012 年的社会主义市场经济体制改革完善阶段和 2013 年至今的中国特色新时代阶段。表 6 从产业政策、金融政策、资本市场及其作用效果 4 个方面梳理了不同历史进程下我国资本市场对实体经济的作用及效果。

表 6　　　　　　　　　我国产业结构、金融政策及资本市场变迁过程

阶段	1978—1983 年	1984—1991 年	1992—2001 年	2002—2012 年	2013 年至今
发展阶段	经济体制改革探索阶段	经济体制改革全面推进阶段	社会主义市场经济体制建设阶段	社会主义市场经济体制改革完善阶段	中国特色新时代阶段
产业政策	压重保轻	轻工业为主	重化工业为主	抑制产能过剩	产业转型升级
金融改革	拨改贷试点	完全拨改贷	发展直接融资市场	多渠道融资	金融市场深化改革
资本市场	出现发行市场	出现交易市场	资本市场正式形成	多层次资本市场体系	完善资本市场
资本市场作用效果	为城乡集体企业筹资	为股份合作制企业筹资	推动国企改革、辅助发展民营企业	为创新类企业、中小企业筹资	配合产业转型升级，服务实体经济

1. 经济体制改革探索阶段（1978—1983 年）

资本市场的正式萌芽是伴随着农村经济体制改革的进行而产生的。改革之初，我国长期保持着"以钢为纲"的重工业发展思路，这导致我国农业和轻工业发展极其缓慢。为了恢复经济发展，政府提出"压重保轻"的产业结构调整政策。经济体制改革首先在农村取得

突破性进展，家庭联产承包责任制解放了农村劳动生产率，盘活了农村经济。此时，在民间集资基础上发展起来的股份合作制经济在我国农村普遍兴起，城镇也出现了股份合作制企业，这种新型的企业组织形式在缓解资金短缺、激发企业活力方面发挥了重要作用。一些小企业开始向社会公开招股集资，虽然当时的股票标明了固定利率及归还日期，类似企业债，不是现代意义上的股票，但是在当时文化环境下，已迈出了资本市场发展的重要一步，为中小集体企业融通了资金，在一定程度上推动了农村经济的发展。

2. 经济体制改革全面推进阶段（1984—1991年）

我国经济体制改革首先在农村取得了显著成效，为了进一步满足人民日益增长的消费需求，国家实施了以轻工业为主的产业结构调整政策，引导信贷资金优先满足轻工业发展的需要。为推动轻工业发展，我国经济体制改革的重心转向城市。此次改革以国有企业为主要改革对象，以"放权让利、增强企业活力"为主要内容，以股份制为主要改革方式，企业获得了较多的经营自主权，部分企业开始成为相对独立的经济利益主体。我国部分特区企业、经济发达地区的企业开始探索以发行股票的方式直接向社会筹集资金，其他地区也出现了自发的、零星的发行股票募集资金的活动。随着股份制改革的深入推进和股票融资方式的推广，民间出现了自发的股票交易市场。虽然当时"拨改贷"已经完全取代财政拨款，但是这种体制带有明显的信贷歧视和国家政府意志。改革开放发展起来的非国有企业很难从银行系统获得企业发展资金，加之1985年我国银根紧缩，企业融资困难，发行股票筹集社会资金作为一种融资制度创新，促进了股份制改革，推动了第二产业中加工工业的迅速发展。虽然受资本市场分散、低效率、规模小、发展不规范等因素的影响，这种资金支持杯水车薪，但资本市场仍具有很大的发展空间。

3. 社会主义市场经济体制建设阶段（1992—2001年）

20世纪90年代，在投资的拉动下，我国进入重工业发展时期。为配合产业结构调整，推动经济发展，我国开始尝试打破银行垄断金融市场的局面，布局实施多渠道融资金融制度和政策，资本市场开始在全国范围内全面开展。该时期明确了股份制和股票市场是社会主义市场经济体制的重要内容，这成为推动资本市场发展的重要驱动因素。为了深化股份制改造，上海证券交易所和深圳证券交易所先后成立，为企业开辟了直接融资渠道，改变了我国企业固有的过度依赖银行信贷的单一融资模式，大大改善了金融市场结构。随着股票市场的发展，中央政府认识到股票市场在解决国有企业过高负债率、国有企业亏损问题上的特殊作用，提出"股票市场要为国有企业改革服务"的方针，随后国有企业上市步伐加快，资本市场开始迅速发展。虽然该阶段我国国有企业改革上市推动了资本市场的发展，但是过分看重股票市场为国有企业筹资的功能，从而影响了股票市场促进增量资源优化配置功能的发挥。

4. 社会主义市场经济体制改革完善阶段（2002—2012年）

针对前期重工业发展引起的产能过剩、资源浪费、环境污染等问题，我国推行了抑制产能过剩的产业结构调整政策，旨在通过抑制过剩产能、合理分配资源、推动环保产业发展的相关政策指引，引导产业结构向高级化方向发展。该阶段我国民营企业发展迅速，成为推动国民经济发展的新力量。据不完全统计，2009年我国中小企业创造的最终产品和服务价值相当于国内生产总值的60%左右，缴税额占国家税收总额的50%左右，提供了近80%的城镇就业岗位。然而，我国中小企业（特别是中小科技型企业）因规模小、资产少等特征，很难获得融资，严重制约了发展。该阶段我国先后推出中小企业板（2004年5月）、创业板

（2009年3月），形成了包括主板、中小企业板、创业板以及新三板（代办股份转让系统）在内的多层次资本市场体系，为中小企业（尤其是轻资产的科技创新型企业）提供了新型融资渠道，并为提升中小企业自主创新能力奠定了坚实基础。

该阶段我国资本市场服务实体经济的显著特点是资本市场逐渐由单一目标为主向功能恢复方向转变。资本市场不再过多地承担国有企业改革的目标，在国家发展多渠道融资金融政策的指引下，中小企业板、创业板的先后设立为资本市场向市场机制主导下的多功能方向转变创造了条件。

5. 中国特色新时代阶段（2013年至今）

为了提升资本市场服务实体经济的功效，助力产业结构转型升级，我国提出了建设满足实体经济投融资需要的多层次、多元化、互补型金融市场的金融政策。为了深入分析该阶段资本市场服务实体经济的效果，下文将分别从资本市场三大产业上市公司的数量，总股本、总市值、募集资金以及金融市场融资结构等维度进行详细分析。

（1）三大产业上市公司数量分布。我国国内上市公司数量的行业分布具有以下特征：上市公司数量的行业分布与各行业在国民经济中的地位相差很大，第一、第三产业占比过低，第二产业占比过高，尤其是进入2013年后，第三产业对GDP的贡献首次超过第二产业并呈现逐年扩大趋势，但是在资本市场上市公司数量上并未得以体现（见图3）。

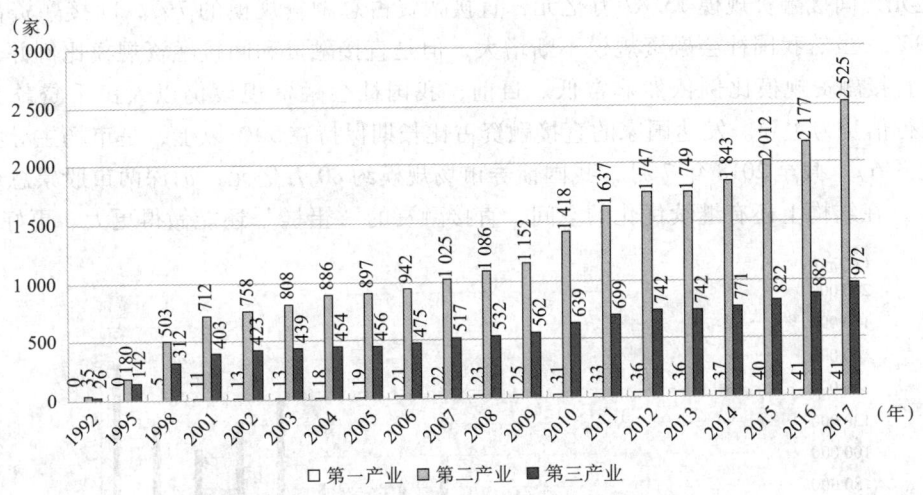

图3　1992—2017年我国资本市场三大产业上市公司数量变化

（2）三大产业上市公司总股本、总市值及募集资金分布。总股本、总市值及募集资金在一定程度上反映了资本市场对三大产业的支持程度。目前，我国上市公司发行股本、总市值以及募集资金已显现工业化倾向：第一产业总股本、总市值和募集资金占比极低，都未超过1%；第二产业占比分别为50.6%、56.34%和57.93%，表明我国资本市场呈现出一定程度的工业化倾向；第三产业占比分别为48.72%、42.86%和41.31%，低于其在国民经济中所占的地位。产生上述现象的原因可能有以下几个方面：第一，虽然1978年以来重工业占比过高的现象得到扭转，但是重工业在国民经济中的绝对地位依然存在；第二，大多数企业具备重资产、大规模的特点，且多属于国有企业，融资的需求较强，加之"资本市场服务国企改革"的政策倾向，推动了我国工业企业上市；第三，受上市条件、政策偏好等因素的影响,虽然第三产业占 GDP 的比例已经超过了第二产业,但是资本市场并未完全体现我国产业结构演变的经济服务化现象(见表 7)。

表 7　2018 年 7 月上市公司总股本、总市值及募集资金情况

产业	总股本		总市值		募集资金额	
	数量(股)	占比(%)	金额(万亿元)	占比(%)	金额(亿元)	占比(%)
第一产业	446.42	0.68	0.43	0.8	1 637.84	0.76
第二产业	33 117.4	50.6	30.3	56.34	124 859.61	57.93
其中:制造业	22 389.03	67.61	23.5	77.56	96 628.05	77.39
第三产业	31 884.64	48.72	23.05	42.86	89 040.43	41.31
其中:金融房地产业	22 503.44	70.58	14.88	64.56	45 891.42	51.54
合计	65 448.46	100	53.78	100	215 537.88	100

注:募集资金额 = 首发募集额 + 增发募集额 + 配股募集额,制造业和金融房地产业占比分别表示制造业在第二产业中的比例和金融房地产业在第三产业中的比例。

资料来源:Wind。

(3)金融市场融资结构分析。图 4 和图 5 分别统计了我国金融市场直接融资和间接融资的数额及占比情况。截至 2017 年,我国社会总融资规模接近 18 万亿元。其中,直接融资规模 1.31 万亿元,间接融资规模 15.87 万亿元,直接融资占总融资规模的 7%,间接融资占总融资规模的 89%。虽然我国社会融资规模不断增大,但是直接融资和间接融资规模比例并未发生显著变化,直接融资规模比例依然非常低。目前,我国社会融资规模仍以人民币贷款为主。其中,以银行信贷为主导。发达国家的直接融资占比长期保持在 50% 以上,是市场主导型的金融结构(见图 6)。截至 2018 年 7 月,我国债券市场规模约 80 万亿元,沪深两市股票总市值约为 51 万亿元,在结构上还有继续优化的空间,直接融资的"蛋糕"还能做得更大、更好。

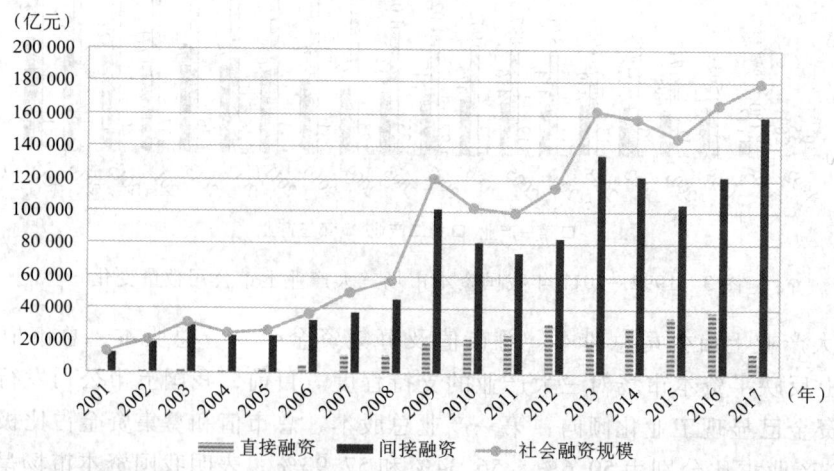

图 4　2001—2017 年中国金融市场融资结构变化趋势

注:直接融资 = 企业债券 + 非金融企业境内股票融资,间接融资 = 人民币贷款 + 外币贷款 + 委托贷款 + 信托贷款 + 未贴现银行承兑汇票。2013 年以前的数据社会融资规模 - 直接融资规模 - 间接融资规模 = 0,2013 年以后的数据社会融资规模 - 直接融资规模 - 间接融资规模 = 其余(不为 0)。

资料来源:中国人民银行。

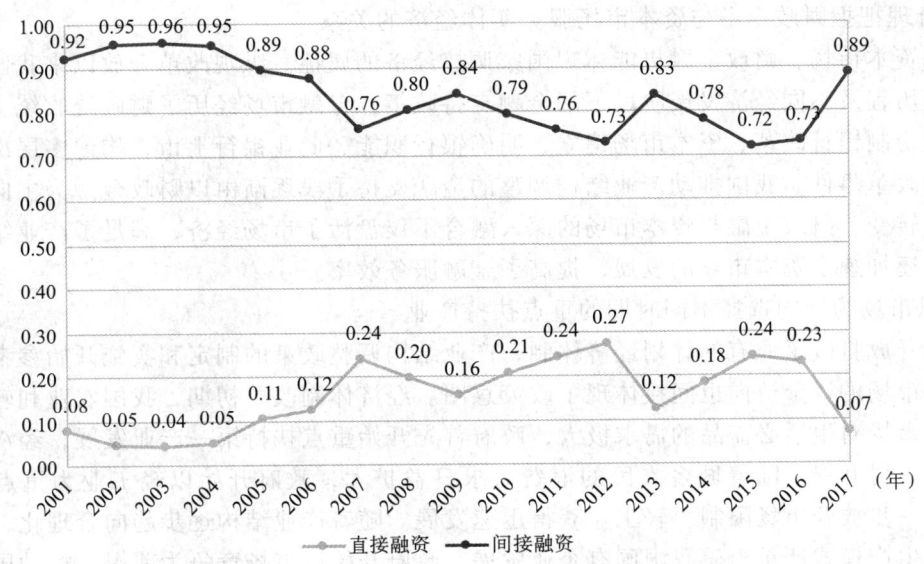

图 5 2001—2017 年中国直接融资和间接融资占比变化

资料来源：基于基础数据计算整理得出。

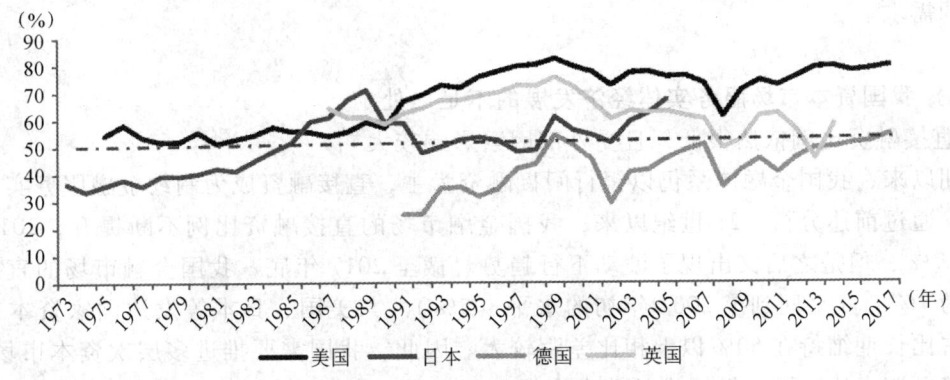

图 6 美国、日本、德国、英国直接融资占比变化

资料来源：CEIC，Bloomberg，申万宏源研究。

（三）我国资本市场服务实体经济发展的经验总结

1. 根据产业结构调整的需求适时推动金融市场改革

从我国资本市场服务实体经济的历史进程可以发现，我国始终立足自身的基本国情和产业发展的现实，确定了不同发展阶段的产业结构调整政策，并制定和实施金融配套支持政策。经济体制改革探索阶段，面对轻重工业扭曲局面，国家实施了"压重保轻"的产业结构调整政策，进行"拨改贷"试点。经济体制改革扩张阶段，为扶持轻工业发展，进行银行体制改革，引导信贷资金优先满足轻工业发展的需要。市场经济体制建设阶段，为缓解因长期信贷资金支持国企发展而导致的国企负债加重和银行坏账率上升的不良局面，政府正式开始资本市场建设，打破了银行长期垄断金融市场的局面。市场经济体制改革完善阶段，随着中小企业、创新类企业的发展，我国实行了促进多渠道融资发展的金融政策，着手建立多层次资本市场体系。

2. 合理把握财政金融与资本市场服务实体经济的关系

相比资本市场,财政金融更能体现国家调控经济的属性。纵观改革开放以来我国产业结构演变的历程及不同经济发展阶段下的金融支持政策,金融市场经历了财政统收统支、央行独立、股份制银行改革、资本市场建立、明确银行职能、商业银行上市、构建多层次资本市场等重大改革事件。我国推动产业结构调整的金融支持手段逐渐由以财政金融为主向以资本市场为主转变。财政金融与资本市场的深入融合不仅盘活了市场经济,满足了产业结构调整的需求,还加速了资本市场的发展,提高了金融服务效率。

3. 以市场为导向选择不同时期的重点扶持产业

改革开放打破了原有的计划经济体制,产业结构调整政策的制定和实施开始参考市场需求,资本市场的资金流向也间接体现了政策意图。经济体制改革初期,我国农业和轻工业比例极低,市场对生活必需品的需求极大,政府首先开始重点扶持第一产业发展,经济体制改革首先在农村开展。随着城乡人民的消费需求日益扩大,政府开始以轻工业为重点扶持产业,并进一步放开市场限制,轻工业获得迅速发展。随着产业结构逐步趋向合理化,传统的计划经济生产模式严重阻碍我国国有企业发展,政府开始以市场竞争为前提,推动国有企业改革。随着以中小企业、创新型企业为代表的民营企业迅速崛起,政府开始重点关注具有创新潜力、能够带动产业转型升级的产业发展,同时构建多层次资本市场以满足创新型中小企业融资的需求。

(四)我国资本市场服务实体经济发展的不足之处

1. 直接融资比例依然很低,且受外部因素影响较大

长期以来,我国金融体系仍以银行间接融资为主,直接融资成为制约金融服务实体经济的短板。通过前述分析,21 世纪以来,我国金融市场的直接融资比例不断提升,2012 年占比达到 27%,但是之后又出现了波动下行趋势。截至 2017 年底,我国金融市场的直接融资比例降为 7%,几乎回到了 2001 年初的水平(5%)。与美国、日本等发达国家资本市场直接融资占比长期维持在 50% 以上相比差距较大。因此,我国需要推进多层次资本市场建设,提高直接融资占比,同时继续推动债券市场创新发展,增强服务实体经济能力。

2. 资本市场的功能定位单一,资源配置功能发挥不充分

资本市场的功能定位是指其在国民经济现代化的长期发展以及当前的经济体制改革中的地位和作用(陈宝明,2008)。资本市场的功能具体包括资本资产定价功能、公司治理功能、资源配置功能和为资本资产提供流动性等。因此,其功能不仅仅为筹资。然而,我国资本市场过度强调其筹资功能,这在国有企业改革中尤为明显。为了解决银行政策性贷款形成的大量不良贷款,使资本市场的主要功能定位于为国有企业解决融资困难,我国资本市场奉行的基本原则是"为国企解困、改革与发展服务,保证国有资产不流失",这样就削弱了资本市场的资源配置功能。

3. 上市资源有限,政策导向不明确

在资本市场的发展方面,原本的评价标准不能体现产业发展的要求,并有强化当前产业结构的倾向。从我国 A 股市场股票发行的一系列条件看,发行规模和连续经营业绩等条件构成了企业主板上市的较高门槛。从总体上看,能够在 A 股市场发行上市的企业基本属于已形成一定规模并有较好营业基础的企业,特别是一些所谓的大盘蓝筹股,更是行业或者国

民经济的龙头企业。这些企业通过发行上市，会进一步巩固自身的竞争优势，强化自身的经营业务，从而使现有产业结构呈现强化和刚性特征。然而，单一的企业上市条件，不利于有效提高资本市场服务实体经济转型与产业升级的能力。

4. 上市公司产业分布与各产业在国民经济中的地位相差较大

资本市场通常被称为经济的晴雨表。发达国家的经验也表明，资本市场的资源配置功能更能反映市场选择机制在促进产业结构调整中的重要作用。但是，从我国资本市场上市公司产业分布看，第二产业在上市公司数量、总股本、总市值和募集资金额等方面都远远超过第三产业，且有逐渐强化趋势。而第二产业成为资本市场绝对主导产业与当前第二产业对GDP的贡献度（低于第三产业）不相符，我国上市公司产业分布与各产业在国民经济中的地位相差较大，侧面反映出我国资本市场的资源配置功能偏弱，不能有效反映经济发展现状。

四、第四次工业革命对我国产业结构升级和资本市场服务实体经济发展的影响分析

（一）历次工业革命概述

1. 历次工业革命经验回顾

表8梳理了历次工业革命的核心科技、主要产业、代表国家和资本市场发展。通过梳理发现：第一，每次工业革命都源于具有颠覆性的新科技诞生，科技变革极大解放了生产力，改变了生产方式，提高了生产效率，改变了人类生活方式；第二，每次工业革命都会产生产业新格局，开启各大国之间全方位的较量与竞争；第三，每次工业革命形成的产业新格局都会形成与之相契合的资本市场。

表8　　历次工业革命和资本市场发展简要回顾

	第一次工业革命（18世纪60年代—19世纪70年代）	第二次工业革命（19世纪70年代—20世纪40年代）	第三次工业革命（20世纪40年代—21世纪初）	第四次工业革命（21世纪初至今）
核心科技	改良蒸汽机：蒸汽机车、蒸汽机轮船	电力的发明和运用：发电机、内燃机	计算机、卫星、核能、基因、纳米等	信息技术、智能技术、先进制造、能源技术、生物技术
主要产业	纺织、采煤、冶金、机械制造、交通运输	电力、通讯、石油、化工、汽车	电子、信息技术、新材料、生物工程、航天通信等	广泛范围内的第一、二、三产业
代表国家	英国	美国、德国	美国、德国、日本	
资本市场	中央银行创立、证券交易所创立、政府信用建立	美国投资银行体系、法国动产抵押银行、日本和德国的全能银行	资本市场复苏、风险投资、产业投资基金、多层次资本市场	存在着以银行为主导还是以资本市场为主导的差异

历次工业革命和资本市场的发展历程表明，工业革命会引发产业结构及内部构成质的变迁。图7描绘了科技、产业与资本的关系：资本和产业之间的互动与循环以科技作为内核，

产业围绕科技转,资本围绕科技转;资本市场为追逐新产业实现的利润不断变革介入方式,使资本流入新兴产业实现升值。

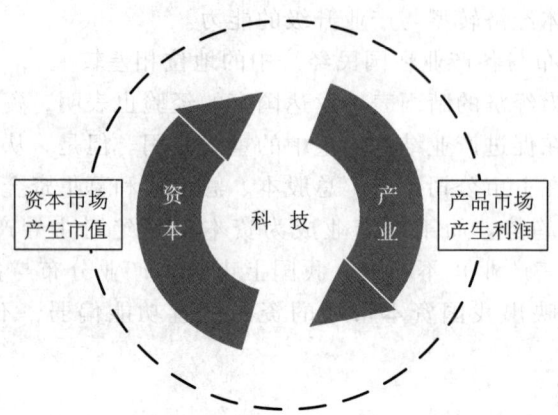

图7 以科技为核心的资本和产业之间的互动与循环

2. 第四次工业革命

第四次工业革命的核心概念是工业智能化和生产资源网络化。第四次工业革命源于美国2005年提出的信息物理系统(CPS)和德国2011年提出的"工业4.0"的概念,即通过CPS实现企业之间的"横向集成"、企业内部部门之间的"纵向集成"以及整个产品生命周期中供产销的"端到端集成"。三大集成将生产资源形成一个智能化网络,实现资源和信息的互联互通,并在此基础上实现工业智能化(见图8)。

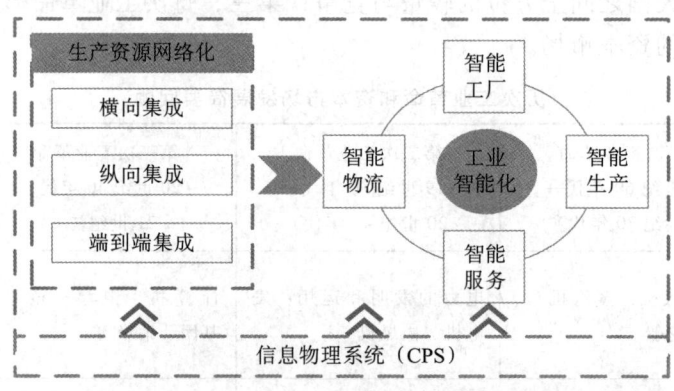

图8 第四次工业革命的核心概念

(二)第四次工业革命为我国产业结构转型升级提供契机

1. 第四次工业革命中的颠覆性技术及其影响分析

第四次工业革命中具有颠覆性的技术将推动新一轮新兴产业兴起。其中,互联网与大数据、人工智能与机器人相关产业具有重大战略意义(见表9)。

表 9　　　　　　　　　第四次工业革命中具有颠覆性的五大新技术

新技术名称	新技术涉及的主要领域
新一代信息技术	互联网、物联网、大数据、云计算、虚拟现实、网络安全
智能技术	人工智能、知识工作自动化、自动驾驶
先进制造技术	机器人、3D打印、先进材料
新能源技术	可再生能源、新一代储能、新能源汽车
生物技术	新一代基因技术

（1）新一代信息技术发挥基础性、根本性、决定性的作用，新一代信息技术和智能技术共同引领第四次工业革命。

（2）新一代核心技术将引发消费理念、产品制造模式、生产组织方式的变革，催生新经济模式，具体表现为：①消费理念的变革。网络消费、情感消费、个性化消费凸起，这将影响生产端以个性化、差异化替代标准化。②产品制造模式的变革。产品制造模式将由大规模制造模式向智能化、个性化定制生产模式转变。③生产组织方式的变革。企业组织将变得扁平化和平台化，不同类型的企业之间的网络化合作将不断深入，产业链上下游的整合将不断加强，制造业和服务业的融合将不断加深。

（3）产品制造模式和生产组织方式的变革将引发全球价值链的不断分解与融合。

从产业形态角度，大中小企业相互融合发展是一大趋势。一方面，生产活动将呈现专业化、小型化的发展趋势，专业化的高科技中小企业的作用日益凸显。生产资源网络化将使得那些专业生产能力强、具有比较优势的企业能获得更多的订单，这将导致企业分工不断细化，企业利用自身的比较优势，专心从事价值链某一环节。另一方面，"链主型"大企业仍是主导创新、提供平台、推进信息融合的核心。大企业综合实力强大、资金雄厚、品牌价值高，在产业竞争中更具有优势，一能依靠其研发能力，二能依靠资本市场并购有潜力的科创型中小企业，保持强劲的发展势头。

从产业结构角度，服务业与生产制造领域产业相互融合发展是另一趋势。第四次工业革命将推动三大产业朝着智能化方向发展，不断推动智能化服务业与农业和工业不断融合，产业结构升级不仅仅表现为三大产业比例的优化，也表现在同一产业内部的结构优化：将不断提高同一产业内部技术与知识在价值创造过程的作用，催生增值活动从制造、生产环节向服务环节不断延拓。

（4）第四次工业革命促使技术进步成为最关键的生产要素，其作用强于资本、劳动力、土地的作用。一是新一轮新兴产业离不开技术进步；二是资本围着技术转，技术对资本具有吸附力；三是人工智能和机器人的发展将催生机器人不断替代劳动力，不断降低劳动力成本在产品成本中的占比，今后劳动力的作用将更多地体现在技术研发中；四是网络化合作生产模式将突破土地等不可再生资源对生产能力的限制。

2. 第四次工业革命为我国产业转型升级提供了发展契机

（1）为我国产业结构转型升级提供了技术支持。从成本效益和经济增长可持续性的角度考虑，我国经济增长需要依靠技术创新，引导产业向技术密集型和知识密集型方向转变。由于改革开放红利和人口红利所带来的边际效应不断减少，未来继续依靠高耗能和低劳动力成本参与全球价值链分工将不是长远之计：一是资源密集型产业存在资源消耗大、环境破坏强、利润创造低的固有缺陷;二是第四次工业革命下存在机器人替代劳动力的趋势;三是发达国家推行"再工业化"战略以引导制造业回流。

近5年,我国非常重视技术进步对经济增长的作用,逐年加大研发投入,强化创新驱动作用。2013—2017年,我国研究与试验发展(R&D)经费支出逐年增长,年均增长率为11%。其中,2017年R&D经费支出为17 500亿元,占GDP的2.12%,与欧盟相当。

(2)为我国产业结构优化提供了契机。一方面,新一代核心信息技术以及智能服务的大力发展,将提高我国第三产业的比重;另一方面,在同一产业内部,新一代核心信息技术和智能技术将不断提高技术与知识在增值活动中的作用,催生增值活动从制造、生产环节向服务环节不断延拓。

(3)为我国发展内需提供了新产品和新服务,为提高我国消费占GDP的比重提供了动力。一是2013—2017年我国居民人均可支配收入逐年增长,平均增长率为7.4%,2017年人均可支配收入为25 974元,这为我国消费升级提供了前提条件;二是现阶段我国最终消费支出占GDP的比例(2017年为53.6%)较低,与发达国家相比存在约25%的差距。2017年,我国固定资产投资(不含农户)占GDP的76%,提高投资的空间有限。同时,受我国低劳动力成本优势逐渐消失、中美贸易战等影响,提高净出口也略显困难。因此,发展内需产业,提高消费占GDP的比例更为可行。

(4)为我国产业升级提供了政治意愿,为产业政策制定提供了方向。我国已推出《中国制造2025》,为我国制造业升级指出了战略方向。《中国制造2025》指明,我国未来发展重点在新一代信息技术产业、高档数控机床和机器人、航空航天装备、海洋工程装备及高技术船舶、先进轨道交通装备、节能与新能源汽车、电力装备、农机装备、新材料、生物医药及高性能医疗器械十大领域。

(三)第四次工业革命对我国资本市场服务实体经济发展的影响分析

1. 第四次工业革命下我国资本市场服务实体经济发展面临的新要求与新机遇

技术革命将催生与之相契合的资本市场,第四次工业革命对我国资本市场服务实体经济发展提出了新要求,这种要求将转化为我国资本市场变革新动力,推动我国资本市场呈现三大发展趋势:一是股权融资比例上升;二是多层次资本市场结构合理化、制度完善化;三是资本市场不断开放和国际化。

(1)技术创新更青睐股权融资,第四次工业革命将推动企业主导融资方式从以银行为主的间接融资向以资本市场为主的直接融资转变。

理论上,新产品研发"收益高度不确定性"的发展特质和股权投资方风险偏好高的特质更匹配,决定了其更加适合资本市场提供的直接股权融资而不是银行体系提供的贷款融资。首先,第四次工业革命下决定企业发展能力和产业升级的是技术创新,从开发新技术、应用新技术到新技术创收,往往需经历"产学研融"相结合的漫长过程,其发展特征是投入大但见效慢,收益高度不确定。其次,银行的风险厌恶程度偏高,对企业的考核标准秉持保守态度,重盈利能力而轻成长潜力,并且银行放贷需要企业做资产抵押或者提供其他担保方式,而初创型高新科技企业往往没有足够的抵押物。

实践中,美国、日本、韩国和中国台湾地区高新技术产业发展阶段都伴随着资本市场的快速发展,"技术创新+资本市场"是产业升级的强大推力。1970—1980年,美国从高能耗资本密集型产业阶段转入低能耗技术密集型产业阶段；1980—1990 年，美国政府强化对技术密集型产业的扶持。由此，1971 年创立的 NASDAQ 市场不断发展壮大；2008 年次贷危机后，美国的高新技术产业快速实现经济复苏，与其强大的企业科技创新能力和资本市场融资能力密不可分。1974—1985 年，日本电子计算机等高科技产业快速发展，与此对应的是日本政府开始扶持直接融资市场，银行信贷比例大幅下降。1980—1997 年，韩国处于技术密集型产业阶段，与此对应的是韩国资本市场历时 17 年的渐进开放过程。近 20 年来，韩国重点发展高精尖产业，自 1998 年韩国资本市场实现完全开放后，KOSDAQ 市场快速发展。中国台湾地区 20 世纪 80 年代中后期至 21 世纪初期，坚持科技导向战略，大力发展半导体等新兴产业，与此对应的是资本市场得到快速发展。

在政策上，我国资本市场发展迎来新一轮政策红利。党的十九大报告明确指出，要"提高直接融资比重，促进多层次资本市场健康发展"。《2018 年政府工作报告》也指出，要"提高直接融资特别是股权融资比重"。

在数字上，我国直接融资比重极低，提升空间极大。2018 年前三个季度，我国直接融资比例约为 13%，远低于发达国家高于 50% 的数值。

（2）第四次工业革命需要同时满足大、中、小企业融资需求的多层次资本市场与之匹配，这将推动我国多层次资本市场体系不断改革与完善。

第一，我国已形成多层次资本市场的雏形。第四次工业革命带来了新技术的不断创新、全球价值链的不断分解和融合，将催生大、中、小企业相互融合发展的格局，这为我国多层次资本市场体系的改革和完善提供了压力和动力。

第二，新经济模式的诞生将推动我国资本市场制度的不断革新与完善。2018 年以来，我国资本市场基础制度不断完善。2018 年 11 月 5 日，习近平总书记宣布将在上交所设立科创板并试点注册制，这有利于科创型企业直接对接资本市场，在真正意义上实现多层次资本市场对实体经济的支撑。

第三，互联网、大数据、云计算等技术与金融业的融合将催生新金融技术，促使金融产品和金融服务模式不断创新，为不同企业提供更多的融资选择。

（3）第四次工业革命需要开放的、国际化的资本市场与之匹配，这将推动我国资本市场不断提高对外开放程度，不断提高与国际资本市场的融合程度。

一是企业间不断深入网络化合作，全球价值链既分工明确又紧密联系，为我国开放资本市场创造了条件；二是境外投资者拥有成熟的投资理念和先进的信息技术，有助于提高市场信息效率和准确定价能力，有助于发挥资本市场通过价格优化资源配置的功能，有助于促进上市公司经营理念变革；三是我国正在加速开放资本市场，金融领域开放措施不断落地。

2. 第四次工业革命下我国资本市场服务实体经济发展面临的挑战

（1）股权融资市场缺乏创新孵化生态，缺乏孕育创新的制度和学术环境，科创型企业培育效果不佳。我国风险投资机构经常忽略长期业绩，靠"烧钱"等模式拔苗助长，最终可能导致行业生态恶化。

（2）资本市场结构不合理，金融产品不丰富，不能充分满足不同类型、不同阶段企业的股权融资需求。我国股权融资市场呈现"倒三角"的结构，截至 2018 年 9 月，沪深主板（1 919 家上市公司）市值达 42 万亿元，而中小板（917 家上市公司）和创业板（732 家上市公司）市值分别为 8.1 万亿元和 4.3 万亿元。股权融资市场以为大型企业服务为主，中小企业、初创型企业融资难；主板、中小板和创业板 IPO 条件要求高，退市机制不完善；新三板市场投资者准入门槛高，市场不活跃；四板市场规范性和流动性差。

（3）法规滞后不利于我国资本市场国际化。我国证券相关法律法规修订频率低，亟须适时修改。

五、产业结构演变下我国资本市场服务实体经济发展的总体思路

（一）产业结构演变下资本市场服务实体经济发展的基本原则

产业结构演变下资本市场服务实体经济发展的基本原则是要合理把握好四大关系：科技、产业和资本的关系；市场和政府的关系；产业结构和金融结构、实体经济和虚拟经济的关系；科技创新、资本市场泡沫和金融监管的关系（见图 9）。

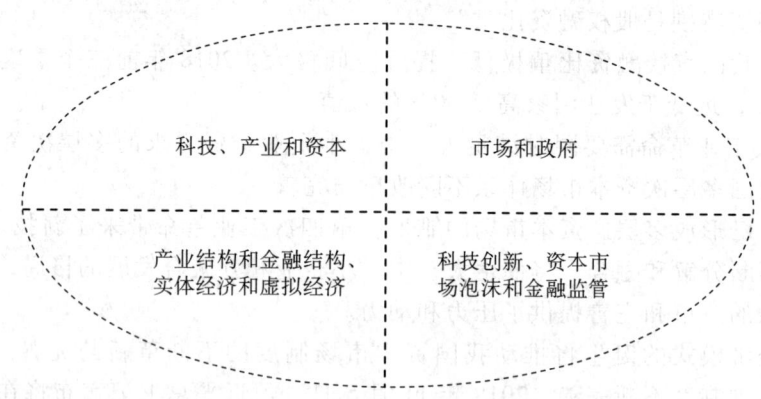

图 9　资本市场服务实体经济发展的"四大关系"

1. 把握科技、产业和资本的关系

新技术变革推动产业的快速发展和产业链的重构，产业结构的演变不断改变原有产业的商业模式、传统消费理念、产品制造模式、生产组织方式。每一次工业革命形成的产业新格局都会孕育出与之相契合的资本市场。资本与产业之间的互动循环以科技作为内核，资本与产业紧密围绕着科技转。第四次工业革命给我国产业发展带来了新的历史机遇，要准确把握三者之间的关系，从科技创新、产业周期、资本市场三个维度建立战略思维的时空观。

2. 把握市场和政府的关系

历史经验和典型事实表明，市场在资源配置中起到了决定性作用，在产业结构演变的过程中可以发挥其基础性功能；政府在产业多元化、产业升级以及基础设施改善过程中起到了积极推动作用，通过政策引导市场预期，可以实现资源配置的效益最大化和效率最优化。要把握好市场与政府的关系，厘清市场与政府的作用边界，让市场机制下的价格信号和政府调控共同作用于要素禀赋结构和需求结构，相互配合推进产业结构向高级化方向演进。

3. 把握产业结构和金融结构、实体经济和虚拟经济的关系

在经济发展的不同阶段，要素禀赋结构决定了最优产业结构，而最优金融结构则需要与相应阶段的产业特征和实体经济对金融服务的特定需求相匹配，从而实现金融的基础性功能。实体经济是虚拟经济发展的基础，虚拟经济则是实体经济发展到特定阶段的产物，是顺应实体经济发展需求而产生的。实体经济的发展应注重产业结构的升级与科技附加值的提

高,虚拟经济的溢出和激励机制可以为实体经济的发展提供有力支撑。要把握好产业结构和金融结构、实体经济和虚拟经济的关系,实现产业结构与金融结构匹配融合、实体经济与虚拟经济均衡发展。

4. 把握科技创新、资本市场泡沫和金融监管的关系

科技创新展示了人类未来新产业的方向和创富机会,拉动了资本涌入,助推行业大增长、大变革。在产业变迁过程中,资本市场的表现是一次次制造泡沫,然后泡沫破灭,如此循环往复。伴随资本市场泡沫的产生和破灭,需要沉淀产业力量,实现技术换代和产业升级。金融发展史上曾出现过许多投机狂热,每一次泡沫的产生和破灭固然由其自身力量所导致,却也总能暴露出当时金融监管的漏洞和制度的缺陷。要把握科技创新、资本市场泡沫和金融监管的关系,明确资本市场发展要以服务实体经济作为导向和目标,加强金融监管和统筹协调。

(二)产业结构演变下资本市场服务实体经济发展的路径设计

产业结构演变下资本市场服务实体经济发展的六大路径包括:资本市场顶层设计、多层次资本市场结构、多元化投资者结构、差异化上市退市标准、创新型企业公司治理和资本市场监管(见图10)。

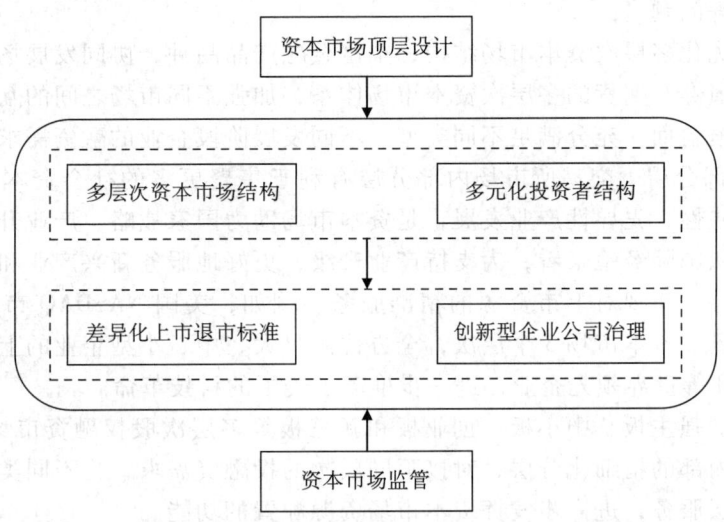

图10 资本市场服务实体经济发展的"六大路径"

1. 以实体经济为导向,加强资本市场顶层设计

资本市场的产生和发展往往伴随着经济结构自下而上的内生驱动,同时也需要政府部门自上而下的同步推进。科技革命推动下的产业结构变迁往往超前于资本市场的产业结构表现形态,同时,特定阶段经济体的金融结构也往往滞后于产业结构。一方面,要特别重视市场内生力量对资源配置和产业结构升级的基础性功能;另一方面,当产业结构体系不完备、市场发育不健全、生产率和技术水平相对落后时,单靠市场力量难以迅速提升产业竞争力,政府政策的合理引导显得尤为重要。高科技产业、战略新兴产业、高端制造业等部门具有高投资、高风险且收益回报期长等特点,这就特别需要依靠国家产业政策的支持和加强资本市场顶层设计。

为加强我国资本市场和实体经济的联动,本文提出以下建议:第一,加强以市场为主导

的全局性与前瞻性顶层设计，增强资本市场改革措施的系统性、针对性、协同性，进一步顺应国家战略与产业升级需求，在有限的上市资源中体现产业政策倾向，加强资本市场和实体经济的良性互动；第二，进一步拓宽资本市场服务实体经济的方式和渠道，在新技术革命的背景下，积极引导资本流入新经济、新产业，鼓励战略新兴产业上市公司资源整合，培育一批具有创新能力的龙头标杆企业。

2. 优化多层次资本市场结构，完善资本市场体制机制改革

尽管我国资本市场已经初步形成了以主板、中小板、创业板和新三板为主要组成部分的多层次市场体系，但是由于整个市场的顶层设计存在偏差，导致不同层次市场之间定位不清、交叉或重复现象显著，市场结构不平衡，发展规模不合理，严重弱化了资本市场对资源的配置功能。多层次资本市场与多元化实体经济需求无法有效对接，无法更好地服务实体经济转型和产业结构升级。

（1）资本市场结构优化。我国股权融资市场呈现"倒三角"的失衡结构。截至2018年8月，沪深主板的市值合计已超过40万亿元，而中小板和创业板的市值合计仅13万亿元，股权融资市场以服务大型企业为主，中小企业、初创型企业融资难，金融产品不够丰富，各板块规模呈现逐层递减趋势。新三板和区域性股权交易市场存在二级市场流动性不足、法规缺失、无序发展等问题。

建议进一步优化多层次资本市场结构，丰富金融产品品种，协同发展场内和场外、公募和私募、股票、债券和期货的多层次资本市场体系，加强不同市场之间的互补和配合，提高资本市场服务的覆盖面，充分满足不同类型、不同发展阶段企业的融资需求。

（2）市场内部分层。交易所市场内部分层有利于集聚更多的社会资本进入国家重点发展领域，加快支柱性、先导性产业发展，是资本市场助力国家战略、产业升级和服务实体经济的重要举措。从国际经验来看，为支持产业升级，更好地服务新兴产业和创新企业，可以通过市场内部分层，实现对上市资源的精准服务。例如，美国NASDAQ市场细分为全球精选市场、全球市场、资本市场3个层次，全方位满足大、中、小型企业的上市需求，孕育出了Microsoft、Intel等世界领先企业，进一步推动了美国的科技革命。

建议交易所加强主板、中小板、创业板和新三板等多层次股权融资市场的互动和联系，进一步推进市场内部的精细化分层，对接不同层次的投融资需求，为不同类型和规模的企业提供差异化的分层服务，进一步发挥资本市场资源配置的功能。

（3）构建新产业特征的优势板块。从美国的经验来看，根据国内产业变迁和产业政策变化，纽约证券交易所和NASDAQ主动调整市场板块和发行制度，不仅有效满足了不同特征行业和不同类型、不同规模企业的融资需求，而且进一步通过打造行业优势板块，形成了风格鲜明的产业集聚效应，优化了上市公司的行业结构，成功推动了美国经济转型和产业升级。针对我国不同市场，本文给出如下建议。

对于主板市场，要积极拥抱新经济，适应、支持和引领产业变革的新趋势，把市场建设成为具有多层次、包容性的新蓝筹市场。通过"新蓝筹行动"，加快培育一批具有世界影响力和竞争力的新蓝筹企业。

对于创业板市场，应大力推进创业板改革，进一步突出新经济、新产业的鲜明特征。针对创新型高科技企业和轻资产型现代服务业企业的盈利特点和股权结构，扩大创业板的包容性和市场深度。

对于新三板市场，应加强新三板和一、二板市场的互动和联系，打造优势板块，为真正优质的企业提供更便捷的融资渠道，同时也有利于吸引投资者以提升新三板流动性，使其真正发挥帮助中小企业融资的作用。

对于私募市场，应进一步打通私募市场、风险投资市场与多层次资本市场，形成完整的产业链，发挥风险投资在产业升级中的积极作用。进一步探索公开市场与私募市场衔接机制，形成场外多层次"接力式"的资金支持体系。

3. 合理制定差异化上市和退市标准，构建"有进有退、进退有序"的内在循环机制

从境外交易所IPO和退市公司比例可以发现，纽约证券交易所、NASDAQ、伦敦证券交易所的退市公司数量均显著高于各自IPO的数量。这种"能进能出、能上能下"的上市与退市制度形成了良性的优胜劣汰机制，股票市场源源不断有新的优秀企业上市，而大量不符合持续上市条件的企业则被强制退市，形成一个有效资本市场，推动更具生产效率的优秀核心企业快速成长，带动产业结构升级。

（1）合理制定差异化上市标准体系。境外成熟市场的交易所在上市条件设置上主要包括财务标准和非财务标准两大类。在财务标准方面，美国NASDAQ各市场层次均有3—4套财务标准；韩国KOSDAQ也提供了3套财务标准供发行人选择。在非财务标准方面，为保证市场流动性、减轻信息不对称、保护中小投资者权益，在市场内部分层时，对持股比例、股权集中度、信息披露、公司治理等均提出了明确要求。

建议我国证券交易所针对战略新兴产业和创新型企业的财务特点，合理制定差异化上市标准体系在传统上市标准的基础之上，可以引入以市值为核心的多样化财务、标准，进一步增强市场的包容度，同时对企业的流动性、公司治理等方面做出严格的要求。

（2）建立强制退市机制和多元化退市标准。在我国，退市公司数量大大低于IPO数量，退出渠道极不顺畅，退市机制的市场化程度较低。退市标准也较为单一，主要是用以盈利水平为主的经营业绩指标来衡量，缺乏境外成熟市场的多元化退市标准。例如，"资本减少、低流动性、股东持股比例不足、资产负债、虚假陈述、并购重组、破产解散、主动申请退市、违反持续上市标准"等。

建议我国证券交易所根据产业政策调整，进一步完善上市公司强制退市机制，对那些缺乏持续经营能力且不符合产业发展方向的上市公司应实施逐步退市。促进上市公司优胜劣汰，让市场资源向新兴产业流动的同时，形成对传统落后产业上市公司转型升级的倒逼压力，构建"有进有退、进退有序"的内在循环机制。

4. 优化投资者结构，加快引入机构投资者

我国资本市场的投资者结构主要呈现出以下两个特点：第一，个人投资者和一般法人持股市值占比较高。截至2018年上半年，A股市场个人投资者和一般法人投资者的持股市值占比超过70%，远远高于境内外机构投资者占比；第二，境外投资者持股市值占比较低。随着A股纳入MSCI指数、沪港通的开通等，A股市场对外开放的规模和程度正在不断扩大，但从目前来看，境外投资者在A股市场中的持股市值仍然较低，占比不足3%。

目前，我国正迎来新一轮的技术革命。为促进新经济和新动能发展，本文提出以下建议：第一，加快发展政府产业引导（投资）基金，拓宽资金来源，创新基金运作方式，引导战略新兴产业发展，进一步落实产业政策；第二，加快推进私募股权基金转型发展，借助PE、VC的力量，在新三板中挖掘一些优质的具有发展为"独角兽"潜质的公司；第三，扩

大机构投资者的规模和投资范围,积极鼓励社保基金入市,引导资本市场形成价值投资的理念,进一步加大资本市场对外开放力度,吸引更多 QFII、RDFII 参与我国资本市场。

5. 增强资本市场包容性,适应新型公司治理

我国资本市场的发展远远滞后于实体经济的发展,尤其是没能有效解决具有"重人力资本、轻资产"特征的高科技企业和现代服务业企业的融资问题,这也导致了大量具备高成长、高潜力的科技"独角兽"最终选择远赴海外融资和上市。

(1) 探索新型股权结构。近年来,虚拟股票、股票增值权、延期支付、员工持股、账面价值增值权等新型股权激励逐渐被创新型企业广泛使用。在欧美上市公司中,采用双层股权结构的公司数量比例保持稳定,市值比重呈现稳步上升趋势,且行业分布非常广泛。如 Google、Facebook、LinkedIn 等高科技公司采用了"同股不同权"的结构来保护其创始人的人力资本投入;阿里巴巴采用了"合伙人制"结构,保障其核心员工的控制权。

建议监管层充分考虑创新型企业在盈利模式、股权激励、公司治理等方面的独特性,对上市标准、交易机制、监管制度等方面做出差异化安排,探索并试点非标准股权结构和新型股权激励,为新经济开路,为企业融资和公司治理提供更多选择。

(2) 完善市场回报机制。境外成熟市场大都已经建立持续、稳定、有效的上市公司分红机制,并且形成了"持续高分红蓝筹股"群体。长期以来,我国 A 股市场上市公司回报投资者的意识不强,由于缺乏持续稳定的分红机制,无法为投资者带来可预期的投资回报,严重制约了股票市场合理估值的基础,也是造成我国股票市场"牛短熊长"的重要原因之一。

建议我国证券交易所进一步完善市场回报机制,增强上市公司盈利能力和持续分红能力,形成资本市场投资者和上市公司之间的正向反馈。

6. 资本市场创新与监管

产业结构演变对我国资本市场服务实体经济带来了新的机遇,同时也给资本市场的监管提出了新的挑战。

(1) 新型金融工具的监管。资本市场通过金融创新可以充分发挥投融资和资源配置的功能。然而,由于各经济体的结构和运行形态的不同,资本市场运作的制度环境和监管能力的不同,金融工具创新的简单"拿来主义"在我国资本市场未必能发挥很好的作用,甚至可能会带来预想不到的风险。

建议监管层注意避免过度脱离实体经济的"伪金融"创新,充分把握新型融资工具发行的节奏和规模,把握一级市场和二级市场的供需平衡。

(2) 投资者交易行为的监管。受市场文化、投资习惯、行为偏差和交易机制等多重因素的影响,当前我国资本市场还存在许多乱象,"炒小、炒新、炒差、炒短"及追涨杀跌的"羊群效应"现象较为突出,资本市场和实体经济的关联性、互动性不强,不利于实体经济的高质量发展。长期以来,我国证券市场交易行为的一线监管职责主要由交易所承担,会员主要发挥交易中介的功能。然而,2015 年的股市异常波动反映出原有"交易所直接监管投资者"监管模式存在较大局限性。

建议我国证券交易所进一步建立"以监管会员为中心"的交易行为监管模式,充分发挥交易所一线监管的职能,构建"交易所管会员、会员管客户"的分级分层交易行为管理体系,维护资本市场稳定、保护投资者合法权益,提高监管的有效性。

多层次资本市场服务实体经济的效果研究

卞继飞　徐丽娜[*]

一、我国多层次资本市场建设情况

从 1990 年我国第一家证券交易所成立至今，中国资本市场历经近三十年发展，受益国家政策扶持发展迅速，主板市场、创业板市场、新三板市场及区域性股权市场相继设立与发展，多层次资本市场结构初步形成。

截至 2018 年 6 月 30 日，沪深交易所主板上市公司共 2 802 家，总股本 52 573.03 亿股；2017 年沪深两市成交金额达 953 114.89 亿元，实现融资 15 719.52 亿元。创业板市场作为主板市场的重要补充，截至 2018 年 6 月底，上市公司共 728 家，总股本达 3 602.94 亿股；2017 年成交金额达 164 469.72 亿元，融资额为 1 504.34 亿元。新三板市场是扩容后我国中小企业的股份转让系统。近几年，新三板市场发展迅速，挂牌公司数量增长迅速。截至 2018 年 6 月底，新三板市场挂牌公司达 11 243 家，总股本达 6 590.47 亿股；2017 年成交金额达 2 146.13 亿元，实现融资 1 094.71 亿元。截至 2018 年 6 月底，全国 39 家区域性股权市场挂牌、托管、展示企业合计 81 648 家，总股本约 9.16 亿股；2016 年实现融资 2 871 亿元。①

主板、创业板、新三板和区域性股权市场功能定位各不相同，按照其市场结构层次关系分为四个层次，上层为主板市场，往下依次为创业板、新三板及区域性股权市场。数据显示，在挂牌公司数量方面，我国资本市场结构呈现正"金字塔"状，而在总股本、平均融资额及交易量方面，我国资本市场结构呈现倒"金字塔"状结构（见图 1、图 2、图 3、图 4）。

---

[*] 作者单位：中泰证券股份有限公司。原载于《中国证券》2018 年第 8 期。
① "'四板'将成解决中小企业融资难题'助力器'"，新华网，2017 年 2 月 4 日，网址：http://www.xinhuanet.com/fortune/2017-02/04/c_1120406889.htm，最后访问日期：2017 年 2 月 4 日。

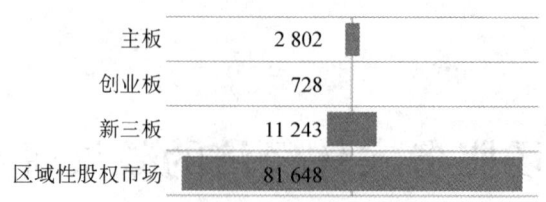

图 1　挂牌公司数量（家）

注：数据选取时间截至 2018 年 6 月 30 日。
资料来源：Wind。

主板	52 573.03
创业板	3 602.94
新三板	6 590.47
区域性股权市场	9.16

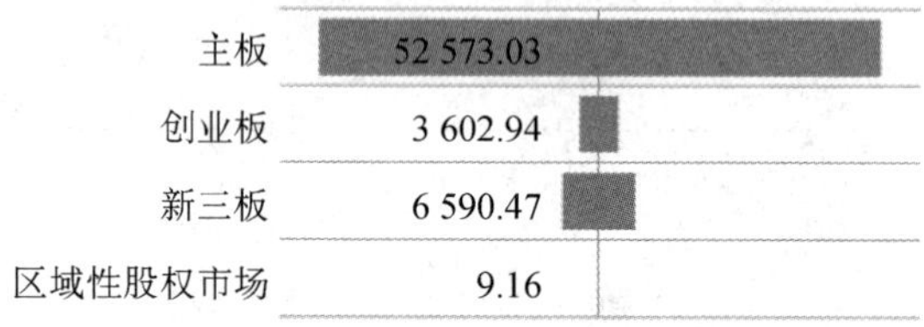

图 2　总股本（亿股）

注：数据选取时间截至 2018 年 6 月 30 日。
资料来源：Wind。

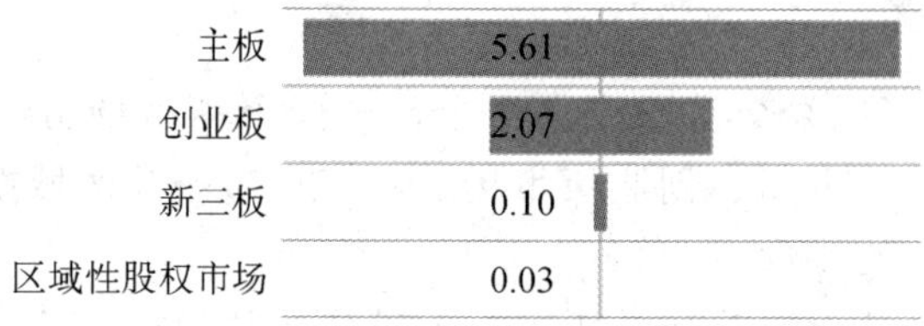

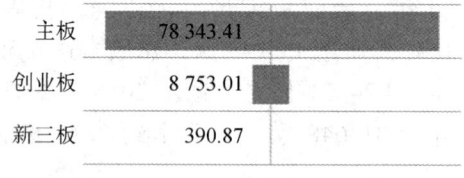

图 3　平均融资额（亿元）

注：主板、创业板、新三板使用 2017 年度数据，区域性股权市场使用 2016 年度数据。
资料来源：Wind。

主板	78 343.41
创业板	8 753.01
新三板	390.87

图 4　交易量（亿元）

注：选取 2017 年度数据。
资料来源：Wind。

二、多层次资本市场服务实体经济的方向及成效

（一）推进兼并重组，化解产能过剩

资源配置是多层次资本市场的核心功能之一。现阶段，我国传统产业（如钢铁、水泥、煤炭等）面临一定程度产能过剩，"去库存、去产能"成为国家经济结构调整的重要任务。

传统产业覆盖面广、产业链较长、从业人员众多,去产能过程中若出现大量企业破产倒闭容易导致社会稳定问题。而兼并重组通过提高行业集中度,可降低成本,提升企业效益,是平稳实现业务转型和资源整合的重要手段。因此,积极引导上市公司进行兼并重组可助力化解过剩产能,提升资源配置效率。

2016年,中央经济工作会议确定了"多兼并重组,少破产清算"的"去产能"改革思路,兼并重组成为化解过剩产能的主要渠道。数据显示,2016—2017年是上市公司兼并重组高峰期。其中,2016年上市公司兼并重组完成316件,交易金额达9 212.01亿元,2017年完成291件,交易金额达9 366.79亿元,2018年兼并重组数量和交易金额相对减少(见表1)。

表1   2016年至2018年上半年A股上市公司兼并重组数量和交易金额

年份	兼并重组数量(件)	交易金额(亿元)
2016	316	9 212.01
2017	291	9 366.79
2018上半年	106	2 503.82

资料来源:Wind。

统计数据表明,工业①、批发和零售业是近几年上市公司兼并重组重点行业。其中,工业成为近几年兼并重组规模最大行业。2016年至2018年上半年,A股市场上兼并重组工业类上市公司交易金额占各年全部兼并重组交易金额的比例分别达到33%、28%、38%,工业领域大批钢铁、采矿、化工等企业通过兼并重组淘汰了落后产能,提升了经营效益(见图5)。2016年底,宝钢股份、武钢股份完成合并重组,成立宝武钢铁集团,成为钢铁行业兼并重组典型案例。合并后的宝武钢铁强强联合、优势互补,利用共有资源和技术调整产品结构,着重发展中高端产能,2017年净利润达9.36亿元,同比增长203.84%。

2016—2018年,信息技术、软件和信息技术服务业兼并重组金额占比逐年增高,从2016年的7%增至2018年上半年的23%。受大数据、人工智能等新一代信息技术影响,传统通信、广播电视、基础网络等信息技术服务面临转型压力,兼并重组机会不断增加,推动产业链向高端领域整合发展(见图5)。

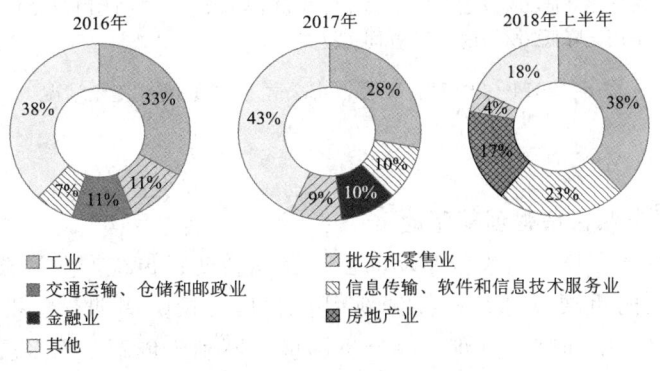

图5   2016—2018年A股上市公司兼并重组分行业交易金额占比

资料来源:Wind,2018年数据截至6月30日。

---

① 根据《国民经济行业分类》(GB/T4754-2017)标准,工业包括采矿业,制造业,电力、热力、燃气及水生产和供应业。

(二) 扩大直接融资，降低杠杆风险

长期以来，我国社会融资结构以间接融资为主。其中，信贷在全社会融资规模中占比达50%—60%。[①] 信贷融资成本高，造成企业债务负担过重、财务成本过高。同时，商业银行作为信贷融资的供给主体，承担着较大的经营风险，全社会企业杠杆率过高容易引发区域性、系统性金融风险。资本市场功能之一是为实体经济发展提供股权、债券等直接融资工具，特别是股权融资，因其具有资金占用周期长、无须还本付息的优点，可有效改善融资结构，降低金融风险。近年来，伴随多层次资本市场的建设和完善，直接融资适用范围进一步扩大，通过划分不同层次的风险偏好，满足多元化投融资需求，保障实体经济稳定发展。

数据表明，公司上市后资产负债率普遍降低，大多数公司上市后资产负债率同比降低20%—40%，少部分公司上市后资产负债率降低60%以上。2017年，A股公司上市438家。其中，资产负债率同比降低60%以上的有28家，降低40%—60%的有105家，降低20%—40%的有167家，降低不足20%的有104家。上市公司经IPO首发、增发获股权融资，银行借款等财务费用支出减少，有效降低了企业杠杆，提高了风险抵御能力（见图6）。

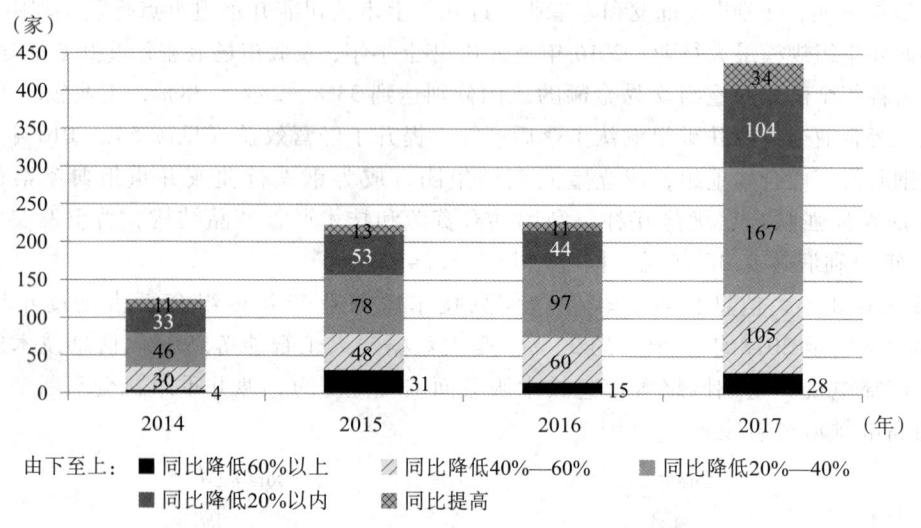

图6 2014—2017年A股上市公司资产负债率变化情况

资料来源：Wind。

(三) 培育高新产业，增强创新驱动

现阶段，我国经济增长正由投资驱动向创新驱动转变，传统产业调整下行，新产业新业态成为实体经济发展的重要支撑，科技创新型企业具有投资周期长、投资大、风险高等特征，其在传统融资渠道中面临融资难、融资贵困境，不利于创新。而多层次资本市场体系具有较高的包容度和较广的覆盖面，能为企业创新活动分散风险，满足不同发展阶段创新型企业的融资需求，激发创新创业活力。同时，严格的上市安排有助于创新型企业明晰产权结

[①] 徐尧东："我国银行业资产质量影响主因分析及中长期不良率预测"，中国电子银行网，2016年7月25日，网址：http://www.cebnet.com.cn/20160725/102354553.html，最后访问日期：2018年7月14日。

构,规范公司治理,提高运作效率,进一步增强创新能力。经济新常态下,多层次资本市场要立足于创新驱动战略,支持创新创业成为服务实体经济发展的重要方向。

2015年至2018年上半年,主板市场IPO(首次公开发行)企业共627家。其中,约1/3的企业为战略性新兴产业[①],首发募集资金合计约1 358亿元;创业板市场首发上市公司共325家。其中,战略性新兴产业企业约238家,占比达70%以上,首发募集资金合计约894亿元。截至2018年6月30日,新三板挂牌公司达11 243家,战略性新兴产业企业数量占比超过50%,多层次资本市场在服务战略性新兴产业融资中发挥着重要作用(见表2)。

表2　　2015年至2018年上半年战略性新兴产业上市公司数量及融资金额

上市板块	数量(家)	IPO募集资金金额(亿元)
主板	212	1 357.86
创业板	238	894.46
新三板	5 778	—

注:根据战略性新兴产业目录共选取161个概念板块,数据截至2018年6月30日。

数据统计表明,2015—2017年在主板市场上,战略性新兴产业上市公司平均首发募集规模低于主板市场平均规模,主板市场满足了一批创新型企业融资需求,但资金更倾向于流向传统成熟产业;在创业板市场上,2015—2017年战略性新兴产业上市公司平均首发募集资金分别为3.74亿元、3.47亿元、3.9亿元,均高于创业板整体平均首发募资规模,说明创业板市场中投资者更青睐创新型企业,多层次资本市场的完善为创新创业型企业的融资、成长提供了更好的发展空间(见图7)。

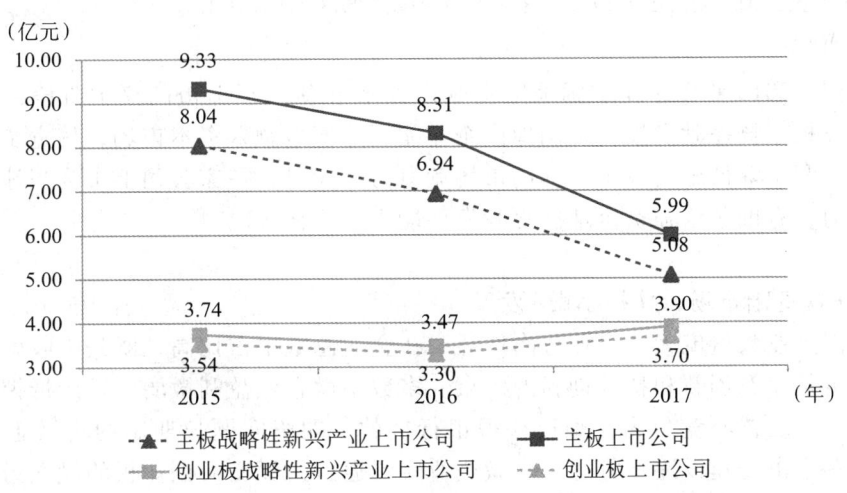

图7　2015—2017年中国上市公司平均首发募集资金规模

资料来源:Wind。

2018年3月,中国证监会《关于开展创新企业境内发行股票或存托凭证试点的若干意见》发布,资本市场将进一步以服务创新创业为引领,助力我国高新技术产业和战略性新

---

① 根据2016年国家发改委网站公布的《战略性新兴产业重点产品和服务指导目录》,战略性新兴产业包括五大领域8个产业、40个重点方向,涉及新一代信息技术、高端装备制造、新材料、生物、新能源、数字创意等。

兴产业发展提升。

（四）引导要素流动，助力扶贫攻坚

我国各地区域经济发展不平衡问题突出，东部地区与西部地区贫富差距巨大，严重阻碍全面建成小康社会目标的实现，资本市场以其资本培育、资源配置优化功能成为扶贫攻坚战中不可或缺的力量。2016年9月，中国证监会发布《关于发挥资本市场作用服务国家脱贫攻坚战略的意见》，支持贫困地区企业利用多层次资本市场资源，拓宽融资渠道，降低融资成本，引导富裕地区的人才、资本、技术、管理等生产要素流向贫困地区，增强经济活力。近年来，在政策推动和扶持下，我国资本市场服务贫困地区实体经济发展的效果逐渐显现。

2016年中国证监会为贫困地区企业上市开辟绿色通道，贫困地区申请IPO的符合条件的企业适用"即报即审、审过即发"政策。数据显示，截至2018年3月底，我国国家级贫困县有12家企业通过资本市场绿色通道政策上市。[1] 截至2018年6月底，我国A股上市公司中有40家来自全国贫困县[2]，这些企业上市以来累计直接融资1 527.29亿元，全国贫困县共有171家公司在新三板挂牌，累计直接融资145.05亿元（见表3）。

表3　贫困地区在资本市场上市公司数量及融资规模

板块类型	数量（家）	直接融资规模（亿元）
主板	35	1 224.42
创业板	5	302.87
新三板	171	145.05

注：贫困地区包括592个贫困县以及西藏地区全境，数据截至2018年6月30日。
资料来源：Wind。

数据表明，2013年以来是贫困地区企业在A股和新三板上市的集中阶段，伴随资本市场建设及新三板市场蓬勃发展，贫困地区企业能更方便地融入资本市场，拓宽了企业的直接融资渠道，有利于降低融资成本，提高市场竞争力；同时，一家公司上市为当地区域经济发展带来新活力，有助于增强贫困地区自我发展能力（见图8）。

（五）拓展基础市场，扶持小微[3]发展

我国小微企业数量庞大、产业分布广泛，在企业总数中占比高，既是吸收就业、改善民生的保障，也是业态创新和技术创新的源泉。多数小微企业盈利微弱、资产抵押不足、经营管理不规范、缺乏核心竞争力，难以获得银行贷款，融资问题长期制约小微企业的持续发展。多层次资本市场建设逐步打通了小微企业融资通道，深交所创业板的设立为高科技小型企业进入资本市场提供了更多空间，扩容后的"新三板"和各地相继成立的股权交易中心，以服务小微企业为定位，为不同成长阶段的小微企业提供资金融通、股权激励、规范治理等

---

[1] 傅苏颖："国家级贫困县12家企业通过绿色通道上市"，东方财富网，2018年5月21日，网址：http://global.eastmoney.com/news/1786201805218752 67073.html，最后访问日期：2018年7月14日。
[2] 全国贫困县包括2016年《国家扶贫开发工作重点县名单》中592个贫困县以及西藏地区全境。
[3] 代指小微企业，根据国家统计局《统计上大中小微型企业划分办法（2017）》，我国企业划分为大型、中型、小型、微型四种类型，小微企业指符合划分标准的小型、微型企业。

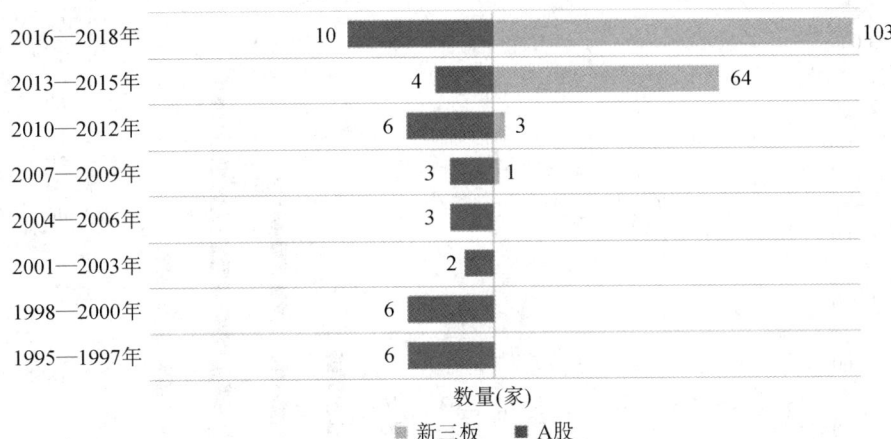

图 8 1995—2018 年贫困地区在 A 股和新三板市场上市公司数量

注：贫困地区包括 592 个贫困县以及西藏地区全境，数据截至 2018 年 6 月 30 日。

资料来源：Wind。

全程化、精细化服务。

数据显示，截至 2017 年底，创业板共有 31 家小微企业上市，占比仅为 4.36%。但近几年小微企业在创业板上市数量呈现增长趋势，31 家上市公司累计直接融资 126.77 亿元，创业板服务小微企业发展的效应逐步显现（见表 4）。

表 4　　　　　　　　　创业板小微企业上市数量及融资规模

年份	小微企业上市数量（家）	直接融资规模（亿元）
2017	12	36.68
2016	7	18.36
2015	4	9.45
2014	1	5.6
2013	0	0
2012	2	22.21
2011	3	19.15
2010	2	15.32

资料来源：Wind。

相比创业板，小微企业在新三板市场发展更为迅速。截至 2018 年 6 月底，在新三板挂牌的小微企业数量超过 7 000 家，占比超过 60%，累计增发募集资金约 670 亿元。新三板市场中小微企业占比呈逐渐上升趋势，说明新三板市场越来越成为服务小微企业融资发展的重要平台（见图 9）。

2017 年 7 月 1 日《区域性股权市场监督管理试行办法》施行，明确了区域性股权市场的服务对象为中小微企业。面向小微企业，各地区政府积极出台优惠政策，为企业挂牌区域股权市场提供支持，通过奖励和补贴形式减少小微企业改制费用及融资成本。各地市场通过板块细分，如"青创板""孵化板""丽水生态板"等，根据县域实际、行业特色、企业规模等，针对性地为小微企业融资提供服务。

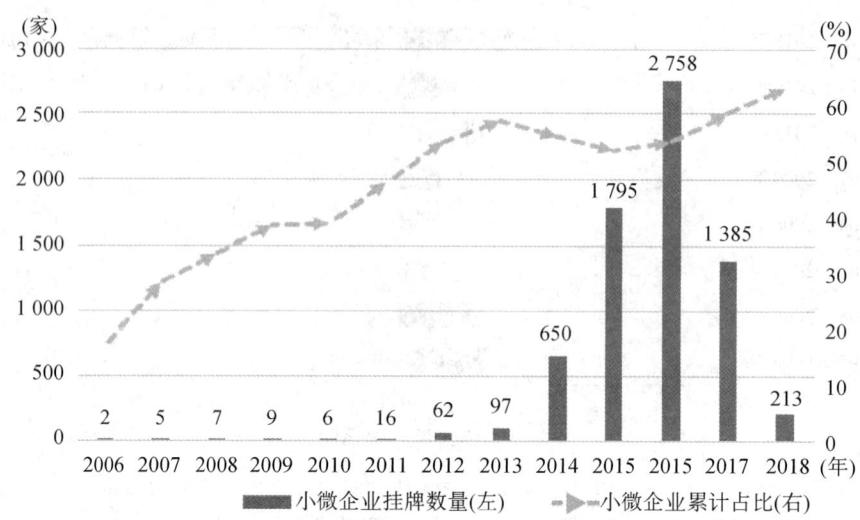

图 9　2006—2018 年新三板小微企业挂牌数量及累计占比

资料来源：Wind，数据截至 2018 年 6 月 30 日。

三、多层次资本市场建设呈现的问题

（一）市场结构与企业结构不匹配

多层次资本市场各层次职能分工与定位不同。从服务实体经济功能上看，多层次资本市场的构成理论上呈现"金字塔"形态，从上层主板市场到下层区域股权市场，上市公司数量逐层增加，对应的融资需求也更加旺盛。目前，我国挂牌上市公司数量符合"金字塔"特征，但融资规模呈现"倒金字塔"状：主板市场在融资规模和交易活跃度上明显占主导地位；创业板市场发展滞后；新三板、区域股权市场虽然挂牌上市公司数量增长迅速，但融资规模有限，市场流动性差，对于规模庞大的中小微企业而言，融资难的问题没有得到根本解决。

（二）市场化制度机制较为欠缺

多层次资本市场的市场化制度建设尚不完善。目前，我国注册制改革仍处于探索阶段。退市制度不完善，退市标准设定和配套安排不健全，A 股市场上市公司退市难、退市少的问题比较突出，存在上市公司"僵而不退"、占用稀缺资源的现象，导致上市公司整体质量的提升受限制。转板制度缺失，制约资本市场互动、互补良性循环的形成。新三板市场成立至今，上市公司转板方式依然为首次公开发行（IPO），缺少实质意义上的转板机制，导致转板耗费时间长、融资成本高，降低了对实体经济的服务效率。

（三）金融风险管控压力增大

多层次资本市场建设过程中，融资方式不断创新，金融工具越加复杂，一些新的金融风险也相伴而生。资本市场层次增多，有效降低了企业上市融资门槛，特别是近几年"新三板"、区域性股权市场挂牌企业数量增长较快，上市公司分化严重，一些企业上市后税收负担、运营负担加重，不但没有解决融资问题，而且存在金融隐患。据独立第三方机构信用风险报告显示[①]，七成在新三板挂牌的上市公司存在较大程度信用风险，资本市场中公司债、中小企业私募债违约风险频发，甚至有不法分子以区域股权市场挂牌公司"原始股"转让名义进行非法集资，严重危及社会稳定。同时，以散户为主的投资者结构，造成市场投机行为较多，容易引发资本市场价格异常波动，增加了金融风险管控、维稳压力。

四、提升多层次资本市场服务实体经济的水平

2017年全国金融工作会议指出，要把发展直接融资放在重要位置，形成融资功能完备、基础制度扎实、市场监管有效、投资者合法权益得到有效保护的多层次资本市场体系，持续提高资本市场服务实体经济能力。

（一）调整市场结构，重点加强基层融资体系建设

"倒金字塔"状市场结构不能满足我国数量庞大的小微企业融资需求。对广大小微企业而言，新三板、区域股权市场是其能实现直接融资的主要场所，加强基层融资体系建设，有助于提高多层次资本市场服务实体经济薄弱环节的能力。

1. 新三板市场重优化

其一，细化分层。新三板挂牌企业数量多、发展差异大，可根据企业处于不同的生命周期阶段，将挂牌企业按照初创期、成长期、成熟期、衰退期细化分层，建立"能上能下"动态调整机制，实现不同层次的良性互动。其二，优化做市机制。适度增加做市商的数量和种类，引入公募、私募基金等金融机构做市，对不同分层企业增加引入做市机制要求，提高参与做市企业比例。其三，降低投资门槛。在细化分层基础上，针对风险较低层次企业，降低个人投资者准入门槛，扩大和准许更多机构投资者参与投资，改善资金供需矛盾。

2. 区域股权市场重规范

其一，规范培育优质企业。通过完善企业筛选标准，积极发现有前景的优质企业，加强引导、培育，规范企业发展；通过建立全市场统一信息披露制度，提高区域股权市场公开透明度，保障挂牌企业健康发展。其二，促进区域股权市场整合联动。各区域股权市场分布于各地，差距较大，部分地区重复建设造成资源浪费，建议对功能相似、实力弱小的市场进行合并，强化资源整合；同时，各区域股权市场应借助信息技术平台建立跨区域联动机制，实现资源、信息、渠道互联共享，提升基层融资平台服务效率。

（二）完善运行制度，切实提高资本配置服务效率

新经济建设实践中，资本市场面临新情况、新需求，不断推进资本市场运行制度改革、创新与完善，提高制度的包容性与竞争力，有助于提升资本配置效率，是多层次资本市场持续服务实体经济的重要保障。

1. 稳步推进注册制改革

[①] 吴黎华："新三板近七成企业存较大信用风险 6 615家全年无交易"，中证网，2017年7月4日，网址：http://www.cs.com.cn/ssgs/ssb/201707/t20170704_5355539.html，最后访问日期：2018年7月14日。

2018年2月24日，十二届全国人大常委会第三十三次会议决定股票发行注册制授权期限延长两年至2020年2月29日，表明目前推行注册制条件仍不成熟，注册制改革需创造条件稳步推进。其一，注册制改革是大势所趋，也是一场持久战，在继续实施核准制基础上，应逐渐完善各方面配套条件（比如信用体系建设、信息披露质量的提高等），赋予资本市场更多的自主权力，培育投资者对上市公司的价值判断能力。其二，注册制实施后监管机构并非不再审核企业，而是重点进行形式审核，保证发行人申报材料的真实性、明晰性、完整性，针对疑问开展多轮意见反馈和回复工作，切实履行监管责任，注重强化中介机构责任。

2. 完善退市转板制度

转板与退市制度需统筹考虑，同步推进。其一，简化转板流程。通过为优质企业提供升级转板快速通道，减少繁杂的流程审批环节，提高融资效率。其二，严格升级转板筛选标准。完善转板监管，保证真正质量好的公司进入高层次资本市场，避免监管套利。其三，严格实施退市。构建明确的全面性退市指标，对存在重大违法事项的公司严格执行强制退市，对因经营不善触及退市要求的公司强化监管审查，淘汰劣质企业，避免垃圾股和僵尸股长期占据稀缺资源。其四，建立退市缓冲机制。通过为退市或降板公司提供救济，避免受退市影响引发连锁反应，陷入更大经营困境，为退市企业设置一定的缓和期，更有助于保护投资者合法权益。

（三）强化风险监管，全面保障市场主体安全稳健

1. 推进法治化建设，增强法治力量

其一，完善资本市场法律法规体系。法治化建设要主动适应经济改革和满足资本市场发展需要，大力推进《证券法》修订、《期货法》制定等立法工作。其二，强化监管、执法力度。根据市场新情况，细化监管要求，完善日常监管，既要预防"黑天鹅"事件，也要防止"灰犀牛"风险；在科学立法基础上，坚持执法必严、违法必究，严惩资本市场违法违规行为。其三，推进法治宣传教育。监管机构和行业协会积极创新宣传教育形式和载体，扩大普法影响力，提高市场经营主体法治观念，帮助投资者树立法治意识和维权意识。

2. 完善信息披露机制，构建诚信环境

其一，完善制度设计，严格信息披露规则。以投资者需求为导向，确保信息披露的真实、完整、准确；制定鼓励政策，可根据公司类型、运行情况，做出差异化信息披露制度安排，激发上市公司主动披露信息的积极性。其二，强化信息披露监管。中国证监会与交易所互相配合，强化交易所监管职能，让交易所承担更多一线监管职责，提高执法力度；针对信息披露中存在的虚假陈述、违法披露行为，加大惩罚力度，提高上市公司诚信水平。

3. 加强投资者教育，培养机构投资者

其一，建成投资者教育长效机制。开展"投教进校园活动"，提升全民投资素质；探索成立专业的投资者教育机构，继续推动证券公司等经营主体打造各类投教基地，让投资者持续接受专业、便捷、高效的投教服务。其二，引导价值投资理念。倡导投资者理性投资，积极引导上市公司现金分红，可根据交易频率采取有差别的佣金、费税政策，鼓励投资者长期投资。其三，培养合格机构投资者。鼓励保险公司、公募、私募等金融机构开发更多符合市场需求的产品；稳步推进金融"双向开放"，完善境外机构投资者制度安排，增强投资便利性。

资本市场对于创新驱动国家战略的影响研究
——基于上市公司角度

梁燕子*

创新驱动发展战略是党的十八大提出的重大决策，其有效实施离不开创新成果向经济效益转化的顺畅进行。在这个过程中，最大程度地发挥资本市场的作用，有助于有效配置社会资源，加快我国创新驱动发展战略的平稳健康推进。目前对于资本市场助力创新驱动的研究主要针对的是风险投资领域。上市公司作为资本市场的主体，对于创新战略的开展也有着不可或缺的作用。

一、资本市场对于创新驱动战略的文献综述

学术界的研究肯定了创新驱动发展战略的意义，对资本市场与创新驱动战略的关系也进行了探讨。绝大多数的文献资料显示，资本市场的成熟对创新驱动国家战略有显著的正向推动作用。涂人猛（2009）认同资本市场在经济发展中的重要作用。他认为由于资本市场可以帮助筹集资金和优化资源配置，使得资本市场的发展为新兴产业的快速发展提供了一种现实可能机制。D.T 和 G.S（2010）认为创新活动本身具有高成本和高风险的特点，间接融资无法满足自身融资需求。他们通过实证研究和比较研究发现，创新活动的融资驱动，大公司和小公司面临的决策完全不同。大公司可以通过间接融资的方法获得资金，而小公司只能通过直接融资的方法从外部得到资金支持。朱欢（2013）进一步研究了上市公司的融资结构对其创新发展的影响。他通过面板数据模型进行实证研究得出结论，探讨了中国多层次资本市场体系建立的积极意义。辜胜阻（2014）肯定了主板市场上市公司利用资本市场进行创新的有效性。他认为，资本市场具有要素集成、筛选发现、企业培育、风险分散、资金放大等多重功能，能够通过以价格为信号的市场机制，实现创新风险的市场分担和创新高回报

---

* 作者单位：川财证券有限责任公司研究所。原载于《中国证券》2018 年第 8 期。

的社会共享，进而促进创新。

但我们也要注意到，有一部分文献研究结果发现资本市场促进创新的作用不大，但基本都集中在 2010 年以前。刘铁牛（2009）利用 Granger 因果检验分析确立了我国 1992—2006 年资本市场发展与技术创新之间并没有因果关系。然后他又使用了协整检验分析发现，技术创新与资本市场的发展规模之间均为不平稳序列，而二阶差分序列是平稳的，说明存在长期协整关系，但没有量化分析可以证明在 2006 年以前，资本市场发展与技术创新之间存在必然联系。朱欢（2010）曾经通过构建全国 31 个省、市、自治区的面板模型发现，2007 年之前，中国资本市场尤其是股票市场对于企业创新的作用比较有限。张强、赵建晔（2010）也用了相似的量化方法，对于 2008 年之前的金融市场和创新发展三个阶段的关系进行了分析，得出结论：资本市场对于知识创造、应用和传播的影响较为有限，资本市场对于科技创新的作用尚不明显。我们注意到，学界关于资本市场上市公司无法推进创新发展的结论研究时间相对较早，当时我国的主板市场价值发现功能建立尚不完善，所以不能作为主要的资本市场对于创新发展作用的判断依据。

从当今的具体情况来说，大多数的研究认为，资本市场主要从两个方面推动了创新驱动的发展。

（一）从融资角度对创新驱动国家战略的影响

创新型企业是创新驱动发展战略的重要载体。创新驱动发展战略所依靠的主体是创新型企业，创新型企业前期需要大量的研发资金投入，而其在初期并无大量的现金流收入，资本市场是其重要的融资渠道，其对于创新驱动国家战略的影响得到了众多学者的关注。王开盛（2007）最早关注到高新技术发展与资本市场发展的关系，他认为中小企业是一个社会自主创新的核心和基本组成部分。健全资本市场是小企业自主创新的基本要素，从外部获取资金的难易程度，是小企业能否持续将知识转化为产品的重要支撑，要努力提升中小企业在发展过程中资本市场的作用。2010 年之后，学界关于资本市场对于技术创新的作用有了更进一步的统一认识。许江萍（2011）关注的重点放在了研究拓宽高新技术产业的投融资渠道上，认为加快建立政府、民间的联合创投基金，有利于政府定向扶持重要的战略新兴产业部门。打通全投资股权产业链，扩容创业板，有利于促进战略新兴产业企业的投融资体系建立。考略到高新技术企业普遍具有高投入、高风险、高收益的特点，学界也开始研究资本市场的重点应该在何处。辜胜阻（2015）提出要实施创新驱动发展战略，需完善多层次资本市场体系，完善股权投资链，尤其要大力发展风险投资，风险投资在促进高新技术企业发展、创新成果产业方面至关重要。

有文献也指出资本市场发展不足会在一定程度上引发创新型企业的融资问题，影响创新发展战略的有效实施。戴银燕（2014）认为制约企业进行创新的问题之一是资本市场发育不全，创业板市场规模过小，直接融资的规模低，不能满足创新要求，尤其是中小企业很难获得多层次资本市场的支持，很多有市场潜力的创新成果由于得不到资金支持难以产业化。

（二）从人才激励及管理角度对创新驱动国家战略的影响

资本市场的重要作用除了其对创新型企业融资方面的作用，还包括其带来的人才激励和管理方面的作用。M. N&M. J（2008）通过量化研究确定了美国宏观经济增长和纳斯达克指数之间的同步关系。他们通过研究比较股票市场估值和 R&D 投入、营收增长速度和公司员工福利,认为赋予这些高新技术企业较高的估值能够刺激企业在投研上加大投入,提升产品创新速度。受此启发,杨德伟(2011)研究了中国主板的股权结构对研发投入和产出的影响,认为上市公司股权集中度与其研发投入强度不是线性关系,而呈现"U"形结构,高股权和低股权集中度的研发投入比较高。姚靠华等(2013)通过对 A 股上市公司股价的研究,确定了上市公司创新投入和股价之间的关系。他们的研究表明,在其他融资条件不变的情况下,创新研发进展越成功的企业,其未来股价的波动率越高,反映出资本市场的存在可以促进创新型企业在未来项目中很好地发挥作用。乔军华(2015)指出由于研发投资具有高投入性和效益的不确定性,其投资效益不可能在短期内直接实现,这使得从事研发工作的管理人员和技术人员的资金投入和智力投入具有效益不确定性,而且投入的效益产出只能在未来实现,因而具有一定的期权属性。这种期权通过资本市场进行定价,使得期权价值可以远高于其账面投入的价值,因而具有很强的激励作用,而资本市场的交易功能,也使得期权价值的即时实现成为可能。

已有文献关于资本市场对于创新驱动国家战略的影响已经有了比较详细的论述,但是就资本市场的现存主体上市公司而言,其对于创新驱动战略影响的研究仍然相对较少。本文将从主体角度,研究资本市场对于创新驱动国家战略的影响。

二、上市公司基于资本市场支持创新驱动战略的优势

正如文献综述中提到的,资本市场对于创新驱动战略的影响主要集中在两个方面:一个是投融资方面,另一个是人才激励方面。目前学界关于资本市场通过投融资支持创新发展的研究,主要集中于风险投资方面,而关于主板市场对于创新驱动战略的研究相对较少。实际上,中国作为后发国家,基础研究相对不足,应用型创新发展难以在基础研究落后的条件下取得突破。而基础研究依赖于国家对企业的大规模长期投入,仅仅靠风险投资的支持,短期内无法取得突破性进展。而已在主板上市的公司,在资金和人才储备上相对雄厚,能够通过长期稳定的 R&D 投入来取得创新突破。同时,在人才培养上,主板市场相对完善的信息披露和交易机制,使得通过股权进行的人才激励机制能够充分地反映公司的变化趋势。具体来看:

(一)上市公司可以有效利用各类资本市场工具,有力带动和促进创新研发投融资

相对于其他中小型企业和大型非上市公司,上市公司在募资扩展业务上更具优势,同时获取资金的方式多样化,有利于满足不同的创新发展需求。上市公司可以利用配股、公开发行、非公开发行、可转债等各类资本市场工具促进创新研发投融资。

由于创新发展项目存在一定的不确定性,同时关系到公司未来的战略发展方向,对所有一般投资者进行募资存在一定风险,所以有关上市公司创新项目的募资一般小范围进行,定向增发就是常用的募资方法之一。定向增发能快速获得研发资金,并迅速执行上市公司的研发项目,受到上市公司的青睐。一般来讲,上市公司在两种情况下会选择定向增发筹集资金,进行创新研究。一种是重大资产重组之后,公司急需新的产品来打开新市场,上市公司会试图通过外部融资来帮助公司快速突破产业瓶颈;另一种是高新技术公司的行业龙头会选

择利用定向增发筹集的资金稳固自身在创新方面的优势,提升自身的企业竞争力。同时除了非公开发行以外,上市公司同样会利用可转债等公开市场发行工具,进行创新活动。利用可转债等进行的创新活动,一般是对于现有产品的改进和推广,涉及资金量较大,风险较低。从现有案例来看,使用可转债工具进行的创新活动一般涉及创新产品厂房的建设,生产线的建设,创新产品的推广、培训等。

(二)上市公司这一优势"平台"可以实现资本与"知本"的紧密结合

已上市公司可以利用资本市场优化资本结构、获取创新发展资金,同时也可以利用公司股权进行人才激励。上市公司通过向核心创新人才提供股权红利,达到留住人才、助力上市公司发展创新的作用。正向的股权激励能使上市公司的发展获得足够的动力,也使企业的研发活动获得足够的投入,可以实现资本和知识的紧密结合。根据 Wind 的相关统计,截至 2018 年 7 月 6 日,A 股市场共实施过 3 270 个股权激励计划。从已有的上市公司股权激励机制来看,人才激励计划大多采用期权工具和限制性股票两种类型。期权工具相对来说较为宽松,除了期限以外,一般不附带其他限制性条件。限制性股票要求较为严格,会附带解除限售条件和业绩考核要求,授予对象一般包括核心技术人员和管理骨干。股票期权的获授条件,总体涵盖营收要求和创新发展要求,如营业收入总规模、净资产税息折旧、摊销前利润率、研发支出占营业总收入的比例、公司每年专利申请数量等。

(三)上市公司并购重组对盘活现有存量、优化资源配置、提升创新效率具有显著作用

并购重组切实推动新经济、新技术、新产业与资本市场深度融合。从实践上看,有关创新发展的重组活动在主板市场占比越发突出。2017 年以来,高端制造、节能环保、生物医疗、新能源等新兴行业标的资产占据 A 股重组标的一半以上;计算机通信、设备制造、信息传输、软件和信息技术服务等高端制造和信息技术产业标的资产占据 A 股重组标的 1/4。上市公司通过在资本市场进行各种投资、并购活动,直接影响着企业的经营决策,促进企业研发活动。上市公司并购重组对盘活现有存量、优化资源配置、提升创新效率具有显著作用。

1. 纵向并购提升上市公司创新能力

纵向并购是上市公司创建大研发、大生产、大销售平台发展战略的一部分。纵向并购的公司由于处于同一产业链,与原标的公司业务结构具有较高的协同效应,有利于公司平稳健康发展,保护公司及中小股东利益。通过研究现有 A 股市场的纵向并购案例,我们注意到,上市公司与标的公司一般在销售、采购与生产、研发、战略等方面具备较好的互补性和协同性,有利于公司后期的创新发展。

2. 横向并购促进上市公司多元发展

横向并购是公司为了促进公司多产业化发展,在新的领域和方向进行重组并购的一种收购活动。横向并购能够使得并购公司在不改变原有业务内容的基础上,为未来发展找到创新方向,兼顾稳定公司的现有主营业务和未来发展业务,使得公司在保持并发展原有业务的基础上进入创新领域,达到跨领域的业务创新融合。同时优化公司业务结构,提升公司的业务规模、盈利能力和抗风险能力。

3. 并购重组优化公司资源配置

还有一种并购重组驱动创新发展的模式,是原上市公司通过售卖原业务,全资购买新的创新发展领域的公司,达到置换业务的目的。这种方式使得公司完全转变业务方向和业务结构,从根本上解决公司的经营状况,增强公司的持续盈利能力和发展潜力,提高公司的资产质量和盈利能力,实现上市公司股东的利益最大化。

三、支持创新驱动战略的资本市场和上市公司存在的问题

上市公司在利用资本市场支持创新驱动战略上是有明显优势的,但也存在很多问题。

(一) 直接融资规模较小,难以匹配目前公司创新需求

与间接融资渠道相比,直接融资渠道在公司创新发展上拥有明显的优势。但我国目前直接融资发展不足,在整个社会融资总额中占比较低。截至 2018 年 6 月,人民币贷款总额占社会融资总额的 69.7%,债券融资占比 10.5%,股票融资总额仅占社会融资总额的 3.8%。而股票市场的融资总额并不能等同于创新发展资金,所以,股票市场容量过低导致企业无法获得足额的资金进行创新活动,资本市场容量有待扩充。

(二) 上市公司对创新发展的思想认识还不到位

企业家科技素养不高,科技意识和创新观念淡薄,缺乏可持续发展的科技支撑。虽然上市公司相对于大部分中小企业在创新观念上有明显进步,但是大部分上市公司,尤其是非高新技术公司对于创新观念的认识非常淡薄,对于创新引领作用认识不够深入。

科研基础薄弱,部分企业没有科技研发中心,企业自主创新能力不强,发明专利较少,缺乏技术依托,发展后劲不足;没有完善的成果转化应用平台,科技成果转化率较低,科技资源无法充分利用,科技服务水平整体不高。

(三) 支持上市公司创新发展的体制机制和政策环境还需要进一步优化完善

上市公司贴近于生产一线,对于竞争类产业创新发展的研发方向、技术路线和要素配置模式有更清楚的认识和很强的前瞻性。政府与企业家之间关于技术创新对话、咨询机制建立方面不够完善,导致政府关于补贴和创新战略引导方向不完全符合企业的发展方向,企业的主观能动性没有得到完全发挥。同时,目前关于创新发展,没有形成由企业牵头、政府引导、联合高等学校和科研院所实施的良性互动。政府在鼓励构建以企业为主导、产学研合作的产业技术创新战略联盟上发挥作用不足。

四、相关建议

(一) 地方政府应重视资本市场和上市公司在创新驱动、助力地方经济高质量发展中的作用,加大政策支持,进一步发挥上市公司带动引领作用

资本市场和上市公司在创新驱动、助力地方经济高质量发展中发挥的作用不可或缺。相比于其他性质的企业,国有企业资金实力雄厚,与科研机构联系更为紧密,创新融资潜力很大。政府可以考虑逐步提高国有企业(特别是中央企业)国有资本收益中用于企业创新活

动的投入比例。继续推动有条件的国有企业集团整体上市融资。鼓励国有企业集团旗下子公司或创新型中小企业在国内 A 股市场发行上市或在创业板上市融资。鼓励国有企业集团发行公司债进行创新融资，发挥国有企业上市公司的引领作用。

（二）进一步建立和完善鼓励上市公司创新发展的资本市场容错纠错机制，激发上市公司创新活力

加快创业板市场改革，健全适合创新型、成长型企业发展的制度安排，扩大服务实体经济覆盖面。推动修订相关法律法规，探索开展知识产权证券化业务。加强上市公司的信息披露，建立投资者对于审计业务的公众监督机制。对违规公司的处理应该提高效率，加大透明度；对于创新失败的案例要有容忍度。监管部门应该把工作重心放在市场建设上，通过建立健全鼓励投资的资本市场，激发上市公司的创新活力，建立一个良好稳定的资本市场环境，作为促进创新发展的基础。

（三）地方政府应加快建立区域创新集群产业园，以上市公司为核心，扶持地方创新产业集群化、产业化发展

建立区域创新集群产业园，以上市公司为核心，建立健全创新发展产业链。加快科研成果转化和创新产业集群化发展。建立与自主创新导向相适应的科技研发、转化和评价机制，将区域创新集群产业园区作为推动创新发展的根据地和桥头堡。积极引导中小企业参与创新发展活动，同时推动金融、中介等机构参与成果产业化工作，做大做强产业集群。

（四）大力支持上市公司参与制造业相关创新活动，扶持上市公司与高校建立制造业创新研究院，将新技术领域的机遇视为增加就业、促进经济繁荣的战略高地

发挥制造业产业集群作用，基于产业链搭建技术共享平台。注重发挥产业集群作用，重点解决基础性与关键共性技术的瓶颈制约。上市企业要善于利用行业龙头地位，积极带头组建各种开放式产业联盟，重点化解新技术的商业化应用中存在的技术标准不一致、基础设施不完善等障碍。建议以上市公司和高校共建的实验室为依托，建立面向全社会开放的共用技术研发和测试平台，将新技术领域的机遇视为增加就业、促进经济繁荣的战略高地。

参考文献

[1] 乔军华. 中国多层次资本市场环境对战略性新兴产业研发活动的影响机制研究 [D]. 上海交通大学，2015.

[2] 辜胜阻，曹誉波，庄芹芹. 推进企业创新亟须重构创业板制度安排 [J]. 中国软科学，2015（4）：8—17.

[3] 辜胜阻，马军伟，高梅. 战略性新兴产业发展亟须完善股权投融资链 [J]. 中国科技论坛，2014（10）：5—10.

[4] 金珊珊. 金砖国家科技创新金融支持体系研究 [D]. 东北财经大学，2014.

[5] 戴银燕. 贯彻落实创新驱动发展战略的几点思考 [J]. 政策瞭望，2014（3）：48—50.

[6] 姚靠华, 唐家财, 蒋艳辉. 研发投入、研发项目进展与股价波动——基于创业板上市高新技术企业的实证研究 [J]. 中国管理科学, 2013, 21 (S1): 205—213.

[7] 朱欢. 我国股票市场对上市公司技术创新的作用分析 [J]. 统计与决策, 2013 (3): 167—170.

[8] 吕铁, 余剑. 金融支持战略性新兴产业发展的实践创新、存在问题及政策建议 [J]. 宏观经济研究, 2012 (5): 18—26.

[9] 贺勇, 刘冬荣. 融资约束、企业集团内部资金支持与R& D投入——来自民营高科技上市公司的经验证据 [J]. 科学学研究, 2011, 29 (11): 1685—1695.

[10] 杨德伟. 股权结构影响企业技术创新的实证研究——基于我国中小板上市公司的分析 [J]. 财政研究, 2011 (8): 56—60.

[11] 王宇伟, 范从来. 发展战略性新兴产业的金融支持——江苏省建设区域性私募股权投资中心的考察 [J]. 现代经济探讨, 2011 (4): 47—51.

[12] 张明喜. 发展创业风险投资 培育战略性新兴产业 [J]. 中国科技投资, 2011 (3): 64—66.

[13] 许江萍. 拓宽战略性新兴产业投融资渠道 [J]. 中国科技投资, 2011 (1): 1.

[14] 陈昌智. 大力发展风险投资 加快培育战略性新兴产业 [J]. 中国流通经济, 2010 (11): 4—6.

[15] 万钢. 发展有中国特色风险投资 加快培育战略性新兴产业 [N]. 科技咨询, 2010 (17): 4—5.

[16] 朱欢. 我国金融发展对企业技术创新作用效果的实证分析 [J]. 科技管理研究, 2010, 30 (14): 26—30.

[17] 张强, 赵建晔. 我国资本市场支持科技创新的实证研究 [J]. 科技进步与对策, 2010 (7): 10—13.

[18] 刘铁牛. 我国技术创新与资本市场发展的协整分析 [J]. 经济研究导刊, 2009 (17): 69—71.

[19] 涂人猛. 区域金融发展与区域经济增长——以湖北省为例 [J]. 湖北社会科学, 2009 (1): 75—76.

[20] 王开盛. 创新驱动型经济增长激励机制研究 [D]. 西北大学, 2007.

[21] 陈伟. 金融支持江苏创新驱动战略研究 [J]. 河南商业高等专科学校学报, 2012, 25 (2): 26—29.

[22] Dushnitsky G. Corporate Venturing [J]. 2006.

[23] Trabelsi D, Shiri G A. Venture Capital and the Financing of Innovation [J]. Social Science Electronic Publishing, 2010.

[24] Jerzmanowski M, Nabar M. The welfare consequences of irrational exuberance: Stock market booms, research investment, and productivity [J]. Journal of Macroeconomics, 2008, 30 (1): 111—133.

[25] Kortum S, Lerner J. Assessing the Contribution of Venture Capital to Innovation [J]. Rand Journal of Economics, 2000, 31 (4): 674—692.

资本市场支持科技创新的体制机制研究

申万宏源证券有限公司　清华大学联合课题组*

一、构建新时代支持科技创新的资本市场

（一）科技创新，是提高社会生产力和综合国力的战略支撑，处于国家发展全局的核心位置

习近平总书记在中国共产党第十九次全国代表大会（以下简称"十九大"）报告中提出，创新是引领发展的第一动力，是建设现代化经济体系的战略支撑。[①] 党的十八大立足全局，做出了实施创新驱动发展战略的重大部署，是加快转变经济发展方式、破解经济发展深层次矛盾和问题、增强经济发展内生动力和活力的根本措施。[②] 创新驱动发展战略强调科技创新是适应和引领我国经济发展新常态的关键动力，是提高社会生产力和综合国力的战略支撑。党的十八大以来，"创新驱动发展战略大力实施，创新型国家建设成果丰硕"。[③]

社会生产力发展和综合国力提高，最终取决于科技创新。[④] 习近平总书记指出：在日趋激烈的全球综合国力竞争中，必须坚定不移走中国特色自主创新道路，增强创新自信，深化科技体制改革，不断开创国家创新发展新局面，发挥科技创新的支撑引领作用，加快从要素驱动发展向创新驱动发展转变，加快从经济大国走向经济强国。[⑤] 站在全面建成小康社会决胜期的历史起点，加快建设创新型国家，迫切需要依靠科技创新培育发展新动力、突破环境

---

* 本文为中国证券业协会2017年重点课题。课题负责人：马龙官；课题组成员：彭云峰、田轩、薛娇。
[①] 2017年10月18日，习近平代表第十八届中央委员会向中国共产党第十九次全国代表大会所作的题为《决胜全面建成小康社会 夺取新时代中国特色社会主义伟大胜利》的报告。
[②] 2013年3月4日，习近平在参加全国政协十二届一次会议科协、科技界委员联组讨论时的讲话。
[③] 2017年10月18日，习近平代表第十八届中央委员会向中国共产党第十九次全国代表大会所作的题为《决胜全面建成小康社会 夺取新时代中国特色社会主义伟大胜利》的报告。
[④] 2013年3月4日，习近平在参加全国政协十二届一次会议科协、科技界委员联组讨论时的讲话。
[⑤] 中共中央文献研究室：《习近平关于科技创新论述摘编》，中央文献出版社，2016年版。

瓶颈制约、支撑民生改善、提供强大保障和坚实基础。

（二）资本市场支持创新驱动发展战略是促进科技发展至关重要的推动力量

《中共中央 国务院关于深化体制机制改革加快实施创新驱动发展战略的若干意见》（中发〔2015〕8号）、《国务院关于印发"十三五"国家科技创新规划的通知》（国发〔2016〕43号，以下简称"'十三五'国家科技创新规划"）先后提出，发挥金融对科技创新的助推作用，开发符合科技创新需求的金融产品和服务，培育壮大创业投资和多层次资本市场。

我国科技创新起步晚、发展快，与发达国家相比仍有差距，与进入创新型国家行列和建设世界科技强国的要求不相配，还存在薄弱环节和深层次问题。我国资本市场支持科技创新的功能优势和机制优势尚未有效发挥，全面、系统的科技创新投融资服务体系有待探索和建设。我国资本市场主动融入国家创新驱动发展战略，提升服务实体经济能力，促进经济结构战略性调整，协调区域发展进入"攻坚期"；拓展资本市场的深度和广度，激发各类经济主体的创新活力，促进创新资源双向开放和流动进入"深水区"。习近平总书记进一步要求，要提高直接融资比重，促进多层次资本市场健康发展。因此，股权投资和证券市场的发展对推动以企业为主体的科技创新至关重要。

（三）以新时代中国特色社会主义思想为核心指导，资本市场支持科技创新的体制机制需要与科技创新规律相适应

党的十九大报告①提出建设创新型国家，应坚持实体经济、科技创新、现代金融等协同发展，推动创新型国家建设，落实创新驱动发展战略。习近平总书记指出，要坚持科技面向经济社会发展的导向，围绕产业链部署创新链，围绕创新链完善资金链。②科技创新具有周期长、不确定性高的特点，资本市场通过发挥资金支持、筛选机制、评估机制、风险管理、激励示范、资源配置等作用，促进科技创新。《中共中央 国务院关于深化体制机制改革加快实施创新驱动发展战略的若干意见》提出，基于科技创新的规律，构建资本市场支持科技创新的体制机制。

二、我国资本市场支持科技创新的发展历程与实践

改革开放40年以来，我国资本市场、科技创新建设取得了巨大成就。本文对资本市场支持科技创新的"发展历程、代表成果、瓶颈问题"进行了系统性的深入研究，具体如下：

第一，以国家"科技创新发展规划"为主线，透视历次重大改革，理论与实践相结合，将资本市场支持科技创新划分为探索起步期（1985—1990年）、积极融合期（1990—2010年）、紧密结合期（2010年至今）三个历史阶段。

第二，基于全球科技创新规律，资本市场支持科技创新的代表性成果主要是在资本市场退出、资本市场投资、资本市场交易等方面呈现出差异化的服务科技创新成效。

---

① 2017年10月18日，习近平代表第十八届中央委员会向中国共产党第十九次全国代表大会所作的题为《决胜全面建成小康社会 夺取新时代中国特色社会主义伟大胜利》的报告。

② 2013年9月30日，习近平在十八届中央政治局第九次集体学习时的讲话。

第三，基于我国企业科技创新的实践需求，揭示资本市场支持科技创新的瓶颈问题主要是资本市场在金融产品衔接、金融机构协同、金融服务体系等方面，且与金融更好地服务实体经济和科技创新的要求之间仍有很大差距。

（一）资本市场支持科技创新的发展历程

我国的"科学技术发展规划"包括中长期规划及五年规划，历次"科技创新发展规划"的成功实施带动了科学技术及社会经济的发展，保障了国家发展战略目标的实现。相继制订的"科技创新发展规划"是各个时期我国社会经济、国防建设等方面的战略选择，反映出落实科技创新战略所需要的资本市场支持以及科技创新与资本市场协同发展的进程。本文通过回顾和分析历次"科技创新发展规划"的制订内容与实施过程，梳理了资本市场支持科技创新的发展历程。1985年以前，资本市场与科技创新完全分割，科技创新的主体是承担重大国家任务的科研机构和高等院校，科技投入以财政投入为主。1985年以后，我国资本市场支持科技创新进入探索起步期。

1. 探索起步期（1985—1990年）

1985—1990年，资本市场与科技创新从完全分割逐步走向初步融合。1985年颁布的《中共中央关于科学技术体制机制改革的决定》（中发〔1985〕6号）鼓励银行开展科学技术信贷业务。自此，科技金融工作的重点开始转向信贷市场，主要的政策抓手为财政贴息。

在此阶段，中国资本市场经历了从无到有的过程，在政府和市场的共同推动下探索和发展起来。20世纪80年代，股份制试点和银行科技信贷试点初步缓解了科技创新资金需求与政府财政投入不足之间的矛盾。中共十二届三中全会（1984年10月）通过了《关于经济体制改革的决定》，确立了"社会主义经济是以公有制为基础的有计划的市场经济"的政治共识，股份制进入试点阶段。然而，在此阶段，资本市场的政策体系尚未形成，支持科技创新的成效并不显著。

2. 积极融合期（1990—2010年）

随着资本市场快速发展，对科技创新的支持体系渐次铺开。1990年，上海证券交易所和深圳证券交易所相继开始营业，全国性资本市场逐步形成和发展。1999年，国务院办公厅发布了《国务院办公厅转发科技部等部门关于建立风险投资机制若干意见的通知》（国办发〔1999〕105号），对推动风险投资事业发展，促进企业自主创新发挥了重要的作用。

在此阶段，资本市场逐渐通过多渠道、多层次、多主体支撑科技创新，呈现出以下三个特点：第一，科技创新投入结构转变。由"国家财政拨款、企业自筹和金融机构贷款组成的科技投入三大支柱"转向"政策性金融、商业性金融资金投入为主的方式"再到"政府资金和金融资本有机融合"；第二，政策性金融功能转变。由"投入主体"转向"投入引导并重"；引导社会投入、引导产业发展、引导科技创新成果产业化；第三，金融机构和产品多元发展。由"风险投资＋银行"拓展到证券公司、保险公司、融资担保公司等各类金融机构广泛参与，并根据科技创新的规律和需求创新金融产品。

3. 紧密结合期（2010年至今）

党的十八大明确提出将实施创新驱动发展战略摆在国家发展全局的核心位置，强调科技创新是提高社会生产力和综合国力的战略支撑。"十三五"国家科技创新规划进一步提出，发挥金融创新对创新创业的重要助推作用，开发符合创新需求的金融产品和服务，大力发展创业投资和多层次资本市场,完善科技和金融结合机制,提高直接融资比重,形成各类金融工具协同融合的科技金融生态。"

立足社会经济发展新时代,资本市场与科技创新紧密结合,直接融资比重不断提升,形成政策性投入与政策性引导并重,社会化科技创新投入与退出多元发展的新局面。第一,通过壮大创业投资规模,发挥引导基金的带动作用,规范发展股权投资基金,促进外资投入;第二,发展支持创新的多层次资本市场,积极推动科技创新型企业通过主板、中小板和创业板、新三板、区域股权市场采用并购重组、公司信用债券等方式融资;第三,促进科技金融产品和服务创新,积极发展投贷联动、知识产权证券化、科技融资保险等。

(二)资本市场支持科技创新的代表成果

党的十八大以来,我国资本市场支持科技创新取得了新的发展,主要表现在以下三个方面:第一,在资本市场退出机制方面,IPO、并购重组、新三板和股权转让等退出方式差异化地支持战略性新兴产业发展和传统产业整合;第二,在资本市场投资方面,产业引导基金成为股权投资规模增长的重要驱动力,支持科技创新的债券品种和规模日益增长;第三,在资本市场交易所选择方面,内地主板、中小板、创业板超越美国和中国香港等境外市场成为创新型企业融资的重要渠道。

1. IPO、并购重组、股权转让、新三板等多种方式或渠道,差异化地支持战略性新兴产业发展和传统产业整合

(1)IPO支持的股权投资①退出产业分布以机械制造、电子及光电设备、生物医疗等战略性新兴产业为主(见图1、图2)。

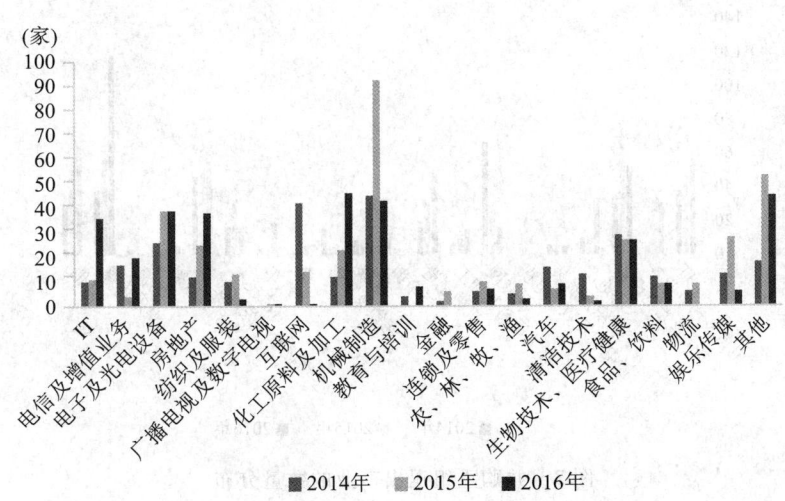

图1 股权投资通过IPO退出产业的数量分布

资料来源:Wind,数据截至2016年12月底。

(2)总体来看,股权投资通过并购重组退出的行业主要为IT、电子及光电设备、生物技术和医疗健康、娱乐传媒(见图3、图4)。2017年,并购重组监管趋严,央企混改和以

---

① 此处所称股权投资,包括各类天使投资、风险投资、私募股权投资等。

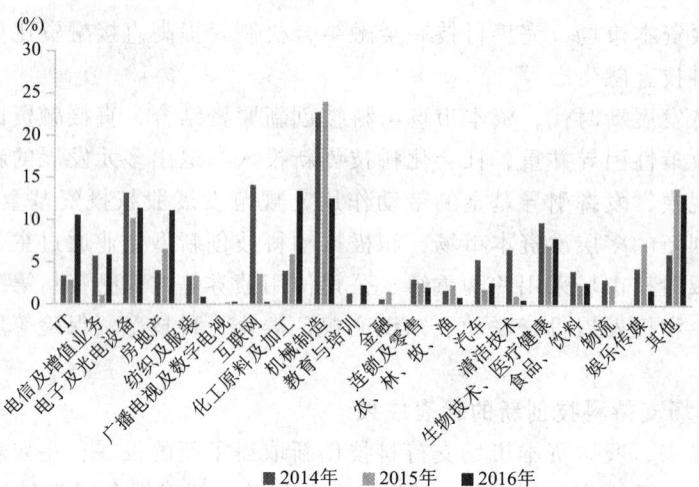

图 2 股权投资通过 IPO 退出产业的占比分布

服务实体经济为主线的产业整合升级为主基调。一方面,"忽悠式""跟风式""盲目跨界"的并购重组被重点遏制,娱乐传媒等领域的并购重组持续下滑;另一方面,随着国企改革政策的落地与见效,在规范中进行大规模的并购重组,且并未挤占风险投资通过上市公司并购重组退出的市场规模。IT、电子及光电设备、生物技术和医疗健康、清洁技术等战略新兴行业通过上市公司并购重组仍为主流退出方式;娱乐传媒、互联网等行业难以通过并购重组退出,将通过行业内整合进一步提升市场竞争力。

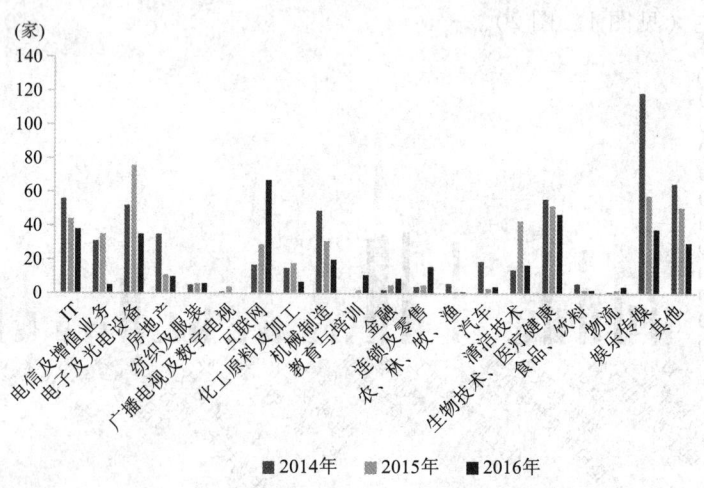

图 3 并购重组退出产业的数量分布

资料来源:Wind,数据截至 2016 年 12 月底。

(3) 股权转让(见图5、图6)。2016 年,双重因素导致股权转让缺乏动力。一方面,IPO 常态化对股权转让具有"挤出效应",主板、中小板市场不断发展壮大,创业板持续强化、新三板深化改革、区域股权市场规范化发展共同拓宽了资本市场的融资渠道;另一方面,并购重组趋严叠加严厉打击"借壳",导致"快进快出"的财务投资模式热度骤减。资本市场逐渐意识到,服务于科技创新与产业转型的股权交易具有持续生命力。

资本市场服务实体经济和支持国家战略 413

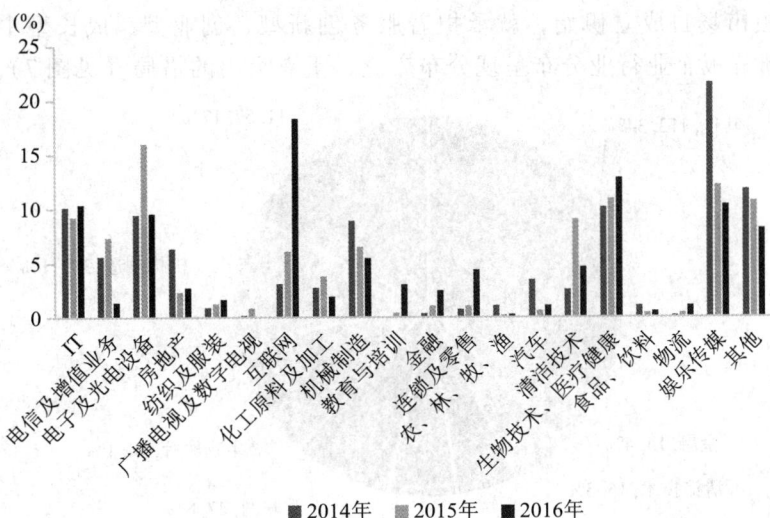

图 4 并购重组退出产业的占比分布

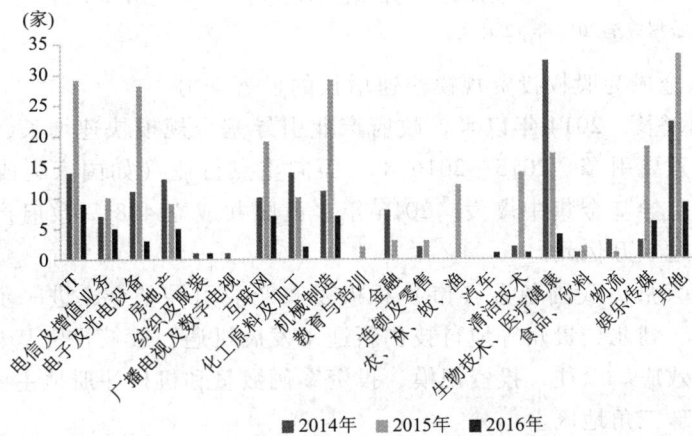

图 5 股权转让退出产业的数量分布

资料来源：Wind，数据截至 2016 年 12 月底。

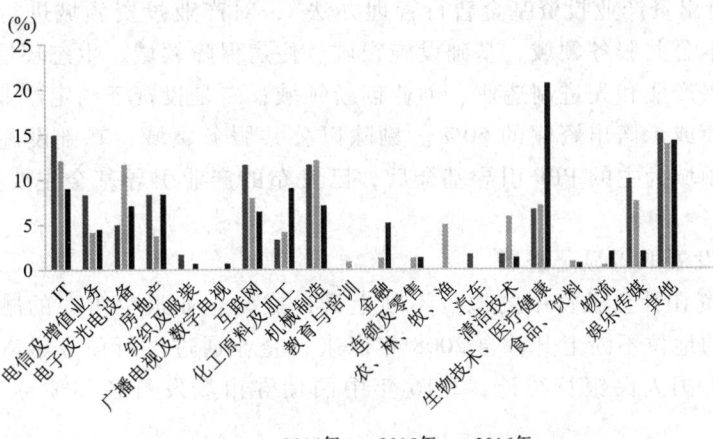

图 6 股权转让退出产业的占比分布

（4）新三板市场自成立伊始，就承担着服务创新型、创业型、成长型中小微企业发展的历史使命。新三板企业行业分布呈现分布广泛、重点突出的格局（见图7）。

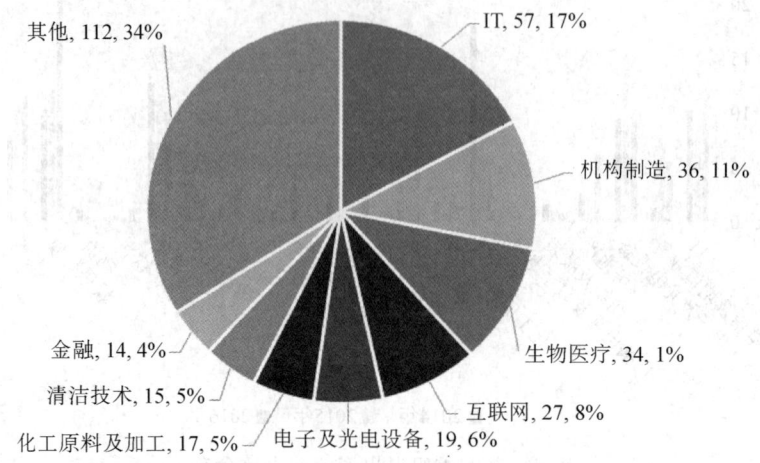

图7 股权投资参与的新三板挂牌企业行业分布

资料来源：清科。数据截至2017年12月底。

2. 产业引导基金成为股权投资规模快速增长的显著动力

（1）驱动规模增长。2014年以来，政府产业引导基金规模快速增长，成为驱动股权投资基金行业发展的重要引擎。2015—2016年，面向重点行业（如国家集成电路产业基金），各省、直辖市产业引导基金集中爆发。2016年，我国共成立488只政府产业引导基金，累计目标投资规模超过3万亿元。

（2）协调区域发展。我国各省（市）积极发布产业引导基金，进一步带动股权投资市场快速发展。四川、湖北、贵州等地科技创新迎来发展机遇。股权投资基金具有较强的市场和项目所在地聚集效应。以往，投资规模、投资案例数量和机构注册地主要聚集在环渤海地区、长三角地区和珠三角地区。

（3）产业引领。政府产业引导基金以科技创新前沿的战略性新兴产业和先进制造业为主。2016年12月30日，中华人民共和国国家发展和改革委员会（以下简称"国家发改委"）发布《政府出资产业投资基金暂行管理办法》，对产业投资领域进行双重约束。一是主要投资于非基本公共服务领域、基础设施领域、住房保障领域、生态环境领域、区域发展领域、战略性新兴产业和先进制造业、创业创新领域；二是投资于约定产业领域的比例不得低于基金募集规模或承诺出资额的60%。剔除以公共服务领域、基础设施领域、住房保障领域、生态环境领域为主的PPP引导基金后，已发布的产业引导基金主要关注TMT和医疗健康行业。

3. 债权融资发展取得显著进展

（1）债权融资在社会融资中的地位不断上升，成为企业最为重要的融资来源。债券融资在社会融资中的地位不断上升，自2008年以来，企业通过发行债券融入资金的规模超过股票融资。根据中国人民银行统计，2016年中国债券市场发行各类债券36.1万亿元，较

2015 年增长 54.2%。① 其中，公司信用类债券发行 8.2 万亿元，占整个债券市场发行量的 22.7%。

支持科技创新的债券品种日益丰富。"十三五"国家科技创新规划提出推进高收益债券及股债相结合的融资方式，支持符合条件的创新创业企业主要通过非公开方式发行公司信用类债券。债券品种的日益丰富与创新发展助力实体经济转型，为市场提供了新的融资模式，为科技创新拓宽了融资渠道。

（2）"双创类债券"支持双创孵化、科创企业及风险投资企业融资。

①双创孵化专项债券。2015 年 11 月，《国家发展改革委办公厅关于印发双创孵化专项债券发行指引的通知》（发改办财金〔2015〕2894 号），支持提供双创孵化服务的产业类企业或园区经营公司发行双创孵化专项债券，并支持符合条件的双创孵化投资基金的股东或合伙人发行双创孵化专项债券，扩大双创孵化投资基金资本规模。截至 2017 年 6 月底，国家发改委共核准 27 只双创孵化专项债，用于 8 个省（市）的 29 个双创孵化项目建设，拉动投资超过 470 亿元。募集资金支持建成超过 4 000 家企业，形成专利 1.4 万项。

②创新创业公司债券。2016 年 7 月，中国证监会成立跨部门的创新创业公司债券试点专项工作小组，统筹推动创新创业债券试点工作。2017 年 7 月 4 日，中国证监会发布《中国证监会关于开展创新创业公司债券试点的指导意见》（证监会公告〔2017〕10 号），要求充分发挥交易所债券市场支持高科技成长型企业发展、服务实体经济的积极作用，努力探索适合创新创业企业发展的债券市场服务支持新模式。2017 年 9 月 22 日，《创新创业公司非公开发行可转换公司债券业务实施细则（试行）》发布。转股条款的设置使投资者在债券固定收益的基础上享受企业成长带来的溢价，并为发行人提供股债夹层的融资工具，满足多样化的融资需求，降低企业融资成本。

4. 多层次市场建设不断深化

（1）受益于多层次资本市场的建设和完善，股权投资退出形式多元化发展。根据清科的统计，2016 年我国股权投资退出案例数量为 3 419 起，是 2011 年（606 起）的 5.6 倍（见图 8、图 9）。

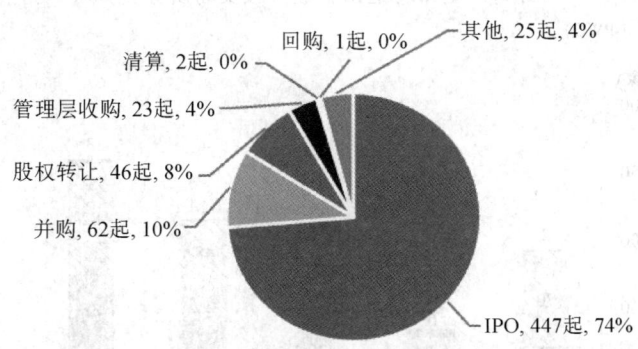

图 8　2011 年中国股权投资退出方式及占比

资料来源：清科。

---

① 中国人民银行：《2016 年金融市场运行情况报告》。

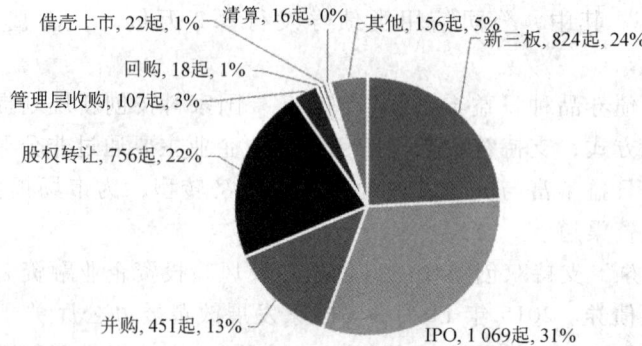

图 9 2016 年中国股权投资退出方式及占比

资料来源：清科。

（2）IPO 交易所全球化发展。目前，中国企业基本实现在全球主要证券交易所上市。这些证券交易所所在国家包括美国、英国、法国、德国、韩国、澳大利亚等。由于高回报的特征，通过上海证券交易所和深圳证券交易所上市是最重要的退出通道。从境外退出的 IPO 市场分布来看（见图 10、图 11），中国香港主板市场一直是境外上市的首选，募资规模和项目数量相对稳定。

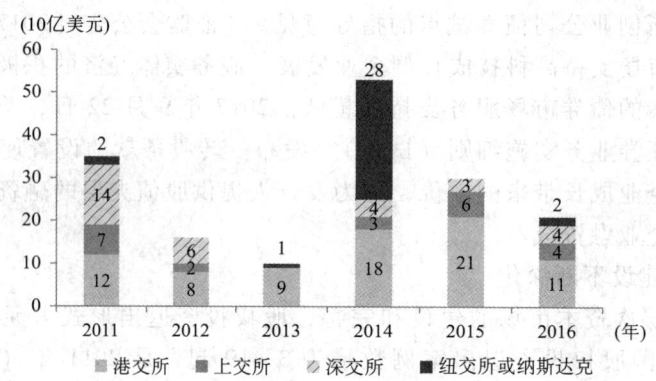

图 10 上市与退出金额（按交易所分类）

资料来源：普华永道（PWC）。

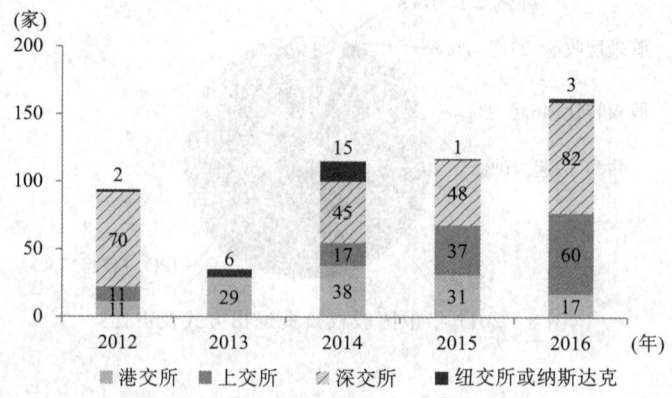

图 11 上市与退出数量（按交易所分类）

资料来源：普华永道（PWC）。

2015年，中国香港交易所 IPO 集资额排名全球第一，是中国大型金融机构（如大型银行、券商、资产管理公司等）布局海外业务、实现外资融资的"主战场"。

(三) 资本市场支持科技创新的瓶颈问题

党的十八大以来，资本市场支持科技创新取得了新的发展，尤其在资本市场的退出、投资、交易市场建设方面成果显著，但与金融更好地服务实体经济和科技创新的要求相比，仍然有很大不足。根据金融工作的总体要求，对标欧洲国家以及美国、日本等发达国家的经验，我国资本市场支持科技创新瓶颈问题主要体现在以下几个方面：第一，在金融产品发展方面，虽然股权和债券产品日益丰富，但因企业全生命周期的科技创新经验不足，导致资本市场对企业科技创新的研发投入支撑不够；第二，在金融机构发展方面，虽然证券公司和基金公司竞争力不断增强，但企业全要素的科技创新探索不足，导致金融机构生态系统的开放式创新和集成创新架构尚未形成；第三，在金融服务体系方面，虽然企业经营绩效不断提升，但企业全方位的科技创新意识不足，导致企业科技创新主动支撑创新驱动发展战略，以及"创新、协调、绿色、开放、共享"的发展理念较为滞后尚无对策。

1. 资本市场发展对科技创新研发投入阶段的支撑作用不足

(1) 金融体系对科技创新的支持存在长期、稳定的均衡关系。金融体系是社会资源配置的枢纽，成为推动科技创新的重要杠杆。科技创新从实验室开发到成果转化与应用，再到商业化过程较长，具有高风险聚集的特征。科技创新的任何一个环节都需要资金支持，形成金融支持链条。相关研究表明，金融体系对科技创新的支持存在长期、稳定的均衡关系。

(2) 政策性金融对科技创新服务程度最高，有效作用稳定上升。政策性金融能够在市场失灵时为科技创新注入动力。政策性金融侧重于科技创新研发投入、成果转化阶段的支持，在科技创新产业产出阶段的支持偏少（见图12）。从有效作用系数的综合值可以看出，政策性金融对科技创新的服务有效性不断上升，且呈现出阶段性。在研发投入阶段，政策性金融呈现阶梯形上升，表明政策性金融重视科技创新的起步阶段是其发展的主要启动力。

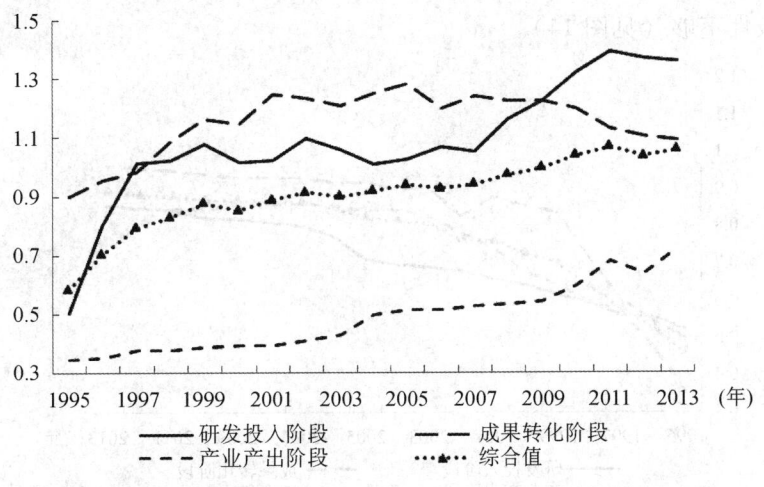

图12 政策性金融有效性分析

资料来源：郑玉航和李正辉（2014）。

（3）银行信贷服务科技创新较为稳定，在不同阶段的有效性具有差异性。金融信贷服务科技创新的有效系数综合值处于 0.4—0.5，有效程度处于水平状态。在研发投入阶段，金融对科技创新的有效作用呈现下降趋势；在成果转化阶段，有效系数保持在 0.9；在产业产出阶段，银行信贷呈现快速上升的趋势。然而，科技贷款供需缺口较大，银行产品和服务创新动力不足，银行系统内科技评估专业人才匮乏，缺乏有效的科技创新信用增进机制等因素共同导致银行信贷对科技创新支撑不足（见图 13）。

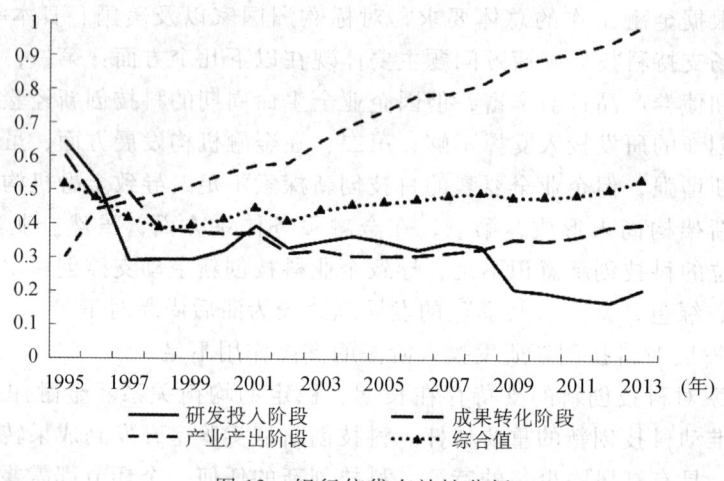

图 13　银行信贷有效性分析

资料来源：郑玉航和李正辉（2014）。

（4）资本市场发展对科技创新研发投入阶段的支撑作用不足。2008 年以前，资本市场对科技创新的作用系数增长迅速，之后趋于稳定。然而，资本市场支持科技创新仍存在如下瓶颈问题：第一，资本市场与科技创新之间的相关系数一直稳定在 0.8 左右，对科技创新的驱动力有限，向上拐点有待激发；第二，从科技创新的阶段作用水平来看，资本市场对科技创新的支持在成果转化阶段高于研发投入以及产业产出阶段，表明资本市场对科技创新初始阶段支持的积极性不够（见图 14）。

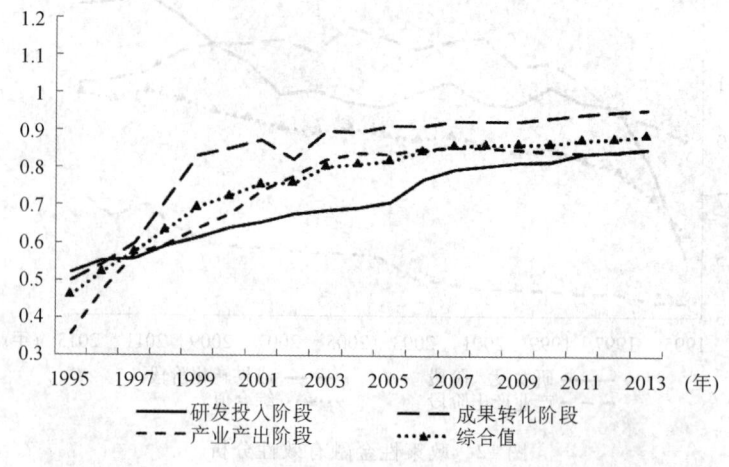

图 14　资本市场有效性分析

资料来源：郑玉航和李正辉（2014）。

基于以上分析，本文认为虽然股权和债券产品日益丰富，但如何衔接以支持企业全生命周期的科技创新经验不足，导致资本市场对企业科技创新的研发投入阶段支撑不够。

2. 金融机构发展、金融体系建设与科技创新产出不适应

第一，保险公司对科技创新具有显著的推动作用。从投资形式来看，保险公司主要以资产管理公司的形式进行投资，投资行为主要表现为参与发行且持有到期，投资风格稳健，不急于迎合市场，不依靠投机获得超额收益。

第二，商业银行和基金公司的规模发展抑制科技创新。基金公司主要从事二级市场交易，投资于股票和债券资产，不适合科技创新活动的要求。银行信贷给创新企业带来负担表现为：一方面，债券投资者不享有剩余价值索取权，融资需要抵押，银行信贷增加公司破产的风险；另一方面，银行投资偏好安全稳定的资产，导致选择歧视。

第三，资本市场的主要参与机构——证券公司、私募和风险投资基金对科技创新的推动作用不显著。从发达国家的经验来看，私募和风险投资基金是支持科技创新的主要方式之一。但是近年来，由于我国私募股权基金主要关注 PRE – IPO 类项目，因此尚未充分发挥支持科技创新的作用。证券公司的资产规模最小，局限于金融中介的作用，对科技创新的推动作用尚未得到有效发挥。应在推动证券公司发展的同时，从功能定位、战略发展、产品与服务开发等多个维度，积极探索证券公司支持科技创新的实现路径。

基于以上分析，本文认为资本市场支持科技创新存在以下两个方面的瓶颈：第一，在金融机构发展方面，虽然证券公司和基金公司竞争力不断增强，但企业全要素的科技创新探索不足，导致金融机构生态系统的开放式创新和集成创新架构尚未形成；第二，在金融服务体系方面，虽然促进企业经营绩效不断提升，但企业全方位的科技创新意识不足，导致企业科技创新主动支撑创新驱动发展战略，以及"创新、协调、绿色、开放、共享"的发展理念较为滞后。

三、资本市场支持科技创新的国际经验

美国、日本、以色列形成了具有代表性的资本市场支持科技创新模式。美国的金融产品丰富并且互相衔接，在企业全生命周期的科技创新方面，支持力度较大。日本的金融机构发展不均衡，在企业全要素的科技创新方面支持意识滞后。以色列的金融机构服务体系完善，推动了全方位的科技创新。

（一）美国

1. 政策性金融支持体系

（1）美国小企业管理局。中小企业在美国科技创新体系中发挥至关重要的作用，创造了一半以上的科技创新成果。美国小企业管理局（The U. S. Small Business Administration，简称 SBA）是美国国会依据 1953 年颁布的《小企业法》设立的联邦机构，旨在扶持、指导、协助及保护中小企业利益，提供资金支持、政府采购、技术援助、紧急援助等专业化、全方位的服务。

（2）小企业创新研究计划。SBA 在《小企业创新发展法案》基础上推出了美国小企业创新研究计划（Small Business Innovation Research Program，SBIR），从宏观上指导和解决高

技术小企业技术创新时面临的资金短缺、信息不灵等问题。

研发项目处于"可行性研究""研究与开发""商业化"不同阶段，具有不同特点，需要的有效支持方式也不尽相同。基于此，SBIR通过分阶段、多样化资助，完善资助链，将小企业研发项目分为三个阶段，采取高度竞争性的、基于市场价值的资助策略，每个阶段的资金投入方式与融资模式均不相同。

（3）小企业投资公司计划。由SBA审查和批准的中小企业投资公司（Small Business Investment Company，SBIC），旨在缓解中小企业创新发展的融资压力，帮助企业渡过初创风险期。SBIC是经由美国小企业局许可后设立的私人风险投资公司，以小企业局提供融资担保为主要募资方式，以美国本土的小企业为主要投资对象，重点投资创新型小企业。风险投资机构可以通过SBIC从政府获得优惠的信贷支持，极大地促进了美国风险投资业的发展。

目前，SBIC已发展成为美国政府最大的扶持小企业创新创业的风险投资项目，是美国创新型国家战略实现的重要助推器，对推动美国小微企业持续健康发展作出了重要贡献。

SBIC采取市场化运作与政府监管相结合的模式。第一，长周期运营。SBIC一般为运作期限10年以上的有限合伙企业，长周期的运作模式提高了风险投资机构对科技创新风险的承担能力和对科技创新失败的容忍度。第二，政府担保。SBIC充分利用政府杠杆担保方式募集资金，担保模式包括债权担保融资和股权担保融资。第三，投资于高科技行业。为了确保投资于高科技行业，促进企业科技创新，SBIC对投资领域进行严格限制。第四，投资方式股债结合。SBIC通过债权投资、股权投资或股债结合的方式对小企业进行投资（见图15）。

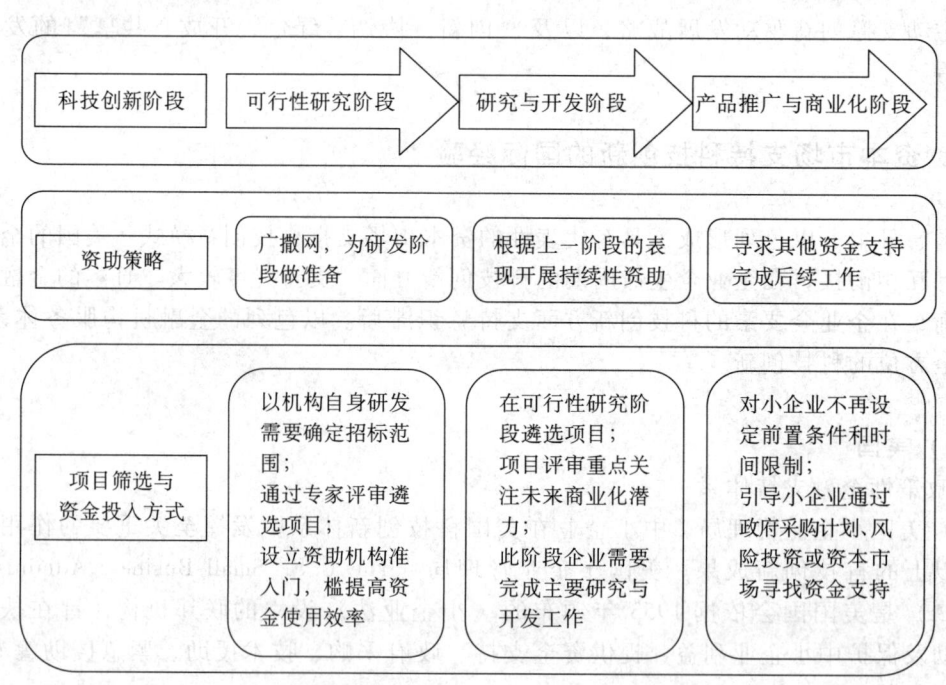

图15 基于科技创新生命周期的分阶段投资模式

资料来源：SBA。

2. 风险投资

美国是风险投资的发源地，风险投资规模占 GDP 的比例超过 1%。在完善的法律体系支持、宽松的政策环境、以合伙制为主的组织形式等多重因素的共同推动下，风险投资蓬勃发展，成为推动科技创新的持续动力。美国的天使投资形成了立体化的科技创新投资体系。由自然科学基金会主导的高端科技成果转移的天使投资，引领国家产业高端化的发展；由小企业管理局主导的普遍性科技成果转移的天使投资，推动各种科技创新和经济结构持续转型。风险投资参与的企业对美国经济增长的贡献率超过 10%。

（1）募资。美国私募行业整体资金来源多元化。风险投资的主要资金来源广泛且稳定，形成以养老基金[①]和私募基金为主，涵盖捐赠基金、投资银行、非银行金融机构、大公司、银行控股公司、养老保险、保险公司以及外国投资者的机构投资者结构。

（2）投资。根据 SEC 统计，美国风险投资以石油和天然气开采、电力等国家战略性行业以及通信、计算机等高科技行业为主。从变化趋势来看，石油和天然气开采近年来呈现下降趋势，代表新科技和新需求的医疗健康、TMT[②]、教育受到风险投资的关注度持续上升。

（3）退出。美国风险资本退出方式多样且灵活，风险资本可以根据各自的投资状况，采取不同的方式退出。目前，美国风险投资最主要的退出方式是并购重组，占比超过 50%，表明参与风险投资后，科技创新型企业得到企业管理、技术、市场信息、人才等多方面的外部支持，实现价值提升。

体系健全且转板灵活的"金字塔"形股权（证券）交易市场，发挥了科技创新激励机制的作用。美国的股权（证券）交易市场以不同类型公司为服务对象，形成了符合发达经济体企业分布规律（大企业处于顶端，广大中小企业位于中下层级）的"金字塔"形市场。灵活的转板制度确保处于任何层级的企业都有可能进入与其相邻级次的市场中。这种制度保障了激励机制，使得企业不断鞭策自己获得好的经营业绩，防止降级。

3. 美国的启示

第一，基于科技创新生命周期的金融产品衔接有利于维持和提高企业在获得投资后的创新动力。SBIR 投资策略最大的特色就是根据前阶段的投资效果决定下一阶段的资助对象，其基于科技创新生命周期的投资模式值得借鉴。根据企业科技创新的生命周期，有针对性地进行项目评审，如在可行性评估阶段注重企业质量、技术含量、创新程度、市场潜力等因素，充分考虑科技创新成果的市场、技术、研发风险。

第二，政策性金融与风险投资衔接，完善而系统化的政策性金融引导体系是资本市场支持科技创新的重要前提和基础。SBIC 采取市场化运作与政府监管相结合的模式，通过长周期运营、政府担保、投资行业限制、投资方式多元化等方式，促进风险投资支持企业科技创新。

第三，风险投资的募资、投资、退出衔接。从募资来看，机构投资者占绝对主导地位且

---

① 20 世纪 70 年代末，美国政府许可养老基金进行风险投资。
② TMT 是科技（Technology）、媒体（Media）和电信（Telecom）三个英文单词首字母的缩写，含义是未来互联网科技、媒体和通信，包括信息技术在互相融合的趋势产生的大背景下的一个产业名称。

资金来源广泛而稳定,预期未来我国将进一步放开商业银行、保险公司、社保基金、养老基金的股权投资限制。从投资来看,股权投资聚焦科技发展和国家战略的同时,代表新科技和新需求的医疗健康、TMT、教育整体受到风险投资的关注度持续上升。从退出来看,并购重组为最主要的退出方式,体系健全且转板灵活的"金字塔"形股权(证券)交易市场,有利于发挥科技创新激励机制的作用。

(二) 日本

日本是科研投入最密集的国家之一,研发支出占 GDP 的比重长期高于 3%,且持续增长;然而,近几年日本推进科技创新的基础实力却不断恶化,科技成果转化对全要素生产力的推动乏力(OECD,2015)。尽管日本在教育和科技创新上投入巨大,但由于资本市场对资源配置的影响缺位,科技创新成果转化不足。

一直以来,日本是中小企业信贷支持最为成功的国家之一。日本政府通过建立完善的信用保证和保险体系,分担中小企业融资风险,促进金融机构向中小企业贷款,形成了全面的政策性金融覆盖体系。近年来,政策性金融支持科技创新的负面影响凸显,对风险投资的挤占效应抑制了日本中小企业科技创新的积极性。

1. 全面覆盖的政策性金融体系是中小企业融资的主要渠道

日本形成了中央政府与地方政府共同出资和监管,共同承担风险,担保与保险有机结合的信用保证体系(见图 16),有效缓解了科技型企业由于缺少抵押品和信用记录造成的融资难问题。

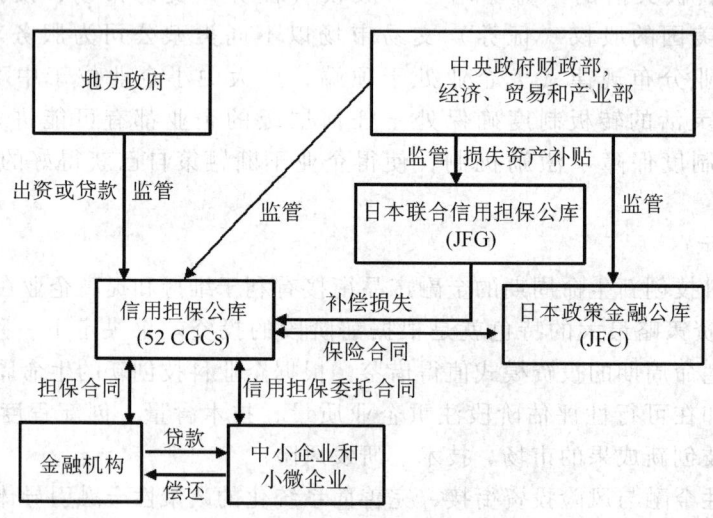

图 16 日本的信用担保体系

资料来源:*CREDIT GUARANTEE SYSTEM IN JAPAN 2013*。

一方面,日本培育了成熟的政策性机构与商业性机构结合的金融组织,包括信用担保公库(Credit Guarantee Corporations,CGCs)、日本联合信用担保公库(Japan Federation of Credit Guarantee Corporations,JFG)、日本政策金融公库(Japan Finance Corporations,JFC)等;另一方面,日本通过成立多家差异化功能定位的中小型金融机构,为中小型科技企业等提供融资服务。

虽然日本信用担保的总量大，普及率高，但难以发挥筛选机制、评估机制、激励示范、资源配置的作用。具体表现在以下几个方面：第一，日本政府主动增加信贷投入，信用担保额占 GDP 的比例达到 5.7%，远高于美国（0.4%）、德国（0.2%）等发达经济体，导致向企业直接发放贷款的金融机构不仅不承担风险，反而具有较大的放贷压力。因此，虽然日本具有完善的评估体系，但是筛选标准较低。第二，信用担保额是金融机构贷款额的 80%，1/3 的中小企业通过信用担保制度融资，难以发挥激励示范效应。第三，在代位清偿率较高的情况下，当企业发展出现危机时，金融机构任由企业破产，不会再进行资源导入，使得资本市场的资源配置功能彻底丧失。

2. 风险投资起步早，但发展缓慢

广覆盖的政策性金融体系挤压了风险投资发展空间，抑制了中小企业的科技创新。日本是亚洲风险投资起步最早的国家之一，日本政府采取完善政策法规、提供资金支持、税收减免等优惠政策，促进风险投资发展。然而，日本风险投资规模低于 OECD 平均水平，与以色列、美国等科技创新强国相比具有较大差距（见图 17）。

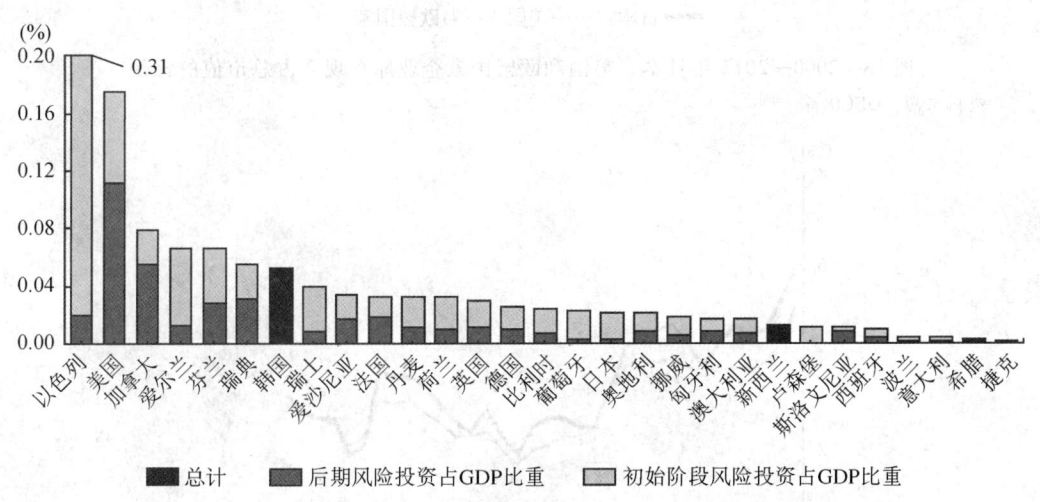

图 17 世界科技创新强国风险投资占 GDP 比重

注：小型企业判断标准为员工人数小于 50 人，统计时段为 2001—2011 年（OECD，2015）。
资料来源：Criscuolo 等，2014。

在日本，风险投资参与的中小企业和创新型企业无法发挥科技创新成果商业化的主体推动作用。一方面，民营经济尤其是中小企业发展在极大程度上受到政府负债过高的影响。日本的中小企业"出生率"极低（不到 5%），仅为美国、英国等国家的一半（约 10%），与广覆盖的政策性金融体系形成巨大反差；日本的中小企业成长速度缓慢，超过 3/4 的中小企业成立超过 10 年，远高于 OECD 的大部分国家。另一方面，由于申请银行贷款极具便利性，日本的企业更倾向于通过信贷体系融资。受到政策性金融体系的挤压，日本的风险投资发展仍处于早期阶段，对中小型企业科技创新的支持力度严重不足。

3. 完善公司治理，破解企业现金流充裕却投资信心不足难题

日本企业持有的现金水平远超美国和欧盟地区国家的企业（见图 18）。2012 年，日

企业持有的现金占 GPD 的 62%，资产回报率却持续走低（见图 19）。宏观经济长期低迷和公司治理框架不完善导致企业持有大量库存现金，科技创新的投资意愿较低。

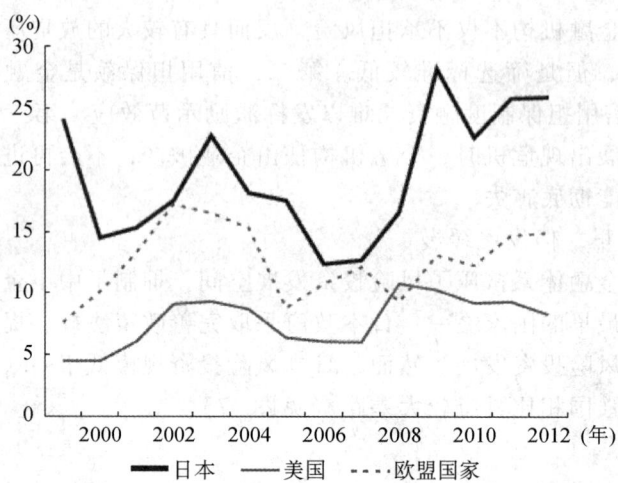

图 18　2000—2012 年日本、美国和欧盟国家企业库存现金占总市值的比例

资料来源：OECD。

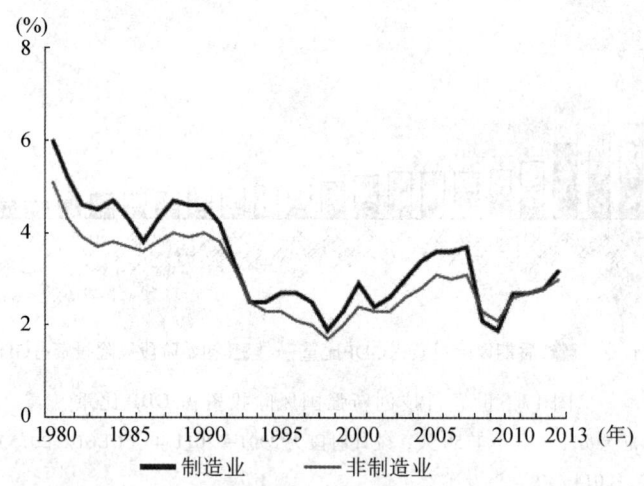

图 19　1980—2013 年日本企业的资产回报率变化情况

资料来源：OECD。

日本企业的公司治理框架落后于全球标准（EBC, 2014）。跨国研究表明，良好的公司治理将降低企业的库存现金持有量（Aoyagi 和 Ganelli, 2014），适当引入外部投资者能够帮助企业健全公司治理模式并将现金投入创新型项目，促进科技创新投入，实现股东利益最大化。

4. 日本的启示

第一，日本形成了先进的信贷模式，是政策性信贷金融支持科技创新的标杆。然而，广覆盖的政策性信贷模式是把双刃剑，不利于科技创新。第二，日本的风险投资起步早，却发展缓慢，风险投资与民营经济之间的互相促进作用难以有效发挥。为了激发资本市场对科技创新的支持，通过调动风险投资的积极性、增加发行新股并鼓励企业并购，能够促进风险投资对企业科技创新各个阶段的支持。第三，宏观经济长期低迷和公司治理框架不完善导致企业持有大量库存现金。通过积极引入外部投资者，提升企业的公司治理水平能够促进企业的科技创新投入。

（三）以色列

1. 政策性金融体系

以色列政府致力于构建聚集科技创新主体的生态系统，具体体现在以下五个方面：第一，建立产业研发的激励机制；第二，设立适当的扶持机构（例如，技术孵化器），为早期创业企业提供支持；第三，积极推进产业研发的国际合作以及全球定位、运作和与外汇有关的宽松的管制政策；第四，制定保障小企业运作和发展的法律、法规和税收政策；第五，制定多项扶持计划，促进风险资本投资于高科技产业。

2. 全球领先技术对接全球风险资本

（1）定位于国际型公司。以色列的人口规模和国内市场过于狭小，甚至在某些行业根本不存在本土市场。从寻找更大规模融资和开拓更广阔市场的角度，以色列的企业从创立之初就面向全球的产品市场与资本市场。多数以色列的初创企业在本土募集到早期的资金之后，便只能通过海外资本市场进行进一步的技术孵化或者直接出售给更大规模的科技公司。

（2）风险投资规模增长主要源于外国资本的持续流入。以色列的科技创新投入以企业（占比为45.6%）和境外资本（占比为39.3%）为主，海外资本的持续大规模流入推动风险投资快速发展。国际风险基金或跨国公司在以色列的投资有以下三种方式：第一，直接购买以色列小型的高科技企业；第二，在以色列设立研发中心；第三，投资已经成熟的科技型公司。以色列本土投资机构以财务投资者身份加入，偏向参与种子轮、A轮等初创公司早期估值比较低的融资环节。

（3）社会文化的包容性促进风险投资支持连续型创业者。以色列的创业者大多为连续型创业者，是科技创新源源不断的动力。当时机合适时，创业者便很快将公司出售，而后团队进入新的行业或者细分领域继续新一轮的创业。因此，投资于以色列的资本往往退出时间短于欧美地区国家以及中国。以色列对科技创新的支持氛围优于全球其他国家和地区，整个国家对创业者给予支持，对创业失败给予包容，风险投资对连续投资"创业失败者"的"偏见"远少于其他国家或地区。

3. 过度依赖投资机构，抑制科技创新向更高层次发展

（1）引入的投资机构互相制衡，限制了科技创新型公司继续发展壮大。大部分以色列的企业是小而美的高精尖技术型公司，缺少大而全的集团式经营模式。虽然自下而上的管理模式能够激发科技创新潜能，但却缺少了自上而下的管理。科技创新型企业往往引入多个投资者，且股权结构相对分散。投资机构之间互相博弈的结果是快速出售公司实现投资收益。因此，以色列集团化发展的大公司数量有限。

（2）创业者热衷于连续创业，不利于连续型创新。大部分创业者享受创业的过程，倾向于将已经实现的科技创新理念快速出售。因此，80%的风险投资通过并购重组退出。在以

色列连续创业者比比皆是，许多创业者在时机合适时便很快将公司出售，而后团队进入新的行业或者细分领域继续新一轮的创业。在这种模式下，基于某一个技术的连续型创新难以实现，不利于技术持续升级。

4. 以色列的启示

第一，通过政策性金融促进金融机构服务完善。政府在创业企业早期坚定扶持，承担了最大的风险却放弃共享收益，使得高科技孵化器和风险投资本身成为以色列两大支柱性产业。以色列构建了发达的风险投资市场、丰富的创业孵化器以及国防军队和大学机构内的技术研发部门，形成一套完整的科技创新生态。

第二，以色列风险投资体系完善，以全球领先的技术对接全球资本。

第三，以色列的科技创新亦受到资本市场的抑制。一方面，引入的投资机构互相制衡，限制了科技创新型公司继续发展壮大；另一方面，以并购重组为主的资本市场退出模式，不利于连续型创新。

四、构建我国资本市场支持科技创新体系

（一）加强金融产品衔接，促进全周期科技创新

1. 企业的核心能力沿着科技创新生命周期跃迁

科技创新型企业持续竞争优势的源泉和基础在于核心能力（Prahalad 和 Hamel，1990）。核心能力的演化过程是一种能力的自然演进过程，通过不断的跃迁实现提升。核心能力的跃迁过程是核心能力跳跃式发展并产生质变的过程，决定了企业竞争优势的有限性和新旧竞争优势之间的替代状况（Barney，1991）。

科技创新是一个多阶段的过程，阶段之间互相重叠和影响（Kimberly，1978；Bell，1989；Wolfe，1994）。企业从研发活动到生产经营互动的线性模式包括三个阶段，分别是研究开发、成果转化和规模生产。当科技创新过程迈向下一个阶段时，企业的能力就实现了跃迁。

在科技创新的全生命周期，资本市场激发企业能力跃迁。研究开发初期是科技创新型企业核心能力的初始状态。伴随着研究开发的推进，企业技术能力逐渐形成并积累。当科技创新进入成果转化阶段时，企业的核心能力向生产能力和市场能力跃迁。当企业实现规模生产时，构成了持续的核心竞争优势（见图20）。

2. 企业生命周期与科技创新的生命周期共同演进

技术创新生命周期各个阶段的更迭具有自发性和动态性，与企业生命周期共同演进，且受到企业内部和外部环境的影响。高科技企业的生命周期包括导入期、成长期、成熟期和衰退期等阶段。科技创新贯穿企业的全生命周期，并随着产品和技术的迭代而不断开启新的周期。

在企业的导入期，科技创新以研发阶段为主，企业面临技术的高沉淀成本以及市场的不确定性等风险，重点关注技术轨道和互补性资产。在企业的成长期，科技创新以小规模生产的产业转化为主，同时培育新的技术创新方向，逐渐形成稳定的市场需求、创新成果标准化。在企业的成熟期，科技创新以大规模生产为主，市场结构趋于稳定。当企业面临衰退期的困境时，在技术本身的物理极限和市场需求饱和的共同作用下，科技创新将进入新的周

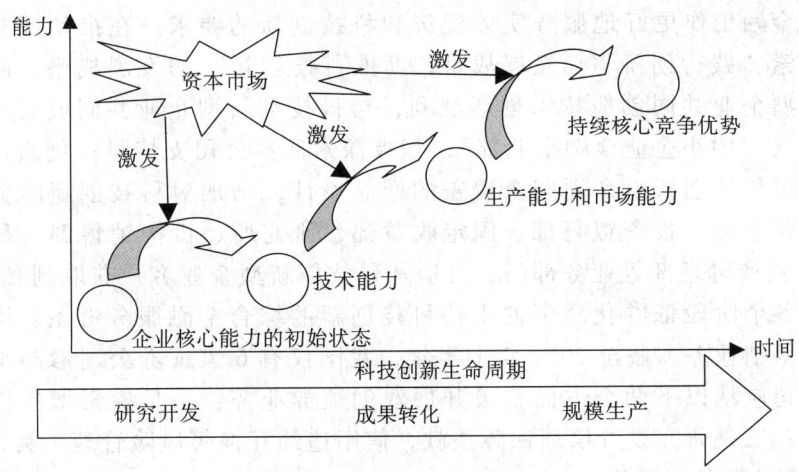

图 20　资本市场激发企业能力跃迁

期，形成企业发展的新动力。如果不能形成新的技术优势，企业将逐渐消失。

3. 在科技创新的不同阶段，创新主体行为与融资需求的差异需要金融产品衔接

科技创新是从研发到成果转化与应用，再到市场开拓、产生效益和投资回报的长期过程，任何一个环节都需要社会资本和金融资本的支持，形成金融支持链条。在金融链条的支持中，任何一个环节出现失败，都将让已有环节的投入无法获得任何收益，从而使得科技创新具有高风险与风险聚集特征。

在研究开发阶段，企业的技术风险和市场风险均较高，中小企业难以从外部获得资金支持。在成果转化阶段，企业的技术风险有所降低，但市场风险仍较高，资金需求规模比研究开发阶段更大，融资问题仍是制约企业发展的主要因素。在上述两个阶段中，企业的科技创新更需要政府层面的大力资助，借鉴美国、日本等国以及欧洲地区国家经验，基于我国发展实践基础，应加强财政投入和财政引导社会资本投入，积极营造科技创新氛围，鼓励金融机构开发支持科技创新早期阶段的产品。在规模生产阶段，企业已经步入成长期和成熟期，市场风险逐步降低，这一阶段是各种股权投资介入或退出的主要时机，证券市场发挥巨大作用，企业获得外部融资的机会大大增加，应避免过分追求资本市场套利行为。本文从政策性金融、证券行业发展两个方面提出如下建议。

（1）从政策性金融层面。第一，积极设立满足多样化融资需求的政府引导基金，扩大引导基金的规模和适用范围，涵盖并购重组、股债结合、科技成果转化基金等多种形式。在研究开发阶段，积极发挥对科技创新人才的引导效应，设立面向高层次人才、海归人才、大学生及青年人才的专项引导基金；积极发挥重点产业的优质项目吸引效应，强化引导基金的培育作用。在成果转化阶段，充分发挥引导基金带动作用，激发科技成果转化；探索建立产业知识产权运营基金，促进重点产业知识产权实施和产业化。第二，健全风险补偿机制。一是支持各类商业性融资担保机构积极开展联保、分保和再担保业务，对融资担保机构和业务开展提供政策性支持或补贴；二是推动政策性融资担保平台、基金与商业性融资担保机构联合为中小企业提供增信服务，切实降低对创业投资机构投资的初创期、成长期科技企业提供担保的标准，提高担保比例。

（2）从证券行业发展层面。第一，面向新时代中国特色社会主义，证券行业应积极

落实党中央对金融工作更好地服务实体经济和科技创新的要求。在推动证券行业发展的同时，积极探索"践行创新驱动发展战略，助推科技创新"的发展战略，使证券行业企业与科技创新型企业共同创造技术创新红利，与科技创新型企业共同成长。第二，证券公司可探索成立"中小企业金融事业部"，积极探索证券公司支持科技创新产品与服务的实现路径，通过科技创新生命周期全覆盖的产品设计，增加对科技创新的金融支持和产品供给。协同营业部、投资银行部、固定收益部、研究所、机构销售部、私募股权投资（另类投资）、资产管理部等业务部门，打造从科技创新型企业客户获取到私募股权投资，再到科技创新各个阶段证券化融资的支持科技创新的综合金融服务链条。第三，积极开展双创债券的承销业务。截至 2017 年上半年，我国仅有 6 家证券公司参与承销发行双创债券。证券公司应从以下两个方面积极开展双创债券业务：一是探索增信机制创新，拓宽抵押物范围；二是研究设置偿债保障条款，信用违约互换等风险管理工具，采用市场化手段有效防范和分散信用风险。

（二）加强金融机构协同，促进企业全要素创新

1. 金融机构是企业协同创新网络的创新主体之一

创新网络是应付系统性创新的一种基本制度安排，其主要联结机制是企业间的创新合作关系。协同创新网络指企业在科技创新过程中，同金融机构，其他企业（包括客户、供应链企业、竞争企业），政府机构，中介机构（包括技术中介、技术市场、行业协会等）和研究机构（包括大学和研究机构）等创新行为主体，通过交互作用和协同效应构成的创新链、资金链和产业链。

在协同创新网络中，各种网络主体的角色和定位存在差异。资本市场中的金融机构通过发挥资金支持、筛选机制、评估机制、风险管理、激励示范、资源配置等作用，促进全要素科技创新。

2. 证券公司应积极融入协同创新网络，促进企业全要素的科技创新

全要素的科技创新是指以满足科技创新所需的要素为基础，包括资金、技术、人力等资源投入，银行信贷、风险投资等融资渠道，政策、管理、会计、法务等咨询活动。金融机构是协同创新网络的重要主体之一，可以通过以下两个方面促进企业全要素的科技创新：一方面，金融机构作为协同创新网络的创新主体，可以发挥支持和协调作用，扩大信息的辐射范围；另一方面，金融机构作为科技创新的外部资源输入，应提升自主创新能力（包括研发投入和产出）。以下从政策性金融、证券行业发展两个方面提出如下建议：

（1）从政策性金融层面。第一，搭建政府平台，促进资本市场与科研院校、政府、产业部门、市场相衔接。一是以服务创业创新企业为导向，建设多元化金融服务平台。扩展上市服务平台功能，集合政策发布、资本对接、创业辅导、信用体系等功能，进而为企业提供基础金融服务。升级产业链融资、供应链融资、融资租赁、融资担保、小额贷款等综合融资服务。引导和支持各类金融机构为创业创新企业提供各个阶段的融资、咨询等"系统化金融服务"。二是以支撑科技金融机构为导向，搭建多层次金融支撑平台。以互联网技术为手段，通过数据分析、信息展示、路演推介等服务，促进科技创新主体和银行、担保公司、保险公司、风险投资公司、上市公司等机构进行投融资信息对接。第二，创新发展知识产权融资体系。一是借助资本杠杆，盘活知识产权和专利存量，

将科技成果作为一个市场要素介入资本市场交易。二是支持银行、证券公司、保险公司、信托公司等金融机构广泛参与知识产权金融服务，鼓励商业银行开发知识产权融资服务产品。三是推动知识产权信托交易试点，探索知识产权证券化业务。进一步促进知识产权质押融资工作，简化知识产权质押融资流程。第三，聚集资源，协同发展，投贷联动。一是鼓励风险投资机构、商业银行、保险公司、科技园区、政策性担保机构，共同探索股权投资与科技创新的有机结合，构建创投加孵化、贷款与担保，同时配合政策补贴"投贷保补"联动的创新金融联盟化支持模式。二是争取和鼓励"投贷联动"试点银行、商业银行科技支行和科技金融事业部支持中小企业的社区银行落地，为科技成果应用转化高新技术产业发展提供"投贷保障"。

（2）从证券行业发展层面。第一，证券公司主动融入协同创新网络，回归服务实体经济本源。一是支持科技创新型企业通过参与上市公司定向增发、并购重组、再融资、企业债权、信托产品等途径开展持续资本运作；二是支持科技创新型企业推进股份制改造，推动符合条件的企业在主板、中小板、创业板以及境外上市，支持和鼓励具备条件的创业创新企业在全国中小企业股份转让系统挂牌融资，加强与区域股权交易中心的战略合作，扩大对中小微企业服务的覆盖面，积极引导中小微企业、科技企业、战略性新兴企业到股权交易中心挂牌培育。第二，证券公司应加强与其他金融机构的协同。一是与保险公司共同探索科技保险模式，保险资产管理公司直接投资模式；二是与商业银行共同发展投贷联动，支持商业银行科技信贷资产证券化，盘活存量资产；三是与信用评估机构积极探索科技创新企业信用评估机制，积极开展知识产权证券化业务。第三，积极对接中小企业的一站式投融资信息服务。积极响应《国务院办公厅关于推广支持创新相关改革举措的通知》（国办发〔2017〕80号）的号召，一是积极融入物理载体和信息载体建设，对接债权融资服务、股权融资服务、增值服务三大信息服务体系；二是主动与科技创新广泛融合，为中小企业提供全方位、一站式投融资信息服务。

（三）加强金融服务深度，促进企业全方位创新

1. 资本市场支持科技创新旨在服务国家战略和发展理念

资本市场支持企业创新的目标，不仅在于服务科技创新型企业的经济效益，更要支持科技创新型企业主动落实国家创新驱动发展战略，践行五大发展理念，实现绿色创新、协调创新、开放创新、共享创新，形成全方位科技创新局面。

绿色创新是指企业通过科技创新，改变传统的生产经营模式，消除或减少产品的生产、使用过程对生态环境的破坏和影响，实现绿色的发展方式（如节能降耗、降低污染），最终实现经济效益的提升。

协调创新是指通过科技创新促进区域协调发展。我国区域创新水平长期以来呈现东高西低的特点，区域创新水平与经济发展水平几乎一致。在新常态下，创新驱动发展战略是转变经济发展方式的根本途径，只有提高科技创新水平，才能加快经济增长的速度，适应经济发展的客观规律。

开放创新是指组织转变传统封闭式的创新模式，引入外部的创新能力，强调通过外部主体参与、外部知识资源输入，共同促进科技创新。倡导开放创新，有利于推进"一带一路"建设，推动升级版中国"走出去"，构建利益共享的全球价值链，优化全球资源配置。

共享创新强调科技创新的广泛覆盖,通过科技创新及其转化满足人民日益增长的对美好生活的需要,实现人人共建、人人共享的经济社会发展的理想状态。

2. 构建资本市场支持科技创新的三维模型

本文在分析我国资本市场支持科技创新的发展历程、取得的成果和瓶颈问题的基础上,借鉴美国、以色列、日本在资本市场支持科技创新方面的经验与教训,基于科技创新的规律,提出解决我国资本市场支持科技创新的机制设计,构建了"科技创新生命周期(长)—协同创新网络(宽)—自主创新能力(高)"三维动态模型(长—宽—高模型)(见图21)。

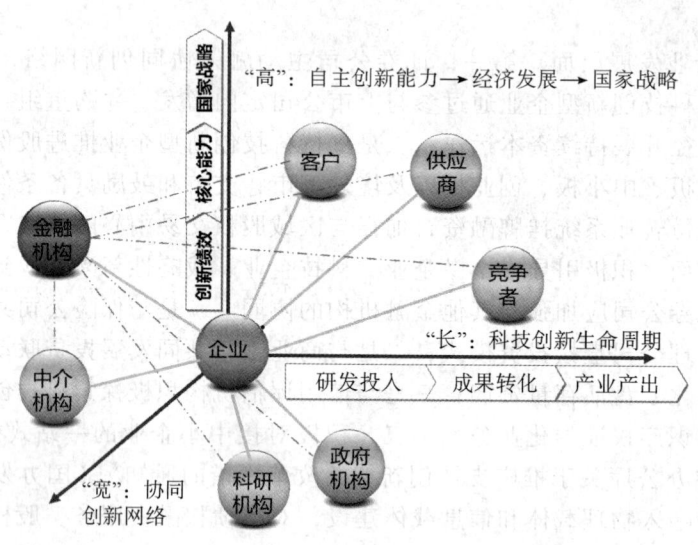

图 21 资本市场支持科技创新的机制设计模型

该模型的核心机制在于:第一,沿着科技创新的长度,即全生命周期,加强金融产品衔接,促进全生命周期科技创新;第二,沿着科技创新的宽度,即协同创新网络,加强金融机构协同,促进企业全要素创新;第三,沿着科技创新的高度,即提升科技创新绩效,通过科技创新支撑国家战略和发展理念,加强金融服务深度,推动企业全方位创新。

3. 加强资本市场服务深度,推动科技创新全方位发展

为了实现资本市场支持企业全方位科技创新发展,进而践行社会责任、支撑国家战略、服务发展理念。对于企业在绿色、开放、共享、协调等国家战略领域的科技创新活动,资本市场要主动给予支持,具体建议如下:

第一,鼓励跨地区并购,提高涉及区域的科技创新水平。企业的兼并重组能够帮助企业获得更多的研发人员、专利以及资源优化整合的途径,提升企业的科技创新能力。因此,跨地区的并购能够通过增强当地企业的创新研发能力促进该地区经济增长,实现区域协调发展。

第二,鼓励资本市场支持绿色科技发展。支持绿色企业上市融资和再融资;建立强制性环境信息披露制度;健全绿色债券、股票指数体系,推动建设绿色证券机构投资者体系;鼓励发展绿色债券。以上举措均可有效增强投资者信心。

第三,促进金融双向开放。(1)创新驱动发展战略提出更多更好地利用全球创新资源,

研究通过国有重点金融机构发起设立海外创新投资基金，外汇储备通过债权、股权等方式参与设立基金工作；（2）通过科技创新载体鼓励境外投资机构落地，聚集境内外知名的投资促进组织、专业服务机构、金融企业、研发中心等资源，形成研究开发的要素聚集；（3）推动国有金融机构与大型企业共同组建大型国际科技创新基金、核心技术、品牌并购基金，加大以技术升级为驱动的境外投资并购。

第四，通过金融产品衔接、金融机构协同、金融服务深化，提升资本市场支持科技创新的长度、广度和深度；坚持实体经济、科技创新、现代金融等协同发展，坚决落实创新驱动发展战略，建设现代化经济体系，建设满足人民日益增长的美好生活需要的资本市场。

五、中国主要实践探索介绍

2016年5月，《国务院办公厅关于建设大众创业万众创新示范基地的实施意见》（国办发〔2016〕35号）确定了首批17个双创区域示范基地的名单。本文对我国首批双创区域示范基地的建设工作方案与可复制、可推广的落地实践（见表1）的结论具体如下。

（一）在金融产品衔接方面，形成覆盖"境内境外、场内场外、股权债权、全国区域"的多层次资本市场体系

第一，鼓励企业进入多层次资本市场挂牌融资，建设和发展地方股权托管交易中心，推动建立科技创新板。第二，探索建设金融资产交易中心，开展股权众筹试点，建立股权众筹中心。第三，促进科技创新要素跨境双向流动，发挥自贸区、自创区等叠加优势，推进跨境并购和海外投资。

（二）在金融机构协同方面，金融与载体双向支撑

第一，强化资本市场对科技创新载体[①]的支持，通过政府引导与市场主导相融合的运作模式，以金融服务促进产业聚集，服务科技创新。第二，通过科技创新载体吸引各类金融机构聚集，依托金融街、小镇、园区，推动科技金融（细分）聚集区建设。第三，将科技创新载体纳入政策性金融（例如，引导基金、融资担保）的支持范围。

（三）在金融服务深化方面，建设全方位金融平台

第一，交易平台建设包括：企业跨境投融资服务平台建设，金融资产交易平台建设，统一登记结算平台建设，股权投资平台建设。第二，服务平台建设包括：科技金融服务平台建设，并购服务平台建设，股权众筹服务平台建设，融资担保平台建设，征信评级平台建设。

---

① 科技创新的载体包括孵化器、创新联盟、企业研发中心、重点实验室、工程中心、特色高新技术产业基地等。

表 1　　中国资本市场支持科技创新的落地实践

信贷支持	企业债券	载体支持与金融服务	引导基金	融资渠道
发展科技银行，试点投贷联动； 建立多级风险补偿机制，发挥风险池融资作用，安排中小企业转贷专项资金，以基金形式设立中小微企业转贷、担保、代偿资金池； 金融机构信贷资产证券化； 支持小微企业使用专利权进行质押贷款，并给予贴息补助； 建立科技信贷专营机构补贴与补偿机制，鼓励银行等金融机构设立小额贷款、融资担保和科技租赁等科技信贷专营产品	鼓励企业通过企业债券（或双创债券）、中小企业集合债券、私募债券、集合票据等债务融资工具等集资本； 鼓励银行和证券公司等金融机构为双创企业在银行间市场发行债务融资工具提供承销服务； 完善重点行业融资租赁、金融租赁模式	交易平台建设； 服务平台建设； 依托现有园区集聚的金融资源，推动双创金融集聚区建设； 推动金融机构开发跨境人民币金融创新产品； 通过互联网技术促进投融资信息对接	引导基金体系：创业投资引导基金、科技成果转化引导基金、股权投资引导基金、并购引导基金； 特色引导基金：知识产权引导基金、面向重点发展产业的引导基金、高层次人才创业投资基金； 市场化运作模式促进社会资本、优质创业项目、技术和人才集聚； 鼓励创业投资基金和投资人群发展	鼓励企业进入多层次资本市场挂牌融资，通过现金补贴支持企业上市； 建设和发展地方股权托管交易中心，推动建立科技创新板； 培育金融资产交易中心； 开展股权众筹试点，建立股权众筹中心； 发展绿色金融
拓宽抵押物来源，简化知识产权质押融资流程； 信用增进，通过多种担保形式相结合为科技型中小企业提供信用增进				

资料来源：根据公开资料整理得出。

A股市场支持高科技、新经济企业上市的探究

陈友新　刘　念　杨　昊[*]

当前我国的经济结构亟待转型升级,由过去的规模驱动转换为高科技、新经济模式驱动。党中央、国务院陆续出台了《中国制造2025》《"十三五"国家战略性新兴产业发展规划》,引领我国新一轮的科技革命和产业变革。未来国际舞台上比拼的是经济发展的质量,比拼的是拥有新技术、新产业、新业态、新模式的"四新"企业的底蕴和潜力。虽然我国诞生了诸如阿里巴巴、腾讯、华为、百度等高科技、新经济企业,但相比美国的苹果、微软、谷歌、Facebook、高通、英特尔、特斯拉等高科技企业巨头,无论在数量还是在高科技含量上均有一定差距。

在高科技、新经济巨头的诞生以及发展壮大过程中,我们看到了资本市场贯穿始终的巨大的培育和支持作用。

近年来,中国香港地区资本市场积极顺应时代潮流,改革发行审核制度,吸引和支持高科技、新经济企业上市。在这种情况下,我国A股市场应当积极响应国家战略,将如何培育和支持高科技、新经济企业作为重要研究课题,进一步深化改革。

一、高科技、新经济企业具备的主要特点

本文对国内外知名的高科技、新经济企业的发展历史、业务结构、经营模式、财务表现以及市场竞争格局等方面做了深入细致的分析,发现当前高科技、新经济企业往往具备以下特点:

(一)颠覆性创新

在业务层面,世界一流的高科技、新经济公司必然在其细分领域具有"颠覆性、破坏性"的创新能力,从而建立起新的商业模式和市场。例如,苹果公司就是通过iPod产品颠

---

[*] 作者单位:中信建设证券股份有限公司。原载于《中国证券》2018年第8期。

覆了传统的付费音乐市场，通过 iPhone 颠覆了传统的移动手机市场，开创了全新的电子消费品时代；谷歌公司通过其搜索技术，将搜索准确率由过去的 20% 提升到 80%，并且依靠创造性的互联网自动搜索比价广告系统颠覆了搜索和互联网广告市场；腾讯通过 QQ、微信等移动端产品，占领了中国庞大的社交市场；而阿里巴巴则通过淘宝、支付宝的推出，彻底改变了国人的购物习惯，引领中国的电子商务和电子支付市场。这些都是建立在产品、技术和商业模式的颠覆性创新基础上的。

（二）高速迭代

高科技、新经济企业还具有高速迭代性的特点。以芯片行业为例，在如今信息技术发展瞬息万变的时代，集成电路的性能每隔 18 个月就能提升一倍①，如果不能保持创新的活力，原来的科技霸主就很可能成为下一个时代没落的贵族。而高科技、新经济企业产品的高速迭代性直接反映在企业研发经费的投入中，三星、谷歌、亚马逊、微软等世界顶尖高科技企业 2017 年的研发费用均超过 120 亿美元，中国华为的研发经费也高达 110 亿美元，跻身全球前 10 名。BATJ（百度、阿里巴巴、腾讯、京东）的研发投入虽然相比上述公司有一定差距，但 4 家公司的研发费用占各自营业收入的比重均超过了 10%，且近 3 年研发投入均保持了 50% 以上的增长。

（三）生命周期有别于传统企业

根据传统的企业生命周期理论，企业一般会经历发展、成长、成熟和衰退四个阶段，企业的财务表现往往也会与其所在的生命周期大体一致：发展阶段——营收保持中速增长、逐步产生盈利；成长阶段——营收和盈利均保持快速增长；成熟阶段——营收和盈利规模保持稳定，不再快速增长，甚至可能出现一定幅度的下滑；衰退期——营收逐步下降、盈利快速下滑甚至出现亏损。

当前高科技、新经济企业具备"颠覆性、破坏性"的创新能力以及高速迭代的特点，使得高科技、新经济行业往往呈现出"赢家通吃"的局面，这从根本上改变了高科技、新经济企业的商业逻辑，导致这类企业的财务表现往往与传统企业的情况差别较大。如苹果、谷歌、微软、阿里巴巴和腾讯等企业已极具规模，进入了成熟期，但近 3 年来的营收和净利润仍保持了极高水平的增长。

（四）估值方法和逻辑不同

由于高科技、新经济企业具备颠覆性的创新、高速迭代、生命周期有别于传统企业等特点，传统估值方法如现金流折现、基于可比公司的绝对估值法等几乎都不适用。近年来资本市场涌现出很多针对高科技、新经济公司的全新估值方法。以互联网公司为例，在其创始期最重要的驱动因素是用户规模，投资者更关注非财务指标，如用户数、市场空间、流量等，在此基础上发展了 DEVA、P/MAU 等方法；在发展期，公司有了收入，围绕营收概念的 PS、P/GMV、EV/EBITDA、研发占比等财务估值方法具备了实践可能；在企业成长期后期及成

---

① 摩尔定律：参见"维基百科——Moore's Law"，官方英文网址：https: // en. wikipedia. org/wiki/Moore% 27s_ law，最后访问日期：2018 年 6 月 5 日。

熟期有了质量较高的盈利数据，如业绩增速、回报率、净利润等，PE、PEG、DCF 等估值方法优势开始显现。

除估值方法不同，资本市场对高科技、新经济公司的估值逻辑与传统企业的区别也很大。对于传统企业而言，当盈利出现下滑或者没有实现盈利，资本市场的估值往往极低，但不少高科技、新经济公司虽然上市至今甚至从未实现盈利，但市场给予的估值仍很高。例如，2018 年 5 月 11 日在美国纳斯达克上市的虎牙直播，公司成立至今从未实现盈利，但上市首日股价即上涨了 29.17%，上市 20 个交易日股价即达到了 34.89 美元，涨幅接近 3 倍。另外，当传统企业的规模达到一定程度后，资本市场给予的 PE 估值也会相对较低，而高科技、新经济巨头的估值往往还会保持在较高水平。例如，截至 2018 年 6 月 13 日，A 股市场上证 50 的平均 PE 仅 10.5 倍，沪深 300 的平均 PE 仅 12.72 倍，美国道琼斯工业指数的平均 PE 为 25.22 倍，而规模更大的苹果、谷歌、微软、阿里巴巴和腾讯的平均 PE 则高达 44.16 倍，远高于上述指标。

我国现有政策规定对高科技、新经济企业的认定标准主要为《高新技术企业认定管理办法》中明确国家重点支持的高新技术领域包括电子信息、生物与新医药、航空航天、新材料、高技术服务、新能源与节能、资源与环境、先进制造与自动化共 8 个行业，并且要求研发人员占比不低于 10%，高新技术产品（或服务）收入占总营收不低于 60%。《"十三五"国家战略性新兴产业发展规划》中提出，我国在"十三五"期间将重点发展五大领域：新一代信息技术产业，高端装备制造与新材料产业，生物产业，数字创意产业，绿色低碳（新能源汽车、新能源和节能环保产业）；超前布局四大领域：空天海洋，信息网络，生物技术，核技术。目前，我家对高科技、新经济企业的认定标准规定较为模糊，在实际执行过程中也遇到了不少困难。正是由于高科技、新经济企业具备颠覆性的创新能力、高速迭代的特性以及不同于传统企业的生命周期和商业逻辑，因此要制定一个针对高科技、新经济企业合理的定量认定标准是不可能的，这也意味着监管部门通过制定认定标准，主动判断和选择高科技、新经济公司进行培育和支持是不现实的。

监管部门应当克制"管"的冲动，不必过分拘泥于具体的定量指标，而是要建立市场化的发行和交易制度，相信市场的智慧，让市场本身去判断哪些是高科技、新经济企业，让市场去选择哪些高科技、新经济企业值得培育，让市场去淘汰落后的、伪劣的高科技、新经济企业，如此才能充分发挥资本市场在培育和支持高科技、新经济企业方面的重要作用。

二、A 股市场在支持高科技、新经济企业上市方面的现状

中国证券市场成立近 30 年以来，相关制度和规则持续完善，逐步建立起了以主板、中小板、创业板、新三板和区域性股权交易中心为梯队的多层次资本市场体系。截至 2018 年 5 月 29 日，沪深两市上市公司共有 3 521 家，合计市值 55.74 万亿元，上市公司数量排名全球第四位，市值排名全球第二位，证券化率达到了 67.39%，证券市场为国家经济发展做出了重要的贡献。

在培育和支持高科技、新经济企业发展方面，这些年监管部门也做了很多努力和工作。2009 年 11 月，为支持高科技成长型企业的发展，深交所推出了创业板，并针对在该板块上市的企业降低了财务指标等部分审核条件。截至 2018 年 6 月 13 日，创业板共有 728 家上市

公司，总市值约5.17万亿元。2015年11月，《关于进一步推进全国中小企业股份转让系统发展的若干意见》发布，加快推进全国股转系统的发展。截至2018年6月13日，新三板共有11 309家公司挂牌，总市值约3.94万亿元。2018年3月30日《关于开展创新企业境内发行股票或存托凭证试点的若干意见》（以下简称《意见》）发布，针对互联网、大数据、云计算、人工智能、软件和集成电路、高端装备、生物医药等七大行业的创新企业，一方面允许已在境外上市的红筹股通过CDR回归A股，另一方面取消了对于未上市试点企业净利润指标以及不存在未弥补亏损的上市要求。在监管部门以及各市场主体的共同努力下，我国资本市场在培育和支持高科技、新经济企业的发展方面取得了长足的进步，然而对比成熟资本市场，A股市场尚存在如下不足。

（一）A股市场的估值定价能力较弱、估值结构不合理

与境外资本市场相比，目前A股市场的突出短板在于估值定价功能不足，市场估值的结构不尽合理。IPO发行定价受监管机构严格的窗口指导，优质公司难以获得应有的估值溢价，高科技、新经济企业的价值难以充分体现。而劣质公司只要符合上市条件，反而能享受制度溢价形成高估值，导致劣币驱逐良币，形成以审核指标为导向的筛选机制。在整体估值结构不合理的环境下，市场对于公司的价值判断并不是立足于其科技含量的高低，而是立足于其上市把握的大小，导致市场不重估值定价，而看重制度套利。

以美国纳斯达克市场为例，仅有6%的公司静态市盈率超过50倍，我们仔细梳理了这些公司的行业属性和经营情况，发现高估值的公司基本是如苹果、Facebook、谷歌等高科技、新经济公司。反观A股市场，目前估值最高的前100位公司平均静态市盈率高达为1 422.90倍，但几乎都集中于盈利情况较差的传统制造业、能源和资源行业，甚至还有不少ST企业，而高科技、新经济企业几乎没有。

（二）上市条件限制较多

1. 审核标准较为单一，对盈利方面的要求较高

针对高科技、新经济企业的发展特点，在上市条件的设置上，境外成熟资本市场通常提供多套财务指标供其选择。如美国NYSE提供2套标准供拟上市公司选择，美国NASDAQ各层次均有3—4套标准供拟上市公司选择；韩国KOSDAQ市场提供3套财务标准供拟上市公司选择；我国香港市场主板市场也采用了3套财务标准供拟上市公司选择。在具体指标的选择上，主要采用了收入、利润、资产、权益、现金流、市值等多种维度的指标。而目前A股市场对拟上市公司业绩的衡量主要以传统制造业企业为模板，集中在净利润指标上，审核标准较为单一。

除了审核标准单一外，现行上市制度对拟上市公司盈利方面的要求也存在过高的问题。目前上海主板、深圳中小板对盈利的主要要求为"最近3个会计年度净利润均为正数且累计超过人民币3 000万元"，深圳创业板对盈利的主要要求为"最近两年盈利，最近两年净利润累计不少于1 000万元"。2018年3月发布《意见》，对试点企业放宽了盈利方面的要求，但符合试点条件的企业范围极为有限。按照《意见》规定，已在境外上市的企业，申请成为试点的标准为"市值不低于2 000亿元"；尚未在境外上市的企业，申请成为试点的标准为"最近一年营业收入不低于30亿元，且估值不低于200亿元"。根据统计，境外上市公司

中符合试点标准的只有 5 家公司，分别为腾讯、阿里巴巴、百度、京东和网易[①]，尚未在境外上市的企业中符合试点标准的也仅有 31 家。众多中小型高科技、新经济企业在发展初期无法满足《意见》中对于营收和估值的要求，然而这个时期的企业正处于最需要资金的时候，这也是资本市场最应该发挥作用的时候。正是由于无法登陆 A 股市场，诸如腾讯、京东、百度等高科技、新经济企业在发展初期才会选择在上市门槛较低的境外市场上市，为企业拓展融资渠道，支持企业后续的快速发展。

2. 股权激励受限

高科技、新经济企业是智力密集型公司，一般都会对核心成员进行股权激励，有些公司的激励范围可能涉及人数较多。目前 A 股制度要求拟上市公司的发起股东不得超过 200 人，而高科技、新经济企业在实施股权激励后，很可能突破这一数量限制。而美国、中国香港等成熟资本市场没有类似的人数限制，这也是众多高科技、新经济企业选择在境外上市的一个重要因素。

3. 未放开双层股权架构设置

由于早期发展的需要，高科技、新经济企业可能存在大比例出让股权的融资，从而导致管理层和大股东出现分离。苹果公司就因为乔布斯丧失大股东地位后被迫离开公司，从而导致苹果公司经营业绩不断下滑，后来乔布斯重回苹果后才使得公司回到正轨。在吸取了类似苹果公司的教训后，美国允许高科技、新经济企业设置双层股权架构，即管理层虽然持股比例小，但表决权却大于其他股东，从而保证了管理层始终对公司拥有决策权，维持改变资本与控制权、创始人利益等之争，维持企业上市后经营情况的稳定。美国众多高科技、新经济企业均设置了双层股权架构，如谷歌、Facebook 等。阿里巴巴 2014 年在选择上市地时也遇到同样问题，因为当时港交所不允许同股不同权的双层股权架构设计，最终阿里巴巴选择在纽交所上市。目前 A 股同样不允许双层股权设置，这也是高科技、新经济企业在 A 股上市所面临的制度约束。

三、关于支持高科技、新经济企业在 A 股上市的政策建议

针对上文提到的当前 A 股市场存在的不足，从培育和支持高科技、新经济企业的角度出发，提出以下几个建议：

（一）加速提升 A 股市场的估值定价功能

提升 A 股市场估值定价功能的关键在于市场化的定价机制，通过差异化的定价使得市场估值的关注点从能否上市转移到公司的高科技、新经济含量上来。建议在不突破现有政策体系的前提下，通过阻力最小，最为简单直接的方法，循序渐进地推进新股发行市场化定价的改革措施，建议分如下三个步骤实施。

第一步：控价提速。目前 IPO 的发行定价政策是发行市盈率不得超过 23 倍，如超过所属行业平均一个月静态市盈率则需延期三周发行。虽然当前的新股发行定价市场化程度较

[①] "第一时间点评《关于开展创新企业境内发行股票或存托凭证试点的若干意见》：明确发行 CDR 基础制度，一批相关细则已在路上，新零售和新科技机会最大"，华尔街见闻网站，2018 年 3 月 30 日，网址：https://wallstreetcn.com/articles/3267359，最后访问日期：2018 年 5 月 31 日。

低，但经过近四年的消化调整后，已被市场各参与方接受，形成了较为稳定的生态环境，具备阶段性的合理性。当前阶段应该提高 IPO 的发行节奏，增加市场供给，降低炒新热度。

第二步：有限度的市场化定价。在新股申购的收益下降、甚至出现新股发行困难、上市后破发数量增多的情况时，可以对新股发行定价的约束有一定程度的放松，通过询价机制来确定发行价格。近期上市的富士康 IPO 发行价格采用了向网下投资者询价的方式进行确定，在剔除无效报价后，最终确定的发行价格不得高于网下投资者中公募基金、证券公司、信托投资公司、财务公司、保险机构投资者及合格境外机构投资者申报价格的加权平均值及中位数、全部公募基金申报价格的加权平均值及中位数四个数中的孰低值。富士康 IPO 的发行定价是对现有政策的极大突破，为有限度的市场化定价提供了可以参考的案例。

第三步：完全的市场化定价。最终当新股上市后上涨与破发现象并存，新股不再是社会舆论关注的焦点时，再根据市场情况择机放开对新股发行定价的约束性条件，实现新股发行定价真正的市场化。

（二）完善多层次资本市场体系，引入灵活差异化的上市标准

目前 A 股市场构建的多层次资本市场体系中，除了新三板和股权交易中心外，以创业板、中小板和主板组成的场内交易市场中各个板块在上市发行条件、定价及交易机制方面都呈现趋同的趋势，并没有形成明显的功能和定位的区分。建议进一步采取完善多层次资本市场体系的措施，丰富目前的上市条件，充分发挥市场的资源配置作用，使其融资功能更加符合高科技、新经济企业的特点。

1. 形成明晰的不同层次资本市场的功能边界

建议从政策层面理清主板、中小板、创业板之间的定位和功能边界，如上交所可定位于大盘蓝筹、新蓝筹，而深交所可定位于高科技、新经济的中小型企业。

建议在符合国家发展战略的行业中，选择一定规模以上的高科技、新经济大型企业（如最近一年营业收入不低于 1 000 亿元）作为试点，在上交所主板作为新蓝筹上市，如 ICT 行业中的华为、阿里云，互联网行业的滴滴出行、美团大众点评，金融行业的蚂蚁金服、京东金融等。针对试点企业的特点，从众多制度约束中率先选择一点或几点重点突破，为后续高科技新蓝筹在上交所主板上市做好制度方面铺垫。

目前上交所主板和深交所中小板之间的上市条件完全相同，建议对深交所中小板和创业板进行合并，以合并后的新市场为抓手放宽上市审核条件，如取消连续盈利的要求、下调盈利门槛、允许 VIE 架构等，以此来支持中小型高科技、新经济企业的上市。

2. 丰富上市条件、降低盈利要求

A 股市场现行的上市条件是以传统制造业企业为模板制定的，不符合当前高科技、新经济企业的特点。参考境外成熟资本市场的经验后，建议进一步丰富 A 股市场的上市条件，降低对于高科技、新经济企业盈利方面的要求，同时增加收入、现金流、预计市值等多个维度的可选上市指标。目前我国香港资本市场对于拟上市公司盈利方面的要求较低且并非必选指标，但香港证监会和联交所还在积极修订上市条件和相关的配套制度，使之能够更好地吸引高科技、新经济企业前往上市。例如联交所正在推进取消对于特定行业拟上市公司营业收入方面的要求，允许特定企业在没有营业收入的情况下也可以在联交所上市。

3. 扩大 CDR 试点范围

考虑到当前我国符合 CDR 试点条件的企业数量较少，建议随着 CDR 试点的不断开展与相关配套制度的成熟，进一步降低对试点企业营业收入与市值方面的要求，加大对于中小高科技、新经济企业的支持力度。如将《意见》中对于试点企业要求的标准由"市值不低于 2 000 亿元""最近一年营业收入不低于 30 亿元且估值不低于 200 亿元"，可以降低到"市值不低于 500 亿元""最近一年营业收入不低于 5 亿元，且估值不低于 50 亿元"。

4. 放宽对于高科技、新经济企业股权激励的限制

建议在现行 IPO 审核标准中允许高科技、新经济企业股权激励性质股份的存在，并相应放宽对此类公司"发起股东总人数不应超过 200 人"的限制。

5. 放开双层股权架构设置

吸取阿里巴巴的教训后，香港交易及结算所有限公司（即"香港交易所"，英文简称 HKEX）已于 2018 年 4 月 30 日正式引入了"同股不同权"制度。小米集团作为新制度施行后首个采用双层股权架构的企业，于 2018 年 5 月 3 日向香港联交所提交了上市申请，2018 年 7 月 9 日正式上市。在香港联交所已充当探路人和先行者的情况下，建议 A 股市场尽快放开双层股权架构设置。①

市场化的发行和交易制度建立后，能够有效提升资本市场培育和支持高科技、新经济企业的力度，有利于服务实体经济，助力我国经济结构的转型升级，提升我国在全球产业链上的分工和价值地位。

参考文献

[1] 吴江林. 创业板高科技、新经济公司 IPO 定价模型及应用研究 [D]. 重庆大学，2014.

[2] 肖许民. 境外上市同股不同权问题研究——以阿里巴巴上市为视角 [D]. 西南政法大学，2016.

[3] 邹小芳. 论同股不同权的必要性与可行性 [J]. 企业管理，2017（4）：121—123.

[4] 邵毅平，虞凤凤. 内部资本市场、关联交易与公司价值研究——基于我国上市公司的实证分析 [J]. 中国工业经济，2012（4）：102—114.

[5] 李锡元，陈思. 我国中小型高科技、新经济企业股权激励的实施现状分析——以创业板上市公司为例 [J]. 科技管理研究，2013，33（2）：179—182.

[6] 王晓东. 中国高科技上市公司经营效率及其影响因素研究 [D]. 暨南大学，2009.

[7] 王分棉，邱红，刘运兴. 中小板高科技企业上市前后财务绩效变化实证研究 [J]. 中原工学院学报，2011，22（3）：33—37.

[8] 吴剑雄. 资本市场与产业结构调整关系研究 [D]. 上海社会科学院，2012.

---

① 参见"香港实施"同股不同权"对 A 股的意义如此重大！"，同顺号网站，2017 年 12 月 19 日，网址：http://master.10jqka.com.cn/20171219/c602103438.shtml，最后访问日期：2018 年 5 月 31 日。

中国证券公司参与"一带一路"的实践及发展建议

中国证券业协会国际战略委员会专题研究小组

中华人民共和国国家主席习近平于2013年9—10月在访问中亚国家和东南亚国家期间，先后提出共同建设"丝绸之路经济带"和"21世纪海上丝绸之路"（以下简称"一带一路"）的重大倡议，得到国际社会的高度关注，对我国坚持和平发展道路、推动建设开放型世界经济具有重要意义。2015年3月28日，中华人民共和国国家发展和改革委员会、中华人民共和国外交部、中华人民共和国商务部联合发布的《推动共建丝绸之路经济带和21世纪海上丝绸之路的愿景与行动》中指出，"一带一路"建设是一项系统工程，要坚持共商、共建、共享原则，积极推进沿线国家发展战略的相互对接。沿线国家以政策沟通、设施联通、贸易畅通、资金融通、民心相通为主要内容加强合作。其中，基础设施互联互通是"一带一路"建设的优先领域，投资贸易合作是"一带一路"建设的重点内容，资金融通是"一带一路"建设的重要支撑，民心相通是"一带一路"建设的社会根基。"一带一路"建设涉及沿线65个国家和地区，其经济总量占全球30%左右，且多为经济欠发达以及新兴经济体国家，市场潜力巨大。在中国企业"走出去"的过程中，"一带一路"沿线国家和地区是我国重要的贸易和投资目的地。近年来，中国对这些国家和地区的投资和经贸往来保持持续快速增长。在此背景下，我国联合沿线国家积极采取了一系列重大举措。例如，与56个国家共同合作创立了亚洲基础设施投资银行，支持亚洲国家基础设施和其他生产性领域的投资；设立了400亿美元的丝路基金，为"一带一路"沿线国家基础设施、资源开发、产业合作和金融合作及与互联互通有关的项目提供投融资支持等。在这些重大措施中，金融服务扮演着非常重要的桥梁和助推器角色，而中国的证券公司作为金融行业的重要成员，从服务国家战略和实体经济发展的本源出发，充分发挥投资银行专业优势，积极为"一带一路"建设贡献着自己的力量。当然，当前我国证券公司参与"一带一路"建设仍存在诸多问题，这也是我国的证券公司在未来需要努力的方向。

一、我国证券公司在服务"一带一路"领域的业务开展情况

"一带一路"倡议提出后,得到了国内证券行业的热烈响应。证券公司充分发挥专业优势,加大业务布局,通过提供投行融资、财务顾问、专业研究等服务,积极支持"一带一路"倡议,帮助"走出去"的中资企业与境外资本市场实现直接对接,在满足"一带一路"多元化综合金融需求方面做出了有益的尝试。

(一)积极推进"国际化"进程,实现在"一带一路"沿线资本市场的战略布局

我国证券公司在过去二十多年的发展中,积累了较为丰富的经营和管理经验,近年来更是加快推进国际化进程,通过并购、设立分支机构等方式,积极布局沿线国家市场,参与新兴市场建设,从而助力"一带一路"建设。早在2012年,中信证券就以收购法国里昂证券成为收购海外同业的第一家中资券商。近年来,中信里昂已经成为中信证券海外业务平台,并实现了"一带一路"沿线资本市场的战略布局。目前,中信里昂已在全球15个国家和地区及各主要金融市场拥有20个分支机构并雇佣超过2 000名员工,遍及主要"一带一路"沿线国家,研究覆盖超过1 000家"一带一路"沿线国家上市公司,服务机构客户2 200多家、零售客户超过18 000户,成为在"一带一路"沿线国家拥有最多分支机构、研究覆盖、销售网络和清算交收基础设施的中资证券机构。在"一带一路"沿线国家的业务开展中,中信里昂积极采取"本土化"策略,在新加坡、马来西亚、菲律宾、印度尼西亚等多个国家均设有常驻投行员工,并且聘用当地员工。2015年,海通证券收购葡萄牙圣灵投资银行100%股权,并更名为海通银行,成为第一家拥有欧洲全银行牌照的中资背景投资银行,为"一带一路"沿线国家和企业以及"走出去"的中国企业提供跨境并购、直接或间接融资、企业风险管理等一揽子综合金融服务。此外,海通证券香港子公司还获得了新加坡资本市场服务的六大牌照。2015年,东吴证券在新加坡设立东吴证券中新(新加坡)有限公司,定位为券商资管公司,并取得人民币合格境外机构投资者(RQFII)资格。这是中国内地券商中第一家直接在新加坡设立的海外子公司。2017年,银河证券子公司银河国际收购马来西亚联昌集团全资子公司联昌证券国际50%股权,联昌证券国际注册地在新加坡,以证券经纪业务为主,业务范围包括证券经纪、期货、研究及其他股权类相关业务,业务机构分布于东盟、东亚、南亚、欧洲及北美等8个地区。联昌证券无论从业务布局还是从运营模式来说,都与银河证券有较强的互补性。

(二)发挥投资银行专业优势,为"一带一路"沿线国家境内外客户提供融资、并购等服务

证券公司作为投资银行,在股票市场、债券市场、多层次资本市场等领域积累了较丰富的服务企业的成功经验。在"一带一路"倡议下,证券公司可以提供基于自身优势的融资、财务顾问等服务。

1. 通过提供融资服务,帮助客户解决资金需求问题

作为传统的投行业务,帮助客户在股票、债券等资本市场上融资是证券公司服务"一带一路"客户的最主要方式之一。近几年,中国的证券公司承接的一系列代表性项目,成

为"一带一路"沿线国家项目建设顺利开展的重要推动力量。

2016年8月,国泰君安证券、海通证券、申万宏源证券和中金公司作为承销团成员,参与承销了波兰共和国30亿人民币债券,这也是首只欧洲主权熊猫债券。

2016年至今,中信里昂在"一带一路"沿线国家执行的股债融资交易规模已接近1 000亿美元。例如,担任斯里兰卡政府2017年5月发行的15亿美元高级债券的联席主承销商和联席账簿管理人,帮助其成功发行大额美元债券;担任蒙古国政府10亿元人民币主权债券的联席账簿管理人,帮助其进行募集资金管理;担任印度Yes Bank7.5亿美元合格机构配售(QIP)的全球协调人及账簿管理人,帮助其顺利完成股权融资等。

中金公司作为独家主承销商和账簿管理人,承销发行了俄罗斯铝业联合公司(UC RUSAL)非公开发行的2017年公司债券(第一期),标志着首单"一带一路"沿线国家重要企业在我国发行的熊猫债券在上海证券交易所(以下简称"上交所")顺利落地。2018年3月16日,"2018中金远东一带一路资产支持专项计划"获得上交所无异议发行函,额度40亿元人民币,中金公司任计划管理人及销售机构。

2017年7月,招商证券、中信证券、申万宏源证券、中信建投证券、中金公司、海通证券作为承销团成员,参与承销了匈牙利政府10亿元人民币的熊猫债券。

浙江恒逸集团有限公司作为一家专业从事化纤与化纤原料生产的现代大型民营企业,为筹集资金用于建设中国浙江恒逸(文莱)PMB石油化工项目申请发行公司债券,2017年4月成功获得国家发改委批文,国开证券担任主承销商,开创了利用我国境内人民币债券市场融资支持"一带一路"沿线国家项目建设的先河。

2. 通过提供财务顾问服务,帮助客户完成跨境并购

近年来,并购重组市场持续活跃,并购重组已成为产业升级和产业链向高端价值创造延伸的重要手段。"一带一路"沿线国家大多数是新兴国家和发展中国家,其相关产业和投资项目需要来自中国的经验和技术支持,这给证券公司的并购重组财务顾问业务提供了更广阔的空间。

2016年,日本三菱银行以7.82亿美元收购菲律宾Security Bank 20%股权。该笔交易是近年来菲律宾资本市场规模最大的并购交易,中信证券在该交易中担任菲方独家财务顾问;同年,中信证券完成了KKR向新加坡国新基金出售其持有的中信环境技术有限公司(新加坡主板上市公司)股权等具有标志性的"一带一路"项目。①

中信建投证券担任了参与"一带一路"重点项目建设的央企北方国际的独立财务顾问,帮助其完成了重大资产重组及配套融资。

海通证券旗下子公司作为财务顾问,协助葛洲坝集团完成了对巴西圣保罗州水处理系统价值1.92亿美元项目的收购。

2017年,中国国际金融股份有限公司(以下简称"中金公司")作为财务顾问,协助中资财团完成了161亿新加坡元收购新加坡上市公司普洛斯(GLP)的交易,该交易是2017年度全球最大的中资境外并购项目;2017年1月,中金公司担任上交所的财务顾问,协助中国金融期货交易所、上海证券交易所、深圳证券交易所等联合收购巴基斯坦交易所部分

---

① 中信证券:"2016年社会责任报告",搜狐网,网址:https://www.sohu.com/a/129802843_545697。

股权。

此外，中投证券协助株洲旗滨集团股份有限公司、宁波建工股份有限公司、宁波先锋新材料股份有限公司完成海外并购和直接投资；安信证券服务国投集团总体战略，对集团拟收购的国际标的进行商业尽职调查等等。

（三）发挥研究优势，帮助客户了解市场科学决策

专业研究能力是证券公司的独特竞争优势。由于中国企业对"一带一路"沿线国家缺少系统深入的了解，证券公司的专业研究恰好能够满足客户了解市场的需求。

中信里昂积极致力于"一带一路"沿线国家市场的深入研究，已经发布多份"一带一路"专业研究报告。特别是其发行的《"一带一路"研究月刊》，是目前全球资本市场里唯一也是最详细全面的"一带一路"相关研究产品。

中金公司组织了客户"一带一路"需求调研，梳理了"一带一路"国家数据库，搜集整理了"一带一路"沿线国家的基本法律体系资料，组织撰写并发布了《中金公司"一带一路"研究白皮书》。同时，中金公司挑选东南亚、中亚、非洲等地区受关注较多的重点国家进行深入研究，发布了"一带一路"系列研究。

（四）提供交易服务，帮助客户发掘投资机会

招商证券专注特色跨境业务，重点关注国际贸易中能源、矿石、航运等大宗商品业务发展的机会和风险，积极推进境外环球商品创新业务和境内大宗商品业务平台建设，先后取得美国芝加哥商业交易所、伦敦金属交易所、欧洲洲际交易所清算会员资格。2015年以来，招商证券已为几十家企业（包括央企、大型民企、大型金属现货贸易公司）提供了交易服务。

二、参与"一带一路"建设面临的主要风险

"一带一路"沿线国家在政治制度、经济水平、社会稳定程度、语言文化、市场机制等方面都存在较大差别，加上我国自身在投资管理、监管机制等方面还不健全，使得我国企业在"一带一路"沿线国家项目建设中面临诸多风险隐患，需要引起足够的重视。

（一）地缘政治风险

"一带一路"沿线国家大多是发展中国家或经济欠发达国家，宗教冲突、领土争端等问题较多，地缘政治局势复杂性突出。此外，"一带一路"沿线国家经济状况不佳、法律制度不健全等问题普遍存在，部分国家市场化水平低、通货膨胀严重、经济结构单一、金融体系不健全，甚至一些国家的社会安全受到恐怖主义或宗教极端势力的负面影响。这些不稳定因素对"一带一路"建设的顺利推进都构成潜在风险。

（二）国家信用风险

作为国家层面的重大合作，"一带一路"的合作项目大多是以国家信用作为背书，表面看似乎风险较低，但由于沿线国家经济发展水平差异较大、国内政治社会局势复杂，使得这

些国家的主权信用水平分化较为严重,部分政局动荡的国家信用等级较低。根据中诚信国际信用评级有限责任公司发布的《"一带一路"沿线国家主权信用风险报告》,27个样本国家中,15个国家的主权信用在投资级(BBB-)以下,中亚五国除哈萨克斯坦、乌兹别克斯坦之外,土库曼斯坦等三个国家的信用评级均处于BBB-以下,东盟九国近半数主权信用处于B以下,中东、南亚和非洲六国除印度为BBB级以外,其他均为B+以下。总体看,"一带一路"沿线国家主权信用风险较高,整体经济及金融风险较大,中国企业在"走出去"之前需要有充分的认识并做好应对预案。

(三)汇率风险

"一带一路"沿线分布着大量发展中国家,由于经济体制和经济发展程度等原因,这些国家的汇率波动较大,使得我国对这些国家的直接投资收益充满了不确定性。2008年以来,除中国以外,"一带一路"沿线64个国家的货币都存在较大幅度贬值。这既与其经济增长动力不足有关,也与其汇率机制僵化有关。随着中国与"一带一路"沿线国家经贸往来日益密切,沿线国家的汇率风险不仅会影响到企业层面的经营活动、政府层面的国际合作,甚至可能对人民币国际化产生一定影响。从汇率风险防范工具来看,"一带一路"沿线国家总体呈现极不均衡的特点。以色列、俄罗斯、印度、波兰和匈牙利的汇率衍生工具数量较多,汇率风险规避便捷度较高,土耳其、捷克、新加坡汇率市场也较为成熟,而其余沿线五十余个国家目前尚无相应货币的汇率衍生品,这也增加了防范汇率风险的难度。

三、证券公司在服务"一带一路"建设中面临的主要困难及障碍

尽管我国证券公司参与"一带一路"的意愿非常强烈,在服务"一带一路"建设中也取得了一些积极成果,但由于体制机制、市场条件、自身储备等方面存在差异及欠缺,目前仍面临一些现实困难及障碍。

(一)"一带一路"沿线国家市场化程度不足

"一带一路"沿线国家除新加坡、卡塔尔、阿联酋等几个依靠能源出口的高收入国家外,其余多为中低收入的发展中国家,经济结构单一,金融体系不发达,金融资源及其配置能力相对不足,资本市场发展程度较低。同时,这些国家普遍面临较大的资金缺口,据统计,"一带一路"沿线主要国家(除印度、泰国和波兰外)在2013—2017年的国家外债占国民生产总值的比例均有所上升。目前,我国在与"一带一路"沿线国家的项目合作中,多是通过政策性银行的贷款解决配套资金问题。从短期看,通过低成本融资缓解了这些国家的资金缺口问题,但从长期看,这种非市场化方式不利于这些国家资本市场的培育与发展。由于资本成本与风险的不匹配,导致这些国家的资本成本曲线失真,严重影响这些国家的金融资产定价和风险评估,最终将阻碍其经济结构的优化调整及健康发展。此外,这些国家过多依靠我国政策性银行及其他非市场化方式的低成本融资,不利于风险的分散,也构成我国金融机构的经营安全隐患。

（二）受资本流动限制，跨境资金往来能力有限

由于我国实行外汇管制，证券公司在参与"一带一路"建设过程中的跨境资金往来受限较多，难以满足业务发展需求，主要体现在以下几个方面：一是跨境配置资金能力有限，难以协调内外需求；二是跨境调拨资金时效性不足，无法满足突发需求；三是境内外投资损益不能合理再分配等。这也导致证券公司与银行相比，在为"一带一路"客户服务中处于劣势。例如，在实际业务开展中，境外子公司在"一带一路"承销大型项目时有短期资金需求，但由于外汇管制，无法打通母子公司间的资金往来，造成中资证券公司母子公司间的资金调动受限，难以满足客户的需求，限制了中国的证券公司境外服务的能力及范围。

（三）境外子公司资本实力不强，短期和长期融资均存在一定障碍

由于设立境外子公司需要全额扣减母公司净资本，迫于净资本监管压力，母公司注入境外子公司资本都不会很多。同时，由于境内外资金流动受限，为增强境外公司资本实力，证券公司在境外融资的需求越来越强烈，但目前国内证券公司在境外融资仍面临一些障碍。在短期融资方面，如果证券公司需要在海外增加短期流动性推进业务，就必须参与境外的回购市场甚至拆借市场。而获得上述资格需要证监会的同意并报经香港监管当局的批准，时效性较低。在长期融资方面，由于外汇管制原因，证券公司需要设立境外 SPV 作为发债主体，但是目前境内母公司不能对其进行担保，只能采用维好协议和宽慰函方式为子公司增信，债券评级往往会低于母公司评级两档，造成融资成本增加。

（四）境内监管理念与证券公司跨国经营发展需要不匹配

我国监管机构在管理金融机构境外分支机构的思路上，基本是根据境内操作实践制定监管政策，但与境外监管要求相割裂。境内母公司与海外子公司所受到的市场监管制度截然分开，使得证券公司的海外经营面临诸多问题，也无法享受跨境资源调配带来的自由度和业务深度。从已"走出去"的证券公司国际化发展的经验来看，未来将有越来越多位于境内的母公司需要在跨国经营过程中平衡境内外国家在监管架构、法律、合规、税务安排等多个方面的差异与协同。因此，母国监管制度是否具有国际化视野，是否与被监管对象在海外其他主要市场的监管制度相匹配，将成为影响甚至制约中国证券公司参与"一带一路"国家市场竞争的重要因素。

四、推动证券公司更好地服务"一带一路"倡议的建议

虽然面对种种困难及障碍，但推进"一带一路"的脚步不能放缓。为推动中国证券公司更好地服务"一带一路"倡议，建议在市场化机制的建立、证券公司自身实力的打造以及监管机构的支持等方面共同努力，进一步提升中国证券公司对"一带一路"倡议的贡献能力。

（一）建立和完善市场化机制，充分利用市场化手段支持"一带一路"倡议

市场在资源配置中起决定性作用，支持"一带一路"倡议同样应坚持这一理念。相较

于政策性手段，市场化机制的优势主要体现在以下几个方面：一是有利于拓宽资金来源，降低我国政策性银行和其他金融机构的风险敞口，分散信用风险；二是有利于沿线国家形成本国的资金成本曲线，吸引更多投资者参与沿线国家的资本市场活动；三是有利于更大范围地引入国际投资人，帮助沿线国家审视各类风险，促进经济结构优化；四是允许"一带一路"沿线国家在我国通过发行以人民币计价的债券等方式融资，推动人民币国际化进程，进而推动境内债券市场的对外开放。

1. 运用市场化融资方式，解决"一带一路"沿线国家资金需求

2018年3月2日，上海证券交易所和深圳证券交易所分别发布了《关于开展"一带一路"债券业务试点的通知》，这为市场化融资打开了一条渠道。建议大力推动人民币计价的债券发行，为"一带一路"倡议下的建设项目开展人民币融资。在具体的融资方式上，项目债作为目前国际上普遍使用的一种融资方式，可以在"一带一路"融资过程中积极推广。项目债以项目未来收益作为担保和偿债来源，对发行方来说可以有效隔离偿付风险，有利于吸引更多的发行方和投资人参与。

2. 帮助"一带一路"沿线国家建立完善金融基础设施，夯实资本市场基础

改善互联互通需要基础设施先行，资本市场同样如此。多数"一带一路"沿线国家的金融体系不够发达，本土金融机构实力相对较弱。我国金融机构与沿线国家金融合作的一个重要方面就是分享我国的金融发展经验和金融技术，参与其资本市场的框架设计、制度安排、交易系统和相关法律法规建设，推动交易所、登记结算机构、银行、证券公司等机构间的双边合作，帮助这些国家培育本土规范化的交易场所和金融机构，这有利于沿线国家在资本流动、市场化定价等方面的完善。在这方面，我国已经开展了一些有益的工作。例如，哈萨克斯坦目前正筹划建设阿斯塔纳国际金融中心，并在该中心设立现代化的股票交易所，上海证券交易所作为技术指导方为该项目提供技术解决方案。

（二）支持我国证券公司提升国际化能力，更好地服务"一带一路"倡议

"一带一路"为我国证券公司"走出去"提供了重大的发展机遇。但与国际一流投资银行相比，我国证券公司的国际化程度仍较低，综合金融服务能力不足，需要在自身能力提升上加大力度，同时也需要政策扶持。

1. 支持证券公司开展海外并购，加快"一带一路"沿线市场布局

"一带一路"沿线国家和地区大多是新兴资本市场国家和地区，对资本市场的管控程度均较高。我国证券公司想要在这些国家和地区开展业务，获取业务牌照是基本前提。国内证券公司作为新参与者，若仅凭借自身原有力量，短期内在新市场中开拓业务的难度较大。因此，除了设立子公司或海外办事处之外，并购是证券公司迅速进入当地市场、赢得客户资源的有效途径。建议进一步支持证券公司开展境外并购，特别是对服务"一带一路"沿线国家建设的企业在监管政策上设置"绿色通道"，允许通过增发、配股、发债等灵活多样手段支付交易对价。

2. 鼓励证券公司业务创新，丰富产品和服务类型

由于客户需求、市场条件等与国内不同，在服务"一带一路"沿线国家和地区建设过程中，我国证券公司需要进一步加大创新力度，提供更加符合沿线国家国情及需求的产品和服务。建议选择综合实力强的证券公司作为试点，给予比较宽松的运行环境和有力的资本、

政策支持。例如，适度放宽业务创新自主权，可以根据沿线国家和地区金融需求自主设计、提供相应的金融产品和工具，适当放宽对证券公司的杠杆倍数限制等。

3. 提升海外研究能力，增强证券公司服务"一带一路"的软实力

"一带一路"沿线六十余个国家和地区国情错综复杂，政治体制、社会文化、宗教习俗各不相同，而我国从投资人、经营机构到监管部门，对沿线各国和地区投资环境都缺乏长期、深入、系统的跟踪研究。在服务"一带一路"建设过程中，我国证券公司应充分利用自身投研能力优势，积极开发"一带一路"相关研究产品，加大对海外市场的研究覆盖，深入分析沿线各国和地区的市场环境、政治环境、文化环境等因素，做好风险评估、市场研判，努力成为中国政府和企业在东道国开展业务的智囊团。

4. 进一步放宽证券公司融资渠道，提升负债管理能力

建议增加证券公司在银行间市场进行交易的品种，丰富中长期融资工具的品种；允许券商母公司直接在自贸区内或境外发行债务融资工具，试点利用资产负债表创设产品，提升负债经营功能；允许符合条件的领先券商设立财务公司，实现对集团资金、负债的统筹运作。

（三）鼓励证券公司充分发挥投资银行优势，同时正确认识风险

我国证券公司深耕资本市场二十余年，与银行保险等传统金融相比，具有自身独特的优势。例如，与银行主要通过贷款等成本较高、风险相对集中的间接融资相比，证券公司除了可以提供高效和持续低成本的直接融资服务外，还可以提供财务顾问、风险管理和创新性金融服务等综合性金融服务支持，参与角色和风险偏好与商业银行形成明显的差异性。建议证券公司充分发挥自身作为投资银行的专业优势，积极参与到"一带一路"建设中去。

在积极参与的同时，我国证券公司也要正确评估自身的规模实力与项目风险，切实做好风险防范。风险控制是证券公司持续稳健经营的关键环节，证券公司应当正确评估自身规模与实力，全面评估论证，合理审慎决策，不畏手畏脚，也不盲目跟从，做到业务与风险防范并重。一方面，要量力而行，找到适合自己业务的方式和业务规模的突破口，不能冒进；另一方面，在业务的拓展中，不断加大人才储备和经验累积的力度，充分考量各种风险因素，做好充足的准备和风险防范预案。

（四）加强监管支持与对外合作，为证券公司服务"一带一路"提供政策保障

目前，我国证券公司在服务"一带一路"建设过程中仍面临一些政策障碍，需要监管机构给予更加积极的政策支持，这是证券公司更好地服务"一带一路"建设的重要保障。同时，我国证券监管机构与沿线国家的双边合作程度，对于我国证券公司到当地开展业务同样影响较大。

1. 适度放宽外汇监管，为跨境业务开展提供便利

目前，我国证券公司跨境融资主要通过境外 SPV 作为发行主体、母公司跨境担保的方式开展，公司信用和资本均有一定损耗，而证券公司直接在境外发债，则要求必须将募集资金结汇汇回境内。建议协调发改委、外管局等部委，对于证券公司境外发债在额度、结汇等方面予以适当放宽；建议允许境内证券公司利用更多手段管理跨境资金，给予更灵活的跨境结算和境内外资金管理政策；探索设置仅用于境外融资资金引入以及"一带一路"跨境项目开展的年度专项外汇额度，提升我国证券公司为客户提供全球综合金融服务的能力。

2. 放宽大型证券公司外汇业务限制,丰富证券公司跨境业务手段

在境内外客户的跨境资产配置中,外汇交易的便利性及风险防范尤为重要。证券公司在为境内外客户提供融资、并购等服务过程中,如果能一并提供外汇风险管理和外汇结构化产品设计服务,就能更好地满足客户的风险管理和交易需求。但目前我国外汇业务仍由银行主导,建议协调中国人民银行、外管局等相关部门,允许符合条件的大型投资银行基于客户需求或自身风险对冲需要,积极参与银行间外汇市场,授予结售汇牌照,允许母公司在境外开展外汇交易和外汇衍生产品交易,丰富交易手段,满足境内外客户多样化的资产配置需求。

3. 加强金融监管机构的高层交流与合作,为证券公司服务"一带一路"营造良好的外部环境

由于政治环境、市场条件、监管政策差异较大,加强我国与"一带一路"沿线国家和地区的监管合作,对于保障双方利益、推动资本市场合作非常必要。截至目前,中国银监会已与28个"一带一路"沿线国家和地区的监管当局签署了双边监管谅解备忘录(MOU),中国证监会也已经和近一半沿线国家和地区的证券期货监管机构签订双边合作机制——监管合作谅解备忘录。为顺应"一带一路"建设,深入推进和沿线国家和地区资本市场合作不断深化的趋势,建议中国证监会进一步加强与沿线国家和地区的证券监管机构高层的交流与合作,建立多边监管合作协调机制,最大程度地减少我国证券公司在沿线国家和地区开展业务的政策障碍,给我国证券公司开展业务提供相对稳定的政策环境。

综上所述,中国证券公司作为服务国家战略和实体经济的重要力量,有义务也有责任积极参与"一带一路"建设,同时,在服务中国企业"走出去"、参与境外资本市场竞争的过程中,中国证券公司的国际化视野和能力也必将得到极大锻炼和提升,逐步具备与国际一流投资银行竞争的实力。从这个意义上讲,中国证券公司需要牢牢把握"一带一路"倡议的发展机遇。当然,中国的证券公司应当正确认识自身实力和风险,认识到在发展的道路上还有种种障碍,但前进的潮流不可逆转。抓住机遇,迎接挑战,中国的证券公司必将伴随着"一带一路"倡议的不断推进,不断提升自身综合实力。

资本市场支持绿色金融发展的国际实践与中国路径

东北证券股份有限公司课题组*

党的十八届五中全会首次将生态文明建设写入五年规划的任务目标,"绿色发展"成为五大发展理念之一。实现绿色发展,需要庞大的资金投入,需要构建相应的金融服务体系,引导社会资源重新配置。发展绿色金融是推进供给侧结构性改革,推动经济结构转型升级,实现经济社会可持续发展的重要举措。近年来,在国家的大力推动下,绿色金融发展迅速。中国绿色债券市场于2015年底启动,仅用两年时间建设成为全球重要的绿色债券市场。

但是,目前关于资本市场支持绿色金融发展的研究还相对较少,急需系统深入的研究。本文重点聚焦中国股票市场和债券市场绿色金融的体系构成、发展模式和发展路径研究。首先,详细论述和分析了发达国家资本市场绿色金融发展的特点与经验;其次,总结了发达国家资本市场绿色金融体系的构成要素、发展模式和发展路径;再次,分析了我国当前资本市场绿色金融发展的特点和存在的问题;最后,分析和论述了中国资本市场绿色金融发展的路径选择。对资本市场支持绿色金融发展进行系统全面的研究,对我国绿色金融的发展具有十分重要的理论和现实意义。

一、发达国家资本市场支持绿色金融发展经验

(一)发达国家股票市场绿色金融发展经验

1. ESG 信息披露制度是绿色股票投资的基础

ESG 信息披露是指披露有关环境(environment)、社会(social)和公司治理(corporate governance)三个方面的信息,是编制绿色指数的基础,也是构建 ESG 投资体系和社会责任投资(Socially Responsible Investing, SRI)体系的基础。

目前,全球超过 30 个经济体要求企业披露 ESG 信息,包括美国、日本、欧洲地区国家、南非地区国家、巴西、土耳其、印度、韩国以及中国香港等。部分国家(或地区)交

---

* 本文为中国证券业协会 2017 年重点课题。课题负责人:董晨;课题组成员:王彤,杨丰强。

易所适时推出 ESG 信息披露标准和相关指引，包括香港交易所在内少数交易所实施强制 ESG 信息披露制度。与此同时，一些国际组织通过推动全球监管机构、交易所、投资者、企业之间的合作，促使上市公司披露更为严苛的 ESG 信息和可持续发展报告。例如联合国 2009 年发起可持续证券交易所倡议（The Sustainable Stock Exchanges Initiative）。如今，ESG 信息披露在国际上已成趋势，且由"一般自愿性"披露制度逐步向"半强制性"或"强制性"披露制度演化。

2. 发达国家股票市场绿色投资基本流程

发达国家股票市场绿色投资涉及多个环节，主要投资流程见图 1。第一，监管机构及交易所明确 ESG 信息的披露和要求；第二，第三方评级与服务机构对已披露 ESG 信息的上市公司进行评级；第三，大型指数编制机构（如明晟、道琼斯、标准普尔等）制定不同侧重点的绿色股票指数；第四，发行者根据绿色股票指数、评估机构的评级推出相应的绿色股票指数投资产品；第五，投资者可以直接或间接对绿色股票投资。此外，政府通过监管上市公司、制定规章，为绿色股票投资提供制度基础，并为绿色股票投资配套激励政策。

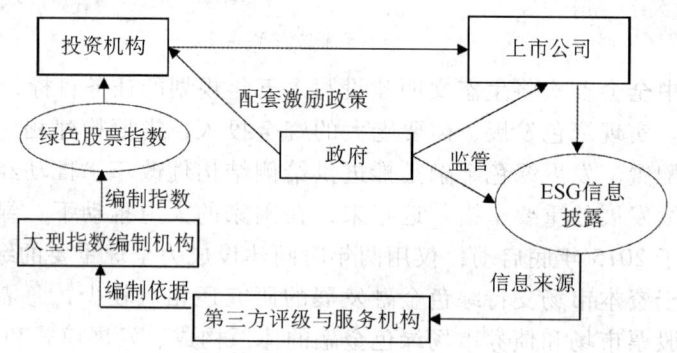

图 1　发达国家绿色股票市场的运作机制

资料来源：公开资料，东北证券。

3. 股票市场绿色投资以绿色股票指数为主

股票市场绿色金融投资以二级市场投资为主，投资者主要通过绿色股票指数进行股票市场绿色金融投资。目前，国际绿色股票指数大致分为三种类型（见表 1）：一是 ESG 指数，即主要考量企业的环境、社会和公司治理水平，可细分为可持续发展指数和社会责任指数。ESG 指数是目前应用最为广泛的绿色股票指数。二是环境生态指数，包括低碳、水资源、清洁能源类指数。三是环保产业指数，包括清洁技术、绿色建筑、污染防治类指数。①

（1）绿色股票指数数量多、覆盖范围广。据不完全统计，全球绿色股票指数达上万只，欧洲的绿色股票指数数量占其市场指数总量的 20%。② 此外，绿色股票指数类型多样，覆盖范围十分广泛。以明晟（MSCI）编制的 ESG 指数为例（见图 2），包括整合类 ESG 指数、价值类 ESG 指数、影响类 ESG 指数，整合类和价值类 ESG 指数又包括一般 ESG 指数和主题类 ESG 指数。区域分布覆盖全球，类别涉及低碳、能源、社会责任、公司治理、全球环境，甚至宗教类。

---

① 马骏：《国际绿色金融发展与案例研究》，中国金融出版社 2017 年版，第 230—第 231 页。
② 秦二娃、王骏娴："健全绿色股票指数体系 服务绿色经济发展"，中国证券监督管理委员会网站，2016 年 12 月 12 日，网址：http://www.csrc.gov.cn/pub/newsite/yjzx/sjdjt/zcyj/201612/t20161212_307708.html。

表1　国际代表性绿色股票指数及指数系列

类型		代表性指数及指数系列
ESG指数	可持续发展指数	S&P以及DOWJONES（欧洲、中东、北非）指数系列
		MSCI全球（或美国）ESG指数系列
		FTSE 4Good ESG指数系列
		STOXX ESG领先指数系列
		恒生可持续发展企业指数系列
	社会责任指数	FTSE 4Good指数系列
		MSCI全球社会责任指数系列、MSCI KLD 400社会责任指数
环境生态指数		S&P以及DOWJONES绿色投资（水、生态、碳效率）、S&P生态、清洁能源指数
		MSCI环境指数系列
		FTSE非化石燃料指数系列
环保产业指数		S&P核能、替代指数、水资源、清洁技术指数
		MSCI替代能源、清洁科技、可持续水资源、绿色建筑、污染防治指数
		FTSE环境市场、环境机遇、环保科技、生态指数系列

注：S&P为标准普尔，MSCI为明晟，FTSE为富时，DOWJONES为道琼斯，STOXX为欧洲斯托克。
资料来源：《国际绿色金融发展与案例研究》，东北证券。

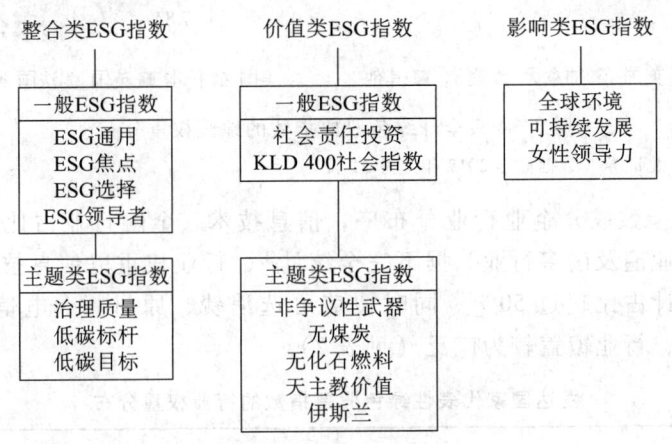

图2　明晟（MSCI）ESG指数类别构成
资料来源：MSCI官方网站，https://www.msci.com/esg-indexes；东北证券。

（2）绿色股票指数区域分布与经济、资本市场发展相一致，发达国家占主导地位。纳入绿色股票指数的美国上市公司数量最多。在全球性绿色股票指数中，美国上市公司市值占纳入指数公司总市值的比例达50%左右，日本、英国上市公司的数量及市值占比紧随其后（见图3）。这一现象与各国的经济和资本市场发展水平息息相关。例如，2011年，美国、英国、加拿大、澳大利亚等国家直接融资占比已经达到60%以上[①]；2016年，全球GDP排名前5位的国家分别是美国、中国、日本、德国、英国。

---

① 波士顿咨询公司："顺势而为，在伟大的变革创新时代成功实现券商转型"，和讯网，2015年5月8日，网址：http://stock.hexun.com/2015-05-08/175654943.html。

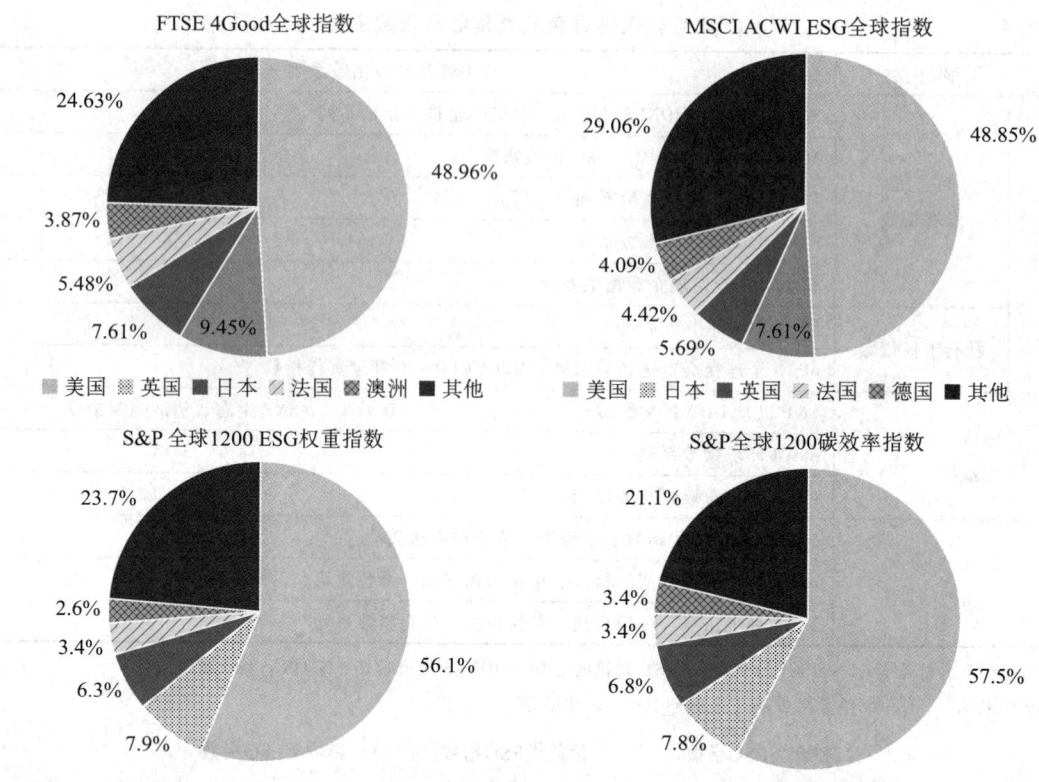

图3 4只全球绿色股票指数的地区权重分布

资料来源：官方网站，东北证券（数据截至2017年7月31日）。

（3）绿色股票指数成分企业行业分布广，信息技术、金融行业占比较高。发达国家绿色股票指数成分企业遍及诸多行业。据不完全统计[①]，行业权重以信息技术、金融、医疗健康、工业为主，合计占比超过50%。同时覆盖可选消费、原材料、电信业务、公共事业、能源、金融地产等，行业覆盖较为广泛（见表2）。

表2 发达国家代表性绿色股票指数的行业权重分布

MSCI KLD 400 社会指数		MSCI ACWI 低碳目标指数		MSCI ESG 发达国家指数		FTSE 4Good 发达国家指数	
行业类别	占比（%）	行业类别	占比（%）	行业类别	占比（%）	行业类别	占比（%）
信息技术	27.5	金融地产	22.9	金融地产	21.29	金融地产	25.3
金融地产	15.02	信息技术	17.2	信息技术	17.78	信息技术	16.83
主要消费	13.93	工业	12.24	工业	12.46	医药卫生	13.52
医药卫生	12.56	主要消费	12.02	主要消费	11.59	主要消费	13.3
工业	9.9	医药卫生	11.22	医药卫生	11.11	工业	9.14
可选消费	9.09	可选消费	9.3	可选消费	9.55	可选消费	7.26

① 由于国际绿色股票指数达上万只，选取具有代表性的30只股票指数作为样本。

续表

MSCI KLD 400 社会指数		MSCI ACWI 低碳目标指数		MSCI ESG 发达国家指数		FTSE 4Good 发达国家指数	
行业类别	占比（%）	行业类别	占比（%）	行业类别	占比（%）	行业类别	占比（%）
能源	4.99	能源	5.21	原材料	4.84	原材料	4.78
原材料	2.81	原材料	3.85	能源	4.53	电信业务	4.58
电信业务	2.4	电信业务	3.55	公共事业	3.76	能源	3.62
公用事业	1.79	公共事业	2.52	电信业务	3.08	公共事业	1.64

资料来源：官方网站，东北证券（数据截至 2017 年 7 月 31 日）。

（4）绿色股票指数投资回报良好，收益率跑赢基准指数。多数绿色股票指数的市场表现优异，收益率优于基准指数。例如，FTSE 4Good Developed 指数的 5 年期收益率为 74.1%，略高于 FTSE Developed 指数的 73%；MSCI 发达国家 ESG 指数（MSCI World ESG Universal）5 年期的年化收益率为 11.08%，略高于 MSCI 发达国家指数（MSCI World）的 10.99%；S&P 全球 1200 ESG 权重指数的 5 年期年化收益率为 13.5%，高于 S&P 全球 1200 的 12.15%；S&P 500 ESG Factor 权重指数的 5 年期年化收益率为 16.32%，优于 S&P 500 的 14.78%。[①]

4. 形成了成熟的绿色股票第三方服务体系

发达国家借助成熟的资本市场服务体系，拥有数量众多、业务成熟的第三方服务机构（见表 3）。

表 3　　　　　　　　　绿色股票指数相关第三方服务机构

中介机构类型	中介机构	主要功能
第三方评级机构	明晟、彭博、Turcost、汤森路透、碳披露项目（CDP）	通过搜集信息和数据，对公司的绿色表现进行评级
指数编制机构	明晟、道琼斯、富时集团、标准普尔、EURO STOXX、恒生指数等	基于公司信息披露数据和第三方评级机构的数据，编制绿色股票指数

资料来源：《国际绿色金融发展与案例研究》[②]，兴业研究（2017）[③]，东北证券。

（二）发达国家债券市场绿色金融发展经验

1. 绿色债券的定义与标准

绿色债券是与"绿色""环保"主题相关的债券，即债券融资投向符合规定条件的绿色项目（如节能减排、生态环保、可持续发展领域等）的债权债务凭证，在绿色项目评估、募集资金用途、资金跟踪管理、定期信息披露等方面较普通债券有更高的要求。

目前，国际上流行的绿色债券标准（或称为"自愿性指引"）主要采用绿色债券原则

[①] 数据截至 2017 年 7 月 31 日。
[②] 马骏：《国际绿色金融发展与案例研究》，中国金融出版社 2017 年版，第 59 页。
[③] 鲁政委，汤维祺："上市公司 ESG 披露、评估与应用"，2017 年 4 月。

(Green Bond Principle，GBP) 以及气候债券倡议组织（Climate Bond Initiative，CBI）① 的定义（标准）（见表4）。

表4　　　　　　　　　　国际绿色债券的定义（标准）比较

类别	具体定义（标准）
GBP	绿色债券是指任何将所得资金专门用于资助符合规定条件的绿色项目或为这些项目进行再融资的债券工具 绿色项目是指那些可以促进环境可持续发展，并且通过发行主体和相关机构评估和选择的项目和计划
CBI	CBI的目的是开发与GBP互补的标准，通过给出具体的实施指导方针，明确在行业层面定义什么是符合"绿色"标准的

资料来源：公开资料，东北证券。

2. 发达国家债券市场绿色投资基本过程

绿色债券投资以一级市场投资为主。虽然发达国家也存在以绿色债券指数为投资工具的二级市场投资，但总体规模较小，市场影响力不大。绿色债券主要投资流程见图4。

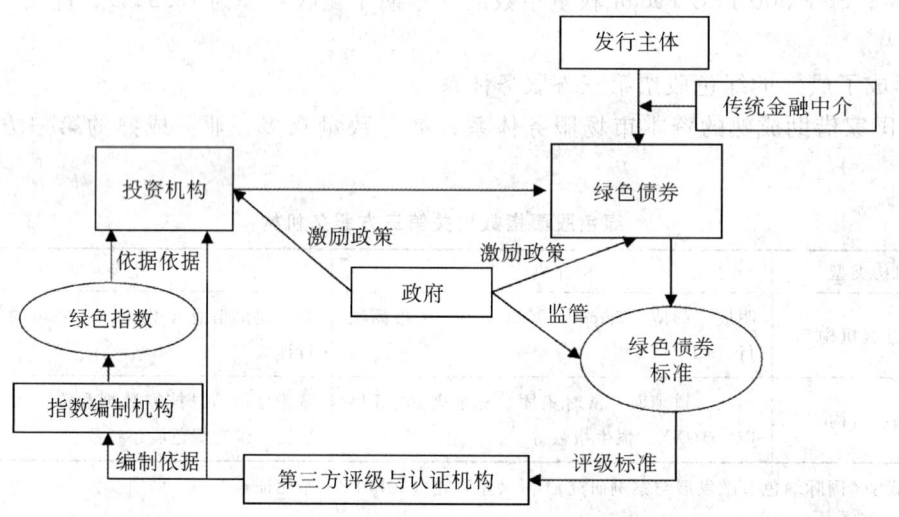

图4　发达国家绿色债券市场的运作机制

资料来源：公开资料，东北证券。

首先，发行主体通过传统金融中介发行绿色债券，且通过第三方认证机构贴上"绿色"标签；其次，第三方评级机构对绿色债券进行评级，指数编制机构推出相应的绿色债券指数；最后，个人和机构投资者根据绿色债券评级、指数及其他公开信息购买绿色债券。政府在绿色债券市场中承担着推动和监管市场发展的职能。

3. 发达国家绿色债券市场发展特征

（1）绿色债券发行规模与国家经济总量基本一致。从2016年各国绿色债券发行规模情

---

① 周冠南："绿色债券市场元年，站在风口眺望"，http://www.tanjiaoyi.com/article-16113-8.html。

况看,发行规模排名靠前的国家,基本上也是 GDP 总量排名靠前的国家(见图 5、表 5)。①
2016 年,中国、美国、法国、英国、加拿大、韩国、印度等国家绿色债券发行规模排名靠前,相应的 GDP 排名也相对靠前。

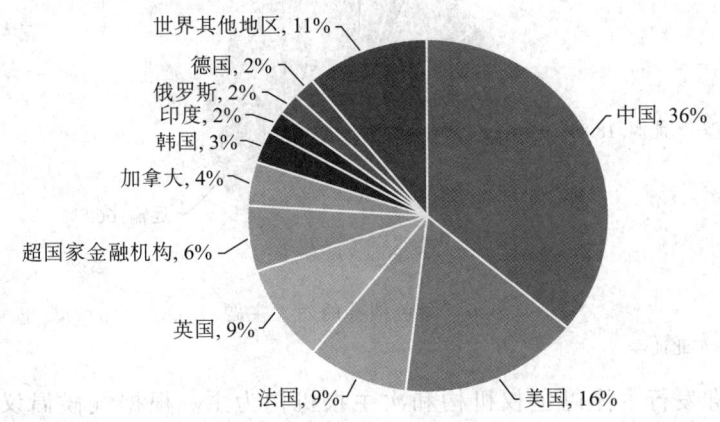

图 5　全球绿色债券发行规模占比

资料来源:《债券与气候变化市场现状报告 2016》②,东北证券。

表 5　　　　　　　　　2016 年全球 GDP 排名位列前 12 位的国家　　　　　　(单位:万亿美元)

排名	国家	名义 GDP
1	美国	18.57
2	中国	11.2
3	日本	4.94
4	德国	3.47
5	英国	2.62
6	法国	2.47
7	印度	2.26
8	意大利	1.85
9	巴西	1.8
10	加拿大	1.53
11	韩国	1.41
12	俄罗斯	1.28

资料来源:世界银行,东北证券。

(2)行业覆盖相对集中,以运输、能源为主。绿色债券主要覆盖六大主题,即水、运输、能源、建筑与工业、废弃物与污染控制以及农业(见图 6)。其中,运输、能源分别占所有债券存量的 66.8% 和 18.8%。这种现状的主要成因是由于绿色债券发行用途中公共事业占比较高。③

---

① 气候债券倡议组织:"债券与气候变化:市场现状报告 2016",网址:https://cn.climatebonds.net/china-hsbc-2016。
② 数据为"气候相关债券",包括募集资金用途明确为绿色且被贴标的绿色债券以及更大规模的融资用于气候相关资产但未进行贴标的债券。
③ 气候债券倡议组织:"债券与气候变化:市场现状报告 2016",网址:https://cn.climatebonds.net/china-hsbc-2016。

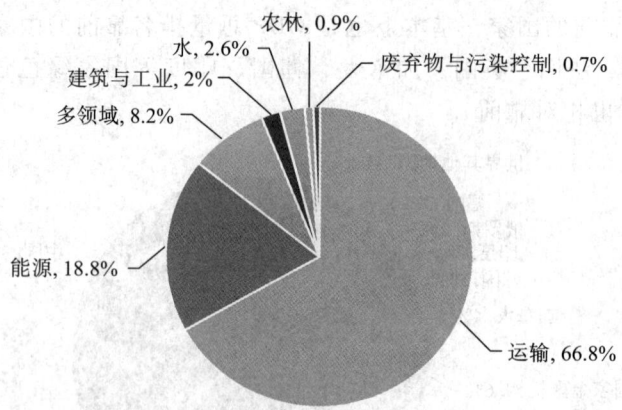

图 6　绿色债券的六大主题

资料来源：CBI，东北证券。

（3）绿色债券发行主体以主权机构和次主权机构为主。根据气候倡议组织统计，2005年1月—2017年6月，主权机构或次主权机构、企业、金融企业、跨国组织为气候相关债券发行量最大的主体。主权机构或次主权机构（由国家信用背书的机构）与气候相关债券存量占全部气候相关债券总存量的比例达 68%（见图 7）。

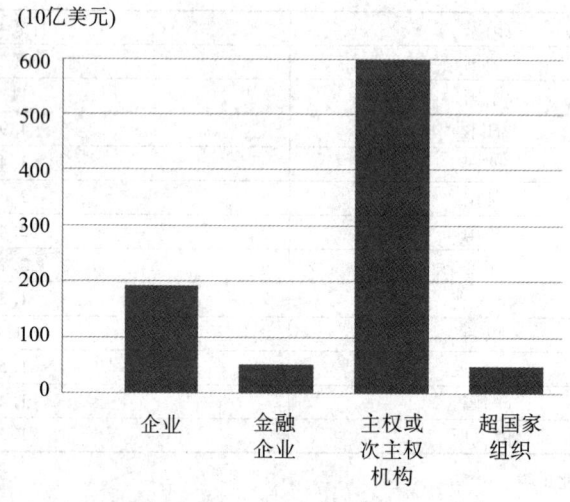

图 7　气候相关债券发行规模

资料来源：气候倡议组织（Bonds and Climate Change）①，东北证券。

（4）绿色债券相关政策覆盖绿色债券投资各个领域。目前，发达国家为促进绿色债券市场发展，出台了多方面的激励政策，覆盖绿色债券发行与投资的多个环节和领域。例如，在绿色债券发行领域，鼓励公共机构直接发行绿色债券、为绿色债券提供信用增级；在绿色债券投资领域，推广绿色债券项目、引导公共机构直接参与投资、提供税收激励；推进金融工具创新，如资产证券化、缩短绿色债券项目周期等（见表 6）。

---

① 数据区间为 2005 年 1 月—2017 年 6 月；资料来源：Bonds and Climate Change, The State of the Market 2017。

表6　　　　　　　　　　　　　　绿色债券相关政策

政策措施	具体措施与案例
建立绿色项目投资渠道，推广绿色债券项目	2017年由CBI发起一项绿色基础设施投资者联盟，推动资本流动，发展绿色项目的投资渠道
公共机构的战略性发行	公共部门通过发行绿色债券推动绿色债券市场发展。国际发展银行、德国发展银行、国际金融公司都发行过绿色债券
公共机构投资	公共机构直接投资于绿色债券。2015年10月孟加拉国中央银行宣布将部分外汇储备投资于绿色债券；2016年5月国际金融公司投资绿色债券
信用增级	2014年，美国政府担保的海外私人投资有限公司（OPIC）推出了信用增级计划。多个绿色债券项目均在该计划下发行，其他机构也不乏类似的计划
税收激励	美国的市政债券市场以及印度的基础设施债券市场为绿色债券提出了税收激励。奥巴马政府制订多个税收抵免计划，旨在支持绿色投资
金融工具创新	由联合国开发计划署及气候债券倡议组织在第二十一届联合国气候变化大会（COP21）上启动气候金融集合平台，推动在绿色聚合和证券化过程中最佳实践的传播

资料来源：CBI[①]，东北证券。

（5）发达国家绿色债券市场拥有成熟的第三方服务机构。发达国家依托成熟的资本市场，形成了相对完善的第三方评级和认证服务体系（见表7）。包括第三方评级机构，以学术机构、传统认证机构、审计机构、环境咨询机构等为依托的第三方认证机构以及指数编制机构。

表7　　　　　　　　　　　　绿色债券相关第三方服务机构

第三方机构类型		代表性机构
第三方认证	学术机构	挪威国际气候和环境研究中心（CICERO）等
	传统认证机构	船级社（DNV·GL）等
	审计机构	安永、毕马威等
	评级机构	Vigeo、Sustainalytics等
	环境咨询机构	Trucost、Atelier Ten、First Environment等
第三方评级机构		穆迪、标准普尔、惠誉等
指数编制机构		Solactive公司、标准普尔、道琼斯、明晟、巴克莱、美银美林等

资料来源：《国际绿色金融发展与案例研究》[②]，东北证券。

（三）发达国家资本市场支持绿色金融发展的经验总结

根据以上分析结果，发达国家资本市场绿色金融发展速度和规模受多方面因素的影响，不同市场绿色金融发展模式也有所不同。

1. 股票市场与债券市场绿色金融发展模式差异明显

在资本市场绿色金融发展过程中，股票市场的市场化程度较高。在绿色股票发展过程中，无论是第三方评估，还是绿色股票指数的编制，甚至绿色股票指数的投资，都是高度市

---

① 气候债券倡议组织："债券与气候变化：市场现状报告2016"，网址：https://cn.climatebonds.net/china-hsbc-2016。

② 马骏：《国际绿色金融发展与案例研究》，中国金融出版社2017年版。

场化的。政府在绿色股票市场发展中的干预通常仅限于制定 ESG 信息披露要求和标准。

而绿色债券市场以政策驱动为主。绿色债券在发展过程中受政策影响较大,发达国家不仅出台了多项支持绿色债券发展的政策,而且政府、政策性金融机构、公共机构也参与发行绿色债券,直接推动绿色债券市场的发展。

2. 绿色金融需要相对完善的制度基础

完善的基础制度是绿色金融发展的基础。绿色金融的基础制度是绿色金融投资的基本前提。例如,在绿色股票指数投资中,ESG 信息披露制度是一项重要基础制度,只有具备完善的信息披露制度,才有可能对上市公司进行筛选,编制符合绿色金融标准的股票指数。绿色债券原则执行委员会与国际资本市场协会推出的绿色债券原则(GBP)、气候债券倡议组织开发的 CBI 气候债券标准为绿色债券的评估筛选提供了基本原则和具体的实施指导方针。

3. 资本市场绿色金融的发展需要一支丰富的中介机构队伍

在资本市场绿色金融投资中,第三方中介机构发挥着至关重要的作用,为引导绿色投资提供了信息基础。在绿色股票投资中,第三方评级和指数编制机构基于 ESG 信息披露制度编制绿色股票指数。在绿色债券投资中,第三方机构对绿色债券进行认证、评估、评级,是绿色债券信息披露的基础和绿色债券投资的重要依据。

4. 资本市场绿色金融的发展程度与经济和资本市场发展程度高度相关

无论是绿色股票指数、绿色投资基金还是绿色债券市场,其发展程度与其所在经济体资本市场自身的发展程度息息相关。在绿色股票指数投资中,直接融资占比较高和经济规模较大的国家基本上也是绿色股票指数标的数量占比较高的国家。在绿色债券市场中,经济规模较大的国家,绿色债券发行规模也较大。

二、发达国家资本市场绿色金融发展模式与发展路径

(一)资本市场绿色金融发展的动力机制

1. 资本市场绿色金融发展的核心逻辑

资本市场支持绿色金融发展,本质上是要解决绿色金融发展的外部性问题。绿色企业和绿色项目对经济和社会环境具有正的外部性。资本市场支持绿色金融发展,本质上就是要纠正企业发展的外部性问题。

资本市场对绿色金融发展的支持可以分为以下两种路径(见图 8)。

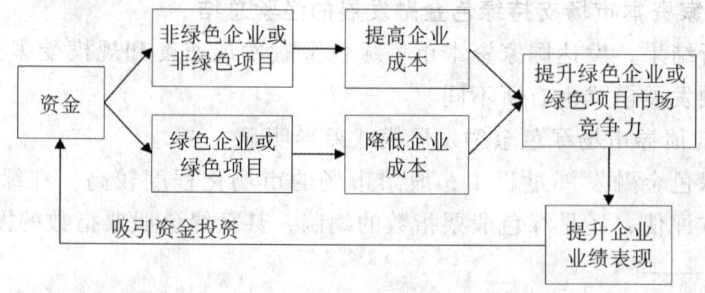

图 8 资本市场绿色金融发展的影响路径

资料来源:东北证券。

一是降低具有正外部性企业或项目的成本。具体影响路径可以概括如下：（1）资金投资于绿色企业或绿色项目；（2）通过吸引资金投资降低绿色企业和绿色项目的融资成本；（3）提升绿色企业和绿色项目的市场竞争力；（4）改善绿色企业和绿色项目最终业绩；（5）通过更优异的业绩表现，吸引更多资金投资于绿色企业和绿色项目。

二是提高具有负外部性企业或项目的成本。具体影响路径可以概括为：（1）资金投资于非绿色企业或非绿色项目；（2）通过监管或政策要求提高企业或项目成本；（3）降低非绿色企业和非绿色项目的市场竞争力；（4）降低非绿色企业和非绿色项目最终业绩表现；（5）由于业绩下滑，使得资金更多地流向绿色企业和绿色项目。

2. 绿色股票市场发展的运作机制

根据资本市场绿色金融发展的核心逻辑，绿色股票市场发展的运作机制如图9所示：一是通过良好的投资回报吸引资金投资；二是通过吸引投资降低融资成本，进而提升业绩表现；三是进一步吸引资金投资。

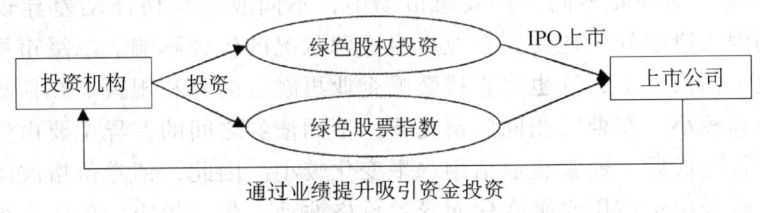

图9　绿色股票市场发展的运作机制

资料来源：东北证券。

由于绿色股票投资包括一级市场绿色股权投资和二级市场绿色股票指数投资。不同投资为投资者提供回报的方式有所不同。

（1）绿色股权投资通过投资企业IPO获得回报。投资者重点关注的是进行绿色股权投资的风险、企业是否顺利实现IPO以及企业IPO时获得的企业估值。

（2）绿色股票指数投资通过上市公司业绩提升获得回报。二级市场投资回报主要由上市公司的业绩表现决定，绿色股票二级市场投资主要通过绿色股票指数进行，只有优质企业才能持续吸引资金投入。因此，绿色股票指数需要着重筛选具有持续良好业绩回报的上市公司。

3. 绿色债券市场发展的运作机制

绿色债券二级市场交易对企业融资影响较小，债券价格的波动主要由市场风险、信用风险等因素导致，与企业绿色环保等因素关系不大。初始债券发行决定了资金的投向和规模，关键要在债券发行和投资环节鼓励企业发行绿色债券和投资绿色债券（见图10）。由于既要提高债券投资收益，又要降低债券发行成本，因此，需要政府制定相应的激励政策，将绿色企业或绿色项目带来的外部性转换成债券发行的成本和收益。

（二）发达国家资本市场绿色金融发展模式

资本市场绿色金融发展模式可以分为政府主导和市场主导。根据发达国家发展经验，绿色股票市场和绿色债券市场在发展模式上存在较大差异。总体而言，绿色股票市场以市场化发展为主，绿色债券市场以政策驱动为主。

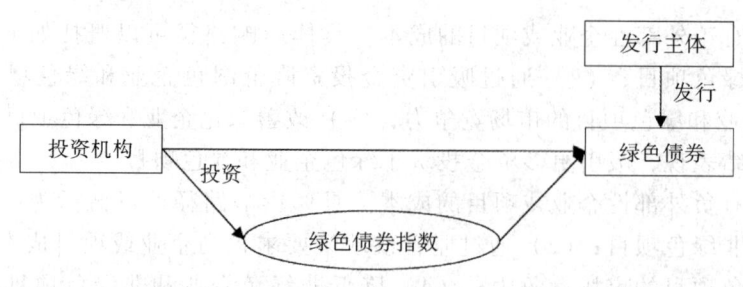

图 10 绿色债券市场发展的运作机制

资料来源：东北证券。

1. 股票市场与债券市场绿色金融发展存在差异的原因

股票市场与债券市场绿色金融发展存在差异的最主要原因是两个市场特征存在重大差异。

（1）二级市场波动特征不同。在股票市场中，不同股票价格波动差异较大。股票的价格波动除受市场因素影响外，还受到企业自身经营状况的较大影响。二级市场投资直接影响企业的价格变化、估值水平，这也将直接影响企业再融资能力和规模。在债券市场中，不同债券价格波动差异较小。在期限相同的情况下，不同债券之间的差异主要由债券的信用水平决定。而债券发行完成后，通常企业信用水平变化较小。因此，债券价格波动主要受市场利率水平的影响，较少由于信用水平变化而导致价格波动。与此相应，债券二级市场投资对企业债券发行的影响也较小。

（2）一级市场融资频率不同。在股票市场中，企业 IPO 融资只有一次，无法通过多次 IPO 持续融资，企业后续融资只能通过上市后再融资实现。再融资能力主要与二级市场投资交易情况相关。在债券市场中，企业只能通过发行债券融资，债券一级市场发行情况对企业融资成本和融资能力影响较大，而债券二级市场交易情况对企业发债影响较小。

（3）绿色股票投资以二级市场为主，绿色债券投资以一级市场为主。由于股票市场再融资主要受二级市场投资影响，因此绿色股票投资主要关注二级市场投资。二级市场交易以市场化运作为主。股票二级市场交易是一个持续性交易行为，而且是投资者在二级市场的自主交易行为，无法通过政策直接干预。因此，绿色股票投资主要以市场化运作为主。

债券市场再融资主要受一级市场投资影响，因此绿色债券投资主要关注一级市场投资。一级市场投资以政策驱动为主。债券一级市场投资是一次性投资行为，是基于投资者和企业的交易行为，通过政策干预可以直接影响企业融资成本和投资者投资回报。因此，绿色债券投资主要以政策驱动为主。

2. 绿色股票市场发展模式以市场化为主

发达国家股票市场绿色金融投资以二级市场为主。在绿色股票市场中，从资金端到企业端有以下两条路径（见图 11）：一是一级市场股权投资。投资于绿色企业、绿色项目初期，即绿色股权投资，通过企业 IPO 上市退出；二是二级市场股票投资。发达国家企业 IPO 基本上实行注册制，而且由于市场相对成熟，对一级市场干预较少，因此绿色股票投资以二级市场为主。绿色股票二级市场投资主要通过绿色股票指数进行。在绿色股票市场投资过程中，投资机构投资于绿色股票的过程是完全市场化的。

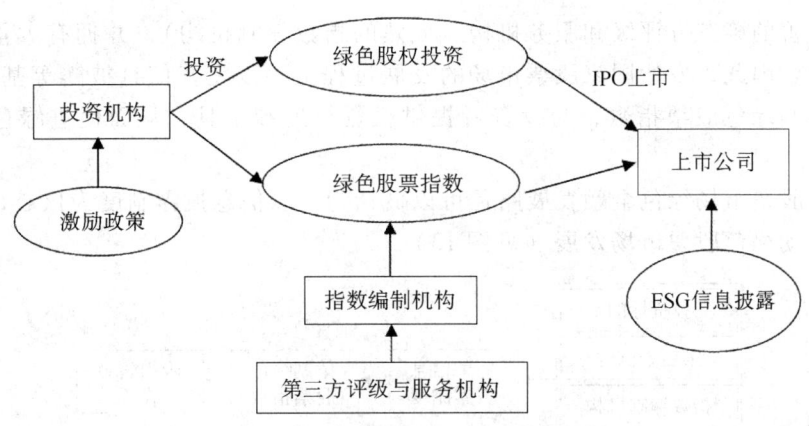

图 11　绿色股票市场投资的主要路径

资料来源：东北证券。

3. 绿色债券市场发展模式以政策驱动为主

在绿色债券市场中，投资者投资于绿色债券主要有以下两条路径（见图12）：一是直接投资于绿色债券；二是通过绿色债券指数投资于绿色债券。

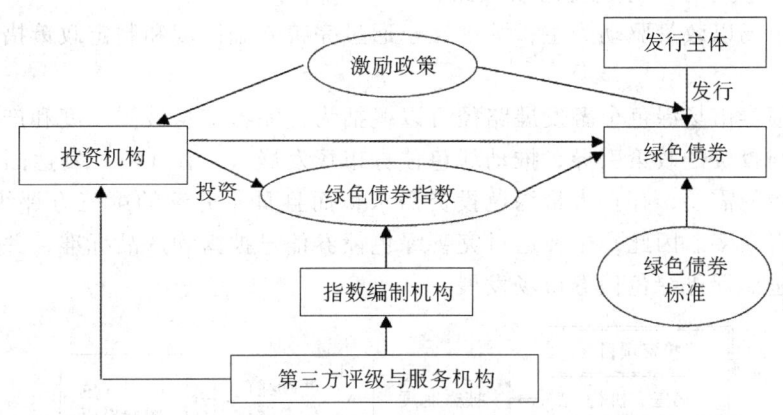

图 12　绿色债券市场投资的主要路径

资料来源：东北证券。

投资机构在投资绿色债券过程中，受政府政策影响较大。首先，在债券发行过程中，政府部门和机构自身发行绿色债券，并为绿色债券发行提供担保、财政补贴等优惠政策，鼓励绿色债券发展。其次，在资金募集过程中，通过成立绿色投资基金，引导社会资金投向绿色债券。最后，在绿色债券投资过程中，通过为绿色债券提供税收优惠、贴息等政策，鼓励绿色债券投资。因此，绿色债券市场的发展主要受政策驱动。

（三）发达国家资本市场绿色金融发展路径

发达国家资本市场绿色金融的发展建立在经济和资本市场发展较为成熟的基础上，资本市场绿色金融服务是随着经济发展和绿色环保要求的提高而逐步发展的。

1. 发达国家股票市场绿色金融发展路径

发达国家股票市场具备较好的市场基础，具备较为完善的服务体系（包括拥有丰富的投资标的、完善的第三方评级和服务机构、成熟的指数编制机构），并拥有大量的社会责任类机构投资者。因此，发达国家股票市场的发展过程主要以完善信息披露等基础制度为主，在此基础上编制绿色股票指数，为投资者提供投资渠道和工具，从而促进绿色股票市场的发展。

发达国家股票市场绿色金融发展路径可以概括为：以信息披露制度为核心，发挥市场化运作机制，推动绿色股票市场发展（见图13）。

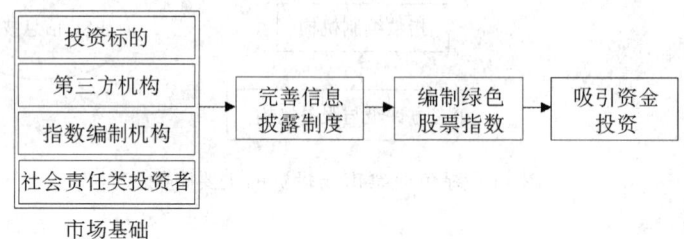

图 13　发达国家股票市场绿色金融发展路径

资料来源：东北证券。

2. 发达国家债券市场绿色金融发展路径

绿色债券市场以政策驱动为主，关键在于通过完善基础制度和制定政策措施鼓励绿色债券发行和投资。

发达国家债券市场绿色金融发展路径可以概括为：完善信息披露制度和产品标准，加强绿色债券发行与投资的政策引导，推动绿色债券市场发展（见图14）。发达国家由于经济和产业进一步升级的需要，存在大量绿色投资需求，而且具备完善的第三方评级和服务机构，社会责任投资者众多。因此，主要通过完善绿色债券信息披露和产品标准，并鼓励绿色债券发行和投资，进而促进绿色债券市场发展。

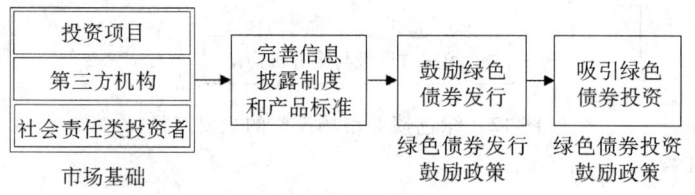

图 14　发达国家债券市场绿色金融发展路径

资料来源：东北证券。

三、我国资本市场支持绿色金融发展的基础与现实路径

（一）中国资本市场支持绿色金融发展的基础

中国的经济发展水平和资本市场发展水平决定了中国资本市场绿色金融发展的基础是否夯实。

1. 中国资本市场支持绿色金融发展的经济基础相对薄弱

从人均 GDP 上看，中国仍属于中等收入国家。2016 年，中国人均 GDP 仅为 8 123 美元，较美国、日本的 57 467 美元和 38 894 美元仍有较大差距（见图15）。

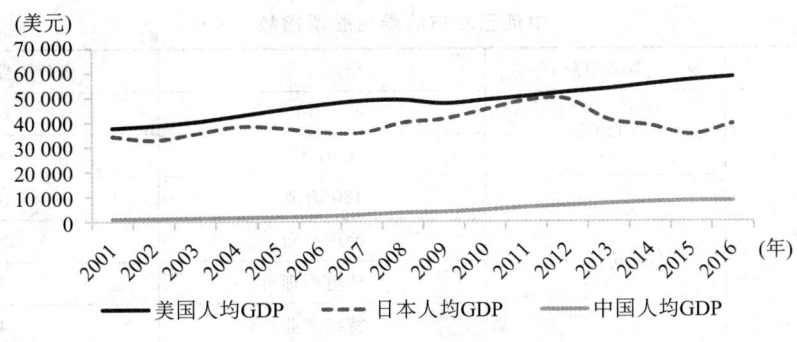

图 15 中国、美国、日本人均 GDP 对比

资料来源：Wind，东北证券。

2. 我国股票市场绿色金融发展的基础与不足

（1）我国 ESG 信息披露制度不完善。目前，我国上市公司信息披露中已有关于环保信息披露的要求，并在企业 IPO 过程中审核环保信息（见表 8）。但总体而言，企业环保信息披露、IPO 环保审核主要以国家相关环保法律法规为基础，关注企业是否违反相关环保法律法规，披露内容范围较窄。

表 8 中国上市公司环保信息披露相关规定

年份	文件	主要内容
2006	深圳证券交易所发布《上市公司社会责任指引》	要求纳入深证 100 指数的上市公司须在年报中披露社会责任报告
2008	上海证券交易所刊发《关于加强上市公司社会责任工作的通知》及《上市公司环境信息披露指引》	就上市公司社会责任报告和环境信息的披露内容进行了规范
2016	《公开发行证券的公司信息披露内容与格式准则第 2 号——年度报告的内容与格式（2014 年修订）》	对属于国家环境保护部门规定的重污染行业的上市公司及其子公司，要求披露报告期内环境信息
2017	中国证券监督管理委员会与中华人民共和国环境保护部签署的《关于共同开展上市公司环境信息披露工作的合作协议》	完善上市公司环境信息披露制度，督促上市公司履行信息披露义务、落实环保责任

资料来源：公开资料，东北证券。

（2）绿色指数产品数量和规模较小。目前，国内绿色产品指数发展较为滞后。截至 2017 年 10 月 15 日，中证指数有限公司在我国股票市场上已推出 24 只绿色股票指数。其中，可持续发展类有 7 只、环保产业类有 13 只、碳效率类有 4 只（见表 9）。① 截至 2017 年 3 月 1 日，我国绿色股票指数数量占 A 股市场指数总数（759 只）的 2.5%，占中国 ETF 总数的 2%，与发达国家市场相比差距较大。②

---

① 数据来源于中证指数有限公司官方网站，网址：http://www.csindex.com.cn/zh-CN，最后访问时间：2017 年 10 月 15 日。

② 秦二娃、王骏娴："'绿色股票指数'的发展"，《当代金融家》2016 年第 8 期，第 30—33 页。

表9　中证已发布的绿色股票指数

分类	类型细分	指数简称	成分股数量（只）
可持续发展类	ESG	ESG 100	100
		ESG 40	40
	公司治理	180治理	100
		治理指数	298
		环境治理	43
		持续产业	40
	社会责任	责任指数	100
环保产业类	环境治理	中证核电	46
		生态100	64
		CSWD生科	38
		水环境	25
	环保产业	中证环保	100
		上证环保	40
		绿色投资	106
		环保专利	50
		环保50	50
	新能源	新能源	50
		新能源车	—
		中证新能	80
		CS新能车	73
碳效率类	碳效率	中国低碳	40
		180碳效	153
		内地低碳	50
	绿色城市	海绵城市	50

资料来源：中证指数官网，东北证券（数据截至2017年10月15日）。

（3）第三方中介机构数量较少。目前，我国指数编制机构主要包括中证指数公司、深圳证券信息有限公司、上海证券交易所等官方机构，民间指数编制机构与发达国家相比数量明显较少。同时，我国从事第三方评级的机构数量也相对较少。

（4）绿色投资标的覆盖范围过于集中。中国绿色股票指数标的的主要集中在工业、金融地产和原材料等行业，占比近70%（见图16）[①]，而发达国家主要集中在信息技术、医药卫生等行业，而且行业分布相对分散。我国绿色股票指数标的的集中分布既与我国经济和资本市场发展水平相关，也与绿色股票指数数量较少、覆盖范围较窄有关。

---

① 数据来源于中证指数有限公司官方网站：http://www.csindex.com.cn/zh-CN，获取时间2017年10月15日。

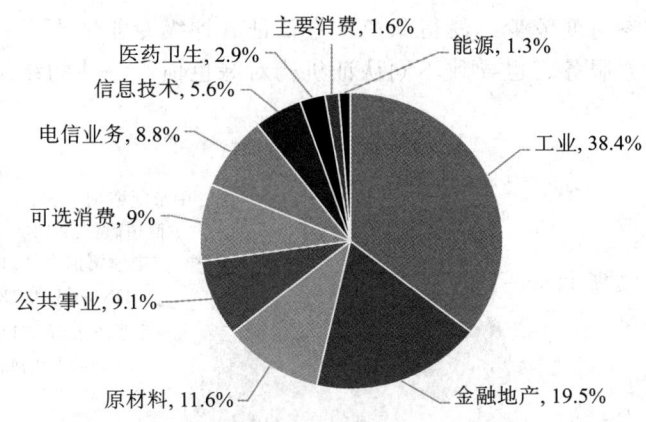

图 16 我国绿色股票指数的行业权重

资料来源：中证指数有限公司，东北证券（数据截至 2017 年 10 月 15 日）。

（5）绿色投资者数量不足，投资规模较小。目前，国内对绿色投资者还没有专门的统计数据，但总体而言，规模很小。截至 2017 年 3 月 20 日，国内以中证环保等 19 只绿色股票指数为投资标的的指数基金共 19 只，占基金总量的 0.33%，占指数基金总数的 2%，总规模约为 95.95 亿元。① 而发达国家社会责任类投资基金占比基本上都在 20% 以上。

3. 我国债券市场绿色金融发展的基础与不足

我国绿色债券市场起步晚，但发展较快。主要表现在以下几个方面。

（1）绿色债券市场政策全面，覆盖范围广。我国绿色债券市场政策已经覆盖银行间市场和交易所市场，涉及金融债、企业债、公司债等品种，覆盖范围相当广泛（见表 10）。同时，绿色债券相关政策涉及绿色债券发行与投资多个环节，相关政策较为全面。

表 10 我国绿色债券相关政策

债券品种	相关政策	推出时间
金融债	关于发行绿色金融债券有关事宜的公告（中国人民银行公告〔2015〕第 39 号）《绿色债券支持项目目录》	2015 年 9 月
企业债	《绿色债券发行指引》	2015 年 12 月
公司债	《关于支持绿色债券发展的指导意见》	2017 年 3 月

资料来源：公开资料，东北证券。

（2）绿色债券标准有待统一和进一步完善。在绿色债券领域我国目前还缺乏统一的标准。我国绿色债券标准的界定机构有中国人民银行、国家发改委和中国证监会。不同监管机构对绿色债券标准的界定存在一定差异。此外，目前针对绿色债券仅有指导性规定，对于绿色债券发行具体认证、评估还需要出台更加细致的规定。

（3）缺乏专业的第三方认证机构。根据 CBI 的数据，目前我国绿色债券的外部审查主要是依靠会计师事务所完成。例如，安永占据 44.6% 的市场份额（见图 17）②，专业的第三

---

① 秦二娃，王骏妮："'绿色股票指数'的发展"，《当代金融家》2016 年第 8 期，第 30—33 页。
② 气候债券倡议组织、中央国债登记结算有限责任公司："中国绿色债券市场 2017 半年报"，中国债券信息网，2017 年 8 月 28 日，网址：https://www.chinabond.com.cn/cb/cn/yjfx/zzfx/nb/20170828/148081733.shtml。

方评级和服务机构的参与度较少，使得绿色债券认证、评级专业性不高，导致企业发行绿色债券缺乏专业的第三方服务，也导致不同认证机构对绿色债券评估的结果存在差异。①

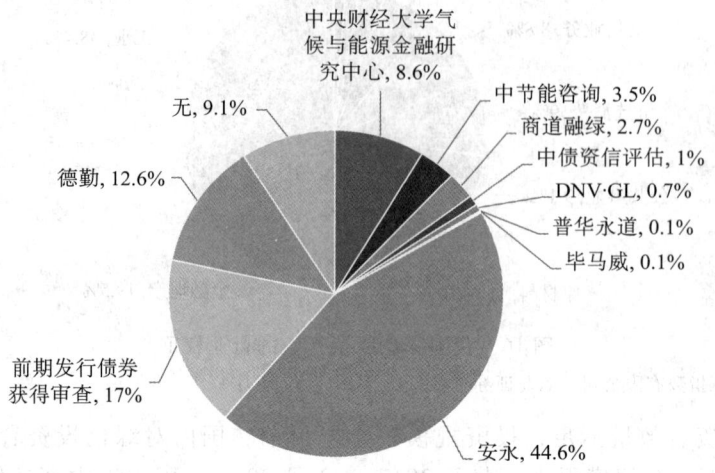

图 17　我国绿色债券外部审查情况

资料来源：CBI，东北证券。

（4）发行主体过于集中，政策性引导有待强化。2017 年上半年，我国绿色债券的发行主体以金融机构和公共事业单位为主，两者发行规模合计占比达 88.42%（见表 11）②。但官方机构和政策性金融机构发行规模占比较小，政策性银行发行数量占 2017 年上半年我国绿色债券发行数量的比例仅为 24%（见图 18）③，远远小于发达国家主权机构和次主权机构 68% 的占比。官方机构和政策性金融机构在绿色债券市场发展初期，对绿色债券市场发展起着重要的促进作用，既可以起到引导社会投资的作用，又可以促进第三方服务机构的发展。

表 11　2017 年上半年我国绿色债券的发行主体行业和规模分布

行业分类	债券规模 （亿元人民币）	发行规模占比（%）	债券数量 （只）	发行数量占比（%）
金融业	536	67.51	22	42.31
公共事业	166	20.91	15	28.85
工业	41.5	5.23	11	21.15
房地产	40.4	5.09	3	5.77
信息技术	10	1.26	1	1.92
合计	793.9	100	52	100

资料来源：CBI，东北证券。

---

① 王尔德："中国七领域打造绿色金融，绿色投资将达三四万亿"，21 世纪经济报道，2016 年 9 月 8 日，网址：http://epaper.21jingji.com/html/2016-09/08/content_46411.htm。
② 气候债券倡议组织、中央国债登记结算有限责任公司："中国绿色债券市场 2017 半年报"，中国债券信息网，2017 年 8 月 28 日，网址：https://www.chinabond.com.cn/cb/cn/yjfx/zzfx/nb/20170828/148081733.shtml
③ 气候债券倡议组织、中央国债登记结算有限责任公司："中国绿色债券市场 2017 半年报"，中国债券信息网，2017 年 8 月 28 日，网址：https://www.chinabond.com.cn/cb/cn/yjfx/zzfx/nb/20170828/148081733.shtml

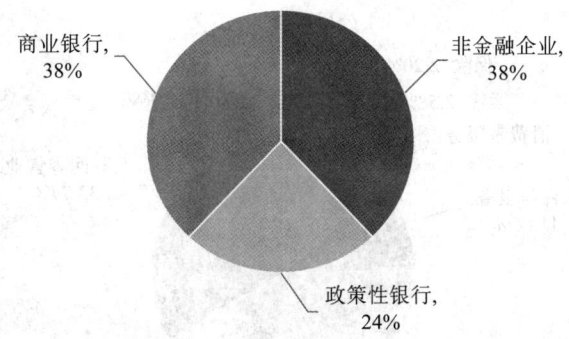

图 18 2017 上半年我国绿色债券发行主体分布

资料来源：CBI，东北证券。

（5）绿色投资者数量不足，投资规模较小。与股票市场绿色金融发展类似，绿色债券市场投资者同样存在数量不足、投资规模较小等问题，使得绿色投资资金来源较少，影响了市场的快速发展。从发展国家发展经验来看，政府和公共机构通常直接投资绿色债券，直接促进绿色债券市场的发展。

4. 中国资本市场支持绿色金融发展的潜力仍有待挖掘

目前，中国资本市场的发展水平与经济发展水平并不完全匹配，资本市场服务实体经济的水平仍然有待提高。

从中国企业到境外上市的情况来看，截至 2017 年 6 月底，中国企业在中国香港和美国上市的数量为 1 160 家，与 A 股上市公司总数的比值达 35.4%，并且在美国上市的中资企业中，互联网、电信服务、软件与服务等行业企业的市值占比超过 60%（见图 19、图 20）。因此，中国资本市场在支持绿色金融发展领域仍然有很大的提升空间。

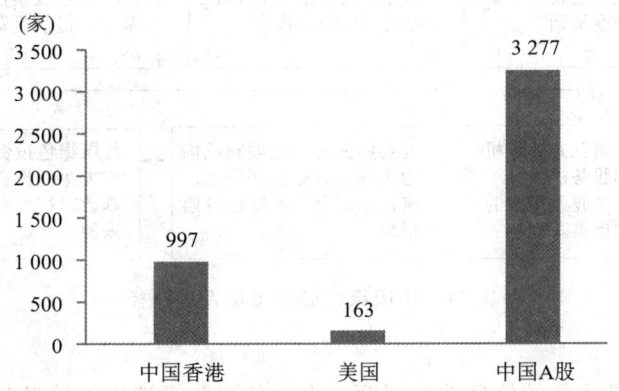

图 19 中资企业在中国香港和美国上市数量

注：数据截至 2017 年 6 月。

（二）中国资本市场支持绿色金融发展的现实路径

1. 中国绿色股票市场发展路径

资本市场绿色金融体系决定了绿色金融发展程度。中国股票市场绿色金融体系尚不完善，主要表现在以下几个方面：第一，投资标的较少。受中国经济发展阶段的限制，符合绿

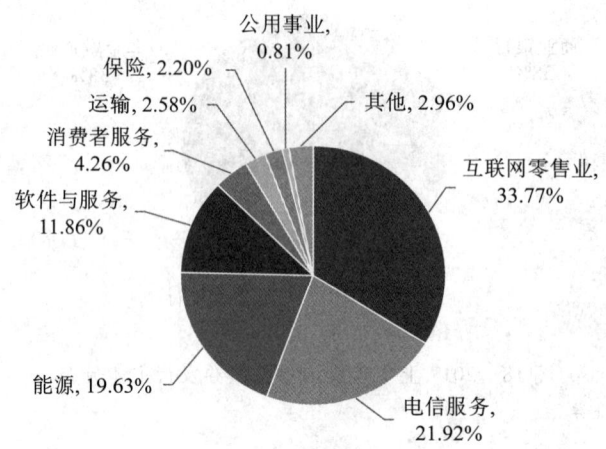

图 20 美国上市中资企业分行业市值占比

资料来源：Wind，东北证券（数据截至 2017 年 6 月）。

色标准的股票数量相对有限；第二，信息披露制度不完善，缺乏针对绿色投资的信息披露标准；第三，指数编制机构数量较少，且以官方机构为主；第四，第三方评级和服务机构数量不足；第五，社会责任投资者数量较少。

针对中国发展现状，要实现股票市场绿色金融的快速发展，首先，要完善信息披露制度，提供绿色股票筛选的信息基础；其次，要提供投资的渠道和工具，增加绿色股票指数数量；再次，要增加投资标的供给；最后，要发展第三方服务机构、发展绿色投资者，逐步完善绿色金融服务体系。因此，我国发展股票市场绿色金融，可采取如图 21 所示发展路径。

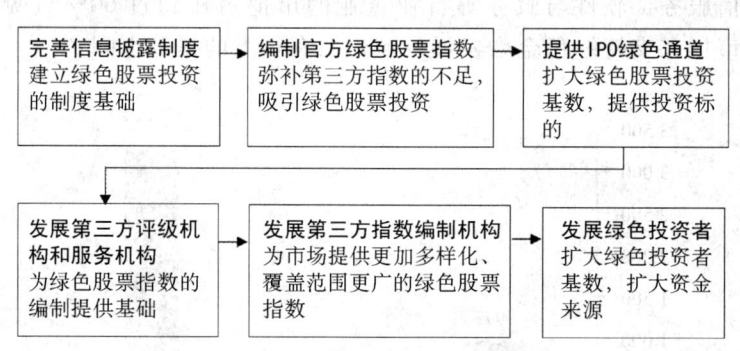

图 21 中国绿色股票市场发展路径

资料来源：东北证券。

（1）完善绿色股票市场的信息披露制度，为绿色股票筛选提供信息基础。完善的绿色股票信息披露制度是绿色股票评估和评级、绿色股票指数编制、绿色股票投资的前提。目前，发达国家已经形成了相对完善的 ESG 信息披露制度，通用性较强，而且具有相对成熟的经验可供借鉴。我国可以参考现有的 ESG 信息披露制度，制定适合我国国情的 ESG 信息披露制度。

（2）编制官方绿色股票指数，为绿色股票投资提供基本工具和渠道。发达国家指数编制机构以公司和私有企业为主，机构数量众多，编制的绿色股票指数数量也非常多。我国当前第三方指数编制机构数量不足，绿色股票指数数量较少，指数覆盖范围较窄，可由官方机构组织，由官方的指数编制机构负责编制绿色股票指数，以弥补现有指数数量的不足，为绿色股票投资提供必要的渠道和工具。

（3）为绿色企业提供IPO绿色通道，扩大投资标的基数。当前绿色股票指数编制存在的一大问题是优质绿色投资标的不足，导致绿色指数覆盖范围较窄。指数数量较少也是导致绿色股票投资规模较小的主要原因之一。根据上述分析，当前我国资本市场服务实体经济的功能仍然有待提升，从境外上市中资企业分布来看，互联网、软件与信息服务等新兴产业占比较高，正是发达国家绿色股票指数中占比最高的行业。因此，为绿色企业提供IPO绿色通道，对扩大绿色股票指数编制基数、吸引投资具有很强的促进作用。

（4）发展绿色股票第三方评级机构和服务机构，完善第三方服务体系。目前，我国资本市场第三方服务体系已经初步形成，但和发达国家成熟的服务体系相比，仍然存在较大差距。因此，需要加快发展第三方评级机构和服务机构，特别是服务于绿色股票指数编制与投资的第三方机构，如绿色评级、数据服务等企业。

（5）发展绿色股票第三方指数编制机构。第三方指数编制机构是编制绿色股票指数的主体，而且能够为市场提供更加多样化、覆盖范围更广的绿色股票指数。发达国家已经培育了较为成熟的第三方指数编制机构，而且编制主体也更加多样化，包括专业的指数编制机构以及以提供咨询、数据服务为主的指数编制机构。因此，我国应大力发展第三方指数编制机构，促进绿色股票指数编制数量、种类的提升。

（6）发展绿色投资者。绿色投资需要有广大的投资者基础，专业的绿色投资者是股票市场绿色金融投资资金的主要来源。因此，扩大绿色投资者基数对于促进绿色股票投资起着十分重要的作用。

2. 中国绿色债券市场发展路径

中国绿色债券市场发展较快，市场规模在全球范围内处于领先地位，主要得益于相关支持政策较全面，覆盖范围广。例如，国家发改委出台《绿色债券发行指引》，鼓励绿色债券发行，在绿色债券资金募集规模、资金使用、担保等方面给予政策扶持；通过投资补助、贴息、基金注资等措施鼓励绿色债券投资。因此，我国绿色债券市场在政策方面已经有了较好的基础。但是，在产品标准、第三方服务机构、发行主体、投资者数量等方面我国绿色债券市场还有待进一步完善。

在政策环境较好的基础上，要进一步加快绿色债券市场发展，核心是要完善绿色债券产品标准，发展第三方服务机构，逐步扩大绿色债券发行主体和投资者基础，并通过金融工具创新缩短项目周期。因此，我国发展绿色债券市场，可采取如图22的发展路径。

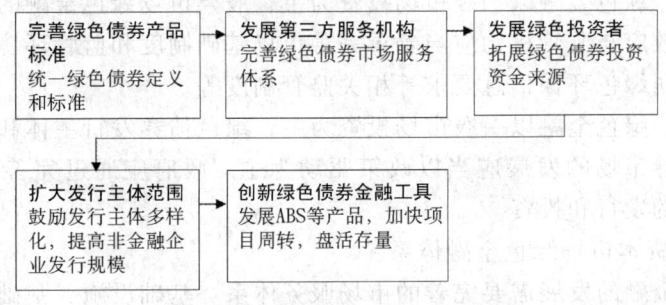

图22 中国绿色债券市场发展路径

资料来源：东北证券。

（1）完善绿色债券产品标准。我国绿色债券产品标准不统一是限制绿色债券市场进一步发展的重要制约因素。目前，中国人民银行、国家发改委和中国证监会分别对绿色债券进行了定义和界定，但产品标准存在差异。这使得企业在进行债券发行时只能针对特定发行市场进行认定，而且难以形成全国统一的绿色债券扶持政策。因此，统一绿色债券标准并出台具体的产品发行流程、认证要求、评级标准等，是绿色债券市场发展的重要前提。

（2）发展第三方服务机构。根据上述分析，我国专业的第三方评级和服务机构较少，第三方认证主要依赖会计师事务所完成。在当前我国绿色债券政策相对全面的背景下，第三方服务机构数量不足、专业化程度不高，成为制约绿色债券市场进一步发展的重要因素，直接提高了企业发行绿色债券的成本和难度。因此，发展第三方认证、评级、咨询等服务机构，完善绿色债券市场服务体系，对绿色债券市场发展起着关键性的作用。

（3）发展绿色投资者。与股票市场绿色金融发展类似，专业的绿色投资者是绿色债券投资资金的主要来源。虽然目前已有一些促进绿色债券投资的扶持政策，但是专业的绿色投资者是提升社会整体绿色投资水平、实现绿色投资政策普及化的重要途径。

（4）扩大绿色债券发行主体范围。目前，在我国绿色债券发行主体中，金融业和公共事业占比近90%，反映了我国绿色债券市场发行主体对政策依赖程度较高，而且市场主体覆盖范围仍然较窄。随着我国绿色债券市场的进一步发展，需要逐步扩大发行主体范围，特别是非金融企业，使绿色债券发行成为市场的广泛选择，提升社会融资整体绿色化水平。

（5）创新绿色债券金融工具。当前，我国绿色债券投资项目总体上投资周期较长、投资回报率不高，在交通、能源、环保、水资源等领域投资占比超过70%。因此，如何缩短项目周期，加快投资周转，盘活存量，对发展我国绿色债券市场至关重要。需要通过金融工具创新，加快项目周转，扩大市场投资规模。

四、中国资本市场绿色金融发展的政策建议

（一）中国资本市场绿色金融发展的总体建议

根据发达国家发展经验和中国当前发展现状，发展中国资本市场绿色金融，首先，需要明确市场发展模式；其次，要明确资本市场绿色金融体系的总体构成；最后，要根据我国国情，把握资本市场绿色金融发展的节奏。

1. 明确资本市场绿色金融发展模式

对于股票市场，绿色金融以二级市场投资为主，股票市场绿色金融的发展应当以市场化运作机制为基础。政府与监管机构应当着重完善市场基础制度和监管环境。例如，制定信息披露制度、上市公司绿色环保信息要求等相关监管制度等。

对于债券市场，绿色金融以一级市场投资为主，绿色债券发行主体和投资者对政策依赖程度较高。绿色债券市场的发展应当以政策驱动为主。政府应通过完善基础制度和监管制度，引导绿色债券的发行和投资。

2. 打造完善的资本市场绿色金融体系

资本市场绿色金融的发展需要完善的市场服务体系。基础设施、基础制度、政府政策与监管、金融工具、投资机构、中介与服务机构等构成要素都对资本市场绿色金融发展起着重要作用。虽然在不同发展阶段，不同市场要素作用可能有所不同，但要打造成熟的资本市场

绿色金融服务功能，必须具备完善的市场服务体系。因此，资本市场绿色金融的发展需要全方位、广覆盖的政策支持体系，推动资本市场绿色金融服务体系的全面发展。

3. 基于我国国情稳步推进资本市场绿色金融发展

中国资本市场绿色金融的发展必须考虑我国当前的国情。一方面，要考虑我国经济与资本市场发展水平。在信息披露、产品标准制定中，可以参考发达国家的要求，但也必须考虑我国经济发展水平；另一方面，要根据我国资本市场绿色金融发展路径，考虑发展的优先顺序。虽然资本市场绿色金融体系的各个构成要素对发展绿色金融都起着十分重要的作用，但是在不同发展阶段，各要素的重要性可能有所不同，需要考虑优先发展顺序，以加快我国资本市场绿色金融的发展。

（二）中国股票市场绿色金融发展的政策建议

本文根据我国股票市场绿色金融的发展模式和发展路径，提出以下建议。

1. 建立符合我国国情的 ESG 信息披露制度

建议参考发达国家 ESG 信息披露制度，并结合我国国情，可以采取循序渐进的策略，建立符合我国实际的 ESG 信息披露制度。

（1）结合现有环境信息披露要求，建立 ESG 信息披露制度。建立 ESG 信息披露制度，可以在现有上市公司环保信息要求的基础上，参考发达国家 ESG 信息披露要求，根据我国当前经济和产业发展状况，制定符合我国国情的 ESG 信息披露标准。

（2）建立自愿性、半强制性与强制性相结合的披露制度。基于我国当前经济发展阶段，ESG 信息披露要求既不能太高，也不能太低。标准太高可能导致大部分上市公司不符合要求，从而导致上市公司消极应付和弄虚作假；标准太低又达不到信息甄别和筛选的目的。因此，可以制定自愿性披露、半强制性披露和强制性披露相结合的信息披露制度，即将信息披露内容分为选择性披露信息、半强制性披露信息和强制性披露信息。

2. 编制官方绿色股票指数

在当前国内第三方指数编制机构发展不成熟的背景下，推动官方机构编制绿色股票指数，引导社会投资。

（1）扩大指数覆盖范围，编制多样化指数。国内绿色股票指数覆盖范围整体较窄，成分股数量较少。在当前投资标的数量相对不足的背景下，可以按不同类型、不同主题，构建有代表性的官方绿色股票指数，扩大指数覆盖范围，为第三方指数编制和投资者股票筛选提供参考。

（2）筛选优质标的，提高投资回报率。绿色股票指数需要能够筛选出优质投资标的，为投资者提供更好的回报，吸引资金投资。从发达国家经验来看，指数构成中高科技企业占比较高。而在中国绿色股票指数构成中，工业、金融等行业占比较高。因此，ESG 指标构成中，需要具有能够反映企业长期竞争力的指标，并能够为投资者带来长期回报，从而通过业绩回报吸引资金投资。

3. 为绿色企业提供 IPO 绿色通道

鼓励优质绿色企业在 A 股上市，扩大投资标的基数。鼓励企业 IPO 披露更多的 ESG 信息，为符合特定条件的绿色企业提供 IPO 绿色通道，从而吸引更多的绿色企业上市。

4. 发展绿色股票第三方评级和服务机构

（1）鼓励现有第三方服务机构进行业务延伸，为绿色股票投资进行评级并提供咨询、数据等服务。

（2）鼓励成立专业的绿色股票第三方评级和服务机构，增加第三方服务机构数量和类型。

（3）要求现有环境信息披露出具第三方机构意见，促进第三方评级与服务机构的发展。

5. 发展绿色股票第三方指数编制机构

（1）鼓励现有第三方指数编制机构编制绿色股票指数。

（2）壮大指数编制机构队伍，鼓励第三方咨询机构、数据服务机构等编制绿色股票指数。

6. 发展绿色投资者

（1）鼓励机构投资者开展绿色投资。鼓励银行、保险公司、养老基金等机构投资者投资绿色领域，通过政策、监管措施降低绿色投资成本，提高投资回报，促进机构投资者开展绿色投资。

（2）提高绿色投资意识。加强官方机构和半官方机构对绿色投资的宣传和推广，通过各种绿色投资论坛、会议，宣传和推介绿色投资理念、投资项目，提高社会绿色投资意识。

（三）中国债券市场绿色金融发展的政策建议

目前，我国绿色债券市场发展较好，发行规模在全球占比排名第一。总体而言，我国针对绿色债券发行与投资的政策相对完善。因此，未来我国发展绿色债券市场的重点是完善基础制度，促进市场服务体系的发展和提升。

1. 完善绿色债券产品标准

（1）协调监管机构，统一绿色债券标准。协调中国人民银行、国家发改委和中国证监会等不同监管部门，统一绿色债券的定义和标准，出台统一的产品发行流程、认证标准等。

（2）制定符合中国国情的绿色债券标准。在制定绿色债券标准时，国际标准一般将化石能源完全排除在外，而我国由于能源结构、社会发展阶段的特殊性，绿色债券包含部分煤炭等化石能源相关项目。因此，在制定绿色债券标准时，可根据我国国情制定特殊标准。

2. 发展第三方服务机构

（1）鼓励现有第三方服务机构进行业务延伸，为绿色债券进行认证、评级并提供咨询、数据等服务。

（2）鼓励成立专业的绿色债券第三方评级和服务机构。

（3）加大政府和公共机构绿色债券发行规模，促进第三方服务机构发展。

3. 发展绿色投资者

与股票市场类似，可以通过鼓励机构投资者开展绿色投资、提高绿色投资意识等手段发展债券市场绿色投资者。

4. 扩大绿色债券发行主体范围

主要通过推行更加普适化的扶持政策（如贴息、财政补助），扩大资金使用范围和灵活度等手段，吸引更多的市场主体参与绿色债券发行。

5. 创新绿色债券金融工具

针对当前绿色债券投资领域中基础设施占比较高的特点，鼓励发展绿色 ABS 产品，盘活存量，加快绿色投资项目周转，促进绿色债券市场发展。

6. 加强绿色债券宣传推广

成立集中的绿色债券和绿色项目宣传推广平台，推广绿色投资。

我国绿色债券市场与发展前景

马 骏[*]

党的十九大报告强调,"建设生态文明是中华民族永续发展的千年大计",并重点指出,要"构建市场导向的绿色技术创新体系,发展绿色金融,壮大节能环保产业、清洁生产产业、清洁能源产业"。这表明我国高度重视绿色金融发展,将其作为国家战略的同时也提出了支持绿色产业的具体要求。

绿色债券市场是绿色金融体系的重要组成部分。自 2015 年 12 月中国人民银行在银行间债券市场推出绿色金融债券以及中国金融学会绿色金融专业委员会(以下简称"绿金委")发布《绿色债券支持项目目录》以来,我国的绿色债券市场取得了快速发展。2016 年中国跃升为全球最大的绿色债券市场。近两年来,我国绿色债券领域的创新产品(如绿色资产担保债券、绿色资产支持证券等)不断涌现,绿色债券市场监管和服务逐步完善,国际交流与合作不断增强,我国的绿色债券市场正在从起步阶段逐步走向成熟阶段。

一、2017 年全球绿色债券市场概况

根据气候债券倡议组织(CBI)按照绿色债券的窄口径定义的统计数据,2017 年全球绿色债券发行规模达到 1 555 亿美元(约 1.01 万亿元人民币),比 2016 年的 872 亿美元增长 78%。其中,排名前 3 位的经济体是美国、中国和法国。美国的住房贷款担保机构房利美(Fannie Mae)是全球最大的绿色债券发行人,其绿色住房抵押贷款证券(MBS)发行规模达到 249 亿美元。如果剔除该绿色证券化产品,则 2017 年中国绿色债券发行规模排名第一位,美国为第二位。

由于 G20 和一些国际组织的推动,许多国家和地区开始研究或发布本地的绿色金融政策框架和路线图,许多国家启动了本国的绿色债券市场。CBI 数据显示,2017 年,全球 37

---

[*] 作者单位:清华大学国家金融研究院金融与发展研究中心,中国金融学会绿色金融专业委员会。原载于《中国证券》2018 年第 2 期。

个国家的 239 个发行人发行了绿色债券。其中，146 个是首次发行，反映了发行人基数逐年扩大的趋势。特别是在主权绿色债券发行上，2017 年法国、斐济和尼日利亚政府相继发行了主权绿色债券。其中，法国政府发行的 70 亿欧元用于增加环保投资的绿色债券市场反应热烈。国际上，可再生能源投资继续成为绿色债券募集资金最普遍的用途。值得注意的是，募集资金投放到低碳建筑和能效项目的规模同比增长 2.4 倍，占比从 2016 年的 21% 上升至 2017 年的 29%。

二、2017 年我国绿色债券发行概况

根据中国金融信息网绿色债券数据库统计，2017 年上半年，中国绿色债券发行下降，2017 年下半年则快速回升，全年中国在境内和境外累计发行绿色债券（包括绿色债券与绿色资产支持证券，如无特殊说明则下同）123 只，规模达 2 486.8 亿元，同比增长 7.6%，约占同期全球绿色债券发行规模的 22%。其中，境内发行 113 只，发行规模达 2 044.8 亿元。

自 2016 年中国绿色债券市场启动以来，截至 2017 年底，中国境内和境外累计发行绿色债券 184 只，发行总量达 4 799.1 亿元，约占同期全球绿色债券发行规模的 27%。其中，境内发行 167 只，发行总量达到 4 097.1 亿元。从发行基本要素来看，2017 年中国境内绿色债券（不包括绿色资产支持证券）的发行主体类型更加多元、信用层级更为丰富、首次出现 1 年期和 2 年期的绿色债券，同时长期债券发行有所增加，10 年期以上绿色债券发行 7 只；而 2016 年仅有 3 只发行，规模为 103.5 亿元。其中，2 只 15 年期，规模 50 亿元。此外，还有 3 只永续绿色债券发行，规模约 30 亿元；募集资金方向主要包括清洁能源、污染治理、清洁交通等领域（见图 1、图 2）。

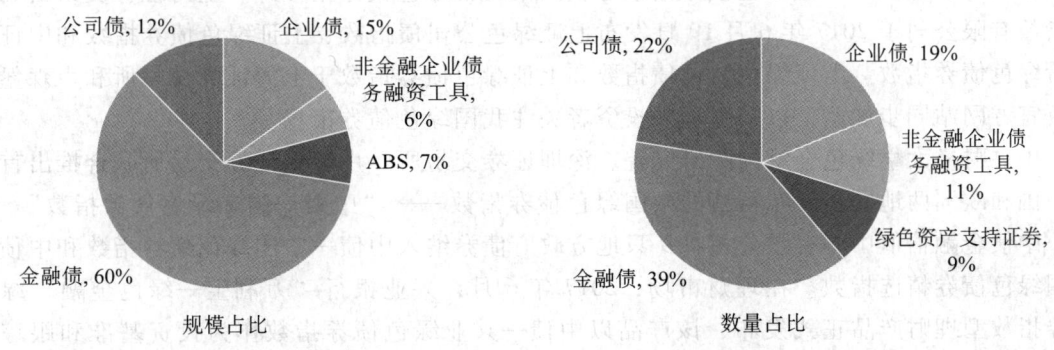

图 1　2017 年中国各类绿色债券发行规模和数量占比

资料来源：中国金融信息网绿色债券数据库。

三、我国绿色债券市场的发展趋势

我国绿色债券市场在经过 2016 年高速发展之后，逐步呈现产品持续创新、监管制度逐步完善、国际影响力和国际合作增强等特点。

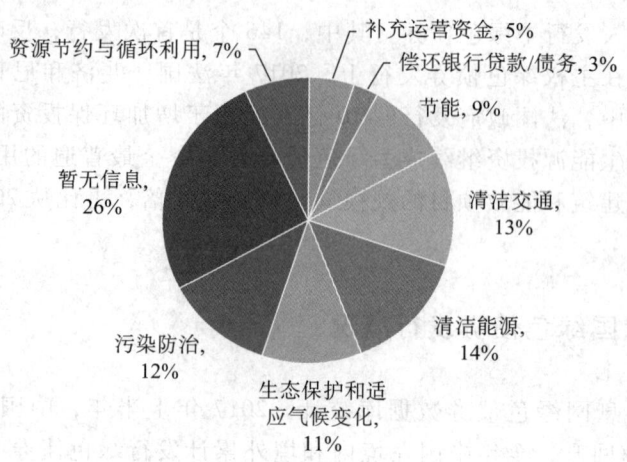

图 2 2016 年以来绿色债券募集资金投向

资料来源：中国金融信息网绿色债券数据库。

(一) 绿色债券市场产品创新

1. 绿色债券指数研发和创新

绿色债券指数的研发可以多角度反映绿色债券的市场走势，给投资者提供多元化的业绩比较基准和投资标的。绿色债券指数的发布将有助于提升我国绿色债券市场的国内外影响力，吸引海外投资者参与我国绿色金融体系建设并促进绿色产业发展。2017 年，我国绿色债券市场参与各方加大了绿色债券指数研发与创新，但在指数投资应用方面仍有待加强。

继 2016 年中央结算公司、中节能咨询有限公司和兴业银行先后发布中债—中国绿色债券指数系列、中债—兴业绿色债券指数等我国第一批绿色债券指数外，上海证券交易所和中证指数有限公司于 2017 年 6 月 19 日发布上证绿色公司债指数、上证绿色债券指数和中证交易所绿色债券指数。上证绿色公司债指数和上证绿色债券指数于上海证券交易所和卢森堡交易所官方网站同步展示，以吸引境外投资者关注我国绿色债券市场。

中央财经大学绿色金融国际研究院、深圳证券交易所、卢森堡证券交易所联合推出首个在中国和欧洲两地同步发布行情的中国绿色债券指数——"中财—国证绿色债券指数"。此外，中债金融估值中心有限公司将 9 只地方政府债券纳入中债—中国绿色债券指数和中债—中国绿色债券精选指数。在理财市场，2017 年 6 月，兴业银行"万利宝—绿色金融"绿色债券指数型理财产品正式发布，该产品以中债—兴业绿色债券指数作为投资基准和跟踪标的，是全国首只绿色债券指数型理财产品，同时也是首个使用中债绿色系列指数作为基准与标的的理财产品。该产品的本金部分投资于中债—兴业绿色债券指数，并参考中债—兴业绿色债券指数表现，动态设定业绩比较基准。

2. 产品持续创新

中国绿色债券市场虽然起步较晚，但发展迅速。特别是一些绿色债券领域的创新产品，如绿色资产担保债券、绿色资产支持证券不断涌现。

2016 年 11 月，中国银行伦敦分行在境外发行 5 亿美元绿色资产担保债券（China Green Covered Bond）。中国银行此次发行债券以中国银行伦敦分行为主体，以中国银行境内持有的绿色资产作为担保资产池，为债券项下的支付义务提供担保。债券募集资金用于中国银行在境内的绿色信贷项目。担保资产池中资产全部为"中债—中国气候相关债券指数"的样本券，在资金用途和担保资产层面具有"双重绿色属性"，兼顾了国内外绿色债券市场准则和最佳实践，也是第八次中英经济财金对话的重要成果之一。此次发行的债券较中国银行自身评级提升一档，体现了资产担保结构较好的增信作用。这种担保结构也为中国银行伦敦分行降低了15个基点的融资成本，债券票面利率为1.875%，最终发行利差为95个基点，较中国银行同期限普通高级债券利差进一步收窄，为中资银行开拓低成本融资渠道作出了有益尝试。

资产证券化以未来的现金流作为基础资产进行结构化融资，其结构特点非常适合以绿色项目为主业的主体进行融资。2017年，中国绿色资产证券化产品发行扩大至10只，较2016年增长6只，规模达到146亿元，较2016年增加近80亿元。绿色资产证券化产品占中国境内绿色债券市场发行规模的比例约为5%。目前，中国已发行的绿色资产证券化产品包括绿色资产支持证券（绿色ABS）和绿色资产支持票据（绿色ABN）。2016年以来，中国发行的12只绿色ABS中，有10只非金融企业绿色资产证券化产品的原始权益人属"绿色"相关行业，包括污水处理企业、地铁及公路运输企业、水电和风电企业等。2017年，国内首单经独立第三方绿色认证的CMBS（商业房地产抵押贷款支持证券）——"嘉实资本中节能绿色建筑资产支持专项计划"在深圳证券交易所成功发行。

2017年，还有一些具有特点或创新的绿色债券相继发行。中电投融和融资租赁有限公司发行了国内首单"纯双绿"资产支持票据；北控水务（中国）投资有限公司发行了全国首单绿色资产支持票据；浙江泰隆商业银行发行了全国首单小微企业绿色金融债。此外，绿色金融债券还首次面向个人零售，国家开发银行发行的50亿元"长江经济带水资源保护"专题绿色金融债券首次向社会公众零售不超过6亿元柜台债。

（二）绿色债券市场制度进一步完善

2017年以来，中国人民银行、中国证监会、中国银行间市场交易商协会等部门相继推出了关于绿色债券的指导意见和业务指引等政策措施细则，对引导和规范绿色债券发展发挥了重要作用。

2017年3月，中国证监会发布《关于支持绿色债券发展的指导意见》，对绿色公司债券的发行主体、资金投向、信息披露以及相关管理规定和配套措施作出了原则性的规定。同月，中国银行间市场交易商协会发布《非金融企业绿色债务融资工具业务指引》及配套表格，明确了企业在发行绿色债务融资工具时应披露的项目筛选和资金管理等信息，首次要求绿色债券发行前披露项目环境效益；鼓励第三方认证机构在绿色债务融资工具发行前及存续期进行持续评估认证，首次鼓励第三方机构披露绿色程度；明确了绿色债务融资工具可纳入绿色金融债券募集资金的投资范围；明确开辟绿色通道并鼓励建立绿色投资者联盟。

值得关注的是，绿色第三方认证是信息披露的重要关口，是绿色债券真实性与可靠性的保证。2017年12月，为了加强绿色债券第三方认证规范、避免"洗绿"风险，中国人民银行与中国证监会联合公布了《绿色债券评估认证行为指引（暂行）》。这是我国乃至全球第一份针对绿色债券评估认证工作的规范性文件，对机构资质、业务承接、业务实施、报告出具、监督管理等方面做出了相应规定。

(三)绿色债券市场国际合作进一步深化

2017年,欧洲投资银行和中国人民银行主管的中国金融学会绿色金融专业委员会("绿金委")共同开展中欧绿色债券标准一致化的研究,旨在推动跨境绿色资本流动,加强中国和欧洲在绿色债券、绿色金融领域的合作。2017年11月11日,绿金委和欧洲投资银行在德国波恩举行的第23届联合国气候变化大会联合发布题为《探寻绿色金融的共同语言》(The Need for a Common Language in Green Finance)白皮书。白皮书对国际上多种不同绿色债券标准进行了比较,以期为提升中国与欧盟的绿色债券可比性和一致性提供基础。

2017年9月4日,中英绿色金融工作组在"中英绿色金融论坛"上发布2017年中期报告。报告建议向全球投资者开放中国绿色债券数据库,香港证券交易所还可以在"债券通"下运用该数据库建立绿色债券板块,即建立"绿色债券通",使国际投资者可以直接投资中国绿色债券。

除了上述国际合作之外,中资发行人在国际绿色债券市场上的影响力也得到了进一步的提高,国内外绿色债券市场深入衔接和融合进展,多家中资机构在境外发行绿色债券。自2015年10月中国农业银行在英国发行首单中资银行绿色债券以来,中国工商银行、中国银行等多家中资机构在境外发行符合国际标准的绿色债券,有效推动和引领了全球绿色债券的发展。2017年,中资发行人继续在国际绿色债券市场上发力。继2016年中国银行发行绿色高级债券和绿色资产担保债券后,2017年10月12日,中国工商银行卢森堡分行发行首只"一带一路"绿色气候债券,于同年10月30日在卢森堡证券交易所的"环保金融交易所"(LGX)专门板块挂牌上市。国家开发银行成功发行首只中国准主权国际绿色债券,获得CBI气候债券标识,并在香港联交所和中欧国际交易所上市。2017年,中国银行巴黎分行成功发行等值约15亿美元的气候债券,该只债券不仅遵循《绿色债券原则(2017版)》的最新标准,还获得了CBI的贴标认证,为CBI贴标认证的首笔三币种绿色债券。此外,中国长江三峡集团公司发行了中国实体企业首单绿色欧元债券;中广核集团公司首次发行欧元绿色债券。

四、如何推动绿色债券市场的进一步发展

虽然我国的绿色债券市场取得了快速发展,但是绿色债券市场仍然面临着激励机制较弱、投资者缺乏绿色投资理念、产品工具不足等问题和挑战。我国绿色债券量发行仍只占国内全部债券发行总量的2%,相对于每年几万亿且快速成长的中长期绿色融资需求来说,我国的绿色债券市场仍有巨大的增长空间。针对我国绿色债券市场的发展特点和问题,下面就如何进一步推动绿色债券市场提出几点建议。

(一)加大宣传绿色债券市场和发行绿色债券给发行人带来的好处

虽然我国已有近百家机构发行了绿色债券,但绝大部分潜在发行人(包括银行以及参与污水和固废处理、新能源、绿色交通、绿色建筑等中长期绿色项目的业主单位等)还不了解绿色债券市场,更不了解绿色债券市场可能为其带来的好处,尚未参与绿色债券发行。行业协会以及银行、券商等承销机构和第三方服务机构(如绿色债券认证评级机构)应该

加大对潜在客户的宣传推广力度，尤其要说明绿色债券可以帮助解决期限错配问题，可以提高发行人的市场声誉和赢得未来客户，可以通过成为"绿色企业"强化对污染投资的内在约束机制以规避环境风险，可以获得政府不断强化的对绿色产业的政策支持等。

（二）进一步完善绿色债券的标准，提升认证评估质量和信息披露标准

绿色债券的标准应随着产业政策和技术的变化而适时更新。在对我国绿色债券目录的进一步修订中，应着重考虑以下几个方面：一方面，强化对绿色建筑、生态农业等重点领域和薄弱环节的支持力度；另一方面，对包括清洁煤炭在内的有争议的若干领域按照"有显著环境效益"和进一步推动能源转型为原则，制定更加明确的、可操作性强的标准。在绿色债券的认证评估环节，应落实中国人民银行和中国证监会发布的《绿色债券评估认证行为指引（暂行）》，强化对发行人绿色表现和所投资项目的尽职调查，保证评估认证的质量。发行人应充分披露绿色债券的相关环境信息，尤其是银行作为绿色债券发行人应该充分披露资金的投向信息，以避免市场误解。

（三）强化对绿色债券的激励措施

一些发行人抱怨，发行绿色债券会涉及认证和披露等额外成本，因此积极性不高。2016年8月31日，中国人民银行、财政部、国家发展改革委员会、银监会、证监会、保监会联合印发《关于构建绿色金融体系的指导意见》，提出通过宏观审慎评估（MPA）、再贷款和地方政府的担保、贴息等手段支持和鼓励绿色金融发展。这些措施都有可能成为对绿色债券的激励措施对冲额外成本，应该积极探索具体的落地方案。广州市花都区、浙江省湖州市和衢州市等地推出了对绿色债券发行的奖励或补贴措施，上海市出台了对中小绿色债券发行人的奖励措施用以覆盖绿色债券认证成本，这些做法都值得推广和借鉴。

（四）鼓励绿色债券产品创新，扩大绿色资产证券化，支持绿色建筑

金融机构应加大绿色债券产品创新的力度。比如，发行中小企业绿色集合债券，促进绿色债券指数的投资应用，进一步发展绿色资产支持证券产品。

绿色ABS以基础资产的现金流而非企业整体资信水平为基础进行融资，通过不同增信方式能为企业提供快速、长期、稳定的资金支持。既匹配绿色产业发展特性，也有利于从源头确保资金使用到指定绿色项目，提高资源配置的有效性和精准性；既可激活存量资产，又能提供创新投资产品，匹配投融资双方多元化需求。未来的绿色资产支持证券产品的基础资产可以逐步拓宽，包括可再生能源、污染防治等各类绿色资产。

应积极探索绿色债券支持绿色建筑的模式。国际金融公司（IFC）的研究显示，我国碳排放总量40%以上是由高耗能建筑产生的。目前无论是绿色信贷还是绿色债券，多半均投放于绿色能源、绿色交通和环保领域，绿色建筑仅占很小的一部分。下一步，一方面，政府应加快出台有关绿色建筑的标准细则，加大绿色建筑标准强制执行力度；另一方面，金融监管机构可联合住建部、发改委等部委，共同探索推动绿色信贷和绿色债券等金融工具支持绿色建筑的具体措施。

（五）培育绿色机构投资者

我国的许多机构投资者刚刚开始接触绿色投资、责任投资等理念，投资于包括绿色债券在内的绿色资产的偏好还不强。未来，应加大培育我国绿色投资者的力度，为绿色债券市场创造更强的需求。建议从如下8个方面入手：（1）建立和完善上市公司和发债机构强制性环境信息披露制度；（2）宣传绿色投资可提升长期回报的理念；（3）具有政府背景的机构投资者应率先开展绿色投资；（4）鼓励绿色金融产品的开发；（5）支持第三方机构对绿色资产评级和评估；（6）强化环境风险分析等能力建设；（7）鼓励我国机构投资者披露环境信息；（8）鼓励我国机构投资者采纳责任投资原则。

（六）加强绿色债券领域的国际合作

应进一步鼓励中资机构到国外发行绿色债券，鼓励外资机构到中国发行绿色熊猫债券。中资机构到国外发行绿色债券可以为中国引入更多的绿色资金，也为发行人理解和参与国际资本市场、宣传企业品牌提供了重要的机会。外资机构到中国发行绿色熊猫债券可以在我国扩大绿色市场的同时推进人民币国际化。中英、中法等双边经济财金对话都对绿色金融合作提出了具体的要求，包括鼓励中英机构在对方市场发行绿色债券，欢迎英国机构投资者投资中国绿色债券市场，合作推动绿色资产证券化发展等。为便利外资进入我国绿色债券市场，相关金融机构和第三方服务机构可考虑开发在境外交易的中国绿债交易所交易基金（ETF）产品，提供中国绿色债券的英语信息以及检索、分析工具。

我国创新创业公司债券理论与实务研究

东吴证券股份有限公司课题组*

为贯彻落实国家创新驱动发展战略，推动大众创业、万众创新，在前期试点基础上，中国证监会于2017年正式推出了创新创业公司债券这一子品种，引起社会各界的广泛关注。本文通过论述我国创新创业公司债券的发展情况，借鉴国外高收益债券发展经验，并结合证券公司开展创新创业公司债券的业务实践，分析创新创业公司债券发展中存在的问题，提出下一步推进创新创业公司债券发展的相关建议。

一、我国创新创业公司债券发展情况

为贯彻落实国家创新驱动发展战略，推动大众创业、万众创新，更好地服务于供给侧结构性改革，切实支持科技创业创新，中国证监会经过充分市场调研和前期试点，于2017年7月7日正式发布了《关于开展创新创业公司债券试点的指导意见》，为创新创业公司债券的发展提供了有力的政策保障。2017年9月，在中国证监会指导下，上海证券交易所和深圳证券交易所分别会同全国中小企业股份转让系统、中国证券登记结算公司发布了《创新创业公司非公开发行可转换公司债券业务实施细则（试行）》，我国创新创业公司债券的制度建设日趋完善。

我国创新创业公司债券的推出，得到了社会的广泛关注和支持，北京、深圳、杭州、苏州等地方政府先后出台了专门的扶持政策，有效拓展了创新创业公司的直接融资渠道，"融资难、融资贵"问题得到一定程度的缓解。截至2017年底，上海证券交易所和深圳证券交易所共有29只创新创业公司债券完成发行，发行人共24家，累计发行金额为43.986亿元，并已储备多家优质企业。主承销商包括东吴证券、浙商证券、中信建投证券、海通证券、国信证券、国泰君安证券、华福证券、英大证券、招商证券等在内的13家券商。其中，东吴

---

* 课题负责人：范力，东吴证券董事长、党委书记、总裁；课题组成员：姚眺，朱丹，胡俊华，徐青，罗佛传，闻大梅，张昊。原载于《中国证券》2018年第3期。

证券累计承销 13 只,承销数量接近沪深证券交易所已发行创新创业公司债券的半数。

二、发展创新创业公司债券的重要意义

(一) 金融服务实体经济的需要

党的十九大报告提出了新时代中国特色社会主义思想,指出"我国社会主要矛盾已经转化为人民日益增长的美好生活需要和不平衡不充分的发展之间的矛盾",认为"我国经济已由高速增长阶段转向高质量发展阶段,正处在转变发展方式、优化经济结构、转换增长动力的攻关期"。发展创新创业公司债券,是从债券市场层面积极响应新时代号召,落实国家创新驱动发展战略,支持大众创业、万众创新,服务于供给侧结构性改革,促进产业结构调整和经济转型升级的重要举措。

(二) 解决企业融资难、融资贵的需要

发展创新创业公司债券是优化资源配置的有效手段,尤其通过附带转股条款,能够有效解决长期以来困扰创新创业公司"融资难、融资贵"的痛点,拓宽创新创业公司直接融资渠道,降低企业融资成本,支持创新创业公司发展,从而使资本市场能更好地服务于创新驱动战略和供给侧结构性改革,提升金融服务实体经济的能力。

(三) 债券市场深化发展的客观要求

目前,我国债券市场存量接近 70 万亿元,处于全球第三位,但结构不甚合理,服务实体经济的公司信用类债券仅占 20%。其中,80% 的发行人是大中型企业。债券市场对创新创业公司服务的广度和深度明显不足,与发达资本市场相比还有较大的差距。相对银行贷款等间接融资,创新创业公司债券的发行条款市场化、法制化程度更高。发展创新创业公司债券是在新的经济金融形势下,我国债券市场进一步改革深化,不断完善多层次资本市场体系的客观要求。

(四) 丰富债券品种满足多样化投资的需要

创新创业公司债券作为一种标准化融资工具,其法律关系更为明确清晰,其信息披露要求也更高。发展创新创业公司债券能够形成对银行理财、信托产品、股权合作协议等非标资产的补充,提高金融市场的流动性和透明度,降低系统性金融风险,进一步丰富债券品种。同时,创新创业公司债券一般有着较高收益率,与其他类别资产的相关系数较低,能够满足包括保险公司、高收益共同基金、养老基金、股权投资基金、夹层投资基金、投资级基金和外国投资者等各类投资者的资产配置需求,能够缓解当前低利率环境下日益突出的"资产荒"矛盾。

三、创新创业公司债券与高收益债券的比较

(一) 高收益债券的定义

在国际上,高收益债券(High Yield Bond)指的是信用等级低于投资级别的债券,因此

又称为垃圾债券（Junk Bond）或投机级债券（Speculative Grade Bond）。根据标普、穆迪和惠誉等国际著名评级机构的债券信用等级划分标准，一般将评级低于Baa或BBB以及未被评级但信用等级在投资级以下的债券划为高收益债券（见表1）。与投资级债券相比，由于高收益债券的信用级别较低、信用风险较高，为了吸引投资者，高收益债券一般需要支付给投资者比投资级债券更高的风险溢价，这就是高收益债券的名称由来。

表1　　　　　　　　　　　三大评级机构的债券评级

类别	信用等级	穆迪	标普/惠誉	解释
投资级债券	信用极高	Aaa	AAA	最高评级，基本没有违约风险
		Aa	AA	高质量，很低的违约风险
	高信用	A	A	中高级质量，风险很小，但有可能出现违约
		Baa	BBB	中等质量，问题不大，未来可能会有问题
高收益债券	投机性	Ba	BB	有一定投机成分，长期会有比较大的问题
		B	B	现在可以支付利息，但违约风险较高
	信用极低	Caa	CCC	质量较差，违约可能性很高
		Ca	CC	投机成分大，可能已经违约
		C	C	最低的等级，偿还全部本息的可能性基本没有
违约债券		D	D	已经违约

在国内，高收益债券的界定标准与国际成熟市场有所区别。由于我国评级行业起步时间较晚，并且由于评级机构付费机制导致的评级机构之间的恶性竞争，使得过去较长一段时期外部评级结果区分度总体不高。目前，市场上对我国高收益债券的界定主要有以下观点：（1）认为按国际通行标准，BBB级以下（即投机级）的债券为高收益债券；（2）认为我国债券信用等级存在虚高，应将AA级以下债券定义为高收益债券；（3）认为信用风险大、收益率较高的债券即为高收益债券；（4）认为中小企业私募债和创新创业公司债券是高收益债券。客观来讲，对于高收益债券的认定，信用等级是一个重要标识，但不是唯一判断依据，我们更应关注高收益债券"高风险、高收益"的实质特征。一般把AA-及以下评级的发行人以及债券收益率水平达到或超过同期限AA-中债估值收益率水平的债券均视为高收益债券。

（二）创新创业公司债券的定义

创新创业公司债券是指符合发行条件的创新创业公司、创业投资公司，按照《公司法》《证券法》《公司债券发行与交易管理办法》《中国证监会关于开展创新创业公司债券试点的指导意见》以及《创新创业公司非公开发行可转换公司债券业务实施细则（试行）》等法律法规发行的公司债券。

创新创业公司，是指从事高新技术产品研发、生产和服务，或者具有创新业态、创新商业模式的中小型公司。

创业投资公司，是指符合《私募投资基金监督管理暂行办法》《创业投资企业管理暂行办法》等有关规定，向创新创业企业进行股权投资的公司制创业投资基金和创业投资基金管理机构。发行创新创业公司债募集的资金应专项投资于种子期、初创期、成长期的创新创业公司的股权。

(三) 创新创业公司债券与高收益债券的比较

创新创业公司债券可以视作高收益债的一种，但是由于其特有的创新属性，仍与传统高收益债券存在以下不同点：一是创新创业公司债券的发行对象主要是符合产业导向的高新技术中小企业；二是通过政府担保、补贴等支持手段，创新创业公司债券实际发行价格没有高收益债券高；三是可以通过可转债等方式灵活开展直接融资。

虽然创新创业公司债券与高收益债券具有较大差别，但是从债券发行管理的基本规则来看仍较为相似。因此，有必要借鉴国际高收益债券的先进管理经验和市场规律，为我国创新创业公司债券的健康平稳发展提供理论和实践指导。

四、海外高收益债券发展与启示

(一) 海外高收益债券市场发展情况

高收益债券发源于美国，兴起于 20 世纪 70—80 年代。通过发行高收益债券，许多创新创业型企业得以进入债券市场融资。统计显示，2016 年，美国高收益债券市场年度发行额为 2 384 亿美元，约占同期美国公司债券市场发行额的 15.6%，日均成交额约为 113 亿美元，约占公司债券日均成交额的 41%。信用衍生品的发展对高收益债券起到了积极作用。目前，高收益债券已经成为美国债券市场重要的组成部分。近年来，以科技企业为代表的创新型企业发行高收益债券的比例不断上升，2016 年创新创业型企业发债比例达到 18% 左右。一些知名企业也通过发行高收益债券融资。例如，汽车行业的克莱斯勒公司和福特公司，航空行业的达美航空和美国航空，消费品行业的 Levi's，医疗保健行业中的 HCA 医疗集团及餐饮行业的汉堡王等。美国高收益债券无发行规模限制，但一般发行规模不会太大，单只高收益债券的平均发行规模在 2 亿—5.5 亿美元之间。养老基金、高收益共同基金、保险公司是高收益债券的主要投资主体，三者合计占比接近 80%（见图 1）。

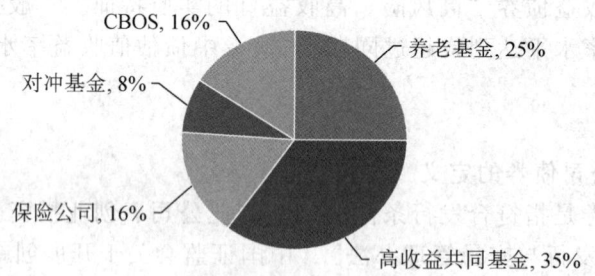

图 1　2016 年 6 月美国高收益债券投资者结构分布

资料来源：SIFMA。

相比美国，高收益债券欧洲在起步较晚，直到 1997 年以后才逐渐兴起。发行高收益债券规模最大的是德国，存量已突破 800 亿欧元。其次为希腊、法国、英国和荷兰，存量也均在 300 亿欧元以上。2005 年以来，科技、新材料等创新型产业的企业选择在高收益债券市场发行债券的数量与日俱增，其较高的收益率也得到了部分风险偏好较高的投资者的青睐。

截至 2016 年底，欧洲创新创业企业的发债占比大约为 15%。投资基金、对冲基金和商业银行是欧洲高收益债券的主要投资者，三者合计达到 80% 以上（见图 2）。

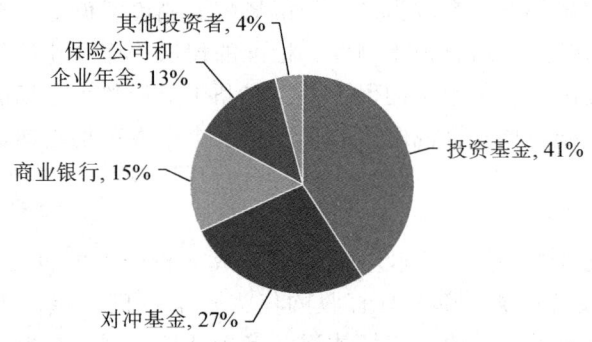

图 2　2015 年欧洲高收益债券投资者结构分布

资料来源：SIFMA。

（二）海外高收益债券市场的启示

1. 以私募发行为主

因为高收益债券发行人资质和信用级别相比投资级债券发行人更低、债券风险更高，所以海外高收益债券普遍采用私募发行的方式，主要面对资产实力雄厚、风险识别能力强和风险承受能力更高的机构投资者。私募发行的场所以场外市场为主。

2. 促进并购重组

海外高收益债券的发展与杠杆收购密切相关。20 世纪 80 年代，美国的高收益债券作为并购融资工具，为杠杆收购提供了大量的资金来源，直接推动了 80 年代的企业并购热潮。目前，国内企业的并购活动越发活跃，发展高收益债券参与并购融资是解决企业并购融资来源、促进并购重组活动顺利实施的关键，对于推动产业结构调整、促进实体经济转型、推进债券市场发展具有积极的意义。

3. 以机构投资者为主

海外高收益债券市场的投资者结构，具有多元化、以机构投资者为主的特点，海外高收益债券的投资者包括养老基金、共同基金、保险公司、投资级基金和外国投资者等。我国债券市场的投资者结构相比海外投资者较为简单，主要为商业银行、保险公司、证券公司、基金公司等。尤其是高收益债券的投资者更为单一，基本为风险偏好水平较高的中小型商业银行。未来必须培育风险识别能力强和承受能力强的机构投资者进入我国高收益债券市场。

4. 开展金融衍生品创新

由于高收益债券的风险相比投资级债券的风险要高，如果宏观经济环境恶化，高收益债券违约率也随之攀升，投资者迫切需要创新金融工具对冲可能到来的违约风险。在海外发达市场，对冲信用风险的工具有信用违约互换（CDS）和债券抵押债务凭证（CBO）等信用衍生产品。这些风险对冲产品的创设既促进了一级市场的发行，又提高了二级市场的流动性，更好地弥补了高收益债券市场的制度缺陷。我国创新创业公司债券，虽然可以设置一些条款（比如抵质押品、担保等）来降低风险，但对冲系统性风险的创新工具仍显不足。因此，在发展创新创业公司债券的同时，很有必要推出一些具有风险对冲功能的金融衍生工具，以保护市场的健康发展。

5. 完善市场配套设施建设

海外高收益债券市场都有一套较为健全的市场配套制度。例如，严格的审计制度，较为成熟的资信评估体系，健全的信息披露制度，标准的司法程序和违约处置机制。高效的交易结算系统等。市场配套制度就是市场的保护伞，有利于降低整个市场的风险水平、提高市场交易信息的透明度、提升市场的资源配置效率。每一个债券市场走向成熟都伴随着市场配套设施建设的不断完善。

6. 规范市场运作

在海外高收益市场发展初期，高收益债券也曾成为投资者的投机工具。尤其是20世纪80年代美国发行的高收益债券，部分杠杆收购仅为资本投机，导致违约率大幅上升。经过一段时间制度的修改完善后，高收益市场才逐渐趋于理性。因此，发展高收益债券需要加强监管、限制过度投机，并在实践中不断总结经验，建立完善的规范运行机制和有效的风险防范体系。

五、证券公司创新创业公司债券业务实践

当前，我国经济已进入高质量发展阶段的新时代。发展创新创业公司债券是贯彻国家创新驱动发展战略的需要，是资本市场供给侧改革，缓解创新创业企业融资难、融资贵的需要，也是证券公司培育优质客户，提升服务实体经济能力的战略举措。

（一）总体安排

证券公司开展创新创业公司债券业务，在经营策略和市场定位上，需要加强对创新创业公司的理论研究和市场调研，积极参与创新创业公司债券试点，努力营造创新创业公司债券发展的"生态圈"；在组织架构和考核机制上，需要专人专岗，建立跨部门合作机制，优化激励机制，积极营造适合开展创新创业公司债券业务的内部环境。

（二）业务流程

证券公司从事创新创业公司债券承销业务与普通的公司债券承销业务流程基本一致，包括方案设计、项目立项、材料制作、质控审核、内核审核及材料申报等流程。与其他债券相比，创新创业公司债券的项目承揽尤其需要注重承揽人员的专业性，承揽人员可以通过各地金融办及公司场外业务部、投行部等部门推荐，获取项目来源。

证券公司开展创新创业公司债券业务，应有内部独立的立项标准进行项目筛选，并可以引入相应的增信措施，降低违约风险。在尽职调查阶段，项目组人员应勤勉尽责地对创新创业公司债券业务的发行人、业务相关主体进行调查，以了解发行人及相关主体经营情况、财务状况和偿债能力，并有合理理由确信募集文件真实、准确、完整，核查募集文件中与发行条件相关的内容是否符合有关部门颁布的相关法律法规及部门规章规定。

证券公司创新创业公司债券的质量控制组织架构一般可由项目组、质量控制部和公司债券内核小组三级审核体系组成。创新创业公司债券项目负责人对项目质量和风险负首要责任。项目组应在日常工作中严格遵守公司及固定收益总部各项管理制度和业务流程，提高风

险合规意识，自觉进行项目质量控制（见图3）。

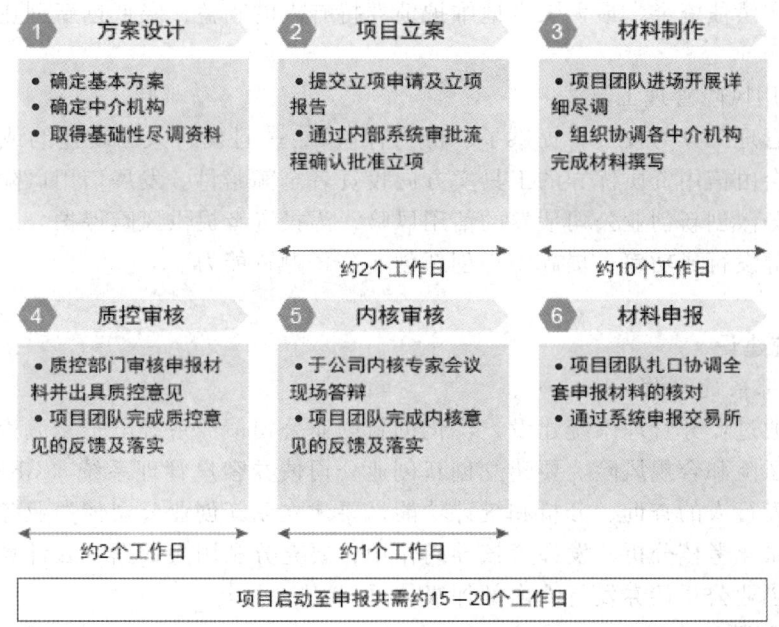

图3　证券公司创新创业公司债券业务流程

（三）风险控制

相比传统的城市建设投资公司和实力较强的国有企业，创新创业公司债券的发行主体信用风险相对较大，其行业波动较大，财务状况的稳健性相对较差，且存在着民营企业、个人股东的治理问题及道德风险，因此除了一般的尽职调查、内部控制等常规风险管理手段以外，创新创业公司债券还需要通过如下手段和方法加强风险管理。

1. 严格筛选标准

证券公司可以通过完善创新创业公司债券的业务流程和内部评分指标体系，制定创新创业公司债券发行审核内部标准，制定创新创业公司债券的正面清单和负面清单，严把项目立项质量。试点初期，为控制风险，可以筛选自身作为主办券商的新三板企业，并建立债券承销部门和场外市场部门之间的分工协作机制，筛选优质项目进行试点，从源头上控制风险。在项目评审阶段，指定专人负责质量控制和项目评审，加强创新创业公司债券的项目前端把关，提高风险识别能力。

2. 拓宽增信方式和手段

证券公司在设计创新创业公司债券条款时，可以引入市场化担保公司，也可以将房产抵押、大股东或实际控制人担保作为辅助增信措施，还可以将发行人依法享有的知识产权、股权和商标专用权、专利权、著作权等无形资产质押作为债券担保措施。

3. 建立风险预警机制

建立创新创业公司债券的风险预警和风险处置机制非常重要，一旦出现公司财务状况恶化、公司管理层冲突等重大风险事件，应及时做好风险预警，证券公司作为受托管理人要提早介入，协调安排偿债资金。当出现不能按时兑付兑息或不能全额兑付兑息的情形，应立即启动风险处置机制，通过冻结发行人银行账户、抵质押资产落实增信，限制主要责任人不得离职等方式落实偿债资金，最大限度地维护债券持有人的利益，降低创新创业公司债券信用风险。

4. 发展信用风险管理工具

信用风险管理工具为投资者提供了一份"保险"，一旦发行人出现违约或者其他约定的信用事件，就会由信用资质优异的工具卖方向投资者全额赔付。发展信用风险管理工具，能够有效转移和分散创新创业公司债券的信用风险，为投资者提供风险保护，从而提高中小创新创业公司债券发行成功率，提高中小创新创业公司融资能力。

（四）系统建设

1. 完善内部系统建设

证券公司通过业务管理系统建设，优化创新创业公司债券系统电子化流程和电子档案管理，防范操作风险和合规风险。要建立创新创业公司债券客户管理系统（CRM），完善创新创业公司债券发行人的查询、分析和统计功能；要建立创新创业公司债券业务的业绩考核评价系统，引入量化考核分析，发挥考核导向作用；要充分利用大数据、云计算等信息科学技术，建立创新创业公司债券发行人内部评级体系。

2. 加强外部数据库对接

证券公司应加快推动与最高人民法院失信被执行人数据库、工商登记数据库、人民银行征信数据库、各地方征信数据库等外部数据库的合作，建立创新创业公司债券发行白名单和黑名单。同时做好创新创业公司债券专项统计工作，包括发行规模和存续期跟踪及到期兑付、违约情况等数据统计，为创新创业公司债券业务发展积累更多的案例和市场数据。

六、创新创业公司债券发展中存在的问题

（一）创新创业公司债券市场推广有待加强

由于《中国证监会关于开展创新创业公司债券试点的指导意见》和《创新创业公司非公开发行可转换公司债券业务实施细则（试行）》发布时间不长，市场上大多数中小科技型企业对创新创业公司债这一新的直接融资工具产品特征和有关政策还不甚了解。截至2017年底，我国高新技术企业已超过10万家，A股上市公司3 485家，新三板挂牌企业11 630家。其中，新三板创新层1 329家，但发行创新创业公司债的公司数量仅为24家，发行规模不到50亿元，区域也仅限于北京、上海、苏州、杭州等经济较为发达地区。创新创业公司债券尚处于发展初期，覆盖范围还较为有限，需要有关部门加大市场推广和宣传力度，有针对性地进行市场培育工作。

（二）增信机制不健全，落实增信措施存在难度

目前，我国债券市场尚未建立完善的风险定价机制，债券发行人，特别是评级较低的中小创新创业公司发行债券，必须提供较高比例的抵押或担保才能顺利发行。中小创新创业公司大多轻资产运营，可抵押物少，一般需要寻求外部担保。一般来说，政府背景的担保公司费率相对较低，市场接受度较高，但对被担保企业资质要求较高，且覆盖面有限，有着明显

的区域性。民营担保公司担保费率较高,市场机构接受度较低,且大多要求企业按贷款的一定比例缴存保证金或要求提供较为苛刻的反担保措施。近年来,一些融资性担保公司挪用客户保证金用于民间借贷的风险频发,代偿率居高不下,进一步推高了担保费率,加重了创新创业公司的融资负担,大幅抬高了中小企业的融资成本。前期创新创业公司债券试点县市,担保增信费用成本为2%—3%,占总体融资成本比例为20%—35%。可见,目前我国债券市场过于依赖担保,增加了中小创新创业公司发债的成本及难度。

(三) 投资者群体较为单一,专业投资者有待培育

国外创新创业债券的主要投资者为养老金、高收益债券基金、对冲基金等专业投资者,由于我国创新创业公司债券的风险定价机制尚未形成,发债规模一般较小,且发行人一般为成长型中小企业,目前的商业银行、公募基金、保险机构等传统投资者投资意愿不高。而由于我国高收益债券基金、对冲基金等专业投资者发展不充分,创新创业公司债券的承销尚存在一定难度,市场上存在着拿了批文找不到合适投资者的情况。

(四) 成本收入不对等,承销机构的激励机制有待完善

创新创业公司的发债规模一般远低于证券公司其他项目,承销费收入极低,但由于创新创业公司有一定的技术门槛,证券公司需要付出更多的成本进行尽职调查,以甄别创新创业公司的风险水平,导致证券公司承销创新创业公司债券面临着风险和收益不对等的困境,大多数证券公司尤其是市场竞争压力较大的中小证券公司从事创新创业公司债券的主观积极性并不高。目前,证券公司在创新创业公司债券业务上仍然处于"赚吆喝,不赚钱"的状态,如果无法找到合适的盈利模式或利益补偿方式,以及形成公司各部门之间的利润分享机制,证券公司创新创业债券业务很难大规模推广。

(五) 政府政策支持覆盖面不够广泛

目前只有北京中关村、深圳福田区、苏州市等部分地方政府发布了支持创新创业公司债券的财政优惠政策,全国绝大多数地方尚未有相应的支持政策,增加了创新创业公司债券的推广难度。按当前的成本测算,AA级国资担保后,不含转股条件的创新创业公司债券的发债利率一般在6%—7%,加上担保费和中介费用,企业总成本接近8%—9%,并无明显成本优势。如有政府补贴,一般融资成本可降低至6%附近,基本可以接受。投资创新创业公司债券的金融机构目前在监管政策上也没有明确的分类监管和支持政策,部分机构出于风险与收益考虑,对参与创新创业公司债券持谨慎观望态度。

七、进一步推进创新创业公司债券发展的相关建议

推动"大众创业、万众创新",需要进一步营造融合、协同、共享的"双创"生态环境。发展创新创业公司债是改善"双创"生态环境重要的一环。营造"政府引导、市场导向"的创新创业公司债券"生态圈",就是要以市场化、法制化为导向,形成法治保障、政策支持、发行人愿发、投资者愿买和中介机构愿服务的多位一体的市场运行机制。

(一)完善创新创业公司债券制度体系

1. 完善证券公司考核评价体系

相对于普通公司债券,创新创业公司债券发行难度大,规模相对较小。应建立创新创业公司债分类考核评价体系。对于创新创业公司债业务发展较为突出的证券公司给予一定的政策激励,将其纳入证券公司社会责任履行情况进行评价,同时在日常监管中依照市场化、法治化的监管原则,适当提高创新创业公司债券业务违约容忍度,鼓励更多证券公司开展创新创业公司债券业务。

2. 明确有关税收和监管政策

按照现在的企业会计准则,企业发行含权债需要用不含权债重新定价,从而影响企业当期利润。建议协调有关会计主管部门,研究探讨非公开发行含转股条款的创新创业公司债券的有关会计政策。对于商业银行、证券公司、保险公司等金融机构参与投资创新创业公司债券,建议制定分类监管的支持政策。

3. 加强创新创业公司债券风险防范

应加强对创新创业公司债券的监管协调,需要综合运用宏观审慎与微观审慎监管工具,完善和统一债券市场有关监管规则和标准,强化创新创业公司债券信息披露,有效防范违约风险。针对创新创业公司债券信用风险较高的特性,按照稳健起步的原则,建议有关政策先试点再逐步推广。

(二)加强创新创业公司债券市场推广

1. 加强创新创业公司债券业务推广和培训,提升市场影响力

有关部门可以加强创新创业公司债券的宣传和交流,牵头组织创新创业公司债券的相关论坛和研讨,加大创新创业公司债券市场推广力度。同时积极引导商业银行、保险机构、证券公司、证券投资基金、私募股权基金等具备风险识别和承担能力的机构投资者依法合规投资创新创业公司债券。

2. 成立创新创业公司债券专业委员会或小组

有关部门应在前期创新创业公司债券试点工作小组基础上,推进成立创新创业公司债券专业委员会或作为公司债券委员会下属专业小组,邀请专家学者、沪深证券交易所、市场专业人士等参与,定期或不定期开展创新创业公司债券日常交流与研讨,推进我国创新创业公司债券政策协调和市场培育。

3. 成立专门投资创新创业公司债券的产业引导基金

有关部门成立专门投资创新创业公司债券的产业引导基金。创新创业公司债券在国内作为一个新品种,目前投资者还比较稀缺。有关部门可以通过设立引导基金,按照发行规模的一定比例认购每期债券,将大大增强投资者信心,有利于降低债券发行成本,提升创新创业公司债券服务地方经济的广度和深度。

(三)加强地方政府政策引导和支持

1. 将发展创新创业公司债券纳入年度考核目标

各地政府应将发展创新创业公司债券作为推动创新创业企业直接融资的重要手段,将其

列为各地政府尤其是国家级高新技术开发区、大众创业万众创新示范基地和国家高新技术产业开发区等重点地区的年度考核目标。

2. 出台创新创业公司债券政府支持政策

建议各地政府参考苏州市、中关村高新区、深圳福田区和杭州滨江区出台的创新创业公司债券支持政策，将支持创新创业公司债券有关政策纳入各地金融支持政策，给予创新创业公司债券的发行人一定的财政贴息补贴，降低发行人的融资成本，同时对具体承做创新创业公司债券的证券公司等中介机构参照新三板挂牌给予一定的物质奖励，提高市场中介机构发展创新创业公司债券业务的积极性。在推广初期，可以加大补贴力度，引导更多创新创业公司选择创新创业公司债券这一直接融资方式。

3. 发挥地方政府在协调担保公司中的重要作用

在创新创业公司债券前期发展中，地方政府应在协调担保中发挥重要作用，协调当地的政策性担保公司给予一定的担保便利，同时对从事创新创业公司债担保的担保公司按照担保金额给予一定比例的风险补偿，为其承担一部分风险，并研究对区域内展业积极的担保公司给予一定奖励。

（四）加强投资者保护和培育

1. 探索市场化投资者保护条款

可以研究设置多样化的偿债保障条款，包括在募集说明书中增加控制权变更限制条款、交叉违约条款、核心资产划转限制条款、支出限制条款和新增债务限制条款等，从而保持发行人偿债能力，保护投资者合法权益。

2. 拓宽增信措施范围

拓宽抵押、质押品范围，研究以发行人合法拥有的依法可以转让的股权，或者注册商标专用权、专利权、著作权等知识产权为创新创业公司债券提供增信等措施。

3. 稳步发展信用风险管理工具

信用风险聚集可能引发系统性风险，传统信用风险防范手段停留在交易双方层面，无法反映市场整体信用风险水平。市场化交易的债券信用风险管理工具，能够使信用风险在市场上分散和转移。从海外高收益债券发展的经验来看，加强创新创业公司债券配套产品创设和机制创新，稳步发展信用违约互换（CDS）和债券抵押债务凭证（CBO）等信用衍生产品，能有效转移、对冲创新创业公司债券信用风险，促进一级市场的发行，提高二级市场流动性，完善创新创业公司债券市场的制度体系。

4. 培育创新创业公司债券机构投资者

通过一定的政策扶持，推动我国高收益债券基金发展。鼓励商业银行自有资金、理财资金投资创新创业公司债券，在向人民银行公开市场融资时再给予一定抵押品系数支持。协调有关部门，进一步明确创新创业公司债券的法律主体地位，将创新创业公司债券纳入券商资管、公募基金、保险资金、养老金和私募基金等机构投资者的投资范围。

（五）完善证券公司内部管理机制

1. 优化证券公司内部考核机制

证券公司应优化内部职责分工，成立创新创业公司债券小组，指派专人对接创新创业公司债券业务，打造服务创新创业企业的专业队伍。同时应优化内部考核机制，给予从事创新创业公司债券的业务人员一定的精神和物质奖励，提高员工参与创新创业公司债券的积极性。

2. 加强股债联动和一、二级市场联动

证券公司应树立以客户为中心的服务理念，通过股债联动和一、二级市场联动等机制来做好创新创业公司全产业链的综合金融服务，从而获取长期综合回报。

3. 建立创新创业公司债券市场化合作机制

证券公司应建立与担保公司、律师事务所、会计师事务所、投资机构等从事创新创业公司债券的金融机构、中介服务机构的业务合作机制和信息共享机制，提高对创新创业公司的尽调效率和服务能力。

参考文献

[1] Merton R C. On the Pricing of Corporate Debt: The Risk Structure of Interest Rates [J]. The Journal of Finance, 1974, 29 (2): 449—470.

[2] 谷小青. 美国高收益债券市场的发展及启示 [J]. 银行家, 2010 (11): 78—81.

[3] 何君光, 陈佳. 发展中小企业高收益债券若干问题的探讨 [J]. 经济学动态, 2010 (7): 78—80.

[4] 贾昌杰. 美国高收益债券市场发展的经验及其启示 [J]. 金融论坛, 2012 (11): 64—71.

[5] 刘水林, 郜峰. 完善我国公司债券监管制度的法律构想 [J]. 上海财经大学学报, 2013, 15 (3): 34—41, 49.

[6] 宋逢明, 金鹏辉. 企业类债券市场解构及其监管理念创新 [J]. 改革, 2010 (6): 124—130.

[7] 袁志辉. 高收益债券信用风险评估: 预期损失率模型 [J]. 债券, 2014 (10): 41—47.

[8] 张自力. 全球高收益债券市场的发展: 格局演变及监管借鉴 [J]. 上海金融, 2012 (4): 74—78.

[9] 中国人民银行武汉分行, 长江证券公司联合课题组. 我国中小企业债券融资问题研究 [J]. 金融研究, 2007 (9): 55—67.

[10] 邹媛, 王疆婷, 褚良子. 高收益债券: 发行、风险与评级 [J]. 金融市场研究, 2016 (11): 73—79.

商品期货服务"三农"研究

万联证券股份有限公司课题组*

一、我国"三农"发展现状及国家支持政策

习近平总书记在党的十九大报告中指出,"农业农村农民问题是关系国计民生的根本性问题,必须始终把解决好'三农'问题作为全党工作重中之重。"党的十八大以来,在以习近平同志为核心的党中央坚强领导下,我国扎实推进农业现代化和新农村建设,全面深化农村改革,农业农村发展取得了历史性成就,为党和国家事业全面开创新局面提供了重要支撑。当前,发展不平衡不充分问题在乡村最为突出,主要表现在:农产品阶段性供过于求和供给不足的矛盾并存,农业供给质量亟待提高;农民适应生产力发展和市场竞争的能力不足,新型职业农民队伍建设亟待加强;农村金融改革任务繁重等。同时,未来关于农业贸易政策及全球保护主义的不确定性将提高,而中美贸易摩擦则进一步强化这种不确定性,对我国农业发展与粮食安全构成极大威胁。因此,对我国"三农"发展情况进行分析和研究,了解我国真实的"三农"状况,有助于国家相关政策的制定和乡村振兴战略的实施。

(一)我国"三农"发展现状

长期以来,党和政府都高度重视"三农"的发展。推动农村经济发展有助于优化农业经济结构、提高农民收入和促进新农村建设。随着我国农村体制改革的推进和一系列强农惠农政策的实施,农村经济发展取得显著的成就,农业生产能力逐年增强,农民收入水平逐步提升,农民生活质量显著提高。

1. 我国"三农"发展取得的成就

(1)农业生产能力逐年增强。近年来,我国农业生产能力不断增强,粮食连年丰收,自2003年以来,中国粮食总产量和人均粮食产量稳步提升。2017年,中国粮食总产量达

---

* 本文为中国证券业协会2018年优秀课题。课题负责人:吴玮颖;课题组成员:朱赞、李尉、叶一林、陈仕彦。

61 791万吨，比2016年增长166万吨，近十年年均增长1.75%。与此同时，人均粮食产量在2017年已达到452公斤，近十年年均增长1.39%（见图1）。

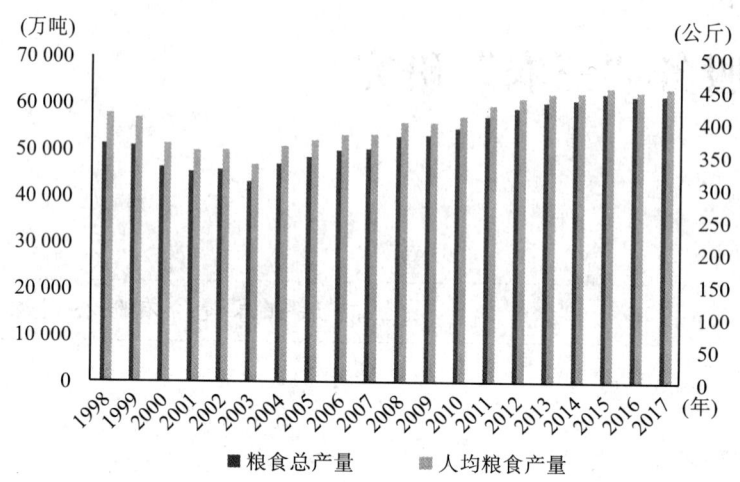

图1　1998—2017年中国粮食总产量及人均粮食产量

资料来源：国家统计局。

（2）农民收入水平逐步提升。随着农业生产能力的不断提高，我国农村人口的收入水平和消费能力得到极大提升。近二十年来，我国农村居民在人均可支配收入和人均消费支出方面均保持逐年增长。特别是2009年以后，我国农村居民在这两个方面的增速高于城镇居民，这也从侧面反映出"三农"发展取得了较为明显的成效（见图2、图3）。

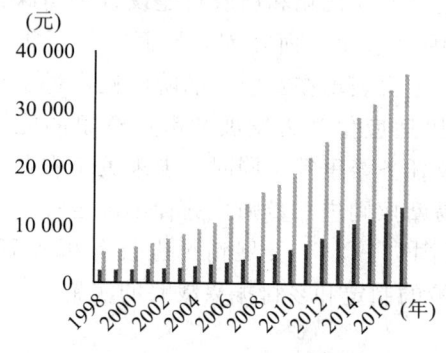

图2　1998—2017年中国农村和城镇居民人均可支配收入

资料来源：国家统计局。

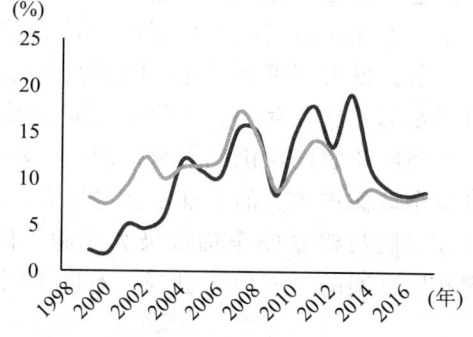

图3　1998—2017年中国农村和城镇居民人均可支配收入增速变化情况

资料来源：国家统计局。

（3）农民生活质量显著提高。2016年第三次全国农业普查结果[①]显示，我国农村居民在住房、主要生活能源和耐用消费品拥有量等方面的生活条件逐步得到提高。截至2016年

---

① 《第三次全国农业普查主要数据公报（第四号）》，国家统计局网站，2017年12月16日，网址：http：//www.stats.gov.cn/tjsj/tjgb/nypcgb/qgnypcgb/201712/t20171215_1563634.html，最后访问日期：2018年7月19日。

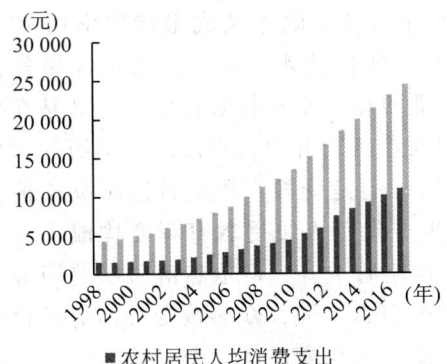

图 4　1998—2017 年农村和城镇居民
人均消费支出

资料来源：国家统计局。

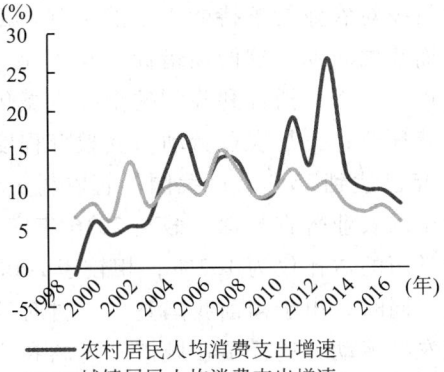

图 5　1998—2016 年农村和城镇居民
人均消费支出增速

资料来源：国家统计局。

底，全国 99.5% 的农户拥有了自己的住房。其中，拥有砖混结构和钢筋混凝土结构住房占比分别较 2006 年上升 17.8 个百分点和 6.5 个百分点，合计占比达 69.7%。同时，半数以上农民采用电、煤气、天然气以及液化石油气作为做饭取暖的主要生活能源。此外，2016 年，我国农村居民家庭平均每百户耐用消费品拥有量也大幅提升（见图 6）。随着农民生活条件的逐步改善和农村基础设施的不断健全，我国农民的生活质量显著提高。

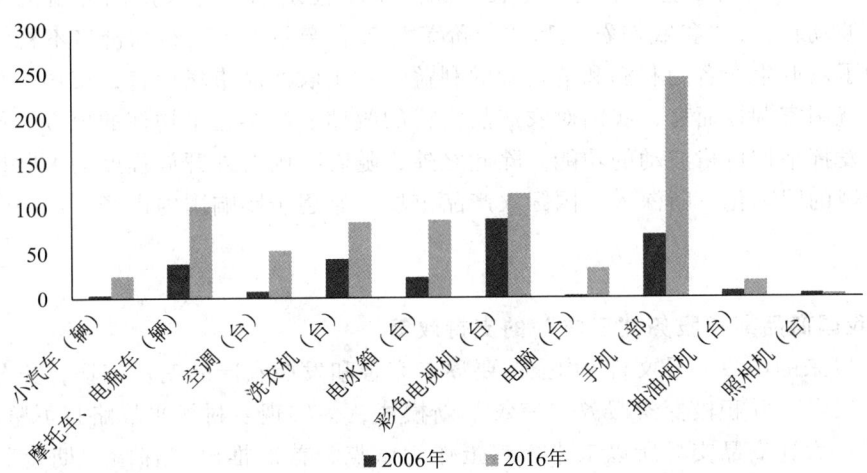

图 6　中国农村居民家庭平均每百户耐用消费品拥有量

资料来源：国家统计局。

2. 我国"三农"发展存在的不足

在我国"三农"取得变革性发展的同时，依然存在农业现代化水平较低、农业生产抗自然风险能力不强、农产品市场调控能力不足等问题，尤其是与发达国家相比仍有较大的差距，我国"三农"发展任重而道远。

（1）农业现代化水平较低。中国农业科学院研究表明，当前我国农业科研水平落后发达国家至少 15—20 年，差距仍然不小。我国农业现代化水平低主要体现在以下三个方面：

一是科技对农业的支持能力依然不强。欧美国家的农业科技贡献率及成果转化率达 70% 以上，而我国农业在这两项指标上均不足 40%；二是农业机械化水平不高。美国在粮食作物上实现了耕作、播种和收割的全程机械化，而我国农业机械化水平相对较低，尤其是在播种和收获环节；三是农业劳动力受教育程度较低。美国农业劳动者中大专及以上学历的比例在 2006 年已达到 25%，而我国尽管农村劳动力资源丰富，但是受教育程度普遍不高。根据第三次全国农业普查数据，截至 2016 年底，我国农业生产经营人员受教育程度构成中大专及以上学历的占比仅为 1.2%，相较于 2006 年的 0.2% 虽略有上升，但依然落后于美国等发达国家。同时，由于当前我国基层农村对高学历人才的吸引力不强，众多接受过高等教育的新一代农村劳动力选择留在城市，远离农业生产。农村缺乏文化素质高、劳动技能熟练、创新意识强的农业生产者，难以推动农业现代化水平提高。

（2）农业生产抗自然风险能力不强。目前，我国大部分地区的农业活动仍然采用传统分散的家庭式劳作形式，只有我国东北地区和西北地区的大面积农场以及少数农业合作社实现规模化生产。长期以来，我国传统的农业生产方式就是"靠山吃山，靠水吃水"，农作物产量容易受极端天气等自然灾害的影响，农民收入不稳定。与传统的分散式家庭生产形式相比，规模化农业生产具备更强大的生产设备、更专业的农业技术人员以及对天气和农作物生长状况更为严格的监控，对自然灾害的预防措施和应对能力更强。由于我国农业尚未实现大规模集中化生产，农业生产不仅难以取得规模效应、整体生产效率不高，而且缺乏足够的抗风险能力，无法有效分散风险。

（3）农产品市场调控能力不足。受农产品产量不稳定和国外农产品冲击的影响，我国农产品价格波动较大，"谷贱伤农"和"天价菜"等农产品市场供给和价格不稳定现象时有发生，影响了农业生产者的利润和消费者的利益。对于农产品市场而言，市场的自我调节具有滞后性；就国家调控而言，我国对农产品实行的收储机制存在不均衡的地方，使得储备体系难以有效发挥平抑价格波动的功能。除此之外，随着我国对外开放程度的不断提高，尤其是农产品领域的国际化不断深入，国际农产品市场开始逐步影响国内市场，进一步加大了调控难度。

（二）我国商品期货服务"三农"的支持政策

2004 年以来的中央一号文件①均强调要逐步完善和发展农产品期货市场，充分利用商品期货服务"三农"并积极探索服务"三农"新模式，为实现乡村振兴战略打下坚实基础。

2015 年，大连商品交易所以玉米、鸡蛋作为试点，首次推出"保险+期货"模式服务"三农"，该模式得到了政府和市场的认可，2016 年 1 月发布的《关于落实发展新理念加快农业现代化实现全面小康目标的若干意见》和 2016 年 3 月发布的《中华人民共和国国民经济和社会发展第十三个五年规划》都提出要稳步扩大"保险+期货"试点。随后，相关部委也相继发文，仅 2017 年就颁布了 4 份相关指导意见，可见党和政府对"三农"发展的重视（见表1）。

---

① 2011 年中央一号文件为《关于加快水利改革发展的决定》，并未涉及商品期货服务"三农"。

表 1　　　　　　　　　　　"保险 + 期货"模式相关支持文件

时间	文件	内容	发文机关
2016 年 1 月 27 日	《关于落实发展新理念加快农业现代化实现全面小康目标的若干意见》	稳步扩大"保险 + 期货"试点	中共中央、国务院
2016 年 3 月 17 日	《中华人民共和国国民经济和社会发展第十三个五年规划》	要稳步扩大"保险 + 期货"试点，扩大保险覆盖面	国家发展改革委员会
2017 年 2 月 5 日	《关于深入推进农业供给侧结构性改革 加快培育农业农村发展新动能的若干意见》	深入推进农产品期货、期权市场建设，积极引导涉农企业利用期货、期权管理市场风险，稳步扩大"保险 + 期货"试点	中共中央、国务院
2017 年 5 月 4 日	《关于保险业支持实体经济发展的指导意见》	开展农产品价格指数保险试点，探索建立农产品收入保险制度，稳步扩大"保险 + 期货"试点，利用保险业务协同优势，运用农产品期货、期权等工具对冲有关风险	保险监督管理委员会
2017 年 10 月 25 日	《关于促进农业产业化联合体发展的指导意见》	鼓励探索"订单 + 保险 + 期货"模式	中华人民共和国农业部等 7 部门
2017 年 11 月 11 日	《关于全面深化价格机制改革的意见》	完善新疆棉花目标价格政策，合理确定目标价格水平和定价周期，优化补贴办法，探索开展"保险 + 期货"试点，促进新疆棉花优质稳定发展	国家发展改革委员会
2018 年 1 月 2 日	《关于实施乡村振兴战略的意见》	深入推进农产品期货期权市场建设，稳步扩大"保险 + 期货"试点，探索"订单农业 + 保险 + 期货（权）"试点	中共中央、国务院

资料来源：万联证券整理得出。

二、商品期货服务"三农"概述

商品期货具有价格发现①和套期保值②的功能。在服务"三农"方面，商品期货有助于稳定农产品价格、完善农产品定价机制、保障农民收入和提高农民风险管理能力。

（一）商品期货服务"三农"的途径

1. 利用价格发现功能服务"三农"的途径

（1）预测价格变动，稳定农民收入。农业生产者通常根据上一年度农产品价格安排本

---

① 价格发现是指买卖双方的市场化交易能够推动特定产品的交易价格达到均衡。
② 套期保值的目的是在期货和现货市场之间建立盈亏冲抵机制以锁定成本，获取稳定收益，通常采用在期货和现货两个市场进行方向相反交易的方式。

年度种植计划。但是农业生产的持续周期较长，价格发现存在滞后，农民对价格的预测常常与实际情况不一致，由此造成农产品价格和产量的巨大波动，农业生产缺乏准确的价格预测工具。而期货价格的形成是基于众多投资者的专业判断，考虑了影响农产品价格的诸多因素，具备较高的前瞻性和权威性。因此，农业生产者能够通过分析商品期货合约和现货合约未来的价格走势，得到农产品现货的预期价格。期货市场的价格发现功能有助于农业生产者尽早锁定未来的销售价格、降低农产品价格波动性，实现经营收入的稳定。

（2）指导农业生产，调整种植结构。市场经济环境下的农产品生产离不开有效的市场价格信号。信号越准确，农产品生产越符合市场需求。相比于现货市场，农产品期货市场不仅供求信息集中，而且参与者具备专业的投资和预测能力，由此产生的农产品期货价格对未来市场的预测更具代表性和权威性。因此，农产品期货价格信号能够指导农业生产者在分析不同农产品期货价格基础上，遵循收益最大化原则合理安排种植面积，积极调整种植结构，实现未来农产品市场的供求平衡。

此外，由于商品期货的交割品质量标准统一，只有符合相应质量标准的农产品才能够参与交割，一定程度上能够发挥优质优价的定价原则指引，推动农民调整种植结构比例，提高优质品种占比。优质品种能够满足期货市场交割的要求，以套期保值等形式在期货市场上交易，获得高于现货交易的收益，做到优质优价，从而进一步推动产业结构升级调整。以大豆为例，大连商品交易所上市交易的大豆期货基准交割品是标准化的优质大豆，其市场价格高于普通的混合大豆。豆农若要参与期货市场进行套期保值，则会主动种植优质大豆，进而实现大豆品种优化。

2. 利用套期保值功能服务"三农"的途径

（1）规避价格波动风险。由于具备套期保值功能，期货市场能够为农业生产者提供风险管理工具，转移价格风险，锁定经营利润。在实际生产中，农民和涉农企业经常面临农产品价格波动风险，为了避免此类风险，农业生产者可以在粮食收获之前建立与现货市场方向相反、数量匹配的农产品交易头寸。在农产品收获后，若现货市场农产品价格高于合约约定的期货价格，就在期货市场买入相应的期货合约进行对冲，同时将农产品在现货市场上卖出，反之则进行实物交割。由此锁定利润，实现预期收益，从而规避价格波动风险。

（2）促进涉农信贷发展。涉农信贷的发展符合国家普惠金融发展的政策要求，商品期货市场的套期保值功能有助于推动涉农信贷的发展。为有效规避面临的价格风险，农业生产者利用期货市场进行套期保值，随着套期保值数量和质量的不断增加，农业生产者的资信水平进一步提高，贷款的信用风险逐步下降，企业借贷能力获得增长，反过来推动银行发放贷款的积极性和可控性上升，提升涉农信贷的规模与质量。

（二）商品期货服务"三农"的主要模式

目前，我国商品期货服务"三农"主要有以下两种模式：一是传统的套期保值模式；二是"保险+期货"模式。相较于传统的套期保值模式，后者由于对专业性知识要求不高，不需要农民了解复杂的期货市场交易规则就能提供风险规避，更符合现阶段我国农民受教育水平不高的国情，从而具有更高的推广价值。

1. 传统套期保值模式

套期保值是商品期货服务"三农"的主要模式，通常分为买入套期保值和卖出套期保值。农业企业在买进原材料或者卖出农产品的同时,在期货交易所进行相反的操作,卖出(或买进)同等数量的农产品期货交易合同以实现保值的目的。这种模式可以降低农业企业在价格发生不利变动情况下的损失,保证农业企业风险可控。

传统的套期保值模式具有以下三个特点:一是以涉农企业为参与主体;二是需有较高的市场基本面研究和分析能力;三是对于实现精准套保交易(把握入市操作的时机和价格)方面有较高要求。因此,大多数农业生产者不具备直接参与套期保值的条件,无法利用期货市场规避价格风险。

2. "保险+期货"模式

"保险+期货"模式通过引入保险公司和证券期货经营机构,直接为农业生产者提供风险管理工具。这一模式克服了传统套期保值对专业性和复杂性的高要求,为农户参与农产品价格风险管理提供便捷有效的工具。该模式也改变了过去证券期货经营机构和保险公司各自单独服务"三农"的形式,在发挥证券期货经营机构专业能力的同时,充分利用保险公司已有的产品研发经验和客户基础,为实现商品期货服务"三农"提供新途径。在该模式中,农民、保险公司和证券期货经营机构共同参与并且各自实现收益,真正达到了共赢。该模式实质上是"农业保险+场外期权+场内期货"模式,其具体运行流程如图7所示。

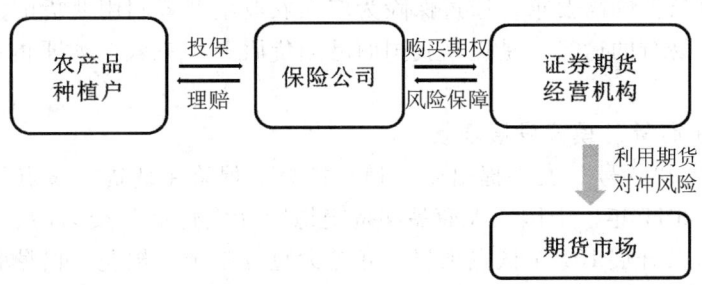

图7 "保险+期货"模式运行图

首先,以商品期货价格作为参考,保险公司与证券期货经营机构综合考虑农民生产的实际情况,共同设计保险产品,为农民从事生产活动提供保障。

其次,农民通过保险公司为农产品保险,若保险期内出现农产品价格低于合约价格,则由保险公司负责赔偿。

再次,为对冲农产品保险的价格波动风险,保险公司通常会向证券期货经营机构买入保险标的的场外看跌期权。

最后,证券期货经营机构在期货市场用期货合约复制出相应的场外期权,对冲风险。

在此模式中,参保农民的收益情况如图8所示。当农产品价格高于目标价格时,农民在保险项下无法获得理赔,但由于农产品价格上涨,农民可在现货市场卖出农产品获利,农民的最终收益取决于卖出现货的收益与前期所支付的保险费之差。当农产品价格位于收支平衡价格与目标价格之间时,农民在保险项下获得理赔,但由于此时保险费支出高于获赔金额,所以总收益为负,亏损金额是保险费与获赔金额之差。当农产品价格低于收支平衡价格时,农民获得理赔,此时获赔金额高于保险费支出,故其获得正收益,获利金额为获赔金额与保险费之差。

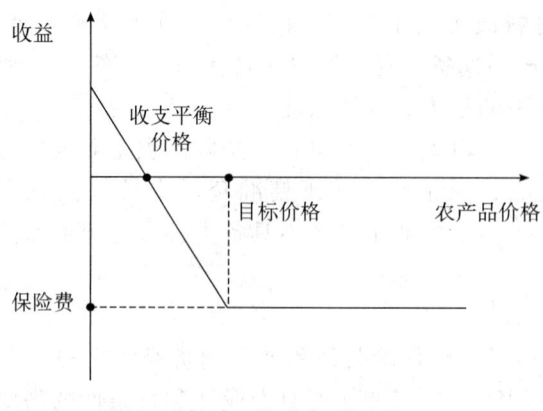

图 8 "保险 + 期货"模式收益图

三、我国"保险 + 期货"服务"三农"试点情况

"保险 + 期货"模式是除传统套期保值模式以外一种新的尝试，它改变了传统模式对知识专业性和操作复杂性的高要求，通过保险为广大农业生产者利用期货市场规避农产品价格风险提供了便捷、易行的途径，是提高我国商品期货服务"三农"水平的有益探索。

(一)"保险 + 期货"模式发展现状

自 2016 年中央"一号"文件提出要"稳步扩大'保险 + 期货'试点"以来，试点项目不断增加。2016—2017 年，中国三大商品期货交易所（大连商品交易所、郑州商品交易所、上海期货交易所）共开展 101 个试点项目，涵盖大豆、玉米、棉花、白糖和天然橡胶。试点涉及 13 个省（直辖市），扶持金额超过 1.5 亿元，在服务"三农"方面取得不俗的成绩（见表 2）。

表 2　2016—2017 年我国"保险 + 期货"试点项目开展情况

交易所	品种	试点地区	试点项目个数（个）	扶持资金（万元）
大连商品交易所	大豆、玉米	黑龙江、吉林、辽宁、内蒙古、河北、安徽和重庆	44	9 000
郑州商品交易所	棉花、白糖	山东、新疆、河北、广东、云南和广西	34	2 425.2
上海期货交易所	天然橡胶	海南、云南	23	3 960

大连商品交易所最早开展"保险 + 期货"试点，取得较好成效。2017 年，大连商品交易所开展 32 个试点，覆盖黑龙江、吉林、辽宁、内蒙古、河北、安徽和重庆等省（直辖市）。共有 25 家期货公司和 8 家保险公司参与试点项目，涉及玉米现货约 67.83 万吨，大豆现货约 11.4 万吨，种植面积约 206.87 万亩。相较于 2016 年，2017 年试点项目在模式创新、可行性和成熟性等方面显著提高，充分发挥支农、惠农和精准扶贫等功能，试点影响力进一

步扩大。①

(二) 我国"保险+期货"模式典型案例

通过市场调研及与相关机构沟通,本文从地区、品种、保险类型等维度出发,选取 3 个典型试点项目分析。

1. 云南省勐腊橡胶价格保险项目②

(1) 项目背景。云南省勐腊县是国家级贫困县,其主要经济作物为橡胶,全县橡胶种植面积约 224.2 万亩,年产干胶总量达 16.8 万吨。橡胶种植业的发展关系到勐腊县胶农的切身利益。然而,近年来受天然橡胶价格波动加剧以及生产成本上升的影响,当地橡胶种植产业发展并不令人满意。为保障广大胶农利益,提高胶农生产积极性,促进当地经济发展,改变贫困的现状,云南省勐腊县发展天然橡胶种植业迫切需要风险管理工具来规避橡胶价格波动风险。

(2) 项目概况。试点项目为 1 030 户农户提供 2 000 吨天然橡胶价格保险,覆盖面积 2 万亩,保险金额达 3 000 万元,项目要素见表 3。

表 3　　　　　　　　2017 年勐腊天然橡胶价格保险项目要素

项目要素	内　容
标的名称	上海期货交易所天然橡胶合约 (ru1 801)
目标价	15 000 元/吨
保险期间	2017 年 6—9 月
承保数量及面积	2 000 吨,覆盖 20 000 亩橡胶种植区域
理赔条件	市场价低于目标价
市场价	保险期间期货收盘价的算术平均价
项目期权类型	看跌期权

(3) 项目理赔情况。该项目 2017 年 9 月 27 日截止时天然橡胶的市场价格为 15 900 元/吨,高于目标价格 15 000 元/吨,故保险公司未对农户进行理赔。农民仅支付了保险费用,获得对天然橡胶价格不利波动的风险规避。

2. 黑龙江省嫩江大豆价格保险项目

(1) 项目背景。黑龙江省嫩江县拥有近 700 万亩的大豆种植面积,年均大豆产量高达 105 万吨,贡献了全国大豆总产量的 10%。随着农业供给侧改革的不断推进,东北三省一区(辽宁省、吉林省、黑龙江省及内蒙古自治区)开始实行市场化收购加补贴机制,替代原有的大豆目标价格补贴政策。由此导致的价补分离和市场化定价将推动价格波动加大,农民在大豆种植过程中面临的风险加大,自身利益难以保证,收入很不稳定。此外,近年来随着我国农产品市场对外开放水平的不断提高,豆农的收入受到一定影响,农民参与大豆种植的积

---

① "'保险 + 期货'支农惠农能力提升",http://www.dce.com.cn/dalianshangpin/xwzx93/mtkdss/6087696/index.html,最后访问日期:8 月 1 日。

② "天然橡胶'保险 + 期货'业务风险管理实务研究——以云南勐腊橡胶价格保险精准扶贫项目为例",http://www.shfe.com.cn/content/2018 - bxjqh/zhesqh.pdf,最后访问日期:8 月 2 日。

极性下降。为保障嫩江县农民收入稳定,充分调动当地豆农参与种植大豆的积极性,保证国内大豆供应的充足,嫩江大豆生产迫切需要开展试点。

（2）项目概况。① 试点项目承保大豆现货 1.45 万吨,承保面积为 11.15 万亩,涉及农户 21 户,保险金额逾 174.5 万元,项目要素见表 4。

表 4　　　　　　　　　2017 年嫩江大豆价格保险项目要素

项目要素	内　　容
标的名称	大连商品交易所黄大豆 1 号合约（a1 801 合约）
目标价	根据盘面价格以点价*确定
保险期间	2017 年 6—11 月
承保数量及面积	14 500 吨,覆盖 11.15 万亩大豆种植区域
理赔条件	市场价低于目标价
市场价	（1）2017 年 10 月 31 日前以点价方式确认的保险标的盘面价格作为市场价格; （2）2017 年 11 月 1 日至 11 月 30 日以每个交易日保险标的收盘价的算术平均价作为市场价格
项目期权类型	看跌期权

注：点价指以期货价格加上或减去双方协商同意的升贴水来确定双方买卖现货商品的价格。

（3）项目理赔情况。嫩江大豆价格保险项目于 2017 年 10 月 26 日结束,所有参保的 21 户农民均以点价作为理赔价格,在市场价格有利时实现提前了结协议,收益得到有效保障。最早的理赔发生在 2017 年 9 月 11 日,一位参保农户以 113 元/吨的点价为其投保的 800 吨大豆行权,总计获赔 9.04 万元。此后陆续有其他参保农户根据市场情况了结项目并获得赔付,理赔单价最高的一位农户的 1 485 吨大豆以 160 元/吨的价格得到 23.76 万元赔款。项目整体平均理赔价格为 120.3 元/吨,全部参保的 1.45 万吨大豆总计获赔 174.5 万元。

3. 重庆市万州区玉米收入保险项目②

（1）项目背景。由于重庆当地具有较为发达的养殖业,故在重庆市万州区、开州区和云阳县 3 个国家级贫困县有大量农户从事玉米种植。但是由于地形限制,当地种植的玉米品种大多是每亩产量 200—500 公斤的中高山玉米,单产不高且易受天气影响,产量稳定性难保证,因此农民的收入普遍不高。为改变当地玉米种植户收入不稳定的现状,进一步保护农民的利益,重庆玉米种植产业迫切需要合适的风险管理工具。

（2）项目概况。试点项目的对象为重庆市万州区、开州区和云阳县三地的玉米种植户,同时为实现精准扶贫,试点项目不仅邀请 14 户玉米种植大户参与保险,而且将当地 4 220 户贫困户纳入保险范围,为这些玉米种植者 3.6 万亩合计 1.5 万吨的玉米提供收入险保障,项目要素见表 5。

---

① "服务'三农'嫩江'保险+期货'试点迈入更深层次",和讯网,2017 年 7 月 10 日,网址：http：//futures. hexun. com/2017 - 07 - 10/189978234. html。

② "重庆地区玉米收入险试点：非主产区的'三农'服务创新抓手",和讯网,2018 年 8 月 13 日,网址：http：//futures. hexun. com/2018 - 08 - 13/193765032. html。

表 5　　2017 年重庆市万州区玉米收入保险项目要素

项目要素	内　容
标的名称	大连商品交易所玉米合约（c1 801 合约）
目标价	1 680 元/吨
平均目标收入	700 元/亩
保险期间	2017 年 6—10 月
承保面积及目标亩产	开州区涉及种植面积 3 万亩，目标亩产 450 公斤；万州区和云阳县分别涉及种植面积 3 500 亩和 2 500 亩，目标亩产 250 公斤
理赔条件	价格下跌和产量降低共同导致的销售收入低于保险合同约定的预期收入，理赔产量以实际测定为准
市场价	2017 年 10 月 1 日至 10 月 31 日各交易日保险标的收盘价的算术平均值
项目期权类型	看跌期权

（3）项目理赔情况。该项目于 2017 年 10 月 31 日截止。经实际测定，3 个地区平均亩产为 401.7 公斤，减产 4.3%；市场价为 1 669.76 元/吨，低于目标价 1 680 元/吨。保险公司向所有参保的贫困户及种植大户赔付 106.73 万元，其中，贫困户共获赔 18.27 万元。

（三）我国"保险＋期货"模式服务"三农"的问题分析

"保险＋期货"模式作为商品期货服务"三农"的一种新途径，对于发展农村经济、促进"三农"问题的妥善解决具有重要意义，具备广阔的应用前景。但是通过上述案例，依然可以看到当前的试点项目还存在不少问题。

1. 政府支持有待加强

（1）保费补贴设计有待完善。在"保险＋期货"模式中，保费支出至关重要，是该模式运行的关键一环，过高或者过低的保费都不利于该模式推广。一方面，过高的保费会降低收入本就不高的农民参与保险的积极性，加重农民负担；另一方面，过低的保费无法完全覆盖保险公司成本，项目运行不具有可持续性。政府如何利用保费补贴协调农民与保险公司对保费需求的不一致将成为该模式能否顺利推广的前提。从前期试点的情况来看，由于开展的试点项目数量少、规模小，农业部、交易所、期货公司或地方政府尚能为农户提供保费补贴，推动试点项目正常运行。未来随着该模式的全面推广，所需的财政补贴也将越来越多，财政是否还能够承担这部分支出将成为该模式能否持续发展的关键。因此，迫切需要多样化保费补贴渠道来丰富保费补贴来源，确保项目的良性运转。

（2）职能分工不明确。作为一种新型的避险工具，上述模式在实际应用中处于起步阶段，在管理机构设置和政策制定方面，我国尚存在相关机构职能分工不明确、管理政策不完善等情况。如在管理政策方面，由于上述模式涉及保险、期货和农业三个领域，需要在国家层面确立具体牵头部门进行统筹管理，加强业务协同。

2. 农产品期货市场亟须健全

（1）现有已上市农产品期货品种较少。目前，我国共有 19 个农产品期货品种，数量相对较少，且集中于谷物、豆类和菜籽类等农产品，无法充分满足对冲需求。同时我国的农产品期货缺少猪、牛等活物品种。作为生猪养殖和消费大国，我国的 CPI 与猪肉价格密切相关,但目前商品期货市场上尚无生猪期货。此外,受限于复杂的上市审批流程,新增农产品期货品种数量较少,这些都在一定程度上限制了该模式进一步服务"三农"。

(2) 在试点中未充分利用已有的上市农产品期货品种。在当前的试点项目中,采用的农产品期货主要集中于玉米、大豆、白糖、棉花和天然橡胶等少数几个品种,仍然有不少与农业生产者息息相关的品种并未开展试点。

(3) 农产品期货交割品标准过高。在试点过程中发现,相比于农民种植的农产品,用于期货交割的标准农产品要求较高。尽管设置高标准交割品有助于指导农民调整种植结构,优化农产品品质,但是这在一定程度上降低了商品期货服务"三农"的受众范围。除少数农业生产组织外,多数农民无法在短期内实现种植结构调整,因而无法充分参与并利用商品期货规避风险和保证收益。

(4) 市场参与主体尚待进一步多样化。当前,我国的期货市场主要以散户为主①,机构参与者虽有较大的发展,但数量仍不多,除证券公司、基金公司以及期货公司外的其他金融机构尚无法开展商品期货及场内期权交易。即便在可开展相关业务的金融机构中,目前也仅有期货公司参与了"保险+期货"模式的运作,证券公司和基金公司都尚未参与到该模式中(见表6)。

表6 金融机构参与商品期货及期权概览

监管机构	机构类别	参与主体	商品期货	期权
中国证券监督管理委员会	证券公司	证券公司自营	√	√
		证券公司定向资产管理计划	√	√
		证券公司集合资产管理计划	×	×
	基金公司	证券投资基金	×	×
		基金管理公司及其子公司特定客户资产管理产品(基金专户)	√	√
	私募基金公司	私募基金管理机构	√	√
	期货公司类	期货公司风险管理子公司	√	√
中国银行保险监督管理委员会	保险公司	保险机构资产组合	×	×
	信托公司	集合信托产品	×	×
	银行	单一信托产品	—	
中国人民银行、中国证券监督管理委员会、国家外汇管理局	境外机构	合格境外机构投资者	×	×
		人民币合格境外机构投资者	×	×

(5) 场内期权发展不充分。我国农产品期货场内期权发展滞后,目前只包括豆粕期权和白糖期权两个品种。在开展"保险+期货"业务过程中,期货公司需要对冲卖出的场外期权,而场内期权的缺乏使得期货公司不得不以在期货市场复制场外期权的形式实现对冲。

---

① 官平:"期货仍是'散户市' 机构客户占比仅2%",中国证券报网站,2015年11月25日,网址: http://www.cs.com.cn/zzqh/201511/t20151125_4848269.html,最后访问日期: 2018年8月4日。

由于场外期权存在价格形成机制不透明、履约能力不保证、违约风险不可控、流动性不足等多种问题，相比于直接利用场内期权，通过期货市场复制场外期权的成本要高出 30% 左右。这部分由保险公司、期货公司承担的因场内期权缺失而导致的成本的增加，最终在农业生产者、保险公司和期货公司之间分摊，降低了产业链整体的收益，不利于模式的复制与推广。

3. 农业生产者的避险意识与能力亟待提高

农业生产者作为重要参与方与最终受益方，是整个模式运行的起点和终点，只有农业生产者广泛参与，才能发挥商品期货服务"三农"的作用。然而，目前我国的农业生产者对于农业保险和期货价格认知不全面，普遍缺乏避险意识与能力。

一方面，在试点项目中，大多数农民将农业保险视作投资理财产品，刻意追求理赔收益，忽视保险产品缓释风险的实质，并且对农产品期货价格认识不足。

另一方面，长期以来，由于我国农业实行粮食托市政策，农业生产者缺少主动规避风险的动力，主要依靠国家干预来提高价格、降低风险，缺乏独立应对风险的能力。在国家进一步开放农产品价格管制、推动农产品价格市场化的大环境下，广大的农业生产者既缺少避险意识，又缺乏足够的金融期货知识与能力，难以积极运用新模式来规避风险。

四、境外成熟市场服务农业经验借鉴

商品期货作为一种管理农业风险的市场化手段，在境外成熟市场得到广泛应用。在美国与加拿大，农业生产者除了参与期货市场外，还可以通过"保险+期货"模式参与农业风险管理。在该模式中，美国的收入保险与加拿大的西部牲畜价格保险计划（The Western Livestock Price Insurance Program，WLPIP）是典型的代表。我国在利用商品期货服务"三农"方面仍处于起步阶段，借鉴境外成熟市场的相关经验有助于创新我国期货市场服务"三农"渠道，促进"三农"发展。

（一）美国"保险+期货"模式

1. 美国农业保险经营模式

美国农业保险实行"政府主导、商业保险公司经营"的经营模式，即联邦政府负责提供农业保险保费和经营管理费用补贴，联邦风险管理局（Risk Management Agency，RMA）负责规则制定、行业监督和再保险，商业保险公司直接开展农作物保险业务。

（1）联邦政府。为保证农业保险运行有效，充分发挥政府主导的作用，美国政府设置专门机构对农业保险业务实行监管。1938 年，由政府直接经营并给予财政支持的联邦农作物保险公司正式成立，负责管理和经营全国农作物保险。1996 年成立的风险管理局负责管理联邦农作物保险公司并承担其大部分职责，联邦农作物保险公司仅负责向商业保险公司提供再保险保障。

目前，美国农业部风险管理局下设 10 个办事处，每个办事处分管 3—14 个州，其主要职责包括确定农作物保险费率、为农户提供保费补贴、为私营保险公司提供经营费用补贴和再保险支持并监管其业务开展、初步审核私营保险公司开发的新险种并推广以及其他有利于农业保险开展的工作。例如，提供在线保险工作手册和保费计算等。

（2）商业保险公司。在美国农业保险体系中，联邦政府提供管理费、保费补贴和再保险支持等多项支持措施。商业保险公司参与农作物保险通常能够获利,因此商业保险公司普遍积极参与农业保险,他们的主要职责包括经营农业保险、开发农业保险新产品以及通过《标准再保险协议》(Standard Reinsurance Agreement,SRA)向政府寻求再保险等。

2. 美国农业保险与期货市场的结合

近年来,美国农业保险收入略有所下降,但收入保险①的业务占比较为稳定,始终保持在 78% 以上,在美国农业保险中占主导地位。2017 年,美国收入保险产品保费收入 81.88 亿美元,是产量保险的 6 倍;收入保险的保障水平为 806.52 亿美元,是产量保险的 4 倍(见图 9)。

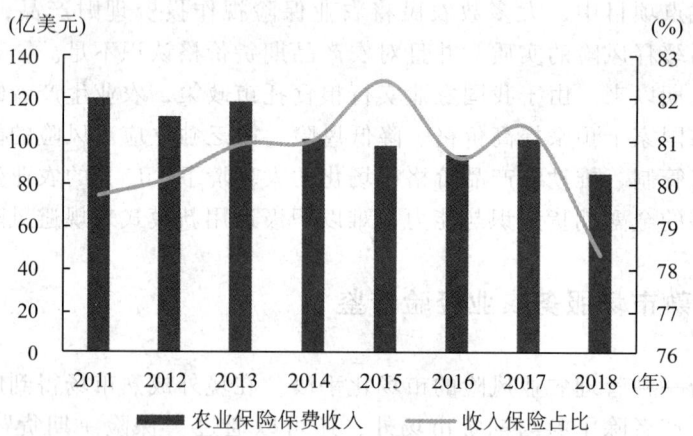

图 9 2011—2018 年美国农业保险保费收入及收入保险占比

资料来源:美国农业部农业风险管理局。

保险与农产品期货的有机结合是美国收入保险成功的决定因素。收入保险产品设计时使用芝加哥商业交易所集团(Chicago Mercantile Exchange,CME)的农产品期货价格作为执行价格,实现保险与期货的有机结合。美国农作物收入保险与期货结合的成熟模式与我国"保险+期货"模式近似,其在预测价格与收获价格的设定以及风险分散方面的经验有助于进一步发挥我国"保险+期货"模式服务"三农"的作用。

美国农业收入保险体系已经建立了成熟稳定的风险承接机制。保险公司通过期货市场进行套期保值进而对冲风险,所以无论是农产品丰收导致价格下跌造成农民收入下降,还是农作物由于自然灾害出现产量下降导致农民收入下降,保险公司都可以实现赔付。与之相对,投保收入保险的农民只要实际收入未达到保险保障收入水平,就能获得保险公司理赔。农业收入保险充分利用农产品期货市场进行风险对冲,有效缓释了农产品的市场风险和产量风险,保障了农民收入的稳定。

目前,美国提供包括收入保护保险(Revenue Protection,RP)、农场整体收入保障计划(Whole Farm Revenue Protection,WFRP)、区域收入保障保险(Area Revenue Protection,ARP)等在内的 11 种收入类保险产品。例如,乳制品收入保险(Dairy Revenue Protection,Dairy-RP)就是在牛奶季度销售收入出现意外下降时为牛奶生产者提供收入保障。该保险

---

① 收入保险指在农作物产量降低或农作物价格剧烈波动的情况下,以保障农民实际收入不受影响为目的的保险。

预期收入是基于芝加哥商品交易所挂牌的三级和四级牛奶期货价格或乳制品商品价格以及所选乳制品供应商的覆盖牛奶产量。其中，覆盖牛奶产量是根据当地乳制品生产商编制指数计算的，保费是根据期权定价方法确定的。乳制品收入保险的作用类似于一个乳制品收入看跌期权，当乳制品产量或者价格变化导致农民收入下降时，能够保障农民获得合理收入，从价格与产量两个方面为农户提供保障。

（二）加拿大"保险+期货"模式

1. 加拿大农业保险经营模式

加拿大农业保险计划的参与方包括联邦政府、省政府和农户。联邦政府并不设立全国性的农作物保险公司，而是通过财政补贴、再保险和巨灾条件下提供融资等方式支持各省开展农业保险。加拿大各省政府分别出资设立一家专门开展农业保险的非营利性保险公司，并拥有开展农作物保险计划和再保险计划的自主权。在开展农作物保险业务时，各省政府自行设计保险计划并由农业保险公司与加拿大联邦政府（农业部代表联邦政府）签订协议。

在加拿大农业保险经营模式中，加拿大联邦政府和各省政府分别承担不同职责，共同推动农业保险运作。联邦政府主要承担以下两个方面责任：一是研究农作物保险政策并通过立法来管理农业保险；二是为各省提供保险费补贴、管理费补贴以及再保险服务。各省政府同样承担两个方面职责：一是为农作物保险计划制定合适的法律并开展和管理相应的保险计划；二是确保农作物保险开展顺利、理赔及时，并给予保险公司相应补贴。联邦政府农业部和各省农业部负责监管农作物保险公司，不涉及商业保险及其监管部门。

2. 加拿大农业保险与期货市场的结合

与美国农业保险类似，加拿大农业保险同样注重利用期货市场服务农业。加拿大各省政府辖下的非营利性保险公司通过利用美国发达的期货市场（例如芝加哥商品交易所），为当地农户设计符合需求的风险管理工具，保障农户利益不受农产品价格剧烈波动的影响，提升农民参与农业种植的积极性，保证国家农业稳定。

加拿大利用期货市场服务农业的典型例子是2011年推出的加拿大生猪价格指数保险（Hog Price Insurance Program，HPIP）。生猪价格指数保险实质上是一种看跌期权，给予投保农户在生猪价格下跌时以保险目标价成交的权利，即由保险公司赔付目标价与市场价之间的差额，而生猪价格上涨时投保农户依然能够以较高的市场价成交。加拿大生猪价格指数保险的定价采用以美国芝加哥商品交易所期货价格为基础并考虑生猪综合差异指数及加拿大兑美元汇率的方式。

（三）对我国商品期货服务"三农"的启示

经过几十年的发展，美国和加拿大均在利用商品期货服务农业方面形成了适合本国国情的模式，他们将保险和期货有机结合，推动政策性农业保险发展。相较而言，目前我国的农业保险机制还处于起步阶段，在保险产品设计、期货市场发展以及法律监管环境方面，还有相当长的路要走。借鉴这些境外成熟市场利用商品期货服务农业的经验，有助于探索符合我国国情的商品期货市场服务"三农"模式。

1. 设置专门的业务部门

在美国与加拿大，为更好地管理农业保险业务，政府都会设置专门的监管机构，统一协调业务开展。在美国，政府始终在农业风险管理中占主导地位，通过设立风险管理局对农业保险的实践与发展进行指导与监管，营造公平的环境，确保农民的利益得到保护。在加拿大，尽管具体农业保险业务开展计划由各省政府自行决定，但联邦政府仍然承担着管理农业保险的责任。

2. 政府支持与市场化运作结合

当前，美国和加拿大均以农业保险保费补贴替代原有的农产品直接支持项目，实现世界贸易组织（World Trade Organization，WTO）规则下"黄箱"向"绿箱"的转变。在美国，联邦政府对农场主参与农业保险提供的保费补贴比例长期高于60%，并且为商业保险公司提供管理费补贴和再保险业务。在加拿大，所有农业保险公司均为国有，其经营成本完全由加拿大联邦政府和各省政府共同负担，同时参保农户能够获得来自联邦政府和各省政府的保费补贴，比例约为60%。尽管政府支持是农业保险的核心，但无论是美国还是加拿大都以市场化形式开展农业保险，避免对农业保险运作的干预，保证农业保险的顺利运营。

3. 农业保险种类丰富

农业保险的开展离不开多样的保险产品。美国提供包括产量类保险、收入类保险、区域性保险、指数类保险和其他在内的5类保险产品。其中，仅收入类保险就有11种。在加拿大，仅阿尔伯塔省就提供包括年度农作物保险计划、多年生农作物保险计划、直接雹灾保险计划和西部牲畜价格保险计划4类保险产品。美国和加拿大丰富多样的保险产品能够有效满足农业生产者的需求。当前，农业收入保险在美国发展迅速，由于其覆盖更全面，更符合农民避险需求，无论是保费收入还是市场份额，都已居美国保险险种前列，已成为美国农业最主要的保险品种。

4. 农产品期货市场品种齐全

期货价格是农作物保险价格确定的重要依据之一，农业保险对农作物的覆盖范围在很大程度上取决于是否存在对应的农作物期货。美国和加拿大之所以能够提供多样的农业保险，充分满足农业生产者需求，是因为美国的期货市场足够健全，农产品期货品种众多，保险公司能够充分参与农产品期货市场进行对冲风险。

5. 广泛开展投资者教育

美国注重开展投资者教育，主要通过宣传培训提高农民运用期货市场进行风险管理的水平。美国政府通过宣传培训等多种手段提高农民风险管理的意识与能力。数据显示，超过80%的美国农场主通过购买农业保险管理风险，这在很大程度上源于美国政府对于期货衍生品长期不遗余力的推广。

6. 利用信息化手段提供高效服务

在利用商品期货服务农业的过程中，美国和加拿大都建立了专业的信息公布网站，通过专业的农业保险网站为农业生产者提供政策介绍、保险项目说明、保费计算等多项便捷高效服务。

五、商品期货服务"三农"的政策建议

（一）加强政策支持及业务协同

1. 加大农产品保险专项保费补贴力度

农业保险不仅是风险管理工具，更是一项符合 WTO 规则的创新支农政策。WTO《农业协议》限制对农产品价格进行补贴的"黄箱"政策，而积极提倡收入补贴形式的"绿箱"政策（如农业收入保险中的保费补贴）。发达国家在《农业协议》的约束下，逐步减少对农产品价格补贴，并增加对农产品收入补贴，尤其是农业保险的保费补贴。

当前，我国各项补贴政策对农产品的综合支持量已接近农产品生产总值的 8.5%，对农业的进一步补贴支持将受到 WTO "黄箱"政策的约束，但是作为国民经济基础的农业仍然需要政府提供足够的补贴与支持。因此，我国可借鉴境外成熟市场经验，通过大力发展政策性农业保险保障粮食安全、提高农民生产积极性。政策性农业保险作为农村普惠金融的重要工具，在减少价格干预措施的同时，又可充分利用"绿箱"政策支持和保护我国农业生产。面对美国关于"扩大对美农产品进口，削减对农业的补贴"的贸易诉求，我国可以利用农业保险保费补贴替代原有的直接价格补贴，减少贸易摩擦。同时，我国还可参考美国在农业保险中提供 60% 以上保费补贴的做法，在推广"保险+期货"模式时逐步将其纳入政策性保险体系，加大财政支持力度，给予农产品保险足够的保费补贴，鼓励、支持农民用足用好相关政策，充分发挥这一模式对收入风险的缓释功能，从而更好地发挥商品期货市场服务"三农"的作用。

农产品保险的专项保费补贴可以采取以下三种形式：一是调整农业补贴结构，增加农业保险项目中政府保费补贴比例，降低农户自缴比例；二是通过给予保险公司补贴降低农业保险项目收费，从而间接降低涉农主体保费成本；三是推动证券公司扶贫模式多样化。

（1）对农户的直接补贴。在推动农产品价格改革的过程中逐步将"保险+期货"纳入其中，并由国家对相关试点项目进行政策补贴。通过财政补贴降低保费，既有利于扩大项目试点，也是对农产品价格补贴的有益探索。

对农户的补贴形式具体可以采用中央财政补贴、地方财政补贴与农户自缴的组合，通过调整农业补贴结构，在不增加额外补贴的前提下，将原来实行的最低收购价政策补贴、临时收储政策补贴和目标价格政策补贴按一定比例转化为农产品价格保险补贴。这种形式能够逐步实现我国价格支持政策由"价补合一"到"价补分离"的转变，有助于摆脱 WTO 关于"黄箱"政策的限制，给予我国农业发展充分的金融支持，保障粮食安全。此外，政府应针对不同农产品的产销特征、基础价格、投保面积以及当地农民的经济水平等因素，综合设定相应的保费补贴比例，控制农户保费自缴比例。

（2）对保险公司的补贴。对保险公司的补贴，可以采取对从事农业保险业务的保险公司提供经营管理费用补贴，或者对从事农业保险的支出按一定比例抵扣税款等形式。此外，还可以以政府牵头、金融机构参与的形式成立承担巨灾风险的巨灾风险保障基金。这既能给受灾农民赔付部分资金损失，也能减少保险公司的资金赔付压力。国家可通过上述形式的补贴积极引导保险公司在承保相关农业保险时降低保费，减少农户实际保费支出。

（3）推动证券公司扶贫模式多样化。目前，我国"保险+期货"模式中保费补贴的资金主要来源于政府、期货交易所和期货公司，但我国农业生产地域较广，生产的农产品品种较多，对农业保险保费补贴的需求也相应较多。当前，我国保费补贴的资金来源渠道远远不能满足农业发展的需要。为加快完善我国农业保险补贴体系，加速向"绿箱"转变，亟须拓宽保费补贴的资金来源渠道。

在中国证监会和中国证券业协会引导下，我国证券公司积极参与扶贫活动，扶贫工作成效显著。自 2016 年 8 月 4 日中国证券业协会发布《助力脱贫攻坚、履行社会责任——证券公司"一司一县"结对帮扶贫困县行动倡议书》以来,证券公司积极响应。截至目前,已有 98 家证券公司与 310 个国家级贫困县结对帮扶,扶贫模式由单纯的捐赠拓宽到产业扶贫,证券公司扶贫工作取得较大成效。在这一过程中,证券公司充分发挥金融资金的引导和协同作用,积极组建金融扶贫工作站、设立扶贫公益基金,为打赢脱贫攻坚战做出了巨大贡献(见表 7)。

表 7　　　　　　　　　　　证券公司扶贫工作成效

扶贫模式	扶贫金额(万元)
产业扶贫	23 304 395
公益扶贫	55 489

资料来源:万联证券整理得出。

目前,我国证券公司主要采用产业扶贫和公益扶贫两种扶贫模式。为进一步深化精准扶贫,提升金融服务"三农"水平,推动证券公司扶贫模式多样化,可考虑采用新的公益扶贫模式,即在结对帮扶的贫困县中,选取具备开展"保险+期货"项目条件的贫困县,由证券公司将对应该县的扶贫基金转化为对该县农户的保费补贴,积极鼓励、支持贫困农户参与试点项目,稳定其收益。该模式不仅提升证券公司金融服务"三农"的水平,而且有助于减轻国家财政压力,通过帮助农民提高风险管理意识、掌握市场化的风险管理工具,为日后构建农业风险管理的长效机制打下坚实基础。此外,为更好地引导证券公司通过该模式精准地开展脱贫攻坚工作,建议考虑在"证券公司脱贫攻坚等社会责任履行情况专项评价指标"中,增加上述"公益扶贫"新模式的统计指标,并明确指标统计口径及计分标准,激励证券公司加大服务力度,提升扶贫工作的精准性和成效性(见图 10)。

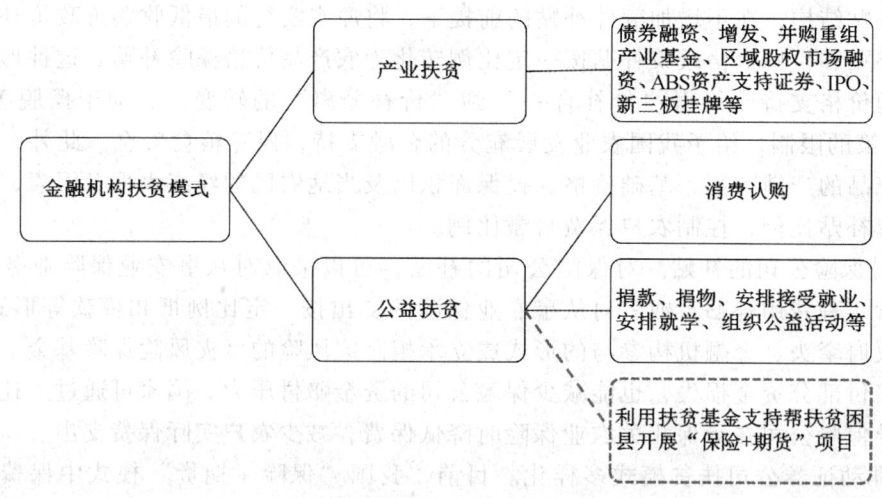

图 10　证券公司参与扶贫的主要模式

2. 加强多部门业务协同

(1)加强金融监管机构的业务协同。"保险+期货"模式同时涉及保险公司和证券期货经营机构。金融监管机构业务协同的重点在于构建平稳有序的项目运作外部环境。在该模式运作过程中，保险公司承担为参保农户设计保险产品的责任，并向证券期货经营机构购买场外期权转移风险，证券期货经营机构则承担提供场外期权并对冲相应风险的责任。为使项目顺利运行，需要确保整个业务链条包括保费及场外期权的定价合理，这需要中国银行保险监督管理委员会（以下简称"银保监会"）与中国证监会协同合作，制定这一业务模式的操作流程及相关制度，规范证券期货经营机构与保险公司业务开展（见图11）。

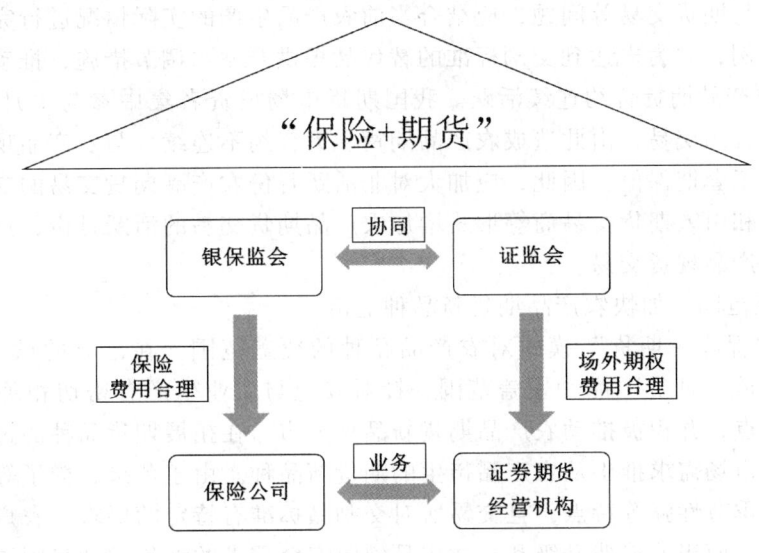

图11 金融监管机构业务协同模式

（2）加强金融监管机构与农业部门的合作沟通。为了更有效地通过商品期货与保险的结合服务"三农"，建议中国证监会、银保监会考虑加强与农业农村部的合作沟通。一方面，在选取农产品试点时，要综合考虑我国农业生产现状和未来发展方向，保证试点项目符合国家对农业农村前景的设计规划。另一方面，相关政策法规有待完善，《中华人民共和国农业法》中提出"鼓励保险公司开展农业保险业务"，但目前并没有法律条文进一步规范和促进农业保险业务的开展。因此，有必要完善相关政策法规，保障"保险+期货"服务"三农"模式的有序开展，推动我国农业保险发展水平和层次迈上新的台阶。

（二）健全农产品期货市场

1. 增加交易主体，完善期货市场交易机制

随着"保险+期货"试点项目规模的扩大，相应期货合约的对冲需求也逐渐增大，对于成交量大、交易活跃的农产品期货，若在特定时期存在大量的对冲需求，则会加剧农产品期货品种的价格波动，进一步提高整个项目成本。因此，我国需要完善期货市场交易机制，平抑农产品价格波动，降低参保成本。

（1）增加交易主体。期货市场参与者的增加有利于提高交易主体间的风险对冲机会。首先，推动现有粮食收储制度改革，市场风险会随着改革的进程逐步增加，进而推动农业企业参与期货市场。其次，参照境外成熟市场，在完善监管条例和保证合法合规前提下，对参与"保险+期货"模式运作的保险公司、再保险公司等金融机构放宽期货市场准入标准，允许其直接利用农产品期货、期权市场进行与被保农产品相关的风险对冲，从而有利于保险

公司针对投保农户的不同需求设计多样化的农业保险保单,提高保险覆盖面,亦可通过减少中间环节降低保费成本,提高农民的参保积极性。最后,提高期货市场国际化水平,通过政策调整鼓励境内证券公司和期货公司设立境外分支机构,吸引境外投资者参与我国期货市场。

(2)进一步完善农产品期货的交割品标准。针对当前存在的农产品期货交割品标准过高、阻碍农民参与期货交易等问题,应结合当前农产品生产的实际情况进行完善,提高农产品参与交割的比例,并为未达到交割标准的替代品提供升贴水调节措施,推动其参与交割。

(3)推动农产品期货合约连续活跃。我国期货市场投资者集中参与1月份、5月份、9月份农产品期货合约交易,由此造成农产品期货主力合约不连续,与农产品现货实际交易情况不匹配,不利于套期保值。因此,应加大对非活跃月份农产品期货交易的支持力度,通过降低交易手续费和引入期货交易商等形式增加农产品期货交易的活跃月份,推动期货合约连续活跃,匹配农产品现货交易。

2. 扩大试点范围,加快农产品期货新品种上市

(1)扩大"保险+期货"模式对农产品品种的覆盖范围。在已有的试点项目基础上,进一步扩大"保险+期货"品种覆盖范围,针对其他与农业生产者密切相关的农产品期货开展相应项目试点,并积极推动农产品期货新品种上市。在拓展期货品种的过程中,可根据经济发展情况和市场需求推出从农产品衍生的期货新品种。由于苹果、橙子等鲜果类农产品具有保鲜期短、季节性强等特点,且交易所对交割品标准有特定的要求,农户的受惠程度受到了一定的限制。而当前消费升级和对饮用品健康安全需求的增长推动我国纯果汁消费快速增长,同时果汁具有易保存、弱周期的特点,并且作为期货交割的标准容易统一,因此可以尝试推出农业加工品期货(如果汁期货),惠及更多农业生产者,助力"三农"发展。

(2)进一步推广收入保险品种。目前,我国的"保险+期货"模式中普遍采用价格保险的形式,但价格保险以农产品价格为标的,在保护农业生产者收入方面的效果并不令人满意。而收入保险是发达国家承保价格风险的主要品种,在美国,农业保险中收入保险的业务占比高达80%,且在数量众多的农业保险产品中,没有专门对农作物价格风险进行承保的保险,价格保险通常只在生猪、肉牛等畜牧行业应用,这也为我国农业保险发展提供了方向指引。

收入保险综合考虑了价格和产量两个因素,不仅能规避价格不利波动对农民收入的影响,还将农产品减产对农民收入造成的负面影响纳入考量范围,扩大了对农民收入保障的覆盖面。在实际操作中,只要农作物带来的实际收入低于保险保障的收入水平,参保农户针对差额部分就能获得赔付。基于收入保险的上述优点,我国在现有农业保险基础上积极发展收入保险,将对农户的保护由单纯的农产品价格保护扩大到收入保护,有利于构建多层次的农业保险体系,提升保险服务"三农"的能力和水平。

3. 发展场内期权,完善场外期权

(1)发展场内期权。相比于场外期权,期货公司利用场内期权进行风险管理的成本更低、期权定价更合理,而保险公司也能以更透明的方式参与风险对冲。但是我国的场内期权数量较少,目前期货市场上仅有分别由郑州商品交易所和大连商品交易所于2017年推出的白糖与豆粕两种场内期权。我国待条件成熟时应加快商品场内期权的发展步伐,提高效率,降低农业生产者参与该模式的运行成本。

（2）完善场外期权。相比于场内期权，场外期权具备定制条款、交易"一对一"决定等优势，可以满足投资者差异化的风险管理需求，是场内期权的有益补充。针对当前场外期权市场存在的议价空间受限、流动性不强、透明度不高、信息不对称等问题，需要进一步完善场外期权制度，弥补场内期权存在的不足，共同推动期权市场发展，最终建立一个流动性充足、公开化、透明化的交易市场，助力商品期货服务"三农"。

为了规范场外期权的发展，中国证监会于 2018 年 5 月 11 日发布了《关于进一步加强证券公司场外期权业务监管的通知》。2018 年 8 月 1 日，中国证券业协会又发布了《场外期权业务交易商名单公告》，该公告规定当前仅有 16 家证券公司可作为交易商参与开展场外期权业务。其中，包括 7 家一级交易商[1]和 9 家二级交易商。[2] 建议我国证券公司作为场外衍生品的重要参与机构积极设计针对性强且行之有效的场外期权产品，为保险公司提供风险管理工具，与保险公司合作共同为农民提供通俗易懂的保险产品，真正服务"三农"。

当前，我国具有场外期权创设资格的证券公司为数不多。鉴于证券公司自身专业能力以及"以服务实体经济为目标，以客户风险管理需求为导向"的监管要求，在场外期权市场平稳运行一段时间后，建议适当放开我国证券公司参与该业务的资格限制（如允许更多的证券公司成为场外期权市场的交易商并参与试点项目）。一方面，可以通过增加场外期权市场的直接参与主体，提高场外期权市场的稳定性和有效性；另一方面，亦可以通过规范化的市场竞争有效降低期权费用，减轻农民参与项目的成本，从而提升农民参与试点项目的积极性，更好地发挥该模式对农民收入风险的缓释功能。此外，建议适当降低证券公司开展场外期权业务的风险资本占用，提高证券公司参与该业务的积极性和主动性，以助于进一步提升证券公司服务"三农"的水平，实现精准扶贫，助推"三农"发展。

（三）加大农业生产者教育投入

1. 提高农业劳动者风险管理的意识和能力

"保险+期货"模式是农业风险管理的重要工具，但由于我国农业劳动者受教育水平普遍较低，缺乏相应的农业生产风险管理意识，不利于借助这种模式来缓释农业生产风险。为提升农业劳动者的风险防范意识，调动农业劳动者主动通过这一模式管理农业生产风险的积极性，政府有必要采取相关措施进一步提高农业劳动者风险管理意识和能力。一方面，加大对农村教育的投入，通过提高下一代农村人口的受教育水平带动对应农村家庭认知水平的增长；另一方面，通过政策积极吸引人才回流，加大对农村地区的政策倾斜，通过设立创业基金、税收优惠、人才奖励等多种形式吸引学有所成的高素质人才返乡创业、就业，支持其在农村开展服务"三农"相关工作。

2. 加大宣传力度

政府有必要将上述模式纳入新型农民教育工作中，通过加大宣传教育引导广大农业生产者积极改变过分依赖政府干预价格的心理，提高农业生产者主动进行风险管理的意愿，充分了解农产品保险和期货期权等风险管理工具的原理与用途。

首先，充分利用农业生产地的宣传栏、广播站对商品期货服务"三农"模式进行宣传。

---

[1] 一级交易商可以开立场内对冲交易专用账户，直接开展对冲交易。
[2] 二级交易商仅能与一级交易商进行对冲交易，不得自行或与一级交易商之外的交易对手开展对冲交易。

其次,充分发挥基层单位的作用,先对村委会、生产队等工作人员进行培训,再由这些基层工作人员对农户进行走访、宣传,以增强农民在农业生产中进行风险管理的意识。

最后,加大信息系统建设,借鉴境外成熟市场经验,建立专门的信息网站,为农民提供政策及项目介绍、业务流程及操作演示、保费计算、农产品现货及期货行情等各种信息,使农民更易于进行农业风险管理。

3. 开展专题培训

对农业生产者的培训可以从农民农户和参与机构两个方面进行:一方面,联合各地农业部门、村委会等基层单位深入基层向农业生产者开展各种形式的风险管理工具(尤其是保险和期货)专题培训,提高农业生产者的风险规避能力。例如,考虑到目前我国农业生产者的文化素质偏低,面向农民的培训要注重以展示例子等"接地气"的方式进行培训,培养他们利用该模式进行风险规避的意识,同时建立专职人才培训机构,提高培训的覆盖面及专业性。另一方面,引导涉农企业设立相关部门,组织相关企业人员进行金融与农业知识的培训,引导涉农企业利用该模式管理农产品风险。

此外,证券公司作为金融机构,在期货、期权等衍生品业务方面具有较强的实践经验,可以发挥自身优势并结合试点项目开展情况,积极参与投资者教育,提高农业生产者管理风险的意识与技能。同时,加强与地方财政、地方政府金融服务(工作)办公室、地方农村工作委员会等部门沟通,共同推进"保险+期货"模式,使其得到广泛、深入的应用,更好地实现商品期货服务"三农"。

住房租赁 REITs 专题研究报告

胡 毅[*]

一、REITs 基本情况

(一) 境外 REITs 的发展情况

1. 定义与发展历史

REITs 是房地产信托凭证（Real Estate Investment Trusts）的简称，是一种以发行收益信托凭证的方式汇集投资者资金，由专业机构进行房地产投资经营管理，并将投资综合收益按比例分配给投资者的证券。通过 REITs 投资的方式，普通投资者能像投资其他高流动性证券一样，参与大规模收入型房地产组合投资，获得与直接投资房地产类似的投资收益。REITs 的收益来源于租金收入和资产增值，其最大的特点是股息分红。在符合一定盈利条件的前提下，REITs 必须将不少于 90% 的应纳税收入派发红利。在成熟市场，REITs 已被投资者视为股票、债券、现金之外的第四类资产。

20 世纪 50 年代初，荷兰人迪克·杜塞尔多普带着几个中标的施工合同来到了澳大利亚，按照古代英国《信托法》的精神构思了一个将建筑所有权细分的构架，成立了通用物业信托（General Property Trust），可以让澳大利亚的普通百姓通过资产所有权的划分投资澳大利亚广场等这类最优秀并且有着长期稳定收益的商业地产项目。1971 年，他还说服了英国证券交易所改变规则，允许将老人的房产通过证券化交易上市。迪克·杜塞尔多普曾说："企业要开始证明其对于社会的价值，要特别强调的是对环境和社会的影响而不是直接的经济数据。"他一贯主张企业以"给予"而不是"索取"的方式创造财富，认为所有人的利益都能得到充分的关心和关注才是可持续发展的关键，因此，他主张关心包括客户、员工、合伙人和投资人等所有人的利益。他也确实身体力行地做到了关心员工，关心投资人以及关注长远价值，并很好地诠释了 REITs 从诞生到发展历史所反映出的三大精神：长期共赢、税务

---

[*] 作者单位：中国证券业协会。

激励和全民参与。

在美国，REITs 得以进一步发展与繁荣。1960 年 9 月，美国总统签署的《房地产投资信托法案》明确了允许在美国设立 REITs，并将 REITs 定义为有多个受托人作为管理者，并拥有可转让受益权益份额的非公司型组织。首只 REITs 产品于 1965 年 6 月 14 日在纽约证券交易所上市交易。1969 至 1974 年，抵押型 REITs 迅速发展，数量急剧增长。REITs 行业的资产总额从 10 亿美元迅速发展为 210 亿美元。1974 至 1975 年美国经济出现衰退，利率上升促使 REITs 融资成本上升。高升的利率加上房地产市场供给过剩导致大量抵押贷款违约现象的出现和房地产商的破产。抵押型 REITs 的不良资产比率上升，资产水平急剧下降，负债率普遍较高的抵押型 REITs 开始陷入困境，开始通过银行贷款的重新安排、转换或出售抵押物业和改善资产组合等方法来进行艰难调整。一些抵押型 REITs 通过受让抵押物的方式转为权益型 REITs。1986 年美国通过的《税收改革法案》，极大地促进了 REITs 的发展。REITs 的受托人、董事或雇员可以积极从事 REITs 的资产管理和运作，对 REITs 自己管理的房地产提供租赁服务，向承租人收取租金等活动。1991 年购物中心开发商 KIMCO 房地产公司首发新股募集资金 1.35 亿美元，标志着美国 REITs 进入"REITs 的现在时代"。1991 年至 2006 年，REITs 行业总市值以平均每年 24.61% 的增长速度迅速飙升，上市 REITs 的数量也由 1991 年的 138 只上升到 2016 年底的 224 只。2007 年起，REITs 市场开始衰退。截至 2008 年底，市场上的 REITs 数量减少到 136 只，REITs 行业总市值也比 2006 年下降了 56%。从 2009 年到 2012 年底，REITs 行业开始回暖，REITs 行业总市值以平均每年 33.21% 的增长速度迅猛增长，截至 2016 年底，市场上的 REITs 数量回升到了 224 只（见图 1）。

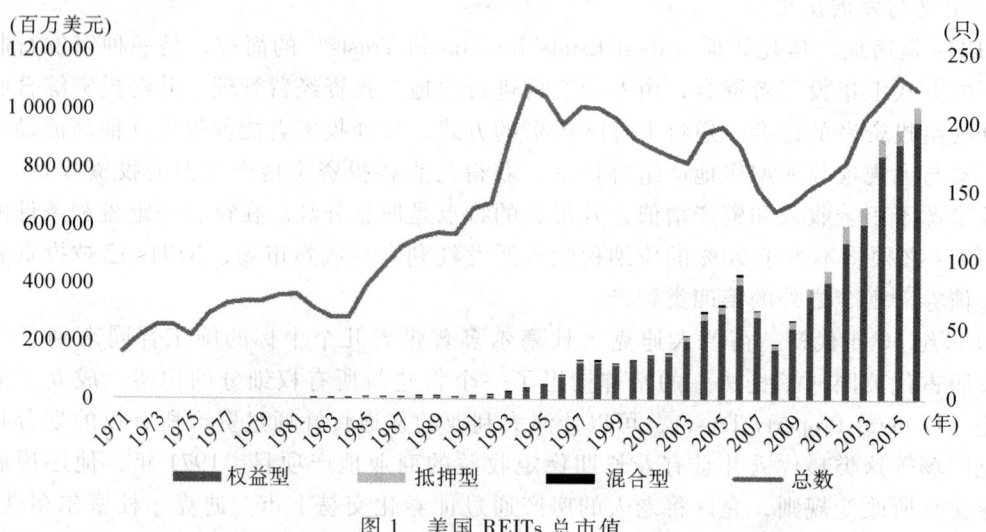

图 1 美国 REITs 总市值

美国 REITs 各行业分布见图 2。

随着 REITs 在美国的迅速发展，近年来欧美及亚洲一些国家和地区也都逐渐开始引入 REITs。其中，2005 年 12 月 21 日"广州越秀 REITs"作为国内的第一只 REITs 在香港上市，短短几个月内，香港房地产投资信托的市值已经接近 50 亿美元。

2. 主要类型

（1）根据组织形式的不同，REITs 可分为公司型和契约型两类。公司型 REITs 以《公司

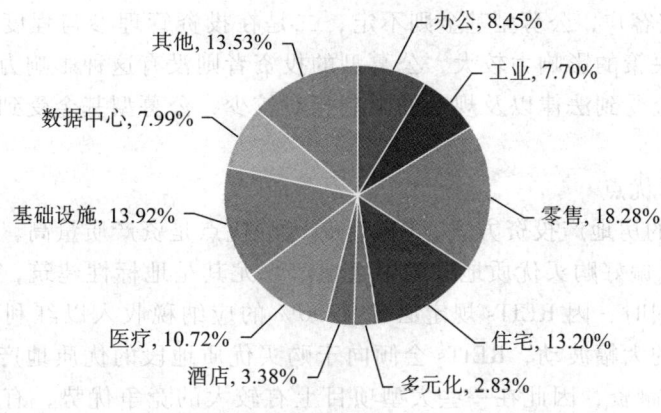

图 2　美国 REITs 各行业分布

法》为依据，面向不特定的广大投资者筹集基金份额；REITs 股份的持有人最终成为公司的股东；发行 REITs 股份筹集的资金用于投资房地产资产；REITs 具有独立的法人资格，自主进行基金的运作。契约型 REITs 则以信托契约成立为依据，通过发行受益凭证筹集资金，投资于房地产资产。契约型 REITs 本身并非独立法人，仅属于一种资产，由基金管理公司发起设立，基金管理人作为受托人接受委托，对房地产进行投资。二者的主要区别在于设立的法律依据与运营的方式不同。因此，契约型 REITs 比公司型 REITs 更具灵活性。公司型 REITs 在美国占主导地位，契约型 REITs 则在英国、日本、新加坡等地较为普遍。

（2）根据投资形式的不同，REITs 通常被分为权益型、抵押型与混合型三类。权益型 REITs 投资于房地产并拥有所有权。越来越多的权益型 REITs 开始从事房地产经营活动，如租赁和客户服务等，但 REITs 与传统房地产公司的主要区别在于，其主要目的是作为投资组合的一部分对房地产进行运营，而不是开发后进行转售。抵押型 REITs 投资于房地产抵押贷款或房地产抵押支持证券，其收益主要来源于房地产贷款的利息。混合型 REITs 顾名思义是介于权益型与抵押型 REITs 之间的，其自身拥有部分物业产权的同时也在从事抵押贷款的服务。市场上流通的 REITs 中绝大多数为权益型，另两种类型所占比例不足 10%，并且权益型 REITs 能够提供更好的长期投资回报与更大的流动性，市场价格也更具稳定性。

（3）根据运作方式的不同，REITs 有封闭型与开放型两种。封闭型 REITs 的发行量在发行之初就被限制，不得任意追加发行新增的股份；而开放型 REITs 可以随时为增加资金投资于新的不动产而追加发行新的股份，投资者也可以随时买入，不愿持有时也可随时赎回。封闭型 REITs 一般在证券交易所上市流通，投资者不想持有时可在二级市场上转让卖出。

（4）根据基金募集方式的不同，REITs 可被分为公募型与私募型。私募型 REITs 以非公开方式向特定投资者募集资金，募集对象是特定的，且不允许公开宣传，一般不上市交易。公募型 REITs 以公开发行的方式向社会公众投资者募集信托资金，发行时需要经过监管机构严格的审批，可以进行公开宣传。私募型 REITs 主要有三种类型：一是面向机构投资者进行非公开募集的 REITs。二是专业金融咨询人士向投资者推销的 REITs。此类私募型 REITs 的股东一般比较多，有的甚至超过 500 人，并且需要像上市公司一样向美国证监会披露财务信息。三是"孵化器" REITs。此类私募型 REITs 一般由风险投资家投资，旨在获得公开市场业绩纪录，并适时上市。私募型与公募型 REITs 的主要区别在于：一是在投资对象方面，私募型基金一般面向资金规模较大的特定客户,公募型基金则不定;二是在投资管理参与程度方面,私募型基金的投资者对于投资决策的影响力较大,公募型的投资者则没有这种影响力;三是在法律与监管方面,私募型基金受到法律以及规范的限制相对较少,公募型基金受到的监管和法律限制较多。

3. REITs 的主要优点

(1) 较之其他的房地产投资方式,REITs 最大的优点是资产质量高。为避免市场波动和空置率上升,REITs 偏好购买优质地段的甲级地产,尤其是地标性建筑,且资产负债率也控制在合理水平上。同时,因 REITs 规定必须把 90% 的应纳税收入以红利的形式派发给投资者,故为避免红利的大幅波动,REITs 会倾向于购买优质地段的优质地产。此外,由于 REITs 在资本市场进行融资,因此在一些大型项目上有较大的竞争优势,有利于获取较好地段的资产。

(2) REITs 的付息率较高。REITs 享受税收优待,红利以普通收入、资本利得和返还资本三种形式派发。从长期历史来看,过去 35 年 REITs 的年平均股息率达到 6%—8% 左右,高于很多其他类别的资产,如标普 500 指数或国债、部分企业债的收益率,为投资者提供了稳定的收入来源。以标普 500 为例,如果对它的历史收益进行拆分,则其 2/3 的收益来自价格的变动,1/3 的收益来自股息的变化。而 REITs 的情况相反,2/3 来自股息的累计增长,1/3 来自价格的变化。

(3) REITs 的长期回报较高。从长期看,REITs 过去 35 年的平均收益率接近 14%,战胜了绝大多数资产的收益率。

(4) REITs 和其他资产的关联度较低。如 REITs 和美国标普 500 指数的关联系数只有 0.3772,与上证综合指数的关联指数为 -0.0153,所以把 REITs 纳入投资组合范围可以增强投资组合的多样性,分散风险。

(5) REITs 的流动性好。房地产是一个流动性相对较差的资产类别,变现或交易的手续都比较繁杂且费用较高。REITs 的模式使房地产这种较难交易、较为复杂的资产可以在二级市场交易,因此解决了房地产流动性的问题。截至目前,美国 REITs 的总市值超过了 6 000 亿美元,每天的交易量超过 32 亿美元,流动性很好。

(6) REITs 的公司治理水平较高。法规规定 REITs 必须把 90% 的应纳税收入以红利的形式派发给投资者,在一定程度上限制了管理层用多余的资金进行对投资者没有意义的活动,降低了委托代理的风险。REITs 优良的回报率来自于良好的行业治理。美国机构投资者服务机构(Institutional Shareholders Services)的统计数据显示,REITs 行业是在其追踪监测的 24 个行业中,公司治理系数(Corporate Governance Quotient)最高的行业。

4. REITs 的主要缺点

(1) REITs 股票的流动性仍显不足。尽管相对于直接投资与房地产企业来说,投资 REITs 股票的流动性已有很大提高,但由于 REITs 的数量和市值规模相对于一般公司的股票来说较小,因此一定程度上限制了 REITs 股票的流动性。

(2) REITs 内部融资能力较弱。由于房地产行业是资本密集型行业,而 REITs 收入的 90% 必须分配给 REITs 股东,因此留存收益较少,对外部融资的依赖度较高,容易受到融资环境变化的影响。

(3) REITs 有关当事人各方面临着利益冲突的问题。设立 REITs 一般涉及房地产所有者、REITs 股票的投资人、投资银行等当事人，须向有限合伙人、投资银行和其他各方支付管理费、咨询费和佣金。一般情况下，投资银行与房地产所有人共同设立一个 REITs，然后通过向公众募集资金，用于收购房地产所有者或其他人所持有的房地产。在此过程中，容易产生利益冲突。

（二）我国 REITs 的发展情况

1. 基本情况

目前，我国的房地产资产证券化，从基础资产上主要分为不动产和债权两类。不动产类主要为权益型的类 REITs，债权类又分为既有债权和未来债权。债权类主要包括物业费资产证券化、购房尾款资产证券化和类 CMBS（或称为抵押型的类 REITs）。因此，从广义上讲，我国目前的 REITs 可分为类 REITs 和 CMBS（见表1）。具体来看，REITs 是一种以发行股票或收益凭证的方式汇集众多投资者的资金，由专门投资机构进行房地产投资经营管理，并将投资综合收益按比例分配给投资者的一种信托基金。CMBS（商业房地产抵押贷款支持证券）是指商业地产公司的债权人，以原有的商业抵押贷款为资产，依靠抵押物未来产生的净现金流提供偿付本息支持而发行的资产支持证券产品。它是成熟市场中商业房地产公司融资的有效金融工具之一。

表1　REITs 和 CMBS 的比较

	REITs	CMBS
筹资方面	筹集的资金被用来购买房地产，并通过运营这些房地产获得回报	原始权益人通过抵押地产所有权获得贷款
资产类别	商业物业权益类证券化：巨额房地产项目汇成一个资产池	商业物业债项证券化：抵押贷款债券汇成一个资产池
所有权	原开发商不保留地产所有权	原开发商偿还贷款后保留所有权
估值	估值相对简单	估值复杂
交易场所	交易所、中证报价	交易所、全国银行间债券市场
投资者	在境内，合格投资者可在交易所买卖；在境外，中小投资者可在交易所买卖	只能由合格投资者进行投资，中小投资者一般不能直接参与投资

尽管国内尚未出台 REITs 的相关政策，也没有真正 REITs 产品的落地，但房企、金融机构等对 REITs 的探索热度不减，频繁发行了一些类 REITs 产品（见表2）。截至2017年11月，经中国证券投资基金业协会备案确认的类 REITs 产品共有26单，累计发行规模近600亿元（见表3）。从物业业态方面看，目前类 REITs 产品的物业资产主要以商场和写字楼为主，此外还包括酒店、仓储物业等。党的十八大以来，中央提出"房子是用来住的，不是用来炒的"的理念后，住房租赁资产证券化开始逐步落地。截至目前，交易所审核通过和成功发行的住房租赁类资产证券化项目合计5单，拟发行总额为121.55亿元。

表2　类 REITs 与公募 REITs 的比较

	类 REITs	公募 REITs
属性	混合，属性偏债	权益类属性

续表

	类 REITs	公募 REITs
组织形式	专项计划	信托基金或投资公司
产品结构	优先级、次级	平层
负债及抵押	优先级，物业一般抵押给计划	外部负债，有比例限制
流动性	场外市场，最低门槛100万元	公开市场，交易门槛1 000股
投资者人数	不超过200人	不限
期限	一般三年设置开放期	永续
增信	差额补足、流动性支持等	少数有收益增信
分配	优先级固定收益	强制分红比例
投资者收益	优先级固定、次级靠增值	分红及资本增值
税务	无优惠，产品有增值税	一般分红可抵扣所得税
管理模式	被动管理，重现金流归集	主动管理，重业绩

表3　　　　　　　　　　主要类REITs产品发行情况　　　　　　　　　（单位：亿元人民币）

发行时间	项目名称	发行规模
2017年12月	招商蛇口长租公寓资产支持专项计划	60.00
2017年10月	中联前海开源—保利地产租赁住房一号资产支持专项计划	50.00
2017年10月	新派公寓权益型房托资产支持专项计划	2.70
2017年8月	畅星—高和红星家居商场资产支持专项计划	26.50
2017年8月	中信证券—自如1号房租分期信托收益权资产支持专项计划	5.00
2017年8月	中联前海开源—勒泰资产专项计划	35.00
2017年6月	招商创融—福晟集团资产支持专项计划	17.00
2017年3月	开源—北京海航实业大厦资产支持专项计划	21.92
2017年3月	中银招商—北京凯恒大厦资产支持专项计划	30.05
2017年3月	恒泰弘泽—广州海航双塔资产支持专项计划	27.00
2017年2月	兴业皖新阅嘉一期房地产投资信托基金资产支持专项计划	5.50
2017年1月	魔方公寓信托受益权资产支持专项计划	3.85
2017年1月	恒泰弘泽—华元盈都商业资产支持专项计划	4.50
2017年1月	天风光大—亿利生态广场一期资产支持专项计划	10.77
2016年12月	平安苏宁广场资产支持专项计划	16.80
2016年12月	长江楚越—中百一期资产支持专项计划	10.40
2016年12月	中信皖新阅嘉一期资产支持专项计划	5.55
2016年11月	中信华夏三胞南京国际金融中心资产支持专项计划	30.53

2. 我国REITs的发展历程

我国REITs的发展进程可追溯至2002年，整体进展缓慢（见表4）。直至2014年1月，中国证监会批复同意中信证券设立中信起航专项资产管理计划，并批准其三年后将在政策允许的情况下上市流通，标志着我国首只真正意义上的权益型类REITs产品正式破冰。但是，目前我国仍没有真正意义上的REITs。

表4　　　　　　　　　　　　　　　　我国 REITs 发展历程

时间	事件
2002年	我国开展信托业务后开始逐步涉及房地产信托业务
2003年	我国香港地区正式公布《房地产投资信托基金守则》
2005年	原中国银监会颁布《加强信托公司部分风险业务提示的通知》对房地产信托发行的门槛进行了严格规定。香港地区宣布修订后的《房地产投资信托基金守则》，撤销香港REITs投资海外房地产的限制。香港证券市场上内地的越秀投资成功发行了越秀REITs，成为我国第一只真正意义上的房地产信托投资基金。商务部明确提出"开放国内REITs融资渠道"的建议
2006年	中国证监会与深交所启动推出国内交易所REITs产品的工作。房地产限制外资政策发布，万达、华银控股、华润等公司模仿越秀模式在香港地区上市的计划都相继"搁浅"，内地REITs的发展一度停滞
2008年	央行发布《2007年中国金融市场发展报告》，明确表示要充分利用金融市场存在的创新空间，在未来一段时间内可以择机推出REITs产品
2009年	央行联合原中国银监会、中国证监会等11个部委成立"REITs试点管理协调小组"，详细制订了试点实施方案。随后数月，北京、上海、天津开展试点工作，并均选择了债权性REITs
2010年	住建部等七部门联合发布《关于加快发展公共租赁住房的指导意见》，鼓励金融机构探索运用保险资金、信托资金、房地产信托投资基金拓展公共租赁住房融资渠道
2011年	汇贤产业信托在香港地区上市，瑞银亚太地区REITs产品完成合同备案，鹏华美国房地产基金成为中国内地首只投资美国房地产的基金
2013年	广发美国房地产指数基金作为国内首只美国房地产指数基金开盘；开元酒店地产基金作为内地首个上市的酒店地产基金成功在香港地区上市
2014年	根据住建部和有关部门的部署和要求，北京、上海、广州、深圳四大特大型城市将先行开展REITs发行和交易试点工作。国内首只REITs产品——中信启航专项资产管理计划获得监管层批准，并首次尝试在交易所流通，3年后将公募上市。央行《关于进一步做好住房金融服务工作的通知》中，提出了积极稳妥开展REITs试点工作。中国苏宁云商集团股份有限公司的中信华夏苏宁云创资产支持专项计划于2015年2月6日正式在深交所综合协议交易平台挂牌转让
2015年	住建部发布《关于加快培育和发展住房租赁市场的指导意见》，积极推进房地产投资信托基金试点。国内首只公募REITs基金——鹏华前海万科REITs与2015年6月8日获得中国证监会批准，并与10月8日在深交所正式上市
2017年	10月11日，国内首单长租公寓REITs正式获准发行，拟发行金融为2.7亿元；10月23日，国内首单央企租赁住房REITs、首单储架发行REITs——中联前海开源—保利地产租赁住房一号资产支持专项计划获得上交所审议通过

3. 我国住房租赁 REITs 业务发展情况

租赁住房 REITs 是以租赁型住房（含公寓）为基础资产的不动产信托投资基金。租赁住房本身具有"资产特定化、租金收入稳定、运营模式清晰"的特点，符合资产证券化对于基础资产及其现金流的相关要求，是适合开展资产证券化业务的行业。从全球发达经济来看，租赁住房证券化，特别是租赁住房 REITs 为租赁住房市场提供了重要的金融支持。住房租赁企业发行资产证券化产品，既可以为收购房源并改建成长租公寓、实现规模化发展提供资金支持，也可以进一步促进企业强化管理能力、提升服务水平，对于房地产开发企业转型起到积极作用，减少资金成本带来的压力，使其有时间和耐心好好地经营项目。

2015年，国务院和住建部先后出台了两个指导性文件，即《关于加快培育和发展住房租赁市场的指导意见》和《关于加快发展生活性服务业促进消费结构升级的指导意见》。2016年6月，国务院办公厅发布《关于加快培育和发展住房租赁市场的若干意见》，全面部署加快培育和发展住房租赁市场工作。2017年5月，住建部起草了《住房租赁和销售管理条例（征求意见稿）》。2017年7月，住建部、发展改革委、公安部、财政部、国土资源部、人民银行、税务总局、工商总局、证监会等九部委联合发布《关于在人口净流入的大中城市加快发展住房租赁市场的通知》。2017年1月，上交所发行了首单住房租赁类资产证券化产品。

较之其他地区，一线城市的租赁市场改革更加深入。在推进供给侧结构性改革方面，一线城市在土地供给侧开始向租赁住房倾斜。例如，深圳将建设40万套人才住房，其中70%为租赁住房，北京则计划供地1 300公顷，建设租赁住房50万套。上海更进一步，推出了以"租赁用房"为用途的土地供给，并且规定所建物业严格按照"只租不售"的模式进行管理。

链家研究院的研究结果显示，中国存量房地产市值预计为245万亿元，其中住宅存量180万亿元，商业物业50万亿元。截至2020年，中国自有存量住宅预计将达到2.5亿套，其中0.9亿套被用于出租，背后的房屋资产管理价值约为150万亿元。整体来看，住房租赁行业处于指数级发展的初期，行业的市场需求在近年来呈现出了高速增长的态势，成长空间巨大。

目前，我国房屋租赁模式主要分为散户自租、中介代租和长租公寓三种。自租房东和租户互相寻找和匹配的过程是耗时耗力的，这种情况下容易因为信息获取渠道不畅导致租房市场效率低下，于是租房中介应运而生。中介代租有代理租赁、普通租赁和服务租赁三种模式。但中介参与的租房与房东自租本质上没有区别，房东拥有最大的话语权，但是信息匹配和增值服务方面比房东自租都有所进步，租房成本也相应增加，时间成本相应减少。长租公寓模式是将公寓进行统一装修和管理，有利于形成品牌效应，可以为租客提供更高品质的增值服务。开发商可以自持物业（有物业产权）进行经营，也可以租给经营方经营。这与前两种模式最大的不同就是经营方拥有了更大的话语权，租赁关系稳定，部分解决市场上监管难的二房东、违建隔间等问题。我国租赁市场存在严重的租期错配的现象。接近一半的租户平均换房周期为1—2年，租户的期望租房周期与实际不匹配，且租期超过2年的，期限越长匹配度越低，说明长租市场的供给缺口随着租期延长在扩大。以北京市为例，租期为1—2年的匹配概率最高，为59.1%；而当租期为5—10年时，匹配率只有26.7%。因此，租赁关系的稳定就显得十分重要。此外，房子的价值分为消费价值（可以住），资源价值（就近享受教育资源等公共服务），稳定价值（可以长期稳定居住，自主装修），财富价值（可以抵押，享受增值）。居民购买房子的总价是这四大价值的总和，即"总房价=消费价值+资源价值+稳定价值+财富价值"。长租公寓相比散户自租和中介代租拥有的优势是稳定价值（经营者会重新装修，并且可以制定有约束力的租期）。随着"租售同权"的实行，长租公寓还有可能一定程度上获得资源价值。但是，长租公寓市场目前由于市场定位出现偏差以及融资等经营成本过高的原因，盈利情况并不乐观。

增加融资渠道，降低融资成本成为影响长租公寓盈利能力的重要因素。常见融资的方式主要有两种：银行抵押贷款和证券化。目前，我国长租公寓证券化因底层资产不同主要有三种模式：轻资产的租金收益权ABS、重资产的CMBS和类REITs。重资产模式的类REITs包含产权，但原股东只是想转让租金收益权。这种模式一方面确实可以降低投资者的风险，保障项目评级；但是另一方面也增加了物业产权对资金的占用。解决资金占用过大的办法一般有三种：折价收购项目公司股权、物业有较大的增值以及"轻资产"模式。但是，轻资产模式也存在三个问题：一是没有物业提供抵押担保，在极端情况下不能通过处置资产提供兑付保障；二是物业是承租来的，有房源风险；三是底层资产只有租金，存在房源空置风险，未来现金流存在较大的不确定性。

长租公寓REITs一般采用的操作模式有两种：银行间REITs和交易所基金REITs模式。对于银行间REITs，长租公寓持有/运营方选择合适物业作为资产池，以租金的未来收益权作为偿还来源，并辅以物业资产抵押或租金收入超额覆盖等可选的增信措施，根据长租公寓租金的预期收入水平和合理收益率确定REITs规模和份额，在银行间市场上市交易。而交易所基金REITs模式则是长租公寓持有/运营方选择合适物业，以转让股权方式将物业资产转让给专门的项目公司（SPV，因国内REITs税收政策并未放宽，这种方式在一定程度上可避免过度征税），设立REITs筹集资金，在证券市场上市交易（见表5）。

表5　　　　　　　　　　　　　不同REITs模式分析

	银行间REITs模式	交易所基金REITs模式
概述	银行间REITs模式为债券型，即REITs不实际持有物业，而是将目标物业的租金受益权分割成标准份额的收益凭证，投资者购买收益凭证并以此获得派发的租金收益	交易所基金REITs主体可采用基金形式，交易所REITs通过发行募集资金，收购物业组成资产池，获取租金及相关收入，并将收入派发给投资者
使用法律	《信托法》，银行间债券市场收益凭证发行和交易的相关法律法规等	《证券投资基金法》《公司法》以及基金份额或公司股份公开募集和信息披露的相关法律规定等
监管机构	中国人民银行和中国银保监会	中国证监会
资产类别	属于债券，本质上是针对发行人的一种长期抵押贷款，抵押品为目标物业的租金收益或目标公司的股权，定期派发的租金收益为分期付息，到期一次性回购还本	交易所基金REITs属于债券；公司型REITs股份在资产类别中属于权益，无固定期限，发行人无须回购
物权所有权	不持有物业，仅拥有物业的收益权，REITs设立和终止不涉及物业所有权转移	拥有物业的所有权和收益权，如果收购标的是物业而不是公司股权，REITs设立时将涉及物业所有权
管理方式	不持有物业，也不参与物业的经营管理，属于被动式管理	分为外部管理和内部管理。外部管理由REITs委托第三方经营管理物业，属于被动式管理；而内部管理则由REITs自行经营管理物业，属于主动式管理
收益方式	定期派发的租金收入	除派发的租金和相关物业服务收入外，还可获得物业升值所带来的收益
参与对象	投资人均为机构投资者，需取得银行间交易会员资格，门槛相对较高，参与范围较小	机构、个人以及法律法规允许参与证券交易的境外投资机构和个人
风险	架构相对简单，优先受偿顺序在贷款之后股权之前，风险相对较小	收益除受租金水平影响，还受业务估值等影响，风险相对较高

二、部分住房租赁 REITs 产品介绍

目前，中国市场共推出了六单租赁住房资产证券化产品，分别是天津市房地产信托集团有限公司 2012 年度第一期资产支持票据、魔方公寓信托受益权资产支持专项计划、中信证券·自如 1 号房租分期信托受益权资产支持专项计划、新派公寓权益型房托资产支持专项计划、中联前海开源-保利地产租赁住房一号资产支持专项计划以及招商金融—招商蛇口长租公寓资产支持专项计划。其中，第一单的发行场所为银行间市场，后五单的发行场所为证券交易所，新派公寓和保利地产项目属于重资产的权益型类 REITs，魔方公寓和自如 1 号属于轻资产债权型的 ABS，招商蛇口产品为抵押贷款型类 CMBS。因篇幅所限，我们在此重点对新派公寓、保利地产、魔方公寓、自如 1 号四个项目进行具体介绍。

（一）新派公寓权益型房托资产支持专项计划

新派公寓权益型房托资产支持专项计划于 2017 年 10 月 11 日在深交所正式获批发行，发行金额为 2.7 亿元。该项目既是国内首单长租公寓资产类 REITs 产品，也是国内首单权益型公寓类 REITs。产品是双 SPV 结构，其中搭建了私募基金的结构（见图 3）。

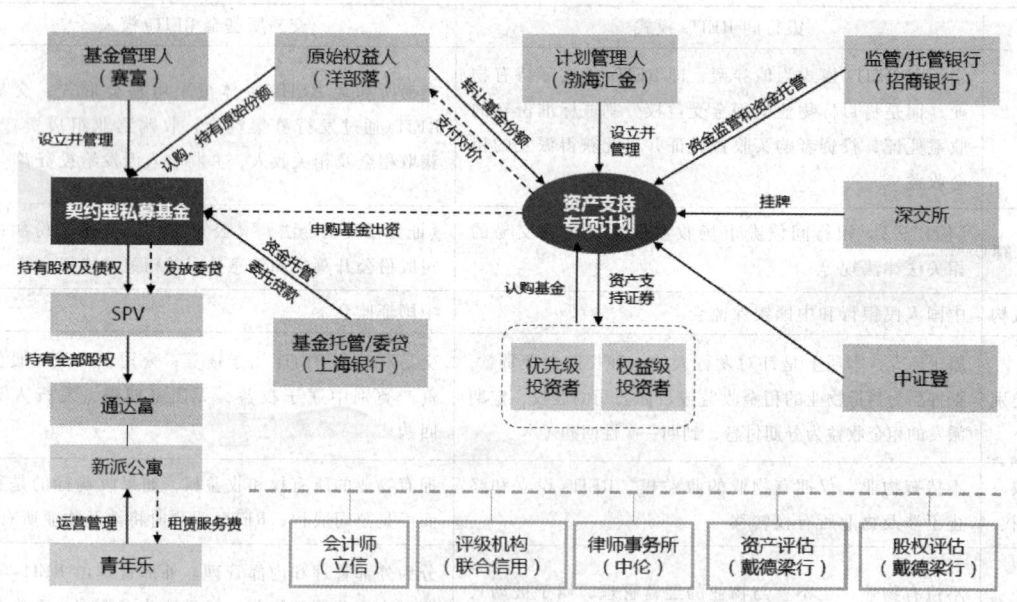

图 3 新派公寓产品的交易框架

专项计划收购是由原始权益人创建的私募基金以及私募基金通过股加债的方式成立的 SPV。专项计划募资后，将完成 SPV 的注资，并通过 SPV 向赛富基金收购通达富公司 100% 股权及受让相关债权债务，实现对物业的持有。项目标的物业位于北京国贸 CBD 区域，住宅产权年限为 70 年。产品的现金流可对应付利息形成超额覆盖，最高可达 1.4 倍。同时，物业运营商承诺每年可分配的净现金流不低于 800 万元，并进行差额补足。产品分为优先级和权益级证券，比例为 48:52，期限为 3 年运营期加 2 年处置期。产品优先级证券规模为

1.3亿元，每年付息的资金来自标的资产现金流，到期一次性还本，评级为AAA，未借助第三方进行增信。权益级证券在产品运营期间不付息，获得标的资产处置偿还本金后的部分超额收益。在退出方式上，一是如果在未来满足国内公募REITs条件且符合投资者利益，将通过发行公募REITs实现退出；二是第一顺位的权益级投资人和第二顺位的物业运营商对基础资产或标的物业具有优先收购权，价格扣除交易税费后应全额覆盖优先级的本金及未分配收益；三是基金管理人负责标的物业的市场化处置，如在18个月处置期内未能处置则进入公开拍卖程序；四是以契约式基金份额作为基础资产，在处置期内再次发行资产支持专项计划替换原资产支持专项计划。

(二) 保利地产租赁住房一号资产支持专项计划

保利地产租赁住房一号资产支持专项计划于2017年10月23日在上交所正式获批发行，批复储架发行额度50亿元，其中第一期产品发行规模为16.76亿元。产品是双SPV结构，其中搭建了私募基金的结构（见图4）。

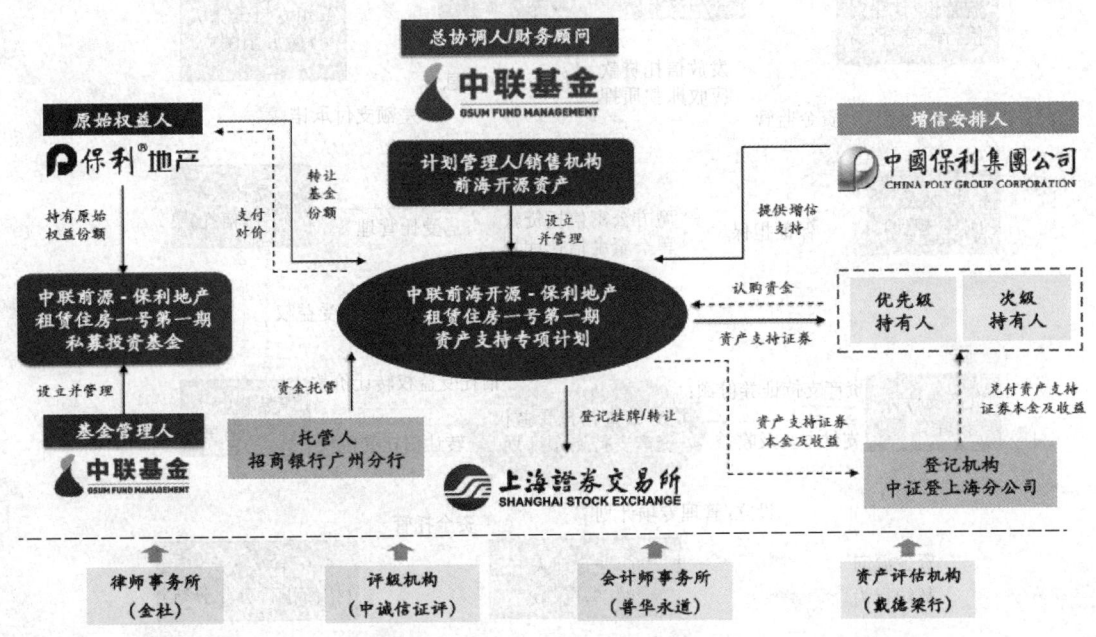

图4 保利住房租赁产品的交易框架

专项计划的原始权益人为保利地产，保利地产同时是资产优先收购权人和资产服务机构。专项计划于设立日起取得私募基金份额，成为基金份额持有人，享有投资收益，履行实缴出资义务。资金全部实缴到位后，私募基金取得项目公司股权、债权并向项目公司增资或发放委托贷款。产品底层物业资产为北京西山林语、西安金香槟、长沙麓谷林语、重庆林语溪、大连西山林语、广州天悦、沈阳溪湖林语、天津大都会等十处物业资产。产品分为优先级和次级证券，比例分别为89.5%和10.5%，期限为预期3+3+3+3+3+3年（可提前结束）。产品净现金流对当期优先级资产支持证券利息的覆盖倍数达1.12倍，若在开放退出期时私募基金以处分方式退出，此时专项计划的净收入扣除应缴所得税费后的现金流入对优先级资产支持证券本息的覆盖倍数达1.10倍，同时承诺进行差额的支付。产品优先级证券规模为15亿元,每年付息的资金来自标的资产现金流,到期一次性还本,评级为AAA,保利集团作为增信安排人为投资人本息兑付提供担保。次级证券在产品运营期间不设预期收益,按年支付剩余收益,到期一次还本。在退出方式上,一是如果在未来满足国内公募REITs条件且符合投资者利益,将通过发行公募REITs实现退出;二是保利地产可以通过行使优先收购权收购包括SPV股权或债权或物业在内的底层资产;三是可通过市场化处置物业资产或项目公司股权;四是保利集团及指定主体收购优先级份额。

(三) 魔方公寓信托受益权资产支持专项计划

2017年1月10日在上交所发行的魔方公寓信托受益权资产支持专项计划,是中国首单住房租赁行业资产证券化产品(ABS)。产品为双SPV结构,魔方南京以固有资金3.5亿元委托中航信托设立单一资金信托计划,拥有该信托计划的100%信托受益权(见图5)。

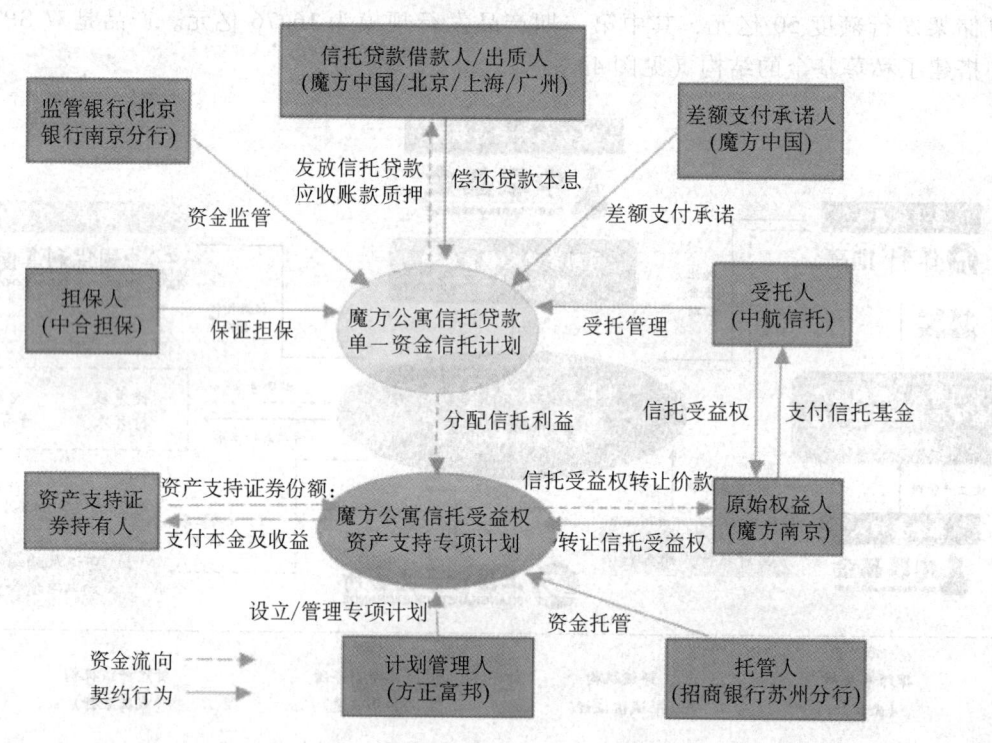

图5 魔方公寓ABS产品的交易框架

中航信托与信托借款人魔方中国、魔方北京、魔方上海、魔方广州分别签订信托贷款合同,向信托借款人发放信托贷款。借款人以持有的公寓物业在未来三年的分租租金收入(包括短租客户应支付之公寓使用费)等应收账款质押给中航信托,以作为信托贷款的还款来源。最后,专项计划以募集资金购买魔方南京持有的上述100%信托受益权。产品总规模3.5亿元,底层资产为信托贷款,并以入池整租公寓未来的租金应收款作质押,包括北京、上海、广州等城市30处物业共4 014间房,合计可出租面积12.9万平方米,每处物业从业主中长租年限平均为12年,对外分租的年限平均为7.6个月,整体平均空置率为7.6%。分租业务在历史上基本没有违约情况,其偿付风险主要是租金增长率和出租率的变化。项目以"特定门牌号的公寓"所产生租金作为现金流来源,包括目前签署租约的租户缴纳的租金,以及未来租用上述特定公寓的租户缴纳的租金。因此，该产品特定化来于公寓门牌号，而不是当前的租约合同。特定期间内选定的公寓所产生租金收入规模能够对于优先级证券当期本息支付额形成超额覆盖，覆盖倍数均在 1.11 倍以上，同时也对产品进行了差额支付和流动性支持、补充质押以及第三方担保的安排，以对产品进行增信。同时，产品还划分了优先级和次级。其中，评级为 AAA 的优先级规模为 3.15 亿元，次级 0.35 亿元。优先级又分为三档，其中"01"档规模为 1 亿元，期限为 1 年；"02"档规模为 1 亿元，期限为 2 年；"03"档规模为 1.15 亿元，期限为 3 年。产品按季度付息，每档到期当年按季度还本，次级支付剩余收益，到期一次还本。

（四）自如 1 号房租分期信托受益权资产支持专项计划

中信证券·自如 1 号房租分期信托受益权资产支持专项计划于 2017 年 8 月 4 日在上交所发行。产品为双 SPV 结构，底层资产为通过信托向租户发放的专门用于租房的信托贷款，基于链家集团旗下北京自如资管管理的北京和上海的 8 栋集中式公寓，底层涉及的租赁住房是自如二房东业务的长租住房，基础资产为信托受益权，并转让给资产支持计划（见图 6）。产品总规模 5 亿元，其中优先级规模为 4.5 亿元，占总规模的 90%，评级为 AAA，以固定利率按月或季度付息；次级规模为 0.5 亿元，占总规模的 10%，期间不参与利息的分配。在退出方式方面，优先级在循环期不偿还本金；在分配期，过手摊还本金。优先级证券本息偿付完毕且向差额补足承诺人偿还相当于其已实际履行的差额支付的金额后（若有），次级证券持有人获得剩余资金及剩余资产。由于底层资产为信托向租户发放的小额租赁住房贷款，每笔信托贷款的期限不超过 12 个月。而专项计划的产品期限为 24 个月，且存在借款人早偿等问题，为解决底层信托贷款和专项计划期限不匹配的问题，产品设置了循环购买结构。此外，北京自如资管的房租分期小额贷款债权的分散程度较高，贷款余额大部分分布于 0 至 40 000 元这一区间，其中 0—20 000 元区间贷款占比 26.90%，20 000—40 000 元区间占比 57.31%，底层资产单笔平均余额 2.10 万元，单笔金额较小，资产池的分散度较高。

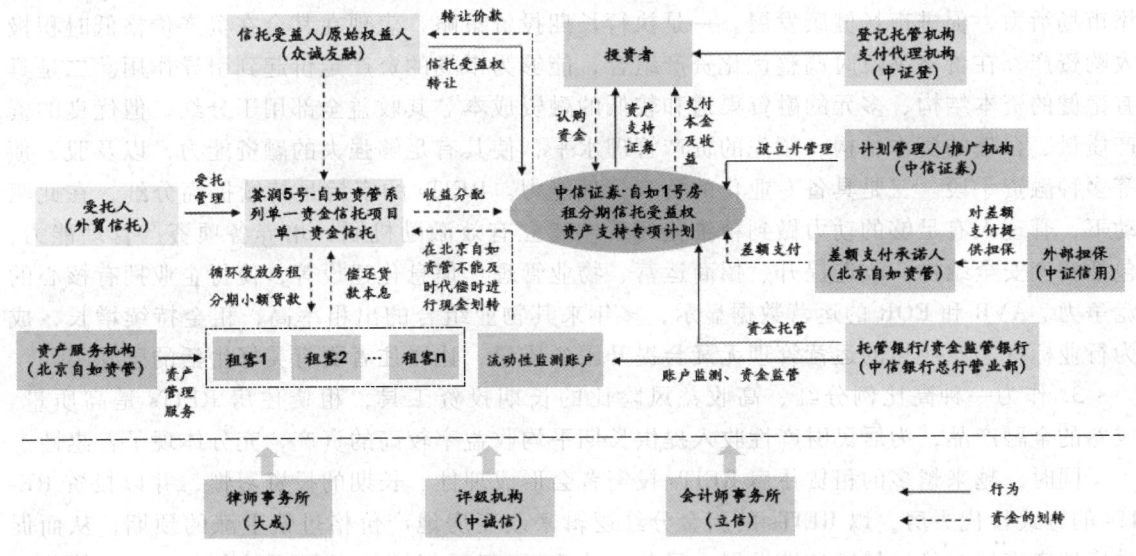

图 6　自如 1 号产品的交易结构

三、业务发展问题与建议

（一）发展住房租赁 REITs 的意义

1. 有利于住房租赁企业可持续发展，有效贯彻落实中央"租售并举"的政策意图

近期在政策的鼓励下，各地纷纷推出租赁住房用地，以国企为主的开发商成功摘地。但这类土地的开发投资资金量大，不能销售回笼，靠租金回笼需要很长的时间，在项目建成后将对拿地企业构成巨大资金压力，持续发展受限。住房租赁 REITs 是权益型的成熟资产持有平台，可为住房租赁企业提供最有效的退出渠道，使企业不累积负债同时形成项目开发和退出的闭环，获得资金用于新项目开发，形成可持续发展的"开发、运营、金融"的低成本、低杠杆新模式，从房地产领域推进供给侧改革。此外，多年来中国房地产开发企业已形成了围绕"拿地、开发、销售"的快周转模式，重销售轻经营，重资产增值轻租金收益，在房地产存量时代有强烈的转型需求，但缺乏长期资金的支持和新的激励模式，转型较为困难。REITs 是权益类产品，可为企业提供长期资金，同时大多数国家的 REITs 都要求其资产有持续稳定的收入，禁止购置土地和从事开发，经多年发展实践已围绕资产管理建立了一整套的激励制度。因此，住房租赁 REITs 有助于现有房企持有并经营好资产；同时，还将对长租公寓形成有力推动，挑战社会对房产的传统观念，有利于遏止非理性买房、投资房产的情况，促进房地产市场平稳健康发展。

2. 有助于改善租赁住房市场的结构，提升运营水平和服务质量，创造美好生活

在美国，机构持有租赁房屋数量的比重达 30% 以上，租赁住房 REITs 有 3 家百亿级市值公司，包括 AVB（市值 256 亿美元，持有公寓数量 8.4 万套）、EQR（市值 254 亿美元，数量 7.8 万套）、MAA（市值 116 亿美元，数量 9.9 万套），以房间数量计在美国资产持有型机构中排名分别在第一位、第三位和第四位。因此，住房租赁 REITs 的壮大有助于改善中国目前以个人为主的市场结构，促进市场朝规模化、集约化和专业化发展。同时，作为市场重要的参与主体，住房租赁 REITs 在投融资、运营和管理等方面发挥着引领的作用，能够增添市场活力，促进市场健康发展。一是执行长期投资策略，表现在其会在资产价格低时积极收购资产，在价格高位时调整优化资产组合，能够为市场的资产定价起到引导作用。二是具有稳健的资本结构、多元的融资渠道和较低的融资成本。其收益全部用于分红，但优良的资产质量、合理的资本结构、领先的资产管理水平，使其有足够强大的融资能力，以及股、债等多种融资手段。三是具备专业化的资产管理能力。REITs 的宗旨是持续提高分红，在此驱动下，管理人有足够的动力做到精细化经营，建立有效激励机制，培养各项资产管理能力，包括资产安全维护、改造提升、招商运营、物业管理、信息化建设等，使得企业拥有核心的竞争力。AVB 和 EQR 的运营数据显示，多年来其物业组合的出租率高，租金持续增长，成为行业标杆。专业化的运营管理无疑会提升服务质量，让居住者更有美好生活的感受。

3. 作为一种高比例分红、高收益风险比的长期投资工具，租赁住房 REITs 是高质量、成熟的金融产品，为居民财产性收入提供长期平均收益率较高的资产，充分体现了普惠性

同时，越来越多的租赁住房 REITs 投资者会形成理性、长期的投资习惯，并以投资 REITs 的方式替代买房，以 REITs 的租金分红逻辑来改变房地产价格过快上涨的预期，从而促进房地产市场本身的健康良性发展。目前，约 28 万亿元规模的银行理财资金中，大部分是

以非标债的方式变相进入了房地产行业，住房租赁 REITs 与其他金融资产关联性低，有助于中国投资者的资产配置多元化，具有较强的配置价值。

（二）住房租赁 REITs 发展的主要问题

我国租房市场依然面临着运行不规范的问题。承租人并没有预期中的稳定，租金收益也没有预期的高，即使在一线城市也是如此。在不动产登记制度推进过程中，存量住房的持有成本在加大。从政府层面打造的公租房产品看，部分公租房位于城市郊区，其市场迎合程度也远远没有预期的大。因此，围绕此类资产设计的 REITs 产品存在较大问题，主要反映在六大方面。

1. 税收制度方面

美国《房地产投资信托法》对 REITs 的收入来源、拥有、运营、管理、服务范围、税收收入都作了详细的规定，凡符合法定要求的住房租赁 REITs，都可以避免双重征收，获准把股利支出从公司征税中扣除。因此，信托可分派收益较多，信托投资人的回报率也可以相应提高。但我国在这方面尚无优惠税收政策，且租房租赁市场收益率低，使得多数企业处于亏损状态。我国土地增值税率在 30% 至 60% 之间，拿房成本过高直接导致企业利润下降，成为压缩租房市场企业利润空间的主要因素。此外，一般增值税能够递延抵扣后续流通环节的税收，但土地增值税却没有递延机制。

2. 土地制度方面

我国规定土地归集体和国家所有，所有人并不拥有产权。因此，在市场中进行交易的地产都有使用期限的限制。土地期满后的补偿机制和标准也尚不明确，成为住房租赁 REITs 运行中一个较大的不确定风险。

3. 配套法律方面

欧美国家在住房租赁 REITs 方面的制度和法律体系较成熟，但我国尚未建立住房租赁 REITs 相关的法律架构。虽然现有的《证券法》《公司法》《证券投资基金法》《信托法》《合同法》等可以作为参考，但并不能为住房租赁 REITs 提供明确的法律保障。此外，我国还缺乏支持住房租赁市场发展的配套政策和平台。

4. 产品设计方面

从国外住房租赁 REITs 产品的设计过程来看，确保一个现金流稳定的租赁模式，是让投资者放心认购产品的前提。目前我国的租金回报率较低，产品收益不高，地方政府也可能采取财政转移支付的方式来弥补此类投资的亏损。

5. 运营管理方面

专业、优质、高效的运营能力是租赁住房长期健康发展的根本。目前，国内住房租赁领域的专业品牌运营机构无论在数量、运营水平方面还是在管理规模方面都有着显著的不足。

6. 投资者范围和产品转让方面

目前国内的住房租赁 REITs 由于其私募属性，只能对机构投资者销售，转让门槛较高。而境外的住房租赁 REITs 产品投资门槛较低，通常也对个人投资者开放。

（三）相关建议

1. 搭建法律制度框架

境外成熟经验表明，住房租赁REITs的发展需要有一个良好的法律体系。因此，除制定专项法规外，还需要对《证券法》《公司法》《证券投资基金法》《信托法》《合同法》等相关法律进行统筹修订，特别是《证券投资基金法》和《信托法》，要加大制度供给，形成促进住房租赁REITs规范发展的法律体系。

2. 完善税收体制与法规

税收制度的优惠政策是住房租赁REITs发展的动力和保障。目前，深圳市已经在这方面做了积极探索。2017年9月1日，深圳市规划和国土资源委员会发布《深圳市人民政府关于完善土地供应管理的若干意见（征求意见稿）》，对于划拨土地的使用方式，"只租不售的人才和保障性住房、创新型产业用房用地"也能成为申请划拨土地的对象。这意味着，深圳市未来的租房市场土地将不收取土地出让金，也就不涉及土地增值税，这将大大降低租房业务的拿地成本，增加企业利润。建议在这一探索的基础上，扩大试点范围。

3. 明确住房租赁REITs各方的法律责任

作为产业基金，住房租赁REITs必须将收入中的大部分应税收入作为分红，分配给股东，由此才能享受相关的税收优惠。同时，法律应对住房租赁REITs的投资领域和借贷比率予以限定，并且只能参与前期以外的房地产开发，避免运作风险。住房租赁REITs在上市方面也需要有具体的限制，并且所管理财产的相关信息应该及时披露。在法律的责任认定方面，应明确各投资主体在投资以及投资后运行过程中的各违法违规操作所应承担的法律责任，防患于未然。对于已经发生的违法违规事件，也应当依照"依法从严全面监管"的原则，加大处罚力度，提高违法成本，保证市场的有序运行。

4. 增加对租赁住房的土地供应

在一线城市房价过高的背景下，需要通过供给侧改革，通过支持租赁住房市场的发展平抑房价。建议通过"自持比例限制"降低土地供应价格，做出"允许自持土地及住房进行证券化运作"的安排。2017年4月，北京市住建委和规土委联合发布《关于北京市企业自持商品住房租赁管理有关问题的通知》，明确了企业自持商品住房应全部用于对外租赁，不得销售。企业持有年限与土地出让年限一致，对外出租单次租期不得超过10年。

5. 加强专业品牌运营机构培育工作

标准化权益型住房租赁REITs通常实行主动管理模式，其产品价值在较大程度上依赖于产品管理人对物业资产的专业管理与合理投资决策。管理人以住房租赁REITs投资人的投资收益最大化为目标，需要在物业投资组合管理、资本结构优化、物业改造提升、租赁运营及物业管理等领域体现专业水平，从而全方位增强住房租赁REITs产品的内生增长动力。因此，需要鼓励和支持更多专业化市场化的运营机构参与该市场，提高运营管理公司的数量和质量。

综上，保利地产和新派公寓两个产品的发行，是类REITs产品在新形势下的有益尝试，但也要以重资产的有序经营为前提。结合REITs诞生和发展历史所诠释出的"长期共赢、税务激励、全民参与"三大精神，保护好中小投资者利益，就需要本着客观、审慎的态度对待"轻资产"及"公募+ABS"模式的住房租赁REITs。在我们的市场还不能达成长期共赢的理念和共识之前，在无法提供太多可供大众持续分享盈利的项目之前，在供给侧改革的税务激励方面尚未到位和成熟之前，我们更应该深入了解REITs的本质和精髓，牢牢把握"稳中求进"的工作总基调，本着"两维护、一促进"的职责，积极探索，努力寻找解决业务发展存在问题的方法，扎实有序地推进住房租赁REITs业务稳步健康发展。

上市公司再融资制度的国际比较研究

中信建投证券股份有限公司课题组[*]

一、美国、中国香港等成熟资本市场的概况综述

(一) 美国资本市场

美国资本市场起源于18世纪末,美国纽约证券交易所(NYSE)于1811年成立,是美国证券市场形成的标志。1921年,美国证券交易所(AMEX)成立,在20世纪80年代之前一直是美国的第二大证券交易所。1971年,纳斯达克(NASDAQ)股票交易所成立,是世界第一个电子证券交易市场,现在已经发展成为世界最大的股票交易市场之一。

当今,美国的资本市场可以分为四个层次。第一层次是美国的主板市场,包括纽约证券交易所、纳斯达克全球精选市场和纳斯达克全球市场。第二层次包括美国证券交易所和纳斯达克资本市场。第三层次和第四层次分别包括场外柜台交易市场(OTCBB)和粉单市场。美国资本市场再融资的主要途径包括增发、非公开发行和配股,其中增发占绝大多数,其次是配股,再次是非公开发行。

(二) 中国香港资本市场

中国香港第一家证券交易所是香港股票经纪协会,成立于1891年,后改名为香港证券交易所。1969年至1972年是香港证券市场的"四会时代",共四家交易所并行存在。1986年3月27日,四家交易所合并成立香港联合交易所。

香港资本市场的第一层次为联交所主板,第二层次为联交所创业板。另外,2017年6月香港联合交易所发布文件,拟推出全新的创新板,主要定位于新经济类公司。香港资本市场不仅对香港经济发展起到了不可替代的作用,也是连接内地企业和境外市场的重要纽带。

---

[*] 本文为中国证券业协会2018年优秀课题。课题负责人:陈友新;课题组成员:刘念、李宇航、张宗、冯扬、万剑飞、杨昊、武昊、马翔宇。

二、股权再融资制度的国际比较分析

（一）我国现行股权再融资制度综述

1. 我国上市公司再融资制度介绍

目前，我国上市公司再融资的方式有增发、配股、可转债、优先股等，其中增发可以分为非公开增发和公开增发。

不同融资方式的发行条件不尽相同。净资产收益率方面，配股、公开增发、可转债发行要求近三年平均不低于6%。利润方面，可转债发行要求最近连续三年盈利，且发行当年的盈利足以支付债券利息；优先股要求近三年年均可分配利润不少于优先股一年的股息。

2. 2017年以来新规介绍

2017年2月，中国证监会发布再融资新规（对《上市公司非公开发行股票实施细则》部分条文进行修改，发布《发行监管问答——关于引导规范上市公司融资行为的监管要求》）。此次新规的内容主要包括：将定价基准日统一调整为发行期首日；规定非公开发行股票拟发行股数不得超过发行前总股本的20%；规定增发、配股、非公开发行的董事会决议日距前次募集资金到位日不得少于18个月。

2017年5月27日，中国证监会发布《上市公司股东、董监高减持股份的若干规定》的减持新规。新规主要对竞价交易、大宗交易、协议转让等减持方式作出要求。非公开发行股份的股东通过集中竞价交易减持股份的，解禁后12个月内减持数量不得超过持有本次非公开发行股份数量的50%；大宗交易减持在任意连续90日内，减持数量不得超过公司股份总数的2%，且受让方在6个月内不得转让。

2017年9月，中国证监会发布可转债新规。新规的主要内容包括推进信用申购、约束失信行为和优化发行流程等。参与网上申购的投资者无须预缴申购资金。

3. 国内资本市场的再融资情况

目前，国内主要的股权再融资方式包括增发、配股、优先股、可转债和可交债等，其中，增发是上市公司最常选择的再融资方式。国内再融资制度对完善我国多层次资本市场起到了重要作用，但相对成熟资本市场也存在着一些问题，比如，行政管制相对较多、市场估值能力弱化、锁定期较长等。

（二）再融资各类方式对比分析

1. 非公开增发股票国际比较分析

（1）我国非公开增发股票现行政策制度。非公开增发股票是我国上市公司最主要、最灵活的股权再融资工具。非公开增发股票制度主要包括以下几个方面：

①发行对象包括不超过10名的法人、自然人或者其他合法投资组织；

②发行价格不低于定价基准日前20个交易日股票均价的90%，定价基准日为发行期首日；

③拟非公开发行的股份数量不得超过公司发行前总股本的20%；

④一般认购对象限售期限为自发行结束之日起12个月。

（2）现行政策存在的问题。我们认为，目前上市公司非公开增发股票制度存在的主要问题包括以下几点：

①项目实施难度极大。再融资新规和减持新规实施以来，非公开增发股票的发行规模下降，非公开增发股票的实施难度大增。这其中的原因有很多，如定价新规压缩了投资者的折价空间，减持新规延长了投资者的锁定期，资管新规导致大量理财资金流出市场，赚钱效应消失等。

②倒逼一级市场吸引力下降。非公开增发股票作为目前A股上市公司最重要的再融资手段，对其融资规模和融资频率的限制会导致优质上市公司无法在A股市场及时、足额地募集公司良性发展所需的资金，大大降低了A股对于优质拟上市公司的吸引力。

（3）境外市场非公开发行股票相关制度概况。

①美国市场相关制度。美国证券市场中与A股非公开发行股票相对应的是上市公司私募发行（Private Placement or Private Offering）。该私募发行制度主要特点包括：

一是审核要求。使用注册制，本质与核心在于注册豁免，即政府对公司发行的证券价值不作判断，而完全交由市场和投资者自身判断。

二是发行对象。私募发行对象分为"获许投资者"和"非获许投资者"两大类，后来进一步提出了"合格机构投资者"的概念。这些合格机构投资者由于具有足够的自我保护能力，面向该类合格机构投资者发行的股份也不限投资者人数、不限金额。

三是限售期限与转售。投资者认购的上市公司私募发行的受限制证券持有期间必须达到6个月以上，而持有非上市公司的受限制证券需达到1年。

②中国香港市场相关制度。中国香港上市公司在一般情况下，年度股东大会可以给予董事会一般性授权以非公开发行新股，当获得授权后，只要年度内配售新股不超过这一比例，即可以由董事会灵活决定进行任何次数的配售。

香港上市公司配售主要包括路演配售和非路演配售两种类型。市场普遍采取的是非路演配售即闪电配售或快速增发，闪电配售发行规模相对路演簿记方式较小，在短时间内通过向市场询价来确定发行价格。

（4）A股非公开增发股票制度改革建议。

①进一步规范发行条件。建议设置上市公司实施非公开增发股票的财务条件，将部分劣质公司排除在门槛之外，如上市公司需规范运作且实现连续两年盈利、两年分红等。

②调整对非公开增发股票时间间隔与发行规模上限的规定。建议将融资时间间隔调整为前次募集资金基本使用完毕后（例如超过80%）。募集资金效益实现良好或者上市公司整体业绩增长良好的情况下，方可再次进行募资。同时，建议在不影响原控股权稳定性的前提下，取消发行比例上限。

③增加董事会决议公告日为定价基准日的可选项。建议对于询价类非公开增发股票继续保留董事会决议公告日作为定价基准日的可选项，增加灵活性和可操作性。

④适当缩短非公开增发股票投资者的锁定期。减持新规导致大量投资者纷纷撤离市场，建议适当缩短非公开增发股票投资者的锁定期。

⑤加快审核节奏，严格审核标准。当前中国证监会对于非公开增发股票的审核周期过长，抑制了部分上市公司合理的融资需求。对此建议适当加快审核节奏，更加高效地发挥A股市场为优质上市公司提供融资、进行资源配置的功能。

2. 公开发行股票（公开增发）国际比较分析

(1) 我国公开增发股票情况及现行政策。公开增发是上市公司股权再融资的一种形式，面向的是社会公众投资者。公开增发同非公开增发相对应，但二者在审核要求、发行方式上有很大的差异。

A股公开增发主要监管依据是《上市公司证券发行管理办法》及其他规范性文件和信息披露准则。该管理办法对拟再融资的上市公司所需具备的基本条件，如组织机构健全、持续盈利能力、财务状况良好、无违规违约、虚假记载等行为作出规定，并针对公开发行股票的拟上市公司作出更加细化的要求。核心条件如下：一是三个会计年度加权平均净资产收益率平均不低于6%，扣除非经常性损益后的净利润与扣除前的净利润相比，以低者作为加权平均净资产收益率的计算依据；二是除金融类企业外，最近一期末不存在持有金额较大的交易性金融资产和可供出售的金融资产、借予他人款项、委托理财等财务性投资的情形；三是发行价格应不低于公告招股意向书前20个交易日公司股票均价或前一个交易日的均价。

(2) 目前我国A股公开增发股票主要存在的问题。上市公司通过公开发行股票来融资，在我国A股再融资市场整体占比很小，最近几年更是处于停滞状态。上市公司并不青睐这种再融资方式，主要存在以下两个原因：一是相对于A股其他再融资方式，公开发行股票审核相对更严，不具比较优势；二是信息披露、定价机制等还比较依赖于监管审核，市场化灵活度依然不够。

(3) 美国、中国香港市场增发股票政策情况。

①美国增发股票政策。美国再融资制度最核心的特点是采用储架发行制度，即一次审核可多次发行。储架发行的证券类型，SEC共规定了11种，其中就包括增发股票，但是美国市场没有严格区分公开发行和非公开发行，在发行方式上基本是统一的。

储架发行制度按照发行人的资质通常将其分为四类：一是知名成熟发行人（Well-Known Seasoned Issuer）；二是成熟发行人；三是非成熟发行人；四是非申报发行人。发行人可根据自身情况通过不同表格的全面指引（General Instructions）进行考核，进而判定储架注册人的资格及适用情形。

储架注册制度在美国的运行已经相当成熟，符合发行条件的机构也很宽泛，除开放式基金管理公司、单位投资信托、外国政府等少数主体外，其他大部分主体均可采用储架注册制度来发行证券。

②中国香港市场公开增发股票政策。香港市场的股权发行主要政策也是注册制。香港联合交易所仅仅是按照《上市规则》实施备案制的交易场所，上市公司内部的权力机构决定上市公司是否通过股权再融资。

香港市场没有完全对应A股公开增发的再融资方式，港股再融资"配售"的方式主要有"发行新股""配售旧股"或"先配旧股、后发行新股"（先旧后新）三种。发行新股，即上市公司发行新的股份给投资者；配售旧股是指大股东将自己持有的股份配发给投资者，相当于A股的配股发行；而先旧后新就是配售旧股和发行新股相结合的模式。目前港股上市公司使用发行新股和先旧后新这两种配售方式居多。

(4) A股公开增发与美国、中国香港市场对比分析。美国和中国香港市场都没有很明确区分公开增发和非公开增发的标准，对比几个市场的发行政策可以看出：

①我地A股和美股、港股市场监管当局对SEO（Seasoned Equity Offerings，俗称"增发"）审核的宽严程度不同。SEC对满足特定条件后的上市公司要求相当宽松，只要所筹集

的资金合法、合规，且原股东或投资者有购买意向，拟发行证券的公司几乎不受业绩、时间和比例的限制，可以随时进行再融资，但 SEC 对上市公司发行前的资质审核以及信息披露的准确完备性要求很高。我国 A 股市场没有针对上市公司资质审核的体系，所以监管政策对上市公司公开增发审核非常严格，为此制定了多个专项法规、细节条款来规范上市公司的增发行为。

②美国、中国香港市场增发价格基本确定于发行前 24 小时，相关定价基本上也体现了市场的意志。我国地 A 股市场的增发底价是由规则确定的，在此基础上体现市场意志，对发行价格市场化的体现要弱于美国、中国香港市场。

（5）美国、中国香港市场增发对 A 股发行政策的启发。美国和中国香港市场增发融资相对于 A 股市场最根本的区别在于制度设计上，而不仅仅是融资方式上的差异。A 股公开增发作为再融资方式的有效补充，相对于其他融资方式，审核条件更为严格，与国内其他再融资方式相比已然不占优势，这也是 A 股很少使用公开增发股票募集资金的原因。

股权再融资作为资本市场的核心职能，其目的在于帮助优质的公司借助资本的力量得到快速发展，同时为投资者带来必要的投资收益。因此，再融资制度的设计既要避免上市公司的投机行为，也要注意繁杂的审核程序导致融资效率低下。综合美国和中国香港市场来看，可以对 A 股公开发行实施分层监管同时加大事后处罚力度。根据公司信用评级、财务状况等对公司进行分层，给予不同的市场自由度，等级越高的监管流程就越简单，以提高融资效率，同时对事后发现不诚信行为加大处罚力度，以降低道德风险。

3. 可转债发行国际比较分析

（1）我国可转债发行情况及现行政策。我国国 A 股可转债发行时间相对较短，相关法律法规的建立和完善也主要经历了三个阶段。

《可转换公司债券管理暂行办法》（1997 年颁发）是 A 股可转债的第一部规范性文件，主要是在重点国有企业中开展试点工作，当时有三家非上市国有企业也发行了可转债，其中茂化转债最终转股失败。中国证监会发布的《上市公司发行可转换公司债券实施办法》（2001 年）奠定了可转债发行的核心基础，规定了可转债的发行主体必须是上市公司。可转债发行目前参考的规范性文件是 2006 年公布的《上市公司证券发行管理办法》。该管理办法进一步明确了上市公司发行可转债融资的具体要求。相比之前的可转债发行办法，新的规定对发行主体的财务、条款设计以及其他审核门槛都有所放松。

关于可转债发行的审批权限，根据我国《公司法》第 172 条规定，上市公司发行可转债的内部审批权在股东大会而非董事会。此外，中国证监会审核上市公司可转债发行与其他融资品种一样，采用核准制。

（2）目前我国 A 股可转债发行主要存在的问题。我国 A 股可转债发展历史相对很短。2017 年之前，每年发行数量不超过 10 家。而在发行中，也存在以下几个方面的问题：

①虽然 2017 年以来，可转债发行得到监管机构的大力支持，发行规模增长明显，但总体来看，发行数量依然过少，投资者对可转债的需求远高于供给，而可转债也没有起到再融资市场很好的补充作用。

②中国可转债的相关法规设计比较单一，从基本条款到转股条款、赎回/回售条款，差别不大。相关条款的设计大多也是为了满足监管的要求，几乎没有考虑市场化因素，而不同品种可转债的票面利率、期限等没有很大区别，投资者的选择不多。

③现行的可转债发行审核政策和其他再融资方式一样,需要通过董事会、股东大会、中国证监会等审批,整个发行周期过长,很多上市公司在审核过程中可能已经错过了最佳的募集资金时间。

(3) 美国、中国香港市场可转债发行及政策情况。

①美国可转债发行政策。在美国市场上,转债主要通过公募和私募两种方式发行。私募可转债发行的规范性文件主要是1933年《证券法》的4(2)节、1982年的《D条例》(Regulation D)以及1990年的《144A规则》(Rule 144A)。发行人如果采取私募方式向有资格的机构投资者(Qualified Institutional Buyers, QIBs)发行可转换债券,按照144A法则,会设置一定的发行量下限。私募发行相对灵活,美国大部分上市公司会通过私募市场实现可转债初次发行以把握最佳的市场时机。在初次发行之后,再选择SEC注册获得公开发行。

美股可转债的交易主要采取做市商机制,并通过OTC柜台交易。OTC柜台交易的可转债可分为两种:一种是非注册可转换债券,依据《144A规则》发行,并只能由合格的机构投资者购买;另一种是通过SEC注册公开发行的可转换债券,这种债券对发行主体要求较高,审核也更为严格,因此对投资者准入门槛要低一些,该类可转债占据美国一大半的可转债市场。

关于可转债发行的内部审批权,美股与A股、港股发行市场有所不同。美国可转换债券的发行只需通过公司董事会审核,而无须股东大会同意。

②香港可转债发行政策。在香港发行可转债使用的法规包括香港联交所证券上市规则、公司条例(香港法例第32章)以及证券及期货条例(香港法例第571章),但是相关规则对可转债发行的要求比A股宽松得多。另外,港股在发行时通常会授予承销商一个绿鞋期权,类似港股首次公开发行股票。

港股市场将可转换债券(Convertible Bonds)和可交换债券(Exchangeable Bonds)统称为"可换股债券"。两种债券的发行主体与A股类似,分别为上市公司和上市公司股东。香港市场对于可转换债券的换股标的要宽泛得多,不限于发行主体控股的上市公司。就香港市场来看,可转换债券数量也明显多于可交换债券数量。

(4) A股可转债发行条款与美国、中国香港市场对比。与A股相比,美股转债和香港转债条款更为复杂,从票面利率、条款设置、存续期限等方面均与A股有所差别。总体来说,美国的种类更丰富,期限跨度更大;利率方面,条款设计更加灵活、市场化。

(5) 美国、中国香港市场可转债发行对A股发行政策的启发。美国的可转债发行历史久远,早在150年前美国就发行了全球第一只可转债。随后,美国的可转债在发展过程中也经历了许多变化,相应的制度建设也比较健全。中国香港资本市场受西方影响较大,从制度设计方面也和美国等西方国家相似。美国和中国香港有一些经验值得借鉴学习,主要包括两个方面:

①有层次地精简审核流程,强化初次信息披露。中国的再融资政策主要是防止上市公司的道德风险,目的是保护中小投资者利益,这种制度设计对于不太成熟的中国资本市场是适合的。但随着中国资本市场的不断发展壮大,一批优秀的企业也在成长,需要资本市场给予更大的支持。中国内地可转债目前的审核周期大概是1年左右,比美国、中国香港等相对成熟的资本市场长得多。因此,可以建立一套企业资质审核制度,将上市公司划分为不同的资质类型,并定期检查报备,在此基础上精简一些资质优秀的上市公司审核流程,这样既会激

励上市公司不断提升资质，也提高了融资效率。

②对于可转债的条款设计可以更加市场化、更灵活。可转债的特点就在于其具备债性和股性双重属性，目前A股可转债的条款设计过于单一以至于掩盖了可转债的多样性，而投资者也对可转债的条款变得不太敏感，这种"僵硬"的可转债发行需要通过更加多样化的设计让它变得更有活力。

4. 优先股国际比较分析

（1）我国优先股在现行发行政策下存在的主要问题。

①转股制度缺失。在现行政策下，上市公司发行的优先股产品不允许设置转股条款（商业银行除外），这不仅导致优先股投资者享受不到公司成长带来的增值，而且高成长低盈利的公司也不能通过优先股这一再融资品种完成融资。

②公开发行标的范围过窄。现有政策对公开发行优先股的资格进行限制，上市公司不仅需满足三个条件之一，还应同时满足最近3个会计年度连续盈利等条件。较严格的发行条件限制了可公开发行优先股的公司范围。截至目前，已发行的优先股产品均为非公开发行，暂时没有上市公司完成优先股的公开发行。

③审批程序较长。根据相关规定，上市公司发行优先股需要经过董事会、股东大会表决通过，并经中国证监会核准，整体审批流程较长。目前已完成发行的24家上市公司中，其公告预案至首次发行完成上市平均时间为342天，其中建设银行的优先股整整经历了1 129天，较长的审批上市流程降低了该产品的融资效率。

（2）中美优先股政策对比。

①在发行条件上，美国的优先股发行机制比较灵活。企业在遵守法律及公司章程的基础上，可以自主决定是否发行优先股以及确定优先股发行的各种条款。我国优先股发行实行核准制，同时，我国法律法规在财务条件、规模条件上也进行了一些限制。总体来看，我国优先股的发行条件较为严苛。

②在条款设置上，美国的监管规则给了上市公司较大的裁量权。上市公司可以根据自身的发展及资本结构情况，对转股条款、股息是否积累和固定、回售赎回等条款进行设置，灵活的监管制度为优先股的发展提供了不竭动力。但我国现行发行政策基本禁止了转股条款，同时对公开发行优先股进行了严格的限制。

③在交易流通环节上，美国优先股的投资者主要是机构和优先股基金。优先股的流通以协议转让为主，同时也有相当一部分优先股在证券市场上市交易。我国证券市场以个人投资者为主，同时实行合格投资者制度。该制度不仅让有实力的金融机构能够参与到优先股的市场交易中，同时也让具有一定风险承受能力的个人投资者参与到优先股的交易中。

（3）优先股未来政策建议。

①放开转股条款限制。我国对上市公司的转股条款进行限制，虽然保护了原普通股投资者的利益，但也因此使优先股部分丧失了其股票性质。同时，为了满足商业银行补充核心资本的要求，对上市商业银行开放了转股条款，造成政策的不公正性。此外，对于医药行业等需要大量研发投入的高成长性上市公司，其资金需求大且周期长，在其自身债权融资较为困难的情况下，是否具有转股条款成为上市公司能否通过优先股募集资金的关键。当前，我国A股市场已经积累了丰富的优先股的发行经验，建议适时修改相关办法，放开优先股的转股条款，允许上市公司根据自身需求设置合理的条款，助力上市公司的成长发展。

②扩展发行标的范围。我国优先股制度缺乏历史积淀，相关制度建立之初，相对严苛的发行条件有助于保护投资者利益。但因各项政策的限制，优先股已经基本成为上市商业银行为满足金融监管要求而特有的再融资品种。目前，随着上市公司原有再融资政策的趋近，为了发挥证券市场的直接融资效应，为中小上市公司提供一些新的融资方式和融资渠道，建议拓展优先股发行的标的范围，鼓励上市公司将发行优先股作为再融资的手段之一，拓展上市公司的融资途径。

③减少审批程序，加强信息披露。我国优先股审批程序基本参照 IPO 及非公开发行股票程序，整体流程较长。同时，因优先股股息并不具有抵税效用，普通股股东的权益在一定程度上受损，转股条款的设置也有可能稀释原股东的权益，引发原股东的不满，为优先股的发行审批造成困难。建议我国监管机构适时降低优先股发行的审批程序，在公司审批方面，授权董事会可以根据公司章程中有关优先股的规定择机启动发行；在监管审批方面，优先股作为混合证券有一定的债权性质，建议参考债券的发行审核，简化相关流程，加快审批速度。

5. 配股的国际比较分析

（1）我国配股制度的演变及现状。A 股上市公司配股的监管制度，最早源于中国证监会于 1993 年 12 月出台的《关于上市公司送配股的暂行规定》，上市公司配股的条件相对较为宽松。

2006 年 5 月，《上市公司证券发行管理办法》发布，主要从上市公司规范运作、财务指标以及配股条款三个方面对上市公司配股资格进行了规定，自此也基本确定了目前 A 股上市公司配股的制度安排：

①规范运作要求。例如未受到相关部门行政处罚或刑事处罚，上市公司独立性良好，近 12 个月内不得对外进行违规担保等。

②财务指标要求。例如要求上市公司最近三个会计年度连续盈利，要求上市公司最近三年累计的现金分红金额不少于最近三年实现的年均可分配利润的 30% 等。

③配股条款要求。例如设置了配股比例上限 30%，控股股东需承诺其认配股份的数量，以代销方式发行等。

（2）我国现行配股制度下存在的问题。

①配股审核程序较多。A 股上市公司配股的审核流程一般要经由董事会、股东大会、中国证监会受理、反馈意见、通过发审会以及获取核准批文这些审核环节。

②配股定价无依据。配股作为上市公司公开发行股票的一种特殊形式，其实际上没有明确统一的定价机制，这导致配股价相对上市公司二级市场价格存在或大或小的价差，从而直接影响上市公司本次配股的顺利进行以及二级市场价格稳定。

③容易造成二级市场波动。上市公司在配股启动发行前以及配股股票上市后，由于配股价与市价存在或大或小的折价空间，容易造成二级市场股价的大幅波动。

（3）境内外现行配股制度比较。中国香港市场与配股相类似的融资手段为"供股"（Rights Issue），可以分为两类，其中"公开售股"（Open Offer）与内地的配股基本一致；另一种供股形式称为"可交易的股权"（Right Subscription），该种供股方式提供供股权买卖的选择权。

香港联交所对拟配股的上市公司基本没有设立门槛。香港联交所《上市规则》仅规定：上市公司供股要求上市证券的所有持有人在本次供股过程中均受到公平及平等对待。

从发行流程上来说，香港的"供股"流程亦较为简单：在 12 个月内，如供股总数比例不超过 2 供 1（即每持有 2 股供 1 股），不需要开股东大会通过即可进行；而当供股比例超过 2 供 1 时，则需要经过股东特别大会批准后方可实施。

(4) 香港供股制度与内地现行政策的优劣势比较。

①从发行门槛来说，香港的上市公司供股发行几乎没有门槛，因此香港"老千股"公司常以"合股""供股"等手段来损害小股东的权益。另外，香港对控股股东参与配股没有强制性要求，而内地的配股现行政策更好地保护了中小投资者的合法权益。

②从资金完成募集的时间周期来说，香港供股无须经过香港联交所及香港证监会审核，通常一个半月内即可完成资金募集，从融资效率的角度说要比内地配股高一些。

③从融资规模来说，对于股本较小的上市公司，内地配股政策在融资规模上的限制可能会使上市公司无法通过配股募集到足够多的资金。

(5) 我国现行配股制度政策建议。

①适度简化审核程序。在现有审核标准不变的前提下，建议尽可能简化审核程序，将配股的主要审核权限下放给交易所，更好地借助交易所在上市公司日常监管方面的一线优势，提高审核效率，同时也便于交易所对上市公司实行分类监管，引入白名单制度，让真正的好公司能够享受融资的便捷性，及时获得发展的宝贵动力。

②适度放松配股比例限制。建议适度放松配股比例的限制，激发上市公司采取配股进行股权融资的热情，但同时要加强上市公司募集资金管理的监管力度，要求上市公司全面和充分披露募投项目的合理性、募集资金使用的合规性，防止上市公司滥用配股制度进行过度融资。

③引入配股权交易制度。建议引入配股权交易制度，如果上市公司股东和市场公众投资者对本次配股看法不一致，则可以通过交易配股权的形式达到双方各自的目的，而不至于影响上市公司二级市场股价。

(三) 股权再融资市场的总结性分析

从融资规模来看，美国和中国香港公开增发的规模较大，美国和中国香港的再融资以增发为主，从募资金额来看，非公开发行相对公开发行占增发总规模的比例较低。A 股市场以非公开发行股票和可转债为主，以优先股、配股和公开发行股票为辅，而公开增发最近几年更是"绝迹"。

从审核制度来看，美国和中国香港市场流程较为简单，美国上市公司的再融资活动主要采用储架发行制度；中国香港再融资一般情况下采取事后报备审核制度。A 股的审核采用一事一审的事前行政审批模式，审核流程较为复杂，审核周期较长。

从锁定期来看，美国和中国香港市场锁定期较短，美国锁定期 60—90 天，中国香港配售的股票除 H 股外则没有锁定期。我国非公开发行股票的锁定期为至少 12 个月，在此基础上，减持新规对非公开发行股票的投资者在限售期满后的减持行为作了进一步规范和限制。

三、债券再融资制度的国际比较分析

(一) 我国现行债券融资制度综述

1. 我国债券再融资情况与现行政策

中国债券市场的成立远远晚于始于中华人民共和国成立时期的国债发行市场，出现于20世纪80年代中旬，相较于80年代初恢复的国债也迟了5年。中国债券流通市场的发展经历了场外柜台市场、场内市场和银行间债券市场三个大致阶段。

中国的债券市场类型较为丰富。我国债券市场自改革开放后从无到有，再到如今巨大的规模，可谓发展十分迅速（见表1）。

表1　　　　　　　　　　　　2017年我国各类债券发行情况

债券类型	发行数量（只）	只数比重（%）	发行额（亿元）	面额比重（%）
国债	160	0.43	40 041.79	9.81
地方政府债	1 134	3.04	43 580.94	10.68
同业存单	26 935	72.2	201 675.70	49.43
金融债	1 138	3.05	49 521.41	12.14
政策银行债	612	1.64	32 844.78	8.05
商业银行债	72	0.19	3 907.00	0.96
商业银行次级债券	126	0.34	4 804.23	1.18
保险公司债	2	0.01	70.00	0.02
证券公司债	264	0.71	6 339.40	1.55
证券公司短期融资券	19	0.05	392.00	0.10
其他金融机构债	43	0.12	1 164.00	0.29
企业债	382	1.02	3 730.95	0.91
一般企业债	382	1.02	3 730.95	0.91
公司债	1 201	3.22	11 024.74	2.70
一般公司债	538	1.44	5 641.72	1.38
私募债	663	1.78	5 383.03	1.32
中期票据	910	2.44	10 369.45	2.54
一般中期票据	910	2.44	10 369.45	2.54
短期融资券	2 140	5.74	23 775.90	5.83
一般短期融资券	465	1.25	3 964.70	0.97
超短期融资债券	1 675	4.49	19 811.20	4.86
定向工具	720	1.93	4 954.13	1.21
国际机构债	4	0.01	60.00	0.01
政府支持机构债	22	0.06	2 460.00	0.60
资产支持证券	2 437	6.53	14 676.01	3.60
银监会主管ABS	403	1.08	5 977.29	1.47
交易商协会ABN	115	0.31	584.95	0.14
证监会主管ABS	1 919	5.14	8 113.77	1.99
可转债	44	0.12	947.11	0.23
可交换债	80	0.21	1 172.84	0.29
合计	37 307	100.00	407 990.98	100.00

资料来源：Wind。

2. 目前我国债券再融资的成就与不足

（1）债券再融资取得的成就。

①债券市场的重要性大大加强,助力实体经济发展效能提升。目前,快速发展且体量巨大的债券市场不仅在金融市场的占比提升,同时借助利率传导机制,有力增强了我国调控宏观经济的能力。银行间债券市场作为目前债券流通市场的主要平台是国债和央行票据公开发行和进行市场操作的平台,其健康发展还促进了各类债券收益率曲线的发展成型。

②遵循债券市场发展的客观规律,形成了多层次债券市场体系。经过多年发展,我国已形成了"以场外市场为基础、场内市场为补充,互通互联、分工合作的多层次债券市场体系",各类机构的融资需求得到有效释放,债券存续量与发行量都快速增长。截至2017年末,债券存续余额达40.39万亿元,规模位居全球第三位。

③债券市场发行和交易不断创新。债券市场的债券品种已从最初的国债拓展至央行票据和政策性金融债,随后又拓展出商业银行次级债、混合资本债、普通金融债、短融中票、企业债券、资产支持证券、公司债券、含权债券等多个品种;涉及的发债币种也从人民币扩展到包括美元在内的其他币种;交易方式在初期的现券买卖和质押式回购等方式之外,逐步出现利率互换、买断式回购、债券远期、债券借贷等其他交易方式。

(2) 我国债券市场存在的主要问题。

①间接融资的占比过高,社会资源的配置效率有待提高。直接融资占比仍然较低。近年来,债券融资规模虽然已经超过股票融资规模,但是其在社会总融资规模中的占比仍然较小。在2017年债市发行严重下滑的情况下,债券融资仅占社会融资规模的2.30%。此外,我国债券市场过度依赖银行作为投资主体,风险集中度高,有待进一步分散。

②债券市场的配套机构、制度仍有差距。新常态下债券市场的健康发展与基本的配套机构和制度密不可分。然而长期以来,我国对债券市场的发展重视程度严重不足,基础的配套机构和制度建设相对落后,对债券市场的长期、稳定和健康发展形成了较大制约。信用担保体系不够完善,缺乏市场化的信用增级手段是风险分担机制无法有效建立的直接原因,是公司信用债券发展相对滞后的重要原因。一方面,现有的国际经验表明,债券信用担保体系的建立和市场化增级手段的引入,可以促进信用风险的合理定价,提升债券整体信用等级,促进公司信用债券市场的发展;另一方面,要完善现有信用担保体系,发挥信用担保在债券市场中的基础作用,需要从监管部门、担保机构和风险管理工具三个面进行多渠道、多层次的治理。

③中介机构规范化程度较低。债券市场平稳健康运行有赖于整个发行交易体系中的每个角色尽职尽责,合法合规。承销商、评级公司、会计机构和法律机构等各类中介机构责任重大。只有承销商调查尽职尽责,信用评级公司评级公允准确,会计师事务所和律师事务所遵守有关法律法规和行业准则,才能建立一个公平透明的市场,维护各方利益。另外,税收制度也有待进一步改进。债券市场的税收制度安排,既要保障国家税收收入,又要有利于市场创新与发展。

④场内、场外债券市场互相分割,分别监管,难以互通。国内债券交易市场主要由三部分组成,包括作为场内市场的交易所债券市场、作为场外交易市场的银行间债券市场和柜台交易市场。债券市场由不同机构分别监管的现状也使得债券的发行交易互相分割,这一问题不仅存在于一级市场当中,在随后的债券托管和债权清算等相应环节同样难以避免。近年来,监管部门采取了加强不同市场连通的相关措施,但实际上更多的还是相互自治,独立监管,甚至形成一定的竞争局面。这样被分裂的市场使得债券一级市场发行的审核、沟通成本

上升,二级市场的流动性受到影响;同时,市场的分头和无序监管使得监管漏洞也非常容易产生,严重阻碍了债券市场向着健康和有序的方向发展。

(二) 债券再融资细分品种的对比分析

中美两国债券市场差异较大,我们按照传统公司信用产品(公司债、短融中票、企业债),资产支持证券,其他创新品种的分类来进行比较,以期从中取长补短,为未来的市场发展提供建议。

1. 传统公司信用产品的国际比较

(1) 债券种类与规模。当前,我国债券市场已经初具规模,有二十多种细分种类。按照发行主体,可以分为政府债券,金融机构债券,公司信用债(包括公司债、企业债、非金融企业债务融资工具)等,在债券品种分类上与发达国家基本保持一致。但国内公司债券整体占比依然较小,传统意义上的公司债券产品(包含短期融资券、中票、企业债、公司债)共占比 11.98%。

美国债券经历了上百年的发展,目前债券种类已经非常齐全。主要分类依据是发行主体的不同,涵盖市政债券、联邦机构债券、货币市场工具、企业债券、国债、资产支持债券、抵押贷款相关债券等。截至 2017 年底,公司债占比 22%,抵押支持债券占比 23%,资产支持债券占比 4%(见图 1)。

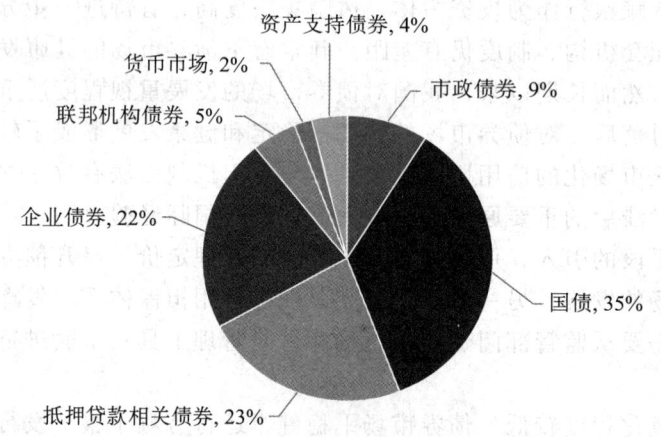

图 1 2017 年美国各类债券发行情况

资料来源:Wind。

(2) 投资者分类。机构投资者和个人投资者是债券市场投资的两大主体。机构投资者在我国债券市场中占据绝对主体,包括银行、券商、保险、基金、期货、信托等。个人投资者相比其他更为成熟的债券市场占比略低。同时机构投资者的持有结构同样有待进一步合理化,例如在我国银行间债券市场,银行持有债券占比就超过了总量的六成,远超其他机构主体。

(3) 二级市场流动性。债券市场的流通交易至关重要,债券的高度流动性是债券市场收益率曲线得以建立成型和完善的重要原因。

我国的债券市场并不统一,投资者之间往往互相隔离,一类投资者往往只在某一市场中进行投资,而对其他市场的参与热情不高,导致我国债券流动性不足的问题,二级市场的交易量远低于一级市场，换手的现象不够普遍。考虑公司债相比于国债的债券类型及发行主体区别较大、单只债券的规模也相对较小，一般而言公司债券的流动性在国际市场是要小于国债的。但我国投资者以银行为主，这一特点不利于我国国债流动性的提升。银行间债券市场在小范围内有利于提升投资者的多样性，但公司债券的投资者仍然以银行、保险和社保基金为主导的机构投资者为主。这些机构实质上性质相似，具有同样的市场价值判断取向，购买债券主要是为了持有。但市场化程度较高的主体，如对冲基金或固收基金，则参与度很低，大大降低了债券市场的流动性与丰富度，不利于其扩展。

美国国债市场不仅包含了我国也有的一级、二级市场，还有其他重要的市场作为补充，例如回购交易市场、国债期货市场、预售市场、本息分离交易市场等。美国之所以能够成为全球债券市场的中心，与这些市场共同发挥作用密不可分，其有力提升了美国整体债券市场的流动性与安全性。

2. 资产支持证券的国际比较

中国与美国在经济制度、债券市场以及政治环境等方面有所差异，因而资产证券化也有不同。在对基础资产的分类上，美国的分类方法更加科学、合理和明确。以金融机构资产债券来说，其涵盖债务担保证券（CDO）、房地产抵押贷款（MBS）、住房抵押贷款以及汽车贷款等，是最主要的一类基础资产债券。其中，房地产抵押贷款占发行总额的八成以上，而债务担保证券又包括信贷抵押证券（CLO）和债券抵押证券（CBO）。

我国资产支持证券主要分为信贷资产证券化（CLO）、企业资产证券化（企业ABS）、资产支持票据等。我国企业资产证券化遵循基础资产负面清单制度，要求合法合规，资产所属权明晰，可独立产生可预测现金流且可特定化的财产权利或者财产。因此，企业资产证券化除了消费贷、应收账款等常规基础资产，也囊括了多种在美国市场中不存在的例如信托受益权、委托贷款、保单贷款、融资融券债权、股票质押回购债权等。

3. 金融债券的国际比较

金融债券在各国的定义、品种较为不同，我们通过商业银行次级债券的国际比较来反映各国的制度安排与市场情况。一方面，商业银行次级债券的发行方式各国不尽相同，美国、英国以公募发行为主，日本以私募安排为主。比较之下，私募发行信息披露要求较低，相比于公募对发行人资质、审批及信息披露程序较简便。根据国际清算银行（BIS）统计，全球范围内公募发行和私募发行的次级债只数相差不大；金额方面，因为公开发行往往规模较大，公开发行占比明显占优。我国次级债的发行刚刚起步，2004年6月出台的《商业银行次级债券发行管理办法》规定，银行可以在银行间债券市场进行公开发行次级债券或以私募形式发行次级债券。另一方面，就是国内次级债券的期限较国外成熟市场发行案例的期限都比较长，国内的次级债券期限基本都在10年左右。

四、归纳总结

为了更好地与国际接轨，我国资本市场应参考国际惯例，适当放宽上市公司进行股权再融资的渠道，以满足上市公司健康合理的融资需求。

（一）增加公开增发股票定价弹性，鼓励公开增发股票

港股上市公司再融资各品种中，一定程度的价格折让是上市公司顺利完成再融资的惯常做法。建议将公开增发股票发行底价不低于招股意向书公告日前二十日均价或者前一日均价更改为发行底价不低于招股意向书前二十日均价或者前一日均价的85%。

（二）进一步规范非公开发行股票的相关政策

1. 简化再融资审批流程，提高融资效率

美国上市公司的再融资活动主要采用储架发行制度。港股配售在董事会授权范围内可以随时启动。因此，可考虑适当简化审批流程，如一次审批，在核准有效期内和审批额度内允许发行人自主选择发行时间、批次和每次发行规模。

2. 放宽发行人数限制，推动市场化定价

如果相对放宽认购人数限制，让更多的机构资金直接参与非公开发行股票投资，有利于询价阶段定价的市场化，有利于分散投资者风险。因此，可以考虑将非公开发行股票发行对象数量的限制从10个放宽至35个。

3. 缩短锁定期，促进市场化交易

国内非公开发行股票存在较长的锁定期，这导致大量投资者纷纷撤离市场，上市公司融资渠道受限。因此，可以考虑在发行期首日定价方式下将锁定期缩短至6个月，从而提高交易活跃度。

（三）增加可转债的发行和交易方式，降低上市公司盈利要求

建议在A股市场增加私募发行可转债的方式，允许上市公司通过私募方式发行可转债，并且将所发行债券在上交所的固定收益平台、深交所的综合协议平台上进行交易。

放宽发行规模不超过净资产40%的限制，将该比例进行提高。

适当降低可转债对上市公司盈利能力的要求。

（四）放宽优先股的转股条件

优先股的核心问题在于转股条款的缺失以及评级机制的不完善导致非银行类发行人发行优先股需求较弱且难度较高。建议适当放松优先股转股限制，允许优先股在触发一定条件后可转为普通股，既可对发行人权益工具进行有效补充，又可增加对投资者的吸引力，有效降低融资成本。

（五）完善债券的信用担保体系

从国际经验来看，建立和完善债券的信用担保体系和引入市场化增级手段，可以促进信用风险的合理定价。因此，完善现有信用担保体系，从监管部门、担保机构和风险管理工具三个方面进行多渠道、多层次的治理，可以更加有效地发挥信用担保在债券市场中的基础作用。

（六）提高债券发行中介机构的规范化程度

相对于股票市场，债券市场中介机构的规范化程度有待于进一步提高。只有承销商调查尽职尽责、信用评级公司评级公允准确，注册会计师与律师、审计从业人员遵规守法，才能最大程度地发挥信息披露和信用评级等市场约束与激励机制的作用。

多层次资本市场建设

坚定信心　凝聚共识
促进区域性股权市场规范健康发展

——在区域性股权市场规范发展座谈会上的讲话

阎庆民[*]

这次会议是经证监会党委批准召开的,是区域性股权市场首次全国性会议。会议的主要任务是以习近平新时代中国特色社会主义思想为指导,深入贯彻党的十九大精神以及党中央、国务院有关建设完善多层次资本市场体系的决策部署,认真分析区域性股权市场发展面临的形势,总结交流实践经验,明确下一步工作思路和监管要求。参加本次会议的有36个省区市金融办、证监局的负责同志以及34家区域性股权市场运营机构的负责人。我们还邀请了国务院办公厅、工信部、人民银行、国资委、市场监管总局、银保监会等部委的同志莅会指导,邀请了人民日报、新华社等6家媒体的记者朋友到会。区域性股权市场的规范健康发展离不开相关部委的指导帮助和主流媒体的大力支持,在此,我代表证监会对大家的到来表示欢迎!对承办会议的四川证监局、四川金融局付出的辛苦劳动表示感谢!下面,我讲几点意见。

一、统一思想,深刻认识规范发展区域性股权市场的重要意义

习近平总书记在全国金融工作会议上强调,要把发展直接融资放在重要位置,形成融资功能完备、基础制度扎实、市场监管有效、投资者合法权益得到有效保护的多层次资本市场体系。党的十九大和中央经济工作会议提出要深化金融体制改革,增强金融服务实体经济能力,提高直接融资比重,促进多层次资本市场健康发展,守住不发生系统性金融风险的底线。这为我们进一步做好区域性股权市场各项工作指明了方向,提供了根本遵循。我们要切

---

[*] 作者为中国证监会副主席。原载于《中国证券》2018年第9期。

实把思想和行动统一到党的十九大、中央经济工作会议、全国金融工作会议精神和习近平总书记关于资本市场的重要论述上来，按照 7 月 31 日中央政治局会议提出的"稳就业、稳金融、稳外贸、稳外资、稳投资、稳预期"要求，不断提高政治站位和政治觉悟，深刻认识规范健康发展区域性股权市场的重要意义，把党中央、国务院的决策部署不折不扣落到实处。

（一）是调结构、转方式的需要

党的十八大以来，以习近平同志为核心的党中央，着力推动调结构、转方式，经济发展由传统的投资、消费、出口"三驾马车"拉动，转为更加依靠创新驱动。区域性股权市场通过整合省级行政区域内的金融资源和政策资源，综合运用各种融资等金融服务手段，缓解了区域内小微企业尤其是科技创新型企业的融资难题，有力促进了大众创业万众创新，服务了国家创新驱动发展战略。

（二）是补短板、促改革的需要

2015 年 11 月，习近平总书记在中央财经领导小组第十一次会上首次提出了供给侧结构性改革，包括"三去一降一补"五个方面，其中一项就是补短板。资本市场经过近三十年发展有了长足发展，但要看到，多层次市场体系发展还不均衡。沪深证券交易所等全国性市场已相对规范，但区域性股权市场由于起步晚、法律供给不足、配套条件不完备，发展相对滞后；服务对象方面，沪深证券交易所主要服务于大中型企业、新三板以中型企业为主，由于市场定位和准入限制，上市公司和新三板挂牌公司总体数量有限，大量的小微企业享受不到资本市场的有效服务。因此，要大力支持区域性股权市场发展，补齐当前资本市场的短板。

（三）是降杠杆、防风险的需要

降杠杆是防控金融风险的重中之重。中央经济工作会议指出，防范化解重大风险要使宏观杠杆率得到有效控制。降杠杆的一项重要措施就是发展股权融资，提高直接融资比重。区域性股权市场能够拓展小微企业的直接融资渠道，帮助小微企业增加资本金，优化资本结构，降低债务比例，防范流动性风险；为股权投资机构寻找投资项目提供便利，促进股权投资业务的开展。

（四）是助小微、稳增长的需要

小微企业是发展的生力军、就业的主渠道，小微活，就业旺，经济兴。目前我国 2 800 多万家中小企业贡献了 50% 以上的税收、60% 以上的国内生产总值、70% 以上的技术创新、80% 以上的城镇劳动就业、90% 以上的企业数量。区域性股权市场在服务小微企业方面具有独特优势，能够提供个性化和多样化的融资服务，缓解融资难题；能够通过组织中介机构为这些企业提供改制辅导、管理培训和咨询等服务，帮助其完善公司治理、增强管理能力、提升规范运作水平；能够为小微企业的信息披露、股权转让搭建平台、提供服务，支持股权有序流转。

从境外资本市场发展经验来看，私募股权市场以其机制灵活、发行条件富有弹性、融资成本低等优势，在资本市场中占据重要地位，在推动各国产业转型升级和可持续发展等方面发挥了重要作用。特别是次贷危机后，西方发达国家意识到降低小微企业融资成本，提高其资本形成效率对一国经济的重要性，加之互联网、大数据、人工智能技术的深入运用大大缓解了信息不对称问题，以美国为代表的境外私募股权市场发展迅速，融资规模已远超公开市场。

在借鉴境外先进经验的同时，更要看到我们国家的制度优势和后发优势。党中央、国务院对发展区域性股权市场十分重视，作出了决策部署，提出了明确要求。经过四十年改革开放，我国经济实力大大增强，目前依然保持总体平稳、稳中向好的发展态势。"放管服"改革进一步激发市场活力，营商环境、创业环境不断优化，小微企业大量涌现，蓬勃发展。区域性股权市场贴近当地，服务地方经济，熟悉政策环境，有省级人民政府的高度重视和支持，发展空间十分广阔。大家要坚定信心，充分认识到区域性股权市场的发展潜力和价值所在。

二、积极探索，规范发展区域性股权市场取得明显成效

2008年以来，为了探索拓展中小微企业股权融资渠道，各地陆续批设了一批区域性股权市场。经过十年发展和实践，在各方大力支持下，区域性股权市场发展初具规模，逐渐成长为多层次资本市场体系的重要组成部分。

（一）初步搭建了区域性股权市场的制度框架

2017年国务院办公厅《关于规范发展区域性股权市场的通知》的发布，正式明确了区域性股权市场的法定地位。为统一业务和监管规则，中国证监会先后发布《区域性股权市场监督管理试行办法》《区域性股权市场信息报送指引（试行）》，为建立监管协作体制和信息报送制度，打下了规范发展的基础；天津、河北、上海、江西、湖北、湖南等十余地区专门发文支持区域性股权市场发展或出台管理细则办法。中国证券业协会于2018年8月发布了《区域性股权市场自律管理与服务规范（试行）》，明确了自律管理的基本内容。

（二）形成了系统有序的市场生态

各区域性股权市场按照国家统一规则并结合自身特色，在市场准入、挂牌展示、融资交易、信息披露、投资者保护等方面初步建立了管理制度，配备了相关专业人员，聚集了一批中介机构，专门为当地小微企业提供区域性股权市场挂牌推荐和财务顾问等中介服务。同时，利用平台的专业优势和贴近地方的区位优势，积极探索不同的业务发展模式，积累了一定经验并形成一些特色品牌。

（三）发挥了扶持小微企业的作用

针对小微企业金融服务的特点，区域性股权市场不断摸索，形成了以股票和私募可转债融资业务为抓手，以挂牌展示、登记托管、培育孵化、改制辅导等业务为基础的综合业务体系。在小微企业培育、规范、融资、扶持政策综合运用等方面发挥了重要作用。据初步统计，全国34家区域性股权市场，共有挂牌企业2万多家，展示企业近9万家，累计为小微

企业实现各类融资 8 000 多亿元,近三年平均每年新增挂牌企业 5 000 家,新增展示企业 2 万家,实现融资 2 000 亿元。累计开展公司治理、财务法务、融资实务等讲座 5 000 多场,培训 30 多万人次,辅导 6 000 多家企业实现改制,助推 800 多家企业成功转入沪深交易所、新三板等更高层次市场,帮助近 7 000 家企业通过区域性股权市场获得地方各类奖补资金 14 亿元。

(四)建立了协同监管工作机制

各证监局与地方金融监管部门按照中国证监会统一要求,不断建立完善监管制度和机制,均已签订了监管合作备忘录,监管协作更加密切。各证监局与地方金融监管部门联合开展专项检查,摸排存量私募债风险,推动开展跨区域清理和运营机构整合工作,取得良好效果。总体上看,区域性股权市场运行稳健,风险可控。

当然,也要清醒地看到,区域性股权市场作为一个新生事物,还面临一些困难和问题。一是融资服务能力有待提升,专业水平不高,挂牌企业获得感不足;二是基础建设不扎实,合格投资者制度落实不到位;三是监管方式有待改进,监管能力需要提高,监管协作仍需加强;四是配套措施不完善,与高层次资本市场间联系不畅,多层次股权市场后台一体化尚未实现;五是政策平台作用未有效发挥,扶持措施对接还需改进。这些问题需要大家共同努力去解决。

三、苦练内功,充分发挥区域性股权市场功能作用

区域性股权市场要实现规范健康发展,首先还是要从自身下功夫,夯实基础,练好内功,不断提升服务能力和水平。具体来说,要做到"六个着力"。

(一)着力做精股权融资业务

我国小微企业数量众多,成长过程中的股权融资需求很大,但目前区域性股权市场服务企业数量只有 11 万家,还不足 1%。要想方设法把小微企业的股权融资业务做精做实做好,这是我们的优势所在、立业之本,这里的业务空间足够大。目前,全市场 8 000 多亿元融资中,占大头的是股权质押融资和债券融资,股权直接融资才 500 多亿元,只占 6%,这项业务还没有真正做起来。区域性股权市场一定要凝心聚气,聚焦重点,深入研究小微企业的发展特点,探索适合小微企业的直接融资模式,真心扶持小微企业发展,与小微企业共成长。上海股权托管交易中心在这方面的做法值得借鉴,它们通过建立行业上下游对接渠道和跨行业交流平台,向上市公司、产业基金、并购基金等推送挂牌公司信息,开展并购重组业务等方式为挂牌公司提供各类股权融资服务,成效显著。

(二)着力提升专业服务能力

"栽好梧桐树,引得凤凰来"。首先要能够提供质优价廉的专业服务,让企业有获得感,才能吸引小微企业来挂牌展示或股权托管。要深入挖掘了解本地区中小微企业的实际困难和需求,结合区域性股权市场的业务定位和专业优势,对症下药,综合施策,帮助企业解决现实问题,逐步规范和提升层次。小微企业大多缺乏人才和经验,专业能力、内部管理等存在

不足，湖南、深圳等地区域性股权市场通过小微商学院，天津、内蒙古等地区域性股权市场通过路演特训营等方式，开展培训交流，提升服务内容和水平，取得不错的效果。

（三）着力发挥普惠金融功能

习近平总书记在全国金融工作会议上指出，要建设普惠金融体系，加强对小微企业、"三农"和偏远地区的金融服务。区域性股权市场针对传统金融业态服务所不及的领域，又是扶持小微企业政策措施的综合运用平台，这就决定了区域性股权市场带有一定的政策性和公益性。市场运营机构要正确处理好经济效益和社会效益的关系，既不能片面强调政策性，只想依靠政府补贴和政策红利过日子，不去开拓市场提高服务质量；又要防止只讲营利性，一味追求利润最大化，偏离服务地方小微企业的基本定位。区域性股权市场要树立正确的经营理念，增强社会责任感，不图暴利，踏踏实实围绕小微企业做好普惠金融服务。比如武汉股权托管交易中心在服务下沉方面想办法，对接县域金融工程，与省级重点贫困县通山县进行合作，专门设立了通山板块，帮助该县的小微企业对接投资机构，目前已有15家企业在武汉股权托管交易中心挂牌，实现股权融资1.5亿元。

（四）着力提升挂牌公司质量

挂牌公司是区域性股权市场的基石，挂牌公司质量是衡量区域性股权市场运营水平的标尺，也是区域性股权市场长期健康发展的"定海神针"。区域性股权市场要树立强烈的品牌和声誉意识。企业挂牌前，要做好筛查和审核，不能一味降低标准和迁就。挂牌后如果公司不守规矩、信息披露不完整、财务会计核算不完善、公司治理不健全、经营运作不规范，就必须要督促改正，否则采取自律措施；超出处理权限的，要报告当地金融监管部门查处。对挂牌公司严管就是厚爱，姑息放纵违规，市场的根基就会动摇。

（五）着力搞好市场基础建设

一是完善内部管理制度，区域性股权市场要合规稳健运营，必须要有一整套涵盖融资业务、挂牌展示、登记托管、会员管理、合规风控、应急管理、信息统计等方面的内部管理制度。目前，只有少数几家运营机构的管理制度较为健全，大部分市场还需要查漏补缺，建立健全内部管理制度。二是配齐相关人员，包括合规风控人员、信息系统人员、信息统计和报送人员等。三是探索适合区域性股权市场的运行机制，可以考虑进行市场分层，对不同质地企业提供差异性服务，并建立内部转板机制，提升整个市场的匹配性。美国粉单市场就针对信息披露质量和公司资质分成了不同的板块层次。

（六）着力发展合格投资者

首先要强调，投资者必须是合格投资者。区域性股权市场是私募市场，与公开市场相比，投资风险大，需要投资者具有相应的投资经验和较强的风险承受能力。关于合格投资者标准，国务院办公厅《关于规范发展区域性股权市场的通知》和中国证监会《区域性股权市场监督管理试行办法》已有明确规定，但实践中一些区域性股权市场没有严格执行。每个市场都要对合格投资者，特别是个人投资者，进行实名校验和资质审查，如果没有按要求落实到位，要追究责任。二是必须要大力发展合格投资者，没有一定数量的合格投资者，区域性股权市场就成为无源之水,功能作用无从发挥,企业也无法在市场上进行股票私募发行转让,因此,必须要大力发展合格投资者,增强市场活力。

在此要强调一点,今后中国证监会等部门将推出若干业务创新试点方案,根据国务院办公厅《关于规范发展区域性股权市场的通知》规定,只有那些运行安全规范、功能发挥充分、具有较强风险管理能力的区域性股权市场才能先行先试。所以,市场越规范,发展的空间就越大。

四、强化监管,切实防范化解区域性股权市场风险

防范化解重大风险攻坚战是三大攻坚战之首,重点是要防控金融风险。当前国际环境面临不确定性,国内处于降杠杆和严监管的大背景之下,各类金融风险因素不断暴露,对区域性股权市场也不能掉以轻心。各证监局要责无旁贷地把区域性股权市场监管工作当作分内之事,发挥好"眼"和"手"的作用,加强风险的监测预警和处置督导,做好指导协调和政策解读,既支持地方做好监管工作,又要严格落实好各项政策要求;地方金融监管部门要切实扛起日常监管的主体责任,组织开展现场检查,依法查处违法违规,承担风险处置责任。现阶段要重点关注以下四个方面问题:

一是存量私募债的兑付问题。截至2018年6月底,各区域性股权市场尚未兑付的存量私募债余额约400亿元,2018年已有少量债券发生了违约。小微企业发行人抵御风险能力差,兑付风险较大。此外,部分区域性股权市场违规发行了固定收益类资管产品,或者通过子公司等关联方发行了私募债或变相私募债等产品,这些产品若不能到期兑付,就形成实际风险。

二是私募可转债的合规问题。2018年以来,可转债业务快速发展,有的市场甚至发行了100多亿元的可转债。这些可转债里面存在不少问题。有的企业设置了过高转股门槛,难以真正转股,变相成为私募债;有的甚至将转股对象设置为关联方;部分市场将可转债业务变为企业变相放贷的通道。

三是公募或变相公募问题。区域性股权市场是私募股权市场,不能公开或变相公开发行证券,这是一条明确的红线。"侨兴债"就是通过拆分的方式到招财宝平台销售,变相突破了私募发行200人的限制,造成重大风险事件,教训深刻,应该引以为戒。

四是市场违法违规问题。区域性股权市场发展情况各异,参与主体复杂、挂牌公司规范程度和公司治理水平差距很大,市场运行中可能发生利益输送、关联交易、资金挪用等损害投资者利益的行为。

对于上述问题和隐患,证监局与地方金融监管部门要保持高度警惕,采取有效措施,着力提升监管效能,做好"三个加强"。一要加强队伍建设,提高监管能力。要按照"政治过硬、本领高强"的要求,配备专业的区域性股权市场监管人才,要把政治建设放在首位,不断加强理论学习,提高专业素养,及时掌握区域性股权市场发展的新情况新问题新动向,在实际监管工作中锻炼提升监管能力和水平。二要加强风险预判,做好风险预案。对于区域性股权市场的各个风险点,地方金融监管部门和证监局要充分利用各方面的监管数据信息,进行非现场监测分析,建立以问题和风险为导向的风险摸排制度,制定有针对性的风险防范预案。一旦发现风险隐患或苗头,要及时化解处置,抓早抓小,防止风险蔓延和扩散。三要

加强监管协作，形成监管合力。证监局要与地方金融监管部门及时沟通和共享信息，发现问题和风险要主动向对方通报情况，并组织开展调查。如果发现重大问题或者跨省级行政区域事项，要及时报告打非局，协调推动解决。

五、创造条件，协力促进区域性股权市场规范发展

区域性股权市场的发展，离不开良好的外部环境。中国证监会前期做了一些基础制度建设工作，有关方面出台了若干政策支持措施，下一步大家还要继续把区域性股权市场规范发展工作做实做好。中国证监会近期将重点抓好以下四个方面工作。

一是抓信息系统规范。全国金融工作会议有关文件明确指出要推进多层次股权交易市场后台一体化进程。目前，各市场信息系统建设水平参差不齐，不少市场信息技术系统建设还很薄弱，存在较大的风险隐患。2018 年 6 月，中国证监会成立了信息系统规范领导小组，上个月召开了领导小组第一次会议，明确了领导小组各成员单位的职责分工和各项任务的进度安排，接下来就是按照分工和时间要求，稳步推进相关工作，抓紧出台信息技术管理规范，系统开发、系统对接、账户对接等也要按时启动。

二是抓转板合作对接。多层次资本市场之间的有机联系争取尽快破题。目前，区域性股权市场与主板、创业板、新三板的联动机制还没有实现，区域性股权市场的新三板推荐业务试点虽有文件规定，但一直没有真正做起来，这方面近期要有所突破。中国证监会相关部门要抓紧研究，尽快出台试点方案，选择几家业务合规、风控能力强的区域性股权市场开始试点，率先把区域性股权市场向新三板转板这条路走通。这项工作不能只是落在纸面上，年内要有实质性进展。

三是抓专业机构参与。目前，已有 37 家证券公司参控股 23 家区域性股权市场运营机构。要引导证券公司为区域性股权市场的投融资活动提供专业高效低廉服务，推动将证券公司参与区域性股权市场情况纳入证券公司分类评价体系，鼓励支持证券公司参控股运营机构，提供人才、技术、业务、合规风控等方面支持。同时，鼓励私募股权基金、创业投资机构等参与这个市场，这些专业机构参与区域性股权市场，能够给市场带来先进的投资理念，提高市场服务能力，同时区域性股权市场也给这些机构扩展了投资标的，增加了投资机会。

四是抓自律管理服务。中国证券业协会区域性股权市场委员会即将成立，这个委员会是区域性股权市场自己的组织，要增强服务意识，搭建市场机构和监管部门、各级政府的沟通桥梁。协会要发挥自律组织优势，充分反映市场呼声，组织开展区域性股权市场投融资信息对接、教育培训、投资者权益保护等工作，建立证券公司参与区域性股权市场信息统计和评估机制，定期对工作成效进行评估。

在此，希望地方政府在落实属地监管职责、防控化解风险的同时，充分发挥支持协调作用，综合施策，扫除障碍，为区域性股权市场健康发展创造良好的外部环境；切实将区域性股权市场作为扶持中小微企业政策措施的综合运用平台，通过贴息、担保、设立引导基金或股权投资基金等多种方式扶持中小微企业。

同时建议在座的相关部委，在股权登记对接、政策措施衔接配套、非上市国有企业股份转让、税收政策等方面给予区域性股权市场更大的支持。还请媒体朋友们加大宣传力度，营造有利于区域性股权市场规范发展的舆论环境。

2018年是改革开放四十周年，也是贯彻落实党的十九大精神的开局之年，新时代要有新作为，新征程要有新担当。我们要认真学习贯彻落实习近平新时代中国特色社会主义思想和党的十九大、中央经济工作会议、全国金融工作会议精神，牢固树立"四个意识"，坚定"四个自信"，做到"两个坚决维护"，不忘初心，牢记使命，锲而不舍推动区域性股权市场规范发展，为促进供给侧结构性改革和服务实体经济做出更大贡献。

区域性股权市场政策解读

李至斌[*]

本次区域性股权市场规范发展座谈会，主基调是规范发展，具体包括三层含义：一是规范与发展并举，区域性股权市场既要规范，也要发展，不能为了规范把市场管死，也不能放纵市场违法违规野蛮生长；二是市场越规范，发展空间越大，要行稳致远，小步快跑，防止摔跤；三是寓监管于服务之中，地方金融监管部门和证监局既要协同做好区域性股权市场监管，也要提供政策培训服务和专业技术支持，推动市场规范健康发展。

本文根据国务院办公厅《关于规范发展区域性股权市场的通知》（国办发〔2017〕11号，以下简称《通知》）和中国证监会《区域性股权市场监督管理试行办法》（证监会令第132号，以下简称《办法》）等相关文件规定，结合区域性股权市场发展面临的形势和日常工作中发现的问题，就有关政策进行解读并提出相应的意见建议。

一、正确认识区域性股权市场定位

（一）区域性

《通知》和《办法》规定，区域性股权市场只能服务所在省级行政区域内的中小微企业。一个重要原因就是区域性股权市场由所在地省级人民政府批准设立并实施监管，监管覆盖范围与市场服务范围应当保持一致，否则将出现监管悬空，不利于风险防范和处置。区域性股权市场已形成"一省一市场"的格局，各省区市机会均等，但不同区域的市场之间仍然存在着一定的竞争关系。从国际经验来看，交易场所具有规模效应，呈现出明显的整合趋势。前期一些省份建有多家区域性股权交易场所，重复建设严重，引发恶性竞争，政策要求限期整合。经过持续努力，相关省市均已实现整合或有了明确的整合方案。江苏、广东的整合工作进展很快，经验值得学习。在前期调研座谈中，部分区域性股权市场提出经营范围不应限于省级行政区域内，想为省外的企业提供服务，这也不是绝对不行，通过合法收购省外

---

[*] 作者为中国证监会打击非法证券期货活动局局长。原载于《中国证券》2018年第9期。

运营机构的方式就是一种途径,但是区域性股权市场还是应该立足于服务当地企业。企业直接跨区域挂牌是政策不允许的,这项清理工作要尽快完成。还有部分运营机构提出希望吸引境外企业来市场挂牌交易,这也是政策不允许的,因为涉及金融市场对外开放以及资本项目收支等多个事项。另有一些地方咨询计划单列市区域性股权市场的经营范围问题,是仅限于本市还是本省,考虑到这项工作属于省内监管责任划分,宜由省级人民政府确定。在这里,需要强调,设立区域性股权市场的初心,就是服务当地中小微企业,助推地方经济发展,运营机构要扑下身子为当地中小微企业提供贴身金融服务,这是我们的责任和使命,不要心浮气躁,心猿意马,想着去外省市跑马圈地,想着去挣外地人的钱,影响市场正常秩序。

(二) 私募性

《通知》和《办法》明确,区域性股权市场(俗称"四板")是私募股权市场。《证券法》规定,公开发行证券必须依法报经证监会核准并由证监会监管。区域性股权市场是由"地方批、地方管"的交易场所,不具备实行公开发行证券的法律条件,实际操作上也较为困难。从多层次资本市场的定位看,主板、创业板、新三板都是全国性公开市场,四板则是地方性私募市场。从发行方式看,主板、创业板实行"大公募",新三板实行"小公募",四板则实行"私募"。区域性股权市场弥补了现有资本市场体系的空白,与交易所市场、新三板市场形成错位发展、互为补充的多层次资本市场体系。一些市场人士认为,区域性股权市场定位于私募市场,不能公开发行和交易,发展前景不乐观。这是一种错误认识,大家要看到私募股权市场的独特优势和广阔空间,中国的私募证券市场是大有可为的。从境外市场情况看,近些年来美国私募证券市场的融资金额已经远超公开市场。

(三) 层次性

很多省市提出着力将区域性股权市场打造成综合性金融平台,全方位开展多种金融业务,以更好满足小微企业的融资等各项需求。这种情况下,一定要注意业务的层次性,区域性股权市场最核心的业务是证券的私募发行与转让,其他则可以说是外围或边缘业务。证券发行与转让业务是区域性股权市场能够纳入多层次资本市场体系的根本原因,也是地方其他各类交易场所不能开展的业务,具有排他性。从统计数据看,目前 2 万多家挂牌企业之中,股份公司只有 7 000 多家,有限责任公司占 2/3。但有限责任公司的股权融资和转让不是证券业务,不是区域性股权市场的专属业务。大家可以看到,《办法》中大部分内容是对证券的发行、转让、信息披露等事项作出规定,涉及有限责任公司的只有第 52 条,明确可以参照执行。大家要清楚哪些业务是区域性股权市场的核心业务,从而把准业务拓展方向。比如股权质押融资,这项业务可以做,但不是区域性股权市场的核心业务,因为业务主体还是银行。要努力做好私募证券发行与转让业务,即使起步困难一些,也要去啃"硬骨头",不能避重就轻,眉毛胡子一把抓。在发展区域性股权市场过程中,要注意业务的层次性,做精做实核心业务,逐步形成自身的核心竞争力。

(四) 普惠性

这是由我们的服务对象决定的。据统计,目前我国中小微企业数量达 3 000 多万家,创造了大部分的就业和税收,但是主板、中小板、新三板的容量和服务范围是有限的,绝大部分小微企业难以通过它们享受资本市场的服务，只能依靠当地的区域性股权市场。实际上这里是一片蓝海。区域性股权市场服务方式灵活，收费低廉，虽然经济方面收益率不高，但是覆盖面广，社会意义很大，满足了大量小微企业的融资需求，有利于促进大众创业万众创新，助推地方经济转型升级。因此，区域性股权市场是普惠金融的重要组成部分。

（五）政策性

《通知》和《办法》明确，区域性股权市场是省级人民政府扶持中小微企业政策措施的综合运用平台。现在各地在税收、土地、资金等方面针对中小微企业出台了很多扶持政策，运营机构要发挥自身是省级人民政府批准和管理的交易场所的优势，推动地方政府加快落实国务院文件规定，争取各项扶持政策在区域性股权市场早日落地。地方金融监管部门也要积极支持和宣传区域性股权市场，协调省级人民政府及相关委办厅局，推动相关政策措施在区域性股权市场落地运用。当然，需要指出的是，地方股权交易场所作为市场运营机构，要不断提升服务能力和专业水平，至少能够自食其力，不要给政府添太多负担，不能长期依靠政府输血过日子。同时，相关部委在股权工商登记对接、政策措施衔接配套、非上市国有企业股份转让、税收政策等方面给予区域性股权市场积极的支持。

二、准确把握优势所在和业务重心

（一）多层次资本市场体系的"塔基"

纵观中国资本市场近三十年的发展历程，呈现"自上而下"的特点。这不同于西方成熟市场的发展路径，也是我们的后发优势。最先发展起来的是沪深交易所，这是资本市场的"塔尖"，之后是创业板、新三板，最后是区域性股权市场。发展区域性股权市场就是要补齐当前资本市场的短板。多层次资本市场体系与企业不同的成长阶段是相对应的，主板主要服务成熟企业，创业板主要服务创新型企业，新三板主要服务中小企业，区域性股权市场则主要服务当地小微企业。小微企业处于成长初期，经营风险比较高，公司治理不规范，资金需求很迫切。区域性股权市场深耕地方，熟悉当地的中小微企业，可以得到当地各级政府的支持，为省级行政区域内的中小微企业服务是其优势所在。区域性股权市场要成为培育小微企业成长的"苗圃"，促进企业规范运作，与企业共同成长，真心实意为小微企业服务。浙江省提出的"个转企、小升规、规改股、股上市"做法，就是针对不同阶段企业提供差异性服务的经验总结。

（二）扶持中小微企业政策措施的综合运用平台

这是《通知》赋予区域性股权市场的一项特别功能，也是市场独有的政策优势。地方政府可以通过区域性股权市场来市场化运用贴息、投资等资金扶持中小微企业发展。在这方面，一些地区已经开始付诸实施，有些省区市成立了政府投资基金，投资区域性股权市场挂牌企业。此外，有些省区市积极为区域性股权市场规范健康发展创造良好的环境，有的规定所有非上市股份公司都要在区域性股权市场进行股份登记托管，有的明确拟上市的后备企业到沪深交易所上市前先到区域性股权市场来规范培育，有的发文建立股交中心登记托管与工商登记的对接机制。大家可以相互学习和借鉴。国家层面，我们也在努力协调相关部委出台统一政策,各地可以积极作为,在省级行政区域内结合当地实际明确相关政策规定。

(三) 以中小微企业股权融资为重点

区域性股权市场运营机构在发展过程中要把握好业务重点,即股权融资。扩大股权融资有利于降杠杆,提高直接融资比重,这符合国家大的政策方向,也是发展区域性股权市场的应有之义。当前一些中小微企业股东把股权看得很重,不愿意进行股权出让,这可能是一种常态,决定了区域性股权市场股权交易不会很活跃。如果想通过集中连续竞价交易,吸引社会公众参与投机,让市场活跃起来,这就偏离了市场发展的方向。《国务院关于清理整顿各类交易场所切实防范金融风险的决定》(国发〔2011〕38号)、《国务院办公厅关于清理整顿各类交易场所的实施意见》(国办发〔2012〕37号)同样适用于区域性股权市场。区域性股权市场只有把中小微企业股权融资作为重点来抓,才能在业务上形成长远的增值链条,不断产生托管、转让、再融资、转板等业务需求。

(四) 严格区分挂牌、展示和纯托管

目前区域性股权市场这三类业务形态都有,但概念不能乱用。挂牌和展示都是转让的方式。挂牌是有标准的,要严格按照《办法》有关规定进行。挂牌至少应满足三个要求:第一,每天要公布最新的价格行情;第二,股权要集中登记托管;第三,要有持续的信息披露。不同市场的企业挂牌标准在满足《办法》规定的基础上可以有差异。有些企业在区域性股权市场只有一次性的融资或转让,融资或转让结束后,不再披露信息,也不再公布价格行情,这就是展示。《办法》从扶持中西部地区小微企业发展方面考虑,对企业跨区域展示预留了一定的空间,但是跨区域展示只能发布融资或转让信息,交易实现和登记托管必须回到当地市场,展示时间不得超过1年。纯托管,是将股份托管在区域性股权市场,不交易、不挂牌、不展示,但可以提供非交易过户登记服务。纯托管企业应是注册在本省级行政区域内的企业,股东可以不受200人的限制。因此,挂牌、展示、纯托管是有严格区分的。另外,有限责任公司具有人合性质,股权转让应优先在现有股东间进行,股东人数不能超过50人。理论上有限责任公司不会有太多股权对外转让,但是现在有大量的有限责任公司挂牌,是真挂牌吗?意义何在?需要反思,要积极推动更多的有限责任公司改制为股份公司。运营机构要利用自身的专业优势,帮助企业出谋划策,不要一味迎合企业,更不能忽悠企业挂牌。要讲清改制对企业发展的意义,有限责任公司改制成股份公司的要鼓励支持,相应的服务要跟上。

(五) 精心培育股票和可转债私募发行与转让市场

区域性股权市场要实现健康良性发展,一定要与地方优质中小微企业共同成长,要逐步把优质中小微企业精心培育成规范的股份公司,通过股权和可转债融资等手段帮助支持其发展壮大,要吸引合格投资者参与,让企业和市场参与者都有获得感。不少有限责任公司改制成股份有限公司的积极性不高,一方面是认识不到位,另一方面是因为转成股份有限公司后,税收负担加重,公司治理有更高的要求,这方面政府要给予积极支持。万事开头难,区域性股权市场运营机构不能急功近利,不能知难而退,不能见异思迁,要咬定青山不放松,保持定力,久久为功,把住核心定位,精心培育市场,认真开展股票和可转债私募发行与转

让业务。

三、切实抓好市场基础制度建设

（一）建立完善市场各项业务制度

《通知》明确了区域性股权市场的法律地位，《办法》细化了业务和监管规则，包括挂牌、发行、转让、登记、托管、信息披露、市场自律、监督管理、投资者保护等各个方面。应该说，区域性股权市场"四梁八柱"的制度框架已经成形。区域性股权市场要按照上述政策文件规定，把各项业务制度建立和完善起来，该修改的修改，该补充的补充。政策有规定的要按政策来，不能自行其是，各搞一套，否则就属于违规了。政策没有规定的，可以在严控风险的前提下做一些创新探索。业务开展过程中有好的政策建议，可以直接或通过证券业协会区域性股权市场委员会向证监会打非局报告反映。

（二）做好信息技术系统规范工作

这是一项基础性工作，直接关系到区域性股权市场的风险防范和长远发展。证监会已经成立了区域性股权市场信息系统规范工作领导小组，2018年7月召开了第一次会议，明确了职责分工。根据相关工作安排，2019年上半年，将发布区域性股权市场信息技术管理规范；2019年底之前，将组织对各地区域性股权市场信息系统进行专项评估，不合规、不安全的要改造升级；2020年6月底之前，争取完成各个区域性股权市场与证监会中央监管信息系统的对接；2020年底前系统要正式投入使用，并开展市场监测评估分析等工作。

（三）做好证券账户对接工作

按照相关工作安排，2018年年底前，要出台证券账户对接方案，推动区域性股权市场证券账户与新三板、交易所市场账户对接，最终纳入一码通账户体系。2019年上半年，将组织部分区域性股权市场开展账户对接试点。2020年6月底之前，区域性股权市场账户要纳入资本市场统一账户体系。多层次股权市场要推进后台一体化，信息技术规范和账户对接是重要环节和抓手。这是一项打基础、利长远的工作，要持之以恒抓实做好。

（四）做好信息报送工作

2018年2月，中国证监会发布了《区域性股权市场信息报送指引（试行）》（证监会公告〔2018〕3号），规定了日常备案、定期报送、规则报备、重大事件报告的内容，共有6张附表。其中，表一是日常备案表，证券发行、挂牌后要在5个工作日内报送；表二是定期报送表，要求每个月结束之日起7个工作日内报送上个月市场的有关统计数据。从2018年7月开始，各运营机构已经通过中国证监会中央监管信息平台在线上报送。目前，信息报送中还存在一些问题，比如指标口径不统一等，要逐步纠正解决。区域性股权市场信息报送系统也是档案管理系统，数据报送是留痕存档的，大家要认真对待，要努力提高数据报送质量，不能弄虚作假。通过中央监管信息平台报送数据，可以提高报送效率，减少运营机构的负担，一次电子报送，证监会有关部门、证监局和地方金融监管部门都可以同时看到。

（五）重视合规风控工作

区域性股权市场运营机构是市场的组织者、运营者，也是市场自律管理机构。运营机构要有相应的合规风控人员，及时监控市场运行中的问题和风险，抓早抓小，把问题和风险控制在萌芽状态。《办法》第五章规定，运营机构应当对区域性股权市场参与者的违法违规行为及违反自律管理规则的行为，采取自律管理措施。如果出了问题，自律措施解决不了，行政措施就要介入。《办法》第六章规定，如果运营机构自身出现了违法违规问题，就要受到相应的处罚。因此，运营机构要有合规意识、风控意识，规范经营，只有这样，才能保证整个区域性股权市场的健康稳定和可持续发展。

四、努力提高监管和服务水平

（一）正确处理监管和服务的关系

区域性股权市场目前处于发展初期，地方金融监管部门既是市场监管者，也是市场服务者，要寓监管于服务之中。地方金融监管部门在做好服务的同时，要扛起日常监管的主体责任，及时查处违法违规行为。全国金融工作会议明确要求，有风险没有发现是失职，发现风险没有及时处置是渎职，大家在日常监管中要认真贯彻落实。《办法》规定了很多监管措施，例如责令改正、监管谈话、出具警示函、责令参加培训、认定为不适当人选等，地方金融监管部门要敢于使用，善于使用，通过有效的监管产生外部压力，推动市场规范发展。

（二）证监局做好指导、协调和监督

要持续加强监管政策和业务培训，对市场的安全规范运行情况、风险管理能力要进行监测评估。评估的结果，将作为区域性股权市场开展先行先试业务的重要参考。证监局要坚定"四个意识"，树立大局观念，责无旁贷地把区域性股权市场监管工作当作分内之事抓好，要与地方金融监管部门加强信息沟通与合作，齐心协力把这个市场管理好，切实防止出现重大问题和风险。

（三）做好非现场检查分析

目前，中央监管信息平台已经正式运行并开展区域性股权市场信息报送工作，大家要对报送的信息进行认真分析和应用，做好风险预判与评估，不能让市场信息躺在网络系统里睡大觉。同时也要积极拓展其他的信息获取渠道，比如投诉举报、舆情监测等，提升监管的前瞻性和有效性。非现场检查分析中遇到的问题，请及时与证监会打非局联系沟通，我们将适时组织这方面的业务培训。

（四）开展以问题与风险为导向的现场检查

地方金融监管部门通过非现场检查等方式发现问题和风险的，首先要督促市场运营机构自查整改，限期报告整改情况，必要时地方金融监管部门可以会同证监局组织以问题和风险为导向的现场检查，证监局要积极支持和参与，通过约人谈，上系统，看报表、访客户、查流水、找证据等手段，全面彻底地查清问题，督促改正并依法依规处理。

（五）切实防控化解金融风险

防控金融风险，是三大攻坚战之首。阎庆民副主席的讲话中提到目前区域性股权市场存在的四类问题，包括存量私募债的兑付问题、私募可转债的合规问题、公募或变相公募问题等，地方金融监管部门和证监局要保持高度关注。区域性股权市场是新兴市场，在起步阶段就要有意识地培育良好的市场生态和行业秩序，防止出现各类金融乱象，绝不允许"劣币驱除良币"，绝不允许一个市场出现重大恶性事件而影响整个市场的声誉。我们要齐心协力，保持政策统一性，保持敏感性，努力促进区域性股权市场规范健康发展，切实服务实体经济。

充分发挥委员会作用　推动区域性股权市场规范发展
——在中国证券业协会区域性股权市场委员会成立大会暨第一次全体委员会议上的致辞

陈共炎*

党的十八大以来，我国区域性股权市场持续规范发展，在中小微企业培育、规范、融资、地方政府扶持政策综合运用和增强金融服务普惠性等方面发挥了明显的作用。进一步规范发展区域性股权市场，是贯彻落实习近平新时代中国特色社会主义思想和党的十九大报告关于"深化金融体制改革，增强金融服务实体经济能力，提高直接融资比重，促进多层次资本市场健康发展"要求的重要举措。

中国证监会高度重视区域性股权市场工作，及时召开了"区域性股权市场规范发展座谈会"。会上，阎庆民副主席作了重要讲话，进一步指明了区域性股权市场规范发展的方向和道路。此次会议的召开是区域性股权市场发展进入新阶段的标志，影响深远。协会成立区域性股权市场委员会就是对此次座谈会精神的贯彻和落实。

一、在各方共同努力下，区域性股权市场已经成为中小微企业规范培育、直接融资和扶持政策综合运用的重要平台

近年来，党中央、国务院对规范发展区域性股权市场十分重视，中国证监会与各地政府出台了一系列政策，使区域性股权市场的定位不断清晰，区域性股权市场在中小微企业规范培育、直接融资和扶持政策综合运用方面成效明显：

一是构建起较为完整的区域性股权市场服务体系。区域性股权市场初步汇聚和整合了中小微企业、金融机构、投资机构、会计师事务所和律师事务所等市场主体，形成了战略合作

---

* 作者为中国证券业协会会长。原载于《中国证券》2018年第9期。

关系。

在地方政府的强力支持下，部分区域性股权市场运营机构在服务体系建设方面走在前列，如安徽、湖北等地的区域性股权市场与地方工商部门实现了顺利对接。

区域性股权市场社会认知度大幅提升，金融机构深度融入区域性股权市场服务体系，例如证券公司积极从多方面参与区域性股权市场经营管理，在人才培养和输出、技术嫁接和培训、资金投入和融通、业务拓展和合规风控等诸多方面提供合作与支持。

二是形成了较为完善的市场运行机制。近年来，在监管部门的不断努力下，在地方政府的高度重视下，区域性股权市场内部管理制度体系逐渐完善，为区域性股权市场规范发展奠定了基础。各区域性股权市场运营机构按照"在规范中求发展，在发展中促规范"的原则，结合市场特点和各地特色，逐步建立健全了市场准入、信息披露、融资交易、市场监管、投资者保护以及综合金融服务等制度体系，引导社会资源向具有竞争力的新兴行业、高成长性企业积聚，带动产业集群发展，特别是在服务中小微企业投资融资、交易结算、登记托管、培育孵化、信息资源集聚、金融创新服务等方面取得了积极成效。

三是企业培育规范、投融资和扶持政策综合运用机制基本形成，扶持中小微企业、服务实体经济的作用开始显现。区域性股权市场综合运用私募股权、可转换公司债券、股权质押等多种融资方式，探索建立多元化投融资服务体系，在拓宽中小微企业投融资渠道，解决当前中小微企业"融资难、融资贵"问题，降低企业杠杆率，全面提升资本市场服务实体经济成效方面发挥了促进作用。

中国证券业协会统计显示，截止到2018年6月底，区域性股权市场累计投入经费4 900多万元，开展公司治理、财会法规、融资实务等方面培训5 038场次，培训36.77万人次；6 371家企业实现改制；设立科技创新等专业板块服务国家战略，孵化培育企业7 524家；累计为企业实现各类融资9 907.89亿元；共有6 823家企业通过区域性股权市场获得各级地方政府奖励补助资金13.52亿元；累计助推806家企业成功转入新三板、沪深交易所等更高层次资本市场。此外，各地区域性股权市场积极履行社会责任，助力扶贫攻坚，累计为5 219家贫困地区企业融资250.39亿元；吸引培育1万余家各类中介机构扎根区域性股权市场，增强了服务实体经济和中小微企业的广度和深度。

二、区域性股权市场委员会责任重大，使命光荣

区域性股权市场是中国特色社会主义市场经济建设过程中出现的新生事物，在看到成绩的同时，也应看到其发展面临的诸多困难，还有很多地方需要进一步探索。因此，成立区域性股权市场委员会很有必要。

为了发挥会员作用，同时体现会员意志，中国证券业协会设立了若干委员会，作为分支开展工作。中国证券业协会把专业委员会的建设作为一项重点工作推进，将专业委员会做强、做实、做精，使其真正成为行业沟通、交流、议事、办事的平台，在反映行业现存问题、研究热点课题、提供监管政策建议、拟定、修订、评估自律规则等方面发挥了积极作用。

"以服务为基础，以自律为核心，以发展为目的"是中国证券业协会工作的宗旨，以优质服务来取得会员的信任，以自律管理来建立权威性，以推动发展来凝聚力量。区域性股权

市场委员会应该遵循这个宗旨,既要为市场提供服务,更要做好自律,最终以推动市场规范发展为目的。

2017年5月,中国证监会发布《区域性股权市场监督管理试行办法》(证监会令第132号),其中第三十九条第一款明确:"区域性股权市场运营机构可以以特别会员方式加入中国证券业协会,接受中国证券业协会的自律管理和服务。"区域性股权市场委员会是经中国证监会同意设立的,由区域性股权市场运营机构、证券公司、监管部门、沪深证券交易所、全国中小企业股份转让系统、中证机构间报价与服务系统代表组成,不但涵盖区域性股权市场所有业务条线,而且联通场内场外、证券行业和区域性股权市场运营机构,构成全面,代表广泛。区域性股权市场委员会成立恰逢其时,责任重大,使命光荣。

三、区域性股权市场委员会要以贯彻落实座谈会精神为中心,推动市场规范发展

面对新的发展机遇,区域性股权市场委员会应当也完全能够发挥重要作用,当前要以贯彻落实中国证监会"区域性股权市场规范发展座谈会"精神为重点,着力做好以下几方面工作:

一是认真贯彻落实国家战略、监管部门工作部署。党中央、国务院高度重视多层次资本市场体系建设,多次强调要规范发展区域性股权市场。委员会要认真贯彻落实国家战略部署以及监管部门工作安排,将市场高质量发展与更好地服务实体经济和中小微企业相结合,切实提高服务国家战略的能力。

中国证监会阎庆民副主席在"区域性股权市场规范发展座谈会"上要求区域性股权市场要着力六个方面工作,夯实基础,练好内功,这为市场发展指明了方向和道路。委员会当前要围绕阎庆民副主席讲话精神做重点研究,积极建言献策,为监管部门提供参考,并研究市场具体落实措施,为区域性股权市场发展提供新思路、新方向;要反映市场心声,争取各方政策支持,发挥监管部门与行业的桥梁和纽带作用,协力推进区域性股权市场规范发展。

二是以服务实体经济和中小微企业为己任。充分发挥委员会职能,把区域性股权市场作为地方中小微企业直接融资主渠道和扶持政策综合运用核心平台,切实服务实体经济发展。完善鼓励和引导企业在区域性股权市场挂牌的工作机制,推动中小微企业规范培育、改制挂牌、融资融智;支持运营机构加强自身建设,积极运用大数据、云计算、区块链等最新金融科技发展成果,有效提升服务能力。

三是加强基础制度建设,苦练管理内功。委员会要推动区域性股权市场建立健全涵盖融资业务、挂牌展示、登记托管、会员管理、合规风控、应急管理以及统计分析等方面的内部管理制度;探索对市场分层,为不同质地的企业提供差异化服务,并建立内部转板机制,提升服务匹配度,搭建一套适合区域性股权市场的运行机制;配齐合规风控、信息系统、信息统计报送等方面的专业人员,不断适应区域性股权市场发展新阶段的需要。

四是注重合规风控,加强规范运作。全国金融工作会议提出坚持稳中求进工作总基调,遵循金融发展规律,紧紧围绕服务实体经济、防控金融风险、深化金融改革三项任务。因此,委员会需紧紧围绕防范化解金融风险,推动完善区域性股权市场风险防控体系。按照长短结合、标本兼治的原则,加强对区域性股权市场重大风险隐患规律的系统研究,加强薄弱

环节建设，强化风险监测和应对能力建设，推动区域性股权市场持续稳定规范发展。

五是注重提升挂牌企业质量和投资者合法权益保护。挂牌企业是区域性股权市场的基石，做好企业挂牌的筛查和审核，不能降低标准。维护投资者特别是中小投资者合法权益是监管部门工作重点之一，也是市场健康发展的基石。委员会应当引导区域性股权市场在投资者保护方面建立长效机制，通过加大宣传教育等方式，倡导理性投资观念，同时督促从业人员切实履行投资者适当性管理要求，真正把投资者保护落到实处。

进一步发挥自律组织作用 推动区域性股权市场规范发展

——在区域性股权市场规范发展座谈会上的发言

安青松[*]

一、区域性股权市场是多层次资本市场的重要组成部分

服务实体经济是我国资本市场发展的宗旨和本质。我国社会经济结构中,经济主体的大、中、小微企业分别为数千家、数十万家和数千万家。根据企业生命周期理论,不同发展阶段的企业,其成长性和风险性需要对应不同的融资需求。企业的这种层次结构和生命周期,在客观上需要一种"金字塔"形的资本市场体系结构与之相匹配。区域性股权市场是多层次资本市场"金字塔"体系的底座和塔基,是区域性中小微企业直接融资主渠道,是地方政府扶持中小企业政策措施的综合运用平台,是资本市场服务实体经济的重要基础设施。

服务中小微企业是区域性股权市场的使命和责任。建设现代化经济体系是新时代我国发展的战略目标。中小微企业是建设现代经济体系、推动经济实现高质量发展的微观基础。当前在我国经济体系中,中小微企业贡献了50%以上的税收,60%以上的GDP规模,70%以上的技术创新项目,80%以上的城镇劳动就业岗位,90%以上的企业数量,成为国民经济和社会发展的生力军,成为扩大就业、改善民生的重要支撑,成为企业家精神的重要发源地。区域性股权市场承担着服务中小微企业发育、发展的历史使命和重大责任,是促进形成实体经济、科技创新、现代金融、人力资源协同发展产业体系的"高速公路",是促进互联网、大数据、人工智能与实体经济深度融合的"孵化器"。2017年1月国务院办公厅发布的《关

---

[*] 作者为中国证券业协会党委书记、执行副会长。原载于《中国证券》2018年第9期。

于规范发展区域性股权市场通知》开宗明义指出,"规范发展区域性股权市场是完善多层次资本市场体系的重要举措,在推进供给侧结构性改革、促进大众创业万众创新、服务创新驱动发展战略、降低企业杠杆率等方面具有重要意义"。2018年8月20日国务院召开的促进中小企业发展工作领导小组会议要求,"要完善资本市场,拓宽中小企业直接融资渠道,更好满足融资需求",为区域性股权市场的发展确定了方位、指明了方向。

规范发展区域性股权市场,是我国资本市场深化改革的重要方向。区域性股权市场是发展场外市场业务的战略平台。从资本市场发展的国际经验看,是先有场外市场,后有场内市场(即证券交易所市场),场外市场是场内市场的源头和基础,而且场外市场规模远大于场内市场,其中约90%的衍生品、80%的债券交易活动在场外市场进行。活跃的场外市场与交易所市场互为依存,构成完整的资本市场体系,有利于满足各种类型企业和投资者投融资和金融服务需求,提高直接融资比重,促进资本形成,提高全社会风险管理水平。以美国为例,场外市场由券商柜台市场和分值股票市场组成。分值股票市场服务于私募后新成立的小型公司,基本上可以满足非上市公司股权转让和融资需求。2017年在OTC Market拥有各类挂牌证券10 357只,是场内上市股票的2倍多。高盛、摩根士丹利等国际一流投资银行的场外市场业务收入,在全部业务收入的占比达到40%左右。我国证券行业要打造国际一流的投资银行队伍,必须积极拓展场外市场业务。区域性股权市场是证券公司发展场外市场业务的重要阵地,其所代表的场外证券业务也是证券公司传统业务外新的蓝海。

近年来在监管部门、地方政府指导、支持下,区域性股权市场在投资者保护、风险防控方面取得了许多有益经验,已经成为中小微企业培育的基地、规范的园地、融资的中心、地方政府扶持政策综合运用的重要平台。协会的最新统计显示:截至2018年6月底,区域性股权市场累计投入经费4 900多万元,开展公司治理、财会法规、融资实务等方面培训5 038场次,培训36.77万人次;6 371家企业实现改制;设立科技创新等专业板块服务国家战略,孵化培育企业7 524家;累计为企业实现各类融资9 907.89亿元;共有6 823家企业通过区域性股权市场获得各级地方政府奖励补助资金13.52亿元;累计助推806家企业成功转入新三板、沪深交易所等更高层次资本市场。此外,各地区域性股权市场积极履行社会责任,助力扶贫攻坚,累计为5 219家贫困地区企业融资250.39亿元;吸引培育1万余家各类中介机构扎根区域性股权市场,着力服务实体经济特别是中小微企业,夯实了多层次资本市场"塔基",联通了资本通向中小微企业的"最后一公里"。

二、自律管理是区域性股权市场规范发展的重要基础

中国证券业协会是在中国证监会党委领导下的法定设立机构,承担证券行业自律管理职责。协会先于证监会在1991年成立,反映出市场发展由自律到监管、由自发到法治的客观规律。在我国资本市场28年改革发展的历史进程中,协会发挥了规范先锋、法治基础、发展向导的积极作用。自律管理是资本市场法治建设的重要内容之一,自律管理与行政监管共同为多层次资本市场的规范发展保驾护航。纵观国际场外市场监管的成熟经验,"有牙齿"的行政监管更多的是通过与行业自律组织的协作,采用自律管理方式,促进行业遵守法律法规,共同维护市场的规范运行和稳定发展。

区域性股权市场具有场外市场、私募市场的特点,是以自律管理为主的合格投资人市

场。证监会在《区域性股权市场监督管理试行办法》（以下简称《监管办法》）中用专门章节，细化规定了市场自律的要求，并明确运营机构可以以特别会员方式加入中国证券业协会，接受中国证券业协会的自律管理和服务。明确证券公司作为运营机构股东或者在区域性股权市场从事相关业务活动的，应当遵守证券行业监管和自律规则，从而构建起区域性股权市场的自律管理体系。协会贯彻落实《监管办法》要求，积极推动区域性股权市场自律管理体系建设，主要做了以下几个方面工作：

（一）推动证券公司参与区域性股权市场

证券公司是区域性股权市场规范发展的重要"摆渡人"之一。作为资本市场重要基础设施，证券公司具有人才、技术、资金优势，在服务实体经济和中小微企业、提高直接融资比重等方面发挥着不可替代的重要作用。在区域性股权市场规范发展过程中，证券公司可以在人才培养和输出、技术嫁接和培训、资金投入和融通、业务拓展和合规风控等诸多方面提供合作与支持。

2012 年协会根据监管部门的工作部署就证券公司参与区域性股权市场业务实施备案管理，充分发挥了自律、传导和服务职能，此举在初期促进了证券公司参与区域性股权市场业务的规范发展。2014 年，根据清理整顿工作的需要，为进一步支持证券公司参与区域性股权市场业务，协会主动取消了证券公司区域性股权市场业务事前备案，改为存档备查，支持证券公司从股权合作和业务支持等角度深度参与区域性股权市场，有力地推进了区域性股权市场的清理整顿。

证券公司把参与区域性股权市场，作为贯彻落实国家战略布局、监管部门工作部署、履行社会责任的重要举措。截至 2018 年 6 月底，共有 44 家次证券公司投入 17.3 亿元，入股 24 家区域性股权市场，其中参股 10 家，控股 14 家，已经成为推动区域性股权市场规范发展的一支重要力量。证券公司主要从以下五方面探索参与区域性股权市场的经营管理：一是向区域性股权市场派出管理人才和业务骨干，参与市场的筹建与运营；二是将证券公司合规风控等管理理念和制度输入区域性股权市场；三是将区域性股权市场从业人员纳入证券公司人才培养体系，参加证券公司举办的各类培训；四是将区域性股权市场挂牌企业与证券公司客户资源对接，为企业提供资金、技术等多方位支持；五是为区域性股权市场提供营业网点及业务拓展渠道支持，引导营业部开展区域性股权市场业务，有效支持其发展。

证券公司积极开展区域性股权市场挂牌推荐、持续督导、投融资等各项业务，如在总部设立场外业务部，指定具有丰富投资银行业务经验的人员从事推荐挂牌、债券承销等业务。截至 2018 年 6 月底，共有 49 家证券公司在 34 家区域性股权市场开展了业务，累计推荐 4 342 个项目，通过区域性股权市场切实为中小微企业、实体经济提供金融服务。

（二）推动建立健全自律管理体系

一是从证券公司参与角度制定相关业务规范。2012 年协会配合证监会对证券公司参与区域性股权市场发展情况进行调研。在广泛征求意见的基础上，参与起草了证监会 20 号公告《证券公司参与区域性股权交易市场的指导意见》，规范了证券公司可参与的区域性股权市场标准和条件，推动了区域性股权市场的清理整顿。

2013 年，协会研究制定并发布了《证券公司参与区域性股权交易市场业务规范》，从参与程序、业务服务、投资者适当性管理、风险控制与合规管理、自律管理等多个方面对证券公司参与区域性股权市场做出了明确要求。此规范就证券公司参与区域性股权市场业务各方面进行了指导和约束，防范了相关业务风险，起到了良好的引导作用。

二是从会员角度制定了区域性股权市场自律管理与服务规范。2018年，在广泛征求行业与监管部门意见基础上，协会制订并发布了《区域性股权市场自律管理与服务规范（试行）》，对区域性股权市场合规风控、投资者保护、服务国家战略及履行社会责任、登记托管结算和从业人员管理、证券公司参与和自律服务等方面做出了明确规定。此举将有利于贯彻落实国务院相关文件精神和证监会监管要求，促进区域性股权市场规范发展。

（三）推动建立完善传导服务平台

持续开展区域性股权市场服务中小微企业相关情况问卷调查和实地调研，反映行业关切，探索发展规律。数十篇调研报告得到监管部门重视和肯定，相关建议成为政策制定依据。

广开言路，加强互动。推动建立区域性股权市场联席会议制度，不定期召开区域性股权市场联席会议，搭建监管部门、区域性股权市场和证券行业之间沟通交流、政策传导的平台。

推动建立区域性股权市场委员会。目前，共有33家区域性股权市场成为协会特别会员。根据《监管办法》，经报证监会批准和履行协会表决程序，区域性股权市场委员会已完成主任、副主任委员和委员聘任等筹备工作。区域性股权市场委员会由区域性股权市场运营机构、证券公司、监管部门、沪深证券交易所、全国中小企业股份转让系统、中证机构间报价系统股份有限公司代表组成，不但覆盖所有业务条线，而且联通场内场外、证券行业和运营机构，构成全面、代表广泛。明天将召开成立大会和第一次全体委员会议，研究安排今后工作。区域性股权市场委员会的成立是健全区域性股权市场自律管理与服务体系的重要一环，必将在凝聚力量、达成共识、和衷共济、群策群力促进区域性股权市场规范发展方面发挥积极作用。

三、进一步推动区域性股权市场规范发展的服务体系建设

党的十九大报告提出，深化金融体制改革，增强金融服务实体经济能力，提高直接融资比重，促进多层次资本市场健康发展。习近平总书记在第五次全国金融工作会议上指出，做好金融工作要把握好四项重要原则，即回归本源、优化结构、强化监管、市场导向。这是新时代做好金融发展与监管工作的总遵循，也是指导区域性股权市场规范发展的基本方针。下一步协会将以四项重要原则为指引，认真履行《证券法》赋予的法定职责，切实做好"自律、传导、服务"工作，在证监会党委统一部署下，在各地证监局、金融办支持下，进一步推动区域性股权市场规范发展的服务体系建设，更好服务国家战略实施，服务实体经济尤其是中小微企业发展。

一是推动证券行业回归服务实体经济本源，进一步优化业务结构，更好支持区域性股权市场规范发展，支持中小微企业充分利用区域性股权市场并购融资，支持证券公司充分利用区域性股权市场开展场外市场业务，为中小微企业提供多样化和个性化的金融服务、专业

服务。

二是积极传导证监会强化监管的工作部署,引导证券行业和区域性股权市场运营机构积极响应国家发展战略,切实履行社会责任,增强服务实体经济的能力,自觉抵制金融乱象,自觉遵守《证券期货经营机构及其工作人员廉洁从业规定》,全面打好防控系统性金融风险攻坚战。

三是坚持市场导向,引导区域性股权市场健全功能、规范发展,推动证券行业和证券公司在全面开放格局下,完善与我国多层次资本市场体系相适应的业务结构,打造与我国资本市场发展规模相匹配的、具有国际竞争力的一流投资银行。

四是积极主动履行协会自律管理职责。认真做好《监管办法》赋予的自律管理和服务职责,组织针对性调查研究,反映区域性股权市场在服务中小微企业政策方面的呼声,推动政策环境持续优化。着力为区域性股权市场提供机构间交流、从业人员培训与中介机构诚信管理等服务。发挥全国性自律组织优势,促进区域性股权市场在投融资信息对接、教育培训、投资者保护、金融科技等方面加强合作,实现优势互补、资源共享和协同发展。

五是支持区域性股权市场委员会履行自我管理和服务职责。支持委员会草拟自律规则,组织实施效果评估,反映行业意见和建议,对难点、热点问题进行专题研究,促进行业交流与合作,总结和宣传最佳实践,使委员会真正成为行业交流平台、议事平台和办事平台。

六是支持证券公司参与区域性股权市场,实现双赢发展。引导证券公司为区域性股权市场的投融资活动提供优质高效服务,鼓励证券公司为区域性股权市场提供业务、技术、人才等支持。加强证券公司参与区域性股权市场信息报送工作,建立考评机制,争取在证监会有关部门支持下,将参与区域性股权市场纳入证券公司扶贫攻坚等社会责任履行情况评价指标体系。

七是加强与地方政府金融办(局)、各地证监局的联系和配合,推动信息共享,发挥桥梁和纽带作用,积极配合地方政府金融办(局)、各地证监局有效履行监管职责,提高行政监管与自律管理的系统性与协调性。

区域性股权市场服务新旧动能转换　助推实体经济发展的山东实践

高鹏飞[*]

党的十九大报告提出,要建设创新引领、协同发展的产业体系,实现实体经济、科技创新、现代金融、人力资源协同发展,使科技创新在实体经济发展中的贡献份额不断提高,现代金融服务实体经济的能力不断增强,人力资源支撑实体经济发展的作用不断优化。以齐鲁股权交易中心为代表的区域性股权市场,通过不断开拓创新,明确定位,推出了服务新旧动能转换的一系列创新举措,在服务中小微企业、服务新旧动能转换、助推地方实体经济发展等方面发挥了积极作用。

一、区域性股权市场服务新旧动能转换的现状

经过近10年的探索和实践,区域性股权市场在服务中小微企业方面逐渐形成了投资融资、交易结算、登记托管、培育孵化、信息资源集聚、金融创新等功能。区域性股权市场不断创新,推动更多科技型企业发展,形成巨大示范效应,在全社会形成良好的创新氛围,促进科技和金融有效结合,帮助整个社会构建持续健康增长的长效机制。

截至2018年3月底,全国共设立39家区域性股权市场,共有挂牌企业26 315家(其中股份公司7 589家),展示企业82 245家,累计实现各类融资9 557.59亿元。个人投资者74.89万户,机构投资者超过2.08万户。[①] 区域性股权市场初步整合了券商、投资机构、会计师事务所和律师事务所等金融要素,与银行、创投、券商、信托、基金等机构形成战略合作关系,在服务中小微企业多渠道融资、培育孵化、服务新旧动能转换等方面发挥了积极作用。

---

[*] 作者单位:齐鲁股权交易中心有限公司。原载于《中国证券》2018年第9期。
[①] 资料来源:中国证监会清整办:《区域性股权市场统计分析简报》(2018年3月)。

(一) 为企业提供融资支持,推进地区经济发展

挂牌企业通过私募融资、股权质押融资等各类配套融资,实现快速做大做强,推进地区经济发展。截至 2018 年 3 月底,39 家区域性股权市场股权质押融资 3 732.82 亿元,股权融资 1 129.27 亿元,债权融资 2 076.35 亿元[①],区域性股权市场在中小微企业的融资中发挥了积极作用。

(二) 培育孵化,加快企业上市和登陆新三板步伐

企业通过挂牌,规范培育,获得融资,实现了快速成长,加上地方政府在土地、税收、房产等方面的政策支持,大大加快了企业的上市进程。目前,新疆股权交易中心、重庆股份转让中心和广东金融高新区股权交易中心已分别推动 3 家企业成功上市,齐鲁股权交易中心已推动 1 家企业成功上市。

区域性股权市场与全国股转系统(新三板)建立对接通道,推动四板企业"转板"新三板,齐鲁股权交易中心更是与全国股转系统建立集中转移机制。目前,上海股权托管交易中心和浙江股权交易中心分别推动 66 家企业转到新三板,广州股权交易中心、齐鲁股权交易中心分别推动 53 家、44 家企业转到新三板,共有 17 家区域性股权市场累计推动 326 家企业转到新三板[②],初步建立了培育孵化通道。

(三) 推动同行业并购重组,促进产业结构升级

区域性股权市场有效促进科技与资本结合,形成以企业为主体的自主创新体系。企业通过齐鲁股权交易中心等区域资本市场平台作用,进行同行业的并购重组,拉长产业链,实现企业价值的成倍增长。据不完全统计,截至 2017 年底,区域性股权市场挂牌企业被上市公司并购重组涉及资产金额超过 20 亿元,区域性股权市场挂牌企业之间进行兼并重组涉及资产金额近 2 亿元。

(四) 助推产业转型升级,加大新旧动能转换金融要素精准投放力度

区域性股权市场利用自身的价值发现、市场调节及要素集聚优势,有效放大各级政府的产业政策支持作用和金融杠杆作用,引导有限的金融资源投向主导产业、新兴产业、低碳产业配置,同时完善产业基础设施和配套设施,为新动能领域注入更多的资本、科技、人才、管理等高级生产要素,最终形成良性的金融生态循环,实现对产业转型升级的精准支持,提高经济可持续发展的能力。

如齐鲁股权交易中心目前已挂牌的企业中,主要涉及新材料、精细化工、新农业、先进制造业等行业领域,企业通过挂牌带动了当地经济转型发展,推动了如淄博市博山区的汽车板簧、临淄区的精细化工,聊城市临清的轴承产业,枣庄市滕州的中小机床等产业发展,促进了老行业向新材料、精细化工及机电装备等产业转型,加快了新型农业、节能环保与电子信息等新产业的成长,有效带动了一批中小企业产业集群的形成和发展,使挂牌企业成为促

---

① 中国证监会清整办:《区域性股权市场统计分析简报》(2018 年 3 月)。
② "OTC 在线"网站。

进新旧动能转换的生力军。

（五）促进创新人才集聚，为新旧动能转换提供人力资源支持

股权交易市场服务对象众多，涉及范围广泛，充分发挥其信息资源优势，有利于加快发展各类股权融资和中介服务机构，进一步完善金融服务体系。以齐鲁股权交易中心为例，已培育发展投资机构、会计师事务所、律师事务所等各类会员机构735家，发展融资服务合作商207家，直接从事区域资本市场从业人数超万人。挂牌前后的规范和培育，使企业建立了完善的法人治理结构，管理更加规范科学。创新人才知识产权等无形资产可按至少50%、最多70%的比例折算为技术股份，公司高管、核心员工的入股，使企业核心层联股联心，共同带领企业规范发展。

二、区域性股权市场服务新旧动能转换面临的问题

2017年4月，李克强总理视察山东时提出，山东要贯彻落实新发展理念，加快推动新旧动能转换，积极探索解决重点民生问题的改革经验，为巩固全国经济稳中向好势头提供重要支撑。山东是传统产业大省，产业结构与全国的经济特征总体一致，区域性股权市场能否充分发挥服务实体经济和中小科技型企业的作用，服务好新旧动能转换重大工程，不仅关系到山东省经济社会长期健康发展的大局，也对全国各地区域资本市场服务经济转型升级具有重要借鉴意义。

齐鲁股权交易中心作为成立较早、各项市场功能较完备的市场，在服务新旧动能转换方面也面临一些问题。虽然2017年国务院办公厅发布了《关于规范发展区域性股权市场的通知》（国办发〔2017〕11号），中国证监会发布了《区域性股权市场监督管理试行办法》（证监会令第132号），但后续政策一直未配套出台，区域性股权市场对接较高层次的资本市场制度还有待健全。资本市场相关主体的注意力仍然主要集中在沪、深证券交易所和新三板市场，对区域性股权市场的发展定位、服务功能和成效还缺乏充分的了解，参与的积极性也不够高。

（一）中介机构数量和服务能力不足

区域性股权市场中的会员中介机构以民间投资公司、会计师事务所、律师事务所为主，银行、券商、保险、创投、私募、担保等主力专业金融机构参与还不多，会员整体实力不强，还不能满足快速增长的挂牌企业多样化、专业化的服务需求。目前，一方面，中央出台各项政策要求区域性股权市场大力支持中小微企业发展；另一方面，大部分证券公司因区域性股权市场业务风险较高，收益较低，无利可图，不愿或较少参与相关业务，甚至个别公司从区域性股权市场退出。

（二）相关资源需要进一步盘活

国务院办公厅《关于规范发展区域性股权市场的通知》（国办发〔2017〕11号）、中国证监会《区域性股权市场监督管理试行办法》（证监会令第132号）均明确提出：区域性股权市场是地方人民政府扶持中小微企业政策措施的综合运用平台。经过近8年时间的发展，

像齐鲁股权交易中心争取和聚集了部分政策资源、服务资源和企业资源,但在争取政府扶持中小微企业政策综合运用方面的能力还不足,部分省级政府尚未把区域性股权市场作为扶持中小微企业政策措施的综合运用平台来规划。

(三) 区域性股权市场私募产品缺乏有效政策支持

目前,区域性股权市场融资产品主要包括私募股权融资、可转债融资和股权质押融资,这三类产品分别面临着以下不同的问题:

1. 私募股权融资方面

一是区域性股权市场挂牌企业多为创新成长型企业,多数处于发展初期,未形成明显行业竞争力,上市遥遥无期,与股权投资机构投资要求差距较大,导致这些机构投资积极性不大。二是2015年国务院出台的《关于国有企业发展混合所有制经济的意见》(国发〔2015〕54号)第二十三条明确了"建立规范的区域性股权市场,为企业提供融资服务,促进资产证券化和资本流动,健全股权登记、托管、做市商等第三方服务体系"的要求,但有关区域性股权市场采用做市商制度的配套政策一直没有出台,导致股权交易极不活跃,挂牌企业价值很难通过市场交易体现,投资机构通过区域性股权市场卖出持有股权的退出渠道不畅通。

2. 可转债融资方面

一是区域性股权市场作为新兴市场,可转债产品的社会认知度与影响力较低,市场尚未聚集相当的合格投资者群体。二是区域性股权市场可转债属于非标准化产品,这类产品都需要银行、券商等大型金融机构的总部审批,由于需要逐级汇报,拉长了审批时间,且很多产品到达总部后因规模小等原因最终无法通过审批。三是为债券备案发行提供承销、审计、法律、担保业务的中介服务机构一般按照企业融资规模的百分比收费,区域性股权市场发债主体多为中小企业,融资规模小,付费少,导致中介机构服务中小企业意愿低。

3. 股权质押融资方面

推动企业股权质押融资可以有效解决困扰中小微企业担保增信措施缺乏等难题,化解企业联保互保风险,维护地方金融稳定。但许多地方工商部门没有与区域性股权市场形成联动,一些地方工商部门以无法掌握相关股东变动情况为由,拒绝受理非上市股份公司股权出质登记,导致中小微企业股权质押融资难度较大。

三、推动区域性股权市场服务新旧动能转换的政策建议

(一) 建议证监会加强区域性股权市场与更高层次资本市场对接合作机制的建设

由证监会对多层次资本市场发展进行统筹规划,逐步建立"先挂牌后上市"培育转板机制,使区域性股权市场在多层次资本市场体系中能发挥更好的基础和补充作用,使原本围绕着"IPO"的各类金融要素下沉,由区域性股权市场在底层开始普及股权文化、证券知识,夯实资本市场发展基础。

(二) 允许在区域性股权市场开展股权众筹试点

2011年,为了完善美国小型企业与资本市场对接机制,美国政府出台了JOBS法案,将

私募股东人数限制由 500 人提升到 2 000 人。同时，还推出了股权众筹的特别豁免条款，在限定单一投资者投资总量和项目总融资量基础上，股东人数不作限制。

为了帮助中小企业获得融资，同时推动民间资金转换成民间资本，建议证监会在开展股权众筹试点时，将运作规范、合规风控水平较高的区域性股权市场纳入其中，依靠大众力量推动更多科技型、创新型企业发展。

（三）明确区域性股权市场股权登记托管机构的法律地位

由于没有明确的法律规定，在区域性股权市场股权登记不具有对抗第三方的法律公示效力。建议在修改《证券法》时，将区域性股权市场提供股权登记托管服务纳入调整范围。

作为过渡性制度安排，建议推动工商部门与区域性股权市场建立健全非上市公司股权登记托管机制，明确并统一非上市企业股权质押融资登记的办理流程等方面事宜。

（四）鼓励金融机构通过区域性股权市场为中小微企业提供更多服务

国务院办公厅印发的《关于规范发展区域性股权市场的通知》（国办发〔2017〕11 号）明确指出，区域性股权市场是为其所在省级行政区域内中小微企业证券非公开发行、转让及相关活动提供设施与服务的场所。《区域性股权市场监督管理试行办法》第 39 条明确要求引导证券公司为区域性股权市场的投融资活动提供优质高效低廉服务。鼓励证券公司为区域性股权市场提供业务、技术等支持。

建议证监会将证券公司参与区域性股权市场列入社会责任评价指标体系，并出台措施，鼓励证券公司参与。建议银保监会等部门出台措施，鼓励银行业、保险业机构为区域性股权市场的投融资活动提供优质高效低廉服务。

（五）推出专门服务于区域性股权市场的小微证券公司试点

2015 年 6 月，证监会新闻发言人曾经表示，证监会将推出专门服务于区域性股权市场的小微证券公司试点，引导依法设立的私募投资基金等机构投资者参与区域性股权市场，并研究采取其他支持措施，支持区域性股权市场规范发展。

建议证监会尽快落实此项措施，选择部分在区域性股权交易市场从事挂牌推荐、财务顾问、投资咨询业务，并经区域性股权交易市场出具相关意见的投资公司，经审查使之成为专门服务区域性股权交易市场的小微证券公司，推动区域性股权市场规范发展。

区域性股权市场对接县域金融工程的湖北实践

龚 波 何元庆*

一、县域经济在我国国民经济中的基础和支撑地位

自古至今,县作为我国行政管理和区划的基层组织,处于安民、富民第一线。"县集而郡,郡集而天下。郡县治,天下无不治。"中国历朝历代有作为的政治家都把县郡的发展与治理作为治国安邦最根本的工作。"民为邦本,县乃国之基。安邦之难,难在固本;治国之难,难在强基。"

目前,我国行政区经济体系主要有省域经济、市域经济、县域经济等层级,其中,最基础、最基本的单元是县域经济。习近平总书记指出:"在我们党的组织结构和国家政权结构中,县一级处在承上启下的关键环节,是发展经济、保障民生、维护稳定、促进国家长治久安的重要基础。古人讲:'郡县治,天下安。'县一级工作做好了,党和国家全局工作就有了坚实基础。"② 县域经济在我国国民经济体系当中,基础性地位非常清晰,占据全国经济总量的半壁江山;在推动"三农"发展、促进乡村振兴过程中,具有不可替代的关键性地位;同时也是打好"三大攻坚战"的前沿阵地,是高质量发展、精准扶贫、全面建成小康社会的主战场。国家出台的创新驱动发展战略开篇就提出,实施创新驱动发展战略,基础在县域,活力在县域,难点也在县域。正因为县域经济是国民经济的重要基础,强国必须强省,强省必须强县,强县必须富民,富民必兴产业。只有县域实体企业的规范培育,只有县域经济的充分发展,才能从根本上提高综合国力,加快现代化和小康社会建设步伐。

---

* 作者单位:武汉股权托管交易中心有限公司。原载于《中国证券》2018年第9期。
② 见《习近平谈治国理政(第二卷)》第140页,外文出版社2017年版。

二、区域性股权市场对接县域金融工程的湖北探索

(一) 县域金融工程的内涵和原理

县域金融工程是指运用金融工程的原理和方法,对地方经济发展进行系统金融谋划,结合县域经济及其资源禀赋情况,有效配置金融资源,破解中小企业融资难、融资贵、融资慢难题,达到金融有效促进地方经济可持续发展的目的。通过推进县域金融工程紧密对接区域性股权市场,培育更多来自最基层的地方中小微企业到区域股权市场挂牌并为其提供综合金融服务,从而促进企业规范治理,培育市场主体,拓宽融资渠道,服务地方实体经济持续健康发展。

企业是市场经济的主体,企业活,则就业旺,产业兴,经济强。实施县域金融工程,旨在通过系统的金融谋划,发挥金融引领作用;通过助力企业发展,带动产业振兴;通过产业振兴,促进县域经济发展。在实施县域金融工程中,要注重同时充分发挥市场"看不见的手"和政府"看得见的手"的作用,形成由间接融资一轮驱动转变为依靠间接、直接融资双轮驱动的融资格局,做大县域融资总量,优化融资结构,确保县域贷存比逐年提升,融资总量每年增加,金融对实体经济的支撑作用持续增强。

(二) 湖北省探索实施县域金融工程的主要做法

在实施步骤上,湖北省县域金融工程确定了规划先行,先易后难,重点突破,点面结合,由下至上,逐层推进的路径安排。

1. 试点先行,探索打造"通山模式"

县域经济的主体是小微和"三农"企业,普遍面临融资难、融资贵的难题,已经成为制约经济发展的最主要因素。在全省推动实施县域金融工程之前的2014年度,全省贷存比为69.30%,县域贷存比为44.98%,远低于全省平均水平,相当于每吸收100元存款,只有44.98元贷给当地服务实体经济,其余资金流向中心城市和其他经济相对发达地区,县域实体经济面临"失血"的困境。因此,县域经济要发展,县域金融要先行。

2013年6月开始,湖北省政府金融办指导、推动武汉大学经管学院和省级重点贫困县——通山县人民政府协作,在通山县设立了"中国湖北县域金融工程示范基地",引进武汉股权托管交易中心与之紧密对接,并提供服务。通过一年多时间的共同努力,该示范基地成功培育了15家通山小微企业在武交中心挂牌,形成了全国区域性股权市场的第一个县域板块——"通山板块"。过去封闭在大山深处"养在深闺人未识"的小微企业到区域性股权市场挂牌后,公司内部治理得到改善,市场知名度明显提升,部分企业迅速受到投资机构的关注和青睐。现已实现股权融资1.5亿元,达成意向融资1.3亿元;1家企业(玉龙机械)成功被上市公司(星光农机,证券代码:603789)实施股权并购;两家企业已经启动了升级转板到"新三板"的挂牌辅导。

与此同时,通过开展县域金融工程试点,通山县从资金流出地变为全省第一个资金净流入县。在通山这样一个思想观念普遍较为保守、经济和金融都十分落后的山区贫困县,实施县域金融工程试点能够取得明显成效,令人深感欣慰和振奋,为全省其他地方提供了一个可复制、可推广的县域金融发展样本。

2. 总结经验，开始推广"通山模式"

在成功打造"通山模式"的基础上，湖北省政府于 2015 年 4 月在通山县召开"全省县域金融工作现场会"，总结通山经验，鼓励全省各地学习、借鉴"通山模式"，在发挥市场"无形之手"在资源配置中的决定性作用的同时，有效发挥政府"有形之手"的重要作用，找准三个发力的重点：一是政府主动作为，有效发挥政策指引作用，做到规划先行，打造县域金融工程升级版；优化环境，集聚金融资源；搭建桥梁，鼓励企业直接融资；借助外脑，发挥金融智库作用。二是金融机构转变观念，联网布局，深耕县域；量身定制，研发创新；加强监测，防控风险，在敢于创新、加大对小微和"三农"企业扶持力度的同时，通过县域金融网络加强风险预警，防止发生系统性风险。三是企业立足规范健康发展，主动发挥主体作用，借助县域金融工程有利时机，努力做到规范管理、诚信经营，不断优化债务结构、多渠道融资，实现管理水平与企业规模同步发展，提升企业核心竞争力。

3. 加快推进，确定首批试点县市

为解决好全省小微和"三农"企业融资难、融资贵等重点和难点问题，湖北省委、省政府将实施县域金融工程列为 2015 年金融体制改革的重要举措和政府工作报告中的一项重点工作，做出实施金融领先发展战略的具体安排。2015 年 4 月，省政府召开全省县域金融工作座谈会，部署加快推进全省县域金融工作。政府部门、金融监管部门、金融机构、首批试点县市的负责人以及专家学者，总结了通山、红安等地开展县域金融工程的经验，并就《湖北县（市）域金融工程试点实施方案（征求意见稿）》进行了探讨。同年 7 月，省政府选择首批 27 个县市区进行县域金融工作试点。此间，武汉大学经管学院和中国金融工程与风险管理研究中心的专家团队到全省各市州区县做了关于实施县域金融工程的实地调研和巡回报告，做到了规划先行，有序推进。武汉股权托管交易中心组成项目小组，分赴全省各试点县市区进行市场推广、企业尽职调查、服务对接。至此，湖北省县域金融工程创新探索在进行了为期一年的试点之后，于 2016 年 7 月向全省铺开。

4. 政府推动，营造良好政策环境

在县域金融工程试点和推广期间，湖北省政府先后出台了《省人民政府办公厅关于印发湖北省县（市）域金融工程试点实施方案的通知》（鄂政办函〔2015〕51 号）、《省人民政府办公厅关于转发湖北省股权质押融资办法的通知》（鄂政办〔2015〕31 号）、《省科技厅、省政府金融办公室关于鼓励全省高新技术企业到武汉股权托管交易中心"科技板"挂牌的通知》（鄂科技通〔2015〕35 号）等系列政策文件，为区域性股权市场助力县域经济发展营造良好的政策环境。各市州（县）分别出台相关配套奖励或补贴政策，支持企业到武交中心规范培育、挂牌交易、融资发展。

地处大别山革命老区、也是全国最大的集中连片特贫地区的黄冈市，最早于 2012 年 7 月将鼓励和引导当地上市后备企业进入区域性股权市场写入政策文件。从 2014 年起，黄冈市及其 11 个县市区政府纷纷出台针对企业进入区域性股权市场的扶持政策，形式主要有五类：一是企业挂牌直接奖励；二是企业直接融资奖励；三是对股改企业有相应的税费减免；四是对纳入"湖北省重点上市（挂牌）后备企业资源库"的企业给予优先办理立项审批、转报或核准、备案等手续，优先安排建设项目用地计划指标，对企业改制挂牌过程中涉及的土地资产处置、税收、环保等重大问题，相关职能部门积极介入，主动加强指导与服务；五是对在湖北省区域性股权市场挂牌企业，以其变更为股份公司前一年上缴的所得税、增值税、营业税地方留成部分为基数，3年内上缴的所得税、增值税、营业税地方留成部分环比增长部分由财政等额奖励给企业，其资产评估增值部分应缴纳企业所得税的，在纳税后地方留成部分的50%由财政等额奖励给该企业。

地处长江中游、江汉平原腹地的荆州市将企业上市挂牌工作列入市政府重要工作议程，成立了资本市场建设工作领导小组，明确由市政府金融办统一负责全市企业上市挂牌工作，加强指导服务力度。2016年8月印发的《荆州市人民政府关于进一步加快发展多层次资本市场的实施意见》，明确了"小进规""规改股""股上市"和企业资产证券化的发展路径。2017年6月，荆州市政府印发《关于进一步做好2017年多层次资本市场建设工作的通知》，明确了全年企业上市挂牌的整体目标及上市挂牌奖励标准，还先后召开了全市多层次资本市场建设工作会议、金融工作会议、现场推进会议、督办落实会议。市、县两级政府组织了数十场资本市场巡回报告会和企业培训活动，参训企业达1 300多家。

5. 扎根基层，区域性股权市场深耕县域市场

湖北区域性股权市场的运营机构——武汉股权托管交易中心联合银行、券商、私募股权投资管理公司、会计师事务所、律师事务所等600余家会员中介服务机构，分别对接全省103个县级行政区域，分片区深入基层，走访企业，服务县域经济。

得益于全省各级政府推动给力，相关职能部门大力支持，截至2018年6月，武交中心已举办"四板服务宣讲会""四板企业投资融资对接会""四板挂牌企业路演会""四板推介会"等活动近300场，实地走访企业900多家，与企业家面对面真诚沟通、答疑解惑。同时，武交中心积极主动参加襄阳、宜昌、荆州、黄冈、荆门、仙桃、孝感等地方政府组织的县域金融工程推进会议，向参会企业家和政府领导介绍区域性股权市场在实施县域金融工程中的角色定位、功能作用和具体做法，引导更多企业到武交中心挂牌培育，融资融智，健康成长。

（三）区域性股权市场对接县域金融工程的主要成效

1. 湖北区域性股权市场规模迅速壮大

通过对接县域金融工程，湖北区域性股权市场也实现了自身市场规模的快速发展和服务水平的持续提升。作为运营机构的武交中心的托管、挂牌、交易、融资和特色产业板块等主要业务指标已经跃居全国区域性股权市场前列，逐步发展成为在全国同业机构具有广泛影响力的市场平台。

截至2018年6月底，武交中心托管登记企业5 161家，托管总股本1 515.39亿股；挂牌交易企业4 339家、挂牌项目6个，其中，"股份公司板"2 257家，"科技板"1 968家，"青创板"84家、项目6个，"海创板"30家；累计成交87.47亿股，成交总金额183.51亿元；共为368家企业完成股权融资1 961笔，实现融资总金额789.22亿元，其中，股权直接融资328.53亿元，股权质押融资460.69亿元。

目前，湖北区域性股权市场挂牌企业已覆盖全省103个县级行政区中的100个，县域覆盖率达到97.09%；县域挂牌企业数量3 913家，占挂牌企业总数4 299家的91.02%；县域企业股权融资总金额587.79亿元，占融资总金额787.47亿元的74.64%。

2. 融资渠道有效拓宽

2015年至今，省政府先后出台了《湖北省股权质押融资办法》等一系列支持区域性股

权市场开展金融产品创新的政策性文件,鼓励银行等金融机构为挂牌的非上市公司提供股权质押融资服务,支持具备条件的省内非上市企业到区域性股权市场备案发行私募债。截至目前,武交中心累计为托管、挂牌企业办理股权质押融资 459.05 亿元,且迄今未发生一起到期不还本付息、形成不良资产的事件。区域性股权市场盘活股权"沉睡资产"、力推质押融资业务,已成为拓宽中小微企业融资渠道的一大亮点。中国证监会、深圳证券交易所领导来中心调研时,充分肯定了武交中心创新探索"股权质押融资"的做法,将其作为典型经验向全国区域性股权市场推广。

3. 小微企业普遍受益

小微企业通过到武交中心办理股权托管登记、申请挂牌交易,进行了较规范的股份制改造,进一步理顺了股权关系,完善了内部治理结构,规范了财务管理,及时进行信息披露,逐渐熟悉了资本市场运作的基本规范要求。挂牌企业有效提升了市场知名度和信用等级,部分企业获得了更多的融资机会,有的成功实现了从区域性股权市场挂牌到更高层次的新三板和创业板的转板升级。如襄阳市的襄阳佰蒂生物科技股份有限公司,主营蓝莓及各种深加工产品,属于绿色健康产业。这家企业到武交中心挂牌后,通过区域性股权市场的培育,实力进一步提升,已于 2014 年 11 月 14 日成功登陆"新三板"。大冶市石开工艺青铜铸造股份有限公司、湖北华丽食品股份有限公司等多家企业,到武交中心挂牌后,经过在区域性股权市场的融资、培育和扶持,均已启动转板到新三板的申报准备工作。

得益于县域金融工程的持续推进,区域性股权市场企业挂牌后的"获得感"逐渐增强。地处湖北荆州市的湖北海瑞渔业股份有限公司于 2015 年 10 月 12 日挂牌当天,与武交中心签订了《综合服务协议书》和《财务顾问协议书》,3 个月后,武交中心指导、协助其举行了定向增资扩股交流会,现场签约认购股份金额近 2 000 万元;位于湖北省重点贫困县——咸宁市通山县的湖北玉龙机械股份有限公司于 2013 年 8 月挂牌,同年 6 月,企业以在武交中心托管的股权质押给湖北银行获得 500 万元的贷款;2016 年 3 月 9 日,该企业又被上市公司星光农机以 1.53 亿元现金收购 51% 的股权,完成并购的当年实现营业收入 3 亿元,利润 7 200 万元。

4. 金融扶贫大有可为

截至 2018 年 6 月底,已有来自全省贫困县的 1 048 家企业登陆武交中心挂牌,覆盖全省 37 个贫困县中的 36 个,覆盖率达 97.30%;累计成交 3.96 亿股,成交总额 5.53 亿元;已为来自贫困县的 72 家挂牌企业完成股权融资 527 笔,实现融资总金额 27.24 亿元,其中,股权直接融资 3.91 亿元,股权质押融资 23.33 亿元。

在幕阜山连片贫困地区的咸宁市有通山、通城和崇阳 3 个省级贫困县,已经培育"通山县域板块""幕阜山崇阳绿色工业板块"和"崇阳县域成长板块"3 个特色县域板块。

在大别山连片贫困地区的黄冈市有红安、英山、麻城、罗田、蕲春和团风 6 个国家级贫困县,已经培育"黄冈大别山扶贫板块""大别山红安红色板块""英山云雾茶业板块""大别山麻城发展板块"和"湖北蕲春大健康产业板块"等 12 个县域特色产业板块。2018 年 1 月 22 日,湖北首个资本市场扶贫专板——"黄冈大别山扶贫板块"在武交中心启动,56 家企业集体鸣响金钟、挂牌开市。这 56 家扶贫企业共有在职员工 4 680 人,其中约 40% 为贫困人口就业人员,工业转化地方特色资源禀赋的产品有 30 多种。

地处武陵山连片贫困地区的恩施州在湖北区域性股权市场已托管登记企业 175 家,托管总股本 37.29 亿股；挂牌企业 139 家，已覆盖全州 8 个县市区，县域覆盖率达到 100%；已为 13 家托管挂牌企业完成股权融资 38 笔，实现融资总金额 2.92 亿元；已培育 5 个县（市）域特色产业板块，挂牌企业直接带动了当地 3 000 多个贫困户人口就业。

三、存在的问题与困难

一是对区域性股权市场功能和县域金融工程的效应认识不足。作为场外市场的区域性股权市场，经过近几年的发展，虽然已经取得明显成效，但为中小微企业提供综合金融服务的功能总体上还比较弱，提供的金融服务还满足不了实体经济和小微企业的融资需求。在实施县域金融工程对接区域性股权市场的过程中，有的政府部门、中介机构和企业主体对区域性股权市场功能的认识存在一定差距，服务企业的金融资源、政策资源、中介资源还没有充分聚集。

二是县域挂牌企业质量参差不齐。从整体上看，目前在区域性股权市场挂牌的企业规模普遍较小，盈利能力和吸引社会资本的能力不强。在沪、深证券交易所和"新三板"等"国家队"与区域性股权市场"省队"之间，绝大多数基础较好、成长性强的优质企业都更愿意选择"国家队"，目前都还没有到区域性股权市场挂牌培育、预先规范。它们宁愿观望和排队，也要等待在"新三板"或沪深证券交易所挂牌上市。

三是县域挂牌企业股权交易转让不活跃，融资比较困难。根据现行政策规定，区域性股权市场不得采取集中竞价、做市商等方式进行交易；不得将权益按照标准化交易单位持续挂牌交易；股东人数不能超过 200 人；只允许从事定向私募增资和备案发行私募可转换债券等融资工具。交易规则和融资工具的限制导致区域性股权市场挂牌企业的股权交易转让不活跃、流动性较差，挂牌企业的股权难以形成公允市场价格，由此带来创业投资基金、私募股权投资基金等股权投资机构、信贷机构的定价困扰。在区域性股权市场挂牌的中小微企业普遍规模不大、利润总额和单次融资额普遍较小，且无法承受较高的融资成本。政策层面上，还缺少对挂牌企业的直接投资进行风险补偿的制度安排，导致金融资本和民间资本不敢对区域性股权市场进行大规模的长期直接股权投资。

四是区域经济发展水平差异导致区域性股权市场发展的不平衡。从县域经济的发展实际情况看，湖北省近年推进县域金融工程取得了一些成效，但由于县域经济发展不平衡，导致在经济相对落后的县域，好企业、好项目、好产品相对较少；产品结构初级化，初级产品多，深加工、高附加值产品少；企业组织结构小型化，管理方式家族化，规模以上企业少，规模优势不明显，支柱企业支撑力不强等因素，影响了区域性股权市场和其他金融资源对当地经济发展的支持力度和效果。

四、启发和思考

（一）大力探索普惠金融服务

普惠金融的概念来源于英文"inclusive financial system"，2005 年由联合国最先提出，其基本含义是：能有效、全方位地为社会所有阶层和群体提供服务的金融体系，实际上就是让所有市场主体平等的享受更多的金融服务，支持实体经济发展。

区域性股权市场在促进中小微企业规范治理、股权运作、融资融智、上市培育，鼓励科技创新和激活社会资本，增强金融服务普惠性，从而支持实体经济尤其是支持县域经济发展、改善民生、建设小康等方面具有重要作用。区域性股权市场具有天然的"草根金融"属性，其与县域金融工程紧密对接，将促进普惠金融服务范围的对外延展和服务触角的向下延伸，引导和推动更多来自基层的地方中小微企业到区域性股权市场挂牌规范培育并为其提供持续督导和综合金融服务，使地方经济主体平等享受资本市场带来的金融普惠。

（二）为县域经济引入金融活水

相比中心城市的大中型企业，县域小微企业较难获得金融资源的青睐和支持。全国金融工作会议提出，"金融要把为实体经济服务作为出发点和落脚点""把更多金融资源配置到经济社会发展的重点领域和薄弱环节"。区域性股权市场发展要与县域经济发展相结合，打通金融活水流向实体经济"最后一公里"，通过引入银行、证券、担保、创投基金等金融资源，引导、聚集社会金融资本，为县域经济送去宝贵的"金融活水"。

（三）资本助力产业扶贫

县域经济，特别是经济欠发达的贫困地区要通过县域金融工程的全覆盖获得更多的金融资本和政策倾斜支持，实现产业强县。区域性股权市场是地方政府扶持中小微企业各种政策和资金综合运用的平台，要以各级政府关于做好"三农"工作和精准扶贫攻坚的有关精神为指引，结合县域经济的资源禀赋和区位特点，大力服务地方特色企业，开展精准扶贫、精细优产，推动形成区域产业特色，有效实现当地脱贫致富。

（四）实施乡村振兴战略

乡村振兴的最终目标，就是要彻底解决农村产业和农民就业问题，确保群众长期稳定增收、安居乐业。金融活，经济活。区域性股权市场紧密对接县域金融，充分运用各种普惠金融的手段，支持城乡融合发展，构筑绿色经济体系，从而因地制宜、循序渐进地服务乡村城镇化建设、产业特色化培育和发展。

（五）防范化解金融风险

金融稳，经济稳。防范和化解重大风险，尤其是金融领域的系统性风险，位列"三大攻坚战"首位。让金融回归实体经济本源、避免"脱实向虚"，恰恰是防范和化解金融风险的最重要、最有效的手段。区域性股权市场对接县域基层企业、服务县域经济发展，拓宽基层企业融资渠道，有利于切实防范和化解可能出现的金融风险，维护区域经济的平稳运行与社会的和谐稳定。

区域性股权市场服务中小微企业的制约与突破

——以内蒙古自治区为例

卢龙 李志 孙枫 李海芳 池慕平 兰婷然[*]

一、区域性股权市场服务中小微企业的背景及意义

《国务院办公厅关于规范发展区域性股权市场的通知》（国办发〔2017〕11号）指出了区域性股权市场的定位：区域性股权市场是主要服务于所在省级行政区域内中小微企业的私募股权市场，是多层次资本市场体系的重要组成部分，是地方人民政府扶持中小微企业政策措施的综合运用平台。

规范发展区域性股权市场是完善多层次资本市场体系的重要举措，在推进供给侧结构性改革，促进"大众创业、万众创新"，服务创新驱动发展战略，降低企业杠杆率等方面具有重要意义。在支持中小微企业多样化融资、推动中小微企业规范运作、增强金融服务普惠性、促进创新创业、化解区域风险等方面均发挥了积极作用。区域性股权市场已成为多层次资本市场体系的"塔基"，逐步成为中小微企业登陆资本市场和地方政府扶持中小微企业的综合服务平台。

二、内蒙古自治区中小微企业发展基本情况

（一）内蒙古自治区中小微企业发展特点

1. 传统行业居多，新兴产业快速增长

截至2017年底，内蒙古自治区实有企业总量37.53万户，传统行业居多。冶金、建材、机械、煤炭、农畜产品加工、纺织、电力、石化等传统产业和资源型产业占全部企业的

---

[*] 作者单位：内蒙古股权交易中心股份有限公司。原载于《中国证券》2018年第9期。

90%以上；新兴高科技产业企业占比不足5%。以包头市为例，优势企业集中在包钢、包铝、北方重工等大型国有企业的上下游产业，技术含量低、核心竞争力弱。随着"大众创业、万众创新"、新旧动能转换以及产业转型升级等战略实施，自治区内新型材料、大数据云计算、生物医药等方面的创新创业企业不断增加，其对自治区内社会经济的贡献度也开始增加。

2. 企业密度低，地域分散广

内蒙古自治区地域面积118万平方公里，企业总数37.53万户。从人口维度看，2017年底内蒙古自治区人口数约2 470万人，每千人拥有企业数量约15户。2017年统计国家总人口13.9亿人，企业总数3 033.7万户，每千人拥有企业数量约218户，相差约14.5倍。同理以地域面积维度看相差约9.8倍，由此可见内蒙古地域广、企业少，以致企业密度与全国平均水平有较大差距，与发达省市相比较差距更大。

3. 可获得金融资源较少，竞争能力偏弱

内蒙古有银行业金融机构（含网点）1 603家，全国银行业金融机构总数达到22.87万个。2017年内蒙古社会融资规模2 104亿元，全国社会融资规模19.4万亿元。假设社会融资数额全部向企业发放，内蒙古平均每户企业可获得56.1万元，全国平均每户企业可获得63.95万元。由此可见，内蒙古金融资源缺乏，企业可得到的支持相对不足，企业竞争力在一定程度上受到影响。

（二）中小微企业发展面临的实际困难

1. 外部制约因素

由于内蒙古自治区企业的特点，在去产能和经济转型升级环境下，发展压力较大，原材料、土地及用工等成本不断攀升，使得处于产业链低端、承受能力较弱的中小微企业盈利空间逐步收窄，尤其人力成本上升幅度较大，影响了中小微企业的生产运营。传统中小微企业融资渠道主要是自有资金和银行贷款，目前在银行对传统中小微企业授信规模锐减的情况下，其融资成本逐渐上升，而直接融资又不具备条件。中小微企业融资难、融资贵的困局就成为不争的事实。

此外，企业规模小、资金少，难以吸引人才进行技术研发或引进，改善生产管理。内蒙古自治区社会经济发展相对落后，支持中小微企业发展的政策优惠力度不足，面向企业提供技术培训、人员培训及经营管理培训等社会服务体系不健全，严重制约了中小微企业的发展空间。

2. 内部制约因素

从企业发展一般规律来看，技术研发资金投入占企业全部销售额低于2%的企业生存存在困难，高于3%的企业可以发展，而高于6%的企业才有较强竞争力。内蒙古自治区多数企业技术研发能力较低，是制约企业发展的重要内部因素。与技术开发相对应的是创新能力，由于投入资金较少，企业在创新方面难以与行业标杆企业对标，创新步伐落后。同时，企业管理者文化程度不高，缺乏现代企业治理理念，对企业人员激励、改善生产效率、提高创新能力均有较大制约。

此外，自治区绝大部分中小微企业依然没有建立现代企业制度，大多数企业还是落后的家族管理方式。管理制度不健全、不规范等因素，制约了企业的融资和发展。中小微企业管理亟须规范，提高管理水平，进而才能拓展融资渠道，提升融资和发展能力。

三、内蒙古区域性股权市场发展基本情况

内蒙古自治区政府依据国务院相关文件精神和指示，相继出台了一系列促进资本市场发展的政策措施，主要包括：《内蒙古自治区人民政府关于进一步推进多层次资本市场融资的若干意见》（内政发〔2014〕54号）、《内蒙古自治区人民政府关于推进区域性股权市场发展的若干意见》（内政发〔2015〕118号）、《自治区推进企业上市行动计划（2015—2017年）》（内政办发〔2015〕110号）以及《内蒙古自治区人民政府关于公布内蒙古区域性股权市场运营机构的通告》。这些政策的出台极大促进了区域性股权市场的规范与发展。目前，各盟市和旗县逐渐认识到加强区域性股权市场建设的重要性，并陆续出台了支持区域性股权市场发展和鼓励企业直接融资的政策措施。

内蒙古股权交易中心作为自治区金融改革创新的重要平台，按照自治区政府建设和发展地区资本市场的总体安排，借助成熟资本市场成长经验，结合自治区经济社会发展实际，通过组织开展非上市公司股权融资、挂牌交易，探索建立中小微企业、科技成长型企业直接融资渠道，促进非上市公司熟悉资本市场规则，完善公司治理结构，提升核心竞争能力，实现健康快速成长；通过建立和完善市场化孵化筛选机制，不断为主板市场、中小板市场、创业板市场、新三板市场和境外资本市场储备优质成熟上市资源；努力建设一个具有投资价值、充满活力的非上市公司股权市场，成为多层次资本市场重要基础支撑。

经过四年的不懈努力，各项业务取得阶段性成果。截至2018年5月底，挂牌企业1 806家，为300余家企业实现融资93.41亿元，托管企业177家，托管股本达55.83亿股，发展各类会员机构171家，引入合格投资者4 537户。区域性股权市场在服务中小微企业私募融资、股权管理、品牌提升、规范培育、政策支持、储备上市后备项目、丰富完善交易品种结构等方面发挥了积极作用。

四、内蒙古区域性股权市场服务中小微企业的手段

（一）建立遍布全区的服务网络

结合内蒙古自治区地域广阔、东西跨度较大、企业资源分散等地理特点，为使各项服务更好地传递到全区各地，内蒙古股权交易中心利用四年时间依托各地政府金融办公室的体系资源，在全区十二个盟市设立了办事处，并在各盟市重点旗县设立了57家工作站。分支机构真正起到了"分诊台"和"便利店"的作用，为当地企业提供低成本、高效率的就近贴身服务。

（二）开展资本市场启蒙教育

自治区中小微企业普遍存在规模小，运作不规范，融资渠道单一，对资本市场认知不够等问题。为更好落实《关于实施金融支持县域经济发展工程试点的指导意见》精神，内蒙古股权交易中心会同会员单位依托盟市、旗县的分支机构开展多种形式的资本市场宣传和培训活动。通过宣传培训开展企业诊断，针对存在的问题，量身定制服务。四年来，在自治区

金融办的大力推动下,内蒙古股权交易中心分批次赴盟市、旗县及开发区、工业园区开展"金融大讲堂"系列活动500余场,有效地提高了盟市、旗县干部群众,特别是全区中小微企业初步运用资本市场的意识和能力,为自治区中小微企业登陆多层次资本市场奠定了良好基础(见表1)。

表1　　　　　　　　　内蒙古股权交易中心开展系列活动情况统计

活动类型	场次	解决的问题
金融大讲堂(普惠培训)	380	为企业和基层政府部门进修启蒙教育、培训,提高了企业和政府部门人员的资本市场意识
专项培训(专题)	22	为企业提供财务、税收、法律合规等专题培训
挂牌上市加速器	260	企业走访、座谈、尽调,为企业做精准对接,解决企业困难,推动企业挂牌和上市
进阶培训(会员机构)	35	为会员机构提供专项的培训,提升会员机构服务区域性股权市场的能力
投融资路演(蒙股大盈)	150	组织企业在"蒙股大盈"路演平台和线下专场路演,使挂牌企业能够广泛得到投资者关注
走进深港交易所及深交所联合路演	10	带领企业走进深港交易所2次,让拟上市企业获得交易所的专项辅导;开展深交所联合路演8次,为优质企业对接深交所投资人,提高融资的可能性

(三)开展多种形式的投融资对接活动

内蒙古股权交易中心充分利用企业聚集优势,为挂牌企业提供股权融资、债券融资等直接融资服务;组织企业与银行、信托、券商、投资公司、融资租赁公司等专业机构对接,为企业提供多渠道、多样化的间接融资服务。目前已经成熟的中小微企业融资产品有可转债、股权质押融资、定向增资、挂牌贷、惠农贷等产品和服务。截至2018年5月底,内蒙古股权交易中心为企业实现多种方式融资93.41亿元,融资构成如图1所示,最大程度满足了挂牌企业的融资需求。

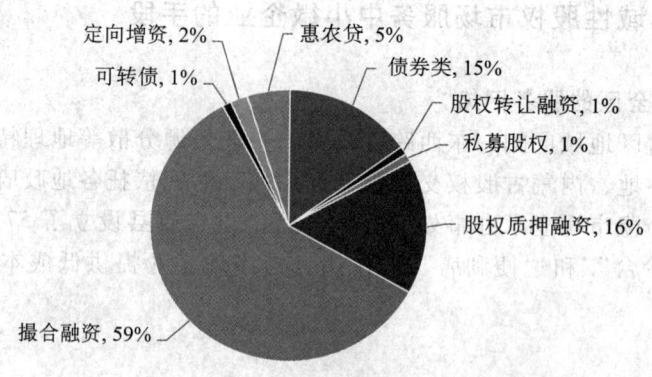

图1　内蒙古股权交易中心融资比例图(截至2018年5月)

同时,内蒙古股权交易中心采取线上线下相结合的方式建立"蒙股大盈"路演平台,有针对性地开展项目投融资路演及企业推介、信息展示、服务对接及后续跟踪服务,形成了一套运作有序的路演流程和常态化工作机制,为企业提供多形式、全方位的投融资服务。目前,"蒙股大盈"微信路演及与深交所合作的常态化路演聚集了区内外 8 000 多名合格投资人,形成了一定规模的影响力和品牌效应。四年来,内蒙古股权交易中心为自治区中小微企业成功举办各种形式的路演活动 150 余场。"蒙股大盈"路演平台已成为服务挂牌企业的一项重要内容,不仅为企业实现投融资对接,更重要的是经过辅导及行业资深专家点评,帮助企业梳理经营思路、培养资本市场思维,为企业长久发展指路答疑。

(四)打造自治区特色板块

设立特色板块既是贯彻落实自治区政府指导要求的有力实践,也是发展具有内蒙古特色资本市场的务实举措之一。建立特色板块目的在于:一是运用金融和资本手段重点培育自治区的特色产业,推动形成产业龙头,带动企业借助资本市场发展壮大,实现自治区特色产业与金融市场深度融合;二是在行业主管部门的产业政策和资金支持下,形成行业合力,政府引导带动社会资本参与,从而形成行业发展新动能;三是以特色行业为核心,打造自治区的产业名片,吸引投资机构参与并推动自治区特色产业发展。

内蒙古股权交易中心在自治区金融办、团委、人社厅、科技厅的共同支持下设立了青创板,通过解决双创项目落地难、融资难、规范发展难等诸多问题,构建了与之相适应的新型金融供给体系。围绕自治区的优势特色产业,内蒙古股权交易中心正在积极筹备旅游板、文化板、农牧业板、科技板等特色板块,特色板块的建立除资源汇聚功能外,还可实现板块之间的融合和互动,如文旅融合、科技文化融合等。目前各板块各项准备工作基本就绪,可择机启动上述特色板块。

(五)扶持中小微企业专项资金的市场化运作探索

作为政府扶持中小微企业政策和资金综合运用平台,内蒙古股权交易中心不断探索尝试、积累经验,包括:与自治区扶贫办合作推出"惠农贷"产品,通过引入社会资本、保险资金参与,撬动银行信贷资金的模式,以政府扶贫带动社会扶贫,从而覆盖更为广泛的贫困群体;开展内蒙古文化产业发展基金、沪蒙资本市场培训基金管理机构的选聘、小微企业创新创业基地城市示范的选拔以及内蒙古文化产业发展基金托管机构的选聘;联合会员机构开展经信委工业专项资金的绩效评价项目;与政府基金在募、投、管、退各个阶段开展全方位合作等。

(六)与各级资本市场互联互通

区域性股权市场作为多层次资本市场的"塔基",与高层次资本市场互联互通是市场发展的重要环节。内蒙古股权交易中心作为自治区股权市场的运营机构,始终注重发挥培育和孵化功能,与各级资本市场形成有效的互补和对接。内蒙古区域性股权市场与新三板做了对接,在企业培育、孵化挂牌、融资对接等多方面进行合作;探索与深、沪证券交易所等资本市场合作,并多次开展联合路演和组织自治区企业走进深沪港交所的系列活动,加速企业成长升级,推动优秀企业进入更高层次资本市场。

五、目前区域性股权市场服务中小微企业的制约因素

（一）市场吸引挂牌企业的有效手段不足

"四板市场"虽成立已有四年之久，区域性股权市场也进行了大量的普及和宣传推广工作，但自治区相对落后的社会经济发展环境导致中小微企业，特别是小微企业对资本市场认知严重不足。区域性股权市场目前的产品体系和服务手段对上述企业吸引力不足，特别是企业法人代表年龄偏大（45岁以上）的企业，传统的思维模式导致其只关注区域性股权市场的债券和撮合融资功能，对于股权融资、规范发展、人才激励等方面存在偏见，导致其获得资本市场服务能力不强，形成了企业发展难与资本市场服务供给难的不良循环。

（二）政府对挂牌企业支持政策措施落实不够

一是配套规则未落地，很多优惠政策无法实现。目前，自治区本级及盟市政府陆续出台了若干支持区域性股权市场发展的政策和措施，但普遍存在力度不足、政策和支持经费落地慢等问题，如乌海、鄂尔多斯、乌兰察布等地都出台了鼓励企业挂牌和直接融资的支持政策和专项资金安排，但政策的实施细则尚未出台导致企业申领补贴和享受政策有难度，企业登陆区域性股权市场的积极性不增反降。

二是优惠政策有限，企业实质性推动相关工作积极性不足。自治区政府仅对企业挂牌和首次实现直接融资进行补贴，对企业进行股份制改造、实现规范发展和股权转让交易等方面尚缺少税收方面的优惠支持，导致企业不愿意改制、不愿在资本市场披露历史遗留问题及现行生产经营问题，企业改制和挂牌上市积极性差。

三是信息不对称。政府各部门对企业的奖励和补贴政策分散于各归口单位，政策和企业之间存在信息严重不对称问题，导致企业利用优惠政策的能力和积极性不足。

四是配套服务体系不完善。中小微企业提升研发能力、经营管理能力、人员素质、法律和市场咨询能力等社会化服务体系不集中、不健全，严重阻碍了中小微企业的发展。

（三）股权市场"造血""输血"能力不强

内蒙古区域性股权市场建设起步晚，2014年5月才正式成立，除了进行区域性股权市场管理和制度方面的探索外，还根据政策规定和市场实际摸索着开展业务。由于自治区资本市场发展滞后、经济金融生态环境尚不完善、专业性人才紧缺等因素，区域性股权市场发展缓慢，在资本市场产品开发和服务体系建设方面落后于沿海发达地区。区域性股权市场自身盈利能力差，仅靠政府的补贴维持运营。

人才的短缺、运营经费的限制、产品和服务体系的不完善以及经济环境的制约，导致区域性股权市场在推广和发展过程中举步维艰，限制了市场的内部造血和再发展，形成了不良循环，阻碍了区域性股权市场服务中小微企业的能力。

（四）地域因素对服务深入开展形成一定制约

一是各地域经济发展不平衡。内蒙古自治区地域面积118万平方公里，辖12个盟市区，但经济体量主要集中呼包鄂经济圈（约占全区GDP的61.5%），其他盟市和旗县区金融资

源覆盖度低，部分贫困地区甚至没有金融机构的驻扎，中小微企业获得金融服务的成本高、难度大。

二是基础设施不完善。由于盟市地域面积广、交通相对不便利，也无形增加了区域性股权市场服务企业的经济成本、时间成本和人力成本。市场会员机构由于成本原因，也多数不愿到偏远地区开展服务，严重限制了区域性股权市场组织资源、开展属地深度服务。

（五）与其他多层次资本市场间互动受限

内蒙古自治区区域性股权市场自成立以来，就得到自治区政府，特别是自治区金融办的大力支持。自治区金融办积极推动区域性股权市场与全国股转系统、沪、深证券交易所以及国外交易所之间的联系和合作，目前已经与深交所建立了常态化路演通道，与全国股转系统建立了访问学习联络机制。但仍存在以下障碍：

一是区域性股权市场与上层交易所之间的合作还不够紧密，特别是缺少对交易所融资产品的了解和使用。比如交易所的双创债，区域性股权市场储备了一部分符合条件的优秀项目，但双创债只能由券商发行，区域性股权市场很难找到自己空间深度服务企业。

二是自治区区域性股权市场还尚未与全国股转系统建立转板机制。优秀的企业在"四板"市场孵化规范后，还得重新按照"新三板"的要求报送材料申请挂牌，增加了企业的成本，降低了企业对"四板"市场规范孵化作用的认可，对企业在资本市场的长足发展造成困难。

三是主板市场对自治区的上市政策支持不足。具备上市条件的优质企业多数不在贫困地区，为了享受上市优惠条件，企业和所在地政府及贫困县政府之间的博弈大大挫伤了企业上市的热情和决心，延缓了企业的上市进程。

区域性股权市场与更高层次资本市场之间缺乏更多实质性的业务联络和互动机制，制约了区域性股权市场深度服务广大中小微企业。

六、区域性股权市场服务中小微企业的新突破

（一）参与盟市中小微企业基金的设立及运营，突出引导和带动作用

自治区股权市场积极探索与自治区各盟市政府展开合作，引导盟市政府设立支持中小微企业发展的股权直投基金，市场及战略合作机构为盟市中小微企业发展基金的"募投管退"提供全流程服务，充分发挥区域性股权市场的资源优势和专业优势，引导和带动更多中小微企业积极踏入资本市场，进行改制规范工作，加速挂牌上市进程。

目前，乌兰察布市和赤峰市的基金已成功落地实施。该基金以推动两地企业规范发展和挂牌上市为目标，聚焦当地优势产业和新兴产业，以股权直投的方式投资于具有发展潜力的拟挂牌、上市企业，按照市场化方式运作，以资本推动为抓手，专注于解决两地上市企业少、资本化水平低、直接融资比例低等问题。乌海市、巴彦淖尔市等地的基金已在有序推进中。

（二）探索开展县域金融工程，综合施策县域经济，促进中小微企业发展

2018年，内蒙古区域性股权市场凭借平台、资源及服务优势，被内蒙古自治区政府选

为自治区县域金融工程第二批试点实施机构。县域工程第二批试点覆盖自治区 8 个盟市的 12 个旗县区。区域性股权市场以其资源配置功能为基础，综合利用各级政府出台的各项政策，形成政策综合运用平台；联合区内外专家、金融机构组成结对帮扶团队；通过县域金融工程顶层方案设计和金融手段组合的综合运用，以县域特色产业为金融区域经济发展的支撑点，坚持以顶层设计县域金融工程规划为突破口，以引入新型金融业态模式、对接项目融资和打造产业品牌为重点，以提升试点地区干部、企业家金融素养、优化当地政策环境为抓手，全面推进县域金融试点工作，有力促进了试点地区经济发展。

区域性股权市场正在以新姿态和新理念改变服务区域中小微企业的模式，紧紧抓住自治区开展实施县域金融工程建设契机，通过整体推动县域经济发展的手段实现对当地中小微企业的集中和精准扶持。在开展县域金融工程方面，以健全县域金融体系建设和优化企业信用生态环境为基础，同时通过充分发掘试点地区龙头企业、股份制公司、规模以上企业、拟挂牌上市企业发展潜力，建设完善试点地区特色产业结构的方式促进自治区县域经济社会持续健康发展，实现金融带动经济发展，精准扶贫的战略目标。

比如赤峰市翁牛特旗，内蒙古股权交易中心围绕翁旗杂粮产业相对发达且集中的优势，为杂粮种植、生产、加工和销售的龙头企业引进了专业化包装和营销团队，还引进了产业互联网服务平台，提升当地杂粮的销售和品牌影响力；同时，通过对杂粮龙头企业进行批量化的融资服务，带动产业链上下游发展，助力脱贫攻坚。内蒙古股权交易中心正在着力打造以杂粮为主导的县域特色产业经济体。在乌兰察布市卓资县，内蒙古股权交易中心以其优势产业——熏鸡产业为主，打造了特色"熏鸡"板块，帮助其做了发展规划，进行了产业整合，打造了地标性品牌，综合提升了卓资县的产业经济发展。此外，内蒙古股权交易中心还在为其他试点旗县区进行深度梳理和规划，助力其打造地域特色经济，形成当地特色品牌，如打造信用小镇、旅游小镇等特色小镇。

（三）资本助力"双创"，促进"飞地经济"模式探索

在服务"双创"方面，区域性股权市场不断探索、创新，在赤峰市与北京安快创业谷合作，打造了服务创新创业的新模式——飞地孵化，把北京的优秀创业项目引到赤峰市进行孵化落地，技术团队还留在北京，这样既解决了创业的场地和落地问题，又有效节约了成本，有效促进了两地经济的发展。区域性股权市场为"飞地经济"模式提供资本助力和资源支持，为初创企业提供资本市场相关服务。2017 年，累计有 27 家青创企业在区域性股权市场挂牌，为入孵企业提供资本市场启蒙培训 5 场，举行线上线下路演共计 4 次，成功为一家入孵企业实现股权融资 4 000 万元，撮合融资 500 万元，取得了较好的效果。2018 年区域性股权市场与安快创业谷展开深度合作，在飞地孵化的基础上继续打造线上线下的转促平台，与政府共同设立转促基金，促进孵化项目在赤峰市的落地。

七、支持区域性股权市场服务中小微企业的意见和建议

（一）建议从顶层设计方面在企业股权融资创造条件

目前，区域性股权市场自身产品单薄，仅有私募股权和可转换债券等品种，而且对发债企业资质要求较高，依然很难解决广大中小微企业融资难题。因此，建议宏观层面研究推出

适合区域性股权市场更多的产品，丰富区域性股权市场服务中小微企业的手段。

建议从国家层面引导地方政府为区域性股权市场设立支持中小微企业发展的股权投资基金，为区域性股权市场匹配资本，吸引和带动更多的中小微企业从资本市场得到实惠，进而加速当地企业规范发展和挂牌上市的进程。

（二）推动建立区域性股权市场与新三板的转板互动机制

目前，区域性股权市场建立了相对完善的软硬件服务设施，培育和孵化了大量的潜力企业，其中不乏具备登陆其他资本市场资质和潜力的企业。因此，区域性股权市场亟须与新三板建立市场化的转板互动机制，形成批量转板的通道，方便企业借力资本市场实现快速发展。便捷的转板机制还能促进企业融资和行业间并购整合，有利于产业的整合和升级。

（三）推动政府和部门扶持企业发展的资金、基金、担保、贴息等政策通过区域性股权市场实现综合运用

2017年，国务院办公厅《关于规范发展区域性股权市场的通知》明确了区域性股权市场是地方政府支持中小微企业发展的政策和资金综合运用平台，目前已经有部分厅局开始通过区域性股权市场进行市场化配置政策和专项扶持资金，但都处于尝试阶段，大部处在观望、缓慢推进状态。因此，建议强化区域性股权市场成为政府扶持中小微企业发展的政策和专项资金综合运用平台作用，促使区域性股权市场真正成为政策和资金的汇聚平台，形成集聚效应，提升服务效率，降低企业成本。

（四）推动建立集中的社会服务体系

如上文所述，目前内蒙古自治区各主管部门针对中小微企业提供的培训等服务比较分散，企业的参与度和满意度并不高。因此，建议推动政府能够统一调动资源，改变现有分散状支持模式，统一通过区域性股权市场来搭建技术培训、人才培训、经营管理培训以及法律财务咨询等服务平台，与资本市场服务和金融资源匹配，为中小微企业提供集中而便捷的服务，增加企业的获得感和黏性，增强综合服务能力。

（五）明确区域性股权市场股权登记托管机构的法律地位

目前区域性股权市场在开展股权登记托管方面没有明确支撑文件，部分省份以省政府发文的形式鼓励企业和金融机构到区域性股权市场进行登记托管。但由于缺乏国家层面的统一安排，使得区域性股权市场登记托管并不具有对抗第三方的公示效力。建议国家有关部门将区域性股权市场提供股权登记托管服务纳入《证券法》调整范围，统筹布局。作为过渡性制度安排，可由国家工商部门协调优化与区域性股权市场的配套衔接机制，明确并统一非上市企业股权质押融资登记办理流程等。

（六）多措并举支持区域性股权市场基础设施建设

与发达省份相比，内蒙古自治区目前对区域性股权市场发展的投入力度有待进一步加强，特别是资金投入方面。建议从国家层面加大对区域性股权市场基础设施建设的政策支持力度，增加支持区域性股权市场发展的专项资金安排，特别是在基础设施、金融科技和人才

队伍等方面的支持。

（七）加大对区域性股权市场人才队伍建设的支持

建议从顶层建设方面协调政策及专项资金，用于对区域性股权市场人才队伍建设的支持，特别是像内蒙古自治区这样金融及资本专业人才匮乏的地区。一是支持其专业人才引进、培训和教育，针对产品研发、风险控制、科技金融等方面进行指导和支持；二是建立各级资本市场间人才交流机制，例如挂职锻炼、派驻学习等，夯实区域性股权市场人才队伍的综合实力。

构建科创企业全生命周期精准服务体系的广东实践

黄 成[*]

一、构建科创企业全生命周期精准服务体系的必要性

根据国家统计局在2018年2月公布的《2017年国民经济和社会发展统计公报》，2017年全国工业增加值279 997亿元，比上年增长6.4%，规模以上工业增加值增长6.6%。在规模以上工业中，分经济类型看，国有控股企业增长6.5%，集体企业增长0.6%，股份制企业增长6.6%，外商及港澳台商投资企业增长6.9%，私营企业增长5.9%，总体私营企业的增长慢于国有企业。广东省统计局2018年3月公布的《2017年广东国民经济和社会发展统计公报》显示，2017年广东全省工业增加值比2016年增长7.0%，其中大型企业增长7.6%。中型企业增长6.7%，小微型企业增长6.8%，中小微企业的增长明显慢于大型企业。推动中小微企业高质量发展是广东省落实新发展理念、实施创新驱动发展战略、推进供给侧结构性改革、培育发展新动能和稳增长、扩就业的重要举措。另外，在"大众创业、万众创新"的时代背景下，以自我雇佣为主的科创型中小微企业如雨后春笋般涌现，但发展普遍面临"强位弱势"的困境，企业平均寿命只有3—5年，融资难、融资贵问题是造成此类企业难以持续发展的主要原因。服务实体经济、服务中小微企业是区域性股权市场的天职，也是这一资本市场业态或组织形式出现和存在的意义所在。为此，如何更好地帮助科创型中小微企业摆脱当前的困境，是区域性股权市场运营机构必须重点考虑的问题。

金融分工理论认为，资本市场在高新技术和战略性新兴产业融资方面有更好的分工优势，其横向风险分担机制能实现产业的高风险在不同投资方间的分散，为亟须资本但前景又不明朗的产业提供资本，增强了经济体的活力并有效促进了经济的转型升级（Allen F & Gale G.，1995）。资本市场实现不同主体间横向风险分担的需要、不同主体差异化的需求，以及经济体不断升级所衍生的技术进步需求，必然内生地决定了资本市场在多个维度上的多

---

[*] 作者单位：广东股权交易中心股份有限公司。原载于《中国证券》2018年第9期。

层次化发展，以保障金融系统的稳定和促进经济发展的资本形成能力的发挥。金融分工理论对我国多层次资本市场建设的指导意义在于，区域性股权市场除承担更高层次资本市场基础层级的作用，另外一个重要的任务在于服务好本层次挂牌企业当前阶段的投融资服务需求。

企业金融成长周期理论认为，企业发展阶段不同，所面临的信息约束、经营特征以及资金需求将明显不同，由此导致其融资渠道和融资方式或有明显的差异、变化，分析并解决中小微企业的融资难问题，需要根据其生命周期相机抉择（Weston & Brigham，1970；Berger &Udell，1998）。另外，企业成长中伴生的融资结构变化必然会导致企业治理结构发生适应性变化，导致股东与管理者、股东与债权人、内部与外部投资者间的多方因利益不一致造成的内生性冲突，这也就需要资本市场做相应的制度、服务模式安排来平衡这种冲突。

二、广东区域性股权市场科创型中小微企业全生命周期精准服务体系的主要内容和实践

基于金融分工理论和企业金融成长周期理论，在总结广东金融高新区股权交易中心和广州股权交易中心五六年的实践经验，广东股权交易中心深入挖掘科创型中小微企业的服务需求，重点考虑初创期和成长初期中小微企业的投融资服务需求，并在市场机制安排上平衡此类企业由于外部融资导致的内生性冲突，初步形成了具有广东特色的科创型中小微企业全生命周期精准服务体系（见表1）。

表1　　　　基于企业生命周期的区域性股权市场精准金融服务

	孕育期	初创期	成长期	成熟期	衰退期
存在的问题	只有一个"构想"，面临的风险过高	缺乏将企业做大的战略定位；缺乏相应的信用记录，资产规模较小，没有资质较好的担保抵押物	财务状况改善，但由于规模歧视和所有制歧视，使得可获得的银行贷款有限，无法满足其高速发展的资金需求	财务状况良好，可以自主决定直接融资与间接融资的比例。然而通过创业板、新三板上市仍存在不小的困难	对外部环境的反应能力降低，不能快速适应市场环境的变化，从而使企业面临淘汰的危险
资金来源	内源融资	内源融资、风投机构	民间资本、银行借款、风投机构及他们的投贷联动	银行借款等间接融资、直接融资	内源融资
可提供的服务	"青创板""高校双创板"等	股份制改造、企业诊断、战略规划、财务规范等财务顾问服务，做好挂牌前的准备、投贷联动	挂牌、可转债、可交换债、股权质押（"股融通"）等业务和银行信贷融资；依托产业园区的集群发债、可交换债、集群内交叉持股、银行与风投机构的投贷联动	可转债、可交换债、股权质押、新三板及上市辅导；依托产业园区的集群发债、可交换债、集群内交叉持股、银行与风投机构的投贷联动	企业诊断、股权转让、战略规划和并购重组服务
			知识产权质押融资与集群内知识产权互助质押融资		
		形式多样、内容丰富、水准较高的专业培训课程			

（一）孕育期

孕育期是创业最原始的阶段，也是创业最艰难的阶段。此时的企业可能尚未建立，甚至只有创业、创新的构想，还没有付诸实践。区域性股权市场可依托项目展示服务，将自身业务范围向早期创业项目延伸，并与国家创新驱动战略资源对接，为各类创新创业项目和企业提供孵化培育、规范辅导、登记托管、项目展示、投融资对接、交易和退出等综合金融服务。同时，探索与区域内高等院校科研机构以及科技中介服务机构建立更紧密的合作关系，形成资源集聚效应，共同打造科技成果转化服务生态圈，促进科研成果转化。

广东股权交易中心在国内最先探索科创企业孕育期的区域性股权市场服务，目前负责运营团中央和广东省人民政府共建的"中国青创板"，并与广东省教育厅共建"广东省高校双创板"，致力于打造为青年创新创业项目和企业提供包括孵化培育、规范辅导、登记托管、挂牌展示、投融资对接、交易和退出等综合金融服务的资本市场平台，通过引入资本市场力量促进创新创业项目的市场化、资本化、产业化发展。"中国青创板"通过建立具有完全知识产权的业务规则体系以及基于互联网金融的投资交易信息系统，为创业者和企业提供线上线下的全流程服务。截至目前，中国青创板累计上板项目达 2 627 家，合作的孵化器、科技园区、众创空间达 55 个、超过 750 个上板项目已孵化为企业；43 个项目与投资机构成功签订融资协议，实现融资 3.43 亿元。

（二）初创期

在此阶段，科创型企业的规模小、产值较低、固定资产少、发展战略规划缺乏、管理水平相对较弱，财务制度不健全以及无法提供足值足质的抵押物。因此，在初创期，区域性股权市场可以组织会计师事务所、律师事务所、资产评估事务所和知识产权评估公司等会员机构，共同对科创型中小微企业进行股份制改造准备或对企业资产进行评估，做好挂牌前的各项准备。

广东股权交易中心的注册展示类企业超过一半属于此类企业。针对此类企业的基本特征，广东股权交易中心积极发挥会员机构资源优势，辅导规范企业运营，开展商业计划书撰写、股权激励、企业财税规范方面的各类培训活动，为企业未来进入区域性股权市场挂牌打下良好的基础。目前，广东股权交易中心的挂牌企业中，约有15%的企业从注册展示板块中孵化培育产生的。

（三）成长期

经过初创期区域性股权市场进行的一系列财务顾问业务后，科创型中小微企业具有一定的规范性，成长期企业已达到区域性股权市场挂牌要求。此时科创型中小微企业可以在区域性股权市场进行挂牌，提高公司的知名度，提高经营管理的水平，减少财务成本，拓宽企业的投融资渠道。这类企业是广东股权交易中心服务的重点，主要内容包括企业展示和投融资路演、融资产品服务并积极导入金融、科技、工信和省内各级地方政府扶持中小微企业发展的政策和资金，扶持中小微企业快速发展壮大。

企业展示和投融资路演方面，广东股权交易中心先后与深交所共建了"广州科技金融路演中心"、与全景网共建了"广州新三板路演中心"等服务平台，推动科创企业对接资本市场。截至 2018 年 7 月底，广州科技金融路演中心累计举办路演活动 25 期，有效服务 125 家科技型中小企业，25 家路演企业实现股权融资，融资总额超过 4.76 亿元，融资成功比例达到 20%，融资成功率居深交所与国内合作 102 个平台（园区）首位，得到深交所、投资机构和路演企业的高度肯定。广东股权交易中心还开展了粤企航计划路演、粤企航大讲堂等路演及培训活动，辅导规范企业运营，累计提供近 100 次项目路演及培训活动。

融资产品服务方面，广东股权交易中心目前的可转债、私募股权、股权质押等业务已日趋成熟。如果企业不愿意稀释股份，广东股权交易中心为其提供银行信贷融资或投贷联动融资；此外，广东股权交易中心还创设了知识产权交易板块，形成了"两权质押、投贷联动"的创新融资模式。截至 2018 年 7 月底，广东股权交易中心为挂牌企业实现各类融资累计总额达 1 112.76 亿元。

为降低投资者信息收集成本，同时为了更好地导入各级地方政府扶持中小微企业发展的政策和资金，广东股权交易中心近年来在建设特色板块方面投入了大量的精力，目前已经形成几个在广东省内具有较大影响力的特色板块。一是与广东省科技厅共建的广东科创板，从广东省科技企业挂牌上市培育数据库中筛选挂牌的培育对象，优选 500 家高成长科技企业开展改制挂牌的培训和辅导，大力推动科技企业在区域性股权市场挂牌并通过对企业进行挂牌奖励等多个方面促进科技企业挂牌上市。二是与省中小企业局共同建设"广东省高成长中小企业板"，通过导入政府的帮扶政策和资金，整合金融服务资源，为企业提供专属的挂牌股权融资、债权融资、市场管理、资本运营等综合金融服务，打造成为高成长中小企业的规范辅导平台、融资创新平台、产业整合平台、上市培育平台，引导省内高成长性中小企业进入区域性股权市场融资发展。三是与广州市科创委合作共建"广州科技创新企业板"，与佛山市科技局合作共建了"科技板"，通过发挥政府科技企业主管部门的政策资源优势和区域性股权市场的综合金融服务功能，营造良好的创新创业环境，集中优质资源为高新科技企业在企业规范、融资服务等科技金融相结合方面给予支持，为科技创新及经济增长提供新动力和长远支撑体系，推动科技型企业利用多层次资本市场融资发展。目前广州科技创新企业板和佛山科技板挂牌的企业达到 1 846 家，其中 135 家企业累计实现融资 10.38 亿元。

（四）成熟期

成熟期是企业生命周期中最长的阶段，在此阶段企业发展处于相对稳定的状态，但也会面临人才、技术、资金以及其他因素的制约。此类企业如果符合条件的，区域性股权市场可积极与相关服务机构合作，推荐企业往更高层次的资本市场发展。截至目前，广东股权交易中心已培育上市企业 4 家、上市申报企业 20 多家、"新三板"企业 73 家，在促进广东省多层次资本市场生态健康发展方面做出了一定的贡献。

需要指出的是，由于创业板上市、新三板挂牌的要求较高，区域性股权市场挂牌的成熟期科创型中小微企业上市或挂牌仍然比较困难，区域性股权市场可通过发行可转债、私募股权、股权质押等业务为此类企业提供服务。近年来，针对此类企业的服务需求，广东股权交易中心积极组织各类专业会员及中介服务机构诊断企业实现进一步跨越式发展所面临的短板和瓶颈，为企业提供智力支持、人才支持、技术支持。下阶段，广东股权交易中心将积极探索建立基于信息披露质量的区域性股权市场交易机制，完善企业股权价值评估体系和信用评价机制，为成熟期科创型中小微企业提供更加优质的服务。

（五）衰退期

由于市场竞争加剧、行业变革、创新失败等各种原因，必然有相当数量企业进入衰退期。区域性股权市场运营机构应完善对企业经营情况的持续跟踪评估机制，及时掌握挂牌企业最新发展状况，加强对企业所处行业及业务特点的研究，有效识别发展陷入停顿和经营不善的企业，通过制度建设保证企业动态循环，有进有出，保证市场活力。

广东股权交易中心针对进入衰退期的企业建立分类跟踪服务机制，重点服务处于衰退期初期且有望通过人才引进、管理效率提升、技术转型、股权结构优化实现蜕变的企业，组织会员机构为其提供企业诊断、战略规划、股权转让或并购重组等服务。把企业成长方向管理的主要内容集中在蜕变方向和退出形式的选择，推动企业经济形体、实物形体和产品发生革命性的、脱胎换骨的变化，从而使企业获得新生。必须承认的是，处于衰退期的企业往往很难清醒地认识到自身所处发展阶段，如何进一步提升此类企业的服务形式和服务质量，广东股权交易中心目前还在进一步探索当中。

三、构建科创企业全生命周期精准服务体系的努力方向

（一）做大做强科创中小企业股权融资平台

目前，从区域性股权市场获得融资的企业数占比偏低，融资覆盖面不足，说明融资效率低，特别是股权融资占比偏低。为此，区域性股权市场应进一步落实为科创中小企业服务的初衷，加强中小微企业股权融资路演服务，推动企业做大、做强、做优。借鉴其他市场的先进做法，努力打造科技金融路演中心和新三板企业路演中心，推动区域性股权市场与中小企业管理部门共建高成长中小企业路演中心。

（二）深化与科技产业园区或孵化器的合作，探索集群类融资模式

综合运用各种集群融资手段，弥补现有各种单一主体融资模式的短板，可能是解决科创中小企业融资难、融资贵问题，促进科创企业迅速发展的有效手段。实践中，我们发现，由于地理位置、产品联系、物流联系、甚至包括股权联系具有天然优势，以科技园区、孵化器为基础的集群融资模式目前具有一定可行性。而在此类集群融资过程中，区域性股权市场的权益登记托管、交易资金管理，甚至包括资金受托收支均有一定的优势。为此，深化与各类科技产业园区或孵化器的合作模式，针对产业园区孵化器同类企业聚集的特点，创新发展集群可转债、团体交叉股权投资与知识产权互助质押业务，有可能解决产业集群内的科创企业融资难、融资贵问题，同时对科创企业发展起到较好的监督与带动作用。

（三）搭建创业投资退出平台，助力地方创投行业发展和功能发挥

创业投资是实现技术、资本、人才、管理等创新要素与创业或重整企业有效结合的投融资方式，其运作机制、运作周期、风险收益匹配特征与创新驱动发展战略具有很高的契合度，是科创型中小微企业发展、提升区域性股权市场综合服务能力的重要支撑。但是，由于退出渠道单一、早期项目退出难度较大，导致目前国内的创投行业普遍存在投资偏向中后期、重投轻管、基金规模偏小难以满足组合投资的问题。区域性股权市场经过这几年的发

展,在市场组织和信息定向披露方面积累了一定的经验,既可以也理应在解决创投行业发展瓶颈问题上有所作为。

(四) 积极打造和培育"科创型中小微企业投融资生态圈"

投融资生态圈打造和推动圈内主体互动是解决科创型中小微融资难、融资贵问题最直接、最有效的手段。下阶段,广东股权交易中心将充分利用整合前后广东金融高新区股权交易中心和广州股权交易中心的资源优势,进一步完善挂牌企业吸引中介机构、中介机构提供服务产品、服务产品吸引挂牌企业的良性循环,加快科创型中小微企业投融资生态圈的打造,并充分利用近年来积累下来的市场组织经验,有效推动科创企业、中介机构、投资者的良性互动,进一步提升科创企业的投融资成功率,降低投融资成本。

关于区域性股权市场政策环境优化与规范发展的报告

孔令贵　徐　涛　胡新华　陈　云　万海龙　张昕欣[*]

一、我国区域性股权市场发展现状

区域性股权市场起源于"中央支持＋区域经济改革＋金融创新"的国家金融改革。2008年,《国务院关于天津滨海新区综合配套改革试验总体方案的批复》发布,促成我国第一家区域性股权市场——天津股权交易所的诞生。从2008年开始,各地陆续设立了一批区域性股权市场,呈现出地方政府大力推动、证券公司深度参与、中小企业踊跃挂牌的局面。"发展多层次资本市场建设"2013年首次写入政府工作报告,并连续6年提及,尤其2015年提出"发展服务中小企业的区域性股权市场"。党的十九大报告要求,深化金融体制改革,增强金融服务实体经济能力,提高直接融资比重,促进多层次资本市场健康发展。在顶层政策的积极推动下,我国区域性股权市场迎来了发展机遇期,呈现出百花齐放、各具特色的主要特征。2017年,国务院办公厅下发《关于规范发展区域性股权市场的通知》(国办发〔2017〕11号),正式将区域性股权市场纳入我国多层次资本市场体系,同时规范了功能定位及业务要求。截至2017年底,我国总共设立了40家区域性股权市场,基本呈现"一省一市场"的格局。

(一) 市场规模发展迅速,但区域差异较大

根据各区域性股权市场交易中心运营机构(以下简称"股交中心")网站不完全统计,截至2018年6月底,区域性股权市场共有86 621家企业挂牌、展示和融资,它们分布在全国40个区域性股权市场之中,但各股交中心发展差异较大。其中,7家股交中心的企业数位于3 000家至1万家,20家股交中心的企业数位于1 000家至3 000家区间内,12家股交中心的企业数不足1 000家。从地域上看,企业数量较多的股交中心基本处于经济发达地

---

[*] 作者单位:安徽省股权托管交易中心有限责任公司。原载于《中国证券》2018年第9期。

区，例如北京、广东、浙江和天津等。经济发展水平欠发达的中西部地区和东北地区，股交中心业务发展相对落后。股交中心的发展一定程度上与其地区经济发展水平呈正相关关系。

（二）依托区域经济特色，构建了多层次、多市场的格局

为了更好地服务不同类型和成长周期的企业，各地区域性股权市场都推行板块分层建设。由于区域性股权市场的日常监管主要由地方政府金融办负责，因此，在分层制度设计上与新三板相比有着更强的自主性和灵活性。虽然各市场板块名称叫法不一，但大体上都将市场分为股改和非强制股改的两个层次（非强制股改板块挂牌企业可以是有限公司和股份公司，股改板块挂牌企业必须是股份公司）。为扶持优秀企业迈向更高层次资本市场，并为之提供更高的流动性，部分区域性股权市场在股改层次上又作了进一步细分。以上海股权托管交易中心为例，该市场设置了Q板、E板、N板三个板块。其中，Q板为非强制股改板块；E板和N板为股改板块；但N板比E板的挂牌门槛更高，主要服务于满足规范发展且具有明显"四新"经济特征的科技型、创新性中小微企业，要求挂牌企业具有一定的成长性，在交易制度和上市培育服务方面做了进一步创新。

在市场布局上，区域性股权市场主要结合当地特色产业、创新创业支持、特殊服务对象等方面，设立了特色板块。例如：安徽省股权托管交易中心的"文化旅游板"是结合安徽省黄山市当地特色文化旅游产业，与黄山市政府合作推出的特色板块；北京股权交易中心的"大学生创业板"是为促进大学生创新创业，与北京市人力资源和社会保障局合作推出的特色板块；武汉股权托管交易中心的"青年创新创业板"是以青年大学生创新创业项目为主要服务对象，实现了挂牌主体从企业到项目的全覆盖（见表1）。

表1　　　　　　　　　　　部分股交中心板块架构

序号	区域性股权市场运营机构	板块架构
1	齐鲁股权交易中心	精选板、成长板、众创板、科技板、青创板、巾帼创业创新板
2	重庆股份转让中心	成长板、孵化板、科创板、青创板
3	前海股权交易中心	标准板、孵化板、海外板、国际板
4	甘肃股权交易中心	展示板、预备板、交易板
5	浙江股权交易中心	成长板、创新板、长兴科技板、丽水生态板、台州小微板、国际人才板、金控梦想板
6	北京股权交易中心	标准板、孵化板、科技创新板、大学生创业板
7	武汉股权托管交易中心	股份公司板、科技板、青创板、海创板
8	上海股权托管交易中心	N板、E板、Q板
9	广州股权托管交易中心	进取板、精选板、成长板
10	天津股权交易所	众创板、特色行业板、绿色建筑板、石材板、体育产业板、自贸创新板、文化创意板、生态产业板、影视娱乐板、文旅产业板、低碳新能源板、中国新兴软件产业板、中国新兴产业园区板、中国特色食品产业板、中国大健康产业板
11	湖南股权交易所	标准板、成长板、优选板、培育板、农业专板
12	宁波股权交易中心	优先板、成长板、创新板

续表

序号	区域性股权市场运营机构	板块架构
13	安徽省股权托管交易中心	成长板、科技板、农业板、文化旅游板、现代中医药及健康产业板、专精特新板

资料来源：各股交中心官网，统计截至2018年6月底。

（三）区域融资功能差异较大，融资渠道呈现多元化

目前，各地区域性股权市场融资功能逐渐显现，融资总规模有望突破万亿元，但区域之间融资额差异较大。根据调查统计，截至2018年6月底，有2家股交中心融资规模超过1000亿元，其余省份区域性股权市场融资规模都在1000亿元以内，部分区域性股权市场融资规模未超过100亿元。究其原因，各地股权交易中心的融资功能强大与否，在一定程度上与其地区经济发展有关。经济发达地区的挂牌企业规模和质量要优于落后地区，而实力雄厚的投资机构和金融机构都向发达地区倾斜，导致经济欠发达地区的股交中心无法有效汇集更多优质的金融资源。

在融资渠道上，各地区域性股权市场除了私募股权、私募可转债、股权质押、银行贷款、小额贷款、融资租赁等基础融资方式外，在融资产品创新方面也进行了有益的探索。如上海股权托管交易中心的"PE份额交易"、广东股权交易中心的"知识产权和科技创新金融服务体系"、齐鲁股权交易中心的"优先级股权融资"、浙江股权交易中心的"浙里投""浙里融"等。区域性股权市场融资方式的多样化，一定程度上会影响融资规模。如齐鲁股权交易中心虽然挂牌企业数量比北京和上海区域性股权市场少，但其依托政府产业引导基金和股权质押增信基金，拓宽了企业融资渠道，在融资规模上已赶超北京、上海股交中心。而浙江股权交易中心因其挂牌数量规模大、融资渠道广，建立了可转债、"浙里投""浙里融""人才贷""股债通"等多种融资产品组成的融资体系，融资规模也位居全国前列（详见表2、表3）。

表2　部分股交中心融资总额

序号	区域性股权市场运营机构	融资总额（亿元）	序号	区域性股权市场运营机构	融资总额（亿元）
1	广州股权交易中心	1 993.80	13	天津滨海柜台交易市场	170.00
2	甘肃股权交易中心	1 288.99	14	安徽省股权托管交易中心	165.52
3	武汉股权托管交易中心	789.22	15	内蒙古股权交易中心	92.91
4	重庆股份转让中心	705.09	16	哈尔滨股权交易中心	88.21
5	湖南股权交易所	704.62	17	吉林股权交易所	52.30
6	海南股权交易中心	511.36	18	新疆股权交易中心	30.00
7	浙江股权交易中心	418.33	19	山西股权交易中心	19.94
8	齐鲁股权交易中心	382.00	20	厦门两岸股权交易中心	16.81
9	辽宁股权交易中心	351.81	21	苏州股权交易中心	9.57
10	天津股权交易所	312.46	22	广西北部湾股权交易所	4.68
11	上海股权托管交易中心	286.22	23	宁夏股权托管交易中心	1.50
12	北京股权交易中心	175.00			

资料来源：各股交中心官网，统计截至2018年6月底。

表3　　　　　　　　　　　　　部分股交中心创新融资产品

序号	区域性股权市场运营机构	创新融资及服务产品（部分）
1	上海股权托管交易中心	PE份额交易、科技贷
2	广东金融高新区股权交易中心	知识产权和科技创新金融服务体系、创融汇
3	广州股权交易中心	知融通
4	齐鲁股权交易中心	优先级股权融资、可交换债、各类众筹
5	浙江股权交易中心	浙里投、浙里融、优先股融资
6	中关村股权交易服务集团	私募债券质押式协议回购业务
7	武汉股权托管交易中心	科技贷款
8	海峡股权交易中心	排污权项目、林权项目、节能量交易、碳排放权交易
9	苏州股权交易中心	基金份额交易
10	南宁股权交易中心	票据转让和代理贴现
11	广西北部湾股权交易所	私募优先股融资
12	海南股权交易中心	实物众筹
13	新疆股权交易中心	农业科技贷
14	江西联合股权交易中心	不良资产交易
15	山西股权交易中心	知识产权和专利权融资
16	安徽省股权托管交易中心	青创资金项目、中药健康贷和"金融支农服务创新试点项目"

资料来源：各股交中心官网，统计截至2018年6月底。

（四）业务模式趋同，但企业服务多样化

目前，各地区域性股权市场的服务功能基本相同，主要包括未上市公司的股份确权登记、分红派息、企业挂牌、投融资服务、股权流转、信息披露等功能。而经过近几年的发展，各股交中心在企业服务上也在积极探索，不断扩大资本市场的服务范围，建立了包括基础服务、融资服务、财务顾问、培训咨询、品牌建设等内容的资本服务体系。如广州股权托管交易中心建立了三大类二十二小类综合金融服务体系，为挂牌企业实行全流程的辅导。

在提升直接融资功能上，各地区域性股权市场纷纷与深圳证券信息公司合作，依托其全国性路演平台，面向全国投资机构推介路演企业。如安徽省区域资本市场路演中心是由深圳证券交易所和安徽省政府金融办联合授牌安徽股权交易中心设立，依托深圳证券信息公司技术支持，为挂牌企业量身打造多层次、常态化的路演服务体系。该路演中心设立以来，共举办18场常态化路演，为157家企业对接投资机构，其中2家企业通过路演实现融资1.3亿元。在品牌宣传上，各区域性股权市场探索与多媒体合作，帮助企业提升品牌形象和知名度。如安徽省股权托管交易中心与安徽广电总台合作专题节目——"走进挂牌企业"，累计为160余挂牌企业提供品牌宣传、资源对接、活动策划等公益性服务。在规范培育上，部分区域性股权市场已建立商学院品牌，为挂牌企业量身定制专业化、系统化的培训服务，提升企业家资本运作能力。如湖南股权交易所成立的戒曦商学院，是全国首个由区域性股权市场创立的集培训、咨询及投资为一体的商学院，为挂牌企业提供实用性课程培训、标准化咨询服务及优选企业苗圃培育。

(五) 培育孵化功能显现，转板机制尚未建立

作为多层次资本市场的"塔基"，区域性股权市场充分发挥区域平台综合金融服务和培育孵化功能，为全国性资本市场源源不断输送优质企业资源。据不完全统计，目前全国区域性股权市场有超过 165 家企业转板到新三板。部分区域性股权市场实现挂牌企业转板至中小企业板、创业板或境外交易所市场。例如：齐鲁股权托管交易中心积极探索与新三板建立合作对接机制，通过批量转板挂牌，已成功推荐 39 家企业至新三板，成为区域性股权市场批量转板的"样本"。浙江发布"凤凰计划"，要求各级政府充分发挥区域市场作用，共同推进企业股改和上市工作，形成以区域性股权市场为核心的市场化上市服务平台体系。不过，目前所谓的"转板"还不是真正意义上的转板，而是从区域性股权市场撤牌后，按照拟对接的更高层次市场相关要求，重新挂牌或者上市，真正意义上的转板机制尚未建立。

二、我国区域性股权市场政策环境分析

（一）我国区域性股权市场政策环境综述

1. 法律层面对区域性股权市场的规定

我国区域性股权交易市场目前可以应用的法律规范主要是《证券法》与《公司法》，但基本为一些原则性规定。《公司法》第 138 条规定："股东转让其股份，应当依法在设立的证券交易场所交易或按照国务院规定的其他方式进行。"《公司法》虽未明确区域性股权市场的基本性质和特征，但依据以上规定和国务院 2011 年 11 月、2012 年 7 月先后出台的《关于清理整顿各类交易场所切实防范金融风险的决定》（国发〔2011〕38 号，以下简称"38 号文"）、《关于清理整顿各类交易场所的实施意见》（国办发〔2012〕37 号，以下简称"37 号文"）、中国证监会 2012 年 8 月发布的《关于规范证券公司参与区域性股权交易市场的指导意见（试行）》（证监会公告〔2012〕20 号，以下简称"20 号公告"）及后续出台的相关文件相互印证，国务院许可区域性股权市场为非上市公司股份提供协议转让。因此，也可以说，这一规定是区域性股权市场得以存在的基本法律渊源。

《证券法》第 39 条规定："公开依法发行的公司债券、股票及其他证券，应在依法设立的证券交易所进行或在国务院准许的其他场所转让。"上述规定针对的是公开发行的证券，区域股权交易市场为私募市场，未涉及公开发行，不在此规定调整范围之内。

2. 行政法规对区域性股权交易市场的相关规定

国务院和国务院办公厅先后出台 38 号文、37 号文和 2017 年 1 月发布的《国务院办公厅关于规范发展区域性股权市场的通知》（国办发〔2017〕11 号，以下简称"11 号文"），明确了区域性股权市场运行的各项监管措施和底线要求，主要内容如下：

（1）2011 年 11 月，国务院发布的 38 号文确定了如下几类事项，成为规范区域性股权交易市场的重要政策依据。一是明确了监管主体，即明确了省级政府对区域性股权交易市场的监管地位；二是明确了交易规则，即俗称"五不准"；三是明确了"交易所"名称的审批权归属。

（2）国务院办公厅 2012 年颁布了 37 号文，贯彻落实了 38 号文的相关要求，并就有关要求作了进一步细化。不允许将任何权益拆为等额份额进行公开发行。任何交易场所通过其

服务与设施，将权益拆成等额份额后出售给投资者，即属"等额份额进行公开发行"。另外，37号文还对38号文中的"集中交易""标准化交易""累计人数不得超过200人"等相关概念进行了明确解释。

（3）2017年出台的11号文，在38号文和37号文的基础上，进一步明确了区域性股权市场运营机构条件、证监会与地方政府职责分工、证券发行范围和合格投资者门槛等基本内容。该文件首次明确了在区域性股权市场发行或转让证券的，限于股票、可转换为股票的公司债券以及国务院有关部门按程序认可的其他证券。最直接的影响就是各区域性股权市场私募债业务被全面叫停。

3. 部门规章对区域性股权交易市场的规定

2012年8月，中国证监会发布的20号公告，从规范证券公司参与区域性股权市场的角度，对市场发展间接提出了规范要求。

2017年5月，中国证监会正式发布了《区域性股权市场监督管理试行办法》（证监会第132号令，以下简称"第132号令"），进一步细化了11号文的核心要求，对规范和发展区域性股权市场做出了系统性的规定。该文件明确了省级政府和证监会的职责分工，对区域性股权市场运营机构的职责和条件以及名单管理、证券发行与转让条件及程序、合格投资者标准及穿透核查制度、账户管理与登记结算、中介服务、市场自律和监督管理等诸多方面做出了详细规定。该办法的出台，首次将区域性股权市场纳入多层次资本市场监管体系，并制定了统一的监管标准，有利于推动各地区域性股权市场规范健康发展。

4. 地方政府规范性文件对区域性股权交易市场的规定

对于建设、规范、发展区域性股权交易市场，省级政府鲜有出台系统性规范文件的，主要政策文件大多侧重于省级政府履行日常监管职责方面。国务院11号文和证监会第132号令出台后，部分省级政府出台相关文件重申11号文和第132号令的监管红线，明确政府各组成部门在规范发展本省区域性股权市场的职责分工；而部分省份则根据证监会第132号令的规定，相继出台了有关实施细则，其内容仍是在第132号令框架之内的进一步细化。

地方政府关于区域性股权市场规范文件更多的集中于省级以下政府层面。这一层面的规范文件表现为各项扶持措施，主要侧重于对各地市和县域辖区内企业在区域性股权市场挂牌、融资活动提供财政扶持和税收优惠，如挂牌奖励、股权质押融资或贷款贴息、并购重组税收优惠等。

（二）我国区域性股权市场政策环境基本特征

1. 从形式上看，政策效力层级偏低

到目前为止，我国区域性股权市场未纳入《证券法》调整范畴。国务院层面虽然先后出台了38号文、37号文和11号文，对区域性股权市场的功能定位、监管架构、证券发行范围、交易方式、投资者门槛等方面均做出了较为明确的规定，但由于上述三个文件是以"决定""意见""通知"等的形式颁发，属于"规范性文件"。第132号令是对38号文、37号文和11号文的继承和发展，但也仅是部门规章，上述文件法定位阶不高，效力层级仍然较低。

2. 从内容上看，规范文件呈现"两极分化"现象

从38号文、37号文、11号文和证监会第132号令来看，其立法目的在于防范金融风

险、规范区域性股权市场,因此,主要内容侧重于监管,划出了市场底线。而地方政府出台的各项政策,则更多的偏向于向区域性股权市场提供各类扶持政策。比较可见,目前政策呈现出"中央重监管、地方重扶持"的现象,而对区域性股权市场较为重要的制度安排方面,如转板、工商对接、财税支持等方面缺乏顶层设计。

(三) 我国区域性股权市场发展亟须解决的政策性难题

1. 市场法律定位未明

我国现行证券法律制度是以上市公司和交易所市场为核心构建的,《公司法》(2014)要求股份有限公司的股东转让其股份,应当在依法设立的证券交易场所进行或者按照国务院规定的其他方式进行。《证券法》(2006)则对公开发行的股票、公司债券及其他证券的交易场所作了规范。立法的滞后性导致以上基本法对于"区域性股权市场"是否属于"证券交易所"或"证券交易场所"缺乏明确规定,而区域性股权市场地位的阐释只是在各级政府政策文件和领导讲话中。

2. 交易制度单一

根据国办发 11 号文、证监会第 132 号令要求,在区域性股权市场转让证券不得采取集中竞价、连续竞价、做市商等集中交易方式。受政策法规限定,区域性股权市场只能实行单一的协议转让制度。而协议转让制度难以促进股权有效流通,导致区域性股权市场定价功能不齐全、吸引力不足、流动性较差,从而影响企业挂牌积极性及融资效率。

3. 融资功能不强

区域性股权市场在支持中小微企业多样化融资、推动中小微企业规范运作、增强金融服务普惠性等方面发挥了积极作用,但从融资的覆盖面来看,作用有限。以安徽为例,截至 2018 年 4 月底,安徽省股权托管交易中心的挂牌企业 2 001 家,实现融资企业 365 家,户均融资额约为 480 万元,融资覆盖率 18.24%,整体仍然偏低,其主要原因是挂牌的中小微企业处于初创期,尚未形成持续经营能力,企业财务制度不健全,而在融资支持方面缺乏必要的政策支持,导致金融机构参与的积极性不高。

4. 工商登记对接未理顺

目前,有限责任公司及上市公司的股权登记都有相关法律法规明确要求,而非上市股份公司的股权登记仅在 2014 年新修订的《中华人民共和国公司登记管理条例》规定发起人股份初始登记,后续变更登记未做进一步明确。区域性股权市场则有效弥补了非上市公司股权登记托管的空白,可以有效防范非上市公司股权流转的风险。但因缺乏法律支持,区域性股权市场股权登记服务与工商登记之间尚未形成有效对接,导致企业及金融机构对区域性股权市场股权登记的合法性和有效性存疑,严重影响了区域性股权市场的公信力。目前,只有安徽、江西等个别区域性股权市场在省级政府的推动下与工商部门签署了工商登记信息交换协议,有利于股权质押等融资业务顺利开展,而全国大部分区域性股权市场尚未与工商部门理顺股权登记对接工作。

5. 财税支持不到位

为培育发展区域性股权市场,各地政府虽先后出台了相关奖补政策,一定程度上促进了中小微企业进入区域资本市场,但也存在诸多问题。如奖补政策缺乏统筹规划、针对性不强、执行落实不到位。此外,区域性股权市场也未纳入我国多层次资本市场的税收政策体系,对区域性股权市场挂牌企业、投资者涉及的股权转让、股息红利等税收问题,尚无政策文件提供税收优惠。区域性股权市场无法享受与沪、深证券交易所、新三板市场相同的税收优惠政策,缺乏良好的税收环境,无法形成统一的资本市场税收政策体系。

6. 政策综合运用功能未显现

近年来,为促进中小企业发展,各级政府和部门出台了诸多政策,但由于政出多门,导致企业普遍反映政策知晓率不高、项目多头申报、效率低下、落实不到位,难以形成有效的政策合力。区域性股权市场的功能定位之一是地方政府扶持中小微企业政策措施的综合运用平台。目前,这一功能也仅停留在政策文件纸面,尚无实质性推动,就连基本的挂牌、融资补贴也无法通过区域性股权市场平台进行集中输出,企业并未感受到挂牌带来的"政策红利"。

7. 转板机制常规化不足

随着我国多层次资本市场体系的不断完善,各个层次市场的定位也逐渐清晰,但由于缺乏顶层设计的转板制度,各个市场之间不能有效的互通互联,难以形成优胜劣汰的市场闭环系统,发挥不了多层次资本市场高效配置资源的功能。近年来,区域性股权市场也在积极探索与沪深两市及新三板建立转板对接及合作机制。目前,仅齐鲁股权交易中心与新三板尝试企业转板批量对接机制,但也不是真正意义的转板。挂牌企业通过新三板挂牌审核后,需先从区域性股权交易市场摘牌,再重新申请新三板挂牌。沪、深证券交易所目前尚未与区域性股权市场转板对接,只是参股了部分股交中心,旨在培育储备上市后备资源。

8. 自律管理机制有待完善

从监管机制看,我国沪、深证券交易所被赋予法定自律监管机构的地位,其监管动力主要来自法律强制和行政要求。区域性股权市场对挂牌公司的自律管理缺乏依据和有效监管手段。另外,区域性股权市场挂牌企业的准入门槛过低且无持续有效监督成为较普遍现象,无法吸引优秀投资者,不利于市场健康发展。

三、关于优化政策环境、促进我国区域性股权市场规范发展的建议

(一)明确法律定位

区域性股权市场作为我国多层次资本市场的有机组成部分,既要从立法层面明确其法律地位,又要在顶层规划方面科学设计功能定位和配套政策,做到区域性股权市场的运营管理有法可依。首先,建议在《证券法》修订中明确区域性股权市场法律地位及其登记托管的法律效力。将区域性股权市场纳入法律规范范畴,以立法的形式确定其作为我国多层次资本市场的重要组成部分。其次,应明确区域性股权市场在多层次资本市场体系内的地位以及与场内市场的关系,既要实现"场内场外市场"的互联互通、强化区域性股权市场基础设施建设和健全综合监管体系;又要将区域性股权市场"特别对待",不能简单套用场内市场的监管模式和适用制度。最后,建议给予区域性股权市场与其法律地位相配套的政策支持,例如:股权托管确认、股权质押登记、交易制度设计、信息披露监管、国有股权转让、转板机制设计和风险处置等。

（二）探索开展交易制度研究和改革试点

做市商制度是境外成熟的场外交易市场较多采用的一种交易制度，引入做市商制度对于缓解区域性股权市场流动性不足、发挥市场估值定价功能等方面具有重要的作用和意义。引入做市商制度，为市场提供流动性的支撑，可以发挥市场估值定价功能。目前，受政策法规的限定，在全国范围内的区域性股权市场推广做市商制度，存在一定的法律法规障碍。且区域性股权市场不同于新三板，在企业质量和制度建设等方面都存在一定的差距。因此，开展区域性股权市场交易制度的改革不能操之过急，可采取交易制度改革试点的方式，选取部分交易规范的区域性股权市场作为试点单位，并不断完善区域性股权市场的交易制度建设，逐步推广至全国的区域性股权市场，形成机制完善、功能齐全的区域性股权交易制度。

（三）适度放开私募债券备案发行

目前各地区域市场的股权流动性差，股权融资和交易功能受限，私募债或债券类产品仍为挂牌企业融资的主要渠道之一。国办发11号文暂停了区域性股权市场的私募债业务，允许发行可转债券及国务院认可的其他债券。但受业务门槛限制，可转债业务推广存在很多条件约束和操作困难，难以满足中小企业的融资需求，一定程度上限制了区域性股权市场发挥融资功能，不利于拓宽挂牌企业融资渠道。建议在对区域性股权市场私募债业务规范整顿之后，结合各区域性市场发展状况和风险管理能力，对市场发展规范、风险防范有序、监管措施有效的区域性股权市场，适度放开以私募债为代表的其他金融产品，以利于区域市场在规范发展前提下灵活服务于区域内中小微企业。同时，从投资者管理、风险管控、穿透监管、监管职责划分等方面做细化补充，有效防控风险。

（四）加快与工商主管单位信息对接

工商对接是为了共享企业股权状态，降低市场风险，有效填补现阶段市场管理短板。在公司注册资本制改革后，工商行政管理部门较难掌握到非上市股份公司股东最新的出资及变动情况，由此，股权托管机构作为具有公信力的第三方平台，直接办理出质手续具有相当的便利性和公示力，有效地保障了质权人的权益。因此，建议工商部门出台指导意见，实现非上市公司股权在区域性股权市场与工商部门之间的"自动划转、自动登记"。区域性股权市场应扩大服务内容，丰富服务手段，降低企业进场成本，积极引导企业主动挂牌、托管，并在技术上为工商和企业提供支持。双方还应建立联席会议制度，对信息对接工作中遇到的问题及时协商解决，定期通报，落实区域性股权市场公示公告制度。

（五）加大财税支持力度

为落实党的十九大报告"深化金融体制改革"措施，增强区域性股权市场服务实体经济能力，促进多层次资本市场健康发展，建议财税部门研究出台政策，一是对企业因进入区域性股权市场，发生改制、挂牌、融资等产生的成本，给予适当奖补和税收优惠；二是对参与区域性股权市场并购重组、股权投资、可转债产品投资的金融机构、投资者，给予财税优惠；三是对区域性股权市场的运营机构给予一定的财税优惠。通过适当税收减免、专项资金奖补等优惠政策，引导培育区域性股权市场健康规范发展。

（六）明确参与国企混改资格

2015年9月23日，国务院正式发布《国务院关于国有企业发展混合所有制经济的意见》（国发〔2015〕54号）。该意见二十三条指出："健全多层次资本市场。加快建立规则统一、交易规范的场外市场，促进非上市股份公司股权交易，完善股权、债权、物权、知识产权及信托、融资租赁、产业投资基金等产品交易机制。建立规范的区域性股权市场，为企业提供融资服务，促进资产证券化和资本流动，健全股权登记、托管、做市商等第三方服务体系。以具备条件的区域性股权、产权市场为载体，探索建立统一结算制度，完善股权公开转让和报价机制。"该意见给区域性股权市场参与国企混改提供了政策依据，建议国务院层面协调国资监管部门允许区域性股权市场从事国有股权转让业务，为国企混改提供相应服务。

（七）推进政策扶持综合运用平台建设

工信部中小企业司是负责全国中小企业工作的具体指导部门，但中小企业扶持政策的制定与实施分别由科技部、农业部、发改委、财政部等多个部门具体负责落实，且职能各有侧重。企业政策扶持缺乏统筹管理，各有关部门存在机构不统一、协调不顺畅的问题，导致中小企业扶持政策落地不到位。建议国家层面明确牵头单位，统筹协调相关部门，对有关政策法规进行梳理，将区域性股权市场切实打造成中小企业政策扶持综合运用平台，负责现有中小企业扶持政策的集中申报办理，并对政策的实施效果实时跟踪。这样不仅可以解决政策落地效率低下的问题，还可以让更多的中小微企业对接资本市场。同时，利用区域性股权市场政策扶持综合运用平台，统筹管理相关扶持资金，让财政资金通过区域性股权市场透明、高效支持中小企业，精准对接扶持对象，帮助中小企业做大做强。

（八）完善多层次资本市场对接机制

世界各主要市场都存在不同形式的转板机制安排，既包括在同一交易所内不同层次市场间的转板，也包括在不同交易所间的转板。目前，受法律法规的制约，沪深两市与新三板或区域性股权市场建立转板机制的难度较大。而新三板与区域性股权市场的转板对接并无法律障碍。2015年，中国证监会也在《关于进一步推进全国中小企业股份转让系统发展的若干意见》（证监会公告〔2015〕26号）中明确指出，建立全国股转系统与区域性股权市场的合作对接机制。建议我国的转板制度建设可先从区域性股权市场与新三板的转板制度建设着手。

（九）完善自律管理机制，促进规范发展

借鉴成熟资本市场监管经验，我国区域性股权市场应进一步完善自律监管机制，建立自律监管与行政监管相结合的综合监管体系。一是强化市场自律监管。鉴于市场运营机构和参与主体较多，挂牌企业数量庞大，因此，区域性股权市场的监管应强化交易场所自律管理，在立法中明确交易场所运营机构自律监管的核心地位，以及监管职责和监管措施。二是加强中国证券业协会行业自律监管。中国证监会132号令第三十九条规定："运营机构可以以特别会员方式加入中国证券业协会，接受中国证券业协会的自律管理和服务。"但由于是特别

会员，其入会自愿，退会自由，约束较软。为实现自律管理全覆盖，避免出现真空，建议《区域性股权市场监督管理试行办法》（132号令）第三十九条第一款修改为"运营机构应当加入中国证券业协会，接受中国证券业协会的自律管理和服务"。三是中央与地方协作构建综合监管体制。进一步加强各级地方政府与金融管理部门的协作，建立业务主管部门与行业监管部门的信息互通机制、应对突发事件的快速反应机制和风险处置的联动机制。在充分发挥区域性股权市场服务实体经济发展作用的同时，要牢固树立风险意识，把握"底线"原则，切实加强对区域性股权市场的运行监管，特别是对重点领域和关键环节风险的事前研判，实施科学监管、适度监管，守住不发生区域性系统性风险的底线，确保营造公平有序、健康发展的市场环境。

量体裁衣服务实体经济　证券公司走出特色之路
——长江证券股份有限公司深度参与区域性股权市场业务的实践

谷　松　石　海[*]

党的十九大报告强调，建设现代化经济体系必须把发展经济的着力点放在实体经济上，把提高供给体系质量作为主攻方向，并提高直接融资比重，促进多层次资本市场健康发展。区域性股权市场作为我国多层次资本市场的重要组成部分，是发展培育中小微企业的"孵化器"，对拓宽中小企业融资渠道、增强金融服务实体经济能力、推动金融服务普惠性、实现金融扶贫等也有着重要的意义。证券公司参与区域性股权市场，有利于进一步优化融资结构、提高直接融资比重、提高金融资源配置效率、增强资本市场服务实体经济功能。

有关数据显示，截至2018年6月底，全国共设立37家区域性股权市场，共有挂牌公司21 730家（其中股份公司板7 389家），展示企业90 829家；累计为企业实现各类融资8 201亿元，其中股权融资557亿元，债券融资1 951亿元，股权质押融资2 743亿元。在全国37家区域性股权市场的运营机构中，证券公司入股了其中的25家，其中14家证券公司作为第一大股东参与当地区域性股权市场的建设和发展，入股金额累计17.31亿元。证券公司累计推荐挂牌企业4 342家，为企业实现各类融资124.74亿元。证券公司通过各种形式参与区域性股权市场的建设，已经成为区域性股权市场规范发展的重要力量。本文结合长江证券股份有限公司（以下简称"长江证券"）参与区域性股权市场的实践，希望对证券公司参与区域性股权市场提供借鉴，为区域性股权市场的健康可持续发展提供思路。

一、长江证券深度参与区域性股权市场现状

作为一家提供综合金融服务的上市券商，长江证券十分关注中小微企业的发展，积极履

---

[*] 作者单位：长江证券股份有限公司。原载于《中国证券》2018年第9期。

行企业公民义务，长期践行社会责任。长江证券于 2016 年成立了结构金融与场外业务部，是国内券商中较早成立一级部门、统筹所辖分支机构推进区域性股权市场业务、提供基层金融服务和普惠金融服务的券商，通过积极参与区域性股权市场的建设，真情服务中小微企业对接资本市场，助力实体经济发展。

（一）发挥券商专业优势，积极参与区域性股权市场建设

长江证券作为立足湖北省的大型综合类券商，积极参与当地区域性股权市场建设。2011 年武汉股权托管交易中心（以下简称为"武交中心"）成立之初长江证券就参与出资入股，成为武交中心的股东之一和重要战略会员。长江证券立足"深耕湖北"战略，在省内广泛开展区域性股权市场推荐业务，并充分利用券商的投行专业优势，与武交中心在挂牌审核、信息披露、持续督导、风险处置等业务规范方面互联互补，促进双方业务规范开展。

长江证券始终贯彻"以公司总部为主体申请区域性股权市场推荐机构业务资格，并由结构金融与场外业务部组织各地分支机构开展相关业务"的思路。公司自开展区域性股权市场业务以来，积极主动对接省外区域性股权市场运营机构，建立并维护业务关系，拜访和接待了安徽、陕西、河北、山东、广州、南昌、厦门、福州、浙江等地区股交中心的领导及相关部门负责人，洽谈战略合作协议及入会事宜，收集并更新各区域性股权市场政策，布局全国几大重点区域，提高深入合作效能。截至目前，长江证券已完成 20 余家区域性股权市场的入会工作，与 11 家区域性股权市场运营机构签订了战略合作协议，深化业务合作。

（二）借力区域性股权市场，真情服务中小微企业

中小微企业占我国企业总数的 99% 以上，其获得的资本市场金融支持资源却较少，除了中小微企业自身规模小、经营风险大、缺乏资本市场意识等内部原因外，也与中小微企业缺乏对接资本市场渠道等外因息息相关。区域性股权市场作为多层次资本市场的"塔基"，其规范发展能有力破解中小微企业面临的困境，并成为证券公司服务中小微企业的有利方式及金融服务实体经济的有效渠道。

截至目前，长江证券已在全国累计辅导推荐挂牌企业 1 100 余家（股份公司板 100 余家，科技板 1 000 余家），打造出了长江证券在区域性股权市场上的品牌。在湖北省区域性股权市场会员大会上，长江证券获得了武汉股权托管交易中心颁发的"2017 年度优秀推荐会员机构""2017 年度最佳综合金融服务机构""2017 年度突出贡献机构"等奖项，获得了湖北省委省政府的高度认可。长江证券服务中小微企业的方式有：

1. 开展培训，提高企业家利用资本市场的意识

解决中小微企业有效对接资本市场的困境，首先需要提升企业家对资本市场的认识，培养主动利用资本市场服务企业的意识。长江证券派驻业务骨干，依靠专业力量，对各地中小微企业家开展多层次资本市场业务培训，提高中小微企业家对资本市场认识，推动中小微企业家主动参与到资本市场的发展中，借助资本市场的力量推动企业发展。

2. 因企制宜，提供差异化的金融服务

长江证券总部与各地分支机构组建专门团队扎根各县市区，对区内企业进行全面摸排，根据企业的实际情况推荐企业进入不同层次的资本市场，对不同企业进行差异化的培育和扶持，有效实现企业金融服务的需求与多层次资本市场对接。对于在区域性股权市场挂牌的企

业，也会根据企业的需求和自身发展阶段，一部分进行基本的辅导，帮助企业家了解和接触资本市场；一部分进行股份制改造，规范公司治理，提升财务管理水平，建立现代企业制度。

3. 对接外部，破解中小微企业的融资困境

对于挂牌的优质企业，在辅导规范的基础上，长江证券通过特色板块吸引投资者关注，积极对接投资机构，拓展融资渠道，借助资本市场力量帮助企业做大做强。例如从推荐挂牌的优质企业中输送了产业基金的投资标的：湖北必成汽车股份有限公司与湖北佳恒科技股份有限公司，分别接受长证郧阳产业基金投资1 000万元和400万元，切实解决了中小微企业融资困境。为并购意向企业输送了并购标的：荆州鼎瑞特种装备股份有限公司经长江证券辅导推荐在武汉股权托管交易中心成功挂牌（股权代码：102013），挂牌后很快吸引了投资者的目光。2018年5月23日，新三板挂牌公司襄阳博亚精工装备股份有限公司（证券代码：833531）发布公告，通过股权受让完成对荆州鼎瑞特种装备股份有限公司的并购，成为其控股股东。

（三）深耕湖北，切实履行政府财务顾问职责

长江证券贯彻落实"深耕湖北"战略，积极与各地市州政府紧密合作，签署战略合作协议，坚持"融资+融智+融情"的业务思路，帮助当地企业接触资本市场、了解资本市场、参与资本市场，切实履行作为政府财务顾问职责，全面、深入地参与地方资本市场规划和建设。

在湖北省17个地市州，长江证券以区域性股权市场业务为切入点，组织各业务部门齐头并进，有针对性地成立了相应的工作组，提供全产业链的综合金融服务；委派业务人员到地方金融办等部门挂职，为制定相关政策措施出谋献计；积极协助各地市州政府，面向领导干部及企业家开展"多层次资本市场"业务培训，内容涵盖股权融资、债券融资、企业上市推荐辅导、产业基金等内容。

长江证券通过实际行动树立和彰显了资本市场标准化的服务流程和服务品质，帮助企业建立规范化的现代企业制度，在区域性股权市场众多推荐机构中脱颖而出。经过两年多的发展，长江证券在湖北省内17个地市州实现挂牌全覆盖，2018年上半年湖北四板挂牌家数的市场占有率达48.04%。

（四）打造特色板块，依托县域金融促进经济转型升级

县域经济发展关键需要有产业的强有力支撑，以产业发展为核心，才能增强县域地方经济发展的造血功能。长江证券认真研究各县市区实际情况，根据当地区位优势和资源禀赋，因地制宜进行规划定位，通过政府引导，推动县域内企业集体打包挂牌，强化集群效应，形成独具特色的地方产业板块。截至目前，长江证券成功打造了湖北省内17个地市州30余个特色板块，如"潜江小龙虾板块""蕲春·蕲艾板块""鹤峰县富硒茶业板块""襄阳市科技成长板块和互联网板块""黄石先进制造业板块""黄冈大别山扶贫板块"等，并形成了一定的示范效应和影响力。

（五）创新金融扶贫模式，践行证券公司社会责任

长江证券以区域性股权市场业务为抓手，助力县域内实体经济发展，开拓了独具特色的金融扶贫模式——"郧阳模式"，为证券行业服务国家脱贫攻坚战略树立了典型。

在公司"一司一县"结对帮扶的十堰市郧阳区，长江证券安排业务骨干到区政府挂职区长助理，开展"多层次资本市场"业务培训，推动政府出台包括区域性股权市场在内的资本市场发展规划与支持政策。同时，结合郧阳的产业特色和政府对区内产业发展的规划，长江证券以产业扶贫带动经济发展，辅导推荐 104 家企业在武交中心集体挂牌，先后打造了具有郧阳地区特色的"郧阳区绿色发展助脱贫产业板块"和"十堰郧阳区绿色金融助力脱贫板块"，在湖北省内外取得了良好的宣传效果。在展业过程中，长江证券组成的工作专班对区内企业进行全面摸排，根据企业的实际情况和金融服务需求对接长江保荐、新三板业务总部和产业金融等业务部门和子公司，推荐企业进入不同层次的资本市场，通过产业基金投资优质企业。目前已有 1 家企业接受 IPO 辅导，2 家企业接受产业基金的投资，2 家企业接受转板新三板的辅导。

"郧阳模式"的精髓在于扎根基层，以开展区域性股权市场业务为契机，提供综合金融服务，通过发展县域金融服务实体经济。为了帮扶更多的国家级贫困县完成脱贫目标，长江证券积极完善并推广"郧阳模式"，将金融扶贫从郧阳区扩展至省内恩施州利川市、黄冈市红安县以及省外宁夏海原县等国家级贫困县。

二、长江证券参与区域性股权市场的特色服务体系总结

长江证券开展区域性股权市场业务两年多来，取得了长足的进步与发展，形成了长江证券的品牌力量，这与长江证券建立的特色服务体系是分不开的，并在参与区域性股权市场的实践中不断总结和完善服务体系，增强服务中小微企业和服务实体经济的能力。

（一）专门成立一级业务部门，建立健全业务管理体系

从业务制度的制定、股交中心的入会、市场的开发、从业人员的准入和培训、项目的管理等，长江证券都制定了严格的标准和流程，在实际工作中严格遵守执行，并根据具体实践和监管政策要求不断完善，强化业务管理。

（二）总部和分支机构联动，耕耘区县的田间地头

区域性股权市场业务服务的客户主要为广大中小微企业，数量众多但较为分散。长江证券紧跟监管部门的监管要求和政策方向，充分发挥分支机构遍布全国的优势，调动分支机构的力量，深入到田间地头，扎根基层，上门到家为当地政府和中小微企业提供金融服务。

（三）总部业务部门和子公司协同，提供一揽子综合金融服务

长江证券以区域性股权市场业务为抓手，及时搜集了解客户的金融需求，总部各业务部门以及子公司根据客户的不同需求提供定制化的综合金融服务，实现各业务的全面对接和双赢发展。

（四）持续跟踪业务后续督导，建立风险处理机制

在项目立项、承做、内核、挂牌等各环节，公司根据监管机构的要求，建立了完备的制度体系。同时，长江证券要求分支机构定期对项目企业走访、跟踪，报告企业运营情况，履行持续督导义务。发现存在重大经营风险等情形的，及时向公司内部业务主管部门汇报，由主管部门启动风险处理程序，并向公司领导汇报，协调其他部门处置，并与所挂牌的区域性股权市场运营机构沟通，发布业务风险提示公告，根据区域性股权市场停牌、摘牌制度作出相应处理。

三、证券公司参与区域性股权市场的优势分析

监管机构鼓励证券公司参与区域性股权市场，有利于发挥证券公司自身的优势，推动区域性股权市场的规范化和可持续发展。通过对长江证券的实践经验总结，证券公司参与区域性股权市场具有专业化的优势和灵活性的特色，并在多层次资本市场的建设中发挥重要的作用。

（一）丰富的服务多层次资本市场业务体系专业化人才储备

多层次资本市场业务体系涵盖股票承销保荐、新三板及区域性股权市场挂牌及融资等金融服务。为更好地开展多层次资本市场业务，证券公司可快速组建专业的服务团队，包括具有法律职业资格、注册会计师资格的专业人员以及丰富的投行经验的业务骨干，根据企业实际需求为企业提供个性化的金融服务。

（二）完善的风险管理体系

证券公司在参与区域性股权市场业务时，一方面可依托已有的合规风控体系；另一方面通过研究关于区域性股权市场业务的监管规则，建立与区域性股权市场业务规则和证券公司风控要求相匹配的业务管理制度。主要包括：对业务部门区域性股权市场尽职调查、审核、持续督导、融资服务等环节进行内部控制及监督检查，建立区域性股权市场风险监控系统来监控业务风险指标和评估业务风险点等。

（三）广泛的融资渠道

证券公司拥有广泛的融资渠道，囊括了股权融资和债权融资，其中债权融资渠道可分为短期融资渠道和中长期融资渠道。公司短期债权融资渠道包括银行间市场同业拆借、债券回购、短期债权收益权转让与回购、短期收益凭证、短期公司债券、短期借款等；中长期融资渠道包括长期债权收益权转让与回购、次级债券、公司债券、可转换公司债券、长期收益凭证、长期借款等。

（四）较强的产品设计和创新能力

证券公司具备较强的创新意识，对业务创新、研究创新、互联网技术创新、信息技术创新的关注和投入稳步增加，并取得重大成效。加强互联网技术与信息技术创新，借助大数据

平台分析客户内在特征，不断打造创新金融产品与服务产品，为客户提供精准画像并匹配个性服务，持续优化客户服务体验。此外，证券公司致力于创新业务模式和产品，能够根据市场情况变化为发行人设计最佳金融服务方案，有效降低发行人融资成本。

四、区域性股权市场规范发展的建议

作为多层次资本市场的"塔基"，区域性股权市场定位于中小微企业发展培育的"孵化器"，但其对中小微企业的持续培育和融资服务等功能尚未实现有效发挥，市场交易活跃度有待提升。结合长江证券参与区域性股权市场的实践经验，从长远看区域性股权市场的可持续发展需要在规范中寻求突破，在创新中实现成长。具体提出以下几点参考建议：

（一）加强区域性股权市场参与主体管理，提高市场参与主体准入门槛

市场参与主体的质量直接影响区域性股权市场业务规范发展程度，应当加快建立对市场参与者的全面管理体系，提高中介机构准入门槛和挂牌企业的门槛。首先，设定参与区域性股权市场的中介机构需达到的最低要求；同时，要求中介机构制定相关的业务制度、业务流程，建立相应的内部控制制度和流程并有效执行，明确中介机构对推荐挂牌的企业负有相关推荐责任。运营机构或自律组织对中介机构进行相应的督促和检查工作。其次，应树立提倡优质企业进入区域性股权市场的观念，让规范发展且有融资需要的企业进入资本市场，形成良性的循环和有效的平台效应；同时，区域性股权市场应设置不同的板块，企业可根据所处的不同发展阶段，在愿意承担相应板块义务和成本的前提下，选择合适的板块登陆区域性股权市场。第三，要采取切实有效的措施，提高挂牌企业自身的质量和内部造血能力，充分体现企业发展的渐进性，这样才能促进企业的规范发展和资本市场的结合，让资本市场真正服务实体经济，真正帮助中小微企业的发展壮大。

（二）建立分层的信息披露制度

在资本市场中，没有信息披露市场就无法有效地呈现更多的信息，无法有效地展示优质的企业，也无法对企业形成约束，导致投资者深度介入存在较大障碍。因此，区域性股权市场应当建立适当的信息披露制度。

建议建立分层的信息披露制度。分层制度的设计，其核心在于不同的挂牌板块对应不同的市场作用，且坚持为企业降低获取金融服务成本的原则，在有限的成本内最大限度地满足企业的金融服务需求，不给企业增加太多的后续负担。企业可以根据自身的情况和要求选择到不同层次的板块挂牌，企业的诉求可以得到满足，也应当遵守对应板块的信息披露要求；投资者也可以较为容易筛选优质企业，节约了投资者筛选的部分精力和时间，其诉求也可得到高效快速的满足。分层的信息披露制度既包括不同层次的板块设置相应的信息披露规则，也包括将强制信息披露与鼓励自主信息披露相结合，督促挂牌企业如实反映自身情况，提高披露信息的质量。与此相对应，推荐机构也需履行对挂牌企业持续督导的义务和职责。

（三）建立运营机构、中介机构的分类评级制度

建议监管机构或者自律组织对各运营机构和中介机构分别建立一套标准体系进行分类评

级,按照不同的业务类型、流程制度、经营成果、业务开展方式等维度设置相应的分数评价,相应地鼓励或限制相关机构和相关业务的开展,形成市场的良性竞争。

与此同时,建议将区域性股权市场业务纳入证券公司分类评价考核体系,如将区域性股权市场业务作为加分项,鼓励证券公司提供基层金融服务和普惠金融服务,真正实现金融服务实体经济和资本市场助力中小微企业发展。

(四)监管机构出台原则性和指导性的标准

作为多层次资本市场的组成部分,各区域性股权市场可根据当地的经济发展水平、资本市场发达程度等因素设立个性化的标准,如各运营机构均设立了不同的挂牌板块,并对应不同的挂牌条件和要求,且审核标准不一、业务规则尺度各异,但建议监管机构明确符合资本市场发展的基本原则和底线要求,出台原则性和指导性的意见,引导运营机构设立不同板块和执行审核标准,增强运营机构的平台运营能力,加强对相关中介服务机构的指导,以规范指导各区域性股权市场的良性发展。

(五)国家及地方政府出台配套政策,促进和支持区域性股权市场的规范发展

区域性股权市场作为地方人民政府扶持中小微企业政策措施的综合运用平台,相比新三板市场,区域性股权市场的标的企业数量、质量、流动性都较弱,建议国家及地方政府出台配套政策,促进和支持区域性股权市场的规范发展,如参与区域性股权市场的企业在同等条件下优先享受政府相关政策;地方政府应为中小微企业在区域性股权市场的挂牌营造良好的外部环境,为已挂牌企业的发展创造积极氛围,打消企业挂牌的后顾之忧。其次,通过区域性股权市场的平台将原来分散的企业、政府政策、服务部门及相关信息实现集中、统一和传导,节约政府制定政策和企业接受服务的成本;根据企业所处的发展阶段提供合适的资本市场服务和产品,为企业的实际需要提供针对性的服务,提高社会影响力和社会认知度,逐步实现良性循环,使得区域性股权市场真正成为政府金融工作和政府相关部门工作的有力抓手和平台。

(六)在部分区域性股权市场开展股权众筹等创新业务试点,深化融资服务平台功能

聚集各种金融资源,深化融资服务平台功能,以"草根"金融为特色,多方协作丰富融资渠道、持续扩大普惠金融成果。一是要引导金融机构主动进入区域性股权市场,积极探索挂牌企业的各类金融产品创新业务,落地更多中小微企业融资措施。二是要推动银行等金融机构为托管挂牌企业进行股权质押融资,引导银行、信托、典当、小贷公司等为区域性股权市场托管挂牌企业开展股权质押融资业务。三是依靠运营机构自身平台功能,探索开展私募范畴的股权、基金、承销、投顾等平台产品及服务。四是强化金融服务抓手,收购、创立或者联合建设担保、基金、小贷、互联网金融等机构,设立股权投资基金、债权信贷基金等。

我国区域性股权市场发展研究
——以安徽省股权交易市场为例

国元证券股份有限公司　合肥工业大学[*]

一、导论

区域性股权市场作为我国多层次资本市场的重要组成部分，在规范中小微企业发展、拓展企业融资渠道、提升企业知名度等方面发挥着重要的作用。《中国证券业发展报告（2017）》显示，截至2016年底，区域性股权市场已累计为企业实现各类融资6 896亿元，但场内市场仅2016年就为企业募资21 134.81亿元，与众多挂牌企业相比，融资难问题依旧突出。2017年以来，中信证券等券商从区域性股权市场撤资以及"侨兴债"违约事件都暴露出区域性股权市场的风险隐患，区域性股权市场在发展过程中存在诸多问题，作用没有得到有效发挥。因此，为了更好地促进中小微企业的发展，我们有必要聚焦区域性股权市场的发展瓶颈与诉求，研究如何建设区域性股权市场、完善制度设计、丰富金融支持措施，从而引导民间资本进行合理有效配置。

二、国外场外资本市场发展比较与启示

（一）美国粉单市场

粉单市场成立于1904年，现已更名为OTCM（OTC Market Group），属于美国第四层次的交易市场。粉单市场几乎没有对企业的信息披露或财务条件制定硬性要求，基本上拥有一

---

[*] 课题负责人：蔡咏，国元证券董事长；课题组成员：姚禄仕，吕海，赖海峰，刘扬，吴宁宁，王翼，杨婉琳，李敏，赵佳卉，王悦。原载于《中国证券》2018年第3期。

定数量可交易的股票即可在粉单市场进行交易。粉单市场采用的是做市商制度，其创立有效解决了小额股票的转让困境，提高了市场效率。粉单市场不受美国证券交易委员会的监管，但其中做市商的商业行为会受到证券经纪商和证券法律的严格监管。例如美国《证券法》，为了避免做市商从中非法获利，侵害交易双方的利益，股票发行人受到所在州政府法律的监管约束。通常情况下，一些风险偏好的投资者会选择在此交易。

（二）英国 OFEX 市场

OFEX 市场成立于 1995 年，是英国最主要的场外资本市场。在挂牌标准方面，OFEX 市场基本取消了对上市公司在规模、盈利水平等方面的硬性条件，只需由企业保荐人递交书面申请，承诺遵守三板市场规定，按照非挂牌交易规定纳税，并且按时按质地披露公司重要信息。在交易制度方面，OFEX 市场采用的是做市商制度，这种竞争性的制度可以使市场交易更加活跃。OFEX 市场的准入门槛、挂牌费以及上市后的维护费用等都更低，再融资的程序简单并且规则灵活，监管有一定的力度但也相对宽松。这样的模式有助于挂牌中小企业的早期发展，也有利于企业在发展中形成良好的经营模式，使其最终可能进入 AIM 市场或主板市场。

（三）韩国自由板市场

在韩国的资本市场中，与我国区域性股权市场最为相似的是自由板市场（Free Board 市场）。在挂牌标准方面，自由板市场在财务指标上没有限制性要求，但企业挂牌仍然要满足类似财务报告须经审计才能挂牌等其他要求，这些挂牌要求保证了场外市场最基本的合法性和规范性。在交易制度方面，自由板市场采用的是非竞价交易的报价配对方式，是利用报价系统来完成交易程序。在信息披露方面，自由板市场制定了较为严格的披露标准，挂牌企业必须披露所有可能会影响股票价格的信息，如若未按此要求进行信息披露，协会将有权要求管理当局对该企业采取严厉的惩罚措施。

（四）国外场外资本市场对我国区域性股权市场发展启示

1. 准入门槛低，吸引企业挂牌

目前，各个国家的场外市场准入门槛不高，对申请挂牌的企业限制不多，在其企业规模、盈利状况、存续年限、股权流动性等方面都没有强制性规定，但也需要有一定的规范来防控投资风险。例如，美国粉单市场中对股东人数有一定要求，英国的 OFEX 市场为技术与商业模式上具有创新的企业提供挂牌优惠。在这种机制下，场外市场吸引众多企业前来挂牌交易，一方面促使企业规范，另一方面又不限制企业的发展方向，为众多的中小微企业提供更便捷的融资平台。

2. 交易机制多元化，激发市场活力

借鉴国外资本市场的发展经验，交易机制的多元化可以激发市场的活力。例如美国的粉单市场采用的是做市商与委托定价相结合的混合定价机制，而韩国的自由板市场利用报价系统执行报价交易程序，是一种单一的非竞价交易方式，这种单一的交易方式也在一定程度上限制了自由板市场的发展。一些发达国家的资本市场在做市商制度的基础上引入竞价制度，这种多元化的交易制度既能弥补市场流动性不足，又可以避免交易不透明、股票价格形成非市场化等问题,从而提高交易效率,激发市场活力。

3. 转板制度灵活,多层次市场成为有机整体

无论是发达资本市场或是新兴资本市场,其转板制度都比较灵活,各层次的市场转板对接较为完善,各市场挂牌的企业可以自由上下。如美国的资本市场中,粉单市场挂牌的企业发展到一定阶段,可以随时转板至OTCBB市场或者纳斯达克等更高层次的市场。而业绩不佳或者条件不符时,也有严格的淘汰制度。建立灵活完善的转板制度,不仅能及时给予优质企业畅通的场内交易转换平台和场外股权交易平台,更能使多层次资本市场融为一体,提高市场的整体运作效率,充分发挥市场作用。

三、我国区域性股权市场发展概况

(一) 我国区域性股权市场的发展历程

1. 起步阶段 (2008—2010年)

2008年兴起的区域性股权市场起源于"中央支持+区域经济改革+金融创新"。2006年国务院在《推进滨海新区开发开放有关问题的意见》中,鼓励天津滨海新区进行金融改革与创新;2008年国务院又发布《国务院关于天津滨海新区综合配套改革试验总体方案的批复》,促成了第一家区域性股权交易市场在天津设立。之后,重庆股份转让中心、前海股权交易市场、齐鲁股权交易中心等陆续成立。

2. 清理整顿阶段 (2011—2012年)

2011年11月,国务院发布《关于清理整顿各类交易场所切实防范金融风险的决定》(国发〔2011〕38号,以下简称"38号文"),提出包括区域性股权市场在内的交易市场中可能存在的交易活动风险,应该规范区域性股权市场的市场秩序。2012年7月,《国务院办公厅关于清理整顿各类交易场所的实施意见》(国办发〔2012〕37号,以下简称"37号文")直接明确了包括区域性股权市场在内的各交易场所运行的最低要求。2012年8月中国证监会发布《关于规范证券公司参与区域性股权交易市场的指导意见(试行)》,允许证券公司参与区域股权交易市场的建设,同时使区域性股权市场运作更加合理。

3. 快速发展阶段 (2013年至今)

2012—2014年共成立了24家区域性股权市场。2013年是区域性股权市场成立的井喷期,仅2013年就成立15家区域性股权市场。2015年之后,区域性股权市场的成立步伐放缓,但区域性股权市场进入了快速发展的阶段。2017年5月《区域性股权市场监督管理试行办法》将区域性股权市场纳入统一监管,首次真正确立了区域性股权市场的市场定位。截至2017年7月31日,我国共有40家区域股权交易中心,根据办法规定,部分省市成立多家股交中心的,将合并为一家。经过9年的发展,我国区域性股权市场已初具规模,成为多层次资本市场的重要组成部分(见表1)。

(二) 我国区域性股权市场的现状及问题分析

为进一步了解我国区域性股权市场发展的现状与问题,主要从以下三个渠道获取第一手

表 1　　区域性股权市场成立时间

年份	成立家数（家）	名称
2008	1	天津股权交易所
2009	1	重庆股份转让中心
2010	3	天津滨海柜台交易市场、湖南股权交易所、齐鲁股权交易中心
2011	2	广西北部湾股权交易所、武汉股权托管交易中心
2012	3	上海股权托管交易中心、广州股权交易中心、浙江股权交易中心
2013	15	辽宁股权交易中心、新疆股权交易中心、大连股权交易中心、前海股权交易中心、吉林股权交易所、海峡股权交易中心、青海股权交易中心、安徽省股权托管交易中心、山西股权交易中心、江苏股权交易中心、广东金融高新区股权交易中心、石家庄股权交易中心、北京股权交易中心、甘肃股权交易中心、天府（四川）联合股权交易中心
2014	6	厦门两岸股权交易中心、贵州股权托管交易中心、青岛蓝海股权交易中心、内蒙古股权交易中心、陕西股权交易中心、海南股权交易中心
2015	6	中原股权交易中心、宁夏股权托管交易中心、哈尔滨股权交易中心、南宁股权交易中心、江西联合股权交易中心、北方工业股权交易中心
2016	3	苏州股权交易中心、宁波股权交易中心、西安股权托管交易中心
合计	40	

资料来源：由各区域性股权交易市场官网和相关资料整理而得。

数据。第一，在各个股交中心官网、Wind 数据库上收集整理已披露的信息。第二，制作两份调查问卷——《挂牌企业调查问卷》和《股交中心调查问卷》，从挂牌企业和股交中心相关的工作人员处获取一手数据。其中，从挂牌企业获取有效问卷 141 份，股交中心获取有效问卷 38 份。第三，对安徽省股交中心、上海股交中心等部分区域性股权市场管理人员及市场上主要投资者进行访谈，对股交中心发展现状的相关数据进行补充。

1. 我国区域性股权市场的发展现状

（1）企业数量较多，市场发展迅速。截至 2017 年 7 月 31 日，我国共 86 296 家挂牌、托管、展示企业，分布在全国 40 个区域性股权市场，各股交中心发展差异较大（见表 2）。从地域看，企业较多的股交中心基本位于经济较为发达的地区，主要是北京、上海、广东、浙江、天津等。经济发展较为落后的中西部地区和东北地区，股交中心的发展也相对落后。从数据统计看，股交中心的发展一定程度上与其所处地区的经济发展程度有关。

（2）融资功能显现，地区差异较大。目前，在各个区域性股权市场中仅有 23 家股交中心公布了融资情况。各股交中心融资额差异很大（见表 3）。各股交中心的融资额与其股交中心的发展规模相似，如齐鲁股权交易中心、天津股权交易中心、浙江股权交易中心都是挂牌数较多且融资额位于前列的市场。甘肃省股交中心融资规模较大，主要是由于近年来在地方经济社会转型跨越发展、西部大开发金融资源集聚、丝绸之路经济带规划的强劲带动下，通过充分发挥会员单位积极性，推出"挂牌贷""质押贷"等创新融资产品，积极解决企业融资困境，在融资规模上走在了国内前列，是西部地区最具竞争力的区域性股权交易市场。

表 2　各股交中心企业数量

序号	交易所	企业数量（家）	序号	交易所	企业数量（家）
1	前海股权交易中心	17 140	21	辽宁股权交易中心	1 307
2	上海股权托管交易中心	9 787	22	天津股权交易所	1 285
3	广州股权交易中心	7 371	23	江苏股权交易中心	1 177
4	浙江股权交易中心	4 249	24	陕西股权交易中心	1 163
5	北京股权交易中心	3 617	25	广西北部湾股权交易所	1 098
6	江西联合股权交易中心	3 395	26	石家庄股权交易中心	1 076
7	武汉股权托管交易中心	2 999	27	贵州股权托管交易中心	1 064
8	甘肃股权交易中心	2 831	28	宁波股权交易中心	790
9	湖南股权交易所	2 681	29	宁夏股权托管交易中心	660
10	广东金融高新区股权交易中心	2 530	30	新疆股权交易中心	650
11	天津滨海柜台交易市场	2 370	31	青岛蓝海股权交易中心	613
12	齐鲁股权交易中心	2 081	32	重庆股份转让中心	573
13	海峡股权交易中心	1 848	33	吉林股权交易所	405
14	厦门两岸股权交易中心	1 724	34	哈尔滨股权交易中心	380
15	内蒙古股权交易中心	1 500	35	青海股权交易中心	291
16	山西股权交易中心	1 483	36	苏州股权交易中心	210
17	安徽省股权托管交易中心	1 433	37	大连股权交易中心	153
18	天府（四川）联合股权交易中心	1 396	38	北方工业股权交易中心	101
19	南宁股权交易中心	1 369	39	中原股权交易中心	69
20	海南股权交易中心	1 365	40	西安股权托管交易中心	62

注：部分区域性股权市场不区分挂牌、托管、展示企业数量，导致统计口径不一致。
资料来源：各股交中心官网数据；截止时间：2017 年 7 月 31 日。

表 3　各股交中心融资总额

序号	交易所	融资总额（亿元）	序号	交易所	融资总额（亿元）
1	广州股权交易中心	1 691.58	13	内蒙古股权交易中心	76.59
2	甘肃股权交易中心	863.04	14	吉林股权交易所	52.30
3	武汉股权托管交易中心	684.92	15	哈尔滨股权交易中心	30.45
4	重庆股份转让中心	645.64	16	新疆股权交易中心	30.00
5	浙江股权交易中心	400.68	17	湖南股权交易所	23.24
6	齐鲁股权交易中心	334.74	18	山西股权交易中心	14.13
7	天津股权交易所	306.01	19	厦门两岸股权交易中心	13.58
8	辽宁股权交易中心	301.93	20	苏州股权交易中心	5.37
9	上海股权托管交易中心	208.18	21	广西北部湾股权交易所	4.68
10	北京股权交易中心	135.62	22	海南股权交易中心	3.55
11	天津滨海柜台交易市场	134.00	23	宁夏股权托管交易中心	1.50
12	安徽省股权托管交易中心	125.87			

注：各区域性股权市场统计口径不完全一致，其中广州股权交易中心的融资额包括融资和交易流转两部分的金额。
资料来源：各股交中心官网数据；截止时间：2017 年 7 月 31 日。

2. 我国区域性股权市场存在的问题及原因分析

（1）政策限制多，针对性不强。2017年2月，《关于规范发展区域性股权市场的通知》（国办发〔2017〕11号，以下简称"11号文"）发布实施，禁止区域性股权市场为省外企业提供服务，暂停了区域性股权市场的私募债业务。此举虽然有利于控制市场风险，规范化市场发展，却限制了市场活力，给区域性股权市场带来一定影响。各地方政府根据国务院的相关政策，相应出台了一系列地方优惠政策，为中小微企业挂牌股交中心给予政策支持，部分地区的优惠政策附带股改条件。对小微企业来说股改是需要大量成本，且未来利润流入不确定的事项。挂牌企业中48.94%的负责人认为股改是企业挂牌过程中成本最高的事项，股交中心的优惠政策不符合部分企业的实际需求，导致未股改的企业在股交中心挂牌无法获得充足奖励。48.48%的股交中心负责人表示，政府的优惠政策门槛过高，未考虑到挂牌企业的实际情况。大部分地方政府的转板优惠政策集中在转板后，企业在转板前期所获得的资金支持力度较小。45.39%的挂牌企业表示转板成本过高，由于企业在转板前期需要高额的改制成本，不得已放弃转板的机会。当前区域股权市场只对在股交中心成功挂牌的企业给予奖励，但并未出台针对性的扶持措施。53.19%的企业认为挂牌遇到的最大问题是财务不规范，其次是股改问题、税收核定问题和土地问题。

（2）盈利模式不清晰，发展后劲不足。目前区域性股权市场在业务上一方面受到一定的地域限制，另一方面受到登记、转让的确权限制。既要为中小微企业的发展开发综合性的融资及其他服务，又要依靠自身的业务模式开发和创新盈利模式。区域性股权市场目前主要依靠收取融资服务费、交易手续费及财务顾问费等实现盈利。73.53%的区域性股权市场负责人表示这种盈利模式不能有效支撑中心的发展。此外，板块设置过多也会增加区域性股权市场运营成本，不利于其长期发展。股交中心的盈利能力较弱进一步使得区域性股权市场的发展后劲不足。一方面，盈利能力不足会损害大股东的利益，目前已有券商股东选择退出区域性股权市场，如2017年3月中信证券转让其所持有的前海交易中心股权；另一方面，盈利能力较弱使得中心的员工薪酬水平不高，难以吸引高水平的人才，57.89%的人认为区域性股权市场的薪资待遇一般，不能充分发挥员工积极性。

（3）挂牌准入门槛高，信息披露意愿低。各省股交中心各板块对挂牌企业成立年限、盈利能力、营业规模等均有不同程度的限制，导致一部分初创期企业被拦在区域性股权市场之外。挂牌企业调查问卷数据显示，41.84%的人认为股交中心有关财务状况的规定需要调整，36.17%的人认为股交中心有关信息披露的要求需要调整。调查数据显示，在企业挂牌前，有44.68%的企业平均年营业收入低于500万元，仅有28.37%的企业在转板前可达1 000万元以上的年营业收入。这说明挂牌门槛偏高，将会阻碍一些中小微企业进入低层次资本市场，这不利于中小微企业的发展。股交中心对持续性信息披露做出规范，但实际信息披露程度却不高。面向股交中心的调查问卷结果显示，股交中心督促企业进行信息披露困难重重，主要表现在成本有限、企业关系难以协调、人力资源紧张等方面。

（4）融资功能未发挥，市场交易不活跃。虽然75%的调查企业认为股交中心的融资功能对公司的发展非常重要，但区域性股权市场融资服务平台的功能未得到充分发挥。只有12.4%的调查企业在股交中心进行过融资，84.85%的人认为实际融资效率不高。在进行过融资的企业中，68.75%的公司融资金额小于500万元，且大部分公司都选择私募债等金融产品进行融资，融资方式较为单一。92.11%的股交中心存在投融资对接不顺畅的现象，原因之一是与金融机构合作门槛高、缺少有效资金渠道；之二是与工商登记部门缺乏信息联动和业务对接机制。

国外成熟的多层次资本市场大多采用做市商或混合做市商的交易制度，这种制度能够有效活跃市场。而由于"38号文"规定禁止采用集中交易方式进行交易，当前主要采取协议交易方式。交易市场参与度不高，仅有7.75%的公司曾经进行过股权交易。累计成交股数与累计成交金额大多数在100万股或100万元以下，交易规模较小。市场上买卖方数量显著不均衡，84.85%股交中心存在企业数量多、投资者数量少的现状。市场交易不活跃，主要来源于三个方面：一是"38号文"和"37号文"限制了区域性股权市场的交易活跃度，如T+5交易制度；二是在区域性股权市场挂牌的中小微企业普遍存在信息披露不完善等自身存在的问题，让投资者望而却步；三是区域性股权市场交易不活跃，无法形成具有权威性和代表性的企业市场估值方法；四是挂牌企业惜售股份，转让意愿低。此外，获取资本增值是市场上大部分投资者的交易目的，但是只有约一半的投资者认为在区域性股权市场的投资获取了超额收益。

（5）企业转板意愿高，市场对接不通畅。此次调查对象中有近60%的企业有转板上市的意愿。其中，28%的企业转板的目的在于得到融资，25%的企业希望提升知名度，24%的企业为了壮大规模，而且地方政府的奖励金也会减轻企业的财务压力。成功转板的企业中，85.72%的企业融资能力更强，42.86%的企业转板后业绩改善，因此转板确实有利于企业的发展。但成功转板的企业数量较少，首先，14%的企业表示信息披露有难度，24%的企业表示缺少专业的财务人员，19%的企业表示程序繁琐。其次，在企业转板前，49%的股交中心会提供流程指导，36%的股交中心派专业人员帮扶，仅有9.84%的股交中心表示会提供相应的资金支持，然而近50%的企业表示转板成本高。由于没有便捷高效的转板体系，财务压力会使企业不得已放弃转板的机会。调查数据显示，33%的人员赞同构建与新三板互通的网络对接平台，22.41%的人员认为应该联通其他中心形成系统的区域性股权市场，38%的人员支持设立研究小组解决问题，从而实现与高层次资本市场的对接。

由此可见，区域性股权市场挂牌企业的转板问题亟待解决。首先，对区域性股权市场与更低层次市场的对接问题，援例中证机构间报价系统，已在区域性股权市场挂牌且由区域性股权市场推荐在报价系统办理转让注册的企业允许在报价系统开展私募股权转让业务，这样区域性股权市场企业的流动性有望提升，但是非上市公司仍然要以工商登记为准，所以交易者仍然没有实质性享受到股权转让的便捷和高效。其次，就区域股权市场与更高层次市场的对接问题，目前我国区域性股权市场挂牌企业可以转板至新三板，但是一些特殊股权结构类创业企业的转板方向仍然单一。最后，新三板、区域股权市场的发展依然面临着挑战，香港联交所拟推出转让创新板，其板块附带的新规如同股不同权、高效率释放制度红利和投资者资源、中国内地上市企业有望在香港地区二次上市等，对于内地各种新经济行业和高增长型的公司具有极大的诱惑力。对于这些提升香港联交所竞争优势的突破性规则，值得内地监管机构借鉴，尽可能降低刚性要求，提高行政效率，让市场经济真正发挥主导功能。

四、安徽省区域性股权市场案例分析

安徽省股交中心自成立以来就是安徽省唯一的区域性股权市场，其金融、泛金融企业的股权托管和股权质押业务在业内位于前列,但也存在对企业吸引力不够,融资比例低、交易不活跃等问题。因此,研究安徽省股交中心的发展现状和路径对我国广大区域性股权市场,尤其是以券商主导模式下的区域性股权市场更具普遍意义和借鉴意义。课题组在安徽省股权交易市场案例分析中所获得的数据资料来源于安徽省股权托管交易中心官网以及对安徽省股交中心、挂牌企业及投资者等部分市场参与主体进行访谈的资料。数据期间为2013年8月成立至2017年9月30日。

(一)挂牌现状

安徽省股权交易中心自2013年8月揭牌运营以来已初步形成了由成长板、科技创新板、农业板、文化旅游板、中医药板、专精特新板组成的"一市六板"格局。成长板所挂牌的企业必须完成股份制改造,主要侧重于企业改制规范和融资对接,通过为这些企业提供服务,帮助挂牌企业转板至更高层次资本市场。科技创新板等其余五个板块作为培育展示板块,主要侧重于企业形象展示和规范培育的特色专板。各板块分别设置了不同挂牌条件,挂牌条件相同点在于要求企业成立12个月以上;主要区别在于对挂牌企业财务状况的要求,除成长板以外,各个板块均对企业的营业收入有一定的要求。按财务状况的要求严格程度对各板块进行从低到高排序依次为:成长板、文旅板、科技创新板、中医药板、农业板、专精特新板(见表4)。

表4 安徽省各板块挂牌企业挂牌条件对比

板块	总体	成长板	科技创新板	农业板	文旅板	中医药板	专精特新板
平均值(万元)	3 995.05	4 342.42	2 458.52	6 167.37	1 367.62	5 317.07	3 885.83
营收标准(万元)	—	—	500	2 000	300	1 000	3 000
平均值/营收标准	—	—	4.92	3.08	4.56	5.32	1.30
企业数(家)	—	159	670	505	64	145	169

资料来源:安徽省股权交易中心;截止时间:2017年9月30日。

对截至2017年9月30日股交中心挂牌企业数据进行统计,不同板块的挂牌企业在挂牌上一年度的营业收入状况存在较大差别。分析平均值与营业收入的比值能看出,专精特新板比值偏低,中医药板比值偏高。由此可见,专精特新板挂牌标准相对其他板块来说偏高。与海外低层次市场基本不设盈利水平、企业规模的限制比较,我国区域性股权市场挂牌条件过高。因此,只有少部分实力较强的企业挂牌,真正需要融资的初创期小企业却无法挂牌。各级政府对区域市场重视程度不一,相关扶持政策落实力度也不一。据调研后得知,各地政府奖励资金都是在企业挂牌或者股改完成后才予以发放,前期扶持措施较少,在企业挂牌过程中没有实施具体的扶持措施,尤其是企业的股份制改造过程缺少相应的辅导支持。

(二)融资交易现状

1. 融资体系现状

自2013年成立以来,安徽省股交中心已经初步形成短期、中期、长期全面覆盖的融资体系。截至2017年9月30日,中心累计为各类企业实现融资131.52亿元,其中为32家企业实现私募债融资38.36亿元，发行4单收益权，融资10亿元，股权质押融资77.46亿元，定向增资3.4962亿元，为3家企业以融资租赁方式实现融资8 400万元，为76家企业获得银行贷款1.3693亿元。短期融资方式占比59.94%，其中，股权质押方式融资额占短期融资的98%。中期融资方式占比37.41%，长期融资方式占比2.66%。从平均定增价格逐年递增可以看出，越来越多有价值的企业能够通过区域性股权市场实现融资。但是，实现定增的企业数量相较挂牌企业总数而言占比很低，融资规模相对整个市场较小。截至2017年9月30日，总共完成39次定向增资，平均每年仅有7.8次左右的定增，难以满足市场上1 700多家挂牌企业的股权融资需求。许多企业定增规模较小，股权估值较低，一个原因是大部分企业都无法在区域性股权市场上引入外部投资基金，与企业的长远发展需求不匹配（见表5）。

表5　安徽省股交中心历年定增数据

	2013年	2014年	2015年	2016年	2017.9.30	合计
定增次数（次）	2	6	11	17	3	39
定增股本（万股）	-	9 100.00	6 130.54	11 069.00	9 439.94	35 739.48
定增金额（万元）	284.25	9 400.00	3 609.04	11 069.00	10 600.00	34 962.29
平均定增规模（万元）	-	1 516.67	557.32	651.12	3 146.65	-
平均定增金额（万元）	142.13	1 566.67	328.09	651.12	3 533.33	-
平均定增价格（元）	-	1.03	0.59	1.00	1.12	-

注：500万元以下企业可以自主定增，表中未覆盖此类数据。
资料来源：安徽省股权交易中心；截止时间：2017年9月30日。

不仅如此，实际融资过程中，主要是股权质押的短期融资方式，融资手段仍然较为单一。一方面，因为许多基金项目为政府扶持的银行贷款项目，中小微企业的规模特性导致其银行间融资渠道不畅；另一方面，由于"11号文"暂停了私募债的备案发行工作，对融资体系的多样性产生较大冲击。作为其替代品的私募可转债在一定程度上克服了私募债违约风险较高的缺点，降低企业的债权融资成本。但是可能存在融资限制较多、手续繁琐、耗时较长难以满足企业紧急融资需求，以及小微企业的控制者并不愿意为了融资出让企业的股权或管理权等问题。目前，大部分股交中心可转债业务尚未开展，难以弥补取消私募债造成的融资空白。事实上包括安徽股交中心在内的大部分区域性股权市场能够通过要求指定的担保公司为私募债提供增信的方式，规范私募债的发行，降低违约风险。

2. 交易市场及投资者现状

由表6可以发现，交易市场深度逐年扩展，交易规模增大，成交次数共计74次。从成交金额来看，成交金额逐年递增，相应的平均成交金额整体保持上升趋势，2017年随着成交次数的回落，成交量和成交金额都有所减少。但是考虑到挂牌企业的数量，参与交易企业只占企业总数的很小一部分，并且平均交易次数呈现出相反的逐年下行趋势。市场上正常交易活跃度在一定程度上下降。截至2017年9月30日，安徽股交中心及各代理机构股权、债券的投资者达到10 048户，其中个人投资者9 993户，机构投资者55户。与挂牌企业数量相比，投资者的数量和参与度存在滞后限制，大部分投资者采取观望态度。我们对安徽省区域性股权市场的重要投资者某基金进行了访谈，了解到参与市场的机构投资者较少的主要原因是区域性股权市场的挂牌企业大多资质较差，投资价值较低；其次，机构投资者更倾向于投资风险小、变现快、能为公司带来品牌效应的 Pre – IPO 项目;最后,股权难以退出是阻碍机构投资者的一大难题。

表 6　　　　　　　　　　安徽省股交中心历年交易数据

日期	2013 年	2014 年	2015 年	2016 年	2017 年 9 月 30 日
企业总数	24	223	639	1 019	1 667
交易次数	5	12	34	21	2
平均成交次数	0.21	0.05	0.05	0.02	0.001
成交量(万股)	0.79	271.75	2 144.10	4 833.33	150
平均成交股数(万股)	0.03	1.22	3.36	4.74	0.09
成交总额(万元)	67.10	439.50	2 204.30	5 138.33	336.5
平均成交金额(万元)	2.80	1.97	3.45	5.04	0.2
成交方式	交易过户 5 笔	交易过户 11 笔,非交易过户 1 笔	交易过户 6 笔,非交易过户 28 笔	交易过户 3 笔,非交易过户 18 笔	交易过户 2 笔

资料来源:安徽省股权交易中心。截止时间:2017 年 9 月 30 日。

(三)转板机制现状

目前我国尚未形成统一的区域性股权市场与"新三板"的对接机制。截至 2017 年 9 月底,安徽省股交中心已有成功转板企业 11 家,挂牌企业转板的方向均为新三板,截至 2017 年 9 月底转板企业累计达到 11 家。汇总 11 家已转板企业转板前、中、后的各项财务指标数据,其中富硒香因违规操作,暂缓披露年报,枫慧股份于 2017 年 3 月转至新三板,新生力于 2017 年 4 月转至新三板,目前均没有转板后一年数据,因此这里只分析其余 8 家企业。从各企业的年报或者转板后一年半年报可以看出,在转板前后,净资产收益率基本呈逐年递增趋势(见表 7)。从偿债能力分析,各企业近几年的资产负债率总体呈稳定下降趋势,而大部分企业的流动比率小幅增加,这说明企业转板后负债减少,其充分利用股权融资,降低财务杠杆。观察各企业的营业收入增长率,云智科技和陆行物流的营业收入呈逐年递减趋势,而咏鹅家纺等 6 家企业在转板后,营业收入增加,这说明大部分股交中心挂牌企业正处于初创期,各项财务指标变化幅度大。转至高层次资本市场后,各企业的内部治理结构明显改善,市场占有率趋于稳定,且总体盈利能力明显增强。因此相比于转板前,大多数企业转板后,其各项财务指标和经营状况有所改善。

表 7　　　　　　　　　　已转板企业各项财务指标

数据	净资产收益率(%)			资产负债率(%)			流动比率			营业收入增长率(%)		
	前	中	后	前	中	后	前	中	后	前	中	后
咏鹅家纺	6.35	17.34	18.08	44.79	53.54	31.59	1.94	1.67	2.79	-12.18	19.32	12.35
云智科技	3.48	8.84	12.54	29.63	39.19	31.77	3.32	2.17	2.29	6.61	-18	-9.29
志诚教育	19.82	18.45	27.25	61.90	62.63	63.52	0.99	1.89	1.70	39.16	42.28	16.63
均益股份	1.24	5.70	8.35	50.42	54.89	58.93	1.28	1.27	1.38	7.14	15.29	31.17

续表

数据	净资产收益率（%）			资产负债率（%）			流动比率			营业收入增长率（%）		
	前	中	后	前	中	后	前	中	后	前	中	后
富硒香	10.58	-	-	58.27	-	-	1.01	-	-	18.45	-	-
新雪莲	7.31	10.71	39.57	49.05	47.30	17.12	1.63	1.76	4.59	-14.83	64.17	15.89
蓝华科技	2.22	19.08	31.93	64.6	71.06	68.28	1.36	0.84	1.00	20.94	51.47	146.10
广美药业	12.87	11.92	28.05	51.99	57.19	58.58	1.18	1.23	1.24	154.43	13.04	41.13
陆行物流	10.19	4.52	13.74	53.30	54.33	30.28	0.88	1.2	1.51	4.11	-32.7	-10.60
枫慧股份	-4.29	13.74	-	63.58	61.52	-	0.61	0.66	-	9.02	34.73	-
新生力	-8.68	10.11	-	61.06	64.24	-	1.55	1.49	-	28.88	31.98	-
平均数	5.55	12.04	22.44	53.51	56.59	45.01	1.43	1.42	2.06	23.79	22.16	30.42
中位数	6.35	11.32	22.67	53.30	56.04	45.18	1.28	1.38	1.61	9.02	25.65	16.26

资料来源：Wind 数据库。截止时间：2017 年 9 月 30 日。

五、结论与建议

（一）结论

通过上文分析得出以下结论：区域性股权市场对推动地区经济发展、解决就业与促进产业调整具有重要意义，解决了部分企业融资难的困境，在多层次资本市场上具有不可或缺的地位。通过对区域性股权市场定位的分析，明确应该建立针对中小微企业的、具备培育融资功能的区域性股权市场。回溯我国区域股权市场发展历程，经过多年发展，全国各地的区域性股权市场都已经具备一定的发展规模，且形成一定的地方特色。但区域性股权市场发展中也存在问题，从外部条件看，监管政策过多，限制了区域股权市场的灵活性，政府奖励的政策缺乏针对性，没有考虑到初创期小企业的融资需求，一些优惠政策前提条件不符合企业实际从而难以集中落实，企业挂牌以后才能得到政府补助，补助的滞后性降低了企业的积极性；从内部条件看，缺乏有效的盈利模式削弱了发展的内在动力。在融资交易体系上，产品创新力度不够，融资方式单一，区域性股权市场融资效率不高，融资功能未充分发挥，尤其是投资者需求与企业不匹配致使市场难以活跃。在转板制度上，目前没有通畅的转板机制，转板成本高、政府扶持滞后等都使各个市场相对独立。

（二）政策建议

1. 完善法律体系，精准对接扶持力度

从监管角度来看，首先，应建立分层监管体系。由中国证监会作为统一的全国市场监管机构，指导和监管全国性市场以及地方市场，同时发挥地方政府的监管作用。还要重视行业自律组织作用，引导区域性股权市场的合法高效运行。其次，充分考虑企业实际情况，精准化对接扶持措施，平衡扶持力度，扩大奖励政策服务层面，全面调动企业在区域性股权市场挂牌积极性。相关法律法规应该明确区域性股权市场作为小微企业相关优惠政策的综合应用平台作用，依托平台优势，整合各地方政府对中小微企业不同、分散的扶持政策，通过区域性股权市场进行传播和实现。最后,还要明确区域性股权市场对于股权质押的法律效力。建立积极的融资对接机制,一方面,可以将工商部门的股权质押业务分由股交中心全权处理,减少区域性股权市场与工商部门信息不对称的情况;另一方面,可以构建区域性股权市场与工商登记部门的信息互通系统,让双方的股权登记信息及时共享,建立融资对接机制,避免股权登记托管过程中发生利益纠纷,确保区域性股权市场与工商登记部门业务对接顺畅。

2. 优化盈利模式,丰富渠道产品

在充分吸取"侨兴债"违约风险教训,加强现有政策控制金融市场风险的前提下,可以在部分风险防范较好的市场适当放开私募债发行,并尝试多种融资品种,拓宽融资渠道,探索可转债、认股权证等多种融资手段的可行性。重视资本市场未来发展方向,尤其是重视市场中的并购重组功能,将区域性股权市场作为未来的并购重组功能实现的重要市场,赋予区域性股权市场全新定位。把握金融发展的趋势,通过创新交易产品和丰富交易手段来拓宽自身的收入面,逐步建立稳定可靠的利益来源点。区域性股权市场聚集了券商、银行、律师事务所、会计师事务所、资产评估机构、投资咨询机构等中介机构,中心可以与区域性股权市场的投资者建立业务关系并为其提供业务推荐、投资咨询等服务,在获得较高收入的同时活跃区域性股权市场,利用中介机构的专业、人才、资源等信息,为企业提供融资、咨询、管理支持。

3. 培育优质企业,完善信息披露

区域性股权市场可以适当调整挂牌条件,降低挂牌的财务门槛,同时建立适当的筛选机制,主动发现市场上属于未来行业的、有发展前景的企业,降低或取消准入门槛吸引其挂牌。积极加强培育、引导、规范和教育挂牌托管企业,使企业形成规范意识。区域股权市场还要将挂牌企业股份制改造进程作为衡量市场健康发展的重要指标,高度重视挂牌企业股改过程中的法律问题,放宽税务和财务标准,允许企业在一定期限内完成相关层面的改制,以时间换取空间,推动市场健康发展。对于市场中普遍存在的信息不透明现象,迫切需要提高信息披露程度,并相应规范和统一各区域性股权市场的信息披露口径,使得各个市场之间具有可比性,还要提高企业信息披露意识,规范信息披露内容,提高信息披露程度,从而提高对接效益。

4. 完善交易制度,吸引投资者

目前市场正处于初期阶段,为了防范风险,不得不采用效率较低的协议转让制度,但随着市场发展愈加成熟且监管体系逐渐完善,应考虑适时引入流动性更强的做市商制度,并逐渐向此方向过渡,以此提高企业挂牌交易的积极性,从而增加市场活跃度,提高市场运行效率。受到交易制度的限制,流动性较低也使得投资者的退出受到限制。一方面,应通过改善交易制度增加市场的流动性,建立流畅的投资者退出通道,进而吸引投资者;另一方面,建立适当的筛选机制,找到风险偏好、风险承受能力相符合的投资者。发挥区域性股权市场的资源优势,增进投资者和企业双方的需求互通。积极组织路演等宣传活动,搭建平台引入优质的战略投资者、天使投资等投资目标与挂牌企业更匹配的投资人。

5. 积极引导推进,建立市场连通机制

目前我国多层次资本市场框架已经初步搭建,各资本市场可以满足不同发展阶段的企业融资和发展需要,且各层次的市场需要有明确的定位和递进性,因此灵活的转板制度必不可少。尽快实现区域性股权市场与各资本市场之间的互联互通,为满足不同发展阶段的企业的直接融资需要牵线搭桥。还要尽早构建挂牌企业批量对接机制，借鉴香港联交所即将推出的创新层，为属于未来行业的、具有发展潜力的高新技术企业开通绿色通道，避免因不同股不同权等问题阻滞具有发展潜力的企业进入高层次资本市场。而当前区域性股权市场较为割裂，市场定位和功能等差异不大，一定程度上也造成重复建设和资源浪费，应尽快连通各个区域性股权市场，在统一监管下通过信息资源共享，使各个市场合作共同发展，提高资源利用效率，更有效地发展市场，充分发挥市场机制，保留真正具有竞争实力和地方特色的市场，形成系统的区域性股权市场。

参考文献

[1] Churchill, C. and Lewis, V. L. The Five Stages of Small Business Growth [J]. Harvard Business Review, 1983: 61 (3), 30 – 50.

[2] Merton R C, Bodie Z. "Deposit Insurance Reform: a Functional Approach" in A. Meltzer and C. Plosser, eds [C]. Carnegie – Rochester Series on Public Policy, 1993, 38 (1): 1 – 34.

[3] Hasbrouck J. One Security, Many Markets: Determining the Contributions to Price Discovery [J]. Journal of Finance, 1995, 50 (4): 1175 – 1199.

[4] James P. Weston. Electronic Communication Networks and Liquidity on the NASDAQ [J]. Journal Financial Services Research, 2002 (8): 125 – 139.

[5] 杨琼. 中小企业融资与区域化资本市场发展 [J]. 商场现代化, 2009, (13): 239—240.

[6] 李学峰, 徐佳. 场外交易市场与中小企业互动效应的实证研究——以美国OTCBB市场为例 [J]. 经济与管理研究, 2009 (9): 105—111.

[7] 国务院发展研究中心"我国场外股权交易市场发展模式研究"课题组, 夏斌, 张承惠, 朱明方, 田辉. 规范和发展我国场外股权交易市场 [J]. 发展研究, 2012 (7): 86—88.

[8] 马达. 我国场外交易市场运作模式研究 [J]. 南方金融, 2007 (11): 50—52.

区域性股权市场推动科技金融创新的机制研究

袁志辉　刘志龙[*]

一、引言

科技成果的资本化和产业化是推动现代科技创新、经济发展的强大动力。党的十九大报告提出,创新是引领发展的第一动力,是建设现代化经济体系的战略支撑。但是科技型企业的高投入、高风险特质导致其在生命成长的初期缺乏融资渠道,容易出现资本断层,处于种子期、创业期的高新技术企业融资难是普遍现象。特别是在我国金融结构不平衡、银行信贷成为主要融资渠道的状态下,科技型中小企业的融资需求更难以得到满足。而以股权投资为主的资本市场,投资者高风险高收益的风险偏好能够更有效地匹配科技型企业的资金需求。尤其是地方性资本市场作为私募市场,其准入门槛较低,比较适合作为科技型中小企业创业初期的资金来源,推动科技金融的发展。因此,对接区域性股权市场、完善我国多层次资本市场体系对于探索我国科技金融发展模式、解决中小型科技企业融资难的问题具有重大意义。

二、美国科技金融结合的经验分析

美国经济增长的动力来源于持续的科技创新,特别是以信息科技和生物技术为代表的高新科技产业化为美国经济注入了新的活力,出现了以硅谷为代表的高新技术产业群。在硅谷的发展过程中,美国成熟和完善的金融支持体系将政府支持、风投资本、银行等金融资源进行了有效的整合,从多个维度推动了美国科技金融的创新发展。

(一) 完善的资本市场体系

目前美国拥有全球最完备的证券市场分层体系。首先在交易所市场方面,主要包括纽约证券交易所(New York Stock Exchange, NYSE)、美国证券交易所(American Stock Ex-

---

[*] 作者单位:恒泰证券股份有限公司。原载于《中国证券》2018年第8期。

change，AMEX）和纳斯达克证券交易市场（National Association of Securities Dealers Automated Quotations，NASDAQ）等。其中，纽交所和美交所是主板市场，主要面对高科技行业中发展比较好的蓝筹公司；而纳斯达克属于创业板市场，主要吸纳成长型的高新技术企业。

其次在场外交易市场方面，包括场外交易电子报价板（Over the Counter Bulletin Board，OTCBB）、粉单市场（Pink Sheets）和黄单市场（Yellow Sheets）。其中，场外交易电子报价板由美国证券商协会（National Association of Securities Dealers，NASD）运营，此报价系统中所有的公众公司都可以进行报价，并且没有强制性的财务指标要求，只要求交易公司定期向美国证券商协会公开经营信息。相对于场外交易电子报价板，粉单市场的资质要求更低，由美国报价事务公司运营，挂牌企业甚至都不用提供由注册会计师出具的财务审计报告，只需要符合美国证券商协会资质要求的做市商愿意为其报价即可进行交易。黄单市场是为公司债券交易提供报价的场外交易系统。

再次是地方性柜台交易市场，主要是小微型企业在各州发行股票的交易系统，交易股份规模比较小，对挂牌企业的要求更低，仅要求是符合《证券法》要求的小额股份。

最后是私募股票交易市场，该系统为私募证券提供交易平台，参与交易的是有资质的机构投资者，并不对公众开放。该平台由美国证券商协会负责运营，为私募市场交易提供标准。

金字塔形的多层次资本市场为美国科技金融的创新提供了坚实的土壤，有效地满足了科技型中小企业的融资需求。

（二）分层次的政府扶持机制

美国政府在其科技金融创新中起到了相当重要的作用，在科技企业各个生命周期阶段，均有相应的扶持机构和支持政策（见图1）。

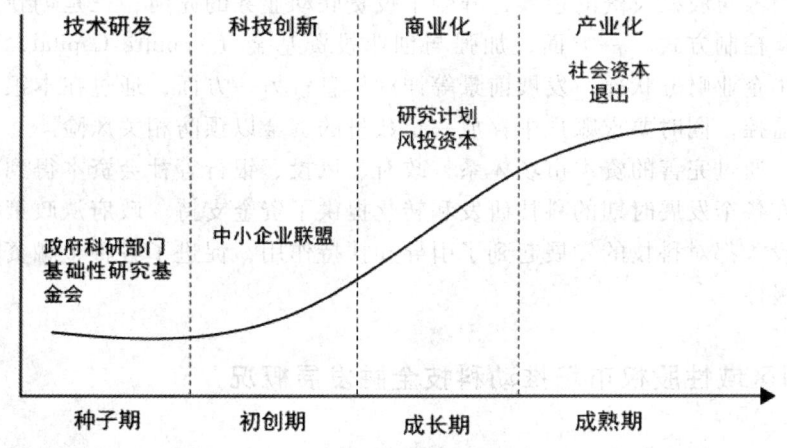

图1 美国企业在不同发展时期可获得的政府扶持和资金支持

在技术研发阶段，主要有科技研发部门和各种基金会扶持科技发展的基础性研究，包括国家健康研究机构、国家能源技术发展基金会和国家科技发展基金会等。在科技企业发展的初创期，国家中小企业联盟主要负责为企业的技术创新争取政府财政扶持以及大学和企业投资基金的支持。在企业成长期内，美国政府制定了各种计划帮助企业在后端技术创新和应用方面申请信贷支持、担保以及资本市场资金融资提供便利,如美国小企业创新研究计划、美国小企业技术转移研究计划和技术创新发展计划。最后在高新技术企业走向成熟或转型期间,联邦政府致力于构建的多层次资本市场体系又起到了创投风投、科技投入资本与公开市场社会资本对接的作用,为投资于高新技术企业种子期与初创期的各种风险投资提供了退出的渠道。

(三) 活跃的风投资本体系

科技型中小企业在发展过程中最主要的资金瓶颈在于技术研发成本高、投资风险大,而风投资本高风险高收益的风险偏好恰好能有效匹配科技型企业的资金需求。美国的风投资本体系十分活跃,以政府财政资金为基础设立的科技型投资公司是最初风投资本的重要组成部分。从20世纪美国信息产业发展停滞之后,对风险接受程度更高的社会资本逐步进入风投资本领域,促使风投资金的来源结构发生了变化,包括高校资金、养老基金等机构投资者逐步成为投资主力。多来源的风投资本结构,促使风投行业得以持续稳定发展,为高新技术产业在发展初期提供了强有力的资金支持。

(四) 投贷联动模式创新

投贷联动的业务模式创新是将"信贷投放"与"股权投资"相结合,通过相关制度安排,由投资收益抵补信贷风险,实现科技中小企业信贷风险和收益的匹配,为企业提供持续资金支持的融资模式。硅谷银行(Silicon Valley Bank)开创投贷联动模式后迅速发展为世界著名的科技银行。据统计,美国75%的科技企业都接受过创业投资基金投资,而其中半数的科技企业都是硅谷银行的客户。硅谷银行的快速发展主要得益于三个方面:一是对服务客户有准确定位,只对处于初创期和扩张期的特定行业中小企业提供相关服务;二是创新业务模式,打破了债券与股权投资的边界,开创了投贷联动业务的先河;三是创新了对于科技型中小企业的风险控制方式。一方面,加强与创业投资基金(Venture Capital,VC)的合作,以获得科技中小企业财务状况、发展前景等详细信息;另一方面,通过在本银行开户对企业的现金流进行监控,同时要求账户中存放一定数量的资金以预防相关风险。

总的来说,通过完善的资本市场体系,政府、风投、银行等社会资本得到有效整合,为高新技术企业在各个发展时期的科技研发和转化提供了资金支持。政府从政策法规和资金支持等多方面的投入都对科技的发展起到了引导和扶持作用,促进了各种金融资本对高新技术企业投资的积极性。

三、我国区域性股权市场推动科技金融发展概况

相较于美国,我国多层次的资本市场建设还不够完善,科技型中小型企业往往由于资质不够,不仅无法从银行处获得合意的信贷投放,亦难以从资本市场处获得股权投资,特别是初创期的科技型企业资本断层现象严重。科技金融创新模式的缺乏严重制约了我国科技企业的发展。地方性资本市场定位于私募市场,其准入门槛相对较低,比较适合作为科技型中小企业创业初期的资金来源。依托区域性股权市场对社会资本、信息资源、技术资源进行整合,创新科技金融模式对于我国经济发展、技术进步具有重要的意义。

(一) 我国区域性股权市场发展现状

区域性股权市场作为多层次资本市场的重要组成部分,对于完善资本市场体系、拓展中小微企业的融资路径、缓解其融资难问题、促进地区经济增长等方面具有无法替代的作用。自 2008 年第一家股权交易市场在天津设立后,区域性股权交易市场在我国得到快速发展,各省、直辖市的股权交易中心如雨后春笋般成长起来。

表 1 介绍了目前企业挂牌数量排名前十位的区域性股权交易所成立时间、挂牌企业总数量以及挂牌企业总资产。区域性股权市场上挂牌企业逐年增加,但总体来看,挂牌企业的地域分布差异比较明显,主要集中于广东、浙江等经济较为发达的地区;江西、湖北等中部地区得益于政府的大力支持和引导,挂牌企业数量排位也较居前(见图 2)。

表 1　　　　　　　　　我国部分区域性股权交易市场概况

交易所名称	成立时间	挂牌公司数量(家)	资产合计(万元)
前海股权交易中心	2012 年 5 月	13 367	17 267 578.11
上海股权托管交易中心	2010 年 7 月	9 696	3 147 415.32
浙江股权交易中心	2012 年 9 月	5 377	66 359.32
广州股权交易中心	2012 年 8 月	5 096	160 082.00
武汉股权托管交易中心	2011 年 11 月	4 067	1 896 836.62
江西联合股权交易中心	2015 年 7 月	4 063	12 900 556.06
北京四板市场	2013 年 1 月	3 855	346 806.58
甘肃股权交易中心	2013 年 12 月	2 699	1 175 642.33
湖南股权交易所	2010 年 12 月	2 514	—
广东金融高新区股权交易中心	2013 年 07 月	2 505	55 746.09

资料来源:Wind(截至 2018 年 7 月 5 日)。

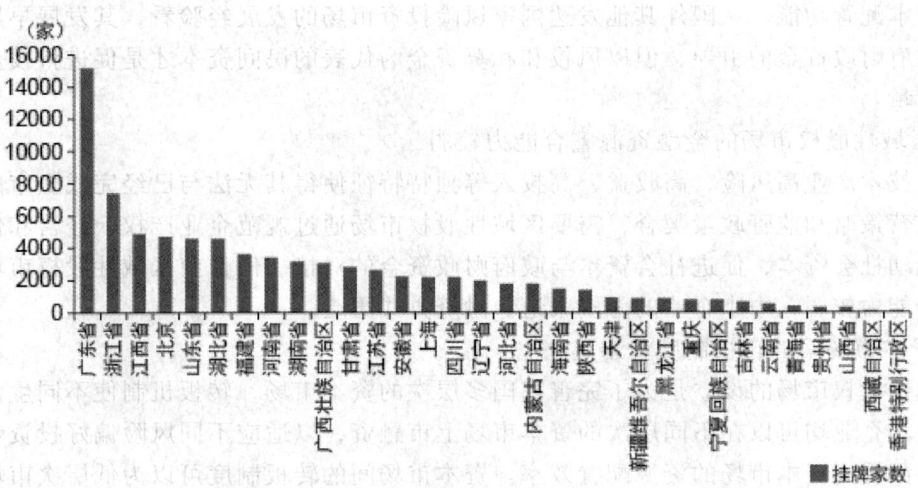

图 2　我国区域性股权市场挂牌企业地域分布

资料来源:Wind(截至 2018 年 7 月 5 日)。

受区域性股权市场统计信息披露数据的限制,以天津股权交易所为例,其作为中小企业直接融资平台的功能日益显现(见图 3)。截至 2018 年 5 月 31 日,天津股权交易所累计实现各类融资总额合计 312.46 亿元。其中,直接融资 97.08 亿元(挂牌前私募 42.76 亿元,后续增发 54.32 亿元);间接融资 215.38 亿元(股权质押融资 93.74 亿元,带动银行授信贷款 121.64 亿元)。

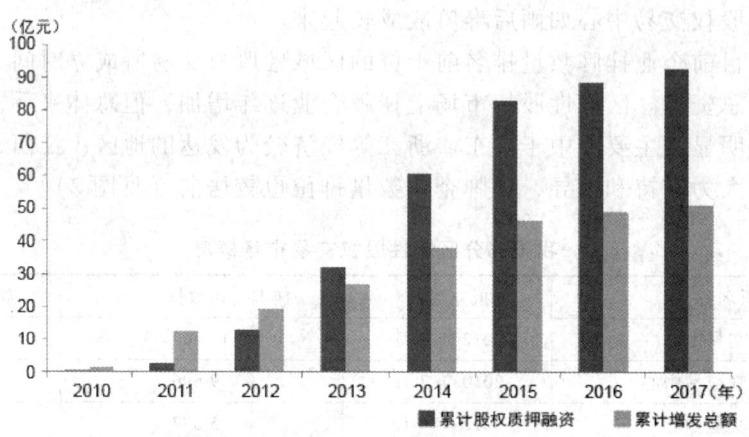

图 3　天津股权交易所融资状况

资料来源:天津股权交易所官网。

(二)我国区域性股权市场推动科技金融创新的现存问题

1. 风险投资市场结构不合理

目前,我国各地逐步建立了以政府为主导的高科技创投基金,通过政府财政资金引导社会资本为中小型科技企业提供融资服务,其范围基本涵盖了中小企业发展前、中期的各个阶段。但是以政府财政资金为主导的创投公司缺乏专业的项目评估、风险防控能力,无法达成合理的资本配置功能。从国外其他发达国家风险投资市场的发展经验看,其发展早期虽然均离不开政府财政资金的引导,但以风投和私募资金为代表的民间资本才是促进科技金融发展的主要力量。

2. 区域性股权市场的金融资源整合能力较弱

高新技术产业高风险、高收益、高投入等独特特征使得其无法与已经完成上市的国有商业银行经营策略和监管政策契合,需要区域性股权市场通过规范企业产权、经营和信息披露等方式撬动社会资本,促进社会资本与政府财政资金的对接。但目前区域性股权市场的金融资源整合能力较弱,中小企业的融资渠道、融资方式匮乏。

3. 资本市场间的转板制度尚未建立

区域性股权市场的设立是为了完善我国多层次的资本市场,转板机制使不同生命周期的科技型中小企业均可以在不同层次的资本市场上市融资,以适应不同风险偏好投资者的投资需求,从而提高资本市场的资源配置效率。资本市场间的转板制度可以为低层次市场中的优质企业开拓融资空间,改善公司治理,提升品牌形象,促进科技企业的优胜劣汰,达到资源优化配置的作用。目前,我国区域性股权市场的转板成本高,缺乏配套的制度安排和激励机制,直接影响了资本市场的运行效率和科技金融的进一步发展。

四、区域性股权市场推动科技金融创新机制

区域性股权市场是企业和投资者之间资金流和信息流的中介（见图4）。资金流方面，个体和机构投资者通过区域性股权市场的电子交易系统投资科技型中小企业；同时，科技型中小企业可以通过区域性股权市场向银行做股权质押融资，从而吸收银行信贷资金。信息流方面，区域性股权市场有义务向投资者披露挂牌交易企业的信息，将政府对高新技术企业的优惠政策和企业信息通过自身信息披露系统向投资者和公共媒体发布。此外，政府对区域性股权市场的监管和财政支持、区域性股权市场对挂牌企业的规范和监管也有利于资金和信息在各经济主体间的流转。

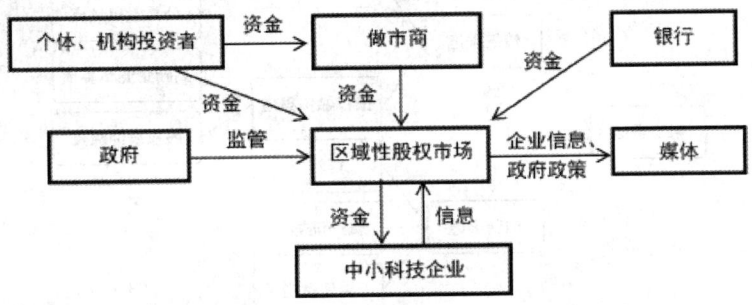

图4 以区域性股权市场为核心推动科技金融创新

区域性股权市场作为推动科技金融创新的核心平台，将科技型中小企业、政府、银行等主体进行有机整合，促进了信息和资金在体系中的流转，有助于发挥区域性股权市场信息揭示、监督约束、价格发现和资本配置功能。

在信息揭示功能方面，区域性股权市场建立信息披露平台，一方面可以通过该平台公布企业的主营业务、财务状况、经营状况以及有关技术的实时资讯等，使投资者更加了解企业信息。这不仅可以缓解投资者与科技型中小企业之间的信息不对称问题，也起到了保护投资者切身利益的作用。另一方面，信息披露平台还会及时公布政府对科技型企业的优惠政策、区域性股权市场交易制度及变更等内容。

在监督约束功能方面，区域性股权市场对挂牌企业进行监督，保证其披露信息的真实性；对在该市场上交易的投资者进行监督，对内幕交易和操纵市场的行为进行处罚。同时，由于非上市企业可以在区域性股权市场挂牌交易，可以通过员工持股计划解决投资者、企业所有者与技术员之间的委托代理问题，通过资本市场的约束力保证企业管理者保持对企业科技创新的动力。

在价格发现功能方面，区域性股权市场交易参与者、交易人士大多熟悉高新技术企业行情，交易透明度高，因此通过公开、公正、高效、竞争的交易运行机制，能够形成具有真实性、预期性、连续性和权威性的价格。

在资本配置功能方面，高新技术企业可通过区域性股权市场募集社会闲散资金以支持企业的发展需要，具有筹资功能。同时区域性股权市场作为投资平台，为资本提供增值机会。区域性股权市场的价格发现功能是资本配置功能的基础，透明、合理的价格引导投资者将资

金投向前景较好的高新技术企业股票。

（一）基于区域性股权市场的科技型中小企业融资机制

区域性股权市场作为科技型中小企业创新融资渠道的核心平台，可以为高新技术产业融资提供多种渠道。除传统的股权融资、债权融资方式外，还提供了可转债、资产证券化以及夹层融资等创新方式（见图5）。此外，地方性资本市场还可以提供融资租赁，进一步减轻中小企业的融资压力。与此同时，区域性股权市场也为风险资本投资高新技术企业提供了相应的退出机制，这将进一步加深风险资本与科技企业间的对接和合作。

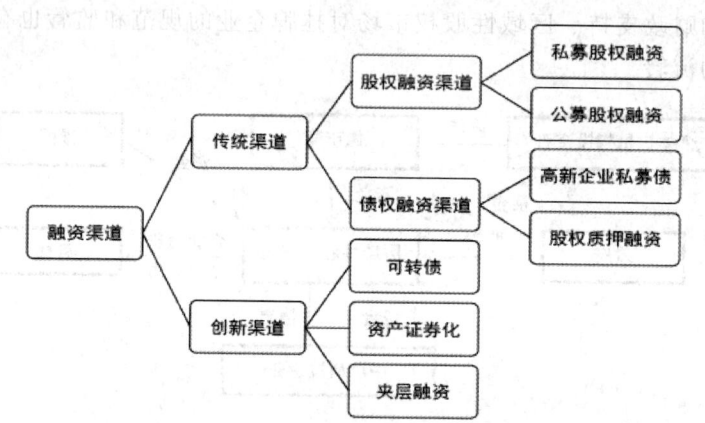

图5　区域性股权市场支持科技型中小企业融资渠道

（二）科技型中小企业成长中的管理提升与转板培育机制

区域性股权市场依托注册会员单位为托管和挂牌的企业提供确权、股改、投融资、管理咨询、高新技术企业认定等多样化的综合服务。挂牌成功后，股权交易系统中的信息披露机制对科技企业的经营形成正向激励，促进挂牌企业规范公司治理和内控制度，优化股权结构。同时通过区域性股权市场平台，为高新技术企业引进天使投资和风险投资。天使投资和风险投资在管理风险上的优越性，能够进一步促进企业的公司治理结构、财务结构、经营策略等全方位提升。

区域性股权市场是场内市场的孵化器，在区域性股权市场挂牌交易的企业经过会员辅导、战略投资者的管理提升等，更易于满足在场内市场上市的条件。而且由于企业具有在区域性股权市场上的交易历史，投资者对企业具有一定的信息基础，使得企业转板成功的概率提高。

（三）基于区域性股权市场的高新技术产业资源整合机制

高新技术产业链的纵向延伸和横向拓展都需要资金的支持，区域性股权市场作为小规模企业的融资平台，为产业链上结点企业的发展提供了可能。通过知识产权转让，实现技术资本的整合；通过股权的转让，实现企业间的兼并重组；成长性好的企业驱逐劣势企业，通过市场竞争机制实现优胜劣汰，推进产业效率的优化，促进规模效应的形成；同时，产业集群效应将进一步推进产业的发展，通过供应链融资、集群中企业互相担保获得更多资金。区域政府可以及时推进产业基金的建立，助推区域经济发展。

五、区域性股权市场推动科技金融创新的政策建议

（一）支持和鼓励科技企业进入区域性股权市场

将区域性股权市场作为政府对处于初创期的科技型企业进行扶持的平台和渠道，提高企业的上市意识，帮助企业开展股份制改造，积极发挥区域性股权市场的企业孵化器功能。利用区域性股权市场筹集金融资本，发挥区域性股权市场在金融、信息、管理方面的优势，为中小企业成长提供服务。

首先，支持和推动初创型科技企业开展股份制改造，引导企业按照《公司法》和其他相关法律、法规的要求，逐渐健全由股东会、董事会、监事会和经理人构成的互相制约的企业法人治理结构，完善现代企业制度。其次，培育和支持符合条件的初创科技企业在区域性股权市场挂牌融资，组织符合条件的科技型中小企业发行中小企业集合债券和集合票据。最后，引导科技型中小企业把利用区域性股权市场与加强企业发展战略管理结合起来，通过引入多元化的投资主体，形成合理的股权结构和完善的公司内部治理结构。

（二）大力促进风险投资与初创期科技型中小企业的对接

首先，完善区域性股权市场中企业股本的准入和退出机制。一方面，增加在区域性股权市场挂牌的企业数量，为投资者提供更多的投资选择；另一方面，保证了挂牌企业的质量，保护了投资者的利益。其次，区域性股权市场要建立健全信息披露机制，公布相关的监管政策、法律法规、业务准则等，定期公布挂牌企业的基本状况供投资者查询。最后，区域性股权市场要完善转板机制，促进拥有一定规模和效益的科技型中小企业在更高层次的资本市场挂牌上市，以适应不同层次的风险投资者的投资需求。

（三）以区域性股权市场为依托建立风险资本网络

1. 发展基于区域性股权市场的金融中介体系

整合现有的区域性股权市场中介机构，建立在科技创新、技术转移、成果转化方面真正发挥科技资源配置基础作用的金融中介体系。明确区域性股权市场金融中介机构的定位，健全市场机制，加快中介机构改革，非营利性的政策性中介机构和营利性的金融中介机构协同发展，改变区域性股权市场金融中介无序竞争的局面。

2. 扩大风险资本来源

区域性股权市场的定位是私募市场，风险资本的来源主要是机构投资者。应积极引入区域外的风险投资机构在区域性股权市场设立分支机构，吸引国内和国际的风险资金流入。具体而言，包括支持创业投资企业发展，引导各类股权投资、债权投资企业和股权、债权投资管理企业入驻发展，通过政策优惠形成资本集聚效应。鼓励银行、证券、信托等金融机构开展高新技术企业债券发行、承销及结算业务。积极探索设立天使投资基金、高新技术产业基金等，鼓励民间资本参与风险投资基金的建设。

（四）搭建和完善科技金融合作平台和科技企业信用体系

在注重科技发展的同时，也要注重已有的科技成果的质量，因此要大力引进和培育专业

的评估方面的技术人员对已有的科技成果的质量进行评估，扶持科技成果评估机构的成立和发展。在政策上可以支持主营科技型中小企业业务的担保机构、风险投资机构、创业投资机构，使这些机构成为科技企业和金融业合作的平台。此外，应着力建设地方科技部门和国家高新技术产区的科技金融服务平台，整合各方面优势金融资源。

要大力建设科技信用体系，对科技型中小企业的信用等级进行评价，依托科技金融试点地区建设科技企业的信用示范区。在对企业进行信用评级时要引入专业的信用评级机构，完善科技型中小企业的信用报告制度。

（五）完善区域性股权市场的资源整合机制

作为地方性金融服务平台，区域性股权市场必须对一个区域的金融、信息等资源进行合理整合，引导资源有序高效流动。区域性股权市场在对各项资源的整合过程中，最重要的是要做好金融资源的整合，提高资金的使用效率，为科技型中小企业提供更多的融资机会。还要做好信息资源和技术资源的整合工作，发挥自身作为政府、企业、媒体连接点的作用，向社会披露相关信息，方便社会了解市场情况，规范企业管理，带动企业高端人才引进。

参考文献

［1］Alexander Popov, Peter Roosenboom. Venture Capital and New Business Creation［J］，Journal of Banking & Finance, 2013.

［2］Hellmann Thomas, Lindsey Laura, Puri Manju, Building Relationships Early: Banks in Venture Capital［J］, The Review of Financial Studies, 2008, 513–541.

［3］巴曙松．中国高新技术产业发展中的金融支持［J］．科技进步与对策，2000．

［4］蔡苓．破解我国中小企业融资难问题研究——基于商业银行"投贷联动"视角的分析［J］．上海经济研究，2016（3）．

［5］房汉廷．关于科技金融理论——实践与政策的思考［J］．中国科技论坛，2010（11）．

［6］胡冬雪．科技和金融结合的突破点应该放在成长期科技企业上——2010年浦江创新论坛之我见［J］．华东科技，2010（12）．

［7］李希义，郭戎，张俊芳．我国科技金融合作发展存在的问题及相关政策建议［J］．科技创新与生产力，2011（3）．

［8］刘降斌，李艳梅．区域科技型中小企业自主创新金融支持体系研究［J］．金融研究，2008（12）：193—206．

［9］綦鲁明，张亮．美、英、日高新技术产业投融资模式比较及其对我国的启示［J］．经济管理，2009（7）：76—80．

［10］王瑞波，谭华等．新科技金融结合的"生命周期"模式——青岛市推进科技金融结合创新实践［J］．中国农村科技，2013（3）．

［11］叶翔凤，杨擘．以科技金融创新推进战略性新兴产业发展［J］．中国高新技术企业，2010（8）．

区域性股权市场支持科技创新型中小企业发展体制机制及效果研究

上海股权托管交易中心股份有限公司课题组[*]

一、前言

"十二五"以来,党中央、国务院高度重视科技创新,作出深入实施创新驱动发展战略的多项重大决策部署。始终聚焦于深入实施创新驱动发展战略,持续推进大众创新、万众创业,以创新引领实体经济转型升级,利用科技创新提升社会生产力及综合国力。

中小企业,尤其是科技创新型中小企业,因其独特创新竞争比较优势,成为推动我国创新驱动发展的生力军。发展科技创新型中小企业,奠定我国"大众创业、万众创新"的微观基础,激发科技创新热情,是落实创新驱动发展战略的有力抓手。

科技创新型中小企业多属于企业发展周期的初创期与成长期,抗风险、适应变化能力均较弱。如何提高早中期"生存率",是科技创新型中小企业共同面临的问题。完善治理结构、快速推出新产品、规模化生产等举措皆能有效推动科技创新型中小企业的发展,而这些举措都有赖于资本的有效支持。科技创新型中小企业难以获得间接融资支持是世界性难题,因此大力发展促进企业获得直接融资的多层次资本市场,对解决科技创新型中小企业融资难融资贵的问题具有举足轻重的作用。

目前我国多层次资本市场包括主板、中小板、创业板、全国股转系统及各区域性股权市场等场外市场。主板、中小板、创业板市场因准入门槛限制,短时间内无法满足广大科技创新型中小企业对接资本市场的需求;全国股转系统虽无行业及财务指标的要求,挂牌企业数量已达 11 000 余家,但目前缺少针对科技创新型企业量身定制的挂牌板块;而区域性股权

---

[*] 本文为中国证券业协会 2017 年重点课题。课题负责人:张云峰;课题组成员:陈妍妍、王涵敏、周佳辰、韩清罂、乔昱人。

市场,由于机制设置灵活,有条件设置专门针对科技创新型中小企业精准服务的市场板块。2017年1月国务院发布的《关于规范发展区域性股权市场的通知》(国办发〔2017〕11号)指出,规范发展区域性股权市场是完善多层次资本市场体系的重要举措,在推进供给侧结构性改革、促进"大众创业、万众创新"、服务创新驱动发展战略、降低企业杠杆率等方面具有重要意义。

本文分析并探讨区域性股权市场支持科技创新型中小企业发展的体制机制,借鉴境外资本市场的相关经验,比较分析我国区域性股权市场的现状及效果,形成促进科技创新型中小企业发展的区域性股权市场体制机制建议。

二、我国科技创新型中小企业发展面临的困境

(一)科技创新型中小企业的特点及发展现状

1. 科技创新型中小企业数量、营业收入、从业人员占比越来越高

按照《引发关于引发中小企业划型标准规定的通知》(工信部联企业〔2011〕300号),不同行业的大中小型企业划分标准不同,将人数大于等于1 000人的高新技术企业划分为大企业,人数小于1 000人的高新技术企业划分为中小企业。

表1为按照企业人数划分(下同)的我国不同规模的高新技术企业的数量占比情况。其中,大型高新技术企业占比从2011年开始呈现逐年下降趋势,中小型高新技术企业占比逐年上升。中小型高新技术企业绝对数量远高于大型企业数量。

表1 我国高新技术企业数量占比情况统计 (单位:%)

年份	人数≥1 000	500≤人数<1 000	100≤人数<500	50≤人数<100	人数<50
2007	5	5	28	16	46
2008	4	5	28	16	47
2009	8	9	41	19	22
2010	8	10	43	19	20
2011	8	9	43	19	21
2012	7	9	44	20	21
2013	6	8	42	21	24
2014	6	7	40	21	26
2015	5	7	31	24	33

资料来源:Wind。

表2为我国高新技术企业的年末从业人员占比情况。其中,大型高新技术企业年末从业人员数量占比从2010年开始呈现下降趋势,2015年中小型高新技术企业年末从业人员数量已超过大型高新技术企业。

表3为我国高新技术企业的营业收入占比情况。其中,大型高新技术企业创造营业收入占比从2010年开始呈现下降趋势。

表2 我国高新技术企业年末从业人员占比情况统计 （单位:%）

年份	人数≥1 000	500≤人数<1 000	100≤人数<500	50≤人数<100	人数<50
2007	54	14	24	4	3
2008	52	15	25	5	3
2009	54	16	24	4	2
2010	55	16	24	3	1
2011	53	16	26	4	2
2012	50	17	28	4	2
2013	49	17	28	5	2
2014	48	16	29	5	2
2015	45	16	30	6	3

资料来源：Wind。

表3 我国高新技术企业营业收入占比情况统计 （单位:%）

年份	人数≥1 000	500≤人数<1 000	100≤人数<500	50≤人数<100	人数<50
2007	59	14	21	4	2
2008	58	14	21	4	2
2009	59	15	21	3	2
2010	60	15	22	3	1
2011	59	15	23	3	1
2012	56	15	24	3	2
2013	56	15	24	3	2
2014	56	15	24	3	2
2015	54	15	25	4	2

资料来源：Wind。

2. 华北、华东、中南地区科技创新型企业数量、从业人员数量、创造营业收入占比居前三位

我国目前共54个城市建设有高新区，在此将其按地域分为华北、东北、华东、中南、西南和西北地区。

表4为各地区高新区企业数量占比情况。2011—2015年，华北、华东、中南地区高新区企业数量占比排名前三位。2015年，北京市、上海市、西安市为高新区企业数量占比前三位的城市。

表4 我国各地区高新区企业数量占比情况统计 （单位:%）

年份	华北	东北	华东	中南	西南	西北
2011	37	11	19	20	5	8
2012	35	10	20	22	5	8
2013	34	9	20	22	6	8
2014	34	7	22	22	6	8
2015	35	7	23	21	6	8

资料来源：Wind。

表5为各地区高新区企业年末从业人员占比情况。2011—2015年，华东、中南、华北地区高新区企业年末从业人员占比排名前三位。华东地区高新区企业年末从业人员数量占比从2011年开始逐年下降，华北地区则逐年上升。2015年，北京市、上海市、武汉市为高新区企业年末从业人员数量占比前三位的城市。

表5　　　　我国各地区高新区企业年末从业人员占比情况统计　　　　（单位:%）

年份	华北	东北	华东	中南	西南	西北
2011	17	9	41	22	6	5
2012	18	8	40	23	6	5
2013	19	7	39	23	7	5
2014	20	7	38	24	7	5
2015	21	6	36	24	7	5

资料来源：Wind。

表6为各地区高新区企业营业收入占比情况。2011—2015年，华北、华东、中南地区高新区企业营业收入占比排名前三位。华北地区高新区企业营业收入占比从2011年开始逐年升高，华东地区则逐年下降。北京市、上海市、武汉市为高新区企业营业收入占比前三位的城市。

表6　　　　我国各地区高新区企业营业收入占比情况统计　　　　（单位:%）

年份	华北	东北	华东	中南	西南	西北
2011	19	8	39	24	5	5
2012	20	8	36	25	5	6
2013	25	9	28	24	7	7
2014	26	8	27	25	7	7
2015	27	7	27	25	7	8

资料来源：Wind。

3. 研发投入大，资产规模小，成长快

科技创新型企业的科研成本巨大。另外，科技创新型企业多为轻资产企业，资产规模较低，但营业收入成长性较传统企业更快。例如，上海股权托管交易中心科技创新板挂牌企业披露的财务数据显示，挂牌企业平均资产规模为5 000万元，其中一半以上资产规模小于3 000万元，但2016年营业收入增长率却高达400%。

（二）科技创新型中小企业发展中遇到的主要问题

1. 融资困难

中小企业融资难是世界性的普遍难题。融资困难具体体现为融资成本偏高、地域性非均衡化、融资渠道失衡等方面。

（1）融资成本偏高。2014—2016年，大型企业银行贷款利率在6.36%—6.92%之间，中小型企业的贷款利率则上浮10%—20%。对于轻资产的科技创新型中小企业，抵押贷款较为困难。虽有部分信用贷款产品，但额度较少、实际不敷使用，且信用贷款均需承担第三方担保费率，增加企业融资成本。

（2）地域性非均衡化。根据《降成本：2017年的调查与分析》数据调查显示，2014—2016年，东部企业股权融资成本不到融资总额的1%，而西部企业股权融资成本则高达融资总额的3.77%，表明经济、金融环境较好的东部地区融资成本更低，而中西部中小企业则面临着融资成本高企的地域性问题。

（3）融资渠道失衡。从现有融资结构来看，银行贷款依然是中小企业的主要和首要融资来源。但因中小企业规模小、信用度不高、弱担保等特性，商业银行考虑自身风险及利润情况，对中小企业的贷款规模较低，作为首要融资来源的银行贷款无法满足广大中小企业的需求。

2. 税费负担较重

近年来，我国持续出台系列税收优惠政策，支持科技创新型中小企业发展，促进创新型国家建设。

但政府在出台税收优惠政策上及企业在运用税收优惠政策中尚面临如下问题：税收优惠政策对人力资本的激励力度不足，仍有一定的优化空间；税收优惠政策未聚焦科技创新活动，针对科技创新型中小企业的创新活动的税收优惠支持政策不足；税收优惠宣传力度仍需加大，部分适格企业未能充分知悉、享受到税收优惠红利。

3. 受市场环境影响大

中小企业，特别是科技创新型中小企业，因其轻资产、小规模、技术单一等特性，受宏观经济、政策等影响更大。另外，"互联网+"的浪潮促使各行业商业模式快速迭代更新，对很多中小型实体企业也是一大冲击。

4. 规范性程度较低

我国科技创新型中小企业多为家族企业，生存发展尤为不规范，在内部控制等问题上普遍存在先天不足。内部管理方面，大股东内部人控制问题普遍存在，董事会、监事会、股东会等治理机制流于形式，决策机制存在缺失；财务方面，广泛存在公司资产与股东资产混同情况、大股东侵占公司利益等损害公司利益的情形，股份有限公司财务报表大部分未经第三方专业机构审计、无形资产技术出资未经评估等；税务方面，存在偷税漏税等税务不健全情况。这些问题的存在制约着企业规模化发展，在未来企业IPO或对接其他资本市场时，企业规范化成本也相应高企。

5. 知识产权保护意识不强

近年来中央及地方各级政府制定了很多政策以保护中小企业知识产权，包括降低专利费、建立中小企业知识产权援助中心等。但作为知识产权运用主体的广大科技创新型中小企业，因其发展规模较小、保护知识产权的意识不强，在政策运用及企业自身知识产权保护上还存在很多的问题。政策支持上，国家普惠性政策落实力度不够，现有优惠政策未切实考虑中小企业特点。中小企业运用知识产权方面，企业不知如何运用知识产权保护自己的研发成果、对侵犯他人知识产权认识不深、不善于通过法律手段保护自己的知识产权等问题突出。

6. 人才招聘困难

我国人口红利已逐渐消失。科技创新型中小企业因企业特点，在寻找具备企业发展所需专业人员方面更遭遇挑战。高端人才用不起，基础人才不好用，人才的缺乏阻碍了科技创新型中小企业在新市场上的扩张和产品开发。

综合考察以上面临的主要问题,外部政策的优化及企业自身管理的规范都将进一步促进科技创新型中小企业的发展,而融资环境的改善则是直接为企业输血的原动力。融资环境的改善很大一部分将依赖于直接融资规模的扩大。风险投资、私募股权投资近十年来的快速增长一定程度上弥补了科技创新型中小企业的融资缺口,但退出渠道的受限抑制了投资金额的进一步增长。风险投资、私募股权投资的最终退出主要依靠企业 IPO 上市或者被并购。目前,中国的多层次资本市场尚未成熟,退出渠道受限,主板、中小板、创业板、全国股转系统因政策、财务指标限制等因素无法满足广大科技创新型中小企业对接资本的需求。因此,服务于中小型企业特别是科技创新型中小企业的区域性股权市场,事实上承担了重要职能。因此规范发展区域性股权市场,将有利于疏通创业投资、股权投资的退出渠道,促进企业快速发展。

三、境外资本市场支持科技创新型中小企业发展的体制机制及效果

(一)美国模式

美国由于资本市场体系完整,其科技创新型中小企业可以得到各层次资本市场的支持。

1. 纽约证券交易所

纽约证券交易所(NYSE)是世界上第二大证券交易所。2005 年 4 月末,NYSE 和全电子证券交易所(Archipelago)合并,成为一个营利性机构。2006 年 6 月 1 日,纽约证券交易所宣布与泛欧证券交易所合并组成纽约泛欧证交所。虽然纽约证券交易所的服务对象以规模可观的行业巨头为主,但其仍在协助中小企业,尤其是科技创新型中小企业的实践中有所建树。近几年,美国各交易所之间合并、收购频发,交易所服务日趋同质化,过往更注重服务大型企业的纽约证券交易所开始注重采取各项举措争取中小型企业上市。

2. 纳斯达克市场

纳斯达克在服务科技创新型中小企业的实践中体现以下特征:第一,以领先全球的科技助力融资与交易;第二,为企业提供极富科技感与现代化的上市仪式,帮助企业树立科创型极强的品牌形象;第三,运用多项科技工具,帮助上市公司在公司治理、投资者关系管理、公开信息披露、监管部门沟通等活动中高效完成工作;第四,纳斯达克为全球各地的交易所机构提供技术支持,并为尚未成熟的交易机构提供运维管理上的咨询服务与专业建议,从而让更多证券市场服务科技创新型企业。

3. 场外交易市场

历史上,在纳斯达克体系内有一个相对独立的场外市场——美国场外柜台交易系统(OTCBB)。该市场主要为尚不能登陆纳斯达克市场的成长前期的企业提供挂牌报价、撮合股份交易的服务。基于整个纳斯达克体系中浓厚的科创氛围,科创型中小企业在 OTCBB 颇受关注。借助纳斯达克内部成熟的市场转板机制,OTCBB 还为纳斯达克提供了诸多优秀上市企业。同时,选择 OTCBB 的科技创新型中小企业,可以在资本市场中得到孵化,待时机成熟后便可尝试踏入纳斯达克或其他高层次资本市场。"区域性股权市场"是曾经存在的一类场外市场。一百多年以来,在美国证券市场逐步发展的过程中,由于通讯技术与结算手段不发达,在服务投资者方面没有一个证券市场可以覆盖整个国家,因此各市场被迫区域化(主要指投资者),以服务于某一特定区域的投资者。随着通讯和结算科技的发展,此类市

场均开始面向全国甚至全球各地的企业和投资者服务,"区域性股权交易市场"的说法也消失。现阶段我国重新树立区域性市场的概念,值得商榷。

4. 众筹市场

股权众筹方式的融资具有融资方自主性高、融资成本低、信息平衡性高等特点,为一部分成长初期的企业所青睐。

(二)欧洲模式

1. 英国

(1) 伦敦证券交易所。在伦敦证券交易所旗下,有专为成长型中小企业设立的板块——另类投资市场(AIM)。此板块上市企业多为成立初期、具有高成长潜力的中小企业。AIM拥有相对独立的审核机制、信息披露规则和市场指数,是未达到主板上市要求的中小企业接入资本市场的一个选择。中小企业在此市场不仅能吸引着世界各地投资人的关注,还可以享受专属的税收优惠政策。相较于主板市场,AIM有着简明的监管系统、较低的上市成本,且活跃其中的投资者以机构投资者为主导,这也迎合了中小企业对投资人的偏好。

同时,伦敦证券交易所将主板和AIM市场中的科技型企业重新汇集成一个市场内的市场——科技市场。这一举措增强了小型科技公司的透明度和市场关注度,并以特定指数的形式反映市场内科技公司的成长动态,并使潜在投资者可以快速聚焦合适的科技企业。而对于科技市场内的企业,交易所成立了独立的行业专家小组提供包括贸易结构、企业融资、财务与法律和行业技术标准咨询等各项服务支持。

(2) 场外市场。在证券交易所之外,一些规模较大的投行根据相关法律要求,作为非上市股份公司的做市商,利用互联网等方式提供股份报价服务。以其中的JP Jenkins搭建的OFEX市场为例,它有一套完整独立的交易清算规则,为200家左右的非上市企业提供股份交易业务,逐步成为成长初期的科技企业享受资本市场红利的场所。

2. 德国

(1) 证券交易所。与美国的纳斯达克市场的建立相似,德国于1997年建立了专门服务中小企业的"法兰克福新市场",并成为"欧洲新市场"的一个有机组成。经过几年的发展,该市场已经成为德国中小企业登陆证券市场、创业投资机构投资和交易的首选地。

(2) 创业投资市场。德国创业投资市场较为发达,对成长初期的中小企业提供有力的支持。由于德国政府实行金融混业监管,银行在存款、放贷的同时也可以进行股权投资业务,银行也成为德国创业投资市场的主要角色。

在投资者与被投资者关系上,不同于美国创投市场注重协议、依赖信息披露来监管被投资公司,德国的投资主体更倾向于关系依赖体制,即投资银行通过持有的企业股权或债券而享有一定控制权,保障投资回报不受侵犯。此种体制固然会干扰企业经营的自主性,但对于制度不健全、业务不稳定的中小企业来说,无形中形成了一种长期合约,强化了投融双方的自律意识,从长远来看可以促进中小企业的发展。

(三)亚洲模式

1. 日本

日本在推动中小企业通过直接融资获得资金方面提供政策帮助。首先,在东京证券交易所开辟主板之外的新板块,即"第二部市场"和更低一级的"新市场",帮助虽达不到主板上市要求、但科技含量高或成长潜力大的中小企业对接资本市场。此外,日本还活跃着若干被称为"店头市场"的场外市场,以更低标准接纳中小型企业,并提供融资与股权交易服务。

2. 中国香港地区

香港联合交易所不但为香港主板、香港创业板上市的科技创新型企业发展提供助力,也采取措施帮扶和吸引科技创新型中小企业,其中最有力的举措当属其正在筹备的创新板。2018年2月,港交所发布了《优化香港上市制度——有关新兴公司及创新产业上市制度的咨询》。根据咨询文件,此次制度优化主要聚焦在三个方面:未有收益的生物科技公司上市新规、采用不同投票权架构的公司、增设第二上市的渠道。其中,前两方面对科技型中小企业意义重大。

3. 中国台湾地区

中国台湾地区多层次资本市场大致可从高至低分为三个层次:集中交易市场、柜台(店头)市场和兴柜市场。集中交易市场是由台湾证券交易所运营的主板市场。台湾证券交易所围绕上市企业提供股票交易、清算交割服务。该场所亦可发行存托凭证、公司债券等证券,丰富上市企业融资形式。台湾柜台市场服务于未达到主板上市标准的中小企业。第三层次的兴柜市场由柜台中心代管,其挂牌企业只能通过证券公司营业部进行议价式股票交易。层次众多、定位交错的资本市场设置,让盈利能力与资本数量各异的科技型企业有了广阔的选择空间。

四、中国区域性股权市场支持科技创新型中小企业发展的体制机制及效果

(一)区域性股权市场发展的历史演进

1. 三板市场打下场外市场的地基

20世纪90年代对于证券交易场所的大规模清理整顿稳定了国内金融环境,但也带来了诸多社会问题,最突出的为市场投资者的权益处理问题。因此,中国证监会于2001年2月成立专项工作小组,以解决STAQ与NET市场的股票交易问题为目的,设立新的证券市场。该市场建立后被称为"三板市场"。后来新三板推出后,民间又称之为"老三板"以示区分。三板市场是中国第一个场外市场,它一定程度上解决了历史遗留的主板市场连续三年亏损而被退市的公司的股票交易问题。

2. 创业板的暂缓设立与新三板的试点

随着2001年我国创业板的筹备被搁浅,一部分中小企业的企业家开始更关注刚刚诞生的"三板"市场。面对这种需求,结合当时提出的"在2020年前把中国建设成为自主创新型国家"的号召,国务院开始筹备建设新的市场,即全国股转系统。2006年1月23日,证券公司代办股份转让系统开辟中关村科技园区非上市股份有限公司股份报价转让新板块。该板块初期仅面向注册在中关村园区内的科技型企业,专门解决科技企业的挂牌融资需求,此后陆续向其他地区及更传统的企业开放。2012年9月20日,全国中小企业股份转让系统在国家工商总局注册成立;2013年12月13日,国务院发布《关于全国中小企业股份转让系统有关问题的决定》,新三板市场迈入了新的历史时期。

3. 区域性股权市场的起步

全国股转系统的成立，引起了全国各地的中小企业的关注。然而由于当时全国股转系统未向全国开放，且已挂牌企业的融资表现并不理想，中小企业开始呼吁市场化的新交易场所的出现，并促使各地政府开始设立区域性股权交易市场，天津股权交易所、重庆股份转让中心、上海股权托管交易中心为代表在这段时间内相继设立。

根据《证券法》相关规定，当时天津、重庆、上海的区域性股权交易市场虽有国务院有关文件精神的支持，但仅为省级人民政府批准，并不完全符合《证券法》的要求。2011年年底，国家发展和改革委员会印发《"十二五"时期上海国际金融中心建设规划》（发改财金〔2011〕2991号），提到"以上海股权托管交易中心建设为载体，积极探索非上市公司股权托管和非公开转让市场建设"。基于此，在得到国务院的认可之后，上海股权托管交易中心于2012年2月正式开盘。

4. 早期成长阶段

为防范金融风险，国务院出台《国务院关于清理整顿各类交易场所切实防范金融风险的决定》（国发〔2011〕38号）、《国务院办公厅关于清理整顿各类交易场所的实施意见》（国办发〔2012〕37号），对市场的交易方式、买卖时间间隔、权益持有人数量、分支机构管理等作出要求。使得区域性股权交易场所的业务得到规范，也有效遏制了金融风险在此类市场的滋生。同时，2012年8月31日中国证监会发布《关于规范证券公司参与区域性股权交易市场的指导意见（试行）》，"区域性股权交易市场"首次出现在政府文件中。该文件进一步规范了市场的运营，也催生了各级政府设立本区域股权交易市场的想法。此后，各地方政府开始筹备建立自身的区域性股权交易市场。目前，全国共计有40家区域性股权交易场所。

5. 新时期的区域性股权市场

短时间区域性股权市场的爆发性增长引起市场动荡与风险。由于缺少股权市场的流通性与交易活跃性，部分市场违背初衷，将业务重点放在中小企业私募债、网络金融产品等风险较高的金融类产品上，损害投资人的利益，引发了一定的负面社会影响。面对这一情况，2017年1月，《国务院办公厅关于规范发展区域性股权市场的通知》（国办发〔2017〕11号），对区域性股权市场的目的与定位、展业区域、业务范围等做出了指导性规定。在此通知的基础上，中国证监会于2017年5月出台《区域性股权市场监督管理试行办法》，指出区域性股权市场是主要服务于所在省级行政区域内中小微企业的私募股权市场，是多层次资本市场体系的重要组成部分；区域性股权市场可经营产品包括股票与可转换为股票的公司债券；每个省级行政区域（包含计划单列市）仅可设立一所区域性股权市场经营场所，且不可跨区域经营股权交易业务。

在省级人民政府和中国证监会的指导和要求下，各股权交易市场运营场所按要求进行了市场规范化工作。未来，在国务院和中国证监会指导下，区域性股权市场将会得到长足发展。

（二）区域性股权市场支持科技创新型中小企业发展的体制机制分析

1. 中介机构准入条件

由于中介机构能够起到隔离审核风险、提升材料申请与信息披露专业化程度、加强材料真实准确完整的保证程度、提升市场投资者保护水平的作用,在进行中介机构管理时,需要慎重制定中介机构准入条件。根据在区域性股权市场一线的工作经验,在制定中介机构的准入条件时,需要把握专业性、有效性、适当性、客观性的原则。

专业性原则,是指区域性股权市场应充分研究科技创新型中小企业特点,结合投资者在投资科技创新型中小企业时的关注点,挑选有服务科技创新型中小企业经验、对于企业科技性与创新性有判断能力、可以帮助企业挖掘投资价值的中介机构。

有效性原则,是指区域性股权市场要在充分考虑中介机构应发挥的作用基础上,通过严格制定市场准入条件的方式,提高市场运作效率。

适当性原则,是指区域性股权市场在制定中介机构准入条件时不仅要考虑提升适当准入标准,而且要考虑准入标准和市场发展水平与中介机构参与积极性相适应。

客观性原则,是指区域性股权市场在制定中介机构条件时选取的各项标准要尽量客观,可以提供具体的材料、数据等证明文件佐证展业能力,尽量摒弃主观评价原则,保障市场在中介机构准入时的公平、公开、公正原则。

本文选取上海股权托管交易中心(以下简称"上海股交中心")、武汉股权托管交易中心(以下简称"武汉股交中心")、齐鲁股权交易中心(以下简称"齐鲁股交中心")三家具有代表性且设立科技创新企业专门板块的区域性股权市场进行分析比较(见表7)。

表7 典型区域性股权市场科技板中介机构准入比较

	上海股交中心"科技创新板"	武汉股交中心"科技板"	齐鲁股交中心"科技板"
板块独立的中介准入	有	无	无
科技创新服务要求	具有服务科技创新型企业的能力及经历	无	无
中介准入基本要求	(1)依法设立且合法存续的企业;(2)具有固定的经营场所和满足正常经营所需的必要设施;(3)具有开展业务所需的专业团队;(4)具有服务科技创新型企业的能力及经历;(5)最近24个月不存在违法违规行为;(6)具有良好的信誉和经营业绩;(7)具有健全的业务管理制度和业务操作流程;(8)具有完善的风险管理与内部控制制度;(9)认可并遵照执行上海股交中心业务规则,按规定缴纳有关费用;(10)上海股交中心要求的其他条件	—	(1)依法设立;(2)具有良好的信誉和经营业绩;(3)认可并遵照执行齐鲁股权交易中心的制度规则,接受齐鲁股权交易中心监督管理;(4)齐鲁股权交易中心规定的其他条件

续表1

		上海股交中心"科技创新板"	武汉股交中心"科技板"	齐鲁股交中心"科技板"
推荐机构准入	财务要求	最近一期末实缴注册资本及经审计的净资本均不低于1 000万元	—	注册资本不低于1 000万元
	人员要求	具有通过国家财务、法律或行业相关职业资格考试并具有相关工作经验的专业人员	项目人员中具有至少3名通过证券从业资格考试、1名通过司法从业人员执业资格考试以及1名通过注册会计师执业资格考试的专业人员	具有会计、法律专业及证券/基金从业人员各不少于1名
	经验要求	(1) 具有开展企业挂牌上市、投资咨询或资信调查等尽职调查相关经验；(2) 具有股份（或股票）发行承销经验	(1) 具有较强的投资价值研究分析能力；(2) 具有培育、指导企业成长或向资本市场输送优秀企业的良好业绩记录	具有开展公司挂牌上市、投资咨询或资信调查等尽职调查相关的工作经验
	机制要求	(1) 具有健全的投资者保护机制；(2) 具有完善的风险管理与内部控制制度	内部设置专业部门和专业人员对被推荐挂牌企业的信息披露和合规经营进行督导，具有健全的持续督导管理制度	具有完善的内部管理、尽职调查、工作底稿、工作内核、持续监督制度及健全的风险控制机制
	其他要求	证券公司、银行等金融机构或股权投资机构（境内依法设立且合法存续的有限责任公司或股份有限公司）。其中，股权投资机构应具有直接股权投资或管理股权投资基金的经历，且具备下列条件之一：(1) 股权投资机构及其控股股东、实际控制人、受同一控制人控制下的其他关联企业以自有资金通过股权投资方式投资于上海股权交易市场的金额合计不低于500万元且持有期限不少于24个月；(2) 管理的基金规模不低于3亿元，且以其自有资金或其管理的基金进行的股权投资金额不低于1亿元	—	依法批准设立的金融机构或经齐鲁股权交易中心认可的其他机构等，属于其他机构的公司营业范围应具有投资管理咨询、企业管理咨询等相关业务且有独立业务部门；最近三年或成立以来没有不良记录和违反职业道德的行为
专业服务机构准入	财务要求	—	上年度审计收入不低于人民币500万元	审计机构最近三年不存在虚假审计报告记录
	人员要求	具有开展业务所需的专业团队	从事专业服务的人员不少于10名，其中具有多层次资本市场业务经验的人员不少于1名	专业服务机构从事相关法律、审计事务的人员应熟悉股权挂牌和证券发行相关业务

续表2

		上海股交中心"科技创新板"	武汉股交中心"科技板"	齐鲁股交中心"科技板"
专业服务机构准入	其他	（1）具有相关展业资质的会计师事务所、律师事务所或资产评估机构；（2）参见本表中介机构基本要求	（1）在我国境内依法注册成立两年以上（含两年）；（2）内部机构设置合理，风险防范制度健全；（3）具有良好的职业道德和信誉，最近三年没有发生过重大违法违规行为和违反职业道德的行为	（1）依法设立的机构或组织；（2）内部机构设置合理，风险防范制度健全，具有承担相关业务责任和风险的能力；（3）具有良好的职业道德和信誉，最近三年内没有受过纪律处分或其他违反职业道德的行为
经纪业务机构准入		（1）境内依法设立且合法存续的有限责任公司或股份有限公司；（2）最近一期末实缴注册资本及经审计的净资产均不低于200万元；（3）具有开展投资咨询、经纪业务等相关经验；（4）具有通过国家行业分析、投资咨询相关职业资格考试并具有相关工作经验的专业人员；（5）具有健全的投资者保护机制；（6）上海股交中心要求的其他条件	—	—

资料来源：上海股交中心官网，武汉股交中心官网，齐鲁股交中心官网。

由表7可知，区域性股权市场均结合市场特点对中介机构提出了严格的准入要求，特别是在中介机构的团队人员、从业经验、财务要求等方面。但在对中介机构服务科技创新型企业的经验上，仅个别股交中心对此进行了要求。由于中介机构肩负制作挂牌企业申报材料的重任，若中介机构无法为投资者提供真实、准确的科技创新型企业信息，将影响投资者作出合理决策。

2. 企业挂牌准入条件

区域性股权市场挂牌企业的板块按照功能，大致分为两大类。除传统的挂牌企业股份转让板块外，区域性股权市场也可以按照规定为中小微企业信息展示提供服务。

在涉及转让板与展示板的具体准入条件时，各区域性股权市场的挂牌准入条件存在诸多差异，标准高低不一。其中，以转让板的准入差异最为显著。企业到转让板挂牌的准入差异大致体现在以下几方面：

首先是对申请挂牌的科技创新型中小企业科技性、创新性的认定要求。各区域性股权交易中心"科技创新板"的服务对象为科技型、创新型中小企业，在设置科学合理的挂牌条件时需要密切结合科技型、创新型中小企业的特点，在多样化的准入条件中通常包括基础性挂牌条件、个性化可选择的挂牌条件，体现差异化和包容性。而在科技性、创新性的认定上，认定原则既有市场化原则，也有行政化原则。

其次是对企业情况真实性的要求。为了加强企业信息特别是财务信息的真实性，切实保护投资者权益，各区域性股权市场要求申请挂牌的企业需要聘请具有板块从业资格的推荐机构、会计师事务所和律师事务所，出具股份转让说明书、审计报告与法律意见书。而且不同区域性股权市场对审计报告的报告期也各有年限差别。

最后是对企业治理结构完善、运作规范、股权归属清晰的要求。虽然区域性股权市场仍属于私募市场，但如果挂牌企业在治理结构与股权归属上存在问题，将给公司股份交易及公司的进一步发展都带来潜在的纠纷。

选取我国三家具有代表性的区域性股权市场科技创新板块的企业挂牌准入条件进行分析（见表8）。

表8　　典型区域性股权市场科技板企业挂牌准入比较

	上海股交中心"科技创新板"	武汉股交中心"科技板"	齐鲁股交中心"科技板"
公司类型	属于科技型、创新型股份有限公司	依法设立且存续满1年的有限责任公司或股份有限公司	不限于企业的组织形式（股份公司、有限公司皆可）
科技性、创新性要求	1. "科技型"公司应至少具备以下条件之一：（1）公司研发投入强度不低于3%；（2）公司直接从事研发的科技人员占比不低于10%；（3）公司高新技术产值占营业收入的比例不低于50%；（4）公司具有自主知识产权，包括公司自主研发或通过受让方式取得的发明专利、著作权等 2. "创新型"公司应符合《上海"四新"经济发展绿皮书》导向，属于上海"四新"经济热点领域，具有"新技术、新模式、新业态、新产业"特征 3. 具有较强自主创新能力、较高成长性或一定规模 "较强自主创新能力"可表现为尚未实现收入或盈利，但至少满足以下条件之一：（1）公司经研发后取得明显的技术突破；（2）公司拥有自主知识产权的核心技术；（3）公司获批取得特许经营资质 "较高成长性"为完成了前期的研发或度过了初创期，已具有一定的营业收入，且最近连续两年每年经审计的营业收入增长率均不低于30% "一定规模"为公司经审计的财务数据满足以下条件之一：（1）连续两年盈利，净利润累计不少于400万元；（2）最近一年盈利，营业收入不少于	符合科技型公司界定标准之一：（1）企业拥有自主知识产权，掌握专有技术或获得市级以上科技进步奖；（2）企业主要从事技术开发、技术转让、技术咨询、技术服务、技术检测或高新技术产品（服务）的研发、生产、经营等科技与创新活动；（3）企业具有开展技术创新活动的条件；（4）企业技术性收入和高新技术产品（服务）的销售收入之和占企业销售总收入的比例不低于20%	高新技术企业，或战略新兴行业、新商业模式、科技创新型中的优势企业，或是拥有核心技术企业均可

续表

	上海股交中心"科技创新板"	武汉股交中心"科技板"	齐鲁股交中心"科技板"
科技性、创新性要求	2 000万元；（3）市值不少于2亿元，最近一年营业收入不少于2 000万元，最近两年经营性活动产生的现金流净额累计不少于200万元；（4）市值不少于3亿元，最近一年营业收入不少于2 000万元；（5）市值不少于6亿元，总资产不少于6 000万元，净资产不少于4 000万元		
其他要求	（1）公司治理结构完善，运作规范；（2）公司股权归属清晰；（3）上海股交中心要求的其他条件	（1）有限责任公司股东数量不超过50人，股份有限公司股东数量不超过200人；（2）拟挂牌公司须经取得中心资质的会员机构或专业科技金融服务机构推荐，并出具《推荐报告》；（3）股权清晰，在申请挂牌前与中心签订股权登记托管服务协议，办理股权登记托管	—

资料来源：上海股交中心官网，武汉股交中心官网，李铁："科技板"登上山东资本市场，http://paper.dzwww.com/dzrb/content/20161028/Articel03009MT.htm。

三家区域性股权市场都设立了服务科技创新型中小企业的资本市场板块，但是在服务对象上，有的股交中心同时服务于股份有限公司和有限责任公司，且对于企业的科技性的认定主要依赖于相关部门的"入库"企业名单和主观判定，可量化的客观条件较少；有的股交中心则对挂牌企业的科技性、创新性采取了较为严格、客观和多元化的判定，强化信息披露要求，有助于保障投资者权益，提高投资效率。例如，上海股交中心科技创新板专门服务于股份有限公司，挂牌后企业可以发行同股同权，且可以进行私募的股份交易，促进了挂牌企业的股份流动，发挥了资本市场价格发现功能。由于股份有限公司有更为完善的公司治理，在定期披露股东会、董事会公告、年报、半年报的基础上，投资者可以更好地把握上海股交中心科技创新板企业的发展进程，及时发掘到具有发展潜力与投资价值的企业，对市场的投后监管也更有信心。

由于三家区域性股权市场对挂牌企业的准入要求差异较大，挂牌速度与挂牌难度存在较大差别（详见表9）。

表9　典型区域性股权市场科技板企业挂牌企业数量比较（截至2017年9月30日）

	上海股交中心"科技创新板"	武汉股交中心"科技板"	齐鲁股交中心"科技板"
挂牌企业数量（家）	137	1 415	61

资料来源：上海股交中心官网，武汉股交中心官网，齐鲁股交中心官网。

3. 企业挂牌审核要求

区域性股权市场对于科技创新型中小企业的挂牌审核要求也松紧不一（详见表10）。

表10 　　　　　　　典型区域性股权市场科技板挂牌要求比较

	上海股交中心"科技创新板"	武汉股交中心"科技板"	齐鲁股交中心"科技板"
报送材料	1. 工作底稿。 2. 申请文件：（1）申请挂牌公司出具的挂牌申请；（2）申请挂牌公司及其实际控制人、全体股东、董事、监事、高级管理人员出具的承诺书；（3）股份转让说明书；（4）公司章程；（5）推荐报告；（6）审计报告；（7）法律意见书；（8）申请挂牌公司与推荐机构签订的推荐挂牌相关协议；（9）推荐机构尽职调查工作底稿及附件；（10）申请挂牌公司董事会、股东大会有关进入科技创新板挂牌的决议；（11）公司营业执照复印件；（12）公司股东名册及身份证明文件；（13）公司董事、监事、高级管理人员名单及其持股情况；（14）推荐机构自律情况声明；（15）推荐机构项目小组负责人、项目小组成员资格说明；（16）专业服务机构经办人员资格说明；（17）推荐机构对推荐挂牌申请文件电子文件与书面文件保持一致的声明；（18）上海股交中心要求的其他文件	申报材料：（1）股权挂牌申请书、承诺书和基本情况表；（2）公司简介（公章）；（3）公司章程（公章）；（4）股东会决议（股东签字、公章）；（5）法定代表人在职证明附身份证复印件（公章）；（6）企业法人营业执照（公章）、组织机构代码证（公章）、税务登记证正副本复印件（公章）；（7）全部股权托管证明；（8）挂牌交易推荐意见书（公章）；（9）挂牌推荐报告（公章）；（10）科技条件认定证明（公章）；（11）中心要求的其他文件	申报材料
审计报告、法律意见书要求	需要	不需要	不需要
审核流程	（1）受理时形式审查； （2）初审； （3）注册委员会审查	（1）受理决定； （2）企业挂牌审核委员会审核	（1）预审； （2）专家审核委员会审核

资料来源：上海股交中心官网，武汉股交中心官网，齐鲁股交中心官网。

从上表中可见，按照审核与否分，分为区域性股权市场审核挂牌申请材料与不审核挂牌申请材料两类。

在审核挂牌申请材料中，按照申请挂牌企业提交的申请材料内容，分为审核申请材料与工作底稿、仅审核申请材料两类。三家区域性股权市场中，仅一家股交中心审核企业工作底稿。

4. 挂牌后信息披露要求

信息披露是市场监管的核心，各区域性股权市场依据各自不同的管理办法与业务规则，制定信息披露事务管理制度，对挂牌企业提出了不同的信息披露要求。

在信息披露的行为要求方面，区域性股权市场通常要求挂牌企业指定专人负责信息披露事务，按照相关区域性股权市场规定履行信息披露义务。

在信息披露的内容要求方面，依据各个区域性股权市场的发展阶段与经营理念不同，对挂牌后企业的信息披露内容各自有不同的要求。

展示板挂牌企业的信息披露内容相对比较简单，转让板挂牌企业的信息披露内容更为充分，依据信息披露的阶段，主要分为挂牌前信息披露与挂牌后持续信息披露。其中，挂牌后持续信息披露，又分为定期信息披露与临时性信息披露。挂牌公司披露的定期报告通常包括年度报告、半年度报告，可以披露季度报告。临时报告主要包括其他可能对挂牌公司生产经营、股票交易价格、非公开发行股票价格等产生较大影响的重大事件公告。但对于挂牌公司年度报告中的财务会计报告是否需要会计师事务所审计，不同的区域性股权市场采用不同的监管尺度。

同时，区域性股权市场作为市场的运营与监管主体，对于挂牌企业在经营管理、财务以及法律法规等方面存在的重大风险或其他可能损害投资者利益的情形，需进行风险警示和相应处分。

上海股交中心、武汉股交中心与齐鲁股交中心的科技创新型企业挂牌后信息披露要求不同（详见表11），其中上海股交中心对于科技创新板挂牌企业要求披露定期报告与临时性报告，且对于未及时进行信息披露的企业进行风险揭示，在信息披露方面要求更高。

表 11　　　　　　　典型区域性股权市场科技板挂牌后信息披露比较

	上海股交中心"科技创新板"	武汉股交中心"科技板"	齐鲁股交中心"科技板"
定期信息披露	有	无	无
临时性信息披露	有	无	无

资料来源：上海股交中心官网，武汉股交中心官网，齐鲁股交中心官网。

5. 挂牌后融资审核要求

区域性股权市场对于挂牌企业挂牌后的融资审核存在不同的要求。按融资方式划分，分为非公开发行股份融资与非公开发行可转换为股票的公司债券融资。按融资审核方式划分，挂牌企业的融资审核分为审核制与备案制。审核制中，按审核时间先后划分，又分为融资前审核与融资后审核。

区域性股权市场当前对于融资审核内容也采取不同的标准。例如，上海股交中心对融资审核要求较为严格。一方面，对挂牌公司进行非公开发行提出严格要求；另一方面，在审核挂牌企业非公开发行材料时，要求推荐机构担任财务顾问，必要时应聘请专业服务机构提供审计、法律和评估等有关专业服务。

6. 市场监管及投资者保护

《区域性股权市场监督管理试行办法》对区域性股权市场的运营机构、办理登记结算业务的机构在市场监管和投资者保护方面作出了明确的规定。在中国证监会文件精神的指导下，区域性股权市场目前都在制定符合自身市场实际情况的管理规则，并依据相关规定，给予违反者管理措施或者违规处分的处理，并报本地金融办和中国证监会派出机构备案。

值得深思的是，在制定市场监管规则与投资者保护机制的同时，不容忽视监管成本的制约问题。严格的市场监管与投资者保护，在保障投资者权益的同时，也给运营机构、中介机构、挂牌企业带来了监管成本。若区域性股权市场融资与交易功能无法良好发挥，挂牌企业无法在挂牌后得到资金与战略发展方面的实惠，收益与成本不成正比，将不愿意承担严苛的市场监管带来的规范成本。而区域性股权市场由于其资源禀赋与管理水平的差异，运营机构的营业收入水平、中介机构盈利能力也参差不一，部分区域性股权市场也心有余而力不足，无法承担过高市场监管与投资者保护带来的人员、信息系统、资金等方面的成本。

7. 综合金融服务机制

区域性股权市场在针对科技创新型中小企业的综合金融服务上，可以采取多种服务手段。

（1）非公开发行股票。科技创新型中小企业在挂牌后可通过非公开发行股票，向合格投资者和特定投资者募集资金。区域性股权市场依据市场中的非公开发行股票的规则，对非公开发行股票的行为进行监管，帮助挂牌企业以直接融资的方式筹集资金。

（2）非公开发行可转换为股票的公司债券。科技创新型中小企业可在区域性股权市场发行可转换为股票的公司债券（以下简称"可转债"）。可转债是指发行人依据有关规则发行，在一定期间内依据约定的条件可以转换成发行人股票的公司债券。可转债可视为股权与期权合一的融资产品，由于能转换为股票，所以要求发行人必须为股份有限公司。

（3）科技创新基金。区域性股权市场视发展阶段与市场情况，倡导建立以扶持科技创新型中小企业为目的的科技创新基金，具体形式可以分为直投基金和母基金。

科技创新基金通过汇集政府资金和社会资本，引导形成专注投资科技创新型中小企业的基金圈层，在解决科技创新型中小企业融资难问题的同时，通过利用投资机构的专业性不断提升企业的公司治理水平，显著降低企业在发展过程中面临的各项风险。科创基金也将发挥杠杆效应，撬动社会资本，将区域性股权市场中服务于科技创新型中小企业的专业板块，打造成为科技创新创业投资资本的集聚地，助力科技创新型中小企业的发展壮大，显著增强本地区对科技人才以及科技型中小企业的吸引力，有效推动国家创新驱动发展战略的实施。

（4）借助互联网服务平台进行融资。获得法律规范、政策性规定授权的区域性股权市场，可搭建互联网综合金融服务平台，开展公开、小额股权众筹融资试点，进一步打通社会资本与科技创新板挂牌企业的对接渠道。

（5）境外股权融资。为吸引境外投资者参与自由贸易试验区（以下简称"自贸区"）内的区域性股权市场，进一步拓宽科技创新型中小企业融资渠道，根据中国人民银行、商务部、中国银保监会、中国证监会、国家外汇管理局和自贸区的有关内容，区域性股权市场可以探索为境外投资者投资注册在自贸区内的科技创新型挂牌企业提供便捷的境外投资途径和服务，研究为企业提供高效的境外融资方案。

2016年，地处上海自贸试验区的上海股交中心研究自贸区跨境融资相关政策，在广泛地调研与学习基础上，与上海市商务委员会探讨跨境股权融资突破的可行性，最终形成了以服务创新为核心的方案，在不突破法律法规和现有政策前提下，为自贸区跨境股权融资提供相关政策咨询、投融资促进以及配套服务，提高投融资效率，协助两家科技创新板挂牌企业引入境外投资者，并总结梳理了服务科技创新型企业自贸区跨境股权融资业务流程。

（6）其他融资方式。区域性股权市场可通过为挂牌企业搭建与银行、担保、保险、融资租赁、商业保理、私募股权等金融及类金融业态参与的综合金融服务平台，促进科技创新型企业与各类融资机构的对接，彰显了区域性股权市场专业的科技创新板块挂牌企业这一身份对于融资效果的促进作用。

（三）区域性股权市场支持科技创新型中小企业发展的效果分析

1. 挂牌后持续规范情况

区域性股权市场在挂牌企业挂牌后，应对其进行管理，要求其合法合规运营，遵守信息披露规范和市场的其他规范，保障市场投资者权益。以上海股交中心为例，上海股交中心通过挂牌企业自律、中介机构督导、股交中心持续管理三条途径，做好挂牌企业的持续规范工作。

2. 挂牌后融资情况

科技创新型中小企业在区域性股权市场挂牌后，借助资本市场的力量，开拓了新的融资渠道，增加了企业的融资数量。以上海股权交易中心为例，截至 2017 年 12 月 31 日，上海股交中心科技创新板挂牌企业合计 172 家，帮助 110 家挂牌企业获得股权融资 10.93 亿元、债权融资 8.98 亿元，平均每家企业约实现融资 1 157.56 万元。

3. 挂牌后交易情况

由于武汉股交中心与齐鲁股交中心科技板挂牌企业中既有股份有限公司又有有限责任公司，官网仅显示意向报价，两家市场官网未显示科技板挂牌企业的具体交易金额，武汉股交中心、齐鲁股交中心与上海股交中心的交易情况无法直接进行比较。

以上海股交中心为例，截至 2017 年 12 月 31 日，上海股交中心科技创新板挂牌企业 172 家，在大部分企业刚在挂牌前进行股改、发起人股票还未过 1 年的限售期、股东普遍惜售的情况下，科技创新板累计已产生 536 笔交易，交易总金额 3.16 亿元，交易总股数 1.11 亿股，加权价格平均值 6.80 元/股，远远高于挂牌企业的平均每股净资产，体现了市场的价值发现功能，为挂牌企业后续非公开发行股票、股权质押等都提供了合理的价值参考依据。

4. 挂牌后并购重组情况

科技创新型中小企业在区域性股权市场挂牌后，企业规范程度提升，规模与盈利能力不断增强，经过企业展示、信息披露以及上下游资源对接活动后，有更多机会实现企业的并购重组。以上海股交中心为例，挂牌企业北京华彩天地股份有限公司被上市公司当代东方并购，控股 51%。更有十多家上市公司参股多家挂牌企业。上市公司并购或者参股的挂牌企业普遍是具有领先技术、高科技产品、高增长型、良好盈利能力的科技创新型企业。

5. 挂牌后业绩增长情况

在金融资本助推之下，科技创新板挂牌企业的业绩在区域性股权市场中成为投资者关注的焦点。例如，根据上海股交中心挂牌企业 2016 年年报统计显示，在科技创新板挂牌的科技创新型中小企业较挂牌前有了明显的提升，营业收入平均增长 448.30%，60% 以上的企业业绩较上一年有大幅提升。

在一些运作良好的市场中，挂牌的科技创新型中小企业得到多方支持和多维度宣传，极大地提升了企业的市场知名度，拓展了企业与上下游伙伴的合作关系。基于此，多数挂牌企业在挂牌后签订了大额订单，业绩增长迅速。在上海股交中心科技创新板的挂牌企业中，有不少企业快速成长的案例。例如，环保材料行业的科技创新型企业上海每天节能环保科技股份有限公司与绿城房地产集团有限公司签订了金额约 2.49 亿元的战略采购协议。

此外，也有不少科技创新型企业在挂牌后借助资本市场，实现了融资并购，在技术方面取得了突破性的进展。以上海股交中心技创新板挂牌企业为例，挂牌企业深潜设备企业上海彩虹鱼海洋科技股份有限公司联合上海海洋大学深渊科学技术研究中心组成的深渊科学考察队，利用自主研发的三台全海深探测器在万米深渊成功完成科考任务，标志着中国成为世界上第三个掌握全海深无人深潜器技术的国家。

6. 挂牌企业认可度

投资者的投资热情是市场对于挂牌企业的认可度的"晴雨表"。投资者的投资热情，又可以通过投资者的开户数量和交易活跃度直观显示。

以上海股交中心为例，科技创新板目前仅面向机构投资者及关联个人投资者（在册股东、公司董监高及核心员工）开放，企业挂牌审核较为严格，对挂牌后企业的规范治理和信息披露等也同样进行了严格要求，能够显著降低投资者与企业之间的信息不对称风险。截至2017年12月31日，上海股交中心172家挂牌企业中，除去85家在限售期的企业外，有87家企业可交易，在买方踊跃、卖方惜售的氛围中，科技创新板累计产生536笔股份转让交易。例如，昂华股份自在上海股交中心科技创新板挂牌后业绩增长迅速，2016年营业收入增长109.86%，净利润增长127.07%，受到投资者的追捧，已完成98笔股份转让交易，累计转让金额11 280.04万元，累计成交1 442.09万股。

五、政策建议

（一）解决区域性股权市场存续、服务合法性问题

缺乏上位法和完善的证券私募法律制度框架支持是目前区域性股权市场在自身存续和服务科技创新型中小企业过程中遇到的首要障碍。这种障碍体现在对区域性股权市场法律定位模糊和市场服务中小企业方式、手段无法得到法律支持两方面。

1. 明确区域性股权市场的市场定位

习近平总书记在2017年第五次全国金融工作会议中明确指出："要加强金融监管，加快相关法律法规建设，完善金融机构法人治理结构。"由此可见，加强市场监管，守住不发生系统性金融风险底线需要从法律上对区域性股权市场进行定位。只有当法律法规对区域性股权市场的存在依据作出明确说明，才能消除市场在服务科技创新型中小企业时面临的法律顾虑。《区域性股权市场监督管理试行办法》对区域性股权市场的功能定位与现行《证券法》相冲突。当下位法同上位法存在冲突时，应当以上位法为准。《区域性股权市场监督管理试行办法》仍未能完全解决区域性股权市场的法律定位问题。

2. 解决区域性股权市场服务合法性、权威性问题

除对区域性股权市场存续和市场定位存在界定模糊的情况外，区域性股权市场在服务科技创新型中小企业过程中还存在服务内容不受法律保护、对外权威性受到其他政府职能部门和司法部门质疑的情况。其中较为典型的是企业股东名册权威性问题。

在实际操作层面，区域性股权市场认定证券持有人身份的依据并不完全为司法部门认可。

区域性股权市场一般通过协议方式托管公司股东名册，通过变更股东名册确认证券持有人对公司的所有权。但实际操作中可能存在多种违规操作，若公司与证券持有人、证券持有人之间或证券持有人与借款人之间产生纠纷，当司法部门对区域性股权市场提供的证据不予认可时，市场服务的权威性将受到质疑。不仅阻碍区域性股权市场的服务合法性，也为金融

监管埋下隐患。

此外,区域性股权市场在办理股权质押时存在法定效力低于工商行政管理部门规定的现象。影响其为科技创新型中小企业的股票流通、变现提供更多服务。

类似此类法律问题比较多,对区域性股权市场存续和发展产生诸多限制,如果区域性股权市场提供的证据不被司法机关认可、服务内容受到各方质疑的问题无法得到改善,那么区域性股权市场支持科技创新型中小企业的手段将大打折扣。

(二) 允许区域性股权市场有条件开展统一托管、多地挂牌

根据前文分析,区域性股权市场在服务体制机制及效果方面差异较大,部分地区科技创新型中小企业无法通过本地市场获得应有的金融服务,更有部分市场存在审核、监管不到位,风险频发的现象,为区域性股权市场品牌建设造成不良影响。

由于无法得到本地区区域性股权市场的直接支持,又达不到前往更高层次资本市场的要求。大量科技创新型中小企业只能通过债权方式进行融资或迁往具有发达资本市场的地区寻求发展机遇。前者仍无法达到降低企业杠杆率的目的;后者不仅增加了科技创新型中小企业发展的成本,也加剧了各地区不匀衡发展态势。

在我国,区域性股权市场行政化管理现象仍十分严重,主要原因在于:部分人担心地方政府监管的市场向其他区域展业存在监管权限不足、风险处置不当等问题。其实,市场监管主要集中在信息披露和交易行为,企业经营行为的监管仍然在企业当地;另有部分人担心地方市场跨区域展业后对投资者群体性事件的处置存在问题。然而,这与跨区域展业不存在必然联系。由于区域性股权市场服务的投资者并不限定在本地区,因此限制跨区域挂牌并不能解决投资者群体性风险带来的挑战。

由于部分区域性股权市场在审核、监管方面不到位,导致市场乱象丛生,而第五次全国金融工作会议对金融监管提出更高的要求,在当下时点允许全部区域性股权市场开展跨区域业务与现有金融环境相违背,也不符合《区域性股权市场监督管理试行办法》的精神。允许规范程度较高、具有较强服务能力、能够有效防范风险的区域性股权市场在小范围内开展统一托管、多地挂牌试点工作,不仅有助于科技创新型中小企业降低杠杆率、增加直接融资比重,也有助于为监管部门、地方政府应对跨区域资本市场风险提供宝贵经验。

区域性股权市场开展统一托管、多地挂牌主要方式为:首先,通过建立集中统一的场外市场登记结算体系,满足关于挂牌企业本地托管的监管需要;其次,通过制定统一的市场自律监管规则,包括统一的投资者权益保护标准、挂牌企业审核原则和信息披露规则,保证各地挂牌企业满足相同的规范标准,披露相同质量的信息。在此基础上,允许科技创新型中小企业自主选择功能良好且具有高质量投资群体的资本平台;同时,允许企业根据自身发展战略和市场定位,进行多地挂牌,满足企业多样化融资需求。

目前,根据《区域性股权市场监督管理试行办法》,区域性股权市场已经逐步纳入中国证监会统一监管。同时,该试行办法第二十五条也明确规定:"办理登记结算业务的机构与中国证券登记结算有限责任公司应当建立证券账户对接机制,将区域性股权市场证券账户纳入到资本市场统一证券账户体系。"但截至目前相关操作细则尚未出台,建议有关监管部门尽快研究制定统一登记及统一市场自律管理规则,真正实现区域性股权市场互信互通,为科技创新型中小企业提供更为便利的融资、发展环境。

（三）允许区域性股权市场有条件开展创新业务先行先试

相较于主板、创业板上市公司，科技创新型中小企业对资本市场的需求更加多样性，这主要体现在资金、人才、技术、企业价值判断等诸多方面。因此，区域性股权市场需要因地制宜推出不同产品，以满足科技创新型中小企业多方位需求。这些产品有些可能在主板、创业板已经存在但使用频率不高，有些甚至可能是区域性股权市场独有的产品。

与之矛盾的是，由于科技创新型中小企业存在市场风险较大、定价机制不健全等诸多问题，相关监管部门对区域性股权市场可开展业务进行了严格规定。《区域性股权市场监督管理试行办法》第十条、第十一条明确指出，在区域性股权市场挂牌的企业仅能够发行股票和发行可转化为股票的公司债券。虽然在第三十一条也提到"区域性股权市场可以在依法合规、风险可控前提下，开展业务、产品、运营模式和服务方式创新，为中小微企业提供多样化、个性化服务"，但截至目前，相关职能部门没有出台具体操作细则，或明确何种创新业务或产品可在区域性股权市场进行试点，导致区域性股权市场为防止可能存在的事后处罚，对创新业务的开展畏首畏尾、如履薄冰，创新服务的积极性受到严重影响。由于区域性股权市场对挂牌企业存在管理的义务，需对不按规定开展融资、转让的企业进行处罚，导致部分规范发展，但不符合规定的科技创新型中小企业为继续生存发展，选择离开区域性股权市场，将其推向合规、有序、阳光发展的反面。

监管机构应在风险可控范围内允许区域性股权市场开展如下创新业务：

1. 开展专门服务于区域性股权市场的小微证券公司试点工作

通过向具有一定规模、从业经历、展业人员的优秀股权投资机构发放小微证券公司牌照，不但为科技创新型中小企业在选择中介机构过程中提供参考，还有助于股权投资机构规范运作、加强风险防范意识，更规范地为科技创新型中小企业提供金融服务。

2. 推动区域性股权市场设立私募投资机构

在实际操作中，由于没有出台明确的操作细则，仅部分区域性股权市场通过参投母基金或引导基金的方式参与股权投资，区域性股权市场在"管、退"方面的优势无法得到体现。推动有条件的区域性股权市场设立私募投资机构，在运作过程中逐步完善风险隔离、风险防范机制，有助于提高科技创新型中小企业在区域性股权市场发展的积极性，并帮助有成长潜力的挂牌企业获得资本市场更多支持。

3. 开展区域性股权市场众筹业务

尽管众筹模式具有传统股权投资所没有的各类优势，我国众筹产业并未取得长远发展，其主要原因在于众筹平台缺乏优质项目来源。由于区域性股权市场具有较多挂牌企业，在项目来源上具有众筹平台所没有的优势，若向有条件的区域性股权市场开放众筹业务资格，并逐步完善其在项目筛选、投资者准入等方面的运营，可为科技创新型中小企业提供更便利的融资渠道。

（四）给予区域性股权市场的合格投资者税收优惠政策

解决科技创新型中小企业发展问题的关键，在于吸引更多资本从原本专注于上市公司或拟上市公司，逐步转向关注更为早期的中小企业。为此，国务院与各地方政府及相关机构均出台相应办法和措施，支持股权投资机构参与风险投资。

然而，这些扶持政策和措施并未有效推动合格投资者投资于科技创新型中小企业，其原因除中小企业自身因素外，没有配套相应的税收优惠政策是另一个重要因素。目前，我国对股权投资相应的税收优惠政策主要集中在主板、创业板和全国股转系统等市场。

一方面，上市公司由于业务规模较大、股票流通性较强，长期以来受到投资者广泛关注，目前免缴个人所得税对其作用不再显著。反观区域性股权市场，在一级市场和二级市场资金紧缺的背景下，需要更多投资者参与其中，而由于科技创新型中小企业特性，投资者在参与股权投资时需承担更大风险，相应投资成功后取得的收益更大，但其投资失败部分却不得享受个人所得税的抵免，这就导致投资者实际税负更重，更需要在税收政策上给予倾斜。然而，中央和地方政府并没有及时出台相应的区域性股权市场税收优惠政策，使有意参与区域性股权市场业务的投资机构有顾虑。

另一方面，由于相较未挂牌企业没有更优惠的税收政策，在投资、转让时却须符合更高的规范性要求，部分投资机构要求科技创新型中小企业退出区域性股权市场，或禁止企业前往区域性股权市场进行挂牌，间接导致区域性股权市场无法扶持更多科技创新型中小企业。

尽快在全国及地方层面出台与主板、创业板、全国股转系统相同甚至更优的区域性股权市场税收优惠政策，从个人所得税、印花税等各方面给予区域性股权市场更大支持，不仅可以打消投资者参与市场的疑虑，也能促使科技创新型中小企业走向更规范、阳光的发展道路。

（五）建立多层次资本市场在企业转板过程中的互信机制

区域性股权市场仅仅是科技创新型中小企业发展的起点，当企业发展到一定规模，不再满足于现有的融资规模和方式，这时区域性股权市场应当协助将企业送到符合其特点的更高层次资本市场。然而，作为多层次资本市场建设的一个核心内容，企业转板机制的推出却举步维艰。2014以来有关全国股转系统挂牌企业有望对接主板、创业板的传言甚嚣尘上，虽然市场期待的"绿色通道"并没有真正落实，却在一定程度上吸引了一大批优质企业前往全国股转系统参与挂牌。2016年齐鲁股交中心通过与全国股转系统建立单独受理、优先审核的"绿色通道"，将34家挂牌企业批量送入全国股转系统。

通过所谓"绿色通道"将多层次资本市场上下联通，以要求企业在低层次资本市场先"过水"，然后才能更快、更容易地进入更高层次资本市场，本质上是对资本市场互联互通机制的误读，"单独受理、优先审核"显然有失市场公平性原则。如果企业将多层次资本市场挂牌视为其能够迅速上市的一种手段，那么区域性股权市场甚至全国股转系统设立就失去了其应有的意义。

真正的互联互通机制应当是在统一的标准之下，各层级资本市场相互认可对方已经审核完成的材料，减少企业在进入更高层次资本市场过程中的重复审核，减轻企业的额外负担。建立统一的监督管理体系，并认可各层级资本市场对企业的监督、管理结果，可以对企业进行长期、连续监管，并在增加企业虚假信息披露成本的同时提高审核的效率。

目前，各层级资本市场的相关标准差异巨大，导致科技创新型中小企业在前往更高层次资本市场时往往需要重新准备完整材料。部分在全国股转系统或区域性股权市场发展较好、有意前往主板或创业板的挂牌企业，在寻找证券公司做上市辅导时无一例外被要求从市场上摘牌，便于证券公司修改原董事会、股东大会相关决议，甚至原财务报告，以提高审核通过的概率。这造成各层级市场之间无法有效互动，也阻碍了全国股转系统和区域性股权市场功能的发挥。由此可见，多层次资本市场之间的互信机制必不可少。

要建立多层次资本市场在企业转板过程中的互信机制，需要监管层制定统一的市场自律监管规则，通过行政化手段消除高层次资本市场对低层次资本市场的不信任，并通过建立统一的登记结算体系和诚信体系，做到各层次资本市场的信息共享。

制定统一的市场自律监管规则不仅要求各层次资本市场在中国证监会统一监管下实现自律监管要求的相互对接，同时也要求服务于挂牌、上市业务的其他中介机构以同样的标准为企业提供服务。2016 年财政部发布《关于印发〈中国注册会计师审计准则第 1 504 号——在审计报告中沟通关键审计事项〉等 12 项准则的通知》，其中要求对于股票在全国股转系统公开转让的非上市公众公司中的创新层挂牌公司、面向公众投资者公开发行债券的公司，应视同上市公司，从而迈出了审计准则统一化的第一步，后续还应继续将统一化要求延伸到包括区域性股权市场在内的各层级资本市场，鼓励或要求挂牌企业根据上市公司的要求出具审计报告，从而节省科技创新型中小企业在转板过程中承担的额外支出。由于各层级资本市场在挂牌条件上存在较大不同，仅通过"一刀切"规定相同的自律监管要求显然让处于成长初期的科技创新型中小企业承担额外的成本。因此，建议通过在挂牌要求较高、较为规范的区域性股权市场进行试点，从统一性较强的监管规则入手，在实际操作中逐步完善，最终实现监管规则的统一，并推广到其他区域性股权市场。

建立统一的登记结算体系能有效缩短各层级资本市场对申请挂牌、上市企业的股权结构和历史沿革的审核，避免重复审核。同时，若企业能按要求合规进行股权转让、非公开发行，结合法律法规对区域性股权市场服务的明确认可，那么长期困扰科技创新型中小企业的股权权属不清晰、股东人数超过上限规定的情况将得到妥善处理，从而解决科技创新型中小企业在资本市场融资、转让股票的后顾之忧。

建立统一的诚信体系，有助于让各层级资本市场了解申请挂牌、上市企业在原资本市场的合规情况，不仅为合规经营的科技创新型中小企业提供增信，也让企业更注重自身合规性发展，降低可能产生的金融风险。诚信体系的建立，不应仅限于挂牌企业本身，参与区域性股权市场的相关中介机构、投资人、企业负责人等均应当纳入诚信监管的体系。由于区域性股权市场缺乏可实际操作的行政化手段，在市场本身功能还不完备的情况下，市场参与主体未对区域性股权市场的规则产生较强的敬畏之心。由于违规的成本较低，市场参与者可在不受任何实质性处罚的情况下退出该市场，并在其他市场继续开展业务。通过设立统一的诚信体系，并实现信息互联互通、处理协同化，让在区域性股权市场违规的市场参与者受到多层次资本市场的一体化管理，为区域性股权市场规范参与者行为提供有力支持，也为合规经营的企业增信。

区域性股权市场开展精准扶贫的湖北实践

方迎定[*]

党中央历来高度重视扶贫工作，把贫困人口脱贫作为全面建成小康社会的底线任务和标志性指标，在全国范围全面打响了脱贫攻坚战。精准扶贫是打赢脱贫攻坚战的重要举措，习近平总书记对做好精准扶贫工作多次作出重要指示。

一、区域性股权市场开展精准扶贫意义重大

（一）国家高度重视精准扶贫工作

精准扶贫是指针对不同贫困区域环境、不同贫困农户状况，运用科学有效程序对扶贫对象实施精确识别、精确帮扶、精确管理的治贫方式。

党的十九大报告提出了2020年全面建成小康社会的战略目标，同时就打赢脱贫攻坚战进行了战略部署："坚决打赢脱贫攻坚战。让贫困人口和贫困地区同全国一道进入全面小康社会是我们党的庄严承诺。要动员全党全国全社会力量，坚持精准扶贫、精准脱贫，坚持中央统筹、省负总责、市县抓落实的工作机制，强化党政一把手负总责的责任制，坚持大扶贫格局，注重扶贫同扶志、扶智相结合，深入实施东西部扶贫协作，重点攻克深度贫困地区脱贫任务，确保到2020年我国现行标准下农村贫困人口实现脱贫，贫困县全部摘帽，解决区域性整体贫困，做到脱真贫、真脱贫。"

习近平总书记就脱贫攻坚作出了一系列重要指示。2013年11月，习近平总书记在湖南湘西考察中，首次提出了精准扶贫的完整概念"实事求是、因地制宜、分类指导、精准扶贫"。2015年6月，习近平总书记在贵州召开部分省区市党委主要负责同志座谈会时，就加大力度推进扶贫开发工作提出了"四个切实"的具体要求："切实落实领导责任、切实做到精准扶贫、切实强化社会合力、切实加强基层组织。"

国务院等各部门围绕精准扶贫出台了一系列政策措施。2011年12月，国务院印发了精

---

[*] 作者单位：武汉股权托管交易中心有限公司。

准扶贫的指导性文件《中国农村扶贫开发纲要（2011—2020年）》，明确提出了精准扶贫的总体目标："到2020年稳定实现扶贫对象不愁吃、不愁穿，保障其义务教育、基本医疗和住房，贫困地区农民人均纯收入增长幅度高于全国平均水平，基本公共服务主要领域指标接近全国平均水平，扭转发展差距扩大趋势。"2017年7月，全国金融工作会议强调，要把金融资源充分配置到经济发展的薄弱地区，推动金融扶贫。

（二）资本市场助力精准扶贫方向明确

为打赢脱贫攻坚战、发挥资本市场服务国家战略的重要作用，金融管理部门出台了一系列金融扶贫的政策举措。中国证监会在服务国家脱贫攻坚战略方面，不断拓宽深度贫困地区直接融资渠道，构建多层次精准脱贫格局。2016年3月，中国人民银行等七部委制定了《关于金融助推脱贫攻坚的实施意见》，提出支持贫困地区的企业通过多层次资本市场进行融资。2016年9月，中国证监会发布了《关于发挥资本市场作用服务国家脱贫攻坚战略的意见》，对贫困地区企业首次公开发行、新三板挂牌、发行公司债券、并购重组加快审核，实施"即报即审、审过即发"。2017年12月，中国人民银行、原中国银监会、中国证监会、原中国保监会联合印发《关于金融支持深度贫困地区脱贫攻坚的意见》，创新金融扶贫体制机制，着力做好深度贫困地区金融服务。2017年，中国证监会对上市公司年度报告和半年度报告内容与格式准则进行修订，新增上市公司支持扶贫开发的信息披露要求。与此同时，中国证券业协会、中国期货业协会发起"一司一县""一县一企""一司一结对"帮扶贫困县行动倡议，截至2018年6月已有98家证券公司（母公司口径）结对帮扶250个国家级贫困县。

（三）区域性股权市场开展精准扶贫大有可为

在国家大力推行精准扶贫的政策背景之下，区域性股权市场对于贫困地区金融体系的重构具有重大意义。

1. 区域性股权市场的"草根性"与精准扶贫有着天然的密切联系

"大众创业、万众创新"的浪潮将催生数以百万计的小微企业，它们广泛分布于县市域各个角落，是带动地方就业、带领居民脱贫奔小康、促进地方产业、经济发展的新生力量。小微企业更离不开草根金融平台和普惠金融的支持。区域性股权市场是多层次资本市场的最基础的层次，最贴近小微企业，最贴近地方政府，最贴近草根金融。区域性股权市场直接面对和服务最广大的市场主体——中小微企业，为所有创业创新企业打开了资本市场的大门。对于小微企业来说，有了区域性股权市场，资本市场就在自己的家门口，可以就近、低成本的起步，边发展、边规范、边获得融资等服务，条件成熟时还可以向更高层级的新三板、创业板和主板市场转板升级，由此走上一条健康、可持续发展的康庄大道。

2. 区域性股权市场的功能定位精准匹配中小微企业需求

多元化的市场主体，呼唤与之相匹配的多元化金融市场，不同类型、不同发展阶段、不同规模的企业，应该有相应的金融市场和金融产品来满足。中小微企业是我国实体经济成长的生力军，贡献了60%以上的GDP和50%以上的税收，但融资难、融资少、融资贵、融资慢，只获得了不到25%的金融资源。目前我国金融市场存在的一个主要问题就是结构性失衡，整个金融市场体系中缺乏专门针对小微企业的区域性和地方性金融机构，导致小微企业在金融市场的参与度和获得感极低。传统银行机构的偏好，直接融资市场中主板、创业板等的融资条件较高，社会中介服务机构体系不健全，造成小微企业普遍对融资环境不满意，迫切需要从金融市场供给侧改革入手加以改进和完善。

由于区域性股权市场的一项重要使命就是帮助小微企业逐步规范内部治理，促进企业家增强创新发展能力，实现转型升级，所以已成为越来越多的小微企业进入资本市场的第一站。区域性股权市场挂牌门槛虽然远远不如主板 IPO 那么高，也普遍略低于新三板的要求，但是对拟挂牌企业的股权明晰、内部治理和成长性等方面也是具有较高要求的。小微企业到区域性股权市场挂牌之前，中介会员机构要对其进行尽职调查，主要内容包括对企业的股权结构、内部治理、财务审计、资产评估、风险控制及用工、消防、环保、税收等方面进行全面梳理和辅导，确保企业达到挂牌要求。

区域性股权市场可以通过私募定向增资、股权质押融资、无形资产质押融资、设备租赁融资、私募可转债发行等方式，为企业提供融资解决方案。区域性股权市场融智服务，主要是为挂牌企业提供产业信息、政策法规、战略发展、财务、投融资，以及企业重组、兼并收购、管理层收购等方面的咨询服务，协助小微企业完善公司治理、改善经营状况、增强资本运营能力。

二、湖北省区域性股权市场开展精准扶贫工作的探索和实践

湖北省作为扶贫工作的大省，扶贫任务艰巨。截至 2017 年 12 月，湖北省共有 37 个贫困县，25 个国家级贫困县，4 825 个贫困村，共计 590 万建档立卡贫困人口。2018 年湖北省国民经济和社会发展计划提出，确保 2018 年完成 104.6 万人脱贫，963 个贫困村出列，17 个贫困县摘帽任务。

湖北省委、省政府高度重视精准扶贫工作。2015 年 9 月，湖北省委、省政府印发了《中共湖北省委省政府关于推进精准扶贫精准脱贫的决定》（以下简称《决定》），并确立了将"制度创新"作为扶贫战略的顶层设计。文件对此做出全面系统设计，提出建立"1+N"体制支撑体系。"1"就是省委、省政府通过的《决定》，"N"就是在《决定》指导下制定出台一系列、一整套扶贫开发工作机制。同时，《决定》还重点瞄准投融资领域，提出创新财政扶贫投入保障机制、金融扶贫投入机制、扶贫投入县级整合机制等多个方面的体制机制，形成了系统完整的扶贫资金吸纳、管理、使用、监督和绩效考评体系。这些体制机制的创新与建立，必将为全面深入推进扶贫开发提供有力支撑。2018 年 1 月，湖北省经济工作暨农村工作会议指出，2018 年改革发展首要任务就是"打好三大攻坚战，决胜全面建成小康社会。防范风险要筑牢屏障，精准脱贫要聚焦重点，污染防治要动真碰硬。"

武汉股权托管交易中心（以下简称"武交中心"）作为湖北省政府批准成立的唯一合法的区域性股权市场运营机构，按照湖北省委、省政府的统一战略部署，充分发挥普惠金融服务功能，切实履行脱贫攻坚社会责任，积极助力精准扶贫，有力地改善了贫困县企业和涉农企业的股权融资情况。

截至 2018 年 5 月 18 日，武交中心托管登记企业 5 147 家，托管总股本 1 514.78 亿股；挂牌交易企业 4 299 家，挂牌项目 6 个。其中，"股份公司板" 2 250 家，"科技板" 1 935 家，"青创板" 84 家、项目 6 个，"海创板" 30 家；累计成交 86.34 亿股，成交总金额

180.69亿元；共为365家企业完成股权融资1932笔，实现融资总金额787.47亿元，其中，股权直接融资328.42亿元，股权质押融资459.05亿元。

目前，湖北区域性股权市场挂牌企业区域分布已覆盖全省17个市、州、林区，覆盖率达到100%；县域挂牌企业覆盖全省103个县级行政区域中的100个，县域覆盖率达到97.09%；县域挂牌企业3923家，占中心挂牌企业总数的91.25%；县域企业共完成股权融资588.78亿元，占中心融资总额的74.77%。目前，湖北省已陆续形成通山、谷城、大别山红安红色、秦巴山竹溪绿色农业等95个县（市）域板块。

截至2018年5月17日，已有来自全省贫困县的1026家企业登陆股交中心挂牌，覆盖全省37个贫困县中的36个，覆盖率达97.30%；累计成交3.96亿股，成交总额5.49亿元；已为71家贫困县企业完成股权融资521笔，融资总额26.72亿元，其中，股权直接融资3.91亿元，股权质押融资22.81亿元。

武交中心针对湖北省的具体特点和省内精准扶贫工作的具体需求，开展了一系列探索和实践。

（一）对接县域金融工程，开展普惠金融服务

2013年6月开始，在湖北省政府金融办的指导下，武交中心与武汉大学经管学院和省级重点贫困县——咸宁市通山县人民政府协作，成功培育了15家通山企业在武交中心挂牌，形成了全国区域性股权市场的第一个县域板块——"通山板块"。过去封闭在大山深处、"养在深闺人未识"的小微企业，到区域性股权市场挂牌后，市场知名度明显提升，部分企业迅速受到投资机构的关注和青睐。

截至2018年5月17日，通山县在武交中心托管登记企业28家，托管总股本4.39亿股；挂牌交易企业22家，其中，"股份公司板"17家，"科技板"5家；共为7家企业完成股权融资26笔，实现融资总金额0.68亿元，其中，股权直接融资0.09亿元，股权质押融资0.59亿元；县域资本市场建设迈上了新台阶。

县域金融工程试点探索在省级重点贫困县通山县获得成功后，湖北省政府开始向全省复制和推广"通山模式"，取得了显著成效。2017年，武交中心在深入推进区域性资本市场对接县域金融工程的基础上，着力打造市域金融工程升级版，深耕县域和市域资本市场，服务县域小微企业，支持地方经济社会发展。先后新增了茅箭区新经济板块、云梦县皮草行业板块、潜江小龙虾板块、宜城市科技板块、荆州市先进制造业板块、荆州市现代农业板块、枣阳市科技板块、南漳县科技板块等23个特色板块。

（二）培育扶贫特色板块，着力开展产业扶贫

武交中心在湖北省金融办和光谷联交所党委的统一部署和指导下，贯彻落实湖北省委、省政府关于做好"三农"工作和精准扶贫攻坚的有关精神，重点服务有扶贫任务、能带动当地农民脱贫致富的地方企业。

2016年11月，武交中心帮助恩施州来凤县的首家挂牌企业——巴风楚韵文化有限公司办理了股权质押融资，获得了宝贵的流动资金。同时，支持和协助该公司到光谷联交所驻村扶贫工作点——来凤县旧司镇大坝村，投资建设藤茶种植基地，为贫困村开辟新的增收来源。武交中心还在光谷联交所的指导和支持下，联手长江众筹交易所，正在策划运用众筹方

式销售该企业产品,探索开展"众筹扶贫"新路径。

2017年8月,武交中心了解到巴风楚韵公司的经营困境后,主动联系湖北省楚商协会、湖北省企业国际合作协会等战略合作伙伴及市场相关各方,为该公司举办"巴风楚韵·漆筷文化"品鉴会,为其提供品牌宣传、市场推广、产品营销等综合增值服务等,研究探索"区域性股权市场精准扶贫"模式。

2018年1月,武交中心启动了全国区域性股权市场首个扶贫专板——"黄冈大别山扶贫板块",56家当地扶贫企业集体登陆武交中心。集中挂牌的56家扶贫企业来自红安、麻城、罗田、蕲春、团风5个县市,覆盖全市6个贫困县中的5个,主要涉及农业和农副产品加工、电子商务、文化传播、中医药及教育等劳动密集型产业;共有在职员工4 680人,其中约40%为贫困人口就业人员;工业转化地方特色资源禀赋的产品有30多种。挂牌当日,武交中心、黄冈市政府和长江证券签署《资本助推黄冈革命老区脱贫攻坚战略合作框架协议》,三方将发挥各自优势,合力推进黄冈资本市场建设,推进地方企业对接资本市场融资融智,助力革命老区精准脱贫。"黄冈大别山扶贫板块"是大别山金融工程的有益探索,是武交中心为黄冈市量身定制的创新产品,有力地推进了黄冈市贫困地区创新创业和中小企业发展,对解决当地人口就业,提高贫困人员生活水平,带领当地居民脱贫致富发挥了重要的作用。

除此之外,武交中心先后培育了黄石市阳新县"农业科技扶贫板块"等多个扶贫产业板块,着力开展产业扶贫,取得了显著的成效。

2017年1月,武交中心推出了区域性股权市场首个"绿色脱贫板块"——"十堰郧阳区绿色发展助脱贫产业板块"。佳恒科技、飞友电气、爱婴贝美等93家十堰企业正式登陆资本市场。当日挂牌的93家企业,54家来自郧阳区,39家来自茅箭区,均由长江证券辅导和推荐,涵盖装备制造、农产品加工、商贸旅游等多个产业。在挂牌现场,郧阳区政府和长江证券共同发起设立"长证郧阳产业基金",与6家郧阳挂牌企业签订投资意向协议。"绿色脱贫板块"有效地促进了十堰市地区经济发展,改善了该市贫困地区中小微企业的融资困境。截至2018年5月,十堰市在武交中心托管登记企业377家,托管总股本56.75亿股;挂牌交易企业355家,其中,"股份公司板"107家,"科技板"246家,"青创板"2家;累计成交1.53亿股,成交金额2.30亿元;共为9家企业完成股权融资16笔,实现融资总金额2.65亿元,其中,股权直接融资0.82亿元,股权质押融资1.83亿元。

(三)促进企业规范治理,增强内生发展动力

越是在贫困地区的基层小微企业,越是传统的家族式民营企业。通过专业中介机构辅导挂牌,企业逐步明晰了产权关系,健全了内部治理结构,熟悉了资本市场规则,建立了现代企业制度,企业家也开阔了视野、更新了观念,从而为企业转型升级、实现持续健康发展打下了良好基础,也才有助于提升企业获得社会融资的能力。

企业挂牌辅导的过程,实际上也是企业强身健体、增强内生发展动力的过程。例如,麻城市有一批从江浙一带招商引资来的企业,在辅导挂牌过程中,企业才逐步完善了土地权证、环评、用工、税收等规范手续。不少县域挂牌企业的负责人很有感慨地表示:"在企业挂牌之前,我们最多只能算是个体户;经过规范股改、培育挂牌,我们算是企业家了。"

（四）为挂牌企业增信，对接更多社会资本

企业在挂牌前需要接受券商、创投、会计师事务所和律师事务所等专业中介机构的辅导，还要通过武交中心的专家审核，成功挂牌后，企业的股权得到确权，在武交中心进行托管登记，这些实际上对企业有着很强的增信作用。

秭归帝元食品罐头股份有限公司是宜昌市秭归县一家专业生产各类出口水果蔬菜罐头的企业，于2016年3月31日在中心挂牌。5天后，"帝元食品"公司在专业推荐机构的辅导下，向秭归县农村商业银行提出了股权质押融资贷款的申请。因公司在挂牌辅导过程中已顺利完成股份制改造，法人治理结构得到进一步完善，财务管理也更加规范透明，企业信用得到大大增强。当地农商行很快与其商定了股权质押融资方案：以公司大股东持有的900万股股份进行质押，提供1 200万元贷款。公司与银行签订股权质押融资协议后，武交中心迅速组织业务人员对接，协助准备相关材料，并于受理材料当天（2016年4月5日）为其办理了股权确权登记和质押锁定等手续。

荆州大地生物工程股份有限公司是一家致力于生物柴油的研发、生产和销售的企业，于2015年2月9日在武交中心挂牌，同年5月通过"定向私募增资"的方式，成功融资2 700万元。通过在武交中心半年多时间的规范培育和持续督导，企业于2015年9月25日成功转板至"新三板"即全国中小企业股份转让系统。武交中心持续服务，组织大地生物参加了"第二期投融资常态化路演"，成为现场最受投资者关注的企业。活动后，武交中心帮助企业对接投资机构再次获得了2 500万元的股权投资。2016年12月，大地生物私募债券备案发行，募集资金750万元，获得了急需的流动资金。

武汉励合化学新材料有限公司是一家定位于高端手性化合物关键中间体研发与销售的企业，于2016年9月20日在武交中心挂牌。2017年1月，武交中心与中国银行湖北省分行合作探索"投贷联动"试点业务，为挂牌企业提供"商业银行+投资银行"一站式综合服务。武交中心推荐励合化学为试点企业，为其引入中国人民财产保险公司湖北省分公司，提供贷款保证保险增信，加强信贷政策指导。2017年8月3日，励合化学获得中国银行湖北省分行发放贷款200万元，同时还获得东湖国家自主创新示范区对科技型企业的相关贷款政策支持。除此之外，中国银行湖北省分行股权直投业务部门正根据励合化学的成长周期和经营特点，结合企业现阶段的资金需求，对已经通过信贷审批的励合化学进行股权投资，实现投贷联动。

三、当前湖北省区域性股权市场开展精准扶贫工作的困难和不足

虽然武交中心在助力精准扶贫方面，进行了积极探索，取得了一定成效，但对比精准扶贫需求，还存在一些困难和不足。

（一）金融"造血"能力有待加强

一方面，众多登陆区域性股权市场的中小微企业，尤其是来自贫困县域的中小微企业，存在抵押物不足、内部治理不规范、财务状况不透明和社会信用缺失等诸多问题。因此，尽管中小微企业融资需求迫切，但主体实力有待提高，融资能力有较大欠缺。另一方面，湖北

作为资本欠发达地区，金融供给总量不足，同时融资结构有待改善，融资严重依赖传统信贷融资，中小微企业股权融资占比不到20%，券商、银行、基金管理等专业金融机构对区域性股权市场精准扶贫工作的参与度不高，金融"造血"能力有待加强。

（二）精准扶贫"精度"需要提高

首先，对贫困地区中小微企业融资需求的了解"精度"不足。湖北省作为扶贫大省，不同贫困地区之间、不同贫困企业之间的个体差异性大，区域性股权市场精准扶贫工作的开展模式有待多样化。其次，对贫困地区中小微企业融资项目的跟进"精度"不足。部分挂牌的贫困地区中小微企业业务数据存在一定"水分"，经营档案还不完善，已开展的扶贫项目规划有待细化，项目实施情况、资金使用情况有待持续跟踪。

（三）相关资源整合不够

一是服务企业的金融资源、政策资源、中介资源没有充分聚集，银行、券商、保险、创投等金融机构参与区域性股权市场的积极性不高；二是区域性股权市场受到新三板的影响，与新三板和沪深证券交易所的连接渠道没有打开，没有设计相应的转板对接机制；三是与银、证、保等金融机构相比，区域性股权市场缺少有竞争力的薪酬激励机制，专业人才力量不足，商业模式不成熟，盈利水平和可持续发展能力亟待增强。因此，呼吁国家和各级地方政府在研究制定资本市场和金融行业相关政策时，应强调发挥和利用好区域性股权市场的综合平台作用；监管部门和自律组织应鼓励证券公司和基金公司积极参与区域性股权市场的挂牌辅导、经纪代理、投资咨询、股权直投、债券发行、并购重组等相关业务；应引导、鼓励上市公司与区域性股权市场挂牌公司开展业务对接、并购重组等合作。

（四）风控与管理机制尚需完善

贫困县域金融生态环境一般较差，如金融机构匮乏，融资渠道狭窄等，这些不利的金融生态让企业的运营成本、融资成本明显提升，整体质量下滑，从而不利于外部资金的引入，为区域性股权市场精准扶贫的开展带来一定压力。另外，贫困县域中小微企业主体实力不强，企业经营风险大，同时区域性股权市场流动性较差，资金退出渠道缺乏，项目资金管理、风险补偿及担保机制还不完善。显然，这些都大大增加了金融机构及外部资金进驻扶贫企业的风险，为区域性股权市场这样一个"新生"市场的精准扶贫工作带来了一定压力。

四、区域性股权市场精准扶贫工作的思考及建议

（一）争取相关政策支持，有效整合扶贫资源

实现湖北区域性股权市场精准扶贫攻坚任务，要充分发挥政府统筹作用和政策导向作用，积极争取国家层面、省直各部门、地方各级政府的政策支持，鼓励大型金融机构参与区域性股权市场扶贫计划，引导和鼓励民间资本投入，凝聚各方力量，实现共建共享。武交中心作为湖北区域性股权市场的唯一交易平台，应充分发挥沟通协调功能，有效整合扶贫资源，宣传精准扶贫的重要性，推动创新，以满足实体经济中庞大且多元的资金需求。一方面，加强各政府部门之间的沟通，争取政策支持，鼓励区域性股权市场精准扶贫工作的创

新，打破传统理念，引导投资机构、中介机构树立全新的投资意识和服务理念，借助新思想、新技术形成更高效的金融服务模式，为区域性股权市场融资企业提供更多样化的服务。另一方面，倡导产品创新，鼓励金融机构建立多元化的产品结构，能够针对目标微观主体设计出符合其自身融资需求和融资能力的产品池，同时通过对扶贫专板、种子板等特色板块的构建，有效配置企业需求和项目资金，引导鼓励优质基金到县域集聚发展，引导资本流入贫困地区优质项目和企业带动贫困地区脱贫。

（二）实施"一企一策"措施，精准对接扶贫工作

推进区域性股权市场精准扶贫要采用因地制宜、因企制宜的方法。首先，要结合资源禀赋、现有基础、市场潜力等，按照"一镇一业""一村一品""一企一策"的思路，因地制宜地帮助贫困县域中小微企业做好高效特色产业、农产品加工业、农村现代服务业、农村劳务经济等产业规划，助推精准扶贫工作开展。其次，要对贫困县域中小微企业进行差别化企业培训、指导和推广，培育企业发展的内生动力。武交中心将根据不同地区、不同产业、不同企业的具体特点，开展相应的现代企业制度培训，规范企业内部产权、治理结构、财务指标；了解企业的技术性难题，组织农技专家、创业导师现场指导，把科技扶贫和劳动力培训作为产业扶贫的突破口；主动联系企业所处行业的市场合作伙伴，为企业提供品牌宣传、市场推广、产品营销等综合增值服务，拓宽企业经销渠道。

（三）建立大数据智能系统，精准掌握扶贫需求

建立和完善数字化的扶贫管理机制，依靠网络为基础的信息化途径，把贫困地区企业信息、融资需求等和区域发展情况及扶贫资源进行联结，针对企业制定个性化扶贫方案与措施，优化组合扶贫资源与项目，从而确保区域性股权市场的项目安排和资金使用能够"扶到点上、根上，让贫困地区中小微企业真正得到实惠"。利用扶贫数据库平台，拓宽社会力量参与区域性股权市场精准扶贫的渠道。构建扶贫公共服务数据平台，及时发布扶贫的数据信息，为投资机构了解扶贫情况和参与扶贫提供便利，把各方面积极性都调动起来，形成打赢脱贫攻坚战的强大合力。

（四）健全风险管理机制，防范系统性风险

首先，完善扶贫相关数据的统计分析制度，了解各类金融机构扶贫开发进度。区域性股权市场应加强资金流向的管控，提升资金使用效率。一方面，贫困地区及企业应建立完善的信息披露机制，企业应公开其财务信息，及时向相关利益者提供资金使用方向和预期产生的效益等相关信息。另一方面，监管部门应协同上级政府及当地政府，建立专门的资金监控部门，密切监管融资项目的建设、运行及管理情况。其次，成立行业联保会，引入保险机制，从而降低系统性金融风险。"涉农企业+行业协会+武交中心+保险+信贷"模式以具有一定生产经营实力的独立法人，自愿组成行业联保协会，在完善法人、财产保险的基础上，向武交中心申请挂牌，通过股权质押、股权交易等方式进行融资，同时引入保险机制，防范意外风险与损失，建设好区域股权市场开展精准扶贫工作的风险防范和管理机制。

新三板市场交易机制、流动性问题及对策研究

国信证券股份有限公司　厦门大学*

新三板是多层次资本市场中制度改革的试验田,在交易规则、准入制度、分层制度和摘牌制度等方面都有别于主板市场,在短短两年多的时间内成为全球首家超过1万家挂牌企业的证券交易场所。然而,与规模快速扩容形成鲜明对比的是,新三板市场缺乏流动性,交易与融资规模持续处于低迷的窘境、企业估值水平偏低、做市商缺乏盈利模式、投资者没有操作空间。缺乏流动性的市场已经严重制约了新三板市场的发展,打击市场信心,而流动性不足是各种市场因素和制度因素共同作用的结果,其中交易制度是重要原因。交易制度是市场流动性的保障,好的交易机制能够实现有效、快捷、低成本的交易匹配。交易机制改革是改善新三板流动性的必由之路。

一、海外资本市场交易制度设计与流动性安排

国外多层次资本市场在理论和实践上提供了充分的经验借鉴,美国的纳斯达克是最为典型的例子。

(一) 市场内部分层与转移机制

纳斯达克成功的关键因素之一,正是通过制定差异化的上市标准进行内部分层,并且在实践中不断调整各层次的上市标准和维持标准,探索制定出多元化指标的分层体系,最终形成具有不同风险特征的内部多层次市场。

纳斯达克的分层制度包括三个方面:分层结构、分层标准、层次转移和退市。

(二) 实行同一制度内的交易方式多样化

伦敦证券交易所、纳斯达克都针对股票的交易状况对不同类别的股票采用不同的交易

---

* 课题负责人:何诚颖,国信证券监事会主席、发展研究部总经理、博士后工作站主任;课题组成员:张昀,孙永苑,刘海洁,刘英,林民书。原载于《中国证券》2018年第3期。

方式。

1. 竞争性做市商制度和垄断性做市商制度

竞争性做市商即多元做市商，以早期阶段的纳斯达克和伦敦股票交易所为典型代表。每只股票有多个做市商为其做市，做市商之间独立报价，并且允许做市商自由进出市场。垄断性做市商即一元做市商，以纽约证券交易所为典型代表。每只股票都由交易所指定的唯一做市商做市。

一般而言，竞争性做市商比垄断性做市商在促进市场流动性和价格发现、降低交易成本等功能上，具有更强的优势，因此在更多的市场当中被采纳，包括纳斯达克、中国台湾的兴柜市场、中国大陆的新三板市场等。但从做市商的做市收益和风险防御角度而言，垄断性做市商制度优于竞争性做市商制度，能够获得超额收益。

2. 传统做市商制度的缺陷和混合型做市商制度的产生

无论是竞争性做市商还是垄断性做市商，都有可能发生做市商利用市场信息的优势地位侵害其他投资者权益的情况。为了解决做市商制度失灵的问题，伦敦证券交易所、纳斯达克都先后出现了混合型做市商制度，即让做市商和其他投资者一起参与竞价交易，按照时间和价格优先原则，通过电子竞价系统进行撮合，将两种制度融合为一体的制度创新。

在市场发展到一定阶段后，垄断性做市商逐步向竞争性做市商过渡、传统做市商向混合做市商制度发展，这代表着做市商制度发展的整体趋势（见表1）。

表1　　　　　　　　　　　主要市场的做市商制度选择

市场	是否采用混合型做市商制度	交易方式
纳斯达克	是	竞争性做市商 + 连续竞价交易
欧洲 EURONEXT	是	竞争性做市商 + 连续竞价交易
法兰克福市场	是	竞争性做市商 + 连续竞价交易 + 集合竞价交易
伦敦证券交易所	是	竞争性做市商 + 连续竞价交易 + 集合竞价交易
日本 JASDAQ	是	竞争性做市商 + 连续竞价交易
韩国 KOSDAQ	否	连续竞价交易 + 集合竞价交易
中国台湾兴柜市场	是	竞争性做市商 + 集合竞价交易

资料来源：国信证券。

3. 价格形成制度的选择依据

具体应当选择哪一种价格形成制度，取决于具体的市场条件。Viswanathan 和 Wang（2002）[①] 从理论上证明了如下结论：（1）当投资者委托规模较小时，投资者在竞价市场的收益大于做市商市场；（2）若投资者是风险中性的，竞价市场在任何时候都优于做市商市场；（3）若投资者是风险厌恶的，而且投资者提交委托的规模波动较大，同时做市商数量较多，那么投资者在做市商市场的收益大于竞价市场；（4）若做市商市场和竞价市场在处

[①] Viswanathan S, Wang J J D. Market Architecture: Limit – order Books Versus Dealership Markets [J]. Journal of Financial Markets, 2002, 5 (2): 127 – 167.

理不同规模的投资者委托时有合理的分工设置，混合交易制度将优于单纯的做市商市场或竞价市场。

（三）完善做市商的权利义务安排，保证做市商盈利空间

1. 做市商的权利和义务体系

双向报价，对于做市商来说，既是权利，也是义务。同时，做市商还要承担其他的交易成本和市场风险。要完善做市商的权利和义务体系，确保做市商权利、义务规范与诱因机制的设计达到平衡，保证做市商的盈利空间，激发做市商的做市动力（见表2）。

表2　纳斯达克做市商的权利和义务

权利	义务
通过买卖差价获利的权利	持续不断地提供双向报价的义务
享有税费减免的特权	提供确定性报价的义务
优先获得融资融券的权利	显示客户最优委托报价的义务
取消报价的权利	做市商不得锁定报价或交叉报价
—	尽职义务
—	及时提交成交报告的义务

资料来源：国信证券。

2. 监管部门对做市商行为的监管与完善

做市商制度失灵的主要问题有：做市商合谋、报价系统不透明等。针对上述问题，监管部门对纳斯达克做市制度进行了一系列改革，主要改革措施有：委托处理规则、超级蒙太奇计划、做市商并购（见图1）。

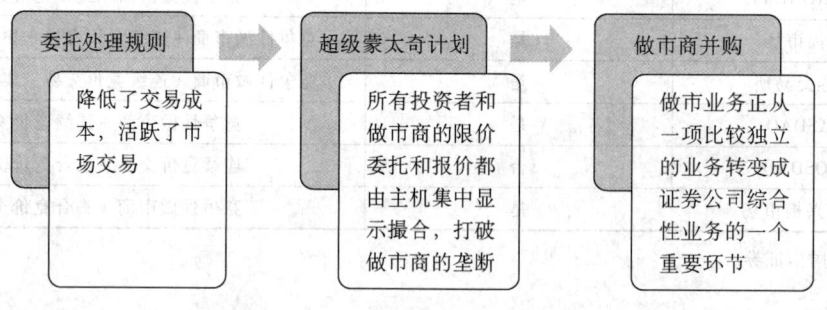

图1　纳斯达克做市商制度的完善

资料来源：国信证券。

（四）大宗交易制度

不管是国外大宗交易还是我国沪深主板大宗交易，其制度的设计主要包括五个方面。

要素一：大宗交易的界定标准。大宗交易数量标准的界定一般与市场规模、流动性有关。规模越大、流动性越高的市场，大宗交易的界定标准就越高。

要素二：大宗交易的时间。一种是允许大宗交易和普通交易同时进行，包括巴黎、纽

约、德国、伦敦、新加坡、中国香港等交易所,是主流的做法,其中伦敦、巴黎等交易所实行24小时交易;还有一种是既可在一般时间的系统内交易,也可以通过场外交易,如韩国和东京证券交易所。

要素三:大宗交易的定价机制。大宗交易的价格一般带有附加限制,根据限制程度,包括完全弹性价格、有限弹性价格和无弹性价格三类(见表3)。

表3　　　　　　　　　境外主要交易所大宗交易定价机制

价格发现机制	采用的交易所
有限弹性价格	巴黎、澳洲
无弹性价格	中国台湾、日本东京、韩国和德国
无限制的完全弹性价格	新加坡、中国香港、英国伦敦、泰国,以及日本东京、韩国、澳洲交易所的部分市场

资料来源:根据公开资料整理。

要素四:大宗交易的交易方式。境外发达证券市场大宗交易的交易方式有九种模式(见表4)。

表4　　　　　　　　　　　境外大宗交易模式

交易模式	交易连续性	自动化程度	价格发现	采用的市场
场外交易模式	连续	低		泛欧 赫尔辛基
场外协商、系统确认模式	连续	低	操作成本高	中国香港 瑞典
场外交易与场内竞价结合模式	连续	较低	可获取价格改善	纽约
盘后交易模式	不连续	一般	无价格发现功能	东京 中国台湾
做市商交易模式	连续	较高		伦敦
大宗交易专用竞价系统	不连续	高		德国 纳斯达克
交易大厅的连续代理—竞价模式	连续	较高	可获取价格改善	纽约
交易隐形化模式				泛欧、德国
交易信息延迟披露模式				伦敦、泛欧

资料来源:刘逖著:《市场微观结构与交易机制设计:高级指南》,上海人民出版社2012年版。

要素五:大宗交易的信息披露。大宗交易的信息披露是核心要素,直接关系到大宗交易能否完成,从而影响机构投资者的积极性(见表5)。

以典型的报价驱动制度为主的纳斯达克市场为例,大宗交易是对做市商制度的重要补充。纳斯达克市场的大宗交易机制同样也包括以上要素(见表6)。

表5　境外大宗交易信息披露

信息披露	信息披露时间	采用的交易所
交易前信息披露	大宗交易的交易前信息不公开披露	纳斯达克、东京、中国台湾证券柜台买卖中心
	交易前信息只公开披露其中某部分	新加坡
	交易前信息不作特殊规定	伦敦、纽约
交易后信息的信息披露制度	主要是延迟报告制度，大宗交易在成交后不必马上公告，只需在成交后交易所规定的时间内公告即可	伦敦、巴黎、新加坡

资料来源：根据公开资料整理。

表6　纳斯达克大宗交易机制

大宗交易机制要素	规定
大宗交易界定	单笔交易数量超过1万股或20万美元的即为大宗交易
大宗交易时间	9：30—16：00；盘后交易时间为16：00—18：30，8：00—9：30
大宗交易方式	通过做市商或者电子交易系统（ECN）进行
大宗交易信息披露	必须在90秒内向市场报告

资料来源：根据公开资料整理。

二、我国新三板交易机制安排与流动性评估

新三板交易制度也在不断进行改革和变化。2006年1月中关村开始试点建立新三板时，企业实行协议转让。2014年8月推出做市商制度。2016年6月27日，分层制度正式实施。2017年12月22日，全国股转系统三箭齐发，发布了新制定的《全国中小企业股份转让系统挂牌公司分层管理办法》等，推出了最新的新三板分层、交易制度等制度，新三板进入"集合竞价＋做市转让"的时代。

（一）新三板做市制度的海外比较

1. 新三板与纳斯达克、兴柜市场做市制度的比较

与纳斯达克以及兴柜市场对比，新三板制度安排还有很多不同之处。

第一，新三板单个企业做市商数量少。纳斯达克平均每家企业有20家左右的做市商。中国台湾兴柜市场规模不大，挂牌企业稳定在300家左右，做市商数量在30家左右。我国新三板市场至今有将近12 000家企业挂牌，超过100家证券公司成为做市商，但平均每家做市企业只有3.7家做市商。目前，因为市场稳定方面的考虑，只有券商和少部分私募被允许担当做市商，企业平均做市商数量远远低于纳斯达克甚至兴柜市场，可见合格做市商资源的稀缺。

第二，从获得筹码方式的角度来看，不同市场做市商成本差异较大。纳斯达克做市商既可以从市场上得到股票，也可以通过企业直接发行来获得股票。新三板做市商更多是通过和

股东商议或者公司给做市商定向增发股票来获取做市库存，但是由于购买的价格和做市商做市的价格没有联系，所以做市商总是极力压低股票的价格。

第三，风险不同，持股意愿大相径庭。和纳斯达克相比，新三板做市商既能够以大幅度低于市场价格拿到股票，也不受库存股规模的限制，因此新三板做市商没有进行做市报价的动力。

第四，纳斯达克做市商可被动退出，但兴柜市场和三板市场做市商则需强制履行义务。美国FINRA规则第4613条规定，如果做市商没有办法在五天之内进行做市，该做市商就会被取消做市商的资格。兴柜市场要求做市商持续不断地报价，并且履行做市义务不得少于一年，如果辞任后仍然有两家以上做市商除外。对不履行报价义务的推荐证券商，可采取限期补正、改善、警告的处罚。股转系统要求最开始的做市商必须做市半年以上，后面加入的做市商必须履行义务超过三个月，想要退出做市，一个月之内不能继续给同一个公司做市。如果做市商不履行报价义务，新三板会对其采取措施，比如约谈、写书面承诺书、出示警示函、报告监管机构等。

第五，从双向报价豁免条件来看，纳斯达克更尊重市场，而兴柜市场和新三板更尊重做市商。在纳斯达克，因发生做市商不可控制的情况，做市商可以撤销报价、消极做市或者仅仅录入卖价。兴柜市场做市商库存低于1 000股可以不用卖出。同时，推荐证券商所持有兴柜股票数量达其初始持有数量3倍以上的，可不用承担连续申报买进报价。新三板市场，做市商库存股低于1 000股可以不报卖价，库存股达到公司总股本1/5，可以不用报买价，此时做市商应该及时向新三板系统申报，并最迟在3个交易日之后恢复买价和卖价的发布。兴柜市场和新三板的做市商享有商业上的报价豁免权，可以因为库存股票过多或过少而豁免报价，做市商可以受益。在纳斯达克，做市商只有在极端情况下才可以免除部分义务。因此，纳斯达克更加尊重证券市场的供给和需求（见表7、表8）。

表7　　　　　新三板、纳斯达克与兴柜市场做市商制度的比较

市场	条件	成交方式	最低做市期限	豁免
纳斯达克	（1）变为纳斯达克的就成为其做市商；（2）不是会员，需要得到管理部门的认可和审核	（1）交易量大的，用经纪方式，交易量小的，自营方式；（2）一个做市商的买价不能高于或等于另一个做市商的卖价；卖价也同样	自由退出，退出后20天不能重新做市	一般情况必须报价，遇到不可抗力的除外
兴柜市场	（1）有承销、经纪和自营的资格；是协会的会员；自由资本率2倍以上；（2）主办证券公司在经验和人员方面符合要求	（1）有两个以上做市商的，按报价和时间优先原则；（2）买卖价差达到规定比例时，点选交易	不能随意退出，需服务满一年	（1）库存不足时可以不报价；（2）库存超过申报的3倍，可以不连续报价
新三板	（1）有自营的资格；（2）有专门的做市部门和员工；（3）相应制度要完善；（4）拥有做市的系统	（1）可采用限价委托；（2）价格和时间优先原则	（1）初始做市商需服务满半年；（2）后面加入的做市商服务需满3个月	（1）库存低于1 000股，可以不报卖价；（2）库存股达到企业20%，可以不报买价

表8　　　　纳斯达克、中国台湾兴柜市场和新三板做市商豁免报价对比

	纳斯达克	中国台湾兴柜市场	新三板
豁免情形	发生做市商不能控制的情况，可以撤销或消极报价，该种情况可以保持五个交易日	不足1 000股的可以不报卖价，持有股票达到初始的300%以上的，可以不报买价	持有不足1 000股的，可以不报卖价，持有股票达到企业总股本20%的，可以不报买价，但最多持续3日

2. 新三板做市商制度存在的问题

与纳斯达克相比，新三板的做市制度存在缺陷，主要有：第一，新三板库存股成本高。第二，新三板做市商盈利模式更倾向于赚取股票增值的收益。第三，新三板对做市商库存数量要求太高。做市商更倾向于通过线下商议的方式低价获得股票库存，而买卖报价的动力不足，所以当前的做市制度成为流动性的一大制约因素。第四，新三板还存在资格难获得、做市商数量不足、做市商定位偏差等问题。

（二）新三板流动性测度与评估

文献通常从四个方面衡量股市流动性：宽度、深度、弹性和及时性（苏冬蔚、麦元勋，2004）。由于数据不可及，弹性和及时性的衡量指标并不容易获得，而市场深度是最直接衡量市场流动性的指标，交易额、交易量和换手率是最常见的衡量市场深度的指标。

从年成交量来看，2015年和2016年新三板成交量分别为278.71亿股和363.36亿股。截至2017年7月31日，2017年新三板成交量为250.28亿股，做市企业和协议转让企业全年成交量分别为97.51亿股和152.77亿股，二者分别占全市场成交量的38.96%和61.04%（见图2）。

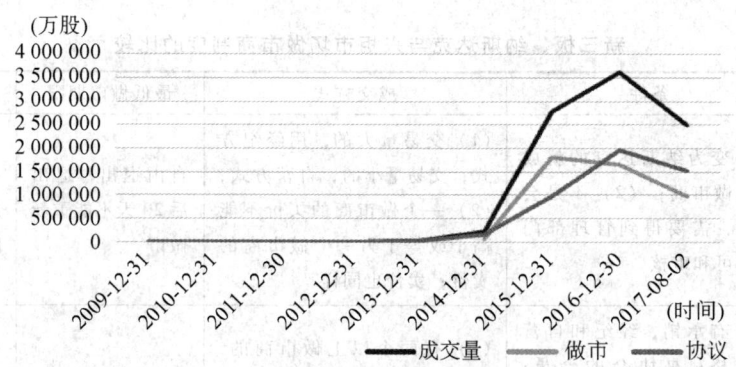

图2　新三板年成交量

资料来源：Choice。

从年成交金额来看，2015年和2016年新三板全年成交量分别为1 910.50亿元和1 910.16亿元。截至2017年7月31日，2017年新三板成交额为1 378.51亿元，做市企业和协议转让企业全年交易额分别为524.05亿元和854.46亿元，二者分别占了全市场交易额的38.02%和61.98%（见图3）。

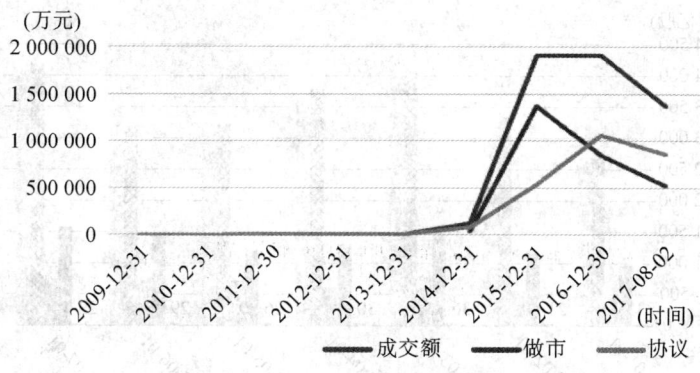

图3 新三板年成交额

资料来源：Choice。

从换手率来看，新三板换手率整体呈现小幅提升趋势，2015年新三板换手率达最高。从年换手率来看，2015年和2016年全年换手的股票仅仅占所有股票的30.25%和18.32%，大部分新三板企业的股票都没有任何交易（见图4）。

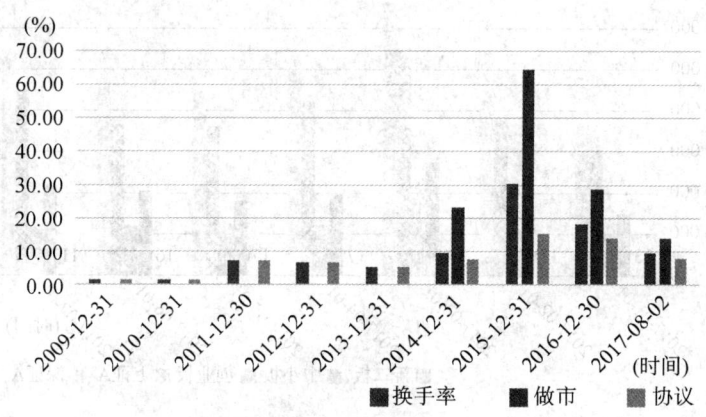

图4 新三板股票年换手率

资料来源：Choice。

整体来看，2017年新三板换手率非常低，大部分股票都处于没有交易的状态，这种现象被称为"僵尸股"，也是新三板整体缺乏流动性的主要特征。

（三）新三板与其他市场流动性比较

1. 新三板与A股市场流动性比较

总体来看，新三板的成交量、成交额以及换手率都远远低于主板、中小板和创业板（见图5、图6、图7）。

2. 新三板与纳斯达克市场流动性比较

新三板与创业板、中小板、主板的交易机制有明显的差异，不同交易机制下的流动性缺乏可比性，直接比较新三板与其他板块并不能很好地反映新三板流动性问题。从设立之初，新三板被定位为中国的纳斯达克，新三板主要对标纳斯达克。新三板与纳斯达克具有相似功

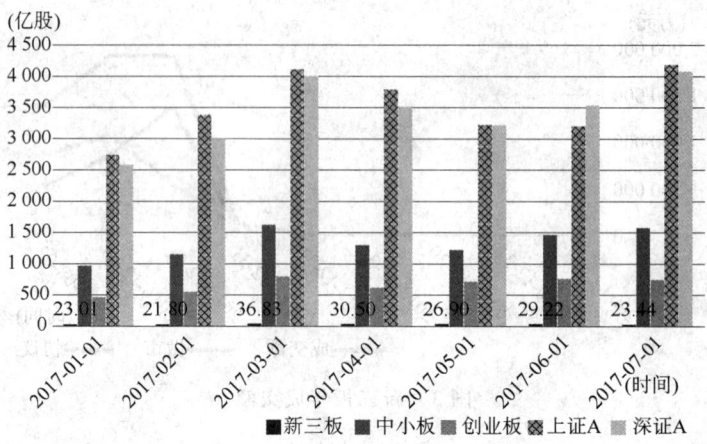

图 5　2017 年不同板块成交数量

资料来源：Wind。

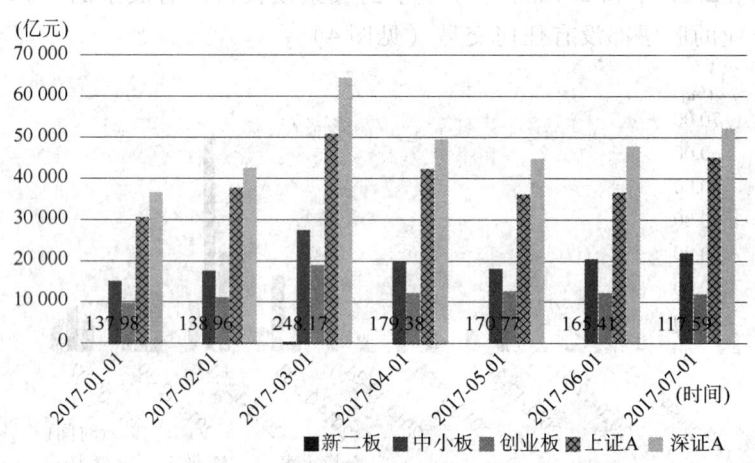

图 6　2017 年不同板块成交金额

资料来源：Wind。

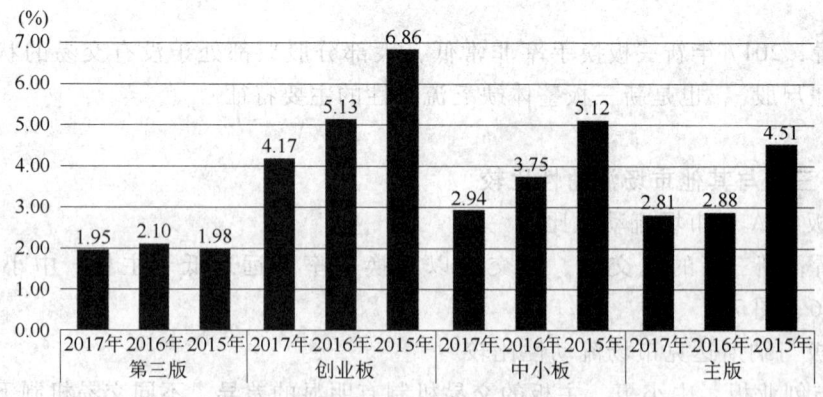

图 7　不同板块的换手率

能，交易机制类似，纳斯达克的制度制定以及交易机制设计等都为新三板设立提供了丰富的经验。对比新三板和纳斯达克流动性才能更好地反映新三板面临的流动性问题（见表9）。

表9　新三板与纳斯达克流动性比较

变量	观测值	均值	标准差	最小值	最大值
新三板					
区间成交量	4 718	5 344 259	3.19E+07	1 000	1.38E+09
区间日均成交量	4 718	350 887.7	1 109 863	735	3.80E+07
交易天数	4 718	31.74	38.76	1	140
区间换手率	4 716	15.14	27.39	0	1 076.74
区间日均换手率	4 716	0.11	0.2	0	7.69
区间日均换手率（剔除无交易日）	4 716	2.84	8.66	0	179.46
纳斯达克					
区间成交量	2 582	9.93E+07	3.68E+08	100	1.07E+10
区间日均成交量	2 587	693 462.1	2 538 143	100	7.39E+07
交易天数	2 582	137.25	25.39	1	145
区间换手率	2 569	12 913.44	625 941.7	0	3.17E+07
区间日均换手率	2 569	89.06	4 316.84	0	218 685.6
区间日均换手率（剔除无交易日）	2 569	89.09	4 316.84	0	218 685.6

资料来源：Wind。以上数据是2017年初到2017年7月的区间数据。

从交易的数据来看，绝大部分在纳斯达克上市的企业都有交易，而超过一半的新三板挂牌企业没有任何流动性。从交易天数来看，新三板交易还未被调动起来，交易热情远远低于纳斯达克。从区间成交量来看，2017年初至2017年7月31日，新三板和纳斯达克的区间成交量分别为534.43万股和9 930万股。

从区间日均交易量来看，新三板和纳斯达克区间日均交易量分别为350 887.7股和693 462.1股。在新三板挂牌企业数量远远多于纳斯达克上市企业的情况下，纳斯达克区间日均交易量大概是新三板的两倍。剔除没有交易的企业，有交易新三板企业换手率分布与纳斯达克分布近似。

3. 新三板流动性问题回顾与思考

造成新三板流动性较弱的原因究竟有哪些？首先，从需求端投资者的角度来看，一个市场的投资者结构越丰富，市场的预期差就越多，就越可能产生更活跃的交易量。在新三板市场，公募基金没有进场，社保、险资等大资金、长周期投资者未布局，500万元高标准投资者门槛造成了投资者结构相对简单，无论在投资者数量上还是在资金实力上都在需求端影响了新三板流动性。其次，从供给端挂牌公司的角度来看，一个市场企业质量的好坏以及流通股的多寡是市场流动性的基础。一是新三板的市场定位决定了挂牌公司质量。我国新三板市场的定位在《关于全国中小企业股份转让系统有关问题的决定》中明确："主要为创新性、创业型、成长型中小微企业发展服务。"这些中小微企业大多处于初始发展阶段，企业质量参差不齐，发展前景有高度的不确定性，从而导致投资者参与的程度较低。二是挂牌企业的股权集中度较高决定了提供流动性的源头较少。统计显示，新三板公司的股权集中度相当高，高达5 433家公司的股票100%集中在大股东手里，占所有公司的51.04%，也就是说超过一半的新三板公司是没有公众持股的;另外大股东持股比例超过90%的新三板公司有8 918家,占了所有公司的83.78%。这从另外一个角度说明超过一半的公司对新三板市场流动性的贡献几乎为零,80%以上的新三板公司为市场提供的流动性非常少。

三、新三板交易机制与流动性关系分析

(一)做市商制度对流动性的影响分析

1. 做市制度引入前后新三板整体流动性的变化

2014年8月25日,做市制度正式引入新三板。新三板挂牌公司数量平稳上升,增速情况较为一致,而到8月的时候增加幅度扩大。在成交量方面,2014年上半年和7月份成交量都显得较为均衡,而且均不在高位,每个月平均成交3 438.67万股,共有2.4亿股成交,然而7月之后成交量大幅度上升,8月成交了4.54亿股,几乎是1—7月的10倍,而且从8月之后新三板的成交量都始终处在高位。从2014年新三板挂牌公司与股票成交量的月度变化来看,挂牌公司数量与股票月成交量都处于整体上升趋势中。在做市商制度刚刚推出的时候,做市商制度显著促进了市场流动性的提高(见图8、图9)。

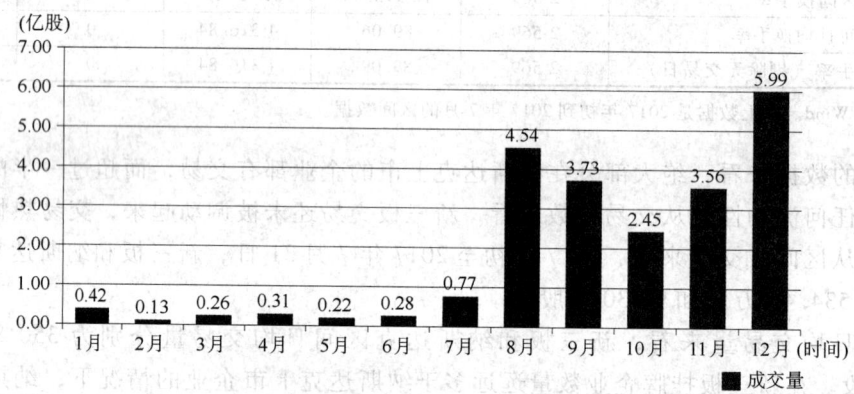

图8 2014年新三板成交量月度数据统计

资料来源:Wind。

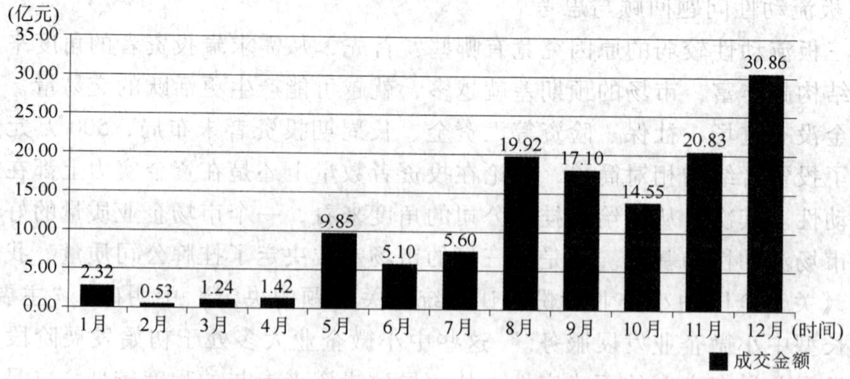

图9 2014年新三板月度成交额

资料来源:Wind。

2. 做市制度实施后新三板流动性的特点

做市制度实施至今,市场流动性状况可以较为明显地分为两个阶段:第一阶段为做市首日至 2016 年初,这一阶段的特点主要表现为新三板公司做市热情高涨,做市企业的流动性远远胜过协议转让企业的流动性。第二阶段为 2016 年初至今,这一阶段企业做市热情回归理性,做市股票与协议股票的流动性差距逐渐减小(见图 10—图 16)。

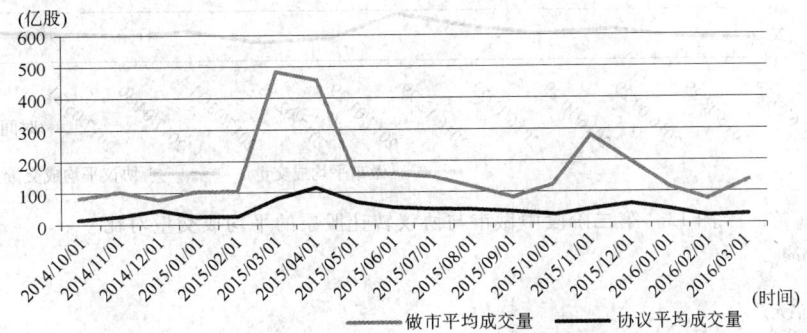

图 10　第一阶段中做市与协议转让股票的平均成交量对比

资料来源:Wind。

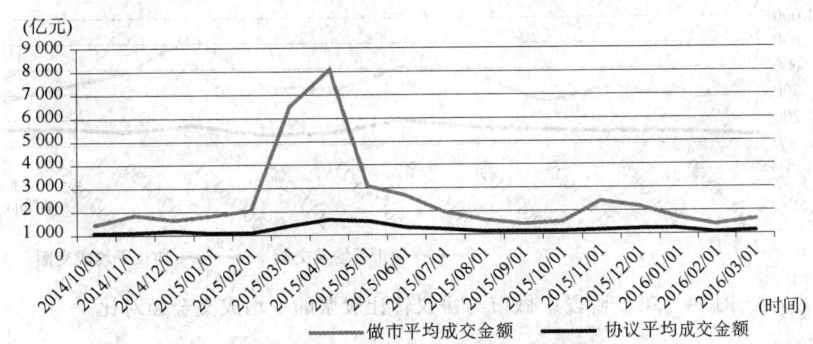

图 11　第一阶段中做市与协议转让股票的平均成交金额对比

资料来源:Wind。

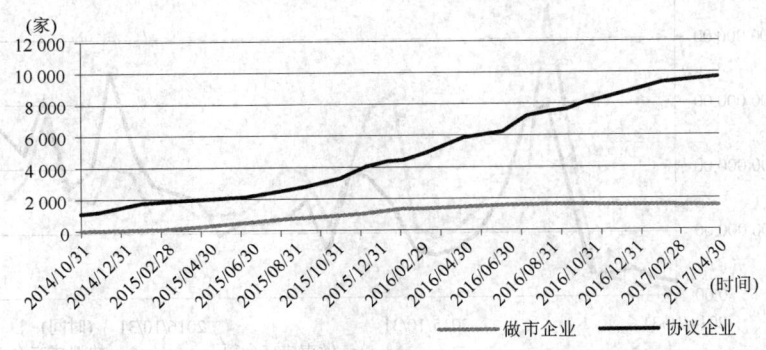

图 12　第一阶段中做市企业与协议转让股票企业家数对比

资料来源:Wind。

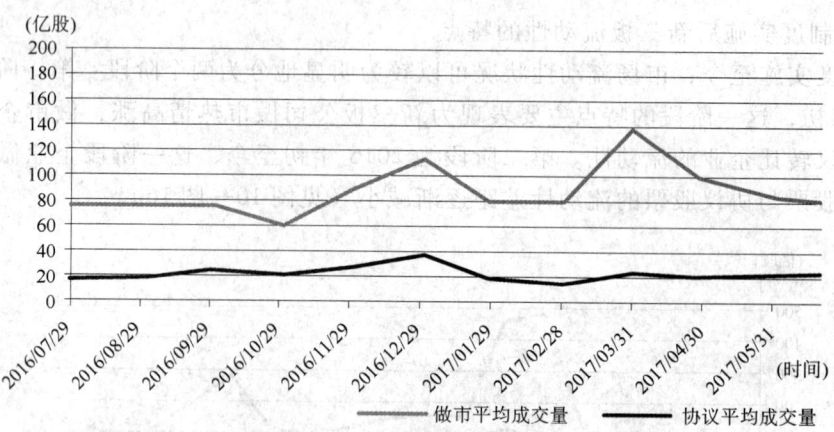

图 13 第二阶段中做市与协议转让股票的平均成交量对比

资料来源：Wind。

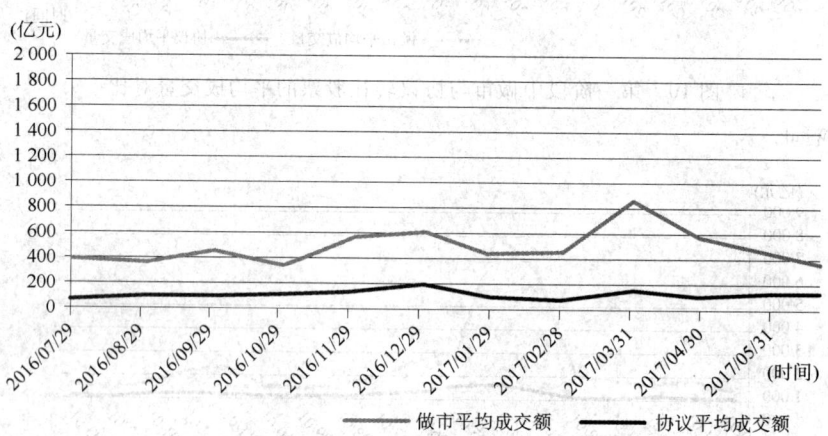

图 14 第二阶段中做市与协议转让股票的平均成交金额对比

资料来源：Wind。

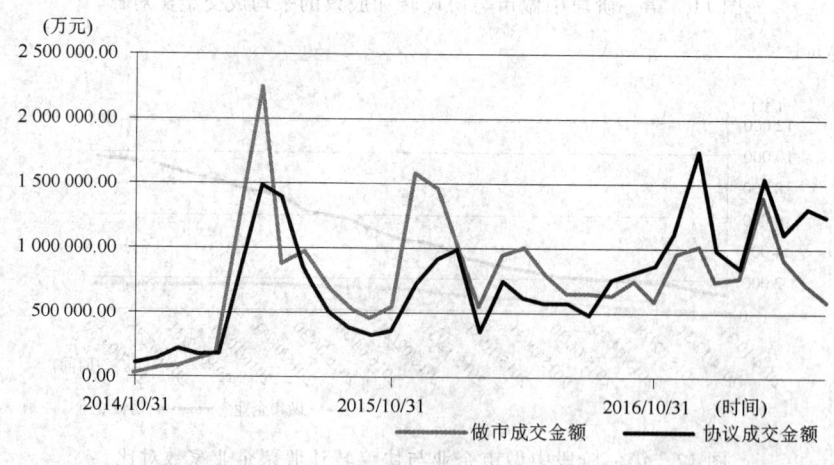

图 15 做市与协议成交金额对比

资料来源：Wind。

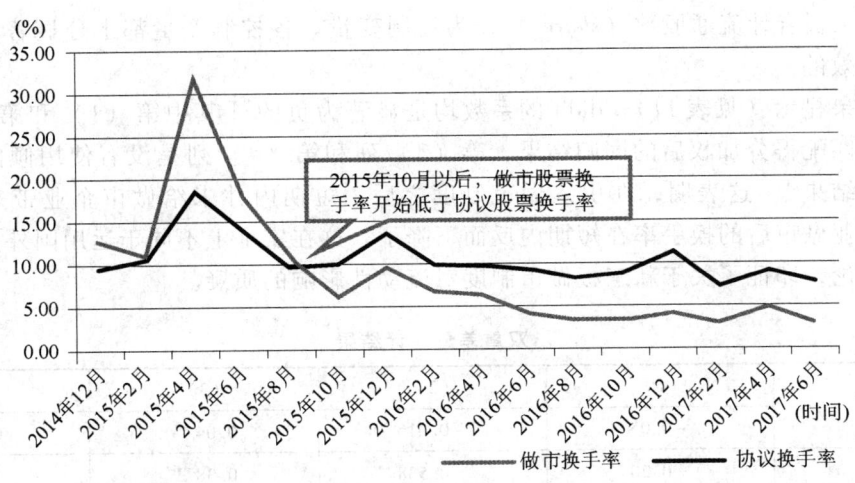

图 16 做市与协议股票换手率对比

资料来源：Wind。

3. 做市制度对新三板流动性影响的实证分析——基于双重差分方法的检验

该部分采用普遍应用于评价政策效果的双重差分方法（Difference - in - difference Method）进行了实证检验，将协议转做市的"做市组"作为实验组，将在此期间一直采取协议转让的"协议组"作为对照组，通过控制其他因素，对比做市制度引入后做市组和协议组之间的差异，从而检验在剔除非政策因素影响下的做市制度的效果。

2014 年 8 月 25 日，做市商制度正式实施，第一批有 43 家企业由协议转让交易转为做市交易。因此，本文以 2014 年 8 月 25 日作为做市前后的分界日，将 2014 年 7 月 3 日至 8 月 24 日作为做市前的基期，将 2014 年 8 月 25 日至 12 月 31 日作为做市后的实验期（见表 10）。

表 10 双重差分样本和时期设定

	基期	实验期
做市组	2014 年 7 月 3 日至 8 月 24 日	2014 年 8 月 25 日至 12 月 31 日
对照组	2014 年 7 月 3 日至 8 月 24 日	2014 年 8 月 25 日至 12 月 31 日

资料来源：何牧原，张昀. 中国新三板市场的兴起、发展与前景展望 [J]，数量经济技术经济研究，2017 (4)：74—91.

双重差分模型如下：

$$turn_{it} = \beta_0 + \beta_1 time_{it} + \beta_2 group_{it} + \alpha_1 did_{it} + \gamma control_{it} + \varepsilon_{it}$$

其中，i 代表新三板个股，t 代表每个交易日。被解释变量选取个股每日的换手率作为新三板股票流动性的代理变量。$time_{it}$ 表示做市制度的改革进程，在 2014 年 8 月 25 日之前取值为 0，8 月 25 日做市制度实施当天及其以后取值为 1。$group_{it}$ 表示新三板股票是否在 2014 年 8 月 25 日—12 月 31 日期间转为做市交易，做市组取值为 1，协议组取值为 0。为了检验做市制度对流动性的影响，设 did_{it} 为 $time_{it}$ 和 $group_{it}$ 的交叉项，当 $time_{it}$ 和 $group_{it}$ 同时取 1 时，该变量的取值为 1，其他情况为 0，其系数 α_1 即为我们关心的处理效应。

$control_{it}$ 表示控制变量。根据 Brockman 和 Chung（1999），流动性的变化与股票的交易量、价格水平、流通盘大小相关。因此，选择新三板股票的成交量对数（$volume_{it}$）、收盘价

（$close_{it}$）和三板合计流通股数（$share_{it}$）作为控制变量。各控制变量都十分显著，这表明控制变量是有效的。

估计结果显示（见表11），didit 的系数均是显著为负的［其中第（1）和第（2）列是使用了倾向匹配得分加权后的回归结果，第（3）列和第（4）列是没有使用倾向匹配得分加权的回归结果］。这表明，在引入做市制度之后，短期内并未给做市企业带来流动性改善，甚至企业做市后的换手率在短期内反而下降了。这在实证上不同于运用国外资本市场数据的研究结论，印证了关于新三板做市制度对流动性影响的质疑。

表 11　　　　　　　　　　　　双重差分估计结果

turn	（1）	（2）	（3）	（4）
time	-0.05	-0.016	0.04**	0.001
group	0.20**	0.538***	0.38***	-0.28
did	-0.43***	-0.747***	-0.25***	-0.55**
volume	0.37***			0.81***
close	-0.01**			-0.04***
share	-0.42***			-1.00***
cons	4.06***	0.510***	0.05***	10.23***
调整的 R 平方	0.37	0.02	0.002	0.19

注：** 表示在 5% 的水平下显著，*** 表示在 1% 的水平下显著。
资料来源：何牧原，张昀．中国新三板市场的兴起、发展与前景展望［J］．数量经济技术经济研究，2017（4）：74—91．

该实证结论说明，至少在短期内，做市商制度没有促进流动性改善，长期来看做市商制度仍然有待完善。

（二）分层制度对流动性影响分析

《全国中小企业股份转让系统挂牌公司分层管理办法（试行）》规定，自 2016 年 6 月 27 日起，新三板市场将正式对所有挂牌公司进行分层管理，分为基础层和创新层。从分层制度实施后 1 个月内的数据看，新三板市场交投并未表现得更为活跃。市场整体的成交额没有实质性提升反而略有萎缩，创新层交易略显清冷，远低于预期（见图 17）。

分层实施一年（时间范围为 2016 年 6 月 27 日到 2017 年 5 月 31 日）之间，新三板做市公司的整体区间换手率为 0.35%，其中基础层的区间换手率为 0.45%，创新层的区间换手率为 0.17%。创新层整体流动性差于基础层，整体流动性不如基础层。

在分层实施一年之后，2017 年 5 月 30 日，新三板迎来分层之后的首次调整，共有 1 393 家公司入围创新层，占新三板公司的 12.53%，其中，保层的公司有 628 家，新进入创新层的公司有 765 家。

"大换血"之后，我们发现，其一，通过保层与新入层比较，发现新入层的样本公司的整体区间日均换手率为 1.18%，远远高于保层样本公司。其二，通过创新层做市与创新层协议比较，发现创新层协议样本公司的整体区间换手率为 1.04%，远高于创新层做市样本公司的区间日均换手率（见表 12）。

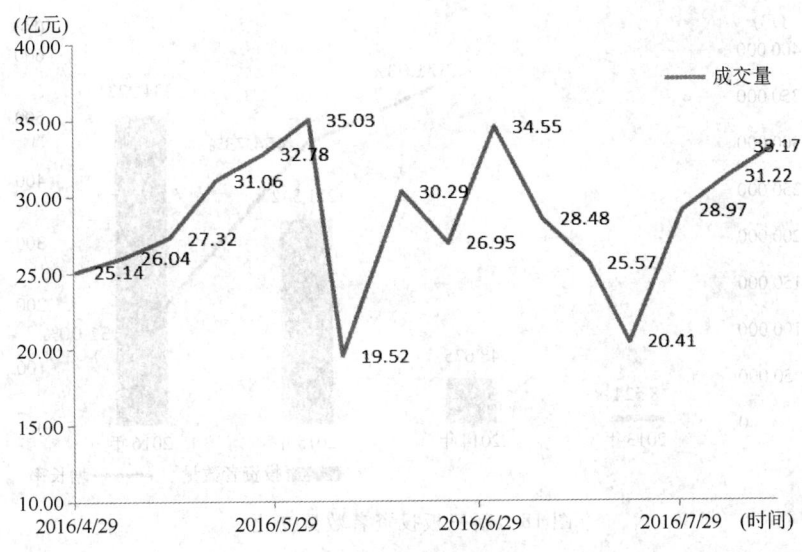

图 17　分层前后新三板周成交量比较

资料来源：Wind。

表 12　2017 年创新层区间日均换手率（%）

	样本	数值
保层与新入层比较	2017 年保层	0.18
	2017 年新入层	1.18
创新层做市与创新层协议比较	2017 创新层做市	0.16
	2017 创新层协议	1.04

资料来源：Wind。数据日期为 2017 年 6 月 1 日—2017 年 9 月 30 日。

（三）投资者因素对流动性的影响分析

1. 新三板投资者结构与股东户数分析

与新三板对企业挂牌的宽松条件相反的是新三板在投资者准入门槛的设立上略显严格。尽管如此，整体投资者数量呈现快速增长的趋势（见图 18）。

在投资者占比分布上，个人投资者占比为 88%，远远高于机构投资者的占比（见图 19）。但在新三板 2016 年全年累计成交量为 364 亿股和全年累计成交额为 1 192 亿元中，机构投资者却占据主体地位。

在样本公司 11 244 家新三板公司中，股东户数在 50 人以下有 9 695 家，占比 86.22%。新三板企业有股东人数少、股权集中的特征（见图 20）。

2. 新三板投资者数量对流动性的影响

虽然 2017 年股转公司对新三板投资者适当性管理要求进行了调整，但只在保持原有门槛不变的基础上，进行标准的完善和细化，仍然坚持着 500 万元的高标准。对做市转让方式下 1 361 只个股的股东户数 - 平均交易笔数以及股东户数 - 单位成本可交易金额进行回归分析，结果见表 13。

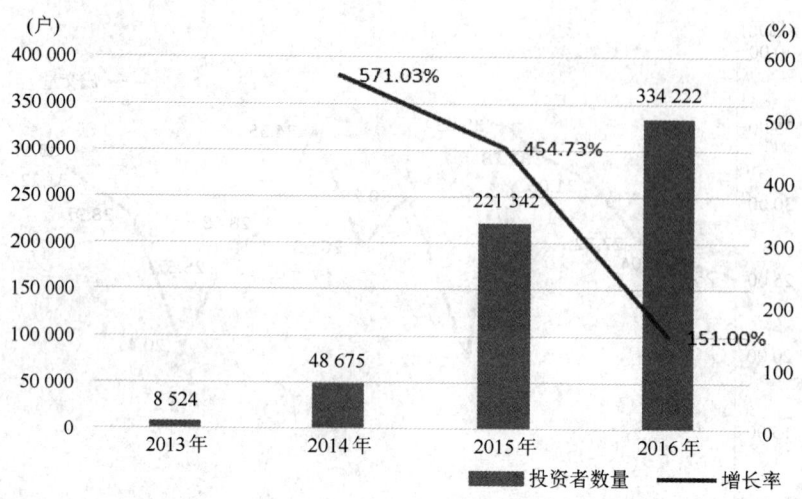

图18 新三板投资者数量变化

资料来源：全国股转系统。

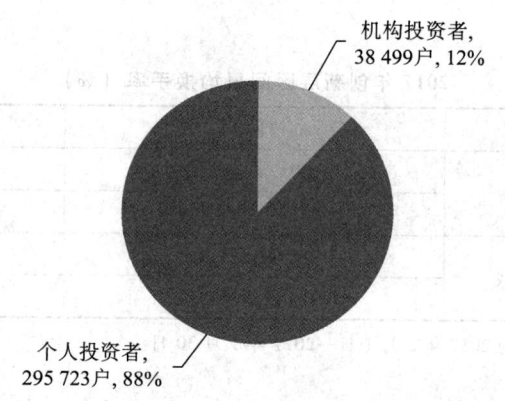

图19 2016年新三板投资者占比分布

资料来源：全国股转系统。

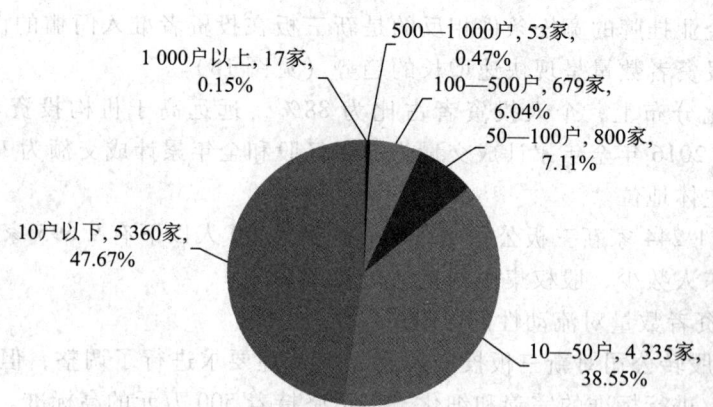

图20 股东户数分布

资料来源：Choice。

表 13　　做市转让方式回归分析

变量	相关性	斜率		截距	
		数值	P值	数值	P值
股东户数 – 区间平均实际交易天数	0.4647	0.1076	7.42E – 74	55.3645	3E – 244
股东户数 – 区间平均换手率	0.2703	0.0321	5.62E – 35	8.405	5.39E – 41

对协议转让方式下 3 564 只个股的股东户数 – 平均交易笔数以及股东户数 – 单位成本可交易金额进行回归分析，结果见表 14。

表 14　　协议转让方式回归分析

变量	相关性	斜率		截距	
		数值	P值	数值	P值
股东户数 – 区间平均实际交易天数	0.3885	0.0694	8.7E – 129	17.4027	1.7E – 208
股东户数 – 区间平均换手率	0.2058	0.0003	6.72E – 73	0.10492	4E – 155

我们发现：（1）做市转让方式下的股东户数和区间平均实际交易天数以及股东户数和区间平均换手率均为显著的正相关；（2）协议转让方式下的股东户数和区间平均实际交易天数以及股东户数和区间平均换手率均表现出正相关，但不显著。由此可见，在做市转让方式下，产生了有效博弈，投资者人数的增加可较为明显地改善流动性，而在协议转让方式下，这种效应并不明显。

四、新三板交易机制重构与设计

交易机制是市场流动性的制度保障，交易机制会影响市场流动性，同时市场流动性也是对现有交易机制设计是否合理的反馈。

（一）做市商制度引入竞争和竞价制度，激发新三板市场流动性

基于本文的研究，竞争型做市商和混合型做市商是制度改革的整体趋势。

1. 竞争型做市商设计

多元化做市商体系，提高做市商的竞争性是新三板提高流动性的重要方式。首先，扩大做市商的主体范围，是破解做市商和挂牌企业供需不均衡、提高做市商竞争性的第一步。事实上，新三板已经启动了私募做市试点。相比于券商，私募做市商的做市意愿更强，将更加市场化，活跃度更高，资本运作方式更灵活和多样化。其次，做市商市场应该包括两个部分：批发市场和零售市场。所谓批发市场指的是做市商之间与做市商进行交易的市场，而零售市场指的是做市商和投资者进行交易的市场，批发市场的交易量大需要配合大宗交易制度。

进一步明确做市商的权利义务，激发做市商做市热情，具体如下：（1）市场信息优先获得权；（2）融资融券权利和做空的权利；（3）通过返佣方式鼓励做市。为了鼓励做市商积极做市，可以考虑对于积极做市的做市商采取奖励类的措施，如返还交易手续费等。

在义务设计上，主要以提高交易透明度、防范市场风险为目标。除了履行持续地双向报价义务之外，海外对做市商履行义务中往往还包括提供股票研究报告、及时提交成交报告、承诺不合谋、不操纵市场，保存交易档案等。

2. 混合型做市商设计

混合型做市商是一种兼容做市制度和竞价制度的混合制度。引入竞价机制的有两种制度设计，有两个构想。一种是以交易额度划分试点范围。做市商制度在大额交易下有明显的优势，竞价机制则在小额交易下有明显的优势。根据不同交易机制的特性，按照交易额的大小划分分别采用做市商制度和竞价制度。做市商完成大额交易的指令，小额交易则直接通过竞价系统完成交易。另一种是以分层划分试点范围。全面解决新三板的流动性可行性较低，针对不同的分层设计不同的交易机制是解决新三板流动性非常重要的制度改革方向。处于高层次企业可以推行"竞争型做市商+竞价交易"的混合制度才能更好地适应更高层的流动性需求；而基础层企业可以继续沿用传统做市商制度和协议转让制度，待市场培育成熟后再逐步实施混合做市商制度。

（二）引入大宗交易，激活新三板大额转让市场

根据海外经验，在以报价驱动为主的交易中，大宗交易能够提高成交量，增加活跃度，大宗交易是对现行做市制度的一种补充。参照国内外大宗交易机制的设计，新三板大宗交易制度的设计也同样需要涵盖五方面内容：大宗交易界定标准、大宗交易时间、大宗交易模式、大宗交易定价机制、信息披露（具体见表15）。

表15　　　　　　　　　　新三板大宗交易机制设计

大宗交易机制要素	规定
大宗交易界定	参照主板30万股或者200万元交易金额为门槛
大宗交易时间	参照纳斯达克和深市的大宗交易时间，盘中交易时间9：15—11：30、13：00—15：00；盘后交易时间15：00—15：30；不过根据当前的测试方案，大宗交易成交时间为每个交易日的15：00—15：30
大宗交易方式	参照纳斯达克市场，做市转让企业采取大宗交易平台直接交易或者做市商模式；协议转让企业采取场外交易与场内竞价结合模式
交易定价机制	参照深市规定，采用有限弹性价格
大宗交易信息披露	参照沪深规定，新三板实行交易后信息披露，大宗交易应该在交易时间内通过交易系统或股转网站即时公布

（三）新三板分层差异化，引导流动性分层

现有新三板的分层制度设计还没有起到分流的作用，分层之后流动性问题没有得到根本性的解决。进一步分层有利于为真正优质企业提供比交易所更活跃、更具创新性的制度设计，为质地相对一般的企业提供接近于区域股权市场的制度设计。

在创新层和基础层之外进一步推出更高层（"精选层"），丰富新三板的市场体系。基础层门槛最低，能够让更多的中小企业进入新三板，成为新三板最基础的"蓄水池"，使新三

板有充足的企业储备；创新层作为中间层，筛选出相对优质的企业，同时也是企业向精选层过渡的"跳板"；精选层是新三板最高的一层，是新三板明星企业的聚集地，拥有未来新三板最优质企业，对投资者吸引力最大，这里将成为新三板最活跃的平台。

第一，分层标准。新的分层标准设计可以参考三个方向。一是进一步分层，创新层和基础层未能实现流动性分层；二是现有分层标准筛选出的创新层企业并不多，需要扩大更高层次企业的数量，允许更多优秀有潜质的企业进入更高层次；三是设计除盈利、营收和市值之外的更加弹性的标准，结合新兴产业初创型企业的特征，考虑增加现金流指标，允许行业标杆进入更高层，鼓励新兴产业进入更高层。在制度设计上，结合国内外的经验，精选层可以考虑在创新层标准的基础上做一些微调，设计除了营业收入、净利润、市值之外的指标，如股本、流通股占比、股东人数等指标，还可以加入行业指标，将新兴产业的龙头企业纳入精选层。

第二，交易机制的设计。从制度的效率来看，协议转让、做市转让和竞价交易机制的交易效率依次递增，三者代表了交易制度的发展趋势。新三板已经推出了做市转让制度，竞价制度是未来发展的必然趋势。竞价制度对流动性要求最高。结合目前流动性现状，新三板不适合直接采用"竞价机制"，采用"做市转让"与"竞价交易"相结合的交易机制（"混合型做市"制度）是一种过渡状态；同时，在协议转让制度下直接推出竞价制度难度可能较高。目前，"协议转让"制度下适合推行"集合竞价"，高频集合竞价最终仍然希望能够达到连续竞价。不同层次应该匹配不同的交易机制，以适应不同企业的流动性需求。结合分层，精选层企业质量最高，该层次最有可能受到投资者青睐，精选层可以推出"做市转让+竞价交易"制度（"混合型做市"制度），创新层保持"做市转让"和"协议转让"，鼓励"集合竞价"制度，基础层保持现有"做市转让"和"协议转让"制度。

第三，层次转移制度以及退出机制。流动性的本质是以合理的价格迅速交易的能力，投资者交易意愿是流动性的基础，而新三板企业是否值得投资又是投资者投资意愿的决定性因素。新三板挂牌企业投资价值是影响新三板长期流动性的核心。在新三板迅速扩张的背景下，如何保证新三板企业质量是根治新三板流动性问题的关键。参照纳斯达克的层次转移机制设计，层次转移基本规则设想：升级依据"更高级评定标准"，方式是采取"自愿转移"；降级依据"持续挂牌标准"，方式是采取"强制制"。

新三板应该建立长效的退出机制，使得新三板内部建立优胜劣汰的环境，促进新三板内部企业换血，从本质上提高新三板企业投资价值。强制退出制度仅涉及违法违规现象以及企业持续经营能力等相对严重的问题，仅仅起到清退问题异常恶劣企业的作用，并未实现优胜劣汰。结合纳斯达克退市制度，未来新三板应该通过财务指标、流动性指标、市值指标等多维度指标建立更为全面的退出机制。企业质量是市场流动性的基石，好的退出机制可以给挂牌企业一定的约束，保证挂牌企业质量，为提高流动性提供最坚实的基础。

参考文献

[1] Acharya V V, Viswanathan S. Leverage, Moral Hazard, and Liquidity [J]. Journal of Finance, 2011, 66 (1): 99—138.

[2] Demsetz H. The Cost of Transacting [J]. Quarterly Journal of Economics, 1968, 82

(1): 33—53.

[3] Glen J D. An Introduction to the Microstructure of Emerging Markets [J]. Social Science Electronic Publishing, 1994, 53 (1): 394—403.

[4] Nimalendran M, Petrella G. Do 'Thinly–traded' Stocks Benefit from Specialist Intervention? [J]. Journal of Banking & Finance, 2003, 27 (9): 1823—1854.

[5] 何牧原,张昀. 中国新三板市场的兴起、发展与前景展望 [J]. 数量经济技术经济研究, 2017 (4): 74—91.

[6] 刘逖著. 市场微观结构与交易机制设计:高级指南 [M]. 上海:上海人民出版社, 2012.

[7] 苏冬蔚,麦元勋. 流动性与资产定价:基于我国股市资产换手率与预期收益的实证研究 [J]. 经济研究, 2004, (02): 95—105.

关于"充分发挥券商职能，构建新三板二级市场服务体系"的建议

段飞飞[*]

一、新三板市场发展情况

（一）市场由初创期逐渐过渡到稳健发展期

截至2018年6月底，新三板挂牌企业11 125家，总股本6 524.95亿股，总市值31 907.46亿元。2018年上半年市场累计股票发行933次，累计融资金额412.82亿元。从市场参与主体的需求角度来看，新三板市场通过市场化的挂牌及融资机制，较好地解决了初创期需要解决的做大增量问题。经过五年的发展，市场已经逐渐由初创阶段过渡到稳健发展阶段，市场建设需要解决的是如何健康有序发展的问题，市场功能需要解决的也不再仅仅是发行人的需求，而是市场的另两个参与主体——挂牌公司股东及投资者需求的问题。因此，市场建设的工作重心从推动增量逐渐转变为优化存量服务。

一个市场的繁荣与否，核心因素之一是信息披露的充分程度，公开信息披露的及时性、客观性、真实性、准确性及完整性程度与市场繁荣成正比，是市场长期适度活跃的基础。新三板服务中小微企业的定位决定了股转系统在平衡挂牌企业的自由尺度与信息披露的充分程度之间，需要留给挂牌企业适当的容错率以呵护企业成长。而有限的信息披露并不能充分支持市场参与者形成投资决策，致使市场有效率降低，这就需要以券商为代表的中介机构发挥金融中介机构职能，向市场提供以研究服务、投资顾问等为主的综合金融服务，弥补新三板发展过程中的二级市场功能缺位。

（二）现阶段新三板市场的特点

1. 市场吸引力下降，净新增挂牌家数首现负增长

---

[*] 作者单位：中信建投证券股份有限公司。原载于《中国证券》2018年第8期。

截至 2018 年 6 月底,新三板挂牌企业 11 125 家,股转系统半年净新增挂牌家数首现负增长,新增挂牌家数大幅下降,摘牌家数超过 2017 年全年。其中新增挂牌 320 家,同比下降 75.59%;摘牌 729 家,接近历史上摘牌数量总和,净减少 429 家。

2. 一级市场投资情绪低迷,融资功能进一步减弱

2018 年 1—6 月挂牌公司完成定增 933 次,同比下降 39.53%;募集资金 412.82 亿元,同比下降 36.18%。新三板二级市场退出路径不通,转板机制不明确,IPO 过会成功率低等原因导致机构投资者观望情绪重,投资意愿不强,市场融资功能受到较大程度的抑制。

3. 指数单边下跌,交易量大幅萎缩

2018 年上半年,新三板二级市场表现清淡,三板成指跌幅为 20.53%,三板做市指数单边阴跌,跌幅为 17.00%。市场平均市盈率 20.47 倍,做市转让方式平均市盈率 26.82 倍,较年初分别下降 49.68% 及 41.34%。期间累计成交金额 507.90 亿元,同比下降 59.22%,日均交易量不足 6 亿元。

4. 投研覆盖不足的矛盾突出

券商在新三板市场的研究服务方面未能形成有效的商业模式,对新三板研究普遍不重视,以至于挂牌公司的研究服务覆盖率低。通过 Wind 资讯搜索,2018 年半年内新三板研究报告 2 154 份,虽同比增长 138%,但企业覆盖率仍不足 15%,企均报告覆盖比率为 0.193;同期 A 股研究报告近 30 000 份,基本上覆盖了所有上市公司,企均报告覆盖比率为 10.3。

5. 多项改革举措纷纷落地,制度建设持续推进

2017 年 12 月下旬,全国股转系统推出发行、交易、信息披露等差异化改革。以分层为抓手的改革为 2018 年的市场发展定下基调,从"新三板 + H 股"的落地、交易体系的完善,到投资参与主体多元化等,2018 年上半年,新三板改革持续推进。

6. 市场监管更为严格、规范性要求得到强化

2018 年 5 月,全国股转公司对 459 家在 4 月 30 日前未披露 2017 年年报的挂牌公司采取自律监管措施。6 月 29 日,对未按期披露 2017 年年度报告的挂牌公司实施强制摘牌。此外,全国股转公司对 2017 年年报加强了审查力度,把 2 000 多家具有公众化程度高、年报指标存在异常、资本运作频繁等特征的公司年报列入重点审核范围。

二、新三板二级市场服务缺失所导致的现实问题

(一) 股权投资产品到期形势严峻,市场面临抛售高压

经统计,截至目前参与投资新三板企业的相关股权投资产品已近 9 600 只,多数新三板股权投资产品为 2 年期或 3 年期。80.68% 产品成立于 2015 年和 2016 年,推算 2018—2019 年是此类产品集中到期的高峰,到期规模高达 192 亿元。加之 2016 年、2017 年已到期产品的展期产品,预测 2018 年底新三板市场将迎来预计总额约 380 亿元的产品到期。

(二) 产品高仓位浮亏与产品净值失真严重影响投资者信心

2017 年底,中信建投证券就新三板股权投资产品现状对共计 109 只新三板股权投资产品投资管理人进行了专项调研,共有 73 位产品管理人提供了产品持仓和净值具体情况。该 73 只产品中,76% 的新三板基金处于浮亏状态。新三板投资产品的业绩浮亏,严重影响投

资者信心与投资动力，进而弱化了新三板融资功能。

（三）专业研究覆盖不足，"草根"投研报告真假难辨

截至目前，新三板公司研报数量共有 3 606 份，覆盖公司范围 1 585 家，覆盖比例不足 15%。其中，有投资评级的挂牌公司仅 1 465 家，覆盖率 13.17%。共有 59 家券商发表过新三板公司研报，不及 A 股市场的一半。光大证券和安信证券是 2018 年发布新三板公司研报最多的 2 家传统券商，分别仅有 102 份和 90 份。

各种自媒体、企业服务公司演化而来的"草根"研究机构，通过微信公众号等方式发布的新三板公司研究报告，已经逐渐成为投资者获取新三板市场及挂牌公司非公开披露资讯的主要方式。此类研究机构在专业性、尽职履责程度等方面存在缺失，投研报告的真实性、可靠性及公正性无法辨别。

（四）券商股权投资顾问服务缺失

目前绝大多数券商未提供新三板投资顾问服务，在遇到客户需求的情况下，多数用 A 股二级市场逻辑来套用到新三板市场。这不仅不利于证券信息的客观解读，也不利于投资者对新三板市场这一成长企业聚集地的全面、客观理解，甚至会导致投资者适当性方面的问题。

（五）非持牌机构股票推荐乱象严重，严重扰乱金融秩序

由于针对游走于监管灰色地带的"体制外"非持牌小型中介服务机构监管制度缺失和部分挂牌公司实际控制人合规意识缺乏，导致近年来此类"体制外"非正规机构打着"原始股""IPO 前最后一轮融资"的旗号，不断通过互联网、电话陌拜等方式向不特定对象销售新三板股票。更有甚者，以"市值管理"为幌子，低价购入挂牌公司增发股票，通过二级市场协议转让操纵公司股价，诱骗对市场不了解的投资者接盘以实现盈利的目的。

三、国外创新型市场发展历程实践经验

（一）纳斯达克巩固并强化了其市场功能

在全球范围内，纳斯达克（NASDAQ）一直是各国新兴市场学习的对象，1971 年 NASDAQ 作为一个利用新技术的全国性场外市场出现，其后进一步演变为股票市场、债券市场和较完整的衍生产品线市场。2001 年遭遇重挫后，NASDAQ 并没有弱化其对创新创业型企业的市场支持功能；相反，通过一系列改革巩固和强化了其市场功能。主要采取了四种措施。

1. 加强风险控制，重视公司治理

通过强化上市条件，全面提高上市标准，重视公司治理的规范作用，通过了一项多达 25 条的公司治理改革规则，要求增加董事会的独立性，强化审计委员会的权力等。

2. 优化上市公司遴选，重视上市公司行业分布的合理性

对网络科技股泡沫时期集中上市的 1 300 余家 IT 股票中不合乎持续上市标准的 137 只股票采取了果断的摘牌措施；同时，开始更为积极地吸收包括新型制造业、专业服务业等行业

的优秀国外企业上市。

3. 进一步完善了内部各市场层次间的关系

2006 年明确了市场层次的划分，将市场体系中执行"创业板"功能的小资本市场（Small Cap Market）改组为"资本市场"（NASDAQ Capital Market），使创业板获得了更为清晰的市场定位。

4. 优化交易制度及交易系统

推出了新一代交易平台"超级蒙太奇"（Super Montage）为市场提供交易服务，将做市商和其他不同交易中心和交易方式进行整合。该系统使交易者能够更好地了解股票的供求状况，进而增加了交易显示信息和撮合能力，进一步激活纳斯达克市场的流动性。

（二）其他海外市场的成功经验

1. 英国 AIM：依托终身保荐人制度完善市场自律监管

英国 AIM 市场发展出了独具特色的"终身"保荐人制度。AIM 共有 80 多名认定的保荐人，上市企业在任何时候都必须聘请一名符合法定资格的公司作为其保荐人。这支保荐人队伍很好地发挥了对上市公司的辅导和监管作用，保证了上市公司持续遵守市场规则，增强了投资者的信心。

2. 日本 JASDAQ：积极探索最适合的交易制度

JASDAQ 在公司上市之初就对股票的流动性进行明确要求，股票的流动性也是退市标准重要的衡量指标。企业在申请上市的时候自然把上市后的流动性问题作为一个重要因素来考虑，在 JASDAQ 市场新上市的企业基本选择了做市商交易方式。

（三）德国、瑞士等新市场被关闭或合并的教训

1. 德国 Neuer Market：诚信危机导致失败

德国 Neuer Market 创立于 1997 年 3 月，在 2001 年的市场冲击下迅速陷于困境，并于 2003 年关闭。究其原因，主要有以下三个方面：第一，财务造假，严重破坏了新市场形象；第二，缺乏明确的上市标准和严格的审核程序；第三，没有严格的退市制度，许多已进入破产清算程序的公司仍在挂牌。

2. 瑞士 SWX NEW MARKET：缺乏上市资源导致停止运营

瑞士交易所集团下设的 SWX NEW MARKET 缺少本国内足够的上市资源。市场前后经营了 3 年，开始时有过短暂的繁荣，从 2000 年 5 月起，没有增加一家上市公司。2002 年 7 月停止营运时，只有 15 家上市公司。

四、构建新三板二级市场服务体系的建议

（一）建立新三板二级市场服务体系的必要性

1. 解决市场参与主体的需求是市场生存发展的根本

回顾近年来中小微企业所面临的融资与发展的困局，新三板市场的发展更加需要市场管理者及中介机构充分发挥职能作用，把握好回归本源、优化结构、强化监管、市场导向四个原则，优化股转公司及券商在新三板市场内金融资源配置的作用。就现阶段的新三板市场而

言,其本源就在于穿透挂牌公司这个载体,为市场真正的直接参与者,即挂牌公司股东及投资者提供服务。

2. 规范经营环境,杜绝金融乱象是市场长足进步的基础

目前,新三板投融资乱象频发的原因,是现有的针对挂牌公司股东和投资者的服务体系的缺失导致。近年来,各家券商越来越重视风险控制、投资者适当性及投资者教育工作。鼓励并赋予券商在新三板二级市场服务方面更多的创新权限,让市场参与者可以通过监管范围内的正规渠道解决需求,可以从根源处让非正规机构无机可乘,大幅度降低新三板投融资乱象,维护金融市场秩序。

3. 提升中介机构业务可得性,构建中小企业服务的土壤生态平衡

面对新三板业务盈利不足、收益和风险长期不平衡的现状,2018年券商普遍被迫减少了新三板业务投入,部分大券商明确裁撤了新三板部门,从业人员大幅下滑。新三板作为中小企业成长的土壤,培育企业茁壮成长的同时,需要发挥中介机构"修枝剪叶、松土施肥"的作用。提升中介机构在服务中小企业过程中的可得性,有效促进市场健康发展。

(二)以券商为核心的新三板二级市场服务体系

新三板二级市场服务的搭建,目的在于通过切实解决市场需求,舒缓当前困境,改善流动性,让资金关注新三板,让优秀的企业留在新三板,进而形成良性循环的市场体系及合理的市场导向。

1. 构建券商准入式交易撮合机制

新三板市场严重的买卖信息不对称是影响流动性的原因之一。在盘中集合竞价、盘后协议转让的方式下,投资者只能获取少量的报价信息,大部分的协议转让都是在共同协商达成一致后再进行交易的。在这一背景下,在专业的投研支持及合理的投资建议的基础上,转让方和受让方进行有效的沟通接触就至关重要。目前股转系统的转让意向平台在一定程度上满足了转让方和受让方寻找对手方的信息发布需求,交易制度改革一定程度上也提高了撮合频次与价格公允性,但是由于缺少专业的线下撮合,并没有实质性起到提高交易撮合效率和改善市场流动性的作用。

为提高交易意向的真实有效性及意向交易双方的沟通效率,同时有效地进行投资者教育及适当性管理,建议通过试点准入的方式,遴选符合条件的券商为授权中介机构进入转让意向平台,为在平台上发布转让意向的投资者提供专业、有效的撮合服务。

授权符合条件的券商进入转让意向平台行使股权经纪顾问职能,可以在一定程度上较好地解决市场流动性及投资者对新三板市场的关注度问题,其原因有以下几个方面:

第一,券商在执业过程中会接触了解大量的合格投资者、挂牌公司及其股东,业务覆盖广泛,有能力接触到股权转让的潜在交易双方,可以有效撮合对接具有股权买卖意向的信息线索。

第二,券商作为专业机构,通过对新三板市场及挂牌公司进行专业、有效的研究,可最大限度地进行股权价值挖掘,进而为新三板投资者提供股权投资顾问等综合服务,以提升投资者对挂牌公司的理解和判断,解决企业标的专业信息的不对称。

第三,券商作为采用市场化运作方式为挂牌公司股权提供定价、承销、转让撮合服务的正规专业机构,既为挂牌公司股东解决股份转让需求,也为投资者解决优质股权挖掘以及配置需求。另外,券商在股票交易环节将勤勉尽责、审慎履职,全面了解投资者情况,严格把

控投资者适当性。据此可设置券商机构准入式管理，结合券商服务能力、执业质量等因素，确保券商机构对投资者进行适当管理的把控，避免发生不必要的纠纷和风险。

第四，从宏观的角度看，此项措施不仅有利于疏解当前新三板市场的流动性风险，还有利于具有新三板市场特色的交易机制优化探索，对于建立并巩固新三板市场交易的基础制度具有积极意义。

在券商准入标准方面，建议主要从券商胜任能力及券商内控能力两个方面进行考量。券商胜任能力方面的考量目的在于判断券商是否有足够的专业能力和业务经验，可以切实有效地为平台上的股东和投资者提供专业化的服务。考量具体内容建议包括但不限于：新三板业务资源投入情况、推荐挂牌和股票发行业务开展情况、合格投资者基数情况、新三板资产托管服务情况、新三板股票交易情况及专业服务团队人员构成情况等方面。

券商内控能力方面的考量目的在于判断券商是否具有有效的内控机制，执业人员是否具备必要的合规意识，可以充分履行投资者交易、风险揭示和投资者适当性管理职责。考量具体内容建议包括但不限于：新三板相关业务管理制度审查、新三板业务人员管理制度审查、项目质量控制及内核体系审查等。

2. 鼓励券商提供新三板市场投资顾问服务

券商建立股权投资顾问体系的必要性与可行性如下：

一是新三板市场投资顾问业务是新三板市场交易的有力支持，有利于新三板企业价值挖掘，客观上对投资者了解相关行业及发展逻辑具有重要的参考意义，也进一步推动交易逻辑的梳理和交易基础的夯实。

二是券商机构具有从事投资顾问业务的专业技术知识和人才储备。多年来专业从事投资顾问业务的工作人员在证券投资顾问业务实践中积累了标的质量识别、企业价值挖掘分析等专业技术和方法，可具体有效地结合新三板企业及市场特点做针对性分析。

三是券商机构相对全面地接触资本市场，对于新三板挂牌企业成长性的特点和不同于A股二级市场的特点具有较深的理解。广泛的标的企业接触有利于形成券商对于新三板市场的全面认识，进而引导新三板市场健康运转。

3. 进一步优化合格投资者分类管理

目前新三板市场合格投资者相比A股二级市场投资者门槛高，一定程度上影响了买方参与市场的程度。建议设立合格投资者分类管理制度，使投资者客户结构多元化。

一是对合格投资者进行分类。根据客户投资风险承受能力、投资偏好及投资规模等要素进行分类，实现投资者客户结构的多元化，既有利于投资者对不同风险程度、不同融资规模的企业进行甄选，扩大有效投资者数量，进而影响买方参与市场交易的程度，也有利于控制客户投资风险。

二是针对不同类别的投资者，精准有效地推介标的企业，缩短推介时间，提高推荐效率，也在一定程度上影响着交易发生的频度。因此进行合格投资者分类管理，将通过影响买方有效参与数量和交易频度影响市场流动性。

（三）开展新三板二级市场服务需要重点考虑的风险和问题

1. 券商执业水平风险

因为主要服务对象为挂牌公司股东及合格投资者，新三板二级市场服务体系的主要提供者为券商的经纪业务部门，各家券商针对新三板的业务模式及服务水平各有不同，而较多券商的经纪业务部门参与新三板业务的经验较少，业务人员对市场不够了解，可能会导致因执业水平不足产生的业务风险。

2. 投资者适当性管理风险

新三板市场投资逻辑与投资者门槛与A股市场差别较大，依照相关适当性要求，券商只得向符合股转公司合格投资者要求的专业投资者进行定向的股票推荐，并且推荐方式、推荐途径等均有较高要求。如券商缺乏相关内控机制或从业人员缺乏合规意识，将导致投资者适当性管理风险。

3. 虚假宣传及内幕交易风险

券商在进行交易撮合和挂牌公司股票推荐的过程中，势必会存在向投资者进行项目介绍的过程。而项目介绍的内容除来源于挂牌公司披露信息外，还来源于挂牌公司高级管理人员及主要股东的介绍。如券商业务人员未能有效识别信息的真实度与披露程度，将导致虚假宣传及内幕交易风险。

4. 投资者基数不足导致的流动性不足风险

券商准入式转让意向平台可以切实发挥流动性支持作用的基础是具有足够多的合格投资者作为参与主体，因此，如准入券商自身没有足够的合格投资者资源，非但不能解决流动性的需求，反而可能会导致该平台失去其本质作用而遭到投资者的抛弃。

我国证券公司柜台市场发展问题与对策研究

东方证券股份有限公司课题组[*]

一、我国证券公司柜台市场的发展现状

(一)柜台市场概况

1. 券商自建柜台试点情况

为推动证券行业创新发展,2012年12月10日,中国证监会同意中国证券业协会开展柜台市场试点工作。同年12月21日,中国证券业协会发布了《证券公司柜台交易业务规范》,正式启动试点工作。2014年8月15日,中国证券业协会发布了《证券公司柜台市场管理办法(试行)》及《机构间私募产品报价与服务系统管理办法(试行)》(已于2015年被修订),明确了证券公司柜台市场的业务范围、交易方式及载体等。

目前共有42家试点证券公司获得柜台市场试点资格,经过几年的发展,柜台市场业务规模逐步扩大。

2. 证券公司柜台市场发展情况(含报价系统)

《场外证券业务备案管理办法》自2015年9月1日起正式实施,从2015年起中国证券业协会发布柜台市场年度统计报告,故本文的数据均采用中国证券业协会2015年起公布的《场外证券业务开展情况报告》的数据进行分析。

(1)投资者账户开立情况及投资者结构。根据中国证券业协会数据,截至2017年6月底,证券公司柜台市场投资者累计开立柜台账户1 541.79万户,根据中国证券登记结算有限责任公司数据同期场内账户为12 677.34万户。虽然从账户数量来说,场外账户与场内账户相差甚远,仅为其一成左右,但场外市场账户的发展,体现出了以下特征:

一是账户数高速增长。2014年开始,随着42家试点券商就位,在市场整体发力下整个

---

[*] 本文为中国证券业协会2017年重点课题。课题负责人:王春华;课题组成员:钟山、邓盛、黄侃婧、王维、朱闻、邹壮、洪斯茜、梁丽芳、戴刘洋、张赵雨。

柜台市场投资者账户数量经历了一波高速增长期。2015年全年新增账户数量几乎为2012—2014年业务开展以来账户累计总数的5倍。在此基础上，2016年继续保持高速增长态势。2016年场外新增账户数量相比2015年全年增长27%，2016年底账户总数相比2015年底翻了一倍。值得注意的是，2014—2017年这轮行情中，场内市场的账户数量无论是新增账户数还是存量账户数的涨幅均小于场外市场，并且2016年"一人三户"的账户政策下，场内账户新增数量甚至出现了负增长。

二是账户数高度集中于少数券商。2014年42家试点券商先后开展业务，2015年起市场的开户账户呈现明显的高度集中特征。根据报价系统数据，2016年底、2017年6月底，场外交易市场（OTC）账户数排名前四位始终为海通证券、方正证券、国泰君安证券、中泰证券，账户总数占比均在90%以上，体现了高度的集中性。

三是投资者结构呈现明显"二八现象"。根据报价系统数据，场外投资者高度集中于个人投资者账户。2015年底、2016年底及2017年6月底，存量账户中个人投资账户的比例均达到99.9%。东方证券数据显示出相同的现象。以东方证券为例，其机构投资者账户数仅占总账户数的0.25%，但机构投资者购买规模占比在2016年度达到84.85%，2017年1月至6月占比亦高达82.49%。极少部分的投资者贡献了大部分的业务量。

（2）产品销售情况（除衍生品）。2015年至2017年6月，报价系统及券商自建柜台产品总销售规模逐年增大，市场容量逐步扩大，累计销售总规模接近2.5万亿元。

从市场分布看，自建柜台和报价系统市场业务各有侧重。目前发行销售的产品类型主要有债类（包含收益凭证、非公开发行公司债、资产支持证券等）、资管类（包含资管计划、私募基金、信托计划、基金专户、银行理财产品等）、股权类（主要是私募股权融资）三大类，券商自建柜台和报价系统在市场分布上各有侧重（见图1）。其中，自建柜台因其资产管理和财富管理的渊源优势，侧重于资管类产品。报价系统作为场外创新业务的风向标和试验田，侧重于债类产品中的非公开发行公司债、资产支持证券以及股权类产品。

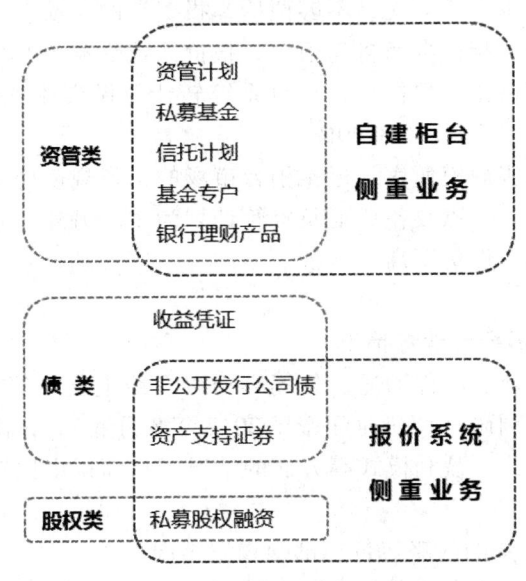

图1　分市场业务侧重分布图

从产品结构看，收益凭证、资管计划、银行理财成为市场主流产品。一是收益凭证规模稳居榜首。据统计，该产品品种在 2015 年至 2017 年 6 月累计销售规模 1.5 万亿元，占市场总规模的 61%。二是资管计划受政策影响明显，规模波动较大。资管计划在产品规模上仅次于收益凭证，但其业务规模受政策影响非常明显。在市场去通道、降杠杆的政策导向下，2015 年至 2017 年 6 月其业务规模大起大落。三是银行理财产品异军突起，翻倍式增长。作为跨市场产品代表，银行理财在场外市场异军突起。从 2015 年的 144.55 亿元到 2016 年的 278.2 亿元，呈现翻番式增长，2017 年上半年销售规模已达到 385.08 亿元。

（3）场外衍生品业务情况。2015 年至 2017 年 6 月，证券公司场外权益类衍生品新增初始名义本金规模逐渐下降。2015 年新增初始名义本金 9 468.03 亿元，2016 年新增初始名义本金 5 472.19 亿元，2017 年 1 至 6 月新增初始名义本金 2 374.62 亿元。

近年来，证券公司场外权益类衍生品的未了结初始名义本金（存续规模）有所提升。截至 2017 年 6 月底，衍生品未了结初始名义本金（存续规模）为 3 915.10 亿元。其中，融资类收益互换业务为 1 250.02 亿元，占比 32%；期权类收益互换为 2 665.08 亿元，占比 68%。从交易对手的情况来看，商业银行、私募基金、期货公司风险管理子公司等机构投资者是场外衍生品市场的主要买方机构。

（4）转让及做市业务情况

2015 年至 2017 年 6 月底报价系统及券商自建柜台累计转让规模为 1 275.78 亿元。其中，转让及做市规模占比最高的前三类产品为资管计划、非公开发行公司债、收益凭证，规模占比分别为 48.15%、39.67%、11.51%。三者的规模占比总计 99.33%，大部分转让及做市交易集中于以上三种产品，集中度较高。

转让及做市业务能增加场外市场产品的流动性。随着场外市场产品的发行规模增大，转让规模也逐渐增大，但转让的总规模仍较小。近年转让规模占发行规模的 2%—5%，仅资管计划及非公开发行公司债的转让规模相对较大，主要原因可能是市场对转让的需求不大，转让及做市相关业务系统不灵活，交易不够便捷，投资者的交易惯性等。

从业务开展场所来看，相比券商自建柜台，报价系统受益于非公开发行公司债转让规模的快速增长，其业务规模占比大幅提高，报价系统转让及做市业务的规模占比由 2015 年的 21.14% 迅速增长至 2017 年 6 月的 68.30%。

综合以上分析，就销售规模而言，近年柜台市场的销售规模稳步上升；就销售产品种类而言，销售产品种类单一，仍以收益凭证及资管计划为主。另外，做市及转让业务的规模仍较小，柜台市场产品的流动性仍不高。

（二）各证券公司开展柜台业务情况

本课题组通过电话交流、邮件沟通、现场拜访以及线上交谈等方式，开展了针对 42 家柜台业务试点证券公司的调研（调研时间截至 2017 年 8 月底），试图了解各公司在柜台业务定位及部门设置、业务模式、盈利模式等方面的情况，从而得出比较客观真实的证券公司开展柜台业务的现状。

1. 证券公司对柜台业务的战略定位、部门设置情况

各证券公司根据自身对柜台业务的重视程度不同，在部门设置、业务定位等方面差异较大，各自的柜台业务发展阶段也不同。

(1) 是否设置一级部门。针对柜台业务设置专门的一级部门的证券公司共有 8 家，占比 19%；其余证券公司大多在其他一级部门下设二级部门开展柜台业务，与新三板业务共同组建场外一级部门。

(2) 关于部门定位。在定位为业务部门、业务支持部门还是管理部门方面，19 家公司定位为业务部门（含 8 家专设一级部门的公司），占比 45%；5 家定位为业务支持部门；18 家定位为管理部门。

(3) 是否开展自建柜台业务。32 家公司部署了自建柜台系统并开展业务，其余 10 家公司均未部署自建柜台系统（指交易撮合系统、登记结算系统等核心系统），主要通过机构间报价系统开展收益凭证等业务。

总的来说，42 家获得试点资格的证券公司对柜台业务定位差异较大，仅少部分公司设置独立一级部门开展业务；近半数公司将柜台业务划入业务条线，探索业务发展路径和盈利模式。此外，在报价系统为全行业提供互联互通功能的前提下，10 家试点公司未开展自建柜台业务（见表1）。

表 1　42 家试点券商柜台业务部门设置、业务定位及自建柜台部署情况

指标	分类指标	证券公司数量（家）	占 42 家试点公司比例（%）
部门设置	公司层面设立一级部门	8	19
	设置二级部门或 OTC 小组	34	81
业务定位	按业务条线定位	19	45
	按管理或服务条线定位	23	55
自建柜台部署	部署自建柜台系统	32	76
	未部署自建柜台系统	10	24

2. 证券公司柜台业务模式

如前文所述，10 家未部署自建柜台系统的券商其柜台业务主要是通过报价系统开展收益凭证等业务。其他已部署自建柜台系统的 32 家券商可选择性地通过自建柜台或者报价系统开展收益凭证等发行业务。除此之外，在 42 家试点券商中，有 28 家券商开展了基于报价系统互联互通的代销业务，有 7 家券商以自有资金参与柜台市场投资业务，有 10 家券商还开展了柜台产品的做市业务。部分获得场外衍生品试点资格的券商已在自建柜台开展了场外衍生品交易，其他券商则通过报价系统提供的衍生品业务平台开展场外衍生品业务。另外，仅个别券商在自建柜台试点了 ABS 业务，但由于监管限制，整个行业自建柜台 ABS 业务处于暂停状态。以东方证券为例，截至 2017 年 8 月，东方证券场外市场业务总部开展的柜台业务包括收益凭证的发行转让、外部收益凭证、资管计划、私募基金、信托计划的销售引入或挂牌转让、自营投资以及做市业务、质押回购等。其中，收益凭证发行的业务占据绝对比重，做市转让的产品类型单一并且交易活跃度一般，质押回购业务受资产新规影响处于暂停状态。

由于无法获取券商自建柜台业务数据，因此暂无法对自建柜台各类业务规模进行比较研究。

总体而言，证券公司柜台业务开展的 4 年多时间中，42 家自建柜台试点券商的柜台业

务模式仍以收益凭证的发行以及代销外部私募产品为主，少数大中型券商探索了自营做市、场外衍生品、ABS、质押回购等创新业务，业务模式呈现集中化、同质化发展，创新步伐相对缓慢（见表2）。

表2　42家试点券商柜台业务模式汇总

业务类型	开展券商数量（家）
收益凭证发行	42
外部产品代销	28
自营投资	7
做市业务	10
质押回购	2
场外衍生品	26
ABS	1

3. 证券公司柜台业务盈利模式现状

根据前文所述的各券商柜台业务模式，其盈利方式主要有：产品发行销售业务的柜台服务费及销售收入分成；自营做市业务的投资收益；场外衍生品业务期权费及对冲收益；私募股权投资业务股权投资收益；ABS挂牌发行的代销费用；质押式回购业务的利差收入等（见表3）。在调研的42家取得柜台试点资格的券商中，将柜台业务纳入考核的仅有19家，占比为45%。缺乏有效的盈利模式是目前各券商柜台业务面临的普遍现状。

表3　42家试点券商柜台盈利模式汇总

业务类型	业务模式	盈利方式
产品发行、销售	依托报价系统及自建柜台，发行本公司产品或代销外部产品	1. 收取柜台服务费； 2. 销售收入分成
自营类业务	1. 自营资金直接投资； 2. 发行收益凭证，资金用于自营投资	1. 赚取投资收益； 2. 赚取利差
做市	使用自营资金获得产品的初始持仓，为产品进行做市	做市报价的价差收入
私募投资基金业务	参与私募投资基金业务	对非公开发行公司的股权进行投资，投资收益通过以后企业的上市或并购时出售股权兑现
场外衍生品	创设收益互换、场外期权等衍生品	收取期权费、对冲收益
创新业务	ABS、质押式回购等	ABS：代销费用 质押回购：用资方赚取利息价差、出资方赚取利息

（三）我国证券公司柜台市场制度建设与监管情况

1. 柜台市场制度建设现状

为推进柜台市场业务的发展，我国先后出台了一系列柜台市场业务规则。在柜台市场业务建立之初，2012年中国证券业协会发布了《证券公司柜台交易业务规范》以推进柜台交易业务的发展。随后于 2013 年中国证券业协会又先后发布了投资者适当性管理、备案管理、代码管理、衍生品交易及风险管理、创新业务工作指引等十余项自律规则，推进证券公司柜台市场自律规则的建设。

2014 年《证券公司柜台市场管理办法（试行）》及《机构间私募产品报价与服务系统管理办法（试行）》（已于 2015 年修订）对证券公司柜台市场以及报价系统业务进行了统一规范。2015 年发布的《场外证券业务备案管理办法》继续加强对场外业务包括柜台市场业务的自律管理。同时，报价系统不断完善自身各类管理规则以及在机构间市场的各类业务指引，为报价系统的业务开展明确了方向。

与柜台市场相关的重要制度如表 4 所示：

表 4　　　　　　　　　　　　　　柜台市场相关制度

年份	相关规则
2012	《证券公司柜台交易业务规范》
2013	《证券公司私募产品代码管理办法（试行）》
	《证券公司金融衍生品柜台交易业务规范》
	《证券公司私募产品备案管理指引》
2014	《证券公司柜台市场管理办法（试行）》
	《机构间私募产品报价与服务系统管理办法（试行）》（已于 2015 年修订）
2015	《场外证券业务备案管理办法》
	《机构间私募产品报价与服务系统私募股权融资业务指引（试行）》（已于 2017 年修订）
	《机构间私募产品报价与服务系统资产证券化业务指引（试行）》
2016	《机构间私募产品报价与服务系统发行与转让规则》
2017	《证券经营机构投资者适当性管理实施指引（试行）》
	《机构间私募产品报价与服务系统投资者适当性管理办法（试行）》

2. 柜台市场行业监管情况

根据中国证监会授权，柜台市场试点由中国证券业协会负责自律管理，报价系统根据中国证券业协会授权进行日常监测。2013 年以来，中国证券业协会和报价系统在柜台市场自律规则体系、建设柜台市场相关监测系统、自律管理和日常监测工作中发挥了积极作用，监管和自律的监测监控体系包括但不仅限于：

其一，业务备案。中国证券业协会建立场外备案系统，并出台《场外证券业务备案管理办法》，通过事后备案，对柜台市场业务进行监管。

其二，数据报送。中国证券业协会建立报告系统，并出台数据报送相关规则，进行业务数据的持续报送、定期报送以及年报报送。并授权报价系统进行数据报送的管理，及时掌握试点证券公司柜台市场运行情况。同时，中国证监会通过月度数据报送以及不定期数据报送，对柜台市场业务进行监管。

其三，日常监测。一方面，报价系统加强对柜台市场业务和信息以及机构间市场互联互通的集中监测和日常监测。从而能够从产品创设、交易监测、合规报告及风险监测等方面对柜台市场进行监测监控。另一方面，对于柜台市场投资者交易结算资金，报价系统日常向中国证监会证券市场交易结算资金监控系统报备,中国证券投资者保护基金对结算交易资金作监控。

二、我国证券公司柜台市场发展出现的问题及分析

(一)市场发展尚处初级阶段

1. 国内柜台市场起步较晚,市场气候尚显不足

国外证券市场的发展路径是"先场外后场内",证券市场发展之初,并没有固定的场所,证券交易都是在自发形成的"店头市场"进行。直到18世纪末,伦敦证券交易所和纽约证券交易所的先后建立,才标志着具有集中交易、固定场所及会员制度等特点的场内交易所的诞生。因此,从历史演变形态来看,是"先场外后场内"。经过几个世纪的发展,国外场外市场已经成为国外证券交易市场的基石,场外的交易规模也远大于场内交易规模,证券公司柜台市场更是整个资本市场体系的重要组成部分,是交易债券和衍生品的最大市场,成熟的场外业务为证券公司创造的收入规模甚至超过了场内业务。

与之相比,国内证券市场整体起步较晚,场外市场更是晚于场内市场,场外与场内市场的发展严重不均衡,市场气候不足。源于特定的监管环境,国内的场内证券交易所并非由自发形成的场外市场演变而来,而是先有顶层设计,并先于场外市场建立、发展起来。经过20多年的发展,中国的场内交易已经具备了相当大的规模,然而场外市场却是近几年随着多层次资本市场建设的要求才开展起来,这就决定了场内场外发展的严重不均衡。根据Wind资讯数据显示,截至2017年6月,根据证券交易所公布的数据,沪深两市发行股票总市值达53.4万亿元,包括基金、债券、期货在内的市场总规模则达到130万亿元以上;而场外市场,包括作为其重要组成部分的证券公司柜台市场的规模相对于场内市场来说,尚不在一个量级。

2. 柜台市场业务发展保守有余,缺乏市场内外联动

我国的柜台市场诞生于创新的政策市场条件下,但其5年的幼儿发展期基本处于强监管的市场条件下,整体发展保守有余,活力不足。目前柜台市场的发展呈现出监管强于推动、制度体系建设落后于业务发展的态势,包括非公开发行公司债、资产支持证券等多项业务受到监管指导的限制,未能大规模开展。总体来看,除收益凭证外,柜台市场业务不同程度地受政策、监管及投入的限制,并未呈现出蓬勃发展的态势。

柜台市场作为各类金融产品和证券的发行交易场所,是以开放包容的心态与各级市场、各类金融机构合作共赢的市场,但目前其业务发展局限性较强,市场联动较为缺乏。目前证券公司柜台业务思维主要局限在本市场,柜台市场与区域股权、新三板、主板等各层次资本市场之间缺少转板机制、缺乏交易联动;有的柜台市场的业务边界还局限在券商体系中,银行、证券、信托、保险的跨市场联动及合作严重不足;仅有少数柜台市场触及银行间市场。报价系统,作为国内场外柜台市场互联互通的天然平台,具有与区域性股权市场、银行间市场、保险市场等跨市场联动的天然优势,其作用和优势发挥存在很大空间。

3. 投资者意识有待转换,财富管理转型任重道远

证券市场整体趋势已从经纪业务转向财富管理。据BCG咨询公司测算,2015年底中国个人可投资资产总额约为110万亿元。其中,高净值家庭(家庭可投资资产600万元以上)

财富约占全部可投资资产的41%。不断积累的居民财富将催生大量的财富管理需求。借助于灵活的交易机制和丰富的产品选择，券商柜台市场有望迎来重要的发展机遇。然而对这部分投资者的争夺面临激烈的竞争，相比传统的私人银行、信托、财富管理公司，券商并不存在优势。

券商目前积累的长尾个人投资者主要呈现"重场内、轻场外"现象，投资者仍主要参与场内股票交易，投资者意识转换存在滞后。一部分已参与场外交易的投资者，要么惯性追逐基金类产品，将直接场内投资转化为间接场内投资；要么偏好固定收益类产品，保守地参与场外投资。投资者对场外的股权类业务、衍生品类业务参与性严重不足，缺乏普遍性，财富管理转型任务依然任重道远。

（二）证券公司开展柜台业务定位不清晰

1. 业务模式单一，未结合各公司业务优势差异化布局

柜台市场的很多产品是非标准化、量身定制产品，天生具备差异化的特点。证券公司可根据投资者的需求、资产状况及风险承受能力，在柜台市场向投资者销售多样化的产品，并且提供转让、做市和质押式回购等服务。然而从目前柜台业务开展的情况来看，整个市场开展的柜台业务明显趋同，没有结合各个券商自身传统优势差异化布局。多数券商的柜台业务是以收益凭证的发行以及代销外部产品为主，少部分券商涉足了自营、做市、质押式回购等业务，非公开发行公司债以及资产支持证券受制于多方面因素没有大规模开展，非上市公司直接融资业务领域仍有很大空间，场外衍生品的开展规模偏小并且柜台交易机制不尽完善。

由此看来，证券公司柜台市场的整体发展相对保守并且各家券商开展模式趋同，创新投入力度不均，造成目前证券公司柜台业务创新步伐减缓。

2. 证券公司柜台市场功能作用未能充分发挥

证券公司柜台市场作为重塑券商基础功能的重要载体，应当是集证券公司交易、托管、结算、支付、融资和投资等功能为一体的综合平台。但是目前由于柜台市场与传统业务协同关系不强，做市业务和自营业务发展缓慢，从而造成柜台市场交易功能不活跃、融资和投资功能受限的现象，柜台市场尚未充分发挥证券公司基础功能。

从证券公司柜台市场作为一个功能完备的场外交易场所角度分析，证券公司柜台市场具备发行登记、转让交易、做市、投资、融资、质押等功能。目前受制于柜台市场产品类型相对单一、投资者需求还有待培育等原因，大部分证券公司柜台市场仅发挥了发行登记、转让交易等部分功能，而投融资、质押、做市等高附加值功能作用发挥有限，较少有券商在探索此类功能。

3. 产品创设能力不足

从国外经验来看，证券公司柜台市场为投资者提供多样化的理财产品，也可为投资者提供丰富的风险管理工具，对包括利率、汇率、信用、商品等在内的风险进行管理和对冲。并且，证券公司在柜台可以通过风险识别与风险定价能力，将自主设计发行产品、代销产品或者将自主研发与代销产品结合起来的打包产品销售给投资者，通过提供更多的非标准化投资工具，丰富投资者的选择，满足投资者个性化的财富管理需求。

从目前的实际情况看，证券公司柜台市场产品多是券商收益凭证、资管类的产品以及银行理财等其他单一的投资理财类的产品，对风险管理类以及资产配置类FOF、MOM等产品的提供明显缺乏，暴露出国内证券公司在产品创设以及风险定价能力上还是有所欠缺，柜台市场并未实质性、针对性地为个人以及机构提供符合需求的风险管理以财富管理服务。

（三）法律保障和监管环境的限制

1. 缺少上位法以及相关法律保障

从法律角度来说，虽然出台了相关的规则，但是柜台市场始终没有上位法以及一些柜台市场业务并没有法律法规的支持。法律层面，作为主体地位的《证券法》目前对于柜台市场法律地位并未予以明确。部门规章层面，缺少关于柜台市场的部门规章。自律管理层面，柜台市场所开展的部分单项业务缺少相应业务指引。

2. 受制于监管环境

虽然对于柜台市场行业采取自律管理，也有相应的自律监管措施，但受到监管环境的影响，一些业务开展受到一定限制，主要体现在：

其一，缺乏黑白名单管理。《证券公司柜台市场管理办法（试行）》明确规定，"除金融监管部门明确规定必须事前审批、备案的私募产品外，证券公司在柜台市场发行、销售与转让的私募产品，直接实行事后备案"，但在实际操作过程中，法律法规对券商自建柜台业务边界并不清晰，缺乏黑白名单管理。

其二，对于一些业务开展存在监管限制。一些产品业务管理规定中明确了证券公司柜台市场的地位，如资产证券化方面，2014年颁布的《证券公司及基金管理公司子公司资产证券化业务管理规定（修订稿）》第三十八条规定："资产支持证券可以按照规定在证券交易所、全国中小企业股份转让系统、报价系统、证券公司柜台市场以及中国证监会认可的其他证券交易场所进行挂牌、转让。"受监管环境影响，该业务在证券公司柜台市场开展受限。再如公司债方面，2015年颁布的《公司债券发行与交易管理办法》明确规定："在中华人民共和国境内，公开发行公司债券并在证券交易所、全国中小企业股份转让系统交易或转让，非公开发行公司债券并按照本办法规定承销或自行销售，或在证券交易所、全国中小企业股份转让系统、报价系统、证券公司柜台转让的，适用本办法。"但受监管环境限制，该业务在券商自建柜台和报价系统也没有很好开展起来。

其三，证券公司柜台市场政策缺乏连续性。对于新兴市场，政策上的引导和支持至关重要。自2012年开始试点证券公司柜台市场以来，尽管在2012年、2013年出台了《证券公司柜台市场管理办法（试行）》等政策，但是近几年，并没有明确的政策对证券公司柜台市场的支持。对于发展初期的柜台市场来说，相对于其他市场没有明显的优势，缺乏市场培育的动力。

3. 产品业务创新有顾虑

柜台市场产品的非标准化属性以及灵活性的特点决定了柜台产品创设应是多样性的。但是受整体监管环境的影响，券商自建柜台私募产品创设以及相关监管要求等不明晰、缺乏明确的自律指引等诸多因素的影响，导致很多证券公司出于规避合规风险的考虑，不敢自主创设发行产品；同时，证券公司合规部门出于对自身压力以及监管环境的考虑，对于柜台市场产品的创新也有所顾虑。这导致目前券商自建柜台产品单一，与原本柜台市场本质——满足投资者个性化、多样化的需求不匹配。

三、美国场外市场经验借鉴

美国的场外交易市场是全球发展最早、最成熟的市场。18世纪末便形成了美国场外市场的雏形。20世纪后半期，美国全国证券交易商协会自动报价系统（NASDAQ）正式启用标志着现代场外交易市场的形成。随着场外市场制度的不断完善和信息技术的不断普及，美国场外市场体系更加丰富，结构更加多元，服务更加高效。

美国的多层次场外市场在理论研究和市场建设方面都十分成熟。美国的场外市场根据交易集中度从高到低，依次是全国性市场、区域性市场和交易最为分散各自为营的证券公司柜台市场。可见，美国多层次场外市场建设与我国多层次资本市场发展规划较为相近。

基于上述两点考虑，本文认为研究美国场外市场的发展情况、市场监管与制度，可以为我国的场外市场提供较多的借鉴与参考意义。

（一）美国场外市场发展情况

美国全国性市场包括场外柜台交易系统（The OTC Bulletin Board，OTCBB）、OTC市场（OTC Markets）、大宗交易市场和新兴市场等。

1. 全国性市场

（1）OTCBB和OTC市场。OTCBB是提供柜台交易实时报价、最新成交价格和成交量信息的电子交易系统。任何未在NASDAQ或其他全国性市场上市或登记的证券，都可以在OTCBB市场上报价交易。OTCBB门槛很低，基本没有就企业规模或盈利设立准入条件，只要有三家或三家以上做市商给该企业发行的证券做市，该企业发行的证券就可以在OTCBB市场上流通。OTCBB鼎盛时期拥有超过3 600家公司，交易证券超过6 667种，近400家做市商。1999年美国监管部门要求在OTCBB报价的金融产品必须向金融保险监管机构报告当前的财务状况，千余家企业从OTCBB转战粉单市场（2010年更名为OTC市场）。美国金融业监管局也开始主动减少OTCBB挂牌量。截至2016年11月底，OTCBB挂牌公司仅剩82家。由于OTC市场对于企业的财务状况披露没有具体的规定，该市场受到个人投资者和专业投资者的喜爱。截至2017年6月底，OTC市场拥有各类挂牌证券9 732只，交易量890.2亿美元，占全美场外股权交易市场的95%，市场规模超过14万亿美元，仅次于NYSE。OTC市场已成为美国最大的证券场外市场。

（2）交易所股票场外大宗交易市场。交易所股票场外大宗交易市场主要由第三市场和第四市场构成，交易的证券是场内交易所已经上市的证券，没有固定的佣金制，减免了中间人环节，降低了交易成本。这两个市场并不具有发行融资、挂牌交易等功能，只是为证券的融通提供了更多的途径，并不是功能完整的证券市场。

（3）新兴市场。新兴市场包括PORTAL、Second Market、Kickstarter、SharesPost等私募证券/非标准权益的转让市场。如PORTAL，即私募证券自动报价系统，是2007年由NASD发起运营的信息化系统，具备交易和信息发布功能，该系统只有合格机构投资者和一些合格的交易商和经纪人可以进入。

2. 区域性市场

区域性市场指为符合1982年出台的《证券法》D条例中发行豁免条款的股票提供交易

的地方性场外交易市场,交易的股票都是地方发行的小型公司股票。

3. 美国证券公司的柜台市场

证券公司是证券公司柜台市场的组织者、流动性提供者和参与者。证券公司在其柜台市场上全程参与新产品设计、项目孵化、投融资渠道设置、证券交易和市场规范等过程。

(1) 产品种类。美国证券公司的柜台市场大多发行券商自己创设、开发、管理的金融产品,包括金融衍生品、私募股权和结构化金融产品等。

①金融衍生品:美国证券公司柜台市场在金融衍生品的交易中占主导地位,发行场外金融衍生品种类多样,包括利率衍生品、外汇衍生品、商品衍生品、权益类衍生品等,其中利率衍生品占主导地位,其次是外汇衍生品,权益类衍生品仅占2%。由于场外金融衍生品监管较场内宽松,场外金融衍生品在产品品种、未平仓合约量和交易量等方面的增长速度远超过场内。美国场外衍生品交易量占衍生品交易总量95%以上。以花旗集团2016年年报数据为例,金融衍生品资产共6 208.69亿美元,其中在柜台市场发行的有4 807.3亿美元,占比77.42%,还有1 308.49亿美元金融衍生品在柜台市场交易,然后被报送到场内进行集中清算,占比21.08%,剩余的92.9亿美元直接在场内进行交易,占比1.5%。金融衍生品负债共6 110.58亿美元,其中在柜台市场发行的有4 626.91亿美元,占比75.72%,还有1 401.15亿美元金融衍生品在柜台市场交易,然后被报送到场内进行集中清算,占比22.93%,剩余的82.52亿美元直接在场内进行交易,占比1.35%。

②私募股权:证券公司柜台市场发行的私募股权产品可以为未能达到更高层次的柜台市场要求的证券提供挂牌、承销等服务,对该类企业提供流动性支持,证券公司充分发挥做市商功能,作为交易中介分别与证券的买方卖方进行交易,促进资金在投资方和融资方之间融通。

③结构化金融产品:结构化金融产品将固定收益产品与金融衍生产品(如期货、期权等)进行组合,相当于构造了一个包含债券和各类衍生金融产品的组合,以实现增强金融产品收益,或将投资者对未来市场走势的预期进行产品化的效用。结构化金融产品按照标的资产可分为利率挂钩型产品、权益挂钩型产品、汇率挂钩型产品(信用违约互换CDS、抵押债务凭证CDO等)、商品挂钩型产品等。根据美国证券交易委员会的公开数据,挂钩权益类产品在结构化产品中规模占80%左右。

(2) 交易机制

证券公司柜台市场常见的交易机制有做市商报价交易机制和协议交易机制等。美国证券公司柜台市场以柜台方式组织证券交易,证券公司通过搭建自建柜台、创设产品为投融资双方提供投融资渠道,为在自建柜台交易的非标准化金融产品进行报价。该证券公司是唯一可以对此金融产品进行报价的做市商,因而这是垄断性质的市场。具体的产品议价,往往是通过证券公司和机构投资者协商谈判的形式或通过有限合伙契约的形式进行。

(二) 美国柜台市场业务监管及制度情况

美国的场外证券市场处于双头监管格局,由美国证券交易委员会(SEC)与美国金融业监管局(FINRA)监管美国场外证券市场。

1. 美国证券交易委员会(SEC)与美国金融业监管局(FINRA)

SEC的监管职能主要表现在监管立法、行政管理与司法三个方面。立法方面是对相关联邦法律进行细化和解释;行政方面是对自律机构的监管和通过注册制对证券发行以及协会、交易所、结算公司等市场中介组织进行资格管理；司法方面具体通过对违规行为的调查和处罚进行监管。

FINRA 是美国场外交易市场的主要自律监管机构，由全美证券交易商协会演变而来。FINRA 通过制定自律规则，对市场参与者的行为进行指导和约束，对违规行为进行调查处理，对会员证券交易活动进行实时监控，对场外市场进行自律监管，对会员进行培训、考核和资格管理，在场外市场从事相关业务的经纪商、交易商等市场参与者都必须注册为 FINRA 的会员。

FINRA 作为自律监管组织，在 SEC 注册并接受 SEC 的监督与管理，依据法律赋予的权力对其会员进行监管，并负责主办和管理场外交易商自动报价系统，以促进柜台交易市场按公平原则运作。

对各层级柜台市场上的上市公司、券商和证券交易的日常监管主要由自律性组织 FINRA 负责；而 SEC 主要对自律性组织进行间接监管，规避其在实时信息获取方面的不足，但是仍然保留着对证券公司、上市公司和证券交易直接监管的权力。在自律组织没有履职时，SEC 才会进行干预。FINRA 是市场的直接监管者，通过对做市商为主的中介机构的监管实现市场的自律管理，以发挥其在信息获取能力方面的比较优势。

FINRA 作为市场的直接组织管理者，兼具执行能力与信息获取能力的优势，是场外交易市场直接监管者的最佳选择；做市商、保荐机构作为核心市场参与者，掌握更多的交易信息与挂牌企业信息，充分发挥主观能动性。

2. 监管制度

场外市场的交易拥有复杂交易结构、高风险、低透明度、非标准化的特点，因此，对场外市场的监管，尤其是在后次贷危机时期，成为美国金融市场监管当局尤为重视的问题。美国金融市场监管当局从市场行为出发，在多个方面制定了监管制度，现主要介绍美国场外市场准入机制、数据报送、投资者适当性管理以及交易监管四大制度。

（1）准入机制。为了规范美国场外交易市场的运行，美国监管机构设立了相应的市场准入制度。根据 FINRA 准则 6432，券商对某一证券的做市行为必须先向 FINRA 的 OTC 合规部提交指定表格。只有经过 FINRA 批准同意后，券商才可以在 OTCBB、OTC Markets 或其他合法报价媒介上开始或继续报价。

对于符合 SEC Rule240.15c2-1 相关要求的证券，经纪商或交易商可以直接或间接地在报价媒介发布报价。

证券公司柜台市场上挂牌的证券，由该证券公司作为做市商，对该证券进行审批、挂牌和报价。

（2）数据报备。交易信息不透明为 2008 年美国金融危机埋下隐患，鉴于此次教训，美国建立交易信息库。目前信息库被美国商品期货委员会（CFTC）或者 SEC 管理，具体情况根据监管权力的归属决定。《多德-弗兰克法案》要求，无论是否参与中央清算，所有的互换交易都务必在交易结束后第一时间向交易信息库（Trade Repository）汇报，可以由单方、双方或者第三方汇报。在整个合约期内，任何交易细节、条款的变动、执行都需要上报，但具体实施流程存在先后顺序，即首先执行的是利率互换，然后是外汇和商品互换，最后是其他类互换。交易信息库的数据需要保存至合约中止五年之后才可删除。邢天才、于凤芹（2014）指出，对于中央清算的衍生产品合约信息可以由中央结算对手（CCP）统一提供，而非标准化、没有参与中央清算的合约则直接向交易信息库报备信息。

（3）投资者适当性管理。2007年FINRA成立以来，逐渐形成适当性管理的统一规则，其中RULE11规定了适当性制度的基本规则和补充规则。2010年美国发布《多德－弗兰克法案》从立法的角度明确规定了合格投资者标准以及金融机构的投资者适当性管理义务。该法案对自然人净值标准作出了新的释义，对净资产100万美元的标准作出新的认定，综合来看，合格投资者标准获得提升。美国金融市场管理局制定的《统一监管准则》之2111条规定，证券经纪公司或其销售人员必须有合理的理由相信其所推荐的证券交易或者证券投资策略对被推荐的该投资者是适当的，需通过投资者的投资档案中获得合理的证据，证明向投资者推荐的交易和投资策略是适合投资者的，会员及从业人员要尽力查明投资者的投资状况，这些状况包括但不限于投资者的年龄、其他投资、财务状况、税务状况、投资目标、投资经验、投资时间（期限）、流动性要求、风险承受能力等。通过这些适当性规定，以防欺诈和操纵市场的行为。

（4）交易监管。FINRA准则6400系列条例对场外市场做市商的报价和交易行为作出了明确规定，包括根据交易价格不同限制了最小交易量，限制了最低定价增量，禁止在OTC股权证券中锁定或交叉报价，规定了多平台的证券报价必须一致等。FINRA准则5310条对做市商提出了"最佳执行和插队交易（Best Execution and Interpositioning）"，要求做市商应该以维护投资者利益为首要原则，在执行投资者交易指令时，应向市场寻找最优价格，并以最快的速度完成交易。FINRA通过制定这些规则来监管市场交易。与此同时，FINRA有不同层次的电子监管系统，不仅可以保留交易记录，也可以对异常交易行为进行实时监测，一旦发现存在风险的违规行为，FINRA与SEC有权对市场参与者进行调查与处罚。

（三）美国柜台市场发展的经验及借鉴

1. 各级柜台市场层次清晰，各司其职

美国的资本市场层次完善，市场的流动性很强，各层次资本市场的通道完善，且不同的柜台市场之间转板机制灵活，证券公司柜台市场与区域性OTC市场、全国性OTC市场互联，市场的互联互通有着开放性及专业性。各层次柜台市场可以满足不同企业的融资需求，企业可以根据自身状况，灵活地选择挂牌场所。

我国柜台市场可借鉴探索同一产品在多市场同时交易的业务机制，提高流动性。同时，针对私募股权出台转板机制，服务实体企业直接融资需求。

2. 柜台市场业务种类多样

美国完善的信用制度、较为透明的企业经营信息，发行主体的专业性和产品种类的多元化是美国柜台市场得以健康发展的重要原因。柜台交易为非标准化投资工具的交易提供了平台。证券公司基于对利润的追求，根据市场需求、融资人需求、投资人需求，创设各种个性化、非标准金融产品。美国柜台市场多以场外衍生品、私募股权和结构化金融产品交易为主，场外衍生品满足了投资者多样化的对冲风险的需求；私募股权为大量中小企业进入资本市场融资奠定基础；结构化金融产品的设计和发行，使投资者在复杂多变的经济环境下，既能规避风险又能取得最大化回报。

我国柜台市场可借鉴将金融衍生品、私募股权、结构化金融产品等作为重点发展品种。其中，金融衍生品应在权益类、大宗商品类衍生品基础上，向利率类、外汇类衍生品拓展；

私募股权应完善报价及估值功能，发挥报价系统私募股权平台挂牌及融资优势；结构化金融产品方面应发挥收益凭证挂钩各类标的优势，政策允许浮动收益凭证不受净资本60%规模的限制。

3. 柜台市场交易机制功能完善

美国证券公司柜台市场做市交易机制分为做市商报价交易机制和协议交易机制。证券公司通过扮演做市商等角色，为权益类产品进行做市，利用证券公司的专业性，运用自有资金与投资者进行交易，承担较大的风险，获得差价收入和佣金收入。

我国柜台市场可借鉴大力发展柜台市场做市交易，活跃市场交易，出台柜台做市的监管规则，允许柜台做市突破风控新规中自营持仓限制。

4. 多主体共同参与的监管体系

美国场外交易市场监管调动多主体的监管功能，政府监管机构、自律组织以及核心市场参与主体都拥有一定的监管职能，都在场外交易市场的监管中发挥重要作用。通过调动自律组织、核心市场参与者的监管功能，可以提高监管获取信息的能力与效率。充分调动保荐机构与做市商的能动性，做好对挂牌企业和证券交易的实时监控。

我国柜台市场可借鉴采用更灵活的市场监管模式，给予券商等直接参与主体更多的话语权，探索多主体共同参与的监管体系。

四、促进我国证券公司柜台市场发展的对策与建议

（一）建议监管层面进一步明确监管治理与行业自律的边界，发挥柜台市场创新的内生动力

1. 尽快出台上位法并明确相关规则

第一，基于目前柜台市场没有上位法的现状，建议将券商自建柜台写入《证券法》，明确券商自建柜台的法律地位。建议出台相应的法规，对柜台市场的监管予以明确。

第二，对于柜台市场发展应拓宽思路，特别是对于券商自建柜台的定位予以明确，结合国外经验以及我国市场发展的实际情况，柜台市场业务范畴应突破私募市场概念，涵盖更为广泛的场外业务和产品品种。

第三，相对于场内市场来说，我国证券公司柜台市场发展更需要引导和认可。因此，建议尽快出台证券公司柜台市场相关业务指引，明确界定场外金融产品在证券公司柜台市场的合法性。

2. 划清监管与自律边界

从美国的柜台交易市场来看，美国政府对柜台交易实际上并没有施以太多的监管，而主要依靠交易行业的自律监管，同时监管部门还会制定一些可供行业借鉴的成功经验的指引，促进证券公司遵守各种规则和义务。从国外经验来看，监管部门制定法规、制度，为创新铺路，证券公司依法创新，市场各主体归位尽责，形成合力。因此，柜台市场的发展，需要监管机构、行业自律组织和证券公司共同推动。对于监管和自律层面的建议有两方面：

（1）在严守监管底线的前提下，加强行业的自律管理。

第一，事前明确规则。应在法律法规中明文规定证券公司柜台市场业务，保证证券公司柜台市场的开展有法可依；同时，对于哪些业务是法无禁止即可开展，或是开展业务应具备的硬性条件以及业务开展的相关风险指标予以明确。在有法可依的情况下，自律组织和监管

机构可以在严格的自律管理和严守监管底线的前提下引导证券公司对柜台市场进行自治。

第二,事中调动各主体积极性。充分发挥市场主体的积极性,使市场各方能够各归其位,各尽其责。监管部门和自律组织做好市场引导和监督员的角色,在明确市场法律法规以及风险指标底线的前提下,对证券公司柜台市场实行自律管理,不过度干预,并建议适度放开柜台市场资格。证券公司"有能力者居之";券商在柜台市场建设中发挥其能动作用,根据各证券公司的不同情况,对各自柜台市场体系建设、产品创新、业务模式、风险控制等全面把握;报价系统做好互联互通,充分发挥柜台市场功能。

第三,事后加强监管。柜台市场的产品与交易强调的是个性化和非标准化,在目前证券公司柜台市场产品单一、业务单一的情况下,应推进事后备案和业务的监测和监控。必要时可采取惩戒措施,一旦发现违法违规行为,监管机构可以进行处罚,从而推进行业自律和监管各自功能的发挥。

(2)加强政策引导和适度的政策倾斜。我国证券市场由场内向场外发展,由于投资者的投资习惯以及对场外市场认知度的缺乏,因此需要从政策上加以引导并加以适度的倾斜。在不发生区域性、系统性金融风险的基础上鼓励业务发展并建立容错机制。在监管体系中,自律管理以规范为基础引导柜台市场发展,鼓励柜台市场的创新和差异化发展。

(二)证券公司层面进一步明确柜台市场的定位,突出其比较优势

面对证券公司柜台市场发展存在的问题,证券公司作为柜台市场的组织者和重要参与者,理应积极探索业务发展路径,壮大柜台市场业务规模,为投资者提供更全面的产品或服务。我们认为:证券公司首先应结合自身业务优势重新定位柜台市场业务,实现差异化发展;其次,提升产品或服务设计能力,为柜台市场投资者提供更丰富的产品或服务;最后,加强平台建设,充分发挥柜台市场各项功能的作用,提升柜台市场服务的广度和深度。

1. 结合自身业务优势重新定位,探索差异化发展路径

各证券公司应结合公司对柜台市场业务定位、部门设置等实际情况,对柜台市场业务进行重新定位,探索差异化的发展路径。首先,应针对定位是业务条线、业务支持条线还是管理条线,对柜台市场业务进行整体部署。业务条线应重点探索柜台自身的盈利模式,业务支持条线和管理条线则重在服务公司现有主营业务。其次,定位为业务条线的各证券公司,应从自身所处公司业务板块出发,充分利用公司现有资源发展业务。比如,对于分属于经纪业务板块的公司,可以引入信托计划、银行理财等多样化的外部产品,利用现有投资者资源以及销售能力,结合柜台市场平台交易功能,为投资者提供更便捷、多样的财富管理服务;对于分属于自营业务板块的公司,可以加大场外优质资产的研究,积极参与自营做市业务,寻找新的利润增长点;对于分属于投行板块的公司,可以发挥投行专业优势,为企业投资者提供新的融资方式,大力推广债务融资(如资产证券化业务、非公开债)和股权融资(私募股权融资、股权基金),促进实体经济的发展。最后,探索柜台市场业务差异化发展路径,并与场外衍生品业务、区域股权市场业务等场外业务有机结合,引领公司场外业务发展,逐渐成为证券公司新的业务增长点。

总之,致力于自建柜台的各证券公司,作为柜台市场的组织者以及直接参与者,应该加大资源的投入力度,提高投融资服务的整体效率和个性化需求的满足程度,充分结合自身传统优势差异化开展柜台市场业务,并加强外部合作、通过建立协同战略合作关系深化柜台市

场建设。同时，柜台市场的发展也成为证券公司基础功能的再造及整合的契机，证券公司可借此充分发挥其产品创设、风险管理以及定价能力，提供新的业务突破点和创新方向。

2. 提升产品设计能力，提供更丰富的产品与服务

证券公司柜台市场发展的核心是为投资者提供各类金融产品及服务，提升产品的设计能力是关键。证券公司应打破目前过分依赖收益凭证、资管产品的现状，不断丰富和完善产品体系，开发收益凭证、私募基金、资管计划、信托计划、基金专户、ABS、银行理财、并购基金、股权基金、私募股、私募债等完整产品服务链，将柜台市场建立成为包含理财产品类、债券类、股权类、衍生品类的金融产品服务平台，以满足投资者的多样化需求。

为了实现上述目标，证券公司可以从以下几方面着手：第一，通过自主产品发行（如公司收益凭证、资管产品）和引入外部产品（如引入信托产品、银行理财产品等）的方式，完善产品线，形成柜台市场服务投资者财富管理的基础手段；第二，依托集团内部资源进行产品引入（如私募投资基金等），并承揽承做投融资项目（如非标产品、资产支持证券、私募股权融资等），在投融资双方之间充当资本中介的角色，提升柜台市场自我产品设计能力；第三，结合人工智能金融科技手段，考虑加入主动管理的 FOF、MOM 形式产品，丰富投资者进行资产配置的手段；第四，合理规范化推进场外衍生品业务，根据投资者需求灵活定制，借鉴美国发展经验起步阶段重点发展一些互换类、回购类、非标准化的场外期权产品，积累业务经验后再逐步发展其他类似的权益类（股权/债券）场外衍生品及其他一些满足投资者实际需求的结构型产品；第五，通过完善的金融产品服务平台，满足投资者财富管理需求，并为中小企业提供直接融资服务。

3. 充分发挥柜台市场功能作用

柜台市场作为各证券公司主导的场外交易市场，具备交易所和登记结算公司的双重角色，进而能衍生出发行登记、转让交易、质押融资、投融资、做市等多重功能。如何充分发挥柜台市场功能的作用成为证券公司柜台市场发展的关键环节。

首先是从服务投资者财富管理需求出发，借助柜台市场发行登记、转让交易功能，形成不同参与门槛、不同风险收益特征的各类私募产品的发行交易平台，并依托质押融资、做市交易等方式盘活投资者资产，最终为投资者提供全方位、可定制的财富管理服务；其次是积极对接实体经济直接融资需求，面对大量未上市或挂牌的中小微企业，证券公司柜台市场能够依托投融资功能，通过推荐发行、直接投资或股权产品创设等形式满足中小微企业的融资需求；最后，通过柜台市场功能的有效发挥，将证券公司原本独立的资产管理、证券投资、经纪业务、国际业务、私募股权投资业务、投行业务等各项业务进行串联，发挥协同效应。

4. 健全柜台市场业务风险控制与保障机制

有效的风险控制与保障机制是证券公司柜台市场可持续健康发展的关键，结合证券公司柜台市场发展特点及现有风险控制成熟机制，分阶段落实合理的业务决策体系及组织机构、完善的业务管理制度、科学的风险评估与控制方法等机制措施，从而健全柜台市场业务风险控制及保障机制。

（1）业务决策体系及组织机构。运行柜台市场的证券公司，在公司内部应自上而下搭建完整的柜台市场业务决策及管理体系，这类组织体系既可是专门的也可以是纳入相关业务条线，包括董事会、经营层、专业委员会、职能部门到具体岗位。

（2）建立健全柜台市场业务管理制度。证券公司应建立健全柜台市场的相关制度，包

括制定柜台交易、产品引入、登记结算、交易、做市商、信息披露、投资与研究、投资者适当性、合规风控等较为全面的业务规则和管理制度。

(3) 柜台市场主要风险的评估与控制。

①市场风险的评估与控制。证券公司通过设定自有资金参与柜台产品交易及为产品提供做市的持仓限额和单个柜台产品持仓限额，明确柜台市场业务的风险容忍度及风险限额，确保风险可测、可控、可承受。

加强日常监控，提高对单个柜台产品价格波动的敏感度。证券公司通过对柜台产品的主要市场风险指标进行日常监控，实现对参与柜台产品交易的市场风险进行前瞻性管理。

②信用风险的评估与控制。通过对发行人主体资格、产品发行合法性证明、产品发行法定文件资料、产品说明书进行查阅分析，对柜台产品相关条款、成本收益、风险特征进行全面评价，在此基础上对柜台产品进行风险评估，并根据产品的种类和风险特征，通过内部不同层级的复审、会审的形式对产品是否引入作出最终的决策。

对柜台产品估算违约概率和进行风险评估，持续监测柜台产品风险，对产品管理人进行持续尽调，监测柜台产品是否适合在柜台市场发行或转让。在审慎性的原则下，结合压力测试，确保柜台交易业务的信用风险可测、可控和可承受。

③操作风险的评估与控制。证券公司通过业务部门自评估、关键风险指标、损失数据收集等工具进行柜台业务操作风险评估，涵盖柜台产品管理风险、交易管理风险等。通过完善、细化业务流程，严格业务流程的执行，以及岗位分离、岗位监督、重要业务双人复核等手段防范操作风险。

④流动性风险的评估与控制。以净资本及流动性为核心，设定单一产品持仓限额及交易对手集中度限额，以防范流动性风险。

业务部门通过柜台市场融资应根据资金使用计划安排融资规模和期限，避免资金池和期限错配；风险控制部与财务部共同进行流动性风险评估，构建资金层面风险指标体系，定期对关键指标进行监控和评估。

⑤合规风险的评估与控制。合规风险管理应在证券公司柜台业务体系内全流程、全覆盖，贯穿岗位、职责、系统和流程，合规风控部门对柜台业务内部管理制度、重大决策以及投资者协议、风险揭示书等进行合规审查，并对产品合规性和风险等级进行内部审查。

柜台业务管理部门监督柜台产品发行人按法律法规、规章制度以及相关协议中约定及时完成信息披露工作。

(4) 投资者适当性管理。柜台市场的非标和私募为主的特征决定了其比场内市场有更高的风险，特别是在流动性方面。因而需要投资者具备更高的风险判断和识别能力、更高的风险承受能力，将适合的产品销售给适合的对象。

各证券公司应根据《证券期货投资者适当性管理办法》及其他法规制定相对应的柜台交易适当性管理制度，根据不同产品制定不同的投资者准入标准，并通过建立投资者分类和产品风险评级制度，实现不同风险偏好的投资者和不同风险级别的产品之间的匹配。

(三) 市场层面进一步加强证券公司柜台市场培育，促进市场进一步发展

1. 加强舆论导向

发挥柜台市场应有的作用、调动投资者的积极性，是整个市场的艰巨任务，所有柜台市

场的参与者应积极从市场层面为柜台市场营造更有活力的氛围。主要可以从以下两方面进行宣传：一是监管部门及自律组织方面，应从舆论层面引导投资者了解柜台市场在我国多层次资本市场中发挥的重要作用、其各类产品及主要功能等，通过主流媒体等渠道，进行普及型宣传。二是证券公司方面，应加强对投资者的宣传教育，从了解柜台市场入手，普及柜台市场知识，从而推广柜台产品及功能等。可以通过多种形式相结合的方式开展相关推广工作，例如举办线上活动投资者讲座、投资者沙龙、小课堂等活动，或对券商营业部不定期走访，并邀请投资者参与交流。从监管层和自律组织到券商层面，由上至下，全方位提升投资者对柜台市场的认可度。

2. 加强市场联动

柜台市场在现有业务的基础上，一方面应加强与区域股权、新三板、主板等多层次资本市场内部的联动研究，探索各层次资本市场之间的相互协同、转化机制。另一方面，在政策允许的范围内，加强证券市场与银行、信托、保险等市场的跨市场联动，进一步打开柜台市场的广阔局面。

报价系统作为券商柜台互联互通的平台，应进一步发挥行业基础设施作用，充分利用其互联互通优势，成为证券市场与银行、信托等市场跨市场联动的领头羊和示范者，向市场传递跨市场联动的积极信号。证券公司借助与报价系统的互联互通接口即可实现银行理财、信托产品等跨市场金融产品上架、销售、确认、转让、质押及兑付功能，从而一举打通银行、信托等市场，促进银证、保证的跨市场合作，实现多层次的财富管理体系。

3. 加强投资者培育

投资者作为参与柜台市场的重要部分，影响着柜台市场的发展和走向，因此，投资者培育工作是柜台市场建设的重中之重。

（1）深化投资者分析工作。了解投资者是进一步培育投资者的基础。有效的投资者细分是深度分析投资者需求、应对投资者需求变化的重要手段。通过合理、系统的投资者分析，了解已有投资者的不同需求，挖掘柜台市场目标投资者。分析投资者行为特征，使营销策略、产品规划得到最优方案；更为重要的是可以发现潜在投资者，从而进一步扩大业务规模。

（2）满足并引导投资者需求。需求创造供给。根据前期的分析，了解投资者的不同需求，为其定制专属产品和服务，从而进一步体现柜台市场在满足居民理财和企业发展及融资等方面的重要作用。通过产品定制，全方位解决投资者需求后，投资者粘性将大幅提升，进入良性循环，带来更多需求，从而促进柜台市场的发展与建设。

在充分挖掘投资者自发需求的情况下，券商可以借助专业优势及平台优势，为投资者制定合理的综合财富管理方案，在提供专业服务的同时，引导投资者需求。

（3）加强投资者教育工作。针对柜台市场投资者及符合定位的目标投资者的培育和教育工作是柜台市场长期发展道路上必不可少的工作，我们认为主要包括两块内容：一是向投资者充分披露柜台产品的风险，针对复杂结构的金融产品，加强对投资者的教育；二是针对场外业务的专业知识宣导，增强投资者的场外知识储备，提升业务接纳度。在做好这两块工作的同时，根据2017年7月1日起实施的《证券期货投资者适当性管理办法》，券商作为制度落地单位，应严格遵照实施，确保维护投资者合法权益。

推进证券业实现高质量发展

建设我国国际一流投行的政策建议

建设国际一流投行专题研究小组*

投资银行从诞生至今已有百年历史，目前，国际公认的第一梯队（航母级别的）投资银行包括高盛、摩根士丹利、巴克莱银行、德意志银行、瑞士信贷、花旗、美银美林和摩根大通等。这些国际一流投行体量大、实力强，是系统重要性金融机构，在全球经济、金融发展中发挥着不可替代的作用。经过20多年的发展，我国已有少数证券公司的市值跻身全球前十位。但与国际一流投行相比，国内证券公司在规模、核心竞争能力、国际化程度等方面仍存在较大差距。党的十九大报告指出我国已进入中国特色社会主义建设新时代，并明确提出"深化金融体制改革，增强金融服务实体经济能力，提高直接融资比重，促进多层次资本市场健康发展"。新时代需要一批证券公司以国际一流投行为目标，不断提升核心竞争力，成为服务国家战略、建设资本市场强国的重要力量。

一、国际一流投行的主要特点

（一）一流投行在国家经济金融发展中发挥不可替代的作用

投资银行（投行）的渊源可追溯至欧洲中世纪的商人银行，最初的业务是为商人的票据进行承兑。随着欧洲工业革命的到来，商人银行业务范围不断扩大，逐渐从原来的贸易融资服务发展到帮助公司筹集资本金，进行资产管理，以及提供其他专业性的投资顾问咨询服务等。20世纪初，商人银行业务中的证券承销、证券自营、债券交易等业务的比重不断增大，其称谓也由"商人银行"转变为"投资银行"。经过一百多年的发展，现代投资银行已经突破了证券发行与承销、证券交易经纪、证券私募发行等传统业务框架的限制，核心业务

---

* 研究小组成员：中国国际金融股份有限公司：徐翌成，王小溪；广发证券股份有限公司：李凤华，王烜，葛凌；申万宏源证券研究所：蒋健蓉，龚芳；海通证券股份有限公司：吴淑琨，路颖，李明亮，麦其芃；华泰证券股份有限公司：朱有为，马溯纲，李挺；国泰君安证券股份有限公司：王青怡，朱志雄，崔冬冬；中信证券股份有限公司：王俊锋，张玲；中国银河证券股份有限公司：杜书明，刘世欣；招商证券股份有限公司：钟惠玲，魏明；东北证券有限责任公司：董晨，杨丰强，刘雨薇；国信证券股份有限公司：李延朋，卢宗辉；中信建投证券股份有限公司：贾新，汪丽。

还包括企业并购、项目融资、风险投资、公司理财、投资咨询、资产及基金管理、资产证券化、金融创新等,进而从交易中介进化为资本中介。

投资银行作为资本市场和金融体系的重要主体,在现代社会经济发展中发挥着沟通资金供求、构造证券市场、推动企业并购、促进产业集中和规模经济形成、优化资源配置等作用。随着社会变革、经济与科技的发展以及全球化等因素带来的世界范围的转变,投资银行已经在各个国家和地区经济与金融体系中扮演重要的角色。同时,投行作为国家经济金融领域里重要的智库和风向标,在国家的战略部署和促进全球经贸文化互补中发挥着引领和推动作用。例如,由高盛首先提出了"金砖国家"的概念,并在此基础上推动了相关研究,促进了新发展银行、金砖五国存款安排、金砖五国支付系统等金融体系架构的搭建,使金砖国家在货币政策、宏观经济走向、跨国贸易等政策方面实现了一定协调。

国际一流投行由于其自身实力和在长期竞争中奠定的行业优势,服务的对象往往是在国家经济、金融发展中发挥重要作用或引领行业方向的大型企业,进而使其在经济和金融发展中的地位更为重要。

(二) 国际一流投行是在国内、国际两个市场发挥作用的金融中介机构

国际一流投行是国内资本市场重要的金融中介机构,具有国际化程度高、国际影响力较大等特点。据统计,2017 年,摩根大通、高盛、花旗、摩根士丹利和美银美林在美国市场 IPO 业务发行规模分别为 4 618 万美元、3 988 万美元、3 808 万美元、3 376 万美元、1 941 万美元,合计占美国本土 IPO 业务发行规模的 42.2%,占除美国外全球其他市场 IPO 业务发行规模的 19.31%;再融资业务分别为 17 244 万美元、19 131 万美元、11 144 万美元、18 170 万美元、13 772 万美元,合计占美国市场再融资业务规模的 56.62%,占除美国外全球其他市场再融资业务规模的 35.23%。在全球并购方面,拉扎德、摩根大通、高盛集团、摩根士丹利等国际投行通常在国际大型并购业务中扮演重要角色(见表1)。

表 1　　　　　　　　2016 年全球并购规模前十案件投行参与情况

	并购案件	并购规模 (亿美元)	参与并购投行
1	百威英博收购 SAB 米勒	1 244	拉扎德、摩根大通、摩根士丹利、Robey Warshaw
2	AT&T 收购时代华纳	1 087	Perella Weinberg Partners、Allen & Co、摩根大通、美银美林、花旗集团、摩根士丹利
3	拜耳收购孟山都	660	摩根士丹利、Ducera Partners、瑞士信贷、美银美林、罗斯柴尔德
4	高通收购恩智浦	470	高盛集团、Evercore、Centerview Partners、Qatalyst Partners、巴克莱、瑞士信贷
5	中国化工收购先正达	430	中信国际、汇丰银行、Dyalco、摩根大通、高盛、瑞银集团
6	CenturyLink 收购美国 Level 3 通信公司	340	摩根士丹利、美银美林、花旗集团
7	软银集团收购 ARM	324	拉扎德、高盛、Raine Group、Robey Warshaw、瑞穗证券

续表

	并购案件	并购规模（亿美元）	参与并购投行
8	Shire收购Baxalta	320	Evercore、摩根士丹利、巴克莱、德意志银行、高盛、花旗集团
9	雅培制药收购Jude Medical	307	Evercore、美银美林、Guggenheim Securities
10	泰科国际收购江森自控	283	Centerview Partners、巴克莱、拉扎德、高盛、花旗集团

资料来源：Bureau van Dijk，公开资料整理，东北证券。

机构分布方面，国际一流投行在海外主要金融市场均有深入布局。截至2017年末，美银美林在境外35个国家和地区设置了分支机构，花旗集团在境外95个国家和地区设置了分支机构。他们依托本土市场雄厚的客户基础，在全球范围内开展业务，并为境外客户提供本土市场服务，实现了对全球主要客户的广泛覆盖。目前，高盛集团、花旗集团、巴克莱银行、德意志银行等国际投行的境外业务收入占比约为40%，摩根士丹利在美洲以外收入占比超过26%。

（三）国际一流投行规模体量大，是系统重要性金融机构

资产规模是一流投行开展综合化经营以及抵御风险的根本保障。以巴塞尔银行监管委员会（BCBS）、国际证监会组织（IOSCO）为主导的国际监管机构也都将规模要素作为衡量系统重要性金融机构的首要指标。一般而言，规模越大、关联度越高、可替代性越低、复杂性越高、跨境活跃度越高的金融机构，其陷入困境或倒闭时对金融系统造成的影响越大。目前，国际一流投行大多已发展成为全球性的系统重要性金融机构。国际一流投行的超巨规模帮助他们在各业务领域形成稳固的收入和抗风险架构。截至2017年底，全球规模最大的前5家投资银行摩根大通、美银美林、花旗、高盛和摩根士丹利的净资产分别为5 226.93亿美元、2 671.46亿美元、2 016.72亿美元、822.43亿美元、773.91亿美元，营业收入分别为996.24亿美元、873.52亿美元、714.49亿美元、320.73亿美元、379.45亿美元。他们以平均1 400亿美元的净资产产生超过约200亿美元以上的年收入，带动大于8 000亿美元的资产负债表（见表2）。

表2 2017年行业前5大投行（以收入和市场份额排列）

业务类别	合计占比	第一	第二	第三	第四	第五
并购	55.96%	高盛	摩根大通	摩根士丹利	花旗银行	巴克莱
		14.50%	12.29%	12.15%	9.33%	7.69%
债券	47.31%	摩根大通	美银美林	花旗	高盛	摩根士丹利
		11.73%	10.20%	9.95%	8.62%	6.81%
贷款	33.16%	美银美林	摩根大通	花旗银行	富国银行	巴克莱
		9.37%	9.09%	5.36%	5.26%	4.08%
股权	31.01%	高盛	摩根士丹利	J.P.摩根	花旗银行	美银美林
		6.97%	6.86%	6.73%	5.24%	5.21%

续表

业务类别	合计占比	第一	第二	第三	第四	第五
IPO	38.17%	摩根士丹利 9.42%	高盛 8.69%	摩根大通 7.54%	花旗集团 6.58%	美银美林 5.94%
配股	34.14%	摩根大通 10.28%	UBS 7.05%	美银美林 6.88%	麦格里 5.15%	摩根士丹利 4.78%
负债管理债券	72.38%	摩根大通 18.67%	花旗集团 17.90%	美银美林 12.95%	德意志银行 12.19%	瑞士信贷 10.67%

资料来源：Bloomberg。

作为系统重要性金融机构，国际一流投行通常业务领域宽广，牌照齐全且收入结构均衡，抵御风险能力较强。以高盛、摩根士丹利、瑞银为例，其在投资银行、财富管理、资产管理及固定收益这几大类业务上分布较为均衡（见图1）。如出现某一项业务因经济周期受影响而萎缩时，其他反周期或具有互补性的业务可以提供对冲或者承担更多的收入贡献。

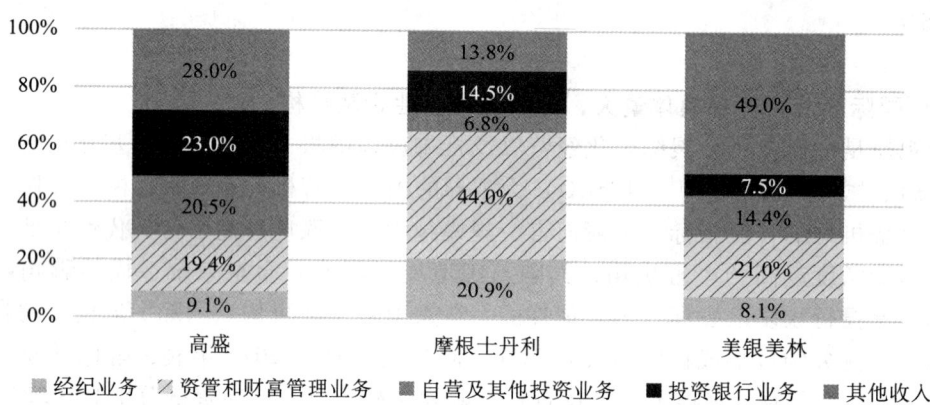

图1　2017年国际投资银行的收入构成

凭借稳固的收入和抗风险架构，一流投行能够承接大规模、复杂的产品与交易，且在开拓新市场、探索新业务、应用新技术方面具有先行者优势，擅于掌握竞争主动权，无法轻易被取代。

（四）国际一流投行核心竞争力强，是行业的领军者

国际一流投行代表了全球投行的领先水平，专业能力突出、核心竞争力强是其必备要素。通过总结境外投行的发展经验，一流投行通常具备以下五大核心能力：

一是风险经营能力。投资银行是经营风险的机构，风险经营不仅是简单的风险管控，核心还包括风险识别、风险计量、风险处置，即面对风险业务所具有的经营能力。高盛建立了自己的公司风险管理系统（ERM），综合运用风险价值模型（VaR）、10%敏感性测度、信用扩散敏感性测度、利率敏感性测度等方法对包括流动性风险、市场风险、信用风险、操作风险在内的各种风险进行实时监控、识别与管理。基于这套高效一体化的风险管理系统，高盛的日均风险价值从2013年的8 000万美元降至2017年的5 400万美元，下降了32.5%。

二是投资交易能力。投资交易旨在为客户提供投融资服务，为市场创造流动性，以高盛、摩根士丹利为代表的一流投行都曾凭借卓越的交易撮合能力奠定了市场地位。2017年高盛做市商交易实现营业收入近76.6亿美元，收入贡献超过23.9%。2017年摩根士丹利做市交易实现营业收入108.7亿美元，占总营业收入的31.5%。

三是产品设计能力。产品是连接资金端和资产端的桥梁，是实现资源市场化配置的主要载体，一流投行的专业服务最终都表现为多样化的产品服务体系。例如：美银美林多年来一直重视自身的产品创新能力，这种创新是和细致的客户分类相结合的，通过对特定客户群体的分析，在产品和服务差异化上取得了成功，避免了单一的价格竞争。

四是金融科技能力。金融科技浪潮已经席卷全球，也正在不断改变金融业务模式和竞争格局。高盛、摩根大通等为代表的一流投行相继宣称自己是一家科技公司，纷纷在金融科技领域进行更加全面的战略布局，在提升核心业务能力的同时，利用金融科技与已有的业务进行协同，并通过金融科技拓展新的业务领域。

目前国外一流投行每年在技术上的投资都在亿美元规模以上，并且还在持续增加中（见表3），其中摩根大通对技术投入增加的速度最快，从2013年技术/通信方面的投入占非薪酬支出比例的14%，增加到2017年的28%，5年期间增长了100%。高盛在2016—2017年已经投资29家金融科技公司，其人员构成中技术性人员的占比达46%。

表3　　　　　　　境外一流投行在技术/通信方面的投入及占非薪酬支出的比例

名称	2017年		2016年		2015年		2014年		2013年	
	技术/通信投入（百万美元）	占非薪酬支出的比例（%）	技术/通信投入（百万美元）	占非薪酬支出的比例（%）	技术/通信投入（百万美元）	占非薪酬支出的比例（%）	技术/通信投入（百万美元）	占非薪酬支出的比例（%）	技术/通信投入（百万美元）	占非薪酬支出的比例（%）
花旗	6 891	34	6 685	33	6 581	30	6 436	21	6 136	25
摩根大通	7 706	28	6 846	27	6 193	21	5 804	19	5 425	14
摩根士丹利	1 791	17	1 787	18	1 767	17	1 635	13	1 768	15
高盛	897	10	809	9	806	7	779	8	776	8

资料来源：公司年报，申万宏源研究。

五是研究能力。研究能力的核心反映的是一家投资银行的资产定价能力，具备出色的资产定价能力应当是一流投行的重要特征之一。摩根士丹利股票研究团队在行业最杰出表现评选中一直名列前茅，通过分析经济形势、市场、行业和公司数据提升全球投资组合的回报并协助公司企业制定战略方针；高盛在欧洲通过打造高素质的研究团队成为唯一一家名列欧洲研究实力前十的美国公司，帮助高盛在欧洲市场开发上取得了突破性的成功。

（五）国际一流投行有强大的适应和进化能力

国际一流投行之所以能够保持行业的领先地位，除了有强大的核心竞争力之外，较为完善的治理结构、先进的组织管理理念和激励机制，以及行之有效的合规、风险管理体系也是这些公司能够在多变的国内、国际政治经济环境中持续发展，把握市场先机的重要原因。

从股东构成来看，国际一流投行的机构投资者股东占比较大，且股权结构较为分散，使得股东在公司股东大会或董事会决策过程中能够起到相互制衡的作用，有助于提升决策效率，在关键时刻降低公司短视风险，促进企业走上稳健的长期发展道路。在组织管理架构方面，一流投行普遍选择以客户为中心的矩阵式事业部管理模式，通过整合业务部门、设立客户线和客户协调经理等方式，制定清晰的规则制度，以确保有效管理全球业务，实现国家、客户等维度之间的相互关系和联动。在合规和风险管理方面，国际一流投行普遍采用精细化的全面风险管控策略，合规与风险管理贯穿于业务运营和管理的各个流程之中。在激励机制方面，为吸引和留住人才，大部分一流投行都建立了长效激励机制，通过内部持股、股权激励、创业合作等手段汇聚业内最为优秀的金融人才，鼓励他们持续创新，为公司创造价值。近年来，一流投行普遍保持成本收入比在50%以上且有逐年递增的趋势，其中人力成本收入比为30%—50%。

以高盛为例，高盛认为坚守生命线，做好风险管理是高盛组织架构设计的第一原则。在坚守生命线的基础上，高盛借助矩阵式的组织架构设计来实现协同发展。高盛投资银行部基本分成三个团队——行业团队、客户关系团队和产品团队。每个团队都有自己特定的业务汇报流程；在具体的运作中，任何团队均可牵头召集其他两个团队对客户提供全面服务；在激励机制上，高盛借助三边计奖的形式消除三个部门之间的竞争，强化部门的内部协同。即在核算时团队的总收入都等于投行的总收入，每个团队的收入规模是考核的重要指标，具体的奖金池的分配由投资银行事业部的主管来敲定，但奖金分配的结果与考核结果直接挂钩。高盛的组织架构设计有利于团队充分发挥内部协同作用。高盛全球约有员工3万余人，其中2/3的员工是中后台人员。为确保业务的合规健康发展，高盛在每个业务条线中都内嵌了相应的中后台人员，尤其是风控人员。

基于先进的组织管理理念和机制，国际一流投行衍生出强大的自我进化和适应能力，在复杂的国际资本市场和多变的监管环境中，及时调整战略，引领组织变革，拥抱新的时代。次贷危机后，摩根士丹利坚决向财富管理转型，战略性收缩FICC业务，2017年财富管理业务占比已超过40%。这次转型无疑是及时而成功的，摩根士丹利的收入规模基本保持稳步上升，财富管理业务发挥了熨平周期的能力，帮助公司充分把握机构业务机会。有效的战略转型能够使得一流投行在较短时间内重塑竞争优势，迈入全新发展阶段。

二、国内证券公司的发展状况

（一）证券行业对国民经济发展发挥了日益重要的作用

经过20多年的发展，我国证券行业日益成为国民经济发展和资本市场建设的重要参与者、推动者和受益者。近年来，证券行业坚决贯彻落实党中央、国务院的各项方针政策，全面落实中国证监会的各项监管措施和要求，服务实体经济的能力不断提升，行业综合实力显著增强，在国民经济中的地位显著提升。

在股权融资方面，2011—2017年，1 055家上市公司完成首次公开发行（IPO），募集金额8 015亿元，实现再融资募集金额达6.53万亿元，7年间股票融资总额达7.33万亿元，有力地支持了实体企业通过资本市场做大做强。在债券融资方面，2011—2017年，公司债发行总额5.61万亿元。在并购重组方面，2011—2015年，上市公司重大资产重组交易持续活跃，交易规模屡创新高；2016年、2017年则更加贴近实体经济需求，总体上仍保持了平稳运行。证券公司担任并购重组财务顾问，在推动企业发展和产业整合、服务实体经济转型升级、助推供给侧结构性改革等方面发挥了不可替代的重要作用。总体而言，证券行业在提升直接融资占比、促进资本形成、优化资源配置、服务实体经济和投资者方面承担了越来越重要的战略责任和使命。

表4　2011—2017年国内资本市场股权融资、公司债及并购交易规模[①]　　（单位：亿元）

年份	IPO	再融资	股权融资	公司债发行额	并购交易金额
2017	2 301.09	13 068.27	15 369.36	11 024.74	23 329.79
2016	1 496.08	18 839.58	20 335.66	27 734.68	21 946.77
2015	1 576.39	14 302.91	15 879.30	10 283.55	25 963.05
2014	666.32	8 100.00	8 766.32	1 407.53	18 471.28
2013	0.00[②]	4 059.98	4 059.98	1 700.24	9 557.33
2012	1 034.32	3 265.98	4 300.30	2 623.31	7 981.41
2011	2 809.69	3 823.87	6 633.56	1 291.20	9 234.17

注：①由于我国证券行业从2011年开始酝酿并在2012年正式启动创新发展，历经监管政策调整及市场环境变化，行业总体进入到广度和深度不断拓展的新阶段，因而选择2011年作为起始点来统计分析证券业取得的发展进步与成效。
②2012年10月至2013年12月暂停了IPO审核。
资料来源：Wind资讯。

（二）中国证券公司打造国际一流投行已具备一定基础

随着多层次资本市场建设的深度和广度不断拓展，中国证券业经受住了市场风云变换的历史考验，实现了从规范发展向创新发展、稳健发展的历史性跨越，并成为在中国金融业影响力日益增强的重要金融业态。目前，随着中国经济发展进入从高速增长向高质量、高效率发展的新常态以及金融对外开放，尤其是资本市场双向开放的加速推进和落地，中国资本市场正在走向法治化、开放化、国际化的新阶段，为证券行业建设国际一流投行提供了有利的战略机遇。

近年来，国内证券业的综合实力稳步提升。截至2017年底，证券公司会员达到131家，证券公司总资产6.14万亿元，实现营业收入3 113亿元，实现净利润1 130亿元。与此同时，证券行业净资产规模增速也显著高于国内银行业及海外大型投行。2017年底，境内证券业净资产规模是2011年底的2.94倍，同期境内银行业为2.64倍，高盛和摩根士丹利两大国际投行分别为1.07倍和1.05倍。

一批大型证券公司迅速成长，并成为引领行业发展的中坚力量。目前，从综合竞争实力看，资产规模和盈利能力排名前十的证券公司，已经处于从国内一流投行向亚太区域一流投行迈进的阶段，具备了成为国际一流投行的发展基础。

1. 国内大型证券公司具有领先的综合实力和市场影响力

近年来，国内大型证券公司的资产规模与经营业绩有了显著提升（见表5）。2017年前十大证券公司在总资产、营业收入以及归属上市公司股东净利润三大指标上的集中度分别为57.74%、63.32%和63.92%，均达到了60%左右，在净资产上的集中度也达到了接近

50%,在行业内已形成规模体量上的领先优势。国内排名前列的大型证券公司在市值规模上也达到了比肩德意志银行、野村控股等国际大行的水平,总体上奠定了强势的市场地位和综合竞争实力,已经具备了承担发展国家一流投行战略使命的能力和基础。

表5　　　　　国内大型证券公司与国际一线投行的市值情况　　　（单位:亿元人民币）

国内券商	总市值	国际投行	总市值
中信证券	2 088	摩根大通	24 245
国泰君安	1 566	美国银行	20 120
海通证券	1 365	花旗集团	12 855
广发证券	1 211	高盛集团	6 279
华泰证券	1 163	摩根士丹利	6 198
招商证券	1 081	瑞银集团	4 461
申万宏源	1 077	巴克莱银行	3 020
东方证券	890	瑞士信贷	2 980
国信证券	890	德意志银行	1 715
中国银河	855	野村控股	1 342
中金公司	542	LAZARD	445

资料来源:Wind。统计截至2017年12月31日。

2. 在核心业务领域具备显著的优势地位

国内前十大证券公司的经纪、投资银行、资产管理、自营投资、国际等业务,在国内均名列前茅,已形成行业领先的综合服务能力。在经纪业务上,2017年,国内前十大证券公司的集中度达到了50%左右,其中股基交易量市场份额为47.39%,融资融券市场份额为53.51%;在投行业务上,2017年前十大证券公司的集中度已达到约60%,其中股权承销市场份额为62.26%,债券承销市场份额为59.58%。华泰证券、国泰君安证券在经纪业务市场份额上持续领跑;海通证券、中金公司则在跨境业务发展布局上处于行业领先,国际业务收入占比已达20%以上。大型证券公司不仅在国内建立了各主要业务领域内的显著领先优势,在整个亚洲范围(日本除外)内也跻身重要投行业务排名的前列。根据国际金融数据服务商Dealogic的统计,2017年整个亚洲(除去日本)的投行业务收入中中信证券和中信建投证券分别以投行业务收入4.66亿美元和4.38亿美元,名列第一和第二。并购业务规模和IPO业务排名中,国内均有6家证券公司进入前十,某些业务数据上甚至优于高盛、摩根士丹利等国际顶尖投行。国内大型证券公司在亚太区域部分投行业务领域上已具备比肩国际大行的较强竞争力。

3. 合规风控水平引领行业

大型证券公司普遍建立了合规风控管理组织架构和制度体系,各项合规与风险管理职能基本得到有效落实。特别是近年来,随着依法全面从严监管的持续推进,大型证券公司合规与风险管理理念逐步加深、意识进一步强化,各大证券公司不断完善合规与风险管理机制,合规管理的专业化、精细化与风险管理的平台化、体系化都有显著提升,对于各类风险的计量、识别、预警等核心能力持续增强,合规和风险管理工作取得明显进展。根据中国证监会

2017 年发布的证券公司分类结果，中信、国泰君安、海通、广发、华泰、招商、申万宏源、银河、中信建投、中金和华融证券等 11 家证券公司获得 AA 级，基本都是综合实力居前的大型证券公司。目前已参与并表监管试点的 11 家证券公司也都为整体规模及业务实力居前的大型证券公司。大型证券公司的全面风险管理体系正在不断健全完善，规范发展能力总体领先行业，也成为维护我国资本市场和证券行业稳定的重要力量。

4. 集团化、国际化发展布局初见成效

近十多年来，前十大证券公司通过收购和新设等方式，搭建起了集证券、期货、基金、资管、私募股权投资、另类投资等为一体的集团化运营架构，部分证券公司还以控股或参股的方式涉足银行、信托、租赁等业态。前十大证券公司在境内外持续进行集团化扩张，不断完善集团化管理制度的顶层设计，加强对子公司的战略管控、资源整合和信息共享，初步建立了集团化经营、专业化管理的运作机制。2017 年度，中信证券、海通证券、国泰君安证券、华泰证券以及广发证券的子公司收入占比均超过了 25%，其中中信证券占比超过 50%，海通证券占比将近 60%①。

在推动集团化发展的同时，前十大证券公司也在积极拓展国际业务，在全球化布局展业上取得了一定进展。一方面，前十大证券公司几乎都已实现了"A+H"股上市，跨境联动发展架构已经基本形成。另一方面，前十大证券公司纷纷在境外布局，开展跨境业务，并通过境外并购扩展布局，如中信证券收购法国里昂证券、海通证券收购葡萄牙圣灵投资银行、华泰证券收购美国的 Assetmark、广发证券收购英国 NCM 期货公司等，境外业务收入占比、市场排名稳步提升。2017 年度，中金公司境外业务收入占比为 21%，达到了与摩根士丹利等国际投行相近的水平。部分大型证券公司境外子公司已经在香港跻身投行领域的前列。

（三）中国证券公司与国际一流投行相比尚存差距

1. 规模体量较小，系统重要性不足

"大市场、小机构"矛盾依然突出，国内大型证券公司的体量和规模与本土资本市场在国际上的地位极不相称。2017 年末，沪深两市总市值以 56.71 万亿元位居全球第二，但是前十大证券公司总资产规模仅相当于高盛一家国际大行的 1/2。与国际一流投行基本位列全球系统重要性机构相比，国内大型证券公司不仅离全球系统重要性机构的最低门槛（总资产 1 000 亿美元）还有很大差距，在国内金融系统中的地位也不高，影响力和话语权亟待提升。

2. 核心能力薄弱，高质量发展瓶颈凸显

尽管本土大型证券公司已经实现一定的规模化发展，但本质上仍未摆脱同质化竞争状态，更没有形成真正的、不可替代的核心竞争力和显著的经营特色。当前，证券公司在主要业务领域不仅面临着激烈的同业竞争，还面临互联网企业的跨界竞争、商业银行的混业竞争，以及国际投行全业务、多方位的挑战。这种背景下，大型证券公司在现代投资银行据以立足的资产定价、投资交易、产品创设、风险管理、金融科技、激励机制等方面，尚未形成相对国际一流投行及国内系统重要性机构突出和明显的比较优势，由此导致高质量发展的后

---

① 子公司收入占比以 2017 年度年报（合并报表营业收入 − 母公司营业收入）/合并报表营业收入测算。

劲不足。

3. 业务结构不均衡，抗周期能力较差

国内证券公司虽然近年来的收入结构不断优化，但主要收入来源仍然是对市场行情依赖性强和对市场行情敏感的业务，相较国际一流投行，尚未真正摆脱"靠天吃饭"的业务模式。同时，尽管资产管理、财富管理、另类投资、做市交易等对市场依赖性弱的业务在加快发展步伐，但是短时间内难以显著优化业务结构和盈利模式。上述现状意味着目前大型证券公司的业务结构的逆周期能力和通过跨市场（交易所市场和银行间市场）、跨场所（场内和场外）、跨区域（境内和境外）、多品种（现货和衍生品）进行资源配置和风险对冲的能力，以及增强收入稳健性的能力有限。

4. 国际化程度不高，海外影响力欠缺

虽然近年大型证券公司积极通过新设、跨境并购等多种方式加速海外布局，实现了海外业务的快速发展和突破，但是目前仍处于海外布局和资源整合的初级阶段。从海外分支布点来看，大型证券公司在境外主要依托香港子公司展业，对香港以外地区的业务拓展尚处于空白或起步阶段；从业务结构来看，经纪业务在海外业务收入中占比较大，投资银行、资产管理、财富管理等业务的竞争力和业绩贡献有待提升。在服务国内资本和客户走出去以及国际资本和国外客户走进来的过程中，与国际大行的专业能力和认知度还有不小差距，尚未成为客户首选机构。

（四）差距原因分析

1. 社会融资结构长期以间接融资为主，证券公司在金融体系中的地位相对不够突出

囿于历史原因，我国社会融资结构长期以银行主导的间接融资为主，直接融资体量相对间接融资体量差距十分明显。间接融资为主的融资结构，客观上造成了国内资本市场的发展速度有限，证券公司在整个金融体系的地位和影响力相对银行业不够突出，证券公司作为现代投行的交易、托管结算、支付、融资和投资等基础功能与银行相比存在不小差距且迟迟未予完善。在此背景下，国内证券公司所能提供金融服务的深度和广度有限，在参与银行间市场、壮大托管业务规模、拓宽融资渠道等方面也面临诸多障碍，规模体量自然也就难以出现质的飞跃，迟迟未能形成能与银行等金融机构比肩的一流投行和系统重要性机构。

2. 资本市场仍然处于"新兴加转轨"阶段

资本市场是市场经济和现代金融体系的重要组成部分，直接决定了发展速度和高度。30多年来，我国已初步形成了涵盖股票、债券、期货的资本市场体系，为促进改革开放和经济社会发展、建立和完善现代企业制度做出了重要贡献。但是与国际成熟资本市场相比，我国资本市场尚处于"新兴加转轨"阶段，一些体制、机制性问题依然存在，与经济发展水平和"打造国际一流投行"尚不完全适应，主要表现在：一是市场层次、结构不完善，新三板、区域性股权市场、柜台交易市场等潜力有待挖掘和释放，对机构投资者的吸引力有待加强；二是基础设施不完善，相对统一的法律框架、风险对冲机制和工具、市场违约及其处置机制缺乏顶层设计；三是产品不够丰富，场外衍生品的种类不多，创新包容度不强；四是国际化程度不高，资金跨境、跨市场进出不够顺畅，与境外资本市场的业务联动和监管合作不足等。这些问题客观上导致了建设国际一流投行的基础不牢、空间不够。

3. 国内证券公司发展历史较短，与"打造国际一流投行"相匹配的制度和政策环境尚

未真正形成

国内证券公司在过去的 20 多年的发展中,已经历了三次较大规模的行业整顿和治理,一定程度上导致证券公司难以形成稳定的发展预期,不利于核心能力和规模体量的积累、增长。现阶段,行业进入"依法、从严、全面监管"的新常态,市场生态环境和竞争秩序不断改善,但是由于资本市场处于"新兴加转轨"的特定阶段,行业持续发展能力的培育形成需要一定时间。经历了前几年的较快发展之后,行业发展的空间得到了有效拓展。行业也有"回归投资银行本源、回归服务实体经济本源、回归客户服务本源"的迫切需求,但目前推动高质量发展的外部基础性制度、机制仍待进一步完善,尚未形成与"打造国际一流投行"相匹配的差异化监管机制、创新容错机制以及双向开放的阶段性保护机制,导致有基础、有意愿做强做大的过度谨小慎微。因此,有必要优化监管模式、理念、手段,以更好支持面向新时代、超常规打造国际一流投行的迫切需要。

4. 自身发展存有不足,向"国际一流投行"目标迈进、作为资本市场"守门人"的责任和能力亟待提高

证券公司自身发展中也存在不少亟须解决的问题,主要表现在存在不同程度的"战略惰性",缺乏清晰有效的发展战略和前瞻性布局,一直没有摆脱对牌照、通道类业务的依赖,同质化竞争和价格战氛围依然较重;有的公司虽然有战略规划,但缺乏执行力,不能有效兼顾长短期发展利益,甚至出现过于关注短期利益而忽略了客户利益和公司长远发展的情况。面向"国际一流投行"目标迈进,作为资本市场"守门人"的责任意识、担当意识、风险管理意识、主动变革意识,以及配套核心能力还需进一步加强。

三、建设我国一流国际投行的目标与路径

金融服务与金融资源的竞争历来是国际竞争的核心要素之一,没有一流的投行,就没有一流的国际竞争力。当前,国际治理体系与金融竞争格局正发生深刻变化,伴随着资本市场双向开放的深入推进,中国本土证券公司将面临全方位的考验和挑战,建设中国国际一流投行的任务从来没有像今天这样紧迫。证券公司应当把握机遇,以"舍我其谁"的责任和担当,建设富有中国制度特色的、注入中国文化元素的世界一流投行。

(一)建设具有中国特色的国际一流投行的目标

中国的国际一流投行不仅需要参考国际上的通行标准,更要充分考虑中国国情,融入中国特色。

1. 中国的国际一流投行应当以服务实体经济、践行国家战略为己任

党的十九大对新时代全面深化改革和推动形成全面开放新格局进行了战略部署。资本市场作为金融体系的重要组成部分,肩负着服务实体经济和国家战略的重要职责,国际一流投行的建设不仅需要具备国际竞争力和国际影响力,也应该在服务实体经济和践行国家战略中发挥作用、创造价值。作为中国的国际一流投行,要围绕中国实体经济的需求,发挥资本市场的桥梁作用,助推经济转型升级;还要发挥自身专业能力,积极参与国家"一带一路"倡议,服务中国企业"走出去"过程中的金融服务需求,主动承担国家战略职能,维护国家利益。

2. 中国的国际一流投行应当具有社会责任感和国家担当，争做资本市场的"稳定器"

防止发生系统性金融风险是金融工作的永恒主题，中国的国际一流投行首先要加强风险管理，提高自身抗风险能力；同时要承担起维护资本市场稳健发展的责任，要发挥金融市场资源配置功能，分散化解市场风险，并在市场面临危机的关键时刻稳定市场信心，维护国家金融安全。

3. 中国的国际一流投行应当立足本土、放眼全球，努力锻造核心竞争力

从国际经验来看，成熟市场大型投资银行的国际化历程大多都是伴随着本国客户的"走出去"而发展起来的，因此中国的国际一流投行必须立足本土，充分发挥本土资源优势，围绕中国客户"走出去"以及全球客户"走进来"提供专业化、全流程的跨境投融资服务，聚焦客户需求挖掘，深化跨境资源联动，塑造本土投资银行的新特色和新优势。

（二）国际一流投行建设路径

当前，我国已全面进入中国特色社会主义的新时代，建设资本市场强国是实现中华民族伟大复兴中国梦的重要任务。伴随着资本市场双向开放的深入推进，未来三年证券公司将面临国际投行在本土及跨境业务上的直接竞争。

为尽快缩小国内证券公司与国际一流投行的实力差距，在推动我国一流投行的建设过程中，一方面要发挥证券公司的主观能动性，鼓励有基础的公司以建成国际一流投行为目标制定公司发展战略，同时，需要证券监管及相关部门做好顶层设计，有计划、分步骤的大力推动一些有基础的公司向国际一流投行迈进。力争用三年左右的时间，重点打造若干家在亚太地区具有竞争优势、占据区域主导地位的区域性大投行，能够成为内地与亚太区其他国家跨境交易的一流交易商、跨境并购融资的首选服务商；用五到十年的时间，进一步巩固亚太地区的业务基础，并争取在"一带一路"沿线及欧美地区构建初步影响力，能够成为中国居民进行全球财富管理和资产配置的主导机构；用十到二十年左右的时间，重点打造1—2家具有全球市场影响力和品牌竞争力的系统重要性国际一流投行。

四、政策建议

（一）积极发展资本市场，完善法律法规，夯实证券公司基础功能，为建设一流投行提供优良土壤

一流投行的成长离不开资本市场的发展壮大和相关法规的完善。当前我国资本市场与海外成熟市场相比，在制度供给、体系建设、工具品种、参与主体等方面仍有较大差距，需要国家层面通过一定的顶层设计，加快多层次资本市场建设，提升资本市场深度和广度，为证券公司长期发展提供适宜的宏观环境。建议进一步完善多层次资本市场建设，丰富场内交易品种，规范发展场外市场，逐步放开场外衍生品业务，丰富柜台市场品种，多渠道推动股权融资，完善直接融资市场建设，促进债券市场主体归位尽责，推动债券市场产品创新；进一步夯实证券公司交易、投资、融资、托管、结算等基础功能，拓宽证券公司的资本市场业务领域，增强证券公司服务实体经济的能力。建议加快《证券法》的修订，在法规修订过程中为建设一流投行留出空间，可考虑用立法的方式明确证券公司业务创新要求，借鉴"监管沙盒"，建立创新容错机制。建议加强对实质性从事证券相关业务的非金融机构主体的监

管,统一相关业务监管安排,打造健康的行业发展生态。

(二)大力推动有基础的证券公司实现超常规发展

建议将净资产规模、盈利能力、跨境业务收入水平、合规风控能力在行业前列的证券公司作为打造国际一流投行的试点证券公司,给予政策支持。

1. 丰富试点公司融资工具,提供有效资本补充支持

建议支持银行间市场监管部门给予证券公司与其他融资主体同等的地位和资格,放宽对证券公司融资的品种、规模、期限、成本等各类政策限制,支持商业银行与证券公司开展更多同业交易,考虑允许大型证券公司发行中长期金融债、开展与央行的对手交易等,提升证券公司资金和流动性管理能力。简化试点证券公司境外发债跨境担保的审批手续,同时豁免净资本扣减。进一步优化提高证券公司次级债券补充净资本的比例。尽快发布证券公司发行收益凭证的法律依据,完善相关业务规则,使收益凭证能够在合理合法的环境中取得健康发展。

2. 支持试点公司优先拓展衍生品业务

建议进一步丰富场内衍生工具,尽快推出包括股指期权、股票期权、商品期权等品种,优化保证金制度等市场机制,提升对期权做市商的激励程度。建议在风险可控的前提下,允许证券公司成立独立平台专业开展商品衍生交易,享受期货子公司同等业务政策。建立场外衍生品交易商的分层准入机制,规范交易商行为,加强交易商的市场引导职能。为交易商充分发挥衍生品风险管理功能提供配套支持,为交易商提供融券对冲渠道,允许对冲专用账户实现证券非交易过户。进一步规范投资者参与场外衍生品的准入标准,提高专业机构投资者的参与程度,鼓励服务实体经济、以风险管理为导向的衍生品应用。规范投资者交易行为。允许公募基金和基金母公司专户产品合法合规参与衍生品交易,进一步明确上市公司大股东等特殊主体参与衍生品交易的信息披露规范,推动保险机构、信托产品、国有企业利用衍生品实现风险管理和资产配置目的。鼓励证券公司发展跨境衍生品业务,优化证券公司在跨境交易方面须遵循的监管指标,允许证券公司针对境外投资者的合理需求,提供挂钩境内标的的衍生工具。

3. 支持试点公司发展柜台市场业务

建议进一步明确柜台市场监管政策,支持试点公司基于柜台市场开展私募股权、私募债、金融产品等有助于服务中小创企业融资与活跃提升金融市场定价效能的各品种,给予行业更大自主权,并打通全业务流程,对各品种上柜登记、发行、转让、质押、回购、做市、自营投资等给予规则支持与业务便利,将柜台市场打造为支持资本市场发展与直接融资的基础平台,完善基础功能。

4. 允许试点公司开展账户管理服务

建议允许试点证券公司设立专门的账户用于财富管理,就证券、基金、期货及相关金融产品的投资或交易做出价值分析或投资判断,按照诚实信用的原则,勤勉、尽责、审慎地协助客户进行投资管理和资产配置。在现行法规未支持开展财富管理业务所需的客户账户体系的情况下,建议监管部门出具监管意见,明确试点公司财富管理业务可独立使用定向资管业务牌照开展财富管理业务,将更有利于财富管理业务的长远发展。

5. 加快授予试点公司跨境业务资格,支持试点公司通过多种方式提供跨境服务

建议进一步丰富境内证券公司参与境外金融产品交易、投资境外金融工具、为客户提供多种金融产品和交易服务的资质，更好利用境内外权益、大宗商品等现货及衍生品市场，创新产业客户和衍生品相结合的服务模式。便利双向跨境交易，帮助企业等在国际化过程中管理风险、降低成本。鼓励中资证券公司参与跨境投融资以及"一带一路"跨境并购和重大资产重组等项目，并在政策审批等方面给予一定的支持。

6. 优化对试点公司海外分支机构的监管安排

建议在强化集团管理责任基础上，简化试点公司直接或通过其海外窗口公司在境外设立、收购、参股其他机构的审批流程。支持试点公司通过跨境并购等手段扩展经营区域和业务领域，提升国际化水平。允许试点公司通过增发、配股、发债等灵活多样手段支付交易对价。建议调整对试点公司境外子公司注资的净资本扣减监管政策。根据试点公司海外子公司所处海外市场的监管实际，给予一定的监管灵活性，明确对监管指标、自营投资范围、合规限制清单、信息隔离要求等方面参照业务属地的监管标准执行，以支持试点公司与当地投行及大型国际投行进行平等竞争。建议允许试点证券公司设立境外分公司，经营所得由母公司通过境外资金池集中管理，对境内外资金池不平衡的允许在一定限额内定期轧平。

7. 鼓励试点公司进一步加大 IT 投入，提高系统自主性

建议推动试点公司信息技术和科技创新投入实现税前加计扣除，鼓励试点公司提高系统自主性。支持试点公司与互联网企业设立合资子公司，鼓励证券公司在金融科技领域投资，加强信息技术领域布局，补充金融科技产业链相应环节的能力，以新的体制机制实施信息技术驱动的业务及管理模式创新。

（三）协调有关部门支持一流投行建设

建设一流投行离不开人民银行、金融监管、财政税收、外汇管理等部门的支持，建议加大协调力度，为建设一流投行在业务资质、税收优惠、外汇等方面争取相关政策支持。

1. 支持试点公司开展同业并购及进入其他金融同业

建议适时放开证券公司之间"一参一控"的限制，支持试点证券公司适时并购中小证券公司，进一步提升行业集中度，优化行业资源配置，做大做强证券主业。建议允许试点公司通过直投或境外子公司等合适途径，适时进入银行、信托、保险等其他金融业态，对标国际投行商业模式，探索综合化经营，提供综合证券金融服务，提升服务实体经济的能力。

2. 推动试点公司获得结售汇业务经营资格，支持试点公司申请外汇额度开展跨境业务

建议借鉴上海自贸区外汇管理改革试点，允许试点公司设立外汇综合管理账户，建议协调人民银行等监管机构，帮助试点公司获得结售汇业务经营资格，开展外汇即期交易及衍生品交易，提高跨境业务、产品的外汇额度，推动试点公司拓展在资金账户、外汇服务和跨境结算等方面的基础服务，更好地搭建综合金融交易业务体系，与国际投行及银行类机构在固定收益类业务上实现公平竞争。建议允许证券公司设立多种形式的跨境基金，并匹配专项额度，统筹资金需求，便利证券公司资金募集及跨境投资。

3. 支持试点公司进行混改

建议支持试点国有金融企业进行混合所有制改革，简化并加快相关审批流程，鼓励试点公司持续优化股东结构，引进包括央企、民企、外资等在内的优质战略投资者，通过股东多元化增加互补性资源，并提升试点公司董事会的专业化、多元化程度。

4. 支持试点公司实施市场化激励机制

建议适时制定出台证券行业的员工持股/股权激励的专项政策，以合理的方式探索实施员工持股计划、股票期权、限制性股票股权激励方式，支持证券公司建立完善中长期激励机制，以吸引、保留、激励优秀员工，减弱经营行为与激励行为短期化。

5. 推动试点公司成为系统重要性机构

建议证监会进一步加强与人民银行、银保监会在系统重要性机构监管方面的互通与协同，争取监管和市场对大型试点公司系统重要性的认同，并考虑通过央行或其他适当机构对试点公司提供危机情景下的流动性支持，进一步发挥证券公司在金融市场的作用与价值。

6. 推动国际监管协调，实现双向对等开放

建议在推进金融业对外开放过程中遵循准入前国民待遇原则，对内外资施行一视同仁的审慎监管，并把握当前时间窗口，在内外资机构实力差距较大的业务领域先予对内开放。针对当前西方国家对中资投行在当地开展业务存在各种显性或隐性的壁垒和限制，建议相关机构加强国际监管沟通和协调，在市场准入、对等审查机制等方面为中资机构走出去提供支持，帮助中资证券公司在国外市场获得经营牌照，争取公平竞争环境。

我国加快建设世界一流投行的研究

董 晨 杨丰强 刘雨薇*

当前,中国经济处于转型升级的关键阶段,培育世界一流企业是党和国家的发展战略。习近平总书记在党的十九大报告中指出,要"深化国有企业改革,发展混合所有制经济,培育具有全球竞争力的世界一流企业"。世界一流企业包括世界一流投行,大型投资银行对经济发展、金融稳定、国家安全、带动就业等发挥着不可或缺的关键作用。

中国为什么要培育世界一流投行?我们现在的情况怎么样?如何才能加快培育世界一流投行?针对这些问题,本文将从中国培育世界一流投行的时机与条件、面临的困难与挑战、通过行业整合培育世界一流投行的设想、组建国家性证券公司四个方面进行分析。

一、中国培育世界一流投行的时机和条件

(一)中国经济加速崛起,培育世界一流投行面临难得的历史机遇

近年来,中国经济加速崛起,对外直接投资大幅增长,各行各业都在培育世界一流企业,资本市场快速发展,为培育世界一流投行创造了难得的历史性机遇。

从发达国家一流投行的发展历程来看,本国经济的崛起是国际大投行崛起的根本原因,国际投行通常是在服务本国企业和居民国际化需求的过程中,逐步实现全球化经营。因此,本国资本输出的大幅增长是国际投行崛起的重要契机。

当前,中国正处在资本输出大规模扩张阶段,中国 OFDI 规模从 2000 年的 9 亿美元增长至 2016 年的 1 831 亿美元,连续 15 年持续大幅增长,投资规模已达美国 2 990 亿美元的 61.24%,超过日本的 1 452 亿美元(见图 1)。在此背景下,中国企业正在加快"走出去"的步伐。根据普华永道的统计,2016 年中国企业海外并购达 923 起,同比增长 141.62%,并购金额达到 2 209 亿美元,同比增长 245.70%。因此,中国证券公司把握中国资本输出的重要契机、跟随中国企业走出去、培育世界一流投行,正面临难得的历史机遇。

---

* 作者单位:东北证券股份有限公司。原载于《中国证券》2018 年第 8 期。

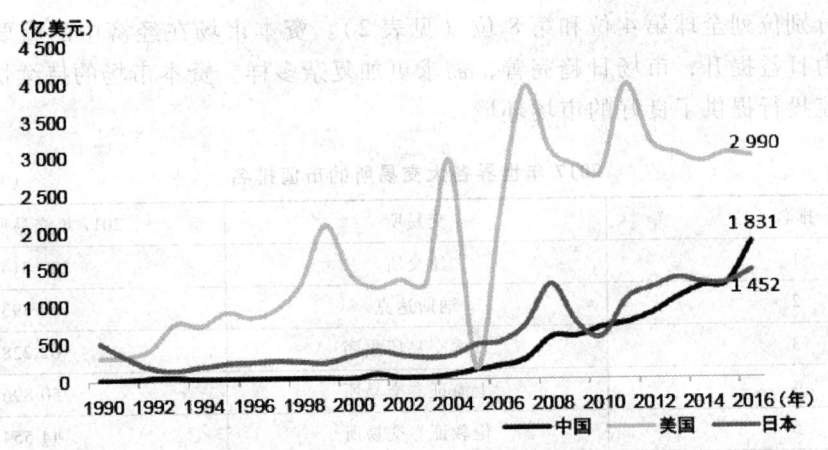

图 1　中国对外直接投资规模增长情况

资料来源：Wind，东北证券。

（二）大国经济需要大国金融，世界一流企业需要世界一流投行

2015 年以来，在供给侧结构性改革的政策背景下，多个行业进行了大规模整合，形成了一批大型行业龙头企业。如中国南车与北车合并、中电投与国家核电合并、中国建材与中国中材合并、宝钢与武钢合并、中国神华与国电集团合并等（见表 1）。通过行业整合，企业规模和资本实力明显增强，为企业参与全球竞争奠定了坚实基础。

表 1　部分行业大型龙头企业整合情况

行业	时间	合并公司		合并后公司
轨道交通	2015 年 6 月	中国南车	中国北车	中国中车
电力	2015 年 6 月	中电投	国家核电	国电投
航运	2016 年 2 月	中国远洋	中国海运	中国远洋海运
旅游	2016 年 7 月	港中旅	中国国旅	港中旅
建材	2016 年 8 月	中国建材	中国中材	中国建材
钢铁	2016 年 12 月	宝钢集团	武汉钢铁	宝武钢铁集团
能源电力	2017 年 11 月	中国神华	国电集团	国家能源集团
公路与铁路	2017 年 12 月	招商公路	华北高速公路	招商公路
建筑与工程	2018 年 1 月	中核集团	中核建集团	中核集团

资料来源：根据公开资料整理，东北证券。

随着各行各业加快培育世界一流企业，其在全球范围内进行产业整合和资源配置的需求将持续增长，对资本市场的服务需求也将变得更加复杂多样，需要世界一流的投行服务与之匹配。

（三）我国资本市场的快速发展，为培育世界一流投行提供了坚实的市场基础

2017 年中国股市总市值已经位列全球第 2，超越了英国和日本，仅次于美国，上交所和深交所市值分别位列全球第4位和第8位（见表2）。资本市场在经济中的重要性、话语权和国际影响力日益提升，市场日趋完善，需求更加复杂多样。资本市场的持续快速发展，为培育世界一流投行提供了良好的市场环境。

表2　　　　　　　　　　2017年世界各大交易所的市值排名　　　　　　　　（单位：亿美元）

排名	交易所	2017年交易所市值
1	纽交所	220 814
2	纳斯达克	100 393
3	日本交易所集团	62 228
4	上海证券交易所	50 896
5	伦敦证券交易所	44 554
6	泛欧证券交易所	43 930
7	香港联交所	43 505
8	深圳证券交易所	36 216
9	多伦多证券交易所	23 671
10	印度国家证券交易所	23 515

资料来源：WFE，东北证券。

二、中国培育世界一流投行面临的困难与挑战

证券行业整体规模较小，集中度低，与国际投行差距较大，依靠行业自然发展，难以在短时间内实现竞争力的大幅提升。2018年4月28日，《外商投资证券公司管理办法》正式发布，随着行业开放加快，我国证券行业将面临国际投行的冲击。

（一）我国证券行业整体规模较小，在金融系统的影响力相对较弱，与经济和资本市场发展不匹配

我国证券行业整体规模较小，在金融行业中的占比不高。在银行、保险、信托、证券四大金融支柱中，2017年证券行业总资产占比为2.04%，净利润占比为5.14%（见图2）。证券业的发展现状与我国经济和资本市场发展程度不匹配。

（二）行业集中度低，通过自然增长未能实现超常规发展

证券行业市场集中度较低，2017年，证券行业前十大券商总资产占比为49.35%，营业收入占比49.11%（见图3）。而根据Wind和中国银保监会统计，2017年前十大银行总资产占商业银行比重达67.33%，净利润占比达71.93%；前十大人身保险公司保费收入市场占有率达71.31%，前十大财产险公司保费收入市场占有率达85.34%。

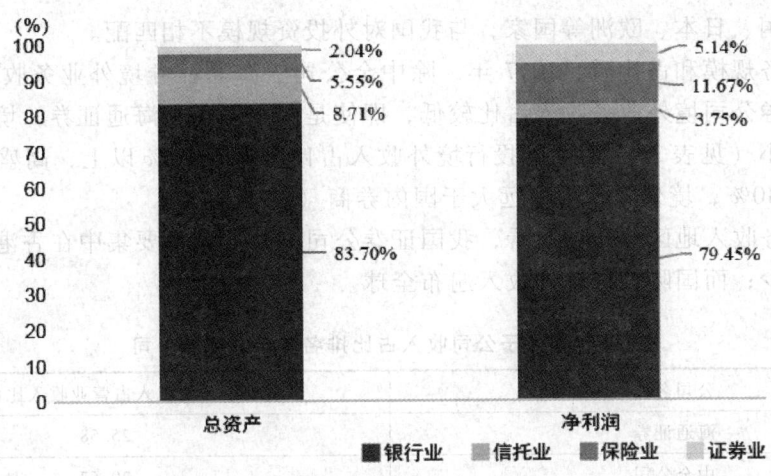

图 2　2017 年证券行业在金融行业中的占比

资料来源：Wind，中国银保监会，中国证券业协会，中国信托业协会，东北证券。

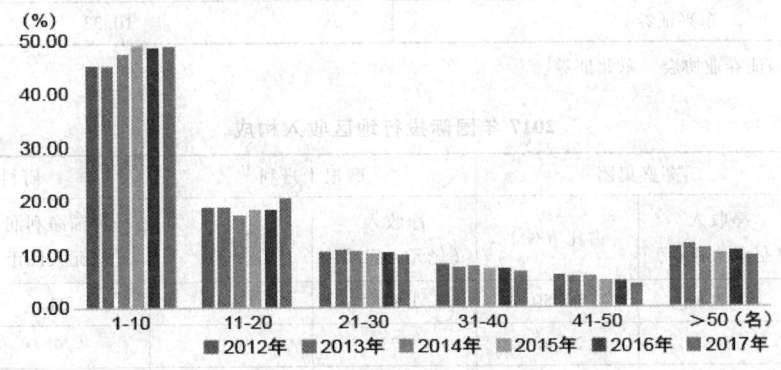

图 3　证券行业营业收入集中度变化情况

资料来源：Wind，东北证券。

证券行业目前的市场格局主要是由历史条件和行业并购形成的，近年来，通过行业自然发展实现集中度的提升非常缓慢，2017 年前十家券商营业收入占比较 2012 年仅提升 3.76 个百分点，年均提升 0.75 个百分点，未能实现超常规发展。

（三）我国证券公司的功能过于单一，服务功能尚未得到充分发挥

我国证券公司业务以通道和投资业务为主。经纪业务以交易通道服务为主，为客户提供资产配置和财富管理等服务功能比较薄弱。投行业务以承销与保荐业务为主，帮助企业与资本市场对接、进行产业整合、完善企业制度、助力企业做大做强等服务功能相对不足。资管业务主动管理能力不强，特别是介入实体经济、通过投资创造价值能力不强。自营业务规模较小，投资策略和投资工具单一，在市场上的影响力和话语权有限。

（四）我国证券行业国际化程度不高

目前我国对外直接投资规模已经超过日本，位列全球第二，但是我国证券行业国际化程度远远低于美国、日本、欧洲等国家，与我国对外投资规模不相匹配。

从境外业务规模和占比看，2017 年，除中金公司、海通证券境外业务收入占比在 20% 以上，其他证券公司境外业务收入占比较低，即使是中金公司和海通证券，境外业务收入的绝对规模也较小（见表 3）。而国际投行境外收入占比普遍在 25% 以上，高盛集团境外收入占比更是高达 40%，境外收入规模远大于国内券商（见表 4）。

从境外业务收入地区分布情况看，我国证券公司境外业务主要集中在香港地区，香港以外地区布局较少；而国际投行境外收入遍布全球。

表 3　　　　　　　　2017 年境外子公司收入占比排名前 5 位证券公司

公司名称	境外子公司收入占营业收入比例（%）
海通证券	25.58
中金公司	20.67
中信证券	12.24
中原证券	10.38
东兴证券	10.33

资料来源：中国证券业协会，东北证券。

表 4　　　　　　　　2017 年国际投行地区收入构成

地区	高盛集团		摩根士丹利		野村证券*	
	净收入（亿元人民币）	占比（%）	净收入（亿元人民币）	占比（%）	税前净利润（亿元人民币）	占比（%）
美国	1 268	60.50	1 818	73.31	31	15.49
欧洲、中东、非洲	513	24.48	373	15.06	9	4.46
亚洲（除日本外）	315	15.02	288	11.63	15	7.34
日本					145	72.71

注：* 野村证券数据为 2016 年 3 月 31 日—2017 年 3 月 31 日报告区间；货币单位按年报报告期末汇率中间价换算。
资料来源：公司年报，东北证券。

从国际竞争力来看，中国证券公司在服务中国企业全球化经营等方面能力不足。中国企业海外大型并购多数由国际投行主导。例如海航集团海外收购瑞士航空配餐公司瑞士佳美（Gategroup）、卡尔森国际酒店集团（Carlson Rezidor Hotel Group）都是聘用国外投行；阿里巴巴历次海外收购也都聘用国外投行（见表 5）。中国大型企业走出去过程中的财务安全、信息安全、管理安全面临挑战。

表 5　　　　　　　　近年来中国企业大型海外并购案

时间	并购企业	并购标的	收购金额	财务顾问
2012	万达	AMC	26 亿美元	安永、花旗
2014	腾讯	京东 15% 股份	2.14 亿美元	美银美林和华兴资本、巴克莱银行
2015	阿里巴巴	优酷土豆	56 亿美元	摩根士丹利、J.P. 摩根

续表

时间	并购企业	并购标的	收购金额	财务顾问
2015	复星保险集团	Meadowbrook	4.33亿美元	毕马威、Willis Capital Markets& Advisory
2016	阿里巴巴	Lazada	10亿美元	瑞信（香港）、高盛（亚洲）
2016	海航集团	瑞士航空配餐公司瑞士佳美	15亿美元	瑞银、瑞信
2016	海航集团	卡尔森国际酒店集团	超20亿美元	J.P.摩根、摩根士丹利
2017	中投公司	黑石集团旗下物流公司Logicor	122.5亿欧元	Eastdil Secured LLC、高盛集团、瑞银集团

资料来源：公开资料，东北证券。

（五）我国证券公司综合实力与国际投行差距较大

虽然2017年我国股市总市值已经位列全球第二，但是我国证券公司与国际投行相比，整体规模仍然较小，差距十分明显。2017年我国最大的证券公司中信证券总资产6 256亿元，相当于高盛的10.44%；净资产相当于高盛的27.88%；营业收入相当于高盛的20.66%。即使和亚洲的野村证券相比，我国的证券公司实力也较弱，中信证券总资产相当于野村证券的26.07%，净资产相当于野村证券的92.18%，营业收入相当于野村证券的48.93%（见表6）。

随着行业向重资本业务转型，资本实力对证券公司重要性大大提升，我国证券公司资本实力与国际投行差距仍然较大。

表6　　　　　　　　2017年中国证券公司与国际投行规模对比　　　　　　（单位：亿元人民币）

	总资产	净资产	营业收入	净利润	总部地区
高盛集团	59 904	5 374	2 096	280	美国
摩根士丹利	55 654	5 057	2 479	399	美国
巴克莱银行	99 490	5 610	1 645	-113	英国
德意志银行	115 063	5 294	2 977	-59	德国
瑞士信贷	53 175	2 798	1 286	-66	瑞士
野村证券	23 994	1 625	885	130	日本
中信证券	6 256	1 498	433	114	中国
海通证券	5 347	1 178	282	86	中国
国泰君安	4 316	1 231	238	99	中国
华泰证券	3 815	873	211	93	中国
广发证券	3 569	849	216	86	中国

注：单位按2017年底汇率中间价换算。
资料来源：Wind，东北证券。

（六）中国出现一流投行的时间测算

从代表投行综合竞争力的营业收入规模来看，近年来，我国证券公司和国际投行相比，差距缩小步伐缓慢。在亚洲（亚太地区），2012—2017 年，中信证券和野村证券营业收入比值则从 24.36% 提升至 48.92%（2011 年和 2015 年由于当年特殊原因曾分别高达 57.17% 和 119.84%），平均每年提升约 5 个百分点（见图 4）。按此计算，预计需要 10 年左右的时间才能赶上野村证券。

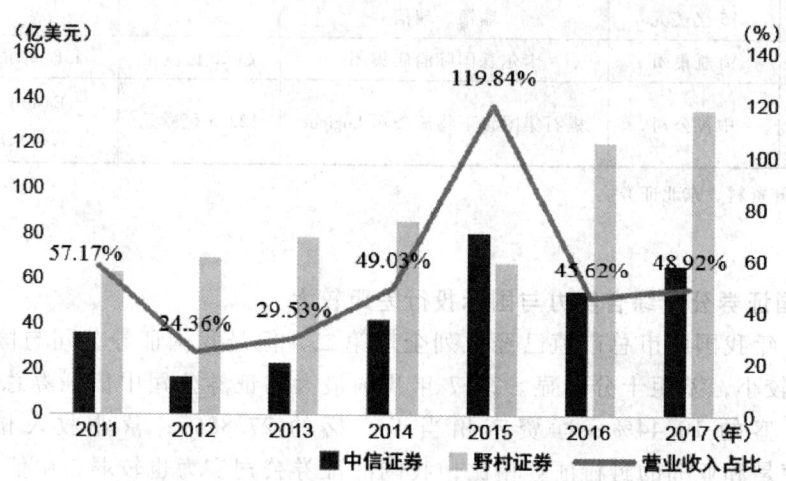

图 4　2011—2017 年中信证券与野村证券营业收入比值

资料来源：Wind，东北证券。

在"一带一路"沿线国家和地区，与规模相对较大的瑞士信贷相比，2011—2017 年中信证券和瑞士信贷营业收入比值从 14.06% 上升至 33.66%，每年提升大约 3.3 个百分点（见图 5）。按此计算，需要 20 年左右的时间才能赶上瑞士信贷。

从全球来看，中信证券和高盛集团营业收入比值从 2011 年的 12.51% 上升至 2017 年的 20.66%，每年提升约 1.2 个百分点（见图 6）。按此计算，需要 60 年左右的时间才能赶上高盛。

综上所述，依靠行业自然发展，要成为亚洲（亚太地区）一流投行、成为"一带一路"沿线国家一流投行、成为世界一流投行，分别需要 10 年、20 年、60 年，时间十分漫长。

三、通过行业整合培育世界一流投行的设想

从高盛、美林等世界一流投行发展历程看，行业并购是国际投行提升行业竞争力、实现全球化经营的重要途径，甚至是必由之路。目前国内证券公司多由国有资本控股或参股，依靠行业自发实现并购重组难度较大，可以考虑从国家战略层面对行业进行整合。2018 年 3 月 30 日中国证监会发布《证券公司股权管理规定（征求意见稿）》，大幅提高证券公司控股股东要求，有意引导行业加快整合。

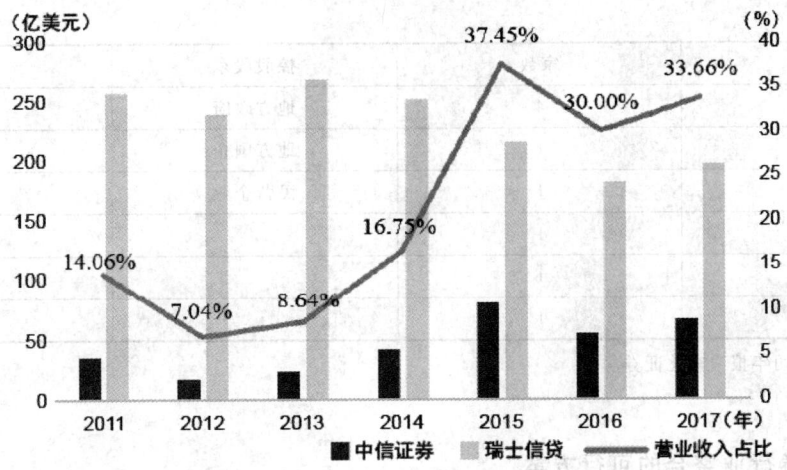

图5　2011—2017年中信证券和瑞士信贷营业收入比值

资料来源：Wind，东北证券。

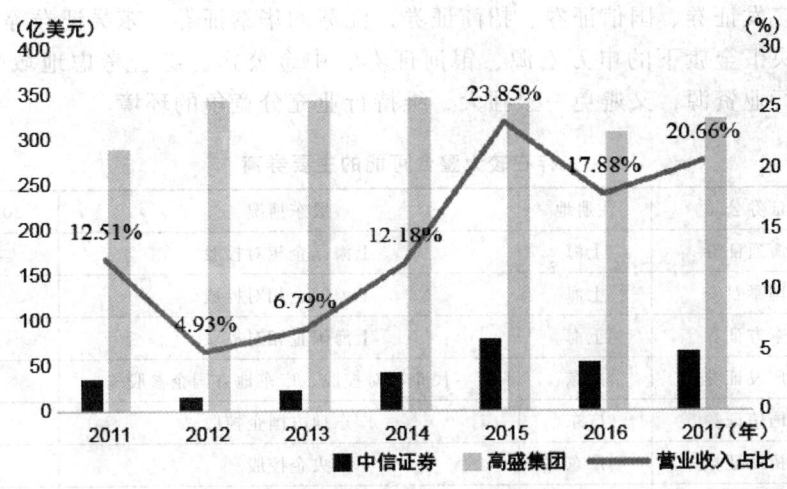

图6　2011—2017年中信证券与高盛集团营业收入比值

资料来源：Wind，东北证券。

（一）证券行业存在整合的条件和可能性

一方面，行业规模排名前列的证券公司在地域分布上较为集中，主要集中在上海、北京、广东等几个省市；另一方面，行业内国有控股的证券公司占比较高，大型证券公司中国有控股或相对控股的占多数，在股权关系上存在较大的整合可能。股权结构和地域分布，为证券行业整合提供了良好条件（见表7）。

表7　2017年营业收入排名前20位券商注册地或控股股东分布

注册地	家数	控股股东	家数
广东省	6	中央汇金	3
上海市	5	央企	6

续表

注册地	家数	控股股东	家数
北京市	4	地方政府	2
福建省	1	地方国企	7
湖北省	1	民营企业	2
湖南省	1		
江苏省	1		
山东省	1		

资料来源：公司年报，东北证券。

（二）证券行业整合的可行方案

证券行业的整合，可以综合考虑证券公司的地域分布和股权结构情况，对上海、北京、广东、江苏等地的大型券商进行整合（见表8）。例如，上海的海通证券、国泰君安、东方证券，广东的广发证券、国信证券、招商证券，江苏的华泰证券、东吴证券等，中信证券与中信建投，中央汇金旗下的申万宏源、银河证券、中金公司。综合考虑地域分布和股权结构，既整合了行业资源，又避免一家独大，维持行业充分竞争的环境。

表8 存在较大整合可能的主要券商

类别	证券公司	注册地	股东情况	2017年营收排名
上海系	海通证券	上海	上海国企相对控股	2
	国泰君安	上海	上海国企相对控股	3
	东方证券	上海	上海国企相对控股	12
广东系	广发证券	广东	民企相对控股、广东地方国企参股	4
	国信证券	广东	广东地方国企控股	8
	招商证券	广东	央企控股	6
中信系	中信证券	广东	央企控股	1
	中信建投	北京	北京国资委相对控股	10
中投系	申万宏源	上海	中央汇金控股	7
	中国银河	北京	中央汇金控股	9
	中金公司	北京	中央汇金控股	11
江苏系	华泰证券	江苏	江苏地方国企相对控股	5
	东吴证券	江苏	江苏地方国企相对控股	25
	东海证券	江苏	江苏地方国企相对控股	41
	南京证券	江苏	江苏地方国企相对控股	55

资料来源：公司年报，东北证券。

（三）行业整合对券商市场竞争力提升作用显著

行业整合后，市场集中度将大大提高，前五大券商2017年的营收占比将从34.12%上升至 57.40%。证券公司规模和资本实力有望大幅提升，与国际投行的差距也将明显缩小。整合后最大券商的总资产将达 1.2 万亿元，相当于高盛的 20%，净资产相当于高盛的 54.69%，营业收入相当于高盛的 29.87%，净利润相当于高盛的 78.93%；在亚洲地区，整合后最大券商总资产相当于野村证券的 49.94%，营业收入相当于野村证券的 70.73%，但净资产和净利润已经大大超过野村证券（见表9）。企业规模的提升，将提高券商在国内的影响力和定价权，行业整合对券商市场竞争力的提升作用显著。

表9　　　　　　　　　2017 年行业整合后与国际投行规模对比　　　　　　　（单位：亿元人民币）

证券公司	总资产	净资产	营业收入	净利润
高盛集团	59 904	5 374	2 096	280
摩根士丹利	55 654	5 057	2 479	399
瑞士信贷	53 175	2 798	1 286	-66
野村证券	23 994	1 625	885	130
上海系	11 982	2 939	626	221
中投系	8 658	1 714	395	121
广东系	8 422	2 162	469	190
中信系	8 315	1 936	546	154
江苏系	5 338	1 259	286	109

资料来源：Wind，东北证券。

（四）行业整合后我国将出现亚洲（亚太地区）一流投行，未来10年将出现"一带一路"沿线国家地区一流投行，未来20年将出现世界一流投行

根据本文设想，行业整合后，前五大券商国际竞争力有所提升，特别是上海系券商（海通证券、国泰君安和东方证券），净资产和净利润已经超过野村证券，分别达到其1.8倍和1.7倍，可以说，行业整合后我国已经出现了亚洲（亚太地区）一流投行。

行业整合后，国内证券公司国际竞争力仍然与国际领先投行存在较大差距，培育世界一流投行仍然需要较长时间。整体竞争力仍然较弱，特别是与欧洲和美国的大型投行仍然存在较大差距。据测算，2011－2017 年，上海系证券公司和瑞士信贷营业收入比值从 11.95% 上升至 48.60%，每年提升约 6.1 个百分点（见图7），按此计算，需要 10 年能赶上瑞士信贷。2011—2017 年，上海系证券公司和高盛集团的营业收入比值从 10.64% 上升至 29.83%，每年提升大约 3.2 个百分点（见图8），按此计算，需要 20 年能赶上高盛集团。

由此可见，即便是如此力度的行业整合，我国仍然需要 10 年培育出"一带一路"沿线国家地区一流投行，需要 20 年的时间培育出世界一流投行。

四、通过组建国家性证券公司培育世界一流投行

根据前文分析，即使通过行业整合，仍然需要 20 年才能赶上世界一流投行的水平，时间相对较长。为了能在较短时间内打造世界一流投行，从理论研究角度看，可以考虑组建国家性证券公司，由国家财政、大型银行、保险公司、中央汇金、大型央企、大型民企等共同

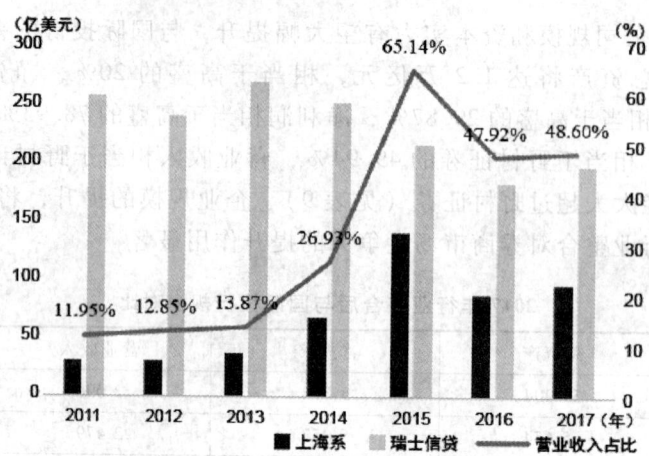

图7　2011—2017年上海系与瑞士信贷营业收入比值

资料来源：Wind，东北证券。

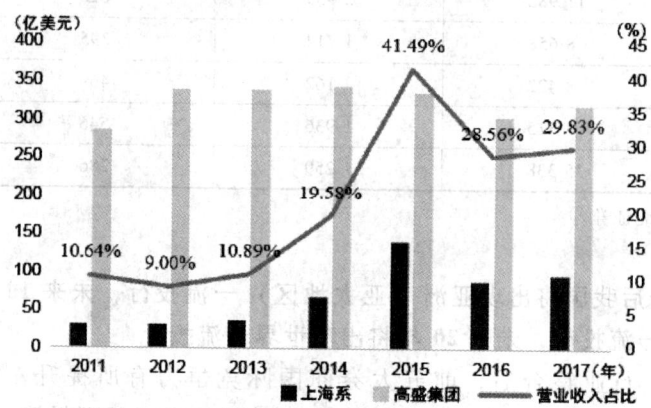

图8　2011—2017年上海系与高盛集团营业收入比值

资料来源：Wind，东北证券。

出资，注册资金5 000亿元，净资产规模直接看齐高盛、摩根士丹利等世界一流投行水平。大型银行、保险公司资本实力强大，具备出资能力（见表10），而且有利于业务协同，在中国特色、中国元素、市场原则和全球化规则的框架下，经过5—10年的体制机制建设、管理运营发展，可以在市场竞争力上快速赶上国际投行的水平，在中国出现世界一流投行。

表10　2017年中国大型银行、保险公司与国际投行规模对比（按净资产排名）

（单位：亿元人民币）

	总资产	净资产	营业收入	净利润
工商银行	260 870.43	21 274.91	7 265.02	2 860.49
建设银行	221 243.83	17 797.60	6 216.59	2 422.64
中国银行	194 674.24	14 960.16	4 832.78	1 724.07
农业银行	210 533.82	14 264.15	5 370.41	1 929.62
高盛集团	59 903.98	5 373.92	2 095.71	280.06

续表

	总资产	净资产	营业收入	净利润
德意志银行	115 063.01	5 293.78	2 977.44	-58.60
摩根士丹利	55 653.94	5 056.88	2 479.40	399.30
中国平安	64 930.75	4 733.51	8 908.82	890.88
瑞银集团	61 143.72	3 427.50	1 941.07	77.80
中国人寿	28 975.91	3 209.33	6 531.95	322.53
瑞士信贷	53 175.38	2 798.17	1 286.16	-65.64
野村证券	26 468.01	1 723.22	866.70	148.00

资料来源：Wind，东北证券。

五、总结

当前，我国经济快速发展，资本市场规模迅速提升，但证券行业总体规模较小，市场竞争力相对较弱，与国际投行差距较大，而且通过自然发展提升十分缓慢。因此，我们提出培育世界一流投行可以采取的缓策、中策、急策三条路径（见表11）。

表11　　　　　　　　　　培育世界一流投行的三条路径

策略	措施	所需时间
缓策	自然发展，缓慢提升	60年
中策	行业整合，打造头部券商	20年
急策	成立国家性证券公司，注册资本规模向国际投行看齐	5—10年

一是通过行业自然发展缓慢提升，经过60年的发展出现世界一流投行；二是通过行业整合培育头部券商，经过20年的发展成为世界一流投行；三是由大型银行、保险公司、央企等成立国家性证券公司，在资本实力上向世界一流投行看齐，完善顶层设计和运营管理，用5—10年时间培育中国的世界一流投行。

参考文献

[1] 曹晓飞. 投资银行的国际比较及其对中国投行的启示——基于中信证券与高盛集团的比较分析 [J]. 生产力研究，2014（8）：62—65.

[2] 孙培坚，何伟，周晖等. 美国投资银行的发展趋势及对中国的影响 [J]. 中国金融，2009（22）：41—43.

[3] 翁媛媛. 从高盛投行业务创新看国内券商投行服务转型 [J]. 证券市场导报，2013（7）：11—16.

[4] 赵晓东. 证券投行业务现状及其发展前景分析 [J]. 现代商业，2013（5）：48—49.

[5] 邹新，张红军. 国际投行模式变迁 [J]. 银行家，2014（2）：64—67.

证券公司国际化发展战略和路径选择研究

海通证券股份有限公司*

随着国际资本市场的大融合，国际投行正逐渐进入中国市场；同时，中国客户和境外客户的跨境投融资需求高涨，这些都对中国证券公司的国际化发展提出了迫切要求。但是与国际领先投行相比，中国证券公司的国际化水平仍处于较为初级的阶段。

一、驱动中国证券公司国际化三大因素：市场、客户和政策

（一）应对市场国际化的需求迫在眉睫

1. 紧随国际资本市场大融合的趋势

虽然世界各国的金融市场在地理条件、管理制度、机构设置等方面不同，但是国际资本市场已成为一个相互渗透、错综复杂的有机整体。因此，局限一方的证券公司无法匹配和满足国际资本市场的需求。

2. 积极迎战金融行业国际化的激烈竞争

新的金融工具、业务领域和金融体制使证券行业经历着巨大变革。根据世界贸易组织协定，中国将逐步允许外资投行进入。面对外资投行的挑战，中国证券公司必须加速自身的国际化发展，才能有效应对行业的变革。

3. 匹配人民币国际化发展趋势

人民币已经成为全球交易最为活跃以及交易量最大的新兴市场货币，中国的资本市场正向一个全球以人民币计价的资产中心方向发展，因此证券公司需增强对境内外投资者的综合服务能力才能匹配人民币国际化的发展。

---

* 课题负责人：吴淑琨，海通证券战略发展部总经理；课题组成员：任昕，黄靓雯，梁云，王未。原载于《中国证券》2018年第3期。

(二) 满足境内外客户跨境金融服务需求

1. 为中国客户海外投融资保驾护航

随着中资企业将业务拓展到美国、欧洲和新兴国家的市场，我国近年来对外投资规模屡创新高。2016 年我国对外直接投资达到 11 299.2 亿元人民币（折合 1 701.1 亿美元，同比增长 17%）（见图 1）。

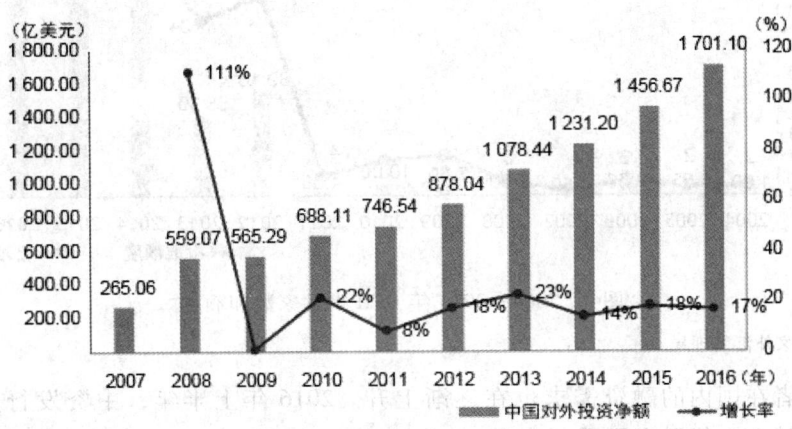

图 1　2007—2016 年中国对外直接投资情况

资料来源：中华人民共和国国家统计局。

此外，中国企业还通过海外上市来加强融资能力，2014 年中资企业的海外上市融资额达 3 283.93 亿元人民币（见图 2）。

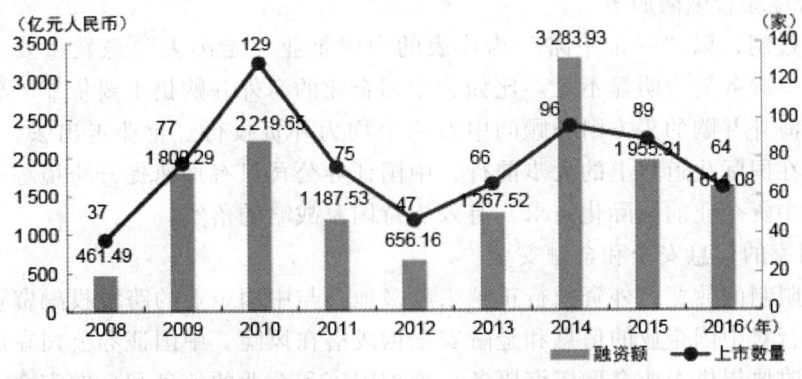

图 2　2008—2016 年上半年中国企业海外 IPO 统计

资料来源：清科数据统计。

综合来看，中国客户无论是投资还是融资方面的跨境金融服务需求都在日益增长，中国证券公司需要紧跟客户脚步，通过加速自身的国际化发展来不断满足客户新的需求，促成"走出去"客户与境外资本市场的直接对接。

2. 为海外客户在中国投融资提供畅通渠道

随着中国经济的飞速发展以及资本市场的对外开放，境外机构投资者开始加大对中国的投资。国家外汇管理局批准 QFII 的额度和家数增速很快（见图3）。

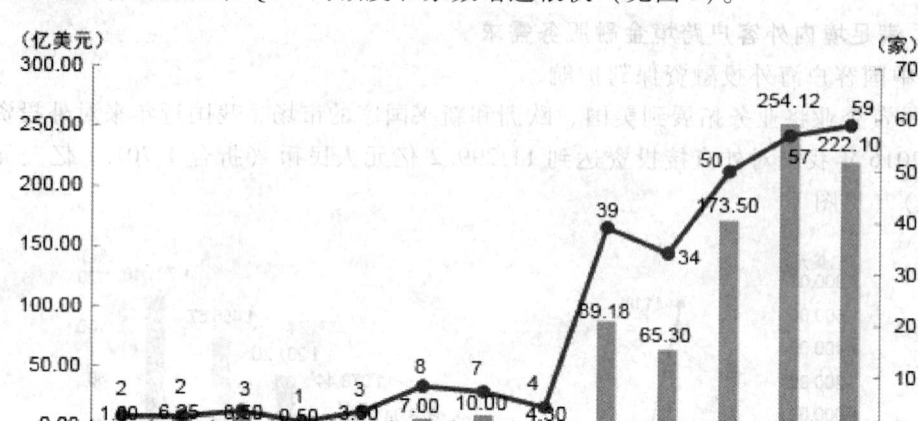

图3 2004—2016年 QFII 审批家数和额度

资料来源：国家外汇管理局。

境外投资者在国内的融资需求也在逐渐上升。2016年上半年，中资发行人共发行了9笔熊猫债，共计231亿元人民币（合35亿美元）。

在此背景下，中国证券公司积极布设海外网点有助于利用本土业务优势为境外客户在国内投融资提供畅通渠道、额度配置、承销保荐等一揽子综合服务。

（三）全方位支持国家战略推进和落实

1. 提供跨境综合金融服务

面对产能过剩，以"一带一路"为代表的中国企业"走出去"愈发重要。然而，中国证券公司的跨境服务能力明显不足。比如，中国企业的海外并购仍主要依靠外资投行，2016年中国前五大海外并购的买方财务顾问中有4个均为外资投行。企业走出去，金融必先行。面对中国企业在国际化道路上的大步前行，中国证券公司只有加速提升跨境综合金融服务的能力才能满足中资企业的国际化需求，有效支持国家战略的落实。

2. 维护国家的信息安全和金融安全

随着准入限制的放宽，外资投行正越来越多地参与中国企业的跨境投融资业务，然而过度依赖外资投行对中国企业的信息和金融安全构成潜在风险。中国证券公司在国内企业与外资投行做交易时要提供专业金融咨询服务，维护国家和企业的信息和金融安全。

二、以史为鉴，回顾美国和日本投行的国际化发展

根据2016年全球投资银行综合实力排名（见表1），排名前5位的投资银行全部来自美国，因此，美国的投资银行将是下文对国际领先投行研究的重要对象。

同时，结合文化差异、经济周期和发展模式等其他因素的考量，日本的发展对中国具有较大的借鉴意义，因此日本投资银行将是下文对国际投行研究的另一个主要对象。

表1　　　　　　　　　　　2016年全球投资银行综合实力排名

排名	投资银行	国家
1	摩根大通	美国
2	高盛	美国
2	花旗	美国
4	美银美林	美国
5	摩根士丹利	美国

资料来源：Coalition – Global and Regional IB League Table – FY16 & FY15。

（一）美、日投行国际化动因：适应各自国家经济和社会发展

1. 内外部市场共同变化驱动美国投行国际化发展

（1）本国市场低迷，欧洲市场活跃。在20世纪中期，美国先后经历了一系列的金融危机，同时，1948年美国开启的《马歇尔计划》使欧洲国家的经济迅速恢复。美国本土金融市场的低迷与欧洲金融市场的活跃形成了鲜明的对比。为突破美国国内金融管制，提高收益率，美国各大投行在欧洲开启了新的掘金之路。

（2）全球金融市场壁垒降低，为国际化提供良好条件。从20世纪70年代末开始，各国放松了金融管制。1997年世贸组织达成了《全球金融贸易服务协议》，44个国家和地区允许外国证券公司在当地设立全资子公司和分行。这为投资银行业务的全球化提供了良好的外部条件，因此美国投资银行的国际化业务在这一时期步入高速成长时代。

（3）跟随客户，为美国本土客户的资本海外化提供服务。由于没有外汇流动管制，美国在1966—1980年，借助强势的美元与国际影响力加速了对外投资（见图4）。而美国本土企业在走出去的过程中对信贷、证券融资、兼并收购等金融服务的需求推动了美国投行的国际化。

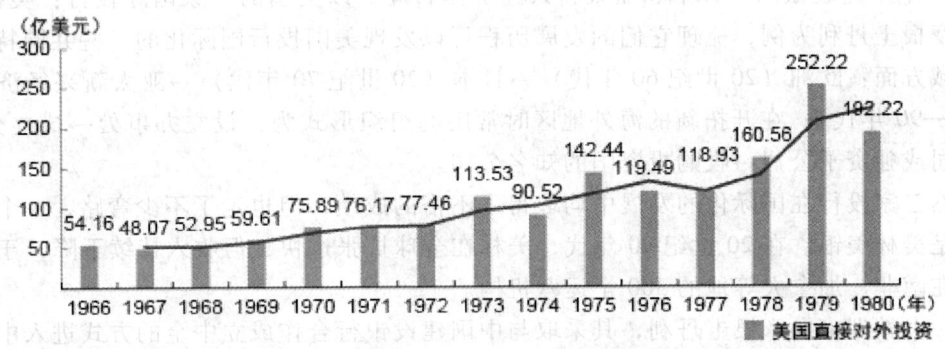

图4　1966—1980年美国对外直接投资情况

资料来源：U. S. Bureau of Economic Analysis (BEA)。

2. 国内市场变化驱动日本投行国际化发展

（1）金融监管放松，日本开放对外投资。从1970年起，日本金融监管部门逐步放开了境外证券投资业务，于是日本的企业和个人纷纷开始出海投资。为了满足本国客户对外投资

的需求，日本的投资银行开始了国际化的进程。

（2）扎实的本国业务基础、强健的资本实力推动海外扩张。1970年前日本政府的监管保护和金融壁垒使日本投行在本国境内不断发展壮大，即使20世纪80年代向外开放了日本市场，外资投行也无法撼动日本投行在国内的垄断地位。在具备了扎实的本国业务基础以及强健的资本实力后，日本的金融市场容量已无法满足日本投行的发展，因此日本投行产生了进一步向海外扩张的内在需求。

（3）日本国内出现经济泡沫，资金寻求海外资产。20世纪80年代后期，日本经济出现泡沫，投资者开始寻求价格相对便宜的海外资产投资，因此日本对外投资自20世纪80年代中期开始迅速增加（见图5）。在这一时期，日本投行自有资金寻求海外资产的过程以及帮助日本客户进行跨境投资的过程共同推进了投行的国际化。

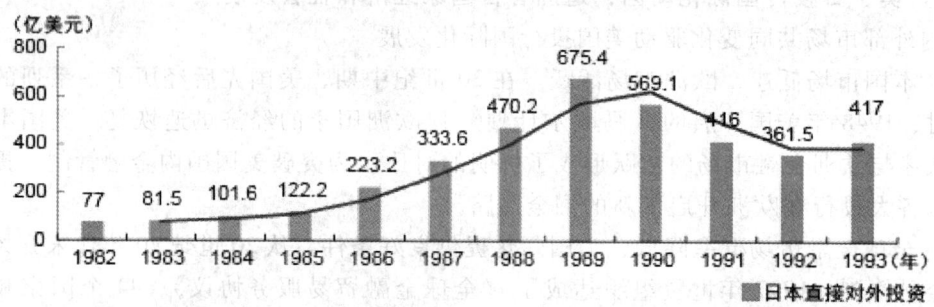

图5 泡沫经济时期日本对外直接投资情况

资料来源：东洋经济特刊。

（二）美、日投行国际化发展的路径选择、业务结构和经验教训

1. 美国投行国际化布局完成，业务调整正在进行

（1）基本完成欧洲、日本和亚太新兴经济体布局。以美国的三家国际投行：美银美林、高盛和摩根士丹利为例，梳理它们的发展历程可以发现美国投行国际化的一些共同特点。在开拓区域方面：欧洲（20世纪60年代）→日本（20世纪70年代）→亚太新兴经济体（20世纪80—90年代）；在开拓新的海外地区时常用的组织形式为：设立办事处→成立分公司、合资公司或独资子公司→收购投资国的知名公司。

虽然三家投行在国际化的发展中均取得了不俗的成绩，但也走了不少弯路，一个鲜明的例子就是美林美银。在20世纪90年代，美林在全球扩张过快，但收入持续下降，于是不得不关闭在南非、加拿大等地的300个运营机构。

另一个教训来自摩根士丹利，其采取与中国建设银行合作成立中金的方式进入中国金融市场。但是由于种种文化冲突及其他原因，其最终在2010年彻底退出中金。文化冲突是投行国际化进程中的拦路虎，如何融入当地市场的文化成为国际化能否成功的关键因素。

目前，美银美林全球网络覆盖40多个国家和地区。其国际业务经过一系列波折，到2012年约增长40%（见图6）。

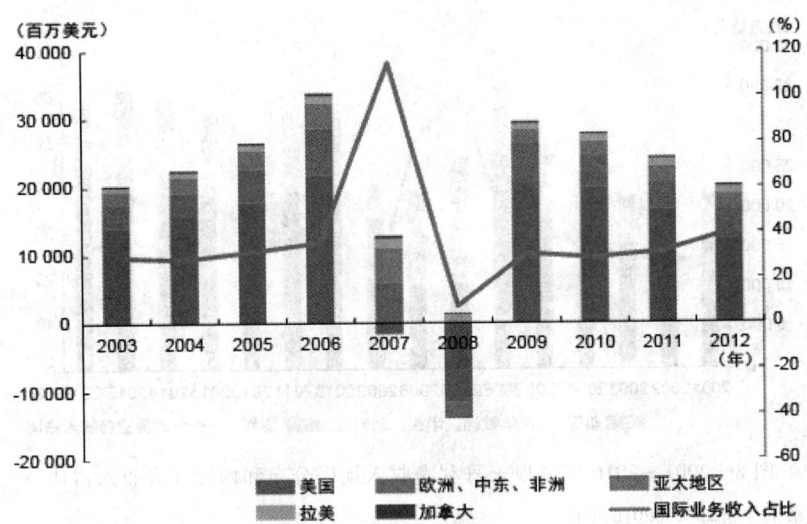

图6 2003—2012年美银美林净收入地区分布和国际业务收入占比

资料来源：美银美林2003—2012年报，2012年后美林被美国银行收购，未再发布公司年报。

高盛在全球34个国家和地区拥有55家分支机构。2001—2016年国际业务收入占比无较大变化（见图7）。

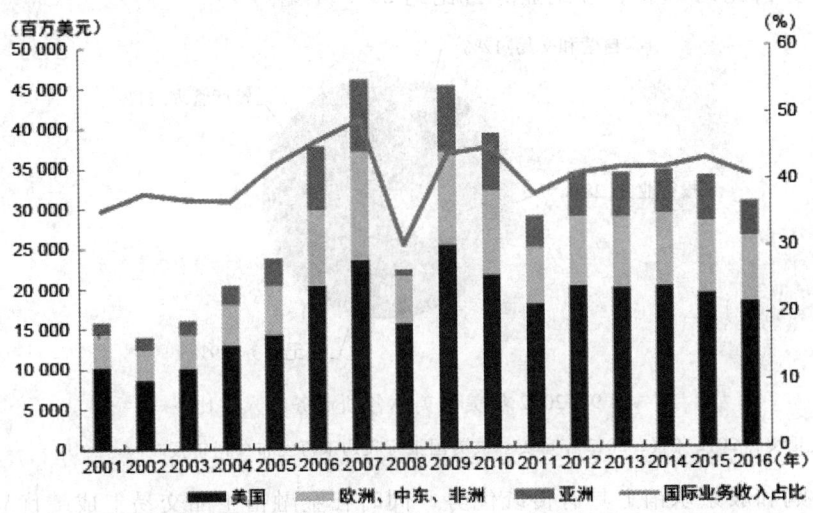

图7 2001—2016年高盛净收入地区分布和国际业务收入占比

资料来源：高盛2001—2016年报。

摩根士丹利目前在全球42个国家和地区拥有超过1 300家办事处。国际业务收入占比从2007年的59%回落到2016年的26%（见图8）。

从全球来看，美林和高盛的国际业务收入占比均达到40%左右，摩根士丹利的国际业务收入占比相对较低，仅为前两者的一半。

（2）与时俱进，调整业务架构适应国际化发展。美国领先的投行在国际化发展时的业务路径选择不尽相同。

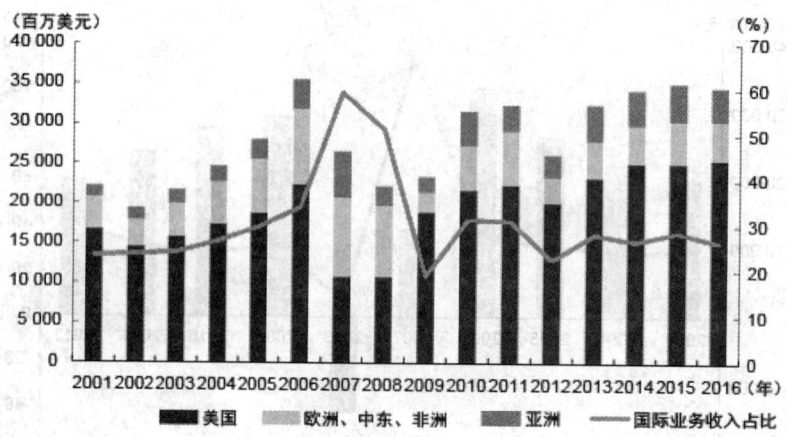

图 8　2001—2016 年摩根士丹利净收入地区分布和国际业务收入占比

资料来源：摩根士丹利 2001—2016 年报。

美银美林擅长经纪业务，国际化初期，通过代理美国企业在欧洲和日本投资的经纪业务进入欧洲和日本市场。但是，随着固定佣金制度取消，美林的经纪收入大幅度下降，公司将国际化业务的重心转向资产管理和理财咨询。美林通过收购英国水星，合资成立美林汇丰，以及与黑石集团合并，成为全球范围内的财富管理行业领导者。截至 2012 年底，美银美林的资产管理业务占比约 31%，经纪业务占比约 29%（见图 9）。

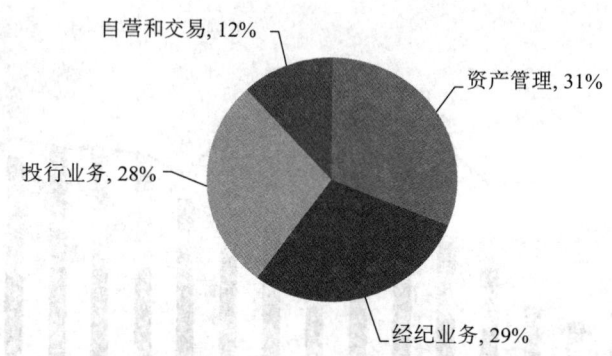

图 9　2012 年美银美林各项业务收入占比

资料来源：美银美林 2012 年报，2012 年后美林被美国银行收购未再发布公司年报。

高盛在并购和股票承销上具有传统优势，同时在金融衍生品交易上成绩优异。国际化初期，高盛主要通过帮助企业进行并购和股票承销迅速抢占欧洲和日本的市场份额。然后，通过打造出众的本地团队，提升在新地区的知名度。截至 2016 年底，高盛的交易业务[①]占比约 61%，投行业务占比约 20%（见图 10）。

摩根士丹利以证券承销业务见长，同时在零售业务和衍生品交易方面也具备传统优势。国际化初期，其在海外的业务以证券承销为主。20 世纪 80 年代末期加强了资产管理、企业兼并收购、不动产投资等。在欧洲和日本，摩根士丹利正形成证券承销、资产管理、企业兼并收购、项目融资等零售经纪和机构投资混合的多元化金融服务模式。

---

① 高盛年报中称为机构客户服务业务，包含固定收益投资和股权投资即交易业务。

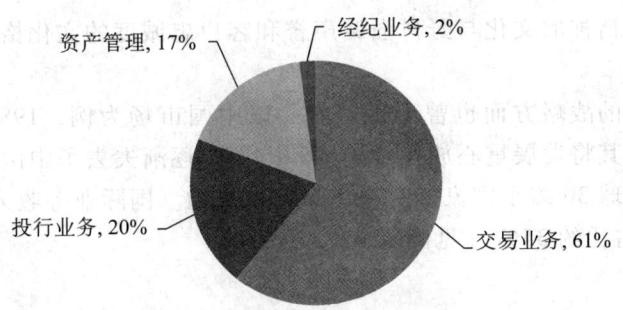

图10 2016年高盛各项业务收入占比

资料来源：高盛2016年报。

截至2016年底，摩根士丹利的资产管理①业务占比约44%，自营和交易业务占比约36%（见图11）。

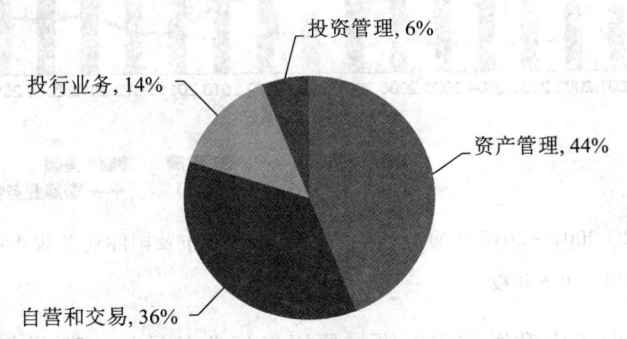

图11 2016年摩根士丹利各项业务收入占比

资料来源：摩根士丹利2016年报。

然而美国投行在业务的拓展过程中也并非一帆风顺，比如美林证券在全球扩张时忽略了其自身业务的核心优势，承接了许多低利润的交易。1998年，美林公司的利润率比竞争对手的平均值低10个百分点。后来，美林不得不放弃了在日本和欧洲的零售业务，专注于能够带来较高回报的业务。

2. 日本投行走向世界道路曲折

（1）走出亚洲，重点发展美国和欧洲。日本投行的国际化始于20世纪60年代，然后在80年代后期，由于日本政府允许日本人参与对外投资而加速了国际化进程。90年代后，由于日本经济泡沫的破灭，日本投行在全球化扩张中陷入困境。

以日本规模最大的投行野村证券为例，其开拓区域顺序是：亚洲（20世纪60年代）→美国（20世纪70年代）→欧洲（20世纪80年代）；采用的组织形式是：成立分公司、合资公司或独资子公司→收购知名国际投行在当地业务。

野村虽然100%控股海外分支机构，减少了控制权层面的摩擦，但日本强调过程严谨性和员工集体主义意识的文化依然为其海外扩张带来了阻碍。例如，2008年野村收购雷曼国

---

① 零售经纪业务包含在资产管理业务中。

际业务部,雷曼冒险精神的文化与野村强调声誉和客户忠诚度的文化格格不入,野村陷入了员工持续辞职危机。

野村在全球拓展的战略方面也曾出现偏差。以中国市场为例,1983年,野村就在中国设立代表处,但随后其将发展重心放在了美国和欧洲,逐渐失去了中国市场的先机。

目前,野村在全球30多个国家拥有179家分支机构。国际业务收入占比从2008年后逐步回升,到2016年占比约35%(见图12)。

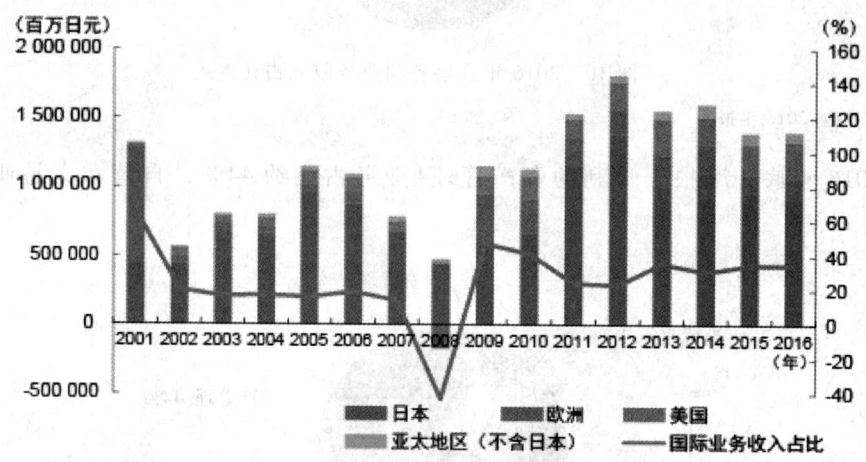

图12 2001—2016年野村证券净收入地区分布及国际业务收入占比

资料来源:野村证券2001—2016年报。

(2)业务模式在曲折中升级前进。野村原以经纪业务见长,20世纪80年代末公司通过帮助日本投资者购买美国证券进入美国市场。但其没有成功介入产业价值链的中高端环节。2000年以后,野村对其业务进行了重组,第一步,开拓资产管理业务,截至2017年6月30日在全球管理资产约4 350亿美元。第二步,将管理资源向核心业务集中,收购美国Instine增强美国的经纪业务,收购雷曼国际业务后成为伦敦交易所第三大经纪商。

截至2016年底,野村的环球市场①业务占比约53%,零售业务占比约31%(见图13)。

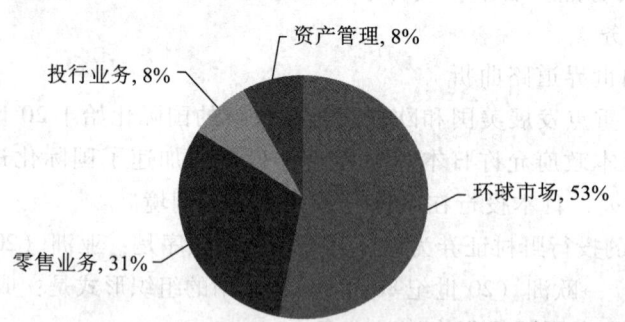

图13 2016年野村证券各项业务收入占比

资料来源:野村证券2016年报。

---

① 环球市场业务包含为固定收益和权益类产品提供的研究、销售、交易和做市业务。

3. 美、日投行国际化发展的经验教训

从美、日投行国际化发展的区域和组织路径中不难发现许多异曲同工之处。比如在区域路径的选择上，两者均选择了与他们本国制度、文化相近的地区作为国际化的第一步试水处；在组织形式上，两者在新区域的早期发展都采用自建海外分支机构的方式，而后期通常采用并购的方式加速发展；在失败教训上，两者在全球化过程中都不可避免地遇到了文化冲突以及过度扩张的问题。

另外，从美、日投行发展的不同之处可以发现，在国际化区域路径的选择上，首先要发挥地缘优势，做大做强邻国区域，然后再顺势而为，开拓新兴市场。

从美、日投行国际化业务的发展路径来看，总体分三步走：优势业务开拓新区域→做强当地业务→业务全球化。

第一步，发挥传统优势进入新的区域。追随客户，满足所在国客户的跨境业务需求（见表2）。

表2　　　　　美国、日本投行国际化业务发展路径

投资银行	传统优势业务	进入新区域时的主打业务	进入新区域后新增优势业务
美银美林	经纪业务	经纪业务	资产管理、投资咨询
高盛	并购、股票承销、金融衍生品	并购、股票承销	当地特色金融产品和服务
摩根士丹利	证券承销、零售业务、衍生品交易	证券承销	资产管理、企业兼并收购、项目融资、不良资产处置、信用卡等混合多元化金融服务
野村证券	经纪业务	经纪业务	抵押担保债券业务、并购业务

第二步，做强新区域的当地业务。从高盛在欧洲打造明星投研团队到野村在美国经纪商中排名前列都可以看出，国际投行在完成第一步后开始将海外业务本土化。此时，服务的主要对象也从原来的本国客户拓展到新区域的客户。

第三步，业务全球化。国际投行的业务领先优势已从个别地区扩散并形成网络，形成了"跨国垄断"，服务的主要对象随之拓展到了全球客户。

美、日投行国际化业务发展路径总结见表3。

表3　　　　　国际化业务发展路径总结

发展阶段	服务对象	主打业务
走出去	本国企业及私人客户	传统优势业务
做强新区域的当地业务	本国客户和新区域当地客户	国际化新业务模式、当地特色业务
业务全球化	全球客户	跨国垄断业务

此外，从美林美银和野村国际化教训中可以总结出：（1）开拓新市场时应当以传统优势业务为基石，将资源向核心业务集中，避免全面出击。（2）不能只重视收入规模增长，而忽视国际业务的质量，合理的国际业务结构才能为未来业务全球化奠定基础。

比较美、日投行国际业务收入占比（见图14），从2008年金融危机后各家国际投行的

国际业务收入占比趋于稳定，维持在 20%—40% 的区间，国际领先投行的国际化业务正趋于成熟。

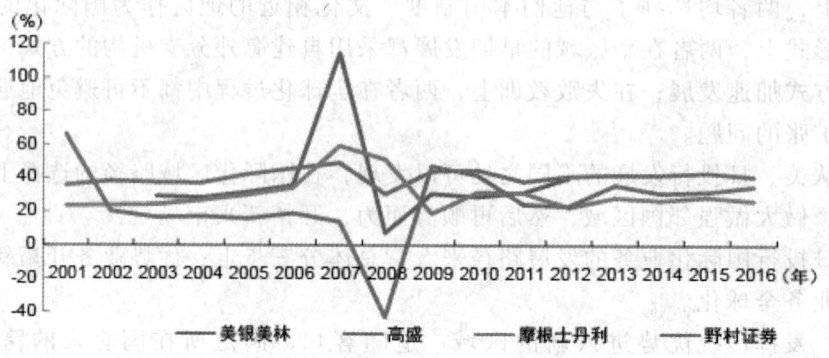

图 14　2001—2016 年美国、日本投行国际业务收入占比

资料来源：美银美林，高盛，摩根士丹利，野村证券 2001—2016 年报。

三、内地证券公司国际化发展现状及主要问题

（一）内地证券公司国际化发展现状

1. "立足香港—布局亚太—辐射全球"的总体发展路径

（1）以香港为桥头堡开启国际化之路。我国证券公司参与国际化业务始于 1982 年 1 月，当时中国国际信托投资公司在日本东京市场发行了 100 亿日元的武士债券，揭开了中国债务融资的国际化序幕。在随后的十余年时间里，随着改革开放以及内地证券市场的形成及发展，一批行业领先的证券公司陆续在中国香港市场成立了网点，服务于内地企业的国际业务。

随着《内地与香港关于建立更紧密经贸关系的安排》（以下简称"CEPA"）"补充协议三"的签订，自 2006 年起允许符合条件的内地创新试点类证券和期货公司根据相关要求在香港设立分支机构。截至 2017 年 6 月，已有 31 家证券公司获批在香港设立网点。

（2）赴香港上市扩充资本金，并进一步接轨国际制度。在香港设立网点并逐渐了解当地市场后，部分证券公司开始寻求在香港市场上市。截至 2017 年 6 月，在香港市场上市的内地证券公司已有 15 家，其中在 A 股和 H 股同时上市的证券公司有 11 家，香港市场单独上市的证券公司有 4 家（见表 4）。此外，证券公司香港子公司单独上市的已有 4 家（见表 5）。

表 5　香港市场单独上市的证券公司子公司及上市时间

序号	证券公司	在香港上市时间
1	海通国际	1996 年 8 月
2	西证国际	2002 年 1 月
3	国泰君安国际	2010 年 7 月
4	兴证国际	2016 年 10 月

资料来源：Wind，公司年报。

（3）进一步拓展更广泛的全球布局。除了在香港设立网点经营境外业务之外，国际化程度较高的中金公司于2005年起就已在欧美等国家建立网点经营海外业务。随后，一些行业领先的大型证券公司也陆续在海外设立网点（见表6），但网点发展速度较慢。

表6 在香港以外地区或国家设立网点的主要证券公司及成立时间

序号	证券公司	海外网点	成立时间
1	中金公司	中金美国证券	2005年8月
2	中金公司	中金新加坡	2008年7月
3	中金公司	中金英国	2008年8月
4	广发证券	广发证券（加拿大）有限公司	2014年9月
5	国泰君安证券	国泰君安证券美国控股公司	2016年2月

资料来源：公司年报。

近年来，为服务境内客户"走出去"的金融需求，一批证券公司开始以并购的方式直接控股海外金融机构，快速获得当地牌照，力求更高效、更全面、更深入地参与在当地的经营活动（见表7）。

2. 境外业务贡献有所体现，但各板块发展不均衡

（1）境外收入占比有所显现且保持增长趋势。随着近年来中国证券公司在国际化方面的不断投入，其海外业务收入对公司总营业收入的贡献已有所凸显。据中国证券业协会2016年数据统计，中金公司、海通证券、中信证券及光大证券境外子公司证券业务收入占总营业收入的比重已超过10%，但其余大部分证券公司的境外子公司收入占比仍低于5%（见图15）。

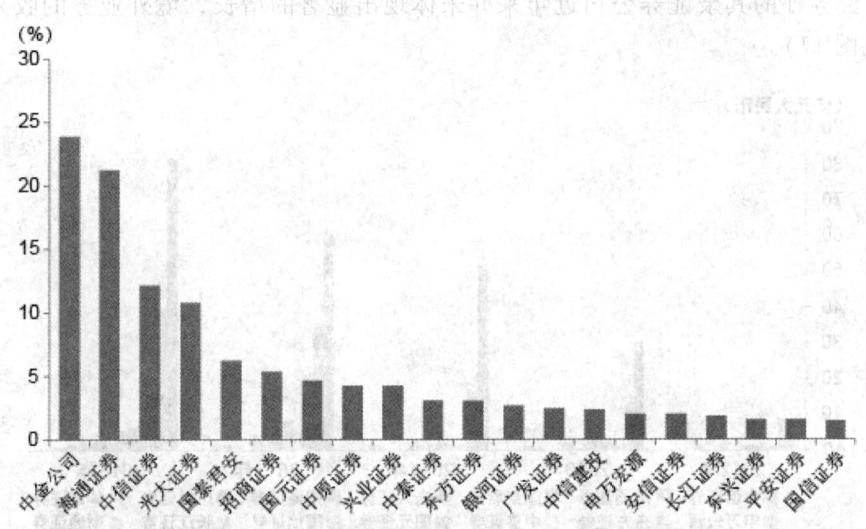

图15 2016年度证券公司境外子公司证券业务收入占营业收入比例排名（前20位）

资料来源：中国证券业协会。

本文选择了14家在年报或官方公告中有披露境外业务相关信息的证券公司作为研究样本，分别是中信证券、海通证券、国泰君安证券、光大证券、广发证券、招商证券、华泰证

券、申万宏源证券、东方证券、中泰证券、国元证券、国信证券、长江证券以及财通证券，通过跟踪它们 2012—2016 年境外业务的表现来进一步分析中国证券公司国际化的发展情况。

2012—2016 年，14 家公司的境外业务总收入呈现出显著增长的趋势。2016 年 14 家公司境外业务的总收入达到 170.8 亿元，是 2012 年的 6.4 倍（见图 16）。

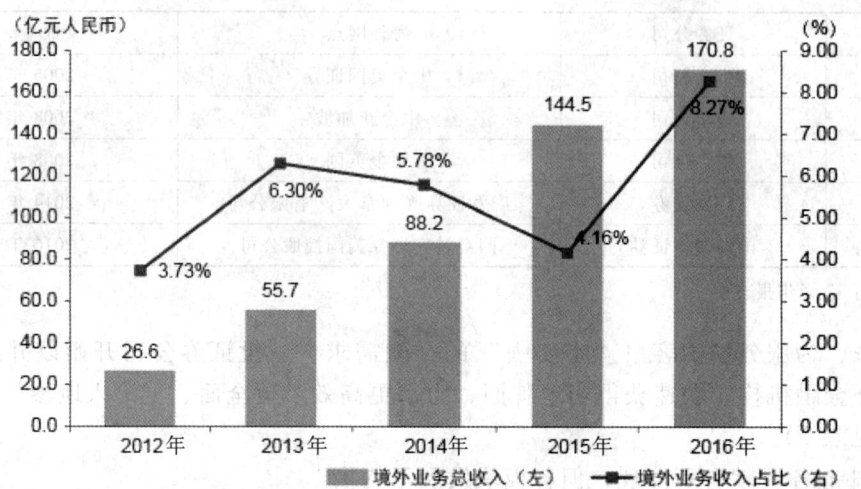

图 16　14 家证券公司境外业务总收入及占比

资料来源：14 家证券公司年报。

通过对比可以发现，中信证券和海通证券作为较早开展国际化业务且投入力度较大的证券公司，境外收入保持快速增长的势头，并且进一步缩小了与国际领先投行的差距。但是，除国泰君安证券外的其余证券公司近年来并未体现出显著的增长，境外业务的收入仍处于较低水平（见图 17）。

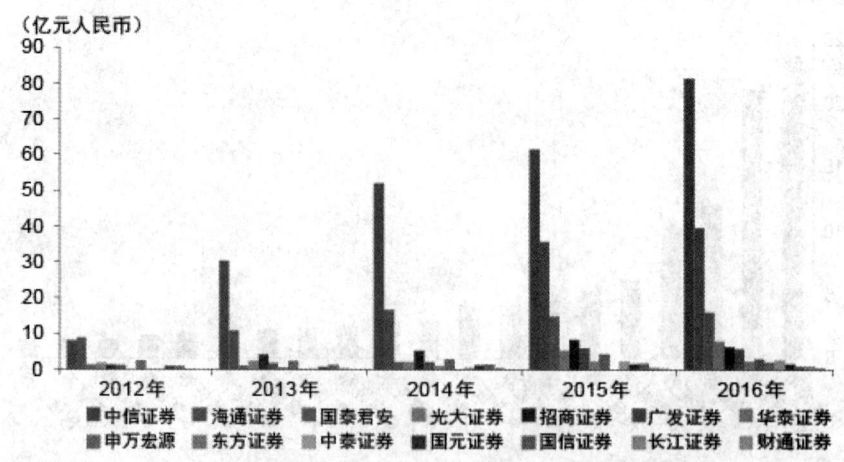

图 17　14 家证券公司境外业务收入

资料来源：14 家证券公司年报。

（2）在港 IPO 业务取得突破，但其他业务仍有较大发展空间。境内证券公司在全球及香港股票市场所占份额呈现增长趋势。据中国证券业协会统计，2016 年全球股票承销市场上,前50名中有9家中国证券公司,合计市场份额4.41%,同比增长15.45%;港交所IPO市场上,前50名中有17家是国内证券公司,合计市场份额为29.42%,较2015年上升11.27%。其中,海通国际证券在香港市场IPO发行承销数量及融资金额均排在第一名(见图18),超越摩根士丹利和高盛等国际投行。

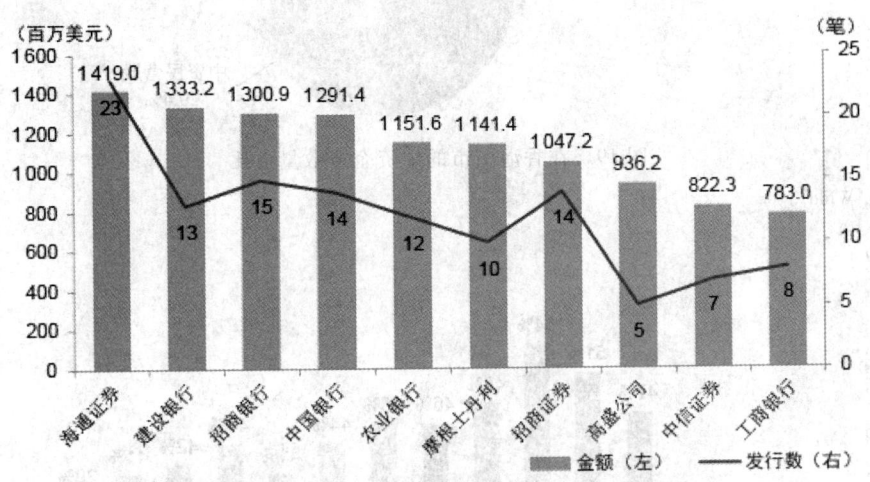

图18 2016年中国香港市场IPO前10位

资料来源:中国证券业协会。

虽然内地证券公司在香港股票承销市场取得了不错的成绩,但在债券、并购业务方面还比较薄弱。另外在经纪业务方面,2017年上半年,海通香港子公司成为内地证券公司首次也是唯一进入香港A类参与者,其他中资证券公司均属于B类或C类参与者,中资证券公司在香港经纪业务市场上的竞争力仍需进一步提升。

(二)中国证券公司国际化发展经验总结

1. 客户、运营及政策是选择国际化路径的关键因素

(1)跟随客户需求选择国际化路径。香港作为国际金融及贸易中心,已成为中资企业,特别是国有企业"走出去"的首选之地。据Wind统计,截至2017年6月底,在香港上市的中资企业,包括H股、红筹股和中资民营股共计1 002家,占香港上市公司总数的49.3%(见图19),中资企业的市值占比达到39%(见图20)。从数据上看,内地企业在港交所占比已近一半,这为内地证券公司在香港开展业务提供了充足的企业客户资源。

近年来,已有大批的中资企业将目光投向了更为广阔的海外市场及"一带一路"沿线国家。据普华永道数据显示,2016年中国内地企业海外并购金额创新高,投资金额高达2 210亿美元,同比大幅增加246%。企业在进行海外经营的同时,势必对跨境并购、境外上市、发债、风险管理等金融服务产生大量的需求,这不仅为中国证券公司提供了新的发展机遇,同时也是进一步拓展海外市场的重要驱动力。

(2)内部运营管理能力制约国际化路径选择。中国证券公司在境外业务扩张方面普遍经验不足,对于地域选择需要格外审慎考虑。考虑到香港与内地在地域、文化、语言等方面较为接近,选择从香港开启国际化之路,有利于证券公司把控在当地的经营风险,特别是人

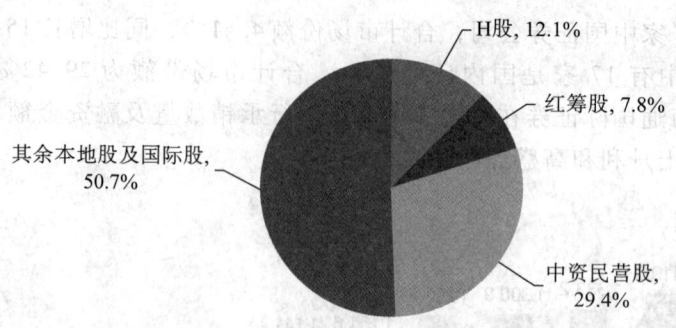

图 19 在香港上市的中资企业数量占比

资料来源：Wind。

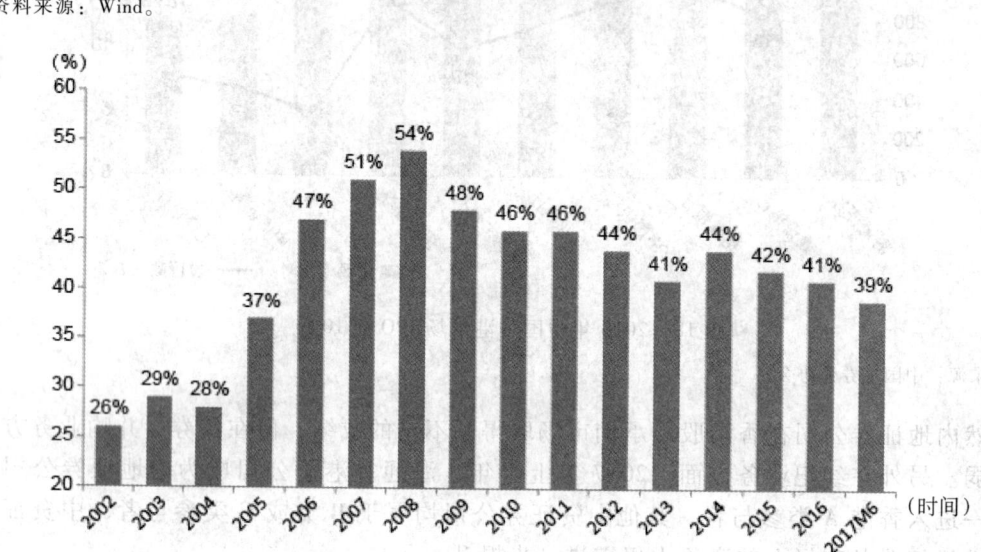

图 20 在香港上市的中资企业市值占比

资料来源：Wind。

员管理方面，能够使总部驻派人员与当地招募人员较好地合作，共同高效地推动业务的发展。在香港的国际化市场环境和制度下，通过一段时间的发展，证券公司学习和积累了一定的国际管理运营经验，为更进一步的国际化打下坚实的基础，一部分大型证券公司开始迈出国际化的下一步，布局全球市场。

（3）制度和政策上的支持引导国际化发展路径。香港在金融制度上拥有得天独厚的优势，这也给外来的金融组织的发展提供了宽松的政策环境。早在 2003 年，内地与香港就签署了 CEPA 协议，促进两地之间的金融合作，具体包括降低香港金融机构的进入门槛、放宽业务准入条件以及鼓励内地金融机构走向香港等。同时期获准开通的合格境内机构投资者（以下简称"QDII"）和 QFII 业务也为内地资本市场的开放以及与香港金融市场间的互联互通起到了积极的推动作用。而近年来沪、深港通的全面落实也更为内地与香港资本市场的对接提供了一条新的通道。

随着 2013 年 "一带一路" 倡议的提出，中国政府积极推动和 "一带一路" 沿线国家的合作，并鼓励中资企业和金融机构"走出去"。截至目前，已有 100 多个国家和国际组织参与到"一带一路"的建设中。受益于此，中国证券公司也迎来了新一轮国际化发展的契机。

2. 市场环境及相关政策是选择国际化时机的重要条件

（1）香港市场环境及CEPA等政策促进证券公司首先进军香港市场。从内地证券公司国际化的进程中不难发现，2006年及2013年是拓展国际化业务的两个重要时间节点。

首先，亚洲金融危机后，香港金融市场经历了相对低迷的阶段，直到2002年开始才有所复苏，恒生指数也在2006—2007年呈现出显著的增长（见图21）。与此同时，一些中资企业在改革开放后的几十年时间里，已积累了足够的资本及实力，对到国际市场上市有了初步的需求。而香港市场凭借与内地在地缘、政治、文化等方面的内在联系，是中资企业普遍选择试水国际业务的第一站。另外，在国家"走出去"倡议及CEPA协议的支持下，大批内地证券公司开始于2006年进入香港市场并服务于当地的中资企业。

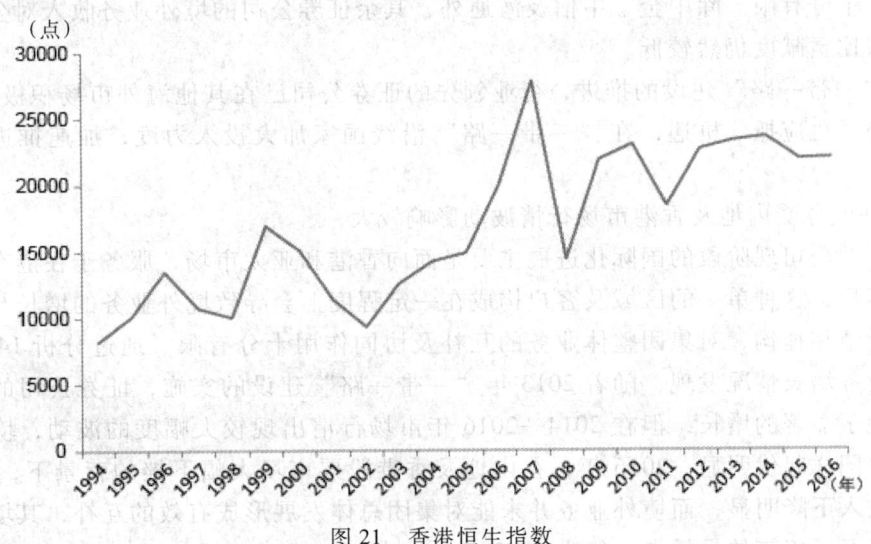

图21　香港恒生指数

资料来源：Wind。

（2）全球金融环境及"一带一路"倡议推动证券公司进一步布局海外市场。全球金融危机以及随后的欧债危机，为国内证券公司进入原本门槛较高的国际金融市场提供了契机。

与此同时，中国经济正在经历中高速增长，随着2013年"一带一路"建设的实施，国内大型证券公司开始发力，积极布局"一带一路"沿线国家以及更广阔的海外市场，提高对中国企业走出去的全球综合金融服务能力。

3. 时间成本及自身管理能力是选择国际化发展模式的重要因素

（1）证券公司大多通过自建形式进入香港。对于国际化发展模式的选择，内地证券公司更偏向在香港自建分支机构或子公司，再通过分支机构或子公司去申请香港证券牌照开展经纪、资产管理、投资银行等业务。考虑到香港在地域、文化、语言等方面与内地的联系，以及两地在政策上的互惠互利，证券公司在香港自建网点要比其他国际投行拥有更加便利的条件。

但是，这种发展方式存在的缺点是业务发展较慢，内地证券公司从着手设立境外分支机构到实现盈利需要几年甚至更长的时间，同时也面临着经营不善导致亏损甚至倒闭的风险。

（2）证券公司通过收购更快地进入其他海外市场。近年来，大型证券公司采取直接收购当地金融机构的方式切入当地金融市场，能够较快地获得在当地开展证券经营活动所需要的牌照，同时也可以整合原有的人力资源，进而可以较快速地开展业务经营。

但值得注意的是，采取收购方式可能面临的问题是由于地域不同、文化不同，公司内部企业文化有差异、员工的工作方式方法有差异，需要一段时间的磨合，在磨合的过程中，可能会面临人员管理及经营风险等方面的不利因素。

（三）中国证券公司国际化发展中存在的主要问题

1. 区域布局单一且客户资源主要来自内地

中国证券公司在经历了近20年的国际化发展之后，凭借其在香港市场的布局以及经营业绩，可以说是取得了阶段性的成果。但整体来看，中国证券公司在国际上的业务覆盖范围及影响力仍十分有限。除中金、中信及海通外，其余证券公司的境外业务收入对公司集团的总体收入占比贡献度仍然较低。

随着"一带一路"建设的推进，行业领先的证券公司已在其他海外市场积极展开布局，其他证券公司也应抓住机遇，在"一带一路"沿线国家加大投入力度，加速推进国际化的步伐。

2. 境外业务受内地及香港市场行情波动影响较大

由于证券公司现阶段的国际化进展主要是面向香港和亚太市场，服务于在港有投融资需求的内地客户，这种单一的区域及客户构成在一定程度上会导致境外业务的增长与内地及香港的市场行情相挂钩，对集团整体业务的互补及协同作用十分有限。通过分析14家样本公司的境外业务增长情况发现，随着2013年"一带一路"建设的实施，证券公司的境外收入在当年实现了显著的增长，但在2014—2016年市场行情出现较大幅度的波动，境外业务的收入增幅也同样起伏明显。2016年，在内地及香港股票市场大幅下挫的背景下，14家公司的总营业收入下降明显；而境外业务并未能对集团总体发展形成有效的互补，其境外收入的增长率也降至近年来的最低点，仅为18.26%（见图22）。

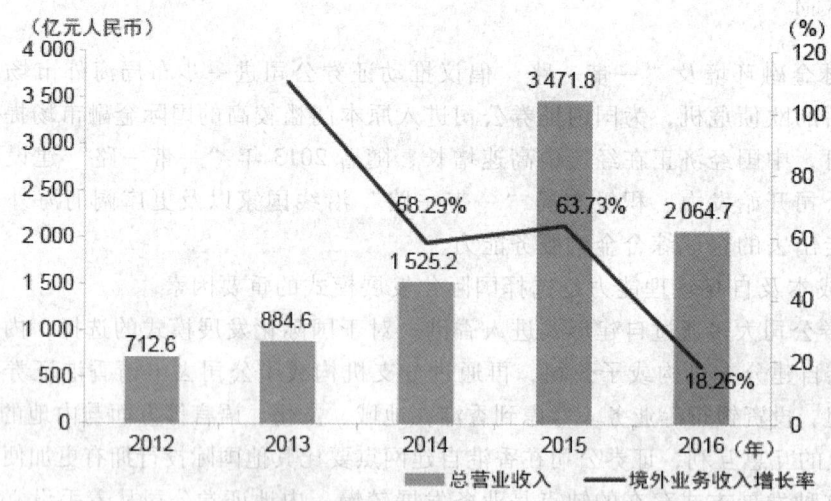

图22 14家证券公司总营业收入及境外业务收入增长率

资料来源：14家证券公司年报。

3. 业务模式趋于同质化且收入结构有待优化

正是由于境外服务的对象主要来自内地，这部分群体在海外的业务需求很有可能在某一时期内受政策影响演变为共同的需求。例如，QFII、QDII以及沪、深港通的开通会增加客户对通道业务的需求，"一带一路"建设会提升客户对跨境并购的需求等。那些将国内客户需求作为驱动力的证券公司在境外业务的构成上难免会出现同质化的现象。

本文将4家设立在香港并单独上市的证券公司子公司——国泰君安国际、海通国际、兴证国际及西证国际作为样本，对其收入构成作进一步的分析。通过跟踪2014—2016年的数据发现，融资类及经纪类业务仍是这4家香港子公司的主要业务及收入来源，而投行业务及资管业务的合计占比均不到15%（见图23）。

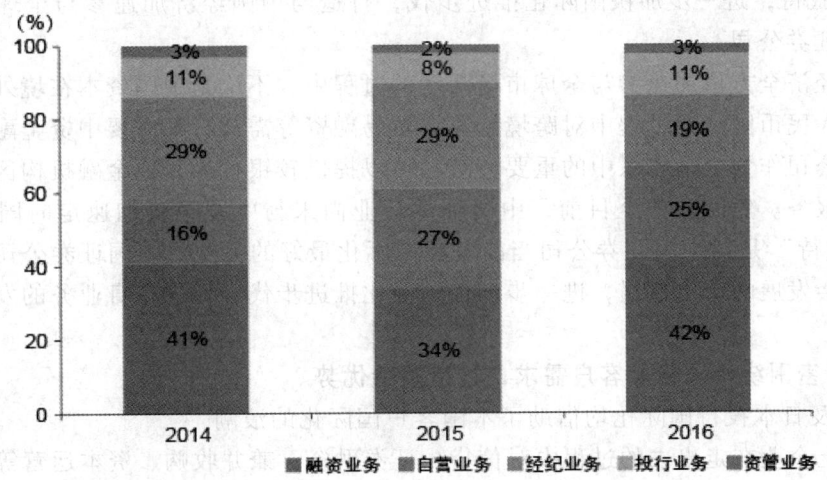

图23 4家在香港独立上市的证券公司子公司业务收入构成

资料来源：4家证券公司子公司年报。

四、中国证券公司国际化发展建议

（一）战略上布好局，加快国际化推进步伐

中国证券公司应在战略上布好局。在当前时代背景下，应进一步加快自身的国际化推进步伐，形成与之相匹配的国际市场能力。

1. 做好区域布局，"立足香港—布局亚太—辐射全球"，适当加大对"一带一路"沿线国家的开发布局

以香港为起点发展国际化体现了中国证券公司在国际化过程中对客户需求动向、内部运营管理能力、制度和政策上的支持引导等多方面的考量。中国证券公司应坚持这一发展路径，继续强化香港地区的业务能力，为更进一步的全球化发展积累经验。在香港以外地区，中国证券公司受到活跃的金融市场、成熟人才、科技及监管体制等吸引，倾向于在伦敦、纽约或新加坡等地布局。考虑到国际投行在欧美市场成熟的先发优势，及"一带一路"沿线国家虽市场容量和活跃度相对较低，但经济增长潜力较大，且受惠于国家政策推动的红利，因此建议中国证券公司可考虑在未来择机加大对于"一带一路"沿线国家的战略布局。

2. 做好牌照资源布局，采用自建与收购相结合的发展模式

证券公司应为国际化发展制定明确、清晰的业务发展规划，不仅涵盖海外整体，同时也应考虑到每个地区各自的定位以及牌照资源布局。由于金融牌照资源在全球范围内均属于一级核心资源，对于外来投资者设置了一定条件和门槛，因此，中国证券公司可在综合考虑自身发展阶段和国际化进程安排的基础上，选择适合自身的发展模式，统筹安排海外各地区牌照资源的布局及获取步骤。在具体选择进入海外当地市场的方式时，证券公司应从多个维度全面评估对比不同方式的利弊，根据每个地区的战略布局和发展规划，明确对于当地金融牌照资源及人力、财力、物力资源等需求，同时结合自身关于海外业务的经营管理经验和能力，因地制宜选择合适的海外经营网点进入方式。

3. 时不我待，进一步加快国际化推进步伐，打造与中国经济加速参与全球市场活动相匹配的中国证券公司

在中国经济全方位加速参与全球市场活动的过程中，不论是中国资本在境外的投融资活动，还是在人民币国际化过程中对跨境结算、贸易融资等需求，都需要中资金融机构的深度参与。证券公司作为金融体系中的重要环节，可以提供较银行等其他金融机构区别化、专业化的产品及服务。然而，截至目前，中国证券行业尚未与中国经济加速走向国际市场相匹配。"时不我待"是对中国证券公司当前发展国际化最好的写照。中国证券公司应牢牢抓住当前中国社会发展的历史机遇，进一步加快国际化推进步伐，促进自身业务的发展壮大。

（二）紧密围绕中国相关客户需求，打造独特优势

1. 美国及日本投行国际化均借助了本国客户国际化的浪潮

美国本土企业在走出去的过程中对信贷、证券融资、兼并收购、资本运营等金融服务的需求推动了美国投行的国际化，而日本投行国际化的背景亦与当时日本国内资金过剩、资产价格高昂、日本投资者开启海外投资浪潮关系紧密。由此可见，美国及日本投行在国际化初期的策略均为追随客户，满足所在国的企业及私人客户跨境业务的需求。

2. 中国证券公司国际化应牢牢抓住与中国相关的客户需求，建立独特优势

中国目前所处社会环境与美、日的历史轨迹类似。一方面，伴随中国经济蓬勃发展而壮大的许多中资企业已不再满足于国内市场需求，纷纷选择出海拓展业务；另一方面，资产快速积累的机构及高净值个人也逐步将目光从国内单一的存款和理财等投资品种拓展至更广泛的跨境资产，以达到风险分散、资产增值的目的；随着中国经济和社会的飞速发展以及资本市场的对外开放，境外投资者也越来越多地参与到中国市场的投资。这些均为中国证券公司的国际化带来大量的客户需求。中国证券公司国际化的过程中需要适应当地的市场经济，需要面对当地市场以及国际投行等竞争对手。切实满足与中国相关的客户需求，从自己本身的优势业务出发，通过综合金融服务平台的搭建服务好上述客户需求将是中国证券公司在国际资本市场上另辟蹊径、成功实现国际化经营的关键点。

（三）做大做强所在国业务是提升跨境业务联动的基础和关键

1. 中国证券公司国际化应把做好所在国业务放在关键位置，所在国业务的强大是发展跨境及中国相关业务的基础

中国证券公司若想满足中国企业和个人海外投融资的需求，就需要将自身的专业性从境

内市场延伸至海外市场,包括对于境外资本市场、境外金融同业机构和其他市场投资参与者的熟悉及掌握程度,对于所在国经济运行环境、行业生态、上下游企业及监管制度体系等的深入了解等。若中国证券公司不能做好海外所在国业务,则其在发展跨境及中国相关业务时缺少扎实的根基。

2. 中国证券公司在开展所在国业务时应体现出差异化特性

中国证券公司开展海外所在国业务时应与本土投行体现出差异性。例如对于当地中资企业客户及其在海外经营过程中综合金融服务需求的拓展,与区域内中资金融同业机构的合作探讨,为当地经济活动引入亚洲投资者等。上述差异化的专业服务,有利于中国证券公司在海外的长期平稳运营,有利于构建中资企业及中资金融机构在海外的金融生态圈,有利于人民币国际化基础的不断拓宽,也有利于其在所在国市场上体现突出的品牌特色及市场影响力。

(四) 极度重视收购前的准备工作,高度重视收购后的整合工作

在通过收购方式获得海外业务主体的情况下,收购前的准备工作以及收购后的业务整合工作均是极度重要且可能是长期的工作,应通盘考虑战略、财务、业务、人力资源、风控、合规、运营、文化等各个方面。

1. 做好收购前的准备工作是国际化成功推进的前提

证券公司应根据自身发展情况制定明确、清晰的国际化发展规划,不仅涵盖海外整体,同时也应考虑各地区定位及重点发展业务,充分发挥地区优势,避免同质化竞争。证券公司应根据发展规划内容,在财务可承受范围内,稳步、有序地推进国际化进程。例如在业务协同方面,提前拟订推进业务协同的可行方案;在人力资源方面,提前做好对跨境复合人才的储备及一揽子用人方案,一方面打通内部人才输送路径,另一方面打破外部人才引进的障碍;在合规风控方面,对于拟进入的海外区域及业务,在组织、机制、当地规范解读、实务操作等方面提前做好合规及风险管理的准备工作,保障国际化发展有序推进等。

2. 做好收购后的整合工作是国际化成功实施的关键

战略及业务协同方面,证券公司应通过精细化管理将业务发展规划落到实处,及时跟踪战略及业务协同的执行力度,对于影响战略及业务协同有效实施的困难及问题及时梳理、及时寻找解决方案。例如在人力资源方面,根据实际情况适时推进对于海外经营主体关键岗位的掌控,并根据未来业务发展规划尽早完善海外员工的重组工作;在合规与风险管理方面,不断提升对于境外本土法律法规的理解和运用能力,提高集团全面风险管理能力,为境内及海外业务主体的平稳、合规运行以及与总部之间跨境业务的开展保驾护航;在文化融合方面,注重对于集团战略及文化理念的灌输,加强境内外对于双方组织架构及业务开展模式的理解和认识,同时积极履行所在国当地企业社会责任,融入当地社会等。

参考文献

[1] 汇誉财经. 国际清算银行发布三年一度的汇市调查报告 [EB/OL]. 2016-09-05. http://www.touzsp.com/article-83718-1.html.

[2] 投资界.2015 年中国企业上市年度研究报告简版 [EB/OL]. 2016-02-

23. http：//research. pedaily. cn/report/free/1275. shtml.

［3］私募通. 2016 年中国企业上市及新三板年度研究报告［EB/OL］. 2017 – 05 – 02. http：//report. pedata. cn/1493714339947007. html.

［4］和讯网. 2 016 债市开放："熊猫"超过"点心"? 听顶级投行怎么说［EB/OL］. 2016 – 06 – 22. http：//bond. hexun. com/2016 – 06 – 22/184522779. html.

［5］Coalition. Global and Regional IB League Table – FY16 & FY15［R］. 2017.

［6］李国平，田边裕. 日本的对外直接投资动机极其变化研究［J］. 北京大学学报，2003，40（2）：121 – 128.

［7］百度文库. 美林证券成功走出困境案例分析［EB/OL］. https：//wenku. baidu. com/view/afd3c643be1e650e52ea99d0. html.

［8］NOMURA ASSET MANAGEMENT. About US［EB/OL］. https：//global. nomura – am. co. jp/about/.

［9］中国证券业协会. 中国证券业发展报告［M］. 中国财政经济出版社，2017 年.

［10］彭海兰，赵律，张博文. "一带一路"背景下证券公司国际化新路径［R］. 中国证券，2017（6）.

中国投资银行国际化经营策略研究

海通证券股份有限公司课题组*

一、中国投资银行亟须加快推进国际化发展

(一) 积极服务国家战略，助推经济转型升级

1. 强大的资本市场是中国经济发展的必然选择

中国经济目前正在由以总量和规模扩张为特征的高速增长向高质量发展转型，在供给侧改革的引领下，为进一步提升对实体经济的服务能力，我国的金融体系需要进一步深化改革，其中提高直接融资在社会总融资中的比重格外重要。

党的十九大报告中明确了"提高直接融资比重，促进多层次资本市场健康发展"的要求。与间接融资相比，直接融资可以减少信息不对称，提高资本市场效率，降低企业融资成本，服务实体经济尤其是创新创业企业的发展。此外，现阶段的社会融资结构难以完全适应经济增长和转型的需要。与银行贷款相比，PE投资、中小企业私募债、新三板、A股市场等渠道的直接融资对于实体经济的供给侧改革、创新转型以及产业调整将提供更大的助力。因此，资本市场是直接融资的主战场，强大的资本市场是中国经济转型发展的必然选择。

2. 投资银行是资本市场的核心载体，在建设资本市场强国的过程中，中资投行需加快推进国际化发展

强大的资本市场除了需要具备较大的规模体量、完备的市场功能、高效的资源配置等要素之外，核心逻辑就是要拥有一流的投资银行。党的十九大报告中提出了"培育具有全球竞争力的世界一流企业"的要求，在建设资本市场强国的过程中，中资投行不仅要夯实在国内市场的基础，也要进一步提升自身的国际化水平，增强在国际市场的竞争力和影响力。

"一带一路"等倡议的持续推进将进一步加速中国企业的国际化进程。然而，在目前中国企业"出海"的过程中，中国金融机构的服务主要集中于中资银行海外分支机构的贷款

---

* 本文为中国证券业协会2018年优秀课题。课题负责人：吴淑琨；课题组成员：任昕，黄靓雯，梁云，王末，汤婧。

服务。虽然中资投行已在海外有所布局和发展,但跨境服务能力明显不足。2017年中国海外投资合计超过1 200亿美元,但为中资企业海外并购交易等活动提供服务的仍以外资投行为主(见表1)。

表1　　　　　　　　　　2017年中国前五大海外并购交易

交易买方	交易标的	交易标的所属国家	交易金额	买方财务顾问
中国化工	先正达	瑞士	430亿美元	汇丰银行、中信银行
渤海金控	CIT leasing	美国	104亿美元	摩根士丹利、瑞银、广发证券、长城证券
美的集团	KUKA	德国	40亿美元	花旗银行、摩根士丹利
湖北沙隆达	Adama Agricultural Solutions	以色列	29亿美元	高盛、国泰君安
兖州煤业	Coal & Allied Industries	澳大利亚	25亿欧元	中金证券、德勤、高盛、摩根大通、摩根士丹利

资料来源:Bloomberg,海通证券战略发展部整理。

因此,为进一步支持实体经济转型,服务国家战略,中资投行应积极提高核心竞争力,努力提升国际化水平,从而提升中资投行的整体地位、国际影响力与话语权,维护国家信息安全与金融安全,助力资本市场强国建设。

(二)在初步实现海外布局基础上,亟须做强做优做大海外业务

1. 推动中国投行境内及境外业务全面发展,提升国际影响力

根据中国证监会公告及Wind资讯,截至2018年6月,已有超过30家中资投行在香港地区设立了经营网点,15家中资投行及4家中资投行子公司在香港地区上市。此外,近年来一些大型中资投行也通过自建或并购的方式,将经营版图拓展到了更远的欧美等海外市场。从数量上来看,开展国际化的中资投行已初具规模;但是从质量上来看,除海通、中金及中信外,其余中资投行的海外业务收入占比①不足公司总收入的10%,与国际领先投行的海外业务收入占比差距较大。现阶段中资投行无论是产品/服务种类、跨区域间的业务联动性,还是在国际市场上的影响力,都处于相对落后的位置(见表2和表3)。

表2　　　2017年中资投行境外子公司证券业务收入占营业收入比重

序号	公司名称	占比
1	海通证券	26%
2	中金公司	21%
3	中信证券	12%
4	国泰君安	9%
5	华泰证券	8%

资料来源:中国证券业协会。

---

① 境外子公司证券业务收入占营业收入比例 = 证券公司香港子公司合并口径营业收入/证券公司合并口径营业收入

表3　　　　　　　　　　2017年主要国际投行本国以外净收入占比情况

序号	公司名称	占比
1	美银美林	54%
2	高盛*	39%
3	野村	35%

注：* 高盛的数据为美洲以外其他地区净收入。
资料来源：2017年各公司年报，海通证券战略发展部整理。

2. 切实有效地助推中资企业在海外的发展

近年来，欧美一些发达经济体国家开始奉行"逆全球化"的单边贸易主义保护政策，使国际经济贸易环境变得越发复杂。尽管短期国际经济和贸易局势面临着诸多不确定的风险因素，但从长期来看，随着全球经济的缓慢复苏，全球化深入发展的趋势不会发生根本性转变。

随着"一带一路"国家倡议的稳步实施，中国企业主动融入经济全球化进程加快。企业的出海离不开金融的保驾护航，这也为中资投行的国际化提出了新要求。根据德勤2017年发布的《中国企业海外并购及并购后整合现状调查》，未能及时在尽调过程中发现重大风险是导致并购后未能实现预期目标的主要原因。结合前文中提到的，由于目前中国企业海外并购主要依靠海外投行，这些投行在很大程度上更倾向于在合理的规则内促成交易的达成，而不会对中资企业在海外今后的发展，以及中国国家层面的信息及金融安全做过多考虑。因此，中国的投资银行亟须做大做强海外业务，切实有效地助推中资企业在海外的发展，为企业保驾护航。

（三）应对国内金融市场继续开放政策实施后所带来的机遇和挑战

1. 积极应对国际投行进入中国市场后的挑战

在2018年4月博鳌亚洲论坛上，习近平主席明确提出要确保放宽银行、证券、保险行业外资持股比例的重大措施能够按时落地，放宽外资金融机构设立限制，扩大外资金融机构在华业务范围，拓宽中外金融市场合作领域。这标志着中国金融业将迎来新一轮的对外开放浪潮，中资投行也将面临外资进入的挑战和机遇。

随着准入限制的放宽，国际投行将在国内金融市场上与中资投行展开直接竞争，这也要求中资投行不得不加快改革和创新的步伐。一方面，通过与国际投行的竞争，全面提升自身经营管理和服务能力，维持并巩固国内市场的份额；另一方面，未来资本市场的双向开放也为中国投资银行进一步推进国际化创造了有利条件。中资投行应加强在海外业务上的投入和建设，在前一阶段已有所布局的基础上继续做强做优做大海外业务，提升对公司总收入的贡献。

2. 把握向国际领先投行学习海外经营管理经验的机遇

外资投行进入中国市场一方面带来了挑战，也带来了机遇。这些国际领先投行在全球市场经历了近百年的发展历史，在一些如财富管理、资产管理、销售交易等业务上建立了独特的优势。无论是业务开展模式，还是客户服务水平，都已被视为行业标杆并且在同业间被效仿和学习。能够近距离学习和了解行业标杆在相关业务上的运作和管理，对于中国投资银行来说，无疑是迅速提升自身能力的最佳机会。

另一方面，对于外资投行来说，能够以更加主动的方式在中国开展业务经营也是其国际化发展的一个重要阶段，势必会将之前经营跨国业务积累的先进经验应用到中国市场，这也为中国投资银行学习国际领先投行的跨国管理经验提供了难得的机会。

二、中国投资银行国际化经营面临的主要问题

（一）全面服务客户海外综合需求的能力较弱

1. 与国际一流投行相比起步较晚，整合内外部金融资源能力较弱

发达经济体的跨国金融集团拥有数十年甚至上百年经营国际业务的历史，在整合内外部金融资源方面经验较为领先。特别是自金融危机以来，部分国际大型金融机构根据动态宏观环境的调整以及外部客户的需求变化，不断优化业务及组织结构，合理调配及整合资源，以便在全球范围内最大化满足客户的综合需求，从而最终实现公司盈利的目标。

相比之下，我国投资银行发展历史较短，国际化起步相对较晚，2008年才开始大规模推行国际化，无论是在国际金融专业知识方面，还是在适应东道国特有的文化习俗和法律规范方面，经验及能力均显不足。在国际化经营初期，较难在集团层面实现资源的统一整合，矩阵式的管理框架未能建立，各区域仍然各自发展业务，针对客户需求积极调配各国家地区资源、提供跨境类产品及服务水平较低，使得中资投行发展国际化战略的效果未能完全体现。

2. 资源配置向境内业务倾斜，对跨境业务重视程度普遍较低

由于在境外拓展业务难度相对较大，所投入的人力、财力成本较高，因而为公司整体盈利贡献水平较低，如前文提到的2017年中资投行境外子公司证券业务收入占比超过20%的仅有海通及中金两家。究其原因，主源于对于中资投行而言，面对境外较陌生的监管及经营环境，其对部分国内"躺着挣钱"的传统业务更为熟悉，对监管环境更为了解，风险也相对而言更为可控。在此背景下，国内投行经营管理层在资源配置方面对国内业务具有明显的倾向性，特别是在集团层面进行资金、人才等资源配置时对海外板块的重视程度较低，相应配套的考核激励政策力度也较弱，发展国际业务的资源短板及动力不足，直接导致中资投行难以针对客户的痛点与短板提供定向的产品与服务。

3. 以客户为中心提供综合金融服务，特别是满足其海外业务发展需求的能力有待提升

我国投资银行长期以来以产品为中心，证券经纪、承销保荐、证券自营等传统通道业务为行业主要收入来源，过去的发展主要依赖于市场的行情，更多的是"靠天吃饭"。在整体佣金不断下降的背景下，行业竞争日趋激烈，传统的业务模式发展面临较大瓶颈。近些年来，中资投资银行虽然提出由"以产品为中心"向"以客户为中心"转变，从单纯的提供通道业务向一站式的综合金融服务模式转型，但转型时间相对较短，发展经验积累较为不足。

此外，在鼓励中资金融企业"走出去"以及"一带一路"等政策的倡导下，大部分中资投行的国际化进程仍然处于初期探索阶段。虽然部分龙头中资投行已经开始在海外布局，通过收购或是自建方式逐步开始在海外设点，但现阶段大部分中资投行仍处于国际化道路整合的初期，特别是在亚太以外地区发展速度较慢，海外的客户服务团队也未能完全跟上并做

到对客户的全方位对接,对于"走出去"的中资企业客户在海外提出的诸如融资等各类迫切综合金融需求较难满足。

4. 不同区域同一客户的信息相对割裂,缺乏统一的客户资源共享机制

由于多数中国投资银行的信息化建设较为落后,客户关系管理系统(CRM)的建设还不健全,同时通常业务部门各自为营,自行发起建设部门业务相关的信息系统,导致各系统之间的信息隔离。因此即使在国内,中国投资银行不同的业务之间都很难实现客户资源的共享。国内尚且如此,当中资投行拓展海外分支机构时,加上时间、空间的阻隔,在缺乏完善的客户关系管理系统的情况下,共享客户资源变得更加困难,这也严重阻碍了国内外业务的协同发展。

5. 金融行业分业经营的模式,无法满足客户的全方位需求

主要发达国家在 20 世纪 90 年代以来放弃了分业经营金融发展模式,逐步向证券、银行、保险等相互促进的混业金融模式及综合经营的趋势发展,因此外资券商大多为"金融超市",整体的业务品类较全,金融创新能力较强,能够利用各种金融工具为客户提供全方位的金融服务。相比之下,我国金融行业目前仍然实行分业经营的模式,不同市场间相对分割,缺乏有效的互通机制,收入利润来源较为单一,无法充分发挥混业经营在信息、协同、规模经济等诸多方面潜在的优势,也无法充分满足客户在不同业务领域、不同区域的全方位需求。

(二)未能有针对性解决客户海外发展的痛点与短板

1. 中国投资银行体量远小于境外领先的金融机构,对于大型配套募集资金项目承接能力不足

与高盛、摩根士丹利等国际一流投行相比(见表 4),中国投资银行的杠杆率普遍较低(见表 5)。中资投行的负债经营动力不足源于负债渠道受限以及资管类、交易类、投资等非通道类业务发展较为缓慢,使得中资投行承接大型配套募集资金项目的能力不足,总体竞争力远低于国际一流投行。

表 4　2017 年末主要国际投行总资产与净资产情况　(单位:亿元人民币)

排名	名称	总资产	净资产	杠杆率
1	美银美林	157 192	18 350	8.6
2	瑞银	64 551	3 614	17.9
3	高盛	62 984	5 647	11.2
4	摩根士丹利	58 574	5 317	11.0
5	野村	27 123	1 731	15.7

资料来源:Wind 资讯,各公司年报,汇率为 8 月 20 日中间价 1 美元/6.87 元人民币。

表 5　2017 年末前五大中资投行总资产与净资产情况　(单位:亿元人民币)

排名	公司名称	总资产	净资产	杠杆率
1	中信证券	6 256	1 531	4.1
2	海通证券	5 347	1 297	4.1

续表

排名	公司名称	总资产	净资产	杠杆率
3	国泰君安	4 316	1 337	3.2
4	华泰证券	3 815	886	4.3
5	广发证券	3 569	886	4.0

资料来源：各公司年报。

此外，中资投行在国际的知名度较低，境外投资者的认可度也较低，使得长期以来在境外的融资渠道以香港市场为主，如之前大部分在香港融资的中资投行的投资者仍以中资背景的机构为主，在亚太以外的整体融资渠道相对较窄，也在一定程度上限制了中资投行在海外开展大型募配资项目的能力。

2. 境内外资金流通渠道不畅，对客户海外拓展提供资金支持能力有限

目前大部分出海的中资企业具有在海外发展融资的需求，而能否在海外提供配套的资金支持成为中资企业在海外选择合作金融机构的重要衡量因素。然而我国外汇管制政策整体趋严，跨境资金流动存在障碍，资金出境存在较大不确定性，中资投行虽然在境内有较强的资本及资金实力，但较难为客户提供海外资金支持，大大削弱了中资投行在国际市场的竞争力水平。由于上述资金出境的限制，中资投行较难通过直接增资等方式对其海外实体进行资金支持、进而实现对"走出去"客户海外业务发展的融资支持。

3. 业务模式以传统业务为主，缺乏与海外市场相适应的产品与服务创新

国际投行业务较为注重差异化与专业化经营，例如美国投行经过多年发展形成了以高盛、摩根士丹利等大型投行为主，拉扎德、杰弗瑞、Stifel 等精品投行与 Etrade、嘉信等折扣经纪商并存的行业格局。而大部分投行在较长的发展历程中逐步确立了明确的市场定位，通过差异化竞争争夺优质客户，并根据客户需求的变化不断创设出各类的金融产品，整体的创新能力较为突出。

相比之下，中资投行的海外发展历程较短，与其他国家发展历史差异较大，不能够很好地融入当地金融发展环境，难以结合所在境外国家的市场特点和客户的特殊需求来设计与制定创新产品及服务策略。

（三）跨境管控能力不足

1. 缺少适应国际化经营的管理体系

尽管中国投资银行的经营理念已经开始朝着国际化的方向发展，但是多数中资投行的管理模式包含工作流程、组织架构等仍然沿袭国内现行的体制模式。

从协同性来说，多数中国投资银行都采用业务条线和子公司为管理模块，这些管理模块平行并列各自运营，缺少信息共享，也没有统一的运营平台，甚至有些管理模块之间还有业务重叠和内部竞争。这样松散的组织结构很难形成对外的合力，经纪业务、投行业务、资管业务等管理模块缺乏联动效应，国内母公司业务部门与境外子公司也难有主动协同。在中国本土运营的过程中，由于大多数中资投行采用这种类似的组织架构，竞争时组织架构的问题并不显著，但是当中国投资银行走上国际舞台与欧美大型外资投行同台竞技时，组织架构问题就越加凸显。在国际舞台上，中国投资银行一方面很难为客户提供全生命周期的综合金融

服务，另一方面也很难吸引大型外资客户，从而扩大品牌影响力。

从执行力来说，多数中国投资银行采用锥形结构的汇报流程，层级众多，审批繁琐，对市场的应变能力缓慢，缺少灵活性。而国外投行多采用扁平的汇报流程，决策层级少，对市场的反应速度快。所以当中国投资银行在国外子公司沿用国内原有的流程时，一方面当地的外籍员工不适应这种繁琐的工作流程，造成水土不服，另一方面国内母公司无法得到境外子公司的及时信息，影响了经营决策的时效性。

2. 缺少集团一体化的综合管理系统平台

中国很多投资银行的信息化处于初级阶段，主要体现在两个方面：第一，仅财务数据和工作流程实现信息化，很多业务类的数据信息仍然需要手动跟踪和维护。第二，由于上文提到的松散并列的组织架构，公司的信息化建设很多是业务部门发起并实施的，因此存在许多各自独立的小型业务系统，但是公司没有统一的数据底层和数据平台，业务数据在公司内部无法实现有效共享。当中国投资银行走出国门进行跨国经营时，由于时间和空间的阻隔，信息化管理问题越加明显。如果境外子公司的信息系统与境内母公司没有连通，一方面集团总部的财务、合规、风控等管控部门在参与境外子公司相关方面的决策时会产生信息不对称、效率低下等问题，集团总部无法实时了解境外子公司的经营情况和业务信息，使得总部的管理较为被动；另一方面，集团境内外业务信息无法有效共享，严重阻碍了业务的协同发展。

（四）国际化人才队伍的建设和储备不足

1. 缺少国际化的专业人才

高素质的人力资源是落实海外发展战略的根本保证，但是从中国投资银行海外机构的发展状况来看，高素质人才，特别是具有国际化水平的经营管理人才和业务人才严重不足，成为制约海外机构发展的重要因素。

一方面，中国投资银行的母公司很难派出国际化的管理和业务人才。中国投资银行现任的管理人员和专业人才多为本土培养，经历了中国金融行业的改革和逐步开放，但是由于中国金融行业的特殊发展历程，在投资银行经营管理方式以及业务的拓展方式上与国际金融市场存在很大差异，因此认同中国投行的管理文化同时又懂得国际投行运作方式的管理和业务人才出现了断层。此外，由于人力资源的建设没有跟上企业国际化的步伐，企业外派人员的制度非常不完善，比如外派人员的薪资标准、外派结束后回国的岗位编制、家人亲属的安排等，缺乏后勤保障使得企业管理层和业务员工对外派望而却步。

另一方面，当中国投资银行很难外派人员的情况下，在境外直接招募本土管理和业务人员成为另一种解决方案，但是由于文化与社会制度的不同、工作方式与习惯的差异、意识形态与思维方式的差别、语言与观念的障碍，中国投资银行海外分支机构的吸引力比较弱，很难在当地招聘到好的国际化人才，有些被收购的境外子公司甚至留不住原有的优秀国际化管理人员和员工。

2. 在国际化人才的培养及梯队建设方面，缺乏前瞻性的、有针对性的规划

人力资源建设没有跟上企业国际化的步伐，不仅体现在当前外派人事制度的不完善，还体现在缺少国际化人才培养规划上。国际化人才不仅包含管理人员，还包含各类业务人员。目前，中国投资银行大多缺乏前瞻性、针对性、系统性的国际人才培养计划，造成各层次的

国际化人才储备匮乏。国际化人才非一朝一夕通过短期培训就能速成，而需要扎实的海外经历才能培养全球化视野。因此国际化人才培训的缺失，不仅使得当前外派人员面临困境，也将使得这种情况在未来一段时间内都很难改变。

（五）对境外当地企业文化、法律及监管环境了解不深

1. 对海外文化缺乏了解导致与境外员工产生隔阂

中国投资银行的出海之路与许多其他中资企业一样，遇到了跨地域文化的挑战。尤其金融行业是建立在信用基础上的，而信任关系的建立，与文化的相似性有着紧密的联系。相近的文化有助于建立信任，反之则会阻碍信任关系的建立。另外，由于归属感的不同，公司文化对于外籍员工没有同文同种的凝聚力，再加上民族风俗习惯以及思维方式、生活方式的不同，对企业文化的要求也有不同，使得中资投行海外机构的外籍员工与母公司容易产生文化隔阂。

2. 对境外法律及金融监管政策不熟悉导致海外分支机构面临潜在合规风险

在国际化阶段，中国投资银行进入全球价值链竞争的环境中，但是由于中资投行在实时监控风险、全面风险管理系统建设等方面与国外先进投行之间存在的较大差距，国内外政策环境、金融监管规定和法律等方面的不同，以及国内外投资银行合规管理的方式和理念差异，使得中资投行难以适应跨境业务的需求，合规风控的能力有待提升，企业合规管理体系尚待完善，同时也给中资投资银行带来潜在的巨额合规成本。2016年农业银行纽约分行因违反反洗钱法、掩盖可疑交易被纽约金融服务局处以2.5亿美元巨额罚款的案例，给包括中资投资在内的所有中资金融企业的海外业务合规问题敲响了警钟。

此外，全球金融监管的深度和广度日益增强，中资投资银行如果在发展国际化的过程中缺少全球视野的合规风控管理，任何一个点上的问题都可能引发面上的连锁反应，海外单一地区的合规风控问题可能直接影响整个集团的全球经营，使得母公司也处于危险的境地。2016年瑞士私人银行 BSI Bank 由于其新加坡分行严重违反反洗钱法规，最终被迫解散并被并入瑞士另一家私人银行集团 EFG International，令这家有着近150年历史的银行不复存在。

这种牵一发而动全身的问题不仅体现在金融机构的海外业务上，作为金融机构客户的各类跨国经营企业也同样面临这种问题，但是在现阶段中国投资银行缺乏集团层面统一风险管理体系的情况下，集团也很难对同一客户的全球风险进行识别和管理。

三、国际先进金融机构的国际化经营经验和教训

（一）汇丰银行将业务联系全球作为立身之本及发展方向

1. 国际化历程从"三足鼎立"走向"精简优化"

汇丰银行于1865年成立于香港及上海，成立之初是为服务于欧洲及亚洲之间的贸易往来。汇丰银行国际化发展历经五个阶段：第一阶段立足亚太，建立根基——收购中东英格兰银行和印度有利银行，控股香港恒生银行等；第二阶段进军北美，提高能力——收购美国海丰银行等；第三阶段挺进欧洲，三角布局——收购英国米德兰银行，至此完成"三角凳"计划在亚、欧、美三大市场的布局；第四阶段平衡战略，全能发展，成为世界第三大银行；

第五阶段精简结构，优化布局，于2011年提出新一轮发展战略之际开启，源于2003年完成收购的美国消费金融机构 Household International, Inc.（后更名为 HSBC Finance Corporation）在次贷危机爆发时期的失败，以及随后全球银行业逐步明确其监管要求的重大转变，尤其对资本要求大幅提升，这一阶段伴随汇丰银行在全球范围内对其非核心、非战略业务的大量出售，迅速提升资本充足率水平（见图1和图2）。

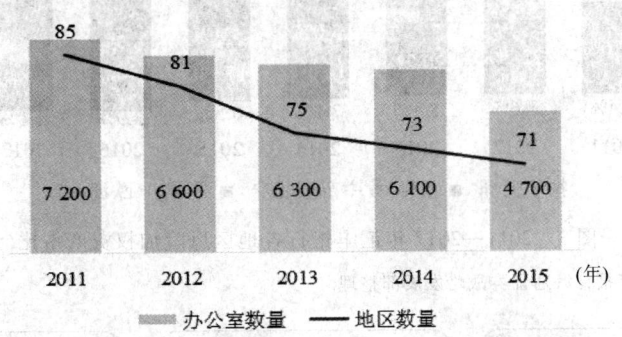

图1　2011—2015年汇丰银行地区及办公室数量（单位：个）

资料来源：汇丰银行年报，海通证券战略发展部整理。

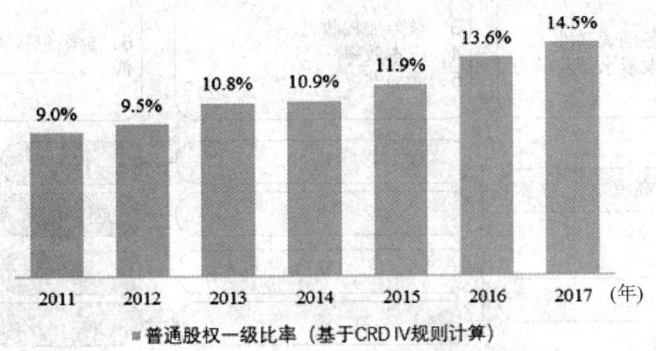

图2　2011—2017年汇丰银行普通股权一级比率

资料来源：汇丰银行年报，海通证券战略发展部整理。

2. 以战略为指引，以组织架构为支持，推动协同发展，做好人才与合规的全球化管理

（1）基于总体战略规划针对国家和地区进行布局、定位及调整。定期更新整体战略，为国际化发展指明方向。2011年战略更新为汇丰银行国际化发展，确立了把握贸易及资金活动集中度、聚焦新兴市场的大方向，其后几年汇丰银行在全球缩减风险加权资产的过程中，优先缩减北美及南美地区，使得资产在亚洲及中东和北非市场的集中度逐步上升（见图3）。

采用六维决策模型，为提升资本配置效率的决策提供衡量依据。汇丰银行认为，对某一国家和地区的资本配置决策应综合考虑。通过对该国家和地区在战略重要性、投资回报吸引力以及金融犯罪风险这三个方面以及六个细分维度的表现作出投资、转变/改善、维持、关闭/处置的决策（见图4）。

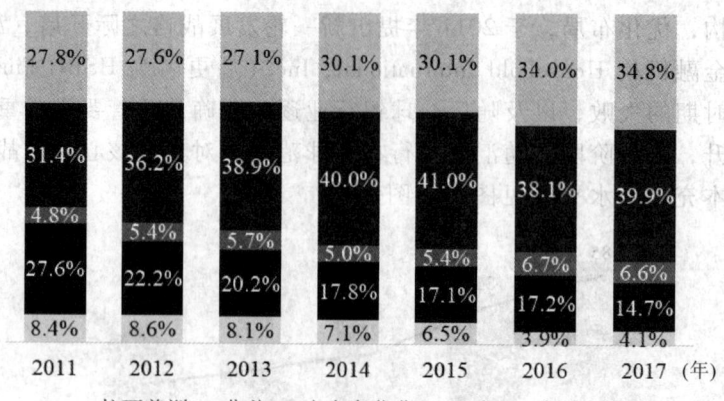

图3　2011—2017年汇丰银行各地区风险加权资产占比

资料来源：汇丰银行年报，海通证券战略发展部整理。

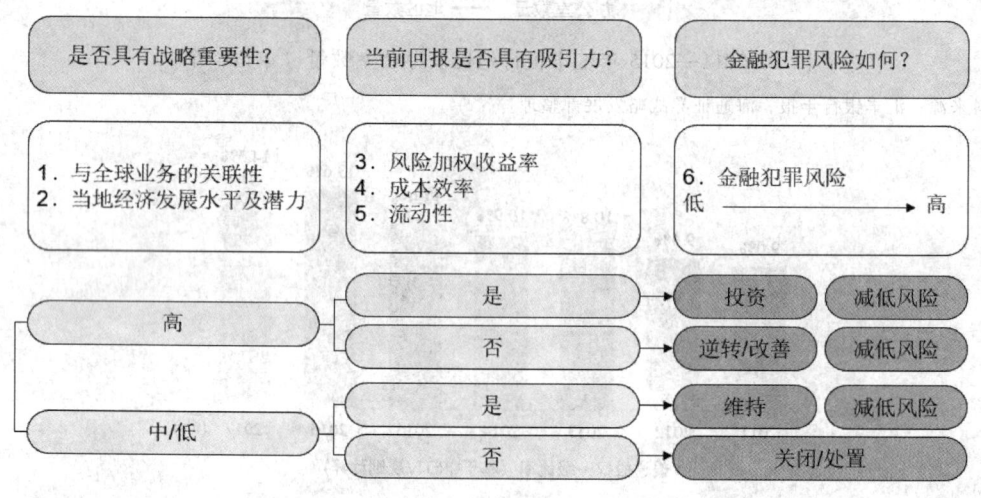

图4　六维决策模型

资料来源：汇丰银行年报，海通证券战略发展部整理。

为不同国家和地区区分定位，明确当地市场参与战略。汇丰银行将所有展业地区分为规模市场、获得领先国际银行地位的市场、用于连接其他业务网络的市场三种类型，并为其制定不同的参与战略（见表6）。汇丰银行在不同的战略周期甚至同一战略周期内对国家和地区的参与战略进行动态调整，例如在2014—2015年，先后将越南、巴西、阿根廷、土耳其等移出优先发展市场行列。

（2）构建并不断完善以客户群/全球业务线为主导的组织架构。机构银行与私人银行先行，逐步构建全球四大客户群/业务线。经过长期发展，汇丰银行在以客户群为业务部门的划分原则下，形成了四大客户群/全球业务线——零售及财富管理、工商金融、环球银行及资本市场、环球私人银行。对应四类客户群体提供针对性产品，并设有独立的客户服务团队（见表7）。

表 6　　2018 年汇丰银行地区市场结构

	目标	特点	市场		收入占比
规模市场	被视为领先的国内银行之一	前五大银行，至少 3%—5% 市场份额 至少 10 亿美元收入 综合银行 全面参与各客户群	中国香港 英国 墨西哥 珠三角	新加坡 马来西亚 阿联酋 沙特阿拉伯	约 60%
获得领先国际银行地位的市场	成为该国家/地区领先的国际银行	领先的国际银行 至少 5 亿美元收入 机构银行或同时专注于某类特定零售需求（具有战略重要性）的综合银行	澳大利亚 加拿大 中国内地 法国	德国 印度 印度尼西亚 美国	约 25%
用于连接其他业务网络的市场	连接本地及境外客户至全球业务网络	专注于国际客户 专注于机构银行业务 分行或代表处（如果可行）	用于连接贸易和资金流动的业务网络市场（例如：日本、西班牙、巴西） 支援其他子公司的全球客户		约 15%

资料来源：HSBC Strategy Update: Return to Growth and Value Creation。

表 7　　2017 年汇丰银行全球业务线

全球业务线	零售及财富管理	工商金融	环球银行及资本市场	环球私人银行
客户数量	约 3 700 万	约 170 万	约 4 100	未披露
主要客户分类	• 一般客户 • Advance 客户 • Premier 客户	• 中小企业 • 中型市场客户 • 大型企业	• 政府 • 跨国企业 • 银行及非银机构	• 超高净值企业及机构关联客户 • 超高净值个人及家庭客户
产品	• 零售银行 √ 活期和储蓄账户 √ 个人借贷（包括抵押贷款、信用卡等） • 财富管理 √ 投资产品分销 √ 制定寿险产品 √ 资产管理 √ 其他	• 贸易和应收账款融资 • 信用贷款 • 流动性和现金管理 • 市场产品、保险、投资和其他	• 全球市场 √ FICC（外汇、利率、信用） √ 现金股票 • 全球银行 √ 资本市场融资财务顾问 √ 银团及双边贷款 √ 结构性融资等 • 流动性和现金管理 • 证券清算和保管 • 贸易和应收账款融资 • 本金投资 • 其他	• 投资管理 √ 咨询 √ 经纪服务 • 私人财富解决方案 √ 信托 √ 地产规划

资料来源：汇丰银行年报，海通证券战略发展部整理。

从组织架构调整的演变轨迹来看，环球银行及资本市场业务（当时被称为"企业及机构银行"）自 2001 年起最早被作为全球业务进行管理，其他三项业务直到 2011 年才相继被视作全球业务，此后直到 2015 年汇丰银行内部管理汇报的重点才逐渐从地区转向全球业务，按全球业务的口径计算资本投入及财务回报，以供决策层评估业务表现并适时对资本配置作出调整。汇丰银行认为，环球银行及资本市场业务长期以来更倾向集中管理，零售及财富管理业务更依赖于本地管理，工商金融业务介于两者之间。对于后两者最终同样采取更重视业务线的职能管理的原因是要确保从全球的视角来对业务发展目标、资源规划和市场营销计划进行管理，并且分享最佳实践。在实际操作中，汇丰银行对各业务条线的管理模式仍预留了灵活的空间。

博弈中前行，持续优化产品及客户群在全球业务线中的归属。虽然构建完成的全球四大业务线对客户群及其产品有了较为清晰的划分，但不论是客户群在不同业务线中的交叉，或是产品在不同客户群中的交叉，都使得组织架构的边界不时受到挑战。因此，汇丰银行全球四大业务线适时对客户群细分及产品归属动态调整，通过长期博弈达到使集团内部最切合客户需求的部门主导客户服务活动、最大化使用产品的部门获得产品相关的基础平台并主导产品运作等有利目的。

采用矩阵管理运营模式，矩阵由每一个独立的法律实体组成。汇丰银行的矩阵管理结构由四个客户群/全球业务线、五个地区和十一个环球职能组成，矩阵管理的对象是每一个独立的法律实体/子公司，其特征是以业务为主，地区和功能为辅，母公司专注于战略安排，业务部门专注业务构建，子公司落实业务经营，功能性部门则专注服务于成本效益（见图5）。

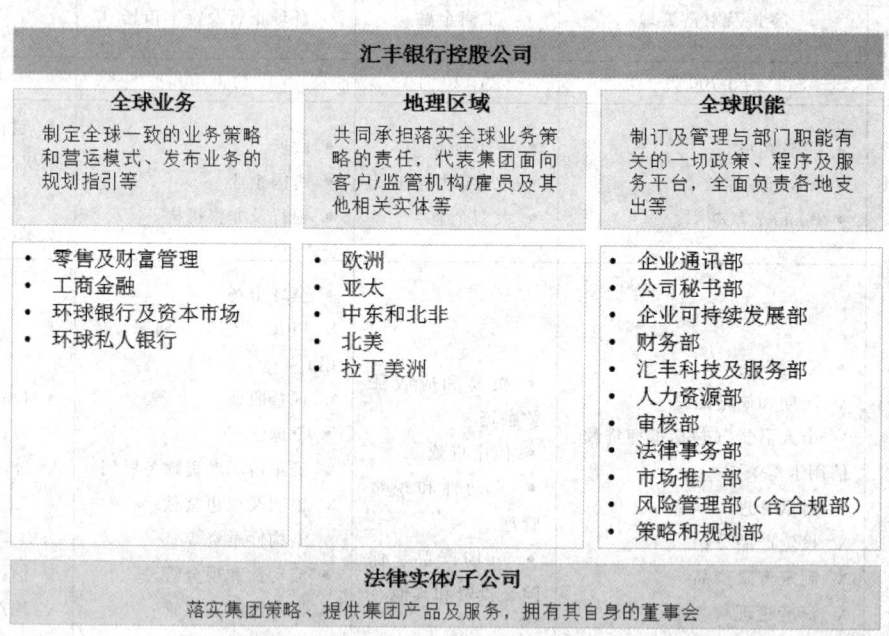

图 5　汇丰银行矩阵管理运营模式

资料来源：汇丰银行年报。

统一系统平台，承载集团组织架构运行。自 20 世纪 90 年代后半期起，伴随 IT 技术的跨越式发展，汇丰银行加大统一系统平台建设力度，发展动因从主要为加强运营效率、控制成本支出，拓宽至实现更进一步的集团中心管控模式（此前是由全球各地具有较高经营自主权的附属机构组成的国际银行联盟模式），以及更加有效落实"以客户为中心"的服务理念，包括客户关系管理系统的上线使用等。

（3）致力推动全行跨地区、跨业务线的交叉销售活动。四大全球业务线在交叉销售中扮演的角色既是自身客户和产品的提供方，亦是其他客户和产品的接受方。2014—2017年，汇丰银行业务协同收入在列账基准收入中的占比逐步从18%提升至23%，对集团整体业务的重要性日益提升。在汇丰银行的交叉销售体系中，其四大全球客户群/业务线既可以向其他客户群引介客户并提供产品，也可以从其他客户群/业务线获得客户来源并利用其他客户群/业务线的产品服务自身客户（见图6）。

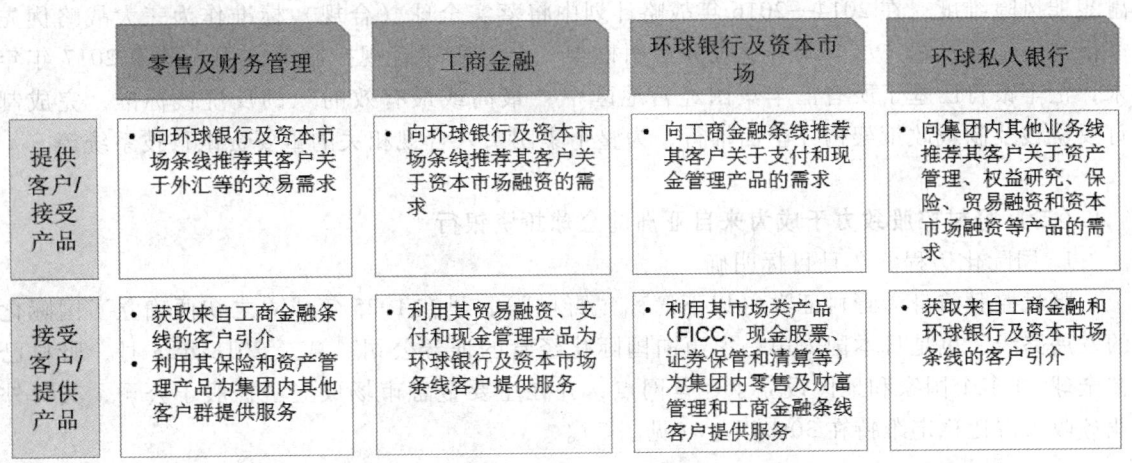

图6　汇丰银行交叉销售活动的主要流向

资料来源：汇丰银行年报，海通证券战略发展部整理。

交叉销售活动以工商金融条线为核心，逐步从业务线内部的地域共享向跨业务线的客户共享和产品共享扩容。工商金融条线在汇丰银行业务协同活动中占据核心位置，2014年工商金融客户产生的业务协同收入达到了全行总协同收入的80%。从交叉销售活动的发展历程来看，汇丰银行从工商金融条线内部贸易融资业务的跨境引介开始，逐步向其他业务线推广；从不同业务线之间互相引介客户资源促进开户，逐步向主动从其他业务线寻求符合客户需求的产品扩容。

建立交叉销售系统平台，使用多种手段鼓励和推动业务协同。汇丰银行历来重视业务协同，其使用方法及手段包括但不限于：①建立系统平台；②业务协同机制先试点后铺开，从某一个地区延展至多个地区，从某一条业务线延展至多条业务线；③设立专门或合作覆盖的客户服务团队；④使用收入共享等激励手段；⑤创建共同的管理会计科目；⑥设置考核指标。

（4）培养并倚靠一支既国际化又本土化的人才队伍。拥有一支可随时派遣的中高层管理人员队伍。汇丰银行拥有一支数量可观的国际经理队伍，其对集团许下长期工作承诺，具有国际化视野和最佳实践经验，是一支随时待命的移动骨干队伍。汇丰银行认为这支队伍是其在全球范围内顺利实施各项收购整合的重要因素，它使得汇丰银行具有很强的灵活性，能够对全球范围内的各类问题或机会作出及时的应对。

使用本土人才管理和运作本地市场。为增加汇丰银行在规模市场及获得领先国际银行地位的市场中的影响力和市场份额，近年来，汇丰银行有意逐步提高在上述市场中本地领导人员的人数占比，例如减少总部派遣"空降兵"的数量，并要求外籍员工的工作重心仅仅是以专家身份传授经验。

（5）实施全球标准应对合规管理挑战。后金融危机时期，全球金融监管机构对金融危机原因进行调查并评估监管改革的领域，在此过程中引爆了众多银行业丑闻，汇丰银行也没能从中幸免，遭遇了诸如不当销售保险产品、违反反洗钱规定、涉嫌帮助客户避税等合规事件并付出了惨痛的代价。为加强全球合规管理能力，避免类似情况的再次发生，维护自身品牌形象，汇丰银行采取了多种合规缓释手段，包括在资本配置决策的五维模型基础上增加金融犯罪风险维度，在2014—2016年战略计划中将落实全球（合规）标准作为三大战略优先举措之一，涉及客户尽职调查、税务透明框架、金融犯罪合规措施等方面。截至2017年年末，汇丰银行已基于所有汇丰集团经营地区中"最高或最有效的"的反洗钱标准，完成制订反洗钱及制裁政策架构并全面推行，为整个集团引入合规相关的重要资讯科技系统等。

（二）野村控股致力于成为来自亚洲的全球投资银行

1. 国际化历程悠久且目标明确

野村控股前身为野村证券（以下简称"野村"），早在1925年成立之初便确立了国际化的发展路线，也是日本国内第一家迈向国际化经营的证券公司。截至2018年3月，野村已在全球30多个国家和地区设立了经营网点，并在主要金融市场成立了控股子公司，其海外业务收入占比稳定维持在30%以上（见图7）。

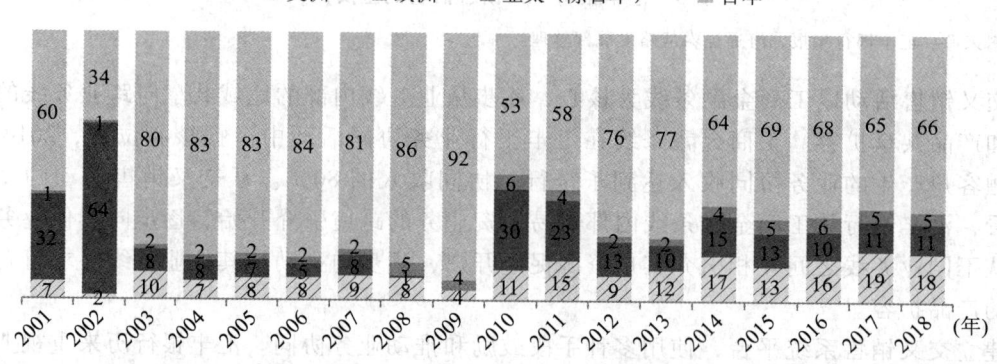

图7　野村近年来海外净收入占比（单位：%）

资料来源：野村证券年报。

2. 在发展过程中逐渐积累并摸索出了国际化的先进经验

（1）在全球范围内采用矩阵式管理体系，克服不同区域和业务间的隔阂。野村自成立之初便有着明确的国际化发展战略，之后也提出了将公司打造成"亚洲的全球投资银行"的战略定位。通过几十年的发展和积累，野村已建立起能够有效管理和协同各地区间业务发展的矩阵式管理体系（见表8）。通过这套体系，加强了不同业务板块及地区之间的信息交流和共享，克服了直线职能结构中各地区及各部门间相互脱节的现象。此外，野村全球化经营中的各业务板块及各地区负责人也能够更有效地执行和贯彻集团层面的战略部署和业务发展目标,从而使客户在全球各区域都能够感受到来自总部统筹管理下更加属地化的服务。

表8　　　　　　　　　　　　　　　野村矩阵式管理体系

业务及负责人	地区及负责人	业务/地区矩阵式管理			
		日本	亚洲（除日本）	欧洲、中东、非洲	美洲
零售业务	零售业务负责人	国内业务总裁	亚洲（除日本）地区负责人	欧洲、中东、非洲地区负责人	美洲地区负责人
资产管理业务	资产管理业务负责人				
机构业务	机构业务负责人				

资料来源：2017年野村证券年报,海通证券战略发展部整理。

（2）以优势业务为突破口,通过客户跟随带动公司国际化发展。野村在零售和批发业务条线间的客户共享和协同发展战略也为其国际化的成功奠定了基础。野村的零售业务在日本国内有着悠久的历史和坚实的基础,为进一步提升公司整体实力,野村后来成立了机构业务部门,负责产业链上游包括证券发行、承销等业务。由于零售业务在渠道和分销端的既有优势和影响力,野村很快在机构业务上取得突破并赢得了客户的信任。伴随着日本经济的发展和日资企业国际化进程的推进,凭借在国内与这些企业在零售和机构业务条线建立起的良好关系,野村自然拥有了开展跨境业务的客户资源。同时,在海外市场如能与当地金融机构展开合作将是进入当地市场的一个有效切入点。野村同样依靠在零售业务条线上的优势,首先与一些在日本国内开展业务的国际金融机构客户成为合作伙伴,然后利用这些客户在海外市场的资源和优势,成功为其机构业务的国际化打开了局面。野村现任总裁Koji Nagai先生介绍,野村的机构业务和零售业务始终都是遵循相辅相成、互惠互利的战略来运营,这也是野村能够有效连接起东西方金融市场的关键所在。

（3）符合国际主流的人力资源管理框架能有效融合和激励野村在全球的雇员。野村自成立之初始终将员工视为公司最重要的财富。时至今日,野村已在全球范围内建立起一套人力资源管理框架（见表9）。通过这套框架,能够从人才招募、员工发展、绩效考核、工作环境改善四个方面出发,保证野村从人员聘用到管理各方面与国际主流接轨,形成有效的人员管理体系和制度,为公司的国际化发展提供人力资源方面的保障。

表9　　　　　　　　　　　　　　野村全球人力资源管理框架

主题	主要制度及要求
人才招募	认可员工是公司最大的财富,招募时不考虑国籍、性别、年龄等因素,只将最合适的人才招募至最合适的岗位； 分别针对毕业生和有工作经验的人才,建立不同的招募体系和机制； 为员工在公司内部跨岗位、跨部门、跨区域间的流动提供相应的机会和机制
员工发展	针对专业技能方面的提升,提供在职培训课程； 设有自我学习辅助系统,提升员工的综合能力,例如语言能力、商业技能、管理技能等

续表

主题	主要制度及要求
绩效评估	建立务实有效的绩效评估机制及激励制度； 基层员工要定期与直属领导谈话沟通工作完成情况，并得到有效反馈； 中层员工要接受全方位的评估，包括来自高层、中层之间，以及下属员工的评估反馈； 激励制度首先保证员工都能得到公平对待的基础上，确保公司在全球的可持续发展
工作环境改善	除了薪酬及激励制度的国际化，在对员工工作环境的改善方面，也与国际接轨； 建立员工健康和生产力平衡的观念，注重员工健康，包括引入家庭办公、全面医疗检查假等制度； 注重员工的多元性和融合性，建立相关的委员会来监督并保证不同文化背景的员工对工作环境情况的满意度

资料来源：野村证券年报，海通证券战略发展部整理。

（4）管理层主动向内改革，克服国际化发展中的文化差异问题。在大型跨国公司国际化发展的过程中，通常会遇到不同地区和国家人员管理方面的困难和挑战。而人的因素往往又会影响生产经营的效率和成果，因此也是公司国际化发展能否取得成功的关键。截至2017年末，野村在全球拥有超过28 000名雇员，这些雇员分别来自70多个国家和地区。其中，日本以外其他地区和国家的雇员占比达到44%（见图8）。如何有效管理这些员工，野村曾遭遇过不小的挑战和危机。

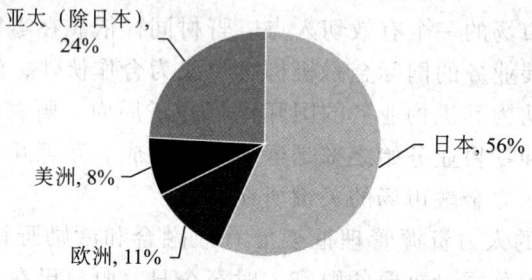

图8　2017年野村在全球主要区域的雇员人数占比

资料来源：野村证券年报。

2008年野村收购雷曼在亚洲、欧洲和中东的大部分业务后，很多前雷曼的员工由于无法适应野村恪守传统、等级森严的公司文化风格，透露出离职的想法，而前雷曼的外籍高管与日本员工之间在工作上也缺乏有效沟通。根据当时野村一名员工的说法，一些日本员工后来不再把某些事情汇报给他们的外籍经理，因为他们很难能够用外语把意思表达清楚。彼时野村的管理层感受到了前所未有的压力，也正视试图酝酿一场特殊的内部革命。之所以特殊，是因为尽管野村是收购方，但管理层试图改变的是野村自己的文化，将其转变成为能够更加适应国际主流的企业文化。从那时起，野村的首席执行官开始一改往日严肃、传统的管理印象，带头主动学习英语，并且经常会走到交易大厅与员工亲切交流。同时，为了表示对前雷曼员工的器重，野村也准备了高达6亿美元的现金激励那些工作出色的员工。尽管后来很多员工在领到奖金后还是选择了离职，但这也坚定了公司要从制度和文化上进行彻底改革的决心。此后，野村陆续任命了一些前雷曼的高管进入董事会、执委会、出任公司副总裁、担任董事总经理等职位，并坚持海外战略采用西方的薪酬水平、提拔外籍管理人员的方式。公司内部主动改革逐渐收到了成效，野村在经历了收购后一段时期的阵痛和磨合后，其海外业务净收入在2012年取得显著突破，并在此后一直维持在较为稳定的水平。

（5）对合规和风控高度重视，通过统一的制度进行有效管理。野村内部将合规工作视为集团管理的首要事项，目前的合规制度是基于公司内部道德规范准则建立的，所有的管理人员和员工每年都要签署遵守公司道德规范准则的承诺。在现行的合规管理体系下，公司任命集团合规负责人，在合规专职部门的协助下，合规负责人管理公司整体的合规工作。此外，公司合规部门会指派合规专员驻守集团下属的各地区公司，一方面加强公司国际化发展中的内控工作，另一方面也对各地区公司的合规工作开展监督和指导（见图9）。

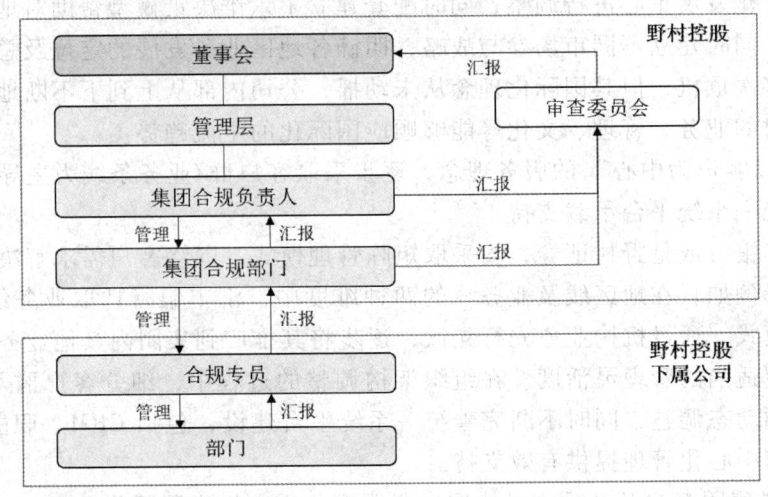

图9　野村合规管理框架

资料来源：野村证券年报。

在风险管理方面，野村内部统一对待风险的制度和文化以及分布在全球主要区域的风控部门是国际化进程中管理各类风险的有效手段。首先，公司内部的所有员工不分区域和业务条线，都必须定期接受有关公司制度和风险管理的各类课程培训，从而了解并建立起与公司一致的风险管理文化。此外，公司建立了风险管理的三层防线体系，确保各业务部门、风险管理部门和内部审查都能够各司其职，在各环节上遵守公司风控制度，及时发现并解决相关风险问题（见图10）。

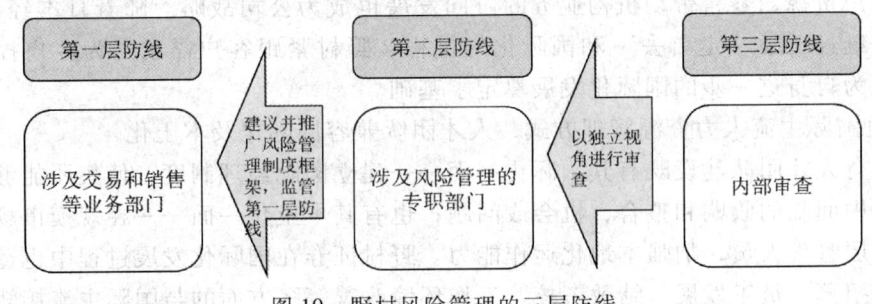

图10　野村风险管理的三层防线

资料来源：野村证券年报。

除此之外，为了更有效管理全球各地区的风险，野村在全球五个区域的七个国家和地区，分别是日本、韩国、中国香港、新加坡、印度、英国和美国也设立了区域型的风险管理部门。这些部门能够根据当地的实际情况，并通过与集团风险管理委员会的紧密合作，更加有效地识别和管理当地的风险，真正减少了集团由于跨区域和国家经营带来的不确定风险的影响。

（三）以汇丰银行及野村证券为鉴，国际化经营成功经验存在共性

1. 战略指引国际化发展方向，配套建立地区资源配置标准及市场参与战略

不论是汇丰银行或是野村证券，均建立了清晰的国际化发展路线。汇丰银行，不仅通过战略指引对国际化发展重心进行调整，同时配套建立了六维决策模型帮助对地区资源进行合理配置和布局，同时建立不同市场参与战略，明确各地区业务发展的定位及总体目标。野村证券，虽历经多次危机，但其国际化理念从未动摇，公司内部从上到下不断地主动寻求变革和创新，让野村的业务、管理、文化等能够顺应国际化的主流趋势。

2. 打造"以客户为中心"的服务理念，逐步采取客户群/业务条线为主导的灵活矩阵管理模式，搭建统一系统平台承载支持

不论是汇丰银行或是野村证券，均采取矩阵管理模式，围绕客户需求解决跨地区管理和业务隔阂问题。例如，在地区线及业务线的两种维度中，汇丰银行选取业务线/客户群为主导的矩阵管理模式，通过机构业务先行先试，逐步将其推广到集团内其他业务线，并在每条业务线内部保留适当的管理灵活度。在组织架构调整的过程中，细分客户群及产品的归属，依据有利化原则动态调整，同时不断完善统一系统平台建设，包括 CRM、职能管控系统等，使其能够为集团中心化管理提供有效支持。

3. 积极推进集团客户及产品交叉协同，紧跟客户需求推进国际化

一方面，汇丰银行明确以工商金融业务线为集团内协同业务的主要发动引擎，重点发展以工商金融业务线为主的交叉销售活动；另一方面，各业务线均积极参与交叉销售活动，既扮演其他条线客户和产品引介的接受方角色，同时也扮演自身客户和产品向其他条线引介的提供方角色。随着以客户为中心的服务理念的深入，汇丰银行的业务协同活动从跨地域/跨业务线的客户共享逐步向产品共享扩容。汇丰银行推动业务协同的主要方式包括但不限于：建立系统平台，先试点后铺开，设立专门或合作覆盖的客户团队，使用收入共享等激励手段，创建共同的管理会计科目，设置相关考核指标等。

野村证券最初依靠在日本国内零售和渠道端的优势，建立了机构业务并积累了大量的机构和企业客户资源，零售带动机构业务的协同发展也成为公司战略。随着日本经济的发展，日资企业相继经历了"走出去"和国际化的过程，野村紧跟客户需求，为客户提供跨境服务的同时也为自身进一步的国际化发展奠定了基础。

4. 接轨国际主流人力资源管理方式，人才团队兼容国际化及本土化

汇丰银行人才团队建设既有其国际化一面——建立国际经理制度，使集团能够灵活应对国际化扩张中面临的收购和整合，机会或问题；也有其本土化一面——在规模市场中重点培养本土中高层管理人员，加强本地化运作能力。野村证券在国际化发展过程中也逐步形成一套涵盖人才招募、员工发展、绩效考核、工作环境改善等多方面的与国际主流接轨的人力资源管理方式，为其国际化发展提供人力资源保障。

5. 公司内部改革克服文化差异，全球实施统一合规标准

野村证券在整合雷曼业务时遭遇显著企业文化差异所引发的巨大阻力，此后其管理层主动向内改革，参照雷曼所代表的西方企业文化对其自身进行变革调整，为野村证券进一步做大做强国际业务奠定基础。

汇丰银行在经历后金融危机时代全球各地金融严监管的大环境、自身各地多项业务受到严重处罚和赔偿计提后，及时调整集团战略，将金融犯罪风险纳入地区资产配置的衡量指标，同时在集团层面推行全球统一的合规标准，选取集团所有业务开展国家/地区中"最高或最有效的"作为集团统一的合规标准。

四、中国投资银行国际化深入发展的建议

（一）客户跟随战略，全面满足其跨境金融服务需求

1. 进一步跟随客户"走出去"，加强在集团层面海外资源的重点配置

建议中资投行把"跟随客户的国际化发展战略"纳入公司的长期发展战略，统一思想，提高认识，使得公司上下均认识到国际化业务对于集团未来长期发展的关键作用。此外，应充分考虑海外各地监管环境的差异、国际化业务整合所需较长时间、发展难度较大，对于企业国际化带来的财务回报给予一定的时间宽容期。

在资源配置方面，积极从人才、资金、考核激励等方面加强对海外业务的配置倾斜，特别是在资金配置方面。从长远考虑，在境外业务发展速度、规模与自身经营管理能力匹配的基础上，结合自身特点，对于部分风险可控、发展具备比较优势的海外业务给予资金上的重点支持。在交叉销售及考核激励方面，初期以鼓励推动为主，可以试行双计政策，对于支持海外业务交叉销售表现积极的单位及个人予以一定的重点奖励。

2. 围绕客户需求优化境外布局，及时调整国际化地区及业务布局

一方面，积极围绕客户需求特点，对于国家"一带一路"政策倡导的、客户海外拓展的重点目的地予以重点跟踪及布点。同时也建议监管机构对于上述跟随客户"走出去"的符合条件的中资投行，简化其海外布点的审批流程，加快整体审批速度，使得中资投行走出去的速度能够跟上客户"走出去"的要求及业务发展的需要。

另一方面，对于已经拓展的、监管政策不友好的部分海外国家，或是长期以来整合难度较大、经营相对困难的部分中资投行海外运营实体，建议在集团层面成立专门的工作组给予及时持续的跟踪评估，对海外布局适时作出动态的优化及调整，以便根据自身实力及业务特点调整海外发展战略。

3. 集团统一的客户资源管理，全面了解并满足其境外金融需求

建议参考上文提到的汇丰成功经验，集团层面建立统一的客户关系共享系统（CRM），使得不同地区、不同条线及子公司的业务人员在第一时间掌握客户资源等各类信息，避免信息的割裂及时滞，以最大化地利用集团客户资源。

一方面，对于仍未开发的客户，各地区及条线业务人员相互协调，积极配合拓展，避免遗漏，以便针对客户需求提供相应的产品及服务；另一方面，对于已经覆盖拓展的客户，建立专门团队进行定期拜访，积极挖掘其跨境金融服务需求，在深入了解客户基础上，对客户的需求进行充分分析及持续的跟踪服务，开发设计出与之需求相匹配的相关产品，以便满足

不同客户海外投融资需求。此外，建议在中资投行集团层面建立进一步完善跨业务条线、跨地区的交叉销售机制，根据不同业务属性及各团队实际贡献度大小，制定并逐步完善详细的跨地区、跨业务线的交叉销售管理办法，以便调动不同人员拓展客户海外业务的积极性，为客户海外跟随战略的实施提供制度保障。

4. 满足特定客户海外需求，设计开发相关创新跨境金融产品

建议围绕中资投行海内外客户在跨境人民币、跨境投融资等方面的需求，不断积极探索、开发相关的创新金融产品，以充分发挥中资投行国际化布局的优势，为客户提供全方位、高效的一体化综合的金融产品及服务。

具体而言，对于个人及高净值客户，现阶段的国际化需求主要在于全球资产配置，即投资理财跨境化需求。建议中资投行在充分了解不同客户的风险承受能力及现有资产的基础上，充分研究海外国法律法规、税收等方面政策，在合法合规的前提下，开发设计出针对不同风险收益偏好的对标产品，以满足零售及高净值客户的海外资产配置需求。针对企业及其他机构客户，面对其具体海外投融资需求，如跨境并购需求、海外股权及债权融资需求等，积极通过对外直接投资（ODI）、"境内担保+境外融资"等形式，并对比不同跨境融资渠道成本、风险等。根据企业自身特点，充分利用境内外不同市场利率及汇率优势，降低融资成本，并提供相应的汇率对冲等方案，为解决企业海外"融资难、融资贵"问题提供多种选择。

（二）有针对性地解决客户海外发展的痛点和短板

1. 探索中资投行跨境资本中介业务，满足对符合要求客户的海外融资需求

与银行相比，中资投行在诸如融资融券、股票质押回购等资本中介业务方面具有特色，经过多年的发展，在客户拓展、业务流程、风险控制等方面积累了较为丰富的经验，这类资本中介业务利用中资投行"资本＋客户＋牌照"的优势，将公司的资金资源、客户资源与牌照资源相互协调配合，一方面通过为客户提供流动性及风险管理服务，有效满足了客户的投融资需求；另一方面，通过盘活已有存量证券，为中资投行提供了稳定的息差收益来源，有效提升了投行的资本收益率。

在此基础上，建议中资投行利用自身优势，积极探索资本中介业务的跨境模式，利用境内相对成熟的业务模式，在符合境内外监管要求的前提下，通过已有的客户团队、相关业务的风控及监控流程，实现客户境内股票等资产在中资投行境内主体的质押，并充分发挥境外主体的牌照优势，满足客户在境外的融资需求。

2. 建立海外专业融资团队，提升客户境外直接融资能力

建议加强中资投行海外债权及股权融资等直接融资的业务团队建设，定期跟踪海外资本市场动态，熟练掌握不同海外交易所的各类上市规则，指导客户选择合适的时间窗口在境外发行股票、债券，同时积极丰富海外项目收益债、可转换债、永续票据等各类融资产品，通过丰富海外直接融资工具，更好地满足了客户在海外的直接融资需求。就监管层面而言，建议进一步简化中资企业境外发行的审核程序与材料要求，以鼓励境内企业在境外的直接融资。

3. 积极满足客户境外各类金融需求，特别是跨境融资需求

为进一步提升中资投行跨境金融服务能力，除中资投行自身的努力外，建议监管机构给

予一定的政策支持。具体而言，建议进一步放宽符合一定条件的中资投行境内外融资渠道。一方面，对于中资投行已有的融资渠道管理办法，如国债回购、银行同业拆借、发行短期融资券、公司债券、公司增资扩股等进行进一步修改与完善，降低发行门槛，简化审批流程，为中资投行的境内外融资创造有利条件；另一方面，借鉴成熟证券市场券商融资的成功做法与有益经验，积极稳妥地拓宽与完善中资投行新的融资渠道，如建立证券融资公司、允许公司开展融资融券收益权资产证券化业务等，提高负债经营能力，并在健全自身融资能力的基础上，为客户融资服务创造条件。

4. 赋合符合一定条件的中资投行专项外汇额度及结售汇资格，满足符合条件客户的境外融资等全球综合金融服务需求

建议外汇管理机构给予部分符合条件的中资投行一定的集团年度专项外汇额度，明确该外汇用于国家政策鼓励的部分国家地区（如"一带一路"沿线）跨境项目的海外融资项目等用途。由中资投行对客户资质、项目情况等开展充分的尽职调查及审慎分析后，中资投行的境外子公司实现境外放款，到期后由客户境内实体向中资投行母公司还款后，再由中资投行母公司通过专项外汇额度将客户的还款划拨至中资投行的境外子公司。建议赋予符合条件的中资投行结售汇资格，拓展在资金账户、外汇服务和跨境结算等方面的基础服务。

初期可以在部分已设立海外机构的中资投行中实行试点，并建立事前、事中、事后一体化的风险防范机制，如采取项目逐笔或定期备案制度等。

（三）建立基于金融科技的集团管控平台，加强跨境管控能力

1. 加强集团国际化制度流程建设，境外子公司不但要满足境内外的法律，也要遵守集团母公司的"家规"

中国投资银行国际化要按照国际投行的规则来经营，如果是采用自建海外分支机构的战略来拓展国际市场，通常集团母公司的管理流程将会很好地保留，但是一些"不合规矩"的市场行为会变得突出，此时需要根据海外市场当地的监管规范及时对海外分支机构的管理流程进行修正。如果是采用并购海外投行的战略来拓展国际市场，通常当地企业已经有一套成熟、规范的符合当地金融监管要求的流程制度，此时需要将母公司的管理流程融入当地已有的流程中，使海外分支机构的运营不仅符合所在国的法律要求，也符合母公司的管理流程规范。无论使用何种战略进行海外扩张，建立一套具有集团母公司管理基因同时又能适应当地法律规范的国际化制度流程，才能保障中资投行在海外的顺利运营。

2. 跨国经营战略的实施须有相配套的组织架构保证管理的有效性

中国投资银行要将海外运营战略切实落地须有适当的组织管理加以配合，组织架构则是保证有效管理的基础和框架，而构建适当的组织架构是跨国企业在国际竞争环境中立于不败之地的必要条件。

如果使用 Doz and Prahalad 的整合/响应框架（见图11）来识别和分析中资投行海外机构的运营环境，可以发现：从全球整合的压力来看，如果围绕以客户为中心的战略，中国投资银行需要将管理流程、客户、业务、财务、信息系统等多方面进行全球整合，因此整合压力较高；从当地响应的压力来看，由于世界各地的金融监管规则存在差异，中资投行不同的海外分支机构需要对当地政府、监管机构的不同需求高度敏感，因此当地响应压力较高。结合整合/响应框架的定义，如果全球整合的压力和当地响应的压力都很大，则走出国门的中国

投资银行面临着跨国环境，为了实施跨国经营，适用全球矩阵结构，即同时按照业务、地区、职能的两个或三个要素来构建组织架构。与现在中国投资银行广泛运用的松散的以产品为中心的组织架构相比，矩阵结构的最大优点是有利于业务协同和适应环境变化的需要，地区部分注重国别的反应能力，而业务部分注重全球效率。同时，管辖同一种业务的管理人员能在全球统一调配集团内的人力、财务、信息等资源，化零为整，增强集团的凝聚性、业务以及品牌的影响力。

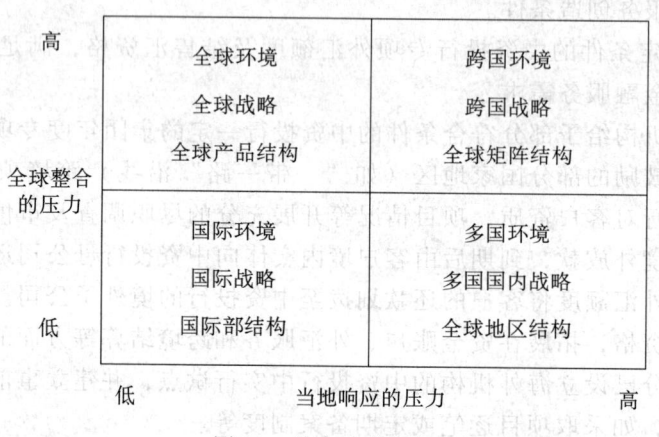

图 11　整合响应框架

资料来源：Doz & Prahalad, a Search for a New Paradigm。

但是矩阵结构也有一定的局限性，比如业务经理与地区经理的意见难免会产生冲突，如何平衡当地与世界性的需求常常需要双方多次的谈判。因此，为了进行更有灵活性的决策，建议国际化运营的中国投资银行在采用矩阵架构的基础上，针对不同业务以及相应客户的特征进行改善：比如投行业务板块，对口的企业客户如果多是跨国的大型集团公司，则投行业务适合偏重全球化的矩阵式组织管理架构，可以统一进行客户维护和管理；而经纪业务客户更多的是当地客户，则可以给予不同地区的经纪业务部门特殊的决策自由，提高其响应当地需求的速度。组建一个具有弹性的矩阵式组织架构替代母公司原有组织架构将能帮助中国投资银行更好地在国际化环境下进行运营。

3. 建设集团一体化的综合管理系统平台

利用信息化手段管理将是国际化的中国投资银行最有效的管理方法。因此基于中国投资银行信息化的现状，我们认为首先需要进一步加深中资投行信息化程度，把更多的业务搬上信息化平台。其次，要尽快为各个业务部门零散的信息系统构筑统一的数据底层和信息平台，打通各部门之间的信息，使之能真正成为集团共享的资源。在此基础上，需要将不同国家海外分支机的业务和管理流程整合到集团统一的平台上，真正实现集团的全球化信息管理。

（四）加强对国际化人才的培养，建立国际化人才队伍

1. 加强人才融合，推行"本土化"策略

结合前文对汇丰本土人才管理以及野村人力资源国际化接轨的研究，我们认为要以"融合"的态度和方法贯穿并购后的海外机构经营管理中，即在并购初期，中资投行在向被

并购企业派遣高层领导者对海外机构进行管理的同时,需要尽量留用被并购海外企业的中高层管理者,既要"管理"也要"学习"。

2. 加强人才历练,提高国际化管理水平

外派海外人员不仅包含管理层,还应包含其他各层级人员,他们的主要任务应当是:尽快熟悉当地业务和金融市场规范,适应当地文化,学习国外的管理流程和模式等。经过几年时间历练,集团的外派人员在海外的经营实践中成长、历练,国际商务能力从无到有、从少到多,才能真正成为中国投资银行的国际化经营管理人才。

外派人才和推行本土化策略两者需要结合运用,英国跨文化专家理查德·刘易斯认为,中国企业的海外分支机构应该有两位负责人,一个中国外派管理层和一个当地管理人员,同时中国人员的职位应该比当地人员略高一点。海外分支机构要在当地形成一定市场影响力,必须适应经营本地化。人才资源本土化,是实现本土化经营的重要基础。因此,建议中国投资银行的海外分支机构仅在关键管理和业务岗位上外派人员,其他副职和一般员工仍以当地员工为主。

3. 完善人事外派制度,建立国际化人才储备

外派员工、人才历练的过程必须建立在母公司有完善的人事外派制度保障的情况下。中资投行在设立海外分支机构或并购海外企业的同时、甚至之前就应当开始研究人事外派制度。完善的人事外派制度不仅应当包含驻外员工的福利、返回国内后的安排等,帮助外派人员解除后顾之忧,还应当包含外派员工在外派期间离职等情况的说明。由于中国投资银行国际化人才的紧缺,如果遇到进入同一海外市场的中资投行互相竞争,熟悉当地金融市场的中国人才则会非常抢手,为避免公司付出高昂成本历练的国际化人才流失,公司应当在外派人事制度中对此加以约束。

建立长效的国际化人才储备培训机制才能未雨绸缪,为开拓新的国际市场做好人才准备。国际化人才培训机制可以从许多方面着手,比如基于管理培训生的框架,选拔一批具有国外留学背景的海归金融人才,先在集团母公司轮岗,熟悉母公司的文化以及管理和运营方式,然后外派到已有的海外分支机构进行轮岗培训。又比如定期在各业务部门选拔对海外业务感兴趣的业务骨干,外派到海外分支机构学习一段时间,回国后既可以作为母公司原部门的储备干部,又可作为海外新业务拓展的储备。同时集团总部可以设定将每年营业利润的固定比例投入到公司的国际化人才培养中,使培训的资金投入与业务增长挂钩。建立了国际化人才储备的培训机制后,中国投资银行才能拥有一支灵活的海外机构高管储备队伍,加速海外市场的扩张速度,不断形成良性循环。

(五)中西合璧再造企业文化,加强对境外当地法律和监管的研究

1. 境外子公司企业文化既要入乡随俗,又要发扬中国文化兼容并蓄的特色

文化培训可以加强员工对不同文化环境的反应和适应能力,促进不同文化背景员工之间的沟通理解,并传递公司共同的文化,形成文化感召力和凝聚力。通过培训,一方面可以减少外派的海外分支机构高层管理者和员工可能遇到的文化冲突,使之提前熟悉当地文化,迅速适应当地的新环境;另一方面,可以促进海外员工对中国投资银行的经营理念及中国习俗的理解,降低外籍员工的隔阂感,减少沟通可能产生的误会。

同时,企业是文化的载体,正如欧美企业进入中国市场形成的中国外企文化特色一样,

中国企业走向海外市场带去的不仅仅是资本，还有中国的文化。企业文化不是一成不变的，尤其是海外企业文化建设，我们需要结合中西方文化的特点，围绕有利于开拓国际市场的方向，中西合璧，取长补短，既入乡随俗，融合当地的语言文化、风俗习惯，又发扬中国文化特色，注重客户体验，包容并蓄，这样才能使中国投资银行的海外分支机构形成具有中国母公司特色又更容易被当地员工认同和接受的企业文化。

2. 合规管理要有全球化视野

对于"走出去"的中国投资银行来说，在合规方面取得当地有经验人士的支持至关重要。具体的支持可以分为两个方面：

第一，在中资投行现有的合规管理制度基础上，结合海外的新要求，对公司国际业务的合规流程与制度进行整体设计，可聘任外部熟悉海外当地金融规范的国际合规管理专家作为顾问，提供专业建议。然后，为保证制度的可操作性，编制国际业务《合规管理操作手册》，为每项制度配备操作流程指引、合规风险控制点、合规管理记录等。在操作流程指引中，针对每个高风险领域，详细规定控制环节、控制目标、管理职责等各项内容，以确保按照规定实施合规管理。

第二，留用或聘用熟悉海外当地金融市场规则的专业合规风控人才，吸取农业银行纽约分行合规问题的教训，给予当地合规部门独立的架构，使其能直接向董事会负责，并严守当地合规要求，开展属地化经营。

证券公司集团化经营发展趋势、特征及展望

中信建投证券股份有限公司课题组[*]

随着资本市场改革向纵深推进和中国资本市场国际化步伐加快，我国证券行业由先前以证券公司母公司发展为主向证券公司协同下属子公司的集团化发展转变，且集团化经营正呈明显加速的发展态势。近年来，证券公司子公司呈快速发展的态势，已经成为证券公司服务实体经济、助力供给侧改革，支持"一带一路"建设的重要手段。与此同时，监管部门也积极出台政策或对原有政策进行调整，助推证券公司子公司发展。

一、证券公司集团化经营发展情况

（一）证券公司集团化经营发展概况

目前，证券公司对子公司的布局集中在传统证券业务（含经纪、投行和资管）、期货、私募基金、境外业务、公募基金、另类投资等领域，其中，传统证券业务（含经纪、投行和资管）子公司与证券公司母公司一样是中国证券业协会（以下简称"协会"）的会员，称为会员子公司；其余类别子公司不是协会会员，主要包括期货、私募基金、境外业务、公募基金、另类投资等子公司，称为"非会员子公司"。[①]

近年来，证券行业集团化经营趋势日趋明显，这种趋势主要是受母子公司联动发展影响，证券公司子公司的快速发展带动了证券公司的集团化发展。在2010年到2016年间，协会的证券公司会员家数从106家增长到129家，增加的主要来源是会员子公司。七年间会员子公司的家数由10家增加到33家，净增23家。除会员子公司外，非会员子公司的增加更多，其中主要原因是越来越多的证券公司到中国香港甚至新加坡、英美等地设立境外子公司，以及不少证券公司纷纷设立私募基金子公司和另类投资子公司等。

---

[*] 本文为中国证券业协会2017年重点课题。课题负责人：王广学；课题组成员：宋昌永、郭泰、林睿、秦家学。
[①] 2017年6月，中国证券业协会修改《会员管理办法》，将证券公司私募投资基金子公司、证券公司另类投资子公司纳入会员范围。鉴于本报告数据截至2016年末，故仍沿用之前的分类方法，将这两类子公司归为非会员子公司。

协会每年定期发布证券行业母公司口径的营业收入、净利润等数据,但未披露证券行业合并口径的营业收入、净利润数据。本文根据协会公布的证券公司年报进行数据统计,在行业内首次统计出2010—2016年历年证券行业合并口径的营业收入和净利润数据,以从宏观上考察证券行业整体的营业收入和利润贡献情况(详见表1、表2)。从营业收入和净利润的绝对值来看,子公司对于证券公司合并报表的收入和净利润增长贡献较大。

表1 2010—2016年证券行业营业收入情况

项目	2016年	2015年	2014年	2013年	2012年	2011年	2010年
行业营业收入(协会值)(亿元)	3 279.94	5 751.55	2 602.84	1 592.41	1 294.71	1 359.50	1 926.53
行业营业收入(审计值)(亿元)	3 275.33	5 717.60	2 603.40	1 593.26	1 301.67	1 360.16	1 930.32
证券公司合并报表营业收入(亿元)	4 044.67	6 471.30	3 074.69	1 848.80	1 485.49	1 576.19	2 115.24
证券公司母公司营业收入(亿元)	2 965.81	5 412.18	2 477.06	1 522.01	1 248.34	1 299.36	1 843.18
证券公司子公司营业收入(亿元)	1 078.86	1 059.13	597.63	326.78	237.15	276.83	275.14
子公司营业收入占比(%)	26.67	16.37%	19.44%	17.68%	15.96%	17.56%	13.01%
会员子公司营业收入(亿元)	309.52	305.43	126.35	71.24	53.33	60.81	87.14
会员子公司营业收入占比(%)	7.65	4.72%	4.11%	3.85%	3.59%	3.86%	4.12%
会员子公司数量(家)	33	31	24	19	18	15	10
非会员子公司营业收入占比(%)	19.02%	11.65%	15.33%	13.82%	12.37%	13.71%	8.89%

注:"行业营业收入(协会值)"是指协会每年1月中旬发布的证券行业母公司口径的营业收入;"行业营业收入(审计值)"为审计后母公司口径数据,与协会公布的未经审计数据有一定差异;证券公司子公司营业收入=合并报表营业收入-母公司营业收入,其中2010年子公司营业收入对广发证券部分进行了修正;证券公司子公司营业收入占比=子公司营业收入/合并报表营业收入×100%;非会员子公司营业收入=子公司营业收入-会员子公司营业收入,非会员子公司营业收入占比=非会员子公司营业收入/合并报表营业收入×100%。非会员子公司营业收入以及子公司营业收入其实均未包含母子公司关联交易抵消的部分,是低于真实值的,但本文通过对前十大券商进行统计分析,发现与真实值的差距不大,不影响研究结论。

资料来源:各证券公司及子公司财务报告。

2010—2016年,证券行业合并报表营业收入、母公司营业收入、合并报表净利润、母公司净利润和子公司营业收入及净利润六项指标均呈总体上升的变化趋势。证券行业合并报表营业收入从2 115.24亿元增长到4 044.67亿元,增长91.22%;母公司营业收入从1 843.18亿元增长到2 965.81亿元,增长60.91%;子公司营业收入从275.14亿元增长到1 078.86亿元,增长292.11%;子公司营业收入增幅远超母公司水平。7年间证券行业合并报表营业收入净增加1 929.43亿元,其中有41.66%(803.72亿元)来自子公司营业收入的增加。

表2 2010—2016年证券行业净利润情况

项目	2016年	2015年	2014年	2013年	2012年	2011年	2010年
行业净利润(协会值)(亿元)	1 234.45	2 447.63	965.54	440.21	329.30	393.77	784.06
行业净利润(审计值)(亿元)	1 231.26	2 441.63	965.01	441.14	328.95	389.82	788.69
证券公司合并报表净利润(亿元)	1 343.04	2 625.22	1 097.23	503.75	366.96	450.22	797.62

续表

项目	2016年	2015年	2014年	2013年	2012年	2011年	2010年
证券公司母公司净利润（亿元）	1 115.90	2 336.28	926.50	430.21	325.36	381.18	760.84
证券公司子公司净利润（亿元）	227.14	288.94	170.73	73.54	41.60	69.04	44.61
子公司净利润占比（%）	16.91	11.01	15.56	14.60	11.34	15.33	5.59
会员子公司净利润（亿元）	115.36	105.35	38.51	10.93	3.59	8.64	27.85
会员子公司净利润占比（%）	8.59	4.01	3.51	2.17	0.98	1.92	3.49
会员子公司家数量（家）	33	31	24	19	18	15	10
非会员子公司净利润占比（%）	8.32	6.99	12.05	12.43	10.36	13.42	2.10

注：行业净利润为审计后母公司口径数据，与协会公布的未经审计数据有一定差异；证券公司子公司净利润＝合并报表净利润－母公司净利润，其中2010年子公司净利润对广发证券部分进行了修正；子公司净利润占比＝子公司净利润/合并报表净利润×100%；非会员子公司净利润＝合并报表净利润－母公司净利润－会员子公司净利润，非会员子公司净利润占比＝非会员子公司净利润/合并报表净利润×100%。非会员子公司净利润以及子公司净利润其实均未包含母子公司关联交易抵消的部分，是低于真实值的，但本文通过对前十五名券商进行统计分析，发现与真实值的差距不大，不影响研究结论。

资料来源：各证券公司及子公司财务报告。

2010—2016年，证券行业合并报表净利润从797.62亿元增长到1 343.04亿元，增长68.38%；母公司净利润从760.84亿元增长到1 115.90亿元，增长46.67%；子公司净利润从44.61亿元增长到227.14亿元，增长4.09倍；子公司净利润增幅远超母公司水平。七年间证券行业合并报表净利润净增加545.42亿元，其中有33.47%（182.53亿元）来自子公司净利润的增加。2011年和2012年，子公司营业收入和净利润也曾出现小幅下滑，这是由于不少子公司在2010—2012年期间新设亏损所致。子公司营业收入和净利润在2016年双双下降，但降幅远好于母公司。因此，从总体上看，相比母公司，证券公司子公司发展态势更好。

从子公司营业收入和净利润的相对值来看，2010—2016年子公司营业收入和净利润占证券公司合并报表的比例呈现出非常明显的总体上升趋势，子公司营业收入占比由2010年的13.01%提高至2016年的26.67%，提升超过13个百分点；子公司净利润占比由2010年的5.59%提高至2016年的16.91%，提升超过10个百分点。其中，会员子公司营业收入占比始终低于非会员子公司且基本稳定在3%至5%之间（2016年提升至7.65%）；非会员子公司营业收入占比及变动幅度相对较大，2010年最低为8.89%，2016年最高为19.02%，总体呈快速上升趋势，说明子公司营业收入增长主要来源于非会员子公司。相比会员子公司，非会员子公司净利润波动更大，但与营业收入指标类似，总体上非会员子公司对证券公司净利润贡献超过会员子公司（2010年和2016年除外）。

根据对表1、表2和图1、图2的分析，我们发现证券公司子公司发展有两大特征：一是从营业收入和净利润的相对增幅来看，子公司收入和净利润的增幅要大大高于母公司收入和净利润的增幅；二是子公司营业收入和净利润占证券公司合并报表的比例均呈现出非常明显的上升趋势。

（二）前十大证券公司集团化发展特征

在对证券公司合并报表、母公司报表及子公司报表进行对比分析后，可以进一步了解证

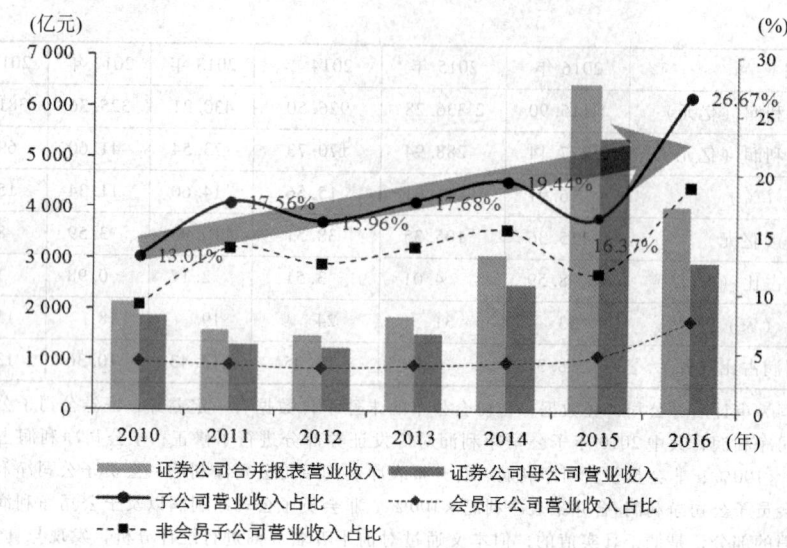

图 1 2010—2016 年证券行业营业收入变化趋势

资料来源：各证券公司及子公司财务报告。

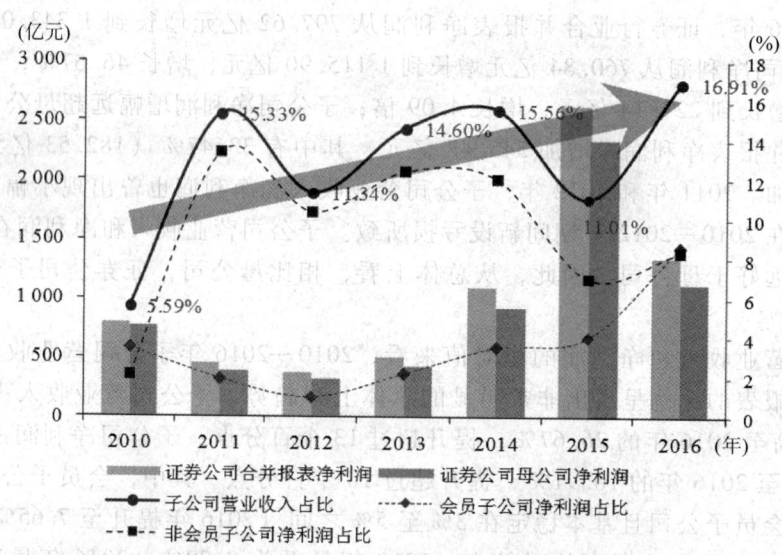

图 2 2010—2016 年证券行业净利润变化趋势

资料来源：各证券公司及子公司财务报告。

券公司子公司内部发展的一些特征。本文以 2016 年合并报表营业收入国内排名前十的证券公司为分析对象，按从高到低顺序排列分别是中信证券、海通证券、国泰君安证券、广发证券、华泰证券、申万宏源证券、中信建投证券、中国银河证券、国信证券、招商证券。证券行业的前十大证券公司内部排序每年均会发生变化，但前十大证券公司名单基本稳定。前十大证券公司 2016 年和 2010 年子公司营业收入的占比情况见表 3。

从表 3 中我们看出前十大证券公司子公司发展的以下特征：

特征一：前十大证券公司子公司对合并口径的收入贡献高于行业平均，且增速高于行业平均。2016 年，前十大证券公司的子公司营业收入占比达到 32.46%，高出全行业（26.67%）近 6

表 3　前十大证券公司 2016 年与 2010 年子公司营业收入对比

证券公司名称	2016 年				2010 年			
	合并营收排名	子公司营收（亿元）	子公司营收占合并报表比重（%）	子公司营收占比排名	合并营收排名	子公司营收（亿元）	子公司营收占合并报表比重（%）	子公司营收占比排名
中信证券	1	184.26	48.49	2	1	87.09	31.33	2
海通证券	2	158.91	56.73	1	3	18.54	18.98	3
国泰君安证券	3	87.82	34.09	4	5	13.04	14.89	4
广发证券	4	63.62	30.72	5	2	0.31	0.30	10
华泰证券	5	58.08	34.33	3	4	35.88	40.31	1
申万宏源证券（原申银万国）	6	35.23	23.78	6	8	8.23	11.69	5
中信建投证券	7	9.43	7.12	9	10	1.29	2.27	8
中国银河证券	8	15.33	11.58	8	6	3.11	3.94	7
国信证券	9				7	1.13	1.45	9
招商证券	10	20.77	17.76	7	9	5.06	7.80	6
十大证券公司	-	633.45	32.46	-	-	173.68	17.31	-
行业水平	-	1 078.86	26.67	-	-	275.14	13.01	-

注：国信证券 2016 年年报披露，报告期内，公司单个子公司的净利润或单个参股公司的投资收益对公司净利润的影响均未达 10%，无应当披露的重要控股、参股公司信息。

资料来源：前十大证券公司 2010 年及 2016 年年度报告。

个百分点；而在 2010 年，这两个比例分别为 17.31% 和 13.01%，相差 4.3 个百分点。前十大证券公司各自的子公司收入贡献提升也很快，2010 年子公司收入贡献在 30%—50% 之间的证券公司仅 2 家，而 2016 年子公司收入贡献在 30% 以上的证券公司已达 5 家。

特征二：前十大证券公司子公司 2016 年营业收入排名与其合并口径营业收入排名呈现高度的相似性。其中，中信证券等收入排名前五位的证券公司，其子公司营业收入排名和占比也位居行业前五名，申万宏源证券等后五名证券公司的子公司营业收入排名和占比也排在第六至十位。特征二使我们意识到，前十大证券公司中前五大的格局已相对稳定，可能主要归功于其子公司的贡献。运用集中度的计算方法印证了该结论，得到特征三。

特征三：前十大证券公司的子公司营业收入集中度高于证券公司自身的行业集中度。表 4 显示，2010—2016 年，前十大证券公司的子公司营业收入占行业子公司营业收入的比重均明显高于前十大证券公司合并报表营业收入占行业的比重。2010—2016 年，前十大证券公司的行业集中度基本稳定在 44%—51%，而前十大券商子公司的行业集中度却集中在 50%—67%。

表4　　2010—2016年前十大证券公司子公司营业收入情况

项目	2016年	2015年	2014年	2013年	2012年	2011年	2010年
十大证券公司合并报表营业收入（亿元）	1 951.65	3 216.56	1 419.66	829.21	670.41	800.82	1 003.51
行业合并报表营业收入（亿元）	4 044.67	6 471.30	3 074.69	1 848.80	1 485.49	1 576.19	2 115.24
十大证券公司合并报表营业收入占行业比重（%）	48.25	49.71	46.17	44.85	45.13	50.81	47.44
十大证券公司子公司营业收入（亿元）	633.45	663.79	350.48	178.33	120.12	183.62	173.68
行业子公司营业收入（亿元）	1 078.86	1 059.13	597.63	326.78	237.15	276.83	275.14
十大证券公司子公司营业收入占行业比重（β）	58.71%	62.67%	58.64%	54.57%	50.65%	66.33%	63.12%
β－α	10.46%	12.97%	12.47%	9.72%	5.52%	15.52%	15.68%

注：行业合并报表营业收入为表1中主体公司合并报表营业收入；子公司营业收入＝合并报表营业收入－母公司营业收入；子公司营业收入未包含母子公司关联交易抵消的部分，该部分比例较小，不影响研究结论。

资料来源：前十大证券公司2010—2016年年度报告。

（三）证券公司集团化经营发展的动因

近年来，证券公司通过设立、增资控股或收购子公司的方式，逐步形成集团化经营的战略格局，并取得较快发展。证券公司子公司快速发展的原因主要有三个：监管政策调整带来的制度红利，证券公司对子公司资源倾斜和扶持加大，以及证券公司子公司自身规模化扩张的内在需求驱动。

1. 制度红利

2012年，证券行业掀起一轮创新发展的高潮，证券监管部门出台一系列政策，鼓励各证券公司加大创新力度，也对部分原先监管过紧的政策做出调整。例如，在基金公司监管政策方面，2012年6月中国证监会修订《证券投资基金管理公司管理办法》，取消了"单一股东持股不能超过49%"的限制规定。在规定出台前的2011年，中信证券被迫将原先100%控股的公募基金公司——华夏基金管理有限公司（以下简称"华夏基金"）的51%股份转让，股份转让后中信证券持有华夏基金49%股份。新政颁布后，中信证券随即于2013年8月受让华夏基金10%股权，持股比例由49%上升至59%，再次实现绝对控股。广发证券也于2014年8月增资广发基金管理有限公司，持股比例由原先的48.33%提升至51.13%，实现了绝对控股。

券商直投业务（私募基金业务）受监管政策的影响更为明显。自2007年开放试点以来，监管政策的主线就一贯穿券商直投业务由初期小范围试点，逐步规范发展，到最终放开的全过程。在初期试点过程中，直投业务出现了饱受诟病的通过Pre-IPO投资赚取一二级市场差价模式，最终"保荐＋直投"模式被叫停，开始向规范发展演进。2011年7月，券商直投业务被纳入常规监管，由审批制转为备案制。自2014年起，逐渐放开券商直投的投资品种和资金来源限制，直投业务开始走向市场化经营。

另类投资业务的发展也主要受监管政策推动。2011年5月6日，中国证监会发布《关于证券公司证券自营业务投资范围及有关事项的规定》，明确指出券商自营业务除了投资境内交易所上市的证券、境内银行间市场交易的部分证券和经中国证监会批准或者备案发行并在境内金融机构柜台交易的证券之外，还可以设立子公司的方式投资上述品种以外的金融产品。随后，券商陆续成立众多另类投资子公司。例如，中信证券设立中信证券投资有限公司，海通证券设立海通创新证券投资有限公司，广发证券设立广发乾和投资有限公司等。

2016年12月30日，中国证券业协会发布《证券公司私募投资基金子公司管理规范》和《证券公司另类投资子公司管理规范》（以下简称"私募+另类"两新规），要求各证券公司梳理直投业务体系，简化组织构架，回归主业，强化母子公司一体化管控，形成功能定位清晰、组织架构合理、主业突出、母公司管控到位、约束机制健全的子公司管理体系。两部法规颁布后，原先将另类投资和私募基金两类业务混同在一家直投公司发展的证券公司纷纷设立新的另类投资子公司，大大促进了证券公司另类投资和私募基金两大类子公司的发展，尤其将对私募基金子公司的发展产生深远影响。

券商资管业务的快速发展在很大程度上也得益于监管政策影响。在2014年券商资管的公募、资产证券化等创新产品市场准入制度放宽之后，券商资管业务实现爆发式增长，使得证券公司资产管理子公司也快速扩容，如2012年和2014年分别新成立的上海国泰君安证券资产管理有限公司和广发证券资产管理（广东）有限公司等，对促进证券公司子公司收入的增长起到了示范作用。

2017年7月，在对2016年度证券公司的监管分类评价中，中国证券业协会在其评价指标体系中，首次将证券公司的营业收入排名采用合并报表收入排名，并首次将券商境外业务收入占比作为重要指标引入，这将对证券公司做大做强境外子公司起到一定的推动作用。

2. 内部资源倾斜和扶持

子公司的快速发展很大程度上直接得益于证券公司近年来的资本补充。2014年9月，中国证监会和中国证券业协会要求所有证券公司编制2015—2017年三年资本补充规划，证券行业掀起了一场轰轰烈烈的资本补充高潮。2010—2016年，证券行业总资产（母公司口径）从1.97万亿元增长到5.79万亿元，行业净资产（母公司口径）从5 664亿元增长到1.64万亿元，均增长约2倍，近7年积累的资本超过2010年之前20年积累资本总和的两倍。证券行业积累的大量资本正源源不断对已有的香港子公司和直投（含私募基金管理和另类投资）子公司进行增资，以及用于并购中国香港或者欧美的投资银行。2015年广发证券H股上市后即对广发控股（香港）有限公司增资41.6亿港元，增资后广发控股（香港）有限公司注册资本高达56亿元；2016年华泰证券耗资近8亿美元并购美国AssetMark, Inc.；2015年光大证券耗资40.95亿港元并购新鸿基金融有限公司；2017年2月中信证券更是一次性对另类投资子公司中信证券投资有限公司增资110亿元，增资后中信证券投资有限公司注册资本高达140亿元等等。这些增资或并购为证券行业集团化经营的提速提供了强有力的保障。

3. 证券公司子公司自身规模化扩张的内在需求

证券公司子公司一旦设立，其发展获得母公司从资本、技术、人才和风控等各方面的支持，但更重要的是在所处细分领域的发展机遇的把握能力。例如，资本市场的双向开放进程加快，无论是国内居民还是企业对跨境资本市场业务的需求快速上升，对行业领先券商而言，其在香港资本市场的布局极为重要。比如，中信证券在国际业务布局较早，除设立中信证券国际（香港）子公司外，于2012年收购里昂证券全部股权，旨在通过并购获得里昂证券具有优势的研究业务、全球化客户基础以及海外市场经验，与中信证券国际的经纪业务形成互补，共同完成国际市场巨大需求的开拓。2015 年，中信证券将中信证券国际与中信里昂证券整合，就是为了更好抓住机遇推进中信证券的国际化进程。再如，同在上海的两家领先券商国泰君安证券和海通证券，其在香港资本市场的布局不尽相同，国泰君安证券抓住先机将其在香港早早设立的国泰君安金融控股有限公司于 2009 年在港交所主板挂牌上市，走出了一条独立自主发展境外业务的路子；海通证券则不同，2009 年收购香港本地领先的大福证券集团有限公司，并将其与早先设立的香港公司整合为海通国际证券集团有限公司，利用其香港上市的优势，多次增发股票实现资本规模的快速扩张，目前已经成长为香港中资券商的龙头企业，对海通证券的营业收入贡献最高年份达到 39%，且 2012 年以来营业收入贡献始终超过 9%。

二、证券公司会员子公司发展情况

（一）会员子公司发展概况及特征

目前，会员子公司按照业务范围大致可以分为三类：一是以经纪业务为主的经纪类会员子公司；二是以投行业务为主的投行类会员子公司；三是以资产管理业务为主的资管类会员子公司。此外，还有极少数会员子公司具备开展经纪业务、投行业务、自营业务、研究业务等综合业务的资格，比如上海华信证券和民族证券，但由于数量非常少，我们将其归到同样数量较少的经纪类会员子公司。

1. 会员子公司数量变化

2010—2016 年，会员子公司的家数由 10 家增加到 33 家，净增 23 家（见图 3）。

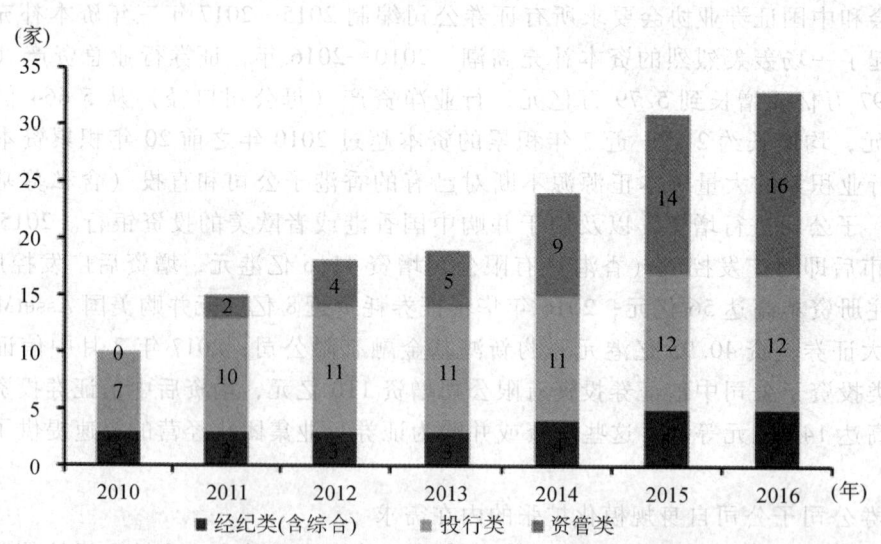

图 3　2010—2016 年三类会员子公司数量变化情况

资料来源：中国证券业协会网站。

通过图 3 可以发现，会员子公司数量增加主要来自资管类会员子公司。资管类会员子公司从 2010 年的 0 家增加至 2016 年的 16 家，而 7 年间经纪类会员子公司净增加仅 2 家，投行类会员子公司净增加 5 家。截至 2016 年末，现有 33 家会员子公司中数量最多的是资管类会员子公司,共有 16 家,占比 48.48%;其次是投行类会员子公司,共 12 家;最少的是经纪类会员子公司,只有 5 家。

2. 会员子公司经营情况

通过对表 1 和表 2 的分析,发现会员子公司整体对证券公司营业收入的贡献基本稳定在 3% 至 5% 之间,2016 年则有较大幅度提升至 7.65%。通过表 5 可以进一步看出,2010—2016 年,经纪类会员子公司营业收入从 36.88 亿元增长到 85.80 亿元,增长 132.65%;投行类会员子公司营业收入从 50.26 亿元增长到 78.38 亿元,增长 55.95%;资管类会员子公司营业收入在 2015 年以前未超过 35 亿元,2014 年因监管政策红利出现爆发式增长,2015 年突破 120 亿元,2016 年达到 145 亿元,同时明显超过经纪类会员子公司和投行类会员子公司。从 2016 年收入构成上看,券商会员子公司贡献收入比例最高的是资产管理类子公司,16 家资产管理类子公司收入累计占到整个行业合并报表收入的 3.59%;投资银行类子公司和经纪类子公司对证券行业的影响较小。

表 5   2010—2016 年三类会员子公司营业收入情况   (单位:亿元)

项目	2016 年	2015 年	2014 年	2013 年	2012 年	2011 年	2010 年
会员子公司营业收入	309.52	305.43	126.35	71.24	53.33	60.81	87.14
其中:经纪类(含综合类)	85.80	122.86	52.78	28.59	18.16	22.01	36.88
投行类	78.38	61.10	41.78	30.11	28.70	34.29	50.26
资管类	145.34	121.46	31.79	12.54	6.47	4.52	0.00

资料来源:各会员子公司 2010—2016 年财务报告。

从三类会员子公司净利润情况(见表 6)可以看出,2010—2016 年,经纪类会员子公司净利润从 15.44 亿元增长到 37.12 亿元,增长 140.41%;投行类会员子公司净利润从 12.41 亿元增长到 16.65 亿元,增长 34.17%;资管类会员子公司净利润在 2015 年以前未超过 15 亿元,2015 年突破 45 亿元,2016 年达到 61.58 亿元,超过经纪类和投行类会员子公司净利润总和。

表 6   2010—2016 年三类会员子公司净利润情况   (单位:亿元)

项目	2016 年	2015 年	2014 年	2013 年	2012 年	2011 年	2010 年
会员子公司净利润	115.36	105.35	38.51	10.93	3.59	8.64	27.85
其中:经纪类(含综合类)	37.12	48.50	19.98	9.30	3.39	5.80	15.44
投行类	16.65	11.82	5.80	0.81	0.41	1.87	12.41
资管类	61.58	45.03	12.72	0.83	-0.21	0.97	0.00

资料来源:各会员子公司 2010—2016 年财务报告。

从三类会员子公司营业收入和净利润变化的相对值来看,经纪类和投行类会员子公司营业收入和净利润占比四个指标均呈下降趋势;资管类会员子公司营业收入和净利润占比均呈上升趋势,其中资管类会员子公司 2016 年净利润占比已超过 50%(见图 4 和图 5)。

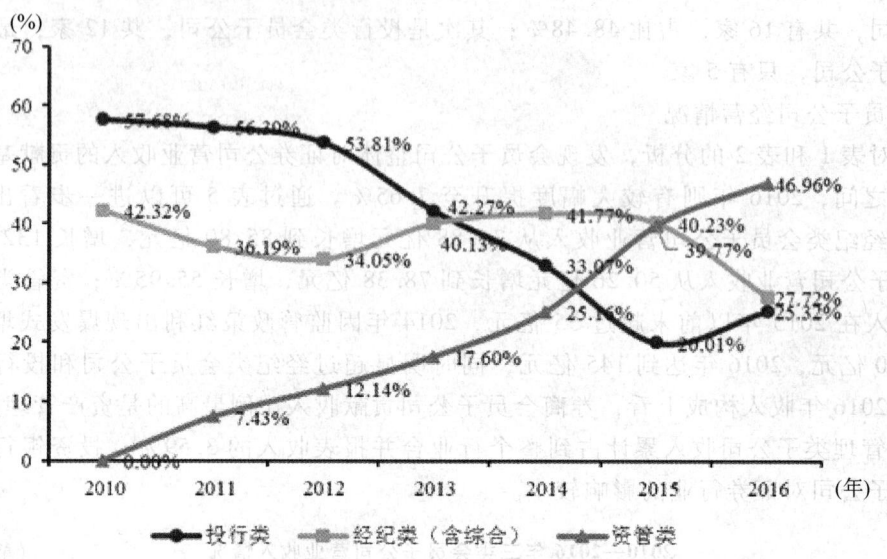

图 4　2010—2016 年三类会员子公司营业收入占比变化

资料来源：各会员子公司 2010—2016 年财务报告。

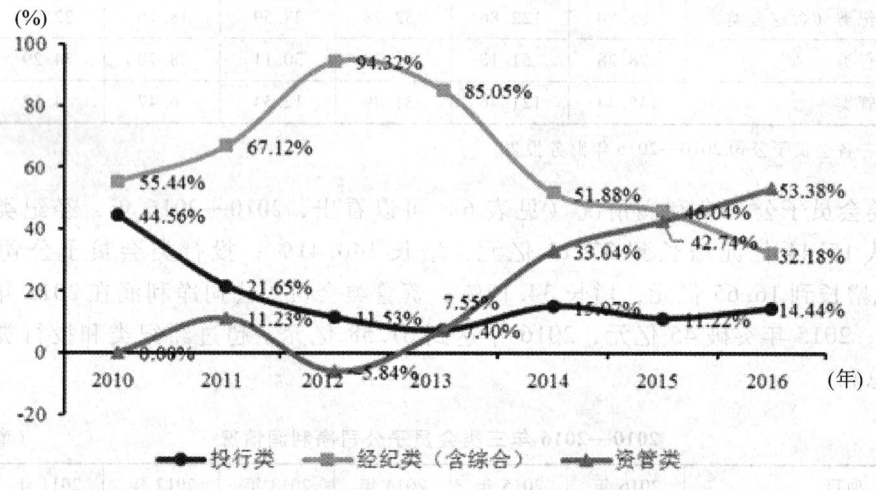

图 5　2010—2016 年三类会员子公司净利润占比变化

资料来源：各会员子公司 2010—2016 年财务报告。

根据以上分析，可以发现会员子公司具有如下发展特征，即资管类会员子公司发展速度，尤其是在近两年，已远远超过经纪类和投行类会员子公司；资管类会员子公司未来可能将成为决定会员子公司对证券公司营收贡献程度的主导因素。

（二）会员子公司发展展望

会员子公司在证券公司集团化经营中既不是主力，也不是重点发展方向，但考虑到其成立的历史原因，这些子公司仍会保留下去，成为证券公司集团化经营的一个补充。具体而言，资管类会员子公司依然是会员子公司的主流，收入和利润均会在其中占到大多数，但由于监管政策调整，资产管理存在跨部门统一监管的大趋势，以前将资产管理部门变身为资产管理公司的速度会大大减慢，更多证券公司会采取观望态度。投行、经纪类会员子公司因牌照限制，独立运作均有很大局限性，发展空间有限。

1. 对会员子公司未来数量变化的展望

经纪类会员子公司的产生主要是因为证券公司实施兼并收购或资产重组。比如中信证券（山东）和中信证券（浙江）即因中信证券实施兼并收购而产生。值得一提的是，中信证券（浙江）已于2015年被中信证券吸收合并。民族证券因来自方正证券的并购而成为会员子公司。上海证券因来自国泰君安证券的并购而成为会员子公司。申万宏源西部证券因为申银万国合并宏源证券而产生。无论是因为兼并收购还是资产重组，上述经纪类会员子公司都将面临业务整合的命运，中信证券（浙江）即为其中一例。如果业务整合能够成功完成，纯经纪业务的会员子公司将被证券公司吸收，而具备综合业务牌照的会员子公司可能会被部分吸收，比如吸收后仅留下投行业务而成为投行类会员子公司。

对于投行类会员子公司的产生，上述业务整合是其中一方面原因，比如恒泰长财证券、华泰联合证券、申万宏源证券承销保荐均因业务整合而产生。这部分原因产生的投行类会员子公司大约能占到25%（3家），另外75%（9家）的投行类会员子公司来自中外合资设立，即国内证券公司与海外投行或金融机构共同出资设立专门从事投行业务的合资证券公司，典型代表有东方花旗证券有限公司、中德证券有限责任公司、高盛高华证券有限责任公司、摩根士丹利华鑫证券有限责任公司等。受制于特有历史条件，中外合资证券公司业务范围主要集中于投资银行类业务，且外资比例限定在33%，这类公司因业务范围过窄，除个别公司外，表现平平。但最近一年以来新设立的申港证券、华菁证券、汇丰前海证券等中外合资证券公司，一诞生便是全牌照经营，且外资比例甚至可以高到51%，不再受先前的限制，不过这些新批准的合资公司均为独立证券公司，不属于本文研究的对象。

经纪类会员子公司和投行类会员子公司产生的原因决定了这两类会员子公司发展不会太快且规模有限。一方面，证券行业在发展过程中不太可能发生大规模的兼并收购或资产重组事件，这决定了经纪类会员子公司不会大量出现；另一方面，投行类会员子公司的规模也不会增长太快。目前的投行类会员子公司除了长江证券保荐承销有限公司等极少数单独将投资银行业务独立成子公司的以外，绝大多数都是外资投行为了进入国内市场，又为了保证其话语权，从而选择国内较小的证券公司成立的合资公司，例如东方花旗证券有限公司、中德证券有限责任公司、高盛高华证券有限责任公司、摩根士丹利华鑫证券有限责任公司。因为海外大的投行，如高盛集团、摩根士丹利、德意志银行等已经在中国设立了合资投行。其他有意在中国进行业务布局的海外金融机构，在中国现有监管环境下设立合资投行也需一个相对缓慢的过程。同时投行类会员子公司在境内激烈的竞争中因水土不服整体表现不佳，因此，未来新设立投行类会员子公司对证券公司来说意义不大。

对于资管类会员子公司来说，16家资管类会员子公司均是在证券公司的资产管理部基础上设立，或者说是将原有的资产管理业务公司化、独立化运作。但其与证券公司独立部门最大的不同在于，一是设立独立资产管理子公司可以将风险控制在子公司内部，风险不会向证券公司母公司传导（从目前证券行业并表监管的监管理念看，这一优势已经不再存在）；二是独立资产管理子公司能起到更好的激励作用，这对发展空间广阔但同时面临来自银行、基金、保险、信托等多行业空前激烈竞争的资产管理行业，无疑大有裨益。由于目前对资产管理业务的监管趋于严格，且对子公司风险监管延伸到证券公司母公司，资产管理子公司的新设热潮已经消退。

2. 投行类和资管类会员子公司未来发展展望

从长期发展来看,在国家经济供给侧改革"去杠杆"、鼓励直接融资的背景下,投行类会员子公司仍然有较大的发展空间。对于已经存在的投行类会员子公司,合资投行子公司发展较好的中德证券有限责任公司,2016年为山西证券贡献营业收入7.40亿元,净利润1.78亿元;内资投行类会员子公司发展较好的长江证券保荐承销有限公司,2016年的营业收入和净利润分别达到3.55亿元和0.65亿元。未来,各家投行类会员子公司也将在激烈的市场竞争中不断提升自身实力,比如华泰联合证券有限责任公司在并购重组业务上已经取得很好的成绩,带动了IPO、再融资等其他业务的发展。

资管类会员子公司未来巨大的发展前景主要来自于资产管理业务本身的巨大发展前景。近几年,券商资管业务已呈现爆发式增长态势,截至2016年末,证券公司受托管理资金17.26万亿元,同比增长45.75%,较2013年增长2.33倍。从今后的发展趋势来看,资管业务还有很大的潜力。根据瑞信发布的《全球财富报告》,截至2016年末,中国拥有个人资产在100万美元以上的有160万人,个人资产在5 000万美元以上的人数仅次于美国。中国人民银行发布数据显示,2016年中国广义货币供应量(M2)余额155.0万亿元。巨量的财富增长催生了高速增长的资管需求,随着大资管时代的到来,资管业务必将成为券商集团化经营不可或缺的布局重点。

与此同时,券商资管也面临着行业竞争和转型的挑战。目前,资管行业仍以银行和保险机构为主,竞争激烈。截至2016年末,资管行业(含银行及保险)规模合计人民币116万亿元。其中,证券公司资产管理业务规模为人民币17.32万亿元,占比14.93%。与此同时,在"去通道化""统一监管"的大背景下,整个资管行业面临结构调整,业务将更多向主动管理方向发展。资管类会员子公司在把握机遇的同时,需积极应对挑战,提升自身主动管理能力,这样才会在未来资管发展中,分得更大的蛋糕。

三、证券公司非会员子公司发展情况

(一)四大类非会员子公司在所在行业的地位

经过多年发展和资本运作,券商系子公司不仅在各自领域站稳了脚跟,更是在激烈的竞争中取得了不俗的成绩。证券公司的非会员子公司主要分为期货、公募基金、直投(包含私募基金和另类投资)、香港(国际)四类。以下为四类非会员子公司行业排名情况。

1. 券商系期货公司

根据Wind资讯统计,截至2016年末,国内期货公司已达145家,其中券商系期货公司有66家。2016年,期货行业营业收入合计121.09亿元,净利润合计64.52亿元,净资产合计875.72亿元,净资本合计654.02亿元。

大部分券商系期货公司成立时间较早,一般都在20世纪90年代初,随着国内期货行业和期货交易所的设立而发展起来。经过二十多年的发展,券商系期货公司虽然对证券公司收入贡献较为稳定并且不大,但在期货行业地位非常突出,以2016年期货公司手续费收入排名为例,期货行业前十大期货公司只有徽商期货有限责任公司一家为非券商系期货公司且排在第10位,前二十大期货公司只有四家(徽商期货有限责任公司、南华期货有限责任公司、瑞达期货有限责任公司和中国国际期货有限责任公司）为非券商系期货公司，其余均为券商系期货公司。

一般而言，券商系期货公司的地位主要由证券公司的经纪业务地位决定。通过表7可以看出，除了光大期货有限责任公司，其他前十大券商系期货公司均为前十大券商的期货子公司，而且前十大券商系期货公司的行业排名与前十大券商的行业排名基本保持一致。

表7 前十大券商与券商系期货公司排名对照表

券商系期货公司	券商系期货公司行业排名	对应券商	券商股东行业排名	券商名称	券商行业排名	对应全资/控股期货子公司	期货子公司行业排名
中信期货	1	中信证券	1	中信证券	1	中信期货	1
国泰君安期货	2	国泰君安证券	3	海通证券	2	海通期货	3
海通期货	3	海通证券	2	国泰君安证券	3	国泰君安期货	2
华泰期货	4	华泰证券	5	广发证券	4	广发期货	7
申万期货	5	申万宏源证券	6	华泰证券	5	华泰期货	4
光大期货	6	光大证券	12	申万宏源证券	6	申万期货	5
广发期货	7	广发证券	4	中信建投证券	7	中信建投期货	8
中信建投期货	8	中信建投证券	7	中国银河证券	8	银河期货	9
银河期货	9	中国银河证券	8	国信证券	9	国信期货	10
国信期货	10	国信证券	9	招商证券	10	招商期货	14

注：券商系期货公司行业排名为券商系期货公司2016年净利润在券商系期货公司范围内的排名；券商股东行业排名、券商行业排名均为券商2016年合并报表营业收入在证券行业的排名；期货子公司行业排名为期货子公司2016年净利润在券商系期货公司范围内的排名；申万期货代指申银万国期货与宏源期货的合并。

资料来源：各期货公司2016年财务报告。

前十名证券公司的期货子公司有9家排在券商系期货子公司前十名（招商期货位列第14名）；相对应地，前十名券商系期货子公司的证券母公司有9家也都位列行业前十（光大证券位列第12名），呈现高度正相关的关系。原因可能主要在于期货公司的客户和证券公司经纪业务的客户高度重合，且2007年中国证监会颁布《证券公司为期货公司提供中间介绍业务试行办法》后，证券公司母公司可以合法采用向期货公司介绍客户的方式做大做强期货公司，由此开始证券公司母公司经纪业务的地位决定了期货子公司的发展情况；期货公司的发展与证券市场的走势也呈现出较为明显的正相关关系。

2. 券商系公募基金公司

根据中国证券投资基金业协会公布的数据，截至2016年末，我国境内共有基金管理公司108家，其中中外合资公司44家，内资公司64家；取得公募基金管理资格的证券公司或证券公司资管子公司共12家，保险资管公司1家。以上机构管理的公募基金合计3 867只，公募基金资产合计9.16万亿元。

正如期货公司脱胎于证券公司，基金行业和首批基金公司也是由证券公司哺育而成。国内首批三家基金公司（华夏基金管理有限公司、国泰基金管理有限公司和南方基金管理有限公司）均设立于1998年，其控股股东分别为当时的三大全国性证券公司——华夏证券、国泰证券和南方证券。时至今日，华夏证券和南方证券均于 2005 年终结，前者被重组新设了中信建投证券，后者被重组新设了中投证券并于 2016 年被进一步重组为中金公司的全资子公司，专注于经纪业务发展。三家基金公司虽然经历了股东的变更，但华夏基金和南方基金依然是国内前十名的主流基金公司，国泰基金排名也在公募基金业内前三十。对比创立这三家基金公司的证券公司母公司，基金公司的发展要稳健许多，基金行业的发展更是比证券行业稳健许多。

现有公募基金公司一般分为券商系、银行系、信托系、保险系四大类。其中，券商系公募基金公司占比最高，能达到 45% 左右，且 2016 年营业收入排名前十的公募基金公司，有 7 家为券商系。

通过表 8 可以看出，前十大由券商全资或控股的券商系公募基金公司中有一半为非前十大券商的公募基金子公司。而根据已披露数据的情况看，前十大券商的公募基金子公司 80% 能排进十大由券商全资或控股的券商系基金公司之列。此外，还有许多排名靠前的基金公司都由券商参股，比如广发证券除了控股广发基金管理有限公司 51.3% 的股权，还参股易方达基金管理有限公司 25% 的股权；招商证券分别参股博时基金管理有限公司和招商基金管理有限公司 49% 和 45% 的股权；华泰证券分别参股南方基金管理有限公司和华泰柏瑞管理有限公司 45% 和 49% 的股权；国信证券参股鹏华基金管理有限公司 50% 的股权等。不难看出，不少券商即使参股基金公司，也是第一大股东且参股的比例较高，未来在时机成熟时极有可能通过增加股权变参股为控股。

表 8　　　　　　　　　前十大券商与券商系基金公司排名对照表

券商系基金公司	券商系基金公司行业排名	对应券商	券商股东行业排名	券商名称	券商行业排名	全资、控股或参股基金子公司	基金子公司行业排名
华夏基金	1	中信证券	1	中信证券	1	华夏基金	1
南方基金*	2	华泰证券	5	海通证券	2	海富通基金	17
汇添富基金*	3	东方证券	19	国泰君安证券	3	国联安基金	18
广发基金	4	广发证券	4	广发证券	4	广发基金	4
富国基金*	5	申万宏源证券	6	华泰证券	5	南方基金*	2
博时基金	6	招商证券	10	申万宏源证券	6	富国基金	5
招商基金	7	招商证券	10	中信建投证券	7	中信建投基金	9
兴全基金	8	兴业证券	16	中国银河证券	8	无	—
财通基金*	9	财通证券	20 之外	国信证券	9	鹏华基金*	10
鹏华基金	10	国信证券	10	招商证券	10	博时基金*、招商基金	6、7

注：券商系基金公司指由券商全资、控股或参股的基金公司，其行业排名为券商系基金公司 2016 年净利润在券商系基金公司（含参股）范围内的排名；标 * 的基金公司是由券商主要参股的基金公司，券商为基金公司第一大股东；券商股东行业排名、券商行业排名均为券商 2016 年合并报表营业收入在证券行业的排名；基金子公司行业排名为基金子公司 2016 年净利润在券商系基金公司范围内的排名。

资料来源：各基金公司 2016 年财务报告。

基金子公司发展时间较长，券商布局较早，前十名券商既有控股也有通过参股公司来实现，中信证券、广发证券等控股基金公司名列前十，也有通过参股基金子公司的财通证券、国信证券等。由于部分券商仅参股基金公司,并未将其纳入合并报表,但随着基金行业的发展,一旦券商通过增资控股基金公司,基金子公司的营收贡献还有望进一步增长。

3. 券商系直投公司

根据中国证券投资基金业协会数据,截至 2016 年 12 月末,中国证券投资基金业协会已登记私募基金管理人 17 433 家,已备案私募基金 46 505 只,认缴规模 10.24 万亿元,实缴规模 7.89 万亿元,认缴规模较 2015 年增长 1.02 倍。

直投子公司最早出现于 2007 年,证券行业内首家设立的直投子公司是中信证券成立的金石投资有限公司,最初注册资本为 8.31 亿元。经过十年发展,金石投资目前注册资本已经增长到 72 亿元,截至 2017 年 6 月 30 日的净资产达到 136.05 亿元,其管理的基金资产规模约 600 亿元。

根据中国证券业协会数据,2016 年,证券公司 75 家直接投资子公司新增对外投资 1 202 笔,投资金额共计 1 464 亿元。2016 年,证券公司共设有 45 家另类投资子公司,其中 2016 年前三季度,完成投资 547.65 亿元,实现净利润 19.17 亿元。

2016 年 12 月 30 日,中国证券业协会发布"私募+另类"两新规,进一步规范各证券公司直投业务。根据新规要求,一是各证券公司应当明确各类子公司的经营边界。一类业务原则上只能设立一个子公司经营,相关子公司应当专业运营,不得兼营。证券公司各类子公司均不得开展非金融业务,原则上不得下设二级子公司。二是各证券公司应当在两部规范规定的过渡期内,按照关联公司之间禁止同业竞争的原则和两部规范的相关规定,对现存的一类业务有多个子公司经营的情况,通过拆分、合并等方式进行规范,并稳妥地做好客户安置等工作。三是各证券公司应当强化对子公司的管控责任,做好风险防范工作,避免证券公司与子公司、各子公司之间出现风险传递,并切实承担对子公司风险控制及风险处置的应有责任。为此,各券商直投子公司正在集体转型为私募基金子公司。

直投子公司与券商发展也呈现出正相关的关系(见表 9)。直投子公司的业务与证券母公司的投行业务发展有着很大联系,直投子公司也经历了"保荐+直投"的发展模式。但在监管进一步规范的情况下,直投子公司的发展将进一步规范。其收入贡献程度也保持增长态势,有望在未来的"股权时代"迎来更快增长。

表 9　前十大券商与券商系直投公司排名对照表

券商系直投公司	券商系直投公司行业排名	对应券商	券商股东行业排名	券商名称	券商行业排名	全资/控股直投子公司	直投子公司行业排名
金石投资	1	中信证券	1	中信证券	1	金石投资	1
海通开元投资、海富产业投资	2	海通证券	2	海通证券	2	海通开元投资	2
华泰紫金投资	3	华泰证券	5	国泰君安证券	3	国泰君安创新投资	5
广发信德投资	4	广发证券	4	广发证券	4	广发信德投资	4
国泰君安创新投资	5	国泰君安证券	3	华泰证券	5	华泰紫金投资	2
上海东方证券资本	6	东方证券	18	申万宏源证券	6	宏源汇富创业投资、申银万国投资	8

续表

券商系直投公司	券商系直投公司行业排名	对应券商	券商股东行业排名	券商名称	券商行业排名	全资/控股直投子公司	直投子公司行业排名
兴证创新资本	7	兴业证券	15	中信建投证券	7	中信建投资本	9
银河创新资本	8	中国银河证券	8	中国银河证券	8	银河创新资本	6
中鼎开源创业投资	9	中原证券	45	国信证券	9	国信弘盛创业投资	20之外
国金鼎兴投资	10	国金证券	21	招商证券	10	招商致远资本	7

注：（1）券商系直投公司行业排名为券商系直投公司2016年净利润在券商系直投公司范围内的排名；券商股东行业排名、券商行业排名均为券商2016年合并报表营业收入在证券行业的排名；直投子公司行业排名为券商系直投公司截至2016年末管理基金规模在券商系直投公司范围内的排名。（2）2017年3月21日，中国中投证券办理完成股东变更的工商登记手续，成为中金公司的全资子公司；部分券商直投子公司未披露2016年净利润数据，因此未纳入统计。

资料来源：各直投公司2016年财务报告。

4. 券商系香港公司

近年来，得益于券商系香港公司数量不断增加以及母公司对香港公司的频频增资，券商系香港公司实力快速提升，直追外资投行和起步较早的银行系投行，在香港投行领域形成三足鼎立之势。截至2016年末，31家境内外上市券商的香港子公司已达24家，其中19家上市券商完整披露了旗下20家香港子公司营业收入和净利润数据（国金证券拥有两家香港子公司），光大证券和兴业证券仅公布了其香港子公司净利润数据但未公布营业收入数据，国信证券和中金公司均未公布其香港子公司财务数据。上市券商的这20家香港子公司2016年的营业收入合计201.40亿元，净利润合计22.02亿元，分别占19家母公司的合并报表营业收入和净利润的8.69%和2.70%。

最早赴香港设立子公司的是20世纪90年代的君安证券，后来随着国泰证券重组君安证券成立国泰君安证券，相应的君安香港公司也变为如今的国泰君安金融控股有限公司。其他较早设立的还有申银万国证券的申银万国国际〔现已更名为"申万宏源（香港）有限公司"〕、海通证券的海通国际证券集团有限公司等。根据中国证券业协会统计，2016年上市券商的香港子公司已达24家，这还不包括不少未上市的证券公司也已设立香港子公司，如中泰证券下设的中泰金融国际有限公司（简称为"中泰国际"）等。中信证券、海通证券、国泰君安证券凭借其发展香港子公司较早，已具备较强的境外业务能力。2016年，中信证券国际及中信里昂证券在香港市场共参与了11单IPO项目、13单再融资项目、16单债券融资项目、13单财务顾问项目，使得中信证券在除日本以外的亚太地区（包括中国）股权项目金额排名第一位，债券项目金额排名第二位；海通国际仍在不断扩大业务范围；国泰君安证券也在加快向国际投行转型。通过表10可以看出，前十大上市券商系香港公司（以2016年度净利润排名）中有兴证（香港）金融控股有限公司、东方金融控股（香港）有限公司、国元证券（香港）有限公司三家为非十大券商的香港子公司，十大券商中除了华泰证券和中信建投证券的香港子公司未进入前十名，其他十大券商的香港子公司均处于上市券商系香港公司前十名之列。

表10　前十大券商与券商系香港公司排名对照表

券商系香港公司	券商系香港公司行业排名	对应券商	券商股东行业排名	券商名称	券商行业排名	全资/控股香港子公司	香港子公司行业排名
海通国际	1	海通证券	2	中信证券	1	中信证券国际	3
国泰君安国际	2	国泰君安证券	3	海通证券	2	海通国际	1
中信证券国际	3	中信证券	1	国泰君安证券	3	国泰君安国际	2
广发香港	4	广发证券	4	广发证券	4	广发香港	4
银河国际	5	中国银河证券	8	华泰证券	5	华泰香港	21
兴证香港	6	兴业证券	16	申万宏源证券	6	申万宏源国际	8
招商证券国际	7	招商证券	10	中信建投证券	7	中信建投国际	11
申万宏源国际	8	申万宏源证券	6	中国银河证券	8	银河国际	5
东方香港	9	东方证券	19	国信证券	9	国信证券香港	—
国元证券香港	10	国元证券	33	招商证券	10	招商证券国际	7

注：由于仅A股上市券商披露了香港子公司经营指标，故券商系香港公司行业排名为券商系香港公司2016年净利润在（A股上市）券商系香港公司范围内的排名；券商股东行业排名、券商行业排名均为券商2016年合并报表营业收入在证券行业的排名；香港子公司行业排名为香港子公司2016年净利润在（A股上市）券商系香港公司范围内的排名。

资料来源：各香港公司2016年财务报告。

对境外业务的重视和对香港子公司的大力发展已成为各家券商的共识，近年来众多券商在国际业务这块更是动作频频，主要通过并购、收购或设立子公司的方式加快国际业务进程，比如海通证券已完成对葡萄牙圣灵投资银行的收购，招商证券在伦敦设立英国子公司，国金、西南证券等中小型券商并购香港成熟本土证券公司等。此外，前十大券商中通过增资、合并等方式，推动香港子公司高速发展，完成对境外市场的布局。从长远来看，中国香港市场以及由此延伸到的欧美发达国家仍是证券行业加强子公司布局的重要方向。

香港子公司与母公司的市场地位有一定关系，但未显现出很强的相关性，证券行业第一梯队在布局国际市场的同时，也有不少券商希望通过加强香港子公司的发展实现提升。同时，香港公司的收入贡献程度在子公司中增长最快，反映出证券行业第一梯队加速在国际市场的布局，并已经取得明显的成效。

（二）四类非会员子公司的发展特征

以2016年前十大券商的四大类非会员子公司为例，分析非会员子公司的营业收入和净利润对于合并报表的贡献程度，可以了解证券公司非会员类子公司所处行业的战略布局及趋势（见表11）。

表11　2016年前十大券商非会员子公司收入和利润贡献情况

项目	2016年（亿元）	贡献度（%）	项目	2016年（亿元）	贡献度（%）
合并报表营业收入	1 951.65	100.00	合并报表净利润	721.69	100.00
期货子公司营业收入合计	126.28	6.47	期货子公司净利润合计	20.89	2.89

续表

项　　目	2016年（亿元）	贡献度（%）	项　　目	2016年（亿元）	贡献度（%）
基金子公司营业收入合计	85.27	4.37	基金子公司净利润合计	27.79	3.85
直投子公司营业收入合计	66.50	3.41	直投子公司净利润合计	33.42	4.63
香港子公司营业收入合计	194.50	9.97	香港子公司净利润合计	22.87	3.17
四类子公司营业收入合计	472.56	24.21	四类子公司净利润合计	104.97	14.54

注：国信证券2016年年报披露，公司单个子公司的净利润或单个参股公司的投资收益对公司净利润的影响均未达10%，因此未能获得国信证券子公司相关数据；海通证券、申万宏源证券和招商证券香港子公司的营业收入以港元为计价单位，以券商年报中公布的人民币兑港币汇率0.89451计，折合为人民币计算。

资料来源：各大券商年报公开披露数据统计整理而成。

前十大证券公司的非会员类子公司营业收入达人民币472.56亿元，占前十大证券公司合并报表营业收入1951.65亿元的24.21%；净利润达人民币104.97亿元，占前十大证券公司合并报表净利润721.69亿元的14.55%。香港（国际）子公司营业收入对于合并报表贡献最大，占比达9.97%，其后依次为期货、基金和直投子公司；直投子公司净利润对于合并报表贡献最大，占比达4.63%，其后依次为基金、香港（国际）和期货。总结这四类非会员子公司的特征及发展趋势如下：

1. 期货子公司

由于该业务发展较早，前十大券商均全资设立或控股期货子公司。2016年期货子公司营业收入和净利润在前十大券商合并报表占比分别为6.47%、2.89%，营业收入的贡献明显高于净利润的贡献，说明期货业务营收规模大而盈利能力低。由于目前期货子公司的收入仍以经纪业务和保证金利息收入为主，在当下面临股指期货受限的不利条件下，期货子公司业务重心正转向商品期货，短期来看，期货公司的营业收入和净利润对合并报表的贡献不会有太大改变。

2. 基金子公司

2016年基金子公司的营业收入和净利润对前十大券商合并报表的贡献分别为4.37%和3.85%，两者较为接近，属于收入贡献相对较小、利润贡献相对较大的一类会员子公司。这是由于基金业为典型轻资产业务，营收规模小而盈利能力强。但由于券商布局基金较早，受阶段性监管政策影响，部分券商作为基金公司第一大股东未能控股，例如华泰基金参股的南方基金（45%）和华泰柏瑞基金（49%）以及招商证券参股的博时基金（49%）和招商基金（45%）。目前券商控股基金的政策障碍已经解除，如果两家公司各选择一家基金增持少数股权完成控股，则可将相关基金公司完成并表提高收入。

3. 直投子公司

2016年直投子公司的营业收入和净利润对前十大券商的贡献分别为3.41%和4.63%，是四类非会员子公司中唯一利润贡献超过营业收入贡献的。近年来，券商对于直投子公司的投入一直不遗余力。例如中信证券全资直投子公司金石投资有限公司的注册资本从2007年的8.31亿元增长到2013年的72亿元，规模增长近8倍。海通证券旗下的海通开元投资有限公司，注册资本也由2009年的30亿元，迅速增长至2016年的106.60亿元。2016年底推出私募基金管理公司和另类投资子公司必须分设的新政，再加上资本市场新股发行全面提速以更好地服务实体经济的大背景，在可以预见的未来，直投业务（含私募基金管理和另类投资)将扮演更重要的角色,为券商的营业收入和净利润做出更多贡献。

4. 香港(国际)子公司

2016年香港(国际)子公司营业收入对前十大券商合并报表营业收入贡献最大,9.97%的营业收入占比表明行业领先券商对于境外业务战略布局的高度重视。近年来,各大券商纷纷加大了对香港子公司的投入,通过增资或并购等方式,不断拓展香港(国际)子公司的业务范围和业务规模,取得显著成效。以海通证券为例,对其主要境外业务平台海通国际控股不断增资,从2009的20亿港币增长至88.50亿港币,增长近四倍;2015年更是并购葡萄牙圣灵银行并更名为海通银行。2016年海通证券子公司的营业收入贡献创纪录地达到了56.73%,其中来自于海通国际一家的收入贡献就达到39.28%,海通证券也因此成为前十大券商中唯一子公司收入贡献超过母公司的证券公司。

(三) 非会员子公司发展展望

根据目前资本市场的发展态势、金融监管政策的演变方向以及市场需求的变化情况,在可以预见的未来,证券公司子公司仍将迎来有利的发展机遇,尤其是境外业务、私募基金管理业务和另类投资业务等方面将具有广阔的发展前景。

1. 境外业务未来发展趋势

香港(国际)子公司作为券商连通境内外资本市场的直接通道、打开国际市场的重要窗口、布局境外业务的主战场,是各家券商迈向国际化的必争之地。近年来,券商纷纷设立、收购香港(国际)子公司,或通过增资的方式提升香港(国际)子公司实力,意指拓展境外市场,加速国际化进程,在未来国际市场的竞争中占得先机。

(1) 境内外资本市场联系更为紧密,境外业务市场规模将进一步快速扩大。2017年7月4日,"债券通"开通,中国债券市场向外国投资者开放,境外投资者可通过香港市场投资中国内地债市。目前,中国是全球第三大债券市场。中央国债登记结算有限责任公司公布的《中国债券市场概览(2016年版)》显示,截至2016年末,中国债券市场的年发行额22万亿元,债券存量超过57万亿元;截至2017年7月末,境外机构在中国银行间债券市场债券托管余额为8 414.68亿元,外资在中国债券市场的投资占比只有约1.5%,远低于日本、美国甚至一些新兴市场。随着"债券通"的开通,外资在中国债券市场的占比将有较大的提升空间。此外,目前已经实现的基金互通已有近千只基金在内地和香港实现交易;2017年前7个月,沪港通、深港通累计买入卖出成交额分别为8 576.4亿港元、1 904.3亿港元,交易活跃。

此外,中国金融监管部门对进一步开放中国资本市场持坚定的支持态度。如2017年7月央行发布《中国金融稳定报告(2017)》明确表示未来"要放宽QFII和RQFII市场准入,扩大投资范围,吸引境外机构投资者多渠道参与资本市场"。随着中国资本市场进一步开放,国内资本市场与国际市场互联互通将更为紧密,跨境流动资本的不断增长给国际业务市场规模增长提供强劲动力。

(2) 海外并购及资产配置全球化需求与日俱增,香港(境外)子公司迎来重大机遇。2016年全年,中国企业海外并购大幅增长,中国海外并购交易总金额达到2 209亿美元,交易量较上年增加142%,超过前4年交易金额总和,且保持着较好的增长势头。尽管海外并购交易在不断增长,但中国对外直接投资规模占GDP的比例相较于美国、日本等发达国家的 30% 仍然较低，仅为 10% 左右；2015 年，中国个人金融资产占总体可投资金融资产比例不足 5%，相较于同期美国的 18.6%，还有很大的差距。

在国家经济结构转型升级和供给侧改革仍在进一步深化的当下，国内企业海外并购的需求依然旺盛，中国不断增长的中产阶级也有着巨大的资产全球配置需求，这些无疑都是券商境外业务的"香饽饽"，如何抓住这一轮发展机遇，将成为未来几年券商海外业务竞争的焦点。

（3）紧跟国家"一带一路"建设，券商海外布局迎来新突破。海外顶尖的证券公司，例如高盛集团、摩根士丹利、大和证券集团和野村控股，经过数十年的布局，已经形成了较为成熟的全球网络，例如高盛在全球范围内通过设立、收购和合资等方式，在美国、英国、德国、日本、澳大利亚等数十个国家拥有子公司或分支机构；野村控股也在全球超过三十个国家设立了子公司及分支机构；日本大和证券在 2017 年 7 月 27 日宣布收购了北美 Sagent Holdings, Inc. 和 Signal Hill Holdings LLC 两家精于企业兼并收购的精品投行。正是这些遍布全球的业务网络为其服务国际客户、在全球范围内寻找标的提供了巨大的支持。受限于政治、经济、文化和发展阶段差异等因素，国内券商难以直接复制国际顶尖券商的海外发展模式，但中国当下的"一带一路"和人民币国际化进程的加速，为中国券商提供了新的历史机遇。

中国"一带一路"连接亚洲和欧洲，沿途蓬勃兴起的基础设施建设工程和贸易往来催生了庞大的金融需求。此外，人民币于 2016 年 10 月 1 日正式获纳入 IMF 提别提款权（SDR）篮子。随着"一带一路"的推进，人民币在国际货币结算、报价、支付、储备中的作用将逐步上升。至 2017 年 7 月，中国已与超过 30 个国家达成货币互换协议，合计最高金额达 3.33 万亿元人民币（约 4 900 亿美元）。目前，已有部分券商开始行动，在"一带一路"沿途国家或地区设立或收购子公司，抢先布局。可以预见，在"一带一路"推进的过程中，国内券商在沿途国际子公司的布局和海外业务拓展中将迎来历史性机遇。

（4）香港（国际）子公司收入占比纳入行业排名，香港（国际）子公司收入贡献有望继续提高。2016 年，前十大券商香港（国际）子公司营业收入合计为 194.50 亿元，占合并报表营业收入 9.97%，已经成为所有非会员子公司中，收入贡献最大的一类子公司。证券公司的香港（国际）子公司被赋予了开拓国际市场的重要战略意义，对于推动国际子公司提高发展水平，提升券商综合实力无疑有积极的促进作用。在海外市场规模不断提升，券商对于香港（国际）子公司投入不断加大的背景下，香港（国际）子公司的收入贡献有望继续提升。

2. 私募基金管理业务和另类投资业务未来发展趋势

近年来，各券商都利用在投资银行业务上积累的人才优势、区域和行业优势，加大私募基金管理和另类投资业务的投资力度，以协同轻资产型的投资银行业务和重资产型的直接投资业务。在中央金融工作会议强调的去杠杆和"依法监管、从严监管和全面监管"的大背景下，证券公司私募基金子公司和另类投资子公司迎来了更好的发展机遇，尤其是私募基金子公司更是进入了千载难逢的黄金机遇期，主要有以下三个方面原因。

（1）直接投资业务利润率较高，提升券商盈利能力。传统的经纪业务和投资银行业务在日益激烈的竞争中，经纪业务和投资银行业务的利润率呈下降趋势。传统以方向性股票和债券投资为代表的自营业务，也面临无论是股票还是固定收益二级市场大幅波动的风险，而以股权投资为主要代表的直投业务，在我国经济结构调整升级的大环境下，将有大量优质企业值得投资和扶持，股权投资迎来发展契机。证券公司通过直投子公司，一方面，介入企业发展的早期，实现对企业全生命周期的覆盖；另一方面，分享国内当前私募股权投资市场快速发展的红利。2016年，股权投资市场募资总额超过1万亿元，投资总额约7 500亿元。券商直投的收益水平相当可观，平均回报倍数达2.15倍，内部收益率IRR约为33%，这也是2016年直投子公司利润贡献在四类子公司中最高的原因。此外，证券公司通过另类投资子公司，可拓展投资资产品种，丰富收入来源。近几年投资产品变化趋势在2015年进一步提速，即从传统的主动管理型核心产品逐步转向另类产品、特殊产品和解决方案。

事实上，直接投资业务早已成为国外投资银行重要的利润来源。国外知名投资银行直接投资业务的营收贡献通常达15%—20%，像高盛公司曾经投资我国的中国工商银行、海普瑞和西部矿业等知名公司，在退出时均获得非常高的收益率；而我国券商直投业务的营收贡献比不足3%，因此仍具有较大发展空间。

（2）IPO提速推动直投业务迎来业绩扩张期。券商直投经过9年的发展，在私募股权市场已经初步占据一定份额。根据中国证券投资基金业协会统计，2016年，各直投子公司实现净利润合计35.38亿元，较2015年增加0.29亿元；发起设立各类直接投资基金465只，增长166%；募集资金（认缴）总额3 800亿元，增长155%。但是，截至2016年末，我国私募基金管理行业实缴资本已达7.89万亿元，认缴资本则更是高达10.24万亿元，相比之下，证券行业私募基金子公司管理的资产在整个私募基金行业占比不到4%。迄今为止，也只有金石投资一家公司进入行业前十名之列。

在中央金融工作会议再次发出金融机构去杠杆和服务实体经济的倡议下，证券公司应该加大对私募基金管理子公司的投资力度。2017年6月30日，证券行业杠杆倍数为2.6倍，比2016年底的2.97倍下降0.37倍，说明证券公司去杠杆已经取得初步成果，但问题是近年来证券行业资本补充速度非常快，2017年中期全行业净资产已经超过1.7万亿元，一方面是资本的快速补充，一方面是去杠杆，两者作用的必然结果是证券行业的ROE下降。因此，证券行业必须为冗余的资本寻找出路，这个背景下，私募基金投资成为必然选择。

（3）在合规前提下的业务协同将成为券商直投业务发展的显著优势。证券公司作为资本市场最重要的中介机构，在业务脉络及信息资源方面的优势得天独厚，券商直投子公司在业务"募投管退"四个环节均能与母公司形成一定协同，业务优势显著。在资金募集端，券商拥有一定的公信力。在投资端，基于投行业务项目资源优势，券商直投子公司具备信息优势及更为专业的定价能力。在对投资标的的管理上，券商凭借其金融全业务链优势，能为被投企业提供各种可能的投资与并购、业务与技术合作机会，帮助企业设计上市前的路演推荐方案，实现最佳资本结构等。在退出端，除了上市退出这一主流方式外，直投子公司还可以利用其券商母公司在兼并重组方面的平台优势和专业优势，收购目标企业的股权并获取控制权，在对其进行重组改造后再出售给目标企业或其他企业，顺利退出并取得回报。这些均是私募基金管理子公司所独具的优势，是做大做强证券公司直接投资业务的关键所在。

2016年12月30日，中国证券业协会正式发布"私募+另类"两新规后，证券公司直接投资业务有望进一步规范，证券公司直投子公司有望提高市场竞争力，特别是放开对私募投资基金业务的束缚后，未来将深入与产业投资者合作，更加有效地落实国家战略，同时解决与市场化基金相比较为落后的激励机制等问题，也将更大程度地激活自身内生动力。

3. 公募基金子公司未来发展趋势

公募基金业务是证券公司的传统业务之一,目前多数券商都已完成公募基金公司的布局,每年公募基金公司亦为券商母公司提供可观的收入,例如2016年华夏基金为中信证券贡献营业收入达41.04亿元,净利润达14.58亿元。2016年11月29日,中国证监会发布《基金管理公司子公司管理规定》及《基金管理公司特定客户资产管理子公司风险控制指标管理暂行规定》,从净资本约束、股东控股比例、业务隔离等多个方面对基金子公司的监管边界进行重新厘定。新规出台对于基金子公司的影响主要体现在两个方面:一方面,新规中净资本的约束(基金子公司净资本不得低于1亿元,不得低于净资产的40%,不得低于负债的20%,调整后的净资本不得低于各项风险资本之和的100%)将促使基金子公司增资,提高自身风险承受能力(目前多家券商已经公布了对于基金子公司的增资计划);另一方面,基金管理公司的控股要求为持有股权比例不低于51%,意味着证券母公司根据规定将要通过增资的方式实现对基金子公司控股同时实现并表,基金子公司营业收入对于合并报表的占比将进一步提升。

未来,券商系公募基金子公司发展仍将以公募和专户产品为主,随着资产管理和理财需求的不断扩大,公募基金业务的营业收入有望继续保持增长。

4. 期货子公司未来发展趋势

目前期货公司主要收入仍来源于传统经纪业务,创新业务刚刚起步。2016年全国期货市场累计成交额为195.63万亿元,同比下降64.70%。虽然商品期货受限,但股指期货有望继续保持快速增长,2017年初,中金所调整股指期货交易安排,推动券商期货业务持续向好。未来如果备受关注的外汇期货、利率期货等新品种能够上市,也将进一步吸引更多投资者。

期货公司自身也有较大发展前景。由于期货市场还在不断增长之中,未来期货公司发展一方面可以在传统经纪业务上进行客户分类分级不断细化,满足长尾需求;另一方面可向期货资产管理等创新业务进发,期货公司的资产管理业务虽然起步较晚,但面对快速增长的资产管理业务需求,未来仍然有很大的增长空间。

此外,期货子公司近年来设立的风险管理子公司正在逐渐步入正轨,将为实体经济、实体企业对冲风险扮演重要角色,未来也将成为期货公司重要的收入来源之一。

四、证券公司集团化经营的合规风控管理

(一)子公司快速发展所暴露的问题

近年来,在监管政策引导和市场化推动的双重作用下,证券行业的子公司发展如火如荼,无论是子公司数量还是业务规模,都明显增长,对于提升券商综合实力、拓展业务范围、服务实体经济都有着重要促进作用。与此同时,随着券商子公司快速发展的同时,公司治理薄弱、重业务轻风控、经营偏离主业、违规经营非持牌非金融业务等一些问题和风险也在逐步暴露出来,亟须规范和加强监管。

目前,券商子公司出现的问题多体现在三个方面。一是公司治理水平有待提高。证券公司股东职责履行不到位,子公司内部制衡机制缺失,子公司又下设特殊目的公司、项目公司等,母子公司关系不清晰,大量从事关联交易,存在较大风险隐患。二是人员独立性较弱。

如违反中国证券业协会规范,应由母公司派驻的合规、风控人员在母公司仍有兼职,甚至有部分职能由母公司代为履行。三是重业务轻风控,风险管理问题突出。大多数子公司人员配置较少,且大多数为业务人员,以开拓业务为主要目标,合规、风控和稽核的人员配置不到位,内控制度不完善,存在较大风险管理隐患。

(二) 加强对子公司的合规风控管理

证券公司集团化经营面临业务多样化和复杂化、集团内部关联交易、业务和客户的集中度及流动性等诸多问题。另外,子公司也有受不同监管机构监管的情况。这对集团及子公司的合规风险管理提出了新的挑战,正是基于此,启动了证券公司并表监管试点工作,证券公司集团层面对子公司的合规风控管理主要表现为并表管理。

1. 国际和国内金融集团监管实践

根据2012年9月联合论坛会同巴塞尔银行监管委员会、国际证监会组织、国际保险监督官组织公布的《金融集团监管原则》,至少包括银行、证券、保险中两类业务的集团属于金融集团,监管应关注:资本的重复计算,如双重和多重杠杆效应;评估集团风险,包括风险传染、集中度、利益冲突等;减少监管套利等问题。该原则提出从以下方面监管金融集团的风险,具体包括:公司治理、资本充足性及流动性(含资本管理、资本评估、流动性管理)、风险管理五个方面。其中,风险管理包括风险框架(风险管理职能、风险治理、系统和控制)、风险文化、风险容忍度和风险偏好、新业务、外包、压力测试和情景分析、风险加总、风险集中度、集团内部交易及其风险敞口、表外业务等。

2014年12月,中国银保监会先后出台了《商业银行并表管理与监管指引》《保险集团并表监管指引》对并表管理范围、业务协同、公司治理、全面风险管理、资本管理、集中度管理、内部交易管理和风险隔离等进行了规范,以此规范监管机构对金融机构集团的资本、财务以及风险进行全面和持续的监管,识别、计量、监控和评估集团的总体风险状况。

2. 证券行业加强子公司合规风控管理

证券公司发展集团化战略要牢牢守住合规风控的底线,子公司发展速度应与自身风险承受能力相匹配。面对集团化经营可能带来的风险,监管机构已经着手加强对于子公司合规经营的监管力度。2016年12月15日《证券投资基金管理公司子公司管理规定》《基金管理公司特定客户资产管理子公司风险控制指标管理暂行规定》正式施行,范围覆盖券商系基金、资管、直投和另类投资子公司等。关于基金子公司的监管规定体现了中国证监会拟对基金公司子公司设置一系列门槛,对开展特定客户资产管理业务的专户子公司实施以净资本约束为核心的风控管理和分级分类监管。

2016年12月30日,中国证券业协会第五届理事会第二十次会议审议通过了《证券公司全面风险管理规范》,其中,提出了"证券公司应将所有子公司以及比照子公司管理的各类孙公司(以下统称为'子公司')纳入全面风险管理体系,强化分支机构风险管理,实现风险管理全覆盖"。与此同时,监管部门2017年起启动首批并表监管试点,首批试点的11家券商[①]已按并表要求建立完善覆盖境内外全部母子公司风险敞口的评估、监测体系,并尝

---

① 参与并表监管试点的首批11家券商分别为中信证券、海通证券、中金公司、中信建投证券、国泰君安证券、国信证券、招商证券、广发证券、华泰证券、中国银河证券、申万宏源证券。

试按季度报送全面风险监管报表。这意味着监管部门高度重视证券公司子公司的风险控制以及子公司风险合规事件向证券公司母公司的传导,并采取有效措施,从制度建设上对证券公司加强子公司的风险管理提出了更高要求。

监管部门对券商子公司的监管进入到实质阶段,规定的出台将有效填补监管空白、防范潜在的利益冲突,在鼓励证券公司做大做强子公司的同时确保子公司守住风控合规底线,有利于整个证券行业健康发展。对于证券行业来说,子公司设立的门槛以及合规风控的要求提高有利于资本充实、业务能力突出、风险控制得力的子公司脱颖而出,这也意味着证券公司集团化经营将告别野蛮生长,迈向规范化发展之路。未来,在第五次全国金融工作会议"防控金融风险"的总体要求以及监管部门对于证券公司子公司具体管理规范的要求下,证券公司仍需进一步强化各类子公司的业务定位,清晰业务边界,明确母公司作为风险管理的主体责任,构建以净资本为核心的风险控制指标体系,推动证券行业建立全面风险管理体系,增加风险抵御能力。

3. 相关建议

证券公司子公司合规风控管理的目的是通过关注资本的重复计算、风险传染(关联性)、集中度、利益冲突、监管套利等问题,使子公司的业务合规、子公司的风险在可以承受范围内。

证券公司子公司合规风控管理的手段主要是在强调公司治理、内部控制、防火墙建设的同时,从人员管理、系统管理、风险政策等方面实现母公司对子公司风险管理的垂直管理。要合理界定纳入垂直管理的子公司范围,建议参考中国银保监会风险并表的概念,即在会计/财务并表的基础上,如果附属机构、子公司的风险足以对证券公司的财务状况及风险水平造成重大影响,或其所产生的合规风险、声誉风险造成的危害和损失足以对证券公司的声誉造成重大影响的,应当纳入垂直管理和并表管理的范围。

要明确对子公司合规风控分管领导的任命、考核方式,《证券公司全面风险管理规范》已经提供了较好的依据。

母公司风险政策要包含子公司主要风险类型,子公司风险政策要保持和母公司风险偏好和容忍度相一致。风险政策应覆盖资本充足率、信用风险、流动性风险、市场风险,具体体现在净资本和风险覆盖率、资本杠杆率、LCR 和 NFSR、集中度风险等方面。

子公司要建立或者直接使用母公司风险管理系统,使母公司可以及时监测主要风险;母公司可通过系统对子公司资本充足率、信用风险、流动性风险、操作风险和市场风险等进行识别、计量、监测和分析,进而在并表基础上对集团的风险状况进行量化评价。

五、结论

本文以中国证券业协会披露的全部会员券商财务报表为数据基础,通过营业收入、净利润等指标研究证券行业子公司未来发展趋势。通过分析,发现证券行业子公司发展的趋势非常明显,证券行业子公司对证券行业的影响越来越大,其战略地位显得日益重要。目前,证券公司对子公司的布局范围主要集中在证券(含经纪、投行、资产管理)、期货、私募投资基金、境外业务、公募基金、另类投资等领域,布局方式包括设立、增资控股或收购子公司。证券公司子公司的快速发展主要得益于证券公司子公司享受到了制度红利、受到证券公司内部资源倾斜和扶持，以及证券公司子公司自身规模化扩张的内在需求驱动。

证券公司集团化经营在完成初步布局之后，仍将通过侧重投入不同行业实现差异化竞争。从长远来看，境外业务和以私募股权投资为代表的"大资管"业务等仍是证券行业加强子公司布局的重要方向。集团化经营是券商在国内监管环境、资本市场发展以及自身需求综合作用下的战略选择，符合当下券商业务纵深拓展方向以及未来我国金融市场混业发展的趋势。

除此之外，还应注意到，在证券公司集团化经营的版图中，除了本文提到的会员与非会员子公司之外，还有诸如证券公司租赁子公司、银行子公司，以利用云计算、大数据、移动互联等新兴技术开展金融服务的金融科技（Fintech）子公司。例如，2015 年，广发证券成立了广发融资租赁（广东）有限公司开展融资租赁业务；2016 年，天风证券已经持有宜宾市商业银行 14.57% 的股权，位列第一大股东，成为国内首家成为商业银行单一大股东的券商。目前，多家券商已经开始尝试涉足金融科技（Fintech）领域，或通过并购，或通过直投子公司、另类投资子公司开始尝试投资入股金融科技（Fintech）公司，例如华泰证券投入巨资并购典型的美国金融科技（FinTech）公司 AssetMark 就是最好的例证。这些子公司拓展了证券公司集团化经营的边界，尤其是刚刚出现的金融科技（FinTech）子公司无疑将用最新的科技助力券商行业的转型，开拓证券公司集团化经营新的版图。

证券公司集团化战略要高度重视子公司的合规风控问题，子公司自身要牢牢守住合规风控的底线，确保发展速度与自身风险承受能力相匹配。监管机构加强对子公司的监管力度有利于证券行业子公司整体向规范化经营迈进。

中国投资银行集团管控与一体化发展模式研究

海通证券股份有限公司课题组[*]

一、中国投资银行实施集团管控、推动一体化发展具有现实的紧迫性

（一）集团化经营管理方式转型是落实"建设资本市场强国"战略的必然选择

1. 在中国建设资本市场强国的过程中，迫切需要打造富有中国制度特色的、注入中国文化元素的世界一流投行

中国经济正处于高质量发展的新时代，为进一步提升对实体经济的服务能力，金融体系需要进一步深化改革，提高直接融资比重。作为直接融资的主战场，强大的资本市场是新时代中国经济发展的必然选择。强大的资本市场除了需要具备较大的规模体量、完备的市场功能、高效的资源配置等要素之外，核心逻辑就是要拥有一流的投资银行。相较于国际投行，中国特色的世界一流投行除了在国际市场上要有强劲的国际影响力和竞争力以外，还需要有强烈的责任意识，代表国家利益，落实国家"资本市场强国"的重要战略，忠于市场经济发展规律[①]。

2. 打造具有全球竞争力的世界一流投行，构建母子公司为主体的集团架构，实施穿透式的业务与职能管控、推动集团一体化发展将成为必然选择

打造具有全球竞争力的世界一流投行，其根本要基于"以客户为中心"的理念，持续构筑自身在产品及服务领域的核心竞争力，以全面高效响应全球范围客户跨区域、跨市场、跨业务品种的综合金融服务需求。国内投资银行传统的基于独立法人机构的业务架构和管理方式将逐渐不再适用，设立、收购专业子公司扩展业务边界，构建母公司为管控核心的投资

---

[*] 本文为中国证券业协会 2018 年优秀课题。课题负责人：吴淑琨；课题组成员：江孔亮、陈玮、麦其芃、王浩、谢康、徐心航、邓荣超。

[①] 参见"有中国特色的世界一流投资银行建设之路"，官方网址：http://www.sohu.com/a/236 096 353_ 674 079，最后访问时间：2018 年 6 月 16 日。

银行集团,在集团范围实施全覆盖、全链条式的穿透式业务与职能管控、推动集团一体化发展将成为必然选择。

3. "一带一路"倡议的推进、中国金融业的进一步改革开放,将对中国投资银行集团化、国际化的一体化发展带来契机,同时也对集团管控提出更高的要求

在国家政策方针的指引下,国内投资银行需要致力于担负起践行国家战略的责任,助力实体经济"走出去",帮助实体企业解决境外融资、投资等问题,并在这一过程中有效提升国内投资银行的国际化综合经营经验和竞争力。

与此同时,2017 年以来,金融行业的准入门槛也逐步放宽。境外金融机构成熟的经营模式和集团管控经验具有先发优势,面对境外金融机构带来的严峻挑战,国内投资银行向集团管控和一体化发展模式转型成为稳固国内市场份额、提升国际竞争力的必然选择。

(二)集团化经营管理方式转型是让管控"灵魂"跟上发展"脚步"的重要路径

1. 随着证券行业的发展,母子公司为主体的集团架构逐渐成为中国投资银行,尤其是大型综合类投资银行的重要组织形式

回顾我国资本市场不断深化改革和对外开放的过程可以发现,促使投资银行集团化发展的原因主要有两方面:一是监管政策带来的制度红利;二是投资银行自身业务发展的内在需求。

(1)监管政策的引导为我国投资银行集团化发展提供了良好的市场环境。2002 年,中国证监会发布的《证券公司管理办法》规定,综合类证券公司可申请设立投资银行、资产管理等业务的子公司。该办法开启了中国投资银行设立专业子公司的进程。随后,一些证券公司出于业务整合或与外资合作的考虑,开始设立投行子公司。2007 年,中国证监会发布《证券公司设立子公司试行规定》,正式对证券公司设立子公司予以规范。同年,行业监管开放券商直投业务试点。2009 年,中国证监会发布《关于内地证券公司在香港设立、收购、参股证券经营机构和业务监管有关问题的通知》,明确支持有一定资产规模、内部管理良好的证券公司在香港设立、收购、参股证券经营机构,开展跨境业务。2011 年,中国证监会允许证券公司设立子公司从事除交易所和银行间市场证券以外的金融产品投资。2017 年,中国证券业协会对证券公司的监管分类评价中首次引入券商"境外业务收入占比"指标,一定程度上对证券公司发展境外子公司形成正向激励。

(2)投资银行自身业务发展的内在需求是我国投资银行集团化发展的又一重要驱动力。2012 年,中国投资银行资产管理业务迎来爆发式增长,一些资本实力雄厚的投资银行纷纷设立独立的资产管理子公司,从而隔离风险并实现更好的激励。此外,随着我国对外开放程度的提高,国内企业跨境投融资的需求日益增长,中国企业"走出去"对中国投资银行提供配套金融服务提出了新的要求,大型综合类投资银行率先通过设立或收购子公司的方式布局境外业务。

(3)子公司数量及资产总额占比持续提升,集团化架构在大型综合类投资银行中尤为突出。目前,中国投资银行子公司的业务范围主要涵盖经纪、投行、资产管理(含公募基金、私募基金)、期货、另类投资等金融子领域,全行业子公司资产总量及占比持续提升。从 2014 年到 2017 年,中国投资银行的子公司总资产由 5 321 亿元增至 14 258 亿元,占行业合并口径总资产的比例从 12% 提升至 19%(见图 1)。

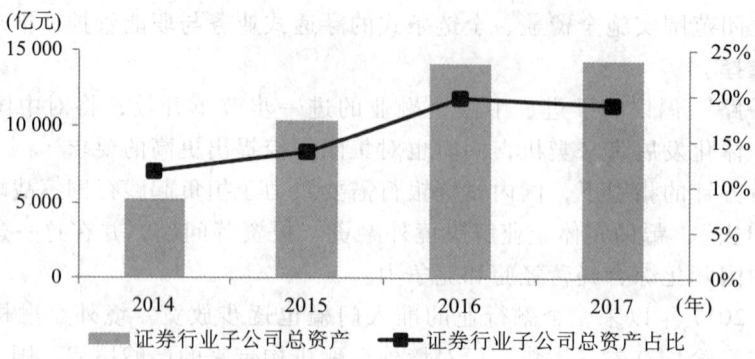

图 1 证券行业子公司总资产

资料来源及计算口径：

（1）证券行业子公司总资产＝证券公司合并口径总资产－证券公司母公司口径总资产。证券公司合并口径总资产来源于 Wind，证券公司母公司口径总资产来源于中国证券业协会发布的证券公司年度经营业绩排名。其中，中国证券业协会公布的 2016 年、2017 年母公司口径总资产包含资管子公司总资产，以此近似估计母公司总资产数量，不影响总体趋势。

（2）证券行业子公司总资产占比＝证券行业子公司总资产/证券公司合并口径总资产。

以母子公司为主体的集团架构在大型综合类投资银行中尤为突出。选取行业历年总资产规模排名前 5 位的中信证券、国泰君安、海通证券、华泰证券、广发证券，从 2010 年到 2017 年，上述 5 家投资银行的子公司总资产之和从 1 041 亿元增至 6 599 亿元，8 年年复合增长率达到 30%；样本投行的子公司总资产占其合并口径总资产的平均比例从 18% 提升至 28%。同期，样本投行的平均子公司家数从 23 家增长至 60 家（见图 2、图 3 和图 4）。

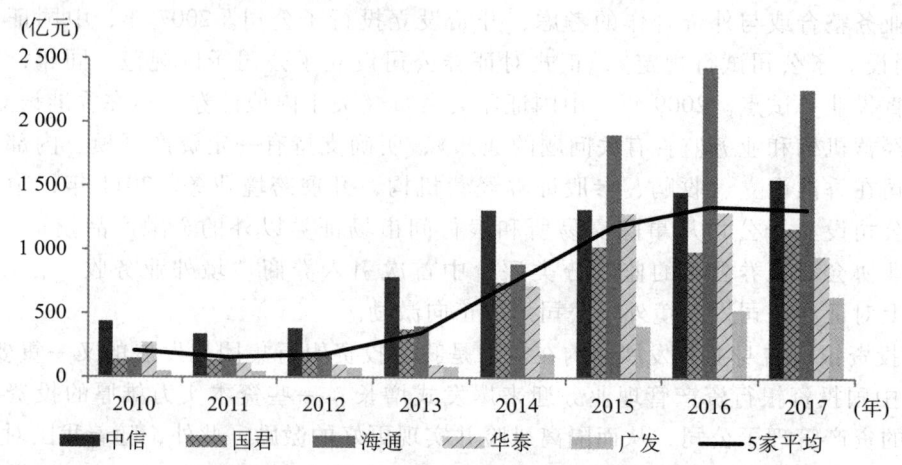

图 2 大型综合类投资银行的子公司总资产

资料来源及计算口径：子公司总资产＝合并口径总资产－母公司总资产。合并口径总资产和母公司总资产数据均来自 Wind。

2. 子公司作为中国投资银行的重要构成部分，其业绩贡献正越发突出

随着中国投资银行子公司数量和资产总量的增加，其对集团的收入贡献也同步增长。从 2014 到 2017 年，证券行业的子公司营业收入总额从 451 亿元增至 1 082 亿元，占投资银行合并口径营业收入的比例从 15% 大幅提升至 26%（见图 5）。

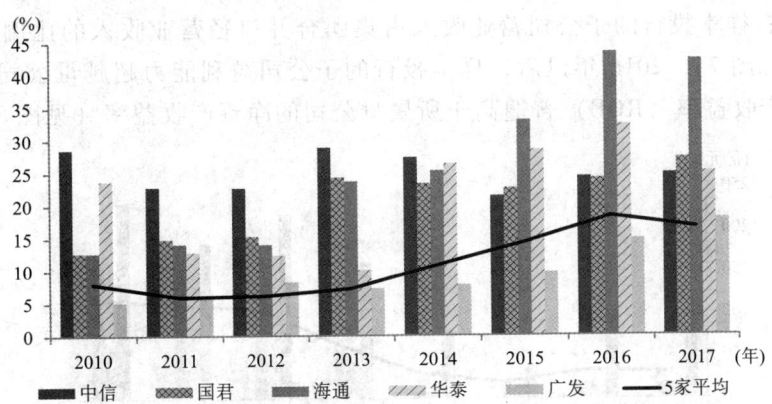

图 3　大型综合类投资银行的子公司总资产占比

资料来源及计算口径：子公司总资产占比＝子公司总资产/合并口径总资产。子公司总资产计算口径如图 2 所示。数据来自 Wind。

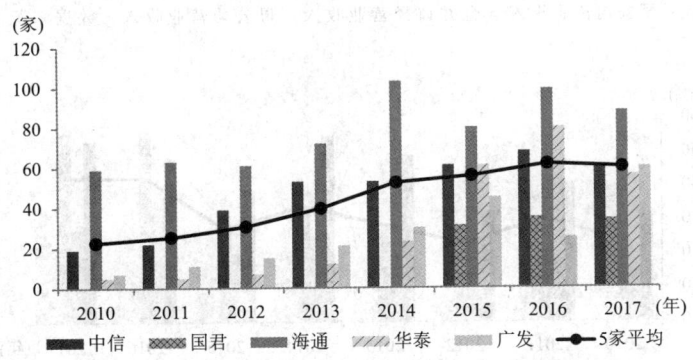

图 4　大型综合类投资银行的子公司数量

资料来源及计算口径：5 家证券公司的子公司数量以 Wind 公布的并表子公司数量计算。其中，国泰君安证券在 2015 年上市以前未披露并表子公司数量。

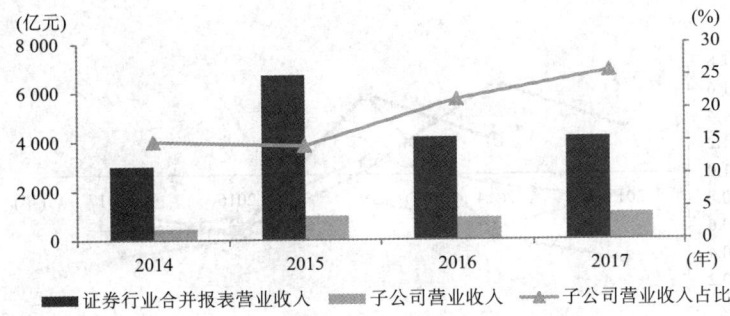

图 5　证券行业子公司营业收入

资料来源及计算口径：
（1）子公司营业收入＝证券行业合并口径营业收入－母公司营业收入。证券行业合并口径营业收入来源于 Wind，母公司营业收入来源于中国证券业协会发布的证券公司年度经营业绩排名。
（2）子公司营业收入占比＝子公司营业收入/证券行业合并口径营业收入。

在大型综合类投资银行中，子公司的收入贡献也更为明显。选取同样的样本，从 2010 年到 2017 年，上述 5 家投资银行的子公司营业收入之和从 155 亿元增至 591 亿元，8 年年复合增长率21%;样本投行的子公司营业收入占集团合并口径营业收入的比例从24%提升至43%(见图6和图7)。2016年以后,样本投行的子公司盈利能力超越母公司,其主要子公司的平均净资产收益率(ROE)普遍高于所属母公司的净资产收益率(见图8)。

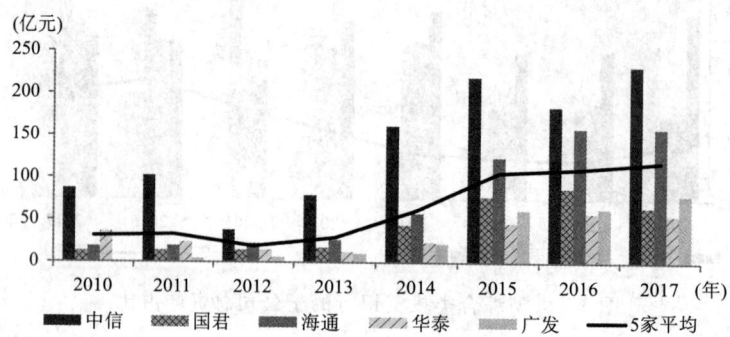

图6 大型综合类投资银行的子公司营业收入

资料来源及计算口径:子公司营业收入=合并口径营业收入-母公司营业收入。数据来源于5家证券公司2010—2017年年报。

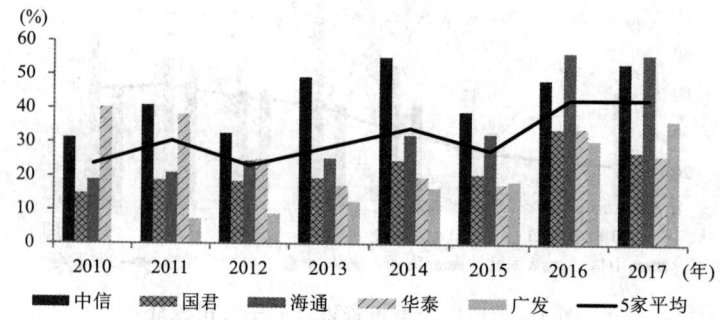

图7 大型综合类投资银行的子公司营业收入占比

资料来源及计算口径:子公司营业收入占比=子公司营业收入/合并口径营业收入。数据来源于5家证券公司2010—2017年年报。

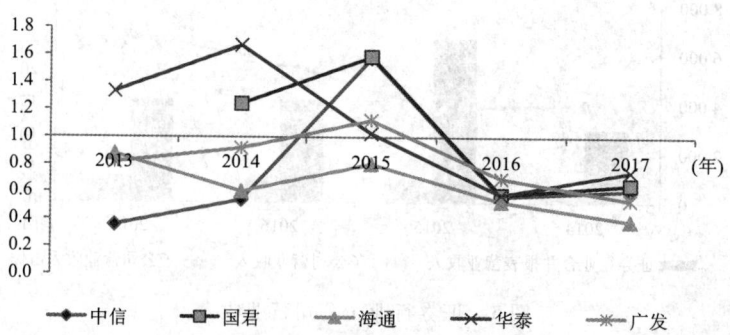

图8 大型综合类投资银行母公司ROE与子公司ROE的比值

资料来源及计算口径:
(1)比值=母公司ROE/子公司平均ROE。
(2)母公司ROE=母公司净利润/母公司净资产。
(3)子公司平均ROE=子公司净利润/子公司净资产。子公司以5家公司年报中披露的主要控股参股公司为准。数据来源于5家证券公司2013—2017年年报。

3. 在中国投资银行集团化"脚步"快速迈进的过程当中，集团管控的"灵魂"表现出明显滞后

诸多实践充分表明，中国投资银行对集团成员企业的管理更多地跟随业务的发展呈现"打补丁"的状态，无论从整体架构的顶层设计，还是制度体系的全面构建，到管控流程的搭建落实，管控的"灵魂"都没有跟上集团化发展的"脚步"。因此，中国投资银行亟待通过实施集团管控强化对成员企业的全面引导，并依托业务及管理的有效协同，推动集团一体化发展。

（三）集团化经营管理方式转型是顺应监管趋势、提升核心竞争力的必要手段

1. 国内投资银行经营环境日趋复杂，集团管控，尤其是集团合规与风险管理的水平将直接成为中国投资银行构建差异化竞争的核心能力之一

国内投资银行在为全球范围客户全面高效地提供跨区域、跨市场、跨业务品种综合金融服务的过程中，将面对日趋复杂的风险环境与因素。此外，全球金融监管的深度和广度也在日益增强。以全球视野审视集团合规风控体系，构建集团管控和一体化模式，将有助于加强各业务板块、子公司与母公司之间的协同，从母公司管理层面更好地落实集团战略规划，提升资源配置效率，加强风险合规管控等等。实施集团管控、推动一体化发展成为国内投资银行提升行业竞争力的必要手段。

2. 从全面合规、全面风险管理到穿透式监管，境内外金融监管正日益强化对投资银行集团管控的标准和要求

近年来监管层发布的政策条例充分说明监管层对于金融机构、投资银行集团化发展予以规范的意图愈发明显，全面合规管理和风控管理的监管要求督促金融机构实行穿透式地集团管控。投资银行顺应强监管的趋势需要实施穿透式集团管控，兼顾风险控制与效益产出，推动集团整体的一体化发展。

二、集团管控与一体化发展的理论综述

（一）企业集团理论强调法人联合体层面的价值创造

1. 企业集团是由产权关系联结的企业法人联合体

企业集团是以由资本纽带联结的母子公司为主体，以集团章程为其共同行为规范的母公司、子公司、参股公司及其他成员企业或机构共同组成的，具有一定规模的企业法人联合体。[①]

2. 金融集团是同一实际控制人下的金融企业联合体

对金融集团，巴塞尔银行监管委员会、国际证券联合会、国际保险监管协会在 1999 年的《对金融集团的监管原则》中将多元化经营的金融集团定义为：金融业在集团业务中占主导地位，所属的受监管实体至少从事银行、证券和保险中的两种以上业务，且每一类业务的资本要求不同。美国 1999 年的《金融服务现代化法案》中指出，金融集团包括银行、保

---

① 工商行政管理局：《企业集团登记管理条例》，1998 年。

险、投资银行的控股公司。

田晓林（2017）认为，金融集团可以理解为同一实际控制人出资设立的两个或以上不同类别的金融机构，在实际控制人的影响下，具有共同发展方向，在业务发展上有一定联系和支持面形成的企业联合体。他将中国的金融集团分为三种类型。第一类是由金融企业设立的金融集团。这类金融集团的特点是起源于某一特定金融业务，在该业务领域形成优势之后拓展至其他金融子领域。第二类是由大型产业集团设立的金融集团。这类金融集团的特点是产业链长，业务资源丰富，资本实力强。第三类是由地方国企设立的金融集团。这类金融集团的特点是在地方市场的占有率较高，对当地区域资源有较大的支配权。①

（二）从管理控制理论角度探讨市场环境、子公司特性对管控模式的影响

1. 管理控制的内涵包括组织架构、激励机制等

关于企业集团管理控制的理论众多，学者对于管理控制的观点可分为三大类：第一类观点认为管理控制是一个战略过程；第二类观点认为管理控制是一组机制、结构和程序；第三类观点认为管理控制是一套促使代理人从自身利益出发、选择对委托人最有利行为的激励和约束机制。

2. 管理控制模式的选择取决于市场环境、子公司的战略重要性、机构成熟度、业务相关性等多方面的因素

埃森哲咨询公司将管控方式按介入程度由低到高分为四类：资本投资型、战略设计型、战略控制型和运营管理型（见表1）。

表1　管控方式的四种类型

管控方式	战略投资管理	协同管理	母公司的共享服务
资本投资型	没有战略规划；母公司严格控制财务指标	没有关联影响	没有共享服务
战略设计型	母公司审阅子公司战略规划；制定关键的战略和财务指标	协调机制较少	仅在少数不易获得的专业技能上提供共享服务
战略控制型	母子公司共同制定战略规划；母公司监测财务和运营指标	协调机制较多	普遍使用共享服务来取得协同效应
运营管理型	母公司制定计划和预算	掌控相关界面来保证利用协同效应	较高程度的共享服务

3. 中国投资银行集团的管控重点应聚焦于资本、风险和价值

与其他企业发展的路径相似，投资银行作为金融企业发展到了集团化阶段，集团整体的管控成为经营管理的关键。根据田晓林等的研究总结，集团管控的根本在于对集团范围母公司以及各成员企业的所有资源进行持续整合与优化。中国投资银行尽管具备了金融集团的基本特征，但伴随着监管环境的持续变化，以综合金融战略为指引的中国投资银行集团化建设尚处于初级阶段。为了与该阶段特点相适应，中国投资银行集团管控的重点应聚焦于资本、

---

① 田晓林：《金融控股集团的经营管理之道》（第1版），经济管理出版社2017年版，第2—7页。

风险和价值。

（三）协同理论聚焦于集团不同业务单元间的资源共享

关于协同，安索夫将其定义为使公司整体效益大于各部分之和的效应。日本经济学家伊丹广之指出，协同相当于搭便车，由企业将其在某个领域的优势资源分享给其他领域使用，而不影响原有领域使用。① 田晓林（2017）指出，"协同"是指要素之间的相互联系所带来的非线性效应，其经济学含义为"取得有形和无形利益的潜在机会，以及这种潜在机会与公司能力之间的紧密关系"。

由于金融行业的产品以货币资产为主，具有较大的关联性，因此金融企业具有明显的规模效应和边际成本递减效应，使得金融集团发挥协同作用的空间更大。② 通过协同，金融集团可以达到整合金融产业资源、降低交易成本、提高运营效率和市场竞争力的目的。③

根据田晓林（2017）的分类，金融集团的协同可分为四大类，分别是战略协同、资源协同、经营与管理协同、知识与技术协同。

（四）理论联系实践，以管控为前提的投资银行集团一体化目的在于更好地响应客户综合金融服务需求

综上所述，有关企业集团、管理控制以及协同的理论研究，国外已经积累了丰硕的成果，而伴随着我国现代企业集团逾三十年的成长发展，国内的相关研究也形成了基本的观念体系，但是相关理论与国内证券行业的发展阶段、监管要求相结合，并应用于投资银行经营管理的研讨还相对匮乏。以对国内外理论研究成果的借鉴为前提，本文后续论述及方案设计主要以以下观点为基础依据。

1. 中国投资银行已具备金融集团的基本特征

中国投资银行在政策引导和内生成长的共同推动下已进入新的发展阶段，实质上已经成为以母子公司关系联结的企业集团，把围绕资本市场业务为核心的综合金融作为方向，具备了金融集团的基本特征。

2. 中国投资银行应以"集中"与"穿透"为原则实施介入程度高的集团管控

投资银行实施集团管控应对成员企业从业务和管理职能两方面采取深度介入的方式。基于对中国资本市场发展进程、监管环境变化的基本判断，投资银行实施深度介入的集团管控，可以总结为"集中"与"穿透"两个原则。集中，主要是指集团范围信息和资源的集中，是开展客户信息共享、业务协同、职能管控的重要前提；穿透，则是指承袭国内证券行业穿透式监管思路，将集团职能管控的触角延伸至由母子公司控制权关系所关联的最底层成员企业。

3. 中国投资银行的管控与协同共同推动集团的一体化发展

本文将中国投资银行集团一体化发展的根本要求总结为：将"以客户为中心"作为根本出发点，遵循集中、穿透、共享的基本原则，以管控为前提基础，通过建立协同与共享的

---

① 安德鲁·坎贝尔，凯瑟琳·萨姆森：《战略协同》，2000年，第28—83页。
② 张伟：《我国金融控股公司内部的协同机制探究》，安徽大学硕士学位论文，2016年，第11页。
③ 田晓林：《金融控股集团的经营管理之道》（第1版），经济管理出版社2017年版，第113页。

机制，对集团母公司及各成员企业实施业务条线与管理职能的全面管理，以便更好地开拓全球市场，整合集团范围内各类资源来满足客户跨区域、跨市场、跨业务品种的全球综合金融服务需求，提升集团整体核心竞争力。

以管控为前提基础建立协同机制。中国投资银行实施集团一体化建设的主体是集团母公司，对象主要是全资及具有实际控制权的各级金融业务子公司（参股子公司暂不在本文研讨范围之内）。在明确按照"集中"与"穿透"原则开展集团管控的同时，可围绕集团协同提炼出"共享"原则。中国投资银行内部的协同机制，表现在业务条线之间的协同、管理职能之间的协同以及二者之间的协同。协同的根本要求在于各类信息数据的共享，需要依托金融科技大力建设各类业务与职能管理信息系统以及保障数据交互的平台来予以支持。中国投资银行的管控与协同相互支持相互补充，共同落实金融集团的综合金融发展战略，实现相应的经营管理目标，凝聚形成集团合力，推动集团一体化发展。

三、境内外金融机构在实施集团管控、推动一体化发展方面的经验总结

（一）境外金融机构已形成较为成熟的集团一体化发展模式

本文选取了境外7家规模大且具有代表性的国际化金融集团，即高盛、美国银行、德意志银行、汇丰集团、花旗集团、摩根大通、瑞穗金融集团作为研究对象，分析其年报及相关文献资料，发现受监管变化的影响，境外金融机构集团管控体制发展经过了多次变革，以典型的美国模式为例，从早期的混业发展模式到严格的分业经营模式再到当前的混业经营模式。目前境外金融机构的管控模式大多采用母公司从事金融控股的控股型金融集团模式。

根据金融集团母公司是否从事特定业务为依据，境外金融集团主要可以分为两大类：一类是母公司从事金融控股的金融集团，即（纯粹）控股型金融集团；另一类是母公司从事特定业务的金融集团，即经营型金融集团。其中，经营型金融集团包括母子公司模式和全能银行模式。母子公司型金融集团以高盛集团、美国银行为代表，多为"多个法人，多个牌照，多种业务"；全能银行以德意志银行为代表，多为"一个法人，多个牌照，多种业务"[①]（见表2）。

表2 境外金融集团管控类型和特点

集团类型	境外金融集团代表	集团管控特点
经营型金融集团（母子公司型）	高盛	• 协同：集团层面客户业务关系共享。 • 职能管理：借助信息系统强化集团层面的风险管理
	美国银行	• 部门与职责的划分以业务为单元，各个业务条线垂直管理。 • 协同：集团内部共享客户资源，分支机构逐步向客户服务中心升级[(1)]

---

① 田晓林：《金融控股集团的经营管理之道》（第1版），经济管理出版社2017年版，第93—95页。

续表

集团类型	境外金融集团代表	集团管控特点
经营型金融集团（全能银行）	德意志银行	• 矩阵式组织架构，从业务条线、职能管理和区域三个维度构建集团组织架构。(2) • "总行－管理行－分行"：总行对分行有强有力的控制权，按照区域来划分下设分行的经营范围。(3) 总部职能是确定集团战略方针以及对管理行的管理指导；管理行职能是重大业务的决策以及对分行的管理指导；分行职能是开拓市场，建立属地化的客户服务团队。(4) • 金融科技：提出"在数字化世界中打造平台化银行"战略。建立"数字工厂"，作为数字化银行产品研发中心(5)
（纯粹）控股型金融集团	汇丰集团	• 矩阵式组织架构，重视业务条线垂直管理，区域管理权限相对弱化。 • 重视业务条线穿透式管理。 • 金融科技：大量投入金融科技，研发管控系统和智能投顾系统 Erica 等。
	花旗集团	• 矩阵式组织架构，业务条线按全球消费者零售银行、机构客户业务、企业及其他客户业务划分，区域板块按北美、拉丁美洲、亚洲和欧洲、中东、非洲划分。集团管控上以业务条线为主导，弱化地区职能。 • 双头汇报：地区分行业务和职能部门主管必须同时向区域主管和集团相应部门或业务线主管汇报。 • 金融科技：投资 Feedzai 数据公司，对电子商务和网络安全进行监控
	摩根大通	• 弱化区域条线的管理，以业务条线垂直管理为主。 • 金融科技：开发 X－connect 系统，用于检索电子邮件，帮助员工搜索匹配与潜在客户有业务联动的同事，挖掘潜在业务机会(6)
	瑞穗金融集团	• 矩阵式组织架构，不同子公司负责管理不同类别的客户和业务，如瑞穗银行负责零售客户业务，瑞穗实业银行负责公企业客户业务，瑞穗证券公司负责投资和证券业务，瑞穗信托银行负责信托业务(7)

注：(1) 陆晓明："美国银行战略转型及对中国银行业的启示"，《国际金融》2014 年第 9 期，第 12—15 页。
(2)《德意志银行 2017 年年报》，第 30 页。
(3) 张伟："金融控股集团离岸发展的案例比较与路径借鉴"，《南方金融》2013 年第 11 期，第 58 页。
(4) 阚景阳："西方金融集团组织架构及其发展演变"，《北方金融》2015 年第 1 期，第 83—84 页。
(5) 参见"德银金融科技战略给银行业的启示"，官方网址：https://www.yicai.com/news/5 361 296.html，最后访问日期：2018 年 7 月 19 日。
(6) 参见"身处金融业的你，应该了解美国七大银行的 AI 革命"，官方网址：https://www.iyiou.com/p/48 082，最后访问时间：2018 年 7 月 19 日。
(7) 贺晨："日本瑞穗金融集团整合经验与转型历程"，《现代日本经济》2009 年第 2 期，第 35—36 页。

1. （纯粹）控股型金融集团：汇丰集团重视业务条线穿透式管控，配合金融科技平台加强业务协同

（1）汇丰集团从业务、区域、职能管理三大维度构建集团管控架构。母公司汇丰控股成立于 1991 年，主要从事投资活动以及监督管理下设子公司（如汇丰银行等），不开展经营性活动。

汇丰集团的组织架构，纵向按不同业务板块划分，形成四大业务部门和一个企业中心。四大业务部门包括零售银行及财富管理、工商金融、环球银行及资本市场、环球私人银行。

横向上按不同区域划分,包括欧洲、亚洲、中东与北非、北美、南美等五大区域。在不同区域内,汇丰集团通过设立独立法人实体开展本土业务(见图9)。①

此外,汇丰运营、服务及科技部、风险管理、财务、金融犯罪风险管理、法律事务、市场推广和人力资源等11个环球部门,独立管理,专注于治理和管控,保障流程有效性和全球一致性,为全球业务提供支持(见图10)。②

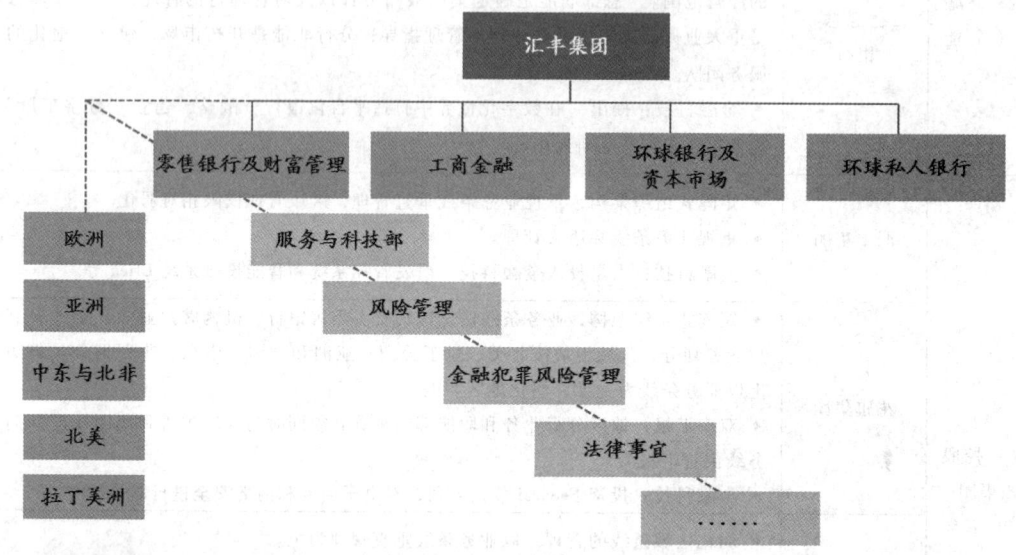

图9 汇丰集团矩阵式组织结构(2017年)

资料来源:汇丰集团年报;《Group Structure Chart》,2018年7月。

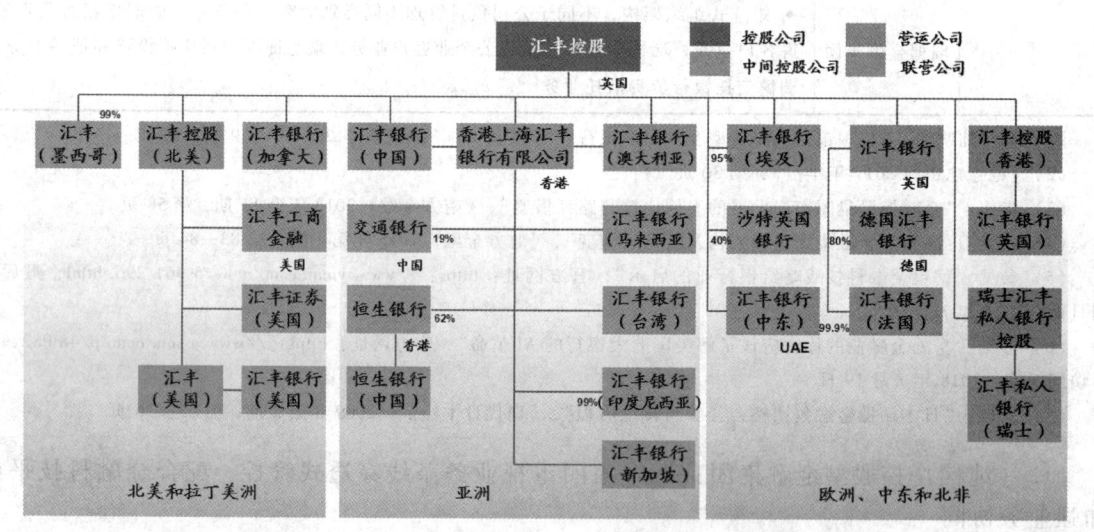

图10 汇丰集团股权结构(2018年7月)

资料来源:汇丰集团官网。

---

① 宋翰乙:"综合经营国际银行的公司治理架构",《金融论坛》2014年第9期,第27—28页。
② 《汇丰控股有限公司2017年报及账目》,2018年2月20日,第5页。

（2）重视业务条线的穿透式管理。四大业务板块对全球五大区域内的业务条线拥有较多的管理权限，形成强有力的线条型管理。各业务板块负责制定全球经营策略，并对各自业务条线上的收入、成本和利润等承担责任。然而，业务条线和区域之间的权限不是完全不变的，汇丰集团强调"地方智慧"战略，因地制宜，根据市场情况对管理权限进行适当的调整。①

（3）职能管控方面，母公司负责提供战略指导。为了满足综合经营的需求和市场本土化的要求，汇丰集团在职能管控方面以母公司集中管理为主，为子公司和分支机构供战略和操作层面的指导。

（4）高度重视金融科技平台的研发，加强集团业务部门的协同。汇丰集团高度重视集团信息平台的开发，通过搭建集团层面一体化的系统平台，兼顾业务和风险管理。

2. 经营型金融集团：高盛集团借助集团内部协同打造客户关系网，全面防范风险

（1）高盛重视部门间的协同，搭建强大的客户、业务关系网络。高盛设有投行部、证券部、商业银行部、投资管理部、全球投资研究部五大前台部门，各部门之间相互协同，打造紧密联系的客户和业务关系网络，发觉客户需求，创造业务机会。

（2）集团合规管理从横向和纵向两个维度双重管理。高盛集团的合规管理主要从区域管理（横向）和总部管理（纵向）两个维度展开，在不同区域内的子公司和分支机构均设有合规部门或合规管理人员，所有合规管理人员均由总部直接管理。②

（二）境外金融机构在组织架构、金融科技、条线管理等方面具有借鉴意义

1. （纯粹）控股型金融集团是境外大型金融机构发展的主流模式

目前，境外金融集团普遍为（纯粹）控股型金融集团，如汇丰集团，母公司为汇丰控股，负责股权投资以及子公司的战略指导；子公司和分支机构负责从事具体业务。

2. 境外金融机构主要采用矩阵式的管控模式

花旗集团就是矩阵式组织架构的典型案例。纵向上，花旗按照客户群体将业务条线划分为全球零售银行、机构客户业务、企业及其他业务三大板块；横向上，花旗集团按照区域将全球业务划分为北美、拉丁美洲、亚洲和 EMEA（欧洲、中东、非洲）四大板块。矩阵式的组织架构有助于金融集团，尤其是跨区域跨业务板块类型的金融集团从业务和区域两个维度进行管理，实现公司资源的有效分配利用。

3. 境外金融集团在集团管控方面侧重于业务条线的垂直管理

从集团管控角度，境外金融集团普遍采用重视纵向上业务条线的穿透式管理，弱化区域管理的职能，但业务条线和区域之间的权限不是恒定不变的，由不同区域及业务条线的特性决定。

4. 境外金融集团普遍构建集团一体化的金融科技平台

在围绕"以客户为中心"的集团管控理念下，境外金融集团致力于研发集团一体化管理的客户服务平台。

---

① 张颖："大型商业银行组织架构变革的目标模式——基于模型和案例分析"，《经济管理》2015 年第 3 期，第 114—116 页。

② 殷喆："后台强大才是真强大——走进高盛全球合规部"，《深交所》2014 年第 9 期，第 57—58 页。

（三）境内金融机构探索综合化经营的道路各具特色

我国在金融业从分业经营到混业经营的演变中，境内金融机构也逐步走上了集团化的发展道路。本文选取了四大国有商业银行以及民营最大的金融全牌照金融集团平安集团作为研究对象，通过分析其年报和有关文献，梳理各自在集团管控或一体化发展中的特色。

按母公司是否从事具体业务，同样可分为纯粹型金融集团和经营型金融集团两大类：前者不经营具体金融业务，只通过投资、管理控股、参股的金融机构开展各项金融业务，以平安集团为代表；另一类母公司本身从事某项金融业务，再通过持股子公司来经营其他金融子领域业务，以中国建设银行、中国银行、中国农业银行、中国工商银行四大行为代表（见表3）。

表3　　　　　　　　　　境内金融机构集团管控的特点

管控类型	境内金融集团	管控/协同的特点
经营型金融集团	中国建设银行	• 以商业银行业务为起点，确立综合性经营的战略定位。 • 搭建大数据系统架构，实施个性化精准营销。 • 通过渠道共享和联动机制，与子公司形成全方位业务协同
	中国银行	• 实行全球信息系统的集中部署和运维一体化[1]
	中国农业银行	• 尝试搭建矩阵式组织架构，实行垂直管理，业务上以客户为中心，职能上管理专业化，但目前尚未形成以客户为中心的架构[2]
	中国工商银行	• 利用工行的资金结算、托管等银行技术资源，为投行业务提供支持
纯粹型金融集团	平安集团	• 推行综合金融战略，打造集团统一品牌。 • 采用集中的运营管理模式，搭建统一的集约化后援中心

注：（1）《中国银行巩固信息科技全球一体化建设，全面推进国家战略实施》，2017年。
（2）陆铭：《商业银行条线经营管理模式的优化研究》，苏州大学硕士学位论文，2015年：第22页。
（3）刘忠明，张帅："银行系金融控股集团的协同效应研究"，《东方企业文化》（公司与产业），2011年：第1页。

1．平安集团集中后台运营职能，打造领先的集约化后援中心

（1）推行综合金融战略，打造集团统一品牌。中国平安保险（集团）股份有限公司（以下简称"平安集团"）自1988年成立以来，在综合金融战略指导下，从单一的保险业逐步发展成为全牌照金融集团。目前，平安集团形成了保险、银行、投资和互联网金融四大业务板块。

在综合金融战略的指导下，平安集团各子公司根据集团战略制定各自的经营计划，保持战略方向与集团一致。同时，在品牌打造和营销宣传上，各子公司也采用"中国平安"的统一品牌形象，形成集团统一品牌，充分发挥平安集团的品牌价值。[①]

平安集团遵循"集团控股、分业经营、整体上市"的经营管理模式。母公司是控股公司，同时作为上市主体，不从事具体业务，负责制定集团发展战略、统一规划、重大决策等，对各专业子公司绝对控股，通过股权控制及公司治理结构对子公司统一管理。

（2）通过后台集中运营，降低差错率和运营成本。平安集团在集团管控和一体化发展

[①] 王慧：《中国平安综合金融战略案例分析》，河北大学硕士学位论文，2017年，第14页。

上的一大特色举措是采用集中的运营管理模式，搭建统一的集约化后援中心。驱动平安集团实行集中运营管理模式的因素包括外部环境压力、内部业务多元以及成本节约的需要。

（3）搭建数据共享平台，提高管控效率，优化产品开发，降低业务风险。平安集团将数字科技置于集团管控和一体化发展战略中的重要位置，尤为重视搭建数据共享平台。数据共享平台由平安科技牵头搭建，在支付端口、流量、征信、风控等领域开展技术研发，整合集团内不同业务板块的用户数据。平安集团的数据共享平台提高了其集团管控效率，降低整体业务风险，优化各条线产品开发，最终推动集团的一体化发展。

2. 建设银行通过大数据系统进行客户挖掘和精准营销，借助渠道共享和联动机制与子公司形成业务协同

（1）以商业银行业务为起点，确立综合性经营的战略定位。作为国有四大商业银行之一，中国建设银行十多年来始终践行综合金融战略。在商业银行业务增长放缓的环境下，中国建设银行通过挖掘现有庞大客群的潜在商机，发挥其牌照资源丰富的优势，借助集团一体化发展获得新的收入增长点。①

目前，中国建设银行除母公司本身开展商业银行业务外，非银牌照已覆盖基金、租赁、信托、寿险、期货、投行等金融子领域，并拥有中德住房储蓄银行和27家村镇银行，在特定领域和区域提供专业化和差别化服务。

（2）搭建大数据系统架构，挖掘客群潜在商机，实现精准营销。在中国建设银行转型和改革过程中，大数据系统架构扮演了重要角色：通过多渠道积累此前较少覆盖的长尾客户的交易信息、消费偏好等数据，挖掘潜在商机，实现精准营销。虽然长尾客户对中国建设银行商业银行的利润贡献较小，但其用户信息能为建行集团的其他业务板块提供宝贵资源，为集团一体化发展提供动力。

目前，中国建设银行已形成"一个核心、三大平台、六维应用"的大数据系统架构，即以数据集成层为核心，搭建大数据的采集、整合、应用三大平台，支撑渠道全息大数据应用、个人客户数据挖掘应用、电子银行智能风控应用、精准营销应用、运维大数据应用、非结构化大数据应用六大应用体系。与此同时，大数据系统对不同种类业务数据进行集中化和标准化处理，提高数据运营的效率。②

（3）通过渠道共享和联动机制，与子公司形成全方位的业务协同

在综合性经营的战略定位下，中国建设银行与其子公司开始了全方位的业务协同。以其保险子公司建信人寿为例，中国建设银行与建信人寿从服务体系和流程着手，在联动机制、考核激励、资源共享、产品开发、渠道共享等五个方面实现母子公司的融合。

（四）境内金融机构在后台集中、数据一体、渠道共享等领域值得参考学习

1. 通过后台集中，降低运营成本，提高管控效率

后台集中能够为前台和中台提供专业化和高效率的运营支持，降低运营成本，因此成为大型金融集团应对激烈竞争、优化职能管控的良方。

---

① 参见："加快向综合性银行集团转型——中国建设银行综合性经营转型发展成效显著"，官方网址：http://www.ccb.com/cn/ccbtoday/newsv3/20 170 119_ 148 481 5 627.html，最后访问日期：2018年8月22日。
② 金磐石："'大数据'推动中国建设银行业务蓬勃发展"，《中国金融电脑》，2017年5月，第19—22页。

2. 重视打造信息系统和数据平台，作为集团风险管控和跨板块业务协同的重要基石

海量数据是互联网金融较传统金融机构的一大优势。对金融机构而言，大数据有利于风险管控，降低整体业务风险；数据共享有利于业务协同，推进集团一体化。

3. 通过渠道共享，利用在特定业务的客群优势推动一体化发展

大型金融集团通常由个别金融业务发展而来，其原生业务具有一定的客户基础和渠道优势。通过渠道共享，大型金融集团能充分发挥集团个别板块的客群优势，带动子公司的业务增长。

四、中国投资银行集团管控与一体化发展的实践分析

通过收集整理35家已上市中国投资银行近五年的年报信息，并综合其他相关资料，本文对中国投资银行开展集团管控、推动一体化发展的认识与重视程度的转变以及在经营管理中的实践进行分析研究。主要的结论包括：

（一）集团管控及一体化发展已上升到战略高度并进行了有益尝试

随着资本市场改革向纵深推进和中国资本市场国际化步伐加快，我国证券行业集团化经营正呈明显加速的发展态势。在监管政策趋严的引导和内生发展的驱动下，大型综合类投资银行正逐步意识到集团化是未来证券行业发展的趋势，建设相适应的集团管控体系以推动集团一体化发展必须在公司整体的层面以及战略的高度予以规划和实施（见表4）。

表4 中国投资银行已将集团化上升到战略高度的具体案例

投资银行	年报中有关集团化发展战略的相关表述	解读
中信证券	2018年，将持续贯彻以客户为中心、"全产品覆盖"的业务策略，继续加强对重点行业的龙头企业客户、区域重要客户、战略性新兴产业客户的覆盖，深入理解客户多元化需求，充分发挥公司境内外综合服务优势，各类业务协同发展，保持行业竞争优势和影响力	明确了"综合服务优势"、"各类业务协同发展"的发展方向
国泰君安	集团将"以金融服务创造价值"作为自己的使命，将成为"根植本土、覆盖全球、有重要影响力的综合金融服务商"作为发展愿景。根据集团《2016—2018年三年发展战略规划》，本规划期的阶段性目标是把集团打造成为"本土全面领先、具有国际竞争力的综合金融服务商"	明确了国泰君安作为"集团"的定位，并明确了"综合金融服务商"的愿景
海通证券	2017年，继续坚持以客户为中心，以经纪、投资银行、资产管理等卖方业务为本体，以资本中介业务和投资业务为两翼，以创新和国际化为驱动力，坚持集团化、国际化、信息化的发展方向，不断巩固战略先发优势，逐步释放战略储备，扎实推进各项工作，取得了良好的经营成绩	明确了"集团化"发展方向
广发证券	全面推进领先战略、科技金融战略、国际化战略、集团化战略和平台化战略，努力实现投资银行、财富管理、交易及机构和投资管理四大业务的转型与升级	明确了"集团化"发展战略
华泰证券	战略愿景：致力于成为兼具本土优势和全球视野的一流综合金融集团，成为具有国际竞争力、品牌影响力和系统重要性的金融机构	明确了"综合金融集团"的战略愿景

资料来源：上市公司年度报告。

（二）集团管控与一体化发展体系建设在多方面展现亮点

部分中国投资银行已经在业务协同发展、职能条线管控、管控制度建设等方面展现出亮点。

1. 中信证券在集团层面打造出较为完善的业务协同体系

在中信证券的集团体系中，一级控股子公司共 17 家（含全资子公司 14 家），其中境内一级控股子公司 12 家，境外一级控股子公司 5 家，涉及证券、期货、资管、公募基金、私募基金、另类投资、境外等不同细分板块。

（1）中信证券通过加强集团与子公司、分公司之间的协同，推进集团管控与一体化发展。2013 年，中信证券设立业务协同发展部，主要职能为整合并全面利用中信证券旗下各业务部门、各子公司及各分公司的资源。通过设立业务协同发展部，中信证券搭建起了业务协同的基本框架，加深了各业务部门及子公司、分公司之间的合作。

（2）中信证券通过全面整合集团层面客户资源，助力业务协同体系的发展。中信证券坚持以客户为中心的理念，并于 2015 年设立战略客户部。作为公司对接服务战略客户的部门，该部门从集团层面整合客户资源，挖掘和满足战略客户的需求，制订客户服务策略，为客户提供全方位服务。

（3）中信证券通过制定相应的业务协同激励机制，为集团层面的业务协同体系提供制度保障。为了推进业务协同发展，中信证券制定了相应的协同激励政策。比如，2013 年底制定的《协同营销激励与收益分配办法（暂行）》，鼓励员工在做好本职工作的同时，积极协同拓展集团内的其他部门及子公司的业务，并明确了协同激励的兑现方式、提奖比例等。2014 年初，在经营计划的编制中，增加了协同营销指标，将业务协同情况作为考核与评优的重要部分。

（4）中信证券在个别业务板块尝试搭建矩阵化架构，深化板块内部的协同机制。在投行业务板块，中信证券借鉴国外投行管理模式，设置行业组、业务线和地区分部，由投资银行管理委员会管理，并内设人才发展中心、综合 IBS 组（Integrated Business Solutions，大客户服务部）和运营部。投行业务板块行业组、业务线及地区分部的交叉设置是矩阵化架构的雏形，将深化投行各项业务的协同发展，而投行条线的尝试，也将为中信证券集团层面的协同与一体化发展提供先行经验。①

2. 国泰君安证券在集团职能条线管理体系的搭建方面卓有成效

在国泰君安证券的集团体系中，一级控股子公司共有 7 家（含全资子公司 6 家），其中境内子公司 6 家，境外子公司 1 家，涉及证券、期货、资管、私募基金、另类投资、境外等不同细分板块。

国泰君安证券的集团管控主要围绕母子公司关系展开，以控制权为核心，以集团资源调配为重点，构成以战略管控、人事管控、风险管控、财务管控为主要内容的集团总体管控体系。

（1）集团战略管控为国泰君安证券集团管控与一体化发展明确了方向。在国泰君安证

---

① 参见上市公司 2017 年年度报告。

券的集团战略管控中，母公司负责集团战略制定、战略实施以及战略实施效果的评估，子公司主要负责协助进行战略实施。母公司的战略制定权主要集中在董事会，集团经理层负责实施战略规划。①

（2）集团人事管控以子公司管理人员委派及管理人员考核为抓手。为了有效地对子公司进行控制，国泰君安证券加强了人事管控，部分母公司高层管理人员可以直接兼任子公司的重要管理岗位，或者由母公司向子公司派遣高级管理人员。特别是子公司董事长的职位，须先由母公司董事会提名，并经过子公司股东大会审议通过，子公司董事长作为母公司的股东代表对子公司进行管理。母公司定期对子公司董事长、总经理和其他高级管理人员进行业绩考核及审计，视其完成业绩情况给予相应的奖惩，并将业绩一并记入考核档案，作为今后升迁的依据。

（3）集团风险管控以四级风险管理体系为脉络。国泰君安证券建立了集团董事会（含风险控制委员会）及监事会、经营管理层（含风险管理委员会、资产负债管理委员会）、风险管理部门、其他业务部门与分支机构及子公司的四级风险管理体系，以此为脉络对集团进行全面风险管理。

集团董事会是公司风险管理的最高决策机构，对集团全面风险管理负有最终责任。集团监事会对集团全面风险管理承担监督责任，对董事会及高级管理人员风险管理职责的履职尽责情况进行监督检查并督促整改。经营管理层对集团全面风险管理承担主要责任。集团经营层设立风险管理委员会，对集团经营风险实行统筹管理，对风险管理重大事项进行审议与决策。风险管理部门根据分工负责履行具体的风险管理职责。各业务线、子公司、分支机构的主要负责人是各单位风险控制工作的第一责任人。

（4）集团财务管控以投资回报率为核心指标，并通过制度约束及财务监控来确保收益性、流动性和安全性。国泰君安证券通过加强财务管理对下属子公司实施集团化管控。财务管理的主要负责部门是集团计划财务部及集团稽核审计部。财务管控的核心指标是投资回报率。母公司在制定集团财务管控时，同时考虑的是怎样对各子公司的财务进行有效控制，以确保兼顾集团资产的收益性、流动性和安全性。国泰君安证券母公司对子公司的财务管控主要通过制度约束和财务监控来进行的。

3. 海通证券构建了较为全面系统的子公司管理制度体系

在海通证券的集团体系中，一级控股子公司有 8 家（含全资子公司 5 家），一级合营子公司 1 家，涉及证券、期货、资管、公募基金、私募基金、另类投资、境外等不同细分板块。一级子公司均由公司直接管理，二级及以下子公司中部分是由公司直接管理，其他是由公司授权一级子公司进行管理。

（1）海通证券子公司相关办法为集团化管控提供了制度保障。海通证券建立了统一集中的境内外子公司管理体系。2014 年，海通证券董事会审议通过后颁布实施了《子公司管理办法》，对其依法在境内外设立或收购的、直接或间接持股 50% 以上以及 100% 全资的子公司进行统一、集中管理。子公司管理办法是海通证券集团化管控体系的纲要。

配合子公司管理办法的出台实施，海通证券陆续在财务管理、人力资源管理、风险管

---

① 参见上市公司 2017 年年度报告。

理、档案管理等各方面出台了一系列子公司专项管理细则，深化、细化了子公司的管理工作。

（2）海通证券业务协同及交叉销售相关办法为集团层面一体化发展提供了制度保障。海通证券制定了一系列业务交叉销售协同方面的制度，致力于在集团层面搭建完整的业务协同与一体化发展的体系，试图能够涵盖整个集团所有的产品，同时在特定时间段内推进重点产品的协同。已出台的主要办法涉及内部产品及交叉销售收入分配和费用管理办法、投资银行、跨境业务等重点业务的交叉销售管理办法等。海通证券制定的这些业务协同及交叉销售相关办法为集团层面一体化发展提供了制度保障。

（三）集团管控与一体化发展体系建设在系统性与全面性等方面仍有待进一步提升

尽管有以上的探索与实践，但中国投资银行在集团管控及一体化发展方面与汇丰、高盛、中国平安等国内外金融机构尚存在显著差距。

1. 集团管控与一体化发展体系建设的主动性、系统性、全面性仍有待进一步提升

部分中国投资银行在集团管控的建设上主要跟随监管要求，中国投资银行在集团管控方面的主动性尚需提高。

此外，中国投资银行在集团管控与一体化发展的制度及流程建设方面也需要进一步加强，部分中国投资银行在一些职能条线方面缺乏明确的集团管控制度规范，尤其是在监管尚未明确要求的职能领域。

2. 组织架构"小而全"，集团层面亟待建立协同一致的响应和服务机制

中国投资银行业务的深度和广度已经得以扩张，然而集团各单位"小而全"的组织架构，一方面使得集团客户服务体系分布在不同业务单元，集团整体的客户服务机制尚未完全形成，客户粘性以及客户的满意程度受到影响；另一方面，各单位承担"客户营销管理及关系维护"职责的团队及人员往往对跨业务条线、部门甚至子公司的其他产品和服务很难有深入的了解。与此同时，中国投资银行各职能管理部门的团队及人员长期围绕母公司的经营管理需要开展工作，在跨区域、跨市场、跨业务品种的职能管理视野、知识技能及沟通协调能力等方面均有待进一步强化建设。

3. "一个客户一本账"的客户管理体系需进一步建设完善

目前，中国投资银行的客户管理体系基础普遍需进一步夯实，客户服务体系，尤其是高端客户服务体系的建设仍需进一步完善。比如：亟待建立统一的客户分类标准，在集团内统一高端客户营销管理及客户关系维护职能，将客户管理信息系统由单一业务板块拓展至集团整体等。

区别于传统的财务会计，中国投资银行"一个客户一本账"的客户管理会计体系仍有待集团内部的建立与完善。目前，统一资金成本定价、客户转移定价、客户综合价值评定等管理口径及方法，以及与之相配套的信息系统平台仍处于初步开发阶段。

4. 在战略、人力资源、合规风控、资金财务等核心职能条线，需要构建集团整体可穿透、可共享的管理体系

中国投资银行的集团化进程处于初级阶段，在战略、人力资源、合规风控、资金财务等核心职能条线的管理在较大程度上仍只是与母公司的经营管理需要相适应。职能管理部门的职能定位与工作职责尚未全面拓展到集团整体管控与协同的层面，现行的各职能管理体系的

建设水平更是未达到穿透各级子公司并信息交互共享的程度。

部分中国投资银行缺乏集团范围内的业务协同机制。部分中国投资银行的内部业务协同机制还停留在个别部门及子公司相互之间，整个集团范围内的业务协同激励机制还有待建设完善。

五、中国投资银行建设集团管控与一体化发展体系的方案建议

根据战略发展阶段和经营管理实际情况的差异，中国投资银行实施集团管控、推动一体化发展可以选择不同的方法和路径。本文首先就投资银行规划集团管控与一体化发展体系建设应着重考虑的要素进行了讨论，继而明确了体系中长期的建设方向，最后结合投资银行现阶段普遍具备的条件基础对体系建设方案的重点工作举措提出了建议。

（一）方案需要整体设计、重点突破

1. 明确集团管控与一体化发展的目标和建设思路是前提

中国投资银行建设集团管控与一体化发展体系，是一项企业集团经营管理理论与投资银行发展需要相结合的管理实践创新，也是一项需要投资银行串联各个业务与职能管理条线、跨越母子公司法人主体甚至提炼培育集团整体协同发展文化的系统工程。投资银行必须以集团战略发展方向为指引、以经营管理核心理念为准则，在学习借鉴国内外先进成熟经验的基础上，形成明晰的中长期愿景目标并通过整体规划设计明确相应的发展思路，才能为后续建设过程中的纠偏和调整提供指导，最终获得理想的建设效果。

2. 制度流程设计、信息系统建设是重点

在明确的目标和建设思路指引下，中国投资银行建设集团管控与一体化发展体系的重点应着眼于相关制度流程设计与信息系统建设两个方面。

3. 组织架构与职能调整是保障

以明确的目标和建设思路为指引，以制度流程设计、信息系统建设为重要抓手，中国投资银行建设集团管控与一体化发展体系还需要设置相适应的组织架构并进行相关职能调整，通过对责权利的调整和重置为体系建设提供组织保障。

（二）方案目标是搭建"集团服务与管控体系的经纬线模型"

借鉴数学上的"矩阵"概念以及"矩阵式"组织结构的核心逻辑，本文认为应将搭建"集团服务与管控体系的经纬线模型"（以下简称"集团经纬线模型"）作为中国投资银行建设集团管控与一体化发展体系中长期的方向。

1. 方案的整体思路在于贯彻集中、穿透、共享的集团一体化发展原则

以搭建"集团经纬线模型"为方向，中国投资银行建设集团管控与一体化发展体系应该面向由母子公司关系联结的、多法人主体的集团整体，在纵向上打造集中、穿透的集团客户服务体系与集团职能管控体系，横向上建立更有利于响应客户需求的区域业务与营销服务管理架构，并辅以经线之间、经纬线之间的信息交互与协同共享机制，从而逐步通过对集团范围业务条线、管理职能及区域资源的协调整合，实现将"以客户为中心"作为根本出发点的集团一体化发展，以支撑围绕资本市场业务为核心的综合金融发展战略，并响应客户跨

区域、跨市场、跨业务品种的综合金融服务需求。

（1）集中、穿透、共享三原则的内涵。投资银行集团一体化发展的"集中"原则，是指为达到集团成员之间资源共享、合作共赢、共同发展的一体化发展目标，在集团管控中重点突出集团母公司在各个业务与管理职能条线中全面掌握、重大决策与有效控制的角色地位。集团管控的集中根本在于信息的集中，只有母公司全面、真实、及时地掌握集团各成员企业各业务与管理职能条线信息数据，才能促使所采用的管控方式和手段发挥最大的效用。需要特别提出的是，本文认为集团管控中的"集中"并不等同于绝对的"集权"，在实施集中管控的同时，各业务与管理职能条线具体管控事项的处置权限依然可以根据权限管理的分配结果归属于集团范围不同的成员企业。

"穿透"原则，是对国内穿透式监管原则的承袭与衍生，是指集团管控的根本要求和准则规范要贯穿于集团由母子公司控制权关系所关联的各个层级成员企业；与此同时，对于通过集团范围业务协同所形成的各类产品与服务，需要透过其具体的表面形态，按照"实质重于形式"的要求甄别其金融业务和行为的性质，根据产品与服务的功能、业务性质和法律属性明确在集团范围内适用的管控规则。

"共享"原则，是指为凝聚形成集团整体发展的合力，在满足监管要求的前提下，集团应在各业务条线之间、管理职能之间以及二者之间建立起信息数据的交互共享机制，在集团各类信息系统互联互通的同时在集团范围树立和培养协同文化。

（2）方案整体思路所对应的建设目标。

①投资银行对围绕资本市场业务为核心的综合金融发展方向形成完整清晰的战略规划，覆盖集团母公司及具有控制权的各成员企业的业务范围，明确集团综合金融发展的总体方向、发展思路、财务与业务细分目标、实现路径、各子公司金融业务在集团业务体系中的定位、各子公司细分发展战略等内容，进而通过对集团整体战略的顶层设计为集团依托管控与协同实现一体化发展奠定基础。

②以综合金融发展战略为指引，以监管合规为前提，投资银行集团范围客户类别及相适应的营销与服务模式清晰，客户标识统一，客户信息全面且更新及时，客户需求挖掘深入、响应高效。在客户资源实现有效共享的基础上，集团范围各类金融业务充分互补和协同，最终实现集团整体的效益最大化。

③以综合金融发展战略为指引，投资银行对各业务及职能条线实施集中、穿透式管控，实现对集团层面各类资源的集约管理以及最优配置。

④在投资银行集团范围逐级培育出一支具备高端客户营销、关系维护及综合金融服务协同能力，全面且熟练掌握集团范围内围绕资本市场业务为核心的综合金融服务/产品特点，并能将各级高端客户需求与集团金融服务/产品建立有机联系的客户经理队伍。

⑤以集中、穿透的集团职能管控体系为依托，通过一段时间的知识储备和实践锤炼，在投资银行母公司层面的重点职能条线，培育出一支具备跨区域、跨市场、跨业务品种职能管理视野、知识技能、沟通协调能力的管理人才队伍，以满足集团一体化发展的管理需要。

⑥在构建制度体系与管控流程的基础上，最终借助金融科技平台，推进整个集团服务与管控体系的运转，实现上述所有建设目标的执行、落地、监督与调整。

2. 方案的核心内容是模型经线、纬线以及经纬线之间的交互协同机制

中国投资银行以搭建"集团经纬线模型"为方向建设集团管控与一体化发展体系的整

体框架如图 11 所示。

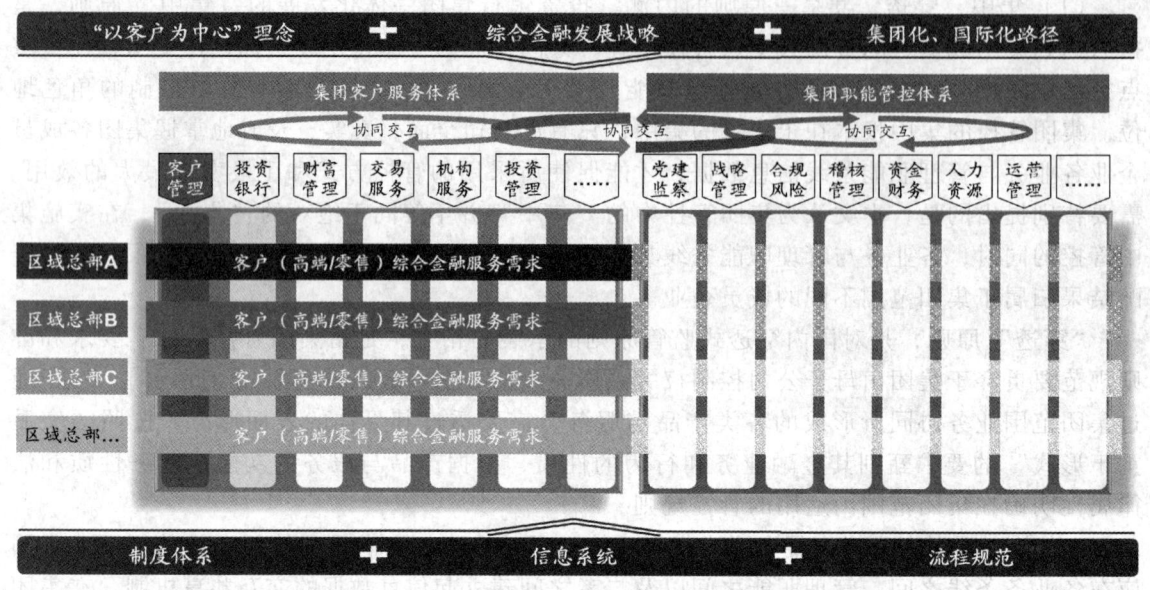

图 11 投资银行"集团服务与管控体系的经纬线模型"整体框架

（1）模型的外沿。集团经纬线模型的外沿，是指对整个集团一体化发展体系的牵引与支撑要素。其中，"以客户为中心"理念、综合金融发展战略以及集团化/国际化路径共同形成了对集团一体化发展体系的目标牵引；而制度体系、信息系统以及流程规范则共同构成了对集团一体化发展体系的基础支撑。

（2）模型经线：业务与管理、协同与管控并重的双体系。

①集团客户服务体系，是指以监管合规要求和集团客户分类为前提、以客户信息管理为基础、以客户综合服务及展业过程管控为目标、以金融科技和信息系统为支撑的业务体系。

②集团职能管控体系，是指在满足法人治理架构与跨区域、跨市场监管合规要求的基础上，贯彻集中、穿透要求，通过明确在集团各个管理职能条线中母公司/区域总部的角色定位、权限分配、汇报路径，并采用适当的管理工具与技术手段所构成的管理体系。

③在集团客户管理体系与集团职能管控体系内部以及两大体系之间，围绕客户及金融产品/服务形成信息的共享与交互。

（3）模型纬线：以区域总部为承载的区域业务与营销服务体系。围绕区域市场与监管环境、集团综合金融战略引导下的业务布局等因素，投资银行建立区域总部，负责该区域内集团各项业务与营销服务的管理，与模型经线的纵向内容一起，打破单体子公司独立法人所形成的经营管理信息壁垒，双向汇聚形成集团一体化发展的合力。

（4）模型经纬线的交互协同。模型经纬线的交互协同，是指投资银行依托区域与集团母公司业务、管理职能条线共同构成的矩阵式组织结构所承载的运行机制，在能够巩固和确保纵向管控与协同力度的同时，充分调动区域经营管理的主观能动性与活力，并兼顾合规监管与高端客户服务的属地化特性。

（三）方案重点是集团客户服务体系、集团职能管控体系及区域总部的建设

1. 建设集团客户服务体系需明确客户分类服务模式并搭建统一技术平台

（1）实施集团客户统一分类并建立相应的服务模式。中国投资银行发展围绕以资本市场业务为核心的综合金融，其客户可以分为高端客户和零售客户。高端客户是指跨区域的金融机构、非金融企业、政府机关和事业单位以及高净值个人客户，投资银行为其提供的服务主要是各类机构（或对公）业务。而零售客户则泛指跨区域的高端客户以外的客户，投资银行为其提供的服务主要包括跨市场、跨业务品种的零售经纪业务和零售资产管理业务。

在综合金融发展战略下，投资银行服务不同类型的客户应建立各有侧重的差异化服务模式。对于高端客户，投资银行需要在集团范围建立成建制的专业人员团队，在围绕高端客户全生命周期所进行的数据挖掘、信息交汇及业务协同的支持下，对高端客户进行统一对接、营销、管理及关系维护，以快速、全面地满足其跨区域、跨市场、多样而个性化的综合金融服务需要。对于零售客户，投资银行则应建立以大数据、人工智能等金融科技为依托，以线下标准化、集约化服务响应和客户关怀为辅助的服务模式，持续提升金融服务技术水平与效率是核心和关键。

相较于零售客户，投资银行集团高端客户服务体系的建设具有更高的紧迫性，需要对高端客户进一步细分并配套组织架构及职能调整来共同推进。

（2）搭建集团统一客户服务平台。集团统一客户服务平台是集团客户服务体系建设重要的信息系统支撑。投资银行建设该平台应以综合金融发展战略为指引，以监管合规为前提，依托集团整体大数据平台，重点打造客户管理、营销管理、事务管理、绩效管理、数据分析等功能模块，形成统一的客户信息、产品信息、与客户和客户服务功能相关联的职能管控信息，对内实现与集团账户中心、产品中心、各类金融产品/服务的业务系统、职能管控信息系统等的串联交互，对外通过统一的渠道实现与客户的有效联结。

而以当前的现实情况为基础，投资银行现阶段搭建集团统一客户服务平台，建议按照先母公司后子公司、先境内后境外的思路，将集团范围的集中/信用交易、衍生品、投资银行、卖方研究、QFII、场外市场、资产管理、期货等现有业务系统与合规管理、风险管理、资金财务预算管理、人力资源管理等基础较好且与业务协同交互密切的集团职能管理信息系统首批纳入源系统范围，并围绕平台各重点模块的功能需求实施开发建设（见图12）。

2. 建设集团职能管控体系应遵循集中、穿透原则，逐步实现所有职能全覆盖

（1）明确集团职能管控的主体定位、范围与内容。遵循"集中"与"穿透"的原则，投资银行实施集团职能管控，集团母公司总部应定位于管控政策制定者、职能管理指导者、职能管理过程监控者以及重大事项决策者；区域总部应定位于管控实施协助者。

投资银行实施集团职能管控所涉及的管理职能范围，从目标方向来看应基于集团母公司各个职能管理条线实现全覆盖，具体包括集团党建监察稽核管理、战略管理、人力资源管理、合规管理、风险管理、资金管理、财务管理、运营管理等。

与集团母公司总部职能管控的角色定位相匹配，投资银行各个职能管理条线管控的共性内容应包括但不限于职能体系规划、制度规则与流程设计、重点管控事项与权限设置安排、重大事项决策机制等。

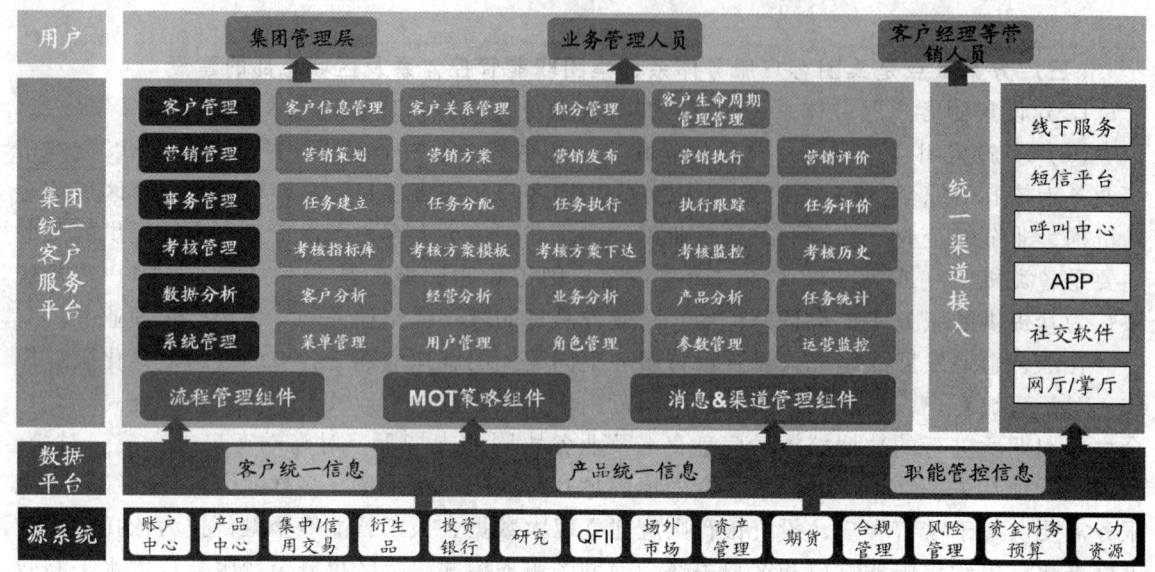

图12 投资银行现阶段建设集团统一客户服务平台架构图

（2）采取"重点优先""有序推进"的策略。现阶段，投资银行全面铺开集团职能管控体系的建设，不可避免地会面临客观现实的困难和问题。因此，结合资本、风险和价值是金融集团经营管理核心的研判，建议投资银行可先围绕合规管理、风险管理以及资金管理等三个职能条线展开；对于其他管理职能，建议根据已经具备的管理基础，综合考量重要性、难易度等因素，按照"成熟一个推进一个""成熟一块纳入一块"的思路予以有序推进。此外，为了达到集团各项资源的集约管理及最优配置，投资银行还可在可行的范围内围绕部分管理职能的集中运营展开试点规划。

3. 建设区域总部应依托矩阵式组织架构发挥业务协同作用

（1）厘清区域总部的中长期建设方向。在集团内部各方面条件基础酝酿成熟的前提下，区域总部应属于集团母公司总部平级的、非独立法人地位的经营管理机构，为区域的经营结果负责；同时，区域总部也是集团通过经线体系实施业务与职能管控的协助机构。在集团各项业务与营销服务管理领域，区域总部与母公司总部业务条线共同构成矩阵式组织结构，根据集团统一的权限设置，隶属于区域范围的各业务单位所有的相关事项均需同时面向母公司总部业务条线相应部门和区域总部双向汇报；对于超出区域内各业务单位管理授权范围的事项，由母公司总部和区域总部协商决策。

任命分管母公司总部部门的集团经营层高管兼任区域总部负责人，集团母公司总部相关业务部门与区域总部经长期磨合形成协同默契，都可以有效提升矩阵式组织结构运行的效率。另外，还可以由集团根据事项所涉及的"客户类型"与"业务性质"统一确立基本原则予以指导：从"客户类型"出发，业务事项与该区域零售客户、区域级高端客户相关的，可倾向于以区域总部的意见为主导，总部相关业务部门依据集团业务管控体系设定的标准把握原则边界，并开展集团范围的协同配合；业务事项与集团战略级高端客户相关的，则应主要以总部的意见为主导，区域总部依托区域资源开展协同支持。从"业务性质"出发，业务事项属于该区域业务单位经营范围且集团母公司不直接开展的，可倾向于以区域总部的意见为主导；业务事项也属于集团母公司直接开展的业务范围的，应以集团总部相关业务部门意见为主导，区域总部意见作为参考补充。

（2）现阶段对区域总部展开培育。考虑到目前中国投资银行的国际化战略仍在进程之中，所涉及的境外区域相对有限，且境外各区域业务主要集中由少数境外子公司开展等实际因素，建议投资银行现阶段可选择个别子公司为对象，参照区域总部中长期建设方向的定位要求和运行方式进行培育。

投资银行筛选区域总部的培育对象，应首先考虑子公司具备区别于集团母公司所在地的地理区域特性，以境外子公司为宜；其次，应将业务发展及经营管理成熟度较高的子公司列为选择重点。

现阶段，投资银行集团范围满足前述筛选条件的子公司，基本上是布局在香港的证券业务子公司。通过设立的分支机构或者下属企业，这些子公司多数已经将业务触角延伸到了全球范围主要的资本市场。为将其他子公司纳入其区域责任范围做准备，使其具备较为集中的地理区域特性，投资银行需要从集团整体业务布局的高度出发对其业务地理分布进行适当整合与调整。

在培育的措施与方法方面，首先，投资银行可授权培育对象以其下属二级子公司为对象模拟区域总部的角色，初步构建起相对应的矩阵式组织架构，积累相关运行机制经验。随后，投资银行可逐个将集团范围其他子公司纳入培育对象的区域责任范围进行试点，并对摸索出的可行机制逐步在集团范围内予以正式确认。

证券公司专注主业　提升服务质量专题研究报告

胡　毅[*]

党的十九大描绘出全面建设社会主义现代化国家的宏伟蓝图，对金融工作提出了要深化金融体制改革，增强金融服务实体经济能力，提高直接融资比重，促进多层次资本市场健康发展，健全金融监管体系，守住不发生系统性风险的底线。习近平总书记在第五次全国金融工作会议上指出，做好金融工作要把握好的第一项重要原则就是回归本源，服从服务于经济社会发展。金融要把为实体经济服务作为出发点和落脚点，全面提升服务效率和水平，把更多金融资源配置到经济社会发展的重点领域和薄弱环节，更好满足人民群众和实体经济多样化的金融需求。刚刚结束的 2018 年中央经济工作会议也确定了推动经济高质量发展，在今后 3 年打好包括防范化解重大风险在内的三大攻坚战。因此，证券公司如何心无旁骛的做好主业，有效避免金融脱实向虚和自我循环滋生、放大及扩散风险，提升行业核心竞争力，把握住历史赋予的新机遇，就显得日益重要且迫切。

一、对证券公司主业的理解

证券公司作为资本市场重要的金融中介机构，在交易、投资、融资、托管等方面，均不同程度地参与到了资本市场发展的方方面面。关于证券公司主业这一问题，每个人的看法不尽相同，但有一个基本共识，就是作为服务业的一类，如果只在金融系统中搞"自我循环""自娱自乐"则肯定不能称为"主业"。主业应是为实体经济提供金融解决方案，全面提升服务效率和水平，满足国家、企业及投资者对多元化或高附加值金融产品和服务的需求，以促成合作、提高资本市场和全社会的效率，推动经济高质量发展。这些服务不仅包括传统的向企业提供直接融资（IPO、再融资及承销债券等）、向投资者提供金融产品和财富管理服务，还包括提供交易做市、管理风险、整合资源以及资产的托管结算等综合服务，为资源有效配置提供资产定价信息，向境内外客户提供一揽子的金融解决方案，并起到缓释、分散、

---

[*] 作者单位：中国证券业协会。

对冲个体风险，缓释或降低社会总风险的功能，更好地促进国家发展战略的实施。作为资本市场的重要参与者，证券公司要把更多金融资源配置到经济社会发展的重点领域和薄弱环节，在"新时代"下有"新作为"，积极参与多层次资本市场体系建设以促进中小微企业发展，助力脱贫攻坚以促进社会尽快实现全面小康，服务"一带一路"等战略以促进资本市场的双向开放和经济的全球化。

至于能提供什么样的服务，如何来服务，这就涉及证券公司具体能做些什么了。目前，从业务类型上看，我国证券公司主要从事投行、经纪、自营、资产管理、证券投资咨询、信用等业务；从基础功能上看，主要包括投资、融资、交易、托管等；从参与的市场来看，包括交易所市场、新三板市场、区域性股权市场、场外柜台市场、机构间私募产品报价与服务系统、银行间市场、同业拆借市场等。此外，证券公司主业的夯实与发展，还离不开中后台部门的支持与配合，离不开有效的内控管理机制。其中包括合规管理、风险的监测监控与管理、技术支持与系统改造升级、人力资源管理、财务及资金管理、考核与激励机制、企业文化建设、内部业务和管理制度的创新优化等。随着经济与社会的不断发展，境内外客户需求也将变得越来越多元化、个性化，传统的业务板块也存在着不断被打破、调整或渗透的可能。证券公司要想发挥好为实体经济提供金融解决方案的综合服务能力，做好上述主业和开展好相关业务，究其本质，还是需要在基础功能上的夯实与发挥，不断完善与提高在产业深耕与资源整合、风险的定价与管理、资本的补充与高效利用等方面的核心竞争力。作为资本市场最重要的中介机构，证券公司基础功能的发挥也离不开多层次资本市场的不断发展，其主业也需要围绕资本市场的各项功能来进行拓展。因此，从某种程度上可以说，证券公司的主业就是围绕实体经济的需求，在境内外的资本市场中更加有效和高效地发挥好投行基础功能，在提高客户服务质量和推进经济高质量发展的同时，不断打造与提升自身的核心竞争能力。

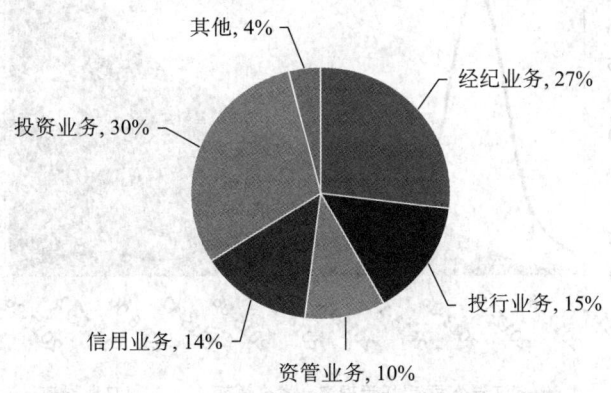

图1　2017上半年我国证券行业各业务净收入及占比

二、行业发展存在的突出问题与原因分析

（一）偏离主业和服务质量不高的典型情况

1. 投行"重数量、轻质量"

部分证券公司的股票承销、债券承销、新三板等业务存在"投行重发行、轻辅导""重

收入、轻服务"的情况,过度的激励带来员工行为的扭曲,甚至出现"买项目"现象。部分证券公司在提供服务过程中,尽责意识淡薄、合规风控形同虚设、专业能力不足,主要工作仅限于报材料、沟通监管机构等环节。保荐人只"荐"不保,有的甚至违规持股,利益关联导致超募资金的比例居高不下,公司一上市业绩就"变脸",不仅没有推动经济高质量发展,反而把资源错配在了一些效率低下、产能过剩、尾大不掉的"僵尸"企业。这些问题与证券公司投行业务的职责定位完全相悖,并且严重损害了发行方与投资人的利益。有的靠着牌照吃老本,出租牌照,投行子公司和项目团队未纳入证券公司整体的风险监测范围,风险隐患较大。

2. 资管产品单一和同质

资产管理行业的本质是管理资产,而管理资产的核心是管理价值和风险。近几年,在"放松管制、放宽限制、防控风险"的政策环境下,证券公司资管业务发展速度较快(见图2),但在增长过程中,部分证券公司主要依赖于作为非标融资通道的定向资管计划快速扩大规模及增加收入,急于争地盘、炒概念、追求短期利益,过度依赖通道业务,并通过产品分级不断加杠杆。金融机构对防控风险担负着主体责任,但部分公司并不能专注于培养自身主动管理水平的提升,真正根植于日益复杂、多元化的市场需求,设计出适合广大投资者的多元财富管理产品。由此背离了资管业务的发展本质,加强了资金在金融体系空转的程度,带来了较大的系统性金融风险隐患。此外,证券公司的大集合产品也存在类资金池业务规模较大、隐形担保等普遍性问题。

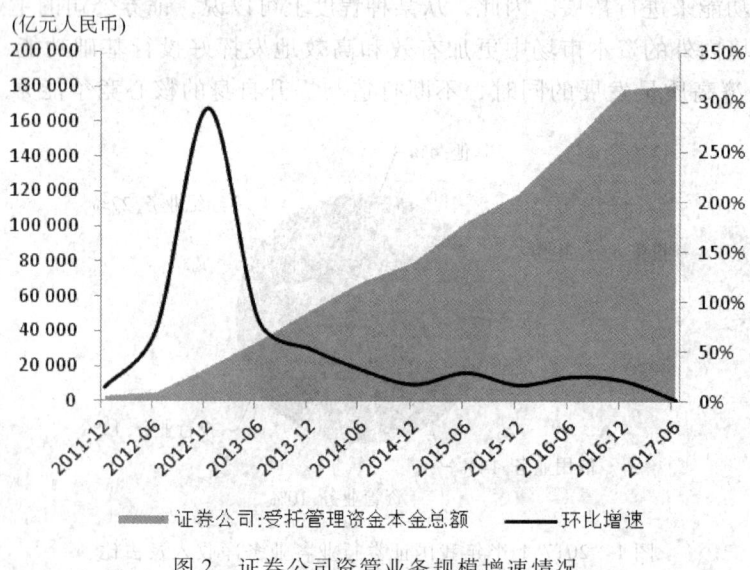

图2 证券公司资管业务规模增速情况

3. 债券交易乱象

部分证券公司通过短期回购大量借入资金持有长期债券,使得部分业务还隐藏在表外,暗箱操作,自营交易与代客交易没有进行严格的隔离,合约关系混乱。此外,证券行业债券交易的杠杆结构并不平衡,少数证券公司自营账户和"一对一"专户的杠杆比例处在高位。高杠杆、期限错配、债券违约个案逐渐增多,加上证券公司在债券业务方面的内部管理、合规管理都存在较多问题,导致业务在体外循环,没有纳入公司统一合规管理体系,风险爆发个案日益增多，容易引发恶性循环，诱发系统性风险。

4. 研究报告娱乐化和同质化

当前全球资本市场变化日趋频繁，我国经济也处于"三期叠加"的复杂时期，客户对及时、独立、客观、严谨的分析要求不断提高。但目前国内一些证券公司及其分析师的研报却出现泛娱乐化、同质化的现象，千篇一律，质量不高。有的以立异的标题，夸张的内容及不确定真伪的市场传言来吸引眼球，研究分析和结论缺少逻辑基础，分析过程中存在未审慎使用信息、分析方法不严谨、引用信息不合规等问题。同时，在某些奖项评选的影响下，一些研究人员的工作也逐渐偏离了研究本身。与买方的利益过于密切，使得研报存在掺杂利益关系的可能性，严重影响了研究报告的独立性与客观性，易给投资者造成误导。此外，一些公司的研究人员的研究报告审核和发布流程脱离公司管理，擅用微信、微博、自拍视频等新媒体工具发布研究观点，随意组织联合调研，公开发送调研纪要，甚至私下勾兑投行项目以直接从投行项目中获取收益。

此外，证券公司传统的经纪业务也存在对现有客户的服务不到位、服务同质化、仅仅依靠牌照和通道收取佣金等普遍问题，在互联网行业的冲击下，传统盈利模式正面临着巨大的威胁与挑战。因篇幅有限，在此不再赘述。

（二）证券公司自身存在的问题分析

1. 核心竞争力方面

长期以来行业的发展一直束手束脚，严格监管的环境一旦变化，突然"松了绑"，证券公司由于长期过度依赖监管层"自上而下"的推动创新，导致自主创新能力不足，基础功能不实，又不知该如何发展，往哪个方向去发展，最后导致太激进的出现各种问题，太保守的就在"原地踏步"。

2. 自我约束方面

行业普遍在公司治理方面存在较大缺陷。有的证券公司"三会一层"虽然齐备，但仍然存在着关联交易、"花瓶"董事以及"一把手一言堂""内部人控制"等现象，缺乏内部制衡和问责机制。此外，有的证券公司的合规风控水平与其担负的职责不相匹配，内控管理理念不清晰，合规与风险的定位不明确，有的事项重复管理，有的事项处于管理空白地带，造成合规不专业、风控不部门话语权不够的被动局面。同时，公司疏于内部的横向管理（包括合规风控、人员管理、企业文化建设等）与纵向管理（对子公司、孙公司的管理）。因此，部分证券公司投行、债券业务"事业部"制成为了变相的"承包制"，内控失效；在投行、新三板推荐挂牌和债券承销等业务方面尽职调查不充分、履职尽责不到位；在底线意识方面，存在部分从业人员违规买卖股票、违规代客理财，部分分析师不负责任的"黑嘴"行为。此外，部分证券公司重业绩、轻管理，不重视基本管理机制和信息系统的建设，业务定位和业务授权没有清晰的管理逻辑，有的认为只要不出现事故就万事大吉，客户信息及交易信息的管理长期处于大量手工处理的阶段。

3. 战略谋划方面

表现在稳健经营与创新发展的平衡能力不足，不能够有效兼顾长短期发展利益。部分证券公司缺乏清晰有效的发展战略，在创新发展过程中，表现心浮气躁、好大喜功，因注重短期利益，往往做出损害客户利益和公司长远利益的行为。部分证券公司的战略部门，缺乏

"身在兵位，胸为帅谋"的能力和远见，无法协同整合公司战略、企业文化和激励机制等，不能有效地发挥出公司"舵手"的领航作用。

三、境外一流投行的发展经验

（一）坚持以"了解你的客户（KYC）法则"发展投行业务

目前，国内投行业务主要依靠 IPO 承销佣金费发展，模式单一，容易受到来自监管政策和客户结构变化等外部因素的挑战。二十世纪七八十年代，美国投行高盛就重新定义了投行服务业务模式，一跃成为国际一流投行，很好地实践了 KYC 法则（见图 3 和表 1）。其关键举措包括：

一是创新内部组织架构，高度定位投行客户服务部。为拓展市场，投行员工依据个人专长选择承揽业务或者执行具体交易业务，二者只可选其一，且两个业务部门地位平等，兜售产品和维护客户关系都不是自贬的行为，都是一个杰出机构应具备和认可的能力。同时，寻找业务机会和分销新产品的客户服务部人员与执行交易人员地位相同，并且取得的收益相当。

二是创新人员招聘途径，建立以客户积累为导向的激励制度。时任高盛 CEO 怀特黑德亲自率队到哈佛商学院高薪招募擅长于给客户电话拜访以获得金融业务的商业银行家，并招聘在其他投行中已受过良好培训、经验丰富、富于进取精神，但在原公司感到难以施展才华的年轻人。同时，客户服务部门的所有员工，都可以按其开发客户资源的贡献而分到公司的客户，并且均有可能因突出的客户积累业绩而获得荣升副总裁的机会。

三是对潜在客户进行全面的调查分析。高盛对投行服务部关系经理提出了具体要求，即成为每个特定机构客户可以利用的业务机会和其业务问题的专家；理解这些问题和机会如何随时间和环境的改变而发展，学会前瞻性捕捉业务机会与可能；让客户的所有相关人士都完全了解并且相信高盛具备提供高效服务的特殊能力。投行服务部的关系专家对其负责的潜在客户都必须建立全面的信用档案，了解客户的竞争对手、供应商、公司管理层等状况，以便客户来电需要提供解决方案时能迅速做出反应。

四是建立"产品专家+服务专家"的组合模式（又称"双向客户经理制度"）。随着承销量和并购业务的回升，以及机构投资者逐渐成为股票市场的主导，越来越多的大型集团公司希望能够有一家以上的投行为其提供服务，并在承销过程中使用联席管理人制度。高盛抓住这一机遇，通过一名产品执行专家和一名了解公司业务、决策方式的服务专家进行密切配合，在客户中建立起了专注、专业的形象。当投行服务部的关系经理获得业务之后，会将执行的所有责任交给一名该类型的交易经理。而关系经理则继续负责跟进客户对于交易是否满意的反馈，并发掘新的业务机会。客户关系专家会源源不断地将更多有意义的业务带进来，而产品专家可以将各自时间、技能、精力和特长集中在为客户服务上。

五是不断开发新业务。当时的公司债券发行市场大部分被公共事业公司占据，高盛既没有固定收益研究也没有债券销售能力。为打开市场，高盛开展了大量创新探索与实践，积极鼓励新点子的应用，并取得了突破，有效满足了客户在交易做市、财富管理、市值管理、风险对冲等各方面个性化的需求，奠定了高盛能够帮助客户解决各类复杂问题的行业地位与口碑。

六是创新双赢的薪酬考评机制。投行服务部的服务性质与普通业务不同,绩效并不是顷刻可见,客户开发之后要做很多维护工作,因此考评机制中高盛更加强调的是团队合作而非短期业绩。其创新薪酬激励的双赢办法包括:凡是客户与高盛做了一桩交易,不论其中该人员参与否,该客户的客户经理都将获得100%满分报酬。这样,客户经理为了蛋糕能做大就会更加努力地开发新客户和维护老客户的需求变化;建立内部业务贡献评价报告制度,所有人都能看到其他人贡献的重要性;在年度薪酬考核中加入员工360度互评制度。

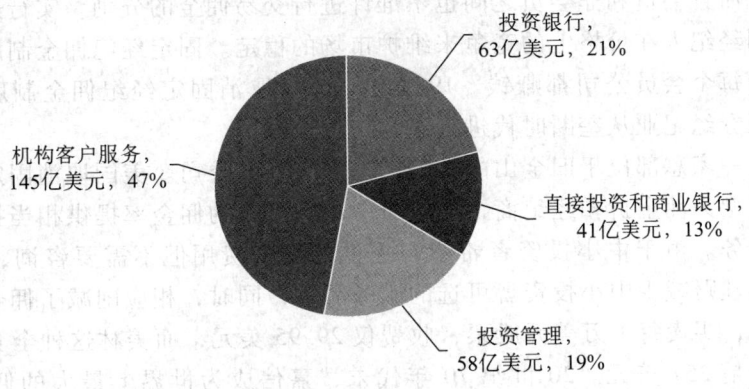

图3 2016年高盛各业务净收入及占比

表1 高盛的机构客户服务与投资银行板块业务

机构客户服务	固定收益、货币和商品(FICC)客户执行		大宗商品及衍生品,信用产品(包括信用衍生品的交易、投资级公司债、高收益债、银行和抵押贷款、市政证券、新兴市场和问题债务、公共和私人的权益性证券和不动产),货币及货币衍生品,利率产品(包括利率衍生品、全球国债、货币市场工具、房地产抵押有关的证券、贷款产品和其他资产支持工具)
	股票	股票客户执行	为股权证券、可转换证券、期权、期货和OTC衍生工具等与股权有关的产品提供做市
		佣金和费用	为机构客户的股票、期权和期货交易提供执行和清算服务,并获取佣金和费用
		证券服务	以证券、现金或其他可接受的担保品为抵押,为客户的证券交易活动提供保证金贷款、证券借贷、参与经纪人之间的证券出借和第三方机构贷款;提供清算、托管和交收服务
投资银行	财务顾问		并购重组的战略咨询,资产剥离,收购防御策略,风险管理、重组和拆分上市一站式并购融资和跨境重组,管理资本金、资产和负债风险,与并购安排相关的贷款承诺、银行贷款、过桥贷款
	承销	股票承销	普通股、优先股、可转换和可交换证券
		债券承销和设计债务融资工具	投资级债券、高收益债券、银行贷款、过桥贷款、新兴市场债券和结构化的证券

(二) 抓住"长尾"客户的经纪业务

1975年之前，美国证券交易委员会（SEC）要求各证券经纪商实行固定佣金制度，所有的经纪公司按照全国统一的标准费率收费，佣金费率不因交易量的大小而变化，证券买卖的大户和散户所需支付的佣金相同，这种制度还规定所有经纪公司不得给客户任何形式的回扣或补贴。纽约证券交易所也规定交易所会员之间不准许开展价格竞争，非会员之间不准许开展批发业务，而且会员和非会员之间也不准许进行交易佣金的分割。实行这种制度的初衷是希望通过限制经纪人在价格上的竞争来维护市场的稳定。固定经纪佣金制度实际上确保了纽约证券交易所每个会员公司都赚钱。1975年，SEC取消固定经纪佣金制度，转为实行协议佣金制度，证券经纪业从垄断时代进入了自由竞争时代。

嘉信理财是一家总部位于旧金山的大型网上交易证券公司。美国取消固定经纪佣金制度后，嘉信理财转型为佣金折扣经纪商，通过对中小额交易的佣金率提供相当折扣，争取更多的中小投资者业务。由于中小投资者希望有更低的交易费用但不需要咨询、顾问方面的服务，因此，嘉信理财减少中小投资者可选的服务品种，同时，相应削减了佣金费用。公司单纯提供通道服务，买卖每1万美元股票，收费仅29.95美元，而美林这种全套服务或全方位服务的券商佣金是257美元。20世纪70年代末，嘉信成为世界上最大的佣金折扣证券经纪商。

在大力发展折扣证券经纪业务的同时，嘉信理财开始把和经纪业务高度技术关联的基金业务纳入公司的主营业务，推出第一个没有附加费、不收交易费的共同基金超市。这个基金超市允许投资者在众多品种的相互竞争、无附加费的共同基金中进行挑选，然后把选中的共同基金全部放在一个账户中。这一交易模式的优势是投资者购买基金不收交易费，投资者成本降低，而过去由客户承担的交易费转由基金公司承担，降低了基金公司的营销成本，实现了双赢。之后，嘉信又迅速开展网络研发工作，运用其早期积累的经验来开发互联网信息平台，整合公司全部电子服务并入公司网站，实体的分公司负责为客户提供更加复杂的支持和咨询，以网上客户和资产的增加以及网上运营成本的减少来弥补公司的损失。同时，嘉信统一了收费标准，不管客户使用网络、分公司还是电话来下单，每笔交易向客户收取29.95美元佣金。20世纪初，嘉信通过一系列的并购发展成为美国第四大综合金融服务商。

（三）提供多元特色的资管产品

美林证券成立于1914年，是美银美林的前身，在很长一段时间内都是全球最领先的投资银行、资本市场顾问及财富管理公司。但与高盛、摩根士丹利等老牌证券公司相比，美林证券属于最初以经纪业务见长的后发证券公司。20世纪70年代，美林证券主要面临两方面的挑战：一是1973年石油危机后，美国经济疲敝、通胀高企，证券市场整体处于萧条期，公司业务受到了重大冲击；二是1975年美国废除固定佣金制，加速了佣金率的下行。当时，投资者对财富管理特别是定制化产品的需求日益提升，监管也放开了对产品创新的限制。因此，美林证券决定主动向资产管理业务转型，于1976年成立了资产管理部，1977年推出现金管理账户服务，在银行储户中挖掘潜在市场。到20世纪80年代后期，该业务客户已达百万以上，占其总客户数的20%。1997年，美林收购英国水星资产管理公司，使美林投资管理成为全球最大资产管理机构之一，资产规模达到将近6 000亿美元。2006年，通过与贝莱德合并,其管理的资产规模超过1万亿美元。

美林善于培养优势领域,业务特色主要在资产管理和经纪业务,通过积极的业务创新,向客户提供更多元化、特色化的产品。此外,为给业务和产品创新提供支撑和保障,美林还积极进行组织及管理创新。采取金融证券集团的组织形式,按业务进行划分,将承销、经纪、资产管理等主要业务分离出来,设立专业化的证券业务子公司。业务部门划分成全球市场和投资银行集团(GMI)、全球私人客户(GPC)、美林投资管理(MLIM)三大业务模块。其中,GMI为世界各地的企业、机构和政府部门客户提供股权和债务交易、资本市场和投资银行服务、战略性兼并收购咨询服务;GPC为个人、中小规模企业以及雇员福利计划提供全球理财产品和服务,以帮助客户构建金融资产、最大化其风险-收益投资目标;MLIM则为个人、机构和企业客户提供资产管理服务。同时,随着组织形态的变化,其组织结构也逐渐转向一种更为高效的多维立体网络架构——客户驱动式组织架构,实现以客户为核心、按照客户的不同性质划分相应的业务部门。

(四) 始终保持投资顾问的"独立性"

格林希尔于1996年由前摩根士丹利董事局主席Robert F. Greenhill创建,明确定位于财务顾问业务,其专业性和独立性一直深受业界好评。作为一家独立的投行,格林希尔既不隶属于任何大型金融集团,也不从事任何与财务顾问业务可能发生利益冲突的业务,从而保持了高度的独立性。当时市场对并购重组业务的聚焦,使得那些在大投行中日益受到交易部门排挤的顾问精英们有了独立的发展空间,从而吸引了大批优秀人才的加盟。平均从业经验达到25年以上的董事总经理和资深行业顾问占格林希尔总员工人数的25%。这些经验丰富、资源广泛的"老手",为公司争取到了大量客户,尤其是在金融服务业、医疗产业、通讯传媒业、消费零售业、能源和公用事业领域,公司挖角来的专业团队贡献了总收入的2/3。格林希尔在2000年成立了第一只私募基金,主要投资于公司参与顾问咨询的中小企业,此后又发起多只基金,高峰时基金管理业务每年能贡献8 000万美元的管理费收益和业绩提成收益。2009年公司决定进一步强化业务独立性,分拆出售了基金业务,目前全部收入都来自于财务顾问业务。过去10年,公司平均有形净资产回报率达到61%,显著超越其他投行,过去5年的股东回报率甚至超越了高盛。

四、专注主业提升服务质量的意见建议

(一) 境外一流投行的发展经验带给我们的启示

从以上四家境外一流证券公司在投行、经纪、资管、投资顾问业务方面的发展经验,可以初步得出以下结论:

一是要立足本源、做强主业。四家一流投行无不是在一个以上的主业方面深耕,始终没有脱离自身主业,只有明白自己是做什么的,能够为客户提供什么样的服务,才能够想办法以客户需求为导向进行创新,真正实现为企业、为投资者提供专业化的、全方位的综合服务,实实在在的帮助客户解决实际问题。2008年金融危机之后,四家国际投行都没有"跨界经营"的把间接融资当作自身主要的盈利模式,没有开展所谓的"通道"业务,高盛以交易和自营见长,美林以资产管理和经纪见长,格林希尔则更是只专注于投资顾问业务,基

础功能都非常扎实。

二是充分践行"了解你的客户"法则，始终围绕客户需求开展自主创新。高盛、美林等进行了一系列的组织与制度创新，目的就是更好更全面、细致地了解客户，包括客户的竞争对手、供应商、公司管理层，对重点客户、重要交易更是保证了专业人员在事前、事中和事后的持续跟进。对于市场需求大、客户提出的多样化产品和服务需求，积极进行业务和产品的自主创新，加强对投行基础功能的发挥，定制出符合客户需求的财富管理产品，打通了投资、融资的"任督二脉"，并为市场中的对手方提供了交易服务。对于有风险管理需求的客户，更是积极凭借集团公司资源的集聚优势和对各类客户风险进行匹配的方法，降低了客户寻找交易对手方的成本，也降低了公司管理单个客户风险头寸的成本，实现了总风险的缓释和降低。

三是服务实体经济发展与国家战略。目前，全球投行的主要业务无一例外都源于实体经济的真实客户需求，而不是去做增加实体经济整体融资成本的通道等业务。反观历次金融危机，无一不是金融脱离了实体经济基本面，过度杠杆化的发展而造成的。世界上没有脱离政治的金融，一流的金融机构就是一个国家的金融稳定器、战略推进机。一流投资银行，承载着我国成为金融大国、金融强国的梦想。证券公司在全球进行角逐的过程中，国家力量往往才是其得以脱颖而出的强大后盾和保障。一旦发生系统性风险，过度发展的金融行业就演变为国家战略实施的绊脚石。

四是积极顺应形势变化，及时调整战略发展方向。"因势而谋、应势而动、顺势而为"，在美国废除固定佣金制后，美林、嘉信等传统经纪商先知先觉的积极寻求转型，或朝着专业化资产管理的方向进行发展，或朝着满足中小投资者证券交易的"折扣经纪"方面转型。后来又积极"拥抱"互联网，通过降低交易费用及各种管理成本等，成功吸引了并不需要复杂咨询服务的广大中小投资者成为公司的忠实客户，最终踏出了一条特色化之路，成长为行业的翘楚。

五是严守底线，保持定力，加强核心竞争力的锻造。格林希尔为了保持自身的独立性和公信力，避免利益冲突对公司声誉带来的负面影响，甚至不惜"砍掉"了盈利能力出众的私募基金业务，而只专注于投资顾问这一个主业，虽然业务规模比不上高盛等一流投行，但却创造了股东投资回报率高于高盛的奇迹。这得益于公司心无旁骛的专注力，充分发挥了"工匠精神"，和不忘初心的不懈坚持。此外，风险防范与管理也决定着机构的存亡与发展。2008 年金融危机前，高盛通过有效的风险管理，控制并及时清理了 CDS 持仓，保持住了全球最大的投资银行地位。

六是创新人才培养和引进机制，建立科学合理的激励机制。前高盛 CEO 怀特黑德为招兵买马亲赴哈佛，并"挖角"其他证券公司经验丰富的从业人员加盟，从人员招聘、组织管理、薪酬激励和晋升等方面进行开拓创新。在人才起决定性作用的投资顾问领域，格林希尔更是注重培养和引进一大批经验丰富、资源广泛的顾问精英。正是有了大批优秀人才和各项业务专业团队的保障，才为公司实现赶超奠定了坚实的基础。

当然，在学习借鉴国际先进投行发展经验的同时，也要看到其在发展过程中存在的问题。2008 年金融危机教训深刻，金融业的发展严重脱离了实体经济需求，随着房地产泡沫破裂，巨量规模的次级抵押债券的估值骤降，投资银行的现金储备被耗尽，流动性风险骤然爆发，雷曼兄弟破产，贝尔斯登、美林证券等相继被收购，暴露出在美国发达的金融市场中，同样存在着监管手段、经营理念方面的不足。我们要以金融服务实体经济为根本，去其糟粕，取其精华，认真吸取国外投行的经验教训，推动国内证券公司聚焦主业，稳步健康发展。

（二）增强投行基础功能，打造核心竞争力

实践证明，要想做强主业，必须要发扬"工匠精神"，增强投行基础功能，提高证券公司的核心竞争力。证券公司的核心竞争力主要表现在产业的深耕整合能力、风险定价管理能力、资本补充能力等方面，而这些离不开证券公司基础功能的有效发挥。目前，我国证券公司主要在以下几个基础功能方面，亟待发展与提高：

1. 交易功能

目前，我国新三板、期权、国债期货、ETF等市场都采取做市商制度，做市交易功能有利于提高市场的流动性，适用于流动性较差、非标准化的市场。从国际经验看，世界上大多数的金融创新品种都是由非标准化的场外产品发展而来。因此，促进多层次资本市场的建立，使证券公司成为真正的交易服务者和流动性提供者，必须在当前基础上，继续推进证券公司的做市交易功能。包括：一是证券公司要严格区分代客与自营交易，并突出面向实体经济和投资多元化服务的资本中介型客需（代客）交易业务，积极扩大资本中介业务的比例，降低自身在交易中的市场风险。二是积极参与新三板、期权、国债期货等市场的做市业务。通过参与各类金融市场做市业务，不断积累做市经验，提升做市交易能力。三是提升做市定价能力。做市商的报价，对市场流动性起着关键作用，同时也影响做市商的收益和风险。做市商只有具备较强的定价能力，才能为市场提供合理报价，提升市场流动性，同时获得低风险的稳定收益，并促进市场的健康可持续发展。四是加强交易风险管理。做市商面临着多类风险，如库存股票价格的大幅波动风险、柜台市场交易对手方的信用风险、交易标的大幅波动带来的流动性风险等。因此，做市商需要提升交易风险管理能力，通过控制库存数量、利用衍生品对冲、建立第三方担保机制、完善报价机制等控制交易风险。五是认真做好投资者适当性管理工作，完善资本市场定价形成机制，倡导价值投资，使投资者服务工作不偏离正确轨道。同时要加强自律，坚决不搞明显低于成本的佣金价格恶性竞争，防止行业生态的恶化。六是坚持"稳中求进"的工作思路，主动"走出去"，在"一带一路"倡议推进的过程中深入参与境外资产的定价与交易，通过实战来加强全球交易和产品结构设计的能力。

2. 投融资功能

随着国内经济结构调整，对外开放程度加深，跨地区和跨行业的兼并重组不断增加，企业在资本市场的专业化服务需求也由传统的股权、债权融资延伸至兼并收购、资产证券化、资产负债表管理和风险管理等多个方面，考验着证券公司综合服务水平。同时，我国居民财富不断积累，财富管理需求快速增加。2016年，我国居民可投资资产规模已达126万亿元，预计到2020年，居民可投资资产将达到211万亿元。与银行、公募基金等机构相比，证券公司市场化程度更高、投资标的更多，在一级二级市场的专业优势更加明显，能够更好地连接投资者和企业，促进直接融资。因此，建议：一是回归业务本源，注重价值挖掘和资产配置。资产管理的业务本质就是管理资产，即"受人之托，代客理财"，需要打破刚性兑付，消除多层嵌套和通道业务。证券公司必须加快向资产配置驱动的净值化投资管理模式转型，以客户为中心提升主动管理、产品设计与创新能力，提供集合资产管理、定向资产管理、资

产证券化、投资顾问等专业化资产管理服务。构建货币型、固定收益型、权益型、量化型、项目型等完整的产品线，开展股票质押、挂钩指数、员工持股计划、新三板等各类新业务，满足不同风险收益偏好客户的投资需求及多样化的客户融资需求。二是发挥好资本市场"鉴证人"作用，从源头上严把上市公司质量关，不能"只荐不保"、一上了之，要盘活存量，提高并购重组执业质量。同时，建立"大投行"思维，深度挖掘客户价值。建立有效的"大投行"合作机制，进行信息、资源的共享，整合资源，提高资源利用效率。三是在客户服务上要有所选择，真正围绕实体经济需求。证券公司要重点服务国家鼓励的经济转型升级方向，特别是服务新经济和创新创业企业，推动传统产业转型升级和新兴产业的发展。四是推动证券公司业务转型，积极开拓创新业务。一方面，促进投行资本中介业务的发展，在做好IPO、再融资等传统投行业务的基础上，积极发展投行资本中介业务，如为并购重组提供过桥融资、夹层融资等服务，促进产业并购重组。另一方面，加大对绿色债、双创债、ABS、REITs等产品的研究和应用，供给更多的融资工具；五是发挥直接融资的功能优势，拓展企业融资渠道。一方面，可以通过资产管理业务、私募子公司吸引社会资金投向实体经济；另一方面，发挥证券公司直投业务风险投资功能，支持经济转型升级。

3. 风险管理功能

防范金融风险是金融行业的重要职责，也是当前金融从业者的工作重点和紧迫任务。近年来，"逆全球化"倾向上升，国际政治的不确定性增加，境内外经济运行与金融市场环境更趋复杂，或因一些国家货币政策和财政政策的调整形成显著的风险外溢效应。同时，资本市场牵涉面广、突发性强、易受感染、舆情复杂等特点日益显著，市场广度、深度、关联度不断拓展，跨市场、跨区域风险感染的可能性增加，行业脆弱性快速上升。同时，各类企业的避险需求也日趋复杂化和多样化，证券公司的综合风险管理服务功能显得更加重要。因此，建议：一是提高产品创新能力，通过为客户开发、设计定制化的金融衍生产品，提供各类规避和交易风险的服务。二是积极参与境外金融衍生品市场交易。发达国家金融衍生品市场相对成熟，证券公司可以通过试水境外金融衍生品市场，提升产品创新能力和风险管理服务能力。三是加强人才队伍建设。引导建立一套完整的人才引进、培训、激励和淘汰工作机制，吸引和培养一批高素质的金融衍生品人才队伍，为证券公司风险管理服务提供坚实的人才基础。四是扩大市场规模和投资者数量。在成熟市场，由于投资者的目的不同，很多产品之间可以相互对冲风险。证券公司可以通过扩大市场规模和客户数量，在内部化解部分风险，降低公司和全社会的总体风险敞口。

4. 托管功能

托管功能是证券公司的基础功能。围绕托管功能，证券公司不仅可以直接拓宽收入来源，还可以开发大量衍生业务机会，更好地向客户提供综合金融服务，增强客户黏性。拓展这一基础功能有助于促进证券经纪业务转型，有利于丰富综合金融服务功能，有利于改善证券公司的收入结构。证券公司作为资本市场中介主体，对于证券市场的一些新业务、新工具等，在业务理解、产品设计、估值核算、证券清算、投资风控等方面具备细分领域的专业化优势。目前，一些证券公司开展了主要针对私募基金的托管业务，而私募基金在快速发展的过程中，在基金合同签约及管理、基金直销适当性管理、基金投资运作管理、基金资产保管（场外投资）、基金重大事项的披露、基金管理人内部治理等环节存在风险，这对证券公司托管业务的开展也带来了挑战。因此，建议：一是加大资产托管与基金服务业务投入，不断提升资产托管和基金服务业务的专业程度。通过加强内部管理、技术投入与人才培养，按照产品规模、产品数量来测算人员与系统投入底线，强化信息安全，防止片面追求商业利益而忽视风险管控，损害投资者利益。二是建立全面的风险管理体系，提高合规管理水平。建立私募管理人、私募产品准入机制和后续跟踪管理机制，审慎开展相应服务。三是进行流程的再造，在证券公司现有的托管模式下优化业务流程，扬长避短，提升服务的效率和质量。

5. 研究分析能力

随着证券市场的发展加速，机构投资者所占比重逐步提升，证券公司研究功能的重要性也日益凸显，研究部门不仅要从事原有的卖方研究服务，还要服务好本公司投资决策，这也是证券公司向综合金融服务平台转型的重要一环。建议：一是回归研究本质，扎实研究功底。以研究为基础，提升报告的质量，带动保荐承销、销售交易和投资管理业务联动发展，坚持独立客观的立场，严谨认真的分析方法，避免研究报告的同质性。同时，禁止为获得分仓佣金收入或分析师评选中的投票而进行的一系列不合规"讨好性质"的销售行为。二是加强对研究报告的管理，避免出现夸大、误导性陈述，勇于与"黑嘴"做斗争，从理性客观的角度引导投资者树立正确的投资观，不被"杂音"影响、忽悠。自觉维护证券市场秩序。三是加强证券研究报告知识产权保护工作，打击研究报告侵权盗版。

（三）主动作为，积极服务国家发展战略

供给侧结构性改革提出以来，证券公司围绕"三去一降一补"，服务实体企业兼并重组、债务重组，推进资产证券化、市场化债转股与股权融资等服务，帮助企业降低负债规模，盘活存量资产。供给侧改革还将是未来一段时间经济发展的主线，先进制造业、中高端消费、创新引领、绿色低碳、共享经济、现代供应链、现代服务业与基础设施建设等行业作为"提高供给体系质量"的主攻方向，需要证券公司多下功夫搞深搞透，提高行业理解和定价能力，进一步加大服务创新力度。同时，继续服务好"三去一降一补"，积极服务并购重组，积极服务传统产业整合，促进产业转型升级；服务新兴产业通过并购做大，推动新兴产业发展；助推国有企业改革，支持国有企业做优做强。

在和平合作、互利共赢理念的指引下，"一带一路"建设和实施不断取得丰硕成果，这对境内外客户在上市与发债融资、财富投资与结算、并购财务顾问等金融服务需求产生了显著的正向拉动作用，也对行业发挥投行基础功能与资源配置作用、提高直接融资比重、完善服务与产品供给等方面提出了更高要求。在新的历史机遇面前，证券公司一方面要以客户实际需求为导向，坚持自主创新，提供高质量、多元化、一体式的问题解决方案；另一方面，要伴随国内企业"走出去"，为中国企业在海外投资并购提供投行服务，推动企业转型升级和全球化经营。此外，还应该积极与国际金融机构争夺全球资产定价权，提升国际化水平与影响力，承担起更好促进实施国家发展战略的重要责任。国内一些大型证券公司已经通过自主申请设立、并购、战略合作等方式，积极布局海外业务，在对外开放领域做出了有意义的尝试。

金融与实体经济休戚与共，经济发展与民生改善良性循环，社会稳定、人民富裕才是行业持续健康发展的坚实保障。证券行业骄人的发展成绩是在改革开放和社会主义现代化建设不断推向前进的历史背景下取得的，离不开党的领导和人民的支持。因此，证券公司要积极履行社会责任，多措并举服务国家"脱贫攻坚"战略，反哺社会，绝不能忘记促进国家经

济发展、服务广大投资者的初心。证券公司要发挥专业优势,加大对贫困地区企业的服务力度,通过辅导企业IPO、鼓励企业并购重组,以及通过新三板、区域性股权市场等多层资本市场融资,为企业进行债券融资等,为贫困地区提供产业扶贫,促进贫困地区经济发展。

科技创新作为当前经济的新增长动力,一直是证券行业的重要服务方向,依托股债融资、并购重组与直接投资等手段,服务科技创新企业。党的十九大报告提出,要加快建设创新型国家,加强对中小企业创新的支持。证券行业要针对中小创新企业的企业性质、发展阶段、业务模式等,多渠道、多方式助力科技企业发展成长。注重发展普惠金融、科技金融和绿色金融,引导更多金融资源配置到经济社会发展的重点领域和薄弱环节。同时,积极践行"互联网+"战略,通过互联网技术与证券公司各项业务的结合,并利用大数据、云计算等加深对客户需求的了解,提高客户使用的便捷性和产品的智能化水平,更好地升级自身的服务水平与能力,为推动国家经济的高质量增长做出应有的贡献。

(四) 结合自身情况,把握战略方向

国内证券公司普遍存在业务和产品单一化、同质化问题,因此结合自身优势,提出符合自身发展定位的公司战略,显得必要且迫切。在当前中国经济换挡的历史阶段,证券行业服务实体经济、服务国家金融安全的责任重大,急需打造一支一流投资银行队伍。因此,对于基础功能扎实、在国内有较大影响力和竞争力的大型证券公司,就要志向高远,有坚定的"金融报国"意识和强大的"金融报国"能力,能够从促进中国经济社会成功转型升级、提升中国国际竞争力的大局出发,以实体经济需求驱动为发展主线,凝聚各方力量,做大做强主业,增强核心竞争力,全面提升合规内控和风险管理水平,积极稳妥地开展国际化经营,更好地服务实体经济,推进经济高质量增长,保障金融安全,服务国家战略。同时,还要在国际投资银行的同业竞争中具备较高水平的业务竞争力和市场影响力,能够展示出与中国国家地位相匹配的综合实力。鉴于此,首先是"打铁还需自身硬"。现代投资银行是货币资本与人力资本相结合的产业,资本实力在很大程度上决定了证券公司的市场竞争地位、抗风险能力与未来发展潜力。因此,证券公司基础必须牢固,基础功能不断完备,具备较大的资产规模,在国际市场有较强的资源配置能力和影响力,能够覆盖不同国家和地区,为不同发展阶段的客户提供多元化投融资服务。证券公司要具备服务大局的意识,有担当、具有强烈的社会责任感。其次,证券公司应具有深远超前的战略眼光。证券公司要以设立的境外分支机构为支点,整合利用全球资源,积极发展跨境业务,在更高起点上推进自主创新驱动的核心竞争力。证券公司发扬"工匠精神",努力夯实投行基础功能,加大高质量综合金融服务供给。证券公司要积极服务国家战略,统筹境内外两个市场,用好两种资源,增加直接融资比重,通过多种形式参与开发"一带一路"项目。最后,证券公司应具备专业的合规内控管理能力及全面风险管理能力,能够主动管理业务运行中的合规问题,准确识别创新业务中的合规隐患,形成发现一起就处理一起的合规内控管理底线。

对于中小型证券公司,应找准战略定位,由单一的经营、收入结构向业务经营均衡化、收入来源多元化方式转型。一是发挥集团资源优势或通过兼并重组实现横向联合,全面布局业务链条,打造有竞争力的综合性证券公司。二是借助互联网金融平台,延伸传统业务,丰富业务体系,实现跨行业的战略联盟。对于某类业务基础较好的中小型证券公司,可以发挥自身资源优势和互联网技术优势,培养核心竞争力,形成差异化发展路径。例如在传统业务

上做深做精，即依托股东、地域等资源，充分运用传统业务积累的项目经验和客户资源，实现传统业务转型和模式创新。同时，集中有限资源着力培养和发展创新业务，建立明确的客户定位，并结合该类客户的个性化需求定制产品。在现实操作中，可以在围绕客户需求提供综合金融服务的同时，重点打造某个或某些优势业务板块，有点有面地探索发展，形成符合自身特点的战略发展路径。

（五）做实合规内控，加强风险管理，优化各项制度

广义上的中后台能力是证券公司核心竞争力的重要组成部分，包括但不限于合规管理、风险管理、IT系统建设、内部控制流程、财务资源管理、人力资源管理、公司文化建设等。此外，公司治理体系对于公司内部能否发挥权力制衡作用至关重要。因此，证券公司一是要推进公司治理改革，实现内部权力制衡，加强党的建设，加强内部问责机制，通过公司自律、行业自律互律及监管他律共同保障市场"三公"，也为公司的经营管理创造良好的运行环境。同时，董事会和管理层确定好企业内部管理的方向和重点后，做好经营目标、利润计划等目标的落实。二是明确合规管理的专业定位，提升全面风险管理能力，推动合规管理体系和风险管理体系转型。证券公司在"走出去"的同时，要服务好境内外企业客户，与国际投行竞争，就必须全面提高风险的管理水平，建立起能覆盖境内外市场、业务和管理的全领域，构建起对各类风险监测、评估、应对的全面风险管理体系，在自身稳健经营的同时为实体经济的稳定运行缓释和分散风险，具备风险准备、流动性救助、风险处置"三位一体"机制，为防范系统性金融风险和维护国家金融安全保驾护航。同时，要建成有明确工作定位、工作目标的合规管理体系和专业合规管理团队，形成金融稳定不可逾越的重要防线。三是加强公司内部管理与文化建设，优化人才激励约束机制。证券公司要加强总部对子公司、孙公司的管理、约束和问责。完善公司制度建设，加强内部管理，筑牢底线经营的意识，强化审慎合规经营理念，严守底线，不踩红线，不心存侥幸，不倚赖监管。金融行业是经营和管理风险的行业，证券公司要加强企业的风险文化、合规意识建设，推动形成稳健经营的企业文化，完善人才激励约束机制，朝着百年老店的目标前进，通过特色的公司文化来凝合认可本公司文化的人才，逐步形成公司核心竞争力。

最后，希望监管部门加大法治及制度建设，扎紧制度笼子，并加强中央和地方"一盘棋"无死角的综合监管与协作，防控好私募基金、债券及区域性股权市场、非法证券期货交易等领域跨市场跨业态跨区域的风险，帮助行业营造更加稳定、健康、公平的市场环境。同时，坚持"稳中求进"工作总基调，一手抓监管，一手促发展，加快推进发行制度、并购重组制度改革，深化新三板与交易所债券市场改革，积极发展场外市场与衍生品市场，大力推进资本市场双向开放，进一步推进市场互联互通和放宽证券行业市场准入，加大对证券行业开展各项业务以及在与境外同行开展竞争时的政策支持力度。

证券公司提升综合金融服务能力研究

国信证券股份有限公司　上海交通大学联合课题组*

一、海外投行开展综合金融服务提高核心竞争力的主要经验及启示

（一）海外投行综合金融的发展历程

当前，很多发达国家引入了综合金融模式，我们对美国、英国以及日本的金融业发展历程进行了整理，如下：

1. 美国综合金融发展历程

（1）20世纪30年代以前的混业经营时期。这一时期，商业银行与投资银行、金融公司等业务相互融合渗透，投资银行不仅开展证券业务，也涉及部分商业银行业务；商业银行也能够从事证券业务。这一时期，混业经营制度为美国金融业的根本制度。

（2）20世纪30年代的分业经营时期。金融危机对美国金融制度造成了严重冲击，美国的金融业濒临崩溃。《格拉斯－斯蒂格尔法案》在这种情况下应运而生，标志着美国分业经营制度的正式确立。后期，美国颁布了《1934年证券交易法》《投资公司法》《银行控股公司法》《银行公平竞争法》。这段时期，美国金融业实行严格的分业经营制度。

（3）20世纪90年代后的现代混业经营时期。1999年美国通过《金融服务现代化法案》，标志着美国分业经营时期的终结，美国正式进入金融业综合经营时代。

2. 其他国家的综合金融历史变迁。

（1）英国。英国率先实行金融业的划分，形成较为稳定的金融市场。第一次世界大战后，英国也采取了混业经营模式，但最终由于大量的投机交易而使证券市场风险剧增，最终导致崩盘。1929年到1933年间的金融危机席卷全球，各国为了降低通货膨胀、控制市场过热现象并防控金融市场风险，通过制定相应的法律法规，形成了金融业分业运行的机制。

---

* 本文为中国证券业协会2017年重点课题。课题负责人：卢宗辉；课题组成员：杨高宇，史占中，张立超，邓剑兰，郑嘉伟，熊亚。

1986 年，英国实行了被称为"大爆炸"的金融改革，这场改革使得英国的分业经营制度彻底终结。

（2）日本。1947 年，日本政府颁布《证券交易法》，标志着日本金融业投资银行和商业银行分业经营模式确立。到 20 世纪 80 年代，日本开始逐步推进金融自由化改革，改革内容包括利率自由化、业务经营自由化、资金流动自由化以及融资方式自由化等，以促进资本市场的自由化发展。1996 年，日本在前期渐进式改革的基础上，推行新的金融体制改革，通过实施《金融改革一揽子法案》，取消了金融业各领域之间的限制，打破了各子行业之间的进入壁垒，加速了日本金融业自由化的进程，从而真正进入综合金融时代。

从各国的金融业发展历程来看，表面上是由于监管法规的制定推动了综合金融的发展，但实际上则是由于金融市场内在的发展需要，随着市场的不断深化以及投行、资管等行业的发展需求而逐渐走进人们的视野，加速了综合金融服务的不断创新。

（二）美国投行综合金融发展过程中的制度安排

在金融业的变迁历史上，制度环境的改变与金融业的变迁有着紧密的关系，金融业基本上处于相关法律的规范之下，金融业的变迁也是金融法律演变的结果，两者相互影响、相互推动。

美国的金融业变迁史与美国的法律制度紧密相关，从最初的自由混业到银证分离的分业经营和监管时期，再到金融自由化的混业时期，金融法律制度与行业的变迁息息相关。金融业不断发展和变化的实际需求和监管需要催生了相应的法律制度的实施，法律制度在推动金融业发展的同时也可能产生一定的限制，衍生出新的立法要求。

1. 19 世纪中期至 1933 年：自由混业阶段的制度安排

美国的投资银行业起源于 19 世纪初，通常以合伙制商号的形式从事证券经纪业务。1972 年 7 月 21 日，为了防止恶意竞争，主要经纪商和经纪公司签署了著名的《梧桐树协议》。1871 年，纽约股票交易委员会正式成立，确定以华尔街 40 号为固定交易场所，同时制定了较为完善的交易制度框架，完成了集中交易证券市场的构建。19 世纪后期，美国证券业在当时的政治主导下进入自由发展阶段，依靠自己设立的规则来运作。这一时期，美国的经济逐渐繁荣，证券行业也进入高速发展阶段，但证券市场由于缺乏监管和约束，市场的投机情绪空前高涨。最终，在 1929 年 9 月，美国证券市场崩溃，并造成四年的经济大萧条。

2. 1933 年至 20 世纪 60 年代末：以独立投行进行分业经营阶段的制度安排

经历了长达四年的经济大萧条以后，美国政府开始对金融业进行规范，并通过立法对金融业实施监管。1933 年，美国通过了《1933 年银行法》《1933 年证券法》，将银行业务与投资银行业务严格划分，由此确立了银行和证券分业经营的原则。1934 年，美国通过了《证券交易法》，在证券法的基础上对证券交易各个方面进行了规范。1956 年，美国通过了《银行控股公司法》，并在 1966 年和 1970 年通过《银行控股公司法修正案》对银行控股公司进行了新的界定。

3. 20 世纪 70 年代以后：金融创新和混业经营阶段的制度安排

1975 年，美国国会通过了《证券法修正案》，旨在促进证券监管部门和金融业共同建立全国性的跨市场交易平台。1978 年，美国对《格拉斯－斯蒂格尔法案》第 20 条作了更为宽松的解释，商业银行能够进入证券发行市场，促进了银行业的证券化，使得银行业和证券业之间的界限变得更加模糊。1989 年,《金融机构重组、复兴和强化法》获准通过,银行和储蓄机构的界限变得模糊。1999 年,《格拉斯－斯蒂格尔法案》被废止,并被《金融服务现代化法案》所取代,这也标志着美国分业经营时代正式结束。美国金融业正式进入混业经营时代。

从以上的法律制度的变迁过程中可以发现,法律法规的变化反映了对金融市场发展和创新的认可,也进一步推动了金融业的发展和金融市场结构的变革。市场形势和监管环境的变化,最终形成了美国混业经营的金融格局。

(三) 海外投行综合金融服务模式创新

从上述各发达国家金融业经营模式的发展历程来看,不难发现整个行业经历了一个"否定之否定"的过程,从最初的混业到分业的状态,经过金融体系的创新融合,最后又重新开始混业经营。海外投行在国家混业经营的制度体系下不断进行金融创新,逐渐形成综合金融服务的模式,通过提供一站式的综合金融服务来提升自身的竞争力。海外投行综合金融服务模式的创新主要体现在以下几个方面:

1. 经营模式向多元化转变

随着资本市场的不断发展和高净值人群的不断增加,客户需求也变得多样化,投行的经营策略也随之发生改变,逐渐呈现出业务多元化趋势。金融机构通过建立新的业务模式,开发新的利润增长点。金融危机以后,金融机构在开展综合化、混业经营的过程中展现出更大的优势,因而逐渐转向多元化经营。

2. 风险管理的去杠杆化

金融危机以前,多数投行经营模式的核心是"杠杆"交易模式,经营风险较大。调查发现,综合型机构的平均杠杆比率远低于投行。在金融危机的冲击下,综合性的金融集团能够利用综合金融的优势,通过将不同风险的业务进行组合,将风险转入良性的范围内,使当前的杠杆水平重新支撑现有资本,从而提升金融机构对抗风险的能力,提升自身综合竞争力,在金融危机中存活下来。

3. 监管制度更为严格

分业监管模式的弊端在金融危机中暴露无遗,监管标准的不一致导致对某些方面的重复监管,同时也存在不少监管漏洞。监管机构职能的不明晰导致其对市场变化的感知相当迟钝,不利于整个金融体系全面风险的监控。随着混业经营模式的推进,综合金融机构的业务范围逐渐拓宽至不同的金融领域,防范综合性金融机构的跨领域风险尤为重要,综合金融机构也将面临比以往更加严格的监管。

4. 金融创新不断深化

从国际投行发展趋势来看,随着混业金融模式的推进,国际证券业在综合金融服务上的创新不断深化。国际金融集团不仅在金融服务手段上进行创新,利用 IT 技术,借助发展迅速的互联网平台,实现证券业务和新技术手段的融合创新。此外,金融集团还根据客户的需求,不断开发适应市场和客户需求的新产品,为客户提供一站式综合金融服务,以强大的产品创新能力打造自身品牌,提升综合竞争力。

二、海外投行综合金融的经验总结

（一）高盛的综合金融经验

经过 2008 年金融危机的冲击后，高盛从原先的投行转型成为银行控股公司。高盛转型以后，依然保持了其一流投资银行的地位，在其传统业务的基础上，开展综合金融服务。高盛的服务对象主要包括各国的企业、国际性的金融服务机构、富裕人群等一系列类型的客户，并为客户提供全方位、特色化的金融服务，通过创新和产品差异化，巩固客户网络。高盛是投行中开展海外综合金融服务的典型，本文重点对高盛的公司体系、内部管理、综合金融业务转型以及风险控制几大方面进行分析，以总结海外投行综合金融服务对投行综合竞争力提升的影响经验，并提炼出海外投行综合金融服务提高核心竞争力指标体系，以期国内综合金融服务的发展创新借鉴。

1. 高盛的综合金融业务结构

（1）综合金融业务线条清晰，业务结构多元化。高盛通过五大前台部门形成了对客户提供服务的四大业务链条。五大部门包括全球投资研究部、投资管理部、商业银行部、投行部、证券部；四大业务链条包括投资银行、机构客户服务、投资与借贷、投资管理（见图1）。

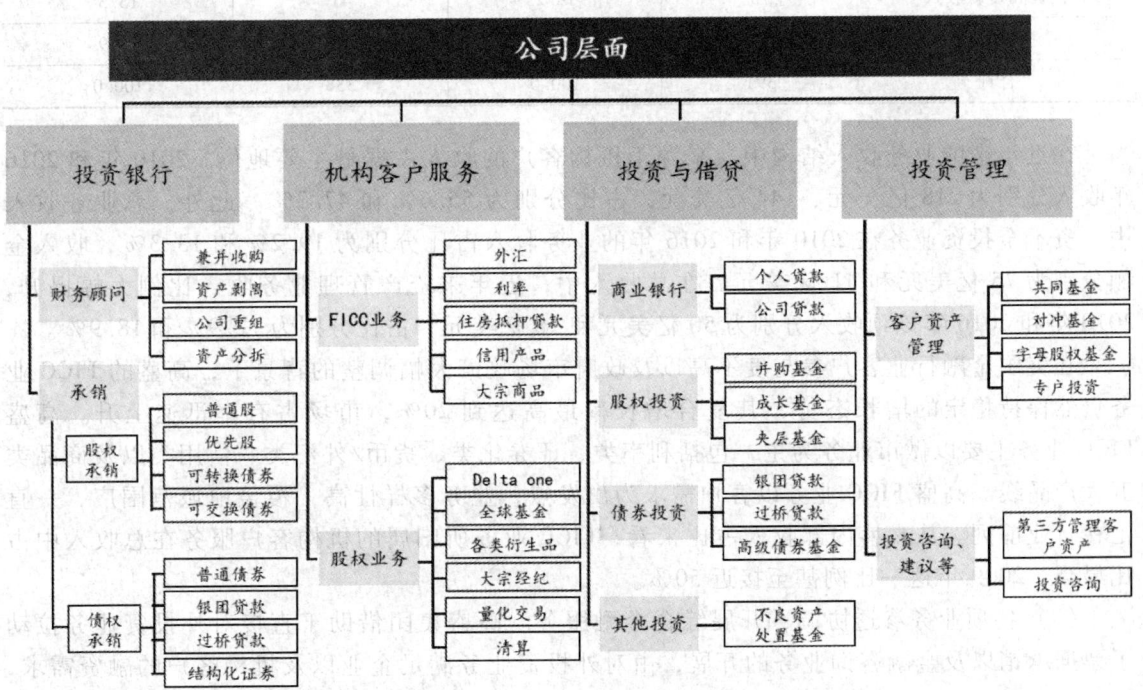

图 1　高盛四大业务线产品明细一览

高盛的业务经营特点是多元化发展，突破了传统投行的业务边界，目前是五大投行中盈利能力最强的。高盛集团通过对投资银行业务的不断拓展和转型，进一步强化了核心竞争力并打造成为专注于投行业务的现代金融集团。

（2）盈利方式多元，各大业务贡献相对均衡。从表1中1999年、2005年、2010年和

2016年几个代表性年份的业务收入构成来看,投资银行收入始终发挥着基础性的作用。1999年,投行业务收入为44亿美元,占总收入的32.8%。2005年和2010年投行业务收入与1999年相比变化不大,分别为37亿美元和48亿美元,但收入占比下滑至14.9%和12.3%。在2016年投行业务收入占比上升至20.5%,业务收入达到62亿美元。

表1 不同年份高盛集团收入结构

项目	1999年		2005年	
	收入(亿美元)	占比(%)	收入(亿美元)	占比(%)
投资银行	44	32.8	37	14.9
交易与本金投资	58	43.3	164	66.1
资产管理与证券服务	32	23.9	47	19.0
合计	134	100.0	248	100.0

项目	2010年		2016年	
	收入	占比(%)	收入	占比(%)
投资银行	48	12.3	62	20.5
机构客户服务	218	55.6	144	47.3
投资和贷款收入	75	19.2	41	13.3
投资管理	50	12.9	58	18.9
合计	391	100.0	338	100.0

在近年来的业务收入结构中,来源于机构客户的收入占据最主要地位。2010年和2016年收入分别为218亿美元、144亿美元,占比分别为55.6%和47.3%。此外,总业务收入中,资本金投资业务在2010年和2016年的业务收入占比分别为19.2%和13.3%,收入金额分别为75亿美元和41亿美元。在总收入中,近年来资产管理业务收入比例大幅提升,2010年和2016年该项收入分别为50亿美元和58亿美元,占比分别为12.9%和18.9%。

在美国金融行业客户参与度不高以及政府市场政策大幅调整的背景下,高盛的FICC业务仍然保持稳定的增长态势,其复合增长率最高达到20%,市场占有率迅速上升。高盛FICC业务主要以做市业务为主,包括利率类、证券化类、货币/外汇类、信用类以及商品类五大产品线。高盛FICC业务以客户需求为出发点,业务多样性高,覆盖地域范围广,一直走在行业前列。从高盛内部收入占比来看,FICC业务所归属的机构客户服务在总收入中占比最高,2009年这一比例甚至接近50%。

(3)各项业务渗透协调,开展综合金融服务。高盛集团借助于直接对外投资业务拉动了票据承销以及金融咨询业务的开展,由对外投资业务满足企业以及机构客户的融资需求,以此来实现为客户提供多元化的金融服务。除此之外,高盛集团借助于资本再购以及收购杠杆实行直接投资,借助于过桥投资、担保来拉动其顾客咨询业务以及其他金融服务的内需,凭借其投资业务来反向拉动客户的融资需求。高盛集团的竞争优势在于其能担当企业并购重组、投资顾问、股票承销以及理财建议等多个角色。除此之外,高盛集团还借助各种金融衍生品来转移或者对冲集团所面临的风险,而且通过优化服务流程来找寻新的盈利点。高盛除了为客户提供解决方案所带来的大量收入以外,还能从风险顾问以及投资建议等方面收获几倍于提供顾问服务的收益。总体而言，高盛通过企业并购重组业务、提供融资服务、提供风险管控建议、直接投资业务的相互辅助与协调，能够向客户提供资金支持的同时还提供各种服务咨询，借助于庞大的资金向客户放贷，在分担客户面临的市场风险的同时，在必要的情况下选择与客户联营，同时为客户提供金融咨询服务。这种综合金融服务模式扩大了业务收入来源，增加了自由资金投资的收益率，同时也大大提高风险控制能力。

2. 高盛的综合金融服务策略

（1）以客户为中心的综合营销。高盛集团在进行企业并购重组业务的时候，借助于从外部聘请企业并购、金融风险咨询以及股票债券承销等领域的专家来直接参与集团业务的营销活动，在客户代表为客户介绍了相关的业务种类之后，专家对有意向的客户进行业务服务内容的介绍，这种方式对开拓投行业务客户前期的沟通协调大有裨益。在客户明确了意愿后，再由公司的客户经理接管，进一步挖掘客户真实的内在需求。在面对大型客户时，高盛一般采用专业团队模式为客户提供服务，并建立了一套包括承销/发行股票和债券、理财、融资与投资等多样化、全方位的业务体系。

（2）综合金融紧密联结客户与业务，打造密切的关系网络。高盛利用综合金融模式创造了业务与客户之间的联系纽带，打造了一张客户与业务之间紧密联系的关系网，通过这张网络的延伸和相互联系为高盛带来更多的业务机会（见图2）。高盛通过长期的联系和经营管理积累了大量的优质客户，在合规前提下，各项业务间能够互通有无，对客户的需求也能够快速了解，从而更好地为客户提供综合性服务。比如，高盛还实现了私人业务和投资银行业务的结合，并开创了新的机构经纪和私人财富管理业务。私人客户服务的发展更多地将高盛的各个业务联系起来，高盛在为客户提供私人银行服务的同时，还能够通过提供证券业务和投资银行业务使客户需求得到最大化的满足。

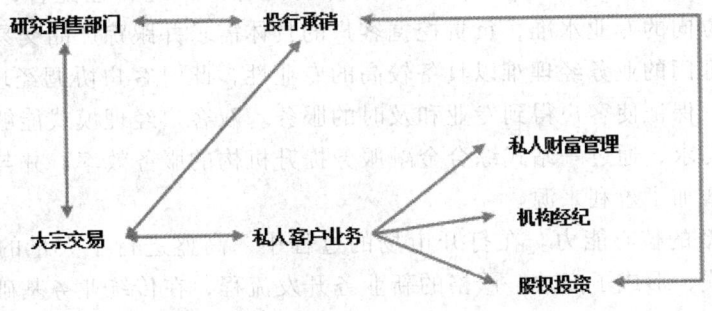

图2 高盛业务关系网络

（3）充分发挥融资优势，带动投行业务共同发展。近年来，高盛融资与投资银行通过内部充足的方式结合，在"将资本用作市场营销工具"的经营理念指导下，利用融资服务充分带动投行业务，增加融资业务与投行业务间的融合创新，将融资团队的专业产品知识和投行部的客户关系网相结合，为客户提供更加完善的综合金融服务方案并获得超额收益。以具体的一项并购交易操作流程为例（见图3）。

在并购交易初期，利用其设立的William street基金为投资者直接提供贷款，当并购交易基本完成时，通过为企业安排证券承销等服务手段来满足企业的长期融资需求。此外，高盛还利用掉期、期货衍生工具等手段对天然气、石油、电力等基础行业并购中的风险进行对冲

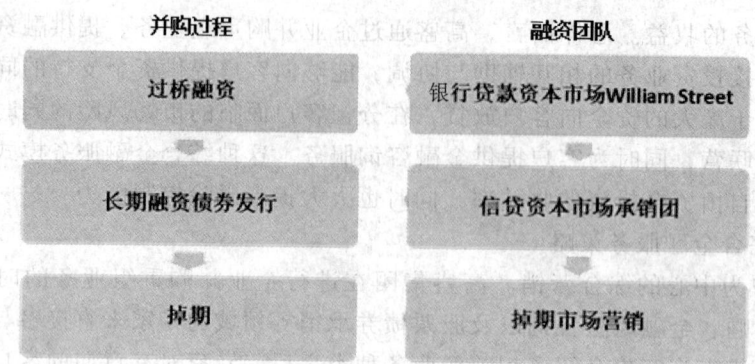

图 3　高盛投资银行部并购业务与融资团队的协作配合

资料来源：高盛中国官网：http://www2.goldmansachs.com/china/

和管理。这种综合服务模式不仅能够对冲和降低风险，而且在交易结束后获得顾问费的同时在融资安排、风险管理等环节获得更高额的收益。在整个过程中，融资团队、投行、商品交易等部门相互配合，通过信息互通了解市场信息，从而在指导交易的同时获得更高的综合收益。

（4）"产品专家+服务专家"的综合金融营销模式（双向客户经理制度）。高盛的"产品专家+服务专家"模式被业界称为"双向客户经理制度"，由对产品相当了解的产品专家和对公司业务、决策方式相当熟悉的服务专家构成。这种"产品专家+服务专家"模式设置了各大业务类别的客户经理以及总的客户协调经理。各大业务的客户经理负责了解客户的需求，为客户提供直接的服务；而客户与集团各部门之间的沟通则由投行客户协调经理（IBR）来进行。客户协调经理（IBR）与各大部门的客户经理相互配合，各部门的业务经理具有某个业务方向的专业水准，负责挖掘客户的具体需求并跟踪产品交易的执行；当产品跨度较大时，各部门的业务经理难以具备较高的专业性，此时客户协调经理（IBR）对各部门资源进行统筹，保证使客户得到专业和及时的服务。双客户经理模式能够同时满足客户的服务需求和沟通需求，通过一站式综合金融服务提升机构的服务效率，并与客户形成长期稳定的合作关系，增加了盈利来源。

（5）业务创新的核心能力。在打开市场的过程中，高盛进行了大量的业务创新，通过大胆的探索与实践，形成了高效、严格的新业务开发流程，在传统业务基础上开拓了大量新的业务，显示出了极强的业务创新能力。

新的业务开发流程主要包括高管带队、新思路实践和反向运作。公司高管直接负责新业务的开拓工作，由专业的分析师、投行服务部经理以及产品执行专家组成业务创新团队，对新的发展动向、新思路、新机会进行分析并找出业务创新的方向。在明确了新的业务方向以后，创新团队迅速进行实践验证，通过不断的试错来开发适合高盛发展的新业务，这也让高盛在业界树立了富有想象力和消息灵通的形象，越来越多的企业和投资者对高盛的新业务开发产生兴趣。此外，高盛还通过反向运作使得发行和承销相互衔接，在机构投资者显示出对特定的债权或普通股的兴趣时，高盛立刻与市场发行人联系。这种方式与传统程序正好相反，而且在没有占用资本金的同时降低了承销风险，最为重要的是，比传统方式组织承销团和路演所需的费用成本更为低廉。

3. 高盛的综合金融风险控制

高盛非常重视风险管理，风险管理部门负责监控每一笔交易，且风险管理部门的地位与交易部门属于同等级别。在项目启动之初，风险部门首先考量其风险系数，考察对高盛的品牌是否产生负面影响。在高盛内部，风险管理的意识深深扎根于每一位员工的心中。高盛这种严格的风险管理理念体现了其风险管理的核心能力，对其业务的经营和发展起到了良性的促进作用。高盛的风险管理理念的优越性主要体现在以下几个方面：

（1）完善的风险控制系统。高盛风险控制系统由公司管理委员会以及下设的各种委员会构成，是风险控制系统的核心组成部分，分别负责监控金融风险、监督承销活动、关注授信、审查操作和声誉风险、审查和批准结构性产品等职责。各风险控制委员会分工协作，相互配合，并由公司管理委员会统一管理，形成了对公司各项业务及运转过程中风险问题的全覆盖，有效提升了风险控制能力。

（2）以各类委员会为核心。一般情况下，业务部门和风险控制部门所追求的目标不能完全统一，业务部门希望带来更高的收入，而风险控制部门希望最大限度地降低风险，从而导致对某项业务的风险评价存在一定差异。当这种差异较大时，风险控制委员会将对其进行客观的评价，从而决定是否进行该项业务。这种以各类委员会为核心的风险评价体系能够有效降低各部门主观意识的干扰，能够正确客观地判断业务风险，从而指引业务部门各项业务正常开展。

（3）风险控制部门高度独立。高盛认为，风险控制部门对业务部门具有监督和评价的权利，因此必须保持两类部门之间的相互独立。因而在高盛内部，风险控制委员会由董事会直接管理，而委员会各成员由公司高层人员组成，在具备高度的独立性的同时保证了各部门之间的相互协作能力。

（二）海外投行综合金融服务提高核心竞争力因素分析

证券公司是资本、知识密集性行业，近期的研究中，部分学者将证券公司的核心竞争力定义为："以人的能力为载体，能够使证券公司可持续发展与高效发展的竞争优势。"其中，可持续发展、高效发展和人的能力是核心竞争力的关键因素。在金融机构可持续发展和高效发展的基础上才能够进行业务拓展和创新。根据高盛在综合金融服务中所体现的特点，本文总结出了海外投行提升综合金融服务能力，打造海外一流投行的五大核心因素。这五大核心因素为：资本规模、服务营销能力、业务能力、风险管理能力、创新能力。

1. 资本规模

资本密集是金融机构的主要特征之一。雄厚的资本实力使得金融机构有能力抵御外部发生的各种风险，同时规模效应带来的成本下降为金融机构取得更大的竞争优势。目前证券行业呈现出规模化发展趋势，业务规模快速扩张，资金实力也迅速提升。面对日益激烈的竞争形势，金融机构的净资本规模决定了其在业务规模上的竞争力。通过发行上市、引进战略投资者以及兼并收购等手段增大金融机构的资本规模，能够有效提升金融机构抵御风险的能力。

2. 服务营销能力

金融机构定位于服务行业，金融机构的服务水平是金融机构核心竞争力的表现形式之一。综合金融机构的服务营销能力是金融机构开展综合金融服务的基础，具备良好的服务营销能力，能够使得金融机构在老客户的基础上，不断开发新的客户，从而增大综合金融服务机构的利润来源。对开展综合金融服务的金融机构来说，营销体系的管理和控制等环节是服务和营销中的重点环节，是金融机构内部控制水平和外部适应能力的表现，新产品的开发能力、新业务的推广能力以及客户的认可度是金融机构核心竞争力的客观体现。以高盛为代表的国际投行经过上百年的市场考验，其服务营销能力已经非常成熟。在服务营销过程中，国际大投行以其强大业务能力、完善的业务结构以及良好的服务营销能力，为客户提供全方位、一站式的综合金融服务，为客户创造更好的用户体验，在最大化满足客户需求的同时也尽可能调动客户的潜在需求。

3. 业务能力

在金融机构间激烈的竞争当中，业务能力是核心竞争力的重要组成部分。由于券商的历史特点，早期传统业务之间的关联度小，各大业务部门之间缺乏协调合作，使得金融机构的综合优势难以发挥。在综合经营的前提下，以高盛为首的国际投行积极整合打造自己的业务结构，使多项业务之间形成相应的关联，在制度和机构的安排上为业务的顺利开展铺平道路，确保业务融合与重构的实施。多元化的业务模式和良好的业务能力能够为金融机构带来多元化的盈利渠道，在为客户提供一站式综合金融服务的同时帮助金融机构树立良好的品牌形象，提升综合金融服务机构的综合竞争力。

4. 风险管理能力

金融业尤其是证券行业是高风险行业，高风险这一固有特征在进行综合经营的过程中尤为突出。在控制风险的前提下开展综合金融服务并获取可持续的利润，是金融机构提升自身竞争力并长期稳定发展的必要条件。

金融机构的风险管理能力包括公司治理能力、内控机制以及外部监管机制。完善公司治理结构，建立健全内部控制机制以及内部激励约束机制，强化股东、董事会的监督决策权，是公司实现科学有效的风险管理、实现综合金融服务有序开展的坚实基础，是提升金融机构核心竞争力的重要因素。

5. 创新能力

创新是金融业发展的核心，是打造金融机构核心竞争力的必备要素。金融业本身是高风险行业，而创新能够有效降低风险。提升金融机构的创新能力是一个长期而系统的工程，不仅需要从制度上进行创新，还需要技术创新和业务创新的相互配合（见图4）。

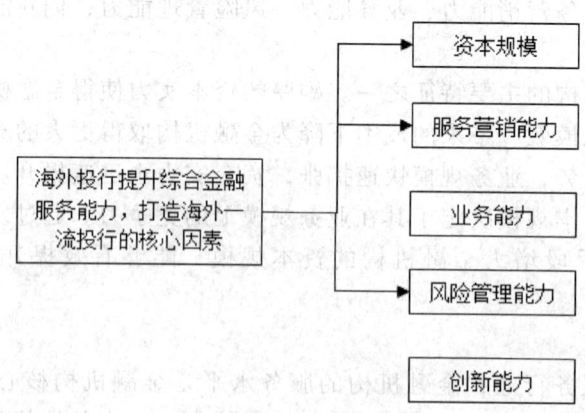

图4　海外投行提升综合金融服务能力，打造海外一流投行的核心因素

首先是制度创新能力。法人治理结构是公司制度的基础，金融机构是否能够从制度上进行创新，例如按照现代企业制度要求来设置和完善公司法人治理结构，能从制度层面改善机构董事会结构，在具备执行力的同时具备相应的约束和监督机制，保护股东权益，这些都构成了机构制度创新能力的考量标准。可以说，没有制度的创新，金融机构就不可能实现真正的发展壮大。

其次是业务创新。对于开展综合金融服务的机构来说，业务创新是金融机构创新能力的重点内容，是综合金融服务机构赖以生存的根本，是提升核心竞争力的首要任务。证券公司若要在激烈的竞争中增加市场占有率并获得超额利润，核心竞争力源于综合金融服务的创新，只有实现"以产品为中心"向"以客户为中心"的转变，完成金融机构向金融中介的回归，并不断改变现有业务结构培育新业务，才能赢得市场和客户，并获得新的盈利增长点，不断提升综合金融机构的核心竞争力。

最后是技术创新。随着互联网时代的到来，互联网在金融活动中扮演着越来越重要的平台角色，金融机构对于信息技术的依赖也越来越多。技术创新对于金融业的发展意义重大。在开展综合金融服务的过程中，构建完善的企业信息技术系统，建立统一的信息技术平台是开展综合金融服务的基础，有了信息技术的创新和完善，才能在保障顾客信息和资金安全的前提下为顾客提供一站式综合金融服务。因而，技术创新也是金融机构提升综合竞争力的重点之一。

三、国内券商开展综合金融服务能力评价与制度缺陷

未来在经济新常态背景下，我国经济面临结构转型、居民财富增长、金融市场化和加快多层次资本市场建设需要，一方面将给金融发展提供新的动力，释放金融创新活力，打开新空间；另一方面，面对瞬息万变的市场，证券行业服务转型和业务创新正处于快速变革时期。事实上，国内各大金融机构早就在为综合金融服务做准备。伴随着金融深化情境下"泛券商"和"大资管"时代的来临，通过综合金融服务创造价值和提升效率，成为国内证券公司未来创新转型的方向。本部分通过对国内主要券商开展综合金融服务进行梳理分析，对其综合金融服务能力进行评价，在此基础上得出我国证券公司在开展综合金融服务方面存在的主要问题及制度缺陷。

（一）国内券商开展综合金融服务现状分析

面对复杂多变的市场环境，早在2012年国内一些大型券商就开始着手向综合金融客户服务模式的创新与转型。通过调研发现，我国券商为了满足客户的多元化需求，主动布局，调动多方资源，通过扩大业务范围，延伸业务领域，开展境内外业务合作，提供全方位的金融服务。在当前我国仍处于分业监管、分业经营的金融模式下，现将典型券商开展综合金融服务现状归纳如下：

1. 构建综合金融服务平台

部分券商在机构内设立独立部门，实现以项目为中心到以客户为中心、从券商生产线到券商产业链的战略转型。

这种综合金融服务模式，具体呈现以下分工特色：（1）以客户需求为导向和根据市场

变化情况，将所有的券商客户关系部人员按行业划分为多个行业组，专职负责本行业的前期客户搜寻开发、持续跟进、后期客户关系维护等工作。（2）大客户开发战略：在团队中专门设置市场开发组。（3）项目执行团队：执行组就好像一个大的业务承做池，上面有一个人力资源经理统一负责承做人员调配。当团队接到上市项目任务后，由人力资源经理根据执行组人员的忙闲情况和各自的经验水平来安排临时执行团队。（4）产品团队构成：由股权融资业务线、债务及结构融资业务线、并购重组业务线和资产证券化业务线构成（见图5）。

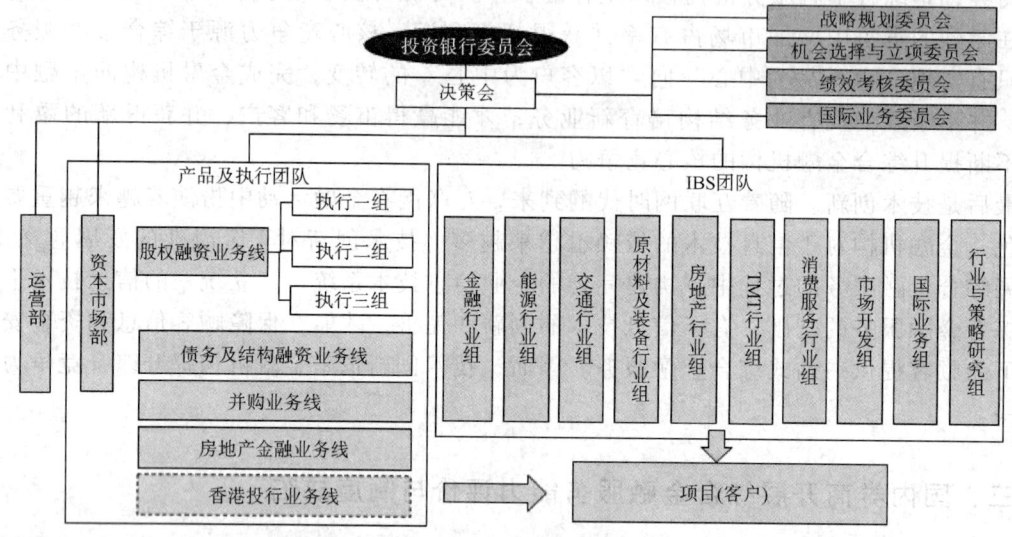

图5 综合客户服务组织架构

构建IBS综合金融服务平台，工作流程包括客户价值分析、客户沟通与市场营销、项目分配、项目承做、后期维护等系列环节，每个层次分工明确，相互协作（见图6）。

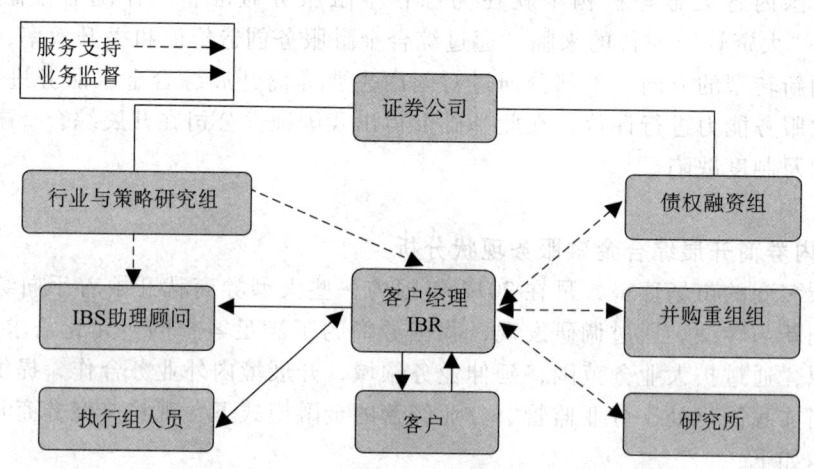

图6 IBS平台业务流程图

首先基于IBS助理对客户的潜在需求、市场环境和行业发展、经营状况、供应商情况、竞争对手情况等资料深入分析，评估筛选出符合客户融资条件的潜在客户。由IBS客户经理直接对客户进行沟通与联系，完成市场客户开发和"一对一"客户维护，客户开发完成后，IBS 会将客户项目交给临时组建的项目执行小组进行承做，并定期与客户进行交流与跟踪，不断及时了解客户新的资产中介需求。IBS 客户经理在发现客户新的需求时，可调配公司其他产品线的资源进行配合，达到券商全价值链延伸的目的，最大限度满足客户需求。

2. 基于"金融科技（Fintech）+"专职服务模式

随着互联网、人工智能等技术日趋成熟，部分券商从组织架构层面对销售和客户关系管理进行了调整，突破传统金融服务的约束，通过一系列信息化手段，将金融科技运用于客户跨平台、高效便捷的现代金融服务中，通过专职化服务加强跨部门协作，培育"一体化"券商服务能力（见图7）。

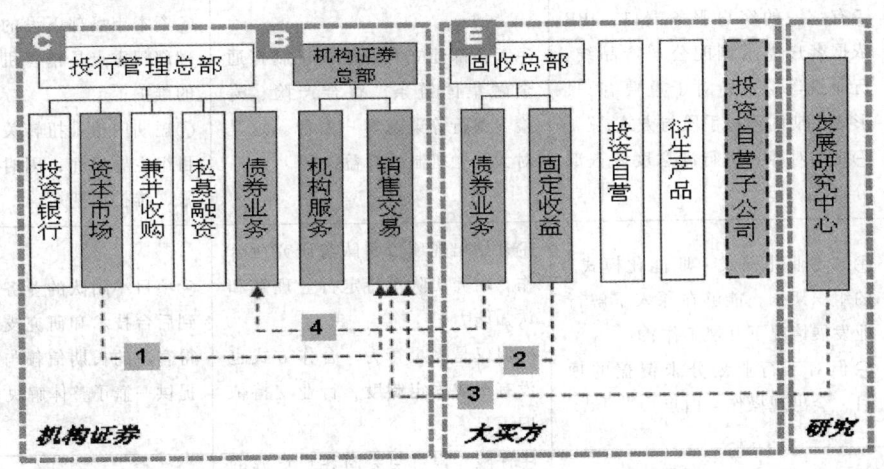

图 7　券商组织架构调整

第一，围绕"产品+服务"成立智能投顾服务部。金融科技不仅有效降低了券商的获客成本，实现了客户开户、交易、资讯、理财、行情、创新业务办理等基本需求，而且利用大数据、区块链等现代金融信息技术，完成了对机构和个人的估值、定价和销售等专业职能，成为公司内部组织架构调整的一个关键环节。券商该部分人员包括内调过来一线项目组人员，既包括机构服务和销售交易人员，还包括智能投顾中的人工智能团队、长期专业服务机构的研究员、金融市场的从事兼并重组债券承销的专业服务人员。

第二，智能投顾服务部在后台支持下整合客户资料，做好战略客户的专职服务工作。在没有金融科技、征信体系不完善的时代，券商无法形成关注客户需求的机制。而随着后台大数据的建立，智能投顾服务部能够基于机器学习、算法、大数据管理，长期跟踪客户的需求，整合公司内部客户资源，从并购重组、上市、发行债券融资（可转债）、结构化融资、跨境金融、财富管理等全方位服务客户，做到在客户需要的时候，提供一揽子解决方案。

（二）国内券商开展综合金融服务能力评价

国内券商开展各种综合金融服务的方式逐步多样化，具体操作各有差异，根据目前市场实际情况我们选取具有代表性的三种金融服务类型进行能力评价，他们分别代表了目前市场上较为典型的三种券商开展综合金融服务的实际情况。

1. 综合金融服务能力评价（见表2）

表2　三类券商开展综合金融服务的效率对比分析

比较维度	专职服务模式	金融控股平台服务模式	经纪服务模式
客户需求管理	⊕由专职的IBS行业顾问进行客户调研、客户潜在需求分析与价值挖掘，每年会给对客户价值进行分类与评级	⊕创新券商部，专职进行客户需求的挖掘与跟踪，采用客户经理模式； ⊖但设置上与公司三大业务区域平行，并共用中后台，会存在客户资源统一管理口径问题	⊕对重点战略客户成立专职部门进行客户盈利能力分析判断、客户需求动态开发等； ⊖战略客户部与各区域的券商小组非合作支持关系，可能将导致竞争与客户需求管理的片面性
客户关系开发与维护	⊕有统一的客户服务端口，IBR依据客户需求调配公司产品线、行业线等资源；对于重要客户，形成定期的维护手段与方式； ⊖定期对客户进行满意度调查部分缺失	⊕综拓部建立有效对接机制打通金融集团链条，整合产险、寿险、银行等渠道客户资源。这是对大金融机制的有益探索	⊕资本市场部下设的客户关系管理部门重点是销售机构客户关系的维护； ⊖短期内很难扭转关系维护由项目组主导局面，因时间和精力局限，维护周期短
服务专业化	⊕"专业化模式+职能化模式"的组织架构，能够在深入了解行业发展情况下开展工作； ⊖但对于行业划分未覆盖的项目，会出现操作空白点	⊕开始出现项目团队与研究所合作，培养团队对特定行业理解和认知能力； ⊖但仅是零星行为，合作方式也没有形成固定制度，行业支持依旧不足	⊖项目小团队的业务模式，得不到后台技术和研究支持，很难赢得客户的长期信赖与合作，为其提供一篮子整体解决方案
团队合作与资源整体调配	⊕对于公司产品线的资源调配，双边记账的绩效考核方式能够比较好的兼顾； ⊖但行业组IBS之间项目介绍无动力，导致一些无推介而流失的客户	⊕保险、银行与券商客户资源的有效整合将利用未来项目的储备；券商的申报次序、人员组织和分配、项目收费均由公司统一安排，运作效率比分块管理高效； ⊖但高效率做项目的同时也带来了风控质量问题	⊖部门之间的合作，缺乏有效的机制鼓励，甚至出现销售交易部与资本市场部争客户情况；项目团队之间也缺乏有效的协调合作；各种资源（如客户资源、项目经验等）难以实现共享，缺少共享平台
外部宣传与品牌推广	⊕IBS按照行业分类进行产品推介，存在交叉行业宣传力度和效果覆盖不到的情况；IT信息系统从客户第一时间沟通就记录下来，避免了重叠推广造成的券商管理杂乱形象	⊕综合开拓部用推介会形式打通业务渠道，将系统内保险、银行的客户经理召集起来，介绍券商产品的基本标准和优势，形成了统一宣传的示范效应	⊕销售交易部整合股票、债券、公募研究三大销售后，将形成统一的产品推广渠道和统一的推介形式
绩效考核与长期项目维护	⊕完工百分比考核办法，利于长期项目的跟进与维护，避免了项目承做中的短视行为； ⊖当然，单个项目的激励力度将削弱	⊕由于对券商内部保荐代表人的安排和团队安排采用公司事业部统一安排形式，利于长期项目的跟进与维护； ⊖会存在单个项目的激励力度不足	⊖"以结果为导向"的激励制度容易导致项目组的短视行为，造成业务部门关注短期项目或者仓促申报，使得项目风险加大，另一方面因培育项目需较长时间却没任何直接效益而使一些潜力项目流失

注：⊕表示优势；⊖表示劣势。

2. 存在的问题及制度缺陷

由于传统经纪业务部门在大部分券商中承担着综合金融服务的职能，因此通过与综合金融服务平台和专职服务模式相比较，上述三类券商服务模式在效率比较上有着明显的优劣差异，在综合金融服务平台和专职服务模式方面还很难确定哪一种模式更加有益于证券公司长期更好地为客户服务。因此，在上述基础上，进一步假设券商综合金融服务模式主要有分散化和集中化两个大类，可以分析得出分散化和集中化这两大类在券商不同金融服务功能上会产生不同问题与缺陷（见表3）。

表3 券商综合金融服务集中化与分散化存在的问题及制度缺陷

券商功能	分散化所产生的问题与缺陷	集中化所产生的问题与缺陷
融资服务	*项目团队之间会发生争抢项目，多条业务线重复联系同一家客户，导致公司资源浪费； *不同团队筛选标准的差异造成总体风险提高； *团队之间技术与服务水平参差不齐	*没有足够的人力进行项目资源的储备； *如果承揽项目的客服经理不是由资深保代组成，没有能力判断项目后期的可操作性； *没有应对突发事件的现场解决手段与方法，很多具体问题的解决需要依靠长期关系网维护； *按各业务环节进行分割，极易形成分工脱节的现象，服务同一客户的协调难度增大
再融资服务	*没有足够时间与精力定期跟踪客户后续再融资需求，客户流失率高； *难以对客户的再融资成本与远期财务进行统一规划； *没有能力与时间针对企业的行业发展空间与压力、潜力作出适合该企业的个性化的融资体系。关于融资额度合理选择、融资工具组合成本测算等工作更适合专业部门统一研究指导	*依然由于人力因素可能无法覆盖一切有再融资需求的客户，难以一一对应，更多仅能跟进战略性的重要客户
战略并购	*缺乏对行业发展情况深入了解，并购机会的主动找寻缺乏针对性； *缺乏对一些行业特别精通的专业人才，无法在对产业和技术发展趋势、企业发展战略、并购战略深入认知基础上，提出对企业有价值的建议和方案； *没有精力挖掘被并购目标，为客户寻找目标，即买什么企业能加强客户的主营业务等； *缺乏强大的后台数据库支撑体系，领先的券商在做项目建议书时，多数资料来自日积月累的并购数据库	*目前大多数券商并购业务资源库与融资等业务的客户资源是割裂开的，需要在集中化运作中进行客户资源的整合； *要避免并购业务的"单兵作战"
市值管理、大宗交易、减持、财富管理等后续业务	*介于投入成本与收益评估，券商难以有精力为客户提供此类后续的资本运作和财务管理服务； *缺乏对于公司全业务线和产品线的资源调配； *缺少有效的促进部门交叉销售和项目介绍的互动机制	*需要形成统一调配的机制和交叉销售机制

通过对比融资、再融资、战略并购、市值管理、大宗交易、财富管理等服务可以发现，集中化和分散化对于综合金融服务来说影响不同：集中化运作在前端业务弊端较多，分散化模式在业务后端的问题较多。也就是说，当客户在股票和债券初期融资时，项目

组式的分散化可以高效地满足客户需求,但是对于满足客户全产业链的需求,则需要后端平台配合。也就是这一阶段,集中化运作模式的大券商更占优势,更能为客户提供强大支撑。在实际发展过程中,部分券商已经意识到这个问题,不断改进。例如,在机构内部成立创新部,从海外或者外资券商引进专业人才,系统化客户服务模式,满足客户诸如再融资、大宗交易等个性化需求,弥补项目组导致的后端服务短板问题。集中化运作模式的券商通过成立独立的部门对客户进行调研、分析潜在需求,通过分类评级后挖掘深层次价值,前端弊端有所缓解。

因此,券商在开展综合金融服务时,应根据客户的实际情况,充分吸收分散化项目团队和集中化大投行的优点,满足客户全方面需求,做到客户价值链的真正延伸。与发达国家和地区相比,我国券商综合金融服务还存在一定的差距,需要不断深化与完善。

目前我国金融监管还主要以分业监管、分业经营为主,从海外经验来看,综合金融服务发展较好的国家和地区主要采用混业监管模式,这就要求我国在监管体制上要不断与国际接轨,避免分业监管、分业经营造成的重复监管和监管空白,尤其是我国对金融控股平台内部各机构之间的风险传递和防范经验不足,存在较大风险隐患,需要加强协调机制,完善对这一领域的监管,推动综合金融服务健康有序发展。

四、国内证券公司开展综合金融服务流程再造

(一) 国内证券公司开展综合金融服务发展环境分析

未来五年,我国金融市场化程度不断加深和多层次资本市场的构建,将为金融发展提供新动力,为金融创新释放新活力,居民财富的快速增长为金融服务提供新需求,也为发展综合金融服务提供了新空间。

1. 政策环境

未来五年我国将面临经济增长从量向质的转变,深化供给侧结构性改革不仅重视"三去一降一补"的数量,更要重视供给的质量,将会支持传统产业优化升级,加快发展现代服务业,瞄准国际标准,培育新增长点,形成新动能,加强基础设施网络建设,重视企业家精神和创新精神,加快创新型国家建设,完善产权制度,促进生产要素在不同区域、产业之间有序转移和合理流动。在深化国有企业改革方面,加快推进混合所有制改革,培育具有全球竞争力的世界一流企业。这就要求证券行业更好地增强服务实体经济的能力,通过构建多层次资本市场,为不同的市场主体提供兼并重组、财务顾问、资产证券化、股权和债权融资,充分发挥直接投融资中介功能作用,循序渐进提高我国直接融资比例,改善我国金融结构,为供给侧结构性改革和产业结构转型升级提供多元化、差异化和综合化的金融服务。

2. 经济环境

目前在居民可支配收入和财富实现快速增长的背景下,消费结构转型升级,传统金融服务难以满足居民需求,普通百姓的财富管理和资产配置需求非常旺盛(见图8)。根据波士顿咨询公司的最新报告显示,截至2016年末我国居民个人财富规模已达126万亿元人民币,成为仅次于美国的全球第二大财富国家。

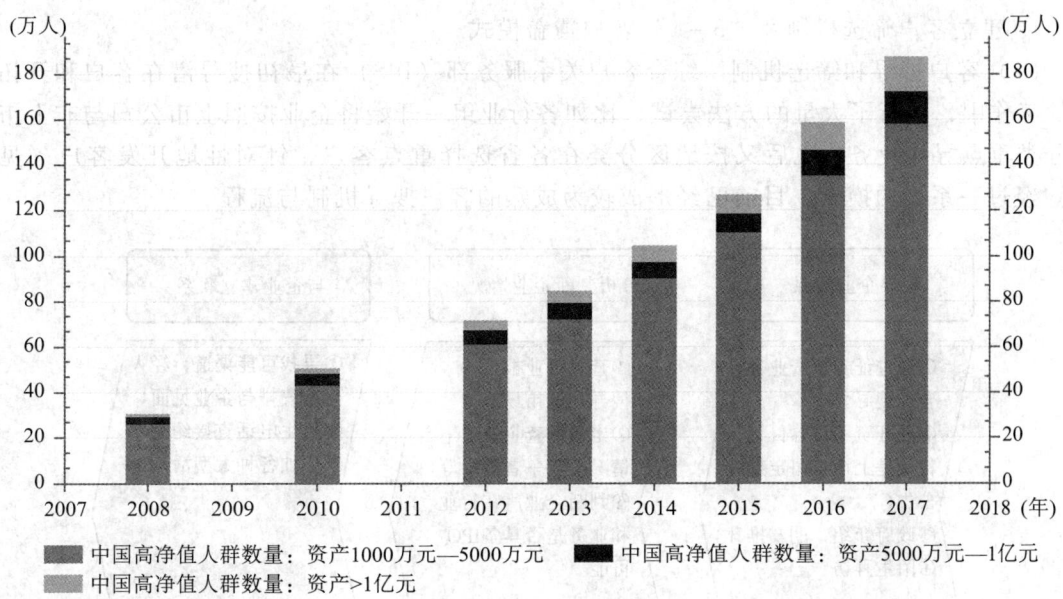

图 8 高净值人群财富规模

资料来源：Wind 资讯。

这就要求证券公司不仅能为企业提供融资途径，更要为居民财富增长提供支持。但遗憾的是，根据数据统计，我国居民财富配置极为不合理，银行储蓄和房地产占据居民财富比例超过80%，只有10%投资于股票和基金，另外10%购买信托和其他产品，这种资产结构容易催生房地产泡沫和系统性金融风险的发生。因此，有必要发挥证券公司通过综合金融服务积极提供多元化资产配置，满足居民投资理财需求，提升证券行业的转型创新和服务效率，通过丰富的金融产品和多样化的金融服务手段，实现各个金融市场不断融合，推动居民财富增长和尽快全面实现小康社会，更好地服务实体经济发展。可以预计，居民可支配收入和财富的快速增长为证券公司综合金融服务带来广阔的市场空间。

3. 技术环境

2016年以来，金融科技（Fintech）在互联网、大数据、区块链、人工智能等方面不断发展，智能金融发展如火如荼，对证券公司传统业务模式带来巨大冲击。尤其是部分证券公司还在努力保佣金的时候，金融科技对过度依赖单一的经纪业务形成更大挤压。这一系列的改变加快了证券公司新型业态与传统金融融合，也加剧了整个行业管理思维和经营模式面临的挑战。可以预见，金融科技和智能金融将更深层次地影响和推动证券行业向更加注重客户体验、以客户需求为中心转变，逐步弱化传统网点功能、加速金融脱媒，逐渐打破金融业传统边界和竞争格局，推动证券行业加快向综合金融、智能金融发展。

（二）基于世界一流投行视角下券商开展综合金融服务流程再造

从国内券商开展综合金融服务路径依赖可以看出，适应证券市场发展的特征围绕"客户需求为中心"进行转型是证券公司未来发展的趋势，并非照搬国外大券商的完全调配模式就能保持市场竞争力，还需要国内券商依据自身优势和客户特征进行相关机制完善与综合金融服务流程再造。

1. 建立客户筛选机制及"3+1"客户覆盖模式

（1）客户搜寻和筛选机制。综合客户关系服务部（IBS）在最初搜寻潜在客户和开拓市场的工作中，进行了大量的方法尝试，比如各行业组一开始将企业按照上市公司与非上市公司分类重点寻找业务，之后又按地区分类在各省选择重点客户，针对性地开发客户（见图9）。经过一系列的摸索，目前已经形成较为成熟的客户搜寻机制与流程。

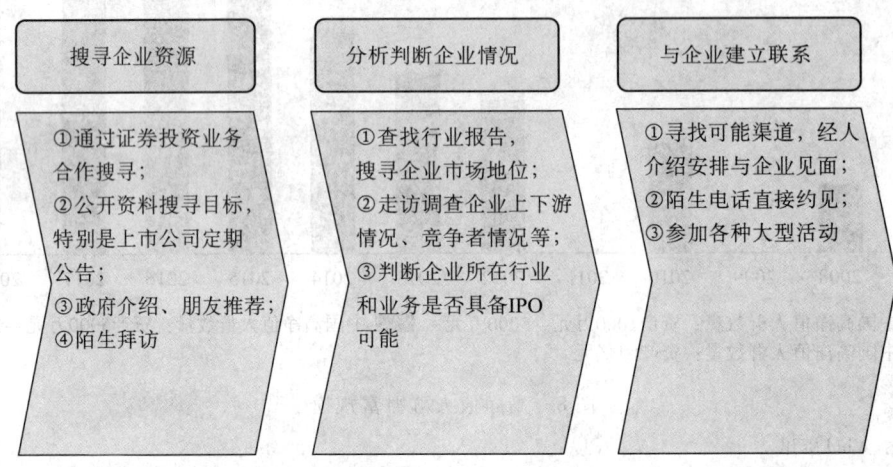

图9　IBS顾问进行客户搜寻的流程

在企业资源搜寻时，重点通过企业门户网站等途径获得资料。同时，IBS行业顾问挖掘分析客户价值时，工作要点如下：第一，及时了解客户的业务发展是否有融资需求；第二，对再融资企业的业务方面和财务的基本情况进行广泛调查；第三，对企业盈利能力进行调查；第四，对企业运作的规范性进行考察。

（2）"3+1"的客户覆盖模式。所谓"3+1"客户覆盖模式，是指对于公司客户，公司的IBS作为与客户接触保持沟通的主要端口，特别是对于重要客户而言，将由一名专门的IBS高级客户经理专门点对点沟通与服务。当然，每一个IBS得到了来自于这个公司至少三个层面的支持：第一层面是行业组内部行业专家团队和项目执行团队，他们在项目的争取和执行过程中持续得到来自行业组内部的行业专家和执行团队的支持；第二层面是券商提供包括股权、债权、并购、资产证券化、研究资本市场等方面的支持；第三层面是来自于包括资产管理、经纪业务、机构业务等产品服务的支持（见图10）。

（3）高效的行业组分工运作。采用按行业分工的券商业务执行方式。无论是"大券商"的IBS（依据大中项目总体发展趋势划分了金融、能源、TMT、交通等六大行业组），还是"小券商"的行业IBS服务部（依据中小项目创新发展的趋势同样划分了先进制造、医药医疗、新能源化工、时尚消费等六类行业），都是按照行业类别划分后进行专业的客户开发与项目承做。

（4）专业的后台支持与运作。一是客户信息资源管理大平台建设。IBS各行业组的团队应在进行客户开发的初期，对IT信息平台进行完善。对照筛选好的客户开发名单，IBS客户顾问逐一沟通；对于已取得联系的客户谈话记录进行信息登记，在IT信息系统中录入沟通的企业名称、时间、内容、开发进度等；客户后续业务的开发同样也按此标准进行登记，客

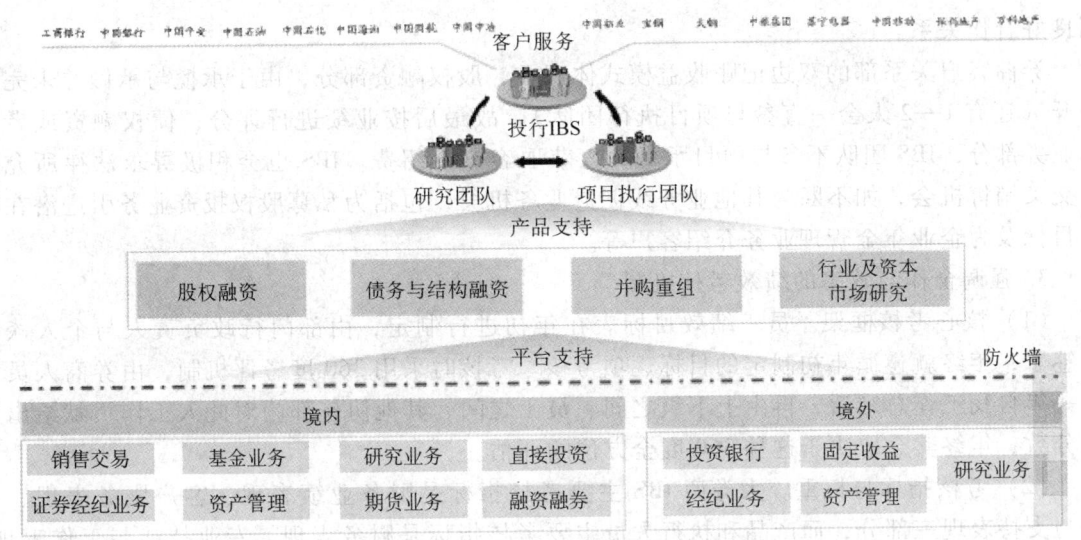

图10 券商的"3+1"客户服务覆盖模式

户资源一旦与券商建立合作关系后,就将成为券商整个部门的共享资源;在 CRM 系统信息中,IBS 客户顾问还需要定期更新和补充客户情况、需求阶段分析与价值挖掘等内容。

二是潜在客户需求分析与客户细分策略。实行客户细分策略,对于重要客户实行高级客户经理一对一的专门维护。每年年初,IBS 各行业组将对企业客户依据市场情况进行评级,优选出各行业的重要级别客户并进行汇总。对于这些重要客户,行业组的顾问们将负责进行客户价值的深挖工作,每半年将会对客户所在行业发展状况进行一次深度调研和研究报告撰写,并将针对性的研究报告送达重要客户,随后进行业务拜访(见图11)。

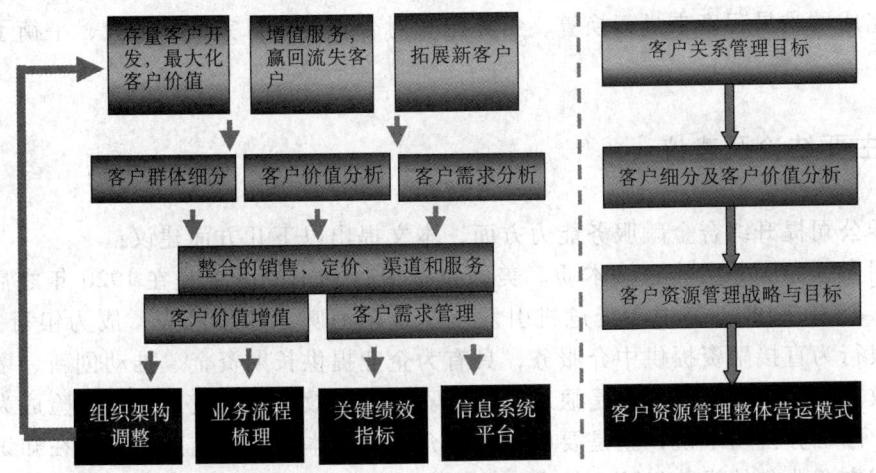

图11 客户资源管理战略的核心机制

2. 完善的内部定价机制

将传统的承揽与承做工作相分开,制定好鼓励内部合作的分配机制。内部实行会计利润和考核利润分离的做法:对于公司积极支持发展的业务均采取双边记账模式,提升客户关系部员工对创新业务的积极性,激励员工做出符合公司整体利益的行为,建立各部门之间的长期良好合作关系。

券商客户关系部的双边记账收益模式体现在，股权融资部分，由于承揽与承做并未完全分开（还有1—2人会一直参与项目执行团队），故最后按业绩进行评分；债权融资或者并购业务部分，IBS团队不参与项目承做，仅获取客户介绍费。IBS也会积极寻求法律所允许的交叉销售机会，如不断为其他业务线创造业务机会，包括为私募股权投资业务引进潜在投资目标及为企业年金管理业务介绍客户等。

3. 强调合作与效率的绩效考核机制

（1）核心考核框架。员工绩效目标表在年初进行制定，由部门行政负责人与个人谈话后签署，年终就遵循年初制定的目标逐项考核。考核时采用360度考评机制，由券商人员写出一年自我工作总结后，再由上下级之间、员工之间、其他协作部门对此人工作贡献给出评价分数，年终奖金取决于这种360度全方位的评估。

（2）考核指标与权重。大券商IBS主要考核指标是财务业绩表现、客户服务表现、合作与支持表现三部分，而产品和执行人员主要考核指标是财务表现、专业技能与工作表现、合作与支持三大项，当然具体的考核指标参照年初的绩效目标表。虽然员工面对的都是三大考核指标，但具体实施时依据不同的职位、项目不同的进展阶段，给予的考核权重也不一样。比如，对于级别稍低的人员，90%考核其工作表现，10%考核合作与支持等能力；对于中级职位人员，50%看财务业绩，另外50%考核项目执行能力；而高级别人员，50%考核财务业绩，10%考核行政管理，40%考核其客户维护与合作等指标。

（3）按完工百分比确认收入。在财务业绩考核上，与很多券商不同的是，中信采用完工百分比进行项目评分。也就是每年度的考核时，不是以项目最终完成来确认收入所得（很有可能项目较难，时间跨度特别长或者上会失败，导致当年无项目收入，最终使得大家形成项目承做的短视行为，即更愿意做短平快的项目），而是由部门行政负责人按照项目完成阶段和完成的难易程度来进行换算，折算出相对合理的项目完工百分数，平衡了项目人员的收入。

五、主要结论及建议

在证券公司提升综合金融服务能力方面，本文提出以下几方面建议：

一是回归证券服务实体经济本质。美国投资银行真正的诞生是在1920年之后、"大萧条"之前，随着2008年美国次贷危机引发全球金融海啸，逐步消失，成为银行控股公司。本身投资银行为直接融资提供中介服务，具有为企业提供长期资金、推动创新、增强资产流动性、分散投资风险等优点，但是缺乏对信息隔离的有效监管引发系统性风险成为危机的根源。对于中国证券公司来说，就是要回归到中介服务的本质，借鉴高盛建立在知识型中介基础上资本型中介业务的成功经验，努力打造属于中国的世界一流投行；就要认清证券公司发展的本质和基本规律，明确自身定位，健全金融监管体系，守住不发生系统性金融风险的底线，通过综合金融服务提高直接融资比重，满足企业和个人多元化金融需求，切实做到真正的服务实体经济。

二是顺应综合金融服务的趋势和潮流。在互联网、大数据、区块链、人工智能等金融科技冲击下，传统经纪业务和证券承销业务在营收中所占比重将会大幅下降，交易和投资收益所占比重将会明显增加。面对现代金融科技和智能金融的冲击与挑战，证券行业应及早布局，借助金融科技创新综合金融服务模式。例如 1977 年美林发明的 CMA（现金管理）账户，在利率大幅上扬时，通过开发客户储蓄替代产品，快速侵入商业银行传统优势领域，使得证券行业竞争力不断增强。因此，证券业要加快向综合金融服务的方向创新转型，首先借助智能金融和现代信息技术，积极推进综合金融服务智能化，提高机构和客户的满意度；其次积极探索智能金融业务创新与服务创新，通过智能金融平台开展一站式金融服务，通过金融科技提高服务效率，提升客户的财富收益水平。

三是提升综合金融风险管理水平。证券公司在开展综合金融服务业务时要强化一线风控，加强基层风控建设，对于由于综合金融服务而产生的创新业务要提高证券公司风险管控水平、强化风险决策管理和执行力度，形成公司一整套快速识别风险和管控风险的防火墙，在重点做好传统经纪、自营、信用融资和投行等核心业务风险管理的同时，更要加强对综合金融服务衍生出的新业务、新产品等领域风险的识别、预警、监控和处置等能力，做好全面信用风险、市场风险、投资风险和操作风险的管控，建立和完善公司风险防范和处置机制。

四是实现证券公司金融服务链条全面延伸。证券行业本质是提供资本中介服务，所以深化金融体制改革，就是要证券行业归本溯源，发挥资本中介功能，从依赖"客户+渠道"的手续费模式向"客户+产品"的综合服务模式转变。顺应市场发展的需要，不仅能够继续提供 IPO 和再融资、定向增发等为企业进行直接融资，而且借助多层次资本市场建设，完善债券服务能力，包括可转债以及私募债的发行与承销，同时通过场内和场外市场扩容与开放，使得机构和企业融资方式更加多元化。随着监管机制不断完善，我国资本市场体系呈现多层次化。证券公司可以通过日益丰富的市场投融资产品体系和综合金融服务平台来满足社会多元化投融资需要，将金融服务链条全面延伸，建立综合金融服务网络，提高证券对实体经济的服务能力。

证券公司差异化发展与特色化经营研究

海通证券股份有限公司课题组[*]

2012年至今,互联网技术在证券业的嵌入式发展催生了我国证券经纪业务及财富管理业务的网络化趋势,行业佣金率逐年下滑,倒逼证券公司调整战略、寻求多元化收入来源,传统"靠天吃饭"的盈利模式步入转型阶段。行业创新持续推进并不断深入,资产管理、融资融券、场外业务等迎来跨越式发展,业务容量增大、行业竞争加剧,也给个体差异化发展提供了更大空间。可以判断,我国证券行业的竞争格局进入持续调整的拉锯战,行业内差异化竞争初步启动,龙头券商的综合化经营效应正在形成,少数券商在一些业务领域颇具特色并逐步崭露头角。

然而十年来行业集中度变化微乎其微,行业龙头的规模及盈利增速不足,大券商同质化竞争激烈、差异化发展不足;中小券商普遍盲目"求大求全",经营战略模糊,成本控制、经营管理方面问题显著。在此背景下,如何引导证券公司构建特色化的业务发展模式、并逐步形成差异化的盈利模式,对于增强整个行业的竞争实力、提高服务实体经济的能力和有效应对混业化、国际化的挑战,都具有深远的意义。

本文正是从企业竞争战略理论出发,重点考察美国、日本境外成熟市场及韩国、中国台湾地区等新兴市场证券经营机构竞争结构的演变及其背景,研究其经营模式的差异化和业务运作的特色化,为证券行业高质量发展提供有效参考与建议。

一、差异化竞争战略理论及研究意义

在企业竞争研究领域,主要理论包括基本竞争战略理论(又称波特竞争理论,Competitive Strategy)和资源基础理论(The Resource-Based Theory of the Firm)。差异化战略正是美国学者迈克尔·波特(Michael E. Porter)提出的三种基本竞争战略之一(还包括成本领先战略和集中化战略)。所谓差异化竞争战略,是指企业在产品、服务、形象或管理等方面形

---

[*] 本文为中国证券业协会2018年优秀课题。课题负责人:路颖;课题组成员:朱蕾、王旭、陈久红、孙瑞、李昱喆。

成与竞争对手有明显区别的战略差别,其核心在于取得某种对顾客有价值的独特性。总体上,差异化战略可分为产品差异化、服务差异化、形象差异化以及管理差异化,或具有较强的基础研究能力、超越思维定式的创造性思维能力和洞察力,或拥有较强的市场运作能力,或在产品质量和技术领先方面拥有声望,或构建了有机式的组织结构,制定了基于创新的奖酬制度。该理论指出,差异化战略适合消费者需求种类繁多的行业,且要求企业自身具有较强的战略眼光和相应的产品研发能力。

证券行业业务线条多样、产品种类繁杂,为微观个体的差异化发展奠定了基础。以成熟市场美国为例,经过200多年的发展,美国投行业形成金字塔式的行业竞争格局,少数大型投行占据大部分市场份额、主导行业发展,大量中小型公司以差异化发展战略生存发展,并产生中型市场投行、精品投行、折扣经纪商这样特色化的经营主体。同时,伴随经济全球化、竞争国际化和经营混业化的发展趋势,美国证券行业在产业规模、组织结构和业务边界等方面不断调整,投行个体也持续动态调整其经营战略。

对于行业同质化竞争现象较为严重、券商个体差异化经营模式不鲜明的国内证券行业来讲,差异化发展与特色化经营的主题研究极具现实意义。

一是证券行业双向开放的深度提速,要求国内证券公司明确发展战略,提高核心竞争力。国家发展改革委、商务部发布的《外商投资准入特别管理措施(负面清单)(2018年版)》于2018年7月28日起施行,规定"金融领域,取消银行业外资股比限制,将证券公司、基金管理公司、期货公司、寿险公司的外资股比放宽至51%,2021年取消金融领域所有外资股比限制",多家外资机构陆续设立外资控股合资证券公司,在此开放背景下,国内券商的经营发展将面临挑战。

二是在国内金融业呈现相互渗透融合的趋势下,证券行业、证券公司的体量与实力均有待提升。2018年下半年,中国银保监会先后发布实施《商业银行理财业务监督管理办法》及《商业银行理财子公司管理办法》,银行理财产品、券商资管产品及公募基金的竞争再次升级。事实上,银行与证券行业历来在债券承销、资产管理、并购重组等多项业务上存在竞争交集,随着金融综合经营趋势的持续发展,竞争局面将更为激烈。截至2017年底,国内131家证券公司的总资产规模约为6.14万亿元,不足国内银行业资产规模的1/40,约与兴业银行这样一家中型股份制银行资产规模相当。证券行业的整体竞争实力有待提升,这既需要政策的大力支持,也急需各家券商齐心协力、制定可持续经营发展战略。

二、美国证券经营机构差异化与特色化经营分析

美国投资银行机构差异化发展的历史,是金融监管不断变革和完善的历史,也是社会经济和金融行业获得巨大发展的历史。两百年来,特别是1975年佣金自由化以来,投资银行的外部环境不断发生变化,全球经济快速发展、居民财富管理需求提升、信息技术持续升级,这些变化对美国投资银行业务模式和收入结构的演变产生很大的推动作用。投资银行不断适应外部环境变化,并根据外部环境的变化抓住各种机遇,积极发展创新业务,构建企业经营模式的护城河。

在投资银行对外部环境的应变能力增强的同时,其行业竞争结构也随之变化,行业集中度不断提高,大型投行的地位不断巩固,并与中型投行、精品投行、折扣经纪商等共同构成

了美国资本市场多样化的生态环境。

(一) 行业集中度提升,处于寡头垄断竞争阶段

根据2007年美国经济普查报告显示,在全美投资银行(含交易商)中,仅有96家公司的雇员人数超过500人,这部分公司的雇员总人数占行业比重超过76%,101家公司的雇员人数超过100人,雇员总人数占比10.48%(见图1)。从收入规模来分析,年收入规模超过5亿美元的公司仅有24家,占比不足1%,但这些公司收入总额占比则超过90%;另外还有43家公司年收入超过1亿美元,收入总额占比超过5%;余下2 371家年收入不到1亿美元的收入总额占比仅4.5%(见图2)。

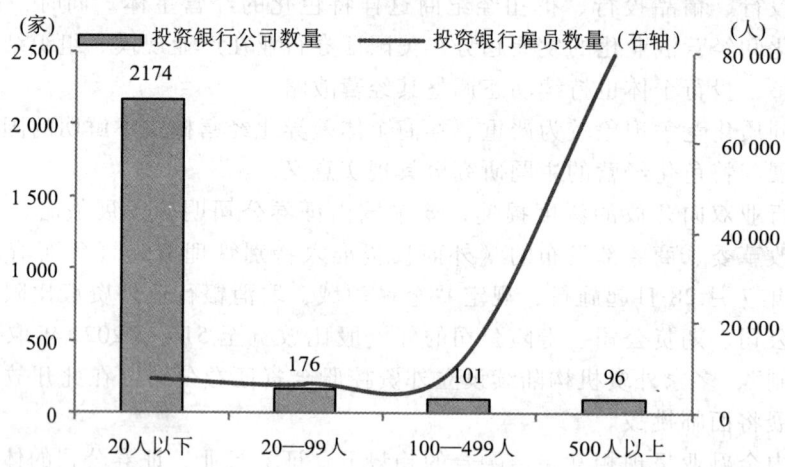

图1 2007年美投资银行行业雇员结构图

资料来源:U. S. Census Bureau。

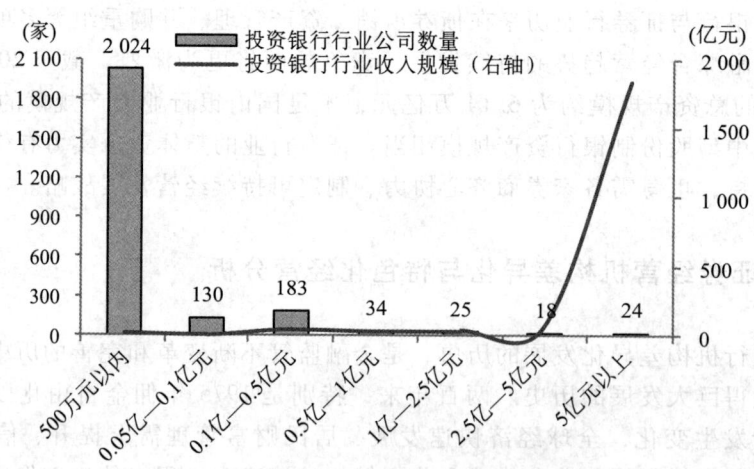

图2 2007年美投资银行行业收入规模结构

资料来源:U. S. Census Bureau。

美国证券行业存在大量"袖珍"公司,但行业真正的主导权还是掌握在前1%的大公司手中。图3和图4进一步对纽约证券交易所报告的证券公司集中度进行了描绘,发现排名前

十位的公司在 1980 年到 2000 年收入占比均值超过 54%，2000 年以后这一数字又上升了 8 个百分点。类似地，前十位的公司资本规模平均占比在 2000 年前超过 58%，进入 2000 年以后则提升到 66%。

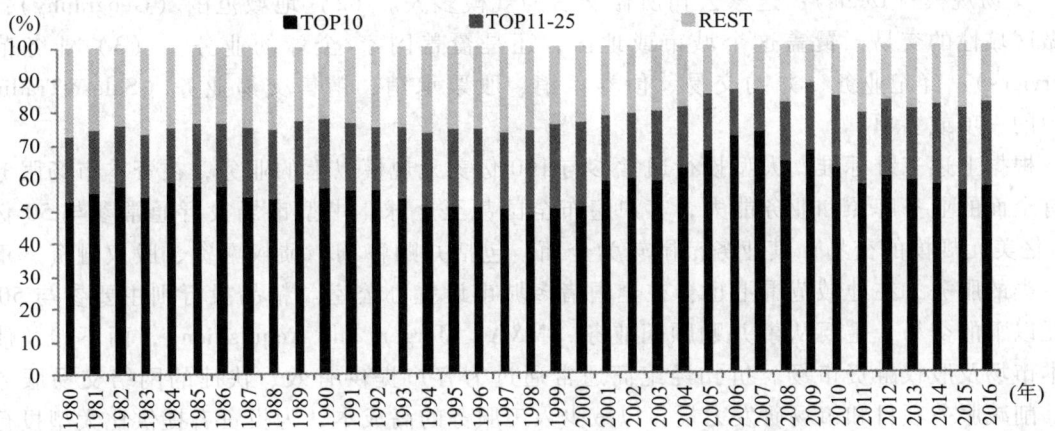

图 3 纽约证券交易所报告的证券公司集中度（基于总收入）

注：2007 年和 2008 年主要投行税前利润率分别为 -29.4% 和 -163.9%，区域性投行分别为 9.9% 和 -14%，折扣经纪商则为 11.2% 和 -0.2%。

资料来源：SIFMA。

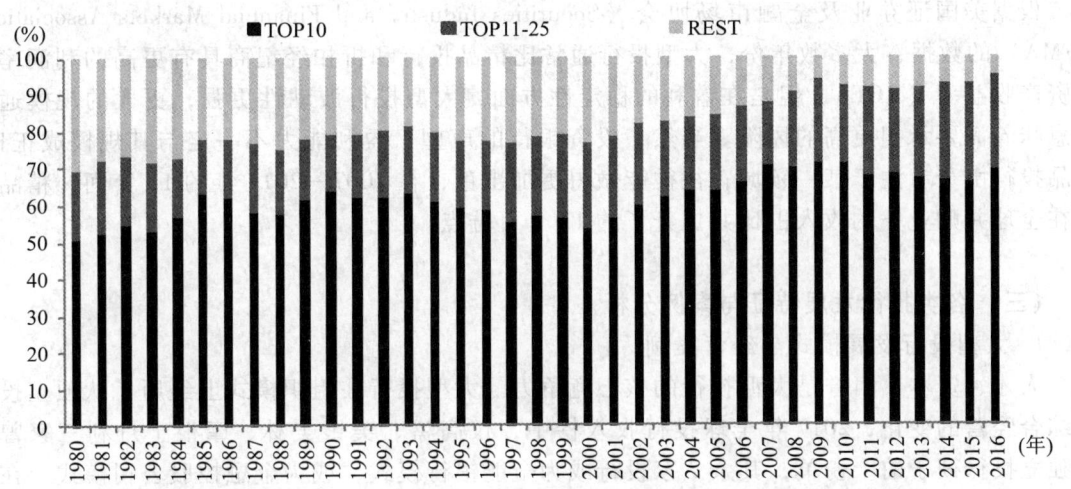

图 4 纽约证券交易所报告的证券公司集中度（基于资本总额）

资料来源：SIFMA。

实际上，按照在纽约证券交易所报告的证券公司的总收入比重约为 60%、资本规模占比则位于 80% 左右这样的比重估算，2012—2016 年五年间，前十大证券公司的总收入和净资本平均比重分别为 34% 和 55% 左右。根据美国经济学家贝恩对市场结构的分类，判断美国投行业目前的市场结构处于寡头垄断阶段。

(二) 大型投行与中型市场投行、精品投行、折扣经纪商等差异化发展模式

美国市场关于投资银行的分类已形成三维标准，包括业务规模、地域覆盖及服务种类。(1) 交易规模 (Deals)：这家公司所做交易的规模多大。(2) 地域范围 (Geography)：是只做区域性的交易，覆盖这个城市或地区，还是覆盖国家/全球的业务。(3) 业务范围 (Services)：经纪业务、并购交易、债券承销、股票承销、销售交易业务 (Sales&Trading) 等中的一项或多项。

根据上述三维标准，大型投行通常参与100亿美元规模以上的业务，在资本市场服务上具有全面的业务牌照和业务能力，客户遍布全国甚至全球。中型市场投行通常参与50亿—100亿美元规模的交易，其业务范围较为全面，包括并购咨询、债权融资、股权融资、重组这一类的服务，在地域范围上也会在全国诸多城市设置办公室。精品投行则主要参与50亿美元以下的交易，主要从事并购顾问业务 (M&A, Mergers and Acquisition)，而不涉及债权资本市场及股权融资市场。折扣经纪商通常通过为客户提供有效、快捷的网络交易服务系统，削减服务项目和市场研发力量，以减少人工服务的高成本，为投资者提供比大型投行更廉价的交易服务。一般来说，折扣经纪商不再为投资者提供由专门经纪人负责的服务，也不会向投资者提出投资建议，仅会被动地接受投资者的投资指令。随着市场竞争日趋激烈，一些折扣经纪商也开始在互联网为客户提供信息服务，并向有需求的客户提供研究咨询服务，但客户必须为这些服务付出一定的代价。

根据美国证券业及金融市场协会 (Securities Industry and Financial Markets Association, SIFMA) 的数据，大多数年份，大型投行通常比精品投行和折扣经纪商具有更高的利润率和净资产收益率 (ROE)，但是在盈利的稳定性方面，大型投行波动性更强，更大的规模通常也意味着需要承担更高的风险。当然，投资银行的声望、盈利能力不一定与其规模成正比。精品投行由于专注于某一领域，往往能做得更加出色，在2007—2017年的11年间，精品投行在全球并购业务的收入占比共提升了约11个百分点。

(三) 各类投行发展特征与案例分析

1. 大型投行发展模式与经营案例

人才、资本、声誉是大型投行的核心竞争力。大型投行在组织模式上经历了从独立投行到综合经营的变化，2017年全球投行收入榜中，仅高盛、美银美林、摩根士丹利三家曾经的独立投行列于前十榜单，其余7家投行或为全能银行模式，或为金融控股公司模式。在业务模式上，呈现多元化且具特色化的特征，其中发行与承销业务在全部业务中占据重要地位，业务创新是投行规模化和差异化发展的不竭动力。在组织架构上，以客户为导向，注重机构客户，高盛、摩根士丹利均于2009年前构建了针对性的机构证券或机构客户部。

(1) "并购之王"高盛。根据Dealogic的数据，2012—2017年高盛已连续六年居于全球并购交易顾问业务排行榜的首位。2017年全年，高盛在并购咨询业务上创造了23.81亿美元的收入，收入规模比处于第二位的摩根大通高出约30%。在并购业务发展初期，高盛通过收购防御业务建立业务关系，成为与恶意收购对象并肩作战的合作伙伴。业务起步后，一方面综合运用大型投行在各类业务条线的综合布局及业务协同效应，以融资服务撬动并购顾问业务，实现交叉销售；另一方面，以投行客户关系经理 (Investment Bank Relationship, IBR)

和各业务线条下的专业客户经理这样的双重客户经理制度保障客户服务的及时性与专业性。

（2）美林证券的高端财富管理。首先，美林证券于2006年定位财富管理平台，成立全球财富资产管理集团（Global Wealth Management，GWM），剥离买方资产管理业务。在目标群体上，锁定高净值客户。根据2017年年报，客户资产需在25万美元以上。高净值人群希望通过量身定制的产品、理财顾问的专业服务，实施跨市场、跨产品的资产配置方案，获取一般客户无法获得的投资机会及投资收益。金融顾问模式是美林私人客户财富管理业务的核心，主要借助公司专业化的金融顾问团队与研究基础，为客户提供各种财富管理服务。

2. 中型市场投行发展模式与经营案例

中型市场投行的业务结构较为均衡。这类公司往往采取利基战略①，通过建立在某一细分领域内的领先优势，再以此为基础向其他业务扩张。

（1）"中型投行中的高盛"Jefferies，公司具有在中小股票、可转债和高收益债等利基市场的优势。2017年，公司140人的研究团队覆盖了全球2 000家公司，其中800余家股票中超过60%的是市值在20亿美元以下的中小公司，同时还有400余只高收益债和100余只可转债。Jefferies还向全球2 000余家机构投资者提供6 000多只股票和1 000多只高收益债券的做市商服务，日交易量占纳斯达克市场的10%，仅次于UBS。依靠对中小股票和高收益债的广泛接触和深入研究，公司借助高收益债券承销、可转债等结构化金融工具以及私募融资等来拓展中型企业市场的并购业务。而且，在争夺中型企业并购业务市场时，Jefferies主要聚焦于科技型行业、医疗行业和消费行业，并尝试通过收购其他投行的方式来力图建立在这些行业的利基优势。

（2）Stifel Financial，定位于小型企业（市值低于10亿美元的公司）市场。截至2017年，公司拥有一支120余人的研究团队，覆盖公司数量1 718家，覆盖的小型股票数量居全美第一位，金融地产、TMT和医疗产业占比超过60%。在研究团队的支持下，Stifel Financial的资本市场业务也取得了长足进展，自2010年以来，公司是10亿美元以下规模股票承销数量最多的承销商，是2亿美元以下规模优先股和小型债券承销数量最多的承销商，也是10亿美元以下规模并购交易数量最多的财务顾问。

3. 精品投行发展模式与经营案例

精品投行在业务发展上具有一些特性：一是借助简单的业务模式，更好地保持独立性和灵活性；二是通过区域、品种的多元化，增加收入来源、分散经营风险；三是轻资本、低风险的运营模式使其保持较高的回报率；四是人力资本和精英团队是公司业务拓展的关键。当然，业务结构单一，也可能带来业务前景的不确定性及收入放缓的风险。

（1）拉扎德，全球知名的并购专家和资产管理公司。公司主要从事财务顾问和资产管理业务，两项业务基本各占半壁江山。从净资产收益率来看，2012—2017年六年来，拉扎德平均ROE为30.07%，远远超过摩根士丹利5.59%、高盛8.52%的水平。在简单的业务框架下，拉扎德通过细分业务、地理区域、产业部门、投资策略的组合，以"做精做强"的方式来构建公司收入的多样化和稳定性。拉扎德相信成功最主要源于精英力量，倚重人才

---

① 利基（Niche）战略，是指企业在市场竞争中，为避免与强大竞争对手发生竞争冲突，而采取的一种利用自身特有条件、选择被强大企业轻忽的小块市场作为其专门的服务对象，对该市场的各种实际需求全力予以满足，以达到牢固地占领该市场的竞争战略，其中这些小块的市场被称为"利基市场"。

尤其是首席或领袖人才的经验与智慧,其合伙人标准是在行业内选用具有能力和思想的投行家,希望通过合伙人的能力获取客户、推动业绩增长。

(2)黑石投资,全球领先的另类资产管理公司。2015年,公司剥离其财务顾问、重组及Park Hill的基金配售业务,成为纯粹的另类资产管理人。目前,黑石另类资产管理业务分为四大类:私募股权投资基金、房地产投资基金、对冲基金和信贷基金,且四类基金的资产比重较为均匀。相对稳定的业绩是黑石吸引投资人的核心竞争力,其稳定的收益率,不仅跟严格的资产筛选过程密不可分,同时也源于投资品种的多元化,利用更广阔的平台来分散风险。如在经济低谷,地产基金表现不佳,但信贷基金通常表现较好;源于基金产品拥有较长的存续期,通过较长期限来平抑周期冲击,保持整体业绩。黑石集团认为,人才,即员工的创造力、想象力、奉献精神、团队精神和诚信,是公司的关键性资产。

4. 折扣经纪商发展模式与经营案例

尽管佣金低廉是折扣经纪商最初的优势及最重要的竞争力之一,但现在投资产品选择、平台工具、研究及客户服务等均是当前美国网络服务商发展的关键要素。在专注于经纪商研究的StockBrokers.com互联网券商评比中,TD Ameritade(德美利交易)连续多年被评为整体最佳经纪商,Charles Schwab(嘉信理财)、E-Trade、Interactive Brokers(盈透证券)则紧随其后。

TD Ameritade采取银行合作模式,其与有关银行(主要是关联银行TD Bank USA)达成一系列合作协议,用户可以将合作银行的账户余额自动转入TD Ameritrade的货币市场账户、货币基金等现金管理产品。嘉信理财属于资产管理模式,其主要收入来源为资产管理收入和利息收入,通过细分市场集成战略,形成公司客户群结构,在此基础上设计相应的个性化产品。

表1   优秀折扣经纪商的相对优劣势

公司	相对优势	相对劣势
TD Ameritrade	(1)精妙的平台(ThinkorSwim)、交易结构、移动终端交易; (2)行业领先的客户服务; (3)优质的投资者教育; (4)收购斯考特使客户和公司双赢	(1)高昂的股票和期权佣金; (2)若在购买后30天内出售无佣ETF,则收取短期交易费用
Charles Schwab	(1)行业领先的研究; (2)Street Smart Edge交易平台使用方便、功能丰富; (3)出色的电话支持	(1)糟糕的电子邮件支持; (2)主要的移动应用程序没有实时报价
E-Trade	(1)优质的手机APPs; (2)OptionsHouse交易平台引领行业并面向所有客户; (3)投资者教育中心内容精彩	(1)获取E-Trade Pro平台,客户需每季度30笔交易或拥有25万美元的资产; (2)OptionsHouse平台仍在设计中,需要在传统和新系统切换才能访问所有功能
Interactive Brokers	(1)国际市场和投资产品的领导者; (2)行业最低佣金和保证金比例; (3)专业投资者无止境订单的选择	(1)休眠账户收费; (2)较差的客户服务

资料来源:StockBrokers.com。

三、亚洲市场证券经营机构差异化与特色化经营分析

(一) 日本证券经营机构差异化发展分析

日本现代投资银行经历大半个世纪的发展，形成高度垄断的市场结构（甚至高于美国证券行业集中度），及大型券商、区域性券商和网络券商的竞争格局。行业发展之初，4家大券商独占鳌头，随着小券商陆续出现，大券商开始并购小券商，市场集中度逐渐提升。区域性券商一般发家于零售业务，2000年网络券商涌入后，区域性券商不断调整战略，寻求差异化经营路线。前五大传统综合性券商在股权资本市场、债权资本市场和并购重组的业务比重均达到86%。在经纪业务领域，占日本市场资产总量30%的海外机构投资者资源基本被五大综合性券商占有。

1. 大型券商发展模式

第一，日本综合性大券商亦具有多元化且均衡化的业务结构。以野村证券（Nomura）近几年的财报数据看，公司超过一半的收入来源于交易收入和经纪佣金，居于第三位的是资产管理费用。第二，大型券商是机构业务的主导者，五大综合性券商机构业务集中度均达到80%。第三，银行系券商证券业务步伐加快，集团内业务协同效应显著。Mizuho Financial Group（瑞穗金融集团）、Mitsubishi UFJ（三菱日联金融）和 Sumitomo Mitsui FG（三井住友金融集团，含日兴证券）属于银行系证券公司。1998年，银行可以通过控股公司结构设立证券子公司，1999年获准可以股票交易。在混业经营政策放宽的背景下，银行系证券公司加快业务布局，在零售业务和投行业务上显现优势。第四，龙头券商的国际化进程较快。野村证券是日本境内第一大券商，也是国际化步伐最快的券商。截至2018年1季度，野村证券在全球30个国家和地区拥有超过2.8万名员工（其中海外员工超过40%），海外业务净收入贡献约为34%。

2. 区域性券商发展模式

区域性券商一般深耕于起源地，满足区域性客户的需求。从业务结构上看，一般以经纪业务及其衍生业务（包括交易和财富管理）为主。随着行业整体经纪业务收入规模及收入占比的下降，区域性券商以经纪业务为主"靠天吃饭"的模式有所改善，投资资金信托费、债券交易收入（多为国外债券）、销售信托投资基金手续费等在收入结构中的占比显著上升。以东洋证券为例，2016年度这类费用收入占比约为20%，经纪佣金收入占比约为31%，交易业务收入占比最高约为35%，三者合计占比约为86%。

激烈竞争态势下，区域性券商寻求差异化发展路径，着重于信托和基金产品的研究。或提供高收益债券、新兴市场股票研究、中国及其他海外市场证券业务，或提供保证金交易、股权投资组合，在细分市场抓住客户需求。

3. 网络券商发展模式

日本网络券商凭借低廉的佣金率、便利的用户体验迅速占领零售客户市场，目前已经抢占了超过80%的零售经纪市场份额（SBI证券、乐天证券、松井证券、Monex和Kabu.com等前五家网络券商在零售经纪业务的交易量占比已超过80%）。日本网络券商普遍采用财富管理模式，以佣金和理财收入为主。由于在零售经纪领域的发展空间有限，龙头网络经纪商试图寻求业务模式转型。

从差异化竞争来看，日本网络券商也在佣金策略、技术系统、产品服务等方面有所不同，但相对于美国网络券商的发展水平较低。如 SBI 一直保持最低的佣金水平，并通过集团内证券、保险、银行业务板块构建一站式金融服务生态体系，采用"五角经营"的战略（SBI 集团金融生态系统中的"证券""银行""财产保险""人寿保险"和"结算服务"定义为金融服务业务的五大核心业务）。乐天则通过电子商务、互联网金融和其他业务的交互协同，通过积分打通各个业务板块，使得积分和资金可以在乐天的闭环中流动，账户导入效果显著，增强客户粘性。Kabu 则通过研发先进系统提供定制化的产品销售策略并调整佣金水平。Matsui 在融资服务上做文章，提供较低的融资利率。

（二）韩国证券经营机构差异化发展分析

1997 年亚洲金融危机前，韩国金融业实施分业监管，1997 年后，借鉴英国经验建立统一监管体系，由金融监督院实施日常金融监管和检查职能，维护市场稳定，保护消费者权益。根据 2009 年实施的《金融投资服务与资本市场法》（FSCMA，Financial Services and Capital Market Act），对证券公司、资产管理、期货、投资顾问、信托在内实施统一监管。

1. 金融衍生品市场的发展，促进行业收入结构改变

1996 年韩国正式颁布《期货交易法》，并同时推出 KOSPI200 指数期货交易；1997 年中推出 KOSPI200 指数期权交易；1998 年中放开境外投资者衍生品交易资格；1992 年初相继推出美元期货及期权、CD 利率期货、国债期货、黄金期货等各类品种，衍生品市场快速发展。KOSPI200 指数期权在全球股指期权市场也占有重要地位，2016 年全年，该指数期权交易量在全球所有股指合约列于第 5 位。另外，2016 年韩国美元指数期货的交易量在外汇交易中列于第 9 位，韩国交易所的衍生品交易量在全球所有交易所中列于第 12 位。

从 2016 年证券公司的收入结构看，交易业务对行业整体收入的贡献度达到近 60%（其中衍生品交易业务的贡献度达到 53%，2000 年该比例约为 15%），衍生品业务成为行业的主要盈利增长点，这是其他国家或地区其行业所没有的。

韩国 KOSPI200 指数期权交易量中，外国投资者约占据半壁江山。尽管在该产品创新初期时，国内个人投资者是主要参与者，1999 年交易量占比达到 70%，但随着 1998 年韩国资本市场的全面开放，外国投资者交易币种逐渐上升，2011 年占比为 38%，2017 年为 48%。外国投资者一般是期权的净买方，证券公司、保险机构、信托等一般是净卖方，投资者构成的多样化为市场提供了良好的流动性。

2. 金融集团连连并购券商，行业集中度提升

韩国证券市场规模不大，拥有 58 家证券公司，经过行业的开放、行业内的并购，目前韩国证券行业集中度相对中国较高。根据公司员工人数的集中度看，截至 2018 年 6 月，前五大证券公司员工人数占比达到 42%，前十大占比为 66%。目前，规模较大的证券公司依次是未来资产大宇证券（Mirae Asset Daewoo）、KB 证券（KB SC）、NH 投资证券（NH Inv. &Sec）、韩国投资证券（Korea. ISC）和新韩证券（Shinhan Investment Cop.）。

近几年，几家大型金融集团陆续并购传统独立券商（包括原来的大宇证券、友利证券、现代证券），行业集中度不断提升，改变了券商依附产业集团的局势。2014 年农协金融控股公司（NH）收购了友利证券（Woori Securities），2016 年国民银行（KB）收购现代证券（Hyundai Securities）、未来资产收购大宇证券（Daewoo Securities），韩国证券业由此大洗牌。

原本一直是韩国最大证券公司的三星证券,如今员工规模列于第六位,总资产和净利润规模(2017年财报数据)均为未来资产大宇证券的40%。

3. 三星证券——财富管理模式

作为韩国未被并购的独立券商(非金融集团控股),公司在1998年亚洲金融危机后开始转型,由传统经纪业务为主转向财富管理模式(包含自有产品和第三方金融产品)。2016年公司收入中,经纪佣金和金融产品销售收入分别占有37%的比重,合计超过七成。

三星证券的财富管理模式有欧美财富管理的影子,但也有韩国市场特征的特色。资产在1亿—3亿韩元的高净值客户是公司主要客户群,由私人客户经理团队专门服务,提供广泛而专业的产品。零售客户研究部门为客户定制研究报告,私人客户经理们通过分析客户资产来制定详尽的投资目标,为客户提供定制化组合;资产管理研究团队和产品专家定期召开会议,以根据市场环境调整组合模型。2016年,公司拥有9万名高净值客户,该类客户资产比重超过公司财富管理规模的一半,私人客户经理约构成三星证券70%的工作人员。对于资产低于100万韩元的客户,通常通过低佣金吸引投资者,并提供基本的理财服务;对于3亿韩元以上资产的客户,则有研究咨询部门提供个性化的专业服务。

(三) 中国台湾地区证券经营机构差异化分析

截至2016年底,中国台湾地区综合券商为42家、专业证券经纪商为28家,共70家。与中国大陆证券市场相比,中国台湾地区市场规模较小、证券公司数量相对较多,因此竞争更为激烈。

第一,行业集中度远高于大陆地区,第一大券商营收占比超过30%。2017年,台湾地区前五大证券公司的营业收入占比约占全行业的71.56%,其中元大证券一家即占据32.26%的市场份额,比位于第二位的凯基证券高出近13个百分点,龙头效应显著。因此,台湾地区证券行业处于高度垄断的竞争结构,可以说前五家券商分享了台湾七成的证券业务。

第二,盈利结构仍以传统证券业务为主。经纪业务收入和股票融资利息收入仍然是证券行业的主要收入来源,受到市场行情及其交易量的影响较大,加上经纪业务佣金竞争激烈,扩大发展投资银行业务、财富管理业务一直是台湾证券行业发展的方向。以元大证券为例,经纪手续费、利息收入和自营收入是主要创收来源,占比分别达到40%、32%和23%。一般而言,大型券商的业务结构多元且均衡,而台湾地区最大的券商盈利模式尚且如此,可见行业营收结构更为单一。

第三,业务结构单一,服务内容同质化,使得传统经纪业务和融资业务竞争更为激烈,甚至形成恶性竞争。2017年这两项业务中前五大券商的市场份额分别为36.43%和43.50%,低于资产管理、债券承销等业务的集中度。以经纪业务为例,"高退佣"是近十年来券商经纪业务竞争的主要策略,各家券商不断提高退佣比率,甚至出现每1亿元新台币成交额退8万元、10万元、12万元等杀价竞争方式,对券商盈利造成严重影响。

第四,综合券商的盈利能力不具优势。从盈利水平来看,2017年前二十大证券公司的ROE水平约为7.94%,低于行业整体8.28%的平均水平,大券商的竞争力不显著。42家综合券商的收入约占整个行业的96.09%,ROE水平约为8.27%,略低于经纪商8.37%的水平。从2011年以来的七年看,专业经纪商在多数年份的ROE水平高于综合券商,综合券商的竞争力不显著。

韩国和中国台湾地区的龙头券商,近年来纷纷加快国际化布局,总的来说,与野村这种已经完成国际化进程的大型投行相比,元大证券、三星证券的国际化还处于起步阶段,在投行、资管等能力方面无法与国际一流投行媲美。

四、中国证券公司差异化经营现状及问题

截至 2018 年底,我国共有证券公司 131 家,总资产 6.26 万亿元,净资产 1.89 万亿元,净资本 1.57 万亿元。证券行业经过三十年的发展,已经成为我国经济发展的重要推动力和资本市场建设的中坚力量。随着众多证券公司的快速发展,证券行业服务实体经济的实力不断提升,更好地发挥了金融作为经济血液的重要功用,在国民经济中地位不断提升。

(一) 证券公司盈利模式及竞争结构变化

2010 年后,受到互联网业务快速发展及业务管制放松的影响,证券行业佣金率大幅下行,掀开了证券公司以创新求发展、扩宽收入渠道、减少对经纪业务的依赖、力求均衡发展的全新发展道路。这一过程与 20 世纪 80 年代美国投行佣金自由化后大力发展其他业务的经历非常相似,在这个过程中,毛利率水平不断提升的资产管理业务、证券投资业务和收益率稳定且较高的投行业务受到更多的青睐。

2011 年,行业证券经纪业务收入占比仍达到 50.67%,是证券公司最主要的收入来源,随后其收入占比逐步下滑,截至 2017 年,证券经纪业务收入占比已经下滑至 26.37%。证券投资收益、资产管理和利息收入占比均从以前不足 5% 的占比上升至 10% 以上的较高水平;特别是证券投资收益,连续 6 年收入占比达到 20% 左右,成为证券公司的主要收入来源。

在盈利模式呈现显著变化的同时,行业竞争结构也发生一些改变。截至 2017 年底,我国证券行业前十大券商的总资产占比 (CR4) 达到 32.14%,营业收入 CR4 达到 37.55%,净利润 CR4 达到 34.70%,分别比 2007 年提升 3.76 个百分点、11.89 个百分点及 9.83 个百分点,这表明十年间国内证券行业的集中度有明显提升(见表 2)。根据贝恩的行业竞争格局理论,我国证券行业处于寡头垄断阶段。

表 2　　　　　　　　我国证券公司规模与营业收入集中度　　　　　　　　(单位:%)

年份	总资产		净资产		营业收入		净利润	
	CR4	CR8	CR4	CR8	CR4	CR8	CR4	CR8
2017	32.14	49.60	27.31	41.07	37.55	53.60	34.70	51.46
2016	34.05	50.92	28.30	41.78	34.30	50.27	29.39	46.01
2015	32.70	50.93	30.44	44.73	28.71	47.31	26.67	44.49
2014	34.81	51.30	28.53	43.12	30.14	46.61	31.93	48.02
2013	34.29	49.05	29.82	42.67	27.50	43.83	34.01	52.92
2012	28.54	43.59	30.94	43.33	27.50	43.66	36.25	54.75

续表

年份	总资产		净资产		营业收入		净利润	
	CR4	CR8	CR4	CR8	CR4	CR8	CR4	CR8
2011	27.00	42.22	31.56	44.47	35.31	51.51	51.94	69.35
2010	24.84	41.12	31.16	44.54	29.66	44.96	29.73	45.31
2009	26.76	42.62	32.09	44.53	26.39	41.72	26.12	41.47
2008	29.02	43.71	34.87	45.60	34.71	49.84	39.51	53.26
2007	28.38	44.45	36.69	48.43	25.66	41.23	24.87	40.27

资料来源：Wind。

（二）证券公司差异化发展方向及特色化经营案例

2010年来，在市场规模没有显著增长的背景下，佣金自由化、互联网技术的冲击对行业产生重大影响，以往行业保护所带来的垄断利润已经无法持续，行业正处于整合蜕变的关键时期。在这样的行业背景下，许多证券公司开始意识到差异化竞争、形成特色经营的重要性，并以实际行动实施差异化竞争战略。本文根据规模、业务和客户区域特征，梳理出目前国内券商初步成形的差异化模式，包括大型综合券商、专业化券商（包括互联网券商）和区域性券商。

1. 大型综合券商

全能投行典范——中信证券。中信证券在各项业务中实力雄厚，是定位于发展全能型投行的典范。而以全能投行为发展目标，则须拥有雄厚的实力和全方位的产业链优势，中信证券正是具有这样优势的行业领头羊。2017年，中信证券紧密围绕"做大客户市场、提升综合服务能力"的工作方针，在市值、总资产到营业收入各分项，均在行业中排在首位，行业龙头地位稳固（见表3）。其中，股票承销规模、债券承销规模、境内并购重组（证监会通道类业务）交易规模、资产管理业务规模、融资融券余额、利率产品销售总规模等多项业务均处于行业内第一位；经纪交易规模处于第二位。

表3 我国优势券商主要业务指标排序（2017年）

	市值	总资产	营业收入	净利润	经纪业务净收入	证券承销净收入	资产管理业务净收入	融资业务净收入	投资业务净收入
中信证券	1	1	1	1	1	1	1	5	1
国泰君安	2	3	2	2	2	4	6	1	5
海通证券	3	2	3	4	9	2	5	2	2
广发证券	4	5	4	5	6	5	2	15	3
华泰证券	5	4	5	3	3	7	3	3	4

资料来源：Wind。

除了中信证券外的其他大型券商，在一些业务领域也形成特色化的竞争优势。如中金公司和海通证券在国际化业务上，2017年两者海外收入占比分别达到22%和17%。华泰证券和中信建投证券分别在零售业务、投行业务领域拥有发展优势。

2. 专业化券商

（1）资管业务差异化——东方证券和中信证券。专业化券商（或称精品投行）在发展资产管理业务时，与大型综合投行在发展方向、产品风格上明显不同。

在发展方向上，大型综合券商大力发展资管业务，其意义不仅在于提升利润率水平，更在于建立业绩突出的资管业务后，与经纪、投行业务形成内部协同，实现一级市场到二级市场全产业链的一站式综合服务实力。而专业化券商更多看中包括自营和资管在内的资产管理业务，打造强劲的投研实力。相较于其他投行业务，资管业务具有投资时间短、见效快等特点。

在产品风格上，全能型投行的资管战略，在业务上更加强调业务和规模的全面性以及其他部门的协作性，因此产品类型丰富，涵盖被动型、一级市场产品等；而精品投行定位的券商发展资管更强调业务的专业性，更多专注于特定领域和环节，一般主动性管理产品占比会较高。

中信证券的资管子公司就是定位全能投行背景下的资管战略典范。截至2018年7月底，中信资管共发行产品341个，资产净值合计1 048亿元。其中，债券型、混合型、货币市场型和股票型基金分别为397.64亿元、296.08亿元、182.71亿元和25.99亿元。此外，其另类投资基金规模达到143.11亿元，显示了其资产管理与一级市场密切的相关性。

相较之下，定位精品投行的资管，在品种上就更为精简，也由于一级市场、国际市场的业务局限，并不强调在另类投资、海外资产方面资产管理布局。中小券商中，关注资管业务的代表性证券公司包括东方证券、第一创业和财通证券。2017年，东方证券自营投资与资产管理业务合计占比均在60%以上。作为一家实力较为雄厚的全国性券商，其资产管理业务一直保持着较高的业务占比。

（2）互联网券商——国金证券。结合自身战略差异，互联网券商主要分为两类：一类是定位全能银行的券商发展互联网券商业务，看中的是互联对客户的揽聚能力，经纪业务并不是其获利的重点，将互联网资源与其固有的强项投融资产品进行供需匹配，实现综合金融服务才是关键。另一类是专业化的互联网券商，本身并没有全能投行其他强项业务的支持，而是利用互联网企业技术实力的支持，在提供低成本的经纪业务、优良的客户交易体验的基础上，快速获取客源并拓展其他相关的投行业务。

国金证券在2011年前是一家优势并不突出的区域证券公司，按照总资产、净资产、营业收入、净利润在上市公司中排序，排位均在20位开外。在互联网证券业务发展的浪潮中，国金证券抓住技术革新与业务创新的机会，成为互联网券商快速发展的典范。

2013年国金证券首先提出"互联网＋金融"理念，与腾讯建立战略合作关系，打造在线金融服务平台，实现理财服务的线上线下贯通。2014年2月，国金证券联合腾讯推出佣金宝，成为首个互联网服务产品，在线提供包括网上开户、网上交易证券、基金买卖一揽子服务。与此同时，利用腾讯的流量导入，佣金宝大胆地将佣金率定在远低于行业平均水平的万分之二。产品推出后，国金证券迅速积累了大量客户，佣金宝面世的近三周内，平均每周开户数量为16.8万，较之前提高十倍有余。2014年10月，国金证券深化与腾讯的合作，入驻微众银行，合作开发新的金融业务。2015年，国金证券更进一步与百度签署战略合作协议，在金融大数据、移动证券业务领域进行合作。

2017年国金证券营业收入43.9亿元，较2011年底的10.79亿元增长4倍，而同期行业整体营业收入增长仅为 2.3 倍。2017 年国金证券的净资产、营业收入、净利润排序从 2011 年的 30 名开外提升到 20 名以内，行业地位得到显著提升。

国金证券差异化竞争获得成功主要得益于：其一，在经营理念上，重视与互联网企业的合作，将自身行业特性与技术相结合，充分利用互联网企业的先进生产力和网络流量导入，发挥后发优势；其二，在创新中能不断完善和拓展业务模式，把经纪业务的优势向其他业务链条拓展，以点带面，持续发展。

3. 区域券商

在国内进行差异化竞争道路选择时，具有较强实力的大型券商利用自身雄厚的基础进行全国布点，实施全面化的竞争策略。而对于中小型券商，若母公司所在地是北上广深之外的二线发达地区，则往往选择深耕母公司所在地的策略方针，往往获得差异化竞争的意外效果。例如本部设在苏州的东吴证券，浙江的财通证券，都在区域竞争中获取了较好的成绩。

根植于苏州——东吴证券。在东吴证券成立的最初，由于政策的限制，东吴证券的业务全部集中于苏州地区。1997—1998 年，在信托行业清理过程中，东吴证券在政策引导下收购了问题信托的营业部、资产、客户和人员，一方面获得了增资扩股的机会，另一方面也建立了苏州市完整网点建设的良好基础。作为当时苏州的独营券商，东吴证券在服务当地企业、盘活当地资本市场的业务开展中获得了较快发展。这个阶段，东吴证券的"根据地战略"是被动的战略选择。

2001 年中国证监会核准苏州证券有限责任公司增资扩股至 10 亿元，并更名为"东吴证券有限责任公司"后，管理层曾有过先走向全国再走向世界的新战略，并实施了业务总部迁到上海的扩张举动。之后由于市场状况变化、自身经营的优势受限等多方因素，让管理层逐步认识到，要找寻适合自身优势和特点的差异化竞争道路，主动植根苏州的"根据地战略"才逐步形成。

其一，在管理机制上，在县级市设立分公司，对接地方政府。同时，把投行分成 7 个事业部，每个事业部对接一个县市，将投行业务深入到县市。分公司不在政府机构的序列当中，但是它参加当地政府的相关会议，参与当地的各种经济金融活动，成为区域经济发展的重要组成部分。在这样的策略指导下，地方政府也更加积极重视与东吴证券的业务合作。

其二，在业务开展上，尽力做好资本中介，顺应时代的发展，以客户需求为导向，从全业务链的角度打造面向客户的"大服务"模式，实现各模块的业务协同与资源共享。

经过多年发展，东吴证券获得了快速增长。截至 2017 年底，东吴证券净资产 210.56 亿元，较 2007 年增长 13 倍，业务结构也从 2007 年经纪业务占比超过 70% 的单一结构转化为投资资产管理业务、证券承销等多项业务齐头并进的多元化经营模式。

（三）行业发展问题与挑战

第一，龙头券商竞争力有待增强，竞争格局处于持续调整的拉锯战。十年来，行业的净资产集中度处于稳定下行趋势，总资产集中度则震荡上行，盈利指标（包括营业收入和净利润）的集中度呈现出大幅波动，这也反映出中小型券商在竞争中依然具有一定的竞争实力，对于行业集中度数据的干扰作用依然较大。

大型券商的规模和盈利增速没有显著优势。行业内位居前 4 位的企业收入及资产增长并未优于行业整体，如十年间前四大券商的净资产增长率仅有 3 年超过行业平均水平；行业内第三位至第十位的位次不够稳定，队列内竞争依然激烈。

第二，众多券商存在"求大求全"心态，核心竞争力较为薄弱。我国证券行业中大多数证券公司仍未意识到差异化竞争的重要性，仍处于行业相对保护环境下"靠天吃饭"的生存模式中，不能摆脱同质化竞争，更没能形成真正不可替代的核心竞争力和显著的经营特色。而部分从差异化竞争中获利的证券公司在获得长板后，并未继续加强自身的优势，反而在业务上更加注重全面铺开，在条件并不成熟的前提下一味"求大求全"，弱化了曾经获取的差异化竞争优势。

第三，"一参一控"政策因素及国资股东背景导致行业内资源浪费或闲置。参照海外经验，在行业竞争加剧、寻求差异化竞争过程中，行业内并购非常活跃。这种基于业务重整的并购不仅强化了优势券商的强项业务，也解决了落后券商的经营困难，是优化行业运行结构、提升行业整体活力的重要举措。但在我国，由于"一参一控"等牌照管理方面的政策因素、控股股东国资背景地域限制等政治方面因素的影响，行业内并购重组实现难度大，存在资源浪费或闲置的情况。

第四，金融行业开放政策大幅提升，给国内证券公司的经营发展带来挑战。2018年我国金融市场开放再次深度提速，开始了新一轮的系列重大开放政策，大幅度放宽金融市场准入条件。2018年4月27日，中国银保监会发布了《关于进一步放宽外资银行市场准入有关事项的通知》和《关于放开外资保险经纪公司经营范围的通知》。2018年4月28日，中国证监会正式发布了《外商投资证券公司管理办法》，野村控股、摩根大通等外资机构已提交了关于设立外资控股合资证券公司的申请。我国资本市场正在制度设计、市场准入、中介服务、市场监管、投资者保护等多方面逐步完善双向开放制度，目标就在于更好地发挥资本市场资源配置功能，更好地服务于国家战略发展。在我国金融市场及至资本市场进一步对外开放的大背景下，证券公司经营将面临更大的机遇与挑战。

五、政策建议

（一）境外行业发展与案例分析总结

1. 大市场、大行业，是证券公司差异化、特色化发展的重要条件

从美国、日本、韩国以及中国台湾地区证券行业发展的集中度看，美国市场的行业集中度最低，虽然美国投行业是发展时间最久、最为成熟的市场。从证券公司的差异化和特色化发展却不难看出，美国投资银行业业态丰富，大而全的大型投行、小而精的精品投行、稳健的中型市场投行、特色化的折扣经纪商百花齐放。美国开放而自由的市场和行业环境，为投资银行的业务发展造就广袤的土壤，为差异化、特色化发展提供更多的可能性。

美国拥有全球最大、最成熟的资本市场，不仅拥有多层次的股票债券市场，汇聚了全球各地的企业资源，同时衍生品品种丰富、交易频繁，吸引了全球的投资者。在"宽进严管"的投资银行牌照体系管理下，投资银行数量众多，从业人员规模巨大，有序开展资本市场业务。行业结构由市场参与者自由竞争所决定，宽准入口径是促成美国证券行业差异化竞争模式得以形成的一个重要因素。在美国，除了大型投行占据了市场的主要份额外，中型市场投行、精品投行及折扣经纪商共同构成了美国资本市场多样化的生态环境，多种盈利模式相互制衡、相互依存。

2. 成功的特色化经营源于对目标客户和业务模式的精准定位,以及与时俱进的动态调整

无论是大型投行还是中小型投行,都希望通过建立具有特色的业务模式在行业竞争中脱颖而出。大型投行往往经历了明确业务模式、定位目标客户群,甚至舍弃一些已有业务板块、集中力量办大事的成长过程。比如,美林证券在2006年前一直是卖方资产管理和买方资产管理两手抓,但由于买方资产管理业务规模增长缓慢、第三方产品销售的收费率高于自有产品的管理费率。2006年2月,美林剥离买方资产管理业务,将资产管理公司Merrill Lynch Investment Managers(MLIM)并入贝莱德集团,换取后者49.8%的股权。由此,美林成为纯粹的卖方资产管理公司。高盛在20世纪70年代仍是名气一般的小型二流投行,在当时"恶意收购"浪潮兴起之时,高盛率先打出"反收购顾问"的旗号,帮助那些遭受恶意收购的公司请来友好竞价者参与竞价、抬高收购价格,或采取发托拉斯诉讼,用以狙击恶意收购者,由此逐步进入并购市场,累积企业资源。并购业务迅速发展,业务收入快速增长,1966年业务收入大约是60万美元,1980年该项业务收入规模上升到9 000万美元,1989年则上升至3.5亿美元。

精品投行虽然缺乏规模优势,但是一旦建立专业、特色的业务模式,业务能力也不逊色。黑石投资在初创时从事并购重组财务顾问业务,并在1987年成立私募股权投资部门。由于在投资管理领域的扩大和深入,公司担心财务顾问业务和资产管理两大业务之间存在潜在利益冲突,因此将财务顾问业务分割出去,成为独立的另类资产管理人。Jefferies和Stifel Financial分别在可转债和高收益债、小型证券市场等利基市场建立竞争优势。前者在美国可转换证券市场排名第三位,市场占有率超过10%,在2017年Greenwich Associates被列为全美固定收益市场最具进步奖,被固定收益客户列为全美最佳交易平台第十名;后者在2017年汤姆森路透分析师奖项全球小型股票覆盖数量领域的评选中,居于第二位。

所有的特色化经营,均源于客户定位。三星证券将资产在1亿—3亿韩元的高净值客户定位为主要客户群,由私人客户经理团队专门服务,提供广泛而专业的产品。零售客户研究部门为客户定制研究报告,私人客户经理们通过分析客户资产,制定详尽的投资目标,为客户提供定制化组合。嘉信最初定位于中小客户,然而随着互联网经纪商的爆发式增长,客户需求出现分化,嘉信进行了战略转型,贯彻"细分市场集成"理念,不断挖掘、整理客户的个性化需求,并对客户群个性化需求机构进行平滑和模糊处理,形成公司客户群结构,在此基础上设计相应的个性化产品。相对而言,嘉信没有美林强大的咨询部门,但是针对需要一定服务又支付不起高额顾问费的中产阶级,嘉信是性价比较高的选择。

3. 机构业务是大型券商脱颖而出的关键

大型投资银行不仅注重机构业务,而且在组织架构上形成独立的机构客户部门,利用其综合服务能力更好地满足机构客户的业务需求。2009年高盛"机构客户服务"部门独立以来,机构客户部对公司的净收入贡献平均高达51%,在2008年交易业务带来大幅亏损的局面下,机构客户部实现223.45亿美元的净收入,成为集团的业绩支撑。再看摩根士丹利,2009年来其机构证券业务的净收入贡献平均为52%,基本与高盛相当。在资产管理业务上,高盛和摩根士丹利也更注重机构客户和高净值客户,摩根士丹利甚至在2010年将零售资管业务出售,使其资产管理部专注于机构客户及高净值客户。日本的前五大证券公司占据了投资银行业务市场约80%的市场份额,而网络经纪商占据了零售业务80%的市场份额。

机构业务中，投资银行业务是投资银行的立根之本，该项业务可以反映投行的信誉、业务能力和行业地位，高盛、摩根士丹利、摩根大通等均是证券承销和并购业务领域的佼佼者，投行业务也一直是公司收入的重要贡献者。证券交易业务展现投行定价和撮合能力，以高盛、摩根士丹利为代表的一流投行都曾凭借卓越的交易撮合能力奠定了市场地位。2017年高盛做市商交易实现营业收入近76.6亿美元，收入贡献超过23.9%。2017年摩根士丹利做市交易实现营业收入108.7亿美元，占总营业收入的31.5%。机构业务的优势同时也能够为零售市场提供更强大的产品支持，是证券公司提高竞争力的重要基础。

4. 金融控股集团成为投行市场的主角，独立投行面临更大竞争挑战

金融控股集团突破单一的业务限制，在多种金融业务的经营中形成规模经济、协同效应、分散风险等优势。经过20世纪末和21世纪初大规模的兼并收购，全球大型独立投资银行的数量大大减少，美国次贷危机后，雷曼兄弟破产、美林证券被美国银行收购、贝尔斯登被摩根大通收购、高盛和摩根士丹利均转型为银行控股公司，十大投行中独立投资银行的模式不复存在。在日本和韩国情况同样发生，日本前五大投行中三家为银行系券商，韩国大型金融集团近几年也陆续并购三家传统独立大型券商，带来韩国龙头证券队列的大洗牌。即使在进行海外业务拓展的新兴经济体证券公司中，其大多已经实现金融混业经营，或本身隶属于具有商业银行背景的金融集团。

5. 投行、资管能力不足，导致新兴市场大型券商的国际化进程较慢

韩国和中国台湾地区的龙头券商近年来纷纷加快国际化布局，总的来说，与野村这种已经完成国际化进程的大型投行相比，元大证券、三星证券的国际化还处于起步阶段。目前元大证券在海外的布局包括中国香港、新加坡、泰国、越南、日本及美国等；三星证券在香港设立了亚洲总部，在伦敦、纽约、新加坡和东京拥有分行，海外收入占比不足5%。

这些投行在人才储备、投行、资管等能力方面无法与国际一流投行媲美。元大证券在业务结构上，仍以经纪业务、利息收入和自营为主要收入来源，合计比例超过90%（2017年财报数据）；三星证券以经纪业务和金融产品销售收入为主要收入来源，合计比例约为75%。

6. 业务结构单一，可能带来业务前景的不确定性及收入放缓的风险

在2008年次贷危机后，美国不少精品银行正在涉猎除了并购业务以外的领域，主要是源于并购业务前景的不确定性。全球并购交易的规模已经放缓，2016年全球并购总额下降了18%。为了保障公司业务收入的持续稳定增长，一些精品投行开始考虑多元化其收入，包括罗斯柴尔德、拉扎德和Evercore Partners Inc.均在寻求包括债务重组、公司治理及投资咨询业务来增加业务收入。更多小型投行学习凯雷投资集团和黑石集团等私募股权投资公司，在能源、房地产、贷款等投资领域建立多元化的业务。2014年Evercore已经收购了专注于市场研究的经纪商Institutional Strategy & Investment，以求在资本市场业务（如首次公开发行）领域的发展。黑石投资保持其稳定收益率的秘诀之一，即在于投资品种的多元化，利用更广阔的平台来分散风险，如在经济低谷，地产基金表现不佳，但信贷基金通常表现较好；基金产品拥有较长的存续期，通过较长期限来平抑周期冲击，保持整体业绩。

从网络券商的发展来看，纯经纪业务模式的盈利能力确实相对其他成功模式较低一些。盈透证券和E-Trade在2012—2017年的平均ROE水平约为6.86%和4.74%，低于TD（银行合作模式）和嘉信理财（财富管理模式）的13.9%和12.5%。纯经纪业务模式与市场表

现密切相关,其抗风险能力也较其他两家折扣经纪商弱一些。日本网络券商虽然占据了零售经纪业务 80% 的市场份额,但如今各家佣金率纷纷触底,网络券商也致力于拓展新的业务(如交易业务)来增加收入来源。

(二)政策建议

1. 支持国家战略拓展证券主业,支持中资证券公司发展跨境业务

投资银行(证券公司)作为资本市场和金融体系的重要主体,在现代社会经济发展中发挥着沟通资金供求、构造证券市场、推动企业并购、促进产业集中和规模经济形成、优化资源配置等作用。随着社会变革、经济与科技的发展以及全球化等因素带来的世界范围的转变,投资银行已经在各个国家和地区的经济与金融体系中扮演重要的角色。

党的十九大确立了我国创新驱动发展、乡村振兴、区域协调发展等重大国家战略,提出了制造强国、网络强国、数字中国、健康中国、绿色发展等重要战略部署,提出"分两步走在 21 世纪中叶建成富强民主文明和谐美丽的社会主义现代化强国"。这就是目前我国资本市场发展的重要背景,也是证券公司谋求差异化发展和特色化经营的重要背景。

国家战略规划与部署为证券公司创造了充满活力的经营环境。顺应国家战略,支持国家战略和新时代经济发展的需求,证券公司才具有广阔的发展前景。可以说,围绕国家战略的核心点,契合国家战略和战略新兴产业的发展要求,拓展证券公司的经营业务,才能成功地谋求并实现证券公司的差异化发展和特色化经营。

建议授予证券公司跨境业务资格,支持证券公司通过多种方式提供跨境服务。如进一步丰富境内证券公司参与境外金融产品交易、投资境外金融工具、为客户提供多种金融产品和交易服务的资质,更好地利用境内外权益、大宗商品等现货及衍生品市场,创新产业客户和衍生品相结合的服务模式。便利双向跨境交易,帮助企业在国际化过程中管理风险、降低成本。鼓励中资证券公司参与跨境投融资以及"一带一路"跨境并购和重大资产重组等项目,并在政策审批等方面给予一定的支持。

2. 发展大市场,提高市场深度广度及国际影响力,奠定行业发展优质土壤

资本市场是证券行业发育和成长的土壤,行业的发展成熟、个体的差异化竞争均离不开市场的培育,也是来自于市场化的发展选择。目前我国股票市场是全球第二大股票市场,债券市场是全球第三大债券市场,资本市场在全球的影响力随之逐渐上升,金融市场的对外开放也已成为金融市场持续发展的新趋势。

然而在证券募资市场上,不少优秀企业依然选择境外上市,国内投资者和证券公司均失去共同分享企业成长和成功的机会。衍生品市场的缓慢发展,制约了机构投资者的交易方式及对海外投资者的吸引力。新加坡市场富时 A50 股指期货(中国 A 股市值规模最大的 50 只股票编制的指数),由于保证金要求低、交易时间长等特点,其成交金额大,交投活跃。

建议多渠道推动股权融资,完善直接融资市场建设;促进债券市场主体归位尽责,推动债券市场产品创新;进一步丰富场内衍生工具,尽快推出包括股指期权、股票期权、商品期权等品种,优化保证金制度等市场机制,提升对期权做市商的激励程度;加大市场对境外投资者的开放程度,利用自贸区平台、与异地交易所的联动等机制,有节奏且可控地扩大我国资本市场的影响力。

3. 打造大行业,优化牌照管理体制,支持证券公司衍生品、账户管理等业务的创新

囿于历史原因，我国社会融资结构长期以银行主导的间接融资为主，直接融资体量相对间接融资体量差距十分明显。间接融资为主的融资结构，客观上造成了国内资本市场的发展速度有限，证券公司在整个金融体系的地位和影响力相对银行业不够突出，证券公司作为现代投行的交易、托管结算、支付、融资和投资等基础功能与银行相比存在不小差距，且迟迟未予完善。在此背景下，国内证券公司所能提供金融服务的深度和广度有限，在参与银行间市场、壮大托管业务规模、拓宽融资渠道等方面也面临诸多障碍，规模体量自然也就难以出现质的飞跃，迟迟未能形成能与银行等金融机构比肩的一流投行和系统重要性机构。

（1）建议优化境内证券牌照管理体制。通过"宽进"明确界定证券监管范围，吸引更多资源进入证券行业，优化市场竞争结构和促进行业盈利模式转型，打造健康的行业发展生态。通过"严管"确保市场公正、有序和防止欺诈，保护投资者利益和防范系统性风险。建立基于证券交易、证券投资顾问、资产管理、融资服务等的牌照管理类别，较好地与我国现有的证券经营机构准入和监管体系相衔接，也遵守国际通用的惯例和标准，实现与国际市场的衔接。

（2）支持试点公司优先拓展衍生品业务。建议在风险可控的前提下，允许证券公司成立独立平台专业开展商品衍生品交易，享受期货子公司同等业务政策。建立场外衍生品交易商的分层准入机制，规范交易商行为，加强交易商的市场引导职能。为交易商充分发挥衍生品风险管理功能提供配套支持，为交易商提供融券对冲渠道，允许对冲专用账户实现证券非交易过户。进一步规范投资者参与场外衍生品的准入标准，提高专业机构投资者的参与程度，鼓励服务实体经济、以风险管理为导向的衍生品应用。规范投资者交易行为。允许公募基金和基金母公司专户产品合法合规参与衍生品交易，进一步明确上市公司大股东等特殊主体参与衍生品交易的信息披露规范，推动保险机构、信托产品、国有企业利用衍生品实现风险管理和资产配置目的。鼓励证券公司发展跨境衍生品业务，优化证券公司在跨境交易方面须遵循的监管指标，允许证券公司针对境外投资者的合理需求提供挂钩境内标的的衍生工具。

（3）建议允许证券公司开展账户管理服务。建议允许证券公司设立专门的账户用于财富管理，就证券、基金、期货及相关金融产品的投资或交易做出价值分析或投资判断，按照诚实信用的原则，勤勉、尽责、审慎地协助客户进行投资管理和资产配置。在现行法规未支持开展财富管理业务所需的客户账户体系的情况下，建议监管部门出具监管意见，明确试点公司财富管理业务可独立使用定向资管业务牌照开展财富管理业务，将更有利于财富管理业务的长远发展。

4. 适当放开"一参一控"限制，支持行业内适当的并购机会

国内大多数证券公司均由国有资本控股，由于地域政治方面的因素及证券公司内"一参一控"的限制，尽管行业内一些区域小券商面临经营亏损的财务困难，但是"以大吃小"的情况并不多见，资源闲置或浪费的现象并不少见。纵观美国大小投行的发展历史，几乎无不是经历了行业内的并购形成目前的格局，通过行业内的并购整合，大型投行可以丰富其业务线条，精品投行加强特色业务优势，折扣经纪商则加强技术投入、延伸业务布局。

建议我国适时放开证券公司之间"一参一控"的限制，支持证券行业的兼并、联合，鼓励市场化竞争，利用一些政策工具对证券公司兼并与重组进行引导，进一步提升行业集中度，优化行业资源配置，做大做强证券主业。

5. 支持证券公司向其他金融业务延伸及合作，增强综合经营及风险管理能力

虽然当前混业经营的程度在现有制度框架下还处于金融混业经营的初始阶段，而且从国际比较来看，当前我国金融混业经营程度也是处于初级状态，但是金融业务相互渗透融合的趋势已然不可逆转。目前，我国金融混业经营的格局已成：其一，金融业务综合化程度日益提升，跨越银行、证券、保险的交叉类、混业类的金融产品数量多、规模也不小；其二，金融机构之间横向联系增多，银证合作、银保合作、证保合作加深，银行代理基金、保险、信托等产品的销售已成为常规金融业务；其三，各类金融控股公司已形成，跨金融子行业的并购活动普遍。尤其在当前国家战略下，实体经济的发展切实需要金融业全方位的服务与支持。证券公司在各类金融业务逐渐混合渗透的大背景下，可寻求差异化发展与特色化经营。

建议允许试点公司通过直投或境外子公司等合适途径，适时进入银行、信托、保险等其他金融业态，对标国际投行综合化经营模式，探索综合金融服务，提升服务实体经济的能力，在将来金融业格局的划分中抢占机遇，占据有利地位。

然而，独立经营模式仍将在较长一段时间内维持主流地位。从美国投资银行业的发展历程看，在金融混业模式下，大型独立投行逐渐在组织形式上转变为金融控股模式，但一些专业化投行仍旧保持轻盈的盈利模式和独立的投行身份，通过在特定业务领域的特色化经营，获取较高的市场份额和较强的盈利能力，独立经营模式和以金融控股公司为代表的综合经营模式长期并存并相互补充。我国金融业在未来比较长一段时间内仍将采取分业监管的监管体制，商业银行直接控股非银金融机构存在明显的制度障碍。大型投行以金融控股公司模式开展业务虽然是大势所趋，除了政策障碍外，综合性业务的开展是在金融创新和管理创新基础之上，其进程较慢。在此背景下，证券公司可加强与其他金融子行业的合作，在客户、业务及区域上进行多方面的合作，试图实现多方共赢，提高资源配置效率。

6. 建议证券公司实事求是，制定基于规模、业务和区域特征的公司战略

通过对四个国家和地区市场的事后分析，规模和业务是界定券商类型的主要特征。规模大、业务全的称为"大型投行"；规模中等、业务较全的称为"中型综合投行"；资本规模不大、专攻某些业务领域的界定为"精品投行"，其中专攻于网络经纪业务则称为"网络经纪商"；资本规模较小、业务主要集中于某些区域或在某些地区占有较高的市场份额，这类投行可称为"区域性投行"。当然，投资银行的规模、地位、业务范围并不是一成不变的。大型投行亦是从中小型投行发展壮大而来，业务模式也可能经历了从精品投行向综合投行的转变。

因此，建议国内证券公司基于个体规模、业务和区域三大维度，以实事求是为基本原则，摒弃盲目"求大求全"的不良心态，通过对行业的整体把握、与同行的多方位比较，深入分析自身的优劣特点，结合国内证券行业未来发展趋势和国外成熟、新兴市场的投行发展经验，量身定制战略规划，不可夸大自我、藐视竞争对手，亦不可短视、满足现状。

定位于综合型证券公司，必须是市场的中坚力量，具有资本市场组织交易、提供流动性的雄厚实力，同时能对金融风险进行准确定价。这样的要求不仅是资本实力的要求，也是对券商技术实力、人才储备、长期的市场领导地位的要求。要以全能银行为目标，必须具有均衡发展的盈利结构、完整的全产业链和合理的管理架构，同时具有较强的风险管理能力。否则，不仅不能从综合型券商的管理体系获利，反而会因为巨大的资金成本和管理问题拖垮公司。

定位于精品投行的券商，在重点领域必须有特殊的优势。以并购业务为特色的投行，需要有很强的行业背景和专业咨询能力，具有合理并购交易管理框架，有力推动并购策略的实施。以专业资产管理为特色的投行，则需要具有优良的人才储备和显著高于市场的主动投资管理能力。同样，如果定位于互联网券商，就需要有较为深厚的专业金融技术背景和支持，同时有低成本的优势和优良的交易平台客户体验。

证券经营机构战略绩效管理研究

国泰君安证券股份有限公司课题组*

一、绩效管理理论与实践的发展历程及方向

(一) 企业绩效管理理论的发展历程

企业绩效管理是企业管理的重要方面。在20世纪60年代，对于绩效管理的探索主要是基于员工个人的绩效评估；20世纪70年代后期，国外研究者在对绩效评估进行反思的基础上，提出了"绩效管理"概念；80年代后半期和90年代早期，随着人们对人力资源管理理论和实践研究的重视，绩效管理逐渐成为一个被广泛认可的人力资源管理过程；90年代中后期，绩效管理理论迅速丰富发展，日益侧重与组织战略的结合，战略绩效管理理论基本确立；2000年后，战略绩效管理理论结合实践经验，进一步发展完善。

(二) 战略绩效管理在企业管理中的定位

1. 战略绩效管理的含义

战略绩效管理即以战略为导向的绩效管理系统，是促使企业在计划、组织、控制等所有管理活动中全方位发生联系并适时进行监控的体系化管理理念及工具（见图1）。其主要包括两方面内容：一是分析提炼企业战略与业务、管理子策略之间的内在逻辑及其相互关系，在此基础上匹配相应的绩效管理逻辑，构建战略绩效管理体系。在绩效管理指标设定、跟踪与考核、奖惩各方面全方位落实管理逻辑，真正从逻辑上保障以战略为中心牵引企业各项经营活动。二是依据战略绩效管理体系安排，对每一个绩效管理循环周期进行检查，对导致经营管理成果的动因进行分析和判断，从而更加准确地发现存在的问题，找到应对之策，也能更客观地对经营团队或责任人进行绩效评价，并根据评价结果对其进行价值分配。

---

* 本文为中国证券业协会2018年优秀课题。课题负责人：王青怡；课题组成员：方馨，梁斌，张款慧，商康。

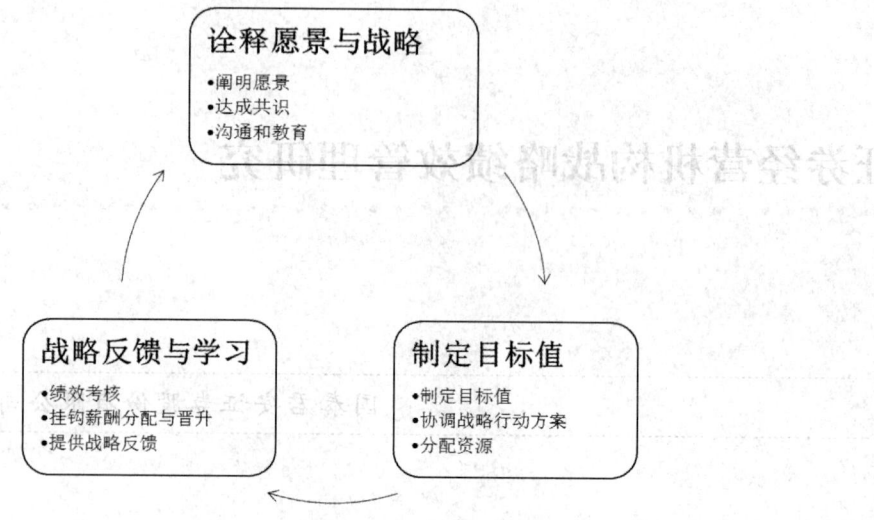

图 1　战略绩效管理体系

2. 战略绩效管理在企业管理中的定位

战略是企业基于自身文化、价值观和资源禀赋基础，对未来生存与发展主要路径，以及价值实现手段的方向性、实质性选择。企业管理涉及企业经营管理的方方面面，从宏观方向性选择，到中观资源获取与配置安排，再到微观层面的流程优化迭代管理，不胜枚举。战略管理是其中最宏观、最根本也最重要的一环。

战略管理的核心要素是制定战略并确保战略得到有效执行，使企业实现预期战略目的，包括但不限于：基于当前内外部环境因素，制定或调整当前阶段的发展重点和方式；与企业财务管理、人力资源管理、合规风险管理等关键管理手段协同，有效推动战略执行；定期评估分析战略执行效果并进行针对性调整等。

其中，战略绩效管理是战略管理中的关键一环，作为推动、督导、评估企业战略执行的重要管理工具，其重要程度不亚于制定战略规划本身（见图2）。

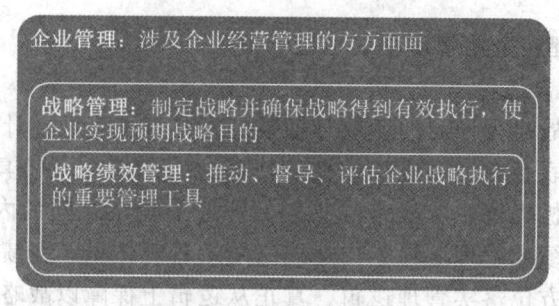

图 2　战略绩效管理在企业管理中的定位

（三）战略绩效管理的主要工具及其相互关系

目前，较为常用的企业绩效管理工具主要包括平衡计分卡（BSC）、关键绩效指标（KPI）、目标与关键成果（OKR）。其中，BSC 具有较强的全局性，是战略绩效管理的主要工具，可结合战略地图应用；KPI 与 OKR 等方法则可以在具体指标设定方面采用。

表1　　　　　　　　　　　　主要战略绩效管理工具特点

工具	BSC	KPI	OKR
特点	提供一个战略管理框架，帮助企业从财务、客户、内部流程和学习与成长四个维度描绘企业战略，并通过四个方面指标之间相互驱动的因果关系展现组织的战略轨迹，实现组织绩效和公司战略	以二八定律为理论基础，通过对组织内部流程进行梳理，抓住企业经营的核心来驱动企业发展	提供了一种管理方式，目的是让团队更加关注真正重要的事情。实施的前提是明确目标，企业要有完整的使命、愿景和战略，关键结果也必须要可量化，并不一定关心财务目标
主要优点	1. 强调四个维度的动态平衡，更具全局性； 2. 目标之间相互关联	反映了最能有效影响组织价值创造的关键驱动因素	1. 是在充分和员工沟通的基础上建立具有挑战性的目标，从而激发团队成长和创新高度； 2. 检验周期更短，便于及时调整以实现目标
主要缺点	实施难度相对较大，指标体系建立较为困难，指标数据较多	较易造成绩效指标间的割裂，可能会导致指标管理上的不平衡和逻辑关系的不清晰	焦点在过程和关键动作，但缺少考核激励，员工动力系统可能不足

战略地图可以全景描述企业战略，可作为平衡计分卡的开发基础。平衡计分卡作为企业战略梳理与执行的有力工具，适用于全局性的战略绩效管理，能够更加全面地反映企业综合经营状况与发展潜力，帮助企业实现战略目标。在明确平衡计分卡的重点方面后，对于数据类指标，可采用 KPI 的设计理念来分解与选取，使得最终的绩效指标体系具体而可衡量；对于难以量化的一些任务类指标，比如在内部流程、学习与成长等方面的工作任务，以及针对研发和后台类功能的考核，则可以考虑通过 OKR 方法设定关键节点与阶段性目标，实现有效的分解落实（见图3）。

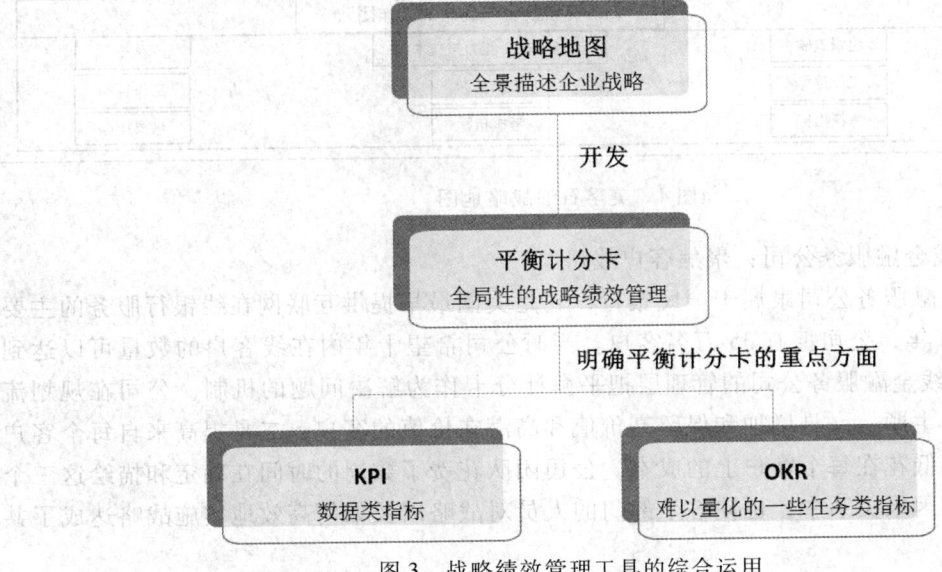

图3　战略绩效管理工具的综合运用

（四）战略绩效管理的典型案例

1. 美孚石油：从生产导向成功转型客户导向

美孚的变革从开发平衡计分卡来描述并沟通战略开始。美孚认为其需要的是增长和差异化战略，为此制定了：第一，在价值链各个环节降低成本，提升效率；第二，开发更多高价的产品和服务。为此，美孚公司围绕战略目标设计了平衡计分卡，快速准确地把企业发展战略的关键信息传播开来（见图4）。

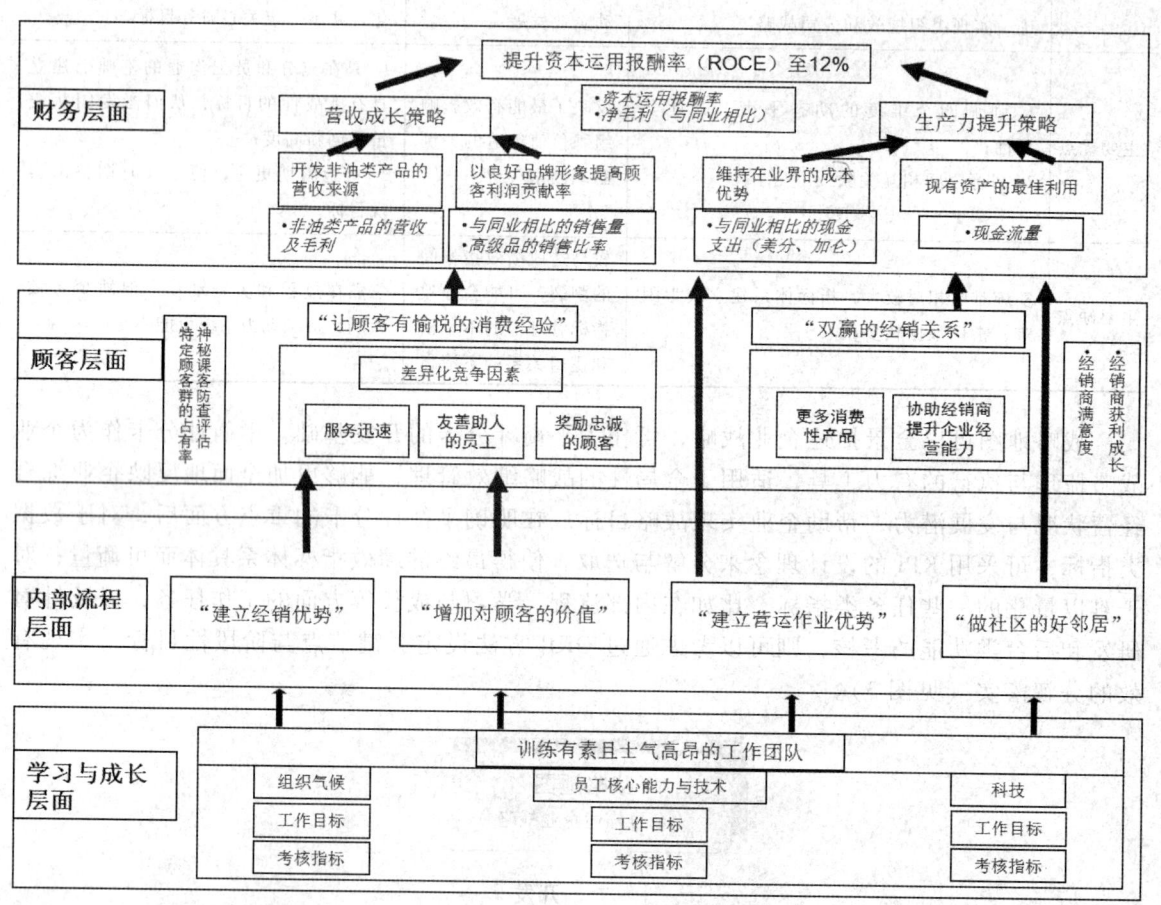

图4 美孚石油战略地图

2. 国民在线金融服务公司：聚焦客户战略

国民在线金融服务公司隶属于国民银行，它是美国最早提供互联网在线银行服务的主要公司之一。1998年，公司拥有35万名客户。当时公司希望十年内在线客户的数量可以达到100万。国民在线金融服务公司的管理层把平衡计分卡作为解决问题的机制。公司在规划流程中建立了三个主题：一是增加和保留高价值和高潜在价值的客户；二是提高来自每个客户的收入；三是降低花在每个客户上的成本。公司团队花费了数周的时间在确定和描绘这三个战略主题之间的因果关系中，也使各个部门的人员对战略以及如何高效地实施战略达成了共识（见图5）。

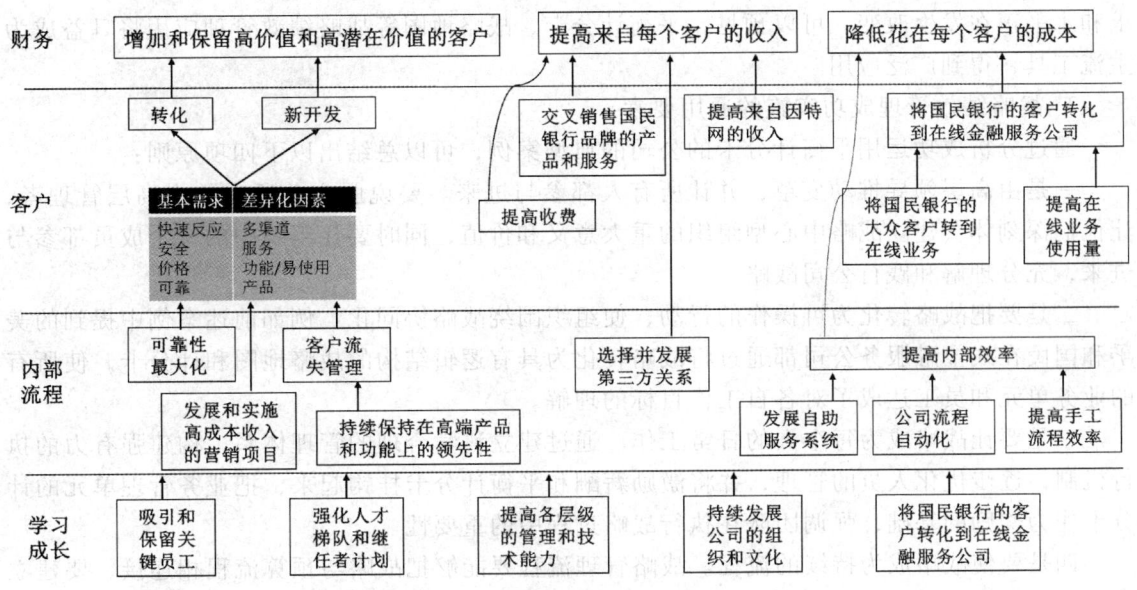

图 5 国民在线银行战略地图

(五) 战略绩效管理的发展方向

1. 战略绩效管理在企业管理中的重要性不断增强

一是有力支持企业贯彻落实战略，提升企业整体竞争力。战略绩效管理通过制定与战略紧密联系的绩效计划、绩效评价与分配机制，并在运行过程中不断反思完善，可以成为贯彻落实企业战略的重要工具，将企业目标与部门、员工的行为联系起来，真正提升企业作为一个整体的竞争力。

二是有力促进业务管理流程的优化，提升客户服务能力。战略绩效管理通过对内部流程、市场地位及客户反馈等方面的信息积累、持续跟踪考核，可以引导企业各次级业务管理单元在上述方面不断调整优化，逐渐提高客户服务能力和市场地位。

三是有力促进组织和个人绩效的提升。通过分解落实公司战略，设定科学合理的组织目标、部门目标和个人目标，明确企业员工为公司战略而共同努力的具体内容。同时，通过各级管理者对绩效完成情况的跟踪督导、对下属团队和个人进行辅导沟通与指导支持，可以更广泛深入地改进企业全员的工作态度以及工作方法，保证企业目标的实现。在绩效考核评价环节，可以更为明确个人和部门对企业的贡献，并使相应的价值分配始终聚焦战略不跑偏，也可以更有效地激励高绩效部门和员工持续提升绩效，督促低绩效部门和员工找出差距、改善绩效。

2. 平衡计分卡、战略地图等系列工具日益成为最主流的战略绩效管理工具

欧美等发达国家早在 20 世纪 50 年代逐步摆脱了粗放式的增长方式，越来越多的企业意识到聚焦差异化竞争战略，需要强有力的战略绩效管理应用。因此 20 世纪 80 年代至 90 年代以来，以平衡计分卡为核心工具的战略绩效管理得到越来越广泛和深入的企业应用。改革开放 40 年来，我国经济取得巨大的成就，物质需求从难以满足到部分行业产能过剩，从前简单粗放大发展的阶段向国民经济高质量发展的结构转型。与之相对应，微观企业的管理需求和水平正在发生改变。可以预见,平衡计分卡、战略地图等战略绩效管理应用将日益成为主流工具,得到广泛应用。

3. 战略绩效管理成功实施的通用要素

通过分析成功运用平衡计分卡的公司的典型案例,可以总结出以下四项原则:

一是由高层领导推动变革,并让所有人都参与进来。要说服企业所有的中高层管理者,让他们深刻体会建立战略中心型组织的重大意义和价值,同时要让组织中的每个成员都参与进来,充分理解和践行公司战略。

二是要把战略转化为可操作的行动,使组织围绕战略协同化。例如前述案例中提到的美孚和国民在线金融服务公司都通过将战略转化为具有逻辑结构的战略地图和计分卡,使所有的业务单元和员工达成了对各自工作目标的理解。

三是要让战略成为每个人的日常工作。通过建立科学合理的管理体系,构建强有力的执行机制,逐步优化人员的管理,并将激励薪酬和平衡计分卡挂钩起来,把业务管理单元的计分卡作为奖励的基础,强调团队在执行战略过程中的重要性。

四是要使战略成为持续的流程。战略管理流程要能够把战略与预算流程相连接,要建立战略回顾会议制度。不能把平衡计分卡作为一次性的考核项目。

二、投资银行业开展战略绩效管理的必要性和适用性

(一)国际投资银行战略绩效管理实践及归纳

1. 美银美林:对应平衡计分卡四个维度,将核心战略目标拆解为四大类战略绩效指标

有责任的增长是美银美林的战略核心。对"有责任的增长"的考核主要具体划分为四个部分,分别是整体增长且赢得市场、聚焦客户、风险可控和可持续。四个部分分别对应整体指标、客均指标、风险管理指标和持续性指标。从平衡计分卡的角度,这四个部分可分别对应财务、客户、内部流程及学习成长方面的关键主题及系列指标。

与考核指标配套,公司管理层的薪酬水平也会从这四个方面进行评估。美银美林的绩效考核涉及财务和非财务的指标,贯穿整个公司、业务线和个人。公司高管的薪酬的一半由公司的业绩表现决定。具体绩效指标方面,美林主要通过 KPI 进行考核。尤其是对一线银行家,考核交叉销售的 KPI 更为重要。

整体绩效流程有三个重要的时间节点,分别为年初的任务制定、年中回顾和年终评比。年初任务制定,指标自上而下分解到人,并为如何实现目标做出计划和指导。年中回顾,通过对上半年情况进行分析,确定是否进行中期调整。年终评比,包括360度调查在内的一系列调查,综合评估员工表现。

为了使得绩效管理更加高效,公司建立了一系列基础机制,主要包括以下几点:经营信息的高效顺畅、双向流动;前台的银行家与客户建立紧密联系;建立与完善客户关系管理(CRM)系统,加强过程管理;控制职能确保独立的看法;财务、运营和科技部门确保有公司全局和整体观念。

2. 花旗银行:强调平衡计分卡修正和绩效反馈

花旗银行采用以平衡计分卡为工具的战略绩效管理体系。花旗 CEO Michael Corbat 在 2017 年 7 月的投资者开放日披露,花旗的战略分为三个方面:一是以客户为中心,通过深

化客户关系实现可持续的增长；二是应用技术降低服务成本；三是优化资本结构。

基于此，花旗首先将公司战略按照内在因果逻辑，分解为不同条线的绩效指标。绩效指标包含财务类与非财务类，例如零售线总裁的非财务指标包括优化客户服务平台，以此促进增强客户关系和改善用户体验等，与公司"以客户为中心"及"应用技术降低服务成本"的战略主题紧密相关。

花旗绩效管理体系分为五个环节：一是目标设定和比重设定。通过将目标和战略挂钩，保证了绩效管理工作符合战略方向。财务指标和非财务指标之间的比重设定根据当年工作重点有一定的弹性。二是绩效评估。对各项目标完成情况开展全方位评估。三是评估市场薪酬水平。薪酬委员会根据市场调研和第三方评估制定管理层的薪酬范围。四是将目标完成情况和薪酬挂钩。符合预期的业绩完成情况将得到市场薪酬的中位数。五是薪酬委员会最终决定。薪酬委员会根据业绩评估和市场薪酬水平酌情做出最终决定，并给予说明。

花旗战略绩效管理应用的特点包括"修正式的平衡计分卡＋圆桌讨论＋绩效反馈谈话"，将部门间的相互反馈提升到更高的层面。平衡计分卡的修正主要是为了保持评价的客观性和有效性。如根据市场情况修正目标，就避免了在整体市场困难时追求不切实际的目标。同样，如果追求客户增长，但客户的有效性就有可能被忽视。在花旗，绩效评价最终通过圆桌讨论会议的形式完成。会议对前台业务、后台支持等各部门的表现给予评判。花旗的绩效反馈谈话流程正式且必须。每半年主管和员工都有一次正式的绩效谈话。在这样一个正式场合下，上下级就下属的绩效结果和相关要求进行公开、正式且富有建设性的交流。通过定期的绩效交流，绩效执行的进度和执行的困难都能够得到有效沟通，便于及时适当调整。

3. 高盛：强调利益捆绑和客观公正的绩效反馈

高盛公司以 14 项原则和合伙人制度为基础，在此基础上制定战略目标和绩效管理体系。高盛公司的目标是"为股东创造卓越的回报"，为此在上市时直接将战略定为"促进核心业务的增长"，高盛最近一次战略规划（2017 年公布）继续提出为期三年的 50 亿美元收入增长计划。虽然高盛上市时进行了合伙人大比例持股的安排，将合伙人制度将股东利益进行了很好的结合，但上市以来，合伙人在公司的持股比例仍然伴随着新融资而不断降低。为了巩固核心员工（合伙人）与公司股东利益的一致性，高盛公司给予管理层的固定薪酬占比较低，而奖金占比极高且同公司业绩表现高度挂钩。公司管理层奖金的 70%—80% 是和公司业绩相关的限制性股票。

高盛绩效管理的目标是构建强大的、具有凝聚力的高级领导团队和员工群体，来优化提升公司业绩。分条线净资产收益率 ROE 是评价年度绩效的关键财务指标，同时也会综合考量其他战略绩效指标。为了激发员工更多的潜能，高盛取消了绩效结果评级，取而代之的是管理者给予员工更加灵活的同时也非常严格的绩效反馈。高盛 CEO 表示，提供高质量的持续的反馈是高盛的文化，这同样是对公司未来的投资。除此之外，全公司人员都要进行自我评估和 360 度评估。为了达到更好的评估目的，高盛开展专项绩效反馈培训。

4. 国际投行开展战略绩效管理的经验借鉴

国际领先投资银行均根据各自特点和战略目标，开展战略绩效管理，说明战略绩效管理在投资银行行业具有普遍的适用性。

究其原因，一是投资银行业以牌照或许可、资本、人力资本和信息技术能力为核心资源，而战略绩效管理的特点之一就是从逻辑层面考虑了财务、人力、技术等多方面资源投入产出的协同性，有利于考核无形资产的贡献，契合投资银行业的资源投入特征。二是由于投资银行业面临较为激烈的市场竞争，各家投行均选择了对自身最有利的竞争战略。为了贯彻落实战略目标或落实战略转型，投资银行对战略绩效管理的需求较为迫切。

资本市场波动性较大和低可测性特征则是双刃剑，一方面使投资银行的战略绩效管理实践面临的不确定性更多，对于一些受市场影响较大的指标可能需要更为灵活的反馈与调整机制；但另一方面也能够避免传统财务考核的难度与高波动性，有利于聚焦战略执行，成为增强投资银行战略定力的有效武器。

上述国际投行的战略绩效管理经验，为国内同业开展战略绩效管理提供了较为丰富的参考与借鉴资料。

（二）国内证券行业开展战略绩效管理的必要性、适用性和重要性

1. 国内证券公司开展战略绩效管理的必要性

一是在当前行业"去同质化"的激烈竞争中谋求生存发展的必然选择。目前，证券行业已经进入加快金融改革开放、从严及差异化监管和高质量发展阶段，行业竞争态势已从同质竞争向跨境、跨市场、跨业态的全面去同质化竞争转变。证券公司亟须采取差异化竞争路线，根据各自实际情况做出适合自己的战略选择，并聚焦战略逐步落地，锻造自身的差异化竞争优势。对于大型证券公司来说，扬长补短、全面均衡发展的同时保有特色、始终保持行业头部地位是其核心的战略诉求；对于部分中小券商，聚焦业务特长与创新转型，谋求特色发展是其明智的战略选择。无论如何，证券公司都亟需以战略绩效管理为有力工具，聚焦战略目标，不断提高执行力，尽早形成核心竞争力，在日益激烈的竞争中屹立不倒、不断前行。

二是满足高质量发展需求，打造一流现代投资银行的客观要求。面对当前复杂多变的全球政治经济形势，中国亟须打造若干具备全球系统重要性的投资银行及若干具有特色的中小投资银行，引导配置全球资源，提升中国经济全球竞争力。特别是处于行业头部的证券公司理应承担起一流现代投资银行建设的光荣使命，立足促进实现国家战略，从促进中国经济社会成功转型升级、提升中国国际竞争力的大局出发，以实体经济需求驱动为发展主线，苦练内功，扎实提升综合能力和水平，全面提升合规内控和风险管理水平。这就要求头部券商长期、坚定地聚焦自身战略方向，把控好战略方向与节奏，务实追求自身战略的真正落地，切实实现综合实力和国际竞争力的显著提升，更好地服务实体经济、保障金融安全。

2. 国内证券公司开展战略绩效管理的适用性

国内证券行业与国际投行类似，一是以牌照或许可、资本、人力资本和信息技术能力为证券公司的核心资源，如能采取有效方式促使这些核心资源有机整合并充分发挥作用，帮助证券公司形成自身的核心竞争优势。而战略绩效管理的特点之一就是可以从逻辑层面促进财务、人力、技术等多方面资源投入的产出协同效应，从而使得战略获得有效执行。二是市场竞争环境与自身发展要求也使得证券公司迫切需要以战略绩效管理来落实自身差异化竞争的战略。

但与国际投行相比，国内证券行业应用战略绩效管理的掣肘相对更多，面临的挑战也更大。这主要是由于国内资本市场和证券行业发展历史较短，市场的价量波动性可能更大，可预测性相对更低。这要求国内证券公司在实施战略绩效管理时，针对市场影响较大的指标需要设定挂钩调整或有条件调整的机制，并及时灵活反馈。但从另一方面来看，如果不采用战略绩效管理，侧重传统财务指标考核，可能使市场波动对公司整体绩效考核的影响更大，战略执行与竞争力提升等重要方面也有可能脱节。此外，在战略绩效考核分配方面，国内证券公司受制于体制等原因，对于表现突出的管理及业务人才的激励力度明显低于国际投行，不利于充分发挥激励导向作用。

因此，总体来讲，国内证券行业对战略绩效管理的适用性较强；但在具体落实时需要注重细节，并积极反思、不断完善。

3. 国内证券公司开展战略绩效管理的重要性

国内证券行业应用战略绩效管理固然面临诸多挑战，但在内外部竞争压力空前的当下，建立长期内生性战略绩效管理机制，是证券公司贯彻落实发展战略、凝聚全员力量专注提升综合实力的重要工具，有助于证券公司聚焦战略目标，把控战略方向与节奏，保证战略的稳定性、持续性和执行力。

目前，已有不少大型证券公司甚至中小券商开始引入战略绩效管理的理念与工具，取得了一定成效。对于大型综合证券公司来说，开展战略绩效管理有助于优化完善内部体系机制，锻造长期核心竞争力，全面提升综合实力，保持行业领先地位；对于部分中小型证券公司来说，有助于聚焦特长业务，促进创新转型，实现专业型证券公司发展道路。

（三）证券公司开展战略绩效管理的主要目标

1. 确保公司战略贯彻落实

通过战略绩效管理体系，将公司战略目标层层分解至各阶段目标和各经营管理单元目标，并持续跟踪督导，为企业战略目标的执行"保驾护航"。通过战略绩效管理，一方面可以检验企业战略是否适应证券行业发展环境的新形势；另一方面，可以衡量证券公司经营管理情况与企业战略的契合程度，评估各经营管理单元的战略执行力，及时发现问题并纠偏，有效把控战略方向与节奏。

2. 聚焦长期核心竞争力建设

当前行业发展新形势要求证券公司既要提升服务国家战略和实体经济的能力，又要具备服务客户多元化金融需求的核心竞争力，还要具备全面完善的合规风险管理能力。战略绩效管理体系将设置全方位、多维度的绩效考核指标，明确各项业务发展目标及每个目标在公司发展全局中的重要程度。指标不仅包括当期经营业绩，还兼顾各项业务长期核心能力建设、公司内部管理体系机制建设、企业文化及社会责任等方面，通过调整各项指标的权重系数，平衡兼顾公司短、中、长期发展目标，并引导各项业务聚焦有关长期能力建设的绩效目标，努力打造证券公司的长期核心竞争力。

3. 保障公司经营安全稳定

战略绩效管理作为证券公司内部管理机制中的重要一环，能够提升公司内部管理精细化水平和国际化水平。在优化内部管理流程方面，可通过绩效指标对各项业务的组织架构、流程和制度建设提出要求。通过持续绩效督导，实现对公司各项业务的日常跟踪评估。如辅之以对行业发展趋势的准确把握，可以前瞻性地发现业务发展过程中存在的隐患或风险，提前警示，从而避免因突发性局部风险而动摇公司整体安全与稳定。

4. 凝聚公司全员合力

战略绩效管理体系最终将落地于考核与薪酬分配,是连接公司战略目标与各层级员工个人发展目标及绩效薪酬之间的吻合器。绩效管理通过分解公司战略目标至各部门和员工、调整不同指标的考核权重及挂钩薪酬比例等,引导员工向公司战略方向努力,使各层级员工的利益与公司整体利益方向一致,凝聚公司全体人才资源,向公司战略目标前进。

三、中国证券公司开展战略绩效管理的现状与不足

(一)中国证券公司开展战略绩效管理的范围与特点

2012年前后,大型证券公司陆续开始建立战略绩效管理职能,目前大型证券公司已经基本都设立了该职能。2015年前后,不少中小型证券公司也开始组建队伍,设立职能。经过几年的实践,战略绩效管理功能的作用日益增强。部分大型证券公司的战略绩效管理功能已经成为连接业务、财务、人力、IT、合规风控等主要职能的重要连接器,成为公司推动战略执行的强有力工具。

在主要战略绩效管理工具的选择上,各家公司基本采用平衡计分卡系列理论为主要工具,辅以关键绩效指标KPI等。但也有不少证券公司对平衡计分卡的应用不够全面深入,绩效管理与公司战略的挂钩程度不足,仍然过多偏重于财务结果类指标。

从开展战略绩效管理工作的效果看,不同体制的证券公司显示出一定的差异性。国有控股比例较高的证券公司,因承担着国有资产保值增值的使命,须接受国有资产相关机构的监管,激励约束机制和干部管理方面的市场化程度相对受限等原因,战略绩效管理应用的程度有深有浅。民营控股比例较高的证券公司,在激励约束机制和干部管理方面拥有更多自主性和灵活性,战略绩效管理的应用程度相对更高。

(二)具体案例实践分析

通过研究对比国内主要大型证券公司及部分有特色的小型证券公司的年报等资料,我们发现:一是大型证券公司由于规模较大、客户资源分布较广、渠道能力和专业竞争能力较强,其战略目标多是全面综合发展,覆盖证券行业各个子行业,甚至将业务触角延伸至租赁等其他金融行业;而小型证券公司则强调自身优势,突出特色发展。二是客户资源作为证券公司的竞争之根本,丰富的渠道网络以及强大的客户资源是证券公司核心竞争力的重要基础,能够真正以客户为中心的金融机构才可能拥有强大的客户资源基础。各公司均将客户放在最重要的位置。部分公司通过设置战略客户、大客户、高端零售客户的专属服务部门,为其提供综合金融服务。三是多数公司均强调在财富管理、机构业务、投资业务等方面实现转型升级,提升差异化竞争优势。四是随着金融科技不断改变金融业务模式和竞争格局,多数公司将金融科技应用提升到公司战略高度。具体到不同业务,每家公司的具体策略及绩效指标则略有不同。以部分业务为例:

零售业务方面,各证券公司一方面着力提升市场地位,强调市场规模,相应地开展对代理买卖收入份额及排名、股基股票份额及排名等指标的考核;另一方面,根据财富管理转型的目标,加强对各类客户数量、客户资产、金融产品规模、质量及收入等指标的考核。总体而言,大多数考核指标为财务类和客户类指标,有关零售业务平台制度建设、提升专业产品

服务供给能力、员工队伍建设等方面的考核指标较少。但也有部分券商在内部流程层面提出搭建大、全、专业的金融产品超市等指标，或针对投资顾问人数进行考核，加强对财务及客户类指标的支撑；部分券商设置专门的金融产品部门，负责组织金融产品销售等工作，带动其他综合金融服务。

投行业务方面，部分券商仅将投行各品种主承销金额及排名、各类业务收入等财务及客户类指标作为核心考核指标，较难形成自身的差异化竞争优势。部分券商结合"以客户为中心"的战略要求，提出"全产品策略"，形成业务线、行业线、区域线的三维网络，并考核客户覆盖面等指标；还有券商根据"提升产业能力"的战略目标，在绩效指标中开展对产业覆盖情况等的考核；也有券商针对公司"建设国际一流投行"的目标，提出协助中国企业参与全球并购交易金额排名的指标；还有券商很早就提出工作底稿电子化并进行考核，这些都有助于公司战略目标的实现和长期竞争优势的建立。

自营业务方面，多数券商将业务规模及收益率作为核心指标。但也有部分券商根据战略转型需要，以风险收益比作为投资决策的重要参考指标，或者将客需业务规模等作为重要指标。

资管业务方面，大多数券商将战略目标定位为压缩通道业务规模并向主动管理转型，但在考核指标设置方面，多数以资产管理规模、主动管理规模、资管净收入等为主要考核指标，也有部分券商加大对投资业绩或投资收益率等指标的考核力度。

促进协同、提升竞争力方面，大多数证券公司均希望通过不同业务、不同区域之间的协同来提升业务竞争力，例如加强境内外业务的协同、加强买方卖方业务间的协同等，但具体考核指标中体现较少。

内部管理方面，部分信息化水平较高的证券公司，通过信息系统实现绩效的持续跟踪，并对各业务条线进行全成本管理，薪酬与各条线利润挂钩进行强激励，使得各业务条线执行力强、单体效益高。但是也存在条线过度重视本位利益，不利于公司整体战略推进的情况。

（三）战略绩效管理模式分析

1. 战略绩效管理的组织架构

结合日常工作中的了解与研究期间的调研情况，我们发现，各家证券公司在战略绩效管理职能的组织运作方式、所赋予的管理强度方面存在一定区别。主要可分为三个类型（见表2）。

表2　　　　　　　　　　　战略绩效管理组织架构对比

职能分布	类型一	类型二	类型三
战略规划	战略管理部门/办公室	战略管理部门/办公室	战略管理部门/办公室
战略绩效管理	战略管理部门/办公室	人力资源部	计划财务部	专门职能组（战略+人力、财务）
战略督导	战略管理部门/办公室/其他	—	—	战略管理部门/办公室
绩效考核评价	人力资源部	人力资源部	人力资源部	专门职能组

续表

职能分布	类型一	类型二	类型三
优点	将规划与绩效管理二者紧密结合，使战略绩效管理向上对接战略规划，向下将公司战略目标分解到各项子业务和管理条线，有利于各分管高级管理人员统一认识，并按照分工承担相应职责	1. 可贯通公司高管层及其所辖部门，直到一线员工的绩效指标分解体系；2. 降低绩效评价信息失真的可能性	可以使公司的年度目标任务和预算制定统一安排	有助于战略指标体系与战略规划的精准对接、战略绩效指标体系的贯通到底、公司工作计划和财务预算的有机融合、绩效评价结果和奖惩机制的紧密结合
缺点	1. 绩效跟踪数据无法不失真地传递给绩效评价部门，影响评价和激励约束的有效性；2. 不负责高管层以下的绩效管理，可能造成中基层员工绩效管理的脱节	1. 较易偏离平衡计分卡理论的核心点，缺乏对客户、内部业务流程、学习与成长等未来业绩驱动因素的考核；2. 人力资源或财务部门不具有战略规划和战略督导职能，对公司战略规划的理解深度和对接精准度相对较弱，很难从战略高度跟踪了解各业务管理条线的具体情况	对战略、人力、财务的跨部门沟通、协调提出了更高要求

注：表格中"类型一"列的优缺点对应第一类，"类型二"列对应第二、三类型，"类型三"列对应第四类。

2. 战略绩效管理的工作流程

（1）战略规划制定。公司战略规划一般由战略管理部门或办公室（董事会办公室或总裁办公室）负责研究编制。部分模式是自上而下，由公司最主要领导者或领导层确定公司未来发展规划；部分模式是自下而上，汇总公司各项业务未来发展计划形成公司规划；但更主流的是自上而下和自下而上相结合的模式。证券公司在对经营形势预判的基础上，与公司领导层、各业务条线充分沟通后，最终确定公司战略目标。

（2）绩效指标分解制定。战略绩效管理的首要工作是将公司战略目标分解至各层级经营管理单元的战略绩效指标。当前主要证券公司普遍分工是：战略绩效管理职能相关部门主要负责业务条线或部门层级的绩效管理，人力资源部负责员工层级的绩效管理。绩效指标制定流程见图6。

图6 绩效指标分解制定

具体绩效指标分解工作也有自上而下、自下而上、两者相结合三种模式。

自上而下的模式下，首先将公司战略目标分解至公司年度重点工作任务，在经营形势预判和定量模型测算的基础上，将公司年度重点工作任务分解至各业务条线和管理支持部门的年度绩效指标，据此拟订分管领导的任期与年度绩效管理目标责任书。再由人力资源部将各条线绩效指标分解至下属各部门，经绩效考核委员会（包括战略、人力、财务部门）审议后，与各部门负责人签订（见图7）。

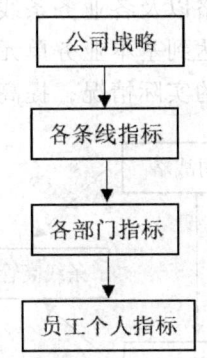

图7　自上而下的绩效指标分解模式

自下而上的模式下，首先结合战略规划和各部门下一年计划，在定量模型测算基础上，确定部门层级的绩效指标，再将条线下各部门指标汇总，提炼形成该业务条线分管领导的绩效指标，编制年度绩效目标责任书。经公司会议审议后，由人力资源部组织绩效合同的签订（见图8）。

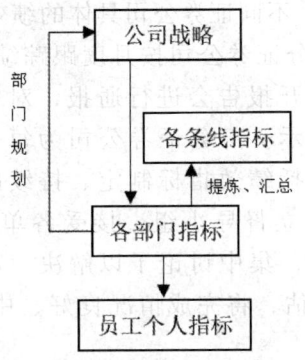

图8　自下而上的绩效指标分解模式

自上而下的绩效指标分解模式，有利于实现各业务条线绩效指标与公司战略紧密挂钩，根据公司各阶段发展重点对不同指标的考核权重进行调整，有效引导各业务条线和部门形成合力，推进公司整体战略目标的实现。但是在从业务条线到部门级指标的分解过程中，如果对公司战略的理解不够深入，则可能导致作为基本业务单元的部门在实践中偏离公司整体战略。如果仅是简单地将业务条线指标向下分解，而疏于对各部门实际情况的把握，缺乏对不同部门的个性化、针对性指标导向，则不利于激发各个部门及员工的差异化优势和积极性。自下而上的模式则有利于充分结合各个部门的实际情况和个性化指标导向，但是因缺乏对公司战略的深入理解和紧密挂钩，导致绩效管理对公司整体战略推进力度相对不足。

部分证券公司采取自上而下和自下而上相结合的模式，避免了上述缺陷（见图9）。此类模式下，由战略、人力和财务组成的绩效考核小组共同负责公司部门级绩效指标体系的制定。其中，战略部门侧重根据战略规划进行大方向上的分解，人力和财务结合激励约束机制和财务预算拟定绩效指标的目标值,并经分管领导和公司领导的审议。各业务条线分管高管的绩效指标与普通员工的绩效指标均由人力部门制定。高管绩效指标一部分是由部门指标中提炼而出,另一部分则是根据公司战略以及各业务条线转型方向确定的重点工作任务。如此一来,既保证了公司战略能够直接下达到基本业务单元的绩效指标体系中,又充分结合了公司人力资源配置、财务预算和各部门的实际情况,提高了绩效指标设计的科学性和合理性。

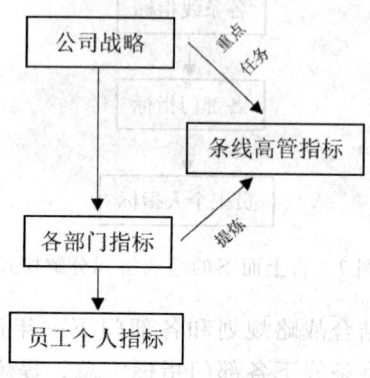

图9 自上而下和自下而上相结合的绩效指标分解模式

(3) 绩效过程跟踪督导。绩效过程跟踪督导是保证战略执行的重要环节,也是实现战略绩效管理主要目标的关键环节。不同证券公司具体的绩效跟踪督导形式各不相同。

督导力度较大的模式下,部分证券公司按月度跟踪绩效指标完成情况,结合市场和行业形势进行总结与分析,每月召开报告会进行通报,对完成情况不佳、偏离战略方向或存在风险隐患的部门加以提醒警示。部分证券公司为每个业务条线设置专人对接,负责该业务线的绩效管理全流程,包括绩效指标制定、持续跟踪督导绩效、及时把握业务的市场动态等。部分证券公司还设立督导小组,接受各单元针对绩效管理指标完成情况,尤其是工作任务指标的反馈意见,集中讨论予以解决。部分证券公司按季度对所有绩效考核指标完成情况进行打分、评估,将完成情况良好、中等、不理想的指标均列示出来,并据此发放季度奖金。

督导力度较小的模式则每月仅统计告知绩效指标完成情况,不召开月度会议,反馈周期以季度会议为主。绩效管理部门不参与经营管理情况工作报告的撰写,仅提供定量绩效指标完成情况。只扮演了绩效指标反馈数据的跟踪、收集、整理、分析者,却无法将绩效完成情况反映出来的公司经营管理过程中存在的问题以及由此得出公司下一步工作重点直接反馈给各部门负责人。

但无论是哪种模式,大型证券公司均于每年年初和年中分别召开全集团范围的经营管理工作会议,总结上一阶段经营管理工作和战略绩效完成情况,部署下一阶段发展策略和工作重点,对绩效指标体系中的关键节点进行督导;每年底前召开务虚会议,在总结当年绩效完成情况和预判下一年经营形势的基础上,商讨下一年公司经营策略和发展方向。

(4) 绩效评估、考核与应用。年终绩效评估环节,各家证券公司的分工有所不同,战略部门在绩效评估考核过程中的参与程度也不尽相同。部分证券公司由战略部门收集统计所有定量KPI指标的完成进度,交由人力资源部评估,各条线分管领导的定性指标由人力资源部分解评估标准、公司领导及董事会打分,各部门的定性指标由其分管领导和公司领导打分。部分证券公司年终由战略部门对部门 KPI 指标完成情况进行评估，人力资源部组织对定性指标的评估；部分证券公司则相反，由人力资源部负责对 KPI 指标完成情况的收集及评估，定性指标完成情况由战略部门初步打分评估，并征求业务条线分管领导和公司领导意见。

无论采取何种评估模式，战略绩效管理要想落到实处，最终离不开将绩效评估、考核的结果应用到具体员工的激励约束。部分证券公司在年初绩效合同中附有对应的薪酬激励方案。绩效考核结果与激励约束挂钩程度直接关系到绩效管理的力度和效果，若绩效考核结果无法应用到薪酬分配或者干部任免，绩效管理将流于形式，难以实现其应有的执行力和督导效果，更无法实现贯彻落实战略规划、凝聚全员合力等目标。

当前证券公司的薪酬激励机制主要以收入（或净收入）、利润等指标作为主要的薪酬计提基数，绩效考核指标完成情况作为薪酬的调节系数。部分证券公司绩效完成情况对各单元薪酬的调节力度较大，并站在战略角度设计管理口径的薪酬计提基数，而非简单将业务收入与薪酬挂钩，从而引导各业务单元向更有质量的业绩努力。但就调研情况来看，目前大多数券商难以实现将绩效考核结果完全应用于干部任免工作中，实现"能上能下"的干部管理机制。

（四）存在的问题与不足

1. 体制机制的市场化不足使战略绩效管理效果不能较好体现

部分国有及国有控股证券公司在高管选聘、薪酬体系、考核制度等方面的市场化水平相对不足，不利于战略绩效管理的有效应用。同时，在实施股权激励方面存在一定的政策障碍，容易造成国有及国有控股证券公司对高级金融业务和管理人才吸引力下降，不利于核心人才的稳定。

2. 证券公司准确定位并分解战略目标的能力仍有提升空间

虽然主要证券公司均已明确了差异化发展的诉求和方向，但从目前掌握的资料看，其战略规划仍存在一定程度的雷同，战略清晰度和特色度仍有待提高；或者虽已找准了战略方向和定位，但在分解落实到各项业务管理工作中还存在一定的不准确、不清晰，事实上公司战略绩效管理体系与战略目标的契合程度不高。能否把公司的战略目标全面、准确地分解到各个业务管理条线，是决定战略绩效管理工作质量的最根本因素。部分证券公司战略制定与绩效管理体系相脱节，绩效指标的来源往往不是企业战略，甚至存在绩效指标和公司战略相矛盾的地方。

3. 证券公司准确把握各类证券业务本质的能力仍在不断的摸索提高中

近几年来，证券行业新业务层出不穷，客户需求快速升级，行业发展日新月异，竞争态势不断升级。与此同时，证券公司综合能力提升的速度未必能充分适应行业快速发展的挑战。证券公司需要时间积累经验教训，方能更为深刻准确地把握各项新业务的风险收益本质。

战略绩效管理职能部门更需要时间来提高理解和认识，才能更好地把握某项业务对公司战略规划目标的影响，才能更深入地了解和准确把握各类子业务发展状况和发展方向，才更有可能在制定各业务条线战略绩效指标时统筹兼顾两方面的诉求，制定出适合的战略绩效指标，达成在现实条件下的较优选择。

4. 战略督导作用的发挥程度不够

战略绩效管理工作能否体现价值，还体现在能否将战略督导做到实处：持续跟踪业务发展动态，敏锐地发现新情况，及时为管理层作出分析和初步判断，及时向决策层提交报告和管理建议等，都展示了战略督导的价值，也为绩效指标拟定和调整提供了有力依据。部分证券公司的战略绩效督导职能定位较低，力度较弱，仅限于定期统计绩效指标完成情况，缺乏相应的分析以及将存在的问题反馈给相关部门及人员的机制，更遑论督促引导战略实施。

5. 公司文化和制度环境的支持程度不够

公司文化和制度环境是决定战略绩效管理体系运行有效性的"看不见的手"。部分证券公司对合规经营的重要性认识不足，绩效指标就过度强调财务成果，对业务人员的主观冲动不但没有制约，反而还有助长。部分证券公司口头上说重视合规风控，但却缺乏合规风险管理制度的综合配套，对触犯底线的行为缺少有力的惩罚措施。部分证券公司对绩效差异巨大的员工赏罚不明，公司很难对业务条线下达具有挑战性的指标，造成公司发展速度迟缓，推诿避让盛行。部分证券公司尚未摆脱对单一业务牌照的依赖，过度追求山头化的"绩效主义"，各业务管理条线存在有"单打独斗"的倾向，内部协同效应很难形成。

6. 战略绩效管理工作的信息化程度不够

当代中国，客户需求已经信息化、数据化甚至人工智能化。但证券公司的管理手段并未同步。根据前期调研，目前大型证券公司战略绩效管理工作的信息化程度，距离当前大数据时代的要求还是有一定差距的。不少证券公司都还在利用简单的信息技术工具，有的还主要依靠手工制作电子表格 EXCEL 和邮件等工具进行数据收集、分析处理和信息传递。事实上，战略绩效管理需要的信息链很长。理想状态下，前端需要收集统合行业和公司合作方信息的系统，中端需要能够覆盖全部业务、管理信息的管理会计信息系统，后端则需绩效指标制定分解、评价与激励分配信息系统。通过有力的信息自动化处理，前中后环环相扣，可以帮助高层管理者和绩效管理人员进行更准确、深入和全面的分析判断和决策。

四、中国证券公司完善战略绩效管理的对策建议

（一）比照国际领先投行，完善市场化体制机制，增强国内券商基础能力

1. 探索建立更加市场化的激励约束机制，探索中长期激励

国内领先证券公司应充分发挥主观能动性，充分发挥国有控股金融企业的体制优势，积极运用证券行业强市场化竞争的动力驱动，创造性地推动体制机制方面的制度创新，建立起具有中国特色的市场化激励约束机制，将中高端金融人才与证券公司的长期利益捆绑起来。唯有如此，领先证券公司才能承担起一流现代投资银行的责任，为建设与国民经济地位相匹配的资本市场贡献力量。各级国资和行业监管部门在此过程中也应建立鼓励创新的容错机制，推动甚至引导领先证券公司的制度创新。

2. 建立以市场化为基础的特色战略绩效指标体系

目前国内券商的差异化竞争态势尚不明显，战略上也有比较明显的趋同。为早日摆脱同质化竞争，各券商应在实际资源分配及展业、考核指标等方面有意识地构建与自己战略目标相符的特色。建议借鉴国际投行的市场化指标体系考核经验，一是绝对指标和相对指标结合，既要完成绝对指标，也要达到公司重点业务在业内领先的相对指标；二是在具体战略目

标及战略绩效考核中更突出特色，结合自身特点制定战略规划，明确战略定位与具体目标，辅以战略绩效考核，尤其是中小券商应突出特色定位，才有助于在激烈的市场竞争中占有一席之地。如以互联网业务为重点的券商，应多以客户类的指标为导向进行绩效考核，例如客户增速、客户活跃度、终端客户体验、客户粘性等指标；而以机构客户为重点的券商，则应以机构客户平均贡献与认可度、潜在客户储备量、利润率水平等为导向。

3. 建立促进协同的收入双记与总量考核机制

由于客户金融服务需求日益多元化、综合化，以往以牌照为组织方式的单一业务展业模式受到挑战，不同业务间的协同迟迟无法达成，常常不够顺畅。建议借鉴国际投行，在围绕客户提供综合服务时，采用收入双记（影子收入）的机制，比如美林就将交叉销售纳入KPI的考核体系，使得各类业务积极充分协同。国内券商在这方面有一些有益的探索，比如对某一业务实行总量考核，从底层上消除不同展业单元之间的利益竞争关系。但从目前的情况看，总量考核与收入双记制度还需要进一步理顺应用范围及配套薪酬激励等政策。

4. 建立正式双向的绩效反馈机制

从国际投行的经验来看，绩效反馈是必不可少的步骤。建立定期有效的绩效反馈制度，有助于及时发现绩效本身存在的问题及其背后的原因，同时有助于上下级通过沟通共同加深了解，也为在适当的时候进行绩效指标调整提供了准备。例如高盛有专门的绩效反馈培训，严谨的态度使得绩效管理充分发挥效用。花旗强调反馈的流程正式且必须，才有助于进行建设性地交流和沟通。美林看重信息高效顺畅的双向流动，以便决策层掌握最有效的信息，及时对客户需求做出反应。目前国内大型券商的绩效反馈还是以单向为主，主要是通报绩效指标的完成情况及评价。虽然部分券商初步建立了接受绩效反馈并讨论解决的机制，但尚未建立系统性的双向反馈、讨论改进绩效体系与绩效完成度的正式机制。

探索中后台服务的市场化定价。公司内部中后台管理支持的市场化水平是提高效率的关键。通常前台部门的考核方式较为明确，中后台往往是难点。将中后台的服务能力市场化，有助于改变中后台部门属于成本部门的地位，更有助于中后台服务效率的提升。例如用同样服务的市场价格来对中后台进行绩效管理，将有利于促进中后台部门主动提高对前台部门的服务水平，也使得前台部门可以在同等价格下评价中后台的服务质量。除此之外，强大的中后台管理服务能力甚至可以进行输出，为中小券商、银行等金融机构提供服务，创造新的盈利增长点。

（二）进一步加深证券公司核心经营管理团队对开展战略绩效管理的认识

高层领导支持变革是战略绩效管理是否成功的一个关键要素。证券行业受资本市场影响极大，收入的不稳定性明显，对公司核心管理层的战略能力与经营理念提出了较高的要求。国际投行对于核心管理层职能的定位是战略性、全局性的，管理层需要充分理解、参与并支持战略绩效管理体系，例如花旗以圆桌会议机制进行绩效评估等。同时，战略绩效管理体系要成功推广，还需要在全公司核心经营管理团队，尤其是分支机构管理层中充分沟通，以此提升团队对开展战略管理和战略绩效管理重要性、必要性的认识。换句话说，战略管理或战略绩效管理本身就是核心管理团队自主变革的有效证明，没有管理层的支持，战略绩效的推广也无法保证。但从当前阶段的情况看，国内领先证券公司高层领导班子在开展战略绩效管理工作方面的理念、认知和支持力度均在相当程度上落后于国际领先投行。

(三)建立并不断优化开展战略绩效管理模式

1. 搭建有利于战略绩效管理体系运营的组织架构模式

以公司自身战略目标为核心,搭建有助于战略实施的组织架构,赋予战略绩效管理团队"上接战略规划、下为各业务条线制定重点任务目标"的组织环境。结合当前证券公司实践中的经验,建议将战略绩效管理职能设定在以战略管理部门为主、人力资源和计划财务部门为辅的专门职能组内。主要理由:一是指标制定以战略管理部为主、人力资源部为辅,可实现绩效指标体系与战略规划精准对接;二是财务部门全程参与,可实现公司工作计划与财务预算的有机融合,提升考核指标数据的精确性,并有针对性地提升财务的战略全局性与管理会计水平;三是可实现绩效考核结果与激励约束机制的紧密结合;四是绩效完成及问题反馈能够顺畅地传导到指标制定与考核激励的各个环节,促进共同反思、持续改进绩效考核体系。除了绩效考核外,建议战略绩效管理职能还包括:参与制定公司战略,根据战略目标设计人力与资金等关键资源配置方案,参与业务改革调整方案等。

以战略管理部为主的绩效管理团队按照公司业务单元的划分,设置专人对接每个考核单元(可能为经营管理条线或数个存在关联的部门、子公司等),负责该单元从战略目标分解、绩效指标制定、过程跟踪督导、业务经营形势研究、绩效评估考核、激励约束建议、下阶段重点工作指导等全流程绩效管理,形成类似 Business Partner 的团队,伴随业务条线成长。这样一来,绩效管理团队与业务条线保持紧密沟通,及时把握并分析相关领域的经营环境动态和战略方向,深入理解该考核单元的业务逻辑和发展重点,有利于开展专业化、有针对性的战略绩效管理,并保障各个被考核单元绩效考核的连贯性和持续性,有助于推动考核单元以及公司整体中长期战略目标的实现。

2. 建立完善战略绩效管理工作流程与制度

(1)绩效指标分解制定环节。建议采用自上而下和自下而上相结合的工作流程,指标体系重点以自上而下为主,具体目标值更多地要在战略指引下,自下而上考虑实际能力。战略绩效管理需要从公司战略向下分解,站在公司全局角度确定各条线工作重点和长期发展方向,形成战略绩效管理的指标体系。但在具体目标值的设计上也不能脱离业务实际,需要结合业务一线的实际情况与能力,制定合理的目标,起到切实的引导和考核效果。比如,对各类零售客户,尤其是高端客户的开发提出考核要求,体现公司对于客户基础的重视;在积极提供客户服务体系与金融产品作为获客手段的同时,如果在二级市场不利的情况下,获客尤其是开发高端理财客户存在客观困难,目标不宜定得太高。

此外,指标制定还须尽量精确、可考核。在财务部门的参与下,内部指标口径应尽量明晰、可考核,反过来也推动公司管理会计体系的建立完善;外部指标应客观、公正、及时,尽量选取中国证券业协会、沪深证券交易所等权威第三方机构作为数据来源。

(2)绩效过程跟踪督导环节。

一是建立及时、精确的绩效数据收集机制。财务部门要提升管理会计水平,会同各业务条线等责任部门及时反馈绩效完成数据,数据可印证可校验。绩效管理相关部门要取得内部业务系统的总体数据权限,尽量通过统一数据平台获取绩效完成数据。但对于部分外部数据的延迟或不精确,尤其是沪深证券交易所 2018 年 4 月起不公布各券商主要交易数据排名,给考核反馈带来一定困难。

二是建立定期双向的绩效反馈机制。可通过阶段性（月度或季度）经营管理工作会议的形式，及时通报主要绩效指标的完成情况，并将绩效跟踪中发现的主要问题及时反馈给公司领导与相关部门负责人，为下一步工作重点提出建议。相关负责人可就绩效指标推进中的重点、难点提出需求或建议，由公司管理层讨论解决。

三是建立及时纠偏的绩效管理机制。就影响业务开展的重要内外部因素，如监管政策与市场情况等保持跟踪分析，必要时进行绩效中期调整，甚至进一步梳理调整业务的展业模式与考核模式。同时，结合绩效指标数据所反映出的问题，对公司内部存在的机制体制等问题及时进行分析并提出纠偏建议。

（3）绩效评估考核应用环节。

第一，建立绩效管理相关部门共同参与的机制，其中激励分配以人力资源部为主。由人力、财务和战略部门一起参与各条线绩效完成情况的评估，有利于更客观地反映各项绩效指标的完成程度。尤其是事关公司中长期战略发展重点任务的绩效指标，增加战略部门在完成情况评估中的参与程度，提高该指标完成情况对考核结果的影响权重，有利于加强对公司战略执行的督导力度。

此外，在公司薪酬分配及干部任免等工作中，应重点考虑绩效管理相关部门根据绩效考核结果提出的意见，强化绩效考核结果在激励奖惩方面的运用，真正将战略绩效管理的要求落实到责任人自身，提高战略绩效管理对战略目标执行的推动作用。

第二，建立绩效双向反馈的机制。期末绩效完成情况除了通报被考核单元之外，也要充分听取被考核单元的意见，对考核体系进行反思完善。绩效管理相关部门还要结合绩效考核结果，共同分析绩效管理体系本身或被考核单元存在的主要问题和痛点难点，结合内外部经营环境的变化，及时反思、梳理战略绩效考核指标体系，使未来的战略绩效管理工作不断完善、与时俱进。

3. 加强以平衡计分卡为基础框架的工具运用

（1）加强战略地图对指标体系的指引作用。战略地图可帮助战略绩效管理者从业务的战略目标出发，将四个维度的指标理顺，使各层级指标之间形成强有力的支持逻辑，建立逻辑完善的指标体系。然后综合考虑各指标之间的替代关系、可考核性及阶段性工作重点等因素，筛选确定当年的考核指标体系。

图10以某证券公司零售业务为例，战略目标是"客户高度信赖、金融行业领先的财富管理者"。为了实现战略目标，可以在财务层面设置"经纪业务收入稳健，财富管理及综合开发收入占比上升"的目标。为实现战略目标和财务目标，在客户层面可以设置"客户高度信赖"的目标。为达到财务和客户目标，内部流程方面的目标可以包括"完善总分管理方案""建设零售客户服务体系""推进营运建设"等。为实现以上目标，在学习与成长方面的目标可以包括"提升金融科技运用能力"和"加强员工培养与激励"等。在以上四层次目标的相互协调、层层驱动下，最终实现企业的战略目标。

又以某证券公司信息技术部门为例（见图11），可以利用平衡计分卡将愿景转换为战略重点。例如某证券公司信息技术部门的愿景为"以客户为中心，提供高质量的信息服务和创新的技术解决方案，做最好的团队，为客户和股东创造财富"。那么在财务层面，其首要问题是如何对股东负责，可以将战略重点确定为确保公司人力、设备、资金和技术资源得到高效利用，通过创新的解决方案、IT顾问、合作伙伴关系等差异化因素和高性价比、高质

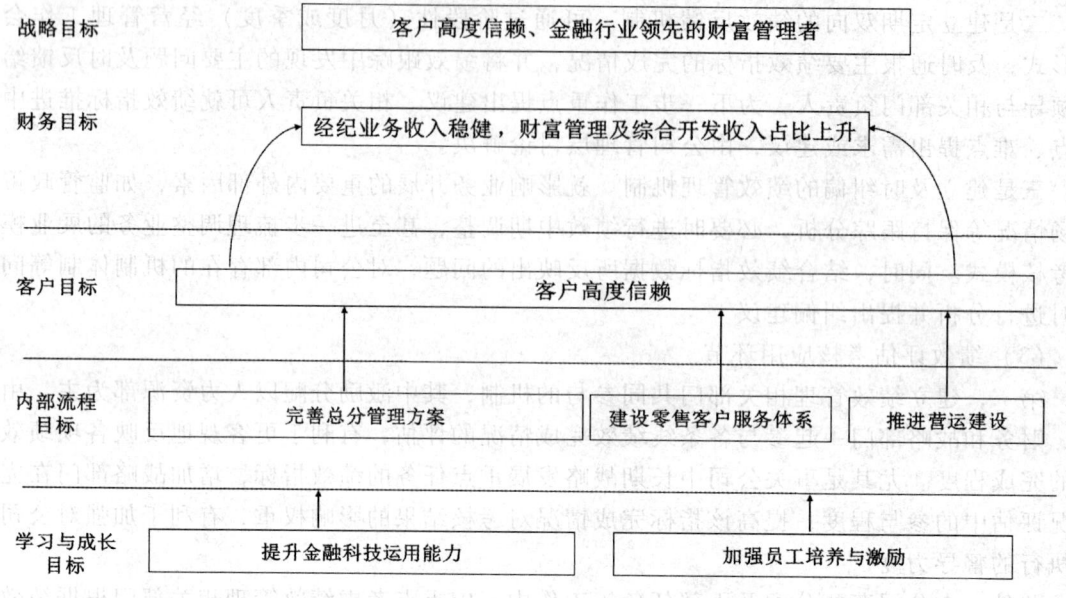

图 10　证券公司零售业务战略地图

量服务、稳定营运等基本因素实现。在客户层面，应该聚焦客户和质量，为客户提供最优质量的产品及服务，满足并超越客户的现有和未来需求；通过客户满意度衡量服务标准，并实施持续的质量改进项目。在内部流程层面，通过在理解和预测客户需求、创造和开发解决方案、提供灵活的全球范围的 IT 基础架构、管理技术和营运风险、服务客户等方面表现出色，从而为前述目标提供支持。在学习和成长方面，力争成为行业最佳雇主，专注于吸引和保留优秀人才、协同并联系目标激励体系、鼓励员工创造性和创新性。

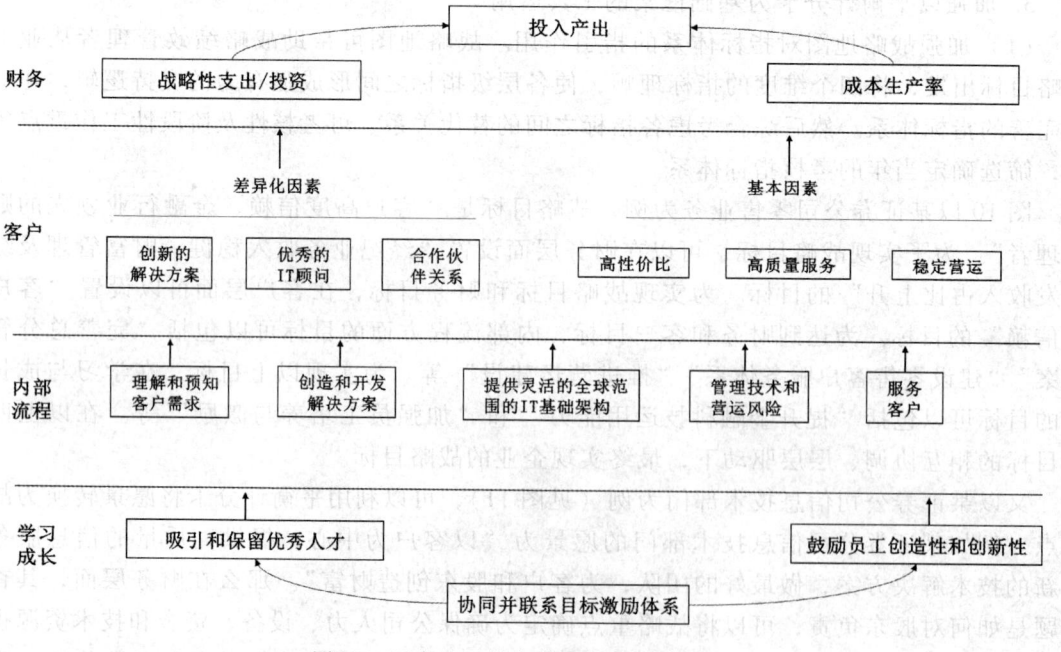

图 11　证券公司信息技术部门战略地图

（2）结合证券公司特点，提炼有代表性的指标体系。结合证券公司业务特点，就平衡计分卡的四个重要维度，提炼有代表性的指标体系（见图12）。其中，卖方业务竞争性较强、风险较小；买方业务竞争性小、风险偏大，因此对于卖方和买方业务要区分考核。考核体系还要关注公司内部的协同协作。

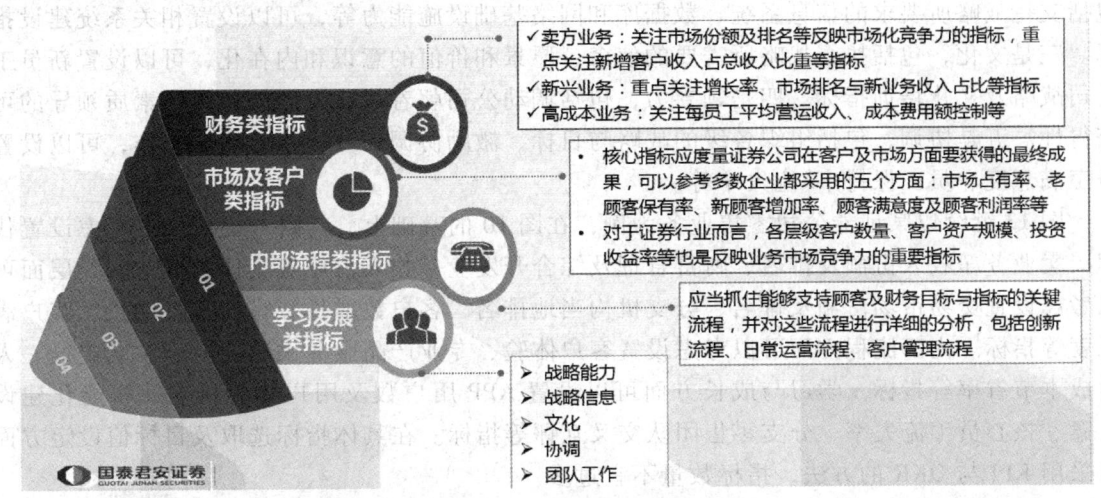

图12　有代表性的证券公司平衡计分卡指标体系

财务类指标方面，由于证券行业受市场影响较大、具有较强的周期性，对于传统卖方业务如经纪业务、投行业务，应该着重关注其市场份额及排名等反映市场化竞争力的指标，相对弱化收入、利润等受市场影响较大的指标；同时，重点关注新增客户收入占总收入比重等反映实际增长的指标。对于金融产品、资产证券化等新兴业务，应重点关注增长率、市场排名与新业务收入占比等指标；对于成本较高的业务，也可以关注每员工平均营运收入、成本费用额控制等。对于全成本管理比较充分的券商，可以将业务单元利润及净资产收益率等作为重要考核指标，并根据市场情况予以挂钩调整。

市场及客户类指标方面，核心指标应度量证券公司在客户及市场方面要获得的最终成果，可以参考多数企业都采用的五个方面：市场占有率、老顾客保有率、新顾客增加率、顾客满意度及顾客利润率等；对于证券行业而言，各层级客户数量、客户资产规模、投资收益率等也是反映业务市场竞争力的重要指标。以上指标可结合各类业务的特点加以选择，并对重要子业务、跨境业务等方面也提出相应要求。买方业务中，各类公私募基金及做市业务等方面也可适用此类指标。

在设置公司层面的内部运营指标时，应当抓住能够支持顾客及财务目标与指标的关键流程，并对这些流程进行详细分析，包括创新流程、日常运营流程、客户管理流程。如果创新业务是服务客户或提升竞争力的重要手段，则需要在监管框架下，前中后台通力合作设计和开发新的业务或产品，需要抓住提升创新流程效率的关键点加以考核。日常运营流程则是提高企业内部管理效率，加强内部协同的过程，具体表现为营运数据处理效率、办公流转效率等方面。客户管理流程是指企业如何选择客户、获得客户、保留客户、培育客户而进行的有效活动，一般需要借助客户管理系统，在客户引入、服务等关键节点作出关键动作，并根据开发效率及留存率等进行考核。

学习发展类指标关注的是企业的长远发展能力，强调的是如何使公司的无形资产与公司战略保持一致。在设置学习成长维度的指标时应当考虑的是关键战略内部流程所需的特殊能力和特征。一是战略能力，包括执行战略活动所要求的技能、才干、技术诀窍等能力，可以考虑战略信息覆盖率、平衡计分卡课程完成率、相关资质证书获得情况等。二是战略信息，包括支持战略所要求的信息系统、数据库和网络基础设施能力等，可以设置相关系统建设指标。三是文化，包括执行战略所需要的使命、愿景和价值的意识和内在化，可以设置新员工公司战略及文化培训指标。四是领导力，包括调动公司朝着战略发展的各级高素质领导的可获得性。五是协调，包括组织各级的战略与目标、激励协调一致。六是团队工作，可以设置员工满意度、员工保持率/流失率等。

图 13 继续以某证券公司零售业务为例，在图 10 的基础上，其财务层面可以考虑设置代理买卖业务净收入份额及排名、财富管理及综合开发业务收入占比等具体指标。客户层面可以考虑设置交易市场份额及排名、分支机构当地排名、客户数增长、客户贡献增长、客户满意度等指标。内部流程方面可以考虑设置客户体验、专业产品服务供给能力、制度建设、人力成本节省率等指标。学习与成长方面可以设置 APP 用户数及用户体验排名、智能化建设方案、核心员工流失率、分支零售团队交叉互评等指标。在具体指标选取及目标值设定方面可采用 KPI 与 OKR 的方法，指标数量不宜过多。

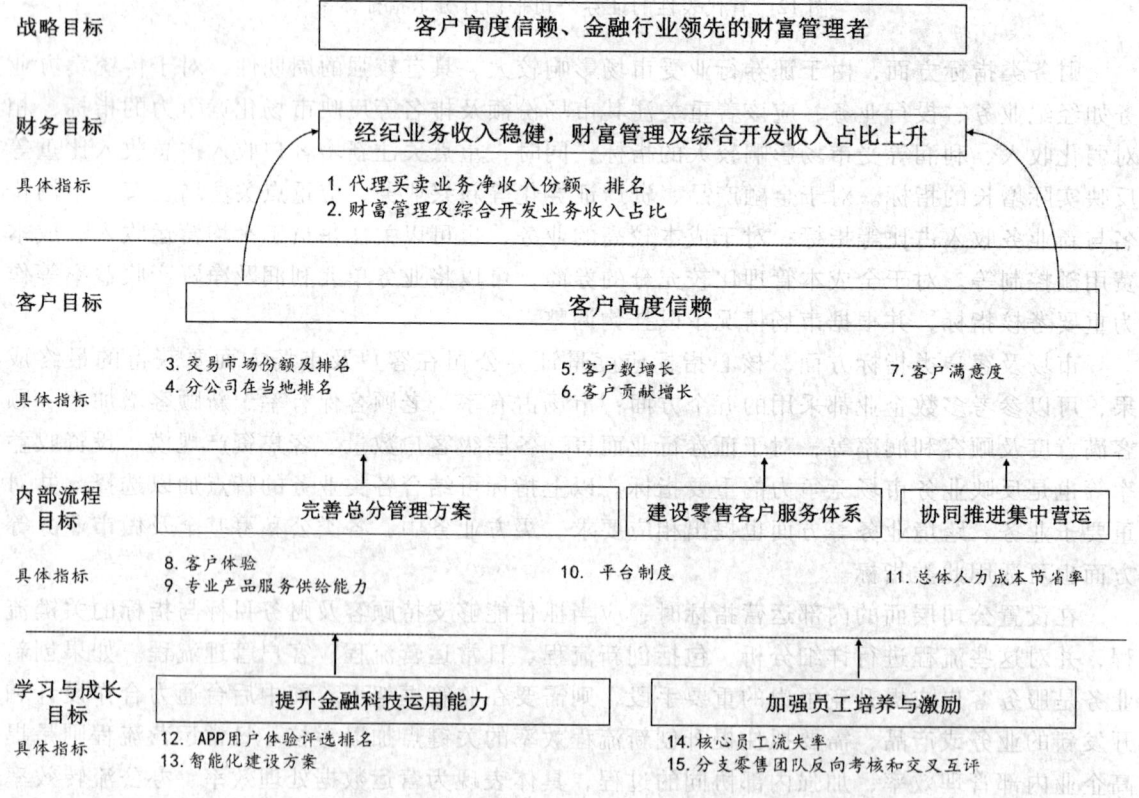

图 13 证券公司零售业务绩效指标

从平衡计分卡得到的考核结果，可以作为收入及利润的直接调整项，用以计提被考核单元的薪酬或奖金包；或通过相对排名予以调整。同时可作为考核相关负责人的重要依据，对其薪酬及职务任免起到重要影响。

(四) 重视战略绩效管理人才培养

证券公司战略绩效管理需要复合型人才：一是要对证券行业发展方向和公司战略选择有较深刻的理解，要对公司综合以及子业务发展情况有充分的了解；二是要具备平衡计分卡的运用能力与财务分析能力，需要对绩效考核指标的设计与落实进行反复沟通、深入跟踪分析与准确反馈；三是要具有很强的大局观，同时具备很强的团队合作能力和沟通能力。因此，战略绩效管理人才最好有证券业务实战经验、业务知识、财务相关的能力与经验，能够进行战略性思考；同时具备较强的团队精神、学习能力、分析能力、良好的沟通协调能力和抗压能力，还需要认真细致、有责任心。建议证券公司建立战略绩效管理人才的培养机制，参考卡普兰与诺顿教授的"战略办公室"做法，精选实战经验丰富、相关能力较强的员工或相关素质突出的年轻员工，通过各部门轮岗（包括战略管理部门）及各类业务管理培训，全面提升上述重要方面的综合素质，以担当战略绩效管理的重要任务。

(五) 加强信息化建设

随着业务类型及数据量的快速增长、绩效管理的不断精细化，信息系统日益成为落实战略绩效管理的重要基础。对证券公司而言，一是要建立集团统一的数据平台，要根据战略绩效管理要求，汇聚分析、实时展现重要数据，为绩效指标测算及跟踪督导提供强有力的数据支持。二是要强化客户服务系统、管理会计等系统建设，并与各类业务系统互联互通，提供战略绩效管理的各类关键数据，使得以前无法考核的各类指标变得可考核。在此基础上，可以更为精准地分解落实公司战略目标，发挥战略绩效管理的更大作用。

我国证券市场退市制度及机制研究

民生证券股份有限公司*

上市公司退市指证券交易所终止上市公司股票的上市交易活动。退市制度是指实施退市过程的制度安排和法律规范的总称,包括退市标准、退市程序、配套机制等方面。[①] 退市制度是证券市场重要的基础性制度,是衡量市场现代化程度的重要指标。从国际经验来看,域外成熟市场是以公司持续营运和维持上市为基本要求,区分上市公司类型设计差异化标准,或通过交易指标来考察证券投资价值,从而全面测定上市公司质量。推动退市制度严格实施,有助于形成良好的市场秩序和投资理性,实现优胜劣汰目标,完善市场资源配置功能,维护投资者的根本利益。

一、上市公司退市实施的实证分析

(一)国外成熟证券市场退市实施情况

通过观察 2012 年以来以美国和日本为代表的成熟资本市场的发展经验,我们发现成熟资本市场的上市制度和退市制度之间往往能够得到均衡的发展。

发展至今,美国纽交所、纳斯达克、东京证券交易所的上市公司数量已经相对稳定。仅纳斯达克每年的上市公司数量小幅增加(见表1),新上市公司保持在 100—200 家左右,略高于每年退市的 100 家左右的公司数;而发展已非常成熟的纽交所和东京证券交易所,其上市公司总量基本没有较大变化。总体来看,发达资本市场的上市公司数和退市公司数基本相对均衡,在此背景下,其上市公司总量也相对稳定。

---

* 课题负责人:周晓萍,民生证券研究院非银行业负责人;课题组成员:杨柳、金达莱、王弓、马自妍、陈煜、牛竞崑、薛绍阳。原载于《中国证券》2018 年第 3 期。

① 丁丁,侯凤坤:"上市公司退市制度改革:问题、政策及展望",《社会科学》2014 年第 1 期,第 109 页。

表1　　　　　　　发达资本市场的上市公司数和退市公司数　　　　　　（单位：家）

市场	新上市公司数					退市公司数				
	2013年	2014年	2015年	2016年	2017年至8月底	2013年	2014年	2015年	2016年	2017年至8月底
纽交所	245	194	142	111	91	128	119	132	92	90
纳斯达克	221	249	220	147	118	131	152	168	106	107
东京证券交易所	77	100	99	106	34	78	104	72	76	57

资料来源：彭博资讯，民生证券研究院。

进一步剖析海外成熟市场退市制度的实施质量，即上市公司退市的原因类型（分为强制退市和主动退市），发现自愿主动退市的上市公司所占比例相对较高（见表2），2013年以来，美国纽交所、纳斯达克、东京证券交易所的主动退市所占比例基本保持在70%—80%的较高比例。整体看，海外成熟资本市场在退市制度的执行上不仅具有较好效果，而且退市制度本身也为企业提供了"可上可下"的自由渠道，对市场资源的分配具有一定促进作用。

表2　　　　　　　　　海外市场退市类型分布　　　　　　　　　（单位：家）

		2013年	2014年	2015年	2016年	2017年至8月底
纽交所	被动退市	38	55	36	26	20
	主动退市	86	64	96	66	70
	合计	124	119	132	92	90
	主动退市占比	69%	54%	73%	72%	78%
纳斯达克	被动退市	23	27	20	8	9
	主动退市	108	125	148	98	98
	合计	131	152	168	106	107
	主动退市占比	82%	82%	88%	92%	92%
东京证券交易所	被动退市	16	28	11		6
	主动退市	62	76	61	67	51
	合计	78	104	72	76	57
	主动退市占比	79%	73%	85%	88%	89%
伦敦证券交易所	被动退市	137	139	152	145	85
	主动退市	37	41	60	56	35
	合计	174	180	212	201	120
	主动退市占比	21%	23%	28%	28%	29%

资料来源：彭博资讯，民生证券研究院。

（二）我国上市公司退市实施情况

我国退市制度的实施情况相较国外成熟市场来看，退市率偏低，且退市类型以经营亏损等被动型为主，主动退市企业几乎没有。虽然近年来，被动退市类型中涉及重大违规违法的企业得到强制退市,退市类型有所丰富,但制度完善和政策执行力度上仍有较大改进的空间。在实施过程中,存在部分企业通过反复"戴帽""摘帽"等方式规避退市,从企业第一次ST"戴帽"到最终退市一般需2—3年,实施时间过长,最终影响了退市制度的执行效率。

1. A股退市实施情况

自2001年4月PT水仙退市以来,我国退市制度的实践已近16年,但截至2017年8月底,我国A股上市公司的退市数及退市率一直处于相对较低水平。在2001—2017年8月底近16年时间里,合计仅有94家A股公司完成退市,上市公司总量却已逼近3 400家,退市率从未超过1%。相较于美国纳斯达克市场平均9%的退市率和日本东京证券交易所超过10%的退市率,A股的退市制度执行效果并不尽如人意,存在"退市难"的情况。

A股退市原因类型中强制被动退市的居多。退市原因分为:连续亏损、吸收合并、私有化、暂停上市后未披露定期报告、证券置换(见图1)。49%的A股上市公司退市的原因主要集中在连续亏损。若进一步观察退市原因类型在时间轴上的变化(见表3),2006年后,较多企业的退市原因表现为吸收合并,32只吸收合并而退市的企业多处于钢铁、铝等传统上游资源领域,因吸收合并而退市其实多数为行业内的兼并重组或集团内的资源整合,并不存在退市制度对企业自身的优胜劣汰。部分企业因私有化而退市,主要集中于2006年,但这些企业多是在石油石化领域,与当时股权分置改革的特殊背景有较大关联,该私有化退市并不能算是真正意义上的主动退市。

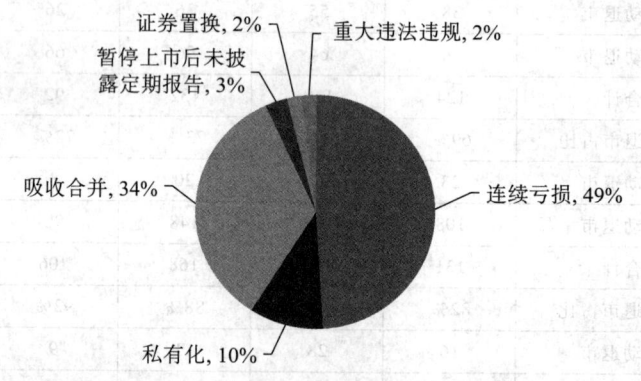

图1 退市制度实施以来退市原因占比分布

资料来源:彭博资讯,民生证券研究院。

表3 退市制度以来A股退市原因分布

年份	退市原因						
	连续亏损	私有化	吸收合并	暂停上市后未披露定期报告	证券置换	未披露重大信息	重大违法
1999年					1		
2000年							
2001年	3						
2002年	7						
2003年	4						

续表

年份	退市原因						
	连续亏损	私有化	吸收合并	暂停上市后未披露定期报告	证券置换	未披露重大信息	重大违法
2004 年	8		2				
2005 年	10						
2006 年	2	7	1	3			
2007 年	6		4				
2008 年		1	1				
2009 年			5				
2010 年			3		1		
2011 年			3				
2012 年			3				
2013 年	2	1	3				
2014 年	1						
2015 年	2						
2017 年 8 月底	1		2			1	1
总计	46	9	32	3	2	1	1

资料来源：Wind，民生证券研究院。

整体来看，从退市原因类型上，相较于发达资本市场过半退市企业为主动退市的情况，我国退市制度在资源分配的功效上仍存在较大的差距。但这一现象目前有所突破。2016年和 2017 年，以欣泰电气、ST 博元为代表的企业因涉嫌虚假披露、违法违规等行为分别退市，显示在涉嫌虚假披露、违法违规等强制退市执法力度方面已经开始有所加强。

2. 退市流程实施情况

部分上市公司反复"戴帽""摘帽"的情况相对普遍。对 1998 年以来经历过 ST（及*ST）上市公司的分布情况及"摘帽"数量进行统计（见表 4）发现，在 619 家经历过 ST 的上市公司中，曾经"摘帽"的上市公司数量达到 451 家，占比高达 72.9%。其中 57.4%一次"摘帽"，为 355 家；80 家两次"摘帽"；16 家甚至经历过三次"摘帽"。总体看，在所有经历过 ST"戴帽"的上市公司中，有近 82%的"戴帽"公司都曾经历过"摘帽"。反复"戴帽""摘帽"现象在中国股票市场相对普遍。

表 4　　　　　　　　1998 年以来中国市场经历过 ST 公司分布情况

状态	摘帽			仍旧 ST		退市		合计
	一次	两次	三次	摘帽后返回 ST	一直 ST	经历过摘帽后退市	ST 后直接退市	
公司数量（家）	355	80	16	40	34	15	79	619
	451	74	94	619				
占总数比（%）	57.4	12.9	2.6	6.5	5.5	2.4	12.8	100
	72.9	12.0	15.2	100				

资料来源：Wind，民生证券研究院。

目前我国股票市场退市整体周期偏长，因而造成退市制度执行效率低下。从首次ST"戴帽"到最终退市的时长分布如图2所示，58家被动退市的上市公司中，从首次ST"戴帽"到最终退市的时长小于1年的仅有1家，大部分退市时长集中在2—3年，极端的情况可能需要长达5年之久，其中包括反复"戴帽""摘帽"所花费的时间。

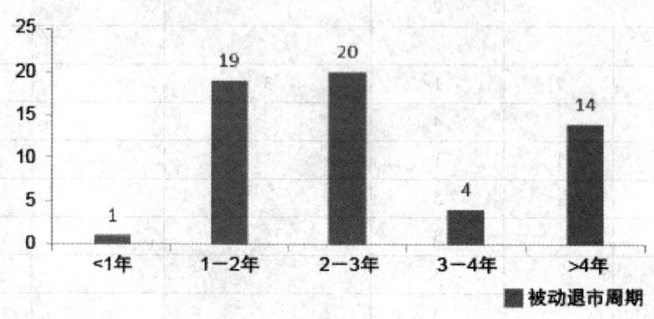

图2 我国上市公司退市周期

资料来源：Wind，民生证券研究院。

（三）我国上市公司规避退市行为分析

在退市程序方面，成熟市场通常确定上市公司退市后会直接进入退市程序，而中国股票市场由于存在缓冲期，为本应退市的劣质公司制造了喘息机会。其中部分劣质公司在被ST后在缓冲期内进行各类资本运作，从而实现"摘帽"和规避退市，使得ST警示作用有所削弱。

"保壳"是促使ST公司积极争取"摘帽"的主要动力，"保壳"背后更深层次的原因又与我国目前上市公司上市门槛过高有关，因而只要是能够上市的企业，即使是财务状况较差的垃圾公司，仍具有通过对其注入资产"借壳上市"的市场价值。在具有市场动力的情况下，"保壳"在实践中的方法方式上也具有可操作性。理论上看，上市公司可以通过调整财务报表中的收入、净资产、非经常性损益、成本支出等指标来调整净利润，进而实现扭亏为盈，达到规避退市或暂停上市的目的。在具体操作方式上，上市公司通常通过资产重组、调整非经常损益、虚增收入、政府补助等方式实现规避退市。

1. 利用资产重组规避退市

总体看，利用资产重组规避退市是较为常见的一种手段。濒临退市公司通过彻底资产重组、部分资产重组、债务重组三种方式，能够达到规避退市目的。

彻底资产重组公司，指的是在进行资产重组后，公司名称发生变化，公司控股股东改变，其主营业务发生了改变。通常在这种情况下还伴随进行公司的债务重组、获取政府补贴、剥离资产等措施，通过这类重组较快实现扭亏为盈。

部分资产重组公司，指在"摘帽"过程中只是剥离部分不良资产或是大股东注入了部分优质资产，在这一过程中，公司主营业务、控股股东均未发生改变。债务重组也是上市公司"摘帽"的常用手段之一。

2. 通过虚增收入规避退市

在真实交易的背景下，上市公司可以通过提前确认收入入账的方式实现虚增收入，而实际情况收入确认的条件还并不满足,风险还未转移就开始确认收入,企业放宽信用政策,用应收账款换取营业收入。应收账款存在的收款风险需要企业计提坏账准备,而坏账准备作为估计科目带有较强主观性,为企业盈余管理提供了可能。

相较于存在真实交易,有的企业存在虚构交易,虚做收入,企业从原材料购进、生产、销售、出口等各个环节伪造单据,虚构交易方、伪造合同,但具有真实开具的发票和现金流,通过企业内外勾结的手段达到虚增收入,这种方式难以通过事后实施会计审计来发现。

3. 调整非经常性损益改善收益

上市公司实现"摘帽"常用的盈余管理手段是变卖资产。对于一些ST公司来说,虽然在经营上存在困难,但仍具有一些与主营非相关的优质资产,可以通过变卖该类资产实现扩大盈利,通常是卖出土地、厂房等。

4. 利用政府补助扭亏为盈

对于一些ST公司来说,地方政府由于政绩动力,与上市公司之间存在潜在的利益捆绑,因而当上市公司出现退市危机后,地方政府有动力帮助上市公司摆脱财务困境,有的地方政府甚至以主导重组或注资的方式帮助上市公司规避退市,从而影响了市场正常秩序。

(四) 市场退出机制不畅的外部性问题

一般来说,投资者会根据上市企业披露的情况选择业绩好、成长性佳的企业进行投资,规避那些经营业绩差的夕阳上市公司。相应的,资金将流向经营效益好、发展前景好的公司,公司获得资金扩大生产规模。然而上市公司在"保壳"目标驱使下,采用手段规避退市实施,严重阻碍了金融资源的配置功能,扭曲市场判断,助长投机风气。

1. 下行周期行业市值占比偏高

2017年以来新上市的公司大多数分布于机械、医疗、电子、化工、汽车等市场需求较大或者成长性较好的行业,而在煤炭、石油石化等处于下行周期的传统行业,新上市的公司较少,显示更多的融资需求来自这些市场需求较大或者偏成长性的行业。但截至2017年8月底,除去金融外,A股市场行业的市值主要分布于石油石化、煤炭等处于下行周期的行业,对于计算机、传媒等新兴行业,行业市值占全部A股市场的比例仅2%左右,在全行业市值占比排名中也表现为中等偏后。A股资本并没有向具有发展前景的行业倾斜、使得真正的融资需求未得到满足。

2. 龙头大市值个股并没有显著融资优势

龙头公司由于经营规模较大,业绩良好,其融资需求往往也相对较多,然而龙头股相对于行业内其他上市公司来说估值并没有明显的优势,且往往表现为低于行业平均水平(见表5)。更深层次的原因正是由于退市制度的缺乏,市场对收益率的考虑仅从市值角度出发,而不考虑公司业绩的好坏,小市值公司上涨过程中消耗资金量小,更易获得可观涨幅。若从2010年始分别投资大、小市值指数,截至2017年8月底,小市值指数能获得73.9%的区间累计收益,而同期大市值指数仅能获得4.2%的累计收益率。

3. 亏损股收益率高于绩优股

盈利好的上市公司股价收益并不一定高,该现象自2013年下半年后越发显著,此后绩优股指数和亏损股指数走势出现较为显著的差异,亏损股指数表现好于绩优股指数。若2010年同样投入100万元,截至2017年8月底,绩优股指数组合收益33.5万元,亏损股组

表5　　　　　　　　　2017年8月部分行业龙头股与行业估值对比

行业	行业市盈率	行业龙头1	市盈率	行业龙头2	市盈率
石油石化	49	中国石化	13	中国石油	74.0
食品饮料	52	伊利股份	24	贵州茅台	32.2
纺织服装	53	际华集团	33	海澜之家	13.3
汽车	56	上汽集团	11	物产中大	13.8
基础化工	73	天茂集团	26	元天门	-3.9
电子元器件	75	京东方A	20	厦门信达	56.5
医药	90	上海医药	19	九州通	25.9
计算机	151	神州数码	36	紫光股份	44.7

资料来源：Wind，民生证券研究院。

合收益62.4万元，投资亏损股的收益率远超绩优股。进入2017年2月后亏损股收益率高于绩优股的"怪象"有所缓解，但绩优股相对亏损股来说股价收益率优势并不显著。

总体来说，我国证券市场的资源分配作用没有得到充分发挥，新兴行业并没有在股票市场上存在显著的融资优势，龙头等大市值蓝筹股也没有显著得到股权投资的青睐，业绩差的亏损股反而收益远超绩优股，资本市场发掘价值的功能并没有得到完全体现。

二、我国上市公司退市制度存在的问题及影响

退市制度中存在的问题，涉及"退市标准""退市程序"以及"退市后续"三方面。退市标准是上市公司是否应该退市的评判依据，分为量化与非量化标准。量化标准的问题在于静态指标易被操纵，而动态指标门槛低。非量化标准的问题在于释义模糊。退市程序是退市标准的具体实施。其问题在于一方面力度不够，致使筛选功能失灵；另一方面是部分环节的执行存在模糊地带，主观性较强。退市后续环节则关注投资者的保护与赔偿，尤其是对于中小投资者，其退出机制还有待完善，其赔偿机制还有待建立。

（一）退市标准方面

退市标准中的问题是退市制度失效的直接技术原因，表现为两方面：第一，量化指标的设置尽管在历次改革中不断完善，但仍不尽合理，容易被操纵与规避；第二，非量化指标的纳入未能形成有力的制度红线。

1. 量化指标易被操纵

在2012年上交所与深交所对退市制度进行完善之前，退市制度将连续亏损作为单一的业绩量化标准。由于标准不明确，致使不少公司反复游走在标准边缘，频繁ST并"摘帽"，利用制度薄弱环节，拒绝退市。

图3统计了上市公司ST"戴帽"与"摘帽"情况。容易发现，被冠以ST的企业，并不会过分紧张，因为绝大部分都会被"摘帽"；即使是暂停上市，绝大部分也都会归于恢复上市。那些反复ST"摘帽""戴帽"以及在"暂停上市"与"恢复上市"间游走的，是退不了的"老赖"。正是由于量化指标的单一，容易操纵，虽然连续多年亏损，却总能在关键

节点上不断"起死回生"。

在2012年上交所与深交所对退市制度进行完善之后,参考美国纽交所退市标准中的量化部分,设立了"A股股票连续120个交易日累计成交量低于500万股"这样的市场动态指标。但总体来看,我们新加入的成交量、收盘价等动态指标,一方面仍然偏少,覆盖面不够;另一重要的方面则是标准仍然太低。某种程度上,只要上市企业还在运营,这些市场动态指标都能达到,和绩效无关。

以成交量指标为例,统计2015年5月25日(指标正式生效的第一个"120个交易日")至2017年9月12日区间内,A股每个交易日的"120个交易日累计成交量",结果显示样本区间内并未经历停牌的企业中,所有样本的日均交易量均值可达2 060万股,由此可见,该指标在遴选非停牌上市公司中低流动性的企业上近乎摆设。

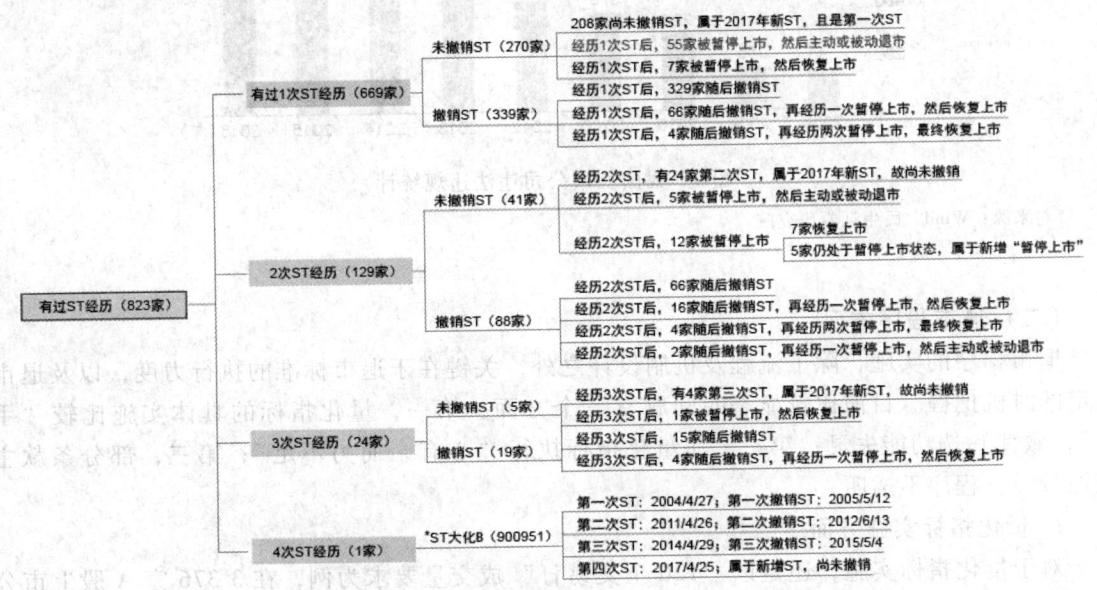

图3 我国上市公司ST摘戴帽统计(截至2017年9月12日)

资料来源:Wind,民生证券研究院。

2. 非量化指标阐述笼统

非数量化指标是指退市条件中的违法违规行为。目前非量化指标仅包括欺诈发行与重大信息披露违法两项。表述较为笼统,判定的主观性大。在目前退市的样本中,因为违法违规导致的被动退市,仅有博元投资与欣泰电气两例。

2016年3月,博元投资被上海证交所公告退市,也是A股第一只涉嫌重大违法行为而退市的股票。其实,早在2014年,博元投资就已经被中国证监会立案调查,2015年被移送公安机关。2016年才最终被确定退市。数月以后,欣泰电气事件又浮出水面。2016年7月,在中国证监会对外披露欣泰电气由于欺诈上市将被强制退市。

从图4中可以看出,自2014年11月16日施行的最新退市制度随后的两年间,上市公司违法违规出现了集中爆发。2015年与2016年共2 153条违法违规信息中,有68%(1 462条)涉及"信息披露虚假""严重误导性陈述""遗漏或未及时披露公司重大事项"。但量级达千余次相关违规的两年间,仅有两家上市公司因此而退市。可见,作为非量化指标,目前对触发条件的内涵阐述过于笼统,含有较大的主观成分。长此以往,无法形成制度性的"红线",一切将取决于监管的松紧节奏,而在巨大的利益面前,违法违规成本低,上市公司存在侥幸的心态。

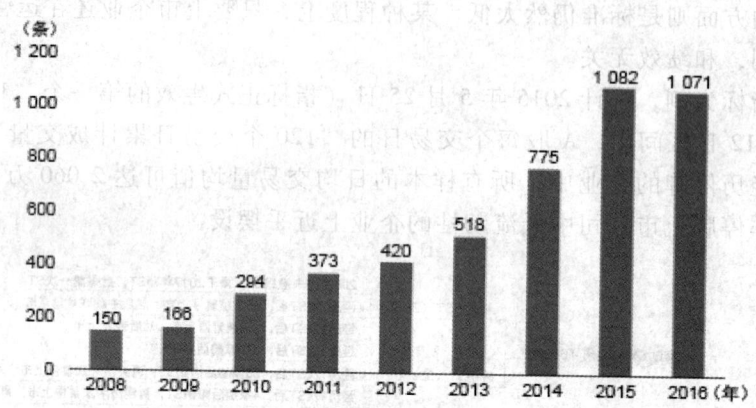

图4 我国上市公司违法违规统计

资料来源:Wind,民生证券研究院。

(二)退市程序方面

退市程序的实施,除了流程及机制设计之外,关键在于退市标准的执行力度,以及退市决定的时机把握。目前比较显著的问题有三个方面:第一,量化指标的具体实施比较"手软",致使筛选功能失灵;第二,非量化指标执行"心有余而力不足";第三,部分条款主观性较强,程序不透明。

1. 量化指标实施方面

对于量化指标实施,还是以"120个交易日"成交量要求为例,在3 376家A股上市公司中,有256家公司存在部分交易日累计成交量不达标的情况,而这些公司的不达标,全部是由于停牌时间较长所致。

表6列出了停牌时间占比排名前十位的上市公司,停牌时间占比高达一半以上,其中极少数是由于暂停上市导致的停牌,绝大部分都是因为重大事项下的反复停牌。可见,对于这样严重影响市场流动性的行为,"A股股票连续120个交易日累计成交量低于500万股"的退市触发条件在实践中是无能为力的。

表6 样本交易日中停牌时间占比

上市公司	停牌时间占比	上市公司	停牌时间占比
*ST新亿	78.5%	金利科技	58.0%
*ST华泽	66.0%	沙钢股份	57.8%
*ST宏盛	63.6%	全新好	55.5%
*ST中安	62.6%	中环股份	54.0%
键桥通讯	58.0%	罗顿发展	50.2%

资料来源:Wind数据,民生证券研究院。

2. 非量化指标实施方面

将非量化指标纳入退市条件,意图良好,方向正确,但从具体实施来看,大量违法违规事件即便浮出水面,也难以导致退市,说明证券监管执法力量不足。在具体实施中,面对新规实施以后每年大量爆发的违法违规事件,并没有单独设立或扩容相关监管职能部门予以应对。从这个角度而言,证券监管机构应该成为一个更高度独立性的监督部门,在增加监管力量的同时,减少过程中的阻力。

3. 退市决定方面

程序不透明,部分条款主观性较强。2002 年起实施的《亏损上市公司暂停上市和终止上市实施办法(修订)》第五条:"公司出现最近三年连续亏损的情形,证券交易所应自公司公布年度报告之日起十个工作日内作出暂停其股票上市的决定。"第十条中恢复上市的申请条件:"(一)在法定期限内披露暂停上市后的第一个半年度报告;(二)半年度财务报告显示公司已经盈利。"第十二条明确:"证券交易所决定受理后,应在三十个工作日内作出是否予以核准恢复上市的决定。"判定"暂停上市"的程序精简且严格,而在恢复上市的判定上,不仅门槛较低,且交易所仍保有一定的决策空间与弹性。尽管我国暂停上市的标准逐步完善、程序执行严格,但由于申请恢复上市条件的"低门槛"和交易所核准恢复上市存在弹性空间,绝大部分被暂停上市的企业纷纷恢复上市,最终真正终止上市的企业寥寥无几。

(三) 退市配套措施方面

1. 中小投资者缺少退出渠道

我国退市程序中对投资者的退出安排集中在退市整理期与全国中小企业股份转让系统进行挂牌转让(老三板)交易。尽管设置的初衷良好,但实际运作中,这两个程序对于中小投资者的退出都是不利的。

设计"退市整理期"的初衷,是给中小投资者一个退出的窗口期。但在实际运行中,实践结果偏离了初始意图。第一,本质上,股票的卖出需要有新的投资者买入方能实现,所谓的"退出",只能是从投资者结构的意义来看,而从投资者的总量来看,是不可能存在真正意义的退出。第二,从结构性退出的角度看,我国中小投资者并不占优。"量大优先"的交易制度显然对机构投资者更为有利。

全国中小企业股份转让系统进行挂牌转让(老三板)交易极不完善。《关于改革完善并严格实施上市公司退市制度的若干意见》中规定了代办股票转让系统是强制退市公司股票的下一站,但目前该市场基本丧失了流通功能。

根据 Wind 数据统计,截至 2017 年 9 月 12 日,三板市场上股票代码以 400 与 420 开头的股票被称为老三板,当前共有 61 家,当日只有长白 5(400002)、水仙 A5(400008)、鹫峰 5(400010)、华夏 5(400021)、南洋 5(400023)、水仙 B5(420008)6 家有交易,总交易量 21.87 万股,总交易额 106.2675 万元,而同一交易日挂牌于新三板的企业中科招商(430027),交易量达到 2 672.9 万股,交易额有 1 426.087 万元之多。

2. 中小投资者的赔偿难以实现

事实上,我国现行的退市程序并未实质上涉及对中小投资者的补偿问题。即便是投资者退出机制的代办股份转让系统,其制度设计也只能算是事后保护,以尽可能减少投资者损失为目的。另外,退市风险信息披露制度、退市整理期制度等也都属于事前保护。无论是事前还是事后保护,当非法损失真实发生时,其实是无能为力的。所以当前制度中欠缺的,是防止投资者损失的合法赔偿机制。

依据当前法律,实质上并不存在任何可行的补偿制度。而勉强算是救济途径的请求诉讼补偿,对中小投资者的适用性与可行性都很低。中小投资者本就在揭穿上市公司造假、打破信息不对称、获取证据、缺少诉讼主体等方面处于劣势地位,如果法律上还对退市公司中大股东、董事、高管及相关责任主体缺乏责任追究与补偿机制,反而给一些圈钱后退市的公司留下可乘之机。另外,我国诉讼制度对于中小投资者而言成本很高,这就导致大部分投资者只能自己默默承受损失,由此纵容了上市公司的违法行为。

《证券法》对上市公司违法退市中涉及民事责任的因果关系、赔偿计算、归责原则以及构成要件等缺乏规定,反倒是行政责任和刑事责任规定得较为细致和具体,出现了以罚代赔的情况。在这种情况下,公司存在赌博心理,只需要考虑如何规避处罚,而不用担心对受侵害中小投资者的赔偿,违法现象还是会大量存在,这就形成了一种恶性循环。

(四)退市制度问题影响市场功能实现

退市制度问题的存在,影响的不仅是退市本身,它连续衍生出的种种怪相持续扰动我国资本市场的健康发展,其中最为核心显著的,就是扭曲市场价值体系的壳资源炒作。

壳资源炒作的直接表征就是我国特有的基本面与估值背离。统计2015年第三季度以来壳资源盈利和市值的表现(见图5),发现当ST概念股的EPS表现恶化的时候,反而相应股票的市值会有明显的扩张,即股价与基本面往往表现背离,不符合好公司应给予更多资本投资的价值理念。这种现象的发生表明,市场对壳资源的投资并不是基于业绩改善的逻辑,反而是基于业绩越差越能体现其他价值。

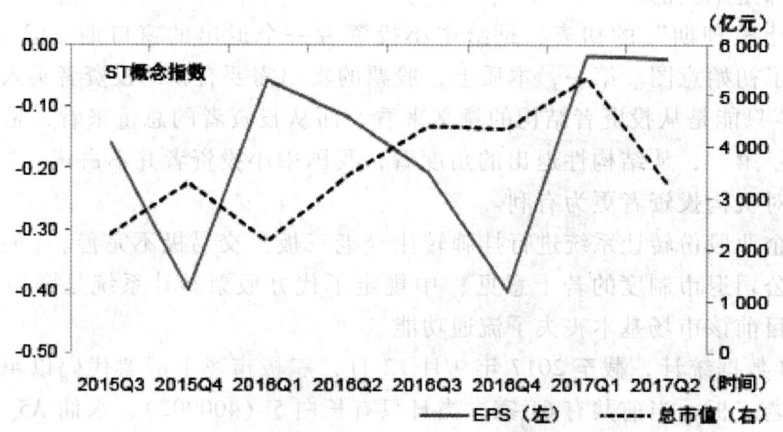

图5 ST概念股业绩与市值呈负相关

注:ST概念指数包括ST和*ST。
资料来源:Wind。

从国际市场比较来看,与美股市场表现出大市值公司估值高于小市值不同,我国A股大市值公司估值低,小市值公司估值高(见表7)。同等市值规模下,A股大市值公司较美股存在折价,而小市值公司存在溢价。

表7　　2017年上半年中美股市各市值区间估值对比

市值	A股		美股		A股/美股	
	PE中位数	PB中位数	PE中位数	PB中位数	PE中位数	PB中位数
大于1 000亿元	18.76	1.90	21.82	2.89	0.86	0.66
500亿—1 000亿元	23.81	2.51	24.02	2.86	0.99	0.88
100亿—500亿元	36.66	3.23	23.03	2.48	1.59	1.30
100亿元以下	51.74	3.60	21.03	1.92	2.46	1.88

资料来源：彭博资讯。

壳资源之所以具有市场溢价，主要在于其稀缺的上市资格带来的市场效用，以及拥有特殊资格所能带来的效用或价值。

一是稀缺性带来的溢价。壳资源价值根本上来源于我国证券市场准入限制导致的企业上市资格的稀缺性，从壳资源需求的角度出发，截至2017年9月8日，IPO审核正在排队的企业有1 912家（见图6），简单核算，按照2016年以来月度最大审批数量50家来计算，消化正常待审的504家企业，至少需要10个月。IPO的堰塞湖效应是壳资源具有市场溢价的重要因素。

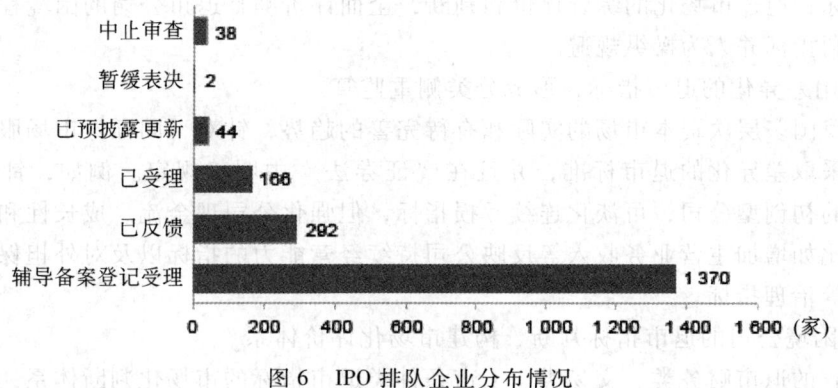

图6　IPO排队企业分布情况

资料来源：Wind。

二是上市资格带来的溢价。上市资格的价值来源于上市流通的权力和低成本融资的权力等。其中上市流通的权力体现在信息不对称的改善，买壳公司通过买壳上市的行为向市场传递出买壳公司具有较强的竞争力和良好的发展前景的信号，由此信息不对称改善带来的收益推动了壳资源的市场溢价。低融资成本优势具体表现在：与债务融资的资金成本相比，股权融资的资金成本相对低廉，对于需要大量资金投入的新设公司，通过壳资源上市能够迅速获得价格低廉的融资资金。

三是特殊资格带来的溢价。包括但不限于行业垄断甚至行政垄断地位下享受的各种产业优惠政策、税收优惠政策，更直接的，还能得到第三方不可能获取的特许经营资格，乃至行政批文，这些特殊资格能够为买壳方带来相应的竞争优势。

综上所述，壳资源炒作的现象虽然由退市制度问题所致，但并非其一力可为。根源上，是退市制度与上市制度在主体与标准上的不对等，致使市场扩容失衡。这种失衡，在外表现为"IPO 堰塞湖",在内表现为壳资源炒作,根源还是在于制度建设与实施存在不足和滞后,有待进一步强化与完善。

三、完善我国上市公司退市制度的思考与建议

基于前文分析,针对目前我国退市制度不完善、实施效果不佳、缺少制度配套等问题,借鉴国外成熟资本市场的退市制度安排与实施实践经验,结合我国证券市场发展阶段,提出退市制度及其配套机制的改革及完善建议,以期为我国退市制度及机制提供一定的参考。

(一) 关于完善退市指标的建议

1. 采用多元化量化退市指标,提高退市标准及可执行性

现行退市标准中,盈利的财务指标是衡量上市公司质量的重要指标。但是对于濒临退市的公司而言,一方面,可利用会计手段操作利润以规避退市,因而该指标有时会存在失灵;另一方面,连续亏损仅反映公司当期的经营质量,并不能反映公司未来的商业前景,一家公司能否持续经营才是决定其上市公司身份的关键因素之一,净利润、净资产等指标只反映出部分情况。介于以上两方面因素,建议在退市指标执行中,综合考虑总资产、资产负债率等持续经营指标,通过市场化的综合评价和判断,全面评价濒临退市公司的困境程度,避免简单的财务盈利指标并人为操纵规避。

2. 可采用差异化的退市指标,形成分类侧重监管

考虑到我国多层次资本市场的实际和有待完善的趋势,针对不同证券市场服务对象的特点,可考虑采取差异化的退市标准,并且在《证券法》中明确规定。例如,针对科技类等战略性行业的初创型公司,可淡化连续亏损指标,但强化公司现金流、成长性和公司治理方面的指标,比如增加主营业务收入等反映公司持续经营能力的指标以及对外担保、大股东侵占公司权益等治理指标。

3. 完善困境公司的退市指标判断,构建市场化评价体系

完善现有的退市财务类、交易类、上市条件类退市指标的市场化判断体系,体现出市场化的退市理念和运行机制。例如当交易价格和交易量过低、财务困境公司触发退市指标,可在一定"市场观察期"内,考查市场及投资者对退市信息的反映和交易情况。如果在"观察期"内触及判定标准,那么应当启动退市流程并最终做出退市决定。

4. 完善重大违法行为的认定,落实强制退市机制

在退市实施的实践中,上市公司信息披露的违法程度是否重大,将影响违法主体是否构成重大违法退市。建议在行政处罚认定过程中,逐步完善有关认定标准和程序。首先在"重大"的认定上通过执法实践,进一步明确欺诈发行、重大信息披露违法的标准,明确处罚强制退市的执法底线,提高强制退市标准的可操作性和威慑力。

(二) 关于完善退市流程的建议

1. 构建市场化考查机制,避免停而不退现象

针对陷于财务困境、不满足上市交易条件的上市公司,建议设计一定期限的自愈考查期,作为实施强制退市的决策依据。因为经营困难、财务困境、公司业绩下滑等因素导致上市公司

不满足上市交易条件、触及退市财务指标的，应当在风险警示及暂停上市期间内，考查其自愈恢复能力和恢复情况，进而判断是否给予公司修正与改善机会。对于缺乏自愈能力的上市公司，应坚决实施强制退市，避免公司利用风险警示和财务调整手段，反复拖延或规避退市。

2. 完善公司退市风险预警制度，抑制投机和炒作的现象

促进退市机制顺利实施，应当有效地进行退市风险信息披露和预警，提前释放退市风险。杜绝或遏制退市风险警示股票的炒作，需要完善风险警示制度；避免那些强制退市的股票出现"抄底"的市场预期，造成价格异动。建议结合自愈考查机制，适当调整退市决策的时机，避免"抄底"预期的集中出现。

3. 提高 ST "摘帽"门槛，控制 ST 反复"戴帽""摘帽"累计次数

应考查上市公司 ST "戴帽"后的经营和盈利情况，并交由指定第三方会计师事务所进行二次审计。短期内，同一上市公司在一定期间内 ST "戴帽"累计次数应当限制。通过提高 ST "摘帽"门槛，控制 ST 反复"戴帽""摘帽"累计次数，增加濒临退市公司的融资成本，促使上市公司将避免退市的重心放在长期风险防范和主营业务的改善方面。

（三）关于完善退市实施配套制度的建议

1. 加强监管执法力量，充分发挥交易所一线监管职能

在上市和退市环节，交易所也需要进一步发挥一线监管职能，完善各项退市指标，有效实施退市程序。对于尚有持续运营能力，且能够提出可行的自救或自愈计划的上市公司，交易所可以通过暂停上市给予风险警示的上市公司一定的缓冲。如果未能在合理期限内提出自救、自愈或整改计划，或计划缺乏可行性或合理商业依据的，交易所可按照退市流程，及时安排退市及后续事项，避免公司规避或拖延退市。

2. 持续推进新股发行制度改革，压缩"壳资源"价值

造成退市实施难的重要原因之一，在于目前新股发行上市尚存在较高成本，客观上形成了"壳地位""壳资源"及"壳价值"。因此，要解决退市难问题，关键还需要新股发行制度改革的进一步推进，增加市场的有效供给，持续压缩已上市公司的"壳资源"价值，最终减小退市实施的阻力。

3. 强化投资者保护与救济制度，落实违法主体的民事责任

在投资者保护机制中，投资者的司法救济是将保护投资者合法权益落到实处的有效手段。当前，现行法律法规对于欺诈发行、虚假陈述等行为认定和责任追究尚需进一步完善，控股股东、实际控制人关联交易、侵占上市公司资金等行为缺少有效追责和处罚力度，应当结合支持诉讼、共同诉讼、先行赔付等机制，给予退市公司投资者有效的司法救济手段，保障和实现投资者合法权益。

4. 加强三板、四板市场间的衔接，提供多元化的退出方式

一方面，建立和健全多层次市场及相关制度，退市公司能够得到不同类型和层次的资本市场的服务，能够减少目前退市制度实施的阻力。例如，新三板市场或区域股权市场等场外交易市场为退市公司提供挂牌服务，场外交易机制能够提供一定的市场流动性，以及必要的自律管理和监督。另一方面，当上市公司"壳价值"受到抑制，"保壳"意愿显著下降之后，上市公司主动退市的情形将逐渐增加，需要有更为便捷的主动退市渠道，为主动退市公司提供更多元和可行的市场退出方式。

中国证券业协会 ◎ 编

创新与发展

中国证券业2018年论文集

（下册）

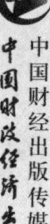

中国财经出版传媒集团
中国财政经济出版社

图书在版编目（CIP）数据

创新与发展：中国证券业2018年论文集／中国证券业协会编．—北京：中国财政经济出版社，2019.7
ISBN 978-7-5095-9027-0

Ⅰ.①创…　Ⅱ.①中…　Ⅲ.①证券业-中国-文集　Ⅳ.①F832.51-53

中国版本图书馆CIP数据核字（2019）第102220号

编辑人员：张小莉	姜婧一	刘相君	李亦博	李劭琛	责任校对：胡永立
责任编辑：翁晓红	郁东敏	贾延平			封面设计：孙俪铭

中国财政经济出版社 出版

URL：http://www.cfeph.cn
E-mail：cfeph@cfeph.cn

（版权所有　翻印必究）

社址：北京市海淀区阜成路甲28号　邮政编码：100142
营销中心电话：010-88191537　北京财经书店电话：64033436　84041336
北京时捷印刷有限公司印刷　各地新华书店经销
787×1092毫米　16开　113印张　2 724 000字
2019年7月第1版　2019年7月北京第1次印刷
定价：200.00元（上、下册）
ISBN 978-7-5095-9027-0
（图书出现印装问题，本社负责调换）
本社质量投诉电话：010-88190744
打击盗版举报热线：010-88191661　QQ：2242791300

证券经营机构业务转型与发展

国内券商财富管理业务模式研究

广发证券股份有限公司*

一、引言

随着国民收入的不断增长,尤其是上一轮房地产市场的井喷式爆发,我国居民对于财富管理服务的需求愈加强烈;与此同时,券商不断下行的佣金率,迫使券商财富管理的脚步不断加快。找到一条适合国内券商财富管理业务的发展路径是当前迫切需要解决的问题。

当前,银行、信托、券商、保险以及第三方机构的财富管理格局已经形成。间接融资主导的金融体系下,银行占据了财富管理的有利地位。在国内"分业监管、分业经营"的环境下,持有不同牌照、隶属不同监管环境的各类金融机构均积极开展财富管理及资产管理业务。由于品牌信任与零售网点的优势,银行在零售财富管理渠道端仍然占据80%以上的市场份额(于蓉,2016),形成绝对垄断;在产品端,银行理财产品的规模同样接近整个市场的半壁江山。自2007年国内开始推出私人银行业务以来,高端金融服务市场同样由大型银行主导。券商当前在这一市场暂时处于相对落后的地位。而且,迄今为止,没有一家券商实现真正意义上的财富管理业务转型。究其背后的原因,中国金融体系长期以银行为核心,存在结构性失衡:投资端银行存款和理财产品占据绝对份额;融资端则主要由银行贷款构成的间接融资为主导;基于资本市场的直接投融资发展相对落后。过去,宏观经济的高速增长支撑了规模庞大的银行信贷资产的扩张,这些资产被包装成为面向个人投资者的理财产品并提供显性或隐性担保。投资者则对银行销售的非标理财产品存在刚性兑付的预期,形成了中国高净值投资者大量投资配置在所谓"高收益、低风险"类固收理财产品的独特现象。

那么,在这一银行、信托为主导的财富管理体系中,券商能否利用自身优势,实现财富管理业的异军突起?券商能否找到一条适合其财富管理转型发展的路径?在中国经济、金融

---

* 课题负责人:李凤华,广发证券战略发展部总经理;课题组成员:孟醒、王烜、史惠子、温重伟。原载于《中国证券》2018年第4期。

体系与资本市场变革的大背景下,财富管理客户需要资本市场驱动的金融服务帮助其走出"迷茫",而处于转型十字路口的证券行业同样需要新的引擎推动转型。本文旨在探讨券商财富管理业务成功的关键因素及所需的运营模式转变。我们将首先聚焦券商财富管理转型过程中的困难与阻碍,在此基础上根据券商优势资源,试图找到一条适合在当前宏观经济发展背景下的券商财富管理转型路径。本文将在战略层面与执行层面提出相关的建议,包括三个方面:一是精细化的客户分类方式与业务模式的精准定位;二是财富管理工具的丰富,即策略与产品的引进;三是组织架构的重构。此外,本文还从监管层面的角度出发,为券商财富管理模式发展提出相关建议。

二、Swot 分析框架下的券商财富管理业务竞争优势分析

国内券商财富管理业务模式大体上经历了以下三个发展阶段:

第一个阶段是萌芽期(2000—2008 年)。这个阶段,券商的收入主要来源于通道业务,即佣金及保证金收入,这一商业模式的特点表现为:代理买卖证券收入严重受到市场行情的影响,业务的同质化现象非常明显。

第二个阶段是雏形期(2009—2016 年)。这一时期,伴随着佣金自由化进程的不断加剧,各家券商根据自身的特点与优势开辟了新的业务领域,主要包括产品代销、"两融"业务、资讯服务以及投资资讯服务。这一时期,可谓是各家券商寻找财富管理业务机会的转型时期,但是由于受到监管政策、间接融资体系、客户基础薄弱以及进入门槛等限制,导致券商财富管理业务没有实质展开。从财务表现来看,仅有的财富管理业务仅限于产品代销业务,其实质仍然没有脱离传统的通道业务,可谓一种"假性"的财富管理转型。

第三个阶段是发展期(2015 年至今)。各家券商开始根据自身的资源禀赋、特点及优势重新思考零售业务的财富管理转型,在上一阶段的基础上,开始构建券商版的财富管理体系。

尽管券商目前已经对财富管理体系进行初步构建,但是仍然存在以下几个问题:

一是"假性"财富管理的商业模式。当前券商的财富管理业务仍然是以通道业务为主,辅助以产品代销、"两融"业务、资讯产品的销售以及投顾资讯服务,尚未实现以客户为中心的、为适当的客户提供适当的产品的财富管理转型。从商业模式的构建来看,券商的财富管理模式仅仅是一种"假性"财富管理。

二是同质化问题,这体现在产品与服务的同质化。在产品供给上,券商为客户提供的产品大多来源于自有资管体系的产品或者外部公募基金产品,数量及种类都远远不足以满足各层级客户的需求;在服务上,券商提供的客户服务大多仍旧停留在满足客户的交易需求以及以融资融券为主的融资需求上,服务模式趋于同质化(沐华和屈俊,2017);在资产配置上,仅仅做到了产品销售为主导的资产配置需求,缺乏个性化的资产配置咨询服务。

三是没有高端的客户服务能力。我国券商缺乏服务高端客户的能力,没有建立起对高净值客户的个性化的服务体系(陆岷峰和沈黎怡,2018)。在交易、配置以及融资需求的满足程度上还处在较低水平(见表1)。我们对当前券商财富管理业务做出详细总结分析,对于大众客户的需求而言,券商为其提供了标准化的股票经纪服务、标准化产品的销售;对于富裕客户的需求而言,券商可以为其提供标准化的交易类业务以及简单的配置类服务;而对于

资产证券化类、信托类、海外配置这种需求较为旺盛的配置，券商未能提供个性化的服务；对于高净值客户而言，个性化的配置类产品就更加稀缺；此外，投行协同类业务与财富管理业务之间的借力作用也没有发挥好，导致高净值客户融资类业务需求也尚未得到充分满足。

表1　　　　　　　　　　　　　客户金融服务需求表

业务类别	大众客户	富裕客户	高净值客户
交易类	股票经纪	股票经纪	股票经纪
		期货及衍生品经纪	期货及衍生品经纪
配置类	公募基金	公募基金	综合财富管理方案
	自有资管产品	资管、私募产品	资管定制类产品（FOF/MOM）
		资产证券化	私募股权投资
		信托	境外资产配置
		债券	债券
		海外配置	资产证券化类产品（REITs）
融资类		融资融券	融资融券
		股票质押融资	股票质押融资
			公司融资/投行协同业务
其他类			家族办公室

■ 满足程度较高　　■ 满足程度中等　　■ 满足程度较低

总体来看，当前券商财富管理业务仍然以交易为主，是辅之以融资融券业务以及产品代销业务的"假性"财富管理业务，这种模式下的财富管理业务具有低端化、同质化的问题；更为重要的是，对高净值客户的服务手段与产品远不能满足客户的个性化需求，券商具有优势的优势类产品（FOF/MOM、私募股权投资、资产证券化类产品）也尚未充分使用并发挥服务高净值客户的作用。

（一）券商财富管理业务的优势分析

从机构资源输出的视角来看，券商的优势主要体现在市场投资能力、研究能力以及资产获取能力方面。具体来看：

1. 券商拥有出众的资本市场投资能力

券商在资本市场积累了丰富的投资经验、聚集了一大批优秀的投资人员。无论是券商自身的自营业务、资产管理业务，还是旗下的股权投资业务、期货资管业务，都对投资能力有非常高的要求。投资业务是券商的主营业务，而投资能力则已经成为券商的核心能力之一。拥有出众的投资能力，则初步具备了为客户提供优质财富管理服务的先决条件，使得券商具备脱颖而出的实力。

2. 券商利用全牌照优势，具备较强的资产获取能力，还可以实现不同业务线之间的资

源整合

作为资本市场主体之一，券商在财富管理业务领域有独特的优势，可以助力资产的获取，包括资管产品、私募产品、公募产品的获取都相对银行、第三方机构具有较强的优势。全牌照券商拥有广泛的业务范围，可以在更多业务领域开展业务，而不同业务之间的协同与共振成为业务重要的驱动因素。某些高度协同的业务甚至成为产业链上下游，通过资源整合可以提升业务线的产出。券商的投行业务可以为财富管理业务提供诸多投资机会，而财富管理业务也是投行线重要的分销渠道，形成一级市场和二级市场互惠共赢的局面。券商旗下的资产管理公司、期货公司、基金公司、股权投资公司都是财富管理业务重要的产品供给端，而财富管理业务则是各个公司重要的产品出口，不同业务线与财富管理业务相互补充，良性互动。

从客户资源的视角来看，券商的投行客户，包括企业全生命周期的客户，成长期的企业融资需求通常通过风险投资、私募股权投资、创业板上市、新三板挂牌等方式满足；成熟企业会通过发行股票、定向增发、债券或者并购重组等方式；上市后的企业可能会考虑市值管理、股权质押融资、增减持配套等融资方式满足融资融券需求。这类客户首要关注的是以企业为主题的融资与资本运作，通过企业规模的扩大从而达到其个人财富扩张的目的。这部分客户主要存在于证券公司的投行部门，当其完成了投行业务的同时，可以通过券商财富管理系统寻求个人客户的财富管理，在这一部门循环借力方面，券商具备天然的优势。

3. 券商拥有庞大的研究团队，可以将机构研究零售化，助力财富管理业务转型

券商，尤其是传统的大型券商，都拥有庞大的研究团队，覆盖各个行业，实力雄厚，从而可以为零售系统的高端客户提供相应的类机构的研究服务，实现定制化的财富管理服务，这恰是银行等其他机构所欠缺的。

（二）券商财富管理业务的劣势分析

1. 产品及服务供给丰富度不足

虽然券商在资产获取方面具有较强的优势，但是与银行相比，其产品的丰富度不足，且权益类产品占比较高，同质化现象严重。不能满足传统高净值客户或富裕客户的需求。同时，产品引入方面缺乏相关的统筹机制。与第三方机构相比，券商长期受制于其内在体制，而三方理财相对中立的观点和以客户为核心的服务理念有利于取得客户信任，凭借强大的客户资源，能积极参与项目的前端开发，有利于风险控制。但与基金公司及保险公司相比，投资能力以及人才储备还有一定差距。

2. 渠道销售能力不足

券商渠道优势不如银行，客户基础和资产规模比银行小，产品同质化，结构单一。而银行能提供较齐全的多元产品和服务，且产品风险有明显的层次感。客户对银行的信任度更高。

3. 客户基础远不及银行体系

2016年，客户可投资资产达到1 000万元以上的数量达到158万人次；同时，根据现有资料显示，高净值人群对专业机构的依赖度不断提升。由于市场波动以及投资品种的复杂化，高净值人士愈发认同专业机构的价值，希望借助财富管理机构的信息渠道和资源获取更好的投资机会和建议。市场上优质的财富管理机构强调精耕细作，在趋势研判、产品筛选和资产配置各方面逐步获得更多高净值人士的肯定和信任。然而，大部分高净值人群对私人银

行等机构的信任度更强,私人银行等机构拥有的高净值人群占据财富管理市场的半壁江山(见图1)。机构财富管理份额在2017年上升到约60%,其中私人银行管理部分达到了近50%,仅有10%的财富管理资产由券商、保险、信托等机构进行管理。

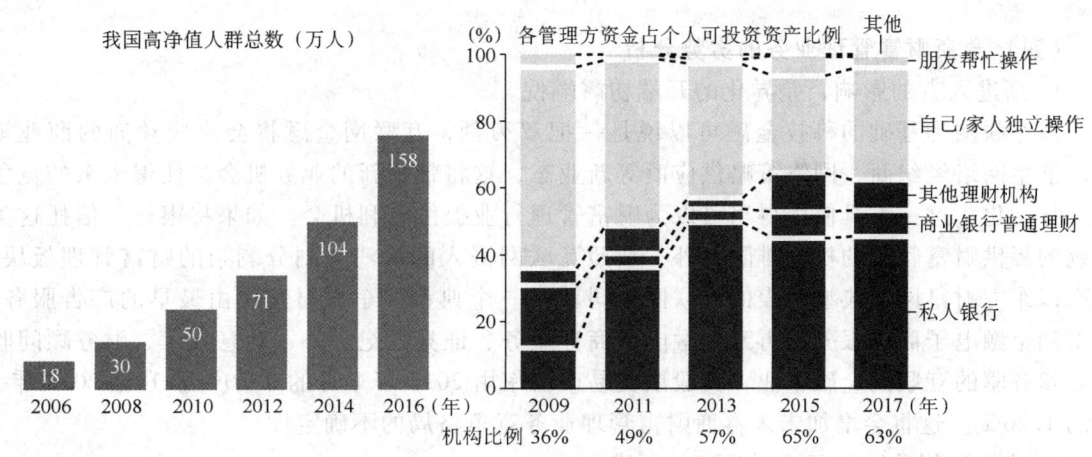

图1 国内高净值客户分布

(三)券商财富管理业务的机会分析

1. 宏观维度:资本市场的发展与完善为券商实现财富管理转型提供了潜在途径

当前,直接融资比重不断加大,多层次资本市场的发展将为不同风险偏好的投资者提供更多的选择。为顺应境内资产的海外配置需求,2014年、2016年开通沪港通、深港通,打通了香港与内地资本市场。这为券商开展财富管理业务提供潜在的有效途径。

2. 市场维度:在经济发展增速放缓、金融体系再平衡的背景下,银行理财产品刚性兑付预期将被打破,为券商产品体系与财富管理业务的发展带来机遇

居民财富管理需求将进一步深化与复杂化。过去3年,股票型基金的日均交易量从6 000亿元增长至超过1万亿元的规模。同时,各种新兴资产管理主体相继出现并呈现出爆发式增长,例如私募股权基金、二级市场阳光私募、个人股票交易大户等。从2013年国内首创家族信托以来,各类独立或企业内生的"家族办公室"也如雨后春笋般相继出现。大量的财富将通过直接或间接的方式参与到不同层级的资本市场中进行投资获利。

3. 技术维度:科技进步为整个财富管理市场带来新的机遇

科技进步将不断融入金融领域的发展,科技金融在财富管理领域的应用将愈发深远,包括投顾平台的智能化,这将为人工投顾提供更加合理精准的工具,更好地服务于客户。此外,大数据技术的发展将应用在场景分析与客户画像上,可以为财富管理机构提供更加精准的投资策略。各家财富管理机构能否抓住科技在这一领域的渗透与应用,将直接影响其业务的扩张与进步。

4. 客户维度:国民财富不断增长,高净值客户的需求更加精细化,对资本市场的依赖度将更高

随着经济水平不断提升,金融市场发展不断完善,客户的需求,尤其是高净值客户的需求将进一步细分,不再停留于低风险水平上的确定性收益,而是不断深入资本市场,寻求在

资本市场的获利,从简单的二级市场股票交易,到较为个性化的私募股权投资或者FOF、MOM产品投资,再到企业家客户或家族客户寻求的财富传承需求。不断贴近于资本市场的财富管理需求将为券商财富管理业务提供非常有利的契机。

(四) 券商财富管理业务的劣势分析

1. 新进入者的影响,差异化的开端初露端倪

以互联网为基础的科技金融可以说是一把双刃剑,互联网金融将会改变券商的商业模式,催生网络经纪商、网络策略供应商等新业态,这将带来新的业务机会,使得未来的竞争更加复杂化。这一工具使用得当可以为财富管理行业提供有利机会。如果将银行、信托这类传统的提供财富管理的机构排除在外,按照互联网嵌入的深浅去划分剩余的财富管理板块,那么以东方财富网为典型代表的互联网公司就是一个典型。东方财富网由最早的广告服务,转型到金融电子商务服务,再到金融电子商务服务、证券经纪业务、利息收入、财务顾问收入并驾齐驱的互联网金融企业,其股票交易市占率由2015年1月的0.20%攀升至2017年1月的1.26%。这将会增加未来券商财富管理业务竞争格局的不确定性。

2. 法律法规及监管环境对券商的要求严厉

由于券商行业特许经营性质与较高的业务风险,法律法规都对券商的展业进行了限制。随着《证券期货投资者适当性管理办法》正式实施以及《证券经纪业务管理办法》即将出台,在加强监管背景之下,券商开展财富管理业务面临诸多障碍,业务发展将受到一定影响。从业务开展角度来说,券商无法接受客户的全权委托,券商的投资能力无法得到充分发挥;从业务推广角度来说,券商无法面向广大客户进行公开宣传,从而限制了券商在财富管理领域作用的发挥。

3. 券商经纪业务转型形势复杂,财富管理业务的起点较晚,存在一定的行业壁垒

过去券商的零售业务主要以交易为基础,以佣金为主要收入来源。当前,放松营业部设定、取消佣金下限的时间窗口不断逼近,对结构单一、同质化严重的证券行业将带来"洗牌"影响。本轮即将到来的"洗牌",不仅发生在券商与券商之间,如佣金战、加速券商内部"大鱼吃小鱼"直至让券商格局发生巨变;而且还会发生在券商内部,如券商各部门之间、营业部架构重组等诸多方面都将面临竞争加剧的情况。在这一背景下对原有业务进行转型存在诸多限制:一是原有业务与新业务的结合问题;二是券商在财富管理领域的起点较晚,没有先发优势,客户基础也较弱,如果没有特色化的业务手段或者合适的发展路径,与银行系财富管理进行竞争着实存在较大的壁垒。

三、国内券商财富管理业务的发展目标与转型路径

(一) 财富管理业务的发展战略目标

众所周知,当前以资产配置为核心的财富管理业务,在于为客户提供适合的产品,而非最好的产品,这种业务模式在国内因受到监管政策、投资者成熟度、客户结构、产品丰富程度等因素的影响,当前还无法取得爆发式增长,但以诺亚财富为代表的第三方财富管理机构的实践,证明了这种站在客户角度,通过机构间协作,整合全市场优质产品,为客户提供产品销售和资产管理服务的财富管理模式是可行的,而且具有很高的成长性。

因此，在现行监管体制下，券商经纪业务转型财富管理业务的总体目标应当是：结合券商在资本市场方面的独特优势与客户日益增长的财富获取、保有、增长以及传承方面的需求，逐步构建起与资本市场相关度较高的财富管理体系，满足各层级客户的资本市场需求；逐步实现以客户为中心、以资产配置为核心的财富管理业务模式；在现行的监管机制下，逐步形成通过产品代销，以FOF母基金为主的资产管理盈利模式。

未来的券商财富管理的模式应当是资产端、客户需求端以及平台端共同作用、相互依托所形成的业务价值链（见图2）。客户端包括券商高净值（私人银行客户）、大众富裕客户以及大众客户；资产端包括券商自有的资管平台以及外部资产，通过资产平台对供需两端进行对接，形成产品、策略、FOF/MOM等专业化定制金融服务一体化的平台，从而更精准地服务于不同层级的客户。

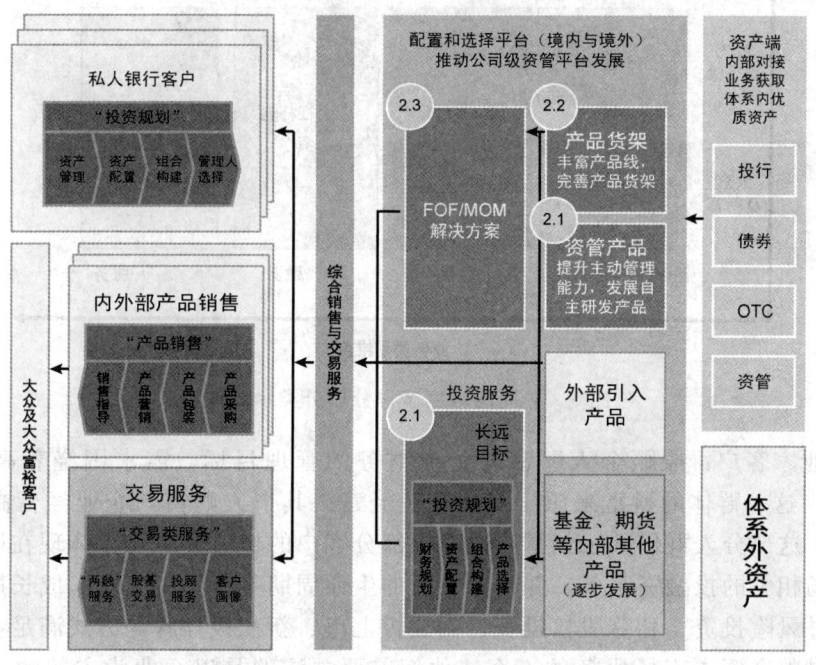

图2　券商财富管理业务模式

（二）券商财富管理业务战略目标的实现路径

当前正处于经纪业务向财富管理业务转型的过渡阶段。在这一过渡阶段，传统的通道业务收入迅速下滑，而新的财富管理业务模式还没有建立起来。在这一特殊时期，需要通道业务模式与财富管理业务模式并行，逐步实现财富管理业务转型。券商财富管理业务战略目标实现的重点要素包括三个：一是客户要素，即完善的客户分层分类体系；二是产品要素，即拥有全市场完整产品的货架；三是机制要素，即合理的资源分配机制。在此基础上，提出相应的战略发展路径。

1. 建立券商版客户分层分类的体系架构——两维度细分体系

将券商的所有客户按照净值水平以及业务类别两个维度共分为九类服务、六类客户（见图3）。

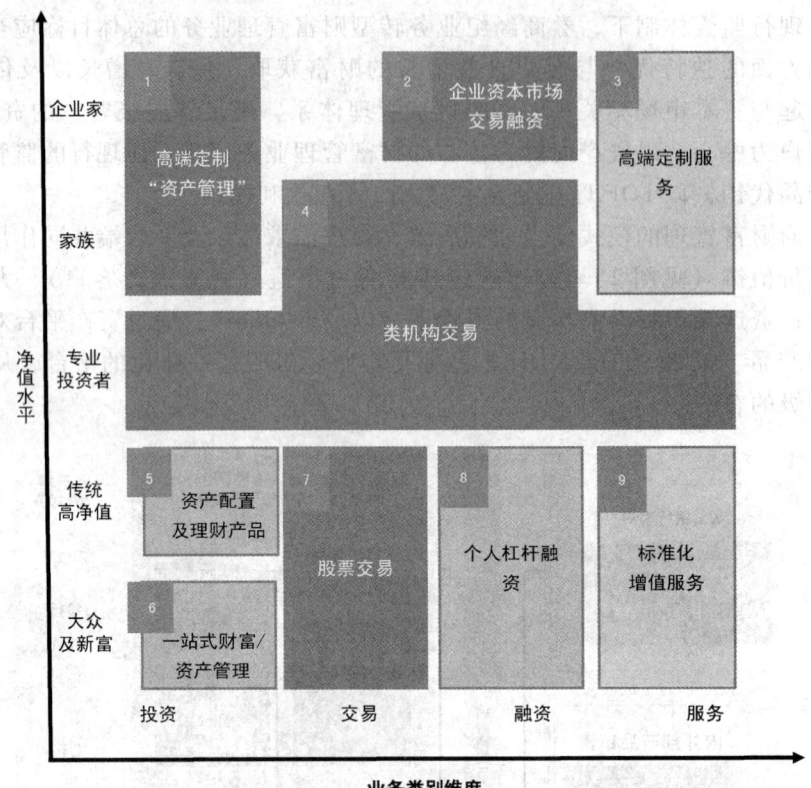

图 3 券商两维度客户分层分类示意图

(1) 企业家客户：兼顾个人财富与企业财务的管理目标。需求围绕着高端定制类的"资产管理"。这一群体的财富来源于实体企业经营，其个人财富与企业经营高度相关及融合。在中国，这部分人群仍处于创富阶段。这部分客户的核心金融需求体现在以业务为主的各类资本市场相关的投融资服务，并根据企业的生命周期不断发生变化。成长期的企业融资需求通常通过风险投资、私募股权投资、创业板上市、新三板挂牌等方式满足。这就要求供给端具备提供整个资本市场服务的方案。他们首要关注的是以企业为主题的融资与资本运作，通过企业规模的扩大从而达到其个人财富扩张的目的。这一部分人群包括上市公司企业家、成熟期或成长期企业的企业家客户。这部分客户主要存在于证券公司的投行部门。

(2) 家族客户：风险偏好较低，寻求通过建立投资主体进行资本运作，或是建立家族信托进行财富传承。这部分群体的前身是企业家，随着改革开放 30 多年的财富积累，形成超过两代的家族财富积累。这类群体的财富来源主要是家族继承，其目标通常是财富的保值增值（杨秀芝，2017），往往呈现出较低的风险偏好。这类客户的需求一般是定制化的服务，包括类机构服务的买方研究以及投资咨询服务、高端资产管理方法，资产范围涵盖一级、一级半以及二级市场。

(3) 类机构交易投资者：需求围绕着类机构交易，包括融资融券、资本中介、研究支持、运营以及风控支持等服务。这部分群体的财富来源于金融市场的投资与交易，包括一些私募机构客户，这部分客户将绝大部分的个人财富投资于股票二级市场，由于个人资金量大，投资经验丰富，这部分人群通常需要的是类机构交易的服务，包括融资融券、资本中介、研究支持、运营支持以及风控支持等。同时他们还关注如何利用交易工具与策略来对冲资本市场波动，以及如何确保大规模交易执行的效率和成本控制，对交易工具以及系统有类似机构投资者的要求。

（4）传统高净值客户：需要通过丰富的产品来实现风险承受范围内的资产配置需求。传统高净值客户以往主要存在于银行体系内，这类群体的财富来源于房地产高涨的十年，通常寻求"刚性兑付"下的稳定收益。对于这一部分客群而言，由于投资端的需求尚未达到基于 AUM 的定制化资产管理水平，因此在当前阶段，更多表现出在大类资产配置下购买理财产品。这一需求需要通过投资顾问加产品销售的方式实现。除此之外，这类人群还有股票交易以及通过杠杆融资实现财富增长，形式包括融资融券、贷款、股票质押、金融资产质押等。

（5）新富裕阶层客户：需要通过一站式的财富管理方式实现其财富的保值增值。将可投资资产在 50 万—500 万元之间的客户统称为新富裕阶层客户。

这类客户主要包括收入较高的"金领"、医生、律师、创业公司合伙人等核心人员。该类人群当前尚未达到传统的高净值客户门槛，但是由于其所处行业、岗位可以为其带来持续增长的较高薪酬，使得个人财富可以迅速积累。这类人群的受教育程度较高，普遍年轻，对专业机构的投资管理能力较为认可，同时缺乏自主投资的经验与时间，倾向于向专业机构寻求一站式的财富管理服务。

（6）大众客户：这类客户是传统券商中最基础的客户，需要券商为其提供传统的交易、"两融"等标准化服务。我们将可投资资产在 0—50 万元的客户统称为大众客户。

2. 搭建券商版产品体系，实现全财富管理市场产品的引入机制，满足传统高净值客户与大众富裕客户的财富管理需求

大量的研究表明，财富管理转型时期，产品平台的构建是转型的突破口（孙娟娟，2017；李君平，2014），只有将产品的供给与销售渠道理顺，才能真正实现财富管理业务的转型。

产品中心内部应当包括三个方面的职能：一是设立产品规划委员会，构建产品委员会的职能，由需求端代表（财富管理/高净值管理团队），供给端代表（资管、基金、同业产品引入等），风险合规部相关人员联合组成，主要针对产品规划及销售计划的提案进行审定。二是设立产品规划小组，针对客户产品需求的大数据分析进行总结规划，同时上报给产品规划委员会进行审批。三是拥有客户产品需求画像团队，可以采用大数据手段对客户的需求进行详细分析，精准定位（见图4）。

（三）构建券商完善的体制机制，为实现客户中心导向奠定基础

总部直接管理：参考国内先进机构招商银行对私人银行客户的管理方式，对于企业家、家族客户、类机构交易者以及普通的高净值客户应建立总部驱动的组织架构，由总部直接牵头设立独立的直营团队，并通过总部直属的财富管理中心或营业部实现自上而下的业务体系建设。在此基础上，针对不同的客户建立相应的服务团队。如此，可以解决两个方面的问题：一是这类客户不同于券商中以往的交易客户，他们大多来源于投行、资管部门或者是投资能力较强的交易型客户，服务这类客群往往离不开投行与资管部门的协同，总部直营的组织架构可以确保各类内部资源的良好协同；二是总部直营的组织架构可以彻底摆脱营业部由

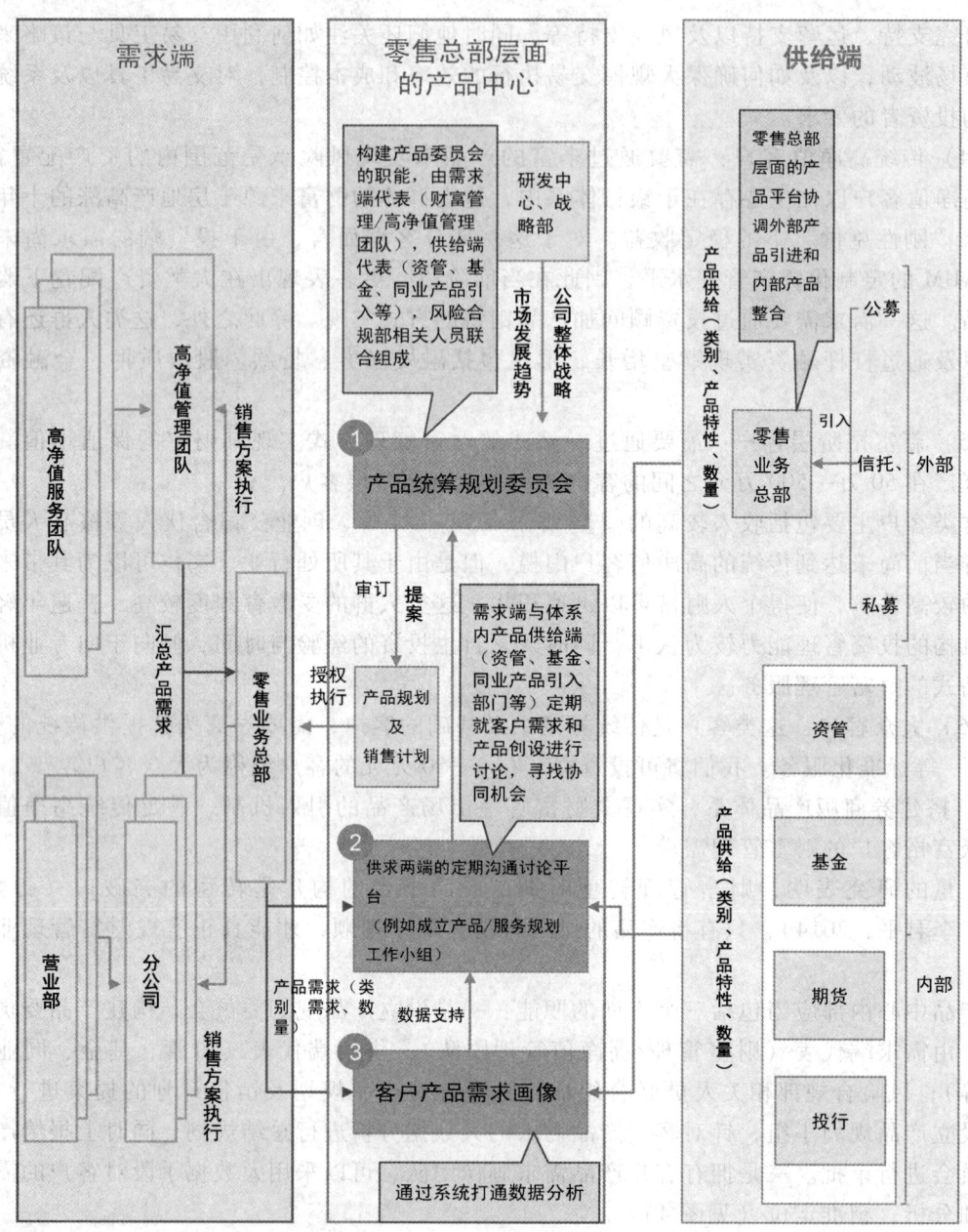

图 4 券商产品中心设计

于传统上经纪业务主导而形成的人才、文化与考核导向等方面的限制,在分支机构能力达到提供高端金融服务的标准之前,由总部直接探索向财富管理转型的模式,成功后再向分支机构推广。

分支机构主导:对于富裕客户采用分支机构主导的组织架构。对于这一客群,总部财富管理部的定位是向分支机构提供产品、服务、工具与营销支持的平台。在确保分支机构客户权属及现有利益分配格局的基础上,更好地调动分支机构的优质服务团队,应对其各类金融服务需求的转化及升级需求。

互联网驱动：普通客户采用标准化的互联网驱动的组织架构服务模式。对于普通客户，结合其对于便捷、智能、一站式投资管理等性质的偏好，可以考虑通过互联网渠道与智能技术手段来服务。在架构上可以考虑总部直接经营的方式，或者考虑与外部互联网金融公司合作的方式进行部署。

四、国内券商财富管理业务转型时期的监管建议

券商财富管理转型的最重要的突破口即利用券商自身优势，丰富投资工具，为适当的客户提供适当的产品，下面针对当前券商优势产品的监管提出以下几个方面的建议：

（一）适当降低券商大小集合的门槛，为大众富裕客户提供更丰富的投资工具

依据《证券公司客户资产管理业务试行办法》《证券公司集合资产管理业务实施细则》，券商集合理财产品按照规模和认购起点可以分为大集合理财产品和小集合理财产品。大集合理财产品的特点是规模大，一般在5亿—10亿元，由基金经理负责运作。认购起点是5万—10万元。小集合的客户数量在200人以内，单个客户参与金额不低于100万元，总规模一般在10亿元以下。与公募基金相比，券商资管的准入门槛较高，限制了一部分大众富裕人群的投资。

券商的客户大部分属于普通客户或者大众富裕客户，小集合产品的门槛限制尤其对券商最庞大的客户群体的投资产生了较大的阻碍，不利于帮助客户进行财富管理。因此，建议适当降低券商大小集合的准入门槛，适当加强投中、投后管理。

（二）尽快丰富期权品种，丰富高净值客户的投资工具

作为高净值客户的投资工具，个股期权还存在一些问题需要解决，主要体现在个股期权的品种单一，客户对期权的认知度较低。为此，提出以下几个方面的建议：

首先，逐步推出更多的期权品种。目前，我国个股期权的发展还属于初始阶段，品种过于单一。我国目前已经推出了50ETF期权，但是随着期权市场的逐步发展与完善，50ETF期权不能满足大部分投资者的需求，投资者更希望可以买卖单一股票的期权，从而对冲单一股票的风险。

其次，逐渐降低投资者门槛，对投资者进行分类管理。现阶段，我国对于期权投资者的准入门槛较高，资产在50万元以上，同时有融资资格或股指期货交易经历、通过期权考试、模拟交易达到要求等。建议对于一些通过期权保护现货价值的投资者适当降低门槛，真正发挥金融衍生品对冲风险的目的。

（三）降低FOF的费率，为投资者降低投资成本

随着基金市场种类和数量的日益增加，FOF迅速发展，近年来成为基金业发展的重要趋势之一。在现行监管体制下，券商经纪业务转型财富管理业务的总体目标应当是：结合券商在资本市场方面的独特优势与客户日益增长的财富获取、保有、增长以及传承方面的需求，逐步形成通过产品代销，以FOF母基金为主的资产管理盈利模式。FOF无疑将成为财富管理市场中最受瞩目的产品之一。当前FOF的发展存在三个方面的局限性：一是双重收费标

准;二是资产规模较小;三是存在较为严重的关联交易问题。

首先,我们建议降低FOF的收费标准。FOF的投资标的是基金,存在母基金管理人和子基金管理人,单纯从管理费角度来看,正常情况下,私募基金的管理费在1.5%左右,FOF的管理费为0.5%—1.5%,加总约2%—3%,这样的双重收费标准将会摊薄投资者的收益。建议监管层出具相应的政策,降低FOF的费率,使得投资者以更低的成本获取更好的财富管理服务。

其次,目前FOF信息披露缺乏透明度,存在较为严重的关联交易问题。FOF产品在资产组合、收益构成等方面和一般产品有明显区别,信息披露的要求也存在个性化特征。很多管理人进行较多的关联交易,产品结构复杂,通道类产品占比很高,加上运营体系的缺陷、管理人的重视程度不够等主客观因素,信息披露不够及时和有效。建议监管层出台相应的规定,针对母基金子基金管理人的信息进行详细披露,降低投资过程中的风险。

(四)加快推进《账户管理业务规则》的出台

国外投顾服务与资产管理是紧密相关的,投顾可以做资产管理。资产管理如果作为产品供应商,一般会用子公司或者独立部门的形式;作为投资管理,则一般会在财富管理业务中由客户经理或者投资兼任,或者设立专职的资产管理经理或者资产管理团队。但国内的投顾人员进行类资产管理业务存在法律障碍,《证券投资顾问业务暂行规定》就规定了投资顾问不能代客户做出投资决策。建议加快推进《账户管理业务规则》的出台,对受托管理账户进行专户监管,包括投资顾问协助客户选择合适的外部投资产品的间接受托服务,以及由财富顾问直接全权负责客户资产管理的直接受托服务。

参考文献

[1] 陆岷峰,沈黎怡. 关于证券公司中财富管理业务痛点及策略研究 [J]. 经济与管理,2018(1).

[2] 李君平. 私人财富管理研究评述与展望 [J]. 国外经济与管理,2014(8).

[3] 沐华,屈俊. 财富管理——未来商业银行转型的重点 [J]. 宏观经济,2017(1).

[4] 孙娟娟. 大资管时代金融机构财富管理业务的差异化拓展——基于财富管理与资产管理的辨析 [J]. 南方金融,2017(1).

[5] 杨秀芝. 财富管理主要业务模式探析 [J]. 金融纵横,2017(8).

[6] 于蓉. 金融机构财富管理业务发展面临的矛盾与对策 [J]. 南方金融,2016(7).

回归本源 提升财富管理专业能力
——兼议国内券商财富管理业务推进之路径

邓淑斌[*]

一、关于证券公司本源及财富管理业务的基本认识

（一）证券公司本源

众所周知，市场的形成源于供求双方交易关系的总和，基于供求双方自由意志的交易完成过程就是资源优化配置过程，其中交易过程中产生的交易费用主要源于信息不完全或是不对称所导致的"不确定性"，也即"风险"。因此，作为资本市场的金融中介机构之一，证券公司的基本功能在于：履行作为证券市场组织者、流动性提供者和市场交易组织者职责，传播证券信息，减少信息不对称；通过提供或创设金融工具及相关服务，从降低市场交易成本、提高市场流动性和有效性等方面为证券发行人和投资者提供专业的、优质的中介服务。从中可以看出，证券公司的价值在于承担风险和管理风险（通过证券市场将风险分散或转移到市场中），为企业和投资者提供专业的、优质的证券中介服务——这正是证券公司的经营本质，也是其本源。

相关文献分析表明，财富管理起源于18世纪中期的瑞士，在欧美发达国家和地区已有300年的历史，通常被认为是向富有的或者高净值人群（家庭）提供理财咨询。随着社会人口及趋势的变化以及国际金融市场的蓬勃发展，财富管理的服务对象以及工具、手段已经大大拓展，其内涵也延展至"在整个生命周期中为客户提供聚集、保存、转移财富的金融工具或咨询服务"。根据加拿大投资经纪商协会的定义，财富管理即为：综合提供理财工具和咨询服务，协助客户在一生中积累、保有和转移财富。

---

[*] 作者单位：中原证券股份有限公司。原载于《中国证券》2018年第8期。

综上所述,为投资者提供财富管理服务正是证券公司提供证券中介服务的重要内容之一,也是其本源所在。

(二)财富管理业务的特征与发展趋势

成熟市场的实践表明,财富管理这一业务具有以客户为中心、全方位综合性服务、专家团队提供专业性服务、严谨和专业的销售流程等四大典型特征(见表1)。

表 1　　　　　　　　　　　　财富管理业务四大特征

特征	具体描述
以客户为中心	在分析客户财务状况、投资目标的基础上,制定相对全面的财务规划并提供相关金融工具,以满足客户不同阶段的财务需求,帮助客户达到降低风险、实现财富增值的目的
全方位综合性服务	体现在为客户量身定制的全面财务规划,最终要通过向客户提供现金、信用、保险、投资组合等一系列的金融服务或金融工具,对客户的资产、负债、流动性进行管理,从而帮助客户实现投资目标和财富增值
专家团队提供专业性服务	在全方位综合性服务中,包括现金储蓄及管理、债务管理、个人风险管理、保险计划、投资组合管理、退休计划及遗产安排等诸多关于财富积累、保值、增值、避税和转移等方面的专业化、个性化服务
严谨、专业的销售流程	从事财富管理工作,有60%是理念沟通,20%是客户教育,投资产品的选择只占20%。欧美财富管理业务均以KYC(了解你的客户)原则为核心建立了一套严格的财富管理从业人员行为与道德标准,以确保从业人员提出的建议,必须适合于该客户

发展至今,全球范围内的财富管理业务呈现如下三大趋势:

一是亚太新兴市场引领全球财富管理业务成长,其中,中国市场正在成为新引擎。根据波士顿咨询发布的《2017年全球财富报告——财富管理数字转型,打造全新客户体验》,2016年全球私人财富总额达到166.6万亿美元,同比增长5.3%。其中,亚太地区增速领先全球,达到9.5%;中国市场2016年私人财富增速达到13%,为亚太地区增长的核心驱动力。贝恩咨询、花旗银行、胡润研究院等多家机构的相关分析均表明,2017年底的中国个人持有可投资资产总规模将达到约188万亿元人民币,可投资资产超过1 000万元的高净值人数约187万人,未来中国市场的财富管理增量需求将持续增长并成为全球财富增长的新引擎。

二是跨境金融投资需求持续快速增加。招商银行与贝恩公司联合发布的《2017中国私人财富报告》显示,中国高净值人士中拥有境外配置的人群占比由2011年的约19%上升至2017年的约56%。由中信银行与胡润百富联合发布的《2017中国高净值人群财富管理需求白皮书》显示,2017年中国高净值人群平均可投资资产额占总资产比例约为52%,其中跨境金融投资额占其可投资资产总额的比例约为31%。中金公司发布的《中国财富管理市场产品白皮书2007—2017》显示,2006年以来境内高净值客户海外配置资产量年均增速38%,远超可投资资产总量的20%年均增速。

三是金融科技逐步渗透到财富管理领域。根据麦肯锡2017年亚洲个人金融服务调研,已有41%的富裕客群通过线上渠道购买理财产品(含保险),62%的受访者表示已经尝试过智能投顾服务。其中 30% 的受访者经常使用智能投顾进行投资,另外有 46% 的受访者表示愿意在未来一年使用该服务。麦肯锡《2017 年中国券商零售客户调研——大浪淘沙,沉者为金:券商零售经纪业务转型》中的相关调研数据显示,可投资资产规模越大的客户使用各个渠道的频次越多,高净值客户使用线上渠道的频率高于大众。种种迹象表明,在数字化时代,以大数据、云计算、人工智能等为代表的金融科技,正在从获取客户、了解客户、配置资产、投顾服务及后续维护等业务环节,逐步改变传统以投顾服务模式为主的财富管理价值链。

二、嘉信理财公司发展财富管理业务的启示

"不积跬步,无以至千里",境外券商财富管理业务的发展也经历了从无到有、从小到大的过程,即使是在近年来被国内证券行业视为是券商转型经典案例的美国券商嘉信理财公司也是如此。从折扣经纪商到综合财富管理,不少人看到了嘉信理财公司对于互联网业务的倚重以及互联网业务所起到的变革性作用。然而仔细梳理嘉信理财公司 45 年来的发展历程(见表 2),可以看出,嘉信理财之所以能成功转型至综合财富管理,离不开如下一步一步的战略布局:

表 2　　　　　　　　　　　嘉信理财公司发展历程

发展阶段	战略布局与措施
1973—1986 年:逐步形成折扣经纪模式	在行业实施浮动佣金制之初,嘉信理财结合自身发展初期客户积累少的现状,率先运用价格策略以低价揽客。同时,一方面加大对技术平台投入,充分利用线上服务平台低成本高效率作用(业内率先推出电子化交易系统);另一方面积极尝试多元化服务〔1980 年推出领先全行业的 24 小时报价服务、1982 年 IRA(美国个人退休账户)被纳入其业务体系〕,主打低收费、高效率的自助账户服务,进而促使其在较短时间内做大客户规模
1987—1994 年:拓展服务内容	1987 年 9 月嘉信理财在纽交所挂牌上市后,一方面围绕着满足客户咨询需求,推出第三方顾问服务平台(该平台运作模式为:包括嘉信客户在内的投资者向自选的第三方顾问支付咨询费用,第三方投顾免费使用该平台但需将其开发客户的资产留在嘉信证券账户);另一方面,致力于共同基金业务的开发,丰富其理财产品系列。1990 年推出货币市场基金服务、1991 年推出股票指数基金 Schwab 1 000 Fund、1992 年取消对 IRA 账户的年费收取并推出共同基金统一账户为基础的"一账通"业务(该业务模式下,嘉信免收投资者的交易费用、仅向基金公司收取销售费用)
1995—2000 年:全面布局互联网金融战略	在同行佣金战加剧的倒逼下,嘉信理财一方面加大在线经纪业务的投入并加快线下业务线上化的整合(1995 年嘉信官网 schwab.com 上线,1996 年推出在线交易工具 eSchwab 服务);另一方面,实施收购战略,1995 年收购英国的折扣经纪商 ShareLink 和当时最大的 401(k)计划服务商 Hampton Company
2001—2007 年:布局混业,全面转型综合理财、培育财富管理能力	1999 年美国《金融服务现代化法案》发布,银行、证券、保险联营获政策许可,嘉信一方面乘势布局混业业务,于 2003 年创办成立嘉信银行、2007 年收购了专为计划退休人群提供解决方案的 The 401(k)Company;另一方面,着眼于财富管理能力的培育,先后推出了嘉信股票评级、私人专业理财服务、嘉信顾问介绍服务、嘉信投顾网络中心、嘉信管理组合(针对 5 万美元及以上中小客户的财富管理方案),并在 2005 年继续降低零售客户以及小型企业客户的账户服务和交易费用、2006 年将其自主开发的共同基金销售渠道拓展至第三方平台,其客户群划分(个人投资者、独立投顾以及企业客户)也更为清晰

续表

发展阶段	战略布局与措施
2008年以来：持续客户服务升级，打造财富管理优势	面对金融危机冲击导致投资者风险偏好更趋保守、并且对于费率问题愈加敏感的现实情况，嘉信一方面继续丰富其共同基金产品线，着力发展ETF和目标日期基金；另一方面，围绕着客户交易成本的降低，完善其互联网业务主站和线上社区，2009年推出ETF版"一账通"，实现零费用的线上ETF交易，2015年3月推出"嘉信智能组合"服务，帮助资金体量偏小的投资者实现全球资产配置

资料来源：根据公开披露信息整理。

首先，依托低费率竞争策略和网络技术，解决发展初期的客户资源问题；其次，搭建投顾服务平台和基金产品平台，解决存量客户咨询服务与产品配置问题；最后，外部收购、线下业务线上化整合、基于客户分类的特色服务拓展相结合，解决服务效率、服务品质问题，进而逐步形成自身特有的财富管理商业模式，在行业竞争中始终占据一席之地。

从嘉信理财公司的上述三步走战略中可以发现：嘉信理财始终关注线上线下的协同发展，关注依托技术持续降低客户交易成本，关注聚焦核心能力打造差异化服务的竞争优势。

三、国内券商开展财富管理业务的现状及存在的问题

2010年12月3日，中加合作首批注册财富管理师授证暨广发证券财富管理中心揭牌仪式在广州举行，标志着国内券商正式涉足财富管理业务领域。随后的2011年被不少证券行业人士定义为行业的财富管理元年，伴随着部分券商对财富管理业务的探索，出现了全业务链服务高净值客户、打造独立第三方理财超市、构建"全产品"服务搭建客户与各业务板块之间桥梁的几种典型模式。[①] 2012年证券公司首次召开创新研讨大会，更是促使行业对于证券经纪业务由传统通道服务向财富管理服务的转型达成了共识。整体来看，近五年来，国内券商的经纪业务向财富管理转型主要从以下几个维度推进：

一是强化互联网服务平台尤其是手机APP的建设，充分发挥线上平台在提升业务效率、推送标准化服务与产品、拓展服务覆盖面等方面的优势。

二是推动线下实体网点的功能转型，充分发挥其在客户个性化需求挖掘与推送等方面的优势，使之成为证券公司业务牌照、业务价值链终端、产品池展示的承接平台，进而成为以客户需求为中心的综合金融服务平台。

三是立足客户需求与体验，在持续改善线上平台或线下平台功能的同时，加大对互联网金融产品以及各类理财产品的开发。

上述转型实践，主要是通过区别线上服务平台客户群、线下服务平台客户群的方式来实现针对细分市场的客户服务。就效果而言，在分业监管以及场内外产品不太丰富、财富管理专业人才匮乏的当下，作为转型目标的"财富管理"至今仍未形成模式，在实际推进中面临若干问题亟待解决，尤其是如下几方面问题：

一是以中小投资者为主的多数客户，对于投资理财的参与往往具有较高收益预期、较低

---

① 李东亮："券商财富管理业务浮现三大主流模式"，《证券时报》2011年3月30日。

风险承受能力的特征。

二是在产品或服务方面，除了股票、基金等交易所产品以外，多以融资融券等业务牌照类为主，特色化的理财产品和服务产品相对匮乏，涉及保险、税收等理财产品更是少之又少。

三是产品研发所需的专家支持和技术系统支持方面，多数中小券商目前缺乏相对统一管理并成体系的"专家资源库"，尤其是针对零售客户和高净值个人客户的"专家资源"明显不足，业务开展涉及各类IT系统建设缺少整体规划，进而使得一线投顾服务人员面临服务内容、服务手段或工具匮乏以及缺乏吸引力的现状。

上述问题既有行业共性问题，也有各家券商自身禀赋尤其是高层认知及决策问题。因此，券商财富管理业务的推进，既需要行业大环境的有力支持，更需要证券公司自身的战略先行以及在此基础上的点滴积累和持续坚持。

四、国内券商如何构建财富管理服务体系

无论是嘉信理财公司财富管理商业模式的分析，还是国内证券公司探索财富管理转型的实践都表明，证券公司业务升级、向财富管理转型的逻辑在于：由经营单一业务或产品扩大到经营客户的全部资产，由满足客户现有的投资需求扩展到规划客户全生命周期的资产负债管理方案，其本质是从"以业务（或牌照）为中心"到"以客户为中心"的转变，这一过程中至少涉及客户、投资顾问、产品研发人员三类主体。其中：

客户是核心、是需求的提出者。而由于证券公司自身服务资源的有限性，因此，其针对客户的分类分级管理和服务显得尤为必要。

投资顾问是客户需求和产品之间的衔接人。其职责在于最大可能地了解客户需求，并将抽象的客户需求对接上适当的产品配置。投资顾问对客户需求的敏锐洞察，对人性固有缺陷的理解和把握，对客户生命周期的动态跟踪，是仅凭技术手段无法实现的，这也是传统金融难以被互联网颠覆的核心价值。

产品研发人员的职能更多定位于生产市场化的产品，对投资顾问形成产品支持。由于每个产品都有其生命期限，加之客户需求的多样化，因此，具有持续创新能力的研发团队对于券商财富管理业务的发展至关重要。

因此，券商可从如下四方面考虑构建财富管理服务体系：

一是构建丰富的产品体系。产品体系要立足于财富管理业务的发展定位，要在对现有资源分层次进行有效整合的基础上，放眼整个金融市场进行筛选，并将筛选出的产品按照客户需求形成标签化的全产品体系，以便于投资顾问按需索取。

二是培育专业的投顾服务队伍。投资顾问的工作是精研于客户需求，并把最合适的产品组合配置给最合适的客户，并在此基础上提升和创造客户需求。这就要求投资顾问应首先了解客户需求、关注客户价值的提升，其次还应熟悉证券公司业务范围内的产品、业务运作模式及其风险收益特征。

三是打造完备的财富管理支持体系。这其中至少包括"专家资源""技术平台"两大方面，前者由券商资管、投行、基金管理、研究咨询等业务板块的专业人才组成，其作用体现在产品研发、为投资顾问提供"产品库"支持；后者则从投顾展业、产品/服务展示平台

（即客户前端）等关键场景为投资顾问提供指导或支持。

四是建立健全客户数据评估库，形成客户分类分级分层管理的服务模式。客户分类的目的在于根据其风险承受能力进行分类，以此作为向普通投资者提供金融产品或服务适当性评估的主要依据。客户分级的目的在于依据其价值进行细分，以此作为向投资者提供增值服务及相关定价的依据。客户分层的目的在于充分发挥线上服务平台尤其是移动互联网服务平台在推送标准化服务、线下实体网点在提供个性化增值服务方面的各自优势。

五、券商加快财富管理业务推进的措施建议

随着信息技术的快速发展，科技在券商业务开展中的应用更为广泛和深入（见表3）。当前，金融科技助力券商财富管理业务，主要体现在如下几方面：一是通过互联网交易、O2O模式等实现财富管理能力输出的下移（即，财富管理服务对象不仅服务于私人银行客户，也可以服务于一般零售客户），进而扩大服务群体；二是通过大数据、客户关系图谱等提升客户细分和客户洞察能力，进而真正了解客户需求；三是通过在线服务、资讯服务智能化、连接外部服务平台等手段，提升券商服务客户的运营效率和综合金融服务能力。

表3　　　　　　　　金融科技应用于证券行业的三个阶段

发展阶段	应用体现	特点
线上化	始于2000年左右的网上交易，这一阶段的科技赋能主要体现在用电脑、互联网取代了交易、开户等传统的现场业务办理等手工操作，促使券商逐步实现"线下业务线上化"和部分业务的集中运营管理	这一阶段中的金融科技主要以"生产工具"的形态出现，其作用在于提升业务效率
网络化	始于2014年的互联网证券元年，科技与金融深度融合，通过互联网汇集海量用户信息并将其进行数字化处理后，提供基于业务场景的金融服务，实现证券中介业务中客户、产品/服务及其推送、支付等要素任意组合的互联互通	这一阶段中的金融科技主要以"生产环境"或"生产场景"形态出现，主要作用在于拓展服务半径、提升服务精准性
智能化	2016年以来，随着移动通信的不断升级和大数据、云计算、人工智能、区块链等在金融底层架构中的应用，互联网金融呈现出跨界化、去中介、分布式以及智能化等特征，金融信息采集效率和质量得以大幅提升，着眼于服务、产品及其运营创新的智能客服、智能资讯、智能投顾等应运而生	这一阶段中的金融科技，主要以"生产力"形态出现，主要作用在于提高金融服务的效能，帮助券商进一步了解客户、助力员工、创新产品、优化运营

因此，券商不妨借力科技，整合内部资源，本着"客户在哪里、服务就在哪里"的指导思想，加强线下（实体网点）与线上（APP、微信等互联网服务平台）的相互结合、相互补充，构建以金融科技为驱动、以用户为中心的O2O财富管理业务新模式。在具体操作中，可以从以下几方面推进：

一是健全客户分类分层的服务体系。围绕着细分客户分类分层服务和低价值客户向高价值客户提升的培育，明确总部层面与经纪条线分支机构层面的服务分工。总部层面侧重于统一推送针对普通零售客户的标准化服务或产品。分支机构层面侧重于针对核心客户、高净值

客户的个性化服务以及公司产品或服务的展示、宣传，进而促进业务发展；持续完善多维度的客户分类体系，针对高价值客户建立"一对一"客户管理机制，结合适当性服务要求培育"一体化"服务能力。

二是丰富产品库/池，搭建统一的产品管理平台。首先，以丰富产品线为核心，拟定产品创设或引入规划，加强一级市场、类固定收益类以及跨市场理财产品的引入力度；其次，围绕着产品从哪里来、如何让一线投顾服务人员知晓并熟悉产品特征，在进一步完善产品分类分级标准及运行评估体系的基础上，完善产品引入、上线、销售培训、产品运行跟踪等一系列相对完整的流程；最后，结合客户适当性管理新规，在进一步梳理内部分工与流程规范的基础上，从技术支持层面搭建公司统一的产品管理平台，以保证对接的高效性和整合资源的完备性。

三是组建"专家资源库"，为一线投顾服务提供服务方案制订支持、方案实施相关的培训和指导等工作。首先，充分挖掘分支机构注册执业投顾和总部研究所的潜力，建成类总部级或总部级的投顾服务支持团队，以推动客户标准化服务体系的持续完善；其次，在公司层面建立健全针对核心客户或高净值零售客户的协同机制，组成包括资管、创新、研究等总部部门业务骨干在内的财富管理服务支持团队，以推动个性化服务流程及机制的建立健全；最后，建立"外部专家库"，总部相关部门在业务合作或外购第三方产品（包括资讯信息、咨询服务、IT服务）过程中，可择优与长期合作、实力较强的第三方建立更为深层次的合作关系，将其资深专业人员作为"外部专家库"成员予以维护。

四是持续提升分支机构投顾服务团队的适当性服务能力。"了解客户、为其提供合适的金融服务"，既是监管的外在要求，也是转型至财富管理的内在需要。而随着业务、产品的多样化、复杂化和客户需求的多样化，无论是从时间精力分配还是从专业能力要求来看，营销服务人员的个体作用愈发有限，这就更加需要团队内的分工协作与分类管理。首先，强化分支机构营销及投顾服务人员的适当性服务和团队服务意识；其次，建立健全分支机构投资顾问及营销人员的分类管理模式，形成分工明确、依赖协作的运作机制和工作模式；再次，逐步建成相对完善的营销服务人员培训体系，持续推进不同层面、不同形式、聚焦特定岗位人员的常态化、系统化培训及内训师队伍建设，促进多层次营销服务团队的建设；最后，建立健全投顾服务管理技术平台，为投顾人员提供产品创设或信息加工、营销推广、客户沟通所必需的技术系统支持。

参考文献

[1] [美] 卡多著，杨宇光译. 颠覆者嘉信公司重塑华尔街证券经纪业规则 [M]. 上海远东出版社，2007.

[2] 王洪栋，张光楹. 财富管理与资产配置 [M]. 经济管理出版社，2013.

[3] 嘉信理财45年史：变革时代的互联网券商 [EB/OL]. https：//www.cailianpress.com.

[4] 元湉伟等. 证券行业通道业务向财富管理转型探讨 [J]. 中国证券，2012（4）.

证券公司提升经纪业务专业服务能力研究

杨孟华　陈亚超　周玉健　安　然

一、研究背景

2016年开始国家对金融行业密集出台监管政策，目标在于全面治理金融乱象，提高防范系统性金融风险的能力，保证金融行业整体健康发展。严监管的主线之一是解决近年来金融行业存在的高杠杆问题，这对证券行业转变自身发展模式提出了要求，"去通道化"使得券商资管业务规模收缩，必须提高自身主动管理能力以求立足和发展。2018年4月央行行长宣布扩大金融业对外开放的具体措施和时间表，随后中国证监会公布允许外资控股合资券商政策[①]，加之国内本来证券经营牌照处于饱和状态，主要依靠牌照价值的经纪业务进一步承压。因此，证券公司必须从内部调整中谋求出路，提升专业服务能力并将服务转化为价值，是当前业内最为可靠的路径。

从行业内部看，2017年证券行业实现净利润1 129.95亿元，同比下降8%；营收3 113.8亿元，同比降低5%。其中，经纪、投行、资管、投资、利息收入占比分别为26%、16%、28%、10%和11%，经纪业务收入占比降至新低。2017年行业数据显示，上市券商中大中型券商业绩领跑，竞争优势凸显。此前十年中国证券公司经营牌照数量增长了1/4，随着新兴证券公司的不断成立以及原有证券公司营业部的大量扩张，经纪业务竞争急速加剧，呈现出白热化状态，佣金率不断下滑，经纪业务收入占比逐年下滑。过去经纪业务主要竞争模式为佣金战、开户引流的圈地竞争，然而在佣金率降无可降、牌照价值大幅下降的当下，"圈地时代"已过去，探索新的创收模式势在必行。中国结算统计数据显示，2017年期末投资者数（该处投资者指持有未注销、未休眠的A股、B股、信用账户、衍生品合约账户的一码通账户数量）为13 398.30万户，较上年增加13.44%，表1为近三年新增投资者数据。可以预见，新增投资者数量逐年快速减少，做好服务、盘活存量是所有证券公司需要

---

① 2018年4月28日，中国证监会正式发布《外商投资证券公司管理办法》。

努力的方向；优质的服务也将反哺于新开新增户。

表1　　　　　　　　　　2015—2018年新增投资者数　　　　　　　　（单位：万户）

年份	新增投资者
2015	2 616.18
2016	1 900.50
2017	1 587.26
2018	1 344.12（预）

注：2018年前5个月月均新增112.01万户，据此推算2018年预计数据。

在我国证券行业法律法规逐步完善、佣金率水平保持低位的阶段，证券公司都在谋求突破，一些经营较为成功的案例可以作为参照。如嘉信理财公司在1995—2000年实现一定程度网络化之后，其同样面临收入和发展困境，依靠既存的一批黏性客户，通过交易信息掌握客户的投资偏好，推出资管业务，以各类理财产品及一对一的理财顾问咨询服务很顺利地增强了客户黏性，收入重点也转向为顾客提供增值性投资服务获取的佣金收益，而从转型开始到积累形成自身优势，用了超过十年的时间。韩国三星证券依靠专业人才储备上的优势，主攻高净值人群的财富管理市场，并不断为员工提供各种在职专业化培训，以投顾形式对客户账户进行有效覆盖，推出大量产品尽力满足客户需求，差异化、专业化之路取得了骄人的成绩，成为韩国市场上专业化服务水平最高的证券公司。从这些案例中得到一些受益的经验，基本路线是依靠专业的增值服务满足客户多样化的需求。

二、经纪业务提升专业服务能力面临的困境与机遇分析

（一）内部优势与劣势

优势之一，证券公司所能提供的产品丰富程度较其他金融机构多。未来是综合金融服务的时代，财富管理对服务机构的必要要求之一就是能够提供足够完备的产品，更好地满足客户资产配置需求。券商内部产品，其投资范围限制相对较小，券商理财的产品线很丰富，从稳健无风险到高风险高收益，从一天期到几年期，无论是债券还是期货，品种很多，客户的选择余地相对较大；此外产品类型的延展性良好，通过代销资格可以引进优质的基金、银行理财等产品，一个证券账户基本可以实现对绝大多数产品类型的覆盖。

优势之二，证券公司的研究所和自营部门，是其专业性的核心体现，同时自营部门的经营业绩是专业投资能力的一个直观反映。在客户管理过程中，公司内部更好的专业支持会增加服务人员信心，同时会对提升客户黏性存在明显的促进作用。

证券公司经纪业务当下提升专业服务能力的劣势，主要包括：第一，人才缺口很大。无论是营销人员还是中后台人员、老员工或是新进人员，新的背景下需要以提升员工专业性为根基，转变思路去顺应趋势，合力促转型。第二，让投资者切实感受到并认可公司整体呈现的专业服务水平，这对公司的构架、制度等配套内容提出了很高要求。第三，证券公司经纪业务20年来依靠牌照的通道价值创收，对行业多数公司来说，向服务创造价值模式转型的起步已经晚了，一定程度上落后于市场客户的财富管理需求。第四，倒逼转型的另一大弊端

是经纪业务在摸索创新的同时,需要承担较重的收入业绩压力,两者兼顾使得前路更加艰难。如果参照成熟市场结构,未来行业内有很大可能会经历并购、优胜劣汰,会更加全面成熟,有自身特色者方能生存。这留给证券经营机构的时间空间都有限,快速突破难度大,试错成本很高。

(二) 外部机会与挑战

监管政策趋于合理,引导行业稳定运行、有序发展。尤其是资管新规打破刚性兑付,意味着保本、承诺收益类的产品会不复存在。随着规则的确立,包括信托、银行理财等均将会采取浮动收益。原本最受投资者欢迎的低风险产品领域,银行理财独占鳌头;现在在局部产品供给方面,证券公司与银行站在同一起跑线上,而相较于银行、保险等金融机构,证券公司天然的在专业人才储备方面有优势,基层营销人员、投顾人员对金融市场投资手段均有了解,结合公司自身更加专业的研究所、自营、资管等的研究,更能构建满足客户资产配置需求的服务体系。在行业公司纷纷谋求服务价值转化过程中,行业整体专业化服务水平提高,有利于做大行业整体"蛋糕"。

我国金融市场进一步加快对外开放的节奏,已放开了外资控股国内证券公司的限制,未来将有更多的开放政策。外资控股券商进入国内市场,其成熟市场综合财富的管理经验,会为国内机构提供更加直观的参照;行业竞争进一步加剧,也可能会加速行业集中度提高的过程,同时又是行业内诸多旧标准变革、新标准创立的时机,行业将以更快的速度发展。

证券行业借第一波互联网与金融的结合潮流,实现了交易电子化、高速化,业务无纸化等变革,移动端的便捷交易使得证券交易量经历了快速扩张过程。金融科技现在已受到每一家证券公司的重视,网络科技仍然处于快速发展之中,许多技术一旦成功嵌入经纪业务中将能产生重大效用,更好的客户体验、更细致的客户管理和服务、更便捷的业务沟通等都是未来经纪业务服务追求的方向。

三、具体举措

(一) 专业团队

在完善公司内部专业培训体系的基础上,应引入更多公募、私募基金经理、研究员等外部专业人员,带来市场最新的研究视角。投顾团队体系的建立应包含投资顾问、投顾主管和总部专家团队三个部分,构成财富管理的"铁三角"。其中,投资顾问的核心职能定位为客户日常服务;投顾主管的核心职能定位为团队管理,包括投顾团队活动量管理、业绩管理、营销活动管理和品质管理等;总部专家团队的核心定位是提供专业咨询的支撑,如大型投资报告会、市场信息归集、投资顾问团队技能培训及咨询服务产品的生产等。

(二) 创新营销

第一,产品服务营销策略。创建专业的投资顾问团队,创新投资顾问产品,建立以一对一为核心的专户工作组织体系,制定专业的管理制度和业务制度。同时,整合公司上下资源,保证金融产品的质量,提升产品价值,也保证产品能创造价值。员工应该更深刻地理解业务、行业,认识到投顾业务对于公司未来发展的重要意义、对于公司转型的重要作用,为顾客保值增值，以客户利益为重。

第二，客户策略。在服务营销方面，要以客户为中心，抓住客户需求，对客户分层分级。《关于加强证券经纪业务管理的规定》（证监会公告〔2010〕11号）中，明确券商要对投资者分类管理。通过客户的资金量对客户进行分级分类，通过分级分类找到相应客户群体的特征，对客户进行差异化服务，通过与客户相对应的证券产品和服务策略为客户提供优质服务。对客户进行不间断地关注，充分收集客户的资料，明确客户的投资风格、投资特点，然后利用专业知识给客户提供咨询建议，实现精准化服务。

第三，目标导向营销策略。在公司加强经纪业务服务之后，应注重一些指标改善，如客户的流失率、客户的资产保值增值率、客户交易通道的佣金率等。当这些指标稳步提升，证明服务质量提高。证券公司应秉持"以市场为导向，以客户为中心，以效益为目标"的经营理念，改变过去过于依赖的"通道型"服务模式，始终保持行业参与者对市场应有的敏感度，积极寻求改变和突破，以实现经纪业务的战略转型。

第四，价格策略。经纪业务相关服务收费规定应该秉承公平、自愿、合理原则，与客户充分协商，书面约定相关服务费用，按照客户资产量、交易频率、服务类别等收费，也可以通过差别佣金的方式收取相关服务费用。

第五，促销策略。口碑人员推销是最有效的营销工具。促销中让客户介入产品或服务的推销之中，征求客户意见，以客户的真实体验为介入点，向客户展示服务以及产品的魅力。同时，为客户提供及时高效的问题解决机制，注重对核心客户的开发。

第六，流程策略。经纪业务服务模式应该以客户需求为导向，充分满足客户的多样化需求，既能为客户提供标准化服务，也能为客户提供定制化服务。提升证券公司的服务专业程度、标准化程度、流程化程度与系统化程度的具体措施是：使前台业务开发与后台研究及服务支持充分结合，专业化营销团队提供精细化的公关营销服务，搭配以高水准的策划和个性化理财为主导的研发后台支持平台。

第七，环境策略。积极建设信息系统平台，引入成熟的系统环境，如CRM系统、OA系统、呼叫中心、mot提醒、经纪人平台、专用网站、产品商城等。系统的完善，将大大提高公司开展业务的综合能力，包括各条线人员的工作效率、服务产品及管理能力、业务合规合法等方面。在各个环节保证工作效率提高，同时保证服务以及产品的质量，整合公司资源，打通各种平台，促进效用最大化。

（三）丰富产品

作为经纪业务管理模式的基础，金融产品体系的建设是发展初级阶段的重中之重，优质的产品是满足客户资产配置需求、增强客户黏性的关键要素之一。就现阶段而言，不断丰富产品种类是财富管理的源头，为打造属于自己的产品平台，自主研发和外部采购金融产品是构建开放式产品平台的首要着力点。

首先，公司需着力强化金融产品评价中心的建设，通过建立在专业基础上的评价机制，形成阶段性金融产品优选配置方案。在加强产品经理团队的基础上，调动所有营业部进行全市场的产品优选；通过合理的考核奖励机制，提升营业部主观能动性和积极性，以实现资源的整合和成果的分享。最终目的就是让客户分享到市场上最好最合适的投资产品。

其次，在丰富产品类型、优化产品结构上下功夫。只有在产品种类丰富到一定阶段，才有条件对客户的资产进行合理和科学的配置,最大限度地满足客户的需求;投顾(营销)团队才能有效地进行服务,以最低的销售成本获取最大的经营收益。

最后,摒弃原有因为首发条件好就只开展首发活动的经营思路,而应该秉持平台思维,将公司的基金交易系统和 OTC 柜台系统作为一个产品商超来看待,将前期已销售和上线的产品,与未来引进的新产品,蓄积成一个庞大的产品池。

(四) 金融科技

金融科技的引入有利于提升金融服务效率,同时提升客户服务水平,增强客户黏性。第一,打造智能客服系统,建立用户标签,分析用户交易行为、交易习惯、交易偏好等,可以全面了解用户,深入细分用户。建立产品标签、资讯标签,可以全面了解全市场的产品和资讯信息。在此基础上建立精细化用户服务体系,是摆脱同质化竞争、体现差异化服务优势的重要途径。智能客服系统是基础信息平台,主要是对用户交易数据、APP 行为数据、产品数据、资讯数据等进行深度加工处理,形成业务标签,使之成为公司的数据资产,为公司金融科技奠定扎实的数据基础。第二,智能投顾的引进,为客户提供标准化服务。如从基本面、技术面等方面入手,为投资者提供科学的诊断结果。如相似 K 线:通过历史数据匹配,并经过智能算法快速定位相似 K 线股票组,帮助投资者进行有效的个股分析。通过这些基础服务增强客户黏性,同时结合智能投顾与智能标签,可以达到精准化服务与营销。第三,专家投顾的引入。在提供标准化服务的同时,系统根据客户标签自动匹配专家投顾,给予投资咨询建议,通过和专业投顾一对一的互动,更好地提升客户体验(见图 1)。

图 1 金融科技闭环系统

(五) 内控机制

证券公司的内控机制对于经纪业务的开展异常重要,建立一个完善的内控机制的要点有:一是健康的内部环境,包括企业组织结构、经营模式、人力资源、权责激励机制等。二是可靠的风险控制机制,应具备对风险精准识别、预警、快速制动应对等功能。主要措施在于人员管理、内部报告、预警机制等一系列管理控制活动。三是信息的及时获取与传递。公司内部控制的核心在于对自身信息的及时取得并迅速反馈,确保信息能在公司及时传递、相关部门能及时反馈。

第一，加强企业文化建设。证券公司员工专业能力普遍较高，但工作中存在道德风险等因素，积极的企业文化能感染员工，发挥员工的最大效用。企业文化是企业经营过程中，除核心技术、创新能力等硬实力之外的软实力，对于激励员工、弥补内控机制缺陷有着重要作用。企业内控机制的最优结果是员工实现自我管理，在制定企业文化时，应该加强与员工个人的交流，促进员工的自我管理与自我控制的实现。企业文化建设也需制度的支撑，明确奖惩机制，保护员工的切实利益，鼓励员工爱岗敬业、诚信友善，同时对于违反公司规定的行为给予处罚。

第二，完善制度建设，加强风控。证券公司风控包含多个环节，涉及风险识别与管理等。为了切实控制与防范风险，必须先建立公司风险的预警与评估机制。在建立风险评估与预警机制的基础上，进行风险识别和量化的建设，具体来说，要对公司整体风险和业务部门风险进行准确界定和分类；此外，以公司风险为基础，对业务部门风险实施有效管理，在识别、预估的基础上需对公司风险进行有效管控。另外，当做出对公司风险有较大影响的重大决策时，其风控体系应该及时将该决策纳入管理中。最后，应建立并完善风控体系中的责任追究制度。

第三，加快平台建设。证券公司内控机制的效率和效果，需要相对完善的信息管理系统作为支撑，这也是公司健康运营的技术基础。一个健全的信息系统有以下几点要求：

（1）将公司准则嵌入信息系统之中，使内部管理更程序化与科学化，降低公司运营风险。

（2）充分利用信息系统的技术条件，对于公司信息进行收集、加工、处理，及时传递信息给相关督导人员，促进员工及时跟进。公司内部员工必须更清晰地认识、了解内部控制制度，明晰个人的职责，树立企业责任感，进一步提升公司内控效率。

四、结论及建议

（一）进一步放开账户管理限制

国外投顾服务发展与政策推动也是密不可分的，美国劳工部颁布《受托新规》[1]旨在推动投顾收费模式从佣金向管理费转变；英国在2012年已经通过RDR制度[2]废除投资顾问佣金收费模式。政策的跟进进一步推动国外投顾业务的发展。我国相关政策也需要有针对性地进行调节，以不断匹配、引导证券市场开放。进一步放开账户管理限制，券商可以对增量管理费和业绩提取费等定价，增加收入增长点。有资管能力的券商可以借此类业务进一步扩大客户来源、提升客户黏性、提高券商账户资产留存率，有可能的话更可以兼顾其他一些增值服务。

（二）控制券商增加速度，发展特色券商

目前全国共有上万家证券营业部，证券公司以及营业部数量过于饱和，而且业务同质化程度较高，在这种情况下经纪业务的竞争走向价格战是必然的。应该控制券商数量增加速度，发展特色券商。

---

[1] 美国劳工部于2017年4月正式公布《The Department of Labor（DOL）Fiduciary Rule》（简称《受托新规》）。
[2] 英国在2012年底颁布《零售分销审查制度》（Retail Distribution Review，RDR）。

随着证券市场创新空间的打开,券商的资本中介作用将得到更进一步的发挥,将成为资金需求者和所有者之间的重要桥梁。经纪业务也会逐渐摆脱传统单一的通道服务,进一步转向产品创新,为客户提供更个性、更专业化的服务,转变为综合金融服务商。证券公司产品和服务的多样化之路,必然依赖于业务模式、组织构架和制度等的支持,最终实现盈利模式的多样化,创新业务收入占比将持续扩大,对证券公司经营模式产生深刻影响。

(三)交易佣金设下限,不设上限

随着证券业的发展,券商经纪业务竞争加剧,佣金率快速下降逼近成本。2017年数据显示,全市场证券公司平均佣金率已降至万分之3.4,说明有很大一部分交易佣金率低于万分之2,甚至低于成本。

为了防止这种持续的恶性竞争,建议相关机构确定一个佣金下限作为"保护线",制定配套的标准,促进合理竞争;同时给券商一个"生存底线",避免券商的亏损经营。另一方面,不设置佣金上限,通过服务收费,由市场给券商的服务定价,激发券商提升专业服务能力,提升服务积极性,也让客户享受更好的服务。

(四)规划业内客户服务标准,做好分类分级服务

做好客户分级分类,对于不同层次的客户提供差异化的服务,比如可以为普通资产客户提供标准化服务:强化公司APP功能,满足客户需求,使客户能预定资讯、新闻、研究报告、服务产品。同时网厅业务能在APP上办理等等。对于中等资产客户,在标准化服务基础上,给予更多的专业人工投顾服务,整合公司资源给予专业的行业分析、个股推荐、账户诊断、资产配置服务。组织一些高端活动,研发中心、专业分析师提供专业投顾服务;公司投行部、资管部、自营部等高管分片管理营业部高端客户。

参考文献

[1] 许磊. 华西证券股份有限公司经纪业务管理模式研究 [D]. 兰州,兰州大学,2017.

[2] 陆岷峰,沈黎怡. 关于证券公司中财富管理业务痛点及策略研究 [J]. 经济与管理,2018.

[3] 曹隆祁. 基于服务营销8P理论的证券投资顾问业务改进研究 [J]. 金融经济,2015.

[4] 季松. 证券投资咨询业务市场规制研究——基于制度变迁的视角 [D]. 北京,北京交通大学,2017.

[5] 张文琪. 互联网金融视角下中国证券公司经纪业务战略转型研究 [D]. 北京交通大学,2014.

[6] 刘颖墨. 证券公司财富管理问题探究 [J]. 中国国际财经,2016.

[7] 陈共炎. 内部控制与证券公司治理 [J]. 证券市场导报,2004.

[8] 高广阔,吴世昌,郭毯等. 基于风控视角的互联网金融业监管与自律研究 [J]. 经济与管理,2016.

证券公司高端客户服务组织管理模式研究

海通证券股份有限公司*

一、证券公司建设高端客户统一服务体系具有现实的紧迫性

从证券行业对客户的基本分类方法来看,证券公司客户可以分为零售客户和高端客户。高端客户是指金融机构、非金融企业、政府机关及事业单位以及高净值个人客户(金融资产达到一定金额的个人客户,不同证券公司设定的"高净值"标准可能存在差异);证券公司为其提供的服务主要包括投资银行业务(股权融资、债券融资、并购融资、新三板与结构融资等)、融资类业务(融资融券、约定购回和股票质押回购)、资产管理业务、主经纪商服务、PE投资、柜台市场业务、跨境业务、销售交易等。而零售客户则泛指高端客户以外的客户,证券公司为其提供的服务主要包括零售经纪业务和零售资产管理业务。零售经纪业务主要为个人投资者提供交易通道、标准化融资融券服务及咨询服务;零售资产管理业务目前则更多地为个人投资者提供匹配其风险偏好及预期收益的标准化产品。

在新的竞争格局和形势下,面向各类客户,尤其是高端客户中具有战略意义的核心客户群体,证券公司急需建立相应的统一服务体系,为证券公司获取差异化竞争优势以及把握未来竞争的主动权提供契机。

(一)证券公司组织管理变革的理论依据是"以客户为中心"的经营思想

"以客户为中心"的理论最早产生于20世纪80年代初西方经济发达国家的企业管理和市场营销领域。1982年,学者Saxe和Weits首次提出"以客户为中心"的理念[1],提出企业

---

* 课题负责人:吴淑琨,海通证券战略发展部总经理;课题组成员:麦其芮、王浩、徐心航。原载于《中国证券》2018年第4期。

[1] Robert Saxe and Barton A. Weitz:"The SOCO Scale: A Measure of the Customer Orientation of Salespeople",载《Journal of Marketing Research》,1982年第19期,第343—351页。

管理应将满足客户需求作为搭建客户关系的核心，打破了传统的市场营销与企业管理观点。企业管理理论随着市场的发展不断变革，为证券行业向"以客户为中心"的组织管理体系转型提供了理论依据。

（二）证券行业正在经历"以产品为中心"向"以客户为中心"的阶段转换

1. 伴随行业的发展，证券公司数量快速增长且仍具有进一步扩张的空间。
2. 证券公司的金融工具、产品和服务已从单一趋向丰富多元（见图1），但单一产品的同质化竞争正愈演愈烈。

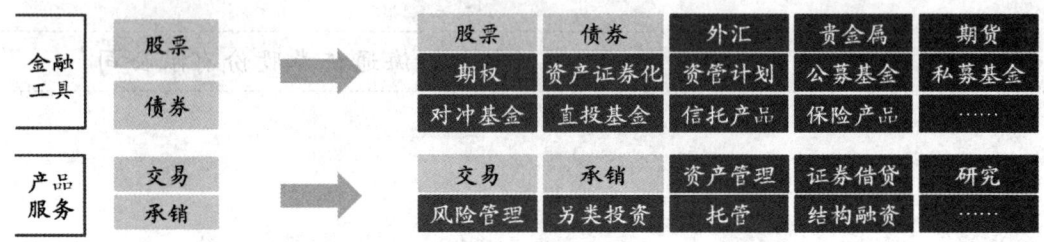

图1 国内证券公司金融工具、产品和服务日趋多元化

3. 以通道交易为代表的传统业务盈利模式难以为继（见图2、图3）。

图2 中国市场股票日均交易金额和市场平均佣金率

资料来源：海通证券整理。

注：常态情况假设包括市场日均交易量为5 000亿元左右水平，佣金率0.3‰，则行业佣金净收入约为456亿元，营业部部均收入约为530万元。

图3 中国市场营业部部均佣金收入

资料来源：海通证券整理。

4. 客户尤其是高端客户中具有战略意义的核心客户群体，注重服务及体验且议价能力日趋增强（见图4、图5）。

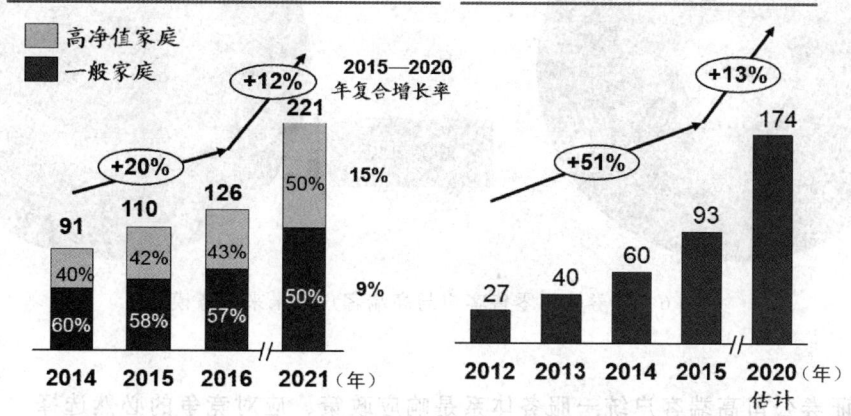

图4　中国家庭可投资资产总额增长预测和资产管理机构管理规模预测

* 可投资资产包含在岸和离岸金融资产，不包括房地产、不动产和奢侈品投资等。

资料来源：《BCG2017中国私人银行报告》《BCG中国资产管理行业报告（2015）》《2016中国资产管理市场报告》。

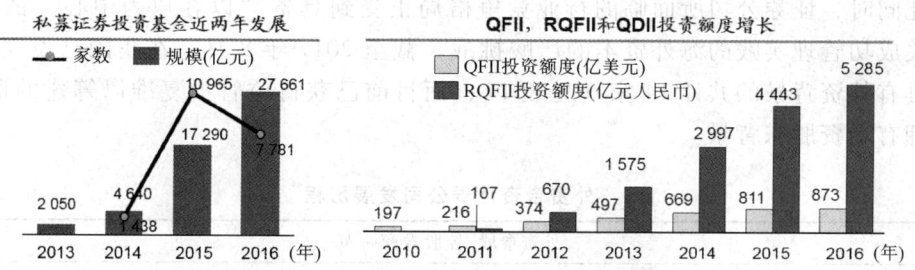

图5　私募证券投资基金的发展情况及QFII、RQFII投资额度增长情况

（三）证券公司以产品为中心的组织管理已滞后于市场环境变化的要求

中国证券行业的发展轨迹使国内证券公司目前的组织架构相对被动地呈现出"以产品为中心"的特质，但"以产品为中心"的组织架构将形成产品与客户需求间的断层。

近年来，国内证券公司尤其大型综合性证券公司的业务发展重心将逐步向响应高端客户综合需求的相关业务转移，证券公司高端客户的服务更需要"以客户为中心"的统一而系统管理。证券公司零售客户与高端客户的未来服务模式如图6所示。

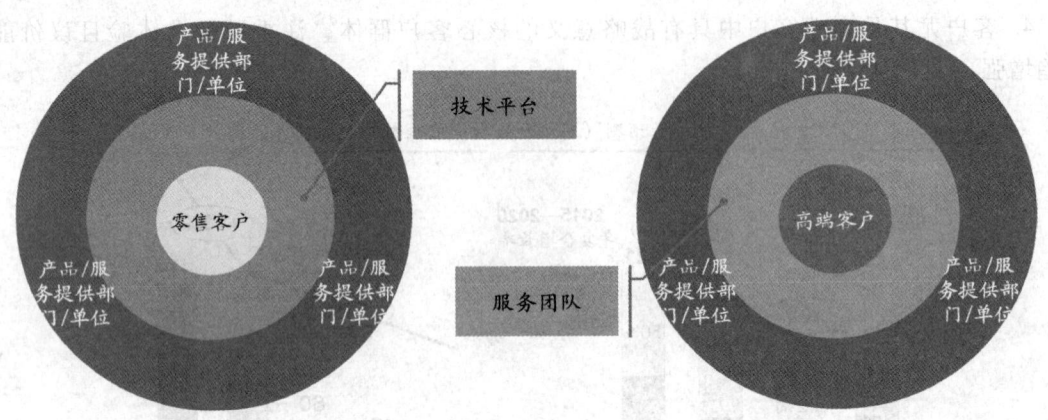

图 6　证券公司零售客户与高端客户的未来服务模式

(四) 证券公司高端客户统一服务体系是响应政策、应对竞争的必然选择

2017 年的全国金融工作会议指出,金融要把为实体经济服务作为出发点和落脚点,全面提升服务效率和水平,把更多金融资源配置到经济社会发展的重点领域和薄弱环节,更好地满足人民群众和实体经济多样化的金融需求。

与此同时,证券公司所面临的行业竞争格局正受到具备"以客户为中心"的经营思维以及相关成功管理实践的海外资本的严峻挑战。截至 2017 年 8 月,在我国已设立的证券公司中,具有外资背景的共计 14 家(见表 1);而目前已获得监管批复准以筹建的证券公司,多数也拥有港资股东背景。

表 1　外资合资证券公司发展历程

外资参股/控股券商一览				
批准时间	公司名称	境外股东名称	境外股东出资比例(%)	进一步动作
1995 年 4 月	中金公司	新加坡政府投资公司 TPG Asia V Delaware, L. P. KKR Institutions Investments L. P. 大东方人寿保险有限公司 名力集团控股有限公司	49.00	
2002 年 1 月	中银国际证券	中银国际控股有限公司	49.00	
2002 年 12 月	财富里昂证券	法国里昂证券资本市场公司	33.30	2014 年华信能源斥资 10.34 亿元获 100% 股权。同年更名为华信证券
2004 年 6 月	海际大和证券	日本大和证券公司	33.30	2014 年日本大和证券正式退出,正式更名为"海际证券"。2015 年中天金融集团股份有限公司全资子公司贵阳金控竞获 66.67% 股权,成为控股股东。2017 年 8 月更名为中天国富证券

续表

		外资参股/控股券商一览		
批准时间	公司名称	境外股东名称	境外股东出资比例（%）	进一步动作
2004年11月	高盛高华证券	高盛（亚洲）有限公司	33.30	
2006年12月	瑞银证券	瑞士银行有限公司（UBS AG）国际金融公司（IFC）	24.99	
2008年6月	瑞信方正证券	瑞士信贷（Credit Suisse）	33.30	2015年获准在深圳前海地区开展经纪业务
2008年12月	中德证券	德意志银行（Deutsche Bank）	33.30	
2010年11月	华英证券	苏格兰皇家银行公众有限公司	33.30	
2010年12月	摩根士丹利华鑫证券	摩根士丹利（亚洲）有限公司	33.30	2016年第一创业证券股份有限公司以人民币3.07亿元的价格收购J.P. Morgan Broking（Hong Kong）Limited持有的第一创业摩根大通证券有限责任公司33.30%的股权
2010年12月	第一创业摩根大通证券	摩根大通经纪（香港）有限公司	33.30	
2011年12月	东方花旗证券	花旗环球金融亚洲有限公司	33.30	
2016年3月	申港证券	嘉泰新兴资本管理有限公司 民信金控 民众证券	34.85	
2016年4月	华菁证券	万诚证券	49.00	
2017年7月	汇丰前海证券	汇丰银行	51.00	
2017年7月	东亚前海证券	东亚银行	49.00	

资料来源：根据公开资料整理。

二、境内外金融机构建设高端客户服务体系经验丰富

通过查阅境内外金融机构2014—2016年年报信息和其他相关材料，以及与国际投资银行业务交流，下文对具有行业代表性的8家国际投资银行和9家国内商业银行围绕高端客户服务而进行的组织管理情况进行了收集和分析。

（一）境内外金融机构高端客户服务体系较为成熟

1. 国际投资银行在业务线条划分中落实高端客户服务

为全面挖掘国际投资银行的高端客户服务体系建设情况，本文选取了全球范围内资产规模排名靠前的高盛、摩根士丹利、美林、花旗、汇丰、渣打银行、德意志银行、野村证券8家大型投资银行作为研究对象，分析其2014—2016年年报及相关文献资料，发现国际投资

银行普遍按照客户类别划分业务条线,并配备相应客户经理团队、考核机制及信息化系统等。

2. 国内商业银行在组织架构各层级中构建客户经理团队

为全面分析国内商业银行的高端客户服务体系建设的情况,本文选取了工商银行、农业银行、中国银行、建设银行4家国有银行以及浦发银行、民生银行、交通银行、招商银行、兴业银行5家股份制银行作为研究对象,分析其2014—2016年年报及相关文献资料,发现国内商业银行均在总部和分支机构设立客户服务部门和私人银行,绝大部分以客户经理团队模式全方面服务高端客户。

(二)国际投资银行高端客户服务体系的典型案例

结合对上述国际投资银行和国内商业银行高端客户服务体系的梳理,国际投资银行如高盛、摩根士丹利和汇丰,以客户为导向划分业务部门、在不同业务条线内设立客户服务部门,为高端客户提供一对一服务,提升高端客户的黏性。

1. 高盛按高端客户划分业务条线,并专设相应的客户服务部门(见图7)

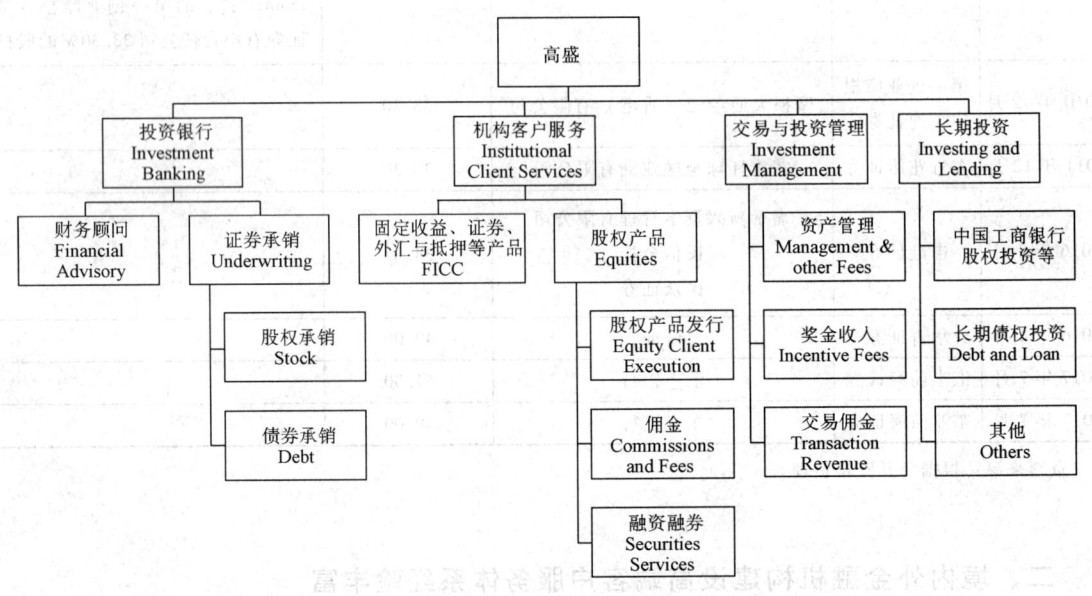

图7 高盛业务架构图(2016年)

(1)高盛集团的业务条线按照客户群体及客户需求划分;

(2)高盛投资银行部将承揽和承做相分离;

(3)高盛采用双赢的薪酬考评机制。

2. 摩根士丹利持续调整客户服务部门架构,加强客户经理之间的协同(见图8)

(1)摩根士丹利的组织管理模式以客户为导向,多次调整客户服务部门架构。根据客户类别进行业务分类管理,各业务部门都能提供从经纪业务、投资银行到资产管理业务的全方位服务,以减少业务交叉所导致的利益冲突,提高公司的服务效率。

(2)摩根士丹利机构证券部下的投资银行部通过业务和客户两个维度对客户经理进行划分。

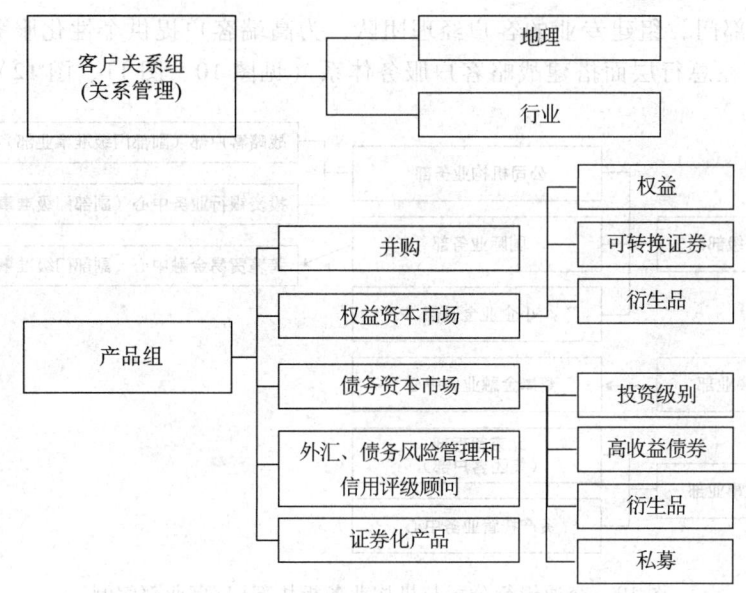

图 8 摩根士丹利投资银行部组织架构图

（3）客户关系组的客户经理在与企业高管维持良好的关系的同时，也需要在业务开展时与产品组的客户经理密切合作。

3. 汇丰集团以客户群体划分集团业务架构（见图9）

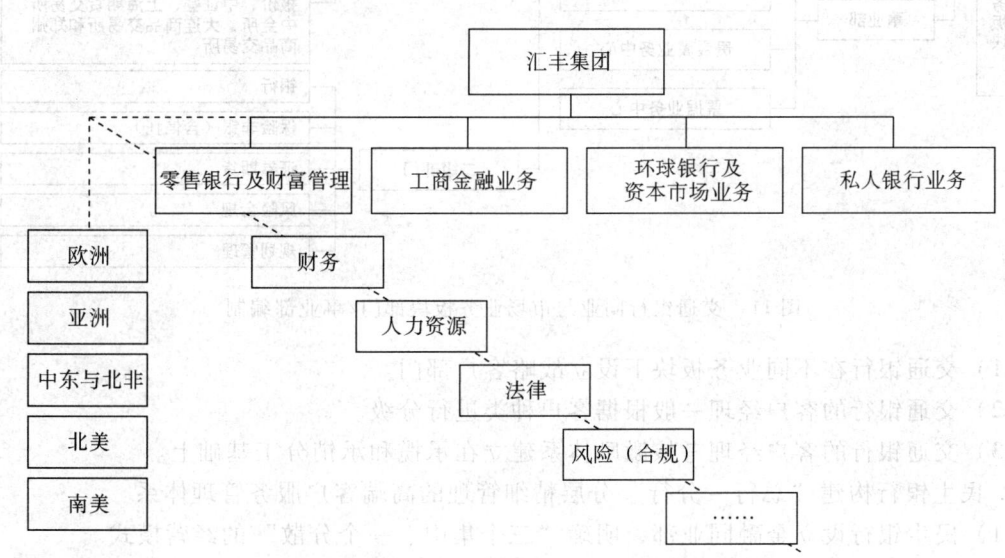

图 9 汇丰集团组织架构图

（1）汇丰集团按照客户群体将集团业务分为四大板块。
（2）高度重视客户系统的开发和应用，实现客户信息的有效传递。

（三）国内商业银行高端客户服务体系的典型案例

国内商业银行高端客户服务体系较为完善，根据不同高端客户需求，在总行和分行设立相应的客户服务部门，组建专业的客户经理团队，为高端客户提供个性化服务。

1. 交通银行在总行层面搭建战略客户服务体系（见图10、图11、图12）

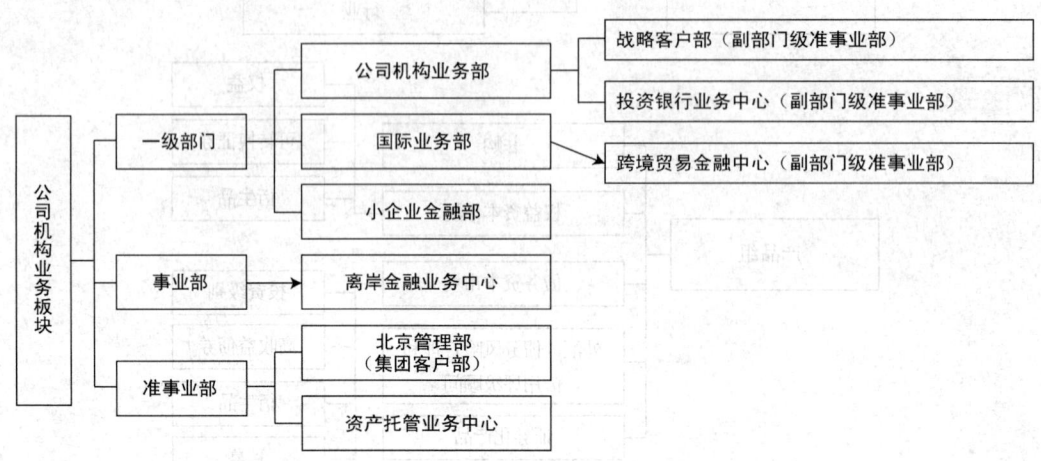

图10　交通银行公司与机构业务板块部门/事业部编制

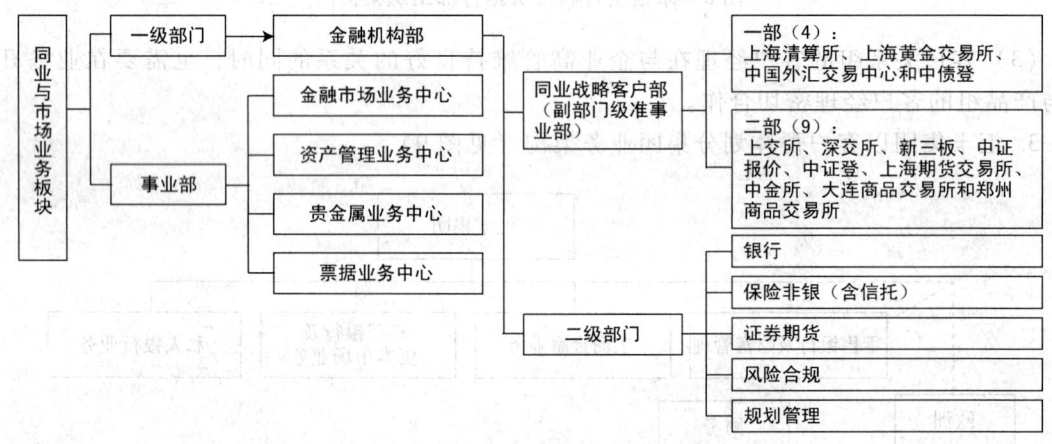

图11　交通银行同业与市场业务板块部门/事业部编制

（1）交通银行在不同业务板块下设立战略客户部门。
（2）交通银行的客户经理一般根据客户种类进行分级。
（3）交通银行的客户经理考核激励体系建立在承揽和承销分工基础上。

2. 民生银行构建"总行－分行"分层精细管理的高端客户服务管理体系

（1）民生银行设立金融同业部，明确"三个集中、一个分散"的经营模式。
（2）民生银行以"1+1+2+N"的模式，着力打造战略客户服务品牌。
（3）民生银行私人银行事业部树立"一体三翼"的服务理念，打造特色鲜明的私人投资投行顾问团队。

（四）境内外金融机构的实践经验具有借鉴意义

1. 客户信息实现集团统一管理

客户信息共享。各部门客户信息充分共享，在信息系统和客户管理部门协同下可以提高

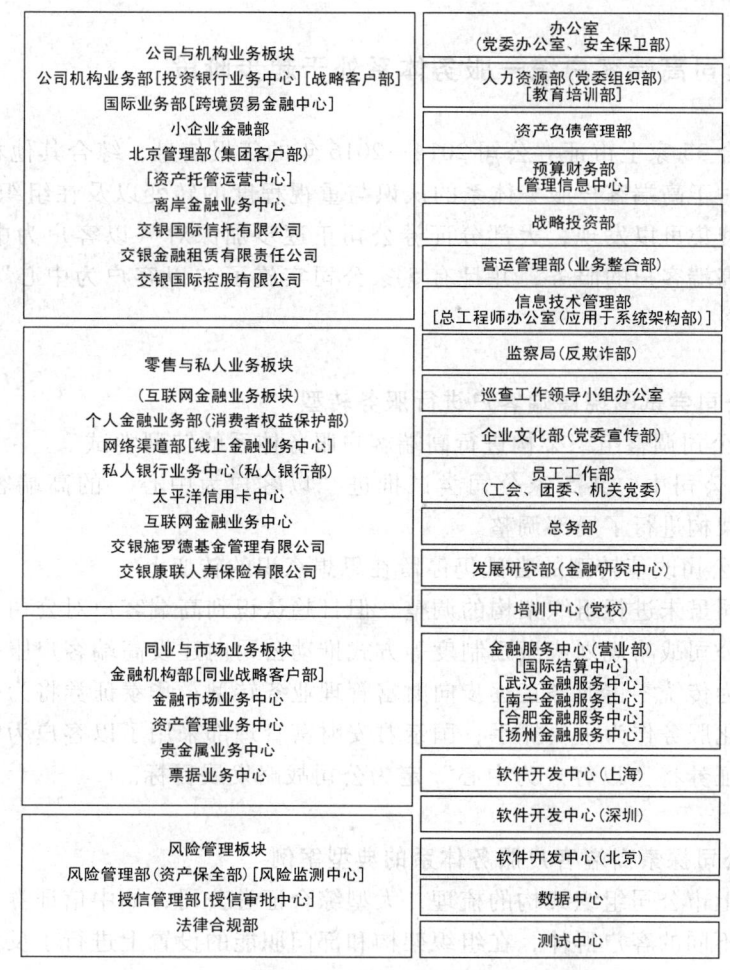

图 12 交通银行组织架构图 2016 年（部分）

工作效率。

2. 设置独立的高端客户服务部门

点对点联系客户。各个金融机构、非金融企业、政府机关及事业单位和高净值个人客户都有点对点接线的业务人员，客户经理满足客户金融方面的各种需求，为其提供全方位的金融服务。

3. 客户经理具备响应高端客户综合服务需求的能力

客户经理对各方面业务都有较深入的了解。客户经理可以针对客户遇到的金融问题提出负责任的建议方案，同时发现针对该客户的新商机。

4. 考核激励机制适应高端客户统一管理需要

以客户为中心需要有良好的激励制度促进客户经理为客户提供完善、全面的服务。客户经理制要求客户经理以客户为中心，尽可能多地和客户沟通交流，在提升客户用户体验的同时，也有机会发展同一客户不同方面的业务。这要求客户经理制有良好的激励制度，可以激励客户经理们主动联系客户，并与客户维持良好的关系，尽可能建立长期的业务关系。

三、证券公司高端客户统一服务体系处于起步阶段

通过收集整合35家上市证券公司2014—2016年的年报信息，综合其他相关资料，下文汇总了证券公司对于高端客户服务体系的认识与重视程度的转变以及在组织管理中的实践。基于大量的资料搜集可以发现，大部分证券公司正逐步加深对"以客户为中心"的理念认知，日渐重视对高端客户的服务，并且有5家公司实施了"以客户为中心"的组织架构调整尝试。

（一）证券公司尝试围绕高端客户进行服务转型

1. 部分证券公司调整组织架构进行高端客户服务体系的转型尝试

在35家证券公司中，共5家公司尝试推进"以客户为中心"的高端客户服务体系建设，对公司组织架构进行了局部调整。

2. 部分证券公司改革转型的尝试仍停留在思想意识的转变上

部分证券公司虽未进行组织架构的调整，但日趋认识到高端客户对公司未来发展的重要性，并通过制定公司战略规划或激励制度等方式推动公司向建设高端客户服务体系转型。比如，方正证券认为传统零售业务正逐步向财富管理业务转型；华泰证券将为机构及高净值个人客户提供差异化服务作为主要抓手；国泰君安财富管理部采用了以客户为中心的资产驱动激励机制；国元证券将"以客户为中心"定为公司战略发展目标。

（二）证券公司探索高端客户服务体系的典型案例

结合对上述上市公司组织架构的梳理，大型综合证券公司，如中信证券、广发证券和海通证券等，针对不同的客户群体，在组织架构和部门职能的设置上进行了反复多次的尝试和调整，为证券行业建设高端客户服务体系提供了先行经验。

1. 中信证券多举措全方位推进高端客户统一服务体系建设

（1）2013年，中信证券设立业务协同发展部（见图13）。

（2）2014年，中信证券设立战略客户部（见图14）。

（3）中信证券为了落实业务协同方面的工作，制定了相应的激励机制。

2. 广发证券尝试设立战略客户服务一级部门（见图15）

（1）广发证券认为未来证券公司理顺对接机构和高净值个人客户的组织架构是必然趋势。

（2）广发证券曾经在投资银行业务板块下设立战略客户关系管理部，响应机构及企业客户的融资需求。

（3）广发证券近期新设平行于其他一级部门的战略客户管理部门，是原投资银行板块部门的升级。

3. 海通证券面向细分客户持续推动客户服务体系建设

海通证券已认识到其客户服务同质化的情况，通过多次调整部门架构，逐步细分部门服务的客户群体。海通证券当前主要业务包括：证券及期货经纪业务、投资银行业务、自营业

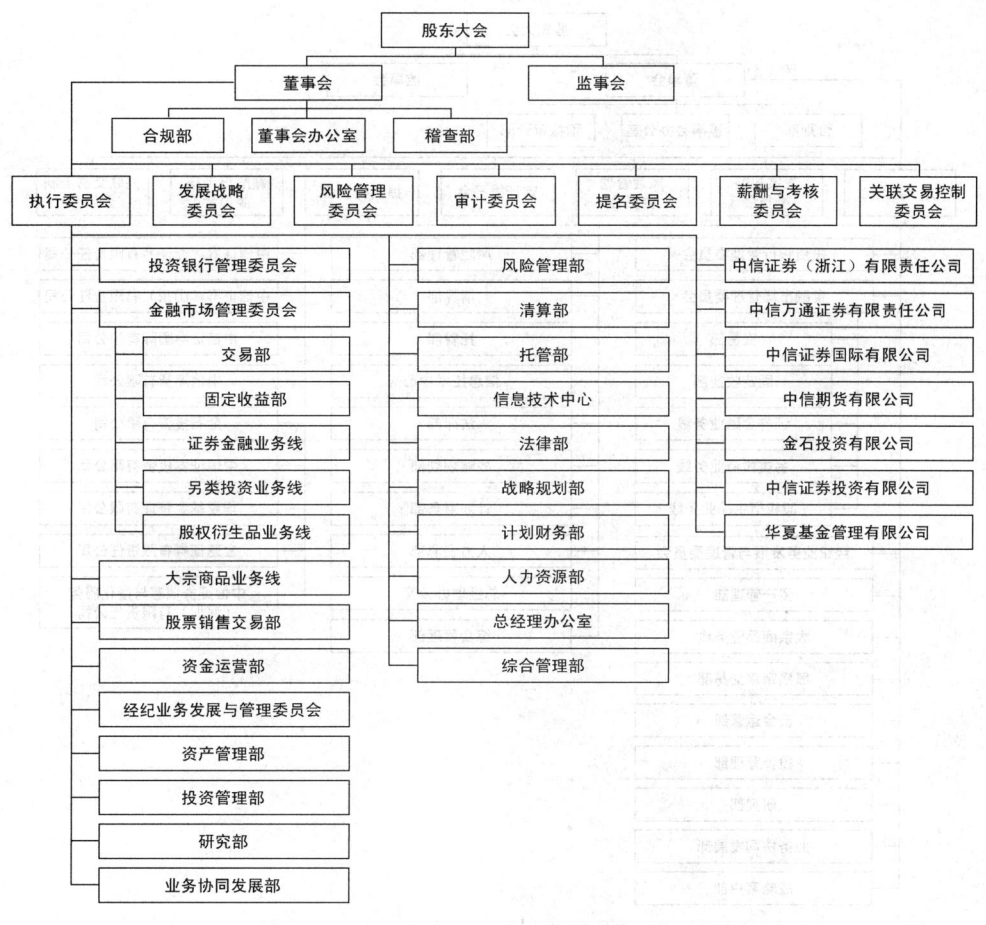

图 13　中信证券组织架构图（2013 年）

务、直投业务、资产管理业务、融资租赁业务和境外业务。在不同业务板块下，设置有不同细分业务部门（见图 16）。

（1）2013 年，海通证券撤销投资银行客户部，设立企业及私人客户部。

（2）2015 年，海通证券针对金融机构、高净值个人客户专设相应的客户部门。

（三）证券公司高端客户服务体系仍在探索

通过梳理证券公司的组织架构以及分析典型性证券公司"以客户为中心"组织管理体系的探索模式，发现当前证券公司在建设高端客户服务体系的进程中存在部分共性特质。

1. 以产品为中心的组织管理方式依然是普遍选择

根据证券公司年报，大部分证券公司的组织架构仍主要以"产品为中心"为基础，根据不同的产品条线划分不同部门的职能。但在这种组织管理模式下，存在明显的弊端，各个业务部门服务的客户群体普遍存在交叉现象，这将导致部门资源浪费，公司客户信息分散，严重阻碍了客户资源统一管理的推动进程（见图 17）。

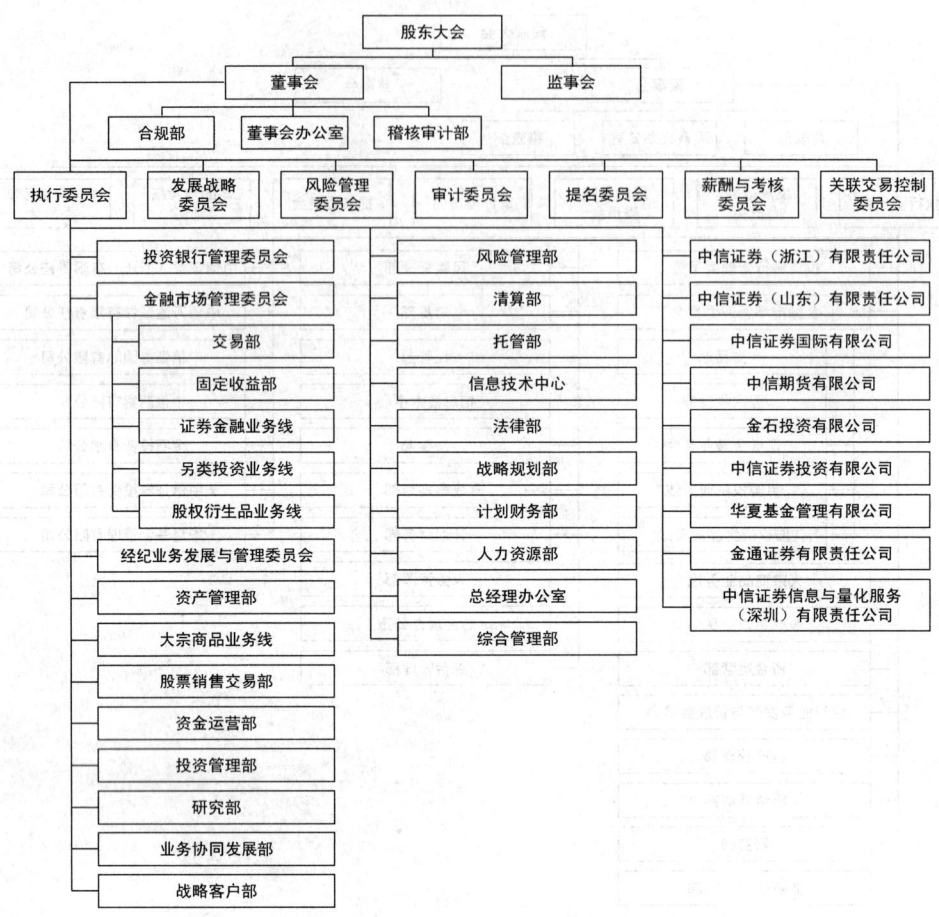

图 14　中信证券组织架构图（2014 年）

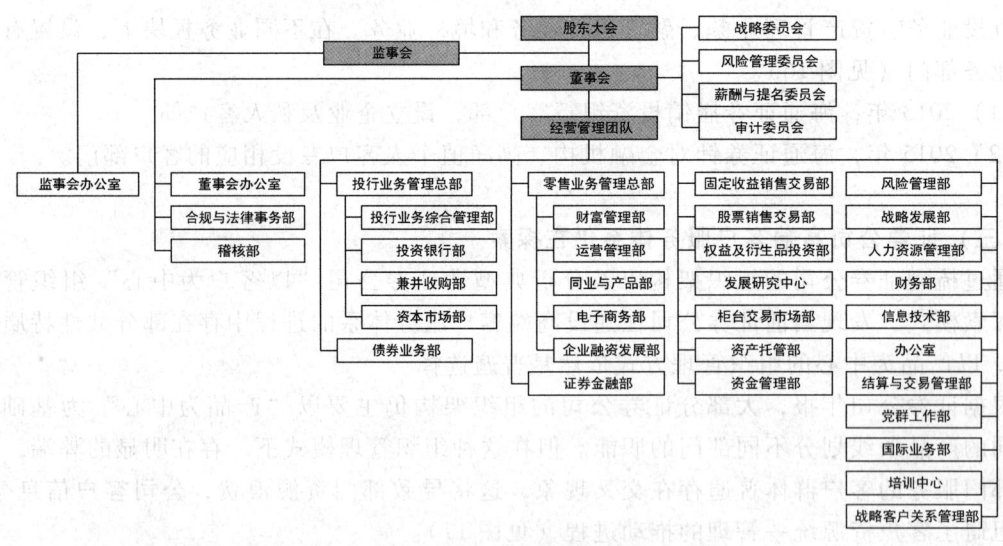

图 15　广发证券组织架构图（2015 年）

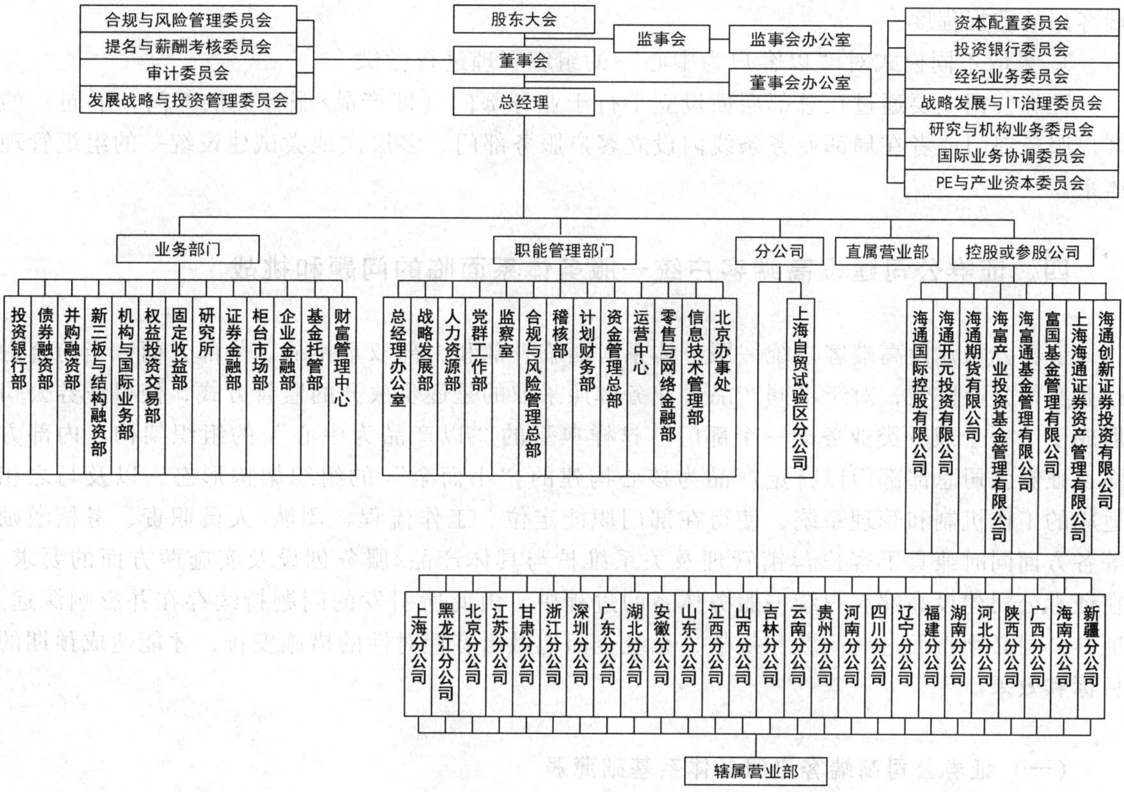

图 16 海通证券组织架构图（2015 年）

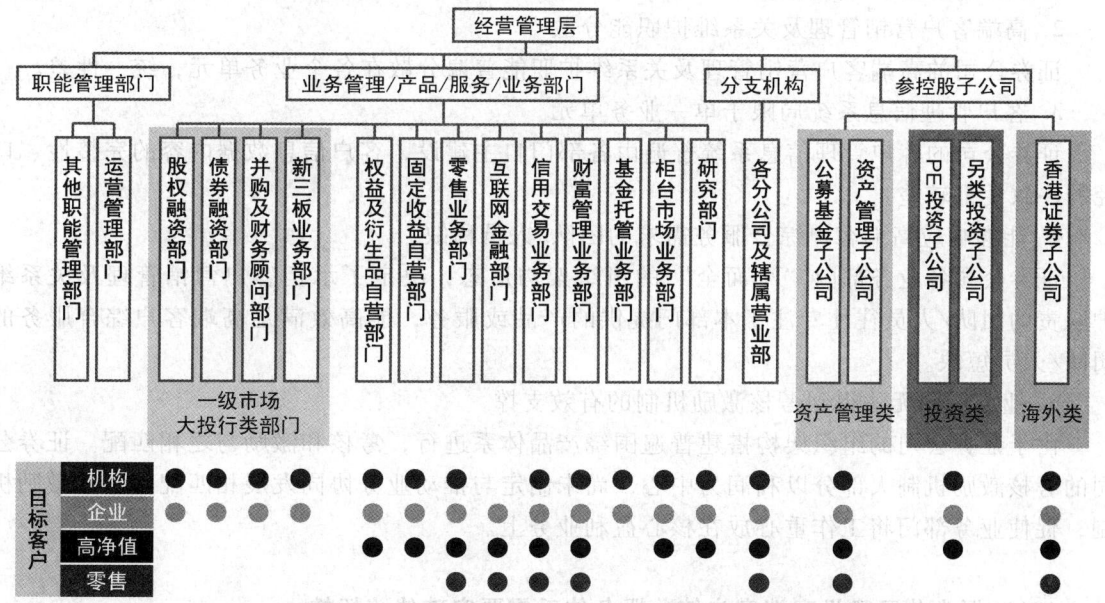

图 17 国内证券公司典型的集团组织架构及目标客户群体

2. 对"以客户为中心"组织管理的认知和理解日益深刻

部分证券公司正逐步接受和理解"以客户为中心"的组织架构的管理理念，加强对高端客户的重视程度。

  3. 采取不同模式对"以客户为中心"的组织管理进行尝试

  证券公司主要通过在总部层面设立平行于业务部门（即产品/服务提供部门，下同）的客户服务部门或者在局部业务条线内设立客户服务部门，多层次地尝试建设统一的组织管理体系。

四、证券公司建设高端客户统一服务体系面临的问题和挑战

  证券公司建设高端客户统一服务体系时面临外部和内部双重挑战。外部方面，当前金融行业实行分业监管，对于不同产品、业务牌照采取的是逐步放开的监管方式，使得证券公司形成了"一个或一类业务即一个部门"这样典型的"以产品为中心"的组织架构。内部方面，证券公司总部部门以特定产品为核心构建的"小而全"的组织架构形态，以及与之相适应的工作机制和管理系统，使得在部门职能定位、工作流程、团队/人员职责、考核激励等各方面同时兼具了客户营销管理及关系维护与具体产品/服务创设及实施两方面的要求。在证券公司建设高端客户统一服务体系的过程中，由此所引发的问题持续存在并影响深远。证券公司必须直面这些问题和挑战，系统全面地做出有针对性的措施安排，才能达成预期的目标和效果。

（一）证券公司高端客户服务体系基础薄弱

  1. 尚未建立统一标准对客户进行分类

  证券公司普遍缺乏从集团整体层面对于所有客户类别及标准的统一界定。

  2. 高端客户营销管理及关系维护职能分散

  证券公司的高端客户营销管理及关系维护职能普遍分散在各个业务单元，统一性差。

  3. 客户管理信息系统局限于单一业务单元

  证券公司的客户管理信息系统普遍由各部门自主建设，客户信息数据内容的完整性、口径的一致性都较差。

  4. 能够响应高端客户综合服务需求的团队/人员稀缺

  证券公司各业务部门"小而全"的组织架构形态，决定了承担客户营销管理及关系维护职责的团队/人员往往专注于本部门提供的产品或服务，能高效满足高端客户综合服务的团队/人员短缺。

  5. 业务协同无法得到考核激励机制的有效支撑

  由于证券公司的组织架构搭建普遍围绕产品体系进行，考核和激励与之相匹配。证券公司的考核激励机制大部分以利润为中心，尚未制定与推动业务协同发展相匹配的考核激励机制，促使业务部门将工作重心放在核心盈利业务上。

（二）证券公司建设高端客户统一服务体系需要突破传统桎梏

  1. 组织架构需要按照"需求引导产品/服务"原则进行调整

  证券公司建设高端客户统一服务体系，需要遵循"以客户为中心"的理念，按照需求引导产品/服务、强化客户营销管理及关系维护职能的逻辑思路，对组织架构进行相应调整。

证券公司建设客户统一服务体系而进行的组织架构调整，按照需求引导产品/服务原则对客户营销管理及关系维护与具体产品/服务创设及实施进行分离是核心和关键。

2. 信息系统需要在集团层面统一构建

证券公司建设高端客户统一服务体系，需要突破原业务单元相对独立的信息系统的局限，在集团层面构建更高阶的客户管理信息平台。

3. 专业团队需要培育并配套相适应的考核激励机制

证券公司建设高端客户统一服务体系，需要结合组织架构调整结果、相关团队/人员新的职责要求，配套组建相应的专业团队，并设计公平合理的机制实施考核激励。

4. 突破传统桎梏已具备了基础条件

证券公司"以客户为中心"开展组织管理在客户基础、信息技术、理念和实践方面都满足了必要的条件。

五、证券公司建设高端客户统一服务体系的理想模式和现实选择

根据具体的实际情况，证券公司建设高端客户统一服务体系可以选择不同的方法和路径。本文首先提出最终形态的理想模式，并以理想模式为方向、以证券公司普遍具备的条件为基础，进一步提出更具有实际意义的现阶段可行方案。

（一）理想模式及方案设计

1. 整体思路和设计要点

（1）整体思路与目标。证券公司建设高端客户统一服务体系的理想模式，应以集团范围高端客户统一的价值分类为基础，以高端客户服务一体化平台为依托，通过集中母公司高端客户营销、关系维护及综合金融服务协调职能，构建覆盖公司总部及分支机构的高端客户服务部门与团队，重构高端客户营销及金融服务流程，并将子公司高端客户信息纳入统一管理，推动集团层面的客户分享和交叉销售，逐步建立以市场为导向、以客户为中心、以增强营销能力为动力的集团整体联动的高端客户统一服务体系。

按照以上的整体思路，证券公司建设高端客户统一服务体系的目标包括：厘清集团范围高端客户的分类标准，并以此为依据筛选出集团各级别的高端客户；建设集团高端客户营销及信息管理系统，实现对集团范围所有高端客户信息的全覆盖，并基于存量客户金融服务需求统计分析，不断提升客户需求挖掘能力；培育一支具备高端客户营销、关系维护及综合金融服务协同能力、全面且熟练掌握公司金融服务/产品特点并能将高端客户需求与公司金融服务/产品建立有机联系的客户经理队伍；通过一段时间的探索和积累，培育出一个达到一定规模并相对稳定的优质客户群体，并以此为基础不断优化高端客户结构；在满足监管要求的前提下，突破原有的主要按产品服务和专业划分的业务/职能机构的设置，构建集拓展管理客户、传递市场信息、推介金融产品于一体的全方位金融服务方式，全面提升证券公司集团高端客户服务体验。

（2）整体框架与设计要点。遵循以上的整体思路，围绕既定目标，证券公司建设高端客户统一服务体系理想模式的整体框架如图18所示。

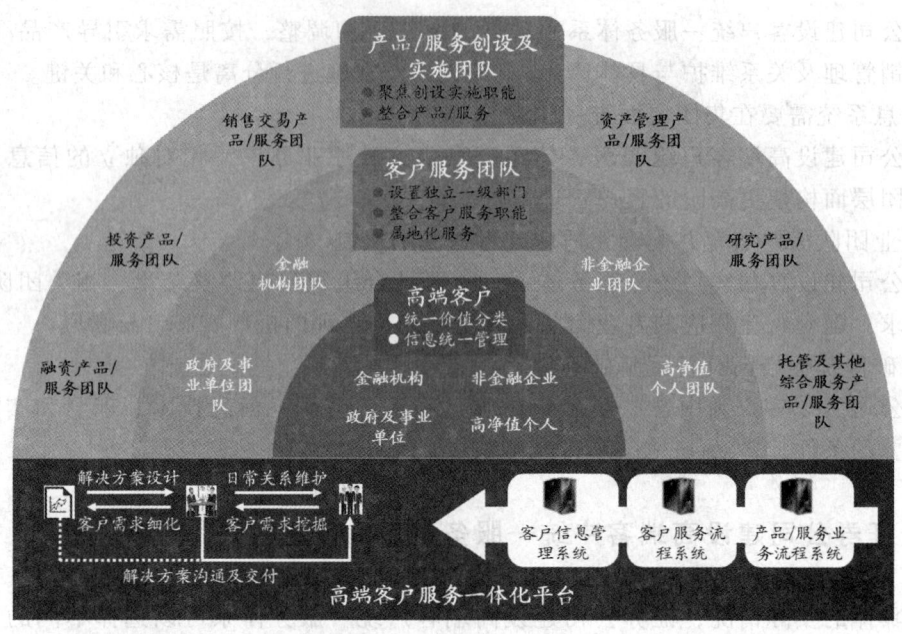

图 18 证券公司建设高端客户统一服务体系理想模式的整体框架

高端客户分类建议：首先，根据证券公司选择设定的标准，例如客户属性、可交易金融资产规模等，将金融机构、非金融企业、政府机关及事业单位以及高净值个人客户统一定义为高端客户。其次，以此为基础，建议以客户价值为标准对高端客户进行分类，即结合高端客户的战略重要性程度、资产规模、历史业务合作及收入贡献等价值因素（可设定不同的考量权重 X%、Y%、Z%），将集团范围的高端客户区分为公司战略级客户、公司级客户、分支机构级客户等若干类别，具体的类别设定可根据证券公司的实际情况有所差异。

组织架构及职能调整建议：公司总部新设高端客户服务部；明确原业务管理/产品/服务/业务部门的职能定位；明确分支机构的职能定位；公司经营管理层设置高端客户服务决策委员会；明确集团下属各类参控股子公司的职能定位。

信息系统支持建议：证券公司建设高端客户统一服务体系，需要以高端客户服务一体化平台为重要的技术依托。证券公司构建高端客户服务一体化平台，应围绕客户信息、客户服务流程支持以及产品/服务业务流程支持三大系统功能，选择彻底开发重建或者在现有各类信息系统基础上进行整合完善两条路径来实施推进。在开发完善以上三大系统功能的过程中，证券公司不仅需要时刻践行"以客户为中心"的思想理念，还需要针对不同级别高端客户的不同特点，实现差异化的功能支持：建设集团层面的客户信息管理系统；建设客户服务流程支持系统；建设产品/服务业务流程支持系统。

考核体系配套建议：证券公司建设高端客户统一服务体系的理想模式下，对于考核制度的配套建设，主要是按照高端客户服务部与客户经理个人两个层面设计相应的考核内容，使其既符合职能定位的要求，同时又能够公正客观地体现其工作业绩和主观努力程度，部门考核以财务结果和营销协同效果为主要导向；客户经理个人考核兼顾过程履职与营销结果。

激励体系配套建议：证券公司建设高端客户统一服务体系的理想模式下，对于激励制度的配套建设，主要是在兼顾内外部公平的前提下，设计高端客户服务部整体奖金提取方式。

由于高端客户服务部整合了证券公司总部各产品/服务创设及实施部门的客户营销及管理职能，因此需要从服务公司高端客户的角度出发、综合考虑证券公司各业务条线的现行政策进行整体激励制度的配套设计。由于不同证券公司实施的激励制度个性化程度非常高，因此结合公司的实际情况因地制宜地进行设计才可能获得良好的效果，下文提出以下三种思路作为参考：

一是以"目标奖"统一高端客户营销服务体系下的相关部门激励政策。目标奖是与业绩考核目标要求直接挂钩、基准奖金额度固定、实发奖金额度根据业绩考核目标达成情况在一定范围内变动调整的奖励制度。

二是高端客户服务部激励以创设及实施部门现行方式的平均水平为参照。

三是高端客户服务部激励以业务收入双计为设计基础。高端客户服务部激励以业务收入双计为设计基础。即保持调整职能后各产品/服务提供及业务承做部门现行激励方式不变，对高端客户服务部进行业务收入双计，并基于双计部分业务收入提奖设置部门的激励政策。其中，双计的比例以及双计部分业务收入/利润提奖的提奖比例需综合考虑公司各业务条线的激励水平以及双计部分业务收入规模来确定。

2. 困难及潜在风险

证券公司推进高端客户统一服务体系理想模式的建设，其主要矛盾在于证券公司（尤其是大型证券公司）数以万计的高端客户以及客户日趋多元化、复杂化的现实需求与证券公司面临的条线化监管要求以及全面综合金融服务人才稀缺之间的矛盾。与主要矛盾相对应的，证券公司推进高端客户统一服务体系理想模式的建设可能在价值分类、营销管理半径、合规风控、人员配备、经营成本与财务等方面存在一系列困难及潜在风险。

（二）现阶段的可行方案设计

1. 整体思路和目标

以建设高端客户统一服务体系的理想模式为目标，证券公司以集团范围高端客户统一的价值分类为基础，以高端客户服务一体化平台为依托，以"公司战略客户""细分业务板块"与"细分客户类别"为切入点，遵循条件成熟一部分推进实施一部分的思路，结合证券公司经营管理的现实基础，有选择、有侧重地构建覆盖公司总部及分支机构的高端客户服务部门与团队，重构高端客户营销及金融服务流程；并将子公司高端客户信息纳入统一管理，推动集团层面的客户分享和交叉销售。

2. 以"公司战略客户"为切入点的可行方案

公司战略客户，是指证券公司应用集团范围高端客户分类标准筛选出的、一定数量的公司战略级客户群体，通常可包含大型央企、特大型民企、国内外大型金融机构等。"公司战略客户"是证券公司综合价值最大、战略重要性程度最高的客户群体，其金融服务需求具有非常显著的多元化、复杂化特征。证券公司以"公司战略客户"为切入点建设高端客户服务体系，目标客户群体基数相对于证券公司高端客户整体规模而言较小，现阶段具有较高的可行性，整体框架如图19所示。

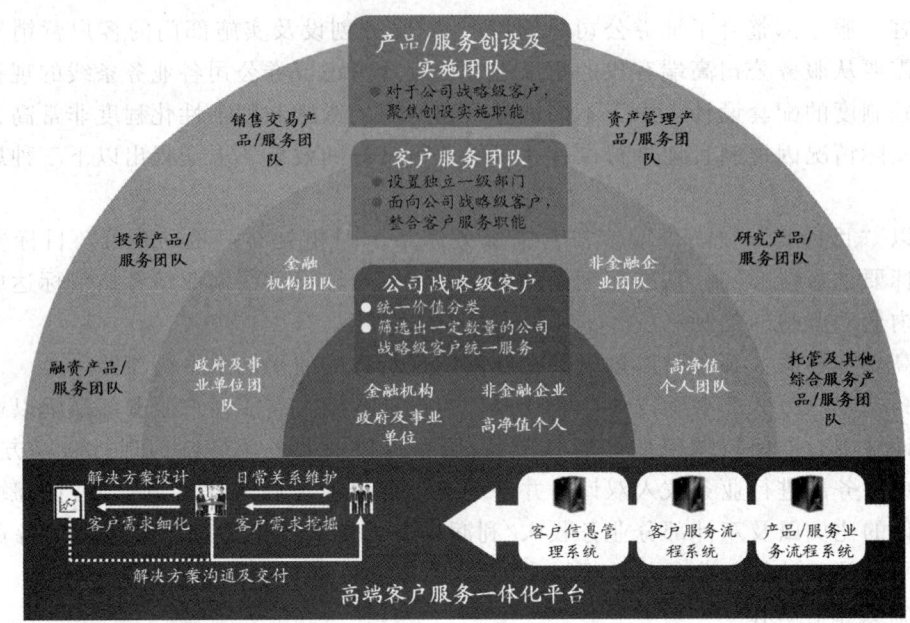

图 19 以"公司战略客户"为切入点的现阶段可行方案整体框架

3. 以"细分业务板块"为切入点的可行方案

证券公司的产品/服务可区分为大投行、机构经纪、资产管理等业务板块,在板块内各项细分产品/服务在业务流程方面往往具有较高的一致性。以大投行业务板块为例,基本的业务流程均为"客户需求挖掘——企业接洽沟通——合同签署——尽职调查——项目承做——监管沟通——发行",按照建设高端客户服务体系的要求、基于业务流程的各个环节来对原有职责进行重新分工和协作安排具有较好的基础。不仅如此,业务板块内各项细分产品/服务较小的跨度差异,对客户经理团队综合能力的要求具有较大的共性,以其作为切入点推动公司高端客户经理团队的培育和建设难度相对较小。与此同时,证券公司以"细分业务板块"为切入点建设高端客户服务体系,目标客户群体基数相对较小,进一步提升了现阶段推行方案的可行性。

选取大投行业务板块为设计对象,以"细分业务板块"为切入点的高端客户服务体系现阶段可行方案整体框架如图 20 所示。

4. 以"细分客户类别"为切入点的可行方案

与以"公司战略客户"为切入点的方案相类似,证券公司以"细分客户类别"为切入点建设高端客户服务体系,目标客户群体基数相对较小,现阶段具有较高的可行性。与此同时,公募基金、银行、保险、私募基金等部分具体的细分客户类别,其金融服务需求涉及的证券公司产品/服务跨度较小,可以作为建设高端客户服务体系的优先选择。

选取公募基金客户为设计对象,以"细分客户类别"为切入点的高端客户服务体系现阶段的可行方案整体框架如图 21 所示。

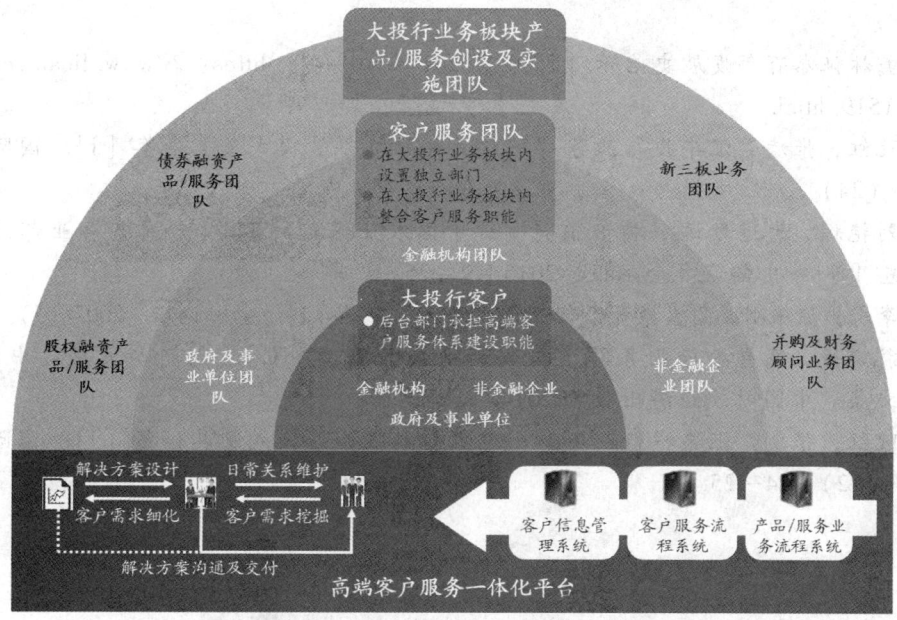

图 20 以"细分业务板块"为切入点的现阶段可行方案整体框架

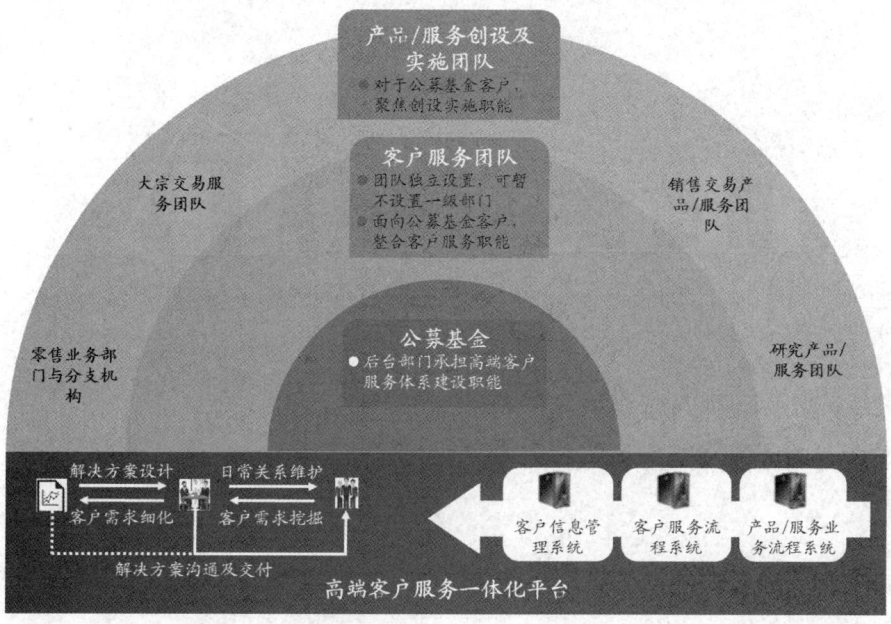

图 21 以"细分客户类别"为切入点的现阶段可行方案整体框架

参考文献

[1] Robert Saxe, Barton A. Weitz. The SOCO Scale: A Measure of the Customer Orientation of Salespeople [J]. Journal of Marketing Research, 1982, 19: 343 – 351.

[2] 彭思立. 新世纪"以客户为中心"的企业管理理念 [J]. 商业研究, 2005,

327：23.

[3] 美林证券百年发展史启示 [J/OL]. 2017-10-18, https：//www.licai.com/yuedu/201409-61519.html.

[4] 阮红, 张凌. 汇丰投行业务"一站式金融服务"模式及其借鉴 [J]. 国际银行业, 2013, 298 (24).

[5] 刘艳辉. 大道致远 搏浪前行——中国农业银行大客户部/总行营业部成立20周年特别报道 [N]. 中国城乡金融报, 2015-9-25.

[6] 李勇, 陈耀刚. 高盛投资银行业务：经验与借鉴 [J]. 金融论坛, 2007 (3)：10—15.

[7] 翁媛媛. 高盛投行业务转型与创新之经验借鉴 [C]. 创新与发展：中国证券业2013年论文集. 中国财政经济出版社2014.

[8] 阮红, 张凌. 汇丰投行业务"一站式金融服务"模式及其借鉴 [J]. 国际银行业, 2013, 298 (12)：24—25.

证券经纪业务线上线下相结合的业务模式研究

中泰证券股份有限公司*

一、前言

（一）研究意义

马云在 2016 年 10 月首次提出的"新零售"概念在行业内产生较大反响。所谓新零售，即企业以互联网为依托，通过运用大数据、人工智能等技术，对商品的生产、流通与销售过程进行升级改造，重塑业态结构与生态圈，并对线上服务、线下体验以及现代物流进行深度融合的零售新模式。新零售本质上强调利用大数据等新科技实现线上线下一体化。未来，电商概念将不复存在，取而代之的则是线上线下相融合的零售模式。这一模式不仅适用于传统零售业，对于证券经纪业务来说，同样适用。经纪业务传统的经营理念和运营模式存在诸多问题，亟须通过科技创新、业务模式变革来解决，由线上、线下分离作业向线上线下融合发展。

尤其是以"通道收佣、资金收利"为主的传统商业模式面临收入下降和成本上升的双重挤压，亟须在"服务收费"模式上取得突破。单一的线上或者线下服务的模式均存在不足，线上服务易造成信任感缺失、客户体验缺失、员工聚集力不强、后续服务有限等问题；而线下服务存在服务半径不足、产品触达不够、业务办理效率低下等缺陷。唯有实现线上线下相结合，优势互补，扬长避短，才能真正解决经纪业务发展所面临的问题。一是经纪业务O2O模式有助于提升服务效率；二是有助于催生新的盈利模式，改变传统通道业务盈利模式单一的现状；三是线上线下相结合更符合全面从严监管的要求。由此可见，依托金融科技，以"互联网＋"思维进行业务整合，搭建线上线下相配合的业务模式，对提升服务效率，优化服务模式，特别是解决经纪业务全面转型"服务收费"的现实问题具有至关重要

---

* 课题负责人：黄华，中泰证券副总裁；课题组成员：李肇嘉、杨卫东、王海涛、郑晓彤、胡连强、高梦洁、孟庆蛟、陈爽、逯志军、于晓梅。原载于《中国证券》2018 年第 5 期。

的作用。

(二) 研究创新点

第一,设计思路。本文将"新零售"与证券经纪业务相结合,提出"证券新零售"模式这一概念。提出"线上化、数字化、智能化"三步走战略,完成传统业务向线上迁移,线上线下相结合,形成包含智能投顾平台、投顾服务线上化、流程化集中运营、"齐富通答"平台四大板块在内的O2O闭环模式。此外,通过线下智慧网点建设、绩效考核改革,为O2O运营提供必要的组织运行支持,形成涵盖前、中、后台的全方位业务运营体系。

第二,模式搭建。一是在智能投顾平台建设方面,中泰证券搭建了以动态KYC为核心的智能化应用体系,在此基础上设计了包括个股诊断、智能选股、账户诊断、大类资产配置以及数据类增值服务产品在内的智能化投资辅助决策系统。二是在投顾服务线上化方面,提出具有创新意义的收费模式、"人工+智能"模式、直播加点播模式,全方位满足客户需求。三是在流程化集中运营方面,利用"互联网+"思维推进流程化集中运营,将各类柜台业务进行标准化的流程分解和重新优化、整合,统一操作标准及风险控制。四是在"齐富通答"功能搭建方面,借鉴"滴滴打车"模式,通过"抢单"模式秒速响应客户,有效解决客户服务的难题,此举在行业内仍属少数。

第三,案例分析。本文打破行业限制,对股份制银行、第三方财富管理机构等非券商类公司的O2O模式进行了详细的刻画与分析,吸收借鉴其他行业O2O龙头的先进经验,以期将经验与券商自身业务特点结合,探索出一条行之有效的,有助于证券公司经纪业务全面转型O2O发展之路。同时,对传统证券公司互联网化进程及模式进行了全面的梳理和归纳,全方面阐述证券行业经纪业务线上线下相结合理论。

第四,行业研究。现有行业研究针对互联网因素的分析主要集中在移动互联网对经纪业务的改造,研究层面较为单一,鲜有专注于线上线下相互渗透、结合运营模式的探讨,本文旨在丰富这一问题的研究成果,尝试为券商经纪业务发展提供可资借鉴的新途径。

二、经纪业务线上线下相结合模式发展现状

(一) 招商银行构建O2O闭环生态圈

招商银行"掌上生活"APP以"连接您的生活·消费·金融"为定位,围绕生活、消费、金融三维度全面布局,细分应用场景,连接用户消费需求触点;同时,全面开放用户体系。2015年8月,"掌上生活"APP5.0版本正式推出异行绑定政策,打破银行间壁垒,在行业内首推"开放注册,全民共享",即用户体系开放,将APP的服务对象从招商银行信用卡持卡人扩展到招商银行和其他银行信用卡、借记卡持卡人。多年来,"掌上生活"在优化用户支付体验方面进行了诸多研究,尝试基于消费者在不同场合下特定的支付需求,全方位布局多种支付形态,如NFC支付、快捷支付、扫码支付等全面开花。

"掌上生活"APP一方面重视场景和引流渠道的搭建,通过全方位的场景布局和异行绑定扩大客户触及度,广纳流量;另一方面,借助不断更迭的支付技术和场景优化,实现用户

的高黏度和高变现。

（二）恒宇天泽打造"财富管理+互联网"品牌

北京恒宇天泽投资管理有限公司以"盈泰财富云"为基础，致力于"连接人与财富"，打造集资产管理、财富管理和"互联网+"为一体的金融服务平台。

"盈泰财富云"上游连接资产管理机构，下游连接财富管理机构，致力于打造金融产品设计与研发、风险管理与控制、运营、营销、合规、培训、结算、行政八大服务板块。以公司自有资本力量和品牌影响力吸引优秀财富管理机构、资产管理机构入驻，利用互联网技术更迭，不断优化业务运营各个环节，促进资产与资金的高效对接。

在组织架构方面，恒宇天泽搭建以六大中心和两大板块为主的组织结构，即公司以"盈泰财富云"为中心，建立起产品中心、风控中心、合规中心、运营中心、营销中心、培训中心，以及生态拓展、商务拓展板块，全面覆盖业务各环节，相互配合，从各自业务角度对公司整体运转形成支撑。在服务资源支持方面，恒宇天泽提出金融产品配置、健康配置、生活配置、身份配置四大配置理念，为高净值、超高净值客户提供全方位的服务。

（三）广发证券实现线上线下协同发展

2015年广发证券在传统券商经纪业务领域，利用互联网技术首创智能客户服务模式。该模式整合公司内部资源，以解决客户痛点为目标，推出可人人抢单的必答服务、员工理财网店平台及客户自媒体"全民晒股"业务。广发证券凭借此创新，改变了传统经纪业务佣金持续下滑的不利局面，在财富管理及客户服务方面给证券业树立了良好榜样。2016年，公司又陆续上线贝塔牛投顾系统、积分商城服务体系、金股棒投顾业务、投顾管理平台以及资产配置平台五大项目，帮助公司经纪业务向财富管理方向持续转型。

通过上述案例分析发现，成功的O2O服务关键在于完善引流、产品、协作三方面。

一是需要搭建高获客能力的引流渠道。招商银行通过"掌上生活"APP，与衣、食、住、行等各领域龙头企业合作，应用场景丰富且使用频次高，全方位的场景布局为招行带来了稳定、庞大的客户群体；而且"开放异行绑定"政策高效助力客户开发。

二是需要直击痛点的产品和服务，提升客户黏性。恒宇天泽深入分析财富端、资产端客户的服务需求，推出有针对性的产品和服务：线下利用"彩云追月计划"，孵化优质财富管理人才；线上推出"盈泰财富云"吸引资产管理机构，各类明星产品将财富端、资产端的优质资源绑定在自身平台，增加客户对平台的依赖度。

三是需要建立协同发展的运营机制。所谓协同发展体现在线上线下服务协同、组织架构与业务发展协同。广发证券经纪业务发展采取线上线下协同发展的模式，其"有问必答"服务模块通过移动通讯网络将线上客户需求与线下客户经理进行对接，两维度协同发展，兼顾各自优势。恒宇天泽在组织架构方面，通过搭建以六大中心和两大板块为主的组织结构，全面支撑公司战略发展，组织结构有效配合战略发展，有助于提升效率，缩减成本，便于公司发展战略的实施。

三、经纪业务线上线下相结合的必要性

（一）线上线下相结合实现优势互补

线上线下优势互补的 O2O 模式作用到经纪业务发展中，具体表现为以下三方面：

1. 提升服务效率

通过线上线下业务相结合的模式，券商可以利用大数据分析、客户画像分析等系统分析客户行为，自动触发短信，满足客户广谱化的投资咨询需求等。通过业务的线上化，极大地提高工作效率，解放人力，线下服务人员可以有更多的精力投入到更精细化、专业化、个性化的服务需求中，在提升客户体验感的同时也逐步推动经纪业务的转型升级。

2. 产生新的业务模式

通过线上线下相结合的模式，券商通过自家 APP 推出了更多的产品及增值服务，通过登录券商 APP，非公司客户也可以体验、购买券商提供的增值服务，券商的收费模式由客户模式转变为用户模式，盈利模式也由传统的单一佣金模式逐步向多元化转型。

3. 符合全面从严监管的要求

线上业务以其业务流程的可记录性、后台的可监控化而使得合规监管更加全面、及时，在一定程度上避免了线下开展业务时因其私密化程度较高而导致的监管不及时、不全面的情况。但与此同时，为确保业务办理流程的完善、合规等，对于销户、"两融"等特殊性的业务仍需要采取客户临柜办理这样的线下形式展开。因此，通过线上线下相结合的方式，能够具体问题具体分析，使得所有的工作都能在合规监管的框架内有序运行，适应合规监管的要求。

（二）线上线下相结合 SWOT 分析

本文综合考虑证券公司具备的内部条件和外部环境，利用 SWOT 分析，对证券公司 O2O 模式可行性进行系统性分析（见表 1）。

表 1　　　　SWOT 模型分析经纪业务线上线下相结合的必要性

优势	劣势
拥有庞大的分支机构、营业网点； 拥有一定量的稳定客户群体、公众信任； 依托 APP 探索业务线上化已经进行多年	思维固化，缺乏互联网思维； 业务线上线下结合后盈利模式尚不明确或见效较慢
机会	威胁
人工智能（AI）发展越来越成熟，将会有越来越多落后产能被淘汰	券商牌照逐渐放开； 一人多户实施后，客户流失概率增大； 传统互联网企业向券商进行渗透

（三）线上线下相结合有效解决现实问题

1. 业务办理方面

目前许多券商已经实现了部分基础业务线上化操作，不仅为客户节省了大量的时间、资

金成本，更为券商本身节约了大量的人力资源。但与此同时，仍存在部分二次业务因监管要求而无法实现线上办理的情况。因目前很多客户属于网上开户，在打破开户地域限制的同时，也给客户的业务办理带来一定的困扰。在开通创业板权限、融资融券等业务时，因监管要求必须进行线下办理，这在一定程度上制约了网上业务线上办理的进程，也为客户带来不必要的麻烦。这就为线下业务线上化提出了更高的要求。解决这部分客户的需求是券商今后思考的方向。

2. 基础服务方面

客户在获取基础咨询服务时，总是想尽快得到响应并解决，而现实情况是业务咨询过程当中存在时间不对称的情况。这类情况不仅仅发生在线下，客户在线上同样会面临此方面的问题。工作时间内，员工响应快，咨询的及时性能够得到有效的保证；而在工作时间之外，员工无论是线上还是线下都存在不响应或响应慢的情况，这严重影响了客户的体验感。因此，如何有效进行线上、线下业务的结合，解决业务咨询及时性问题，也将成为券商今后工作中考虑的内容。

3. 投顾服务方面

根据2016年召开的"融合突破，服务共赢——首届中国证券投顾行业创新论坛"会议，彼时我国证券投顾群体人数3.49万人。而根据券商中国对证券投顾生存状态的微信调查，目前32.84%的投顾人员服务的客户人数超过1 000人，这远远超出了投顾的服务范围，也就是说有很多客户是处于无人服务的状态。传统投顾服务受制于地域限制，加上服务半径有限，使得客户很难享受到一流的投顾服务，这部分客户的投顾服务需求有待解决。

4. 智能投顾方面

投顾服务半径的有限性，制约着投顾工作的开展。面对不断扩充的客户群体，其基础性投顾需求以及个性化的投顾需求都有待解决。而采用智能投顾模式无疑将会在一定程度上解决部分基础性的投顾需求，减轻投顾工作量，在提高投顾工作效率的同时提升客户的满意度。因此，智能投顾与人工投顾的双向配合成为券商今后考虑的工作之一。

四、经纪业务线上线下相结合模式搭建

（一）经纪业务线上线下相结合模式设计思路

证券公司的O2O模式应当借鉴马云提出的"新零售"概念，打造"证券新零售"模式。新零售本质上强调利用金融科技实现线上线下一体化，强调人、货、场三要素重构，特别是要从"场所化"向"场景化"重构，以海量且精准的数据为基础，通过线上线下相结合的模式去改革。

本文提出"线上化、数字化、智能化"三步走战略就是"新零售模式"的实践。"新零售"的最终目的是通过智能化提升效率，降低成本。首先要让客户和员工行为线上化，为后续数字化分析创造条件；随后利用大数据、云计算等技术形成客户行为的数字化，在此基础上，智能化就有了一个应用空间；终极目标则是充分运用数字化分析成果反哺业务发展，实现经纪业务智能化，降低成本，提升效率。

三步走战略具体表现为"4+2"模式，即四项基础业务和两项辅助业务。四项基础业务包括：一是持续完善"齐富通答"；二是加快实施流程化运营集中；三是打造理财投顾网

店平台;四是不断迭代优化"中泰智投"。两项辅助业务包括:一是围绕员工线上化行为打造"电子钱包",优化绩效考核;二是推动线下网点向智慧网点转型。

(二)中泰证券线上线下相结合模式探索

1. "齐富通答"秒速响应需求

"齐富通答"是中泰证券O2O线上线下服务通道,借鉴"滴滴抢单"模式,为客户提供全天24小时在线咨询服务。客户可以通过多种渠道进入,如中泰"齐富通"APP、公司官网、微信公众号、微信订阅号、PC"融易汇"等选择"在线咨询"入口图标,在阅读并同意免责声明后即可发起咨询。服务人员通过"齐富通答"后台系统的抢单模式,根据自己的执业资格和客户的咨询类型合法合规地向客户提供相关服务。

(1)平台搭建与制度配套。"齐富通答"于2016年6月上线,经过一年多时间的发展,中泰证券不断地从中总结经验,从而完善相关功能,以适应发展趋势。2017年中泰证券对公司原有的《"齐富通答"服务体系管理办法》进行了三次修订,并配套了《"齐富通答"线上服务管理办法》和《"齐富通答"线上服务实施细则》两项制度,促进公司"齐富通答"线上业务发展,加强"齐富通答"服务体系管控力度。根据投资者适当性管理的要求,2017年7月1日起,"齐富通答"新版服务系统全面上线投资者适当性管理的内容,切实履行投资者适当性管理,维护投资者合法权益。

中泰证券"齐富通答"一般业务服务模式为:客户可发起求助工单,系统自动验证客户是否有对应客户经理,如有则率先分配给该客户的客户经理,由该客户经理为客户解答;如客户经理不方便接单或客户无对应客户经理,系统将工单转入营业部层级,由该客户所属营业部服务人员抢单;若工单无人响应,则转入所属分公司层级,分公司下属服务人员抢单;若工单仍无响应,则该工单进入全公司层级,全公司所有服务人员均可抢单;若该工单仍无响应,则由公司总部服务专员进行兜底服务(见图1)。

图1 "齐富通答"一般业务服务条线

(2)线上服务效果显著。"齐富通答"整合全公司的服务资源,充分利用客户碎片化的时间,向客户提供适当的咨询服务。随着时间的推移,通过公司和分支机构的广泛宣传、服务人员的高质量服务、客户之间的口碑相传以及客户良好的体验,越来越多的客户对"齐富通答"慢慢接受并认可。客户发单量持续走高,渐渐超过"95538"客服中心的呼入量,2017年8月的发单量甚至为"95538"客服中心呼入量的4倍,从中泰证券对外服务的辅助窗口彻底转变为主要窗口,真正做到了7×24小时向客户提供服务,秒速响应客户问题,千名专家在线受理,一一响应客户需求。

"齐富通答"于2017年6月新上线"私人顾问"和"问专家"功能。通过长期客户服务经验,我们精挑细选出了有关投资和理财的"预设"问题。客户可以通过选择"预设"

问题直接与投资顾问或客户经理进行沟通交流,极大地方便了客户快捷咨询相关内容。"私人顾问"功能备受客户的好评与追捧,上线前九个交易日,每个交易日"私人顾问"单项发单量都可以达到全天发单总量的近四成,甚至有时会达到一半以上,可见客户对投资顾问业务的需求市场是很大的;同时,也说明中泰证券的投资顾问服务水平和服务质量得到了客户的充分认可。

2. 流程化集中运营提升工作效率

(1) 业务模式搭建。流程化集中运营是通过建立集中业务处理中心与流程化集中运营管理平台承载所有相关业务柜台系统操作与运营、管理与风险控制,实现线下受理、线上平台化处理,线上线下相结合,充分运用信息化资源共享的管理优势,进行业务流程标准化再造、整合,实现整体最优资源配置、高效集中运营的管理模式。

在总部建立基于互联网模式的流程化集中运营平台,建立总部或分公司层级的运营中心,营业部取消传统柜员,实现全员化业务受理,受理客户业务提交至运营中心进行审核办理,以实现业务受理与办理分离、线下受理、线上平台化处理,并可同步实现受理人员进行移动业务受理,最大限度为客户及受理人员提供便利,提升客户体验。

推进流程化集中运营相关工作可实现前台营销人员受理业务与后台人员审核办理业务的专业化分工。前台营销人员直接接触客户,可专注于了解客户需求、投资者教育、风险揭示等客户服务相关工作,受理客户需要办理的业务,主要负责客户身份识别、采集客户资料等工作;后台运营中心人员属于非营销人员,不能直接接触客户,但业务专业性较强,对监管合规要求较为了解,可快速、准确地对前台人员提交的业务资料进行审核,决定是否办理该项业务。前台人员与后台人员的分离可有效保障业务审核办理的客观性,后台人员的集中可实现规模化效应,并可有效实现公司内业务办理人员对业务规则、业务知识和监管政策理解的统一。因此,实行集中运营有助于证券公司有效控制业务风险、提升运营效率、降低运营成本,可解决分支机构人员配置不足易引发操作风险的问题。

(2) 应用"互联网身份验证和电子协议签约认证"新技术。通过与第三方具备相应认证资质的服务机构沟通,目前可通过利用"互联网身份验证和电子协议签约认证"新技术,为证券行业在业务办理过程中进行客户身份核验及电子协议签署服务。上述技术可为柜面业务、互联网渠道业务、高风险业务准入认证等提供更可靠的技术支持,还可应用于自助终端业务、移动受理业务、远程视频面签等,为后续业务创新提供服务支持。

2017年8月14日发布的《中国证券登记结算有限责任公司证券账户业务指南》"身份核实要求"中明确规定,开户代理机构在为投资者办理证券账户开立、查询、变更、注销等业务时,应当核实投资者身份。

目前,在技术上已实现依托公安部"互联网+第三方身份认证"平台,利用NFC识读身份证芯片信息、OCR识别身份证印刷信息等技术手段,从实名、实证、实人3个维度对客户身份真实性、有效性、人证一致进行鉴证,解决网上业务办理中无法准确判断客户证件真伪及核验客户是否为本人操作的难题。随着网上业务办理增多,客户在电子合同签署时仅以"点击确认"为签约依据,显然不能准确核实客户的真实意愿,难以落实客户适当性管理要求。通过与第三方专业机构交流,目前可通过技术手段获取客户可靠电子签名,在客户签署电子合同之前核实客户真实身份、真实意愿,并确保客户签署合同后签名防篡改、原文防篡改。

上述技术手段的逐渐完善为行业内实现客户协议电子化、无纸化及网上业务办理奠定了基础，解决了互联网业务中身份验证与电子协议签署的两大难题；也为建立集中运营业务办理模式及其基础之上的后续移动业务受理、可视柜台等业务创新提供了风险防控的有效手段和技术支持，通过技术认证的规范化发展，证券公司可以利用金融创新、科技创新为客户提供更优质的服务。

3. 投顾服务线上化扩大服务半径

中泰证券充分利用互联网、移动互联技术，建设投顾线上业务服务系统，将传统的投资顾问线下业务延伸到线上，在2016年年中推出中泰广场的社区功能，形成公司总部、分支机构、投资顾问三位一体的微店生态圈。投资顾问可通过个人微店，以文字或音频等不同方式，为客户提供个性化的投资、理财、咨询等移动端一站式金融服务，尤其是2017年9月上线的"牛人领航"，精选中泰证券的"牛人投顾"为客户提供投顾组合产品，形成了投顾线上化的创收新模式。

（1）移动金融终端集成一站式投顾服务。随着移动互联网的发展，使用成本的下降和硬件设备的升级，移动设备的使用频率和时间成倍增长，这也给证券行业带来了新的机遇，移动金融终端也顺势成为与用户之间最便捷的纽带，承载了更多的服务和功能。搭建高效的移动金融终端，为用户提供一站式的投顾服务，集合投顾观点、投资组合、投资交流、投顾课程等多品类投顾服务，将传统线下的一对一投顾服务线上化，打破地域限制，加强适当性管理，最大化投顾服务体验和效果，形成对投顾资源的整合和集聚。客户在线上服务平台，可以通过趣味比赛、晒单、交流等行为，与投顾、其他客户进行紧密沟通和互动，创建良好的社区生态和氛围。

移动金融终端建设形成四类功能：一是标准化服务。投顾可以在平台上提供投资者教育、个人投资理念的标准化服务，如发布观点、直播、投资组合、信息资讯、微课、非股票类理财产品等。二是个性化服务。根据大数据研究成果，获取每位客户的投资记录、风险承受能力和行为偏好，提供精细化、差异化的服务，如理财规划、策略（标的推荐、交易指导、持仓调整）等。三是粉丝经济。在线上化投顾服务平台，用户除了希望获取专业的投资指导，还希望与投顾进行顺畅的交流。因此，投顾在提供产品之外，还需要和用户进行互动，更好地了解用户需求，逐渐培养自己的粉丝群体。四是评价机制。用户通过评论、点赞、关注等方式对线上投顾进行评价，平台根据投顾服务或产品的浏览量、订阅数、满意度等生成推荐机制，对线上投顾进行排名。

（2）搭建高效的投顾服务生产平台。为有效开展投顾服务线上化，需要为投顾人员搭建便捷、合规和支持移动办公的投顾服务生产平台，有效支持投顾产品的生产、审核、发布、留痕等。投顾服务生产平台可通过以下方面功能建设，形成功能完善、运行稳定、操作便捷的高效业务支持平台，在多元化投顾服务生态圈中，搭建起投顾人员与客户之间连接的桥梁。

从四个方向建设投顾服务生产平台：一是建设适当性管理的直播功能，通过文字、图片、语音、视频等多媒体形式的直播，提供实时资讯、盘面解读、投资咨询服务等，传达投资理念和技巧，积累和维护用户。二是建设音频、视频、图文功能的投资课程点播，向客户普及股票、基金、债券等投资知识和解读证券市场要闻，深化投资者教育服务。三是建设投顾观点发布功能，结合适当性管理为客户提供投顾建议、投资分析、行业点评、政策变动、市场动向等内容,传达投顾个人理念和技术,增强用户黏性。四是建设模拟操盘证券组合投资功能,为客户提供模拟组合的持仓展示、实时调仓提醒和操盘日志等服务。

以上功能的建设中都需严格按照监管制度要求,做好风险管控和合规管理,切实为客户提供高品质的投顾产品和服务,实现线下投顾向线上的拓展。

(3)全面打造互联网精英投顾队伍。虽然投顾行业的核心还是投顾提供的服务内容本身,但是线上化投顾服务与传统的线下服务在服务形式上有着巨大的差异,投顾一方面要做用户运营,提高付费转化率;一方面要做专业投顾服务的输出,提高复购率。这对于投顾的能力和精力要求都比较高。而初次涉足互联网平台进行投顾服务的投顾人员,在如何发布高质量吸引用户的内容等方面经验匮乏,投顾人员全方位的培训和实践尤为重要,公司需要组织投顾进行系统化线上运营培训,让传统投顾吸收形成新的互联网思维,更快更好地适应和融入投顾线上服务体系。

4. 中泰智能投顾实现差异化竞争

(1)制度建设。在制度建设方面,中泰证券秉持"制度先行"的原则,在产品上线前,已经和相关业务、技术以及合规管理等部门就产品风险揭示、适当性管理、留痕管理以及系统运行维护、应急等方面做了充分沟通,并在此基础上拟定《中泰证券股份有限公司智能投顾业务实施细则(暂行)》,目前,该项制度已经在公司内部印发。

(2)功能设计。"智能投顾"项目是为移动端客户打造的一整套投资决策辅助系统。具体包含个股诊断、因子选股、账户诊断和资产配置四大功能模块。其中,个股诊断和因子选股定位于投资决策辅助工具,帮助客户识别个股风险,优选个股;账户诊断模块主要通过对客户资产、行为等数据的挖掘,对客户进行全景画像,帮助客户了解自身风险偏好、投资风格等信息,从而审慎作出投资决策;资产配置模块是在了解客户的基础上为其提供符合其风险承受能力、投资风格的资产配置方案并动态跟踪方案运行,最大可能减少市场波动风险。

(3)算法优化。智能投顾的核心是算法,算法的有效性决定了智能投顾上线的效果。在产品建设期,对各个模块的数据、算法进行同步测试、优化。算法方面,对个股评价、因子、客户画像标签以及大类资产配置组合回报指标算法进行多轮优化和全量测试。经测试、优化,各项算法计算的指标偏离度均在合理范围内,但是后续仍需进一步优化。

模型有效性方面,大类资产配置模型有效性测试分为先后经历基于历史数据回测和基于真实数据实盘跟踪测试两个阶段。目前,第一类测试已经初步完成。经测试,大类配置组合能够为不同风险等级客户配置相应组合,同时能较好分散风险。第二类测试,目前对不同时间建立的组合进行实盘跟测。组合风险、收益随客户风险等级升高,呈现正向上升趋势,即客户的风险等级越高,配置的组合波动率越大且收益越高。

(4)系统安全。在系统安全方面,系统均采用三层架构,即业务逻辑层、数据访问层、数据库等,实现"高内聚、低耦合",用户端只能通过逻辑层来访问数据层,减少了入口点,屏蔽了不必要暴露的系统功能。系统安全提供的安骑士、态势感知、抗DDOS攻击等安全服务,可随时根据突发情况灵活启动WAF等,有效抵制WEB入侵和注入。系统访问和对接通过网络转换和防火墙。访问权限采用最小化原则,按需申请并由信息技术部安全岗位审批和开通。系统上线前除了功能测试、性能测试外,应用层面、主机层面均须通过公司安全检查。

(5)增值服务。在增值服务内容方面,中泰证券坚持自主研发,一方面以 Level-2 行情为核心,坚持自主研究,独立开发。目前已上线的产品有业内独家的"中泰深度资金决策系统"以及"Plus极速行情"。另一方面,以大数据算法为核心,提供高成功率的智能辅助决策产品。目前已上线的产品"超级电波"一上线就引起市场强烈反响,另一个分时决策产品——"盘中突击"也即将上线。自2016年12月12日上线Level-2行情以来,超20万人次使用,销售规模超100万元。

5. 线下网点转型提升客户体验

(1) 建立智慧网点的必要性分析。在互联网趋势下,随着非现场开户政策的放开,打破了空间和地理的束缚,部分证券公司不再将网点的空间布局放在战略性的重要位置。但是,即使互联网高度发展的今天,网点仍是接触客户的重要场所。

网点的布局除了满足监管要求的柜台业务办理需求之外,与客户建立更紧密信任联系(网点会对客户产生很大的品牌效应)以及聚集员工的需要都是网点存在的重要意义。打造智慧网点,就是要在提高网点业务办理效率的同时,通过建立智能身份识别的智慧柜台,推进无纸化业务办理、一柜通业务办理,实现流程化集中运营、移动业务受理等,给客户更智能化的体验。另外,利用金融科技将客户行为数字化,客户行为的实时数字化过程为更进一步智能KYC提供了基础,理财经理也可以在人机结合的模式下给客户提供更精准、收费价值更高的金融服务。

(2) 智慧网点转型实践及展望。随着技术发展及交易佣金同质化,营业部传统运营模式已难以满足客户日益丰富的个性化需求。为适应互联网发展趋势,中泰证券从2013年起逐步推广了客户协议电子化、无纸化、一柜通业务办理、网上业务办理等,正在推进实施流程化集中运营、投顾服务线上化、搭建智能投顾平台,并规划建立客户档案影像电子化管理平台,后续还将逐步实现移动业务受理、可视柜台业务受理、适当性管理线上化等,逐步打造智能网点。

前任广发证券首席架构师、现任凡泰极客(FinoGeeks)联合创始人梁启鸿提出了经纪业务的发展蓝图:通过技术手段把数字化基因注入经纪业务的运营管理与销售服务中,建立O2O的平台,以线上算法(例如派单或抢单)调度线下人员,让员工在线服务客户,在线、连接、数字化之后,合规监管、数字驱动运营、社会化CRM、客户画像。[①] 网点智能化的逐渐完善,可帮助证券公司获取更多的客户信息,更有针对性地服务客户,证券公司也可通过智能网点的建立,找到差异化发展方向,强化证券公司品牌效应。

相比于证券行业,银行业智能终端、移动业务办理模式起步较早,不少银行已具备较为成熟的智能网点,因此证券公司在建设智慧网点的过程中,可多借鉴银行业及其他金融相关行业互联网化发展的先进经验,运用金融科技,建立智能网点,提升客户投资体验。

6. "电子钱包"优化绩效考核

随着金融科技的发展,客户的投资行为逐步发生改变,相应地,券商业务模式也悄然发生了根本性的变化。业务模式改变倒逼券商管理系统的完善与升级,而考核制度、模式作为人员激励与管理的重要一环,也需要相应地作出改变,以更加适应当前的展业模式,更好地激励员工参与券商的日常工作。

---

① 参见"这几年券商试水互联网金融,有三个必须高度警觉的悖论",官方网址: http://finance.ifeng.com/a/20171009/15711650_0.shtml,最后访问日期: 2017年10月18日。

为提高中泰证券员工工作的积极性、主动性和能动性，在员工APP中重点打造"电子钱包"功能，向员工提供订单与收入明细信息，方便员工24小时进行查询。

（1）全面引入电子钱包，充分调动员工积极性。中泰证券深入一线分支机构，与员工进行沟通交流，了解员工日常工作情况及工作诉求；同时，结合目前产品销售、客户服务等工作遇到的实际情况，为充分保障员工隐私及权益，中泰证券决定打造"电子钱包"功能。员工通过该功能可以及时查询个人工作情况及对应收入情况，一旦客户订单进行了确认，员工相应的收入即进行了确认，这使得当前存在的收入"时间差"问题基本得到解决，并且创新地提出了"提现"功能，允许员工通过多种方式对电子钱包内的收入进行提现。同时，为充分调动员工的积极性，中泰证券特在电子钱包中动态展示所有员工的业绩情况，使得员工明确个人的位置与水平，并在员工之间形成良好的竞争、合作氛围，为公司业务的发展提供良好的环境。

（2）"齐富通答"积极探索，打造全方位"电子钱包"新模式。目前中泰证券"齐富通答"服务体系已建立"电子钱包"，T日（交易日）员工参与服务，可在T+4日（交易日）后查询有效工单奖励金额、扣罚金额、收入金额等具体明细信息，方便员工及时了解自己的服务情况和收入情况。

通过"齐富通答"服务体系当中对"电子钱包"的有益探索，员工的收入情况既可以一目了然地查询，也激发了员工积极、主动地参与"齐富通答"抢单之中。"齐富通答"服务体系成功地整合了公司的服务资源，为客户提供7×24小时的优质服务。这也得到了客户的高度评价和高度认可。随着"齐富通答"服务体系中客户发单量的持续上升，目前已超过95538客服中心的咨询量，成为中泰证券对外服务的主要窗口。

中泰证券对"电子钱包"实施"三步走"战略。第一步，"电子钱包"展示员工的业绩情况；第二步，"电子钱包"展示员工服务对应的收入情况；第三步，"电子钱包"允许员工通过多种渠道进行提现操作。"齐富通答"服务体系当中的"电子钱包"作为中泰证券"电子钱包"的"探路者"目前已完成前两步，未来中泰证券将在目前"齐富通答"服务体系"电子钱包"的基础上，将其功能扩展到公司全部的业务层面，如客户开户、金融产品销售、投顾产品销售、流程化集中运营工单处理等，打造全方位、立体化的"电子钱包"。员工通过"电子钱包"功能不仅可查询自己所有的业绩情况及对应的收入情况，并且可以看到其他员工业绩动态信息展示，形成有效的激励机制。

（3）考核制度转变升级，提升公司竞争软实力。目前大多数券商内部岗位仍然是以业务类型为前提，员工晋升与评级以工作年限为主，内部晋升有严格的制度与等级差别。这导致了券商员工流动性较大，不利于券商稳定员工队伍和客户群体，更是在一定程度上影响券商业务的拓展与公司内部的稳定。

因此，打造"电子钱包"的功能不仅仅是向员工展示其业绩情况与收入情况，更重要的是实现员工考核制度、员工薪酬制度的转变。以员工创造收入利润为导向，体现"以人为本"的核心内涵，更能在一定程度上提升员工的归属感，提升公司竞争的软实力，确保公司在今后证券行业日益激烈竞争的环境下能吸引人才，更能留住人才，进而促进公司业务的全面转型。

五、经纪业务线上线下相结合模式总结

随着金融科技更多地被业内接受,经纪业务线上线下相结合的模式将会越来越成熟,客户也会切实地感受到整个行业发展所带来的改变,券商和客户之间的互通也将更加顺畅。

通过对上述"4+2"项工作的跟踪观察,发现该线上线下相结合模式具有以下效果:一是服务效率得以提升。2017年"齐富通答"累计发单近50万笔,峰值达传统电话客服量的4.3倍。2017年"齐富通答"发单量较2016年同期提升200%。目前,中泰证券业务线上化率已达到81%。二是,是用户体验实现改善。2017年9月上线"牛人领航"收费投顾服务,累计服务客户近50万人次,观点订阅1 200余笔;2017年微店社区日均浏览次数近4万次,较2016年上升50%。三是创新商业模式。推出Level2/Level2 Plus行情、超级电波、个股诊断等产品,提出服务收费的新模式,全年增值产品总服务人次超30万,付费用户比例超过20%。利用大数据分析客户在线行为,实现精准营销。四是合规风控更为有效。线上对于用户行为可通过系统留痕,一定程度上减少合规风险点的出现。五是投资者教育效果显著。中泰证券投教基地是实体、网站、微信相结合,线上线下全覆盖的投资者教育平台,2017年9月入选第二批国家级投教基地公示,2018年1月被中国证监会正式授牌。

证券公司的O2O模式,本质上旨在解决经纪业务转型的问题,是"新零售"概念在证券经纪业务领域落地的一次有效尝试,既符合"新零售"的基本特征,也满足经纪业务变革的内在需求。通过"4+2"六项工作,实现经纪业务商业模式、盈利模式的双重变革;使证券公司由通道商向综合金融服务商转变,盈利模式由"通道收佣、资金收利"向服务收费转变。

未来已发生改变,新零售时代,证券经纪业务必将乘风而起。

参考文献

[1] 普华永道全球金融科技团队. 2017年全球金融科技调查中国概要 [EB/OL]. 2017-10-25. https://www.pwccn.com/zh/financial-services/fintech/global-fintech-survey-china-summary-2017.pdf.

[2] 中华人民共和国工业和信息化部. 工业和信息化部关于电信服务质量通告(2017年3号) [EB/OL]. 2017-08-30. http://www.miit.gov.cn/newweb/n1146295/n1652858/n1652930/n4509627/c5749931/content.html.

[3] 中国互联网络信息中心. 第40次《中国互联网络发展状况统计报告》[EB/OL]. 2017-08-30. http://www.cnnic.cn/cnnicztxl/32survey/gy/201307/t20130711_40631.html.

[4] 《中华人民共和国电子签名法》第十四条 [EB/OL]. 2017-10-18. http://www.cac.gov.cn/2004-08/28/c_126468489.htm.

[5] 谢平,邹传伟. 互联网金融模式研究 [J]. 金融研究,2012 (12):11—22.

[6] 巴曙松. 中国金融科技发展的现状与趋势 [N]. 21世纪经济报道,2017-01-20 (004).

[7] 黄河,刘冰冰,Nick Gardiner,张文琦. 顺势而为,在伟大的变革创新时代成功实

现券商转型——四大抓手，十大战略主题［R］．波士顿咨询公司（BCG），2015．

［8］邓俊豪，何大勇，张越，林朝婷，陈本强．BCG完美零售银行2020——人性、科技、转型、盈利［R］．波士顿咨询公司（BCG），2015．

［9］普华永道全球金融科技团队．跨越行业界线：金融科技重塑金融服务新格局［J］．金融市场研究，2016（05）：51—63．

新资管格局下券商资产管理业务的布局研究

徐丰羽[*]

2012 年,受益于银证合作的兴起和政策红利的释放,券商资管行业迎来了第一个爆发增长时期。同年,在"放松监管,鼓励创新"的政策引导下,各个资产管理子行业壁垒相继打破,管理规模不断攀升,资产管理行业同样迎来高速发展时期。经历五年的蓬勃发展,分业监管下的资管行业风险逐渐暴露,多层嵌套、杠杆不清、套利严重等问题层出不穷。2018 年,监管层正式下发《关于规范金融机构资产管理业务的指导意见》(以下简称"资管新规"),旨在规范资管行业的乱象,未来资管行业即将迎来统一监管的时代。在资管新规的指导下,券商资管也将重塑格局。

一、券商资管的发展历程

(一) 2012 年之前:探索中前行

2001 年,中国证监会下发《关于规范证券公司受托投资管理业务的通知》,首次界定了证券公司受托投资管理业务,证券公司资产管理业务由此起步。2003 年,中国证监会颁布《证券公司客户资产管理业务试行办法》(以下简称《办法》),券商资管业务正式登上历史舞台。《办法》将证券公司资产管理业务范围划分为集合资产管理业务、定向资产管理业务和专项资产管理业务,并将集合资产管理业务划分为限定性和非限定性两类;确定获得资管牌照的证券公司可以开展定向资管业务,开展集合、专项资管业务还需获得中国证监会许可。2005 年,光大证券发行首只券商集合理财产品"光大阳光集合资产管理计划",券商资管业务正式扬帆起航。由于此时券商资管业务采取审批制,审批周期较长,且投资范围受限,多年以来,券商资管业务发展一直难有起色。

与此同时,资产管理行业中其他子行业相继迎来高速发展时期。受益于市场上涨行情,2005 年公募基金和阳光私募迎来发行小高峰。2008 年,伴随着银信合作的兴起,在"四万

---

[*] 作者单位:华宝证券有限责任公司。原载于《中国证券》2018 年第 8 期。

亿"刺激下信托迎来爆发增长期。2011 年底，公募基金管理规模达到 2.17 万亿元，信托资产规模达到 4.81 万亿元，而券商资管规模仅有 0.28 万亿元。

（二）2012—2015 年上半年：券商迎来资管元年，逐鹿大资管时代

2012 年，券商资管迎来发展元年，2012 年底管理规模达到 1.89 万亿元，同比增长 5.75 倍。这一时期，券商资管的高速发展主要受益于两个原因：

1. 政策红利释放，券商资管业务松绑

2012 年 5 月，券商召开创新大会，这次会议制定了证券行业改革创新的 11 个方面的举措，最大限度放松了行业管制，拉开了行业创新发展的序幕。在行业放松监管、鼓励创新的环境下，2012 年 10 月，中国证监会颁布《证券公司客户资产管理业务管理办法》及配套实施规则《证券公司集合资产管理业务实施细则》及《证券公司定向资产管理业务实施细则》（也称"一法两则"），扩大了投资范围，调整投资限制，允许集合计划份额分级，并将审批制改为备案制，大大缩短了产品设立时间。政策红利的释放，奠定了这一时期券商资管繁荣的基础。

2. 银证合作崭露头角，定向资管业务发力

2008 年，原中国银监会发布《银行与信托公司业务合作指引》，旨在规范银信合作。9 月，金融危机风暴席卷全球，中国经济增速快速回落。为了防止经济"硬着陆"，政府决定推出扩大内需、促进经济平稳较快增长的十项措施，即"四万亿"计划。"四万亿"计划对经济的刺激效果显著，但经济过热也造成国家地产价格升高、融资平台债务等一系列问题。2010 年起，原中国银监会开始限制商业银行信贷投放，房地产及地方融资平台的表内贷款受限，而项目的融资需求仍在，推动融资方通过信托和银行合作绕道进行表外融资，银信合作进一步加强。对于信托而言，仅依靠牌照即可收取通道费；对于银行来说，利用信托通道绕过监管投资高收益资产，从而赚取利差；利用表外资金购买信托计划，还能减少银行净资本金占用。银信合作契合了银行和信托双方的利益，在银行信贷投放收紧的背景下，成为实体企业绕道融资的优质渠道。

2012 年，券商创新大会召开后，中国证监会颁布券商资管"一法两则"，定向资管业务可以与信托合作，共同成为银行资产出表的工具。2010 年，原中国银监会下发了《关于规范银信理财合作业务有关事项的通知》《信托公司净资本管理办法》，建立以净资本为核心的风险监控指标体系，银信合作规模的高速发展受到监管抑制。因此，银证合作作为银信合作的替代品，迅速成为新型的融资工具。2012 年，定向资管业务规模同比增长 11.9 倍，达到 1.68 万亿元。

2014 年底，央行宣布决定自 11 月 22 日起下调金融机构人民币贷款和存款基准利率，时隔两年半再次降息，启动了 2015 年的市场上涨行情。在市场宽松的流动性下，银行间市场利率不断走低，依赖利差为主要收入来源的银行面临资产荒的境地。因此，银行（尤其是主动管理能力较弱的中小银行）将银行理财和自营资金以委外方式委托给非银机构，达到获得高收益的目的。在银行委外不断扩张的过程中，券商资管、基金子公司资管计划等均成为载体。在委外推动下，券商资管规模持续高速增长。

(三) 2015 年下半年至今：严监管时期，资管行业或将步入大一统时代

2015 年股市巨幅震荡引起监管层高度重视，也拉开了本轮资管行业去通道、降杠杆的序幕。2012 年起，政策红利不断释放推动了行业的繁荣，各子行业间壁垒相继打破，大资管格局逐步形成。在金融创新浪潮下，资管产品通过加杠杆、多层嵌套提高收益率，资管行业百花齐放，管理规模不断扩张，同时也在行业内积累了巨大的风险。2015 年下半年起，在股市和债市相继走"熊"之后，监管思路由鼓励创新变为稳中求进，去杠杆、引导资金脱虚向实成为金融行业主旋律。2016 年起，中国人民银行、中国证监会、原中国银监会和原中国保监会针对大量资金在金融体系内淤积、"金融热、实体冷"的现象，颁布了一系列政策，旨在引导资金脱虚向实，共同推进资管行业供给侧改革。"一行三会"的密集发声，体现了监管思路的趋同。2018 年 4 月，资管新规正式出台；7 月，资管新规实施细则发布。未来资管行业将面临大一统的时代。

二、券商资管行业监管现状

（一）"去通道、降杠杆"成为主旋律

2012 年，定向资管受益于政策红利疯长，规模持续攀升，2013 年占资管业务总规模的 93%。从 2016 年起，监管层密集颁布新政，"去通道、降杠杆"意图明显。在资管新规颁布前，"去通道、降杠杆"已经成为行业监管的主旋律，监管政策抑制了通道业务高速增长的态势，定向资管业务承压（见表 1）。

表 1   2016 年至今券商资管"去通道、降杠杆"部分政策

时间	监管层	文件内容
2016 年 7 月	中国证监会、原中国银监会	《证券期货经营机构私募资产管理业务运作管理暂行规定》其中股票类、混合类≤1 倍；固定收益类≤3 倍；其他类≤2 倍
2016 年 7 月	《商业银行理财业务监督管理办法（征求意见稿）》	商业银行每只理财产品的总资产不得超过该理财产品净资产的 140%；银行投资非标只能走信托通道，券商通道业务承压
2016 年 10 月	《证券公司风险控制指标管理办法》（修订版）	将券商资管纳入表外业务，通道业务计入杠杆率约束；资管业务规模计入风险资本，定向资管计提比例大幅增加
2017 年 5 月	中国证监会发言人	进一步重申不得开展资金池性质的资管业务
2017 年 5 月	中国证监会发言人	首提全面禁止通道业务，强调不得让渡管理责任

资料来源：中国证监会，原中国银监会，华宝证券研究创新部。

根据统计，截至 2017 年底，券商资管规模达到 17.98 万亿元，同比增加 0.40 万亿元，增幅 2.29%。2017 年底，集合资管计划和定向资管计划规模均出现负增长。券商集合资产规模 2.11 万亿元，同比降低 3.71%；定向资管规模达到 14.39 万亿元，同比降低 2.00%。从分布看，以通道为主的定向资管计划规模仍占最大比例，占资管总规模的 80%，较 2016 年底定向规模占比 85% 已有所降低（见图 1、图 2）。

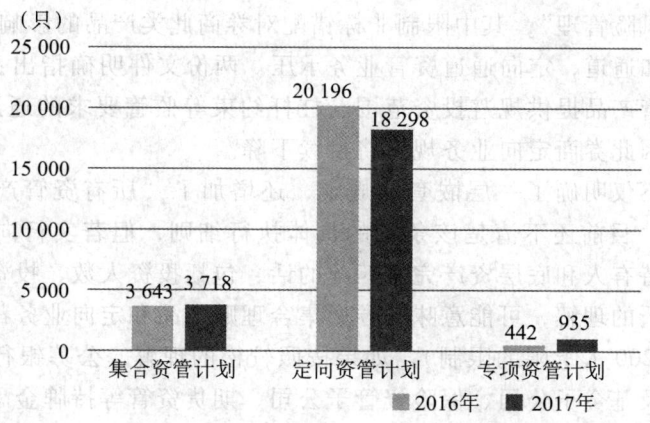

图 1　2017 年券商资产管理产品数量

资料来源：中国证券投资基金业协会，Wind 资讯，华宝证券研究创新部。

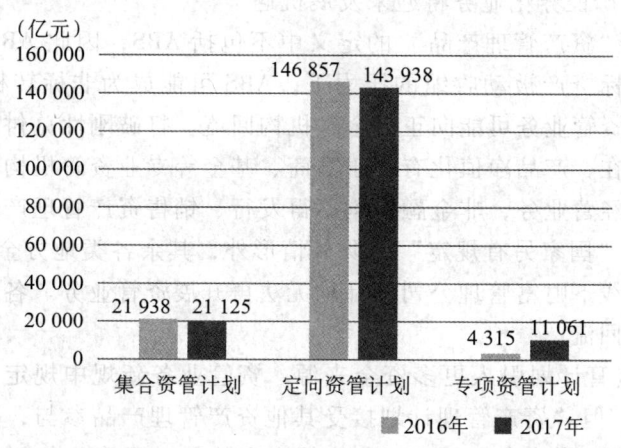

图 2　2017 年券商资管规模

资料来源：中国证券投资基金业协会，Wind 资讯，华宝证券研究创新部。

（二）资管行业新规重塑券商资管格局

2018 年 4 月 27 日，中国人民银行、中国银保监会、中国证监会及国家外汇管理局联合发布《关于规范金融机构资产管理业务的指导意见》，开启了大资管行业统一监管的时代。7 月 20 日，中国证监会发布《证券期货经营机构私募资产管理业务管理办法（征求意见稿）》及配套细则《证券期货经营机构私募资产管理计划运作管理规定（征求意见稿）》（以下统称"资管业务新规"）。资管业务新规延续资管新规的要求，进一步对证券期货经营机构私募产品运作进行了规范。对于券商资管，主要有以下影响：

1. 负面影响：规范资金池，影响预期收益型业务

资管新规和资管业务新规都强调"打破刚兑"，不得"承诺最低收益"，其中资管新规中提到规范资金池，主要影响券商预期收益型业务。目前证券公司集合理财产品中有相当大一部分是银行理财预期收益型产品和保证金货币类产品，此类产品一般通过资金池的形式滚动发行。资管新规要求"金融机构应当合理确定资产管理产品所投资资产的期限，加强对

期限错配的流动性风险管理",其中限制非标错配对券商此类产品的影响较大。

消除多层嵌套和通道,定向通道资管业务承压。两份文件明确指出:"金融机构不得为其他金融机构的资管产品提供规避投资范围、杠杆约束等监管要求的通道业务。"未来通道业务被明令禁止,因此券商定向业务规模将持续下降。

由于资管新规不仅明确了一层嵌套的规定,还增加了"所有资管产品需向上穿透至实际持有人"的条款。目前还不清楚该条款的具体执行细则,但若实行向上穿透至最终投资者,严格要求实际持有人和底层资产完全匹配的话,包括投资人数、投资范围等要素都需要完全匹配。按照最严的理解,可能意味着券商集合理财产品和定向业务都将无法再从银行理财接受资金(受到200人上限的限制)。如果按照较松的理解,公募银行理财将可以购买证券公司、基金专户及基金子公司、保险资管子公司、期货资管等持牌金融机构发行的私募性质资产管理产品,进行资金的一层委托管理,券商主动管理产品仍有对接公募银行理财资金的空间。不管最终口径如何,私募银行理财产品和券商的合作不受此条规则约束。

2. 正面影响:资产证券化业务将迎来发展机遇

此次资管新规对"资产管理产品"的定义中不包括 ABS,因此 ABS 不受杠杆和嵌套等相关规定限制。在非标资产被动收缩的压力下,ABS 可能成为非标转标途径。打破刚性兑付、消除监管套利后资管业务可能向正规金融机构回流。打破刚性兑付后,银行理财超额固定收益的制度红利不在,产品净值化有利于券商、基金等专业资管机构。此外,新政明确资产管理业务属于特许经营业务,非金融机构不得发行、销售资产管理产品。其中,除了私募基金管理人或将属于"国家另有规定"的除外情形外,其余各类地方金融资产交易所、P2P公司、各类互联网或线下财富管理公司预计均无法再开展资管业务。各类机构资管业务有望向券商、基金子公司回流。

MOM 开闸或为资管计划引入更多资金来源。资管业务新规中规定,"可以设立基金中基金资产管理计划",但"资产管理计划接受其他资产管理产品参与,不得投资除公募基金之外的其他资管产品",明确定义了 FOF。值得注意的是,资管业务新规提到"证券期货经营机构可以设立管理人中管理人",MOM 业务有望开闸。考虑到券商资管采取 MOM 模式可节约一层嵌套,因此此项规定有望为券商资管业务引入更多资金来源。

三、新资管格局下券商资管的转型方向

(一)新格局下券商资管的职能定位

在资管行业的新格局下,各类资管机构定位更加明晰,因此,资管机构及其发行产品和投资者会各自归位。对于券商资管,本文从下面四个方面具体阐述资管新规下的定位选择:

1. 职能变迁

过去的资管行业,由于分业监管,缺乏统一监管标准,监管套利现象频出;各资产管理机构为了开拓业务,在激烈的竞争中突围,产品趋向同质化,机构职能模糊化、交叉化。例如近期监管重点为通道业务,信托公司、基金子公司和券商资管开展通道业务时资金主要来源都是银行和理财,业务本质基本相同。在新的资管格局下,资产管理机构将以职能分工重新归类:直销、代销、主动管理和信贷。拥有广泛网点的银行仍然是最大的代销渠道,信托公司和保险子公司输出信贷类资产,公募基金、券商资管发挥自身投研优势,发力主动

管理。

根据资管和能力禀赋区分，提供主动管理业务的机构将做出以下分类：银行资管子公司会成为公募类固定收益投资的主要能力输出机构；公募基金则会发挥其在股票投资中的优势，成为市场上权益资产主动管理能力及投资工具的主要提供者；券商资管则会成为私募类主动管理能力的输出者（包括自主管理能力及私募基金投顾）。虽然券商资管相对于其他资管机构并没有绝对优势，但考虑到投资范围较广、激励机制灵活、渠道优势仅次于银行等特点，未来券商资管前景广阔。

2. 资金特点

中国证券投资基金业协会数据显示，截至2016年底，券商定向资管计划机构投资者委托规模达到14.63万亿元，占比99.7%（机构投资者+个人投资者）；集合资管中机构投资者委托规模占比57.1%（机构投资者+个人投资者），券商资管资金呈现了机构化的特点。另外，由于券商大集合产品的期限错配和滚动发行，券商资管资金同时具有短期化的特点。在新资管时代，这种资金形态将有所改变。首先，资金池的打破使得错配和滚动发行的模式不复存在，资金的运作周期自然拉长，投资者也会逐步接受这样的变化；其次，新规下银证信的模式被堵死，券商资管从银行获得的资金将大幅减少，考虑到取得公募牌照的券商较少而资管产品起购门槛较高，未来券商资管的资金来源很有可能向个人和私人银行部倾斜。

3. 产品形态

在非净值化时代下，券商定向资产管理产品以通道为主，集合资产管理产品主要分为四类：净值化产品（标准资管产品）、资金池模式下的预期收益型产品、对接资管（信托）计划最终投向非标资产的产品和货币型产品。但在后三种产品的冲击下，净值化产品发展势头缓慢。

在净值化时代下，监管套利被打破，资管机构在统一标准下发行资管产品，未来不同机构发行的资产管理产品形态相同。券商资管将和资管子公司、基金专户等机构共同成为私募资管产品的主要提供方；私募基金作为投顾会将产品形态嫁接在券商资管等具有金融牌照的机构产品形态下。未来绝大多数券商通道业务会消失，净值化券商资管产品会形成四类不同风险收益特征的产品：首先是货币类，该类产品未来不再成为同业的通道，而是提供流动性较好、投资于货币市场工具的低风险高流动性产品，为投资者提供流动性管理工具；其次是以股票债券等交易性高流动性资产为标的的主动管理型产品；再次是以ABS等交易性但低流动性资产为主要投资标的的风险可控的私募性质产品；最后是以股权、非标等非交易性低流动性资产为主要投资标的的高风险私募性质产品。

4. 渠道竞争

新资管时代，流入券商资管的银行理财资金将大大减少，以往同业合作模式受到巨大冲击，资金委外将被代销合作模式代替。在一些违规的第三方平台被清除的环境下，券商销售渠道受到一定冲击，但较多分支机构会缓和部分冲击，因此券商资管受到的影响并没有信托那么大。未来同业业务收缩是大势所趋，券商资管想在激烈竞争中突围，必须发力零售端建设。首先，坚持互联网渠道和线下网点建设双轮并举；其次，顺势变化同业合作模式，以增加与县级中小银行的合作为重点，发挥自身投研能力优势开展投顾与代销业务。

(二) 券商资管业务转型方向

1. 券商资管公募化布局财富管理

从监管近两年的监管思路来看,券商资管去通道化已成为必然,过去依靠牌照优势冲规模、获得收入的时代难以为继。资管新规征求意见稿中也明确提到消除多层嵌套和通道业务,券商资管在飞速发展了5年之后,到了必须转型的关口。

在金融体系去通道的大环境下,券商资管未来应逐渐将重点由通道业务转移到主动管理中,公募牌照的价值越发凸显。自2013年东证资管拿到第一张公募牌照,目前已有13家证券公司获准开展公募业务。2017年,中泰资管获得第13张公募牌照,这是中国证监会2017年批准的唯一券商公募牌照。截至2018年3月13日,13家证券公司中高华证券、中泰证券尚未发行公募基金。最早获得公募牌照的东证资管管理31只基金,规模819.52亿元,位列第一。中银国际和长江资管分别管理公募基金709.51亿元和129.03亿元,排名第二和第三(见表2)。

表2　13家获得公募牌照的证券公司管理产品情况(截至2018年3月13日)

获得公募	牌照时间	管理规模(亿元)	基金数(只)
上海东方证券资产管理有限公司	2013年8月	819.52	31
华融证券股份有限公司	2013年12月	30.75	3
山西证券股份有限公司	2014年3月	38.86	5
浙江浙商证券资产管理有限公司	2014年8月	9.52	6
国都证券有限责任公司	2014年8月	8.36	6
渤海证券股份有限公司	2014年11月	6.62	4
东兴证券股份有限公司	2015年1月	70.53	7
北京高华证券有限责任公司	2015年8月	0	0
中银国际证券有限责任公司	2015年8月	709.51	11
财通证券资产管理有限公司	2015年12月	91.5	5
长江证券资产管理有限公司	2016年1月	129.03	5
华泰证券资产管理有限公司	2016年7月	55.62	4
中泰证券资产管理有限公司	2017年12月	0	0

资料来源:Wind资讯,华宝证券研究创新部。

2016年年中开始,券商公募迎来高速发展期,截至2017年12月31日,券商公募基金存续规模达到1 888.42亿元,而2017年年中这一数字为1 282.34亿元,半年涨幅达到47%。从产品类型来看,2017年券商新发公募基金以债券型和货币市场型为主;从产品收益率来看,混合型基金收益率表现较为亮眼,剔除2017年新成立的基金,平均收益率23.78%,表现远好于同期开放式基金平均收益水平(见图3—图5)。

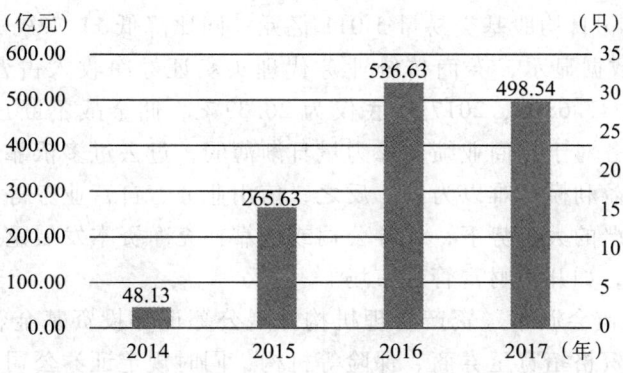

图 3　券商公募基金历年发行规模

资料来源：Wind 资讯，华宝证券研究创新部。

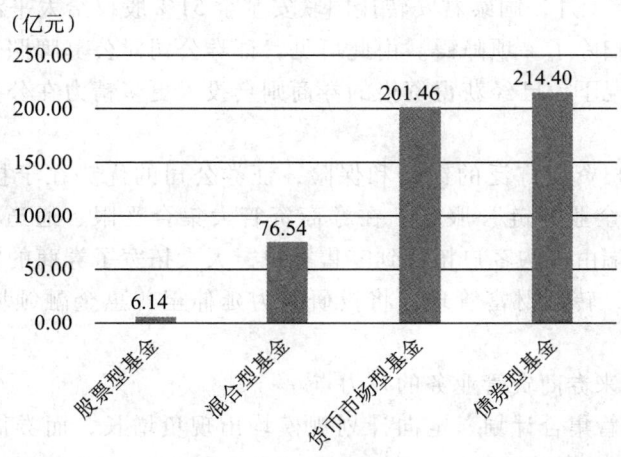

图 4　2017 年券商新发公募产品规模

资料来源：Wind 资讯，华宝证券研究创新部。

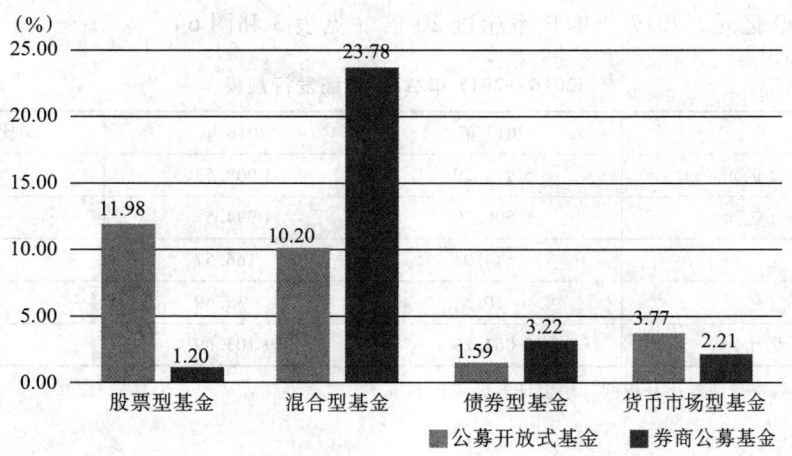

图 5　2017 年开放式基金和券商公募产品收益率对比

注：剔除 2017 年成立的基金。
资料来源：Wind 资讯，华宝证券研究创新部。

2017年，证券公司日均股基交易量5 011亿元，同比降低11.73%，代理买卖证券收入同比降低22.04%。数据显示，券商传统业务代理买卖证券净收入占营业收入比重逐年降低，2013年占比达到47.68%，2017年底仅为26.37%。佣金战不断压低经纪业务的毛利润，代理买卖证券业务对于券商业绩支撑力量日渐薄弱，过去过多依靠牌照优势获得经纪业务、通道业务收入的盈利模式难以为继。反之，信用业务、自营业务等重资产业务收入占比逐渐提升。在监管趋严的大趋势下，证券公司或依靠补充净资本发展重资产业务，或开展高附加值的轻资本业务，如开拓财富管理市场。

2013年，中国证监会颁布《资产管理机构开展公募证券投资基金管理业务暂行规定》，将公募基金牌照申请资格拓宽至券商、保险等机构，同时规定证券公司"具有3年以上证券资产管理经验，最近3年管理的证券类产品业绩良好""资产管理总规模不低于200亿元或者集合资产管理业务规模不低于20亿元"。资格放开以来，多家券商递交申请材料，目前仅有13家获批；2018年4月，国泰君安转让国联安基金51%股权给太平洋资产管理公司，为其进军公募基金领域扫除了一项障碍。由此可见，证券公司对公募牌照热情不减，在监管发放牌照较为严格的情况下，已经获得资格的券商则会投入更多精力在公募业务，将规模做大做强。

相比于网点及客户资源广泛的银行和保险，证券公司的优势在于投研能力和研究、投行、资管业务线的"全业务链"服务。在券商资管大集合受限、通道业务压缩的背景下，公募牌照将券商资金端由机构客户拓展到零售客户，大大拓宽了券商的资金来源。结合券商自身原有的投研优势，转型财富管理，将投研实力延伸至普惠金融领域，同样发挥不小的作用。

2. 聚焦ABS，未来券商资管业务的发力点

2017年，券商资管集合计划、定向计划规模均出现负增长，而券商资产证券化业务保持高速发展、创新迭代的态势。2017年企业ABS共发行8 506.99亿元，同比增长70.33%。自2014年中国证监会发布《证券公司及基金管理公司子公司资产证券化业务管理规定》及配套规定，将企业ABS由审批制改为备案制以来，企业ABS迎来黄金发展时期。2014年发行规模仅为400亿元，2017年增长率超过20倍（见表3和图6）。

表3 2016—2017年ABS市场发行规模

	2017年	2016年	同比增长（%）
信贷ABS（亿元）	5 972.29	3 908.53	52.80
企业ABS（亿元）	8 506.99	4 994.5	70.33
ABN（亿元）	574.95	166.57	245.17
保险ABS（亿元）	10	33.49	-70.14
合计（亿元）	15 064.23	9 103.09	65.48

资料来源：中国资产证券化分析网，华宝证券研究创新部。

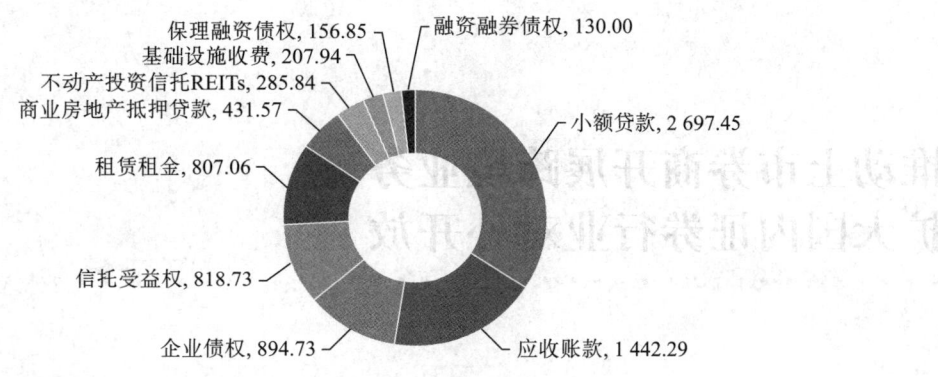

图 6 2017 年企业 ABS 基础资产发行规模前十位（单位：亿元）

资料来源：中国证券业协会，华宝证券研究创新部。

从基础资产来看，2017 年企业 ABS 基础资产发行规模前三位为小额贷款、应收账款和企业债权，占比分别为 33.55%、17.94% 和 11.13%。2017 年，以蚂蚁金服消费贷款为代表的小额贷款类资产延续 2016 年高速增长态势，德邦证券凭借发行以消费贷款为基础资产的"借呗""花呗"系列 ABS 产品（共 2 366 亿元），在所有券商中排名第一位。2017 年 12 月，监管层出台《关于规范整顿"现金贷"业务的通知》，增加了"禁止通过互联网平台或地方各类交易场所销售、转让及变相转让本公司的信贷资产""以信贷资产转让、资产证券化等名义融入的资金应与表内融资合并计算，合并后的融资总额与资本净额的比例暂按当地现行比例规定执行，各地不得进一步放宽或变相放宽小额贷款公司融入资金的比例规定"等规定，旨在抑制规模无序增长的消费贷款，引导消费金融 ABS 健康发展。2017 年 12 月，以小额贷款为基础资产的 ABS 当月仅发行 91 亿元，环比下降 80%。预计 2018 年，小额贷款类 ABS 高速增长趋势有所抑制。

值得注意的是，2017 年商业房地产抵押贷款 ABS 共发行 431.57 亿元，同比增长 108%。2016 年底，国家逐渐收紧房地产融资，房企通过非标和信贷融资方式取得资金难度加大，同时房企发债门槛提高。在这种背景下，商业房地产抵押贷款 ABS 成为房企融资的新渠道，发行火爆，未来看好商业房地产抵押贷款 ABS 的发展。

2017 年的金融工作会议明确提出金融业要"回归本源"和"服务实体经济"；党的十九大报告中，同样指出"深化金融体制改革，增强金融服务实体经济能力"。2018 年以来，中国证监会对于各种金融乱象的严惩，同样显示出监管层引领金融回归本质的决心。企业 ABS 正是金融服务实体经济的有力工具。发展 ABS 有利于提高直接融资比例，充分发挥资本市场融资功能，使金融更好地服务实体经济。对于实体企业来说，融资方式更加多样化，融资成本适当降低；对于证券公司来说，ABS 则是在去通道背景下转型主动管理，发挥券商"全业务链"优势的重要推手。在资管新规背景下，银行理财不得投资非标，在交易所上市的 ABS 很有可能成为体量庞大的银行理财资金的新宠；限制非标资金池业务，同样会刺激作为非标转标重要工具的 ABS 的发展。未来 ABS 仍然是券商资管业务的发力点。

推动上市券商开展跨境业务 扩大国内证券行业对外开放

陈峥嵘[*]

在国内证券行业对外开放逐步扩大的当下,2018年以来有多家上市券商接连公告获批试点开展跨境业务。2018年5月4日,招商证券公告称其试点开展跨境业务获得中国证监会无异议复函。此前广发证券、中金公司于5月3日公告类似消息,加上1月获批的国泰君安、华泰证券以及早在2014年、2015年分别获批的中信证券和海通证券,目前获批试点开展跨境业务的上市券商已达7家。上市券商获批试点开展跨境业务是切实贯彻落实党的十九大关于进一步扩大对外开放战略部署的重要举措,标志着证券行业对外开放迈出新步伐。本文将对上市券商获批试点开展跨境业务的重大意义、上市券商开展跨境业务依托的政策环境、试点券商的跨境业务范围及其区别、试点券商跨境业务规模上限做一番讨论和分析,并提出试点券商开展跨境业务的应对策略。

一、上市券商获批试点开展跨境业务具有重大意义

上市券商获批试点开展跨境业务具有重大的现实意义和积极的深远影响。从国内券商来讲,券商获批试点开展跨境业务,不但有利于国内券商逐渐了解、掌握境外场内和场外金融产品交易规则,积极参与境外场内和场外金融产品交易,尝试拓展境外场内和场外金融产品交易业务,提高跨境业务的专业能力和业务素质,提升跨境业务的核心竞争力和综合实力,促进跨境业务持续、稳定、健康发展,而且有利于券商进一步丰富业务种类,完善产品线,健全业务体系和产品体系,优化业务结构和产品结构,构建新的业务模式和盈利模式,培育新的利润增长点;同时,也有利于国内券商"走出去",积极布局境外市场,增强跨境投资交易能力、跨境资产定价能力、跨境产品创设能力、跨境财富管理能力、跨境信用交易能力

---

[*] 作者单位:申万宏源证券有限公司战略规划总部。原载于《中国证券》2018年第8期。

和跨境资产配置能力，提高跨境投资资本流动效率，提升证券行业的综合金融服务能力和国际竞争力，促进证券行业的国际化发展，扩大证券行业对外开放范围，提高证券行业对外开放程度和质量，推进证券行业实现新一轮高水平对外开放，从而开创证券行业双向开放的新局面。

从境内外客户来讲，券商获批试点开展跨境业务，一是有利于为境内高净值零售客户和机构客户供应种类丰富的境外金融产品，提供多元化、一揽子的交易服务，以适应其不同的风险收益偏好和个性化、多样化的投资需求，从而满足高净值零售客户的跨境财富管理需求、机构客户的跨境资产配置需求及其信用交易需求和风险对冲需求；二是有利于为境内企业跨境上市、发行债券、并购重组开展财务顾问、承销保荐、托管结算等更多元化、更便利的跨境投融资服务提供全方位、一站式的综合金融服务，有力支持国内企业"走出去"，更好地服务实体经济发展；三是有利于为符合条件的境外企业在境内发行人民币债券提供相关金融服务，通过参与沪港通、深港通及预期推出的沪伦通，并依托自贸区等经济金融改革试验区机制和政策，为境内外个人和机构提供多样化、便捷的投融资服务。

从交易所和国家层面来讲，券商获批试点开展跨境业务，不但有利于大力发展沪港通、深港通及即将推出的沪伦通业务，进一步完善境内外股票市场交易互联互通机制，深化境内外股票市场交易互联互通，拓展境内证券市场对外开放的广度和深度，促进境内证券市场的国际化发展，而且有利于国内券商通过境外设立、收购、参股等方式到境外尤其是"一带一路"沿线国家和地区布局设点，响应"一带一路"倡议，积极参与"一带一路"建设，为"一带一路"沿线国家和地区企业提供多元化、便利的跨境投融资服务，推动"一带一路"有效实施。

二、上市券商开展跨境业务依托有利的政策环境

早在 2010 年 1 月 14 日，时任中国证监会主席尚福林在 2010 年全国证券期货监管工作会议上就表示，继续支持符合条件的企业到境外上市，支持具备条件的证券经营机构开展跨境业务。

2014 年 1 月 21 日，时任中国证监会主席肖钢在 2014 年全国证券期货监管工作会议上表示，支持境内证券期货经营机构通过跨境并购和开展跨境业务做强做大。同年 2 月 28 日，中国证监会新闻发言人张晓军在新闻发布会上表示，要扩大证券行业对外开放，支持证券公司进一步拓展跨境业务。

2014 年 5 月 8 日，国务院发布《关于进一步促进资本市场健康发展的若干意见》（国发〔2014〕17 号），要逐步提高证券期货行业对外开放水平，鼓励境内证券期货经营机构实施"走出去"战略，增强国际竞争力。

2014 年 5 月 13 日，中国证监会发布《关于进一步推进证券经营机构创新发展的意见》（证监发〔2014〕37 号），明确了推进证券经营机构创新发展的主要任务和具体措施之一就是支持证券经营机构提高综合金融服务能力，完善基础功能，拓宽融资渠道，发展跨境业务，提升合规风控水平，促进形成具有国际竞争力、品牌影响力和系统重要性的现代投资银行。发展跨境业务方面，要支持证券经营机构为境内企业跨境上市、发行债券、并购重组提供财务顾问、承销、托管、结算等中介服务。支持证券经营机构"走出去"，在港、澳、台

和其他境外市场通过新设、并购重组等方式设置子公司。支持证券经营机构为符合条件的境外企业在境内发行人民币债券提供相关服务，积极参与沪港股票市场交易互联互通机制试点，并依托上海自贸区等经济金融改革试验区机制和政策，为境内外个人和机构提供投融资服务。

2016年9月21日，中国证监会相关人士在第五届亚欧博览会——丝绸之路金融论坛上表示，中国证监会将继续推动证券期货业双向开放，鼓励符合条件的中资金融机构走出去，进一步提升我国证券期货行业的国际影响力，为"一带一路"实施提供优质的金融服务。同年11月1日，中国证监会副主席李超在内地与香港跨境机构监管合作研讨会上表示，中国证监会将继续支持证券基金经营机构积极稳妥地开展国际化经营，集中力量做大做强主业，增强核心竞争力，全面提升合规内控和风险管理水平，更好地服务实体经济、国家"一带一路"和资本市场双向开放。

2017年11月16日，中国证监会副主席李超在第八届财新峰会上表示，一是要紧紧围绕国家新一轮扩大开放的战略部署，积极推进资本市场双向开放。证监会将进一步优化资本市场对外开放的发展规划和政策举措，加快建立完善资本市场对外开放新机制。稳步推进沪伦通的论证工作。支持行业机构围绕"一带一路"建设开展金融创新，为跨境贸易、投资、并购提供专业服务和支持。二是要督促行业机构聚焦主业，提升专业服务能力和国际竞争力。适应证券基金行业扩大开放的新形势，支持优质证券基金公司做优做强。培育具有国际竞争力的一流投资银行。

2018年6月14日，中国证监会副主席方星海在陆家嘴论坛上表示，证监会加大了资本市场开放力度，以开放促改革、促发展，努力形成资本市场全面开放的新格局。证监会积极支持交易所和行业机构加强与"一带一路"沿线相关交易所开展诸如股权、产品、技术等多种形式的合作。

以上这些为具备条件的证券公司着力开展跨境业务、为境内外客户提供全方位的跨境投融资服务、积极布局境外市场、加快国际化发展以及大力推动境内外股票市场交易互联互通机制试点和"一带一路"建设奠定了坚实的政策基调，提供了明确的政策依据和有力的政策保障，创造了良好的政策环境。

三、2018年以来有多家上市券商先后获批试点开展跨境业务

早在2014年9月，中信证券公告：公司收到证监会《关于证券公司开展大宗商品业务有关事项的复函》，根据该复函，公司以自有资金在境外交易场所参与金融产品交易，并与境外机构签署ISDA主协议，开展场外金融衍生产品交易，在境内合法交易场所参与碳排放权交易。中信证券率先获得跨境业务试点资格，开启了国内券商试点开展跨境业务的先河，拉开了国内券商试点开展跨境业务的序幕。

2015年5月11日，海通证券公告：公司收到证监会《关于海通证券开展境外自营业务有关事项的复函》，对于公司以自有资金参与境外交易所金融产品交易、与境外机构签署ISDA主协议参与境外场外金融产品交易、投资于其他合格境内机构投资者允许投资的境外金融产品或工具无异议。

在暂停了近两年零八个月的时间后，券商试点开展跨境业务再次启动破冰之旅，2018

年以来上市券商获批试点开展跨境业务的节奏明显加快。1月6日、1月8日，国泰君安和华泰证券相继公告：公司试点开展跨境业务获得证监会无异议复函，根据该复函，证监会对两家公司开展以下业务无异议：以自有资金参与境外交易场所金融产品交易，以及投资于其他合格境内机构投资者允许投资的境外金融产品或工具；与境内外交易对手签订场外金融衍生品交易主协议及其补充协议（含ISDA、CSA、NAFMII及SAC等），参与场外金融产品交易，以及向公司客户提供相应的金融产品和交易服务。

2018年5月3日，广发证券、中金公司和招商证券同时公告：公司试点开展跨境业务获得证监会无异议复函，根据该复函，证监会对三家公司开展以下业务无异议：以自有资金参与境外交易场所金融产品交易，以及投资于其他合格境内机构投资者允许投资的境外金融产品或工具；与境内外交易对手签订场外金融衍生品交易主协议，参与场外金融产品交易，以及向客户提供相应的金融产品和交易服务。同日，中信证券也公告：公司扩大跨境业务范围的申请取得证监会无异议复函，根据该复函，证监会对公司扩大跨境业务范围，以自有资金投资于其他合格境内机构投资者允许投资的境外金融产品或工具无异议。

预计2018年有望成为跨境业务试点券商加速扩容之年。

从这7家试点券商的公告内容可以看出，其跨境业务范围基本相近，但也有细小差别。和其余5家券商相比，国泰君安和华泰证券两家券商均获准与境内外交易对手签订场外金融衍生品交易主协议及其补充协议（含ISDA、CSA、NAFMII及SAC等），该项跨境业务范围最广；与国泰君安和华泰证券相比，广发证券、中金公司和招商证券这3家券商均仅获准与境内外交易对手签订场外金融衍生品交易主协议，该项跨境业务范围其次；与其余5家券商相比，中信证券和海通证券两家券商虽然获批试点开展跨境业务的时间均相对较早，但是它们均只获准与境外机构签署ISDA主协议，该项跨境业务范围相对较小。此外，和QDII业务相比，跨境业务的投向更广。

跨境业务属于典型的资本中介型业务，这7家试点券商获批开展跨境业务，体现了这些资本实力雄厚且境外证券业务布局较早的大型龙头券商所具有的先发优势；同时，随着证券行业传统通道业务收入占比逐步下降而资本中介型业务和资本型业务收入占比逐步上升，以及证券行业对外开放不断扩大、证券行业国际化发展日益加快，包括跨境业务在内的境外布局作为衡量未来券商核心竞争力的一个重要指标，也体现了大型龙头券商的显著竞争优势。从长期看，开展跨境业务是大型龙头券商国际化发展的客观需要和必然选择，但短期内难以取得立竿见影的效果。可以预计，未来券商跨境业务行业集中度或将继续提高。

四、试点券商跨境业务规模受其净资本规模的约束

在以上7家试点券商的公告中均提及，中国证监会复函要求，公司开展跨境业务应严格控制业务规模，不得超过公司净资本的20%，相关业务规模按《证券公司风险控制指标管理办法》规定的境内同类型业务的投资规模计算，并严格按照监管规定计算风险资本准备。这意味着试点券商跨境业务规模受其净资本规模的约束，表明试点券商跨境业务规模应当与其净资本规模、内部控制和风险管理能力相匹配、相对应，实现动态均衡，以切实防范、控制跨境业务风险，促进跨境业务规范、稳健发展。

2016年6月16日，中国证监会发布修订后的《证券公司风险控制指标管理办法》（以

下简称《管理办法》),此次修订旨在提升资本质量和风险计量的针对性,增强风险覆盖的完备性,强化资产负债的期限匹配,提高风险控制指标的针对性和有效性,提升风险管理能力和水平。《管理办法》规定,中国证监会可以按照分类监管原则,根据证券公司的治理结构、内控水平和风险控制情况对不同类别证券公司的风险控制指标标准和计算要求及某项业务的风险资本准备计算比例进行动态调整。(1)风险资本准备类型及其计算。证券公司应当按照中国证监会规定的风险资本准备计算标准计算市场风险、信用风险、操作风险资本准备。市场风险资本准备按照各类金融工具市场风险特征的不同,用投资规模乘以风险系数计算;信用风险资本准备按照各表内外项目信用风险程度的不同,用资产规模乘以风险系数计算;操作风险资本准备按照各项业务收入的一定比例计算。证券公司可以采取内部模型法等风险计量高级方法计算风险资本准备。证券公司风险资本准备应当与其净资本建立对应关系,确保风险资本准备有对应的净资本支撑。(2)证券自营和融资融券业务的风险控制指标标准。《管理办法》完善单一业务风控指标,增强风控指标的针对性。调整权益类证券计算口径,将衍生品区分为权益类和非权益类衍生品,合并融资类业务计算口径等。经营证券自营业务、为客户提供融资或融券服务的证券公司,应当符合中国证监会对该项业务的风险控制指标标准。证券公司可以结合自身实际情况,在不低于中国证监会规定标准的基础上,确定相应的风险控制指标标准。

这7家试点券商跨境业务规模上限测算结果如表1所示。

从表1可以看出,根据这7家试点券商2017年底各自的净资本规模,跨境业务规模上限最大值为国泰君安的192.73亿元,跨境业务规模上限最小值为中金公司的38.69亿元,跨境业务规模上限均值为126.37亿元。

表1　　　　　　　　7家试点券商跨境业务规模上限测算结果　　　　　　　（单位:亿元)

券商名称	净资本	跨境业务规模上限	券商名称	净资本	跨境业务规模上限
中信证券	867.08	173.42	海通证券	752.92	150.58
国泰君安	963.65	192.73	华泰证券	467.43	93.49
广发证券	636.65	127.33	中金公司	193.47	38.69
招商证券	541.81	108.36			

资料来源:根据各家券商2017年年度报告中的净资本规模数据进行测算。

近年来,境外证券业务是龙头券商争相角逐的新战场及纷纷抢占的战略新高地,已经成为新的利润增长点。不难发现,已获得跨境业务资格或者获准扩大跨境业务范围的7家试点券商都是境外证券业务布局较早且发展较快的龙头券商,对其今后着力拓展跨境业务更是锦上添花。2017年,这7家试点券商中除广发证券外,其境外证券业务收入占营业收入的比例均位居行业前十名(见表2)。

有关统计数据显示,2017年30家已设立香港子公司且取得营业收入的券商共实现境外证券业务收入262.83亿元,其中境外证券业务收入排名前5位的券商依次为海通证券、中信证券、中金公司、国泰君安和华泰证券,营业收入分别为72.19亿元、52.99亿元、23.17亿元、21.97亿元和16.99亿元,行业集中度CR5高达71.27%,这表明龙头券商境

表2　　2016年、2017年境外证券业务收入占比行业排名前十大券商

	2017年			2016年	
序号	券商名称	境外证券业务收入占比（%）	序号	券商名称	境外证券业务收入占比（%）
1	海通证券	25.58	1	中金公司	23.85
2	中金公司	20.67	2	海通证券	21.20
3	中信证券	12.24	3	中信证券	12.14
4	中原证券	10.38	4	光大证券	10.76
5	东兴证券	10.33	5	国泰君安	6.21
6	光大证券	9.62	6	招商证券	5.36
7	国泰君安	9.23	7	国元证券	4.64
8	华泰证券	8.05	8	中原证券	4.24
9	兴业证券	7.46	9	兴业证券	4.23
10	招商证券	6.69	10	中泰证券	3.07

资料来源：2016年、2017年《证券公司经营业绩排名情况》，中国证券业协会。

外证券业务优势明显。

五、试点券商开展跨境业务的应对策略

试点券商需要未雨绸缪，通盘考虑，统筹规划，全面安排，积极筹备，着力拓展并做大跨境业务，打造、提升跨境业务核心竞争力，提高国际竞争力，推动国际化发展，不断扩大证券行业对外开放，提高证券行业对外开放程度和质量，推动证券行业实现新一轮高水平对外开放，进而形成证券行业双向开放的新格局。

一是加强人才队伍建设，大力培养、引进高素质的优秀跨境业务专业人才，尤其是领军人才和核心业务骨干，组建专门的跨境业务团队，发展壮大跨境业务专业人才队伍，优化跨境业务专业人才结构，不断提高其专业能力、业务素质和执业水平，为券商拓展跨境业务提供有力的智力支持和人才保障。

二是跨境业务团队需要逐渐了解、掌握境外场内和场外金融产品的交易模式、交易机制、交易制度和交易规则，按照国际惯例运作；同时，密切跟踪研究国际知名投行跨境业务方面比较成熟的业务模式和盈利模式，认真学习、借鉴其在开展跨境业务方面的实践做法和成功经验，积极开发、拓展跨境业务，有序提高跨境资本和金融交易可兑换程度。

三是建立并完善跨境业务信息技术系统，保证该系统的安全性、稳定性、可靠性和高效性，为券商拓展跨境业务提供有力的信息技术支持。完善IT治理，建立健全独立、有效的跨境业务信息技术系统管理机制；保证跨境业务信息技术系统功能完备，能够有效满足客户委托、交易、清算、查询等需求；保证跨境业务信息技术系统安全、稳定运行，能够有效避免频繁发生信息安全事故；制订合理、可行的跨境业务信息技术系统应急预案，能够及时、有效地应对信息安全事故。

四是以市场为导向，以客户为中心，整合券商的现有境内外客户资源，根据券商自身的跨境业务发展战略，确定目标客户，大力开发、培育潜在境内外目标客户资源，发展目标客

户群体，跟踪研究分析并深入挖掘客户需求；同时，健全客户服务体系，完善客户服务制度，加强客户服务，丰富客户服务内涵，改进客户服务手段，提高客户服务质量和水平，以更好地满足高净值零售客户的跨境财富管理需求、机构客户的跨境资产配置需求和企业客户的跨境投融资服务需求。

五是加强券商产品体系建设，进一步丰富券商产品线尤其是境外场内和场外金融产品，完善券商产品体系，优化券商产品结构，提升针对客户的境内外多元化的全产品覆盖能力；为高净值零售客户和机构客户带来更多的跨境投资选择，提供丰富的境外场内和场外金融产品，以更好地满足不同类型客户的不同风险收益偏好和个性化、多样化的投融资需求。

六是跨境业务团队需要苦练内功，加强跨境业务专业能力建设，在开放的国际市场竞争中不断增强跨境投资交易能力、跨境资产定价能力、跨境产品创设能力、跨境财富管理能力、跨境信用交易能力和跨境资产配置能力，培育、提升跨境业务的核心竞争力和综合实力，提高券商的综合金融服务能力和国际竞争力，做大做优做强跨境业务，促进跨境业务持续、稳定、健康发展。

七是鉴于跨境业务规模受制于净资本规模，为此券商需要进一步扩大净资本规模，提高资本充足率，增强资本实力和抗风险能力，为券商拓展并做大跨境业务提供有力的资本支持和保障。券商应当根据自身的资产负债状况和跨境业务发展情况，建立动态的风险控制指标监控和资本补足机制，确保净资本绝对数、风险覆盖率、资本杠杆率、流动性覆盖率、净稳定资金率指标与自营业务风控指标和融资类业务风控指标在任一时点都符合监管规定标准，以提高资本质量和风险计量的针对性，增强风险覆盖的完备性，强化资产负债的期限匹配，提升风险管理能力和水平。

八是不断完善券商合规管理与风险管理的制度和机制，提高合规管理与风险管理的能力和水平，使之与券商跨境业务规模相匹配、相对应，实现动态均衡，以切实防范、控制跨境业务风险，促进跨境业务规范、稳健发展。合规管理方面，健全跨境业务组织架构，完善跨境业务管控制度；建立健全有效的跨境业务合规管理制度和机制，切实防范跨境业务合规风险；明确董事会、监事会、高管人员、合规总监的合规管理职责，并使其严格履行各自的职责。全面风险管理方面，建立符合券商自身发展战略需要的全面风险管理体系，实现风险管理全覆盖、风险监测监控健全有效、风险计量科学合理、风险分析及时全面准确、风险应对机制切实有效；建立能独立有效运作的风险管理组织体系，由首席风险官负责全面风险管理工作，配备充足的风险管理专业人员，全面、有效履行风险管理职责；完善并有效执行风险管理制度，将风险管理文化建设融入经营管理的全过程，将风险管理考核纳入业务部门和员工绩效考核体系；完善风险管理信息技术系统，健全跨境业务风险控制机制，及时识别、计量、监测、预警、评估和处置跨境业务风险；建立健全有效的跨境业务压力测试机制，及时根据市场变化情况和监管部门的监管要求，对各项风险控制指标进行压力测试，并按要求报送跨境业务压力测试报告，健全并有效实施净资本补足机制和跨境业务规模动态调整机制。

参考文献

[1] 中国证监会. 关于进一步推进证券经营机构创新发展的意见（证监发［2014］37号）. www.csrc.gov.cn, 2014年5月13日.

[2] 中国证监会. 证券公司风险控制指标管理办法（2016年修订）（证监会令第125号）. www.csrc.gov.cn, 2016年6月16日.

[3] 中国证监会. 宣昌能主席助理在第五届亚欧博览会——丝绸之路金融论坛上的讲话. www.csrc.gov.cn, 2016年9月21日.

[4] 中国证监会. 中国证监会与香港证监会在上海召开内地与香港跨境机构监管合作研讨会. www.csrc.gov.cn, 2016年11月1日.

[5] 中国证监会. 深入学习贯彻党的十九大精神 坚定不移推进新时代资本市场改革开放——李超副主席在第八届财新峰会上的讲话. www.csrc.gov.cn, 2017年11月16日.

[6] 中国证监会. 努力建设更好服务高质量发展的资本市场——方星海副主席在陆家嘴论坛上的致辞. www.csrc.gov.cn, 2018年6月14日.

[7] 闫晶滢. 7券商获批开展跨境业务"出海"get新技能[N]. 证券日报, 2018年5月7日.

[8] 张星, 李维. 多家券商密集试点跨境业务"出海" 新增长点养成在即[N]. 21世纪经济报道, 2018年5月8日.

[9] 张欣培. 券商跨境业务破冰 国君、华泰试点资格相继获批[N]. 21世纪经济报道, 2018年1月9日.

[10] 盛潇岚. 券商出海潮来临 7券商试水跨境业务[N]. 时代周报, 2018年5月15日.

[11] 杨庆婉. 又一家合资券商变更实控人见端倪！还有7家内资券商跨境业务获批[N]. 券商中国, 2018年5月4日.

[12] 王思文. 中国证券业协会公布2017年券商境外营收数据[N]. 中国经济网, 2018年6月25日.

[13] 中信证券，海通证券，国泰君安，华泰证券，广发证券，中金公司和招商证券的跨境业务获批相关公告.

中国证券公司跨境并购投资研究

国泰君安证券股份有限公司课题组*

一、导论

（一）研究背景及意义

1. 研究背景

（1）社会实践背景。中国特色社会主义进入新时代，改革开放再出发，与世界的互联互通日益深化。2017年，我国已成为全球120多个国家和地区的最大贸易伙伴，"走出去"的本土企业遍布190个国家和地区，国际化生产与国际贸易衍生的跨境投融资需求日益旺盛。同时，居民财富不断增长，境外资产配置与日俱增。据估算，2017年末，我国可投资产千万元以上的高净值人群约180万，配置有境外资产的占比约56%。

庞大的跨境金融服务需求为中国证券公司加速国际化提供了良好基础和强大动力，也对证券公司的国际化专业服务水平提出了更高要求。为此，中国证券公司开始加大境外分支机构设立步伐，跨境并购投资正是其中最重要的方式之一。而随着我国资本市场双向开放提档加速，未来会有更多的本土券商重视并持续推进跨境并购投资，服务客户跨境需求的同时积极参与国际竞争、落实国家战略。但是，跨境并购投资是一个复杂的系统性工程，隐含着各种问题与挑战，即便是国际一流金融机构也曾走过不少弯路，甚至因为跨境并购投资失误而受到拖累。与国际一流金融机构相比，中国证券公司综合实力尚有不小差距，跨境并购投资和海外运营的经验更显薄弱。因此，如何减少中国证券公司跨境并购投资失误，规避潜在风险，提高目标达成率，是目前证券业亟待解决的现实课题。

（2）理论研究背景。跨境并购投资作为现代企业常见的国际化扩张手段以及一种高难度的投资行为，引起了学界广泛重视。不同学者从动因、流程、整合、风险、效益评价等方面切入，采用不同方法进行理论探讨。但从总体来看，有关跨境并购投资的研究对象以产业

---

* 本文为中国证券业协会2018年优秀课题。课题负责人：聂小刚；课题组成员：杨光，王文雯，崔冬冬。

集团为主，针对金融机构的研究占比较低。而由于我国金融机构特别是证券公司跨境并购投资起步较晚，相关领域的针对性研究很少。

在对目前为数不多、以我国金融机构跨境并购投资为研究对象的研究成果进行梳理后，可以发现存在两个问题：一是理论研究细致有余而整合不足，通常是结合我国金融机构的实践就跨境并购投资的动因、类型、风险等某个或几个相关理论进行再探讨，缺少必要的理论整合，难以形成可供实践参考的系统性理论框架；二是案例分析深度不够，前期研究更多是针对国内外某个金融机构的具体跨境并购投资案例进行剖析，从中提炼一些问题和参考借鉴，而缺乏对整个跨境并购投资历程的动态分析和提炼，未能充分挖掘和释放前期跨境并购投资实践的宝贵经验。

2. 研究目的和意义

针对中国证券跨境并购投资实践需求日益旺盛和现有研究相对不足的矛盾，本课题研究目的有两个：一是通过对国内外代表性金融机构跨境并购投资实践的系统、动态分析，提炼其中的个性特征、问题和共性经验，为中国证券公司减少跨境并购投资失误、规避潜在风险、提高目标达成率提供有益参考和借鉴；同时，为中国政府部门更好支持本土券商开展跨境并购投资，促进我国证券业提升跨境服务能力、落实国家战略提供具有可操作性的建议。二是通过对前期有关研究成果的系统梳理、分析，以跨境并购投资的风险防范为落脚点，构建符合中国证券公司跨境并购投资实际的风险防范理论体系，推演和提示跨境并购投资的关键环节及潜在风险，为后续实践提供有益的理论参考。

（二）核心概念与研究范畴

1. 核心概念界定

科学研究始于概念的合理界定。本课题在研究前，综合考虑社会各界习惯，对与本课题相关的核心概念进行必要界定和说明。

（1）"跨境"概念的界定。"跨境"中的"境"是指"关境"。本研究所指的"跨境并购投资"，不仅包括"跨国"的并购投资，也包括我国内地注册的金融机构在我国香港特别行政区、澳门特别行政区以及我国台湾省的并购投资。

（2）"并购投资"概念的界定。"并购投资"重心在于"并购"，"并购"包含兼并和收购，其重心在于获取目标公司实际控制权。

"投资"是"并购"的从属概念，之所以在"并购"之后加上"投资"，是为了更契合实际情况。一方面，真正控制一家境外公司不一定需要很高持股比例；另一方面，以谋求实际控制权的跨境并购可能是分步进行的，即初始持股比例不大。此外还有一种情况，即最初不是为了谋求目标公司控制权，只是作为大股东参与公司治理，先熟悉国外行业状况和积累相关经验，类似情况均视为本课题所指的"跨境并购投资"。

2. 研究范畴界定

跨境并购投资的演绎过程及最终结果会因具体环境不同而表现出明显差异，因此本课题对研究范畴进行界定，以保证研究的科学和严谨。

第一，母公司通过关键子公司进行的重大跨境并购投资属于本课题研究范畴，如中信证券香港子公司并购里昂证券，视为中信证券的跨境并购投资行为。

第二，本课题不对跨境并购投资具体案例的最终结果做"成功/失败"的定论性评价。

跨境并购投资往往具有多重目标，除了收入、利润还包括拓展市场、获取客户资源、增强海外分支和网点布局等，且最终效果难以在短期内完全释放，很可能外界认为失败的项目，一段时间后又"峰回路转"。

第三，国内外金融机构在其他国家自主设立分支机构或设立合资公司，以及我国金融机构并购投资境外公司在境内的子公司，不属于本课题研究范畴。

第四，国内外金融机构因经营需要，跨境并购投资地产、酒店等非金融机构，不属于本课题研究范畴。

第五，国内外金融机构跨境并购投资的具体实施过程，包括如何筛选具体跨境并购投资标的、以何种方式支付对价以及对价高低等，不属于本课题研究范畴。

第六，国内外金融机构以"高抛低吸"为目标，通过二级市场买入境外公司股票，不属于本课题研究范畴。

二、相关理论研究综述

（一）跨境并购投资的动因理论

1. 理论基础

"动因"是跨境并购投资的逻辑起点，可分为价值最大化动因和非价值最大化动因（见表1）。

表1　　　　　　　　　　跨境并购投资的动因理论

分类	相关理论	理论内涵
价值最大化	协同效应理论	经营协同，是指因并购投资双方存有经济互补性，使得并购后相关业务单元的成本有效降低
		财务协同，指并购投资给企业在财务方面带来的各种效益，包括但不限于资本收益率提高、偿债能力增强、股票价格上涨等
		管理协同，是指并购投资后，通过优势管理技能注入或扩散，改善并购投资前管理效率低下企业的管理状况
	市场势力理论	通过并购投资减少竞争对手，提高企业市场占有率，增加长期获利机会
	交易费用理论	通过并购投资，用费用较低的企业内部交易代替费用较高的市场交易，优化企业间的资源配置，降低交易费用
	价值低估理论	目标公司市值若小于并购后的全部重置成本，可通过并购投资激发市场对目标公司的股价重估，进而为并购投资的双方创造价值
非价值最大化	代理理论	管理者作为"代理人"与股东目标并不完全一致，有可能追求在企业中的控制权利，包括在明知回报较低、不符合股东利益情况下，依然发起并购投资
	"管理者自负"理论	该理论认为对目标公司价值低估以及潜在协同效应的判断，不是因为并购投资方掌握可靠信息，而是因为并购投资方部分决策者自负，自以为在目标公司估值上能够比市场做得更好。如果决策者自以为存在的价值低估、协同效应或其他并购价值实际上不存在，并购投资方将因支付高溢价而蒙受损失

价值最大化动因是指基于公司或股东利益的角度理性看待跨境并购投资，力图使并购投资行为的效益最大化，包括协同效应理论、市场势力理论、交易费用理论、价值低估理论等；非价值最大化动因与价值最大化动因对立，并非基于公司或股东利益追求并购投资效益上的最优选择，而可能是基于一种私利或功利性心理，包括代理理论、"管理者自负"理论等。

2. 理论评述

动因理论提示了跨境并购投资的首要风险——非价值最大化动因产生的风险，为跨境并购投资实践敲响了警钟：一方面，决策动机要端正，契合公司长远利益和价值目标；另一方面，须防范决策风险，针对代理人问题和"管理者自负"问题，优化决策规则和流程，最大限度降低"冲动性"决策或"有毒"的跨境并购投资。

（二）跨境并购投资的抉择理论

1. 理论基础

动因影响抉择，跨境并购的抉择理论主要涉及标的区位、并购投资类型的选择。

区位抉择理论主要探讨在哪些国家和地区进行跨境并购投资。前期研究发现，东道国（目标公司所在国家）政治法律环境和经济市场环境越好，与母国（并购投资方所在国家）的地理和心理距离越近，跨境并购投资成功可能性越高（见表2）。

表2　跨境并购投资区位抉择的影响因素及重要指标

影响因素	重要指标
政治法律环境	政局稳定性、与重要大国关系、地缘关系、经济体制、监管法规、反垄断法规、外商投资政策、产业政策等
经济与市场环境	经济稳定性、GDP及其增长率、货币与财政政策、就业情况、居民可支配收入水平、区域内市场辐射力、证券市场状况等
与母国的距离	地缘接近性、文化相近性、邦交紧密性等

有关跨境并购类型的研究已经成熟且共识较高（见表3）。综合来看，按照"并购双方的产业特征"，将并购分为横向、纵向和混合三种类型属于战略层面的探讨，其他几种划分方式属于操作层面的探讨。

表3　常见的跨境并购类型划分标准

划分标准	划分结果	释义
并购双方的产业特征	横向并购	具有同业竞争关系的企业之间所进行的并购
	纵向并购	生产经营互为上下游关系的企业之间的并购
	混合并购	不相关行业的企业之间的并购
并购的法律形式	吸收并购	两家企业合并成一家企业，其中一家企业承接另一家的资产和负债，保留法人地位，另一家企业在合并后丧失法人地位
	创立并购	两个企业共同组建一个新企业，原企业宣告解散
	控股并购	一家公司取得另一家公司的控股权，以掌握其经营管理权利

续表

划分标准	划分结果	释义
并购的实现方式	承担债务式	并购方以承担目标公司全部或部分债务为条件,取得目标公司相应比例的资产所有权和经营权
	现金购买式	以现金购买目标公司的股权或全部资产
	股份交易式	以股权换资产或以股权换股权的方式控制目标公司

2. 理论评述

区位抉择理论所涉及的影响因素基本是企业无法改变的,而且这些因素极可能导致跨境并购投资的最终结果差强人意甚至以彻底失败而告终。在区位抉择时,跨境并购投资方只有依据权威机构专业判断或者主动深入调研进行甄选、决策。

至于类型抉择,跨境并购投资方则有较大选择余地。须重点说明的是,学界前期跨境并购投资类型划分并不适合金融业,一方面,横向、纵向、混合类型的划分主要针对产业公司,而金融业上下游很难界定;另一方面,学界划分不同类型是基于"目标公司控制权转移",即是对"并购"的探讨,而本课题主要研究"并购"的同时兼顾"投资"。为此,本课题参考前期研究并结合实际,将"跨境并购投资类型"划分为四种:一是对核心业务的增强型并购投资;二是对薄弱欠缺业务的补短板型并购投资;三是对未来科技金融、新业务的渗透型并购投资;四是对具有强大发展潜力、金融牌照监管较严的关键国家金融企业的战略股权投资。这样,既符合金融机构实践情况,便于开展深入研究,也可为中国证券公司跨境并购投资类型抉择提供更多参考(见图1)。

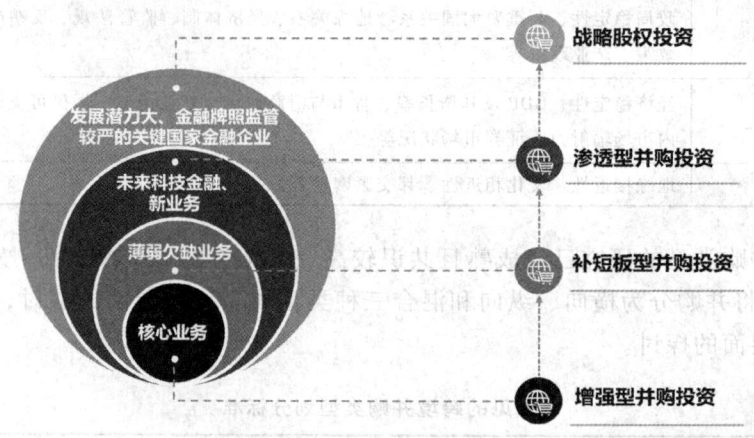

图1 本课题总结的四种跨境并购投资类型

(三) 跨境并购投资的整合理论

1. 理论基础

跨境并购投资整合的关键主要包括但不限于人力资源整合、企业文化整合、业务整合、财务整合、管理制度整合这五大维度(见表4)。

表 4　　　　　　　　　　　　跨境并购投资整合的关键维度

整合维度	细则
人力资源整合	管理人才、专业人才职务调整，绩效考核，薪酬福利等
企业文化整合	经营哲学、管理风格、行为规范、沟通方式、团队关系等
业务整合	研发资源、业务渠道、业务运营、营业网点等
财务整合	财务制度体系、会计核算体系等
管理制度整合	合规风控、规章制度、运行标准、信息流程、激励约束等

前期研究普遍认为，跨境并购投资之所以失败，是"重并购、轻整合"，即企业对跨境并购投资的整合缺乏战略意识，没有完整且可操作的整合规划。对此，学界提出了框架性意见：将整合规划纳入企业跨境并购投资体系，从战略高度予以重视和推进实施；明确整合的方针、原则、步骤、关键节点；合理评估整合成本和整合风险，制定相应预案；注重整合人才培养及"整合速度"。

2. 理论评述

实践表明，很多跨境并购投资方因迟迟不能完成有效整合而被拖入泥潭。为此，跨境并购整合中，既要注重整合成本及风险规避，也要注意整合速度，尽快实现有机整合。由于人力资源是企业的核心资源，所以在跨境并购整合中，首先应注重人力资源整合，保持人力资源相对稳定，特别注重留住并用好关键核心人才。同时，应降低双方文化冲突，以保障被并购的公司后续平稳运营，为业务和管理整合争取时间，否则很容易造成混乱，限制并购效益的发挥。

（四）跨境并购投资的风险防范理论

1. 理论基础

跨境并购投资的风险防范是课题研究的落脚点。跨境并购投资风险是指跨境并购投资的结果与预期存在偏差，以及企业因实施跨境并购投资而遭受损失的可能性。实践证明，跨境并购投资风险普遍存在且容易将并购投资方拖入泥潭。目前相关研究主要集中在两方面：

一是跨境并购投资实施过程中的操作风险，包括但不限于信息不对称风险、资金财务风险、政治经济风险等。其中，信息不对称风险是指并购投资方对目标公司的了解与目标公司内部相比存在严重不对等，由此给跨境并购投资带来隐患；资金财务风险指并购投资方为目标公司支付过高溢价，由此可能造成并购投资方出现亏损；政治经济风险是指东道国的政治、经济、监管等对跨境并购投资造成的不确定影响，可能导致跨境并购投资戛然而止，或者目标公司在被并购后因外部环境恶化而出现严重业绩滑坡。

二是跨境并购投资后的整合风险。如前所述，学界在研究过程中，习惯将跨境并购投资的整合研究与风险防范研究结合起来，着重探讨整合不力对跨境并购投资的负面影响，进而提出整合风险的应对举措。

2. 理论评述

从内在逻辑而言，跨境并购投资实践主要是基于"动因→抉择→具体实施→整合"的流程而推进，即动因决定并购标的抉择，包括区位、类型、标的遴选等等。然后进入具体实施阶段，确定交易价格、交易时点并面临监管审核。待监管审核结束、完成交割，即进入最后的整合阶段。整个流程都可能面临各种风险。

为此，本课题基于学界前期研究，结合金融机构跨境并购投资实际情况，构建了基于"动因→抉择→具体实施→整合"流程的跨境并购投资风险防范理论体系，从理论层面推演和提示跨境并购投资的关键环节及潜在风险，以及相应的防范和应对举措（见表5）。

表5   跨境并购投资风险防范理论体系

逻辑	相关理论	潜在风险	防范和应对举措
动因	价值最大化	—	—
	非价值最大化	代理人与股东利益不一致	优化决策流程
		管理人自负	避免"一言堂"
抉择	区位抉择	政局不稳或存有严重政治法律壁垒	自行深入尽调或委托第三方尽调
		市场、经济不稳定或存有严重金融/经济危机	
		社会文化差异导致企业文化迥异	
	类型抉择	难以产生预想的协同效应	明确跨境并购投资导向 根据目标筛选类型
具体实施	标的价格	信息不对称引发高估价格或低估风险	严格尽调 避免杠杆过高 及时剥离
		溢价过高导致得不偿失	
	并购时点	突发性市场波动或经济危机	加强研判 分步实施 借助第三方 及时剥离
	监管审核	突发性行政干预	加强研判 分步实施 借助第三方 寻求监管协调
整合	人力资源整合	整合速度过慢导致并购方深陷泥潭	重视整合速度 重视整合技巧 抓住整合关键
	企业文化整合		
	业务整合	整合技巧不足导致整合失败	
	财务整合		
	管理整合		

三、国际一流投行跨境并购投资历程分析

（一）高盛跨境并购投资历程分析

1. 高盛跨境并购投资历程回顾

高盛成立于1869年，从成立之初至20世纪50年代专心致力于本土发展。20世纪60年代，高盛开始进军欧洲和日本市场，加速国际化战略布局。2017年末，高盛在全球所有主要金融中心均设有分支机构，海外业务收入占比达39%，其中亚太区贡献15%，欧洲、中

东和非洲贡献24%。

20世纪80年代，高盛还只是美国一家业务单一的中等投行；90年代，高盛经过跨越式发展跻身美国领先投行，实力发生质变，于是开始打造全球金融帝国。基于全球战略，高盛通过跨境并购投资加快核心业务发展和海外布局，先后在海外并购了一系列专业基金公司和资产管理公司（见表6）。其间，高盛以战略投资者身份相继入股中国平安、工商银行、泰康保险等我国重要金融机构，参与公司治理的同时也给这些机构带来先进管理理念。例如，高盛1994年投资中国平安后，派出观察员列席董事会获得发言权，并通过这一方式对中国平安完善现代公司治理提出专业建议。

近年来，高盛着力打造金融领域的"科技公司"形象，频频并购投资全球金融科技公司，迅速建立全球金融科技的领先地位。

表6　　　　　　　　　　　1994—2013年高盛主要跨境并购投资活动

时间	增强型	补短板型	渗透型	关键国家金融企业的战略股权投资
1994年	—	—	—	中国平安（7.63%）
1996年	CIN Management Ltd（英国）	—	—	—
1997年	Commodities Corp International Ltd（卢森堡）	—	—	—
2005年	—	Delmora Bank（德国）	—	—
2006年	—	—	—	中国工商银行（4.9%）
2007年	Macquarie – IMM Investment Management（韩国）	—	—	—
2011年	资产管理公司（澳大利亚）Benchmark Asset Management（印度）	—	2011年以来，高盛多次并购全球金融科技公司	中国泰康保险（12.02%）
2013年	苏格兰皇家银行欧洲货币基金业务	—		—

资料来源：Bloomberg，本课题组整理。

2. 高盛跨境并购投资的特点分析

（1）本土做强做优后再开展跨境并购投资，实现做大。20世纪90年代前，高盛实力一般，直到在本土确立领先地位，才开始发力跨境并购投资，最终成就今天业务多元、规模庞大的"高盛帝国"。

（2）跨境并购投资以战略目标为导向。实现战略目标是高盛跨境并购投资的首要动因。高盛跨境并购投资发力前适逢战略转型，资产管理业务成为战略重点，所以其跨境投资标的多是资管类机构。近年来，高盛强化金融科技战略，所以跨境并购投资在相关领域重点布局。

（3）重视关键国家金融企业的战略股权投资。高盛多次以战略投资者身份开展关键国家金融企业的战略股权投资。通过这种方式，一是可介入关键国家金融行业，熟悉当地金融业运作，待政策限制放开后利用积累的经验迅速拓展业务；二是可与关键机构以及政府、监管部门建立紧密联系；三是可获取财务回报，由于持股价格一般偏低，所以即便前述两个目标未能实现，也可以择机转让退出。

（4）跨境并购投资与自主设立并重，共同推进国际化布局。高盛国际化布局采用"两条腿走路"模式。在重点国家和地区，可能一时没有合适的并购投资标的，高盛会选择自主设立分支的方式介入当地市场，通过强大的专业能力输出，落地生根。

（二）花旗集团跨境并购投资历程分析

1. 花旗集团跨境并购投资历程回顾

花旗集团成立于1998年，由花旗银行与旅行者集团合并而成。2009年，花旗集团拆分为"花旗银行"和"花旗控股"两部分，由"花旗银行"保留集团在全球的传统银行业务，其他业务纳入"花旗控股"。目前，花旗集团已成为全球最大的全能银行之一，投行、商行、保险等业务均位居世界前列，在95个国家和地区设有分支机构。

花旗集团成立后"立足国内、放眼全球"，加大海外扩张进程。特别是21世纪以来，花旗集团跨境并购投资步伐加快，相继在亚太、欧洲、南美等地区并购当地的知名机构，进一步提升全球影响力（见表7）。其间，花旗集团在2005年战略入股广发银行，并根据协议在风险管理、公司治理、财务管理、金融科技、金融创新等领域向广发银行提供支持，帮助广发银行提升经营水平。

表7　　2000年至今花旗集团主要跨境并购投资活动

时间	增强型	补短板型	渗透型	关键国家金融企业的战略股权投资
2000年	Diners Club of Japan（日本，消费金融） Banco Bilbao Vizcaya（阿根廷，保险） Bank Handlowy S. A.（波兰） 富邦证券（中国台湾，投行）	—	—	—
2001年	Genear AFJP（阿根廷，保险） 巴拿美克斯金融公司（墨西哥，消费金融）	—	—	—
2003年	裕宝联合银行（德国）	—	—	—
2004年	KorAm Bank（韩国）	—	—	—
2005年		—	—	广发银行（20%）
2006年	Credicard S. A.（巴西，信贷）	—	—	—
2007年	AK bank TAS 20%（土耳其） 日兴柯迪（日本，投行）	—	—	—
2010年	LQ Investiones Financieras S. A.（智利，投行）	—	—	—
2013年			Traiana（英国，金融科技）	
2014年	瑞士信贷集团的大宗商品交易业务			

资料来源：Bloomberg，本课题组整理。

2. 花旗集团跨境并购投资的特点分析

（1）先境内并购做好根植本土，再跨境并购投资覆盖全球。"并购"在花旗集团发展过程中具有重要地位。其核心成员花旗银行的发展史就可谓一部并购史。1955—1984 年，花旗银行正是依靠在本土的一系列并购，成为美国最大的银行控股公司。本土领先地位确立后，花旗集团开始海外扩张，由于已在本土成熟市场建立领先优势，花旗集团跨境并购投资获得强大支撑，可向海外输出专业和管理经验。

（2）以客户需求为导向，完善跨境并购投资区位布局。花旗集团在跨境并购投资的区位选择上，非常重视客户需求，强化"Go Everywhere, Do Everything, To Serve Everyone"的全球化战略意识，通过跨境并购投资和自主设立，将业务触角延伸到世界主要国家和地区。

（3）精选标的，跨境并购投资对象在当地具有一定影响。花旗集团甄选跨境并购投资标的时，强调标的与自身的战略协同，尽可能选择在当地具有一定实力的机构，以迅速拓展市场。例如，花旗集团为开拓拉丁美洲市场，在 2001 年斥资 120 多亿美元并购墨西哥第二大金融机构；为开拓日本证券市场，在 2007 年并购日本大型零售券商日兴柯迪。

（三）德意志银行跨境并购投资历程分析

1. 德意志银行跨境并购投资历程回顾

德意志银行始创于 1870 年，现已成为全球领先的综合金融服务商，在世界 60 多个国家和地区设有分支机构。从创立至 20 世纪 70 年代，德意志银行逐步成为德国本土最大的银行。20 世纪 80 年代中后期，德意志银行致力创建欧洲全能银行及全球化投资银行，不断加大跨境并购投资步伐（见表 8）。其跨境并购投资历程大致可分为四个阶段：

第一阶段是 20 世纪 80 年代中期到 90 年代中期。该阶段，德意志银行主要在欧洲跨境并购投资，基本确立传统银行业务在欧洲的领先地位，其间分两次并购英国投行 Morgan Grenfell，为创建欧洲全能银行奠定坚实基础。

第二阶段是 20 世纪 90 年代中期到 2001 年。该阶段，德意志银行主要在美国市场跨境并购投资，特别是 1999 年并购美国信孚银行。彼时的信孚银行，分支遍布 50 多个国家，是美国第八大银行、全球第十大资管机构，投行业务同样出众。德意志银行由此跻身全球领先投资银行之列。

第三阶段是 2002—2007 年。该阶段，德意志银行主要通过跨境并购投资开拓新兴市场，寻找新的利润增长点。此前，德意志银行基本完成全球化框架搭建，但成本收入比也由 1989 年的 58% 攀升至 2001 年的 87%。为此，德意志银行将跨境并购投资目光转向新兴市场，并购投资标的主要选择盈利好、在某个业务领域具有领先地位的专业金融机构。

第四阶段是 2008 年至今。次贷危机后全球金融秩序重建，由于欧元区经济低迷以及美欧监管加强，德意志银行业绩下滑，被迫收缩全球业务，降低运营成本，此间再无大手笔跨境并购投资。

2. 德意志银行跨境并购投资的特点和问题分析

（1）跨境并购投资以战略为导向，以做强做优主业为核心。德意志银行的跨境并购投资，以其"创建欧洲全能银行及全球化投资银行"战略目标为导向。跨境并购投资项目多由业务单元提出，然后逐级提交审核，重点分析目标公司与其整体战略的契合性以及潜在业务协同等，最后由最高决策层审批。

表 8　　1986 年至今德意志银行主要跨境并购投资活动

时间	增强型	补短板型	渗透型	关键国家金融企业的战略股权投资
1986 年	美国银行意大利分行（意大利） C. J. Lawrence（美国，投行）	—	—	—
1988 年	McLean Mc Carthy（加拿大，投行）	—	—	—
1989 年	Morgan Grenfell 4.99% 股份（英国，投行）	—	—	—
1993 年	Banaca Popolare di Lecco（意大利）；马德里银行（西班牙）	—	—	—
1995 年	Morgan Grenfell 剩余全部股份（英国，投行）	—	—	—
1998 年		Boullioun（美国，飞机租赁）	—	—
1999 年	信孚银行（美国）	—	—	—
2002 年	2002—2007 年，先后并购土耳其、墨西哥、俄罗斯、越南等国的投行、资管公司、银行	—	—	—
2006 年	—	—	—	华夏银行（9.9%）
2016 年		NBGI Private Equity（英国，私募公司）	—	—
2018 年	—	—	Quantiguous Solutions Pvt Ltd（印度，金融科技）	—

资料来源：Bloomberg，本课题组整理。

（2）跨境并购投资路径"由近及远"，先重点完善欧洲布局。德意志银行首先通过跨境并购投资，实现"欧洲全能银行"战略目标，然后进一步强化美国布局，初步实现"全球化投资银行"目标，随后再将跨境并购投资目光转向高增长的新兴市场。

（3）整合速度落后并购速度，"消化不良"拖累整体业绩。德意志银行的跨境并购速度在同类机构中首屈一指，但整合速度并未跟上，不仅导致成本收入比短期内大幅攀升，而且影响中长期资产负债表的稳健。次贷危机爆发时，德意志银行的一些跨境并购投资项目尚未完成整合，既不能形成合力抵御风险，又拖累整体业绩，迄今仍未完全摆脱"并购快、整合慢"的负面影响。

（四）野村证券跨境并购投资历程分析

1. 野村证券跨境并购投资历程回顾

野村证券成立于 1925 年，现已是日本最大的券商，也是亚洲区域的国际一流投行，在全球 30 多个国家和地区建立了分支机构。

野村证券国际化起步于 1967 年，但 20 世纪的海外布局主要以自主创设为主。2001 年，野村证券在纽交所上市，以此为契机实施了一系列跨境并购投资，加快国际化步伐（见表 9）。整体上看，野村证券的跨境并购投资以增强型为主，大致分为三个阶段：

第一阶段是 2001—2006 年。此间，野村证券基本没有开展大型跨境并购投资，仅在 2003 年并购中信集团的国际咨询业务。

第二阶段是 2007—2009 年。次贷危机前后，欧美许多金融机构陷入困境，野村证券借机加快并购投资欧美机构步伐，特别是 2008 年并购雷曼的欧洲、亚洲、中东业务，轰动一时。

第三阶段是 2010 年至今。此间，野村证券再未出现过类似并购雷曼的著名事件。

表 9　　　　　　　　　　　2003 年至今野村证券主要跨境并购投资活动

时间	增强型	补短板型
2003 年	中信集团的国际咨询业务（中国，咨询）	
2007 年	Instinet（美国，证券经纪）	
2008 年	雷曼的欧洲、亚洲、中东业务	
2009 年	Tricorn Partners LLP（英国，投行）	
2010 年		爱尔兰银行
2012 年		通用电气金融（GE Capital）在华业务
2014 年	安泰证券投资信托（中国台湾）	
2016 年	世纪投资公司（美国）	

资料来源：Bloomberg，本课题组整理。

2. 野村证券跨境并购投资的特点和问题分析

（1）先自主搭建全球业务平台，再跨境并购投资加快国际化进程。野村证券很早就确立了"亚洲的全球性投行"战略目标，并采用"两步走"方式实现这一目标。

第一步，先自主设立分支机构，搭建全球业务平台。1967 年在中国香港设立野村证券国际（香港），并以此为跳板迅速向亚洲其他国家和地区扩张；1969 年和 1981 年先后设立野村证券国际（美国）和野村证券国际（欧洲），初步搭建以"东京－香港－纽约－伦敦"为核心的全球业务平台。

第二步，采用跨境并购投资加快国际化进程。彼时，野村证券已在各大金融中心打下基础，积累了丰富的国际化运营经验，对后续跨境并购投资形成有效支撑。

（2）企业文化差异较大，保留核心人员应对整合风险。并购雷曼的欧洲、亚洲、中东业务是野村证券走向全球的重要一步。但雷曼的企业文化与野村证券企业文化风格迥异，并购后潜在文化冲突激烈。在整合环节，野村证券抓住关键点——保留核心人员，维护经营稳定。一方面，任命雷曼原欧洲高管主政欧洲核心业务，并从其管理层挑选野村证券高管；另一方面，保留雷曼股权交易部门 90% 的员工，以及雷曼投行部门 80% 的员工，保障了业务团队的稳定。

（3）未准确评估次贷危机风险，并购后一度受到拖累。野村证券并购雷曼当年，即 2 008 财年，巨亏 72 亿美元，系野村有史以来最大年度亏损。很大程度上是因为野村既忽视次贷危机对自身业务的影响，也未能准确评估次贷危机对雷曼后续经营的影响。尽管雷曼售价不高，但并购雷曼在短时间内就使野村人工等开支增加了约 6 亿美元。所幸依靠前期积累，野村证券最终度过艰难时刻。

四、本土系统重要性机构跨境并购投资历程分析

（一）中国工商银行跨境并购投资历程分析

1. 中国工商银行跨境并购历程回顾

工商银行成立于 1984 年，1992 年在新加坡设立代表处，开始国际化进程。2017 年底，工商银行在 45 个国家和地区建立了 419 家机构，覆盖六大洲和重要国际金融中心（见表10）。其跨境并购投资历程大致可分为两个阶段：

第一阶段是 2006 年以前。工商银行在早期主要通过自主设立分支机构的方式拓展海外市场，同时在香港"试水"跨境并购投资，加强香港布局力度。

第二阶段是 2006 年至今。2006 年上市后，工商银行依托强大资本实力，加快国际化进程，实施自主设立和跨境并购投资并举策略。从标的类型看，主要是增强型和补短板型：通过增强型并购投资，将多家海外银行纳入囊中，直接承继标的银行在当地的资源；通过补短板型并购投资，在集团版图中新增投行、欧美证券清算、全球商品交易等业务，较短时间内扩大业务范围和非息收入。

表 10　1993 年至今中国工商银行境内外重要并购投资事项

时间	增强型	补短板型
1998 年		西敏证券亚洲公司（香港）
2000 年	香港友联银行	
2007 年	印尼哈利姆银行	
2008 年	澳门诚兴银行	
2008 年	南非标准银行20%股权	
2010 年	加拿大东亚银行	
2010 年	泰国ACL银行	
2010 年		富通证券（北美）机构经纪业务部门
2012 年	美国东亚银行	
2012 年	阿根廷标准银行	
2013 年	中国台湾永丰银行20%股权	
2014 年	南非标准银行60%股权	
2015 年	土耳其纺织银行75.5%股权	
2015 年		标准银行公众有限公司（英国；全球商品交易）

资料来源：Bloomberg，本课题组整理。

2. 中国工商银行跨境并购投资的特点

（1）陪伴客户"走出去"，务实推进跨境并购投资。改革开放后，工商银行逐步建立并巩固了本土银行业龙头地位，客户资源尤其是工商类客户资源领先。而我国"走出去"的工商企业多位于亚洲、拉美和非洲等快速发展国家，所以工商银行跨境并购投资重点也是和我国有紧密贸易往来的国家和地区，如非洲第二大经济体南非、拉美第三大经济体阿根廷、"一带一路"重要节点土耳其等，为"走出去"的客户提供跨境金融服务。

(2) 跨境并购投资与自主创设有机协同，双管齐下开拓海外市场。囿于政治法律因素，工商银行在部分国家和地区受到当地的市场准入制约。例如，工商银行1997年就在纽约设立代表处，但当地监管审查严苛，直到2008年才获准将代表处升级为纽约分行。而后，工商银行通过并购投资美国的东亚银行，不但获得零售银行牌照，还一次性获得其在美国的13家分行，成功突破监管壁垒。

(3) 跨境并购投资路径"由近到远、从易到难、循序渐进"。工商银行跨境并购投资最开始从中国香港、澳门试水，然后到印尼、泰国等亚太新兴市场，最后再到加拿大、美国，这种路径抉择符合跨境并购投资区位抉择理论。港澳特区经济发达、与内地文化相同，最易开展跨境并购投资；东盟地区政治相对稳定，经济增长迅速，与我国关系密切，难度相对较小；欧美市场成熟，竞争激烈且准入门槛高，介入难度大。同时，也符合工商银行"壮大亚洲、巩固欧洲、突破美洲"的海外布局策略。

(4) 分步并购，逐步深度介入东道国经营。工商银行并购南非标准银行过程中，采用与德意志银行并购Morgan Grenfell相同的策略——分步并购。第一步，在2008年并购南非标准银行20%股份，熟悉对方经营情况；第二步，时隔6年，双方信任度和熟悉度上升后，再并购60%的股份。

(5) 注重整合速度和整合技巧培育。工商银行在跨境并购投资中形成一套完整的整合体系。一方面，注重整合速度，一般要求并购标的三年后融入集团体系，形成协同。另一方面，注重整合技巧，在人力资源整合上，保持员工队伍稳定，同时加强不同地区员工交流学习；文化整合上，秉持互相尊重、优势互补原则，尽可能保留或吸收标的企业管理中的先进成分，增进员工了解和信任，继而形成对未来目标的共识。

（二）中国银行跨境并购投资历程分析

1. 中国银行跨境并购投资历程回顾

中国银行创立于1912年，现已成为我国全球化和综合化程度最高的银行。2017年末，中国银行拥有545家海外分支机构，横跨全球53个国家和地区，境外资产占比26%，境外利润占比30%。

不同于工商银行，中国银行在海外市场拓展中以自主设立为主。截至目前，中国银行仅有两次较大规模的跨境并购投资，即2006年并购新加坡航空租赁公司、2008年并购瑞士和瑞达基金管理公司，且均属于针对薄弱欠缺业务的补短板型跨境并购投资。

2. 中国银行跨境并购投资的特点分析

(1) 跨境并购投资以多元发展战略为导向。作为我国率先确立多元化发展战略和国际化程度最高的商业银行，中国银行两次重要跨境并购投资均为跨行业项目。2006年并购的新加坡航空租赁公司，是中资银行首次并购重大的海外全资非银行项目，中国银行也借机与全球航空公司、飞机和发动机制造商建立银行业务关系。2008年并购的和瑞达基金管理公司，是中资银行在欧洲地区和国际资产管理业务领域的初次试水。和瑞达基金管理公司拥有丰富的业务经验以及地处全球私人银行高地——瑞士日内瓦等有利条件，对中国银行引进国外高级专业管理人才、搭建私人银行业务平台大有裨益。

(2) 跨境并购投资风险防范意识强，前期论证、尽调充分。确定并购新加坡航空租赁公司后，中国银行选定瑞银、摩根士丹利担任联席财务顾问，富而德律师事务所和普华永道分别担任法律顾问和会计顾问,对约 1.2 万页的资料进行尽职调查,并组建顾问团实地考察新加坡政治、经济环境,与新加坡航空租赁公司管理层进行深度访谈,最终形成项目估值报告和投资建议,有效防范了跨境并购投资的风险。

(三) 中国平安跨境并购投资历程分析

1. 中国平安跨境并购投资历程回顾

中国平安成立于 1988 年,是我国第一家股份制保险公司和国内首家引进外资战略投资者的金融机构。2013 年,中国平安成为 FSB 认定的首批"全球系统重要性保险机构",也是新兴市场的唯一入选者。

2008 年,在"A+H"上市资本实力大增和自身业务发展需求驱动下,中国平安首次试水跨境并购投资,战略入股长期活跃于世界保险、银行和投资领域的比利时富通集团。彼时,中国平安正致力打造综合金融集团,其业务模式及集团架构与富通高度相似,投资富通的动机主要有三个方面:一是学习富通先进的管理技术和经验;二是借助富通资源建立全球化的资产管理平台;三是通过富通将业务版图拓展到金融牌照监管较严的欧洲。

然而,此次跨境并购投资项目最终草草收场。2007 年 4 月,次贷危机发酵,富通股价开始暴跌;2007 年 11 月,中国平安投入 18.1 亿欧元收购富通 4.18% 股权,成为其最大单一股东;2008 年 6 月,中国平安再次投入 7 500 万欧元增持富通股份;2008 年下半年,比利时政府出台国有化方案,将富通集团核心业务拆解出售,集团资产缩水严重;2008 年底,中国平安为该项投资计提 228 亿元的减值损失。事后,中国平安认为有关方面对富通处置失当,甚至采取国际仲裁等方式持续维权,但是迟迟未能有效解决。折戟富通后,中国平安在跨境并购投资上保持谨慎和观望,迄今未有类似重大海外并购投资事项。

2. 中国平安跨境并购投资的问题分析

(1) 尽职调查不充分,未能有效防范信息不对称风险。中国平安投资富通时,尽职调查不够深入和详尽,主要通过财务报告等公开信息了解富通经营状况,缺乏深度信息挖掘和分析。实际上,富通有意掩饰了所持有美国次级债券的高风险性以及对其财务造成的重大影响。

(2) 决策较仓促,未能准确评估次贷危机系统性风险。面对次贷危机这样特殊的金融环境,中国平安表现较冲动,从有意向到真正投资只用了 6 个月时间,对次贷危机影响之广、程度之深、资产贬值之快的预估不足,即便在富通股价持续大跌过程中仍继续增持,以致愈陷愈深。

(3) 政治风险防范意识薄弱,未能提前做好应对预案。富通卷入次贷危机后,董事会受政治压力影响,将集团盈利能力最佳的银行和保险子公司廉价出售给当地政府,而富通国有化之后制定的补偿计划仅针对欧盟个人投资者,中国平安未获任何补偿。由于对政治风险认识不足以及缺少相应预案,中国平安面对变故颇为被动,利益严重受损。

五、中国证券公司跨境并购投资的现状、进程与案例

(一) 中国证券公司跨境并购投资的现状与进程

1. 中国证券公司跨境并购投资的现状

中国证券公司跨境并购投资可追溯到 2005 年 (见表 11)。在客户跨境服务需求旺盛、

国际竞争日趋激烈以及政策支持引导等多重因素的共同作用下，中国证券公司国际化和跨境并购投资步伐不断加快。截至2017年底，31家境内证券公司通过自主创设和并购的方式在境外设立了子公司。

表11　　　　　　　　2005年以来中国证券公司跨境并购投资大事表

时间	重要事件
2005年	招商证券并购香港招商证券国际有限公司（两家券商此前均隶属招商局，但不存在股权关系）
2010年	海通证券并购香港本地最大券商——大福证券60.48%股份
2011年	光大证券通过香港子公司并购光大证券（国际）有限公司51%股权
2013年	中信证券通过香港子公司中信证券国际有限公司并购里昂证券全部股权
2014年	海通证券通过香港子公司海通国际控股有限公司并购香港恒信金融集团全部股权
2014年	中信证券通过里昂证券入股美国券商BTIG
2015年	西南证券通过香港子公司西证国际投资有限公司并购香港敦沛金融73.79%的股权
2015年	海通证券通过香港子公司海通国际证券集团有限公司并购日本券商Japaninvest
2015年	海通证券通过香港子公司海通国际控股有限公司并购葡萄牙BESI圣灵投资银行
2015年	国金证券并购香港粤海证券有限公司和粤海融资有限公司99.99%股权
2015年	中信证券通过子公司中信证券海外投资有限公司并购昆仑国际金融集团有限公司59.37%的股权
2015年	光大证券通过香港子公司光大证券金融控股有限公司并购新鸿基金融集团70%股份
2016年	华泰证券通过子公司华泰金融控股（香港）有限公司并购美国领先的统包资产管理项目平台AssetMark
2017年	中金公司并购纽约金瑞基金管理公司多数股权
2017年	光大证券通过香港子公司新鸿基金融有限公司并购英国机构经纪及研究公司North Square Blue Oak 100%股权
2018年	中国银河通过香港子公司中国银河国际金融控股有限公司并购马来西亚联昌集团（CIMB）旗下联昌证券国际私人有限公司50%股权

资料来源：根据证券公司公告和媒体报导整理得出。

2. 中国证券公司跨境并购投资的进程

中国证券公司跨境并购投资进程可分为三个阶段：

第一阶段为2005—2011年。该阶段系本土券商跨境并购投资的初始期，部分证券公司相继并购港资券商。此间，受次贷危机影响，欧美金融机构陷入困境，以中信证券为代表的实力券商开始筹划在欧美开展并购投资。

第二阶段为2012—2015年。该阶段系本土券商跨境并购投资的发展期，以中信证券并购里昂证券、海通证券并购圣灵投资银行为代表，引起了广泛关注。

第三阶段为2016年至今。本土券商掀起新一轮跨境并购投资热潮，如华泰证券并购美国的AssetMark，中金公司并购美国金瑞基金管理公司，中国银河并购马来西亚的联昌证券国际私人有限公司等。

3. 中国证券公司跨境并购投资的特征

（1）跨境并购投资速度加快，但效益检验尚需时日。2017年，仅海通、中金因境外子公司证券业务收入占比超过20%而获得监管评级加分。由于跨境并购投资效益释放需要一个过程，现在还不能断言具体并购成功与否。

(2) 跨境并购投资主体以综合实力靠前的大券商为主。目前来看，中国证券公司跨境并购投资仍以综合实力靠前的大型券商为主，中小型券商的身影较为少见。

(3) 跨境并购投资市场化程度较高。跨境并购投资的区位、标的选择以及交易价格，基本由券商自主决策，未见"拉郎配"和其他干预现象。

(4) 跨境并购投资多以香港为跳板。一种是将香港作为第一站，先试水并购港资机构，然后再并购投资其他国家和地区标的；另一种是前期在香港自主设立子公司，在香港有一定积累后，再并购其他国家和地区标的。鲜见绕过香港、直接布局其他国家和地区的券商。

(5) 跨境并购投资类型以增强型和补短板型为主。本土券商跨境并购投资标的主要集中在金融领域，着力实现区域和业务双重拓展。如中信证券因战略布局外汇结算和外汇衍生品交易业务，并购投资昆仑国际金融集团有限公司，以拓展 FICC 业务线；海通证券并购香港恒信金融集团，切入金融租赁市场，促进业务多元发展。

（二）中国证券公司跨境并购投资的典型案例分析

1. 中信证券并购里昂证券的背景和过程

（1）并购背景。

其一，中信证券在并购里昂证券前已确立本土证券业龙头地位。中信证券创立于1995年，经过11年发展，在2006年基本确立中国证券业龙头地位。2005年，中信证券在香港成立中信证券国际有限公司，作为海外拓展的桥头堡。在并购里昂证券的前一年，即2012年，中信证券实现营业收入117亿元，净利润43亿元，已连续多年位居行业第一。

其二，里昂证券被并购前陷入经营困境。里昂证券创建于1986年，总部设于香港，最大股东原为法国里昂集团，2003年里昂集团与法国农业信贷集团合并，自此里昂成为法国农业信贷集团在亚太投资银行的分支。被中信证券并购前，里昂证券主要从事证券经纪、投行及私人财富管理业务，重点在亚太区发展，在欧洲、巴西、波兰、非洲和印度均有布局。受次贷危机余波影响，里昂证券被并购前经营效益下滑严重，2011年亏损1 000万美元（见表12）。

表12 里昂证券被中信证券并购前的财务状况

	2010 年	2011 年
营业收入（亿美元）	7.61	7.39
归母净利润（亿美元）	0.61	-0.10
总资产（亿美元）	61.00	44.00
净资产（亿美元）	5.90	5.62
总资产收益率（%）	1.00	-0.20
净资产收益率（%）	10.30	-1.80

资料来源：根据中信证券公告整理得出。

（2）并购过程。从时间上来看，中信证券并购里昂证券酝酿于2009年，至2013年并购里昂证券全部股权，前后历时4年（见表13）。

表 13　　　　　　　　　　　　中信证券并购里昂证券过程表

时间	事件
2009 年	中信证券与里昂证券大股东东方汇理多次洽谈，并购里昂证券提上日程
2010 年	中信证券公布与东方汇理的合作计划，双方在港成立合资公司，各自持股 50%，中信证券将中信证券国际注入合资公司，东方汇理注入里昂证券
2011 年 6 月	中信证券国际计划出资 3.74 亿美元，并购里昂证券和盛富证券各 19.9% 的股权，其中，盛富证券为东方汇理全资子公司
2012 年 3 月	中信证券国际放弃并购盛富证券股权，但并购里昂证券 19.9% 的股权
2012 年 7 月	中信证券董事会审议通过并购里昂证券其余 80.1% 的股权议案
2012 年 8 月	中信证券、法农控股、东方汇理以及 Stichting 基金签订里昂证券 80.1% 股权的售股选择权协定的补充协定
2013 年 7 月	中信证券完成里昂证券剩余 80.1% 股权的并购，里昂证券成为中信证券国际的全资子公司，并购价合计 10.9 亿美元

资料来源：根据中信证券公告和媒体报导整理得出。

2. 海通证券并购圣灵投资银行的背景和过程

（1）并购背景。

其一，海通证券在并购圣灵投资银行前具备良好基础和经验。海通证券成立于 1988 年，2007 年设立海通国际控股有限公司，作为发展海外业务的平台。2010 年、2014 年，海通证券先后并购香港大福证券和香港恒信金融集团，在跨境并购投资方面积累了一定经验。2015 年，海通证券并购圣灵投资银行，在并购前一年，即 2014 年，海通证券实现营业收入 180 亿元，净利润 81 亿元，已连续四年位居行业第二。

其二，圣灵投资银行被并购前陷入困境。圣灵投资银行创建于 1989 年，总部位于里斯本，是葡萄牙 Novo Banco 的全资子公司，也是葡萄牙语及西班牙语地区领先的投资银行，分支机构分布在全球四大洲 12 个国家，曾在伊比利亚、巴西并购业务排行榜中名列榜首，2003—2013 年以并购项目数计算，葡萄牙均排名第一位。2013 年，圣灵投资银行营业收入为 2.47 亿欧元，税后净利润为 736 万欧元。2014 年，圣灵投资银行母集团出现严重财务危机，导致圣灵投资银行股价暴跌超过 30%（见表 14）。

表 14　　　　　　　　圣灵投资银行被海通证券并购前的财务状况

	2012 年	2013 年	2014 年上半年
营业收入（亿欧元）	2.61	2.47	1.83
净利润（亿欧元）	0.21	0.07	0.04
总资产（亿欧元）	—	59.62	58.11
净资产（亿欧元）	—	6.19	6.18
总资产收益率（%）		0.12	0.14
净资产收益率（%）		1.13	1.29

资料来源：根据海通证券公告整理得出。

(2)并购过程。海通证券并购圣灵投资银行始于2014年,完成于2015年,仅用1年便完成了并购活动,且一次性购得全部股权(见表15)。

表15　　　　　　　　　　海通证券并购圣灵投资银行过程表

时间	事件
2014年7月	圣灵投资银行母公司Novo Banco出现严重危机,圣灵投资银行股价暴跌
2014年8月	葡萄牙央行宣布救助圣灵投资银行,而后将该行拆成"不良银行"和"新银行"两部分,出售"新银行"
2014年12月	5日,海通证券子公司海通国际控股有限公司与Novo Banco进行磋商,以并购Novo Banco拥有的圣灵投资银行全部股本
2014年12月	10日,Novo Banco同意将其旗下圣灵投资银行投行业务出售给海通证券,总价3.79亿欧元
2015年9月	海通证券完成对圣灵投资银行的股份交割买卖手续,圣灵投资银行更名为海通银行

资料来源:根据海通证券公告和媒体报导整理得出。

3. 两大并购案例的比较分析

(1)两大案例的共性特征。

第一,并购方在本土具有强大领先优势。中信证券、海通证券在并购之前,均已确立本土证券业的龙头地位。

第二,并购动因以前期确立的国际化战略为导向。中信证券和海通证券均致力于成为国际一流投行,在本土券商中较早确立了国际化发展战略,两大案例均符合其各自的国际化战略目标。

第三,并购方均是以香港为跳板开展跨境并购投资。中信证券并购投资里昂证券,由其香港子公司中信证券国际执行;海通证券并购圣灵投资银行,由其香港子公司海通国际控股操刀。中信证券国际和海通国际控股均在港耕耘多年,且依托香港国际金融中心,积累了一定国际化经验。

第四,并购标的均与并购方具有良好协同前景。从公开信息看,里昂证券被中信证券并购前,在全球有21家分支机构,在亚太地区具有一定影响力,在海外网点、业务、客户资源、人力资源等方面,均可与中信证券形成互补;圣灵投资银行被海通证券并购前,在欧洲、南美等地具有较强业务优势和运营经验,而彼时的海通证券在亚太的布局已有一定基础,无论是海外分支布局还是业务、团队资源,均与圣灵投资银行存在优势互补空间。

第五,并购方均采用逆周期跨境并购投资策略,在标的陷入困境时予以并购。如前所述,里昂证券、圣灵投资银行在被并购前均陷入经营困境,中信证券、海通证券分别把握时机,在标的估值下降时介入。

第六,并购均属于并购方重大决策,交易资金源自自有资金。中信和海通证券并购前资本金充裕,均以自有资金为主支付对价。

第七,并购完成后均进行深度整合。从公开资料看:中信证券一方面强调不会裁员,另一方面采用股权激励和沿用薪酬制度留住里昂核心人才;海通证券一是将圣灵投资银行更名为海通银行,二是在欧洲地区积极招聘,通过壮大队伍来提升实力并扭转圣灵投资银行士气。

（2）两大案例的不同之处。

第一，并购前海通证券已具备一定的跨境并购投资经验，2010年、2014年、2015年先后在中国香港、日本并购金融机构；中信证券在并购里昂证券前，未发生较大规模的跨境并购投资。

第二，中信证券并购里昂证券用时较长。中信证券并购里昂证券，从谈判到完全并购历时4年，而海通证券仅用1年。

第三，中信证券分步并购里昂证券，海通证券系一次性并购。中信证券分阶段分步骤并购里昂证券全部股权，海通证券一次性完成圣灵投资银行全部股权的并购。

六、中国证券公司开展跨境并购投资的建议

（一）对中国证券公司的相关建议

1. 理论和案例对中国证券公司跨境并购投资的启示

（1）避免对本土正常经营造成冲击是跨境并购投资的底线。学界研究和实践案例均表明，跨境并购投资活动隐含多重风险。与国际一流投行和本土系统重要性机构相比，中国证券公司规模体量和营收利润薄弱，一旦决策有误，很可能被标的拖累。因此，现阶段中国证券公司开展跨境并购投资，最重要的不是实现"1+1>2"，而是首先避免"1+1<1"。

（2）本土做强做优是更好开展跨境并购投资的前提。研究过程中，从未发现金融机构在本土经营差强人意情况下，能够做好跨境并购投资。究其原因，跨境并购投资和海外营运对并购方要求更高，特别是要具备强大的业务基础和资本实力，本土业务基础强才可能向外输出知识和经验，资本实力强才能更好抵御跨境并购投资风险冲击。

（3）跨境并购投资路径可考虑"由近及远、先易后难"。从国内外金融机构跨境并购投资历程看，其路径一定程度上体现"由近及远、先易后难"的规律。地域方面，先选择文化或地理位置相近、有发展潜力的，再选择文化差异较大、空间距离较远的；难易程度上，先选择跨境并购投资交易容易通过的标的，再考虑流程较为复杂的大项目。结合国内外金融机构经验，中国证券公司可优先考虑业务与地域文化相近、发展潜力大、容易并购整合的标的（见图3）。

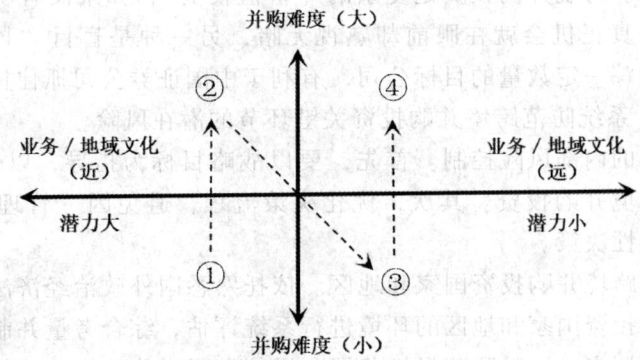

图3 "由近及远、先易后难"的跨境并购投资路径

（4）跨境并购后的有效整合是并购成功的关键。案例表明，并购后有效整合是成功实施跨境并购投资的关键所在。因此，在制定跨境并购投资计划时，需重视对自身整合能力的评估，并制定详细、科学的整合计划，力争在一定期限内实现有效整合。此外，案例经验表明，对人力资源等无形资源的整合更为重要也更为困难，跨境并购整合时，一定要注意保留核心人才，保持人员队伍稳定。

（5）跨境并购投资可借鉴"关键国家金融企业的战略股权投资"模式。从案例看，国际一流投行擅长使用"关键国家金融企业的战略股权投资"模式。与其他三种类型相比，该模式灵活性更强。一是初始投资持股比例无须太多，即可以战略投资者身份介入关键国家的关键金融企业，了解东道国金融行业运作；二是以股东而非外来竞争者身份出现，容易与政府、监管以及关键金融企业建立密切关系；三是进退灵活，既可在合适时机增持股份掌握控制权，也可在必要时候转让股份获取财务回报。中国证券公司跨境并购投资时借鉴该模式，降低风险的同时积累国际化经验，可谓一种稳健、创新的选择。

2. 基于理论和案例对中国证券公司跨境并购投资的建议

（1）客观理性，辩证看待跨境并购投资。跨境并购投资一定要符合自身发展实际，既不能因为国外机构的成功而跃跃欲试，也不能因其暴露风险而因噎废食。决策前，中国证券公司首先要明确几个问题：一是启动跨境并购投资是否符合公司长远利益；二是跨境并购投资是否是唯一、最佳实现公司战略目标的方式；三是能否承担跨境并购投资的彻底失败，避免仅仅为了"跨境并购投资"而作出决策。

（2）戒骄戒躁，并购前先做好自身实力积累。

第一，要有强大的业务和管理能力，能够向海外输出先进经验和专业能力，或与海外形成有机协同。

第二，积极发展国际业务，熟悉国际资本市场情况，对国际业务发展和展业方式有足够认知。

第三，保证资本金充足，增强抵御风险和应对市场变化能力。

第四，重视专业人才与第三方合作机构储备。一方面，积极培养和招聘熟悉国内外法律体系、了解国内外资本市场规则的跨境并购投资人才；另一方面，跟踪评价第三方专业机构能力，储备一批优质的第三方合作机构。

第五，储备标的。跨境并购投资是复杂的"价值投资"，如果没有明确计划，很可能出现两种情况：一种是真正机会就在眼前却熟视无睹，另一种是盲目"抄底"投资"有毒"标的。所以储备并跟踪一定数量的目标公司，有利于中国证券公司抓住机遇。

（3）审慎推进，系统防范跨境并购投资关键环节的潜在风险。

第一，加强决策的内部风险控制。首先，要以战略目标为指导，以价值最大化为准绳，围绕战略目标展开跨境并购投资。其次，优化决策流程，避免因"管理者自负"或代理人利益输送而做出非理性决策。

第二，谨慎选择跨境并购投资国家和地区。依托熟悉国外政治经济法律环境的专业人才或机构对拟跨境并购投资国家和地区的环境进行系统评估，综合考量并制定风险防范预案。

第三，强化尽职调查。一是防范目标公司利用信息不对称造假；二是防范突发政治、经济风险造成跨境并购投资不能按计划进行。

第四，条件允许情况下考虑选择分步并购。一方面，缓解短期资金压力；另一方面，以股东或战略投资者身份，了解目标公司内部情况。避免一次性"ALL IN"蕴藏的风险，也避免错过优质标的。

第五，高度重视后期整合。一是注重整合速度，避免迟迟不能完成整合而造成损失；二是注意人员整合，保持标的公司核心员工队伍稳定；三是提高标的公司对我国企业文化的理解和认同。

（二）对中国政府部门的相关建议

1. 理论和案例对中国政府部门支持本土券商跨境并购投资的启示

（1）本土券商通过跨境并购投资布局海外和国家综合实力强大相辅相成。

一方面，国家综合实力强大才能带动和支持本土券商开展跨境并购投资；否则，本土券商很难走出去，更难成为国际一流投行。目前，国际一流投行和全球系统重要性金融机构主要集中在欧美日等发达国家和地区即是印证。近年来，我国综合实力不断提升，已孕育一批全球系统重要性银行和保险公司，有条件支持本土券商跨境并购投资，培养国际一流投行。

另一方面，本土券商开展跨境并购投资，可更好贯彻落实国家战略。实践中，花旗集团较早设立外贸部门，后续通过跨境并购投资在全球范围内配置资源，成为美国外贸业强有力的金融后盾；高盛、摩根士丹利等国际一流投行长期担任部分国家的政府经济顾问，有力推动了这些国家与美国的经贸、金融往来合作。

（2）本土券商跨境并购投资行稳致远离不开政府部门指导和支持。

一方面，本土券商跨境并购投资经验不足，对海外尤其是"一带一路"沿线国家的政策环境了解不深，需要政府部门给予指导和支持，以更好响应"一带一路"倡议。

另一方面，金融事关国家核心利益，对一些较大规模跨境并购投资，即便是发达国家政府也不会袖手旁观。有关行政限制和干扰，非我国本土券商能够解决，关键时刻需政府部门帮助协调。

2. 基于理论和案例对中国政府部门支持本土券商跨境并购投资的建议

（1）推动实现本土券商跨境并购投资与打造国际一流投行、建设资本市场强国的有机融合建设资本市场强国，离不开国际一流投行，而打造国际一流投行，须支持一批符合条件的本土券商通过内生式发展和外延式跨境并购投资，加快提升国际化水平和竞争力，更好地服务国家战略和资本市场高质量发展。为此，建议将支持本土券商跨境并购投资与打造国际一流投行、建设资本市场强国相结合，甄选一批资质较好的头部券商，在跨境并购投资的相关领域予以差异化监管和支持。具体包括但不限于以下四个方面：

一是推动建立头部券商跨境并购投资绿色通道，为头部券商在跨境并购投资备案管理、跨境并购投资资金进出的绿色通道方面予以适度支持。

二是支持头部券商做好资本补充，提升国际化及跨境并购投资所必须的资本实力，增强市场风险抵抗力。

三是支持头部券商开展境内市场化并购重组，实现境内与境外并购投资的有机协同，做强做优做大主业。

四是支持头部券商加快吸引人才的市场机制建设。一方面，助力头部券商吸引具有国际视野的优秀人才；另一方面，保障跨境并购投资人力资源整合顺利进行。

（2）完善"指导员"和"护航员"角色，支持券商更好开展跨境并购投资、落实国家倡议。

一方面，对券商在关键国家和地区尤其是"一带一路"沿线国家的跨境并购投资予以鼓励支持。建议政府有关部门牵头，加强海外政治经济环境研究、培训，指导券商跨境并购投资布局和风险甄别。

另一方面，以我国金融市场双向开放为契机，加强监管的国际协调与合作，争取国外金融市场面向中资券商对等开放，减少东道国政府和监管部门对我国证券公司跨境并购投资的行政干扰，甚至歧视性审核、监管。

（3）继续完善分类评价机制，引导本土券商务实、审慎开展跨境并购投资。最新修订的《证券公司分类监管规定》，在"市场竞争力"指标中设置"境外子公司证券业务收入占营业收入比例"的加分项，对本土券商提升国际化水平、务实开展跨境并购投资具有很好的引导作用。

鉴于跨境并购投资的最终财务效果不仅体现在收入贡献方面，也体现在利润层面，建议进一步完善分类评价有关加分项的设计，评价收入占比的同时适度考量利润指标，一方面可促使券商审慎选择跨境并购投资标的、加强尽调、防范"有毒资产"，另一方面可促进券商加强整合，努力实现"1+1>2"的协同效应。

证券公司主经纪商业务研究
——基于美国经验的探讨

海通证券股份有限公司　上海对外经贸大学联合课题组*

一、证券公司主经纪商业务概念

主经纪商业务（Primer Broker），主要是指经纪商向私募基金提供包括交易执行、托管清算、证券借贷、杠杆融资、资本引荐、研究支持、风险管理、后台运营、IT 支持和合规报告等一揽子综合性证券金融服务。

在次贷危机前，主经纪商常被用于指代华尔街五大独立投行，因为当时仅有少数大型经纪商能够提供此类综合性服务，贝尔斯登、高盛和摩根士丹利更是在这个市场拥有统治级的优势。然而，随着后危机时代监管政策和市场环境的变化，主经纪商业务的市场结构和业务模式也产生了明显的变化，除了少数大型金融机构仍向私募基金提供全方位一站式综合服务外，大量奉行利基战略的精品投行和迷你经纪商也参与到这个市场中来，这些主经纪商要么选择特定细分的目标客户群体，要么依据自身在某个方面的特殊优势仅向私募基金提供一项或少数几项服务。

事实上，严格意义上主经纪商并不能被视作美国证券交易委员会（SEC）或美国金融业监管局（FINRA）明文列示的持牌业务，仅有美国证券业及金融市场协会（SIFMA）曾对此制定过一些标准，在实践中主经纪商通常指那些帮助客户自行交易并完成清算的经纪商，也即自我清算经纪商（Self-Clearing Broker）。在业务牌照注册管理方面，主经纪商通常会另行注册一家清算经纪商（Clearing Broker）或执行经纪商（Executing Broker）。这类经纪商通

---

* 本文为中国证券业协会 2017 年重点课题。课题负责人：路颖；课题组成员：李明亮、周洪荣、朱蕾、吴一萍、王旭、陈久红、宁薛平、周新辉、李争、杨一波。

常仅持有几项最普通的交易子业务注册牌照,其中清算经纪商是作为服务投资者和清算公司之间的中介,其主要职责在于保护客户的交易能够有序地执行清算;而执行经纪商则是清算经纪商的前一个环节,旨在接受客户订单后进行审核并将订单传递给清算经纪商。

二、美国证券行业主经纪商业务发展概况及特点

主经纪商业务始于20世纪70年代末,一家名为Fuman Selz的经纪商率先向私募基金客户提供集交易执行和托管清算于一体的服务,这显著缓解了私募基金管理人的运营压力,因此受到了私募机构客户的极大欢迎。进入20世纪90年代后,私募基金行业规模迅速壮大,仅以对冲基金为例,在20世纪90年代初美国对冲基金资产管理规模尚不足500亿美元,而到2016年秋季这一数字已经攀升至6.46万亿美元,区间增幅超过130倍。受益于此,机构客户对主经纪商业务的需求迅猛增长,不仅贝尔斯登、高盛、摩根士丹利、雷曼兄弟和美林证券等大型投行加速抢占市场,诸如花旗、美国银行和J.P.摩根等大型商业银行也相继推出此类业务,行业竞争日趋激烈,服务标准不断提升,直到次贷危机爆发引致行业格局重置。在后危机时代,随着信息技术应用提速和监管规则的变化,主经纪商业务市场格局也呈现出一些新的变化,具体而言主要体现在如下四个方面:

第一,单一资产主经纪商服务平台向多资产综合主经纪商服务平台转变。随着跨市场交易日渐流行,对冲基金对主经纪商交易执行服务的需求也日趋复杂,尤其是那些规模较大和偏好复杂套利策略的基金更是如此,能否为其高效率低成本地完成全球化跨市场交易是争夺主经纪商业务市场份额的焦点。因此,越来越多的华尔街大型投行和综合性商业银行都不断加强自身的电子交易平台建设,将股权、固定收益产品和各类衍生证券整合到多资产综合交易电子网络平台(见图1),对冲基金只需要一个接口便能完成所有的交易策略执行,此举不但简化了交易流程,也明显降低了交易成本。在这方面,大型经纪商的优势较为明显,例如J.P.摩根近年就将内部分散的30余个电子交易平台重新整合成J.P.摩根市场(JP Morgan Market),而高盛和摩根士丹利这类主经纪商业务巨头原本就以强大的全球化交易网络著称。

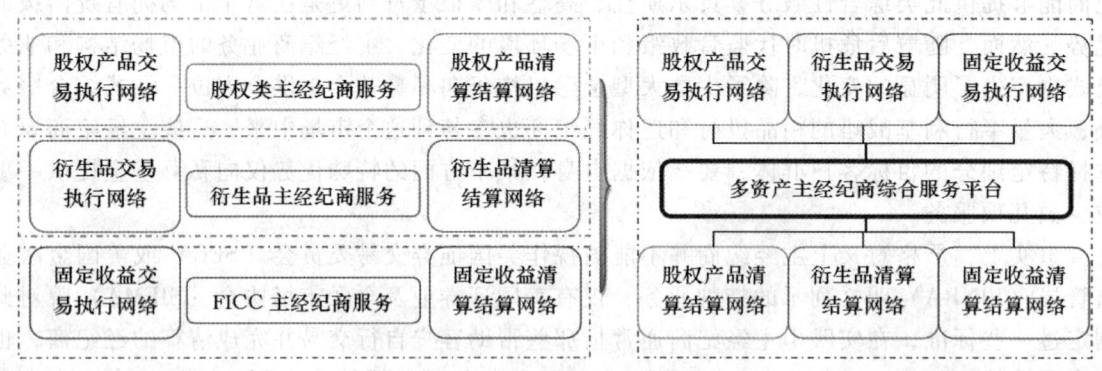

图1 多资产主经纪商综合服务平台

资料来源:海通证券。

第二,多主经纪商(Multi-Prime Broker)模式逐渐流行。在次贷危机中,贝尔斯登和雷曼等主经纪商遭受流动性问题导致大量对冲基金崩盘,出于对交易对手方风险的担忧,越

来越多的对冲基金倾向于同时使用多家主经纪商服务。① 根据 Preqin 发布的调研报告显示，将近一半的对冲基金至少使用两家主经纪商服务，而同时使用 3 家、4 家、5 家主经纪商服务的对冲基金占比则分别达到 11%、5% 和 4%。多主经纪商模式在大型对冲基金和执行多策略的对冲基金当中更加流行，仅有两成资产管理规模不足 1 亿美元的对冲基金使用多主经纪商服务，而对于资产管理规模超过 10 亿美元的大型对冲基金，这一比率超过 73%，其中 1/3 更是拥有至少 4 家主经纪服务商，执行多策略的对冲基金平均使用 5 家主经纪商，其次是宏观策略和全球宏观基金，其平均主经纪商数量亦超过 4 家。

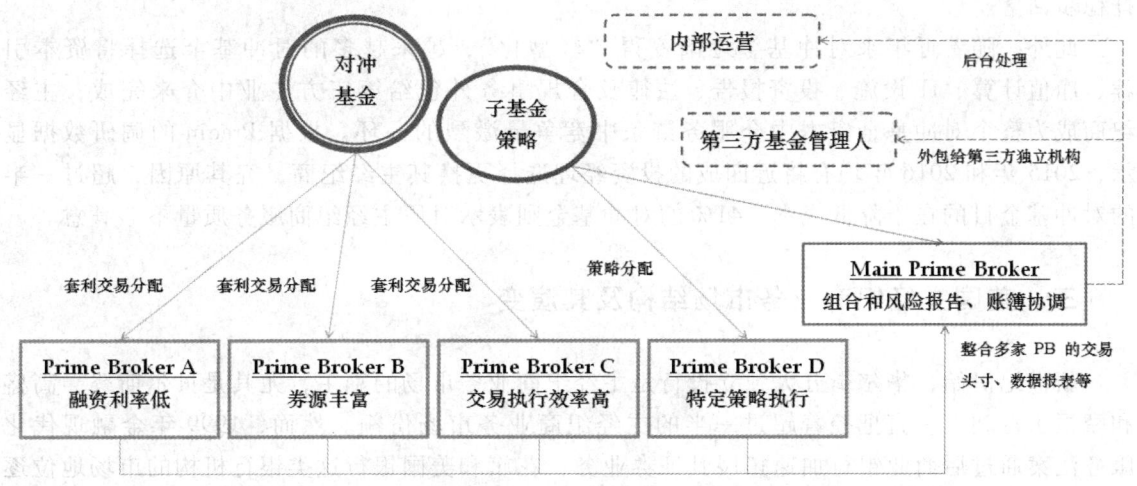

图 2　多主经纪商服务框架图

资料来源：海通证券研究所。

图 2 简要描述了一个典型的多主经纪商服务框架，对冲基金同时选择了 5 家主经纪服务商，其中主经纪商 A 最大的优势在于其能够提供低利率杠杆资金，主经纪商 B 的比较优势则在于其丰富的可借贷证券储备，主经纪商 C 拥有最高的交易执行效率，主经纪商 D 则在执行某些特定交易策略方面独具特色，因此为了获得最好的服务组合，对冲基金在选择一家核心主经纪商（Main Prime Broker）的同时也购买前面四家主经纪商的优势服务项目，其中核心主经纪商还需要负责整合多家主经纪商的交易头寸和数据报表等工作。

通常来讲，与单一主经纪商模式相比，多主经纪商模式除了能够拓展交易执行网络和资本引荐通道外，还能有效降低单一对手方风险敞口并以更低的利率获得杠杆管理服务。然而，多主经纪商模式同样存在自己的缺点，同时使用多家主经纪商不仅会显著增加数据处理和协调成本，还会加大交易策略和仓位信息曝光的风险。

第三，主经纪商融资服务成本上涨，服务价格明显上升，市场结构逐渐走向分散和多元化竞争。次贷危机以后，由于监管环境趋严导致主经纪商融资服务成本明显上涨，大型主经纪商为了满足盈利目标不得不提升主经纪商服务价格，这也在客观上将对成本更加敏感的中

---

① 事实上，也有研究发现多主经纪商模式在次贷危机前就已经开始兴起，但早期的多主经纪商框架内仅有一家是真正意义上的主经纪商，即 Main Prime Broker，其他主经纪商则主要是前文所提及的执行经纪商和清算经纪商，旨在为对冲基金提供更加便捷的交易执行服务。

小型对冲基金推向其他中小型主经纪商，市场集中度较次贷危机前显著下降，众多"精品"主经纪商和"迷你"主经纪商迎来发展机遇，并根据各自的优势展开差异化竞争，主经纪商市场业务模式日渐多元化。

第四，托管商在主经纪商业务链条中的权限明显提升，抵押物管理政策趋于严格，行业杠杆稳步回落。在多主经纪商模式日渐流行的同时，后危机时代对冲基金还流行使用多家托管商来降低交易对手方风险，一些全能主经纪商也主动选择与第三方机构合作来共同提供托管服务。与此同时，托管商的权限亦明显提升，尤其是在抵押证券的管理方面，推动行业杠杆稳步回落。

此外，随着近年来对冲基金逐渐变得"轻型化"，越来越多的对冲基金选择将资本引荐、净值计算、IT 设施、投资报告、法律及合规事务外包给第三方专业中介来完成，主经纪商成为整个对冲基金资本中介服务链条中竞争最激烈的一环。根据 Preqin 的调研数据显示，2015 年和 2016 年均有将近四成的投资经理选择更换其主经纪商，究其原因，超过一半的对冲基金目的在于降低成本，41% 的对冲基金则表示对原主经纪商服务质量不够满意。

三、美国主经纪商业务市场结构及其演变

新世纪伊始，华尔街五大独立投行是主经纪商业务市场的霸主，尤其是贝尔斯登、高盛和摩根士丹利，一直把控着超过一半的主经纪商业务市场份额。然而，1999 年金融现代化服务法案通过后商业银行加速拓展其证券业务，花旗和美国银行这类银行机构的市场地位逐渐提升，来自欧洲的几家综合性银行亦是如此。随着 2007 年次贷危机爆发，华尔街五大独立投行中的三家倒闭或被收购，仅存的高盛和摩根士丹利也转变为银行控股公司，主经纪商业务市场格局也随之发生变化。J. P. 摩根银行通过收购贝尔斯登后实现跨越式发展，高盛和摩根士丹利则由于监管变革和出于对利润率的考虑不得不放弃一部分客户，市场集中度较次贷危机前明显降低，同期欧洲银行的市场份额则稳步增长，并涌现出大量奉行利基战略的精品主经纪商，市场结构和层次较之以往更加丰富和多元化。

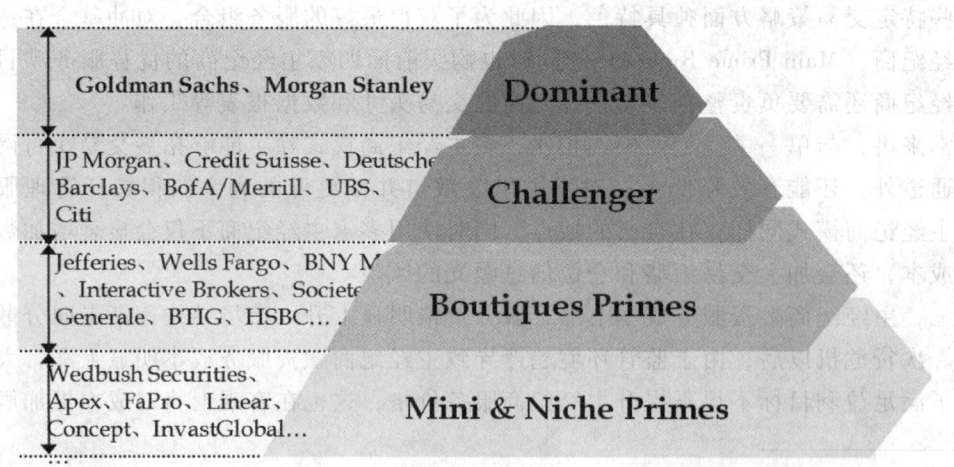

图 3　主经纪商市场竞争结构一览

资料来源：海通证券。

当前美国主经纪商业务市场呈现出一种典型的"金字塔"结构（见图3），为数不多的大型全能主经纪商占据着绝对主导地位，大量精品主经纪商和迷你主经纪商主要依靠利基战略生存。具体来讲，高盛和摩根士丹利是主经纪商业务市场的主导者，两者合计的市场份额曾一度超过一半。而 J. P. 摩根、瑞士信贷、巴克莱和德意志银行等属于第二梯队。尤其是 J. P. 摩根，在将贝尔斯登纳入囊中后进一步加快全球扩张速度，目前其市场份额已与高盛和摩根士丹利非常接近。位居金字塔第三层的是精品主经纪商。这又包括两类机构：一是综合性银行的主经纪商业务部门，也即"大机构小部门"，如 BNY Mellon、Wells Fargo、HSBC 等。这些机构的主经纪商业务往往在某一项或几项服务方面具有明显的优势。另一类则主要来自网络经纪商和精品投行，诸如盈透证券、嘉信理财、Jefferies、BTIG 和 Lazard 等。这些主经纪商大多奉行细分市场战略，并在某些子项目服务方面具有鲜明的特点。迷你主经纪商大多奉行利基战略。这类机构通常规模偏小，主要以小型对冲基金作为目标客户，如何帮客户节省成本是争夺市场份额的关键。迷你主经纪商尽管总体市场份额较低，但数量众多并积极展开差异化竞争，在实践中也形成了一些非常值得关注的商业模式。

具体来讲，美国主经纪商市场结构格局演变主要呈现三个趋势。首先，市场主导者控制力有所下滑，市场集中度明显下降。Lipper TASS 数据库表明，主经纪商业务市场 TOP 3 份额合计从 2008 年的 61.35% 下降到 2015 年的 46.2%。其次，银行系主经纪商市场份额稳步上升，这主要体现在美国银行、花旗银行以及来自欧洲的三家综合性银行瑞士信贷、瑞银和德意志银行，这几家银行的市场份额合计从 2008 年的 22.84% 增加至 30.87%，同期富国银行的市场份额也因为收购 Merlin 证券有明显增长。最后，精品投行和利基战略者的市场地位提升，服务中小型对冲基金客户的商业模式进一步丰富和多元化。在主经纪商业务市场上，精品投行和利基战略者并不鲜见，这些机构要么专注于细分的目标客户，要么在交易执行、托管结算、融资融券或资本引荐的某一个方面具有特别的优势，从而能够与大型主经纪商形成互补，客观上起到了丰富主经纪商业务生态链的效果。

梳理近年来主经纪商业务市场份额的相关数据可以发现，尽管不同数据来源所呈现的结果不尽相同，但这对市场排名和竞争结构影响不大。高盛、摩根士丹利、J. P. 摩根和瑞士信贷均排名前 4 位，这基本组成了主经纪商业务市场的第一梯队。在前 10 名，其他主经纪商还包括德意志银行、美国银行、花旗、UBS 和巴克莱等综合性商业银行。这些机构基本上都至少拥有超过 400 名对冲基金客户，可以视为主经纪商业务市场的第二梯队。此外，主经纪商业务市场的第三梯队则包括巴黎银行、纽约梅隆、富达基金、盈透证券和富国银行等，这些均属于精品主经纪商的典型代表，而那些专注于服务中小对冲基金的迷你主经纪商则多未能上榜。

如果从不同规模划分来看，高盛在各个规模区间段的客户数量均排在第一位，摩根士丹利则紧随其后，但在低于 5 000 万美元的小型对冲基金市场上，盈透证券的客户数量靠前，而在超过 10 亿美元的大型对冲基金市场上，J. P. 摩根位居次席。从不同区域划分来看，高盛在北美市场排名榜首，摩根士丹利则在欧洲和亚太市场领先。从不同风格划分来看，尽管多主经纪商模式的流行导致各自排名榜首的市场份额有所下滑，但排在第二位和第三位的主经纪商市场份额则总体上保持稳定，高盛在全球宏观、新兴市场和多策略基金的市场份额最高，而摩根士丹利则在股票中性和多空对冲策略排名榜首，巴克莱则拥有最多的固定收益套利和可转换套利基金客户。

四、美国主经纪商主要商业模式代表案例分析

在图3中,我们按市场势力差异将主经纪商划分为四级金字塔,但处于金字塔顶端的第一级和第二级主经纪商在业务模式层面的差异并不太大,均属于大型全能主经纪商,这两类机构与精品主经纪商和迷你主经纪商一起构成主经纪商市场的三大类业务模式。其中,大型全能主经纪商均为华尔街顶级投行,能够为各类对冲基金尤其是大型对冲基金提供交易执行、托管清算、资本引荐、杠杆管理和研究支持等全方位高质量的服务,合计占据了超过八成的市场份额,精品主经纪商尽管在市场声誉和服务全面性方面比大型全能主经纪商有一定的差距,但在某些特定领域和服务项目上并不逊色,而迷你主经纪商则限于自身实力,仅能服务某个细分市场的中小客户。

具体来讲,三种主经纪商业务模式之间的差异主要体现在以下几方面:

首先,相比精品主经纪商和迷你主经纪商,大型全能主经纪商声誉广,产品线全面,服务能力强。大型投行和综合性银行在交易执行、托管清算、资本引荐、研究支持和杠杆管理方面均具有较强的服务能力,能够帮助客户完成各类资产全球化跨市场交易,持有的券源储备也更加丰富,还拥有深厚的客户资源,能够在资本引荐方面为对冲基金提供更大的帮助。与此相比,精品主经纪商的服务全面性有所不及,但往往在某一个或几个子项目方面具备较强的竞争力,并基于此构建自己的竞争策略,迷你主经纪商则受限于资本实力,无法像全能或精品主经纪商那样为客户提供全面高质量的服务。

其次,在目标客户方面,全能主经纪商能够向各类对冲基金提供完整的服务,但近年来随着监管环境趋严,全能主经纪商出于对盈利的考虑开始放弃一些利润贡献偏低的客户,尤其是交易量偏低和杠杆管理需求不多的小型对冲基金,精品主经纪商为了充分利用自己的特点和优势专注于细分市场,迷你主经纪商则大多奉行利基战略,主要服务那些对服务成本非常敏感的小型对冲基金,相比全能经纪商这些机构组织形式更加简单直接,成本压力相对偏低。

此外,相较于全能主经纪商总体趋同的全面覆盖服务模式,精品主经纪商之间和迷你主经纪商之间的差异都更加明显,全能经纪商覆盖各种规模和各个市场的对冲基金,差异化竞争更多体现在对不同风格对冲基金的聚集层面,精品主经纪商之间的差异化竞争建立在各自的优势项目上,例如盈透证券高效的全球化电子交易执行平台和 BNY Mellon 的托管服务等。至于迷你主经纪商,主要服务小型对冲基金且具有一些地域性特色,但这类机构也非常注重构建自身的特色,寻求在交易、研究、报告等方面有所突破,并由此形成更多差异化的业务模式。

(一)全能主经纪商案例分析

全能主经纪商占据着私募基金服务市场的绝大多数份额,这类机构通常组织结构较为复杂,大多会根据特定的产品或业务线来设立对应的法律实体,然后通过各业务部门和附属公司之间的协作来完成对私募基金的全方位服务。

一般而言,全能主经纪商通常具备如下几个特点:

首先,全能主经纪商拥有全球化交易执行网络,能够为私募基金客户提供不间断的全球

跨市场多类资产交易执行服务。

其次，全能主经纪商通常具备强大的托管和清算服务能力。事实上，高盛、摩根士丹利和 J. P. 摩根这三家最大的主经纪商实际上也是托管市场份额排名前三的机构，这些公司同时还向 SEC 注册了自己的清算经纪商，能够独立完整地帮客户完成交易执行和托管清算整个流程。

再次，全能主经纪商通常具有雄厚的资本实力和丰富的券源储备，能够为私募基金客户提供高质量的杠杆管理服务。

最后，全能主经纪商拥有强大的研究支持和专属产品定制能力。

此外，全能主经纪商一般拥有广泛的客户资源，并且声誉斐然，倾向于与客户建立全面业务联系和提供套餐式服务，这在一定程度上也可能将那些对利润非常敏感且不符合公司盈利要求的非目标客户排除在外。

考虑到篇幅原因和公开披露信息的有限性，本文选择排名前三的高盛、摩根士丹利和 J. P. 摩根作为全能主经纪商典型案例进行分析。

1. 高盛主经纪商服务

高盛的主经纪商业务主要由证券部牵头协调完成，该部门主要负责帮助客户进行金融资产买卖并向其提供融资服务和风险管理服务。并且，高盛证券部的主经纪商服务还依赖高盛电子交易部（GSET），后者一直是高盛交易业务和主经纪商服务的基础和核心，包括对冲基金在内的各类客户均需要通过这个综合性全球化多资产交易平台完成相关证券的交易，各类交易策略和算法也需要通过这个电子交易平台来完成，在流动性方面电子交易部还与高盛旗下的两家另类交易系统（即 SIGMA X 和 SIGMA X MTF）互联互通。

在组织结构方面，高盛主经纪商团队主要包括如下 8 个小组：

（1）客服服务小组：协调整合证券部以及高盛集团内部的资源向客户提供定制化服务，该小组拥有上百名专职顾问，能够向全球客户提供 24 小时服务，工作范围覆盖交易策略、金融产品研究、信息技术运营平台、法律合规事务、报告义务履行等各个方面。

（2）对冲基金顾问小组：设有北美、欧洲和亚太三个区域分部，能够为全球范围内的对冲基金提供包括发起设立、运营管理在内的各类辅助服务，服务范围覆盖会计、法律、技术、运营、基金管理及相关的基础设施建设等各个方面。具体来讲，主要又包括组织规划、房产和基础设施顾问、业务运营顾问和人力资源顾问四个子团队。

（3）资本引荐小组：利用高盛丰富的客户资源向对冲基金提供针对性资本引荐服务，根据客户的风格特点向其推介各类养老金、家庭办公室、保险公司、捐赠基金、私人银行和 FOFs 等投资机构。这个流程包括事前尽职调研、推介项目准备、投资者服务会议和行业跟踪研究服务等环节。

（4）清算小组：向客户提供交易执行和清算服务，通过高盛单独注册的执行清算经纪商来完成，对冲基金客户仅需要一个综合账户即可完成全球各类证券的清算交易，目前已经覆盖全球超过 97% 的各类权益类和衍生证券交易后台清算服务，单日清算交易超过 300 万单。

（5）衍生品清算服务小组：主要负责向客户提供场外衍生品的清算服务。高盛一直是这个市场的领导者之一，在次贷危机后高盛专门设立了衍生品清算服务部门，旨在协助主经纪商服务团队和期货清算部门提供场外衍生证券的一整套服务方案。

（6）风险管理和融资服务小组：向对冲基金客户提供融资解决方案（即杠杆管理服务）和风险模型服务，协助其完成交易策略执行和不同场景的风险状况测算（包括股权、债券、外汇、大宗商品和各类衍生产品的压力测试和风险模型开发等）。具体而言，这个小组主要负责对冲基金的保证金政策调整和管理并帮助进行风险计量和评估。

（7）证券借贷小组：也即融券服务小组，向对冲基金等客户提供卖空的证券资源，在纽约、伦敦、香港和东京设有四个区域交易中心，能够24小时向客户提供超过50个发达和发展中经济体的卖空券源。

（8）报告和技术服务小组：高盛的电子化平台能够"7×24小时"为对冲基金客户提供全球各类货币和资产的交易报告服务，既包括实时组合管理报告服务，也包括交易后的管理和报告服务。

高盛是主经纪商业务市场上的领导者，凭借其高效的全球交易执行和托管清算网络以及强大的客户基础，能够为对冲基金客户提供全方位高质量的服务，尤其是在股权策略和宏观/全球宏观策略这两类对冲基金市场更是占据绝对主导地位。相关业务数据显示，在高盛的对冲基金客户中，大型对冲基金占比超过一半，多数客户均拥有不止一家主经纪商；但是在拥有两家主经纪商的客户中，一半的对冲基金将高盛视为核心主经纪商（Main PB）；在拥有三家主经纪商的对冲基金客户中，超过三分之一的对冲基金将其视为核心主经纪商。

2. 摩根士丹利主经纪商服务

摩根士丹利主经纪商业务单元隶属于机构权益部门，后者又属于机构证券业务模块下的销售和交易部门。根据其官网介绍，摩根士丹利主经纪商业务创设于1985年，迄今已有超过30年的运营历史，能够向对冲基金和其他机构客户提供包括交易执行、托管清算、融资融券、资本引荐、研究支持和风险管理等全方位高质量服务。

摩根士丹利主经纪商服务的一个重要特点就在于其开发的主经纪商电子服务系统，也被称为"摩根士丹利矩阵"（Morgan Stanley Matrix），能够为对冲基金客户提供各项便捷高效的服务。根据其官网介绍，仅需要一个综合账户，对冲基金便可通过"摩根士丹利矩阵"获得其所需的各项服务：（1）融资服务和保证金管理，及时获知统一账户旗下多只基金产品的保证金状况，管理基金融资账户情况；（2）提供风险管理工具箱，可以凭此使用摩根士丹利内部开发的各种风险模式来进行风险试算和评估；（3）实时管理投资组合以及其交易执行流程；（4）报告模块，帮助对冲基金在线自动生成现金流、敞口头寸和交易报告，协助对冲基金完成基金净值计算；（5）定制服务，对冲基金可以通过"矩阵"系统向摩根士丹利定制自己的交易和头寸报告；（6）消息推送，根据客户的投资组合交易行为推送与其相关的各类事件和信息。

此外，通过"摩根士丹利矩阵"，对冲基金可以完成各类证券的查询、交易和托管清算服务，尤其是场外衍生品，这个系统还能够帮助对冲基金客户实现中央对手方清算（CCP）。

作为仅次于高盛的主经纪商（但 Coalition 在2017年3月披露的数据则显示其市场份额已经反超前者），摩根士丹利同样拥有便捷高效的全球交易执行和托管清算网络，其储备券源和客户资源都非常可观，但在目标客户定位方面，摩根士丹利并不刻意拒绝小型对冲基金，尤其是在欧洲和亚太市场，相关数据显示摩根士丹利亚洲主经纪商客户中不乏资产管理规模不足1 000万美元的小型对冲基金，事实上摩根士丹利在欧亚市场上的份额还高于高盛。

3. J. P. 摩根主经纪商服务

J. P. 摩根是全美最大的综合性银行，其证券业务主要通过旗下向 SEC 和 FINRA 注册的 JP 证券公司来实现，该公司 BD 申请表中一共填报了 22 个子业务项目，比高盛和摩根士丹利的子业务牌照数量还多。

作为"巨无霸"级的全能银行，J. P. 摩根的金融证券业务覆盖面非常广，在整个集团层面主要划分为投资银行、市场及投资者服务、国债服务、资产管理、私人银行、财富管理和商业银行七个业务板块，其主经纪商业务则隶属于市场及投资者服务板块。在组织结构层面这块业务的运营呈现出明显"11+1"的特点，其中"11"主要指投资者服务部下设的 11 个相关服务团队，而"1"则是指 J. P. 摩根市场（JP Morgan Market），对冲基金和其他机构客户仅需一个 J. P. 摩根市场账户便可接触全球上百个证券市场的各类证券产品。

具体来讲，投资者服务部包括如下 11 个子团队：

（1）主经纪商/金融服务（Prime Finance），与高盛的横向协同小组比较类似，J. P. 摩根的主经纪商服务小组能够通过自己的综合金融管理平台帮助对冲基金和其他资产管理客户获得交易、融资、抵押品管理等服务，同时还为机构客户提供交易策略定制帮助。

（2）托管服务团队，该团队在全球设有三十多家区域运营中心，能够给全球上百个市场的各类证券产品提供托管服务。

（3）基金会计和管理人服务，利用 J. P. 摩根在金融信息技术方面的优势，帮助对冲基金和其他资产管理机构整合会计账户信息，帮助客户及时计算基金净值并提供符合基金类型并满足相应监管要求的财务会计报告，降低客户尤其是大型对冲基金全球化运作所面临的复杂性。

（4）中台服务团队，帮助对冲基金和其他资产管理机构处理交易后的各项事务，提供信息管理技术平台并帮助客户进行运营维护，帮助客户进行头寸数据管理和抵押物管理，协助客户完成簿记管理和合规报告制作。

（5）投资信息服务团队，为机构客户提供投资组合分析及风险管理工具箱服务，同时根据客户的各项信息为其提供信息定制服务。

（6）衍生品清算团队，包括交易所市场和场外市场的各类衍生证券。

（7）抵押品管理团队，主要负责各类机构客户的抵押品管理，帮助其实现全球跨市场获得最优的融资条件和流动性服务。

（8）机构融资服务团队，主要向机构客户提供证券融资服务，为其提供定制化融资解决方案。截至 2017 年 6 月底，J. P. 摩根能够在全球 37 个证券市场为客户提供融券服务（包括协议第三方机构的券源）。

（9）资本顾问服务团队，这个团队主要以对冲基金为服务对象，重点向其提供资本引荐服务，同时还为对冲基金处理业务拓展和运营维护方面提供建议。

（10）存托凭证服务团队，这个服务团队主要帮助资产管理机构进行产品发售和营销策划，帮助客户扩大资产管理规模和市场声誉。

（11）定价和数据管理服务团队，这个团队通过摩根集团旗下的 PricingDirect® 来实时监测各类证券市场的数据，并在此基础上帮助客户完成投资分析、风险管理和净值计算等工作。

事实上，在完成对贝尔斯登的并购后，J. P. 摩根的主经纪商业务便已实现了跨越式发展，2009 年还进一步完成对主经纪商业务和托管业务的整合，相较过去主要服务传统的资产管理机构的模式，整合后的 J. P. 摩根主经纪商能够更好地向各类对冲基金和机构投资者提供交易、托管、清算一揽子服务。2010 年 J. P. 摩根进一步扩充了自己的主经纪商业务团队，2011 年在伦敦设立国际业务部，2014 年进军亚太市场设立亚太主经纪商服务平台。经过几年的快速扩张后其市场份额持续上升，尤其是在欧洲的算法交易市场上，Coalition 的数据更是显示 J. P. 摩根主经纪商业务市场份额已经超越高盛，成为这个市场上最耀眼的新贵。

根据 J. P. 摩根 2016 年财报显示，J. P. 摩根的股权和主经纪商业务市场份额达到 10.1%，排名第二位，如果仅计算主经纪商业务收入，从 2014 年到 2016 年间增幅达到 48%，在其财报关于市场及投资者服务项目的报告中 2016 年净收入为 244.15 亿美元，其中证券服务净营业收入为 35.91 亿美元（包括主经纪商服务费、托管费、基金会计和管理费以及融券利息收入等）。

（二）精品主经纪商案例分析

除了前文所述，精品主经纪商通常包括两类机构。其一是大型综合性金融机构的附属主经纪商服务部门，这类主经纪商通常在某一项和几项服务层面具有非常强的竞争力，但是其整体表现不及全能经纪商，又或是执行特定的细分客户战略，专注于某个区域市场或某一类风格的对冲基金服务。另一类精品主经纪商本身即为精品投行，奉行差异化竞争战略，其主经纪商业务大多基于现有优势业务和客户群体来展开，网络经纪商盈透证券和精品投行 Jefferies 等无疑是这方面的代表。

限于篇幅和相关资料的获取难度，本文将重点介绍如下 6 家精品主经纪商。

1. BNY Mellon 主经纪商服务

BNY Mellon 的主经纪商服务由旗下的 Pershing LLC 来负责，前者是全美最大的综合性银行之一，后者则是一家成立于 1939 年的注册经纪商，2003 年被纽约银行收购并成为 BNY Mellon 旗下的证券业务单元。目前 Pershing 在全球 23 个城市或地区设有分支机构，拥有各类客户超过 1 400 名（除对冲基金外还包括养老金、退休计划、另类资产管理机构、经纪商和投资顾问等），客户资产超过 1.7 万亿美元。借助 BNY Mellon 庞大的交易网络和丰富的客户资源，Pershing 能够在全球超过 35 个国家的上百个市场向客户提供交易、托管、清算、融资、研究等各项服务。另外，BNY Mellon 也是美国回购市场最大的清算服务商，市场份额超过八成。

实际上，Pershing 在一定程度上可以视为一家金融科技公司。因为与一般的证券公司不同，BNY Mellon 将投行业务和资产管理剥离给了集团其他附属机构，Pershing 实际上主要从事包括交易、托管、清算等在内的其他证券服务。除了主经纪商业务外，Pershing 的目标客户还包括其他经纪商交易商、养老金、投资顾问以及各类资产管理机构，其服务内容也主要以基于自身开发的各种综合性信息技术服务平台为主。在公司层面，Pershing 的服务项目包括主经纪商服务、托管、清算、结算、交易服务、投资服务等九个主要板块，下面我们将重点关注其主经纪商业务的情况。

尽管 Pershing 的主经纪商客户主要以美国本土对冲基金为主，但借助 BNY Mellon 的资源，Pershing 也宣称能够向客户提供便捷、高效和透明的全球化主经纪商服务。Pershing 的主经纪商服务由6个直属团队组成，分别包括：

（1）融券服务团队，也即向对冲基金和其他资产管理机构提供证券借贷服务，尤其是Pershing的融券业务，借助BNY Mellon全球顶级的托管商地位，Pershing的证券借贷业务非常有特色，这也是Global Custodian调研反馈中对冲基金客户对Pershing评价最高的子项目。

（2）融资服务团队，也即向对冲基金和其他资产管理客户提供杠杆管理服务。

（3）执行服务团队，借助BNY Mellon来帮助客户交易全球主要市场上的各类证券产品，包括股票、外汇、固定收益产品和衍生证券等，向客户提供算法交易接口以及执行智能订单路由等。

（4）资本引荐服务团队，帮助客户设立对冲基金和处理尽职调研等事项。

（5）客户服务团队，为对冲基金和各类资产管理机构提供保证金管理、融资融券、抵押物管理、交易执行、托管清算、资本引荐等主经纪商各类服务的顾问服务，协调客户与Pershing其他部门以及BNY Mellon的相关部门进行合作。

（6）技术团队，主要负责NetX360®的运行和维护工作。

在Pershing主经纪商服务中，最关键的就是其运营的NetX360®平台，对冲基金和其他资产管理客户均可以通过这个账户进行全球"7×24"交易，同时便捷地进行头寸管理、净值计算、组合调整、簿记管理和在线报告制作等工作。与此同时，NetX360®还为客户提供定制服务，对冲基金可以使用平台接口实现策略定制和相应组合管理、风险分析以及报告制作等工作，并且NetX360®的接口具有很广的适用性，对于使用多主经纪商模式的对冲基金非常友好，后者能够通过这个平台便捷地与其他对冲基金服务中介进行协作和数据汇总。

此外，Pershing还针对对冲基金专门开发了自己的抵押物管理平台PrimeConnect™（相对于其他资产管理机构的PrimeConnect40™）。这个平台能够帮助对冲基金高效便捷地进行抵押物管理，包括自动进行信用和风险分析、实时计算保证金、汇总组合数据等。这个系统不但比传统托管业务模式更加透明，服务费率也更低，而且还能最大限度帮助客户发掘证券借贷机会。另外，值得一提的是，Pershing还是美国最大的清算经纪商，通过PrimeConnect™客户可以将托管在BNY Mellon的证券匿名借贷给Pershing获得利息，后者则会通过在线平台自动寻找合适的交易对手方。

2. 盈透证券主经纪商服务

盈透证券（Interactive Broker）是美国最大的电子经纪商，其总部设在著名的基金小镇格林威治，目前拥有1 100余名员工，在英国、瑞典、澳大利亚、俄罗斯、日本、印度、中国香港和内地均设有分支机构，单日交易量超过100万笔。

盈透证券主经纪商服务的最大特点就在于其高效便捷且低成本的电子交易网络。根据其官网的介绍，对冲基金和其他机构客户可以通过盈透证券的全球账户参与26个国家的上百个市场的各类证券交易，客户仅需要将订单输入到交易者工作站（Trader Workstation，TWS）即可，盈透证券的电子系统便能快捷地帮助其将订单传递到指定市场。尤其是盈透证券的智能路由系统（Smart Routing Technology），支持超过60种订单交易方式和各类算法交易订单，并提供黑池和ECNs流动性接口，能够有效帮助客户快速隐匿的达成交易，减少市场冲击的同时降低交易成本。

由于盈透证券主经纪商服务的主要客户群体为资产规模不超过5 000万美元的小型对冲基金，因此其主经纪商服务最大的特点就是折扣交易服务，这对于那些对交易成本格外敏感的小型对冲基金来讲非常关键。

除了基本的交易执行和清算服务外（其客户托管主要转予第三方独立托管商，诸如BNY Mellon等），盈透证券的电子服务平台也能为客户提供其他主经纪商服务，包括证券借贷融资和风险管理分析等。尤其是在证券融资方面，为了尽量降低对冲基金的融券成本，盈透证券会在自己的电子平台向客户展示可借证券的价格，同时还允许客户自己对其持有的可借证券进行标价，盈透证券作为主经纪商仅起到撮合其成交的作用。

3. Jefferies 主经纪商服务

尽管与高盛、摩根士丹利和 J. P. 摩根这类机构体量相差巨大，但在美国经纪商和交易商行业中，Jefferies 亦可算是中大型经纪商，且与 Lazard 这类业务过于聚焦的精品投行不同，Jefferies 的业务结构相对全面，在投行和财务管理等方面均表现不俗。经过半个多世纪的发展，Jefferies 已成长为一家全球知名的证券公司，在欧洲、中东和亚太均设有分支机构和业务网点，但其主经纪商客户仍以美国市场为主，尤以中等规模的对冲基金居多，客户反馈其证券融资以及研究服务均颇具特色。

作为一家精品主经纪商，Jefferies 的主经纪商服务范围相对全面，基本覆盖交易执行、证券融资、资本引荐、组合报告以及研究服务等各个项目。在交易执行方面，Jefferies 的电子交易网络能够为对冲基金以及银行、货币基金和共同基金等客户单日执行超过十万股交易。该系统还为客户提供算法交易接口，除了常见的数十种算法指令外，客户也可以自行定制交易策略。在报告服务方面，Jefferies 主经纪商服务能够帮助对冲基金和其他资产管理机构实时跟踪管理自己的投资组合，同时还能协助其完成相应的报告来履行合规和监管义务。在这方面，Jefferies 主经纪商为其客户提供超过 100 种可选报告格式，包括投资组合报告、风险报告、业绩报告等几大类别，均可借助 Jefferies 的主经纪商服务电子平台自动完成，有助于节省客户时间和降低管理成本。

研究和顾问支持则是 Jefferies 主经纪商服务的重要特色，这家公司拥有 120 余名专职研究员，研究范围覆盖了全球 40 多个行业的 1 200 多家公司，尤以中等规模的标的公司证券为主，这些研究报告均能通过主经纪商服务电子平台便捷地发送给对冲基金和资产管理客户。在证券融资服务方面，Jefferies 除了集团自身和客户近万亿美元的券源外，还主动与高盛和摩根士丹利这类全能投行达成合作关系，对冲基金客户还可以通过 Jefferies 的主经纪商服务平台接触到这些大型全能经纪商的券源。

4. 富国银行主经纪商服务

与 J. P. 摩根的情况比较类似，富国银行旗下的富国证券持有向 SEC 和 FINRA 注册的经纪业务牌照，并均由证券和市场业务板块下的机构投资者服务部负责。2012 年，富国银行并购 Merlin 证券，此后其主经纪商业务市场份额较之以往有了显著增长，但目前仍以美国本土客户为主。

尽管作为一家精品主经纪商，富国银行为对冲基金客户提供的服务范围非常广泛，基本上覆盖了交易执行、托管清算、证券借贷和融资、风险管理、资本引荐以及技术服务和运营顾问等各个方面。与前文提到的其他主经纪商类似，富国银行同样能够为客户提供全球快资产综合性交易执行服务，不论客户规模大小，均可以通过其中的交易平台来完成交易执行和托管清算等工作。

值得一提的是富国银行主经纪商服务的两个辅助性技术平台——COMPASS® 和

SHARP。前者是富国银行主经纪商向客户提供风险管理和报告服务的关键，对冲基金和其他机构客户均可以通过这个电子系统来实时管理自己的组合，计算风险敞口并进行风险评估，同时自动制作相应的组合报告和风险分析报告。至于 SHARP，这个电子系统主要针对使用多主经纪商模式的对冲基金和大型资产管理机构，通过 SHARP 这些客户能够非常便捷地实现对多家主经纪商的数据汇总，有效提升整个主经纪商服务的透明度，帮助对冲基金经理及时掌握组合头寸和风险敞口等信息，为基金经理分配交易订单和投资策略调整提供便利，同时还能帮助基金管理人汇总会计簿籍数据和制作相应的财务报告和合规报告等。

5. 富达投资主经纪商服务

富达投资是全美最大的基金管理公司，其主经纪商业务主要由旗下的富达资本市场（Fidelity Capital Market）负责，这在职能设置上与前文几家主经纪商的投资者服务部比较类似。富达投资主经纪商服务最大的优势在于其丰富的券源储备。截至 2016 年 6 月底，富达投资的资产管理规模超过 5.4 万亿美元（包括自身管理的 2.1 万亿美元）。受益于此，富达投资主经纪商能够向对冲基金和其他另类资产管理机构 "6×24 小时" 提供覆盖全球主要证券市场证券借贷服务。并且，富达在保证金管理方面还设立了专门的风险经理负责压力测试和风险测算。对于可供借贷的证券，富达投资也特别注重融资条件和价格的稳定及透明。在客户结构方面，大型对冲基金占比超过六成，其中资产管理规模超过 10 亿美元的客户占比就超过 40%，但在区域分布方面则仍以美国本土市场为主。

对于每个对冲基金，富达投资主经纪商均会为其制定一名主经纪商服务账户经理，对于其需要的交易执行、托管清算、证券借贷和融资服务均可以通过账户经理获取。在最为基础的交易执行服务方面，富达投资作为全美最大的电子交易商之一，不但在国内股票市场能够为对冲基金和其他客户提供便捷的网络折扣交易服务，还能帮助客户接触国外股票市场，其电子交易平台与 46 个国家的 90 多家股票交易所和另类交易系统链接，同时为客户提供算法交易接口和策略定制服务。另外，富达投资旗下的 FOREX Inx 还能帮助客户交易超过 35 个国家的 23 种外汇及相关衍生证券。

富达投资还向对冲基金客户提供资本引荐、技术支持和报告服务。在资本引荐方面，主要利用自身的客户资源来帮助对冲基金成长，在报告服务方面，则与业内领先的 Advent Geneva 合作，客户通过富达投资主经纪商业务终端即可便捷定制其数据汇总和报告服务，这对于基金管理人汇总数据管理、账簿管理以及风险管理都大有帮助。另外，富达投资还在信息技术方面给对冲基金提供支持，这主要体现在帮助客户搭建信息技术管理平台，协助其实现数据汇总和管理自动化，提高中后台工作效率的同时帮助客户降低运营维护成本。

此外，值得一提的是富达投资还提供一项名为 "主经纪商优化"（PB Optimize）的云服务，旨在帮助客户改善全球证券市场的透明度和降低融资融券成本，同时还向客户提供各类证券的研究服务，目前这个系统已经覆盖全球超过 4 万只证券。

6. BTIG 主经纪商服务

BTIG 是一家主要从事股票交易业务的经纪商，其主经纪商服务最大的优势就在于其强大的股票交易执行能力。在目标客户定位选择上，BTIG 重点服务那些专注于股票市场交易的对冲基金。具体来讲，BTIG 的全球交易服务为客户提供两个选择，其一是通过 BTIG 指定的专属交易员执行交易，这种模式在一定程度上可以视同为对场内交易员交易的复制，并且 BTIG 雇佣的交易专员拥有的平均交易经验超过 15 年，在纽约、旧金山、达拉斯、伦敦、香港和新加坡均设有业务分支机构；另一个交易通道选择则是 BTIG 的全球化电子交易网络，这个电子交易平台能够"6×24 小时"为客户执行全球化交易。除股票交易外，次贷危机后随着多主经纪商业务模式流行带来的市场份额增长，BTIG 先后引入固定收益、期货和大宗商品以及外汇交易业务。

尽管 BTIG 拥有强大的全球交易执行网络，但由于规模有限，其清算和托管服务主要由其他第三方合作经纪商来完成。以清算业务为例，BTIG 在美国市场的股票交易清算主要由高盛和 Pershing 完成，而 BTIG 在国际市场上的股票交易清算服务则由高盛国际提供，在澳大利亚市场的股票交易清算工作则由 ABN Amro 负责。

此外，BTIG 还为对冲基金客户提供资本引荐、风险管理、报告制作和技术平台支持等增值服务。与 Jefferies 类似，BTIG 为客户提供上百种可选格式，对冲基金也可以根据自己的情况对报告的格式和内容进行定制。

（三）迷你主经纪商案例分析

实际上，本文对迷你经纪商的界定主要是相对图 3 中金字塔的上层而言，在现实中很多迷你经纪商尽管市场份额有限，客户数量和规模也偏低，但没有任何主经纪商会在拓展业务时自称为迷你主经纪商，一般这些机构也以精品主经纪商自居，其中部分业务范围较为全面的迷你主经纪商还会在业务推介时冠之"全能"主经纪商。

综合来看，迷你主经纪商通常具有以下几个典型特征：

一是迷你主经纪商资本实力相对偏弱，服务能力相对有限，在对冲基金服务链条的一个或多个环节还需要借助全能主经纪商或精品主经纪商的协助才能完成。

二是奉行利基战略，重点服务中小对冲基金客户，为了帮助客户降低成本，这类主经纪商一般组织结构比较简洁，不像全能主经纪商那样复杂。

三是迷你主经纪商的客户资源相对有限，因此在券源储备和资本引荐方面竞争力相对偏弱，但均强调提供低成本服务，同时重点增强在某一服务环节的特色和竞争优势，并借此展开差异化竞争。

四是迷你主经纪商大多专注于证券服务业务，一般处于证券交易市场的零售端，但均注重对金融科技的应用，强调通过电子信息技术来降低交易成本和实现资源匹配。

迷你主经纪商超过百家，限于篇幅本文仅介绍最具代表性的几家。

1. Apex 主经纪商服务

Apex 是一家专注服务中小型对冲基金的迷你主经纪商，其目标客户主要是资产管理规模不足 2 亿美元的对冲基金和小型新发行基金。尽管只是一家注册在芝加哥的小型经纪商，但这家公司仍是少数能够自行帮客户完成清算服务的迷你主经纪商之一，实际上这家公司最初的服务就是向零售客户提供托管和清算服务，2012 年才正式进军机构投资者主经纪商服务市场。

尽管服务项目不如全能主经纪商和精品主经纪商那样全面，比如其为客户提供交易执行的标的证券种类就比全能经纪商要少，但 Apex 将自己标榜成一家金融科技公司，尤其是在理解中小对冲基金客户的需求方面相比全能主经纪商更具优势。经过长达三年的组织结构和业务重组后，Apex 在 2016 年 9 月正式推出了专门服务中小对冲基金的集成式在线服务平台，该平台首期搭载 20 家机构客户。

Apex 主经纪商服务另一个特色在于其灵活的抵押物和杠杆管理政策，一般来讲这些小型对冲基金客户对杠杆融资的需求并不强烈，而 Apex 缺少银行背景且资本实力有限，因此其杠杆管理服务仍属于自融资模式，对冲基金客户可以通过专门的股票融资团队来获得融资支持。

2. Wedbush 主经纪商服务

Wedbush Securities 是一家成立于 1955 年的区域性精品投行，这家券商拥有西海岸最大的股票研究团队。Wedbush 在 2013 年正式涉足主经纪商业务，其目标客户为资产规模不足 1 亿美元的小型对冲基金和其他资产管理机构。根据 Wedbush 业务主管的访谈，对于一家 1 亿美元规模的新对冲基金来讲，如果使用全能主经纪商服务，即便不计算研究服务费用，其价格也相当于 Wedbush 的 3 倍。

Wedbush 的主经纪商服务范围也相对全面，基本覆盖交易执行、托管清算、证券借贷融资、研究服务和技术支撑等各个方面。尤其是在电子交易方面，Wedbush 在 2011 年收购了一家专门提供客户交易定制服务的电子科技公司 Lime。这家公司以降低跨市场交易延时而著名，其技术团队在服务客户算法交易和风险管理方面尤其具有优势。为了改善客户的流动性，Wedbush 的电子交易网络还接入了市场主要的黑池和 ECNs，并为客户提供丰富的智能订单选择。

3. Concept Capital 主经纪商服务

Concept Capital 是一家"引荐型"主经纪商，也即其托管和清算服务均外包给第三方机构来完成，通常都是前文提到的全能主经纪商或精品主经纪商。例如，根据 Concept 在其官网的介绍，其客户的托管清算均由知名主经纪商提供，美国股票、债券和期权以及海外的股权和债券交易，Concept 会根据客户的情况将其推介给 Pershing、美银美林、高盛以及工商银行金融服务公司，对于客户的期货交易，则推介给高盛、法兴银行和 ADM 投资服务公司。

Concept Capital 在 2015 年并入 Cowen 集团，并在伦敦开设了欧洲业务分部，但目前其客户仍以美国本土的小型对冲基金为主。除了基本的交易执行业务外，Concept 还为客户提供证券借贷融资、中后台运营技术支持、资本引荐以及合规和报告服务。与外包托管清算业务类似，Concept 的资本引荐和证券借贷融资服务同样需要依靠全能主经纪商和精品主经纪商。

4. Invast 主经纪商服务

Invast Financial Service 是一家悉尼的主经纪商，其母公司是一家来自日本的上市公司，近年来业已发展成一家全球化的对冲基金和机构投资者流动性服务商。Invast 的主经纪商业务模式颇具代表性，在业内也被称为主经纪商的主经纪商，也即 Prime of Prime（PoP），通过自身的电子综合交易平台汇聚少则几家多则数十家一流交易商来为对冲基金和其他机构客户提供流动性服务。

具体而言，在 Invast 的电子交易网络中，就包括 20 多家一流的流动性服务经纪商，高盛、摩根士丹利和 J.P. 摩根等全能主经纪商亦在其中。通过这些流动性服务商，Invast 能够帮助客户交易全球三十多个国家股票、债券和其他衍生证券。

PoP 是中小对冲基金主经纪商服务的一种重要类型，除 Invast 以外，还有 Saxo Prime、BT Prime 和 FxPro 等。这种主经纪商服务模式的流行主要有两个原因：其一是大型全能主经纪商在严格的资本监管压力下不得不放弃利润贡献较低的中小型对冲基金客户，这些小型对冲基金只能以集合的方式来获取高质量的主经纪商服务；其二则是对于交易对手方风险的考虑，尤其是在次贷危机后，PoP 也能帮助对冲基金通过多家主经纪商来降低交易对手方风险。PoP 模式尤其在外汇和固定收益证券领域最为流行。以 FxPro 为例，这家公司专注于服务小型对冲基金和其他资产管理机构，其 PoP 综合交易平台拥有包括高盛在内的 11 家一流的签约经纪商，这种交易方式能够显著降低对冲基金的交易成本，通常 100 万美元的交易成本 50—60 美元，而 FxPro 则能帮客户降低到 35—50 美元。

5. Linear 主经纪商服务

Linear Investment 是一家位于伦敦的大宗经纪商和对冲基金服务平台，在德国和美国设有分支机构，重点向小型对冲基金提供全球交易执行、托管清算、资本引荐、合规以及中后台技术服务。Linear 的主经纪商服务具有两个特点。

其一，Linear 致力于帮助客户轻型化，尤其是小型对冲基金，Linear 可以帮助其构建信息管理平台并提供运营维护，同时还能为客户提供办公场所租赁并提供交易员、风险管理乃至人力资源支持等。这些服务能够有效帮助对冲基金尤其是小型对冲基金降低成本，基金经理仅需要专注交易策略和投资组合维护即可。

其二，Linear 为客户提供复合账户服务，也即每个对冲基金客户均有自己独立的交易子账户，而执行交易商则将 Linear 视为一个整体账户，也即 Linear 自身充当了全体客户的公共账户。

与大多数迷你主经纪商类似，Linear 的主经纪商服务依赖于其他知名经纪商的流动性帮助，其全球流动性服务商包括法兴银行、野村国际、工商银行以及 R.J.O' Brien 等。与此同时，Linear 赖以成名的中后台技术以及合规报告服务也是通过整合知名的第三方独立服务商的资源来实现的，比如 Advent Geneva、Ancoa Market Surveillance 和 Syncova Risk Management 等。

五、国内证券公司主经纪商业务发展概况及中美差距分析

（一）国内证券公司主经纪商业务发展概况

我国证券公司的主经纪商服务始于 2010 年左右，2012 年私募基金综合托管业务正式向证券公司开放，2013 年新实施的《中华人民共和国证券基金投资法》进一步确立了私募基金的合法运营，随后《私募投资基金管理人登记和基金备案办法（试行）》以及《私募投资基金监督管理暂行办法》相继出台，为私募基金行业健康发展保驾护航。期间随着融资融券、转融通、股权质押式回购和股票约定式购回等类融资创新业务相继推出并步入高速增长阶段，证券主经纪商业务的成长空间愈发明朗，主经纪商业务的相对地位也明显提升。

事实上，在我国证券市场发展初期，投资者的交易结算资金是由证券公司统一存管的，但随着监管的不断完善，为了防止挪用客户资金，监管安排引入了现行的"保证金存管制度"，也即证券公司客户的交易结算资金必须交由具备存管资格的第三方银行来托管，这在客观上使证券公司失去了托管的基础证券服务功能。直到 2012 年，招商证券成为国内首家获得私募基金综合托管服务资格的证券公司，同年申银万国证券率先在业内推出名为"主券商服务"的全能型机构服务平台，东方证券资产管理公司也宣称将大力拓展私募基金服务业务。随着 2014 年中国证监会正式批复首批可以开展证券投资基金托管业务的证券公司以来，证券公司托管功能进一步强化，券商托管业务范围进一步拓展至证券公司集合资产管

理计划、公募基金和基金专户等领域，包括中信证券、国泰君安证券、广发证券、国信证券等大型证券公司相继推出自己的主经纪商服务方案。

因此，鉴于我国证券行业的发展的制度环境，国内证券的主经纪商服务主要源于托管功能的恢复，经过近年来的创新发展，业已形成了"以托管、交易、清算为基础，以融资融券为核心、同时提供资本引荐、研究支持和其他外包增值服务"的基本框架。其中，托管、交易和融资融券服务是各家证券公司主经纪商服务的竞争焦点，托管业务能够帮助证券公司赚取托管服务费，私募基金客户还能为证券公司贡献交易佣金，融资融券则能为证券公司提供息差收入，这些都是主经纪商服务最主要的营收来源。在增值服务方面，除了证券公司具有传统优势的研究顾问支持外，为了迎合目前私募基金行业"轻型化"的趋势，外包业务同样成为主经纪商业务的竞争焦点。

2014年11月24日，出于鼓励基金管理人专注投研业务能力，提高核心竞争力展开差异化竞争以及降低运营成本的需要，中国证券投资基金业协会发布了《基金业务外包服务指引（试行）》，2015年2月1日正式实施。根据该份文件，基金外包业务涵括基金销售、份额登记、销售支付、估值核算以及信息技术系统支持等服务。目前中国证券投资基金业协会已经公布了三批私募基金业务外包服务机构名单，其中包括广发证券、银河证券等21家证券公司，工商银行、建设银行等7家商业银行以及8家公募基金、5家IT公司和3家独立外包机构，这意味着国内私募基金行业中介服务生态链已经初具雏形。

与美国主经纪商业务市场差异化竞争格局类似，国内证券公司在拓展主经纪商服务时也各具特色，不同证券公司的主经纪商业务部门设置也大相径庭，有置于机构服务部的，也有置于零售市场部的，还有置于融资融券部的，但综合对比分析来看已初步形成了以下四种业务模式：

（1）侧重托管服务和外包服务。这类主经纪商业务模式的典型代表包括招商证券和国信证券。尤其是招商证券，根据其披露的2017年中报财务数据显示，截至2017年6月30日，招商证券托管外包产品数量合计14 229只，对应托管资产规模18 229.07亿元，在中国证券投资基金业协会的托管产品数量排名第一，同业市场份额达到27.63%，同时也是托管公募基金数量最多的证券公司。如前文所述，招商证券是第一家获批私募基金托管业务资格的券商，与其合作的私募基金覆盖了国内各家主流大型机构，比如景林资产、重阳资产、朱雀投资和凯石等，其业务优势在于能够熟练处理产品设计、分拆估值和母子基金绩效等复杂问题。同样值得关注的还有国信证券。这家券商也是首批获得证券投资基金托管资格的证券公司之一，通过以"鑫管家"为依托的服务平台，国信证券能够为各类资产管理机构提供一站式综合金融服务，尤其是其推出的电子合同系统和电子划款指令等技术系统，对于完善主经纪商服务生态链具有非常重要的作用。

（2）侧重于融资和杠杆管理服务。中信证券是这类主经纪商的典型代表。着眼于融资融券业务带来的丰厚息差回报，中信证券在提供产品发行、托管、交易以及外包的收费均相对偏低。中信证券依靠在融资融券、股票质押式回购、约定式购回、场外收益互换合约以及股指期货和商品期货等业务领域的优势，重点为私募基金客户提供丰富的杠杆管理工具选择和融资支持。此外，在实践操作中，中信证券还通过做市交易、转融通以及衍生品交易来增加券源储备，同时为客户提供事件套利、定增套利、趋势套利等定制化服务。

（3）侧重私募基金培育的"私募工厂"服务模式。这类主经纪商的主要代表是广发证券。广发证券将主经纪商部门纳入经纪业务框架下的机构业务部,主要以500万元资产以上的富人客户、上市公司股东以及对冲基金等为目标客户群体。目前广发证券对冲基金客户平台主要以初创期的私募基金为目标客户,重点为这类机构提供产品发售通道和交易、托管等基础服务支持,在获得首只产品业绩记录后用自有基金建立对冲基金种子基金,从而帮助初创期的对冲基金培养业绩和发展壮大。

(4) 全产业链主经纪商服务模式。类似于美国的全能主经纪商,国内的全产业链主经纪商也以服务范围覆盖广和服务能力强所著称,目前此类主经纪商的典型代表是国泰君安证券。参考国泰君安证券在2014年7月推出的全能私募基金主经纪商一站式服务平台,与过去很多证券公司主经纪商服务仅限于交易经纪业务和投研服务所不同,新平台更加强调"全产业链服务"概念,也即向私募基金客户提供产品代销、交易执行、托管清算、融资融券、资本引荐、种子基金、风险管理、技术支持等各个方面服务,同时国泰君安证券主经纪商服务平台还设有专门的客户团队来为私募基金提供综合型定制服务方案,旨在帮助客户降低成本压力和提高运营效率。另外,与海外全能主经纪商类似,在交易服务方面,国泰君安证券主经纪商服务综合平台也非常强调通过一个综合账户完成跨市场交易以及对各类交易策略的支持力度。根据国泰君安证券2016年年报披露数据,其主经纪商机构客户超过2万个,资产托管及外包业务规模3 914亿元,业务规模稳居同业前3位。

(二) 中美证券公司主经纪商业务差距分析

综上所述,国内证券公司的主经纪商业务仍处于起步阶段,主要依赖通道营收,服务手段不够丰富,服务能力相对较弱,差异化竞争尚不充分。与美国的主经纪商业务市场相比,主要差异如下:

第一,中美主经纪商所面临的客户规模和结构存在明显差异。从 SEC 披露的对冲基金统计季报和中国证券投资基金业协会公布的私募基金备案登记月报来看,美国私募基金行业规模更高,产品和管理人类型也更丰富,对主经纪商业务的需求量更大,对主经纪商的要求也更高。

从行业总规模来讲,截至 2016 年第三季度,美国私募基金行业管理资产规模 10.67 万亿美元,而中国登记备案的私募基金管理资产规模 10.21 万亿元人民币(数据截至 2017 年 8 月),大致相当于前者的 1/7,这意味着中美主经纪商业务市场需求体量存在量级的差异。而就单家基金管理人平均管理规模来讲,美国 2 816 家管理人共掌管 27 020 只基金,对应单家管理规模和单只基金规模分别为 37.89 亿美元和 3.95 亿美元;而在国内,20 652 家私募基金管理着 60 688 只基金,对应的单家基金管理人和单只基金规模分别为 4.94 亿元人民币和 1.68 亿元人民币。美国私募基金管理人及私募基金产品的平均规模远高于中国同行,尤其是考虑到行业集中度的差异,大量全球化大型和超大型私募基金对主经纪商服务的质量的高要求也与当前我国的情况存在明显差异。

另外,在私募基金结构层面,在美国,作为主经纪商最重要的客户,对冲基金管理资产规模超过 6.46 万亿美元,占私募基金行业的比重达 60.57%;而在国内,私募证券投资基金管理资产规模仅 2.25 万亿元人民币,占备案私募基金管理资产规模的 22.04%,私募基金行业结构类型的巨大差异也决定了不同的市场需求结构。

第二,中美主经纪商所面临的竞争环境存在明显差异。一方面,在美国市场,受限于分业经营限制和证券法对于证券的宽泛界定,商业银行自20世纪50年代以来便持续向证券行业进行跨界业务拓展,直到21世纪以来才逐步获得一定的市场优势。尽管在某些子业务(比如固定收益产品的主经纪商服务)方面表现更佳,但高盛和摩根士丹利这两家传统全能投行仍旧是主经纪商业务市场的统治者。

在国内,证券公司的托管功能在很长时间内是缺位的,商业银行在证券投资基金的托管业务市场占据了绝对主导地位,再加上商业银行庞大的业务网点和丰富的客户资源,无疑对证券公司拓展主经纪商业务造成了巨大压力。另一方面,经过数十年的发展,美国的主经纪商业务市场业已形成了主经纪商、托管商、基金管理人、基金审计公司、法律公司以及基金销售等各类专业机构分工协作的完整链条,即便在主经纪商行业内部,同样存在多家主经纪商相互协作共同服务客户的成熟商业模式,这是尚处于行业发展初期的国内私募基金服务行业所不能及的。

第三,中美主经纪商的服务手段和能力存在明显差异。鉴于美国私募基金行业的服务需求更大、要求更高,为了抢占市场份额,美国主经纪商必须持续丰富自己的服务手段并提升服务能力。具体来讲,主要体现在以下两个方面:

其一,美国主经纪商尤其是全能主经纪商和精品主经纪商均能为客户提供全球化跨市场交易、托管和清算服务,即便是某些迷你主经纪商,也能通过特殊的协作模式(比如"引荐"型主经纪商或PoP模式)来为客户接入全球流动性。

其二,美国主经纪商向私募基金尤其是对冲基金客户提供杠杆管理服务的能力更强,这主要得益于经纪商多元化的融资渠道、相对宽松的杠杆约束规则以及更加合理的融券服务规则。

最后,中美主经纪商的市场竞争结构存在差异。如前文所述,美国主经纪商市场主要由全能主经纪商、精品主经纪商和迷你主经纪商三类机构组成,尤其是后两类机构,在商业模式层面表现出很多明显的差异。与此对应,国内的主经纪商服务还处于发展早期,目前仅有14家证券公司具备证券投资基金托管资格,在业务拓展方面存在明显的同质化倾向,对托管和经纪业务通道的依赖较为明显,差异化竞争不足。

此外,中美主经纪商在交易和技术平台方面也存在一定的差异,这很大程度上源自中美证券交易市场结构的巨大差异和金融信息技术储备的差距。具体而言,以股票交易为例,中国仍属于传统的以交易所市场为核心的集合竞价交易模式,而美国股票交易市场则经过多年的竞争和演变,已经形成交易所市场、券商内部撮合及另类交易系统并存的复杂结构,流动性可以从零售经纪商直接路由至市场的任意节点。并且,美国股票交易的订单模式和交易策略更加丰富,尤其在对算法交易和高频交易的支持力度方面,均与国内当前的市场环境和制度体系有明显不同。至于主经纪商综合技术平台,很多美国主经纪商均将其视为争夺市场份额和创收的关键,这也是对冲基金"轻型化"和外包模式得以流行的重要倚仗。

六、政策建议

至此,本文已经对美国证券公司主经纪商业务的发展概况、商业模式、市场结构及其变化趋势进行了系统的梳理和总结,并在此基础上选择了十四家代表性主经纪商做了案例分析,旨在为国内证券公司拓展主经纪商业务提供有益的借鉴。因此,通过对美国经验的系统梳理，同时结合国内证券公司主经纪商业务发展的现实，我们分别从制度建设和业务拓展两个方面尝试提供政策建议。

第一，在制度建设和完善方面，尽管严格来讲主经纪商业务并不涉及全新的证券业务类别，无需单独对此增设新的子业务牌照，但考虑其结构的复杂性和影响的综合性，建议行业协会根据国内证券行业的实际情况制定相关业务指引。具体来讲，建议主要关注主经纪商业务在以下几方面可能带来的影响或新变化：一是加强主经纪商杠杆管理服务对私募基金行业乃至整个资产管理行业影响的监测，这可以通过进一步完善信息报备机制来实现；二是完善抵押物管理制度，尤其是重复抵押对金融市场稳定性潜在的影响；三是主经纪商业务在一定程度上会增强不同市场之间的联动性，同时会加剧金融风险冲击的交叉性。

第二，主经纪商业务能够进一步释放证券公司提供综合金融服务的能力，利于券商展开差异化竞争，切实助推证券行业盈利模式升级转型。

在主经纪商业务框架内，交易、托管和清算服务是基础，融资融券和杠杆管理服务是核心，资本引荐及其他增值服务是关键。具体来讲，交易、托管和清算是客户对主经纪商最基本的业务需求，交易品种多寡、交易成本高低以及托管服务的安全性和独立性都是能否赢得客户的关键，也是主经纪商业务最基础的营收来源。至于融资融券和杠杆管理服务，不同的私募基金和资产管理机构对此有不同的需求，但由此带来的息差收入则是主经纪商业务最重要的营收来源，券源储备是否丰富以及融资成本高低是争夺市场份额的关键。对于大多数中小型私募基金及其他资产管理机构而言，对主经纪商服务的成本非常敏感，对外包增值服务和资本引荐服务的需求也更加强烈。

加快国际化进程，增强全球服务能力。如前文所述，国内证券公司主经纪商服务最明显的不足就在于全球化服务能力偏弱，随着我国资本市场双向开放稳步推进，私募基金和机构客户对于全球交易的需求肯定会持续增长，通过并购或新设海外业务机构以及与全能主经纪商达成业务合作关系来提升全球服务能力，帮客户接入全球流动性网络和托管清算网络，既有助于发展壮大国内资产管理行业，也能显著增强我国证券行业的国际竞争力。

不同类型、不同规模和不同风格客户的需求存在显著差异，证券公司应当根据自身特点制定适宜的战略，重点发挥优势项目，展开差异化竞争。主经纪商业务的特点决定了只能是少数全能主经纪商和精品主经纪商占据主导地位，迷你主经纪商只能通过利基战略获得少量市场份额。在国内，由于相当一段时间内证券公司托管功能缺位，拥有庞大客户群体、资产规模和业务网点的商业银行在机构服务市场对证券公司占据明显的优势（尤其是在外汇和固定收益产品交易市场），目前仅有少数大中型证券公司能够提供主经纪商服务，与美国成熟市场相比同质化竞争程度更加明显，追求成为全能主经纪商可能仍是目前大多数证券公司现实中的第一选择。但这未必是最佳竞争策略，多数证券公司还是应当充分发掘自身的特色和优势，重点突出一项或几项特色服务，精品主经纪商应该是多数证券公司的最佳选择。

积极运用互联网技术，加强信息技术平台建设，加强产品创新设计和服务专业定制能力，提升主经纪商服务效率。一方面，加强金融信息技术研发和储备能够显著提升证券公司主经纪商服务能力，比如能够支持客户使用更多的交易策略和订单模式，增强客户的数据管理效率；另一方面，在"外包"和"轻型化"日趋流行的大背景下，主经纪商技术支持服务的重要性也将明显上升。

美国证券经营机构场外股权和私募基金业务经验研究

海通证券股份有限公司　上海对外经贸大学联合课题组*

近年来,我国证券行业步入创新发展快车道,证券公司业务边界和服务半径显著拓宽,各类证券产品及服务客户的手段进一步丰富,行业营收结构和盈利模式逐步优化。然而,从长远来看,当前国内证券行业仍处于创新发展的早期阶段,尤其是与美国等境外成熟市场相比,国内证券公司最突出的差距仍在于服务客户的金融产品及其交易手段不够丰富,尤其是在场外市场业务拓展方面更加明显。

以美国为例,自20世纪70年代中期佣金自由化到20世纪80年代末,传统通道型业务收入占比从近60%下滑至20%,同期其他业务占比则增长了4.13倍,从7.68%跃升至39.42%,这在一定程度上得益于场外市场发展和场外业务多元化。并且,即便是传统的经纪业务,目前美国证券行业场内交易上市公司股权产品佣金收入占比也不足1/3,场外交易佣金贡献则达到七成,这与国内证券公司经纪业务过度依赖场内上市股票交易存在明显差异。

2012年以来,随着多层次资本市场快速发展,我国场外市场规模明显壮大,证券公司场外业务也有了一些突破,但受限于市场总体尚不成熟,场外产品仍不够丰富,服务能力还不够强,对证券公司的利润贡献也亟待提升。与此同时,国内资产管理行业高速发展,包括私募基金在内的各类资产管理机构对证券服务提出了更高的要求,也为证券公司打开了新的成长空间。

一、美国证券经营机构场外股权业务牌照管理体系

(一) 美国经纪商和交易商场外股权业务牌照管理概况

经纪商和交易商,在字面意义上容易与国内证券公司的经纪业务或证券投资业务混淆,

---

* 本文为中国证券业协会2017年重点课题。课题负责人:路颖;课题组成员:李明亮,周洪荣,朱蕾,吴一萍,王旭,陈久红,宁薛平,周新辉,李争,杨一波。

但在美国的证券经营机构牌照管理体系中,则是作为一般性证券交易业务机构的统称,覆盖了交易所股票交易、场外证券交易、承销公司证券、衍生品交易、代销金融产品、私募发行以及投资顾问和自营等各类证券业务,因此在实质上与国内的证券公司基本一致。

如果申请人要在美国经营证券业务,必须先向美国证券交易委员会(SEC)、美国金融业监管局(FINRA)和其他自律监管机构(SRO)完成注册程序,通常包括组建经营实体、准备申请材料、向 SRO 和州监管机构注册和 FINRA 批准后向 SEC 注册等几个步骤。

值得注意的是,在经纪商和交易商注册流程中最重要的莫过于填报 BD 表格,申请人需要通过该表向 FINRA 和 SEC 填报拟申请业务项目、商业企划、基本财务状况、人力资源配备以及组织建设等各项基本信息。

在表 1 中,我们简要列示了 BD 表格第五页中的各项基本业务选项,经纪商和交易商申请人可以自行选择业务牌照组合。事实上,在表 1 中的 29 项业务中,通常只有那些大型综合性投行和银行系的证券公司会选择 20 项左右的子业务执业,比如高盛和摩根士丹利分别持有 17 项和 21 项子业务牌照,而摩根大通和花旗则分别持有 22 项和 25 项子业务牌照,对于区域性投行和精品投行持有的执业牌照通常较少,比如拉扎德和杰弗瑞分别持有 12 项和 15 项子业务牌照,而作为折扣经纪商的代表嘉信理财更是仅持有 7 项子业务牌照。

表 1　　　　　　　　　　BD 表格中可供选择的 29 项子业务一览

编号	简称	子业务全称
1	EMC	Exchange member engaged in exchange commission business other than floor activities
2	EMP	Exchange member engaged in floor activities
3	IDM	Broker or dealer making inter – dealer markets in corporate securities over – the – counter
4	BDR	Broker or dealer retailing corporate equity securities over – the – counter
5	BDD	Broker or dealer selling corporate debt securities
6	USG	Underwriter or selling group participant (corporate securities other than mutual funds)
7	MFU	Mutual fund underwriter or sponsor
8	MFR	Mutual fund retailer
9/10	GSD \ B	U. S. government securities dealer; U. S. government securities broker.
11	MSD	Municipal securities dealer
12	MSB	Municipal securities broker
13	VLA	Broker or dealer selling variable life insurance or annuities
14	SSL	Solicitor of time deposits in a financial institution
15	RES	Real estate syndicator
16	OGI	Broker or dealer selling oil and gas interests
17	PCB	Put and call broker or dealer or option writer
18	BIA	Broker or dealer selling securities of only one issuer or associate issuers (other than mutual funds)
19	NPB	Broker or dealer selling securities of non – profit organizations (e. g. , churches, hospitals)
20	IAD	Investment advisory services

续表

编号	简称	子业务全称
21/2	TAP/S	1. Broker or dealer selling tax shelters or limited partnerships in primary distributions；2. Broker or dealer selling tax shelters or limited partnerships in the secondary market
23	NEX	Non-exchange member arranging for transactions in listed securities by exchange member
24	TRA	Trading securities for own account
25	PLA	Private placements of securities
26	MRI	Broker or dealer selling interests in mortgages or other receivables
27/8	B/INA	Broker or dealer involved in a networking, kiosk or similar arrangement with a：1. bank, savings bank or association, or credit union；2. insurance company or agency
29	OTH	Other (give details on Schedule D, Page 1, Section Ⅱ

资料来源：SEC。

对于表1中的29项子业务，前5项都属于基本的证券经纪和交易业务（包括交易所证券和场外证券）；第6项是公司证券承销；第7项和第8项是共同基金的发起设立和零售业务；第9项和第10项分别是政府证券的经纪商和交易商业务；第11项和第12项则是市政证券的经纪商和交易商业务；第13项是年金和寿险产品的经纪商或交易商业务；第14项是金融机构存款产品佣金商；第15项是不动产辛迪加融资；第16项是油气资产证券经纪商或交易商业务；第17项是期权产品的经纪商或交易商业务；第18项是销售除共同基金外的其他单一发行证券的经纪商或交易商业务；第19项是医院或教堂等非营利组织的证券销售经纪商或交易商业务；第20项是投资顾问（经纪商和交易商能够从事某些豁免注册投资顾问业务）；第21和22项是在一级、二级市场销售有限合伙股份和税盾的经纪商或交易商业务；第23项是与交易商会员协议安排交易上市证券的非会员经纪商或交易商；第24项是为自身账户交易证券；第25项是私募证券发行业务；第26项是销售抵押贷款或其他应收证券的经纪商或交易商业务；第27项和第28项分别是与银行、存款储蓄机构及信贷联盟、保险公司或保险代理商达成业务合作安排；最后一项属于申请人自行填报的其他业务，在实践中很多经纪商和交易商会在此填报并购顾问和其他非证券交易业务，也有部分经纪商和交易商填报外汇及衍生品交易业务，这些业务通常还需要向美国商品期货委员会（CFTC）注册。

由此观之，与国内证券公司的牌照管理体系不同，美国经纪商和交易商证券业务牌照管理体系的子项划分更加细致，这在很大程度上得益于美国证券监管法律体系对证券的界定更加宽泛，在BD表提供的29项业务牌照中，既涉及上市股票、公司债券、政府债券、市政证券、共同基金等传统证券，同时还覆盖诸如油气资产证券、金融机构存款产品、年金和寿险产品、有限合伙股份及税盾、不动产融资、抵押贷款及其他应收款证券、非营利组织证券等各种证券。并且，与美国证券市场由场外自场内的发展路径所不同，我国资本市场建设和证券行业发展更加注重交易所市场，场外市场建设起步晚并带有复制场内市场的痕迹，这就造成两国的证券行业牌照管理体系必然存在明显的差异。从本文最关注的场外股权业务牌照管理来讲，从表1中不难发现，与场外股权业务许可最直接的子项有第3项、第4项、第25项三项，其中第3项和第4项都是在柜台市场（over-the-counter）完成公司证券的批零交易，第25项则是私募发行业务，这主要涉及美国一整套复杂的非公开发行制度安排，在后文中我们还会进一步对此予以分析。

此外，值得注意的是，与国内证券公司业务过度依赖交易所市场有所不同，在 BD 表格中仅有第 1 项、第 2 项和第 23 项三个子项目明确与交易所市场相关，其中第 1 项和第 2 项属于交易所场内交易，第 23 项则是交易所会员为非会员代理执行场内证券交易。而在余下的 26 项子业务中，除去前文提到的三项业务外，共同基金发行和零售在很大程度上也主要发生在非交易所市场，其余业务则不存在明确的场内场外划分和界定，如政府证券和市政证券既可以发生在场内也可以发生在场外，而年金、金融机构存款产品、抵押贷款这些产品的交易场所和交易方式就更加灵活了。因此，就美国证券经纪商和交易商的业务牌照管理体系而言，尽管绝大多数业务并不涉及明显的场内场外划分，在实践操作中也的确没有那么泾渭分明，但总体上与非交易所（尤其是传统的股票交易所）相关的业务项目占比更大，这正是美国证券行业能够摆脱"靠天吃饭"和同质竞争的一个重要原因。

综上所述，对于美国经纪商和交易商的场外股权业务牌照管理，总体上覆盖一级市场发行和二级市场交易两个层面，前者在很大程度上依仗美国成熟的多层次非公开发行制度体系，后者则与美国独特的场外股权交易市场体系结构有关。

众所周知，诸多研究已经发现非公开发行制度体系是否完备畅通是私募证券发行交易和场外市场发展壮大的关键。在美国现行的证券发行制度体系中，非公开发行制度体系主要涵盖豁免证券和豁免交易两大类，前者主要针对发行人的资质及其所发行证券的特征豁免其注册义务，后者则针对某些特定的证券交易行为豁免其注册义务。根据 1933 年《证券法》Section 3（a）中第 2-8 条款的规定，豁免证券主要包括短期商业票据、非营利组织发行的证券、年金合同及保险单、联邦管辖普通运输企业发行的设备信托证、依照破产法由受托人或接管人发行法院批准的证券、政府各个机构和银行发行的特定证券等几类。而豁免交易的证券则更加复杂一些，包括"小额发行豁免""州内发行豁免""与公开发行无关的发行"等安排。具体来讲，经过半个多世纪的不断调整和完善，逐渐形成了以 1933 年《证券法》Section 4（2）为基础，包括 1972 年 Rule 144、1982 年 Rule D、1990 年 Rule 144A 以及 Regulation A、Regulation E、Regulation S、Rule 701、Rule 1 001 等众多豁免规则搭建的多层次非公开发行体系。

值得一提的是，在美国当前的多层次非公开发行制度体系中，Rule D 和 Rule 144A 具有非常重要的意义，也是在实践中应用最频繁的两类豁免规则。其中，Rule D 为发行人提供了三条豁免发行通道，Rule 504 和 Rule 505 都属于小额发行豁免条款（俗称小额发行豁免安排，也即 Small Offering），Rule 506 则在 1933 年《证券法》Section 4（2）的基础上为非公开发行提供了一个更加明晰的"安全港"边界，从而能为发行人提供向不超过 35 名普通投资人和不限数量的"合格投资者"发售不限数量证券的豁免许可，尤其是 SEC 在 2013 年引入的 Rule 506（c）条款，不但进一步明确了界定"合格投资者"的操作方式，还取消了针对 506 条款的一般招揽及公开劝诱限定。至于 Rule 144A，要求私募证券发行和交易必须满足非替代性要求，其发售对象必须是"合格机构买方"，并且发行人还必须履行相应的信息披露义务（披露信息弹性可选）。Rule 144A 发行不存在额度限制，并且整个融资流程仅为 IPO 的六分之一，能够帮助发行人快速低成本募集资金。

关于经纪商和交易商从事私募股权二级市场交易业务，其业务牌照直接体现在 BD 表格中的第 3 项和第 4 项中，但在实践中，由于美国场外市场施行做市商交易制度，因此经纪商和交易商在充当场外市场交易代理人或做市商时还必须满足相应的要求。根据 SEC 的 Rule 15c2-11 和 FINRA 的 Rule 6432，如果要充当场外股权市场挂牌证券的做市商，不管该证券是在 OTCBB 还是在 OTC Market 或者其他类似的场外报价系统上，还必须填报 Form 211 表格。该表格除了发行人和发行证券的基本信息外，还包括其他一些重要的补充信息，比如发行人关联人的相关记录等。在实践操作中，场外股权做市商必须在标的证券挂牌日前至少三天将完整的 Form 211 表格提交给 FINRA 的 OTC 合规部门。

（二）美国其他证券经营机构场外股权业务牌照管理概况

在实践中，除私募基金等资产管理机构外，其他从事场外股权业务的证券经营机构通常包括另类交易系统（ATS）和融资终端（Funding Portal）两大类，前者与 20 世纪 80 年代以来交易所上市股票场外交易和网络交易技术升级密切相关，后者则与近年来兴起的互联网融资活动关系密切。

在 20 世纪 90 年代中后期，美国先后出台了《订单处理规则》和《ATS 条例》，其中 SEC 将 ATS 划分为电子通讯网络（ECN）和配对系统（Crossing System）两大类，前者属于能够自动撮合客户委托证券买卖指令的私人电子化交易系统，后者通常也被称之为黑池（Dark Pools），因为其并不像 ECN 那样持续公布有关价格信息。事实上，监管机构并未限定 ATS 交易的证券标的种类，也即不管是上市股票还是场外股权，乃至各类债券和场外衍生证券均可以通过 ATS 实现流动性匹配。在实践中，绝大多数 ATS（包括高盛和摩根大通这类顶级投行也注册有自己的 ATS）都主要从事交易所上市证券的场外交易，也有部分 ATS 从事场外股权和债券及衍生证券交易。

在某种意义上讲，融资终端也可以视为互联网金融时代的另一种 ATS，其产生和发展与近年来逐渐流行的众筹融资（Crowdfunding）有关。根据 SEC 在 2014 年 2 月发布的众筹融资管理文件，提供众筹融资服务的网络平台也必须申报注册，要么直接向 SEC 注册为经纪商或交易商，要么申请为融资终端并同时注册为 FINRA 的会员。

根据新规则，众筹平台如果要申请注册为融资终端则必须向 SEC 填报 Funding Portal 表格，与前文提到的 BD 表格类似，申请人需要在注册申请材料中披露所有权结构、管理层信息以及合规记录等信息，注册生效日以 SEC 收到注册申请 30 日内或 FINRA 会员批准日两者较晚为准。

值得一提的是，尽管投资顾问和投资公司在其业务牌照管理中并未直接对是否参与场外股权业务进行明确界定，但在实践中投资顾问和投资公司尤其是私募基金都是场外股权市场的重要参与者，只是在 SEC 主导的证券经营机构业务牌照体系中并未单独针对其进行特别约定，因此这两类机构是否参与以及如何参与场外市场主要取决于自己的业务战略。

此外，随着金融科技发展和金融市场活动的复杂化，SEC 对"证券"的外延界定也在不断更正。以近年来火热的虚拟货币 ICO 项目为例，随着区块链概念的持续升温，各类 ICO 项目逐渐活跃，研究数据表明 2017 年以来全球 ICO 项目融资规模已经超过 12 亿美元，年中 SEC 发布了对 DAO（德国 Slock.it 公司创建的未注册虚拟实体）的调研报告，在报告中将其视为一种新型投资合同，认为其应当接受 1933 年《证券法》Section 2（a）和 1934 年《证券交易法》Section 3（a）的规范和管辖。尽管 SEC 对 ICO 的观点比较谨慎，但是仍旧对向美国投资者出售的 ICO 项目是否符合 SEC 的相关标准进行了探讨。

二、美国私募基金业务牌照管理体系

参考1940年《投资顾问法》和1940年《投资公司法》以及SEC和FINRA的相关规则,美国私募基金行业在业务牌照框架内主要涉及投资顾问和投资公司两类实体的注册管理事宜。具体而言,私募基金注册管理通常是指投资公司本身以非公开发行方式豁免注册管理,但对于投资公司的管理人也即投资顾问,其本身也面临一个是否需要向SEC或州监管机构注册的问题,也即完整意义上的私募基金牌照管理既包括投资公司也涉及投资顾问,前者主要是关注投资公司的发行方式,后者则是投资顾问的注册管理安排。

(一) 美国私人投资公司的牌照管理

根据1940年《投资公司法》,投资公司是指公司通过发行证券募集资金,主要用于投资、持有和交易证券的实体(要求用于证券投资的资产不得低于四成),同时还规定为投资公司管理组合的顾问必须注册为投资顾问。通常来讲,投资公司主要包括管理型投资公司和非管理型投资公司两类,前者主要是共同基金和封闭式基金,后者则包括单位投资信托(UITs)、面额凭证公司(FCC)和交易所基金(ETF)。在实践操作中,共同基金是最常见的投资公司,其组织形式既可以采用公司制,也可以选择协会(Association)、商业信托(Business Trust)和合股基金(Jointstock Fund)等形式,少数投资公司如商业开发公司(BDC)还会使用有限合伙模式。

在注册管理方面,法律要求在美国境内的投资公司必须向SEC注册并依据证券法注册其公开发行的证券,如果发行主体不符合投资公司定义则应当考虑其是否受到联邦证券法案的管辖。并且,如果投资组合未能满足投资公司的定义,则无法注册为投资公司,在1940年《投资公司法》的Section2(b)中就将某些特定政府机构排除在外,而在Section 3(b)(1)中还排除了主要业务非投资或投资公司控制公司从事的非投资业务等情况,在Section 3(c)中则进一步将经纪商和交易商、养老金、慈善组织以及教堂管理计划等机构排除在外。

如果申请人需要向SEC注册投资公司,必须按照1940年《投资公司法》的Section 8(a)向SEC提前填报N-8A,在提交N-8A后的3个月内必须提交正式注册材料。对于不同的投资公司,其填报的表格和申报信息不尽相同,共同基金填报N-1A表格,封闭式基金填报N-2表格,提供可变年金合约分离账户则需要使用N-3表格,如果是可变年金和可变寿险的UITs则需要使用N-4和N-6表格。在完成注册后,投资公司还必须按时发布中报和年报,并在随后的10天内向SEC填报N-CST表格。

至于私募基金,在1940年《投资公司法》中也被称为私人投资公司(Private Investment Company)。根据Section 3(c)(1),如果投资公司持有未到期证券(不含短期票据)的受益人不超过100人,且不打算公开发售证券,Section 3(c)(7)t规定证券持有人为合格投资者且不打算公开发售证券,那么这类豁免的投资公司即为私人投资公司。

在实践中,私募基金通常主要指对冲基金(Hedge Fund)和私募股权基金(Private Equity Fund),这些私募基金广泛使用本文提及的各类非公开发行豁免规则,尤其是Rule D辖下的三条豁免通道以及144A通道,据此发行的证券均可以被视为构成1933年《证券法》Section 4(2)条款的豁免,因此公司也就无需向SEC登记为报告公司,仅需要履行一些最低限度的信息报备义务。

值得一提的是,在2010年通过的《多德-弗兰克法案》的第四章中,新增的202(a)(29)条款肯定了任何符合1940年《投资公司法》Section 3(c)(1)和Section 3(c)(7)条款豁免的发行人均可以视为私募基金,这在实践中已经覆盖了一般意义上的对冲基金、私募股权基金、风险投资基金以及其他以非公开形式发售的证券。

此外,在实践中还存在一种被称为商业发展公司(Business Development Company)的机构,这类公司与私募股权(PE)和风险资本(VC)比较类似,主要投资中小型商业项目,但不同点在于这类机构并不像PE或VC那样封闭和仅限于高净值投资者,商业发展公司的证券是可以在公开市场供投资者交易的。

(二)美国私募投资基金顾问的牌照管理

根据1940年《投资顾问法》,投资顾问业务是指任何公司或个人向他人提供建议或就某种证券发布研究报告以获得报酬,具体而言即需满足三个要件:(1)就标的证券向客户提供投资建议和观点;(2)据此获得报酬;(3)属于常规业务(并非一次性行为)。

与经纪商和交易商的注册管理类似,投资顾问在向SEC履行注册义务时必须填报Form ADV表格,该表格经由SEC和北美有价证券管理协会(NASAA)联合修订后具备统一格式,能够在联邦和各州的监管机构中通用。值得关注的是ADV表格的第五项中所列示的12项子业务选项(见表2),包括财务规划服务、组合管理、养老金管理、公开发布研究报告以及提供证券评级和市场定价服务等。由此观之,仅在投资顾问的12项子业务许可中并不能明确分辨投资顾问的私募属性,也即在纯粹的业务牌照层面并不存在我们普遍理解的私募基金概念。而在ADV表格的第6项和第7项中,申请人需要填报其他业务活动信息和金融附属(关联)机构情况等补充信息。

表2 投资顾问子业务选项

项目	子业务名称
1	Financial planning services
2	Portfolio management for individuals and/or small businesses
3	Portfolio management for investment companies (as well as "business development companies" that have made an election pursuant to section 54 of the Investment Company Act of 1940)
4	Portfolio management for pooled investment vehicles (other than investment companies)
5	Portfolio management for businesses (other than small businesses) or institutional clients (other than registered investment companies and other pooled investment vehicles)
6	Pension consulting services
7	Selection of other advisers (including private fund managers)
8	Publication of periodicals or newsletters
9	Security ratings or pricing services
10	Market timing services
11	Educational seminars/workshops
12	Other (specify)

资料来源:SEC。

因此，私募基金投资顾问的牌照管理并不像经纪商和交易商那样体现在业务许可层面，而是在于投资顾问自身是否需要向 SEC 注册这方面。在 1940 年《投资顾问法》中，最常见的投资顾问注册豁免主要包括这样几类：（1）美国的银行和银行持股公司；（2）向 SEC 注册的经纪商和交易商；（3）会计师、律师、工程师和教师等特殊职业者；（4）出版商；（5）政府证券顾问；（6）家庭办公室；（7）政府及其分支机构；（8）信用评级机构；（9）非美国顾问。

事实上，在 20 世纪 90 年代中期以前，投资顾问必须同时向 SEC 和州监管机构提交注册申请并接受监管，1996 年出台的《投资顾问监管协调法案》将投资顾问的监管权在 SEC 和州监管机构之间重新进行了划分，仅要求资产管理规模超过 2 500 万美元的投资顾问需要向 SEC 注册，而在该法案 2000 年修正案中，进一步演变为对于那些已经实施《投资顾问法》的州向 SEC 注册的投资顾问资产管理规模下限提升为 3 000 万美元。

根据 2010 年《多德－弗兰克法案》第四章，新的 403（2）条款完全撤销了 1940 年《投资顾问法》203（b）（3）对私募投资顾问的注册豁免。根据新法案的要求，除非满足某些特定豁免条款，即便是那些只为一个或几个客户提供顾问服务且未公开自称为投资顾问的申请人也必须向 SEC 进行注册，也即意味着这些注册人必须满足一般性监管要求，比如建立合规程序和政策、确保资料保存和相关记录留存以及使用 ADV 表格进行公开备案等。

新法案对于私募基金投资顾问的豁免注册安排主要包括这样几类：（1）为在美国商品期货委员会（CFTC）注册为商品交易顾问（CTAs）并为私募基金提供顾问服务设立新的豁免；（2）为仅向小企业投资公司及其特定子公司提供顾问服务的投资顾问设立豁免；（3）为风险投资基金的投资顾问设立豁免（风险投资基金由 SEC 来定义，其顾问免于注册，但仍需要遵从 SEC 的相关规则保存记录）；（4）为特定的家庭办公室设立豁免；（5）为美国境内资产管理规模低于 1.5 亿美元的私募基金顾问提供豁免（同样需要保存记录并提供报告）；（6）对于那些资产管理规模高于 2 500 万美元低于 1 亿美元的投资顾问，其主要监管权下放至州监管机构，如果这些顾问已经向州注册，则无需再向 SEC 注册。

尤其值得关注的是，2010 年《多德－弗兰克法案》的 404 条款对 1940 年《投资顾问法》案的 204 条款进行了重大修订，要求私募基金顾问必须保持真实完整的记录并按规定向 SEC 提交报告或接受其查询，该条款同时还授权 SEC 根据公共利益或者美国金融稳定委员会（FSOC）评估系统下风险的需要，要求私募基金顾问向其或 FSOC 提交其管理的私募基金资料，包括但不限于资产类型、资产规模、交易仓位、杠杆及信用风险敞口、估值政策等信息。对于那些接受监管的私募股权基金管理规模超过 20 亿美元的投资顾问，应当每年报送相关信息，对于那些资产管理规模超过 15 亿美元的对冲基金顾问，则应当按季度报送相关信息（包括基金风险敞口、区域集中度以及不同资产交易状况等）。

由此可见，新法案实际上进一步加强了对私募基金投资顾问的注册管理。以私募股权基金为例，1940 年《投资顾问法》主要是针对客户数量设置豁免上限，只要私募基金顾问的客户不超过 15 人即可获得豁免，但《多德－弗兰克法案》则更加强调资产管理规模的限定，只要其服务的资产管理规模超过 1 亿美元，就必须向 SEC 申请注册。

此外，《多德－弗兰克法案》还新设了一类名为 ERA 的豁免登记投资顾问，这类顾问只向一个或少数几个风险投资资本（VC）提供顾问服务，或仅向私募股权基金提供服务且资产管理规模不足 1.5 亿美元，那么根据新法案这类顾问可以免于向 SEC 豁免注册，但其仍需要承担特定的记录和报告义务。

三、美国场外股权和私募基金业务监管制度安排

如前文所述，美国证券经营机构申请场外证券和私募基金业务牌照需要向美国证券交易委员会（SEC）、美国金融业监管局（FINRA）、美国商品交易委员会（CFTC）以及其他自律监管机构（SRO）组织和州监管部门申请注册，而在业务准入后的监管亦存在类似的安排。换句话讲，从证券行业的机构注册准入和规范监管的完整视角来看，美国证券业务牌照的注册管理与后继监管流程密切相关，前者为后者提供规范管理的监管对象，后者则基于前者来设计和安排监管流程，两者紧密结合形成一个证券业务和机构管理的有机系统。

具体来讲，SEC、FINRA 等监管机构都对辖内的注册主体负有核查职责，借助于便利的电子信息系统和统一格式的各类表格来实现高效的信息共享和分工协作，其中 SEC 通过合规与调查办公室（OCIE）对经纪商和交易所执行特定检查（Cause Exams）和专项调查（Sweep Exams），其主导的常规检查（Routine Exams）仅针对资产规模最大的 30 家经纪商和交易商来执行，事实上对经纪商和交易商的检查机构更多是 FINRA，其检查项目还包括定期检查（Cycle Exams）、分支机构检查（Branch Exams）和市场合规检查（Market Regulation Exams）。

（一）SEC 对证券经营机构场外股权和私募基金业务的监管

SEC 对美国证券经营机构的监管主要通过合规和调查办公室（OCIE）所执行的全美检查计划（NEP）来实现，该机构除了在华盛顿的总部外还设有 11 个区域分部，其检查对象比较全面，既包括经纪商和交易商，还包括投资公司、投资过户代理人和清算代理人等机构，其目的包括：(1) 防止欺诈；(2) 检测风险；(3) 提升行业合规程度；(4) 告知监管政策。

如上文所述，OCIE 的检查类型主要包括特定、常规和专题三大类，其中特定检查通常是在 OCIE 确信监管对象已经存在违反联邦证券法规的情况下发起的针对性检查，一般是在收到投诉后启动的，检查对象既可以是目标机构的总部也可以是其分支机构。对于常规检查，则属于定期执行以核实检查对象是否遵守了相应法律法规和监管机构各项规定。这类检查具有更强的整体性，一般会覆盖检查对象的全部业务。专题检查则与前两者有所不同，其典型特点是针对行业一段时间内某一个主题就多家代表性的执业主体进行针对性检查。

实际上，OCIE 拥有自己的一整套风险评估体系，然后根据检查对象的业务活动、组织安排、收入模式及其他披露信息来作出风险等级判定，并据此决定检查的深度和频度，而其作出判定和评估的信息就主要源自证券经营集团申请注册所填报的各项表格和相关申请材料以及每年提交的书面合规报告。

对于经纪商和交易商来讲，SEC 主要采取特定和专题检查，常规检查主要针对最大的 30 家机构。究其原因，很大程度上源于 OCIE 的人力资源紧张，因此不得不将关键资源主要投向那些具有较高技术风险和违反证券法案的检查对象身上，这就导致 OCIE 的监管通常具有较强的针对性，更加注重检查的深度和质量。而针对那些潜在风险较高的业务领域，OCIE 则更倾向于发起专题检查来了解行业的真实情况，比如近年来针对期权订单的最优执

行、高频交易和黑池交易以及可变保险产品的销售等项目的专题调查。

SEC对经纪商和交易商场外股权交易业务的监管主要体现在做市商规范和场外交易报告两个方面。对于前者，SEC确定了以下几条监管原则：

（1）最佳执行规则：场外交易做市商与客户的每笔交易必须切合当时市场的合理价，除非市场出现急剧变化或客户订单数量巨大，否则做市经纪商和交易商不得以劣于市场最佳报价的价格与客户成交。对于场外股权交易的OTC Link和OTCBB两个报价系统，监管机构要求挂牌证券至少存在两个报价方可使用该系统，否则经纪商或交易商必须联系第三家其他同行来寻求合理报价。

（2）限价保护指令：场外市场做市商不能以满足客户限价指令要求的价格为自营投资账户进行交易。

（3）初始报价披露原则：根据SEC Rule15c2-11，申请在OTC Link和OTCBB两大系统上进行初次报价（或停止交易四天以上重新恢复报价）时做市商必须填报Form 211表格。

（4）尊重市场报价原则：场外股权做市商的报价必须符合当时的市场实情，如果做市商报价不再符合市场行情，那么监管机构可以要求其重新报价。

（5）最小报价规则：也即做市经纪商和交易商在OTCBB以及其他交易商间报价系统的报价必须满足对应的最低规模单位，比如对于价格低于0.5美元的场外股权，其最低报价单位不得低于5 000股，而价格在0.5到1美元之间的挂牌股票，其最低报价单位则不低于2 500股。

（6）卖空头寸披露规则：做市商必须在每月的月中和月底向FINRA报送其OTC证券的卖空头寸状况。

对于经纪商和交易商场外股权交易业务的报告职责，主要依赖交易报告系统（TRF）、另类显示系统（ADF）和OTC报告系统（ORF）三条通道。除某些特定豁免证券外，所有场外股票交易（包括NMS证券的场外交易）均需要通过这三条通道向SEC报告。其中，TRF和ADF均是针对全国性交易所上市股票的场外交易，前者主要服务于纳斯达克和纽交所上市股票的场外交易报告，后者则属于纳斯达克与其他ECN之间的妥协安排。至于第三个报告通道ORF，其目的就在于向监管机构报送场外市场股票（包括在OTC Link和OTCBB上报价的非NMS股票、ADRs、外国证券和未上市的DPP证券等）和受限股票的交易信息。通常情况下，对于每笔场外股权交易，需要同时向FINRA提交交易公告和清算报告，后者的目的主要在于完成清算并说明交易符合监管要求。值得一提的是，在现行报告框架体系内，经纪商和交易商或ATS作为交易执行方需要履行报告义务，除非其仅仅是将订单路由至其他会员时。

与经纪商和交易商的场外股权交易报告制度类似，次贷危机后SEC还进一步加强了私募基金投资顾问的报告职责。根据《多德-弗兰克法案》的新规则，私募基金资产管理规模超过1.5亿美元的投资顾问必须向其填报PF表格。具体来讲，对于满足要求的小型的私募基金顾问，其PF表格填报按年执行；而对于大型对冲基金顾问（管理的对冲基金资产规模超过15亿美元）和大型流动性基金顾问（管理的流动性基金或货币市场基金资产超过10亿美元），则需要按季度进行信息报送；而对于大型私募股权基金（资产管理规模超过20亿美元）的投资顾问，其PF表格报送周期亦是按年执行。

尽管不同类型报告人的填报内容存在差异，但大致都包括以下几部分的内容：（1）资产管理规模，包括资产类型以及交易和投资的仓位；（2）杠杆管理状况（包括表外杠杆运用）；（3）交易对手方信用风险敞口；（4）估值政策和实践状况；（5）交易概况；（6）任何使得特定投资者获得更优惠条款的附函（Side Letter）和其他安排；（7）其他 SEC 和 FSOC 协商后认定为对公共利益和投资者保护以及系统风险评估所必需的信息。

此外，根据 1940 年《投资顾问法》修订新增的 204（b）条款，SEC 必须对私募基金所保存的记录进行定期检查，出于对公众利益的保护和进行系统风险评估的需求，SEC 也可以对这些运管记录执行不定期检查。

（二）FINRA 对证券经营机构场外股权和私募基金业务的监管

作为全球最大的证券行业自律监管组织，FINRA 拥有 20 家区域分支机构和 3 500 余名雇员，目前共管辖超过 3 700 家证券公司及其 63.4 万名员工。在实践中，FINRA 在经纪商、交易商以及投资顾问等证券经营机构的注册和监管中扮演着非常关键的角色，包括经纪商和交易商的在线注册系统 CRA 和投资顾问的在线系统 IARD 均由 FINRA 负责运营，尤其是经纪商和交易商的业务牌照注册管理，FINRA 掌管实际审核权。

与 SEC 的监管计划有所不同，FINRA 的检查不仅包括特定检查、专题检查和周期检查，还包括分子机构检查和市场规则检查。其中，周期性检查属于 FINRA 对经纪商和交易商核查的重点，与 OCIE 的常规监管比较类似，均是基于各自的风险评估系统来予以执行的。根据监管对象的风险评估结果，FINRA 的检查周期在 1—4 年不等，对于风险等级最高的经纪商和交易商，必须每年接受 FINRA 的检查，而风险评估等级最低的则可以 4 年才接受一次检查。在 FINRA 的风险评估模型中，净资本额、资产规模以及能否自我清算是权重最大的几个因子。并且，FINRA 会每年更新自己的风险评估系统，凭借充足的人员配置和强大的在线数据获得能力，其数据中心能够对全美 90% 以上的股票交易实现实时监测。尤其是在次贷危机后，FINRA 还进一步完善了其风险评估系统，更加注重监管的差异化和对计算机网络技术的应用。

在检查执行方面，不像 OCIE 那样强调深层次，FINRA 的最大特点在于检查领域宽而广，即便是检查对象的非主营业务，仍需要就合规问题接受调查。事实上，在后危机时代，FINRA 的检查力度已经明显加强，不仅按年接受周期检查的经纪商和交易商占比明显提升，单次检查所耗费的平均时间也在逐渐延长。

针对场外股权交易和私募基金顾问的监管，由于 FINRA 是 CRA、IARD、IAPD 以及 ORF 等电子信息报送系统的运营管理者，因此 FINRA 对场外市场及相关业务数据的了解最为及时，这有助于其提升执行前述监管活动的效力。

根据 FINRA 披露的 2016 年年报数据显示，年内 FINRA 共执行 5 550 起检查，各项案件合计罚款 1.74 亿美元。

（三）州监管机构对证券经营机构场外股权和私募基金业务的监管

州监管机构对证券经营机构的场外股权和私募基金业务的管辖权主要体现在非公开证券发行豁免层面，除了前文提到的州内发行豁免［参考 1933 年《证券法》Section 3（a）–11 条款］外，在场外股权交易平台挂牌转让的未上市股票还必须满足蓝天法的相关规定，这一流程通常都由充当交易中介的经纪商、交易商或另类交易系统（ATS）来协助完成。此外,对于那些无需向 SEC 注册的私募基金投资顾问,通常还需要向州监管机构履行简单的信息报备,这对于后继的监管活动发起至关重要。

四、美国非公开发行市场一览

前文已经提到,得益于一整套完善且富有弹性的豁免证券发行制度安排,美国的非公开证券发行规模颇为可观,为各类证券经营机构提供了丰富的业态环境。根据 SEC 的经济与风险分析部主管 Scott Baugess 发布的美国非公开发行市场专项报告显示,在 2015 年全美通过 Rule D 和 Rule 144A 豁免通道发行的证券超过 2.2 万亿美元,而同期完成注册股权和债券融资约 1.4 万亿美元,前者比后者高出 57.14%。

参考图 1,我们不难发现,在 2009—2015 年,美国注册股权和注册债券发行总体保持平稳,而同期 Rule D 豁免证券发行则从 7 000 亿美元增至 1.36 万亿美元,期间年均融资规模超过 1 万亿美元,占据各类融资通道的首位。

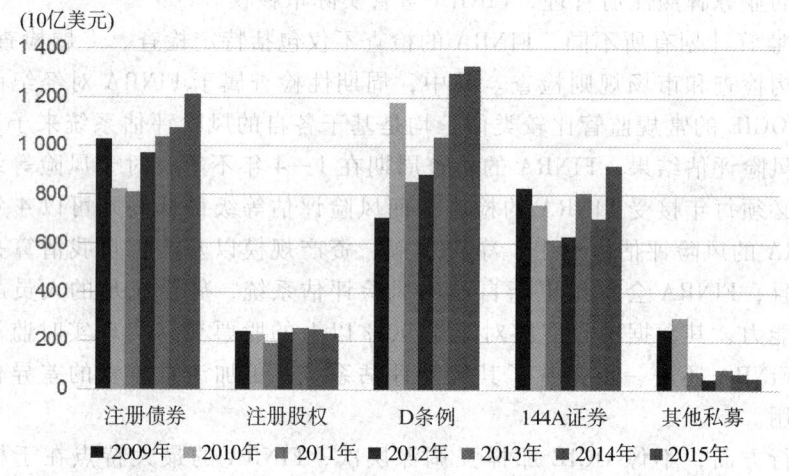

图 1　2009—2015 年美国各类融资规模一览

注:其他私募主要包括 Section 4(a)(2)、Regulation S 以及 Regulation A 等。
资料来源:Capital Raising in the US: An Analysis of the Market for Unregistered Securities Offerings, 2009 – 2014。2015 年数据由 Scott W. Bauguess 于 2016 年春发布的 PPT: Private Securities Offerings Post – JOBS Act。

在 Rule D 提供的三条豁免通道中,SEC 的研究报告显示 Rule 506 占据绝对优势,样本期间 10.5 万笔 Form D 共实现融资 5.75 万亿美元,其中 Rule 506 分别占比 94.8% 和 99.2%(参见图 2)。

如果进一步对单笔融资规模区间划段来分析,豁免金额受限的 Rule 504 和 Rule 505 主要使用者是各种非基金发行人,而在 Rule 506 通道中,随着单笔发行规模的增长,基金发行人的占比也明显提升。参考表 3,基金发行人使用 Rule 504 的比例仅有 2.04%,而对于 Rule 505 通道,单笔发行低于 100 万美元的使用者中基金发行人占比仅为 4.57%,而在 250 万美元至 500 万美元区间的发行人中,基金发行人占比为 12.98%。在使用最为广泛的 Rule 506 通道中,单笔低于 100 万美元的基金发行人占比为 9.08%,而在 100 万美元至 500 万美元区间内,基金发行人占比为 12.31%,在 500 万美元至 5 000 万美元区间,基金发行人占

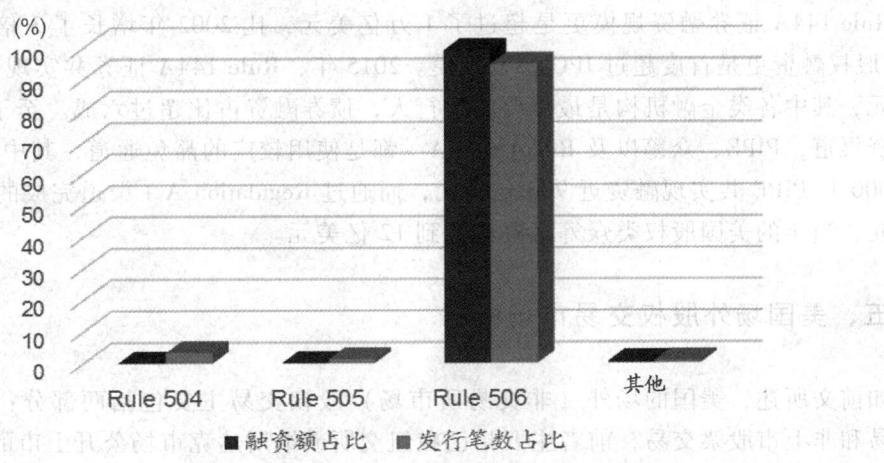

图 2　2009—2014 年 Rule D 辖下各豁免通道适用占比

资料来源：Capital Raising in the US: An Analysis of the Market for Unregistered Securities Offerings, 2009–2014。

比上升至 30.28%，而对于那些单笔融资规模超过 5 000 万美元的豁免发行，基金发行人占比进一步升至 76.68%。

表 3　2009—2014 年 Rule D 504–506 融资规模分布

笔数	发行规模（美元）				
	≤1 Million	1—2.5 Million	2.5—5 Million	5—50 Million	≥50 Million
所有发行人					
Rule 504	3 719	/	/	/	/
Rule 505	525	450	393		
Rule 506	30 461	16 109	13 857	27 380	12 103
基金发行人					
Rule 504	76	/	/	/	/
Rule 505	24	18	51		
Rule 506	2 767	1 735	1 954	8 291	9 281

资料来源：Capital Raising in the US: An Analysis of the Market for Unregistered Securities Offerings, 2009–2014。

对冲基金、私募股权基金和其他投资基金是使用 Rule D 最主要的发行人。其中，对冲基金作为最大的发行人共募集了 1.95 万亿美元，占比 33.98%；私募股权基金发行人累计融资亦超过 1 万亿美元，占比 18.67%。风险资本、不动产和其他金融服务机构发行人共计实现融资近 4 500 亿美元，合计占比 7.79%，使用 Rule D 豁免通道的非金融发行人样本期间共募集资金超过 9 000 亿美元，占比约 9.33%。

此外，值得一提的是，SEC 的报告还发现样本期间仅有 1/5 的发行人在通过非公开发行豁免通道融资时会借助于中介，尤其是对冲基金和风险资本，这些基金发行人使用融资中介服务的比重甚至仅有 10% 左右。

作为发行量仅次于 Rule D 的豁免证券种类，Rule 144A 在 20 世纪 90 年代初期发行量还不到 10 亿美元，21 世纪以来随着监管环境的变化市场规模稳步增长。在次贷危机前的 2006

年,Rule 144A 证券融资规模更是超过了 1 万亿美元,比 2002 年增长了 3 倍多,同年 Rule 144A 股权融资更是首度超过 IPO 融资规模。2015 年,Rule 144A 证券共实现资金募集 9 200 亿美元,其中各类金融机构是最重要的发行人,债券融资占比超过六成。至于其他非公开发行融资渠道,PIPE、众筹以及 Regulation A+ 都是使用较广的豁免通道,其中 2015 年全美超过 1 000 起 PIPE 共实现融资近 900 亿美元,而通过 Regulation A+ 渠道完成的融资亦达到 13 亿美元,当年的美国股权类众筹融资亦达到 12 亿美元。

五、美国场外股权交易市场概况

如前文所述,美国的场外(非交易所市场)股权交易主要包括两部分:上市股票的场外交易和非上市股票交易,前者主要指已在纽交所或纳斯达克市场公开上市的股票通过另类交易系统(ATS)或交易商内部撮合成交,而后者则是指那些非公开发行不在交易所市场上市的股票交易行为。

考虑到中美证券交易行业发展沿革和制度环境巨大的差异,交易所上市股票的场外交易不纳入本文的研究重点,因此仅作了简要梳理。根据 SEC 披露的数据显示,截至 2016 年底,全美共有各类 ATS 82 家,其运营者不乏高盛、摩根士丹利、花旗等华尔街投行。而 SEC 的首席经济学家 Tuttle 曾对 69 家活跃的 ATS 平台进行了数据分析,结果表明其中 45 家主要交易全国市场系统(NMS)股票,16 家主要交易固定收益类产品和衍生品,仅有两家 ATS 专门交易各类私募证券。如果从交易量数据来看,衍生品和信贷类、固定收益产品占据绝对主导地位,两者合计占比达到 95.9%,NMS 证券交易平台虽多,其交易量占比只有 4.05%。

这份报告还对 NMS 证券场外交易的市场结构进行了考察,结果表明 Top 5 的 ATS 交易量占比达到 49.02%,这意味着上市股票的场外交易流动性仍相对集中。至于路由 ATS 的订单结果,研究发现 ATS 并不像很多媒体宣称的那样属于大宗交易平台,数据显示 ATS 的平均单笔订单规模与交易所市场非常接近,很多订单都属于单笔不超过 100 股的分拆订单,一次交易上千股的订单比重不超过 3%。根据 FINRA 披露的数据显示,截至 2017 年 9 月,通过场外市场完成的上市股票交易占整个交易量的比重为 37.65%,同期纳斯达克和纽交所完成的交易量占比则分别为 17.62% 和 22.78%。

对于那些不在交易所上市交易的非公开发行股票,OTCBB 和 OTC Market 是其主要交易场所。根据 SEC 最新披露的数据显示,2016 年 OTCBB 市场 341 只挂牌证券共完成 9.9 亿美元交易量,OTC Market 全年交易量则为 2 221.06 亿美元。在 OTCBB 和 OTC Market 之外,还存在诸如 SharesPost、EquityZen、EquidateMarkets 等聚焦 Pre-IPO 证券的电子交易平台,但这些股票的流动性相对有限,年交易量在整个场外市场的占比也偏低。

如果从经纪商和交易商的执业来看,根据 SIMFA 披露的行业数据显示,在 BD 表格的 29 项子业务牌照中,如果除去最后一项用于执行申报的其他项目外,排在榜首的子业务就是私募发行业务,数据显示超过六成的经纪商和交易商注册该项业务许可,这一数字领先了排名第二的子业务(共同基金零售业务持牌占比为 45.6%)近 15 个百分点,而公司股票的场外市场交易业务则紧随其后排名第三(持牌占比为 45%),这毫无疑问证实了私募证券发行和交易业务对于美国证券公司的吸引力。至于场内业务的典型代表,交易所会员场内交易业务的持牌机构占比位居倒数第四位，持牌比例仅为 2.7%。两相比较，不难看出私募证券业务在美国经纪商和交易商中的流行程度远胜于交易所上市股票交易活动。

因此，美国经纪商和交易商业务牌照的持有结构在一定程度上印证了场外交易业务对美国证券行业的重要性，而这一点事实上也体现在美国证券行业的营收结构层面。同样，根据 SIFMA 披露的行业营收数据显示，自 1975 年美国施行佣金自由化以来，经纪商和交易商的组织形式、业务结构和盈利模式都发生了显著变化。在佣金自由化最初的十年内，美国股票交易的平均佣金率下降了近七成，交易佣金收入占行业总营收的比重亦从接近一半下降到 1/5，而其他证券业务的营收占比则快速提升，一度占行业总营收的比重接近 50%，这在一定程度上与同期美国场外证券市场的高速发展密切相关。除了迅速壮大的场外衍生证券市场外，场外股权交易以及与私募基金相关的主经纪商业务都成为经纪商和交易商谋求新增长点的关键，也即场外股权交易市场的快速发展为美国经纪商和交易商盈利模式升级转型提供了重要帮助。

另一方面，即便仅分析交易业务佣金收入，以 2010 年的行业数据为例，交易所上市股票交易佣金占全部交易佣金的比重为 31.28%，而交易所上市股票在场外交易的佣金贡献占比为 10.84%，即便再加上交易所上市期权的交易佣金贡献 6.16%，三者合计占比 48.28%，尚不足五成，这意味着来自非交易所市场的交易佣金才是经纪商和交易商佣金收入的主要来源。如果进一步考虑来自场外市场的做市商业务和证券融资业务，场外市场对美国证券行业的贡献已然是非常可观。同样参照 SIFMA 发布的证券行业营收细分数据，经纪商和交易商场外做市业务净收益自 2004 年以来一直位于 7 亿美元至 10 亿美元区间段，而至于保证金净利息收入，次贷危机前一度超过 320 亿美元，次贷危机后大幅下滑，2010 年仅有 49.76 亿美元，营收占比亦从 6.8% 降至 1.95%。

在美国的多层次场外股权市场体系中，无论是挂牌证券数量还是市场交易量，OTC Market 和 OTCBB 处于绝对的主导地位，但随着近年来 Pre-IPO 市场的火热和互联网交易技术应用的推广，一些新的电子交易平台也呈现出较快的增长态势，这些平台大多面向合格投资者，交易标的主要是处于 Pre-IPO 阶段的创业明星公司。

从市场规模来看，OTC Market 无疑是美国乃至全世界最成功的场外股票交易市场。截至 2017 年 10 月底，OTC Market 市场交易着来自全球 97 个国家和地区的万余只证券，其中普通股 6 352 只，各类 ADRs 2 540 只，向 SEC 履行报告义务的注册公司超过 2 700 家，总市值超过 14.6 万亿美元，这在全球仅次于纽约股票交易所。而在新兴的未上市股票电子交易平台中，SecondMarket、SharesPost、EquityZen 和 EquidateMarkets 最具代表性。其中，SecondMarket 是全球最大的另类资产交易平台，这家 ATS 以交易未上市的 Facebook 股票闻名，并在 2015 年被纳斯达克的私人股权市场 NPM 收购，目前该平台完成的私人股权年交易量超过 10 亿美元。至于 SharesPost，这家电子交易平台在技术特征上更加类似于 BBS 论坛，目前注册会员超过 10 万，在过去五年共计完成 125 家私人公司股权交易 20 余亿美元。

六、美国私募基金行业概况

关于美国的私募基金行业发展概况，需要参考 SEC 每个季度发布的私募基金行业统计报告，这份报告的数据主要源自私募基金及其顾问向 SEC 填报的 Form PF 和 Form ADV 表格，前文曾简要提及私募基金及其顾问报送信息的规则，资产管理规模超过1.5亿美元的私募基金顾问需要每年向SEC填报PF表格，其中资产管理规模超过15亿美元的大型对冲基金顾问和资产管理规模超过10亿美元的流动性基金和货币市场基金则需要按季度报送PF表格。

根据SEC在2017年4月发布的私募基金行业数据报告，截至2016年第三季度，纳入统计的美国私募基金27 020只，对应私募基金顾问2 816家。在各类私募基金中，私募股权基金和对冲基金的数量最多，这两者合计占私募基金及其顾问总量的比重分别为69.08%和95.53%。

从私募基金的类别来看，无论是按总资产计算还是按净资产计算，对冲基金都是最重要的私募基金子类别。截至2016年第三季度，履行报告义务的对冲基金总资产合计超过6.46万亿美元，对应的净资产也接近3.5万亿美元，分别占私募基金行业总量的60.57%和49.52%。紧随其后的是私募股权基金，其总资产和净资产分别达到2.06万亿美元和1.88万亿美元，分别占私募基金行业总量的19.32%和26.69%。

从私募基金的注册地分布来看，将近九成的私募基金注册于美国本土和开曼群岛，其他主要注册地还包括维京群岛、爱尔兰和百慕大群岛等地。在私募基金投资顾问的注册地分布方面，89.7%的投资顾问来自于美国本土，还有6.5%的投资顾问来自英国，如果仅计算私募股权投资基金的顾问注册地，来自美国本土的投资顾问占比达到97.2%。

在私募基金的净资本供给方面，各类养老金是最大的投资者，占比23.9%，其次是私募基金自身，占比18.7%，非营利机构和保险公司等其他机构也是主要的投资者，个人投资者的份额仅有14.1%。

在备受关注的杠杆和衍生品使用方面，SEC发布的报告显示在各类私募基金中，证券化基金和对冲基金最善于借贷融资。如果按借款与总资产比重计算，证券化私募基金的借贷融资占比为48.4%，这意味着其杠杆倍数接近2，对冲基金的借贷融资占总资产比重为38%，相较而言其他私募基金的借贷融资占比明显更低，私募股权基金和风险资本基金的借贷融资比例分别为4.9%和0.4%。但值得注意的是，最大的10只私募基金的借贷融资规模占行业总融资额的比重接近1/3，最大的100只和500只对冲基金的借贷融资占比更是分别达到68.7%和90.2%，这表明仅有少数大型对冲基金能够放大杠杆，统计数据显示仅有杠杆比率最高的10%的对冲基金能够使用超过10倍的杠杆。在衍生品持有方面，截至2016年第三季度末，对冲基金持有的名义衍生证券价值超过15.7万亿美元，分别是总资产和净资产的2.43倍和4.51倍。在高频交易方面，报告数据显示频繁使用高频交易的对冲基金很少，99%的对冲基金都表示未使用高频交易，仅有6只对冲基金的高频交易规模超过净资本，这一数字仅相当于一年前的1/4。

SEC的报告还分析了对冲基金的行业结构，按总资产规模计算，最大的10只对冲基金管理资产占行业总资产的比重达到14.4%，最大的100只和500只占比则分别达到41%和67%。如果从投资顾问的视角来看，最大的10家投资顾问所管理的总资产占比达到42.2%，最大的20家顾问的资产管理份额达到55.9%。

在私募基金二级市场方面，根据可查的现有文献记载，首笔私募基金二级市场交易由Dyton Carr在1979年完成，当期他还在为IBM主管风险资本基金，5年后Dyton Carr创设了首只二级市场私募基金VCFA，该基金专注于寻求私募基金二级市场交易机会。根据Dow

Jones 发布的行业数据研报显示，在 1990 年，全球私募基金二级市场交易额仅有 1.45 亿美元，这一数字在世纪之交快速放大至 20 亿美元左右。随着网络泡沫的破灭和风险资本投资的兴起，2006 年以后私募基金二级市场更是迎来快速增长阶段，到 2014 年全球私募基金二级市场交易规模已经达到 351.37 亿美元，是 1990 年的 242.32 倍。

在二级市场结构方面，RREEF 的研报指出，在 2000 年以前这个市场主要由十余只单只规模不足 5 亿美元的基金所主导，而在 2000—2007 年更多十亿美元级别的二级市场基金开始涌现，次贷危机后甚至出现了单只规模超过 20 亿美元的二级市场基金。这个数字近年来仍在不断刷新，2015 年首只募集规模超过百亿的二级市场基金也成为现实，大型基金在私募基金二级市场上的重要性不断提升。

七、美国证券经营机构拓展场外股权业务经验总结

在前文中，我们已经重点对美国证券经营机构的场外股权业务牌照管理体系和基本制度安排以及市场发展概况做了简要梳理，在此我们可以对美国场外股权交易市场的制度和业务运营经验加以总结，从而为我国场外市场建设以及证券机构的场外股权交易制度完善提供帮助。具体而言，在场外股权制度安排方面，涉及非公开发行、信息披露、做市商交易以及投资者适当性管理等；在场外股权交易市场建设方面，我们则主要关注业务牌照体系和信息披露制度变革的影响，还从业务拓展的视角出发分析场外股权市场的发展战略。

综上所述，根据对美国证券机构场外股权业务及相关制度安排的梳理总结，大致能够得到如下几条经验：

（一）对于证券经营机构的场外股权业务拓展而言，完备的多层次非公开发行制度具有至关重要的基础性意义

无论是场外市场的发展还是证券经营机构场外股权业务的壮大均需要一个有序且富有弹性的非公开发行制度安排。

以美国为例，1933 年《证券法》Section 3（a）以及 Section 4（2）为豁免证券和豁免交易确立了立法依据，随后的 Rule D 以及 Rule 144A 则进一步为非公开发行制度搭建了主要框架，再辅之以 Regulation A +、Regulation E、Regulation S、Rule 701、Rule 1 001 以及州内豁免和众筹融资等众多豁免规则构成一整套完备且富有弹性的多层次非公开发行制度安排。

正是依靠这一整套完整的非公开发行制度安排，不同规模、不同特征、不同类别的发行人均能找到与自身状况适宜的发行方式和证券类别，同时还能确保信息发布和证券转让可控并在一定程度上与公开市场有效衔接（比如 OTC Market 的 Slow PO 机制）。

另外，随着信息技术的进步及其应用日益广泛，公募与私募之间界限正变得越来越模糊，美国的多层次非公开发行制度体系竭力在降低发行成本、提升受限证券流动性与保护投资者之间做好平衡，对于是否适用非公开豁免方面亦从早期的强调投资者人数演变为更注重投资者资质，对于一般招揽和公开劝诱的使用也逐步放宽。

（二）科学合理的投资者适当性管理制度是场外股权交易业务健康有序发展的制度前提

相较交易所市场，场外股权的信息披露和流动性机制均存在很大的差异，这就需要一个

科学合理有序统一的合格投资者资质界定安排。在实践中，美国多层次非公开发行制度体系对应的投资者资质界定通常包括合格投资者（AIs）、合格机构买家（QIBs）、合格买家（QPs）以及合格客户（QCs）四类。某些场外证券平台在针对某些证券交易时也使用熟练投资者（Sophisticated Investors），要求通常略低于 AIs。这些符合资质界定的投资者均有自己的法律依据，例如，合格投资者（AIs）一般针对 Rule D 条例证券，QIBs 专为 Rule 144A 证券所设，而 QPs 和 QCs 则主要适用于私募基金销售和交易，其法律依据源自 1940 年《投资公司法》和《投资顾问法》。

实际上，相关的经验证据表明，通过将投资者的合格资质界定与场外证券（私募股权、私募基金等）所适用的豁免规则挂钩能够有效增强受限证券在场外市场的流动性，还能解决不同市场交易平台可能导致的市场割裂。此外，在 JOBS 法案通过后，非公开发行证券投资者的人数上限有所放宽，注册报告公司的股东人数上限也从 500 人上调至 2000 人，投资者资质相比投资者数量对界定证券发行的非公开性质更为重要。

（三）科学合理的交易制度安排和完备的电子交易报告系统有助于提升场外股权市场的流动性和降低市场风险

海外实践经验表明，尤其是在低层次场外市场，做市商制度能够有效改善市场流动性、维护价格稳定并提高市场效率，因此混合交易制度大行其道。

一般而言，场外股权交易通常可选的交易方式包括做市商报价、协议成交以及竞价拍卖等，在美国最大的场外交易市场 OTC Market 中资质较好且信息披露相对充分的挂牌股票就适用做市商报价制度，而 SharesPost、EquityZen 等聚焦 Pre–IPO 股票的交易平台则采用协议成交和拍卖成交模式。

另外，如前文所述，对于通过场外市场达成的交易，不论是非公开发行证券还是上市股票，均需要向 FINRA 的在线报告系统履行报告义务，这对于提升场外市场的透明度和增强场外市场的稳定性大有裨益。

（四）灵活且完备的信息披露制度对于场外股权交易市场发展具有非常重要的意义

一方面，对于非公开发行证券来讲，不论是非上市股票还是私募基金，其流动性水平均与信息披露的质量有关，不管是哪一层次的场外市场，都不存在不做信息披露就追求流动性的情况，但在实践中也不存在为了改善流动性就强行完全披露信息。另一方面，场外证券的信息披露必须具备一定的弹性，给披露主体适当的选择自由度，降低披露成本事实上也能有助于提升披露质量和改善流动性。

此外，在实践操作中，很多场外股权或私募基金的交易平台均采取"半封闭式"信息披露设计，比如采取授权密码或使用虚拟数据仓（VDR）等方式，信息披露的内容、格式以及受众对象均能实现相对精准的控制，尤其是在借助经纪商和交易商等市场中介的帮助下更是如此。

（五）美国证券经营机构业务牌照体系的划分较为细致，场内场外划分界限相对模糊，纯粹的场内市场业务牌照占比并不高

就美国经纪商和交易商的业务牌照表格来看，除了上市股票、公司债券、政府债券、市政债券、共同基金等传统证券产品外，还覆盖了诸如油气资产证券、金融机构存款产品、年金和寿险产品、有限合伙股份及税盾、抵押贷款及其他应收证券、非营利组织证券等各类券种，这意味着经纪商可以从事的场外证券活动种类非常多元化。

从美国经纪商和交易商的业务牌照申请分布来看，私募证券发行业务的普及程度独占鳌头，超过六成的经纪商和交易商均注册了这项业务许可，这一比例大幅领先排名第二的共同基金零售业务。另外，公司股票的场外交易业务注册比例也排名前三，而作为场内股权交易的代表，交易所会员场内交易注册占比仅为2.7%，只有场外股权交易的6%，从中不难看出私募股权发行和交易业务在美国经纪商和交易商行业内的流行程度。

（六）信息披露及合规成本对场外股权交易市场的发展具有至关重要的影响

对于在场外股权交易市场挂牌的企业来讲，大多对信息披露以及合规报告的成本非常敏感，过于强调信息披露的完备性势必增加挂牌企业的成本，后者出于流动性改善和合规成本压力的权衡有可能会选择主动退出市场。

例如，在21世纪初OTCBB与OTC Market之间的此消彼长便是这方面的典型案例。当时OTCBB要求挂牌企业必须满足SEC关于报告公司履行《萨班斯—奥克斯利法案》的合规要求，这直接导致OTCBB挂牌企业数量锐减，而OTC Market则凭借灵活的披露规则异军突起。同样的故事也发生在OTC Market的内部，2014年OTC QB市场改制提升了挂牌要求和信息披露强度，同样导致这个子层次市场的分化，挂牌企业数量锐减了近七成，从3 400余家下滑至目前的不足1 000家，其中大多数挂牌公司选择下调至信息披露要求更低的粉单市场。

（七）对于场外股权二级市场而言，证券经营机构拓展交易业务的关键在于帮助改善发行人与投资者之间的信息不对称同时尽量寻找优质公司

一方面，私募股权交易平台对私人公司股东的重视日益增加，通过各类结构性流动性方案（SLP）和私人邀约收购（PTO）等定制化融资服务来帮助私人公司管理流动性。另一方面，从满足投资者需求和寻求交易业务规模增长的视角出发，寻找优质Pre-IPO公司是活跃场外市场的关键，诸如SharesPost、EquityZen和Equidate等知名场外股权交易平台均非常注重帮助投资者寻找科技创投公司的交易机会。

（八）发展场外股权交易市场还必须注重中介服务生态链的完善

以美国OTC Market为例，在这个全球最大的场外市场上，经纪商和交易商除了充当做市商外，还能为挂牌公司和投资者提供承销发行、信息披露顾问、研究咨询、过户代理、投资者关系维护等服务，并孕育出了一批奉行利基战略的差异化竞争者。事实上，在这个市场上各项证券服务的龙头均为利基战略者而非全能投行，以做市交易为例，VIRTU和Citadel均是做市商行业的领头羊。

另外，值得一提的是，从SEC和FINRA官方数据披露来看，场外市场的主要交易量来自OTC Market和OTCBB，尤其是前者，年交易量超过2 000亿美元，但这些交易量的九成均来自ADRs和已在境外交易所上市的股票，也即信息披露较为充分的挂牌证券贡献了绝大多数交易量。然而，即便如此，如果按OTC Market超过14.6万亿美元的市场规模，这意味着市场年换手率尚不足1.4%。

八、美国证券经营机构场外股权和私募基金业务监管经验总结

美国拥有全球最发达的场外市场和私募基金行业,也拥有全球最完备的金融证券监管体制和最成熟的监管团队,在某种程度上讲,正是得益于其监管机制具有强大的动态适应能力,美国场外证券市场和证券经营机构的各类场外业务才能健康发展。

根据前文所述,美国对于证券经营机构的场外股权和私募基金业务的监管经验中有以下几条非常值得关注。

(一)场外市场的健康发展离不开完善的信息报备机制

具体来讲,在美国参与场外市场和私募基金业务,不论是一级市场发行还是二级市场交易,均需根据标的证券所适用的法律豁免安排向监管机构报送信息。

首先,对于上市股票的场外交易,无论其通过经纪商内部撮合还是经由黑池和 ECNs 等另类交易系统成交,该笔交易都需要通过 ADF 或 TRF 向 FINRA 报送交易公告和清算报告,经纪商、交易商和另类交易系统作为交易执行方需要履行相应的报告义务。

其次,对于适用 Rule D 的私募证券,其在发售前无需向 SEC 注册或报告,但需要在发行后的一段时间内填报 Form D 表格(通常是 15 天内)。并且,在 JOBS 法案通过后,为了适应关于一般招揽和公开劝诱的新规,SEC 在 2013 年更新了 Rule D 的报备规则,新规则要求使用一般招揽和公开劝诱进行非公开发行的发行人必须在首次公开宣传时的 15 天内预先填报 Advance Form D,并且在完成发行后的 30 天内还必须提交完整的 Form D,对一般招揽的基本信息进行准确记录,例如发行人采取何种手段来确认发行对象为合格投资者等。

再次,对于 Rule 144A 证券,根据 SEC 在 2007 年的修订方案,只要在任意 3 个月内转售此类证券超过 5000 股或者金额超过 5 万美元,就需要向 SEC 填报 Form 144(一式三份,如果提交后 3 个月内未完成交易则还必须提交修正报告),报告内容包括所交易证券类型和交易数量等基本信息。对于发行人的关系人,其在任意 3 个月内交易标的证券的数量不能超过其总量的 1%。如果标的证券公开上市交易,那么交易量上限则取决于提交 Form 144 前 4 周的平均交易量和"1%"之间的较高者,并且同类的质押证券、可转换证券和赠与证券在交易时必须合并计算。

最后,对于在 OTCBB 和 OTC Market 挂牌交易的证券,必须指定专属做市商并同时填报 Form 211,在该表中除了发行人和发行证券的基本信息外,还必须填报发行人的相关信息。在实践操作中,场外股权做市商必须在标的证券挂牌前的至少 3 日将完整的 Form 211 填报给 FINRA 的 OTC 合规部门。

(二)在对场外业务经营主体的监管方面,SEC 和 FINRA 等监管机构均借助于便利的电子信息系统和统一的各类表格来实现高效的信息共享和分工协作

换句话讲,从证券经营机构注册准入与行业规范监管的完整视角来看,美国证券业务牌照注册管理与后继的监管流程密切相关,前者为后者提供规范管理的约束对象,后者则基于前者来设计和安排监管流程,两者紧密结合形成一个证券机构业务和机构注册监管的有机系统。

具体而言,SEC 的合规与调查办公室主要负责执行特定检查和专项调查,常规检查仅针

对资产规模最大的 30 家经纪商和交易商，而 FINRA 则充当行业监管中坚，除了特定检查和专项调查外，还主要负责经纪商行业的定期检查和专题检查，尤其是前者，执业机构的核查频率完全取决于其注册业务类型以及各类业务的持续电子报送信息。FINRA 每年均会根据行业运行实际情况和历史数据来更新其风险评估系统，并针对潜在风险较高的业务领域及时启动专题调查来了解行业的真实状况。

在针对场外股权和私募基金业务的监管安排方面，除了前文提到的场外交易报告制度外，针对符合条件的私募基金，其投资顾问也必须履行相应的报告义务，这主要是通过向 SEC 填报 Form PF 来实现。与此同时，SEC 还确立了场外股权做市商的基本原则，包括最佳执行、限价保护、初始报价披露和最小报价规则等。

（三）次贷危机后，各国金融监管当局均加强了对银行和对冲基金等金融机构的监管，尤其是《巴塞尔协议Ⅲ》的出台，显著加强了对银行的资本约束

证券经营机构的情况也与之类似，监管环境趋严导致的盈利压力显著改变了主经纪商业务市场竞争结构。具体而言，巴塞尔协议Ⅲ对主经纪商的影响主要通过如下三个渠道：

首先，提升资本充足率要求。根据《巴塞尔协议Ⅲ》的安排，一级资本充足率从 4% 提升至 6%，其中普通股一级资本从原来的 2% 上升至 4.5%，在引入资本留存缓冲后核心一级资本比率将进一步上调至 7%，尤其是对于那些系统重要性金融机构（SIFIS），其需要满足的资本充足率要求将更严。对此，为了确保盈利性，银行和其他主经纪商必须聚焦资本利润率更高的业务和客户，同时降低成本并减少低收益高风险加权的资产比重。换句话讲，迫于资本充足率的要求，银行和证券经营机构必须适当调整自己的业务结构，对于那些资本利润率不符合目标的场外股权交易和私募基金客户，不得不被动压缩其规模。

其次，降低流动性风险。《巴塞尔协议Ⅲ》引入新的流动性监测指标流动性覆盖率（LCR）和净稳定融资比例（NSFR），这会增加主经纪商的融资久期，虽然降低了展期风险但却无疑增加了融资成本。

最后，杠杆约束加强。《巴塞尔协议Ⅲ》还引入了杠杆比率作为对最低资本的补充要求，规定最低杠杆比率为 3%，对冲基金客户杠杆管理相关的表外资产也会受到抑制，客户抵押物管理及再融资成本因此上涨。

九、政策建议

至此，本文已经对以美国为蓝本的证券经营机构场外股权和私募基金业务做了梳理和总结，并结合国内的实际情况加以对比分析，在此基础上我们将针对前文关于国内证券经营机构拓展场外股权和私募基金业务所面临的问题，结合本文研究结论，尝试为国内相关业务的经营主体和监管主体提供必要的政策建议。

（一）建立健全多层次非公开发行制度，进一步丰富证券公司场外产品和业务种类，提升资本市场尤其是多层次场外市场服务实体经济的能力

具体来讲，参考美国非公开发行证券制度建设经验并结合国内的实际情况，应当重点考虑以下几点：一是优先豁免小额非公开发行，简化其发行程序及披露手续，同时加强事后信息报备和执法监管;二是重视合格投资者的资质划分,非公开发行监管应该更加关注投资者自身的风险承受能力而非简单依赖投资者数量上限,只有从对发行公司和投资者两个视角进行合理细分才能有针对性地制订差异化的发行制度;三是重视互联网等电子通讯技术在新发行方式中的应用,尤其是互联网证券业务方兴未艾的当下,如何在一个"半封闭"空间内合理发挥"公开招揽"的效用,既要充分利用新技术手段来提升私募发行的吸引力,也必须确保其在法律体系中的一致性和对投资者合法权益的保障。

(二)进一步完善场外股权市场多层次信息披露制度,充分发挥中介机构在信息披露流程中的功效,做好信息披露的严格性与灵活性之间的权衡

多层次的场外市场需要多层次的信息披露制度,不同资质、不同类别的公司需要适用不同层次的信息披露标准,同时注重信息披露的强制性和自愿性相结合。对于有条件的公司及其相关证券,鼓励其进入较高层次子市场以提升流动性;对于资质相对较弱的公司及其相关证券,则予以多种信息披露备选方案帮助其控制合规成本。

与此同时,灵活且富有弹性的信息披露制度离不开辅助中介尤其是证券公司的帮助,这在提升场外股权市场质量的同时也有助于进一步丰富券商服务客户的手段和打造多层次场外业务生态链。另外,对于不符合相关信息披露要求的挂牌证券和公司,必须及时按明确的规则予以警示、惩罚乃至劝退,充分释放市场竞争规则以及中介机构在优化资源配置方面所起到的作用。

(三)进一步优化"新三板"市场层次划分设计,完善市场层次变动细则,优化区域性股权市场的定位

如前文所述,与美国场外股权市场结构相比,国内"新三板"市场层次划分过于简单直接,并不能很好地满足小微创企业的实际需求,而区域股权市场则存在重复建设和受限于"行政区划"等定位问题。对此,借鉴美国场外股权市场的发展经验,本文建议进一步细化"新三板"市场的层次划分,按照财务资质和自愿披露信息的详尽程度为不同规模、不同需求的小微企业和创业企业提供差异化服务。至于区域股权市场,应在"因地制宜"的基础上尽量推进相关业务规则标准化,同时积极运用互联网技术来消除不同区域市场之间的隔阂,加强全国区域股权市场的互联互通,有效降低场外市场服务成本,促进资本形成并显著提升资源配置效率。

(四)加强场外股权业务和私募基金信息报备制度建设,进一步完善基于前端注册导入和市场持续报备信息的风险评估系统,强化事中事后监管

一方面,进一步优化场外证券业务的信息报告机制,增强对场外证券市场交易行为的实时监测能力,能够有效提升资本市场风险防控能力;另一方面,针对私募基金的信息报备机制,应当进一步完善和细化报告内容,优化电子表格设计和统一数据接口,提升报备信息的利用效率,增强监管行为的针对性和前瞻性。具体来讲,可以适当参考美国私募基金行业关于 Form PF 的相关设计,除基金及管理人各项基本信息和业务总量数据外,进一步细化产品种类划分,适当增加借贷及杠杆管理、主要持有人结构、交易策略类型、衍生品使用情况以及托管清算安排等相关项目。

固定收益类私募证券交易平台建设研究

上海申银万国证券研究所有限公司*

根据中国证监会于 2014 年 2 月 10 日发布并实施的《证券期货业非公开募集产品编码及管理规范》，非公开募集产品包括证券期货经营机构和私募基金管理机构以非公开募集方式设立的产品，银行、保险公司、信托公司等其他机构设立并通过证券期货经营机构发行、销售和交易的产品，以及证券监督管理委员会认可的其他以非公开募集方式设立的产品。基于此，本文将固定收益类私募证券界定为具有固定收益产品属性和特征的私募证券或者投资对象为固定收益产品的私募证券，包括收益凭证，固定收益类券商私募集合资管计划（即固定收益类券商私募集合理财产品），私募债券（如证券公司短期债、证券公司次级债、私募可交换公司债、非公开发行公司债等），资产支持证券（ABS），固定收益类（含债券型、偏债型）私募证券投资基金，固定收益类基金公司及其子公司特定客户资管计划（即专户产品），上市公司和非上市公众公司非公开发行的优先股七类。

一、统筹固定收益类私募证券交易平台发展意义重大

（一）统筹固定收益类私募证券交易平台能更好提升对实体经济的服务能力

第五次全国金融工作会议指出，金融工作要回归服务实体经济的本源。提升资本市场对实体经济服务能力的关键突破口在于证券化，固定收益类私募证券交易平台的统筹发展能够更好地推进我国资产证券化过程。近年来随着资本市场的快速发展，我国资产证券化的进程有所加速，截至 2017 年 9 月底，我国资产证券化累计规模约 2.26 万亿元，较 2016 年同期实现高速增长。但从总量来看，目前我国资产证券化的整体水平还相对较低，在大力盘活存量、推进产品备案发行等政策鼓励下，流动性是制约资产证券化快速发展的主要障碍，统筹固定收益类私募证券的交易平台能够在最大程度上提升资产证券化产品的流动性，极大地推

---

* 课题负责人：蒋健蓉，申银万国证券研究所所长助理、发展研究部负责人、首席战略研究员；课题组成员：龚芳、陈峥嵘、赵莹、孟祥娟、陆媛媛。原载于《中国证券》2018 年第 3 期。

进社会资产证券化的进程,从根本上提升金融市场对实体经济的服务能力。

(二) 统筹固定收益类私募证券交易平台是促进金融风险缓释的有效措施

统筹固定收益类私募证券交易平台能够更好地推进非标转标,促进金融风险缓释。过去十年我国快速货币化的进程使得银行在集聚了资产资源的同时也积累了大量的金融风险,在经济增速换挡、不良贷款规模增长的背景下,我国亟须加快推进非标转标,为银行体系的风险缓释寻求合适的路径。当前我国标准化产品的设立门槛相对较高,亟须发展更加多层次化的证券产品来对接不同等级的资产质量,实现多层次化的标准化产品发展。固定收益类私募证券交易平台的统筹发展能够在很大程度上解决此类产品的流动性难题,进而为多元化标准化产品的发展以及非标转标提供良好的市场基础。

(三) 统筹固定收益类私募证券交易平台是完善多层次资本市场建设的重要举措

统筹固定收益类私募证券交易平台有利于更好地推进场内市场与场外市场、公募市场与私募市场的平衡发展。大力发展固定收益市场是完善多层次资本市场建设的重要组成部分,加强固定收益类私募证券交易平台建设,有利于加快多层次资本市场建设,进一步完善多层次资本市场体系,优化多层次资本市场体系结构、运行机制和基础设施,拓宽市场服务范围,实现投融资工具丰富、交易方式多样化、风险管理功能完备、场内市场与场外市场及公募市场与私募市场平衡协调发展,从而最终形成结构合理、功能完善、规范透明、稳健高效、开放包容的多层次资本市场体系。

二、我国固定收益类私募证券交易平台的发展现状

结合我国固定收益类私募证券交易平台的发展现状,以及《公司债券发行与交易管理办法》(证监会令第113号)中"非公开发行公司债券,可以申请在证券交易所、全国中小企业股份转让系统、机构间私募产品报价与服务系统、证券公司柜台转让"的规定,当前我国固定收益类私募证券交易平台可以分为以下四类:交易所固定收益类私募证券交易平台、新三板固定收益类私募证券交易平台、机构间私募产品报价与服务系统及证券公司柜台市场。

(一) 建设背景:初衷旨在提升流动性

固定收益类私募证券交易平台的成立初衷都是为了更好地提升流动性。上交所固定收益平台于2007年7月25日正式成立,是我国成立最早的固定收益类证券交易平台。上交所固定收益平台定位于通过采用市场分层结构并引入做市商机制,为国债、企业债、资产证券化债券等固定收益产品提供高效、低成本的批发交易平台,进而逐步建设起一个与股票市场平行、独立的固定收益市场体系。深交所自2009年1月12日起启用综合协议交易平台以取代原有大宗交易系统,该协议平台结合了交易所市场及银行间市场协议交易模式的优势,是对集中竞价系统的有益补充。新三板于2016年8月推出非公开发行优先股的交易转让业务,标志着新三板固定收益类私募证券交易平台正式开始运行使用,同时中国结算北京分公司优先股清算交收和非担保结算业务功能也同步启用。机构间私募产品报价与服务系统于2014

年8月开始正式运行,专设私募债券市场交易平台,提供私募产品的登记结算和信息服务,实现各类私募市场之间的互联互通,可以为参与人提供收益凭证、非公开发行公司债、资产支持证券和私募理财产品这四类私募产品的发行、转让、做市、质押和登记服务。证券公司柜台市场作为集中交易市场的有效补充,为各类固定收益类私募证券提供做市及转让服务,自2012年12月7家证券公司正式启动柜台市场业务试点以来,柜台交易平台的品种日渐丰富。

(二) 交易品种:在很大程度上受平台债券发行品种的影响

我国各类固定收益类私募证券交易平台的品种呈现出发行品种决定交易品种的基本特征。沪、深证券交易所平台主要以公司债、企业债为主,交易品种涵盖国债、地方债、政策性金融债、公司债、企业债、私募债、资产支持证券、可交换债以及债券协议回购业务,但是并不严格区分公募及私募品种(见图1、图2)。全国中小企业股份转让系统流通的固定收益类私募证券仅限于优先股品种,截至2017年9月末,平台存续的优先股共有9只,在全国股转系统转让的优先股可以采取定价申报①或者成交确认申报②的方式进行。机构间私募产品报价与服务系统的发行及交易对象以收益凭证为主,从发行品种来看,收益凭证的占比超过85%;从交易品种来看,收益凭证和非公开发行公司债的交易相对活跃,两者交易占比超过80%。证券公司柜台市场的存续品种以资管计划和收益凭证为主,2016年全年证券公司柜台市场共有613只产品进行了2880次转让交易,其中资管计划是最活跃的交易品种,占全年交易产品数量的88.7%,占全年转让金额的95.9%。

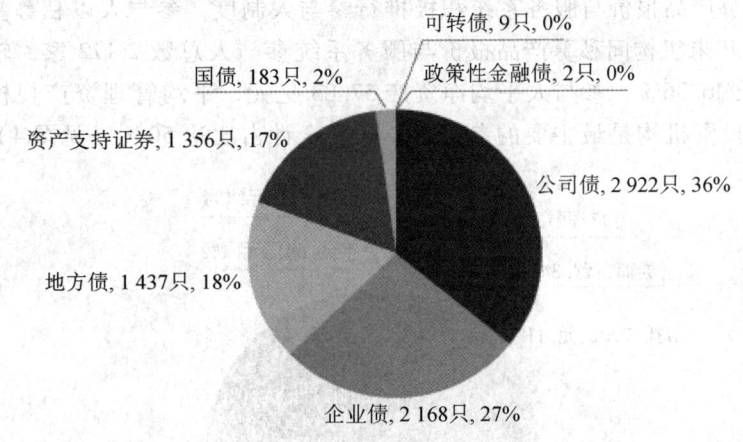

图1 上交所债券托管只数

注:以上数据均截至2016年底。
资料来源:上交所,申万宏源研究。

---

① 定价申报:投资者可以委托主办券商按其指定的价格买卖不超过其指定数量优先股,定价申报应包括证券账户号码、证券代码、交易单元代码、证券营业部识别码、买卖方向、申报数量、申报价格等内容。
② 成交确认申报:转让双方就品种、价格、数量达成成交协议,或投资者拟与定价申报成交,可以委托主办券商以指定价格和数量与指定对手方确认成交,成交确认申报应包括:证券账户号码、证券代码、交易单元代码、证券营业部识别码、买卖方向、申报数量、申报价格、成交约定号等内容。

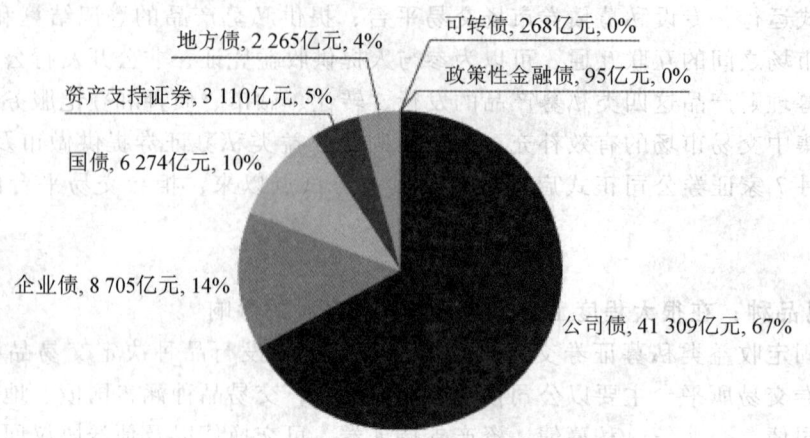

图 2　上交所债券托管数量

注：以上数据均截至 2016 年底。
资料来源：上交所，申万宏源研究。

（三）投资者：交易所平台以一般法人为主，场外平台参与者更多元化

固定收益类私募证券交易平台的投资者多以合格投资者为主，不同类型平台投资者的结构也呈现一定差异。其中交易所固定收益类私募证券交易以一般法人为主，交易多在券商自营、基金专户中开展。以上交所中小企业私募债为例，2016 年末一般法人[①]持有占比高达 52%（见图 3）。机构间私募产品报价与服务系统积极推行参与人制度，参与人以私募基金和投资机构为主，截至 2016 年末机构间私募产品报价与服务系统参与人总数 2 172 家，较上一年度增加 688 家，同比增长 46.36%，参与人平均净资产 57.83 亿元，平均管理资产规模 212.15 亿元，其中私募基金和投资机构是最主要的参与者，两者合计占比达 50%（见图 4）。

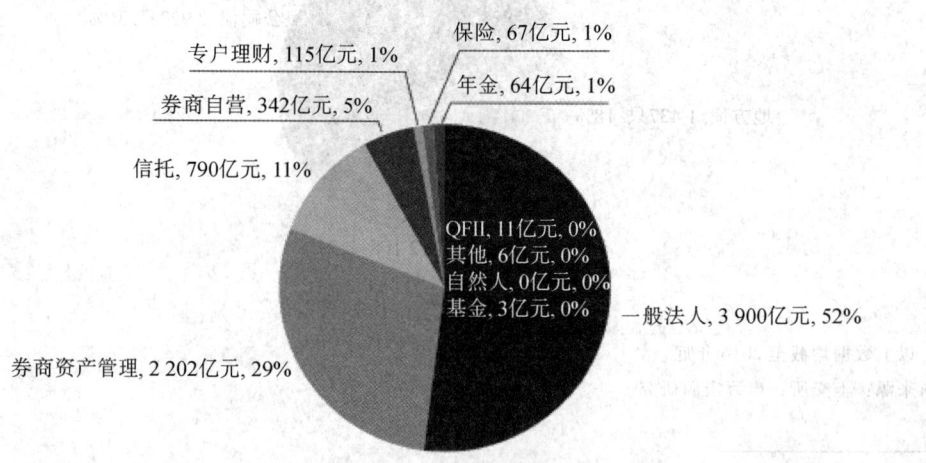

图 3　2016 年上交所中小企业私募债持有者结构

资料来源：上交所，机构间报价系统，申万宏源研究。

---

① 净资产不低于人民币 1 000 万元的企事业单位法人、合伙企业。

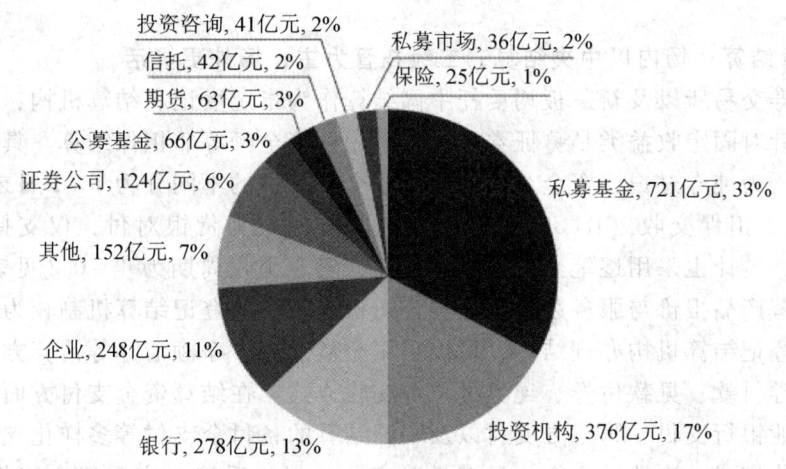

图 4 机构间私募产品报价系统参与人结构

资料来源：上交所，机构间报价系统，申万宏源研究。

（四）交易机制：以报价、询价和协议交易为主

有别于公开发行品种，固定收益类私募证券的交易机制存在一定的局限性。以上交所固定收益平台为例，平台定位于机构间市场，针对资产支持证券、私募债等固定收益类私募证券仅开放报价、询价和协议交易，不可采用竞价交易。上交所固定收益平台为固定收益类私募证券提供三种交易机制，除确定报价、询价和指定对手方外，交易商还可以和自己的客户在场外进行协议交易，成交结果通过场外成交申报功能进入证券报价系统。值得注意的是，上交所固定收益平台针对固定收益类私募证券仅支持协议回购，不支持质押式回购。比较而言，场外市场的交易机制更为灵活。以机构间私募产品报价与服务系统为例，报价系统参与人可以在报价系统向全部或特定参与人发出意向报价、要约报价，意向报价不具有成交义务，有交易意向的参与人可以与意向报价发布人进行在线协商；要约报价具有成交义务，应当包含确定的私募产品名称或代码、价格、数量、买卖方向、交收方式等报价系统规定的要素。私募产品在报价系统转让可以采用协商成交、点击成交、拍卖竞价、标购竞价、做市等方式。分品种来看，不同类型交易品种交易方式也存在一定的差异性（见表1）。

表 1　报价系统针对不同类型的固定收益类私募证券提供多元的交易方式

交易品种	交易方式
资产支持证券	协商成交、点击成交、拍卖竞价、标购竞价、做市
非公开发行公司债券	协商成交、点击成交、拍卖竞价、标购竞价、做市
证券公司短期公司债	协商成交、点击成交、做市
并购重组私募债券	协商成交、点击成交、做市
私募投资基金	协商成交、点击成交

资料来源：机构间私募产品报价与服务系统，申万宏源研究。

(五) 托管结算：场内以中央结算、二级托管为主，场外更灵活

沪、深证券交易所以及新三板均委托中国结算作为指定登记、结算机构，托管方式以二级托管为主。针对固定收益类私募证券，通常采用逐笔全额等非担保结算。具体来看，上交所的交收方式均为纯券过户，资金交收周期按照交易品种的不同分为 T+1 日末非担保交收、T+0 实时逐笔非担保交收（RTGS）；深交所的交收方式为货银对付，仅支持 RTGS 交收；新三板优先股的转让也采用逐笔全额非担保清算，资金交收周期为 T+0（见表2）。比较而言，机构间私募产品报价与服务系统与证券公司柜台市场的登记结算机制较为灵活。参与人委托报价系统登记结算机构办理结算，可以采用全额清算、净额清算等清算方式；可以采用货银对付、见券付款、见款付券、纯券过户等交收方式。在结算资金支付方面，报价系统为参与人提供商业银行支付、第三方支付以及中国结算的备付金支付等多样化支付渠道，并开启滚动结算交收模式，支持单个交收日多批次交收，报价系统已实现每个交收日 12：00 和 18：00 两个批次交收。截至 2015 年末，报价系统共为 3 425 只产品提供登记结算服务，交收资金 4 921.07 亿元。

表 2　　　　　　　　各交易平台登记结算机制各有差异

	交易品种	清算方式	是否担保	交收方式	资金交收周期	登记结算机构
上交所	资产支持证券	逐笔全额	否	纯券过户	RTGS、T+1	中国结算上海分公司
	私募债	逐笔全额	否	纯券过户	RTGS	
深交所	私募债券、私募可交换债券、资产支持证券	逐笔全额	否	货银对付	RTGS	中国结算深圳分公司
新三板	优先股	逐笔全额	否	/	T+0	中国结算北京分公司
机构间私募产品报价与服务系统	收益凭证、资产支持证券、非公开发行公司债、理财产品	逐笔全额/双边净额清算	否	货银对付/见款付券/见券付款/纯券过户	日终批次/日间实时/日间多批次交收/自定义交收期	可以由报价系统登记结算机构或中国证监会认可的其他机构办理登记、结算
证券公司柜台市场	资产证券化、信托计划、收益凭证、基金专户、私募基金等	/	/	/	/	可以由证券公司自行办理，也可以由中国证监会认可的其他机构办理登记、结算

资料来源：中国结算，机构间私募产品报价与服务系统，中国证券业协会，申万宏源研究。

(六) 我国固定收益类私募证券交易平台面临四大障碍

一是交易平台相互分割，相同品种在不同平台上的交易制度、业务规则以及监管标准不统一。目前我国固定收益类私募证券的交易平台过于分散且缺乏互联互通机制。例如非公开发行公司债券的交易分布在沪、深证券交易所，全国中小企业股份转让系统，机构间私募产品报价与服务系统，证券公司柜台市场等平台。另外，同种类型私募债券在不同的固定收益

平台上的上市（挂牌）制度、上市（挂牌）条件和标准、交易制度、交易方式、自律规则、业务规则等也有所不同，监管标准不一致容易形成监管套利等现象。

二是固定收益类私募证券平台重发行、轻交易，平台流动性不高。上交所公司债（私募债）的交易多在券商自营、基金专户、券商资管、信托，整体流动性较低，保险、银行等机构一般持有至到期；机构间私募报价系统自2014年8月首只产品上线发行以来，平台累计实现转让（含做市）交易919笔（截至2017年2月3日），累计转让金额398.90亿元，交易总规模仅占总体发行规模的6.2%，这都反映出平台的流动性机制建设有待进一步提升。

三是做市商制度不完善。从固定收益类私募证券产品的特性来看，做市商交易和协议交易是更高效的交易方式，而目前各平台多以报价、询价和协议交易的方式交易，做市交易并不活跃。以全国中小企业股份转让系统为例，优先股便采取协议转让的方式；在机构间报价系统，做市商机制也没有真正发展起来。

四是在刚性兑付没有完全打破的情况下，固定收益类私募证券交易平台的活力不足。近年来我国债务违约事件频繁发生，2017年以来信用债违约规模超235亿元。尽管近年来打破刚性兑付的事件有所发生，但整体上市场刚性兑付预期仍然较浓。在此背景下，非公开发行的私募类债券其信用利差更多表现为流动性溢价，而不是信用风险溢价。据可比数据显示，当前相同资质评级的公开发行债与非公开发行债，票面息差约为2个百分点。只有在打破刚性兑付的条件下，信用利差才能有效反映信用风险的情况，投资者对流动性的需求才会更高，统筹发展固定收益类私募证券交易平台的需求也更强烈。

三、典型固定收益类私募证券交易平台的案例分析

从境外成熟市场固定收益类私募证券交易平台的发展现状来看，其固定收益交易多呈现出"多头交易、集中清算、两头托管"的基本特征。境外固定收益类私募证券交易平台按照交易场所的差异可以分为场内交易平台与场外交易平台；从交易模式来区分，可以分为经纪商之间的交易平台（如 ICAP BrokerTec、TMC、eSpeed、GFI、KCG、TruMid 等）和经纪商对客户的交易平台（如 TradeWeb、MarketAxess、Electronifie、ITG、Liquidity 等）两大类；除此之外，以 Bloomberg 为代表的第三方机构以及德意志银行等金融机构也提供相应的交易平台。

（一）交易所交易平台：NYSE Bonds 和 MTS BondVision

交易所运营的固定收益类私募证券交易平台典型代表为纽交所债券交易平台（NYSE Bonds）和欧洲市场固定收益证券的交易平台（MTS BondVision）。纽交所债券交易平台（NYSE Bonds）是2007年注册成立的电子交易平台，其展示3 000多只债券的实时交易价格，平均每个交易日更新债券交易价格400多万次；MTS是欧洲领先的固定收益证券交易平台，2007年被伦交所收购，MTS BondVision是MTS平台旗下专注于欧洲市场固定收益证券的交易平台。

从交易模式来看，NYSE Bonds 为交易商之间的交易，即 Dealer to Dealer（D2D）；MTS BondVision 为多交易商对客户的交易，即 Multi-dealer-to-client。NYSE Bonds 的交易需求

主要来自交易商的零售交易订单,当前共有 30 个交易商参与,其中活跃参与者有 15 个交易商,在模式上采取交易商对交易商的限价指令簿模式,依照"价格优先,时间优先"的原则。NYSE Bonds 在匿名程度方面根据债券种类进行区分,即对 CNS(Continuous Net Settlements,是美国证券托管结算公司 DTCC 的子公司)资格债券进行 D2D 的完全匿名交易,对非 CNS 资格债券进行部分匿名交易。MTS BondVision 平台属于多交易商对客户的固定收益证券交易平台,参与者包括发行人、交易商、做市商和投资者,在具体的交易机制上,针对可交易的证券类产品(Cash Segment),平台提供买卖合约和即期远期合约,这两种合约可以采用寻求报价(Request for Quote)或者可执行订单(Executable Orders)的交易方式进行交易。

从交易品种来看,交易所内交易平台公募类债券与私募类债券并存,以公募类债券为主。从成交量来看,两大交易平台在交易品种上各有侧重,其中 NYSE Bonds 主要交易高收益(HY)公司债和投资级(IG)公司债(包括可转换公司债、公司债、非美货币计价债、零息债等);MTS BondVision 平台上的交易产品主要以政府债券和公司债券为主,也包括担保债券和超主权/主权/机构(Supranational/Sovereigns/Agencies,SSAs)债券。

从参与者来看,交易所平台主要以机构投资者为主,有严格的准入门槛。NYSE Bonds 和 MTS 对交易平台参与者的进入有所限制,用户需要接受相关金融监管机构的监管并遵守平台规则。NYSE Bonds 电子交易平台没有信用限制,但根据 NYSE 用户(通常为交易商)等级控制准入门槛,并接受美国金融业监管局(FINRA)的资格审核。平台当前共有 30 个交易商参与,其中活跃参与者有 15 个交易商。

(二)经纪商间运营平台(B2B):TMC Bonds 和 TruMid

交易商对交易商(B2B)平台只对交易商开放,典型代表有 ICAP BrokerTec、TMC Bonds、GFI、KCG、TruMid 等。TMC Bonds 电子交易平台成立于 2000 年 5 月,债券交易种类丰富,自 2017 年第一季度开始,双边二级市场债券日库存量超过 21 万只,价值近 1 000 亿美元。TruMid 平台成立于 2015 年 4 月,是专注于公司债的电子交易平台,虽然 TruMid 平台起步较晚,但是根据 SIFMA2016 年报的统计数据显示,该平台参与者已达 214 个,其中半数以上为对冲基金。

从交易方式看,TMC Bonds 和 TruMid 两个平台的交易过程和协议略有不同,TMC Bonds 对所有平台上参与二级市场交易的买卖双方来说是充当无风险交易方,采取限价订单簿(LOB)和电子询价(E-RFQ)两种交易协议,而 TruMid 则通过确定集群(Swarms)中所包含的每只证券的初始中间价(MP)和参与者可以交易的 MP 报价范围促使交易进行。

从交易品种看,TMC Bonds 和 TruMid 均定位于美国的固定收益证券交易市场,在交易品种上主要以私募类固收产品为主,但两个平台各有侧重。其中 TMC Bonds 有资产证券化、信用违约互换、公司债、抵押支持债券等产品,而 TruMid 则以高收益债为主。在交易透明度方面,两个平台所有交易过程都是匿名进行,而价格透明度则因交易协议和交易阶段而有所不同。

从投资参与者来看,以机构投资者为主,限定参与者资格与级别。TMC Bonds 和 TruMid 平台参与者包括买方参与者和经纪商。在交易者数量方面,由于 TMC Bonds 成立较早,所以参与者较多,但在用户资格方面都进行了限定,并具有一定的准入许可和交易限制。TMC

Bonds 平台当前参与者共有 1 000 个，参与者既可以是合格经纪商，也可以是列入基本客户类别（如银行和信用合作社、PE/对冲基金、保险公司、RIAS、RICS/信托）中的客户，并对每一类客户都有不同的资格要求，如 RIAS 资产规模不得低于 2 500 万美元，离岸对冲基金资产规模不得低于 10 亿美元。TruMid 平台当前参与者共有 214 个，包括买方参与者和经纪商，平台根据具体情况评估潜在参与者，在准入许可与交易限定方面，平台限定为参与者级别（如 TruMid 平台上的实体客户）和个体交易者级别（如经纪商或买方机构的交易员），价格区间和价格增量是按照 TruMid 的算法预先设定的，参与者无法进入场外市场进行交易。

（三）经纪商对客户交易平台（B2C）：MarketAxess 和 TradeWeb

经纪商对客户（B2C）的交易系统可分为单交易商客户系统与多交易商客户系统，典型代表有 MarketAxess、TradeWeb、Electronife、ITG 等，其中 MarketAxess 和 TradeWeb 是全球最大的经纪商价格提供平台。MarketAxess 于 2000 年作为信用产品交易平台成立，2010 年宣布向亚太地区的机构投资者开放其领先的信用产品交易平台，2012 年引入开放交易市场（Open Trading），2016 年 MarketAxess 信用产品交易额达到 1.31 万亿美元。TradeWeb 成立于 1998 年，是美国最大的国债交易平台，提供了全球固定收益产品和衍生产品价格，在建立和运营电子场外交易市场中处于全球领先地位，并通过 TradeWeb（机构）和 TradeWeb Direct 两个平台促进美国市政债券和公司债的交易。

从交易机制看，MarketAxess 和 TradeWeb 采取多种交易机制与协议，包含电子询价、限价订单簿/报价流和点击交易等。MarketAxess 平台为买卖双方充当无风险的交易对手方，交易协议中电子询价（E-RFQs）和限价订单簿（LOB）/报价流（QS）（Axes）涉及美国公司债券。TradeWeb（机构）采用两种交易机制，即电子询价（E-RFQs）和点击交易（RealStreams），其中电子询价包含 Blast RFQ/Focused RFQ 两种方式，是在完全公开基础上的交易商对买方参与者（Dealer to Buy-side）交易。

从交易品种来看，MarketAxess 和 TradeWeb 各有不同侧重，MarketAxess 平台上公募类与私募类固收产品并重，主要以美国公司债、联邦机构债券、新兴市场债券为主，2016 年 MarketAxess 信用产品交易额达到 1.31 万亿美元，同比大幅增长 33.74%，其中美国固定利率信用产品和信用衍生品的占比较大，分别为 53.84% 和 38.72%；TradeWeb 平台则以私募类固收产品为主，其中 TradeWeb（机构）主要交易公司债，而 TradeWeb Direct 则主要交易 ABS、信用违约互换（CDS）、抵押担保债券（CMO）等。

从投资者门槛来看，MarketAxess 和 TradeWeb 平台参与者包括买方参与者和交易商，在资格方面都有所限制。MarketAxess 要求参与者为合格机构投资者，包括买方参与者和交易商，目前参与者总数共 1 090 个（买方参与者 1 000 个、交易商 90 家），活跃参与者约有 1 000 个。平台在准入许可方面受制于参与者级别、柜台级别、交易者级别和债券级别。而 TradeWeb（机构）和 TradeWeb Direct 平台参与者则必须满足准入条件，目前参与者共有 340 个（买方参与者 300 个、交易商 40 家），活跃参与者不少于 100 个，TradeWeb Direct 平台参与者包括买方参与者（RIAs 和资产管理公司的零售订单流）和交易商（如美银美林、瑞信证券、大和证券、汇丰证券、瑞穗证券、高盛投资等），当前参与者共有 615 个（买方参与者 415 个、交易商 200 家），活跃参与者约为 400 个。

(四) 第三方机构运营平台:Bloomberg

作为全球金融资讯服务供应商,第三方报价机构运营的平台将债券自营交易平台与其他电子交易平台相结合,有别于一般的 B2C 固定收益证券电子交易平台,典型代表如彭博(Bloomberg)。从交易品种来看,彭博(Bloomberg)平台公募类和私募类固收产品并重,主要交易国债、公司债和地方政府债券,并提供独立数据中心和多种风险控制工具,保证信息可靠和风险可控。彭博(Bloomberg)所有平台都支持流动性提供商、交易商和买方客户,平台涵盖成熟市场和新兴市场的多种固定收益证券,如国债、公司债和地方政府债券等。根据 Greenwich Associates 的研究,Bloomberg 仍然是全球最大的债券交易电子平台,其中 ALLQ 平台(单个证券产品多交易商 RFQ 平台)占据了 37% 的欧洲政府债券的交易和 70% 的投资级别的信用类产品交易;在交易信息和风险控制方面,彭博(Bloomberg)平台上只有交易双方才可以看见交易的细节,Bloomberg Professional Service 提供多种风险控制和合规申报的工具,并同时提供两个独立的数据中心,保障数据的安全和可靠。

彭博(Bloomberg)根据客户的不同、交易产品的流动性和交易大小的差异,对交易平台做了区分,以满足不同投资者和不同种类交易的需要。一是建立两套询价交易平台(E-RFQ Protocol),即 BOLT(上市交易的证券产品 RFQ 平台)和 ALLQ(单个证券产品多交易商 RFQ 平台),支持多个交易商向多个或单个交易对象询价;二是建立两套交易商间交易协议平台(Dealer-intermediated Protocol),即 BBX(Bloomberg Bond Cross)和 BBX-DI,为对应的客户提供交易匿名服务;三是建立三套可执行报价交易平台(Direct Execution Request Protocol),包括 IMGR(多个证券产品报价交易平台)、OMGR(单个证券产品报价交易平台)和 ALLQ,基于询价机制为交易商提供服务,三者均属于交易商对客户的交易平台(见表3)。

表3　　　　　　　　　　　　　　Bloomberg 三类交易平台

	类型	交易规则
询价交易平台	BOLT 上市交易的证券产品 RFQ 平台	支持向多个交易商就多个交易对象同时询价,询价信息包括交易品种、交易数量、交易方向和价格有效时间,交易商可以有选择性地发布被询价的交易产品的价格,在询价有效期之后事先约定的一段时间内,报价是有效的,可以被执行的,询价人可以看到最佳的交易价格和询价的深度
	ALLQ 单个证券产品多交易商 RFQ 平台	支持向多个交易商就单个交易对象询价
交易商间平台	BBX 为 State Street 的客户提供匿名交易服务	平台主要针对欧洲和亚洲市场,平台的最小交易单位为一手(Round lot),所有平台参与者都必须是 State Street 的注册用户,而且在发布交易意向时,必须提交目标交易价格,该平台上的所有交易的交易对家都是 State Street;如果有两笔有可能相互匹配的交易,两笔交易的平台注册用户会被告知,State Street 会给一个差价的中间价,如果交易双方都同意这个价格,则 State Street 就会执行这个交易

续表

		类型	交易规则
交易商间平台	BBX - DI	为交易商和其对应的客户提供匿名交易的服务	平台主要交易以美元计价的公司债券，支持一手（Round lot）和不足一手（Odd lot）的交易；交易意向的提交不一定需要包含价格信息，因为价格也可以在和交易方向相反的交易对家通过共同的平台交易商以RFQ的方式确定，这里交易平台起的作用就是为交易品种相同、交易方向相反的客户寻找到共同的交易商
直接可执行交易平台	IMGR	多个证券产品报价	最小交易单位是50万美元；提供多个证券产品的报价，主要是为市场提供一个宏观的价格指引
	OMGR	单个证券产品报价	最小交易单位是50万美元；提供单个证券的报价，为市场提供精确的价格和相关证券产品的详细信息
	ALLQ	/	没有最小交易单位

资料来源：申万宏源研究。

（五）金融机构交易平台：Deutsche Bank Autobahn

建立面向终端客户的交易平台能够为客户提供交易便利，是大银行提升竞争力的重要举措，该类平台客户既可以选择标准化的点击成交（Click to Trade），也可以采用个性化的询价方式（Request for Quote，RFQ），属于报价驱动型交易平台，典型代表为Deutsche Bank Autobahn。Autobahn是德意志银行成立的交易平台，成立之初主要是用于外汇交易，在2013年与银行的固定收益类证券交易平台合并，成为一个跨资产类别的更统一的交易平台，主要服务对象是德意志银行的机构客户。

Deutsche Bank Autobahn交易机制以询价交易为主，按照交易前后有所区分，即分为交易前阶段、交易中阶段和交易后阶段。在交易前阶段，平台支持可执行的报价（Click - to - Trade）、订单（Orders）、询价交易机制（RFQ、RFS），但平台上大多数交易是在询价交易机制下完成的，同时平台提供算法交易为全球几千种产品进行实时定价，也可以为客户提供实时的动态对冲策略。平台不提供直接的市场渠道，在一般情况下不允许没有实质经济后果的交易，但可以为客户提供一笔金额很小的测试交易，以测试平台使用者与平台的连接和包括清算在内的整个交易流程。在交易中阶段，平台不保证限价订单一定能够达成交易，德意志银行不会在平台外执行任何交易，客户可以随时在未达成交易之前取消限价订单，对于客户因操作失误所做的交易，平台会尽力给予客户帮助，但是如果银行已经就这笔错误的交易完成了对冲，则取消交易必然会有一定的成本。在信用上限设置方面，平台对债券交易不设置信用上限。而对于信用违约互换（CDS）和利率互换（IRS），平台已经在允许客户进行电子化交易前设置了信用上限。在交易后阶段，平台提供24小时的客户服务，经平台允许，客户可以更改结算时间，并为客户提供STP（Straight Through Processing）服务。

Deutsche Bank Autobahn作为单一交易商平台，交易品种包含公募类和私募类固收产品，包含全球市场的政府债券、利率衍生品、信用衍生品、担保债券、公司债、结构性产品等；在结算方面，平台支持国际主流的结算平台，如LCH、CME、ICE、EUREX、JSCC、ASX、SGX、HKEX等，德意志银行不断关注市场的发展以便尽可能地支持新的结算平台；在监管方面，由于德意志银行总部注册在法兰克福，因此 Deutsche Bank Autobahn 主要监管机构为德国联邦金融监管局（BaFin），同时平台遵守所有经营区域的有关监管机构的监管规定，英国金融行为监管局（FCA）、美国证券交易委员会（SEC）和美国商品期货委员会（CFTC）对其进行共同监管。

四、境外市场固定收益类私募证券交易平台的发展经验

（一）美国固定收益类私募证券交易平台的发展经验

经验一：固定收益交易多在场外市场进行，采取布告栏、交易专家协助等多种交易方式提高市场流动性。美国市场大多数固定收益产品交易是在场外市场由做市商采用报价机制来完成，功能完备的报价平台通常采取买卖双方自主协商成交（即布告栏）、经纪商协商成交（交易专家协助）和拍卖成交等多种交易实现方式来提高议价效率，这在一定程度上增强了固定收益类私募证券流动性，保证了私募证券交易的公平性。

经验二：借助异质性原则和限制发行转让对象规范产品交易。美国在私募证券持有期限、转让数量、出售方式和信息披露制度等方面都对私募证券转让做出了详细规定，以避免发行人通过特定对象这一中介进行实质上的公募发行。144A 规则［美国证券交易委员会（SEC）于 1990 年发布］要求私募证券发行和转让必须满足四个条件：一是异质性原则，即所发行的私募证券不能与已在全国性证券交易所和 ATS（另类交易系统，Alternative Trading System）上交易的证券同质，以避免借道私募发行进行公募发行；二是发行和转让对象必须是合格机构投资者；三是发行人及其代理人必须遵守相关流程并制定合理步骤，让投资者确信发行人的行为符合 144A 规则；四是如果发行人不符合条件（条件是《证券交易法》规定的报告公司或能豁免报告义务或是外国政府）就必须向证券持有人和合格机构投资者披露相关信息。异质性原则和限制发行等转让限制更好地规范了固定收益类私募证券市场的发展。

经验三：第三方登记托管机制保护投资者合法权益。为保护投资者利益和资金安全，美国固定收益类私募证券交易通过引入第三方托管机构的直通式结算服务，强化对投资者合法权益的有效保护，促进市场交易的顺利进行。

经验四：完善信息披露机制，提升市场透明度。美国证券市场的相关法律并未对私募证券发行人提出强制信息披露的要求，但为了提高市场运行的透明度，固定收益类私募证券交易市场在鼓励发行人进行信息披露的同时还向潜在投资者提供第三方研究报告、历史成交价格和发行人的公开资料等信息。借助信息披露机制的完善，美国固定收益类私募证券市场的透明度得到了有效提升，这极大地鼓励了更多的投资者进入该市场，进而有效地提升了整个市场的活力。

（二）欧洲固定收益类私募证券交易平台的发展经验

经验一：电子化交易推进产品标准化。近年来欧洲固定收益证券电子化交易发展迅速。从交易占比看，2015 年欧洲投资级公司债券电子交易额占比达 46%，较 2010 年增长近 18 个百分点，较同期美国电子交易占比高出 26 个百分点。电子交易平台的优势主要体现在以下几方面：（1）信息技术的运用能够使全部交易和结算过程实现自动化；（2）电子交易平

台不受地理位置的限制，能够支持多边交易；（3）电子交易平台能够提供全方位的"一站式"服务，从开始的委托传递到最终的交易结算均能实现无缝连接；（4）电子交易平台的规模报酬递增现象日趋明显，无限扩容能力得到增强，推进交易产品的标准化。

经验二：通过固定收益电子交易平台提升市场流动性和信息透明度。欧洲借助大力发展电子交易平台，改变了固定收益证券的交易模式。一方面，固定收益私募证券电子交易平台借助标准化的产品、高效的交易效率极大地增强了固定收益类私募证券市场的流动性；另一方面，固定收益类私募证券电子交易平台提高了交易信息透明度，在较大程度上消除了信息不对称程度，使得不同经纪商之间的报价更加均衡，市场价格透明度有显著提升，同时也提升了投资者参与市场的积极性（见图5）。

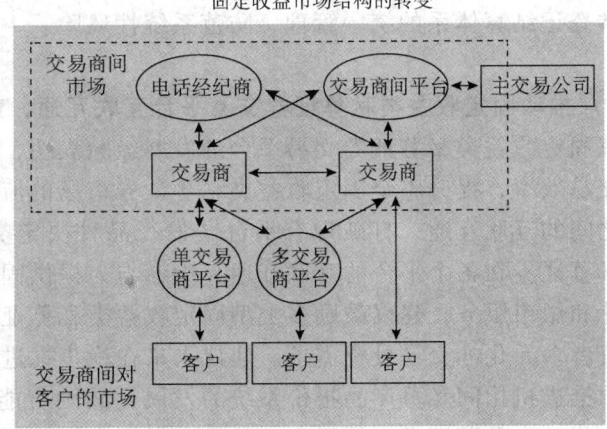

图5　欧洲固定收益证券市场结构的改变

资料来源：国际清算银行，申万宏源研究。

经验三：交易平台逐步互联互通，多种交易方式并行发展。随着电子平台的快速发展，传统交易商在固定收益证券交易中的地位有所下降，交易商对客户的市场与交易商间市场的界限正逐渐变得模糊，固定收益类私募证券交易平台呈现显著的融合趋势。此种融合一方面表现为不同交易平台之间的融合，不同交易平台之间的界限越来越模糊，交易平台的互联互通开始推进；另一方面表现为交易方式的融合，随着交易平台的互联互通，交易平台的交易方式也呈现出融合多元发展的态势，许多交易平台为了吸引更多的投资者参与交易，尝试将询价交易方式与中央限价订单的交易方式进行融合，同一个平台采用多种不同的交易方式和报价方式。

经验四：借助 MiFID II 监管指令强化交易商流动性监管，保护投资者权益。欧盟《金融工具市场法规 II》（MiFID II）于2018年1月正式实施，MiFID II 出台的首要目标是进一步提高市场透明度，建立更加高效有序的市场，降低市场数据获取成本，强化交易商为客户订单进行最有利执行（Best Execution）的责任，严格限制黑池交易，降低交易成本。在流动性监管上，MiFID II 规定经纪商为保证给客户提供最佳执行方案，至少需要1个对手方；当经纪商不能通过一个场所为客户持续实现最佳执行时，就应该部署多个流动性提供商，并按年交易量提供交易排名前5位的对手方，通过对流动性对手方个数的限制，MiFID II 有效防范了市场流动性风险，为固定收益类私募证券市场的持续健康发展奠定了基础。

五、完善我国固定收益类私募证券交易平台的建议

（一）统筹固定收益类私募证券市场基础设施的监管

建议加强固定收益类私募证券市场基础设施建设，进一步完善登记、托管和结算制度，丰富登记、托管和结算方式，促使登记、托管和结算安排多样化，优化固定收益类私募证券市场基础设施。在符合投资者适当性管理要求的前提下，完善债券品种在不同市场的交叉挂牌和自主转托管机制，促进债券跨市场顺畅流转。明确各债券交易场所的市场定位，鼓励其合理分工，发挥各自的功能和优势。建立债券登记结算机构信息资源共享机制，促进信息共享、顺畅连接，实现互联互通。提高债券市场信息系统、市场监察系统的运行效率，逐步强化对债券登记结算体系的统一管理，防范系统性风险。

（二）推动固定收益类私募证券交易平台互联互通，鼓励平台差异化发展

欧洲固定收益类私募证券交易平台的发展经验表明，交易平台的互联互通可以更好地提高市场交易效率，提升整个固定收益类私募证券市场的流动性。未来我国要加速推进各类交易平台之间的互联互通，打破现有平台"发行品种决定交易品种"的限制，促进各类固定收益类私募证券在各个平台的互联互通，为参与人提供固定收益类私募证券产品的报价、发行、转让和做市服务；建议鼓励多类型固定收益类私募证券交易平台的差异化发展，更好地满足投资者多元化的交易投资需求。建议未来在稳步推进交易所等场内交易平台发展的基础上，大力推进机构间私募产品报价系统的发展，鼓励有能力的证券公司做大做强柜台市场，丰富固定收益类私募证券交易平台的种类，提升市场整体的流动性。

（三）完善做市商制度，强化证券经营机构的市场中介功能

丰富风险管理工具，完善做市商制度风险控制体系。建议未来我国继续丰富风险管理工具，如完善买断回购业务、债券掉期和利率互换等固定收益类金融衍生工具，在巩固风险控制体系的同时提升做市商的积极性；完善做市商体系配套建设，适度扩大做市商权力，建立多层次做市商队伍，提升券商专业化中介服务能力。美国固定收益类私募证券市场的发展经验表明，专业化程度较高的资本中介结构是推进市场交易的重要力量。建议一方面适当降低做市商标准，将更多资信较好的机构纳入做市商队伍，增加做市商数量和种类，提升竞争力，推动业务水平提高；另一方面，我国证券公司应当苦练内功，不断提高自身的专业能力（如产品创设能力、产品定价能力、融资服务能力、交易撮合能力、交易执行能力、做市服务能力等），强化券商在私募市场上的市场组织者和市场中介功能。

（四）多措并举提升固定收益类私募证券流动性

一是打破刚性兑付，引导固定收益类私募证券市场健康发展，使得固定收益类私募证券的信用利差充分反映信用风险，借助固定收益类私募证券交易平台的建设来提升相应产品的流动性。二是完善交易机制，提升固定收益类私募证券交易透明度。一方面，要进一步完善私募证券交易机制，强化固定收益类私募证券交易的信息披露机制，确保提供充分的交易信息，以提高市场交易的透明度；另一方面，要创新固定收益类私募证券交易方式，采取多样

化的交易实现方式，基于不同投资者的交易需求提供差异化的交易方式，增强私募证券流动性。三是丰富固定收益类私募证券品种，促进产品结构合理化，大力发展低信用等级产品，满足风险偏好者的投资需求，提升跨市场产品品种比例，促进固定收益类私募证券市场产品结构合理化，同时注重固定收益类衍生产品创新，满足套保投机者需求，为市场交易提供更多的风险对冲工具和风险缓释工具，提升市场流动性。

（五）完善固定收益类私募证券交易的投资者适当性管理

建议在现有投资者适当性管理的基础上，进一步明确和规范参与固定收益类私募证券交易的投资者门槛及相应的适当性管理规则。投资者适当性管理是国际资本市场的普遍规则，也是我国资本市场重要的基础性制度之一。把适当的产品销售给适当的投资者，确保产品风险等级与投资者风险承受能力相匹配，是境外投资者适当性制度普遍遵循的基本逻辑。建议进一步明确投资者分类、产品和服务分级、适当性匹配等投资者适当性管理各环节的标准或底线，归纳整合各市场、产品、服务的投资者适当性相关要求。同时，证券经营机构要健全投资者分类体系，建立以专业判断能力、风险认知能力和风险承受能力（综合考虑收入来源、资产状况、财务状况、投资知识、投资经验、投资目标、风险偏好、诚信状况等要素）评估为核心的投资者分类制度，统一投资者分类标准和管理要求，将投资者保护落到实处。

参考文献

[1] 鲁公路，唐婧等. 关于美国投资者适当性制度介绍的报告 [R]. 中国证监会研究中心，2015－05－14.

[2] 罗水权，岳勇，邵东，陈祎潋. 全球固定收益电子交易平台发展现状及其趋势 [J]. 中国货币市场，2010，(11)：41—44.

[3] SIFMA. SIFMA Electronic Bond Trading Report: US Corporate and Municipal Securities [R]. Securities Industry and Financial Markets Association (SIFMA), February 17, 2016.

[4] NYSE Bonds. https://www.nyse.com/markets/bonds.

[5] TMC Bonds. https://www.tmcbonds.com/.

[6] MarketAxess. http://www.marketaxess.com/index.php.

[7] TradeWeb. http://www.tradeweb.com/.

[8] Autobahn: Fixed Income electronic trading. http://autobahn.db.com.

[9] Electronic trading in fixed income markets. Bank for International Settlements. January 2016. http://www.bis.org/.

固定收益类平台产品运行研究

上海申银万国证券研究所有限公司课题组*

一、产品运行是做大做强固定收益类平台的关键所在

(一) 大力发展固定收益类平台是提升直接融资比重的有效方式

固定收益市场作为直接融资的重要组成部分,大力发展固定收益类平台是提升直接融资的有效方式。党的十九大及第五次全国金融工作会议都明确指出:"要把发展直接融资放在重要位置,提高直接融资比重,促进多层次资本市场健康发展。"从现状来看,当前我国融资体系仍然呈现出间接融资主导的结构特征。截至2018年6月底,从增量口径统计的我国间接融资规模为10.5万亿元,占比88%,直接融资(股权融资+企业债+公司债等)1.4万亿元,占比12%,较美国等成熟市场直接融资占比高达80%的水平相比仍存在较大差距。近年来,我国固定收益市场稳步发展,固定收益产品种类、交易规模以及参与投资者数量都有所增加,但从流动性水平来看,我国固定收益产品的交投并不活跃,固定收益交易平台主要以银行间债券市场和交易所债券市场为主,交易平台数量相对有限。在我国不断深化金融体制改革的背景下,大力发展债券市场是提升直接融资比重的有效方式,而债券市场的发展除了在发行端要解决多头监管、"九龙治水"的问题外,在交易端要借助提升固定收益类平台的活力来解决流动性相对不足的难题。尤其在当前我国防范系统性金融风险的背景下,大力发展固定收益类平台成为防范化解重大金融风险的有效突破口。

(二) 当前我国固定收益类平台发展面临三大难题

从现状来看,当前我国固定收益类平台发展面临三大难题。一是固定收益产品风险管理工具相对缺失。尽管近年来我国固定收益基础产品种类不断丰富,但整体上均以传统产品为主,衍生品及创新类产品仍相对不足。更为重要的是,固定收益产品的风险管理工具相对欠

---

* 本文为中国证券业协会2018年优秀课题。课题负责人:蒋健蓉;课题组成员:龚芳,孟祥娟,陆嫒嫒,袁宇泽。

缺，期权、期货、CDS 以及 ETF 等市场都未有效发展起来。二是固定收益平台的流动性不足，交投不活跃。截至 2017 年底，我国国债、企业债和公司债的年换手率分别为 0.89 倍、0.9 倍、0.19 倍，与境外成熟市场国债及公司债 6 倍以上的换手率相比，我国固定收益平台的交投并不活跃。如果再将新三板、机构间私募产品报价系统以及券商柜台市场考虑在内，我国固定收益平台的流动性水平更低，大部分固定收益产品在这类平台上均以挂牌为主，基本无交易。三是固定收益类平台之间缺乏互联互通机制。发达国家固定收益市场通常是互联互通的，场内、场外市场的产品交易品种、资金和投资者没有明显的禁入要求，而当前我国固定收益平台基本分割，其中最大的银行间债券市场与交易所债券市场一直还未实现互联互通和统筹发展。固定收益类平台之间的分割进一步降低了市场交易活跃度，也加剧了固定收益产品跨市场发行、交易的成本以及托管清算等运营成本。

（三）完善产品运行是做活固定收益平台的重中之重

产品运行是解决我国固定收益平台流动性不足的突破口。固定收益产品作为连接发行人与投资者的重要媒介，是固定收益平台最重要的交易品种。完善产品运行是解决当前我国固定收益平台流动性不足、活力不够的重要突破口。从产品体系来看，丰富的固定收益产品体系能够吸引多元化的发行人和投资者，做大固定收益市场规模；差异化的固定收益产品设计能够更好地满足部分投资者的风险偏好；基础工具丰富的产品体系还能够为投资者提供有效的风险对冲工具，进一步提升市场交易活力。完善的产品运行除了能够丰富产品种类之外，还能够从多方面提升固定收益平台的交易活跃度：在发行人主体上，固定收益平台可以重点发展某类型的品种，吸引相应的发行人主体；在投资者上，丰富的产品体系能够吸引多元化的投资者主体，使得投资者的风险承受能力呈现出阶梯化、全覆盖的基本特征；在产品设计上，借助特定产品条款的设计能够有效提升产品流动性；在交易制度及流动性机制上，特定交易制度的安排或者做市商机制能够为特定产品提供流动性，进而满足差异化投资者的个性需求。

二、当前我国固定收益类平台产品运行现状分析

从境内不同固定收益产品的横向比较来看，一般资产等级越良好、标准化程度越高的固定收益产品流动性越强、交易活跃度越高，如国债、政策性金融债以及公司债和企业债等。与此同时，中小企业私募债、ABS 以及各类资产管理产品等类固收产品的流动性则较弱，投资者一般以持有至到期的方式变现。考虑到国债、政策性金融债等品种在银行间债券市场及交易所债券市场的交投都相对较活跃，已有成熟的平台为其提供发行及交易服务，因此此类固定收益产品并不是本文研究的重点。为了更好地解决我国类固定收益产品整体流动性相对不足的困境，本文拟将研究重点放在广义 ABS 产品以及泛资产管理产品等流动性相对不足的类固收产品上，围绕发行主体、交易市场、投资人结构、产品结构、流动性水平及支持工具、利差水平和交易方式等方面展开深入分析（见表1）。

表1 我国主要债券品种存量及换手率情况

类别	2017年发行额（亿元）	2017年成交额（亿元）	2017年末存量（亿元）	年换手率
国债	40 041.79	120 159.43	134 344.97	0.89
地方政府债	43 580.94	8 407.92	147 448.24	0.06
同业存单	201 675.70	358 307.17	79 936.10	4.48
金融债	49 521.41	327 553.24	183 484.58	1.79
政策银行债	32 844.78	317 995.55	133 494.68	2.38
商业银行债	3 907.00	4 003.84	10 821.20	0.37
商业银行次级债券	4 804.23	3 236.56	20 299.62	0.16
保险公司债	70.00	144.72	2 057.53	0.07
证券公司债	6 339.40	258.66	13 135.75	0.02
证券公司短期融资券	392.00	616.72	152.00	4.06
其他金融机构债	1 164.00	1 297.19	3 523.80	0.37
企业债	3 730.95	27 312.94	30 470.02	0.90
公司债	11 024.74	9 677.37	50 797.41	0.19
一般公司债	5 641.72	3 861.03	26 791.65	0.14
私募债	5 383.03	5 816.34	24 005.76	0.24
中期票据	10 369.45	63 155.60	48 566.97	1.30
短期融资券	23 775.90	64 650.16	15 162.00	4.26
一般短期融资券	3 964.70	14 520.29	3 880.20	3.74
超短期融资债券	19 811.20	50 129.87	11 281.80	4.44
定向工具	4 938.13	4 889.24	20 184.41	0.24
国际机构债	60.00	1 051.23	230.00	4.57
政府支持机构债	2 460.00	2 622.31	14 545.00	0.18
资产支持证券	14 676.26	1 621.67	18 579.79	0.09
银监会主管ABS	5 977.29	169.41	6 766.95	0.03
交易商协会ABN	584.95	1 233.85	673.06	1.83
证监会主管ABS	8 114.02	218.41	11 139.78	0.02
可转债	949.37	2 243.12	1 200.44	1.87
可交换债	1 172.84	889.13	1 832.49	0.49

资料来源：Wind，申万宏源研究。

（一）广义资产证券化产品运行现状

资产支持证券（ABS）是一种通过将可预期且稳定的未来现金流收入的资产组建资产包，并以资产包产生的现金流为支撑的证券。按照监管主体的不同，我国资产证券化产品可分为证监会主管ABS（信贷资产证券化）、银保监会主管ABS（企业资产证券化）、交易商协会主管ABN（资产支持票据）以及银保监会主管项目资产支持计划（保险资产证券化）四种类型。截至2017年末，资产证券化市场存量规模达19 454亿元。其中，信贷资产证券化产品6 766亿元，占比34.8%；企业资产证券化产品11 847亿元，占比60.9%；资产支持票据产品798亿元，占比4.1%；保险资产证券化产品43亿元，占比0.2%。

从发行主体来看，券商、银行等金融机构是资产证券化产品的主要发起主体。企业资产支持证券的发行主体为券商，以券商集合理财计划形式出现；信贷资产支持证券的发行主体为特定目的的信托受托机构（信托公司），代表特定目的的信托受益权份额，受托机构以信托财产为限向投资机构支付资产支持证券收益；而资产支持票据的发行主体为非金融企业。从发行规模来看，企业资产证券化产品发行提速，2017年发行规模8 857亿元，占总发行规模比例的57.5%；信贷资产证券化产品与资产支持票据保持平稳增长，2017年发行规模分别为5 972亿元和575亿元，占比分别为34.8%和4.1%。

从基础资产来看，各市场各有侧重，呈现多元化的发展特征。企业资产证券化产品中，小额贷款、应收账款、企业债券占据了主要的市场发行量。2017年，证监会ABS的基础资产类别愈加多样化，房地产相关的CMBS、REITs等成为市场创新的风口。此外，PPP资产证券化在政策激励下成为市场的新热点。信贷资产证券化产品中，个人住房抵押贷款、信用卡贷款、企业贷款等占据了主要的市场发行量。2017年住房抵押贷款取代企业贷款，成为发行量最大的基础资产类型，同时个人消费贷款和汽车抵押贷款发行提速。在交易商协会ABN中，融资租赁类资产占据了一半发行量，其次是商业房地产抵押贷款和应收账款。

从利差水平来看，资产高度分散的ABS信用风险要低于资产集中度较高的ABS，ABS发行票息与相似期限和等级的中票间的利差呈现扩大趋势，这个特征在交易所ABS中尤为明显。

从交易来看，企业资产支持证券的交易量更高，证监会主管的ABS交易主要集中在深圳证券交易所。企业资产支持证券在交易所发行和交易，在中国证券登记结算有限责任公司登记托管；信贷资产支持证券主要在银行间债券市场发行和交易，也可跨市场发行和交易，在中央国债登记结算有限责任公司登记托管；资产支持票据是银行间交易商协会推出的金融创新产品，同样在银行间市场进行发行和交易。从各市场的交易量来看，银行间市场ABS的成交量及换手率都明显高于交易所市场；在证监会主管ABS中，发行主要集中在上交所，而交易主要集中在深圳证券交易所（见表2）。

表2　　　　　　　　　　广义资产证券化产品的核心要素特征

	信贷资产证券化	企业资产证券化	ABN	保险资产证券化
发行主体	发行主体为特定目的的信托受托机构（信托公司）	发行主体为券商，以券商集合理财计划形式出现	非金融企业	保险公司
投资人结构	资者主要是机构投资者，包括银行、保险公司、共同基金等			
流动性水平	流动性较低，信托、其他一般法人等一般持有至到期			流动性缺乏，投资平均期限在5年左右
利差水平	资产高度分散的ABS信用风险要低于资产集中度较高的ABS，ABS发行票息与相似期限和等级的中票间的利差呈现扩大趋势，这个特征在交易所ABS中尤为明显			
交易方式	主要在银行间债券市场发行和交易，也可跨市场发行和交易，在中央国债登记结算有限责任公司登记托管	在交易所、机构间私募报价系统发行和交易，在中国证券登记结算有限责任公司登记托管	在银行间市场发行和交易	暂无

（二）泛资产管理类产品运行现状

2012 年以来我国泛资产管理业务快速发展，截至 2017 年底，泛资产管理规模已超百亿元。从泛资产管理产品的发展来看，产品种类日渐多元化，多数由资产管理机构发起；投资者结构上，银行理财以个人投资者为主，券商、信托计划等以银行资金为主，保险资管以保险资金为主；在流动性上，大多数资管产品基本都是持有至到期，少数定开型产品在开放期内可以申购、赎回，基本没有二级交易市场。正基于此，以银行理财为代表的资管产品期限都相对较短，且期限灵活，在一定程度上缓解了产品流动性相对不足的难题。本文选取银行预期收益理财产品和券商资管计划产品进行重点分析（见表 3）。

表 3　　　　　　　　　　　　　泛资产管理类产品的核心要素特征

	银行预期收益理财产品	券商资管计划	信托产品	保险资管产品
发行主体	国有大型银行、全国性股份制银行等	证券公司及资管子公司	信托公司	保险资管公司等
投资人结构	个人投资者（67%）、机构（22%）、同业（11%）	个人委托资金（7.6%）、银行委托资金（72.0%）、非银金融机构委托资金（12.3%）、私募基金管理人委托资金（1.1%）、其他机构委托资金（7.0%）	单一信托的资金基本上均来源于银行理财；集合信托产品中，资金来源于零售端的大约在 30% 左右，70% 的资金来源于以银行为主的机构客户（其中银行理财资金占比在 50% 左右）	保险资管以集团内部保险资金为主，占比 81%；业外资金占比 19%（其中银行资金占比 6%、养老金资金占比 8%、其他资金占比 5%）
产品类型	分为保本型产品和非保本型产品，根据期限和投资标的不同也有所分类	从产品类型来看，分为集合计划、定向资管和专项资管计划；从管理方式来看，分为主动管理和通道产品	按照项目端分类可分为债权型、股权型、收益权型等，各类信托产品结构的复杂程度不一	涵盖养老保障管理产品、投连险、万能险、分红险等品种
流动性水平	期限较为灵活，半年期以内为主，通常以持有到期为主	集合资产管理计划的存续期集中于 3 年、5 年和 7 年，少数在 7 年以上；专项资产管理计划的存续期不固定，常见于 2—5 年；定向资产管理计划的存续期相对较短	以持有至到期为主，但 2017 年以来集合信托产品的平均期限呈现不断缩短的态势	养老保障产品目前已推出灵活存取的品种；万能险的投资期限在 1 年以上；分红险的投资期限通常在 5 年以上
利差水平	实际年化收益率范围 3.5%—5.0%	在公布收益率且成立满一年的集合理财产品中，2017 年有 75% 的集合资管计划实现正收益，各类定向资管产品的平均收益率为 6.12%	集合信托产品的收益曲线呈倒 U 型，并且自 2017 年以来，信托产品预期收益率呈持续攀升态势	组合收益率主要分布范围 4%—6%

续表

	银行预期收益理财产品	券商资管计划	信托产品	保险资管产品
交易方式	开放式产品在产品成立日至终止日期间，投资者可以按照协议约定的开放日和场所，进行认购或赎回操作	仅定开产品可在开放日可进行申购和赎回，其余券商资管产品通常依据合同约定持有至到期，但各类产品的终止情形存在差异	基本无交易	基本无交易，保交所在做相应的尝试
流动机制安排	当接受认购申请可能对存量理财产品投资者利益构成重大不利影响时，商业银行可以采取一定措施控制、拒绝、暂停认购；为防范流动性风险，商业银行也可以在一定条件下对投资者赎回做限制	证券公司应当根据集合资产管理计划的情况，保持必要的现金或到期日在一年以内的政府债券，以备支付客户的分红或退出款项	如规定满足一定期限或条件时可提前终止、对各类受益权的信托期限进行差别设置、在锁定期过后给予一定的自由退出时间、通过特定平台转受让等	对于期限较长的产品，可通过保单贷款等方式进行周转

1. 银行预期收益理财产品

在我国金融市场未完全打破刚性兑付的背景下，银行发行的理财产品多以预期收益型产品为主，净值型产品占比很低。从发行主体来看，国有大型商业银行和股份制商业银行是主要的发行主体。截至 2017 年底，国有大型商业银行和股份制商业银行理财产品存续余额约 21.9 万亿元，占银行理财总额的比重约 75%。从投资人结构来看，个人投资者是银行理财产品的主要参与者。按照发行对象的不同，银行理财可分为一般个人类产品、高资产净值类产品、私人银行类产品、机构专属类产品以及金融同业类产品等五类，其中前三类均面向个人投资者发行，三者 2017 年末的存续余额合计达 19.79 万亿元，合计占全部银行理财存续余额的 67%。

从产品结构来看，目前银行理财产品主要根据投资期限进行分类。按照期限不同，分为 1 个月以内、1—3 个月、3—6 个月、6—12 个月、12—24 个月以及 24 个月以上等期限。2017 年我国新发银行理财产品中半年以内的产品数量占比高达 82%。从配置结构来看，标准化资产是银行理财资金配置的主要资产，债券、银行存款、拆放同业及买入返售等标准化资产共占理财产品投资余额的 67.56%，其中债券是理财资金配置的最重要的一类资产。截至 2017 年底，债券资产配置比例为 42.19%。

从流动性水平来看，当前我国银行理财产品一般以持有至到期为主，基本没有二级市场交易。一方面，银行理财产品的发行期限普遍较短，在 2017 年新发产品中，3 个月以内的产品占比为 54%，仅有 18% 的产品超过 6 个月，较短的投资期限在一定程度上满足了投资者的流动性要求。另一方面，部分开放式产品可按照约定进行申购或赎回。

从利差水平来看，2015—2017 年银行发行的理财产品的客户实际年化收益率范围为 3.5%—5.0%。从 2017 年全年来看，封闭式产品按募集资金额加权平均兑付客户年化收益率为 4.06%，较 2016 年上升 27 个基点。2017 年已终止的封闭式理财产品收益率呈现上升趋势，从年初的平均 3.5% 左右上升至平均 4.3% 左右。从流动性机制安排来看，虽然开放式产品在产品成立日至终止日期间,投资者可以按照协议约定的开放日和场所进行认购或赎回操作,但在实际运作过程中,当接受认购申请可能对存量理财产品投资者利益构成重大不利影响时,商业银行可以采取一定措施控制、拒绝、暂停认购;为防范流动性风险,商业银行也可以在一定条件下对投资者赎回做限制。整体来看,当前我国银行理财产品的流动性偏低。

2. 券商资管计划

从发行主体来看,券商资管计划的发行人为证券公司及其资管子公司。截至2017年,97家证券公司及资管子公司开展资产管理业务,存续产品22 031只,管理资产规模16.52万亿元,较2016年底减少7 959亿元,同比下滑4.6%。

从投资人结构来看,银行资金仍是证券公司资管产品的主要投资者。截至2017年底,证券公司资管产品资金来源主要包含个人委托资金1.23万亿元,占比7.6%;银行委托资金11.59万亿元,占比72.0%;非银金融机构委托资金1.98万亿元,占比12.3%;私募基金管理人委托资金1 794亿元,占比1.1%;其他机构委托资金1.12万亿元,占比7.0%。

从收益率水平来看,由于定向资管主要是通道业务和委外业务,没有公开的数据,因此主要分析集合资管业务。根据Wind统计数据,在公布收益率且成立满一年的集合理财产品中,2017年有75%的集合资管计划实现正收益,各类定向资管产品的平均收益率为6.12%,其中FOF、FOT以及混合型产品的收益高于均值。

从交易方式来看,仅定开产品可在开放日进行申购和赎回,其余券商资管产品通常依据合同约定持有至到期,但各类产品的终止情形存在差异。例如集合资管计划的终止情形为:计划存续期间,客户少于2人;计划存续期满且不展期;或计划说明书约定的终止情形。专项资管计划的终止情形为:受益凭证收益分配完毕;受益凭证持有人大会决定终止;或计划说明书约定的不可抗力事件导致专项计划不能存续。从流动机制安排来看,仅集合资管计划对产品流动性要求提出规定。《关于证券公司开展集合资产管理业务有关问题的通知》规定,证券公司应当根据集合资产管理计划的情况,保持必要的现金或到期日在一年以内的政府债券,以备支付客户的分红或退出款项;集合资产管理合同可以约定,当客户在单个开放日申请退出的金额超过集合资产管理计划资产一定比例时,证券公司可以按比例办理退出申请,并暂停接受超过部分退出申请或暂缓支付,但暂停或暂缓期限不得超过20个工作日。

(三)非公开发行公司债运行现状

非公开发行公司债是我国固定收益的重要品种。从投资人结构来看,非公开发行公司债仅面向合格投资者发行;根据产品形式的不同,非公开发行公司债包含中小企业私募债、非公开发行可转债、创新创业可交换债以及证券公司次级债等品种。目前非公开发行公司债的交易主要集中在机构间私募产品报价与服务系统,不同平台非公开发行公司债的交易方式也存在一定差异(见表4)。

从公司债发行主体来看,包含境内所有公司债法人,以工业、金融及房地产行业相关企业为主。《公司债券发行与交易管理办法》实施后,公司债的发行主体由原来限于境内证券交易所上市公司、发行境外上市外资股的境内股份有限公司、证券公司的发行范围扩大至所有公司制法人。公司债券可以公开发行,也可以非公开发行。Wind数据显示,2017年全市场共发行私募公司债券662只,发行规模5 383.03亿元。分行业来看,发行主体主要集中

表 4　　非公开发行公司债要素特征

要素	特征
发行主体	所有公司制法人，以工业、金融、房地产行业为主
投资人结构	仅面向合格投资者，基金专户、其他一般法人、券商资管、信托是主要持有人
产品结构	中小企业私募债券、非公开发行可交换公司债券、创新创业可交换债券、证券公司次级债券、证券公司短期债券等都隶属于私募公司债的范畴
流动性水平	交易所市场非公开发行公司债券的流动性较低，保险、银行等一般持有至到期；非公开发行公司债是机构间私募产品报价与服务系统交易最活跃的品种，2017年转让成交金额达497.77亿元，占比83.55%
利差水平	收益率主要分布在5%—7%，约高出同期发行的一般公司债1个百分点
交易方式	交易所不支持竞价交易，仅支持报价交易；场外平台交易机制相对灵活，涵盖点击成交、拍卖竞价、标购竞价、做市等方式
流动机制安排	沪、深证券交易所分别开发了电子平台，采取了以做市商为核心的报价驱动的交易机制；机构间私募产品报价与服务系统也积极推进做市商机制建设，支持做市商采用双边报价做市、回应询价做市等方式

在工业、金融、房地产等公司制法人，三者合计发行的私募公司债规模占整体发行规模的68.8%。

从投资人结构来看，非公开发行公司债仅面向合格投资者发行。交易所对私募债券的发行及转让实行投资者适当性管理，合格投资者包括金融机构、金融机构发行的理财产品、净资产不低于1 000万元的企事业法人和合伙企业、QFII和RQFII、社保年金以及经中国证监会认可的其他合格投资者。个人投资者不能参与私募债券买卖，但发行人的董事、监事、高级管理人员及持股5%以上的股东不受合格投资者范围的限制，可以参与本公司发行私募债券的认购和转让。上海证券交易所数据显示，非公开发行公司债的主要投资者为基金专户、其他一般法人、券商资管、信托，四类机构合计持有比例超过85%。

非公开发行公司债的品种日渐丰富。《公司债券发行与交易管理办法》实施后，非公开发行公司债的内涵进一步丰富，中小企业私募债券、非公开发行可交换公司债券、创新创业可交换债券、证券公司次级债券、证券公司短期债券等都隶属于私募公司债的范畴。

目前我国非公开发行公司债的交易主要集中在机构间私募产品报价与服务系统。《公司债券发行与交易管理办法》第三十条规定，非公开发行公司债券，可以申请在证券交易所、全国中小企业股份转让系统、机构间私募产品报价与服务系统、证券公司柜台转让。整体而言，交易所市场非公开发行公司债券的流动性较低，2017年年换手率仅为0.24倍。非公开发行公司债券的交易多在券商自营、基金专户、券商资管、信托机构间进行，保险、银行等机构一般持有至到期；机构间私募产品报价与服务系统中，非公开发行公司债是交易最活跃的品种，2017年转让成交金额达497.77亿元，占比83.55%。

从利差水平来看，非公开发行公司债券的票面利率普遍高于一般公司债。从2017年新发私募公司债的票面利率分布来看，75%左右分布在5%—7%的水平，大约高于同期发行的一般公司债1个百分点（见表5）。

表5　　　　　2017年新发私募公司债、一般公司债票面利率分布

票面利率 R	非公开发行公司债				一般公司债			
	发行数（只）	占比（%）	发行面额（亿元）	占比（%）	发行数（只）	占比（%）	发行面额（亿元）	占比（%）
R≤4%	0	0.0	0.0	0.0	2	0.4	18.0	0.3
4%＜R≤5%	20	3.0	199.3	3.7	195	36.2	2 164.8	41.7
5%＜R≤6%	222	33.5	2 189.0	40.7	187	34.8	2 030.6	39.1
6%＜R≤7%	284	42.9	2 174.2	40.4	90	16.7	631.3	12.2
7%＜R≤8%	126	19.0	757.2	14.1	64	11.9	347.0	6.7
8%＜R	10	1.5	63.4	1.2	0	0.0	0.0	0.0
合计	662	100.0	5 383.0	100.0	538	100.0	5 191.7	100.0

资料来源：Wind，申万宏源研究。

从交易方式来看，不同固定收益平台针对非公开发行公司债的交易方式也有所不同。有别于公开发行品种，非公开发行公司债的交易机制存在一定的局限性，场内交易平台的竞价交易方式对其并不适用，交易机制以报价、询价以及协议交易为主。以上海证券交易所固定收益平台为例，平台定位于机构间市场，针对非公开发行公司债券，平台提供三种交易机制，除确定报价询价和指定对手方外，交易商还可以和自己的客户在场外进行协议交易，成交结果通过场外成交申报功能进入证券报价系统。相比之下，场外交易平台的交易机制相对灵活，以机构间私募产品报价与服务系统为例，报价系统参与人可以在报价系统向全部或特定参与人发出意向报价、要约报价。意向报价不具有成交义务，有交易意向的参与人可以与意向报价发布人进行在线协商；要约报价具有成交义务，应当包含确定的私募产品名称或代码、价格、数量、买卖方向、交收方式等报价系统规定的要素。非公开发行公司债券可以采用协商成交、点击成交、拍卖竞价、标购竞价、做市等方式在报价系统转让。

从流动机制安排来看，2007年以来沪、深圳证券交易所分别开发了电子平台，采取了以做市商为核心的报价驱动的交易机制。以深圳证券交易所为例，针对私募类债券，深圳证券交易所采用实时逐笔全额结算（RTGS）制度，实行非担保交收，T日日间实时清算，实时办理过户与资金交收。对于日间未完成RTGS交收的协议转让，自动转为日终逐笔全额非担保交收。机构间私募产品报价与服务系统也积极推进做市商机制建设，支持做市商采用双边报价做市、回应询价做市等做市方式，截至2017年末，做市交易累计成交564笔，交易金额9 123.23万元。

（四）国内固定收益类平台产品运行的特征及面临的问题

一是固定收益产品缺乏有效的交易流通平台。除了国债、政策性金融债及公司债、企业债等有相应的交易平台，广义ABS产品、泛资产管理产品以及非公开发行公司债等固定收益产品都缺乏有效的交易平台。从我国债券市场的存量统计来看，绝大多数产品都集中在银行间和交易所市场，在其他交易平台上存量余额约1.6万亿元，占比仅为2.24%。从产品来看，资产证券化类产品主要在上海证券交易所、深圳证券交易所、机构间私募报价系统进行转让交易，截至2017年底，在对应交易平台上的交易占比分别为17%、5%和9.6%；泛

资产管理产品主要在机构间私募产品报价与服务系统、券商柜台交易，交易占比均低于5%，仅券商资管计划在券商柜台市场上交易占比较高；非公开发行公司债、中小企业私募债主要在机构间私募产品报价与服务系统有所交易，但交易量及占比都很低；私募可交换债在交易所市场及机构间私募产品报价与服务系统有所挂牌，但基本无交易；收益凭证主要在机构间私募产品报价与服务系统及券商柜台市场有所交易，但交易量也较小。除了标准债券外，我国类固定收益产品普遍缺乏有效的交易平台。

二是从投资者看，我国固定收益交易平台投资者结构呈现出商业银行主导、不同风险偏好的投资者分层结构尚未形成的基本格局。近年来，我国固定收益市场的投资者结构不断丰富，其中银行间市场的投资者全部为机构投资者，交易所市场的投资者分为合格投资者和公众投资者。整体来看，我国固定收益市场机构投资者类型相对单一。以银行间市场为例，2017年末商业银行的债券托管市值占比高达67%，远远高于其他机构。市场的活跃性和流动性的提高需要有多样化的市场需求为基础，市场参与者风险偏好的一致性在一定程度上也成为制约我国固定收益市场发展的重要因素。从投资者的投资偏好来看，基金公司偏好企业债和公司债，交易占比接近70%；保险和社保基金对公司债、企业债及国债的交易相对都较高；券商自营的交易结构更为均衡，国债、地方政府债、中小企业私募债及公司债和企业债都是重要交易品种；境外投资者主要交易的是国债和企业债；专户理财、信托和券商资管及一般法人是中小企业私募债的交易主体，一般法人是可转换公司债的交易主体。

三是从产品划分来看，国内固定收益市场存在着品种分类与定位并不明确的问题。同类型的固定收益产品，由于监管分割，导致产品名称及监管条件等都不相同，这集中体现在资产证券化、企业债券及泛资产管理产品上。在资产证券化产品上，我国大多按照监管主体分为中国人民银行和中国银保监会主管的信贷资产证券化、中国证监会主管的企业资产证券化、交易商协会主管的资产支持票据和中国银保监会主管的项目资产支持计划四种类型。如果从基础资产大类上来看，后面三种都属于企业资产证券化范畴。在企业债券上，由于监管及审核主体不同，我国企业主体发行的债券包括国家发展改革委审批的企业债、银行间市场的债务融资工具和证监会负责监管的公司债。产品名称及监管环境的不一致在很大程度上造成了我国固定收益市场的混乱发展，在可能引发不公平市场竞争的同时也加剧了我国固定收益市场监管及统筹发展的难度，不利于固定收益产品的交易转让。

四是当前我国固定收益平台产品运行呈现出明显的发行品种决定交易品种的基本特征。以交易所市场为例，其发行品种主要为公司债和企业债，从交易结构来看，公司债和企业债占其交易规模的比重超过70%；又比如机构间私募产品报价与服务系统，其发行品种以收益凭证和资产支持证券为主，在交易结构上呈现出收益凭证主导的特征，交易量占比接近90%。引致此种特征的根源在于我国固定收益类平台的发展大多呈现出重发行、轻交易的基本特征。

五是在没有完全打破刚性兑付的环境下，我国固定收益类产品的发行利率在很大程度上反映的是流动性溢价而不是信用利差。过去我国的债券市场，尤其是信用债市场存在明显的刚性兑付特征，叠加我国信用评级结果普遍偏高，这使得很多固定收益类产品在发行定价时，其发行利率在很大程度上反映的是流动性利差而不是信用利差。在2018年以前，尽管我国信用利差在某些阶段也呈现出走阔的特征，但整体上不同信用评级结果的产品之间信用利差并不大，一般流动性较差的固定收益品种在发行定价时，其发行利率会比流动性较高的品种高 1—2 个百分点。随着 2018 年 4 月 25 日央行联合其他部委发布《关于规范资产管理业务的指导意见》，在严格刚性兑付的前提下，市场信用风险利差快速走阔，部分低等级信用债的发行成本显著上升，交易活跃度明显下降。未来随着我国逐步打破刚性兑付以及信用评级体系的发展完善，固定收益产品的发行利率将更为合理。

三、境外固定收益类平台产品运行的经验借鉴

（一）资产证券化产品运行现状

资产证券化产品是境外成熟市场最常见的固定收益产品之一。以美国为例，截至 2016 年底，美国资产证券化市场存续规模约 1.3 万亿美元，资产证券化产品的日换手率约为 15.9%，资产证券化余额占 GDP 的比重为 7.16%，交易量占债券市场的 27.3%。当前境外资产证券化产品形成了发行主体多元化、产品结构差异化、多种交易方式并存、机构投资者主导的基本格局（见表6）。

表 6　　　　　　　　　　美国资产证券化产品的核心要素特征

要素	资产证券化产品
发行主体	资产证券化产品由原始权益人通过特殊目的载体发行； 原始权益人为拥有基础资产的机构，根据 ABS 产品的不同，分别为汽车贷款、信用卡贷款、助学贷款及其他债务的债权人； 承销商为产品发行的牵头人
投资者结构	投资者主要是对现金流有特定需求的机构投资者
产品结构	现金流瀑布是资产证券化产品重要的设计特点； 产品运作模式分为循环购买结构和静态摊还结构； 产品利息支付方式分为固定利率和浮动利率； 产品设计注重提供超额利差
流动性水平	产品发行速度未从金融危机中完全复苏； 不同 ABS 产品交易活跃度趋势分化； 相对买卖价差总体偏低并有收窄之势； 单笔交易对整体市场的扰动有所下降
利差水平	一级市场和二级市场的利差基本联动； 多种因素导致利差的扩大与收紧
交易方式	做市商是 ABS 产品交易市场的核心； 具体交易主要通过 BWIC 竞争报价模式进行
流动性支持方式	产品本身的特点决定流动性受限； 信用评级制度提升了 ABS 产品一级市场的流动性； 做市商与 BWIC 竞争报价制度提升了 ABS 产品二级市场的流动性

美国资产证券化产品已形成多元发行主体，汽车贷款、信用卡贷款和助学贷款是最重要的基础资产类型。从交易结构来看，ABS 产品大体由原始权益人、特殊目的载体和投资者三

类主体构成。原始权益人为拥有基础资产的机构，根据 ABS 产品的不同，分别为汽车贷款、信用卡贷款、助学贷款及其他债务的债权人。在发行 ABS 产品前，原始权益人将其所持有的特定资产过户给特殊目的载体（SPV），SPV 在拥有了该资产的所有权后，发行以此为抵押的证券。在转让过程中，信用评级机构对交易机构和资产支持证券评级，将证券分为优先证券和次级证券，进行金融担保，有时也可会通过评估、担保或者保险等多种方式将 SPV 信用升级，从而改善发行条件，吸引更多投资者。最后，原始权益人向原始债务人收款，然后将源自证券化抵押债权所产生的资金交给 SPV 受托人，受托人给投资者还本付息。承销商根据在 ABS 产品一级市场发行中担任的职责被分成两个团队：承销团队和定价团队。承销团队负责设计交易结构、与评级机构沟通从而推动评级过程、与原始权益人和法律顾问协作准备投资者路演推介材料等；定价团队负责与投资者沟通并确定合适的发行价格。

美国资产证券化产品的投资者主要是对现金流有特定需求的机构投资者。由于资产支持证券的一个关键层面是发行人和投资者之间利益的一致性，发行人会担任资产服务商并持续与潜在投资者沟通。发行人一般持有残值证券，而投资者根据对现金流和风险的特点需求持有较高等级的证券。正因为如此，ABS 产品的投资者大多为机构投资者。

境外资产证券化产品设计借助三大机制来保障产品流动性和吸引力：一是借助现金流瀑布来明确资产证券化产品的利益分配机制。现金流瀑布是指将从基础资产（被证券化的资产）归集的本金和利息按照优先次序在不同等级的投资者（优先级、次级、权益级）之间分配的机制。对于循环购买结构，发行人会把归集的现金分配到金融费用账户和本金账户，并将超额利差放入一个交叉担保账户，归集的资金根据各自的现金流瀑布分配给投资者。二是借助循环购买和静态摊还两种结构来满足不同发行人和投资者的需求。发行人通常把 ABS 产品划分为动态循环购买模式（动态池 ABS）和静态摊还投资模式（静态池 ABS）。动态循环购买结构一般适用于期限较短的基础资产，在这种模式下发行人依靠循环池来逐步累积基础资产，并在聚集足够规模的基础资产后，用以支持分期摊还证券，故产品一般将存续期划分为循环期和摊还期两个时期。在循环期内，ABS 产品不进行本金的偿付，进入摊还期之后，按照各档证券的分配顺序进行本金的偿付。三是借助超额利差和多元化的利息支付方式来满足不同投资者的风险偏好和现金流需求。

从流动性水平看，境外不同资产证券化产品的流动性有所差异，整体上资产证券化的交易活跃度还未恢复到金融危机前的水平。从相对买卖价差看，一般该价差越小，金融产品的流动性越好。据 FINRA 数据显示，2016 年末汽车贷款 ABS 和信用卡贷款 ABS 的相对买卖报价只有 0.04 美元，相比公司债的 0.34 美元十分窄。另外，助学贷款 ABS 和其他 ABS 的相对买卖报价较高，但也小于公司债，并且较 2012 年有较大收窄。

从利差水平来看，引致资产证券化产品利差变化的因素较多，一级市场和二级市场的利差基本呈现联动特征。整体看来，使 ABS 产品利差变化的因素包括资本市场情绪、美联储决策、其他市场（包括企业债市场）的利差变化等。在一级和二级市场利差水平上，由于一级市场新发行的 ABS 产品每笔规模远大于二级市场平均每笔交易规模，因此一级市场的定价会有更大的利差。与在二级市场找到一个对规模较小的资产支持证券感兴趣的投资者相比，一级市场上需要足够多的投资者来满足较大的新发行量，这也要求较高的结算利差。一级和二级市场的 ABS 利差往往是正相关的。在一级市场的利差收紧的情况下，在二级市场上类似的债券会显得便宜，因此投资者将会争相购买，导致其价格的提升。相反，一个较弱的一级市场可能会造成二级市场上类似债券的利差变得更宽。

做市商是 ABS 产品最重要的交易方式。ABS 产品的交易市场的核心成员是发行 ABS 产品活跃的数十家承销商。一般来说，ABS 产品的承销商是该产品在二级市场上流通中的做市商。而各做市商之间有交易发生时，则通过银行间经纪公司（Inter-bank broker）。美国固定收益市场的交易分层十分严格，即做市商和其机构客户之间通过做市商自己的销售部门进行买卖对接，而银行间经纪公司只能接手做市商之间的交易，不可以直接接触其机构客户。这种分层机制保证了做市的义务和责任是与 ABS 产品制作与发行销售方的销售利益结合在一起的。在具体交易上，主要通过 BWIC 竞争报价模式进行。在做市阶段，做市商积极调动二级市场资金，为第三方投资者提供流动性。在竞争报价阶段，投资者向做市商提供从其他公司（做市商）处获得报价的列表，其包含原始及现有票面价值、证券名称、CUSIP 编号、评级和当前加权（未偿付本金余额）平均期限等信息，做市商根据这些信息决定报价。在定价阶段，投资者根据当前信用市场环境、基础资产表现及提前偿付假定的调整决定溢价或折价买入或者出售 ABS 产品。

（二）私募型公司债运行现状

私募公司债是境外市场高收益债的重要品种，金融危机后，以美国为代表的境外成熟市场借助对投资者准入门槛的提升以及投资者适当性要求的提高来进一步规范私募公司债的发展。同时，借助强化信息披露、放松债券持有期限以及做市商等交易机制的完善，近年来私募公司债也迎来了快速发展（见表7）。

表 7　　　　　　　　　　美国私募型公司债的核心要素特征

要素	私募型公司债产品
发行主体	私募型公司债由豁免备案的公司发行； FINRA 数据显示，发行人中有大量海外的金融及非金融公司
投资者结构	私募公司债的投资者须有合格机构投资者资质； 合格机构投资者须拥有或者管理超过 1 亿美元证券的机构投资者
产品结构	从有无抵押物看，美国私募公司债可以分为抵押债券和公司信用债券； 从优先权看，美国私募公司债可以分为优先权和非优先权债券
流动性水平	私募公司债日均交易量快速提升； 在高收益债券市场中，私募公司债产品交易占比超过 1/3
交易方式	在交易环节，产品交易主要由做市商撮合而成； 在交易对账环节，产品交易在完成后的 15 分钟之内交易参与人须将交易报告到美国金融业监管局（FINRA）的债券报告及合规系统（TRACE），并通过美国证券存管和结算机构（DTCC）的交易实时匹配系统进行交易匹配； 在清算和交收环节，产品交易的参与人可以自行选择交收方式与 DTCC 和做市商之间完成交收
流动性支持方式	144A 规则通过保证投资者资质来保证发行产品质量； 144A 规则放松对私募型债券持有期限定； 做市商制度保证交易顺利完成； FINRA 公布月度数据，增加市场透明度

在发行主体上，私募型公司债由豁免备案的公司发行。1990年美国证券交易委员会（SEC）通过了144A规则，允许公司可以在不向SEC申请或备案的情况下向合格机构投资者募资。由于豁免了备案的程序，私募型公司债的发行较公募型公司债程序更为精简，速度更快，并且尤其适合满足美国监管要求成本较高的海外公司。2017年，共有超过1万只私募型公司债（不包含可转债）在美国发行。FINRA数据显示，发行人中有大量海外的金融及非金融公司。

美国私募公司债的投资者须有合格机构投资者资质。由于私募型公司债披露不如公募型公司债充分，投资风险相对更高，故其投资者需要具备一定财务能力和投资经验。144A规则规定只有"合格机构投资者"才可以参与私募型公司债的交易，并且引用SEC的Regulation D中对合格机构投资者的定义，即"拥有或者管理超过1亿美元证券的机构投资者"。这意味着个人投资者不参与私募型公司债的交易。

私募型公司债大多在场外市场交易，做市商是主要的交易方式。在交易环节，由于各个券种间差异较大以及投资者之间或许存在利益冲突，导致直接交易较为困难，因此私募型公司债的交易主要由做市商撮合而成。在交易对账环节，和公募公司债一样，私募型公司债交易在完成后的15分钟之内，交易参与人须将交易报告到美国金融业监管局（FINRA）的债券报告及合规系统（TRACE），并通过美国证券存管和结算机构（DTCC）的交易实时匹配系统进行交易匹配，成功后进入清算和交收环节。在清算和交收环节，参与人可以自行选择交收方式（双边逐笔交收、余额交收和持续净额交收），与DTCC和做市商之间完成交收。

借助四大机制来提升私募型公司债的流动性水平。一是在发行环节，144A规则通过保证投资者资质来保证发行产品质量。144A规则将个人投资者及规模较小的机构投资者排除在私募型公司债的市场之外，通过对投资者资质的保证来保障产品的质量，缓解由于产品发行人信息披露的不完善对流动性带来的影响。二是放松对私募型债券持有期限定。在144A规则中，对于限制性交易产品（无需向SEC申请或备案的产品）的持有期限由此前的2年缩减为6个月（对于发行人须遵循《1934年证券交易法》履行披露义务）或1年（对于发行人无须遵循《1934年证券交易法》履行披露义务），这在很大程度上释放了私募型公司债的流动性。合格机构投资者被允许进行较为短期的投资，从而提升了对该债券的需求（进而提升了其一级市场的流动性）以及其二级市场的交易频率。三是做市商制度保证交易顺利完成。在场外交易中，投资者间直接交易私募型公司债存在多方面的困难。一方面，由于私募型债券披露的公开信息较少，且投资者有其个性化需求，投资者间直接完成交易较为困难；另一方面，机构投资者间通常更愿意保留各自交易策略，在利益冲突的情况下更难以直接完成交易。在这种情况下，做市商根据从交易双方得到的信息积极促成交易，为场外交易提供流动性。四是借助月度信息公布，提升市场透明度。长期以来，FINRA通过TRACE收集到公司债券交易信息后，只会选择性地向公众披露公募型公司债的交易信息，而披露的私募型公司债的交易信息极为有限。2014年7月起，FINRA开始披露月度的私募型公司债的交易信息。虽然信息仍然十分局限（只有日均交易量，而无交易价格等公募型公司债的信息），但是仍然在私募型公司债信息透明化的进程中走出了关键的一步，更加透明的市场将吸引更多投资者进行私募公司债的投资。

(三) 房地产信托基金 (REITs) 产品运行现状

房地产信托基金（REITs）是境外固定收益市场重要的创新产品，近年来 REITs 在全球市场得到了机构投资者的追捧，发行量及二级市场交易量都呈现直线上升态势。REITs 产品的免税效应在很大程度上吸引了机构投资者，同时借助多种增信方式以及场内普通股的交易方式、场外做市交易方式，有效提升了流动性水平（见表 8）。

表 8　房地产信托基金的核心要素特征

要素	REITs 份额
发行主体	REITs 份额由房地产信托基金发行； 房地产信托基金是业务聚焦在房地产领域的以免税为目的的特殊目的载体（SPV），分为权益型和抵押型两大基本类型； 发起人主营业务领域包括公寓、购物中心、写字楼、旅店等
投资者结构	股权类基金、养老基金、平衡型基金是 REITs 份额的三大投资方； 个人投资者不直接持有 REITs 份额，而是通过上述机构投资者间接投资
产品结构	REITs 产品设计的核心在于免税； REITs 的收入结构和其份额持有结构有较为严格的限制； 一些 REITs 通过资本再循环结构提升其份额的吸引力
流动性水平	REITs 份额的日均交易量近年来大幅提升； REITs 产品类型决定流动性水平
利差水平	REITs 收益率受到股息支持
交易方式	上市 REITs 的份额在场内交易，与普通股交易方式类似； 非上市的 REITs 份额通过场外交易，有较高的交易成本
流动性支持方式	多种增信方式提升了 REITs 份额一级市场的流动性； 普通股交易方式与做市商分别提升上市和非上市 REITs 的流动性

在发行主体上，REITs 份额由房地产信托基金发行，公寓、购物中心、写字楼和旅店是主要发起主体。房地产信托基金是业务聚焦在房地产领域的以免税为目的的特殊目的载体（SPV），分为权益型和抵押型两大基本类型。权益型 REITs 是主业为房地产相关业务的公开交易公司；抵押型 REITs 是发放以房地产为担保的贷款或其他债务工具的信托公司，通过向投资者募集资金并投资至房地产领域来获得投资收益并分配给投资者。因法律规定 REITs 需将不少于 90% 的税前收入分配给投资者，故其产品兼具股票和固定收益产品的性质，投资者获得的现金流比一般股票更加稳定。目前发行者中权益型 REITs 按数量和规模来看都占据绝对主导。

股权类基金、养老基金、平衡型基金是 REITs 份额的三大主要投资者。据美国房地产信托基金协会基于美联储消费者金融调查报告（SCF）和 Morning Direct 的数据测算结果显示，82% 的股权类基金、95% 的养老基金和 82% 的平衡型基金持有 REITs 份额。个人投资者不直接持有 REITs 份额，而是通过上述机构投资者间接投资。据美国房地产信托基金协会测算，通过上述三类机构投资者间接持有 REITs 份额的家庭总共有 5 000 多万户，大致意味着

8 000多万个人投资者参与REITs投资(见表9)。

表9　　　　REITs份额持有情况(美国房地产信托基金协会测算)

	股权类基金	养老基金	平衡型基金	直接投资股市	合计
个人投资者持股	57%	26%	8%	9%	100%
各持股方式对REITs的敞口	82%	95%	82%	0%	
参与股权投资家庭数	65 368 000				
持有REITs份额的家庭数	30 762 505	16 372 665	4 068 359	0	51 203 529
持有REITs份额的个人投资者数	48 204 845	25 655 966	6 375 119	0	80 235 930

资料来源:美国房地产信托基金协会,申万宏源研究。

REITs的产品结构设计具备三大特征:一是REITs产品设计的核心在于免税。对于发行人来说,由于法律要求REITs必须向其份额持有人分配至少90%的税前收入,这起到了税前收入减扣的效果,为发行人省下了公司税。对于份额持有人来说,一部分REITs的股息不需要立即缴税,另一部分则以一个较低的资本利得税率缴税。二是REITs的收入结构和其份额持有结构有较为严格的限制。在收入结构方面,法律规定REITs从租金、房地产相关的抵押贷款利息、不动产物业出售实现的收入在总收入的占比至少要达到75%,而上述收入加上股息、利息及证券出售的利得在总收入中的占比必须达到95%,这确保了REITs与房地产相关的性质。在持有结构方面,法律规定REITs至少要有100位以上的份额持有人,并且集中在5人或更少的人手中的现存份额必须小于50%,这确保了REITs投资的扁平化结构。三是部分REITs通过资本再循环结构提升其份额的吸引力。在熊市中,REITs募集权益资本的能力下降,其份额的价值也缩水。很多REITs采取了资本再循环策略,即将现有价格上升有限的物业组合出售来为这些项目融资,或是进一步退出被视作是在长期而言缺乏吸引力的市场,使用这些出售资产的资金在偿付债务之后的净额,来为新的投资项目提供融资,这些新的投资被期望能够获得比被出售的资产要更高的长期回报。

在流动性水平上,REITs的产品设计决定其流动性水平,整体上REITs交易量呈现出上升态势。基于不同的产品设计,REITs分为上市REITs和非上市REITs。其中,上市REITs的流动性明显较高;非上市REITs由于在场外交易的手续费较高或交易门槛较高,流动性因此相对受限。从上市REITs来看,近年来日均交易量大幅提升。据美国房地产信托基金协会月度数据披露,2018年7月REITs份额的日均交易量达到6 800亿美元,较5年前的4 600亿美元上升将近50%。

在利差水平上,REITs收益率受到股息支持。由于法律规定REITs必须将至少90%的税前收入给其份额持有人,故持有REITs的大部分收益来自在一定程度上受保障的股息,其股息有固定收益的性质。而股息又受经济周期的影响,受货币政策收紧的影响较低(货币政策收紧伴随着经济的上行与股息的提升),因此也兼具股票的性质。2017年4季度,所有公开发行REITs份额的股息达到137亿美元,同比增长4.5%。

根据产品种类不同,其交易方式也存在较大差异,其中上市REITs在场内交易,与普通股交易方式相同,非上市REITs在场外交易,交易成本较高。上市REITs的份额均在美国主要交易所交易,其中大部分在纽交所交易。交易成本方面,REITs份额交易佣金与交易所上其他股票完全一致。交易不设置最低交易量,即1股起步,份额的净额实时公布,并且有大量分析师撰写相关研报。非上市的REITs同样须在SEC登记,但是不在交易所交易。非上市REITs的回购项目各不相同,有些投资者需要等到REITs上市或是清算时才能赎回份额。交易成本方面,场外REITs份额须通过经纪—做市商交易。经纪—做市商一般会收取9%—10%的佣金,其余费用包括收购费、管理费等。场外交易的成本较交易所交易更高。最低交易量方面,一般场外交易的最小金额需达到1 000至2 500美元。份额净值方面,没有实时的净额数据公布,有些非上市REITs会在募资的18个月之后提供份额价格的估计值。

(四) 信用违约互换产品运行现状

信用违约互换是境外固定收益市场重要的创新品种,其投资者以商业银行和对冲基金为主(见表10)。近年来随着CDS产品交易活跃度的回升以及交易规模的扩大,交易方式逐步转变为中央对手方制度,这能在最大程度上降低交易对手的信用风险。另外,金融危机后随着监管从严以及ISDA完善标准文本,进一步提升了CDS的投资者信心和交易活跃度。

表10 信用违约互换产品核心要素特征

要素	信用违约互换
发行主体	标准化CDS合约由国际掉期与衍生工具协会(IDSA)创立
投资者结构	CDS合约的买卖双方为信用风险的规避方与承担方; CDS交易的参与者以银行和对冲基金为主; 银行CDS业务的集中度十分高,摩根大通、花旗、美国银行和高盛占据了大部分信用违约互换业务
产品结构	CDS合约主要分为单名产品和多名产品两大类; CDS合约包含固定费用、信用事件、交割、期限、发行频率等基本要素
流动性水平	2018年CDS交易活跃度有所提升; 各期限合约的买卖价差普遍处于历史平均水平,其中5年期买卖价差最窄,体现出该品种流动性最佳
利差水平	总体来说,CDS合约的利差较利率衍生品更宽; 就其自身历史利差水平来看,欧债危机之后,在美国交易的主要CDS利差均稳定在低位
交易方式	CDS交易多采取中央对手方制度
流动性支持方式	ISDA制定标准化合约,提升合约流动性的同时使CDS交易回归风险管理; 中央对手方清算比例提升降低了交易对手风险; 金融危机后ISDA完善标准文本,提升投资者信心

标准化CDS合约由ISDA创立。20世纪90年代初,国际掉期与衍生工具协会(ISDA)提出了信用衍生品原理、机制,即CDS的雏形。1994年,摩根银行在向埃克森公司提供一笔48亿美元的贷款的同时,为了缓释相关信用风险并提高资产负债表管理效率,与欧洲复兴开发银行开展了第一笔信用违约互换交易,1999年ISDA创立标准化CDS合约。

CDS交易的参与者以银行和对冲基金为主。CDS合约的买卖双方为信用风险的规避方与承担方。CDS合约的买方是接受信用风险保护的一方,可以看作是信用风险的规避方;

CDS 合约的卖方是提供信用风险保护的一方，可以看作是信用风险的承担方。CDS 合约的投资者按照交易的权限可以分为核心交易商和一般交易商。核心交易商可与所有参与者进行 CDS 交易，主要包括金融机构、合格信用增进机构等；一般交易商只能与核心交易商进行 CDS 交易，包括非法人产品和其他非金融机构等。全球范围来看，CDS 交易的最大参与者是银行和对冲基金。据国际清算银行（BIS）数据显示，2017 年末银行和对冲基金的 CDS 持有的名义本金头寸分别达到 4 870 亿美元与 3 750 亿美元。商业银行 CDS 交易业务的集中度十分高。据美国银行监管机构货币监理署（OCC）的数据显示，2018 年第一季度，前四大商业银行 CDS 交易名义本金占所有商业银行的 96%。

2018 年以来 CDS 交易活跃度较前几年显著提升，买卖差价整体处于历史平均水平。2018 年上半年，CDS 合约的交易活跃度明显提升，日均名义本金由前三年的 300 亿美元以下提升至 416 亿美元；日均交易笔数首次突破 1 000 笔；在交易频率上升的同时，平均每笔交易金额也有所上升（由 2017 年的 3 460 万美元上升至 3 960 万美元）。总体来说，CDS 合约的买卖价差较利率衍生品更宽，显示出其流动性不及利率衍生品。一年期、二年期美国主权 CDS 合约的买卖差价在 2013—2014 年达到过 20Bps，目前大致处于历史平均水平。相较而言，5 年期 CDS 合约的买卖价差最窄，体现出该品种 CDS 的流动性最佳。

在交易方式上，CDS 交易多采取中央对手方制度。由美国证券交易委员会（SEC）和商品期货交易委员会（CFTC）共同监管的掉期执行平台（SEF）是 CDS 合约交易的主要场所。2018 年上半年，在 SEF 上交易的 CDS 合约名义本金和交易笔数占比均达到 80%。由于相对其他衍生品，CDS 合约的差异化比较明显，故双边清算曾经是很重要的交易方式。但是随着合约标准化的推进以及交易主体的扩大，采取中央对手方清算的交易占比不断提升，2018 年上半年，名义本金与交易笔数占比均超过 83%。

借助三大流动性机制安排来提升 CDS 合约的流动性。一是 ISDA 制定标准化合约，提升合约流动性的同时使 CDS 交易回归风险管理。CDS 合约经历了两轮标准化：第一轮是 1999 年 ISDA 制定标准化 CDS 合约，使其进入大众的视野，而此前 CDS 合约只是个别机构间签订的个性化信用缓释合约；第二轮是金融危机后 CDS 合约结构进一步标准化（如 ISDA 推行票息标准化，按固定票息和前端费用的方式交易，便利 CCP 清算、提高对冲效率）。这些举措一方面保证了合约的流动性，另一方面使 CDS 合约回归风险管理的本源。二是中央对手方清算比例提升降低了交易对手风险。场外 CDS 合约在 SEF 上交易的比例和 CDS 以中央对手方清算模式交易的比例近年保持高位（2018 年上半年名义本金占比分别达到 79.5% 和 83.5%），这从整体上提升了交易的效率并且降低了交易对手方风险，对流动性起到积极作用。三是金融危机后 ISDA 完善标准文本，提升投资者信心。金融危机后，市场避险情绪下，CDS 的交易情绪一度十分冷清。2009 年 3 月和 7 月，ISDA 分别发布《信用衍生产品决策委员会与拍卖结算补充文件》和《信用衍生产品决定委员会、拍卖结算与重组事件补充文件》，引入信用衍生品决定委员会、拍卖结算机制，并发布对应的"大爆炸"议定书和"小爆炸"议定书。2014 年，ISDA 在上述补充文件的基础上制定了《2014 年信用衍生工具定义文件》。这一系列文件在 CDS 合约交易的信用事件认定、拍卖结算、票息设定、清算制度和市场透明度方面做出了一系列改革，提升了市场对 CDS 合约的信心。

（五）境外固定收益类平台产品运行的特征及经验

其一，境外固定收益市场发行主体都比较多元化，这在很大程度上推动了其平台产品多样化的发展。从交易平台的产品种类来看，境外市场无论是场内交易平台还是场外交易平台，无论是经纪商间的运营平台还是经纪商对客户的交易平台或第三方机构运营平台，其交易品种都较丰富，资产证券化、信用违约互换、公司债、抵押支持债券、高收益债、优先股、市政债、结构化产品、国债、联邦机构债等是最常见的交易品种。以 MarketAxess 交易平台为例，其 2016 年信用产品交易额达到 1.31 万亿美元，其中美国固定利率信用产品和信用衍生品的占比较大，分别为 53.84% 和 38.72%。发行主体的多元化将直接推进固定收益产品差异化的发展，进而能够吸引更多的投资者参与平台交易，有效提升平台的流动性。

其二，境外成熟市场固定收益平台的交易活跃度普遍偏高，其交易主要集中在场外交易。以美国为例，其债券交易以场外交易为主，报价经纪公司、做市商和一般投资者形成了分层次的市场体系。在美国有九大做市商经纪公司（如 ICAP 公司、Maxcor 公司等），分别提供各自的电子经纪系统，同时做市商也开始自行提供或者通过电子报价平台成交。在成交比例上，除了国债及部分公司债之外，其他固定收益产品 80% 以上的交易都集中在场外交易平台。欧洲债券市场也以场外交易为主，其中以做市商制度为基础的 MTS 电子交易系统发展最为迅速，包括泛欧基准债券市场（包括 Euro MTS、New Euro MTS 和 Euro Credit MTS）、本国的交易商间市场（包括意大利、法国、德国等 12 个国家）、交易商对客户的多经纪人市场（即 Bond Vision），除了 Bond Vision 属于交易商和客户间市场外，MTS 本质上还是交易商间批发市场。

其三，美国固定收益市场以机构投资者为主，且类型多元化，形成了较好的风险分担体系。从投资者类型来看，美国固定收益平台的投资者涵盖了各类机构和个人投资者，不同类型的产品有相应的投资者群体，如私募型公司债，由于其是私募债的属性，投资风险相对较高，根据 144A 规则的规定，只有符合一定条件的合格机构投资者才能参与，进而在最大程度上保障投资者权益。与国内市场相比，美国固定收益市场的投资者机构呈现出更为分散化的特征。一方面，国外投资者持仓占比较高，显示出美国债券市场风险在全球分散的趋势。以美国国债为例，其最大的持有者为海外和国际投资者，2017 年末外国投资者持有美国国债的规模达 6.3 万亿美元，占比高达 38%。另一方面，对美国国内的投资者来说，包括保险、基金、银行、非银行金融机构、家庭与个人、政府部门在内的多类型且相对均衡投资者结构，有利于风险在不同部门之间的分散。

其四，境外固定收益产品种类十分丰富，产品的结构化设计提升流动性水平。从产品种类来看，境外市场已经形成多元化的产品体系，包含国债、公司债、高收益债等基础产品，国债期货、利率互换、CDS 等衍生品以及资产证券化、REITs 等创新产品。并且在同一产品体系内，通过期限、基础资产的不同也衍生出很多种类，借助优先、劣后等结构设计满足了不同投资者的偏好，有利于吸引更多的投资者参与市场，提升市场流动性。

其五，境外固定收益交易平台都提供多元化的交易方式及流动性机制安排。根据投资者以及固定收益产品的不同，境外固定收益平台都借助多元化的交易方式来满足发行人及投资者需求，在最大程度上提升平台活力。境外固定收益产品流动性机制主要表现在以下三方面：一是在一级发行市场上，借助明确发行条件，构建投资资产风险属性与投资者门槛相适应的适当性管理机制，从发行端对交易资产的质量进行有效约束。二是在二级市场交易上，借助做市商、电子交易等多种交易方式来提升流动性。尽管受金融危机影响，以美国资产证券化产品为代表的市场的活跃度还未完全恢复到危机前的水平，但固定收益市场整体的交投都还是相对活跃，其中REITs、利率互换产品等交易已经超过危机前的水平。另外，在资产证券化产品的交易上，一般其承销商就是做市商，此种机制设计也能较好的保证市场的活力。三是借助信息披露等监管制度不断提升市场的透明度，借助及时的信息发布来降低市场信息不对称程度，进而吸引更多投资者参与，如近年来私募型公司债的发展在很大程度上就得益于信息披露机制的不断完善。

四、完善国内固定收益类平台产品运行的建议及措施

（一）以完善产品运行为突破口来提升固定收益平台的活力

建议大力推进基础产品创新，丰富固定收益产品种类。丰富的产品体系是固定收益平台吸引投资者参与的有效措施，从现状来看，我国各类固定收益交易平台的产品种类都相对欠缺。在我国大力推进直接融资体系发展的背景下，固定收益市场的发展要以基础产品的创新发展为突破口，加快推进REITs、CDS等创新产品的发展，借助基础产品的丰富来推进各类结构化产品及衍生品的发展，同时为固定收益产品交易提供有效的风险对冲管理工具。

借助产品的结构化设计及标准化运作来吸引更多不同风险偏好的投资者参与市场，提升固定收益平台的活力。在丰富基础产品种类的基础上，建议借助产品结构化设计来吸引不同风险偏好的投资者，借助优先、劣后的结构设计来实现投资者风险承受能力的分层，在最大程度上撬动银行理财等风险偏好较低的资金投资固定收益市场；建议借助标准化的运作来提升产品运行效率，尤其是针对利率互换和CDS等衍生品，合约的标准化能够在很大程度上降低交易成本，增加交易透明度，进而吸引更多的投资者参与市场交易。

（二）多措并举提升我国固定收益产品的流动性水平

从产品设计来看，建议借助结构化设计、资产池运作以及增信机制来吸引更多投资者参与市场，提升产品流动性。从境外固定收益产品成功发展的经验来看，结构化及创新的产品设计能够有效解决产品吸引力不够的难题，借助优先、劣后的结构化设计可以吸引不同风险偏好的投资者；借助资产池的运作方式可以将优质资产与低评级资产打包运作，在整体上提升资产以及对应固定收益产品的流动性；借助各种内部和外部增信机制可以提高固定收益产品的风险评级，进而降低发行成本，同时吸引更多的投资者参与产品投资，有效提升产品流动性。

从投资者来看，建议大力发展我国机构投资者队伍，充分发挥承销商在二级市场交易中的做市商作用。尽管从整体来看，我国固定收益市场投资也呈现出机构投资者主导的格局，但我国机构投资者的种类相对单一，以商业银行为主，基金、保险、社保、养老机构以及证券公司在固定收益产品投资上的话语权都相对较弱。建议进一步大力发展我国机构投资者队伍，提升机构投资者比重，在推进银行间债券市场与交易所债券市场互联互通的基础上，放开银行等机构准入机构间私募产品报价与服务系统等场外交易平台，进一步放开证券公司进入银行间债券市场。建议借鉴境外资产证券化产品的运行机制，充分发挥承销商在二级市场交易上的重要作用，承销商在二级市场上一般为相应固定收益产品的做市商，借助此种捆绑

机制来有效提升二级市场的交易活跃度。

从交易方式来看，建议积极拓展多元交易方式，满足不同固定收益产品的交易需求。当前我国固定收益产品的交易呈现出以回购交易为主、现券交易为辅的基本特征。与股票等标准化产品不同，资产证券化、私募债及收益凭证等固定收益产品，其参与主体相对较少，需要靠有实力的做市商为其提供流动性服务，传统的竞价交易和协议交易等方式难以满足其交易需求。建议在现有基础上，积极拓展多元交易方式，引入做市商机制，完善做市商准入机制，健全做市商考评体系，形成有效的激励、淘汰机制；同时，加强做市商机制的相关政策支持，为其提供有效的风险对冲工具，防止市场出现单边行情时无法完全对冲的风险。从境外市场的发展趋势来看，竞价交易和做市商制度共存的混合交易模式已经成为主流。

从流动性机制安排来看，建议大力发展固定收益交易的场外市场。根据FINRA研究，衡量市场流动性水平主要看三个方面：一是交易活动，包括交易量、交易次数和平均交易规模；二是交易成本，通过买卖价差和市场影响来衡量；三是交易商间活动是否活跃，因为交易商在价格挖掘中扮演重要角色。基于此，建议我国大力发展固定收益交易的场外市场，充分发挥交易商的流动性创造功能，在做大交易量的同时，借助买卖价差的缩窄来提升对产品价格的统一判断。

建议借助完善信息披露等配套机制来提升市场透明度，增强投资者信心。完善的信息披露也是提升固定收益产品流动性的重要补充机制，与国债、政策性金融债以及公司债等标准化、交易规模较大的固定收益品种相比，中小企业私募债、资产证券化等品种的规模较小，市场透明度也相对较低。借助完善的信息披露可以让投资者更好地判断相应的投资风险，进而吸引更多投资者参与该市场，美国私募型公司债借助信息披露的完善就成功吸引了大批量的投资者进入该市场。

（三）从产品特性发展，构建各类固定收益平台差异化协作发展模式

建议从固定收益产品的特性出发，我国各类固定收益平台基于投资者结构特征来选择适宜大力发展的固定收益产品品种，推进固定收益平台在互联互通的基础上实现差异化协同发展。目前，我国银行间债券市场投资者以商业银行为主，中票、短融以及利率互换等以商业银行为主要参与者的品种更适合其发展；银行柜台市场以商业银行和个人投资者为主，交易品种可以在国债、地方债等基础上向其他标准化债券品种扩展；交易所债券市场以非银机构投资者为主，交易品种可以向公司债、ABS、REITs等标准化产品进一步拓展；机构间私募产品报价与服务系统的投资者种类较为多元化，作为机构间的市场更适合发展私募债、ABS、CDS等创新及衍生产品；券商柜台市场作为重要的场外交易平台，未来在充分发挥证券公司做市商作用的基础上，交易品种可以进一步丰富化和多元化（见表11）。

表11　不同固定收益交易平台基于其投资者结构特征发展的差异化产品

	投资者类型	交易机制	现有交易品种	适宜发展的产品品种
银行间债券市场	商业银行为主，其他金融机构及境外机构占比不超过10%	以询价交易为主	中票、金融债、短融、信贷ABS、企业债、PPN	中票、短融、利率互换、企业债等标准化品种

续表

	投资者类型	交易机制	现有交易品种	适宜发展的产品品种
银行柜台市场	商业银行和个人投资者为主	挂牌机制一对多交易	国债、地方债、企业债	国债、地方债、企业债等标准化品种
交易所债券市场	一般法人、证券、基金、信托及保险等	竞价交易、协议交易、大宗交易等	国债、地方债、公司债、可转债、企业ABS	国债、公司债、地方债、ABS、REITs等品种
新三板市场	合格投资者为主（含高净值个人）	定价社保、成交确认申报	优先股	私募债等品种
机构间私募产品报价与服务系统	以机构为主，分为投资类、创设类、推荐类、代理交易类和展示类	不同品种交易方式不同，包括协商成交、点击成交、拍卖竞价、标购竞价、做市	资产支持证券、非公开发行公司债、证券公司短期公司债、私募投资基金、收益凭证	ABS、私募债、CDS、泛资产管理等品种
券商柜台交易	合格个人投资者及证券公司	协议转让	资管计划和收益凭证	ABS、泛资管产品、私募债、CDS等品种
保交所	保险机构	目前以登记服务为主		泛资管产品等品种

（四）持续完善固定收益市场相关的基础设施

建议推进固定收益产品评级制度的持续完善。评级体系是固定收益市场健康发展的重要基础设施，过去我国对评级机构实行严格的准入限制，近年来在金融市场主动开放的背景下，逐步允许外资进入国内评级市场。近年来我国评级体系逐步发展完善，但整体上仍面临评级结果虚高、评级机构公信力不足以及境内外评级体系不兼容等问题。2018年8月，中国证监会对大公国际评级机构给予严重警告处分，责令其整改内控不严、管理混乱等问题，暂停其债务融资工具市场相关业务一年。建议我国持续推进信用评级行业的健康发展，引导行业构建重评级技术竞争、轻信用级别竞争的评级制度，推进境内外评级体系的兼容发展，为固定收益产品的发展提供更好的市场评估及定价机制。

鼓励积极探索多种增信机制，提升固定收益市场的活力。完善的增信机制是境外固定收益产品市场大发展的重要机制，在当前我国深化金融市场改革的背景下，建议从两方面着手：一是厘清增信机制和刚性兑付的差异，坚决打破刚性兑付，推进利率市场化改革是我国金融改革的基本原则。增信机制与打破刚性兑付的原则并不冲突，从内涵来看，增信机制是指借助分层证券结构、建立现金抵押账户、设计超额抵押交易结构等结构化设计来保障产品现金流，吸引不同风险偏好的投资者参与投资，产品发行人及管理者并不承担兑付责任，其不属于刚性兑付，而只是一种风险分担机制。二是积极探索多种增信机制，借助优先劣后的产品分层结构以及政府担保、备用信用证等外部增信机制来提升固定收益产品的评级，借助SPV实现有效风险隔离，解决低等级固定收益产品流动性不足的难题。

我国私募基金电子合同应用探析

钟振东[*]

一、引言

近年来,我国私募基金呈现出迅猛发展的势头。截至 2018 年 8 月底,中国证券投资基金业协会(以下简称"基金业协会")已登记私募基金管理人 24 191 家,备案私募基金有 74 701 只,管理基金规模达 12.80 万亿元,较上年同期分别增长 17.14%、23.09% 和 25.37%。私募基金爆发式增长必然伴随着私募基金合同数量急剧增加,由于市场配套服务还不成熟,这无疑使得市场参与方对大量私募基金合同的签署方式和签署效率提出了更高的要求。据了解,目前我国私募基金合同的签署基本都是采用纸质化的传统方式,即由相关当事人线下签署完成的。从实际情况看,这种签约方式的弊端日渐凸显,主要表现为:流转效率低下,人力物力成本较高,合同管理困难,难以满足市场快速发展需求;少数合同出现非法仿冒签署、合同条款恶意篡改等违法违规行为。这些不仅严重困扰着行业主体的经营活动,也已经引起了监管部门、司法部门和行业自律管理组织的高度关注。有鉴于此,私募基金行业应用电子合同可以有效解决以上问题。

二、私募基金电子合同的内涵界定及其应用的现实意义

(一)私募基金电子合同的内涵界定

根据联合国国际贸易法委员会《电子商务示范法》和我国《合同法》的有关规定,电子合同可以定义为:双方或多方当事人之间通过电子信息网络以电子的形式达成的设立、变更、终止财产性民事权利义务关系的协议。因此,对于私募基金电子合同,通俗地讲,就是有关当事人将私募基金合同由线下签署转移到线上签署的一种订立方式。其显著特征是,在

---

[*] 作者单位:中证机构间报价系统股份有限公司。

合同签署过程中需要有电子签名、电子认证等多项技术标准加以规范。

（二）私募基金电子合同应用的现实意义

1. 有效降低私募基金合同的签署成本

从市场调研得知，私募基金纸质合同在签署过程中需要耗费大量人力和物力资源。仅以募集设立环节为例，每只私募基金设立可能涉及签署上百份纸质合同，每份合同的制作费、印刷费、运杂费等成本费用就高达百元，如果合同签署过程发生修改更正，又会连续增加签署成本，而后续合同保管及流转的人工成本也不低。相比之下，采用电子合同可以大大减少私募基金有关签约方的人力和物力投入，有效地降低了签约成本。

2. 有效提高私募基金合同的签署效率

私募基金纸质合同在签署过程中需要人力传递与流转，由于私募基金管理人、托管人、投资者等基金当事人常分散于异地，那么合同签署的传递与流转不仅会增加时间成本，还会遇到合同回收困难等问题。相比之下，电子合同通过在线签署不但可以突破时空限制，而且可以方便及时线上回收，提高私募基金合同签署效率。

3. 有效规避签署私募基金合同的违规风险

私募基金纸质合同在传递、流转、签署过程中无法有效验证合同签字或盖章的真实性及授权的有效性，甚至无法杜绝仿冒他人签字、使用"萝卜章"、篡改合同条款、签订"阴阳合同"等违法违规行为。相比之下，电子合同在签署过程中对相关基金当事人进行身份验证以及签名认证，能够确保合同签署过程真实有效，防止恶意造假。

4. 有效加强私募基金合同的存储管理

按照有关规定，私募基金纸质合同在签署完成后须进行存档管理，并要求留痕存档自基金清算终止之日起不得少于10年，这会耗费大量的物理存储空间，同时也不便于合同的调取查阅，期间甚至可能出现老化、丢失、损坏、泄密等问题，这势必加大了合同保管难度。相比之下，电子合同可以应用最新的加密存储技术，不仅能够确保合同永久安全保管，还方便合同随时查阅管理。

5. 有力推动私募基金行业信息化建设

目前私募基金行业信息化程度低，推广私募基金电子合同，无疑需要加大对信息化基础设施建设的投入，包括硬件、软件等，从而使得私募基金信息化、规范化、数据化管理得到迅速提升，保障私募基金"募、投、管、退"等环节对接顺畅，切实改善行业生态，满足行业现代化发展需求。

6. 有利于构建私募基金市场诚信体系

一方面，私募基金电子合同作为强有力的法律证据，可以有效对抗签署后基金当事人抵赖的风险，规范签约行为；另一方面，私募基金电子合同当事人若存在侵权、欺诈、内幕交易及其他损害投资者利益的不诚信行为，将作为诚信记录的征信依据，可纳入国家信用信息数据库，提高签约方失信成本。这在客观上将有助于推进我国市场诚信机制建设，营造良好的市场签约环境。

7. 有利于规范私募基金运作流程

传统纸质合同模式容易滋生私募基金管理人在尚未签署完成基金合同的情况下就开始基金运作等违规风险，甚至导致托管人、投资者等合同当事人最后无法正常回收合同，严重扰乱市场运作秩序。私募基金电子签约可以实现在线回收管理合同，及时告知投资者及相关基金当事人合同签署情况，杜绝"先运作、后回收"等市场乱象，保护有关当事方和投资者合法权益。

8. 有利于提高私募基金备案与监管效率

完成私募基金在基金业协会备案是私募基金投资运作的必备手续，而私募基金合同是备案的关键要素。据了解，传统纸质私募基金合同多达上百页，往往经过制作排版、印刷传递、流转签署、回收扫描、备案上传等环节，过程漫长且易出纰漏。私募基金电子合同签署完成后可以直接在线下载，免去纸质合同逐页扫描等前置环节，从而大大便利私募基金管理人的私募基金备案工作。不仅如此，采取私募基金电子合同备案有助于监管部门和行业自律管理组织对私募基金运作进行追根溯源，方便穿透式稽查，对欺诈、内幕交易、违规代持等违法行为实施事前、事中和事后全方位监管。

9. 有利于践行绿色金融发展理念

按照当前增长迅速的私募基金募集规模，所需的纸质合同要耗费大量纸张、油墨、电力、装订打包材料、运输包装材料等资源，而推行私募基金电子合同能够实现全程无纸化，无须运输，低碳环保，这样可以极大地节约纸质合同相关的社会资源，更好地践行绿色金融理念，促进社会可持续发展。

三、我国私募基金电子合同应用的可行性

与纸质合同相比，电子合同具有突破时空限制、保密防篡改等明显优势。近年来，我国高度重视电子合同的应用与发展，先后出台了《电子签名法》及相关法规。与此同时，在国家创新驱动发展战略推动下，互联网和移动互联网大规模普及，无纸化办公和信息化建设不断提速，电子签约和电子合同技术日趋成熟并在我国的电子商务、电子政务、电子金融等领域已广泛应用，这为私募基金行业电子合同的应用与推广提供了法律保障、技术支持和经验借鉴。可以说，当前私募基金行业以电子合同替代纸质合同已是水到渠成，其可行性突出体现在以下四个层面。

（一）私募基金电子合同应用法律合规上可行

其一，《合同法》第十条、第十一条明确规定，当事人订立合同的形式可以为合同书、信件以及数据电文（包括电报、电传、传真、电子数据交换和电子邮件）等，而电子合同则属于以电子数据交换的数据电文之类。

其二，《电子签名法》第三条、第十四条规定了当事人使用电子签名、数据电文的文书，不得仅因为其采用电子签名、数据电文的形式而否定其法律效力，可靠的电子签名与手写签名或者盖章具有同等的法律效力。

其三，《电子签名法》第十六条、第十七条等规定了电子签名需要第三方认证的，由依法设立的电子认证服务机构提供认证服务。为保障电子签名安全和法律效力，以及认证服

工作更加规范，国家立法机关和有关部门为此专门颁布了多项法律规章。①

其四，《电子签名法》第七条规定了数据电文不得仅因为其是以电子、光学、磁或者类似手段生成、发送、接收或者储存的而被拒绝作为证据使用；《中华人民共和国民事诉讼法》第六十三条规定将电子数据纳入证据类型；《最高人民法院关于适用〈中华人民共和国民事诉讼法〉的解释》第一百一十六条对电子数据做出明确界定，电子合同中的电子数据是可以作为法律证据的。

此外，政府的其他部门与相关单位也对电子合同的规范应用制定了实施细则。② 可见，这些法律规章的实施为私募基金行业电子合同的应用与推广在规范操作层面提供了可借鉴的制度设计。

（二）私募基金电子合同应用技术安全上可行

首先，互联网、移动互联网、云计算等信息技术的快速发展和日益普及为电子合同提供了便捷的信息传播通道。当前，电子合同在电子商务、电子政务、电子金融等领域已被广泛应用，这些为电子合同应用于私募基金行业提供了可能。

其次，电子签名和数字证书技术发展较为成熟。电子签名技术主流运用了 Hash 算法和非对称加密算法等 PKI 技术体系，用于识别签约主体的身份并表明签约主体对电子签约内容的认可。数字证书是以密码学为基础，采用数字签名、时间戳等技术，在互联网上建立的有效信任机制。电子合同的数字证书是电子认证服务机构（CA 机构）颁发的，用于对签约主体的电子签名进行安全认证，保证电子合同签名的真实性。目前，电子签名和数字证书已属于电子签约市场成熟通用的信息安全技术，可以确保电子签名为签约主体专有，电子签名仅由签约主体控制，签约内容与签名留痕防篡改，从而为电子合同应用到私募基金领域提供了可靠的技术保障。

最后，生物识别和区块链等创新技术能够为电子合同的应用起到保驾护航作用。电子签约的必要环节是对签约主体进行身份认证，生物识别技术可以结合手机等智能设备，识别个人签约主体的指纹、脸像、虹膜、声音、笔迹等特征，并通过活体检测等验证方式与公安部相关数据精准比对，实现对个人签约主体的身份鉴定。另外，区块链是一个创建信任的技术，集合了不可篡改、集体维护、分布式存储等多重技术优势。区块链技术在电子合同领域主要用于数据存证，电子合同签署后数据将同步到区块链成员的节点上，由所有权威节点共同进行存证及维护。存证信息一经发布，任何一方都无法篡改，数据在所有节点加密存储且

---

① 《电子认证服务管理办法》《电子认证服务密码管理办法》《证书认证系统密码及其相关安全技术规范》等对电子认证机构、电子认证服务密码管理等做出相关规定，《网络安全法》《信息安全等级保护管理办法》《信息安全技术以及个人信息安全规范》等对电子认证的网络与信息安全也做出了相关规定。

② 中国商务部发布的《电子合同在线订立流程规范》对电子商务活动中在线订立电子合同的流程规范进行了细化规定；中国证券登记结算有限公司发布的《证券公司资产管理电子签名合同操作指引》对证券公司发行资产管理计划中使用电子签名合同的操作规范进行了细化规定；中国证券投资基金业协会发布的《基金管理公司及其子公司特定客户资产管理业务电子签名合同操作指引》对证券投资基金管理公司及其子公司在开展特定客户资产管理业务中使用电子签名合同的操作规范进行了细化规定。

永不丢失，充分满足了电子证据司法存证的要求。① 引入生物识别和区块链等创新技术，可以助力私募基金电子合同的执行更加安全与规范。

（三）私募基金电子合同应用外部环境上可行

国内相关行业电子合同的广泛应用为私募基金电子合同应用起到了示范引领作用。从国内电子合同的服务领域及业务特点来看，其主要服务方向大多是电子商务、电子政务、电子金融、人力资源、物流行业、旅游行业等，其触角伸入网上银行、网上保险等金融领域的已占较大比重，市场已积累了一定经验，市场参与各方对电子合同已有一定认知。不仅如此，据了解，券商资管、基金专户等资管产品也已率先应用电子合同。可见，推广电子合同是互联网大资管时代的主流方向。

我国的私募基金行业近年来发展迅速，截至2018年8月底，基金业协会备案的私募基金有74 701只，照此推算，所需纸质合同达百万份，对应的基金管理规模超过12万亿元人民币。而按照私募基金发展每年两位数的增长势头，如此庞大的基金管理规模若仍采用纸质合同管理，显然是落后于市场发展客观要求的。如果采用电子合同管理，可以显著提高签署效率和管理效能，大大降低行业成本和资源耗费。经测算，在私募基金行业中，使用电子合同签署方式的成本比使用纸质合同签署方式的成本减少一半，同时能缩短一半的周期。因此，将电子合同应用于私募基金行业，进而建立第三方电子签约平台不仅势在必行，而且市场空间巨大。

（四）私募基金电子合同应用业务需求上可行

从市场需求看，私募基金在"募、投、管、退"阶段会签署众多不同的文件，如私募基金募集设立时期需要签署基金产品合同、投资者承诺书、投资者告知书、风险揭示书、基金托管协议、基金代销协议等，在基金运作投资期间可能签署申购赎回协议、投资协议、补充协议等，在基金转让交易时可能签署基金转让协议等。而电子合同可以及时地服务于私募基金全流程签署，灵活地接入认证、办公、统计、存档等各类系统，有效地适应内部审批和外部签署的应用环境，充分地满足私募基金管理人、托管人、投资者、代销机构等主体的签约需求，完整地保全和出具事实法律证据，保护签约各方的合法权益。所以，电子合同应用可以与私募基金交易运作区分开来，形成互补，成为服务私募基金签约的重要工具。

四、我国私募基金电子合同应用需要解决的现实问题

将电子合同应用于私募基金领域既是技术应用的创新，也是市场运营模式的创新。尽管该项技术在其他领域的应用已比较成熟，但是考虑到私募基金行业的特殊性，电子合同作为私募基金行业基础设施之一，应主要解决以下方面的问题。

---

① 《最高人民法院关于互联网法院审理案件若干问题的规定》第十一条明确规定，当事人提交的电子数据，通过电子签名、可信时间戳、哈希值校验、区块链等证据收集、固定和防篡改的技术手段或者通过电子取证存证平台认证，能够证明其真实性的，互联网法院应当确认。

（一）私募基金电子合同的中介服务界定不够清晰

当前私募基金的服务机构有托管机构、代销机构、外包机构等，而电子合同服务本身区别于基金托管、基金销售、基金份额登记、基金估值核算等服务范畴，与现有的基金服务定位并不匹配，应独立为新的服务类别。现阶段，如果缺少规范，现有的服务机构开展电子合同服务就容易造成服务定位混淆，超出业务经营范围，甚至产生利益冲突。

（二）私募基金电子合同缺乏统一规范标准

目前，证券公司的资管产品、基金管理公司及其子公司的专户产品已经有了使用电子签名合同的规范标准，但并未提及私募基金可以适用。同时，现有的第三方电子合同系统多种多样，技术标准不一，由于没有行业统一的规范标准，容易导致私募基金电子合同缺乏统筹管理和有效监管，出现重复建设、无序发展等市场局面。

（三）私募基金电子合同运营主体的资质不够明确

电子合同本属于市场应用类基础设施，而当前私募基金电子合同运营主体不少是私募基金托管人、代销机构等机构，同时这些机构还是电子签署的一方，独立性不强。由于没有针对私募基金电子合同运营资质的相关规定，运营主体若成为签署方，其身份与角色在业务上很难做到有效隔离、自证清白，缺乏一定的公信力和独立性，那么为了抢占市场份额其可能会做出野蛮扩张、不当竞争等非理性行为，甚至可能出现损害投资者利益的风险隐患，影响行业生态发展。而现有的众多机构若均开展了电子合同服务，必须经私募基金管理人、投资者等多方反复认证，既不经济，也不效率，最终也会给投资者造成麻烦。

（四）私募基金电子合同系统的信息安全问题

当前私募基金电子合同系统的用户群体主要是从事私募基金相关的专业金融机构、高净值投资者等，他们对系统安全、隐私保护、数据存储等都有较高的需求，因此市场对私募基金电子合同的信息系统构架、软硬件设施、系统服务功能、网络运行环境、入侵检测防护、数字签名算法、数据传输存储、持续运营能力、安全运维管理、信息保密管理等信息安全保障方面提出了更高的要求。可以说，以上任何一项如果成为"木桶短板"都会影响电子合同系统的可用性、完整性和保密性，甚至可能产生严重的信息安全事故。前段时间，国外Facebook、国内数据堂的数据泄露引发信息安全危机，足以为前车之鉴。

（五）私募基金电子合同使用习惯有待进一步开发培育

私募基金电子合同尚处于萌芽阶段，用户电子签约习惯还未形成，认知接受程度也较低，所以，需要监管部门及行业自律管理组织对私募基金行业进行引导，通过媒体宣传推广、投资者教育、从业人员培训等方式培育行业的电子合同使用习惯。

五、规范我国私募基金电子合同应用的政策建议

(一) 规定私募基金电子合同运营主体资质，明确服务定位

监管部门应出台相关规章，明确私募基金电子合同运营主体资本金、独立身份、核心技术等资质门槛，与私募基金托管、代销等服务区别开来，实行单独的外包服务定位，支持具有行业公信力和独立性的行业基础设施平台（如中证报价及其他行业服务机构）开展私募基金电子合同服务，避免平台重复建设，实现专业化管理。

(二) 制定私募基金电子合同行业规范标准，加强监管指导

监管部门要制定私募基金电子合同行业规范标准，从基本原则、身份验证、合同格式、签名算法、流程规范、系统管理、技术标准、风险控制、数据安全、权责界定等方面指导私募基金行业规范使用电子合同，建立严格的内部控制制度，加强各类风险管理，有效执行业务隔离，切实防范利益冲突。

(三) 建立并完善私募基金电子合同系统信息安全标准体系，加强信息安全防护

针对信息安全要求，监管部门和行业自律管理组织要规范私募基金电子合同系统信息安全标准，指导行业内的相关运营主体建立内外部信息安全保护制度，取得国家信息安全管理体系认证，加强信息安全团队的建设，确保系统能够安全持续正常运营；针对数据安全管理，相关运营主体应高度重视数据接口、数据传输、数据加密、数据交互、数据分级、数据访问、数据存储、数据灾备、数据存证、数据授权、数据脱敏等关键要点，重点强化数据保护、访问控制和终端安全，加强用户隐私和商业机密保护措施，对接监管指定的数据存管机构，防止数据泄露、滥用、丢失等情况发生。针对各类信息安全风险，相关运营主体应加强主动式安全与响应式安全的监控，注重代码评审、渗透测试、性能测试等安全检测，充分做好黑客攻击、威胁情报、系统故障等突发情况的应急预案，并不断通过信息安全审计，持续加固漏洞补丁和防火墙，有效实现事前防范、事中防御、事后防控，全方位提升信息安全防护能力。

(四) 建立私募基金电子合同诚信约束机制，守护契约精神

监管部门、自律管理组织、工商登记部门、司法部门等相关单位要加强监管协作，建立健全私募基金电子合同信用联动机制，对接中国基金业协会"诚信信息公示平台"，纳入中国证监会"资本市场诚信数据库"，实行穿透式监管，实现信息互通共享，加强司法保障工作，对于失信、侵害投资者利益等违法违规行为进行联合惩戒。

(五) 鼓励私募基金电子合同市场业态创新，促进行业稳健发展

政策支持上，国家有关部门应出台相关政策，鼓励私募基金电子合同的业态创新，支持应用大数据、云计算、区块链、人工智能等创新技术；配套服务上，运营主体应紧密结合私募基金运作特点，围绕电子签约完善配套功能如适当性管理等，联合保险机构提供电子签名等信息安全的保险保障，接入法律服务机构做好衍生服务，如保全公证、司法鉴定、纠纷调

解、网络仲裁、在线诉讼等；行业管理上，行业自律管理与执法部门要密切配合，打通私募基金电子合同工商登记、协会备案的线上快速通道，提升私募基金行业运行效率。

（六）提高私募基金电子合同市场认可程度，做好试点推广工作

市场宣传上，有关各方要加大私募基金电子合同应用推广的宣传力度，通过媒体宣传报道、投资者教育基地、"电子合同宣传月"等方式，让市场有关各方充分认识到将电子合同应用于私募基金的重要意义及其优越性；业务培训上，监管部门和行业自律管理组织要紧紧围绕私募基金电子合同法律规章、操作规范、风险揭示等内容分层次地对监管系统干部、行业管理人员及业务骨干进行定期或不定期专项培训，增强电子签约合规诚信意识，熟练掌握电子合同签署与管理的关键要点，规范操作流程，使私募基金电子合同的签署更加规范与顺畅；试点推广上，监管部门要鼓励大型私募基金管理人率先开展私募基金电子合同应用的试点工作，分享典型案例示范，在运作规范、市场认可度提高的情况下，逐步在全行业内加以推广与普及。

六、结语

综上所述，电子合同是当今互联网科技浪潮下诞生的"新物种"，更是法律与科技有机结合的"新生命"，具有签署高效、管理便捷、存储安全、节省成本等天然优势，能够有效规范签约行为，提升交易效率，增强诚信约束，易于市场监管。将电子合同引入私募基金领域，进而替代纸质合同，无疑是该领域一场技术革命和业态创新。因此，我们要以市场需求为导向，以技术创新为引领，借鉴相关行业较为成熟的电子合同管理经验，为私募基金电子签约设计出更加科学的一揽子解决方案，在监管部门及有关各方的合力推动下，早日实现我国电子合同在私募基金行业的应用与推广。

浅析美国账户管理业务的发展及借鉴

中国证券业协会托管结算委员会专题研究小组*

一、账户管理概述

在美国,账户管理又称管理账户(Managed Account),即以投资者需求为核心,为投资者提供涵盖投资、税务、教育、养老等个性化的投资方案,并按约定方案提供投资组合管理、交易执行、清算交收等一揽子金融服务。

(一)账户管理业务的基本理念

为了更好地理解账户管理业务的运营理念,需明确以下几点基本理念:

1. 账户管理是基于充分了解客户需求的前提下,将客户在投资、税务、教育、养老等方面的财务需求转换为可执行的投资目标。

2. 投资者的目标是通过个性化的资产配置策略和专业化的投资组合管理来实现的。

3. 账户管理业务的目标客户是有着中长期投资计划,且不过分追求频繁和投机交易的投资者。

以美国为例,账户管理业务最主要的机构客户是养老金计划,注重的是10—20年甚至更长周期的资产配置方案。

(二)美国账户管理业务的发展历程

账户管理业务产生于美国20世纪70年代,自"大萧条"以来的最大"熊市"让美国的证券公司纷纷探索新的业务出路。1973年,被视作账户管理业务先锋人物的James Lockwood离开Dean Witter加入E. F. Hutton,建立了第一个独立管理账户(Separately Managed Account,SMA)。此后十多年,Hutton公司几乎垄断了账户管理市场,直到1987年发起了

---

* 研究小组成员:中国银河证券股份有限公司:许天慧、王靖、姚泽力。

投资管理人选择计划（Hutton Select Managers Program）。发起人代替投资管理人承担起账户管理业务中包括账户簿记、业绩报告及客户沟通等在内的受托责任及相关工作，有效降低了业务门槛和收费，同时使得投资管理人可以更充分地发挥其最擅长的组合管理优势。这一计划彻底改变了业务版图，吸引了越来越多的同行的关注和兴趣，同年美林证券试水账户管理业务。自此，账户管理业务进入快速发展阶段。①

从服务提供商来看，越来越多的证券公司、基金管理人以及保险公司开始提供账户管理服务，其中大型综合性证券经纪公司及其关联投资顾问机构占据相对主导地位。

从管理资产规模来看，账户管理业务呈现爆发式增长态势。据美国投资管理协会（Money Management Institute，MMI）统计，截至2018年第一季度，账户管理资产规模已达6.1万亿美元。②

从投资标的来看，产品不断创新，标的不再局限于传统的股票或债券组合，出现了专门投资于共同基金和ETF的账户管理计划（Mutual Fund Advisory Program、Exchange-traded Fund Advisory Program）以及尝试投资于房地产投资信托基金（REITs）、商品、对冲基金、期货、期权、外汇和信用衍生品等的创新服务项目。

从投资策略来看，开始仅限于单一策略的独立管理账户，后来演变为多种策略的多策略管理账户（Multi-disciplineAccount，MDA）。目前迅速兴起的是可以在同一账户内设置不同的子账户，分别提供包括独立账户管理（MSA）、ETF等在内的多种项目和产品的统一管理账户（Unified Managed Account，UMA）。

二、美国账户管理业务架构

虽然账户管理业务在美国已有数十年发展历史，但是其业务模式尚未有完全固定的标准，而且随着技术的进步和服务理念的创新，账户管理业务也向着更细化、更多元的方向发展。不过，经研究和总结，不同类型的账户管理项目在业务架构上仍具有一定的共性特征。

（一）参与主体

根据美国投资管理协会（MMI）的划分，一个典型的账户管理业务项目包含以下参与主体。

1. 投资者：资产的委托人，即账户管理业务的客户。

2. 投资顾问：为客户提供的服务包括了解客户需求，建立客户档案，明确投资目标，提供投资建议或资产配置策略，协助或代替客户选择投资经理、账户监控以及投资建议调整等。投资顾问既可能是从属于发起人的投资顾问，也可能是独立的第三方投资顾问。

3. 发起人：不同类型的账户管理项目的发起人提供的服务内容有所不同，一般包括协助或代替客户进行开立账户、协调投资顾问与投资管理人、交易执行，同时负责后台业务处理（技术支持、合规风控、账户报告、绩效考核）等。通常发起人与投资顾问、投资管理

---

① 参考文献：《the New Managed Account Solutions Handbook—How to Build Your Financial Advisory Practice Using Managed Account Solutions》。
② 参见MMI官方网站：http://www.mminst.org。

人为同一机构，或存在密切的关联，或处于合作关系。

4. 投资管理人（也称"投资经理"）：负责投资组合构建和管理，下达交易指令，由发起人进行交易执行。

5. 托管人：其职责通常包括客户资产的保管、处理所有交易的交割和提供账户明细记录等。

在实际业务中，以上参与主体并没有严格的区分，由于美国金融混业经营，一家综合性的金融机构可同时承担多个角色，不同角色也可能由同一人担任。以瑞银为例，在其提供的全权委托账户管理项目（Discretionary Programs）中，瑞银同时承担了投资顾问、发起人和投资管理人的职责，其中存在销售代表同时担任投资顾问和投资经理的情形，通常被称为RPM（Representative as Portfolio Manager Program）。而嘉信理财则采用与独立第三方投资顾问合作的模式，实现客户资源共享和业务发展共赢。

（二）业务框架（见图1）

账户管理业务的前提是了解客户需求并将其转化为具体可执行的投资目标；基础是强大的投研平台供给，包括专业的研究人员和投资经理、丰富多元的策略模型和产品标的，最终形成合理、可执行的投资组合；核心是通过个性化的资产配置提供满足客户目标的一揽子解决方案。

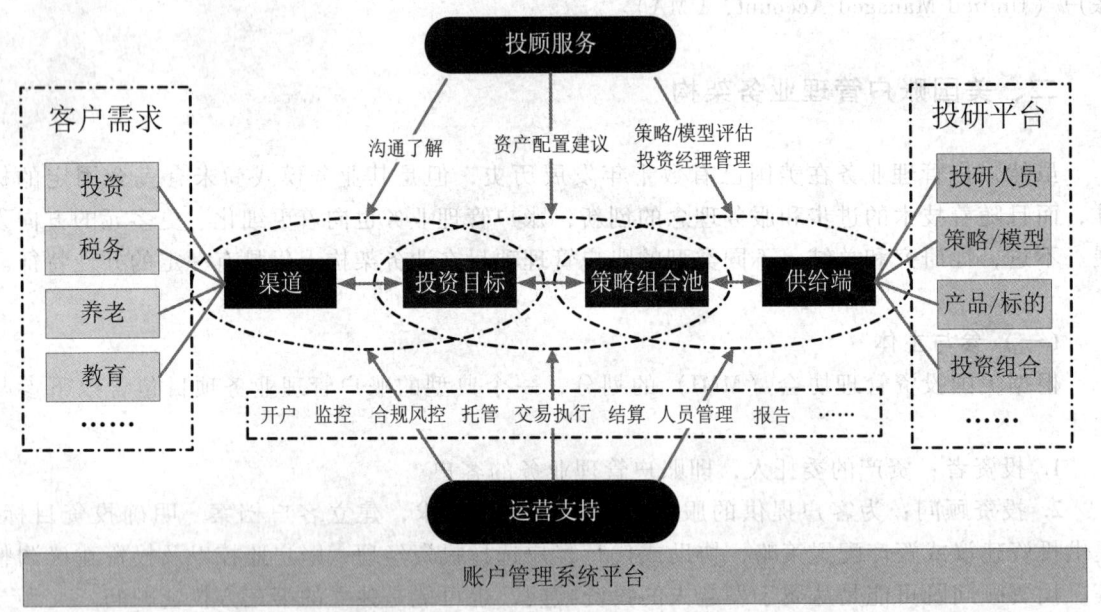

图1 账户管理业务框架

客户通过销售渠道与投资顾问（可能是独立的第三方）建立联系，投资顾问需要与向客户进行沟通，了解客户的基本情况和投资需求，包括资产状况、信用状况、风险承受能力、投资期限、投资品种等信息，从而明确客户的投资目标和投资限制。

投资顾问根据客户的投资目标，结合自身在投资策略方面的经验以及对当前市场的专业判断，为客户提供资产配置建议，制定资产配置方案。方案内容包括客户需求类型、委托资产、投资期限、风险承受能力、模拟报酬和损失、投资品种，以及各投资品种对应的目标配置比例、上限配置比例和下限配置比例等。表1为国外资产配置方案的方案示例。

表1　　　　　　　　　　　　　　　资产配置方案示例

1. 客户类型	应纳税的个人客户		
2. 当前资产	650 000 美元		
3. 投资期限	5 年以上		
4. 模拟报酬率	8.0%		
5. 模拟亏损率	−9.4%（置信水平5%）		
6. 资产配置	下限（%）	战略配置比例（%）	上限（%）
（1）国内大市值股权类投资			
①混合型	5	10	15
②成长型	5	10	15
③价值型	5	10	15
（2）国内中市值股权类投资	5	10	15
（3）国内小市值股权类投资	5	10	15
（4）海外股权投资	5	10	15
（5）中期固定收益投资	30	35	40
（6）货币性投资	0	5	10

根据资产配置方案，投资顾问需要在评估投研平台供给的基础上，按照一定的标准，协助或代替客户选择一名或多名投资经理（有时投资顾问会同时担任投资经理）。投资经理需以客户利益最大化为原则，构建具体的投资组合，下达投资指令并根据市场表现对投资组合进行调整。

投资顾问还会根据客户要求，为其提供持续的账户监控服务，当发现客户或市场的变化导致当前资产配置方案不再满足客户的需求时，要对方案进行再平衡。

账户管理业务离不开系统平台全方位的运营支持，包括签约开户、交易执行与结算、合规风控、人员管理、全面的信息披露（即时账户持仓和交易明细查询、定期或不定期账户报告）等。

（三）账户管理业务收费

账户管理业务收费包括咨询顾问费、交易手续费、清算和托管费、发起人收费以及投资管理人收费等。

因为美国实行金融混业经营，所以在账户管理业务中，经常由同一家金融机构或有关联关系的机构同时承担了以上职责。因此，在美国证券公司或其关联投资顾问提供的账户管理业务中，最常见也最典型的收费模式是打包收费（Wrap Fee），即统一按照一定标准，如账户管理资产规模的一定比例，收取账户管理费用，投资者无须再支付交易手续费、清算和托管费、发起人收费等经纪费用。

与传统的收取交易手续费模式相比，在打包收费模式下，投资顾问和投资管理人的佣金不再与账户的交易量挂钩，而是与管理资产的规模相关。管理资产的规模需要通过满足客户需求来提高，即投资顾问、投资管理人与客户的利益达到一致，在一定程度上防范了利益冲突，体现了账户管理以客户需求为准的业务导向。

根据账户管理模式、提供服务内容的不同，美国账户管理业务有以下几种收费方式：

1. 按资产规模的一定比例收费

根据资产规模、服务范围、个性化程度、投资标的和投资策略的复杂程度等方面确定不同的费率。一般，资产规模越小、服务个性化程度越高、投资标的和投资策略越复杂，费率越高。瑞银一般不高于 2.5%，美林收费在 2.2% 以内，以低成本为导向的先锋基金费率不高于 0.3%。部分情况下，投资管理人可能会单独收费，以美林为例，投资管理人可能会收取 0.14%—0.65% 的费用。

2. 按固定金额收费

多适用于规模较小或非全权委托账户管理模式。

3. 按小时收费

类似律师收费模式，多适用于非全权委托账户管理模式。

4. 基于业绩表现收取浮动管理费

美国证券交易委员会（SEC）规定，只有当资产规模达到一定要求时，才允许按业绩收费（2011 年 SEC 新规则规定总资产在 1 000 万美元以上，净资产在 200 万美元以上）。

（四）账户管理业务的资产准入门槛

客户可将资金或证券等转入相应的管理账户，接受账户管理服务。根据业务定位、服务范围、个性化程度、投资标的和投资策略复杂程度等方面的不同，客户委托资产的准入门槛也高低不等。如美林定位于服务高净值客户群体，而先锋基金以低成本为业务导向，所以相似的服务项目中，美林的资产门槛从 10 万—25 万美元不等，而先锋基金只有 5 万美元。再比如，同样是瑞银证券，非全权委托模式下资产门槛可低至 5 000 美元，而服务范围更宽、允许个性化程度更高的统一账户管理项目资产门槛高达 37.5 万美元。

三、美国账户管理业务模式

由账户管理业务架构可以看出，投资顾问在账户管理中承担着非常重要的角色，贯穿整个账户管理的全过程。根据投资顾问在账户管理过程中实际参与决策的情况，账户管理的模式可分为全权委托账户管理模式和非全权委托账户管理模式。不同模式下，按照投资标的、投资策略（前文已述）、服务提供方等要素，又可细分为不同类型的账户管理项目（Program）。

（一）全权委托账户管理模式

在全权委托账户管理模式下，当客户签订全权委托账户管理协议后，投资顾问为客户提供资产配置建议并与客户确定资产配置方案，在协议约定的范围内，投资顾问或投资经理可以在不与客户确认的情况下代客户进行交易。具体服务流程如图 2 所示。

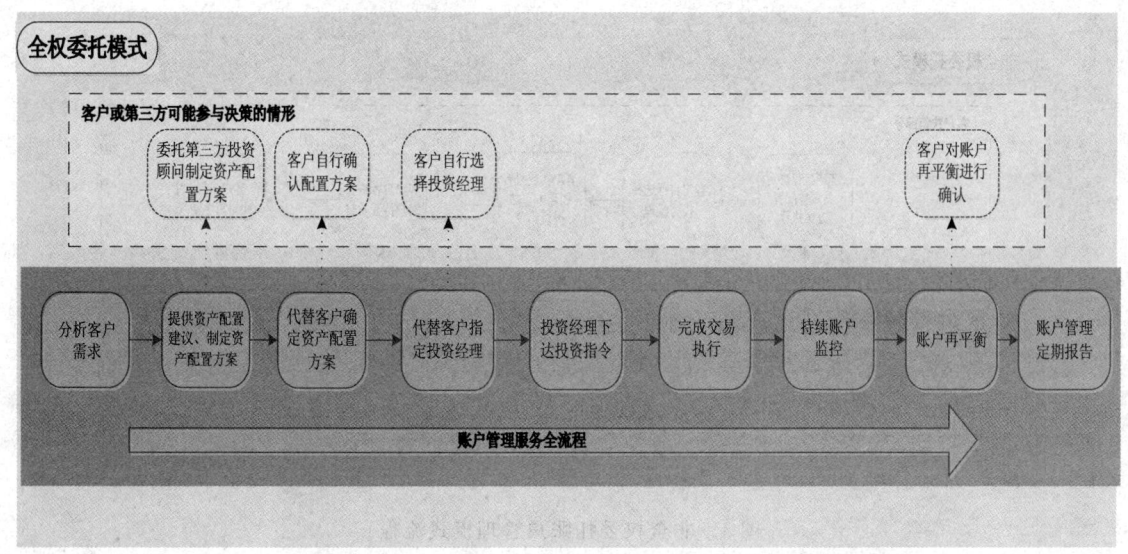

图 2　全权委托账户管理模式流程

需要明确是的，全权委托账户管理业务中，虽然客户将账户的交易权限授权给了投资顾问或投资经理，但与资管产品不同，客户始终拥有账户所持证券的直接所有权，且可以在授权时附加有关账户投资的个性化要求，控制账户中资产的流入与流出。此外，客户不但可以通过定期账户报告了解账户业绩情况，还可以随时查询账户持仓及交易明细。由此可见，相比于资管产品，账户管理业务为客户提供了更直接的资产控制权以及更充分的信息披露。

全权委托账户管理模式下，账户管理业务按照投资顾问和投资经理的提供方不同，可分为不同的账户管理项目。以瑞银为例，在全权委托账户管理模式下，分为瑞银组合管理计划（UBS Managed Portfolio Program）、组合管理计划（Portfolio Management Program）以及瑞银组合咨询计划（UBS Advice Portfolio Program），其区别在于提供服务的投资经理分别是总部投资专家、经选拔的投资顾问以及 UBS 投资管理团队。

（二）非全权委托账户管理模式

在非全权委托账户管理模式下，投资顾问就客户需求提供资产配置建议，制定资产配置方案，但完全由客户决定是否以及如何来执行具体的资产配置方案，并且由客户自行维持资产配置与个人投资目标的一致性。

根据客户需求，投资顾问可为其提供持续账户监控服务，由客户根据自身的个性化需求设置相应的资产配置限额。如果客户资产配置比例在一段时间内持续超过该限额，投资顾问将通知客户并由客户自行更新投资组合。具体服务流程如图 3 所示。

非全权委托账户管理模式的最新体现之一是智能投顾。比如先锋基金的个人线上咨询服务（Personal Online Advisor）由客户线上输入相关的信息数据，系统根据既定策略和模型自动生成投资组合清单，辅助客户作出投资决策，至于是否以及如何根据此清单进行投资交易，则完全由客户自主决定、自主完成。目前，先锋该项服务是不收取管理费用的。

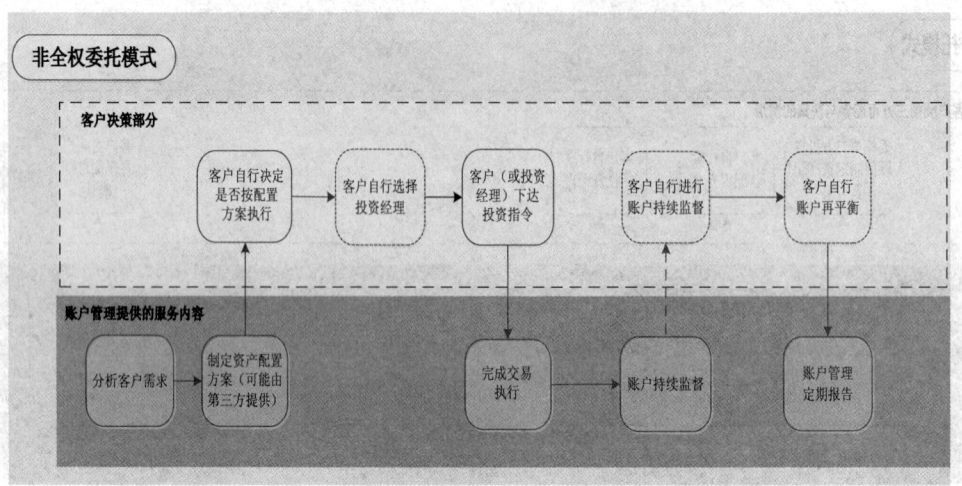

图 3 非全权委托账户管理模式流程

四、相关建议

经过多年的发展,账户管理业务已成为美国投资顾问业务的重要组成部分,账户管理资产规模也长期保持着快速增长态势。但是,由于制度限制以及财务规划或资产配置在国内发展尚浅,国内的证券投资顾问业务仍停留在以推荐股票为主,辅以标准化资讯产品的投资建议阶段。面对行业由佣金竞争向增值服务转变的趋势,建议结合美国账户管理业务的发展经验,在现有制度框架下,探索进行业务转型。2015 年中国证券业协会起草的《账户管理业务规则(征求意见稿)》尝试在制度上为接受客户授权委托、代理客户进行账户管理进行法律定位,为投资顾问业务的持续发展预留空间,形成多层次、多样化的证券服务体系。因此,建议进一步修改完善并适时发布实施《账户管理业务规则(征求意见稿)》,为国内证券公司开展账户管理业务提供业务界定、业务资质、业务规范以及内控管理等方面的制度指引。围绕全权委托账户管理业务的主要流程,建议在以下方面进行充分考虑。

(一)客户适当性管理

全权委托账户管理模式下的客户适当性管理需建立在充分了解客户的基础上。除传统的风险测评问卷外,可充分运用大数据处理、人工智能、机器学习和认知计算等技术手段,根据不同的服务内容针对性地通过线上、线下等多渠道、多维度地获取客户的基本情况、财务状况、投资经验、投资目标、投资期限、风险承受能力等信息,兼顾效率和效度,做好风险测评。根据测评结果,科学设计客户风险类型,将客户类别与投资策略进行最佳匹配,同时建立持续跟踪检查机制,实现客户风险测评与资产配置的动态适配管理。

(二)投资顾问和投资管理人

原则上投资顾问负责根据客户需求确定资产配置方案,投资管理人负责根据配置方案构建投资组合。但在实际操作中,部分投资顾问承担了投资管理人的职责,可以直接为客户下单交易。因此，考虑到业务的复杂性以及国内投资顾问资质现状，建议严格限制投资顾问的交易权限和额度，根据业务发展情况逐步放开。

全权委托账户管理业务的投资顾问和投资管理人需经过严格选拔和系统培训，建议根据其专业水平、客服经验、过往业绩等进行分级认证，对应客户分层体系进行分类服务。同时严格进行过程管理，建立巡检抽查制度，保障账户管理服务专业化和标准化。投资管理人还可根据风险收益特点以及不同投资风格进行分工，充分发挥投资管理人的专业优势。

（三）账户管理

用于账户管理业务的客户账户需单独设立专户，与客户自主交易账户分别进行管理。鉴于交易权限不在客户手中，需提示客户交易密码与资金密码分开设置和管理。除了定期向客户发送账户信息、对账单和投资报告外，还需允许客户实时查询账户资产状况和交易流水。参照现有账户体系下保护客户资产安全的相关措施，一并做好对应安排。

（四）账户监控

为保持账户投资状况与客户投资目标的一致性，需安排持续性的账户监控机制，明确再平衡的触发方式、间隔频率、触发阈值、调整方式、应对机制等。此外，还可根据客户需求提供止盈止损服务并在协议中做出约定。

（五）风险揭示和信息披露

提供全权委托账户管理服务，需要充分利用相关资源进行投资者教育，规范账户管理业务推广和客户招揽行为，向客户全面揭示业务风险，对于实际存在或潜在的利益冲突进行充分的信息披露，禁止对服务能力和过往业绩进行虚假、不实、误导性的营销宣传，禁止做出保本保收益的相关承诺。通过服务协议等法律文件，明确各方权利、义务、责任以及客户授权委托和服务收费标准，做到条款公平合理，具有可操作性。

（六）防范利益冲突和利益输送

账户管理业务要求投资顾问和投资管理人基于客户利益做出相应投资决策。对于可能存在利益冲突的情形，做好相应安排。例如，建立账户管理业务与投行业务、自营业务、研究业务、资产管理业务等相关业务之间的信息隔离墙管理机制；投资顾问、投资管理人与产品销售人员单独设立，分别考核，交易佣金和销售手续费等不纳入账户管理业务中投资顾问和投资管理人的考核指标，防止其为赚取佣金或手续费而进行过度交易；坚持公平公正对待客户原则，严禁利益输送或内幕交易等。

（七）业务收费

账户管理收费模式应当使公司与客户利益具有一致性，保持投资顾问和投资管理人投资建议和投资决策的独立性。同时，收费模式应当简单易行，公平公正。对于不同的客户类型与客户需求，可适当体现收费的差别化。建议参考美国账户管理经验，采用打包收费的模式，根据账户管理资产规模的一定比例收取账户管理费。为适当激励投资顾问提高账户管理收益率，也可参照国内部分开放式基金基于一定业绩基准收取浮动管理费的做法。服务内容和收费标准需向客户明确公示。

（八）业务管理制度

开展账户管理业务，需建立和完善相应的业务管理、人员管理、策略管理、合规风控等相应制度和管理办法，明确开展账户管理的业务原则、组织保障、流程设计、信息披露、合规风控安排以及相关人员的资质要求、职责划分、过程管理和考核标准等，为账户管理业务提供规范指引和制度保障。

国内 PB 业务发展现状与中小券商业务发展路径研究

邓 维*

一、PB 业务内容与发展前景

主券商业务（Prime Brokerage，PB），起源于20世纪70年代的美国，是指券商为专业投资者提供交易结算、资产托管、后台运营、研究支持、杠杆融资、证券拆借、资金募集等一站式综合金融服务。国内 PB 业务起步于2010年，并在2014年券商可以开展基金托管与基金服务（外包）业务后得以兴起发展，因此国内通常以基金托管与外包业务作为 PB 业务的鉴定标志。

随着资本市场投资者结构优化进程加快，机构客户业务将是券商必然选择。而 PB 业务正成为券商机构客户业务的重要抓手。一方面，PB 业务有利于券商拓展机构客户，推动经纪业务机构化、产品化发展；另一方面，PB 业务可以促进券商整合资源，建立以客户需求为导向的综合服务体系。此外，PB 业务能够使客户价值最大化，为券商带来综合性收入，改变"看天吃饭"现状。

因此，PB 业务成为各家券商的朝阳业务。尤其是近几年私募基金的飞速发展，极大地推动了 PB 业务发展。《中国基金报》2016年曾报道，未来10年内 PB 业务市场至少将达到20万亿元规模；海通证券研究所测算，预计2018年 PB 业务收入可达345亿元，约占券商总收入的10%。

二、国内 PB 业务发展现状

（一）发展概况

截至2018年7月，14家券商具有基金托管业务资格，20家券商具有基金服务业务资

---

* 作者单位：长江证券股份有限公司。原载于《中国证券》2018年第8期。

质，59 家券商具有私募基金综合托管服务资质，均据此开展 PB 业务。在公募基金市场，券商难以撼动银行销售能力的优势地位，托管数量与规模均与银行差距巨大。不过，由于券商可更加专业、高效地满足私募基金个性化、综合化服务需求，券商可在私募基金领域大展拳脚。PB 业务覆盖了近四成规模的私募基金，未来仍有巨大的发展空间。大型券商对 PB 业务高度重视、早布局和高投入，先发优势明显（见表1）。然而，中小型券商的 PB 业务资产规模较小，均为几十亿元至几百亿元。

表 1   部分券商 PB 业务发展现状

		招商证券	国泰君安证券	国信证券	中信证券	海通证券	广发证券	光大证券	东方证券
业务资格	基金托管资格获批时间	2014 年 1 月	2014 年 5 月	2013 年 12 月	2014 年 10 月	2013 年 12 月	2014 年 5 月	2018 年 2 月 2 日申报	2017 年 7 月 25 日申报
	基金服务资质备案时间	2015 年 4 月	2015 年 4 月	2015 年 4 月	2015 年 11 月	2015 年 6 月	2015 年 6 月	2015 年 11 月	2015 年 11 月
业务概况	资产规模（亿元）	20 788（含资管子公司 7 794）	7 550	(2016 年半年报 6 000)	—	(2017 年半年报 2 793)	1 508.47	1 524（含交易与代销）	706
	产品数量（只）	16 354（含资管 660），托管 9 490，外包 6 864	5 927	数量行业第二，2016 年中 7 000	托管 4 061，外包 4 444	—	—	1 105	1 006
	PB 业务特色	托管与外包+全业务链	托管与外包	托管与外包	融资+托管	托管与外包	托管与外包+孵化	外包+种子基金	外包+种子基金
	业务来源	约 60% 托管部，40% 机构部与分支机构	约 1/3 零售，1/3 机构部，1/3 托管部	约 50% 托管部，50% 分支机构	分支机构为主	分支机构为主	分支机构为主	分支机构为主	分支机构为主
定位与考核	PB 业务定位	重要战略业务	重要战略业务	战略性业务	重点发展业务	战略性业务	属四大业务战略之一	转型发展关键业务	大力发展私募综合金融服务
	托管部定位	业务部门	业务部门	—	业务部门	业务部门	—	—	业务部门
	考核指标（通常有保护期）	规模+新增规模为主，收入为辅	规模为主，收入为辅	—	—	规模+收入	规模	—	规模

注：表中准确数据来源于 2017 年年报，其他信息来源于行业调研。

（二）战略定位

大型券商均将 PB 业务定位为重点发展的战略性业务。例如，招商证券将 PB 业务放置于极高重视程度的战略布局之上，提出"得机构者，得天下"，举全公司之力发展机构业务，并于2016年在经营管理大纲中明确提出"构建面向机构客户的主券商服务体系"。国泰君安证券也在2016—2018年发展战略规划纲要中明确指出将以客户需求驱动综合金融服务升级，并将托管与外包业务上升到公司战略层面，认为其是券商功能性业务。中信证券提出经纪业务"产品化、机构化和高端化"的发展战略，而华泰证券制定了经纪业务向主经纪商业务、财富管理、销售交易等综合金融服务转变的发展战略。

（三）组织架构

国内PB业务处于初级发展阶段，券商暂无统一的架构设置，有些券商将PB业务运作放置于托管部，有些设在经纪业务部，还有部分属于财富管理部。不过由于托管与外包服务是PB业务中最基础部分，也是PB业务入口，所以多数券商是托管部负责PB业务。为实现资源整合，招商证券的PB业务由总裁直接分管，而国泰君安证券则安排同一副总裁分管包括托管部在内的机构业务条线。由于PB业务链条长、业务环节多、运营复杂，属人力和技术系统投入密集型业务，像招商证券、国泰君安证券和国信证券托管部均已超过100人，而且托管部均下设包括二三十名人员的技术部。

（四）考核方式

为激励业务发展，大多数券商将托管部定位为前台业务部门。由于目前PB业务仍处于"跑马圈地"阶段，而PB业务又需高额投入，所以各大券商为扶持该业务的发展，均设置PB业务保护期，对托管部给予补贴和扶持，均未对利润进行考核，未核算部门盈亏，而是将资产规模作为首要考核指标。目前只有业务发展相对成熟的招商证券和国泰君安证券等券商将收入纳入部门业绩核算指标。此外，为了充分激发全公司开拓机构客户，多数券商设置较高的PB业务个人提成比例，如招商证券、国泰君安证券和海通证券的提成比例为10%—15%，而中小型券商如深圳某证券公司和湖南某证券公司提成比例高达30%—40%。而在业务营销过程中，如何分配PB业务合作部门的利益是十分重要的问题，表2列示了部分券商收入核算模式。

表2 部分券商PB业务合作部门收入核算模式

模式	业务来源	收入核算规则	
		分支机构	托管部门
模式1	托管部或分支机构	100%佣金+100%托管费与外包费	暂不核算收入
模式2	托管部	100%佣金	100%托管费与外包费
	分支机构	100%佣金+100%托管费与外包费	—
模式3	托管部	—	100%佣金+100%托管费与外包费
	分支机构	100%佣金+50%托管费与外包费	50%托管费与外包费
模式4	托管部	—	100%佣金+100%托管费与外包费
	分支机构	100%佣金+100%托管费与外包费	100%托管费与外包费（双算）

续表

模式	业务来源	收入核算规则	
		分支机构	托管部门
模式5	托管部	10%佣金	90%佣金+100%托管费与外包费
	分支机构 不使用托管部PB系统	100%佣金+10%托管费与外包费	90%托管费与外包费
	分支机构 使用托管部PB系统	90%佣金+10%托管费与外包费	10%佣金+90%托管费与外包费

注：以上信息来源于行业调研。

（五）发展模式

虽然国内PB业务发展才几年时间，但是布局较早的券商已探索出自己独特的发展模式和差异化特色。PB业务排名第一位的招商证券构建"研发能力+托管实力+销售能力+资金实力+主券商PB系统"主券商服务全业务链模式。国泰君安证券和国信证券主打托管外包模式，提出"服务驱动、产品驱动、技术驱动"的运营管理策略。中信证券则重视突出融资服务优势，将证券金融条线作为私募基金的平台和接口，主要收入来源是资本中介服务。在大券商凭技术、渠道、资本金等优势抢占市场时，中小型券商只能深度挖掘自身优势资源，在细分市场寻找差异化突破口。"科技创新精品券商"第一创业证券的PB业务突破口是量化基金，其PB业务中约50%的产品规模是量化私募基金类型。国金证券更是另辟蹊径地成立行业首家独立基金服务机构——国金道富子公司，以更开放包容的方式和市场上所有符合条件的机构合作，目前其服务基金规模超过4 000亿元，基金产品超过2 000只，均在行业内名列前茅。

三、国外PB业务市场结构

与国内情形类似，从业务属性和外围竞争环境来看，国外中小PB服务商也处于弱势。由于摩根士丹利和高盛等大型综合投行在资源禀赋和业务投入均在行业中名列前茅，加上投资者在对对冲基金进行尽职调查时会重点评估其合作主经纪商的品牌和声誉，由此形成了大型投行稳固的行业地位，成为对冲基金客户数量最多的主经纪商。但是，国外PB业务市场经过长期的实践，中小型PB服务商探索出了一条生存之路，即与大型服务商错位竞争，其突破点包括价格、细分能力以及客户类型的差异化。目前，国际上PB服务商逐步根据市场定位、管理客户资产规模、业务能力、专业部门大小等标准形成了多个层次的市场结构，处在每个层次的机构都有自身的差异化特征与市场竞争策略（见表3）。

四、国内中小券商PB业务战略选择

（一）中小券商PB业务面临的外部环境

国内投资者机构化进程加快，目前机构投资者持有A股市值已达总市值60%以上，已

表3　　国外PB服务商市场结构

层次	投行类型	代表投行	服务内容	客户类型
第一层次	顶尖PB服务商	摩根大通、高盛、摩根士丹利、瑞士信贷、德意志银行	全面的、综合性、高品质服务	大于5亿美元，选择性服务大型对冲基金，并对客户管理资产规模和收入贡献提出要求
第二层次	大中型PB服务商	巴克莱银行、法国巴黎银行、美银美林、富达基金、瑞士银行	除全面、高质量的服务，还可灵活定制业务模块，或在咨询、分销等增值业务上能力突出	2000万美元—5亿美元
第三层次	小型PB服务商和精品PB服务商	Alaris, BTIG, Cowen Group, Concept, New Edge, Invast Global, Interactive Brokers, Jefferies	提供一两项职能，并在资本引介、业务咨询、技术研发等方面具备一定差异化优势	小于2000万美元，专注于细分市场，或侧重处于初创期、小型对冲基金

成为证券市场的主导力量。而其中私募基金发展最为迅速，已成为公募基金、保险资金之后的第三大机构投资者，催生了大量基金托管与外包服务需求。但是，私募基金行业发展时间短暂，资质良莠不齐，风险频发，相关的法律法规和监管体系还需完善。同时，PB业务在行业内还没有规范统一的业务模式和流程，各细分环节也没有统一的业务标准，而且PB服务同质化严重，部分券商采取低价策略"打价格战"，也不利于行业长期健康发展。

由于大型券商综合实力较强，而私募基金在选择PB服务商时关注其牌照健全性、服务综合性以及行业地位与影响力，所以先取得业务资格的券商具有明显的先发优势，导致行业业务集中度越来越高。据统计，招商证券、国泰君安证券、国信证券、中信证券和广发证券的私募基金托管数量约占全行业总量的1/2、PB业务规模约占全行业的3/4。而且，银行、基金公司、第三方机构和国外机构也陆续涉足该市场，以抢夺庞大的私募市场资源。此外，监管要求不断强化，券商面临更多合规要求，资管行业和私募基金面临规范和洗牌，这都对券商开展PB业务提出了更高的要求。不过，监管与变革同时孕育着破局机会。例如，公募基金券商结算模式改革、资管产品净值化转型、境外私募机构本土化发展（WOFE）均产生新的业务机会。

（二）中小券商发展PB业务优势与劣势

中小券商组织机构简单、层次少、运作灵活，易于变革和转型，可根据PB业务行业趋势和自身实际情况采取灵活的经营机制、市场化的人才机制。而且中小券商多数是地方当地券商，在区域内有成熟的网点和稳定的客户群，且股东是地方国企或大企业集团，有广泛的政府政策扶持，有利于用足用好当地资源，重点突破，聚焦差异化服务，促进形成核心竞争力。中小券商也存在范围经济效益，组织机构简单，成本控制具有相对优势。

但是，由于近年来随着监管趋严导致业务资质门槛提升和审批收紧，大部分中小券商未取得基金托管和外包服务资质，难以满足客户综合需求。而PB业务是公司综合实力的竞争，中小券商在资本实力、客户基础、人才储备、业务渠道等各方面都不具备优势，市场影响较小，品牌知名度低于大券商，在开展业务时往往不被接受。中小券商营业网点布局上不够广泛和高端，机构客户较少，目前拓展业务存在一定的困难。而中小券商又由于资金不足、研发投入少和人才匮乏等原因导致其 PB 业务基础设施建设和服务能力落后于大型券商，业务经验也不足。

（三）中小券商 PB 业务战略分析

著名竞争战略学家波特认为，企业始终具有三种基本战略可以获得竞争优势：成本领先、差异化和目标集中。根据我国中小券商 PB 业务现状，更适合差异化和目标集中战略。同时企业成长理论强调，企业应充分利用内部发展与外部发展过程中的未充分利用的资源。中小券商在内部发展上可以通过自我创新与追随大券商介入市场，而在外部发展上可以通过购并与联盟的方式构成联盟战略。

五、国内中小券商 PB 业务战略实施建议

基于以上战略分析和中小券商 PB 业务 SWOT 分析，中小券商 PB 业务可以选择的发展战略有区域导向型战略、特色服务型战略、机遇发展型战略、联合发展型战略和追随发展型战略（见表4）。

表4　　　　　　　　　中小券商 PB 业务 SWOT 分析

外部因素＼内部因素	优势（Strength） 1. 机制灵活，易于变革 2. 区位优势，政商和谐 3. 特色服务，成本可控		劣势（Weakness） 1. 牌照资源稀缺，品牌效应缺乏 2. 综合资源不足，机构客户较少 3. 专业人才匮乏，业务经验不足	
机会（Opportunity） 1. 投资机构化趋势明显，私募基金发展迅猛，PB 服务市场前景巨大； 2. 监管与改革中孕育破局机会； 3. PB 业务市场暂未形成固化的垄断格局，而且大型券商积累了可借鉴经验	SO（维持策略）		WO（强化策略）	
	1. 区域导向型战略	代表券商：兴业证券、东吴证券	1. 联合发展型战略	代表券商：恒泰证券、国金证券
	2. 特色服务型战略	代表券商：第一创业证券、国金道富	2. 机遇发展型战略	暂无中小型券商代表，大券商代表为招商证券、中信证券
威胁（Threat） 1. PB 业务集中度高，机构间竞争激烈； 2. 客户良莠不齐，PB 业务不够成熟； 3. 监管加码，中小券商经营压力大	ST（防御策略）		WT（避险策略）	
	追随发展型战略	代表券商：中泰证券、长江证券	依附发展战略（不作推荐）	

（一）战略类型

1. 区域导向型战略

该战略适合券商类型为在全国不具备很强的影响力和竞争力，但在某些地域有较高的知名度和较强的竞争力，有稳定的客户群，在当地形成了较高的市场壁垒的券商，其核心竞争力就是对区域市场的垄断。此类券商典型代表为兴业证券和东吴证券，它们本身就在福建和江苏的各项证券业务中具有绝对优势，而福建和江苏均是私募管理人数量排名前十位的地区，利用区位优势，它们在PB业务发展上也可圈可点。实施该战略的券商应深耕本地市场，资源向本地倾斜，充分利用自身对当地机构客户特点、市场需求熟悉的优势，设计更符合当地机构客户需求的产品与服务，提高客户忠诚度。同时券商加强与当地机构合作，如与当地银行、基金、工商、税务、法务等各机构建立更加紧密的联系，为私募机构提供更多增值服务，提高外地券商进入市场难度。

2. 特色服务型战略

特色化、差异化服务竞争策略将是大部分中小券商的主要竞争战略选择。中小券商可以寻找大券商无暇顾及或者风险收益水平不匹配的细分市场，开拓并占领该市场。该战略适合券商类型为已初步具备了自己特色，可利用自身某个或多个方面优势，形成特色经营模式的券商。其典型代表为第一创业证券和国金道富，已如前文所述。实施该战略的券商应深入特色化领域研究，打造特色化服务团队，并结合细分市场、区域市场需求，利用自身优势，为客户设计具有鲜明特色的服务，占领该特色领域的制高点。此外，该类券商进入细分市场后，培养细分市场客户习惯，加强客户忠诚度建设，加大营销力度，形成自身独有特色服务体系，建立牢固的市场壁垒。

3. 机遇发展型战略

每次政策调整均将引发市场竞争格局的转变，部分掌握机遇的券商能实现跨越式发展。该战略适合券商类型为具有一定政治或政策资源及敏感度，具有较强的政策研究判断能力，在政策萌芽阶段就能感知未来市场发现动向，并迅速采取行动占领市场的券商。此类券商暂无中小券商代表，而招商证券和中信证券该特征比较鲜明。招商证券既是国内PB业务引入者，也是WOFE市场先行者；而中信证券在资管新规颁布不久，便觅得银行理财产品净值化转型商机，与某银行签署合作协议为其理财产品提供估值外包服务。实施该战略的券商可通过增资扩股，引进实力股东，利用大股东网络、品牌和政治资源，吸引需要的客户，打开目标市场。此外，此类券商需组建专门的PB业务政策研究团队，建设学习型组织，加强政策研究，把握行业机会。

4. 联合发展型战略

此类券商没有十分突出的竞争优势，通过建立联合竞争关系后，可以弥补自身的不足，使得业务得到生存和发展的机会。其典型代表为恒泰证券和国金证券。恒泰证券只具有基金托管资格，通过与外包服务机构合作，互换资源、利益共享，突破自身客户不足劣势。国金证券与市场上所有机构建立紧密合作关系，既是外包服务提供方，更是资源引荐与项目撮合方。实施该战略的券商应不断加强自身实力，才能弥补其他的不足；而且为较好地协调各方利益，联合发展需注重策略和时机。例如，除了联合共享牌照资源外，此类券商可联合举办论坛、私募比赛等方式，共同开发客户，减轻自身资金投入压力；还可以联合与供应商谈判，获得较低的报价。

5. 追随发展型战略

中小券商总是有机会介入大券商开拓而又无法顾及的细分市场，可以节省市场开拓成本、回避不确定风险。此类券商或者不具备大券商开拓新市场的能力，或者主动选择不开辟未知的不确定的市场，但具有很强的模仿复制能力。此类代表券商为中泰证券和长江证券。作为地方龙头券商，它们开展 PB 业务相对滞后，在基金托管和服务资质申请上跟随大券商脚步，在开拓市场时利用大券商的丰富经验和留下的空白市场，获得后发优势，取得中型券商中 PB 业务还不错的成绩。该战略要求中小券商在 PB 业务领域具备跟随大券商的水平和能力，从而在进入新的空白市场或者细分市场后，可以有效占领市场。该类券商需处于高度敏感状态，研究利用市场动态扩大业务实力的措施和策略，同时紧盯大券商的发展变化，总结相关经验，获得后发优势。

（二）战略基础

中小券商可依据自身禀赋和定位，单独或者联合采用以上五种战略。但是以上战略主要解决 PB 业务市场定位和发展问题，无论采取何种战略，都需要强大的基础设施和能力来保障战略落地，而业务扶持政策、品牌与服务、组织架构与人才、科技能力是构建保障的关键。

1. 提升业务定位，设定战略保护期

中小券商应将 PB 业务作为公司战略性业务，在明确战略选择和清晰市场定位后，还需保持战略定力和耐心。PB 业务的功能性和基础性特征决定了只有高投入才能产生价值，而且由于费率不高，只有做到足够大的规模，PB 服务商才能获得效益的递增。因此，中小券商需要对 PB 业务给予保护期，如两年内不考核收入和利润，而给予扶持与激励。中小券商可在公司层面对 PB 业务的规模、客户量等指标进行考核，而为激发全公司积极性，可设置较高的 PB 业务收入的个人提成比例，如 30%。

2. 树立特色品牌，构建差异化服务

在存量市场竞争阶段中，品牌、体验和服务是避免同质化竞争的关键。中小券商必须坚定品牌战略，依靠精准的品牌定位，争夺细分市场，用有特色的服务吸引客户，克服资本和业务实力的不足。良好品牌的基础是具有独树一帜的服务特色。中小券商需依据自身资源禀赋和不同类型客户需求明确自身的差异化竞争优势。例如，具有技术优势的券商可以极致 PB 交易系统作为特色；具有研究优势的券商可以提供定制化投研服务作为特色；而对初创期客户可以公司设立服务为主，对寻求做大规模客户提供资金对接服务，对大型私募可提供项目撮合和多元化管理服务，并且对客户分层与分级管理，给予不同的关怀和服务深度，构建差异化服务体系。

3. 完善组织架构，培养专业人才

PB 业务要求券商具备高效的资源整合能力和协同能力，而中小券商具有灵活快捷、易于协调资源和利益的优势。在公司层面，中小券商一方面调整组织架构和明确职责分工，实现机构业务条线联动；另一方面明确 PB 业务中各参与部门的利益共享机制，如各类收入在 PB 业务合作部门中的分配机制。在部门层面，中小券商应明确前台营销、中台客服和后台运作的人员分工，尽快配齐关键岗位人员，并"传帮带"地培养新人，加强培训与交流学习,对人才队伍建立评估、评价制度,构建高素质的 PB 业务团队。

4. 加大科技投入,搭建高效平台

由于涉及一二十套业务系统,加上私募基金对于系统速度、多样功能模块、个性化方案支持有各种诉求,所以国内外 PB 服务商都非常重视技术投入。美国摩根大通证券服务部有 1 700 名技术人员,道富银行每年 20%—25% 的运营成本都投入技术系统;国内招商证券和国泰君安证券均投入上亿元开发维护各类服务系统。因此,中小券商在人力资源紧张的情况下,唯有打造科技竞争力,提高效率,降低成本,才是制胜的关键。而且行业系统服务商的系统严重同质化,且费用高昂,需求响应慢,已经掣肘了客户服务质量。尤其是直接面向客户的系统,中小券商一定要具有自主把控权和研发能力,如机构客户服务平台和个性化交易平台。

参考文献

[1] Ron Suber, Aaron Vermut. Post – Crisis:Hedge Funds, Custodial Risk, and Prime Brokers [R]. Merlin Securities:2010.

[2] 吕立新,王小军等. 稳健经营,强者恒强——2018 年证券市场年度发展报告 [J]. 中国证券,2018(1):66—73.

[3] 迈克尔. 波特,陈小悦译. 竞争优势 [M]. 华夏出版社,2005.

[4] 董祥. 国内中小券商发展战略研究 [D]. 上海:华东师范大学,2007.

[5] 王小飞. 从美国经验谈中资商业银行托管业务发展之路 [D]. 北京:北京大学,2012.

金融科技与监管科技应用

金相文化財보존會 外部用

金融科技引领下证券公司的商业模式重构及监管机制研究

申万宏源证券有限公司[*]

一、金融科技的概念内涵与特征

（一）金融科技的界定

FinTech（金融科技）一词源自"金融"的英文表述"Finance"与"科技"的英文表述"Technology"合并后的缩写。从金融产业生态演进的视角，金融科技可被界定为遵循金融本质，赋能金融产业，重塑金融业态的一类科技情境。这种由科技情境带动的金融生态演进，不仅体现为企业层面上 FinTech/RegTech（监管科技）相关科技公司的涌现和传统金融机构向互联网化转型，还体现为业态层面上科技手段的更迭、传统金融服务模式的颠覆以及监管层面上相关政策法规的调整与完善（见图1）。

金融科技这一新兴概念当前正处于发展阶段，涉及的具体业务在内涵和外延上仍不明确，但就其概念特征来说，表现为以下方面：

1. "科技"推动"金融"创新成为共识

无论是分布式账户、区块链还是大数据、云计算，其关注主体和落脚点仍然是金融产业宏观、中观、微观层次上的客户群、企业机构、监管部门等分析单元。对金融科技的阐释不能忽视客观主体的金融本质、风险属性和必要监管约束。

2. 概念层次纷繁多样

金融科技在实践层面的创新，不仅涉及高新信息技术在终端产品的数字化，数据存储、挖掘的平台化等业务流程模块与金融领域的对接和碰撞，更是将科技的基因通过技术的手段

---

[*] 课题负责人：麻晓勇，申万宏源证券战略规划总部副总经理（主持工作）；课题组成员：杨成长，朱曦，余杰杰，田志刚，谭庆飞，赵新宇，王文飞，郑雅菲。原载于《中国证券》2018 年第 4 期。

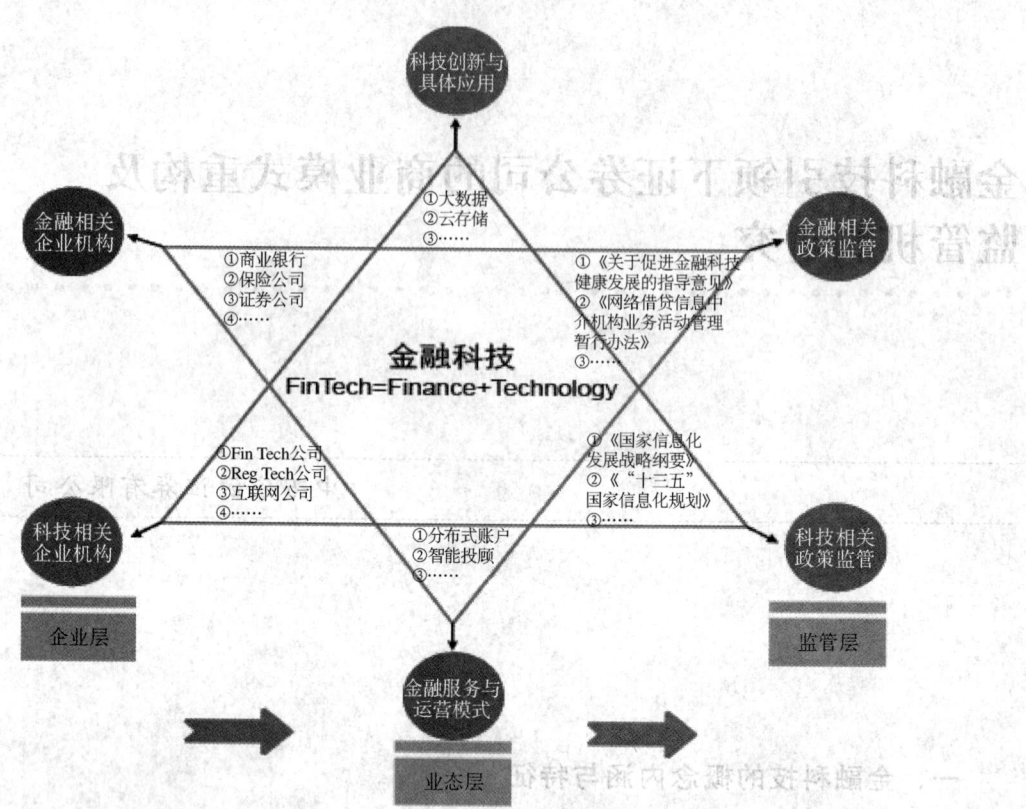

图 1 金融科技所涉金融生态体系具体结构举例

资料来源：课题组整理。

融合到金融机构前、中、后台的各个方面。归纳已有研究可以发现，在理论探讨上，基于对"金融"和"科技"的不同认识，金融科技的定义在构建逻辑、概念层次、概念主体和关注要点等方面均体现出差异性（见表1）。

表 1 　　　　　　　　对不同金融科技界定所涉内涵差异的具体梳理

关键差异 \ 核心共识	金融科技 = "科技"推动"金融"创新		
构建逻辑	金融业态+科技企业	金融企业+科技手段	金融产业+科技创新
概念层次	企业发展层面	企业发展层面	产业发展层面
概念主体	①传统金融企业 ②Reg Tech 公司	①金融科技公司 ②传统金融业态	①金融相关的生态体系 ②金融市场、机构、服务等要素
主要关注点	科技公司通过为现有金融体系内的产品和服务提供技术支持的方式跨界金融行业	传统金融企业通过逐步引入高新科技的方式，提升服务效率、降低服务成本、改善服务体验的过程	以科技的应用和创新对金融产业进行赋能，并推动产业转型和升级的过程

续表

关键差异 \ 核心共识	金融科技 = "科技" 推动 "金融" 创新		
观点举例	金融科技指新兴的互联网或高科技信息技术公司利用互联网、大数据、人工智能等新兴高科技开展普惠的、面向大众的金融服务（张兴，2016）	金融科技以数据技术突破为核心驱动力，以信息基础设施为基础，以效率提升为最终目标，这为券商革新运营模式，改善券商与客户的交流渠道，促进券商的多元化发展提供了可靠的技术支持（孟庆江，2017）	金融科技是指通过技术手段推动金融创新，形成对金融市场、机构及金融服务产生重大影响的业务模式、技术应用以及流程和产品（FSB，2016）

资料来源：课题组整理。

3. 发展规律上呈现循序渐进的阶段性和周期性

科技介入金融领域并影响其发展的过程在时间维度上呈现逐步往复特征。科技之于金融行业发展的功能作用从最初金融监管体系稳定前提下协同已有业务模式开始，伴随创新更迭速度加快、客户消费习惯转变等主客观环境的变化，直接或间接地推动着金融机构间关联方式、金融业务间边界及重要性排序、金融风险传导路径等的演变，并最终反映在金融监管机制和规则的调整、完善和制度化上面（李文红，蒋则沈，2017）。

（二）金融科技对金融业的影响概述

1. 金融科技对金融生态的影响

金融创新与科技创新具有相似的内生属性，科技创新过程中所表现出的高风险、超前性、动态性等特点与金融产业发展的本质相契合。从科技推动金融生态的角度来看，新技术将贯穿整个金融产业链之中，带来全新运作模式的同时，也为技术的进一步升级提供了重要的金融"应用场景"和"试验田"。综合来看，金融科技推动下的金融生态系统将演变为具备以下特征的多元共同体：

（1）基本服务免费化。科技创新推动金融服务这类无形产品的边际成本逐级递减并趋于免费。

（2）主体联结全面化。金融体系下各主体依托互联网和移动端口构建起的多元渠道实现相互依存与联结。

（3）数据信息海量化。维度极其丰富的大数据信息将成为推动科技和金融创新的坚实基础。

2. 金融科技对金融服务的影响

承接以上对金融生态系统三类特征的论述，结合中曾宏（2017）和咨询机构近期对金融科技发展特点的总结，金融科技对金融服务的影响体现在以下方面：

（1）全球化。智能通信设备的快速普及为金融机构通过科技手段提供金融服务打下基础。伴随科技进步带来的金融包容性提升，基础金融服务将在未来被金融科技推广至全球。

（2）虚拟化。科技的进步使得金融服务对基础物理设施的依赖性越来越小，从技术层面看，VR、AR技术的发展，云计算、区块链技术的升级，让"虚拟金融机构"的构建成为可能。

（3）定制化/个性化。大数据分析手段的应用，让金融机构能够有效降低信息不对称，提高风险定价的精准性。运用新工具与分析方法，金融科技可以帮助金融业更便捷地提供动态、场景化的定制服务，不断拓展金融服务前沿。

（4）智能化。基于规模化大数据的数学建模让金融科技具备将海量信息转化为有效知识的能力，客户授信、投资管理、反洗钱、金融监管等领域都已体现出智能化发展趋势，智能服务网络不仅在服务效率和精准度方面优势明显，还减少了跨时间价值交换带来的潜在风险。

3. 金融科技对证券公司商业模式的影响

证券公司的传统发展模式更多在金融体系中扮演"通道提供者"角色，收入结构中，承销业务和经纪通道业务占比很高。随着国家金融改革不断推进，加之顾客需求向综合化演进的趋势日益明显，立足金融本质，拓展业务范围，更好地发挥资源整合、科学避险等核心作用，成为近年来证券公司发展的题中之意。以下从四个方面概述金融科技对证券公司商业模式设计产生的主要影响。

（1）"大而全"与"小而美"。金融基本服务免费化促进了证券公司间竞争程度的提升，也将带来竞争格局和竞争方式的转变。由于无法通过低价策略进行区隔，免费化的金融产品对质量的要求更高，要想介入新的市场竞争，要么开发依托金融情境的原创性产品，要么需要提供质量更为优异的同类产品。商业模式的设计将向着行业集中度加大和高度分化两个方向延伸。一方面，承销保荐、销售交易等规模性业务会更多被少量综合性全能型投行（类似美林、高盛等）垄断；另一方面，专注某个特定领域或业务的精品型证券公司（类似LAZARD，Jefferies等）将通过错位竞争方式获得生存空间。

（2）"牌照为中心"与"客户为中心"。因牌照带来的制度红利让传统证券公司的经营模式聚焦于最大化利用牌照的稀缺性，组织结构凸显科层制特征。各业务线专注于独立的产品和服务，追求单个产品收入的最大化，以至于部门间协同程度较低，各自关注客户价值链的某个环节，根据金融周期相应调整获利领域。一方面，受到外部政策环境影响较大；另一方面，持续服务客户的动力不足，难以形成服务闭环。金融科技的应用，通过替代可制度化、标准化、规范化的工作流程，一方面推动大组织向小组织转型，另一方面促进了科层制组织架构向平台化转变。"个人+平台"的协作模式将会比传统的"雇主+雇员"模式更多地激活个体创造创新能力，以支撑"客户为中心"的商业模式良性运转。

（3）"价值附加"与"价值共创"。传统证券市场发展较为粗放，客户需求更为单一，业务牌照构建的进入壁垒很高。证券公司只要获得牌照，便可凭借迅速扩张带来的规模优势获取经济效益，消费者的选择较少。现阶段，各类金融产品如雨后春笋，在基本金融服务方面供应过剩、市场竞争白热化、基本产品功能同质化的情况下，商业的基本法则简单而直接："要有办法让消费者选择你"。金融科技的应用不仅提升了消费者在空间上支配价值的能力，还推动着金融产业向"选择权回归消费者"的方向发展。许多金融科技公司正努力将金融服务与其他电子商务、共享经济、大数据分析相结合，以提供新的附加值。

（4）"金融效率"与"金融命中率"。传统证券公司的发展模式更多是渐进式的，通过整合组织内部资源，锁定某一类目标客户群，建立样板市场，并将不断尝试、摸索后的成功经验逐一复制。除资产总量、净利润、营业收入等经济指标外，更关注于可复制性、网点规模、运营效率。金融科技所呈现的脱媒、去中心化、定制化发展趋势，改变了产业竞争的原有格局，让企业可以兼顾成本领先、差异化和目标集聚战略，使金融产品价格更低、品质更好、服务更优，并且胜出速度更快。复杂、变化快、不确定的外部环境让颠覆式创新引领下的企业发展模式更强调命中率、传播率、便利性以及与此相关的外部效应。

（三）金融科技下的行业监管趋势

金融科技虽然给金融产业带来边际成本、效率、普惠程度等方面的积极影响，但科技创新过程中的高风险和超前性特征也对行业监管提出了更高的挑战，金融体系稳健运转的核心仍在于风险防控。只有正视金融科技可能带来的风险变化，才能更好地使用这把"双刃剑"，趋利避害。从好的一面看，金融科技的引入有助于国家监管部门更好地依靠数据和科技变革传统金融业，优化产业格局和产品服务形态，促进金融更好地为实体经济服务，引领行业向去泡沫化发展。但新技术的引入带来的各类新变化和新问题仍需引起足够重视。

目前，国内外各监管机构通过制定"创新中心"或"监管沙盒"等包容性的监管举措，普遍将监管评估和判断作为金融科技监管工作的重心。以往"模糊的""拍脑袋"的监管方式正逐步转变为借助监管科技（RegTech）技术进行的量化分析和"精准定位"。由此，就操作层来说，一方面，从风险影响程度来看，过去金融监管对系统性风险的关注，更多侧重那些"大而不倒"的金融机构，而在当前互联网时代，依托移动互联技术的金融业务会激发规模巨大的网络效应，监管机构在考量金融稳定性时还应对"网而不倒"问题加以注意；另一方面，对非系统性风险的监管，需侧重关注不同金融参与者带来的错综风险，以及各利益相关主体可能面对的潜在新风险。

二、金融科技实践视角下证券公司商业模式重构研究

（一）我国证券公司商业模式梳理

1. 我国证券公司商业模式概况

根据 Oster Walder（2004）的商业模式画布模型，我国证券公司商业模式可以概括为：客户细分为零售、机构和企业；价值主张是具有国际影响力的综合金融服务提供者（表2列举了2016年我国营收靠前八大证券公司的战略定位）；渠道通路以分支机构为主；客户关系以客户为中心；收入来源以通道收入为主；核心资源/能力包括研究能力、投资交易能力、产品创设能力、风险管理能力及资产定价能力；关键业务细分为代理买卖证券业务、证券承销与保荐业务、财务顾问业务、投资咨询业务、资产管理业务、证券投资业务；证券公司外部合作关系主要是银行、保险、基金等金融机构以及大型国有企业、政府负责的经济开发区；成本支出中最大的部分为业务及管理费用。商业模式画布图见表3。

表2　　　　　　　　　我国各大券商战略定位举例

证券公司	价值主张
广发证券	力争成为具有国际竞争力、为客户提供综合金融服务的中国领先证券金融集团，实现传统低价值的通道服务模式向提供更高价值的综合、一体化以及国际化的金融服务模式转变，综合实力稳居行业前列

续表

证券公司	价值主张
国泰君安证券	将"以金融服务创造价值"作为自己的使命,将成为"根植本土、覆盖全球、有重要影响力的综合金融服务商"作为发展愿景
海通证券	在转型背景下,公司的总体发展战略为建设成为以网上证券、财富管理证券、中小企业证券、机构业务证券为核心的国内一流、国际有影响力的金融服务集团
华泰证券	致力于成为兼具本土优势和全球视野的一流综合金融集团,成为具有国际竞争力、品牌影响力和系统重要性的金融机构。深化打造全业务链,深入推进创新发展,着力布局金融科技,全面加强集团化管治,加快国际化发展步伐
申万宏源证券	公司的发展目标是:成为以资本市场为依托的国内领先金融服务商。为实现这一目标,公司坚持多元化、平台化、国际化的发展方向,提高核心竞争力
中国银河证券	公司将坚持"打造航母券商、建设现代投行"的战略目标,进一步深化"一核两翼、协同发展"业务模式
招商证券	实施积极进取的"赶超战略",加快发展核心私人客户群、核心企业客户群及核心机构客户群,加快构建多元化、结构合理、协同互补的业务模式和盈利模式,努力建设具备"全功能平台与全产业链服务体系"的现代投资银行
中信证券	公司的发展愿景即"成为全球客户最为信赖的国内领先、国际一流的中国投资银行"

资料来源:课题组整理。

表 3   我国证券公司现行商业模式画布

客户细分 ◆经纪业务以散户为主 ◆资产管理、投资咨询业务以机构为主 ◆投行与财务顾问以企业为主	价值主张 ◆具有国际影响力的综合性金融服务提供者 核心资源/能力 ◆资本经营能力 ◆资产定价能力 ◆产品创新能力 ◆风险运营能力	关键业务 ◆代理买卖证券业务 ◆证券承销与保荐业务 ◆财务顾问业务 ◆投资咨询业务 ◆资产管理业务 ◆证券投资业务	客户关系 ◆以客户为中心,通过经纪人、客服中心、项目组的形式为客户提供服务,维护客户关系 渠道通路 ◆以分支机构为主,包括子公司、分公司、营业部	重要合作 ◆政府 ◆银行 ◆保险 ◆基金 ◆信托 ◆财务公司 ◆个人
成本结构 ◆支出的最主要部分为业务及管理费用,大部分证券公司此项支出占比都超过80%,主要体现在对分支机构的建设与维护、公司员工的薪酬			收入来源 ◆以"通道"为主,自营、投行、资管次之	

资料来源:课题组整理。

2. 金融科技对我国证券公司商业模式的冲击

目前,全球信息技术革命不断深化,金融科技在各领域的广泛应用和深度渗透,使许多行业的商业模式发生了颠覆性变革。国内证券公司商业模式面临的冲击体现在以下六个方面:行业竞争格局发生变化,证券公司需深挖价值主张;证券业务创新不断加速,渠道、业务不断升级；客户结构和需求不断升级，服务创新不断跟进；技术能力成为核心竞争力，核心资源结构发生变化；金融风险防控难度加大，要求证券公司合规风控不断创新；经营管理思路亟待革新，影响商业模式方方面面。

（二）我国证券公司的金融科技实践

1. 金融科技的兴起促使价值主张转变

"金融科技"成为证券公司新增价值主张或其核心竞争力，这一举动将直接推动证券公司商业模式多方面的变化。

大型综合类证券公司纷纷开始将"金融科技"作为战略性业务或核心竞争力在公司战略中进行描述，如中信证券、海通证券、国泰君安证券、华泰证券、广发证券、银河证券等行业领先的证券公司均已开启"金融科技"的战略布局（见表4）。除了大型综合类证券公司，中小证券公司也积极寻找突破点，希望找出自身的差异化发展路径，试图利用金融科技弯道超车。

表4　案例——证券公司"金融科技"的战略布局

	有关"金融科技"的战略转型
中信证券	启动了"互联网+"转型战略，希望利用大数据、云计算、物联网、区块链等最新技术，从集团总部层面将中信旗下丰富的产业资源、用户和数据资源关联起来，强化中信作为综合企业集团的协同效应，并改变各家企业传统的运行生态，为企业创新商业模式、提升管理效率和创造增量价值赋能 正在按照"两大建设+三大应用"进行整体布局和分阶段实施，包括技术平台和大数据平台的建设，以及企业在线化、创新创业以及产业生态化示范等应用
海通证券	建设成为以"网上证券、财富管理证券、中小企业证券、机构业务证券为核心的国内一流、国际有影响力的金融服务集团"
国泰君安证券	"核心竞争力"中写入了"中国证券行业科技和创新的引领者"一项 高度重视对信息科技的战略性投入，持续推进自主信息科技创新，是信息科技在证券行业应用的先行者；是行业内第一家实施集中交易、集中风控和集中财务等管理模式的证券公司
华泰证券	提出公司战略愿景为综合金融集团，但"着力布局金融科技"将作为公司战略举措的重要环节 公司核心竞争力分析中写入了"先进的互联网思维引领创新，强化了先发优势和核心能力"和"先进的信息技术平台助推业务发展，确立了差异化竞争优势"两项
广发证券	核心竞争力分析中一项为"业内领先的科技金融模式"
中国银河证券	提出要"协同大经纪、大投行、大资管、大投资、互联网和海外并购业务，提升公司服务国家战略和实体经济的能力"

资料来源：主要来自证券公司2016年年报。

加大对IT领域的重视和投入已成为证券公司行业共识之一。近年来，多数证券公司已行动起来，逐年加大资金投入，并逐步建立自主研发团队（见图2）。根据Wind数据，2012—2015年，整个证券行业的IT投入呈现上升趋势，且自2015年有了大幅提升，达到89.23亿元左右。

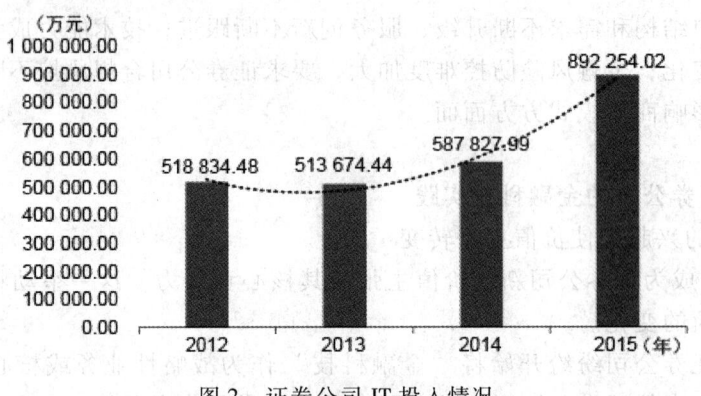

图 2 证券公司 IT 投入情况

资料来源：Wind 资讯。

2. 金融科技的应用改变渠道、客户关系和成本结构

（1）科技应用——线上平台改变传统渠道。互联网平台、手机 APP 是证券公司对金融科技应用最早且相对成熟的领域，实现了证券公司线下功能向线上的转化，常规功能一般以自主研发为核心。互联网、手机 APP 等平台会聚集大量的中小零售客户。2013 年开始，各大证券公司就积极对互联网金融领域展开布局（主要包括网上开户、移动客户端等），试图实现传统渠道通路的互联网化，为客户提供更高效、便捷的服务，提升客户体验。

国内领先的证券公司互联网平台或 APP 客户端的关键词也逐渐转变为："智能"（智能投顾、智能客服、语音投顾等），"社交"（增加平台的社交功能），"差异化服务"（利用大数据实现差异化服务）。根据各公司 2017 年半年报披露的信息，部分证券公司的线上平台建设具体情况如表 5 所示。

表 5　截至 2017 年上半年证券公司线上平台建设情况

证券公司	线上业务平台建设
中信证券	"信 E 投"是由中信证券打造的一款股票证券交易软件
海通证券	"e 海通财"以账户为基础，以平台为支撑，以产品为抓手，推出了账户五大功能、互联网五大平台和五大优势产品。集账户、平台、产品三位一体强势抢滩登陆，更加注重整体性，成为海通证券多业务平台整合的催化剂和黏合剂
国泰君安证券	2014 年率先在业内推出了君弘理财规划系统，并依托系统强大的数据模型和产品库，在分析和评估客户的财务状况、明确客户的理财目标的基础上，为客户量身定做合理的、可操作的理财方案，提供全方位的综合理财规划服务
广发证券	公司自主研发的机器人投顾贝塔牛第二期上线
华泰证券	移动端应用"涨乐财富通"
方正证券	自主研发的移动财富管理平台"小方"APP 在极致交易体验、极速行情数据、大数据中心、智能客服体系、综合资产配置等多元化业务领域快速升级
东吴证券	秀财 APP 完成 v2.4 版本发布；秀财 CRM 顺利上线；开户平台 OCR 和 Any Chat 升级；新官网系统、小蜂财经直播（微信）、投顾服务付费订阅等系统功能正式上线

续表

证券公司	线上业务平台建设
东北证券	"融e通" APP 作为公司移动综合金融服务平台的核心,已推出3.0版本;不断优化完善品牌体系中的APP、微平台、Html5理财商城等互联网移动终端的服务功能
长江证券	长江证券升级版智能财富管理系统 iVatarGo Ⅱ
东方证券	东方赢家财富版 APP
华林证券	华林微证券 APP,集证券、理财、投顾、社交、投资者教育等功能于一体,目前还实现理财师与客户线上沟通交流的场景,推出了掌上投资学院功能

资料来源:课题组整理。

(2) 人工智能改进客户服务效率。智能投顾作为互联网平台、手机 APP 或者自助服务机器的重要功能模块,抑或独立的平台,以人工智能、大数据为核心技术,改变了传统以人力为基础的客户关系维系方式,间接促进证券公司的客户服务、客户细分、成本结构的转变,提高了客户服务质量和服务效率。

目前国内领先证券公司的智能投顾已经实现了智能选股、投资顾问、量化策略提供、目标理财、行情推送等功能。对于这一模块,国内证券公司既会选择与掌握人工智能技术的科技公司合作开发,也会自主开发(见表6)。

表6   各证券公司智能投顾应用情况梳理

证券公司	智能投顾	上线时间	功能	开发模式
东吴证券	"东吴秀财" APP 首款智能投顾产品	2015年底	股票池被严格管理,每一只股票均由东吴证券研究所每周更新	合作研发
广发证券	"贝塔牛"	2016年6月	提供4类策略,包括短线智能、综合轮动、价值精选、灵活反转。"贝塔牛"在每个交易日开盘前都会推送操作策略。专注于中小投资者的财富管理诉求	自主开发
平安证券	智能资产配置服务的系统	2016年中	该系统通过大数据客户分析,将改良的金融投资模型与专家策略分析验证相结合,然后计算出风险和收益的平衡点,为客户量身定制大类资产配置方案	自主开发
华泰证券	"涨乐财富通"	2014年4月	涨乐财富通目前正以智能化为导向,全力打造"涨乐智能家族"。"一键打新"集智能新股申购提醒、新股中签提醒等功能为一体,为用户提供全新新股申购体验;"综合账户"利用大数据为客户提供定制化个人管家服务	自主开发
方正证券	"小方"的智能客服系统	2016年	能够实现新增业务办理、投资顾问、产品购买、投资者教育等多个沟通情景。"小方"平台上一系列智能属性的产品:"小方必应""小方牛"、Level-2服务	自主开发

续表

证券公司	智能投顾	上线时间	功能	开发模式
华宝证券	主打股票智能交易概念的"华宝智投"APP	2016年	"华宝智投"APP设置了"智能条件单"功能，用户只需将自己的股票交易策略按照"条件单"提前做好设定，系统就可实现云端实时盯盘，并在条件触发时完成智能下单	自主研发
华林证券	智能投顾机器人Andy	2017年9月	定位为"语音炒股助手"，通过语音识别和语义分析技术快速匹配客户提出的问题，一站式解决用户的选股、诊股、账户分析、客户服务等问题。"智能投顾Andy"的推出正式开启了语音炒股时代	自主开发
长江证券	智能财富管理系统iVatarGo II	2017年4月、8月	增加了四大功能：包括0.1秒完成稿件并推送的智能投顾、行情页直接下单功能、智能量化策略、目标理财等	自主开发
光大证券	互联网综合金融服务产品"智投魔方"	2017年9月	"智投魔方"利用人工智能、大数据等技术，集智能理财、金融社区、智能资讯、大数据精准营销于一体，与交易、理财相结合	自主开发
申万宏源证券	"股神+"	2015年6月11日	"股神+"是以人工智能系统、大数据分析系统、自然语义系统为核心，为用户提供更及时、专业、智能的"互联网+金融"解决方案	合作开发
国泰君安证券	"君弘理财规划系统"	2014年	"君弘理财规划系统"依托系统强大的数据模型和产品库，在分析和评估客户的财务状况、明确客户的理财目标的基础上，为客户量身定做合理的、可操作的理财方案，提供全方位的综合理财规划服务	自主开发
海通证券	"e海通财"	2014年6月23日	"e海通财"以账户为基础，以平台为支撑，以产品为抓手，推出了账户五大功能、互联网五大平台和五大优势产品，集账户、平台、产品三位一体强势抢滩登陆，更加注重整体性，成为海通证券多业务平台整合的催化剂和黏合剂	自主开发
东兴证券	"东兴198"综合APP	2016年	通过自主研发的"东兴198"综合APP为客户提供行情、资讯、开户、交易、理财、增值服务（机器人投顾、金股在线）、账户管理等一揽子服务	自主开发

资料来源：课题组整理。

人工智能不仅是面向零售客户的智能投顾，也有应用于专业投资者的服务创新，华泰证券是该领域的先行者，其目标均为实现客户体验的提升。

（3）科技应用加快公司运营、管理创新。科技（尤其是大数据技术）已经尝试应用在运营创新、管理创新等方面，并且已经取得了一定程度的实际效果，合作创新与自主创新齐头并进，总结为以下三点：其一，运营创新旨在提升运营效率；其二，业务管理系统的创新有利于提高客户服务效率，提高客户黏性，甚至在过程中利用大数据、客户画像等技术实现业务创新；其三，风险管理方面，证券公司利用 IT 技术，有效提升合规与风险管理效率。

3. 金融科技的发展推动重要跨界合作

跨界合作是伴随着互联网金融、金融科技同步兴起的词汇，目前科技型企业成为证券公司常见的合作对象，金融机构（尤其是银行机构）与 BATJ 等合作成为新常态（见表7）。

表7 证券公司跨界合作梳理

合作方向	合作起始时间	券商名称	合作对象	合作内容
人工智能选股平台	2015年2月	国金证券	百度	在百度股市通引入佣金宝，利用百度的人工智能分析技术进行投资策略和相关产品开发
互联网平台	2014年11月	海通证券	91金融	客户引流：91金融有车险、贷款等细分客户；数据提供：91金融还提供有价值的数据，使其能设计出有针对性的产品
大数据产品开发、客户介绍	2014年9月	广发集团	百度	利用广发基金的专业优势，结合百度大数据技术，建立科学的策略指数选样模型；新产品的开发也在大数据的支撑下，与客户需求紧密相连
互联网渠道模块、大数据服务模块、互联网信用平台模块	2014年7月	东吴证券	同花顺	合作内容主要包括互联网渠道、大数据服务、互联网信用平台三大模块，内容涉及金融产品超市、在线开户、P2P、众筹、互联网教育等
信用预警模型系统	2016年9月	申万宏源证券	百度金融	百度利用互联网数据挖掘、数据处理与整合方面的技术优势，申万宏源方利用对传统金融的实践经验，共同进行模型的研发
互联网金融数据共享平台	2016年1月	中泰证券	新浪	以移动互联网终端为载体，互联网平台和传统网点渠道相结合，实现投资、融资、理财、支付、投顾、社交等一体化的服务，同时依托大数据技术不断提升营销和服务能力
社交金融	2016年3月	华林证券	新浪微博	从账户整合、业务创新、内容合作、数据合作、投资者教育五个角度来探索社交金融领域的合作

资料来源：课题组整理。

4. 金融科技的短板启发新的战略路径

在金融科技领域先行的大型证券公司，已经开始通过收购成熟智能投顾公司的方式来增强自身的技术能力，也同步拓展了海外市场。金融科技的快速发展促使一些证券公司寻求技术提升，收购也成为可以考量的方式之一。在这一过程中，已经有证券公司开始将视野放在海外的金融科技公司上，华泰证券就是先行者。

(三) 我国银行、保险机构的金融科技实践

1. 银行机构金融科技实践

在新技术应用的驱动下，银行机构的渠道、重要合作、业务运作、创新等方面也发生同步变化，产生依托金融科技的"战略转型"。从新技术应用的角度来看，以工商银行为例，至今工商银行在互联网金融、大数据、云计算、人工智能、区块链、生物识别技术、物联网、量子通信技术等方面均已经有了不同程度的应用，进入不断完善阶段，每项技术的应用都一定程度影响着公司的商业模式。

不限于工商银行，其他大型银行、中小股份制银行机构也都在金融科技的应用上展现出较强的发展动向。如交通银行利用大数据开展客户行为分析和精准营销；招商银行利用大数据开展小微贷款；光大银行建立了社交网络数据库等。农业银行、交通银行、浦发银行等营业网点都出现了人工智能机器人。

与证券行业类似，银行业同样坚持自主开发与跨界合作并重的发展路径。2017年以来，建设银行与阿里巴巴、工商银行与京东金融、中国银行与腾讯科技、农业银行与百度等陆续签署合作协议，在金融科技、零售、消费、信贷等多个领域展开合作，试图实现资源互补、合作共赢。

2. 保险机构金融科技实践——以平安保险为例

平安集团作为以保险业务为核心的系统重要性金融机构，也是国内金融控股公司的代表，对科技的应用落到了业务的方方面面，提出"科技引领金融"的理念。在平安，金融科技已经开始真正地触碰金融的核心，产生全新的生态圈。以平安集团为案例，解读国内领先保险机构在金融科技方面的实践，分析金融科技对其商业模式产生的影响，总结为以下八个方面：利用新技术不断搭建、优化平台，吸收新客户进入集团平台；对零售客户，平安集团不断优化系统配置，提高客户服务质量；对企业客户，平安保险大力发展供应链金融，为链上企业提供一揽子金融服务方案；金融创新推动了公司的交叉销售，实现集团内部客户迁移；充分应用人工智能、大数据等新技术实现前、中、后台运营效率提升；擅于深挖技术的应用范围，充分利用技术能力提高业务运营效率；在技术能力的支撑下，不断开拓新的业务领域，实现自身价值提升；金融科技助推平安集团的国际化战略。平安集团金融科技具体应用如表8所示。

表8 平安集团下属业务单位金融科技应用示例

核心技术	涉及公司	应用领域	具体内容
人工智能	平安人寿	客户服务	AI客服：通过人脸、声纹等技术和大数据匹配，远程核实客户身份信息，实现"在线一次性业务办理"
	平安好医生	医疗	AI医生：项目包括智能辅助诊疗系统、智能健康硬件和"现代华佗计划"等
	平安信托	客户服务	对其客户进行分层，并据此为不同类型的客户提供差异化的服务和产品。其中，平安信托利用平安集团旗下平安财富宝平台，在客户服务、信息披露等方面引入现代科技力量，为客户提供更及时、更准确、更方便的客户服务
	平安车险	业务流程	已应用于车辆定损、信贷审核等业务领域。通过对微表情研究、声纹识别、驾驶行为分析等多维度信息的深入分析，由机器自主做出决策，目前已经在实际场景中进行测试

续表

核心技术	涉及公司	应用领域	具体内容
人工智能	平安银行信用卡中心	风险控制	智能反欺诈：利用用户行为画像、训练大数据侦测模型，同时搭载高效的决策引擎，实现毫秒级决策响应的全天候实时反欺诈监控
大数据	平安产险	保险理赔	云理赔：利用大数据分析（客户标签、事故场景、客户需求、处理方式等），形成理赔服务定制方案
	平安口袋银行	财富管理	平安智投：运用到大数据技术和人工智能算法，然后根据客户风险偏好制订出个性化投资方案，并实时监控，对资产配置进行动态调整，可提供产品组合的一键下单服务
	平安普惠	风险管理	以自身业务沉淀的客户信贷行为数据、人行征信信息、权威第三方平台数据、集团资源等海量数据为变量，打造大数据风险评分卡，结合微表情识别、远程视频面谈等反欺诈技术，实现对借款人的多源交叉验证，有效拦截欺诈风险
	平安证券	金融交易	AI慧炒股：一方面可对股票进行综合量化分析，为客户提供持仓、个股诊断和换股建议；另一方面基于大数据机器学习技术构建和实战训练，可形成差异化智能资产配置方案和智能辅助决策工具，为专业客户的资产配置和投资决策提供有效参考
生物识别技术	平安养老	业务流程	智能养老：通过运用人脸识别技术、电子签名和大数据分析等科技手段，让养老金领取更为简单便捷
	平安普惠	业务流程	人脸识别：解决了传统流程中借款人身份核实的难题
云服务	平安科技金融云	技术输出业务	平安科技下金融云成立于2013年10月，为平安集团内外金融、医疗行业用户提供高效集约的IaaS层服务，提供金融IT云解决方案，促进和推动集团构建开放的大金融、大健康生态

资料来源：课题组整理。

（四）国际金融机构的金融科技实践

1. 金融科技的核心价值引领公司发展

与国内相似，国外也有科技型企业主动介入金融行业，产生一批创新型金融企业，处于冲击传统金融行业的角色。这些企业通过不断优化技术以提供更高效、优质的服务，试图瓜分传统金融业务的市场，这类企业均是技术起家，甚至技术能力是唯一的竞争优势，通过技术创新引领公司发展。

另外，国外一些传统的金融机构，如高盛、花旗，同样将科技能力作为公司的核心资源，认为"技术引领业务"，不仅将金融科技应用到了常规的内部平台建设、业务流程优化、风险控制等，也充分利用金融科技实现了商业效益。如高盛认为自己是一家科技公司，花旗集团则强调实施数据为先文化。

2. 金融科技的应用已广泛介入公司商业模式

（1）搭建平台提高服务质量，扩宽业务和客户群。国外金融机构通过技术能力搭建线上平台，除了降低成本、提高原有客户服务效率以外，还积极开拓新的业务领域。例如，花旗集团利用大数据提高客户服务质量；高盛新增了对零售客户的服务；巴克莱新增了对中小企业的服务；我国香港的富途证券则利用线上平台，深挖客户需求，提供更加创新的服务内容。

（2）应用智能投顾、云技术，实现低成本、高效率的盈利模式。德意志银行推出机器人顾问 Anlage Finder，摩根大通于 2016 年向机构客户提供云支持技术，高盛于 2014 年研发出 Kensho，一定程度上替代了金融分析的工作。除了高盛、花旗等大型金融机构以外，国外同样有一些科技公司、技术团队参与到金融领域。如 IBM 超级计算机 Watson 采用全新的认知计算系统，可以实现客户需求分析、预测经济走势等服务。国外还有一批以智能投顾为核心开展线上理财的公司，低成本是支撑这些公司盈利模式的重要竞争优势（见表 9）。

表 9　　　　　　　　　　　　智能投顾平台梳理

国家和地区	平台
美国	Wealthfront；Betterment；Personal Capital；AssetBuilder；Schwab Intelligent Portfolios；Edelman Financial Services；Futureadvisor；QuickVest；LearnVest；SigFig；Rebalance IRA；WiseBanyan；TradeKing Advisors；Acorns；Bloom；True Wealth；Financial Engines；Guided Choice；Marketriders；Convestor；Financial Guard；FlexScore；Motif investing；Quicken；Mint
英国	Money on Toast；Nutmeg；Vaamo；Zen Asset
德国	FinanceScout 24；Quirion
法国	Marie Quantier；Fundshop；Advize.fr
澳大利亚	Stockspot
意大利	Money Farm
加拿大	Wealthsimple
瑞士	Swissquote ePrivate Banking
中国香港	8 Now!

资料来源：公开信息，麻袋理财研究院整理。

（3）充分应用先进技术，不断优化传统业务运营流程。除了利用智能投顾改善客户服务流程，降低客户服务环节的成本以外，与国内金融机构一样，国外金融机构也将金融科技广泛应用于业务运营流程，降低了运营成本。如花旗集团利用扫描交易记录来发现异常现象，能够降低数据的 TCO（总体拥有成本）；摩根大通开发了 COIN（一款金融合同解析软件），原来需要律师和贷款人员每年用 360 000 小时才能完成的工作，COIN 只需几秒。

3. 金融科技的发展形式多样，加速金融创新

国外领先金融机构一方面积极布局自身科技战略，提高自主开发能力，另一方面还会通过重要的战略合作、投资、收购等方式来加速金融科技发展。如德意志银行独立开设创新实验室；摩根大通设立技术中心，同步开展外部合作。

（五）我国证券公司与领先金融机构的比较

1. 金融科技发展的路径相似

与国内证券公司类似，领先金融机构也通过技术能力搭建线上平台，打通销售渠道，除提高原有客户服务效率以外，还积极开拓新的业务领域。

在商业模式方面，国内证券公司和领先金融机构都会在发展自身金融科技能力的同时，通过与金融科技等企业开展外部合作，加快金融科技相关的研究与项目开发；也会通过投资、收购的方式加快提升自身的金融科技实力。

2. 金融科技发展的阶段不同

国内证券公司金融科技能力仍处于起步阶段，处于被金融科技倒逼发展的状态，而领先金融机构的金融科技实践相对较为领先，平安、高盛等公司已经实现了金融科技引领公司发展的态势。

（1）金融科技发展的深度不同。我国证券公司中，金融科技领先的金融机构不仅将金融科技列入战略定位，在具体执行方面更加深入。

以对2016年上市证券公司的统计为例，27家上市证券公司中，广发证券、长江证券、国信证券、海通证券、兴业证券、东吴证券和华泰证券7家上市证券公司披露了研发投入（见表10），其中华泰证券此项投入金额接近3亿元，为7家证券公司中最高值。

表10　　　　　　　　　　2016年披露研发投入的上市证券公司梳理

公司名称	研发投入（亿元）	研发投入在经营收入中所占比例（％）	研发人员（人）	研发人员占公司总人数比例（％）
华泰证券	2.93	1.73	560	8.04
广发证券	1.56	0.75	未披露	未披露
长江证券	0.78	1.34	467	9.03
国信证券	1.07	0.84	137	1.47
海通证券	1.09	0.39	86	1
兴业证券	0.45	0.6	78	1.38
东吴证券	0.36	0.78	62	2.3

资料来源：各证券公司年报。

我国证券公司目前主要将金融科技应用到了线上平台建设、人工智能（简单的投顾服务）、定制化交易，但领先金融机构已经将金融科技应用到了内部运作、内部协同、自动化交易等领域。

尽管同样是开展外部合作，中国证券公司重点在于和互联网金融公司或金融科技公司合作，希望获取技术的支持或客户的引流，而领先金融机构，尤其是在金融科技领域领先的金融机构，不仅限于技术合作的范畴，已经开始组建行业同盟。

（2）金融科技发展的广度不同。我国证券公司对金融科技的应用主要集中在互联网技术上，在人工智能、大数据方面也只有少数几家证券公司实现了应用，在其他技术上落地应用很少，而领先金融机构除了人工智能、大数据等科技能力以外，云技术、区块链技术在金融领域的应用也比较成熟。

（六）金融科技引领下我国证券公司商业模式的变革建议

结合前述证券公司、国内银行保险机构、国外金融机构在金融科技方面的发展经验，并思考中国证券公司金融科技发展不力的原因,下文进一步提出适应金融科技大环境下证券公司商业模式变革的意见建议。

1. 强化金融科技价值主张,加快金融科技战略布局

从现状看,中国证券公司在互联网金融方面缺乏系统性的布局,结合工商银行、平安集团和国外金融机构的实际案例,我们建议各证券公司负责人应进一步深化对金融科技的认识,加强发展金融科技的战略布局,从战略规划的角度形成切实可行的方案,充分发挥战略引领作用,同时应加大证券公司在科技方面的投入,提高自主创新能力。

(1) 公司层面营造金融科技氛围。管理层应提高对金融科技的重视程度,提高对"数字化"的认识,改变将技术视为业务支持系统的传统观念。驱动变革的核心是"人",管理层经营管理思路会影响商业模式的方方面面。过去,证券公司管理层迫于业绩的压力,过多地关注业务收入的增减,整个行业对技术创新投入严重不足,这也是导致行业技术能力不足的原因。反观其他领先金融机构已经形成了一套非常完整的创新管理体系和文化,并将创新方向纳入全公司战略。金融科技已经不再仅仅是零售业务的渠道平台,而是能够推动、促进、引领公司商业模式变革的重要支柱。

(2) 战略层面加强金融科技规划。证券公司应加强研究,制订切实可行的发展金融科技方案,发挥战略引领作用。现阶段,我国证券行业金融科技发展无疑是被行业(或者说科技行业)推动前进的,也因此才会出现较为同质化的发展方向,包括优化平台、跨界合作等等。但作为跟随者,由于缺乏自主开发能力,行业创新缓慢。对中国证券公司而言,需要更多地思考如何分步骤加快科技能力的构建,加快落实金融科技的创新应用,并通过战略规划的形式在组织内自上而下地逐层传递,加快战略落地。

(3) 预算层面加大科技创新专项投入。目前,中国证券公司在IT方面的资金投入远不及工商银行、平安集团,技术人才远不及高盛(公司25%的人员为技术人员),但国内外金融机构的案例表明:金融科技的高投入已经产生了相应的回报。同时,信息系统建设已成为证券公司行业核心竞争力构筑的重要内容。在2017年发布的修订版《证券公司分类监管规定》中新增了"信息系统建设投入"排名加分指标,信息系统建设能力已成为证券公司综合实力的衡量指标之一,这也充分体现了监管部门的行业发展导向。因此,建议证券公司在预算上增加对金融科技研发的投入,在合作创新的基础上,加快打造自主研发团队,加强对科技人才的引进和对金融科技创新的激励,构建与公司行业地位相称的信息技术能力。

2. 加强金融科技应用研究,多方位优化公司商业模式

国内证券公司当前对金融科技的应用广度和深度不足。这就要求证券公司加强金融科技的应用研究,才能有效规划证券公司的金融科技发展战略,有效实现并优化公司商业模式。结合现阶段领先金融机构的案例,国内证券公司至少可以从客户、运营、战略发展等方面加强金融科技的应用研究。

(1) 重新定义客户体验:需要证券公司深入调研,发现能够实质提升客户满意度的关键因素、发现改善的方式方法,真正实现"以客户为中心"的愿景。充分发挥营业网点的窗口功能,提高对高净值客户的服务质量;加强调研,找出驱动客户满意度的关键因素,优化线上平台,力求在传统服务(或传统模块)上产生良好的客户体验;在技术受限的情况下,以有限的技术能力为切入点,为客户提供全新的、优质的客户服务;加强大数据、人工智能技术的研究,改善客户服务质量和效率。

（2）重新思考运营模式：将金融科技全方位应用于证券公司的全流程，而不仅仅是直接面向客户的线上渠道的搭建，证券公司运营、风控、产品设计、内部协同等多个领域都可以积极利用金融科技来优化或改变，重新整顿公司的客户链、价值链。

将金融科技应用于企业的内部流程，提高效率，降低内部成本。金融科技在内部流程的应用上，工商银行是国内较好的案例。证券公司至少可以在以下方面利用金融科技优化内部流程：其一，加强大数据技术的内部应用；其二，研究供应链金融在证券公司的应用，如以战略客户为切入点搭建平台，关注公司战略客户供应链上的投融资需求，跟踪公司资信变动，可发起有针对性的客户营销实现客户引流，也可加快公司资产管理产品创新，挖掘传统业务增长潜力；其三，利用人工智能、大数据提升中、后台运作效率，如对业务运营中的标准化流程用人工智能逐步替代；其四，利用人工智能实现自动化运作。

利用技术搭建内部协同平台，在风险可控范围内，实现多个平台的客户共享、交叉销售。

（3）重新规划战略路径：证券公司应重新审视原有的战略规划，应该结合金融科技在公司的定位，用金融科技的力量推动公司其他战略的落地，或者实现业务创新。

在现有业务范围内，挖掘新的增长潜力，利用金融科技实现业务创新。一方面，加强内部协同，提高对公司战略客户的综合金融服务；另一方面，证券公司（尤其是以证券业务为核心的金融控股公司）应该思考是否以利用金融科技为切入点，创新出全新的商业模式。利用金融科技自主创新能力，或者借力金融科技推动公司战略发展。

（4）重新看待战略合作：证券公司在原有合作的基础上，重新思考合作内容，选择适当的合作对象，采取适当的合作方法。可以采取收购、投资金融科技相关企业的方式快速实现金融科技能力提升；可以组建行业联盟，共同促进行业创新。具体建议如下：优选合作伙伴，开展深度合作；对关键共性技术，组建行业联盟，共同创新；通过投资、收购等方式提升金融科技能力，加快公司金融科技发展。

3. 推动组织变革，支持科技能力建设

最近几年，随着互联网金融的兴起，已经有部分证券公司设置了专门的互联网金融或电子商务一级部门为负责公司金融科技的专职部门（见表11）。

表 11　　　各大证券公司组织结构中设立 FinTech 相关部门情况举例

券商名称	2015 年	2016 年	2017 年（上半年）
中信证券	—		
海通证券	—		
广发证券	电子商务部	电子商务部	电子商务部
国泰君安证券	网络金融部	网络金融部	网络金融部
华泰证券	网络金融部	网络金融部	网络金融部
银河证券	—		
招商证券			
国信证券	电子商务总部	电子商务总部	电子商务总部

续表

券商名称	2015 年	2016 年	2017 年（上半年）
东方证券	—	—	—
光大证券	互联网金融部	互联网金融部	互联网金融部
方正证券	互联网金融研究与工程院	互联网金融研究与工程院	互联网金融研究与工程院
兴业证券	网络金融部	—	—

资料来源：课题组整理。

但从定位上看，证券公司依然将互联网金融总部仅仅作为零售业务的下属部门，服务于零售客户。另外，专职开展金融科技研究部门并不多，仅方正证券将部门设为"互联网金融研究与工程院"。这一点与金融科技领先的企业还存在一定差距。

（1）成立专门的金融科技研究机构。建议有条件的证券公司成立专门的部门、子公司开展金融科技的研究与创新，并制定相应的工作机制（如委员会工作机制，华泰证券成立了架构委员会、大数据委员会、用户体验委员会等多个横向组织，以提升研发效率水平），深入研究金融科技在公司整体层面的应用，不断优化业务流程，创新业务模式。

（2）给予政策加快创新发展。制定配套的制度体系，是支持金融科技专职部门工作的主要制度保障，预算、考核、激励机制等制度作为以预算为导向的管控制度，已经在前节提过，这里的制度体系重点是指给予金融科技专职部门一定的权限，用于提高公司金融科技发展的效率。

金融科技的创新发展需要公司其他部门的支持，不能就技术谈技术，无论是金融科技在业务的创新还是在运行的应用方面，都需要其他部门的协同配合，如金融科技的应用性研究、金融科技项目的调试等等。

建议给予金融科技研发部门足够的权限，包括研究设计阶段的调研权限、研究过程中的智力支持权限、研究设计阶段的成本分析权限等等。

三、金融科技渗透下我国证券监管机制探索

随着金融科技的渗透，基于互联网平台、区块链技术、大数据技术、人工智能等科技手段的金融创新层出不穷。金融科技在推动证券行业创新、提升客户服务水平、提高业务效率的同时，也对监管机构的监管机制提出了新的要求。以下基于证券行业金融科技发展现状，讨论我国证券监管机制面临的挑战，进而探索行之有效的优化建议。

（一）金融科技对现行监管机制的挑战

从技术应用来看，我国证券行业金融科技业务主要依托大数据（智能投顾、客户行为分析等）、人工智能（智能投顾、智能投研等）、移动互联（证券公司 APP 等）以及生物识别技术（开户、反欺诈等）等。这些技术显现出包括数据风险、算法风险以及信息安全在内的特有技术风险；同时，金融科技的技术属性使这些风险突破时间、地域与行业的界限，导致风险关联方式以及风险传染渠道的复杂化，呈现出爆发性、传染性、隐蔽性等新特征。

金融科技对现行监管机制的挑战主要体现在以下三大方面：

1. 标准化建设进程缓慢，跨部门监管协调机制有待完善

金融科技的蓬勃发展和证券业务的创新提速提升了对金融科技标准体系和跨部门监管协调机制的诉求。

（1）金融科技标准体系是规范行业经营、驱动创新发展的核心要素。积极推进金融科技标准的研究与标准化建设进程是金融科技创新与发展的重要保障。首先，监管部门应全面、深入掌握金融科技业态，梳理行业内金融科技业务类别，制定具备科学性和前瞻性的金融科技标准体系；其次，从全球监管角度，积极参与国际金融科技标准的制定，逐渐提升金融科技标准的国际话语权。

（2）金融科技跨市场、跨行业属性要求完善的跨部门监管协调机制。金融科技产品的监管必须基于跨部门之间完善的监管协调机制。首先，这是金融科技产品跨市场、跨行业的内在属性所要求的；其次，协调监管作为宏观审慎政策的重要体现，也是深化金融机制改革、防范化解系统性金融风险的必要举措。

2. 监管范围依然局限，监管职责有待进一步明确

金融科技的跨界特征，无论是技术与金融部门之间的跨界、还是金融行业之间的跨界，均对我国现行的以分业监管为主的金融监管体系带来挑战。

（1）监管机构对金融科技企业的监管定位尚未明确。现行监管对象仍以传统金融机构为主，科技企业是否需要纳入当前证券监管部门的监管范畴尚不明确，明确金融科技企业的行业定位，进而划定各层次监管部门相应的监管范围、明确各机构监管职责是完善监管机制的当务之急。

（2）分业监管机制难以满足金融科技跨行业业务的监管需求。信息科技低成本跨越时空限制的优势使金融科技的跨行业、跨市场特性凸显，从而催生了错综复杂的交叉性金融风险与监管套利。如何厘清监管职责以防范此类监管失效是优化未来监管机制的一大命题。

（3）现行监管机制缺乏对金融科技企业系统重要性的考量。一些金融科技企业（如阿里巴巴）横跨了技术与金融两个业务领域以及多个金融子行业，向市场提供的技术产品、金融产品对整个金融行业、广大的金融产品投资者都产生了举足轻重的影响，具有系统重要性特征。然而现行的监管机制对此类金融科技企业缺乏足够的关注，缺乏对其系统重要性程度的考量。

3. 监管模式相对滞后，传统监管技术面临较大约束

金融科技业务的不断创新和持续发展，使金融服务手段、金融主体间的关联方式均发生了深刻变革，传统的监管模式和监管技术已不能很好地适应金融科技的特征与发展需要。

（1）传统准入式监管制度恐难适应金融科技的创新发展。金融科技的核心竞争力在于技术优势以及持续的创新能力。而传统的准入式监管制度主要基于金融机构财务条件等方面设置准入门槛，缺乏技术优势、创新能力等方面的考量，恐怕不利于金融科技创新发展。如何优化监管制度、创新监管模式，以实现金融安全与金融创新发展之间的平衡是关键问题。

（2）金融科技业务复杂度对现有监管技术有效性提出挑战。金融科技极大地提高了证券业务复杂度，现有监管技术有效性备受挑战。包括智能投顾、算法交易等在内的金融科技业务模式呈现多元化与多变性，金融监管的技术要求随之提高。为了有效监管匹配高度自动化、网络化的金融业态，监管技术和手段的升级需求与日俱增。

(3) 金融科技对监管体系的安全保障能力提出更高要求。一方面，以移动互联、云平台为代表的金融科技将面临网络安全问题、信息与数据安全问题等非金融业务本身的风险，更深层次的科技渗入还容易触及投资者的隐私保护问题；另一方面，金融科技风险的爆发性、传染性及隐蔽性对系统性风险的预警与应对机制提出了更高的要求。因此，健全系统性风险预警与应对机制、保障信息安全是未来监管体系的重点工作。

（二）我国证券行业金融科技监管机制优化建议

1. 国外经验及对我国监管机制的启示

基于金融市场的发展阶段与政府的政策主张，各国对金融科技的支持力度不尽相同，但基本持有支持、包容的发展思路，从法律法规体系建设、组织架构完善等方面支持金融科技的发展。通过举办金融科技主题论坛、会议、主题周活动等形式促进监管层与行业间、金融科技行业内部的信息互通与成果分享，进而实现金融科技创新的协作。监管机构不仅履行了固有的监管职能，还以拓宽传统金融机构与金融科技公司的合作渠道、促进传统金融机构科技能力的提升等方面为着力点，积极引导并推动金融行业的脱胎换骨式发展。国外经验对我国金融科技监管机制优化的启示包括以下几点：

（1）应加快明确监管机构在我国金融科技发展各阶段的监管职能与目标，力求在保证金融安全的同时推动金融业良性创新；

（2）应加快对金融科技应用梳理与监管法律法规的研究工作，以顺利推进金融科技监管的后续落实；

（3）应加快金融科技监管范围和监管职责的明确以及投资者保护能力、监管科技实力等层面的提升，以保障金融科技的有序发展；

（4）反思我国金融市场发展阶段，我国应该持有更加谨慎的态度，以防止系统性风险和保护投资者为第一目标，确保金融市场的平稳有序发展。

2. 金融科技与监管职能的发展阶段

在我国金融科技发展历程中，金融科技发展与监管职能演化进程可大致分为两个基本阶段（见图3）。

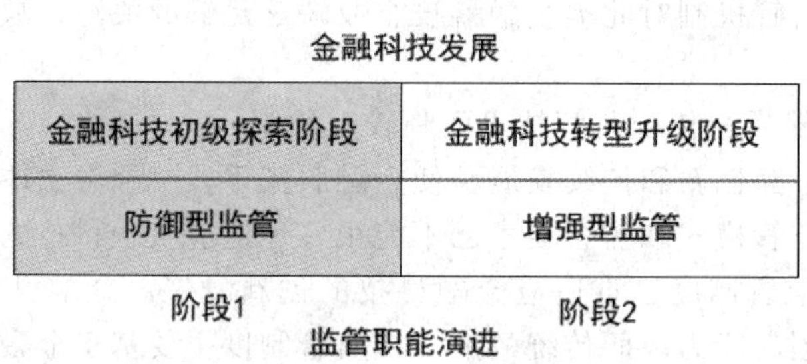

金融科技发展	
金融科技初级探索阶段	金融科技转型升级阶段
防御型监管	增强型监管
阶段1	阶段2
监管职能演进	

图3 金融科技发展与监管职能演化进程

（1）金融科技初级探索阶段：防御型监管。从短期看，我国金融科技业态尚处于初级探索阶段，此阶段特征包括：

第一，证券市场参与主体和业务本质未变。证券市场参与主体仍以提供传统证券业务的金融机构为主，科技公司的定位主要在于为金融机构业务创新和运作效率提升提供技术支持；且金融科技现阶段的应用主要集中在改变流程、提高效率等方面，并未改变传统证券业务本质。

第二，金融科技创新面临较大不确定性。传统金融机构、技术公司以及金融科技初创公司均在积极探索、研究并尝试金融科技创新业务，试图在金融科技领域占得一席之地，但在技术推广以及监管规则等方面面临较大不确定性。

鉴于上述特征，监管体系应实行防御型监管：首先，针对新兴技术应用或创新业务的出现，监管体系必须以防御风险为第一目标，加强对创新产品的监管，其中进一步厘清监管范围和职责、制定金融科技行业标准体系是当前监管体系的首要工作；其次，针对金融科技发展的不可逆势，监管体系在加强监管的基础上应顺应市场的新变化，加强监管主体之间、监管制度之间的协同性，进一步完善金融科技监管协调机制，创新适应金融科技发展的监管模式。

（2）金融科技转型升级阶段：增强型监管。从长期看，随着金融科技逐步渗透，我国金融科技业态极有可能迎来转型升级阶段，此阶段特征包括：

第一，证券市场参与主体多样化。未来，金融体系不仅包含提供传统证券业务的金融机构，还包括提供创新业务和产品的金融科技公司以及提供技术支持的科技公司等，甚至极有可能形成由金融科技企业主导的金融生态系统。

第二，证券行业商业模式变革。科技的应用和创新将推动传统金融机构和科技公司商业模式的变革，实现证券行业转型升级。技术的渗透导致未来的证券业务将逐步呈现智能化、个性化以及全球化等特征。

鉴于上述特征，监管体系应实现增强型监管：首先，证券业务的不断更新升级对监管体系的监管能力提出更高要求，监管机构需探索智能化监管技术，加强国际监管合作；其次，在升级监管体系的同时，监管机构应以金融系统安全发展为主要目标，通过完善的金融科技法律法规体系，引导行业实现良性发展，达到金融监管与科技发展的动态平衡。

3. 金融科技监管机制的优化思路与措施

依据图3中所示的金融科技发展与监管职能演化进程，金融科技监管机制的优化可采用两步走的思路（见图4）。

（1）第一步：加强监管，推进跨部门的监管协调。首先，进一步厘清监管范围和职责，制定行业标准体系，是加强对金融科技创新产品监管力度的首要条件。其次，创新监管模式，研究新型监管技术，以适应金融科技发展趋势，匹配金融科技业务对监管提出的新要求。

为顺利落实上述工作，监管部门必须积极拓宽机构间交流与协作渠道，通过举办论坛、专题研讨会、会议、产学研合作等形式，全面、深入地掌握金融科技业态；同时不断完善监管协调机制，建设跨部门协调窗口与备案制度，加强相关部门的协调工作。如此，层层推进监管体系优化，在加强金融科技监管的同时，协调金融科技稳步创新与发展。

（2）第二步：升级监管，引导金融系统平稳转型。首先，积极对接国际资本市场，实现国际监管合作方面的长足进步，是全方位升级监管体系的必要条件，并进一步提升金融科技领域的国际影响力和话语权；其次，探索智能化监管技术，进而构建智能化监管体系是全方位升级监管体系的体现。

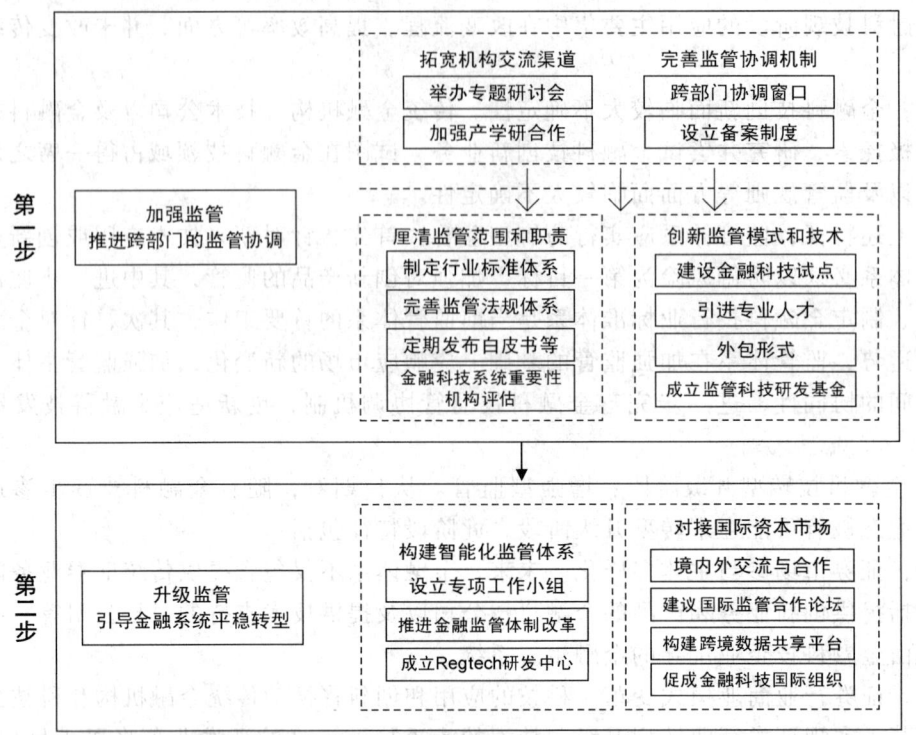

图 4　金融科技监管机制的优化思路

同时，借助完备的金融科技知识储备、监管技术与体系以及国际影响力，监管部门可持续引导金融科技公司以消费者保护和金融安全为首要原则，最终实现行业的良性发展。

从具体措施看，相关部门应进一步完善组织架构，可参考图 4 所示的各步骤的具体措施，稳步开展金融科技监管的相关工作。

参考文献

［1］Oster Walder. The Business Model Ontology – A Proposition in a Desing Science Approach ［D］. Lausanne：Universit6 de Lausanne，2004.

［2］李文红，蒋则沈. 金融科技（FinTech）发展与监管：一个监管者的视角 ［J］. 金融监管研究，2017（3）：1—13.

［3］孟庆江. 客户驱动：金融科技下券商业务转型的基石. 上海证券报，2017 - 05 - 03.

［4］张兴. Fintech（金融科技）研究综述 ［J］. 中国商论，2017（2）：17—20.

［5］中曾宏，宋莹，毛瑞丰. 金融科技的影响 ［J］. 中国金融，2017（4）：11—13.

金融科技浪潮下券商个性化服务探索

肖 钢 李剑戈 曹 震[*]

一、研究背景

(一) 券商零售服务面临的挑战

互联网金融的飞速发展给券商的经纪业务带来了极大的挑战。随着移动 APP 的普及与一人多户政策的实施,大大降低了投资者在证券公司之间的迁移成本,客户佣金议价能力明显提升,各家券商经纪业务的竞争日趋白热化。2017 年,中国证券公司平均佣金率已降至 3.4‰,经纪业务在证券公司收入(不含融资融券)占比首次跌破 30%。同时互联网巨头们裹挟着流量优势,纷纷进军财富管理行业,蚕食长尾客户的财富管理市场,如蚂蚁金服的一体化理财平台、腾讯理财通;更有以四大行为代表的金融机构深化转型,充分发挥自身网点、客户规模、技术的优势压缩券商业务空间。券商自身还面临着客户规模增量放缓、获客成本上升、适当性管理愈发严格的重重挑战,不断探索创新服务成为行业的新常态。

(二) 金融科技与券商服务的提升相辅相成

2017 年 7 月,国务院印发的《新一代人工智能发展规划》提出了"智能金融"的发展要求,指出要建立金融大数据系统,提升金融多媒体数据处理与理解能力;创新智能金融产品和服务,发展金融新业态。利用金融科技为券商赋能已经成为行业共识。一直以来金融科技的发展与券商服务的提升是相辅相成的,主要分为三个方面。

1. APP 崛起

随着移动互联技术的成熟,微信、支付宝激发了用户使用 APP 的热情,互联网公司利用耳目一新的 APP 占领互联网金融市场,传统券商很快意识到这场速度与激情的竞赛是重新洗牌的难得机遇。2013 年到 2015 年,头部券商纷纷组建了独立自主的 APP 研发团队,为

---

[*] 作者单位:中信建投证券股份有限公司。原载于《中国证券》2018 年第 11 期。

用户在 APP 上提供开户、交易、购买理财产品、查看行情、新闻、公告等几乎覆盖全部传统业务的功能，完成了传统业务移动化的蜕变。2015 年上半年移动端开户增长率达 90%，到 2017 年上半年，移动端开户占比已经超过 95%。

2. 大数据技术驱动

伴随着 APP 线上服务的蓬勃发展，产生了大量的互联网侧数据，大数据的概念再一次引领券商用户服务的变革。通过自建大数据平台，券商逐步积累了海量的时效性更高的结构化、非结构化数据，由大数据实时计算技术及分析挖掘技术催生的新功能、新服务成为各大券商角力的新战场。券商在用户画像、欺诈检测、风险预警、精准营销、指标计算等多个领域持续发力，并推出了因子选股、相似 k 线、大数据选股、大数据热点、筹码分布等吸引眼球的服务功能。

3. AI 登场

随着人工智能技术（AI）在多个领域取得突破性进展，人工智能技术逐渐成为金融科技新的代言人，再次推动券商服务生态的进化。券商积极研发推荐系统、智能投顾平台，精彩资讯、智能语音助手、智能客服等产品也都成为各大券商新的服务场景。

二、券商个性化服务面临的新问题

随着线上服务的规模化，长尾用户可以得到更多的关怀，券商的服务也开始向收入环节的前后端渗透，将活跃、留存、传播作为服务竞争的核心战场。伴随金融科技不断渗透、计算能力的显著提高，为用户提供更多功能、覆盖用户个性需求的宽度深度已经不再是券商服务升级的首要目标。过去两年，券商不断完善产品超市、扩展服务类型，繁多复杂的功能设置，越来越深的菜单层级，使得用户无所适从。如何更好地为用户提供个性化服务是值得深入探索的问题，首先应当从梳理产品、梳理服务、梳理用户着手。

（一）产品多、服务泛

券商提供的产品越来越多（见图 1），目前券商 APP 提供的产品主要包括股票交易、理财产品等，仅理财产品就包括活期、定期、公募基金、高端产品、场内产品等，还有期权、"两融"、可转债、质押回购等众多金融衍生产品。

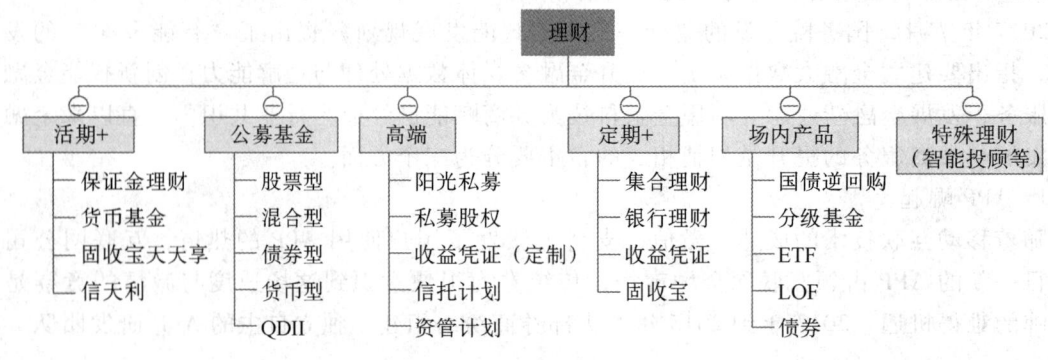

图 1　券商理财产品分类

券商提供的服务内容广泛。主要包括投顾服务类、投资教育类、资讯公告类、数据分析类等。投顾服务类产品包括投顾问答、投顾观点、投顾模拟组合、投顾锦囊、投顾视频、投顾音频等;投资教育类产品包括理财学堂、视频直播、模拟"两融"、预设委托、用户模拟组合等;资讯公告类产品包括文字新闻、音频新闻等,每家券商都有独特的资讯分类,主要包括头条、自选、新股、7×24小时要闻、专题、研报、公告等;数据分析类产品包括基于level-2行情数据深加工的数据产品、因子选股、大数据选股等。

(二) 用户偏好的迁移

在信息过剩时代,用户的时间和注意力有限,传统的"千人一面"的方式很难满足用户的实时个性化需求。应运而生的快消型服务互联网巨头逐渐崛起,今日头条、抖音都是根据用户的历史行为、及时特征向用户推荐此时此刻最感兴趣的产品及服务,并防止用户陷入"信息茧房"。证券公司的用户同样也有类似的诉求。

用户对服务的时效性要求更高。金融市场受事件驱动更加明显,用户的购买行为及兴趣会随着市场的快速变化而改变。

用户更愿意为喜欢的服务"买单"。如在投顾领域,麦肯锡的调研结果显示用户对投资咨询付费的意愿越来越高,83%的用户愿为投顾服务付费(见图2),"80后"和"90后"客群付费意愿最高。

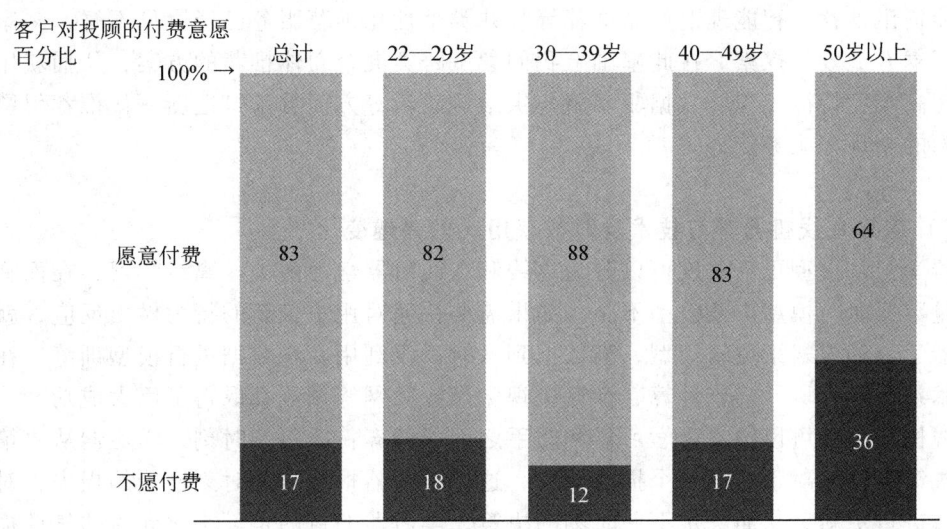

图2 用户对投顾产品付费意愿

在券商推出的投顾产品中股票投资组合和资讯类产品占大多数,但调研结果显示,用户心中的首选付费投顾服务是资产配置的建议(见图3)。

用户财富支配能力趋向年轻化。"80后""90后"在各个岗位逐渐成长为中坚力量,逐渐成为财富的主力军,这类用户具有天生的互联网基因,是移动互联网场景的忠实拥趸者。

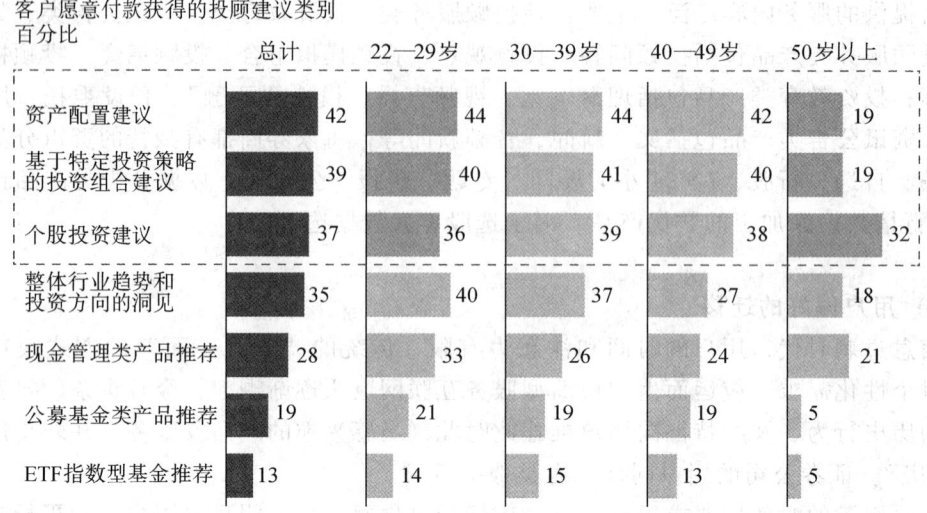

图 3　用户愿意付费的类别

三、"四轮驱动"提升券商个性化服务能力

智能资讯推荐、智能理财产品推荐等竖井类个性化推荐服务已经屡见不鲜，多家券商已经进行了卓有成效的探索。在此基础上我们尝试跨类混合立体推荐的方案，从捕获用户实时关注、超高维度特征工程、数据驱动服务供给侧改革等方面着手打造新一代推荐引擎，进而提升券商的个性化服务能力。

（一）应用在线机器学习技术及时捕获用户的兴趣变化

机器学习从模型更新角度可以分为离线和在线机器学习两类。离线学习，在面临高维度以及海量数据时，模型更新效率不高。如果需要快速对用户最新的行为做出反应，就需要以在线机器学习的方式来更新模型，当数据到来时，仅利用新增数据进行模型训练。在线机器学习技术在推荐领域、广告计算、计算机视觉及物联网等领域都取得了巨大成功。

在线机器学习可以定义为学习器和对手之间的博弈：在每一时刻，学习器从决策空间选择一个决策，同时对手选择一个损失函数，这样学习器根据当前时刻遭受的损失，对当前的模型参数进行更新，从而决定下一时刻的决策，学习器的目的是最小化此时的累计损失。在线机器学习的流程见图4：将模型的预测结果展现给用户，实时收集用户的反馈数据，再用来训练模型，动态更新模型参数，形成闭环的系统。

在线机器学习的模型更新的方法主要分为两种：一是微软提出的 Bayesian Probit Regression（BPR，贝叶斯概率回归）算法；二是 Google 在 2013 年公开的 Follow The Regularized Leader（FTRL，遵循正则化领导）算法，FTRL 属于 OGD（在线梯度下降算法）流派的最新演进。由于 BPR 算法稀疏性不够好，而 FTRL 既能保证模型的快速更新，又能保证特征向量足够稀疏，大量互联网公司的在线机器学习都采用 FTRL 算法，常用于点击率预估。

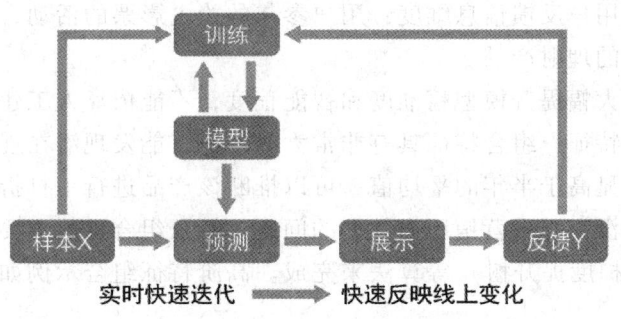

图 4 在线机器学习示意图

瞬息万变的金融市场,需要瞬息万变的服务。为适应快速变化的市场及用户兴趣的快速变迁,在线机器学习将为实现精准且及时的推荐提供算法支撑。

(二) 利用微服务向用户提供信息流形式的立体推荐

信息流在互联网公司得到了广泛的应用,最典型的是今日头条、手机百度、微信公众号等。利用算法将海量内容中最满足用户偏好的推送给用户,提升用户的使用时长,同时孕育服务变现的机会。信息流变现的优势:充分利用潜在用户的碎片时间进行持续影响,内容与广告融合不影响用户体验。

采用信息流的方式聚合券商多种不同形式的服务,为用户提供立体的多维度内容的推荐,主要从两方面着手:一是采用微服务技术推动服务原子化,投顾、新闻、公告、理财等都以微服务形式实现,模块之间解耦,并将服务打造成标准产品,使其可复制、可定价、可标签、可组合、可跟踪,支持更加高效地快速创新与个性化定制。在确保服务质量的前提下,使服务内容可依据每个用户的个性化需求,快速进行定制化生产,提升券商服务承载力。二是完成对数据的封装,将资讯、广告、投顾锦囊、投顾观点、投顾直播、理财基金信息的推荐结果作为一个有机的整体推送给用户,利用个性化的资讯、公告、投顾观点、投顾直播等增强用户黏性,同时将付费内容以信息流广告的形式推送给用户,提升转化率。

(三) 运用分布式计算构建超大规模多维特征体系

利用分布式计算、大数据、机器学习等技术构建超大规模多维特征体系。特征是个性化推荐的基础,特征的质量直接影响推荐的效果及特征计算的性能。常用的特征分为单边特征和双边特征。单边特征是指对象本身的属性描述,如新闻的类别、基金、投顾锦囊的价格;双边特征是指两个对象交互程度的描述,如某用户最近一小时浏览了多少次投顾观点、锦囊、新闻等。从特征生成方式可分为实时特征及离线特征。实时特征是通过实时计算的方式生成的,离线特征是提前生成的。特征工程常用方法有:时间戳处理,分解类别属性,数据分桶/分箱,特征组合,特征选择,特征缩放,特征提取。

用户的基础特征一般包含如下维度:一是用户身份信息维度:性别,年龄,城市,活跃区域,证件信息,学历,收入等。二是用户社会生活信息维度:行业,职业,孩子年龄,住房性质。三是用户购买偏好维度:产品偏好,购买频次,购买时间偏好,最近一个月平均购买金额,单次最高金额。四是用户行为偏好信息维度:风险敏感度,价格敏感度,收益敏感度、渠道偏好。五是用户反馈信息维度：用户参与的抢电影票的活动，投顾直播讨论，购买过、推荐过及评论过的理财产品。

超高维模型能够大幅提升模型精准度和智能程度，不能依靠人工建模，必须通过特征自动组合技术引入高维特征。组合特征具有非常大的价值，能发现潜在规律，如某款产品购买量某7天的平均值明显高于半年的平均值，可以推断该产品进行了打折活动。利用数据自动发现规律，弥补系统没有记录营销历史数据的问题。特征组合目前主要通过FM算法（因子分解机）或GBDT（梯度提升树）等算法来完成。高阶特征组合示例如表1所示。

表1　　　　　　　　　　　　　超高维特征组合示意

一阶特征			
客户基本属性（生日、地域、学历、职业、行业等）		1989，北京市朝阳区，硕士	
账户开通情况		是否开通沪A，是否开通深A，是否开通开放基金，是否开通添鑫宝	
最大总资产日期		20161222，20161114，20161209，20161205	
低阶特征			
年龄组合地域		20-湖北，40-北京	
性别组合职业		男-学生，男-文教，女-离退休	
特征组合和探索			
高阶特征（接近千万特征）			
当前时间之前/上次交易行为前1、3、6个月的交易类型统计	输出样例：银证转入：5，股票买入：5，股票卖出：1	{银证转入：5，股票买入5，股票卖出1，银证转出：3} {股票卖出1，银证转出：3} {银证转入：5，股票买入5，基金申购：1}	根据客户交易行为的统计识别客户的交易习惯以及意图
当前时间之前/上次交易行为前1、3、6个月的交易时间统计	输出样例：周一：1，周二：2，周三：0，周四：0，周五：4	{周一：1，周二：2，周三：0，周四：0，周五：4} {9点-10点：3，10点-11点：0，11点-12点：0，1点-2点：2，2点-3点：4}	根据客户交易行为的统计识别客户的交易习惯以及意图
近1/3/6/12个月月均资产分布/总资产分布	输出样例：[0, 10]：1，[500, 100]：3	[0, 10]：1，[500, 100]：3 [0, 10]：6 [10 000, 50 000]：6	刻画客户的资产变化情况
职业组合账户开通情况（0标识未开通，1标识开通）	输出样例：学历-沪A-深A-开放基金-智多鑫-添鑫宝	离退休-1-1-1-0-1，学士-0-0-0-0-0，无业-0-0-0-0-0，文教-1-1-1-1-0	已开通沪、深A股的离退休人员和学生比较容易激活

（四）大数据驱动服务供给侧创新

利用大数据技术在海量数据基础上深度挖掘业务价值，这种金融科技的形态已经开始深刻影响着证券行业的业务与技术的组织关系，由技术推动的用户私人订制服务也在逐渐转变为业务供给侧创新的原动力。"捕获需求－推荐服务－用户消费－数据反馈－服务创新"的螺旋式推动力将成为证券公司差异化创新的增压器。

四、头条推荐系统

（一）主要功能

基于"四轮驱动"理念，打造跨服务的头条推荐系统。通过机器学习、人工智能算法将多项服务（新闻、公告、投顾、基金等）聚焦推荐给用户。功能如图 5 所示。

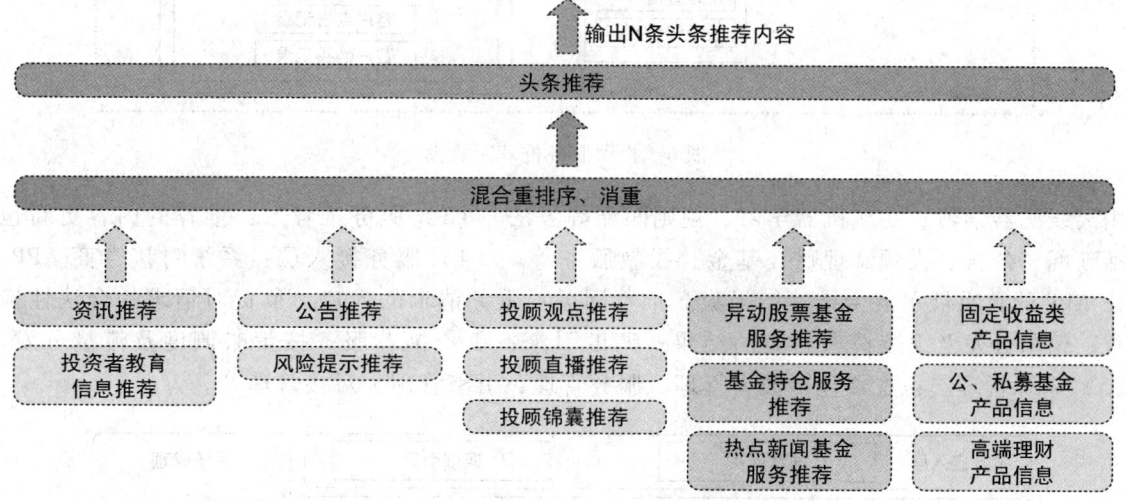

图 5　头条推荐功能图

1. 投其所好，给用户喜欢的

根据用户自身特征、内容特征及点击新闻、公告、投顾服务、理财产品的行为特征，每天在历史数据训练模型的基础上，向用户推荐相应的资讯、公告、投顾服务、理财产品，再根据用户实时点击反馈的数据，实时更新用户的特征，在线训练模型，更新模型的参数信息，向用户推荐新的内容。及时捕捉用户行为及市场的变化。

2. 授人以渔，给用户有用的

根据用户偏好的变化，给用户以专业的服务，比如用户点击、查看融资融券相关新闻，根据其他用户的类似行为预测此用户下一步了解融资融券业务的概率，及时向用户推介相关的业务流程、业务风险、投教宣传，促使用户成为市场的合格、合规的投资者。

以投顾服务推荐为例（见图 6），根据投顾服务数据、客户数据及客户与投顾观点、直播互动等数据，利用推荐引擎将最适合客户的投顾服务及时提供给用户。

（二）系统架构

个性化头条推荐系统的架构如图 7 所示。（1）用户数据层：包括用户标签、用户行为、推荐内容数据。（2）模型算法层：推荐引擎包括召回、过滤、特征工程、排序，排序时使

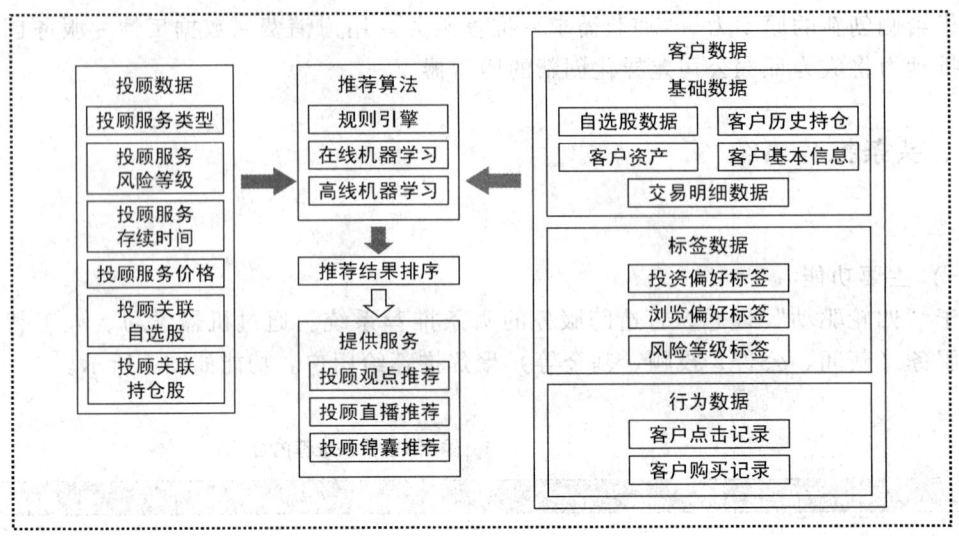

图 6 投顾服务推荐示意图

用离线机器学习、在线机器学习、规则匹配等方法。(3) 服务推荐层：推荐的内容更新包括新闻、公告、投顾、理财、基金、投教服务等。(4) 服务接入层：系统对接券商 APP，在 APP 的首页展示混合推荐结果集。推荐网关：服务请求的入口，负责对请求的合法性检查、请求分发及组装请求响应的结果；调度引擎：负责推荐服务按策略调度及流量分发。(5) 系统管理层：主要包括数据管理、服务管理、引擎管理、对接管理等。

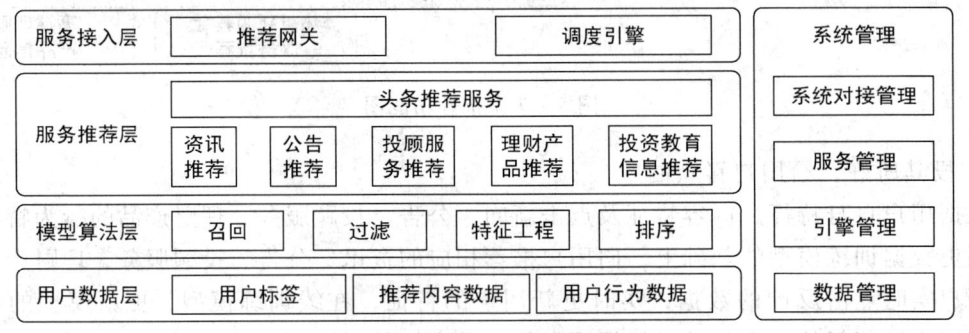

图 7 个性化头条推荐架构

计算框架：实时计算采用 Spark Streaming 及 Flink，实时数据存储在 Redis 中，实时数据的发布基于 Kafka 消息队列，Map Reduce 及 Spark 进行批量计算，结果存储在 HDFS、HBASE 中，Spark Mlib 及 Tensor Flow 完成机器学习。

头条推荐系统的核心是推荐引擎，主要包含如下几个部分：(1) 召回：获取候选集，一般从基于用户画像、产品特征、用户偏好等维度进行召回，对数据进行初步筛选。(2) 规则过滤：所推荐内容与证券公司客户的风险等级相匹配，关注推荐服务的风险适当性。(3) 特征计算：结合用户实时行为、用户画像、产品画像、特征服务，计算出高维度的特征向量。(4) 排序：离线训练的模型参数是在线训练的基准，使用在线机器学习算法对召回候选集打分，按特定的策略对候选集进行重新排序，将排序靠前的推送给用户，根据用户的反馈数据在线及时更新模型参数。最后合并多个推荐器返回的推荐结果，并充分考虑推荐多样性（见图 8）。

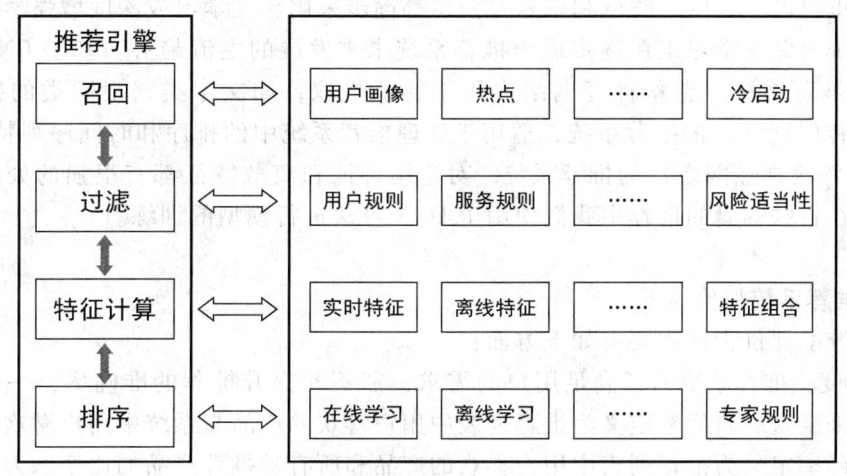

图 8　推荐引擎架构

（三）推荐算法

推荐系统是各类算法的试验田，分类、聚类、回归、关联等多种算法都取得了广泛的应用。比较典型的有：基于内容推荐算法，基于协同过滤的推荐算法，基于矩阵分解的推荐算法，深度学习的推荐算法，点击率预测算法等。算法需要配合业务场景，没有最好，只有更好，需要不断迭代和打磨。我们在构建个性化头条推荐系统时，在多种场景中尝试了不同的算法。

1. 多臂赌博机算法

MAB（多臂赌博机算法）常用的有两类：Thompsonsampling（汤普森采样）算法及 UCB（置信区间上界）算法，能有效解决推荐系统冷启动及用户新兴趣发现、新产品推荐的问题。用分类来表示每个用户兴趣，也就是 MAB 问题中的臂，通过几次试验，刻画出新用户对每个物品的感兴趣概率。如果用户对某个物品感兴趣（提供了显式反馈或隐式反馈），表示得到了收益；如果推荐不感兴趣的物品，推荐系统就表示遗憾，优化的目标是遗憾最小。在个性化头条推荐冷启动阶段可以将新闻、投顾观点、投顾直播、基金信息介绍等几大类使用 MAB 进行推荐；上线新产品时使用 MAB 算法探查用户是否喜欢。

2. 协同过滤算法

协同过滤推荐技术是推荐系统中应用最成功的技术之一，协同过滤包括基于用户的协同过滤和基于物品的协同过滤两种。基于用户的协同过滤：首先计算用户和用户之间的相似性，然后将与某个用户最相近的物品通过用户相似性加权计算，按得分排序后推荐给用户。基于物品的协同过滤：首先计算物品和物品的相似性，然后再通过加权排序的方式计算用户的评分，并将得分高的物品推荐给用户。在 Mahout（一种大数据的分析挖掘组件）、Spark Mlib（一种大数据的分析挖掘组件）中都有协同过滤的技术实现，我们使用 Spark Mlib 中的 ALS（交替最小二乘法）算法根据用户购买理财产品的情况为其推荐理财产品。

3. 深度学习算法

近年来，随着深度学习的兴起，推荐系统也受到了人工智能浪潮的洗礼。谷歌、脸书、亚马逊、阿里巴巴、百度、腾讯和京东等公司都逐步采用深度学习或深度增强学习来改进现有的推荐系统。深度学习正在逐步成为推荐系统未来发展的主流趋势。基于CNN（卷积神经网络）的推荐系统，卷积神经网络多用于特征提取，如文本类、视频类的推荐。基于RNN（循环神经网络）的推荐系统，适用于处理推荐系统中的排序和时间序列特征的提取。基于DNN（深度神经网络）的推荐系统，对连续特征和离散特征都有很强的处理能力，推荐精度高。在投顾锦囊的推荐中我们使用了DNN算法进行模型的训练。

（四）推荐系统评价体系

推荐系统的评价指标主要有如下方面：

1. 准确度：推荐系统为了满足用户的需求，需不断提升推荐的准确率，一般采用召回率和精确率来度量。召回率定义为推荐列表中用户喜欢的产品与系统中用户喜欢的所有产品的比率。精确率定义为推荐列表中用户喜欢的产品和所有被推荐产品的比率。为全面评价算法的好坏，常采用结合召回率与精确率的F指标来评价。
2. 多样性：推荐系统在满足用户的兴趣同时，要兼顾推荐内容的多样性。
3. 新颖性：用户看到的内容是之前没有看过的，要对结果集进行去重。
4. 惊喜度：用户既没有看过又和之前的行为不相关，但用户看到后非常喜欢，助力用户突破"信息茧房"。
5. 实时性：推荐系统要根据用户的上下文来实时更新推荐内容，实时更新用户特征及模型参数。
6. 推荐透明度：要让用户获悉推荐内容的原因，比如"买过这只基金的人同时也买过"，对于机器学习模型也要尽量做到模型可解释。
7. 覆盖率：挖掘长尾内容。

五、总结

这是券商服务最具挑战的时代，也是最富机遇的年代，"强者通吃"是新的森林法则。科技与金融的融合，智能与专家的融合，创新与工匠的融合，数据与行为的融合无一不是券商服务的胜负手。"大道至简，知易行难"，在产品做减法、服务做加法的路上我们将会一直上下求索。

参考文献

［1］黄河，Akash Lal，Vito Giudici，袁伟，王璞. 大浪淘沙，沉者为金：券商零售经纪业务转型［R］. 北京：2018.1—28.

［2］易观. 2017中国证券类APP创新专题分析［R］. 北京：2017.1—35.

［3］胡保坤. APP运营推广——抢占移动互联网入口、引爆下载量、留住用户［M］. 北京：人民邮电出版社，2015.

［4］邬贺铨. 大数据时代的机遇与挑战［J］. 求是，2013（4）：47—49.

［5］巴曙松. 中国金融科技发展的现状与趋势［N］. 21世纪经济报道，2017-01-20（004）.

［6］周莹. 基于证券理财产品用户行为分析的个性化推荐研究［D］. 电子科技大学，2014.

［7］H. Brendan McMahan, Gary Holt, D. Sculley. Ad Click Prediction：a View from the Trenches［J］. 2013：1222-1230.

［8］Cheng H T, Koc L, Harmsen J, et al. Wide & Deep Learning for Recommender Systems［C］. ACM, 2016：7-10.

［9］Ruoxi Wang, Bin Fu, Gang Fu. Deep & Cross Network for Ad Click Predictions.［C］. arXiv preprint arXiv：1609，08144，2016.

［10］刘建国，周涛，郭强等. 个性化推荐系统评价方法综述［J］. 复杂系统和复制性科学，2009，6（3）：1—10.

金融科技助力证券公司智慧运营转型研究

鲍　清　王　东　金宗敏　赵智鹏　许红涛　侯立阳　吴丹阳[*]

一、探索实践背景

（一）证券公司金融科技的发展

党的十九大报告指出："推动互联网、大数据、人工智能和实体经济深度融合，在中高端消费、创新引领、绿色低碳、共享经济、现代供应链、人力资本服务等领域培育新增长点、形成新动能。"

近年来，互联网、大数据和人工智能等金融科技也与证券行业不断融合，逐渐渗透到证券公司的各个领域。

在经纪业务领域，一是随着人脸识别、OCR（Optical Character Recognition，光学字符识别）识别等技术的成熟以及大数据技术在个人及企业征信方面辅助身份认证、客户适当性管理等的应用，逐步实现了部分业务的半自动化办理。二是随着互联网应用的不断横向扩展和纵向深入，使得客户终端移动化趋势明显。据2017年统计，海通证券90%以上的业务办理通过互联网渠道开展，手机委托占比已超过PC客户端。三是通过对话机器人，部分需要人工提供的服务可以由对话机器人完成，大大减少了人工的工作量。四是通过大数据分析，构建客户画像，提供千人千面的个性化服务。

在合规风控领域，一是通过大数据技术，收集和分析风险及其来源、特征、形成条件和潜在影响，为风险计量提供科学和准确的依据，从而达到证券公司的内外部风险识别、动态监控和及时应对。二是通过人工智能技术，对首次公开发行申报材料、法律文件和财务报表等金融文档进行半自动化检查，降低文档的不一致性和出错概率，减少人工审核的工作量。

在运行保障领域，一是通过云计算技术，建立服务器、存储、网络设备资源池，实现基础资源共享和自动化管理。目前行业在公有云和行业云的基础上，部分机构已尝试搭建企业

---

[*] 作者单位：海通证券股份有限公司。原载于《中国证券》2018年第11期。

私有云，为生产、测试、研发环境提供按需服务。二是通过自动化工具辅助日常运维，减少系统运行保障人员。目前，海通证券 e 海通财有 800 多台服务器，但是全天候的运维工作仅需两人，人工占比大幅度减少。三是通过日志分析、历史数据和系统异常监控等，实现系统自动巡检和系统运行问题预警。四是通过人工智能技术，辅助进行异常站点的自动过滤或根据站点实时性能情况，提前对高负载服务器进行引流，降低服务器故障率和服务器故障对用户的影响。

（二）证券公司运营管理的挑战

1. 监管体系日趋完善

2017 年以来，监管部门对行业内一系列重要管理制度作了修订，包括《证券公司和证券投资基金管理公司合规管理办法》《证券期货投资者适当性管理办法》《证券公司参与股票质押式回购交易风险管理指引》等，涉及证券行业经纪业务、投行业务、资管业务和融资业务等广泛业务领域，这些制度对证券公司在业务开展、业务定位和业务风险管理等方面都提出了更严格的要求，给证券公司经营发展带来深远的影响，稳健运营、合规运营成为证券公司的立业之本。同时，只有在运营过程中做好各类风险的计量、发现与及时化解，才能使证券公司的业务开展具有持续性与安全性。

2. 服务能力有待提升

证券行业在火热地开启互联网业务的同时，也逐步迈上了金融服务的新台阶，服务方式和服务渠道也发生了很大的变化。证券公司业务办理的方式由原先的以临柜为主，拓展到现在的以网上营业厅、移动端业务办理等各类非现场渠道为主。这些变化使得证券公司的运营压力空前增加，线上业务办理量的规模远超线下业务办理量，服务成本增加与服务质量保证之间的矛盾使得金融科技有了新的用武之地。

3. 用户体验有待改善

业务办理时间长、手续复杂等问题一直被证券公司客户抱怨。虽然伴随着业务流程的不断优化和规范以及信息技术的充分运用使得运营效率和用户体验有了较大的改善，但如何利用最新的金融科技，在用户体验与运营效率之间寻找薄弱点，最大化提升用户体验已成为业务与技术共同面临的挑战。

4. 人员配置亟待优化

近年来，证券公司的经纪业务收入占比不断下降，尽管融资类业务获得较大发展，但在利率、佣金等竞争日趋激烈的背景下，利润空间也在不断收缩。另外，与美英等发达国家的投资银行相比，国内证券公司在人员配置和业务差异化水平上也存在一定的差距，随着金融业对外开放的步伐逐渐加快，这些差距亟须尽快缩小。因此，有效利用金融科技的力量，优化部分运营流程，辅助部分人工操作，释放部分人力资源，用来支持其他差异化业务的发展，以"人 + IT"的方式实现人员价值的最大化和金融科技技术能力的最佳展示，成为证券公司以效率出业绩、以创新带业绩、以科技助业绩的发展新方向。

二、运营模式演变

证券公司运营模式可以分为分散运营、集中运营和智慧运营三个阶段。

(一) 分散运营

大部分证券公司之前多采取"小而全"的网点运营模式，采用独立系统配置、独立功能布局、独立财务核算等机制。

随着证券行业业务模式的变革，非现场交易的比重不断扩大，对客户的服务由提供通道逐步转向以满足客户需求为核心的财富管理，证券公司的运营模式也需要进行相应的转型。在确保信息技术安全高效的前提下，证券公司通过平台建设改变业务办理模式，将业务受理与业务处理分离，逐步将实体网点转变为客户的基础点、服务的落地点、产品的销售点、团队的培训点，从而步入集中运营模式。

(二) 集中运营

集中运营的核心是通过业务流程与系统资源的不断整合，形成"分散受理+集中处理"的业务办理模式，从而实现统一集中管控、提高运营效率、提升用户体验的目标。为此，很多证券公司建立了经纪业务客户服务平台，前台与网上营业厅、手机APP、客服中心统一对接，中台做好业务调度与流程管控，后台整合集中交易、融资融券、期权、贵金属等业务系统，以及产品中心、档案中心等业务支撑系统，最终实现账户、资产、产品、档案、交易、清算、交收、监控的统一管理。

集中运营的优点主要体现在两方面：业务办理全渠道化和中后台管理集中化。

1. 业务办理全渠道化

通过建立统一的业务受理入口和业务处理流程，形成统一接入技术规范及标准，实现临柜、见证、网上等全方位业务办理渠道。

2. 中后台管理集中化

产品的发行和销售是证券公司增加客户黏性、提升营业收入的重要手段，特别是私募产品或资管产品。但这些产品的发行与销售都要严格遵守投资者适当性以及资管新规等监管要求，在合格投资者认定、产品的推介销售方式、风险匹配方面都有明确规定。因此，证券公司通过建立产品中心，与客户服务平台、各交易渠道对接的方式实现统一管理。另外，资料的留存和归档也实现了集中化管理。业务办理过程中的业务表单、风险揭示书、产品说明书、客户签名等，需要确保在各渠道的版本一致性、技术一致性和归档一致性。因此，证券公司建立了档案中心，统一管理各类表单模板、签名手段和归档方式。中后台管理的集中化提升了管理效率，确保了业务开展的合规性。

(三) 智慧运营

近年来，金融科技的兴起推动了各行业的进步，同时促进证券公司运营管理在集中运营的基础上向标准化、智能化等方面不断发展，推动线上线下不断融合，从而步入智慧运营模式。

智慧运营的核心主要体现在四个方面：第一，通过实时监控各分支机构日常业务运营情况、账户情况和交易异常情况，及时预警和干预违规流程，加强各项业务的风险控制；第二，通过在账户类业务办理环节引入人工智能技术，实现智能审核，提高业务受理、处理效率，降低差错率，给客户带来更好的体验、更快的开户响应速度；第三，通过大数据分析分支机构的运营效率、异常操作原因、业务薄弱环节和客户行为，保证各分支机构的业务正常、高效、稳定运行，提升业务开展的个性化水平；第四，通过将常规化流程纳入集中化、模板化的管理，使用技术检测手段发现流程异常并提出改进建议，进一步减少不必要的人力操作，提升业务整体完成效率。

智慧运营的特点主要包括三个方面：

1. 运营的智能化

比如，使用语音识别、人脸识别和 OCR 识别等人工智能技术辅助认证客户实名身份认证；使用自然语言处理技术检索比对文档合同；使用大数据技术监测统计业务办理情况，实时调度业务处理，避免业务压单等。

2. 运营的自动化

大数据的发展为运营流程监测自动化提供了可能。海通证券运用大数据技术对各种业务消息流和系统日志进行实时监控，并提供多时间维度的统计数据展示，使得运营管理人员和开发技术人员能及时洞察业务开展情况、系统运行压力、流程节点故障等，大大缩短了业务洪峰应对、系统故障处理的响应时间，在提高工作效率的同时，确保各项业务持续稳定有序开展。

3. 运营的智慧化

证券公司不断努力运用金融科技完成业务创新，其中试运行较多且产生良好效益的产品是智能客服和智能投顾。智能客服基本上已经是大型证券公司的标准配置，它能替代 90%以上的问题量，减轻人工座席的压力，保证了服务质量。智能投顾则是在低成本的运营状态下，避免传统投顾的主观思维缺陷，为客户提供更透明更客观公正的投资建议。但是，智能客服和智能投顾如果仅仅是在移动应用开放一个界面入口来提供服务，也仍然是一种被动的服务。

证券公司提升主动服务能力，采用的有效手段便是建立智慧运营体系。从客户开户时的适当性，到交易时的资格认定；从为客户提供产品销售，到为客户提供财富管理等。智慧运营旨在借助金融科技，为实现客户便捷化、人性化、专业化的"贴身管家"服务提供有力支撑与保障。

三、智慧运营实践

智慧运营平台（见图 1）作为金融科技助力证券公司智慧运营实践的典型案例，以"智能监控、智能审核、智能分析、智能操作"为核心，利用智能调度算法、语音识别、自然语言处理、人脸识别、OCR 识别、大数据分析、RPA（Robotic Process Automation，机器人流程自动化）等关键技术，配套"任务分发、参数配置、逻辑校验、应急预案"等支撑机制，不仅严格贯彻运营管理与业务办理、客户服务、合规风控等全面结合的要求，还充分展现证券公司运营的主动化管理、标准化管理和精细化管理水平，从而实现"满足监管要求、加强风险管控、降低操作风险、提高工作效率、提升用户体验"的智慧运营管理目标。

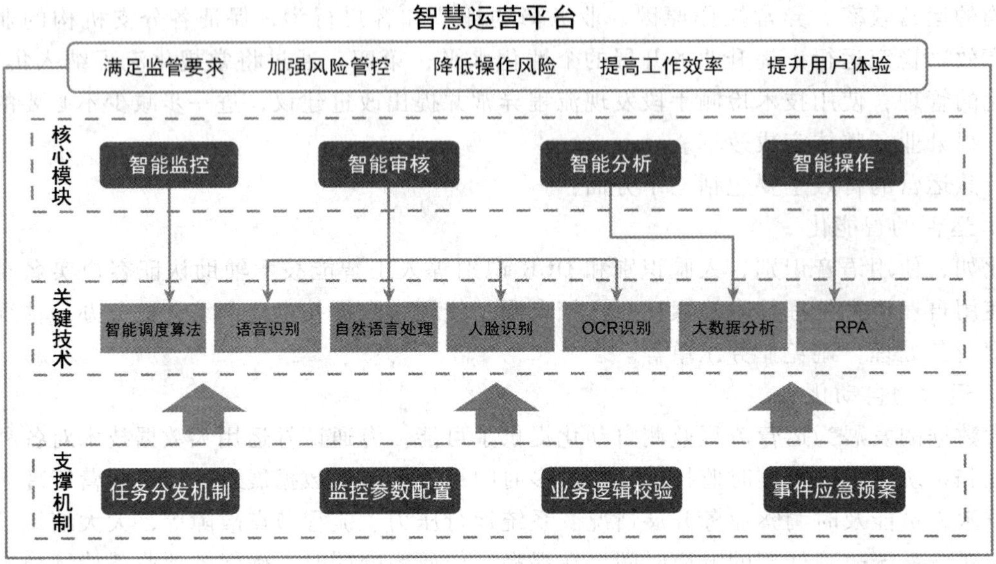

图 1　智慧运营平台

（一）核心模块

智慧运营平台主要包含四大核心模块：

1. 智能监控

对交易所重点监控及异常交易账户、中国人民银行反洗钱黑名单账户、中国结算违反账户实名制账户等实施智能化监控，通过统一维护账户名单，有效识别异常数据，自动完成业务控制，及时监测交易动态，有力防范违规行为。

2. 智能审核

如图 2 所示，在网上开户复审环节引入智能审核，通过建立 5 大识别项、22 个识别子项为人工审核客户身份、信息准确性、账户有效性等提供辅助依据，并对智能审核结果及效率进行实时监控，优化了业务流程，提高了工作效率，减少了操作风险。

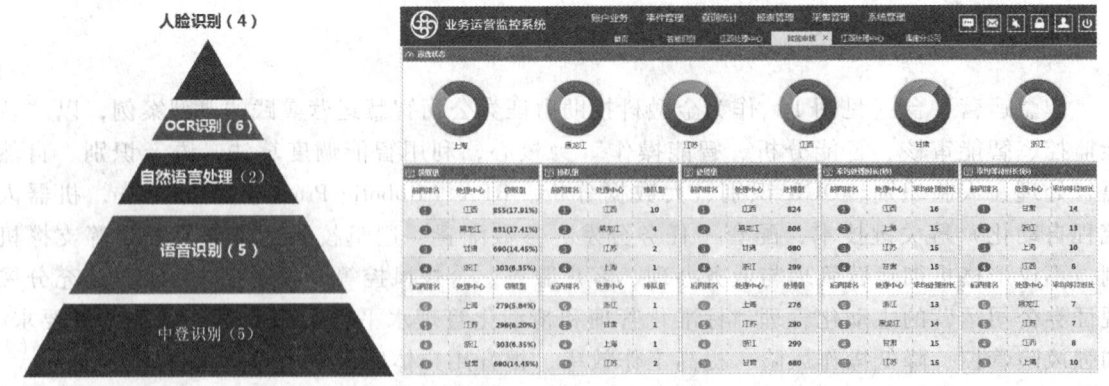

图 2　智能审核

3. 智能分析

通过智能分析，及时发现各类业务及管理流程中的薄弱环节，采取有效防范措施，杜绝重大风险及事故产生；通过智能分析，绘制客户画像，为客户提供主动精准营销等。

4. 智能操作

把日常重复繁琐的人工操作（如文件的导入、导出、拆分和合并等）纳入智能操作流程管理，有效识别流程进度，监控日志文件内容，对运营清算交收及投保数据报送步骤进行控制、检查和预警。

（二）关键技术

智慧运营平台主要使用以下七大关键技术：

1. 智能调度算法

智能调度算法能够支持调度任务的自主可控、调度条件的灵活扩展、调度流程的图形配置以及调度管理的跨平台、跨系统操作，提高智能监控管理的可控性、灵活性、扩展性。其优点主要体现在：一是配置灵活化。智慧运营平台提供灵活多样的作业调度监控机制，包括可按交易日历、时间维度和特定条件等触发作业，监控各项作业执行情况。二是管理人性化。智能调度算法引入系统日志、关键节点操作截屏和流程执行全程录像等安全审计机制，实现处理全过程留痕监控；提供异常中断报警及人工干预机制，操作人员可即时接管故障进行人工处置。

2. 语音识别

客户在业务办理过程中，尤其是开户过程中，与业务人员的对话虽然遵循特定的话术要求，但是同样包含方言特征、声音特征和语言组织形式等多样化因素。利用人工智能对开户对话进行识别，其核心在于构建定制化的语音识别引擎。因此，智慧运营平台将语言模型和声学模型纳入语音识别引擎中，利用大量音频样本和特定话术样本，进行深度学习和持续修正，形成符合特定场景和广泛声音特征的语音识别引擎。

语音识别的过程大致如下：首先对客户开户对话音频进行预处理，滤除环境噪声，识别音频有效语音片段；然后计算音频的特征值，语音识别引擎按照声学模型和语言模型，结合语境将特征值转成对应的文字并识别其可信度；最后将识别结果按照知识库和语义关联性进行调整，对同音词、文字顺序和标点符号等进行校对，从而完成识别过程。

3. 自然语言处理

语音识别得到的文本属于非结构化数据，需要对其进行自然语言处理，结合上下文语句关系和语义特征，划分单词边界，消除对话中的语言歧义等，转化为计算机可理解的、结构化的问答形式。

4. 人脸识别

业务处理中心在审核客户身份时，需要将客户的身份证件照、视频截图和公安部照片等进行比对，确认客户身份信息。通过人脸接口精确定位到人的五官，提取人脸关键点，防止伪造照片、视频和人脸面具。

5. OCR 识别

通过 OCR 技术，将证照图像转换成结构化客户信息，简化了业务办理过程中的填写和审批过程。

OCR 识别客户信息的原理是：首先对客户上传的图像文件进行图像信息预处理，消除图像模糊、反光和倾斜等影响；然后进行字符分割，截取有限字符域；接下来运用归一化方法消除字符大小、字体、颜色和分辨率等不同导致的影响，提高识别的准确度；最后通过提取归一化的字符集，提取特征值在语言库中进行特征识别，得到正确的匹配文字（见图3）。

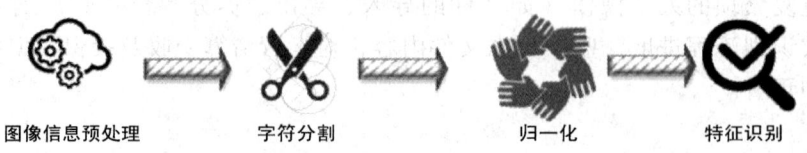

图3　OCR识别过程

6. 大数据分析

智慧运营平台对业务办理流程进行数据集中化处理，借助大数据分析技术，对生产系统数据、日志数据等进行采集、存储、分析与计算，高效地理解业务、研究业务发生过程、分析业务特点，将数据驱动的思想引入业务运营流程中，分别从客户、业务、过程和时间等维度，展现各处理中心业务处理效率、业务退回情况、业务处理时长和业务退回原因等，多方位分析业务处理特点和客户行为（见图4）。

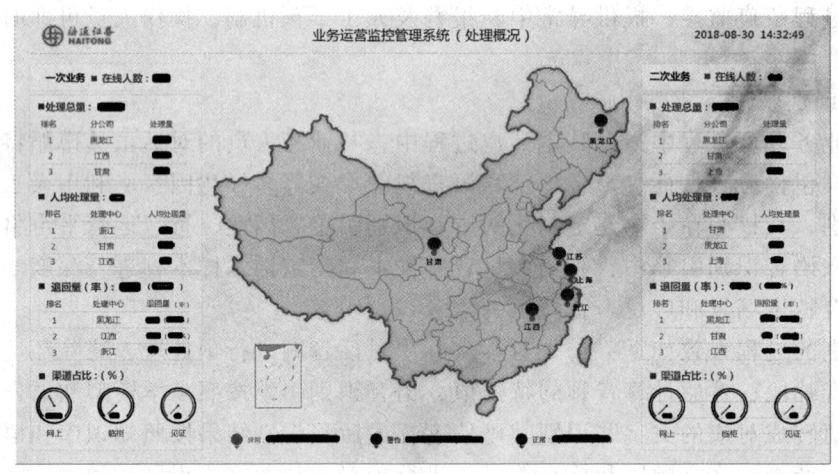

图4　大数据分析

7. RPA

RPA是通过一系列的自动化脚本帮助计算机模拟人工操作的一门技术，通常用于日常化、流程化和灵活性相对较低的业务。智慧运营平台封装了近1 000条常用的自动化函数，可对窗口、菜单、按钮等元素进行操控，实现业务系统的操作过程模拟封装，具有流程配置灵活和可拓展性强的特点。

四、智慧运营平台的业务价值及思考

（一）业务价值

智慧运营平台的业务价值主要体现在以下几方面：

1. 满足监管要求

通过智慧运营平台，对交易所重点监控及异常交易账户、中国人民银行反洗钱黑名单账户、中国结算违反账户实名制账户、清算交收步骤、投保数据报送等实施智能化、多方位监控，有效满足监管要求，及时防范风险隐患，夯实基础管理工作，助力各项业务拓展。

2. 加强风险管控

通过智慧运营平台，使得分支机构业务办理全流程得到有效控制，降低操作风险，业务受理差错率降低100%。以新开户为例，基本实现零差错（见图5）。

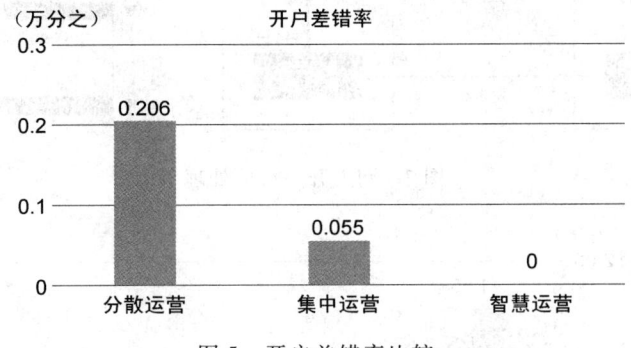

图5　开户差错率比较

3. 提高工作效率

通过智慧运营平台，实现智能审核、智能处理，大幅度提高了工作效率。以人均日处理量为例，智慧运营阶段较分散运营阶段提高了3.63倍（见图6）。以网上开户为例，通过智能处理，预开户失败及存管异常处理效率明显提高，较人工处理方式处理量提升53%，处理时长缩短35%（见图7）。

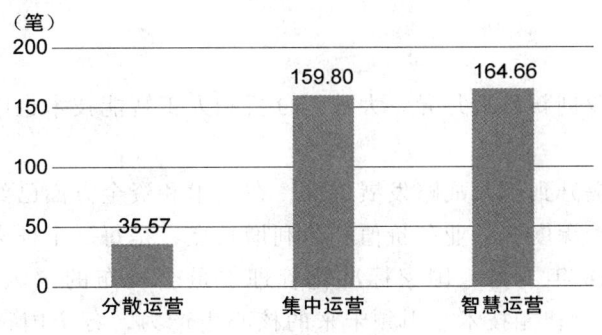

图6　人均日处理量比较

4. 提升用户体验

通过智慧运营平台，业务办理时长缩短，增加了客户满意度，提升了用户体验。以开户时长为例，智慧运营平均处理时长减少至0.91分钟，比分散运营缩短了44.85%（见图8）。

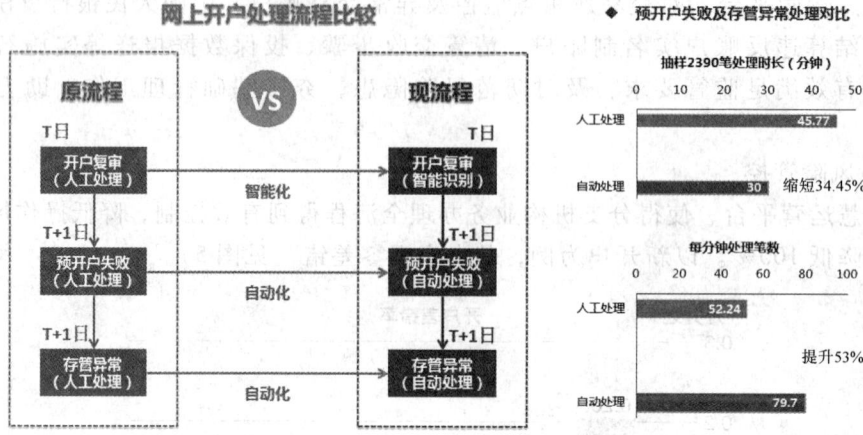

图 7　网上开户智能处理

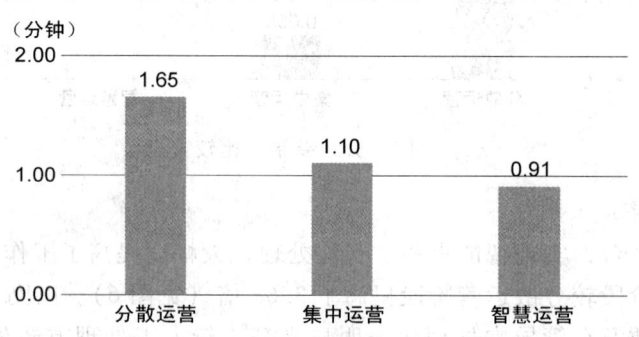

图 8　开户处理时长比较（用户体验）

（二）业务思考

金融科技引领行业创新日新月异，大数据分析和人工智能技术也因此受到越来越多的重视，投入也不断增加。

大数据分析已经提升到国家战略发展层面，在技术和资金方面已经得到了较多支持。充分利用大数据的力量，深度分析业务价值和盈利增长点，是每一个证券公司在市场竞争中取胜的有力竞争点。2018 年 1 月，国家标准化管理委员会发布的《人工智能标准化白皮书（2018 版）》指出，人工智能技术是引领未来的核心生产力，各个国家竞相在新一轮国际竞争中获取人工智能主导权。

总之，不论是国家战略层面还是商业领域都在不断加大资本投入，抢占金融科技的先机。因此，迫切把握金融科技的发展机遇，深入研究金融科技及业务模式创新，促进我国金融科技的蓬勃发展，是顺应时代变革的重中之重。金融科技推动证券公司业务革新的同时，也敦促着运营管理方式的变革。

金融科技无疑是未来证券行业竞争优势所在，证券公司既要积极利用金融科技推动业务模式创新，又必须严禁触碰监管条文和法律底线。因此在大力推进智慧运营的过程中，要重视对客户隐私信息、交易数据等信息的保护，同时加强金融科技同监管要求的契合度，不能完全依赖金融科技决策,既要使金融科技助力运营管理智能化,又要落实人员管理职责,营造"以人为本、科技为辅"的智慧运营模式。

五、智慧运营展望

金融科技推动证券行业创新发展是未来的发展方向,证券公司既要正视这种趋势,积极抢占金融科技突破的先机,又必须重视金融科技带来的风险挑战,稳健有序地开展前瞻性研究和战略性部署,使智慧运营不断创新与发展。

(一)管理思路

智慧运营借助语义分析、人机交互、自动匹配等 AI 技术,实现运营管理思路创新:第一,通过加强线上线下协同机制,保障用户线上线下流程的无缝衔接和统一服务的卓越体验;第二,通过建立运营资源共享机制,提升运营集中化、智能化水平;第三,通过完善账户体系功能,推进智能识别、智能审核、智能质检、智能问答在业务办理过程中的应用;第四,通过推动数据平台建设,实现智能数据检索、舆情推送、客群分析、企业族谱等功能,从而为公司"全面互联互通、智能用户洞察、精准营销服务"提供支撑。

(二)智能质检

档案作为一切业务办理的留痕凭证,其重要性一目了然,因此档案管理逐步受到各金融机构及监管机构的重视。而随着证券行业的发展,档案管理变得日益复杂,人工智能技术为档案管理的优化开辟了新的方向,智能质检应运而生。智能质检过程可以及时有效地发现电子档案常见的清晰度不足、漏扫、错扫、篡改等问题,可以明显提升质检效率,从而有效支持业务的发展,保障业务的顺利进行。

(三)知识图谱

相对全面的数据体系能够客观、全面地反映出企业的关联关系全貌。该体系可以了解企业之间的关联关系,通过风险传导路径,判断出不同的风险对不同企业的影响;了解企业的实际受益人是否同时是其他企业的实际控制人等方面的相关信息,在复杂的股权投资关系中追溯企业的最终控制人;全面了解企业的违规失信记录,有效地规避对应的风险。此外,通过加强对数据的搜集整理,用图谱的形式更加清晰展示出分支机构在业务处理中的优点与不足,从而有针对性地进行完善。

(四)专家系统

将互联网、业务指南、问答社区等多种数据来源中获取的知识信息汇集起来,构建知识库,以专业化、客观性的方式提供专家问答服务。同时基于各领域知识库系统搭建个性化专家系统,不仅为业务培训、问题咨询和应急处理等带来极大的便利,而且可以支撑后台日志的专业化分析,充分及时地了解各业务的实时运营状态,为因地制宜地解决各自存在的薄弱环节提供了有力保障。展望未来,随着专家系统的不断扩充和完善,还可应用于智慧前台、智能客服等领域,为客户提供快捷、方便的前后台服务。

金融科技的发展必然会不断扩充智慧运营的内涵和外延,给证券公司运营业务带来巨大的创造力和生命力,不断深度发掘前、中、后台运营数据的潜在价值,最大限度地满足监管要求,降低运营风险和差错率。通过探索和实践,我们有理由相信,智慧运营是金融科技背景下业务管理方式的重大变革,不仅能够加速业务变革、实现风险管控和工作效率的跨越式发展,势必也会成为金融科技引领证券公司创新发展的重要趋势之一。

参考文献

［1］叶纯青. 淘宝智能开户将引入"人脸识别"技术［J］. 金融科技时代,2015(5):18—18.

［2］刘光榕,任建涛. 基于客户画像的精准推荐［J］. 科技经济导刊,2016(35).

［3］李连梦. 基于大数据的商业银行智慧型风险管理研究［D］. 天津商业大学,2016.

［4］刘玉林,郭雅娟,陈锦铭等. 基于自然语言处理技术的电网招标资料查重系统研制［J］. 电力信息与通信技术,2018(5).

［5］张家文,陈为栋,李娜. FinTech时代数据中心生产运行值班体系探索与实践［J］. 2018(1),54—58.

［6］范正光,屈丹,李华等. 基于MTL-DNN系统融合的混合语言模型语音识别方法［J］. 数据采集与处理,2017(5):1012—1021.

［7］黎亚雄,张坚强,潘登等. 基于RNN-RBM语言模型的语音识别研究［J］. 计算机研究与发展,2014,51(9):1936—1944.

［8］邹娟,周经野,邓成. 一种基于语义分析的中文特征值提取方法［J］. 计算机工程与应用,2005,41(36):164—166.

［9］L. F. Chen, H. M. Liao, J. C. Lin, M. T. Ko, G. J. Yu. A New LDA-based Face Recognition System Which Can Solve the Small Sample Size Problem［J］. Pattern Recognition,2000,33(10),1713—1726.

［10］TA Lasko, SE Hauser. Approximate String Matching Algorithms for Limited-vocabulary OCR Output Correction［J］. Document Recognition & Retrieval VIII,2000(4307),232—240.

［11］杨东红,时迎健,雷鸣,赫丛喜. 大数据和企业精准营销相关性分析［J］. 沈阳工业大学学报(社会科学版),2018(2),154—159.

金融科技防范系统性金融风险的应用探究

胡开南　李　滨　肖晓超[*]

近年来,随着大数据、人工智能、云计算、区块链等新兴技术在金融行业的广泛应用,金融科技助力防范系统性金融风险成为研究的热点问题。2017年由人民政协报财经周刊主办的第16期财经智库沙龙提出"防控系统性金融风险金融科技当作为"。2018年中国金融科技产业峰会的主要议题为"利用金融科技,强化系统性金融分析的防范能力",讨论了金融科技在银行、保险、证券和互联网金融等多个金融领域的风险管理应用。

本文探究了利用深度学习与知识图谱等人工智能技术对国内证券公司的健康度进行监测预警。监管机构可根据证券公司的风险状况采取措施,从而防范系统性金融风险。

一、系统性金融风险概述

(一) 系统性金融风险

"系统性金融风险"一词很早就被提出,但由于其涉及的面比较广,当前学术界对其尚无统一的定义。事实上,系统性金融风险通常反映为单个或少数几个金融机构的破产或巨额损失导致整个金融系统崩溃的风险,以及对实体经济产生严重负面效应。IMF(2009)认为系统性金融风险是指由于金融系统中的部分或者全部机构遭遇经营危机时导致的整个金融市场混乱的风险,这种混乱很可能对实体经济产生严重的负面效应。我们对系统性金融风险的研究多关注于金融机构、金融市场、金融基础设施与更广义的经济体之间的相互作用。

2008年国际金融危机暴露了国际监管组织在系统重要性金融机构监管上的不足,一系列规模大、全球活跃度较高的金融机构相继发生危机,对整个金融体系产生巨大冲击的同时,也对实体经济造成了极大的损害。在这场金融危机中,雷曼兄弟申请破产保护,贝尔斯登、美林公司分别被摩根大通和美国银行收购,房利美、房地美和美国国际集团相继被美国财政部接管。这些大型金融机构非但没有起到"金融稳定器"的作用,反而成为系统性金

---

[*] 作者单位:中泰证券股份有限公司. 原载于《中国证券》2018年第11期.

融风险的发源地和集散地。与此同时，监管当局缺少用于防止风险进一步扩散并稳定市场的监管工具。

（二）系统重要性金融机构

防范系统性金融风险的重要手段就是制定一套完整的政策框架来解决系统重要性金融机构（Systemically Important Financial Institutions，简称 SIFIs）的风险防范问题。

系统重要性金融机构在国际货币基金组织（IMF）、国际清算银行（BIS）和金融稳定理事会（FSB）联合发布的《系统重要性金融机构、市场和工具的评估指引》中被定义为"在金融市场中承担了关键功能，倒闭可能会给金融体系造成损害并对实体经济产生严重负面影响的金融机构"。2010 年金融稳定理事会（FSB）首次将一些自身业务规模较大、复杂性和系统关联性较强等原因，如果经营失败一旦倒闭将会给整个金融体系乃至实体经济带来显著破坏的金融机构，定义为"系统重要性金融机构（SIFIs）"。金融稳定理事会与巴塞尔银行监督委员会、各国监管机构确定了多项标准对系统重要性金融机构进行识别。

（三）系统重要性金融机构的识别

系统重要性金融机构的识别方法包括指标法和市场法两种。指标法是指根据核心特征确定相应的指标，再根据金融体系的实际运行情况为各项指标确定不同的分值，并以此确定具体名单。而市场法则通过运用数据的整理和分析对比，分析金融机构相关指标的市场波动情况，衡量单个金融机构对整个金融体系的风险贡献程度，进而确定该金融机构是否具有系统重要性。

2011 年 7 月，巴塞尔委员会发布《全球系统重要性银行：评估方法和附加损失吸收能力要求》，提出了定量与定性相结合的商业银行全球系统重要性评估方法，从全球活跃程度、规模、关联度、可替代性和复杂性等维度，采用 12 个指标评估银行的全球系统重要性。相关评估指标及权重如表 1 所示。

表 1　　　　　系统重要性金融机构的相关评估指标及权重

综合因素及权重	内涵	指标	权重（%）
规模（20%）	单个金融机构提供金融服务的总水平	BaselⅢ中计算杠杆率所使用的整体敞口	20.00
可替代性（20%）	假如该机构倒闭，其他金融机构能否提供相同的服务	支付结算系统发生额	6.67
		托管金融机构资产余额	6.67
		承销各类股票与债券价值	6.67
关联性（20%）	与其他金融机构之间的联系	银行间资产	6.67
		银行间负债	6.67
		批发融资比率	6.67
复杂性（20%）	业务、结构及运营的复杂程度	OTC 衍生产品名义值	6.67
		Level3 资产	6.67
		交易账户及可供销售资产	6.67
跨境活动（20%）	跨越司法管辖权的业务活动	跨境的债券	10.00
		跨境的债务	10.00

巴塞尔委员会公布了 2017 年的全球系统重要性银行名单，其中国内的五大国有银行全部入围，全国性股份制商业银行除少数几家外也悉数入围。但是，国内仍缺少针对证券公司制定的系统重要性金融机构的评判标准。由于大型证券公司业务模式多元化、业务数据复杂化等特点，对这些证券公司风险状况监测预警在防范系统性风险方面显得尤为重要。下文提到的系统重要性证券公司指的是监管机构认定的大型证券公司。我们可以实时获取与系统重要性证券公司相关的新闻、舆情信息等全网信息，并通过自然语言处理技术（NLP）对全网信息进行处理。知识图谱结合深度学习可利用处理过的全网信息对系统重要性证券公司的健康度进行监测预警，进而达到防范系统性金融风险的目的。

二、知识图谱与深度学习概述

（一）知识图谱

1. 知识图谱的概念

知识图谱由 Google 率先提出，其目的主要是用于对真实世界中存在的各种实体和概念，以及这些实体、概念之间的关系进行研究。实体指的是实际存在的事物，比如国家 – 中国、城市 – 广州等。概念是比实体更抽象的表达，比如人、颜色、天气等。关系是实体与实体、实体与概念之间的结构或联系，包括层级关系和非层级关系。

知识图谱是在语义本体的基础上进行丰富和扩充。语义本体在构建过程中强调的是概念与概念之间的语义关联关系，为知识图谱的数据模式奠定基础；知识图谱则是在本地构建的基础上丰富了概念的信息。知识图谱广泛应用于数据挖掘、智能问答、语义搜索、知识工程等领域。以某上市公司为例，其属性包括基本属性，有公司介绍、高管、集团、股东、债务、行业、上游、下游、概念、主营业务等，如图 1 所示。

2. 知识图谱的构建流程

知识图谱的构建主要包括自下而上（bottom – up）和自上而下（top – down）两种方式。自下而上就是先获得知识图谱的实体数据，然后再构建本体，即先具体再抽象的概念。自上而下的方式则是先定义或得到本体的数据，再逐渐将具体的实体加入知识图谱。知识图谱的构建主体包括知识获取、知识融合、知识加工和知识更新等。知识图谱的构建流程如图 2 所示。

（二）深度学习

深度学习的概念由 Hinton 等人于 2006 年提出，其前身为神经网络。2016 年 DeepMind 公司开发的 AphaGo 击败围棋世界冠军李世石之后，深度学习这一概念逐渐被人认可。通过深度学习技术，可有效地处理机器翻译、语音识别、图像分类以及自然语言处理等机器学习的问题。深度学习的基本原理是通过神经网络结构进行低维到高维的映射，从而能够对数据的特征进行提取，最后能够得到数据的特征表示。典型的深度学习模型如图 3 所示。

深度学习作为新兴技术与传统的浅层学习的主要不同在于：（1）深度神经网络模型的深度比浅层学习网络的难度要大，通常有 4 层、5 层甚至是 20 多层的隐藏层；（2）深度学习每一个隐含层都是在做特征提取，充分体现了特征提取在深度网络中的重要性，将样本数据从低维特征空间转换到高维特征空间，有利于模型的训练与学习。

上市公司知识图谱示例、知识图谱的构建流程、深度学习模型示例见图 1—图 3。

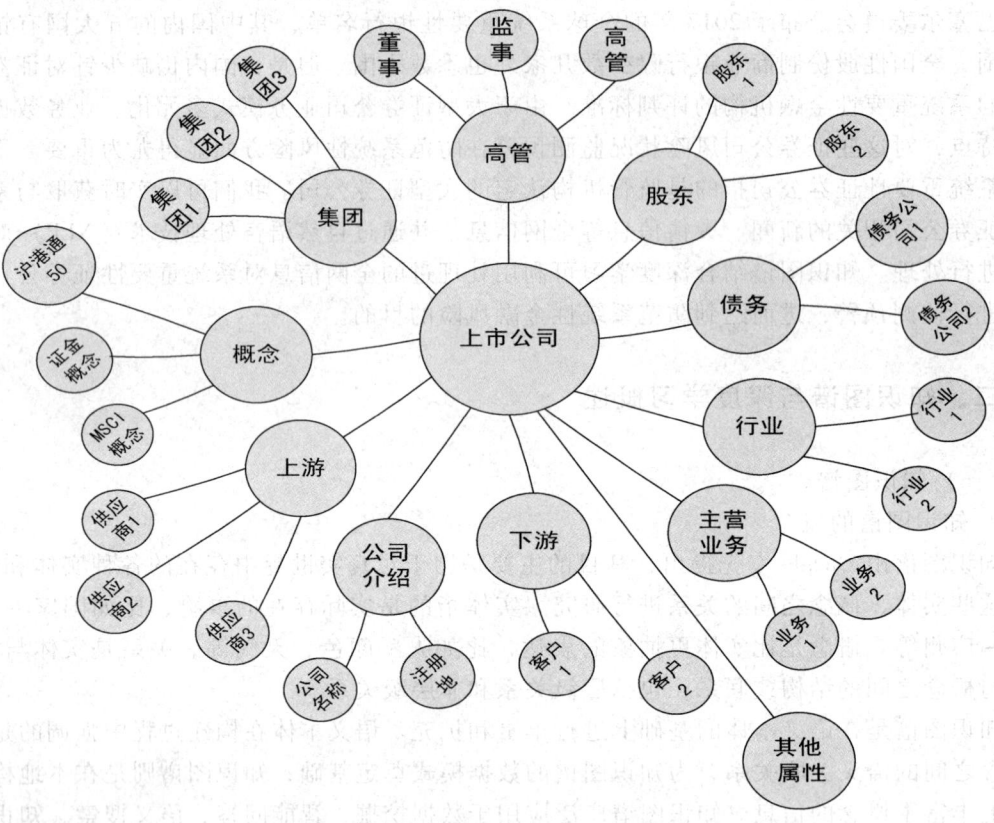

图 1　上市公司知识图谱示例

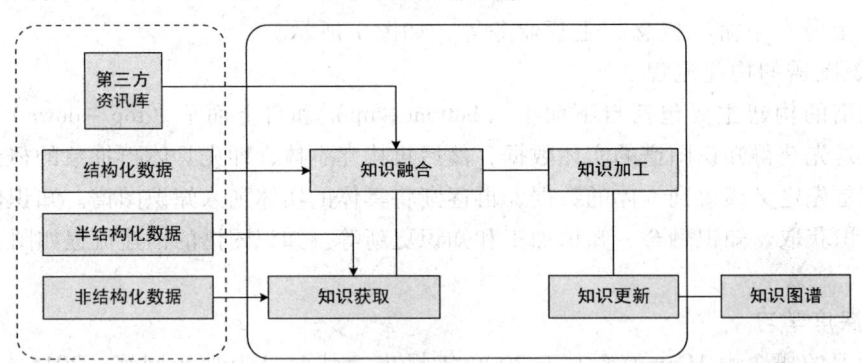

图 2　知识图谱的构建流程

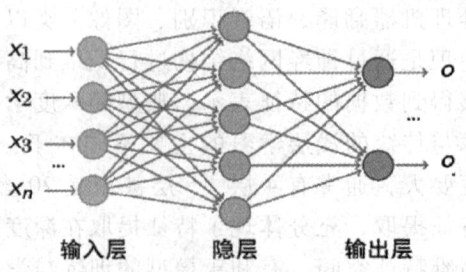

图 3　深度学习模型示例

深度学习与知识图谱相结合可帮助我们进行数据分析、风险预测、投资决策等,其应用涉及金融、医疗、教育、电商、游戏等多个行业。

三、知识图谱与深度学习应用现状

(一)国内外应用现状

大数据时代的到来,为人工智能的飞速发展带来了前所未有的数据红利。在大数据的推动下,人工智能技术获得了前所未有的进步,其突出表现为以知识图谱为代表的知识工程以及以深度学习为代表的机器学习。融合知识图谱与深度学习,已然成为进一步提升人工智能应用的重要思路之一。

国外对于知识图谱与深度学习结合应用也已经进行了深入的研究与探索,并取得了很好的效果,例如伦敦的 Thomson Reuters 公司推出了首个知识图谱框架(Knowledge Graph Feed),定制金融服务,提高金融行业服务水平。多个跨国公司如 Amazon、Netflix、Spotify 等利用深度学习结合知识图谱技术开发了推荐系统(Recommendation Systems),分析客户需求,有针对性地进行产品营销。

国内互联网巨头同样在知识图谱与深度学习结合方面进行了研究探索,如阿里的神马知识图谱已发展为拥有近 5 000 万实体、近 30 亿关系的大规模知识图谱,为阿里业务的发展提供了巨大的帮助。百度发布了深度学习平台 PaddlePaddle,提供了深度学习整体解决方案并融合机械领域的相关经验,为开发者提供跨行业的解决能力,进一步实现深度学习商业化落地。腾讯公司也发布了 DI-X 深度学习平台,基于腾讯云的大数据存储与处理能力,为用户提供一站式的深度学习服务以及垂直解决方案。

(二)金融行业的应用

随着深度学习与知识图谱技术的发展,两者的结合在金融行业得到了广泛应用。具体应用如表 2 所示。

表 2　　　　　　　　　　深度学习、知识图谱在金融行业的应用

应用范围	具体功能
金融预测、反欺诈	利用深度学习,分析海量金融交易数据,提前预测交易行为的变化趋势
融资授信	通过整合多来源及不同性质数据,通过深度学习模型对融资授信输出判断结果,判断要求是否合理
投资决策	使用历史数据与统计概率算法,自动学习市场变化并利用新的信息作出投资决策
智能投顾	结合个人客户的风险偏好和理财目标,利用深度学习模型及互联网技术为客户提供资产管理及投资建议服务
数据分析	把不同来源的数据整合到一起,监测数据中的不一致性,分析企业上下游、合作、竞争对手、子母公司、投资等关系
风险管理	通过爬虫系统结合自然语言处理技术对舆情信息进行处理,利用深度学习、知识图谱等技术对舆情信息相关联的公司进行风险监测预警

深度学习、知识图谱在风险管理中的应用也得到了相关监管机构的高度重视。上交所、深交所等机构也在积极部署金融科技，提出利用深度学习结合知识图谱对上市公司风险进行监测预警，提高分类监管效率，提升监管水平。

四、系统重要性证券公司的风险监测预警

本部分探讨了利用深度学习结合知识图谱技术，对全网新闻、舆情信息等风险信息进行分析，进而对系统重要性证券公司的风险进行监测预警的方法。

（一）整体框架

利用深度学习、自然语言处理等技术对系统重要性证券公司主体进行画像，对新闻、舆情信息等风险信息进行分析，分别构建系统重要性证券公司知识图谱、风险事件图谱，对系统重要性证券公司的风险状况进行监测预警，从而达到监测防范系统性金融风险的目的。

通过网络爬虫系统对系统重要性证券公司主体相关的新闻、舆情信息等互联网信息进行信息爬取，将爬取的互联网信息运用自然语言处理等技术作为输入向量写入风险事件图谱，同时关联系统重要性证券公司主体知识图谱，通过深度学习模型输出对系统重要性证券公司的风险监测预警信息，进而实现对系统性金融风险的监测预警。整体框架如图4所示。

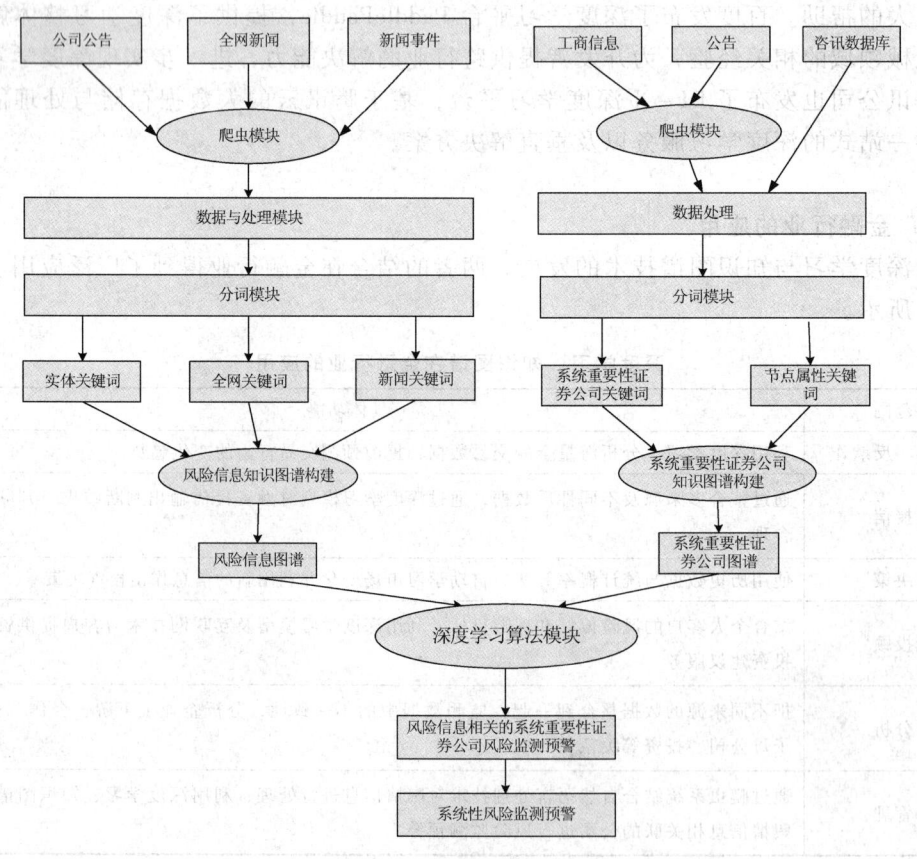

图4　整体研究框架图

本框架主要研究内容包括三个部分：

1. 图谱构建

图谱构建包括系统重要性证券公司图谱构建与风险事件知识图谱的构建。

2. 模型训练

为提高深度学习模型识别风险事件的准确性，需要输入大量的数据样本对深度学习模型进行训练。

3. 监测预警

爬取与系统重要性证券公司相关的新闻、舆情信息等互联网信息，爬取的互联网信息经过自然语言技术处理后，输入训练完成的深度学习模型，对系统重要性证券公司的健康度进行监测预警。

（二）图谱构建

1. 系统重要性证券公司图谱构建

系统重要性证券公司图谱主要是描述系统重要性证券公司的固定属性以及各种关联关系，基本属性包括公司介绍、高管、集团、股东、债务、行业、同行、上游、下游、概念、主营业务等属性。

在系统重要性证券公司知识图谱的构建过程中，最重要的三个环节就是知识单元的抽取、知识单元间关系的识别以及知识图谱的绘制，而其中以知识单元抽取、知识单元间关系的识别最为关键。系统重要性证券公司的信息来源较为复杂，多数是半结构化、非结构化的文本信息。图 5 为知识图谱的构建流程。

图 5　系统性重要金融机构知识图谱流程

系统重要性证券公司的数据来源主要包括权威公开类数据、非权威公开数据、企业授权数据以及其他扩充渠道数据，如表 3 所示。

表 3　系统重要性证券公司的数据来源

类型	数据来源
权威公开类数据	来自部委机关的数据，包括工商信息、法院诉讼信息、专利局专利信息、税务信息、统计局经营财务信息等，可信度较高
非权威公开类数据	互联网上各种公开网站信息以及资讯类数据库，可信性需要评估判断，可作为权威公开数据的补充
企业授权数据	需企业出于某种需求（如贷款、融资征信等）授权上报的内部运营数据
其他渠道数据	其他渠道获得数据

获取数据以后对数据利用自然语言处理技术进行实体抽取与实体关系的抽取，将数据转换为结构化数据填充到系统重要性机构分别对应的属性中，完成知识图谱的构建。进行实体抽取与实体关系抽取所需的理论与方法研究如图 6 所示。

```
┌─────────────────────────────────────────────────┐
│            上市公司图谱信息抽取                  │
│  ┌───────────────────────────────────────────┐  │
│  │              实体抽取                     │  │
│  │  理论研究              方法研究           │  │
│  │  · 命名实体识别（NER）  · 网络爬虫        │  │
│  │  · 语言文本表示         · 自然语言处理    │  │
│  │  · 特征学习模型         · 深度学习算法    │  │
│  │  · 序列标注模型         · ……              │  │
│  └───────────────────────────────────────────┘  │
│  ┌───────────────────────────────────────────┐  │
│  │            实体关系抽取                   │  │
│  │  实体关系类型定义                         │  │
│  │    根据资本市场特点以及监管需求，确定关系 │  │
│  │    类型即关系属性。                       │  │
│  │  实体关系提取                             │  │
│  │    存在法定关系的企业投资关系和股东关系等 │  │
│  │    可通过权威的结构化数据获得；           │  │
│  │    市场关系类型，例如公司的产业链上下游信 │  │
│  │    息、主营业务等可通过信息抽取技术挖掘出 │  │
│  │    结构化信息并存储。                     │  │
│  └───────────────────────────────────────────┘  │
└─────────────────────────────────────────────────┘
```

图 6　实体抽取与实体关系抽取理论与方法研究

2. 风险事件知识图谱的构建

风险事件知识图谱构建的基本数据更关注网络舆情、行政处罚情况、经营情况、全网新闻、新闻事件等互联网数据。风险事件知识图谱的构建主要步骤如图 7 所示。

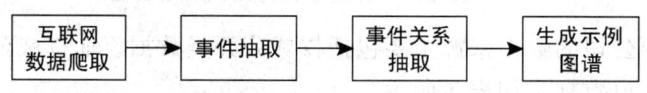

图 7　风险事件图谱构建的主要步骤

风险事件知识图谱的数据主要来源于网络爬虫，通过爬虫对系统性金融机构的新闻、舆情信息等互联网信息进行爬取。风险事件的风险类型包括宏观风险、行业风险、技术风险、经营风险、财务风险、信用风险等影响系统性金融机构健康度指标的风险类型。我们主要考虑的风险事件类型如表 4 所示。

表 4　风险事件类型

一级风险	二级风险	关键词
宏观环境风险	政治风险	政策、社会环境、国际局势等
	法律合规风险	诉讼、违规等
	经济环境风险	经济波动、汇率等
	技术环境风险	技术替代、技术更新等

续表

一级风险	二级风险	关键词
市场风险	市场竞争风险	市场、竞争等
	客户依赖风险	客户集中/依赖、市场集中等
	替代产品威胁	替代产品、产品更新等
	产品/原材料价格风险	产品价格、原材料价格等
技术风险	技术创新/研发风险	技术、研发、开发等
财务风险	融资风险	融资
	现金流风险	现金流
	收益波动风险	利润、毛利率、资产收益率等
	应收账款风险	应收账款、坏账等
	成本费用风险	成本、费用等
	存货风险	存货
经营风险	经营管理风险	经营、管理等
	投资决策风险	投资、决策等
	超募资金使用风险	募集资金、募投、超募资金等
	人力资源风险	人才流失/缺乏、技术泄密等
	并购风险	并购、商誉减值等
其他风险		环保、质量、安全、信息安全等

事件抽取是按照事件主体、事件短句、事件类型、事件的时间戳、事件的时效性为实体进行抽取，并经过自然语言处理技术结合深度学习算法填充到风险事件图谱的实体中。事件抽取主要是考虑该事件影响的事件主体（如公司名称、行业等主体），时效性（长期、中期、短期），风险类型、影响程度等。

（三）模型训练

深度学习模型训练主要包括以下四个步骤：

第一，搜集近年发生的与系统重要性证券公司相关的各类风险事件，通过自然语言处理技术生成每个风险事件的风险事件矢量。

第二，通过专家打分法（或其他方法）制定风险事件的风险类型、时效性等的量化评判标准，制定风险事件对系统重要性证券公司的健康度判别、风险识别等方面的风险分类与风险等级的量化评判标准。

第三，将每个风险事件的风险事件矢量与各风险事件影响程度按制定的量化评判标准进行数据处理，分别作为深度学习模型的输入、输出。

第四，对深度学习模型进行训练，确定模型结构并计算风险事件图谱中各风险变量在公司健康度判别、风险识别分析计算中的权重。

（四）监测预警

基于系统重要性证券公司图谱爬取与系统重要性证券公司相关的互联网信息，利用自然语言处理技术识别风险事件,并关联风险事件图谱输出时效性不同的风险事件矢量(如图8中U表示)。将风险事件矢量输入到训练好的深度学习模型,得到与风险事件相关联的系统重要性证券公司的健康度判别、风险识别的结果,并以红绿灯的形式直观展示。根据系统重要性证券公司的风险等级界定,监管机构可分析对系统性金融风险产生的影响程度并采取措施,从而防范系统性金融风险。该过程如图8所示。

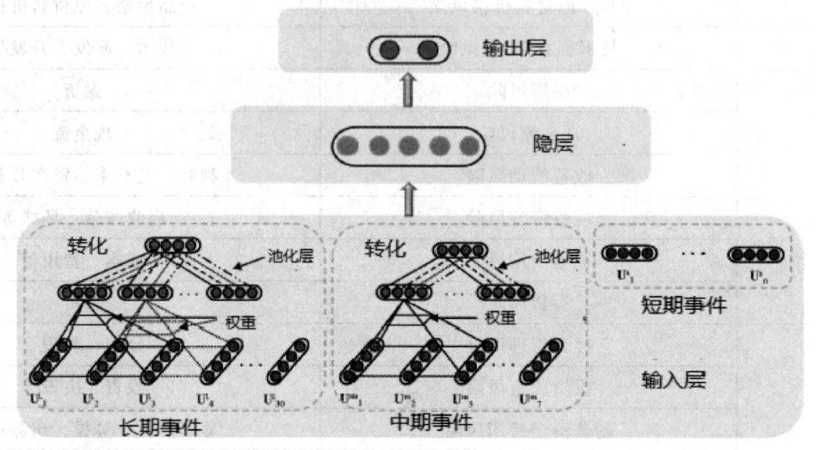

图8　系统重要性证券公司风险监测预警流程图

利用上述框架构建系统重要性证券公司风险监测预警系统可以实现以下两方面的应用:

1. 实时监测预警指定的系统重要性证券公司的健康度

通过实时监测指定的系统重要性证券公司所关联的各类信息及其对公司健康度的影响,实时判别该系统重要性证券公司的整体健康程度,并进行风险识别预警。

2. 监测互联网信息并预警其相关系统重要性证券公司

实时监测全网的各类风险事件与新闻信息,通过自然语言处理技术结合风险事件知识图谱对风险事件进行处理,利用深度学习模型并关联系统重要性证券公司知识图谱匹配出与风险信息相关的系统重要性证券公司主体,并判断风险事件对相关系统重要性证券公司健康度的影响程度,进而防范系统性金融风险。

五、证券行业系统性风险监测预警的建议

本文提供了利用深度学习、知识图谱对系统重要性证券公司风险状况监测预警的框架,通过该框架可构建系统重要性证券公司的风险监测预警体系及系统。监管机构防范系统性金融风险可考虑以下建议:

(一)建立系统重要性证券公司的监测预警体系

监管机构应大力发展监管科技,加大监管科技投入,利用人工智能、知识图谱等先进技术建立系统重要性证券公司的监测预警体系,优化和改造监管、监察等业务,全面掌控和监测系统重要性证券公司的健康度指标,进而防范系统性金融风险的发生。

（二）建立多方合作的风险监测预警体系

目前，国内金融业风险监测体系相对独立，未形成相互之间的风险监测联动机制，无法有效监控跨市场、跨行业的风险传导。监管部门应建立相关的行业技术标准，实现对金融机构、金融科技公司的金融数据标准化，推动数据治理工作的有效开展，加快完善大数据监管的基础设施建设，逐步建立适用于金融行业系统性金融风险预测的全国性监控系统，以便更好地监测防范系统性金融风险。

（三）制定系统重要性证券公司的评判标准

证券公司作为国内重要的金融机构，对于国家金融行业的稳定同样起到了至关重要的作用。监管当局应加快对系统性风险、系统重要性基础理论的研究，积极与国际金融组织进行对话并开展合作，借鉴SIFIs的评估方法，建立适合我国金融发展现状与证券行业特点的系统重要性证券公司的评估判定指标体系。

（四）建立健全监管科技体系

随着金融科技的发展，金融行业呈现出多样化的业务模式和运行机制，跨界、综合经营的模式成为重大趋势。传统的监管方式已经不能满足现有的监管要求，需要建立更加健全和相对统一的监管体系。监管机构应借鉴国外成功的监管经验，加强监管科技的发展与应用，完善金融科技监管标准，建立金融科技风险全覆盖的风险管理机制。定期与系统重要性金融机构和科技公司进行沟通对话，建立具有针对性的监管原则以及有效性的监管工具，完善风险处置机制，做好压力测试与应急预案，把握好金融科技创新与风险监管的平衡。

参考文献

[1] 方兴起. 防范系统性金融风险是金融监管的永恒主题 [J]. 福建论坛（人文社会科学版），2018（1）：12—18.

[2] 张珍. 论系统重要性金融机构的监管 [D]. 厦门：厦门大学，2014.

[3] 张天顶，张宇. 宏观审慎监管、系统性金融风险及国内外金融监管实践及启示 [J]. 证券市场导报，2018（4）：61—68.

[4] 朱木易洁，鲍秉坤，徐常胜. 知识图谱发展与构建的研究进展 [J]. 南京信息工程大学学报（自然科学版），2017，9（6）：575—582.

[5] 王菲斐. 深度学习研究现状分析 [J]. 电子技术与软件工程，2018（10）：152—153.

[6] 肖博达，周国富. 人工智能技术发展及应用综述 [J]. 福建电脑，2018（1）：98—99+103.

监管科技在证券监管中的运用研究

何海锋　银丹妮[*]

一、监管科技：从概念到蓝图

（一）监管科技的概念

"监管科技"是行政监管和科技的结合，在各个行政监管领域普遍运用，比如海关监管、食品药品监管、土地监管等等。但近两年来，在没有具体语境的情况下，"监管科技"（RegTech）主要指的是金融领域的监管科技。这一方面是由于金融领域向来是强监管的领域，和科技的需求结合最为紧密；另一方面则与近年来热门的"金融科技"（FinTech）的英文文义衍生有关。

在国际上，英国政府科学办公室（UK Government Office for Science）（2015）对监管科技的定义是："可以应用于监管或被监管所使用的科技"。[①] 英国行为监管局（FCA）（2016）认为监管科技是"金融科技子集"，是"采纳新科技实现监管目标较目前更有效和高效的达成"。[②] 国际金融协会（Institute of International Finance）（2016）认为，监管科技是"能够高效且有效解决监管和合规性要求的新技术"。[③] 这些定义比较中性，没有涉及"监管科技"的价值取向。

国内开始讨论"监管科技"始于 2017 年。中国人民银行金融研究所所长孙国峰（2017）认为，RegTech 初期是指金融机构利用新技术来更有效地解决监管合规问题，旨在减少不断上升的合规费用（如法定报告、反洗钱和欺诈措施、用户风险等法律需求产生的

---

[*] 本文为 2018 年度国家社会科学基金一般项目"基于大数据的金融监管法律制度研究"（18BFX137）的阶段性成果。作者单位：何海锋，京东金融研究院法律与政策研究中心；银丹妮，中央财经大学法学院。原载于《中国证券》2018 年第 11 期。

[①] 英国政府科学办公室：《FinTech Futures：the UK as a World Leader in Financial Technologies》第六章，2015 年 3 月 18 日发布。

[②] 英国金融行为监管局：《FS16/4：Feedback Statement on Call for Input：Supporting the Development and Adopters of RegTech》第一章，2016 年 7 月 20 日发布。

[③] 国际金融研究所：《Regtech in Financial Services：Solutions for Compliance and Reporting》，2016 年 3 月 22 日发布。

费用）。后期孙国峰（2018）对这个定义有所修正，认为监管科技包含"合规"和"监管"两个方面：一方面，金融机构将监管科技作为降低合规成本、适应监管的重要手段和工具，从这个维度来分析，监管科技可以理解为"合规科技"；另一方面，监管科技能够帮助金融监管机构丰富监管手段、提升监管效率、降低监管压力，是维护金融体系安全稳定、防范系统性金融风险以及保护金融消费者权益的重要途径，从这个维度来分析，监管科技又可理解为"监管科技"。

此外，中国人民大学法学院的杨东（2018）教授将监管科技（RegTech）定义为"科技驱动型监管"的手段，而"科技驱动型监管"指的是在去中介、去中心化的金融交易现状下在审慎监管、行为监管等传统金融监管维度之外增之以科技维度，形成双维监管体系。蔺鹏、孟娜娜、马丽斌（2017）从本质上认识监管科技，认为监管科技是以数据为核心和驱动的金融监管解决方案，体现数据逻辑的内涵。此外，蔚赵春、徐剑刚（2017）认为监管科技本质上是一种数据中介，应用技术手段服务于监管，主要是通过大数据应用发挥监管作用，包括监管数据的收集、存储、分析处理以及共享，重点在于了解数据KYD、数据主权和算法监管。

我们认为，"监管科技"是在金融与科技更加紧密结合的背景下，以数据为核心驱动，以云计算、人工智能、区块链等新技术为依托，以更高效的合规和更有效的监管为价值导向的解决方案。在具体表现形态上，监管科技有两大分支——运用于监管端的监管科技（SupTech）和运用于金融机构合规端的监管科技（CompTech）[①]。换句话说，即"RegTech = SupTech + CompTech"。

（二）监管科技的蓝图

从监管端来看，面对金融科技背景下更加复杂多变的金融市场环境，监管部门有运用监管科技（SupTech）的充足动力。一方面，由于2008年金融危机后，金融监管上升到前所未有的高度，监管机构渴望获取更加全面、更加精准的数据；另一方面，监管部门面对金融机构报送的海量数据，需要借助科技提高处理效率和监管效能。金融科技带来了新的风险场景和风险特征，也需要监管机构"以科技对科技"去积极应对。因而，监管端的监管科技（SupTech）在近几年各国的实践中得到了飞跃发展。

在我国，监管端关于监管科技的顶层设计始于2017年。2017年6月，中国人民银行印发《中国金融业信息技术"十三五"发展规划》，提出要加强金融科技（FinTech）和监管科技（RegTech）研究与应用。2017年8月，原中国银监会有关负责人表示，要用科技的手段去监管金融科技，拨开现象的迷雾，抓住关键制订针对性的策略。2017年底，中国证监会提出2018年的四个重点方向，其中一个就是大力推进科技监管，提升监管智能化科技化水平，运用大数据、云计算、人工智能等新技术，着力提升监管本领。2018年5月，由两院院士、高校学者、企业界专家等组成的中国证监会科技监管专家咨询委员会成立，月底正式发布实施《稽查执法科技化建设工作规划》。

2018年8月31日，中国证监会正式印发《中国证监会监管科技总体建设方案》（以下

[①] 即 Compliance Technology。

简称《方案》),完成了监管科技建设工作的顶层设计,并进入了全面实施阶段。在中国证监会《方案》出台前,官方对于监管科技虽多有强调,但大多停留在倡导或研究层面,对于具体的内涵和外延尚未形成一致认识,更见不到"时间表"和"路线图"。此次《方案》的出台,为备受关注的"监管科技"提供了一个官方的颇为详细周密的设计蓝图——明确了三大阶段、五大基础数据分析能力、七大类32个监管业务分析场景,提出了大数据分析中心建设原则、数据资源管理工作思路和监管科技运行管理"十二大机制"。这无疑是我国监管科技发展历史上的一个里程碑。

二、监管科技在证券监管中的运用实践

我国证券监管中监管科技建设的蓝图刚刚绘就,但监管科技在证券监管中的运用已经走在了规划设计的前面。比如,在打击内幕交易方面,中国证监会依托大数据仓库,建立多种数据分析模型,利用软件爬虫深度挖掘,寻找"硕鼠"的案件线索,原博时基金经理马乐案就是"大数据捕鼠第一单"。[①] 比如,深交所利用数据挖掘、人工智能等大数据技术,提升对股市债市、股票质押、融资融券、分级基金等重点业务和领域的风险监测能力。[②] 再比如,郑商所负责人曾表示:"郑商所非常注重推进科技监管、智能监管,通过充分利用大数据、数据挖掘等新技术,不断完善市场监察系统,强化异常交易智能识别、客户交易行为分析、实际控制账户分析等功能,提升监察系统智能化水平,进一步提高监管效率。"[③] 我们也注意到,国际上也有不少监管科技在证券监管中运用的实践,包括对证券发行、信息披露、证券投资交易、证券违法行为、证券市场风险的监管,以及证券投资者保护等方面。

(一) 监管科技在证券发行监管中的运用

2008年金融危机爆发后,美国证券交易委员会(SEC)开始将机器学习运用于监管的初步尝试,主要是基于一些简单的文本分析方法。在最初的测试中,SEC通过文本分析方法审查了企业发行人的申报文件,以确定是否能够预见到导致金融危机的信用违约互换合约(CDS)的增加和使用所带来的一些风险,来衡量公司发行人在文件中提到这些合同的频率。到后来,SEC开始使用自然语言处理,将注册过程中发现的问题用来进行算法"训练",以了解注册过程中能够反映欺诈或不当行为的数据的模式、趋势、语言。[④] 近年来,美国纳斯达克交易所基于区块链的私人证券交易系统LINQ上线,能够对非上市公司在IPO前股票所有权进行监测、记录和存储。LINQ通过使用分布式账簿将企业股票发行、增资配股、分红等信息转化为数字化的形式记录上链,提供证券发行和转让的全部历史记录,并提高可审计性。[⑤]

---

① 陈广山:"监管科技的现状与应用方向",载《金融科技时代》2017年第9期,第31页。
② "深交所持续强化科技监管 精准发力四大方面",载《上海证券报》2017年9月30日。
③ "期货交易所用金融新科技强化监管",载《证券时报》2017年9月12日第4版。
④ https://www.sec.gov/news/speech/bauguess-big-data-ai,最后访问时间:2018年9月3日。
⑤ 黄震:"区块链在监管科技领域的实践与探索改进",https://mp.weixin.qq.com/s/Ww7Lo0YuWvYSoVDVSBbf1Q,最后访问时间:2018年9月3日。

(二) 监管科技在信息披露监管中的运用

SEC 的 "EDGAR" 系统（Electronic Data Gathering, Analysis and Retrieval，电子数据收集、分析、检索系统）是 SEC 的证券信息电子化披露系统，它以电子化方式（主要是通过互联网）提交、传递、接收、审核、接受、加工存储和分发证券信息。SEC 官方网站对 EDGAR 的介绍中明确提出，建立 EDGAR 系统的目的是为电子化入档人提供便利，提高 SEC 信息处理的速度和效率，使投资者、金融机构和其他人士能够及时获得市场信息；并且指出，信息传播的电子化，促进了投资者的更广泛参与，也推动了证券市场的进一步发展。[①] 为了提高开发和实施新的电子信息披露系统的能力，满足机构的需求，SEC 于 2017 年正式推出一项多年期跨委员会的 EDGAR 重新设计计划（EDGAR Redesign，ERD），旨在开发和提供 "下一代" 电子披露系统。[②] ERD 方案采取的步骤包括但不限于：重新组织 EDGAR 现代化计划，为受到广泛倡议的 EDGAR 重新设计部分创建一个独特的程序管理方法；从技术解决方案到整个机构的战略计划，改变 ERD 项目的方向；成立由证券交易委员会执行人员组成的监督委员会，负责 ERD 项目的监督和领导；与美国总务署（GSA, General Services Administration）18F 办公室[③]合作，确定 EDGAR 系统利益相关者的需求和关切；以及启动 ERD 功能和非功能需求收集。[④]

(三) 监管科技在证券投资交易监管中的运用

监管科技在证券投资交易监管中的运用主要针对的是智能投顾。智能投顾又称为机器人投资顾问，是指提供在线投资组合管理服务的一类理财顾问，由计算机通过现代投资组合理论等投资分析方法，自动计算并提供组合配置建议。[⑤] 智能投顾依靠的核心即是智能算法，其在收集和处理数据、决定资产配置和做出客观投资决策方面都具备充足的优势。新加坡金融管理局（MAS）针对数字顾问的特点和风险，从算法为着手点来进行治理和管理。首先，要求面向客户的数字投资工具背后的算法所蕴含的方法论和理论必须具有正确性和成熟性；其次，要求所运用的数字投资工具应该具备收集必要信息的能力；最后，要避免算法的同质化，即数字投资工具背后的算法应该不止一种，而是能够根据不同的客户群体使用不同算法。在工具投入正式使用前，开发者还应当对数字顾问进行充分的回溯测试，来缩小数字投资工具给出的建议与预期最佳的投资建议之间的差距。同时，管理层也应当不断地对算法进行监测，包括对算法设计人员的控制即限制算法设计人员随意更改算法，监测到异常立即暂停数字咨询服务，以及对数字投资工具所提出建议质量的合规性检查等。[⑥]

[①] https://www.sec.gov/edgar/aboutedgar.htm，最后访问时间：2018 年 9 月 3 日。

[②] https://www.sec.gov/news/speech/piwowar-old-fields-new-corn-innovation-technology-law，最后访问时间：2018 年 9 月 3 日。

[③] GSA 18F 办公室是 GSA 的数字服务机构，其设立宗旨是提供数字服务和科技产品。

[④] SEC, "Audit of the SEC's Progress in Enhancing and Redesigning the Electronic Data Gathering, Analysis, and Retrieval System", 2017-09-28.

[⑤] 姜海燕、吴长凤："智能投顾的发展现状及监管建议"，载《证券市场导报》2016 年第 12 期。

[⑥] 张家林："监管科技（RegTech）发展及应用研究——以智能投顾监管为例"，载《金融监管研究》2018 年第 6 期。

(四) 监管科技在证券违法行为监管中的运用

监管科技可以帮助实现对投资顾问不当行为和证券市场内幕交易行为、市场操纵行为的监测。在检测投资顾问的不当行为方面，SEC 通过监管科技采用两阶段的方法来应对。在第一阶段，SEC 使用"无监督"学习算法来识别异常行为；在第二阶段，将第一阶段的输出输入到机器学习算法中，以预测每个投资经理是否存在风险。①

在检测内幕交易和市场操纵行为监测方面，SEC 拥有高级关系交易执行度量调查系统"ARTEMIS"。该系统能够将历史交易和账户持有人数据与其他数据源相结合，以实现纵向、多发行者和多交易者数据分析。② 例如，在内幕交易调查中，SEC 的执法部门通过 ARTEMIS 系统，使用拥有超过 60 亿条电子股票和记录期权交易的电子数据库分析多个交易者之间的模式和关系。该部门还有一个量化和风险分析中心（Center For Quantity And Risk Analytics），负责进行高级数据分析，以生成新的线索并协助调查。还有一个重要的执法工具是取证实验室的视频虚拟巡回工具。该取证实验室以多种方式协助调查人员，包括恢复已删除的文档，解密元数据和地理位置信息，以及更有效地查找关键电子证据。③ 此外，澳大利亚证券投资委员会（ASIC）的市场分析和情报系统（MAI）也能够通过历史浏览提供量化的指标来表示内幕交易活动的规模，它是通过损益分析或对市场操纵等危害市场行为实施评估来完成的。④

(五) 监管科技在证券市场风险监测分析及预警中的运用

对于监管科技在证券市场风险监测和分析方面的运用，SEC 较早就有探索。2013 年，SEC 引入了市场信息数据分析系统"MIDAS"来分析股票市场产生的大数据。MIDAS 每天都会从国家股票交易所和证券买卖汇总记录带的专有信息中收集和处理大约 40 亿条记录。MIDAS 以微秒粒度为其跟踪的每条消息加上时间戳。该系统能够使得 SEC 的交易和市场部门监控市场行为，了解市场事件，并以高精度测试股票市场的假设。除了内部使用 MIDAS 外，SEC 还在一个支持 Python 和 Jupyter Notebook 等强大研究工具的分析平台上免费向公众提供许多数据系列。数据科学家和经济学家可以针对其感兴趣的领域收集 MIDAS 数据并进行分析，并可以将分析得出的实证研究结果与委员会分享。SEC 综合审计线"CAT"将提供全面的综合审计跟踪，可追踪在美国所有国家证券市场系统的活动，包括订单开始、路演、取消、修改和执行的全过程。⑤

2018 年 5 月，SEC 在 AWS 云中推出了一个新的数据科学工作站平台，让定量分析团队可以访问云环境，使用业界最新的工具构建和测试新的分析模型，为数据分析师提供先进的

---

① https://www.sec.gov/news/speech/bauguess-big-data-ai，最后访问时间：2018 年 9 月 3 日。
② https://www.sec.gov/news/speech/piwowar-old-fields-new-corn-innovation-technology-law，最后访问时间：2018 年 9 月 3 日。
③ https://www.sec.gov/news/statement/statement-mjw-040816.html，最后访问时间：2018 年 9 月 3 日。
④ 京东金融研究院：《监管科技系列报告之一——SupTech：监管科技在监管端的运用》。
⑤ https://www.sec.gov/news/speech/piwowar-old-fields-new-corn-innovation-technology-law，最后访问时间：2018 年 9 月 3 日。

数据分析和机器学习工具。① 合规、检查、调查办公室也在使用开源工具来帮助分析人员处理非结构化数据、时间序列数据,数据可视化和机器学习能够帮助分析人员确定应该首先检查哪些数据集。通过机器学习监测风险活动使得工作人员的精力能够更集中放在研究上。当前,数据工作站项目也在积极引入其他部门,如金融管理局和 SEC 的规则制定和经济分析部门等。②

(六) 监管科技助力证券投资者保护制度建设

监管科技在尽职调查和了解客户(KYC)、评估投资者适当性方面具有天然优势,能够很大程度地节省人力成本、时间成本,并且提高准确率。部分金融科技企业已经通过智能识别、区块链等技术,实现对客户的身份认证、尽职调查、KYC 和保护投资者个人信息等。这类技术目前主要运用于企业,但同样也能够服务于监管机构的投资者保护,通过身份确认、档案管理、信息保护等成为监管科技的一部分。英国监管科技企业 Onfido 在企业身份认证管理方面拥有较为丰富的经验,其认证产品包括 ID 记录检查、文件材料检查、面部识别。ID 记录检查能够将客户的详细信息与一些全球数据库和信用机构的信息进行匹配;文件材料检查能够确保客户的资料不是伪造、篡改、丢失或被盗的;面部识别能够降低冒充及欺诈的风险,通过将用户身份证件照与自拍照进行比对,确保用户是本人。③

三、监管科技从蓝图走向实践的必经之路

值得注意的是,从 2018 年 5 月底中国证监会科技监管专家咨询委员会第一次全体会议召开,到《方案》的正式出台,从倡导走向蓝图,仅仅用了三个月时间,效率不可谓不高。高效率的背后,体现出证券监管机构在监管科技方面强大的理论和技术储备,也离不开包括中国在内的全球范围内的实践支撑。完全可以预见的是,监管科技从蓝图走向全面实践,必将是一个步步为营,不断攻坚克难,甚至可能还会出现反复和停滞的过程——《方案》非常务实地划分监管科技 1.0、2.0、3.0,也许正是出于这种考虑。从这个意义上说,蓝图是一个新的起点。我们认为,监管科技从蓝图走向全面实践,至少还有三条必经之路。

1. 数据的标准化之路

数据是监管科技的基础,数据标准化是监管科技的前提。但是目前,金融不同行业、不同部门、不同分支机构对数据的收集和统计存在较大差异,并没有通用的数据概念、分类体系和统计口径,可比较性、可计算性和可评价性都很低。这种状况的存在,影响了不同业务之间的联通和数据流动。因此,《方案》才提出,要加强各类基础设施和中央监管信息平台的建设,实现业务流程的互联互通和数据的全面共享,形成对监管工作全面、全流程的支持。同时,《方案》也把提升监管工作的数字化、电子化、自动化、标准化程度作为 1.0 阶段的目标要求。实际上,只有完成这"四化"和统一的中央监管信息平台的搭建,监管科

---

① https://www.sec.gov/public-sector-summit,最后访问时间:2018 年 9 月 3 日。
② https://govcloudinsider.com/articles/2018/07/12/sec-aws-data-science-workstations.aspx,最后访问时间:2018 年 9 月 3 日。
③ https://onfido.com/product/,最后访问时间:2018 年 9 月 2 日。

技建设工程才算是有了根基。

即使在美国,数据的标准化问题仍然处在探索之中。2016年10月,美国证券交易委员会(SEC)投票通过了《投资公司报告现代化规则》,推动注册投资公司的信息披露更加现代化。根据新规则,在2018年6月1日之后,大多数基金将被要求开始提交新形式的N-PORT和N-CEN的报告;资产净值低于10亿美元的基金将在2019年6月1日之后提交N-PORT报告。新规则将加强共同基金、ETF和其他注册投资公司的数据报告。在这些规则之下,注册基金将被要求提交一份新的月度投资组合报告表格(表格N-PORT)和一份新的年度报告表格(表格N-CEN)。这些信息必须通过证券交易委员会的EDGAR系统以结构化的数据格式进行电子化入档,这将使委员会和公众能够更好地分析信息。①

2. 新技术的转化之路

当前金融监管对新技术的主要需求集中在市场运行状态实时监测、市场风险监测、异常交易行为识别以及事前审核、事中监测、事后稽查处罚等各类监管工作模式的优化等方面。要满足这些需求,数据和技术缺一不可。数据标准化解决了数据收集和数据质量的问题,但监管科技真正发挥威力,还需要依靠大数据、云计算和人工智能等新兴技术。目前这类技术的研发力量主要在市场机构,特别是头部的科技公司;运用场景也主要是在与互联网相关的各项业务上,在金融监管领域的运用还相当有限。比如,CAT虽然意味着证券监管方监管市场和保护投资者能力的重大进步,但作为一项技术问题,CAT非常复杂。尽管迄今为止在该项目上花费了很多时间,但在从系统本身的创建到保护将包含在该系统中的任何个人身份信息的许多领域都仍然存在不小的挑战。②

因此,如何将这些新技术引入金融监管并且能够保持与时俱进的更新,避免监管科技发展与金融科技发展的脱节,是监管科技建设需要明确的问题。在这方面,单独依靠监管机构或者全部推向市场都不具有可行性,二者的合作才是最佳的路径。《方案》也明确提出,监管科技建设要坚持包括"共建共享、多方协同"在内的总体原则。相信未来中国证监会系统的金融科技建设,将走出一条开放合作的共赢之路。

实际上,在证券监管日益严格和复杂的情况下,许多科技公司也看中契机,通过合规科技服务于需要进行信息披露的主体,这为监管与市场的合作共赢创造了条件。例如,Confluence公司针对投资公司报告现代化法案为基金公司提供解决方案,其Unity NXT监管报告平台能够管理根据SEC投资公司报告现代化规则实施的新的、复杂的端到端的文件,帮助基金公司应对N-PORT和N-CEN表格带来的数据密集型要求的挑战。Unity NXT平台由Synapse提供强大的数据集成和自动化工作流程,可轻松满足法规要求的变化。该平台的敏捷设计使资产管理人员和服务人员能够以最小的成本和复杂性快速开发新的报告功能。通过该平台,客户可以利用单一的、经过验证的监管数据集,该数据集可以在整个企业中重复使用,提高满足报告任务所需的效率、可伸缩性和速度。③

---

① https://www.sec.gov/rules/rulemaking-index.shtml,最后访问时间:2018年9月3日。
② https://www.sec.gov/news/speech/piwowar-old-fields-new-corn-innovation-technology-law,最后访问时间:2018年9月3日。
③ https://www.confluence.com/en-us/news-events/news.php?Fund-Firms-Select-Confluence-RegTech-Solution-to-Meet-Onerous-SEC-Modernization-Challenges-213=,最后访问时间:2018年9月3日。

3. 市场的适应之路

即使从全球范围来看，监管科技也尚处于初级发展阶段，还不够成熟稳定，实际应用效果也还没有经过一个完整经济周期的检验。基于大数据和新技术的监管科技，会不会诱发新的法律和伦理难题，引发新的金融风险，智能监管会不会影响就业，监管科技的算法是否存在歧视，是否需要披露，以及披露到什么程度，这些问题都可能随着监管科技的深入推进而涌现。

而就短期来说，监管科技也可能会遭遇一些挑战。比如，虽然监管科技以降低人工成本、提高监管效能为目标，但在推行初期，难免需要市场主体投入一定的人力物力去了解和适应新的监管方式，短期还可能会增加总体成本，包括制度摩擦的成本。这方面典型的例子同样来自美国。从1993年初开始，SEC要求信息披露义务人志愿通过EDGAR系统进行电子化入档。1996年开始变为强制性制度，规定所有信息披露义务人都必须进行电子化入档。随着XBRL技术的发展和成熟，SEC为了给大量的投资者和监管机构提供更加便捷、透明、高效的证券信息搜集和分析的工具，又重新建立了一个以XBRL标准为基础的系统，并于2008年开始发出强制令，要求所有证券信息的录入逐渐过渡到XBRL系统。① 但是，美国行政管理和预算局（OMB）和美国总审计局（GAO）指出，联邦IT项目一直存在成本过高的问题，且与效益不成正比，其缺乏严格和有效的管理，如项目规划、需求定义、程序监督和治理。因此，EDGAR系统的增强和程序重新设计变得十分必要。②

再比如，当前依靠人来完成的金融监管虽然存在这样或那样的问题，但大多数时候正是"人"的因素让金融监管在刚性和弹性之间保持了某种适度的平衡。所有这些，作为整体的金融市场都需要一个适应的过程。而针对这些可能的不适应，各国采取的主要应对措施是"监管沙盒"，即在一个宽松版的环境和缩小版的市场中推广监管科技。目前引入监管科技，运用"监管沙盒"等方式对合规的ICO项目进行引导，且在部分国家已有所实践。加拿大证券管理机构将ICO和山寨币定性为对有价证券进行监管，并专门开发了"监管沙盒"。英国金融行为监管局（FCA）将山寨币视为"私人货币"，ICO运营商可以自由解释其认为适合自己财产的现有法律和法规。但同时，FCA正在通过"监管沙盒"测试ICO和ALT，根据测试结果可能会发布新的法律法规。③ 澳大利亚证券投资委员会（ASIC）在2017年发布"升级监管沙盒"的文件，进一步规范了ASIC监管沙盒的适用范围。④

---

① 中债资信评估有限公司："美国资产支持证券信息披露制度研究"，载《专题报告》2015年第17期，第12—13页。

② SEC: "Audit of the SEC's Progress in Enhancing and Redesigning the Electronic Data Gathering, Analysis, and Retrieval System", 2017-09-28，最后访问时间：2018年9月3日。

③ https://www.bitcoinmarketjournal.com/ico-regulations/，最后访问时间：2018年9月3日。

④ https://static.treasury.gov.au/uploads/sites/1/2018/02/c2017-t230052-ASIC.pdf，最后访问时间：2018年9月3日。

智能监管合规报告系统研究

北京艾真融科技有限公司课题组*

一、监管报告的综述

(一) 金融监管国内外情况简述

美国的金融监管体制在金融危机前是以功能监管为主,兼顾行业监管特征的体制。金融危机后的金融监管体制改革以 2010 年 7 月颁布《多德 - 弗兰克华尔街改革和消费者保护法案》为依据,建立了宏观审慎政策框架,对金融监管体制进行全面改革,旨在防范系统性风险,维护金融稳定。之后,美国设立了金融稳定监督委员会(FSOC),负责识别和应对威胁金融稳定的风险,促进市场自律。FSOC 有两项重要的权力:一是决定哪些非银行金融机构由于其系统重要性应受到美联储的监管;二是决定哪些金融活动和金融基础设施应受到美联储的监管。金融危机后的美国金融改革,建立了以美联储为核心、与联邦存款保险公司及行业金融监管机构等相协调的宏观审慎政策框架。

英国的金融监管体制在金融危机前采取综合金融监管,由英格兰银行(央行)、金融服务监管局(FSA)、财政部三个机构多头监管。金融危机后,英国在 2010 年前后对金融监管体制进行了重大改革,将原 FSA 拆分为审慎监管局(PRA)和金融行行为监管局(FCA),加强了央行对具有系统重要性的金融市场基础设施进行审慎监管,同时建立了以货币政策委员会(MPC)、金融政策委员会(FPC)和审慎监管局委员会(PRA Board)三个委员会为核心的宏观审慎政策协调体制,并赋予 FPC 两项重要的权力:一是指令权,即有权就特定的宏观审慎政策工具做出决策,包括逆周期资本缓冲、差别化资本金要求等,指令 PRA、FCA 实施和执行;二是建议权,即有权向 PRA、FCA 提出建议,监管机构如果不执行,需要做出公开解释。

---

* 本文为中国证券业协会 2018 年优秀课题。课题负责人:张家林;课题组成员:马洪春,代亮,宋欣宜,韩婷,陈骏杰,刘元龙,胡威威。

欧盟理事会于 2009 年 6 月通过了《欧盟金融监管体制改革》方案，成立欧盟系统风险委员会（ESRB），负责协调欧盟宏观审慎政策的有效实施。2012 年底，欧盟理事会又推出新的改革线路图，旨在建立欧洲单一监管体制（SSM），赋予 ESRB 宏观审慎职责，确立欧央行（ECB）为监管核心，维护监管的统一性。

荷兰自 20 世纪 90 年代以来，采用的是双峰监管体制，其主要特点是审慎监管和行为监管相互独立。在实践中，荷兰中央银行负责宏观审慎和微观审慎监管，荷兰金融市场局（NAFM）负责行为监管。这种具有前瞻性的监管体制使得荷兰在金融危机中的表现非常突出。加拿大的监管体制虽然也是综合监管，但由于加入了双峰监管要素，在金融危机中的表现就相对好一些。因此，双峰监管被认为是最优监管模式之一。英国的金融监管改革借鉴了荷兰模式，改革后的英国审慎监管局（PRA）监管大概约 1 700 多家公司，而行为监管局（FCA）则监管约 50 000 家公司（主要是资产管理公司和独立投资顾问）。

（二）金融监管报告的定义及作用

1. 金融监管报告的定义

金融监管报告是金融监管过程和结果的总结，是对金融机构风险的综合评价和对监管措施的全面阐述。具体来说，以银行业监管报告为例，银监局对商业银行的监管报告，是银监局在综合非现场监管、现场检查和其他渠道获得信息的基础上，定期完成对商业银行的监管报告。这类监管报告全面、系统、动态地反映和总结商业银行的经营和风险状况，是银监局监管活动的载体。与此类似，中国证监会也会定期、不定期地要求证券公司提交监管报告。

2. 金融监管报告的作用

金融监管报告可及时评价和反映金融机构的经营风险情况，有助于监管人员及时采取控制的防范措施，有助于对监管机构的监管工作进行总结和评价，从而进一步完善监管工作和监管体系。

（三）上市公司监管合规报告综述

1. 报告内容概述

上市公司作为公众公司，其是否规范运行不仅影响证券市场的健康长远发展，还容易引发很多的社会问题。我国金融市场法律制定及实施的滞后性以及监管难度较大，上市公司违规现象频繁发生，尤其是随着一系列重大违规行为的层出不穷，广大中小投资者的利益被严重侵害，严重扰乱了资本市场的秩序，因此上市公司有必要在报送年度报告的同时向中国证监会相关派出机构报送年度监管合规报告。年度监管合规报告应包括下列内容：上市公司劳动用工规范、上市公司信息披露程序规范、上市公司关联交易程序规范、上市公司股权激励实施规范等。

2. 相关合规自查问题

上市公司监管合规报告应回答以下问题：

（1）股权投资和企业合并相关问题：长期股权投资与其他金融资产是否相互混淆，权益性交易的认定与处理是否存在误区，非同一控制下企业合并是否未充分确认可辨认资产和负债等。

（2）收入确认问题：与奖励积分相关的收入是否未递延处理；将经营活动中代第三方

收取的款项是否确认为收入,会员费收入是否在会员受益期内分期确认等。

(3) 金融工具确认、计量与披露问题:是否恰当识别和确认了金融工具,权益工具与金融负债是否相互混淆,与金融资产终止确认相关的披露是否充分,金融工具风险信息披露是否充分等。

(4) 公允价值计量问题:是否存在处置部分股权丧失控制权后剩余股权的公允价值计量问题,是否存在公允价值层次的划分及披露等问题。

(5) 资产减值计提与相关信息披露问题:商誉减值相关信息是否披露不充分,是否存在应收账款减值及相关披露问题,按成本计量的可供出售权益工具减值测试是否考虑了未来现金流等。

(6) 非经常性损益相关问题:是否能正确识别与股份支付相关损益的性质,是否将合并商誉减值错误地列报为非经常性损益,与非经常性损益相关的披露是否充分等。

(7) 所得税会计处理与信息披露问题:权益法核算投资递延所得税的确认是否考虑了持有意图,递延所得税资产的确认是否谨慎,所得税调整信息披露是否充分。

(8) 其他信息披露问题:与持续经营相关的信息披露是否充分,是否有结合了生产经营特点披露收入确认的会计政策,是否研究开发支出资本化会计政策披露不充分等问题。

(四) 商业银行监管合规报告综述

1. 报告内容概述

随着全球金融一体化进程的推进,商业银行面临的经营风险日益多元和复杂,这些风险不仅影响着商业银行的经营业绩,而且决定着银行业甚至整个金融市场是否良性运行。我国商业银行不良贷款蕴含的金融风险依然存在,因此商业银行有必要在报送年度报告的同时向中国银保监会报送年度监管合规报告。年度合规报告应包括商业银行资本和杠杆情况。

2. 相关合规自查问题

商业银行还应对自身账目进行仔细排查,并在监管合规报告中阐述以下问题:是否存在信贷规模腾挪问题;是否存在配资模式;是否存在同业业务期限过长或多笔同业业务期限连续或期限相同;是否存在贷款还贷还息来源过于集中等。

(五) 证券公司监管合规报告综述

1. 报告内容概述

作为证券市场的中介机构,证券公司具有证券交易所的会员资格,可以承销发行、自营买卖或自营兼代理买卖证券,在金融市场上扮演了不可或缺的角色。近年来,随着我国证券市场的不断发展,证券公司也不断经历着改革创新,与此同时,证券公司的经营风险也孕育其中。因此,证券公司应当在报送年度报告的同时,有必要向中国证监会相关派出机构报送年度监管合规报告。年度监管合规报告应包括下列内容:证券公司机构和各层级子公司合规管理的基本情况,合规负责人履行职责情况,违法违规行为、合规风险隐患的发现及整改情况,合规管理有效性的评估及整改情况,中国证监会及其派出机构要求或证券公司认为需要报告的其他内容。

2. 相关合规自查问题

证券公司监管合规报告中应回答以下问题:是否存在挪用客户交易结算资金的行为;是

否存在将客户交际结算资金质押给银行的情况；是否存在违规开展客户资产管理业务及挪用客户委托管理资产等行为。

二、智能监管报告的理论框架

（一）监管报告自动化形成流程

1. 传统的人工金融监管写作流程

在讨论智能监管报告的形成流程前，我们需要参考目前各大金融机构的合规人员是如何根据现有的金融监管政策并结合该机构的现有情况和数据形成合规报告的过程。

我们把这个过程总结为三步：第一步信息获取，合规人员通过中国证监会和中国银保监会等各大监管机构公布的管理办法获取近期的监管政策。第二步信息加工，合规人员解读监管政策，具体为合规人员对于指标类的数值性信息，根据其计算公式及本机构的财务数据来计算指标数据，判断其是否符合监管政策的要求；对于非指标类的陈述性信息，理解其内在含义并用文字叙述本机构的执行情况。第三步发布合规报告，合规人员撰写报告陈述本机构在各个业务层面现有的情况，其中包括数据型陈述和非数据型陈述，阐述本机构存在的问题与不足，并提出针对上述问题的相应建议。

2. 智能监管报告写作流程

根据图1所示，机器自动阐述监管合规报告有以下三个步骤：第一步是收集信息，这些原始数据有些是结构化数据，同时还有更大量的非结构化数据，包括各种各样的文本。在收集完信息后，我们进入第二步用机器进行自然语言理解（Nature Language Understanding），基于非结构化数据的电子版（如Word或PDF文档）以及一些学习规则进行关系的抽取，获得相应的语义表示，即把文章中的各个关键词或者数据以关系图或者表格的方式呈现出来。例如对于《商业银行大额风险暴露管理办法》的监管政策，机器会获取相关的指标及其计算办法和相应的标准线，形成相应的逻辑代码和结构化数据。在第三步自然语言生成（Nature Language Generation）中，有了结构化数据之后，我们重新把它变成人容易理解的语言并形成监管合规报告。具体来说，我们可以通过机器学习来学习之前各金融机构已有的监管合规报告，发现以前合规人员的写作模式，并针对不同类型的机构写不同类型的监管合规报告，使得报告能满足不同类型机构的需求。

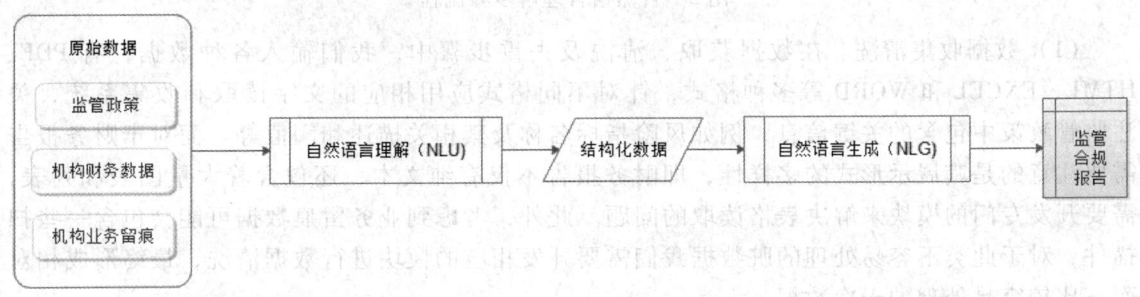

图1 智能监管报告写作流程

3. 人工制作和机器人写作报告的比较

通过以上描述，我们将人工制作和机器人写作报告进行比较，可以发现人工制作报告有以下优点：

一是语言通顺流畅。考虑到人类写给人类读的报告有天然的优势，人与人的思维逻辑结构是相似的，人类具有的一些语言技巧会让整个报告在叙述中更加灵活变通，而机器在处理此类问题时由于缺少一些规章性、纪律性的指引，会比较生硬并且使读者的阅读体验下降。

二是内容丰富。人工制作和机器生成的报告的区别主要在非数据型陈述方面。由于人工在自然语言生成上面有天然的优势，人类更能够由点及面地发散性阐述，通过深度挖掘文字中的含义形成丰富并且有深度的阐述。而机器在文字性陈述上面要相对简单并且表达的意思更加浅层。

与此同时，智能监管合规报告系统对于监管报告写作的自动化也有以下优点：

一是快速高效。根据上述人工对于监管报告的写作流程我们可以发现，从理解政策到执行政策再到收集数据并编写报告，这需要花费前后几个月的时间，因此导致了监管政策在实施的过程中存在严重的滞后性，从而降低了金融监管的效率。而与此相反，智能监管系统能够在短时间内自动理解监管条案并汇总数据形成一篇监管报告，这个速度是人工写作远远不能比拟的。由此可知，监管报告的自动化大大减少了监管机构更新、实施并监督金融机构监管执行情况的时间。

二是节省成本。市场调查显示，2015 年，美国所有行业的监管成本为 1.885 万亿美元。2014 年，美国最大的金融企业在合规上的开销是 40 亿美元。2013 年，美国所有上市公司的平均审计成本是 710 万美元。金融企业通过使用智能监管系统将大大减少风险合规人员的支出成本。

（二）智能监管报告自动化背后的技术

1. 自然语言理解步骤所涉及的技术

由图 2 所示，自然语言理解所涉及的技术分为数据清洗去重和数据信息抽取两个部分。

图 2　自然语言理解步骤流程

（1）数据收集清洗。在数据获取、清洗及去重步骤中，我们输入各种数据，有 PDF、HTML、EXCEL 和 WORD 等多种格式，针对不同格式应用相应的文字读取和收集系统，关注监管政策中包含的关键信息，例如风险指标名称及其相关描述和阈值等。而对于财务报告需要注意的是其展示形式的多样性，即财务报告不仅有纯文本，还包含着大量图表和列表，需要开发专门的模块来解决表格读取的问题。此外，考虑到业务留痕数据可能会包含一些扫描件，对于此类不容易处理的脏数据我们需要开发相应的模块进行数据清洗，最终形成相对而言比较容易处理的干净数据。

（2）信息抽取。在第二步信息抽取中，系统并不要求能够对自然语言文本进行深层理解，而是从中抽取有用信息，作为自然语言部分理解的一种形式。信息抽取的关键问题是如何从异构数据源中自动抽取信息得到有用的候选知识单元。关键技术包括实体抽取、关系抽取和属性抽取。

①实体抽取。实体抽取也称命名实体识别（Named Entity Recognition，NER），是指从文本数据集中自动识别出命名实体。实体抽取的质量（准确率和召回率）对后续的知识获取效率和质量影响极大，因此是信息抽取中最为基础和关键的部分。

实体抽取早期采用启发式算法与人工编写规则相结合（Rau）的方法，基于 KNN 算法与 CRF 模型的统计机器学习，但耗费大量人力，且可扩展性差。

②关系抽取。关系抽取技术的基本问题是如何从文本语料中抽取实体间关系。早期采用模式匹配来识别实体间的关系，基于统计机器学习方法和无监督学习方法，结合机器学习算法与开放域方法。但其缺点为需要对语言学领域有深入理解和认知，且工作量大，难以扩展。

③属性抽取。属性抽取的目标是从不同信息源采集特定实体的属性信息，例如针对某个公众人物，可以从网络公开信息中得到其昵称、生日、国籍、教育背景等信息。属性抽取技术能够从多种数据来源中汇集这些信息，实现对实体属性的完整勾画。

2. 自然语言生成步骤所涉及的技术

由图 3 可知，自然语言生成所涉及的技术分为知识融合、知识加工和数据可视化三个部分，在具体介绍每一部分所涉及的详细技术之前，我们先介绍一下知识图谱的定义与架构。

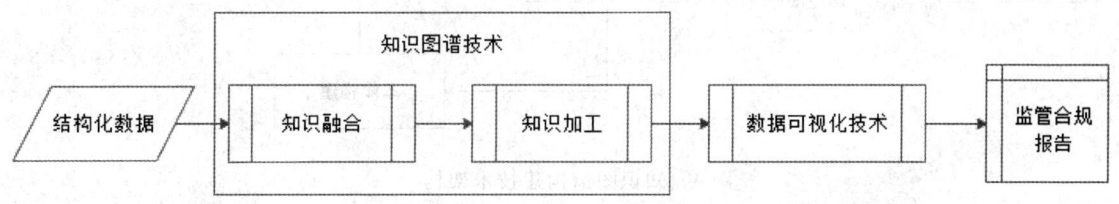

图 3　自然语言生成流程

（1）知识图谱的定义与架构。

①知识图谱的定义。知识图谱是结构化的语义知识库，用于以符号形式描述物理世界中的概念及其相互关系，其基本组成单位是"实体—关系—实体"三元组，以及实体及其相关属性—值对，实体之间通过关系相互联结，构成网状的知识结构。

知识图谱本身是一个具有属性的实体通过关系链接而成的网状知识库，从图的角度来看，知识图谱本质上是一种概念网络，其中的节点表示物理世界中的实体（或概念），而实体之间的各种语义关系则构成网络中的边。由此，知识图谱是对物理世界的一种符号表达。

知识图谱的研究价值在于，它是构建在当前现有数据的基础上的一层覆盖网络，借助知识图谱，能够在现有数据之上建立概念间的链接关系，从而高效地将积累的信息组织起来，成为可以被利用的知识。

知识图谱的应用价值在于，它能够改变现有的信息检索方式，一方面通过推理实现概念检索，另一方面以数据可视化的方式向用户展示经过分类整理而形成的结构化知识，从而使人们从人工搜寻并过滤信息寻找答案的繁杂模式中解脱出来。

②知识图谱的架构。知识图谱的架构（见图 4）包括知识图谱自身的逻辑结构以及构建知识图谱所采用的技术体系架构。知识图谱的逻辑结构分为两个层次：数据层和模式层。

在知识图谱的数据层，知识以事实为单位存储在图数据库。如果以"实体-关系-实体"或者"实体－属性－值"三元组作为事实的基本表达方式，则存储在图数据库中的所有数据将构成庞大的实体关系网络，形成知识的图谱。

模式层在数据层之上，是知识图谱的核心，系统提炼后的知识放在模式层存储。我们通常采用本体库来管理知识图谱的模式层，从而规范实体、关系以及实体类型和属性等对象之间的联系。本体库在知识图谱中的地位相当于知识库的模具，拥有本体库的知识库冗余知识较少。

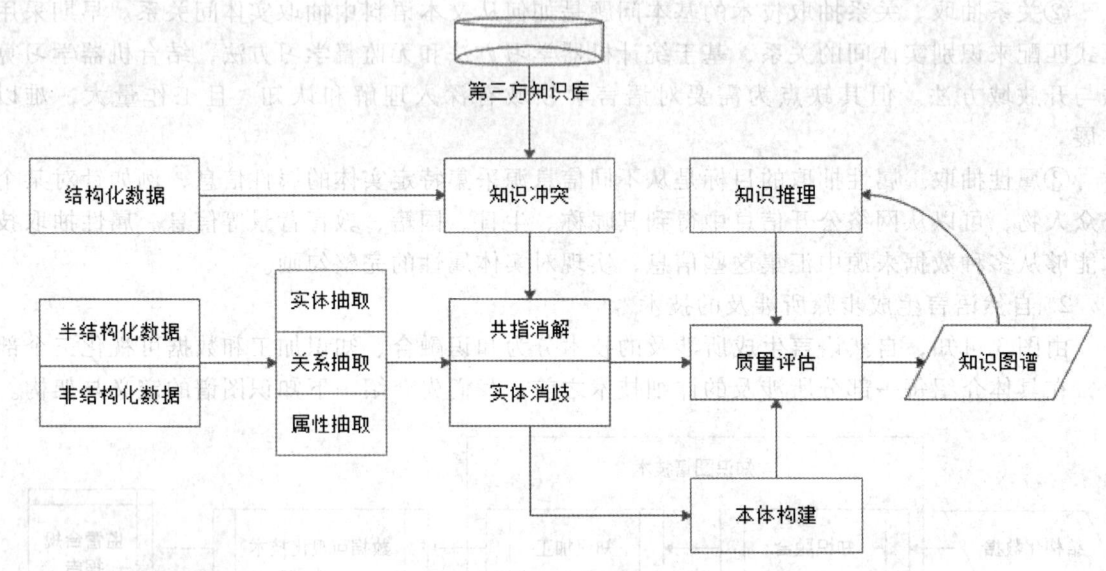

图 4　知识图谱构建技术架构

知识图谱的构建过程是从原始数据出发，采用一系列自动或半自动的技术手段，从原始数据中提取出知识要素，并将其以合适的关系形式存入知识库的数据层和模式层的过程。

知识图谱有自顶向下和自底向上两种构建方式。其中，自顶向下构建是借助百科类网站等结构化数据源，从高质量数据中提取本体和模式信息加入知识库中；而自底向上构建则是借助一定的技术手段，从公开采集的数据中提取资源模式，选择其中置信度较高的新模式，经人工审核之后，加入知识库中。在智能监管系统中，考虑到缺乏相应的全面高质量的金融监管结构化数据源，我们通常采用自底向上的方法构建。

③知识图谱的表示方法。

A. RDF 的表现形式及序列化方法。RDF（Resource Description Framework）即资源描述框架，其本质是一个数据模型（Data Model）。它提供了一个统一的标准，用于描述实体或者资源。简单来说，就是表示事物的一种方法和手段。RDF 形式上表示为 SPO 三元组，有时候也称其为一条语句（Statement），知识图谱中也称其为一条知识（见图5）。

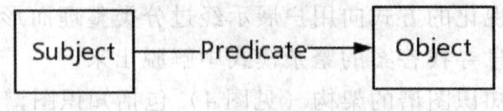

图 5　RDF 结果示意图

RDF 由节点和边组成，节点表示实体或资源、属性，边则表示了实体和实体之间的关系以及实体和属性的关系。我们创建 RDF 数据集并将其序列化就是存储和传输 RDF 数据。目前，RDF 序列化的方式主要有 RDF/XML、N – Triples、Turtle、Rife、JSON – LD，具体如表 1 所示。

表 1　　　　　　　　　　　　　　RDF 序列化方式及说明

序列化方式	具体说明
RDF/XML	用 XML 的格式来表示 RDF 数据。之所以提出这个方法，是因为 XML 的技术比较成熟，有许多现成的工具来存储和解析 XML。然而，对于 RDF 来说，XML 的格式冗长，也不便于阅读，通常我们不会使用这种方式来处理 RDF 数据
N – Triples	用多个三元组来表示 RDF 数据集，是最直观的表示方法。在文件中，每一行表示一个三元组，方便机器解析的处理。开放领域知识图谱 DBpedia 通常是用这种格式来发布数据的
Turtle	使用得最多的一种 RDF 序列化方式，比 RDF/XML 紧凑，可读性比 N – Triples 好
Rife	"The Resource Description Frameworkin Attributes"，HTML5 的一个扩展，在不改变任何显示效果的情况下，让网站构建者能够在文本数据中标记实体，如人物、地点、时间等，能够更好地解析非结构化页面，获取一些有用的结构化信息
JSON – LD	即 "JSON for LinkingData"，用健值对的方式来存储 RDF 数据

B. 基于机器学习的知识表示模型。传统的知识表示方法主要是以 RDF 的三元组 SPO（Subject，Property，Object）来符号性地描述实体之间的关系。这种表示方法通用简单，受到广泛认可，但是其在计算效率、数据稀疏性等方面面临诸多问题。近年来，以深度学习为代表的表示学习技术取得了重要的进展，可以将实体的语义信息表示为稠密低维实值向量，进而在低维空间中高效计算实体、关系及其之间的复杂语义关联，对知识库的构建、推理、融合以及应用均具有重要的意义。

知识表示学习的代表模型有距离模型、单层神经网络模型、双线性模型、神经张量模型、矩阵分解模型等。

（2）知识融合技术。通过信息抽取，实现了从非结构化和半结构化数据中获取实体、关系以及实体属性信息的目标。然而，这些结果中可能包含大量的冗余和错误信息，数据之间的关系也是扁平化的，缺乏层次性和逻辑性，因此有必要对其进行清理和整合。知识融合包含两部分内容：实体链接和知识合并。

如图 4 所示，在获取到结构化数据后，系统通过对不同文本描述的实体、关系与指标进行对齐，就可以构建相应的知识图谱。具体分为实体链接和知识合并两个模块。

①实体链接技术。实体链接（Entity Linking）是指对于从文本中抽取得到的实体对象，将其链接到知识库中对应的正确实体对象的操作。

实体链接的基本思想是首先根据给定的实体指称项，从知识库中选出一组候选实体对象，然后通过相似度计算将指称项链接到正确的实体对象。实体链接的一般流程是：首先从文本中通过实体抽取得到实体指称项。然后进行实体消歧和共指消解，判断知识库中的同名实体是否与之代表不同的含义，以及知识库中是否存在其他命名实体与之表示相同的含义。最后再确认知识库中对应正确实体对象之后，将该实体指称链接到知识库中对应实体。

实体消歧是专门用于解决同名实体产生歧义问题的技术，通过实体消歧，就可以根据当前的语境，准确建立实体链接。实体消歧主要采用聚类法。其实也可以看作基于上下文的分类问题，类似于词性消歧和词义消歧。在智能监管合规报告系统中，我们可以采用基于信息熵和语义相似度的方法消除歧义，系统判断文本中两个相同的词组是否表达的是同一个意思。

共指消解技术主要用于解决多个指称对应同一实体对象的问题。在一次会话中，多个指称可能指向的是同一实体对象。利用共指消解技术，可以将这些指称项关联（合并）到正确的实体对象，由于该问题在信息检索和自然语言处理等领域具有特殊的重要性，吸引了大量的研究力量。共指消解问题的早期研究成果主要来自自然语言处理领域，近年来统计机器学习领域的学者越来越多地参与到这项工作中。随着统计机器学习方法被引入该领域，共指消解技术进入了快速发展阶段，McCarthy 等人首次将 C4.5 决策树算法应用于解决共指消解问题。

除了将共指消解问题视为分类问题之外，还可以将其作为聚类问题来求解。聚类法的基本思想是以实体指称项为中心，通过实体聚类实现指称项与实体对象的匹配，其关键问题是如何定义实体间的相似性测度。Turney 基于点互信息来求解实体所在文档的相似度，能够有效地实现共指消解。

基于统计机器学习的共指消解方法通常受限于两个问题：训练数据的（特征）稀疏性和难以在不同概念的上下文中建立实体关联。为解决该问题，Pantel 等人提出了一个新的实体相似性测度模型，称为术语相似度。借助该模型可以从全局语料中得到所有术语间的统计意义上的相似性，据此可以完成实体合并，达到共指消解的目的。

②知识合并技术。在构建知识图谱时，可以从第三方知识库产品或已有结构化数据获取知识输入。常见的知识合并需求有两个，一个是合并外部知识库，另一个是合并关系数据库。将外部知识库融合到本地知识库需要处理两个层面的问题：数据层的融合，包括实体的指称、属性、关系以及所属类别等，主要的问题是如何避免实例以及关系的冲突问题，造成不必要的冗余；关系数据库的合并，在知识图谱构建过程中，一个重要的高质量知识来源是企业或者机构自己的关系数据库。为了将这些结构化的历史数据融入知识图谱中，可以采用资源描述框架（RDF）作为数据模型。业界和学术界将这一数据转换过程形象地称为 RDB2RDF，其实质就是将关系数据库的数据换成 RDF 的三元组数据。

在智能监管系统中，系统可以通过学习过去所有的监管数据和政策，并将其合并在一起，得到一个完整全面的监管数据库。

(3) 知识加工技术。通过信息抽取，可以从原始语料中提取出实体、关系与属性等知识要素，再经过知识融合，可以消除实体指称项与实体对象之间的歧义，得到一系列基本的事实表达。然而，事实本身并不等于知识，要想最终获得结构化、网络化的知识体系，还需要经历知识加工的过程。知识加工主要包括三方面内容：本体构建、知识推理和质量评估。

①本体构建技术。本体（Ontology）是对概念进行建模的规范，是描述客观世界的抽象模型，以形式化的方式对概念及其之间的联系给出明确定义。本体最大的特点在于它是共享的，反映的知识是一种明确定义的共识。

本体可以采用人工编辑的方式手动构建（借助本体编辑软件），也可以数据驱动的自动化方式构建本体，其包含三个阶段：实体并列关系相似度计算、实体上下位关系抽取以及本体的生成。

A. 实体并列关系相似度计算。实体并列关系相似度适用于考察任意给定的两个实体在多大程度上属于同一概念分类的指标测度，相似度越高，表明这两个实体越有可能属于同一语义类别。所谓并列关系，是相对于纵向的概念隶属关系而言的。

当前主流的实体并列关系相似度计算方法有两种：模式匹配法和分布相似度。其中，模式匹配法采用预先定义实体对模式的方法，通过模式匹配取得给定关键字组合在同一语料单位中共同出现的频率，据此计算实体对之间的相似度。分布相似度方法的前提假设是：在相似的上下文管径中频繁出现的实体之间具有语义上的相似性。

B. 实体上下位关系抽取。实体上下位关系抽取是用于确定概念之间的隶属（IsA）关系，这种关系也称为上下位关系。

实体上下位关系抽取主要的研究方法是基于语法模式抽取 IsA 实体对，也有方法利用概率模型判定 IsA 关系和区分上下位词，通常会借助百科类网站提供的概念分类知识来帮助训练模型，以提高算法精度。

C. 本体的生成。本体生成阶段的主要任务是对各层次得到的概念进行聚类，并对其进行语义类的标定（为该类中的实体指定一个或多个公共上位词）。

②知识推理技术。知识推理是指从知识库中已有的实体关系数据出发，进行计算机推理，建立实体间的新关联，从而拓展和丰富知识网络。知识推理是知识图谱构建的重要手段和关键环节，通过知识推理，能够从现有知识中发现新的知识。

知识推理的对象也并不局限于实体间的关系，也可以是实体的属性值、本体的概念层次关系等。知识的推理方法可以分为：

A. 基于逻辑的推理。基于逻辑的推理主要包括一阶谓词逻辑、描述逻辑以及基于规则的推理。

一阶谓词逻辑建立在命题的基础上，在一阶谓词逻辑中，命题被分解为个体和谓词两部分。个体是指可独立存在的客体，可以是一个具体的事物，也可以是一个抽象的概念。谓词是用来刻画个体性质及事物关系的词。比如"A，father，B"就是表达个体 A 和 B 关系的谓词。基于规则的推理可以利用专门的规则语言，如 SWRL（Semantic Web Rule Language）。

对于复杂的实体关系，可以采用描述逻辑进行推理。描述逻辑（Description Logic）是一种基于对象的知识表示的形式化工具，是一阶谓词逻辑的子集，它是本体语言推理的重要设计基础。

B. 基于图的推理。基于图的推理方法主要基于神经网络模型或 Path Ranking 算法。Path Ranking 算法的基本思想是将知识图谱视为图（以实体为节点，以关系或属性为边），从源节点开始，在图上执行随机游走，如果能够通过一个路径到达目标节点，则推测源和目的节点可能存在关系。

③质量评估技术。质量评估也是知识库构建技术的重要组成部分。其意义在于：可以对知识的可信度进行量化，通过舍弃置信度较低的知识，能够保障知识库的质量。

（4）数据可视化技术。

①报告内容数据可视化。通过阅读大量的监管合规报告，我们知道图表是解释问题最清楚的方式，因此我们需要开发相应的数据表示模块，使系统能够根据不同形式的数据设计不同的呈现方式。例如，对于财报类或具体账目类数据，系统会选择采用列表的形式；对于多

项数据的统计和比较,系统会选择直方图或扇形图;对于描述某项数据的历年变化,系统会选择线形图。

②知识图谱数据可视化。知识可视化主要用来传达和表示复杂知识的图像,用图像图形的手段去表达,其主要目标是用来作知识的传输和传递,帮助其他人去正确地重构、记忆和应用知识,因此在智能监管报告系统中,系统可以对金融机构的数据和金融监管机构的监管政策进行学习,并将得到的知识图谱进行可视化。

关于知识可视化的形式有很多种,我们可以根据自己的需求来指定相应的图形。比如说,在知识图谱里面我们有概念和概念的层次,第一种直观的方式就是用概念的层次图进行知识的可视化(见图 6),第二种就是用思维导图的形式。同时我们还可以去做认知的地图,最后可以用语义网络的方式,知识图谱就是用这种原生态的语义网络形式进行描述的。在智能监管系统中我们采用三元组的形式来表达实体与实体之间和实体与属性值之间的关系,这样能够清晰表明各个金融机构之间的关系以方便监管人员的理解。

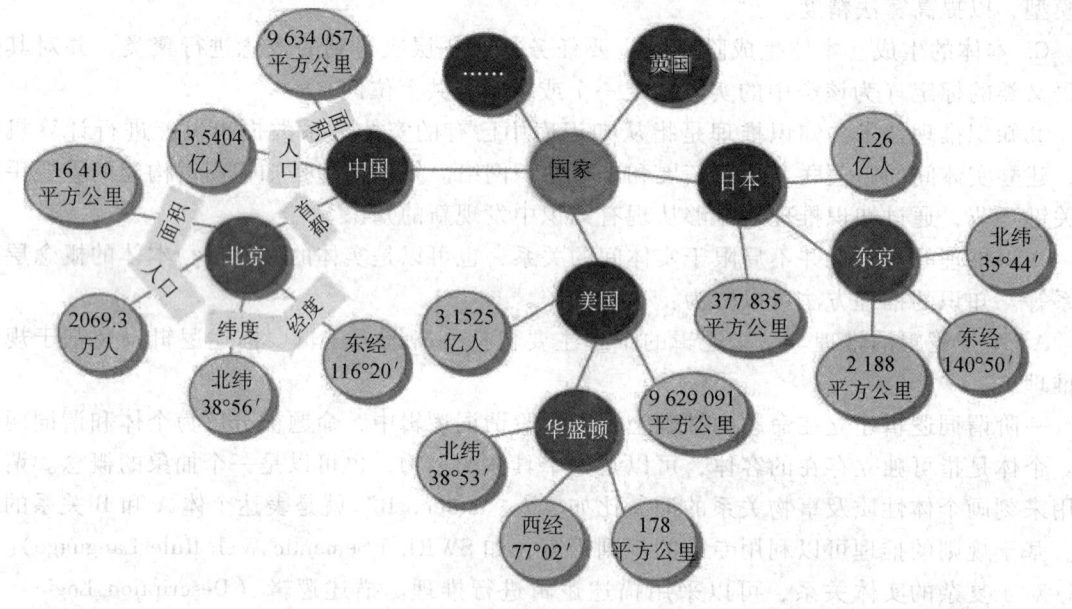

图 6 知识图谱可视化图

我们可以把三元组作为知识图谱的一种表示方式,其中三元组的基本形式主要包括"实体 A—关系—实体 B"和"实体—属性—属性值"等。每个实体可用一个全局唯一确定的 ID 来标识,每个"属性—属性值"对可用来刻画实体的内在特性,而关系可用来连接两个实体,刻画它们之间的关联。

三、智能投顾合规监管报告系统设计

(一) 智能投顾领域的监管科技研究背景及意义

1. 研究背景

近年来,智能投顾业务快速发展,引得众多资金争相涌入。各种创业公司、银行机构、BAT 等互联网巨头陆续入局。而作为传统金融机构,证券公司也在智能投顾的大浪潮下进行了各种形式和战略上的尝试，进行了大量的投入，智能化俨然成为券商 APP 的一波热潮。2017 年 11 月 17 日，人民银行、中国证监会等五部委公布《中国人民银行、银监会、证监会、保监会、外汇局关于规范金融机构资产管理业务的指导意见》（以下简称《意见》）中，专门拿出一个章节来对可能到来的资产管理智能投顾规则框架进行了勾勒。按照《意见》要求，金融机构运用人工智能技术、采用机器人投资顾问开展资产管理业务，应当经金融监督管理部门许可，取得相应的投资顾问资质，充分披露信息，报备智能投顾模型的主要参数以及资产配置的主要逻辑。

2. 研究意义

（1）帮助公司履行监管义务。从业务属性上来看，智能投顾仍属于证券投资顾问业务，应当符合《证券、期货投资咨询管理暂行办法》《证券投资顾问业务暂行规定》以及相关监管文件。然而，每当新规出台后，金融科技公司首先需要时间来解读和实施政策变化，其次还要对报告系统做出必要的修改，这就造成了一个不可避免的延迟。通过完善智能投顾监管框架，建立智能监管合规报告系统，可以帮助公司更快更有效地履行监管义务。

（2）帮助完善监管和市场监控功能。智能投顾对证券市场的影响，主要需要关注的是其趋同交易的行为，而趋同交易行为是导致个券同步性的决定性因素，个券同步性决定了市场的羊群行为以及正反馈交易行为。利用监管科技建立一套智能监管系统，通过构建一系列评测指标来完善监管和市场监控功能，从而满足合规性和审慎监管要求。

（3）重塑当前的监管流程和体系。监管技术和监管手段需紧跟智能投顾算法和业务模式的演变步伐。监管机构需具备一定的技术能力来检查数据输入（客户信息获取）和数据输出（客户画像和定制化投资建议），以确保使广泛的用户群根据合理注意标准获得公平对待。由于算法和网站架构的复杂性，监管机构对智能投顾行为和业务流程的检查客观上存在难度，通过建立完整的监管合规报告系统可以重塑当前的监管流程和体系。

（二）智能投顾合规监管报告的系统体系

1. 基本系统生态

智能投顾合规监管，涉及监管机构、参与机构等多方面参与主体，其技术系统也由多组系统集合构成，系统间相互影响，形成一个系统生态。这里对智能投顾合规监管系统生态进行了初步假设（见图 7）。

（1）制定监管规则系统。该系统主要功能是辅助监管机构制定监管规则。监管规则可以根据监管机构的认知、监管机构的过往规则、过往交易数据、监管规则评测等多方面进行制定。

需要明确的是，此处所说的监管机构，可能仅限于某一个监管机构，也可能是相互影响的多个监管机构（比如中国人民银行、财政部等）。各机构按照职责划分，分别制定自己的监管规则。同时，各机构也会对自己的规则进行推算演绎，这些推算演绎往往建立在对其他机构进行规则假设的基础上。

（2）发布监管规则系统。该系统主要将监管规则进行发布，供参与机构参照执行。过往监管规则多是以 WORD、PDF、HTML、纸质文档等自然语言形式发布。这种发布形式的尺度往往不好把握，含义往往不清晰，不能被直接用于计算机自动处理系统。于是我们建议将智能时代监管体系中的监管规则数字化，并以计算机容易精确识别的方式进行表示。

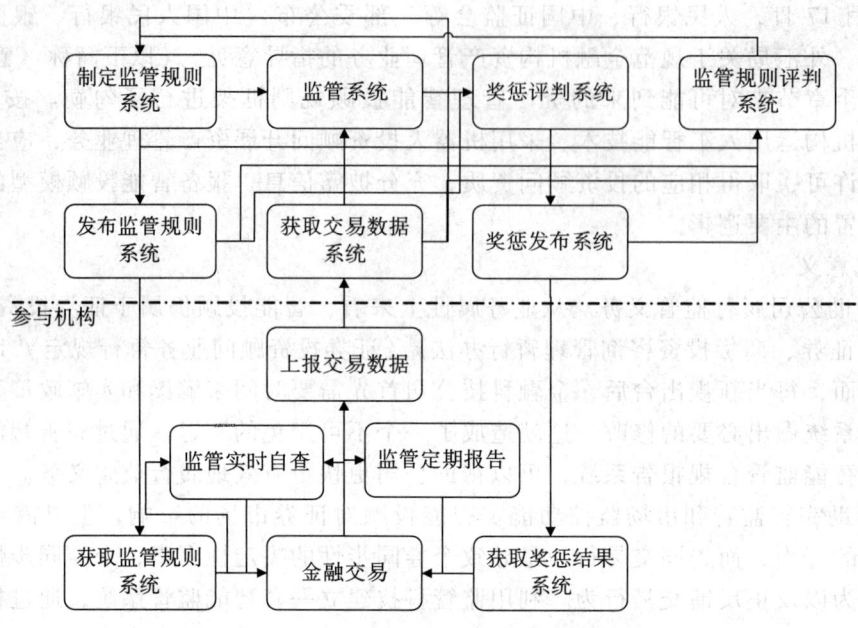

图 7　智能投顾合规监管的基本生态

发布监管规则系统,业务上需要涵盖如下内容:

①该规则面向的具体参与机构类型,即要说明该规则是要面向什么样的参与机构,比如是交易所,还是证券公司,或是商业银行等。

②当前正在生效的监管规则。监管规则可能会制定多个版本,有的尚未执行,有的已经失效。这个系统需要明确正在生效的监管规则。当然,不同参与主体可能对应不同的监管规则。

③即将实行的监管规则。新的监管规则可能会引入新的监管参数,这样参与机构的计算机系统或其他系统可能需要一个程序预研的过程,可能需要一个程序预调试过程;参与机构也需要对新的监管规则有一个预先了解的过程。即将实行的监管规则预先发布,就是为应对这些需求而存在的。

④已经失效的监管规则。失效的监管规则,可供其他系统或人员留作备查,进行分析。

⑤监管规则的明确性有不同程度。有的只是以文字描述进行,有的是精确数字,有的以统计概率的形式存在。

⑥监管规则之间可能相互引用。

⑦监管规则系统可以被其他系统访问,但不易被篡改。

(3)获取监管规则系统。参与机构在交易过程中需要遵循监管规则,于是参与机构必然需要以某种形式获取监管规则。

参与机构内部多数都有成型的交易系统或辅助交易系统。这些系统对监管规则的计算机表示往往会有不同。获取监管规则系统,主要是从监管机构获取交易规则,在参与机构进行必要调整(比如把存留的自然语言转化为计算机语言表述的数学参数或算法)之后,形成参与机构内部 IT 系统或工作人员所熟悉的规则表示。

（4）金融交易系统。金融交易系统是参与机构进行生产经营活动的系统的总称，不同参与机构会有大量不同系统。金融交易活动会产生金融交易数据。这些金融交易数据是金融活动的原子构成，是进行金融监管的数据基础。

（5）监管实时自查系统。在管理机制上，监管规则要求参与机构先行自查。如果参与机构出现违规行为就会受到一定处罚，所以金融机构往往会进行严格的自查，以便更好地遵守监管规则。交易活动自查主要分为实时自查和长周期自查。

实时自查是指参与机构通过获取实时数据，在较短时间或周期（比如瞬间、10秒钟、1分钟等）内进行检查，从而得出交易是否存在违规行为的结论。

实时自查需要根据实时交易情况，生成交易趋势、风险趋势等警示信息，供参与机构自行把控风险。当实时系统预测到风险后或发现已经违规后，要给交易系统发出信息，以便使交易系统防止或停止违规交易。

（6）监管定期报告系统。参与机构内部往往会设置风控部门、风控职位，比如风控官。风控管理人员需根据交易数据，生成风控报表。根据风控报表中数据间的关系，判断是否存在违规行为。

风控报表的主要内容一般根据监管规则进行制定，有些参与机构会提出自己的报表内容。

风控管理人员会根据风控报告，对业务人员的交易活动进行警示或评判。

定期监管报告的周期，根据监管内容与监管手段的不同，可以分为瞬间、每小时、每交易日、每周、每月等。

（7）上报交易数据系统。参与机构需要上报交易数据。这些交易数据原则上以最原始交易数据为佳。但是不同参与机构的原始交易数据可能要素不同、格式不一，所以需要处理，进行恰当的格式统一或者分门别类等。

上报数据的机构需要保证数据正确、准确，如果上报机构所报数据存在偏差或错误，往往会受到不同程度的惩罚。基于这个原因，参与机构往往要建设专门的IT系统，这个系统需要具备如下功能：

①按照统一格式生成上报数据。
②上报数据校验，确保上报数据准确无误。
③从一个或多个交易系统采集数据，以便使用这些数据生成上报报文。
④从监管规则系统获取监管规则。
⑤必要的传输技术与加密技术，以便实现机构间安全的数据传送。

（8）获取交易数据系统。获取交易数据系统，主要是根据监管系统的需要，获取交易数据。交易数据的获取可能从单一的上报交易数据系统去获取，也可能从多个上报数据系统去获取，不同的上报数据系统的主要汇报业务和数据格式可能不同。

（9）监管系统。监管系统是监管机构使用的系统，也是监管机构主要的监管违规发现工具系统。监管系统根据获取到的交易数据，计算出多个监管参数，然后参照监管规则发布系统发布的监管规则，进行监管评判。对于数学表示完善的监管规则，监管系统可以自行完成监管评判；对于基于自然语言描述的监管规则（且尚未进行数学描述转换），需要由监管人员参与，完成监管评判。对于复杂的监管规则，该系统需要生成监管报告，由监管委员会根据监管报告进行会议评判。

监管系统根据具体的监管规则和监管能力，对金融交易给出实时的监管结论或事后监管结论。这些监管结论数据会实时或在特定时间发送到奖惩评判系统。

（10）奖惩评判系统。监管机构根据监管系统得到的监管结论，根据监管指标的不同，按照约定的奖惩办法，实时或在特定时间（比如第二个交易日、第二个交易年等）给出惩罚或奖励方案。

奖惩评判系统的最佳目标是系统自动给出奖惩方案，但是由于不同行业的业务特性以及业务环境细分等，可以由监管机构视情况给出，或者监管机构可以列出奖励列表，由参与机构自行选择。

奖惩方案可能是公式表扬，也可能是使参与机构获得更大的金融业务范围，也可能立即禁止交易，或减少产品种类。

（11）奖惩发布系统。监管机构的奖惩评判系统给出奖惩结论后，需要以恰当的方式对外发布。奖惩发布系统可能具有如下功能：

①将发布结果以文字形式描述。

②将发布结果以计算机语言描述。

③将发布结果以恰当方式告知（比如消息推送等）参与机构。

④发布结果需要长期存储，以用于备查等。

⑤新旧奖惩之间可能存在相关性，该发布结果要充分体现（比如新的奖惩办法是旧的奖惩办法的部分调整）。

（12）获取奖惩系统。参与机构需要以恰当的方式获取奖惩结果。参与机构可能获得多个不同监管机构的奖励。有些奖励只需要一个监管机构允许，参与机构就可以执行奖励，然而有些奖励需要与其他不同监管机构的奖励共同配合，参与机构才能行使奖励的权力。

在人工智能这个大背景下，获取奖惩系统大体应该具备如下功能：

①获取多个不同监管机构的奖惩结果，并对这些奖惩结果进行智能分析，给出奖惩结果的进一步判断。比如，该奖惩结果的直接价值或权益，或该奖惩结果的潜在价值。本系统对各个监管机构的奖惩结果进行分析后，需要给出奖惩报告，供参与机构人员阅读。

②获取奖惩系统，可以通过实时或周期形式获取奖惩结果，以便更快地将奖惩体现到交易中。

③获取奖惩系统，可以对奖惩结果进行计算机报文的再加工，并发往本参与机构的交易系统，形成交易闭环。

（13）监管规则评判系统。监管规则评判系统，是对监管机构制定的规则进行评判的系统。这个系统对监管机构指定监管规则是十分必要的。传统上，通过几个因子直接评判交易风险的时代已经过去；当今时代，金融交易纷繁复杂，且相互影响。并且在计算机时代、程序化时代、智能时代，监管政策稍有失误，金融活动就会迅速扩展，瞬间就可能造成金融动荡。所以，我们需要借助专业的监管规则评判系统，对监管规则进行预评判与再评价。

该系统应该具有如下功能：

①对监管机构工作范围内的金融活动具有模拟功能。

②对监管机构范围外的经济活动要具有挡板功能。

③要具备对多套监管规则进行推演运行的功能。

④要输出在特定监管规则下的金融交易报告，明晰监管规则的效果。

2. 参与机构的智能投顾业务

在第一部分中我们对智能投顾合规报告系统的基本系统生态进行了概要描述，描述中既包括监管机构可能涉及的系统，也包括参与机构可能涉及的系统；既包括监管规则的制定，也包括监管规则的执行。接下来，我们描述一下参与机构的智能投顾业务，为智能投顾的监管做个铺垫。

参与机构的生产活动大体经历图 8 所示的几个阶段。

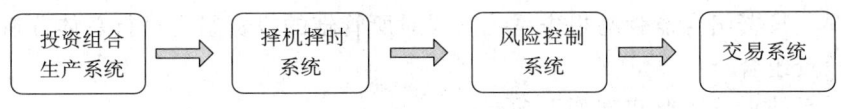

图 8　智能投顾参与机构的活动

（1）投资组合生产系统。投顾经理通过投研报告或量化分析等手段，提出多种投资组合，并将这些投资组合分别推荐给不同投资人。这些投资组合可能是几只股票的组合，也可能是几只基金的组合，或是其他金融产品的组合。

智能投顾时代往往通过计算机工具以及通过特定算法进行投资组合生产，只要计算力足够，可以产生几十万或上百万种投资组合。

（2）择机择时系统。当投资人按照投顾经理的意见选择了投资组合后，投顾经理往往要给出恰当的交易时点，以便投资人正确使用投资组合。

（3）风险控制系统。投资组合往往具有一定生命周期，比如几天、几周等，随着时间的推移，投资组合的金融特征可能与初始形态产生很大不同。此时，就需要借助风险控制系统，判断是否停止该投资组合，是否更换另外的投资组合，或者帮助投资人推荐新的投资组合，以便成为旧投资组合的有益补充。

（4）交易系统。该系统通过计算机系统实现交易的撮合，最终实现交易。

3. 参与机构的智能投顾业务的监管

在人工智能时代，存在人工智能时代特有的风险，需要有人工智能监管系统的辅助，才能尽可能地保证监管合规。参与机构的监管合规系统见图 9。

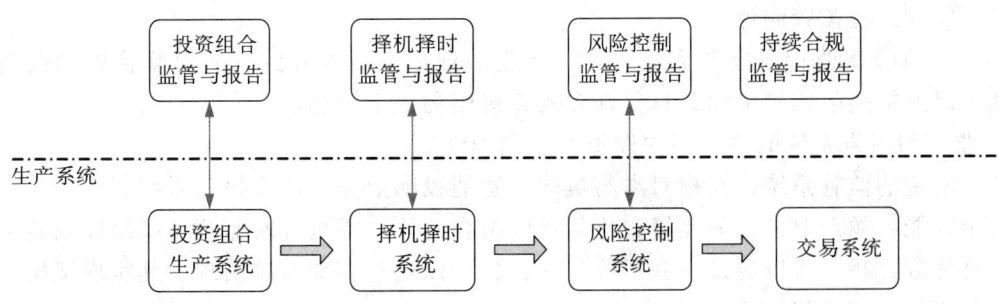

图 9　参与机构的监管合规系统

（1）投资组合监管与报告系统。该系统首先要对具体某一组投资组合进行评判，判断该组合是否会扰动交融市场。比如，以某一笔超大资金短时间内购入某只股票，然后又在短时间内卖出，会引起该股票价格异常震荡，使其余中小投资者受到损害。

智能投顾时代，参与机构可能会面向互联网用户服务，用户数量庞大。假设某个投资组合被海量互联网用户同时使用，虽然每个用户的投资金额不大，但投资总量会很大，这样客观上也会对金融交易市场造成影响。

还有一种可能，投资组合虽然数量很多，但是投资组合内部构成几乎相同。这样即便每个用户分别使用不同投资组合，但本质的投资标的过于集中，也会给金融市场造成影响。为避免这种情况，投资组合监管与报告系统需要对所管辖的投资组合进行总体分析，过滤掉相似度过高的投资组合。

综上，本系统大体需要实现如下功能：
①判定单个投资组合是否会对交易市场造成不良影响，判定投资上限是否恰当。
②过滤掉相似度较高的投资组合，向下游推送合规的投资组合集合。
③判定投资组合对应的投资人是否符合用户适当性要求。
④给出评判报告，比如相似度报告。

（2）择机择时监管与报告系统。本系统重点在于合规性监管，而不在于盈亏判定。

在智能投顾环境下，大量投资人使用的不同投资组合中，可能会含有同一个投资标的（比如同一只股票）。如果智能投顾择机择时系统存在缺陷，在某一特定市场条件下，系统可能会对所有系统用户发出买卖某只股票的指令，这样就会瞬间形成"羊群效应"，可能对市场造成不良影响。

另外，由于智能投顾系统同时帮大量投资人做投顾交易，那么该投顾系统是否存在恶意操纵股票风险，需格外关注，比如推荐一部分客户连续卖出股票，对股价连续打压，让另一部分用户瞬间低点买入，最终盈利。

综上，本系统大体需要实现如下功能：
①判定智能投顾择机择时系统是否会引起市场的羊群效应。
②判定智能投顾择机择时系统是否会进行关联交易。
③对明显违规的交易给出实时评价，避免交易违规。
④给出评判报告，对择机择时系统进行多角度评价。

（3）风险控制监管与报告系统。持续合规的监管内容与投资组合监管、择机择时监管、风险控制监管的监管内容相同，监管报告内容相似，只是时间周期更久，可能以交易日、周、月等周期进行监管测评。

（4）持续合规监管与报告系统。投顾行业本身是不断发展的，从而监管规则也是不断发展的。以上描述的监管事项，只是众多监管规则的一个举例。

4. 监管与报告系统的技术架构设想（见图10）

此处所说的监管系统，是指对参与机构的智能投顾业务的监管报告系统。

对于智能投顾需要进行的监管，比如投资组合监管、择机择时监管、风险控制监管、持续合规监管等，我们可以通过一套系统实现，也可以通过多套系统实现。其实现架构，我们可以进行相似的技术架构抽象。

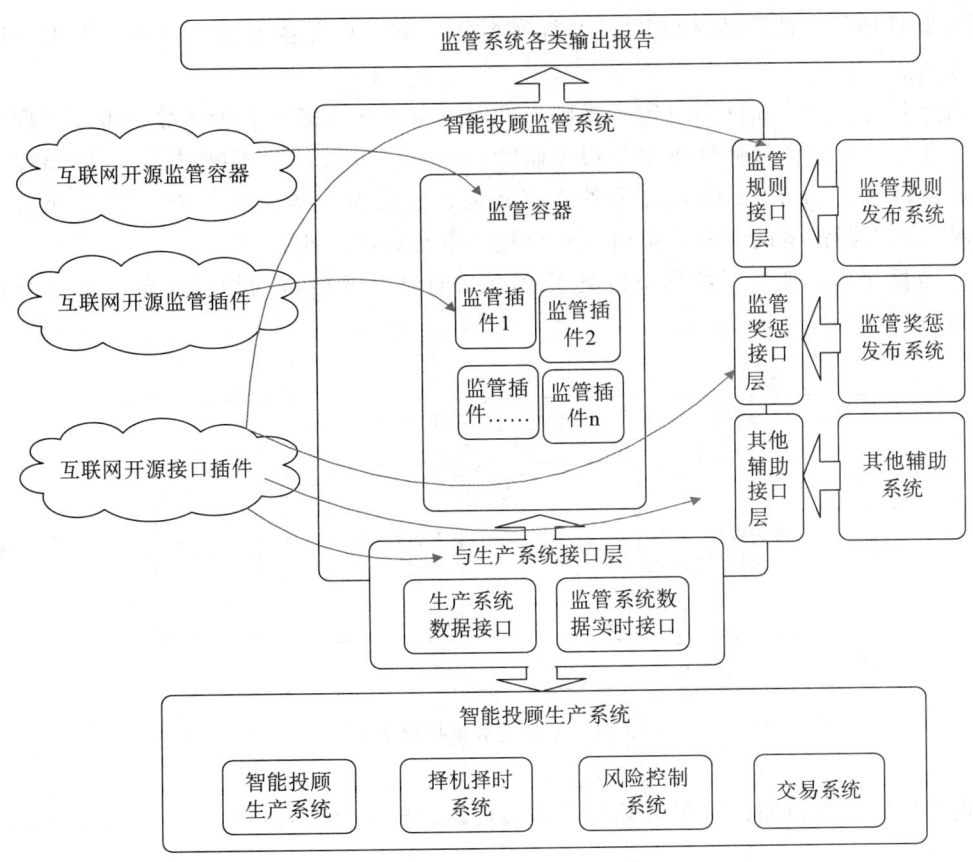

图 10　监管与报告系统的技术架构设想

（1）互联网开源生态。开源已经成为当前最具生命力的技术系统建设方式。在开源环境下，社会的各种力量都可以参与其中，发挥自己的优势，借用别人已完成的优秀成果。

监管系统应该在逻辑上划分为多个细小的部分，每一个细小的部分，都可以通过开源的形式实现。通过互为基础的搭建，最终形成强大的开源的技术生态体系。

（2）监管容器。智能投顾监管系统应该设计成一个监管容器。这个容器可以通过各种标准的数据接口获取数据，其中可能用到的数据包括监管规则数据、监管奖惩数据、其他辅助系统数据、智能投顾生产系统的数据等。

监管容器的输出分为两种，一种是需要与智能投顾生产系统交互的数据，比如实时合规控制指令；另一种是以界面或报表形式的输出数据，比如供监管合规官每日查看的数据报表等。

监管容器应该支持插件式的各种监管方法，根据不同的业务种类，选择不同的监管插件。另外，即便相同业务的监管插件，也可能由不同的企业或机构提供，使用者可以根据自身情况，选择自己认为优质的监管插件。

监管容器从技术上讲，建议采取多语言实现，或支持多语言环境，可以支持业内常见的 java、python 等技术。

监管容器本身应该以开源的形态存在。开发者遵循相同的标准，开发各自的监管容器。不同的监管容器既相互竞争，又相互促进，最终促进整个行业的强劲发展。

（3）监管插件。监管插件可以嵌入监管容器，通过监管容器接口获取的数据，进行插件的业务功能。

从功能上讲，监管插件会以监管规则为准绳，本身支持多种监管参数，可以根据参数化的输入，进行计算。监管插件本身是根据监管规则不断发展的，不断进行自身的新陈代谢。监管插件可以通过 java、python 等多种语言实现，这是基于监管容器对这类监管插件的支持，同时也为不同背景的开发人员融入整个技术生态提供方便。

（4）数据接口。监管系统所需的各类数据都通过数据接口的形式实现，常见的数据接口形式如图 11 所示。

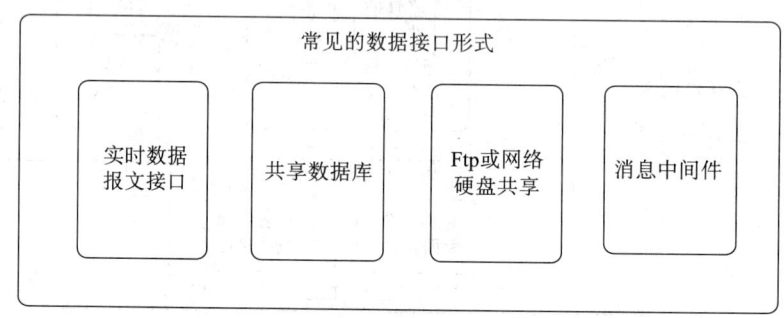

图 11　常见的数据接口形式

数据接口层也可以通过网络开源的形式实现，这样总能让每一位参与者实现自己的最佳优势。

（三）智能投顾合规监管报告系统的技术手段

前面对监管报告系统的技术架构做了初步构想，那么这些架构总要基于具体技术实现，本部分主要针对这些具体技术做一个阐述。

1. 分布式版本控制器

当今时代的 IT 技术或人工智能技术，往往要借助开源方式实现与发展，最终形成具有顽强生命力的技术生态。开源技术生态需要广大的参与者，需要分布在不同区域的参与者，需要不同时间的参与者。在这种环境下，开发者需要借助分布式版本控制器完成协同开发。目前广泛使用的分布式版本管理器有 Git、Monotone、Subversion 等。

如图 12 所示，我们以 Git 为例，介绍一下分布式研发版本控制器的使用流程。

（1）项目集成管理者将初始项目维护到主仓库。

（2）项目贡献者克隆此仓库，并进行修改。

（3）项目贡献者将程序推送到自己的公开仓库。

（4）项目贡献者通知集成管理者，申请批准自己的贡献。

（5）项目集成者在本地仓库中，将贡献者的程序作为远程仓库添加到本地，在本地进行测试与评价，判断是否可以维护入主仓库。

（6）项目集成者将合并后的修改推送到主仓库。

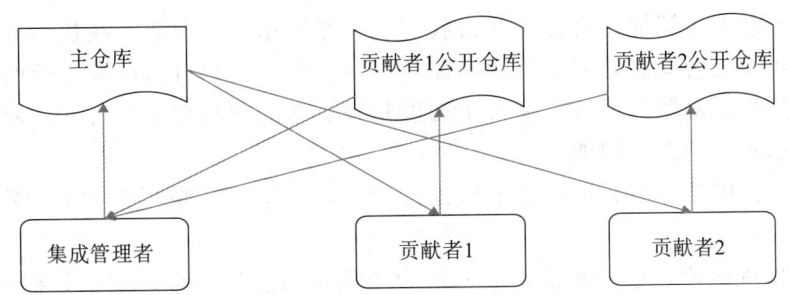

图 12 分布式版本管理控制器工作流程

2. 微服务架构

微服务架构是一种软件架构风格。2014 年，Martin Fowler 与 James Lewis 共同提出了微服务的概念，定义了微服务是由单一应用程序构成的小服务，自己拥有自己的行程与轻量化处理，服务依业务功能设计，以全自动的方式部署，与其他服务可以进行通讯。同时服务会使用最小规模的集中管理（例如 Docker）能力，服务可以用不同的编程语言与数据库等元件实作。

微服务是在互联网背景下产生并强大的，它能解决以下主要矛盾：需求的快速变更与迭代；软件处理能力或存储能力的快速水平扩展；大量服务器与服务单元的自动化运维。微服务架构的不同功能可以通过不同的研发语言或技术实现，其中 Spring Cloud 是目前被广泛使用的微服务架构工具集。微服务的技术体系构成如表 2 所示。

表 2 微服务的技术体系构成

体系	功能说明
分布式配置管理	随着程序从开发到测试，再到生产，这一整套部署流程，我们可以管理这些环境之间的配置，并确定应用程序运行时所需要的依赖
服务发现	微服务的不同服务之间，会存在相互调用的关系。由于系统稳定性原因或业务变化原因，服务器的服务会经常存在启停现象。为增强程序服务的可用性，我们会采用自动化的服务注册、服务发现机制
断路器	通过熔断机制，控制服务和第三方库的节点，从而对延时和故障提供强大的容错能力，避免系统雪崩
负载均衡器	微服务架构通常会实现处理能力的水平扩展。在进行水平扩展时要根据不同的规则，将服务转发不同的具体服务。负载均衡器负责实现该水平划分规则，并转发服务。常见的负载均衡策略有：简单轮询负载均衡、加权响应时间负载均衡、区域感知轮询负载均衡、随机负载均衡
消息总线	分布式系统主要解决了单机解决不了的问题，比如存储能力、计算能力、稳定性等。既然不是单机，就涉及多个机器间数据共享、数据传递的问题。消息中间件是分布式数据通信的最优形式，集中解决分布式数据共享与通信问题

3. 人工智能技术

当今对于数据的处理，早已超出了传统的数据统计、简单逻辑等阶段，智能投顾业务的监管，势必要依靠人工智能技术。

根据人工智能是否能真正实现推理、思考和解决问题，可以将人工智能分为强人工智能和弱人工智能。强人工智能，有知觉和自我意识，是通用人工智能，在技术上的研究具有极大的挑战性；弱人工智能，是实现特定功能的专用智能，比如目前比较流行的语音识别、图像处理和物体分割、机器翻译等。强人工智能是领域内的理想与终极目标，而我们目前取得了一定进展的都属于弱人工智能。

到目前为止，机器学习大体经历了机器推理、机器学习（单层学习）、深度学习这三个阶段。

（1）机器推理阶段。这一阶段，人们认为知识是信息的一种形式，是构成智能的基础。知识表示、知识推理、知识运用是人工智能的核心。

人们认为知识可用符号表示，认知就是对符号的处理过程，推理就是采用启发式知识及启发式搜索对问题求解的过程，而推理过程又可以用某种形式化的语言来描述。机器推理阶段的主要工作见图13。

图13 机器推理阶段的主要工作

传统机器推理体系遇到了三个困难：没有能力构建常识、不确知事务的知识表示、问题求解。

（2）机器学习（浅层学习）阶段

此时的机器学习，相对于后来的深度学习，也可以称为浅层学习。机器学习建立在数学基础之上，涉及线性代数（标量、矢量、矩阵、张量）、概率统计（贝叶斯、期望、方差、信息熵、马尔科夫等）、数值计算（比如梯度下降法）等多个数学领域。

机器学习最常见的三个类别：监督学习、无监督学习、强化学习。

①监督学习。监督学习工作过程见图14。

图14 监督学习工作过程示意图

首先，提供训练数据，用数据描述样本特征。其次，选择一种合适的模型训练，直到训练出学习模型。最后，把需要判定或预测的数据输入模型，利用模型给出结果。

常见的监督学习模型有逻辑回归、决策树、支持向量机、KNN、朴素贝叶斯等。

②无监督学习（见图15）。

无监督学习的训练数据样本没有任何类别标记。无监督学习的目的是对原始数据进行深入分析，找出数据间的规律与关系。

典型的无监督学习任务有聚类、特征提取、降维等。

③强化学习（见图16）。强化学习不需要正确的输入输出数据对，也不需要精确校正次优化行为。该方法在环境给予的奖励或惩罚刺激下，逐步形成对刺激的预期，产生能获得最大利益的习惯性行为。该方法需要在探索未知的领域和遵从现有知识之间找到平衡，它的学

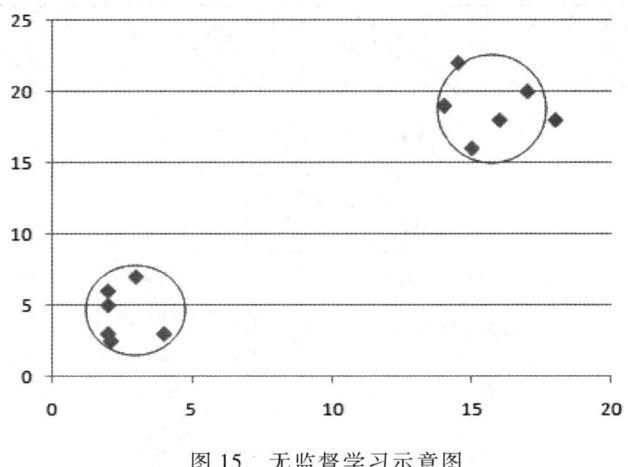

图 15　无监督学习示意图

习过程是一个从实际环境中不断学习积累、不断进化的过程。该学习方法更接近生物学习的本质。

图 16 是强化学习的经典举例。随着小鸟不断接近障碍物，算法需要不断向小鸟发出向下移动或向上移动的指令。如果小鸟躲开障碍物，那么给算法加分，如果小鸟撞上了障碍物，那么给算法减分。通过足够次数的尝试后，算法会自我完善，从而让小鸟尽可能多地躲开障碍物。

图 16　强化学习示意图

（3）深度学习阶段

我们现在所说的深度学习，多是指基于神经网络的深度学习，这是一种模拟大脑的智能算法。人脑对外部信息的认知过程是多层的（也可以说是深度的），认知层次如图 17 所示。

如图 18 所示，深度学习的进展需要得到以下技术的相互支撑。

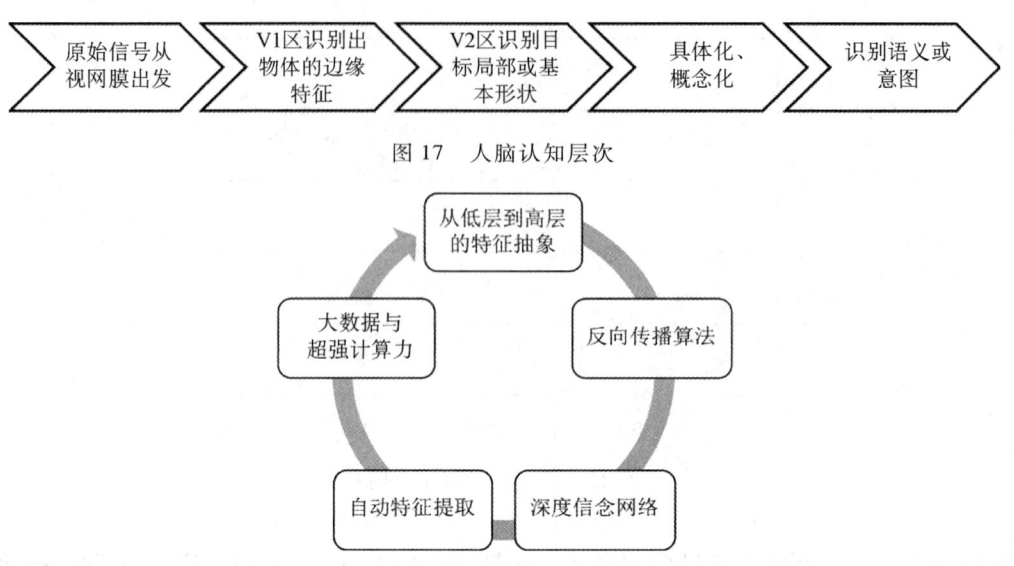

图 17　人脑认知层次

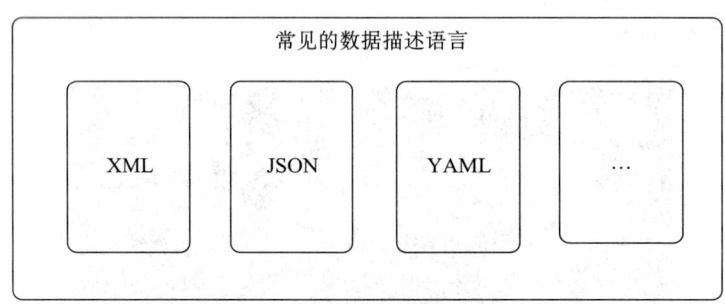

图 18　深度学习的技术支撑

4. 数据描述语言

计算机系统的数据交互与处理，必须依赖特定或统一的数据描述语言，统一的数据描述语言是现代分布式系统的必备基础。常见的数据描述语言见图 19。

图 19　常见的数据描述语言

（1）XML（可扩展标记语言）。XML 指可扩展标记语言（Extensible Markup Language）。它被设计用来描述、存储、传送及交换数据。XML 文档的字符分为标记（Markup）与内容（Content）两类。

XML 语言得到广泛的应用，比如著名的项目构建与项目管理工具 maven，就采用 XML 语言来管理项目的构建、报告和文档。

（2）JSON（对象简谱）。JSON 采用完全独立于编程语言的文本格式来表示数据，易于人阅读和编写，同时也易于机器解析和生成，并有效地提升网络传输效率。

（3）YAML（另一种标记语言）。YAML 是一种直观的能够被电脑识别的数据序列化格式。YAML 使用空白符号缩排和大量依赖外观的特色，特别适合用来表达或编辑数据结构、文件大纲、编写配置文件等。它不但适合用来表达阶层式（Hierarchical Model）的数据结构，还可以表示关联性（Relational Model）的资料。由于 YAML 使用空白字符和分行来分隔资料，使得它特别适合用 grep、Python、Perl、Ruby 操作。

以上三种数据描述语言已经在计算机软件行业、人工智能行业得到了广泛的应用，我们在进行实际的智能投顾监管系统建设时，应该尽量使用这种成熟、广泛的描述语言表示数据。

5. 区块链技术的应用

区块链（Block Chain）是一个开放式自治账本系统（Open Autonomous Ledger）。说它是个账本，是因为它逻辑上按照复式记账法记录所有的交易数据；它的开放式，是指它存储的数据对任何人都是开放的，任何人都可以查询其中的数据，对于加密数据，查询人获得授权后也可以看到；它的自治，是指系统建立在按照公开的算法、规则等形成的自动协商一致（Automated Consensus）的机制基础上运行的。根据如上属性，区块链上的每一笔交易都具有准确性、真实性。

在此之前，金融交易活动的参与者往往会找一个利益无关的、参与者都高度信任的第三方来解决交易参与者之间的信任问题。但是随着交易规模的扩大、交易参与者的不断增多以及交易活动不断发展，这个被信任的第三方会出现如下问题：

（1）这个第三方会逐步演变成大范围的信任中心，强大之后，这个中心可能会追求经济利益，从而损害部分参与者利益，变得不可信。

（2）数据中心被内部或外部的破坏者进行破坏，比如修改数据或泄露数据。

（3）当今经济活动往往跨地区、跨领域，传统的第三方信任中心，此时已经产生很大局限性。

区块链技术，是实现信任、公开的有效技术方案，智能投顾、智能投顾监管领域同样需要这样的技术。

6. Hadoop 与 Spark 技术的应用

Hadoop 是一个由 Apache 基金会开发的分布式系统基础架构，完整的 Hadoop 技术生态主要如图 20 所示。

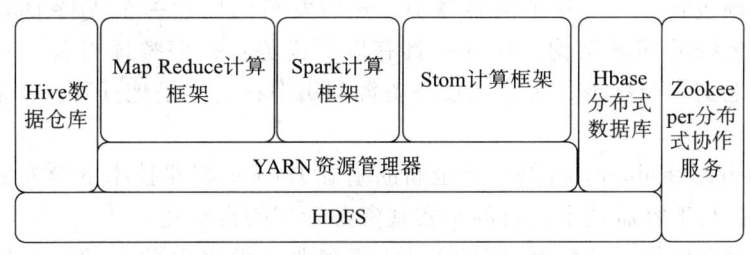

图 20　Hadoop 技术生态

（1）分布式文件系统（HDFS）。HDFS（Hadoop Distributed File System）是一套分布式文件系统。大数据环境下，数据存储将会占用很大空间，其存储空间已经超出一个机器的范围，可能分布到几百台电脑上。当数据分布到几百台机器上的时候，IT 的成本就会骤增。为了解决成本骤增的问题，我们往往会采购计算能力不是最高、稳定性不是最好的机器。为此我们会采购大量机器。当机器数量多到一定程度时，系统的可用性就会存在风险，因为很可能某台机器会宕机。于是如何将数据安全地存储到这些机器上，如何快速地获取数据，就成为一个突出问题。HDFS 系统有效地解决了这一问题。

（2）Map Reduce 计算框架。Map Reduce 计算框架是一套分布式数据处理模型和执行环

境。其主要功能如下:

①数据划分。系统将作业需要处理的数据划分成多个数据块。

②计算任务调度。系统自动调度计算节点,处理响应数据块。

③节点监控与控制。由于数据和任务分布在不同机器上,需要对这些节点进行状态监控,同时进行同步控制。鉴于大数据的机器环境及计算特点,在进行数据划分与计算任务调度时,要尽可能通过代码向数据迁移,将机器的数据在自身机器上完成计算,从而减少网络传输。

(3) Spark 计算框架。Spark 是与 Mapreduce 相当的另一种计算框架,它提供了一个简单而富有表现力的编程模型,支持广泛的应用,包括机器学习、流处理和图形计算。

根据计算业务场景的不同,Spark 技术通常会比 Mapreduce 快几十倍甚至上百倍。

(4) Storm 计算框架。Storm 与 Spark 类似,也是一种计算框架。这种计算框架的特点是能实现很强的实时计算能力,容错性强,支持动态调整并行调度。但是这种计算框架的吞吐量比 Spark 略差。

(5) Hbase 分布式数据库。Hbase 是一种以 Key – Value 形式进行数据存取的数据库。当需要获取数据时,Hbase 程序会根据 key 值通过某种规则,快速获取到数据,从而满足互联网这种数据量大且响应速度快的要求。

(6) Hive 数据仓库。Hive 将结构化的数据映射为一张数据库表,并存储在 HDFS 文件体系中。Hive 的特点是支持传统的 sql 查询语句。

传统的数据分析人员往往会使用一些简单的 sql 语句。很多传统数据分析软件也支持通过 sql 形式的接口,进行数据获取与过滤。Hive 的设计初衷,就是在大数据领域中为这些传统的分析人员或技术提供一个较好支撑。

7. 容器技术的应用

(1) Docker 应用容器引擎。Docker 是一个开源的应用容器引擎,让开发者可以打包他们的应用以及依赖包到一个可移植的容器中,然后发布到任意一个支持 Docker 的操作系统平台上。相对于传统的部署架构,Docker 具有以下优势:程序整体打包,不必关心底层操作系统;更快速地交付与部署;更高的设备资源利用率;更轻松地迁移及扩展;更简单地更新管理等问题。

(2) Kubernetes。Kubernetes 是一个全新的基础 Docker 容器技术的分布式架构领先方案(简称为 k8s),它基于容器技术,目的是实现资源管理的自动化。

使用 k8s 的设计思想,传统系统架构中那些和业务没多大关系的底层代码或者功能模块,都可以立即从我们的视线中消失,我们不必再费心于负载均衡器的选型部署及实施问题,不必再考虑或者自己开发一个服务治理框架,不必过分关注服务监控及故障处理模块的开发。使用 k8s 提供的解决方案不仅节省了 30% 的开发成本,同时可以将精力更加集中于业务本身,而且由于 k8s 提供了强大的自动化机制,系统后期的运维难度和运维成本都将大幅度降低。

(四) 智能监管系统的部署标准

1. 系统健壮性

系统健壮性是指系统在尽量减少人为干预的情况下持续稳定运行的时间。我们应该从两个角度来判断系统健壮性：一是系统的软件质量，例如 bug 数量；二是系统在运维人员的持续维护与集成下能够正常使用的时间。

要求所有代码程序全部支持集群化，每个程序要求至少两个实例，可以通过双主模式（Master – master）或者主备（Master – slave）方式配合负载均衡运行。

2. 整体系统的冗余性

鉴于智能监管系统的重要性，单独采用云或者 IDC 实体机房的方式无法保证安全性，如果部署在其一，在另一套环境中要有一套完整的业务及数据备份。

3. 数据的安全性

数据的安全性是所有线上系统和业务的重中之重，数据丢失造成业务瘫痪甚至企业倒闭的例子屡见不鲜。为了保证数据安全性，建议采取以下数据安全标准：数据库需要定时全量备份及每日增量备份；定期验证备份的可恢复性，定期进行故障演练；对重要数据或者非结构化数据采用分布式文件系统，例如 Hadoop 技术体系的 HDFS；排除数据库单点故障。

4. 精细化监控

一套成熟的软件体系，监控系统是必不可少的。监控系统要求对整个系统的各个方面进行全方位监控，并实现根据监控级别不同设置不同的报警级别，其中监控级别分为硬件可用性，操作系统可用性（内存、硬盘、cpu、网卡等），软件可用性（端口、日志、流量），数据安全性（检查数据备份、数据完整性等）。

四、智能监管报告的前景展望

（一）监管政策机器可执行化

之前我们讨论了如何利用自然语言处理技术把文字性的监管政策翻译成一系列的规则，并形成结构化数据，但是这样做有两个缺点：

1. 除歧义的能力局限性

合规人员解读监管政策时会发现，政策中有些词汇和语句经常有多种解释，人们常常需要花费一定时间去思考或与相关人员交流才能搞清楚其真正的意思。虽然在知识图谱的知识融合中有相应的实体消歧模块，但当系统面临模棱两可的语句时很难进行清晰识别，因此系统会发生一些错误甚至崩溃。

2. 解读的缺乏变通性

虽然系统对于明确的条文能够快速有效地执行，但很难处理新的应用情景，与人类相比会死板许多。有经验的合规人员知道同一条政策对于不同的监管对象时，其适用性可能有微妙的区别，那么当监管政策应用到不同的场景时，也会有细微的差别，但是系统没有这种灵活性，使得监管报告更加生硬死板和生涩难懂。

由此可知，发展监管科技的最优结果是可以实现"代码即规则、代码即监管"，即在金融科技的根目录里，在原始代码里，就设计其不能"闯红灯"，把违规行为屏蔽掉，使监管规则和经营规则达到高度统一。同时，监管规则代码化也使得所有监管与被监管方的参与者在一开始就对于监管条文有一个统一的清晰的理解，这也减少了一些后续不必要的监管风险。

(二) 人工智能的应用使监管报告更具有洞察力

在未来,智能监管报告除了可以进行数据和事实的陈述性描述,还应该有足够的深度和全局性,即不仅要对金融机构的风险情况进行事实性陈述,还要结合当前整个宏观经济进行分析,为管理者提出有建设性的建议,同时更进一步地融合人工智能技术,解决一些普通监管人员难以解决的问题,例如系统性金融风险的识别和度量,什么情况下一个金融机构的风险就会导致系统性金融风险等。这其中有很多模糊地带,需要进行全局性分析。在这方面,人工智能可能更具有优势,能更好地识别与应对系统性金融风险。

监管科技（RegTech）发展及在智能投顾监管的应用研究

北京艾真融科技有限公司[*]

一、监管科技简介

（一）监管科技基本原理

近年来，随着大数据、云计算、人工智能、区块链等新兴技术的快速发展，金融科技（FinTech）正逐渐走向成熟，为传统的金融行业注入了新的活力。同时，金融科技的发展也对金融安全提出了新的挑战。为了更好地防范以及应对金融科技的风险，加强把控金融科技的潜在风险并实施有效的监管就显得愈发迫切，监管科技（RegTech）就此应运而生。RegTech本质上是采用技术手段，在被监管机构与监管机构之间建立一个可信、可持续、可执行的"监管协议和合规性评估、评价和评审机制"。

在RegTech原理中（见图1），新规定会被转换成一个受到双方认可的"协议"，而为了方便操作和实现，这些"协议"通常是以数字化的形式体现的。在协议的基础上，被监管机构需要在机构、业务、产品三个层面上从战略、流程及执行等方面进行调整。每个被监管机构会有一个金融机构操作系统（FIOS），当新规定出现时，FIOS系统需要相应地升级到新版本，以便与新规定相匹配。除了升级机构内部自有的FIOS系统外，与其他机构的接口协议（RegPort），特别是与监管机构的，也需要升级，一般包括需要报告的规则、定性定量的数据以及附加支持文件。特别需要注意的是，RegPort应对接到各维度的监管机构以及对应功能/行为/宏观审慎监管当局。

---

[*] 课题负责人：张家林，北京艾真融科技有限公司董事长；课题组成员：郑健、付诗雨、周天笑、张夕瑶、张子恒、陈凤。原载于《中国证券》2018年第5期。

图 1　RegTech 作用原理

1. 金融机构操作系统（FIOS）

这是对于各金融机构内部文化、制度、流程及业务支撑系统的总称，并集合了该机构不同层面的海量的不同数据，支持该机构日常的合规及持续合规需求。然而，这个系统对于新规适应性还有待提高。在新的规定推出后，金融机构需要按照新规定对它的 FIOS 系统进行修改，这个过程往往需要消耗大量的人力物力。因此，为了提高效率、节约成本，金融机构也在不断寻求更加便捷的方式来更新 FIOS。目前已有一些可行的解决方案，如使用机器人进行数据采集及处理等。

2. 数字化接口协议（RegPort）

数字化接口协议的主要作用是将各个规定转化为数字化的、机器可读的数据，从而方便监管机构对其他机构提供各种监管的应用程序接口（API）进行统一化管理，也有利于被监管机构将其数据等通过 API 向监管机构进行交换新数据和提交生成的报告。目前针对此部分的解决方案主要使用区块链分布式账本完成，记录各数据后将监管政策函数作为云计算公共服务，从而监管机器人可以通过云对各机构实施监管。

3. 合规及持续合规评估系统（RegComp）

过去的合规评估工作通常是由人工完成，耗费大量人力物力，还因为不能形成标准化制度而面临巨大的风险。目前各机构主要采用人工智能和机器学习替代传统的合规评估，使合规审核和持续合规的过程从离线的、间断的工作转换为线上的、连续的过程，在降低成本的同时很大程度上减少了机构的合规风险。

4. 内部行为监控及适当性分析及测评（IB&S）

对于机构内部的行为或适当性的分析是由许多零散的数据组成的，因此 RegTech 开发者正在尝试通过机器学习的方法，通过处理大量的非结构化数据来鉴别一些明显的不适当的行为。而用户数据存在着很难完善的特性，虽然开发者试图通过与其他数据结合的方式来弥补这个不足，但其合规性还有待考证。

（二）监管科技发展现状

近年来，由金融科技主导的商业模式及其衍生品进入爆发式发展，由此派生的监管科技越来越受到各个金融机构的重视。受益于监管科技，各机构在监管和合规两个问题上表现得更加游刃有余。监管科技给各个金融机构在应对监管问题和合规问题时带来两个核心优势，即高效性和成本优势。一方面，通过使用监管科技，各个金融机构能在更短的时间内察觉到新的监管要求，从而运用科技的手段快速解决合规问题，既提高了解决问题的时效性，又减少了人力支出，从而享受监管科技带来的高效性；另一方面，监管科技的运用具有成本优势，监管科技的使用可以有效代替一部分相关的工作人员，减少人力支出，更重要的是，通过及时发现和解决监管要求及合规问题，可以有效避免因为违反相关规定而带来的罚金和收益损失。

从监管科技发展的现状来看，目前仍然存在三个需要进一步完善与解决的方面。

1. 更好地发展监管科技需要完善关于 IT 和数据方面的制度

现行的法规旨在保护数据的隐私性，如采用数据保护规则或者是本地化规则，但是在当前形势下，信息共享变得尤其重要，独立的发展模式在当前的金融市场中已经成为一个不明智的策略，只有共享信息才能带来多赢。因此，要想发展监管科技，首先需要去除法律法规上的障碍，即在保护数据安全的前提下，放开数据共享的限制，使信息共享在金融机构间变得更加高效，从而达到多赢的局面。

2. 监管科技需要将重点放在数字化监管协议的发展上

这一轮金融科技的发展是以数据为主要驱动力的，因此监管的重点应该围绕由数据而衍生的技术，例如数据聚合、处理和相关的解释，以及对模型的建立、运用和预测。可是这些技术的运用需要依赖海量的数据以及高速高质量的计算能力。监管科技的发展可以以此作为思路，将海量的数据及高速高质量的计算能力运用到数字化监管中，用机器代替相关的人员来进行工作。实现机器监管的一个很重要的前提是将相应的法律法规都转换成"机器语言"，能让机器自主学习这些文字性、定性的法律法规。实现"机器可读"可以使用云计算、大数据和人工智能技术。

3. 需要将监管科技放在监管领域中的一个领先位置

在现在的监管工作中，需要从当下的时代特性出发，积极接受金融市场中的新主体和新变化，认识到监管科技在未来监管和合规工作中发挥的基础性作用，承认监管科技对于市场主体和监管主体双边产生的积极作用。

监管科技的发展进程大致可以分为三个循序渐进的阶段。第一阶段为数字化监管协议建设阶段，监管机构可以向金融市场各个机构主体普及合规和监管报告，完成各个主体在思想上的转变，在限定条件下运用"沙盘机制"，并在监管科技投入使用之前严格执行压力测试。第二阶段为发展新型监管模式阶段，监管科技以数字化监管协议为基础，多角度出发，摸索创新监管模式和与其对应的服务。在此阶段，区块链技术、监管程序接口应用、人工智能技术都能用于完善数字化监管协议。第三阶段为进阶版"沙盘机制"与金融风洞技术阶段，在实现前两个阶段基础上，监管技术通过使用进阶版的"沙盘机制"和金融风洞技术，来对抗复杂宏观经济环境中的系统性风险。除了硬性的法律法规之外，监管层还可以引导各个市场主体建立风险数据联盟，在保证数据安全的前提下，通过共享组织内各个机构的风险数据，进行系统地分析和处理，并在一定条件下提供差异性的咨询服务，来帮助各个市场主体更好地应对监管合规风险以及系统性风险。

（三）监管科技应用领域

近年来金融行业的实践表明，RegTech 的基础应用是将纸质监管流程报告电子化，减少监管的人力资源成本支出，有效降低合规成本。高层次的 RegTech 运用则是将监管政策和指令程序化，内嵌于各个业务系统，及时核查和预警，实现风险主动识别与控制。RegTech 应用的主要领域可以分为数据处理、客户身份识别、金融机构压力测试、市场行为监控和法律法规跟踪等。

1. 数据处理领域

主要涉及的工具和底层技术包括硬件提升与算法更新、云计算和数字加密技术。主要通过获取和处理大量结构化数据，建立标准化数据报告，提高数据共享的便捷性，拓宽金融机构获取数据的渠道。同时，借助加密技术，提高数据共享的安全性，保障数据的完整性和隐私性。

2. 客户身份识别领域

主要应用生物识别技术、情景行为检验和逻辑校验技术，解决互联网所存在的身份识别难题，提高客户身份识别效率，为客户提供更快的金融服务。

3. 金融机构压力测试领域

主要应用大数据技术、人工智能和云计算等技术，快速处理大规模数据，对众多数据变量进行分析，降低情景失真度，提高情景测试的准确度；实现压力测试的动态化，帮助金融机构及时发现风险并采取相关措施，有效防止风险累积；同时，还可以通过云计算适当降低压力测试的成本，帮助金融机构实现"自合规"。

4. 市场行为监控领域

主要应用知识图谱、大数据处理和应用程序编程接口，从庞大的交易行为中挖掘主体关系和深层信息，通过自动捕捉分析交易主体是否存在相关交易以达到提升营业收入或达成其他非法目的，并自动上报相关不法行为。

5. 法律法规跟踪领域

主要应用人工智能技术，通过快速处理和学习最新的法律法规以及监管案例进行案例推理，及时提醒和降低金融机构的法律合规风险。同时，分析比较不同国家监管文件之间的关联和差异，帮助实现全局化计算，进行风险评估，为金融机构实现合法的跨境业务提供保障。

6. 沙箱监管模式应用

"监管沙箱"主要通过提供一个"缩小版"的真实市场和"宽松版"的监管环境，将经过监管部门筛选后的创新性产品、服务和商业模式放入安全隔离环境进行测试，在消费者权益得到保障的前提下，鼓励其进行大胆操作，最终将经过监测评估的创新性产品、服务和商业模式投入市场。监管部门可以通过沙箱实验，向更大范围的客户推出创新产品和服务，对金融科技公司创新进行指引，有效地监管金融科技可能存在的潜在风险，最大限度地平衡创新与风险，从而有效地保障消费者权益。

7. 区域链技术应用

主要和生物识别技术配合使用，用区域链技术建立一个不可篡改的虚拟身份，并进行一次检验，之后各个不同金融机构可以近乎零成本迅速获取客户的真实信息及验证结果，降低用户调查的时间和成本。

8. 大数据和云计算技术应用

现阶段广泛应用在再造监管业务流程中，有效地创新金融监管工具，降低监管成本，有助于提高金融服务企业的运营效率与效益。将合规以及风险评估纳入实时系统，同时添加大数据和云计算技术，建立数据库并进行数据挖掘和分析，可以有效提高数据成本效率，简化数据整理过程。

9. 人工智能技术应用

主要依靠机器对于规则和案例推理的自我学习来预测未来的相关金融行为，期望发现潜在的监管不力行为，更有效地识别及应对系统性金融风险。人工智能技术在金融监管领域的应用可以有效地洞察金融犯罪，提出基于人工智能的认知解决方案、金融反腐和行为监控等系列的解决方案，其中涉及的技术包括认知计算、智能机器人过程自动化、身份解析、网络分析、机器学习和其他高级分析功能，可以加快调查进度，有效管理现有交易监管漏洞，从而实现监管过程人工智能化。

二、智能投顾的监管：新加坡的案例

（一）数字咨询服务简介

智能投顾在新加坡是以"数字咨询服务"形式存在的，是指使用自动化的、基于算法的智能工具为投资者提供关于投资产品的咨询意见。目前主要有两种类型的数字咨询工具：一种是金融专业人士用来为他们的客户提供服务的工具（即面向专业人士的工具）；另一种是客户可以直接使用的工具（即面向客户的工具），其中仅包含有限的或不包含与传统人工顾问的交流及互动。在全球范围内，数字咨询服务（尤其是面向客户的工具）的普及，正迅速在越来越多的技术娴熟和自我导向的消费者中流行。新加坡金融管理局（MAS，Monetary Authority of Singapore）十分欢迎提供数字咨询服务的机构，以丰富现有的咨询渠道。与传统的顾问或基金经理相比，数字顾问通常会收取较低的咨询费，因为他们采用的是被动投资策略。

数字咨询流程通常从客户输入投资金额并回答一系列与个人风险承受能力、财务目标及投资期限等相关的问题开始。之后，数字顾问使用算法分析客户的答案，并生成一个适合该客户的投资建议，其中包含适合该客户所述需求的投资组合。如果客户接受推荐的投资组合，数字顾问会将客户的交易订单直接传递给经纪公司执行。然而一段时间以后，由于市场的变动，客户的投资组合可能会偏离其最初推荐的资产配置，此时，数字顾问将负责调整客户的投资，使客户的投资组合回到最初推荐的配置。投资组合的这种重新平衡是自动进行的，并将定期执行。

（二）数字咨询服务监管要求

在新加坡，适用于数字咨询顾问的相关管理框架将取决于数字顾问的运作模式和具体经营活动。为执行证券交易提供平台的数字顾问，包括没有提供咨询意见的数字顾问，应按照《证券及期货法》（SFA，Securities and Futures Act）进行证券买卖。对客户的款项或资产，包括那些经营综合账户的数字顾问，也应遵照 SFA 进行基金管理。除非有特殊情况并获得豁免，否则以上两类数字顾问均须持有资本市场服务（CMS，Capital Markets Services）牌照。根据《财务顾问法》（FAA，Financial Advisers Act）第 23（1）（d）条的规定，在 SFA 下持有执照的数字顾问应作为受豁免的财务顾问，并遵守 FAA 中的商业行为规范。

另外，MAS 还指出，市场上存在一些数字顾问仅进行部分受 SFA 管制的活动。例如，一些在提供财务咨询服务时附带的活动，包括数字顾问在向客户提出意见后向经纪公司传递客户的交易订单以及调整客户的投资组合，使其回到最初推荐的配置（此处所说的传递客户订单与之前所述的执行客户的订单不同）。在以上情况中，MAS 提议允许该类数字顾问作为有执照的财务顾问或者在 FAA 中受豁免的财务顾问（受豁免的财务顾问包括持牌银行、商业银行、金融公司、保险公司及保险经纪人）运作，不需要在 SFA 下获得额外的许可，但需要有一些特定的保障措施。

MAS 认为，由于在在线咨询过程中缺乏人工干预，数字顾问的业务模式与常规顾问的商业模型存在差异。数字顾问通常会就交易所交易基金（ETF，Exchange Traded Funds）提供咨询意见，而在衍生品（传统 ETF）中的使用有限。由于 ETF 是低成本和多样化的投资产品，因此客户购买超出其金融手段的 ETF 的风险是相对受控制的。新加坡金融管理局准备在允许数字顾问对传统 ETF 提供咨询意见的前提下，根据某些条件，向数字顾问提供可以获得关于投资产品建议所规定的关于客户财务状况的全部资料的许可，以此作为个案的免除。

一些数字顾问可能会选择将其面向客户的工具的开发外包给第三方供应商。如果第三方提供商不直接向客户提供财务咨询服务，则不需要由 MAS 授权。然而，数字顾问应对第三方提供者进行适当的尽职调查，以评估与此外包安排相关的风险。综上所述，针对不同的投资业务，在新加坡从事数字咨询的投资机构需要向相关监管机构申请获得相关资格牌照（见图 2）。

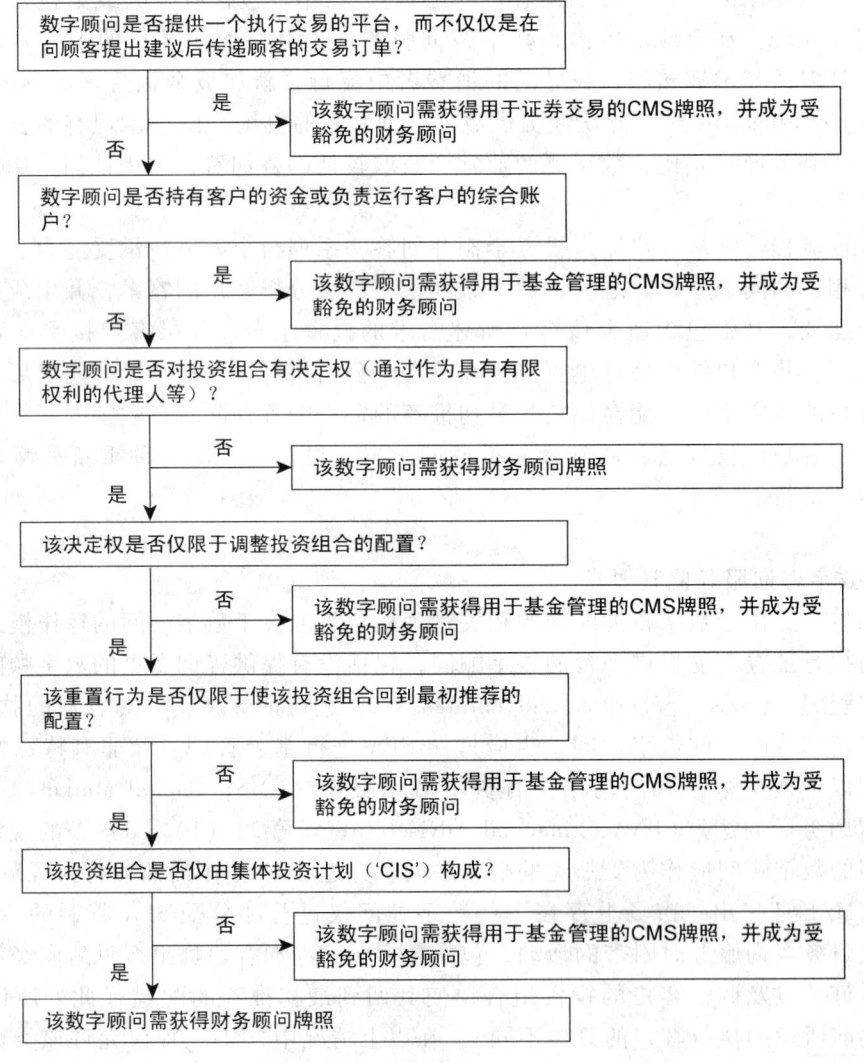

图 2　数字顾问申请流程

(三) 数字咨询服务的实施方案

数字顾问这种商业模式的产生,有效地补充了现有投资渠道(即真人顾问进行咨询),投资消费者通过使用数字顾问得到了以低成本获得投资建议的机会。但这种新兴的商业模式也带来了传统顾问模式所没有的独特风险,而这些独特的风险存在于整个投资链条的每一个环节中。2016 年 11 月,MAS 发布了《新加坡金融科技沙盒监管指导方针》,通过对评估准则、申请过程、豁免条件和退出引导给出清晰的建议和指导,来确保 FinTech 健康有序发展。

不管是数字顾问还是人,一定要明确智能顾问的受托责任。而受托责任需要贯彻穿透原则,即持牌金融机构通过程序、算法向客户提供一个投资策略,如果出现问题,监管部门需要按照穿透原则来认定责任,不能认为科技公司只提供算法就不承担责任。这涉及人工智能投顾的实施方案。

1. 建议的适用性

根据 FAA 第 27 章节的规定,如果一个有牌照的投资顾问想要推荐任何投资产品给任何有可能相信其建议的客户,该投资顾问必须具有能令人信服的根据。此外,在对客户提出投资建议前,财务顾问还必须进行关于该客户的投资目标、财务状况及任何特殊需求的尽职调查。为了确保每个财务顾问充分收集和分析所有必要的信息,并满足 FAA 制定的关于投资产品的建议的要求,在"FAA – N16:关于投资建议的注意事项"的第 11 段规定了在给出投资建议前财务顾问需要了解客户的以下信息:(1) 客户的财务目标;(2) 客户的风险承受能力;(3) 客户的就业情况;(4) 客户的财务状况(包括资产、负债、现金流及收入);(5) 客户固定收入来源及数额;(6) 客户的财务负担;(7) 客户目前持有的投资组合(包括任何人寿保单);(8) 用于此次投资的款项是否占客户所有资产的很大比例;(9) 在客户的人寿保单中的任何建议,以及该客户需要赡养的人数及各个被赡养人所需的财政支持的程度及年限。

作为与传统真人顾问一样使用面向客户的工具来收集客户信息的数字顾问,上述问题也应在数字顾问领域受到关注。根据相关数字咨询服务提供者的反馈,数字顾问可能并不会考虑客户的财务状况,因为在数字咨询服务的过程中,客户对于他们想要投资的数额拥有绝对的决定权,并且不会受到任何其他因素影响,包括在投资过程中的积极引导。另外,MAS 认为,使用面向客户的工具的数字顾问的商业模式与传统真人顾问或使用面向专业人士的工具的数字顾问之间存在差异,尤其是这些数字顾问的客户往往是会自我指导的。一些数字顾问试图通过使用某种特殊的淘汰制度或门槛问题来查找和消除不适合适用数字咨询平台并可能需要向真人顾问寻求投资建议的客户,比如某些有保本需求或有声明无法承受损失本金的客户,从而尽量减少提供不适当咨询意见的风险。MAS 还指出,数字顾问常常会为具有低成本及多样化特性的传统的 ETF 提供建议,而不是对于一整套的投资产品提出投资建议,因此收集"FAA – N16"中的相关信息的重要性相对传统顾问稍逊一些。

考虑到以上情况,MAS 计划对一些完全自动化的面向客户的工具(即在咨询服务过程中不存在人工干涉的数字顾问)给予个案豁免,这些数字顾问在为传统 ETF 提供建议时不必收集"FAA – N16"第 11 段所要求的所有信息(被称为"FAA – N16 豁免")。这个个案豁免办法的出台能够使申请者在未获得客户的完整财务状况的情况下保证其提供的建议的适当性。由于数字顾问的规模正在不断扩大，MAS 将会继续监控这个领域的发展，并可能在需要时对"FAA–N16"条款进行修改。

当处理对"FAA–N16 豁免"的申请时，MAS 将考虑该数字顾问对于客户的线上评估及算法是否会受到客户投资金额的影响。另外，MAS 还会要求数字顾问说明其使用的淘汰制度或门槛问题能够有效过滤不符合要求的客户从而降低风险。为确保客户能够充分意识到使用全自动模型的数字顾问所提供的投资建议的局限性，该数字顾问在申请"FAA–N16 豁免"时需要向客户出具一份风险披露声明，提醒客户投资建议并未考虑客户的财务状况、现有的投资组合以及客户对于此次投资活动的支付能力。最后，MAS 还希望投资顾问识别客户提供的不一致的信息，并在客户填写问卷时通过弹窗等方式向客户提示，或使用后台数据处理系统标出不一致信息并由数字顾问进行进一步跟踪处理。为避免疑义，申请"FAA–N16 豁免"的数字顾问仍应了解客户的财务目标及风险承受能力，以保证投资建议的适用性。

2. 投资组合的管理

（1）投资顾问服务中附带的资产管理服务。根据新加坡现行的相关法律规定，拥有资格牌照的金融机构在提供不涉及非上市集体投资计划的投资顾问服务时，该机构无须持有资产管理服务所需的 CMS 资格牌照，就有权提供投资顾问服务中附带的资产管理服务。如果金融机构想要使用 CMS 资格牌照的豁免权，在每一次交易前，都需要取得其客户的事先批准。CMS 资格牌照豁免仅仅适用于非上市的独联体以及拥有投资顾问资格牌照的投资顾问机构。据 MAS 称，越来越多的客户向其投资顾问机构寻求关于上市集体投资计划方面的投资建议，例如关于 ETF 方面的投资建议。出于对客户需求的考虑，MAS 建议，拥有投资顾问资格牌照的机构与享受 CMS 资格牌照豁免权的投资顾问机构在提供投资顾问服务时，其附带的资产管理服务可包括上市集体投资计划和非上市集体投资计划。对于 CMS 资格牌照豁免这一权利，数字顾问和真人顾问皆可享有。考虑到这方面，MAS 希望将现行的 CMS 资格牌照豁免的适用范围扩大到上市集体投资计划的品种中，同时将已得到豁免权的投资顾问机构的现有权利扩大。

（2）投资组合再平衡活动。一般来说，数字顾问还会提供投资组合再平衡的服务来解决投资组合的移动，以此确保该投资组合恢复到原先建议的投资组合状态。如果投资组合的再平衡仅仅是为了使组合符合一开始的投资意图，而并未对组合中的投资标的进行改动，则再平衡活动被视为投资建议的附加服务。在 SFA 的规定下，此类的投资组合再平衡服务被视为资产管理服务中的一部分，执行再平衡决策的职员需要拥有 CMS 资格牌照；当金融机构拥有豁免权利时，职员无须拥有 CMS 资格牌照即可帮助客户对投资组合进行再平衡。MAS 对于投资组合再平衡活动豁免的权利适用于以下情况，即拥有投资顾问牌照或有 CMS 资格牌照豁免权的投资顾问无须拥有 CMS 资格牌照即可进行投资组合再平衡活动，但该投资组合只能包括集体投资计划。MAS 认为，若在每一次交易前都询问客户并获取他们的授权，不利于降低投资顾问服务中附带的再平衡活动的风险。因此，在遵守财产保障措施的前提下，数字顾问无须在每次交易活动前取得客户的事先批准。为了确保客户了解并同意投资组合再平衡活动中设计的内容，享受 CMS 资格牌照豁免的投资顾问需要以书面形式向客户披露再平衡活动的相关费用和条款，并获得客户以书面形式回复的一次性事先许可，方可提供投资组合再平衡的服务。MAS 还要求数字顾问在每一次交易前通知客户，这样，如果客户反对某一项具体交易，他们有机会及时向数字顾问提出。在拟议的立法修正案生效之前，MAS 允许拥有投资顾问资格牌照和拥有资产管理服务资格牌照豁免权的机构在个案基础上申请涉及上市集体投资计划和再平衡服务的豁免许可。

（3）零售基金经理的交易纪录要求。MAS 认为，某些以散户为主要客户，从事资产管理业务并希望取得 CMS 资格牌照的数字顾问机构无法满足新加坡监管框架下保留 5 年交易纪录的要求，并且资产管理规模达不到申请 CMS 资格牌照 10 亿美元的最低要求。为了支持数字顾问服务行业的发展，在遵守财产保障措施的前提下，MAS 准备赋予这些达不到保留交易纪录要求或管理资产规模要求的数字顾问机构享受牌照豁免的权利，但需要履行以下职责：第一，主要的投资经理在资产管理方面和组合投资的理论方面经验丰富，在实践和理论方面都有一定的阅历；第二，数字顾问为客户设计的投资组合必须以传统的 ETF 为主（权重至少为 80%），以对冲为目的而投资的上市公司股票、投资级债券和外汇合同有总权重为 20% 的限制；第三，在第一年投资业务结束之后，数字顾问必须聘请独立第三方，就其主要风险进行事后授权审计。

3. 交易的执行

数字顾问一般通过经纪公司来执行投资组合中的交易，以此为客户提供资产管理服务。如果移交给经纪公司的交易涉及 SFA 监管下的证券，进行此类交易的职员需要拥有 CMS 资格牌照，享受豁免权利机构的职员除外。拥有投资顾问牌照或享有 CMS 资格牌照豁免权的投资顾问在协助客户进行非上市集体投资计划份额的认购或赎回时，无须满足必须持有 CMS 资格牌照的要求。2015 年 6 月，MAS 就认购或赎回非上市集体投资计划份额的豁免资格征求了意见。考虑到非上市集体投资计划份额和上市集体投资计划份额两个品种在投资顾问业务上有相同的豁免权利，MAS 提议将上市集体投资计划份额的认购和赎回纳入资格豁免的适用范围。此更改生效之后，拥有投资顾问牌照或享有 CMS 资格牌照豁免权的投资顾问，无须拥有 CMS 资格牌照就可通过经纪公司执行涉及非上市集体投资计划份额和上市集体投资计划份额两方面的交易。由于简化了不包括集体投资计划的投资组合的执行过程，如对上市公司股票和投资级债券的投资，交易执行风险相对来说比较低。但是在给出不包括集体投资计划的投资组合的建议时，拥有投资顾问牌照或享有 CMS 资格牌照豁免权的投资顾问不能使用相同的豁免权来帮助客户交易此类产品。

为了使拥有投资顾问牌照或 CMS 资格牌照豁免权的投资顾问能扩展其投资顾问业务中的交易服务，MAS 建议将 CMS 资格牌照豁免的适用范围扩展到所有适用于 SFA 法规的证券，而不是仅局限于集体投资计划。在拟议的立法修正案生效之前，MAS 允许拥有投资顾问资格牌照和拥有 CMS 资格牌照豁免权的机构在个案基础上申请交易执行的豁免许可。为了使拥有投资顾问资格牌照和拥有 CMS 资格牌照豁免权的机构能够使用经纪公司执行包含非上市集体投资计划的交易，MAS 提议将 FAA－N16 中对拥有投资顾问资格牌照和拥有 CMS 资格牌照豁免权机构的要求扩展到上市指定投资产品的适用上，即此类机构在交易上市指定投资产品时，需要获得客户授权并且由有经验的人员执行交易。SFA04－N12 条款要求经纪公司在客户第一次进行海外上市投资产品交易前，给出合适的风险警告声明。为了使拥有投资顾问牌照或 CMS 资格牌照豁免资格的投资顾问能够将客户的投资决策移交给经纪公司，此类机构需要向客户强调这一类投资标的与国内投资标的的不同，尤其需强调海外投资产品的投资者保护与在 MAS 监管下的投资者保护不同。因此，MAS 建议拥有投资顾问牌照或享有 CMS 资格牌照豁免权的投资顾问在帮助其客户进行海外上市投资产品开户的时候，就应向其出具相似的风险警告声明。

三、监管科技在智能投顾监管的应用

（一）智能投顾监管责任边界的确定

一般而言，做人工智能的 FinTech 公司的商业模式是为持牌金融机构提供技术服务。但是，当人工智能应用到投资顾问行业时，就面临受托责任的界定问题。智能投顾本身是由 FinTech 公司技术人员设计开发的一套投资系统，但是当金融机构采用智能投顾为客户提供服务时，由于其内在的学习、决策机制，所产生的策略完全不受人为控制，导致的后果就是投资决策行为无法追溯到某个具体个体。投资决策出现问题时，监管机构无法按照穿透原则来认定责任，这就是当前智能投顾发展所面临的一个困境。

从业务属性上来看，智能投顾仍属于证券投资顾问业务，但又具有受托责任不清的特殊性。随着智能投顾平台的加快发展，势必需要制定新的监管规定和准则来规范其业务的合规性，核心要点就是要明确受托责任，确立责任边界。第一个边界是 FinTech 公司与持牌金融机构之间的责任边界，简称为 FinTech 责任边界。FinTech 公司负责 AI 系统的研发与装配，给若干个金融机构提供服务，最基本的责任就是不能让服务器断电，保证系统的正常运作，此外还要根据监管要求进行相应的信息披露。第二个边界是提供投顾服务的金融机构与投资用户之间的责任边界，简称为投顾责任边界。目前《证券投资顾问业务暂行规定》中已经就投资顾问的义务和责任进行了相关约定，但对于智能投顾服务的规定仍需进一步规范，如从业资格、代理决策等问题亟待解决。第三个边界是 FinTech 公司与监管机构之间的责任边界，简称为 RegTech 边界。传统的投资策略都是人工方式产生的，因而可以用沟通、谈话的方式进行现场检查，但是智能投顾所产生的策略是根据系统自发学习生成的，现场检查是没有意义的，所以需要借助监管科技（RegTech）来完成。RegTech 的责任边界就是要根据监管要求明确一些系统参数、披露相关数据，从而打破监管"黑箱"。具体来讲，监管机构最关心的两个方面一是系统性金融风险，另一个是微观行为指标，因此监管科技的边界就在于依照宏观审慎和微观审慎的原则来设计一些指标和参数来动态地监控整个交易系统，避免出现大规模协同交易。

（二）智能投顾的监管框架

监管科技作为一个新兴领域，逐渐走进大众的视野。以前，投资分析策略的形成主要是以人工制造的方式生成，对于人工制造方式的监管主要表现为现场检测，其中包括巡视、沟通、抽查等方式。今后，投资分析策略的产生和研究将主要以机器生产的方式进行，监管方式也发生了巨大的革新，替代了以前的监管方式。机器生产方式的监管将使现场检测变得无意义。现在，机器生产方式的监管也逐渐纳入了监管科技。

监管科技的产生使得人们不断对监管科技的责任边界提出疑问。目前，美国、中国、新加坡等国对于监管科技责任边界研究的问题主要表现在无论是程序化系统还是人工智能系统，云计算中的策略生产分析、提供服务的系统等均需要满足相关监管要求，这也是现代科技区别于传统监管方式的主要表现，利用监管技术对相关生产方式进行监管。

具体来说,在人工智能投顾方面,监管科技的核心理念主要表现为明确云计算程序,云计算包含的主要程序包括输入情况、输出情况以及监管的两大理念,即宏观审慎和微观行为审慎。监管标准主要通过这三个程序来制定监管目标,由于市场会对输出情况所形成的投资分析策略产生反应,引起市场波动,因此需要制定的监管标准能够实时动态对其进行行为监管,以达到监管目的。在探索和讨论的过程中,一些简单成果已经初步形成,但还未真正投入实际应用中。相关监管部门对于金融科技公司的要求是希望其能够提供相对透明的数据,而不是"黑匣子"。

目前,智能投顾主要应用在提高客户利润以及满足监管要求等方面。为不断满足监管需求,金融科技公司利用大量时间来持续修正系统以达到要求。但是,监管部门还未出台相关监管措施和指引。对于监管部门可能监测的指标还在持续讨论中。在各方面不断的探索与讨论中,金融科技公司逐渐形成了智能投顾的核心评价指标体系,认为构建金融科技监管应该包含三个部分(见图3)。

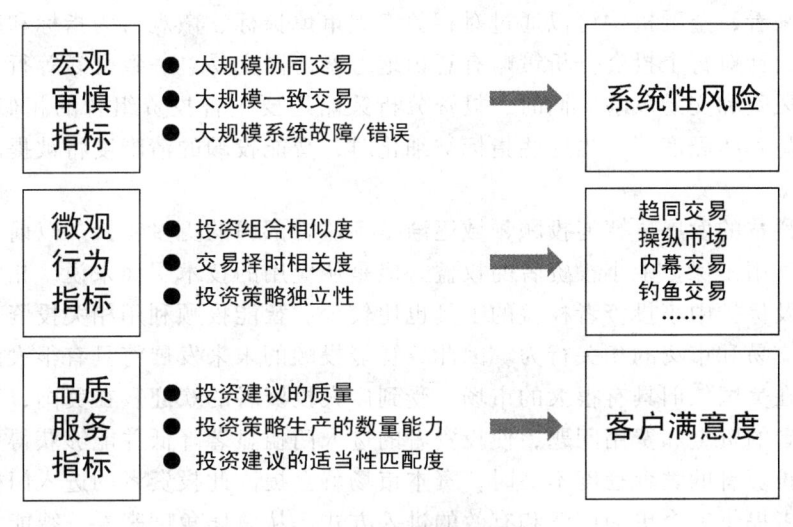

图3 核心评价指标体系

第一,宏观审慎指标监管。宏观审慎指标的监管主要是通过监测大规模协同交易、大规模一致性交易和大规模系统故障或者错误等,避免系统性风险的爆发。主要表现为金融机构在采用机器学习和人工智能技术来处理金融大数据和管理风险时,通过监管科技的纳入将增强相应的风险识别能力,客观上强化了顺周期行为。例如,在运用人工智能和大数据技术进行分析时,金融机构可以更快地对经济形势变化做出反应,特别是在经济下滑时,依托大数据等技术可以及时收缩信贷。与此同时,信贷收缩又将进一步加速经济下滑,使得坏账风险增加,从而导致金融机构更加审慎的贷款行为,呈现恶性循环趋势。加入金融科技监管技术后,可以对金融机构相应的顺周期行为进行监管,从而加入逆周期进行适当调节。除此之外,部分收取客户备付金的金融科技公司,极易产生流动性风险问题。因此可以将当前已存在的支付机构客户备付金集中存管制度纳入宏观审慎管理框架中进行监测。此外,沙箱监管也可以纳入宏观审慎管理框架中作为必要性补充。利用沙箱监管的特点,可以率先在局部地区进行 FinTech 创新,若有效再进行进一步推广。

第二,微观行为指标监管,包括监控趋同交易、操作市场、内幕交易、钓鱼交易等行为。微观行为监管功能主要表现为建立行之有效的金融科技行业监管准则和多层次监管机制，实现风险监控的全面覆盖，确定各类 FinTech 公司监管主体，明确监管职责权限。其次，是建立适应金融发展与风险防范并存的长效监管机制。按照实质重于形式的原则，实行"穿透式"监管。将涉及资金来源、中间环节与最终投向穿透联结起来，综合全链条信息判断业务属性和法律关系。如果业务属性为银行保险业务，则监管归银保监部门；如果是证券业务，则归证监部门；如果是第三方支付业务，就归央行进行管理。最后要积极研究探索分类分级监管。针对各机构资本、经营规模、风控能力和技术水平的不同，在各类业务准入、创新等方面采取分级分类监管，可以有效地提高监管效率。

第三，服务品质指标监管，主要是通过提高建议的质量、投资策略生产的数量能力以及投资建议的适当性匹配度来提高客户的满意程度。如果有 20 万名用户存在于系统中，那么极易出现设计系统程序来操控市场的行为。因此，监管科技需要通过相关指标设计和参数设计来控制输出情况，从而实现监管目的。

从总体上来看，金融机构可以通过对相关宏观审慎指标、微观行为指标和服务品质指标的选取和设定，针对每个投资分析策略有意识地考察协同交易、一致交易等行为，从而有效地规避系统性风险和交易风险。同时，投资分析策略还要包含投资组合的相似性及独立性、投资建议的质量和匹配度等。当这些指标被细化时，智能投顾的清晰度将被提高，更有利于市场的推广。

随着金融科技的发展，智能投顾领域逐渐得到监管部门的更多支持。以前，监管部门出台了很多政策，用于保护中小投资者的权益。但是从应用的技术层面来说，相关保护政策的落实不到位以及保护中小投资者权益的工具也比较少。智能投顾利用相关投资分析指标，可以消除不利于交易和市场的相关行为。因此，智能投顾的未来发展将具有很大潜力和市场。

智能投顾在美国依旧具有很大的市场，受到广大投资者的欢迎。在美国，智能投顾通过有效缓解投资者的资金和费用问题，使投资者的进入门槛显著降低并能够获得更多的技术支持。例如，当投资者的教育程度不高时，资本市场就会提高此投资者的进入门槛。而此时智能投顾为投资者提供一个更为广泛和有效的进入方式。从总体角度来看，智能投顾监管将包含两个方面的内容：第一，受托责任将成为智能投顾的主要职责，并对其相关表现进行披露；第二，保护投资者的合法权益将是智能投顾的主要目的，特别是使投资者的数据和相关隐私得到安全保障。因此，金融机构在构建智能投顾监管框架时需要明确的概念是云计算所包含的相关数据在未来是不允许被共享的。也就是说，不可以存在同一个"云"服务多家金融机构，每个金融机构都应存在自己的金融数据存储终端，从而更好地保障投资者的数据安全。

（三）证券投资分类账户体系是智能投顾的未来方向

在监管科技方面，在证券投资体系内建立类似于银行分类账户体系的问题逐渐引起人们的重视。目前，交易所的交易账户体系无法区分程序化交易下单、人工下单和智能投顾下单，同时也无法对各类账户的交易体系进行相应监管，因此，账户分类体系的未来发展有很大潜力。同时，如果金融机构的证券账户使用了智能投顾下单，将会在交易所对该机构使用机器算法服务进行备案，这种操作将更利于监管部门根据账户类别进行监管和数据分类。此外，金融机构通过获悉分类账户下使用机器算法服务的用户数量，来更有效地避免量化交易、程序化交易等过程中可能存在的协同交易等风险问题。

智能投顾也可以向监管部门提出相关需求，要求将监管合规报告嵌入监管合规系统中。智能投顾系统可以设置在收盘后自动向监管部门发送合规报告，以方便监管部门更多地了解智能投顾的行为，增加监管科技在智能投顾方面的广泛性应用潜力。

分类账户体系（见图 4）在智能投顾中的应用是势在必行的。监管部门需要通过分类了解市场上普通账户和智能投顾账户的数量，来对各类账户进行数据分析，采取相应的监管措施。此外，监管部门也需要了解每家应用智能投顾公司账户中的用户人数，从而更加有效地建立分析数据和监管风险的框架，了解各种系统性风险和交易型风险行为，这也是金融机构需要进行证券分类账户管理的必要性条件。

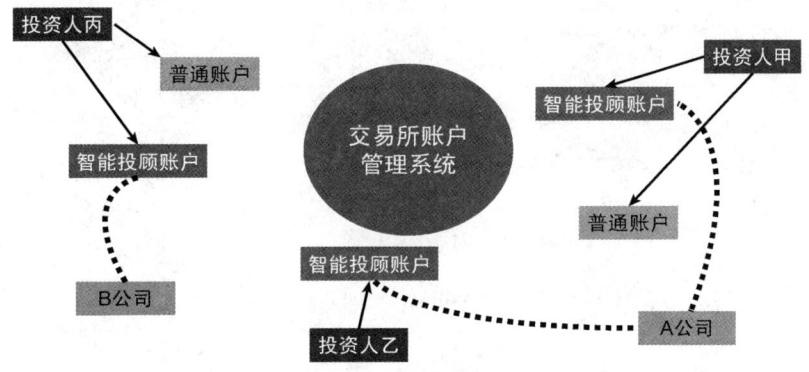

图 4　分类账户体系

随着人工智能技术的不断发展，人工智能投顾监管还将迎来许多挑战，监管也将更加严格。但是当智能监管与智能技术相匹配时，人工智能投顾将迎来更大的市场。

参考文献

［1］徐琳. RegTech 的起源及动因分析［EB/OL］. 2017 – 6 – 2. http：//www. sohu. com/a/145 497 435_ 774 221.

［2］张锐. 从 Fintech 到 RegTech：金融颠覆性革命［N］. 上海证券报，2017 – 05 – 22（007）.

［3］王朔. RegTech 将成为金融科技创新的新蓝海［EB/OL］. 2017 – 05 – 23. http：//iof. hexun. com/2017 – 05 – 23/189 307 437. html.

［4］林秀英. 2017 年新兴领域投资趋势观测系列（三）监管科技（RegTech）篇［R］. 台湾经济研究院，2017 – 03 – 30.

［5］Bart van Liebergen，Andrés Portilla，Kristen Silverberg，Conan French. RegTech In Financial Services：Technology Solutions For Compliance and Reporting［R］. Global：Institute of International Finance，2016.

［6］Monetary Authority of Singapore. Provision of Digital Advisory Services［R］. Singapore：MAS，2017.

［7］张家林. 金融监管科技：基本原理及发展展望［EB/OL］.［2017 – 01 – 26］. http：//www.cf40.org.cn/plus/view.php？aid=11 636.

［8］孙国峰. 从FinTech到RegTech［J］. 清华金融评论，2017（05）：93—96.

［9］李波. 以完善宏观审慎政策框架为核心 推进新一轮金融监管体制改革［J］. 新金融评论，2016（01）：130—145.

［10］陈文辉. 中国偿付能力监管改革［J］. 新金融评论，2014（03）：79—93.

人工智能在证券投资顾问业务中的运用情况调研报告

中国证券业协会互联网证券委员会专题研究小组*

为了解人工智能在证券投资顾问业务（以下简称"投顾业务"）中的应用情况，中国证券业协会2018年5月在行业内进行智能投顾发展现状调研，共收到108家公司反馈，包括97家证券公司和11家投资咨询公司。中国证券业协会互联网证券委员会对调研问卷进行了汇总、整理和分析，现将具体情况报告如下：

一、人工智能在投顾业务中的运用情况

根据108家公司调查问卷的反馈，55家表示已在投顾业务中使用人工智能技术，占比50.93%。其余53家未使用人工智能技术的公司中，有28家公司表示有计划开展相关业务。

（一）人工智能使用概况

1. 人工智能技术使用范围

根据调查问卷显示，在投顾业务中使用人工智能技术的55家公司中，人工智能技术使用范围主要包括客户画像及账户诊断、个股推荐、资讯服务、资产配置、理财规划、机器人客服六个方面。其中35家公司将人工智能主要用于客户画像及账户诊断方面，占比63.6%；27家公司用于开展资讯服务业务，占比49.1%；26家公司用于进行个股推荐，占比47.3%；26家公司用于提供机器人客服服务，占比47.3%；13家公司用于进行资产配置，占比23.6%；6家公司用于开展理财规划业务，占比10.9%；6家公司表示还用于开展智能投顾抢单、智能下单、智能选择基金等业务。

---

* 研究小组成员：平安证券股份有限公司：黄小三；中国证券业协会，江悦明。

表 1　　投顾业务使用人工智能情况

应用范围	数量（家）	占比（%）
客户画像及账户诊断	35	63.6
资讯服务	27	49.1
个股推荐	26	47.3
机器人客服	26	47.3
资产配置	13	23.6
理财规划	6	10.9

目前，证券行业人工智能运用较广泛的为客户画像及账户诊断、资讯服务、机器人客服业务，目的主要用于降低客户服务成本，扩大覆盖客户服务范围，同时也开始逐步布局投资工具，试图改善客户的投资困境，提高客户服务水平。但在个股推荐、资产配置、理财规划等方面，大多处于探索阶段，尚未找到明确的赢利模式。

2. 业务规模

根据调查问卷显示，在 55 家公司中，使用人工智能技术的客户群体规模整体较少。63.6% 的公司客户规模集中在 10 万人左右；16.4% 的公司客户规模在 10 万人至 30 万人；10.9% 的公司客户规模在 30 万人至 100 万人；仅 3.6% 的公司客户规模在 100 万人以上。

3. 业务收费模式

因为目前证券公司将人工智能用于投资顾问业务尚处于培育阶段，所以大部分公司都是免费给客户使用，以培养客户使用习惯、提高客户黏性和服务效率为主。其中 40 家公司表示免费为投资者提供智能投顾相关业务，其他公司表示对提供的所有相关服务或部分服务收取费用。收费的服务范围主要为咨询信息、投资策略等业务，也有证券公司表示对资讯产品采取部分收费的模式，对标准化产品采用免费的模式。证券公司收取费用类型集中在现金、佣金提成两类。

4. 人员配置情况

根据调查问卷显示，在 55 家提供人工智能投顾服务的公司中，有 46 家公司设置了互联网产品经理；37 家公司在团队中有具备投资顾问资质人员；32 家公司有科技研发专业人员；29 家公司有金融工程专业人员；19 家公司有具备分析师资质的人员。

在专业人员数量方面，提供人工智能投顾业务的人员中有具备投资顾问资质的人员 2 487 人，科技研发人员 960 人，互联网产品经理 183 人，具备分析师资质的人员 161 人，金融工程专业人员 130 人。行业在开展人工智能投顾业务时对产品经理和投资顾问等方面人才较为重视，但缺少分析师和金融工程专业方面的人才。

（二）开展业务数据使用情况

1. 数据来源

根据调查问卷显示，大部分公司通过 2 种以上不同渠道获得客户数据，主要是客户在证券公司的开户及交易数据和客户在证券公司的 C 端终端操作行为数据。数据来源合作机构主要有 Wind 资讯、同花顺、东方财富、启明星、彭博等资讯机构。购买的主要数据包括行情数据、研报数据、资讯新闻、产品数据、因子数据等方面的数据。也有少数机构表示目前向客户提供的基于历史行情数据和公开市场资讯分析计算实现的诊股、选股工具及综合查询等服务数据，全部由第三方合作机构提供，未涉及客户相关数据。

2. 外购客户数据情况

根据调查问卷显示，由于担心使用采购客户数据所涉及的合规风险和第三方数据服务供应商在数据采购方面收费较高等原因，50.9%的公司表示没有从第三方机构采购数据；21.8%的公司表示有采购数据，并得到客户授权；1.8%的公司表示有采购数据，由于不涉及客户隐私未得到客户授权。采购的客户数据主要为客户征信、消费等方面的数据。

3. 数据场景应用情况

大部分公司表示将数据应用在账户诊断、推荐产品和客户画像三个方面（见表2）。

表2　　　　　　　　　　　　智能投顾业务数据场景应用情况

应用场景	具体场景应用	数量（家）	占比（%）
账户诊断	分析客户投资风格、投资偏好、动态风险测评等场景	35	63.6
推荐符合客户需求或偏好的产品	为客户推荐股票、组合、资讯服务	34	61.8
制作客户画像	了解你的客户	33	60
客服	Q&A知识库	25	45.5
制作商机名单	定位服务或产品的可能受众人群	18	32.7

（三）算法使用情况

1. 算法自主掌控能力情况

根调查问卷显示，55家开展相关服务的公司中，有10家公司表示具有自主研发能力；24家公司表示在自主研发的同时，也会与第三方机构开展合作；其他公司在算法方面依赖于从第三方采购。在采购的算法范围方面，主要包括用户画像、账户诊断、个股推荐、个股诊断、基本面分析、知识图谱算法模型、文章资讯情感分析和通过神经网络模型进行语义分析等方面，也有公司表示只从第三方采购基础算法，然后进行改进。

2. 算法有效性保障

根据调查问卷显示，除1家公司表示对外购算法未进行检验外，其余公司均表示为防止算法出现例外或极端现象影响客户使用，对算法进行了有效性检验。检测的主要方法有：（1）在算法采购前会对第三方合作机构的资质、开发案例（特别是证券金融领域）进行宏观评估，以确保算法模型的设计符合金融逻辑以及业务需求，要求第三方合作机构公开主要原理和测试报告等。（2）在项目上线前，对第三方机构提供的算法和公司自主研发的算法进行抽样测试和各类场景模拟，如对计算逻辑、业绩情况、有效性等相关内容进行测试，并安排专业人员进行回测，回测数据的时间跨度为1—10年，在试用期间进行3—6个月的持续跟踪，重点对于年化收益率、最大回撤指标、夏普指标、阿尔法值等指标进行评估。（3）上线正式运行后，通过跟踪策略运行状况、客户组合盈亏和客户组合胜率等方式，检验算法的准确性，并根据客户最新行为数据定期不断迭代更新。

3. 算法内容和分析的可追溯情况

根据调查问卷显示，55家公司中，29家公司表示可以对算法、咨询建议和分析结果进行数据库存储、跟踪与管理，保证可追溯；22家公司表示目前因提供的服务只涉及客户画像及账户诊断，由于计算客户账户收益或排名、分析并展示客户持仓及交易数据等环节不涉及投资咨询建议业务，故没有追溯机制；2家公司表示虽然业务不涉及投资咨询建议，但依然对数据和分析结果做到记录留痕并可追溯。

4. 防范算法失效及算法失效处置

根据调查问卷显示，在防范算法失效方面，55家公司中，36家公司表示会对算法进行测试，16家公司表示目前开展的智能投顾业务只提供辅助客户决策的资讯、数据、综合查询等功能，与标的选择和交易无关，不存在算法失效和羊群效应等问题。具体测试方法包括：（1）定期算法检视。股票类算法多为多因子模型，在挑选因子的时候，会对因子做有效性、关联系、有效边界等多方面的严格挑选，对算法的合理性和失效的可能性做定期评估，每季度至少评估一次。（2）对同一产品或是算法的参与人进行控制。对同一产品订阅人数或总资产规模等条件进行限制，以避免羊群效应及模型失效；对同一算法用户数量进行限制，确保同一条策略的使用用户数不会超过合理范围；对于组合建立数量进行限制，即对组合中股票的购买数量占股票流通市值比等进行限制。（3）压力测试。组织公司人员进行实盘压力测试，通过系统模拟进行压力测试。（4）有效性测试。通过对知识库更新复核以及反复问答的方式对有效性进行检测。（5）对公募基金组合配置服务。投资标的为场外基金，因此由系统设定申购上限。

在算法失效处置方面，55家公司中，23家公司表示事前会做好对客户提示风险的工作，包括提示算法缺陷及可能产生的损失，做好系统留痕和事后安抚、服务工作；部分公司表示在风险提示后，还会进一步要求客户签订免责声明，约定因此产生的损失由客户承担；也有公司表示因为监管细则未出，智能投顾不归类为独立业务，虽然在事前进行了风险提示，但会按照信息系统故障造成的损失处理。另外，有18家公司表示目前开展的智能投顾服务只提供智能客服、辅助客户决策的资讯、数据或分析工具等业务，不提供投资咨询建议，不存在因算法缺陷而构成的风险。只有1家公司表示在与客户进行充分沟通后会对因算法缺陷给客户造成的损失给予合理补偿损失。

5. 评审专家队伍建设情况

根据调查问卷显示，55家公司中，15家公司成立了评审专家组。评审专家组一般由网络金融部、财富管理部、信息技术部、合规法律部相关技术人员与业务专家构成，角色覆盖分析师、投资顾问、金融工程专家、技术专家、合规专家、风控专家等。专家组对基础资讯数据的准确性、资讯标签体系的完整性、推荐算法的合规和合理性进行评估。7家公司表示虽未成立专家组，但有组织项目团队进行评估，团队成员一般包括技术、营销、投顾等业务及运营条线人员，对合作机构的开发实力、开发案例、专业水平、团队稳定性、算法设计进行综合评估，对算法策略的历史表现、风险收益特征、市场适应能力及策略的适应人群进行评估。其他公司表示主要由网络金融部的产品经理或是项目负责人进行评估，未成立评估团队。

（四）技术应用情况

1. 技术落地情况

目前，人工智能在投顾业务中运用的主要技术包括大数据、云计算、深度学习及语音识别等。根据调查问卷显示，55家公司中，47家公司开展相关投顾业务中用到大数据技术；

30家公司运用深度学习，提高机器人的学习水平，减少人工收集和处理；29家公司依托云计算的强大处理效率可高效、低成本地实施相关投顾产品；21家公司将语音识别应用在客服机器人领域中，以便识别客户语言语义，了解客户意图。

2. 技术自主掌控情况

根据调查问卷显示，证券行业与第三方合作的现象较为普遍，第三方机构在证券公司技术开发过程中参与程度较高。55家公司中，24家公司的技术系统是由第三方机构提供；17家公司在自主研发的同时存在向第三方机构采购技术的情况；14家公司有自主研发能力。

（五）与第三方机构合作概况

1. 合作领域

据调查显示，大部分公司在数据、技术和算法等领域均与第三方机构开展合作（见表3）。

表3 与第三方机构合作情况

合作领域	与第三方有合作的公司家数	数据用途	第三方合作公司
数据方面	34	用户画像数据、新闻资讯、研报数据、股票和基金等基础数据、账户诊断数据、个股诊断、策略数据、数据清洗服务	Wind资讯、港澳资讯、东方财富数据、恒生聚源、巨灵、灯塔、大智慧、优品财富等
技术方面	31	1. 采购交易系统 2. 资讯推送、机器人客服 3. 共同技术开发	1. 掘金系统、金证系统、恒性系统、金仕达、恒泰等 2. 恒生聚源、灯塔、大智慧、博览财经、通达信、Wind资讯、港澳资讯、东方财富等 3. 东方财富、高校等
算法方面	21	策略算法、资讯算法及产品的匹配算法、机器人客服算法模型	聚宽量化、恒生聚源、灯塔、大智慧、优品财富、今日投资数据科技公司、高校等

2. 在与第三方机构合作时采取的保障措施

根据调查问卷显示，55家公司中，47家公司表示自主运营管理信息技术系统，第三方机构无法直接接触；46家公司与第三方机构在技术或数据领域合作时，约定第三方机构不允许泄露、截留、篡改证券公司客户数据；45家公司对采购的产品进行严格测试，包括系统的功能、性能、稳定性等；42家公司签署保密协议，要求乙方对于需求文档、产品设计、源代码等信息保密；41家公司成立专项小组，对于合作机构资质、产品、人员进行资格审查及评估；39家公司对采购的产品进行严格测试，包括算法的有效性、边界、压力等；37家公司与第三方机构在算法领域合作时，约定第三方机构要公开主要原理及测试报告，以便证券公司进行有效性评估及组织测试。

(六) 投资者适当性管理情况

1. 投资者适当性执行情况

根据调查问卷显示，在55家公司中，35家公司表示在涉及提供投资建议相关业务时，已执行投资者适当性新规，具体为：对客户进行风险承受能力测评，并在其接受服务之前进行风险提示；对公司所有投顾产品进行分类，并与投资者风险承受能力进行匹配，满足服务、产品和组合的适当性要求；合规风控部门对涉及股票推荐、产品推荐、资产配置过程及算法有效性时进行审查，不同风险承受能力的客户匹配不同服务，对于风险不匹配的投资者增加错配提示和风险揭示。13家公司表示目前智能服务不直接提供投资建议，只提供基于客观数据的辅助产品，如客户画像、账户分析、智能资讯以及机器人客服，机器人客服问答范围也仅限于一般业务咨询，暂未涉及适当性管理内容；7家公司表示虽未涉及投资建议，但能做对用户所浏览的资讯做到因人而异，并进行相关风险提示。

2. 风险测评问卷与大数据诊断冲突解决办法

根据调查问卷显示，25家公司同时用风险测评问卷和大数据对客户风险承受能力进行测试；17家公司表示只用风险测评问卷检测客户的风险承受能力。大部分（16家）公司表示如二者有冲突，以风险测评问卷为准，或引导客户重做风险测评问卷；一部分（4家）公司表示以大数据动态风险测评为准；有（3家）公司表示会告知用户目前风险测评问卷和大数据风险不匹配，由用户选择是否要采用与风险不匹配的服务项；也有（2家）公司表示当二者不一致时，以客户最低风险承受能力为准。13家公司表示，目前智能服务不直接提供投资建议，也没有风险承受能力类和风险测评类指标。

3. 机器人投顾与人工投顾方案不一致的解决办法

根据调查问卷显示，在提供投资建议或个股推荐服务的公司中，部分公司表示将机器人投顾作为人工投顾的辅助工具时，若机器人投顾与人工投顾方案不一致，以人工投顾的最终方案为准。部分公司表示机器人投顾与人工投顾方案的一致性是生成投资建议的前置条件，且在咨询意见产生的流程中，一般采取人机结合过程进行事前风控，避免了出现不一致的情况。也有公司认为智能投顾方案和人工投顾方案是两条线，人工投顾是线下服务，智能投顾是线上服务，两种服务都是先判断客户的风险类型，再给予投资方案，因此两种方案可以存在差异，但一般会先界定好各类风险级别下资产的配置比例或者组合风险的波动范围。极少数公司表示生成投资方案以后不再进行评估。

4. 风险披露情况

根据调查问卷显示，整个行业都意识到人工智能技术应用在投顾业务中的风险性，因此开展相关业务的公司在披露基本原理、业绩的同时，也充分披露产品局限性及可能带来的风险，让投资者意识到产品可能存在的风险，但行业中较少披露与第三方合作的情况。

(七) 风险管理情况

证券行业内普遍认为投顾业务运用人工智能技术时，在流程、合规和风险控制等方面与传统投顾应当有所区别。从目前行业实践来看，大部分公司在人工智能技术应用在投顾业务中的流程、合规与风险控制等方面参照传统投顾业务的要求，包括在业务流程方面，按照传统投顾业务要求了解客户，根据客户实际情况，为客户设计和推荐合适的投资策略，并持续跟踪再平衡；在合规方面，遵守合规要求，仅为客户提供投资咨询建议，投资决策由客户自己做出，不触犯代客理财的红线；在风险控制方面，对模型算法有效性进行验证和持续跟踪，并对业务中可能存在的风险进行揭示。

二、人工智能技术在投顾业务运用的专项业务分析

（一）客户画像及账户诊断

1. 业务应用领域情况

在开展相关投顾业务的55家公司中，35家公司开展客户画像及账户诊断业务，主要集中应用在分析客户持仓及交易数据和给出客户画像方面（见表4）。这些业务的主要目的是了解客户，同时也帮助客户了解自己，进而辅助提供投资咨询建议。

表4　客户画像及账户诊断应用情况

客户画像及账户诊断业务包含的功能	应用功能的公司数量（家）	占开展客户画像及账户诊断业务公司家数的百分比（%）
开展客户画像及账户诊断业务	33	94.3
计算客户账户收益或排名	30	85.7
根据客户偏好，推荐合适的产品	18	51.4
根据客户操作风格，给出优化建议	13	37.1

2. 基础数据范围

在客户画像和账户诊断方面，各家公司建立客户画像使用的用户标签及数据，主要涉及客户行为、行情资讯和产品等方面，包括客户的基本信息、行为日志、交易数据、持仓、资金和收益、行情数据、资讯数据、个股数据和产品数据等。

（二）资讯服务

1. 业务应用效果

在开展相关投顾业务的55家公司中，27家公司开展了资讯服务。在反馈对资讯服务的阅读量有提升效果的8家公司中，有4家公司表示推出智能化资讯服务以后，对提升资讯阅读率有一定作用，但提升幅度不明显；另外4家公司反馈对资讯阅读率有较大影响，但影响幅度不同，资讯阅读量提高最多的达2倍以上，最低的为20%。

2. 客户标签标注情况

行业内公司为客户进行标签标注主要目的在于将客户需求与资讯信息进行匹配，达到精准资讯推送的效果。标签范围主要集中在客户自选股、持仓股、浏览记录、交易类标签等领域。标签数量方面，行业内差别较大，最多达到1 000个左右的标签，最少为20个左右标签。标签分类主要包括栏目标签、人物标签、地域标签、概念标签、行业标签、产业链、关联关系、事件驱动、交易场景、资讯舆情等。

（三）个股推荐

1. 业务应用领域

在 55 家公司中，26 家公司开展个股推荐业务。行业个股推荐服务主要应用于智能选股方面，具体为：20 家公司通过智能选股算法提供股票池，只推荐股票，不提供交易策略，供客户参考；18 家公司针对用户实际持仓及客户需要查询的特定股票，提供智能诊股和持仓建议，供客户参考；18 家公司通过大数据分析和智能算法，挖掘和提供市场上的投资机会，供客户参考；12 家公司提供不同风格的智能机器人组合，以及买卖逻辑和交易信号，供客户参考。

2. 客户接受度及跟投情况

26 家开展个股推荐业务的公司中，有 21 家公司反馈了客户跟投率的情况，其中 10 家公司由于个股推荐主要提供市场资讯的智能推送服务，帮助客户从相关资讯中挖掘市场投资机会，并未涉及相关标的的跟投服务，因此未对客户认可度及跟投率进行统计；6 家公司表示客户对公司推荐的智能选股内容的关注度较高，但只有少部分客户根据推荐建议进行操作，有公司表示目前个股诊断和自选股诊断占到公司 APP 日活量的 80%，但是股票组合的跟投率很低，只有 3% 左右，说明客户更愿意自己做决策；5 家公司表示客户对公司投资建议的关注度和认可程度均不高。

（四）机器人客服

1. 业务上线效果

在 55 家公司中，有 26 家公司开展机器人客服业务。其中 5 家公司的机器人客服系统正在建设或在内测期，暂无统计数据。其余 21 家公司中，2 家公司客户规模在 50 万人以上，占比 9.5%；7 家公司客户规模在 10 万—50 万人，占比 33.3%；7 家公司的客户规模在 1 万人以内，占比 33.3%；5 家公司的客户规模在 1 万—10 万人，占比 23.8%。

根据调查问卷显示，机器人客服的回答问题比率、准确性及用户对其回答的满意度，都随着客户规模的扩大而提升（见表 5）。

表 5　机器人客服回答问题情况

客户群规模	日均接受咨询量	回答问题比率	回答问题准确性	客户满意度
50 万人以上	6 000 次以上	85%—90%	90% 以上	95% 以上
10 万—50 万人	200 次—1 万次	50% 左右	60%—80%	60%—90%
10 万人以下	10 次—1 000 次	无统计	无统计	无统计

机器人客服在支持的服务类型方面，主要以文字和图片类型交流为主（见表 6）。

表 6　机器人客服支持的服务类型情况

服务类型	开展家数（家）	占比（%）
文字交流	26	100
图片交流	14	53.8
语音交流	8	30.8
视频交流	3	11.5
表情与页面链接	2	7.7

2. 知识库维护方式

对于知识库的维护，有 14 家公司由人工和机器人共同维护，占 26 家开展机器人客服公司的 53.8%。在对知识库的共同维护中，虽然每家公司的人工和机器维护的比例不同，但大部分以人工维护为主，仅有 1 家公司表示在共同维护知识库中，机器维护占比在 90% 以上。9 家证券公司反馈其知识库完全由人工整理并维护；1 家证券公司机器人客服完全由机器人深度学习算法自动维护，但该机器人深度学习算法由第三方机构提供。

（五）资产配置

1. 业务应用效果

在 55 家公司中，有 5 家公司正式开展资产配置业务（见表 7）。

表 7   资产配置情况

目标客户风险偏好	开展业务家数（家）	客户群规模	资产规模
低风险偏好	2	1.7 万人	仅提供资产配置建议
		12.2 万人	16.6 亿元
中等风险偏好（追求稳健回报）	2	100 人	903 万元
		400 人	3 000 万元
高风险偏好（理财经验丰富，资产较高）	1	40 万人	500 亿元

2. 客户跟投率

5 家正式开展资产配置业务的公司中，一般资产配置组合包含 3—15 只基金，其中配置区间更多地集中在 5—10 只基金，并要求客户需对推荐的资产配置组合进行全盘接收。在调仓方面，行业一般平均调仓周期为 3 个月左右，公司会通过 APP、短信及微信等方式通知客户，并只是对组合内部的部分标的进行调整，一般不会采取对组合进行全部清仓再全部买入的操作。在跟单方面，客户的跟单率不高，其中跟单率最高的为 40%，最低的为 0.5%。

3. 资产配置业绩

由于各公司资产配置组合不同，收益率和回撤率也不尽相同，行业资产配置业务的年化收益率和回撤率差别较大。根据调查问卷显示，在年化收益率方面，行业平均年化收益率在 8% 左右，最低为 -7%，最高为 30%；在回撤率方面，行业平均回撤率为 7.2% 左右，最小回撤率为 2%，最大回撤率为 14.2%。

三、人工智能技术在投顾业务中运用对证券行业发展的影响

行业认为，智能投顾对证券行业的发展起到了一定的促进作用，但也存在一定的问题和风险点，主要如下。

（一）积极作用

1. 机器人客服能降低客服人力成本，提高响应速度

与传统的服务方式相比，智能机器人结合 NLP、机器学习、语义分析等新技术应用，可

精准识别用户咨询意图,实现基础知识问答、业务办理指引等功能。通过 7×24 小时的即时服务,机器人客服能对大量重复性、标准化的问题进行解答,降低公司员工服务、电话咨询及短信等方面的成本,实现了客户服务模式由传统的电话咨询向 APP、官微等全渠道智能服务模式的转变,通过机器人客服打通多渠道全业务体系,实现统一管理。

2. 为客户实现标准化的资产配置,促进证券公司业务转型

通过提供资产配置模型和基金组合的标准化服务,有利于客户减少持仓波动,提高客户抗风险能力,转变客户投资理念,实现客户长期稳定的财富增值目标,也促使证券公司在丰富客户服务内容、扩大服务群体、提升服务时效性和降低业务操作风险的同时,从传统经纪业务向财富管理业务转型,改变证券公司过分依赖佣金的现状。

3. 满足客户多元化的理财需求,提升客户黏性

人工智能技术运用在投顾业务时,能通过标准化服务降低基础服务的人力成本,减少客户信息冗余,完善证券客户的交易场景,提升客户服务覆盖率和有效性,同时还可以提供便捷的个性化定制和多元化资讯信息等服务,提高客户获取关键资讯的效率,辅助客户做出投资决策,提升客户对于证券公司服务的感知度和服务体验,以此来提升客户黏性。

(二) 存在的问题

1. 证券公司缺乏自主研发能力

运用在投顾业务的人工智能技术主要包括云计算、大数据、语义分析等,而证券公司在此领域的人才储备较少。因此,大部分证券公司在投顾业务运用新技术时,会选择和第三方机构合作进行技术研发。

2. 缺少专业人才储备

证券投顾业务在运用人工智能技术时需要建立算法模型,并计算海量股票和基金的历史数据、经济数据,筛选出优质资产组成投资组合,再经过多次回溯和模拟测试,确定与用户风险偏好和投资预期相符合的方案,并在需要时及时对投资组合进行动态调整。由于大部分证券公司的技术及金融工程人才储备有限,难以设计及开发出完成上述过程的算法模型。

3. 存在"数据孤岛"现象

人工智能的应用需要海量数据的支撑,但国内金融企业普遍存在"数据孤岛"现象,证券公司的数据样本在广度和深度等方面都存在限制。目前,证券公司主要拥有的是用户持仓、自选股以及交易流水等数据,缺乏在财务、消费、信贷等领域的数据参考,给用户精准画像带来一定困难。

4. 缺少相应监管政策

运用人工智能技术为客户提供投资咨询服务或辅助用户做出投资决策与传统的投资顾问业务具有相似性,但同时也有其特殊性。投顾业务运用人工智能技术时,基于客观数据,通过金融科技将投资逻辑固化为系统规则,在扩大服务范围的同时,避免了人为主观性,这已经与传统投顾服务模式有了很大不同。但目前监管尚未有相应的监管政策出台,证券公司在开展此类业务时均较为谨慎。

(三) 智能投顾业务主要业务风险点

根据问卷调查,行业普遍认为智能投顾业务主要存在以下风险点。

1. 模型算法风险

当采购同一供应商提供的算法时，有可能会出现相同交易指令同时发向行业的情况，可能引起个股异常波动和客户异常交易等情况，并引发"羊群效应"，导致整个市场异常波动。同时，算法提供商或算法研发人员也容易利用算法及数据的非对称性，从事"抬轿子"等违法违规行为。

2. 合规风险

目前，人工智能在投顾业务中的应用规范尚无明确行业指引，存在非法机构打着"智能投顾"的旗号从事非法荐股、基金销售以及P2P业务，甚至代客理财等非法行为的情况。证券公司和咨询机构从事此类业务时亦容易在系统流程、算法模型、适当性管理、风险管理等方面出现问题。

3. 客户投诉风险

由于客户对于人工智能技术用于投顾业务的风险了解较少，容易引起投诉。

四、发展人工智能在投顾业务中运用的意见和建议

（一）建议尽快明确人工智能在投顾业务中运用的准入标准

2017年11月，中国人民银行、中国银监会、中国证监会、中国保监会、外汇局联合发布的《关于规范金融机构资产管理业务的指导意见》中规定："采用机器人投资顾问开展资产管理业务应当经金融监督管理部门许可，取得相应的投资顾问资质。"但目前尚未公布获取牌照的标准和流程。

（二）建议尽快制定统一的业务规范

对智能投顾业务边界及相关法律关系进行研究，明确能开展人工智能的业务范围、服务客群、适当性管理要求、人员资质和风险管理等方面的要求。

（三）明确第三方合作机构准入标准

可考虑建立行业合规合作方数据白名单制度，明确合作的数据供应、算法供应等机构以及相关合作规范。

金融科技在证券行业应用研究

——量化投研平台引致的新业务模式与监管研究

国泰君安证券股份有限公司课题组*

一、前言

当前金融市场中金融科技的应用呈现出纷繁景象,其中量化投研平台是近几年在国内新兴的金融科技应用之一。由于量化投研平台与其他金融科技有着很好的结合,量化投研平台也可以看作是金融科技发展的集中体现。量化投研服务商与券商和高校的合作方式从提供投研工具和服务支持、联合举办量化比赛,到共同合作进行量化策略研究等。

目前,国内外对于量化投研平台的研究还处于起步阶段,相关研究更偏向于实务而非理论,因此相应的理论研究和参考文献都非常少见。量化投研平台目前没有被普遍认可的定义,一般是指集成了数据与编译环境,可以使用程序化语言进行量化分析和策略编写,使用平台提供的功能函数(API)展现量化策略的结果,并可以针对结果进行进一步分析的平台系统。目前国内外较常见的是提供网页版的量化投研平台,这也是本文主要的研究对象。部分量化服务提供商也推出了量化投研软件,并称其为量化投研平台,这一部分不纳入本研究的讨论。本文研究的量化投研平台服务,除量化投研平台本身提供的服务外,还包括了与券商合作的部分定制性、延展性业务内容。

本文从现状出发,首先整理了国内外量化投研平台发展的相应材料,明晰国内外量化投研平台的发展现状和业务模式;其次,在此基础上对当前量化投研平台业务涉及的监管内容进行进一步梳理,分析我国量化投研平台各项功能的具体内容,归纳国内量化投研平台服务

---

* 本文为中国证券业协会 2018 年优秀课题。课题负责人:曾宏祥;课题组成员:毛梦非,马辉,邹经纬,孙越,安国志,周思贤。

业务模式和应用的前沿金融科技；最后讨论了当前量化投研平台与券商可能合作的新业务模式，相关业务模式对于监管提出的新需求，以及对应此类新业务模式和监管需求给出相应的政策建议。

二、国内外股票二级市场量化投研平台现状

量化投研这个概念主要是为区分传统投研而提出的，但实际上量化投研与传统投研界限比较模糊，传统投研中具有确定数据支撑的分析同样属于量化投研的范围。就投研工具而言，可以简单地区分为量化投研工具和传统投研工具。传统的投研工具包括各种行情软件和数据软件，量化投研工具显著的特征就是可以利用传统投研中使用的数据进行策略的回测，并可以基于回测结果进行进一步深入的分析。券商与学界的金融工程研究也使用数量化的分析工具并展示回测结果，量化投研平台则是把整个回测分析封装为一个服务提供给用户，降低了用户使用量化方式进行投资研究的入门门槛。

（一）国外量化投研平台的发展与监管

1. 国外量化平台的发展，以 Quant Opian 为例

Quant Opian 是国际量化投研平台的典型案例，该公司成立于 2011 年，目前网站注册用户超过 20 万个，连续 4 年用户数量几乎翻倍增长，同时注册用户共编写运行了超过 900 万个策略。用户中有分布超过 190 个国家或地区的专业教授、科学家、开发者和学生等。

该平台主要提供量化的投研服务，其平台上免费提供基础数据和回测功能，部分特有数据需要付费使用。该公司实际上是资产管理公司，投资获利是主要盈利方式。Quant Opian 通过给策略大赛的策略打分，再对其中优秀策略给予资金支持。截至 2018 年 8 月，Quant Opian 管理资金超过 3 亿美元，累计为平台的策略分配管理资金 1.55 亿美元，单策略最大分配资金为 0.529 亿美元。对于策略的贡献者而言，可以收获策略总体净收益的 10%，Quant Opian 在这中间收获一定费用，资金投资者收获其他的部分。早期的 Quant Opian 支持实盘交易，直到 2017 年 8 月，该平台停止了实盘交易服务。前期其平台支持的对接实盘业务主要通过 BI（Broker Integration）实现，但是由于代理服务商存在的问题，导致出现了很多系统错误和较差的服务体验，平台称这与其目标不符，同时为了花更多精力提升其主要的服务功能，决定关闭量化实盘服务。

此外，相似的量化投研平台还包括 Quant Connect 和 Portfolio123 等。Quant Connect 与以众包和资本管理为主要盈利方式的 Quant Opian 不同，其目前主要使用分级账户管理方式，初级账户免费，中级账户每月 20 美元，而高级账户每月 250 美元，其中的差别是提供的回测算例和存储大小、并行回测数量、实盘模拟数量以及是否有技术支持等。该平台可以通过对接经纪商打通从策略到实盘的路径，但需要额外付费。Portfolio123 可以通过 IB（Interactive Brokers）对接实盘，注册试用期 15 天免费，之后开始付费使用。

2. 国外量化平台的监管

目前没有针对量化投研平台独立的监管措施，因为量化投研平台提供的业务形式本质上是传统业务的重新组合。量化投研平台根据其不同的业务模式需要遵循各自对应监管条例，具体而言，量化实盘业务、资金管理业务、开源代码项目、数据服务业务和用户数据隐私保

护相关的法律条款都需要逐一遵守。以 Quant Opian 为例，因为其关停了个人用户对接实盘的官方通道，所以其不需要考虑针对个人用户提供实盘通道的对应的监管条例，但其他上述法律监管条件全都要满足。

针对国际程序化交易的监管研究，中国证券业协会、证券交易所等机构主办的期刊和系列研究由业内机构专业从业人员撰写，为相关问题提供了大量的研究成果。其中，程序化相关的文章有《程序化交易监管及立法的国际经验研究》（罗知林，2016）、《程序化交易风险管理及境外相关经验借鉴》（湘财证券研究小组，2016）、《程序化交易的发展趋势浅析及规范建议》（俞枫、梅继雄，2015）、《量化交易监管问题研究》（吕易隆，2014）、《海外市场程序化交易监管动态及监管指标研究》（朱伟骅、张伟，2014）等。这些材料系统梳理总结了海外程序化监管的动态变化历史。根据海外监管的经验，程序化监管的主要内容包括三方面：一是程序化交易的界定，理清监管的范围；二是明确程序化交易中涉及市场操纵的策略，明确监管的主要目标；三是监管的主要措施和手段。

程序化交易在北美、欧洲等发达市场都有系列法规做出了具体的界定，上述文献材料系统地总结了对应的监管法律法规，这里不再赘述，简单总结为：策略选股或下单的执行层面至少有一个环节是自动化、程序化、无人工干预的交易。根据测量是否使用低延迟方法或高频数据，又可以区分量化交易是否是高频交易。金融市场长期发展已经对于市场操纵提出了系统完整的监管措施，量化策略在市场中呈现的市场操纵与传统的市场操纵有明显差异，集中体现在程序化策略可以利用高频数据实现普通人没有办法实现的市场操纵行为。量化策略中与市场操纵有关的策略主要包括：（1）幌骗，通过挂单行为使市场交易者产生趋势判断的错觉，在诱骗其他交易者以不利价格成交后，策略执行者撤销幌骗报单；（2）闪电交易，通过付费特权获得高于其他交易者的行情速度，利用信息优势进行获利；（3）引发策略，通过观察市场中的价格止损位，利用报价引发市场中的止损行为带来的波动进行获利。

目前，境外的程序化交易监管主要措施包括：一是加强实时的市场监控；二是限制由数据优势造成的不公平竞争现象；三是限制明显可能出现市场操纵的投资策略；四是修正和限制异常报单；五是增加熔断等增强市场稳定性的制度等。

Quant Opian 的资产管理业务，在美国需要受到《1940 年投资顾问法》的约束。该法案同时适用于投资顾问与资产管理业务，因此，在美国监管环境中，量化投资平台天然适合在满足监管条件下同时开展投资顾问业务、智能投顾业务与资产管理业务。此外，Quant Opian 维护的开源项目需要接受开源项目相关的开源许可协议约束，开源许可协议为自己维护的开源项目发放使用许可，但声明仍然保留版权等权力，目前常见的主要包括 GNU GPL（GNU General Public Licence）、BSD、MIT、Apache 和 Creative Commons 等。对于用户的数据隐私保护，美国有多个领域的各自隐私保护法案，但是由于网络时代的到来使得原有框架已经不能满足当前的隐私保护需求，于是 2012 年美国出台了报告《网络环境下消费者数据隐私保护——在全球数字经济背景下保护隐私和促进创新的政策框架》。2018 年 5 月 25 日，欧盟出台的用户数据隐私保护法案《通用数据保护条例》（General Data Protection Regulation, GDPR）被称为史上最严的数据保护法案，其在保护范围、保护条件和惩罚办法等多方面都提出了更高的要求。

（二）国内量化投研平台的发展与监管

1. 国内量化平台的发展

当前主要的量化平台可以实现投资研究、策略回测、实盘模拟等功能。投资研究和策略回测并没有一个清晰的边界，前者一般仅对数据进行分析，而后者形成一个完整的策略并运行回测。大部分平台可以提供 Ipython Notebook 进行代码编写，同时平台集合了大量 Python[①] 第三方库，可以免安装快速使用，节省了系统部署和数据库建设的繁琐工作。多数平台提供分钟级回测服务，数据部分也由平台集成。用户不需要自己进行数据获取的工作，同时平台根据多数据源数据对基础数据进行清洗，并整合多方其他因子库、补充财务等报表数据。

国内主流量化平台形成了聚宽、米筐、优矿三足鼎立的局面，同时其他一系列量化平台不断涌现，包括京东量化平台、百度量化平台、阿里量化平台、Big Quant、Dig Quant、Mind Go、Wind Quant、my Quant、迅投、大宽和果仁平台等。业内交流中有机构给出的表述是国内有三到四十个大小不一的量化平台。其中像文华财经的 my Quant 系统，实际上是本地端系统，但是官方说明上也标注了"量化交易平台软件"，而迅投则完全是本地端产品。在技术方面，早期的 Quant Opian 开源了回测引擎项目 zipline，为诸多的量化平台提供了很好的学习材料，同时各大量化平台的归因分析部分也都大量借鉴 Quant Opian 开源项目 Alphalens 的代码和设计界面。

国内主流互联网巨头 BATJ（百度、阿里、腾讯和京东）中，京东已经率先推出量化平台；阿里在内部已经完成量化平台的雏形构建，没有对外发布，但是测试版本已经可以进行量化回测分析；百度目前已经推出自己的量化平台，该平台处于申请测试阶段，可提供部分百度特色数据，例如百度指数以及百度贴吧的舆情数据。

目前量化平台与各大券商私募进行了广泛的联系，构建了 B2B 的商业模式，即量化平台公司辅助券商或私募开发量化投研系统/平台，根据个性化需求定制化开发。除此之外，量化投研平台也和高校进行了广泛的投研合作。通过聚宽、米筐和优矿等平台，可以查看到各家平台与券商等机构的合作情况。优矿官方表示，"目前已与 1 000 多家量化投资机构展开业务合作"。其官方网站给出了三个具体案例：优矿与华泰柏瑞基金在多项业务中都展开了深度的战略合作，包括深度定制的系统和因子相关的服务；优矿与银河基金合作包括提升 idea 编程环境以及因子研究等相关研究支持；优矿与中信证券合作包括定制化的系统和终端、PB 系统对接等。根据其母公司通联数据官方网站上给出的信息，其已经合作的机构包含知名券商、期货、基金、银行和资管公司等。米筐官方网站显示，超过 100 家机构正在使用米筐的投研终端，包括券商、公募、私募和高校。聚宽早期官方新闻中透露已经服务了超过 12 万的量化策略开发者、500 多名私募机构客户、20 多家券商（包括国内前 15 大的券商中的 9 家）和投资咨询公司、公募、银行等金融机构。

2. 国内量化平台的监管

针对当前量化平台业务模式，国内量化投研平台监管对应内容与国外相一致，包括投资者适当性管理、程序化交易监管、投顾业务监管、资管业务监管和数据隐私监管。

[①] Python 是一种计算机程序设计语言，是一种动态的、面向对象的脚本语言，最初被设计用于编写自动化脚本（shell），随着版本的不断更新和语言新功能的添加，越来越多地被用于独立的大型项目的开发。

在我国《期货交易所业务活动监管工作指引第 9 号——关于程序化交易的认定及相关监管工作的指导意见》中将程序化交易定位为"由计算机事先设定的具有行情分析、风险管理等功能的交易模型，自动下达交易信号或报单指令的交易方式"。我国《证券期货市场程序化交易管理办法（征求意见稿）》（简称《征求意见稿》）表示："本办法所称程序化交易是指通过既定程序或特定软件，自动生成或执行交易指令的交易行为。"交易过程中，监管材料侧重系统安全性和策略安全性两个方面。系统安全性问题突出的表现是由于系统问题导致实际交易行为与希望执行的交易行为之间产生了巨大差异，进而对整个市场造成了冲击性影响。而策略安全性的突出表现是利用交易本身释放信号、引领行情走势等行为从市场中获利，给市场配置效果造成恶劣影响。策略安全性中，除了主动的市场操纵问题外，也存在由于策略本身的漏洞触发了错误交易操作的问题。

《征求意见稿》从上述两方面对量化交易进行了规范。在系统的安全性方面，在量化投研平台对接实盘后，监管方可以合理地利用《征求意见稿》提出的要求对量化投研平台进行规范。量化投研平台接入实盘主要通过券商通道，一般有两种形式：第一种是"一键跟单"方式，这种方式根据量化投研平台信号推送到用户的手机端，用户点击确认按键执行信号给出的调仓策略。这种方式也称为"半自动"方式，因其中间环节多了手动确认过程。手动确认过程的存在，将策略执行责任从量化投研方转移到了确认执行人用户身上，在既有的监管条件下开辟出了一个从量化到实盘的通道。第二种是全自动方式，一般是券商通过和第三方量化投研平台服务商联合开发量化投研，券商具有完全的自主掌握能力和所有权限，策略最后通过券商实现交易操作。系统安全性方面的监管材料还包括 2015 年中国证监会发布的《关于加强证券公司信息系统外部接入管理的通知》，主要目的是"禁止证券公司为场外配资活动提供便利"。

在策略的安全性方面，《征求意见稿》有明确的要求，主要体现在该文件的第十八条中："程序化交易者参与证券期货交易，不得有下列影响交易价格或交易量的行为：（一）在属于同一主体或处于同一控制下或涉嫌关联的账户之间发生同一证券的交易；（二）在同一账户或同一客户实际控制的账户组间，进行期货合约的自买自卖；（三）频繁申报并频繁撤销申报，且成交委托比明显低于正常水平；（四）在收盘阶段利用程序进行大量且连续交易，影响收盘价；（五）进行申报价格持续偏离申报时的市场成交价格的大额申报，误导其他投资者决策，同时进行小额多笔反向申报并成交；（六）连续以高于最近成交价申报买入或连续以低于最近成交价申报卖出，引发价格快速上涨或下跌，引导、强化价格趋势后进行大量反向申报并成交；（七）其他违反《证券法》《期货交易管理条例》等法律法规，影响证券期货市场正常交易秩序的程序化交易。"除上述的主要监管规章制度外，深交所和上交所分别公布了对应《征求意见稿》材料的管理实施细则，并在其他会员管理条例中也有所提及。由于篇幅限制，其他各方面监管现状不详细展开说明，仅给出相关监管材料和简介，如下：数据隐私监管方面，我国对于个人的较为全面的保护法规为《网络安全法》和《个人信息安全技术规范》。知识产权相关的法规具体体现为《著作权法》《专利法》和《商标法》等具体法规，难以和量化策略对应的知识保护相结合。针对上述问题，中国证监会于 2018 年 9 月 27 日发布了《证券期货业数据分类指引》，其中对于交易相关的数据保护有详细的规定，但是针对用户策略代码部分没有具体提及。

部分量化投研平台提供了可以跟踪的量化信号，这种业务属于投顾监管的范畴，应当遵守监管机构对于投资顾问监管的相关要求。对应的监管文件为《证券法》中投资咨询部分，以及《证券投资顾问业务暂行规定》和《证券、期货投资咨询管理暂行办法》。如果量化投研平台对接智能投顾系统实现了资产管理的业务，也需要接受《关于规范金融机构资产管理业务的指导意见》（简称"资管新规"）的相应管理要求。

量化投研平台对接券商通道后可以进行多市场、多品种的业务操作，但是对于每一个具体的标的物操作还是需要遵守投资者适当性管理的要求，对应的监管文件为中国证监会发布的《证券期货投资者适当性管理办法》。

三、国内量化投研领域的最新发展趋势与技术应用

目前国内量化投研平台发展十分迅速，同时结合最新的科技前沿软硬件技术，使得量化投研平台无论是从功能还是性能层面都在不停地更新迭代。以下以国泰君安量化投研平台为例，介绍目前量化投研平台的主要功能，并在此基础上展示国内量化投研平台差异化的发展现状，综述当前量化投研平台的付费业务，最后结合国泰君安在量化投研系统配套的 IT 技术研究和应用，展示目前量化投研平台与最新技术的结合情况。当前，国泰君安量化投研平台注册用户已超千人，回测策略过万条。

（一）国内量化投研平台的基本功能与模块

国泰君安量化投研平台是由国泰君安自主掌控的量化投研平台，聚合了投研平台主要的功能和模块，可以作为一个典型案例用来介绍当前国内量化投研平台的基本功能和模块。目前，国泰君安的量化投研平台主体包括"投资研究""我的策略""我的交易""数据""帮助""量化课堂"和"社区"等部分。

1. 研究模块

投资研究模块可以进行灵活的数据处理和研究，基于 Ipython Notebook，可以进行较好的交互式数据处理，简单提取保存数据，并呈现图片，同时支持 Python2.X 和 3.X。结合 Markdown 和 LaTex 语法，可以同时集合代码、文档和输出的图表。一般可以通过研究部分，提取数据分析数据特征进行分析，然后应用到后期的策略编制当中。

2. 回测模块

回测根据策略设定中的时间触发函数进行运算（包括交易日前触发、交易日后触发和交易中触发等），对应的每个触发时间节点，进行指定的运算处理并根据策略交易设定对持仓进行调整。回测框架纳入了诸多细节，包括运行的频率可以结合不同策略设定为 tick（tick 仅支持模拟交易时应用）、分钟和天，以使得不需要过高频率的策略可以更加快速地执行。

回测框架中纳入实际交易限制，包括可以设置费率和滑点，可以进行前复权、后复权和动态复权等不同复权模式的价格调整，可以进行市价单和限价单的选择，股息红利税处理，当日买入股票锁定不能卖出，对于下单量不为 100 整数比的订单可对成交数量进行自动调整。回测运行的编译模块便于编写过程的代码测试调整，如果编译过程没有出现问题，可以通过运行回测按键执行回测，在云端运行回测并保存结果，可之后查看。

回测结果包括策略一般的基础策略指标，同时提供收益概述、交易详情、每日持仓和收

益、日志输出和性能测试等内容。基于策略回测结果，可以进一步进行实盘模拟，实盘模拟会根据实盘数据进行实时模拟。此外，可以对于回测结果进行归因分析。对于不熟悉 Python 代码编写的，国泰君安量化平台提供了向导式方案，使用界面化操作完成策略构建，并可以在回测结果中反向提取向导式对应的代码，便于进一步对于部分策略细节进行修改。

3. 社区分享

除研究模块之外，平台还有社区分享区域可以对量化研究相关问题进行讨论、交流和分享。社区分享文章中可以调用研究模块的图表和代码，也可以插入回测模块的回测结果。其他用户可以通过内容的功能键，一键复制研究模块或者回测模块的代码内容到个人账号中，并且可以基于复制内容进行进一步修改和调优。

4. 数据与 API 介绍

国泰君安量化平台提供的数据内容，包括基础的行情数据、公司财务数据、指数数据、行业和板块概念数据、基金数据、技术因子数据和技术分析指标，以及 Tushare 部分数据。未来，国泰君安量化平台会进一步补充数据，提供更多的因子和技术指标数据，并覆盖更多的金融产品。平台提供了一系列的 API 接口可以直接进行对应数据和函数的调用，其内容可以在帮助的"API 文档"中获得。

5. 量化课堂

平台的量化课堂部分涵盖新手专区、Python 编程、策略与应用、数学课堂和金融市场几个部分。新手专区主要介绍平台和一些简单的量化概念；Python 编程介绍了编程的一些基本处理方式，并给出一系列常用数据处理方式的代码框架；策略与应用介绍了经典策略并提供策略原始代码以供学习；数学课堂讲解与量化相关的一些数学概念和数学方法；金融、经济市场讲解了经济和市场的相关概念和内容。

6. 第三方库

量化平台除策略的构建与回测功能外，还可以实现数据分析和可视化分析，例如：基于大数据的第三方库可以实现部分大数据模型的分析功能；基础的统计模型分析，生成散点图、柱状图、分布图甚至热力图，并可以保存导出；利用开源项目 Sklearn 和 Tensorflow 等，进行机器学习和深度学习模型训练。Python 编程语言社区活跃、贡献者多，最新的学术前沿模型和统计工具会很及时地推出对应的开源工具。

（二）国内量化投研服务呈现多元化发展趋势

不同量化投研平台的关键时间节点上的相似功能快速跟进并实现，使得量化平台日趋相似，同质化竞争日趋激烈。以向导式策略生成器为例，为方便不会编程的用户自己可以用鼠标点选方式形成策略回测，各大量化投研平台陆续推出了相似功能：2017 年 4 月 22 日，聚宽量化平台的向导式策略生成器功能上线；2017 年 5 月，Bigquant 的向导式功能上线，起名为"人工智能策略生成器"；2017 年 9 月，米筐向导式策略生成器上线。这样的情况表明，在关键技术和服务上，各大量化投研服务提供商基本达成共识且互不相让的推进，带来的就是同质化产品的提供，竞争加剧导致不得不各谋出路，形成差异化发展格局。

量化投研平台中，优矿成立较早，母公司通联数据通过对接各大行业数据资源，提供了大量特色数据。通联数据通过其大数据技术获取大量的网络数据、舆情数据和文本挖掘数据。此外，通联数据通过业内走访累计了大量的私募数据。优矿具有多人的量化策略开发团队,帮助客户指定复现当前较为热门的券商量化金融工程研究报告,对应的研究内容转化为平台提供的深度报告,成为平台用户的学习材料。优矿提供了大量的量化策略基础框架(例如多因子)或数据处理小工具(例如剔除 ST 股票)等代码模板,提升用户开发速度,减少重复性工作,并且可以降低基础错误的概率。

部分量化投研平台对于整个量化投研工作流程有着独特的理解,以量化投研功能为核心,工作重心由量化投研平台业务向智能资产管理业务核心后台系统转变。另有部分量化投研平台拆分出数据业务独立出售,进行量化教育或举办量化投研大赛等。

(三) 目前量化平台主要收费服务

国内量化投研平台的主要功能较为相似且免费提供,但各量化投研平台提供的具体收费业务与收费方式各有差异。

1. 服务

目前,IT 技术类提供了各种服务解决方案,把基础设施打包的解决方案(IaaS,基础设施即服务)、把系统和运维打包的解决方案(PaaS,平台即服务)以及把具体软件功能打包的解决方案(SaaS,软件即服务)等。目前,量化投研平台可以联合外部的硬件服务商,把上述内容整体打包成为一体化解决方案或者把中间部分内容作为一个项目进行提供。同时,可以提供公有云部署或私有化部署,也提供后期的运维服务,以及各项功能使用和运维的培训服务等。

2. 数据

目前,很多投研平台都把数据打包成为一个新的付费产品。平台方为用户提供免费数据,通过免费用户使用过程遇到的数据问题进行数据清洗,最后把经过清洗的数据卖给机构方。

优矿提供基础免费使用的数据,但是较为独有的数据都需要用户付费。在优矿研究数据页面,付费数据下有购买标识,点击后跳转到通联数据的数据商城,对应的价格标注为"计费"。通联数据有很多特色的收费数据,例如其很多私募数据是私募走访获得的,宏观数据中收录了 22 个行业数据库,智能大数据是通过其大数据技术收集到的网络数据的,此外,还有涵盖 P2P、PPP、家电、能源、汽车、天气、投资、医药、娱乐等各行业经济指标。

米筐 2018 年 7 月 17 日在其公众号发布了其提供的数据服务 RQData,其数据包括中国 A 股、ETF、中国期货(股指、国债、商品期货)的所有基本信息和每日市场数据/分钟数据和 A 股/期货的 tick 数据,以及 A 股上市的财务数据和场内基金数据。该数据同时提供了强大的工具,同时支持 api 调用 sdk,也支持 Excel 插件使用。聚宽在 2018 年 3 月 21 日发布其数据服务 JQData。聚宽的数据服务除了支持基础的行情数据外,还包括一些特色的技术因子和百度因子。

3. 算力与内存

目前,大部分的量化平台都是云端运行,依靠平台方提供的算力和内存,大部分平台方对于这些资源有所限制。一般而言,因为基础算力由平台方的硬件服务器直接决定,而内存则需在运行过程中动态调整,所以平台方的限制往往体现为对于内存的管制。优矿量化平台给出的"研究环境内存"是这样说明的:"它是开始研究环境中策略运行可使用的虚拟机分配的内存上限。内存越大,研究时涵盖的股票池可以更大,回测周期可以更长。例如:一个涉及全A股过去2年数据的策略,可能需要2G的内存。"此外,每个人的个人账户还可以储存部分数据结果,这些也占用一部分存储资源,一般为硬盘资源而非内存资源。目前,聚宽、米筐和优矿,除了米筐对于普通用户没有收费外,其他两家在不同的业务上都有对用户收费的计划和安排。

4. 优化

参数优化过程中有两个方法,一种是基于遍历的方法,一种是基于算法的优化。前一种枚举每一个参数组合,后一种方法可以在参数组合中根据梯度下降等算法实现优化。例如,对于一组持仓股票,根据换手率和风险暴露情况进行调整,最后得到不同股票持仓权重的过程就是后一种优化方式。这些内容在优矿的知识库中提供了相关的工具,这部分工具只对优矿 pro 用户开放。

另一种是暴力的参数遍历,把多个参数的每个参数设置构建的参数组合都进行回测并研究其结果,上述同时运行的回测数量等就是对于遍历的一种限制。由于参数组合的情况很多,三个参数分别对应数值为 n、m、k 时,需要回测 n×m×k 次,对于计算量消耗很大。因此,部分平台提供便利的参数优化功能,但是要收取费用,例如果仁的付费参数优化功能。果仁网参数优化功能每次优化不超过 200 次就退化为穷举法,超过后会使用类似第二种优化方式的方法进行优化。但是,由于不是所有的优化方法都会求得全局最优解,这种方法得到的可能仅为局部最优解。

5. 培训

培训是各大量化投研平台的一个离线盈利点,即与其线上平台本身可能不完全相关。早期聚宽和在线课堂有过进行量化培训的合作,近期,聚宽和喜牛联合推出了鹏程计划,培训量化基金经理。目前鹏程计划有两种课程安排,一种是半年的,另一种为期一年,后者在前者的基础上增加了更多课程内容,配套的资源对接等相关特权没有太大差异。各大量化平台也提供了其他多种主题的线下分享和研修班,一般为免费半天培训,邀请业务上有合作关系的券商等机构的金融工程相关人员进行量化相关研究成果分享。平台方也会不定期举行特定主题的研修班。

6. 其他

优矿给出了一系列的辅助功能,例如,其知识库功能就是十分方便的辅助功能。优矿的知识库有大量的策略和分析工具的模板,在此基础上进行二次加工和开发会事半功倍。

(四)国内量化投研领域最新技术应用情况

1. AI/ML 的应用

有一只名叫 AI Powered Equity ETF(AIEQ)的人工智能 ETF,其背后的系统借助了多种形式的人工智能技术,对各种数据进行分析,系统依据这些特征因子对市场做出自主预测构建实盘量化策略。国内一些私募基金已经开始将机器学习和自然语言处理等技术融入自己的策略中。

AI 相关的模型应用主要在两个方面:一是机器学习应用在传统的投研中,分析员们对财务、交易数据进行建模,分析其中显著特征,利用回归分析等传统机器学习算法预测交易策略效果。二是使用各类数据利用深度学习模型直接构建量化策略。

目前国内量化投研平台与 AI/ML 结合得最紧密的应该当属 Bigquant 量化投研平台。该平台主要提供量化投研与机器学习相结合的一体化解决方案，包括系统、应用以及战略合作的云服务器的硬件基础设施部分。该平台实现了通过可视化交互"拖拉拽"与代码块相结合的 AI 量化策略开发功能，可以实现集合 AI 模型的量化策略进行回测和进一步策略结果分析。2018 年，Bigquant 项目入选了中国人工智能产业发展联盟"中国人工智能优秀技术和应用案例集"。

2. 大数据的应用

量化投研平台对大数据技术的使用大量集中在舆情等文本材料的处理归整上，从非结构化数据中整理出结构化数据（即各种的大数据因子）用来放入量化策略中进行使用。例如，国泰君安按照国际 A 级机房、美国 USGBC 的 LEED – CI 金级认证和 Uptime T4 等级认证的质量标准进行设计、实施和验收，并于 2013 年 5 月成功获得国内金融行业数据中心首个 UP-Time T4 设计认证证书。对大数据在金融领域的应用提供支撑是数据中心的主要诉求之一，此外数据中心也为云计算、移动互联和社交网路等互联网金融的应用提供了有效的支持。

2017 年 11 月 22 日，上海市金融业联合主办的"2017 年首届证券智能化峰会"上，国泰君安与网易联合成立的大数据实验室"国泰君安网易大数据实验室"正式揭牌。该项合作希望能在用户画像、精准营销、优质内容分发等方面展开广泛的合作，对于量化投研平台的支持则体现在通过深入挖掘双方特色数据构建"君易市场指数"。该指数组为市场趋势的一项重要指标，可以更好地辅助量化投研策略的开发和完善。此外，该实验室也希望在双方良好合作的基础上开发出更多有效的大数据因子，提供量化策略中更高的 Alpha 收益。

3. Docker 云机应用

Docker 提供应用统一的运行环境，针对应用进行资源隔离，相对于虚拟机，容器共享 Linux 内核，提供进程级别的资源隔离，相对更加轻量，无论在测试环境还是生产环境，提高了资源利用率，降低了成本。另外，容器的部署相对虚拟机更加快速，节省了时间成本。Docker 容器在不使用的时候可以很快停止，在使用时可以很快启动，这样对于一些共享的测试资源或小访问量的生产实例，可以共享宿主机资源，达到充分利用资源的目的。

Docker 封装应用的统一运行环境，将开发、测试、生产环境统一起来，统一应用开发各个环节中的环境，为各个环节人员节省时间。国泰君安量化投研平台目前也在积极探索使用 Docker 来隔离不同客户的策略运行环境，使用 Docker 使得无状态的服务自动扩缩容等功能。

4. FPGA 应用

FPGA 是现场可编程门阵列，可以简单理解为可编程的芯片（硬件）。FPGA 本身具有任务并行和数据并行计算的优势，同时能进行网络 IO 级的报文处理，可以获得远超市场的速度优势。利用 CPU 和 FPGA 实现异构并行计算，将复杂的交易策略交给 CPU 执行，将急速报单、风控和行情解码等需要极速处理的业务交给 FPGA 执行，以实现微秒甚至亚微秒级的交易。

目前，国内一些公司专门为金融业提供 FPGA 解决方案。应用较多的如行情解码，可以在 1 微秒以下解码股票、期货的行情，而 CPU 则需要几十微秒。快速接收处理好的行情，意味着能更早地做出决策，以便占据先机。国泰君安投研平台目前在积极研究将 FPGA 应用在行情解码、策略研究以及风控之中。

5. 多活高可用总线

只有稳定可靠的消息总线,才能支撑繁杂的经纪业务。部分券商交易系统仍采用传统的集中式消息总线,速度慢(毫秒级),非高可用,遇到故障很难恢复。

国泰君安投研平台采用业内高性能的多活高可用消息总线作为系统内部的通信总线,实现微秒级报单处理,而且提供可靠传输,不漏报。报单速度达到每秒三万笔,系统内部报单时延在 30 微秒左右,实现了真正的极速交易。同时,基于多活高可用的消息总线,可以实现高可用集群,集群内的不同节点的业务状态完全一致,如果在某一个节点出现故障,则能在微秒内完成切换,提供连续性服务,保证不出错误。

四、量化投研平台发展带来的业务模式变革

(一)借助量化投研工具培养投资者科学投资观

根据可靠的入户调查数据项目数据[①],2010 年中我国家庭持股比例约为 4.49%,持有股票或基金的家庭占比为 6.02%(李涛和张文涛,2015);2015 年第二季度,持股家庭比例数目增至 8.8%。可能两份材料中统计口径略有出入,但数据表明在股市上涨情况下我国的家庭持股比例会有所提升,当前的总持股家庭和个人数量已经非常庞大。而我国大量散户对于金融、股票、交易制度和相关法律法规了解有限,大量的媒体报道成为这样的群体的主要信息获取通道。

目前,市场上存在良莠不齐的书籍和网络材料,这些材料涵盖了股票投资相关的各个方面,但一般以被动的形式呈现出来,等待股票投资者进行学习。量化投研平台的出现从几个方面对市场中投资者教育产生了积极的影响:一是主动生产出大量优质内容;二是其推广行为主动引领参与者进行股票投资知识的学习;三是量化投研平台提供了大量投资相关知识的验证工具;四是量化投研平台为客户提供了相互学习相互提高的交流平台。此外,在量化平台用户学习量化知识的过程中,数据分析结果可以及时反馈给用户,提升学习效率。平台用户在实际的投资过程中可以把量化学习的成果直接转化为经济利益,这也成为平台用户学习的一种激励机制。

(二)量化投研工具与移动端 APP 对接

随着无线网络的发展以及智能手机的迭代进步,手机作为移动端工具拥有越来越多的功能。早期的行情和交易软件的大部分功能已经由 PC 端转向由手机 APP 端。打通量化平台与移动 APP 可以有效地扩展移动端应用场景,提高量化投资对广大客户的服务效率,实现定制化、个性化移动产品。

PC 端功能逐渐被移动端 APP 承担,为量化投研工具与移动端 APP 对接创造了条件。科技整体的发展,使得金融科技概念逐渐落地,其中就包括移动端 APP 对于金融业务的辅助作用。目前,移动端 APP 逐渐承担了越来越多的 PC 端软件的功能,例如实时新闻查看、行情数据和持仓情况查看、账户管理和交易等。由于手机 APP 的普及使用,为量化投研工具

[①] 北京大学"中国家庭追踪项目"2010 年期(CFPS, China Family Panel Studies)、2015 年西南财经大学中国金融调查中心的"家庭金融调查"(CHFS, China Household Finance Survey)。

与移动端 APP 对接夯实了基础，手机 APP 功能的逐渐增强，使得对接量化投研工具后移动端的展示能力愈发强大。

扩展移动端应用场景，提高智能化产品开发效率。Web 端的量化平台支持用户通过"拖拉拽"以及自定义 Python 脚本的形式实现量化策略的编译和回测，手机端 APP 受限于展现形式，目前平台尚无法实现上述功能。如果通过接口将量化平台与移动 APP 打通，将可以实现量化信号和内容的交互，进而使得移动 APP 端应用场景得以丰富，同时极大地提高移动端应用产品的开发效率。

提高量化投资对广大客户的服务效率，实现定制化、个性化移动产品，推动实现千人千面。目前，移动 APP 呈现给所有客户的是统一的界面和应用场景，不同客户在移动端缺乏定制化、个性化功能。对相对专业的投资者来说，实现行情、择时信号、选股信号的定制化需求是智能化应用的重要一环，通过量化平台和移动 APP 的对接可以实现这一功能。

（三）智能投顾与代客理财

智能投顾在金融业内日趋受欢迎的主要原因是其对于传统投资顾问的有效补充，并能够降低投资顾问业务的成本，提升业务效率。在系统层面上，量化投研平台本身已经集合了数据库硬件设备、数据库软件系统、行情数据、基本面数据和常见因子数据、回测模块和绩效分析、终端界面、信号路由系统和交易接口等。目前，量化投研平台服务商更为完备的产品还包括风控系统、清算系统、账户管理系统、资管系统和注册管理系统，只需要纳入产品池和客户行为分析相关的数据，就可以组合成完整的投顾系统。因此，引入量化投研平台系统，可以快速部署实现智能投顾业务的大部分需求，辅助开发智能投顾服务。

量化投研平台服务是对智能投顾业务有益的补充，同时可以进行个性化二次开发定制。用户如果有更多的个性化需求，可以以两种方式进行个性化二次开发：第一种方式，可以把量化投研平台的模拟信号纳入既有的智能投顾策略中，使得原有智能投顾策略进行细节的调整；第二种方式，可以把智能投顾的信号导入个人的量化投研平台，利用投顾信号改善自己的量化策略，满足个性化需求。

从合规的角度而言，量化投研平台与智能投顾的对接如果机制设计不好，很容易导致不合规的业务出现，需要高度重视的是代客理财问题。例如某些量化投研平台推出的策略商城，出售其中部分回测和实盘模拟表现良好的策略，购买者可以获取该策略的策略信号。《证券投资顾问暂行规定》第二条定义："本规定所称证券投资顾问业务，是证券投资咨询业务的一种基本形式，指证券公司、证券投资咨询公司接受客户委托，按照约定，向客户提供涉及证券及证券相关资产的投资建议服务，辅助客户作出投资决策，并直接或者间接获取经济利益的经营活动。投资建议服务包括投资的品种选择、投资组合以及理财规划建议等。"上述量化投研平台出售的投研信号除了信号出售主体不是证券公司或证券投资咨询公司，其他条件都表明其已经从事了投资顾问的业务。但因为其仅通过量化投研平台进行策略信号的出售，其他投资顾问相应的监管条件很难确保都已经满足。"资管新规"中第二十三条明确指出："运用人工智能技术开展投资顾问业务应当取得投资顾问资质，非金融机构不得借助智能投资顾问超范围经营或者变相展开资产管理业务。"量化投研平台在与智能投顾对接过中有可能出现超范围的业务，以及在以往法律法规出台制定时没有考虑到的新的违规案例。

（四）同质化策略大量涌现

基金业内的变化趋势可以看作是整体市场中大趋势的一个缩影，对 Wind 数据中 2009 年至 2017 年年底股票型基金和偏股型基金进行分析可以发现：目前国内量化基金绝对数量逐年增加；量化基金数量占总基金数量比例逐年增加；量化基金的绝对管理规模逐年增加；量化基金管理规模占市值比例逐年增加。这样的变化反映出来一个趋势：量化策略本身影响的股票市场比例越来越大。

专业投资者使用的量化策略与量化投研平台用户使用的量化策略存在差异，但是目前量化策略主要框架数量有限，在主体框架上的衍生策略同质化现象在所难免。以 Quant Opian 为例，其官方给出的数据是平台上运行了超过 20 万用户的 900 万个策略，聚宽量化平台 2018 年 4 月的官方新闻给出的数据是服务了超过 12 万用户（2018 年初公司新闻中给出的数据是其公司服务了超过 10 万的策略开发者）。通过各大量化投研平台内部网页搜索可以发现主流策略的广泛影响能力[①]：对"多因子"进行搜索，优矿匹配了 730 个帖子，米筐匹配了 168 个帖子，聚宽匹配了 188 个帖子；对"CTA"关键词进行检索，优矿匹配了 19 个帖子，米筐匹配了 14 个帖子，聚宽匹配了 23 个帖子。

相似的量化策略如果给出相似的投资建议，甚至对接实盘后直接完成相似的交易操作，可能会在短期对市场产生较大的冲击。股票市场行为研究中的"羊群效应"，就是指大量的参与者可能会出现一致性的反应，早期的研究主要从情绪和主观判断方面进行了相应的解读。当量化投研平台相关的策略总数达到较大规模时，上述的"羊群效应"很可能会由于同质化策略所引起。当相似策略使用相似指标，部分指标达到某一阈值触发了交易信号并带来了交易操作，如果不同策略仅简单修改阈值，则很可能出现多个投资者在相近的价位水平上连续触发交易信号，不断推动现实中的股票价格向相同方向变动，引发市场冲击。

同质化策略除了同时触发造成瞬间大量市场冲击、连续阈值触发形成连续市场冲击外，也会导致策略失效和收益水平下降。如果使用基本面策略，部分量化策略会有较强的现实逻辑符合直观理解，但是部分数据统计策略包括统计套利策略则会由于大量量化实盘同质策略的出现，使得可获利的窗口期变得更小，价格波动会更快速地回复到无套利水平，利于市场价格回归合理位置。

（五）量化投研服务的内涵矛盾展现

量化研究目的是实盘交易，从投资研究到实盘交易中间不但存在着监管问题，也体现了量化投研产业中的多重矛盾：第一，用户不信任券商托管策略，但是不得不通过券商通道；第二，量化服务提供商不希望用户转录保存数据，但是不得不开放数据；第三，量化研究人员开发编写策略，但是团队怕量化研究员带走策略；第四，用户会质疑投研平台上不会有真正有价值的策略分享。

第一个问题集中体现了券商和客户的矛盾，也侧面体现了监管需求带来的矛盾。目前监管方面没有对应股票二级市场量化放开许可，个人不能通过自己系统直接对接实盘。量化投

---

① 网页搜索时间为 2018 年 8 月 19 日下午，CTA 结果包含部分招聘信息。

研平台与当前的券商合作，实现内嵌于券商行情和交易软件的下单功能，相当于在原有的系统基础上增加了量化分析和量化执行的功能，但很多客户不信任策略上传的方式。一方面，用户害怕券商可以获得用户的量化策略源代码；另一方面，用户害怕券商获取策略信号，可能会反向学习用户策略。

第二个问题是在回测研究中用户一定要获得一部分数据，而用户一旦可以接触到数据就可能对数据进行转录保存，这是量化服务提供商不愿意看到的。首先，根据数据采购合同，部分数据对于复制、转录、保存和分发有具体要求，不可以在没有授权情况下任意使用。其次，量化服务提供商本身对于数据进行收集付出较大成本，同时对数据进行进一步清理，对应投入的人力精力使得其数据成本更高。而用户具有转录数据的激励机制。一是用户天然倾向于脱离量化平台使用自己熟悉的研究环境，但脱离平台后量化服务提供商的用户黏性下降会给公司的经营带来负面影响；二是用户具有获取数据转卖获利的激励，免费获取量化服务提供商数据的同时导致量化服务提供商提供的数据和服务价值下降。

第三个问题是量化投研团队内部的问题，因为量化策略很多在于逻辑和理解，当一个研究员对于策略深入理解后，可以脱离原有投研机构将策略占为己用从而实现盈利或者将其转卖。由于策略不同于物质资本投资，策略逻辑重新编写再实现的成本非常小，这将导致原有团队对于策略本身的管控能力不足。但在策略开发时，又需要研究员的参与和推进，在此过程中研究员不可避免地要掌握策略的部分核心逻辑，进而可能逐渐明晰整套策略逻辑。

第四个问题是用户对于投研平台提供的策略产生怀疑，怀疑其是否具有较好的收益能力，开发者如果有较好的策略可以进行股票投资而不进行投研服务。这个问题实际上是对于投研工作的误解而产生的。部分投研工作除了进行判断之外还包含了大量的数据收集与整理工作，以及实盘模拟的策略推送服务。

（六）系统稳定性

量化策略开发和执行过程中对于IT系统依赖程度很高，IT系统的稳定性对于量化投研过程的重要性不言而喻。国内外历史上都出现了因为IT系统问题导致的重大投资失误，从而给公司造成巨额的交易损失，同时对整个市场造成不良冲击的案例。

2012年5月18日，纳斯达克交易软件系统出现问题，导致部分经纪商无法计算其持有的Facebook股票数量，当系统恢复后减持多余仓位导致Facebook股价大跌，经纪商蒙受大额损失。2012年8月1日，因为新软件中存在问题导致骑士资本向市场中发送大量错误订单，最终导致巨额损失后骑士资本被收购。

当前的量化投研平台也同样面临系统稳定性的考验，如果在研究过程中用户不感知的后台程序的部分功能出现问题，用户得到的研究结果就会产生错误，如果用户进一步使用该研究结果进行实盘操作，则更可能带来经济损失。如果量化投研平台用户数量达到一定水平后，这样的系统问题甚至可能对于整个市场产生特定的冲击效果。当量化系统对接实盘后，行情数据拉取或成交报价推送这样具体的系统信息交互环节一旦出现问题，那么以当前系统的微秒级处理能力，可能形成短期大量的拉取或推送请求拥堵交易带宽，使得整个交易体系内各项信息传输受到冲击。

目前国内的量化投研平台正在快速发展，不过量化投研平台行业的发展仍然处于十分初级的阶段，很多系统功能需要不断完善和修改。用户的需求推动着量化投研平台产品的不断迭代，快速迭代的代价就是留给系统测试与稳定性检验的时间被大大压缩，兼顾系统开发的迭代速度与系统稳定性可靠性的平衡是当前量化投研平台面临的重大问题之一。

五、量化投研的发展对于监管提出的新要求

（一）积极引导投资者培养科学的投资理念

在上交所和深交所会员管理规则中都明确提到，会员单位需要做好投资者教育工作，在相关的规定和要求下"引导投资者理性参与证券交易，提高风险防范意识和自我保护能力"，也提及会员单位需要把上述内容切实纳入各项业务环节之中。例如《深圳证券交易所会员管理规则》中明确了会员投资者教育内容："（一）证券法律法规、政策与本所业务规则；（二）证券投资知识和投资技能；（三）证券产品、业务及其风险收益特征；（四）证券市场违法违规行为案例；（五）宏观经济政策与行业发展动态；（六）投资者权利行使、诉求处理及纠纷解决；（七）有关投资者教育的其他内容。会员可以根据自身投资者教育工作开展情况，并结合市场形势变化，及时补充和调整投资者教育服务内容，确保投资者教育工作的时效性。"

量化投研平台的出现，为投资者教育提供了一个新的工具。除了量化投研服务商之外，券商也可以结合量化投研平台，为投资者提供更丰富、更具时效性的教育服务内容。第一，量化投研平台研究过程可以传递量化策略思想，便于用户形成概率思维，理解风险本质，促进投资者理性参与证券交易，加强其风险防范意识，提高自我保护能力。第二，量化投研平台可以及时更新监管法律法规材料帮助用户学习，增加新的信息发部通道，覆盖更多的证券交易参与者，更好地帮助监管部门宣传极具时效性的监管信息。第三，具象化证券相关的各项规则和措施。一方面可以向研究模板加入监管必要的合规风控条件或市场因素，用户可以直观地学习理解具体的监管条例和市场因素如何影响投资行为；另一方面可以通过监管条件或市场条件的变动对比，生成两组策略回测结果，帮助用户更方便地了解市场和监管条件变动对于具体策略的影响。第四，更加丰富的教育形式。因为量化策略的营利性可能带给使用者较为可观的收益回报，所以可以通过寓教于乐的形式给予用户以激励作用，促进其自主学习。量化投研平台通过研究模拟、可视化图表以及手机邮件等终端信号推送，可以满足用户差异化的个性需求，提供丰富多样的投资者教育辅助工具。

基于上述有助于投资者教育的因素，监管机构应该在此方面增加推广力度，在合理、合法、合规的基础上，严格要求规范量化投研平台，大力推广量化投研服务，使更多的使用者可以更好地接受投资者教育。监管方可以借助量化平台这一新工具，拓展投资者教育新场景，丰富投资者教育新方式。

（二）智能投顾与移动APP的监管改进

量化投研平台带来的新业务模式变动对于智能投顾和移动APP端的影响较为类似，主要是通过量化投研平台进行数据分析或者策略开发，生成的指标信号过程实现自动化和程序化，通过技术手段对接智能投顾或移动端APP推送信号，并在终端完成展示工作。量化投研平台与智能投顾和移动APP对接，监管方对于原有的服务存在着如下监管改进的方面。

首先，现行法规尚不完备，投顾与资管分开管理，可以参考美国监管方式进行综合监

管。在美国市场中，无论是机器人投顾还是传统投资顾问，均受到美国《1940年投资顾问法》的约束，并接受美国证券交易委员会（SEC）的监管。美国的投顾监管牌照使得机器人投顾能同时提供给客户投资顾问和资产管理两项服务。而我国的监管法律法规对投资顾问的监管界定和美国有较大差别。一方面，我国的投资顾问行业属于《证券法》中证券投资咨询的概念，分为发布研究报告和投资顾问两种基本形式，受到《证券投资顾问业务暂行规定》和《证券、期货投资咨询管理暂行办法》等法规的约束。另一方面，我国的投资顾问与资产管理两项业务分开管理，适用不同的法律法规，容易出现定位不清、重复管理的问题。我国的机器人投顾行业刚刚兴起，国内对机器人投顾尚无明确的法律定位。

《证券投资顾问业务暂行规定》第二十七条中已经包含了对"以软件工具、终端设备等为载体，向客户提供投资建议或者类似功能服务的，应当执行本规定"产品的监管要求。其中要求客观说明软件工具、终端设备的功能，解释固有缺陷和使用风险，说明数据信息来源等。另外，2013年出台的《关于加强对利用"荐股软件"从事证券投资咨询业务监管的暂行规定》中明确提出："向投资者销售或者提供'荐股软件'，并直接或者间接获取经济利益的，属于从事证券投资咨询业务，应当经中国证监会许可，取得证券投资咨询业务资格。"

我国的投资顾问与资产管理两项业务分开管理，适用不同的法律法规。我国《证券、期货投资咨询管理暂行办法》第二十四条提到："证券、期货投资咨询机构及其投资咨询人员，不得从事下列活动：（一）代理投资人从事证券、期货买卖。"这意味着证券投资咨询机构只能向客户提供咨询意见，下单交易必须由客户亲自进行，而不能由投顾机构代为执行，即不能开展资产管理业务，也就是说目前的券商移动APP均不可以直接进行智能投顾类业务，只允许推送相关的智能咨询意见。"资管新规"第二十三条对于智能投顾和资产管理的业务范围都有提及，但并没有进一步理清投顾服务和资产管理中间的关系。

其次，借鉴国外经验，融合投资顾问业务与资产管理业务。在我国现有法律制度框架下，智能投顾定位为具有证券投资顾问、资产管理资质的公司，向合格客户提供在线投资顾问服务、在线资产管理服务和信息技术服务的统称。如果监管法律法规能够实质上融合了投资管理业务和资产管理业务，能够更清晰明确地为智能投顾进行法律定位，将大大促进智能投顾的发展。"资管新规"明确了具有投资顾问资质的资管机构可以进行智能投顾类业务。但是目前智能化应用最为广泛的各家券商APP以及金融科技类公司的APP实际上并没有资产管理资质，真正的智能投顾并不能开展，但是上述法规的出台仍然起到很大的促进作用。借鉴美国监管的经验与不足，我国对智能投顾行业的监管规则可以更加顺利地建立与完善，在此基础上，智能投顾行业也会更加良好有序地发展。

最后，加强原有对于智能投顾、投资顾问、第三方接入等的自查，防止在新业务模式拓展时造成系统性漏洞，为原有监管反复强调的违规行为造成便利。不应该以新业务模式探索阶段存在违法违规业务操作的可能为理由，粗暴禁止新业务的开展。在现有的法律法规监管条件下，可以考虑在既有要求基础上，强化监管条件，在更高、更严的监管水平下，允许具有资质的券商主动进行相应领域的探索。

（三）加强监管应对同质化策略问题

"资管新规"中第二十三条明确指出："金融机构应当根据不同产品投资策略研发对应

的人工智能算法或者程序化交易,避免算法同质化加剧投资行为的顺周期性,并针对由此可能引发的市场波动风险制定应对预案。因算法同质化、编程设计错误、对数据利用深度不够等人工智能算法模型缺陷或者系统异常,导致羊群效应、影响金融市场稳定运行的,金融机构应当及时采取人工干预措施,强制调整或者终止人工智能业务。"对应上述现象,"资管新规"同一条中给出的建议是:"金融机构运用人工智能技术开展资产管理业务应当严格遵守本意见有关投资者适当性、投资范围、信息披露、风险隔离等一般性规定,不得借助人工智能业务夸大宣传资产管理产品或者误导投资者。金融机构应当向金融监督管理部门报备人工智能模型的主要参数以及资产配置的主要逻辑,为投资者单独设立智能管理账户,充分提示人工智能算法的固有缺陷和使用风险,明晰交易流程,强化留痕管理,严格监控智能管理账户的交易头寸、风险限额、交易种类、价格权限等。金融机构因违法违规或者管理不当造成投资者损失的,应当依法承担损害赔偿责任。"

上述的表述是从资产管理公司机构方的角度出发的监管和自查措施,同时应该把一般投资者也纳入同质化策略影响的监管之中。把量化投研平台纳入监管范畴,为同质化问题的监管从无到有提供一个全新的工具,根据量化投研平台数据监管同质化策略具体情况,利用券商量化投研实盘数据及时监管同质化策略实盘影响。一是从事前风控的视角,监管方面需要进一步强调对于投资者适当性的管理;二是建立健全长效的预警机制;三是事中风控加强突发事件应对反馈机制,过程留痕便于事后风控;四是事后风控定期总结风控报告;五是强化原有对于违规配资、违规投顾业务和第三方接入等违规操作的监管力度,规范市场。

(四) 利用监管手段促进量化行业矛盾纾解

上述诸多量化平台体现出来的业务矛盾集中表现为数据安全和隐私安全的问题,包括通过券商终端上传执行的策略是否能够保证用户策略的安全,以及平台的量化团队开发人员是否能够保证团队量化策略的安全,也包括平台方能否保证自己数据的安全问题。此类问题在国内外监管讨论中,属于隐私安全、数据安全和网络安全的范畴。目前,国际相关法律法规逐步健全,包括美国提出的在大数据时代背景下个人隐私保护的框架,以及 2018 年欧盟提出的《通用数据保护条例》。我国在这方面也逐步完善相关的监管法规,当前正在完善网络发展背景下个人的隐私和数字机密的安全。在具体的操作层面,策略材料可以通过明文加密、加密文件传输、上传下载流量控制、文件拆分与权限配置等手段加强数据安全和隐私保护,同时也需要配合进行社会主要核心价值观相关的投资者教育,提升从业人员个人的素质与基本职业素养,避免违反职业道德行为的产生,提升整体行业伦理水平,促进行业整体发展。

量化投研平台使用者对于平台提供的内容、投研工具和基础策略框架的不信任,可以通过投资者专业性教育实现,使用户对于基本策略框架、理念和代码逻辑有更加深入的理解,更好地识别和使用量化投研平台提供的投研工具。当量化投研平台和智能投顾或其他业务结合形成了投资顾问业务时,需要严格按照对应业务开展条件中的监管要求进行监管,保证投顾业务的专业性和安全性。

(五) 严格监管促进系统稳定性提高

系统性问题一直是证券业持续关注、高度重视的问题,目前已经出台了一系列的对应监管措施、法律法规、实践和管理规则以及行业标准和要求，涵盖了系统的开发、测试、安全和运维管理等，系统性规范了证券系统从立项到最终上线的各个方面。量化投研平台系统在与券商合作的期间，在券商的系统开发条款的规范下，如实严格按照要求进行系统开发，理论上存在风险较小。但由于全新业务上线，包含了新的业务模式，应该完善开发测试流程，使用沙箱隔离小范围测试，规范测试用例与测试报告撰写。对于测试时间，应该考虑进行充分时长测试，以尽量降低系统问题的可能性。同时，借鉴"光大乌龙指"事件的事后处理办法，强化系统事故的处理应对中需要遵守的纪律，完善系统异常后行政处罚、行政监管、市场禁入和投资者赔偿的相关监管要求。

针对量化投研平台提供商不与券商业务接驳而单独提供量化投研服务的情况，证券行业监管应该扩大监管范围。虽然量化投研平台提供商大部分都不是证券公司和证券投资咨询公司，甚至不是上述两类公司的关联单位，但是根据实际业务内容，可以发现量化投研平台提供商实际提供了类似证券业数据分析使用的环境和工具，进一步提供了策略生成的指导与模板，甚至部分内容隐含了策略建议。为完善证券业监管内容，扩大证券业监管范围，量化投研平台服务商应该纳入证券业监管的范围，对量化投研服务商提供的量化投研系统应该附加证券类系统开发的一般要求。

由于平台注册用户水平差异较大，量化投研平台方应该完善使用算例，以规范用户的量化策略编写格式，减少意外事故的发生。对于部分量化投研开发者进行更加细致的适当性管理，并匹配对应权限，以防止系统使用中由于使用者使用不当造成的系统冲击。例如，分配不同使用者使用的算例和内存，防止错误算法占用过多资源从而对系统造成冲击，并保持系统管理中保存删除异常策略的权限。

六、小结

当前量化投研平台的发展已经渡过初级阶段，积累了大量用户，与广大券商、高校和机构形成了多种形式的广泛合作，应用了大量前沿的金融科技软硬件技术，并产生了很多新的业务模式，对监管机构提出了新的需求。通过研究可以发现，新的业务模式主要通过原有不同业务的重新组合产生，监管机构需要及时跟踪新的业务模式，理清监管条件，避免监管缺位现象的出现，就可以很好地应对上述新业务模式的变革。

研究学习量化策略本身对于投资者教育有良好的促进作用，使用量化策略实盘对于投资者提升风险意识和自我保护能力有着积极的效果。根据海外经验和国内公募基金发展现状，量化实盘策略在数量和规模上同步增长也是未来股票市场一个明确的发展方向。除机构方外，量化投研平台用户和用户策略也呈现持续上涨的趋势。针对广大机构和零售客户对于量化投研和量化实盘的需求，券商提供的量化投研服务应该在进一步严格遵循法律法规和自查自纠的基础上，丰富量化投研工具的提供，逐步有序地探索量化实盘服务。券商机构应在监管机构的指导下，在满足用户需求的同时为打造稳定健康的金融市场贡献力量。

智能投顾在新型财富管理中的理论与实务研究

孟庆江*

近年来,随着证券公司经纪业务向财富管理转型的深入,多家证券机构不断推进业务模式创新,采取客户分层及产品分层的方式提升客户服务质量。同时,金融科技的快速发展促使证券行业面临以新技术为基础的重大挑战,促使证券行业生态发生重大变化。面对不断增加的客户和日益复杂的财富管理需求,传统的财富管理机构拥有的相对成熟的法律体系在金融科技下面临挑战,原有的法规和执法面临更高的合规成本,技术结构的快速变化促进财富管理商业模式的创新及客户服务模式的革新。以自动化服务为主的智能投顾应运而生,改变了传统的客户服务模式,给传统财富管理模式带来较大冲击,财富管理与金融科技的结合使得财富管理行业正进入新型财富管理阶段。

一、智能投顾的历史、原理及发展趋势

智能投顾的起源可追溯到证券交易经纪人与客户之间通过电话进行交易的证券交易时代。Instinet 于 1969 年成为世界上第一个成功运营电子通信网络的公司,纳斯达克于 1971 年引入电子通信网络技术,电子通信网络提高了交易效率。1985 年 Trade * Plus 成为 America Online 和 CompuServe 上首批零售交易平台之一,随后被其他平台效仿,这类零售平台的引入提高了效率并扩大了包容性,使得更大比例的美国人参与到股票买卖中。根据纽约证券交易所调查显示,1952 年美国人口中有 4.2% 的人拥有普通股,到 1990 年这一比例上升到 20%。随着竞争的加剧,金融机构通过在线平台提供投资者教育、帮助及时获取投资相关的信息和给予投资建议来争夺客户,同时提供图表软件、技术分析工具、在线交易前端等技术工具帮助客户进行研究和选择合适的投资标的。全球经济危机过后,惨痛的投资经历使得投资者开始偏好低风险投资组合,后危机时期的低利率环境与主动资产管理缺乏正收益导致投

---

* 作者单位:中国中投证券有限责任公司。原载于《中国证券》2018 年第 11 期。

资者转向被动投资管理,这为更加自动化和更廉价的投资组合的再平衡与管理创造了更多的需求,智能投顾在此背景下满足了上述需求。2008年全球金融危机后出现了第一批智能投顾,主要是被动的、自动资产配置和投资组合管理工具,当市场出现重大变动时能自动重新平衡客户投资组合。

智能投顾的原理是基于现代投资组合理论、资本资产定价模型及行为金融学的理论,考虑投资者的财务状况、投资需求、风险偏好、收益目标等,利用大数据、机器学习等技术手段为投资者提供相关资产配置建议及数字化、智能化的财富管理服务。智能投顾主要依赖自动化平台给客户提供投资建议,较少人工干预,利用均值方差最优化来实现低成本与提高税收效率的投资组合,很大程度上采取ETFs和其他被动指数化投资策略。这种模式首先在平台上提供一套内部设计或从第三方采购的投资产品,基于客户的投资目标、风险承受能力和其他因子为客户提供量身定制的分析和对产品进行组合,通过使用算法或启发式判断确定推荐的适用性,最后与客户进行及时的沟通及互动,适时做出一定程度的修正,并进行投资决定的执行和交易。因智能投顾的高效率、低费用的特点,能为大众投资者提供专业化、个性化的金融投顾服务,自其在美国出现以来,传统金融机构已意识到提供智能投顾服务的重要性,并逐渐跟进。

近年来,嘉信理财、先锋集团、贝莱德集团、高盛公司、美林证券等资产管理公司和经纪商建立智能投顾用来挽留客户并发展新客户。目前市场上智能投顾覆盖广泛,既包含单人操作、注册投资顾问的机器人合作伙伴,也包含具有电子顾问能力提供全方位财富管理的经纪人智能投顾,品类繁多的智能投顾给投资者提供了更多选择,金融机构将服务市场拓宽到了传统投顾不能服务的市场。目前主要有两种类型的智能投顾:一种是类似Betterment和Wealthfront的独立新兴财富管理公司;另一种是类似Vanguard和BlackRock建立投资公司的智能投顾平台。

智能投顾市场不断发展壮大,统计显示,2017年全球智能投顾管理资产达2 264亿美元,预计2022年管理资产规模将达到1.4万亿美元。相比而言,国内智能投顾处于初期阶段,其资产管理规模相对美国来说仍然较小。目前国内资本市场投资者以散户为主,更加关注短期收益及投机,追涨杀跌现象严重。智能投顾作为新兴事物,其所秉持的资产配置、长期价值投资、被动投资等投资理念尚需要时间被客户认知和信任,资产配置、稳健投资的优势只有经过时间的积累才能发挥效用;此外,国内市场ETFs相对稀缺导致被动管理的长处难以发挥,本地化财富管理服务的难度较大导致渗透率偏低,但未来增长潜力巨大。

二、新型财富管理业务中的智能投顾

当前证券机构在金融理财产品销售中存在一些亟待解决的问题,虽然产品种类繁多,但每年金融机构销售重点不够突出,产品售后持续服务不够,特别是个性化服务不足。较难服务到数量众多的大众客户,销售人员的产品专业知识和销售技术不同也在一定程度上影响销售质量。随着客户财富快速积累,客户对多元化金融产品需求与服务需求不断提高,促使证券机构发展新的业务模式和服务模式来满足不同层次的客户理财需求。财富管理的最核心要义是满足客户财富增值的需求,这也是证券经营机构的专业价值和核心能力所在。券商需解决两个问题:其一是客户希望从券商处得到什么?其二是券商怎样才能给到客户想要的?由于传统投顾服务主要针对高净值人群,投资门槛相对较高,管理费用高、流程繁琐,且受到投资顾问能力及主观情绪影响等。客户服务的重点是资产超过 50 万元甚至更多的财富客户,大多数客户很难获取实质性投顾服务,客户所需与券商所能给予的服务长时间内资源错配。随着技术的普及和数字化的不断增加,许多投资者习惯在线空间,他们对灵活性和个性化技术具有强烈需求,正在寻找技术驱动的解决方案来改善其投资体验。同时,智能投顾作为一种基于技术形式的替代方案,在服务客户方面更具成本效益,新兴数字技术正成为金融机构与客户互动的新型财富管理模式。

智能投顾充分考虑系统整体运营成本与客户的个人需求,以高效率、低成本的方式为客户提供财富管理解决方案,帮助他们在收益与风险之间寻求平衡。与传统的财富管理业务不同,面向金融科技的新型财富管理业务从价值定位、客户、产品、服务及渠道看,都存在着明显的差别(见表 1)。新型财富管理业务的本质仍然是财富的保值和增值,金融科技是帮助客户更高效、更透明、更精准实现最优资产配置的工具与手段。此外,新型财富管理业务不仅在于渠道线上化,而且在人力依赖最低的情况下尽可能通过技术创造价值、重塑价值链。

表 1   传统与新型财富管理业务特点对比

	传统财富管理业务	新型财富管理业务
价值定位	客户经理和投资顾问经验主导的资产配置和销售服务	数据和技术驱动的端到端价值创新
客户	(1)相对财富度更高的客户 (2)对综合化服务的要求更高	对价格比较敏感、对便捷性要求高、乐于尝试技术创新的客户
产品	(1)产品种类繁多 (2)以复杂、定制化产品为核心差异点	以简单易懂、信息透明、相对更标准的产品为主
服务	(1)提供具有温度的增值服务 (2)以紧密的客户关系和专属式服务为服务的核心价值	(1)突破提供服务时间和空间的限制 (2)以高效、便捷、透明提升客户体验
渠道	以网点为核心,线上化为辅助	(1)互联网、移动端为载体 (2)视频、机器人为手段

相对于传统的投资顾问,智能投顾在发展过程中面临质疑,需解决如下关键问题:智能投顾能否充分满足客户的需求?智能投顾与人类投顾有哪些差距?哪些服务是客户所需要的但智能投顾不能提供的?现有的监管机制需做哪些改变以适应新型财富管理?这些都需要通过技术革新与商业模式的创新来解决。

三、境内外智能投顾的发展状况

智能投顾发展迅速,越来越受到更多金融机构及投资者推崇,各大金融机构通过多种方式推出自身的品牌来服务客户(见图 1)。

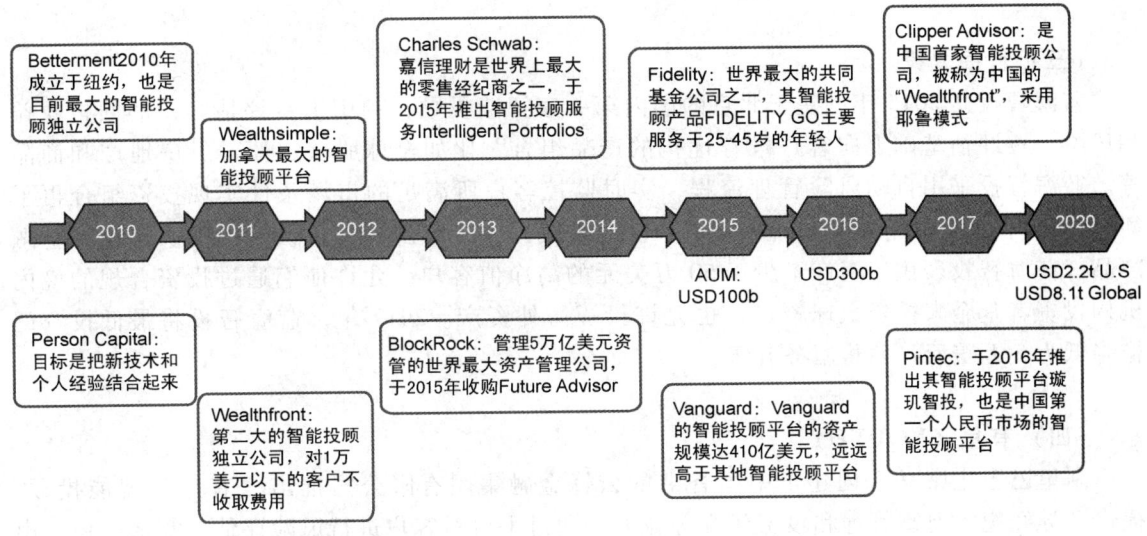

图 1　智能投顾发展历程

（一）Betterment

Betterment 于 2010 年由创始人 John Stein 推出，是目前最大的独立智能投顾平台，有超过 175 000 名客户和超过 50 亿美元的资产管理规模，专门根据具体情况给客户提供在线投资理财建议。其目标群体是对金融市场有基本了解的长期被动投资者，为他们提供有竞争力的价格和高质量的客户服务，还提供行为监控系统以帮助客户做出更安全的投资决策。Betterment 基于投资者的年龄、退休时间表、年收入和投资目标、投资期限等属性，侧重于考虑投资者的目标，使用良好的基础方法进行投资组合选择，基于开放式 ETFs 并采用均值 - 方差最优化来选择多样化资产类型来构造高效投资组合；它还注重税收效率，为应税制定单独的有效边界和延税账户。Betterment 还提供退休投资产品来动态调整客户的资产分配以满足他们将来的花费需求。此外它还考虑投资者的主观风险承受能力，帮助配置到整个投资组合上的股息和收益率的再投资。该运营平台简洁高效，客户登录过程完全自动化，其投资组合配置相对透明。

（二）Wealthfront

创建于 2008 年的 Wealthfront 是一家私营投资公司，它主要为 20 多岁和 30 多岁的人提供服务，他们中很多人是第一次从事投资，还迎合了高净值人士、慈善组织及公司的需求。该公司使用复杂的专有算法和软件为客户提供投资理财建议，采用均值 - 方差优化投资组合的被动式投资，投资证券包括全球公众股票，包含政府债券、地方债券在内的固定收益，房地产和自然资源。

Wealthfront 的服务包括自动化投资组合再平衡、定制投资组合推荐、风险等级的选择、单一股票多元化计划、自动化存款等，投资超过 10 万美元的客户可以获取个人贷款，个人信贷额度超过投资资金的 30%，申请后无须额外的审查，24 小时资金可用。Wealthfront 收取资产管理 0.25% 的费用，且首笔超过 1 万美元不收取任何费用。

(三) 蓝海智投

蓝海智投是2015年创建于北京的国内第一家智能投顾,利用平台评估客户的回报收益和风险,在评估基础上向客户推荐优化的产品组合,比如全球股票、债券、房地产和商品等。蓝海智投采用自动风险管理流程,实时监控客户所满足的市场条件实现投资组合再平衡。2016年,该平台引入AlphaCloud平台,为银行、经纪公司、金融机构提供建议和金融产品。蓝海智投聚焦于资产不少于50万美元的高净值客户,允许他们通过投资合规的境内机构投资者基金来投资全球资产,也允许投资海外资产。2017年,蓝海智投将最低投资门槛降低为5万美元,并将服务升级。

(四) 有鱼 (YOUYU)

阿里巴巴主席马云创建于中国香港的云锋金融集团有限公司推出"有鱼"智能投顾,提供证券经纪、财富管理和投资研究等业务。通过平台对客户进行风险评估,筛选客户,由6名专业人员组成的团队进行基金筛选和投资组合资产配置。投资组合采取自上而下的方法构建,随后由产品经理给出资产配置方案。有鱼的投资组合包含六大类主要资产类型:股票、债券、房地产、投资信托、商品、多元化基金和货币市场基金,每种风险的模型组合配置文件包括每个资产类别的权重。其特色在于从300家全球基金管理中选择个人基金,为客户提供量身定制的咨询服务。

有鱼的目标客户群是需要便捷基金投资服务的零售投资者,他们通过移动智能手机获取咨询服务。对非专业投资者而言,有鱼的模型组合提供了"一键式订单"来完成全球资产配置。对于有经验的投资者,有鱼给他们提供有价值的信息和服务及实时研究报告,包括基金经理的最新信息,以帮助投资者进行决策。相对于传统投资咨询服务,有鱼收取较低的订阅和赎回费用。

四、智能投顾的运行机制

无论人类投顾还是智能投顾,其投资方法都可以总结为三个不同的步骤:资产分配,实施和监控,重新平衡。虽然智能投顾在投资过程中存在个体差异,但总体的框架大体相似,通常使用被动索引策略。智能投顾完整的价值链共包括七个步骤:客户分析、资产配置、投资组合选择、交易执行、投资组合再平衡、税收盈亏平衡、投资组合分析(见图2)。

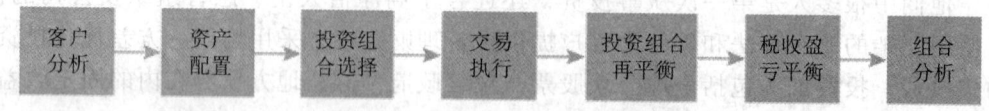

图2 智能投顾运营流程

智能投顾通常根据投资者的投资目标而确定不同的目标类型,可以为应税和税收递延账户开发不同的资产类别,资产类别可以根据他们预期在投资组合中发挥的具体作用来选择。比如,考虑到资本不断增长、长期通货膨胀保护和税收效率属性,可以将股票纳入作为对冲。可以根据投资者的收入、低历史波动率、多元化和通胀对冲属性选择由通胀保护的债券。一旦确定了投资组合构建的理想资产类别，智能投顾可以估算每个资产类别的资本市场假设。不同的智能投顾使用不同的方法估算预期收益，多数采取历史数据来估计差异和相关性的信息。

根据资产市场假设条件，智能投顾采用均值－方差优化生成有效边界，在优化过程中，对资产类权重实施约束以确保适当的多样化。尽管金融理论表明投资者可能通过选择资本市场线上的投资组合找到"超高效"投资组合，但一些智能投顾不采用资本市场线来确定此类投资组合，而采用简短问卷或客户所述投资目标的信息来确定客户所对应的风险等级（见图3）。

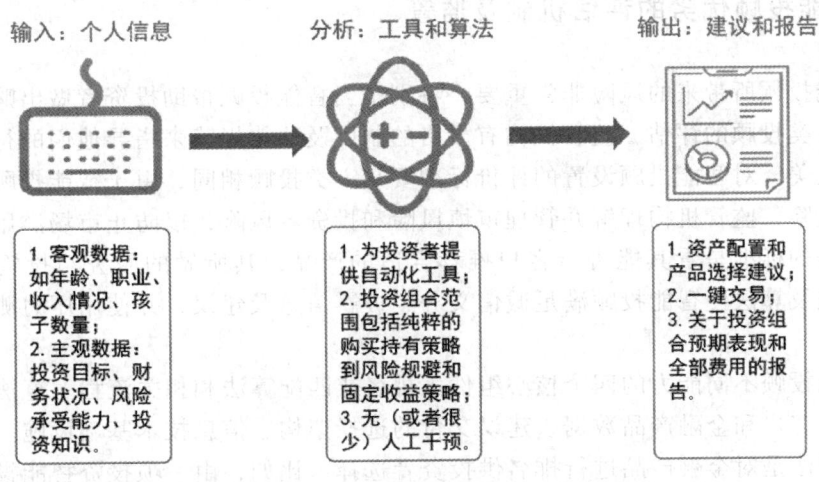

图3 智能投顾运营流程

虽然大部分智能投顾遵循总体的投资方法，但它们在定义资产类别、投资风险、利益冲突等方面存在较大差异。大多数智能投顾主要投资股票和债券，并通常将资产类别划分为子资产类别。Schwab将美国股票资产类别划分为小型股和大型股，反映其认为规模是一个重要的差异化特征。由于美国国内历史上偏好价值投资，Betterment将资产类别划分为价值股和成长股。基于这些特征的资产类别的分类与将基本不同的资产类别纳入均值－方差分析形成鲜明对比。两种活动都可能导致有效边界的改善，前者导致基于估计误差的改进多样化的虚假意识，后者引进具有不同基本属性的新资产类别。由于相关部门没有及时限制将资产类别划分为子资产类，根据一些基础特征将资产类划分为子资产类可提高有效边界。

不同公司智能投顾在使用Black－Litterman模型进行预期收益估算差别很大，Schwab基本没有使用Black－Litterman模型，而Betterment完全依赖反向优化市场组合以产生预期的收益估计，未将自身观点与市场均衡收益相结合，Wealthfront采取将自身观点与市场观点相结合。这种差异反映了不同公司智能投顾的哲学观点。不完全依赖市场均衡的智能投顾通常使用有关历史收益、利率、信贷息差、股息收益率、GDP增长率的数据，以及其他宏观经济变量形成每个资产类别的长期预期收益视图。

风险度量是智能投顾成败的重要考量。Schwab使用投资者调查问卷来实现深入了解投资者的客观能力和承担风险的主观意愿，通过了解投资者个人的风险能力、退休时间、投资目标及时间覆盖长度等信息，获得投资者承担风险意愿，对投资者的风险承受能力和风险意愿进行加权评分，确定他们的适当性风险水平。Wealthfront 基于行为经济学中个人投资者易于夸大个人风险承受力的研究理论，为每个投资者分配客观和主观风险评分，其衡量客观风险能力的指标是退休时的年度税后收入与费用比率，其超额收入越大，个人的风险能力就越大。Wealthfront 通过询问投资者是否专注于最大收益、最小损失来估计其主观风险承受能力，并询问市场下滑假设条件下投资者的反应，最后将主观风险与客观风险进行加权，将风险厌恶较高的指标分配较高的权重。

五、智能投顾优劣的评估机制及监管

评估智能投顾所带来的风险非常重要，特别是当智能投顾帮助投资者做出购买产品的决定时。对于人类投顾的评估，监管机构有严格的制度及法律规范来指导他们的行为，目前人类投顾并非完美。对智能投顾设置的评价标准要与人类投顾相同，由于智能投顾算法固有的缺陷和使用风险，监管机构理解并管理审慎风险和投资者风险，以防止市场滥用。评价智能投顾是否完美的标准是看其能否给客户推荐合适的产品，其所做的服务与投资者利益相一致，通过编程及算法使智能投顾满足诚信义务、披露信息及建议，并使用压力测试对智能投顾进行评估。

评估智能投顾不同能力的四个核心组件：排名或匹配算法和相关流程、算法或其他匹配过程所使用的客户和金融产品数据、建议交付的选择架构、信息技术基础设施。对智能投顾而言，关键算法是对金融产品进行排名供投资者选择。比如，由一项投资智能投顾在投资者退休存款投资组合中推荐债券和股票基金混合型产品，随着投资者年龄增长，投资组合权重更多偏向于债券基金。监管机构需要有能力评估这些算法，智能投顾公司需要解释他们的模型、基础数据、数据的适当性，说明预期结果，能够通过困难测试案例证明算法按照设计执行。监管机构需要根据特定领域的专业知识对这些资料做出判断，还需要判断这些算法有没有直接或间接考虑对投资者不利的模式，而不仅仅只是考虑佣金。

智能投顾以个性化的方式对金融产品进行排名或匹配，对客户进行教育投资及销售产品，比人类投顾成本更低，但能提供更高质量的建议及更高的透明度。目前以投资为重点的智能投顾引起监管机构的关注，有业界人士担忧智能投顾会"扰乱"金融服务业，可能最终导致金融服务的单一文化，引发新的不公平性和金融系统更大的脆弱性，导致智能投顾的从众模式，这种脆弱性将比人类顾问带来更大的灾难性结果。虽然智能投顾能增强客户财富管理服务能力，其金融服务所涉及投资的产品与服务可能带来损失及误导，特别是智能投顾存在对客户评估不足及因有偏见的算法所带来的系统性风险，监管部门应制定相应的法规来减弱风险带来的损失。

数据完整性和准确性对智能投顾的发展非常重要，数据是智能投顾正常运营的基础保障，对客户与产品数据的监管同样重要，其所需要的数据可以直接从客户处收集，但最直接有效的方法是从第三方提取（虽然一般供应商出于数据安全、法律等方面的考虑不愿意提供数据），这为保证数据准确性提供了保障。对于数据访问，监管部门对金融机构所推出智能投顾的监管应考虑其数据获取的合法性，其产品数据中排名和匹配是否有不利于投资者的方式，智能投顾考虑策略使用数据之间的差距在何处，要监管为何采取这些策略，哪些选择

是合理的，以及监管机构对数据访问权限及数据质量的要求等问题。

六、新型财富管理下智能投顾的发展趋势

随着财富管理转型的深入，资产配置能力和投资交易能力得到强化，新产品、新结构开发不断扩大，提出以客户需求为中心的服务理念，不断完善信息系统建设，不断扩充产品线布局，不断推进业务模式创新，在人工智能、机器学习上不断加大投入，进一步研究和开发新策略，稳步提高投资收益率。目前财富管理体系的核心是为各类客户提供优质的金融产品，其主流路线是构建齐全的产品超市，提供产品建议及筛选服务。智能投顾正逐渐成为人类投顾的补充，他们正在获得市场份额并提高客户信心，开始影响传统的财富管理，特别是客户经理如何与客户进行互动。客户财富解决方案根据其特点进行全面分析，通盘考虑客户整体形象，融合客户的外在和内在资产和负债，甚至考虑客户之间行为偏见的细微差别，以及法律、道德、继承和慈善事业。关于高净值人士的财富管理更为复杂，他们的资产管理规模更大，增加了更复杂投资解决方案的需求。同时需要考虑到他们的家庭情况、家族企业情况，以及该家族在其他有法律风险司法管辖区的全球资产，智能投顾将来能帮助客户识别和管理此类风险。

未来财富管理服务的一系列工作都可以通过智能投顾平台提供和改进，完善融资融券业务风险管理和合规管理体系，完善客户分级制度，通过多种产品组合和服务优化，进一步提升精细化、差异化服务。目前为止，即使在智能投顾发达的欧美，大多数智能投顾只是专注于帮助客户管理相对被动的投资组合，很少有智能投顾协助客户解决房地产、退休计划、保险、税收减免等全方位的问题；在地理方位上仍然聚焦于在国内解决问题，一些新成立的亚洲智能投顾允许客户进行全球投资，但在全球提供智能投顾甚至在局部地区为客户提供建议方面都面临一些挑战，这不仅因为多样化的合规和税收法规，也因为不同地区的法律环境存在差异，其ETFs等金融工具的资产配置建议方面差别较大。

未来通过设计和使用更复杂算法让智能投顾为客户定制投资组合，利用人工智能、机器学习和其他数据分析工具，将客户收入、职业轨迹、储蓄和支出行为以及资产、负债等数据作深入分析，给出高质量的投资建议。随着时间的推移，智能投顾将更善于管理客户的行为和需求，使用有关客户交易模式、资金投资、客户账户的提款和再平衡活动的数据来改善风险计量流程，来自行为经济学和相关领域的观点帮助智能投顾重新设计改进智能投顾平台，以促进拿出更好的投资解决方案。

在客户细分基础上，对金融产品、客户服务进行细分，寻找合适的匹配算法，进行客户适配性服务是进行个性化服务的基础。同类客户有类似的需求，客户的部分需求仍然需要人为判断来解决更多的复杂问题，特别是不能完全忽略人类情感和感受。人机共同界面在提供财富解决方案、确保客户对推荐和产品适用性清晰度方面将会非常有帮助，两者共同的判断和计算资源来提供替代财富管理服务。从长远来看，智能投顾在技术创新的推动下将使得财富管理更加便捷及更商品化。随着客户财富的不断增加和客户群体的不断扩大，有简单需求的投资者将会越来越多地选择访问更简单、高效并能做到以客户为中心的智能投顾。但是对于成熟的投资者及高净值客户来说，他们仍需要与资产经理、私人银行家密切联系。

未来智能投顾在投资咨询和资产管理方面帮助客户设计和执行与其生活状况、风险偏好相关的投资组合,解决客户最重要的问题。在退休计划方面,智能投顾通过数据分析与算法模拟帮助客户进行决策,考虑包括寿命的精算与退休、终身收入、潜在通胀、产品收益等,利用股票基金、债券之间的对冲策略来满足客户在未来年份的需求,在帮助客户完成退休计划方面更为成熟。在房地产理财服务方面,智能投顾通过模拟和数据分析帮助客户决定适当的代际资产转移,特别是对于复杂的私人财富管理,通过编程模拟及数据分析帮助客户将资产转移给财产继承人。智能投顾提供更多的客户教育机会和在线培训,帮助个人投资者做出更明智的投资选择,客户在经过一段时间的体验式学习后,对市场、证券信息有了深入的了解,最终能够做出独立决策。通过数据分析和人工智能将投资者的需求和面临的投资机会更好地进行匹配,充分考虑到投资者的行为偏好,以改善投资收益。通过提供这类软件,帮助客户在金融市场和快速变化的环境中获取真知灼见,在先进分析工具的帮助下避免一些人为的判断错误和行为偏见,智能投顾的使用让投资者拥有更强大的决策能力。

参考文献

[1] Baker, Tom and Dellaert, Benedict G. C., "Regulating Robo Advice Across the Financial Services Industry"(2018). Faculty Scholarship. 1740.

[2] Phoon, Kokfai and Koh Francis, Robo – Advisors and Wealth Management, JAI 2017, 20(3) 79 – 94.

[3] Schwinn, R., and E. Teo. "Robots or Humans: Trends in Robo – Advisory Services and Social Online Trading." Working paper, Sim Kee Boon Institute, 2017.

基于智能投研提高券商投研能力的探讨

李嘉宝[*]

一、智能投研的定义

投研即投资研究,是指通过对金融市场、行业、公司进行基本面分析,建立财务分析模型、估值模型等,从而确定证券的合理价值;同时,通过技术分析、演化分析等对具体投资操作的时间和空间进行判断。最终,将以上两方面的研究结果用于投资决策。

智能投研与传统的人工投研相对,是指通过人工智能、大数据等技术对数据、事件、观点等信息进行综合性、自动化的处理和分析,提高投资决策人员的工作效率和分析、投资能力。

二、传统投研的流程及其局限性

传统的投资研究流程一般包括三个步骤:(1)信息搜索及知识提取:通过互联网信息门户、金融终端、书籍文献、公司网站等途径获得市场、行业、公司、产品的基本信息,并提取信息中的数据及知识;(2)分析研究:基于第一步中得到的知识,运用逻辑推演、运算等方法提炼出观点;(3)观点呈现:将分析研究结果以合适的方式呈现出来。

在以上各个步骤中,传统的方式均存在着一定的局限性。

在信息搜索及知识提取步骤中,人工获取信息往往不够及时,并且提取信息的过程与研究人员的知识体系有很大的关系,使得信息往往不够完整,随机性较强,导致提取到的数据和知识也不能较好地体现被研究事物的全貌。同时,研究人员在查询资料时如果想要获得较为理想的结果,就需要十分专业、准确的搜索表达,这对研究人员的知识全面性提出了较高

---

[*] 作者单位:首创证券有限责任公司。原载于《中国证券》2018年第11期。

的要求。

在分析研究步骤中,人工分析易受到情绪、偏见、知识体系等方面的影响,稳定性较差。同时,研究人员要在大量的信息、数据之间找寻关联,学习事物之间的内在逻辑,这对研究人员的信息处理能力、逻辑分析能力、专业知识水平等均提出了较高的要求。

在观点呈现步骤中,人工整合、发布研究结果用时较长,使整个流程的时滞性更强。

三、智能投研的业务流程

智能投研的业务流程从本质上看与传统投研并没有显著的不同,但它基于人工智能、大数据等技术可以帮助传统投研中的每一步提高效率、优化质量(见图1)。①

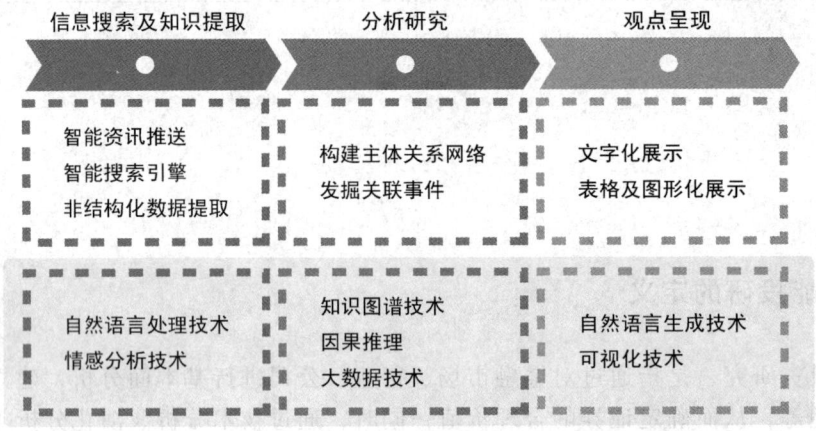

图1 智能投研的业务流程

在信息搜索及知识提取步骤中,智能投研基于自然语言处理技术实现智能资讯推送和智能搜索引擎,从而使系统具有较强的联想能力,能够理解更为通俗化、模糊化的搜索表达。智能投研基于自然语言处理技术和情感分析技术实现对非结构化数据的提取,通过实体提取、段落提取、关系提取、表格提取等方式从海量信息,如交易数据、卫星照片、天气数据、快递数据及社交媒体数据②等信息中抓取相关信息,并将其转化为机器可以识别的结构化数据,使信息来源更加广泛。

在分析研究步骤中,智能投研基于知识图谱技术,可以从公司公告、券商研究报告、第三方机构报告、新闻等资源中自动批量提取出公司的股东、子公司、供应商、客户、合作伙伴、竞争对手等信息,构建出研究主体的关系网络。基于因果推理和大数据技术,智能投研可以在海量的事件之中发现有关联的事件。

在观点呈现步骤中,智能投研基于自然语言生成技术可以实现对研究结果的文字化展示,基于可视化技术可以将研究结果的数据自动转化为表格或图形化展示,并最终进行自动排版。

---

① 东吴证券:《全球独角兽研究系列报告(二)智能投研:华尔街之狼 Kensho 来了》。
② Big data in asset management: Going beyond the hype, CRISIL Global Research & Analysis.

四、智能投研用到的金融科技原理详解

在智能投研的业务流程中,自然语言处理、知识图谱和因果推理等技术扮演着重要的角色,并且都是人工智能领域的关键技术。

(一) 自然语言处理 (Natural Language Processing, NLP)

自然语言处理是人工智能和语言学领域的分支学科,指通过计算机利用算法模拟人类的自然交流,如写作、说话等过程,从而能够理解并运用人类的自然语言,简化人类将自然语言转化为计算机语言的复杂过程。自然语言处理可以大体分为两个领域:自然语言理解 (Natural Language Understanding, NLU) 和自然语言生成 (Natural Language Generation, NLG)。自然语言理解是指机器能够理解自然语言的意义。自然语言生成是指机器能够以自然语言文本来表达其运算结果。

自然语言理解的研究起源于 1954 年,Georgetown 大学与 IBM 公司合作,第一次通过机器将俄语翻译成英语,展示了机器翻译的可能性。20 世纪 70 年代前后,人们提出了有关自然语言表示和处理的理论和方法,并将其扩展到人机接口、专家系统等应用领域。20 世纪 90 年代以后,随着互联网技术和移动互联网技术的兴起,自然语言理解获得了快速的发展,出现了在线机器翻译、跨语言的信息搜索、多语言通信系统、计算机辅助写作系统、面向移动设备的自然语言接口等。

自然语言理解的研究可以分为四个层面,即词典构造、语法分析、语义分析和篇章分析。词典构造是指构造包含尽量多的语法信息、语义信息、语用信息等的机器语言词典,将其作为构建自然语言理解平台的基础,此方面的研究成果有 WordNet、FrameNet、MindNet、HowNet 等。语法分析是指对自然语言进行表层的形式化分析,包括词法分析和句法分析两部分。词法分析是将自然语言进行切分,并将每个切分的词加上词性标记,它是句法分析的基础。针对汉语的分词算法主要有三类:基于词典的方法、基于统计的方法和基于理解的方法;词性标注方法主要可分为三类:基于规则的方法、基于统计的方法和混合方法。句法分析是将句子的词语序列映射为句法成分的层次结构,目前主要的句法理论有短语结构语法、扩充转移网络、词汇功能语法、功能合一文法和依存语法等。语义分析是在语法分析的基础上理清句子的语义结构关系,对整个句子的语义进行组合和表达并说明句子中词语搭配上存在的各种语义限制条件。主要的语义分析理论有义素分析法、格语法、语义网络、优选语义学等。篇章分析是研究句子之间的关系以及整个篇章中包含的知识,主要的篇章分析方法有框架理论、脚本理论、故事语法、修辞结构理论等。

自然语言生成包括内容规划、句子规划和表层生成三个基本功能。内容规划主要决定生成的文本所要表达的内容,并对已确定的内容进行结构化描述,使之符合阅读理解习惯,主要的技术有:模式生成技术、短语/规划扩展技术等。句子规划进一步明确定义规划文本的细节,主要以黑板模型和管道模型两种方式实现。表层生成是将句子规划后的文本描述映射至由文字、标点和结构注解信息组成的表层文本。

情感分析 (Sentiment Analysis) 是自然语言处理中一个重要的研究方向,是指对带有情感色彩的主观性文本进行分析、处理、归纳和推理的过程。情感信息的提取是指在文本中抽

取有价值的情感信息。情感信息的分类主要包括主、客观信息的分类和主观信息的情感分类。情感信息检索可以检索出与主题相关且包含情感信息的文档。情感信息归纳可以将与大量主题相关的情感文档进行自动分析和归纳并得出情感分析结论。

自然语言处理的常用实现算法包括：隐含马尔科夫模型、条件随机场、神经网络算法等，它主要应用在大数据分析、日志挖掘及分析、自动摘要、文本分类、信息提取、文本朗读/语音合成、语音识别、信息检索、文字校对、机器翻译、问答系统等领域，可以成为各行各业特定场景的解决方案（见图2）。

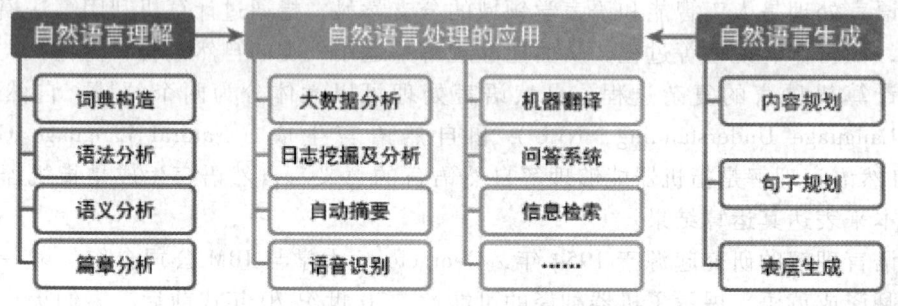

图 2　自然语言处理的技术基础及应用领域

在金融行业，借助自然语言处理，人们可以从消息面数据中挖掘出舆情因素对市场后续走势的影响，通过充分的信息获取辅助尽职调查，自动生成研究报告等。

（二）知识图谱（Knowledge Graph）

知识地图的概念由英国情报学家 B. C. Brooks 在《情报学基础》中最早提出，它是指将知识结构绘制成以各个知识单元概念为节点的地图。知识图谱是知识地图的一种高级表现形式，是利用信息可视化技术构建的一种知识之间关系的语义网络，它是人工智能领域重要的基础设施。构建知识图谱的理论主要包括：引文分析理论、词频分析理论、社会网络分析理论等；关键技术主要包括：寻径网络、自组织特征映射、力矢量布局算法、最小生成树算法等。

在金融领域，知识图谱中的节点可以表示公司、产品、证券等实体；边表示实体之间的关系，可以是上下游关系、竞争或合作关系、担保关系、股权关系等（见图3）。知识图谱可以将金融实体之间的复杂关系以网络的方式直观地呈现出来，当实体或关系发生变化时，它还能基于关系的传导分析得出可能造成的影响，从而可以协助投研人员掌握更全面的信息，进行更深层次的研究。

金融知识图谱的构建主要包括两个步骤，即实体识别和关系构建。实体识别步骤中，系统从新闻资讯、公司公告、券商研究报告等海量的信息源中抓取实体。关系构建步骤中，系统基于机器学习等方法发掘实体之间的各种关系。对于非结构化信息的处理，在实体识别和关系构建中都要用到自然语言处理和深度学习等技术。

（三）因果推理（Causal Inference）

因果推理被一些学者认为是通向真正智能机器的必经之路，它源于对物理系统中各变量之间的相互确定关系的讨论，目前已经推广到讨论事件之间的决定关系，但其本质仍是变量

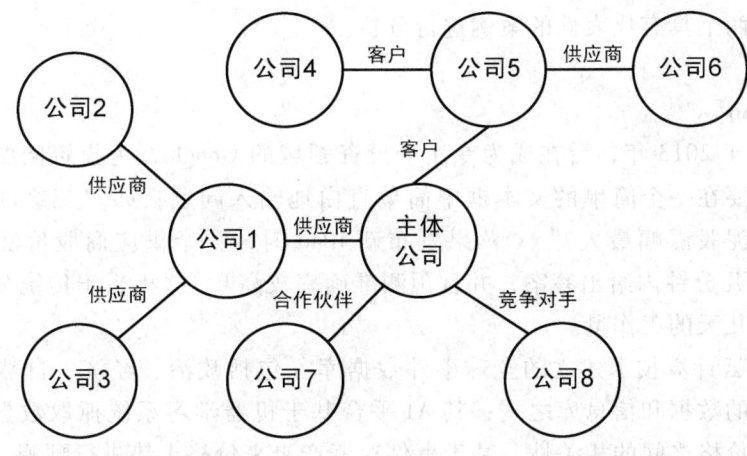

图 3　金融领域知识图谱示意图

值之间的相互确定关系。

因果推理过程包括两个步骤：首先根据已有的各种关于系统的结构、行为和功能的知识构造出因果关系图，主要实现方法基于因果顺序理论、组合建模方法等；然后是基于因果关系图和关于系统的原有知识对变量行为进行传播，通过回顾重要的行为序列便可以对系统行为做出解释。

通过因果推理，机器不仅能把相关的事物联系起来，还能够推理出原因为什么能引发结果，从而可以查询某种干预会如何影响因果关系，这即是科学思维的基石。

五、券商开展智能投研业务的意义

从产品和业务角度看，智能投研是金融行业的发展动向之一。智能投研可以有效拓展信息的获取渠道，对大量信息进行即时处理，从而提高分析的全面性，同时降低研究人员对于某细分领域的专业知识门槛；智能投研可以完整、理性地揭示事物之间的联系，避免情绪、偏见、知识体系等方面的影响，稳定性较佳；智能投研可以即时呈现观点。此外对于某些涉及大量固定格式的撰写工作，如合规性文件、IPO 文件、研究报告等文件中的某些章节，智能投研可以完成自动化生产。在以上各个环节中，智能投研可以为投研人员节约大量的时间和精力，用于思考和推理等高级分析活动。

从机构角度看，大型金融机构为保持竞争力，依靠其平台优势对智能投研等新技术具有快速试错的能力，可以进行积极探索。获取智能投研产品的主要方式有自建技术、与供应商合作、通过并购获得能力等；中小金融机构通过智能投研可以以较低的成本提升自身投研效率与效益，可以通过对国外案例及国内大机构的模式进行学习和验证，从而决定开展智能投研业务的时机。

六、智能投研领域案例分析

在智能投研领域，自 2007 年以来已有金融机构做出了一些有益的尝试，获取相关技术的方法主要通过自建、合作或并购（这些方法也适用于智能投顾相关技术的获取）。我们在此选取国内外的两个具有代表性的案例进行分析。

(一) Kensho

Kensho 成立于 2013 年,旨在成为专注于投资领域的 Google,为投资问题提供实时的答案。投资者只需要在一个简单的文本框中简单直白地输入问题,如"三级飓风袭击佛罗里达州时,哪个水泥股涨幅最大?""苹果发布新 iPad 时,哪个供应商股价涨幅最大?"等。Kensho 就可以在几分钟内给出答案,并且预测准确率较高①。这相当于传统分析师在能够找全数据的前提下几天的工作量。

Kensho 基于云计算技术建立的全球事件数据库(包括政治、经济、自然等各领域)是目前世界上最大的数据和信息库之一;其 AI 平台基于机器学习系统抓取数据,搜索及建立国际事件与资产价格之间的相关性,基于事件对资产未来价格走势进行预测,并能实现良好的人机交互性;基于知识图谱提供国际事件的实时画像。高质量的数据库、强大的数据处理能力、先进的机器学习能力以及数据可视化能力为其构建了决定性的竞争优势。未来,Kensho 将进一步完善全球事件库的构建。

Kensho 于 2017 年 4 月获得标普国际(S&P Global)领投的 B 轮 5 000 万美元融资;除资金外,标普国际还为 Kensho 提供最新的金融数据包。此外,华尔街最大的六家投行(高盛、摩根大通、美银美林、摩根士丹利、花旗集团和富国银行)都参与了其 B 轮融资,融资主要用于拓展市场,使其成为金融机构和商业媒体领域的重要信息通道。2018 年 3 月,标普全球收购了 Kensho,5.5 亿美元的收购价格使之成为人工智能领域最大的交易之一。

(二) 天弘基金的信鸽系统和鹰眼系统

天弘基金积极采用智能投研技术改善资产管理投研能力及效率,其投研云系统由"信鸽系统"和"鹰眼系统"两大部分组成。"信鸽系统"基于垂直搜索及网络爬虫技术,实时抓取上市公司新闻及公告,为投资者提供及时准确的股票资讯,从而辅助决策;"鹰眼系统"基于自然语言处理技术,对"信鸽系统"获取的实时信息进行准确分词和情感分析,从而对债券主体及其关联关系的互联网舆情变化进行实时监控②。其中,鹰眼系统是天弘基金用人工智能技术替代初级信用分析师的一种尝试。将被信用分析师打上数据标签的 8 万条新闻及公告作为数据集,对自然语言处理算法进行训练,使得鹰眼系统有能力对债券市场上的 4 000 家公司进行信用度排名。2016 年发生违约的债券主体有 80% 都在鹰眼系统的名单中,系统提前两周预警河南中孚实业债券停牌,提前半年预警山东山水水泥债券违约风险,提前两周预警四川圣达债券违约风险。③

天弘基金在智能投研技术上的实践探索是以其在金融科技领域的积累作为基础。其大数据技术的积累源于天弘余额宝,其人工智能技术的积累源于其针对定增市场研发的人工智能模型。

---

① "金融 AI 公司 Kensho 再获华尔街投资,估值超 5 亿美元",搜狐财经,2017 年 4 月 16 日,网址:http://bbs.pinggu.org/forum.php?mod=viewthread&tid=5917615,最后访问日期:2018 年 8 月 15 日。

② 天弘基金刘硕凌:"人工智能将引领资管行业新变革",《21 世纪经济报道》,2017 年 3 月 30 日,网址:http://epaper.21jingji.com/html/2017-03/30/content_59112.htm,最后访问日期:2018 年 8 月 15 日。

③ 天弘基金官网,网址:http://m.thfund.com.cn/m/index.html,最后访问日期:2018 年 8 月 15 日。

七、存在的问题与未来的发展趋势

以目前的研究及实践情况来看,智能投研领域目前尚存在一些问题,同时呈现出一些发展趋势。

从技术角度看,目前的智能投研对于事件与资产价格之间关系的判断是基于对历史事件的学习,尚无法自动对新出现的事件进行分析,即智能投研尚未形成逻辑推理能力;同样因为不具备逻辑推理能力,智能投研仅能展示实体之间的联系,但无法完全区分这些联系是因果性还是相关性等;智能投研的人机交互友好性有待提高。

因此,在一定时间内,智能投研与分析师之间不会形成竞争关系,而更多是相辅相成的关系。分析师借助知识和逻辑对智能投研揭露的联系进行解释,而智能投研基于对更全面、详细的数据的处理,为分析师节约出大量时间、精力用于分析和决策。

但是在更遥远的未来,随着自然语言处理、知识图谱、因果推理等技术的发展,智能投研的自主推理、思考能力会更强,很有可能将具备独立提供投资建议的能力,从而彻底解决信息海量增长下人工研究全面性、稳定性较差等问题。

从产品及业务角度看,由于技术壁垒及复合人才缺乏等原因,智能投研产品落地缓慢;虽然一些传统金融机构已率先开展或积极布局智能投研业务,但仍存在部分机构对智能投研的概念模糊,对其潜力认知不足等。

在人才方面,传统金融机构和金融服务供应商将愈加重视人才驱动战略,建设专业化、多元化、复合化的人才队伍;在技术方面,传统金融机构将通过合作、收购等更加多元化的方式获取智能投研相关技术。

事实上,智能投研不仅能够为个别分析师提升效率和效益,还有望基于专家系统将优秀研究员的行业经验、思考深度、分析能力等个人属性上升到组织属性,进而提高整个机构的投研效率和效益。

从技术本质上看,智能投研的应用领域不仅限于投资研究,其对海量信息的提取和关联等能力使其具备进入合规、监管等领域的发展潜力。

参考文献

[1] 贺召华. 自然语言的发展与研究 [J]. 科教导刊——电子版(中旬),2016(5):147—147.

[2] 余贞斌. 自然语言理解的研究 [D]. 华东师范大学,2005.

[3] 张建华,陈家骏. 自然语言生成综述 [J]. 计算机应用研究,2006,23(8)1—3.

[4] 赵妍妍,秦兵,刘挺. 文本情感分析 [J]. 软件学报,2010,21(8):1834—1848.

[5] 秦长江,侯汉清. 知识图谱——信息管理与知识管理的新领域 [J]. 大学图书馆学报,2009,27(1):30—37.

[6] 王锵,石纯一. 一种因果推理形式 [J]. 软件学报,1997(4):291—296.

智能大数据平台在证券行业的应用与研究

金学禹　井明刚*

一、证券行业与大数据

（一）大数据介绍

大数据，指无法在一定时间范围内用常规软件工具进行捕捉、管理和处理的数据集合，是需要新处理模式才能具有更强的决策力、洞察发现力和流程优化能力的海量、高增长率和多样化的信息资产。

麦肯锡早在 2011 年便宣告大数据时代的到来："数据已经渗透到每一个行业和业务职能领域，逐渐成为重要的生产因素。"多年来人们对大数据最基本的认知被概括为 4V，即 Volume（数量巨大）、Velocity（处理速度快）、Variety（类型多样）、Value（数据价值）。然而这 4 个特征并不能体现大数据的内在含义，从实践中我们总结了大数据 3 个关键核心点：

1. 数据加工能力

大数据并不仅仅是有大量数据的存储就可以认为具备大数据的技术能力，围绕着大数据平台需要有足够强的大数据处理加工能力，包括实时与离线处理，要能做到快速、高效，只有具备这个最基本的能力，才能为后面的数据应用打好基础。

2. 大数据思维

大数据思维必须抛弃传统数据思维框架。在大数据时代，我们具有处理大数据的技术能力，不再需要"抽样"使用概率的方法估计。由于使用了全部数据，所以不再只局限于"精益求精"的思维方式，还要具有容错思维，面对全部数据便能得到最接近客观事实的结果。要有"相关性思维"，核心是将两个数据值之间的关系通过量化的方式体现出来。在小数据时代，相关关系作用有限，但在大数据时代，相关关系应用广泛，通过应用相关关系，

---

* 作者单位：方正证券股份有限公司。原载于《中国证券》2018 年第 11 期。

可以比以前更清晰地分析事物。

3. 数据和业务相结合

在互联网领域，大数据技术应用得游刃有余，百度、阿里巴巴、腾讯等互联网公司成为大数据技术的第一批受益者。随着 IT 技术的发展，大数据技术开始走进各个行业。各个行业内也积累了大量数据，并且部分企业在大数据应用上取得了不错的成绩。零售行业巨头沃尔玛很早便开始了大数据研究，通过相关性分析大幅提高了商品的销售量。麦肯锡在其报告中指出，在医疗领域，大数据分析帮助美国医疗服务业每年创造 3 000 亿美元附加值。

（二）大数据在证券行业的发展状况

证券行业作为一个高度信息化的行业，拥有大量的交易数据、客户资料、市场信息数据、行情数据等结构化与非结构化数据，可以说证券行业天生就带着大数据的光环，但在初期并没有很好地利用。

随着大数据技术的快速发展与证券行业对技术要求的不断提高，大数据与证券行业联系越来越紧密。可以预测证券行业进一步的发展离不开大数据技术，同时证券行业也会有力地推动大数据技术的进步。

在大数据技术如此成熟的今天，券商必然要充分利用大数据为用户开发更多的产品与服务，创造更多价值。

1. 国外证券行业概况

无论是互联网领域还是证券投资领域，国外对大数据的使用都要早于国内。2011 年 5 月，英国对冲基金 Derwent Capital Markets 建立了规模为 4 000 万美金的对冲基金，该基金是首家基于社交网络的对冲基金，通过分析 Twitter 的数据内容来感知市场情绪，从而指导投资。2012 年，Cayman Atlantic 公司新成立了一只基于网络社交媒体 Twitter、搜索引擎 Google 及其他新闻媒体数据进行交易的对冲基金。根据其官网披露的基金历史收益数据，2015 年 12 月，该基金累计收益率高达 63.21%，年化收益率为 15.02%。在基金运行的 42 个月中有 32 个月获得了正收益，亏损的 10 个月当中，平均月亏损仅为 -0.45%，而获得正收益的月份中，平均月收益率为 2.12%。

在国外，券商使用大数据开发产品已经产业化，从最基础技术做起，收集数据，加工数据，再使之产品化，将金融服务产品出售给证券投资机构和个人，成为一种相对稳定的盈利业务。

2. 国内证券行业概况

国内的大数据应用稍晚，但是近年来大数据为各大互联网公司创造了巨大价值，并且"互联网+"战略的提出，使得各个行业均对大数据技术加以重视。在证券行业，各家券商都已对大数据技术布局。例如，国泰君安网络金融部通过大数据实现移动端客户的精细化数据运营和用户运营，同时借助大数据对于移动设备地理位置的分析，实现精准展业、营业厅布局等价值创造方式。长江证券 iVatarGo 也是证券行业的一个典型案例。iVatarGo 在确保客户信息和资料绝对保密的前提下，对客户的投资行为数据、交易数据进行深度智能分析，为每名客户进行全面精准"画像"，帮助用户获取投资信息和情报，成为用户投研和决策的智能助手。

二、证券行业大数据技术平台

伴随着互联网的浪潮,证券行业的各项业务也逐步向互联网发展。在互联网化过程中,各项业务积累了大量数据,如网上开户、柜台系统、交易 App、中后台服务等系统业务,以及客服中心的语音、合同扫描等为券商贡献了大量结构化与非结构化数据。这些数据体量庞大,类型丰富,贴近业务和用户,蕴藏着巨大的商业价值。对于如此体量的数据,传统技术处理起来很困难,使用大数据技术可以有效地存储并科学地管理,加以数据挖掘技术,能够挖掘出更多的价值,做到以数据驱动的方式为企业提供数据决策支持,为客户提供更多的数据服务。

下面根据方正证券在大数据方面的实践,对大数据平台的各个环节作简要概述。

(一) 整体架构

图 1 是数据的流转架构图。根据数据流转形式分成两条线,即实时计算流水线与离线批量计算流水线。数据从产生到应用输出,共有数据采集、中转、存储、加工、模型、产品化等环节。

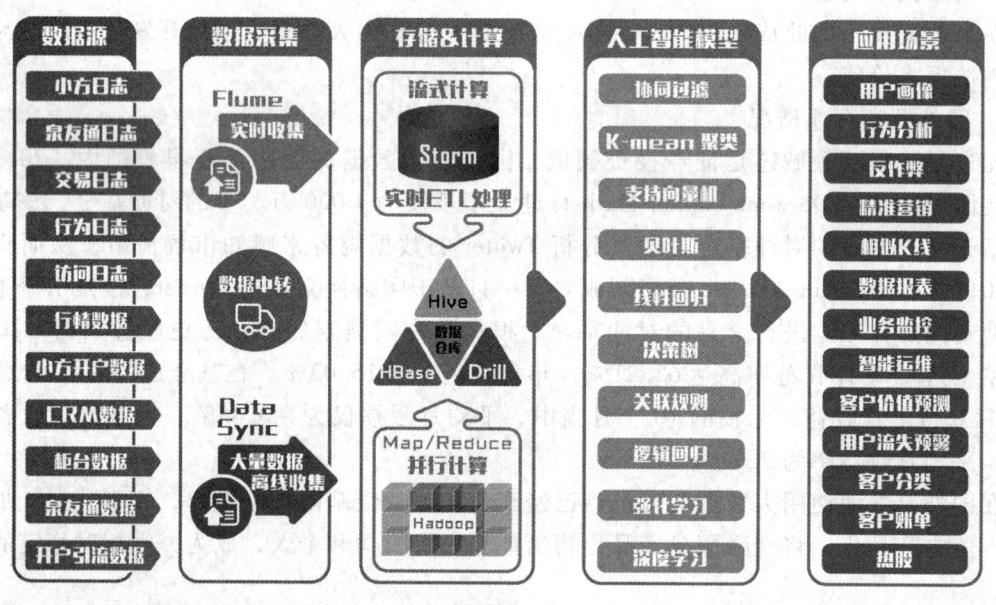

图 1　大数据平台架构图

(二) 实时数据收集与流式计算

在证券公司复杂的系统中,有很多种类型的数据,其中日志数据是需要实时收集处理的。日志数据包括系统日志、服务日志、访问日志等。研发人员可以通过日志检查服务的异常,运维人员通过日志检查系统的健康状态,产品、运营人员能够根据访问日志分析线上产品使用情况,制定产品优化策略。

在日志采集系统中选用 Apache Flume 这个开源方案。该日志采集系统是一个分布式、可靠、高可用的海量日志聚合的系统,支持在系统中定制各类数据发送方,用于收集数据,同时还提供对数据进行简单处理并写到各种数据接收方的能力（见图2）。

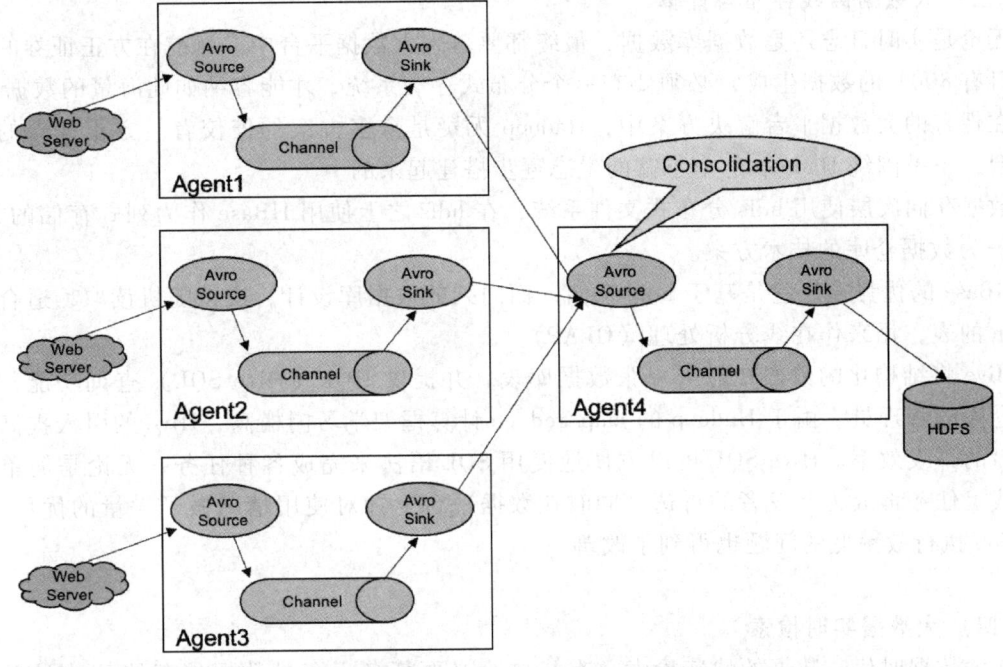

图 2　Flume 收集日志架构（来自 Flume 用户文档）

使用 Flume 能够做到快速部署新的收集节点，能够适应快速迭代的开发节奏，并且其稳定的特点能够保证数据收集的实时性，保证数据不丢失。

在数据实时收集系统后面，直接对接流式计算系统。流式计算的引入是源自业务对海量数据在"时效"价值上的挖掘诉求，例如风险监测与告警、服务器健康状态实时监测、产品应用统计分析、内容实时推荐等。

在技术方案上使用了支持分布式处理的 Storm 作为解决方案，它有如下特点：实时、低延迟；无界，数据是不断无终止的；连续，计算持续进行，计算完之后数据即丢弃。

实时采集与流式计算的整体架构见图3。

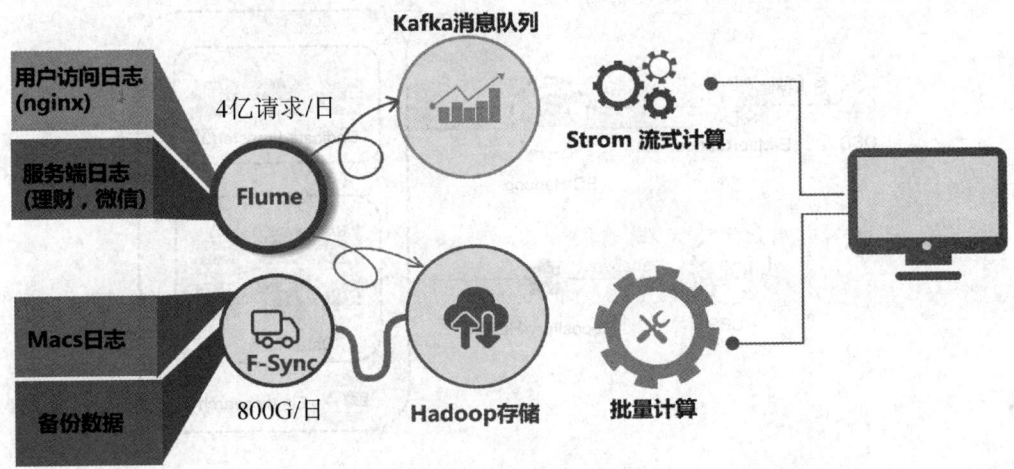

图 3　实时数据采集和流式计算架构

（三）大数据离线存储与计算

无论是实时日志还是数据库数据，最终都要落入大数据平台中。目前在方正证券的系统中每日有 800G 的数据生成，必须要有一个分布式存储系统，才能容纳如此海量的数据。

在现有的大数据平台解决方案中，Hadoop 无疑是众多方案的佼佼者。方正证券的大数据平台，正是围绕 Hadoop 这个丰富的生态逐步搭建起来的。

数据存储底层使用 hdfs 分布式文件系统，在 hdfs 之上使用 HBase 作为列式存储的方案，Hive 作为数据仓库的技术方案。

HBase 的优势在于它是基于 hdfs 存储，面向列的数据库设计，支持随机读取，适合超大 column 的表，用来作在线分析处理（OLAP）。

Hive 将结构化的数据映射为一张数据库表，并提供 HQL（Hive SQL）查询功能，成为数据仓库的管理员。由于 Hadoop 的 map/reduce 计算框架学习门槛高，Hive 的引入提高了数据平台的开发效率。Hive SQL 可以方便地使用 SQL 语法来完成各种任务，无论是简单查询还是线上任务都成为开发者的首选。同时在数据平台上针对使用情况做了大量的优化工作，Hive Job 执行效率低的问题也得到了改善。

（四）大数据实时检索

在大数据时代，数据的快速检索、查找成为必要任务。海量数据的存储已被 hdfs 分布式文件系统解决，但面对如此巨大的数据，检索所需信息便成为大海捞针一样的难题，传统的数据库检索技术在海量数据面前已不再适用。

数据实时检索技术应用于多种业务场景，例如用户行为分析、客户实时账单、系统入侵检测、日志分析、推荐系统等场景。这些场景对实时技术的使用，可以提高用户的使用体验。

实时检索这个技术模块采用开源的 Elastic Search 作为技术方案。Elastic Search 是一个基于 Lucene 构建的开源、分布式、restful 的搜索引擎，具有性能稳定、可用性高、模式自由、使用方便等特点。

Elastic Search 与 hadoop 数据架构见图 4。

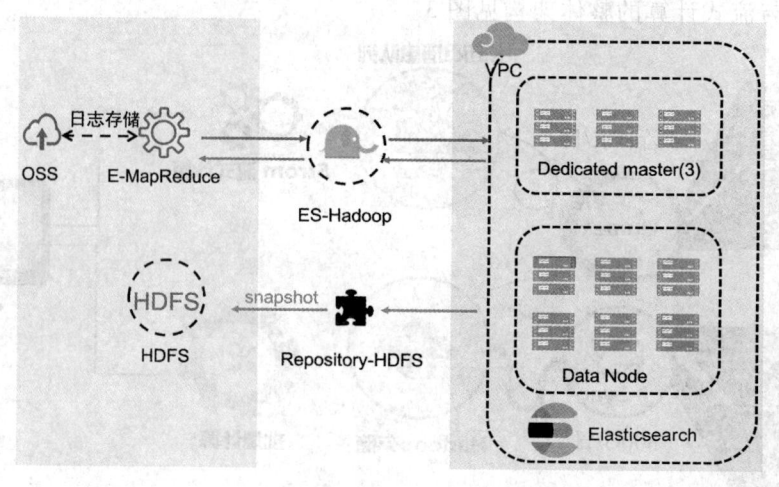

图 4　实时检索数据架构

（五）数据挖掘算法

大数据最为关键的价值主要体现在数据挖掘上，如果说大数据技术是从数据量、数据类型、数据增长速度角度去描述数据，这些特点产生的数据存储与计算技术作为大数据的根本，那么基于大数据挖掘出有价值的规律和知识，便成为大数据技术所追求的目标。

数据挖掘是基于数据库、机器学习、人工智能、统计学等学科的一门交叉学科，近年来发展迅速，被广泛应用于各行各业中，并且有了卓越的成果，例如百度的排序算法、广告引擎、电商网站的推荐系统、客户流失预测等。

数据挖掘常用方法与算法有特征的提取、变换、选择、降维，分类和回归，聚类，协同过滤，关联规则，算法的迭代与优化方法等。其中算法都有通用性，为了能够更方便地使用这些算法，并且能够适用于大数据平台，方正证券开发了常用算法库。基于该算法库，开发人员能够在大数据平台上快捷地实现各种实验，以满足高质量地完成各项业务的数据挖掘需求。

三、应用与研究

证券行业内对大数据平台的应用主要体现在如下几个方面：提高内部人员工作效率、了解用户、产品研发。本文以下内容结合 8 个应用，简要阐述大数据平台在证券行业的应用与研究。

（一）数据整合

应用一：数据的整合与共享。

大数据平台的建设解决了海量数据的存储与计算问题，改善了海量数据的挖掘过程；同时也解决了各个业务系统对数据的依赖问题，提高了研发效率。在没有大数据平台之前，各业务系统的数据都是各自为战，数据的依赖呈网状结构，效率低下，错误率高（见图 5）。

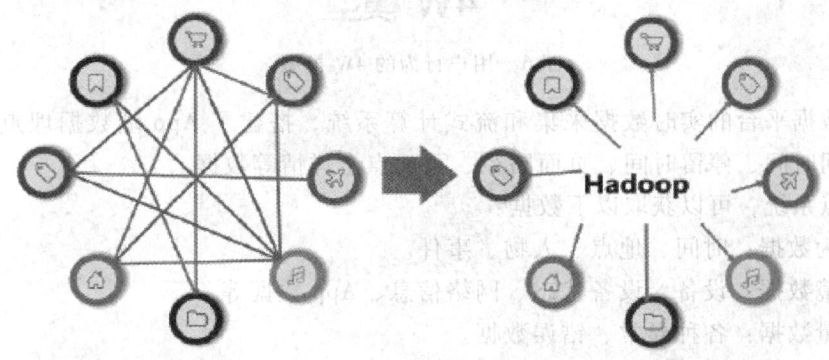

图 5　数据的整合与共享

大数据平台有效地解决了传统业务对数据依赖的低效研发过程，将各个业务中的数据进行集成与整合，使来源各异、种类不一的各类数据在统一的框架下存储于大数据平台之中，使原来杂乱无章的数据开发过程变得有序，改变了各系统间的信息孤岛状态，实现数据的共享和应用。

应用二：提高工作效率。

大数据平台对数据集成与开发过程的统一，提升了中后台的工作效率，主要体现在如下几个方面：

（1）数据采集的自动化：基于配置文件的采集系统，无须为每个系统做开发。

（2）产品运营数据的实时分析：技术方案更加便捷，更加智能。

（3）运维体系实时监控、预警：通过大数据平台搭建的运维系统，能够实时了解到各个模块详细的性能指标，帮助运维人员及时、准确地发现问题。

（4）大数据平台提供的工具，成为研发人员线上问题查找、分析、修复的利器，减轻了研发人员的工作量，提高研发效率。

（二）数据驱动产品迭代

应用三：移动端埋点系统。

在移动为王的年代，对用户的理解更加重要。为了能够更细致地了解用户，需要在App端对用户行为埋点。通过埋点能够帮助业务和数据分析人员打通企业和用户之间的隔阂，为了解用户交互行为、扩宽用户信息和前移运营机会提供数据支撑（见图6）。

图6 用户行为的4W模型

基于大数据平台的实时数据采集和流式计算系统，搭建了App端数据埋点系统。该系统记录了访问时间、停留时间、页面路径、页面点击详情等数据。

通过埋点系统，可以获取以下数据：

（1）行为数据：时间、地点、人物、事件。

（2）环境数据：设备、设备状态、网络信息、App数据等。

（3）质量数据：各种异常、错误数据。

应用四：用户行为分析。

有了埋点数据后，便可以通过收集的用户行为数据，分析用户的需求，发现新的运营机会，进而以数据为驱动，更为合理地迭代产品设计，提升用户体验，加强运营能力，提升各项业务指标。

在用户数据分析当中，将常规数据平台化，PV、UV、转化率、留存率、转化漏斗，都以工具的形式提供给相关人员使用，最终用来帮助提升活跃度，优化交易路径，提升留存，加粗转化漏斗。

除此以外，还分析了更为精细化的运营数据：用户行为流。根据用户行为流，可以看到用户在使用某个功能的来源和去向，并且能以行为链的方式向前向后追踪，能够捕捉到宏观数据所观察不到的更为有价值的数据（见图7）。

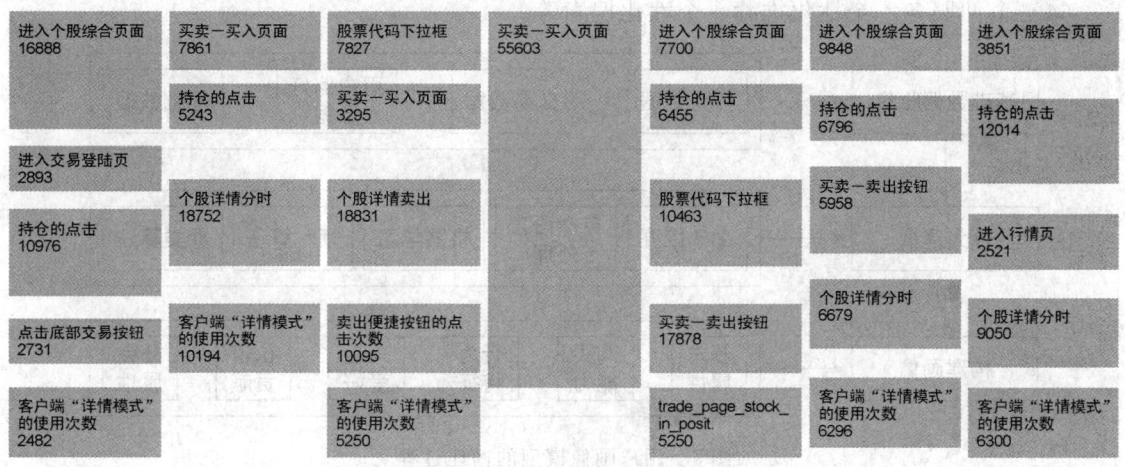

图 7 用户行为宏观分析

（三）精准营销体系建设

应用五：用户画像系统。

用户画像的构建就是通过数据给用户打上不同的标签用以标记和区分，对于不同的应用，用户画像包含的内容并不完全固定。通常，用户画像都会包含人口属性和行为特征。人口属性主要指用户的年龄、性别、所在的省份和城市、教育程度、婚姻情况、职业等；行为特征主要包含活跃度、忠诚度等指标，同时要结合业务给用户打上成百上千种类的标签，举例如下（见表1）。

表 1 用户画像的基本要素

基本信息	姓名、电话、住址
人口统计信息	出生年月、性别、婚姻状况、出生地、身高、体重
社会属性	收入水平、教育程度、职业、任职公司
忠诚度属性	App登录频次、平均使用时长
心理属性	接触点行为、交互行为、网络行为、社交活动
行为偏好	交易渠道分析、交易类型、关注数据
价值贡献	累计交易金额、每单交易金额、活跃度
市场营销	活动履约历史、活动响应历史

标签为机器处理数据提供了一种便捷的方式，使得计算机能够程序化处理与人相关的信息，甚至通过算法，模型能够"理解"人，从而进一步提升数据模型的精准度，提高信息处理的效率。

用户画像的构建是一个复杂的过程（见图8），对数据的理解、挖掘能力要求和投入非常高，但产出一定与投入成正比。用户画像数据经常应用于如下几个方面：

（1）精准营销：精准直邮、短信、App消息推送、个性化广告等。
（2）业务决策：排名统计、地域分析、行业趋势、竞品分析等。
（3）用户研究：指导产品优化，甚至做到产品功能的私人定制等。
（4）个性服务：个性化推荐、个性化搜索等。

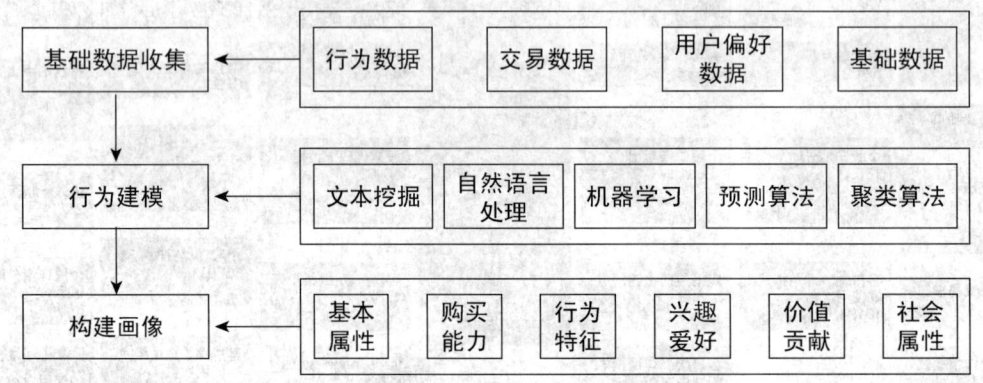

图8 用户画像模型的构建过程

应用六：精准营销。

精准营销就是在用户画像的基础上按照单个客户设计个性化的营销方案和沟通服务体系。这种建立在精准定位基础上的营销活动，可以最大限度地摊平企业的成本。精准营销对于每一位客户的兴趣、爱好、购买能力均可以做出预测和判断，根据综合化的评分向顾客推荐服务及产品。

精准营销包括如下几种方式：实时营销、交叉营销、个性化推荐、客户生命周期管理、渠道优化等。

（四）智能化产品研发

应用七：智能热股。

大数据平台的技术与数据也会直接为用户提供智能化产品，将用户产生的数据反哺用户，为用户服务。热股产品是根据用户的搜索、浏览等一系列行为，结合行情交易量等数据研发的一款产品。热股产品创新性地引入物理模型，基于大数据平台实时分析计算，利用牛顿冷却定律，实时计算出当前的股市热点。

该产品触达用户需求痛点，上线以来用户反馈良好，得到用户的认可，提升了App端的用户体验与黏性。

应用八：投顾服务产品推荐模型。

券商的投顾服务产品，可以为签约客户提供专业的投资顾问咨询，用专业知识帮助客户达成投资目标。但不同的投资顾问团队有自己的投资风格和特点，在众多的投资顾问团队和产品中，如何选择最合适的服务产品成为客户的选择难题。所以基于证券大数据，使用用户画像数据，描绘客户的投资偏好与风格，建立科学的数据模型，为其推荐服务产品，成为大数据在券商落地的一个方向。

该模型中,将产品签约时长、客户交易行为等数据作为基本特征,抽取出来用作训练数据。对数据作 t–SNE(非线性降维)处理,经过处理后发现:签约用户与非签约用户在不同的区域有明显的分布差异(见图9)。据此,对同一组同时含有签约和非签约客户的数据,采用 GMM(高斯混合概率)模型对签约客户的概率进行估计。根据得到的概率分布模型,计算未签约客户的签约概率值,使用该算法完成服务产品的个性化推荐模型。

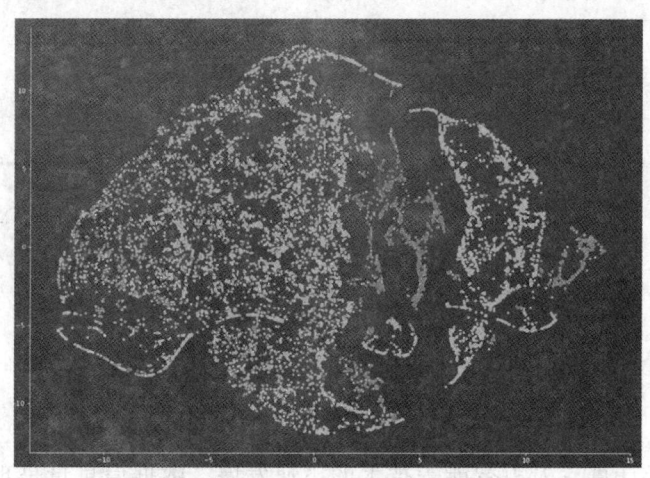

图9 t–SNE 降维后的客户数据

四、小结与展望

总的来看,我国证券行业的大数据应用对外晚于欧美证券行业,对内晚于互联网企业,但是证券行业在大数据领域紧跟技术发展趋势。证券行业虽有大量的数据积累,但也有不同于其他行业的特点,所以证券行业要开发出适合自身的大数据平台与应用。在同质化竞争中,券商都力图从激烈的竞争中脱颖而出,大数据为其提供了一条新的路径。相信在未来的发展中,大数据在证券行业中的应用会越来越丰富,会创造出更多价值。

参考文献

[1] 洪锦屏. 当券商遇见大数据[D]. 北京:证券研究报告——证券行业专题报告,2015.

[2] 崔文如. 大数据时代证券市场变革初探[J]. 金融证券,2016(13):128.

[3] 阿里巴巴数据技术及产品部. 大数据之路——阿里巴巴大数据实践[M]. 北京:电子工业出版社,2017.

[4] 周志华. 机器学习[M]. 北京:清华大学出版社,2016.

[5] 券业新力量. 真正聪明的券商都在下苦功夫布局大数据[EB]. 北京:https://www.sohu.com/a/148 606 765_465 415,2017.

[6] 倪韵婷. 海通:沙海淘金——大数据与金融的碰撞[EB]. 北京:http://finance.sina.com.cn/money/fund/20140804/102419904557.shtml,2014.

证券行业大数据平台建设及未来展望

胡智慧　徐飒英[*]

随着互联网、云计算、人工智能等技术的飞速发展，数据信息量呈现指数式增长，当今世界已经迈入大数据时代。纵观国内外，各行业产生的海量数据给我们带来了巨大的挖掘价值。近两年国内大数据产业的业态发展日益完善，证券行业作为数据最为密集的行业之一，金融科技推动了证券行业的科技创新，大数据技术的应用正在大规模地落地发展。

一、背景

根据摩尔定律定义，每过18个月，晶体管数翻一番，从而带来了一系列指数式的链式反应。处理器的性能也翻一番，成本折半，功耗折半。同时，在一些临近的领域也触发了类似的指数效应。随着数据的指数级增长，大数据技术的发展对70亿人数据化的生存起到了至关重要的作用。2020年，预计会有超过500亿个互联设备，这些合并起来每年将产生至少35个ZB①的数据，一个ZB相当于1 000个EB。以谷歌为例，它现有的数据量差不多在个位数的EB或者几十个EB之间。这样，到2020年，一年就可以产生1 000多个谷歌的数据。数据量越来越大，如何从数据中通过处理、分析、挖掘提炼价值，逐渐成为全球关注的话题。

在国外，百货公司通过大数据应用实现货品的实时定价；安全部门通过大数据预测犯罪的发生；医疗行业通过大数据来管理医疗数据并提供临床决策支持。证券公司也在积极开展大数据应用，除了在技术应用上，甚至在产品创新上有了新的尝试，如针对情绪指标的量化分析以及同大数据相结合的基金产品等。在国内，各行各业也纷纷开展大数据平台建设，扩大大数据应用范围。

---

[*] 作者单位：上海证券有限责任公司。原载于《中国证券》2018年第11期。
① 计算机存储单位，1ZB代表10万亿亿字节。

我国证券行业发展至今已经累积了海量的高价值数据，同时随着业务的不断发展，每天产生的数据至少在 TB 级别。如何应用数据科学的思想，将业务通过数据体现出来，同时通过数据进一步促进业务发展，是证券行业目前需要解决的问题。要实现这个目标，需要通过处理、分析、挖掘的方式，从业务数据中提炼价值，同时将价值进一步反馈到业务中去。在这一系列过程中将面临很多挑战：第一，传统的数据分析方法是通过采样，利用统计方式捕获数据特征。但随着数据量的剧增，这种方式越来越不能有效地完成海量数据分析。因此，现在的数据分析需要的是海量数据的全量分析。第二，如何确保实时性？数据的价值跟它的寿命成反比。数据生成之初，价值最大，伴随着时间的推移，价值就会急速衰减。因此数据处理的实时性要求越来愈高，需要将数据的实时洞见和长期积累的知识进行融合，从而形成新的洞见。第三，如何提供合适的处理分析方法？我们的方法是否有效？如何从细微的变化中获取显著的价值，新的数据挖掘算法、人工智能都将在这个方面迎来新的挑战。第四，一旦从数据中发现了价值，如何通过有效的手段，快速地将数据的价值反馈到业务中去？

鉴于上述挑战，建设一个高效稳定的大数据服务平台，实现海量数据的智能化处理是大数据应用的基础。因此，目前国内证券行业也开始致力于大数据平台整体框架的研究。

二、证券公司大数据平台建设初探

（一）大数据平台的整体架构

上海证券有限责任公司于 2015 年开始大数据平台建设探索，并于 2016 年完成公司大数据平台一期建设，目前已进入平台三期建设。

如图 1 所示，大数据平台选用了 Hadoop 平台作为智能数据服务平台建设的基础架构，围绕着 Hadoop 开源平台及其衍生的开源生态圈，将整个智能数据服务平台日常运营过程中涉及的数据收集、传输、存储、处理、失效等各个环节，进行数据全生命周期管控，并对外提供数据访问服务和计算处理服务。

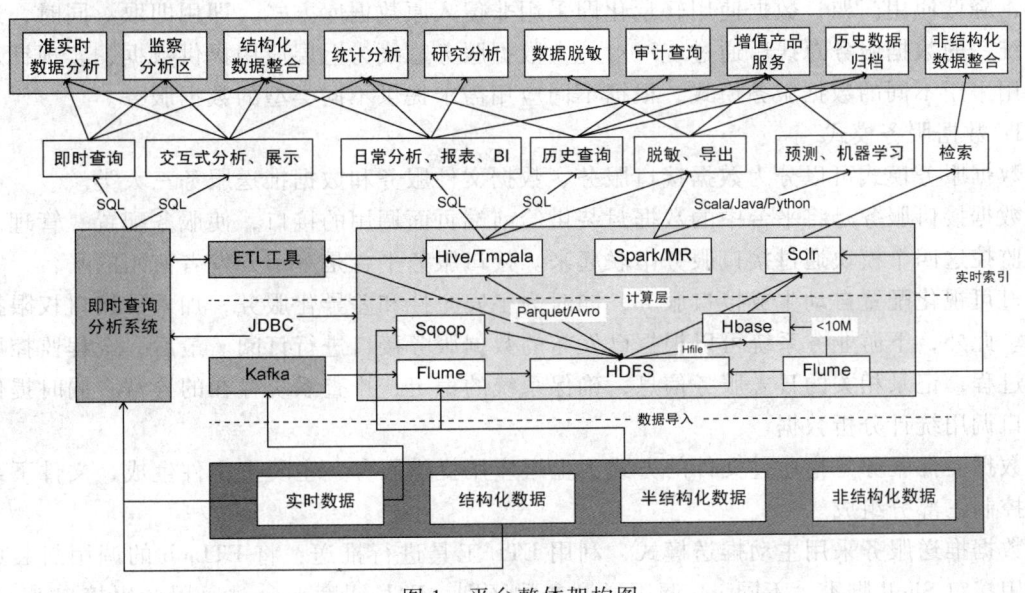

图 1　平台整体架构图

平台底层采用 CDH – Hadoop 基础架构，数据以文件、流式写入 Hadoop 平台，平台对外提供计算服务，包括 Hive 和 Impala 的 SQL 服务、Spark 和 Mapreduce 的分布式计算服务。同时，平台通过 Solr 或其他索引组件对外提供文件的检索功能。从数据存储功能看，平台上存放了结构化数据、半结构化数据和非结构化数据。结构化数据存放在 HDFS 中，以文件形式进行存放，对外以表的形式提供访问。半结构化和非结构化数据部分，小文件存放在 HBase 中，大文件作为 HDFS 文件存放，同时当这些数据被解析为结构化数据后，便以结构化数据方式存放，以方便上层应用调用。

数据上层分为 10 个数据服务区域，Hadoop 平台具备部分统计分析和数据整合的功能，且有很强的批量处理能力，能够针对大批量或者全量数据，完成统计分析区中的运行时间较长的每日统计分析任务、报表任务等，因此平台能够为统计分析区提供大量数据的每日分析整合和报表功能。另外，HDFS 中存放全量数据，转入 HDFS 的原数据文件需要使用集群能力完成批量 ETL 工作，将导入数据进行转换。

平台架构的特点是将 Sqoop、Flume 和 Kafka 整合在一起，形成基于数据总线的分布式数据聚合系统，同时基于 Kafka、Sparkstreaming、Kudu 等组件实现了数据的实时处理，保证数据服务平台既能服务好原有的传统应用，又能突破原有对实时数据和非结构化数据处理的限制，同时能更好地为未来互联网应用提供服务。

（二）大数据平台的服务体系建设

大数据平台的定位是公司数据的"存储中心、交互中心、处理中心和服务中心"。本文认为，大数据平台提供的应该不仅是一个数据平台，更应该是一套完整的大数据服务体系，而后续的建设都是基于该数据服务体系的框架进行的。因此在整个服务体系的构建中，可以实现数据资产服务化、数据管理标准化、数据应用视图化、数据使用轻量化。资产服务化就是考虑服务的形式，注册服务，申请资源，可使用数据，可推送，可采集；数据管理标准化即标准化的访问路径、访问策略、访问权限；数据应用视图化是考虑用视图的方式展现使用情况，降低使用门槛；数据使用轻量化即采用非侵入原数据库方式，即用即取。同时，还建立了统一的数据服务总线。通过统一对外大数据服务总线为上层应用提供数据，实现针对不同应用采用不同的数据服务模式，根据不同应用需求提供不同类型的数据服务。

1. 数据服务模式

数据服务模式可以分为数据接口服务、数据文件服务和数据推送服务三大类。

数据接口服务是将平台中的数据封装供给前端页面调用的接口，使服务配置、管理、发布、监控这四个模块通过接口服务串联起来。接口服务平台是一个开发者使用的平台，它能够通过可视化配置自动生成接口服务，同时为了安全性和差异化服务，加入了接口权限控制功能。此外，下游业务系统可以根据已发布的数据服务接口进行订阅。最后，全程监控服务调用过程，记录相关的日志服务信息，确保系统的稳定，排查系统存在的异常，同时提供相关接口调用统计分析数据。

数据文件服务是指通过文件的方式为上层应用提供服务，主要由文件生成、文件下载和权限控制三部分组成。

数据推送服务采用主动推送模式，利用 ETL 工具进行推送：将 ETLjob 的调用封装成通用调用接口 Shell 脚本，不同 job 调用通过参数区别，ETL 调度平台对通用调用接口 Shell 脚本进行计划策略控制。首先，通过 Sqoop 的命令参数进行配置源系统信息、目标系统信息；其次，对 Sqoop 脚本进行调度；最后，监控 Sqoop 执行信息。

2. 数据服务类型

数据服务类型主要分为历史数据服务和实时数据服务两大类，即为大数据平台应用提供历史数据和实时数据的数据服务。

历史数据服务就是通过数据接口和数据文件服务两种方式来提供历史数据对外服务。数据接口服务以配置化方式快速提供数据接口 API，并发布注册在服务治理框架。下游应用系统通过服务治理框架可以订阅对应的数据接口 API。接口服务又可以分为主动推送和被动调用两种方式来完成。数据文件服务是生成包含所需数据的指定格式文件，下游应用系统通过各自权限要求获取相关文件。

实时数据服务就是通过数据接口和实时提醒服务两种方式来提供实时数据对外服务。实时数据接口服务与历史数据服务相同，即以配置化方式快速提供数据接口 API，并发布注册在服务治理框架中；实时数据提醒服务的核心是实时数据接入、规则维护、结果输出。

（三）大数据平台安全体系建设

平台建设中特别增加了安全管控的设计，对平台整体安全管理体系、数据生命周期管理及平台运维等多个层面开展安全管控。其中涉及了身份识别和认证、平台的授权访问机制、大数据生命周期的安全、敏感数据管理、数据加密、个人信息及重要信息的安全、数据真实性的保障、平台的安全运维、可靠的对外服务保障等多个方面内容。

第一，平台提供了完备的安全管理体系，包括其所依托的物理环境、网络环境、主机环境以及 Hadoop 平台。考虑了包括平台身份识别和认证、平台的授权访问机制管理、平台资源的多租户管理、平台的审计等在内的多项内容。基于 4A 体系，通过多租户机制对计算资源和存储资源的合理调度与分配，实现 Hadoop 平台安全；通过"Kerberos + LDAP"的方式实现了账号和身份认证，使平台内组件与 LDAP 账号系统结合。基于"权限最小化"原则，通过 Apache Sentry 实现基于角色的、细粒度的访问控制。Hadoop 生态系统各组件都提供日志和审计文件记录数据访问，并将审计日志存储在集群的各个节点上，不同组件的审计策略会有所不同。但原生审计机制无法实现集中审计，而且在日志记录期间的系统崩溃可能会导致日志丢失，因此将各节点日志另行统一存放，便于实现事后的审计机制。

第二，不管是结构化数据还是非结构化数据（包括半结构化数据），平台从数据采集、数据传输、数据存储、数据处理与分析、数据输出、数据销毁等多个层面开展基于数据生命周期的数据安全管理。考虑到大数据平台的数据量将面临几何级数的增长，大数据安全管控需要引入更多的自动化管控方式和智能化报表，协助管理者做好全生命周期的数据管理。

第三，从运维的角度确保整个智能服务平台的安全性，有效保障业务应用服务。因此在平台建设中需要考虑当出现硬件故障、用户误删除、数据中心失效等情况下的各类应对措施，确保平台的可用性。

第四，大数据治理作为数据治理的一部分内容，其在实施机制及工具上都略有不同，需要基于不同形态数据构建元数据管理，同时提供一种便捷、友好的方式来方便地跟踪、分类和定位数据。在平台的实施中，我们也逐步开展了数据治理体系建设，应用平台的数据验证和数据质量报表功能，确保了数据的完整性、准确性和一致性。

（四）大数据平台的应用

大数据平台除了支持传统数据中心能够提供的基于结构化数据的数据服务外，还能实现各类非结构化数据的采集、存储和分析。同时，平台还将非结构化数据和结构化数据作了关联应用，对这些数据进行深入分析，分析出这些数据代表的价值，并将相关数据反馈给业务部门，同时结合数据挖掘、机器学习和人工智能等方法为各类业务场景的数据应用提供实现的基础。大数据平台的主要应用包括如下六个方面（见图2）。

1. 数据仓库

平台构建了公司级的数据仓库，不但实现了传统数据仓库的各类相关功能，还能满足传统数据仓库不能有效处理的应用，比如面向大规模历史数据、实时数据的分析及查询等。

2. 经营分析

为领导驾驶舱、财务报表、公司经营分析等应用提供支持。

3. 客户服务

构建客户和产品标签，为客户管理系统、客户360视图、客户对账单等应用提供支持。

4. 智能运营

利用平台提供的数据服务，进行了运营模式创新，创新性地开发了网上营业厅运营模式，使营业厅的传统临柜业务在实现线上化的同时，直接实现了临柜业务O2O三步式办理。

5. 自动运维

通过采集应用日志、系统日志及网络日志，以应用系统或主机节点为视角，监控相关系统和设备的性能容量、交易、告警等信息。

6. 合规风控

平台积累了真实、准确、完整的各类型内外部数据，有效支持了风险识别与管控。同时利用平台强大的计算功能，使风控系统的日终数据处理时间大幅缩短。

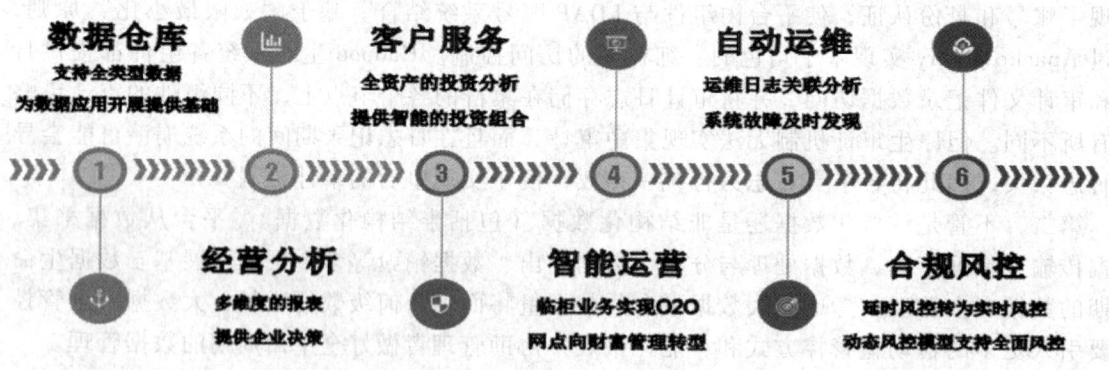

图2 平台应用

三、证券行业大数据应用展望

证券行业大数据应用主要可以从以下三个层面看：首先是提升管理效率，促进资源整合；其次是确保数据安全，开展数据治理；最后是发挥数据价值，提升竞争能力。

（一）提升管理效率，促进资源整合

证券公司的各类信息系统每天都会产生很多数据，比如财务数据、交易数据、客户账户数据、清算数据等等。同时，伴随互联网应用推广，也产生了各类非结构数据，包括网络埋点采集数据、日志数据等。另外，这些各种类型的数据又会被其他系统所用，比如风控系统需要采集交易、清算等数据进行实时监控分析，以满足各类风险的可控要求；经纪业务综合服务平台需要采集集中交易、客户账户系统、客户关系管理系统、外部录入以及同业数据等。在没有公司统一的大数据平台之前，公司内部可能存在多个数据采集中心，因此导致了各种问题，比如数据质量差、数据重复采集、不能有效管理数据、非结构化数据利用率低等。大数据平台的建成能够有效解决上述问题，进一步提升证券公司数据管理效率，促进数据资源的整合。

1. 数据集中存储

大数据平台整合了公司内所有数据资源，包括结构化、半结构化和非机构化的数据，实现了数据的统一采集和存储，主要解决了以下两个问题：

（1）打破了各个数据孤岛，实现了公司数据的统一。以前的公司数据都在各个业务系统里面并各自维护数据，使得公司内部系统之间关系错综复杂，每次系统梳理花费成本极大。通过大数据平台的建设，打破了原有的各个业务系统数据之间的壁垒，构建了统一的数据平台，各个应用分别到数据平台取数，使得公司整体的数据流向更为简单，因此也更加可控。

（2）提升信息资源整合，降低整体运营成本。大数据平台的建成，解决了跨部门、跨平台和跨数据类型的数据之间的交互，降低了各个业务需求部门的系统建设成本，同时也减少了各部门之间的沟通成本，使得相关部门的协作更为顺畅。由于现在数据在大数据平台上统一维护，因此其维护成本也相应地减少了，改变了以前各个系统单独维护且数据不一致的现象。

2. 数据统一管理

大数据平台实现了对公司数据的统一管理。大数据平台对公司内部的数据进行了系统化梳理，理清了公司数据的类型、流向以及存在的问题，为公司数据质量的提升和数据的应用分析奠定了基础。

首先，形成了数据的统一标准。通过对公司数据资产的盘点，进一步了解了公司现存数据的规模、种类，统一了各类数据的定义，构建了公司统一数据模型。

其次，提升了数据质量。原来公司的数据分散在各个业务系统，各系统有其各自的数据定义、命名规则及计算模式，最后导致同样的数据在不同的系统中有不同的数值，甚至不同的含义。同时，在一些建设时间较早的老系统里面经常会出现一些错误的数据，通过大数据平台在数据采集过程中对数据的校验功能，进一步提升了数据质量，确保了数据的准确性。

最后，构建了数据管理的可视化视图。通过可视化界面的方式，让平台管理者可以清晰地看到公司内部数据来源及数据走向，包括数据从哪里产生，经过处理汇总到了大数据平台后又被哪些应用使用，过程中间是否又进行过哪些修改等。同时，在整个数据使用过程中，可以全程监控数据使用者的操作是否符合要求、是否符合权限等。一旦发生异常也会及时触发预警，及时告知平台管理或运维人员。

3. 统一的对外服务

大数据平台提供了统一的对外数据服务。各个业务系统可以通过大数据平台总线接口方便地获取其所需数据。同时，各个业务部门也可根据需要和分配的权限方便地使用数据，使得数据在公司内更为透明。因此在梳理数据、展示数据的同时，也促进了公司数据的应用。

首先，丰富了公司数据应用场景。数据一向被当作公司的无形资产，通过大数据平台的建设，能让这些无形资产可视化，让公司内各部门能清楚地了解和利用数据来开展业务。基于大数据平台，除了可以轻松实现结构化数据的报表生成、展示，还可以进一步构建数据分析模型，利用大数据平台的高性能优势，进行大规模数据的计算和模型的验证，方便业务部门构建各类投资组合研究、结合客户分析开展精准营销等，使数据真正发挥其价值。

其次，提高了各类决策的科学性。证券公司的数据包含很多类，有客户的数据、公司的经营数据以及信息系统本身产生的数据等。基于大数据平台可以对这些数据进行深入分析，分析结果可以为客户营销、公司经营管理等提供决策建议。

最后，放眼到整个证券行业，可以通过拟定相关的行业数据标准，对行业数据质量进行一定的规范。同时，还可以尝试行业大数据建设，实现行业数据的整合，进而推进行业内的数据交互，实现行业内的数据共享，也可方便各类信息报送工作。再者，基于这些数据构建分析模型，提供相关的报表或者可视化的图表展示结果，方便行业内机构更深入了解、认识行业现状。

（二）行业大数据标准和数据安全保护

证券行业大数据发展离不开对数据安全性的要求，确保证券行业大数据安全是行业共同面对的问题，需要高度重视。构建证券行业大数据安全保护框架，为行业大数据应用发展提供安全保护，才能使大数据获得更好的应用并落地发展。

证券行业开展大数据安全保护，可以从三个层面来进行：第一是投资者的安全教育；第二是证券公司内部的大数据安全保护体系建设；第三是行业监管机构对大数据安全提出的行业性标准及建议（见图3）。

1. 投资者安全教育

提高投资者的安全意识，针对投资者的安全教育是必不可少的。伴随着移动终端使用者的不断增加，基于移动互联网的业务也越来越丰富，而用户的信息安全防范意识有待提高。在传统的面向业务风险的投资者教育中增加技术安全方面的内容，提醒投资者可能出现技术安全问题以及积极可行的处理方式，进一步提高投资者的安全防范意识是值得整个行业关注的。

2. 大数据安全保护体系

证券公司开展大数据应用，需要在公司内构建大数据安全保护体系，确保公司大数据平台的安全，同时积极开展大数据治理工作，主要包括以下几点：

（1）保证数据采集安全。证券公司除了采集公司业务系统中产生的数据，还需要采集互联网环境所产生的数据，每天的采集任务非常庞大和复杂，而采集是整个大数据平台的第一步，也是极其重要的基础。因此，数据采集过程中的安全是极其重要的，需要通过对采集设备进行安全控制，保证采集过程的安全。同时，对采集任务及调度进行合理、有效、及时的管理，确保各采集任务能及时准确完成。最后，通过数据清洗进一步保证数据的安全准确。

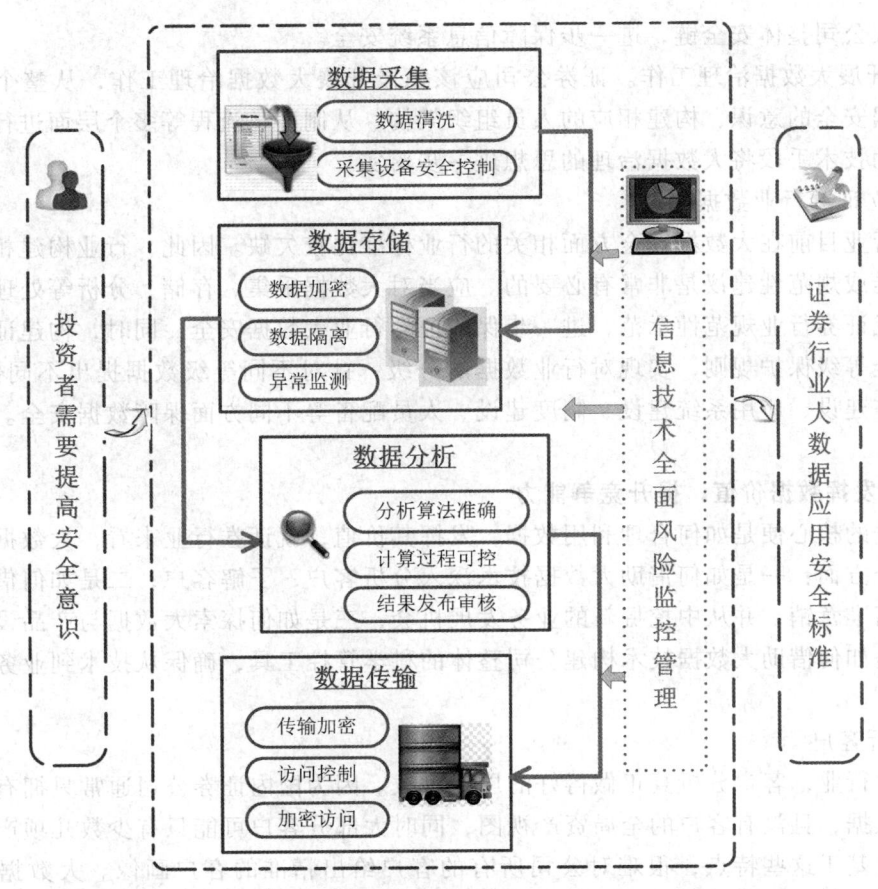

图 3 证券行业大数据安全保护框架

（2）保证数据存储安全。证券公司的数据必须进行分类分级管理，按照数据的密级要求区分管理。根据数据密级要求，对数据进行有效加密、隔离，不同部门、不同系统、不同用户的数据应该按照相关的制度要求进行隔离，同时有效保证用户信息不被非法访问。另外，还需要加大系统安全建设（包括各类安全措施、防攻击手段、入侵监测技术等），保护系统不被外来者非法入侵。

（3）保证数据分析安全。证券公司在进行大数据分析的时候，要对分析算法进行验证，避免出现雪球越滚越大的危险。首先，通过技术手段制定能够保证计算过程可控的相关措施。其次，要加强对分析结果的审核以及确定分析结果的审阅范围。最后，加强相关制度建设，确保对参与数据分析相关人员的有效管理，避免有意或无意的人为失误。

（4）保证数据传输安全。证券公司需要保证数据在公司内部系统间传输以及发送给客户过程中的安全性。从技术层面，通过传输加密、访问控制以及相应的网络保护措施，保证数据传输通道的安全；从制度层面，对数据传输过程中各部门、相关人员进行规范管理，保证客户数据的安全性。

（5）加强信息安全风险管理。证券公司应该加大技术风险管理，构建信息安全应急处理制度。通过系统实时监控，及时预测和发现可能出现的问题，并结合当前现状灵活开展系统部署工作（比如实时容量扩展、计算迁移、负载均衡等），将信息安全落实到相关部门及岗位，形成公司整体安全链，进一步保障信息系统安全。

（6）开展大数据治理工作。证券公司应该积极开展大数据治理工作，从整个公司层面形成大数据安全的意识，构建相应的人员组织架构，从制度、流程等多个层面进行大数据治理，并借助技术手段将大数据治理的思想进一步落实。

3. 建立证券行业数据标准

证券行业目前在大数据安全方面相关的行业标准比较欠缺。因此，行业构建相应的大数据安全标准或规范性建议是非常有必要的。应当对大数据采集、存储、分析等处理过程进行分析，形成证券行业规范性示范，进一步保障证券行业大数据安全。同时，构建证券行业的大数据安全等级保护规则，实现对行业数据的分级，针对不同等级数据提出不同保护要求，从基础设施建设、应用系统建设、制度建设、人员配备等不同方面保障数据安全。

（三）发挥数据价值，提升竞争能力

大数据的核心便是如何合理利用数据，发挥其价值，就证券行业来看，大数据应用主要体现在三个方面：一是如何借助大数据技术深入分析客户，了解客户；二是如何借助大数据技术开展精准营销，并从中挖掘新的业务发展机会；三是如何探索大数据与产品设计的创新发展；四是如何借助大数据技术构建公司整体的科学管控工具，确保从技术到业务各项风险的可控。

1. 分析客户

在证券行业，客户分析真正做得好的屈指可数。因为国内证券公司通常只拥有客户在单个公司的数据，且没有客户的全局资产视图，同时大部分客户可能只有少数几项产品交易的数据，因此基于这些特点，很难对公司所有的客户给出精准的客户画像。大数据技术的出现，为这一难题的破解提供了可行的解决方案。通过整合非结构化数据，将其他网络平台的数据导入，再结合公司已有数据，将更有可能提供更全面、细致的客户视图。同时，大数据平台提供了基于全量数据进行分析的方式，可以全面改善现在基于抽样的数据统计与挖掘方式，提供更全面、更精确的分析，也将抛开基于经验分析方法的桎梏，更贴近数据的真相。

2. 借助大数据开展精准营销工作

在获得客户准确画像后，下一步应该做的就是开展营销工作。目前，很多证券公司已经推出各类营销应用，特别是各类智能投顾的上线，都为精准营销提供了渠道。大数据的快速计算和响应能力为精准营销提供了强有力的支持，能做到实时推送给客户营销策略，同时结合客户反馈以及营销人员反馈及时调整策略完成再次推送，并结合每天产生的新数据，进一步优化自身的营销策略。

3. 借力大数据开辟产品设计新思路

近年来，随着互联网的不断发展，基于互联网文本数据与传统交易数据及财务数据相结合进行投资的金融产品也不断涌向市场。由此可见，将大数据技术融合传统量化投资模式而构建的大数据基金产品为证券公司客户带来了新的选择。同时，伴随着中国证券市场数据规模的不断上升以及国内大数据技术的日趋成熟，投资策略将更多地依赖于大数据分析的结果而展开。证券公司如何利用大数据技术开展投资管理也是未来的研究方向。

4. 打造智能化的新型投研模式

大数据针对海量数据的高效处理为其在投研领域的应用奠定了基础。大数据结合机器学习、人工智能分析模式能够极大地压缩传统的投研分析周期，结合海量数据深入分析市场上各因素的相互关系并快速做出响应，同时快速、规模化地开展自身学习，进一步完善学习成果。

5. 考虑将大数据的高性能特点应用到后台系统中

伴随证券市场各类业务品种的不断丰富完善，后台系统也越来越复杂繁重，可以考虑引入相关大数据技术来提高工作效率。在交易中，搭建算法交易平台，在满足客户需求的同时，提供能够批量、高效地完成各种复杂交易的指令，降低交易误差；在结算中，提供更快的响应速度，从而确保结算业务高效、安全地运作；在风控中，提供丰富的模型计算以及快速的实时风控预警；在技术运维中，通过大数据技术发现信息技术风险后准确、及时地反馈风险，确保技术系统高效运行。

四、总结

可以预见，大数据在证券行业的应用一定会越来越广泛。当然，上文提到的几项工作内容，目前看来都存在一定的困难。首先，证券行业缺乏数据挖掘人员，中国证券行业有其自身特点，要在此基础上开展机器学习或者人工智能的研究，没有一段时间的积累和人才培养是比较难体现出好的成果的。再者，证券公司开展大数据应用本身就对安全和风控提出了新的要求，因此在追求快速和海量数据的同时，也应该寻找大数据应用与数据安全、风控的平衡点。

总的来说，统一的大数据平台应用为证券行业带来了新的思路和想法。各证券公司在开展统一大数据平台建设的时候，除了关注大数据应用建设，还应该多考虑大数据平台的安全建设以及公司的大数据治理工作。我们相信，未来大数据一定会为证券行业带来更多的变化，推动整个行业开创新的发展之路。

参考文献

[1] 李国杰, 程学旗. 大数据研究：未来科技及经济社会发展的重大战略领域——大数据的研究现状与科学思考 [J]. 中国科学院院刊, 2012, 27 (6): 647—657.

[2] 孟小峰, 慈祥. 大数据管理：概念、技术与挑战 [J]. 计算机研究与发展, 2013, 50 (1): 146—169.

[3] 程学旗, 靳小龙, 王元卓等. 大数据系统和分析技术综述 [J]. 软件学报, 2014 (9): 1889—1908.

[4] 冯登国, 张敏, 李昊. 大数据安全与隐私保护 [J]. 计算机学报, 2014, 37 (1): 246—258.

[5] 胡智慧. 证券公司大数据安全保护 [C]. 全国信息安全等级保护技术大会, 2015.

[6] Chaudhuri S. What Next?: A Half-dozen Data Management Research Goals for Big Data and the Cloud [C]. ACM, 2012: 1-4.

[7] 程永. 大数据治理, IBM developerWorks 中国 [EB/OL]. 2015-03-05. https://www.ibm.com/developerworks/cn/bigdata/governance/index.html.

基于大数据挖掘技术的证券零售客户适配性服务应用研究

长江证券股份有限公司*

一、研究背景

2007年以来,证券公司营销队伍、营业网点和客户规模均快速增长,但是服务水平和服务能力并没有随之明显提升,同质化竞争现象依然严重,下调佣金成为业内竞争的主要手段。原因不仅在于营销服务人员专业能力不足,对客户的投资特征与投资偏好缺乏足够的判断能力,还在于一定数量的客户处于无服务关系的自运转状态,人工服务的触达率较低,急需系统性辅助工具。

另一方面,健全证券公司投资者适当性管理机制在当前资本市场发展形势下具有重要意义,这既是证券公司创新发展的内在需要,也是培育投资者理性投资观念和行为的重要保障。面对庞大的客户群体,投资者教育需要深入触及客户行为的各个环节,同时需要借助更为先进的技术手段和场景设计了解客户。

随着各类互联网应用的推出,券商获取客户信息的渠道和触点变多,会有大量的客户相关信息的数据积累。如何在海量的数据中构建合理的数据模型,分析得出带有预见性的、针对各个投资者需求的市场投资观点,是券商渴望获得的差异化竞争手段之一。而大数据、云计算和人工智能技术的快速发展以及在各行业的渗透,让证券公司逐步具备了对规模大、类型多、流转快的大数据进行存取、检索、分类和统计的能力,进而使得通过分析利用数据资源为客户提供更有价值的个性化服务成为可能。

---

* 课题负责人:韦洪波,长江证券首席金融科技官、总裁助理;课题组成员:潘进、黄林、陈颖、夏佳、蔡夏丰、赵文龙、傅博、熊绍军、宁峰、童志、桂银华、王春鹏、王琪、梁绪娟。原载于《中国证券》2018年第5期。

二、国内外大数据技术的应用现状

进入大数据时代后,越来越多的企业开始关注大数据的价值,券商也渐渐开始启动大数据的相关研究和分析工作,试图挖掘数据价值,不过目前基本都还处于早期应用阶段。

1. 预测股票价格

2011年,英国出现了利用从Twitter等社交网络获取到的数据信息来分析市场情绪的对冲基金。通过利用大数据分析技术,从客户发布的海量社交内容中提取出能够体现客户偏好的内容,进而综合起来对市场情况进行分析,最终得出相关结论来引导客户进行投资。该只对冲基金在第一个月交易结束时便开始盈利,并且收益远高于其他对冲基金。

之后,又有美国学者对Twitter、脸书等社交网络上的客户社交信息进行了研究,这次他们追踪了星巴克、可口可乐以及耐克这三家公司,对比他们在社交网络上的受欢迎程度,以及他们的股票价格的波动情况。通过分析发现,社交网络上的受欢迎程度跟这几家公司的股价之间存在密切的关系。随着研究的不断深入,研究人员开始利用获得的公司受欢迎程度数据对公司股价进行预测,结果显示预测准确率很高,最多可以预测公司30天后的股价变动。

2. 客户细分

国内比较典型的案例有广发证券和平安证券。他们通过分析客户的交易类型、交易的生命周期、投资时间等信息,实现了对客户账户信息维度的细分;根据客户的资产峰值情况、交易量情况,以及平均资产和佣金贡献度等情况,实现了对客户账户价值维度的细分;根据客户的资金周转情况、持仓情况、持股时间等,实现了对客户投资偏好的细分;根据收益率、投资能力等情况,实现了对客户投资收益的细分。通过360度全方面地分析客户交易和投资行为,辨识出更有价值和盈利潜力的客户,然后定向给此类客户提供定制化的服务项目,使得资源得到更好的配置。

3. 流失客户预测

对券商而言,客户是公司最核心的资源,但是实际情况是客户经常会因为各种难以预测的原因发生流失。

通过对客户各项指标的预测,提前推算出大概率可能会流失的客户,以及预计流失发生的时间,可以让营销人员提前介入进行沟通,降低客户流失最终发生的概率。

整体来看,虽然券商已经意识到大数据的重要性,并且也已经开始积极尝试利用大数据分析来支持营销服务,但是具体应用方面还处在早期起步阶段,缺乏对大数据技术更深和更广的运用。随着近年来互联网金融、金融科技的不断发展,证券行业在大数据技术的应用方面必然会有跨越式的发展。

三、券商零售客户细分研究

(一) 券商零售客户细分方法

客户分类是企业有效营销和服务的基础。在数据挖掘中,根据聚类的方法将庞大的用户群体进行细致分类,根据不同类别的用户行为特征,制定不同的产品推广策略,为不同的目标群体定制特有的服务,快速达成产品目标与用户需求的统一。以下主要介绍对于用户的几种分类方式。

1. 定性归纳

根据数据分析的深度，数据挖掘主要分为两种：一种是简洁表达数据中存在的一些有意义性质的描述型数据挖掘；另一种是通过大量数据的分析获取一组用于预测未来趋势性质的预测型数据挖掘。定性归纳更倾向于前者，是在获取很多类别对象后再将不同类别的数据进行对比。

2. 聚类分析

聚类分析是指将数据集划分为不同类或簇的过程，是一种不同于分类的归类分析方法。分类要求划分的类别和分类规则必须是已知的，而聚类是一种无监督学习过程，所要求划分的类别是未知的，聚类规则也更抽象，同一类中对象的属性取值在聚类规则上是相同或相似的。在数据挖掘中，聚类通常是作为前期描述性任务中重要的一个环节，可以在前期对大量数据的先验知识较少的前提下对数据集进行归类，为后续的特征提取和数据预测提供帮助。

3. 分类分析

分类算法是一种对数据进行分类预测的算法，它通过训练已有数据对未知数据进行分类预测。分类的目的是通过历史数据生成分类模型，分类模型为将来的数据贴上一个类别标签。常见的分类算法有神经网络算法、集算法、遗传算法等。

4. 关联规则分析

关联规则分析是主流的方法。其中，Apriori算法是一种最有影响的挖掘布尔关联规则频繁项集的算法。其核心是基于两阶段频集思想的递推算法。

（二）利用数据挖掘进行客户细分

1. 数据因子库分类

通过对客户特征因子的整合聚类，根据因子属性对因子进行细分，通常可归纳为以下六大类别：

第一大类为投资总体特征，包含的主要因子有股龄、资产规模、品种数、盈亏、年化收益、最大回撤、夏普率、信息比率等。

第二大类为交易行为特征，主要包含的因子有持股数、仓位、持股时长、日平均交易额、交易时段偏好等。

第三大类为投资风格，主要包括投资股票市值、股票价值、股票成长性、股指敏感度、股票杠杆性、股票盈利性、股票行业偏好、债券品种偏好、基金类型偏好等因子。

第四大类为投资能力，主要包括的因子有资产配置能力、行业选择能力、止损止盈能力、操盘能力、选股能力、久期管理能力、组合风控能力等。

第五大类为投资策略，主要包含的因子有动量策略、反转策略、新股次新股策略、国债回购策略、公告事件策略、资金流策略、分析师策略等。

第六大类为当前持仓特征，主要包含持仓股票、重仓行业、风险暴露、股票仓位因子。

2. 客户分类

客户分类时，需要把已有数据库的内容有选择地调出处理，再针对性地对数据进行详细的挖掘处理。基于用户操作的投资偏好属性、风险承受能力、产品服务偏好、盈利期待、投资周期长短等维度对用户进行详细划分。结合CRM观点，本文着重描述其中的两项维度划分标准。第一个维度是能够跟公司保持频繁互动的高活跃度用户，第二个维度是愿意更多地实现产品付费转换的客户。这两类客户于公司而言，需要花费的时间较少，能够获得的客户收益很大，是公司的优质用户群体，也可以从中得到高质量客户的两个特征数据——盈利性和忠诚度。因此，盈利性和忠诚度就作为判断客户价值的依据，也就是划分客户群的两个基本指标。

（1）盈利指标。盈利指标指的是客户在投资交易中转换的情况，只有选择影响力度较大的因子才能保证盈利指标筛选的有效性，寻找到更多相关因子的内在联系，最后选择资产规模、持股数、仓位、股票市值、股票价值、行业选择能力、新股次新股策略等作为分析的因子。

分类在数据挖掘中是一项非常重要的任务，目前在商业上应用最多。我们基于盈利性指标因子的分析，按风险承受能力的高低将客户群划分为五类：保守型、谨慎型、稳健型、积极型和激进型。

（2）忠诚度指标。忠诚度指标表现客户和公司间关联度的情况，根据对这部分变量的权重分析，最终确定将股龄、股票换手率、止损止盈能力、股票成长性、操盘能力、公告时间策略及涨跌停作为分析的重要因子。

分类在数据挖掘中是一项非常重要的任务，目前在商业上应用最多。我们基于忠诚度指标因子的分析，按投资周期的长短及投资风格将客户群划分为三类：长期固定客户、中长期稳定客户、短期偶然客户。

四、券商产品与服务的细分研究

（一）金融产品细分方法

1. 金融产品的定义及研究范围

金融产品是指资金融通过程中的各种载体，包括货币、黄金、外汇、有价证券、基金、债券等。买卖双方通过竞争的方式定义金融产品的价格，完成交易，达到资金融通的目的。

金融产品的持有人权利不同，由此引起登记内容、权益类型、运作模式、风险收益特征、存续状态、价值评估等方面表现出诸多差异性。金融产品复杂多样，本文的金融产品范围，主要包括以下四个大类：股票、债券、证券投资基金及金融衍生品。

2. 金融产品常见细分方法

按照股东享有权利的不同，股票可以分为普通股和优先股。如果按照投资风险与收益划分，股票可分为蓝筹股、垃圾股、成长股、收入股。

根据不同的发行主体，债券可分为公司债券、金融债券和政府债券。如果按照募集方式的不同，债券可分为公募债券和私募债券。按照担保性质的不同，债券可分为有担保债券和无担保债券。

从投资标的维度划分，基金可分为衍生证券投资基金、股票基金、货币市场基金、债券基金等。按照募集方式划分，基金可分为公募基金和私募基金。按照交易场所划分，基金可分为场内基金和场外基金。

金融衍生品从基础工具分类，可划分为货币衍生品、利率衍生品、信用衍生品、股权类产品的衍生品以及其他衍生品。按照自身交易的特点划分，金融衍生品可分为金融期货、金融期权、金融远期合约和结构化金融衍生品。

3. 适配性研究中投资者最关心的一些产品要素

在适配性研究中,我们发现上述基于产品发行主体、规模、投向、挂钩标的等维度的常见分类方法,与不同零售客户的实际交易行为并没有显著对应特征,换句话说,零售客户通常不会有明显的偏好投资于其中特定类型的产品。因此,如何找到客户进行投资时最关心的产品要素,以此维度对产品进行分类,将具有更重要的实际意义。研究表明,产品风险级别、存续周期、收益水平、起购/参与门槛和产品规则形态等指标是客户在产品选择中主要考虑的因素。

4. 确定采取的产品分类方法

(1)按照风险等级分类。通常,金融产品可分为低风险、中低风险、中风险、中高风险、高风险五个级别。以基金为例,分别对应以下五种分类:谨慎型产品(R1)、稳健型产品(R2)、平衡型产品(R3)、进取型产品(R4)、激进型产品(R5)。R1级和R2级投资范围基本一样,主要为低风险金融产品,包括债券和债券型基金等收益较为固定、风险较低的产品。R3这一级别的产品除可投资于联接基金、混合型基金等低波动性金融产品外,还可投资于股票型基金、私募基金等高波动性金融产品,后者的投资比例原则上不超过30%。该级别不保证本金的偿付,有一定的本金风险,本金保障比例一般在90%以上,收益浮动且有一定波动。R4级产品挂钩股票、黄金、外汇等高波动性金融产品的比例可超过30%,不保证本金偿付,本金风险较大,收益浮动且波动较大,投资较易受到市场波动和政策法规变化等风险因素影响,亏损的可能性较高。R5级别产品可完全投资于股票、期货、黄金等各类高波动性的金融产品,并可采用衍生交易、分层等杠杆放大的方式进行投资运作。R5级别产品收益率波动较大,容易受到市场波动的影响。

(2)按照产品存续周期分类。不同金融产品有不同的存续期限,可满足投资者对投资周期和资金流动性的不同需求。通常,我们按照存续周期把产品分为有明显存续周期和无明显存续周期两大类,其中有明显存续周期的又大致分为1年以下、1—3年、3年以上几个层次,对于短期偶然客户、中期稳定客户、长期固定客户有着较好的匹配度。

(3)按照产品收益水平分类。产品的收益水平是投资者关注的重要因素之一,尽管产品收益水平与风险水平通常有着明显的正相关关系,但从实证来看,不论是经验缺乏或是经验丰富的投资者,在购买产品或参与业务前都普遍存在着对风险预期考虑不够充分的情形,因此此处将产品收益水平(年化)也独立作为一项分类维度。从收益水平来看,固定收益产品、银行储蓄存款,主要目的是规避利率和汇率风险,因而收益水平相对较低。金融债券、私募债、债券型基金等产品,投资对象是国债、金融债和中央银行票据等信用等级高、流动性强、风险小的产品,因此产品投资的风险性相对较低,整体收益也并不高。上市公司股票、股票型基金等权益品种,直接或间接挂钩企业经营状况,因此潜在收益较高。而期权、期货等衍生类品种,大部分都具有杠杆结构,年化收益水平波动较大。

(4)按照产品起购/参与门槛分类。金融产品品种众多,起购/参与门槛也各有不同。公募基金(股票型基金、债券型基金、混合型基金)起购门槛较低,一般不超过1 000元即可购买;债券(国债、金融债)、联接基金起购金额通常在1 000元—5万元;资管大集合产品、收益凭证、银行理财产品因其非公募性质,起购门槛也高,一般为5万—20万元。期货属于一种金融投资,不仅可以先买后卖赚取差价,还可以先卖后买赚取差价,杠杆倍数较高，有一定财力的专业投资者才能参与，因而参与门槛高。以资管小集合、私募基金为例的私募品种，通常要求单个投资人购买的最低金额不少于 100 万元，并且不能拆分。

（5）按照产品规则形态分类。客户选择金融产品的目的主要包括资产保值、增值、对冲、保障等。基于不同产品的规则，可以独立投资或搭配形成不同的投资组合模式，以迎合客户不同的投资目的。如保值类产品，是指具备保证原有价值不受损失、低风险、中低门槛、兼顾流动性、可操作性强的一类金融产品，典型的代表品种有银行理财、国债、固定收益资管产品等。资产增值类产品，是指在保证原有价值基础上又有新的价值增加，典型的代表品种包括股票、权益类基金等。对冲是一种在降低风险的同时仍然能在投资中获利的手法，投资者通常同时参与两类行情相关、方向相反、数量相当、盈亏相抵的交易，可通过合理运用期货、期权等具备对冲功能的衍生金融产品工具，对金融产品现货进行风险对冲，在一定程度上规避市场风险。保障类产品，主要以各类保险产品为主，是一种提供特定情形下承诺经济补偿的权利凭证（本文暂不讨论）。

（二）券商 APP 服务产品细分方法

1. 券商 APP 服务产品概况

近年来，在移动互联、大数据、互联网运营等新形势下，券商逐步意识到同质化的产品未来拼的一定是服务。很多券商积极响应客户需求，陆续加大了客户服务产品的投入。

我们对 2016 年新浪财经评选的十佳券商 APP 服务产品进行了调研分析，发现超过 70% 的券商都提供了消息中心、新股申购、业务办理、网上开户、Level 2、直播、模拟组合、积分、资讯、在线客服等产品服务。30%—70% 的券商提供相似 K 线、智能选股、智能诊股、收藏、投顾组合、投顾问答、投顾观点、猜涨跌、财经日历；少部分券商提供了特殊的服务产品，例如理财机器人、决策工具、模拟"两融"、预设委托、智能投顾、投顾线上签约、财务分析等。

2. 券商 APP 服务产品分类

汇总分析 2016 年十佳券商 APP 的服务产品，综合各券商 APP 服务产品的用途和特征，将服务产品分为工具类、投资教育类、投顾服务类、活动类、数据分析类、资讯类共六类。

工具类服务产品包括消息中心、在线（智能）客服、新股申购、业务办理、网上开户、Level 2、相似 K 线、智能选股、智能诊股、理财机器人、决策工具等。除了理财机器人、决策工具需要考虑客户的整体投资风格和风险投资能力之外，其他工具类产品都是标准化的服务产品，而在标准化产品中，在线（智能）客服、Level 2、相似 K 线、智能选股又可以跟用户的行为因子相关联进行匹配和推荐，例如智能选股和相似 K 线可以跟用户的自选股相结合进行展示。

投资教育类服务产品包括理财学堂、视频直播、模拟"两融"、预设委托、客户模拟组合等。理财学堂主要分基础类和进阶类课程：基础类主要针对入市时间不长的用户，可以设置基础技术指标、基本概念讲解；进阶类针对少量优质客户介绍可参与的业务。

投顾服务类服务产品包括投顾问答、投顾观点、投顾模拟组合、投顾签约、智能投顾等。传统投顾线下服务的方式在服务范围上受地域性局限较大，互联网的兴起为投顾服务线上化提供了很大的便捷性。综合调研结果，投顾线上服务的功能主要集中在投顾组合、投顾观点和投顾问答，针对观点和问答，绝大多数券商投顾都提供免费服务和付费服务，免费服务提供的主要是大众化可见的观点和内容,付费服务提供的是精细化、高端化的体贴式服务。

活动类服务产品包括积分活动、用户社区或贴吧、猜涨跌、转盘、投资沙龙等。活动类服务产品通过引入互联网玩法,通过活动提高用户参与度,从而提升客户的在线时长。同时,积分的运用也为券商跟互联网电商平台的交流、学习、互通有无提供了机会。

数据分析类服务产品包括大数据、数据产品、财经日历、我的日历、账户分析等。数据分析类产品主要运用大数据挖掘和数据分析手段,形成市场公开交易信息。

资讯服务类服务产品包括资讯文字新闻、资讯音频新闻等。每家券商都有独特的资讯类型和分类,主要包括头条、自选、新股、要闻、专题、研报等基础资讯和黄金、外汇、期货等特殊的资讯。

五、推荐模型设计

(一) 模型构建思路

多样化的金融产品和服务产品是否被匹配推荐给合适的用户,不仅取决于零售客户、金融产品、服务产品多样的分类方式,同时也受到因子选取维度的影响。理论上金融产品、服务产品跟零售客户的因子不具备完全的匹配对等关系,例如债券涉及信用度、信誉度,这两点在零售客户的因子库中并不能找到合适的对应因子,如果要处理这种匹配关系,那么就需要用特殊的映射关系来处理。但是,为了方便理解客户因子与金融产品、服务产品之间的匹配关系和对应的匹配模型,我们约定标记在金融产品、服务产品的因子均为零售客户因子库的子因子,即所有的标记在金融产品、服务产品上的因子都能在零售客户因子库中找到。以股票基金和衍生证券投资基金为例,优秀的股票基金的因子应该具有高 ROE、低 PE、低 PB、高股息等一系列的股票因子特点,衍生证券投资基金具有高换手率、高年化收益、回撤较大的特点。这些特征在用户因子库中的投资总体风格(品种、年化收益、盈亏、最大回撤),投资风格(股票价值、股票成长性、股票盈利性、股票 PE、基金类型偏好),投资能力(资产配置能力、行业选择能力、选股能力)等特征能找到对应的因子,因此本文选取客户因子子库来描述金融产品、服务产品具有一定的合理性。

本文计划构建基于客户因子的金融产品和服务产品推荐模型,为用户推荐合适的匹配的金融产品和服务产品。构建的思路如图 1 所示,即将市场用户的业绩统计、收益/风险分析、交易分析、行业/个股选择能力、行业特征、风格特征等交易特征和行为特征分析、总结成用户因子库,形成左侧产品;将市场上具有竞争优势的金融产品和服务产品合并形成右端产品;中间侧即用户在适当场景的实际需求前提下,根据客户因子,为客户推荐金融产品与服务产品。

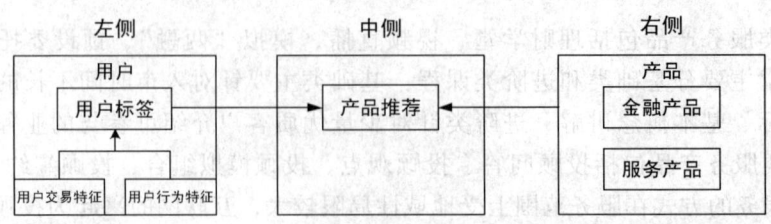

图 1 产品推荐模型基本思路结构图

由于金融产品和服务产品属于不同种类的产品，金融产品和服务产品拥有不同的因子子库，但由于都是对指标的因子进行匹配，因此就金融产品与服务产品对于每个用户可以采取相同的匹配推荐策略。如果是新用户，相当于冷启动时期，对金融产品可以设置诸如考核类产品优先推荐或者收益率高的产品有限推荐来对金融产品进行筛选和排序；对服务产品可以推荐使用诸如条件选股、线上业务办理等标准化的服务产品；如果用户为老用户，即用户因子有效，那么针对匹配金融产品和个性化服务产品，可以根据客户分类指标因子与金融产品、个性化服务产品的分类因子进行匹配，计算金融产品、个性化服务产品跟客户指标因子的匹配度；然后在金融产品和个性化服务产品中根据匹配度，选取 Top–N 个匹配度最高的产品进行推荐。最后，对匹配出来的金融产品和服务产品进行适当性检测，如果用户适当性不匹配，则向后延伸推荐结果，最后选取符合适当性的 Top–N 个产品进行推荐。具体基于用户适配性的产品推荐基本模型如图 2 所示。

新用户的金融产品和服务产品规则较为简单，此处不作赘述，下面重点研究基于老客户（因子有效）的金融产品和服务产品推荐模型。

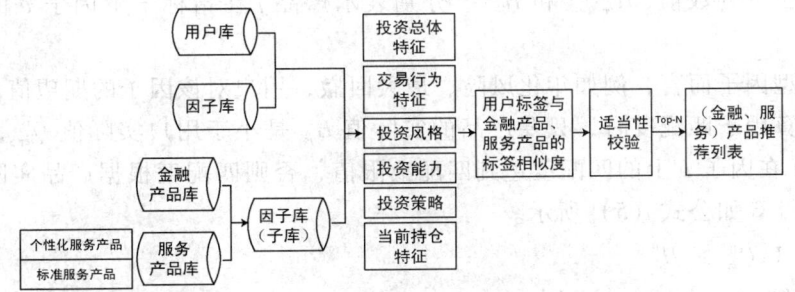

图 2　基于用户指标因子的产品推荐基本模型

（二）适配模型构建

将用户的指标因子与金融产品、个性化服务产品指标因子进行一一匹配，并通过适当性强匹配验证，根据相似度结果筛选推荐客户最可能购买的金融产品或使用的个性化服务产品。假设 $Q = \{1, 2, 3, \cdots, i, \cdots, n\}$ 代表所有的用户集合，Q_i 表示用户 i，$P = \{1, 2, 3, \cdots, j, \cdots, m\}$ 代表所有的金融产品或个性化服务产品（以下约定为产品）集合，P_j 表示产品 j，$F(Q_i, P_j)$ 表示用户 i 跟产品 j 的匹配度，$f_k(Q_i, P_j)$ 表示对于指标 k 用户与产品的匹配结果（$k = \alpha, \beta, \chi, \delta, \varepsilon, \varphi$），$S_{ij}$ 表示用户 i 跟产品 j 的适当性强匹配结果，$S_{ij} = 0$ 表示用户 i 跟产品 j 不能匹配，$S_{ij} = 1$ 表示用户 i 跟产品 j 匹配；w_k 表示指标 k 的权重。因此根据前文模型构建思路，针对用户 i，适配模型建立见公式（1）。

$$\text{Max Top-N} [F(Q_i, P_1), F(Q_i, P_2), \cdots F(Q_i, P_j), \cdots F(Q_i, P_m)] \quad (1)$$

$$F(Q_i, P_j) = s_{ij} * [\sum w_k * f_k(Q_i, P_j)] \quad (2)$$

$$s_{ij} = 0 \text{ or } 1 \quad (3)$$

上述模型针对用户 i，计算用户 i 与金融产品（或服务产品）集合中每一个产品的综合匹配度，然后选取匹配结果较高的 Top–N 个产品进行推荐，即公式（1）为模型的目标函数。公式（2）表示用户 i 与产品 j 的匹配度具体计算方式，它是以 6 类产品指标 k 所含的因了为基准，计算用户产品在每个因子的匹配度，然后通过各个指标权重计算用户 i 与产品 j 匹配度，最后通过适当性 s_{ij} 是否等于 1 来进行适当性校验。

每个指标（投资总体特征 a、交易行为特征 β、投资风格 x、投资能力 δ、投资策略 ε、当前持仓特征 φ）由因子组成，因此用户产品指标（$k = a, \beta, x, \delta, \varepsilon, \varphi$）的匹配度 $f_k(Q_i, P_j)$ 可以用每个因子的匹配度 f_κ^τ（τ 为 k 指标下的因子）进行综合描述。根据前文约定，产品因子库是用户因子库的子集，因此计算用户与产品的因子匹配度以产品的因子为基准，在用户因子中选取相同的因子来进行匹配，通过对相同因子的匹配度计算得到平均值，从而计算用户与产品的指标匹配度，如公式（4）所示。

$$f_\kappa(Q_i, P_j) = \frac{1}{|\tau|} \sum f_\kappa^\tau \tag{4}$$

注：$|\tau|$ 表示产品指标 k 下有效因子数量。

通常而言，指标下的因子有成本型、效益型、区间型、固定值和关键字型共五种类型，不同的类型计算匹配度 f_κ^v 的方式不同。假设 $Q_{i\tau}^v$ 为用户 i 对指标 τ 下因子 v 的数值，$H_{j\tau}^v$ 产品 j 对指标 τ 下因子 v 的数值，$H_{j\tau}^{v\_Max}$ 和 $H_{j\tau}^{v\_Min}$ 分别表示产品 j 在指标 τ 下因子 v 的最大值和最小值。

对于成本型因子而言，例如年化风险、最大回撤，用户对该因子的期望值肯定是越低越好。因此在计算因子匹配度时，只要产品的实际值 $H_{j\tau}^v$ 是小于用户实际值 $Q_{i\tau}^v$，则可以认为产品 j 与用户 i 在因子 v 上的匹配度达到匹配上限值，否则匹配度根据产品实际数值的增加而减少，具体计算如公式（5）所示。

$$f_\kappa^v = \begin{cases} 1, Q_{i\tau}^v \geq H_{j\tau}^v \\ H_{j\tau}^{v\_Min}/H_{j\tau}^v, Q_{i\tau}^v < H_{j\tau}^v \end{cases} \tag{5}$$

对于效益型因子而言，与成本型指标恰好相反，当产品该类型的数值越大，跟用户的匹配度就越高，例如年化收益。因此在计算因子匹配度时，只要产品的实际值 $H_{j\tau}^v$ 是大于用户实际值 $Q_{i\tau}^v$，则可以认为产品 j 与用户 i 在因子 v 上的匹配度达到匹配上限值，否则匹配度根据产品的实际数值 $H_{j\tau}^v$ 的增大而增大，具体计算如公式（6）所示。

$$f_\kappa^v = \begin{cases} 1, Q_{i\tau}^v \leq H_{j\tau}^v \\ H_{j\tau}^v/H_{j\tau}^{v\_Max}, Q_{i\tau}^v > H_{j\tau}^v \end{cases} \tag{6}$$

对于区间型因子，例如交易行为特征因子——股票换手率、仓位；投资风格因子——股票 PE、价格、盈利能力、市值、价值，以 $H_{j\tau}^{v\_Max}$ 和 $H_{j\tau}^{v\_Min}$ 分别表示产品 j 在指标 τ 下因子 v 的最大值和最小值的定义，当用户在因子 v 上的实际值 $Q_{i\tau}^v$ 处于 $H_{j\tau}^{v\_Min}$ 和 $H_{j\tau}^{v\_Max}$ 区间之内，则认为用户 i 与产品 j 在因子 v 上的匹配度达到最大值，而 $Q_{i\tau}^v$ 小于 $H_{j\tau}^{v\_Min}$ 或者 $Q_{i\tau}^v$ 大于 $H_{j\tau}^{v\_Max}$ 都会影响匹配的结果，因此匹配度也要随之减少。具体计算如公式（7）所示。

$$f_\kappa^v = \begin{cases} \dfrac{Q_{i\tau}^v}{H_{j\tau}^{v\_Min}}, Q_{i\tau}^v < H_{j\tau}^{v\_Min} \\ 1, H_{j\tau}^{v\_Min} \leq Q_{i\tau}^v \leq H_{j\tau}^{v\_Max} \\ \dfrac{H_{j\tau}^{v\_Max}}{Q_{i\tau}^v}, Q_{i\tau}^v > H_{j\tau}^{v\_Max} \end{cases} \tag{7}$$

对于固定值因子，例如交易行为特征中的拆单习惯。整体而言与其他几类因子相比是比较简单的，该因子上的匹配非0即1，也就是说当用户在因子v上的实际值$Q_{i\tau}^v$恰好等于产品在因子v上的实际值$H_{j\tau}^v$时，用户i与产品j的在因子v上的匹配度为1，否则为0，具体计算如公式（8）所示。

$$f_\kappa^v = \begin{cases} 1, Q_{i\tau}^v = H_{j\tau}^v \\ 0, Q_{i\tau}^v \neq H_{j\tau}^v \end{cases} \tag{8}$$

特殊指标因子，例如投资总体特征中的品种、盈利最多的股票，投资风格中的股票行业偏好、债券品种偏好、基金类型偏好，当前持仓特征中的重仓行业等因子。这些指标不容易被量化，因此需要采用关键字匹配的方式进行匹配。如果用户在因子v上的实际关键字集合$Q_{i\tau}^v$恰好等于产品在因子v上的实际关键字集合$H_{j\tau}^v$时，用户i与产品j在因子v上的匹配度达到最大值；如果用户在因子v上的实际关键字集合$Q_{i\tau}^v$与产品在因子v上的实际关键字集合$Hj\tau v$相交为空时，用户i与产品j在因子v上的匹配度为最小值；否则，需要根据$Q_{i\tau}^v$与$H_{j\tau}^v$的关键字相交个数$C_{Q_{i\tau}^v \cap H_{j\tau}^v}$与产品在因子$v$上的$H_{j\tau}^v$关键字个数$C_{H_{j\tau}^v}$进行比较，最后得到匹配度结果，具体计算如公式（9）所示。

$$f_\kappa^v = \begin{cases} 1, Q_{i\tau}^v = H_{j\tau}^v \\ \dfrac{C_{Q_{i\tau}^v \cap H_{j\tau}^v}}{C_{H_{j\tau}^v}}, Q_{i\tau}^v \cap H_{j\tau}^v \neq 0 \\ 0, Q_{i\tau}^v \neq H_{j\tau}^v \end{cases} \tag{9}$$

（三）指标权重计算

指标权重的计算是非常重要的一环，其对于最终的推荐结果有着巨大的影响作用。考虑本文是基于证券行业金融产品和服务产品开展的研究，市场专业人士在产品指标匹配的重要性方面有着重要作用，因此本文结合专家咨询法和相对比较法这两种主观赋权法，来确定6类指标的权重大小。

用相对比较法计算各指标的具体权重：

（1）将所有指标按三级比例标度两两相对比较评分，三级比例标度的含义如公式（10）所示。

$$w_{ab} = \begin{cases} 1, 当f_a 比f_b 重要时 \\ 0.5, 当f_a 与f_b 同样重要时 \\ 0, 当f_a 比f_b 不重要时 \end{cases} \tag{10}$$

显然：$w_{aa} = 0.5$，$w_{ab} + W_{ba} = 1$。

（2）指标w_a的权重系数如公式（11）所示。

$$w_a = \frac{\sum_{b=1}^n f_{ab}}{\sum_{a=1}^m \sum_{b=1}^n f_{ab}} \quad (a = 1, 2, \cdots, m) \tag{11}$$

假设对于某一类金融产品或服务产品，专家的优先级为：投资策略 $\varepsilon \approx$ 投资总体特征

$u >$ 投资风格 $x \approx$ 投资能力 $\delta >$ 交易行为特征 $\beta >$ 当前持仓 φ，则各因子的权重计算结果为 $w_a = w_\varepsilon = 0.29$，$w_\beta = 0.08$，$w_x = 0.17$，$w_\delta = 0.14$，$w_\varphi = 0.03$（见表1）。

表1　　　　　　　　　　　专家咨询法权重系数

	a	β	x	δ	ε	φ	评分总计	权重
a	0.5	1	1	1	0.5	1	5	0.29
β	0	0.5	0	0	0	1	1.5	0.08
x	0	1	0.5	0.5	0	1	3	0.17
δ	0	1	0	0.5	0	1	2.5	0.14
ε	0.5	1	1	1	0.5	1	5	0.29
φ	0	0	0	0	0.5	0.5	0.5	0.03

六、零售客户适配性服务应用研究

（一）适配性服务的应用

本文以长江证券 IVatarGo 项目为应用背景，介绍零售客户在长江 E 号（长江证券手机炒股软件）上的交易行为特征和交易数据特征，以及零售客户与个性化资讯、模拟组合、理财产品、投资顾问等产品在推荐匹配上的具体应用。

IVatarGo 客户画像通过择时能力、风险能力、选股能力、行业选择、波段能力五个维度来为客户的交易能力进行评分，并与长江证券客户的平均水平进行比较，形成整体的客户画像；通过对客户股票交易数据进行数据分析得到客户的偏好因子（见图3）。

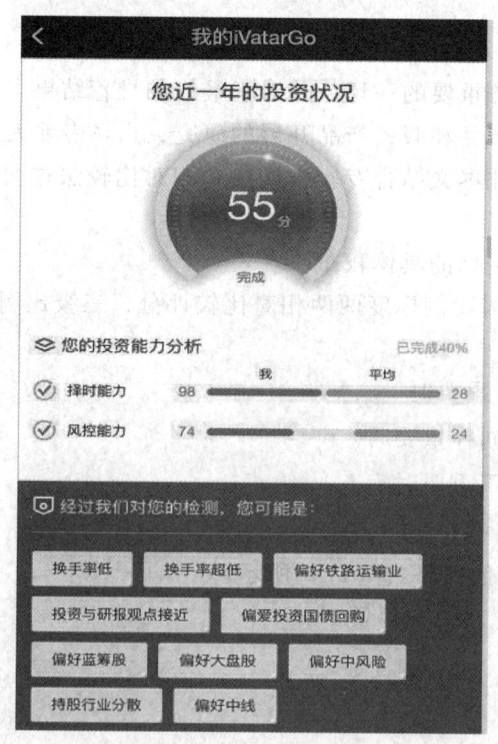

图3　IVatarGo 客户画像

长江 E 号首页资讯采用 2+3 模式，即 2 条标准大众化资讯，3 条个性化资讯。资讯内页通过提取外购资讯和长江智能写稿资讯内容的因子关键字，与客户的自选股、持仓股和重仓行业等当前持仓特征及系统通过自动学习获取到的用户具有的投资策略进行匹配，相似度达到一定的要求就将系统采集的最新的个性化资讯推荐给客户（见图 4）。

图 4　个性化资讯适配性

金融产品的推荐首先假定影响客户购买金融产品的主要因素为风险等级、投资周期、投资收益水平、起购/参与门槛与投资策略。通过在线模拟平台，输出各类产品购买概率；专家规则库输出产品排序。数据仓库同步产品信息的相关数据，构成基础变量池。离线模型平台在变量池的基础上，训练并测试模型，输出用于线上部署的最优模型方案，并将最优模型进行线上部署。此后，在线模型平台就可以计算并输出影响客户购买的 N 类产品的概率大小。基于变量池中的相关数据，设置专家规则对 N 类产品进行筛选和排序。对 N 类产品中的每一类产品，根据不同规则的加权对该类产品中的所有在售产品进行排序，输出 N 个产品排序列表。基于因子权重、因子匹配度计算等算法，可以确定 N 类产品所包含因子的权重大小。结合客户适当性等条件限制，最后组成一个包含 M 个产品的推荐列表。最终的金融产品推荐形态在长江 E 号商城频道的"猜你喜欢"栏目进行呈现（见图 5，图中信息仅为举例，不做推荐）。

（二）适配性服务的具体实现

客户与产品的适配性在长江 E 号 IVatarGo 系统架构设计如图 6 所示。

图 5 金融产品推荐栏目

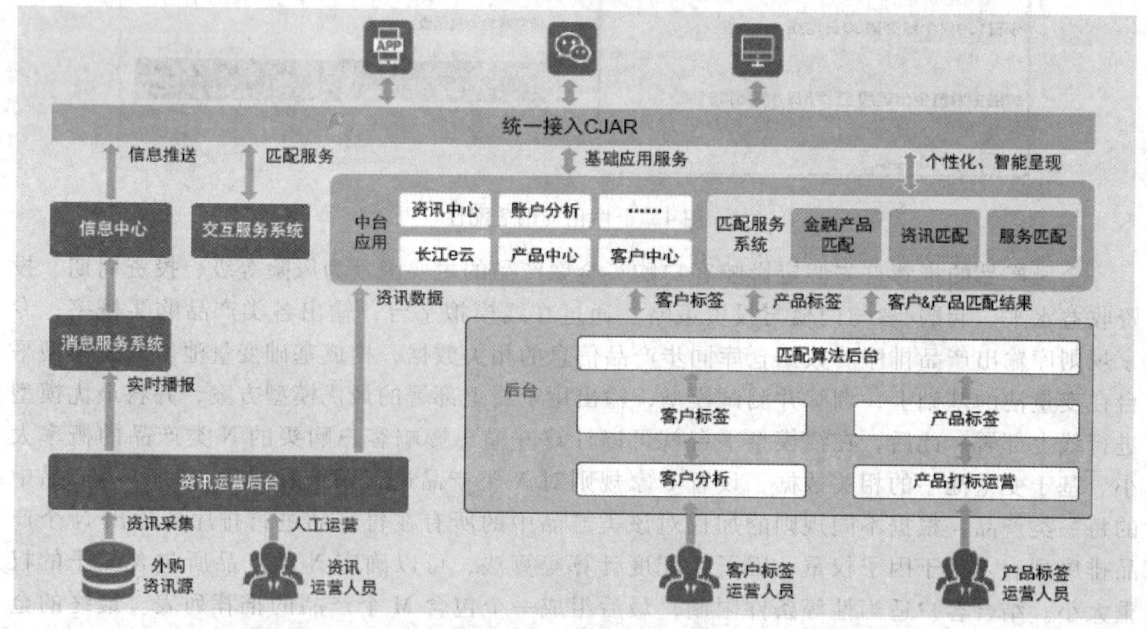

图 6 IVatarGo 系统架构

结合公司过往数据统计、经验分析及历史数据的回测，对客户的特征进行搜集，即对客户进行因子化特征分析，整理出一套客户特征因子库，并通过对因子的整合聚类，根据因子属性对因子进行细分，并归纳为投资总体特征、交易行为特征、投资能力、投资能力、投资策略及当前持仓特征六大类别，包含因子数目 200 余个。客户因子数据流如图 7 所示。

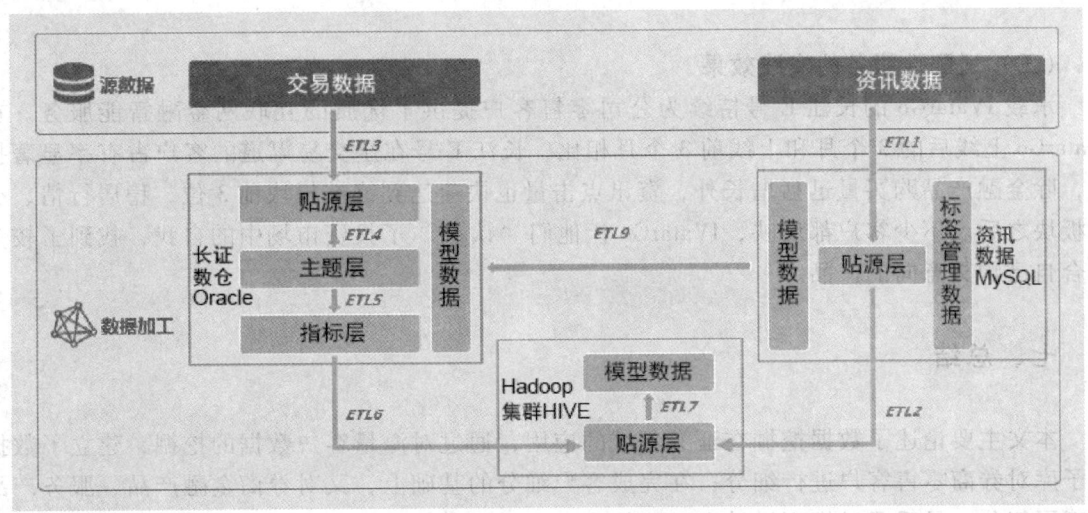

图 7 客户因子数据流图

针对金融产品筛选,把风险水平因子放在首位。以基金为例,为寻找风控严格、业绩稳定性高的品种,首先通过基本量化指标进行初步筛选;然后对产品业绩持续性、风格稳定性、风险控制及业绩归因等方面作定量分析,给每个产品一个分数,每一类选取排名前 5 名的纳入产品池。精选数只符合客户资质要求的每类品种提供给客户。

资讯产品推送流程包括多数据源采集、语义分析、关键内容提取、去重、审核、分布式匹配。多数据源采集主要是通过多个不同数据源获取原始资讯,确保资讯的完整性。语义分析、关键内容提取是基于中文分词算法、词频分析、分层聚类算法,提取资讯核心内容。去重主要应用 Google 所使用的 Simhash 摘要算法,为文章生产摘要指纹,并快速判断是否存在高度相似的文章。审核主要表现为系统允许针对不同数据源设定该资讯源内容是否需要人工审核,通过人工维护关键词列表,并对关键词处理策略设置,允许选择包含特定关键词的文章进入人工审核通道,或直接自动丢弃。分布式匹配主要根据资讯内容所描述的个股信息,与实时更新的用户持仓、自选股个股进行匹配,通过分布式计算平台,将资讯与特定用户进行关联并进行记录。

对于投顾业务,将券商投资顾问标记为因子,然后对投顾人员与客户进行适当性匹配。对于线上展业的投资顾问,对其投资特征与过往的客户服务能力进行考察,考察方式包含由其在模拟交易系统中进行操作。待有交易记录之后,将其交易操作记录带入因子系统,之后系统根据基础指标库计算单中投顾每个基础指标的值,进而根据不同特征描述的阈值范围,判断投顾的指标落在哪个区间,然后取该区间对应的因子为投顾进行因子标注。选取投顾人员与客户以行业选择、资产配置、止盈止损、波段操作、选股能力、价格偏好等维度的特征向量,利用余弦相似公式,计算客户投资特征向量与投顾人员特征向量的距离,得到客户与投顾人员的相似性,距离越小,相似度越高,然后把与客户相似度最高的若干位投顾展示给客户。如有与投资者投资特征相似的专业投资顾问人员,在严格遵守客户适当性与法律法规要求的情况下,通过交流互动的形式向客户提供证券投资咨询服务,这对提升客户投资能力也有所助益。

(三) 适配性服务的实践效果

承载 IVatarGo 的长江 E 号持续为公司零售客户提供了优质的互联网金融智能服务。在 IVatarGo 上线后的 3 个月和上线前 3 个月相比，长江 E 号在全交易渠道的客户占有率显著提升，除金融产品购买量迅猛增长外，资讯点击量也快速达到终端板块前 3 位，稳居行情、交易板块之后。不少客户都反映，IVatarGo 让他们"认识"了投资市场中的自我，找到了较为符合自己购买意向的产品。

七、总结

本文主要论述了数据挖掘在证券领域的应用，通过对海量客户数据的挖掘，建立了数据因子库对券商零售客户进行细分；在完成客户细分的基础上，又对券商金融产品、服务产品进行了细分；最后通过模型设计和匹配算法，实现了零售客户适配性服务，最后介绍了适配性服务的具体实现，并对最终的实践效果进行了分析。然而，由于人的投资习惯、风格、个性千差万别，随着时间的推移，金融产品、服务产品品种更加多样化，因此投资者、金融产品及服务产品细分因子库需要不断完善和丰富，匹配与推荐模型需要随之优化适应。

然而，对于单个券商而言，能获取到的数据往往十分有限，基本只能以客户在本地的交易数据及操作行为数据为主，而缺乏对客户在整个金融市场上的历史情况的了解。如交易所、登记结算公司的相关数据能适当开放，实现与券商间的数据共享，并在证券行业内集中力量逐步推进与其他金融、财税等部门的征信系统对接，则有利于券商构建更为全面的投资者适当性信息库和更为精确的客户画像，提高对客户的了解水平。

值得说明的是，本文的研究模式和成果，从意义上来说绝不仅仅是只能应用在某一家证券经营机构、针对某一业务板块的特定软件产品或服务。这种通过对主体和客体进行特征因子分析，结合数据挖掘与机器学习等技术，寻求深入关联关系的方法，同样值得在证券监管、经营、中介服务等机构范畴内的各个业务领域推广和借鉴，为合规监察、商业决策、投资诊断、产品设计、财富管理、市场研究等多种应用提供强大的智能化引擎。

参考文献

[1] 朱爱群. 客户关系管理与数据挖掘. 北京：中国财政经济出版社，2001.

[2] 郑刚，王宝杰，张芬. 数据仓库技术在金融系统中的应用 [J]. 天津理工学院学报第 3 期，2002.9.

[3] 刘明吉，张小京，刘宏杰. 数据仓库在证券交易中的研究与应用 [J]. 计算机工程，2002.2.

[4] 吕斌，李国秋. 个人理财理论、规划与实务. 上海大学出版社，2006.

[5] 朱郁筱，吕琳媛. 推荐系统评价指标综述 [J]. 电子科技大学学报，2012，41 (2)：160—182.

[6] 潘景昌，孙玉辉，徐义明. 一种简易的模糊匹配算法的实现 [J]. 信息技术与信息化，2006 (3)：131—132.

[7] 刘建国,周涛,郭强等.个性化推荐系统评价方法综述[J].复杂系统和复制性科学,2009,6(3):1—10.

[8] 程高伟,丁亦喆,吴振强.结合用户评分和项目因子的协同过滤算法[J].计算机技术与发展,2015,3(3):71—80.

[9] 何光辉,魏曙光,王蔚韬.改进的聚类邻居协同过滤推荐算法[J].计算机科学,2004,31(11):147—149.

[10] 韩敏,唐常杰,段磊等.基于TF-IDF相似度的因子聚类方法[J].计算机科学与探索,2010(3):240—246.

区块链在我国证券市场的关键应用与监管研究

天风证券股份有限公司 武汉大学法学院 中国科学院软件研究所*

一、区块链技术应用于证券市场的基础分析

近年来，区块链技术迅速发展，其去中心化、去信任化的技术机制在全球市场受到广泛关注。多国央行、交易所、投资银行及IT巨头纷纷涌入，针对区块链的投资和行业应用项目呈现爆发式增长。区块链成为继互联网之后又一个在全球范围内被热烈追捧的对象，在数字货币、金融资产交易、资金清算、智能协议、知识产权、物联网等领域存在着巨大的应用潜力，富有研究意义。

（一）区块链的基本原理

2008年，中本聪在《比特币：一个点对点的电子现金系统》中首先提出"比特币"概念，勾画出比特币系统的基本设计框架。2009年，中本聪为该系统建立了一个开放源代码项目，正式宣告了比特币的诞生。至2017年的9年间，比特币系统运行稳定，价格不断刷新纪录。其底层技术架构——区块链技术，也日益受到重视。

狭义来讲，区块链是一种按照时间顺序将数据区块以顺序相连的方式组合成的一种链式数据结构，并以密码学方式保证其不可篡改和不可伪造的分布式账本。区块链是以去中心化和去信任化的方式，来集体维护一个可靠数据库的技术方案，其技术要点如图1所示。通俗地说，区块链可以称为一种全民记账的技术。

---

* 课题负责人：翟晨曦，天风证券副总裁、执行委员会委员；课题组成员：徐坤，袁康，杨阳，徐伟，王绪刚，张文博，许源佳，梁晨，薛晓东。原载于《中国证券》2018年第5期。

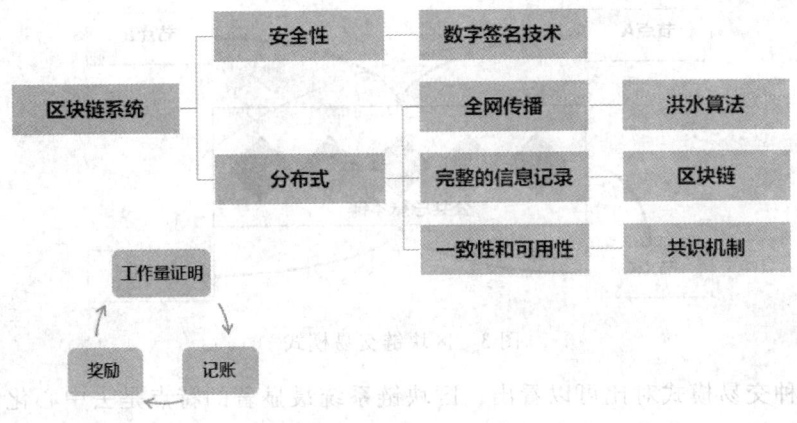

图 1　区块链系统基本原理图

当前网络环境和现实环境下的交易关系相似，卖家和买家之间缺少信任，需要依赖第三方机构（信用中介）来促成交易，典型的交易模式如图 2 所示。

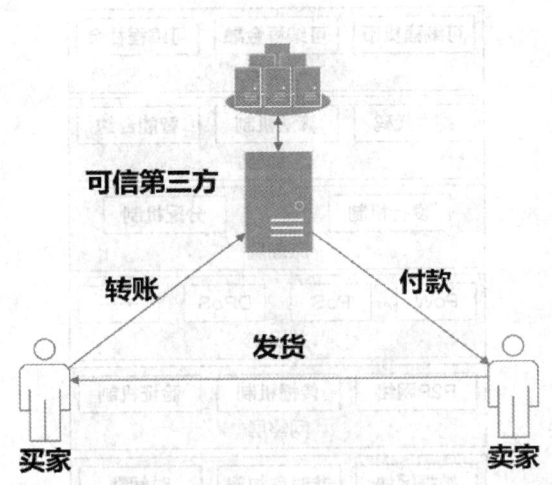

图 2　基于信用中介的互联网交易模式

但是区块链完全颠覆了这种方式，如图 3 所示，在买家与卖家进行交易时，不需要可信任的第三方来验证，而是所有节点共同验证交易真实性。在确认了真实性之后，每个参与的节点都有机会去竞争记账，即更新数据库信息。系统会在一段时间内，根据约定的"共识算法"选出一个记账节点，让它在这段时间里记账，即图中的节点 C。节点 C 会把这段时间内的变化记录在账本的一页纸中。在记完账以后，该节点就会把这一页的账本发给其他节点。其他节点会核实这一页账本是否无误，如果没有问题就会放入自己的账本中。为了激励其他节点，系统会给予它们适度的奖励，例如比特币就是给"挖矿"者的奖励。在系统里面，这一页账本的数据表现形式称为区块，该区块中就记录了整个账本数据在这段时间里的改变。然后把这个更新结果发给系统里的每一个节点。于是，整个系统的每个节点都有着完全一样的账本。

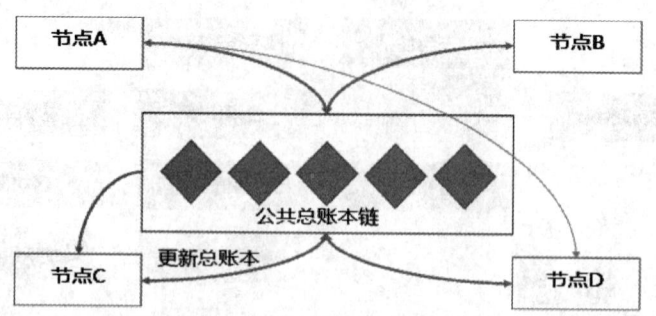

图 3　区块链交易模式

从上述两种交易模式对比可以看出，区块链系统最显著的特点是去中心化，系统中节点可以不经过任何第三方或中心节点而直接进行交易。

（二）区块链的技术架构

区块链的基础架构模型见图 4，对应的核心概念如下。

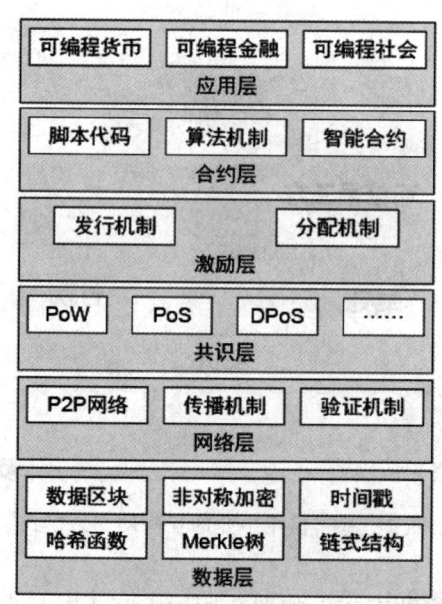

图 4　区块链基础架构模型

数据层：相当于与去中心化系统中各节点共享的公共总账本链，对账本链的操作涉及区块、链式结构、哈希算法、Merkle 树和时间戳等技术要素。

网络层：网络层使得每一个节点都能参与数据校验和记账过程，仅当数据通过全网大部分节点验证后，才能更新到公共总账本中。

共识层：共识层能保证在决策权高度分散的去中心化系统中各节点可以高效地针对账本的有效性达成共识。

激励层：激励层设计了适度的经济奖励政策，用于激励其他共识节点使用自己的算力资源来实现公共账本的数据验证和记账工作。

合约层：合约层相当于区块链系统中商业逻辑和算法，使得系统可以灵活编程和操作数据，以支持金融和社会系统的诸多应用。

（三）区块链的发展演进与优点

区块链技术依托于现有技术，加以独创性的组合及创新，从而实现以前未实现的功能，区块链技术大致经历了3个发展阶段（见图5）。

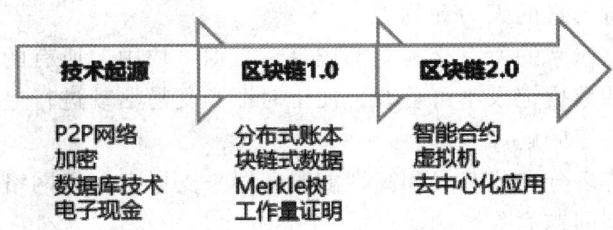

图5 区块链的演进路径

资料来源：工信部《中国区块链技术和应用发展白皮书》。

区块链系统根据应用场景和设计体系的不同，一般分为公有链、联盟链和私有链。

公有链：各个节点可以自由加入和退出网络，并参加链上数据的读写，运行时以扁平的拓扑结构互联互通，网络中不存在任何中心化的服务端节点。

联盟链：各个节点通常有与之对应的实体机构组织，通过授权后才能加入与退出网络。各机构组织组成利益相关的联盟，共同维护区块链的健康运转。

私有链：各个节点的写入权限收归内部控制，而读取权限可视需求有选择性地对外开放。私有链仍然具备区块链多节点运行的通用结构，适用于特定机构的内部数据管理与审计。

相对于传统的交易模式，使用区块链技术的交易系统有以下几方面的优点：

（1）区块链技术的信任机制建立在数学（非对称密码学）原理基础上，借助开源算法，使系统运作规则公开透明。

（2）配合"时间戳"等技术，区块链将系统成立以来的所有交易全部记录在数据区块中，所有的交易活动都可以被追踪和查询，并且形成的数据记录不可篡改。

（3）分布式记账与存储使区块链系统在运转的过程中具有非常强大的容错能力，即使数据库中的一个或几个节点出错，也不会影响整个数据库的继续运转，更不会影响现有数据的存储与更新。

（4）区块链技术基于可编程原理内嵌了"脚本"的概念，这使得后续基于区块链技术的价值交换活动可变成一种灵活智能的可编程模式，保证了区块链技术在未来的发展能形成一种可持续进化的模式。

（5）透明交易背后的匿名性特点，极大地保护了参与者的个人隐私。区块链上的数据都是公开透明的，但数据并没有绑定到个人，人们无法知晓交易背后的参与者是谁。

目前，大家都在展望和探索区块链3.0阶段的应用。一方面，区块链会与大数据、物联网、云计算、供应链等技术进一步结合；另一方面，区块链将会向公共领域与产业领域延伸和发展，更具产业级变革意义的区块链应用形式必将出现。

（四）区块链技术应用于证券市场的优势与可行性分析

区块链是一个高度安全、不可篡改的分布式账簿，提供一套安全稳定、透明、可审计且高效的记录交易及数据信息交互的方式。

区块链能够简化、自动化冗长的交易流程，实现证券发行人与投资者的直接交易，减少前台和后台交互，节省大量的人力和物力。

区块链将系统成立以来的所有交易全部记录在数据区块中，所有的交易活动都可以被追踪和查询，并且形成的数据记录不可篡改，便于对证券交易活动进行追踪，可以有效解决交易验证和交易后续纠纷等问题。

区块链技术利用许多分布式节点和高性能服务器来支撑点对点网络，整体运作不会因部分节点遭受攻击或出现问题而受影响。

全部的资产及证券交易都以代码或分类账的形式体现，通过对区块链上的数据处理程序进行设置，证券交易就可自动在区块链上实现，交易所的自动化水平将因此大大提高。

以密码学技术对交易信息进行非对称加密，确保证券交易信息的机密性和安全性。

二、区块链技术在证券市场上的应用实践

（一）当前区块链技术在全球证券市场的应用情况

美国证券存托和结算公司（DTCC）在2016年1月发布白皮书，呼吁全行业开展协作，利用分布式总账技术改造传统封闭、复杂的金融业结构，使其现代化、组织化和简单化，解决目前交易后过程局限性的问题。DTCC还加入了Linux基金会的超级账本（Hyperledger）项目。

R3区块链联盟由区块链创业公司R3CEV发起，已经与全球40多家顶级金融公司达成合作，研究区块链在金融服务领域的应用，包括证券市场的清算结算，以及在企业债券、回购、互换和保险等领域应用，并推出了分布式账本Corda。

BitShare推出基于区块链的证券发行平台，每秒达到10万笔交易。Overstock推出基于区块链的私有和公开股权交易"T+0"平台，提出"交易即结算"的理念，目前已经获得美国证券交易委员会（SEC）的牌照。国内的区块链项目——小蚁（现名NEO），是一个用来登记结算各种数字资产的区块链底层协议，可以被用于股权众筹以及员工股权管理。

（二）区块链技术在资产证券化（ABS）领域的探索实践——以百度-天风ABS产品为例

1. 当前ABS市场的不足

ABS曾被誉为20世纪最伟大的金融产品创新，能良好解决国内中小企业融资难的问题。但国内的ABS市场却远远达不到欧美市场的发达程度，主要原因在于以下几个方面：

（1）底层资产透明性差、变动情况复杂，难以进行客观公允的债项评级。

（2）业务参与方多、环节多、链条长，又缺乏统一的工作平台对各方数据进行集中管理使用。信息在参与各方各自的业务系统间传输时，对账清算所用信息的准确性和一致性等

存在问题，给 ABS 数据造假留下了空间。

（3）ABS 底层资产往往交易量大，交易频次高，因此信息的及时性、违约机制的可行性存疑，资产存续管理复杂（见图 6）。

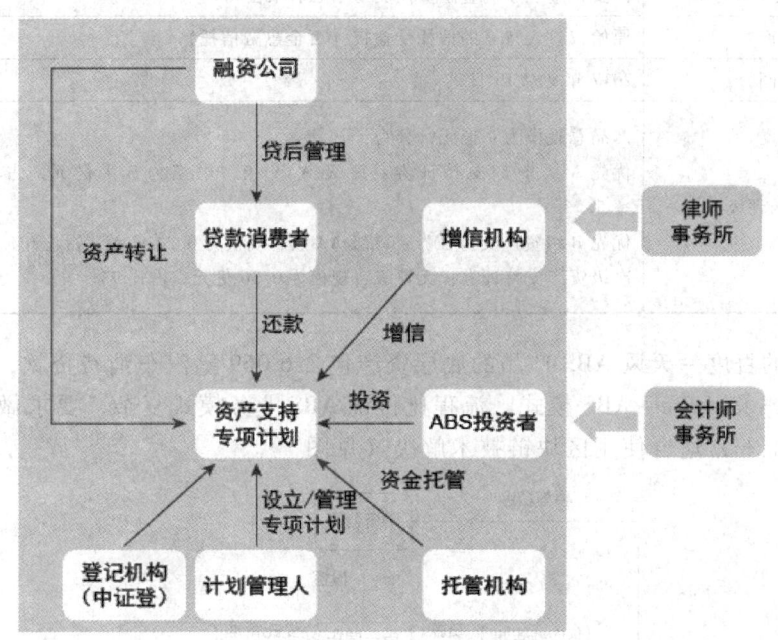

图 6　传统 ABS 业务模式

2. 区块链技术在 ABS 中应用的优势

区块链技术具有不可篡改、透明、可追溯等良好性质，应用在 ABS 领域具有如下优势：

（1）将区块链技术应用于 ABS，借助其时序特征，可以看到资产的"全生命周期"；其分布式网络特征，使所有市场参与者实时掌握信息内容，可大幅提升底层资产的透明度，提升中介机构尽调效率，让投资方对底层资产有穿透式了解，提高投资人的信心。

（2）将资产承做环节部署到区块链上，将在一定程度上优化诚信环境，提升各方所使用信息和数据的统一性。

（3）把资产发行人的信息数据系统对接区块链，那么投资者和管理人在 T + 1 甚至 T + 0 监控到资产底层状况将成为可能。计划管理人可以通过这些数据，对发行主体所提供的底层资产现金流的全流程进行分析和管理，实时掌握所管理资产计划的动态。

而智能合约的引入也可以保证信用触发机制的条款得到坚决执行，为投资者权益提供进一步的保障。

3. 百度 – 天风 ABS 产品案例

"百度 – 长安新生 – 天风 2017 年第一期资产支持专项计划"是国内第一单基于区块链技术的场内（上海证券交易所上市）Pre – ABS 产品，具体信息如表 1 所示。

表 1　百度 – 长安新生 – 天风 2017 年第一期资产支持专项计划

原始权益人/增信机构	长安新生（深圳）金融投资有限公司（长安新生）
计划管理人	天风证券股份有限公司（天风证券）
交易安排人/技术服务商	西安百金互联网金融资产交易中心有限公司
基础资产	原始权益人持有的信托受益权（百金惠融信托）
发行时间	2017 年 9 月 19 日
产品规模与评级	产品总规模为 4 亿元，分为： 优先 A 级资产支持证券：评级 AAA 级，规模为 3.4 亿元，占比 85%，发行利率 5.5%； 优先 B 级资产支持证券：评级 AA 级，规模为 0.24 亿元，占比 6%； 次级资产支持证券：无评级，规模为 0.36 亿元，占比 9%

本次发行的百度 – 天风 ABS 产品的底层资产包含 6 069 笔汽车消费贷款，底层资产数量大且透明度差；采用 Pre – ABS 模式，流程比传统 ABS 业务模式复杂，要求做到全生命周期监控。这些特征非常适合使用区块链技术解决（见图 7）。

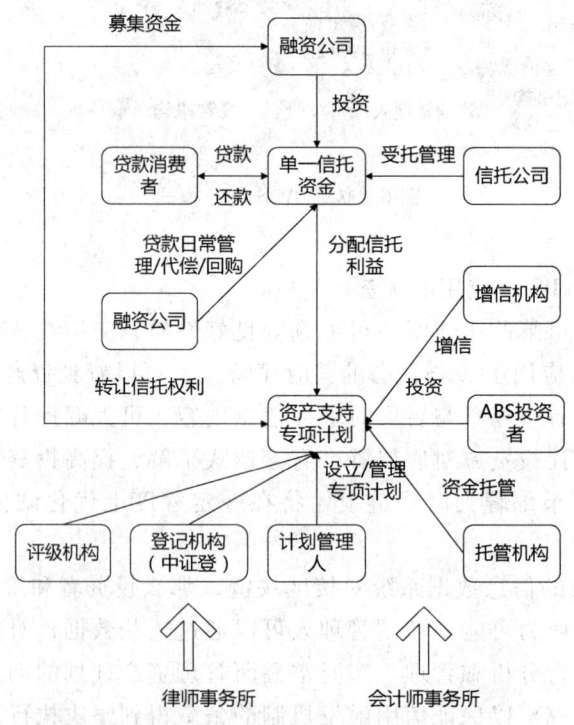

图 7　百度 – 天风 ABS 产品交易结构与流程

4. 百度 – 天风 ABS 产品中的区块链技术创新

百度在 ABS 应用领域使用的是联盟链技术。联盟链可以按项目有权限参与方上链和信息披露，可有效保证信息安全；此外联盟链规模较小，权限易控制，项目中的各参与机构作为联盟链上的参与节点，写入信息数据。百度 ABS 业务区块链应用模式见图 8。

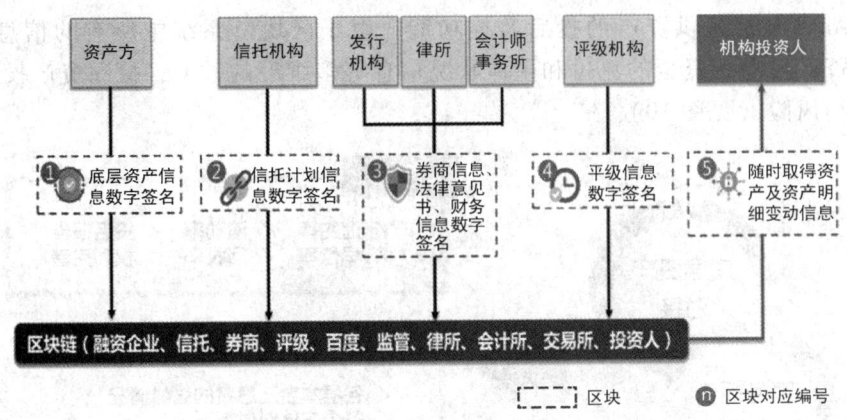

图 8 百度 ABS 业务区块链应用模式

资料来源：百度金融。

百度–天风 ABS 产品使用的区块链技术对 ABS 产品进行了创新性的设计：

（1）利用区块链"不可篡改"的特性，将资产方的底层资产信息、评级机构的评级信息等各阶段的信息都能及时写入联盟链中，提高信息的透明度，打造 ABS 平台上的"真资产"；

（2）基础资产的变更及各方信息都具有不可篡改性，保证信息真实性；

（3）通过极限事务处理系统，支持百万 TPS（每秒事务处理量）的交易规模，降低交易成本；

（4）通过百度千亿级流量清洗系统，抵御大规模的网络攻击；

（5）通过安全实验室的协议攻击算法，确保通信安全，将黑名单、多头防控、反欺诈和大数据风控模型评分等信息也记入区块链，增强了资产的信息披露程度。

在具体的应用层面，百度搭建的区块链平台主要由两大基础系统组成：AaaS（Analysis as a Service）系和 BaaS（Blockchain as a Service）系统。

AaaS 系统的主要功能是人工智能（AI）提供的大数据风险分析和由区块链技术支撑的信息披露和资产监控（见图 9）。

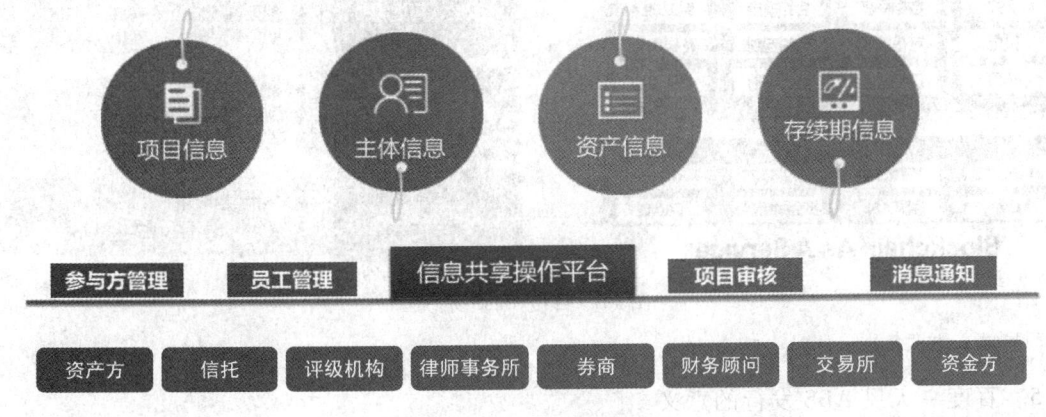

图 9 AaaS–共享工作平台

资料来源：百度金融。

此外，AaaS 还能提供资产的投后监控功能，由于区块链系统中所有的信息都在链上，可提供底层资产信息、资金的兑付和主体状况信息等多维度的数据，提高资产投后管理的效率，控制违约风险（见图10）。

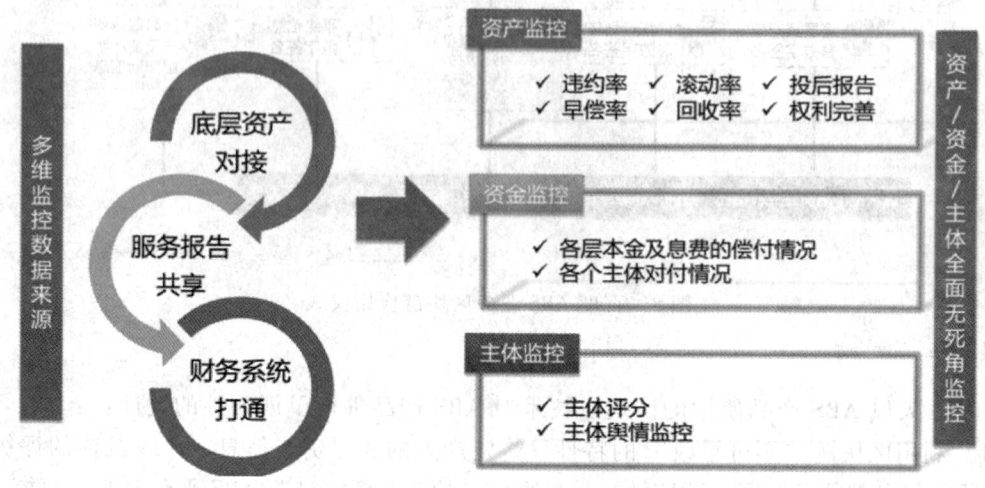

图 10　AaaS – 资产投后监控

资料来源：百度金融。

BaaS 系统负责提供区块链的服务端，目前该系统完成了区块链开放平台 web 端、客户操作端、区块链集群的搭建，提供区块链特性产品化以及多样的对接方式（见图11）。

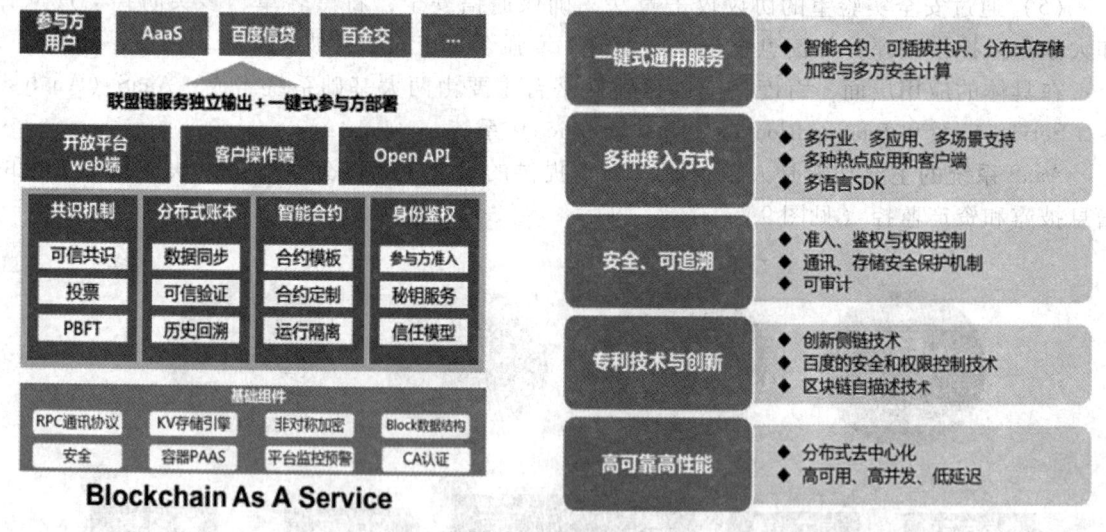

图 11　百度 BaaS 系统

资料来源：百度金融。

5. 百度 – 天风 ABS 发行的意义

区块链技术实现了底层资产从 Pre – ABS 模式放款，到存续期还款以及交易等全流程数据的实时上链，对现金流进行实时监控和精准预测，提高了对基础资产全生命周期的管理能力。

对资产发行方：区块链技术可以做到上链数据真实可靠，不可篡改，高度安全。

对投资者：提升了 ABS 资产的透明度和底层数据的真实性，让投资者对资产的投后监控成为可能。

对交易市场：一定程度上可以提升 ABS 资产底层数据的有效性和真实性，估值和定价也变得有据可依。

对监管机构的意义：为监管机构提供强有力的技术支持，能够更大程度上满足穿透式审核和监管的要求。

（三）区块链技术在私募股权交易领域的应用——以纳斯达克 Linq 为例

纳斯达克通过和区块链技术公司 Chain 合作，推出了自己的非上市公司股权登记系统 Linq，为非上市公司股份提供在线登记服务，促进其私人证券市场的股份以一种全新的方式进行转让和出售。目前，Chain、ChangeTip、Peernova、Synack、Tango 和 Vera 这 6 家公司，已成为了 Linq 平台的内测项目。

1. Linq 与其他股权交易系统的区别

所有的交易系统实质上都是一个记账结算系统，Linq 平台的最大优势是采用了区块链技术，实现了结算系统的去中心化以及证券行业进一步的无纸化和电子化。并且区块链的智能合约还能实现证券的代码化、股权转让、股东投票等。禁售限制等可以程序化实现，将人工操作降到最少（见图 12）。

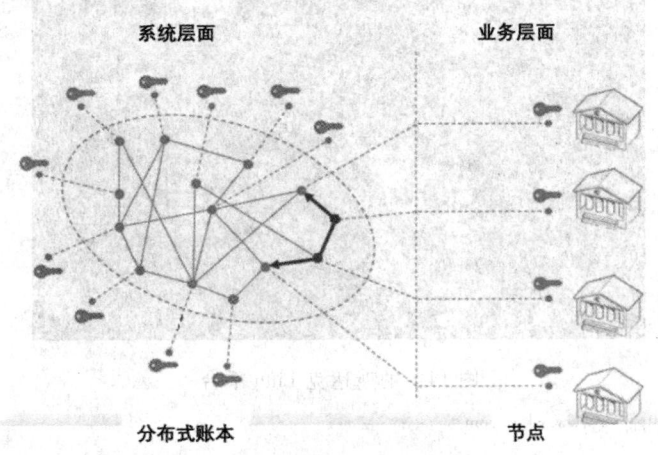

图 12　Linq 平台中区块链的逻辑结构图

资料来源：巴比特，http://www.8btc.com。

2. Linq 的优势

（1）减少人工操作。区块链技术所提供的高效率，能大幅度提升 Linq 作为私人股权交易平台的优势，同时能为用户提供一个永久保存的数据链，达到更好的透明性和可审计性。

（2）减少结算时间。目前的股权交易市场标准结算时间为 3 天，而区块链技术的应用却能将结算时间缩短到 10 分钟，不仅效率提高，还可以让结算风险降低 99%，可有效降低资金成本和系统性风险。

（3）简化交易流程。纳斯达克的目标是让整个流程变得更加简单，在整个过程中减少摩擦，使客户获得更多的流动性，以期被更广泛地应用。

3. Linq 的应用体验

为使发行公司和投资者能更好地跟踪和管理证券信息，Linq 十分重视数据的可视化。股份发行人在登录 Linq 后可以看到一个可管理估值的仪表板，包括每一轮投资之后已发行股份的价格，以及股票期权的比例（见图 13）。

Linq 还开发了"权益时间轴示图"，所有股份数字，包括尚未分配的股份，都通过可视化的颜色块来代表，发行人可以实时查看股份分配、流转信息（见图 14）。

图 13　Linq 的管理估值仪表板

资料来源：巴比特，http：//www.8btc.com/。

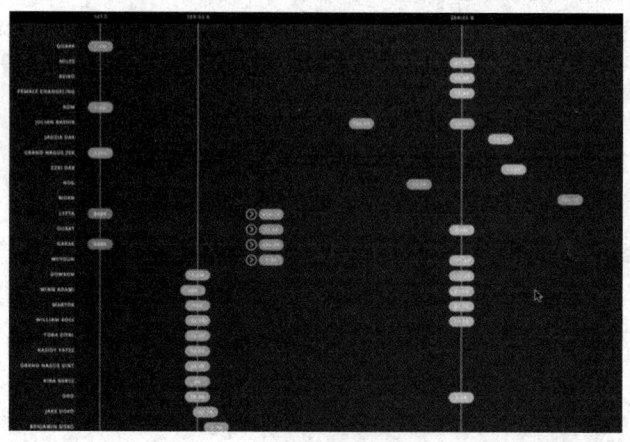

图 14　纳斯达克 Linq 平台

资料来源：巴比特，http：//www.8btc.com/。

传统的股权交易中存在不公开透明以及中心化会引发系统性风险等问题，而去中心化的股权交易能很好地解决这些问题。

三、区块链技术在证券市场应用场景的前瞻分析

（一）证券市场基础设施

1. 在证券登记领域推进"无纸化"和"电子化"进程

区块链在证券市场的最大作用在于进一步推进金融资产的数字化进程。尽管在投资终端部分地实现了证券的电子化，但目前的金融系统仍然无法摆脱人工操作和纸上作业，而区块链作为一种新的技术，将在证券登记、清算结算领域进一步推进证券市场的电子化革命。

区块链技术能做到在没有中央机构条件下的登记和电子账本维护，这能节约大量成本，并且可以用后文提及的智能合约，实现分红派息、禁售限制等，降低人工操作成本。

2. 重塑证券市场的清算结算体系

清算和结算是证券交易体系的基本功能，也是证券交易体系中非常核心的部分。清算和结算本身是一个非常复杂的过程，传统流程效率低下、程序复杂、成本高昂，是各国金融市场资产交易面临的重要问题之一（见图15）。

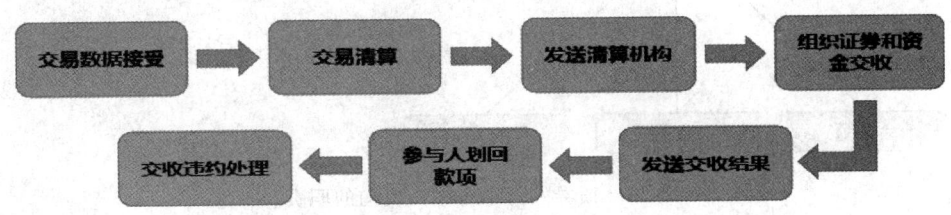

图15 传统证券清算、结算过程

区块链的共享、可信、可追溯的特点，可以直接实现实时全额结算，在清算、结算领域具备显著优势。目前的主要瓶颈是区块链技术难以承载高频次的交易，因此在现有技术条件下只适用于一些较低频次的场外市场交易。

通过区块链技术构建的场外市场生态系统，可以利用区块链技术的分布式体系实现"多中心化"结构。"多中心"之间存在竞争合作关系。高信用背书特征的节点可以是"主中心"，其他一般性参与节点为普通节点。"主中心"作为记账节点，拥有整个链数据库的写入功能。普通节点经认证可以同步联盟链的数据并使用链上数据。平台"主中心"节点共同制定平台规则，例如新节点加入、旧节点退出、资产上链、交易、清算结算规则等。

从市场监管角度，区块链技术在确保链上数据安全、不可篡改、可被全流程追溯的同时，可以把监管机构设置为最高层级的"特权"节点。在登记托管的特定情况下，监管节点有权依法对已经达成的交易进行暂缓交收、拒绝交收等，有效强化交易过程监管的技术能力。

3. 智能合约推动证券市场的智能化进程

智能合约可以把许多复杂的金融合约条款写入计算机程序，当发生了满足合约条款中的事件时，将自动触发接受、存储和发送等后续交易行为，实现交易的智能化。如区块链初创公司BlockEx开发的区块链债券平台使债券发行公司能够使用智能合约来确定债券的利率、息票利率、付款日期和到期日，并且为了有利于债券零售市场运作，息票甚至可以指定每月、每周或每天支付。此外，通过智能合约可将交易和清算、结算流程程序化，可以降低结算风险和违约风险。

（二）证券发行

1. 联盟链技术在证券发行中的应用

（1）证券发行的特点。以债券市场为例，债券发行有两大特点：一是需要大量的中介机构参与，信息在参与各方各自的业务系统间传输时，所用信息的准确性和一致性存在问题，往往造成效率低和成本增加；二是债券发行的过程漫长复杂，需要大量的人工作业和纸质材料，同样严重影响效率（见图16、图17）。

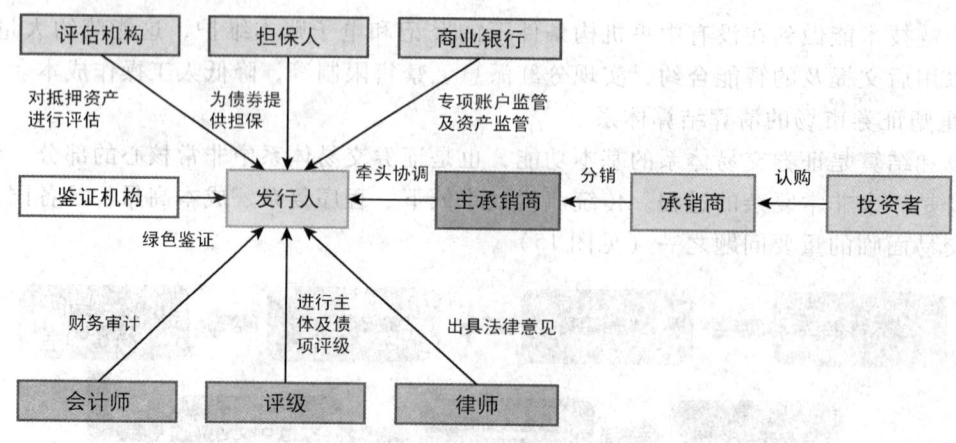

图 16 债券发行中各中介机构的职责

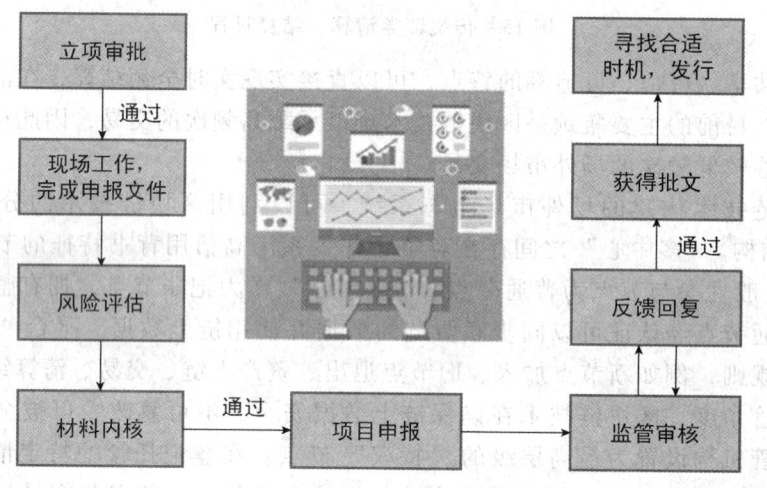

图 17 项目承做的流程

（2）联盟链技术在债券发行中的应用。区块链技术有数据保真、不可篡改和高度安全等特性。在债券的承做、存续期管理等环节都可以被落地应用。在区块链技术的选择上，联盟链可以按债券项目的参与方授权上链和信息披露，可有效保证信息安全。

将债券发行环节部署到区块链上，提升各方使用信息和数据的统一性。一方面区块链上数据成为各机构获取发行主体、抵押品及保证人信息的统一信息源；另一方面，能及时获取各机构的意见和报告，节约时间，避免了各方业务系统数据来源混杂的问题。

区块链技术可以确保数据一经上链就不可篡改，链上各节点的操作行为也会被全记录，数据上传方无须担心数据会被非法使用，从而保证了上传数据的安全性和有效性，提升了信息透明度，作为后续证明其真伪性的有力证据。区块链技术的引入将大大提高承做环节数据作假成本。

（3）可行性分析。联盟链在技术上实现的难度不大，并且能节约成本，提高发行效率，因此现阶段在证券市场上实现是完全可行的，如目前百度－长安新生－天风资产支持证券正是其中一例。

2. 公有链技术在证券发行中的应用

(1) 公有链技术的作用。目前证券市场上银行、券商扮演着金融中介机构的角色，如果公司想要发行债券为其业务提供债务融资，需要向金融中介机构支付一部分费用，而后者负责项目的承做、承销等环节。然而，在公有链技术的支持下，区块链系统中产生的代币可以作为证券的凭证，因此企业可以绕过银行和券商等中介机构，直接面向投资者发行债券，这意味着区块链债券只需要一个债券的公开市场平台，而不需要或只需要少量相应的中介机构即可实现债券的发行和交易，这种另类交易平台将对目前的证券交易所和监管法规带来影响。目前伦敦的区块链初创公司 BlockEx 正在开发这一类型的专门面向机构投资者的投资平台。

(2) 可行性分析。目前公有链技术并不成熟，最主要的问题是交易承载规模小和确认交易时间长，很难满足实际交易需求。再者，公有链技术会对现行法律和市场体系造成冲击，该类区块链交易平台是否能建成，在很大程度上取决于监管机构的政策。

（三）资产管理

区块链可以将资产数字化变为现实，能降低资产的管理成本，提高效率。资产是由其表征（Token）以及最重要的背后的一套账本（Ledger）系统组成，而区块链刚好能提供这样一套分布式的账本系统。公有链技术产生的数字令牌（Token Coin）能提供资产权利的表征，与现实世界中有价值的资产做映射后，便可在区块链系统中进行交易和管理。

资产管理使用区块链技术有以下优势：

(1) 区块链技术保证了数据信息的不可篡改性，并且能追踪和查询到所有的数据记录。

(2) 由于采用分布式记账的方式，所有的资料都是公开透明的，相对于传统方式，记录的安全性和有效性得到了极大的提升。

(3) 区块链技术能实现网络上点对点的实时资产交易。

(4) 在公有链技术下，尽管数据信息是透明的，但用户的身份却是匿名的，保护了用户的隐私。

（四）数字资产

1. 全球数字资产发展概要

数字资产狭义上特指登记在区块链上、以计算机代码形式存在和进行交易、不需要人工干预能够智能化运行的可编程虚拟资产。

2017 年以来，数字资产市场呈现爆发式增长。据 Coinmarketcap 统计，截至 2018 年 2 月 13 日，已有 1 500 余种区块链数字资产可进行交易，总市值超过 4 000 亿美元，比 2017 年初增长 20 余倍（见图 18、图 19）。

2. 全球数字资产交易市场概览

(1) 全球数字资产交易情况。数字资产交易无休市、无国界、多平台，无严格的涨跌幅限制，投资人 KYC 审核相对宽松，价格波动较大。数字资产交易包括币币交易及法币交易两种模式，目前已有 8 000 余个交易品种（见表 2）。

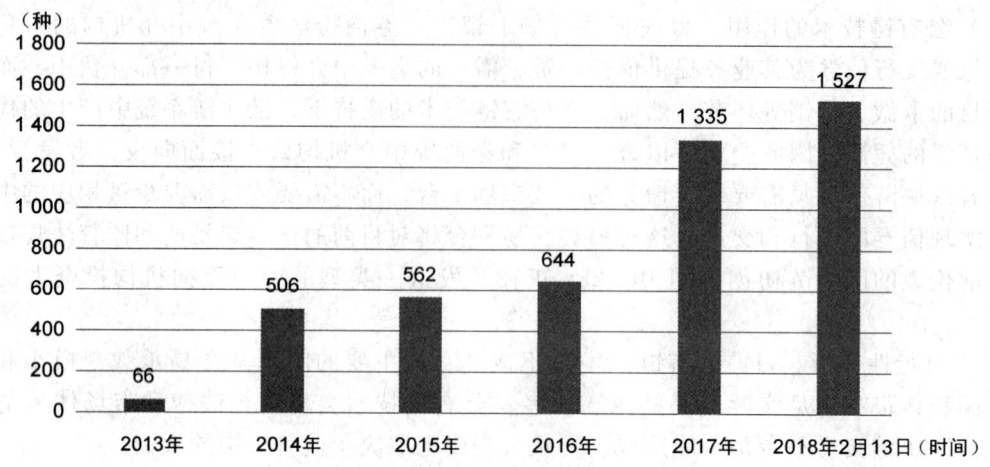

图18 2013—2018年数字资产种类变化情况

资料来源：Coinmarketcap。

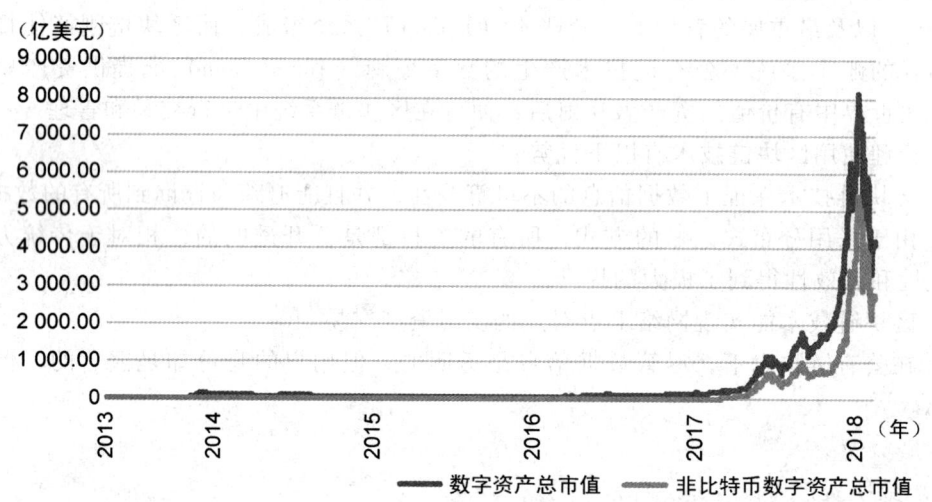

图19 2013—2018年数字资产总市值变化情况

资料来源：Coinmarketcap。

表2　　　　　　　　　　　数字资产交易模式

币币交易	任何两种数字资产之间都可以进行交易，主要以比特币、以太坊等主流币计价
法币交易	数字资产以法币作为对价进行交易，目前可以进行虚拟货币交易的法币主要为美元、欧元、英镑、日元等。调查显示已有42种国家货币进行交易

资料来源：剑桥大学CCAF研究报告。

2017年以来数字资产交易量大幅增加，2018年1月平均日交易量接近400亿美元，比2017年初增长近190倍（见图20）。

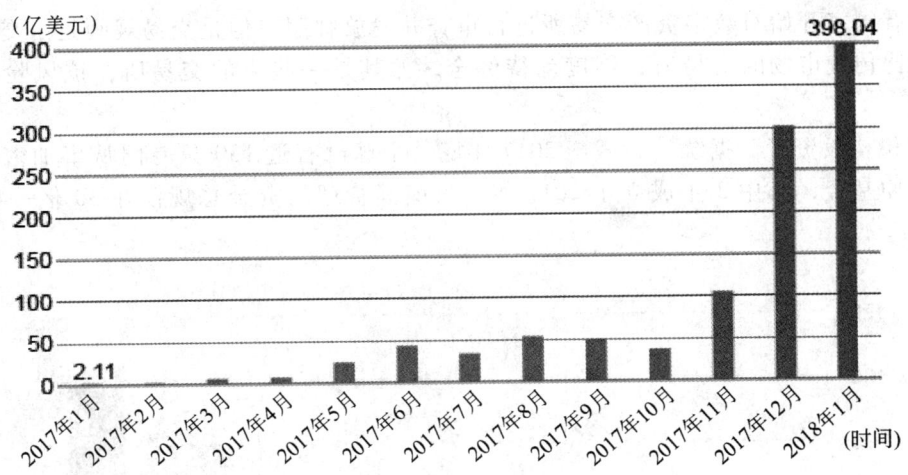

图20 全球数字资产平均日交易量

资料来源：Coinmarketcap。

（2）数字资产交易所。伴随着数字资产的蓬勃发展，各类数字资产交易场所应运而生。据不完全统计，截至2018年初，已有超过250家场内数字资产交易平台，超过20家场外数字资产交易平台。数字资产交易所主要提供订单交易、经纪服务和交易平台三种业务（见表3）。

表3　　　　　　　　　数字资产交易所主要的三种业务

订单交易	平台使用交易引擎来匹配来自用户的买卖订单
经纪服务	允许用户以给定价格方便地获取和/或销售加密货币的服务
交易平台	平台提供单一接口连接到其他几个交易所和/或提供杠杆交易和加密货币衍生产品

资料来源：剑桥大学CCAF研究报告。

数字资产交易所主要分布在美国、欧洲、亚太等地区，目前主流交易所的日成交量均在10亿美元以上（见图21）。

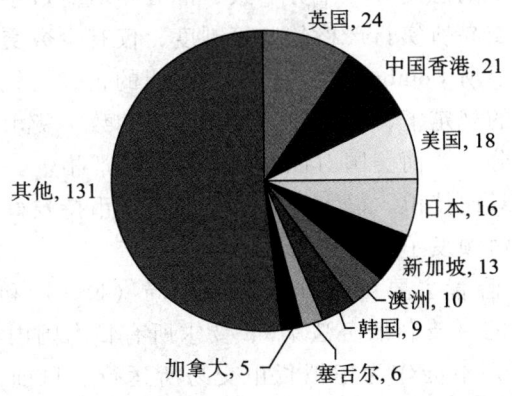

图21　数字资产交易所地域分布（单位：家）

资料来源：非小号网站。

已经有国家开始对数字资产交易所进行审查并发放牌照，但是交易规则是由交易所自行制定，相比传统市场的交易所，制度尚待健全，尤其是一些小的交易所，抗风险能力难以保障。

（3）机构投资者。据统计，截至2017年底，全球已有近130只专门从事加密数字资产交易的对冲基金，其中3/4成立于2017年，目前其管理的资金总规模在30亿—40亿美元（见图22）。

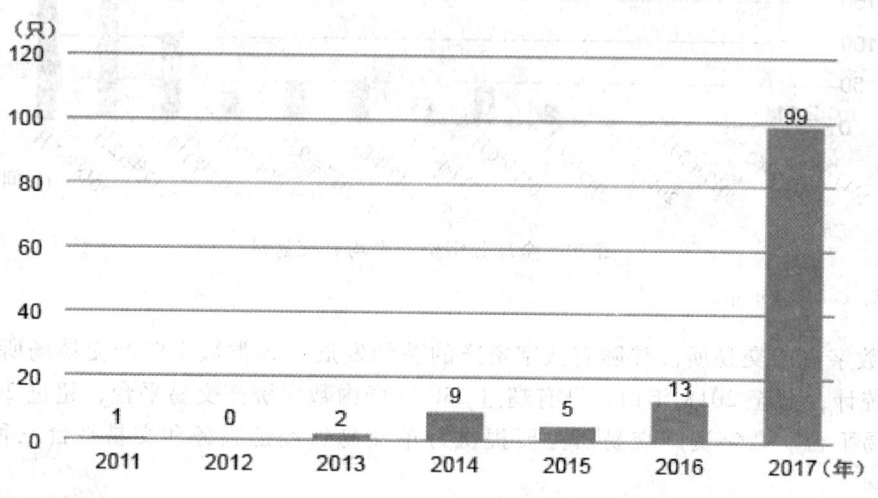

图22 各年度新成立的加密数字资产对冲基金数量

资料来源：Autonomous Next。

机构投资者的加入，将会逐渐改写数字资产交易市场的格局。而券商为客户提供的多种服务可能会影响市场的整体流动性以及数字资产的市值。

（4）各国监管态度。纵观世界范围，其实各国对数字货币的态度都是趋于完善监管，差异仅在于是先严后松还是先松后严。目前有一些国家已经对数字资产交易所进行了规范管理，明确了监管方案。

美国：各州对数字货币的态度并不十分一致，部分州域对数字货币持谨慎态度，例如纽约州。纽约州对数字货币交易所实行严格的监管制度，仅有少数交易所获得了授权许可，例如世界最大的数字货币交易所Coinbase就获得了纽约州的正式授权。其他州域在遵守联邦法律和美国证券交易委员会的规定下，也制定了符合本州的数字货币法案。当前美国监管机构计划将数字货币归入证券分类，而美国对证券的监管十分严格。

加拿大：加拿大不仅对比特币、以太坊等主流数字货币持友好态度，且已为当地的一家专注于加密货币投资的公司颁发了首个比特币基金牌照。

日本：日本的比特币监管主要由日本金融服务局（FSA）和日本央行（BOJ）负责，2017年4月1日正式生效的《支付服务法案》，要求所有日本国内的比特币交易所必须获得财政部和FSA的授权，否则不能作为虚拟货币交易所运行。目前，包括BitFlyer在内的16家数字货币交易所已获得日本金融厅（FSA）颁发的首批数字货币交易所运营许可。

澳大利亚：2017年8月，澳大利亚宣布澳大利亚议会将强化反洗钱和反恐怖主义融资法案。该法案建立了"数字货币交易所登记册"，由澳大利亚证券交易所（AUSTRAC）的首席执行官负责。在澳大利亚运营的数字货币交易所需要通过澳大利亚证券交易所登记注册,而未经登记注册的数字货币交易所将面临严厉处罚。

四、区块链在证券市场的应用及其监管

(一)区块链技术应用对证券监管的冲突与挑战

1. 区块链技术下的证券发行与交易与现行监管制度的调适

首先,区块链技术应用于证券市场后,使得证券发行与交易从"梧桐树下"的"集中模式"走向分布于网络空间各个区块的"分散模式",在这个过程中形成的变革与创新,将不可避免地与现行监管框架产生冲突。

其次,区块链技术的应用会对传统的证券权利表彰形式形成冲击,进而引起证券权利证明和监管的困境。利用区块链技术的证券发行,数字加密货币取代传统证券成为发行标的。尽管当前我国《证券法》采取的列举模式并未将数字代币视作证券,但数字代币在事实上是作为持有证券的凭证,最终还是指向证券权利。数字代币的交易也与传统证券交易的过程不同,现有监管制度中如投资者适当性、证券账户和资金账户的分离与托管、信息披露、锁定期等都难以有效适用。

2. "去中介"和"去信任"对证券市场结构的颠覆

区块链的"去中心化"会降低证券登记结算机构在证券市场运作过程中的作用。在证券登记结算机构和机制发生变动的情况下,建立在传统证券登记结算基础设施之上的证券交易监管模式也面临着自我变革的需求。

区块链的"去中介"和"去信任"会降低证券中介服务机构在证券发行与交易中的监管功能。随着区块链技术的应用,为消除信息不对称而生的中介机构在"去信任"的区块链运作机制下逐渐失去存在的必要,证券的发行、交易、登记和结算都可以直接完成,中介机构在承销、经纪、登记、清算、交收等方面的服务职能被弱化。由此证券中介服务机构的"看门人机制"缺失,会增加证监会的行政监管和行业协会及交易所自律监管的压力。

3. 区块链技术下证券市场新型风险的挑战

在以区块链技术改造证券市场运行的情况下,与数据安全、用户隐私、交易安全等有关的新型风险可能会由此产生,因此有必要重新审视区块链技术下证券市场所面临的新型风险,同时要妥善制定监管方案予以应对(见图23)。

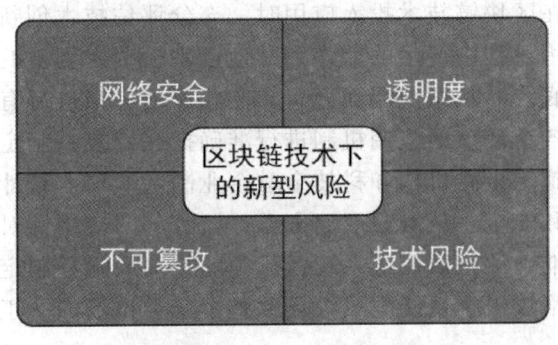

图23 区块链技术下证券市场所面临的新型风险

当证券以数字代币的形式进行确认和交易时，一旦数字代币被盗，意味着证券和其所代表的身份和财产的权利的丧失，投资者可能会遭受重大损失。

区块链技术的运用并不能在增加透明度和投资者保护之间寻求有效平衡，相对机械的技术处理并不能适应证券市场运行过程中不同环境下的具体要求，这种差异有可能为道德风险和欺诈行为提供滋生的空间。

区块链技术的不可篡改性，一方面保证了交易的安全性，另一方面也极大地增加了对交易信息进行修改的难度。

此外，私钥遗失导致证券投资者无法对其账户下的资产进行操作，程序中的漏洞会引发系统安全，51%算力攻击所蕴含的潜在风险以及智能合约在实际操作中的适用性等问题，都有可能导致区块链技术在证券市场应用的受阻。

（二）区块链技术应用于证券市场的监管策略选择

1. 坚持"技术中立"与"业务实质"原则

区块链技术虽然将对证券市场的运行产生较大的变革，但其本身只是便利和优化证券市场活动的工具层面的改进方案，并未改变证券市场体系的核心运作机制，也不会改变证券市场业务的实质。因此对于证券监管而言，应当坚持"技术中立"原则，既不宜主观地将区块链技术作为证券监管的基础，也不宜无视和限制区块链技术给证券市场活动带来的现实变革，而是应当在充分认知和回应区块链技术对证券市场体系和金融消费者可能产生的现实风险的基础上，拨开新型技术造成的监管迷雾，回归金融市场的本质，围绕具体证券活动的业务实质开展监管活动。

2. 包容和适应技术创新

金融监管应当为技术创新留下空间，不宜以过于严格的监管限制和妨碍金融科技的创新与发展。根据英国金融行为监管局的估计，监管不确定会让金融科技创新业务上市时间延后三分之一。因此对区块链技术在证券市场的应用保持相对宽容的态度，允许相关企业和机构积极进行尝试，同时也应当积极适应区块链技术的应用，密切关注区块链技术对证券业务模式、风险特征和证券监管的影响，加强对金融科技企业和金融机构的沟通交流与政策辅导，强化专业资源配置和工作机制建设，探索建立和完善监管规则，改进监管方式，确保监管的有效性。

3. 坚守金融安全的底线

证券监管部门应当在区块链技术投入应用时，充分评估技术创新对金融安全的影响，一方面避免区块链技术应用过程中产生的欺诈和其他侵害投资者利益的行为，另一方面需要守住不发生系统性风险的底线。从微观层面而言，监管部门应当进行有效的行为监管，对区块链技术在证券市场活动各个环节的应用机制进行准确把握，统一制定技术标准并设置技术准入条件，对证券基础设施、金融机构和科技金融企业制定专项监管计划，以确保区块链系统各个环节的透明、高效和安全。从宏观层面来看，监管部门应当针对区块链技术在证券市场的应用进行审慎监管，准确评估区块链系统运行中的相关风险并制定相应的风险预防、缓释和处置机制，避免因网络攻击、系统失灵等导致整个证券市场的非正常波动和崩溃。

（三）区块链技术应用于证券市场的监管重点

1. 市场基础设施的监管：以区块链系统为中心

区块链技术的应用必须建立在市场基础设施能够稳定、顺畅地处理证券权利证明和交易记录的前提下，并且能够构建起区块链操作框架以有效地满足市场参与者的进入与退出、交易有效性、资产证明、数据安全和透明度等要求（见图24）。

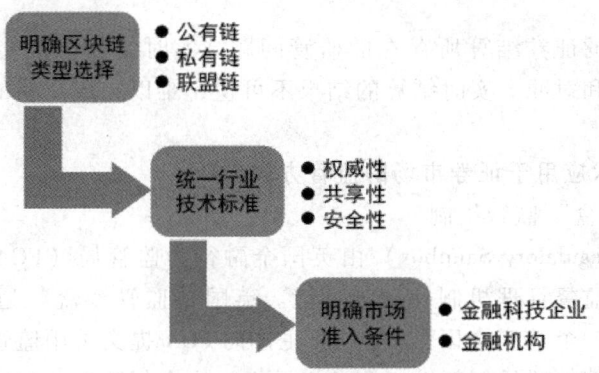

图24　区块链系统基础设施的监管路径

首先，需要明确区块链的应用类型选择。对于需要高度监管的证券业而言，联盟链由于参与主体的多元化能够对此形成制约，更能实现安全性。

其次，需要建立统一的行业标准。监管者提前参与区块链技术应用创新的进程之中，给予充分的监管指引，参与制定区块链协议的相关技术标准，从而避免记载着证券交易数据信息的各区块在形成链条时可能产生的冲突。

最后，需要明确市场主体准入条件。为发挥区块链技术去中心化的技术优势，应当允许证券活动的参与者都能接入各网络账簿节点，但针对不同的主体类型应当设置不同的权限，以保证数据安全和客户隐私。

2. 交易过程的监管：以智能合约为中心

智能合约能够简化交易流程，提高自动化交易水平，确保交易的安全与效率，降低金融交易和合约执行成本等。但由于智能合约作为标准化的计算机程序难以满足特定交易需求，同时其实时结算和自动执行有时会造成"实时欺诈"且无法及时修复，因此在其大规模应用于证券市场之前需要建立完备的监管机制，以保证智能合约的有效使用。

首先，应当建立智能合约与法律合约的协调机制。在编写智能合约代码时，应当将法律合约的内容作为智能合约编写和执行的基础，确保其法律内核的确定性，还要确定智能合约的责任主体。

其次，应当建立智能合约的监管审查机制。区块链平台在投入应用前，应将智能合约的代码提交至监管部门备案，并进行安全性和合规性审查，通过压力测试等方法对其执行能力和载荷进行分析评估。

最后，应当建立智能合约自动终止与修复机制。在智能合约编程时设置"失效安全"（Fail-safe）机制以及"逃生舱"（Escape Hatch）机制，允许智能合约代码在满足特定条件时可以由相关主体，包括监管部门、交易所或登记结算机构以及拥有相应权限的参与主体终止其执行，在智能合约执行失灵时能够冻结和转移区块上记载的价值从而防范风险。

3. 交易后领域的监管：以证券登记结算为中心

当前业界对区块链应用于证券市场最大的期待或者说关注的核心就是区块链技术对交易后领域的改造，在这一过程中监管者需要注意以下两点：

一是证券资产代币化下的证券登记所面临的监管问题。首先是代币发行如何适应证券发行的监管要求；其次是数字代币的统一登记标准；最后是数字代币登记中的身份认证问题，需要提前明确。

二是实时结算下的证券结算所存在的监管问题。实时结算可能会影响短线交易中的撤销，以及影响做市商和对冲。实时结算的结果不可逆，难以完成交易的回拨或者修正。

（四）区块链技术应用于证券市场的监管方式创新

1. 引入"监管沙盒"监管机制

"监管沙盒"（Regulatory Sandbox）由英国金融行为监管局（FCA）提出，本质上是为金融科技创新提供的监督管理机制和政策环境。英国"监管沙盒"通过实验的方式为金融科技的创新应用创造一个"安全区"，由创新主体向 FCA 提交试用监管沙盒的申请，FCA 根据相应的审核标准，例如项目创新性、测试必要性、安全保障措施的完备性等来判断是否将该创新项目纳入监管沙盒进行测试。当创新项目进入测试阶段，FCA 豁免相应金融监管规则的适用，并对测试情况进行持续监测，待测试结束且测试报告经 FCA 审核后，方能将该创新项目正式投入市场。由此，金融科技的创新能够在相对宽松的监管环境下得以发展、测试和完善，同时也能避免直接投入市场而导致风险事件爆发。

Nivaura、Otonomos 等金融科技企业都在沙盒中对区块链技术在私募证券发行、股权管理等领域的应用进行并通过了测试。新加坡、澳大利亚等国也都纷纷采用了"监管沙盒"机制，通过授予申请人一定期限和范围内的放松使用监管规则的特权，为其金融科技创新提供监管空间。

2. 探索创新指导窗口和创新加速器等监管手段

创新指导窗口（Innovation Hub），指针对持牌或非持牌机构的创新产品或服务，监管部门就政策规定、监管程序和相关监管关注点，提前进行提示和指导，使市场主体尽早了解监管要求，确保创新产品和业务的合规性。这种机制是监管部门基于其监管职能，在事前提供监管指导，以避免金融风险并提升创新效率。澳大利亚证券投资监管委员会（ASIC）、意大利央行、新加坡金管局等都设立了相应的创新指导窗口机制。

创新加速器（Innovation Accelerator），则是指金融科技企业、金融机构与政府部门共同协作，及时评估、验证新产品方案的合理性与可操作性，促进其更好地向实际应用转化。监管部门通过创新加速器机制，以协同创新者的角色主动参与、支持和配合金融科技企业和金融机构的创新活动，使得金融科技创新自开发阶段就能符合监管者的思路，避免因监管者的缺位而导致的风险隐患，并且有利于监管者在参与创新的过程中形成准确的监管思路。如英格兰银行通过其设立的创新加速器，在从机器学习到区块链等金融科技的研发和应用的同时研究了监管政策和技术对策。

3. 开发运用监管科技，加强对区块链的理解

监管科技（RegTech）主要是通过机器学习（Machine Learning）和人工智能（AI）技

术，对金融机构日常活动中产生的数据和信息进行处理，甄别和发现金融机构业务活动中的合规性问题。中国人民银行也在通过金融科技委员会强化监管科技的应用实践。

当前的监管科技实践主要集中于报告分析和合规流程且以 KYC 为核心关注点，但未来的监管科技将能够构建起电子身份、客户数据和监管之间的网络，以更为主动和高效的方式在金融科技应用过程中识别和处置风险。证券监管部门应当加强监管科技的开发与应用，以更新的技术手段适应基于区块链系统的证券市场的监管需求。

4. 发挥自律监管的功能

自律监管能够更为贴近和反映证券市场主体的现实需求，有利于在坚守安全底线的前提下为技术创新提供良好的监管环境。自律监管手段和措施更为灵活，有利于在区块链技术应用的前期阶段推进监管政策和制度的调整与试验。

可以在广泛征求会员意见的基础上出台相应的技术标准和业务指引，以行业共识为技术创新建立统一标准，为证券行业开展区块链技术创新形成有序引导，研究出台证券行业区块链技术应用探索的自律规则。在创新主体准入条件、技术应用的范围与进度、风险防控措施的设置以及各类主体的责任划分等方面制定相应的自律规则，从而规范证券市场利用区块链技术开展的业务创新活动，并为监管部门正式制定监管规则提供制度准备。

参考文献

[1] 刘瑜恒，周沙骑. 证券区块链的应用探索、问题挑战与监管对策 [J]. 金融监管研究，2017（4）.

[2] [加] 唐. 塔普斯科特，[加] 亚历克斯. 塔普斯科特. 区块链革命：比特币底层技术如何改变货币、商业和世界 [M]. 凯尔，孙铭，周沁园译. 中信出版社，2016.

[3] 姚前. 数字加密代币 ICO 及其监管研究 [J]. 当代金融家，2017（7）.

[4] 杨东. 区块链带来金融与法律优化 [J]. 中国金融，2016（8）.

[5] WFE, Financial Market Infrastructures and Distributed ledger Technology, Report, August 2016.

[6] 中国区块链技术和产业发展论坛. 中国区块链技术和发展白皮书（2016）[R]. 2016 - 10 - 18.

[7] FCA, Financial Conduct Authority Unveils Successful Sandbox Firms On the Second Anniversary Project Innovate, Press Release, Nov. 7, 2016.

[8] Nakamoto S. Bitcoin: A peer - to - peer electronic cash system [J]. Consulted, 2008.

[9] 程华，杨云志. 区块链发展趋势与商业银行应对策略研究 [J]. 金融监管研究，2016（6）：73—91.

[10] 张苑. 区块链技术对我国金融业发展的影响研究 [J]. 国际金融，2016（5）：41—45.

区块链在证券行业的应用方向与挑战

刘 斌 郭 东 王 玥 陈 锋[*]

一、证券行业结合区块链的动因与探索

自 2008 年比特币诞生以来,各行各业都在尝试利用区块链公开、透明、可追溯的特点,在业务应用中创造出新的价值流通体系。特别是在金融领域,区块链提供了分布式的数字化登记结算方式,可以建立去中心化的信任体系,对提供更安全可靠的金融服务有着重要意义。

在金融证券领域,相关研究主要包括:乔海曙等(2017)提出金融机构受到效率和成本两大因素的驱动进行智能化发展;技术将驱动金融转型,区块链技术将与金融深度融合,通过虚拟方式替代物理方式。IBM(2016)对 16 个国家或地区的 200 多家金融机构进行的调研显示,区块链有望在清算和结算、大额支付、股票与债券发行这三大领域发挥作用。邓维(2016)梳理了区块链在资本市场应用的探索,包括证券登记发行、股份交易管理、证券清算交收、股东大会投票、公司行为领域、股权众筹应用等。

在交易清算结算方面,传统的交易结算需要证券登记结算机构作为中央对手方,所有交易参与方都需要通过登记结算机构花费"T+3"天完成交易结算确认。而区块链分布式记账的特点,能被用于减少中介环节、简化结算流程。早在 2015 年 4 月,"交易即结算"就被 Overstock 以区块链的应用得以实现。美国证券存管清算公司(DTCC)从 2016 年起开始对证券清算与交收环节的区块链应用进行研究,后与数字资产控股(Digital Asset Holdings)合作完成再回购交易的区块链概念原型测试。2017 年 12 月,澳大利亚证券交易所(ASX)正式采用数字资产控股开发的交易结算系统,成为全球第一家用区块链技术支持核心业务的主流交易所。

---

[*] 作者单位:兴业证券股份有限公司。原载于《中国证券》2018 年第 11 期。

在债券交易方面，牛壮（2017）认为债券市场基础设施隔离、登记账册分离，协作成本较高，限制了跨市场交易的规模和效率。使用"联盟链"可以构建多个独立市场主体共同维护的一个区块链总账簿。通过跨市场"联盟链"的形式，系统可以降低协作成本，实现跨市场实时交易。

在投资者身份认证方面，国外纷纷推出身份认证服务，比如英国的GOV.UK.Verify，爱沙尼亚的e-Residents，新西兰的RealMe，印度的Aadhaar-Unique Identity Card，加拿大的区块链数字身份认证系统等。德勤（Deloitte，2017）在报告中提出数字身份系统可与基于DLT（分布式账本技术）的基础设施融合，无缝确认客户及交易对手的身份，也可以促进更快、更准确地完成反洗钱（AML）及客户感知（KYC）程序。

此外，在抵质押品、股票、债券、衍生品等金融资产登记方面，区块链将可能改变其登记方式。通过与区块链技术公司Chain.com合作，美国纳斯达克（NASDAQ）曾发布区块链股权交易系统Linq，让整个股权交易流程变得更加灵活。隶属于伦敦证券交易所金融集团（LSEG）的意大利证券交易所和IBM基于Hyperledger Fabric 1.0构建了一个证券数据区块链解决方案，以助力欧洲中小企业（SME）的证券发行过程实现数字化。

二、区块链先进实践

（一）银行业应用

银行是金融行业的主要参与方，也站在区块链实践前沿。目前大部分的应用以搭建平台和系统为主，致力于用区块链提高交易和信息处理的效率。同时，每个商业银行由于自身业务特点和发展需求不同，具体应用形态也有差异。

招商银行首先实现了"招行直连支付区块链平台"的概念验证，是基于区块链的跨境清算、全球账户统一与资金归集三个场景的实验；民生银行与中信银行搭建区块链信用证的基础设施，开展区块链云平台的实践；杭州银行在直销银行业务中借助了区块链存证的应用，形成了线上金融的可信数据证据链条；浙商银行将数字汇票引入区块链技术，提供签发、转让和兑付移动数字汇票的服务。

国内的区块链技术应用也离不开央行的引领。2017年，央行组织中钞智能卡、工商银行、中国银行、杭州银行、微众银行、浦发银行等构建了基于区块链的数字票据平台项目（见图1）。

类似的实践也在海外兴起，国际区块链金融联盟R3CEV联合以太坊、微软共同研发了一套基于区块链技术的商业票据交易系统。诸如高盛、摩根大通、瑞士联合银行、巴克莱银行等著名国际金融机构加入并对票据交易、票据签发、票据赎回等功能进行了公开测试。

相比传统电子票据，区块链数字票据具有成本更低、风险更小的优势。在非中心化的信息传递方式下，数字票据能够保证数据完整，信息透明，也更便于实现智能化管理与控制。

（二）非银行应用

除了可以改良金融机构的支付清算等交易流程，在非银行领域，区块链基于不可篡改、不会丢失的架构优势还可以创造出新的业务形态，主要的类型包括电子保单、知识产权保护和防伪溯源。

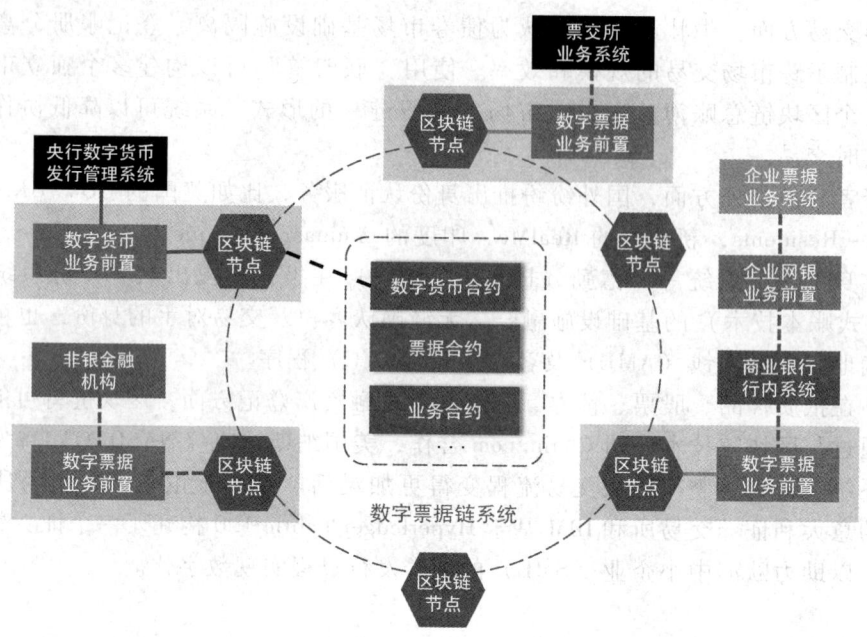

图 1 数字票据平台

1. 电子保单托管

区块链所特有的数字资产唯一性与链上数据不可篡改性,对电子凭证的管理与追溯有着极大的作用。对于保险场景,尤其是寿险险种,保单所对应的时间跨度往往达到数十年,传统的纸质保单保管方式非常不便,且在存储过程中容易错漏或损坏。而利用区块链技术,可以将用户数据的哈希值(Hash)存储在由多家保险公司所组成的保险联盟链当中(见图2)。

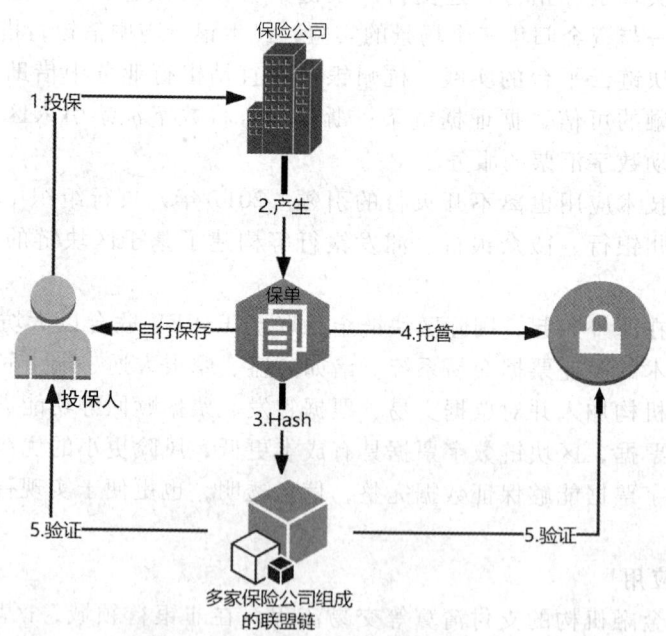

图 2 电子保单区块链托管流程

以中国保信为例，基于区块链的电子保单系统，目前已接入三家国内主要的寿险平台。任何时间投保人、保险公司或监管方都可以提取数据，并通过核对 Hash 来确保保单的原始性与真实性。除了保单保真外，电子保单托管还能为保单抵押、交易、流转等资产化提供有效的基础设施保障。

2. 知识产权确权与保护

在数字知识产权的确权与保护中，区块链所具备的各节点数据同步与区块时间同步所形成的数字公证特性也发挥了突出的作用。传统确权方式依赖版权局的信用背书，登记流程最短也需 20 个工作日左右。传统的公证成本在 1 000 元以上，加之时间与律师费用，上千元的维权成本成为普遍的维权门槛。而就文字侵权判例来看，侵权赔偿额度仅为千元左右，当事人缺乏维权动力，继而造成了数字版权盗版侵权的泛滥。将区块链引入版权保护行业，可以在高效、安全的情况下降低取证成本、提升确权效率。2018 年的全国首例区块链存证案，就是采用了数秦科技的保全网区块链平台作为存证方式。互联网法院对区块链存证作为判例依据的认可，也推动了区块链公证技术的发展。使用区块链存证技术后，维权成本从上千元下降到几百甚至于几十元，对保障数字版权市场的健康发展提供了有效支持。

3. 防伪溯源

区块链的一大特点在于分布式的网络能够实现多方数据同步，且基于时序排列的链式数据是可保全可追溯的，这建立了区块链与防伪溯源直接的契合点。清华大学、沃尔玛、IBM 共同开展了基于区块链技术的食品追溯项目，通过对各流通环节的节点数据上链，实现了对食品供应体系的全链条数字追踪与溯源。当然，区块链在防伪溯源过程中还依赖于外部关键技术的组合，如物联网设备、大数据分析与人工智能，通过系列性组合才能够更有效地形成自动化、数字化全流程溯源。

三、区块链发展路径

（一）技术发展路径

1. 公有链、私有链、联盟链分类与主流项目介绍

区块链可以具体分为公有链、联盟链和私有链三种类型，网络权限范围和规模从公有链到私有链依次降低。公有链的读写权限向任何人开放，安全性通过加密经济来保证，例如比特币和以太坊的节点都遍布全球，所有节点一起维护。但也由此，网络的吞吐量受到很大的挑战。与之不同的是，私有链的写入权限主要由一个组织或机构控制，通过权限管理克服了公有链面临的性能瓶颈。例如蚂蚁金服的私有链采取的内部多节点机制，属于一定程度上的去中心化应用。

联盟链的写入权限由多家机构控制，也属于部分中心化，运行速度较公有链有一定程度的提升。联盟链由成员节点共同维护，新节点的加入需要经过授权。典型项目包括超级账本、R3 等，目前主要的应用形态是金融联盟链。

2. 证券行业类应用的联盟链适用性

在安全性、可控性和性能效率上，证券行业的要求相对较高。由于涉及客户的金融数据需要极高的隐私性，因此公有链不适用。而在可信度和扩展性的维度上，私有链无法满足行业要求，也不适用。综合来说，联盟链更适合于行业内多机构或业务相关的跨行业机构的业

务场景,具体包括以下特性:

(1) 权限可控。联盟链具有可控制的成员管理模块,实现了区块链节点身份的控制,确保了仅在许可的前提下添加或删除新成员,实现成员权限根据合作关系动态调整,并且在业务分组和隐私保护上有保障。

(2) 多中心化。通过联盟链构建多中心的网络、数据按需调用,各机构根据自身职能仍然可以中心化管理所属业务流程,但同时又能够对其他平等职能机构进行数据共享。

(3) 执行高效,可提升交易吞吐量。联盟链采用指定节点记账的方式验证交易并出块,每次记账省去了验证节点可信度的步骤,保留了部分中心化,使得交易执行效率明显提高。

3. 联盟链主要可选路线对比

在联盟链架构当中,目前较为成熟的两大基础技术方向分别为 PoA (Proof-of-Authority 权威证明) 共识的以太坊与超级账本旗下的 Fabric 框架。

Hyperledger Fabric 将节点的角色进行了区分,分为 Peer 与 Orderer 节点,分别负责共识验证和数据打包。Channel (通道) 进行点对点数据传输,便于隔离业务场景,保护隐私,在处理性能上也优于以太坊 PoA 架构。而 POA 共识下的以太坊是在原有公有链上加入了成员控制,依靠预设的认证节点打包区块和验证数据,同时支持通证流通。

相对来说,Fabric 的处理速度更快,PoA 机制的以太坊开发基础更有优势。具体来说,两大联盟链技术方向的差别如表 1 所示。

表 1　　　　　　　　　　　　联盟链技术选型比较

特点	Hyperledger Fabric	Ethereum with POA
处理性能	交易峰值可达上千 TPS	上百 TPS,优于公有链
隐私保护	Channel 机制便于隐私保护	没有隔离业务场景
结构设计	节点有多层次角色分工	预设节点进行验证,部分中心化
货币	缺乏原生代币支持	账户模型,有原生代币 ETH
社区	没有形成社区化技术支持	社区活跃,技术修复及时
智能合约	基于 Go、Js 通用语言	基于 Solidity 专用语言

(二) 经济模型发展路径

区块链除了分布式存储的优势之外,同时也构建了一套全新的经济系统,可以维护其共识群体权益、进行生态激励和保证社区的持续性发展。目前主流的三种经济模型,包括经典通缩模型、多用途通胀模型和权益证明抵押机制。

经典通缩模型是由比特币率先使用的。作为第一种区块链应用,比特币通过总量上限 2 100 万个的设定,以及工作量证明的"挖矿"奖励,确定了每 21 万个区块奖励减半的经济通缩模式。随后,模仿比特币上限锁定的通缩模型所构建的莱特币、狗狗币、NXT 等也悉数登场,创造了数字通证 1.0 的模式。通过通货上限的锁定与通缩,可以激励参与者更早地成为"矿工",更多地贡献到网络增长之中。

多用途通胀模型和比特币的经济模式不同,由以太坊采用以克服经典模型的瓶颈。以太币作为原生数字通证，一方面能够发挥与比特币等1.0数字通证一样的交易作用，另一方面它创造了智能合约的方式，可以将以太币作为运行智能合约的资源消耗，用于支付手续费。以太币无发行上限，每年增发一定的以太币以便让后来者也能享有收益，发行量的线性增长也保证了其通胀是可控的。以太坊规划最终会从工作量证明转为权益证明，之后不再产生新币，而以交易支付的手续费作为记账奖励。

权益证明抵押机制是以太坊的权益证明议案（Casper）当中使用的模型。Casper作为一种基于保证金的激励共识，为了解决双花攻击的问题，要求记账节点在形成资产证明时进行抵押锁定。这一机制让记账节点不会再轻易锁定自己的资产在不容易被延长的分叉链上。而资产抵押锁定的模式也衍生出了代理权益证明模式（DPoS – Delegated Proof of Stake），如早期的比特股与EOS。投票节点集中处理交易的模式可以显著提升系统性能。

虽然上述经济模型的设立，最初是为了激励节点与网络扩张，但随着应用的发展，数字通证经济模型也在多种场景中发挥了作用。如迅雷旗下的链客（玩客云），通过共享带宽与存储即"挖矿"模式，激励节点共享带宽给整个P2P网络，提供更为高速的传输通道。也有数秦旗下的数信平台，通过将数据资源标签化、数字资产化，以区块链进行全流程追溯，以链上通证作为数据清算、结算工具，形成了对数据交易流转的即时激励，促进了跨领域的数据授权交易模式。

四、区块链证券机构应用场景

区块链技术能够形成分布式记账、多方共同见证的商业信任体系。但由于技术上以牺牲效率来提高分布式自治和安全性，因此区块链很难支持高并发量的交易。这样在二级市场流通股等高频交易场景以及流程复杂难以数字化的资产业务中，实现实物的链上映射并不容易。

从应用的可行性来说，区块链更适用于跨市场交易、跨机构信息互通等场景。因此，区块链可能率先在数字身份认证、金融集团化数据共享和非流通股权或私募证券交易中发挥作用，不同的业务需求也会有不同的区块链架构适配。

（一）数字身份认证

数字证书是身份认证机构加在数字身份证上的签名，由证书授权中心发行。在证券公司的数字证书申请和使用过程中，通常采用联网核查系统来实现账户实名制，但也会出现用户身份伪造的情况。不同的数字证书（CA）认证机构存在兼容性问题，难以实现行业级身份认证的互通，因此可能会出现重复申请。而且大部分金融机构又只接受自己的数字身份认证，因此客户在通过数字身份认证后也不能对身份进行管理及复用。

通过将身份的脱敏数据以凭据形式存入区块链，并加入认证机构签名完成验证，可以从源头保证身份信息的准确性，并以区块链的不可篡改性，解决机构间的信任问题。由于客户信息仅能在业务需求范围内使用，就需要系统能够严格控制数据共享的节点，还要满足分场景数据隔离的要求，这正好是Fabric架构适用的场景（见图3）。

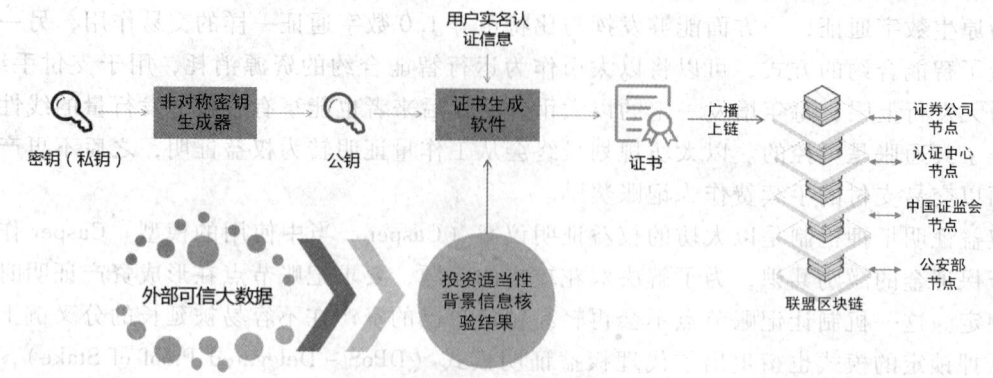

图 3　证书生成与区块链广播

基于联盟链实现的数字身份认证，参与方包括证券公司业务部门、认证中心、中国证监会、公安部身份数据管理部门等。通过节点授权机制，客户可以将数字身份登记并授权给指定的节点（如证券公司）查看，由认证中心验证数字签名，由公安部身份数据库核验身份真实性，从而实现身份信息的互联互通性。同时，身份的私密性和匿名性也被写入用户控制权限中，只有授权的节点才能查看相关数据，实现对个人隐私的保护作用。而智能合约的引入，可以帮助证券机构以自动化的验证流程对身份进行认证，并管理区块链上的数字身份。基于区块链的数字身份认证，还可以应用在各类行业情景，实现信息的共享。

（二）金融集团化数据共享及治理

金融集团化管理的证券机构内部往往也存在着数据交换共享的需求。基于金融集团内部的跨部门联盟区块链，可实现数据可信流通，并从技术上实现数据使用的合法性、数据流通的合规性及整个业务流程的可监管。

由数据交换平台各参与方构成节点的服务网络分为"数据源方"节点、"数据需求方"节点、"数据服务方"节点、"数据所有权人"节点及监管部门节点。各个节点间的信息互通形成了流程一体化、服务标准化的高效管理和全面监管的数据流通服务网络（见图4）。

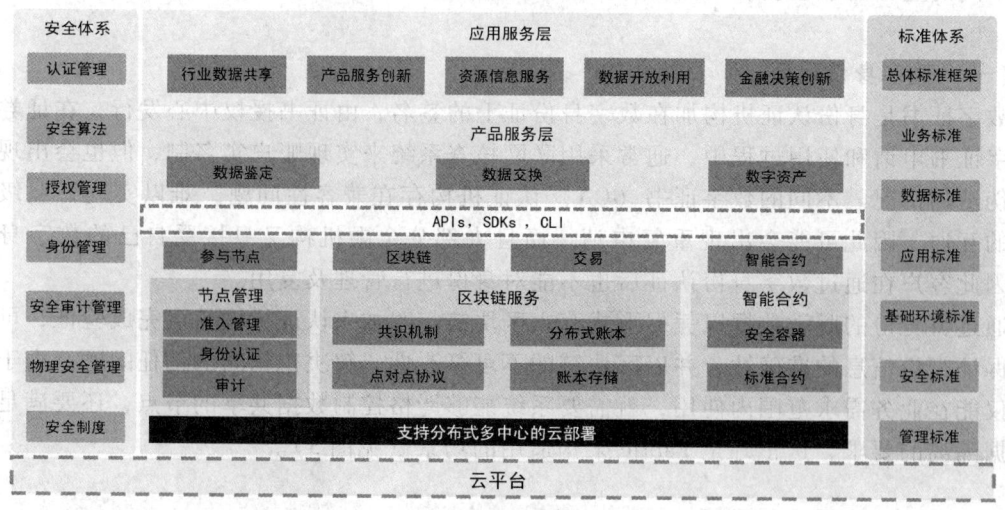

图 4　数据服务整体架构

通过将各部门、分公司、下属机构的数据进行标签化管理完成链上登记，并以数字通证作为数据共享交易的清算结算单位，能够对数据提供方进行即时有效激励，有助于金融集团化管理的证券机构内部对数据跨域共享形成自发动力。除了内部的数据交换外，通过联盟链构建的服务网络还可通过 API 接口引入金融集团外部银行、保险行业等来源可信的外部数据，在线完成"数据需求发布—数据所有人授权—数据服务响应"流程，并通过点对点加密通道完成传输，保证了信息安全性和可靠性（见图 5）。

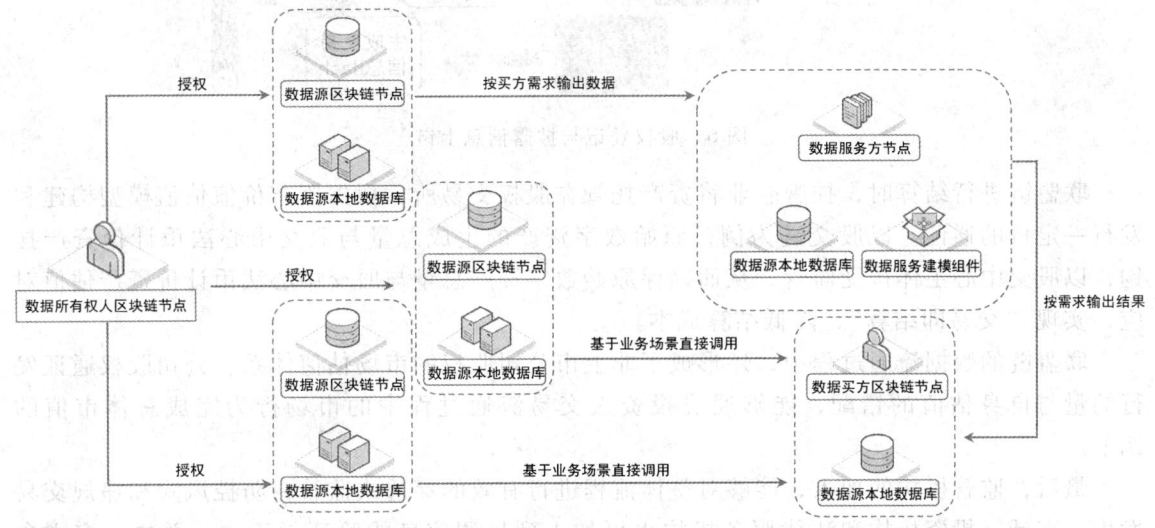

图 5　跨部门数据流通流程

基于区块链的数据治理建设，一方面通过数据标签的构建，确立了数据静态标准；另一方面从数据流转与财务流转两个维度的账本追溯，确立了数据动态标准。两个维度的结合一方面对数据收集质量与使用价值能起到有效的监控，也能够对于有效杜绝数据在多方流转与使用过程中的一致性、实时性等数据质量问题，形成透明、有效、天然的数据治理体系。

（三）非流通证券、私募证券交易和结算

与数字身份验证不同，私募股权交易业务更适用 PoA 类型的联盟链。首先从联盟链参与角色来看，主要的验证方是具有公信力的验证机构，无须构建 fabric 这样的复杂层级。从业务需求来看，可利用 PoA 构建智能合约并发放通证，而 fabric 不支持通证设计和流通。

采用通证标记股权不仅是为了方便私募股权的线上流通，更是为了实现"交易即清算"的自动化清算结算机制。具体的实现涉及股权登记、结算机制、市场估值形成和外部监管/服务机构几个方面。

在联盟链上进行股权登记，是指股权交易所、挂牌公司、第三方服务机构等作为节点加入股权交易联盟链，以链上通证标记公司股权在区块链上发行和交易股权。区块链的时间串联结构和分布式记录使单一参与方难以篡改和伪造数据。公司股权登记、公开披露的尽调信息以及交易流程均在链上可追溯（见图 6）。

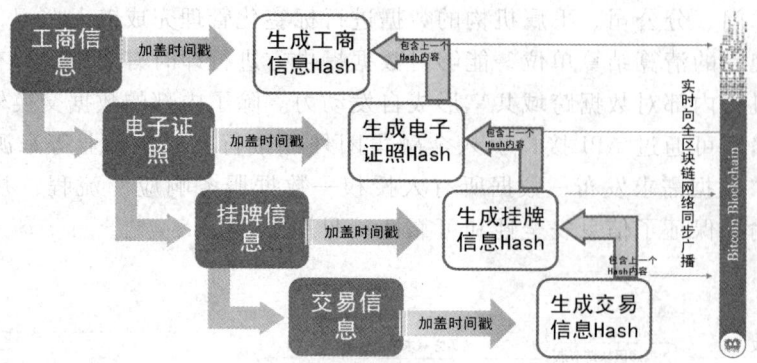

图 6 股权登记与披露信息上链

联盟链进行结算时,挂牌企业将资产托管在股权交易所,根据资产价值估值模型构建和发行一定量的通证。以股交链为例,原始数字资产的生成总量与股交中心法币计价资产挂钩,以股交中心主体接受监管,从而确保原始数字资产总量与股交中心法币计价资产估值对应,实现"交易即结算",降低结算成本。

联盟链的数据流通过程中,还形成了非上市公司股权的市场估值体系。公司股权通证发行的量与自身估值的错配,能够通过投资人交易流通过程中的市场行为完成总体市值的调节。

最后,监管机构的加入,能够对整体流程进行有效的穿透式监管,防控风险和违规交易发生。审计、投资机构和法律服务机构也可加入到尽调信息的验证过程中。总之,多方参与、共享链上数据的模式可提高业务效率。

五、应用落地难点和行业监管挑战

区块链技术因为打破横向隔离而提高了行业流程的效率,但在技术实践上也出现了并发性、跨链兼容性和隐私保护的问题。上述问题的解决依赖于加密算法、共识机制和区块链交易结构的改变,但目前还没有成熟的解决方案出现。能够在改造现有公链性能后实现大规模商用的项目,有望成为区块链 3.0 的代表。

同时,规则与秩序的缺失也在一定程度上限制了区块链应用的落地。现行法律和监管体系的不适应性具体表现在:

第一,对于数字身份上链来说,区块链登记的有效性需要及早定义。私募股权或其他证券以数字资产的形式登记在区块链上,有别于强信用机构出具的登记证明。我国法律需要对区块链登记的有效性进行官方认可,避免区块链应用超前而法律滞后可能引起资产所有者的损失。

第二,行业风险还需尽快填补监管空白。目前我国法律未对数字通证或通证是否属于证券作出定义,数字资产业务性质的确定缺乏体系的监督,对于哪些是政策许可的范围,哪些需要防范风险的业务,需要做好方向上的指引。

第三,平衡好鼓励创新和防范系统性风险。区块链形成的分布式自治系统不同于中央清算机制,相应地交易各方之间的风险敞口、风险监测和管控难度也增大。还可能增加机构之间的关联性和金融体系的复杂性，强化市场共振，增强风险波动性。

区块链的技术模式是完全去中心化的，其内生系统具有缺乏监管的缺点。对证券行业来说，业务界定和行业准入仍需要监管组织发挥作用，如可通过中国证监会、交易所等机构来实施监管保障，辅以行业自律管理。总之，证券领域的区块链应用需要场景和监管的双轨推进，特别是需要保障区块链上数据的合法性及权益，这样才能激励技术落地于实践。

六、未来及展望

证券行业作为金融体系的重要组成，其广泛的业务场景成为金融科技创新的潜力市场。随着证券行业对区块链技术的实践深入，公有链的区块链结构会成为逐渐清晰的发展方向，即在开放式公有链的底层基础设施之上，子区块链将服务于数字身份、数据信息共享、非流通证券登记和交易结算等具体应用场景。

数字身份子链作为链上身份确认的机制，也将成为数据共享子链与登记交易子链有效工作的前提。数字身份子链中的认证信息除在子链节点中进行广播之外，还将以跨链兼容的方式向数据共享子链进行同步。同样，在数据共享子链中的身份验证性数据也可以以跨链兼容方式向数字身份子链输出用作认证依据。

而对于非流通证券的登记与私募证券相关的交易来说，来自数据共享子链与数字身份子链的部分账本数据也同样重要。甚至于外部银行、非银行应用子链的加入，将进一步构建完善丰富的区块链应用生态，届时，跨链交换的价值也将不再局限于证券机构与行业之中。

参考文献

[1] 乔海曙，王鹏，谢姗姗. 金融智能化发展：动因、挑战与对策 [J]. 南方金融，2017（6）：3—9.

[2] 国际商业机器公司. 区块链重塑金融市场 [R]. 2016.

[3] 邓维. 区块链在资本市场应用深入探讨 [J]. 交易技术前沿，2016（22）.

[4] 孙国茂. 区块链技术的本质特征及在证券业的应用 [N]. 上海证券报，2017-02-08.

[5] 巴曙松，乔若羽，郑嘉伟. 区块链技术如何渗透到不同金融场景：现状与趋势 [J]. 新金融，2018（2）：119—136.

[6] 牛壮. 区块链技术对境内证券业影响展望 [J]. 公司金融研究，2017（z1）.

[7] 德勤. 区块链及金融基础设施的未来 [R]. 2017.

[8] 李文红，蒋则沈. 金融科技的发展与监管 [J]. 金融监管研究，2017（3）.

[9] 杨荣. 区块链：银行业应用与前景 [R]. 2018.

[10] 工业和信息化部信息中心. 2018年中国区块链产业白皮书 [R]. 2018.

智能化区块链在场外市场运营和操作风险防范中的应用

平安证券股份有限公司　南京审计大学　金证科技股份有限公司联合课题组[*]

一、场外交易现状

(一) 场外交易概述

场外交易（OTC）是直接在投资者双方之间进行的，而不需要交易所的参与和管理，在场外交易中，价格不一定向公众公布。它与交易所交易形成了鲜明的对比，交易所具有促进流动性、提供透明度和维持当前市场价格的好处。

1. 场外做市商

在美国，场外交易是由做市商使用的场外报价服务，如 OTCLink（OTC 市场集团提供的服务）和场外交易公告牌（OTCBB，由 FiRa 经营）。OTCBB 为 OTCBB 证券授权 OTC 链路的服务。OTC 股票通常不上市，也不在交易所交易。在 OTCBB 上引用的股票必须符合某些有限的美国证券交易委员会（SEC）报告要求。以沃尔玛为例，沃尔玛开始以 OTC 股票交易，并最终升级到在完全监管市场上市。

2. 双边合约

场外交易是一种双边合同，其中双方（或其经纪人或银行家作为中间人）就未来如何解决特定的贸易或协议达成一致。场外交易通常直接从投资银行到客户，其中远期合约和掉期交易是此类合约的主要形式，主要是通过网上或电话完成的。对于衍生品，这些协议通常由国际互换和衍生品协会协议管辖。OTC 市场的这一部分有时被称为"第四市场"，也有一些批评家们把场外交易市场称为"黑暗市场"，因为价格通常未公布和不受监管。

---

[*] 本文为中国证券业协会 2018 年优秀课题。课题负责人：钱秋明；课题组成员：钱钢，钟桂全。

3. 交易对手风险

场外衍生品可能导致重大风险，特别是 2007 年的信贷危机之后，交易对手的风险得到了特别重视。交易对手风险是衍生品交易中的对手在交易期满前违约的风险，即交易对手不会行使合同所需的当前和未来支付。限制交易对手风险的方法有很多，其中一个重点是控制信贷风险，包括多样化、网络、抵押和套期保值。近年来，场外交易的中央对手方结算变得越来越普遍，监管机构对 OTC 市场施加压力，以公开和清晰地显示交易。

4. 场外衍生品在现代国际金融业中的重要性

场外衍生品是全球金融的重要组成部分。场外衍生品市场指数从 1980 年到 2000 年呈指数增长，这种扩张是由利率产品、外汇工具和信用违约互换共同驱动的。场外衍生品市场的名义业绩在整个期间都有所上升，2010 年 12 月 31 日总计约为 601 兆美元。在 2000 年以后，计算机处理能力的大大提升，活跃了金融机构场外交易，显著提高了金融衍生工具收益的份额。商业银行、投资银行的现代化和金融全球化得到了发展。

现在纽约商品交易所已经建立了一个通用的交易场外能源衍生品市场的清算机制，它允许许多双边场外交易对手方相互同意将交易转移到交易所的清算所 Celp Curt，从而消除了初始交易的信用风险。

（二）场外交易基本特性

1. 透明度较低

场外交易也称柜台交易，与交易所不同的是，场外交易市场从来都没有固定的交易场所，通常交易关系网络集中在一个或多个经销商周围，交易商通过引用他们将出售（询问或要约）或购买（出价）给其他经销商和客户的价格来充当市场创造者。但这并不意味着他们向其他经销商报同样的价格，也不必向所有客户报相同的价格。此外，场外证券的经销商可以随时退出市场，这会导致流动性枯竭，扰乱市场参与者买卖。

场外交易市场透明度较低，操作规则比交易所少。从 2007 年美国抵押贷款市场崩溃开始，所有涉及金融风暴的证券和衍生品都在场外交易市场交易。

2. 经销商运行层次化

场外交易市场基本上有两个方面。在客户市场，双边交易发生在经销商和他们的客户之间，如个人或对冲基金。经销商经常通过大量的电子信息来与客户联系，称为"经销商运行"，列出各种证券和衍生品，以及他们愿意购买或出售的价格。在经销商之间的市场中，经销商互相报价，并且可以很快地解约其他经销商。投资者可以向交易者打电话，与他们建立交易关系，以查看客户的市场，但客户无法穿透经销商之间的市场。

3. 场外交易市场与金融危机

场外交易市场的结构有助于解释为什么结构化证券（将基础资产的风险分成几部分，每部分分别出售）在最近的金融危机中会面临问题。信用衍生品、商业票据、市政债券和证券化学生贷款也面临问题。所有这些都是在场外市场交易的，场外市场是流动的，在正常时期运作良好，但对市场动荡的适应能力不足，在关键时刻变得缺乏流动性和功能失调。

美国、欧盟和其他发达金融市场正在进行的重大监管改革举措正直接解决这些问题。在某些情况下，交易正从场外交易市场转向外汇市场。在其他国家，场外交易的贸易后结算过程正越来越多地转移到结算所。

4. 场内外交易的边界

电子交易平台的进步改变了许多场外交易市场的交易过程，这有时模糊了传统场外交易市场和交易所之间的区别。

目前海外比较有影响的 OTC 市场包括美国场外柜台交易系统（OTCBB）、OTC 市场集团（OTC Markets Group）、英国的替代投资市场（AIM）、法国店头市场（CMF）、巴黎新兴市场（New Market）、韩国店头市场等。美国有庞大的 OTC 市场，在这些市场交易的证券数量约占全美证券交易量的四分之三。

（三）国内场外交易现状

目前中国比较有影响的 OTC 市场包括银行间债券市场和股权交易市场。其中，银行间债券市场主要在各大银行、券商和基金间，而股权交易市场提供股权托管、股份转让、登记结算、信息披露等服务，还在宣传展示、经营治理、融资对接三个方面为企业提供服务和支持。

国内场外交易市场延续了海外场外交易的分散性，某些产品还增加了行业集中性或地方集中性；场外交易市场基本延续了海外场外交易的直接性，在投资方之间转让有价证券；国内场外交易一般都是由参与双方协议完成，并报清算中心集中清算，少量交易是买卖双方直接清算。

（四）传统场外交易的局限性和风险

场外交易市场的主要局限性和风险：一是市场参与者或机构的透明度低；二是市场低市值的资本化；三是交易量不大、价差大。

1. 市场参与者的透明度低

在场外交易市场上交易的公司遵循的报告标准要低得多，这导致公司比在正规市场上市交易的交易者更加不透明。缺乏公开和可核实的信息意味着确定合适的价格可能更加困难，而且这些公司有动机尽可能地偏袒规则以利于他们自己。

2. 低市值的资本化

在场外交易的公司的价值通常要低得多，这使得他们的股票更容易受到操纵、激励和倾销计划的影响。在正式交易所交易的公司拥有较大的市场资本，以至于很少有投资者能够仅仅通过交易就能够显著影响股票的价格。

3. 交易量小、价差大

场外交易成交量较少，竞争力较弱，会有更广泛的利差，使得以高价买入股票变得更加困难。如果有任何规模的股票，可能很难退出并导致损失。

在柜台市场上进行低流动性的交易，在进入订单时需要格外注意，交易员应不惜一切代价避免市场订单。

柜台交易市场的不同结构意味着它们对交易者有不同的优势和劣势。那些期望正规市场有相同规则和规章的交易员将会感到有困难，但是了解场外交易市场性质的交易员能够从场外交易委员会中呈现的低效率获利。由于他们缺乏透明度，资产流动性普遍较低，人们总是敦促新交易者尽量减少风险和交易，这在场外交易市场中更为重要。

二、区块链特点

区块链是一个分散的、分布式的和公共的数字分类账,用于记录许多计算机上的事务。如果要修改一条记录,那就需要改变所有后续数据块,但这几乎是不可能的,所以保持了数据的不可篡改性和网络数据块的一致性,可方便和允许参与者溯源。区块链使用点对点网络交换和存储数据,利用时间戳服务自主管理链上的数据库,使整个流程中的数据安全得以增强,大大降低了不确定性。区块链的使用从数字资产中去除了物理上数据可修改的特性。区块链已经被描述为一种价值交换协议。这种基于区块链的价值交换可以比传统系统更快、更安全和更便宜地完成。区块链可以分配所有权,因为当正确地设置了交换协议的细节时,它提供了一个强制要约和承诺的记录。

(一) 支持分布式账本

区块链是多层次的,每个层次都是分布式的。区块链在业务网络成员之间创建了一个共享记录系统,消除了对不同分类账进行协调的需要。

点对点(P2P)的分布式区块链消除了计算机黑客可以利用的集中式漏洞;同样,它不存在故障中心。区块链安全方法包括了非对称钥密码术,具有一个公钥和一个私钥:公钥(一个随机的数字串)是区块链上的一个地址,通过网络发送的令牌在记录时属于该地址;私钥就像一个密码,数字资产的所有者用它访问他们的数字资产,或是用于与区块链的各种交互的工具,存储在区块链上的数据通常被认为是不可篡改的。

(二) 开放性

与传统的所有权记录相比,开放的区块链更具用户友好性,在公开的同时,仍然需要物理访问来查看,所有早期封闭的私有链都是不允许的。关于封闭的私有链的定义已经引起业界的广泛争议,在这个正在进行的讨论中的一个问题是,一个由中央主管机关负责和授权(验证)的私人系统是否应该被认为是一个区块链。私有链的支持者认为区块链一词可以应用于任何数据链,将数据批处理成时间戳块的数据库。这些区块链作为数据库中的多版本并发控制(MVCC)的分布式版本系统,正如 MVCC 阻止两个事务同时修改数据库中的单个对象一样,区块链阻止两个事务在区块链中产生相同的单个输出。私有链的反对者认为这样的系统类似于传统的数据库,而不是支持分散的数据验证,并且这样的系统对操作员修订数据没有增强管理。计算机世界的 Nikolai Hampton 说:"许多内部私有链,解决方案只不过是繁琐的数据库,而没有明确数据安全模型,专有的链还是值得怀疑的。"

(三) 不可篡改

一个开放的、不可篡改的或公共的区块链网络的最大优点是不需要防止恶意参与者,也不需要访问控制。这意味着应用程序可以被添加到网络而不需要其他人的批准或信任,同时使用区块链作为数据块的传输和记录层。所有成员都需要达成共识,所有经验证的交易都被永久地记录下来,即使是系统管理员也不能删除事务。

（四）链的类型

目前有三种类型的区块链：网络－公共链、私有链和联盟链。这些网络之间的关键区别在于它们被支配的方式，更确切地说，他们是由谁来管理的。

（1）公有链。公共区块链绝对没有访问限制。任何具有互联网连接的人都可以向它发送事务，并成为验证程序（即参与一致性协议的执行过程）。通常，这样的网络为那些保护它们的人提供经济激励，并利用某种类型的证明或工作证明的算法。其中，最大、最著名的公有链是比特币和以太币。

（2）联盟链。联盟链通常被称为半分布式的。它也被"允许"，但不是一个单一的组织控制它，一些公司一起入网，每个公司操作各区块链网络上的一个节点。联盟的管理员在他们认为合适的时候限制用户的阅读权限，并且只允许有限的可信节点集合来执行一致性协议。

（3）私有链。私有链是被"允许"，即除非被网络管理员邀请，否则不能加入，参与者和验证程序访问都是受到限制的。

三、智能结构化链

智能结构化链实现了通用的区块链底层技术平台、常用服务工具集合层，简化了应用机构搭建交易平台的难度、费用和消耗的时间，为物流、征信、金融的参与方和个人，提供拎包入驻、自助登记、注册和享用傻瓜式套餐服务，是一个全新的全球区块链应用生态环境。

（一）智能结构化链概述

智能结构化链应用体系，致力于开发服务金融场外交易区块链社区的基于积木式架构的多层结构化联盟区块链生态环境。

1. 技术平台层

覆盖区块链基础技术服务，包括基础服务、用户管理、智能合约、运营管理等。

2. 产品服务层

打造大量业务服务积木块，包括数字资产、签证服务、共享账本、分享经济等。

3. 应用服务层

建立方便简单易用工具箱，在智能结构化链应用体系的结构化子链中，包括产品发行管理子链、下单交易清算子链、收支登记存管子链、客户和银行账户管理子链等。

4. 集成用工具

数字银行、数字资产管理（如数字证券、债券、衍生品、数字存托凭证）和数字资产交易所，是前五年的实践打造的"三把宝剑"。智能结构化链应用体系在场外交易的集成中发挥作用，大大简化和方便了日常开发和业务团队各个需求的快速落地。

（二）智能结构化链的更多特点

1. 支持逻辑增、删、改、查的账本

结构化区块链支持逻辑增、删、改、查，所有成员都需要达成共识，所有逻辑增、删、改、查也需要达成共识，交易和原始交易一样都被永久地记录下来。

2. 许可权管理

许可区块链使用访问控制层来管理谁可以访问网络，网络的每个成员都必须具有访问权限，信息只在需要知道的基础上共享。与公开的区块链网络相比，私有链网络上的验证者由网络所有者审查。他们不依赖匿名节点来验证交易，也不依赖于网络效应。许可链又被称为"联盟"或"混合"链。

3. 场外交易链中的层次

结构化链的层次是由应用的场景来决定的，在不同的场外交易中，五个层次的结构是管理交易处理的基础，包括产品生命周期子链、下单交易清算子链、收支登记存管子链、账户管理子链、市场信息和报价子链。每个子链挂接在主链上，支持自身的生命周期管理服务功能。

4. 可靠一致的记录存储

智能结构化链应用体系通过非对称加密的数字签名保证业务请求在传输过程中不能被篡改，通过共识机制保证各节点的数据一致的存储。节点的自校验性使区块内数据的修改都可以通过签名校验出来。当节点的私钥万一被盗取，智能结构化链应用体系提供了多节点间准实时的数据对比机制，可以及时发现某个节点账本数据被篡改的情况。

5. 用户隐私和交易保密

智能结构化链应用体系中用户信息和区块链地址是隔离的。从各节点的记录存储中，无法获取到相关联的用户信息。用户信息存储有权限控制、访问认证、加密存储等多层保护。对交易保密程度较高的用户还可以选择交易不相关性机制，即同一个用户的每次交易都映射到区块链上不同的地址上，从而保证了在交易账本上无法获取一个用户的多笔交易的关联性。

6. 安全的密钥管理体系

在智能结构化链应用体系的密钥管理解决方案中，提供了密钥保险箱和用户账户委托的功能来保证密钥的安全。密钥保险箱使用用户信息对密钥加密并分割存储在多个不同的节点上，正常业务流程下不会访问密钥保险箱，当用户密钥丢失后，可以通过对用户信息认证之后将密钥找回。账户委托是通过委托账户来操作被委托账户来实现账户找回的功能，智能结构化链应用体系所有委托账户操作会独立记录在区块链上，并且对委托账户的操作有严格的频度限制和独立的风控策略，可以严格控制委托账户的操作风险。

（三）技术平台层

1. 基础服务

（1）点对点分布式。智能结构化链没有单一的控制点，没有单独的故障点。通过节点联盟的分散控制实现各项功能，它是分布式的，可以跟现有的防火墙、代理服务器等安全设施兼容，提供点对点安全可靠的数据传输。

（2）提供允许功能的链。智能结构化链的每个成员都必须具有访问权限。信息只在需要知道的基础上共享，是分散存储、处理和通信构建块的补充。它可以与更高级的分布式计算平台、应用协议集成。

（3）不可篡改的共享记录。智能结构化链的所有成员需要在一个最小可信任会员群体中达成共识，所有经验证的交易都被永久地记录下来。一旦存储，数据就不能被更改或删除，即使是系统管理员也不能删除事务。

（4）容错技术。多节点参与投票或见证，共同达成一致协议，共同在结果上用数字证书进行签名，网络中多达三分之一的节点可能正在经历任意的故障，并且网络的其余部分仍将在下一个块上达成共识。

（5）可客户化定制。使用自定义资产、事务、权限和透明度设计自己的专用网络，给予你控制权。在互联网上，因为隐蔽且有围墙，保护了你的个人资料。这意味着，如果别人在没有得到许可就想获得存储的区块信息，那他们几乎完全不可能传送数据，使拥有主权的数据成为一种管理身份和凭证的新方法。

（6）快速低延迟。一个全球网络需要大约一秒钟的时间来达成共识。换言之，交易终结发生得很快。在支持允许权限管理的基础上，可以搜索所有存储的事务、资产、元数据和块的内容，使报表制作尤为方便。

（7）数字资产的本土化支持。在没有本币的情况下，可以发行任何资产、令牌或法币的数字货币表示，法币成为数字资产的一部分，可进行个性化和本土化的参数设置，支持当地市场的监管，支持多币种、多产品、多市场和多法人，方便了跨境、跨国交易的实施。

（8）支持客户定制化。使用自定义资产、事务、权限和透明度设计自己的专用网络，有助于提高效率和服务水平，可以应用于各个领域。

（9）支持多种许可公有链和专用链的开放平台。为特定的行业推出自己的公共或联盟链，是一个开放式平台，让每个参与方都可以在上面构建自己的应用服务。

2. 账户和密钥管理

智能结构化链应用体系负责用户账户的开、销、变、管以及账户跟密钥的不相关性处理等功能。账户开立时，将传统用户习惯的用户名、密码等身份信息映射到智能结构化链应用体系。

智能结构化链应用体系基于多种配置方式，为用户管理提供了灵活自由的选择，能全面满足和兼容各种业务需求。在与传统金融系统集成时，将原有用户的私钥系统跟区块链地址关联起来，密钥托管保存在原有金融安全级别的密钥管理体系，如清算中心、银行支付等，这适用于金融信息安全级别的应用场景。

另外一种全托管场景是新的金融应用场景接入智能结构化链应用体系，或者传统金融体系没有完善的金融级密钥管理体系。智能结构化链应用体系为继承金融安全级别的密钥管理系统，同时又能保留原有用户的使用习惯，有智能结构化链应用体系来保证参与的多方区块链地址关联关系和一致性，将原有以用户名、密码构建的体系通过安全的密钥生成和管理系统对应起来，使用户信息跟区块链地址隔离开来，保护用户隐私安全。

密钥全托管在智能结构化链应用体系的模式下，密钥管理模块将用户密钥跟账户的关联，用户密钥在客户端生成，用户可以选择将密钥保存在密钥保险箱或者委托给关联账户的方式以便密钥丢失后可以在合适的认证过程后找回。为了保证用户账户跟密钥关联关系可靠性，将关联关系的签名采用多节点链式存储。

3. 节点和权限管理

节点的建、管、用需要权限管理。

（1）节点加入和退出：用来管理客户端对区块链上的节点加入和退出的权限。

（2）数据访问权限：对访问权限和数据范围可设置严格的控制，用来管理客户端对区块链上的数据查询权限。

（3）监管（审计）权限：通过权限控制来保证审计能力只能被监管审计机构使用。

（4）账户委托权限：用来控制用户账户委托关系的访问控制。

（5）节点共识权限：对参与或者新加入节点进行共识权限管理。

（6）用户虚拟关联：用于对共享账本上不相关的用户做虚拟关联。

4. 智能合约

智能合约存储在一个区块链中，并在满足预定条款和条件时自动执行。在最基本的层面上，它们是运行的程序，是由开发人运行的。然后，当事务完成时，链被更新。由于交易参与者之间缺乏信任，智能合同可以简化涉及多个中介的复杂过程。利用智能合约可以保障所有约定的可靠执行，避免篡改、抵赖和违约。

智能结构化链应用体系合约部分包括标准合约以及业务定制的合约两种类型。标准合约包括资产一致性检查、自动成交撮合、多方共同确认的转账、到期自动清算等逻辑相对简单的合约，是智能结构化链应用体系内置合约，可以直接挂在区块链上使用；用户定制的智能合约包括通过合约模板修改配置和添加其他业务逻辑的形式，也可以支持更加复杂的用户自编程的合约，使其在独立的环境里运行。

智能合约服务包括合约的注册、触发、执行以及注销四个部分。

（1）智能合约的注册。智能合约的注册是将用户写好的合约按照智能合约的格式，通过安全检查处理之后，共识存储到区块链的过程。智能结构化链应用体系未来计划支持多种语言来编写智能合约。

（2）智能合约的触发与执行。智能合约的执行是合约代码在独立环境中运行的完整事务过程，在点对点的分布式环境中，通过执行代码实现状态修改，在多节点之间达成共识。启动合约的执行是在合约注册之后，通过外部条件来触发合约执行。触发方式包括：一是定时触发，预设的定时设置；二是事件触发，如交易成交；三是其他合约触发的方式，达到触发条件时，自动触发合约服务的程序执行。

（3）智能合约（标注）撤销。智能合约的撤销是一种逻辑标注，是对过期作废或者业务需求变更不再需要的合约进行清理，清理的过程需要多节点达成共识之后协同完成。

5. 应用流程动态管理

智能结构化链应用体系提供应用流程和逻辑处理模块间的上下游关系的动态管理，负责流程动态发布、部署、配置、修改、合约设置以及业务运行流程中的实时状态的监控，如预警、流量、节点状况、网络健康状态等。为了用户的快速顺利接入、接入之后能够快速准确地识别系统的实时工作状态，以及在动态运行中满足各种运维需求，智能结构化链体系提供了完整、快捷、可视化的体系监控，包括配置、监视、预警和业务动态分析等功能。

动态体系参数设置通过交易共识达成一致结论之后生效，提供处理区块链节点的相关配置、共识算法的选择、账本的存储方式、动态路由规则、自适应阈值等功能。

智能结构化链应用体系提供密钥全托管风控专家模型系统，通过分析和捕捉海量数据间的深层关系，自适应调整风控规则，及时发现风险、管理风控和控制风险，做到防患于未然。

业务报表生成系统将采集各业务流程的动态情况和处理结果，包括各个节点间数据一致性检测以及交易数据多维度的统计和分析,给授权用户提供业务统计分析以及业务发展趋势的图表。

(四) 产品服务层

1. 共享账本

金融机构间交易后的簿记、确认、估值、清算、结算、收付等目前基本都是以天为周期进行,核对方式基本也都是互发对账单,对比双方的各种流水。这给交易流程生命周期最终的交易确认和资金划拨都带来一定的延时,一些需要实时付款的交易业务场景甚至必须要业务运营方去垫资进行。

区块链天然的共享账本,让交易处理不必第二天汇总发送,而是随时都可以进行,双方只要把交易后的处理模型和逻辑对接到区块链上,就可以完成资金的核对,可以实现准实时的交易确认和资金划拨,完成整个生命周期,并且任意一方都不可抵赖。特别对于资金链条比较长、牵涉环节比较多的业务非常有竞争优势,同时监管机构也可以参与共享账本记录。

2. 数字资产

根据对虚拟货币、游戏装备、商业票据、积分、卡券等数字资产的分析,我们发现资产上链是一个关键环节。为此我们引入"资产网关"的概念,协助用户进行链下资产到链上资产的转换。资产一旦上链,转移、拆分、提现等操作就会通过账户公私钥体系严格控制起来,并且所有的操作都会有签名校验,交易双方都会留下痕迹且不可抹除,如商业票据、卡券等存在有效期的资产,同时还会提供到期自动清算的能力,包括资产发行、资产转让、资产提现、资产清算、资产查询等。

四、智能结构化链与场外交易

结构化区块链是一个分散的去中心化的分布式信息处理和数据存储网络。它没有固定的、集中的数据中心和服务中心,而是由许多各自独立的客户端或节点之间直接或间接进行信息交互,其核心是降低信用风险、操作风险和交易成本,在线上建立广泛的社会联系,使人与人之间的关系更加紧密,提升社会总产出量,提高社会运营的总效率和总效果。

具体地说,第一,场外交易是一个分散的无形市场,智能结构化链支持分布式账本;第二,场外交易的组织方式为做市商制,智能结构化链为分布式做市;第三,场外交易是一个自由的市场,智能结构化链实现联盟会员制度;第四,场外交易是一个以议价方式进行交易的市场,智能结构化链交易支持协议议价交易。以上分析可以简单地归纳如表1所示。

表1 场外交易与区块链 DACT 的对比

场外交易	区块链 DACT	
分散性	分布式	分享
直接性	自律的	透明
协议性	按约执行	公平
不完全公开的	可追溯	公开

场外交易市场的管理比交易所宽松，由于场外交易市场分散，缺乏统一的组织和章程，不易管理和监督，其交易效率也不及交易所，但是借助智能结构化链将分散于全球的各场外交易市场联到智能结构化链网络，在管理和效率上都有很大提高。

（一）场外交易中融入结构化链

场外交易结构化链消除了关键风险，无交易对手和结算风险。资本流动速度加快，即时结算，机会更多。从交易前到交易后，无须信用证明，使交易前中后解决方案一体化。场外交易结构化链在技术上支持三种链的每一种类型。

场外交易结构化联盟链和场外交易结构化私有链被设计成只向会员或私有的团体开放在设定的范围内的各个节点，不会向外界展示他们存储的交易记录，而且他们的管理比他们的公共部门更有效，数量有限。

金融机构和大型公司都可以使用结构化区块链技术交换资产，无须支付中介费用，并且这些交易可在几秒钟内完成。他们也可以实时监控私有对等网络，无论何时需要。

金融机构参与场外交易结构化联盟链可以获得一些好处，包括：分布的账本使系统没有单一的故障点；整个链是受控制的，是主动地接受监管；会员制无须完全依赖挖矿，容易实现敏捷高效，节约资金。

1. 分布式账本记录

场外交易结构化联盟链是有弹性的，是分布的账本记录保持系统，没有单一的故障点。场外交易结构化联盟链的节点不依赖于运行它的中央计算机。因此，如果发生意外的错误，即使计算机系统突然关闭，信息都不可能丢失。场外交易结构化联盟链可以看作是工具集的补充，作为新的和改进的、更通用的数据库。

2. 主动地接受监管

场外交易结构化联盟链是受控制的。一方面，那些在公共网络上公开匿名的人宁愿容忍由于缺乏监管而产生的混乱，也不愿冒着隐私暴露的风险。另一方面，金融机构也不会接受和参加一个无监管的环境。他们需要一个清晰的监管和管理模型，以及如果需要的话，改变协议和恢复事务的能力。

3. 敏捷高性能

场外交易结构化联盟链的会员制效率高，场外交易结构化联盟链的参与者数量有限。因此，它们的容量（即事务吞吐量）比公共网络上的公有链容量大得多。场外交易结构化联盟链可以成为一种有益的力量，可以保护会员，使他们保持匿名，也可以为公司节省资金。

4. 结构化链更加安全、高效和节约资金

结构化链通过将交易细节写进智能合约，并在交易写入时就强制执行协议，可以消除绝大多数常见交易后的问题和错误（比如错误结算指令或订单细节），可以极大地优化交易达成后的中后台工作，节省大量后台人员进行清算和人工对账，减少人力资源和中后台系统需求，节省相应的人力成本。通过优化结算清算流程，结构化链可以极大地减少交易处理时间，进而减少机构为未结算、未偿交易准备的资金量，节省资金成本。

（二）结构化链简化传统场外交易业务

结构化链的用户，即为交易服务提供方、投资方、资产管理方。投资方可选择结构化链上任意符合其风险偏好的数字资产进行投资。数字资产的交易和管理由资产管理方及交易服务提供方共同提供，具体包括以下五项：

第一，提供基于分区块链账本的交易、簿记、托管、清算、估值、业绩分析和跟踪等核心金融服务。

第二，资产标的物可以是任何现实世界（或虚拟货币）金融工具或结构化链资产，包括它们的各种衍生品。结构化链已经支持上百种金融工具，并正在开发基于虚拟货币的基金投资平台（主动投资）、指数投资（被动投资）、期权以及其他衍生品服务。

第三，标准金融衍生品和客制化的金融衍生品的登记、注册、估值、托管、实时报价、撮合和做市平台。

第四，支持传统的DVP（一手交钱一手交货）结算或托管模式结算，提供产品管理、投资管理、头寸管理的能力。

第五，"傻瓜"式簿记和分布式对手清算、结算及资券代交收等服务。

五、传统场外交易的改良

由于现代交易平台，证券的买卖发生在纳秒之间，在某些情况下甚至更快，但是这些交易的实际清算和结算，即买家拥有资产所有权同时卖家得到报酬，仍然需要几天才能完成。

滞后与资本市场本身的结构有关。尽管技术已经支持大量数字化，但它的业务流程仍然以历史上旧的方式运行。在这个市场上，第三方中间机构帮助完成清结算，从证明股权和清算交易中获益（费用由票据交换所评估，以便使用自己的设施完成交易）。

交易结算、登记、变更证券所有权的名称、将资产从一个账户移动到另一个账户、投票股东、决议等这些股票市场的要求可以放在一个链条上，在一个更快、完全透明的系统中完成。我们相信它能够以一种我们从未见过的方式使资本民主化，同时改善这些后台功能。

在不远的未来，通过把证券放在链上来消除清算和结算的必要性是前进的道路。在分布式分类账本上，这些费用不再是必要的。

由于以上原因，金融机构正迅速尝试接受区块链，与此同时，投资者也急于采用与其相关的低成本和更快的交易。即时结算、不可伪造的证券，在区块链技术下，这些都将成为可能。而资本流动性最大化是传统券商无法实现的。

此外，尽管今天的金融表面上看上去"安全"，但如今使用的"技术"容易受到黑客攻击。它的不稳定性是政府和行业监管机构迫使服务提供商进行改革的主要原因。区块链已经证明自身在这方面较传统金融体系具有更强能力。

区块链的应用增强了安全性，将成为人类历史上发展最快的，以我们从未见过的方式使资本民主化。很多技术公司和金融机构结合正在引入一个对等网络，用于公开和透明地促进资本的交易，消除中介，以直接和安全的方式持有资产的法定所有权，而不是通过经纪人或转让代理人。

（一）结构化子链集合

基于华尔街全球交易生态的底层技术（技术平台层和产品服务层），使用者可以根据自己的产品需要设计对应的应用服务层，如股票交易、利率产品交易、数字资产交易等。针对每个应用服务层产品，通常包括以下几个结构化子链：产品发行管理子链，下单交易清算子链，收支登记存管子链，客户、银行账户管理子链。

1. 产品发行管理子链

该子链将用于产品的创建、注册、审批/备案、发行等环节，通过使用基于区块链技术的智能合约，简化产品发行流程，提高新产品的发布效率。产品记录的基本要素很多，如基本信息和投资限制。产品发行完毕后，通过下单交易、收支登记存管、客户银行账户管理这三个子链即可实现对该类产品的全流程管理。

2. 下单交易清算子链

智能结构化链系统提供买卖双方之间的买入价卖出价流程，报价在结构化区块链之外使用金融级信息安全系统为基础实现，这个流程可以由卖方（卖出价）或者买方（买入价）发起，报价条款被打包，然后被播放，给予网络节点上的各个用户。与系统之内的其他信息类型一样，发送者必须完成所需的工作量的证明才能发送信息。

报价信息可以被安全地忽略、被回复（使用还价条款）或者可以被作为发起交易的基础。在发起交易协议之前，卖方可能会需要验证买方的凭证。

历史订单记录簿数据可以由系统的任何用户收集，但不会在区块链本身中记录，区块链获得现实销售交易以及所有权的被保留。

典型的交易生命周期将会包含但不限于以下一些关键步骤：客户下单→撮合成交→簿记→成交确认→清算→结算。其中，TRADING 模块负责直连外部交易所和报价平台，包含所有的市场订单信息；SALSE 模块负责直连客户，包含所有的客户订单需求；ORDER MATCH 模块负责将市场订单和客户订单进行撮合；成交确认后将有效的交易交给 TRADE BOOKING 模块进行簿记，给 CLEARANCE 模块进行清算。

3. 收支登记存管子链

交易清算完毕后，进入交收环节，该环节通过收支登记存管子链来实现，促成收支登记存管事件的交易以及转资券等方式，可以看到，典型的华尔街投行后台支付的典型流程和公司行为等需要收支登记存管子链担当的功能。其中，CONTROL SUBLEDGER 模块根据清算环节的信息流，按主体汇总交易信息，生成每个账户的资产负债表；PAYMENT PROCESSING 模块根据清算环节的信息流和客户账户信息，自动执行智能合约，完成资金和资产的交收；CASH SUBLEDGER 模块根据交收环节的信息流，实时更新各账户的现金情况。除了收支登记存管外，该子链还能为公司的头寸进行风险管理和报告分析，具体体现为 FIRM SUBLEDGER 模块负责公司层面头寸归集记录和风险监控分析、ENTITYSUBLEDGER 模块负责定制报告生成。

4. 客户、银行账户管理子链

除了管理公司头寸以外，交易平台的用户还能通过"客户、银行账户管理子链"实现对客户的管理，包括开户、关户、冻结、解冻等常见功能。该子链具有如下账户服务功能：第一，实时记录委托、成交、交收、转账等交易细节，同时实时汇总统计客户现金数量和头寸数量；第二，支付失败/异常信息监控；第三，提供投资组合业绩评价和归因分析。

（二）智能区块链的设计理念和实现的目标

智能结构化链让传统跨境的行为在证券场外交易市场变为一体化的多层次立体交易市场

环境，直接促进证券交易行为全球化和直通化，在交易界定和规模上进行了扩张和外延，有助于吸引跨国证券投资，降低税收和交易费率等。

目前，由于传统场外交易市场受国界的限制与法币交易的限制，证券由各国不同的法币定价。投资者若要进行海外场外市场交易时，就不得不面对各国法律法规的差异和由此产生的繁琐的外汇兑换手续。在全球化的趋势下，这种以法币为基础的各种场外交易为全球投资者带来极大的不便。传统场外交易市场（OTC）有分散性、直接性、协议性。智能结构化链发挥了区块链的特点，应用于传统 OTC，把区块链分布式、自证信用等优点应用到了恰到好处的程度，使新创市场环境具有以下几个特点。

1. 场外市场的分散性和链的分布性

智能结构化链技术应用于改良传统场外交易市场生态环境，它继承了场外交易活动不是由一个或少数几个统一的机构来组织，而是由很多各自独立经营的投资方或机构分别经营的生态圈。这些交易活动加密后分散储存于智能结构化链的各个参与方的节点中，可以是个人或机构，无集中的交易场所。参与方既是柜台市场的组织者，又是直接参与者。他们通过参加市场交易来组织市场活动，在场外为有价证券提供或创造转让市场。

2. 场外交易的直接性和链中的点对点交易

在传统场外交易市场上，绝大多数交易都是在证券公司、银行、投资商、基金和证券公司等之间进行的。证券的实际出售人将证券卖给对方或从对方买入，或通过证券公司进行自营买卖。智能结构化链为投资方提供了在参与方之间转让有价证券的方式，以数字货币为本币实现估值，提供 DVP 和托管模式清算和结算。

3. 协议性和智能合约及共识机制

场外交易是在各类投资方之间协商议价的过程中进行的。每笔交易的参与双方都是投资方，场外交易市场上的每笔证券转让价格，一般都是由一个投资方报出，根据另一个投资方是否能够接受并进行协商调整而形成的，智能结构化链技术平台提供了各投资方的信用保证。智能结构化链通过发行和运用数字货币为投资方提供了新型场外交易市场环境，设计、实现了对接传统 OTC 市场，并与现存 OTC 业务的法律法规兼容。

六、降低和简化操作风险

智能结构化链在金融生态环境中通过优化交易前、中、后的全流程，从开始下单到完成交收，减少交易各方大量重复性的人工确认和对账流程，缩短结算周期并降低交易中的各种风险，从而为使用了智能结构化链的机构节省大量成本。智能结构化链是分布式区块链技术的一种创新，把区块链进行多层次、多结构设计，简化交易、簿记、托管、清算、估值、业绩分析和跟踪等核心金融服务。

（一）智能结构化链应用于防范交易欺诈和运营风险

采用智能结构化链可以从两个不同的层面应用和发掘区块链在防范交易欺诈和运营风险中的优点。例如，在证券交易全流程中，一种是直接运用区块链，使所有交易信息全部迁移到区块链技术平台和生态环境中，直接发挥区块链的防范交易欺诈和运营风险中的优势和特点。

第一，智能结构化链中的资产标的物可以是一个国家及市场的金融工具或智能结构化链中的数字资产，当然也包括它们的各种衍生品。智能结构化链已经具备支持上百种金融工具的能力，并正在开发基于数字货币的证券存托和互换投资平台（主动投资）、指数投资（被动投资）、期权、期货等衍生品服务。

第二，支持标准金融衍生品的登记、注册、估值、托管。

第三，支持客制化的金融衍生品的登记、注册、估值、托管；实时报价、撮合和做市平台。

第四，支持传统的 DVP（一手交钱一手交货）结算或托管模式结算；提供产品管理、投资管理、头寸管理的能力。

第五，提供"傻瓜"式簿记和分布式对手清算、结算及资券代交收等服务。

（二）智能结构化链与传统交易处理兼容的消除运营风险方法

现有交易系统和流程之外添加智能结构化链，实现全流程无损信息采集，建立多道应用层面的防火墙，从而达到防范交易欺诈和消除运营风险的目的。

（三）开放式操作风险防控平台

智能结构化链应用体系的设计从多个层面决定了其是一个开放式互联互通的基于区块链技术的开放式交易平台，与所有主要数字货币链以及传统交易系统可以兼容、集成、互联、互通。智能结构化链应用体系中的每个应用功能积木块对全社区业务开发人员都将是开放式的、可查阅的。

智能结构化链应用体系对外的应用协议采用了积木式架构，提供全方位 API 接入，支持改进和增强后的适合区块链的华尔街常用的 FIX 交易应用协议。FIX 交易应用协议是国际 FIX 协会组织提供的一个开放式协议，目的是推动国际交易电子化的进程，在各类参与者之间，包括投资经理、经纪人，买方、卖方建立起实时的电子化通讯协议。FIX 协议的目标是把各类证券金融业务需求流程格式化，使之成为一个可用计算机语言描述的功能流程，并在每个业务功能接口上统一交换格式，方便各个功能模块的连接。改进和增强后的适合区块链的华尔街常用的 WS FIX 交易应用协议，方便业务开发人员的快速集成。

智能结构化链应用体系平台中交易以结构化的区块链作为应用接口，基于各个子链直接支持数字资产的发行、交易中的各种业务操作和报表生成、信息共享，包括但不限于产品发行管理、下单交易清算、收支、登记存管、客户及银行账户管理。

智能结构化链应用体系的 API 接口是在基础平台接口的基础上按照不同场景，具体化了的应用业务可能会用到的各个功能积木块，抽象出了各种标准协议接口。应用平台接口把基础平台的连接转为高级业务应用操作，屏蔽了较为复杂的签名生成规则、字符编码转换问题以及多种底层错误码处理逻辑。同时，针对各种链的场景，接口上引入机构身份校验逻辑，以增强通讯的权限控制。引入用户身份管理模块和私钥存储模块，降低业务应用的公私钥管理负担。

数字资产交易业务类操作包括：资产发行申请、资产转让申请、资产兑付申请；资产批量查询、交易批量查询；共享信息新增/追加、共享信息查询；通用 FIX 接口注册用户；获取用户信息创建用户账户；获取用户的账户公钥。

(四)智能结构化链期权交易平台参考系统

智能结构化链期权交易平台是在本研究工作开展的过程中,设计和实现的一个参考系统,它基于智能结构化链生态环境,建立了一个全面支持场外期权交易的分布式交易网络,提供了场外期权的产品设计、产品定价、销售管理、资料审核、资料保存、订单清算、风险控制等一体化的OTC交易前台、中台和后台的完整功能和自动化直通车处理。平台功能主要包括:

1. 交易前台

提供前台常用的各项功能包括:第一,订单建立、复合、修改和取消;第二,订单审核、批准;第三,交易撮合,快速避险对冲、转发;第四,实时行情、期权定价、估值(支持多种优化模型);第五,持仓和头寸管理。

2. 交易中台

提供中台常用的各项功能包括:第一,簿记(支持人工台账);第二,风险管理和控制;第三,适当性管理。

3. 交易后台

实现了交易后台的各项常用功能包括:第一,清算结算(支持人工台账);第二,资金管理、保证金管理;第三,入金、出金管理(支持人工台账)。

4. 报表管理

从智能结构化链主链和各个子链上获取数据,生成以下各类报表:第一,风控报表;第二,清算报表;第三,保证金报表。

5. RDS(基础服务)

运用智能结构化链中的登记存管子链,实现了以下常用功能:第一,客户和法人管理,互联网开户服务;第二,合约管理;第三,各类账户管理,如客户交易和资金账户,公司交易和资金账户等;第四,类标准化的常用产品和个性化产品管理;第五,交易日期管理。

6. 主要的亮点

第一,"傻瓜"式避险对冲,对场内和场外期权市场进行有效结合,支持快速避险对冲操作。

第二,高效客户管理,提供自动化直通车流程管理,包括期权交易团队前台、中台、后台的业务功能。

第三,订单风险管控,生成风控报表、清算报表、保证金报表,帮助客户有效控制场外交易风险。

第四,常用产品标准化,为频繁交易的场外期权产品制定内部类标准产品,简化合约生成,减少重复劳动。

(五)智能结构化链分布式账本和运营风险预测创新案例

1. 应用前对没有用区块链情形下的典型运营风险隐患进行分析

根据2016年第一季度调研结果:第一,体验和处理了交易后的交易记录没有按时录入系统共4次;第二,体验和处理了操作人员重复发送划款指令共1次;第三,系统异常频发。其中一个异常事件尤其值得关注:"第一次遗漏:交易员忘记在××系统中录入场外理财产品交易后的记录；第二次遗漏：第一天晚上清算时×××和××系统间没有核对持仓和现金账功能；第三次遗漏：第二天早上在××交易系统中，开市前也没有系统间的对账功能，结果是该交易系统中用了不正确的现金结余额度，导致下单前的检查误判（引发后续清算时发生透资）；第四次遗漏：第二天晚上清算时×××和××系统间没有核对持仓和现金账功能；第五次遗漏：第二天晚上到第三天中午，×××没有清算资金的预测和透资预测功能；最后导致失守：第三天晚上清算时出现透资，因处理及时没有造成经济损失。"

这个典型异常事件案例分析：缺乏区块链账本，需要增加对账机制。

2. 应用智能区块链防范交易欺诈和运营风险

上述典型异常事件案例，用了区块链（账本）技术后就不会再出差错。第一次：交易员不用在系统中录入场外理财产品交易后的记录；第二次：清算时无须对账，区块链账本有核对功能。

七、推动清结算体系改革的探讨

智能结构化链在目前交易所的交易以及集中式清结算操作中还不能直接应用，需要对当前中心化的清算和结算产业结构进行改革和治理，但是分散的场外交易中的对手清算、结算非常适合智能结构化链的应用。

区块链技术的巨大潜力创造了防篡改、可溯源的综合审计跟踪。无论交易多小、次数增加多少，成本的增加很少，它对传统场外交易的清算和结算提出了重大挑战。尽管美国和欧盟的监管者都表现出了有价值的、高度适当的克制，以免抑制创新，但监管和监督的改革是广泛使用和安全应用的先决条件。

清算包括从证券交易的承诺签订时起直到对手方之间结算（通常同时进行）的所有处理。由于交易速度远远超过完成每笔交易的能力，需要先进的结算系统和法律规定。在交易与结算之间的时间跨度内，买卖方的权利纯粹是契约性的，因此是个人的。只有在达成协议后，它们才成为专有的，并终止对方风险。在美国，股票、债券、共同基金和市政证券的结算通常要求在交易日之后的三个工作日内（T+3日）进行，上市期权、期货合约期权和政府证券的结算则要求T+1日进行，外汇现货市场是T+2日进行。然而，目标是实时结算和结算符合ISO 20022标准的实时支付。这个目标，不仅需要基础牢靠的金融技术，而且需要在金融市场基础设施、立法调整和协调方面进行重大投资。

智能结构化链的研发和在清结算中的运用，使我们首先要看到和分析传统处理方法和技术的局限性，同时寻找是否存在市场的动力。人们已开始进入对现有市场的交易（交易执行、交易后的处理流程、风险控制和规避）进一步加速持怀疑态度的时代。成本效益分析就颇具争议，T+2或许是行业可以找到应对方法的一步。对于T+1（或实时）清结算，以前持保守态度的人们开始真正认识到了它的好处，这个疑问正在被消除。考虑到DTCC的子公司（存款信托和清算公司，美国的主要票据交换所，等同于Euroclear和Clearstream）目前已经结算了价值1.7万亿美元的证券交易，外汇市场的日交易额在20年超过了5.3万亿美元。下文将从改革业务流程、步骤和成本等各个角度，讨论实现实时清算和结算所涉及的法律、制度、政策和结构一些关键问题。

(一) 证券交易的三大要素

证券交易的三大要素包括：交易执行、清算、结算。

1. 交易执行

承诺阶段通过任何执行平台，无论是证券交易所、电子交易系统、经纪市场还是具有或不具有中介的任何其他形式的匹配系统，在公共市场中匹配证券的买方和卖方。

2. 交易后清算

匹配交易，比较买方和卖方关于价格、数量和其他条款的记录。此后，当事人确定要记入担保或付款的账户。通过将一个中央对手方（CCP）交给任何一方的经销商，使交易失败的风险进一步降低。CCP作为所有买家的卖家，通过卖出（网购）买卖交易将风险最小化。净值大大减少了在结算时对资金和证券进行实际交换的需要。

3. 交易结算

结算涉及交换的考虑：对付款的安全性。在先进的金融市场，物理证书很少被持有（作为认证的问题）。相反，它们是通过由托管人［通常是中央证券保管所（CSD）］管理的账簿录入系统间接持有的，后者根据付款证据转移其记录上的所有权。在跨境贸易结算中占有权更为重要：为国际和机构投资者代理的本地或全球托管人可以建立投资者与持有证券证书的外国CSD的联系。各国在结算周期、货币、法律制度以及用于各种证券的大量结算安排方面也有所不同。

(二) 智能结构化联盟链将改变交易流程

1. 实时交易和清结算

智能结构化联盟链平台中支持的清算和结算可以在非常接近实时的情况下进行。它是基于一系列数据块组成的一个主链和多个子链的集合，这些数据块包括证券或其他资产付款的全部历史记录。在执行交易之后，所有结算步骤都输入数据文件，该数据文件功能类似于货币单位及其来源的登记册，用于支持以赠送、法院命令或作为交换基础的其他所有权方式交换以付款的权利、证券、宝石、商品或任何其他资产。智能结构化联盟链使买方能够在识别和注册技术的范围内识别资产，它显著增加了对所有权和来源的合法性的信心，同时关于新所有者的信息被转换成不能被未经授权的方解密的加密数据块。

根据SWIFT和Oliver Wyman最近的一项研究，银行业目前每年在清算和结算方面的支出在65亿美元至800亿美元之间。在欧盟范围内，实施新兴的欧洲TARGET2 – Securities（T2S）RTGS结算引擎预计要花费4.2亿欧元。T2S虽然不是CSD，但从2015年6月到2017年9月，在所有欧洲证券市场，中央银行基金都提供CSD交付与支付（支持DVP，ISO 15022）。

2. 智能合约降低成本和消除风险因素

智能结构化联盟链技术能够记录、传输和保护整个契约关系，即智能合约。当与分布式分类账技术和一组子链集合结合使用时，智能合约能够彻底改变关键成本和风险因素，具体可通过以下方式：第一，通过精练简化的后台处理来急剧节省成本；第二，通过数字身份认证和数字签名核实身份和证明交易；第三，通过智能合约和分布式账本提供不可改变可溯源的交易历史记录；第四，允许陌生人直接相互交易而不需要信任的第三方中介；第五，在

B2B 和 B2C 基础上自动买卖和提供交易，包括与大宗商品物联网的结合。

对欧元区最大的银行桑坦德银行（Bank Santander）的一项市场资本化分析表明，"分布式分类账技术能够将银行的基础设施成本降低到每年 150 亿美元至 200 亿美元，这些成本归因于跨境支付、证券交易和监管合规。"对于证券交易处理基础设施来说，这笔钱可能是一大笔钱，但是它比通过比特币进行大宗连锁交易的简单例子略逊一筹，比特币的处理费是 0.0004 美元（而普通信用卡交易是 0.0035 美元）。

3. 智能结构化链缩短交易生命周期

智能结构化链支持全球集中统一的市场管理，并以分布式、分散的方式进行交易执行和交易后的处理，具有公有链的所有优点，能满足所有参与方的典型利益。缔约方被授权通过严格的安全协议访问由联盟维护的链，参与者的预选使安全和其他目的的附加访问限制更加容易实现。

4. 清算、结算合规改革的曙光已来临

到目前为止，智能结构化联盟链技术仍处于初级阶段，它既不允许交易净额结算，也不允许事后更正、修正或在链中传递产权的相关方面有法律标准。金融机构尚未接受对第三方（包括竞争者）正在处理其数据的系统的依赖，还在记录和采集关于单个金融机构处理的交易的数据信息，交易后处理流程中信息保密的问题仍然存在。

除了所有权和净值之外，广泛的法律影响和技术问题仍然具有挑战性，包括建立统一的监管标准、数据安全、责任和风险的归属、证券借贷、外汇、成交汇报的拆分和确认，以及处理过程中各个不同部分的操作所有权。证券和现货交易对智能结构化联盟链技术的挑战依然存在于托管、机构销售和零售经纪等领域。

无论如何，智能结构化联盟链技术向联合审计跟踪（Consolidated Audit Trail；CAT）的愿景迈进了一大步，一旦开始运行，它必须与 CAT 紧密集成。透明度的高低将对人们是否使用智能结构化联盟链进行清算和结算，对抵押物管理的使用产生重要影响，智能结构化联盟链基本上以全新的方式重新开始建立金融交易的体制和机制。虽然迄今为止还有一些它可能造成的尚未识别的数据风险会逐渐浮出水面，并需要解决，但从原则上讲，这将是创新的一次量子飞跃，而不用担心被滥用。

这场革命并不局限于金融行业，也将改变政府在各种 IPO 发行、监管和审批领域的工作方式。

（三）立法和政策挑战

以欧盟为例分析海外采用智能结构化联盟链技术在立法和政策方面的挑战，我们将看到它受到了各种规章制度的限制和影响，包括电子货币指令（指令 2009/110/EC，但仅限于根据条款确定"发行人"的程度）、《支付服务指令》（指令 2007/64/EC）和《MIFID 指令》（指令 2004/39/EC 和 2008/10/EC）。从特征上讲，在欧盟新技术的背景下，首先要考虑的因素之一是它在征收金融交易税方面的效用，但迄今为止，对欧洲金融技术影响最大的监管是《支付服务第二指令》（PSD2，指令 2015/2366），该指令迫使银行开放其系统以对金融技术进行监管，允许它们充当银行和客户之间的中介。

欧盟委员会、国际清算银行、世界银行、联合国、欧洲刑警组织、ESMA、英国财政部、英格兰银行、纳斯达克，以及创业公司，在 2016 年 4 月中旬主办了一次关于加密货币和区块链的非商业圆桌会议。MEPS 为未来的监管举措奠定了基础。欧盟议会打算暂缓严格监管的实施，以观察和促进技术发展，美国商品期货委员会（CFTC）同意希波克拉底式的"无害"做法。

虽然资金和证券的交割需要时间进行处理，这也对认证提出了挑战，但在间接持有的证券和分类账入账付款的时代，就不能再要求同样的条件。证券托管、交付和支付的数字化在很大程度上将结算过程减少归为软件问题。由于《海牙证券公约》（2006年7月5日《关于中间人持有的证券的某些权利的法律适用公约》）尚未生效，至今仍要十几年的时间，我们清楚地看到，技术并不是这里的瓶颈。《日内瓦证券公约》（2009年10月9日关于中间证券实体规则的公约）的补充，由40个国家谈判，但迄今为止只有一个国家（孟加拉国）批准，尚未生效。相反，它的特点是，国际谈判和协调花费时间很长，由此产生的威胁，需要及时地对新技术下出现的情况做出适当和有效的国家层面和法律层面的反应。司法程序在解决这样一个快节奏的环境中产生的争议的速度远远不够，是另一个具有挑战性的问题。

然而，无论国内还是国际规模的立法和监管程序有何缺陷，投资趋势都非常清楚地反映了对区块链在交易、清结算中的潜力的认识。在过去的三年里，风险投资公司投资了大约十亿美元，并呈几何增长趋势，其原因是该技术能够通过交换代表基础资产的虚拟令牌来促进金融工具之外的各种资产的交换。一个由42家世界最大的金融机构组成的财团，从事金融业中的智能结构化链技术研发，它的工作不仅将改变银行和证券处理，而且将通过区块链技术来识别欺诈或洗钱的模式，使资金的来源、最终目的地及使用情况透明化和可溯源，改进了银行监管和监督，识别可疑当事人和网络的能力。在不久的将来，智能结构化链能够识别系统性支付风险。

关于智能结构化链技术在清结算中的应用的讨论，得到的一个结果是，全球宪法、立法、监管和司法系统的变革需要加速。当前的改进速度不仅应该而且必须通过与其相关的基础技术的飞跃来加速，不能以拖延的方式弱化处理不断加速的技术创新结果，需要积极的变革和持续不断的努力，这无疑将是21世纪及将来人类面临的主要挑战之一。作为新技术的结果，社会从个人、集体和运行的生活体验转变。重要的是要理解，任何"实时"的事情不仅会加速所讨论的单个事务，而且会影响所有后续事务，持续压缩和收缩时间窗口，各国政府只有通过自身的努力和追赶，才能防止为他们留下的时间窗口的消失。在前瞻性决策中进行分析、整合再整合，毫无疑问，至少在以前的工业革命中，技术一直在加速发展，但它是以线性方式加速的，而不是以超几何方式加速的。智能结构化链技术所开辟的是一个超几何方式加速的工业革命，几乎同时影响着我们社会中的所有的人。

八、结论

智能结构化链借助互联网和增强的区块链，短期内采用与传统场外交易兼容为核心的技术架构，将分散的场外交易市场联成网络，最大限度地简化传统场外交易处理流程，提高效率，把各种风险可以基本消除或降到可忽略的程度。智能结构化链改进了数字货币所采用的基础区块链技术，即可以充分满足适应和传统场外交易的业务管理方式和交易生命周期中的各个固有的流程，实现与传统场外交易兼容，又能够最大限度地应用区块链的技术优势。

从长远的目标来看，最终还需要经过持久努力才能真正达到逐渐推进现有场外交易立法和政策层面的改革，建立全新能全面运用区块链技术各项优点的金融交易生态环境。

总体来说，在兼容传统交易市场环境的基础上，智能结构化链的用户能充分受益于区块链技术带来的以下优势。

第一，降低操作风险。目前传统场外交易流程中，很多参数和操作细节需要由各参与方（客户、托管行、交易商等）共同多次确认。而智能结构化链通过将交易细节写进智能合约，并在交易写入时就强制执行协议，可以消除绝大多数常见交易后问题和操作错误，比如错误结算指令或订单细节。

第二，优化后台配置。目前传统场外交易需要配备大量后台人员来完成交易复合、估值、清算、结算、交收，并进行人工对账，不仅效率低下且存在很高的操作风险。智能结构化链可以极大地优化交易达成后的中后台工作，减少人力，简化中后台处理流程，节省相应成本。

第三，缩短结算时间。通过优化结算、清算、交收处理流程，智能结构化链可以极大地减少结算时间，进而减少机构为未结算、未偿交易准备的资金量。

第四，更加安全可靠。智能结构化链场外交易系统采用分布式部署架构，将不同的数据储存在不同的数据节点，即使一个出问题，也可以及时修复，减小损失，为平台的安全性加强了保障。对于交易系统来说，安全稳定是第一位的，一个分布式系统一旦上线运行，系统的质量要求是显而易见的。

从业务应用的角度来看，智能结构化链系统做出来后，需要持续不断地进行测试和改进，普适性要求系统不仅仅能适应非常长的历史行情，而且能尽量覆盖各种且取得正期望收益，只有这样才能说明系统本身所蕴含的风险值较小，能够适应各种组合投资的要求。

基于联盟链的债权类 ABS 服务平台研究

吴鑫涛*

一、区块链在 ABS 市场应用现状

目前我国资产证券化尚处于起步阶段。2005 年开始试点，2008 年金融危机后陷于停滞。2012 年重启试点后，随着一系列监管政策放开，资产证券化市场蓬勃发展。目前主要包括四类资产证券化产品，即信贷资产证券化（Credit Assets Securitization，CAS）、企业资产证券化、资产支持票据（Asset - backed Medium - term Notes，ABN）和项目资产支持计划。

据初步统计，截至 2018 年上半年，资产证券化（Asset - backed Securities，ABS）产品存量余额接近 2 万亿元。但国内 ABS 市场还远远达不到欧美市场的发达程度，主要有以下几个方面的原因：项目尽调阶段，ABS 业务的基础资产数据采集由原始权益人以中心化的方式提供，透明性较差，评级机构难以给出公平公正的信用评级；发行阶段，ABS 业务参与方众多，流程长且业务效率低，数据在各方流转缺乏统一协调管理且底层资产数据记录易被篡改，中间各个环节如果存在造假，难以发现；存续阶段，ABS 业务数据交互量大且频率高，因信息不对称所造成的违约风险、信用风险概率高，给监管工作造成了极大的困扰。

区块链技术具有去中心化、不可篡改、可溯源等技术特性，利用区块链技术对 ABS 产品进行全生命周期管理，能很好地解决上述问题。如将基础资产等数据在联盟内上链存储，各方机构都能实时获取，评级机构便能根据真实不可篡改的数据做出公平公正的信用评级；联盟链上数据共享，也就不会存在信息不对称所造成的诸多风险，在减少交互流程的同时极大地提升了业务效率。众多金融机构都在积极探索区块链在 ABS 市场中的应用。截至 2018

---

* 作者单位：国泰君安证券股份有限公司信息技术部。原载于《中国证券》2018 年第 11 期。

年7月底①，市场共发行了5个应用区块链技术的ABS产品，规模共计约18.60亿元。产品分别为陌仟汽车租赁ABS（私募）、百度－长安新生－天风2017年第一期资产支持专项计划、德邦证券浙商银行池融2号资产支持专项计划、京东金融－华泰资管19号京东白条应收账款债权资产支持专项计划、博时资本－第1车贷汽车金融资产支持专项计划。

由于ABS基础资产种类和业务逻辑繁多，难以构建统一的平台适应所有种类ABS资产。本文主要讨论融资债权类基础资产，并以国泰君安实际业务场景中发行的"两融"债权ABS资产为例，来阐述利用区块链技术发行ABS的主要流程，及该过程中涉及的主要技术及方法。最后文章提出了一个基于联盟链的债权类ABS平台技术架构，并对该架构的主要特色进行了介绍。

二、"两融"债权ABS业务场景分析

2015年8月7日，国内首单以证券公司"两融"融出资金债权为基础资产的资产支持证券——"国君华泰融出资金债权1号资产支持专项计划"正式发行，并在上海证券交易所挂牌转让。利用"两融"债权资产作为融资补充工具，对盘活公司存量资产、补充公司营运资金、改善公司财务结构，具有重要的作用。其主要业务模式见图1。

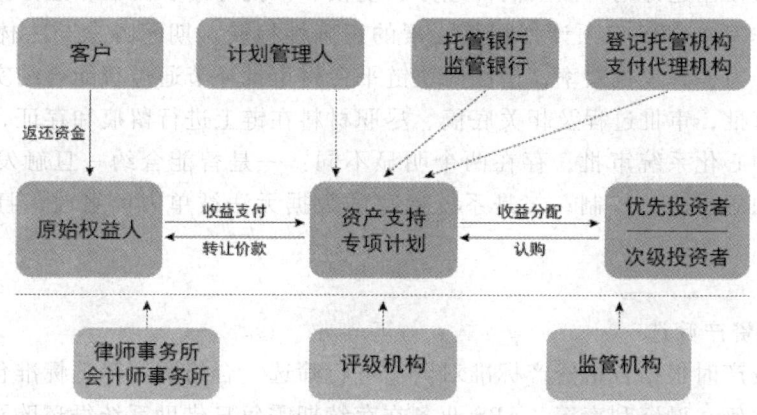

图1　"两融"债权ABS业务模式图

主要参与主体如下：

客户（资金融入方）：和证券公司签订协议进行融资的客户，融出资金债权的债务人。

原始权益人（资金融出方）：向客户融出资金形成基础资产的债权人，设立专项计划时向资产支持专项计划转让基础资产。

计划管理人：负责设立资产支持专项计划，并在存续期管理资产支持专项计划购买的基础资产，向计划投资者分配收益和本金。

投资者：认购资产支持专项计划，根据计划约定获取收益分配，分为优先投资者和次级投资者。

---

①　参见"干货丨区块链在ABS中的应用"，结构金融论坛，2018年7月31日，网址：http://www.sohu.com/a/244337368_498914，最后访问日期：2018年9月4日。

托管人：负责开立资产支持专项计划专用账户，全程托管资产支持专项计划的资金。

托管银行：开立资产支持专项计划专用账户，全程托管资产支持专项计划的资金。

登记机构：完成账户开立、份额登记等功能。

评级机构：对资产支持专项计划出具信用评级报告。

律师/会计事务所：对资产支持专项计划出具法律意见书。

监管机构：对 ABS 业务全流程进行监管。

图 2 为国泰君安"两融"债权 ABS 业务流程，主要包括专项计划审批、基础资产筛选、现金流预测、重复转让检查、存续期监控等主要步骤，下文将结合区块链特点逐一进行分析。

图 2 "两融"债权 ABS 业务流程

（一）专项计划审批

原始权益人在创建计划时涉及内部经办、复核、审批等诸多流程，经办人、复核人、审批人之间需协作完成 ABS 专项计划相关要素的正确性检验。期间各参与主体通常会进行多轮反馈和交互。为提升审批效率，借助区块链平台将审批环节通过智能合约实现，各主体在链上协作完成审批，审批过程及相关底稿、尽职材料在链上进行留痕和存证，提升存证权威性。相比传统中心化系统审批，存在两个明显不同：一是智能合约一旦触发后根据规则运行，单方无法独立更改和控制；二是系统保存的数据无法被单方面篡改，且所有行为留痕可查。

（二）基础资产筛选

首次购买资产时根据合格资产标准对资产进行筛选，合格资产筛选标准包括融资融券客户的维持担保比例、融资利率等。ABS 业务在存续期需每日借助系统循环购买入池资产，入池资产有严格的标准进行限制。现有模式中由原始权益人将算法写入系统进行筛选，再将筛选结果发给各参与主体进行审核和确认，算法运行在黑盒的执行环境中，由于各方缺乏数据源，故难以对最终结果是否满足约定算法进行确认。而借助区块链，利用智能合约按照双方预先达成共识的规则，筛选出最优资产，同时记账节点（如管理人或监管机构节点）可在本地运行智能合约进行验证，由于智能合约运算的数据和规则不可篡改，从而保障合格资产筛选和购买的准确与可靠。

（三）现金流预测及信用定价

资产证券化的核心是资产，基础是现金流。目前评级机构对资产和现金流尚未形成一个标准化的评估体系，主要原因在于缺乏有较强公信力、标准化程度高、可推演的基础资产数据，导致对强主体增信的依赖度较高。作为共识节点的资产评级机构，通过区块链平台实时获取保真的底层资产数据和信用评分数据，基于客户历史履约意愿、逾期情况、历史维持担保比率、是否在白名单等数据，同时通过机器学习模型对每笔资产进行风险排查和信用评分，并实时入链。对链上资产进行在线评分，形成正向循环，提升评级的可参考程度，辅助定价参考，以资产质量为核心进行定价指导。同时评级机构、律师以及会计律师事务所通过线上获取真实循环购买的资产，对新入池资产进行评估、监管及其他授权节点可在链上平台对评估情况进行监督与核查，提升评估透明度与可靠性，从而使得底层资产始终保持高质量。

（四）重复转让检查

ABS业务目前遇到的一大难题是如何确保资产的真实性和资产的重复性。目前市场上可以利用中国人民银行动产融资统一登记系统对底层资产进行登记，每次交易都需要去该系统查询该资产是否重复转让。这种方式效率较低，成本较高，且难以做到精准控制。在"两融"债权ABS业务中，也需要检查所有已转让合约的重复转让情况，保证合约的唯一性。利用区块链技术，通过智能合约对"两融"合约资产进行链上登记，并附带时间戳，每一笔合约资产的转让情况都清晰留痕且溯源可查，保证了底层数据信息质量和历史连贯性，从而可高效避免重复转让情况发生。在实际的ABS业务场景中，由于底层资产数据一般通过集中交易系统自动导出，不可避免地发生已上链的数据错误，需要再次导出并重复上链的情况。这种实际业务场景就需要"修改"已上链数据，与区块链不可篡改的特性相矛盾。在这种情况下，可以通过发起"仲裁"，取得联盟链各成员认可并签名通过后，使原有数据依然存在链上，不过会被标记为失效。将新的数据重复上链，取得多方共识后，从业务上覆盖原有数据，从而保证底层资产的唯一性。

（五）存续期监控

对于上链的基础资产数据，利用智能合约按照业务规则设计监控功能，实现整个资产池存续期的动态跟踪和监控，及时进行数据处理与分析。同时结合外部的市场、行业数据，利用大数据挖掘、机器学习等技术，制定风险模型，对每笔资产进行风险排查和信用评分，提高风险预测能力。

三、ABS联盟链平台设计

目前国泰君安设计了基于联盟链的债权类ABS服务平台，平台通过多样化模板实现灵活自动地录入多种债权类ABS基础资产。同时平台将一些功能抽象并以组件形式对外提供，如可定制化的基础资产模板组件，可定制化的监控指标组件等，实现平台的高复用与可扩展。对比其他联盟链应用，主要具有以下特色：

1. 业务灵活性

设计智能合约模板适应灵活多变的ABS业务场景。

2. 前后端分离框架

通过划分业务组件和区块链技术组件，实现前后端分离，提高开发效率和系统可复用性。

3. 监管功能

利用智能合约对信息披露及时性、ABS业务规模等关键指标进行监测并预警。

4. 定位平台化

定位为一个通用的"两融"债权 ABS 信息服务平台，使得不同的券商或金融机构均能利用该平台开展债权类 ABS 业务。

5. 评级积分激励机制

设计激励机制，对按时履约、信用行为良好的交易方自动发放鼓励积分，增强信用评级。

6. 假设央行法定数字货币

设计银行支付网关及法定数字货币凭证，实现线上记账，需要交割时，可通过银行支付网关或导出文件的方式完成。

7. 利用智能合约进行底层合格资产筛选、现金流预测、信用定价

例如按双方约定共识的规则进行底层资产筛选，利用智能合约对筛选结果进行最优性校验，确保原始权益人提供的是最优底层资产。

8. 将链下系统和链上系统结合起来

某些具体的金融业务需要进行逻辑运算、数据处理等，耗时往往大于区块生成时间，将这类复杂业务操作可放在链下执行，而利用链上智能合约做正确性证明，减少链上业务处理压力。

ABS 联盟链平台逻辑架构分接入层、应用组件层、智能合约层、联盟链核心层。接入层包括证券行业内各 ABS 业务参与方；应用组件层根据 ABS 业务逻辑划分成不同基础功能组件；智能合约层是利用智能合约实现 ABS 核心功能逻辑；联盟链核心层利用金链盟开源框架 BCOS，提供区块链底层支持，包括 API 接口、分布式账本、共识算法、网络服务、隐私保护等（见图3）。

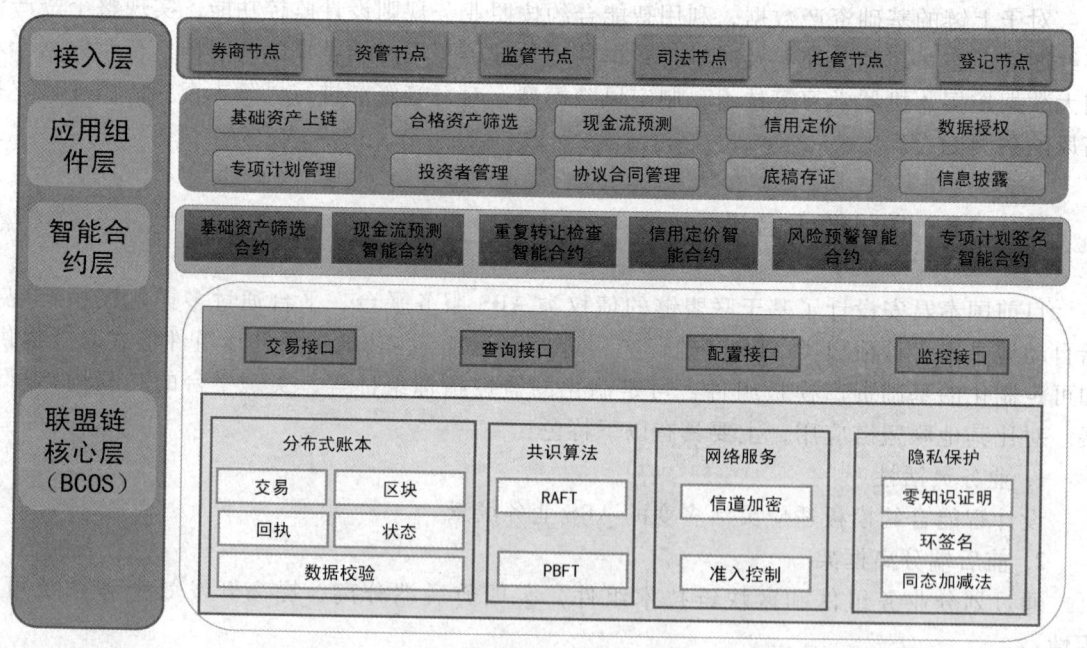

图 3　债权类 ABS 信息服务平台逻辑架构图

本系统假设了央行法定数字货币存在，联盟链平台通过对接央行支付网关，实现在智能

合约中使用法定数字货币进行记账，从而实现 ABS 合格资产循环购买等涉及转账操作合约的自动执行。需要交割时，通过银行支付网关或链下导出文件的方式完成清算。另外，由于初期联盟链成员较少，为了增强联盟链不可篡改的公信力，平台将联盟链每个区块的哈希值锚定到 BTC、ETH 等主流公链上（见图4）。

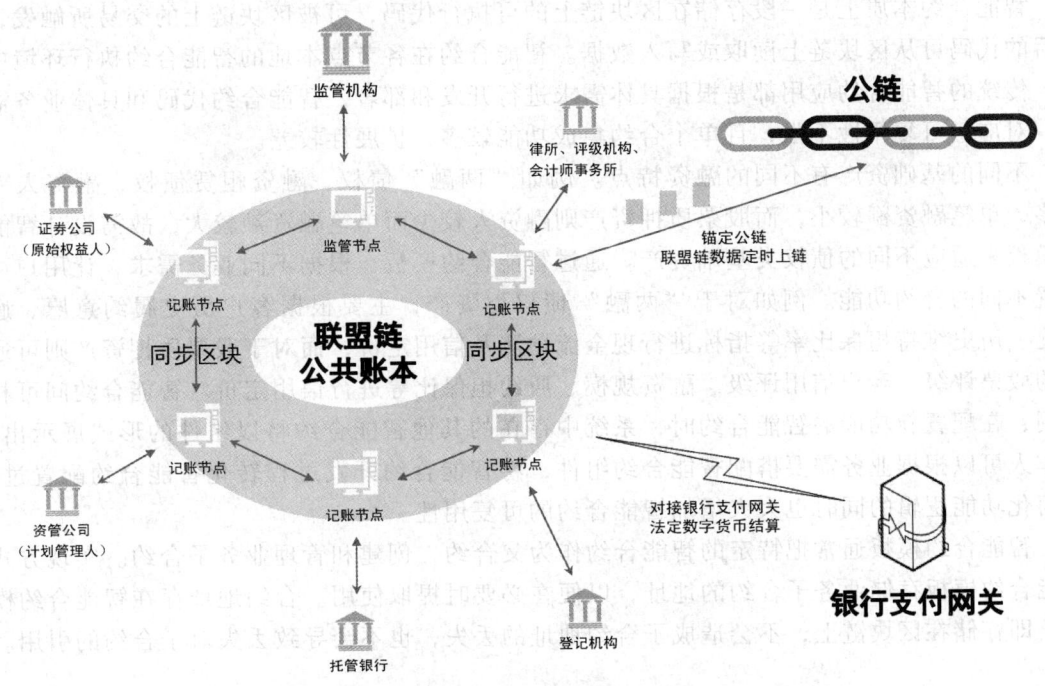

图4　ABS 联盟链架构图

（一）基础服务组件化

传统 ABS 业务系统由各个券商独立构建部署，区块链技术分布式、去中心化的特点使构建券商间通用的 ABS 信息服务平台成为可能。构建通用平台需要将基础服务组件化，屏蔽各系统间差异，便于各机构节点业务系统的构建以及监管节点的接入。

基础功能服务组件化是将 ABS 的业务功能拆分剥离，作为一系列独立的功能组件，包括基础资产上链，合格资产筛选，现金流预测，信用定价，专项计划管理，投资者管理，合同管理，底稿存证，信息披露等。基础功能服务组件化有利于实现前后端分离架构开发模式，屏蔽区块链底层技术，提高不同开发团队协助效率，同时提高系统复用性。

（二）基础资产可配置化、定制化

由于 ABS 基础资产种类和业务逻辑繁多，难以构建统一的平台适应所有种类 ABS 资产。本文选取了券商普遍存在的"两融"债权资产为例，该类资产一般通过集中交易日终批量导出结构化文件方式生成，主要包括合约编号、合约状态、客户号、起始日期、结束日期、融资额度、融资利率、维持担保比例等字段。因各券商系统存在差异，故字段名称、字段含义、字段类型等不尽相同，可通过配置映射关系，提供多种可选的基础资产模板供操作人录入。对于其他类似的债权资产（例如股票质押债权、租赁债权），提供定制化功能，支持新增不同类别的债权资产以及对原有基础资产相关参数进行调整,操作人可根据特定业务场景结合基础资产模板定制个性化基础资产,满足基础资产多样化的需求。

(三) 智能合约模板化

智能合约本质上是一段存储在区块链上的可执行代码,可被区块链上的交易所触发,触发后的代码可从区块链上读取或写入数据。智能合约在各节点本地的智能合约执行环境中执行。传统的智能合约应用都是根据具体需求进行开发和部署,智能合约代码和具体业务需求一一对应,可复用性不强,且单个合约集成功能较多,扩展性较差。

不同的基础资产有不同的融资特点。例如"两融"债权、融资租赁债权,融资人一般较多,单笔融资额较小,而股票质押资产则融资人较少而单笔融资额较大,故需设计智能合约模板来适应不同的债权类基础资产。通过智能合约模板,根据不同业务需求,让用户可选配置不同的合约功能。例如对于"两融"债权类资产,主要根据客户历史履约意愿、逾期情况、历史维持担保比率等指标进行现金流预测及信用定价,而对于股票质押资产则可通过标的股票评级、客户信用评级、融资规模、履约担保比等进行信用定价。智能合约间可相互调用,在配置新功能的智能合约时,系统中存在的其他智能合约将以组件的形式展示出来,操作人可以根据业务需要搭配智能合约组件,将智能合约开发过程转化智能合约配置过程,在简化功能逻辑的同时也大大增加智能合约的可复用性。

智能合约模板通常把特定的智能合约作为父合约,创建和管理业务子合约。实现方式是智能合约模板存储业务子合约的地址,以便在必要时提取使用。合约地址存在智能合约模板中,即存储在区块链上,不会造成子合约地址的丢失,也不会导致丢失对子合约的引用。

(四) 风险监控

风险监控是需要重点关注的问题,下文分别从信息披露、风险管控、事后追责三个方面来阐述区块链技术在风险监控中发挥的作用。

1. 信息披露

信息披露是监管系统的核心内容。一方面,可以按照监管要求,利用智能合约,强制ABS各业务关联方及时完整地定期披露所有相关信息,例如资产管理报告、重大事项公告、清算报告、托管报告、评级报告等;对于不按时披露的参与主体方进行发函警示或业务禁止,严重的可进行资金冻结等。另一方面,对业务流程中涉及的关键数据,包括资金池情况、ABS专项计划基础资产情况、债权汇款情况、债权人信用变化情况等信息上链固化保存,利用区块链时间戳特性,可保证业务数据信息质量和历史连贯性。

2. 风险管控

按照监管规则对关键风控指标进行监控,可实现由点到面,覆盖整个市场业务的监控与预警。通过智能合约进行全局监测和风险预警,缩短风险防范的响应时间。典型场景如监管者对平台资产进行智能监控和预警的参数配置,构建全局业务监控指标、单业务标的监控指标、单券商监控指标、单客户监控指标,实现多层次、立体化的实时监控和预警。例如当市场总金额规模超过预设阈值,系统进行预警并自动阻止新专项计划的生成,控制ABS市场总量及风险。通过设定某个专项计划不合格金额上限,进行自动监控和预警,控制单笔专项计划违约风险。同样,在系统中设定某类底层资产或单一债务人资产占比限制指标,防止基础资产分散度不够、重要债务人占比较大，导致风险集中的情况。

3. 事后追责

在实现由点及面，建立多层次、立体化风险监控与预警条件下，当风险不可避免地发生后，监管者需能够进行事后追责。区块链具有不可篡改、时间戳等特性，可以对历史数据进行溯源，对 ABS 交易全生命周期流程进行分析，形成完整的证据链，方便判断事件责任方，并进行相应追责处理，利用科技手段提高了监管者监管能力，也极大提高了犯罪成本。

（五）激励评级积分机制

本系统旨在搭建一个可供多券商参与的债权类资产信息服务平台，故可利用区块链的智能合约设计一系列激励机制，鼓励各业务参与方诚信交易，按时履约。系统可以利用智能合约对一系列能体现业务参与方诚信度的指标进行监控，例如参与方历史违约记录，原始权益人提供差额补足的及时性，基础资产置换的及时性，原始权益人认购次级份额实现增信的比例，基础资产现金流超额覆盖比例等。对于履约能力良好，信用评级高的交易方给予一定激励，该激励可以评级积分的形式体现，并由系统内置的智能合约规则按交易情况自动发放，且在联盟链内部流转。对于获得较高评级积分的交易方，享有一定优选权，如产品排名优先、交易费率折扣、产品优先认购等。后续可以进一步利用该积分开展一系列跨金融机构间合作，例如券商间黑名单的数据可信共享等。

四、问题与总结

由于 ABS 业务本身不属于高频交易，性能要求不高，技术上容易满足。而从业务合规等角度考虑，目前遇到的问题并亟待解决的有如下几点：

（一）监管合规问题

基于区块链建设通用 ABS 信息服务平台是落地区块链技术的一项创新应用，但是区块链技术在实际金融业务场景下允许的创新尺度或监管底线尚无明确政策。例如区块链的一大特性是可发行数字资产，而目前监管对于能否利用区块链资产（或记账）的形式代表金融产品尚无明确定论，且单一 ABS 产品认购人数监管要求上限为 200 人，若以数字资产的形式代表 ABS 产品，则难以满足上述监管要求，相关监管合规问题待政策进一步明确。

（二）支付结算问题

ABS 支付结算方式仍然面临链下法币结算以及链上法定数字货币结算的选择问题，链上和链下如何打通支付是当前区块链应用推广的一大障碍。区别于比特币以及诸多山寨币等非法定数字货币，目前央行数字货币研究所在积极研究推行法定数字货币，若法定数字货币落地，以上问题将迎刃而解。

（三）联盟链治理问题

联盟链不同于传统金融机构中心化系统，是一个需要多方共同维护的去中心化系统，对于该系统运营主体归属如何划分、智能合约如何协调运维升级、法律责任如何判断、意外情况如何应急处理等问题尚无案例。考虑极端情况，若采用 BPFT 的联盟链成员发生超过 2/3 成员集体造假，如何进行应急处理，目前尚待业界讨论。

经过分析，与传统 ABS 业务系统进行比较，利用区块链技术进行债权类 ABS 产品发行可以显著改善 ABS 业务场景，具体表现在：

（1）由于联盟链成员共享了 ABS 分布式公共账本数据，由不可篡改的区块链系统进行信任背书，使得机构间信任得以增强，有助于更加高效透明地进行业务协作，提升业务效率。

（2）利用智能合约进行底层合格资产筛选、现金流预测、信用定价，使得 ABS 全生命周期业务流程得以有效管理，形成一个完整的跟踪链，杜绝了任何造假的可能，在一定程度上降低事中风险，同时也使得业务流程更加自动化。

（3）区块链分布式、去中心化、点对点的架构模式，使得参与系统的多方享有平等地位，有助于系统扩展为一个通用的 ABS 信息共享平台，方便不同的金融机构加入，减小了因信息不对称而造成利益损失的风险。

（4）监管机构可作为节点加入系统，能够实时获得账本的完整数据，有利于监管机构及时高效地执行监管要求，缩减审批环节，提高监管者主动发现问题的能力和监管智能化水平。

当前区块链仍属于新兴技术，目前在金融机构真正落地并产生实际经济效益的区块链应用仍然极少。从技术角度，区块链主要有性能、存储容量、隐私保护技术等方面尚待优化；从业务角度，金融机构内部尤其是业务人员对区块链技术适用性的理解尚待普及和加强。随着技术的不断迭代升级和对区块链技术的理解不断提高，我们相信区块链技术能够在未来金融实际业务中找到适合自身的运用场景，真正服务于实体经济发展。

参考文献

［1］李波. 2018 年上半年资产证券化发展报告［J］. 债权，2018（7）：38—42.

［2］房卫东，张武雄，潘涛等. 区块链的网络安全：威胁与对策［J］. 信息安全学报，2018，3（2）：87—104.

［3］李爽，曹楠. 智能合约的特点及其在债权市场的应用［J］. 债权，2016（12）：49—51.

［4］刘瑜恒，周沙骑. 证券区块链的应用探索，问题挑战与监管对策［J］. 金融监管研究，2017（4）：007.

［5］林睿嘉等. 区块链技术适应不完美的世界［R］. 埃森哲研究报告，2016.

［6］牛壮. 基于智能合约的交易所场外交易服务平台-概念原型简介［J］. 研究简报，2017—11（3）.

［7］翟晨曦，徐伟，徐坤，袁康，郭理靖，何磊，梁晨. 区块链在我国证券市场的应用与监管研究［J］. 金融监管研究，2018（7）：33—54.

［8］郝延山，龙旻明. 联盟链技术在资产证券化场景的应用探索［J］. 清华金融评论，2017（4）：39—41.

［9］姚前. 去中心化资产交易：一种新的金融市场模式［J］. 上海证券交易所《交易技术前沿》，2018（2），总第 31 期：4—11.

移动互联在证券经纪业务中的应用研究

国泰君安证券股份有限公司[*]

一、前言

随着信息网络技术的迅猛发展和移动智能终端的广泛普及，移动互联网以其泛在、连接、智能、普惠等突出优势，有力推动了互联网和实体经济深度融合。在移动互联网、大数据、人工智能等新兴技术的"加持"下，以互联网金融、科技金融为代表的新金融正席卷全球，催生了众多的金融新产品和新业务。研究移动互联在证券经纪业务中转型发展的应用及影响趋势对行业未来发展具有重要的理论和实践意义。

（一）移动互联发展现状

近年来，随着我国移动网络基础设施建设不断完善、智能移动终端的广泛普及以及整个移动互联网生态的多元化发展，移动互联网的重要地位日益凸显。从整体市场规模看，根据中国第40次互联网络发展状况统计报告数据统计，截至2017年6月，我国手机网民规模已达7.24亿人，网民中使用手机上网的比例由2016年底的95.1%提升至96.3%，手机上网比例持续上升（见图1）。从移动应用覆盖的范围看，移动互联网已经深入到社会生活的各个层面，遍布衣、食、住、行、娱等各个领域。

移动互联网不仅具有传统互联网分享、开放、互动的优势，同时还具备了移动化随时、随地、随身的优势，从而形成了移动互联所特有的便捷性、即时性、私密性和定位性等特征，为人们提供了更为丰富的应用场景。在移动互联网时代，智能手机作为最主要的终端载体，通过移动互联网延伸了眼、耳、口等功能，成为人的"第六器官"。移动互联网时代也

---

[*] 课题负责人：陈煜涛，国泰君安证券副总裁、首席信息官；课题组成员：毕志刚，董曲琰，殷振兴，邓锐，张雪峥。原载于《中国证券》2018年第5期。

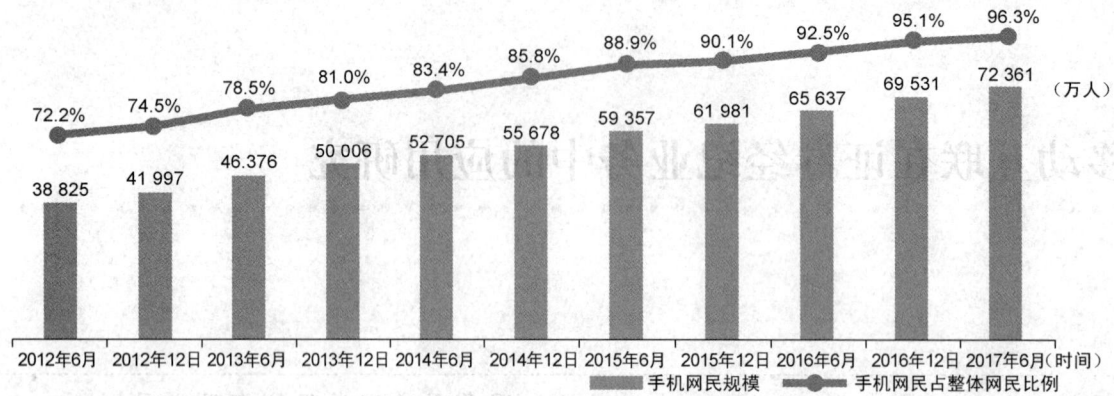

图1 中国手机网民规模及其占网民比例

资料来源：第40次中国互联网络发展状况统计报告。

是"碎片化"的时代。碎片化的时间虽不起眼，但被重聚之后却能够产生巨大的市场效果，因此抓住用户的"碎片化"时间就显得越来越重要。研究移动互联网用户的碎片化使用的行为特征，进而利用其行为特征开展产品创新成为手机应用开发者竞相角逐的一个焦点。

（二）移动互联对证券经纪业务发展的影响

近年来，移动互联网的快速发展对证券经纪业务的影响主要包含以下几个方面：

1. 目标市场规模未来扩展空间巨大

随着普惠金融和移动理财市场的高速发展，国内移动理财用户规模已达6亿人以上，市场规模潜力巨大。相对于存量的1.3亿人股票投资客户而言，在移动互联时代证券公司面对的将是市场更为广阔的移动理财用户市场。

2. 竞争态势将发生重大变化

随着移动互联网的发展，证券公司的大部分客户由线下迁移到了线上，也促使客户的竞争向移动互联领域转移。由于移动互联网竞争的无地域性、无门槛性和快速传播性，投资者可以更加自主地选择能满足自己需求的证券公司的产品和服务，进一步加大了行业的流动性和竞争力度。

3. APP成为主要业务载体

在移动互联网时代，证券公司纷纷加大移动APP的发展力度，着力推动业务从线下到线上、从互联网到移动互联网的转移，完善APP各项业务功能，持续提升用户体验。证券类APP目前已经成为投资者进行开户、交易的主流工具。

4. 金融科技应用进一步加快

随着移动智能设备在硬件上的进步和发展，以及智能芯片、高清摄像头、高精度移动定位、移动传感器等硬件设备应用不断完善，移动互联网的金融科技应用速度进一步加快。图像识别、人脸识别、指纹识别、移动扫码、移动摄像等科技手段逐步应用到了开户、交易、转账等证券经纪业务，极大优化了业务流程效率，提升了用户使用体验。

5. 服务模式产生革命性变革

依托移动互联网时代鲜明的服务优势，证券公司服务模式正在向场景化、社交化、智能化转变,对传统经纪业务服务模式产生了革命性变革。微信、微博等移动互联网超级入口也成为证券公司提供服务的重要平台。

二、移动互联推动传统证券经纪业务转型升级研究

在移动互联市场更加开放、用户群体更加年轻化的竞争时代,APP作为距离主流移动理财用户最近的互联网平台,自然成为证券公司贯彻经纪业务转型战略、承载前沿金融科技应用、触达终端目标用户的最佳载体。据中国证券业协会2017年行业调查报告显示,接受调查的大部分证券公司均提出了以APP为主体,网站、微信公众号、微博、展业平台等为协同的移动互联网规划布局模式。

目前来看,行业中已经发展较为成熟、应用较为广泛的移动互联网应用模式是:建立证券开户APP或开发APP开户功能,并将其作为线下柜台开户的替代工具,通过远程视频见证的方式为客户开立账户,从而获取经纪业务客户和后续的交易佣金收入。该模式的特点是简单、易行,能够提高客户开户的效率,便于拓展线上垂直开户渠道。但是,随着流量红利时代的逝去,该模式逐渐面临诸多挑战:一是线上开户佣金战竞争激烈,单客开户成本持续上升,经纪业务利润不断摊薄;二是营销方法和渠道比较单调,未能形成线上线下的协同效应;三是目标客户群定位狭窄,没有针对广阔移动理财市场进行深入挖掘;四是仅重视客户的开发,不重视后端的客户服务和转化,未能为客户提供更多有价值的服务,证券公司自身的移动互联核心竞争力也就无从谈起。

为此,本文提出了一种面向新时代6亿移动理财用户群的移动互联经纪业务新模式。该模式是:以移动APP为平台核心、以移动营销为引擎、以业务运营为抓手、以服务体系为支撑,通过持续的用户运营、服务和转化,最终实现用户价值。其业务架构如图2所示。

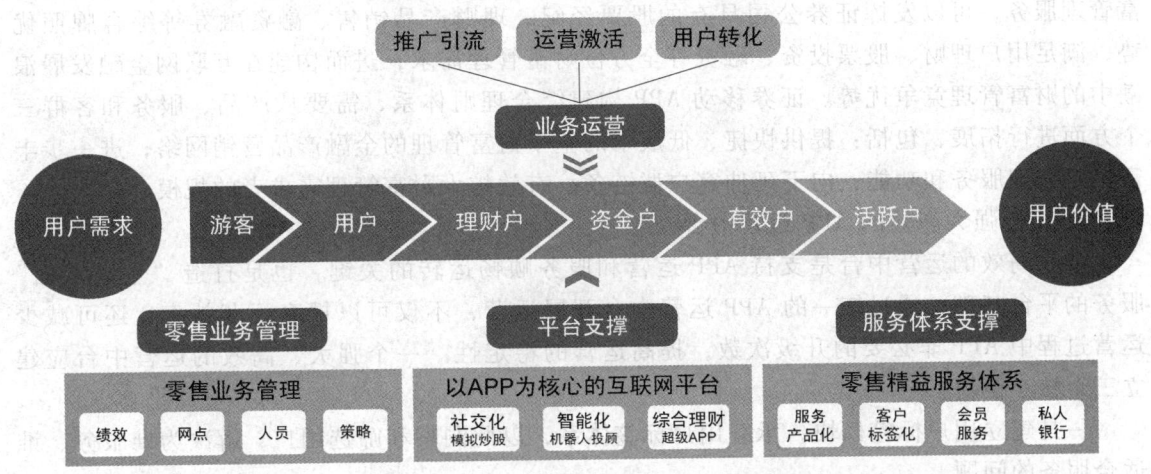

图2 移动证券经纪业务转型升级新模式

传统模式仅关注开户,而新模式本质是以用户为核心,建立完整的用户业务链条。通过推动"游客→注册户→理财户→资金户→有效户→活跃户"的用户转化链条,构建包含营销、运营、服务、平台建设的完整业务闭环。在获取用户、转化用户的过程中,同时也逐步建立起证券公司自身服务的竞争力。围绕着上述用户转化链条,构建移动经纪业务新模式的

关键在于推动经纪业务实现以下四个方面的升级：平台升级、营销升级、运营升级和服务升级。

（一）平台升级：建设以移动 APP 为核心的证券平台

平台的发展是开展营销、运营和服务的核心基础。移动互联网证券经纪业务的转型升级，首先应体现在 APP 平台的转型升级上。传统证券行业 APP 存在诸多不足，已经不能适应新模式建设的需要，主要体现在以下几个方面：一是 APP 综合金融业务不足，栏目过多集中于传统的行情、交易等通道业务，功能较为单一，对移动理财用户吸引力不够；二是 APP 技术架构落后，缺少对用户各类数据进行收集、分析的平台支撑能力，制约了对用户的洞察和大数据的应用水平；三是 APP 开展业务运营的能力不足，不能有效支持内容的快速更新、活动的快速上线和服务快速传递，运营效率低下。

为此，证券公司可针对目前 APP 存在的短板，从以下几个方面开展 APP 平台的升级转型。

1. 实现全业务流程的移动端办理

便捷的业务办理是开展证券经纪业务、提升用户体验的前提保障。目前各项政策和技术条件都已成熟，完全可以建设全业务办理的移动平台，打造"移动营业厅"，逐步落实业务线上化。通过实现全业务流程在移动端的办理，可充分发挥移动互联网低成本、方便、快捷的优势，打破空间和时间限制，缩短开户和相关业务的办理时间，为客户提供更有效率的服务。

2. 构建一站式的移动综合理财平台

构建移动综合理财平台是发展移动理财用户市场的必然要求。伴随着中国经济的快速发展，中国居民逐渐积累起大量的财富。构建综合理财 APP 平台，为客户提供一站式综合财富管理服务，可以发挥证券公司具有的股票经纪、理财产品销售、融资融券等综合牌照优势，满足用户理财、股票投资、融资等全方位财富管理需求，进而构建在互联网金融发展浪潮中的财富管理竞争优势。证券移动 APP 构建综合理财体系，需要从产品、服务和客群三个方面进行拓展，包括：提供快捷、低成本的基于财富管理的金融产品营销网络；进一步丰富财富管理服务和功能；向下延伸客户群链条，有效扩大财富管理需求者的规模。

3. 打造强大高效的 APP 运营中台

强大高效的运营中台是支持 APP 运营和服务顺畅运转的关键，也是打造"千人千面"服务的平台基础。通过统一的 APP 运营中台开展运营，不仅可以提高运营效率，还可减少运营过程中 APP 非必要的升级次数，提高运营的稳定性。一个强大、高效的运营中台应建立三个核心模块：

一是建立用户标签模块，承载用户标签体系，以此洞察和筛选用户，解决为谁服务、谁适合服务的问题。

二是建立服务传递模块，做到 APP 服务的可推送、可跟踪、可评估，解决服务如何有效传递的问题。

三是建立内容管理和服务策略模块，解决产品、内容的更新管理和服务策略问题。

（二）营销升级：实施全面的线上业务营销推广体系

近年来，移动 APP 取代了 PC 端搜索引擎成为消费者进入互联网的第一大入口，越来越多的证券公司将移动 APP 作为营销的主战场之一，进而推动行业营销模式不断升级。

相较于传统互联网营销，APP 营销具有以下特点和优势：一是营销精准。通过精确的移动定位技术，借助先进的数据库技术、网络通信技术等手段，实现与客户的个性化沟通，使营销达到可度量、可调控的精准要求。二是成本较低。APP 营销成本显著低于报纸、杂志、电视等传统媒体渠道。三是互动性强。用户可以随时随地接收并分享 APP 信息，通过 APP 在线反馈产品意见，查看其他用户对于产品的评价并发表自己的意见等。四是灵活度高。通过扫描移动二维码等简单方式即可获取 APP 或产品等信息。

在移动互联网时代，证券公司应以 APP 为核心推进营销升级，通过开展精准化的大数据营销以及灵活轻量的多渠道营销，不断优化和提高营销效果。

1. 精准化的大数据营销

移动 APP 平台具有获取用户大数据的天然优势。建立基于大数据的精准营销机制，提升大数据营销水平，成为证券公司移动营销战略的不二选择，具体可从以下三方面切入：

一是基于大数据的精准广告渠道营销。通过与广告公司及平台合作，基于海量的外部用户数据开展市场前瞻性分析、竞品分析、消费者动向分析等数据研究，进而找到最具潜力的目标用户群体，从而更合理地分配移动营销中的广告预算，持续优化广告资源投放渠道，实现精准广告渠道营销。

二是基于大数据的精准 APP 用户营销。通过将用户画像数据进行规范化、标签化管理，利用大数据和机器学习算法来找到相似人群，与业务场景深度结合，筛选出具有价值的用户，精确定位目标受众群体，结合相关营销资源直接触达用户，打造 APP 用户营销的闭环。

三是打造个性化数据管理平台。建立相应的云平台和营销管理信息系统，为大数据的收集、整理和分析提供保障。通过搭建集网络营销平台、搜索引擎营销平台、计算机及手机客户端为一体的整体网络，保证客户在各种平台和客户端所留下的信息的相关数据都可以通过云平台进行统一的收集、整理和建立档案，然后利用营销管理信息系统和大数据处理工具进行处理，为网络营销工作提供强大的大数据支持。

2. 灵活轻量的多渠道营销

证券公司在发展精准化大数据营销的同时，应发挥移动互联灵活轻量的优势，围绕庞大的移动理财用户目标客户群，与互联网、电商、教育、医疗、航空、金融等行业企业开展多种形式的跨业合作，建立广泛的移动营销合作渠道，打造证券公司自己的移动 APP 平台互联网生态圈。

积极开展基于微信等超级流量平台的营销推广。建立企业微信公众号，开展公众号营销，相关发展要点包括：

（1）注重内容。通过有价值的信息激发用户分享，提升公众号的订阅量、人气、黏度。

（2）风格有创意。找准公众号的内容风格，增强趣味性和创意性，通过个性的角色来和用户交流沟通，增加用户的喜爱和好感，加强企业和用户的关系。

（3）善用数据分析。有一定的粉丝用户群后，要倾听用户心声，善于收集用户反馈的内容，再根据这些内容进行仔细全面的分析，并以此定制用户喜爱的内容，这样才能进一步增加用户对内容的喜爱和赞赏。

（三）运营升级：基于 3A3R 模型的业务运营新体系

广义而言，为了增加用户黏性、用户贡献和用户忠诚度，围绕 APP 发展而开展的一切人工干预活动都可称为运营。移动互联网时代，运营人员收集用户行为和数据更加便利，以数据驱动精细化运营理念成为时代主流。

1. 移动互联网的运营方式及其特点

从运营对象看，移动互联网运营可以分为三种类型：用户运营、活动运营和内容运营。

（1）用户运营是以用户为中心，搭建完整的用户管理体系。用户运营核心要解决的问题是围绕用户的"新增—留存—活跃—转化—传播"以及用户之间的价值供给关系建立良性的循环通道。

（2）活动运营是策划相应产品线上或线下的推广活动方案，以达到提升 APP 下载量、活跃用户数等目的。活动运营更侧重于短期的刺激，在营销获客方面起着不可替代的作用。

（3）内容运营则是通过创造、编辑、组织、呈现产品内容，从而提高互联网产品的价值。持续产出优质的内容对提高用户黏性和活跃度能够产生稳定的促进作用。

2. 3A3R 数据化运营模型指导下的数字化精细运营

3A3R 数据化运营模型是一套用来指导互联网运营管理的方法论框架。3A3R 分别指 Awareness（市场感知）、Acquisition（用户获取）、Activation（用户活跃）、Retain（用户留存）、Revenue（获取收入）和 Refer（用户自传播），涵盖移动互联网客群运营业务的全流程（见图 3）。

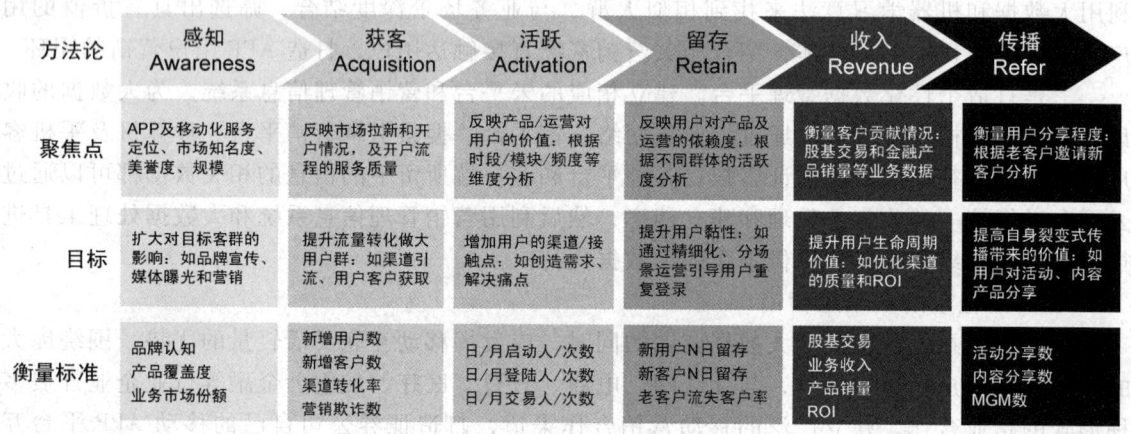

图 3 3A3R 数据化运营模型

（1）市场感知（Awareness）。市场感知是通过一定的品牌宣传、活动推广及运营手段，提高产品知名度，增加市场对产品的感知，其主要目标是扩大对目标客群的影响。它是客户接触公司 APP 的首要环节，是市场对证券公司实力和认知度的考量。检验市场感知的指标主要包括 APP 排名及下载量、活动曝光率及参与人数、微信公众号及 APP 资讯的阅读数及收藏数、产品覆盖率及活跃度等。

（2）用户获取（Acquisition）。用户获取是通过一定的营销推广手段，获取新用户并且引导其注册转化成为公司客户的全过程。它是在市场对公司品牌有良好感知后进入的下一阶段，其主要目标是提升流量转化率，做大用户群。检验用户获取的指标主要包括 APP 新增注册数、新增客户数等。

（3）提高活跃度（Activation）。提高活跃度是增加用户登录 APP 的次数，让用户持续地使用 APP。活跃度能有效反映核心用户规模。与累计客户量不同，它表示某段时间范围内进行资金转入转出、交易、理财用户规模及这些客户占累计客户量比例，用以衡量公司业务健康度，为后续运营活动提供数据基础。

检验活跃度的指标主要包括登录客户数、平均使用时长、MOT 触达数、功能模块 UV 数、活跃用户贡献度等，反映产品或者运营对用户的价值。

（4）提高留存率（Retention）。留存率衡量了用户质量及用户忠诚度，它一方面反映了证券公司的业务和服务是否真正解决了用户的痛点，另一方面也反映了各渠道带来的用户质量以及渠道本身是否存在作弊等行为。提高用户留存率的方法主要有用户召回、用户积分、用户特权以及提高客户服务水平等。

检验用户留存的指标主要包括客户资产留存、活动用户留存率、用户 N 日留存、流失客户数、金融产品资产留存及核心流程漏损等，其主要目标是提升用户黏性。

（5）获取收入（Revenue）。获取收入是指产生交易转化的过程。获取收入直接影响了金融业务和产品能否保持持续、良好的运营，其重要性不言而喻。在该阶段，应重点关注交易、理财业务的成交量及收益情况，用以掌握现状及判断不同阶段重点关注的业务情况。同时，基于不同用户带来的收入，可以进行单客收益及渠道投资回报率分析。

衡量客户贡献情况、检验获取收入的指标主要包括线上佣金收入、渠道投入产出比、活动投入产出比、运营活动收入、新客资产留存度等，其主要目标是提升客户生命周期价值。

（6）自传播（Refer）。自传播是基于事件、产品或者营销活动自身的吸引力，激发人们自愿转发和分享的行为。检验自传播的指标主要包括用户分享数、用户分享比例等，用于衡量用户分享程度，其主要目标是提高自身裂变式传播带来的价值。

3A3R 数字化运营体系通过对运营指标的监控，不断发现问题、定位问题并解决问题，以数据驱动业务链条健康发展，最终形成运营体系的完整闭环。

（四）服务升级：打造移动互联时代全面综合的服务体系

经纪业务转型升级过程中，服务体系是构建证券公司核心竞争力的关键。在传统的投资顾问服务模式下，由于投资顾问人数不足、服务范围有限，投资者的服务需求很难得到满足。为了弥补传统服务模式下巨大的服务缺口，提升证券公司经纪业务的核心竞争力，移动互联时代的服务体系应从以下三个方面进行升级：

1. 科技化、有特色的移动智能服务

移动智能服务是以金融科技为引领，通过大数据、人工智能、云计算、区块链等新技术应用，围绕用户广谱化投资理财需求，以交易投资为核心、以综合理财为外延，开展机器人投顾系统建设，推动互联网平台智能化升级，实现海量移动互联网用户的服务全覆盖。在现阶段，智能化投资尚不能取代客户的自主决策，因此智能化应定位于投教服务而不是投顾服务，定位于辅助服务而不是直接决策。

根据证券公司经纪客户的服务需求，移动智能服务体系建设可以从智能投资、智能理财、智能客服三个层面展开，打造有行业特色的移动智能化服务。

（1）移动智能化投资。智能化投资以股票交易型投资者为目标客户，通过量化模型、大数据分析、机器学习等，基于行情、资讯、交易、账户等业务场景，为用户提供智能化分析建议，辅助用户进行投资决策。围绕投资者完整的投资交易周期，智能化投资主要包含智能化选股、智能化择机、智能化交易以及智能化账户分析等方向。

（2）移动智能化理财。智能化理财以理财产品型投资者为目标客户，通过发掘理财产品深度信息，对全市场各类型产品数据进行实时抓取，统计各类型金融产品的收益率数据、风险指标等，对市场上的各类型金融产品进行筛选和排序，揭示其真实风险收益，最后达到帮助用户寻找和配置合适理财产品的目的。智能化理财目前主要包含智能资产配置、智能理财产品推荐以及智能理财交易等方向。

（3）移动智能化客服。移动智能化客服通过大数据分析、自然语义识别、深度神经网络、机器学习、智能服务引擎等技术以及智能服务场景应用，快速匹配用户提出的问题，为用户提供 7×24 小时的智能实时交互服务，以智能技术提升服务效率，降低服务成本，扩大服务覆盖。结合用户行为和用户画像，智能客服还可为用户提供个性化推荐服务，开展精准营销。

2. 伴随式、专业化的移动投顾服务

伴随式、专业化的移动投顾服务是以证券公司移动 APP 平台为媒介，在线下投顾服务不断优化的基础上，将传统的投资顾问服务内容搬到线上，利用移动互联网的便携性和即时性等特点，将服务快速、高效地输送给客户。伴随式、专业化的移动投顾服务模式有三种子模式：一是在线投顾直播服务，二是投顾产品线上签约服务，三是在线投顾网店综合服务。

（1）在线投顾直播服务。在线投顾直播服务是指证券公司投顾团队利用移动 APP 平台工具，为用户提供在线直播以及在线答疑两类直播服务。投顾在线直播服务一般为用户提供最新、最前沿的行情解读，并针对当前的热点事件进行点评，分享投资技巧。投顾在线答疑服务则一般是针对用户提出的疑问，为用户解析投资思路；同时也会导入标准化投教课程以解决用户的相似问题。

（2）投顾产品签约服务。投顾产品线上签约服务是指在证券公司 APP 平台上，基于投资顾问服务内容，对其进行产品化，并提供线上签约的服务。客户可根据自己的需求及风险偏好，选择适合自己的产品进行在线签约。标准化投顾产品，可以大大减少投资顾问的工作量，直接以服务产品面向客户，既减少了大量的沟通成本，也为投顾增加了扩展潜力客户群体的渠道。

（3）在线投顾网店综合服务。在线投顾网店综合服务类似于淘宝网店，即在证券移动 APP 平台上，每个投顾开设自己的"店铺"，将自己的产品和服务对外销售。不同服务的价格由投顾自行定价，就像淘宝一样，形成一个竞争性市场，谁的服务、产品更好，谁就能制定更好的价格；反之，投资者若无法从这里获取有价值的信息，那么也可以选择不继续购买。这有利于给投资者提供更透明、更有效的服务，对投顾的个人能力要求更高，机会也更多。

3. 多品类、高质量的移动增值服务

增值服务是指为客户提供的超出证券经纪业务常规基础范围外的服务。多品类、高质量的移动增值服务体系一般包含三类服务：一是资讯增值类服务，二是行情增值类服务，三是交易工具类增值服务。

（1）资讯增值服务。在资讯增值服务内容上，证券公司应发挥专业优势，打造具有行业竞争力的资讯增值服务内容。例如由研究所生产独家行业研究报告、高速度的电报式资讯等，为用户在投资理财的过程中提供权威和专业的资讯内容，辅助用户在投资决策过程中做出更为及时、合理的研判。

（2）行情增值服务。现阶段主要的行情增值服务是 Level 2。在移动互联网的发展中，这项收费服务已逐渐成为各证券公司移动证券交易端的标配产品。在丰富的行情数据的基础上，各家证券公司深度应用大数据技术，通过各类模型算法，挖掘数据背后的潜在信息，为各自用户提供增值服务。如国泰君安证券推出的相似 K 线功能，根据历史数据与大数据计算模型计算所得股票的相似 K 线和模拟后市等，可作为客户投资决策的辅助信息。

（3）交易决策工具增值服务。目前行业内有关交易决策工具的增值服务，多是运用大数据算法模型分析，为客户在股票交易决策时提供辅助参考建议。

三、移动互联对未来证券经纪业务模式创新变革研究

移动互联对当下证券经纪业务模式产生造成了深刻的影响，证券经纪业务的转型升级已初见成效。未来证券经纪业务的创新转型则是依托于移动互联网与金融科技在证券行业更紧密的结合。

（一）去中心化的个人展业模式

传统展业模式以营业部为核心，依靠客户经理一对一发展客户，或者开展活动、沙龙、主题讲座等吸引客户，造成了目前网点众多、队伍庞大、运营成本高企等问题。

去中心化的个人展业模式是以个人为核心，每个人都是一个节点，每个节点都可以高度自由地、线上结合线下开展业务，是一种扁平化的、平等的、可无限延伸的展业模式。不再受线下营业部的限制和束缚，随时随地开展业务。这种展业模式，实际上是一种业务线上化、后台营运集中化的模式（见图4）。

图 4 去中心化的个人展业模式

证券公司的 O2O 模式是一种典型的去中心化的展业形式，通过总分协同、业务条线协

同,基于线上渠道和线下渠道的融合,围绕用户的开发、运营形成线上线下的有机结合与无缝对接,从而实现用户价值。线上主要是通过个人渠道码展业,这使得组织架构扁平化,与个人成绩挂钩,激发客户经理展业的积极性;同时个人自媒体、线上直播等的大量使用,使得投顾服务模式发生变化,是移动互联普及下证券公司必然的发展趋势之一。在线下,实体营业部可定位为营销和服务高净值客户、不熟悉互联网或不适合互联网的特殊人群的财富管理中心,以及培养和孵化投顾的培训中心。

(二) 场景化的精益服务模式

场景化的精益服务模式以大数据为驱动,以用户需求为牵引,聚集全部服务资源,依托场景化移动互联智能服务平台和专业人才团队,更主动、更高效、更精确地为用户提供个性、适时、专业的场景化服务(见图5)。

图 5 移动证券 APP 场景化服务

1. 场景化精益服务模式驱动途径

为实现场景化精益服务模式,需要从服务产品化、平台智能化、渠道闭环化、价值显性化四个途径来驱动,从服务内容、服务平台、服务渠道、服务价值四个领域展开创新升级,打造场景化精益服务模式的核心框架。

(1)服务产品化。服务产品化是将服务打造成有形化的标准产品,使其可复制、可标签、可组合、可定价、可跟踪,支持更加灵活的快速创新与客户化定制。在确保服务质量的前提下,使服务内容可依据每个客户的个性化需求,快速进行定制化生产,提升服务承载力。

(2)平台智能化。平台智能化是搭建移动互联智能平台,通过对客户多维数据的收集、分析、标签,定位细分客群、识别潜在需求,进而采用个性化推荐技术精准投放产品和服务,采用场景化引擎及时达成对客户的响应与引导。

(3)渠道闭环化。渠道闭环化是建立不同渠道在业务流、数据流上的整合、共享与协同,确保客户数据的完整性、连续性、全面性,为发现业务机会、引领产品投放提供指导。通过线上线下功能的整体规划和不同网点业态的有机组合,优化涵盖私人银行、财富管理、零售经纪和网络金融的多层次服务网络。

（4）价值显性化。价值显性化，是对服务价值采取多种形式定价、制定差异化定价策略；同时建立数字化的客户评价与反馈机制，让优质的产品供给与旺盛的服务需求成为服务体系高速运转的第一推动力。

2. 场景化精益服务模式实施策略

（1）强化差异服务，建立更有价值的客户关系。场景化精益服务模式要强化差异服务，建立更有价值的客户关系。一是对客户进行细分，构建矩阵式客户细分模型，聚焦细分客户群体，以实现更精准的市场定位及服务匹配。二是对服务进行分层，基于客户需求的分类与聚合，对不同层级客户进行分层服务。

（2）打造产品工厂，形成综合金融解决方案的原动力。场景化精益服务模式要打造产品工厂，形成综合金融解决方案的原动力。一是要整合已有资源，实施系列创新；二是建立标准的、细化的流程；三是精益生产，动态优化，在产品数字化的基础上，建立产品需求调研及分析机制。

（3）搭建智慧中台，依托金融科技研发应用，推动服务能力代际跃升。搭建智慧中台，包括场景化智能服务平台和伴随式智能服务两个方面。场景化智能服务平台，以场景化为底层逻辑，对客户进行动态、智能的分析，敏锐感知、精准预测、及时响应，有效引导客户需求，涵盖用户中心、产品中心、策略中心等。

（4）打通价值循环，营造数字化服务营销生态。打通价值循环，凸显服务价值，营造数字化服务营销生态。要激励生产，还要激活需求，从而形成服务体系长期、良性的内生动力。

四、移动互联下的适当性和风控合规管理挑战

随着科技创新频度加快以及金融科技融合不断加深，催生新业务和新应用的频度也不断加快。新产品、新业务的合规边界往往较为模糊，缺少具体的、明确的、可执行的操作标准，进一步加大了合规风险点的把握难度。而移动互联传播"随身、随时、随地"的特性，使信息传播更快，风险更易扩大，危害更加严重。

（一）移动互联线上身份识别带来的挑战

移动互联时代，生物识别与数字证书作为新一代的移动金融安全保护工具，较传统密码具有更高的安全性及防窜改性，对客户的操作体验也更佳，但是也带来了新的挑战，主要体现在以下两方面：

1. 生物特征识别技术的潜在风险尚未完全解决

一是生物特征数据作为密码被窃后无法更改。传统数字密码可以更改，但个人的指纹、虹膜、声纹等人体特征却无法更改，生物数据失窃后，可能会造成永久性的危害。二是某些生物特征相对不稳定，如脸部化妆、过敏、受伤、整容都会导致脸部特征发生很大变化，影响人脸识别准确率，甚至无法识别，从而限制了应用场景的拓展，需要更多的安全验证手段作为备份。

2. 传统数字证书无法基于移动浏览器使用

数字证书作为国内被广泛使用的一种客户电子签名认证体系，在证券行业业务线发展过

程中发挥了重要作用。但由于技术原因，传统数字证书无法在移动浏览器上使用，而云端数字证书尚未建立监管部门认可的行业标准，从而制约了证券公司移动互联网站业务的发展。

针对上述问题与挑战，建议针对生物特征识别技术制定相关指导意见，规范使用流程及范围；建议监管部门出台自建云证书或第三方云证书的行业标准及相关规范。

（二）移动互联时代经纪业务的适当性问题及建议

1. 线上营销的适当性问题及建议

为提升营销转化效果，证券公司销售人员常通过微信、QQ、微博等公共社交平台开展营销活动。上述平台不受证券市场的监管，销售人员个人行为及言论未经其所属证券公司的合规审核，可能产生夸大宣传、不满足适当性匹配要求、把特定产品向不特定客户进行宣传等不合规问题。

建议监管机构出台相应的监管法规，对证券公司从业人员自媒体平台进行明确的管控要求；证券公司也应制定相应的管理办法，明确证券公司个人自媒体与公司自媒体的界定标准，并辅之以相应的适当性惩罚机制和防范措施，切实解决平台自传播带来的适当性匹配问题。

2. 平台自传播的适当性问题及建议

移动互联网具有极强的自传播能力。由于存在自传播现象，可能会造成原本符合某类客户适当性匹配要求的产品或服务，通过移动互联网进行二次传播后，新受众与产品或服务之间适当性不匹配的情况。

建议监管机构督促证券公司加强产品或服务的风险提示管理，完善风险提示信息，明确合适的客户风险类型，避免客户误读。

3. 智能化服务的适当性问题及建议

近年来证券公司纷纷发力智能化服务领域，尝试破解海量用户无服务的行业难题。从实践来看，智能化服务的适当性问题主要集中在智能投顾能否等同于投资顾问服务，是否需要取得投资顾问资质。2012 年出台的《关于加强对利用"荐股软件"从事证券投资咨询业务监管的暂行规定》将"荐股软件"定位于具备证券投资咨询服务功能的软件产品、软件工具或终端设备，并规定"未取得证券投资咨询业务资格，任何机构和个人不得利用荐股软件从事证券投资咨询业务"；中国证监会在 2016 年 8 月的新闻发布会上进一步明确智能投顾本质仍属于投资顾问服务，是证券投资咨询业务的一种基本形式，从业者和机构开展智能投顾业务须具备资质和牌照。但机器人投顾如何获得类似资质的方式暂没有明确的规定。

建议监管机构能建立智能化服务资质鉴定专业委员会，建立机器人投顾认证体系和智能化服务的行业准入机制，明确智能投顾与投资咨询业务的边界，明确行业规范，改善目前行业服务尺度不一、水平参差不齐的现状，切实保护投资者利益，保障智能化服务的健康发展。

（三）移动互联时代信息安全风控合规挑战与建议

在移动互联网时代，互联网证券各项业务逐步实现线上化、移动化和远程化，投资者使用移动互联网产生的数据和信息呈爆炸式增长，使得投资信息保护面临更大挑战。一方面，由于业务"上网"，相关数据被不法分子使用高科技手段从外部窃取的风险在不断增加；另一方面，随着互联网金融生态系统的发展，电信运营商、大数据服务商、技术开发商等第三方服务商在证券服务领域的参与度不断提升，市场参与主体的增多也增加了数据信息从第三方泄露的风险。投资者信息泄露将导致个人信息被滥用、非法证券活动泛滥、网络金融欺诈更具针对性和欺骗性等严重问题。目前，证券行业已成为非法采集、窃取、贩卖和利用个人信息的黑色产业链的受害"重灾区"，加强投资者信息保护刻不容缓。

针对目前的问题与挑战，建议制定针对个人信息安全的法律法规；制定商业用途的大数据交易行业标准、主体资质要求、交易双方过程管控机制，从源头遏制恶意采集、泄露、滥用用户信息。

五、相关建议

目前移动互联推动着证券经纪业务飞速发展，不断颠覆人们对于传统业务观念的理解，针对行业面临的种种机遇与挑战，本文提出如下几点建议：

（一）大力发展金融科技，搭建新型服务体系

金融科技是在传统互联网技术的基础上，结合各类先进技术要素，提供更高效、安全和便捷的金融服务。在金融科技的推动下，证券公司正在加速新常态、新技术下的转型，整合内外部资源，应对市场变化，进一步提升金融服务效率和服务实体经济能力。证券公司要持续加大金融科技投入，利用移动互联、大数据、人工智能等技术，基于用户标签、用户画像、精准营销等手段，提升服务能力、扩展服务半径，建立覆盖海量基础客户的服务体系。

（二）借力移动互联发展，做大做强线上业务规模

移动互联网时代需要建立新型业务模式。证券公司一方面要开展移动工具、移动营销、移动运营等方面的实践应用，建立线上业务新模式，大力拓展移动互联网业务，做大做强线上业务规模；另一方面要整合线上、线下渠道资源，依托移动互联网为线上线下双向赋能，拉动线下业务规模进一步增长，形成总分联动、线上线下融合的新零售O2O模式。

（三）积极创新投教模式，力争实现金融普惠

为响应国家"普惠金融"的政策，更好地服务各个层次的投资者，使全民都能更好地参与金融服务，证券行业要建立能够普惠全民的投资者教育体系。依托移动互联网，通过移动APP对用户开展在线投资者教育，可更高效、便利地进行投教模式创新，提高投教效率。在传统图文的投教方式的基础上，未来投资者教育将更广泛地利用图文直播、语音直播、视频直播等丰富多彩的形式进行创新。

（四）持续完善合规管理，有效防范信息安全风险

在移动互联的时代背景下，卓越的合规风控能力不仅是证券公司持续生存的基石，也是证券公司经纪业务赢得未来发展的核心竞争力。证券公司要根据移动互联新型业务模式的发展特点，积极探索大数据、云计算等新型风控技术的应用，加强对互联网黑色产业链的攻击防范，降低业务实施风险；建立数据安全规范，全面强化客户的信息安全保护；进一步增强

客户的适当性管理，建立风险测评动态评估规则，完善投资者教育和风险提示工作，推动移动互联网业务健康稳定发展。

参考文献

［1］CNNIC. 第40次中国互联网络发展状况统计报告［R］. 北京：中国互联网络信息中心，2017.

［2］冯永昌，孙冬萌. 智能投顾行业机遇与挑战并存（上）［J］. 金融科技时代，2017（6）：17—24.

［3］胡保坤. APP运营推广——抢占移动互联网入口、引爆下载量、留住用户［M］. 北京：人民邮电出版社，2015.

［4］吉建强. 证券公司"精准化服务"模式研究［D］. 华东理工大学，2015.

［5］李晴. 互联网证券智能化方向：智能投顾的法律关系、风险与监管［J］. 上海金融，2016（11）：50—63.

［6］刘珍秀. 互联网金融冲击下证券经纪业务转型的研究［J］. 现代管理科学，2015（2）：73—75.

［7］王军峰. 场景化思维：重建场景、用户与服务连接［J］. 新闻与写作，2017（2）：97—99.

［8］于鹏，刘绍晖，乐剑平. 金融科技助力证券公司资讯服务智能化［J］. 中国证券，2017（8）：46—53.

［9］周莹. 基于证券理财产品用户行为分析的个性化推荐研究［D］. 电子科技大学，2014.

证券互联网服务发展新模式研究

国泰君安证券股份有限公司　阿里云计算有限公司联合课题组*

一、研究背景和意义

近年来，证券业互联网经纪业务竞争日趋白热化，行业挑战不断。一是证券行业传统通道业务同质化严重，缺少差异化服务，佣金收入不断下滑。2017年行业平均佣金率已降至0.034%，2018年第三季度进一步下滑至0.032%，逼近成本。二是随着互联网"下半场"的到来，红利逐渐减少，获客成本不断上升。仅从我国网民增速来看，增长率已经连续6年低于10%，2017年底的同比增速已跌至5.6%。2018年9月，随着中国结算发布《关于进一步规范证券账户销户业务的通知》，客户销户、转户门槛进一步降低。三是我国证券业对外开放水平不断加大，外资券商的涌入势必进一步加剧行业竞争态势。根据CEPA[①]协议，内地证券公司对港澳地区加大开放。2018年4月，中国证监会发布《外商投资证券公司管理办法》，进一步扩大合资券商业务范围和控制比例，野村证券、摩根大通等外资券商争相涌入，新设控股证券公司。在此背景下，多家证券公司均认为，投资者对于券商服务的核心期待在于自身资产的保值、增值，深层次互联网服务的重要性愈发凸显。

与此同时，海量客户投资需求的日益增加与投资理财服务供给存在严重不匹配问题。目前，我国无法享受到专业投资顾问服务的股票投资者高达1.1亿人，服务缺口极大。一方面，中国结算数据显示，截至2018年12月底，我国仅股票市场投资者便高达1.46亿人，而全行业仅有4.5万名投资顾问，若实现客户全覆盖，每名投资顾问需覆盖约3 300名客

---

* 本文为中国证券业协会2018年优秀课题。课题负责人：陈煜涛；课题组成员：毕志刚、董曲琰、殷振兴、周万涛、牛露晴、姚子骏、邓锐、张雪峥、郭亮、冯越。

① CEPA（Closer Economic Partnership Arrangement），即《关于建立更紧密经贸关系的安排》的英文简称，包括中央政府与香港特区政府签署的《内地与香港关于建立更紧密经贸关系的安排》、中央政府与澳门特区政府签署的《内地与澳门关于建立更紧密经贸关系的安排》。

户。另一方面，以证券公司每年需向每名投资顾问投入 50 万元人力成本，公司单客贡献 500 元，且分支机构薪酬比例为 1/3 进行测算，每名投资顾问同样需覆盖约 3 300 名客户。而从更大范围的财富管理市场来看，波士顿咨询集团数据显示，2017 年，我国的财富管理市场规模已高达 6 万亿美元，位居全球第二位，且仍处于高速发展中。如何进一步提升金融服务效率和普惠性，已成为证券行业亟待解决的关键问题之一。

本研究认为，证券互联网服务是指证券公司依托线上平台，为投资者提供网上开户、交易、支付、投资咨询等线上证券工具及服务。现阶段，各家证券公司纷纷以移动互联平台为核心，由工具提供向服务提供转型升级，依托金融科技开展互联网服务模式创新，提升客户服务体验，增强公司核心竞争力。

从证券互联网服务的发展起源来看，美国在该领域的起步相对较早，发展模式较为成熟。美国证券业互联网化的发展历程大致可以分为起步、快速发展和深入发展三个阶段。20 世纪 90 年代起，美国证券业逐步互联网化，以线上为主要展业渠道的纯网络券商公司兴起。1999 年起，嘉信、美林等大型证券公司亦相继探索网上业务，鼓励和引导已有客户通过互联网实现传统业务的在线办理，同时大力拓展互联网获客渠道。2012 年以后，智能投顾日渐崛起，可为投资者节约高额的咨询费用和交易成本。

回顾我国证券业互联网化的发展历程，主要可以分为证券交易互联网化阶段、互联网开户及渠道创新阶段和金融科技的互联网化应用阶段三个阶段。20 世纪 90 年代末起，我国证券行业开始探索以网上委托交易方式取代传统电话委托交易，逐渐实现了证券交易从实体场所到数字网络的转移。2013 年 3 月，中国证券业协会发布《证券公司开立客户账户规范》，放开非现场开户限制，国内证券公司纷纷成立网络金融部，通过自建线上开户平台、创新渠道合作等方式开展互联网证券业务。2015 年，中国证券登记结算有限公司正式放开"一人一户"限制后，使得证券公司的网上开户竞争更加激烈。现阶段，随着移动互联的普及，移动 APP 成为证券公司贯彻和推进经纪业务发展转型战略的核心业务载体。2016 年以来，各家证券公司纷纷借助金融科技不断推出和完善 APP 各项业务功能，聚集海量客户，开展精细化运营，为其提供个性化高质量的产品、资讯及服务，掀起了金融科技在证券业金融机构的互联网化应用的浪潮。

本研究拟以金融科技背景下的行业先进实践及前沿探索为基础，积极探究证券互联网服务发展新模式。在国家层面，力求为海量客户提供切实可行的互联网投资理财服务解决方案，有效助力金融普惠；在监管层面，为中小投资者提供投教服务，提升客户理性投资水平，促进行业稳定、规范发展；在行业层面，解决高人力成本制约，构建相对完善有效的互联网服务发展新模式框架，为证券互联网服务提供转型路径。

二、证券互联网服务发展新模式研究

本研究认为，证券互联网服务发展新模式，是指依托金融科技应用创新，搭建整体、系统化服务体系，O2O 线上线下协同发展，为客户提供财富管理服务，从而提升客户满意度及单客价值，有效促进金融普惠与行业规范发展。传统证券服务以牌照为中心，而证券互联网服务发展新模式是以客户为中心，其本质是持续、精细化流量运营，贯穿于 3A3R（感知 Awareness、获客 Acquisition、活跃 Activation、留存 Retain、收入 Revenue、传播 Refer）的客户服务旅程全周期，共包括服务业态新模式、服务运营新模式和服务支撑新模式三个层面（见图1）。服务业态侧重于前端的服务感知，旨在从客户服务体验层面阐释证券公司为客户提供的新型互联网服务模式；服务运营则从运营层面深入剖析如何持续优化各类新型服务业态，改善服务效率与体验；服务支撑侧重于后端的能力基础，通过对支撑能力的探究，系统构建了以客户为中心的新型服务业态及高效率、精细化流量运营的底层基础。

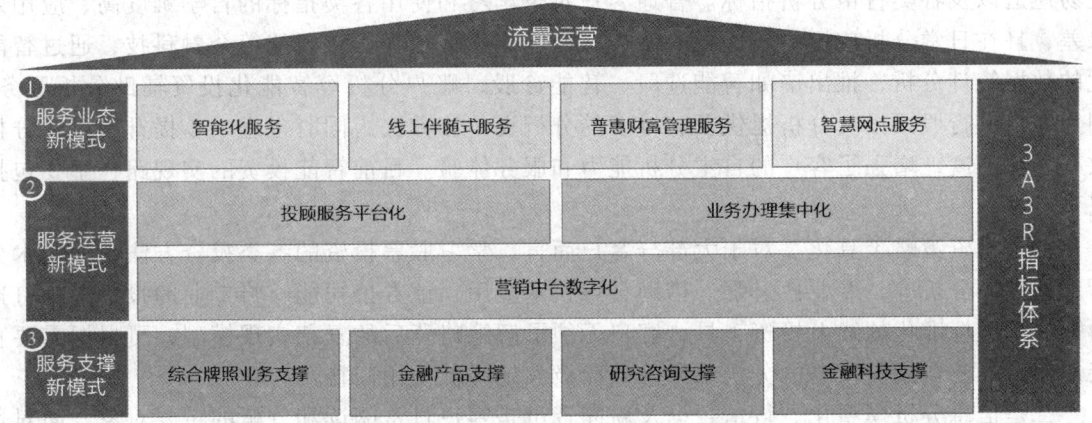

图1 证券互联网服务发展新模式研究架构

（一）证券互联网服务业态新模式

证券互联网服务业态新模式强调以客户体验为中心，基于全数据的客户洞察及金融科技创新应用，建立新型服务渠道、打造新型服务形式、提供新型服务体验。现阶段主要的新型服务业态包括智能化服务、线上伴随式服务、普惠财富管理服务和智慧网点服务。

1. 智能化服务

近年来，证券公司积极推动互联网平台智能化升级，基于智能化平台为海量客户提供在线智能投资、理财、资讯、客服等服务。相较于传统服务，智能化服务涵盖客户投前、投中、投后的全场景，强调场景协同，并在客户的投资场景中适时自动唤醒服务，即时响应客户需求，有效提升客户服务效率，优化客户服务体验（见图2）。

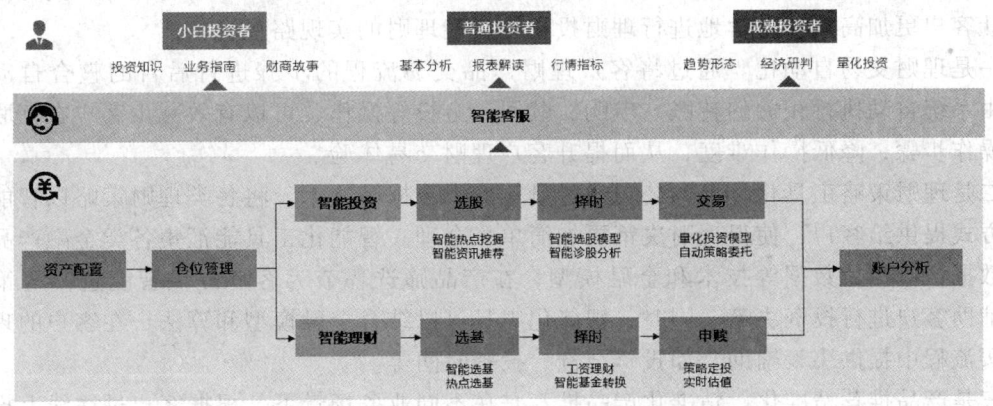

图2 智能化服务框架

智能化服务的核心是底层的智能投资、智能理财、智能资讯等专业能力。该能力通过场景化功能覆盖客户投资流程，同时还可通过智能客服这一具象化的入口为客户提供伴随服务，客户随问随答。智能化服务本质是提供不同层级的投资者教育服务，为客户理性、科学投资提供参考。

（1）智能投资。在股票投资方面，传统上，证券公司互联网平台只为客户提供基础的交易通道以及各类行情分析指标。普通客户对于学习和使用各类指标的自学难度高、应用效果差，且在日常分析应用中较为耗时费力。而智能投资依托人工智能等金融科技，通过智能化的数据统计分析，推出诸如智能选股、智能诊股、账户分析等智能化投资辅助分析服务，即为客户进行股票投资分析提供了新维度的分析视角和方法，同时也进一步提升了投资分析效率和精准度，增强了客户的自主分析能力和服务体验。目前智能投资的实现路径主要包括以下三个。

一是投资策略工具化。对于大部分客户而言，学习股票投资的各类投资方法，如技术分析、基本面分析等，专业性过强。借助金融技术应用，证券公司能够将专业的投资策略打造为智能化、标准化的线上投资工具，客户无须了解策略背后的复杂实现模型，可根据需要直接使用工具获取投资策略的分析结果，从而极大地降低使用门槛。

二是信息分析模型化。行情数据及新闻资讯是客户日常阅读和分析的主要对象。面对快速变化的行情以及海量的财经资讯，客户自行收集和分析较耗时费力。通过大数据和语义分析等技术，证券公司可以实现将某种确定类型的分析固化为一定的技术模型系统，系统按照模型自动收集、处理、识别数据，进而自动给出相应的分析结果。

三是数据挖掘智能化。除了将线下的、人工的处理方式工具化、模型化外，证券公司还可借助大数据、机器学习等技术能力，智能挖掘出普通人力难以发现的规律或信息，从而帮助客户发现投资机会。如通过自动抓取新闻、社交媒体的舆情数据，通过语义识别、大数据分析后智能聚合形成热门主题的列表。证券公司借助量化技术可生成智能股票策略，智能选择股票标的并在后续自动完成跟踪调仓。

（2）智能理财。随着国内居民投资理财观念的不断普及，证券公司的理财型客户占比也在逐渐上升。为了满足理财型客户的理财需求，证券公司的互联网平台提供了品种越来越丰富的理财产品。对于客户而言，如何选择合适的产品及进行产品配置成为首要面临的问题。线上的智能理财通过金融模型和技术应用，可帮助客户迅速明确理财目标，制订理财计划，让客户更加高效、科学地进行理财投资。智能理财的实现路径包括：

一是理财交易自动化。通过将客户理财产品交易流程的步骤进行后台的整合自动化处理，由系统自动执行相关的转账、申购、赎回、定投等操作，可以有效减少客户在互联网平台的操作步骤，降低操作难度，从而提升客户理财交易体验。

二是理财策略工具化。证券公司通过量化、大数据等技术，将各类理财策略以智能化工具的方式提供给客户，使得理财决策更加简单、合理。智能化工具能汇集各类金融产品的全市场数据，应用大数据等技术和金融模型，在产品筛选环节为客户提供智能选基等策略工具，辅助客户进行投资决策。同时，智能化工具可以结合金融模型和算法，在客户的理财产品购买流程中提供决策辅助，如投资金额、投资时间等。

三是产品推荐精准化。精准化产品推荐是在不同业务场景下，根据客户过往线上投资行为反映出其风险偏好、收益预期和投资能力等信息，匹配不同类型的金融产品。前端表现为不同客户展示不同收益、期限、风险的金融产品，后端则通过互联网洞察客户"360度画像"匹配产品画像，由智能推荐算法为其精准推荐合适的理财产品。通过客户在线行为数据积累，结合漏斗分析、多维分析等模型深入剖析，可不断优化智能推荐策略，精细客户和产品画像及匹配精度，形成产品精准推荐服务闭环，提升目标人群过程转化率和客户黏度，优化服务流程（见图3）。

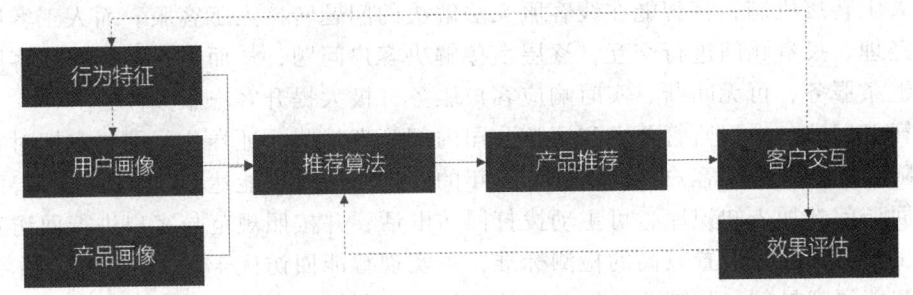

图3 产品精准推荐服务闭环

对客户而言，精准化产品推荐可以减少其查找适合产品的时间，提高客户投资效率，避免客户购买风险等级不匹配的金融产品而造成的不必要损失。对公司而言，主动推荐契合客户需求的产品，可大大提高营销成功率，提升产品销量。

（3）智能资讯。资讯是证券公司互联网平台提供的重要内容之一。传统证券互联网平台的资讯量庞大堆砌，远超客户的阅读能力。智能资讯通过语义识别和机器学习技术，根据资讯内容提炼出资讯标签和格式化内容，提高客户阅读和信息获取的效率，减少信息的过度侵扰，同时降低证券公司的服务成本。目前，智能资讯在证券公司互联网平台的应用主要包括智能推荐、智能解读和智能资讯生产。

一是智能资讯推荐。智能推荐是以资讯标签为基础，根据客户浏览偏好、客户交易、持仓、自选等数据形成客户精准画像，通过模型算法、配置规则、机器学习进行"千人千面"、及时、精准的资讯推荐，快速响应客户需求。客户打开APP即可收到跟自选、持仓或个人兴趣相关的资讯，感受到贴心的服务。

二是智能资讯解读。目前，证券公司提供的资讯大部分为针对客观事件的描述，缺少紧密联系市场的解读分析。智能资讯解读能够为客户提供经过系统智能分析解读的资讯结果，如该资讯的利好利空、对标的的影响概率等，从而提高客户对资讯的阅读分析效率。

三是智能资讯生产。对于金融机构而言，信息搜集的不全面以及汇总分析的耗时性是传统投研中的主要缺陷。人工智能的接入使得传统投研的各个环节发生一定的优化和革新，接管了大量基础的资讯信息搜集类工作。智能投研一方面是在基础层面将海量数据结构化，由机器对数据之间的关联进行挖掘，形成领域知识图谱；另一方面，智能投研还能自动提炼传统新闻和研报观点，智能撰写基础研报，如编写每日的市场短评等，形成智能资讯生产能力。

（4）智能客服。证券公司传统客服中心受到人员数量和服务效率的限制，存在服务时间段受限、服务需排队等问题。而随着各项技术的发展成熟，新型的智能客服成为人工客服的有力补充。智能客服通过语音语义识别、自然语言处理等技术应用自动识别客户问题，基于底层行业知识库实现客户问题的智能化应答，实时解决客户遇到的问题。智能客服包含智能在线客服以及衍生的智能回访、智能语音导航等服务。

一是智能在线客服。相较于人工客服,智能在线客服突破了时间限制,实现了 7×24 小时、全年无间断的客户服务;服务效率极高,可同时处理海量客户的咨询。智能在线客服既可通过人工维护知识库、配置语义规则,还能够通过机器学习的方式自我不断训练迭代,更新知识库,持续提高回复准确度。在客户咨询的过程中,可由智能客服优先回答客户咨询,同时建立人工转接机制,将智能在线客服无法解决的问题转接人工客服。而人工客服可进一步与客户经理、投资顾问进行交互,逐层衔接解决客户问题,从而形成智能在线客服与人工客服的全链条服务,可无间断、实时响应客户服务,极大提升客户服务体验。

二是智能回访。根据监管要求和证券公司内部管理规范,证券公司需要定期对客户进行回访,而随着回访种类和客户量的增加,每年的客户回访量可能达到数百万次。智能回访将结构化的回访问卷加入知识库,可主动拨打回访电话,并按照规范与客户进行回访互动,途中无须人工参与。通过设置较高的检测标准,可实现智能回访优于人工回访的工作效果。

三是智能语音导航。随着业务复杂度的增加,客服知识库信息面越来越广,层次越来越深,传统电话、在线咨询中的菜单式导航和按键交互导致客户等待时间长,定位问题困难,容易引起客户不满。智能语音导航是用预先录制或文本转语音技术合成的语音进行自动应答,实现为客户进行菜单导航的功能。当客户咨询接入时,优先进入语音导航,由语音导航通过与客户以语音或文字方式明确客户问题后,直接分配到对应的应答内容或人工客服,大幅缩短客户咨询的平均时间。

相较于传统投顾服务,智能服务通过科技赋能,借助线上服务边际成本为零的巨大优势,全面覆盖市场行情、证券交易、理财产品、资讯内容和客户服务等业务场景,可有效弥补服务缺口,提升服务效率,防范服务风险。如国泰君安证券智能客服年服务超 140 万人次,可代替 260 人的人工客服团队,每年节省约 1 800 万元的人力成本。智能资讯通过系统打标签仅需 200 毫秒,人工打标签耗时长达 3 分钟,效率提升 9 000 倍以上;6—7 人的算法团队即可替代 300 人的在线编辑团队。

2. 线上伴随式服务

互联网平台的服务黏性依赖于平台与客户相互间的信任关系,客户信任感越强则对平台的服务黏性越强。而建立信任感最有效的方式是人与人之间的沟通。传统证券互联网平台缺少在线服务人员与客户的直接紧密沟通,导致平台与客户之间难以快速建立紧密的关系,客户对平台的忠诚度和迁移成本较低。随着互联网直播平台等线上伴随式服务的兴起,证券公司依托"三端一微"平台,通过在线直播及问答等实时交互形式,为客户提供"有温度"的在线投教、行情解读、业务咨询等服务,提升互联网平台的客户信任与黏性。目前证券行业中伴随式服务主要包括图文直播服务、视频直播服务和抢单问答服务等模式。

(1) 图文直播服务。图文直播服务是由证券公司投资顾问等线上服务人员通过建立网上图文直播间,以文字、图片等形式,向客户传递最新市场观点、资讯热点、平台功能、策略战法、热门理财等服务内容,同时通过在线问答方式及时响应客户需求的服务模式。

目前行业内已有国泰君安证券、中泰证券等多家机构开展上述服务。以国泰君安证券为例,在线服务人员在开展图文直播的过程中,依托互联网平台研究资讯、理财产品、软件功能、策略战法等标准化内容为客户提供人机合一的伴随服务(见图 4)。互联网客户进入图文直播间可以享受线上服务人员提供的市场解读、投教咨询、软件功能咨询、理财产品推荐等服务；交易客户除享受上述服务外，还可在线提问并查看专业分析师研究报告；高端交易客户可进入 VIP 区，浏览并签约投顾产品，享受一对一专属服务。总分协同提供在线服务，对有区域归属的客户由其所属区域分支线上服务人员负责，无区域归属客户的由总部线上服务人员负责。当服务人员非在线时段时，客户提问则由智能客服进行实时响应。通过这种人机合一、总分协同的服务模式，单个直播间覆盖客户数可超 20 万。

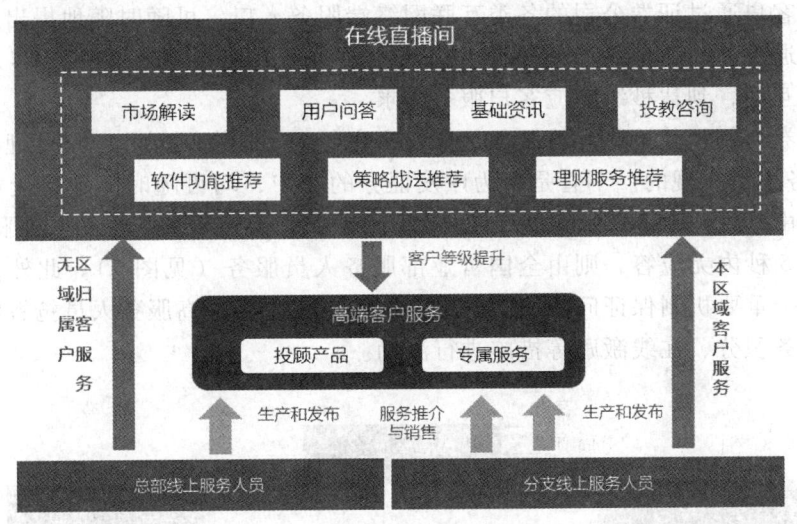

图 4　国泰君安证券图文直播在线伴随服务模式

图文直播线上伴随式服务模式的优势在于，对客户而言，可第一时间获取市场解读、把握投资机会，全天 7×24 小时服务需求响应迅速，还可跟随服务人员学习使用平台多样化的智能化工具辅助决策，享受投教服务；对服务人员而言，则可扩大服务半径，提升服务效率，实现总部及分支机构服务标准化；通过标准化服务工具避免合规性、适当性等问题，提高服务专业度；引导客户自助使用平台辅助投资决策工具，实现为各功能模块引流，提高平台活跃度；对客户分级服务并露出高层级服务内容，还可获得更多营销机会。

（2）视频直播服务。互联网视频直播服务，是指证券公司服务人员在互联网平台上以视频直播形式向客户提供基于公司业务经营资质的投资者教育、投资咨询等伴随服务，以及与视频直播相关的在线互动服务等。视频直播服务可分为投教型、资讯型和访谈型三大类。

一是投教型视频直播。由服务人员向客户普及基于技术分析与基本面分析的证券投资方法，帮助客户识别投资风险、了解交易规则、规避投资骗局，进行理性投资。

二是资讯型视频直播。由投资顾问为客户提供大盘及个股解析、热点事件点评等视频直播内容，帮助客户解读资本市场，降低客户专业咨询门槛；客户可在评论区与在线服务人员实时互动，咨询相关市场问题，增进平台及服务人员与客户之间日常联系。

三是访谈型视频直播。通过对话新财富分析师、知名基金公司投资经理、私募公司高管等，由行业专家解析市场热点事件、讲述个人财富管理轶事和独特投资理念等，依托名人效应聚拢平台投资人群，形成纵向服务的链条。

视频直播服务的优势在于，能让客户更生动地感知服务的真实性，提高服务可信度，帮助平台创造与客户更多、更紧密的联系，积累客户信赖。数据显示，国内目前的直播观看用户超过 4 亿，视频直播的服务模式能有效满足年轻群体的浏览偏好，客户可随时随地利用碎片化时间观看直播。同时，不同风格特色服务人员的在线视频直播能够形成粉丝效应，客户为增值服务付费的意愿随着对服务人员信任度的增强也更加强烈，收益"长尾效应"凸显。视频直播可提升券商APP同时段活跃度40%，促活效用显著，但目前视频直播模式互动性较差。

（3）抢单问答服务。抢单问答服务是广发证券首推的一种类"打车抢单"的线上伴随式服务模式。客户通过证券公司的各类互联网终端服务入口，可随时随地提出服务请求或投资咨询，服务通过移动通信网络将客户与证券公司在全国各地拥有的多名客户服务人员对接，线上线下互动，到达秒级响应客户服务需求。

以广发证券为例，其抢单问答服务是依托客户经理、投资顾问和理财管理师在内的全国7 000多名服务人员实现的。不管是否为广发证券的客户，均可随时随地享受免费的咨询服务，公司客户由其开户营业部服务人员服务，非公司客户由其所在地营业部服务人员服务，如客户提问在5秒内无应答，则由全国营业部服务人员服务（见图5）。此外，还有专家团队和知识库两个重要机制保证问题回答的专业性和效率。为提高服务人员抢答的积极性，公司还会利用服务积分、在线激励等措施进行激励。

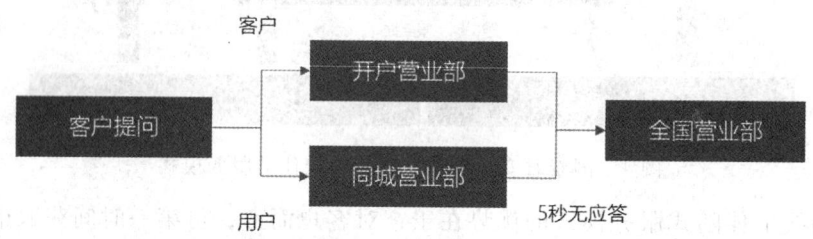

图5　广发证券抢单问答在线伴随服务模式

抢单问答服务优势在于：一是多入口可满足多业务场景需求；二是本地服务人员对口服务本地客户，有利于业务拓展和客户营销，服务人员主动服务客户的意愿强；三是建立多重机制保障服务人员对客户需求反应迅速，实现伴随式服务目的；四是知识库和专家团队提高了服务人员对投资者的问题回答的专业程度；五是依托知识库的标准化回答确保了服务人员对投资者的服务符合国家合规性和适当性要求。

3. 普惠财富管理服务

在信息不对称时代，财富管理机构更易由自身利益出发，向客户销售代表机构利益最大化的产品，而非客户最适合或市场上最优的产品。而互联网时代，行业透明度显著提升，且竞争不断加剧，推动"以客户为中心"的数字化财富管理服务快速发展。据BCG测算，2017年，我国财富管理市场规模达6万亿美元，金融产品线上销售渗透率仅为34%。此外，国内互联网理财用户已超过8亿，而能享受专业财富管理服务的高净值客户（以资产大于1 000万元为门槛）仅有187万人，市场潜力巨大。

普惠财富管理服务通过数字化手段，将分散投资、现代投资组合理论等财富管理实践应用于大数据和机器学习，以此减少对投顾及基金经理等人力的依赖，大幅降低财富管理门槛，让低资产用户也能享受到高品质的财富管理服务（见图6）。财富管理数字化可达到收益与风险的平衡，帮助客户减少投资决策失误，作出更理性的投资选择。目前，证券业财富管理服务主要指资产配置服务和产品定制化服务两类。

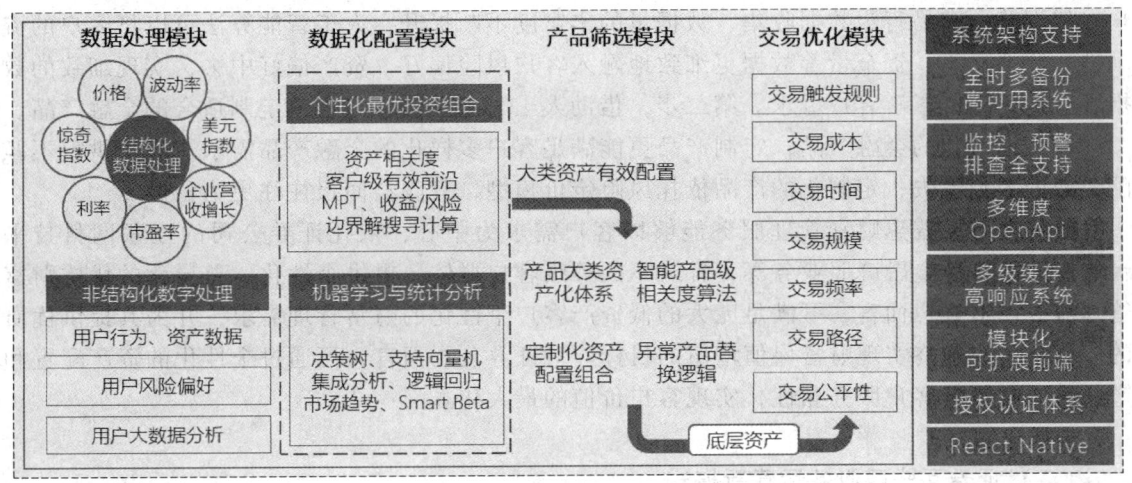

图 6 普惠财富管理典型服务框架

（1）个性化资产配置。个性化资产配置又称智能投顾，主要是基于马科维茨提出的现代投资组合理论（MPT, Modern Portfolio Theory）、其他资产定价及行为金融学理论，结合客户的财务状况、风险偏好和收益目标等，利用大数据、智能算法、机器学习等技术构建数据模型和后台算法，为投资者提供相关资产配置建议、交易执行等服务。个性化资产配置方法见图7。

图 7 个性化资产配置方法

个性化资产配置的基本流程包含客户分析、资产配置、组合选择、交易执行、组合调整、组合分析6个步骤。通过客户画像分析，获取客户的风险等级、投资期限、资产状况、预期收益相关的信息，结合现有的资产组合投资模型，推荐相关策略。同时，根据宏观的市场变化或者客户情况的变化，进行及时调仓、智能风控等。实时监测资产配置组合的变化，并随时间周期定期调整各类资产配置比例，确保组合的回撤不超过客户的风险承受能力。

除基本流程外，投研人员亦可添加新模型或者对已有模型参数进行调整，再由统一的策略调动模块对不同的策略进行调度。同时，联合数据服务商根据历史数据表现对客户的投资数据进行历史回撤分析，以不断优化策略。

个性化资产配置最大的特征是低门槛、低费用、高效率，对大众客户颇具吸引力，使其同样可获得专业化、个性化的高效金融投顾服务。同时，个性化资产配置投资信息相对透明，分散了投资风险，以及由机器人严格执行事先设定好的策略，能避免投资人情绪化的影响等。

（2）差异化产品定制。差异化产品定制是根据客户需求，利用大数据、人工智能等金融科技在精准营销、风险定价等方面的技术优势，根据不同财产规模、风险偏好、人生阶段和配置要求，为客户提供覆盖全生命周期的差异化、精细化理财产品定制服务。

差异化产品定制服务可分为两个环节：第一步，精确实现了解客户（KYC）。通过对客户在线浏览、交易行为数据收集，数据量的丰富度不断提升，人工智能算法可以将客户的流动性、负债水平、资金量等数据更细致地融入客户风险偏好、资产偏好中去，实现细致的数据颗粒度，精准了解客户诉求。第二步，借助人工智能算法，为客户定制适合的金融产品。

相比标准化的金融产品，定制产品更能满足客户多样化的金融产品需求，避免供需不匹配导致的客户流失；定制化的产品依托风险定价模型，其收益回报往往更为稳健。

总体而言，普惠财富管理服务能够以客户需求为中心，依托证券公司的互联网科技平台、服务团队和金融牌照业务等，针对不同等级客户群体，提供个性化、差异化的优质财富管理服务。对客户而言，可满足庞大的低资产客户个性化的财富管理需求，并为其提供优质的服务体验，最终实现财富保值增值的目标。对证券公司而言，可通过个性化的资产配置和产品定制，提升客户服务黏性，实现客户价值的最大化。

（二）证券互联网服务运营新模式

证券互联网服务运营显著区别于传统线下运营，主要体现在三个方面：一是投顾服务平台化，即以集中化的平台及工具赋能投资顾问等服务人员。通过对平台及工具的利用，降低对投顾的专业度要求，提升服务传递效率并降低合规风险。二是服务办理集中化，即以服务办理的集约化运营为主要组织形式。通过在总部层面集中建立运营中台等基础设施和各类服务团队，实现内容、营运、客服等的集约式运营，以便更快地提升服务质量和运营效率。三是即以精细化线上流量运营为主要体现形式，开展覆盖客户全生命周期的数字化精细运营。目前主要应用于基于客户画像的KYC、业务流程数据化、服务内容数据化及运营分析、精准营销。

1. 投顾服务平台化

证券公司的核心服务人员是投资顾问，而在现有的证券公司投资顾问线下服务客户的模式中存在三个问题：一是服务人员数量不足，难以覆盖证券行业上亿规模的客户量，大量客户无法享受专业服务；二是服务质量参差不齐，非线上化的服务的过程和质量难以有效考量和把控；三是投顾一般基于自身对于投资的了解为客户提供投资咨询服务，存在明星投顾流失造成证券公司重要客户流失的隐患。

投顾服务平台化，是指证券公司打造互联网服务支持平台，通过多种集中化的工具赋能投资顾问，并建立标准化服务规范和流程，使投资顾问借助互联网平台服务海量用户，从而提升服务的标准化水平与服务的传递效率。投顾服务平台化使得证券公司服务具有以下三个优势：第一，降低对投顾的专业性要求。由于平台上的服务人员提供的服务内容输出相对统一，使投资顾问运用平台的多样化工具服务投资者标准化程度较高，从而降低了对投资顾问的专业度要求。第二，提升服务传递效率。依托线上平台的工具及总部的内容标准化生产，一线投资顾问逐步由内容生产者转化为内容传递者，可大幅提升服务的传递效率。第三，降低合规风险。平台投资顾问的培训标准由证券公司总部统一制定，大大降低了员工个性化服务带来的合规风险。

投顾服务平台化包括三个关键环节：第一，重构客户响应关系，塑造新型响应模式。有效改变客户无法快速联系到解决自身投资需求的响应服务人员的现象。具体来说，证券公司以客户为出发点，为客户配备服务团队，第一时间响应客户任何与投资有关的需求，并由响应团队将该需求分配至证券公司内部专业团队，同时响应团队开展业务营销、研究咨询、产品配置、客户日常维护等工作。客户响应模式，是指对于标准化、广谱式等基础服务，证券公司主动引导客户使用旗下智能科技平台予以秒级解答，对于个性化及平台未解决的问题，则由客户响应人作为第一责任人解答客户的需求。同时，构建包括应答需求、指派响应、派发工单、服务跟踪、满意度评价等线上线下协同、完整顺畅的响应机制等完整的运转流程。

第二，总部集中资源统一输出，一线标准化推广。证券公司集合总部服务和研究资源，集中建立包括短消息统一推送、客户标签管理、客户画像识别等服务工具，打通与研究所等宏观研判机构的合作，在总部打造和沉淀专业研究内容。一线投顾只需依托总部提供的服务工具和专业研究内容，向客户进行信息传递和投资解决方案的输出，并收集客户的反馈信息，追踪客户在证券公司的资产配置情况回馈总部，不断迭代优化总部的资源供给。

第三，构建标准化培训规范，提升服务水准。由于平台上服务人员传递的服务是标准化的，这就要求证券公司在培训平台上采用相对一致的培训准则和规范，使每个线上服务人员都有能力基于科技平台上的客观资讯和工具来回答客户的疑问，同时根据业务发展变更、培训效果及反馈等动态调整，不断完善现有培训计划，加大培训力度，创新培训方式，拓宽培训渠道，从而提高平台服务人员各类业务技能及经验，确保线上服务合规，提升服务水准。

2. 服务办理集中化

服务办理集中化，是指证券公司基于互联网模式，建立总部或分公司层级的运营中心，使业务受理与办理分离，实现全员化业务受理与线下受理、线上平台化处理，扩大服务范围，提高服务效率。

以国泰君安证券为例，从业务架构、技术架构、基础设施三个维度设计了服务办理集中化营运平台，为客户提供 7×24 小时、多渠道、专业化、无地域限制的业务受理服务。

在业务架构上，国泰君安证券的服务办理集中化主要是通过业务流程重构，将营运业务传统的处理过程拆分成受理和办理两个环节：将业务受理环节前移，前移至网点甚至网点之前，引入基于互联网、移动互联网或网点现场等不同渠道的业务受理工具，将受理环节仅承担清晰、简便、通用的录入性工作，不再承担业务审查职能，使之适合客户自助或非专业人员的操作；将业务办理环节后移，后移至分公司或总部，设立集中的、专业化的、独立于网点的业务办理团队，以流程化的方式，完成业务的审核和办理（见图8）。

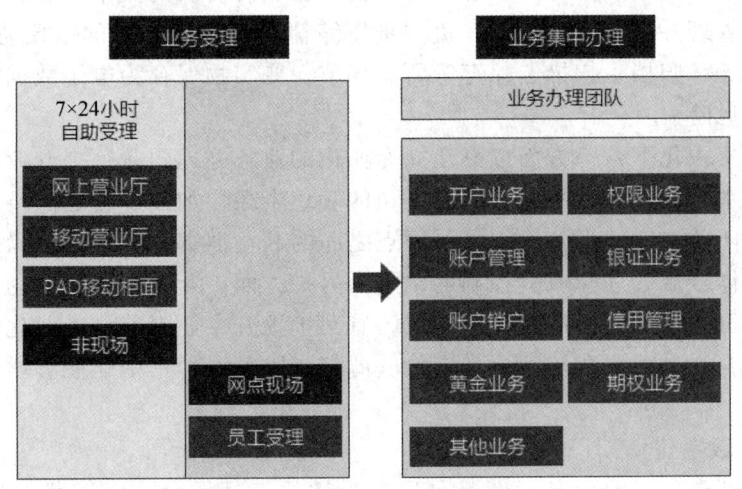

图 8　业务受理和办理分离

在技术架构上，国泰君安证券在现有包括集中交易、期权系统、贵金属系统等业务系统之上，创新性地引入流程引擎，再造业务流程，推动营运事务的流程化建设集中作业系统平台，实现业务从受理到办理，以及办理各环节之间的自动流程管理；同时，改造现有业务系统，使之向集中作业系统平台开放接口，业务受理和办理的操作界面由集中作业系统平台统一接管，实现业务人员的一站式登录操作。此外，在业务受理端进一步完善网上营业厅，建设移动营业厅、移动柜台等多渠道业务受理工具，满足客户多种方式的业务办理需求（见图9）。

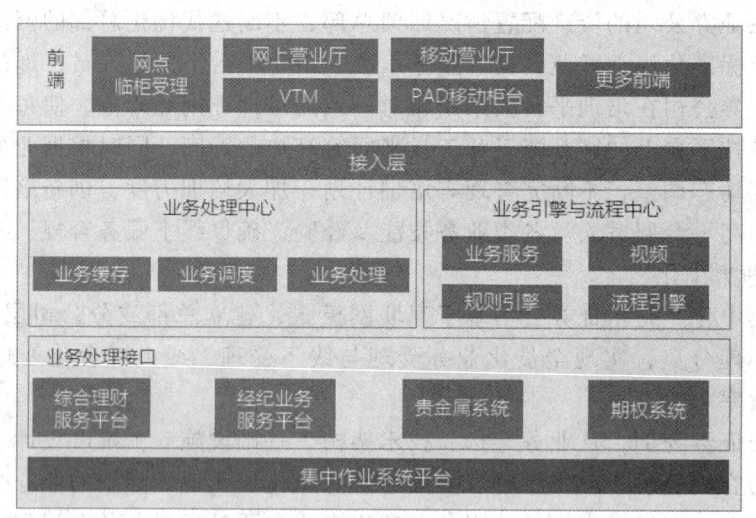

图9　业务集中营运方案技术架构

在基础设施上，证券机构利用服务办理无纸化帮助其实现服务受理办理分离的核心基础（见图10）。证券机构的业务受理人员在受理客户业务申请时，使用电子设备展示待签署的协议文件内容，客户在确认已完成协议内容阅读并符合自己的意愿后，使用手写签名设备签署协议。客户完成电子签名后，签署完成后的协议以电子文件方式进行加密和保存。事后，通过推送的方式或主动下载的方式，客户可以获取已签署协议的文本。服务办理无纸化将优化证券机构档案管理并降低营运成本，进一步压缩精简传统模式下的纸质协议文本的征订、分发、查找、签署、归档、扫描、保存等所有环节，变实物保存为电子数据保存，大幅降低营运成本和营运风险。

在服务办理集中化下，一方面依靠建立专业化的业务办理团队，提升业务办理效率，促进团队人员业务水平的提升，压缩了证券公司的管理半径，加强了营运人员的管控，独立于网点的业务办理团队能够减少营运人员与网点之间的利益捆绑，有效防范操作风险和道德风险，提升公司整体合规管理和风险控制的水平。另一方面，业务办理团队的专业分工让团队人员有限的精力可以集中于自己工作的领域，有利于提升专业素养。专业化的团队人员精简稳定且效率更高，人员选拔和培训更加有效。此外，服务办理集中化能够增加分支机构组织架构的灵活性。

3. 营销中台数字化

长期以来，证券公司的业务运营都是通过零散的工具平台，由运营人员不定期组织开展，存在主观性强、投入产出衡量难、运营流程效率低、运营效果不明显等问题。证券公司

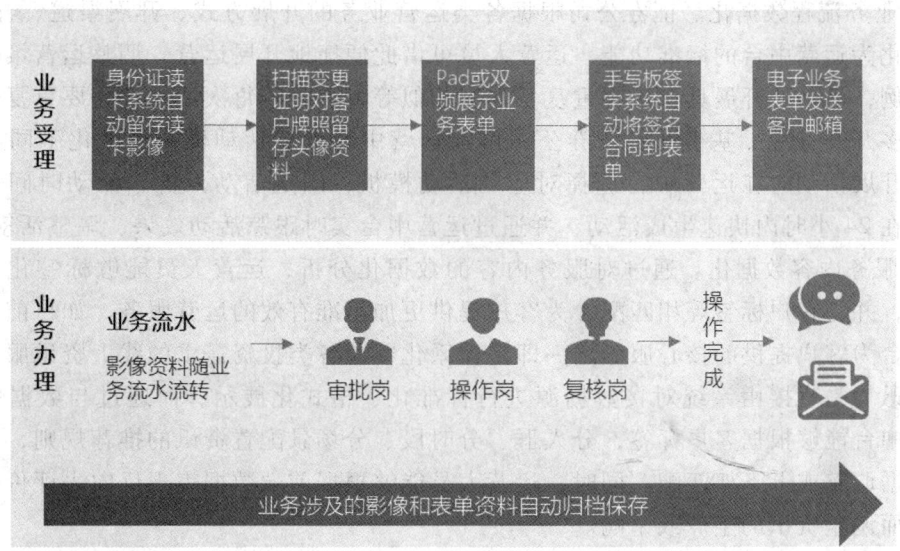

图 10　业务办理无纸化场景示意图

通过营销运营数字化转型,将企业的核心能力随着业务不断发展以数字化形式沉淀到平台,形成以服务为中心、由业务中台和数据中台构建的数据闭环运转的营销服务体系,促进企业更高效地进行业务探索和创新,从而实现以数字化资产的形态构建企业核心差异化竞争力。

通过技术革新、组合、连接,把传统的运营要素提炼为运营平台的标准流程和模板,运营人员基于运营平台的高效开展业务运营,并实时跟踪运营指标、优化运营策略,最终将服务内容沉淀为数据。目前,证券公司营销中台数字化的应用主要体现在以下四方面。

(1) 基于客户画像的 KYC。基于 3A3R 客户生命周期理论形成完备、体系化的客户标签体,证券公司可全方位、立体化地了解客户,包括客户的基本资料、营销周期、服务需求等。国泰君安证券基于 DMP 平台已积累近 2 000 个用户标签来立体化刻画用户。

（2）业务流程数据化。证券公司根据各类运营业务的开展方式、开展渠道、开展流程，将其标准化为运营中台的标准功能，运营人员可借此便捷地开展运营，调整运营策略。以活动运营为例，活动的开展具有流程重复、内容相似等特点，若每次活动都需要重复开发，则会浪费较多开发资源。基于此，证券公司可在运营中台设置活动模板，固化不同的活动类型，每次开展活动时在运营中台选择对应的活动模板，圈定活动人群、活动时间、活动奖励，即可在 24 小时内快速生成活动，并通过运营中台实时跟踪活动效果，调整活动参数。

（3）服务内容数据化。通过对服务内容的数据化分析，运营人员能够标签化、参数化服务内容，并与客户标签等相匹配，为客户提供更加精准有效的运营服务。如目前证券公司互联网平台为客户提供的核心服务之一即是体系化覆盖各类投资需求的线上资讯服务。传统的线上资讯均是直接由系统对接数据源进行标准化、格式化展示，而通过与数据中台的对接，运营中台能够根据客户标签，分人群、分时段、分场景配置资讯的推荐规则，并根据平台反馈数据调整或上下架匹配。同时，运营人员能够根据前端数据表现反向去评价资讯源的质量，从而调整资讯的生产或采购。

（4）运营分析及精准营销。通过与数据中台联动，运营中台能够实现对运营效果指标的实时监控，并跟踪业务运营流程的开展，及时发掘问题节点，从而帮助运营人员提升运营效果。以渠道引流为例，证券公司提供互联网服务的首要环节就是通过渠道运营手段获取外部流量，业务中台通过为市场人员提供渠道管理功能，可以在平台上管理渠道对接，并完成流程跟踪、效果监控。一方面，运营中台可跟踪不同渠道客户转化的时长、断点环节，提醒营销人员及时跟进营销转化，提升整体的营销转化效果。另一方面，亦可不断优化投放渠道及投放策略，实现对目标客群的精准营销，提升线上渠道客户的投资回报率。

（三）证券互联网服务支撑新模式

证券互联网服务以客户为中心的新型业态及其高效率、精细化数字运营模式使得各大证券公司对基础层面的服务支撑能力有了更高的要求：一是客户对一站式互联网服务的要求使得综合性牌照业务能力愈发重要；二是互联网服务的财富管理转型使得金融产品的进一步丰富、健全成为必须；三是专属的研究咨询成为证券互联网服务发展新模式的重要内容支撑；四是随着金融科技与互联网服务的深度融合，持续不断的金融科技应用创新能力已然不可或缺，并进一步驱动证券互联网服务架构发生变革。

1. 综合牌照业务支撑

金融科技的蓬勃发展既催生出诸多新模式、新业态，也对传统金融业提出了新的挑战。证券互联网服务应依托金融科技实现 O2O 线上线下协同发展与财富管理转型升级，基于各项牌照所提供的综合业务能力是服务客户的核心资源。证券公司应依托自身牌照资质，强化专业服务能力，提升金融业务的综合服务水平。

（1）业务资质的获取。领先券商通常以子公司架构获得期货、基金、股权投资等业务资格，利用牌照下的优势扩宽服务及产品覆盖。同时，基于牌照的独家、优质资产获取途径亦成为财富管理的制胜关键。对券商而言，权益类资产的一级市场与一级半市场、交易所市场化的证券化产品以及各类金融衍生品等，均是自身优势所在（见表1）。

表 1　　基于牌照及资产类别的财富管理能力分析

基础资产	市场层级	牌照支撑/一手资产	研究能力	资产获取	投资管理
权益资产	一级市场	网下打新，私募股权投资	不适用	高	中
	一级半市场	定向增发	高	高	不适用
	二级市场	零售及大宗股票经纪，权益衍生品	高	中	中
固定收益资产	一级市场	两融资管，收益权凭证资管	弱	中	中
	二级市场	固收衍生品	高	低	中
另类资产	二级市场	外汇衍生品，商品期货	高	低	低

（2）业务能力的整合。业务能力的体系化整合是服务客户的中台，负责中间资源的调动。为了更高效、更专业地向客户提供服务，证券公司需要建立和完善各牌照业务之间、总分之间的协同合作机制，将相关业务、产品、工具等服务资源和服务能力有效聚合起来。以国泰君安证券为例，其通过推行矩阵化的管理模式，建立了总分对接机制、总分双向互评机制、区域综合协调机制、分公司业务和管理授权机制等，使公司部门之间、总公司与分公司之间形成合力，统一面向客户提供服务。

2. 金融产品支撑

金融产品是客户需求的载体，是证券公司开展财富管理服务的基础。传统经纪业务佣金收入受行情波动影响较大，且近年来佣金率持续下降导致零售业务竞争日趋激烈，唯有通过转型、创新才可以使零售业务得到持续、稳定的发展。通过专业和丰富的金融产品及优质服务，可以给予不同类型和级别的客户以专属的产品服务体验，稳定存量客户资产，拓展新增客户资产，提升证券公司品牌价值和市场影响力。为加快实现证券公司财富管理转型，充分发挥金融产品在专业化服务体系中的支撑作用，证券公司应在"四个一"层面推进金融产品的相关工作，具体包括如下四种。

（1）一款普惠型现金管理产品。证券公司的保证金理财产品普遍购买起点较高，不利于聚集互联网客户的小额闲散资金，不符合互联网客户在互联网平台进行余额理财和随存随取的操作习惯，客户体验难以提升。为充分发挥证券公司账户的服务效能，证券公司应配套引入低门槛普惠型现金管理产品，为证券账户提供余额理财、"T+0"取现等服务，吸引互联网客户快速入金和资金留存。目前，业内已经有不少证券公司与基金公司合作推出了普惠型现金管理产品，为客户提供低门槛的账户余额理财服务。

（2）一种场景化理财支付应用。传统证券公司资金账户的三方存管不能支持客户进行 7×24 小时转账，无法定时自动汇集客户银行卡资金购买金融产品，致使证券公司在与银行、互联网金融公司在财富管理方面的市场竞争中处于不利地位。为进一步提升客户购买金融产品的支付体验，证券公司应加大延长三方存管转账系统开放时间的探索力度，并结合各类金融产品业务场景，创新推进支付的场景化应用，提升客户资金转入和转出的顺畅度，帮助客户便捷管理资金。

（3）一个梯度化金融产品和服务矩阵。不同类型的客户对于金融产品的需求差异巨大。为充分满足客户对产品差异化的需求，证券公司需要在产品门槛、风险等级、收益率水平等层面构建具有梯度化的金融产品矩阵，为不同类别的客户引进和生产相匹配的金融产品；根据产品矩阵开展梯度化投资者教育，引导客户理财进阶，培育客户养成理财习惯，进而为客户提供分类分级的资产管理服务。以国泰君安证券为例，其针对不同星级客户，提供了不同门槛、不同深度的差异化金融产品组合策略。

（4）一个极致体验的客户理财平台及账户。优质的金融产品服务离不开具有良好客户体验的账户及理财平台支持。证券公司应在保证线上理财流程合法合规的前提下，深入研究和应用金融科技等手段，制定和完善不同类型金融产品的开户、预约、买入、卖出、转换、转让等交易规则，不断创新和优化金融产品交易流程，提升平台的智能化水平，降低金融产品交易成本，打造具有极致客户体验的轻量账户和理财平台。国泰君安证券君弘APP依托金融科技，在业内率先推出了工资理财、智能定投、热点追基等智能理财服务，实现了公募基金、银行理财、收益凭证等产品的7×24小时预约购买，通过数字证书、视频见证等科技手段实现100万元以上高端理财产品的免UKEY购买等，均从不同维度提升了平台的客户体验水平。

3. 研究咨询支撑

研究咨询支撑是证券互联网服务发展新模式的重要支撑，该支撑需要依托证券业机构研究所及相关研究人员力量，为客户提供包括境内外、场内外、期现货相关专属研究咨询内容，并经由投资顾问加工整理成零售客户简单、易懂、获得感强的内容，并在遵循适当性管理要求的前提下，向客户进行精准合规地推送。研究咨询支撑的实现路径有以下三个方面：一是机构研究零售化，二是研究内容差异化，三是服务流程标准化。

（1）机构研究零售化。机构研究零售化，是指证券公司通过专业人员将其研究所研究的报告进行加工后，以更简单易懂的形式输送给零售客户，为更多零售客户提供优质研究咨询内容。

机构研究零售化在业内现有的主要实践方式是成立专业化咨询团队，贴近客户开展研究咨询。专业化咨询团队的成员，既包括了专业的投资分析师、投资顾问等，还涵盖了深谙客户心理的证券公司互联网运营人员。这样一个专业化的研究小组，分工明确、责任清晰，在紧密协作中为零售客户输送优质、易懂的研究咨询内容。该专业化研究小组的运行模式是：行业研究员和投资分析师负责输出专业的投资研究内容，经由互联网运营人员进行加工和包装，通过线上线下多渠道将内容输出给客户，其中线上主要是通过证券公司"三端一微"等平台输送给客户，而线下则主要是通过一线投顾或客户经理输出给客户。

（2）研究内容差异化。研究内容差异化，是指在客户分类分级的基础上，根据客户资产和基础标签，以及资讯内容展现程度、信息提醒时间、资讯产品定价以及资讯信息数量，按照同等级客户优先考虑投资偏好和价值贡献标签的原则，为客户提供差异化的研究咨询内容。按照财富管理中客户分类分级的普遍方法，并结合证券公司互联网平台的特点，本文将客户分为以下三类：潜在客户、大众客户、高端客户（富裕及高净值客户）。研究咨询内容应做到立体化产出，即基础研究咨询内容、深度研究报告内容、高端研究内容，分别覆盖上述三类客户。

基础研究咨询内容是为潜在客户提供的最简单、易懂的常规型研究内容，包括基础资讯产品和基础研究服务两大类，为潜在客户日常投资决策提供辅助作用，也是研究内容立体化的最基础部分。深度研究报告服务是为大众客户提供的更高水准、更有深度的升级型研究内容，包括公司及行业研究报告、研究报告专业解读服务两大内容，为专业投资者提供更有深度的投资决策辅助服务，是研究咨询内容立体化的中坚力量。高端定制研究是为高端客户提供的尊享式、高端类、定制型研究，包括公司研究所电话会议、研究员一对一现场或视频交流、研究所策略会或直播等，为高净值专业投资者提供投资决策辅助服务，是研究咨询立体化的重量级部分。

（3）服务流程标准化。服务流程标准化，是指证券公司通过统一的服务分类和推送规则，形成标准化的研究咨询服务流程。这种标准化的服务流程，需要证券公司总部制定统一的服务分类及研究资讯推送规则，借助移动APP平台进行研究咨询内容的推送，在智能化工具的辅助下提供标准化的研究咨询服务，而服务团队则通过线上平台接收研究服务信息，在标准化流程的指引下，为客户提供个性化的研究咨询服务内容。服务流程标准化是研究咨询支撑极为重要的一环，只有建立完整可行的标准化服务流程，证券公司才能更好地发挥研究咨询的支撑作用，从而保证证券互联网服务新模式的正常运行。

4. 金融科技支撑

先进的金融科技应用是证券业互联网服务发展新模式的基础支撑。证券行业通过引入大数据、人工智能等前沿科技，在全景客户画像、场景化营销与服务、客户价值管理等方面进一步实现能力提升；通过引入云计算和区块链，证券业互联网服务更好地实现了"敏捷服务、动态交付"。

为了提升证券互联网服务运营人员的快速决策和高效协同，应依托金融科技将传统基于交易的技术架构改造为更具创新性、灵活性的"全数据－大中台－微服务"互联网服务技术架构。该架构使得作为一线业务主要载体的前台能够以"微服务"更敏捷、快速地适应市场，有效提升企业创新能力，减少试错成本；"大中台"则将集合整个公司的数字化能力、产品技术能力，对各业务前台形成强力支撑；"全数据"则依托海量数据，建立行业数据模型，为数据智能应用提供高保障的数据。通过这种敏捷的技术架构全方位提升企业业务创新能力、精细化运营能力和精准营销能力，并共享业务体系、降低试错成本，从而提升证券互联网服务的核心能力（见图11）。

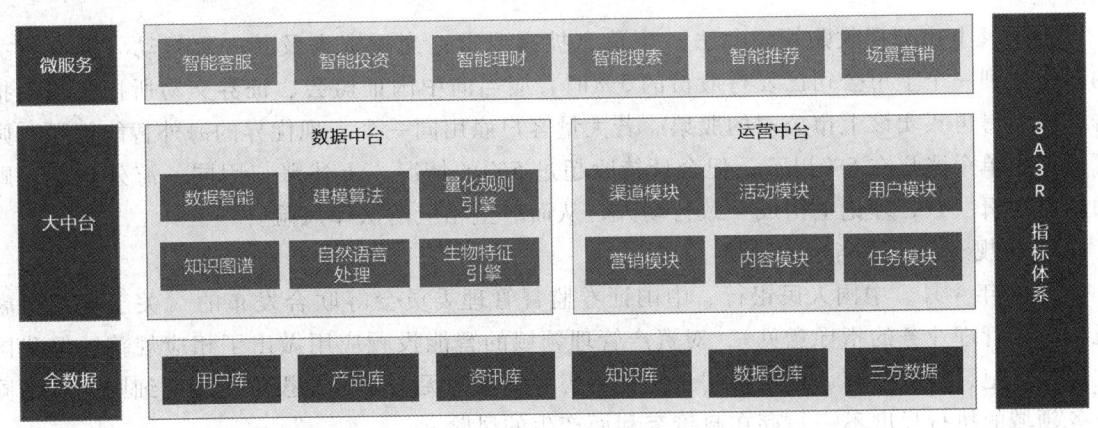

图11 "全数据－大中台－微服务"互联网服务技术架构

三、证券互联网服务发展存在的风险点

随着证券业服务与科技融合的不断深化，新业务、新应用、新模式的出现频度也持续加

快。与此同时，证券互联网服务发展存在的潜在风险，也因互联网特有的联动性，而使得其蝴蝶效应更为显著。证券互联网服务发展的潜在风险包括海外智能投顾应用风险和金融科技应用风险等。

（一）海外智能投顾应用的风险

海外智能投顾应用的风险主要是由模型算法自身特点及监管所引起的，主要体现在：一是因模型黑箱而带来的潜在挤兑风险；二是同一或近似同质算法而导致的不同账户间构成一致行动人的风险；三是合规经营及适当性问题。

1. 模型黑箱带来的挤兑风险

随着证券服务的互联网化，传统客户与客户经理或投资顾问面对面的交流逐渐演变为客户与平台的互动。海外智能投顾一般基于客户填写的问卷推断其风险偏好，并以大数据智能推荐模型算法来提供适当的服务，但其智能金融算法模型对大部分客户而言，往往难以理解，并会存在信任问题。

模型本身可能存在如因编程设计错误、算法同质化加剧投资行为的顺周期性等风险点，造成智能投顾偏离原有理论模型及算法程序，出现无法提供正常或持续服务的内生风险。一旦出现该类问题，可能会出现羊群效应，发生群体性大规模赎回，对涉事产品产生挤兑，或造成证券价格的非正常波动，从而影响证券市场稳定，同时，也会极大削减客户对智能投顾及其服务提供机构的信任。

2. 一致行动人问题

海外智能投顾得益于相应算法和数据的强大运算能力，同一算法往往可以服务数以千计的客户。海外智能投顾虽会依据不同的客户风险偏好给出不同的资产配置建议，但同一算法或近似同质的算法，仍可能使得不同账户之间构成一致行动人，产生一定的交易或者监管的风险。

依据《上市公司收购管理办法》中信息披露要求：当投资人及其一致行动人拥有权益的股份达到一个上市公司已发行股份的5%时，应当向中国证监会、证券交易所提交书面报告，并不得再买卖该上市公司的股票。若大量客户雇用同一个表现优异的海外智能投顾，则可能产生单个账户在5%以下，但合计持股超过5%的情况。上述账户因同一海外智能投顾的投资逻辑一致，理论上构成一致行动人，从而产生相应的法律风险。

3. 合规经营及适当性的困境

2018年4月，中国人民银行、中国证券监督管理委员会等联合发布的《关于规范金融机构资产管理业务的指导意见》，对资产管理领域的智能投顾应用做出了相应规范，但我国在证券经纪、投资咨询、理财顾问、基金销售等领域尚无关于智能投顾的规范细则，且不同业务领域的执行尺度不一，存在政策套利而产生的风险。

此外，海外智能投顾对投资偏好认定同样缺乏法律上的衡量标准和依据。目前，海外智能投顾对客户的认知和投资偏好认定主要基于调查问卷，相较于自然人投顾线下接触客户形成的较为深入、详尽的客户投资需求、财务状况与投资计划的了解，通过该种形式收集的客户信息在真实性和全面性上均难以有效保证，由此产生的金融服务存在潜在的适当性匹配风险。

（二）金融科技应用的风险

如前所述，金融科技是证券互联网服务发展的重要支撑，但与此同时，智能身份认证、无纸化、云计算等技术应用创新带来的各类潜在风险同样不容小觑。

1. 智能身份认证风险

在传统的身份认证模式下，客户密码虽易被遗忘，但本质上仍是保密信息，且丢失后可选择重置修改。但客户的生物特征信息本身并不具备保密性，容易被窃取和盗用。由于生物信息数据泄露或遭恶意复制后，客户无法重置指纹、虹膜等生物密码，从而使得危害隐患周期更长。

生物识别的身份认证涉及产业链较长，包括了移动设备厂商、移动应用开发商、检测认证机构等角色。目前，这些角色对于生物识别采用的实现方案不尽相同，不同的方案的安全保障能力亦有所不同，尤其是在移动设备上进行生物识别时，由于移动设备软硬件系统的多样性，在非监督环境下使用可能存在客户生物信息泄露等安全漏洞，给客户资金安全带来隐患。

2. 服务办理无纸化的法律风险

服务办理无纸化，是证券互联网服务办理集中化的依托。但目前我国现行的《证券法》等法律法规对证券和证券服务登记的相关规定比较原则化，并未就非数字验签情况下的客户线上签名认证等无纸化证券服务特有的签署模式做出明确的司法认证。若与客户之间产生司法纠纷，证券公司可能面临举证困难等问题。证券服务提供商为控制法律风险，只能尽力探索无纸化业务运行的模式，从技术手段上加强与客户签订各类协议的真实性、有效性管理。即便如此，模糊的法律认定边界依旧使线上客户身份认定困难重重。

3. 云计算的应用风险

云计算将金融机构的资源和数据置于共享公共网络上的全新的服务模式，将资源的所有权、管理权及使用权进行了分离，机构失去了对物理资源的直接控制，因此运营商的资质可能会给金融机构带来风险。一是部分云服务运营商证券行业服务经验不足。部分云服务企业对证券行业合规运营的经验不足，存在无法全面、准确理解，或明确达到监管对于证券行业的严格要求，从而给证券机构在技术及监管层面带来不必要的风险。二是部分云服务运营商数据隔离能力弱。数据在云中通常是处在数个租户数据共享的环境中。病毒侵入、黑客攻击、网络异常或瘫痪、交易迟延等均有可能给运营商数据隔离和保密能力带来考验。基于证券服务因反洗钱等规定大多要求身份证实名认证的背景，服务器保留的客户数据多涉及敏感信息，多租户之间的信息资源若无法安全隔离，则存在客户信息泄露等安全风险。

四、证券互联网服务发展面临的挑战

近年来，随着互联网化进程的持续深入及财富管理转型的不断发展，证券互联网服务面临着跨界竞争、产品缺乏、监管收紧等巨大挑战。与此同时，人才机制不健全，金融科技基础设施投入不足等问题同样愈发凸显。

(一) 证券互联网服务财富管理转型挑战巨大

现阶段，随着中国居民收入水平的持续增长，证券公司客户已从传统的股票投资或理财产品购买向综合财富管理升级，且呈现多元化、全球化配置倾向，证券互联网服务的财富管理转型已成为行业发展趋势。在转型过程中，证券公司将面临如下挑战：

一是更多的跨界竞争挑战。证券公司外的其他机构进军财富管理的步伐不断加快，使得证券公司面临银行、互联网金融巨头、第三方财富管理机构等的日益激烈的跨界竞争。二是产品及服务丰富度不足。对证券公司而言，目前产品的丰富度有待进一步完善，权益类产品占比较高，且同质化现象严重，无法有效满足传统富裕及高净值客户的需求。三是资产端及资金端尚未顺畅打通。目前证券公司在资产端及资金端尚无法实现顺畅对接，众多优质资产无法有效转化为具备强市场竞争力的金融产品提供给客户。四是全权委托账户尚未放开。目前，我国尚未开放"代客理财"业务，无法为用户提供全权委托的账户管理服务，受托人不能在未经用户同意的情况下买卖证券。

(二) 证券互联网服务人才机制有待健全

如何建立匹配自身发展的人才储备，通过政策倾斜、考核激励、专业培训等方式，快速建立有针对性的金融科技复合型人才和投资顾问培养机制与激励机制，成为摆在证券互联网服务发展新模式面前的重大挑战。

此前，证券公司普遍采用外包模式发展移动互联网业务及金融科技。相较互联网公司，传统证券公司尤其是中小型证券公司，无论是在互联网产品、运营、IT研发等人员的数量，还是专业能力及创新水平上，均有较大差距。截至2017年末，证券行业共有IT人员1.6万人，远低于互联网企业（如网易2.0万人，苏宁易购1.2万人）。随着证券互联网服务纵深发展，如何权衡培养金融科技人才等人力资源投入、成本与其带来的服务产出成为摆在各家证券公司，尤其是中小型证券公司面前的重大挑战。另一方面，证券互联网服务财富管理转型亦使得证券公司对投资顾问的需求日益增长。客户投顾队伍的能力建设是一项长期且持久的工作，需投入足够的资源进行员工能力提升与品牌塑造，而各家证券公司尚未投入足够资源，且真正能实现客户资产保值增值的高水平投顾极少。

(三) 证券互联网服务基础设施投入不足

证券公司在互联网建设方面的投入多集中于客户端层面的客户体验升级，对大数据、云计算、数字证书、信用征信、三方存管等后台基础设施建设投入匮乏。为了支撑新型的服务业态和数字运营，以大数据、人工智能等为代表的前沿技术探索和应用创新要求不断提升，基础设施及自主研发投入短缺问题进一步凸显。

一是总投入不足。截至2017年末，证券行业IT投入平均为1.1亿元，远低于互联网企业，如奇虎360为24.65亿元，苏宁易购为18.19亿元，科大讯飞为11.45亿元。二是数字证书建设不足。证券公司在行业内尚未建立或引入一套高效、便捷且具有较强法律效力的第三方数字证书认证体系，在互联网业务开展过程中面临较多线上合同协议签署难、取证难等法律问题。三是受限于现存的资金存管和划付体系，证券公司无法为移动互联客户提供全天候、便捷的投资理财服务。四是云计算能力发展不足，证券公司系统普遍缺乏对大数据的实时计算能力，进而产生数据滞后、实时交收困难等一系列问题，客户体验较差。

五、证券互联网服务发展破局关键

综上所述，本研究认为，投资者对于证券互联网服务的核心期待在于自身资产的保值、增值。未来，证券互联网服务将进一步回归"服务"这一本源；以 ABCD 为代表的金融科技将重塑证券服务的整条价值链；开展逆周期性、全面立体的财富管理服务将是大势所趋。

因此，以金融科技为驱动，搭建客户有获得感、员工有抓手，整体性、系统化全量客户服务体系，构建"O2O + 财富管理"的服务发展新模式是证券互联网服务的转型方向，也是为海量投资者提供差异化、高质量服务的最佳路径。这其中，O2O 是组织形式，财富管理是服务内容。为实现上述目标，证券公司一方面要依托"综合的牌照业务、丰富的金融产品供应、专属的研究咨询、极致的金融科技体验"四大基础支撑，全面推进服务品质革命；另一方面，围绕"客户、渠道、产品、市场、团队、平台、品牌、账户"八大核心要素，重点规划布局、夯实发展基础，打造证券互联网服务的四梁八柱，聚焦客户获得感，同时为员工提供服务抓手（见图12）。

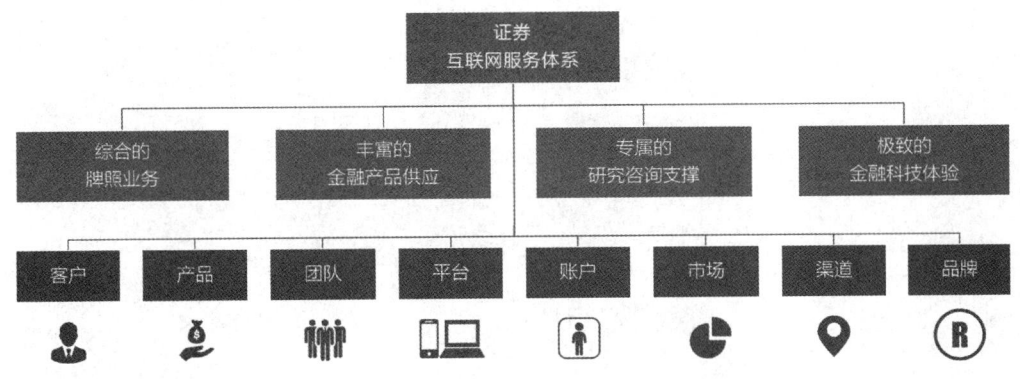

图 12　证券互联网服务体系的"四梁八柱"

一是客户。证券公司应基于客户资产、风险评估、投资偏好等对客户实施简明有效的分级分类，从而为客户提供差异化、个性化服务，并更好地实现基于大数据的精准营销及精细化运营。

二是渠道。在线上，基于金融科技平台为海量用户提供"千人千面"的全场景、伴随式服务，同时开展数字化流量运营，不断提升服务效率；在线下，通过智慧网点，为全体客户提供标准化、自助式服务；通过财富管理中心等渠道，为中高净值客户提供个性化、一站式、有温度的财富管理服务等。不断强化线上线下的协同作用，建立线上线下顺畅联动、相辅相成的客户响应和服务模式。

三是产品。金融产品是证券公司开展财富管理服务的基础。通过专业和丰富的金融产品及优质服务，可为不同客户提供专属产品服务体验，稳定存量客户资产，拓展新增客户资产。

四是市场。在可供参与的场内场外、境内境外、期货现货金融投资市场，为客户提供尽可能多的便捷、高效的业务开通办理服务，以及快速、极致的行情、交易及服务体验等。

五是平台。为客户提供 APP 移动客户端、PC 客户端、网页端、微信公众号等"三端一微"触达平台,为员工提供工作及服务平台,并实现各类平台间的系统互通和功能同步,为客户服务提供强大的金融科技支撑。

六是团队。财富管理服务的核心是资产配置能力,而资产配置能力的高低取决于投顾团队对客户需求的理解、对市场和大类资产走势的判断、对资产配置理念策略的贯彻和落地等。证券公司应着力培育以投资顾问为核心的客户服务团队的综合服务能力和专业水平。

七是品牌。证券互联网服务发展新模式的价值主张应以客户为中心,强化针对个人投资者的品牌建设。一方面,通过线上、线下多种宣传手段,提升自身品牌的知名度和美誉度;另一方面,采取差异化竞争策略,突出自身的独特优势,建立较高的品牌识别度和客户信赖度。

八是账户。以客户身份信息为统一标识,为客户提供体验优质的轻量、全数据账户,实现全面、立体、精准的客户画像与需求洞察,从而奠定风险控制、资产配置、营销服务等"千人千面"及迭代优化基础,并为客户提供极致投资理财体验。

分析师荐股行为、声誉评估及金融产品创新研究

中山证券有限责任公司　东莞理工学院联合课题组[*]

一、引言

在利益追逐、"用脚投票"的市场竞争体制下,分析师的实力直接决定其声誉影响与市场价值。《新财富》等现有评估机制通常采用问卷调查方法,存在主观性、偏颇性等不足。究其原因有:其一,问卷调查的可操作性,导致反馈结果的非公允性;其二,问卷的设计者容易将主观因素带入问卷中,且被调查者容易产生从众心里和隐藏真实偏好,产生实力扭曲。受此影响,市场对分析师实力的定义也千姿百态,有依靠实力、精通市场而享誉盛名的分析师,也有扭曲实力、滥竽充数的"伪分析师"。耳闻熟详的"拜票""跪舔"等词语,客观地反映出分析师声誉市场的现状。因此,在信息非对称、关系扭曲、"羊群效应"与经济成本效应的驱动下,分析师声誉或许成为社会关系网络或实力扭曲的代名词。

不可否认的是,现有分析师声誉评估机制存在的主观性与非公允性等缺陷(王宇熹等,2007),虽客观、合理地评估出部分一流、有实力的分析师,但也拉升二流抑或三流分析师的非正常水平。这易滋生个别分析师投机取巧行为,易给用人机构的决策部门造成非公允、非客观的价值判断,未实质解决决策部门在选贤任能时的困惑,加剧"高薪低能"或"高薪庸能"现象。现有分析师声誉评估理论机制的缺陷,既降低企业的经营管理效率,又不利于分析师市场公平竞争与初入职分析师的健康成长。

此外,现有评估机制对分析师非公允性评价,还将直接产生三种不良的社会影响:其一,影响分析师的积极性与禀赋效应的发挥;其二,给决策部门造成假象,形成"分析师能力不行"至"分析师真的没有能力"判断等恶性循环和路径扭曲;其三,不利于分析师

---

[*] 本文为中国证券业协会2018年优秀课题。课题负责人:李湛;课题组成员:阳建辉,周丹妮,曹萍,唐晋荣,方鹏飞,邹欣,张雪杰,刘波,邓思思。

市场的健康有序发展。考虑现有评估机制缺陷所引致的经济社会效应，无论是决策部门抑或社会影响，有必要基于分析师荐股行为，建立一套客观公允的分析师评估理论，以有效评测和判断分析师的市场声誉，弱化信息非对称及其所引致的社会问题，实现分析师市场公允判断、合理定价和有效配置公司资源（Merkley et al., 2015；Brown et al., 2015）。

鉴于此，文章本着简单适用、市场逐利、市场数据、市场选择、市场评判断等一般原则，采取层层叠进策略和市场化权重方法，从宏微观视角构建客观、有效的分析师声誉评估模型，考察并量化不同时间维度下分析师荐股标的价值、标的追踪效应、情绪溢价效应、分析师个人禀赋等个性特征及相应的社会经济效应和对分析师市场声誉的综合影响。

分析师市场声誉评估机制由宏观市场的情绪溢价模型和分析师禀赋效应模型两部分组成。在叠进策略下，市场响应与分析师禀赋相辅相成，两者互为递进。理由是：其一，市场行为所带来的情绪溢价与个性禀赋共同决定分析师的声誉及其市场声誉；其二，投资者对荐股研报及相应个股的响应与情绪躁动效应，促进分析师禀赋效应发挥；其三，分析师禀赋效应的发挥，躁动市场情绪，增强所荐个股的成功率，利于培植分析师市场声誉。

事实表明，经市场验证的个人禀赋或魅力，通常会产生集聚效应和"羊群效应"（Jegadeesh & Kim, 2010），提升分析师的声誉和市场号召力。市场跟风行为与分析师声誉间的螺旋递进关系，决定分析师评估机制各子系统间及其绩效衡量指标情绪溢价与分析师禀赋间的内在逻辑。

投资者情绪及其溢价由超市场收益描述，反映投资者对标的个股的预期或人气指标，情绪溢价波动刻画了投资者情绪变化（Lee et al., 2002；饶育蕾和刘达锋，2003）。由于信息非对称、市场逐利心理和声誉效应，分析师的荐股报告与荐股等级，对盲目跟风投资者产生集聚效应，基本决定追随者的决策意愿及其资金投向，驱动所荐股票超市场价格波动（Brown et al., 2015；Bottazzi & Dindo, 2014）。特别的，知名分析师的市场声誉效应及其对所荐股票的价格驱动效应尤为明显。若其他条件恒定，累积情绪溢价刻画了市场对分析师所荐个股情绪溢价的大小。荐股报告在不同时间维度的累积情绪溢价，描述了市场情绪行为对分析师市场综合声誉的驱动效力。

分析师禀赋效应与市场追随行为存在协同递进关系，影响所荐股票超市场波动。荐股准确率、报告质量和"露脸"频数等要素禀赋，是决定分析师市场声誉和声誉惯性的重要因素，其中荐股准确率是禀赋效应的首要驱动变量。原因是：其一，分析师荐股准确率反映研究报告的质量，决定投资者"用脚投票"还是用"用手投票"；其二，"露脸"频数与"关注面"的社会经济效应，由荐股准确率与情绪溢价通道，影响分析师声誉及其对市场的驱动效力。此外，由于市场投资者的跟风行为与逐利心理，报告质量的高低（前期荐股的准确率）与声誉效应的大小，决定市场投资者及其资金投向规模，影响所荐股票超市场波动的幅度与禀赋效应社会驱动力的大小。

鉴于此，本文将基于分析师荐股行为及其所引致的市场情绪视角，综合考虑荐股准确率等要素禀赋，评估分析师市场声誉，并探讨声誉机制下的金融产品智能化等问题。

二、国内外文献述论

分析师市场声誉动态评估研究方面，现有文献尚未将情绪溢价和分析师禀赋效应提升至理论高度，未考察情绪溢价、禀赋效应对分析师市场声誉的具体影响，未将其作为评估分析师市场排名的客观依据，更未建立成体系的荐股系统、创新金融产品并对产品实施智能监测与风险管理。

（一）现有评估机制存在缺陷的述论

分析师声誉评估方面的理论与应用文献相对稀少。王宇熹等（2007）以《新财富》作为研究对象，指出《新财富》最佳分析师遴选方法存在如下缺陷：其一，统计调查方法的主观偏差性；其二，人为定分与基金管理规模权重法的偏颇性；其三，最佳分析师评估结果的非公允性。廖明情（2 015）实证研究了买方与卖方分析师的预测行为差异及其经济影响。杨尔稼等（2014）发现分析师评级及其变量的投资价值，市场对利好投资信息的反应迅速。曹凌松和余冬兰（2012）从分析师选股与预测能力视角、杨大楷（2012）基于问卷调查与专家咨询等方法，构建证券分析师胜任能力模糊综合评价体系，认为分析师总体上不具备胜任能力。

可见，鲜有学者基于市场大数据，构建客观、合理的评价体系，公允评判分析师的绩效与水平，本课题研究正是弥补这一缺陷。

（二）分析师乐观认知与情绪溢价述论

分析师乐观荐股、认知偏差方面。在经济利益的驱动下，分析师通过高估研究标的，煽动投资者乐观情绪，间接形成券商与投资者合谋的承销网络关系（黄瑜琴等，2013；Bradley et al.，2006）。受经济动机和认知偏差的影响，Mola 和 Guidolin（2009）发现荐股级别与市场信息传递存在偏差。Callen 和 Fang（2013）、许年行等（2013）、An 和 Zhang（2013）等众多研究证实，分析师利益冲突、预期偏差、机构投资者投机行为皆显著影响资本市场走势，不利于资本市场的稳定发展。分析师倾向于提高荐股研报的评级（蔡庆丰等，2011；Choi，N. et al.，2015），荐股评级的"羊群效应"存在溢出效应，显著增加资本市场风险（Kim et al.，2016；Xu et al.，2015；Xu et al.，2013）。因此，课题从分析师荐股行为、预期偏差等视角，创新金融产品与评估分析师市场声誉，是对现有文献的重要补充。

此外，金融创新与智能化研究旨在顺应市场需求，降低委托代理关系所产生的道德风险与逆向选择（莫易娴，2012）。金融创新利于降低券商的交易成本和增强自主品牌建设（人民银行杭州支行课题组，2011；张波，2002）。分析师声誉视角下的金融产品创新与智能化研究正是为了响应市场需求。

（三）分析师荐股行为的经济影响述论

分析师荐股行为的经济影响方面，现有文献主要研究分析师荐股的超市场驱动效应和"羊群效应"（Bottazzi 和 Dindo，2014；Jegadeesh 和 Kim，2010）；分析师荐股评级大幅度调整，影响基金买入与卖出行为，增强市场"羊群效应"与股价波动（蔡庆丰等，2011；Choi，N. et al.，2015）；荐股报告的"黑箱效应"（Brown et al.，2015）；荐股目标价的无效性抑或有效性（Bradshaw et al.，2013；Gregoire 和 Marcet，2014）；荐股级别与市场信息传递的偏差问题（Mola 和 Guidolin，2009）；分析师荐股报告的短期超市场收益效应（方先明与汤泓，2016）；买方与卖方分析师的预测行为差异及其经济影响（廖明情，2015）；跨专业分析师的超市场效应和溢出效应（Merkley et al., 2015）；分析师乐观偏差对股价崩盘风险的金融影响（许年行等，2012）；市场行为的风险溢价效应（Trivedi, 2014）；分析师盈利预测股价的漂移效应（丁方飞等，2016）。

显然，现有文献鲜有从情绪溢价行为所引致的市场波动、分析师禀赋效应视角，探讨行业分析师的综合排名及其市场异质影响效力；更未基于系统性声誉评估，依托市场大数据与人工智能等前沿技术，从分析师荐股溢价、预期偏差与禀赋效应视角，做出进一步的金融产品创新与风险智能监测、管理。这也就是本文根本性创新的要点所在。

相对现有文献而言，本研究的创新点主要有三项：其一，理论创新，将情绪溢价、分析师禀赋等主客观要素提升至理论高度，从客观视角构建分析师声誉动态评估理论机制；其二，量化分析师荐股的情绪溢价与要素禀赋，结合市场自适应调整机制与叠进策略，探讨分析师声誉排名及其动态传导机制；其三，在大数据分析与声誉动态排名框架下，创新并智能管理金融产品。

三、分析师荐股行为及声誉动态评估

考虑到市场行为所引致的情绪溢价与分析师特性的异质效应，本研究基于现实经验与相关研究文献，从市场溢价、禀赋效应等特征着手，测度分析师所荐股票的情绪溢价等要素禀赋的具体效应，构建全市场分析师声誉的动态评估机制。

（一）分析师荐股行为的声誉传导机制

在利益追逐和羊群行为的驱动下，市场行为驱动股价超市场波动，情绪溢价是市场行为或分析师市场声誉的具体表征（Bird et al., 2014；Breaban 和 Noussair, 2013）。基于此，评估机制从即期、短期、中期和长期4个时间维度，比较参照各行业指数收益，将分析师在不同时间维度下的市场溢价，作为声誉评估机制的基础指标。

有文献表明（王宇熹等，2007），情绪溢价的测算方法有事件期市场调整模型、事件期规模调整模型、事件期行业调整模型和行业调整估算法。需指出的是，事件期的市场调整抑或规模调整情绪溢价方式具有非一般性，无法刻画行业指数与大盘共振特例，更无法比较异质规模股票所带来的情绪溢价差异。基于行业调整的情绪溢价估算方法，克服了上述问题，且相对于行业均值法而言，基于行业调整的情绪溢价反映各行业分析师的相对荐股能力，反映市场行为溢价和分析师个性特征的异质效应。

在信息非对称环境下，经行业调整的前复权情绪溢价，是分析师市场声誉评估机制的首要指标，具有如下优点：其一，描述了市场行为对分析师所荐股票的响应程度，即市场对分析师追随效应的大小；其二，克服不同荐股等级研究报告对股价的异质效应；其三，利于刻画不同质量层次的研究报告（如深度报告、跟踪报告、点评报告等）及其阅读量对其所荐股票价格波动的异质影响，即研究报告分量与质量的异质效应；其四，消除高送转等因素对股价波动的影响。

情绪溢价刻画了分析师公布研报的时点效应及其对股市基本面抑或个股股性的把握程度，理由如下：其一，报告公布后，分析师所荐股票情绪溢价的正向或负向变化刻画了分析师市场声誉的大小；其二，情绪溢价符合价格均衡理论下的趋零规律、股价波动的惯性效应和市场羊群行为的驱动效应（Yao et al.，2014）；其三，情绪溢价描述了分析师对股市基本面和个股股性的把握力度。

分析师市场声誉除受股价冲击、"羊群行为"等因素制约外，还受行业的整体水平（权重因素）的影响，且对不同分析师而言，还存在时间维度的取舍问题。考虑到金融市场的时效性与股市机会的瞬时性，本研究摒弃现有的短期与中期两维思想，将时间维度分为4个时期档：即期、短期、中期和长期4个维度。结合市场化双重权重赋值法，以评估分析师在不同时间维度的综合声誉。

对于行业整体水平即权重因素问题，阅览现有文献发现，研究者通常以人为方式设定、调整来迎合市场经验（王宇熹等，2007）。为克服人为权重设定的缺陷，本研究基于市场大数据而非人为臆断，决定不同时间维度下各行业分析师的整体水平。

具体而言，统计出样本期内有效研究报告总数，以及报告公布日即期、短期、中期和长期等不同时间维度下各自具有正情绪溢价的报告份数，研究报告总数与各时间维度下具有正情绪溢价的报告份数 R_t 的比值，即为不同时间维度下情绪溢价的权重。其经济意义有：其一，一般情况下，荐股报告公布的时间越长，其效力和准确率越低，具有情绪溢价的权重就越小；其二，大数据自适应权重调整法，规避了主观权重设定的缺陷。市场化权重 WR_t 遵循市场奖优罚劣规律，对经得起市场检验的荐股研报及相应的分析师，给予相对较高的权重；反之则反。

此外，分析师荐股等级偏好和荐股级别变动的惯性效应制约了市场声誉及其得分（Degeorge et al.，2013；Jackson，2005），分析师对相同（不同时间）/不同股票的荐股等级不同，其市场声誉可能存在差异（Jegadeesh et al.，2004）。鉴于此，文章将100余家券商的荐股等级分为4档，即强烈推荐、推荐、中性和卖出4个等级。结果发现：分析师荐股等级相对偏乐观，概率 WP_{ij} 偏重于强烈推荐与推荐等级，中性与卖出等级个股不及整体样本的5%。

（二）分析师禀赋效应的声誉传导机制

本部分基于情绪溢价机制，从分析师的研究深度与广度两个角度，阐述分析师声誉评估机制下的禀赋效应。其涉及的关键因素主要有三个：分析师荐股准确率及其市场效应、个人精力量化与分配效应以及社会经济效应等。

首先为分析师荐股准确与否的市场效应。分析师荐股准确与否，既反映分析师对经济基本面和所荐股票股性的了解程度，又刻画市场对分析师的认可度（Gregoire 和 Marcet，2014），是市场联袂效应与情绪驱动的直接结果。荐股报告若经不起市场考验，分析师便难以形成良好的声誉和"羊群效应"（Jegadeesh 和 Kim，2010；Hong 和 Kubik，2003）。因此，在"用脚投票"的竞争环境中，荐股准确与否，直接考量分析师精力及其分配、社会经济关系的市场价值。荐股准确率是决定分析师市场效力及其整体声誉的首要个性特征。

其次为分析师精力量化及分配效应。分析师精力及其分配刻画了分析师的研究广度与深度。通常情况下，分析师的精力越充沛，其关注面越广、关注的股票只数越多。分析师对所荐股票的精力分配越多，其所荐股票的研究报告越有深度，理应在个股中获得较高的市场声誉。需注意的是，在"用脚投票"的市场环境中，个股声誉不等同于整体声誉，分析师对市场声誉的追求，倒逼其合理利用、有效分配精力等特性禀赋资源。

最后为分析师的社会经济效应。分析师特别是卖方分析师通常以各种方式，在媒体、公共场合以及交流会上频繁露脸，露脸次数或演讲频率以及分析师所关注的内容，刻画了分析师的社会经济效应及其所带来的声誉影响。露脸频数和关注面间接体现了分析师的专业水平、市场广度、人际关系和隐性规则的影响（Lin & McNichols, 1998），因此有必要将其纳入分析师市场声誉综合评估考核体系。

经验表明，若其他条件恒定，分析师声誉影响力与露脸频率正相关，分析师关注面对其市场声誉产生抑制效应。这主要是：第一，关注面涉及分析师精力分散和荐股准确与否问题，较宽的关注面和较少的精力分配会增加市场"用脚投票"的权重，不利于分析师市场声誉的培育；第二，在专业化水平相差无几的前提下，分析师露脸越频繁，越利于获取良好的市场知名度。需注意的是，露脸频率和关注面描述的是分析师的社会关系网络，其主要通过市场行为（"用脚或用手"投票）与分析师声誉形成反馈循环机制，影响分析师的市场综合声誉。

（三）市场声誉评估机制的计量模型

不难发现，分析师声誉主要受市场情绪与禀赋效应的双重影响。其中，市场情绪包括不同时间维度下的情绪溢价，荐股准确率作为分析师个性禀赋的首要特征变量，是排在精力及其分配、露脸频数等社会经济变量前面的优序禀赋要素。本部分将着重分析不同时间维度下的情绪溢价与禀赋效应，以刻画其对分析师声誉的具体影响。

分析师市场声誉具有惯性效应，原因如下：其一，分析师市场声誉往往强者恒强，在短期承接效应的作用下，惯性效应显著；其二，分析师荐股标的具有可追踪性，市场情绪溢价具有路径可寻性；其三，分析师荐股标的及相应荐股等级的回溯性决定情绪溢价、准确率的路径依赖性。

根据声誉模型的传导机制与分析师声誉的动态特征，在控制精力及其分配、露脸等社会经济变量的前提下，分析师声誉综合排名 MI_{it} 的计量模型如下：

$$MI_{it} = \partial + \rho MI_{it-1} + \varphi Emp + \theta Endo + \omega_1 NS_{it} + \omega_2 ES_{it} + \omega_3 1/(NS_{it} \cdot HZ_{it}) + \varepsilon_{it} \tag{1}$$

其中，Emp（$Emp = [Emp_{T1}, Emp_{T2}, Emp_{T3}, Emp_{T4}]$）为不同时间维度下的情绪溢价，$Endo$（$Endo = [Endo_{T1}, Endo_{T2}, Endo_{T3}, Endo_{T4}]$）为不同时间维度下的禀赋效应特征变量，控制变量 NS_{it} 为分析师的研究精力，ES_{it} 为分析师对个股的精力分配，$1/(NS_{it} \cdot HZ_{it})$ 为露脸频率与"关注面"等社会经济变量。

模型（1）中，ρ 为惯性效应待估参数；$\varphi_1, \cdots, \varphi_4$ 为情绪效应待估检验参数，测度不同时间维度下分析师市场声誉对市场行为的影响，即情绪溢价的边际响应大小；$\theta_1, \cdots, \theta_4$ 为禀赋效应待估检验参数，刻画了不同时间维度下的个性禀赋及市场反应，即对分析师声誉的边际效应；ω_1、ω_2、ω_3 为控制变量待估检验参数；∂ 为常数项；ε_{it} 为随机扰动项。

考虑到市场情绪的短暂性与市场机会的瞬时性，不同时间维度下的情绪溢价将差异化影响分析师声誉及其市场综合影响力。我们针对情绪溢价与禀赋效应的异同，提出以下待检验假设：

首先，我们的先验预期是分析师声誉对短期情绪的反应积极且灵敏度高，从而显著提高分析师的市场声誉。受市场机会的瞬时性冲击，相对而言，长期情绪对分析师声誉排名的冲

击效力明显减弱,长期情绪的溢价效应显著弱化。针对这一先验预期,具体的待检验假设为:

(a) $H_0: \varphi = 0, H_1: \varphi > 0$

我们的先验预期所对应的检验结果是:对长、短期情绪溢价而言,皆拒绝原假设(a)。但就程度而言,短期情绪溢价的声誉驱动效力显著强于长期。

其次,鉴于禀赋效应寄生于情绪溢价,禀赋效应内生于分析师自身的实力及相关的个性特征。基于分析师自身优势进行市场声誉竞争可能是有效的,也可能是无效的。而且,对不同的分析师而言,分析师自身实力对改善其声誉排名与市场竞争力也可能存在差异。所以,其待检验假设为:

(b) $H_0: \theta = 0, H_1: \theta \neq 0$

禀赋效应及其自身实力对分析师声誉的提升有效与否,我们很难有一个先验的预期。因此,对原假设(b),我们缺乏先验判定的依据,只能看实证分析的结果。但从直观经验判断,由于羊群行为对市场机会的高敏感性与单一机会的不可持续性,不同时间维度下,禀赋效应对声誉的驱动效力显著但存在差别。

最后,考虑到分析师荐股等级、荐股标的以及市场声誉强者恒强的集聚效应,基于市场大数据、自适应权重调整方法的分析师声誉效应存在惯性效应。针对这一先验预期,具体的待检验假设为:

(c) $H_0: \rho = 0, H_1: \rho > 0$

考虑到分析师声誉的内在传导机制、分析师市场声誉的良性反馈机制、自适应调整机制、情绪溢价与禀赋效应相互作用机制及其内在传导机理等因素的综合影响,我们对待检验假设(c)的先验判断为拒绝原假设(c)。

(四)数据来源与变量设定

对于分析师市场声誉评估机制模型是否可行与适用性问题,我们基于 Wind 资讯数据库,手工搜集样本区间内(时间范围:2008 年 1 月—7 月,其中 2008 年 1 月—2 月为模型验证样本区域,2018 年 3 月—7 月为样本外跟踪与压力测试区域)全市场分析师及其荐股研报,以及研报相对应的荐股等级等数据。

截至 2018 年 7 月,A 股市场先后有分析师 4 600 余名,发表各类研究报告共计超 36 万篇。经处理后,模型验证的有效研究报告 334 806 份,压力测试的样本总数 23 620 份。通过实证检验与压力测试,讨论分析师市场声誉评估机制的有效性与合理性。

1. 数据来源与处理

实证检验之前,我们对样本区间内的样本数据做出如下处理:(1)删除没有评级或评级缺失的研究报告;(2)删除有评级但研究机构或分析师姓名缺失的研究报告;(3)归纳不同研究机构对荐股级别的异质特性,将市场中 100 余家券商的不同荐股级别归纳为强烈推荐、推荐、中性和卖出 4 个荐股等级;(4)情绪溢价以申银万国行业分类为标准,不同时间维度下,以分析师荐股收益相对申万行业指数的收益作为其测算基准;(5)考虑到大部分研究报告出现多位分析师署名等情况,本研究默认第一作者为研究报告的主要负责人,并据此研究其市场声誉;(6)剔除 ST 或 *ST 个股;(7)删除归属于申万行业综合的分析师及其所荐个股;(8)剔除不规范或纠正经确认不规范或错误的源数据。

2. 变量设定与说明

文章所涉及的关键变量的定义或测算方法如下：

（1）情绪溢价（Emp）：参考（Abarbanell，1991），以前复权收盘价为基准，测算分析师荐股报告在不同时间维度下的情绪溢价和对分析师声誉排名的具体效应。

（2）禀赋效应（$Endo$）：荐股准确率作为分析师禀赋特征的首要特征变量，不同时间维度下，分析师具有正溢价的荐股报告数与其研究报告总篇数的比例作为禀赋效应的替代变量，以反映禀赋效应的市场综合效力。

（3）惯性效应（MI_{it-1}）：借鉴现有研究的最新成果（杨继生和阳建辉，2015），将分析师声誉排名的上一期声誉排名作为分析师声誉惯性传导的衡量指标，以描述分析师声誉传导的路径依赖性。

文章所涉及的控制变量的定义或测算方法如下：

（1）研究精力（NS_{it}）：样本期内，分析师关注股票或荐股的总只数，作为分析师研究精力的替代变量。

（2）精力分配（ES_{it}）：精力分配蕴含着分析师对所荐个股的研究广度与深度，分析师荐股次数或报告公布篇数（N_{ijt}）与分析师公布报告的总篇数（TR_{it}）的比值为精力分配代理指标，N_{ijt}/TR_{it}为精力及其分配的替代变量。

（3）社会经济变量 [$1/(NS_{it} \cdot HZ_{it})$]：露脸频率与关注面代表分析师人脉网络的市场广度，文章以样本期内分析师荐股研究报告篇数的倒数（$1/TR_{it}$）及荐股只数的乘积，作为露脸频率与关注面的衡量指标，以刻画分析师市场广度的声誉影响。

（五）分析师荐股行为及声誉评估的实证检验

本部分以全市场分析师为研究标的，根据分析师市场声誉动态评估机制，研究不同时间维度的情绪溢价，兼顾申万各行业分析师的禀赋效应，以及其他控制变量，包括但不限于分析师精力及其分配、"露脸"频数和"关注面"等要素禀赋或社会经济变量。计量检验评估机制中各假设理论的合理性与有效性，压力测试申万各行业分析师2018年以来的市场声誉动态排名，验证并确保评估理论机制的稳健性。

实证结果表明，情绪溢价、禀赋效应显著影响分析师声誉，且情绪效应的时间效应相对明显；分析师声誉具有强者恒强、惯性效应显著的特征。经与《新财富》2014—2015年最佳分析师榜单比较，发现分析师声誉评估机制所评测出来的前10名，基本囊括《新财富》2017年度各行业最佳分析师，分析师声誉评估机制具有优异的准确性与可靠性。

需首先说明的是，分析师声誉动态评测中，文章以星期为单位，定期动态跟踪分析师声誉排名，引致分析师声誉具有较强的惯性效应。对于动态面板模型，我们以水平GMM估计方法，选取ΔMI_{it-1}、ΔMI_{it-2}作为MI_{it-1}的工具变量，以克服分析声誉排名的内生性问题。

1. 情绪溢价、禀赋效应与分析师声誉动态评估实证

基于全市场分析师荐股研报数据，着重考察分析师禀赋、市场情绪对分析师声誉的动态效应，应用水平GMM估计方法，克服内生性问题，实证检验计量模型（1）中，情绪效应和禀赋效应对分析师声誉的具体效应详情如表1所示。

表 1　　　　　　　　　　　分析师声誉评估计量检验模型的实证

	变量名称	参数估计值	标准误	95%置信区间
惯性效应	MI_{it-1}	0.8975**	0.0029	[0.8946, 0.9004]
情绪溢价	Emp_{iT1}	0.0324**	0.0060	[0.0210, 0.0438]
	Emp_{iT2}	0.0257**	0.0039	[0.0250, 0.0265]
	Emp_{iT3}	0.0140**	0.0030	[0.0080, 0.0200]
	Emp_{iT4}	0.0103**	0.0010	[0.0067, .01391]
禀赋效应	$Endo_{iT1}$	0.0122**	0.0025	[0.0092, 0.0152]
	$Endo_{iT2}$	0.0104**	0.0031	[0.0051, 0.0153]
	$Endo_{iT3}$	0.0093**	0.0029	[0.0064, 0.0123]
	$Endo_{iT4}$	0.0076**	0.0037	[0.0032, 0.0130]
控制变量	NS_{it}	0.0122*	0.0643	[0.0046, 0.0198]
	ES_{it}	0.0002**	0.0000	[0.0000, 0.0006]
	$1/(NS_{it} \cdot HZ_{it})$	0.0007**	0.0001	[0.0000, 0.0010]

注：**、*分别表示在5%、10%的显著性水平上显著。

第一，分析师声誉动态模型 Sargan 检验的 χ^2 检验值为 482.03，相应的 P 值为 0.9995，这表明过度识别的工具变量集是总体有效的。

第二，情绪溢价驱动分析师声誉综合影响力，具有短期性，且短期溢价效应显著强于长期。研究发现，5%的显著性水平下，φ_1、φ_2、φ_3、φ_4 估计参数显著异于零，情绪溢价的驱动效力明显，验证了假设（a）的合理性。

实证结果表明，随着时间的推移，φ_1、φ_2、φ_3、φ_4 的估计参数依次减弱，短期驱动效应明显强于中长期。情绪溢价具有短时性与瞬时性，究其原因：其一，投资者盲目跟风与市场机会的瞬时性，导致情绪驱动及其机制下的溢价具有短期性；其二，市场不确定性、消息冲击与时间成本，弱化了情绪溢价的中、长期的效力；其三，分析师依据基本面荐股，在声誉机制的驱动下，引致荐股标的具有短期溢价效应与中长期基本支撑等双重属性，间接强化了情绪溢价的短期效力。

第三，禀赋效应显著影响分析师声誉，短、中、长期的影响相对均衡。研究发现，5%的显著性水平下，θ_1、θ_2、θ_3、θ_4 估计参数显著异于零，且相对情绪溢价而言，禀赋效应的作用机制相对平衡。这表明禀赋效应驱动分析师声誉的效力明显，且禀赋效应对分析师声誉的影响相对稳定，验证了假设（b）的合理性。其可能的原因有：其一，荐股研报的研究质量，与分析师禀赋水平息息相关；其二，分析师禀赋具有相对持久性与连续性，增强了研究报告的内涵与质量；其三，分析师对荐股标的跟踪的连续性，强化了禀赋效应的持久性与弱衰减性；其四，分析师的自律行为，增强了禀赋效应对声誉排名的综合影响力。

第四，分析师声誉具有强惯性效应与传导效应。5%的显著性水平下，ρ 显著异于零且为正，验证了假设（c）的有效性。分析师声誉具有惯性传导效应的原因有：其一，分析师禀赋特征，引导分析师声誉惯性传导；其二，市场盲目信任、跟风与"羊群行为"，驱动情绪溢价，巩固并延续分析师原有声誉；其三，分析师声誉短期内不可逆等特性，引致声誉具有强短期惯性。

由此可见，禀赋效应、情绪溢价与路径依赖性三个重要素禀赋，基本决定分析师声誉的综合影响力，在盲目跟风、"羊群集聚"、投资者理性或非理性逐利与"用脚投票"的市场机制下，分析师声誉遵循"不进则退、溢价生存"的市场法则，易出现强者恒强的局面。

2. 市场声誉评估结果与《新财富》比较分析

为检验评估机制的可行性和现有评估机制的吻合度，本部分基于分析师市场声誉评估机制，量化和实证评估申万行业全部有效分析师的市场声誉和排名。经与《新财富》2017年各行业最佳分析师比较，发现分析师声誉评估机制与《新财富》最佳分析师排名具有良好的拟合优度。

具体而言，申万27个行业中（剔除综合），23个行业基本囊括上榜2017年度《新财富》最佳分析师榜单，行业拟合优度接近85%。声誉评估机制所评测出的最佳分析师，整体与80%的《新财富》2017年度最佳分析师榜单吻合，即2017年度115名《新财富》最佳分析师，有90名位列申万各行业前10名，具有优异的拟合优度与稳健性。

需提醒的是，只要分析师对外公布研报，我们就会根据最新评估理论和研报荐股标的，对分析师的市场影响力做出评测。声誉评估结果包括：其一，参与新财富、水晶球以及证券业金牛分析师评选的分析师；其二，对外公布了研究报告，服务机构允许但未参与新财富等最佳分析师评选的分析师；其三，对外公布研究报告，但因服务机构等各种原因未能参与新财富等评选的分析师。因此，相对新财富、水晶球以及证券业金牛等评选机制而言，研究报告所阐述的评估机制及其结果更加客观、全面与公正。

不难发现，本评估机制与《新财富》最佳分析师榜单在排名及其综合影响力等方面存在差别。其可能的原因是：其一，本评估机制与《新财富》评估的时间跨度不同，引致结果略显不同；其二，研究方法差异，《新财富》采取调查统计方法（存在主观偏差），本评估机制采取市场数据的统计方法，更为客观；其三，分析师评分的权重不同，《新财富》采取人为定分与基金管理规模的权重法（王宇熹，2007），本评估机制综合考虑了市场行为的情绪溢价、行业整体水平、分析师禀赋效应等多重要素，基于市场化数据和一般规律，在分析师的荐股报告质量、荐股等级、研究广度与深度等方面，各自赋予了差异化市场权重。以上这些，是本评估机制前10名分析师与《新财富》排名顺序存在差别的主要原因。

3. 压力测试：分析师声誉动态评估样本外跟踪与检验

为检验声誉评估机制的一般性，我们遵循一般经验，以2018年3月至2018年7月为压力测试样本，样本数量为23 620份，以检验分析师声誉评估机制的稳健性与合理性。

仍以申万各行业分析师荐股研报与市场行情数据为基础，应用水平GMM估计方法，选取ΔMI_{it-1}、ΔMI_{it-2}作为MI_{it-1}的工具变量，克服分析声誉排名的内生性问题，有效估计动态面板模型各待估参数，并据此考察压力测试区域内情绪溢价、禀赋效应等多重要素对分析师声誉的综合影响力。研究结果发现：分析师声誉排名具有强惯性效应。不同时间维度下，情绪溢价、禀赋效应显著影响分析师声誉及其市场综合影响力，验证了分析师动态评估模型的有效性与合理性。同时，Sargan检验的χ^2检验值为367.26，相应的P值为0.9 962，说明过度识别的工具变量集是总体有效的。压力测试样本内的计量实证如表2所示。

表 2　　　　　　　　　分析师市场声誉评估计量检验模型稳健性检验

	变量名称	参数估计值	标准误	置信区间
惯性效应	MI_{it-1}	0.8960**	0.0010	[0.8947, 0.8973]
情绪溢价	Emp_{iT1}	0.0275**	0.0140	[0.0000, 0.0551]
	Emp_{iT2}	0.0058**	0.0031	[0.0000, 0.0115]
	Emp_{iT3}	0.0033**	0.0009	[-0.0221, 0.0284]
	Emp_{iT4}	0.0029**	0.0008	[-0.0129, 0.0189]
禀赋效应	$Endo_{iT1}$	0.0110**	0.0042	[0.0040, 0.0180]
	$Endo_{iT2}$	0.0134*	0.0073	[0.0031, 0.0238]
	$Endo_{iT3}$	0.0095**	0.0028	[0.0043, 0.0147]
	$Endo_{iT4}$	0.0086**	0.0035	[0.0039, 0.0133]
控制变量	NS_{it}	0.0623**	0.0023	[0.0451, 0.0795]
	ES_{it}	0.0063*	0.0034	[0.0016, 0.0111]
	$1/(NS_{it} \cdot HZ_{it})$	0.0008**	0.00001	[0.0000, 0.0017]

注：**、* 分别表示在 5%、10% 的显著性水平上显著。

压力测试结果表明：其一，5% 的显著性水平下，样本区内的 φ_1、φ_2、φ_3、φ_4 估计参数显著异于零，情绪溢价显著影响分析声誉，且其影响效力存在时间衰减性；其二，5% 的显著性水平下，θ_1、θ_3、θ_4 估计参数显著异于零，θ_2 在 10% 的显著性水平下显著异于零，禀赋效应各待估参数随时间的衰减速度明显弱于情绪溢价，表明其对分析师声誉具有明显的驱动效力和相对持久性；其三，5% 的显著性水平下，ρ 显著异于零，且与实证检验区的估计结果相近，再次证明分析师声誉排名具有惯性效应与强连续传导效应。实证与压力测试结果表明，分析师动态声誉受惯性效应、情绪效应与禀赋效应等综合要素的三重驱动，分析师应以自身禀赋为依托，联袂市场情绪及其机制下的溢价效应与声誉传导效应，依靠实力去打造市场声誉，而非去实力化的其他方式。

此外，我们动态跟踪申万各行分析师声誉综合影响力排名，据 2018 年 8 月 20 日排名测算结果，分析师声誉动态评估系统所评测的申万 27 个行业前 10 名中，有 20 个行业基本囊括 2017 年度《新财富》最佳分析师榜单，占比高达 74.07%；动态系统所评测的 86 个团队，占《新财富》2017 年 115 个团队的比例为 74.78%。

分析师市场声誉排名在拟合优度等方面的整体综合影响力与 2017 年底《新财富》最佳分析师榜单相差无几，验证了情绪溢价、惯性效应可以较好地衡量市场行为的观点，其与禀赋效应是分析师市场声誉的主要因素，间接验证了本评估机制构建的有效性与合理性。同时，说明本评估机制具有良好的动态跟踪效能，保证了良好的一般性与可行性。

四、分析师声誉与金融产品创新研究

（一）金融产品创新的基本逻辑

考虑到分析师市场声誉评判规则的有效性、智能性，文章紧紧围绕分析师撰写研究报告，并向机构客户、散户推荐个股标的这一逻辑思路展开。我们认为，既然市场选择分析师，并给予业绩优良的分析师较好的行业排名，则分析师所荐股票标的价值也就不言而喻了，即知名分析师具有市场价值，知名分析师的荐股标的相对有价值。

分析师声誉价值与信息叠加，驱动股票超市场表现。分析师优中选优，个股优中选优的股票及其组合产品，可获得超市场收益。究其原因：分析师以声誉背书，分析师筛选信息并出具研究报告，诱发和促进有价值的信息叠加。具体而言，若其他条件恒定，分析师荐股标的市场价格主要受四个因素的驱动：其一，分析师市场声誉的本身价值及驱动效应；其二，投资者对分析师声誉及其荐股标的的盲目信任与跟风；其三，未预期到的消息冲击及相应的市场情绪驱动；其四，分析师荐股标的具有未被市场发掘的投资价值，即在情绪溢价与"羊群效应"的驱动下，分析师声誉背书所带来的价值叠加助推股价短期、长期上涨。

基于"拥抱分析师声誉、相信市场择优选择"这一逻辑，文章着重研究动量型与反转型金融创新组合产品。其对应的研究思路：其一，牛人牛股以及动量驱动效应；其二，着重从微观全局入手，采取自下而上的策略，即：分析师声誉排名→分析师池→分析师系统下的股票池和反转特征股票池→具有反转特征与分析师声誉特征的股票池→智能反转策略组合。需要重点说明的是，文章对关键要素的解释如下：

微观：大数据分析下沉至个股，采取智能算法对个股进行降噪处理，剖析个股趋势性规律；

全局：研究对象为沪、深两市全部股票，打破以往局限于知名分析师及其所荐股票标的思维；自下而上：重特征、轻声誉的筛选逻辑，即根据个股阶段性特征，匹配知名分析师所荐个股，最终以声誉评判为依据，构建大概率有效的股票组合。

声誉机制下的产品组合与分析师声誉之间存在"双优"关系，即根据分析师声誉排名及荐股标的，实现了分析师优中选优，个股优中选优，双优逻辑下的荐股组合及相关产品可获得超市场收益。

（二）分析师声誉与动量型产品创新研究

情绪驱动下的动量策略股票组合主要受分析师声誉与市场情绪的双轮驱动。其中，分析师声誉具有相对持久性，市场情绪具有短期性。这要求我们高频、定期荐股，以享受知名分析师声誉及其荐股所带来的短期溢价收益。

1. 选股逻辑与操作规则

（1）动量策略组合选股逻辑。分析师声誉评估机制下的动量策略组合，是基于大数据分析、计量模型和量化方法，智能跟踪全市最牛分析师的荐股标的，从中筛选出优质个股，构建并推出的组合产品。其选股逻辑如下：

其一，动态、实时更新分析师的市场声誉排名，追踪分析师声誉发展趋势。

其二，智能、实时跟踪与筛选声誉排名居前的分析师。

其三，构建分析师池，追踪分析师池中各分析师的荐股标的。

其四，剔除荐股评级为中性、卖出的研报及相关的个股。

其五，跟踪分析师池及其荐股标的，构建股票池。

其六，实时推出个股声誉靠前的个股和荐股等级处于推荐及以上的个股。

其七，构建股票组合、实施动态资金管理、追踪业绩及相关分析。

需要说明的是，动量策略组合推出前，需进行如下数据处理：

其一，删除推出日个股涨幅超 9.5% 的个股；

其二，删除 ST 或 *ST 个股；

其三，删除归属申万综合行业的分析师及其所推荐的个股；

其四，删除推出日停牌、未有成交量的个股；

其五，删除荐股日早于上市日的个股；

其六，剔除分析师缺失的研报及相关标的；

其七，删除股票代码或股票名称缺失的荐股研报及相关标的；

其八，剔除次新股。

（2）动量策略组合操作规则。动量策略组合智能化模拟操作规则如下：

其一，组合每期推出个股 1—4 只，大概率为 3—4 只。

其二，动量策略组合持有期为 3 个交易日，第 4 个交易日推出新一轮组合。

其三，动量策略组合根据凯利公式，实施资金动态管理，即仓位动态调整。需要指出的是，极小概率事件发生时（股灾、熔断等系统性风险、荐股只数小于等于 2 只等情况），视情况取凯利计算仓位与固定仓位中的极小值。

其四，模拟操作的初始资金 1 000 万元，每期等金额均摊至个股。

其五，动量策略组合以推出日"开盘价 + 开盘价 × 万分之二点五"买入，第三个交易日以"收盘价 − 收盘价 × 千分之一点二五"卖出。另外，印花税和佣金等引起的交易成本，不足百分之一的，取上限精确至百分位。

2. 动量策略组合业绩与比较分析

（1）沪深 300 指数的区间波动特点。在阐释动量策略组合在不同阶段的业绩特征之前，有必要解释各阶段的划分及其区间特征。2013—2017 年，沪深 300 指数整体震荡向上，相对样本初期而言，涨幅 59.68% 至 4 030.8 549 点。经归纳，样本期内，沪深 300 指数大致可划分为震荡向下期（2013 年 1 月至 2014 年 7 月）、急骤不稳定期（2014 年 8 月至 2016 年 1 月）、震荡向上期（2016 年 2 月至 2017 年 12 月）。2013 年 1 月至 2017 年 12 月期间，沪深 300 指数总体走势及其阶段划分如图 1 所示。

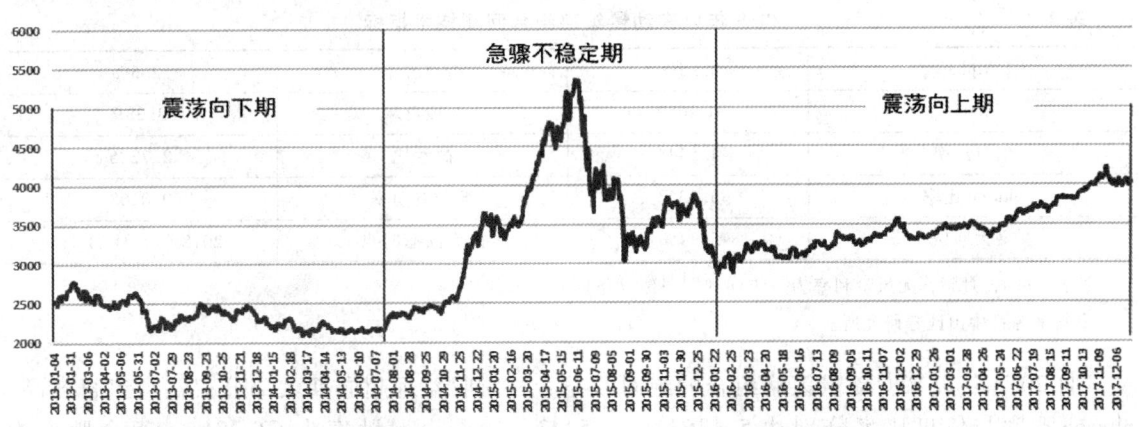

图 1　2013 年 1 月至 2017 年 12 月沪深 300 指数走势

资料来源：Wind 资讯，中山证券研究所。

根据沪深 300 在 2013—2017 年的区间分布特点，震荡向下期从 2 524.409 点降至

2 350.251 点,跌幅为 6.89%;急骤不稳定期从 2 329.402 点涨至 2 946.0902 点,涨幅为 26.47%;震荡向上期从 2 901.0477 点涨至 4 030.8549 点,涨幅为 38.94%。样本期内,沪深 300 整体震荡上行,从 2 524.409 点涨至 4 030.8549,整体涨幅为 59.68%。

为比较分析不同阶段动量策略组合在震荡向上期、急骤不稳定期以及震荡向下期的市场业绩表现,本文根据沪深 300 的波动特征划分,分析不同时期组合产品的收益与波动特征。

(2) 2018 年以来动量策略组合业绩分析。2018 年以来,动量策略组合风险管理严格按照凯利公式执行,在仓位动态下行的环境下,产品净值趋势性上行。

动量策略组合的 Beta 值为 0.2659,Alpha 值为 8.95%(月度数据计算),具有典型的低 Beta、高 Alpha 收益特征,即动量策略股票组合与沪深 300 相比较而言,具有低相对波动、高绝对收益的特征。

2018 年以来动量策略净值走势见图 2,2018 年以来动量策略组合回测指标见表 3。

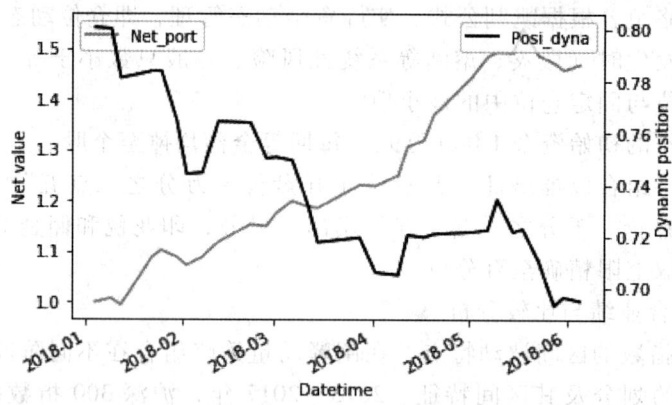

图 2 2018 年以来动量策略净值走势

资料来源:中山证券研究所。

表 3   2018 年以来动量策略组合回测技术指标

Alpha	8.95%	组合胜率	62.5%
Beta	0.2659	个股胜率	63.28%
信息比率	4.5443	盈亏比	2.7286
Sharpe 比率	5.1363	组合波动率	0.0208
最大回撤	5.34%	最大回撤时点	2018 年 5 月 31 日

注:Alpha,月频,无风险利率为一年期到期国债(下同)。
资料来源:中山证券研究所。

自 2018 年以来,动量策略组合的绝对收益、相对收益远超同期大部分权益类组合产品。Sharpe 比率与信息比率分别达 5.1363 与 4.5443,所荐个股胜率为 63.28%、组合胜率为 62.5%,盈亏比为 2.7286。收益回撤方面,动量策略组合最大回撤为 5.34%,回撤时点是 2018 年 5 月 31 日。据此发现,动量策略组合收益主要来自组合个股风险溢价,非系统性风险溢价。

(3)震荡向下期的动量策略组合业绩分析。为明晰动量策略组合波动特点，本文动态跟踪沪深300震荡向下期的资金管理与业绩表现。首先，资金管理方面，2013年1月至2014年7月，动量组合的资金管理初步实现从固定六成仓位向动态、智能仓位管理，组合产品仓位经历固定、急骤下降、再稳步上升的三个阶段，但整体仓位保持在0.48以上。

其次，组合产品业绩方面，虽仓位在沪深300震荡向下调整期，但经过类似调整，受仓位合理调整的影响，组合产品的净值一直保持稳定，并有小幅回撤的增长趋势，2014年7月，组合净值增至3.00左右（见图3）。

沪深300震荡向下期，动量策略组合的Sharpe比率约为3.9137，信息比率约为3.86，盈亏比约为1.5062，所荐股票的个股胜率约为62.3%，组合胜率约为68.8%。在震荡向下期，动量策略组合筛选逻辑依然表现出优异的个股择股能力，取得优良的个股溢价。

回撤方面，2013年1月至2014年7月，动量策略组合的最大回撤为5.36%，回撤时点为2013年10月23日（见表4）。同期沪深300最大回撤为22.16%，组合产品的稳定性远强于比较参照沪深300。

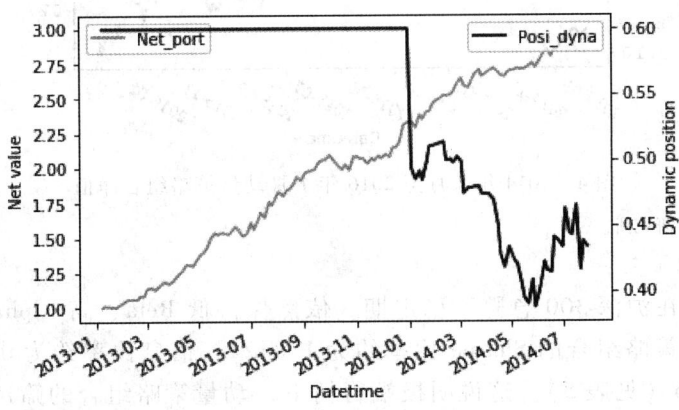

图3　2013年1月至2014年7月动量策略组合净值

资料来源：中山证券研究所。

表4　　　　2013年1月至2014年7月动量策略组合回测技术指标

Alpha	6.56%	组合胜率	68.8%
Beta	0.4133	个股胜率	62.3%
信息比率	3.86	盈亏比	1.5062
Sharpe比率	3.9137	组合波动率	0.0197
最大回撤	5.36%	最大回撤时点	2013年10月23日

资料来源：中山证券研究所。

(4)急骤不稳定期的动量策略组合业绩分析。急骤不稳定期，即便在股市异常波动以及熔断等准系统性风险面前，我们依旧实施动态仓位自动管理与风险智能管理，未对动量策略组合的资金管理进行任何干预。

2015年7月至2016年1月,沪深300先后从4 253.021点涨至5 353.751,然后降至2 946.0 902点,最大回撤高达46.70%。从仓位的动态运行趋势看,资金管理基本与沪深300的走势保持一致。2015年7月至2016年1月期间,动量策略组合仓位自动执行降仓位、低仓位运行,产品净值表现相对稳健。

动量策略组合净值除在股灾期间与熔断期间有较大的波动、回撤外,净值整体保持稳步增长的趋势,2014年8月至2016年1月,期末净值约为1.7。动量策略组合的仓位及净值走势如图4所示。

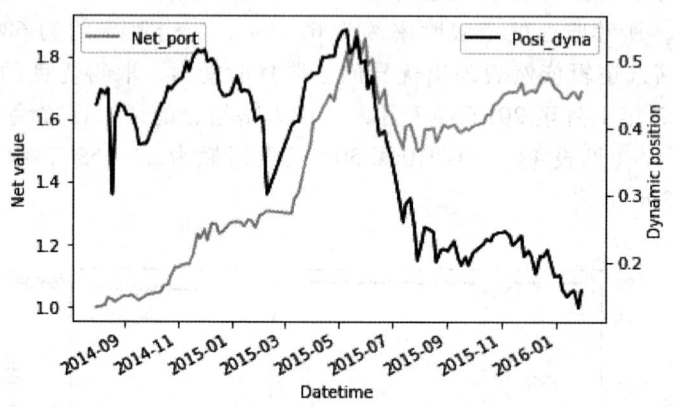

图4 2014年8月至2016年1月动量策略组合净值

资料来源:中山证券研究所。

动量策略组合在沪深300急骤不稳定期,依然保持低Beta、高Alpha的收益特征。急骤不稳定期,动量策略组合的Sharpe比率约为1.8422,信息比率约为0.9457,盈亏基本平稳,约为1.0856(见表5)。这说明极端行情下,动量策略组合的筛选逻辑依然成立。

表5　　　　　　　　2014年8月至2016年1月动量策略组合回测技术指标

Alpha	2.92%	组合胜率	62.71%
Beta	0.3245	个股胜率	59.12%
信息比率	0.9457	盈亏比	1.0 856
Sharpe比率	1.8422	组合波动率	0.0209
最大回撤	20.61%	最大回撤时点	2015年7月30日

资料来源:中山证券研究所。

(5)震荡向上期的动量策略组合业绩分析。震荡向上期,受急骤不稳定期低盈亏比率等因素的综合影响,动量策略组合最低仓位接近二成,但持续时间相对较短;最高仓位超过八成,绝大部分时期以超五成仓位实施资金管理与买卖操作。动量策略组合的仓位及净值走势如图5所示。

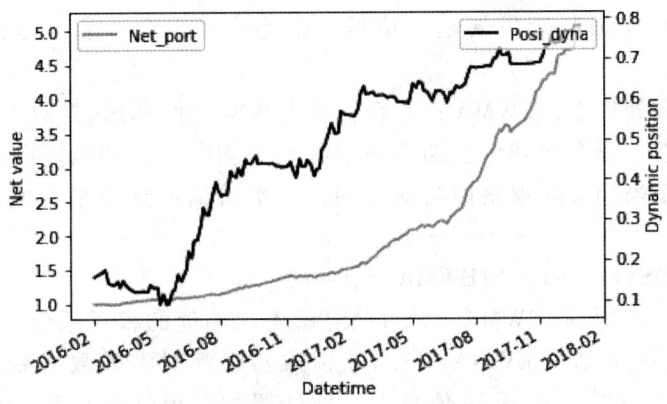

图 5 2016 年 2 月至 2017 年 12 月动量策略组合净值

资料来源：中山证券研究所。

动量策略组合在震荡向上期，Alpha 值高达 7.16%（见表 6）。相对比较参照沪深 300 而言，动量策略组合的 Beta 值 0.2261，依然具有典型的低 Beta、高 Alpha 收益特征。动量策略组合的 Sharpe 比率约为 6.2372，信息比率约为 4.1424，盈亏比高达 2.0738。回撤方面，2016 年 2 月至 2017 年 12 月，动量策略组合的最大回撤 2.8%，回撤时点为 2017 年 9 月 21 日，同期沪深 300 的最大回撤为 6.61%。

表 6 2016 年 2 月至 2017 年 12 月动量策略组合回测技术指标

Alpha	7.16%	组合胜率	79.49%
Beta	0.2261	个股胜率	68.12%
信息比率	4.1424	盈亏比	2.0738
Sharpe 比率	6.2372	组合波动率	0.0146
最大回撤	2.8%	最大回撤时点	2017 年 9 月 21 日

资料来源：中山证券研究所。

（三）分析师声誉与反转型产品创新研究

相对动量策略而言，反转策略综合考虑了个股特征与分析师荐股的差异性与视角层次的异同，采取一拆为二，匹配交叉的方法，研究反转策略组合。具体如下：其一，应用 EWMA 降噪方法，初步筛选出具有反转特征的个股股票池；其二，依托分析师评估系统下的知名分析师及其荐股标的，构建分析师层面的股票池；其三，交叉匹配，构建具有反转特征与市场声誉背书的股票池及其股票组合。

具体而言，理论应用方面，反转策略应用信号理论中的滤波降噪方法，对个股的波动趋势实施降噪处理，以确保个股趋势波动延续的稳健性。

筛选机理上，智能反转策略主要抓住分析师声誉机制下的个股反转特征，旨在博取、识别个股新趋势或已确立的市场趋势所带来的收益，侧重点在于趋势反转。综上所述，反转策略组合无论是理论机制、筛选机制、视角层次等方面，较动量策略组合都有明显的区别。

1. 反转策略择股理论机制

（1）EWMA 滤波降噪，去伪存真。本部分在 EWMA 框架下，应用 1 阶滤波，剔除个股短期波动噪音，保留个股长期发展趋势信号，据此作为组合个股筛选的必要前提与基本准则。

方法特征与数据处理上，EWMA 在不舍弃历史数据（保真），且对不同时期数据赋予逐渐弱化权重的前提下，兼容并利用全期平均与移动平均所长的特质，以获得 EWMA 的预测值。预测值主要基于当期实际观察值与前一期指数平滑值的加权平均值，EWMA(S,t) 一般化公式如下：

$$EWMA(S,t) = \partial S(t) + (1 - \partial)EWMA(S,t-1) \tag{2}$$

其中，$\partial(0 < \partial \leq 1)$ 是 EWMA(S,t) 对历史回测值的权重系数，值越接近 1，过去回测值的权重较低。∂ 值刻画 EWMA(S,t) 估计器跟踪对实际数据突变的反应能力，即时效性。其经济意义有二：其一，∂ 值越大，估计器的时效性就越强，短期波动起主要驱动作用；反之则反。其二，∂ 值的大小还描述 EWMA(S,t) 吸收瞬时突发的能力，即平稳性的重要参数指标，∂ 值越小，EWMA(S,t) 的平稳性越强，长期趋势信号占主导作用；反之则反。

考虑到 ∂ 值的异同，对 $EWMA(S,t)$ 数据预测发挥的时效性或稳定性等具有异质作用。在模型构建与拟合中，∂ 值的取向，影响 $EWMA(S,t)$ 预测值的数据特征（时效性或稳定性）。本部分在全样本期或不同样本阶段，参考 Python 官网帮助文件，采取相对常规的做法，取 $1/span$。在实际使用过程中，根据不同的研究需要，∂ 值赋值方法主要有三种：

$$\partial = \begin{cases} \dfrac{1}{s} & s = span \\ \dfrac{1}{1+c} & c = center\ of\ mass \\ 1 - exp^{\frac{log 0.5}{h}} & h = half\ life \end{cases} \tag{3}$$

需说明的是，文章采用基于时间跨度的方法与极大似然估计方法，对不同时期范围内的 ∂ 值进行估值，协同 $EWMA(S,t-1)$ 与 $S(t)$ 确定当前估计值，并做反转预判，预选反转初级股票池。

（2）EWMA 框架下的反转策略机制。EWMA 框架下，沪、深两市个股处理的基本框架与逻辑思路如下：

其一，搜集沪深两市个股 2008 年 1 月 1 日至 2018 年 6 月 30 日的数据，包括但不限于开盘价、收盘价、涨跌幅、成交额、换手率以及 PE、PB 等数据。

其二，不同时间维度下，应用 EWMA 方法，对沪深两市每只个股进行降噪处理，勾勒出个股信号在不同时间维度下的瞬变性与趋势性特征。

其三，不同时间维度下，交叉剖析沪深两市个股的瞬变性与趋势特征，聚类瞬变性强且具有短期向下探、趋势向上特征的个股，构建初级反转股票池。

其四，动态构建分析师池→动态股票池→反转动态股票池，着重构建分析师声誉与反转特性的双重股票池及相关组合。

2. 选股逻辑与操作规则

（1）智能反转策略组合选股逻辑。与动量策略组合相似，智能反转策略组合仍然依托于分析师市场声誉模型，根据分析师所荐个股与沪深两市具有反转特征的初级股票池，智能筛选与推出个股反转组合产品。具体而言，智能反转策略基于大数据分析、计量模型与量化方法，智能跟踪全市场最牛分析师的荐股标的及反转标签初级股票池，从中筛选出前期有跌幅的优质个股，构建并推出反转策略组合。其选股逻辑如下：

其一，动态跟踪、实时更新全市场分析师的声誉排名，并做标签。

其二，智能、实时、跟踪与筛选声誉排名系统中排名居前且荐股特征大概率反转的分析师。

其三，构建反转分析师池，追踪与实时跟踪分析师池中各分析师的荐股标的。

其四，剔除荐股评级为中性、卖出的研报及相关个股标的。

其五，依托反转分析师池，筛选基本面良好的标的，构建动态股票池。

其六，交叉匹配，构建分析师体制下的反转股票池，实时推出个股市誉靠前、前期有跌幅但趋势明显、荐股等级处于推荐及以上的个股组合。

其七，构建股票组合及确定每期满足条件的最多股票只数，对组合产品实施动态资金管理，追踪组合业绩，分析组合的技术参数特征。

需要说明的是，智能反转策略组合筛选，除做了与动量策略组合相似的处理外，还着重进行如下处理：

其一，剔除原始数据日期不规范、无法确定或修改的研报数据。

其二，对缺失的部分数据进行前向或后向填充。

其三，删除不规范或纠正经确认不规范或错误的其他源数据。

（2）反转策略组合操作规则。智能反转策略组合模拟操作规则如下：

其一，反转策略组合每期最多推出4只股票，大概率3—4只，极小概率无股票组合。

其二，智能反转策略组合按周频推出，并做相关买卖操作。

其三，根据凯利公式对智能反转策略组合实施资金与风险动态管理。需要说明的是，若当期组合个股小于等于2只，视情况取凯利计算仓位与固定仓位的极小值，以规避个股异常波动所带来的组合产品剧烈波动风险。

其四，智能反转策略组合初始资金是1 000万元，每期根据动态仓位优化资金管理，按动态仓位将所投资资金均摊至个股。

其五，冲击成本考虑，智能反转策略对每只买入或卖出个股，考虑双边4Ticks的冲击成本。

其六，智能反转策略组合以推出日"开盘价+开盘价×万分之二点五"买入，下周一以"开盘价−开盘价×千分之一点二五"卖出。另外，印花税和佣金等引起的交易成本，不足百分之一的，取上限精确至百分位。

3. 智能反转策略组合业绩与比较分析

借鉴前文对沪深300区间波动特征的时间区间划分，本部分遵循将沪深300划分为如下四个阶段：震荡向下期（2013年1月至2014年7月）、急骤不稳定期（2014年8月至2016年1月）、震荡向上期（2016年2月至2017年12月）以及2018年以来的震荡向下期。

（1）2018年以来反转策略组合业绩分析。动量组合产品净值稳定（见图6），在沪深300跌12.90%的环境下，获得超市场绝对与相对收益。从产品特征看，智能反转策略组合具有高Alpha、低Beta特征。2018年以来智能反转策略组合产品回测技术指标见表7。

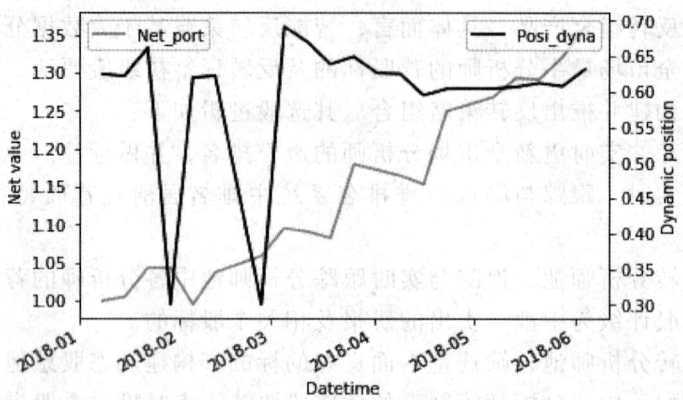

图 6 2018 年以来智能反转策略组合净值

资料来源：中山证券研究所。

表 7　　　　　　　2018 年以来智能反转策略组合产品回测技术指标

Alpha	7.13%	组合胜率	60%
Beta	0.648	个股胜率	61.19%
信息比率	3.9504	盈亏比	4.0328
Sharpe 比率	3.3492	组合波动率	0.0318
最大回撤	4.58%	最大回撤时点	2018 年 2 月 5 日

资料来源：中山证券研究所。

动态仓位管理方面，2018 年以来，在沪深 300 等指数趋势性震荡下滑的环境下，智能反转策略组合的仓位总体运行平稳，均值仓位在六成左右，但在 2018 年 1 月、2018 年 2 月两度触及主动管理仓位，究其原因：当期荐股只数少于等于 2 只，属于非可预见性事件所引起的主动调仓。

(2) 震荡向上期的反转策略组合业绩分析。震荡向上期，反转组合收益 Alpha 驱动显著增强。样本期内，智能反转组合产品的 Alpha 收益为 5.81%，Beta 值为 0.3908，组合产品收益主要受 Alpha 收益的驱动（见图 7、表 8）。

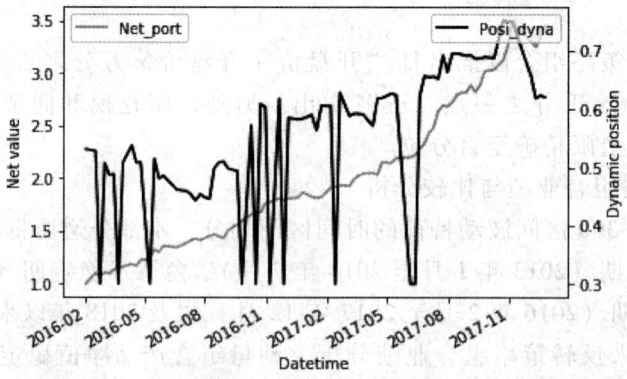

图 7 2016 年 2 月至 2017 年 12 月智能反转策略组合净值

资料来源：中山证券研究所。

表8　　　　2016年2月至2017年12月智能反转策略组合产品回测技术指标

Alpha	5.81%	组合胜率	75.31%
Beta	0.3908	个股胜率	66.43%
信息比率	2.7281	盈亏比	1.8152
Sharpe比率	4.1057	组合波动率	0.0255
最大回撤	7.27%	最大回撤时点	2017年12月11日

资料来源：中山证券研究所。

震荡上行期，多次被迫调整仓位。样本期内，组合产品的动态仓位在0.55以上，整体震荡上行。根据筛选条件与产品组合管理规定，满足荐股筛选条件的股票多次未超过2只，导致组合产品运行仓位多次被迫调整仓位，以控制与防范组合运行可能存在的资金管理风险。

（3）急骤不稳定期的反转策略组合业绩分析。急骤不稳定期，组合产品依然具有高Alpha、低Beta特征。急骤不稳定期，组合产品除具有高Alpha、低Beta特征外，还有如下特征：

其一，组合胜率与个股胜率略有所下降，样本期内的组合胜率约为67.74%，个股胜率约为65.22%（见图8、表9）。

其二，组合动态仓位波动性显著增强，未有明显趋势向上特征。

其三，智能反转策略具有强于大市的稳健性。

组合产品的最大回撤为9.65%，相对震荡向上期以及全样本期内的最大回撤略有增加，但远弱于沪深300的最大回撤46.70%。

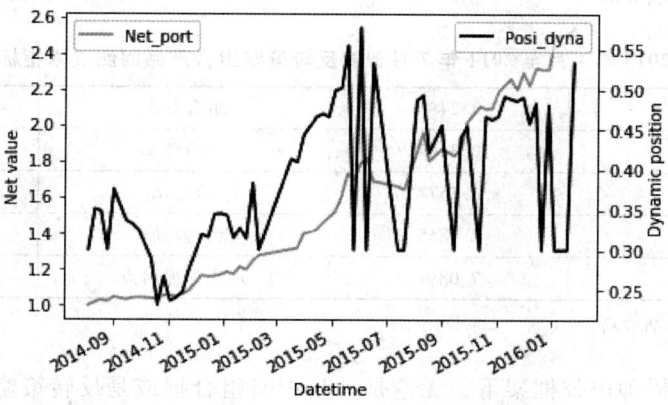

图8　2014年8月至2016年1月智能反转策略组合净值

资料来源：中山证券研究所。

表9　　　　2014年8月至2016年1月智能反转策略产品回测技术指标

Alpha	5.44%	组合胜率	67.74%
Beta	0.4305	个股胜率	65.22%
信息比率	1.6867	盈亏比	1.7855
Sharpe比率	3.0404	组合波动率	0.0344
最大回撤	9.65%	最大回撤时点	2015年7月20日

资料来源：中山证券研究所。

(4) 震荡向下期的反转策略组合业绩分析。与震荡向上期、急骤不稳定期相似,震荡向下期,智能反转策略组合高 Alpha、低 Beta 特征未变。但相对而言,震荡向下期,智能反转策略组合产品业绩表现具有如下差异性:

其一,收益明显下降,但远强于比较参照沪深 300。

其二,组合整体胜率超过或接近 60%,但相对下降明显。

其三,震荡向下期,除强制仓位外,组合产品的管理仓位多次触及固定仓位(见图 9、表 10)。

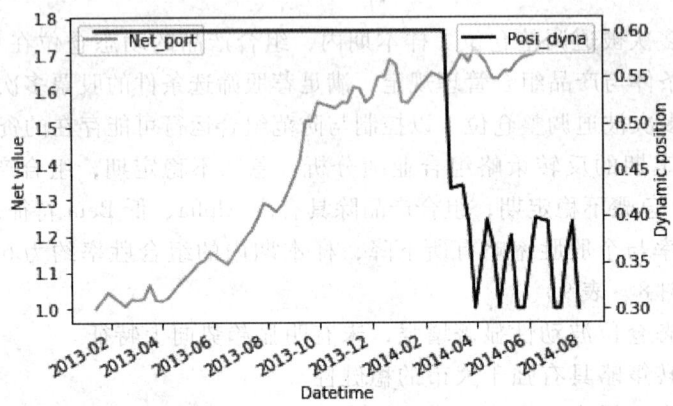

图 9　2013 年 1 月至 2014 年 7 月智能反转策略组合净值

资料来源:中山证券研究所。

表 10　　　　2013 年 1 月至 2014 年 7 月智能反转策略组合产品回测技术指标

Alpha	3.24%	组合胜率	60.61%
Beta	0.3464	个股胜率	59.45%
信息比率	1.5577	盈亏比	1.7934
Sharpe 比率	2.4855	组合波动率	0.023
最大回撤	7.08%	最大回撤时点	2014 年 1 月 13 日

资料来源:中山证券研究所。

总体而言,分析师声誉框架下,无论是动量策略组合抑或是反转策略组合,皆具有高胜率、高 Alpha 以及高收益等特征。动量策略与反转策略的择股逻辑具有远强于大市的择股能力,操作上抓住个股溢价,可取得远超比较参照的市场收益。

五、研究结论

文章基于智能算法、大数据分析与计量理论,构建分析师声誉动态评估机制,客观评判、动态跟踪分析师综合声誉与市场排名,以缓解分析师市场信息非对称、声誉扭曲等问题。然而,文章根据知名分析师具有市场价值、知名分析师的荐股标的相对有价值这一逻辑,着重分析分析师荐股标的的市誉特征与情绪溢价特征,根据分析师声誉排名→分析师池→股票池→策略组合产品的逻辑思路,研发智能策略组合产品,并实施产品风险智能管理与智能规避，最终在分析师排名与产品管理方面，实现智能、动态与实时管理，策略组合及个股方面实现智能筛选、智能止损与风险自适应规避管理等。具体如下：

其一，分析师声誉智能评估方面：（1）由于投资者盲目跟风、市场机会的瞬时性与不确定性以及分析师基本面荐股的综合影响，不同时间维度下，情绪溢价显著驱动分析师声誉综合影响力。在"羊群行为"与情绪集聚的双重作用下，情绪溢价对分析师声誉排名的驱动效力具有短期性，短期溢价效应显著强于长期。

（2）由于分析师对荐股标的持续跟踪效应、自律管理与自我约束、基本面荐股等因素的影响，5%的显著性水下，禀赋效应显著影响分析师声誉，相对而言，不同时间维度下，禀赋效应对分析师声誉排名的影响机制相对均衡与平稳。

（3）受市场情绪、禀赋效应与分析师声誉短期不可逆等因素的驱动，5%的显著性水平下，分析师声誉具有强惯性效应，分析师声誉的路径依赖性显著。

（4）分析师声誉动态评估机制具有优异的拟合优度、准确性与一般适用性。实证显示，申万27个行业中（剔除综合），23个行业基本囊括上榜2017年度《新财富》最佳分析师榜单的分析师，行业拟合优度接近85%。声誉评估机制所评测出的最佳分析师，整体与《新财富》2017年度最佳分析师榜单的吻合度将近80%，说明分析师动态评估机制具有有效性与合理性。压力测试与实时跟踪结果也验证了上述结论的有效性。

其二，动量策略组合与反转策略组合都表现出高 Alpha、低 Beta 特征。文章以分析师声誉排名为依托，根据分析师声誉排名→分析师池→股票池→策略组合的逻辑，研发动量策略与反转策略组合。结果表明：在震荡向下期、震荡向上期与急骤不稳定期都表现出高 Alpha、低 Beta 特征。在择股方面，荐股逻辑具有稳健且远强于市的择股能力；操作逻辑上，抓住了个股溢价，取得可观的超市场收益。具体如下：

（1）在动态智能调仓与风险智能管理的前提下，动量策略组合在震荡向下期、震荡向上期、急骤不稳定期、2018 年以来，以及全时间段等不同阶段，具有高 Alpha、低 Beta 特征，且取得远强于市的超市场收益（见表11）。

表 11　　　　　　　　策略组合在不同时期下的 Alpha、Beta 值

	动量策略组合		反转策略组合	
	Alpha	Beta	Alpha	Beta
2018年以来	8.95%	0.3277	7.13%	0.6480
震荡向下期	6.56%	0.2659	3.24%	0.3464
急骤不稳定期	2.92%	0.4133	5.54%	0.4305
震荡向上期	7.16%	0.3245	5.81%	0.3908

资料来源：中山证券研究所。

（2）智能反转策略组合净值稳定，具有高净值回撤比。此外，智能策略组合具有远强于比较参照且稳定的收益，以及远强于市场的个股胜率、组合胜率等特征。

总体而言，分析师智能动态评估系统，有效评估出了全市场分析师的动态排名，且与《新财富》最佳分析师榜单具有优异的拟合优度，对全市场分析师评估具有一般性与适用性。文章还依据知名分析师具有市场价值、知名分析师的荐股标的相对有价值的逻辑思路，研发出具有高 Alpha、低 Beta、高收益回撤比等特征的动量策略组合与反转策略组合产品。

大数据画像技术在证券公司的研究与应用

兴业证券股份有限公司课题组*

一、绪论

(一) 客户画像研究背景与意义

一直以来证券公司都在中国金融市场扮演着渠道商的角色,通过市场行情变化、投资者的交易过程,获得佣金收入。互联网理财的诞生,如余额宝、佣金宝、理财通等互联网金融产品,对传统金融行业造成了巨大的冲击和挑战,券商之间的竞争日益激烈。与此同时,客户需求也逐渐呈现越来越鲜明的分级化与个性化特征,即客户不再是纯粹被动地接受产品与服务,而是主动选择,这意味着谁能够真正了解客户并快速满足客户的需求,谁就能占领市场先机。

伴随着大数据 DT 时代的到来,互联网和 IT 技术的发展让我们逐渐掌握了海量数据的综合处理技术。越来越多的企业开始重视通过数据对客户建立认知的过程,现实世界中的人、事、物正在被数据化,数据成为新的生产力,商业也由此回归以客户为中心的本源。客户画像可以说是大数据时代以客户为中心开展的个性化服务,标签化的客户模型是从诸如客户社交属性、生活习惯和消费者行为等信息中抽象出来的产物。构建客户形象的核心工作是用"标签"标记客户,而标签是通过对客户信息分析而来的高度精练的特征标识。客户画像通过对数据的提炼(有监督学习、经验分布、业务专家建议等),产生概括性标签体系,从而完成对客户的全方位描述。结合画像,企业能及时了解客户的关键特征,提升营销精准率,准确触达客户需求。

现各大券商正在加快部署客户画像落地,如何将大数据高效提炼出特征化的"小数

---

* 本文为中国证券业协会 2018 年优秀课题。课题负责人:刘斌;课题组成员:蒋剑飞、王伟强、邱华勇、郭东、李园园、夏雨、梁泽海、林嘉敏、王健全、聂梦杰、杨洋、邱杰、王宇、梁旭。

据",从而发挥实际作用,是大数据 DT 时代下客户画像在券商中应用的关键。

(二)客户画像研究与应用现状

1. 客户画像理论研究

客户画像是对客户的描述,包含了客户的关键事实,反映了客户值得关注的特征。构建客户画像的目的是了解客户的偏好、兴趣、背景和需求,从而实现差异化、个性化的客户服务。

客户画像的构建与传统的客户研究技巧相比有三个优势:(1)客户画像方法有利于营销运营团队站在客户的角度思考;(2)设计师可以从人物角色来推断进行设计决定;(3)可以避免一些由于客户数据过多而产生的问题,例如数据瘫痪或不恰当概括的客户画像。

客户画像的构建方法在各个倡导者之间也存在显著差异,可以分为四种典型的客户画像视角:基于虚构的视角、基于目标导向的视角、基于角色的视角以及基于参与的视角。客户画像在视角上有所不同,所使用的画像模型也不同,特别是基于纯粹主观思想的虚构视角和数据驱动的目标导向视角、角色视角和参与视角的客户画像,在模型使用方法上是不同的。

数据－客户标签映射法是基于参与视角的客户视角中典型的数据驱动客户画像的算法,这也是互联网行业中较为流行的方法之一。数据－客户标签映射法主要分为四个步骤:数据采集、标签映射、行为建模、客户画像,具体构建步骤见图1。

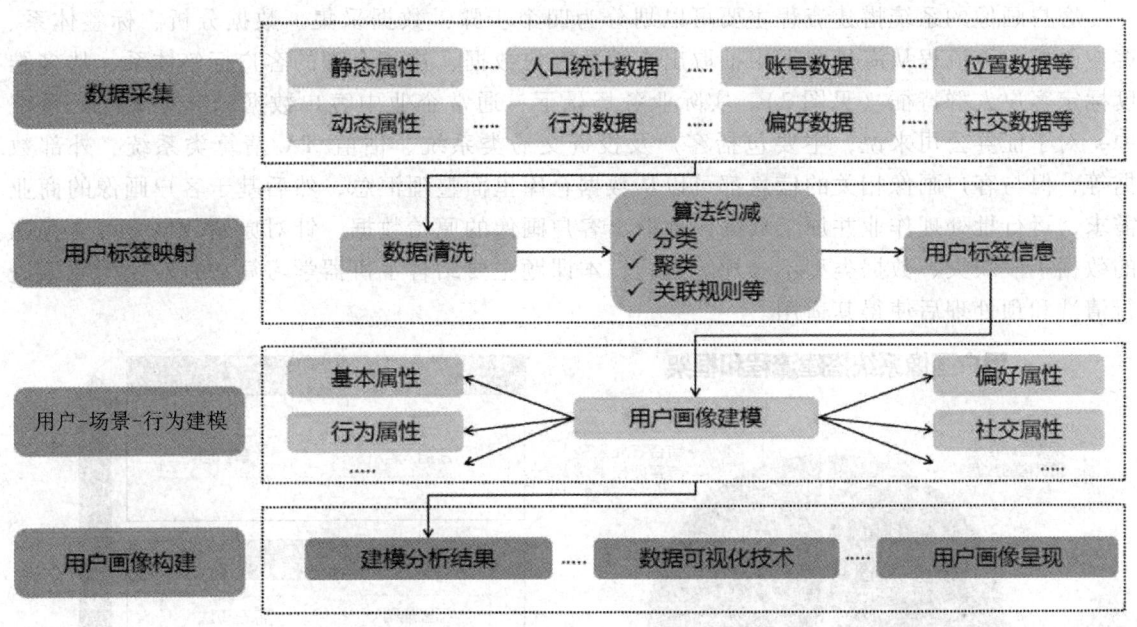

图1 基于参与视角的客户画像构建方法

首先采集客户的静态属性数据(包含人口统计数据、账号数据、位置数据等)和动态属性数据(包含行为数据、心理偏好数据、社交数据等),其次通过特定的算法(例如分类、聚类、关联规则等)将清洗后的数据转换为客户的标签信息,针对特定场景对用户行为进行建模,最终应用数据可视化技术完成客户画像。"数据－客户"标签映射基于大量的真实客户数据,并在客户画像的构建中使用了大数据分析和可视化技术,使得结果更加令人信服,受到互联网产品经理和客户体验从业者的青睐。

2. 同业实践应用

2016年，中国平安旗下的陆金所平台全面上线投资者适当性管理体系（简称KYC2.0系统），率先采取实质性措施，对互联网金融行业的投资者进行适当性管理。该系统通过问卷调查等方式收集投资者信息，并应用产品评级、大数据、机器学习等技术手段对投资者进行精确描绘，最终准确匹配投资者风险承受能力与产品风险。2017年，国泰君安证券落地实现画像指标862个，于6月上线君弘灵犀智能服务平台。该平台通过大数据提供的243个客户画像基础标签，供员工按照不同的需求进行筛选、使用，通过灵活的公式编辑和实时计算能力，快速生成个性化标签，为特定业务营销目标快速定位目标客户群，同时通过保存后的标签，持续进行营销效果跟踪。

与此同时，国内外拥有海量数据的大公司，已经在客户画像的研究与应用方面有所建树。以百度、阿里、腾讯三巨头公司为例，已经面向市场推出了一些较为成熟的客户分析平台，例如百度的百度观测、百度统计、百度指数、百度精算等；腾讯的广点通、信鸽；阿里的数据魔方、淘宝情报、淘宝指数等。

（三）证券公司客户画像构建与应用

1. 证券公司客户画像的构建方法

客户画像的系统搭建流程主要可以划分为四个步骤：数据采集、数据分析、标签体系、客户画像。该流程从海量数据中抽取出有效的客户数据，构建合理的客户标签体系，从多维度标定客户人群特征（见图2）。实际业务场景下，通常企业中客户数据分布在不同的系统中，对于证券公司来说，主要包括客户及投资交易类系统、估值/TA/清算类系统、外部数据等，但与客户画像相关的信息都可以从数据仓库里面整理汇总，然后基于客户画像的商业需求，运行批处理作业并加工数据，抽取出客户画像的原始数据。针对原始数据中可能存在的数据字段缺失、数据类型不合规等问题，本课题主要结合了机器学习算法，对原始数据进行清洗和预处理后使得其适用。

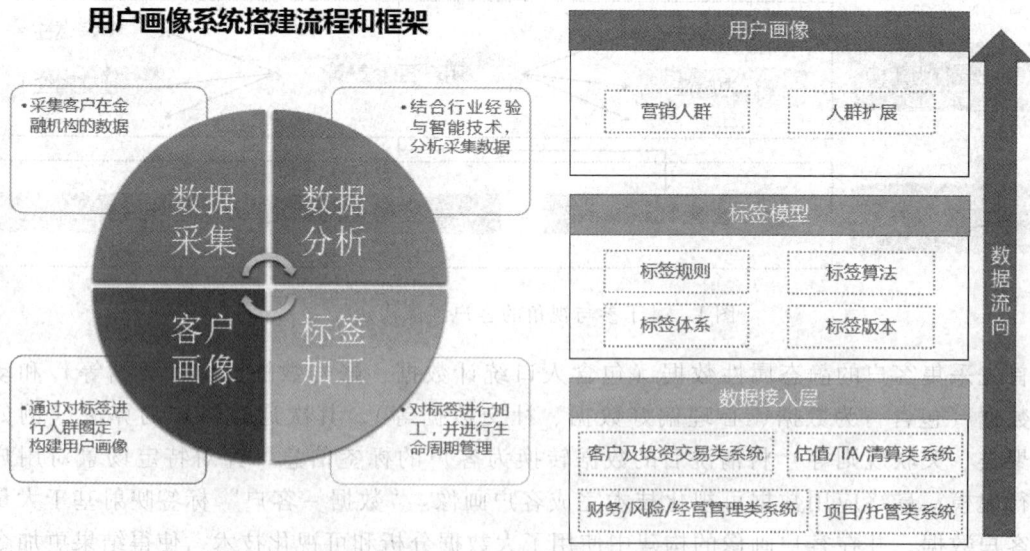

图2 用户画像系统搭建流程和框架

在具体应用过程中，为了满足实时数据处理，可基于 Storm 等实时流处理工具，完成对客户实时数据的标签化处理，及时为客户提供产品、推荐、风险防范及监控等服务。

此外，为了分析标签的使用情况并将应用情况反馈至标签体系，需要定期分析，包括对标签使用频率进行从高至低排序、量化评估标签的贡献度等，为标签体系的迭代、更新、使用、优化提供参考。

2. 证券公司客户画像的常见应用方向

（1）获取新客。大数据画像辅以第三方数据，可以扩充客户获取方式，方法和手段都远比传统获客方式更便捷、更有效。券商可基于现有客户内部画像，找出第三方数据中类似客户群，然后有针对性地进行客户开发。例如，可根据高忠诚度客户、价值客户等内部数据画像而形成的特征，与第三方数据结合，开发高价值客户，还可以直接将特征发送给第三方数据公司，由其直接提供相应的客户群名单及联系方式，然后开展新客户开发。

（2）精准营销。精准营销是目前深度挖掘客户潜力的重要步骤，同时也是为公司带来持久的销售机会以及口碑营销的核心业务，其本质是依据客户基本信息以及金融信息进行客户标签差异化区分与有效性识别，预测不同客户不同的交易模式及交易偏好，并提供专业化的产品服务和个性化的销售模式，实现从产品服务的优化升级再到未来产品创新。

（3）客户反洗钱监测。现今，证券期货业以其独特的资金交易平台和便利的交易渠道，成为洗钱高风险领域。现各券商需结合行业特点和业务条线特征，设计出能反映可疑行为的监测指标及洗钱风险等级划分体系，定位出具有洗钱可疑倾向的异常客户，实现客户异常行为监控。

3. 证券公司客户画像的应用方法

本课题将客户画像实际应用至客户反洗钱和风险分析等业务场景中，将客户数据进行标签化，同业务应用场景紧密结合，进而筛选出有价值的数据和客户，定位目标客户，触达客户，对企业不同应用场景提出切实可行的解决方案。例如，在反洗钱场景应用中，本文基于客户画像体系，选用机器学习算法中分类效果较好的分类模型（如人工神经网络、随机森林）训练一个综合的基于机器学习的反洗钱预测模型，监测异常行为客户特征。

二、证券公司客户画像构建基础及方法理论

通常，客户画像被定义为基于实际数据的虚拟客户模型，通过收集与分析客户基本属性、行为特征、社交网络等信息后，抽取有效特征进行标签的模型化处理。证券公司的客户画像主要是根据客户的投资经验、投资方向、风险偏好、信用记录、财务状况等数据，合理划分客户类别，匹配相关产品、服务风险等级，以便将合适的产品、服务提供给合适的客户，并挖掘潜在目标客户。客户画像的数据特征在于：第一，数据信息密集、数据量大；第二，业务场景多样复杂；第三，数据分析具有生命周期。那么证券公司如何基于现有数据，构建有效的客户标签体系，满足证券公司多样的业务场景，即是本课题所研究和探讨的核心内容。

对证券公司而言，客户画像的本质是从业务角度出发，以极简概括的标签体系提炼海量数据内容，帮助企业了解客户特征，具体业务场景包括根据客户购买偏好进行精准营销与推荐、发掘客户购买需求进行产品定制化服务、精准定位目标客群、根据客户操作偏好准确高

效触达客户等。同时,由于证券公司业务的多样化和庞大的客户群体,导致证券公司很难像传统的 IT 公司一样给客户群体一个统一的标签系统应对各项业务。证券公司应根据不同的业务特点、不同客户类型来进行客户的个性描述。由此我们提出,证券公司采用的客户画像方法应以客户为中心,以具体业务场景为导向,以生命周期为主轴,从海量数据(交易数据/行为数据/外部数据等)提炼出基础标签及基础业务衍生标签作为底层基础标签体系,在此之上,结合客户生命周期及具体业务场景,对标签进行特色化并加以应用实践。

(一)证券公司客户画像构建基础

以下主要介绍在构建客户画像中所需要的架构支撑,包括技术架构、数据结构、应用架构和常用算法。

1. 证券公司客户画像构建技术架构

客户画像技术架构共分为 6 层,从下至上分别为数据源、汇聚层、存储层、计算分析层、接口层、应用层(见图 3)。技术架构反映了数据的流动过程,具体如下:

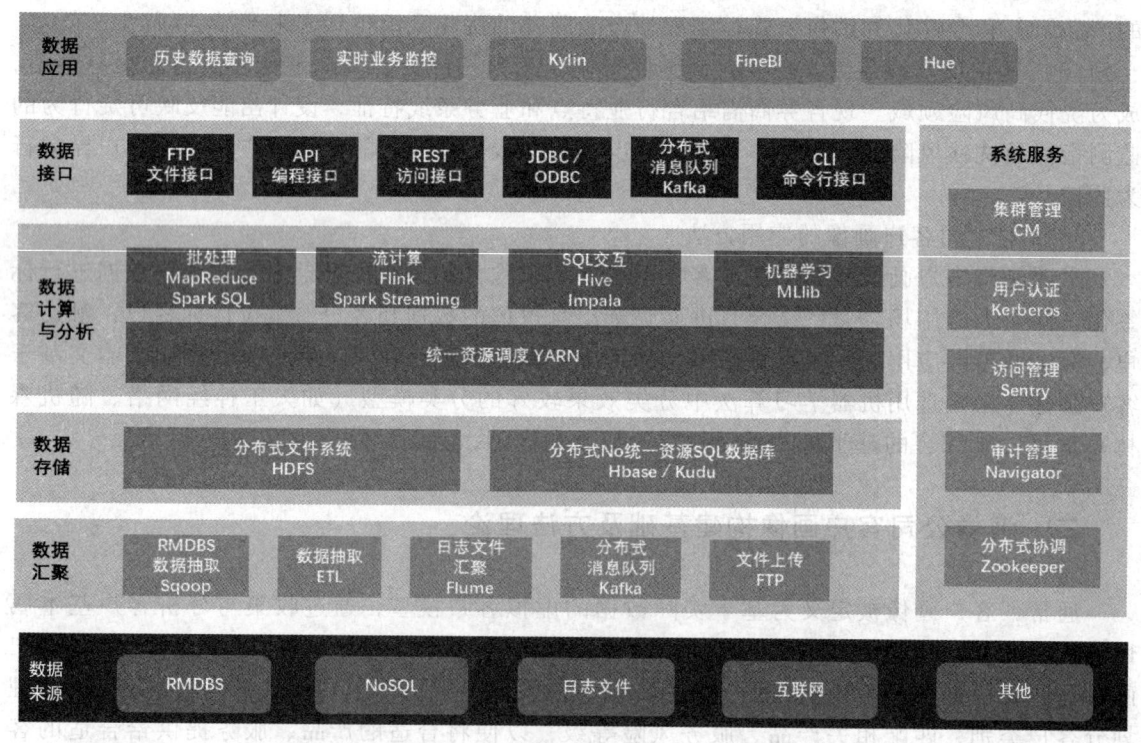

图 3　整体技术架构

(1)数据源:数据来源方面接入了公司的基础数据、交易数据、APP 行为数据、资讯数据等,同时为了弥补券商数据维度单一的缺陷,引入了互联网第三方数据作为补充,更全面地刻画用户。数据存储既有传统的关系型数据库,也有日志数据、NoSQL 的非结构化数据,还有来自互联网的资讯数据等。

(2)汇聚层:由于数据源跨多个业务系统,既有公司内部数据,也有第三方数据,数据存储平台不一、格式不一，为了统一管理、简化使用，设计汇聚层采集汇总各方数据。先将各个数据库的原始字段数据按照业务类别进行初步筛选、汇总、预处理，得到按主题类别划分的数据；之后根据业务逻辑统计得到业务指标、衍生指标；最后通过 ETL 工具，抽取到数据仓库进行统一存储。

（3）存储层：采用基于分布式文件存储的大数据存储平台，如 Hbase、Kudu 等，以便各个业务条线的下游程序调用。

（4）计算分析层：利用大数据计算平台，计算客群聚类，得到多个维度的用户画像。除了集成了传统的批处理、SQL 交互等功能，还增加了流数据计算引擎，应对实时计算的需求。

（5）接口层：将客户画像查询等请求封装为接口，以便应用程序调用。接口层实现了多种常见数据接口，如文件、数据库 ODBC、程序 API、网络 RESTFUL、消息队列 Kafka 等。接口层在对外提供服务时，也提供了认证、审计、任务队列等功能，保证数据进出全过程安全、可追溯。

（6）应用层：根据具体业务场景，结合特定算法开发的应用，如反洗钱应用、精准营销、流失预警模型等。

2. 证券公司客户画像构建数据架构

随着证券公司对数据的进一步深入分析与挖掘，出现了很多全新的应用领域，但是也逐步发现了部分数据不完整、数据不一致、部分数据质量不佳、缺乏数据标准等问题。数据是业务与技术沟通的共同语言，数据作为沟通媒介，一方面能够促进业务与技术的有效融合，另一方面也有效地确保了业务意图能够准确转化为技术落地。只有高质量的数据才能有效驱动业务价值，实现以客户为中心的技术与业务的有效融合。因此，开展数据治理工作不仅是安全运营管理和有效风险管控的需要，更是业务创新的需要。

数据治理计划的主要任务有建设数据治理架构、统一数据标准规范、明确数据管理使用职责、建立数据管理的规章制度等，并聘请专业化的数据管理团队将重要业务领域数据治理成果落实，搭建数据管控平台与数据集市，有效促进解决指标数据口径不统一、数据不一致等数据质量问题，提高全司数据准确性、一致性、共享性，为数据应用需求提供快捷、高效的技术支撑。

根据证券公司实际情况，可优先对组织架构、制度体系、数据源系统、数据质量、数据标准、元数据管理、外部数据管理、数据应用和数据安全分级制订治理计划。其中，数据标准是整个数据治理的核心问题，需要在全公司范围内统一对数据含义、数据应用的共识，从数据的业务需求、业务逻辑，到数据的编码、结构等内容制定统一的规范，是未来公司在信息系统建设、经营管理中需要共同遵守的标准，其主要包括基础标准和指标标准（见图 4）。

基础数据标准方面，参考证券期货行业模型，建立了主体、账户、品种、资产、合同、事件主题基础数据标准，为指标标准提供基础。在指标数据标准方面，根据业务需求，建立了经营管理分析、风险管理、财务管理等领域的指标标准。常见的数据标准管理模板主要包括业务属性、技术属性和管控属性三个部分（见图 5）。

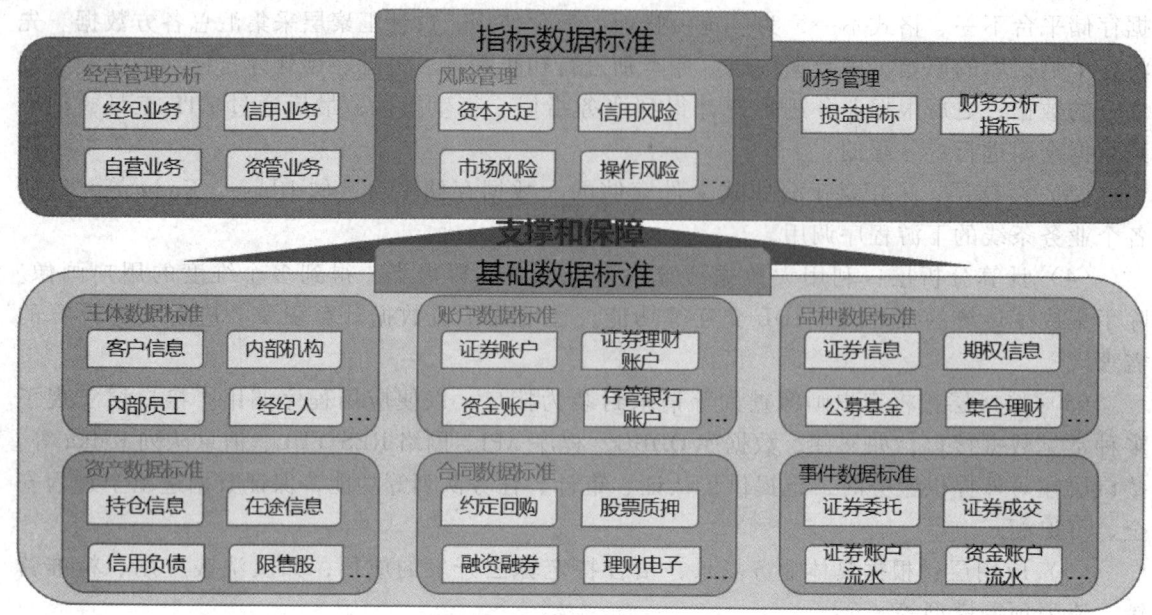

图 4　整体数据架构

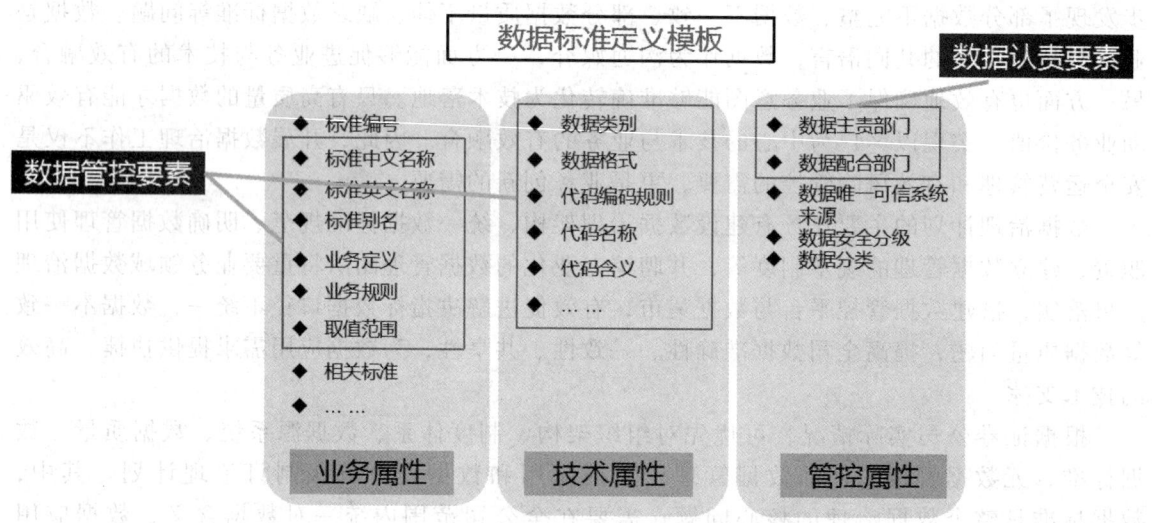

图 5　数据标准模板示例

基于如上的数据架构,为后续的业务应用如客户画像等提供高质、快速、明确的数据支撑。

(二)证券公司客户画像构建方法

客户画像构建方法以应用架构为主线,构建过程主要着眼于数据层(Data)、指标层(Indicator)、标签层(Label)、画像层(Profile)的生成方法,简称DILP。

下面以数学建模为中心,介绍从方法论、数学建模方法到生命周期标签构建、衍生标签构建的一系列过程，即数据层到指标层、指标层到标签层的生成，最后介绍在实际使用中配合管理用的标签体系的建设及管理方法。

1. 证券公司客户画像构建的方法论

证券公司以客户为中心、以业务场景为导向的客户画像标签构建思路主要分为五个步骤：

第一步：谋定后动。根据业务需求和特定业务、应用场景制定标签体系框架、标签内容；根据主题，筛选具有关联性的变量。

第二步：整合标签数据资源。根据标签业务规则，分析数据来源，并对数据按照业务主题进行规范、统一整理和整合。一般，我们会使用到的数据有客户交易数据、客户行为数据、客户账户数据和客户风险数据。该步骤主要考虑源数据排查及预处理。

第三步：建立模型生成标签。结合业务人员经验、历史数据分布以及专家建议进行数据建模，掌握客户群体分布，为不同客户贴上不同标签，标签名称一般用简单易懂的自然语言来描述。该步骤还涉及关联衍生指标的加工处理。

第四步：客户标签实际应用。记录每个标签的应用情况和实际效果，了解业务人员最关注的场景及标签，为后期标签优化奠定基础。

第五步：客户标签评估优化。评估主要包括标签的使用情况和应用反馈，如对标签被使用次数进行排名、评估标签的贡献度等，采用 A/B Test 或召回率（Recall）等方法分析得出。优化主要指在应用过程中对标签、场景的持续优化、迭代，提高模型准确度和适用性。

2. 证券公司客户画像构建的数学建模

为了描述证券客户画像的数学模型，首先要进行一些必要的假设和抽象。假设包括：第一，对于单个客户来说，可获取的数据有核心交易系统以及 OTC 等系统的交易数据，网页、APP 的浏览使用情况等的行为数据，从银行和电信等合法渠道引入的外部数据等。第二，模型输出集合与输入集合是可以通过函数关系进行表示的（其可能使用复杂算法，本文不在所有场景下展开），即客户画像随着时间发生变化，但在确定时刻 t 下是唯一的。同时，我们定义构建画像的两个数学步骤：一是根据输入集合求客户画像的特征值；二是基于客户画像的特征值进行标签化处理。

模型中定义了如下的参数：$x_i^l(t)$ 为 t 时刻客户的第 l 个分类数据的第 i 个输入数据，其是行为数据、交易数据、外部数据等；$X^l(t)$ 为 t 时刻客户的第 l 个分类数据的输入向量，其是行为数据、交易数据、外部数据等种类中的一类；$y_j^k(t)$ 为 t 时刻客户的建模处理后的第 k 分类的第 j 个输出数据，其主要分类包括客户的基础数据、行为偏好、产品偏好、风险偏好、风险承受、投资能力等；$Y^k(t)$ 为 t 时刻客户的建模处理后的第 k 分类的输出特征向量，其属于客户的基础数据、行为偏好、产品偏好、风险偏好、风险承受、投资能力等种类中的一类；$A_{m*n}(t)$ 为随时间变化的权重转换矩阵，负责将 n 维输入转换为 m 维输出；$B(t)$ 为 y 的调整函数，可以修订标签取值；$\varphi[X^l(t)]$ 为 t 时刻根据 $X^l(t)$ 计算出的第 l 个分类数据的指标向量，是实现客户画像的模型构建的关键。

根据上述的定义和分析可知，构建画像模型先进行第一步处理如下：

$$Y = A_{m*n}(t)\varphi[X^l(t)] + B(t) \tag{1}$$

基于公式（1），再通过构建映射函数，将客户画像特征值 Y 映射到具体标签 Flag，综合各个标签，最终形成画像，如公式（2）所示。对于具体的某个 $y_j^k(t)$ 来说，$\phi(Y)$ 的构建方法各不相同，且差异很大。常见方法有数据挖掘、专家经验、业务规则等。

$$Label = \phi(Y) \tag{2}$$

针对上述的模型，此处以客户价值画像的构建为例，给出以下公式：

$$y_s = \sum_{i}^{n} \{w_i(t)D[x_i(t)] + r_i(t)R[x_i(t)] + f_i(t)F[x_i(t)]\} + B \tag{3}$$

其中，y_s 为客户价值画像特征值；$x_i(t)$ 为 0 - t 的时间内，第 i 个业务发生的金额；$w_i(t)$ 为 t 时刻，第 i 个业务发生的价值权重；$D[x_i(t)]$ 为衰减函数，使得业务的发生金额随时间衰减。

衰减函数常见的函数形式如下：

$$D[x_i(t)] = \sum_{t=t_0}^{t_n} a^{t_n - t} x_i(t), a \in (0,1) \tag{4}$$

其中，$r_i(t)$ 为 t 时刻，第 i 个业务发生的间隔权重；$R[x_i(t)]$ 为上次发生第 i 个业务至今的时间间隔；$F[x_i(t)]$ 为上次发生第 i 个业务在 0 - t 时间内的发生频率。

下面进行第二步标签化处理。如针对客户的价值标签 Flag，可采用分段表达的形式：

$$Flag = \begin{cases} 高价值 & if\ y_s \geq y_a \\ 中价值 & if\ y_b \leq y_s < y_a \\ 低价值 & if\ y_s < y_b \end{cases} \tag{5}$$

客户画像是客户的多维度描述，包含值得关注的各类属性，结合具体应用场景挑选有关标签，就构成了客户的客户画像。

$$Profile = \{label_i\} \tag{6}$$

以上通过简单示例，说明了客户画像构建的数据角度及相关描述和步骤。

3. 证券公司客户全生命周期标签构建

将客户作为一个有生命的客体看待，研究分析客户从关系建立到关系消亡的整个生命历程，掌握证券客户生命周期，有利于了解客户属性变化和需求变化。同时，统计分析客户不同生命周期中的价值贡献度，便于有针对性地开展客户营销活动，最大化客户价值。

在用户注册并开立资金账号之前，都统称为用户，之后称为客户。对于潜在人群，可以采用潜在客户画像分析的方式，加以渠道推广，促进潜在人群了解并注册成为用户。新客户的下一个阶段就是促活，适当地提供投资者教育，针对交易历史、APP 行为模式分析，了解客户偏好。进一步提升客户的价值可以通过精准营销、投顾服务等深挖客户需求，提高服务质量。在进行客户服务的同时，也要针对监测有流失倾向的客户，从资金流向等方面分析客户的流失概率，并制定相应策略挽回。当客户流失时，需要投资顾问介入，了解流失原因，实现二次促活（见图6）。

一般来说，生命周期主要包括潜在期、开发期、成长期、成熟期、衰退期、终止期六个阶段，生命周期的每个阶段的区间长度，都是衡量客户关系的质量和价值的重要指标。

（1）潜在期：是客户与券商在建立客户关系前的时期，客户与公司还处于彼此调研考察的阶段。此时公司没有财务意义上的账面收入，仍是在为获客付出成本，因此客户的贡献值为负值。本阶段，我们主要通过引入三方数据，对潜在客户的资产情况、信用情况等数据

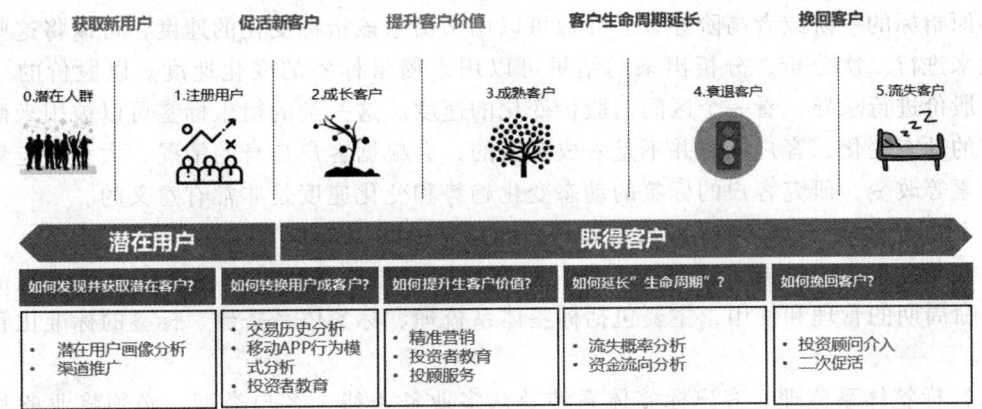

图6 客户全生命周期管理

进行分析，发现哪些有可能成为我们的优质客户，提高获取新客户的命中率，减少客户获取成本和风险。

（2）开发期：是建立客户关系的初期阶段。客户进行了一些初步交易的尝试，根据交易体验和效果决定是否继续使用公司服务。此时，公司需要尽量满足客户要求，通过多种渠道让客户了解公司更多的产品和特色。开发期的标志，如已开立账户、完成第一笔三方转账、进行了第一次交易等。本阶段需要引导客户了解公司产品，并挖掘客户的具体需求。

（3）成长期：是客户关系逐渐密切的阶段。客户与公司之间的了解互相加深，合作意愿逐步提高，合作范围也逐步扩大，体现为业务交易收入增加，公司维持客户的边际成本减少，公司在客户身上的收益增加。

（4）成熟期：客户基本成为忠诚客户，客户关系频繁密切，大多伴有交易数量增多、交易频繁、交易稳定的特点，客户维护成本更小，客户甚至还为公司拉来更多新客户。

（5）衰退期：客户关系出现衰退拐点，关系持续恶化，表现为交易量大幅萎缩、交易金额锐减、交易频率缩减。此时要特别关注交易种类减少的数量，交易频率的缩减与板块走势、大盘走势的关系，确定客户是主动流失，还是由于行情不好等原因导致交易减少。若确认为客户衰退，需要立即与客户沟通，了解主要原因之后，制定相应挽回策略，避免客户流失。

（6）终止期：客户关系结束阶段。处理善后事宜包括处理过程、成本、结果、风险情况、损失情况等。

4．证券公司衍生标签构建

证券公司的客户画像衍生标签分为两种：第一种是在构建完基础标签体系后，选取几个不同的基础标签，根据业务场景重新结合后衍生出来的一些新的标签；第二种是对现有标签的指标求导衍生出来的一阶或者高阶导数，再使用这些导数求出来的衍生标签。

第一种衍生标签，是对基础标签的再创造，从已制作好的标签中挖掘新的信息，根据不同的业务以及应用场景的不同，对基础标签进行重新整合。例如，在投资风格衍生标签中，我们选取投资偏好、盈利能力、风险偏好和投资风险几个二级标签，重新组合和分析后，将客户分为若干类，再根据不同类别的投资群体特质来为客户贴上代表投资风格的衍生标签。

第二种衍生标签是一种衡量变化的衍生标签，在标签原指标的基础上，对原指标求导可以获得原指标的一阶或者高阶导数。导数可以用来衡量该指标变化的速度,可以将这些导数结合起来进行二次分析,分析出来的结果可以用来衡量标签的变化速度。以股价的变化为例,对股价进行求导,看一个区间内股价变化的速度。这一类的衍生标签可以被用来衡量客户标签的动态变化,客户标签并不是一成不变的,会根据客户自身的情况、大盘的走势、外界的因素等改变,研究客户的标签的动态变化趋势和变化速度是非常有意义的。

5. 证券公司客户标签体系建设及管理

本文制定了相应数据治理管理办法,对客户标签进行管理,以期达到高效、规范、分类、生命周期的管理和使用,主要包括标签体系梳理、标签体系搭建、标签的标准化管理三个方面。

(1) 标签体系梳理。客户标签体系涉及众多业务条线、客户类型,必须将业务和技术人员结合发挥作用,可按下面的思路进行梳理:一是产品梳理:梳理出本公司所能提供的产品服务目录、产品特征等数据;二是客户梳理:梳理出本公司所有客户的类型、从事的产品范围等数据;三是营销梳理:梳理在特定的业务场景下,交易对象、交易渠道、交易行为、交易主体、交易方式等数据。

具体梳理方法包括:一是头脑风暴,明确客户画像的战略意义、建设目标、效果预期;二是维度分解,结合实际需求,明确标签体系维度主题,确立体系框架;三是标签定义,根据相关性原则,对客户(客户画像)、产品(业务画像)、业务(营销画像)三类数据实体进行数据维度分析和列举。

(2) 从数据出发,搭建标签体系。整理并集中标签相关数据,根据主题分解维度,针对性地在数仓中找出相关数据,梳理数据字典;根据业务场景,结合客户信息,整理历史业绩数据,同业务方进行深度沟通,确立出强相关数据范围;对数据进行画像和标签化,标签分两大类:业务逻辑标签(通过历史经验获得强相关标签)和算法统计标签(主要为聚类算法、结合业务场景、进行客户分群)。

(3) 标签的标准化管理。在按业务场景整理业务数据之后,按照属性进行分类,主要目的有三个:一是方便管理标签,便于维护和扩展;二是结构清晰,便于展示标签之间的关联关系;三是为标签建模提供子集,方便独立计算某个标签下的属性偏好或者权重。

标签的分类方法主要是 MECE(Mutually Exclusive Collectively Exhaustive),即"相互独立、完全穷尽",这个是金字塔原理中非常经典的复杂问题拆解方法,尤其是针对比较大的研究课题,可以把整体分解成很多局部模块,再针对每个模块进行可能性假设和论证,最终得出满意的答案。参考数据治理,标签分类深度一般定为三级比较合适,方便管理。

按数据的时效性看,标签可分为短期标签和长期标签。短期标签比如用户的购买力、用户的活跃情况,存在有效期,需要定期地更新以保证标签的有效性。长期标签比如性别、出生日期这类用来描述既定事实,几乎不会改变。

从数据提取维度来看,标签数据又可以分为:

①事实标签。既定事实,从原始数据中提取。比如通过用户设置获取性别,通过实名认证获取生日、星座等信息。

②模型标签。没有对应数据,需要定义规则并建立模型来计算得出标签实例,比如支付偏好度。

③预测标签。参考已有事实数据,来预测用户的行为或偏好。比如用户a的历史购物行

为与群体 A 相似，使用协同过滤算法，预测用户 a 也会喜欢某件物品。

具体的标签标准模板如表 1 所示。

表 1　　　　　　　　　　　　　　客户标签标准管理模板

类别	字段	说明
标签类别	标准编号	数据标准项对应的标准编号
	标签一级分类	必填。数据标准项所属的信息大类：根据数据标准体系框架填写
	标签二级分类	必填。数据标准项所属的信息子类：根据数据标准体系框架填写
	定义部门	必填。数据标准项认责部门
	是否核心标签	必填。下拉选择：核心指标、非核心指标。定义是否为核心指标
	共享标签类型	必填。下拉选择：共享标签、特色标签
	数据安全分级	必填。下拉选择：1级、2级、3级、4级
	加工方式	必填。下拉选择：系统、手工
	时效性	必填。短期、长期
	提取方式	事实标签、模型标签、预测标签
业务属性	标签名称	标准化名称是指标名称按照一定的规则进行标准化后的名称
	应用场景说明	必填。下拉选择：管理层经营决策、总部/分支机构日常经营管理、外部监管、其他
	业务定义	必填。定义应基于实际的业务背景，描述应精准、细致，便于理解。业务定义主要来源于外部监管机构的定义、券商业务制度、源系统的业务需求定义等
	业务规则	若为衍生指标则必填。若指标类型为衍生指标，描述该指标与其他指标的计算规则。请直接给出计算公式
	标签类型	必填。下拉选择：基础标签、衍生标签
	计量单位	必填。反应指标的度量衡。对于数值型需定义该数值的度量单位
技术属性	数据加工频度	描述数据在系统中加工的频度，取值为实时/每小时/每日/每×日/每周/每月等
	指标来源系统	描述指标实际加工系统名称
	标签来源数据表英文名称	填写指标来源的数据表英文名称，以数据库为准
	标签来源数据表中文名称	填写指标来源的数据表英文名称，以数据库为准
	标签来源数据英文字段名	填写指标来源的数据表英文名称，以数据库为准
	标签来源数据中文字段名	填写指标来源的数据表英文名称，以数据库为准
	数据类型	根据数据项的表现形式进行分类，如数量类、金额类、比例类
	数据格式	描述从技术角度规定的数据项所允许的数据类型

（三）证券公司客户画像构建工艺

本文结合数据挖掘、经验分布、专家建议等方式，进行证券公司客户画像模型的构建方法研究，给出构建客户画像的工艺流程。流程分为五个阶段，分别是明确目标、数据准备、建立模型与模型评估、模型结果的评价与解释、标签的实施与优化方法。具体处理流程如图

7所示。

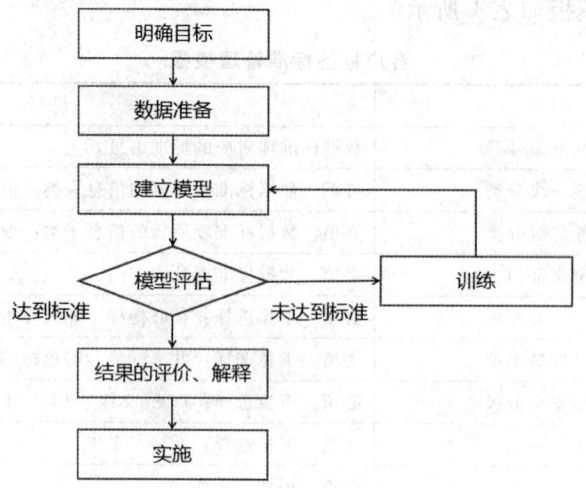

图7　客户标签工艺实施流程

1. 确定业务目标及指标

明确目标是应用数据挖掘的首要任务。在证券公司中，业务目标可能是检测客户的异常行为、对客户的投资风格的分类（具体分类可以参考数据治理的基础数据分类和指标数据分类）、对于客户的流失预警等。在确定业务目标以后，基于对该业务实际中的现实需求以及对源数据的理解，可以为该业务设计客户画像指标体系。

2. 客户画像数据准备

在实际生产环境中，由于存在多样化的数据需求和某些历史原因，数据的来源渠道不一、数据质量参差不齐。为了保证数据的质量，首先需要对数据进行必要的检查和修正，更重要的是要解决相同数据在不同数据源之间不一致的问题。为了提高分析效率和效果，当数据集的字段数目过大时，必须利用相关方法，找出最能够描述数据的字段，减少输入维度，常用的方法包括"描述型数据挖掘"和联机分析等。若将某些变量按照线性加和等方式组合成为一个新的变量，可能会比这些变量原有的影响力更大，更加适合作为模型的预测变量。因此，在数据准备阶段除了处理缺失数据，还需考虑是否创建一些新变量。

3. 建立模型与模型评估

在预处理完数据后，需要选择适合当前问题的模型，不同的业务需求适用于不同的模型。通过历史海量数据了解特征客户数据主要分布情况，以历史数据为依据，进行标签划分。业务专家通常是从现实场景出发，根据经验给出数据关联方向；而数据挖掘是20世纪90年代中期兴起的新技术，它是从数据库中发现挖掘信息分布特征的方法。

如果业务目标是检测客户的异常行为、客户的投资风格分类等问题，则可以选用分类效果好的分类模型，如神经网络和随机森林；如果业务目标是精准营销，则可以选用聚类、分类、决策树等。在建立模型后，也可以用Bagging和Boosting来优化性能。

建立客户画像模型意味着应用智能技术，例如来自机器学习、数据挖掘或信息检索等领域，以构建客户画像。目前较为常用的客户画像技术为随机森林、神经网络、主成分分析、专家经验和序列分析。

4. 评价、解释与实施

在完成定量分析之后，就要为客户"贴标签"。标签作为特征化的定性表达和量化反映，制定标签时，需遵循相关性、有效性、适用性、全面性原则。由于数据维度多、业务数量多，在编排标签体系时，标签的合理分类就显得至关重要。除了考虑各业务条线，还要兼顾管理规范的要求，避免标签分类重复、交叉。

标签通常的分类包括人口属性、信用属性、消费特征、投资爱好、社交属性、客户价值、消费行为标签（偏好奢侈品或大众品牌）、理财理念标签（短期投资或长期投资）、风险爱好标签（喜好风险或厌恶风险）、消费场景标签（偏向线上消费或线下消费）等。

以客户画像标签投资风格为例，这个例子中一级标签是投资偏好、盈利能力、风险偏好、投资风险，在使用聚类算法建立行为模型后，客户群体被初步分类，每一个客户将得到四个一级标签。在这里可以再次使用聚类算法，以源数据和四个一级标签为基础，进一步将客户群体分成具备代表性的三大类，研究人员可以根据各个客户群的行为特点，为客户群贴上标签。

5. 客户标签优化

客户画像是对客户的基本属性、购买能力、行为特征、兴趣爱好等进行标签化的结果，客户画像简化了数据应用难度，但无法100%地还原客户的原始数据，也不可能达到完全全面的描述，只能实现无限接近的描述。客户画像还是许多其他数据挖掘项目的基础，客户画像应用中的指标和标签也决定了数据挖掘模型的有效性和信息量。

另外，客户的背景、行为信息不是一成不变的。随着时间的推移，客户画像总体框架中有些字段的取值是不会发生变化的，如客户的性别、注册渠道等，但有些字段的取值可能会发生变化，如年龄、受教育程度、单笔交易额的统计值等。为了更精准地描述客户信息，必须定期更新或重建客户画像，按周、月、季度或年度随时间不断修正，不断完善，使客户画像更同步贴合客户的实际情况。

（四）证券公司客户画像指标体系

客户画像的应用主要以客户为核心，企业机构的画像能够更好地帮助客户匹配产品或者筛选客户的偏好，因此本文设计了客户及机构两种标签体系。

1. 客户标签（个人）

图8展示了个人客户标签体系。

2. 客户标签（机构）

图9展示了机构的标签体系。

（五）证券公司客户画像衍生指标

为了便于业务开展和使用，在设计客户画像指标时，考虑了多种主题分类的指标。本文主要考虑了有关投资风格、客户生命周期、账户属性、情绪标签4方面的指标及其衍生指标。

1. 客户画像标签投资风格衍生指标

为概括描述客户投资风格，让投资顾问了解客户投资偏好及客户个人投资能力，我们对各类数值型指标进行整合，形成了具有参考价值的客户投资风格标签（见图10）。具体投资风格标签如下：

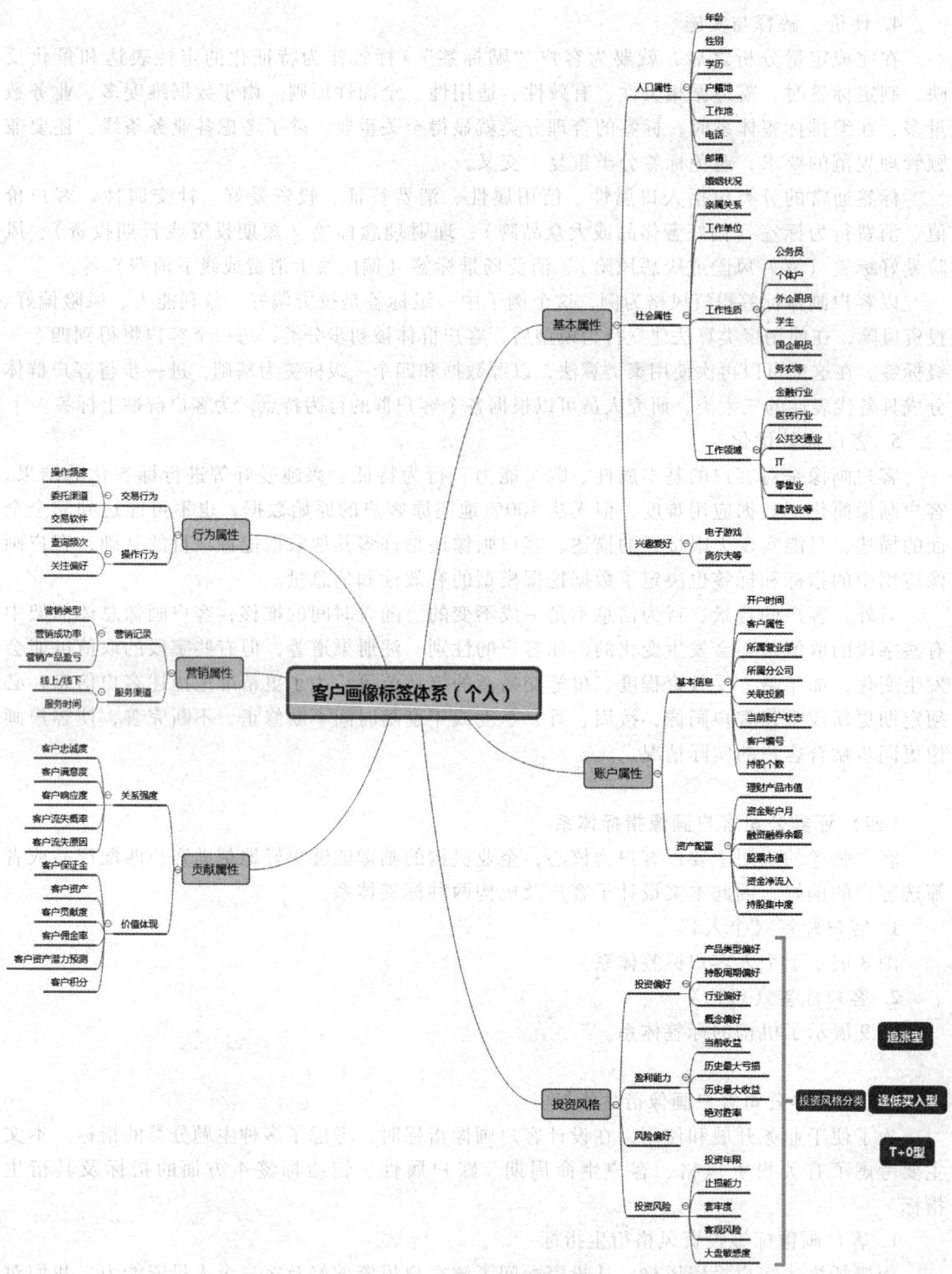

图 8 个人客户标签体系

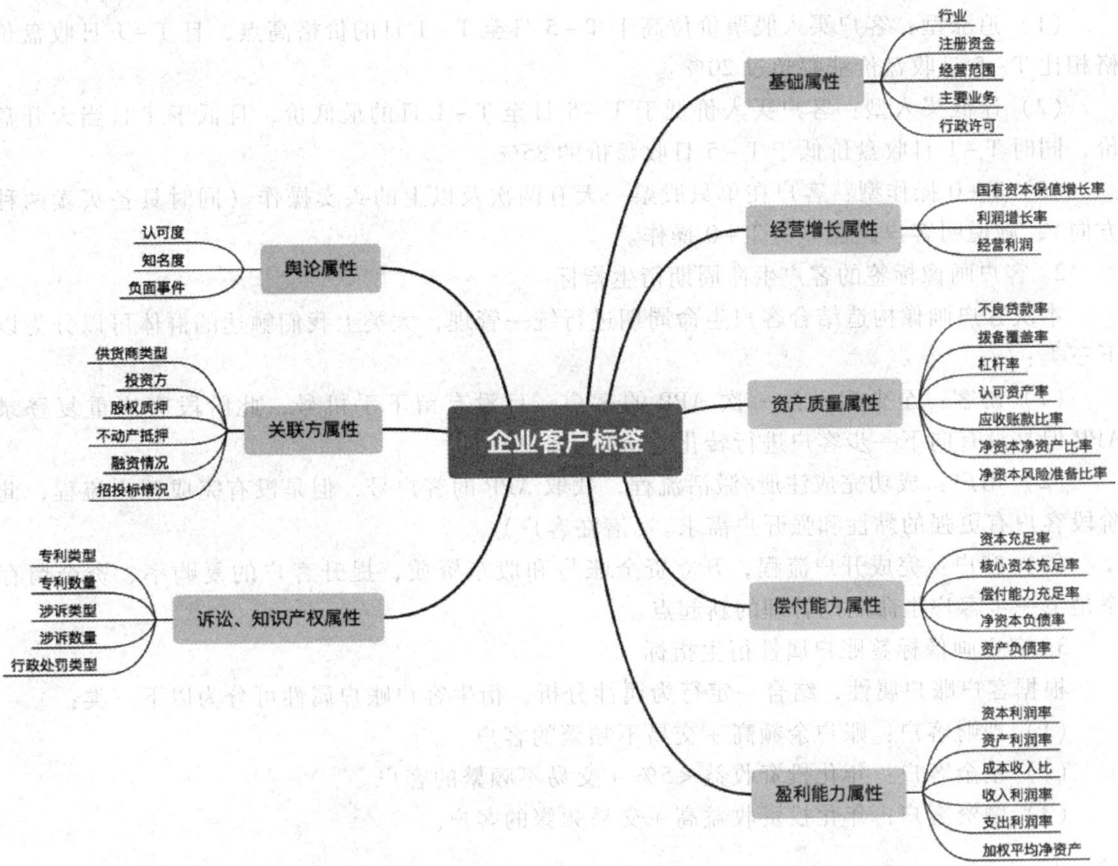

图 9 企业客户标签体系

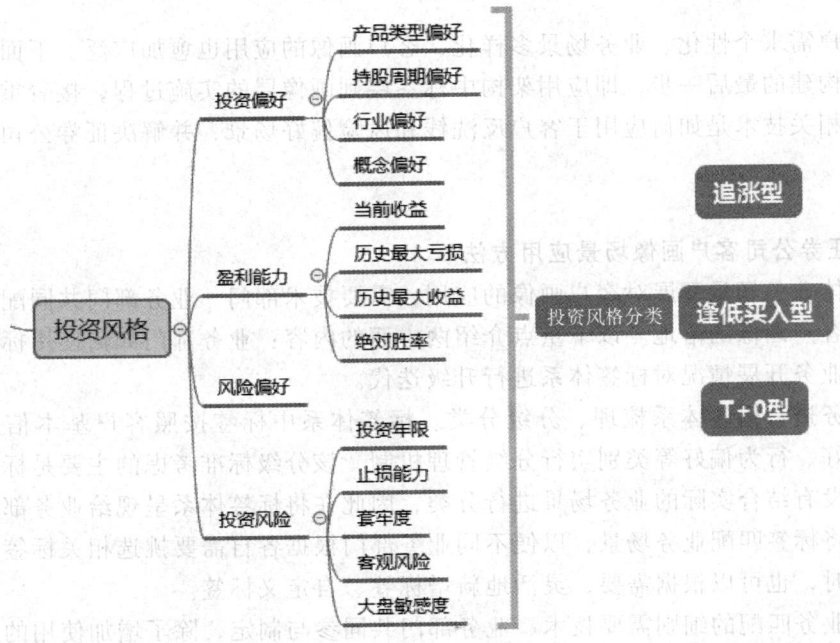

图 10 个人客户投资标签体系

（1）追涨型：客户买入股票价位高于 T-5 日至 T-1 日的价格高点，且 T-1 日收盘价格相比 T-5 日收盘价涨幅超过 20%。

（2）逢低买入型：客户买入价低于 T-5 日至 T-1 日的最低价，且低于 T 日当天开盘价，同时 T-1 日收盘价低于 T-5 日收盘价的 85%。

（3）T+0 操作型：客户在单只股票一天有两次及以上的买卖操作（同时具备买卖两种方向），则说明客户此操作为 T+0 操作。

2. 客户画像标签的客户生命周期衍生指标

本次客户画像构造结合客户生命周期进行统一管理，大类上我们触达的群体可以分为以下三类：

（1）游客：至少启动过一次 APP 的客户，且没有留下手机号，此阶段客户重复登录 APP 但是没有向下一步客户进行转化。（潜在客户）

（2）用户：成功完成注册/激活流程，获取 APP 的客户号，但是没有完成开户流程，此阶段客户有更强的黏性和强开户需求。（潜在客户）

（3）客户：完成开户流程，开立资金账号和股东资质，提升客户的复购率、资金留存率是下一步客户生命周期管理的新起点。

3. 客户画像标签账户属性衍生指标

根据客户账户属性，结合一定行为属性分析，衍生客户账户属性可分为以下三类：

（1）理财客户：账户余额高 + 交易不频繁的客户。

（2）基金客户：年化投资收益 <5% + 交易不频繁的客户。

（3）融资客户：年化投资收益高 + 交易频繁的客户。

三、证券公司客户画像应用场景与潜在价值

随着客户需求个性化、业务场景多样化，客户画像的应用也愈加广泛。下面首先介绍客户画像体系构建的最后一步，即应用架构中标签层到画像层的实施过程，接着重点介绍客户画像体系及相关技术是如何应用于客户反洗钱和风险偏好场景，并解决证券公司中实际业务问题。

（一）证券公司客户画像场景应用方法

结合具体业务场景开展对客户画像的应用，需要技术部门、业务部门共同配合，实现由标签体系到客户画像的落地。以下重点介绍两方面的内容：业务部门如何使用标签和技术部门如何依据业务开展情况对标签体系进行升级迭代。

结合业务进行标签体系梳理、分级分类。标签体系中标签按照客户基本信息、产品偏好、操作偏好、行为偏好等类别实行分级管理机制，该分级标准考虑的主要是标签、指标的数据来源，没有结合实际的业务场景进行分类，因此在将标签体系呈现给业务部门前，需要二次汇总，将标签匹配业务场景，以便不同业务部门根据各自需要挑选相关标签使用。业务人员在使用时，也可以根据需要，灵活地新增标签、自定义标签。

标签与业务匹配的细则需要技术、业务部门共同参与制定，除了增加使用的便利性，也是为了明确标签权责、细化各标签数据的权限管理。制定时，除了依照业务经验采用人工制

定的方式，也可以采用数据驱动的方法。按业务场景，统计参与的客户带有的标签数量，将与业务相关较多的标签筛选出来，推荐给业务人员以备使用。进一步还可使用协同过滤等推荐算法，将相关重要性较高的标签推送给业务人员（见图11）。

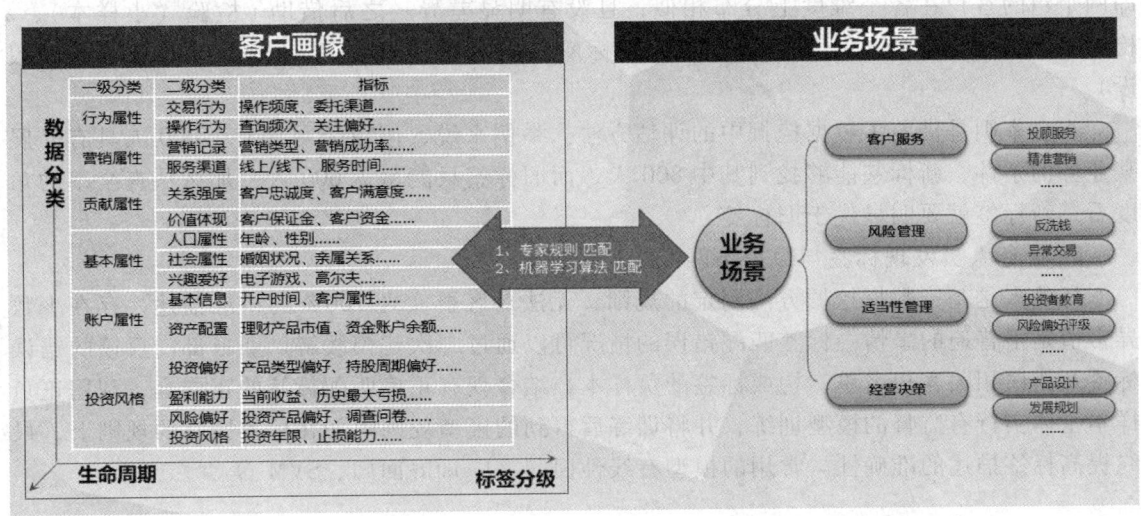

图11　客户画像与业务场景的匹配

由于标签、业务数量繁杂，首先需要对标签、业务分别进行归类，形成标签类别、业务类别，以便管理。举例来说，业务类别就像业务的标签，用来概括业务一些特性，如融资融券业务需要客户满足适当性和相关信用资质，因此，融资融券业务就具有"适当性管理""精准营销"的业务类别。在具体操作过程中，将标签与业务匹配，转换为标签类别与业务类别匹配。在匹配具体业务的标签时，业务人员只需根据该业务的几种业务类别，即可匹配出相关标签类别的标签，最后筛选出一揽子的标签指标。这种链式的标签匹配方法使得业务人员无须面对庞杂的标签体系而茫然无措，或者遗漏有价值线索的标签，既方便了使用，也方便了对业务诉求的梳理。

标签体系的一大优势是简化了业务人员搜索查询困难。在没有标签体系时，业务人员需要筛选客户指标、设定阈值或相关标准，再由技术部门转化为数据需求、获得查询结果，整体流程周转时间长，且相关指标的标准可能无法很好地对客户进行区分。而在标签体系的帮助下，业务人员仅需勾选相应标签，即可获得匹配这些标签的客户名单。标签生成时，便考虑到了客户分布的实际情况，因此也节省了业务人员设定指标阈值等烦恼，查询结果更贴近实际场景。

标签体系查询返回画像时，也可以同时附上客户的其他标签和详情数据。客户其他标签虽然与业务没有直接关联，但有助于多维度地描述客户，构建客户的全方位画像。详情数据则是利于确定客户画像的准确性，减少数据申请审批环节，提高效率。

标签体系需要有迭代优化的能力，制定标签的依据在实际应用时可能已经过时或不满足合规要求。业务部门是标签体系的最终使用者，也是评判标签准确性、实用性的权威，因此，需要业务部门阶段性反馈，然后对标签体系进行更新迭代，主要包括以下两种情形：

1. 业务人员提出了新的标签或业务人员提出了更好的标签制定规则

经过技术部门实现验证发现，新的标签较原有标签在有效性、查全率方面有更好的表现，那么将新标签规则入库，按需替换原有的过时标签。

验证新旧标签有效性一般采用 A/B Test 方法。在分组测试时，需要保证分组的随机性，即两个组的客户在各个维度上分布相似，且没有明显差异。之后借助 t 检验（小样本）、z 检验（大样本正态分布）等方法，验证新标签（备择假设）是否明显优于旧标签（零假设）。

查全率则是借鉴了数据挖掘中的评估方法。举例来说，假设公司现有 1 000 人具有开展某业务的条件，新标签能够找到其中 800 人，而旧标签只能覆盖 600 人，那么从查全率的角度看，新标签就要明显优于旧标签。

2. 业务人员发现标签与数据不匹配

标签多是基于数据挖掘方法制定的规则，无法对客群实现 100% 的精准描述，存在少数异常值是很普遍的事情。标签匹配错误的情况可以通过二次建模缓解。业务部门反馈的错误标签及错误相关客户名单，构成标签的负样本，结合现有正确匹配标签的正样本，利用正负样本全体实行有监督的模型训练，并将训练后得到的模型规则附加在标签原有的规则上，最终提高标签描述的准确性。常用的模型有线性回归、logistic 回归、SVM 等。

（二）证券公司客户画像场景应用案例

下面以反洗钱和风险偏好分类两个应用为例，阐述在实际业务场景中客户画像的结合点和应用方式。

1. 案例一：客户画像在反洗钱工作中的应用

传统的反洗钱模型通过归纳以及细化每个具体场景对应的指标和阈值来筛查可疑样本，这种方式在实际应用中无法适应灵活多变的洗钱行为。基于机器学习和客户画像体系构建的模型能够合理避免各阈值固化以及指标权重分配等问题，并且能够根据反馈数据不断地迭代自优化，同时能够在大额交易和异常交易的客户画像的基础上更加准确地识别反洗钱客户。

图 12 展示了基于客户画像的反洗钱模型构建过程，具体步骤如下：

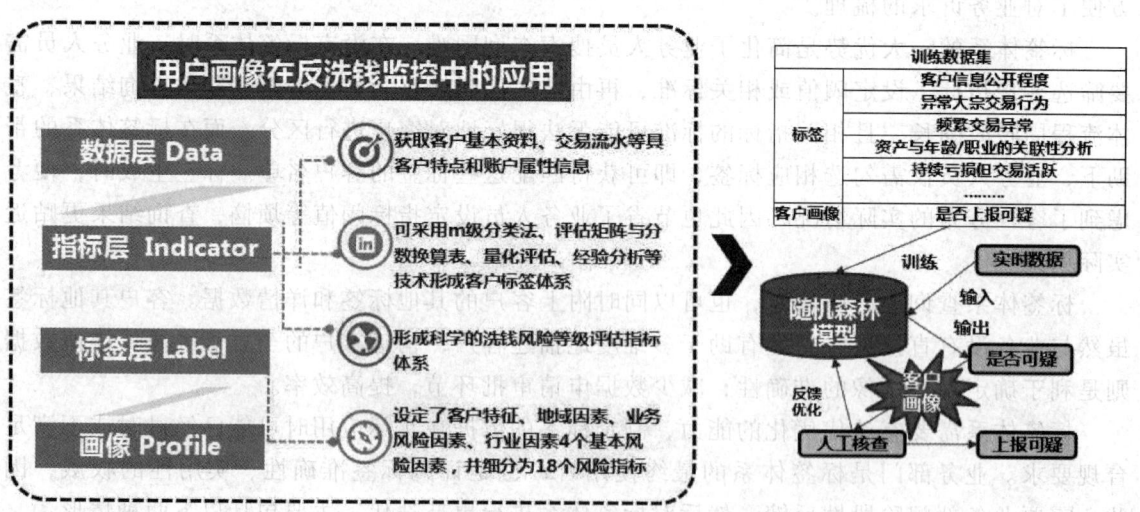

图 12　用户画像在反洗钱监控中的应用

第一，进行客户数据的整合，把各个业务系统的数据按照一定的规则进行整合，存储在数据仓库中，并面向反洗钱分析主题进行汇总分析，形成反洗钱分析数据平台。在这个数据平台的基础上通过 Web、OLAP、数据挖掘等方式为反洗钱工作提供各种符合实际需要的原始数据凭证域、面向反洗钱主题的数据集市，形成具有证券期货行业特色的反洗钱分析指标库，为反洗钱分析工作提供最基础的数据保障。

然后，根据外部监管要求并结合证券公司实际情况，公司反洗钱相关部门提出风险等级评估指标体系，包括该客户特性、地域因素、业务风险因素、行业/职业因素四个基本风险因素，并基于四个基本风险因素又细分为 18 个风险指标。

第二，将反洗钱风险等级评估指标作为反洗钱模型的新增输入特征，从而提升对可疑样本的识别能力，提高准确率。受益于客户画像直观的标签体系，我们可以轻松地捕捉这些上报样本的普遍规律和特征，而不需要像传统方式一样，面对数值繁多且连续的底层数据进行指标归纳。

第三，通过经验分析、统计分析等技术，观察反洗钱模型输出中具有强关联特征的客户标签，进行二次分析与量化。不仅可以找到这些样本被判断为可疑的原因，为可疑样本的上报提供充分的理由，同时具有反馈机制，进一步完善客户画像体系。

第四，通过分析所有用户的标签和是否可疑之间的相关性，将一些明显和洗钱行为无关的标签提取出来，作为每天模型输入数据的过滤条件，这样能够大大减少输入的数据量，降低模型的实现难度。

2. 案例二：基于客户画像的风险偏好分类模型

适当性管理以投资者分类和产品分级为基础，确保向投资者充分揭示市场风险，目的在于更好地规范机构依法经营，把投资者保护的要求真正落到实处。

传统的适当性管理通过风险测试问卷来初步完成客户识别和分类，但该评测方式存在问题固定死板、客户随意填写或自我认识偏差等明显缺陷，而且问卷有效期长导致无法及跟踪用户风险偏好的变化，这些因素都使传统的问卷方式无法准确和动态地反映用户的风险偏好。

为了精准地刻画出客户的风险偏好等级，除了风险测试问卷外，我们可以从海量的用户基础数据中加工丰富的指标，如各类投资占比、交易价格平均位置、盈亏波动率等；接着结合数据挖掘的方法，就可以对用户的产品偏好、交易时机及操作风格进行标签化；最后对这些标签进行综合分析，就可以得到准确的风险偏好等级划分结果。

在指标加工完成后，使用主成分分析的方法对指标集进行降维，形成数量较少的主成分，最终形成了 16 个综合性指标，相比全指标集的解释率超过 85%。

随后通过 k-means 聚类的方法对客户在产品偏好、交易时机、操作风格等维度进行分群，从而为不同类型的客户打上标签，分为 17 种产品偏好、4 种交易时机偏好、5 种操作风格。在规定各个标签和风险偏好等级的映射关系后，我们通过三个维度对客户的风险偏好进行三次调整，得到最终的动态风险等级。

四、证券公司客户画像应用试验与成效分析

前面从方法论的角度描述了客户画像在各个实际应用中的技术框架和流程方法，以下将

结合反洗钱和风险偏好的实验数据，对客户画像在不同业务领域的应用效果进行分析。

（一）应用试验一：客户画像在反洗钱工作中的应用

1. 自主可疑监测指标模型

在使用自主可疑监测指标模型的一年以来，平均每天判断的可疑行为约7.5条，计算出的数据中最终被上报的总数为16条，详情如表2所示。

表2　　　　　　　　　反洗钱可疑数据上报统计

类别	上报数量（条）	可疑比例（%）
（第十五项）客户年龄、职业与资产不匹配并大额参与融资类业务（含融资融券、股票质押、约定购回业务）	1	18.4
（第一项）长期闲置的账户原因不明地突然启用，并在短期内发生大量证券交易	0	14.4
（第二项）开户后短期内大量买卖证券，然后迅速撤指定、转托管、销户或转出资金	2	11.9
（第六项）客户频繁转户且资产量较大	0	11.5
（第十七项）新三板交易异常申报行为	0	10.5
（第十项）客户涉嫌异常对倒交易行为	1	7.6
（第九项）客户短期内转入大量资金并买入大量证券，然后迅速撤指定、转托管、销户	0	4.9
（第十二项）关联客户同一天内大额交易同一只证券	0	3.9
（第十九项）客户年龄、职业、资产不匹配并大额参与经纪业务	1	3.5
（第十五项）客户年龄、职业、资产不匹配并大额参与融资融券业务	0	2.4
（第十八项）高风险客户短期内发生大量证券交易	9	2.3

可以从表2看出，目前的上报数据中56.25%触发的条件为"高风险客户短期发生大量交易"，一共上报了9条。而其他类别的可疑检出数量虽多，但最终上报的只有7条（其中，5条为模型检出，另外2条为其他条件触发检出），可见原指标监测模型在很多场景的监控阈值上仍然缺乏精准度，固化的条件和阈值并不能很好地适应变化的市场环境以及丰富的洗钱模式。

2. 基于随机森林的智能反洗钱模型

本文采用自主可疑检测指标模型检测出的且最终上报的数据作为可疑样本数据进行训练，使用近半年的数据进行了回测。该时段回测后模型总共找出722个可疑样本，平均每天找回5.51条，其中该时段已知上报的12条数据被找回7条，具体如表3所示。

表3　　　　　　　　　反洗钱模型（随机森林）统计

类别	训练样本初始数量（条）	测试样本数量（条）	模型找出数量（条）
（第十五项）客户年龄、职业与资产不匹配并大额参与融资类业务（含融资融券、股票质押、约定购回业务）	0	1	0
（第二项）开户后短期内大量买卖证券，然后迅速撤指定、转托管、销户或转出资金	1	1	0

续表

类别	训练样本初始数量（条）	测试样本数量（条）	模型找出数量（条）
（第十九项）客户年龄、职业、资产不匹配并大额参与经纪业务	0	1	0
（第十八项）高风险客户短期内发生大量证券交易	2	7	7

根据指标模型的触发条件对上报样本进行分类，并分析随机森林的回测结果。从召回情况可以看出，由于训练样本充足，该时段的所有"高风险客户短期发生大量交易"类型的上报样本被模型100%召回，随着回测过程中该类上报数据增加，模型对该特征的学习越发完善。而其他类型上报数据过于稀少，故模型并未学习到这些样本的特征，无法将其找出。可以看出在各类上报数据逐渐增多的情况下，随机森林模型能够更加有效地学习各个类型洗钱行为的特征，并将可疑样本大概率找出。

3. 综合分析

接下来我们对两个模型进行综合分析，首先来看两个模型的上报样本找出时间。

从表4我们可以看出，随机森林模型在找到的7条上报样本当中有6条比自主可疑指标模型更早检测到可疑数据，这可以证明随机森林模型在报送时间上具有一定的前置性，能够更早地发现洗钱风险。

表4　　　　　　　　　　　反洗钱模型上报样本对比

客户编号	随机森林模型找出时间	自主指标模型找出时间
1	20180103	20171009
2	20171013	20171016
3	20171010	20171207
4	20171011	20171221
5	20171011	20171227
6	20171011	20171227
7	20171011	20171229

在召回率的比较上，由于使用的正类数据集是自主指标模型输出的可疑样本的子集，自主指标模型的召回率一定为100%。故随机森林模型在该验证集上无法超越自主指标模型，且由于样本并不充足的影响导致召回率尚未达到100%。

从回测时段的模型准确率上看，自主指标模型判断了1 279个可疑样本，平均每天7.85条，总共有12条数据被上报，总体准确率为9.38‰。随机森林模型判断了722个可疑样本，平均每天4.60条，共找出了7条上报数据，总体准确率为9.69‰。可见，随机森林模型在缺少部分类型训练样本的情况下判为可疑的样本数量比起指标模型有了大幅减少，而在训练样本充足的类型上进行了充分的召回以及扩展，总体达到了和自主指标模型相近的准确率。

从图13来看，通过对两个模型找出的样本的异同性统计，共有1 267个样本仅被自主可疑检测指标模型找到，710个样本仅被随机森林模型找到，12个样本被两个模型同时找到，指标模型平均每天找到7.80个样本，随机森林模型平均每天找到4.50个样本，交集为

0.07 个样本。

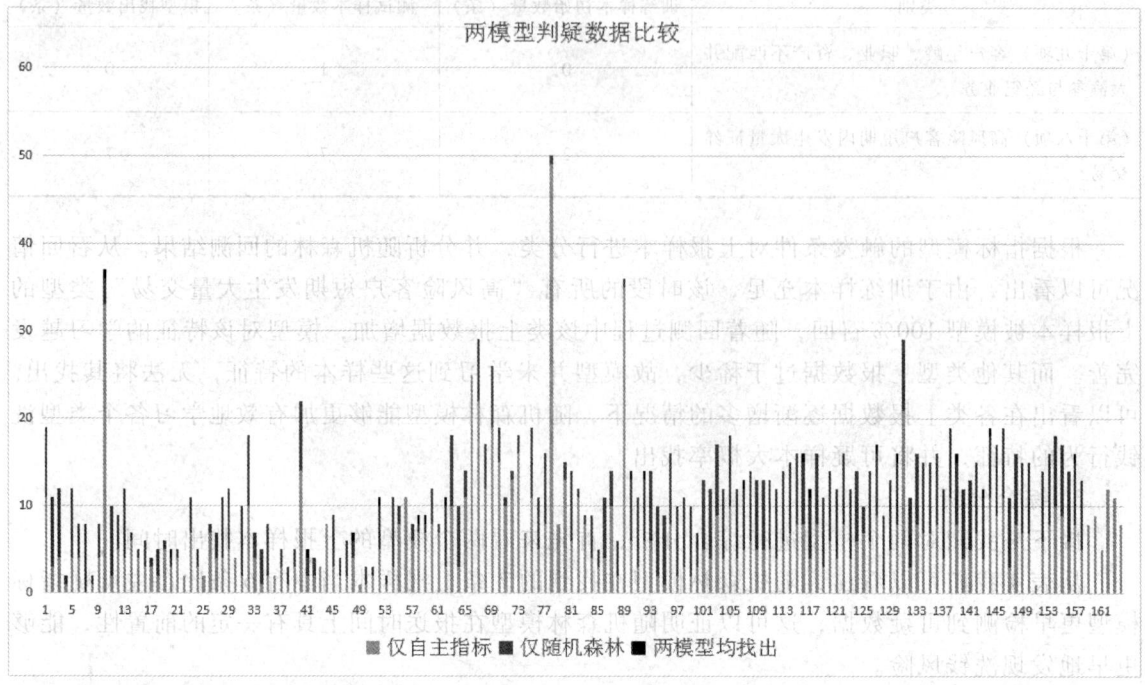

图 13 反洗钱模型对比

结合准确率分析，自主指标模型存在大量指标计算得出的而并未最终上报的可疑样本，但是由于模型固化，无法通过人工的反馈进行优化。随机森林模型虽然准确率没有显著的优势，但其判疑数据并未经过人工筛查，有可能是指标模型无法覆盖的洗钱行为。随着可疑样本的增加，对已知模式的识别会更加准确，同时还能发现指标模型无法及时覆盖的洗钱模式。

因此，我们认为，随机森林模型在现阶段可以很好地补充指标模型，之后随着训练样本的逐渐丰富，可能会逐渐地代替指标模型。

（二）应用试验二：基于客户画像的风险偏好分类模型

基于客户画像的风险偏好分类模型，通过构造产品偏好、交易时机、操作风格等方面的标签，再根据标签和风险等级之间的映射关系，经过多次划分和调整，最终获得用户的风险偏好等级。

首先，我们根据经验分析，使用海量的用户交易流水、资产流水等基础数据构造用于刻画用户画像的指标体系，具体选择了表 5 中所列出的指标。

经过指标选取后，我们通过 k-means 聚类的方式，对客户在多维度上的特征进行标签化。经过多次实验分析，我们将实验的窗口定位为 3 个月，使用 2017 年 4 个季度的数据进行模型有效性和稳定性的分析。

指标加工完成后，我们先利用主成分分析算法进行降维。表 6 为对产品偏好的多项指标进行降维后的主成分，41 个指标组合成为新的 16 个主成分，其累计解释率能够达到原指标

表 5　　风险偏好模型指标体系

分析角度	详细类别	具体指标
产品偏好	基金	股票型基金累计市值与累计总资产/累计总市值的比值
		货币型基金累计市值与累计总资产/累计总市值比值
		债券型基金累计市值与累计总资产/累计总市值比值
	股票	A 股累计市值与累计总资产/累计总市值的比值
		B 股累计市值与累计总资产/累计总市值的比值
		创业板累计市值与累计总资产/累计总市值的比值
		三板累计市值与累计总资产/累计总市值的比值
		ST 股票累计市值与累计总资产/累计总市值的比值
		新股申购数量占该时段全部新股数量的比例
		沪港通累计市值与累计总资产/累计总市值的比值
		深港通累计市值与累计总资产/累计总市值的比值
	债券	债券总累计市值与累计总资产/累计总市值的比值
	资管	资管产品累计市值与累计总资产/累计总市值的比值
		固定收益类资管产品累计市值与累计总资产/累计总市值的比值
	理财	银行理财累计产品金额与累计总资产/累计总市值的比值
		证券理财累计产品金额与累计总资产/累计总市值的比值
	信用	融资融券累计总负债与累计总资产/累计总市值的比值
		股票质押累计总负债与累计总资产/累计总市值的比值
		约定购回累计负债与累计总资产/累计总市值的比值
	回购	债券逆回购累计市值与累计总资产/累计总市值的比值
	期权	个股期权累计市值与累计总资产/累计总市值的比值
交易时机		成交价格/昨日收盘价，按交易金额取加权平均数
		成交价格/5 日均价，按交易金额取加权平均数
		成交价格/10 日均价，按交易金额取加权平均数
		成交价格/20 日均价，按交易金额取加权平均数
操作风格		近 12 个月盈亏率的波动
		近 12 个月 A 股平均仓位
		近 12 个月 A 股换手率

的 85%。

表 6　　产品偏好模型主成分

主成分	正贡献	负贡献	解释度（%）
1	资管产品	A 股市值	9.93
2	A 股市值		7.44
3	债券市值		6.01

续表

主成分	正贡献	负贡献	解释度（%）
4	创业板	ST股票、三板	5.29
5	三板	ST股票	5.24
6	深港通、沪港通、三板		5.22
7	深港通、沪港通	三板	5.16
8	B股市值	货币型基金	5.06
9	货币型基金、股票质押总负债		5.04
10	股票质押总负债		5.03
11	货币型基金市值	债券型基金市值	4.99
12	债券型基金、银行理财市值	证券理财市值	4.94
13	深港通市值	沪港通市值	4.63
14	创业板市值		4.50
15	债券市值	债券逆回购市值	4.17
16	个股期权市值		3.84

之后我们可以对降维后的主成分进行 k-means 聚类分析，将各个类簇的特征进行提炼，从而将客户的产品偏好、交易时机和操作风格进行标签化。对产品偏好模型的聚类分析结果如表7所示。

表7　　　　　　　　　　　风险偏好模型聚类结果

类别	对应标签	类别特征	客户占比（%）
1	偏好A股与股票质押	平均A股占比达88.92%，股票质押占总资产28.07%	0.20
2	偏好A股+新股申购	平均A股占83.21%，新股申购活跃比例为27.72%	67.22
3	偏好资管产品	平均资管产品占81.09%	1.73
4	偏好港股通+新股申购	平均港股通占53.54%，新股申购占比29.26%	0.16
5	偏好B股	平均B股占74.75%	0.60
6	偏好新三板	平均新三板占93.31%	1.15
7	偏好融资融券+新股申购	平均融资融券占10.27%，新股申购占13.33%	10.72
8	偏好证券理财	平均证券理财占70.94%	0.23
9	偏好银行理财+资管	平均银行理财占62.72%，资管占7.73%	0.04
10	偏好ST股票	平均ST股票占65.74%	1.63
11	偏好创业板+新股申购	平均创业板占55.10%，新股申购占43.67%	8.94
12	偏好债券型基金	平均债券型基金占77.51%	0.26

续表

类别	对应标签	类别特征	客户占比（%）
13	偏好货币型基金	平均货币型基金占76.30%	0.27
14	偏好债券逆回购+新股申购	平均债券逆回购占52.88%，新股申购占46.91%	1.75
15	偏好个股期权+融资融券	平均个股期权占23.09%，融资融券占17.25%	0.01
16	偏好债券+逆回购	平均债券占48.56%，逆回购占18.53%	0.23
17	偏好股票型基金	平均股票型基金占85.19%	4.87

接下来，在产品偏好模型的基础上，我们继续对用户的交易时机偏好和操作风格进行分析，从而对用户的风险偏好进行多维度的刻画。根据用户的买入点位进行分析，得到客户不同的交易时机偏好聚类，结果如表8所示。

表8 风险偏好模型聚类结果（不同交易时机）

类别序号	平均买入价格/上一收盘价	平均买入价格/5日均价	平均买入价格/10日均价	平均买入价格/20日均价	客户占比（%）
1	0.9931	0.9896	0.9903	1.0021	58.04
2	1.0059	1.0302	1.0543	1.0943	32.58
3	1.0080	1.2250	1.7917	3.5604	0.07
4	1.0223	1.0945	1.1600	1.2697	7.05
5	0.9311	0.8822	0.8624	0.8684	2.26

最后，我们根据用户的收益率、平均仓位、平均换手率等指标对用户的操作风格进行聚类分析，结果如表9所示。

表9 风险偏好模型聚类结果（不同交易风格）

类别序号	收益波动率	平均仓位	平均换手率	客户占比（%）
1	0.2178	0.9651	0.0536	51.62
2	0.4632	0.0458	0.1271	8.39
3	0.3519	0.6238	0.0967	11.79
4	0.6763	0.8220	0.0922	21.03
5	0.6661	0.3660	0.0829	7.17

经过提炼分析得到用户关于产品偏好、交易时机、操作风格三个维度的标签后，我们通过不同标签对应的不同风险偏好程度对用户的风险偏好等级进行多次的划分和调整，最终将其分为5个等级，分别为最低、较低、中等、较高、最高，对应1—5的风险偏好得分，风险偏好等级越高，得分越低，如表10所示。

表 10 风险偏好模型的风险分类规则

类别	初步判断	调整 1	调整 2	结果
1	2 分	根据客户交易时机偏好对风险偏好等级进行调整。2、3、4 类用户的买入价格均明显高于近期均价，分别予以扣减 1、2、2 分处理；类 5 用户则相反，予以加 1 分处理	根据客户操作风格进行进一步细分，对于仓位最低的群 2 进行加 2 处理，对于群 1、3、4、5 不做调整	根据分数获取最后的风险偏好等级：≤1 最高；=2 较高；=3 中等；=4 较低；≥5 最低
2	3 分			
3	4 分			
4	3 分			
5	3 分			
6	1 分			
7	2 分			
8	4 分			
9	4 分			
10	1 分			
11	2 分			
12	4 分			
13	5 分			
14	5 分			
15	2 分			
16	5 分			
17	4 分			

我们使用 2017 年 7 月的数据经过二次调整后，最终的客户风险偏好等级分布情况如表 11 所示。

表 11 风险偏好模型等级分布

风险偏好	最高	较高	中等	较低	最低
占比（%）	10.36	24.57	54.64	7.35	3.08

通过三个模型对用户风险偏好进行的划分和调整后，我们得到了 2017 年 7 月至 2017 年 9 月的用户风险偏好标签：54.64% 的客户的风险偏好标签为中等，分别有 10.36% 和 3.08% 的客户标签为最低和最高。数据分布比较合理，符合正态分布，说明模型对用户的风险偏好进行了动态、合理的划分。

接下来利用 2017 年其他季度的数据对风险偏好等级划分模型的稳定性进行验证（见表 12 和表 13）。

表 12 风险偏好模型各季度等级分布（2017 年） （单位：%）

风险偏好等级	2017 年第一季度	2017 年第二季度	2017 年第三季度	2017 年第四季度
最高	6.27	3.52	10.36	7.46
较高	20.77	16.53	24.57	19.85
中等	59.18	60.54	54.64	56.30
较低	10.78	15.36	7.45	12.80
最低	2.99	4.04	3.08	3.60

表 13　　　　　　　　　风险偏好模型跨等级变动情况（2017 年）　　　　　　　　（单位：%）

等级变动	1—2 季度	2—3 季度	3—4 季度
不变	66.82	63.69	66.48
相邻变动	26.19	28.06	26.16
跨级变动	6.99	8.25	7.36

从表 12 和表 13 可以看出，模型产出的各风险等级数据分布较为稳定，中等风险等级的客户始终保持在 58% 左右，较高风险等级的客户保持在 20% 左右，总体变化不大。有 65% 左右的用户的风险等级在跨季度时并未发生改变，变化的用户也只在相邻等级之间变动，只有 7% 的少数用户发生过大幅的风险等级变动，可以说明模型总体运行情况较为稳定。

目前证券行业对风险偏好分类主要采用问卷调查方式。该方法完全依赖于客户主观填写的信息，存在自我认知不准确、填写不认真不重视、虚假填报等问题，这些因素都将导致问卷的真实性和准确性难以得到保证。

通过分析发现 2017 年第三季度的客户产品偏好以及 2017 年 7 月份填报的风险偏好问卷数据，可以得表 14 中的统计结果。

表 14　　　　　　传统风险测评结果对应客群的产品偏好（2017 年第三季度）

风险偏好	数量	A 股	创业板	股票型基金	固收类资管产品	证券理财	债券逆回购
5	2.55%	0.5062	0.0694	0.0697	0.0232	0.0066	0.0357
4	60.00%	0.6730	0.0931	0.0354	0.0101	0.0033	0.0311
3	36.19%	0.7258	0.0856	0.0367	0.0083	0.0032	0.0275
2	1.26%	0.7291	0.0799	0.0374	0.0070	0.0012	0.0393
1	0.01%	0.7609	0.0000	0.0000	0.0000	0.0000	0.0000

从表 14 中我们可以看出，通过问卷填写方式最终被判断为风险偏好等级最低的仅有 0.01% 用户，这显然不符合证券市场的真实风险偏好分布规律。在产品偏好上，风险偏好最高的客群在风险相对较低的股票型基金、固收类资管、证券理财、债券逆回购上的资产配置比例反而相对较高，这也和风险偏好的定义自相矛盾。可见，问卷评测方法并不能客观有效地反映客户的风险偏好等级，而基于客户画像的风险偏好模型立足于客户的真实产品偏好和交易行为，能够更为准确地分析客户的风险偏好等级（见表 15）。

表 15　　　　　　　　　　　　风险偏好划分方法比较

方法	问卷测评	基于客户画像的风险偏好分类模型
方式	客户主观填写	基于数据客观计算
更新维护	过期重测、周期长	动态计算、周期短
影响因素	资产、社会情况	产品偏好、交易行为
分类方式	阈值+条件、固定	聚类+映射、灵活

五、总结与展望

随着客户画像研究的不断深入,其为证券公司的客户管理、产品销售、服务匹配、风险防范等应用场景奠定了坚实的基础,使企业管理人员不仅能够从宏观的角度了解客户情况,也能从微观的角度调整企业方针战略,为企业客户提供更加专业的个性化服务,可以提升公司核心竞争力,快速占领客户市场。下面对本文内容进行总结,并对下一步工作做出展望。

(一)总结

本文根据证券市场的实际情况以及业务需求,结合数据仓库、数据挖掘、人工智能等核心技术,提出证券公司的客户画像体系,并应用于多个业务场景中,取得了较好的结果。本文主要完成了以下三个方面的工作:

第一,本文对国内外客户画像涉及技术进行了研究整理,通过调查问卷、实地调研等方式了解该技术在同业落地情况、典型业务场景应用情况等内容,为后续的研究和实践提供了理论基础。

第二,本文融合数据挖掘技术与行业经验,提出客户画像构架体系设计方案,阐述了该体系如何从海量数据中提取有效客户信息,涵盖客户金融属性的标签,形成具有券商特色的以客户为中心的分析角度,实现多视角描述客户特征,并建立全生命周期客户画像,动态调整客户画像,为客户管理分析提供持续、有效的支持。

第三,本文将提出的客户画像应用于客户反洗钱以及客户风险偏好等场景中,发现该体系能切实解决证券公司的实际业务问题,很大程度上降低了企业的人力、物力等消耗,提高各部门员工的工作效率和服务质量。

(二)展望

本文构建的客户画像体系已经在部分应用场景中取得了较好的效果,作为大数据的根基,客户画像体系全面反映了用户的特征,为进一步精准、快速地分析用户行为、风险偏好提供了重要信息。客户画像也提供了足够的数据支撑,在优化服务质量、提升客户满意度方面不可或缺。

但是在业务场景愈加多样化、客户需求越来越个性化的将来,证券公司仍然面对着严峻的挑战,需要不断完善客户画像体系的建设,对现有技术进行更加深入的研究探讨,得到新的思路与方案并应用到更多应用场景中,为企业的发展提供强有力的支持。

基于目前的理论研究和实际工作,本文从四个方面阐述了未来方向的展望。

1. 接入多方数据来源

证券公司内部的数据以交易数据为主,对客户的偏好、日常行为模式等信息知之甚少。积极接入更多的第三方数据源,既能丰富基础数据、增加客户画像维度,同时也能提高模型的准确性,提高客户画像应用价值。除了客户个人的数据,企业的画像也不可或缺,特别在风控领域,基于企业的实际控制情况、舆论效应、财务状况等信息,可以更好地评估企业的经营能力、盈利能力等。未来可以考虑引入的第三方数据源主要有工商数据、舆情数据、运营商数据等。

2. 丰富画像的应用场景

目前,客户画像使用于精准营销、反洗钱模式识别等领域,未来可以结合人工智能技术,将客户画像用于客服助手、投顾助手等领域,将客户画像的应用提到台前,让客户直接面对面地参与交互,丰富画像的应用场景。

3. 提升大数据处理技术能力

加大投入大数据平台建设和大数据项目改造迁移,统一大数据应用界面、接口、规范。深化数据治理,建立统一的数据字典、数据集市,简化数据应用难度,提高数据风险防范能力。引入知识图谱、深度学习等方法,对现有模型进一步优化。

4. 未来业务模型的展望

主要有情绪模型、"客户 + 产品 + 员工"一体化模型和群体档案模型。

(1) 情绪模型:近年来,行业对客户的情绪和感情进行建模的兴趣越来越大。情绪状态与人的性格相似,但随着时间的推移会发生变化。后续的客户画像研究上,可以考虑增加客户情绪标签,帮助投资顾问更好地与客户进行面对面沟通。

(2) 一体化模型:客户画像除了应用在客户个人,也同样可以对产品进行画像,甚至对企业员工进行画像。以员工的知识管理为例,建立一个专注于员工技能的员工档案,对于将他置于最适合他的职位非常重要,这也是画像技术的一种具体体现。

(3) 群体档案模型:利用客户画像建立群体档案也是一种新趋势。如何将客户偏好与群体偏好相结合,如何帮助某个客群内的客户达成某种共识,掌握并预测群体的宏观走势,如从众情绪、"羊群效应"等,对开展精细化服务也大有帮助。

深度学习和知识图谱在智能公司监管中的应用研究

上交所技术有限责任公司　同济大学　深圳市智搜信息技术有限公司联合课题组*

一、引言

　　现有公司业务管理系统在服务一线监管工作方面发挥了重要作用，但在支持科技监管方面仍有不足，主要体现在三个方面：一是数据基础薄弱带来监管乏力。系统中上市公司及其股东相关信息、历史数据等不全面、不完整，无法满足监管需要。另外，对上市公司的监管评价、监管过程数据及处分记录等散落在各处，缺乏有效整合，且与其他监管部门的信息共享程度不高。二是由于缺乏新技术支撑造成信息分析能力有限。现行监管模式大多采用统计报表、监管问询、手动搜索处理信息、人工识别处置等传统方式，面对数量巨大、来源分散、格式多样的公司数据，已逐渐出现不适应，机器处理分析数据的能力有待提高。同时，部分上市公司股权结构复杂、违规行为隐蔽，给监管人员准确识别风险隐患以及穿透核查带来了挑战，需要借助监管科技工具提升监管能力。三是欠缺实时监控和动态预警。目前，公司业务管理系统的智能化程度仍处于较低水平，在实时数据采集、实时数据计算、动态监测风险态势、及时发现预警问题等方面存在不足，技术上无法满足复杂的监管需求，不能充分发挥辅助监管的效用。

　　为了对上市公司的智能监管进行赋能，本文建立了相关的研究框架、监管技术选型以及理论研究，确定了本次研究的重点方向。

---

　　* 本文为中国证券业协会 2018 年优秀课题。课题负责人：陶睿；课题组成员：吴继春，郑海涛，谢胜强，毛子舒，徐丹，范鸿燕。

（一）技术发展趋势现状

1. 财务监管

财务风险预测模型的发展经历了漫长的过程，主流的预测方法分为两大类别：一类是基于统计学和概率论的传统预测模型；另一类是基于人工智能的神经网络无参数预测模型。主要方法如下：

（1）单变量预警模型。该模型是最早运用在财务风险的相关研究中的方法，采用某一个财务指标，来对公司的财务风险状况进行评判和预警。最早利用该模型进行财务风险预警模型的研究是 FitZpatriCk（1932）。研究结果表明，市净资产收益率和企业杠杆两个财务指标是在财务风险的预测上具有最高的准确率。而后，Beaver（1966）在自己的研究中认为，现金流量/债务总额、净资产收益率（ROE）和资产负债率这三个财务指标，在财务风险的预测上具有很高的准确率。并且，距离公司的破产日越近，其判断的准确率越高。但是由于单变量模型逻辑上过于简单，难以取得实用效果，在之后的研究中逐渐被淘汰，成为后续研究的基础。后来开始针对单变量研究中找出的有效财务指标进行了多变量研究。

（2）多元线性模型。为了克服单变量模型单薄的缺陷，Altman（1968）开始使用多变量判别的方法，也就是著名的 Altman 奥特曼 Z 值统计法。具体就是建立一个多元变量模型，模型中涉及多个财务指标，采用多财务指标进行判别，并根据多个指标的评价积分，得出一个最终的 Z 值作为总的判别标准，根据 Z 值的大小作为判断公司财务危机的阈值。在模型中，Altman 认为企业的变现、获利、资产规模、财务结构、运营等方面可以综合地反映一个企业的财务状况。但 Z 值模型也有一定的缺陷，在构建模型的财务指标当中，并没有包含现金流量的考量，而现金流量对于公司的财务安全又是至关重要的部分。之后，Altman 再一次更新了 Z 值模型，更新后的 ZETA 模型包含了所选样本公司的利息保障倍数、资产收益率（ROA）、股东权益比、留存收益总资产比、流动比率等 7 项财务指标。通过对于研究结果的比较分析，表明 ZETA 模型相对于 Z 值模型具有更高的预测准确率。之后，在不断的应用过程中，Altman 又进行了两次修正。

总体来看，Z 值统计法由于其简便性和有效性，成为应用领域中最为广泛的一种，被用于各样环境下的财务预警。

（3）多元逻辑回归模型。这类模型现在广泛运用在学术研究领域，最为典型的是 Probit 回归模型和 Logistic 回归模型。第一次利用 Logistic 模型来进行财务风险预测的是 Martin（1977）。当时，Martin 利用该模型对银行的财务失败进行了预测，最终结果表明，Logistic 模型具有很好的预测准确性。而后，Ohlson（1980）在这一领域进行了进一步的研究，在具体的指标上，他提出利用公司规模的大小、公司的股权结构、公司现有资产的变现能力以及公司的盈利和增长来对财务危机进行预警，可以获得更高的准确率，研究结果表明准确率达到了 96.12%。1985 年，BartCZak、Norman 在自己的研究中对现金流量对于财务风险预测的作用进行了研究，结果显示，将经营现金流量的信息引入财务风险的预测当中，并没有提高模型预测的准确度，还是应当以应计制的财务指标来进行模型构建。

（4）生存分析模型。根据以上研究，财务失败的预警模型大部分都是建立在静态的截面数据之上的，忽略了时间序列维度上的变化对于财务风险的影响，因此实际上传统模型都属于静态预警模型。而现实中，财务失败的发生是一个渐进的过程，因而上市公司在不同的时间点上发生财务失败的概率是不一样的。生存分析模型的引入,就能够描述一个事件发生的概率是如何随时间变化的。在近二十年来,该模型也被广泛地运用在关于风险评估的学术研究当中。过新伟在关于财务预警的研究中,比较了离散时间风险模型和 Prbit 回归以及 Logistic 回归三种方法的预测准确度,结果也证明,离散时间风险模型具有更好的预测效果。

(5)人工神经网络模型。20 世纪 90 年代,Odom、Sharda 在财务风险研究中开始采用人工神经网络的技术,他们将样本分为训练集与测试集,将 Z 值模型使用的五个财务比率作为模型变量,运用类神经网络的模型进行预测,结果证明有很高的正确率。由于人工智能的不断发展,开始出现了与以前不同的预测方法,如通过 bp 神经网络的模型来预测一家上市公司财务失败的概率,打破了统计学方法里众多假设的限制。而在国内,刘洪、何光军也在研究中比较了 bp 神经网络、Fisher 判别和 Logistic 回归模型。结果表明,bp 神经网络模型摆脱了以前需要各种统计假设和线性回归的限制,具有更好的优越性和更准确的预测能力。

2. 知识图谱

知识图谱技术近几年得到了快速发展,如今知识图谱已经成为互联网结构化信息系统发展的一个重要部分。知识图谱的雏形来自 1980 年提出的智能系统,为了满足智能搜索的需求,它将知识整合成块提供给用户。近些年来,随着开放关联数据集类似 DBpedia 的出现,以及搜索巨头谷歌公司在 2012 年提出了知识图谱的概念,知识图谱的发展越来越受到如今科学界的重视。

如今有多种方式构建知识图谱,人工方式比如 Cyc,通过 Freebase 以及维基数据,或者从大规模、半结构化的数据集类似维基百科、DBpedia、YAGO 抽取得来。此外,更多的学者提出了基于结构化或者半结构化的信息抽取系统,在这个基础上产生了 NELL、PROSPERA 和 KnowledgeVault 模型。

近些年来,构建知识图谱的方法种类很多,但是没有一种方法可以称得上完美。作为真实世界或者理论概念的模型,知识图谱不可能达到百分之百的覆盖率,不可能覆盖整个宇宙所有的信息和实体。不过,随着现在深度学习算法的提出和发展,构建一个相当准确的知识图谱的可能性大大提高了。

3. 深度学习

深度学习是一种特殊的人工神经网络,深度学习最早的模型就是具有深度网络结构的人工神经网络。最早的循环神经网(Recurrent Neural Network,简称 RNN)就是由 John Hopfield 在 1982 年提出的 Hopfield 网络。由于 Hopfield 实现难度大,同时没有找到合适的应用场景,之后逐渐被前向神经网络代替。十年后又出现了 Elman&Jordan SRN 两种新的循环神经网络,因为没有合适的场景来应用导致,也没有得到研究领域的重视。后来,论文《The Vanishing Gradient Problem During recurrent neural networks and problem solutions》的作者 Dalle Molle 人工智能研究所的主任 Jurgen Schmidhuber 提出了长短时记忆网络,才推动了 RNN 的发展,尤其在深度学习得到广泛应用的现在,长短时记忆网络在自然语言处理领域,特别是情感分析、机器翻译、智能聊天等领域取得了令人惊异的效果。

(二)研究内容

随着知识图谱、专家系统以及深度学习技术的飞速发展,使以科技手段对上市公司进行智能监管成为可能。本文以上市公司智能监管的需求作为应用场景，主要研究了下面三个方面的问题。

第一，建立一套上市公司的风险评价体系，配合人工智能技术在监管方面的实践，具有很大的实用性要求。本文结合我国证券市场已发生风险的相关情况，运用全面风险管理理论和已有财务预测的应用研究成果，选择了可行性、实用性和可靠性最广泛的奥特曼Z值统计模型，来构建关于我国上市公司风险的专家系统。

第二，根据公司一个周期的财务状况判断其财务风险的问题，采用深度学习当中的循环神经网络（RNN）进行研究。RNN是一类用于处理序列数据的神经网络。根据公司历次财务报表，分析公司当前财务状况，采用深度学习模型来进行财务风险的判断。神经网络可以当作是能够拟合任意函数的黑盒子，只要训练数据足够，给定特定的x，就能得到希望的y。

第三，参考知识图谱的通用构建框架，基于深度学习技术，以长短时记忆网络为语料特征学习模型，建立了命名实体识别方案。在实体关系抽取中，从公开的上市公司研报和公告中提取素材，结合领域知识和业务需求，找到实体之间的关系，为知识图谱提供理论及数据支撑。最后，在上市企业知识图谱基础上提出一些规则模型和概率模型等分析方法，起到对业务层监管的支撑作用。

二、总体研究框架

总体研究框架见图1。

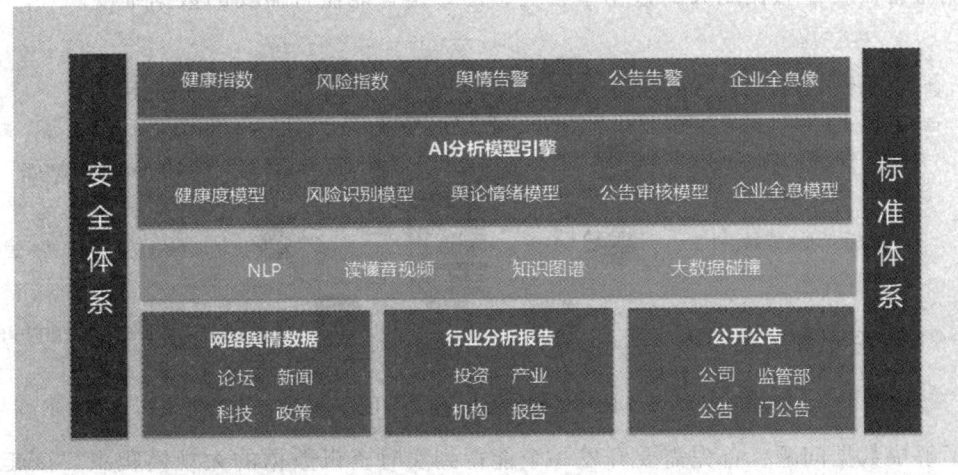

图1　总体研究框架

（一）系统逻辑分层模型（见图2）

构建一个面向上市公司的智能监管分层模型，需要一个数据采集系统以及建立在数据之上的金融知识图谱。在此基础上，本文通过企业财务数据为上市公司建立财务评级体系标准，以此建立企业正常运营的健康度模型，并通过深度学习技术来构建企业财务风险预测模型。另外，以知识图谱的图分析技术为基础，结合一系列的规则和概率模型来对公司存在的风险进行方法探索。

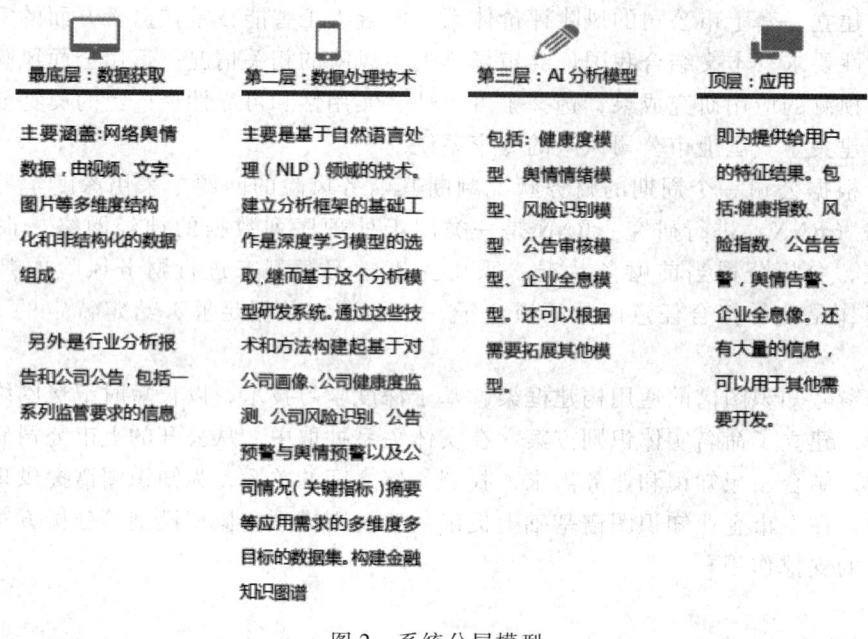

图 2　系统分层模型

（二）数据获取

智能监管需要建立在庞大的数据基础上，图 3 是智能监管需要的数据维度。

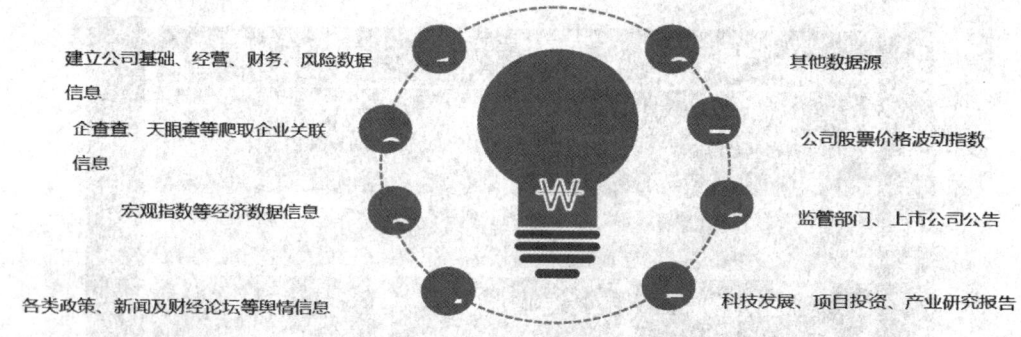

图 3　智能监管数据维度

为了解决数据问题，首先需要开发一个能得到实时资讯数据的大规模爬虫。该爬虫由 5 个部分组成，包括调度器（Scheduler）、控制器（Controller）、分发器（Dispatcher）、处理器（Processor）及传输器（Pipeline）（见图 4）。

调度器控制下载状态以及未下载链接的队列。当新的链接加入到调度器时，它会计算该链接的权重并插入正确的位置。此外，当新的网页被下载下来时，调度器还会更新与该网页相关的链接的权重，并重排队列。控制器控制整个系统。它从调度器获取新的 URL，发送给分发器，从分发器接收下载结果，将新的链接加入调度器并且通知传输器处理下载下来的文档。分发器负责将下载请求分发给处理器。处理器负责下载网页。分发器和处理器可以部

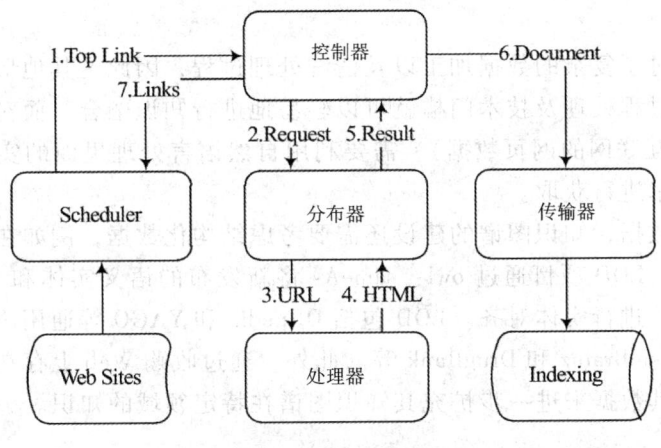

图 4 爬虫架构

署在不同的机器上,因而爬虫可以通过用不同的网络(宽带)来提示下载速度。最后,传输器负责索引下载下来的文档。因为爬虫是为实时追踪最新资讯设计的,所以新发布的信息比旧信息更重要。在实践中,发现新发布的高质量信息往往位于网站的首页或者首页链接的页面。因而,调度器根据网址所处页面对网址进行排序,为每个链接都分配了一个权重,其中首页的权重是固定的,其他链接的权重根据下面公式计算:

$$pri(l) = \max_{pg \in PG} pri(pg) - 1$$

其中,l 是待计算的链接,PG 是包含 l 的网页的集合。在爬虫中,网页被下载的时候同步更新相关链接的权重。最后,爬虫会定时访问网站的首页。有了大规模的爬虫,除了爬取实时资讯数据,还考虑爬取百科类数据。百科类数据对于知识图谱非常重要。

1. 百科类数据

原始数据的来源多种多样,根据领域的不同也存在不同的数据接口,权威的基础数据以百科网站为主。作为最大的在线百科全书,维基百科是通过协同编辑的方式来完成的。为了获取维基百科的数据,可以采取下面的方式:在概念页面发现各种概念以及其上下位关系;以歧义页面和内链锚文本得到同音异义词并在文章页面上获得实体;在重定向页面抽取实体的同义词;以页面关联的开放分类解析实体所对应的类别;以信息框解析实体的"关系-实体对"和"属性-值对"。同样以互动百科和百度百科中的数据作为维基百科的补充数据。另外,Freebase 也是重要基础数据源。Freebase 的一个数据源就覆盖了谷歌知识图谱一半的规模。Freebase 是直接编辑知识,包含实体及其属性关系,以及实体所属的类型等结构化数据,所以不需要通过任何抽取规则即可得到高质量的数据;而维基百科是以各种词条的形式进行编辑的,词条又以文章的形式展现出来,其中包括半结构化信息,还要根据事先制定的规则来进行知识抽取。目前 Freebase 是独立运行的开放知识管理平台,搜狗和百度在自己的知识图谱中也将 Freebase 数据加入进去。

大规模知识库的基本组织单位是词条,现实世界的每个概念和某个词条有对应关系,协同编纂内容的工作由世界各地的编辑者义务参与。随着 Web 2.0 理念的普及,传统的专家百科全书由于其生成理念和实现手段的落后已经不能和协同编辑的知识库在总量、质量以及效率方面相比较。现如今,维基百科已有超过 2 200 万词条被收录,英文版超过 400 万条,而大英百科全书也才 50 万条收录,成为全球流量排名第 6 的站点。

2. 结构化数据

结构化数据经过了复杂的数据加工以及清洗处理过程，因此是其他形态的数据无法比拟的，不需要太多的过程处理及技术门槛就可以轻易地进行知识融合。而对于结构化数据以外的数据类型（例如互联网的网页数据），需要利用自然语言处理里面的实体抽取、实体属性以及实体关系等技术进行获取。

除了百科类的数据，知识图谱的建设还需要考虑结构化数据，例如在金融领域采用公开的商业数据。此外，LOD 项目通过 owl：sameAs 将新发布的语义实体和 LOD 已包含的潜在同一实体进行关联，进行实体对齐。LOD 包括 DBpedia 和 YAGO 等通用语义数据集，特定领域的知识库还有 MusicBrainz 和 DrugBank 等。此外，通过收购 Web 上存在大量高质量的垂直领域站点或者购买其数据来进一步扩充其知识图谱在特定领域的知识。

（三）知识图谱建设

知识图谱建设需要先构建庞大的数据基础，在此基础上进行金融知识图谱的建设才能水到渠成。

1. 社交数据建模

利用话题这个隐含的变量来表示出大数据环境下社交数据中不同领域信息之间存在这种依赖关系。基于领域的社交网络话题模型 DSNT（Domain - based Social Network Topic Model）是从人们通过社交网络沟通这个过程出发的。具体来说，社交网络中的某一篇文章，可能由作者根据其社交关系及其所属域 x，围绕主题 z 撰写出来的。文章中作者的想法能决定这个作者写出什么内容，也代表本模型中的隐含变量话题。模型中用话题将文章的内容和关联文章联系在一起，这些关联文章即作者的非原创部分，比如部分引用社交关联的文章内容。在话题和关联文章之间加入了一个子话题层来表达这种多对多的关联关系。从概率分布来看，这个模型基于领域生成话题，是一个多项式分布；同样，话题生成单词、关联文章等也都是多项式分布。根据以上分析，构建的 DSNT 模型示意图见图 5。

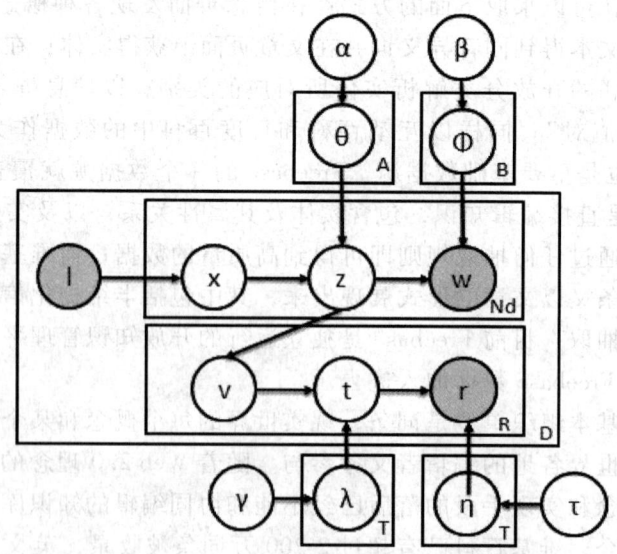

图 5　基于领域的社交网络话题模型

在 DSNT 模型中，α 是话题先验分布的参数，β 是单词先验分布的参数，θ 是文档生成话题的概率，Φ 是话题生成单词的概率，z 是文档中每个单词的话题，w 是文档中的单词，l 是有关话题的各个领域，x 是生成话题的领域，v 是决定关联文章选择的潜在话题，t 是文档中每个关联文章的子话题，r 是文档中的关联文章，λ 是话题生成子话题的概率，η 是子话题生成关联文章的概率，γ 是子话题先验分布的参数，τ 是关联文章先验分布的参数，Nd 是文档中单词的个数，R 是关联文章的个数，D 是文档的个数，A 是潜在话题的个数，B 是词典中单词的个数，T 是潜在的子话题个数。

整个模型求解的关键是迭代中怎么样为单词根据其领域选择合适的话题和在社交网络中引用的子话题，并且如何为每个引用的文章选择合适的话题和子话题，根据模型的特征推导如下：

$$p(z_{di}, x_{di} | \vec{z}_{-di}, \vec{x}_{-di}, \vec{w}, \alpha, \beta) = \frac{p(\vec{z}, \vec{x}, \vec{w} | \alpha, \beta)}{p(\vec{z}_{-di}, \vec{x}_{-di}, \vec{w} | \alpha, \beta)} \propto \frac{n_{x_{di}z_{di}}^{-di} + \alpha}{\sum_z (n_{x_{di}z}^{-di} + \alpha)} \frac{n_{z_{di}w_{di}}^{-di} + \beta}{\sum_v (n_{z_{di}v}^{-di} + \beta)}$$

$$p(v_{di}, t_{di} | \vec{t}_{-di}, \vec{r}_{-di}, \vec{z}, \gamma, \tau) = \frac{p(\vec{t}, \vec{r}, \vec{z} | \gamma, \tau)}{p(\vec{t}_{-di}, \vec{r}_{-di}, \vec{z} | \gamma, \tau)} \propto \frac{n_{t_{di}r_{di}}^{-di} + t}{\sum_r (n_{t_{di}r}^{-di} + t)} \frac{n_{v_{di}t_{di}}^{-di} + \gamma}{\sum_t (n_{v_{di}t}^{-di} + \gamma)} \frac{n_{dv_{di}}}{N_d}$$

其中，z_{di} 是文档 d 中第 i 个单词被指派到的话题；x_{di} 是文档 d 中第 i 个单词被指派的领域；v_{di} 是文档 d 中第 i 个关联文章被指派到的话题；t_{di} 是文档 d 中第 i 个关联文章被指派到的子话题；$n_{x_{di}z_{di}}^{-di}$ 表示话题 z_{di} 属于领域 x_{di} 的次数，不包含当前这次；$n_{x_{di}z}^{-di}$ 表示话题 z 属于领域 x_{di} 的次数，不包含当前这次；$n_{z_{di}w_{di}}^{-di}$ 表示文档 d 中第 i 个单词被指派给话题 z_{di} 的次数，不包含当前这次；$n_{z_{di}v}^{-di}$ 表示单词 v 被指派到话题 z_{di} 的次数，不包含当前的这次；$n_{t_{di}r_{di}}^{-di}$ 表示文档 d 中的第 i 个关联文章被指派到话题 t_{di} 的次数，不包含当前这次；$n_{t_{di}r}^{-di}$ 表示关联文章 r 被指派到话题 t_{di} 的次数，不包含当前这次；$n_{v_{di}t_{di}}^{-di}$ 表示子话题 t_{di} 被指派到话题 v_{di} 的次数，不包含当前这次；$n_{v_{di}t}^{-di}$ 表示子话题 t 被指派到话题 v_{di} 的次数，不包含当前这次；$n_{dv_{di}}$ 表示文档 d 中被指派到话题 v_{di} 的单词的个数。在实际应用中，词变量 w 及其所属领域 l 是可观察，而变量 z、x、v 和 t 是需要估算的潜在变量。通过设定 Dirichlet 分布的先验参数 α、β、γ 和 τ，通过期望最大化（Expectation Maximization）或者 Gibbs Sampling 等方法计算变量 θ、Φ、λ 和 η 的概率分布，从而确定文档在不同领域的关键主题。另外，对该模型在复杂度上的优化，提高算法的收敛速度和准确率是研究中需要考虑的重要因素。

2. 基于迁移学习的关键概念抽取

因为社交数据通常包含不同的领域，采用传统的机器学习的方法来提取关键概念需要投入大量人力进行多次开发，所以可以采用迁移学习的方法来进行。本研究采用的迁移学习的方法主要针对相同的任务，即关键概念提取，在不同领域的实现。通常在机器学习的过程，想学习得到模型的最佳参数 θ^* 来降低期望风险（Expected Risk）E，即：

$$\theta^* = arg \min_{\theta \in \Theta} E_{(x,y) \in P}[l(x, y, \theta)]$$

其中，$l(x, y, \theta)$ 是依赖于参数 θ 的损失函数（Loss Function），P 是样本的概率分布。为了从源领域 D_S 的数据样本的概率分布迁移学习到目标领域 D_T，可定义并推导出损失函数，如下：

$$\theta^* = arg \min_{\theta \in \Theta} \sum_{(x,y) \in D_S} \frac{P(D_T)}{P(D_S)} P(D_S) l(x, y, \theta) \approx arg \min_{\theta \in \Theta} \sum_{i=1}^{n_s} \frac{P_T(x_{Ti}, y_{Ti})}{P_S(x_{Si}, y_{Si})} l(x_{Si}, y_{Si}, \theta)$$

为了计算损失函数中的 $\frac{P_T(x_{Ti}, Y_{Ti})}{P_S(x_{Si}, y_{Si})}$，采用 kernel – mean matching（KMM）算法对源领域数据和目标领域样本数据在新生成的核希尔伯特空间（Reproducing Kernel Hilbert Space）中进行匹配。在该问题中，KMM 算法是以下多项式的优化问题：

$$\min_{\beta} \frac{1}{2}\beta^T K\beta - k^T\beta$$

$$s.t. \beta_i \in [0, B] \text{ and } |\sum_{i=1}^{ns} \beta_i - n_s| \leq n_s e$$

其中，$K = \begin{bmatrix} K_{S,S} & K_{S,T} \\ K_{T,S} & K_{T,T} \end{bmatrix}$ 和 $K_{ij} = k(x_i, x_j)$。$K_{S,S}$ 和 $K_{T,T}$ 分别是源领域数据和目标领域数据的核矩阵；$k_i = \frac{n_S}{n_T} \sum_{j=1}^{n_T} k(x_i, x_{Ti})$，其中，$x_i \in X_S V X_T$ 和 $x_{Ti} \in X_T$；最终求解的 $\beta_i = \frac{P_T(x_T, y_{Ti})}{P_S(x_{Si}, y_{Si})}$，从而构建目标领域的参数估算模型。采用 KMM 算法的一个好处是直接计算了 $\frac{P_T(x_{Ti}, y_{Ti})}{P_S(x_{Si}, y_{Si})}$，从而避免了单独计算概率函数 $P_T(x_{Ti}, y_{Ti})$ 和 $P_S(x_{Si}, y_{Si})$，这两个概率函数在数据样本比较小的时候是非常难计算的。

3. 基于 NID 的语义关系计算

对关键概念的语义关系计算一直是语义 Web 领域的一个难点，因为语义关系的计算存在计算量大和不确定性等问题。在研究了大量文献的基础上，本项目创新性地提出了利用 NID 理论模型来计算语义关系的方法。NID 主要是基于 Kolmogorov 复杂性的理论对对象之间的关联度进行衡量。Kolmogorov 复杂性可用于衡量独立个体的绝对语义信息，基于 Kolmogorov 复杂性，两个对象 x 和 y 之间的 NID 可以被定义为：

$$e(x, y) = \frac{\max\{K(x|y), K(y|x)\}}{\max\{K(x), K(y)\}}$$

其中，$K(x)$ 和 $K(y)$ 分别是对象 x 和 y 的 Kolmogorov 复杂性。但是，现实中 Kolmogorov 复杂性是不可算的，所以必须采用某种方法来估算 Kolmogorov 复杂性。可以采用两种方法来达到这个目的。

一是利用压缩算法，可以计算规范压缩距离（Normalized Compression Distance），通过规范压缩距离来估算 NID。因为有现成的各种压缩算法可以利用，例如 gzip、bzip2、PPMZ 等，所以可以通过试验来选择效果最好的压缩算法实现对 NID 更加精确的估算。对利用压缩算法估算 NID 的尝试，有关研究进行了剽窃检测、音乐文件聚类、异源数据聚类等实验，证明其估算的有效性。

二是利用互联网的海量数据，可以计算规范网络距离（Normalized Web Distance）。基于搜索引擎，先计算各个概念的网页关联数，以及和某个概念集合所关联的网页数，从而计算出规范网络距离，通过规范网络距离来估算 NID。对利用网络来估算 NID，有关研究进行了分层次的聚类、中文名字的识别、问答系统的开发等多个实验，从而广泛地证明了规范网络距离能有效地估算 NID。

实验证明，以上两种方法都可以在特定场景下达到相当高的精确度。所以在实践中，可以把 NID 作为一个理论基础来研究如何最大限度地准确计算概念之间的语义关系，并通过数据集验证所计算的语义关系的可靠性。

三、上市公司监管模型

（一）基于知识图谱的智能监管模型

在证券行业，时间对于公司股价的影响一直是关注的焦点，例如公司1的高管人员出现了负面新闻，而且公司1和公司2之间存在密切合作关系，公司3是公司2主营产品的原材料供应商，他们之间的关系就可以用图6展示。

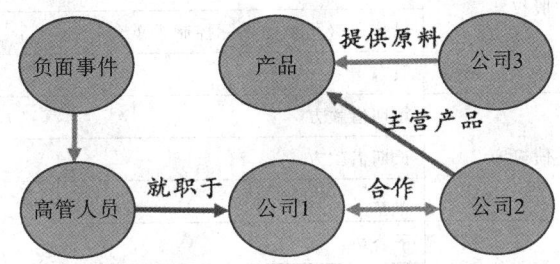

图6　知识图谱在公司监管中的应用

知识图谱具备展示这种关联关系的能力，公司1高管人员的负面事件的影响范围就能够清晰地确定。但是，相关性的强度必须要得到数据验证。所以知识图谱的优势是快速圈定某一事件的关注范围。

搭建金融风控的知识图谱，其核心在于对业务的理解及对知识图谱本身的设计，其包含如下几个完整的步骤：（1）定义具体的业务问题；（2）数据收集和预处理；（3）知识图谱设计；（4）知识图谱实现；（5）上层应用开发。这里仅对具体业务定义问题进行详述。

1. 具体业务定义

具体业务定义决定了自身业务对于知识图谱系统的需要程度。在一些实际应用当中，即便需要进行一定的关系分析，传统的数据库也可以完成，并不需要建立新的知识图谱系统。因此，为了确定知识图谱系统的现实必要性，以及实现更好的技术选型，可以通过表1进行参考选择。

表1　知识图谱的使用场景对比

简单方式	知识图谱
对可视化要求不高	有强烈的可视化需求
很少涉及关系的深度搜索	经常涉及关系的深度搜索
关系查询效率要求不高	对关系查询效率有实时性要求
数据缺乏多样性	数据多样化、解决数据孤岛问题
暂时没有人力或者成本不够	有能力、有成本搭建系统

以下是对于上市公司欺诈的风险控制来进行业务定义，即如何对一个公司的欺诈行为进行判断。诸多的欺诈风险是隐藏在复杂的关系网络之中的，而知识图谱系统的核心功能就是梳理复杂的关系网络，因此知识图谱在反欺诈这个领域拥有巨大的实用价值。

对于反欺诈,公司的基本信息、行为数据、运营商数据、网络上的公开信息等数据源是较易获取的。假设已经建立了一个数据源的列表清单,下一步则是对哪些数据需要进一步处理做出判断,例如,非结构化数据大多情况都需要自然语言技术进行处理后才可以正常使用。公司的基本信息主要存储在业务表里,除了个别字段需要进一步处理外,大部分字段是可以直接用于建模,或者添加到知识图谱系统当中的(见表2)。

表2　　　　　　　　　　　　　上市公司知识图谱数据维度

资本结构关系	股权	最终控制人(自然人或法人)
		最终控制人至本公司的控制路径
		母公司(可能与实际控制人重合)
		股东
	债权	短期借款方
		长期借款方
		债券
	投资	子公司
		孙公司
		子孙公司及其他被实际控制的公司(通过多层控股的方式实现控制)
		参股公司
	并购重组	对手方
公司经营关系	供应商	前五大供应商
	短期闲置资金运营	交易性金融资产项目
		持有至到期投资项目
		可供出售金融资产项目
	客户	前五大客户
	应收账款项目	按欠款方归集的期末金额前五名的应收账款
		应收账款计提坏账(按欠款方)
	其他应收款项目	按欠款方归集的期末余额前五名的其他应收款
		应收账款计提坏账(按欠款方)
	商誉项目	商誉减值准备项目
	同业竞争	按行业分类的龙头公司
	关联交易	关联方
利益相关关系	董监高	董事
		监事
		高级管理人员
		独立董事
	未决诉讼	原告
		被告
	担保	担保方
		被担保方

续表

利益相关关系	合作	重大战略合作
		重大技术合作
		会计师事务所
		历史会计师事务所
	机构持股	机构名称
		机构类型
		持股比例
	股权行为	股权增持/减持
		股权质押
	违规处罚/劣迹记录	发出单位
		违规涉及的当事方
		处罚类型
		处罚事由

2. 业务设计

对于风控知识图谱来说,首要任务就是挖掘关系网络中隐藏的风险。从算法角度来讲有两种不同的场景:一种是基于规则的,另一种是基于概率的。鉴于目前 AI 技术的现状,基于规则的方法论还是在垂直领域的应用中占据主导地位,但随着数据量的增加以及方法论的提升,基于概率的模型也将会逐步带来更大的价值。

(1) 基于规则的方法。首先来看几个基于规则的应用,分别是不一致性验证、基于规则的特征提取、基于模式的判断。

①不一致性验证。为了判断关系网络中存在的风险,一种简单的方法就是做不一致性验证,也就是通过一些规则去找出潜在的矛盾点。这些规则是以人为的方式提前定义好的,所以在设计规则时需要一些业务知识。比如图 7 中,李明和李飞两人都注明了同样的公司电话,但实际上从数据库中判断这两人其实不在同一个公司上班,这就是一个矛盾点。类似的规则还有很多,这里不一一列出。

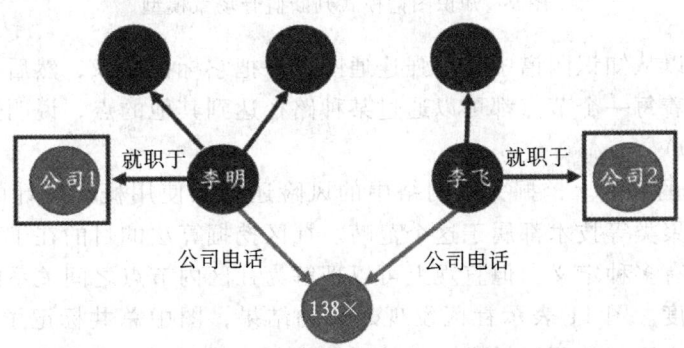

图 7　知识图谱不一致性监管场景模型

②基于规则提取特征。可以基于规则从知识图谱中提取一些特征，而且这些特征一般基于深度搜索比如二度、三度甚至更高维度。比如，可以问一个这样的问题："上市公司的股东二度关系里有多少个实体触碰了黑名单？"图8中很容易观察到二度关系中有两个实体触碰了黑名单。等这些特征被提取之后，一般作为风险模型的输入。另外，如果特征不涉及深度的关系，其实传统的关系型数据库就可以得到满足。

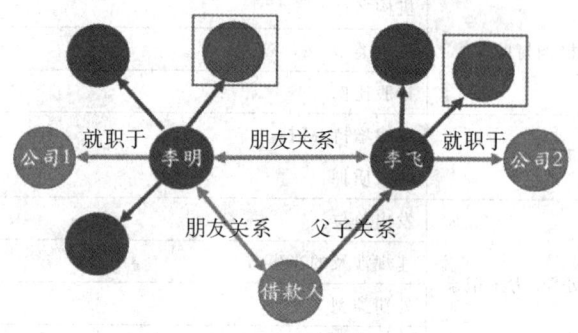

图8　知识图谱基于特征提取监管场景模型

③基于模式的判断。基于模式的判断方法更适用于找出团体欺诈，它的核心在于通过一些模式来找到有可能存在风险的团体或者子图，然后对这部分子图做进一步分析。这种模式有很多种，比如图9中，三个实体共享了很多其他信息，可以看作是一个团体，并对其做进一步分析。

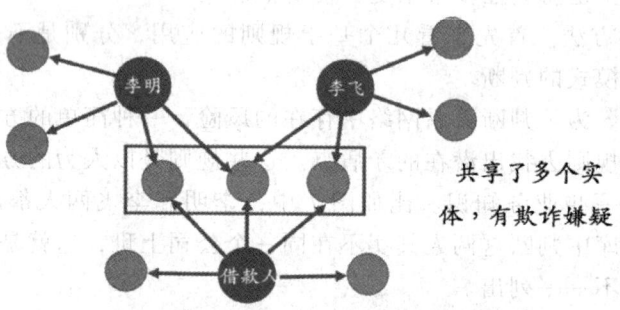

图9　知识图谱模式判断监管场景模型

再比如，也可以从知识图谱中找出强连通图，并把它标记出来，然后做进一步的风险分析。强连通图意味着每一个节点都可以通过某种路径达到其他的点，说明这些节点之间有很强的关系（见图10）。

（2）基于概率的方法。挖掘关系网络中的风险还可以使用概率统计的方法，比如社区挖掘、标签传播、聚类等技术都属于这个范畴。社区挖掘算法的目的在于从图中找出一些社区。对于社区可以有多种定义，但直观上可以理解为社区内节点之间关系的密度要明显大于社区之间的关系密度。图11表示社区发现之后的结果，图中总共标记了三个不同的社区。一旦得到这些社区之后，就可以做进一步的风险分析。由于社区挖掘是基于概率的方法论，好处在于不需要人为去定义规则，特别是对于一个庞大的关系网络来说，定义规则本身是一

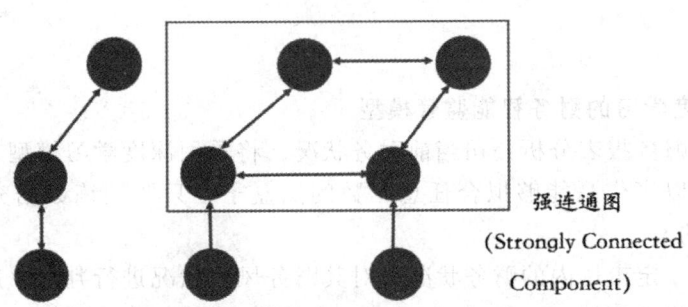

图10 知识图谱强连通监管场景模型

件复杂的事情。

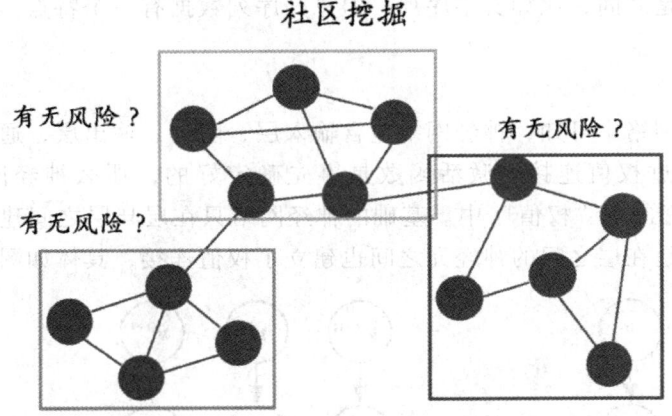

图11 知识图谱概率方法监管场景模型

（3）基于动态网络的分析。以上所有的分析都是基于静态的关系图谱。所谓静态关系图谱，就是不考虑图谱结构本身随时间的变化，只是聚焦在当前知识图谱的结构上。然而，知识图谱的结构是随时间变化的，这些变化本身也可能跟风险有所关联。

图12给出了一个知识图谱T时刻和T+1时刻的结构。很容易看出，这两个时刻中间，图谱结构（或者部分结构）发生了很明显的变化，这其实暗示着潜在的风险。

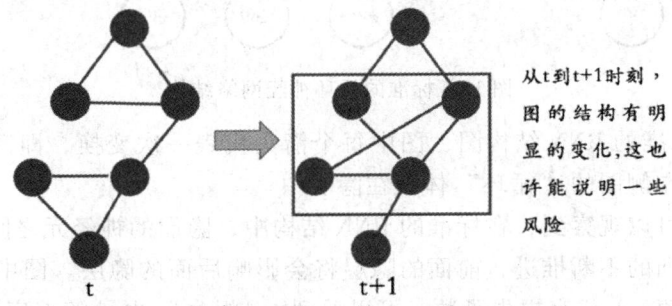

图12 知识图谱基于动态分析监管场景模型

从以上分析可知，基于知识图谱的上市公司监管方法需要基于场景需求采取不同的方法进行分析,在监管的应用层面,会基于业务场景做不同的监管模型来满足不同维度的监管需求。

(二) 基于深度学习的财务智能监管模型

根据公司历次财务报表分析公司当前财务状况,将采用深度学习模型来进行财务风险的判断。神经网络可以当作是能够拟合任意函数的黑盒子,只要训练数据充足,给定特定的 x,就能得到希望的 y。

为了根据公司一定市场内的财务状况,对其财务风险状况进行判断,选择采用深度学习当中的循环神经网络(Recurrent Neural Network,简称 RNN)进行研究。RNN 要处理的是序列数据。首先要明确什么是序列数据:在不同时间点上收集到的数据,这类数据反映了某一事物、现象等随时间的变化状态或程度叫作时间序列数据。这是时间序列数据的定义,当然,这里也可以不是时间,比如文字序列,但总归序列数据有一个特点,即后面的数据跟前面的数据有关系。

1. 模型构建

从基础的神经网络中可知,神经网络包含输入层、隐层、输出层,通过激活函数控制输出,层与层之间通过权值连接。激活函数是事先确定好的,那么神经网络模型通过训练"学"到的东西就蕴含在"权值"中。基础的神经网络只在层与层之间建立了权连接,RNN 最大的不同之处就是在层之间的神经元之间也建立了权值连接,具体如图 13 所示。

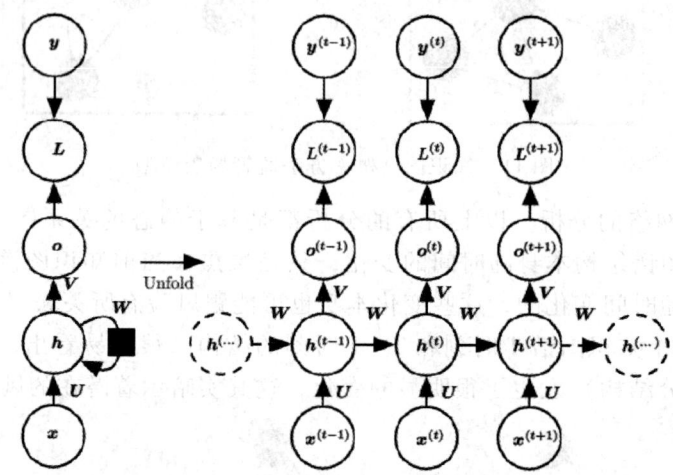

图 13 标准的循环神经网络结构

图 13 是一个标准的 RNN 结构图,图中每个箭头代表一次变换,即箭头连接带有权值。右侧展开图显示了左侧图的"循环"体现在隐层中。

在展开结构中可以观察到,在标准的 RNN 结构中,隐层的神经元之间也是带有权值的。也就是说,随着序列的不断推进,前面的隐层将会影响后面的隐层。图中 o 代表输出,y 代表样本给出的确定值,L 代表损失函数。可以看到,"损失"也是随着序列的推进而不断积累的。

除上述特点之外,标准 RNN 还有以下特点:

(1) 权值共享,图中的 W 全是相同的,U 和 V 也一样。
(2) 每一个输入值都只与它本身的那条路线建立权值连接,不会和别的神经元连接。

基于上述循环神经网络的研究分析,结合财务风险判断逻辑,构建了基于深度学习的财务风险 AI 模型,如图 14 所示:

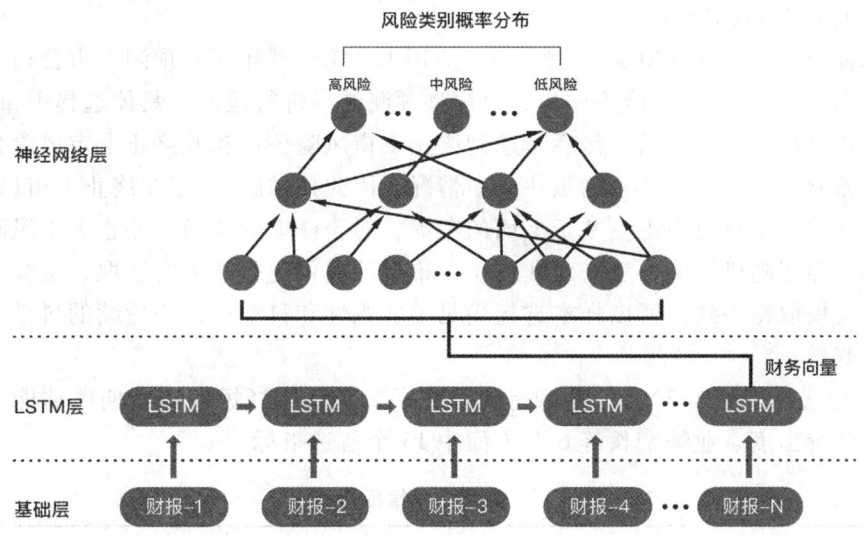

图 14　基于深度学习的财务风险 AI 模型

构建的财务风险模型是基于 RNN 模型的,其中引入了 LSTM 机制,更好地对公司财务在时间序列上进行记忆和分析。模型的输入为公司的各个时间段的财务状况,以最后一层的输出作为神经网络层的输入,通过机器的学习,模型逐步收敛后,机器就可以计算每个风险类别的评分。

在财务风险判断模型当中,输入公司三年的所有财报(2015 年、2016 年、2017 年),每年的财报包含的指标都在财务预警指标体系当中。每份财报中,将基于语义识别技术,构建财务指标向量 X。根据沪深两市 2015 年、2016 年、2017 年所有上市公司的财务指标值 X,人工专家首先需要对每个公司的财务风险状况进行标签,记录为 Y 值。每家公司至少要根据最近一次的财报进行标签的录入。最理想的状况是所有的财报都可以生成一个标签,这样模型能拥有更多的训练数据。

根据每个公司目前已经打好的标签,基于构建的财务风险 AI 模型进行训练,通过训练调参,让整个模型的输出结果达到收敛,即机器学习的结果具有一致性。

基于训练好的模型,输入公司的财务指标,对输出的财务风险判断进行审核,如果出现误差,检查原因并对模型参数或者结构进行调整,直到输入的财务风险判断和人工专家的判断一致。

2. 构建步骤

(1) LSTM 初始化,设定各个层节点个数,将权值和阈值初始值设为比较小的随机数。
(2) 输入样本及对应的输出,对样本进行逐一学习,也就是对每个样本进行(3)到(5)的过程。
(3) 根据输入的样本进行计算结果并输出,这个结果也包含了隐含层的输出。

（4）算出期望差值，这个期望差既是输出层，还有隐含层的误差。

（5）根据（4）得出的结果来重新迭代每一层节点之间的连接权值。

（6）求误差函数，判断其是否收敛到期望的学习精度以内，如果满足学习就结束，否则转向（2）继续进行。

3. 采集样本及指标选择

（1）采集样本。选取120家上市公司，应用LSTM模型建立并预测上市公司是否面临财务危机。再以60家公司作为检验样本，对模型预测结果进行检测。具体选择上市总体90家股票存在终止上市风险的公司，然后考虑到终止上市风险公司和非终止上市风险公司存在总体数量上的差异，以及上市公司的版块分布情况，因此抽样的90家非终止上市风险公司里，以农业板块和房地产板块为主。基于上面的考虑，对于样本的选择，终止上市风险公司几乎全部被采纳，而用随机抽取方法来对非终止上市风险公司进行样本的选取，这样才能对两种类型的样本规模取得一致。所以样本选择满足了客观性和科学性，为后续的科学分析提供了坚实的数据基础。

（2）指标选择（见表3）。结合现有研究成果，最终选择短期和长期偿债能力、赚钱能力、主营业务突出度、业绩增长等6个方面中15个备选指标。

表3   备选预测指标

财务特征	财务比率指标	财务特征	财务比率指标
A. 短期偿债能力	X_1：流动比率 X_2：速动比率 X_3：现金比率	D. 资产管理能力	X_9：存货周转率 X_{10}：应收账款周转率 X_{11}：总资产周转率
B. 长期偿债能力	X_4：产权比率 X_5：利息保障倍数	E. 主营业务鲜明程度	X_{12}：主营业务鲜明率
C. 盈利能力	X_6：盈利现金比率 X_7：总资产报酬率 X_8：净资产收益率	F. 公司增长能力	X_{13}：资本保值增值 X_{14}：净利润增长率 X_{15}：累积盈利能力

在样本足够大的情况下，财务指标的筛选有很多种选择，我们认为T假设方法可以用来进行检验，通过财务比率指标差异的T检验分析来对终止上市风险公司和非终止上市风险公司进行检验，结果发现：

①终止上市风险公司在短期偿债方面不如非终止上市风险公司。终止上市风险公司的速动比率均值也低于非终止上市风险公司，尽管流动比率及现金比率的置信度都大于5%。

②5%显著性尺度上，终止上市风险公司的产权比率低于非终止上市风险公司，表明终止上市风险公司债务负担比非终止上市风险公司轻。在负债利息率大于总资产报酬率时，比率太高加速了财务恶化速度，从而造成成为终止上市风险公司的可能性加大。

③非终止上市风险公司的盈利能力明显大于终止上市风险公司，总资产报酬率和净资产收益率两个财务比率指标方面，非终止上市风险公司均高于终止上市风险公司，这两个指标的综合性比较强。

④虽然存货周转率和应收账款周转率不存在太大的差异，但是非终止上市风险公司应收

账款周转率明显高于终止上市风险公司,而且总资产周转率的差别特别明显,说明非终止上市风险公司的信用政策和资产管理方面能力较强。

以上发现说明,在业务上比较专注的公司往往可以远离财务困境。

4. 样本及指标(见表4)

表4　　　　　　　　　　　　　样本描述和T检验结果

变量	Means		T检验		Wilcoxon 秩检验	
	非ST	ST	t-值	p-值	z-值	p-值
X_1:流动比率	2.054	1.536	-4.266	0.000	-6.027	0.000
X_2:速动比率	1.528	1.208	-0.553	0.582	-5.488	0.000
X_3:现金比率	0.553	0.340	-5.183	0.000	-5.953	0.000
X_4:产权比率	0.590	0.293	-9.220	0.000	-6.785	0.000
X_5:利息保障倍数	-34.820	-8.60	1.148	0.254	-3.398	0.001
X_6:盈利现金比率	3.985	-0.316	2.015	0.017	-3.074	0.002
X_7:总资产报酬率	0.042	-0.164	-10.532	0.000	-7.679	0.000
X_8:净资产收益率	0.069	-0.207	-4.283	0.000	-6.680	0.000
X_9:存货周转率	6.018	6.593	0.202	0.840	-2.460	0.014
X_{10}:应收账款周转率	41.303	14.802	-1.487	0.141	-4.055	0.000
X_{11}:总资产周转率	0.578	0.363	-2.916	0.005	-3.600	0.000
X_{12}:主营业务鲜明率	5.047	0.356	-2.879	0.005	-6.652	0.000
X_{13}:资本保值增值率	1.291	0.356	-4.024	0.000	-7.653	0.000
X_{14}:净利润增长率	0.440	-11.442	-4.727	0.000	-6.636	0.000
X_{15}:累积盈利能力	0.091	-0.235	-10.870	0.000	-7.692	0.000

5. 预测结果检验

按照模型检验,将样本数据带入LSTM神经网络,对样本上市公司进行返回判定,结果如表5所示。

表5　　　　　　　　　　预测结果

组别	建模样本(个)		检验样本(个)	
	实际个数	正确判定个数	实际个数	正确判定个数
ST	60	51	30	25
非ST	60	58	30	29
正确判定率	90.8%		90%	

结果表明,基于LSTM的深度神经网络方法对企业是否会进入财务困境进行预判是一种非常可靠的方法。

(三) 基于专家系统的财务智能监管模型

1. 模型选择

结合我国证券市场已发生风险的相关情况,运用全面风险管理理论和已有财务预测的应用研究成果,选择了可行性、实用性和可靠性最广泛的奥特曼Z值统计模型,来构建关于我国上市公司风险的专家系统。实用性的风险模型建立之后，可以根据模型判断上市公司财务风险的水平，结合人工智能技术的实现，以知识图谱为基础，向监管部门立体地展示上市公司的风险状况。

选择 Z 值统计模型有以下两个原因：首先 Z 值统计法由于其简便性和有效性，成为风控应用领域中最为广泛的一种，被用于各样环境下的财务预警，而前面提到的几类回归模型应用于学术探索研究较多，在现实应用层面上，这几类方法在实现上难度较大，评价层次不够丰富。其次，Z 值统计模型可以最大限度地结合原有的研究，优化指标和维度的选择，并针对行业和特殊情况等，加入特定的判断条件，完善丰富整个预警系统。

2. 财务风险评估模型构建

（1）评价维度和指标设计逻辑。上市公司的财务失败，是指公司经营失败而显露在财务数据上的结果。从内因上看，企业发生经营失败导致财务失败，主要有三个方面，分别是公司的财务状况、经营质量和治理效能，除此之外，企业作为社会经济的主体，必然深受宏观环境和行业发展的影响。因此，财务状况、经营质量、治理效能和宏观及行业经济环境，也成为分析企业发生财务失败危机的四个维度，这四个维度也包含了从宏观到中观到微观的整个企业经营全部内容。

（2）评价维度的指标设定

①财务状况。根据对于财务失败的公司的调查研究，财务失败作为一种表象，其背后的根本原因来自企业作为经济主体所承受的支付压力和它的支付能力之间的差距，也就是流动性与举债偿债能力之间的矛盾。

A. 流动性。公司经营之中，当支付压力和支付能力不匹配，就会出现偶发性财务危机。这种财务危机来自于流动性和现金流，此时公司的价值也难以得到公允评估，最终也必然会陷入财务危机。

B. 举债和偿债能力。在公司的财务评估当中，对于公司的债务结构是否健康的评判，依据是企业是否可以得到充足的现金流入来支付必需的债务和利息。有大量研究证明，企业的杠杆率和财务危机有非常大的相关性。除此之外，还需将企业的杠杆率作为一个维度，进行仔细计量。

②企业经营质量。企业的经营质量在于三个能力的动态平衡，即可持续的创新能力、可持续的发展能力和可持续的盈利能力。

A. 盈利与成长能力。上市公司的盈利和增长是企业生存与发展的基础，对于所有的利益相关者都至关重要，特别是关系到企业偿债能力。对于企业盈利能力的评估，关系着企业不断获得资源，来保障自己财务安全的能力，是企业作为资源主体的"活水"，因此是企业财务风险预警评估的重要维度，也是评价财务安全水平的重要依据。

B. 市场价值表现。上市公司作为公众公司，股价包含丰富的信息，经营状况较差的公司、失效的管理团队和不被看好的投资行为通过市场表现得到反应，因此对于风险的评估和预测来说，也是对于公司财务风险评估的一个重要维度。

③公司治理。在实证研究下，发现上市公司的经营失败和上市的低治理成效有着很大的关系。从非财务视角下，将公司治理相关指标引入对上市财务危机的研究，其变量都会深刻地影响企业经营状况和最终的财务风险水平，并且这些影响难以直观地在现有的财务指标中体现出来。因此，对公司治理的相关指标进行评判，有利于提高模型对公司财务危机预警的

逻辑完整性和准确度。

④宏观和行业经济环境

公司作为整个经济活动的主题，必然处在一定的宏观环境当中。就经济环境影响来说，宏观经济的周期性波动和厂商对于周期的滞后反应，让公司更容易陷入财务困境。就行业环境而言，在整个行业快速增长期，行业内的公司生存环境良好，不容易出现财务危机。而当行业发展速度下降，内部竞争加剧，更容易导致财务危机的出现。

基于此，对于宏观经济和行业环境的判断，也必须加入预警模型当中，以提升整个预警模型的层次性和严密性。

（3）模型体系。基于以上分析，本文对具体指标进行了初选，依据已形成的对于单指标和多指标效果研究，挑选出了备选指标。再经过统计学的回归验证，剔除了具有截面数据共线性的贡献指标，对指标体系进行了精简。最后再根据研究基础和实践经验，对指标体系进行了修正和进一步完善，形成了以下指标体系，共计30个指标。为了完成评价功能，在充分研究和广泛采纳相关专业人士的意见之后，对于各个维度和具体的指标权重及阈值进行了赋值。权重和阈值体系的构建，主要综合了经典财务理论、行业经验和统计分布三种方法，并且还加入了宏观和行业状况对于参数的调整项，以完善整个权重和阈值系统。这套系统独立开发，区别于当下所有成型的风险评价体系，涵盖了大量对于企业风险的独到理解和专家经验。具体见表6。

表6 指标选择及量化标准

维度	指标	0	25	35	50	65	75	100
杠杆结构10%	股东权益比率1	0—0.15	0.15—0.3		0.3—0.4		0.4—0.7	0.7—1
流动性20%	流动比率25%	0—1		1—2		2—4		4至无穷
	存货周转率10%	0—1		1—3		3—6		6至无穷
	应收账款周转率20%	0—2		2—3		3—7		7至无穷
	总资产周转率10%	0—0.3	0.3—0.5		0.5—0.8		0.8—1	1至无穷
	流动负债比25%	<0.3 或 >0.98			0.9—0.98		0.7—0.9	0.3—0.7
偿债能力25%	现金流动负债比率20%	无穷小至0	0—0.1		0.1—0.2		0.2—0.5	0.5至无穷
	现金负债比率20%	0—0.1		0.1—0.25		0.25—0.5		0.5至无穷
	资产负债率20%	0.85—1	0.7—0.85		0.6—0.7		0.3—0.6	0—0.3
	利息保障倍数20%	无穷小至0	0—1		1—2.5		2.5—10	10至无穷
	资产流动率20%	0—0.2	0.2—0.4		0.4—0.6		0.6—0.7	0.7—1

续表

维度	指标	0	25	35	50	65	75	100
公司盈利能力指标 25%	净资产收益率（营业利润）10%	无穷小至0	0—3%		3%—7%		7%—14%	14%至无穷
	净资产收益率（净利润）15%	无穷小至0	0—3%		3%—7%		7%—14%	14%至无穷
	资产收益率 10%	无穷小至0	0—2%		2%—5%		5%—8%	8%至无穷
	净利润率 15%	无穷小至0	0—5%		5%—8%		8%—11%	11%至无穷
	总资产增长率 5%	无穷小至0	0—4%		4%—10%		10%—25%	25%至无穷
	营业利润增长率 5%	无穷小至0	0—4%		4%—10%		10%—25%	25%至无穷
	净利润利润增长率 10%	无穷小至0	0—4%		4%—10%		10%—25%	25%至无穷
	现金获利指数 20%	<0	0—0.1 或 1.2—2		0.1—0.5 或 1.2—2		0.5—0.8	0.8—1.2
	留存收益总资产比 5%	无穷小至0	0—5%		5%—10%		10%—25%	25%至无穷
市场表现 10%	市盈率 30%	无穷小至0	100至无穷		50—100		15—50	0—15
	每股收益（营业利润）10%	无穷小至0	0—0.2		0.2—0.6		0.6—1	1至无穷
	每股收益（净利润）10%	无穷小至0	0—0.2		0.2—0.6		0.6—1	1至无穷
	每股净资产 20%	无穷小至1	1—3		3—4		4—6	6至无穷
	每股经营现金流量 30%	无穷小至0	0—0.2		0.2—0.6		0.6—1	1至无穷

续表

维度	指标	0	25	35	50	65	75	100
治理结构 10%	Z 指数 20%	1—1.2	1.2—1.6		1.6—3		3—6	6 至无穷
	会计师事务所 20%	否						是
	董事会规模 20%	人数 <7			人数 7—9			人数 >9
	独立董事比例 20%	<0.329			0.33—0.669			大于 0.67
	机构持股占流通股比例 20%	0—5%	5%—15%		15%—30%		30%—50%	50%—1

①适用范围。风险评价体系的适用范围去除金融、房地产企业和上市不满两年的次新股。金融公司由于其特殊的经营模式，财务指标和一般企业不同，评估方法也不同，因此需要另外开发风险评估模型，并不覆盖在本评估体系当中。地产企业由于宏观环境和中国国情的特殊情况，其财务风险大部分可以列为重点风险关注对象，且财务指标特殊性也较强，因此也不列为评估体系的正常评估范围。而由于上市两年以内的次新股，其从非公众公司到成为公众公司，对于经营是一个重大影响事件，导致上市初期财务指标波动较大，因此难以通过统一的风险评估体系进行衡量，建议对于次新股进行重点关注。

总之，金融公司需要另外开发评价体系，而次新股和地产企业都应重点做出风险监控。

②调节处理。所谓调节处理，是在指标体系的权重基础上，对宏观和行业情况、指标异动和特殊事件的发生，在评估结果中进行处理，将这三个方面的内容包含在评估体系当中，以保证整个体系严密性和完整性，提升结果的准确率。

A. 宏观和行业状况。由于宏观和行业状况的多变性和行业划分复杂性，这部分信息难以通过自动系统进行更新和计量。因此选择通过专家对于宏观经济环境和行业状况（行业划分越细效果越好）进行评估，将这部分信息划分为四个风险等级。每个被评估对象根据自己所处的行业所在的风险等级，对企业杠杆、偿债能力和盈利能力三个维度赋予不同调节系数，来进行最终分数的调节，从而将宏观和行业状况包含进评估体系里。风险等级如表 7 所示。

表 7 宏观风险调节参数

风险程度	含义	调节系数
正面	当前宏观的经济环境和行业发展有利于行业内主要竞争者信用水平的提高，宏观和行业的风险较低	1.15
稳定	当前宏观的经济环境和行业发展使行业内主要竞争者信用水平保持稳定，宏观和行业的风险适中	1
负面	当前宏观的经济环境和行业发展不利于行业内主要竞争者信用水平的提高，宏观和行业的风险较高	0.85
发展中	当前宏观的经济环境和行业发展对于行业内主要竞争者的影响多样，难以得到准确结论，或者未来发展趋势和影响尚待观察	0.95

B. 指标异动。为了完善预警体系,在评分体系值外加入一套异动预警体系,将财务指标异动加入预警当中。通过比较 N 期和 N-2 期的体系内财务指标,如果财务指标的变动超过评分体系内的两个区间,或者指标超过最高风险区间的临界值,则要以预警进行标识,并自动将本参数评分降至 0 分。采用 N 与 N-2 期的跨期指标对比,是为了屏蔽粉饰性财务技巧对于财务数据的影响,得到更为真实的信息。

C. 舆情异动。利用 AI 技术收集市场的舆情信息,当上市公司出现重大负面消息,导致舆情预期下降,则做出风险预警提示,以便监管部门进行进一步调查。由于上市公司的股价很大程度是由市场参与者预期所决定的,重大的负面消息容易引起连锁反应,导致上市公司出现巨大风险。

(4) 风险计量及评级标准使用方法。根据上述风险预警指标体系,进行 Z 值统计评分。最终上市公司的风险评分对应到不同的分数区间,每个分数区间对应了不同的风险等级,对于低风险等级的上市公司进行风险预警。具体的评级标准如表 8 所示。

表 8 风险划分

风险程度	等级	对应评分	结论
安全级	A	80—100	被评主体具有极高的信用质量、极低的预期信用风险、极强的财务安全质量和偿付能力
	B+	70—80	被评主体具有高的信用质量、低的预期信用风险、强健的财务安全质量和偿付能力,投融资价值高,抵御风险的能力较强
	B-	60—70	被评主体具有中性偏好信用质量、偏低预期信用风险、稳定的财务安全质量和偿付能力,具有一定的投融资价值,拥有抵御风险的能力
关注级	C	50—60	被评主体具有一定的风险防范能力,但防范能力比较脆弱,信用风险正在形成,就个别问题需要关注,应定期察看其趋势
风险级	D	25—50	被评主体财务脆弱,违约可能性很高,受经济环境和经济条件的影响较大,存在很高的财务风险,上市公司有 ST 可能性
	E	0—25	被评主体短期内存在巨大的财务风险,出现风险的可能性非常高

四、上市公司知识图谱的构建方法

智能监管涉及对上市公司及其法人、股东潜在问题的研究,借助知识图谱技术可以发现实体背后二度甚至是三度关系及异常问题,从而需要对本体进行研究。本体定义了知识图谱中的数据模式,所以知识图谱的构建很大程度上依赖于本体研究的成果。

本体意味着知识的共享和重用,在计算机科学领域中是指对领域知识的建模[①]。传统的人工生成本体的方法因为需要大量人力的投入并且效率不高,已经不能满足大量生成本体的需求,如何有效地生成可用性高的本体已经成为一个迫切需要解决的问题。为此,科学家们

---

① 在计算机科学与信息科学领域,理论上本体是指一种"形式化的,对于共享概念体系的明确而又详细的说明",实际上本体是对特定领域之中某套概念及其相互之间关系的形式化表达。本体一般可以用来针对某一领域的属性进行推理,亦可用于对该领域进行建模。

研究并开发了一系列本体学习的系统和方法。本体学习可以理解为从网络上的半结构化或者非结构化信息中自动或者半自动地生成本体，是提取语义信息的一个过程。

本项目在语义 Web 领域的研究中，已经进行了本体学习的深入研究，并取得了一系列成果。郑海涛等基于大规模的领域本体采用潜在语义分析（Latent Semantic Analysis）方法，学习生成和文本集密切相关的小本体。实验表明该方法比其他的聚类算法有更好的 F-Measure 值，并能较准确地抽取关键的领域概念。郑海涛等利用基因本体（Gene Ontology）学习生成本体来对医疗文本进行聚类；郑海涛等还开发了 KABiCo 系统，该系统允许用户导入自己关心的领域知识来学习生成与文本集关联的本体。

本体学习的模型从学习方法的角度可以归结为以下几类：

一是基于语法分析的本体学习模型：该模型主要采用语法分析器，对自然文本中的名词和动词进行标注，利用聚类的方法来构建领域内的概念，基于自然语言表达中的模式来分析概念之间的关系，从而生成该领域的本体。该模型代表性的系统是 ASIUM 和 SVETLAN，此模型生成的本体后期需要一个用户来验证其有效性的过程，因此效率相对较低。

二是基于统计分析的本体学习模型：该模型主要利用统计的方法来计算各个概念在文本集中出现的频率和多个概念共同出现的频率，从概率的角度分析概念的重要性和概念之间的关系。该模型的代表性系统是 DODDLE II，因为概率计算的不确定性，所以该模型生成本体的准确率相对较低。

三是基于逻辑分析的本体学习模型：以一个已有的小本体为核心，HASTI 和 SYN-DIKATE 等系统逐步地从自然文本中学习概念以及他们之间的关系，从而扩展该本体成为某个领域的知识载体。该模型采用的学习方法包括：基于符号的方法（Symbolic Approach）、语言分析方法（Linguistic Approach）、模板驱动的方法（Template Driven Approach）和启发式方法（Heuristic Method）。该模型需要用户预先构建一个有效小本体，否则生成的本体准确性不高，因此前期需要较大的时间投入。

四是基于混合策略分析的本体学习模型：TEXT-TO-ONTO 采用关联规则（Associate Rules）、规范概念分析（Formal Concept Analysis）和聚类（Clustering）等学习方法，从结构化、半结构化和非结构化数据中提取概念和语义关系；WEB→KB 结合贝叶斯学习（Bayesian Learning）和一阶逻辑规则（First Order Logic Rules）两种方法，从网络文本中学习本体中的实例（Instance）及实例的提取规则；On to Learn 结合 Word Net 和词频统计的方法对文本中的概念进行识别；David 等采用点互间信息（Pointwise Mutual Information）方法和基于模式的知识获取方法提取非分类的语义关系（Non-taxonomic Relationship）；On to Builder 使用词频统计和模式匹配的方法学习生成本体。该模型是目前本体学习的发展主流，但是这些方法都是静态的本体学习方法，即和时间无关。当文本信息随着时间变化的时候，这些方法没有相应的机制动态地从文本中提取语义信息，导致生成的本体质量不高。

本项目拟采用层次的结构来构建本体，如图 15 所示，自底向上依次包含术语（Terms）、同义词（Synonyms）、概念（Concepts）、分类（Taxonomy）、关系（Relations）以及公理与规则（Axioms&Rules）。

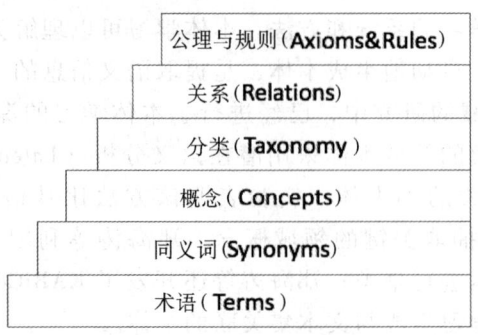

图 15　本体的构建层次图

（一）关系图谱构建方案设计

构建一个金融领域的知识图谱的主要原理和其他开放领域的图谱构建并没有太大的区别，本质上也是收集不同来源的数据，并抽取出其中的关系集合，我们称这种集合为二元关系集合，一般用（实体1、关系、实体2）三元组的方式来表达，这些三元组通常称为元数据。参考上述通用方法，下面会详述对于上市公司的关系图谱的建立。

1. 关系图谱构建框架

知识图谱的构建理论很多，一般来说都有一些通行的方法，我们会先做一下阐述，后面会提到怎么去搭建一个图谱的基本架构（见图16）。

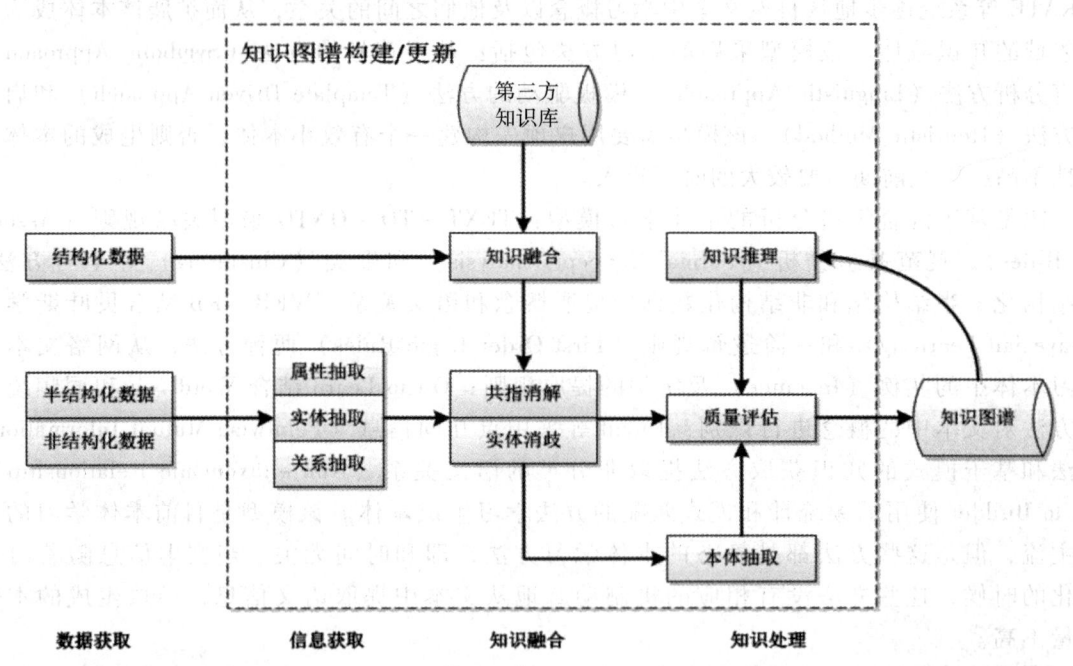

图 16　图谱架构

图谱的建立需要下面的5个步骤：

（1）非结构化数据。数据来源存在于不同的架构体系中，而且表现形式也很难统一，接口随领域不同而不同。

（2）结构化数据本身经过严格的数据清洗加工，其质量已经很高，并且冗余度很低，可以直接使用。而非结构化数据可以用实体抽取技术将数据里面的实体关系抽取出来。

（3）知识提取完成后，从基础数据中得到了海量具备实体关系表征的元数据，这些数据还需要进行下一步的处理，因为这些数据还是缺乏层次以及存在错误重复的问题，也没有进行有效的组织。为了得到高质量的结构化数据，还需要对数据进行清洗和合并。

（4）通过上面的步骤基本能得到海量高质量数据。数据处理的阶段，需要将数据用人类逻辑进行抽象并组织，进行知识的模型构建，让数据的组织符合人类的认知。这个阶段的工作需要人的高度参与。

（5）知识图谱的构建需要不停地升级迭代，随着知识的不断更新，上面的数据获取以及知识体系的构建也要不停地更新。

综上，对于关系图谱的建设，除了获取结构化的数据外，更重要的是知识体系对海量数据支撑的设计。这个体系设计含有实体、概念、层次以及逻辑，也即本体抽取过程。而将现存的知识升维和抽象是一个非常困难的过程。另外，关系图谱的建设复杂的原因就在于其把建立所有实体和概念及其关联关系的库作为建设目的，这在人的认知及行业区分上没有明显的边界。对于财经领域，由于行业具备很垂直的属性，边界清晰，在对领域的知识描述方面不存在复杂的本体抽取。知识图谱建设框架见图17。

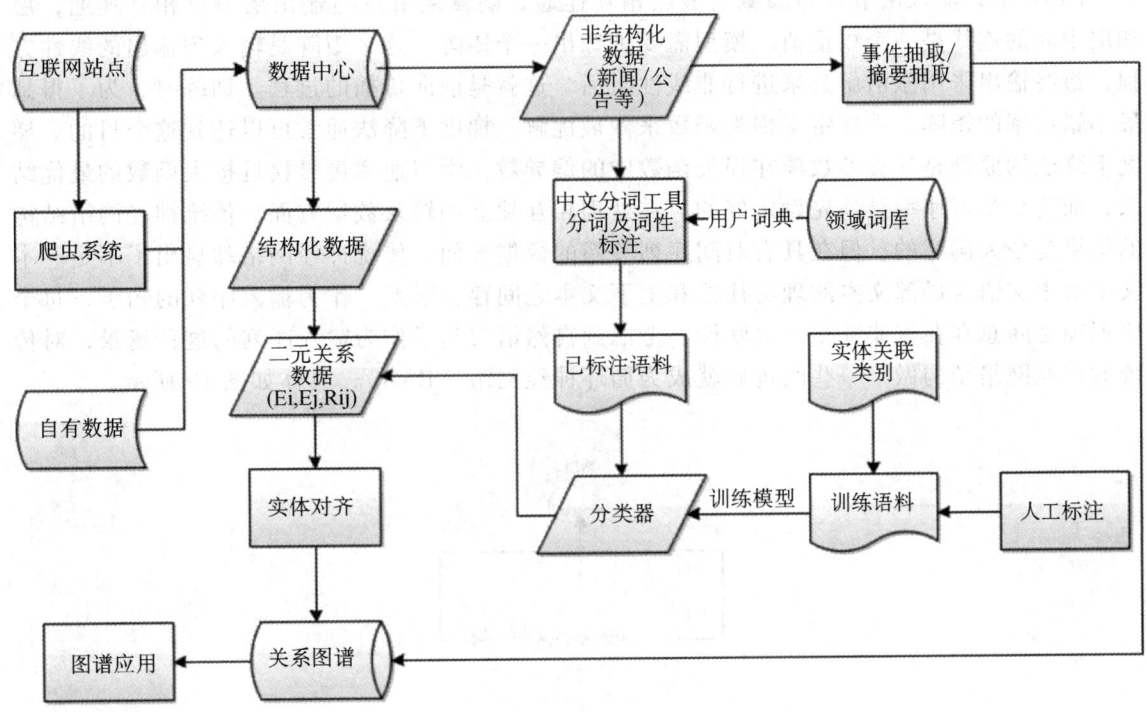

图 17　知识图谱建设框架

2. 识别命名实体

（1）知识图谱建设第一要务是识别命名实体。在进行中文命名实体识别前对文本进行分词是中文语言的特殊性决定的，本文是中文财经领域的图谱构建，所以主要完成3个工作：分词、标注和命名实体。

本文以长短时记忆神经网络模型（LSTM）来命名实体的识别技术。LSTM 是深度学习的中 RNN 的一种特殊形式，是一种特征学习的方法，在文中由于需要对复杂结构的语言和序列进行处理，这是选择 LSTM 的首要原因。LSTM 把输入时间进行序列化处理，这样就和传统的神经网络有了质的区别。图 18 是传统 RNN（循环神经网络）结构。

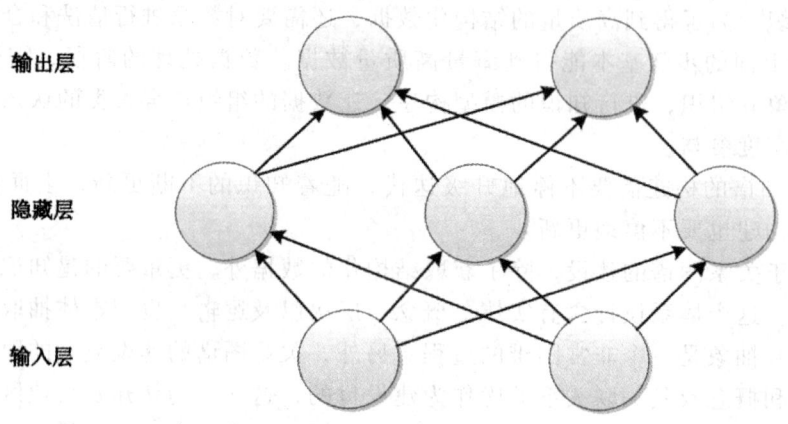

图 18　神经网络结构

图 18 中，输入层节点与隐藏层节点相互连通，隐藏层节点与输出层节点相互连通，层和层中间的连线是一个权重值。模型需要训练出一个矩阵。这个矩阵是输入到输出的线性方程，最终输出采用激活函数来进行非线性激活。这就是前向传播的过程。训练时，为了得到最小错误率的矩阵，需要定义损失函数来做最优解，梯度下降法通常可以达到这个目的。梯度下降法的原理是计算参数项在损失函数中的偏导数，学习速率慢慢接近损失函数的最优结果，而这个学习速率是预先设定好的。在处理相互独立的输入数据方面，传统神经网络结构的结果是令人满意的，但在具有时间序列关系的数据方面，传统神经网络却显出了不足。本文中对中文语言局部文本的理解往往和上下文本之间存在联系。作为输入序列的句子，每个序列项之间总存在着非独立的关联性。考虑到自然语言句子作为输入序列的这种场景，对传统的神经网络结构做了一些改进后就成为循环神经网络（RNN），具体如图 19 所示。

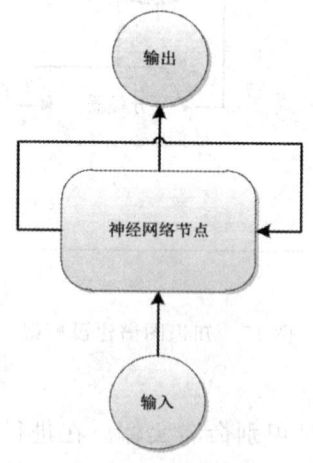

图 19　RNN 网络结构

传统神经网络仅仅解决了输出只与输入有相关性的问题，而 RNN 设计考虑的是隐藏层节点与自我上一时刻状态的相关性，输出不光与当前输入相关，也与上一刻的输出相关。将图 19 按时间序列展开后如图 20 所示。

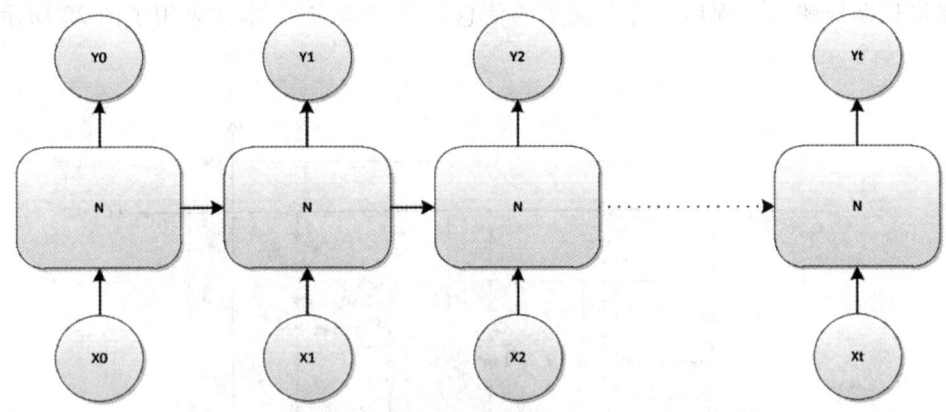

图 20　RNN 展开示意图

在展开的 RNN 结构中，i 时刻的输出 y_i 与输入值 x_i 相关，同时又与上一刻输出 y_i-2 相关，y_i-1 则与上一刻 y_i-2 相关，这种链式传递让隐藏层节点能够将前面所有时序的状态参数进行前向传递，这样 RNN 具备了时间序列处理能力。这种处理时间序列的能力让 RNN 在机器翻译、语音识别等多个应用场景发挥了巨大的作用。但是，在实际应用中，这种简单的神经网络并不能真正地实际落地。因为学习长距离的依赖关系仅仅在理论上可行，在真实情况下，"梯度消失"成为反向传播难以克服的重大问题，模型的学习往往不能传递距离较远的依赖关系而倾向于较近的关系。所以真实场景下，简单的 RNN 并不能输出好的效果，特别是输入时间序列和长期依赖更相关时，则更为突出。本文通过改变 RNN 的结构可以解决长期依赖关系无法传递信息的问题，改进后的 RNN 称作长短时依赖循环神经网络（Long Short – Term Memory Networks）。LSTM 用记忆细胞中的几个门来控制输入，其可以控制当前输入、上一刻输入和细胞上一刻的状态值，它通过这种方式来选择或抛弃传递的参数，即卷积或者遗忘，以此实现传递长期依赖信息的结果。LSTM 的结构如图 21 所示。

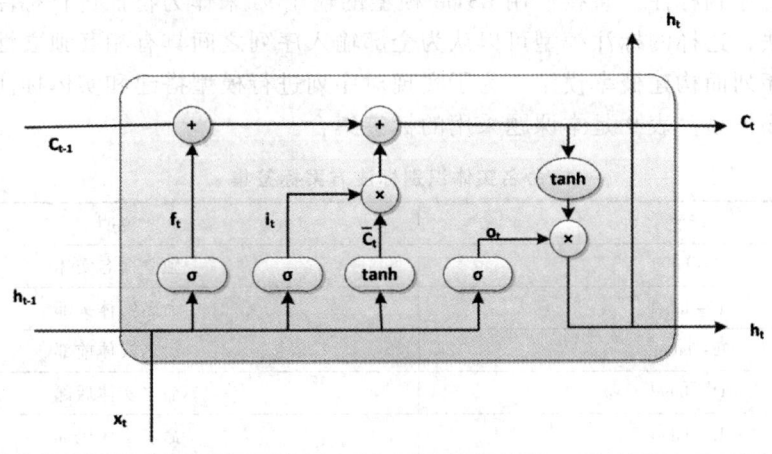

图 21　长短时依赖循环神经网络结构

图 21 的神经元结构拥有一个细胞的状态参数 C_t,这个参数每次状态更新时会有条件地"遗忘"和"卷积"信息。每个细胞的输入有当前输入 x_t 以及上一刻输出的 h_t-1。而 LSTM 的重点在于 x_t 和 h_t-1 再次建模并将有关参数存储在 C 中,可以保证在模型的训练过程中能够将长期依赖信息保留,并对无用的信息进行"遗忘"。本文采用了图 22 所示的不同结构。

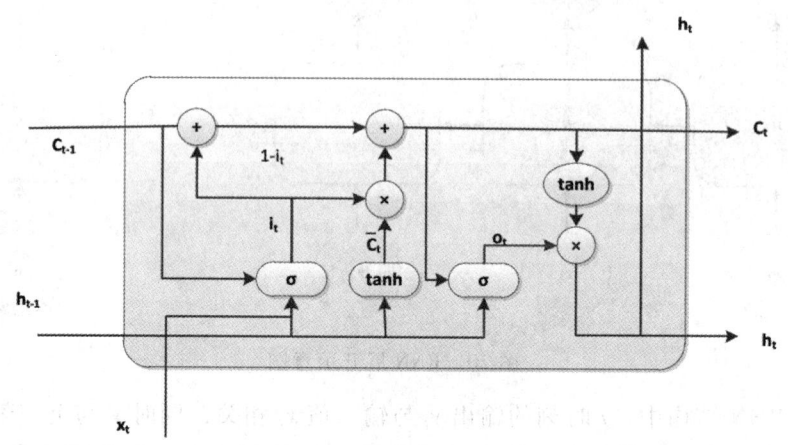

图 22 采用的依赖循环神经网络结构

图 22 所示的机构与图 21 中的结构有明显不同,上一刻的状态 C_t-1 作为输入与 x_t 和 h_t-1 一起计算。新的状态 C_t 在最终结果出来时需要加入计算中。在文中采用双向长短时记忆网络(Bi-LSTMs)来作特性学习模型,因为在处理文本时不光要考虑当前文本前的依赖信息,也要考虑文后的依赖信息,这是因为自然语言需要考虑上下文信息。一个句子包含了 n 个输入词,网络首先计算每个单词 t 的左侧输出 h_{tl},将输入序列逆转再进行一次相同计算并得出右侧的输出 h_{tr},这样便是双向 LSTM。最后,两个方向的输出就可以很好地表达文章中的每个单词。

(2)在一个有限的标注集合内对于给定的输入序列标注标签并输出,即序列标注可以解决命名实体识别问题。用序列向量将文本表达出来并采用 LSTM 模型表达一段输入序列的特征,然后进行序列标注。直接使用 LSTM 模型的输出 h_t 来作为特征进行标注是一个十分简单却有效的方法,这样的标注模型可以认为全部输入序列之间具有相互独立性。将输入文本当作非独立的序列而构建概率模型,为了实现对序列进行模型搭建和实体标注的需求,本文采用条件随机场模型。表 9 是本课题采用的标签集合。

表 9 命名实体识别标注方案标签集

标签	说明
S – label	独立命名实体
B – label	命名实体头部
I – label	命名实体前部
O – label	命名实体后部
E – label	命名实体尾部

3. 训练模型参数

结合上述特征学习模型和序列标注模型，本文采用的识别方案整体结构如图23所示。

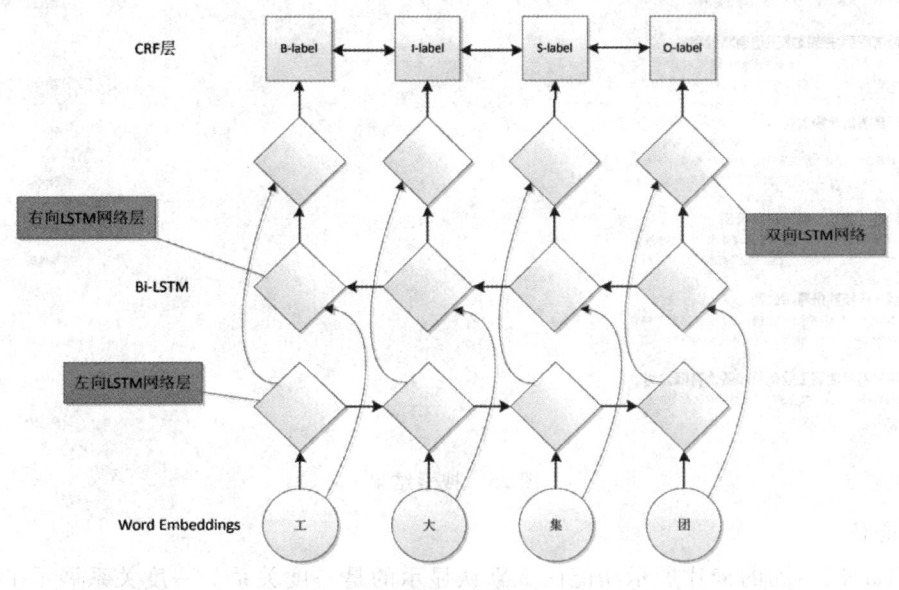

图23 总体模型结构

图23中圆为输入层，菱形节点代表LSTM模型的双向结构，正向（左侧）学习与逆向（右侧）学习组合可以作为输入的整体上下文表达，此结果当作条件随机场的输入参数，正方形为CRF模型的随机变量。此模型要训练的参数有条件随机场模型的序列转移矩阵和LSTM模型中的参数，以及每层节点与节点的权值。

（二）关系图谱实现效果

实际使用关系图谱是可以通过一度或者二度查询来发现潜在的实体关系，展示效果如下：

1. 关键词搜索

在搜索框中输入企业名，系统会自动联想出相关结果集以备候选，选择候选集后，选择"看一下"搜索按钮。搜索结果用列表输出（见图24和图25）。

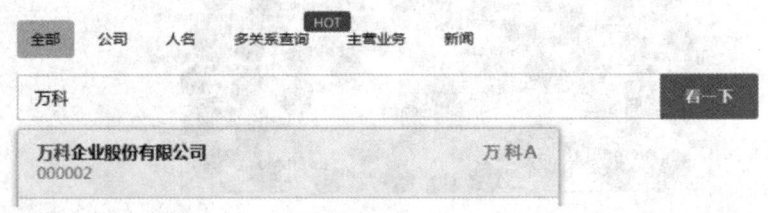

图24 关键词搜索

图 25 搜索结果

2. 企业信息

公司 Tab 以不同的卡片展示功能区,默认显示的是一度关系。一度关系展示了和公司相关的企业名称(见图 26)。

图 26 公司信息页面

3. 实体颜色标注

图 27 是公司的一度关系,实体类型用不同的颜色进行区分,蓝色的为非上市企业,红

色为上市企业，橙色为自然人。

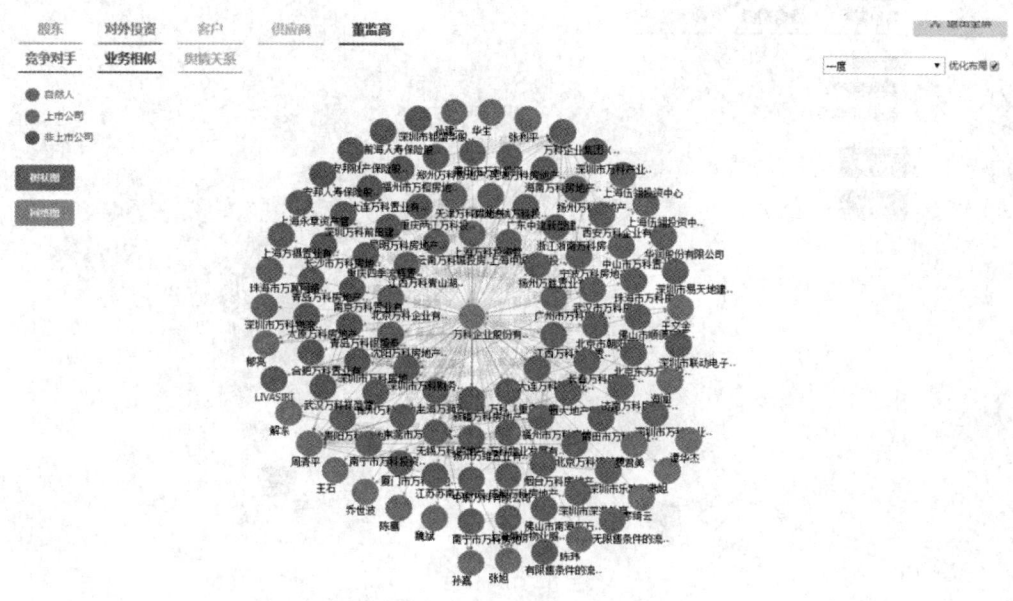

图 27　关联图谱

可以用不同颜色的线条来表示不同的实体关系类型，图 28 是股东关系的效果。

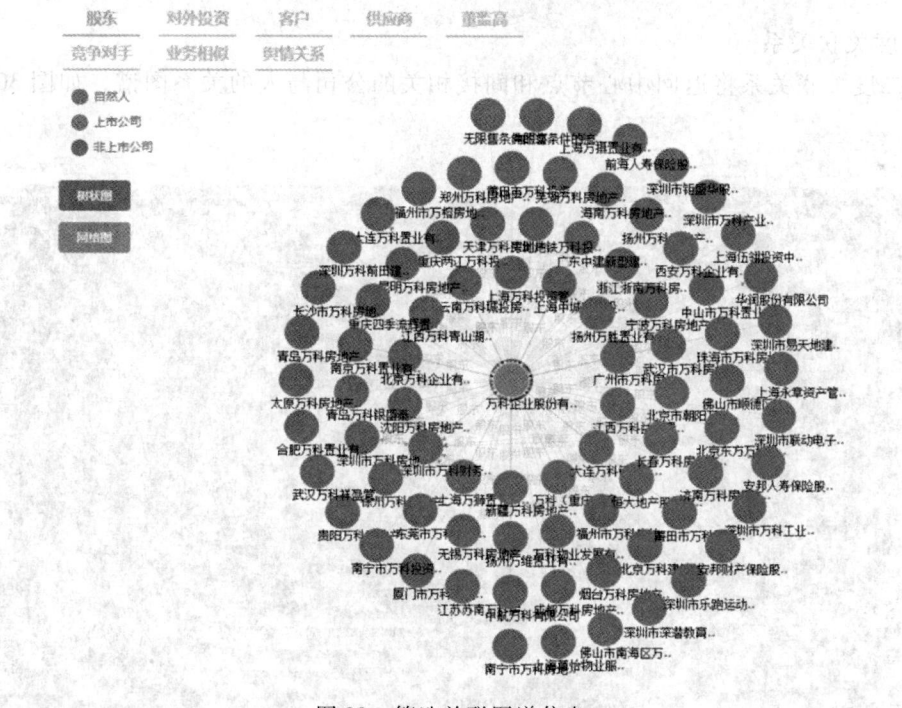

图 28　筛选关联图谱信息

4. 关联关系

在图 29 中，点击指定节点，将返回该节点到中心节点的关系子图，展示了该公司与中心节点之间包含了 4 个节点的关联关系。

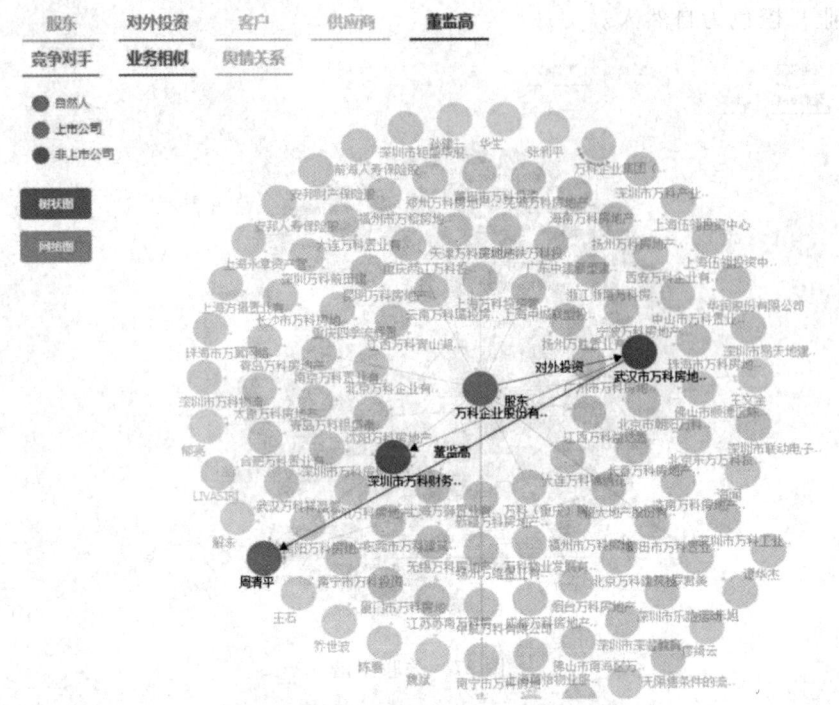

图 29　指定节点到中心节点的关系

5. 二度关联关系

选择二度关联关系将返回中心节点和间接相关的公司与人的关系图谱，如图 30 所示。

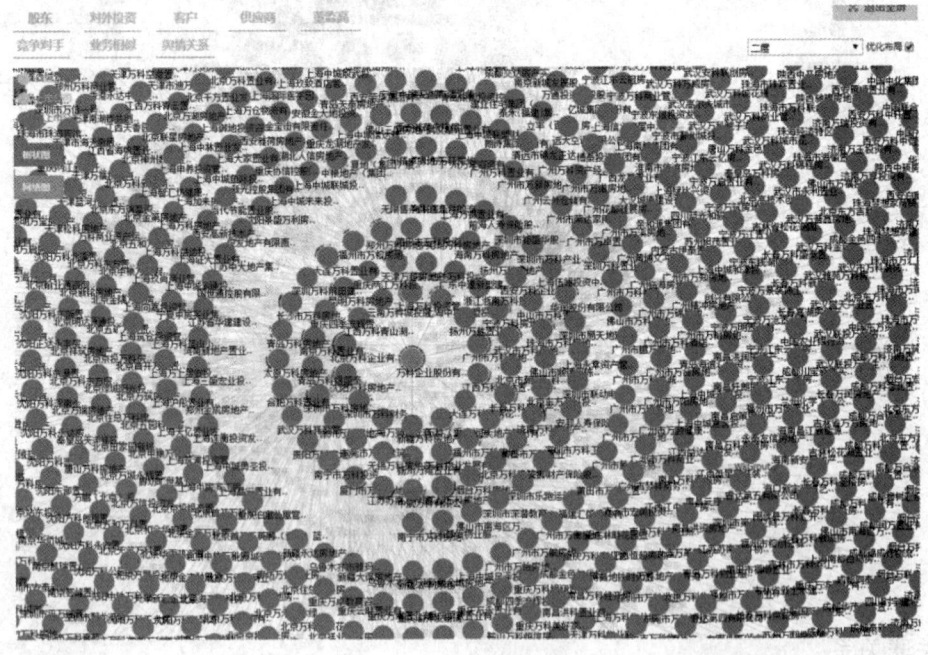

图 30　二度关系查询

(三) 知识图谱存储架构

知识图谱是一种图结构，因此需要采用图形数据库。图形数据库将点、线、面等基本元素按一定数据结构（通常为拓扑数据结构）建立起数据集合。Neo4j 是一个 NoSQL 图形数据库（见图 31），它是用 Java 实现的，具备高性能特点。图数据库可以更好地存储由节点关系和属性构成的网络。

高可用性只能在企业版中可用，Neo4j 企业版可用提供以下两个主要特征：

1. 使用多台从数据库设置，可以替代单台主数据库的容错，可以在硬件设备出问题时使数据库具备完善的功能和读写操作的能力。

2. 具有比单台数据库处理更多的读取负载处理的横向扫描主读架构。

Neo4j 高可用性设计的目的是为了从一台到多台机器事务的操作简单，已存在的应用中并不需要做任何更改。

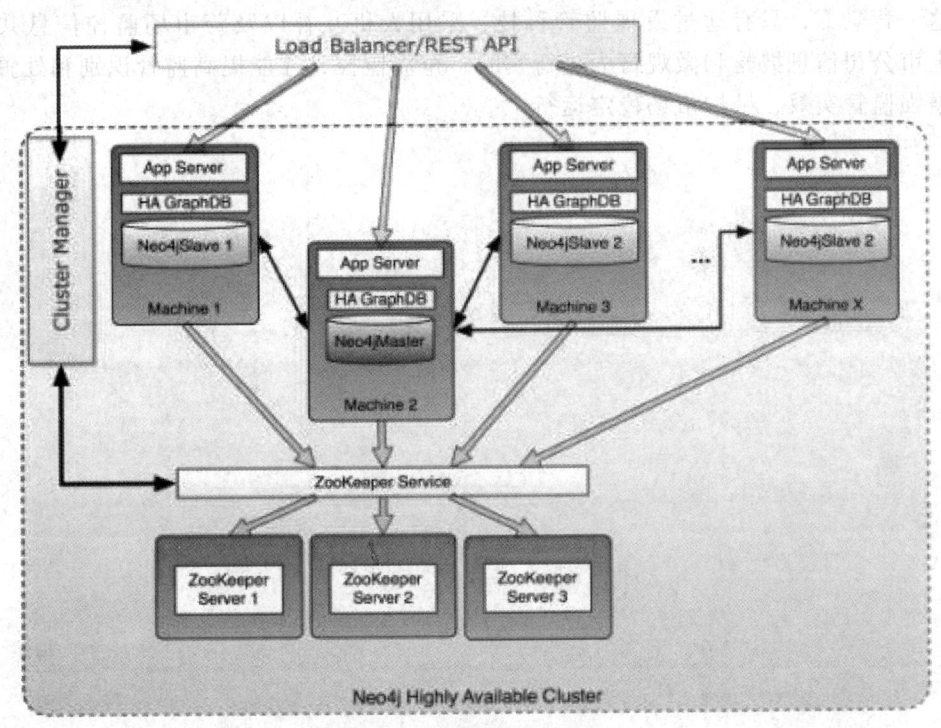

图 31 Neo4j 高可用架构

五、研究总结

总体而言，基于深度学习和知识图谱的上市公司的智能监管研究主要涉及公司基本信息及监管记录的集中展示、动态调整、系统预警，使分管人员更迅速、全面地了解公司，更及时、有效地发现公司的潜在风险。具体目标包括以下三个层面。

一是提升监管人员对公司情况掌握的深度和广度。利用大数据等技术手段，对上市公司进行多维度、全历史画像，全面展示公司历史沿革、股东情况、关键人员、关系图谱、财务运营、同业比较、重要交易、舆情股价、诚信档案和监管评价等信息。在此基础上，以上市公司潜在风险为导向，针对性地结合股东行为、合规运作、经营状况等关键信息，对上市公司进行实时动态的风险评价打分。根据风险得分对上市公司进行分级，确定哪类公司或行为需要采取额外的监督，使有限的监管力量能够投入需要加强监管的高风险公司中。

二是提升监管人员发现问题和识别风险的能力。利用云计算、人工智能、机器学习等技术手段，增强上市公司监管智能化水平，实现对违规行为的辅助识别和对异常风险点的发现预警。例如，对简单违规事实，如业绩预告违规、董监高窗口期买卖股票等，由系统进行实时运算和识别提醒，通过增加机器的智能把关，提高监管效率和反应速度。

三是提升上市公司一线监管的实时性和有效性。伴随上市公司数量的增加，以及违规行为与潜在风险的日趋隐蔽和复杂，监管人员事中监管压力显著加大。一旦发生较大的风险事件，监管识别、判断和处置所需要的时间窗口越长，对投资者造成的影响往往也越大，对市场的破坏性就越严重。鉴于此，监管的及时性就显得尤为重要，也由此决定了监管的有效性。在这一背景下，只有通过发展监管科技，采用人机互补以及跨市场监控信息共享的模式，对上市公司信息披露和微观行为进行实时、全貌监控，才能提高监管识别和处置风险的能力，增强监管实效，维护市场稳定运行。

结合容器技术的行业云可行性方案研究

上交所技术有限责任公司　东方证券股份有限公司　上海优刻得信息科技有限公司[*]

近年以云计算为代表的新兴技术已为解决传统IT信息化建设困局找到了突破性的解决方案,以兴业数金和平安科技为代表的金融行业云的成功运营,反映出行业云在共享行业资源、提高行业效率方面起到的突出作用。

行业云的构建,能够聚集行业资源和行业数据,共享行业资源,提高行业业务效率,提升行业信息安全水平。在国家政策支持下,各个行业核心机构迫切需要依托行业云为载体,转化职能,提供对外输出服务,不断提升服务能力;行业成员也迫切需要行业云提供行业公共服务、成员业务间的互联互通,保障行业信息安全;行业监管机构希望通过行业云上的信息聚集,掌握行业运行动态,提高行业监管效率。因此,建设行业云,依托行业云推进行业业务的发展,是证券行业亟须解决的问题。

云计算可以分为IaaS、PaaS、SaaS三个层次,目前IaaS层面在技术上已较为成熟;但是PaaS层面在应用构建、发布效率、应用弹性调度、运维方面始终无法达到云计算服务化交付的标准;而最近两三年,以Docker技术为代表的容器技术突飞猛进,颠覆了企业级应用的交付模式,Build once、Run everywhere被越来越多的研发人员、运维人员所认可。以容器为PaaS核心交付件的云计算服务模式——CaaS产生了。《中国银行业信息科技"十三五"发展规划监管指导意见(征求意见稿)》更是将容器虚拟化纳入未来银行业信息科技发展规划中。

因此,研究新兴的容器技术,探索如何将其结合到证券行业云的建设中,构建资源弹性供给、灵活调度和动态计量的行业云平台,支撑行业SaaS服务,是本文研究的重点。

---

[*] 课题负责人:黄成,上交所技术有限责任公司金融云项目技术负责人;课题组成员:马毅波、邱模炯、周浩波、周晓、黄亮。原载于《中国证券》2018年第5期。

一、容器和云计算技术发展现状

（一）容器技术发展现状

1. 容器简介

容器技术从最早的 Chroot 开始，2007 年得到 Linux 内核主线的支持，在业界得到越来越广泛的应用。[①] 容器能够利用 Linux 内核功能，交付一套类似于虚拟机的隔离性环境。[②] 2013 年，Docker 出现，成为容器技术的代表（见图1）。

Docker 是一个重新定义了程序开发测试、交付和部署过程的开放平台，它运行于 Linux 宿主机之上，每个运行的容器相互隔离，可以构建一次，在各种平台上运行。

Docker 交付软件，就是一系列标准化组件的集合的交付，用户只需要选择合适的组合即可。

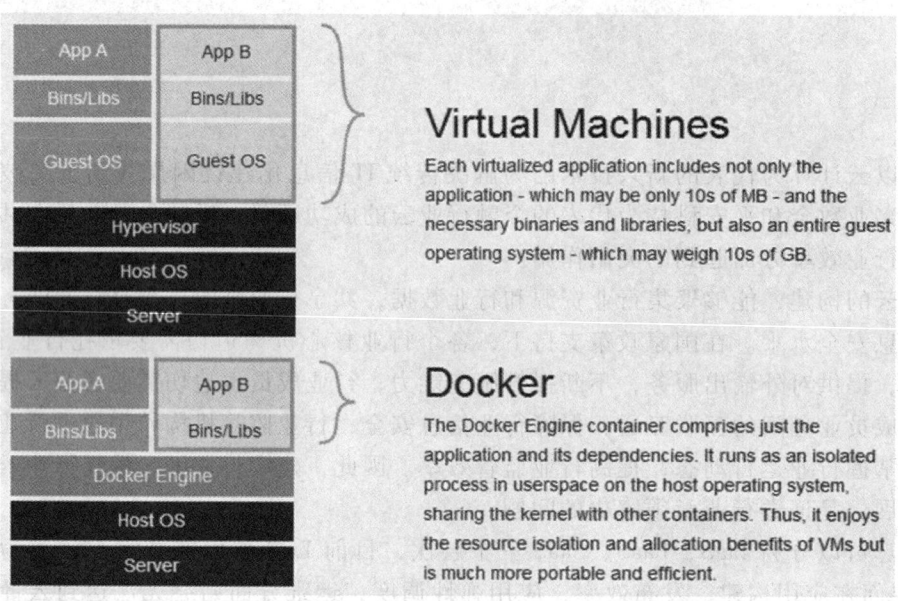

图 1　容器技术发展

2. 容器与虚拟机的区别

容器与虚拟机性能对比如表 1 所示。

表 1　　　　　　　　　　容器与虚拟机性能对比

特性	容器	虚拟机
启动	秒级	分钟级
硬盘使用	一般为 MB	一般为 GB
性能	接近原生	弱于
系统支持量	单机支持上千个容器	一般几十个

[①] https://wenku.baidu.com/view/e36eb12633d4b14e842468df.html，最后访问日期：2017 年 10 月 25 日。

[②] http://cloud.51cto.com/art/201602/505113.htm，最后访问日期：2017 年 10 月 25 日。

3. 容器的优势

Docker 跟传统的虚拟化方式相比具有以下优势：

（1）更高效地利用系统资源。由于不需要进行硬件虚拟以及运行完整操作系统等额外开销，容器对系统资源的利用率比传统虚拟机技术更高效，一个相同配置的主机可以运行更多数量的容器应用。

（2）更快速地启动时间。容器应用直接运行于宿主内核，可以做到秒级甚至毫秒级的启动时间，大大地节约了部署时间。

（3）一致的运行环境。Docker 镜像提供了除内核外完整的运行时环境，确保了应用运行环境的一致性。从开发到生产，一次打包，到处运行，同时也能更好地进行应用移植。

（4）持续交付和部署。使用 Docker 可以通过定制应用镜像来实现持续集成、持续交付、部署。开发人员可以通过 Dockerfile 来进行镜像构建，集成测试，同时可以更好地理解应用运行环境；而运维人员则可以直接在生产环境中快速部署该镜像，同时可以更好地理解应用运行所需条件。

（5）更轻松地维护和扩展。Docker 使用的分层存储以及镜像技术，使得应用的复用更为容易，维护及变更更加简单，基于基础镜像进行扩展镜像也非常简单。此外，一大批高质量的官方镜像，可以作为基础镜像进一步定制，大大地降低了应用服务的镜像制作成本。

4. 容器技术的局限性

容器技术也存在局限性，主要有以下四点：

（1）Docker 并非适合所有应用场景，到目前为止 Windows 服务容器化刚开始引入；

（2）隔离性同 KVM 之类的虚拟化方案相比还有欠缺，尤其是在公有云或行业云的场景下必须解决的问题；

（3）网络管理相对简单，目前主要是基于 Namespace 隔离；

（4）Docker 对存储的管理比较有限。①

容器技术的上述局限限制了它的应用场景，也对容器技术的应用提出很高的环境要求。首先，Docker 实例是无状态的。这意味着它们不应该承载任何交易数据。② 其次，容器技术需要配合管理工具来实现生产环境的部署运维目标，应用组件分布在不同的容器中，所有的服务器需要以一致的方式彼此通信，因此需要掌握应用编程接口管理及集群工具，以确保机器按照预期运转并支持故障切换。

5. 容器技术的应用场景介绍

容器技术改变了云计算的生态，推动了应用向微服务、Serverless 架构、DevOps 等技术发展。目前来看，容器技术主要在以下两个方面得到应用推进：持续集成、持续部署（CI/CD）；微服务架构实践。

6. 容器技术安全

容器技术的安全主要考虑以下因素：由内核的命名空间和控制组机制提供的容器内在安全；Docker 程序本身的抗攻击性；内核安全性的加强机制对容器安全性的影响，包括保护宿主不受容器内部进程的入侵，防止容器之间相互破坏。

---

① https://baike.baidu.com/item/Docker/13344470，最后访问日期：2017 年 10 月 25 日。

② http://www.searchvirtual.com.cn/showcontent_92316.htm，最后访问日期：2017 年 10 月 25 日。

在云平台上,应该提供针对容器的安全中心,对容器镜像进行安全扫描,并对镜像发布者进行认证。①

(二)IaaS 技术发展现状

云计算是一系列旨在满足组织各种 IT 需求的服务,在 IaaS 模式中,第三方服务提供商以高度自动化的交付模式为客户提供硬件设备、操作系统和其他软件、服务器、存储系统和各种其他 IT 组件。

互联网的创新技术爆发式发展,人工智能、大数据、物联网、人工智能、机器学习等新技术对云计算的数据收集、存储、分析提出了越来越高的要求。云计算和大数据是人工智能的基础。为了更好地支持人工智能的发展,目前 IaaS 平台在技术发展上提供通用的 AI-Service(AI as Service),即各种面向图片、语音、数据的 API 服务,还在计算和存储底层推出更多的服务,为产业中各种垂直应用企业提供包括 GPU、FPGA、高性能计算、高性能存储、高性能网络等全新的 IaaS 服务,为人工智能、大数据的应用提供技术基础。

二、行业云适配应用的分析和总结

(一)行业云的应用场景分析

1. 行业云建设的必要性

证券行业是一个高度依赖信息技术生存的行业,作为云计算发展的两大主要形态,公有云和私有云无法满足证券行业中的很多业务需求。主要原因如下:

(1)从私有云的视角看,证券行业有很多业务属于机构间的信息交换或者行业所需的公共服务,不适合由某一机构的私有云来承担;云平台需要有一定基础规模才能发挥其效益,但很多机构的业务规模并不足以支撑;证券行业的发展依赖海量的公共行业数据,接收与储存的成本非常高昂,如果各家机构分别建设会带来大量的成本浪费。

(2)从公有云的视角来看,证券行业数据是其核心竞争力,数据安全是行业业务的生命线,因此不可能直接部署在公有云上提供服务;证券行业中很多互联互通业务的数据交互通过业务专网来进行,而公有云一般都是通过互联网来开展业务,不符合业务的网络通信安全需求;证券行业有其行业业务特性,例如在交易时间,很多业务系统对云平台有强隔离、强保障的特殊需求。这些需求在公有云目前存在大量资源超配的情况下很难得到满足。

因此,证券行业需要由行业核心机构建设介于公有云和私有云之间的行业云,扬长避短,来满足行业对云计算的需求。

2. 行业云建设目标

证券行业云的目标是构建行业共享的云计算基础设施,提供行业共享的业务连接,提供行业公共服务,沉淀行业数据,提供行业安全的基础架构环境。通过行业云的建设,可以实现以下目标:

(1)提高行业应用推广效率,降低行业成本。目前证券行业大量标准化应用由各券商

---

① https://searchcloudcomputing.techtarget.com.cn/5-11887,最后访问日期:2017 年 10 月 25 日。

向应用开发商分别采购和部署，全行业测试后方可上线，严重拖累行业业务推广的效率，同时造成大量重复建设成本。而依托行业云，可以一次性标准化部署，券商购买服务，业务上线只需在行业云上进行一次部署、一次调试，大大提高行业业务的推广效率。同时，行业还存在大量互联互通的业务和与行业外的互联业务。行业云的存在可以将原有的网状互联转变为星型总对总的互联，大大减少行业内机构的业务互联复杂度和通讯成本。

（2）提升行业信息安全保障能力。行业云的存在可以提升行业信息安全保障水平，行业数据在证联网内流动，避免上云后的安全顾虑。采用行业云进行总对总互联，可以屏蔽很多行业内的业务及数据细节，减少与公安、电信等互联的业务存在的数据外泄可能，大大提升行业内数据安全水平。

（3）提升行业监管效率。行业监管工作需要依据行业内数据来进行开展，传统模式下数据质量和数据时效性依赖会员单位的信息系统建设质量和自律，工作量繁重。而采用行业云模式，将沉淀大量原始业务数据，数据的真实可靠性和时效性将得到很大提高。监管部门可以更高效地取得行业数据，开展监管工作。

（4）推动行业信息科技的发展。目前大数据、人工智能等新技术的发展严重依赖于数据的积累，同时需要超强的计算能力才能推进发展，行业云沉淀的海量行业数据和建设的强大计算能力将为行业新技术的发展提供良好的技术基础，有效推进行业新技术的快速发展。

3. 行业云服务类型分析

在行业云上主要实现了网络的互联互通、业务系统的互联共享、行业数据的共享服务，以及基础架构的共享服务。行业云核心的优势在于网络的聚集、数据的聚集以及业务的聚集，这是行业云最为核心的竞争优势。

行业云上主要的 SaaS 服务可以分为四类：

（1）数据基础服务类。主要提供行情数据、交易数据、市场数据、舆情数据等。这些数据服务可以由行业核心机构或者数据服务提供商来提供，供会员单位租用相关服务。

（2）业务公共服务类。包括清算服务、估值服务、登记服务等可以标准化的业务服务。

（3）通道公共服务类。包括身份验证服务，通讯通道服务，基金、银行、信托、私募的信息交互服务。以服务目录的模式提供行业内机构间的实时与非实时数据统一可靠交互。

（4）周边接入类。周边接入服务的提供，可以发挥整体建设的规模化效益，降低行业提供周边接入服务的整体成本，最大限度地满足投资者的服务需求。

4. 行业云的建设路径

行业云的建设将是一个跟随行业业务发展需要和信息技术发展不断演进的过程。行业云作为一项新兴事物会有一个逐步接受、逐步跟进的过程，在建设和业务推广上也需要长期投入。

（1）行业云的优势来自行业内的互联互通，因此，一定要利用好证联网这一行业独一无二的网络互联互通平台。优化行业网络构架，通过将目前行业互联的网状结构简化为依托证联网的星形网络结构，降低行业网络整体成本。利用证联网，将行业业务数据流引导到行业云上，是行业云建设最重要的网络通信基础。

（2）要自底向上，构建行业云稳定、高效、可靠、弹性的基础架构。目前 IaaS 平台的相关技术相对比较成熟，在行业云的 IaaS 建设方面可以选择适合的供应商进行合作。在 PaaS 层面的建设目前没有大规模成熟的商用案例可以选择。容器技术的兴起为 PaaS 平台的建设提供了契机，但容器技术目前在很多方面还不太成熟，因此，在引入生产上要合理选择适配的应用场景，在部署上要注重和目前其他技术的结合。PaaS 平台的建设和行业应用的标准化紧密相关。行业云应用的推出是行业应用标准化推进的有利契机。因此，PaaS 平台的建设要结合行业云 SaaS 服务的建设逐步推进，不可能一步到位。但总体来说，建设稳定、高效、可靠、弹性的行业云基础架构是行业云正常运营的物质基础，必须先行投入。

（3）在行业云 SaaS 服务的提供上，行业核心机构要投入力量，拿出数据，发挥行业核心机构的权威性，做行业云首批的 SaaS 服务提供商。行业核心机构的数据服务再整合行业云的 IaaS 平台，可以最快地成功吸引行业机构入驻行业云开展量化模型计算等工作，通过向行业云购买服务模式可以大大降低行业总体成本，租用的计费模式使小型机构也有了开展相关业务的可能。

（4）行业云要注重生态建设，在保障安全的前提下，应该充分引进行业内现在各种服务提供商入驻行业云，发挥行业云的集聚效应。行业机构在应用行业云上往往会组合各种 SaaS 服务达成业务服务目标。行业云上的应用服务越丰富，可以开展的业务应用就会越多。

（二）容器技术与行业云应用的现状

容器技术已经在证券行业取得了广泛的使用，涉及的业务范围主要包括：应用微服务化；运维开发一体化；应用高并发的弹性伸缩，如理财产品的抢购等。

（三）容器技术与行业云应用的适配

研究构成应用系统的软件组件与容器技术的适配性，结合应用系统的业务属性，我们将各应用系统所使用的框架总结归类为以下三大类、七小类（见表2）。

表 2　　　　　　　　　　　行业云各应用系统使用框架归类

大类	小类	备注	应用系统中用途
业务服务类	微服务	API 服务	构建业务组件
	前端服务	Web 应用、接入服务	构建各类行业 web 站点或接入服务
	行业业务服务	恒生：总线接入 BAR、路由服务 LS、原子服务 AS；金融基础件 CRES；行情服务、交易服务、柜台服务等	构建行业接入、行情、交易、报盘、清算等业务
		金仕达业务通讯平台 DRTP、后台系统 BCC 和 BU	构建行业接入、交易、报盘、清算等业务
		中焯行情服务、交易服务、接入服务等	构建行业接入、行情、交易业务
		同花顺行情服务	构建行业行情业务
		通达信行情服务	构建行业行情业务
中间件服务类	中间件服务	Weblogic、Websphere、JBoss、Tomcat、Resin 等	构建各类行业公共应用
	消息类服务	Kafka、RabbitMQ、ActiveMQ、ZeroMQ 等	构建通道服务和公共应用服务

续表

大类	小类	备注	应用系统中用途
数据服务类	大数据服务	Hadoop、Hive、Spark、Storm、Samza、Solr、Zookeeper 等	数据服务类应用中储存非结构化数据
	数据库服务	Oracle、MySQL、DB2、SQLServer、Redis、Mongodb、HBase 等	数据服务类及清算、估值等行业应用中的数据储存与数据处理核心

在开发测试环境中，容器技术对应用软件组件适配的场景很广泛。

行业云应用是否在生产环境中适合进行容器化部署，需要从必要性和可行性两个角度来深入分析。

必要性主要从容器技术的应用场景出发，判断该应用系统如果进行容器化部署后，能否带来业务应用上的价值。

可行性是从软件在生产环境中运行时所需的性能、安全、环境等角度出发，考虑容器技术能否提供相应的能力，从而判断该行业云应用系统建设时所使用的软件组件是否能够进行容器化部署。

表2所列的数十种应用组件，有很多是所有行业通用的软件组件，我们仅作一般性分析，分析结果见表3。

表3 行业通用软件组件分析结果

	应用	是否适合容器化	原因
微服务	API 服务	适合	微服务鼓励软件开发者将整个软件解耦为较小的功能片段，容器进一步对这种解耦性进行了扩展，它能够将软件从底层的硬件中分离出来。这种方式所产生的结果是：应用程序能够更快地进行创建，且更易于维护，同时又能够得到更高的质量；微服务的应用都是轻量化、无状态并且易于水平扩展
前端服务	Nginx、Apache	适合	Web 服务和接入服务这类无状态的服务，应用程序设计的主要优点在于：它能够平稳地应对为服务添加或移除某些实例的场景，而无须对应用程序进行重大的变更或进行配置的改动。比方说，如果服务的负载产生了突发性的增长，可以为服务加入更多无状态的 web 服务器，而如果某个无状态的服务器挂机了，也可以方便地用另外一台服务器取代它。所以此类服务更容易体现容器所带来的快速弹性调度的特性
中间件服务	Weblogic、Websphere	不推荐	一般是重资源消耗型应用
	JBoss、Tomcat、Resin	适合	一般为轻量级应用，可冗余，无状态

续表

	应用	是否适合容器化	原因
消息类服务	Kafka、RabbitMQ、ActiveMQ、ZeroMQ 等	不推荐	消息类服务都是有状态的服务，对消息的可靠性、传输性要求高，需要持久化，属于有状态服务。并且某些消息类组件不可冗余分割
大数据服务	Hadoop、Hive、Spark、Storm、Samza、Solr、Zookeeper 等	不适合	大数据系统需要专用网络环境分析海量的数据；同时需要对分析产生的数据进行持久化，属于重资源消耗、有状态的服务
数据库服务	Oracle、MySQL、DB2、SQLServer、Redis、Mongodb、HBase 等	不适合	数据库类应用是典型的重度资源消耗、有状态、很难冗余分割类型的软件组件

而针对证券行业专有的应用软件组件，我们收集了目前普遍使用的主流开发商所开发的应用软件组件。有大量的软件组件是运行在 Windows 环境下，容器化技术刚开始支持。在测试环境中针对可部署在 Linux 环境下的软件组件，进行了专项部署测试，验证了其容器化部署的可行性，分析结果见表 4。

表 4   行业专有软件组件分析结果

	应用	是否适合容器化	原因
恒生	金融基础组件 CRES、总线接入 BAR、路由服务 LS 和原子服务 AS	适合	轻量级应用，可冗余，无状态
	集中交易服务 Jzjy - jyserver	不适合	运行于 Windows 系统
融资融券交易 rzrq - jyserver	接入服务 Macs	适合	快速弹性部署、轻量化
	行情服务 h5hq	适合	对行情源数据的展示，无状态服务
	行情服务 h5ds	不适合	运行于 Windows 系统
	报盘系统	不适合	运行于 Windows 系统
金仕达	业务通讯平台 DRTP	适合	轻量级应用，可冗余，无状态
	后台业务系统 BCC 和 BU	适合	轻量级应用，可冗余，无状态
	报盘系统	不适合	运行于 Windows 系统
中焯	接入服务 MS32 和 MS64	不适合	运行于 Windows 系统
	行情服务落地 newhq2.0 - LD		
行情服务前置 newhq2.0 - QZ	不适合	运行于 Windows 系统	
	交易服务 jyserver	不适合	运行于 Windows 系统
同花顺	行情服务 Hqserver	适合	无状态服务、轻量化、可冗余
通达信	行情服务 Hostl	适合	无状态服务、轻量化、可冗余

针对行业云上应用，我们可以作以下分析：

（1）数据服务类的应用需要储存海量数据，而使用的无论是数据库软件还是大数据类的应用软件，不适合进行容器化部署。

（2）行业公共服务应用和行业通道公共服务类应用使用的应用软件组件最为广泛。传统的 B/S 类应用和行业内开发商开发的传统应用的后端数据库并不适合容器化，而前端组件是可以进行容器化的。至于是否需要容器化要从应用的业务需求特性出发，如果业务应用的容量变化剧烈，需要快速扩容，并且在前端应用优化较好，系统压力的瓶颈并不在数据库的业务，应用完全有进行容器化部署的必要；而如果业务系统的容量较为稳定，系统性能的瓶颈在后端数据库，即使某些组件可以进行容器化部署，容器化部署也并没有实际的业务意义；另一方面，如果业务特性是迭代频繁，业务变化多，则在软件设计之初就可以考虑使用微服务框架进行开发，在部署上使用容器化进行部署。

（3）周边接入类应用从业务属性看有强烈的容量弹性调度的需求，有强烈的进行容器化部署的必要性。而从目前的可行性看，行情接入类应用都基于 Linux 平台开发，软件可冗余、无状态，并且属于资源轻量消耗型应用，都符合容器化部署的可行性，因此，未来在行业云上部署的行情接入类应用完全可以进行容器化部署。交易接入类应用目前前端接入组件逐渐由 Windows 平台转向 Linux 平台，但后端应用服务组件目前基本上都基于 Windows 平台开发，因此还无法进行容器化部署。

（四）容器技术对行业云应用的交付、运维带来的机遇与挑战

容器技术作为一种轻量级操作系统层的虚拟化技术，其每个镜像仅包含应用最小的标准运行时环境，其较小的体量有利于应用的快速迭代、部署，从而实现秒级启动、秒级销毁。以镜像作为应用的交付标准，不仅有利于解耦应用运行时及其所依赖的环境系统，而且可以轻松地实现跨主机、跨平台、跨云环境（支持容器）迁移，同时降低了解决应用依赖带来的成本和风险，保证同一镜像所创建的容器环境的高度一致性。对行业云而言，使用容器技术进行应用的测试和部署，可以有效地提高行业云应用的弹性能力和交付能力。

容器技术可以提高运维效率，降低运维成本。传统的部署是安装、配置和运行，而 Docker 的出现革命性地改变了传统模式，部署被简化为获取镜像和运行两个步骤。容器技术的引入，使行业云的应用运维转向自动化、面向业务容量的弹性运维。

但是从行业云应用对容器技术的适配来看，容器技术就目前的技术进展来看并不是一个普适性的基础架构技术。未来行业云应用必然有一部分适用容器技术，而有很大一部分不适用容器技术。这就要求我们在行业云建设时需要考虑行业云平台能够进行整合化交付，既能满足容器化应用部署的需求，也能满足非容器部署的应用的需求。针对容器在行业云的部署，必须进行容器技术相关的适配环境建设，以使行业应用能够自动化地、自服务地在行业云上进行应用部署。

三、结合容器技术的行业云建设方案

（一）容器技术与传统 PaaS 解决方案的整合

行业云要推进行业应用标准化，提高行业整体应用开发部署效率，整合行业应用软件开发者队伍，建设行业应用开发生态，必须建设行业云的 PaaS 平台。行业 PaaS 平台可以构建

软件组件资源池,提供行业应用组件式交付能力,实现行业云应用的弹性调度管理能力。在平台即服务(PaaS)中,不同的组件和服务相互结合构成了应用运行环境。针对IT支撑系统多种多样的应用及业务,根据使用频次、服务调用开销不同,采用不同策略进行划分和分布式部署,可以实现不同集群、不同数据中心资源的快速共享、服务的动态迁移及扩展,从而保障系统的高可用。

容器技术的出现为PaaS带来了更多选择和灵活性,至少为运行环境和服务部署方面提供了标准和统一的可能性。伴随容器技术蓬勃发展的微服务架构,采用容器化技术进行微服务设计、编排、授权和配置,解除应用间的紧耦合和依赖。从行业云应用对容器技术的适配能力看,使用容器技术部署的行业云应用将只是行业云应用的一部分。因此,行业云PaaS平台的建设必然要求整合容器技术,将CaaS平台(Container-as-a-Service:容器即服务)的建设作为PaaS平台建设的一部分。

目前的PaaS框架已经包含了一些服务和开发模块,在此基础上其扩展功能则包括微服务和容器化应用程序,也就是说PaaS的很多应用场景也是CaaS的应用场景。结合容器技术与行业云PaaS解决方案架构图如图2所示。

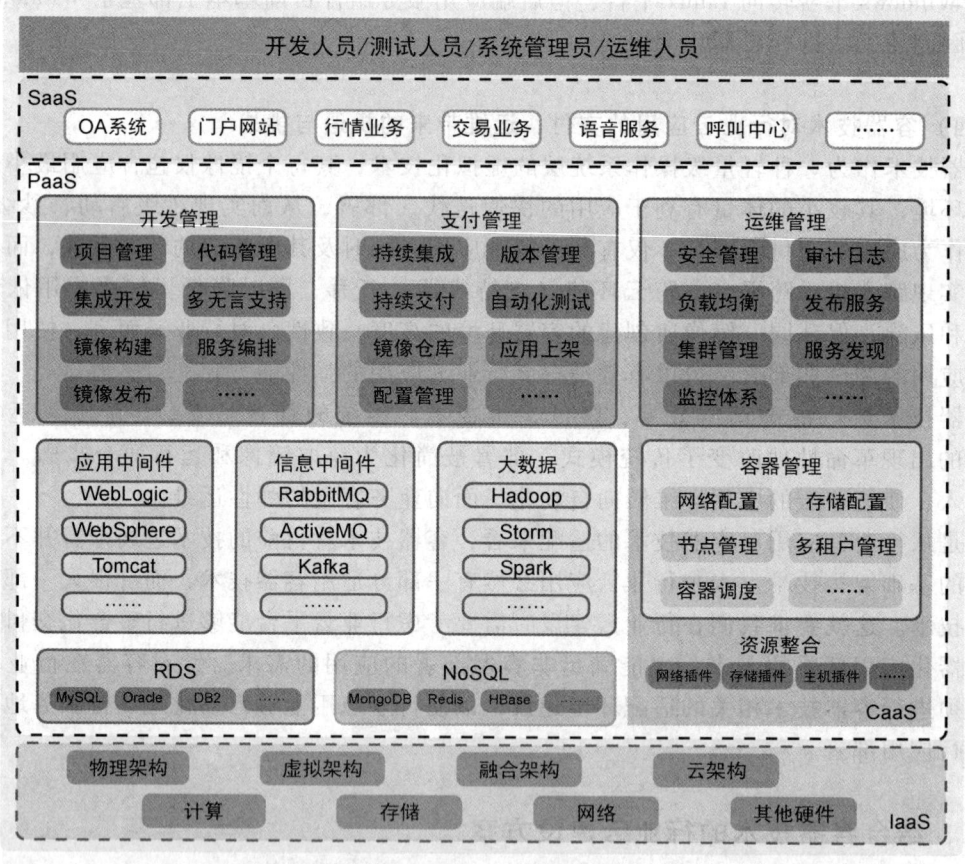

图2 结合容器技术与行业云PaaS解决方案的架构

架构图中主要包括IaaS、PaaS、CaaS、SaaS,通过IaaS平台提供的基础资源主要包括计算、存储、网络资源,在此基础上构建的PaaS平台可以为敏捷开发、系统运维、业务应用等内容提供远比传统数据中心应用部署更优秀的解决方案。PaaS 平台主要提供开发管理、应用交付、运维管理服务，而要实现上述服务的交付，首先要在 PaaS 平台基于 IaaS 平台构建数据库资源池、中间件资源池、大数据资源池等各种应用软件组件的资源池。其次，PaaS 平台必须建设开发管理流水线、应用商店、运维监控体系来实现上述服务的交付功能。在上述功能的实现中，必须整合容器技术的相关技术组件来实现整合化的 PaaS 平台功能。例如在运维监控体系中，针对容器技术部署的组件，就必须提供容器技术的弹性编排调度功能；而针对大数据资源池，则可以调用大数据平台的弹性扩容接口，从而整合化地实现 PaaS 平台的弹性扩容能力。

针对容器技术的技术特性，其有专有的运维管理、服务交付的功能需求，这部分功能就需要放在 CaaS 中予以实现。CaaS 作为 PaaS 的子集，其特有功能主要需要实现面向 IaaS 层的容器基础架构管理，在开发管理中实现镜像构建、服务编排、镜像发布，在交付管理中实现容器的镜像管理和服务管理，在运维管理中实现容器的编排调度和服务发现等功能。其相关内容主要包括如下：

1. 容器基础管理方面

网络配置主要包括 IP、端口、访问规则等，容器网络模式主要包括 host、bridge、overlay、macvlan；容器的 Storage Driver 主要包括 devicemapper、overlay2、aufs、btrfs、vfs 和 zfs，可以很方便地根据需要制定实现存储资源的管理策略，同时容器支持本地磁盘存储、NFS 存储或分布式存储；容器面向 IaaS 的整合可以借助网络插件、存储插件、主机管理等功能实现其与 IaaS 提供的计算、存储、网络资源池进行交互，为容器的运行提供基础服务，确保资源的合理使用。

2. 开发管理方面

镜像构建是容器运行的基础，Dockerfile 是构建一个完整镜像的文本文件，包括创建镜像的全部指令，通过 Dockerfile 可以实现容器镜像的封装；通过 Docker Compose 或 Kubernetes 实现一组相关联的应用容器的编排；通过配置管理和应用上架流水线可以完成单应用或一组应用镜像的发布，并在镜像发布的过程定义服务访问的策略。

3. 交付管理方面

镜像仓库用于存放成功构建的容器镜像，其提供授权认证配置，提供安全可靠的镜像管理方式，并且支持 HTTPS 访问，其主要功能还包括：镜像仓库权限控制；镜像自动同步和复制功能；镜像删除和空间回收。配置管理和应用上架作为核心内容将在下文进行阐述。

4. 运维管理方面

容器调度是集群管理中的重要组成部分，其可以实现应用跨平台跨主机运行，是实现应用高可用的基础，其主要使用的调度工具有 Apache Mesos、Docker Swarm、Kubernetes；服务发现功能主要是指发现服务并在服务列表中注册服务，从而使其他服务能够在服务列表中查找并连接服务以实现应用跨主机通信的功能。通过对容器的统一监控并使用其弹性伸缩技术，可以更好地支撑业务的波动，借助多集群的动态部署和多数据中心间资源的快速共享，可以有效解决总部节点处理能力上限不足的问题，保障系统灵活的水平扩展和高可靠能力。

容器技术作为一种开源技术，有很多开源组件的解决方案可以实现。但在行业云上，还有很多功能模块需要定制化开发。

（二）行业云应用上架流水线

通常系统上线，需要依次经历构建、集成、测试、扫描、发布等过程，如果采用纯人工处理，费事费力。采用流水线，将这些步骤进行自动化处理，则可以：尽可能快地交付软件；提高软件质量；降低发布风险；减少浪费；使软件始终处于生产就绪状态（见图3）。

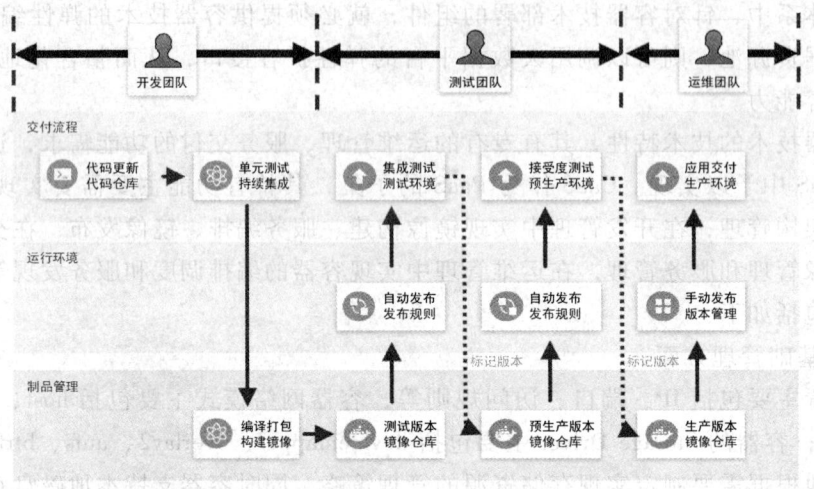

图3 标准流水线图

从开发到生产持续交付，流水线包含以下组成部分：自动化构建；自动化持续集成；自动化测试；自动化部署。

1. 使用流水线自动化构建镜像

行业云内自建行业镜像仓库和代码源，以及合规案例库、安全案例库、运维案例库；在持续集成、持续发布的过程中可以方便地进行代码版本到镜像版本的管理。

2. 使用流水线自动化持续集成

任务描述流水线具体执行的操作，拥有独立的执行环境，执行过程如图4所示。

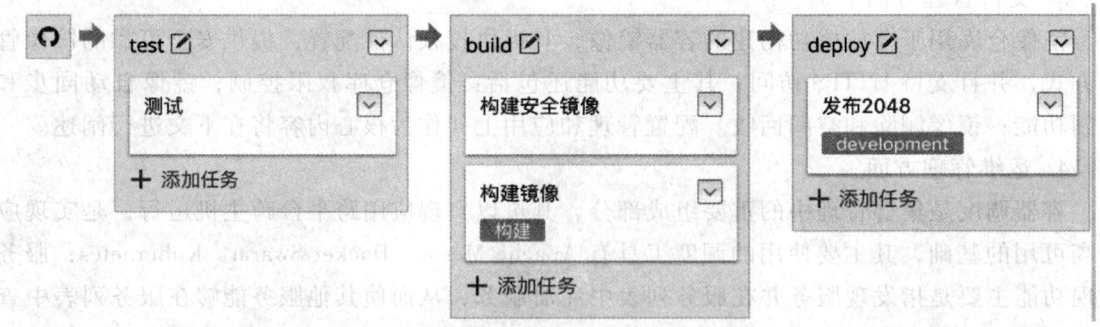

图4 流水线执行过程示例

在执行过程中可查看执行记录和任务日志。任务执行完成后，可在镜像仓库中看到之前构建出的镜像。

3. 使用流水线自动化测试和管理流程管控

自动化测试能够覆盖测试应用程序的多个方面（见表 5）。

表 5　　　　　　　　　　　　　　测试类型表

测试类型	工作内容
单元测试	测试底层函数和类在不同输入条件下是否按照预期工作
沙盒安全测试	在沙盒环境中进行安全测评
集成测试	测试集成模块与消息队列及数据库等基础设施是否协同工作
业务合规测试	测试业务合规性情况
运维测试	测试应用的可运维性是否达到行业云的相关标准要求
验收测试	通过用户界面测试关键用户操作流程，并将应用程序作为一个完整的黑盒子
负载测试	测试应用程序在模拟的真实用户负载下是否运行良好
性能测试	测试该应用程序在实际负载情况下是否满足性能要求和响应时间要求
模拟测试	应用程序在设备仿真环境中工作
冒烟测试	验证新部署环境的状态和完整性
质量测试	测试应用代码质量——通过静态分析、代码风格指南、代码覆盖度等技术来识别

4．使用流水线自动化部署

对于行业云应用上架流水线，需要建立一套完整的流程控制体系，包括：所有环境都用同样的方式部署；对部署进行冒烟测试；维护一致的环境；生产环境的应用上线，需要建立一个审批流程。

（三）配置管理在行业云上的应用

1．行业云应用配置管理的需求

行业云应用进行容器化部署后，需要行业云平台提供配置管理的功能来保障多环境间容器迁移后的部署有效性。

行业云应用配置管理的核心是：保证业务属性配置的一致性；实现环境属性配置的适配性。

2．容器化服务与配置管理

容器技术使得根据配置需求建立稳定服务器的过程更加快捷。

通过容器化服务，很好地解决了业务系统中的两个问题：保证业务属性一致性；实现环境属性不一致。

行业云中的配置管理还具有以下功能，以应对复杂的开发管理环境：文档记录、代码记录；版本控制及并行开发；变更管理。

3．非容器化服务与配置管理

基于传统方式运行的应用依然具备获取配置管理服务的权限。

（四）运维管理

行业云运维的对象是行业云的基础架构以及 PaaS 平台上的资源池对象。

1．行业云组件的运维体系

行业云平台组件的运维体系主要由资源池管理、资源动态调度管理、系统监控管理组成。

2. 行业云运维服务设计

行业云需要提供相关广泛和普适性的运维服务来满足各种不同应用的运维需要。首先是构建监控支持服务；其次是提供综合日志管理服务；最后是提供分布管理和应急管理服务。

四、容器技术与底层 IaaS 平台的整合方案

容器技术轻量运行、高性能和便捷使用在应用部署和开发测试中能极大地提高效率，但其轻量级特性也带来了系统安全性方面的担忧。在行业云建设时应将容器技术和 IaaS 平台相结合，各取所长，用虚拟化与容器化结合屏蔽 Docker 共用内核的一些风险点，利用 IaaS 平台提供的公共组件解决负载均衡、数据持久化、隔离保护、多租户资源隔离等相关问题。

（一）IaaS 平台能够面向容器平台交付的能力

目前 IaaS 平台的成熟度要远高于容器平台，IaaS 平台与容器平台的整合可以提供以下 4 个方面的能力：

1. 安全控制和资源隔离能力

IaaS 平台提供更好的安全策略以及能力，通过虚拟化隔离及多租户隔离能力减少行业云对外服务的安全问题，避免单用户出现安全溢出及被黑客攻击产生的危害的蔓延。

2. 资源管理能力

IaaS 平台交付的虚拟化资源通过分层管控和运营管理，不与应用和用户业务耦合。

3. 自服务

IaaS 平台在多租户、自服务界面、API、计费计量、运营管理等方面提供了丰富的业务场景能力，容器行业云可复用这些能力从而简化建设周期。

4. 通用基础设施组件

IaaS 云平台抽象出多种基础设施服务，能有效地帮助行业云快速建立相关能力，同时对于通过容器建立的行业应用有极大的帮助。

（二）容器化云 IaaS 结合基本标准组件

IaaS 基本标准组件见表 6。

表 6　　　　　　　　　　　　　基本标准组件

计算	网络	存储
云主机	负载均衡	云硬盘
物理云主机	虚拟私有网络	数据方舟
私有专区	防火墙	
管理与监控	安全服务	
监控	高防服务	
操作日志	企业应用防火墙	
账号与权限管理	运维审计系统	

1. 计算

计算资源与 CaaS 整合主要需要解决容器资源的隔离性问题，隔离级别可以控制到用户级别或者项目级别，分别使用不同的云主机或物理主机，从而简化容器使用的安全控制模型，将容器的安全隔离级别提升至用户受控的范围内。

2. 网络

网络资源与 CaaS 整合的核心关键点是提供网络架构上的隔离性，隔离用户侧网络和行业云的公有网络，并且提供网络访问控制和导流的防火墙、负载均衡、VPN 网关等网络通用组件资源。同时，从技术进展看，还有将网络控制组件，比如防火墙、负载均衡等容器化的技术趋势。

3. 存储

存储资源与 CaaS 整合主要解决的是容器技术原生存储管理控制接口简单、无法提供高性能和高可靠性存储解决方案的问题。容器的构建可以基于 IaaS 平台数据服务组件，得到可扩展且可计量的存储性能和高可靠及可追溯变更的存储资源，从而满足行业云服务的业务需求。

4. 安全

CaaS 所处的行业云面对各种安全威胁，需要通过底层 IaaS 安全服务来提供保护。

（1）基础安全服务，包括安全日志记录和分析、深度包分析、一站式 https 加密、实时监测智能评分等。

（2）高防，当源站在遭受大流量的 DDoS 攻击时，可以将攻击流量引流到高防 IP，确保源站的稳定正常运行。

（3）企业应用防火墙，提供应用防火墙，针对常见攻击进行监测和阻断。

（4）运维审计，通过堡垒机远程访问云主机，实现对访问账号集中管理，并做精细的权限规划和运维审计。

5. 管理与监控

行业云的 PaaS 平台和 CaaS 平台的运维依赖于云平台提供的很多监控数据，其中底层基础架构的运行数据是很重要的部分。而行业云平台在进行弹性自动化运维时，需要整合业务应用的运行数据，还要整合基础架构的运行数据，从而实现基于数据分析的运维目标。

（三）容器行业云与 IaaS 整合 API

行业云建设时可以选择多种 IaaS 平台在基础架构层面提供服务，定义一套标准化的面向 IaaS 服务的接口体系。服务接口内容见表 7。

表 7　　　　　　　　　　　　　服务接口内容

启动主机 – StartVHOSTInstance	创建物理机 – CreatePHost
重启主机 – RebootVHOSTInstance	删除物理机 – TerminatePHost
关闭主机 – StopVHOSTInstance	获取物理机信息 – DescribePHost
删除云主机 – TerminateVHOSTInstance	重启物理机 – RebootPHost
获取主机信息 – DescribeVHOSTInstance	启动物理机 – StartPHost
创建云主机 – CreateVHOSTInstance	关闭物理机 – PoweroffPHost

续表

申请弹性 IP – AllocateEIP	创建内容转发组 – CreatePolicyGroup
获取弹性 IP 信息 – DescribeEIP	创建负载均衡 – CreateULB
释放弹性 IP – ReleaseEIP	释放后端实例 – ReleaseBackend
绑定弹性 IP – BindEIP	删除内容转发组 – DeletePolicyGroup
解绑弹性 IP – UnBindEIP	创建 VServer – CreateVServer
	获取 VServer 信息 – DescribeVServer
创建防火墙 – CreateSecurityGroup	添加后端实例 – AllocateBackend
获取防火墙信息 – DescribeSecurityGroup	更新负载均衡属性 – UpdateULBAttribute
获取防火墙绑定资源 – DescribeSecurityGroupResource	删除转发策略 – DeletePolicy
更新防火墙规则 – UpdateSecurityGroup	获取内容转发组信息 – DescribePolicyGroup
应用防火墙 – GrantSecurityGroup	更新内容转发规则 – UpdatePolicy
删除防火墙 – DeleteSecurityGroup	更新后端实例属性 – UpdateBackendAttribute
	更新 VServer 属性 – UpdateVServerAttribute
创新 SSL 证书 – CreateSSL	创建转发策略 – CreatePolicy
解绑 SSL 证书 – UnbindSSL	获取负载均衡信息 – DescribeULB
绑定 SSL 证书 – BindSSL	删除负载均衡 – DeleteULB
获取 SSL 证书信息 – DescribeSSL	更新内容转发组属性 – UpdatePolicyGroupAttribute
删除 SSL 证书 – DeleteSSL	删除 VServer – DeleteVServer

五、行业云中容器技术的安全防护

（一）容器技术自有的安全防护能力

容器技术本身的安全防护隔离性体现在以下几个方面：

1. 文件系统级防护

（1）只读模式（Read – Only）。在容器应用中，需要映射到容器中的系统文件会带来安全隐患，可以分配只读权限，比如针对/sys、/proc 等文件进行限制。

（2）写入时复制模式（Copy – On – Write）。当需要向文件系统写入数据时，容器可采用 COW 模式把写入的目标文件引向一个和该容器相关的文件，从而避免操作被其他容器看见，也不会影响到其他容器。

2. Linux Capabilities 机制

Linux 把特权权限划分为更细粒度的不同单元，即 Capabilities，通过这种方式对不同的 Capabilities 进行独立的权限设置。

可以禁用一些没必要的 root 权限，例如 mount 操作、直接访问本地主机套接字、模块加载等。这样，即使攻击者在容器中取得了 root 权限，能进行的破坏也有限。

3. Linux NameSpace 机制

Linux 命名空间（NameSpace）将一个全局系统资源封装在一个抽象中，使出现在命名空间中的进程中拥有自己的全局资源隔离实例。

4. Linux CGroups 机制

控制组（CGroups）允许将进程组成各个分层组，确保各个组可以公平地分享主机的 CPU、内存、磁盘 IO 等资源，从而限制和监测各类资源的使用情况，并实现资源审计。

5. SELinux 防护

SELinux 通过标签进程和访问规则来为应用提供安全保护。它通过禁止对象的所有者拥有控制别人访问对象的方式来提供保护。

6. 其他

其他还可以利用一些现有的安全机制来增强使用 Docker 的安全性，例如，在内核中启用 GSEC 和 PaX，使用比如带 AppArmor 的模板，提供额外的安全特性。

（二）容器技术在行业云中的安全防护

由于证券行业的特殊性，需要对行业云安全防护进行特别加强，而容器具有快速应用开发和部署周期的特性，其对安全管理提出了更高的要求。

1. 镜像安全

在容器被部署到生产中之前，需要有效的可视化来有效评估容器的安全，如果容器出现问题，需要修复容器镜像中的问题，然后重新部署新的容器。

对容器镜像进行安全管控，可以从以下两个方面着手：

（1）自建私有仓库。由于行业的特殊性，所有的镜像都要可控，需要通过自建安全的私有镜像仓库来进行防护。

（2）镜像扫描及加固。镜像安全扫描通过跟踪各个权威安全机构发布的漏洞信息，逐层分析镜像中包含的软件包，进行分类和标记。通过建立集中式的镜像扫描识别库，对于未知的镜像层在经过扫描和加固后，可以进入识别库；现有的镜像进行安全升级和补丁后，也可以进入识别库。

2. 容器运行时安全监控

对于容器运行时状态需要进行监控，出现异常需要及时告警，并采取相应措施。针对应用 IP 进行防火墙静态配置的方式在 PaaS 平台上不能满足动态需求，我们提出一种网络安全管控方法和系统，具体架构见图 5。

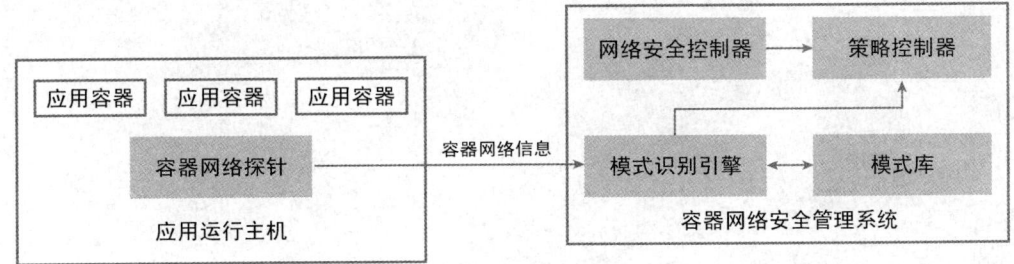

图 5 基于镜像网络模式的容器安全防御方法与装置

系统在每个容器主机上部署并运行容器网络探针程序，实时收集主机上所有容器的网络访问信息，发送给模式识别引擎，进行模式匹配分析和学习，基于策略进行威胁行为甄别和干预，从而对容器的网络访问模式、安全管控策略进行动态管控。

3. 容器主机安全加固

确保容器主机部署最新的安全更新程序，使用安全检测产品对各种发行版进行安全检查，增强容器平台主机安全防护措施。

4. 强化生产部署规则和审核

对于多租户应用需要安全隔离，部署在不同的容器主机上，对于虚拟化的容器主机则要物理隔离。

参考文献

[1] 中国银行业信息科技"十三五"发展规划监管指导意见（征求意见稿）——金融电子化．

[2] https：//wenku. baidu. com/view/e36eb12 633d4b14e842468df. html.

[3] http：//cloud. 51cto. com/art/201 602/505113. htm.

[4] https：//baike. baidu. com/item/Docker/13344 470.

[5] http：//developer. 51cto. com/art/201312/424 374_ all. htm.

[6] http：//www. searchvirtual. com. cn/showcontent_ 92316. htm.

[7] 2016年云计算技术发展特点分析——云计算。

[8] http：//www. searchsv. com. cn/showcontent_ 87553. htm.

[9] https：//searchcloudcomputing. techtarget. com. cn/5 – 11887.

投资者保护

适当性是投资者合法权益得到有效保护的基础*

安青松**

习近平总书记指出，发展资本市场是中国的改革方向。2018年召开的第五次全国金融工作会议确立我国资本市场改革的目标，是形成融资功能完备、基础制度扎实、市场监管有效、投资者合法权益得到有效保护的多层次资本市场。本文将讨论"适当性是投资者合法权益得到有效保护的基础"这个话题。

一、投资者适当性是资本市场的基础性制度

党的十九大报告明确提出："我国经济已由高速增长阶段转向高质量发展阶段"，服务高质量发展是我国资本市场改革和发展的方向。证券行业服务高质量发展的关键是解决"好不好"的问题。习近平总书记在第五次全国金融工作会议提出的做好金融工作要把握的四项重要原则，即回归本源、优化结构、强化监管、市场导向，是证券行业服务高质量发展的基本遵循。健全完善投资者适当性管理制度，是贯彻落实四项重要原则的具体举措。证券行业回归本源的重要方面之一，就是回归媒介交易和专业服务的金融中介定位，根据资金供求双方的风险喜好和状况，以及对流动性的不同预期合理匹配资金，促进以信息信用为基础的跨时间、跨空间、跨群体的价值交换。优化结构是要贯彻落实"卖者有责"的理念，让投资者在获得充分的信息的基础上，将适当的产品和服务销售给适当的投资者，让适当的投资者承担适当的风险和收益。强化监管和市场导向就是体现刘鹤副总理在"健全系统性金融风险防范体系"专题协商会上指出的，要使全社会都懂得，做生意是要有本钱的，借钱

---

* 中国证券业协会党委书记、执行副会长安青松在2018年9月26日首届中小投资者服务论坛上发言指出，在《证券法》修订时，确认投资者适当性制度的重要性并进一步完善制度结构，在资本市场"基本法"中提升了投资者适当性原则的体系地位和功能意义，不仅在立法上加大了对投资者保护力度，也为从司法上保护投资者利益创造了条件。本文为演讲全文。

** 作者为中国证券业协会党委书记、执行副会长。原载于《中国证券》2018年第10期。

是要还的,投资是要承担风险的,做坏事是要付出代价的。健全完善投资者适当性管理制度,是解决现阶段我国资本市场发展不平衡不充分矛盾的根本措施。

投资者适当性制度是资本市场基础性制度之一,与信息披露制度共同构成资本市场有效运行的基础台柱。直接融资体系的基本市场逻辑是"买者自负"原则,即投资者分散决策,投资者通过分散决策自己承担适当的风险和收益。但是由于信息不对称问题难以消除,和中小投资者作为"信息弱势群体"的客观存在,传统契约关系中的主体平等无法实现,于是引入"卖者有责"原则作为资本市场的重要契约原则。投资者适当性是"卖者有责"原则的具体体现。投资者适当性制度发源于美国,其主要指金融机构提供的金融产品或服务于投资者的财务状况、投资目标、风险承受水平、投资需求、知识和经验之间的契合程度,最初是作为证券经纪商行为的商业道德规范。1929年的金融危机以后,根据《1938年罗马尼法》(即《1934年证券交易法》第15章A部分的修正案)设立全美证券商协会(NASD)(即现在全美金融行业监管协会(FINRA)的前身),为保障场外市场证券交易的公平和有序,在自律管理规则中确立投资者适当原则,即会员在向投资者推荐某种证券买卖或者交易时,要有合理根据认为这种推荐适合该特定投资者,对该特定投资者的判断取决于投资者向会员公开的其他持股情形以及财产状况和需要(RULE2 310A)。投资者适当性制度经过80多年的发展,由最初的自律规范,发展到纳入监管体系并由司法加以确认,形成自律、监管、仲裁和司法多层级联动的专业监管体系。世界主要成熟资本市场,包括美国、欧盟、德国、新加坡、中国香港等国家和地区都建立了完善的投资者适当性管理制度。国际证监会组织(IOSCO)明确要求凡是向客户推荐产品、提供投资咨询、开展全权委托业务的经营机构必须对投资者进行适当性评估。从国外成熟市场和新兴市场发展的经验来看,投资者适当性管理制度是让投资者合法权益得到有效保护的基础制度。

二、我国资本市场投资者适当性制度初步形成

2008年国务院颁布《证券公司监督管理条例》开启了我国证券投资者适当性制度建设的先河,"了解你的客户"和"了解你的产品"成为证券公司的合规基础义务。2012年12月中国证券业协会发布《证券公司投资者适当性制度指引》,形成证券行业最早的投资者适当性管理自律规范,对推动证券行业树立投资者适当性理念,指导证券经营机构建立适当性管理制度,规范证券经营机构适当性管理措施、方法和流程等方面发挥了积极作用。2013年12月国务院办公厅发布《关于进一步加强资本市场中小投资者合法权益保护工作的意见》(国办发〔2013〕110号,以下简称《意见》),明确提出健全投资者适当性制度,要求完善中小投资者分类标准,科学划分风险等级,建立执业规范和市场服务体系,严格落实投资者适当性制度并强化监管。为贯彻落实国办《意见》要求,结合总结我国资本市场发展实践和投资者结构现实国情,2016年12月,中国证监会颁布《证券期货投资者适当性管理办法》,(以下简称《办法》)以部门规章的形式对证券期货投资者适当性管理进行统一规范。为全面深入贯彻实施《办法》,中国证券业协会在广泛征求行业意见的基础上,进一步完善投资者适当性管理自律规范,并于2017年7月1日正式实施《证券经营机构投资者适当性管理实施指引(试行)》,在证券经营机构适当性管理的程序、流程和方法等方面作出了具体安排和参考性指引。《办法》和新《指引》实施后,中国证券业协会督促引导证券经

营机构梳理业务环节中的适当性要求，健全公司层面各业务链的适当性细则及各业务链的操作流程，重新对客户与产品分类分级，动态关注客户与产品的风险，形成新的风控模式，按照适当性管理要求对交易与管理系统的前中后台进行改造，证券经营机构投资者适当性管理水平有了显著提升。

三、进一步健全投资者合法权益得到有效保护机制

适当性管理是投资者进入资本市场的第一道保护。健全完善适当性制度是投资者合法权益得到有效保护的基础。建议以下几个方面进一步健全投资者适当性制度：

第一，立法加以完善。在《证券法》修订时，确认投资者适当性制度的重要性并进一步完善制度结构，在资本市场"基本法"中提升投资者适当性原则的体系地位和功能意义，不仅在立法上加大了对投资者保护力度，也为从司法上保护投资者利益创造了条件。

第二，强化行政监管。贯彻落实投资者适当性原则依赖于有效的行政监管。在新的投资者适当性管理制度框架下，强化一线监管、辖区监管职责，督促证券经营机构按照要求完善内部制度，并对相应的落实情况进行检查，确保投资者适当性管理能够落在实处。贯彻依法、全面、从严监管理念，加大对违反投资者适当性管理义务机构问责力度。

第三，加强自律管理。在健全投资者适当性制度方面，自律管理具有"更柔""更多""更细"的优势，可以结合实际和个案，构建更富有弹性的适当性标准和行为指引，形成更多的匹配要素和更细的匹配考量，引导经营机构更关注实质性的适当性而不是形式上的适当性。组织行业就投资者适当性管理的技术、流程等细节进行经验交流和自律检查，提升从业人员对投资者适当性的认识，促进行业将投资者适当性管理工作落地实处。

第四，落实主体责任。经营机构要在思想上牢固树立"卖方有责"理念，充分认识投资者适当性管理的重要性，将投资者适当性管理纳入员工培训和考核中，进行有效的内部控制；有效跟踪评估测评和调整客户风险等级，对客户进行"精准画像"；充分认识销售产品或提供服务的风险情况，做好尽职调查和产品信息披露。

第五，完善法律救济。由于投资者相对于经营机构处于劣势地位，故在诉讼或仲裁过程中，应由经营机构对其已经履行适当性义务负有举证责任。完善诉讼之外的多元化纠纷解决机制，充分发挥调解、仲裁等非诉纠纷解决机制的优势，提高投资者适当性管理纠纷的解决效率。

第六，深入宣传教育。投资者适当性管理制度的落实需要投资者的配合，监管机构、自律组织、经营机构应通过多种方式向投资者进行投资者适当性宣传教育，让社会公众了解投资者适当性管理制度的基本原理，特别是投资者自身的合法权益及证券经营机构应履行的义务。同时，让投资者知晓在其权益受到侵害时的维权路径，确保能够及时、合理、合法地采取救济措施。

为了切实保护投资者的合法权益，监管机构、自律管理组织、证券经营机构要共同努力，扎实推进投资者适当性管理制度的有效落实，促进证券期货基金经营机构在产品交易与服务提供过程中切实承担起应尽的信息披露、产品风险评测、投资者风险评估、投资者教育的责任和义务，将合适的产品与服务卖给合适的投资者，实现卖者有责、买者自负有机结合，促进资本市场的长期稳定健康发展。

证券公司投资者适当性管理的大数据应用研究

华泰证券股份有限公司课题组*

一、投资者适当性的理论基础

(一) 投资者适当性理论渊源

在投资者适当性理论中,"投资者"一词在此专指证券投资领域的客户主体,"适当性"即某人或某事物能够与一个特定目标相匹配且契合的程度。投资者适当性的管理实践最早出现在美国,后逐步推广至全球各资本市场,并形成了诸如 FINRA Rule 2111 "Suitability"(美国金融业监管局规则第 2111 条:适当性)与 FINRA Rule 2090 "Know Your Customer"(美国金融业监管局规则第 2090 条:了解你的客户)等一批具有代表性的监管规则,作为金融中介机构向客户出售产品的前置义务存在。

在适当性原则转化为规则的过程中,国外学界分别形成了代理理论、招牌理论以及特殊情境理论等理论,来阐述证券经营机构适当性管理义务的来源。代理理论认为,证券经营机构与投资者为代理法律关系,代理人应当负有注意义务和忠实义务,审慎勤勉为投资者利益行事;招牌理论认为,证券经营机构挂出招牌即显示其在相关领域的专业性,不得滥用自身专业优势不公平地对待投资者;特殊情境理论来源于信义义务,因投资者处于弱势地位而对证券经营机构产生信赖,证券经营机构也不排斥投资者的此种信赖,故而证券经营机构应向投资者承担信义义务②。

上述理论从公平责任、信义义务、法律关系等维度明确了适当性管理的责任。基于此,国内学界提出了信赖保护理论,对上述三个理论进行了继承与发展,吸收了特殊情境理论和信义义务中的内容,特别是信赖值得保护的理念,不再仅仅从"招牌理论"中专业、公平

---

* 本文为中国证券业协会 2018 年优秀课题。课题负责人:李筠;课题组成员:吴加荣、李燃、郭玉玺、周文威。

② Frederick Mark Gedicks:《Suitability Claims and Purchases of Unrecommended Securities: a Theory of Broker – Dealer Liability》,载《Arizona State Law Journal》, 2005 年版,第 550 至 557 页。

对待投资者维度认识适当性,使投资者适当性制度回归投资者保护的本质,同时将适当性的监管角色纳入进来。①

(二) 投资者适当性的价值取向

结合投资者适当性相关理论研究,信赖利益保护映射到证券领域可以很好地解释"买者自负,卖者有责"这一基本适当性管理思路。第一,信赖保护需要证券公司履行公平对待投资者的义务,通过一系列手段弥补双方的信息及专业不对等,但这一保护仍是在基本的私法意思自治的原则下进行,从而突出了投资者、证券公司之间的相对"平等"。第二,"卖者有责"是对证券公司相应义务的强化,保障产品与交易行为本身都是适合于投资者的,是大部分投资者天然处于弱势地位、证券公司占据金融投资信息优势之必然,从而明确了证券公司的"责任"。第三,信赖利益保护理论强调了证券经营机构应负的义务,但并未否定"买者自负"这一基本契约逻辑,不可能为了实现投资者保护而违背"成本—产出"的基本经济规律,从而明确了证券公司"责任"及投资者"自由"的边界。第四,为了克服信息不对称、履行适当性管理责任,证券公司必须要投入一定的管理资源,承担必要的适当性成本。综上所述,在现代证券市场领域,投资者适当性管理的价值取向应当界定为公平、自由、责任与成本四个方面,而这四个价值取向可以作为实现投资者保护和证券公司适当性义务平衡的基础。

1. 公平

公平意指公平责任。在金融服务法律关系中,鉴于投资者的弱势地位,特别是投资者与证券经营机构在投资专业性及信息上的不对等,证券公司有义务调整证券交易双方的信息不对等,强化信息披露与风险告知,履行适当推介责任,维护投资者的利益不受侵害。

2. 自由

自由意指有限自由。投资者对产品或服务选择、个人信息提供与隐私保护应当拥有充分的自由,但这种自由不应当免除证券公司应承担的管理责任,特定领域的"契约自由"应增加适度限制。

3. 责任

责任意指责任边界。证券公司必须在金融产品服务事前、事中、事后承担充分的适当性尽职义务,但不应对产品风险、市场波动等超出适当性管理工作边界的风险承担无限责任。

4. 成本

成本意指制度成本。任何一项制度的推行都会带来成本,证券公司作为适当性制度的执行主体,同时也是营利性市场主体,需要将适当性管理成本控制在可接受的范围内,由此必然推动证券公司采取各类先进技术和手段降低成本,提高效率。更为重要的是,适当性管理需要与内部管理、业务开展有机结合,提升单一管理成本带来的收益。

上述四个价值取向是在信赖利益保护理论上面的进一步衍生,并可以作为评估适当性管理机制、强化适当性管理的路径选择标准。

---

① 张付标:《证券投资者适当性制度研究》,上海三联书店 2015 年版,第 120—124 页。

二、境内外投资者适当性管理实践

(一) 境内投资者适当性相关实践及问题分析

在我国证券市场规制中，投资者适当性始于2008年《证券公司监督管理条例》，随后一系列制度文件相继出台，但大多限定于某一业务领域，如创业板、融资融券、金融期货等，且基本为证券交易所、中国证券业协会等自律组织制定，制度位阶相对较低。2017年实施的《证券期货投资者适当性管理办法》（以下简称《管理办法》）及配套自律规则《证券经营机构投资者适当性管理实施指引（试行）》（以下简称《实施指引》），标志着我国投资者适当性管理进入了一个全新的时代，它有效解决了以往投资者分类无统一标准、无底线要求和职责不明确等问题，使得投资者分类、风险承受能力评估、产品风险等级、适当性匹配等一系列适当性管理措施在证券公司的各项业务中得以有效落地执行。

1. 存在的问题

鉴于《管理办法》正式实施的时间不长，各证券公司在新的适当性管理机制下处在持续探索阶段，仍存在着一些问题亟待解决完善。实践中，部分证券经营机构存在制度理解片面、执行不到位，甚至发生违规行为的情况，致使适当性管理工作仅仅达到了"表面合规"。而这种形式重于实质的"形式适当性管理"是我国适当性管理制度落地过程中一定程度失灵的具体体现，主要包括五个方面。

（1）投资者信息缺乏核查。了解你的客户，是投资者适当性管理的第一步，是证券公司履行适当性管理的基础。实践中，部分证券公司未能履职尽责，对于投资者的身份真实性和信息有效性缺乏基本的核查，部分投资者信息存在矛盾、缺失以及失实等问题，走过场、应付监管、形式主义的做法屡见不鲜。

（2）客户评价结果失真。在实践中，大部分证券公司将中国证券业协会提供的问卷模板作为评估的唯一手段。由于可能存在的营销人员不当诱导、投资者隐私回避、问卷填写随意等原因，投资者填答评估问卷与实际情况不符、评估问卷不同题目选项互相矛盾等情况时有发生。评估结果的失真不仅影响到证券公司提出适当性匹配意见的准确性，还为投资者后续投资活动带来了风险隐患。

（3）简单恪守"三匹配"机制。目前，各证券公司通常在风险承受能力与风险等级匹配的基础上，将投资期限与投资品种纳入匹配范围，形成"三匹配"形式，适度扩展了匹配的内容。然而，不少证券公司将"三匹配"机制作为适当性管理的唯一手段，较少透过风险测评结果去深入了解客户的实质情况，无法分析产品、服务与客户的实质匹配程度，适当性管理仍浮于表面形式。

（4）共享机制有待完善。一方面，我国证券行业尚未建立投资者适当性信息的连通与共享机制，这不仅不利于投资者信息真实性的交叉验证，还会引发投资者信息重复收集、重复评估带来的资源浪费。另一方面，国内大部分证券公司信息系统多以业务为单元建立的，各业务系统信息孤岛现象仍较突出，内部数据共享缺失，致使客户在同一家证券公司进行二次业务办理时仍需多次重复填写信息或问卷，效率降低之余亦有损客户体验感。

（5）落地主观意愿缺失。在制度落地过程中，不少证券公司的分支机构及其从业人员往往将适当性管理与业务发展放在对立层面看待，片面地认为适当性管理会影响投资者体验、增加业务开展成本,忽视了两者内在的逻辑联系与统一性。业务一线营销人员在业绩导向的压力下时常会出现适当性工作主观意愿不强、能动性不足、合规意识薄弱的情形。与此同时,部分营销人员对金融产品或服务缺乏专业知识,难以胜任适当性工作要求,进而造成了适当性管理制度于现实中的"空转"。

2. 问题原因分析

我国当前境内证券行业适当性管理的问题是"形式适当性管理"和"表面合规",距离公平、自由、责任与成本的适当性价值取向仍存在一定差距。究其原因,成本压力是证券公司"形式适当性管理"的重要原因,而信息不对称、责任边界模糊等原因则进一步加重了证券公司的适当性管理压力。

一是证券公司面临着适当性工作带来的成本压力,这是"形式适当性管理"的重要原因之一。证券公司作为市场参与主体,在合理的有限成本下实现企业的生存和盈利是其首要目标。但为了落实适当性管理的监管要求,证券公司需要在信息系统、内部机制、法律文本、人员培训等方面投入大量的资源,一定程度上增加了成本。而在旧有观念和传统模式下,这类成本的投入一般很难给公司带来直接的经济效益或市场份额,这就使得证券公司缺乏足够的主动性去落实、完善、优化适当性管理要求。

二是投资者与证券公司的信息不对称加剧了适当性管理的成本压力,成为"形式适当性管理"的信息原因。投资者由于专业知识和经验的限制,对金融产品信息的获取和理解均要难于证券公司。但基于现有的适当性评估手段,证券公司较难全面真实地了解客户。如要解决信息不对称,实现相对公平下的适当性匹配,则会带来适当性管理成本的上升,进一步抑制证券公司开展适当性管理的动力。

三是投资者与证券公司对金融产品风险责任边界划分不清,是导致"形式适当性管理"的观念原因。投资者教育与投资者观念转变是个漫长的过程,投资者对金融机构兑付依然具有依赖心理,证券公司也尚未完全认识到落实适当性管理要求、厘清适当性职责边界对降低风险成本的意义。由于这方面观念上的缺失,致使证券公司缺乏开展适当性管理的主动性(见图1)。

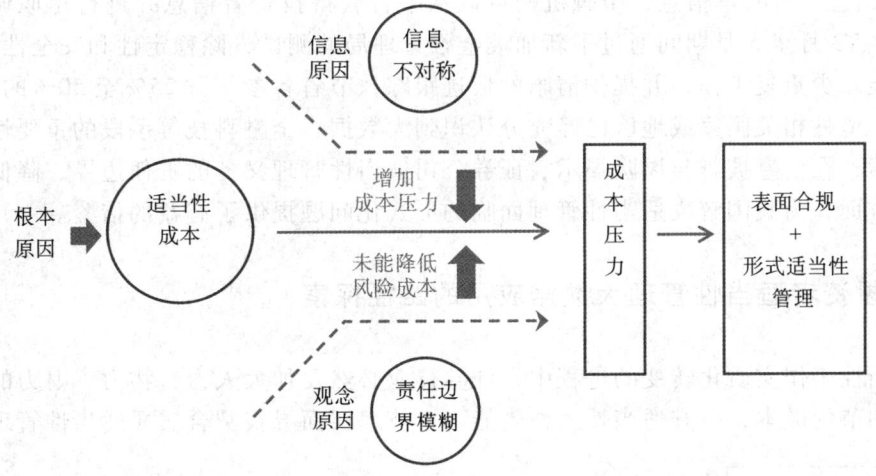

图1 我国投资者适当性管理问题的原因剖析逻辑关系

随着证券投资者数量和业务类型的快速增长，如果仍然采用传统模式和手段去推进适当性工作，很可能引发适当性成本不降反升，故证券公司乃至全行业有必要借助先进的思路、技术和方法，寻找到一条降低适当性成本的可行路径。

（二）境外投资者适当性相关实践及借鉴意义

境外法域对投资者适当性的监管大多以原则监管为主，即监管机构仅设定监管底线与基本规则，明确证券经营机构与投资者在信息采集、适当性匹配、产品风险等方面的责任边界。但对于适当性管理工作的具体内容、方式方法，则要求证券公司勤勉尽责并发挥其自主性，具体表现为金融机构适当性管理的灵活性以及投资者在配合适当性管理的自由性。而在适当性信息共享、管理工具创新等方面，境外成熟资本市场也积累了丰富的经验。

1. 信息共享机制

适当性信息共享机制主要包括行业内证券公司之间的信息共享、证券公司与其他第三方机构的信息共享等，这一机制在降低信息成本、提高管理效率、信息真伪验证等方面起到了良好的效果。例如：美国证券经营机构在向投资者披露隐私保护制度及措施后，便可与关联公司充分共享投资者非公开财务信息；而当证券经营机构试图与非关联第三方公司进行信息共享时，除了必须告知投资者外，还需要获得投资者的同意，即投资者接到通知时拥有"选择退出"（Opt－Out）的权利。在欧盟，《适合性、适当性及最佳执行指引》规定了证券公司在进行适合性评估和适当性评估时，都可以采纳外部数据。

2. 工具创新

境外适当性管理多数创新做法主要体现在金融科技的运用上。例如：英国金融行为监管局在2018年工作计划中提出了BARAC项目，旨在研究使用金融科技实现自动化监管和合规性的可能性，指出金融行业应利用云技术等必要的配套金融科技手段，以提升适当性工作的质量。在实践中，这种创新往往需要由第三方科技公司提供平台解决方案，并采取商业化运作的自主模式。毕马威会计师事务所2018年发布了其在新加坡地区的KYC（Know your customer，了解你的客户）实用程序案例，通过区块链、大数据等技术，使参与的金融机构得以向KYC信息平台共享信息，金融机构可以从平台获得投资者信息并进行尽职调查。该原型在2017年2月至5月期间通过了新加坡金融管理局的测试，除稳定性和安全性等优点外，该程序还能减少重复工作，并提供清晰的痕迹跟踪，节省各参与方25%至50%的成本。[①]

综上，境外相关国家或地区已经充分认识到大数据、金融科技等手段的重要性并积极进行实践探索，在信息披露与风险揭示、证券公司适当性管理义务的责任边界、降低成本的管理手段等方面，为我国解决适当性管理面临的形式化问题提供了有益的借鉴。

三、投资者适当性管理大数据应用的路径探索

在适当性工作实质化转变的进程中，证券行业必然要加大人力、物力、财力的投入。为有效控制和节约成本，提升适当性工作效能，在技术层面寻找契合实质适当性管理模式的管

---

① Could blockchain be the foundation of a viable KYC utility，来源自毕马威会计师事务所网站，网址：https://home.kpmg.com/xx/en/home/insights/2018/02/blockchain-kyc-utility-fs.html，最后访问时间：2018年8月2日。

理抓手，就显得尤为重要。

其一，金融科技（Fintech）正影响着金融行业的技术应用，以大数据、云计算、区块链、人工智能等为代表的新技术正改变着传统的金融服务方式和产业流程，降低了营销展业与合规风控成本，提升了金融业的资源配置效率。

其二，投资者适当性管理的核心是合适匹配，这是一个高度依赖信息和数据的业务场景。经过多年发展，证券公司在投资者、金融市场、金融工具与产品方面积累了海量数据，如何运用好这些数据，挖掘数据的生产力，实现证券公司乃至整个证券行业内外部数据的共融共享，已然成为完善我国适当性管理面临的重大课题。

因此，作为金融科技创新领域的核心元素和底层基石，大数据技术是有效解决证券公司适当性成本问题、实现适当性工作从形式化转向实质化的关键抓手。此外，大数据技术能促进全行业适当性管理数据的共享互通，为提升证券行业适当性管理水平创造良好的基础设施和技术支撑，最终实现我国证券行业适当性管理工作的"弯道超车"。

（一）核心思想

证券公司适当性工作的核心思想在于回归适当性本源，促使适当性工作从形式化向实质化转变。要实现"实质适当性管理"这一目标，就必须要打破适当性成本压力，树立"成本可控、价值创造"导向，充分运用大数据这一低成本、高质效、可扩展的管理手段，构建符合平等、自由、责任、成本价值取向的"实质适当性管理"新模式。

1. 宏观：行业管理架构

为达到"实质适当性管理"目标，使证券公司主动践行投资者保护义务，有必要建立一套能够激励证券公司内生主动性的管理架构。该内生机制应当围绕"成本可控、价值创造"导向，构建以证券公司为主体、监管部门及行业自律组织为辅助的适当性管理模式。

以证券公司为主体，在于证券公司是投资者适当性工作的执行者和落地者，直接接触投资者并与之建立契约关系。适当性工作需要充分契合证券公司的成本价值导向，充分激发其适当性工作的原动力。鼓励证券公司运用大数据等各种先进手段优化、改进、完善适当性工作，切实发挥其主动性、灵活性和创造力。

监管部门与自律组织是投资者适当性工作的规则制定者和监管者，要发挥其对全行业适当性工作的引导作用。积极利用监管部门及行业自律组织自身资源优势，打通行业信息壁垒，通过数据共享、资源共享等手段为证券公司降低适当性成本、提升价值提供良好的条件。

2. 微观：成本可控、价值创造

一是运用大数据这一先进的思路、技术和方法论，来优化提升现有的适当性管理效能，降低适当性成本。

二是运用大数据等金融科技新理念新技术，重点解决投资者与证券公司、金融产品的信息不对称问题，进一步控制适当性管理的成本。

三是明晰金融产品风险成本与责任，树立适当性合规创造价值的正确观念。

四是提升适当性的价值创造功能，将适当性工作成果与数据的应用范围延展至精准营销、产品服务改进等方面，支持证券公司的业务拓展，从本源上激发证券公司适当性工作的动力，充分发挥适当性数据资源的外溢效应。

（二）实施路径

就实施路径而言，应以证券公司为主，监管机构、行业自律组织及其他第三方为辅，以"成本可控、价值创造"为导向，以大数据为手段，在可接受的成本下推动适当性管理的价值创造（见图2）。

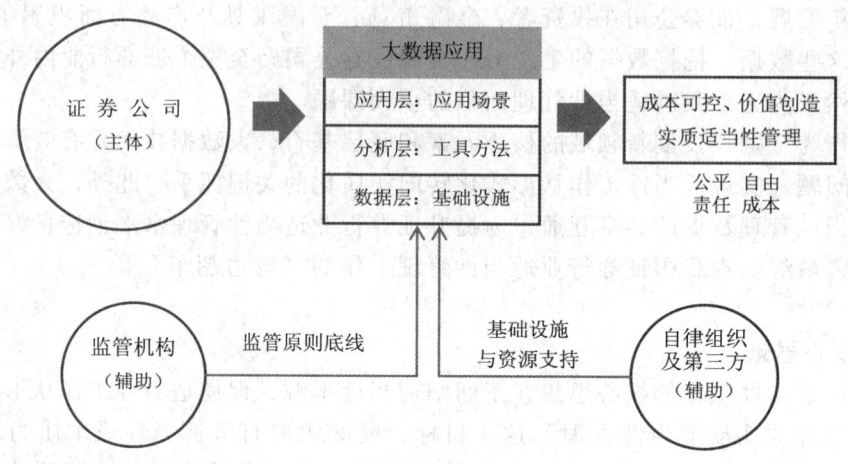

图2　证券公司适当性管理大数据应用的实施路径

四、投资者适当性管理大数据应用体系的构建

证券公司是推动形式适当性管理向实质适当性管理转变的关键主体，而数据又在这个演进过程中扮演了重要的角色。一方面，证券公司是适当性管理数据的生产者，在适当性管理活动过程中不断产生并更新投资者与产品的数据。另一方面，证券公司又是适当性管理数据的需求者，在产品服务精准推介、投资者全生命周期适当性管理中需要充分利用各方数据来进行分析、验证、判断。因此，借助大数据技术，提升适当性管理的实质性、精准性和效率水平，构建一个投资者适当性管理大数据体系的重要性日益明显。

（一）投资者适当性管理大数据体系设计

通过借鉴IBM《大数据架构与模式》（2014）的逻辑层次模型，结合我国当前国情，从证券行业应用的视角，提出证券公司投资者适当性管理大数据体系，即基于我国现有证券行业适当性规定，在维持现有适当性管理模式的前提下，将大数据嵌入适当性管理的全流程中，构筑形成覆盖数据层、分析层、应用层的管理体系。在整个体系中，大数据对现有适当性管理模式起到了验证、支持、嵌入、提升的作用（见图3）。

数据层是适当性管理大数据体系的基础设施，侧重数据的获取整合，包括内部数据治理、全行业共享机制、隐私保护等。

分析层是适当性管理大数据体系的工具方法，侧重数据的挖掘、提炼、分析，包括信息误差检验、投资者评估指标、多维匹配模型等。

应用层是适当性管理大数据体系的管理场景，侧重数据的应用及价值发挥，主要体现为

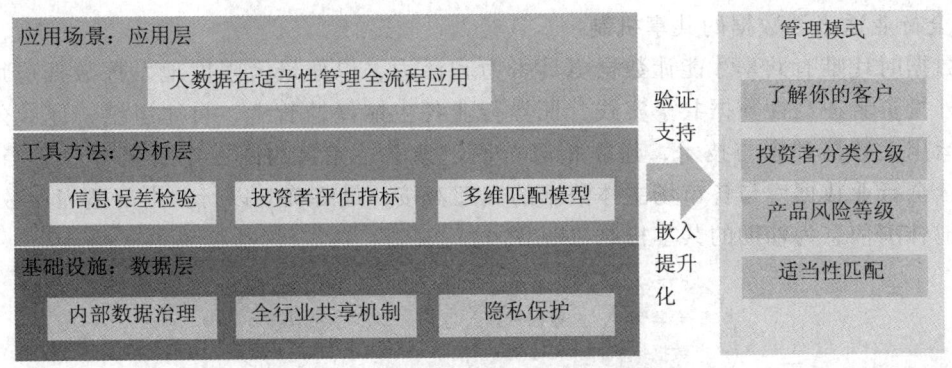

图3 投资者适当性管理大数据体系

大数据在适当性管理全流程的应用。

(二) 数据层:夯实适当性管理基础设施

新形势下,证券公司应从内部数据治理和外部数据共享两个方面,持续丰富完善适当性评估的数据库,全面发挥数据在适当性管理中的基础设施作用。

1. 证券公司内部适当性数据治理

基于现行监管对投资者数据库的要求,引入大数据客户全息画像的分析思维,适度延展投资者适当性数据的范畴。一是数据库对象扩围,将《实施指引》规定的投资者评估数据库扩展至投资者、产品两个方面,克服当前产品评估数据库不足的短板;二是在空间上,扩大采集的数据源与信息面,除了采集《实施指引》规定的评估结果、交易记录等强关联数据之外,还需采集与投资者、产品、市场相关的弱关联数据,使投资者、金融产品的数据画像更加饱满;三是在时间上,将数据划分为静态数据、动态数据两类,针对动态数据建立时间序列库,以便开展适当性管理的趋势分析与动态预测。

(1) 投资者评估数据。投资者评估数据是以投资者风险承受水平为核心、投资者其他信息为外延的数据,具体包括客户基本信息、财务数据、历次问卷评估分值明细及结果、证券交易数据、金融产品交易数据、投资者负面信息、行为轨迹数据等。其中,以投资者线上操作轨迹数据为代表的行为轨迹数据应用日益广泛,即在取得投资者授权的前提下,采集其在证券公司 APP 客户端页面的行为数据,例如:手指滑动、翻页、点击、页面停留时长等。此类数据对于分析投资者的关注信息、投资偏好、风险承受水平具有重要的参考意义。

(2) 金融产品评估数据。金融产品评估数据是以金融产品风险等级为核心、产品及市场相关信息为外延的数据,具体包括发行机构或产品管理人数据、管理团队信息、产品经理或投资组合经理的历史业绩、产品属性、产品风险收益数据等。同时还需收集关于市场、行业、宏观经济等环境数据,例如总市值、交易量(成交量)、利率、汇率、平均收益率等,以便金融产品与市场整体水平之间进行比较分析。

(3) 数据的动态分析。动态数据是指在系统应用中随时间变化而改变的数据。开展动态数据分析,有利于分析投资者的财务状况、风险偏好、交易特征的变化趋势,亦可分析金融产品的收益、风险的变动态势,并对未来进行合理预测。针对动态数据,一般引入计量统计方法进行分析,包括时间序列分析、横截面分析、面板数据分析等。

2. 全行业适当性数据的共享机制

大数据时代唯有共享才能让数据更具张力和活力,以便最大限度地发挥数据应用价值。借鉴境外投资者适当性数据共享实践,证券行业各主体(监管者、自律组织、证券公司等)应充分运用大数据理念与技术,建立相对全面、独立、完善的证券市场全行业适当性数据库,健全全行业数据库与各市场主体数据的交互对接,最终确立以行业内部适当性数据为主体、其他外围信息为辅助的共享机制(见图4)。

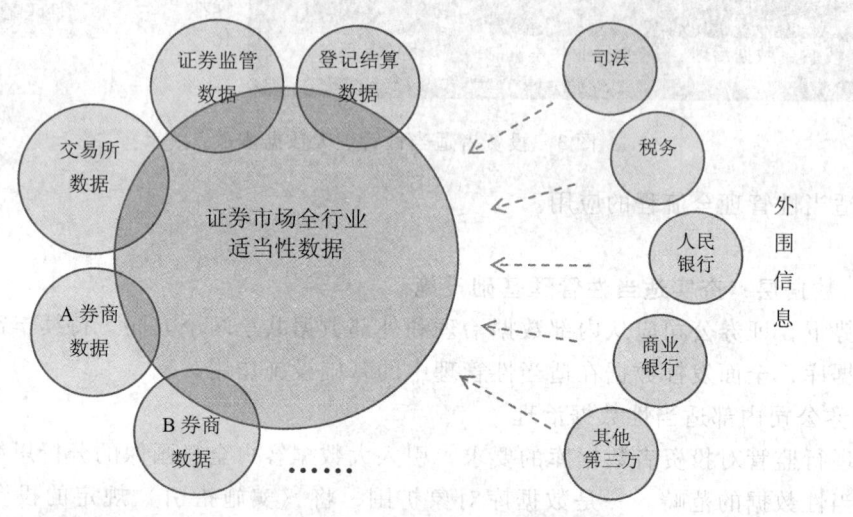

图4 证券行业适当性数据的共享机制

(1)行业内适当性数据整合。一方面,行业内共享数据可以用于不同数据的交叉验证。投资者的个体属性、投资经验知识、风险承受水平等数据在一定时期内是相对稳定的。如果某投资者在A券商的适当性数据与其在B券商的适当性数据出现显著差异(例如:同一客户投资年限A券商录得20年,B券商录得3年,差异显著),则可认定其数据存在偏差,需要进一步校验与纠偏。

另一方面,行业内共享数据可以降低重复采集数据的成本。对于投资者信息、投资经验等基础数据,只要投资者曾经开展过适当性评估,那么该投资者再进行适当性评估时,系统将从行业数据库中查询并下载该投资者的历史评估数据,完成部分基础数据的自动填写,有效规避二次采集。

在行业内数据共享方面,交易所、登记结算公司在交易数据积累上具有天然的优势,最能真实反映投资者的财务、交易、投资品种及经验。监管机构与行业自律组织建立了投资者、从业人员、上市公司的诚信档案,并积累了大量的行政处罚数据与负面清单,对于评估投资者履约意愿、金融产品及其管理人风险水平具有重要参考意义。当这些数据注入全行业数据库后,各证券公司的适当性数据就能与其进行充分的交互验证,从而达到去伪留真、提能增效的目的。

(2)证券市场外围信息应用。大数据应用实践表明,越来越多的机构将大数据的获取、验证、应用延展到行业边界以外,通过跨界共享实现数据价值将几何倍增。为进一步提升适当性数据的准确性,有必要将不同的外围数据接入证券市场全行业数据库,其中,大部分为政府部门提供的公信力较强的数据,如公安机关的身份信息数据、人民银行的征信数据等

(见表1)。

表1　　证券市场外围信息的适当性应用场景

外围数据	数据来源	应用场景
身份信息	公安机关	验证投资者身份及基本信息的真实性
纳税信息	税务机关	1. 个人所得税信息：反映个人收入真实水平及工作单位 2. 公司所得税信息：反映金融产品管理人的财务状况
征信数据	人民银行	1. 逾期违约记录：反映个人信用状况及履约意愿 2. 未结清贷款记录：反映个人负债情况
司法强制执行失信人名单	人民法院	反映个人或机构的既往法律纠纷及信用状况
三方存管银行数据	商业银行	了解投资者进入证券市场的资金来源
手机号实名数据	电信运营商	验证投资者提供的手机号是否为其本人名下真实所有 是否存在代开户、代理交易等委托代理关系
其他数据	其他第三方	能反映投资者及管理人机构真实情况的数据 （如位置数据、收件人地址数据等）

随着大数据技术的深入推广，我国的政府数据公开正在不断有序推进，其他第三方机构的数据共享机制也已初见成效。上海、深圳、青岛等地方政府相继建立了数据开放平台，个人与机构可依法申请调用数据。在商用领域，部分商业银行在开展线上信贷业务时，与税务等政府机关通过API数据接口形式进行小规模数据交互；一些互联网平台通过接入公安、电信运营商获取客户真实身份信息。这些都为将来的证券市场全行业适当性数据对接外围数据提供了数据支撑和实践范例。

3. 投资者适当性数据的隐私保护

在投资者适当性管理数据的内部治理与行业共享时，各证券公司应高度关注投资者数据的隐私保护。2017年5月，最高人民法院、最高人民检察院发布《关于办理侵犯公民个人信息刑事案件适用法律若干问题的解释》，首次明确就《刑法》第二百五十三条"出售、非法提供公民个人信息罪""非法获取公民个人信息罪"的适用情形进行了详细规定。2018年5月1日实施的《信息安全技术个人信息安全规范》从操作层面明确了开展收集、保存、使用、转让、共享、公开披露等个人信息处理活动应遵循的原则和安全要求，虽然该规范的层级低于法律法规，但对法律法规尚未明确的事项，该规范可作为一项推荐性标准。

根据上述相关法律规范的要求，投资者适当性数据的隐私保护应做到：证券公司直接收集投资者信息应得到投资者明示同意以取得相应的数据授权，数据收集应遵循最小化与保密性原则。全行业适当性数据库在接入外围数据时必须确认数据来源的合法性，尤其关注互联网机构、营利性机构等第三方非政府数据在接入时，投资者是否已事前向上述第三方授权同意转让、共享或公开披露。

然而，作为营利性机构，证券公司在获取数据、取得投资者明示同意方面存在较大的局限性。投资者出于个人隐私保护的目的，往往出现配合度不高、拒绝授权、提供信息失真等情况。对此，如果借鉴银行业征信数据或其他行业相关做法，采用行业自律组织或其他第三方组织牵头开展适当性的内部数据整合与外部数据接入,建立全行业信息数据库及共享系统,并配套完善的法规、规则及运行机制,能在最大限度上有利于投资者的隐私保护,进而为解决投资者信息隐私保护及数据共享等方面的合规性问题提供了可行之路。

(三) 分析层:创新适当性管理工具方法

工具方法是连接适当性基础数据与应用场景的桥梁纽带。当数据积累和基础设施建设完成后,尚不能直接应用到适当性管理工作中,唯有建立相应的指标、模型、工具,运用先进的方法论,才能实现从适当性数据到场景应用的跨越。

1. 投资者信息的误差检验

为有效开展实质适当性管理,证券公司应对投资者提供或填写的各类信息进行误差检验和真实性甄别,防止投资者提供虚假信息、虚填问卷进而造成的适当性误判。

(1) 投资者基础信息校准。投资者在开户、开办业务或首次购买产品前,除了进行适当性问卷评估外,还应填写客户的基本信息,包含客户姓名、身份证号、性别、出生年月、职业、所在城市、联系方式、三方存管银行账号等。对于基础信息的准确性,一般可通过公安身份数据、运营商数据、商业银行等渠道进行校验。

关于投资者基础信息的校准,目前各大证券公司均在开户环节设置了线下见证、线上视频认证、身份证联网核查的环节,因此,此类数据准确性相对较高。对于其他非开户校验信息,如职业、学历等,可通过与全行业投资者适当性数据库或外部其他第三方数据对接,完成开户或开通业务环节信息的比对与校准。此外,证券公司后续还可对投资者基础信息进行定期跟踪,当身份信息过期或发生变动时,通过与外部数据的交互比对,完成投资者基础信息的更新。

(2) 投资者风险承受能力评估问卷误差分析。针对《实施指引》中的投资者风险承受能力评估问卷,第2、7、8、11、12、13、14、15、16项问题属于投资者主观意愿或心理活动,尚无法通过其他数据进行对比验证,其余的11个问题均可通过客观数据对比来进行误差分析,包括财务状况(1是收入来源、3是债务情况、4是投资数额、5是投资知识)、投资经验(6是投资经验、9是投资两年以上的产品、10是月交易额)、其他信息(17是年龄、18是家抚养人数、19是最高学历、20是就业状况)。

投资者风险承受能力评估问卷的误差评估可采用标准差比对法。公式示例如下:

当 $|P_1 - P_0| > \sigma$ 误差显著

当 $|P_1 - P_0| \leq \sigma$ 误差不显著 (公式1)

其中:P_1 为投资者填答选项对应的主观分值;P_0 为投资者大数据对应的客观分值;σ 为该问题全体投资者填答分值的标准差。上述公式采用的是1倍标准差划定误差阈值。在实践中,证券公司可根据投资者分布形态及置信水平来设定合理的标准差倍数来确定误差阈值。经公式判断后,如果差值大于标准差,则表示投资者主观填答与客观数据存在显著差异,需要进一步核实确认信息的真实性。

2. 全面的投资者评估指标

为了更加全面反映投资者风险承受水平,适当性评估手段应秉持"不唯问卷、多维评价"的原则,降低对问卷评估方式的依赖,建立多元化的评估指标,实现部分指标的大数据自动获取,减少人为主观意愿的干预,提高适当性评估的灵活性。评估指标可以从投资者基本属性、投资经验、知识能力、财务水平、风险意愿、投资偏好六个维度进行设计。

建立全面的投资者评估指标,一是弥补了问卷评估单一模式的不足,使得投资者风险承受水平与产品风险水平的评估更加定量化、精细化,有效地丰富了评估手段。二是通过对投资者评估指标数据来源的梳理发现,大部分客观数据可以通过证券公司内外部客观数据获取,仅意愿或偏好类主观数据必须通过问卷、量表、心理测试等方式评估,在一定程度上确保了指标评价的准确性与可靠性。三是投资者适当性评估指标可以为绘制投资者画像提供必要的前提条件,通过对各类指标数据进行分析、归纳并抽象为一个个具象的标签(如高净值客户、风险厌恶型等),以标签化的方式构建较为精准的投资者画像,为后续的适当性匹配乃至精准营销奠定了基础。

3. 投资者与产品的多维匹配模型

投资者与产品的精准匹配是适当性管理大数据体系的首要应用与核心目标。现行《实施指引》明确了投资者风险承受能力 C1—C5 等级、产品或服务的风险 R1—R5 等级之间的五级匹配关系,属于单一维度匹配模式。国内部分证券公司在此基础上,引入了其他维度的匹配,如投资期限、投资品种的匹配,极大地丰富了适当性匹配的维度,但依然没有形成相应的体系化模型。

本研究通过借鉴国外咨询机构的投资适当性与产品分级模型,对投资者、金融产品及服务的指标进行提炼,提出建立投资者与产品的多维匹配模型。在投资者视角设置风险承受水平、投资知识与经验、投资偏好三个维度,分别对应于产品视角的产品风险等级、产品复杂程度、产品属性三个维度(见图5)。

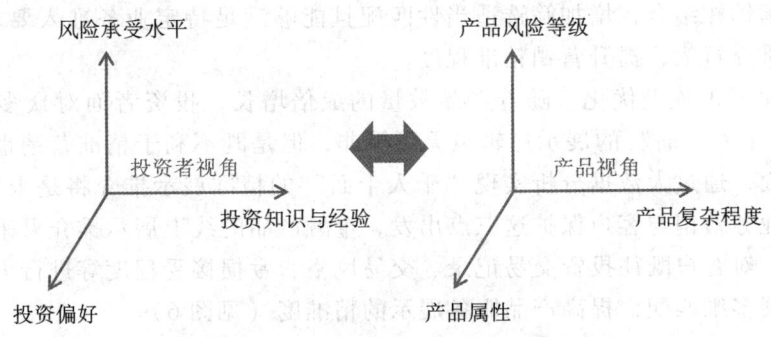

图 5 投资者与产品的多维匹配示意图

(1)投资者视角。投资者视角包括风险承受水平、投资知识与经验、投资偏好三个维度。其中,投资者风险承受水平维度主要包括风险承受能力(Risk Capacity)及风险承受意愿(Risk Tolerance)两个方面,且两者互为短板效应,故风险承受水平最终取承受能力、承受意愿两者孰低值,以体现稳健的风险控制原则;投资知识与经验维度用于衡量投资者对金融市场、产品的认知水平,可从投资知识(Investment Knowledge)、投资经验(Investment Experience)两个方面进行评估;投资偏好维度是指投资者对投资标的在市场、品种、期限、收益、风险以及投资资产流动性、变现能力、分散化投资组合等方面的偏好。

(2)产品视角。产品视角包括产品风险等级、产品复杂程度、产品属性三个维度。其中,产品风险等级的衡量可以采用国际通用的风险价值法 VaR(Value at Risk)进行评估,针对难以量化的风险,可沿用现有的风险等级划分标准或定性方法进行评估;产品复杂程度及维度主要从产品层级、收益结构、基础资产结构、信息公开化程度等维度进行综合衡量;产品属性维度可以考察每个具体金融产品的品种类别、交易市场、期限、收益率结构、久期等。

(3) 匹配原则与方法。投资者与产品的精准匹配应按照维度进行逐一匹配，有关原则包括：产品的风险等级应不高于投资者风险承受水平；产品的复杂程度应不高于投资者投资知识与经验水平；产品属性应限制在投资者的投资偏好要求范围内。

通过上述方法，证券公司可以建立投资者与金融产品的三维精准匹配模型，运用指标建模和大数据运算技术，实现适当性管理从离散式的五级模糊匹配走向连续式的量化精准匹配，进而为后续的精准推介展示等应用场景提供工具支持。

（四）应用层：大数据在适当性管理全流程的应用

基于大数据的全流程适当性管理场景有：推介展示环节优化、业务准入分析预警、投资者信息校准完善、适当性动态评估调整、精准智能适当性回访、系统监控与合规预警等，最终形成适当性管理的闭环。

1. 推介展示环节优化

(1) 推介匹配基本查询功能。证券公司可充分利用已有客户数据及产品或服务数据，构建适当性匹配的查询功能。根据适当性管理的基本逻辑规则，建立某一业务或产品的匹配客户池，业务人员在面向特定投资者推介产品或服务、面向不同投资者推介特定产品或服务前均能通过系统直接进行查询，展示投资者基本要素信息、适当性各要素是否匹配、投资者是否为特定产品的合格投资者、合同签署要求、双录要求等信息。在此基础上，查询功能可进一步与精准营销相结合，增加筛选适当性匹配且能够满足特定业务准入要求客户的功能，减少不必要的推介行为，提升营销精准程度。

(2) 线上展示的模型优化。随着产品数量的成倍增长，投资者面对众多金融产品会出现选择困难，"千人一面"的展示逻辑虽无可厚非，但是既不利于精准营销也不利于投资者保护。在此方面，通过大数据分析实现"千人千面"的精准展示推介将是未来的一大趋势。从规避风险、业务营销与客户保护这三点出发，金融产品的线上展示推介可采用前文所述的多维匹配模型，对客户既往投资交易记录、交易风格、亏损接受程度等进行大数据分析，并在此基础上开展多维匹配，提高产品服务展示的精准度（见图6）。

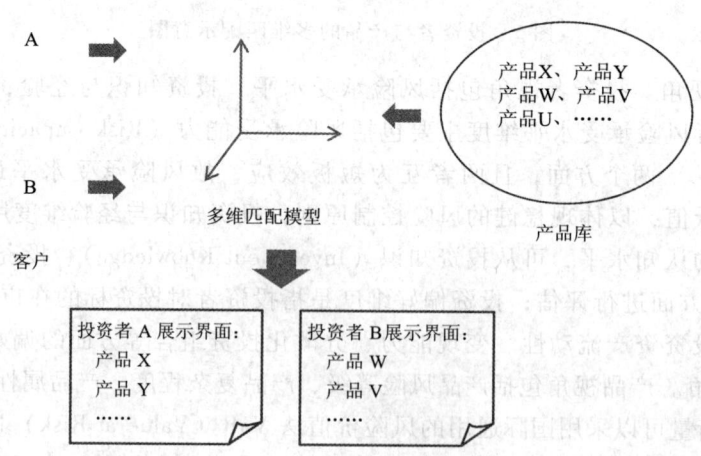

图6 大数据适当性管理"千人千面"产品推介模式

2. 业务准入分析预警

针对融资融券、港股通、分级基金、新三板、股票期权、私募产品等特定业务，监管部门制定了投资者准入的具体要求。这些特定准入机制的产生原因在于该类业务或产品的风险和复杂程度相对较高，其适当性管理标准相对更为严苛，不符合特定条件的投资者参与到业务中存在遭受重大损失的风险。而将适当性大数据运用到上述特定市场或业务领域的投资者准入环节，可以有效甄别风险并进行预警。

（1）准入时段资产数据的动态分析。首先，基于完善的数据治理与基础设施，从内外部多种渠道获取并记录同一投资者不同时间点的资产情况数据，形成某一时段内投资者资产状况的客观评价数据，如近半年客户在证券公司资产量的平均水平、资金转入转出情况等。

其次，设计相应的监控规则，对业务准入时段资产的非正常情形进行预警。例如：投资者资产状况客观评价数据与资产准入门槛差距较大（如相差在40%以上），客户资产规模短时间内大幅增加后满足准入要求的情形，即可能存在投资者违规融资或接受垫资的情形。

最后，在投资者权限开通后，可再次选取特定时段对投资者进行定向持续跟踪，特别是办理过程中曾发生过预警的客户。对于一段时间内持续大幅低于开通资产要求（如50%以下）的情况，可通过客户回访、要求客户临柜等措施进一步了解情况，提示风险，对于拒不配合的客户应考虑限制权限。

（2）准入环节中风险承受能力的分析预警。相较于投资资产、投资经验等客观条件，风险承受能力测评往往误差较大，存在问卷填写随意性大、结果易变更等情况，导致主观风险承受能力等级的准入门槛作用被大大弱化，如股票期权业务设定为R3及以上风险承受能力的客户才能参与，R2等级客户仅需在风险测评过程中刻意选择偏向风险的选项，即可绕过这一准入门槛。因此可考虑建立如下预警规则。

规则一：投资者业务开通前一段时间（如5个交易日内）进行过风险测评；

规则二：两次风险测评结果不同，且由不满足准入条件变为满足（如R2变为R3）。

对此，可在线上办理业务时弹窗提示投资者，要求其确认风险测评结果的真实性与填写自主性，线下业务可在录音录像环节与投资者确认有无营销人员诱导行为、现行风险测评结果是否客观真实。对于风险承受能力最低类别的投资者触发预警情况的，可暂时不予办理业务，采取限制准入的措施。

3. 投资者信息校准完善

当前，我国证券公司内部的数据治理工作还不尽完善，同一投资者在不同业务或系统的信息尚未完全统一整合，信息数据之间的矛盾时有发生。因此，在投资者办理二次业务或者登录的过程中，应建立前置的信息数据判断规则，在如下情形及时提示投资者对相关信息进行修改或补充。

情形一：客户在系统中缺失《管理办法》第六条要求的信息要素；

情形二：不同系统间留存信息存在矛盾情形；

情形三：客户正在填列的信息与已有信息互相矛盾的，如客户进行风险测评时，因为风险测评问卷中各项问题的选择与客户在系统中留存的基本信息是存在逻辑关联的，所以两者应保持一致性。

【示例】

问题1：您的主要收入来源是：

A. 工资、劳务报酬
B. 生产经营所得
C. 利息、股息、转让证券等金融性资产收入
D. 出租、出售房地产等非金融性资产收入
E. 无固定收入

对于示例中的问题1，如果客户的职业信息为党政机关干部、证券从业人员等具体工作职业的，选择E选项显然是存在矛盾的。

同时，因风险测评问卷存在对于同一事项从不同侧面进行考察的情况，题目之间存在前后关联，可考虑建立问卷内部的判断规则并进行矛盾选项提示，保持测评问卷内部的一致性，在一定程度上减小投资者在问卷填写过程中的随意性，引导投资者去关注题目、思考题目并选择契合自身的选项。表2是对投资者适当性问卷信息互斥校验的规则示例。

表2 投资者适当性问卷评估矛盾选项示例

问卷题目	问卷题目	互斥选项
1. 您的主要收入来源是： A. 工资、劳务报酬 B. 生产经营所得 C. 利息、股息、转让证券等金融性资产收入 D. 出租、出售房地产等非金融性资产收入 E. 无固定收入	20. 您家庭的就业状况是： A. 您与配偶均有稳定收入的工作 B. 您与配偶其中一人有稳定收入的工作 C. 您与配偶均没有稳定收入的工作或者已退休 D. 未婚，但有稳定收入的工作 E. 未婚，目前暂无稳定收入的工作	第1题选择E项，第20题选择A项； 第1题选择A项，第20题选择E项

4. 适当性动态评估调整

所谓动态评估是对客户适当性的再次检视，也是深入了解客户、构建客户画像的过程，对于了解客户需求、挖掘存量客户价值而言意义重大，可能带来远超想象的实质收益。动态适当性管理主要是从三个维度体现动态要求：一是对于投资者的动态评估；二是对于特定金融服务或产品的动态评估；三是对于特定投资者参与特定业务的动态评估。现阶段的核心是实现对客户、产品的定期或不定期动态评估，这是实现适当性匹配动态评估的基础。

实施动态评估，需要在投资者评估数据库的基础上搭建开放式分析平台，突出兼容性与扩展性。相关指标信息既可以对客户风险承受水平进行客观评估，形成风险承受水平的画像，也可根据业务场景、管理目的灵活选取指标，形成复合的特定专业画像，如流失客户画像、高净值客户画像、风险客户画像等，充分发挥投资者评估数据库的信息价值（见图7）。

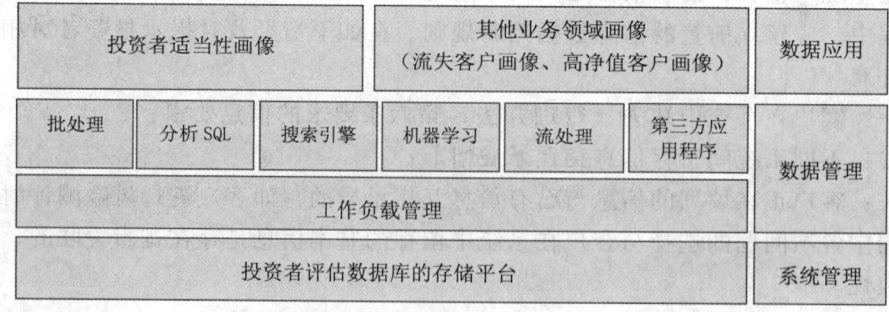

图7 投资者适当性评估数据库分析平台架构

5. 精准智能适当性回访

依据监管规定，适当性专项回访每年应抽取不低于上一年度末购买产品或接受服务的投资者总数的10%进行回访，需要回访的客户数量是较为可观的。如果采取纯粹随机的方式进行回访，回访所能达成的效果可能相对有限。结合适当性管理数据，筛选特定标签客户，开展精准化、智能化的定向回访将达到事半功倍的效果，进一步压降回访成本，提高回访成效。

（1）标签化精准回访。证券公司可以借鉴大数据标签化的管理思路和技术手段，根据投资者的基本信息和适当性属性，分别为每个投资者贴上不同的标签，形成投资者的标签画像。然后，选择需要重点关注的标签，锁定投资者范围开展精准回访，有关示例参见表3。

表3 投资者适当性回访标签示例

标签	规则定义
接受高风险产品或服务的客户	购买高风险产品、接受高风险服务的客户，《管理办法》本身就要求对于普通投资者履行特别的注意义务*
接受超出风险承受能力产品或服务的客户	购买或者接受产品或服务的风险等级高于其风险承受能力的投资者，对于该类投资者需要回访核查营销人员是否存在不适当推介、对不确定事项提供确定性判断等问题
最低风险承受能力水平的客户	《管理办法》中风险承受能力最低类别的投资者。对于该类投资者可重点关注营销人员是否向其推介了不适合的产品，是否接受了较高风险的服务产品
高龄客户	年龄相对较大的客户（如70岁以上），对于该类客户需要履行特别的注意义务。该类别客户投资知识与经验、风险承受能力、认知及判断能力往往相对薄弱

注：*《证券期货投资者适当性管理办法》第二十条规定：经营机构向普通投资者销售高风险产品或者提供相关服务，应当履行特别的注意义务，包括制定专门的工作程序，追加了解相关信息，告知特别的风险点，给予普通投资者更多的考虑时间，或者增加回访频次等。

（2）新技术智能回访。随着语音识别、人工智能技术的发展，证券公司在客户回访领域利用语音识别及语义分析技术，同样能够为适当性管理提供有益帮助，减轻回访压力与成本，提升回访效能。其应用场景包括：一是回访过程的监控与预警，在回访过程中客户的回答出现预设的敏感词时，系统自动记录该笔回访流水，作为待查事项，增大回访发现问题的概率，减少人为干扰因素。二是回访核查质检工作的协助，对于已经产生的回访录音，在设置质检策略和规则的前提下，通过智能系统能够实现对全量录音材料的自动化核查工作，深度挖掘客户需求，提高客户满意度。三是客服回访的智能化，充分利用适当性知识管理系统将证券公司客服以往积累的适当性知识进行分类存储、管理，利用后台自然语言理解引擎、样本库和知识库实现精准的理解，并按照人类问答的自然方式给予回应，进而实现从"人访"转变为"机访"。

6. 系统监控与合规预警

（1）合规风险智能预警排查。从适当性新规落地情况来看，在涉及业务众多、管理规则相对复杂的背景下，各证券公司面临的技术开发与改造的压力均较大，系统开发的细节问题可能会影响业务开展的整体合规性。因此，对于适当性相关信息系统功能实现、前端控制有效性进行持续检视与核查，建立技术风险监控预警系统或者功能至关重要。

在已有的系统开发、测试、上线等前端工作基础上，可充分利用已留存的业务数据、客户数据开发监控与预警功能，对前端已经留存的各项数据资源，通过独立系统的独立规则进行二次校验。开发该项功能可以达成三个主要目的：一是及时发现信息系统开发过程是否存在缺陷，并及时对系统缺陷进行回溯与完善；二是持续核查对适当性规则落地情况，对于发生的不合格账户及时进行整改；三是为证券公司内部各项自查检查提供有效工具，定期核查适当性管理落实情况。

（2）合规风险智能预警排查。适当性管理是证券公司合规管理工作的重要组成部分，如何对适当性管理工作进行合规监控检查，重点排查营销人员不当诱导、违规宣传推介、风险揭示不到位等违规行为，已成为当前适当性合规管理所面临的重要课题。如果依然沿用传统的随机式合规管理模式，显然不能满足未来适当性管理的需要。

在大数据时代，适当性的合规管理工作应强化对各项数据的分析运用。证券公司可以尝试建立数据分析指标，并在指标的基础上形成风险展示模块，为内部监督与检查、重点关注的业务范围、适当性管理的机制完善提供更加准确的指向。相关指标可包括各分支机构客户适当性匹配比例、各分支机构客户风险承受能力偏好分布、特定员工名下客户风险承受能力偏好分布、特定员工名下客户适当性匹配情况等，并对这些指标的不同数值设置不同风险评级和预警线。例如：某一分支机构的不匹配购买比例明显高于平均水平的，某一营销人员的名下客户不匹配购买情形较多等都可以成为发现适当性管理不到位甚至违规行为的重要线索。再如：某营业部在一段时间内开展的适当性评估结果集中度显著偏高（如80%的投资者适当性测评结果为"积极型"以上），则可初步认定存在诱导投资者作答甚至代填问卷的违规行为。

针对上述异常情况，证券公司在半年度适当性自查、日常分支机构合规自查中都可以进行有针对性地关注排查，访谈营销与管理人员、回访客户、调阅业务办理资料，必要时可以开展合规现场抽查或检查。此外，还可通过加强对分支机构人员的定向宣导与提示，提升投资者适当性管理工作的合规有效性。

7. 适当性大数据应用业务实例

财富管理转型已成为当前主流证券公司的发展战略与目标，要达成这一目标需要从"以产品为中心"转变为"以客户为中心"，实现从片面营销向理财规划、风险匹配与客户服务的方向转变，而这又与适当性管理的出发点是相一致的。基于客户的诉求与适当性管理，可以利用适当性大数据的基础采集、应用分析方式来建立基于客户画像的特定资产配置服务模式，在风险可控、平台支撑的前提下，实现公司价值与客户价值的同步增长。

（1）深耕客户数据，构建专业画像。通过大数据采集的客户关键信息，如意向投资规模、收益期望、财务收入水平、投资目标、流动性偏好、风险集中度、投资兴趣点、现金流等数据，作为资产配置的基础信息。在此基础上，进一步定位客户画像标签，实现客户的分类管理。

（2）分析构建模型，面向不同群体。在分析各类资产的历史收益率、波动率等数据的基础上，根据现代投资组合理论并加入对各类资产未来走势的主观判断，经过参数优化，形成数个面向不同类型投资者的基础资产模型。

（3）优选各类标的，定制个性产品。从市场各大类资产中优选各类金融资产标的作为投资备选产品池，组成相应的投资组合，并且能够在此基础上进一步打造适合客户的定制化金融产品，面向不同群体形成不同金融产品。

（4）严控合规底线，降低配置成本。自动展示客户账户关键信息，同步展示与投资者匹配的资产配置模型，并设置配置比例和配置金额，具体资产配置建议推介可通过系统做到适当性匹配控制，在把控适当性管理合规底线的基础上提升工作效率与配置合理性。

（5）跟踪客户信息，关注客户增值。根据用户的信息和计划，在动态的市场环境下，动态跟踪投资组合的可能表现，通过持续跟踪了解客户收益调整配置方案，践行为客户最佳利益行事的原则。

五、适当性大数据应用的管理建议

（一）法律法规与监管政策建议

1. 加快立法进程，构建多层次适当性规则体系

在现行规则体系中，相关制度的效力位阶是与整个投资者适当性管理制度所涵盖的内容、所覆盖的群体、所指向的权利义务关系不匹配的。行政法规如《证券公司监督管理条例》仅做了原则性规定，而作为全面细化规范适当性工作的《管理办法》则只是部门规章。

《证券法》作为证券市场的根本性规范应当对投资者适当性加以明确规定，从而以上位法形式统筹投资者适当性相关制度体系。以《证券法》为依据，行政法规明确了监管框架与体系、监管机构的职责等内容，部门规章具体明确了适当性管理的原则、标准及方式方法，自律组织制定适合行业特色的可操作执行的规则。现行《管理办法》和《实施指引》关于投资者数据库的简单规定可进一步扩充为行业性质的指引或技术标准，引导证券行业强化数据治理工作。

2. 设立监管底线，强化大数据在适当性行政执法中的应用

监管机构在设置监管原则与规则时，应重点划定适当性的监管底线，对证券公司要明确适当性管理的禁止性行为，促使证券公司从"底线依赖思维"转变为"红线意识"，促进适当性从"要我管理"到"我要管理"的良性转变。

在适当性监管检查等行政执法与监督检查工作中，监管机构应利用其政策与数据优势，完成与全行业适当性数据库以及其他第三方机构的对接。通过设置相应的监控规则、算法模型，及时发现违规行为，做到对全体证券公司的非现场、准实时的适当性监管，实现对违法违规行为的精准打击。

3. 明确职责分工，提高证券公司适当性管理的主动性

着力构建以证券公司为主，监管机构、行业自律组织及其他第三方为辅的适当性监管体系，充分发挥证券公司的市场主体作用。在具体的监管实践中，建议监管机构从适当性本源出发，对适当性的适用范围、衡量要素、风险控制、匹配原则、责任认定与罚则进行规范，对于适当性管理操作层面的匹配模型、问卷设计、技术工具则尽可能地放开交由证券公司自主设计，给予证券公司足够的操作空间。

4. 运用监管沙盒，推进大数据适当性管理的先行先试

对于适当性管理的大数据创新做法，建议可采用监管沙盒机制，在"安全空间"内允许个别证券公司先行试点，降低手段创新带来的不可预见的影响，积累适当性管理大数据应用的有益经验，告知投资者参与先行先试的潜在风险。试点一段时间后，参与试点的证券公

司可根据试点情况提出关于数据标准、指标设计、系统建设、动态评估等方面的建议，监管机构考察试点情况并决定是否推广试点、完善试点方案。

（二）行业管理机制建议

1. 推动数据共享，搭建全行业适当性数据的共享交互平台

第一，建立全行业适当性数据共享平台，建议采用由行业自律组织牵头、第三方专业机构负责运作的数据管理模式，以保证适当性数据库的独立性和专业性。

第二，统一行业数据标准，面向各证券公司建立规范通用的适当性数据格式与接口，打破数据共享的壁垒，提升数据的流动性和通用性。

第三，明确数据共享机制与规则，采用大数据技术，对投资者数据的查询、传输、修正采取严格的验证手段和权限控制，如证券公司通过数字签名校验方可进行数据上传修正，保障投资者的数据安全与隐私权利。

第四，拓展行业外数据来源，强化数据的交叉验证，发挥行业组织的牵头管理职能，开展与公安、司法、工商、税务、人民银行等政府部门的数据对接，并适时引入公信力相对较强的第三方数据机构，为适当性数据验证提供支持。

2. 鼓励创新研究，激发证券公司适当性大数据应用的积极性

建议行业自律组织从两方面推动适当性管理的创新工作：一方面是积极征集各会员单位在大数据适当性应用方面的优秀工具、方法和案例，通过培训研讨交流等方式促进各会员单位的思维碰撞，从而共同探寻适当性大数据应用的解决方案。另一方面，建立适当性创新的正向激励机制，对于在特定业务领域适当性管理方法创新较为突出的证券公司，要在专业评价、评奖评优等方面给予倾斜。

此外，可建立或指定行业层面的专业委员会，促进行业落实适当性管理，通过行业自发研究及建言献策，充当起行业与监管部门沟通的纽带和桥梁。

（三）证券公司应用建议

1. 树立正确导向，依托大数据实现适当性的成本可控与价值创造

成本可控，就是要运用大数据、云计算、区块链等金融科学技术，减少适当性工作给营业部、人力资源、营销资源、信息系统带来的成本压力。

价值创造，不仅要树立合规创造价值的理念，形成适当性合规到价值提升的传导路径，还要善于发挥适当性管理大数据的外溢价值，将其应用范围拓展至业务发展领域。例如：将适当性大数据作为客户关系管理的基础数据，挖掘存量客户价值，为精准营销、产品服务改进提供支撑。

2. 合规与业务融合，大数据精准营销推动证券公司财富管理转型

适当性的根本目的是保护投资者，精准营销与业务发展的根本目的是为投资者创造价值，两者目的是殊途同归、相辅相成的。证券公司必须要以客户为中心，需要将每个客户和产品研究到极致，为投资者提供精准有效的服务，满足其个性化金融需求。

一是将适当性管理、精准营销深度融合，利用适当性大数据绘制完整的客户画像，理解客户的投资诉求与风险偏好，为线下投资顾问与线上客户端的投资推介提供智能化建议与模板。

二是运用多维匹配的思路，建立不同投资者与不同金融产品之间的多维映射关系，以"最适合"为出发点，形成个性化、定制化的综合解决方案。

三是结合全生命周期的大数据场景化运用，开展投资者与产品的全流程动态匹配，确保投资者需求偏好的即时响应，最终实现投资者的价值创造。

3. 加大研发投入，借助科技力量提升适当性管理的智能化水平

证券公司应当在大数据、云计算、人工智能等方面，加大研发的投入力度，变"成本消耗型"适当性管理为"资源集约型"适当性管理。

一是数据收集处理的智能化，通过内外部的数据共享平台与接口，完成投资者与金融产品的数据收集。

二是匹配模型的智能化，运用人工神经网络与机器学习技术，不断训练、优化、调整投资者与产品的匹配算法模型，加之证券公司内部人士的专业判断与投资经验，最终使得模型越来越贴近现实，越来越精准有效。

三是投资者沟通的智能化，借助语义识别、自然语言处理等技术，通过客服机器人、智能投顾、社交媒介等渠道向投资者传递最适合的投资建议与产品；亦可通过知识共享平台、精准推送等智能管理手段让线下的投资顾问更易获取精准的投资建议，便于他们与投资者开展沟通，维系良好的互动关系，最终实现证券公司与投资者的持久双赢。

大数据技术驱动的投资者适当性管理与监管研究

中证信用增进股份有限公司 中证征信（深圳）有限公司联合课题组*

一、投资者适当性管理概述与分析

中国证券登记结算有限责任公司 2016 年度报告显示，截至 2016 年底国内证券市场投资者总数为 11 811.04 万户，其中个人投资者 11 778.42 万人（99.7%），机构投资者 32.62 万户。我国个人投资者的人数与占比远远高于国外，因此投资者适当性制度对我国的资本市场而言，是一项极为重要的基础制度。投资者适当性制度也是衡量一个资本市场是否健全成熟的重要标准。

（一）境外投资者适当性发展情况

1. 投资者适当性定义

2008 年，国际清算银行、国际证监会组织、国际保险监管协会联合发布的《金融产品和服务零售领域的客户适当性》，将适当性界定为"金融中介机构所提供的金融产品或服务与客户的财务状况、投资目标、风险承受水平、财务需求、知识和经验之间的契合程度"。2013 年，国际证监会组织发布了《关于复杂金融产品分销的适当性要求》，对投资者适当性制度进行了界定：投资者适当性是指金融中介机构在对包括但不限于客户的投资知识、投资经验、投资目标、风险承受能力（涉及资本损失风险）、投资期限、年度交易频率、额外抵押品金额以及识别和理解投资产品风险的能力进行评估后，将与客户的财务状况和需求相匹配的金融产品提供给评估后的客户。

2. 投资者适当性实施情况

美国证券交易委员会规则 17A-3（17）要求券商为每一位个人投资者账户创建包含以

---

* 本文为中国证券业协会 2017 年重点课题。课题负责人：张剑文；课题组成员：陈浩，方杰，刘萃，蔡小翡。

下信息的数据记录：投资者名称、税务识别号码、地址、电话号码、出生日期、身份证明、就业状况及职业、是否受雇于经纪公司、年收入、净资产等，并定期更新投资者信息。公司向投资者推荐金融产品前，还应该充分获取投资者投资方面的信息，包括投资需求、投资目标、投资经验、投资年限、其他投资、税负状况、流动性需求和风险承受能力等。根据有关规定，当投资者的基本信息有所缺失或者并不全面时，经纪人做出的投资建议可以有所保留。随着互联网技术的发展，一些互联网经纪商在力求不改变现有规章的前提下，从自律方面加强了相关投资者适当性的管理，例如 Clarles Schwab& Co 公司会检测投资者网上开户的整个过程，也会在客户选择完全超过其风险承受能力的复杂金融产品时做出禁止的指令。

德国在适当性评估方面规定，投资公司必须考虑投资者的财务状况、知识经验（投资类型/所受教育/职业情况）、投资目标（风险承受水平/投资期限），以便掌握合理的依据为投资者提供投资建议或投资组合管理服务；如果客户拒绝提供必要的信息，投资公司必须提醒投资者本公司不能进行适当性评估；如果适当性评估结果认为投资者不适合投资该产品，投资公司必须对投资者进行风险提示。在投资者信息系统搭建方面，规定投资公司需要搭建投资者信息系统，对投资者数据进行集成和整合；对系统容量、信息存取速度、投资者信息质量和信息系统安全都有一定的要求。在风险管理与合规方面，要求所有投资公司必须建立完善的内部管理政策和程序以确保公司符合证券交易法案的行为准则条款，且确保公司并未在评估过程中损害投资者的利益。在修订的《证券交易法》中，还要求投资公司建立登记所有投资顾问的数据库。

中国香港的有关规定将投资者风险承受能力划分为 5 个等级：预防型、中等型、均衡型、进取型、高度进取型。其中，投资者分级应该了解的信息包括：投资者的资产状况、投资经验与金融产品知识、投资目的及风险偏好、其他投资要求等。2008 年的雷曼迷你债券事件之后，为了警示市场风险和加强投资者保护，"香港证券及期货事务监察委员会"发布了《致零售投资产品发行人的通函》，提示零售投资产品发行人有责任确保销售的文件连续记录最新且充分的信息，让投资者在充分掌握相关信息资料的基础上做出投资决策。中国香港监管部门对高息投资工具、结构性金融产品等的适当性销售也做出了特别的规定。

（二）境内投资者适当性发展情况及要求

我国投资者适当性制度的产生和发展是随着多层次资本市场的逐渐形成和金融创新步伐的不断加快而展开的。投资者适当性规则的确立先主要体现于创业板、融资融券和金融期货等市场、业务、产品中。这些制度在一定程度上促进了投资者适当性的管理实施，但相关制度散见于各个不同的业务板块且彼此独立，大多侧重于设置投资者准入门槛，对于投资者分类和产品分级等经营机构需要履行的适当性义务没有明确的规定。基于这些不足，中国证监会于 2016 年 12 月 12 日发布了《证券期货投资者适当性管理办法》（以下简称《办法》），并自 2017 年 7 月 1 日起开始实施。《办法》是我国第一部统一规范证券期货市场投资者适当性的制度文件，不仅制定了投资者适当性管理的基本标准，而且对完善投资者适当性制度体系具有重要意义。

通过对投资者适当性相关制度的研究，本文认为经营机构进行适当性管理主要包括四大部分的内容：投资者和产品匹配、销售流程管控、风险管控和内部管理（见图1）。

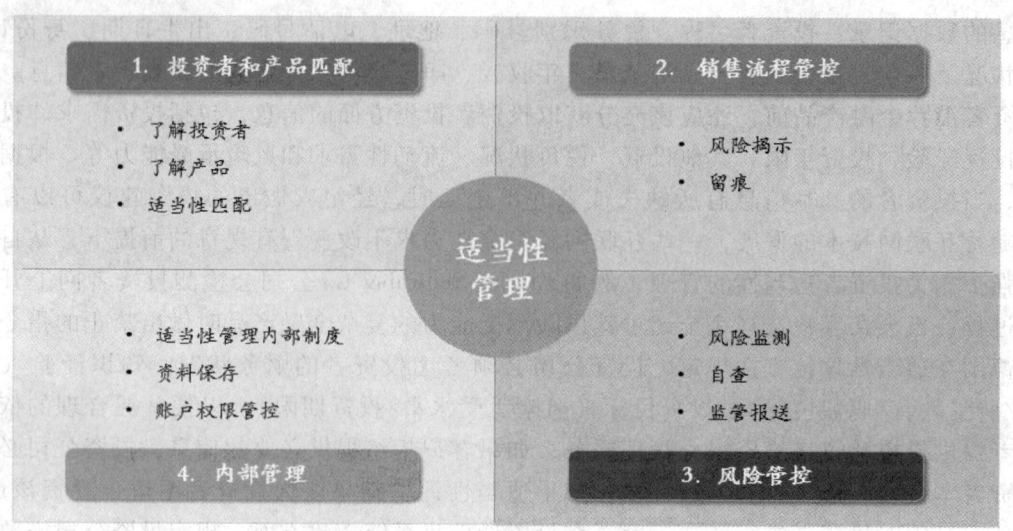

图 1 适当性管理框架结构

1. 投资者和产品匹配

（1）了解投资者（KYC）。"了解投资者（KYC）"是指经营机构需要从多方面收集投资者的各类信息，在此基础上对投资者的风险承受能力进行评估，获得投资者的分类结果，并将该结果告知投资者。经营机构应当搭建投资者评估数据库，并及时更新，以充分使用已了解的投资者信息和已有的评估结果，避免重复采集，提高评估效率。

《办法》指出，投资者评估主要的参考因素包括投资者的基本信息、收入来源、财务状况、投资经验、风险偏好和诚信状况等。目前，大多数经营机构主要通过风险评估调查问卷、投资者基本信息表、人工沟通和内部客户关系管理（CRM）系统分析等方式收集投资者的信息，并进行存档，包括投资者基本的身份信息、财产和收入状况、风险偏好、投资经验、投资目的等。然后根据这些信息对投资者进行打分，将其划分为保守型、稳健型、积极型等类型。其中，采用五档投资者分类法的经营机构越来越多，尤其是《办法》实施之后，五档投资者分类法会成为主流形式。

（2）了解产品（KYP）。"了解产品（KYP）"，是指经营机构应该了解所销售产品的各方面真实的信息，并根据产品的风险特征将产品进行风险等级的划分，并将产品信息和分级结果如实告知投资者。《办法》提及产品分级应该考虑的因素包括产品的流动性、产品到期时限、产品杠杆情况、产品结构复杂性等九大因素。

目前，我国并没有相关法规条例对产品或服务的评估规定统一的标准，所以现阶段不同的经营机构都各自规定了产品或服务的风险评估指标，根据其特定的指标对产品或服务的风险等级进行评估。此外，评估的方式也呈现多样化，由经营机构内部的产品委员会或者依托第三方机构进行评估。经营机构对于产品的分类一般从低到高有三至五档不等，采用五档产品分类法的经营机构同样不断增加。在各家证券公司销售的金融产品中，不同风险等级的产品种类数量相对比较均衡，为投资者提供了较为全面的产品选择。经营机构在执行内部产品或服务评估时，一般由产品设计部门或者销售部门发起评估申请，由产品审核委员会或相关部门审核通过。

（3）适当性匹配。适当性匹配，是指投资者的分类等级与产品或服务的风险等级的匹配。《办法》规定经营机构既要根据产品或服务的不同风险等级来匹配适合销售的投资者类型，也要根据投资者的不同分类等级来匹配适合购买的产品或服务。

目前，经营机构大多按照以上要求，通过将投资者分类结果和产品分级结果进行匹配的方式履行投资者适当性义务，匹配原则为投资者的风险承受能力必须大于等于产品风险等级，部分券商以三维或四维匹配原则进行风险等级匹配。在适当性匹配的执行方面，对于场内普通交易产品或服务，比如创业板股票交易、港股通业务等，经营机构一般通过控制交易系统权限的方式来实现；对于场外高风险产品，比如私募基金，当投资者自主提出购买高于其风险承受能力等级的金融产品时，经营机构从业人员首先向投资者说明产品或服务存在的风险及可能存在的损失，在此之后，投资者坚持购买的，由投资者在风险揭示书上签字确认。

2. 销售流程管控

销售流程管控主要包括风险揭示和管理留痕两个方面。《办法》规定，如果存在可能导致本金亏损或亏损超过本金的事项，经营机构应该在销售产品或服务之前告知普通投资者，并且告知的内容应真实、准确、完整，使用的语言应通俗易懂，这是经营机构需要履行的主动的风险揭示义务。此外，经营机构对普通投资者的相关规定信息的告知、风险警示等行为应该实施双录，如果只能通过互联网等非现场形式完成，也要采取相关的留痕措施。中国香港的汇丰金融出于举证的考虑，即使投资者的风险和产品风险匹配，也会要求客户经理清楚、详细地记录投资者购买产品的原因；同时，在与投资者进行沟通交流时，要询问客户是否有特殊要求、产品预期、要求回报率等信息，并进行记录。

此外，随着经营机构电商业务的发展，大多数经营机构在企业官网等互联网平台上也开展了投资者适当性管理工作，包括产品信息的介绍、风险在线评估、投资风险提示、在线咨询等。

3. 风险管控

《办法》规定经营机构必须落实与不恰当销售行为相关的管控以及客户回访抽查、评估与销售隔离等风控机制；不得采取鼓励不适当销售的考核激励措施。此外，经营机构应当每半年开展一次适当性自查，并形成自查报告，有问题应当及时处理并主动报告驻所地中国证监会派出机构。中国证券业协会2016年的调查报告显示，证券公司平均的客户回访率大约是75%，其中客户回访率达到100%的券商接近一半。

4. 内部管理

《办法》规定了经营机构应当制定明确的投资者适当性内部管理制度，包括投资者分类、产品分级和适当性匹配的标准和流程等。经营机构应当保存履行适当性义务的相关信息资料，并接受监管组织和自律组织的检查；对于匹配方案、警示资料、双录资料、自查报告等的保存期限不得少于20年。在集中式统一维护适当性相关资料的同时，经营机构还需要解决机构内部不同账户的权限问题。

（三）境内投资者适当性实施存在的提升空间

随着我国投资者适当性制度的不断完善，经营机构履行适当性义务的意识不断增强，我国的投资者适当性管理也逐渐趋于成熟，各券商也根据《办法》要求，进行了适当性管理的建设实施，包括建立投资者评估数据库、前后台系统改造等措施，但同时也存在一定的提升空间,可进一步改善。

1. 问卷信息存在准确性、及时性、客观全面性等问题

目前,金融机构在收集投资者信息时,主要由投资者个人填写调查问卷,该方法具有操作简便易行的特点,但投资者信息的真实性缺乏完善的核实机制,投资者为了获取投资机会,可能会隐瞒个别关键信息,从而降低了投资者评价和分类的准确性。此外,问卷的结果很大一部分无法与客户真实情况相互验证,导致问卷缺乏有效性,而且经营机构的风险评估问卷并没有实现对投资者的全覆盖。有学者认为,投资者适当性应当以"投资交易的风险性是否超过投资者的风险容许范围"为基准进行判断。在实际衡量的操作中,投资者的风险承受能力并不只是投资者主观上的投资意愿,还应该包括投资者客观上可承受风险的资力等。在信息核实成本较高的情况下,可以尝试拓展投资者信息来源渠道,通过不同数据源信息的交叉验证来确定信息的准确性。

投资者个人信息通常处于持续变化中,尤其是财产、收入、投资收益等信息变动后对投资者评价影响较大。由于我国金融机构在收集投资者信息时,通常在投资者开通新业务时完成,后续跟踪修正的成本较高,难以对变化的信息进行及时更新,制约了适当性管理的有效性。

2. 外部信息数据来源不统一

在对投资者进行分类时,所参考的信息除了投资者提供的问卷信息和投资者的实际交易信息之外,还需要通过对接政府机构、监管机构、征信机构等第三方机构来获得外部的信息数据。但是目前这些外部数据的信息来源并未统一,这对于投资者数据库的建立是一个难点。解决该问题有多种方法,比如券商各自对接外部数据,或者由官方机构规定数据来源,又或者由第三方征信机构统一对接,后两种方法更有效率。

3. 缺乏有效的适当性风险的量化和监测预警机制

目前部分证券公司已完成了交易平台、手机 APP 等前端系统的改造和投资者数据库的建立,以满足《办法》对于投资者评估、风险揭示和双录等要求。但对于适当性风险尚缺乏有效的量化分析和监测预警机制。适当性风险指标包括基于产品的投资者风险等级匹配率,基于投资者的产品风险匹配率,以及从个人投资者到营业部再到证券公司不同层次上的风险分析与统计。对于记录与观测到的适当性风险,还需要制定完善的风险处理流程,在风险的跟踪与处理环节做到权责明确,提高风险识别和风险处理的效率。

二、基于大数据的投资者适当性管理解决方案

(一) 基于适当性的一体化系统解决方案

基于对《办法》的解读和业务实操性的考虑,本文总结了四大模块的 10 个工作内容,对于经营机构需要实施的每一项内容都设计了相应的解决方案,并将解决方案整合到了适当性管理系统中。

1. 投资者和产品匹配

为解决问卷测评不准确、更新不及时、问卷缺失、缺乏客观验证等问题,本方案建立了投资者动态数据库,将投资者主观的问卷数据与客观的账户和交易数据相结合,在合规性论

证完成后还将引入准备好的外部数据。通过专门设计的投资者内评体系，能够更加全面准确地了解和评估投资者的风险承受能力（见图 2）。产品风险评估的规则采用的是证券公司内部的评估方法，并参考行业协会提供的产品风险等级划分标准对风险等级缺失的产品进行评估。投资者风险等级与产品风险等级匹配的基本原则是投资者的风险等级大于等于产品风险等级，即遵循投资者和产品的风险等级从高至低实施"一一对应，向下兼容"的适配性原则。此外，本方案按照《办法》的要求从匹配投资者和匹配产品两个维度进行适当性匹配的具体实施。

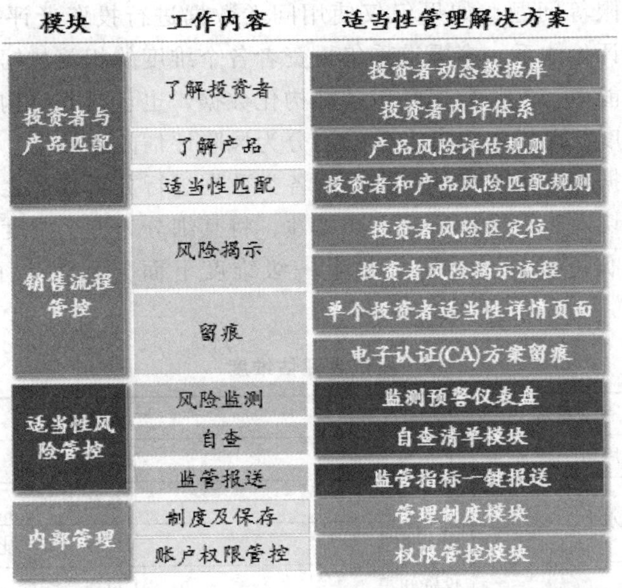

模块	工作内容	适当性管理解决方案
投资者与产品匹配	了解投资者	投资者动态数据库
		投资者内评体系
	了解产品	产品风险评估规则
	适当性匹配	投资者和产品风险匹配规则
销售流程管控	风险揭示	投资者风险区定位
		投资者风险揭示流程
	留痕	单个投资者适当性详情页面
		电子认证(CA)方案留痕
适当性风险管控	风险监测	监测预警仪表盘
	自查	自查清单模块
	监管报送	监管指标一键报送
内部管理	制度及保存	管理制度模块
	账户权限管控	权限管控模块

图 2　适当性系统解决方案

2. 销售流程管控

当投资者当前持有的产品或享有的服务风险等级超过投资者的主观评级结果或参考评级结果时，会进行自动化的风险揭示操作。本文将主观评级结果高于参考评级结果一个等级以上的投资者定义为风险虚高客群，参考评级结果高于主观评级结果一个等级以上的投资者定义为风险预警客群；通过实时识别风险区客群，及时进行风险揭示解决已有的适当性风险和防范未来的适当性风险。个人详情页面可以为单个投资者适当性管理提供充分的信息支持。本方案还可实现与前台已有业务的无缝对接，减少对业务系统的改造；通过采用电子认证（CA）信息留痕的方式，降低经营机构的纠纷举证难度。

3. 适当性风险管控

为解决适当性风险管控问题，本方案建立了适当性监测预警仪表盘、自查清单和监管报送等模块。对经营机构的适当性风险进行及时监控和有效防范，并准确有效地把握合规部门的监管重点和尺度。

4. 内部管理

本方案设计的适当性内部管理制度包括管理制度模块和权限管控模块，通过建立适当性制度资料统一化管理模块，集中维护相关的资料文件；通过建立友好的账户权限配置功能，在全面普及适当性管理的同时，有效地解决不同账户的权限问题。

（二）真正了解投资者——基于大数据的投资者风险评估方案

投资者适当性管理工作的核心内容是投资者评估和产品的评级，进而将合适的产品与投资者相匹配，对不匹配的情况进行预警以及进一步调整。其中，对投资者进行全面评估和明确分类是投资者与产品匹配的前提，也是投资者适当性制度实施的基础。

1. 建立个人投资者评价指标体系

通过上述分析可知，投资者风险评估问卷数据具有反映信息不全面、真实性不高、无法相互验证和覆盖率有限等问题，如果仅仅使用问卷数据进行投资者评价，难以满足实际需求。通过构建大数据评价体系，多渠道采集投资者各个维度的相关数据，能够更加全面地反映投资者的风险承受能力。这些数据既包括结构化数据，也包括非结构化数据。

从数据来源的角度，可以将投资者数据划分为风险评估问卷数据、交易平台数据、外部社会数据和互联网数据等。本文将不同来源的各类数据进行分析整合之后，从风险承受意愿和能力两方面的特征切入，根据特征的不同属性，将其细分为五个维度：生命周期、财富水平、投资能力、风险偏好和诚信水平。每个一级维度下面分别设置了相对应的二级维度（见表1）。

表 1　　投资者评估维度

风险特征	一级维度	二级维度	
风险承受能力和风险承受意愿	生命周期	个人基本特征	家庭情况
	财富水平	资产水平	负债水平
		收入水平	可投资资产比例
	投资能力	投资知识	投资活跃度
		投资经历	投资实力
	风险偏好	交易行为特征	投资风格
		产品风险	投资目标
	诚信水平	违约情况	信用历史
		不良公共记录	黑名单

最后在每个二级维度下再设置能够反映各维度的因子，这些因子均根据上述来源的经营机构的内部数据和外部数据开发所得，最终建立一套全面、科学、准确的个人投资者评价体系，该指标体系能够全方面多维度地刻画投资者的画像，实现经营机构对客户深入了解的目标。

2. 筛选建模样本及因子

通过对经营机构测评问卷的质量分析发现，部分问卷存在前后矛盾或者与客观事实相悖的题项，那么这些问卷就缺乏有效性，如果作为建模样本将会减弱模型的效果，因此我们在挑选建模样本时首先需要制定一定的规则来剔除这些问卷。之后，针对剩余的有效问卷，进一步筛选建模样本，当客户的实际交易行为和持有的投资品种与其填写的问卷出现了明显不一致时，我们认为客户是知行不一致的，这一方面可能是由于客户填写的问卷未及时更新，已经无法反应客户目前真实的风险承受能力，另一方面可能是由于客户未按照自己真实的风险承受能力和偏好填写问卷。无论是哪一种原因，这些问卷的存在都会影响从数据驱动的角度来分析客观因子和主观风险承受能力间相关性的准确度。因此这部分知行不一致的问卷也需要剔除。

在确认建模样本之后，需要进一步从个人投资者评价体系的因子中先人工筛选出数据质量高、覆盖率高的因子，再采用分析统计方法和逻辑回归模型来筛选对目标变量有辨别能力（如变量 IV 值高）、业务可解释性强的模型因子作为建模的候选因子。

3. 建立评分卡模型

接下来将基于筛选的建模样本和建模因子使用机器学习算法建立评分卡模型，使用模型对正常客户进行评分，并评出风险承受能力的等级，作为参考评级结果。然后再通过检验模型参考评级和问卷主观评级两者间的匹配情况、模型参考评级下各类客户的画像分析、模型在业务上可解释性和可操作性等来检验模型的效果。建立完评分卡模型后，再进一步设置相应的模型迭代优化机制，从而能够不断地提升模型的效果。

（三）主动性监测和防范风险——基于大数据的适当性风险管控方案

基于投资者动态数据库对投资者多个来源数据的整合，与评估指标体系对投资者风险承受能力的评估，经营机构的管理和业务人员进入适当性管理系统，即可查看不同营业部在各个风险指标下的分布对比情况，在此基础上对投资者与问卷评级/参考评级不匹配、投资者与产品/服务准入条件不匹配、问卷评级与参考评级不匹配等风险事项进行跟踪、分析和处理，动态监测公司、各业务部门、各营业部的适当性管理水平和适当性风险区域。在个人投资者层面，经营机构可以查看特定投资者的与适当性相关的主观和客观的详情信息，包括投资者风险等级、投资者标签、投资者各个评价维度信息等，对于问卷评级结果高于参考评级结果的客户提醒其进行问卷的重新测评，对于风险区客户进行现场提醒，严格履行风险揭示的职责。

三、投资者评估数据库的搭建

（一）投资者基础数据

在适当性管理的基础要求中，了解客户（KYC）和了解产品（KYP）一旦真正做到位，将对各项业务产生深远的影响。以适当性管理为起点，投资者评估数据库和适当性管理系统可扩充和承载更丰富的投资者数据信息和业务应用功能，助力提升业务价值。例如，利用适当性管理来提升客户体验，助力客户关系管理（CRM）；通过对分类投资者的产品服务需求偏好分析，制定相关资产配置战略，并进行精准营销推送；针对投资者的异常交易行为分析及其风险监控预警等。这些应用都可以基于一个良好的投资者评估数据库基础。

投资者基础数据库的构建需要整合投资者多个模块的数据，包括投资者个人基本信息数据、普通账户数据、信用账户数据、场外账户数据、期权账户数据、风险评估问卷数据、证券风险等级数据、外部社会信用数据、互联网数据等，并对各个模块数据的结构进行设计。

1. 投资者基本信息数据

投资者的基本信息数据包括投资者年龄、性别、婚姻、职业、学历、健康状况等。这些基本信息对投资者的投资行为以及风险承受能力会有一定的影响。比如性别，女性投资者比男性投资者更倾向于长期投资，因为女性投资者为了获取安全感，会将自有资产与未来的生活水平联系在一起，而男性投资者更倾向于通过短线操作来提高和展现自己的投资实力。

2. 投资者风险评估问卷数据

投资者风险评估数据直接来源于投资者填写的调查问卷，选用的题项主要是从其他渠道较难获取的数据，比如投资者赡养和抚养的情况、投资者证券投资资金的时间长度、投资者收入来源等。数据表字段主要包括问卷填写时间、客户代码、题项编号、题项得分、总得分等。

3. 投资者账户数据

投资者的账户数据能够反映投资者实际的持仓情况、交易情况、风险偏好等。这类数据不仅真实性高，而且便于持续性跟踪评价，还可以根据实际业务变化进行调整，是投资者评价重要的数据来源之一。根据实际的运营情况，一个投资者可能持有多个不同类型的账户，本文将其分类为普通账户、信用账户、场外账户和期权账户等。

（1）普通账户数据。普通账户数据的收集以月度为单位，包括了普通账户的月度信息汇总表、月末持仓表、月度交易情况表等。月度信息汇总表记录了投资者的资产情况、资金流动情况、交易的总额度和数量等；月末持仓表主要记录的是投资者当前持有的证券数量和市值等；月度交易情况主要记录的是当月发生过交易的证券类型和成交金额等。

（2）信用账户数据。信用账户数据的收集同样以月度为单位，包括了信用账户的月度信息汇总表、月末持仓表、月度交易情况表等。信用账户的月度汇总表除了记录资产情况之外，还有融资和融券的负债情况以及担保品的价值，其他数据表与普通账户类似。

（3）场外账户数据。场外账户数据的收集同样以月度为单位，包括了场外账户的月度信息汇总表、月末持仓表、月度交易情况表等。场外账户主要记录了开放式基金产品、理财产品、私募基金、资管计划等产品的数据。

（4）期权账户数据。期权账户数据的收集同样以月度为单位，包括了期权账户的月度信息汇总表、月末持仓表等，数据结构与普通账户对应表格类似。

4. 证券风险等级数据

证券风险等级数据是经营机构内部根据不同的证券类型划分的产品参考分级结果，一般从高到低划分为五个风险等级。证券风险登记表记录的就是不同证券类型所对应的风险等级。

5. 外部社会数据

外部社会数据包括来自其他金融机构、国家执法机关和企事业单位等的信用数据，包括来自其他金融机构的资产和负债情况、来自资产管理部门的不动产情况、来自银行的违约情况、来自法院的违法情况、来自交通部门的违规情况、来自税务机关的纳税情况、来自电信企业的缴费情况等。

6. 互联网数据

互联网数据包括用户在机构官网或APP上留下的浏览、搜索等行为数据；互联网金融平台上的资产负债数据、互联网理财产品的购买数据；各类电商平台的交易数据；各类社交媒体平台上发布的信息数据等。投资者的互联网数据可以通过用户授权、与第三方机构合作、人工爬取等方式获取。

(二) 投资者模型参考评价数据

投资者的评估模型主要从五个一级维度来评价投资者的风险承受能力,分别为生命周期、财富水平、投资能力、风险偏好、诚信水平,各一级维度下面分别设置了相应的二级维度,在各个二级维度下再设置能够反映各个维度的因子,最终通过获取投资者在各维度因子的得分,经过模型运算之后得到其风险承受能力的评价总分。

投资者模型参考评价数据包括投资者因子表、投资者因子档位表、投资者模型评价表、投资者生命周期因子表、投资者财富水平因子表、投资者投资能力因子表、投资者风险偏好因子表、投资者诚信水平因子表等。投资者因子表主要记录的是各维度因子的类型以及计算公式;投资者因子档位表主要记录的是各维度因子的档位以及档位得分;投资者模型评价表主要记录的是投资者的评级结果;投资者生命周期因子表、投资者财富水平因子表、投资者投资能力因子表、投资者风险偏好因子表、投资者诚信水平因子表分别记录的是各个二级维度的因子得分。

(三) 投资者与产品匹配数据

通过将投资者风险承受能力的问卷评价结果与其持仓证券的风险等级进行匹配,将投资者风险承受能力的问卷评价结果、资产状况与各业务线下服务的准入门槛进行匹配,及时了解投资者与各产品、服务匹配情况,对不匹配的记录进行预警。评价结果主要包括产品风险等级表、证券风险等级表、业务表、投资者适当性表、投资者适当性明细表、投资者持仓适当性表、预警规则表、适当性管理日志表、预警日志表等。

(四) 适当性统计数据

适当性统计包括按年龄段、月/日均资产、开户时长查看投资者风险承受能力的风险评估问卷结果和模型评估结果的分布、投资者风险承受能力的历史分布、各业务线下服务与投资者的匹配情况、投资者持仓证券与投资者的匹配情况等。适当性统计数据主要包括投资者风险承受能力统计表、产品适当性统计表、投资者风险承受能力历史统计表和证券适当性统计表等。

四、投资者风险承受能力评估体系建设

(一) 投资者风险承受能力评估指标体系的建立

投资者风险承受能力评估指标体系,是通过分析当前投资者评级现状,了解主观调查问卷的主要分析维度和打分逻辑,以及梳理已有投资者内外部数据,来进行设计并开发。

1. 一级维度的设计逻辑

风险承受能力应用于国外资本市场的英文表达为 Risk Tolerance,更恰当的翻译是风险容忍度或风险忍耐度。Invesco Ltd 发表的一篇文章认为,Risk Tolerance 应该由风险承受能力和风险承受意愿两个维度组成。风险承受能力侧重于衡量投资者在客观上实际能够承受的最大风险损失,其影响因素主要包括投资者的财富水平、投资期限、投资目标等。风险承受意愿则侧重于衡量投资者在主观上愿意承担的最大风险损失,其反映了投资者主观的情感、性

格和偏好，主要的影响因素包括投资者的风险偏好、投资经历等。由于国内对投资者进行评估时用"风险承受能力"一词较多，故本文沿用这一表达，其代表的内涵其实是 Risk Tolerance，即涵括了风险承受能力和风险承受意愿两个维度。

就合规层面而言，《办法》第六条规定，经营机构向投资者销售产品或者提供服务时，应当了解投资者的下列信息：（1）自然人的姓名、住址、职业、年龄、联系方式，法人或者其他组织的名称、注册地址、办公地址、性质、资质及经营范围等基本信息；（2）收入来源和数额、资产、债务等财务状况；（3）投资相关的学习、工作经历及投资经验；（4）投资期限、品种、期望收益等投资目标；（5）风险偏好及可承受的损失；（6）诚信记录；（7）实际控制投资者的自然人和交易的实际受益人；（8）法律法规、自律规则规定的投资者准入要求相关信息；（9）其他必要信息。

在个人投资者评价体系下，一级维度与《办法》第六条规定的对应关系如表 2 所示。

表 2　　一级维度与规定的对应关系

一级维度	《办法》第 6 条规定的信息
生命周期	（1）
财富水平	（2）
投资能力	（3）
风险偏好	（4）和（5）
诚信水平	（6）

如表 2 所示，个人投资者评价体系各个维度都可以相应地满足《办法》第六条中明确规定的个人投资者的各类信息，而各个维度下设置的因子则一一满足了信息的具体要求。因此，个人投资者评价体系在满足监管的要求层面是合理可靠的。

就业务层面而言，客户风险承受能力问卷分别涉及了投资者的财务状况、投资知识、投资经验、投资目标、风险偏好和其他信息这六大类信息。

在个人投资者评价体系下，一级维度与客户风险承受能力问卷涉及的六类信息的对应关系如下所示：

（1）生命周期：对应其他信息；

（2）财富水平：对应财务状况；

（3）投资能力：对应投资知识、投资经验；

（4）风险偏好：对应投资目标、风险偏好；

（5）诚信水平在客户风险承受能力问卷中并没有体现，但《办法》第六条明确提出要了解投资者的诚信水平，这也是个人投资者评价体系相比客户风险承受能力问卷的改进点之一。

如图 3 所示，个人投资者评估体系涵盖了客户风险承受能力问卷涉及的六大类信息，同时也增加了更多的指标，是风险特征的补充。评估体系能够依据投资者的交易数据和外部大数据来动态跟踪评估个人投资者的风险承受能力，并且能够具体呈现出投资者在哪些维度上与客户风险承受能力问卷的调查结果出现了较大的差异，方便营销人员在后期与客户沟通回访时能够就客户的风险承受能力提出有针对性的询问和建议。

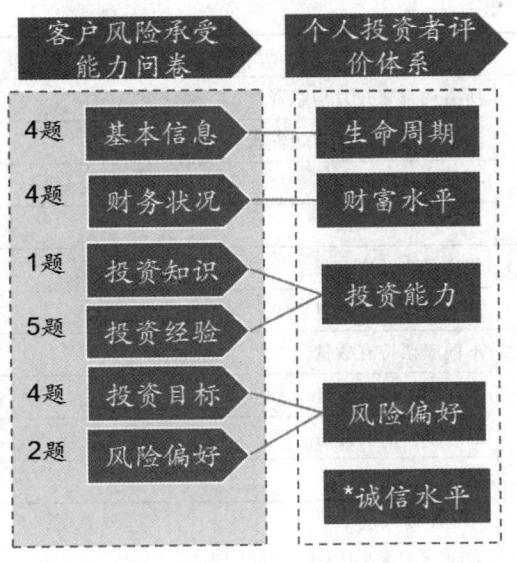

图 3　一级维度与风险评估问卷的对应关系图

2. 因子的设计逻辑

个人投资者风险承受能力评估体系中的因子，既是与风险评估问卷问题的一一映射，又是对风险评估问卷问题的一种补充（见表 3）。

表 3　　　　　　　　　　评估因子与问卷题项的对应关系

风险承受能力问卷	投资者评估体系	数据来源
第一题 收入来源	月收入金额	外部社会数据
	储蓄卡月均余额	外部社会数据
	每月应还款额	内外部数据
	月消费金额	互联网数据
	……	
第二题 家庭证券投资资金占总资产的比例	所有内部账户月均总资产	内部账户数据
	其他金融机构总金融资产	外部社会数据
	投资总额区间	内部账户数据
	房产	外部社会数据
	车产	外部社会数据
	……	
第三题 未清偿债务	券商两融月均负债	信用账户数据
	券商股票质押负债	普通账户数据
	其他金融机构信用负债	外部社会数据
	资本市场外总负债	外部社会数据
	每月应还款额	互联网数据
	……	

续表

风险承受能力问卷	投资者评估体系	数据来源
第四题 可用于投资的资产金额	所有内部账户月均总资产	内部账户数据
	其他金融机构总金融资产	外部社会数据
	投资总额区间	外部社会数据
	……	
第六题 投资经验	普通账户开户时长	普通账户数据
	高风险账户开户时长	内部账户数据
	不同股票持有数量	普通账户数据
	不同产品持有数量	场外账户数据
	最近半年活跃月份	内部账户数据
	……	
第七题 交易频率	月均交易频次	内部账户数据
第八题 购买不同金融产品的数量	不同产品持有数量	场外账户数据
第九题 投资经验超过两年的金融产品	不同股票持有数量	普通账户数据
	不同产品持有数量	场外账户数据
	最近2年活跃月份	内部账户数据
	……	
第十题 交易活跃月份的平均月交易额	月均交易额	内部账户数据
	月均股票交易额	内部账户数据
	……	
第十二题 重点投资品种	信用账户负债	信用账户数据
	月均高/中/低风险产品市值占比	内部账户数据
	主动型产品市值占比	内部账户数据
	被动型产品市值占比	内部账户数据
	月均资产负债率	内部账户数据
	杠杆倍数（两融）	信用账户数据
	……	
第十三题 风险和收益配置	月均高/中/低风险产品市值占比	内部账户数据
	……	
第十四题 投资目标	月均高/中/低风险产品市值占比	内部账户数据
	……	
第十五题 能承受的最大损失	普通账户月均绝对/相对收益率	普通账户数据
	信用账户月均绝对/相对收益率	信用账户数据
	单只股票最大盈利率	普通账户数据
	单只股票最大止损率	普通账户数据
	……	
第十七题 年龄	年龄	内部账户数据
第十九题 最高学历	学历	内部账户数据

由表3可知，对于大部分问卷的问题，在个人投资者评估体系中都设计了相应的因子与之印证和补充；对于问卷中一些特有的信息，也将其作为因子纳入个人投资者评估体系中，如第五题投资者具备的各类投资知识、第十一题证券投资资金的使用时间等；然后从逻辑上按照五个维度将主观问卷数据和客观数据相结合，使得指标体系更加全面。本文还加入了上述的投资者账户数据和交易数据，比如对股票的偏好情况、交易的集中度、换手率、仓位等指标来刻画客户的交易特征和证券偏好。另外，本文对证券行业的投资者外部信用数据指标进行了设计，包括法院失信被执行人信息、纳税非正常户信息、监管处罚信息、公示裁判信息、个人工商信息、金融关注名单等。

（二）投资者风险评估模型的建立

基于投资者风险评估指标体系的设计，开发评分卡模型，包括模型样本筛选、目标变量定义、模型变量筛选、建立分析模型等内容。

1. 存量客户结构分析

在所有的存量客户中，部分客户已经销户，据此可划分为销户客户和未销户客户。针对所有的未销户客户，进一步划分为休眠客户和未休眠客户（休眠客户定义：目前证券账户总资产小于100元且过去三年无交易记录或开户至今无交易记录，此处采用的时间窗为2014年4月1日至2017年3月31日）。针对所有的未休眠客户，再进一步划分为流失客户和正常客户（流失客户定义：过去一年内账户内未持有任何证券产品，此处采用的时间窗为2016年4月1日至2017年3月31日）。在正常客户中，包括了有风险评估问卷的客户和无风险评估问卷的客户，具有风评问卷的正常客户才是本文中有价值的建模样本。具体的客户结构分析如图4所示。

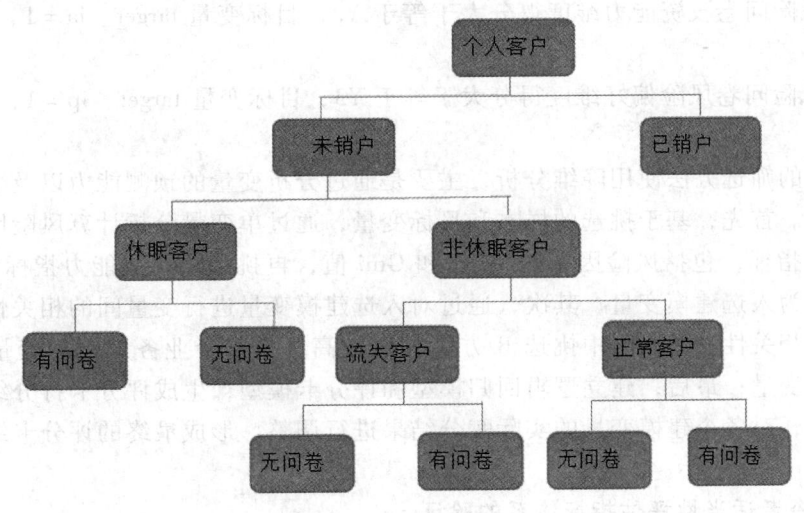

图4 客户结构分析图

2. 有效模型样本的筛选

步骤一：将上述筛选出有问卷的正常客户作为进一步详细分析的样本，因为这些客户过去一年有持仓和交易数据，能够计算出大部分客观因子用于分析其客观风险承受能力，且这些客户填写了风险承受能力问卷，其主观风险承受能力可以用于与客观风险承受能力相互比较印证,从而进一步筛选出有效的风险评估问卷,有助于提高目标样本的准确度。

步骤二:正常客户的风险评估问卷中可能会出现客户所选题项前后相互矛盾的情况,本文认为这类问卷是不够有效的,无法真实地反映客户主观风险承受意愿,因此需要删除出现前后矛盾的问卷,剩余问卷将用于进一步的分析。

步骤三:部分客户的交易行为和持仓情况可能与其填写的问卷有较大的不一致,这会使得客观因子与风险评估问卷的选项和分数之间存在矛盾,属于噪音数据,影响模型的效果。因此需要进一步筛选出"知行一致"的客户,再采用这些客户作为样本建立模型,最终达到利用投资者客观评估因子尽可能地准确量化投资者客观风险承受能力的目标。

"知行一致"指的是客户购买产品和服务的综合风险偏好与其在填写问卷时的风险偏好得分或风险承受能力得分基本一致。这样可以将客户的主观风险承受能力得分等同于其客观风险承受能力得分,提高用于建模样本目标变量的准确度和有效性,借此挖掘出目标变量和因子之间的内在逻辑关系。

3. 目标变量和建模变量的确定

经过上述步骤筛选出的客户,都有对应的主观风险承受能力总分、生命周期维度得分、财富水平维度得分、投资能力维度得分和风险偏好维度得分。为了尽可能探索评估体系的指标因子和主观问卷之间的内在关系,本文分别从总分和维度得分两个角度来建立模型,两个角度下模型的目标变量如下:

(1) 当风险问卷总得分大于等于 X(X 根据实际总得分的分布情况来确定),目标变量 target = 1,否则 target = 0;

(2) 当风险问卷财富水平维度得分大于等于 Y1,目标变量 target_wl = 1,否则 target_wl = 0;

(3) 当风险问卷投资能力维度得分大于等于 Y2,目标变量 target_ia = 1,否则 target_ia = 0;

(4) 当风险问卷风险偏好维度得分大于等于 Y3,目标变量 target_ip = 1,否则 target_ip = 0。

建模变量的筛选方法使用降维分析,主要是通过分析变量的预测能力以及变量相关性挑选最佳的变量。首先,基于挑选的样本和目标变量,通过单变量分析计算风险因子对目标变量的预测能力指标,包括风险因子的 IV 值和 Gini 值,再挑选出预测能力指标 IV 值在 0.02 以上的变量作为入选建模变量;其次,通过对入选建模变量进行变量间的相关性分析和变量聚类分析,从相关性高的因子中挑选 R 方值相对较高且更符合业务解读的变量作为最终进入模型的建模变量;最后,建立逻辑回归模型和评分卡模型,生成评分卡打分结果,再根据业务可解释度,对各个建模变量的实际赋分结果进行调整,形成最终的评分卡结果。

(三) 投资者适当性评估指标体系的验证

1. 参考评级的验证结果分析

通过一线人工的认定来验证参考评级的准确度及合理性,评估指标为参考评级、主观评级、专家认定、投资者认定四者的匹配度。

此项评估的对象是问卷主观评级(简称问评)和模型参考评级(简称参评)不匹配的投资者,人工认定的执行者是从业经验较为丰富的高级投资顾问以及投资者本身。在专家认定的具体实施过程中,可随机筛选出一定数量的符合以上条件的投资者作为目标评估客群,并将其分配给不同的高级投资顾问进行评定;同时为顾问们提供评估客群的主观评级和参考评级结果、相应的测评问卷信息和风险因子特征以及评判的依据,由顾问们根据经验选择其认可的评级结果,若两种结果都不认可,则需顾问们自行给出人工评级,并填写判断理由和依据。准确度评估以人工认定结果为准,并比较其余参考评级和主观评级的匹配度。在投资者认定的具体实施过程中,可通过线上渠道用弹窗提醒的方式对投资者进行简短的调研,问题包括投资者是否理解不同等级的定义,是否知道自己属于某个等级,以及是否认可主观评级或者参考评级等。

在模型评级结果验证过程中,本文随机筛选了 1 000 个问评和参评不一致的客户样本,并下发至 4 个城市 12 个营业部,由客户经理根据对客户的了解以及自身的业务经验对参评与问评进行人工认定,认定统计结果为:客户经理对参评认定的匹配率为 75%,对问评认定的匹配率为 23%,认为两者都不匹配的有 2%,即客户经理选择匹配参评的比例是匹配问评的 3 倍。此外,根据参评和问评等级的差异程度将样本数据划分为不同的分类,分别为:参评比问评高/问评比参评高、相差一个等级/相差两个等级及以上。分析结果表明:分类后的样本对参评和问评的认同率并没有明显差别。

2. 风险区投资者的认定

基于风险区投资者对于风险揭示的反馈来分析风险揭示的效果,评估指标为风险虚高区和风险预警区的投资者对风险揭示的接受度以及对参考评级的接受度。

此项评估的对象即为风险虚高区和风险预警区的全部投资者。具体实施流程为:对上述的目标评估客群进行两种评估结果相差较大的告知和提醒,投资者可选择接受参考评级、不接受参考评级以及重新填写测评问卷。当投资者确认风险揭示之后,继续调研投资者对该风险揭示功能的认可度。最后,统计接受参考评级的投资者占比,占比越大,则说明投资者对模型的认可度越高;统计认可风险揭示功能的投资者占比,占比越高,则说明投资者对风险揭示的认可度越高。

在对投资者的回访中,我们筛选了经营机构中问评超过参评两个及以上等级的问评虚高的 1.5 万个投资者样本,通过投资者的待办事项在不告知投资者任何信息的前提下让投资者重测风险评估问卷,现共收集了 2 421 份样本。回访验证的结果如下:87% 的原主观评级确实存在虚高,新旧问评匹配率仅 11%,新问评和参评的匹配率有 32%。其中,仅 13% 的样本重测结果偏向原问评结果,包括 11% 的样本新旧问卷结果保持不变;87% 的样本确实存在虚高的情况,其中,32% 的重测结果与参评完全一致。因此,通过比较参评和问评定位出的虚高风险区客户,确实存在明显的虚高情况,且风评重测结果明显偏向参评结果;参评能够有效地筛选出虚高风险区的投资者,具有一定的业务指导意义。

(四) 投资者分析与评估

1. 数据分析结果

(1) 客户结构分析结果。个人投资者风险承受能力评估模型适用于过去一年内证券账户持有过证券产品的客户。本文从合作券商中筛选并抽取出 40 多万份符合条件的客户数据进行分析。有问卷和无问卷的客户在少量因子上的分布存在较为明显的差异:有问卷的客户年龄段在 18—30 岁的比例比无问卷的客户更高,而在 50 岁以上年龄段的比例较低;有问卷的客户学历在本科以上的比例比无问卷的客户更高,而初中以下的比例比无问卷的更低;有问卷的客户开户时长在 2 年以内的比例比无问卷的客户更高,2 年以上的占比相对较低;无问卷的客户未持有除股票外的产品的比例比有问卷的客户更高。

开发模型的样本数据是来自于按照上述规则筛选出的有问卷且有持仓的部分客户,有问卷且有持仓的 40 多万份总人群的评分卡模型结果的具体表现如图 5、图 6。

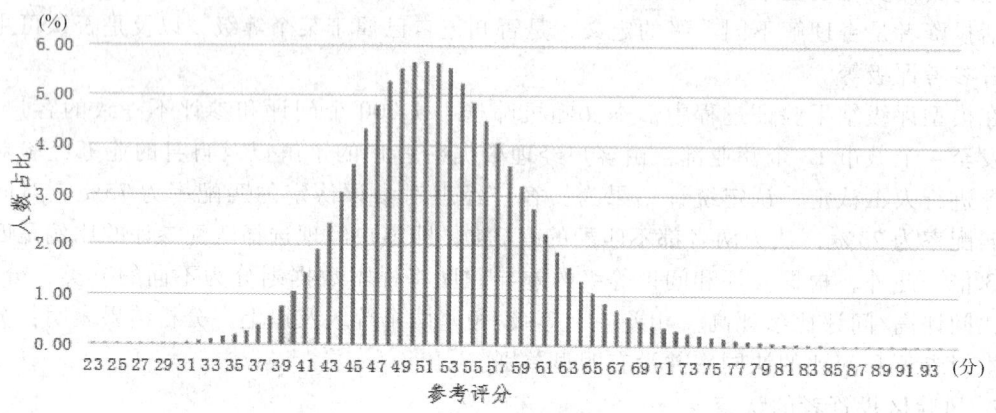

图 5　模型评分分布

资料来源:证券公司内部数据。

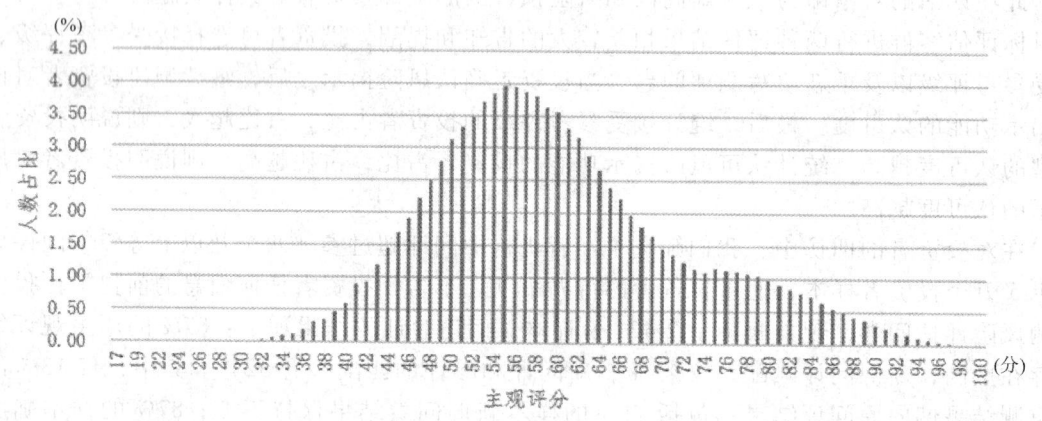

图 6　问卷评分分布

资料来源:证券公司内部数据。

(2)投资者评级结果。对比 40 多万份客户的模型参考评分和问卷主观评分结果的分布图,可以看出模型参考评分的分布相比问卷主观评分走势更为光滑连续,并且模型参考评分的分布更类似正态分布,更合理,因此需要将这 40 多万客户按照评分卡模型的评分结果来划分对应的评级。结合客户问卷主观评级的分布情况、分布上的合理性和业务上的需求,模型参考评分的划分区间如表 4 所示。

按照表 4 的划分区间,目标客户的人数占比分布如图 7 所示,模型参考评级与问卷主观评级的投资者数量分布如图 8 所示。

表 4　　评分划分区间表

风险承受能力等级	分数区间	
	问卷评级*	模型评级
C1 保守型	30 以下	39 以下
C2 谨慎型	[31，45]	[40，44]
C3 稳健型	[46，60]	[45，53]
C4 积极型	[61，75]	[54，61]
C5 激进型	76 以上	62 以上

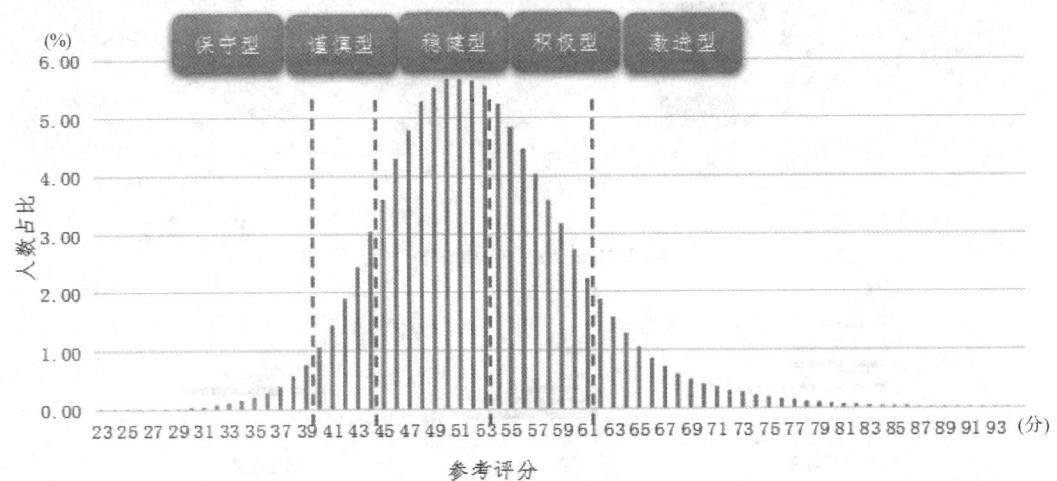

图 7　模型评级的人数占比分布

资料来源：证券公司内部数据。

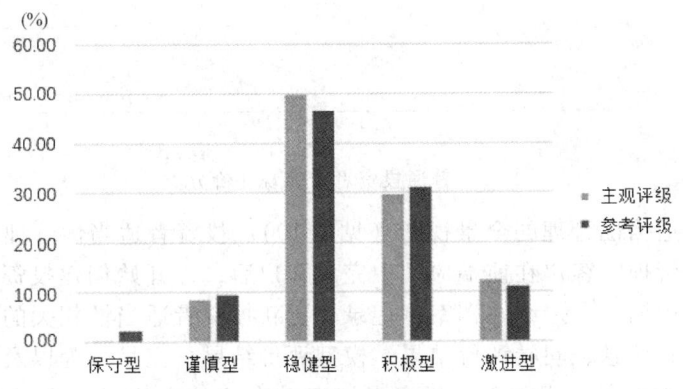

图 8　评级的投资者风险偏好类型分布

资料来源：证券公司内部数据。

2. 投资者适当性评价模块展示

投资者评价是投资者适当性管理的基础，根据上述构建的投资者风险承受能力评估体系，适当性管理系统从问卷主观评价和模型参考评价两个方面对投资者进行适当性评价。按照《办法》的相关规定，投资者根据身份标准和资产状况等划分为普通投资者和专业投资者,投资者适当性管理制度保护的目标人群主要是普通投资者。

(1)普通投资者评价。第一,投资者主客观评价分类仪表盘。如图9所示,从经营机构的视角,可查看普通投资者在问卷主观评价和模型参考评价下各风险承受能力等级的人数及占比统计信息,并从年龄、月均账内资产和开户时长等多个维度对不同等级的普通投资者数量,以及适当性匹配率的历史变化进行统计和呈现。此外,通过左上角所在城市和营业分支机构的筛选,经营机构的合规或风控部门足不出户就能查看各业务部门及营业部的适当性管理情况。

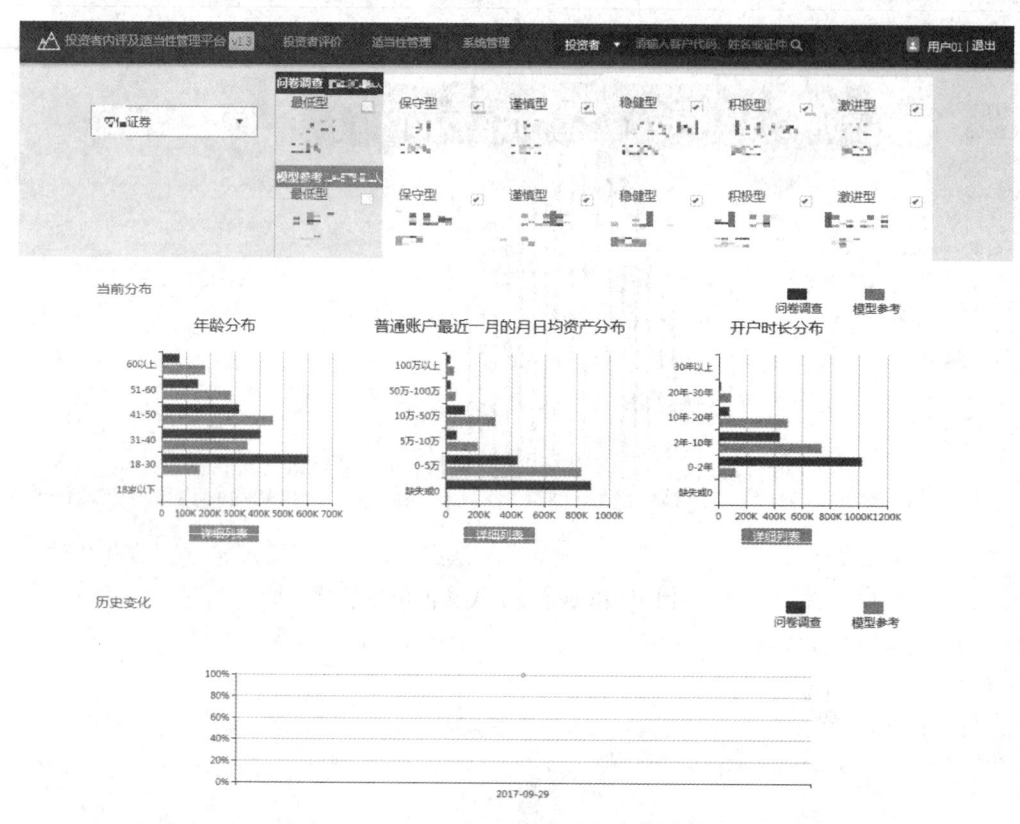

图9 普通投资者主客观评价分类

第二,投资者适当性管理的全景视图(见图10)。投资者适当性管理系统可实现投资者信息的全面、动态管理。客户在前端应用中完成开户后,即开始创建投资者适当性档案。在之后的客户全生命周期中,持续在档案中记录、更新投资者适当性相关的全部信息,包括投资者基本信息、问卷信息、问卷评价结果、模型评价结果、交易行为以及产品风险等级匹配情况等。在投资者购买产品或服务、投资者评级动态评估变化时,实时调整评估适当性风险,触发相应的风险预警并记录客户的风险确认信息。

如图10所示,从投资者视角,可查看普通投资者六个方面展示的详细信息。

第一部分:基本信息,包括投资者的年龄、身份证、电话、投资者类型、主观问卷和客观模型的适当性评级结果。

第二部分:调查问卷。这部分展示了投资者调查问卷的详细信息,左边雷达图比较直观地显示了投资者在各个维度的得分分布,右边显示的是投资者不同维度的答案以及得分情

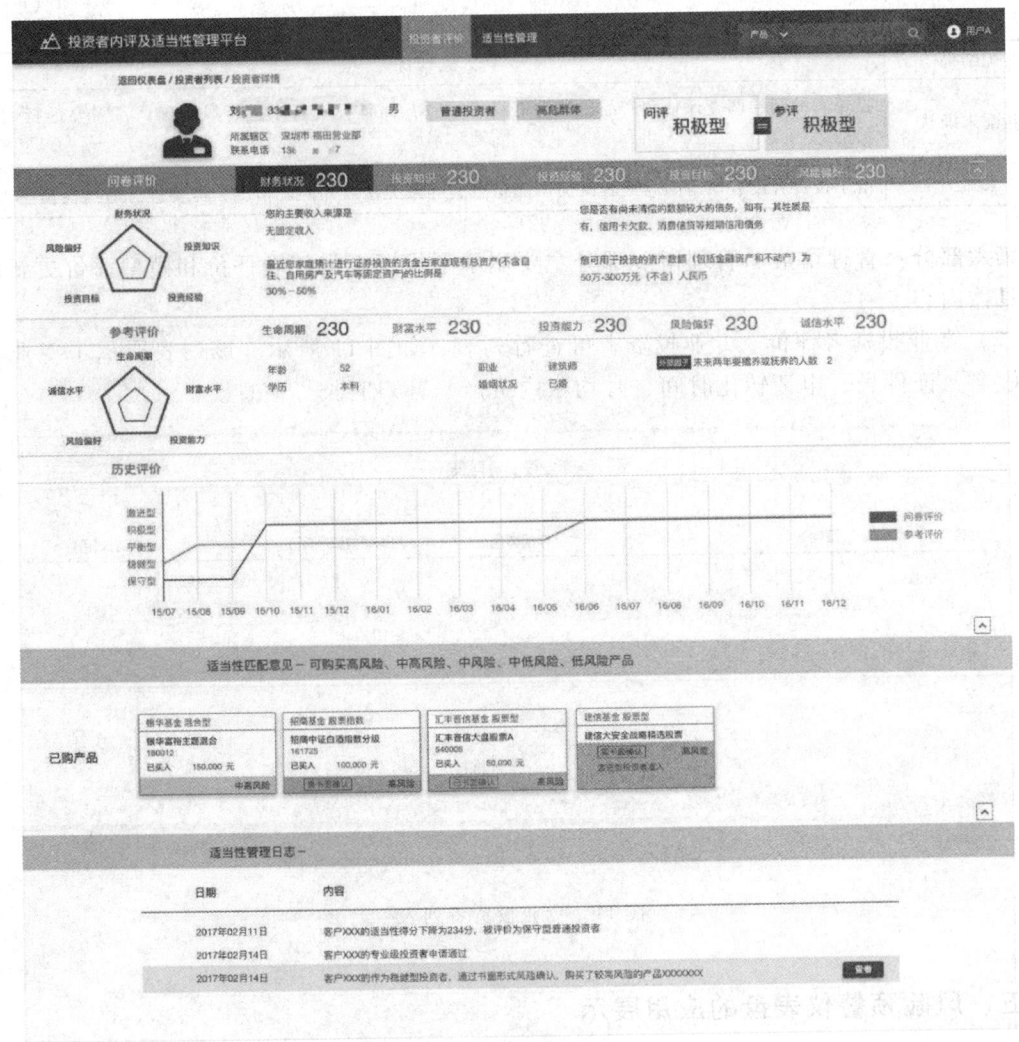

图10 投资者适当性管理全景视图

况,包括财务状况、投资知识、投资经验、投资目标、风险偏好等。

第三部分:模型评价。这部分展示的是投资者模型评价的详细信息,与问卷展示的结果类似,左边的雷达图是投资者在参考模型的各个维度的得分分布,右边显示的是投资者在不同评价维度的得分情况,包括生命周期、财富水平、投资能力、风险偏好、诚信水平等。

第四部分:历史评价。历史评价图显示的是该投资者历次进行问卷评价和模型评价的结果,其中横轴为时间,纵轴为适当性等级。

第五部分:适当性匹配意见。这部分显示了投资者当前持有的产品或服务以及该产品的风险等级与投资者的问卷调查评价结果的匹配意见。匹配意见的结果说明如表5所示。

表5　　　　　　　　　　　　匹配意见解读表

匹配结果	解读
匹配	投资者的问卷调查评估和产品的风险等级一致
不匹配已确认	投资者的问卷调查评估和产品的风险等级不一致,但是投资者已进行风险确认

续表

匹配结果	解读
不匹配未确认	投资者的问卷调查评估和产品的风险等级不一致，而且投资者未进行风险确认，需要进行适当性预警
未知	由于投资者没有填写问卷或者缺失产品信息，导致无法获知匹配情况，需要进行适当性预警

第六部分：管理留痕。管理留痕部分主要展示了投资者的问卷评价和模型评价更新的时间及具体内容。

（2）专业投资者评价。专业投资者可查看列表，如图11所示。该列表展示了专业投资者的姓名、证件号、申请转化时间、月均账内资产、开户时长等信息。

图 11　专业投资者列表

五、风险预警仪表盘的应用展示

下面主要以应用系统展示的方式，介绍如何实现经营机构的业务适当性监控与处理、向监管部门自查报送等功能。然后基于监管的角度，设计多个维度的适当性匹配风险评估指标。

（一）适当性监控模块展示

1. 风险监测仪表盘

如图12所示，适当性日常风险监测仪表盘完整展示了不同风险指标，以及不同营业部的风险对比分布情况。

第一部分：适当性预警区域是根据选中的营业部来统计与展示适当性风险指标，包括投资者持有产品的风险等级与问卷测评结果不匹配的人数和比例、投资者持有产品的风险等级与参考评级结果不匹配的人数与占比、投资者个人信息指标与所持产品/业务的准入条件不匹配的人数与占比、问卷测评的风险等级比参考评级结果更高的投资者人数与占比、投资者所填问卷为无效问卷（超过2年等）的人数与占比。

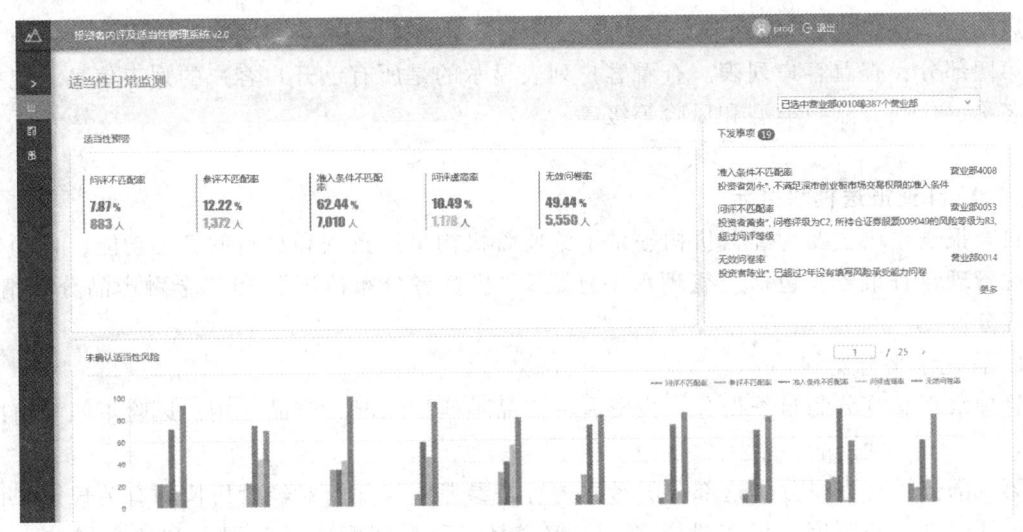

图12 风险监测仪表盘

第二部分：下发事项为出现上述适当性风险预警情况的投资者信息列表，由当前用户下发给对应的人员进行核实与处理。

第三部分：未确认适当性风险展示的是所选的多个营业部的上述各类风险指标的分布对比，可以比较直观地看到不同营业部在不同维度上所暴露的适当性风险。

2. 风险事项定位与下发

风险事项的定位与下发可以实现对特定的风险事件进行对应的跟踪、分析、处理和留痕。

第一部分：风险事项的筛选功能。可根据所选的营业部、风险事项的类型、当前的处理状态、接收预警的时间、下发时间等，筛选出符合当前设定条件的风险事项进行展示。

第二部分：风险事项的展示与处理。这部分详细地展示了风险事项的预警内容、处理时长、风险事项类型、所属机构、处理人等信息，当处理时间过长时，可以进行催办。

3. 适当性业务监控

业务监控功能是聚焦于各个金融产品及服务的具体适当性管理需求，从业务分类的视角，可查看产品或服务的风险等级、准入门槛，已开户的普通投资者在问卷调查中各类风险等级的数量统计信息、适当性警示信息、已开户及未开户的普通投资者的风险匹配情况、各业务的适当性历史匹配情况等内容。

第一部分：产品基本信息表。产品基本信息表显示的是对应左上角某一产品类别下的某一产品的风险等级，以及其对应的投资者准入等级门槛。

第二部分：风险匹配图。风险匹配图显示了当前选中服务的已开户和未开户两个类别下的投资者与该产品的适当性匹配情况。匹配的结果分为匹配、不匹配已确认、不匹配未确认、未知。

第三部分：适当性警示框。当主观问卷评价结果与客观模型评价结果相差超过一个等级时，系统发出"评价不一致"的警示信息，同时后台系统可以分析导致两个评价结果不一致的具体原因；当投资者的风险承受能力等级与产品的风险等级不匹配（产品风险等级高于投资者风险承受能力等级）时，系统发出"规则不匹配"的警示信息，同时提示投资者进行风险确认操作。

第四部分：查看客户列表。查看客户列表显示的是所有已开户客户的列表信息，包括客户的名称、代码、账户类型和风险等级等。

（二）自查报送模块展示

自查报送模块主要为经营机构提供了给监管机构报送数据和材料的管理功能，自动生成适当性管理自查报告，包括"管理水平总览""投资者分布情况"和"金融产品分布情况"三大部分。

1. 管理水平总览

管理水平总览分为自查得分、投资者－产品不匹配情况、产品－用户风险不匹配情况三部分。

第一部分：自查得分。这部分的考察内容是参考监管部门对经营机构的有关规定来设计的，包括建立内控制度、了解投资者、了解产品、科学匹配、风险揭示和监察稽核六个部分。考察的具体内容和标准可点击"自查清单"进行查看。

第二部分：投资者—产品不匹配情况。这部分揭示的是投资者与已持有产品的不匹配率随时间的变化情况。横轴为时间，纵轴为不匹配率。

第三部分：产品—用户风险不匹配情况。这部分反映的是当前时间截面下产品和投资者的不匹配情况，右上角区域显示的即为产品风险等级高于投资者风险承受等级的比例。

2. 投资者分布

如图13所示，投资者分布分为投资者等级分布、投资者分类方法两部分。

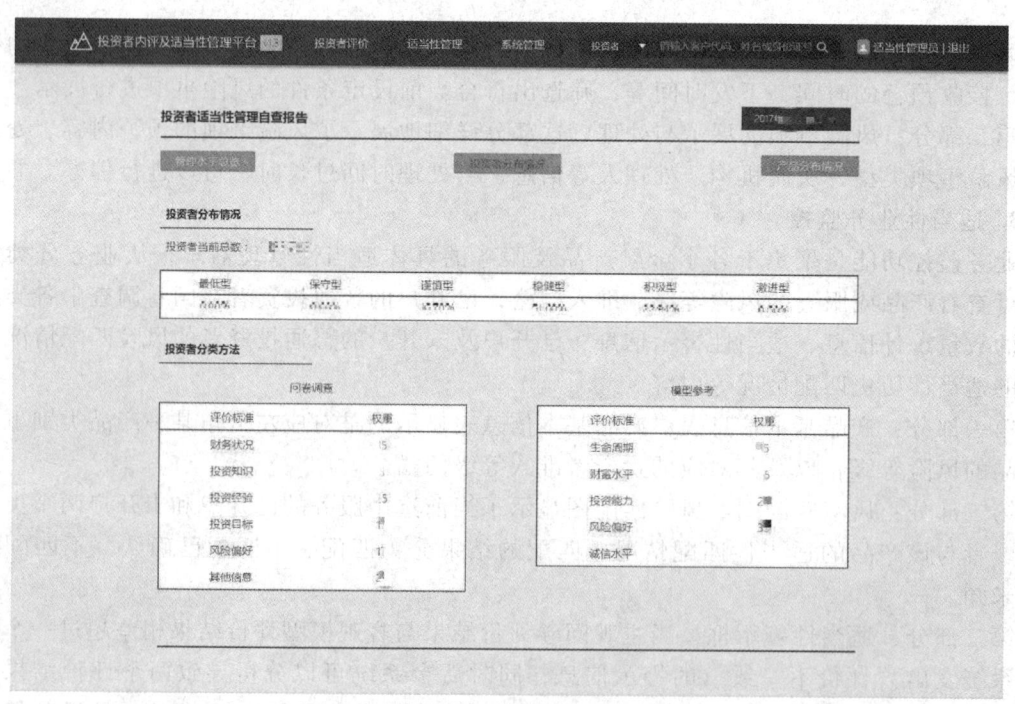

图 13　投资者分布

第一部分：投资者等级分布。这部分显示了该经营机构当前的投资者总数以及不同类型的投资者比例，包括最低型、保守型、谨慎型、稳健型、积极型和激进型。

第二部分：投资者分类方法。该部分积极响应了《办法》要求经营机构将投资者分类方法进行披露的号召，分别显示了问卷评价和模型评价的评价标准和对应的权重。

3. 金融产品分布

金融产品分布分为产品敞口风险分布和产品风险分级标准两部分。

第一部分：产品敞口风险分布。产品敞口风险分布显示的是该经营机构五个风险等级下的所有产品及其所对应的投资者类型。

第二部分：产品风险分级标准。产品风险分级标准显示的是经营机构内部的产品风险等级划分参考标准。

（三）基于监管的适当性风险评估指标

《办法》第五条、第十条指出，中国证监会及其派出机构、证券期货交易所、中国证券业协会等机构对经营机构适当性义务的履行进行监督和管理。这就涉及投资者适当性实施效果的评估，但是目前相关部门还没有制定出评估和管理的具体标准、流程和方法。基于此，本文基于监管的角度，从投资者、产品、券商多个维度设计适当性匹配风险的评估指标。

1. 基于投资者维度

首先计算每个投资者主观评级、参考评级与其持有的产品的适当性匹配程度，由此筛选出风险客群，并对该群体的特征分布进行分析。客群特征包括客群风险等级分布、客群平均年龄分布、客群持仓比例分布、客群投资期限分布、客群投资集中度分布等。风险客群的适当性指标包括该风险客群的人数占比、风险客群持有不适当产品的市值占比、风险客群持有不适当产品的平均数量等，生成一系列投资者适当性指数，实时监控风险客群的风险水平。

2. 基于金融产品维度

了解金融产品的销售群体和对应群体的特征分布，监控各类金融产品的适当性匹配水平。首先按照一定规则将产品进行分类，从上至下可划分为证券公司层面、产品大类、产品小类、具体产品名称等。金融产品的客群特征包括产品持有人的年龄分布、持有人风险等级分布、持有人开户时长、持有人账户资产分布等。金融产品的适当性匹配水平，是指在金融产品的风险等级与持有人主观评级和参考评级的风险等级相匹配的基础上而衍生的各项指标，包括产品与持有人风险等级匹配率、满足风险等级匹配的持有人所持产品市值占产品总市值的比例、该类产品在产品大类/产品小类/营业部的匹配率排名等，由此生成一系列的单类产品适当性匹配指数，监控金融产品的匹配水平。

3. 基于券商维度

统计各大券商整体的适当性管理匹配风险水平，监控比较各券商的投资者总体的特征分布、投资者的风险等级分布、所有产品的风险等级分布、投资者与产品的整体匹配率以及投资者风险等级的稳定性等。投资者总体的风险等级分布可以体现为在 C1—C5 五个风险等级中投资者数量的百分比；产品风险等级分布可以体现为该券商目前所有产品在 R1—R5 五个风险等级中数量分布的百分比；投资者与产品的匹配率可以体现为投资者与产品整体匹配率的每月变动情况；投资者等级稳定性可以体现为每月投资者风险等级维持不变的比例。

六、意义和创新点

（一）建立投资者动态评估数据库的意义

1. 建立投资者动态数据库应用体系的意义

本文基于投资者动态评估数据库建立了一套完整的应用体系，帮助经营机构实现投资者适当性管理的事前评估、事中提示和事后监测。在事前评估阶段，投资者动态评估数据库可以客观全面地评估客户的风险承受能力，准确动态地定位风险客户群体；在事中提示阶段，可实现在风险客户临柜时进行针对性的风险提醒，并提示风险客户在线上重新填写调查问卷，以追踪了解风险客户最新的各维度信息；在事后监测阶段，通过适当性风险指标的动态监测预警，可实时掌握机构内部各层面的适当性风险水平，同时通过对参考评级结果的验证分析，可以不断优化评分模型，提高参考评级的准确性。

2. 对于各相关方的意义

本文基于投资者动态数据库所建立的系统解决方案，对于经营机构而言，不仅可以帮助其履行卖家的职责，全面了解和评估投资者，规避投资者适当性的合规风险，而且通过适当性动态监测预警功能，可以帮助其降低适当性风险，提升适当性管理水平；对于投资者而言，及时的风险揭示和问卷重测等功能，其实也是对投资者的一种保护，提醒投资者不断地增强对自我的认识；在行业层面上，投资者动态数据库可以弥补行业中经营机构普遍使用主观测评问卷的局限性，对建立行业统一的评估体系具有重要意义；对于监管部门，有助于其快速有效地掌握经营机构经过标准化和量化后的适当性管理风险和水平，并在此基础上更好地做出决策，促进整个市场投资者适当性管理水平的提升。

（二）创新点

第一，建立了一套主客观数据相结合的科学动态的投资者评估体系，包含五大维度及细分的22个二级维度，共超过100多个风险因子，并使用机器学习的方法建立投资者风险评分卡模型，科学动态地评估投资者的客观风险承受能力。

第二，引入外部数据的评估及合规论证。在投资者评估数据库部署了30多个与投资者评估相关的外部数据接口，并与合作券商及外部权威法律专家一起论证引入外部数据源的合法合规性，针对用户授权、各方机构的责权利、发生用户争议的处置流程等进行了充分的论证并形成相应的操作规范，为券商客户的风险内控水平提升到新的高度打好数据基础。

第三，设计开发了一套适当性管理系统方案，能够监控防范适当性风险，提升适当性管理水平，并可一键向监管部门发送自查报告。本系统方案在有针对性地满足《办法》规定和监管要求的基础上，实现金融科技创新，引领行业发展。

证券公司场外衍生品业务投资者适当性管理探讨

吴紫艳[*]

自 2012 年我国证券公司柜台交易业务开展以来,证券公司场外衍生品业务发展迅速。根据中国证券业协会的数据,截至 2018 年 4 月,证券公司柜台市场衍生品业务未了结初始名义本金为 3 436.23 亿元,其中互换业务未了结初始名义本金 1 371.75 亿元,期权业务未了结初始名义本金 2 064.48 亿元。[①] 由此可见,场外衍生品业务已经发展成为我国证券公司柜台市场的重要业务。然而,场外衍生品业务具有复杂性、定制化、高风险等特点,如何做好场外衍生品业务投资者适当性管理,是监管层和证券公司共同面临的难题。笔者结合国外监管要求、我国业务发展历程和实际工作经历,对该问题进行思索和探讨。

一、国际成熟市场的相关规定和做法

(一)美国

在 2008 年以前,美国监管机构对于场外衍生品市场并没有严格的监管,仅仅是确定了各类机构可以从事的衍生品业务的范围。美国总统金融工作小组的《场外衍生品与商品交易法报告》认为,《商品交易法》的主要目的是防止市场操纵和保护投资者,而参与场外衍生品交易的大多是金融机构,这些机构都有足够的能力保护自身的利益和控制对手的违约风险,因此不必再进行严格的监管。[②] 然而,2008 年全球性金融危机发生,使得衍生品成为众矢之的,美国监管机构不得不正视对于金融衍生品的监管。美国财政部于 2009 年 6 月 17 日发布的《金融监管改革:新基础》计划对美国的衍生品市场监管进行重大改革,其中一个

---

[*] 作者单位:中信证券股份有限公司合规部。原载于《中国证券》2018 年第 10 期。
[①] 中国证券业协会:《场外证券业务开展情况报告》(2018 年第 4 期,总第 31 期),第 14 页,http://www.sac.net.cn/ljxh/xhgzdt/201805/P020180522530672250628.pdf,最后访问日期:2018 年 8 月 1 日
[②][③] 朱小川:《简评美国场外衍生品监管规则的历史演变及改革效果》,中欧陆家嘴国际金融研究院报告之十二。

重要的目标就是"防范场外衍生品不当销售给不成熟的投资者,保护普通消费者和投资者的利益"。③在此基础上诞生的《多德－弗兰克华尔街改革和消费者保护法》（Dodd－Frank Wall Street Reform and Consumer Protection Act）（简称《多德－弗兰克法案》）全面落实了对于衍生品的强化监管措施,在投资者保护和适当性方面,其对场外衍生品市场的参与主体进一步实施了分层,设定了市场准入条件和标准。

根据市场参与主体开展场外衍生品交易的规模和市场地位的不同,《多德－弗兰克法案》将参与主体划分为三类：

1. 合格交易参与者（Eligible Contract Participant,ECP）

合格交易参与者指符合条件能够参与衍生品交易的参与者。这一类主体主要包括：（1）金融机构；（2）国家控制的保险公司或者类似的外国政府控制的保险公司及其子公司；（3）受1940年《投资公司法案》规制的投资公司或者承担类似角色的外国投资公司；（4）符合总资产超过500万美元等特定条件的集合投资计划,如果涉及外汇衍生品交易,则每个参与人员都符合合格交易参与者的条件；（5）符合总资产超过1 000万美元等特定条件的企业、合伙、组织、信托及其他机构；（6）受1974年《雇员退休收入保障法》规制的符合总资产超过500万美元等特定条件的员工福利计划；（7）特定政府机构等；（8）1934年《证券交易法》下的经纪商或者交易商等等。①

由于场外衍生品具有条文复杂、不易理解、个性化等特点,《多德－弗兰克法案》确定只有合格交易参与者才可以参与到场外衍生品交易当中,如果不是合格交易参与者,只能在受认可的交易所从事场内产品的交易。

2. 衍生产品交易商（Swap Dealer,SD）或者证券衍生产品交易商（Security－Based Swap Dealer,SBSD）

该类参与者场外衍生品交易名义本金累积总额较大、通常在市场中承担交易商甚至做市商的角色。这一类参与主体主要包括属于以下情形之一的任何人：（1）自身在衍生产品/证券衍生产品中作为交易商；（2）衍生产品/证券衍生产品做市商；（3）出于自身利益,在正常业务工作中定期与交易对手签订衍生品产品交易；（4）从事导致该人被公认为衍生产品交易商或者做市商的人和活动。②

3. 衍生交易主要参与者（Major Swap Pariticpant,MSP）或者证券衍生交易主要参与者（Security－Based Major Swap Pariticpant,SBMSP）

该类参与者场外衍生品交易活跃、持有头寸量较大。这一类参与主体主要包括非交易商但属于以下情形之一的任何人：（1）持有任何主要衍生品种类的大量头寸；（2）其未清偿的衍生品造成大量的交易对手风险敞口,该风险敞口可能对美国银行体系或者金融市场的金融稳定造成严重危害；（3）资本额被高度杠杆化的金融机构,并且该机构不受联邦银行业监管部门所决定的资本要求约束,并且维持主要衍生产品种类的大量未清偿的头寸。③

---

① 美国1936年商品交易法,Commodity Exchange Act（CEA）,1a Definitions（18）。

② 《Dodd－Frank Wall Street Reform and Consumer Protection Act》Sec. 721（49）,译文参考《多德－弗兰克华尔街改革与消费者保护法案》,董裕平等译,中国金融出版社,2010年12月。

③ 《Dodd－Frank Wall Street Reform and Consumer Protection Act》Sec. 721（33）,译文参考《多德－弗兰克华尔街改革与消费者保护法案》,董裕平等译,中国金融出版社,2010年12月。

对于衍生品交易商/证券衍生品交易商和衍生交易主要参与者/证券衍生交易主要参与者这两类参与主体，《多德－弗兰克法案》赋予其监管机构 CFTC 和 SEC 更多的监管权限，包括：（1）要求这两类参与主体必须注册，才能以交易商或者主要参与者的身份开展交易，否则为非法；（2）分别对两类主体提出了资本和保证金的要求；（3）对两类主体提出了报告和存档的要求；（4）明确了两类主体应当遵守的商业行为的标准，其中要求交易商或者主要交易参与者有责任核实交易对手是否满足合格交易参与者（ECP）的资格；要求交易商或者主要交易参与者向交易对手（非交易商或主要交易参与者）披露衍生品的重要风险特征、相关利益冲突、交易记录等。

（二）欧盟

欧盟的场外衍生品监管主要集中于第 648/2012 号法案《欧盟市场基础设施规则》（简称 EMIR）和《金融工具市场指令》（MiFID 和 MiFID Ⅱ）当中，其监管趋势主要包括将场外标准化合约纳入集中清算、完善报告和信息披露机制、参与主体分层等。

从以上监管规则的内容来看，欧盟衍生品投资者适当性管理的特色包括：

第一，对金融工具进行分类。欧盟将金融工具分为非复杂金融工具和复杂金融工具，并对两类金融工具进行了定义和列举。在《2006/73/EC》第 38 条对"非复杂工具服务"进行了界定：

（1）不属于《2004/39/EC》第 4 条第 1 款第 18 款第 C 项，也不属于该指令附录一第 C 节第 4 项至第 10 项规定的内容。该两款界定的金融工具，主要是各种衍生品合约，如与证券、货币、利率或者收益率，或者可以实物或现金方式结算的其他衍生工具、金融指数或金融计量有关的期权、期货、互换、远期利率和任何其他衍生品合约。

（2）工具易于以市场参与者可公开获得的价格处置、赎回或以其他方式变现，要么是市场价格，要么是独立于发行人的估值系统所提供或者确认的有效价格。该点主要是将金融工具的流动性、可变现性作为区分复杂与否的标准。

（3）工具不会致使客户承担金额超过购买工具成本的实际或者潜在负债。该点将收益的稳定性及风险是否超过成本作为区分复杂与否的标准。

（4）与其特征有关的充分全面的信息可公开获得且可便于理解，使一般零售客户能就是否进行该工具的交易做出判断。该点将金融工具信息的公开性以及一般零售客户的理解程度作为区分复杂与否的标准。

该条款第一项直接将大部分衍生品列为复杂金融工具外，同时从剩下几项复杂金融工具与非复杂金融工具的判断标准来看，场外衍生品因为其较差的流动性、收益的不确定性以及产品信息的不公开不易获得性，也应当被列为复杂金融工具。

第二，投资公司向客户提供服务应当以可以理解的形式向客户或者潜在客户提供"金融工具及投资策略的介绍，包括对于金融工具和特定投资策略所蕴含的风险的适当性指引和警示"。

第三，在投资者适合性或者适当性评估中，欧盟的规定特别强调要考量"客户或者潜在客户对特定类型的产品或服务的投资知识和经验"，确保其拥有必要的经验和知识可以理解交易所涉及的风险。

(三) 中国香港

2008年金融危机席卷全球,国际第四大投行雷曼兄弟宣布破产。中国香港地区大量持有雷曼兄弟迷你债券的投资人血本无归,引发大量的投诉。"香港立法会"成立了研究雷曼兄弟相关迷你债券及结构性金融产品所引起的事宜小组委员会对雷曼迷你债券销售进行调查。调查发现,雷曼迷你债券作为一种复杂的衍生金融产品,在美国只能销售给专业的金融机构,而在中国香港地区,由于很多银行缺乏监管和规制,将大量的雷曼迷你债券销售给了低风险承受能力的人员,甚至很多退休人员把它当成银行存款产品来购买。小组认为雷曼迷你债券事件暴露了香港金融产品销售中在金融工具规管架构、注册机构对监管规定的遵守情况、投资者保障等方面均存在一些问题。在提交的报告中,小组从适用于投资产品尤其是有关结构性金融产品的披露制度、对注册机构及其员工操守的监管、投资者保障等方面提出了建议。其中,具体涉及衍生品适当性的建议包括:"建议政府及两个监管机构参考海外做法,就哪类投资者可购买结构性金融产品发出指引"、加强对注册机构的监督以确保"中介人在交易前已采取一切所需步骤,以履行其在认识你的客户规定及适当性评估方面的责任"等多项内容。[①] 因此,在《证券及期货事务监察委员会持牌人或注册人操守准则》(以下简称《操守准则》)及"香港证监会"后来陆续颁发的一系列通函、问答中体现了很多对于衍生品投资者适当性管理的规定,具有以下几方面的特点:

第一,在进行投资者分类时,要评估客户对于衍生品工具的认识,并在此基础上将投资者分为对衍生工具具有认识的客户和对衍生工具没有认识的客户。《操守准则》5.1A"认识你的客户:投资者分类"明确:"在执行认识你的客户程序时,应评估客户对衍生品工具的认识,并根据客户对衍生工具的认识对客户分类。"

第二,要向对衍生品工具没有认识的客户充分揭示衍生品的风险。《操守准则》5.1A"认识你的客户:投资者分类"规定,对于没有衍生品工具知识的客户,即使持牌人或者注册人没有招揽行为或者建议行为,持牌人或者注册人也需要解释产品的风险。尤其是非交易所买卖的衍生品,持牌人或者注册人需要提出警告,并提出合理的建议。

第三,在提供衍生品服务时,要充分考虑客户对产品的认知情况及财务承受能力。《操守准则》5.3"认识你的客户:衍生品产品"部分则指出:"持牌人或注册人就衍生产品(包括期货合约或期权)或杠杆式交易向客户提供服务时,应确保其客户已明白该产品的性质和风险,并有足够的净资产来承担因买卖该产品可能招致的风险和损失。"在2010年8月31日的《致持牌法团的通函——〈操守准则〉内有关衍生产品的规定》中再次强调了持牌人或注册人的这一责任。

同时,在2010年5月28日《给持牌法团及注册机构的有关投资和分类及专业投资者规定的指引》中,对于如何评估客户对衍生品工具的认识以及如何进行交易所买卖的衍生品产品所附带的风险作出解释,进行了详细的可操作的规定。

可见,在投资者适当性管理主要环节"了解投资者""风险揭示"以及"适当性匹配"中,香港衍生品交易适当性管理的特殊之处体现于评估客户的衍生品知识,通过充分的风险

---

① 参考《香港特别行政区立法会研究雷曼兄弟相关迷你债券及结构性金融产品所引起的事宜小组委员会报告》第8部分:"结论与建议"。

揭示确保客户了解产品及其风险，确保客户财务上能够承担衍生品损失的风险。

二、我国证券公司场外衍生品投资者适当性管理发展历程

我国证券公司场外衍生品业务起步较晚，相关的适当性管理工作也是伴随着市场的发展和外部监管制度的完善逐步发展和完善起来的，可以分为以下几个发展阶段：

（一）初建时期

2012年，证券公司柜台市场元年，中国证券业协会颁布《证券公司柜台交易业务规范》，提出了一些适当性管理的要求，并明确"参与柜台交易的投资者应当是合格投资者"，但是对于"合格投资者"并没有一个明确的定义。虽然同年中国证券业协会还颁布了《证券公司投资者适当性制度指引》（以下简称旧《指引》），对于证券公司建立投资者适当性管理制度提出了明确要求，但当时证券公司投资者适当性管理工作普遍在经纪业务领域，并且也未完全按照旧《指引》建立起投资者分类分级等操作流程，在柜台业务这一新兴领域更没有一套适当性管理的标准和流程，也未落实"合格投资者"的要求。

2013年，中国证券业协会针对场外衍生品业务发展迅速的态势，颁布了《证券公司金融衍生品柜台交易业务规范》及SAC主协议、补充协议范本。在《证券公司金融衍生品柜台交易业务规范》中，明确提出"证券公司交易对手方应限于机构，包括专业交易对手方和非专业交易对手方"，并对"非专业交易对手"提出了适当性评估、风险揭示等特别保护手段。然而，由于证券公司整体适当性管理体系的不完善，证券公司几乎没有建立起专业投资者和普通投资者的分类体系，因此，绝大多数参与衍生品业务的证券公司，仅仅执行了交易对手限于机构的要求；并且，大多数证券公司执行的标准为只要是机构就可以参与，并没有提出进一步的准入条件，仅有少数证券公司对机构提出了净资产门槛、风险承受能力等级等更多的条件，但相关条件也不高。甚至有一些自然人可以通过参加定向资管产品的方式，变相地参与场外的衍生品交易。绝大多数证券公司也未考虑参与机构是否具有相关的衍生品知识和交易经验。

（二）雏形时期

2017年是证券市场投资者适当性管理的重要年份。这一年，中国证监会颁布《证券期货投资者适当性管理办法》（以下简称《办法》），提高了适当性管理规定的法律层级，统一了证券市场投资者适当性管理的标准。在中国证监会、地方证监局、中国证券业协会的大力推动下，证券公司逐步建立起完善的投资者适当性管理体系和机制。同时，由于《办法》将证券公司的所有业务纳入规制范围，经纪业务以外的其他业务的适当性管理也得到了深入的分析和落实。

在场外衍生品业务中，证券公司按照下面三个流程开展投资者适当性管理工作：（1）了解客户，并对客户进行分类和分级；（2）了解产品，并对产品进行定级；（3）对客户进行风险揭示，并对客户参与衍生品交易进行适当性评估和匹配。

《办法》并未按照欧盟和中国香港的做法，将产品分为复杂产品和非复杂产品，而是要求对产品进行评估并确定风险等级（R1—R5）。在进行产品评估时，如果存在产品流动性

差、不易理解和估值等因素时,需要特别审慎地进行评估。根据中国证券业协会《证券经营机构投资者适当性管理实施指引(试行)》(以下简称新《指引》)附件6《产品或服务风险等级名录》,具有"结构复杂、不易理解、不易估值、流动性低、透明度较低、本金安全面临极大的不确定性甚至损失可能超过本金"等特征的产品,其风险等级应为R5。根据这一规定,场外衍生品的风险等级确定为"R5"。

那么,根据《办法》和新《指引》确定的匹配标准,能参与场外衍生品业务的是专业机构投资者和风险等级为R5的机构。

同时,根据《办法》的规定,针对普通投资者销售产品或者提供服务,要按照第23条履行告知义务,由于场外金融衍生品作为高风险产品,还需要按照第20条的要求履行特别的保护程序。对于这两项工作,证券公司还需要进行录音或录像。

然而,因为并没有对普通投资者设定其他条件,参与场外衍生品业务的投资者仍然五花八门,加上场外期权天生带有的杠杆属性和灵活性,场外期权很快被市场上的一些参与者当作投机的工具,也造成了不少亏损,投资者适当性管理并没有在场外衍生品业务中发挥应有的作用。

(三) 相对成熟时期

面对场外期权市场的乱象和部分市场机构的不当炒作,中国证监会于2018年5月颁布了《关于进一步加强证券公司场外期权业务监管的通知》(以下简称《通知》),随后中国证券业协会也出台了相关配套的自律规范,对证券公司的场外期权业务提出了一系列的规范性要求。

在《通知》下发以后,证券公司纷纷在场外期权制度中进一步完善了投资者适当性管理的流程,加入了了解客户和尽职调查等流程,以满足新的客户准入要求。场外期权的投资者适当性管理进入相对规范和成熟发展的时期。

三、我国目前证券公司场外衍生品投资者适当性管理现状

(一) 证券公司场外衍生品投资者适当性管理要求境内外对比

从前文可以看出,目前我国证券公司场外衍生品的投资者适当性管理与境外成熟市场的做法已经趋同。比如,我国场外期权业务中也建立了分层管理机制,确立了交易商制度,交易商对交易对手的资格负有审查义务;只有满足条件的合格交易对手,才能参与场外期权业务;按照我国适当性规定中的产品分级等评估要素来看,场外衍生品业务属于复杂金融工具,评级属于最高级,如对普通投资者提供,需要履行严格的告知义务。

我国证券公司场外衍生品投资者适当性管理与境外成熟市场相比,存在如下不同:

第一,目前我国证券公司场外衍生品业务主要分为收益互换和场外期权两大类型。

自2015年底监管叫停"融资类收益互换"以来,收益互换业务仅保留少量的百分之百保证金的业务。而同时,场外期权业务却因为灵活性等得到了极大的发展,甚至被市场上一些不良机构宣传为"风险有限、收益无限"的极佳投资工具。面对场外期权的野蛮生长,监管机构出台了《通知》及配套规则,以规范场外期权的发展。因此也造成了场外期权与收益互换两者的监管规则不同,收益互换依然适用原有的《证券公司金融衍生品柜台交易

业务规范》等自律监管规则，缺乏明确的参与者准入条件。因为收益互换目前略微尴尬的处境，较低的交易对手准入和基本的投资者适当性管理流程，暂时能够满足其需要。如果未来其衍生品功能和交易属性能够得到发展的话，尚需要考虑收益互换和场外期权投资者适当性管理标准统一的问题。

第二，由于此次《通知》确定的场外期权交易对手的准入条件首先就是专业机构投资者，按照《办法》的规定，对于专业机构投资者，证券公司无须履行更多的适当性义务，因此也无须就场外衍生品业务的知识和风险特征向专业机构投资者作出专门的介绍和说明。但是，场外衍生品业务在我国起步晚，很多市场参与者对于场外衍生品业务的结构、风险特征并无认识。《办法》对于专业投资者的认定，考虑了资产规模和投资经历，但是在衍生品交易领域，这一切是否足够还值得探讨。在场外期权交易业务中，对于法人机构的交易对手，证券公司（交易商）应当进一步考量其对于衍生品的知识和认知能力，确认其是否充分了解产品的交易结构和风险，再确定其是否适合进行衍生品交易业务。采取上述措施，才能真正做到投资者适当性要求的"将合适的产品卖给合适的投资者"。

（二）证券公司场外期权投资者适当性管理实务操作

1. 投资者准入尽职调查

（1）在确认交易对手满足专业投资者基础上，将参与场外期权的交易对手分为金融机构、法人机构和金融机构管理的资产管理产品三大类，进行风险揭示和适当性匹配。

（2）了解你的客户和反洗钱调查，即 KYC 和 AML，确认客户的基本信息是否准确真实，了解客户的股东、实际控制人，确认客户是否存在不良信息和负面新闻识别，判断客户是否存在资产规模与交易金额显著不符等异常情形并要求客户对资金来源给予合理说明。

（3）对每一类交易对手按照《通知》确定的条件审核准入资格，并额外关注以下内容：金融机构主要关注的就是投资者的资质，有否相应监管部门颁发的业务资格；法人机构，关注其身份，尤其是否与上市公司及实际控制人存在关联关系；金融机构管理的资产管理产品，关注其产品合同投资范围是否就"场外期权"做出明确约定，其产品说明或者产品合同中是否对于投资场外期权进行了充分的风险揭示。对于私募基金管理的产品，由于私募基金发展不成熟等特点，要特别强化对于私募基金管理人本身的尽调，关注其是否建立起投资者适当性管理制度和反洗钱制度，是否被中国证券业协会纳入风险提示名单等。

（4）增加涉嫌违规交易对手排查环节。在过去一两年当中，大量的配资公司、荐股平台、P2P 平台、违规互联网金融平台、非法期权中介平台等主体，一方面通过隐蔽的方式与部分证券公司建立业务关系，替背后的客户进行期权对冲和盯市；另一方面通过互联网平台大肆宣传与券商的合作并推介个股期权等产品，让大量的普通投资者对场外期权业务产生了错误的认识，并为配资等非法行为提供了"温床"。因此，对该类交易对手的排查，是交易对手尽调的重要环节。

上述尽职调查完成后，对于交易对手通常可以给出两个结论：一是客户的反洗钱风险等级：每一个场外期权客户，都应当有一个反洗钱风险等级，这个同公司统一的反洗钱等级一样，分别是低、中、高、禁止，针对不同风险等级，采取不同的风险控制措施。这也是反洗钱在非经纪业务领域一个较好的应用。二是客户适当性结论。对于客户是否满足场外期权的准入要求，能否参与场外期权业务，给出一个明确的结论。

2. 投资者适当性持续管理

根据《通知》的规定,场外期权的投资者适当性管理是一项持续的工作,可以从以下方面予以落实:

(1) 定期检查定期复核。场外期权业务应当纳入公司每半年一次的投资者适当性自查工作,按要求对交易对手的适当性进行抽查和穿行测试;同时,每年复核一次交易对手的资质。

(2) 加强对交易行为的持续监测。对交易持仓周期、交易标的集中度、交易规模等进行持续监控,出现异常的,进行特别关注。对于交易后上市公司即发生停牌等重大事项的,回溯检查交易对手的资质和交易目的。

我国证券公司场外衍生品业务蓬勃发展,投资者适当性管理工作也逐步摸索成型,虽然仍然有许多需要改进之处,但随着监管的日趋严格和新规的落实,相信会朝着更加符合推动业务发展、保障投资者权益的方向发展。

参考文献

[1] 美国.《多德-弗兰克华尔街改革和消费者保护法》(Dodd-Frank Wall Street Reform and Consumer Protection Act)

[2] 美国. Further Definition of "Swap Dealer," "Security-Based Swap Dealer," "Major Swap Participant," "Major Security-Based Swap Participant" and "Eligible Contract Participant".

[3] 董裕平等译. 多德-弗兰克华尔街改革和消费者保护法 [M]. 中国金融出版社, 2010年12月.

[4] 中国证监会编译. 欧盟金融工具市场指令 [M]. 法律出版社, 2010年.

[5] 香港. 香港特别行政区立法会研究雷曼兄弟相关迷你债券及结构性金融产品所引起的事宜小组委员会报告 [R], 2012年6月.

[6] 郭锋, 刘燕, 杨东, 杜晶. 金融危机后美国金融监管体制与法律的改革 [J]. 金融服务法评论, 2013 (01).

[7] 赵晓钧. 欧盟《金融工具市场指令》中的投资者适当性 [J]. 证券市场导报, 2011 (06).

[8] 王超. 香港衍生品市场投资者适当性制度研究 [J]. 金融理论探索, 2016 (05).

[9] 洪艳蓉. 从雷曼迷你债券看香港证券业专业投资者 [J]. 金融服务法评论, 2010 (1).

构建以投教基地为中心的智慧化投教服务体系

刘心义　赵尚琪　沈青[*]

一、前言

(一) 中国投资者教育的发展历程

中国从2000年以来积极开展投资者教育工作，经过十几年扎实推进，取得了较大成效：一是形成了监管部门主导，市场各方主体参与的投资者教育组织体系。二是组织开展多渠道、常态化的投资者教育活动。三是推动投资者教育纳入国民教育体系试点工作。四是打造投资者教育基地惠民工程。建设公益性、一站式的投资者教育基地是中国证监会开展投资者教育的一项平台化、机制化创新。2016年以来，首批13家国家级投资者教育基地正式运行，2016年实体基地服务社会公众8万多人次，互联网基地访客超220万人，浏览量逾850万次，各基地共举办座谈会、讨论、培训等活动2 600余场，提供法律咨询类服务260多次，运行效果良好，受到投资者高度认可。[①] 2018年1月，第二批16家证券期货投资者教育基地获得中国证监会授牌并投入运营。

(二) 以投教基地为中心开展投教服务的意义

以投资者教育基地（以下简称"投教基地"）为中心开展投教服务，是投资者教育保护的一项基础设施工程，也是落实《国务院关于进一步促进资本市场健康发展的若干意见》《国务院办公厅关于进一步加强资本市场中小投资者合法权益保护工作的意见》关于投资者教育要求的重要举措。建设投教基地，是适应我国投资者特征，持续、系统开展投资者教育

---

[*] 作者单位：刘心义，赵尚琪，中泰证券股份有限公司；沈青，上海傲度金融信息服务有限公司。原载于《中国证券》2018年第10期。

[①] 赵敏. 加强投资者教育夯实资本市场投资者保护基础 [J]. 清华金融评论，2017 (6)：20—24.

的现实需要。中国证监会阎庆民副主席在投资者教育基地调研暨授牌活动上发表讲话表示：投教基地，具有公益性、一站式、体验式等特点，生动实践了"共治、共建、共享"的发展理念，将监管者、经营机构、投资者三者联系起来，形成三位一体的有机整体，有效解决了投资者保护中面临的许多难题。

推广建设投教基地，以投教基地为中心开展投教服务，有利于拓展投资者教育的深度和广度，培育成熟理性的投资者队伍，促进我国资本市场持续健康发展，维护社会和谐稳定；对证券期货经营机构而言，大力建设完善投资者教育基地，有利于完善投资者服务体系，创新客户管理方式，加强投资者与证券期货经营机构之间的联系，也是其主动承担、履行投资者教育责任与义务的有利方式。

（三）投教基地建设现状

截至 2018 年 1 月，获批实体国家级投教基地与互联网国家级投教基地的数量分别为 14 家与 15 家；获批实体省级投教基地与互联网省级投教基地的数量分别为 51 家与 25 家。

本文抽取了部分国家级投教基地进行了随机调研，得出以下结论：实体投教基地的建设风格基本呈现两极化，即"现代化+科技化""地域特色+科技化"。每家投教基地都有其独特的优势。如兴业证券投教基地在服务时间上在同行中独树一帜，采用了"五加二，白加黑"的模式，即一周七天、早九点至晚九点；华福证券投教基地则将投教基地与文化旅游相结合，在古镇中的"守正学堂"别有古趣；国泰君安证券投教基地则是着重体现现代科技感，采用了众多高科技的电子化设备，还引用了智能机器人与多功能金融服务一体机；华安证券曾在安徽大别山建立了以"红色路线"为特色的投教基地；正在筹建的国元证券投教基地则是将徽派建筑与现代化科技进行了融合。

本文对目前各投教基地所面临的困难进行调查发现，无论是实体还是互联网投教基地，最难解决的是客流量及内容运营问题，内容上难以不断推陈出新。

因此，本文将围绕"构建以投教基地为中心的智慧化投教服务体系"而展开，希望通过完善的投教体系，帮助投教基地有效开展后续运营，吸引投资者参观/登录投教基地，最终促使投资者展开自主学习。

二、构建以投教基地为中心的智慧化投教服务体系

（一）国家级（省级）投教基地的智慧化应用

1. 实体基地

（1）实体投教基地高新科技的成熟应用。就已获批的国家级投教基地来看，以"实体+互联网+科技"为特色的不在少数：创新性地运用机器人服务、自动化语音导览系统多语言解说服务、智能柜员机、透明屏展示系统、人机交互平台、体感、增强现实技术（AR）互动游戏等高科技设备，打造投资者教育互动体验新模式。

高科技的应用令实体投教基地更加现代化，增强了参观趣味性，提升了投资者体验，单独每一项内容都是比较成熟的技术。如智能柜员机已在银行网点大规模使用；智能机器人已成熟应用于智能音箱、智能学习机等；自动化语音导览系统更是在各大旅游景点普及；AR 技术则更多应用于日常游戏、观影等生活中。难得的是诸多大家习惯的技术应用于实体投教

基地,为基地的与时俱进以及拉进与投资者之间的距离起到了不可替代的作用。

(2) 各业务环节投资者教育电子化。随着社会的发展,投资者教育工作应当与时俱进,将投资者教育电子化流程嵌入客户开户、证券交易、客户服务等各项业务环节,提高投资者教育服务质量与效率。

例如,开户前,引导投资者通过触摸屏进入券商系统参与风险测评问卷,客户可选择语音或视频形式的协议讲解、风险揭示等内容,对于投资高风险品种的,在客户观看完风险揭示视频后进行简单测试,确保客户完全理解风险。在证券营销环节,根据客户的风险等级与偏好,系统推送适合其购买的金融产品的相关知识、风险揭示等,在客户选定购买的产品后,向其推送该产品的核准文件、说明书、协议、风险揭示书,并对关键条款配上特别标注与解读,客户可随时点击观看解读。在客户交易环节,可实现电子化的程序很多,如完善软件功能,我们就可以在公告中设置解读过程,投资者点击内容随时弹出详细解读,吸引投资者主动点击、自主学习。在客户服务环节,通过电子形式进行页面回访,回访记录留痕,鼓励投资者使用 APP、微信、网站页面等形式进行在线客服咨询;页面设置客户留言、投诉、建议、满意度调查端口,供客户使用。

电子化操作可以作为未来投教基地改革的一部分,投教内容由投教基地制作,再分发至相应的投教环节中,大大增强投教作品应用的针对性,提升投教作品的阅读量。投教基地与各业务环节有机结合,辅助投教工作在各业务环节真正落地。

(3) 线下活动体系。投教基地是开展投资者教育活动(以下简称"投教活动")的基础地点,是投教活动的集中支撑点,如投教活动的家园,即"投资者之家"。基础是相对于外围而言,如果只是一个封闭关系的孤点,就没有基础可言。而投教基地设立在群众之中,就可以尝试以投教基地为支撑开展体系化投教活动。例如,开展主题社区系列活动,拉近与投资者的距离;开展专题培训系列活动,培养投资者主动学习的兴趣;开展个性化投资者关爱系列活动,使投资者感觉到金融服务的温暖等。以投教基地为中心,既让投资者走进来,也引导投资者走出去。活动形式可以多种多样,如与上市企业联合,走进上市公司,履行中小股东权益;与当地扶贫基金组织联合,参与公益服务等。始终围绕服务投资者、教育投资者这一基本点。

2. 互联网基地

(1) 进一步完善线上渠道。官方数据显示,截至 2017 年 12 月,我国网民规模达 7.72 亿,其中手机网民规模达 7.53 亿;① 截至 2018 年第一季度,微信和 WeChat 的合并月活跃账户数达到 10.40 亿,② 微博月活跃用户数达到 4.11 亿。③ 而在移动应用程序(以下简称

---

① 参见"第 41 次《中国互联网络发展状况统计报告》",中国互联网络信息中心,时间:2018 - 03 - 05,网址:http://www.cnnic.net.cn/hlwfzyj/hlwxzbg/hlwtjbg/201803/P020180305409870339136.pdf,最后访问时间:2018 - 07 - 30.

② 参见"腾讯公布 2018 年第一季度业绩",腾讯,时间:2018 - 05 - 16,网址:https://www.tencent.com/zh-cn/articles/8003491526469767.pdf,最后访问时间:2018 - 07 - 30.

③ 参见"SINA Reports First Quarter 2018 Unaudited Financial Results",腾讯,时间:2018 - 05 - 09,网址:http://ir.sina.com/phoenix.zhtml? c = 121288&p = irol - newsArticle&ID = 2347990,最后访问时间:2018 - 07 - 30.

"APP")使用方面,截至 2017 年 11 月,我国市场上监测到的 APP 在架数量为 391 万款。①同时,随着越来越多的投资者选择 APP 进行交易,APP 成为"行情、交易、资讯的一站式入口"已是大势所趋。可见投教服务在线上渠道的开展潜力巨大。

据调查,目前各证券期货经营机构已采用的投教线上渠道主要包括网站、微信、微博、APP 投教频道、视频网站等。而网站、微信、APP 也是多数互联网投教基地运用的主要形式,第一批和第二批国家级投教基地中,共 7 家证券经营机构获批国家级互联网投教基地,其中 4 家设置了专门的投教微信公众号,3 家在自营 APP 中加入了独立的 APP 投教频道,供投资者查阅学习。目前,这些线上渠道的开发已经相对成熟,对投教基地来说易于做二次开发。投教基地尤其是互联网投教基地应当在用好各种成熟渠道的基础上,思考进一步完善相关内容,增强趣味性、可读性、互动性,进一步加强网络运营,提升基地内容浏览量,扩大投教基地影响力。

此外,许多证券期货经营机构正大力开展线上投教活动,在吸引人流量的同时实施投资者教育。但线上投教活动的最终目的是将线上人流量导入线下,以此加深投资者对于投教服务的认同感,同时便于后续开展投教活动。

(2)积极探索创新渠道。一是微信小程序的开发与应用。截至 2018 年 1 月 15 日,微信小程序日活 1.7 亿,上线 58 万个,开发者超过 100 万个,②但目前,鲜有证券期货经营机构利用微信小程序开展投教服务。微信小程序,是一种无须下载安装即可使用的应用,是微信的自带功能之一,与微信服务号、订阅号、企业号相并行。相较于 H5,微信小程序的运行速度更快,开发成本更低,操作体验感更好。因此微信小程序可实现程度及普及效率不逊于 APP,关键还是微信小程序本身的内容是否具备创新性、趣味性、普及性等。

投资者教育可在微信小程序上实现多种功能,包括小游戏、图文漫画、多媒体等。在此基础上,也可在微信小程序中建立积分系统。凡是投资者登录微信小程序、阅读相关知识内容,就可以获得相应积分,累积到一定分值后可换取不同的礼品或权益。积分系统独有的人性化属性,有利于调动投资者学习投教知识的积极性,也增强了投资者与投教基地之间的黏度,为开展后续投教活动打下基础。

二是充分应用直播平台。2018 年,直播平台依旧处于快速发展阶段。《2017 中国网络表演(直播)发展报告》显示,截至 2017 年末,秀场直播、游戏直播、泛娱乐直播平台的覆盖人群继续扩大,用户规模分别达到 3.12 亿、2.47 亿、3.6 亿。③对于 2020 年直播的市场规模,各家机构给出了不同的预测数据:方正证券预测 2020 年直播市场将达到 600 亿元,华创证券更是给出了 1 060 亿元的乐观预测。④

---

① 参见"第 41 次《中国互联网络发展状况统计报告》",中国互联网络信息中心,时间:2018 - 03 - 05,网址:http://www.cnnic.net.cn/hlwfzyj/hlwxzbg/hlwtjbg/201803/P020180305409870339136.pdf,最后访问时间:2018 - 07 - 30。
② 参见"爆发前的小程序以及那些'搭载'的港股们",新浪财经,时间:2018 - 05 - 30,网址:http://finance.sina.com.cn/stock/hkstock/hkstocknews/2018 - 05 - 31/doc - ihcffhsv8001132.shtml,最后访问时间:2018 - 07 - 30。
③ 参见"2018 直播行业半年报:火山收入超映客,市场格局变化中;冯提莫、摩登兄弟走红",搜狐游戏,时间:2018 - 07 - 17,网址:http://m.sohu.com/a/241758295_99991664,最后访问时间:2018 - 07 - 30。
④ 参见"《2017 年直播行业数据研究报告》:直播风口依旧,行业走向成熟!",搜狐科技,时间:2018 - 01 - 14,网址:https://www.sohu.com/a/218635528_738359,最后访问时间:2018 - 07 - 30。

从这些数据可以看出，直播平台作为一种新兴的社交方式，正在被越来越多的人喜爱。投资者教育也应当积极探索与直播平台的结合方式。如将网络直播平台作为投资者教育网络课堂的渠道之一，与高校师生合作，在网络直播平台上针对当下热点金融问题进行授课讲解，投资者在直播平台上直接留言提问并获得即时解答。这样，投资者教育不仅跨越了空间上的限制，也降低了对于时间的要求，投资者可以通过碎片化的时间学习金融知识。

构建分类分级投教课程体系，将投资者教育纳入国民教育，不仅可以依靠走进学校现场授课，更可以通过线上直播平台实现中小学生的网络学习，同时方便回放下载。

此外，通过投教直播平台开展定制化投教培训，有效解决实体投教基地区域性和覆盖面的问题。目前部分投教基地对此类功能有所提及，但未大规模普及应用并形成成熟体系，因此可以进一步规划实施，相信未来会成为投资者教育普及发展更有效的方式之一。

3. 投教内容的运营是未来投教基地的核心竞争力

由于金融知识相对枯燥乏味，且不通俗易懂，因此投资者对传统图文形式的接受度并不高。于是各券商相继采用多种多样的内容与形式，目前常用的形式包括图文、音频视频、动画漫画、模拟游戏、题库闯关等，其中应用最广的是动画漫画。而类似动漫形式的投教作品需要一定的专业创作能力，投教岗位员工普遍不具备这些能力，因此，投教内容及形式创新是当前多数投教工作者遇到的难点之一。目前多数券商采用与第三方合作的形式，但具备金融背景又能实现投教工作需求的第三方凤毛麟角，沟通周期长，不利于投教内容的及时创作发布。因此，未来可尝试在证券期货经营机构内，实现投教服务跨部门合作，完善投教工作长效机制。

无论是监管层、自律组织、交易所还是投教基地，都在鼓励对投教内容及形式创新，以此吸引投资者进行主动学习。平台是工具，内容才是核心，当所有机构的平台化服务体系全部完善后，谁的内容更受投资者青睐，谁的投资者教育效果就能达到最优。因此，未来投教内容的创新将会是投教服务体系的核心竞争力。

4. 切实联通线上线下（互联网投教基地与实体投教基地相结合）

实体投教基地与互联网投教基地并不是相互独立的，而是协同运作的。在国家级实体投教基地的申报过程中，多数实体投教基地具备投教网站与微信平台。目前，社会正处于互联网时代，而互联网时代"在线化、透明化、娱乐化、平台化、扁平化、数字化"的特征非常鲜明，具有一定实力与规模的实体投教基地需有对应的互联网投教基地相配套，具备当下流行的"互联网+"思维，才能迅速在年轻群体中普及。

尽管互联网有其鲜明的特色，但实体基地仍有其不可取代的优势。

（1）偏远地区投资者帮扶、充分履行企业社会责任。部分券商为了充分履行企业社会责任，在贫困地区设立分基地，对贫困地区投资者进行证券知识普及等投教活动，为其带来市场前沿资讯，了解市场发展动态；与贫困县市达成结对帮扶战略合作，围绕金融帮扶、资金帮扶、教育帮扶、销售帮扶等方面开展结对帮扶工作，切实将精准扶贫工作落到实处。偏远地区经济落后，百姓缺乏投资经验，以互联网的方式普及投教工作力度明显弱于实体基地。

（2）注重关爱中老年投资群体，形成有温度的活动体系。针对不擅长网络应用的中老年群体，以实体投教基地为中心，对周边地区投资者提供投教服务，扩大投教基地服务的辐射半径。注重关爱中老年群体，举办老年大学讲座，让投资者教育融入中老年投资者的生活中去。注重与周边学校、企业、其他组织的交流合作，针对不同群体，形成有效的固化活动体系，实体基地成为连接各单位的聚集地。

（3）有效落实将投教工作纳入国民教育体系。中国证监会正积极推动将投资者教育纳入国民教育体系试点。券商以实体基地为基点，与当地监管部门、教育局联合，完善层级清晰、分类科学的课程体系，在各级中小学试点，在实体基地定期举办财商教育第二课堂活动，面对面交流互动效果优于互联网自发学习。

可见，切实联通线上线下投教资源，实体投教基地的"实"与互联网投教基地的"虚"相结合，才能更有效地服务全体投资者，令投资者具备实实在在的获得感，为投资者提供多样化的学习渠道，最终利于投教服务体系的完善。

（二）营业部投教园地电子化（分基地）

《关于要求证券公司在营业网点建立投资者园地的通知》（证监办发〔2004〕51号）要求，做好投教园地的建设工作；2009年3月24日《证券公司营业部投资者教育工作业务规范》对投资者教育园地的布置提出了具体要求。营业部应在营业场所内以设置橱窗、公告栏等形式建立投资者园地；投资者园地的内容应重点突出证券法规宣传、证券知识普及和风险揭示等并及时更新。

由上述制度要求可见，投教园地是营业部投教工作必不可少的一部分，是直接面向投资者的一线教育资料，而目前来看，营业部投教园地的管理仍存在以下几方面问题：

1. 不符合可持续发展观的持续性原则

"低碳经济"是全球可持续发展的共同主题，各国都在提倡电子化办公，即公文、通知、宣传单等主要以电子邮件的形式传送，不再以纸质形式下发。在我国经济不断发展的背景下，相关金融知识的更新频率高，证券经营机构须指派专人负责投教知识的收集、编辑、印刷、张贴等，流程繁琐，耗时耗力。

2. 展示不美观，更新不及时，所需空间不足

营业部空间有限，只能在固定尺寸的空间内张贴投教材料，导致部分投教园地张贴的资讯内容不足、排版拥挤、重叠张贴、杂乱无序，视觉体验差，难以吸引投资者驻足观看，且内容更新不及时。

以上问题使投教园地流于形式，作用并不突出。因此，本文提倡将投教园地内容电子化。目前多数营业部配有电子屏、触摸屏设备，部分营业部还设立了分支投教基地，下一步将由总部投教基地牵头，对营业部投教园地内容进行统一规划，同步展示总部投教基地内容，或营业部根据需求自行设置，好的内容在不同营业部间共享；总部监测到的股市异动信息可以立即同步显示在营业部的电子屏端，省去起草通知——下发通知——执行通知的流程，确保风险警示信息的及时传达。综上所述，将营业部投教园地电子化既节省时间、空间、人力、物力、财力，又可成为投教基地电子化的延伸触角，与投教基地自成一体，更加体系化地服务投资者。

（三）智慧投教管理平台

2018年3月14日中国证监会下发《证券期货投资者教育基地监管指引》（证监会公告〔2018〕5号），对国家级投教基地的监管和后续运营提出了更高的要求，并对考核指标进行

了量化，这使得投教基地在后续工作中存在以下几方面的现实情况：用于投放投教内容的渠道（网站、微信、APP、投教园地等）多，投教人员配备少，投教内容涵盖面广，信息量大，投教基地内容更新频率高。为节省投教人员时间成本、人力成本，优化投教人员配置，提高投教工作效率，搭建智慧化投教管理平台显得尤为重要。投教管理平台应具备以下几方面功能：

1. 投教内容发布与管理

针对不同终端（包括实体基地现场设备、线上渠道等）上所展示的信息，如文章、图片、视频、音频、图书进行管理，以达到"一次发布，多渠道展示"的目的。投教专员只需在平台上进行投教图文编辑，并对要发布内容的渠道进行勾选即可。同时该功能可对投教内容进行分类、信息标签、标签配置、轮播图片等操作。

2. 用户管理与统计分析

平台可以融合电子信息化的功能，对用户来源、用户投教行为、用户增长量、用户访问量、积分情况，以及用户对投教内容的偏好进行统计分析。平台可以对投教内容的点击量、阅读量以及转发量进行统计，可知道投教基地的用户都偏好哪种类型的投教内容，以此帮助投教基地了解其用户特性，可以"有的放矢"地开展投教服务。

3. 运营工具管理

平台可以对使用的小游戏、题库、留言、活动记录等进行管理，方便投教基地根据不同的情境，对所投放的投教内容进行调整。如为活跃投资者，投教专员可通过管理平台对游戏模式、奖励计算方式及发放形式、游戏活动时间等做出调整设置，以更好地借助小游戏开展活动，并可针对游戏挑战列表、游戏成就列表进行查询。

4. 营业部投教园地管理

平台可以对营业部投教园地的电子化设备进行终端管理，拥有完整权限，同时也可根据需要对营业部开放部分权限。具体操作模式如：该设备共呈现 N 个模块，包括风险警示、防非打非、员工风采等，总部控制 $N-1$ 个模块，营业部控制 1 个模块，即员工风采。此外，总部投教专员还可在平台上设置营业部投教工作人员工作日志，营业部投教工作人员通过在该平台上进行工作日志的填写，总部投教专员即可了解各营业部的投教工作情况，从而更有针对性地安排后续投教工作。

（四）智慧化投教服务体系形成

综上所述，以投教基地为中心的智慧化投教服务体系形成，如图 1 所示。

投教管理平台为投教基地提供系统支持，实体投教基地与互联网投教基地相辅相成，投资者可与投教基地或营业部投教园地的终端设备进行交互。在交互的过程中，将投资者引流至互联网投教基地及其相关渠道，包括网站、微信、微博、APP 等。投教基地通过在线上对投教内容与投教活动进行专业的运营管理与宣传推广，引导投资者到线下的实体投教基地或营业部进行参观或培训。如此循环往复，形成投教服务的闭环。

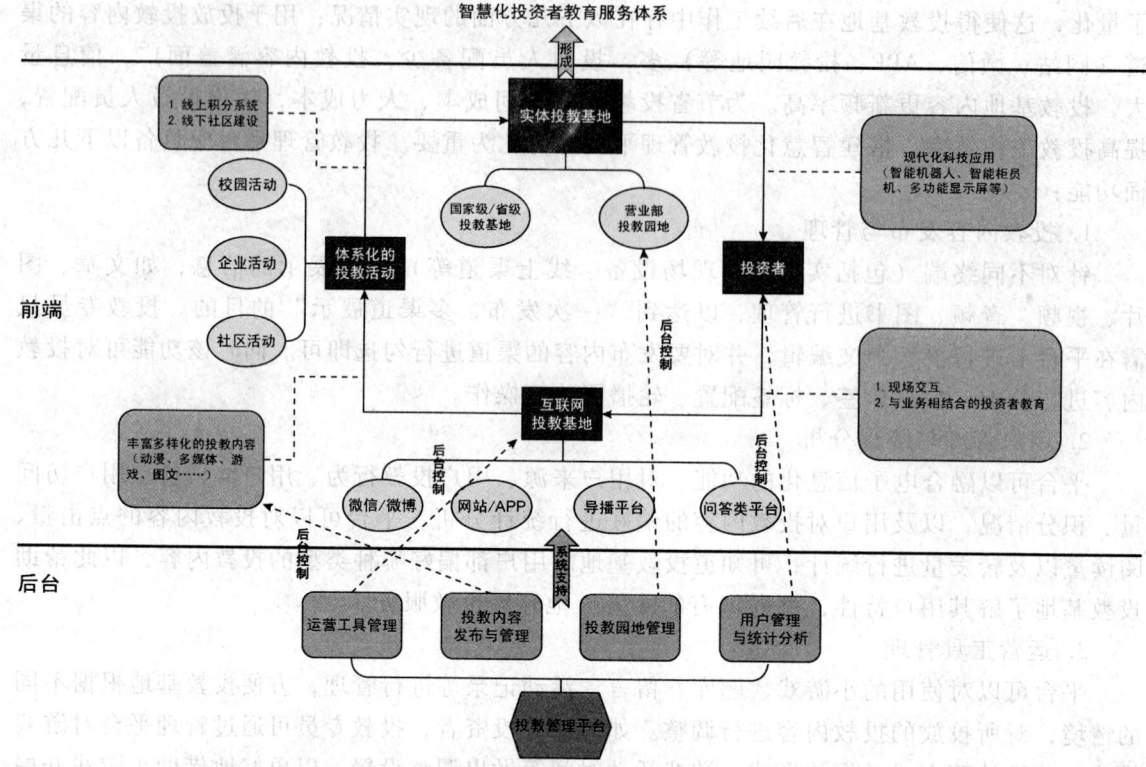

图 1 智慧化投教服务体系

以投资者为中心的投教服务体系研究

庄 炜 胡光华 陈 晴 黄 力 王苏蓉*

一、国内外投资者教育现状

投资者教育是指向投资者传播投资知识，通过倡导理性投资观念、提示投资风险、告知投资者权益保护途径，提高投资者素质的社会活动。国际证监会组织（IOSCO）等机构明确提出投资者教育工作的六项基本原则：（1）投资者教育应有助于监管者保护投资者；（2）投资者教育不应被视为对市场参与者监管工作的替代；（3）证券经营机构应当承担各项产品和服务的投资者教育义务，将投资者教育纳入各业务环节；（4）投资者教育没有一个固定的模式；（5）鉴于投资者的市场经验和投资行为成熟度的层次不一，并不存在广泛适用的投资者教育计划；（6）投资者教育不能，也不应等同于投资咨询。

（一）国际投资者教育现状

1. 美国投资者教育情况介绍

美国的投资者教育体系涵盖证券交易委员会、证券交易所、证券经营机构三个层次。美国证券交易委员会专门设立投资者教育与宣传办公室，具体包括三个职能单位：（1）投资者教育办公室，负责执行投资者教育计划，领导教育研讨会和投资者导向活动；（2）投资者援助办公室，负责回应公众的问题、投诉和建议；（3）首席法律顾问办公室，负责为公众创建有关证券相关主题的教育材料，并提供有关证券和行政法问题的建议。美国证券交易所致力于向大众介绍储蓄与投资的基本知识，宣传交易所的各项规则和服务，鼓励投资者到纽约交易所进行投资。美国证券经营机构承担大量的投资者教育工作，且服务模式较为成熟，主要采取一对一的咨询服务来落实投资者教育工作，并凭借强大的经济实力，开展面向

---

* 作者单位：海通证券股份有限公司。原载于《中国证券》2018 年第 10 期。

社会大众的教育活动。

2. 日本投资者教育情况介绍

日本证监会设立了投资者教育部门,并于 2005 年启动"大众的经济教育",对全国的中学生、大学生开展金融经济教育,将国民教育纳入证券经营机构的日常工作中。

以野村证券为代表的日本证券经营机构认为,金融和经济知识对资本市场及国民经济的有效发展起着至关重要的作用。野村证券采取"出差授课"的投教模式,即定期派出员工到学校或社区进行授课。据野村证券 2017 年年报显示,截至 2017 年 3 月底,共计向 76.72 万人提供了金融和经济课程教育,并向 76.10 万人捐赠了免费教材,具体见表 1 和表 2。

表 1　　野村证券金融和经济教育实施成果(截至 2017 年 3 月 31 日)

序号	类别	开始时间	学校/参与者数量	参与人数(人)
1	Nikkei 股票社团	2000 年	26 118 个项目	103 528
2	大学金融课程	2001 年	1 758 所学校	228 200
3	社会金融课程	2003 年	7 850 个场次	391 650
4	出差授课(小学、初中、高中、大学、教师)	2008 年	1 066 节课	43 787

表 2　　野村证券教材捐赠情况(截至 2017 年 3 月 31 日)

序号	类别	开始时间	学校/参与者数量	参与人数(人)
1	小学教材(《经济学课堂》《社会系统和货币角色》)	2008 年	378 所学校	103 528
			25 503 份	228 200
2	初、高中教材(《T恤商铺》)	2006 年	56 所学校	391 650
			4 664 份	43 787

资料来源:野村证券官网。

(二)国内投资者教育服务现状

随着国内证券市场的持续发展,不同层次资本市场参与主体均不断加强投资者教育工作。

1. 中国证监会及自律监管组织

制度完善方面,中国证监会明确以投资者教育基地为引领,促进中介机构开展投资者教育工作的积极性,并将投资者教育基地的开展情况逐步纳入证券经营机构的分类分级考评中。组织保障方面,中国证监会于 2014 年 12 月批准成立中证中小投资者服务中心,加强投资者教育和投资者维权。机制优化方面,国务院办公厅指出要建立多元化纠纷解决机制,支持自律组织、市场机构独立或者联合依法开展证券期货专业调解,为中小投资者提供免费服务。中国证券业协会于 2016 年 2 月发布《中国证券业协会证券纠纷调解工作管理办法》,为妥善解决证券业务纠纷、保护投资者合法权益正式提供制度依据,具体见图 1。

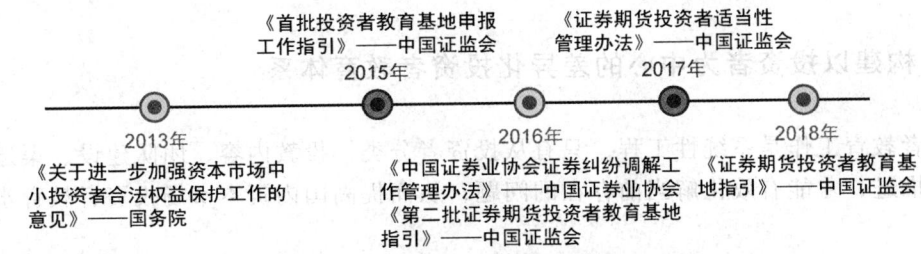

图1　国内投资者教育及权益保护相关法律法规建设

资料来源：海通证券整理。

2. 证券交易所

上海证券交易所自2009年起连续举办"3·15"征文、投资者教育能手、投资者教育品牌等主题活动；自2013年起联合多家主流媒体推出"我是股东——中小投资者走进上市公司"系列活动；自2017年起搭建"百川众学"互联网共享平台，集中展示各中介机构优秀的投资者教育和权益保护教材。深圳证券交易所目前已建立"互动易、投票易、呼叫易、分析易、投知易、征集易"六位一体投资者教育平台，帮助投资者学习证券基础知识、业务规则，及时了解上市公司信息，参与上市公司的重大决策。

3. 证券经营机构

国内证券经营机构积极响应监管部门开展投资者教育活动的倡导，并从投资者教育基地建设、投教产品创设、投教活动组织等方面夯实投资者教育工作。截至2018年7月，全国性投教基地有29个，省级投教基地有82个。其中，海通证券、广发证券、华福证券等券商投教基地已初步形成自身特色。海通证券以投教基地为载体，开展"未来的金融大师"等投教活动，打造学生的课外实习基地，累计参与人次超过一万；广发证券以互联网投教基地为主，通过在线互动，打造线上"1对1"投教服务模式；华福证券以"证券历史长廊、闽台证券馆、科技投教馆"为特色，打造实体投教基地。

（三）当前国内投资者教育面临的问题

国内投资者教育体系架构日渐清晰，并在资本市场的健康运行中发挥着积极作用。由于国内资本市场和投资者结构的特征，国内证券经营机构投资者教育工作仍存在进一步完善的地方。通过对国内具有丰富投教工作经验的人士进行调研，当前投资者教育工作主要存在以下问题：

一是证券经营机构缺乏开展投教工作的主动性和积极性。首先，投资者教育工作与业务拓展割裂，证券经营机构关注的是投资者教育能否促进业务发展和服务落地；其次，目前已有的投资者服务工作量已经较为饱和，证券经营机构缺乏较为高效的资源利用方法来深入开展投教工作。

二是投资者教育与投资者服务尚未有效衔接。行业内普遍提倡以投资者为中心，围绕不同类别的投资者提供差异化服务；而当前的投教工作在开展过程中缺乏统一规划，活动的内容和形式主要为满足监管要求，未能有效地整合内部服务资源。

二、构建以投资者为中心的差异化投资者教育体系

投资者教育工作是系统性工程,只有从投资者分类、投教内容、团队建设、渠道建设等方面协同推进,才能有效化解当前存在的问题,从而提高国内资本市场投资者教育水平。

(一)推进以投资者教育为目标的客户分类体系

日常经营中,证券经营机构根据经营目标,从不同维度对投资者进行分类,主要包括投资者资金规模、交易频率、风险等级等。例如,按照投资者资金规模划分,可分为0—50万元、50万—100万元、100万—500万元、500万元以上四级,这种划分方式能够有效解决有限服务资源匹配的问题,但是不能较好地反映投资者的投资经历和知识水平。

投资者教育工作的关键在于有效判断客户专业知识水平、风险防范能力和维权能力,契合适当性管理的内在要求。在借鉴适当性管理分类基础上,可将投资者分为三类:第一类为潜在投资者,涵盖学生、上班族等尚未进入证券经营机构服务体系的社会群体。上班族学习时间较为分散,不利于开展集中性投教活动;而学生的学习时间相对比较充裕,也是证券市场的后继力量,针对学生的投教活动应成为潜在投资者投教工作的重中之重。第二类为普通投资者,这类投资者的特征是投资经历较少、资产规模较小、证券市场基础知识较薄弱。第三类为专业投资者,这类投资者的特征是具有一定年限的投资经验,具备一定的市场知识、良好的经济基础、理性的投资观念和逻辑。在此基础上,可以结合投资者教育工作目标进一步细分,从而实现客户全覆盖和投资者教育工作的精准定位。

(二)打造以客户分类为基础的差异化投资者教育内容

证券经营机构开展投教服务活动较为踊跃,但缺乏对投资者教育内容的系统梳理。本文以投资者分类为基础,通过分析不同类别投资者的需求,构建全市场差异化投资者教育内容模型,具体见图2。

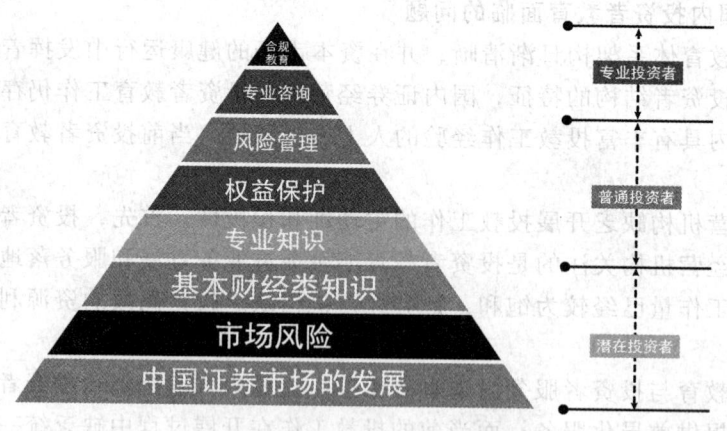

图2 投资者分类服务内容结构图

资料来源:海通证券整理。

1. 针对潜在投资者的教育内容

潜在投资者投教工作的关键在学生投教,证券经营机构可以从"了解中国证券市场的发展""了解基本的财经类知识""了解市场风险"三方面入手,做实提升国民素养的投资者教育工作。

(1) 了解中国证券市场的发展。以史为镜,可以知兴替。中国证券市场已走过近30年的路程,在不断发现问题与解决问题中逐步形成了自身特色。投资者通过了解中国证券市场的形成、发展及所遇到的问题,可以对中国证券市场的发展形成框架认识。

(2) 了解基本的财经类知识。对于不同年龄段的学生来说,能够接受的财经类知识不同,证券经营机构需由浅入深、逐步搭建财经知识的金字塔框架;挑选专业知识强的业务骨干,对学生进行授课;把实际的业务案例编入学生教材;研发模拟交易类软件,帮助学生进行实操练习(见表3)。

表3　　　　　　　　　　　　　　学生投教内容

序号	潜在投资者类别	投资者教育工作着力点
1	小学及以下	认知水平有限,主要让学生了解金融的基本概念,激发学习兴趣,如货币是什么,纸币的起源等
2	中学	具备一定的认知能力,可引入基本的财经类概念,如资产、负债、所有权、股票分红等
3	大学	具备一定的研究能力,且学习能力较强。可以让学生较为系统地学习企业的财务报表分析金融衍生品等内容,并提供模拟交易训练

资料来源:海通证券整理。

(3) 了解市场风险。证券经营机构可以通过案例讲解,帮助学生加深对市场风险的认识、掌握识别市场风险的方法。如,伴随着互联网金融的兴起,校园贷款快速发展,证券经营机构可以结合相关案例解析"校园贷"的利息、违约金、手续费、逾期滞纳金等条款,让潜在投资者充分认识合同协议的重要性。

2. 针对普通投资者的教育内容

普通投资者对于证券知识、交易规则、自身风险承受能力的认识相对有限,没有经过系统培训。证券经营机构应当从专业知识、权益保护、风险意识三方面做好投资者教育工作。

(1) 专业知识教育。专业投资知识储备是制定科学投资决策的基石,为投资者提供良好的投资知识教育服务,应当成为证券经营机构投资者服务体系中必不可少的基础功能之一。初入市场的参与者,由于缺乏交易规则、研究方法等专业知识,需要证券经营机构帮助其掌握上市公司的研究方法、买卖决策的依据、市场机会的发掘判断、金融产品的筛选甄别等技能。

(2) 权益保护教育。由于发展阶段不同,加上资本市场的复杂性,当下市场普遍存在个人权益受到侵害的现象。证券经营机构应当通过投资者权益保护教育,最大限度地保护投资者的合法权益。一方面,应当树立投资者的维权意识,明确知权是有效行权和维权的前提条件;另一方面,应当使投资者充分了解维护权利的途径和方法,切实提高投资者的自我保护能力,完善并健全投资者权益保护的长效机制。

(3) 风险意识教育。普通投资者由于参与市场投资的时间不长,风险意识不强,一方面,对自身的风险承受能力认识不足,缺乏资产配置理念;另一方面,对市场风险的认知不足,缺乏对证券经营机构及金融产品合法性的辨别能力。尤其是近年来以私募基金为名进行非法集资的诈骗案件在增加,证券经营机构可以根据投资者不同的风险承受能力和投资需求,给出相应的资产配置建议,帮助投资者防范风险,提高风险应对能力。

3. 针对专业投资者的教育内容

专业投资者具备较为丰富的投资经验,拥有一定的专业知识,掌握维权的路径和方法,更希望得到专业性研究服务。同时,专业投资者具有资金等优势,证券经营机构应当加强对专业投资者的合规交易教育。

(1) 专业的企业咨询服务。证券经营机构普遍设立研究所等专业部门,可以向投资者提供研究报告或路演视频;带领投资者走进上市公司,直接向企业的董秘或财务总监提出问题。

(2) 合规交易教育。部分专业投资者在进行交易时,因资金量较大或利用交易规则,发生异常交易行为,如隔日反向交易、拉抬打压、异常对敲等,容易对市场造成一定程度的影响。券商可以开展专业投资者的合规交易培训,向其讲解交易所的交易规则。

(三) 构建多层次投资者教育服务团队

投资者教育服务团队是确保投教工作落地的核心力量,证券经营机构应结合日常经营管理进行内部挖潜,建立健全涵盖全部业务的专业化投资者教育团队,辅之以有效的激励手段,从而提升投资者教育工作的针对性和有效性。

证券经营机构可以围绕投资者需求搭建三个层次的投资者教育服务团队:一是以证券经营机构总部为主的专业化研究团队,对证券市场的事件、企业经营状况作出分析和判断,提示投资者规避相关风险;制作专业性强、便于理解的投资者教育产品。二是以分支机构为主的投资顾问团队,帮助投资者全面了解各项业务的风险。三是以证券经营机构客服中心为主的咨询解答团队,及时向投资者解答日常交易过程中碰到的问题,并形成常用问题解答题库(见图3)。

图3 专业化投资者教育团队

资料来源:海通证券整理。

(四) 开展投资者教育渠道传播及展示模式创新

通过对200名投资者的问卷调查,发现43.17%的投资者偏好视频类内容,22.53%的投资者偏好互动类内容,20.37%的投资者喜爱讲座和论坛,13.93%的投资者喜爱文字类内容;78.23%的投资者会选择至互联网端学习证券类知识。从问卷结果来看,投资者教育的发展趋势应通俗化、案例化、形象化和互联网化。

1. 多样化传播渠道

投资者教育的传播渠道主要有互联网、证券营业部、学校、社区等。证券经营机构可以借助互联网开展大范围的投资者教育,并采用"积分"形式,激发投资者的学习兴趣。证券营业部主要通过活动形式对投资者进行专业化主题教育,及时解答投资者在投资过程中碰到的问题,向投资者提供业务咨询服务,揭示业务风险、产品风险等。学校、社区主要向公众普及证券基础知识、风险防范等内容,帮助投资者建立起理性投资、价值投资的观念。

2. 生动化展示方式

投资者更倾向于简单的理解方式,能够快速地了解证券市场。证券经营机构要做好相关规章制度的"翻译官""解读者",把较难理解的规章制度、业务规则转变为易懂的语言、文字或是生动的图片、小视频,并且能够通过投资者熟悉的场景帮助其记忆,帮助其更省时便利地了解相关内容。

(五) 加大互联网和大数据等创新技术在投资者教育工作中的应用

在互联网和大数据的时代背景下,金融科技对人类社会产生深远影响,是金融适应信息时代所发生的一次深刻变革。国内证券经营机构可以结合互联网大数据技术在金融行业的已有探索,对其在投资者教育中的应用进行有效的融合和优化,充分整合已有的客户服务资源。

一方面,利用大数据技术建立以标签为基础的投资者画像库。证券经营机构可以利用CRM(Customer Relationship Management,客户关系管理)平台,从用户的个人信息、交易信息等维度,进行大数据处理和分析,深度挖掘投资者的账户特征,提高差异化的投资者教育服务效率和水平。另一方面,利用互联网技术提升投教内容的触达率和时效性。对于市场风险、上市公司财务风险等内容,证券经营机构可以将其纳入信息系统,自动生成MOT(Moment Of Truth,关键时刻)推送任务,及时提醒投资者注意相关风险;将提示内容置于行情软件或交易软件上,投资者查看行情或购买股票时,系统会自动推送至投资者。

三、海通证券开展以投资者为中心的投资者教育工作实践案例

海通证券投资者总数突破1 000万人次,营业部数量基本覆盖全国各省市,官方交易软件——e海通财年装机量为2 132万次,日活跃数超过150万人次。公司正致力于打造"以投资者为中心"的投资者教育体系,其基本框架为公司总部统一部署投资者教育的内容生产和线上运营;公司"95553"客服中心负责投资者的日常业务问答;营业部负责开展投资者教育活动,宣传投资者教育内容。

海通证券将投资者分为潜在投资者、普通投资者和专业投资者三类,提供不同层次的教

育内容，并开展有针对性的投资者教育工作。

针对潜在投资者，公司结合监管部门要求，以学生投教为切入点，开展多种形式的国民财经教育活动。一是开展投资者教育校园行活动。公司已走进上海财经大学、浦东新区华林小学、大庆市第二中学等多所学校，覆盖小学、初中、高中及大学，授课内容主要包括：货币的认识、中国证券市场简介、企业财务分析等。二是合作编写投资者教育材料。与第三方教育机构合作编写了"未来的金融大师"财商培训教材，该教材已纳入上海市部分小学课外课程；与上海财经大学合作，参与《金融中国——通识篇》教学课程，该课程已纳入本科学生的学分课程。三是建立课外实习基地。公司已和多家学校达成国民教育的合作协议，成为学校的定点课外实习基地。

针对普通投资者，公司制定了普通投资者成长计划。一是不断丰富和完善以"新手大礼包"为核心的投资者教育内容。投资者开户后，公司发放"新手大礼包"动漫教材，内容包括股票、债券、场内基金、港股通、上证50期权等。二是搭建以事件驱动为核心的投资者教育内容团队和工作机制，及时解读市场重大风险、投资机会和政策热点，并将信息及时推送到APP、微信公众号。发布"事件驱动"内容以来，累计阅读量已超过100万人次，公司事件驱动投资者教育工作获得了投资者的一致好评。三是与中证中小投资者服务中心签订了战略合作协议，旨在为投资者提供和解、维权服务。在欣泰电气的先行赔付维权中，公司组织投资者积极参加维权赔付，营业部通过电话回访向持有欣泰电气的投资者讲解赔付方法，帮助其申报适格投资者。

针对专业投资者，公司着力打造走进上市公司专项投资者教育活动。利用内部资源帮助专业投资者获取市场信息；定期组织港股通、期权等业务的策略报告会，邀请行业专家向投资者授课，讲解投资策略和方法；通过投资顾问解读，将研究所专业分析师的讲课内容放置于网上，帮助投资者更好地提升专业能力。

投资者教育表现形式方面，海通证券始终注重展示形式的创新。按照"专业知识通俗化""文字内容图文化""线上线下一体化"的思路，综合利用电影、手绘画、动漫等向投资者提供教育内容。例如，以电影《十里桃花三生三世》为背景，制作适当性投教片《适当管理，稳固乾坤》；以电影《复仇者联盟2》为背景，制作沪港通专题投教材料；以手绘画的形式制作《理性投资，从我做起》宣传片。通过调查问卷，发现投资者对这些图文、微电影的方式更感兴趣。

传播途径方面，公司将投资者教育内容嵌入客户信息管理系统、官方交易软件中。将市场重大风险事件及时推送到客户交易软件上，如金亚科技、长生生物等股票发生重大风险事件时，公司将其通过e海通财及时推送给投资者，提示投资者及时识别风险，谨慎参与投资。公司通过对客户的交易行为、资产情况构建投资者的基本画像，帮助投资者进一步加强自我认识。公司正逐步推动"以客户为中心"的投资者教育体系。

四、结论

随着中国资本市场的不断成熟，投资者教育工作被提到全新高度。2015年，中国证监会发布了《首批投资者教育基地指引》，推动证券经营机构加强投资者教育工作；2018年，将投教相关工作纳入证券公司的分类评价体系。文章从客户分类、教育内容、团队建设、传播及展示、互联网技术等方面，探索构建"以投资者为中心"的投教服务体系；并以海通证券为例，阐述了通过该体系的建立，能够提高潜在投资者的财经素养，提升普通投资者的知识储备、风险意识和维权能力，加强专业投资者的投资技能和专业分析能力，并取得了良好效果。

投资者教育工作是循序渐进的过程，为进一步推动投资者教育与客户服务体系的完善进程，建议监管部门设置投资者教育基金，对行业内的优秀活动、产品、工作机制进行奖励。通过市场各方的努力，将投资者教育工作推向一个新的台阶。

参考文献

[1] Emerging Markets Committee. Investor Education [R]. Organization of Securities Commissions, October 2002.

[2] 顾海峰. 我国证券市场个人投资者教育问题研究 [J]. 上海金融, 2009 (5): 48—51.

[3] 顾海峰. 我国证券市场投资者非理性行为的治理路径研究——兼论投资者教育体系的构建 [J]. 南方金融, 2013 (3): 62—65.

[4] 张毅. 我国证券市场投资者教育的第三方模式研究 [J]. 上海师范大学学报（哲学社会科学版）, 2010, 39 (1): 59—64.

[5] 赵敏. 加强投资者教育夯实资本市场投资者保护基础 [J]. 清华金融评论, 2017 (6): 20—24.

[6] 中投顾问. 2018—2022年中国金融科技产业深度调研及投资前景预测报告 [R]. 深圳: 2018.

境外投资者教育经验调研报告

余德曼[*]

一、基本情况介绍

境外投资者教育是保护投资者、培养投资者投资理财能力的重要手段，投资者教育多围绕传播金融知识、培养投资理财技能、揭示投资风险等方面开展，旨在帮助投资者科学、合理地对个人资产进行规划与配置，因此，教育内容较为广泛，不限于证券资本市场的投资，也包括财务知识、财务规划理念及重要性的传播。教育服务的对象不仅包括资本市场的投资者，也包括专业人士、教师、家长、学生、在职人士、特殊群体等社会各类群体，是适用于社会大众的教育活动。在境外，投资者教育也被称为金融理财（Financial Competency）教育、财商（Financial Literacy）教育。开展投资者教育的机构众多，包括监管机构、自律组织、金融机构、公益组织、学校、媒体等。

二、投资者教育开展的重点

（一）划分受众范围，因材施教

境外投资者教育或金融理财教育的覆盖面较广，受众不仅限于资本市场的投资者，学龄前儿童、学生、职场人士、老年人、贫困人口等都是金融理财教育的对象。由于不同年龄、处于不同社会环境的群体的学习能力、知识水平、对金融市场的认知与态度等方面存在差异，境外通常会根据受众的年龄、受教育程度、所处的社会环境等方面对受众进行划分，针对不同的群体制定不同的教育方式和金融课程。

根据受教育程度制定课程是常见的一种教育方式。例如，境外机构通常把学龄前儿童至

---

[*] 作者单位：中证互联股份有限公司。

大学阶段的学生划分为几个不同的群体，为不同的群体量体裁衣，进行不同金融课程的教学。如学龄儿童的重点教学任务是帮他们树立正确的金钱意识；针对小学生的课程，主要是储蓄、管理零花钱等与金钱相关的基础知识；而针对大学生的课程，主要是信用卡的使用、学生贷款、消费意识、储蓄及投资等与他们生活相关、涉及理财规划的课程。针对学生的理财教育互动性较强，主要有为师生定制的课程、知识竞赛、线上小游戏等方式。定制的课程包括教师教学手册、学生手册或练习、教学 PPT 等。境外高校之间也会开展金融方面的知识竞赛，通过激励机制调动学生参与的积极性。此外，有的投教网站上会为不同年纪的学生设置不同的理财小游戏，通过娱乐的方式让学生加深对金融知识的认识。

根据社会背景进行受众划分提供相应的教育是另一种常见的教育方式。例如，境外会对老年人、职场人士、运动员、退役军人等群体进行调研与评估，开展专项活动进行金融知识的普及，或在网上开设专栏为他们提供全面的知识等。

（二）调研与评估

境外投资者教育注重对投资者和教授对象的调研与评估。一是通过调研与评估可以更好地了解投资者，实时调整投教策略，推出满足不同投资需求的产品；二是通过调研也可以让教授对象对当前的经济情况有初步了解，更直观地意识到自己在金融及财务规划方面的偏差。

例如，日本银行[①]对 25 000 名年龄在 18—79 岁的投资者进行了一次关于金融素养和金融行为的调查，调查主题为金融知识、财务行为及财务态度，包括年龄、性别、一般教育程度、金融教育程度、收入、职业、阅读财经资讯频率、理财决定技能、买卖股票、基金及外汇经营等问题。研究发现，金融知识的主要决定因素是教育水平、收入、年龄。职业、金融知识水平与一般教育水平、储蓄行为、金融包容性显著相关。调研结果可以为调整金融教育的政策实施及力度、规划更有效率的金融教育方案、改善金融素养等方面提供依据。[②]

调研与评估的结果除了为指导开展投教的机构实施投教策略提供依据外，在评估方式上，境外机构的设计也别出心裁，让受众通过简单的评估了解影响自己财务规划的基本要素、自己在财务规划方面的认知偏差等。例如，在加拿大金融消费者管理局（FCAC）和不列颠哥伦比亚省证券委员会（BCSC）推出的面向中学生的财商培育项目 "The City" 中，调查问卷除了对金融基本知识进行评估外，还以城市为单位制作了进行生活方式检测的工作表（Lifestyle Reality Check），让学生对未来生活各项开支或未来想从事的职业进行规划，然后把学生的财务规划与当前居住的城市及大城市的消费标准、收入水平进行对比，让学生更直观地看到差距，从而帮助学生在学习及生活中根据情况调整自己的财务规划（见图 1 和图 2）。

---

① 日本银行：日本银行是日本的中央银行，履行发行纸币现钞、搜集金融经济信息并对其进行研究等职能。
② 资料来源：《出席 2018 年 IFIE – IOSCO 第 10 届全球投资人教育年会及 IOSCO 个人（散户）投资者委员会报告》。

Module 2: Lifestyle Reality Check

An interactive worksheet that shows students how their expectations for their future lifestyle match up against their projected income.

- Alberta (PDF, 2.32 MB)
- British Columbia (PDF, 4.22 MB)
- Manitoba (PDF, 2.67 MB)
- New Brunswick (PDF, 2.12 MB)
- Newfoundland and Labrador (PDF, 1.96 MB)
- North West Territories (PDF, 1.24 MB) ← 每个省有对应的配套材料
- Nova Scotia (PDF, 3.02 MB)
- Nunavut (PDF, 1.24 MB)
- Ontario (PDF, 3.09 MB)
- Prince Edward Island (PDF, 1.76 MB)
- Quebec (PDF, 1.51 MB)
- Saskatchewan (PDF, 2.97 MB)
- Yukon (PDF, 1.29 MB)

图 1 加拿大金融消费者管理局"The City"的工作表（一）

STEP 1: Choose where you'll live when you leave high school. Then enter the amount appropriate for your area, using the figures given as a guide.

理想预算 Your Budget — 生活开支明细

Estimated average costs for Alberta youth after high school

	Your Budget	Large City/Urban Centre (大城市实际水平)	Rest of Alberta (居住地实际水平)
Housing			
At home with parents		197	184
One-bedroom apartment		1,239	852
Share two-bedroom apartment with roommate		668	426
Transportation			
New car – Toyota Matrix		813	774
Used car – 2002 Chevrolet Cavalier		526	514
Public transit – monthly pass		82	0
Food			
Eat at apartment only		232	238
Eat at apartment and eat out occasionally		344	351
Utilities			
Electricity		44	44
Heating – electric		54	54
Heating – gas / oil		44	44
Telephone			
Local (basic service)		41	41
Long distance (talk a little)		5	5
Long distance (talk a lot)		22	22
Cellphone (local)		44	44
Computer			
Hardware		98	98
Software		27	27
Internet connection		38	38
Clothing			
Shop a little		50	46
Shop a lot		191	191
Health care			
Medications and dental		30	39
Glasses/lenses		11	13
Insurance			
Medical premiums (if not under parents' plan)		48	48
Apartment contents insurance		27	22

图 2 加拿大金融消费者管理局"The City"的工作表（二）

(三) 开设线上教育

除了传统的线下活动如印发教学材料、开展投资讲座、线下研讨会、投资者见面会等，境外投教机构还在官方网站为投资者设立专门的入口，为投资者提供资讯、工具、金融知识科普服务，或开设专门的网站，为大众提供丰富的学习金融、理财知识的资源。例如，由"香港投资者教育中心"推出的"钱家有道"金融理财教育平台，免费为中国香港市民提供金融知识相关资讯、热门专题、金融常识的教学视频、理财工具等，以生动有趣、通俗易懂的方式帮助中国香港市民学习计划与管理个人财务（见图3）。

图3 "钱家有道"官网

三、境外投资者教育的特点

(一) 知识体系完整全面

境外对公众金融理财能力的培养涵盖广泛，不仅包括知识的科普，也包括技能、态度、动机及行为方面的教育。涉及的知识不仅局限于证券市场的知识，也包括支出与预算、银行与储蓄、保险等方面的知识，即将与公众经济活动相关的金融知识分为不同的模块，每个模块再细分为与之相关的各个知识点，各个知识点以通俗易懂的语言、图片、测评、案例等形式进行科普。体系化的知识结构，可以让公众对金融市场及与其资产管理相关的经济要素进行全面了解。

图4为加拿大金融消费者管理局网上财商培养项目"金融工具箱"（Your Financial Toolkit）的截图。金融知识按照"收入、花费与预算""银行业务""储蓄""信贷管理""抵押贷款""保险""投资""所得税"等部分组成，每个版块又由与之相关的各个知识点组成，可访问知识点对应的链接进行学习（见图5）。

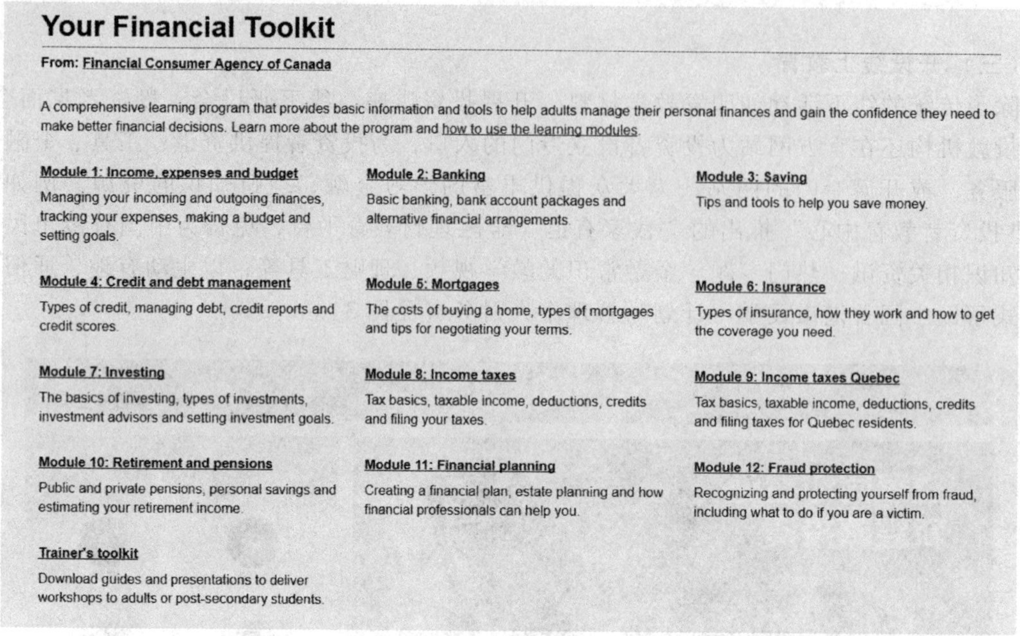
Your Financial Toolkit

From: Financial Consumer Agency of Canada

A comprehensive learning program that provides basic information and tools to help adults manage their personal finances and gain the confidence they need to make better financial decisions. Learn more about the program and how to use the learning modules.

Module 1: Income, expenses and budget
Managing your incoming and outgoing finances, tracking your expenses, making a budget and setting goals.

Module 2: Banking
Basic banking, bank account packages and alternative financial arrangements.

Module 3: Saving
Tips and tools to help you save money.

Module 4: Credit and debt management
Types of credit, managing debt, credit reports and credit scores.

Module 5: Mortgages
The costs of buying a home, types of mortgages and tips for negotiating your terms.

Module 6: Insurance
Types of insurance, how they work and how to get the coverage you need.

Module 7: Investing
The basics of investing, types of investments, investment advisors and setting investment goals.

Module 8: Income taxes
Tax basics, taxable income, deductions, credits and filing your taxes.

Module 9: Income taxes Quebec
Tax basics, taxable income, deductions, credits and filing taxes for Quebec residents.

Module 10: Retirement and pensions
Public and private pensions, personal savings and estimating your retirement income.

Module 11: Financial planning
Creating a financial plan, estate planning and how financial professionals can help you.

Module 12: Fraud protection
Recognizing and protecting yourself from fraud, including what to do if you are a victim.

Trainer's toolkit
Download guides and presentations to deliver workshops to adults or post-secondary students.

图 4　加拿大金融消费者管理局“金融工具箱”截图

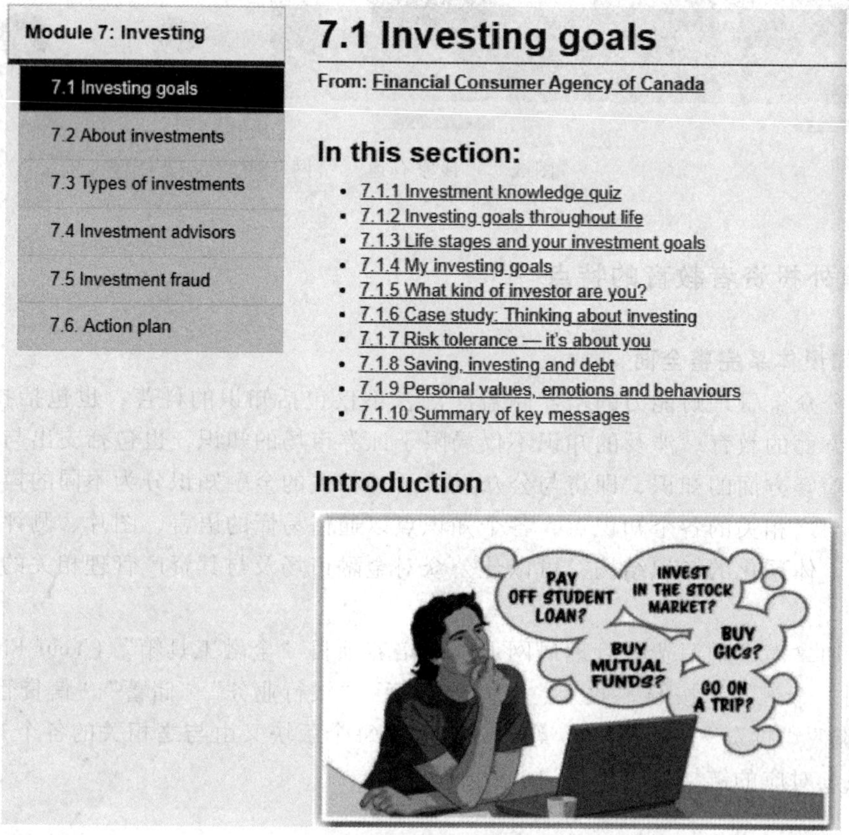

图 5　“投资”版块截图

(二) 开设定制化课程，打造品牌

境外监管机构及自律性组织的官网除了为投资者提供免费资讯、金融知识的查阅外，还为不同的投资者设计了定制化的课程，开设特色学院，打造属于自己的投教品牌。例如，新加坡交易所（SGX）开设的"新交所学院"（SGX Academy）以知识为导向，将投资者分为初级、中级及专业投资者三个层级，分别为他们设计了差异化的进阶体系的课程。每个水平的课程包含多个主题，投资者可以根据需求或兴趣付费学习课程，课程形式包括线下研讨会和线上课程，由新加坡交易所专门聘请行业专家或讲师进行授课（见图6）。

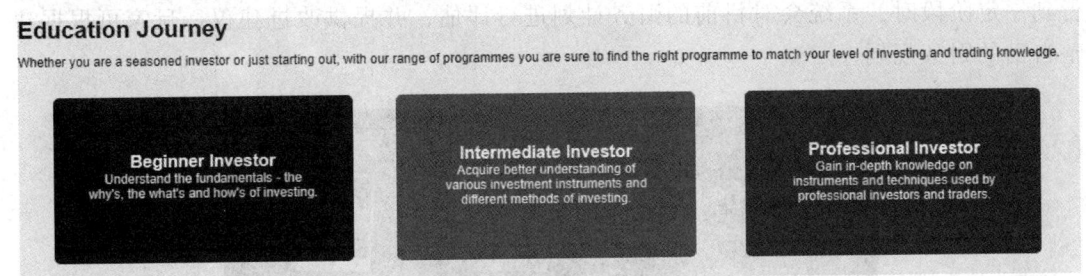

图6 新交所学院课程截图

芝加哥期权交易所（CBOE）在其官网开设了"期权学院"（The Options Institute），为具备不同期权知识基础的投资者开设教授期权基础知识、期权交易和策略的课程，课程分为初级、中级、高级及拓展课程四种。学习课程的投资者在期权学院注册、填写相关信息后，可进行期权知识水平的评估，根据自己掌握期权知识的水平，选择合适的课程进行学习，并在课程的规定时间内（通常从注册之日起6周）参加此门课程的考试。如果考试通过后，可获得证书（每门课程有2次考试机会），也可以向学院提问，进行学习交流。同时，期权学院还开设了"教育参观"（Educational Tours）的付费线下活动，由专业的期权交易员及导游带领报名参加活动的投资者参观期权交易所，从专业人士的角度结合场景讲解期权相关知识及发展历史，现场答疑，组织线下培训，发放定制的纪念品徽章。目前，该线下活动有两种行程，两种行程分别对应不同的活动内容与价格，投资者可根据兴趣与需求在两种行程中进行选择。

（三）与场景结合

境外投资者教育通常将大众消费、储蓄、投资等与理财、财务规划相关的场景罗列出来，根据对应的场景梳理需求，再根据需求策划内容，把相关的金融知识与大众生活紧密地结合起来。例如，"香港投资者教育中心"把人的生命周期分为几个重要的人生阶段，如踏入职场、结婚、置业安居、生儿育女、退休、遗产规划，每个阶段都有对应的财务规划与理财小技能的相关内容。境外的投教机构也会根据生活中的突发或热门事件，如失业、患病、买车买房、上大学等，制作相关的投教内容。

此外，针对在实际生活中没有达到投资理财条件的群体（如学生），境外投教机构结合生活中的场景，设计了与投资理财相关的课程与线上小游戏。例如，在加拿大金融消费者管理局财商培养项目"The City"中，课程设置8个不同年纪、不同社会背景的虚拟人物，让

学生分组选定一个人物，参与到此人物的"经济活动"中。后续的教学活动围绕这些虚拟人物的一系列经济活动展开，学生在学习金融知识的过程中，可以根据选定人物的经济情况、身份、社会背景、性格特点分析这些人物在经济活动中做出决定的动机，判断财务决定是否恰当等。

设置虚拟角色的方式也被应用到投教线上小游戏中，图 7 为 VISA 设计的理财小游戏，玩家可根据游戏角色的社会背景、财务状况等选择角色，根据游戏设定参与到角色的经济活动中，为角色做出生活中的各项财务决策，如清偿债务、支付房租和养老金等，并在遇到各种投资机会时，做出自己的判断和选择，或根据所获的投资收益，实时调整财务规划。游戏进行到一定阶段时，系统会对目前的财务计划进行评估，并提供改进建议，玩家可根据建议调整自己的财务规划。

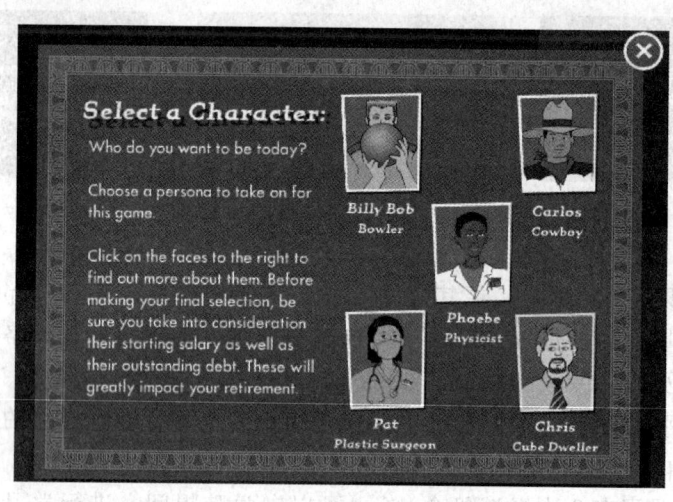

图 7　VISA 开发的线上理财小游戏

（四）重视投资风险教育

除了金融基础知识的普及外，境外投教机构也相当重视投资者的风险教育，教导投资者如何识别市场上层出不穷、形式各异的投资骗局以及开展投资前需要注意的风险点，比如常见的投资骗局的形式、如何识别与选择投资咨询顾问、投资骗局的特征等。投资骗局的教授也比较重视投资者的直观体验，开展的方式有视频教育、开设网上讨论区、设计模拟体验等。例如，新加坡金融管理局在线上为投资者设计了模拟投资海岛休闲度假旅游胜地的投资骗局，通过设计吸引人的投资项目，引导投资者进行"投资"，投资者选择"投资"后，会进入告知投资者已陷入投资骗局的页面，投资者可以从该页面了解到该投资骗局的特征。通过此类模拟体验，可以加深投资者的印象，让投资者亲身体验投资骗局，使投资者更直观地了解投资骗局的特点（见图 8）

（五）重视互动，调动投资者参与的积极性

境外投教机构除了积极致力于生产优质的投教内容外，也通过开展专题活动、投资者见面会、知识竞赛、研讨会等互动式的活动鼓励投资者参与到投资理财这项社会活动中。例

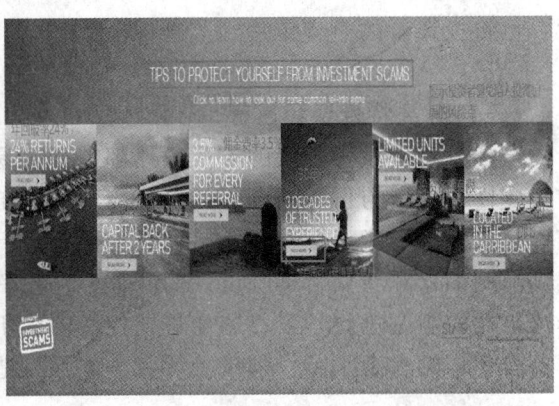

图 8　新加坡金融管理局海岛休闲度假旅游胜地投资骗局的模拟体验界面

如,由"香港信报"和"香港教育城有限公司"主办的面向中国香港中学生的"全港通理财问答比赛",通过线上线下相结合的方式,一方面引导参赛学生学习为比赛准备的线上课程,另一方面通过激励的方式调动学生参与的热情,同时也可检验学生的学习情况。中国香港理财月举行的"挑战自我·实现目标拍住上"的活动,号召市民在 Facebook 订立自己 2018 年的理财目标,附上"#hkmoneymonth2018#"的标签,邀请好友一起参与,接受挑战。该活动让市民亲自动手制定了理财目标,并且利用了邀请、分享的机制,不仅起到了宣传推广的作用,唤起了市民的理财意识,还使得网友可以相互分享学习到的理财知识。

四、境外投教经验的启示

(一) 重视培养投资者的理财意识

境外机构投资者教育、财商培养项目通常都是建立在大众对理财重要性与必要性的认知基础上的,开展投资者教育的机构在进行知识普及前都会告知投资者学习投资理财的必要性、进行财务规划或投资理财的原因与好处,帮助投资者树立健康的理财观念。日常生活中,家庭、学校、社区等也会积极参与投资理财的启蒙或培养活动。例如,境外很多家庭从小便开始培养儿童的金钱意识与理财思维;很多机构会出版指导教师在学校开展财商教育的教材;中国香港多家机构共同举办的为期三个月的"香港理财月"活动,更是通过多种形式如商场活动、电视节目等,向市民介绍与宣传理财知识,营造全民参与理财的活跃氛围。境外机构通过各种方式引起大众对理财的兴趣与重视,让大众认识到投资理财与自身生活息息相关,有助于培养他们深入学习投资理财相关知识、进行财务规划的热情。

(二) 重视投资者的需求与体验

境外开展投资者教育的方式并不是由专业机构或教育机构进行单向的知识输出,而是基于对投资者的了解,站在投资者的立场,以投资者需求为出发点开展教育。例如,文字材料的语言通俗易懂,让每个投资者都能读懂晦涩难懂的金融知识;很多金融知识的普及围绕着投资者的生活场景展开;重视投资者的反馈,如新加坡交易所在其官网开设了公众咨询的专栏,可将投资者的声音传达到监管层。

(三)开展特色课程教育

境外投资者教育开展的方式虽然都遵循由易到难、从简至深的进阶式逻辑开展,但设计方式多样,免费与付费结合。如果是简单的基础知识的科普或介绍,投资者在网上便可直接查询;如果投资者想接受专业培训与指导,进行深度学习,可付费接受一些品牌开展的特色教育。例如:在新交所学院设计的课程中,投资者可在与自己知识水平对应的多个课程里选择感兴趣的主题进行学习;芝加哥期权学院为不同投资者设计的进阶课程、认证考试以及线下寓教于乐的参观学习,都极具特色,并且打造了自己的投教品牌。

(四)利用丰富的资源,开展多元的投教方式

境外投资者教育的方式线上与线下结合,开展的形式丰富多样,包括出版刊物、视频教学、游戏、模拟体验、线上交流、知识竞赛、专题活动等,且多方机构共同参与,各自发挥自己的专业优势,重视营造良好、专业投教氛围,多维度、全方面地将投资者教育融入大众的生活中。

证券市场纠纷非诉调解机制研究

中泰证券(上海)资产管理有限公司　上海对外经贸大学法学院联合课题组*

近几年,我国证券、期货领域的纠纷案件数量呈现增长态势。数据显示,2015年全年,中国证监会12386热线接受投资者诉求高达10万余件,中国证监会全年处理举报1.7万余件,处理纠纷的压力很大。[①] 与此同时,各地法院受理的证券、期货纠纷案件数量也在显著增加[②],使得审判机关的压力也陡然增加。如何缓解监管机构及法院化解纠纷的压力?通过非诉方式解决日益增多的证券市场纠纷是一项重要的课题,对更好地保护证券投资者权益亦至关重要。

一、证券市场纠纷非诉调解基本理论

证券市场纠纷的形成与证券市场的发展密切相关。随着证券市场纠纷的频发,传统的法院诉讼因程序繁琐、时限冗长以及专业化不足而无法向投资者提供充分的保护。为此,需要考虑确立非诉讼纠纷解决机制,更多地引入专业机构或专业人士介入纠纷解决中。一方面,可更加便捷地解决证券纠纷;另一方面,亦可向投资者提供更充分的权益保护机制,维护证券市场秩序。

(一) 证券市场纠纷的概念及特点
1. 证券市场纠纷的定义

---

* 本文为中国证券业协会2017年重点课题。课题负责人:谢建杰,解正山;课题组成员:应晨奇,刘玉杰,陈旭,郁宇昊,凌思佳。

① 朱宝琛:"投服中心:抓紧筹建全国证券期货纠纷调解中心",载《证券日版》2017年4月25日,第2版。

② 以上海金融诉讼案件为例,随着证券投资者维权意识的增强,上海地区的证券、期货纠纷案件数量显著增加(其中,上海市一中院、二中院共受理证券虚假陈述责任纠纷1 064件、期货内幕交易责任纠纷186件、证券内幕交易责任纠纷169件);其他新型的金融案件也开始出现(如全国首例自然人诉证券资管公司因定向资产管理业务引发的股票交易纠纷案件、全国首例由中证中小投资者服务中心代理的证券支持诉讼案件、被中国证监会做出退市处罚的创业板上市公司质押式证券回购纠纷等)。参见上海市高院发布的《2016年度上海法院金融商事审判白皮书和十大典型案例》,http://shfy.chinacourt.org/article/detail/2 017/07/id/2 916 123.shtml,最后访问日期:2017年9月4日。

本文所指"证券市场纠纷"属于商事纠纷,为证券市场参与者在证券发行、承销、上市、交易、服务、管理一系列活动中发生的与证券行为有关的纠纷,涉及主体包括投资人、证券公司、上市公司等。在种类上,证券市场纠纷可分为证券发行、承销、上市与保荐领域的纠纷;证券交易领域的合同纠纷;证券服务领域的合同、侵权纠纷;证券侵权纠纷;证券权利保护纠纷;证券登记、存管、结算纠纷等类型。[1] 总体而言,我国证券市场发生的纠纷多以投资者与证券经营机构的纠纷为主,其影响也最受各方关注。

2. 证券市场纠纷的特点

与其他纠纷相比,证券市场纠纷表现出不同的特点。具体表现为:

第一,因证券品种和市场的多样性,证券市场纠纷涉及范围广,纠纷的处理对于证券活动具有引导和示范效应。首先,除了常见的股票、债券等品种和交易所股票市场、债券市场以外,还出现了新的交易品种和新的交易市场,这是证券市场纠纷不断扩大的背景条件;其次,证券品种具有较高流转性,在流转中可能会产生复杂的纠纷;最后,证券市场的参与主体众多,包括数以千万计的投资者和从事证券发行、交易、服务的各类机构,这些主体在其所从事的领域极易产生相应的业务纠纷。通过确认合同无效、民事制裁、调解、和解等方式,维护从事特定业务的市场准入机制,打击证券违法活动,妥善处理群体性证券市场纠纷,预防和减少对证券市场的冲击,对规范正常的市场秩序有着重要引导和示范作用。[2]

第二,证券市场纠纷具有特殊性,这种特殊性来源于证券种类和证券市场规则的复杂性。[3] 首先,证券种类众多,不同种类证券均可表现出各自的权利属性和特征,具有显著的差异。例如,债券既有物权特征又有债权属性,股票虽是股权的外化,但却超越传统物权和债权的含义,同时包含了财产权和人身权两重属性。另外,新的证券衍生品也在不断推出,证券权利的认定将日趋复杂,证券市场纠纷涉及的事实、技术和法律问题越来越多,专业化程度越来越高。其次,证券市场交易规则不仅与普通商品的买卖规则有巨大差别,而且交易规则也会根据政策导向和市场变化,不断进行调整和完善。[4]

第三,证券市场纠纷的内容涵盖合同、侵权两类法律关系。总体而言,商事活动中产生的纠纷以合同纠纷为主。然而,同样作为商事活动的证券发行、交易、投资行为,其产生的纠纷往往同时涵盖合同、侵权两类法律关系。造成这种现象的主要原因是从事证券活动有着比从事其他商事活动更为精细、严格的规范,合同义务的法定化程度相对较高。首先,证券合同的相对性显著弱化,证券交易行为虽属于合同行为,但合同主体难以从交易行为中确定;其次,同一行为的合同责任与侵权责任容易发生竞合,证券合同的一方给另一方造成财产损失的违约行为,往往也是违反法律规定的侵权行为;最后,第三人对合同内容承担法定义务,证券发行人对投资者应承担合同义务,承销商、保荐机构等其他中介机构也要承担相应的法定义务。[5]

---

[1] 张海棠:《证券、期货纠纷》,法律出版社2015年版,第6—15页。
[2] 张海棠:《证券、期货纠纷》,法律出版社2015年第2版,第17页。
[3] 刘洪菊:《化解我国证券纠纷的新方式:证券投资者赔偿基金制度》,苏州大学硕士毕业论文2016年,第28页。
[4][5] 张海棠:《证券、期货纠纷》,法律出版社2015年版,第16页。

(二) 证券市场纠纷解决机制的类型及比较

1. 证券市场纠纷解决机制的类型

根据不同标准，证券市场纠纷解决模式可分为不同类型。例如，根据是否以诉讼方式解决，可以分为诉讼解决和非诉解决两种模式；根据解决方案是否具有强制力，可以分为具有强制力的解决机制和不具有强制力的解决机制。本文以是否以诉讼方式解决纠纷来讨论证券市场纠纷的解决机制，并着重对非诉解决机制进行探讨。

司法诉讼是国家专门机关（法院）在诉讼参与人的参加下，依据法定的权限和程序，解决具体案件的活动，证券市场纠纷诉讼解决机制，指纠纷主体通过诉讼处理案件解决纠纷的程序。对于证券市场纠纷，最高人民法院曾在《关于涉证券民事赔偿案件暂不予受理的通知》（法明传〔2001〕406号，已失效）中强调，因"受目前立法及司法条件的局限，尚不具备受理及审理这类案件的条件"。但是，最高人民法院不久后即改变了这一司法态度。2002年，最高人民法院发布《关于受理证券市场因虚假陈述引发的民事侵权纠纷案件有关问题的通知》（法明传〔2001〕43号）以及《最高人民法院关于审理证券市场因虚假陈述引发的民事赔偿案件的若干规定》（法释〔2003〕2号），实现了证券市场纠纷的法律诉讼从"暂不受理"到"有条件受理"的转变，虚假陈述人在承担刑事和行政责任后，需对另一方的损失承担民事责任。[①] 这一司法态度的转变奠定了投资者利用司法程序保护自己合法权益的基础，被认为有利于证券市场稳步和健康发展，而且建立和完善了证券市场侵权民事责任制度。[②] 非诉解决机制，一般是指"替代性纠纷解决机制"（Alternative Dispute Resolution，ADR），即通过诉讼以外的其他方式解决纠纷。[③] 证券市场纠纷非诉解决机制，是指在证券市场纠纷解决过程中，以法庭审理以外的和解、调解、仲裁等非诉讼方式自主解决纠纷的机制，是对司法诉讼方式的有力补充。非诉解决机制在化解证券市场中的矛盾时，具有效果好、成本低的优势。其中，证券市场纠纷和解为自行解决纠纷的形式，是指纠纷主体秉持友好协商的目的，在相互理解的基础上，就争议进行协商并达成一致；证券市场纠纷调解，是在证券行政监管机构、司法部门、行业协会或其他具有证券专业知识的社会组织、专门机构等第三方介入下，按照国家相关法律法规、行业协会规定、行业惯例以及社会公德，对纠纷主体进行调停、沟通，促使双方自愿协商达成协议以解决纠纷；证券市场纠纷仲裁，指在不违反《仲裁法》等法律、法规情况下，根据双方达成的仲裁协议，向仲裁机构提交纠纷解决申请，由仲裁机构根据仲裁程序进行审理并做出仲裁裁决，此仲裁裁决与司法裁判一样，对纠纷主体均有法律约束力。[④]

2. 各类纠纷解决机制的利弊分析

司法诉讼是比较传统的解决纠纷的方式，国家公权力机关（法院）的最终判决或裁定较其他解决方案更具有权威性和执行力。然而，若证券市场纠纷大都通过诉讼方式解决，既

[①] 《最高人民法院关于审理证券市场因虚假陈述引发的民事赔偿案件的若干规定》第6条规定，投资人依据人民法院作出的认定有罪的刑事裁判文书，对虚假陈述行为人提起民事赔偿诉讼的，人民法院应当受理。
[②] 贾纬："证券市场侵权民事责任之发轫"，载《法律适用》2003年第3期。
[③] See Robert E. Wells, Jr., Alternative Dispute Resolution – What Is It, Where Is It Now, Southern Illinois University Law Journal, Vol. 28, Issue 4 (2004), p651 – 682.
[④] 陈岱松、魏华文："论中国证券纠纷仲裁法律制度之构建"，载《财贸研究》2009年第4期。

不合理也不现实。该方式主要缺点如下：第一，诉讼需要消耗一定的司法资源，但司法资源是有限的[1]；第二，诉讼成本较高；第三，诉讼程序繁琐、历时较长[2]；第四，法官缺乏相应的金融领域的专业知识和经验。[3]

和解在非诉解决机制中没有具体的法律对其程序和方式进行规制，属于最为民间化的解决办法。然而，利用和解这一机制解决证券市场纠纷存在明显的不足，比如和解协议虽是双发自愿达成的，但缺少国家强制力介入，所以执行时缺乏公权力保障。

仲裁是以纠纷双方的协议为前提。通常，仲裁具有以下优点：一是自愿性；二是灵活性；三是保密性；四是效力性，纠纷主体可以向法院申请强制执行。[4] 但实践中，仲裁并无经济性优势。[5]

调解具有期限短、效率高、灵活性强等优势。与和解一样，非诉调解方案的执行通常也缺乏相应的强制力，但与此不同的是，司法调解因法院的介入而具有相应的强制执行力。本文将重点讨论非诉调解中的行业调解与专业机构调解。

（三）证券市场纠纷非诉调解机制的法理解析

证券市场纠纷具有复杂性与专业性的特性，因此，建立健全非诉纠纷解决机制应与此相适应。第一，证券市场纠纷解决机制应该满足专业性需求，即纠纷解决机构应全面深入了解证券市场，熟悉证券经营机构的运行管理机制，这样才能了解产生证券市场纠纷的原因，提出解决证券市场纠纷的适当方案。第二，证券市场纠纷解决机制应该满足高效性需求。证券市场日新月异，效率是投资者和证券经营机构的一致追求，然而，证券市场纠纷容易集中爆发而且数量巨大，所以若无法快捷地处理纠纷，导致纠纷堆积，可能引起主体负面情绪的产生，导致较大规模的群访事件；第三，证券市场纠纷解决机制追求低成本操作，因为证券市场上通常涉案金额较小或者无涉案金额的纠纷，纠纷主体一般不愿花费较高代价解决，所以主观上更趋向于成本较为低廉、便利的投诉、信访、调解渠道，而不会选择诉讼、仲裁；[6] 第四，权威性也是证券市场纠纷解决机制的需求之一，对纠纷主体而言，其对行业协会持有高度信任感，纠纷主体期望纠纷可以得到合理解决，所以相关机构做出的解决方案必须具有一定的权威性，才能保证纠纷解决方案得以顺利执行；第五，证券市场纠纷一般涉及纠纷主体的个人信息或者经营信息，基于商誉、商业秘密等考量，证券市场纠纷解决机制应满足保密性的要求。[7]

（四）证券市场纠纷非诉调解的原则及特点

1. 证券市场纠纷非诉调解的原则

证券市场纠纷非诉调解机制原则，是指在调解过程中必须遵守的基本准则，包括自愿原

---

[1] 方流芳："民事诉讼收费"，载《中国社会科学》1999 年第 3 期，第 134 页。
[2] 张韶华："证券争议：两种法律解决途径的比较分析"，载《当代经济科学》2004 年第 1 期。
[3] 胡改蓉："证券纠纷解决机制多元化的构建"，载《华东政法大学学报》2007 年第 3 期。
[4] 范在峰、王虹："证券投资纠纷仲裁问题研究"，载《河北法学》2008 年 6 月第 6 期，第 111 页。
[5] 施明浩："金融创新下证券纠纷解决模式比较——从纠纷调解机制的视角"，载《证券市场导报》2013 年 9 月。
[6][7] 张华东："证券纠纷特点呼唤行业纠纷调解机制"，载《创新与发展：中国证券业 2012 年论文集》，第 1021—1022 页。

则、便利原则、公正原则、保密原则。

自愿是基本原则。公正原则主要体现在调解机构或个人的独立性。保密原则是指调解不采取公开方式,纠纷双方因此能更加充分地表达自身利益需求,实现有效沟通,促进调解成功。[①]

总之,证券市场纠纷非诉调解机制通常包含以下几个方面的要求:第一,纠纷解决中独立的第三方发挥重要作用,该第三方应保持中立的态度进行调解,该第三方主要包含行业协会、专业机构或者个人,主要发挥沟通作用,协助双方达成一致,解决证券市场纠纷,无权为纠纷双方做任何决定,不可发挥如诉讼中法官的最后裁判作用;[②] 第二,证券市场纠纷非诉调解机制必须建立在双方自愿的基础上,调解的内容和进程由双方协商决定;[③] 第三,证券市场纠纷非诉调解机制以纠纷双方的自我利益需求为出发点,双方进行沟通谈判,在调解员的主持下,达成双方合意的调解协议。

2. 证券市场纠纷非诉调解的特点

与其他纠纷解决机制相比,证券市场纠纷非诉调解机制具有一些显著的特点。第一,证券市场纠纷调解的对象特殊,主要对象为在证券募集发行交易中发生纠纷的证券发行人、证券投资人、证券交易所、证券市场中介机构、证券结算机构等;[④] 第二,证券市场纠纷调解方式多样化,即主持调解的第三方多样化,独立的第三方包括证券业协会、专业机构或者具有专业知识的个人,调解方式也较仲裁和诉讼更加高效便捷,无须经过繁琐的流程,避免造成时间、经济等成本损失;第三,证券市场纠纷调解更具专业性要求,因调解主体一般为谙熟证券行业规律和证券交易特点的专门机构,调解员一般也具备相应的从业经验和专业技能,所以调解比其他纠纷解决机制更具专业性;第四,证券市场纠纷调解的依据广泛,不仅可依据法律、法规及规章,还可依据调解的基本原则、行业规范、商业惯例、社会公德,而诉讼依据法律,仲裁依据仲裁协议的选择。

(五) 建立健全证券市场纠纷非诉调解机制的价值

调解制度的价值构成本身是以多元形态存在的体系,从不同角度和层面分析,证券市场纠纷非诉调解制度会呈现不同的价值。统一于证券市场纠纷非诉调解制度的各个不同的价值范畴,体现了其对不同主体的不同需要的满足,非诉调解的各价值之间是不能相互取代的。[⑤]

从法社会学的视角看,纠纷解决机制不能只重解决形式,更要深入至纠纷解决的社会功能。对证券市场纠纷非诉调解制度的分析不仅需要从法律层面了解纠纷双方的行为、冲突、解决方法,还需要外延至证券市场纠纷非诉调解制度的法律功能与效果,并上升至更深层次的社会意义。

从法经济学视角看,社会纠纷的解决首先需要负担成本。[⑥] 从当事人成本负担角度分析,调解方式的成本要显著低于诉讼与仲裁等纠纷解决方式所耗费的成本。[⑦] 从社会资源成

[①][②][③] 贺妍妍:"证券纠纷调机制研究",载《创新与发展:中国证券业2012年论文集》,中国财政经济出版社2013年版。

[④] 郑国生:"构建证券纠纷调解机制助推资本市场创新发展",载《创新与发展:中国证券业2012年论文集》,中国财政经济出版社2013年版,第1067页。

[⑤] 闫庆霞:《法院调解制度研究》,中国人民公安大学出版社2008年版,第42页。

[⑥] 李莉:"法经济学与纠纷解决",载《河北法学》2008年第7期,第117页。

[⑦] 吕中行:"现阶段我国民商事冲突解决方式的法经济学选择",载《河北经贸大学学报》2013年第5期。

本层面分析，纠纷双方选择诉讼方式，需要占用司法资源，增加司法成本，但若采取调解方式，不仅可节省金钱成本、时间成本与精力，还可减少侵占的社会成本。[1]

从法哲学的角度看，调解蕴含了自由、秩序、正义等价值。证券市场纠纷非诉调解制度中的自由价值体现在以下三个方面：第一，是否以调解方式解决纠纷、由何种调解机构担任独立第三方均由当事人自行选择决定；第二，纠纷主体自主决定调解进程终止与否；第三，调解的结果即调解协议应基于纠纷主体的合意。总之，调解的过程和结果应是正义的。[2]

二、证券市场纠纷非诉调解的现状分析

证券市场纠纷调解包括非诉讼调解与诉讼调解。鉴于行业协会调解和专业机构调解在证券市场纠纷调解中发挥的作用突出，因此，本文主要对非诉讼调解中行业调解和专业机构调解的现状进行分析。

（一）证券市场纠纷非诉调解的法律依据

《中华人民共和国人民调解法》规定，人民调解委员会（企事业单位可根据需要设立人民调解委员会）可调解"民间纠纷"，并遵从自愿、平等的原则进行调解。

对于人民调解，最高人民法院、最高人民检察院、国务院法制办等16家单位联合印发的《关于深入推进矛盾纠纷大调解工作的指导意见》（综治委〔2011〕10号）强调，为有效预防和化解社会矛盾，维护社会和谐稳定，应坚持调解优先，依法调解，充分发挥人民调解、行政调解、司法调解的作用，把人民调解工作做在行政调解、司法调解、仲裁、诉讼等方法前，立足预警、疏导，对矛盾纠纷做到早发现、早调解。

对于仲裁调解，《中华人民共和国仲裁法》第51条规定，仲裁庭在做出裁决前，可以先行调解；当事人自愿调解的，仲裁庭应当调解；调解不成的，应当及时做出裁决；若调解达成协议，仲裁庭应当制作调解书或者根据协议的结果制作裁决书。虽然仲裁具有民间性，但调解书与裁决书具有同等法律效力。据此，仲裁调解应属于诉讼调解的范畴。

关于证券纠纷的行业协会调解，《中华人民共和国证券法》第176条规定，中国证券业协会的职责之一是"对会员之间、会员与客户之间发生的证券业务纠纷进行调解"。

中小投资者是我国现阶段资本市场的主要参与群体，但处于信息弱势地位，抗风险能力和自我保护能力较弱，合法权益容易受到侵害。维护中小投资者合法权益是证券期货监管工作的重中之重，是资本市场持续健康发展的基础。鉴于此，国务院办公厅在《关于进一步加强资本市场中小投资者合法权益保护工作的意见》（国办发〔2013〕110号）中强调应建立多元化纠纷解决机制。发挥第三方机构作用，支持自律组织、市场机构独立或者联合依法开展证券期货专业调解，为中小投资者提供免费服务；开展证券期货仲裁服务，培养专业仲裁力量；建立调解与仲裁、诉讼的对接机制。

---

[1] See Marc Galanter, A Settlement Judge, not a Trial Judge: Judicial Mediation in the United States, Journal of Law and Society, Vol. 12, Issue 1 (1985), p1 – 18.

[2] SeeWelsh, Nancy A., Remembering the Role of Justice in Resolution: Insights from Procedural and Social Justice Theories, Journal of Legal Education, Vol. 54, Issue 1 (2004), pp. 49 – 59.

为贯彻落实中共中央办公厅、国务院办公厅颁布的《关于完善矛盾纠纷多元化解机制的意见》,最高人民法院于2016年颁布的《关于人民法院进一步深化多元化纠纷解决机制改革的意见》(法发〔2016〕14号)指出,法院应加强与行政机关、人民调解组织、商事调解组织、行业调解组织的对接,积极推动具备条件的行业协会、调解协会等设立调解组织,在投资、金融、证券期货、保险等领域提供商事调解或行业调解服务,完善调解规则和对接程序,发挥商事调解组织、行业调解组织的专业性和职业化优势。

为充分发挥证券期货监管机构、行业组织等在预防和化解证券期货矛盾纠纷方面的积极作用,依法公正高效地解决证券期货纠纷,维护投资者合法权益,最高人民法院还会同中国证监会颁布了《关于在全国部分地区开展证券期货纠纷多元化解机制试点工作的通知》(法发〔2016〕149号),提出了一系列重要的证券市场纠纷非诉调解制度的完善路径:一是建立确定试点调解组织制度、证券期货纠纷特邀调解组织和特邀调解员名册制度以及专职或专家调解员制度,同时选定中国证券业协会、中国期货业协会、中国证券投资基金业协会、中证中小投资者服务中心、深圳证券期货业纠纷调解中心、广东中证投资者服务与纠纷调解中心、天津市证券业纠纷人民调解委员会等8个试点调解组织名单,增强证券期货行业试点调解组织的权威性;二是健全诉调对接机制,扩大证券期货纠纷多元化解决机制的适用范围,并建立非诉调解协议的司法确认机制,使其具有可强制执行性;三是强化多元化解决纠纷的保障机制,对于投资者申请调解的纠纷案件,证券经营机构应积极参与,若无正当理由拒绝履行调解或和解协议,监管机构可依法对其进行核查,并可施加信用惩戒,将其违法违规行为记入资本市场诚信数据库。

上述立法措施为证券市场纠纷非诉调解机制奠定了法律上的依据,有助于我国证券市场纠纷多元化解决机制尤其是非诉调解机制的进一步完善。

(二) 证券市场纠纷非诉调解机制的运行现状

1. 以中国证券业协会为代表的行业协会调解实践

2011年,中国证券业协会成立证券调解专业委员会,并于2012年成立中国证券业协会证券纠纷调解中心。其中,证券调解专业委员会负责制定基本规章制度和选任调解员,研究、指导与证券市场纠纷调解有关事项。证券纠纷调解中心负责执行证券调解专业委员会制定的规章制度以及案件调解工作和管理调解员。2012年,中国证券业协会建立了以其为主导、地方协会协作参与、会员单位配合的证券纠纷行业调解工作机制,中国证券业协会与地方证券业协会(以下简称"地方协会")共同开展证券纠纷调解协调工作。

经过多年实践,在工作机制上,中国证券业协会探索形成了督促证券公司主动化解纠纷、指导地方协会就地调解纠纷和中国证券业协会自主调解纠纷的"三位一体"的多层次证券纠纷化解机制,中国证券业协会证券纠纷调解中心与地方协会建立了较为成熟的证券市场纠纷调解协作机制。在组织架构上,中国证券业协会建立了包含证券调解委员会、证券调解中心在内的调解组织,并且与全国36个地方协会建立了全国联动的证券纠纷调解协作机制。[①] 在与其他机制的衔接上,中国证券业协会积极推动与地区法院和仲裁机构建立诉调对

---

① 中国证券业协会证券纠纷调解中心:"中证协:共同推进证券纠纷调解工作",载《证券时报》2013年11月25日,第7版。

接、仲调对接关系。在证券纠纷调解的制度保障上，中国证券业协会于2015年颁布《中国证券业协会证券纠纷调解工作管理办法》（以下简称"调解管理办法"）和《中国证券业协会证券纠纷调解规则》（以下简称"调解规则"）两项制度。该制度建设是中国证券业协会以保护投资者和其他证券市场参与者合法权益为原则，深入研究其他行业调解制度后制定的，不仅涵盖程序性规定如申请受理程序、简易程序和普通程序、回避终止等，也包括实体性规定，如组织架构、经费来源和使用、调解协议效力以及调解员的选任培训考核等内容，从而构成证券市场纠纷调解工作顺利开展的制度基础。在人力资源上，中国证券业协会在全国范围内选任了227名调解员，根据调解规则，调解人员包括协会会员单位中有多年证券行业工作经历的领导人员、有证券行业经验的律师、仲裁员等以及证券监管部门工作人员与有一定影响和威望的离退休司法裁判人员、从事法律经济教学或研究的专家学者。具有浓厚的专业背景与丰富的行业实践经验的调解人员构成保障了中国证券业协会证券纠纷调解中心主持的调解结果更具专业性与权威性。截至2016年8月，中国证券业协会与地方协会证券纠纷调解中心已经受理了4 479起证券纠纷调解申请，成功解决了3 695起证券市场纠纷。[①]此外，2015年12月，中国证券业协会设立了证券纠纷调解专项基金，用于调解员补贴以及调解工作培训，保障了证券纠纷调解机制长效稳健发展。

中国证券业协会调解中心根据实践需要制定了一套较完善的调解工作流程（见图1）。

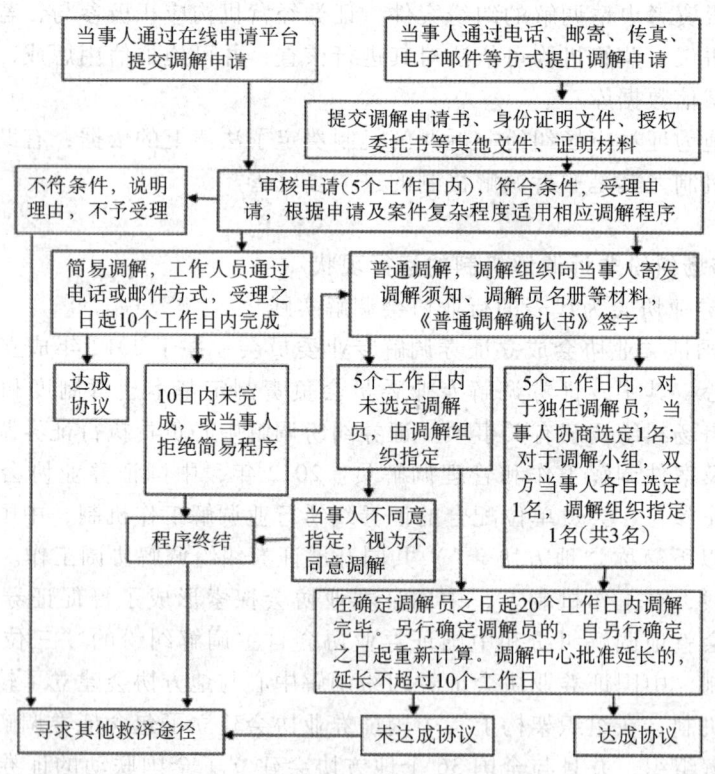

图1　中国证券业协会证券纠纷调解中心工作流程图

---

① 中国证券业协会："证券业协会推进证券纠纷多元化解机制建设"，载《中国证券报》2017年5月19日，第2版。

为方便当事人和增加透明度,中国证券业协会官方网站中会员服务栏下及时开通了证券纠纷调解专区,向社会发布调解员名册、证券纠纷调解规则、证券纠纷调解工作管理办法、证券纠纷调解基础知识、调解工作进度等相关资料与信息,并且设立在线调解申请平台,接收投资者和协会会员提交的证券纠纷调解申请以及材料。此外,在程序上,中国证券业协会还设置了简易程序,受理调解申请后,会对证券纠纷进行简易处理,直接由调解中心或者地方协会工作人员通过邮件、电话等简易方式促进双方协商解决纠纷,若简易程序后纠纷双方未达成一致,那么便向受理的调解机构申请进入普通调解程序,进入普通程序后,将会选择调解员开始调解。根据调解管理办法,经过调解后达成调解协议,经当事人、调解员签字、调解组织盖章,可以向有管辖权的人民法院确认调解协议法律效力,调解中心有义务了解协议的履行情况并且督促纠纷当事人履行协议。中国证券业协会的调解程序充分发挥了协会的行业自律管理优势,优化了调解程序,有利于纠纷快速解决。

在其他解决机制的衔接上,中国证券业协会积极促进诉调对接和仲调对接。在诉调对接上,中国证券业协会于2013年与北京市西城区人民法院通过签署合作协议建立诉调对接机制;2014年,中国证券业协会证券纠纷调解中心成为"北京市法院特邀调解组织名册"中的一员;2015年,成为"北京市人民法院诉前化解联络平台"的用户,处理法院委托转办的证券市场纠纷诉前调解案件,优化诉调对接工作的程序,提高工作效率;2016年,中国证券业协会成为北京多元调解促进会的会员单位,并与金融街地区人民法庭金融纠纷行业调解室合作。根据《关于在全国部分地区开展证券期货纠纷多元化解机制试点工作的通知》,中国证券业协会作为试点调解组织与包括北京市、上海市、杭州市、宁波市等全国31个试点地区法院建立诉调对接关系。此外,中国证券业协会还与北京仲裁委开展合作,推进仲调对接机制尝试。通过与法院或仲裁机构开展诉调或仲调对接解决证券市场纠纷,中国证券业协会以行业协会调解的方式分流了法院的证券纠纷案件,减少了法院诉讼压力,降低了证券纠纷解决的成本。

不仅如此,中国证券业协会还与各地方协会建立了证券纠纷调解协作机制,可以就近、就地、快速解决纠纷。地方协会可以使用中国证券业协会的互联网证券纠纷调解平台实现中国证券业协会证券纠纷调解中心和地方协会的业务衔接和信息共享。以中国证券业协会为主导、地方协会相配合的证券纠纷行业调解机制能充分发挥证券市场行业自律优势,及时化解证券市场纠纷,更好地保护中小投资者合法权益。

2. 投资者保护机构的调解实践

2014年,由上海证券交易所、深圳证券交易所、中国证券登记结算有限责任公司、上海期货交易所等机构共同出资,并经中国证监会批准设立并直接管理的中证中小投资者服务中心(以下称"投服中心")成立,该机构系证券金融类公益机构。作为独立的第三方机构,投服中心的一项重要职责便是受中小投资者委托,免费提供纠纷解决服务。此外,投服中心还承担以下职责:面向中小投资者开展公益性宣传和教育,引导投资者理性投资;向中小投资者提供法律、信息和技术服务以协助其自主维权,包括提供代理权征集服务、提供公益性法律支持、以股东身份提起诉讼、公益律师及专家的管理与服务;公益性持有证券,并以股东身份行权和维权等。[①]

---

① "中证投服经营范围",全国企业信用信息公示系统官方网站:https://www.sgs.gov.cn/notice/notice/view?uuid=DH4p Nt V7bvt7r E5Rk Sy OACAGXWDGM3a D&tab=01,最后访问日期:2017年8月30日。

目前，投服中心正进行全国性证券市场纠纷调解机构建设，是证券市场纠纷解决的渠道之一。

（三）证券市场纠纷非诉调解机制建设的经验及不足

1. 证券市场纠纷非诉调解机制建设的经验

第一，自全国各地建立起调解组织后，初步实现证券市场纠纷调解活动向专业化、制度化转变，调解机构纷纷制定了相应的工作管理办法和调解规则。

第二，作为对非诉调解各项政策的回应，目前的主要非诉调解组织积极探索与法院、公证机构的联动机制，提升非诉调解的可执行性与权威性。目前，各个调解机构非常注重非诉调解与仲裁、诉讼机制的衔接。中国证券业协会、投服中心作为行业自律组织及中小投资者维权代表积极探索建立与法院的联动与协调机制。

第三，非诉调解机构利用网络优势提升纠纷解决服务的能力。例如，中国证券业协会证券纠纷调解中心、深圳期货业纠纷调解中心等都在官网平台上开发了"在线"咨询和申请功能，及时受理纠纷主体的纠纷解决申请，并由专人负责处理，方便纠纷双方启动调解程序。另外，在调解形式上，也相当灵活，大部分调解机构都是利用互联网等新型媒介方式，或者聘请有经验的调解员，方便当事人异地与调解员沟通。

2. 证券市场纠纷非诉调解机制建设的不足

首先，证券市场纠纷非诉调解机制适用何种程度尚不清晰。在多数调解组织的调解规则中，没有明确调解适用简易程序或者普通程序的范围限制，只规定了由调解组织依据纠纷主体的申请和案件复杂程度决定适用何种程序，即由调解组织自己负责区分简易程序或者普通程序。因此，当纠纷双方意图选择调解方式解决纠纷时，将面临无法预测具体程序的困难，继而可能会对调解机制失去兴趣。因此，将调解的简易程序和普通程序像民事诉讼法中的规定一样明确区分开，对证券市场纠纷调解机制效率的提高有重大影响，也更能发挥调解的便利性特点。

其次，调解人员的选择和考核机制尚待完善。例如，一些调解机构虽详细规定了调解员的选任制度，但仍存在一些不足：一是调解员流动性不足，未建立调解员定期轮转制度以及候选人名单，虽规定调解员任期为两年，但对是否可连任没有规定；二是调解员的专业性或行业经验要求不具体，调解管理办法的规定过于原则，有可能不具有专业水平或行业经验的调解员包含在选任条件之内；三是缺乏对调解员的激励安排，只规定了证券纠纷调解专项基金可以用于补贴调解员，难以调动调解员工作的积极性，伴随证券市场纠纷非诉解决机制的发展，应及时调整调解员的报酬。

最后，配套保障体系不完善。通常，非诉调解协议在民法上仅有合同效力，需要纠纷双方自觉履行。调解协议需经过人民法院确认，完成司法确认程序才有强制执行力。虽然不少调解机构与法院建立了诉调对接机制，如深圳证券期货业纠纷调解中心与深圳中院推进联调机制建设，投服中心与杭州中院、北京高院、南京中院等合作建立诉调对接网络，[①] 上海一中院开通诉调对接"绿色通道"等，[②] 但实际上，证券市场纠纷非诉调解机制尚不完善，仍

[①] 朱宝琛："杭州中院引入投服中心开展纠纷调解工作"，载《证券日报》2017年4月1日，第2版。
[②] 马婧妤："证券期货纠纷多元解决合作机制建立"，载《上海证券报》2015年6月26日，第6版。

处于初步的探索阶段,非诉调解机构在与法院、公证处等进行诉调、证调对接时,工作程序、操作程序上还缺乏成熟的工作流程,更多还是基于个案处理,需要完善相应的配套措施。总之,调解协议的执行等相关配套保障措施与证券市场纠纷调解机制的发展紧密相关,也关系着每一个纠纷主体的切身利益,所以须在证券立法和实践中落实调解协议的执行。①

三、境外证券市场纠纷非诉调解机制的考察

(一)美国证券市场纠纷非诉调解机制

1. 美国证券市场纠纷非诉调解的发展历程

早期,美国证券市场纠纷主要通过诉讼和仲裁方式解决。为减少当事人解决纠纷的时间、精力成本,同时分流诉讼和仲裁的压力,美国全国证券交易商协会(National Association of Securities Dealers,简称 NASD)于 1989 年开始实施证券市场纠纷调解机制。②当时,NASD 自身并不实际承担调解职责,而是作为一个中间平台,将证券纠纷当事人引导至美国仲裁协会(American Arbitration Association,简称 AAA)和美国仲裁调解公司(U. S Arbitration and Meditation,Inc)解决纠纷。③

1995 年,NASD 修改了《仲裁程序规则》(Code of Arbitration Procedure),增加了关于证券纠纷调解的规定。④自此,NASD 构建了自己的调解机制。在新的机制下,调解的工作效率和成功率显著提高。NASD 受理了全国大多数调解案件,少数案件分流到 AAA、纽约证券交易所(New York Stock Exchange,简称 NYSE)、市政证券规则制定委员会(Municipal Securities Rule-making Board,简称 MSRB)、费城证券交易所(Philadelphia Stock Exchange,简称 PHSE)、国际证券交易所(International Stock Exchange,简称 ISE)、纳斯达克等其他纠纷解决机构。但由于这些机构的调解业务规模不大,囿于管理成本限制,均逐步将各自的业务外包给 NASD 统一进行调解。

2007 年,为规避双重自律监管所带来的管理成本,NASD 和 NYSE 的会员监管部门完成了具有历史意义的合并——美国证券交易委员会(U. S. Securities and Exchange Commission,简称 SEC)批准设立了美国金融业监管局(Financial Industry Regulatory Authority,简称 FINRA)。FINRA 吸收了先前 NASD 和 NYSE 的证券纠纷仲裁和调解业务,成为全美甚至全球最大的仲裁调解机构,受理全美 90% 以上的仲裁案件,具有 7 000 余名仲裁员与 1 000 余名调解员。⑤自成立至今,FINRA 已成功调解超过 17 500 个案件,⑥成功率达到 80%(见表1)。⑦

---

① 李有星、王卓晖:"论证券纠纷调解机制的修改与完善",载《证券法苑》2014 年第 12 卷,第 230 页。
② See Barbara Black & Jill I. Gross, Making It up as they Go Along: The Role of Law Securities Arbitration, Cardozo Law Review, Vol. 23, Issue 3 (2002), p998.
③ 刘晓春:"美国证券调解机制及其价值评析",载《金融法苑》2009 年第 2 期,第 202 页。
④ See Jill I Cross, Securities Mediation: Dispute Resolution for the Individual Investor, Ohio State Journal on Dispute Resolution, Vol. 21, Issue 2 (2006), p342.
⑤ 刘晓春:"美国证券调解机制及其价值评析",载《金融法苑》2009 年第 2 期,第 203 页。
⑥ See http://www.finra.org/arbitration-and-mediation/why-mediate-through-finra#overlay-context=arbitration-and-mediation/information-for-mediators,最后访问日期:2017 年 8 月 18 日。
⑦ See http://www.finra.org/arbitration-and-mediation/mediation-overview,最后访问日期:2017 年 8 月 18 日。

表 3-1　　　　　　　　　　　2014—2016 年 FINRA 调解情况统计

	调解案件数量	结案数量（成功率）	平均周期（天）
2016 年	594	612（80%）	114
2015 年	507	481（81%）	82
2014 年	431	551（80%）	103
2016 年，2015 年	+17%	+27%	+39%

资料来源：美国金融业监管局。

2. FINRA 纠纷调解机制的适用范围

NASD 和 NYSE 整合后，FINRA 对 NASD 的《仲裁程序规则》进行了修订，并将调解规则从中剥离出来，形成《调解程序规则》（Code of Mediation Procedure）。《调解程序规则》规定了调解范围，即"向 FINRA 提交调解的事由"。① "事由" 则指 "纠纷、索赔或者争议"。② 此外，"如果所有当事方同意，则任何依据《投资者争议仲裁程序规则》（Code of Arbitration Procedure for Customer Disputes）或《证券公司之间争议仲裁程序规则》（Code of Arbitration Procedure for Customer Disputes）的规定提出仲裁的事由，或者该事由的任何一部分，抑或是与该事由有关的任何纠纷，包括程序事项，均可根据本规则提交调解"。③ 从该规定中可以看出，虽然《调解程序规则》没有对调解事由做出具体分类，但实际上，以不同当事人的参与进行划分，主要可分为三类：投资者与证券公司的纠纷、证券公司之间的纠纷以及证券公司与其雇员的纠纷。如果按提起调解的事由进行划分，主要有证券公司未授权交易、经纪人投资建议不恰当、投资组合过度单一集中、违反信托义务、违反勤勉义务、产品描述出现实质性误导或疏漏等典型纠纷。④

3. FINRA 纠纷调解机制的程序

关于调解程序，FINRA 在实务中做法如下：

第一，申请调解。在提起仲裁之前或在仲裁的任何阶段，任何一方当事人均可自愿向 FINRA 书面申请调解，如果享有唯一决策权的 FINRA 认为该案符合调解的条件，⑤ 将联系另一方当事人，询问其是否愿意接受调解。基于 "调解自愿原则"，只有当双方当事人均书面同意并提交调解协议后，调解程序才正式开始。⑥ 在调解程序开始后，任何一方当事人均有权随时退出调解。⑦

第二，确定调解员。一个公正、中立的调解员将决定投资者对整个调解程序的信心，因此，选择合适的调解员是重要的环节。⑧ 调解员可由双方当事人从 FINRA 提供的名单中选择，或者由双方当事人从全部调解员的大名单中或者大名单外选择，但如果双方当事人在调

---

① See Code of Mediation Procedure 14101.
② See Code of Mediation Procedure 14100 (d).
③ See Code of Mediation Procedure 14104 (b).
④ 李有星、王卓晖："论证券纠纷调解机制的修改与完善"，载《证券法苑》2014 年第 3 期，第 234 页。
⑤ See Code of Mediation Procedure 14104 (d).
⑥ See Code of Mediation Procedure 14104 (c).
⑦ See Code of Mediation Procedure 14109 (b).
⑧ See Barbara Black, Is Securities Arbitration Fair to Investors? Pace Law Review, Vol. 25 (2004), p9.

解开始后仍未选择完毕，FINRA 可依职权直接指定。① 当调解员来自于 FINRA 提供的名单时，FINRA 应同时提供其职业、教育背景、专业背景、担任调解员的经验、培训情况以及资质证书等信息，以供当事人查阅、了解。②

第三，安排开庭时间和地点。FINRA 将根据被选定调解员与双方当事人的空闲时间以及其他客观因素，协商确定适合各方出席的时间和地点。

第四，准备开庭。正式开庭调解前的时间段对调解员来说非常重要。调解员应该在这一阶段了解案件的基本情况，收集关于案件的资料，明确各方当事人的主张。必要时，调解员可以分别听取双方当事人的意见，但此时获得的信息可能具有片面性，调解员应审慎判断，以了解基本事实为目的即可。

第五，开庭调解。正式开庭调解可以见面、电话会议等形式进行，双方当事人或其代理人应尽可能出席所有会议。③ FINRA 的调解机制由"面对面"模式和"背靠背"模式构成。④ 在"面对面"模式中，调解员将鼓励双方当事人畅所欲言，共同积极参与调解；而在"背靠背"模式中，调解员将和双方当事人分别会晤，对其积极引导，帮助其分析案情与己方形势，做出客观评估，尽可能寻找方案解决纠纷。⑤ 开庭时，调解员应视具体情况，灵活选用两种方式进行调解，力争调解成功。

第六，结束调解。经过开庭调解，双方当事人可能达成和解协议，或者形成僵局，无法达成一致，从而由调解员宣布终止调解，抑或是某方当事人或者调解员因各种原因在调解过程中退出。⑥ 如果双方达成了和解，则签署的和解协议具有终局效力，可以直接执行，无须另行司法确认（我国当前非诉调解协议恰恰缺少这样的权威性，通常须经法院的司法确认后才有强制执行力）。⑦ 如果一方不履行和解协议，FINRA 有权对其进行处罚。若调解不成功，则双方可以通过其他纠纷解决机制来处理纠纷。

综上所述，FINRA 的调解机制具有如下一些显著特点：首先，专业性强，且具有权威性。FINRA 调解机制的专业性使更多的证券市场纠纷主体选择以调解的方式解决纠纷，大量的调解工作也促进了调解机制的日益完善。⑧ 第二，成本较低。在时间成本上，相比于诉讼程序，调解周期短，具有高效性。⑨ 在财务成本上，一般而言，调解费上限是 300 美元，有些小微案件中，还可能免除调解费。⑩ 第三，尊重当事人意思自治，同时确保调解效力。

---

① See Code of Mediation Procedure 14107 (a).

② See Code of Mediation Procedure 14107 (b).

③ 吴伟央："美国证券自律组织纠纷解决机制程序正当性研究——以证券调解与仲裁程序为中心"，载《证券市场导报》2013 年第 3 期，第 56 页。

④ See Code of Mediation Procedure 14109.

⑤ 宋朝武：《调解立法研究》，中国政法大学出版社 2008 年 5 月版，第 32 页。

⑥ See Code of Mediation Procedure 14109 (b).

⑦ FINRA《提交调解协议》格式文本中规定：签字的当事人同意，经调解达成的任何和解协议都具有约束力，可强制执行。

⑧ See Jill I Cross, Securities Mediation: Dispute Resolution for the Individual Investor, Ohio State Journal on Dispute Resolution, Vol. 21, Issue 2 (2006), p367.

⑨ 以 2014—2016 年的数据为例，调解平均结案周期分别为 103 天、82 天、114 天，而仲裁平均结案周期为 14.8 月、14.6 月、15.2 月。数据来源于 http://www.finra.org/arbitration-and-mediation/2016-dispute-resolution-statistics，最后访问日期 2017 年 10 月 3 日。

⑩ 张炳，孙效敏："美国金融业监管局调解制度评析及启示"，载《兰州学刊》2014 年第 12 期，第 99 页。

这体现在如下程序中：程序开启需一方当事人主动提出、双方当事人同意；在调解过程中，各方均可随时退出、随时达成和解；一旦达成和解，和解协议可以直接强制执行。①

（二）英国证券市场纠纷非诉调解机制

金融申诉专员制度（Financial Ombudsman Service，简称FOS）是英国证券市场中最具代表性的混合型纠纷非诉解决机制，是一种新型的替代性纠纷解决机制。事实上，FOS与调解有一定区别，调解仅为FOS机制中的一个环节。

1. 英国金融纠纷非诉解决机制的发展历程

1986年，《金融服务法》（Financial Services Act）正式从立法上确定了将申诉专员组织作为本行业自律监管中的重要环节。② 20世纪90年代开始，英国金融行业逐渐转型为混业经营，这为申诉专员制度的前景提供了良好的基础条件。

为了更好地适应混业经营的监管要求，英国根据《2000年金融服务与市场法》（Financial Services and Markets Act 2000，简称FSMA）设立了金融服务管理局（Financial Services Authority，简称FSA），统一行使监管金融行业的职责，将原先金融行业中的8个申诉专员组织合并，成立全新的FOS，为金融消费者提供一个统一的纠纷解决方式。③ 这一变革避免了先前不同申诉专员组织使用不同程序规则或管辖权出现重叠的复杂局面。④ 2012年，在新一轮的金融改革中，英国废除了FSA的单一监管模式，将FSA的两个主要职能——金融消费者权益保护和审慎管理，分别划归新设立的金融行为管理局（Financial Conduct Authority，简称FCA）和审慎监管局（Prudential Regulation Authority，简称PRA）。至此，FCA开始负责对FOS制度的监督与管理。

2. FOS纠纷解决机制的管辖与调解程序

FOS的管辖分为强制性和自愿性两类。根据FSMA，由FCA监管的金融机构须全部列入强制性管辖范围，而其他金融机构，如为了提升社会公众对其的信任，自愿接受FOS监管，则列入自愿性管辖范围，两种管辖的处理原则与程序完全一致。⑤ 通常，FOS不受理机构之间的纠纷，当机构为年收入不超过100万英镑的小型企业、慈善机构或信托机构时除外。⑥

FOS的证券纠纷调解程序可分为内部处理、纠纷受理、调解和仲裁四个环节，各环节之间衔接紧密。⑦ 投资者应在穷尽证券公司内部救济方法仍无果后，向FOS提出申请，而只有在投资者满足上文所述的管辖范围和主体资格时，申请才能被FOS受理；受理案件后，审

---

① 陈佩娜："论上市公司与投资者纠纷调解制度——美国FINRA证券调解为例"，载《研究生法学》2014年第2期，第133页。

② 徐慧娟："浅述英国金融巡视员制度与消费者权益保护——兼论对我国金融监管的借鉴"，载《金融论坛》2005年第1期，第57页。

③ See Iain MacNeil, Consumer Dispute Resolution in the UK Financial Sector: The Experience of the Financial Ombudsman Service, Law and Financial Markets Review, Vol. 1, Issue 6 (2007), p516.

④ See Phoda James, The New Dispute Resolution System in the U. K. Financial Service Industry, Journal of International Financial Markets, Vol. 4, 2002, p. 191.

⑤ 邢会强："处理金融消费纠纷的新思路"，载《现代法学》2009年第5期，第52页。

⑥ 邢会强："金融督察服务（FOS）比较研究"，载《法治研究》2011年第2期，第84页。

⑦ 杨东："论我国证券纠纷解决机制的发展创新——证券申诉专员制度之构建"，载《比较法研究》2013年第3期，第56页。

裁员（Adjudicator）将视各案件具体情况，决定是否采用灵活而非正式的调解程序促使双方当事人达成和解。大多数情况下，双方都会接受审裁员的调解方案，仅有少数情况下会有一方当事人不接受调解。① 如果双方达成一致，则该案即告一段落；如果双方没有达成一致，则该案将提交给申诉专员（Ombudsman）重新独立复核，执行案件调查程序并做出最终裁定。② 在最终裁决前，将视情况举行听证会，由双方当事人当场交换意见，这也给予了各方充分表达己方观点的机会。③ 由此可见，在 FOS 机制下，调解程序仅为其中一个环节，如果双方在调解中无法达成一致，则将继续采用其他方法进行救济。

总体而言，FOS 机制中的调解程序具有如下特点：

第一，与各程序之间联动性强，纠纷解决效率高。投资者首先应穷尽证券公司内部救济，然后才能向 FOS 投诉；FOS 受理后，随即进入调解环节，若无法解决，则交由申诉专员仲裁，这实质上是一个"仲调一体"的模式。

第二，纠纷解决程序免费。FOS 不对投资者收取任何调解、仲裁费用，其资金来源主要是其强制管辖的金融机构缴纳的年费以及每个案件中投资者相对方（通常为金融机构）的付款。

第三，注重对潜在当事人的教育以及对潜在纠纷的预防。FOS 机制不仅致力于通过"仲调一体"的模式解决纠纷，同时竭力避免类似事件重演。为此，FOS 会参考部分典型案件情况和统计数据，分析并制作年报同时公布在网站上，期望可以对投资者与金融机构起到教育的作用。④

（三）我国香港及台湾地区证券市场纠纷非诉调解机制

1. 我国香港地区证券市场非诉调解机制

作为金融市场监管者，"香港证券及期货事务监察委员会（Securities and Futures Commission，简称 SFC）"负责处理投资者对证券市场违法违规行为的投诉，并对违规证券公司进行处罚。但是，"SFC"无权处理投资者与证券公司之间的纠纷，亦不能做出相应调解或者仲裁。因此，如果证券公司没有主动向投资者提供可被接受的和解协议，投资者只能通过诉讼方式解决。⑤

2008 年次贷危机席卷全球，重创了各国的经济，同时给中小投资者带来了惨重的损失。由于"雷曼兄弟"破产，其发行的低风险产品"雷曼迷你债券"使上万人血本无归，涉及金额达到 127 亿港元。⑥ 遭受巨大损失的中国香港投资者多次举行游行示威，"SFC"和"金融管理局"收到了超过 16 000 次投诉。⑦ 但是，考虑到高昂的诉讼成本，鲜有投资者向法院

---

① 邢会强："金融督察服务（FOS）比较研究"，载《法治研究》2011 年第 2 期，第 86 页。
② 贾小雷，刘媛："英国金融申诉专员服务制度之述评"，载《河北法学》2011 年第 9 期，第 171 页。
③ See Walter Merricks, The Financial Ombudsman Service: Not Just an Alternative to Court [J]. Journal of Financial Regulation & Compliance, Vol. 15, Issue 2 (2007), p135 – 136.
④ 最新的 2016—2017 年度审查报告已在 FOS 网站公布，http://www.financial-ombudsman.org.uk/publications/annual-review-2017/pdf/Annualreview-fullreport-AR2016-17.pdf，最后访问日期：2017 年 8 月 26 日。
⑤ 齐萌："香港金融纠纷调解机制及其对大陆的启示"，载《亚太经济》2013 年第 2 期，第 145 页。
⑥ 沈炳熙，曹媛媛，罗惟丹："雷曼'迷你债券'风波及教训"，载《金融时报》2008 年 11 月 1 日第 4 版。
⑦ 刘如翔："香港金融纠纷解决机制的最新发展及其启示"，载《金融与经济》2014 年第 4 期，第 45 页。

提起诉讼来解决问题,该事件反映出中国香港当时的金融纠纷解决机制无法有效处理人数众多的小额纠纷。2012 年,"香港金融纠纷调解中心(Financial Dispute Resolution Centre,简称 FDRC)"应运而生。

在性质及定位上,FDRC 是独立运营的非营利组织,其采用的是"先调解、后仲裁"的一站式程序,处理最高标的额在 50 万港元以下的证券纠纷。① 在程序上,投资者首先应向证券公司提出投诉,若证券公司在 60 日内未做回复或未做出令投资者满意的答复,投资者即可向 FDRC 申请处理。投资者提出书面申请后,FDRC 将首先审核是否受理该案,然后安排双方当事人进行调解,促使双方达成和解,整个调解过程是严格保密的。如果双方当事人达成了一致,则签订"经调解的和解协议",但是,该协议是否实际履行仍出于双方自愿,并无强制约束力(这与境内目前的非诉调解协议效力状况相同);如果调解没有成功,则可直接进入仲裁程序,仲裁可采用书面审查的方式,无须双方当事人到场陈述,其结果具有终局效力,裁决一经做出,双方均不可另行复核或者起诉。② 当然,在调解没有成功的情况下,双方也可立即撤出 FDRC 机制,通过诉讼方式解决纠纷。

通过对中国香港证券市场纠纷非诉调解机制的考察,可以发现其具有如下一些特点:一是调解机构的中立性。FDRC 虽由政府出资设立并由金融主管部门任命管理人员,接受主管部门指导,但其仍是独立于投资者与主管部门的第三方机构。金融主管部门并不干涉 FDRC 的具体运作,FDRC 也不隶属于任何行业协会。FDRC 的管理人员不接触具体案件,调解员和仲裁员也没有直接官方背景,而都是具有专业知识的行业精英。③ 这些安排确保了 FDRC 不受任何一方当事人的影响,从而能够中立、公正地开展工作,投资者可以因此打消证券公司可能受到官方保护的顾虑。二是投资者对费用的承担。与英国不同,FDRC 对投资者和证券公司双向收费,但双方所承担的费用不对称。在投资者向 FDRC 提出申请时,须首先支付 200 港元的申请费,无论 FDRC 最终是否受理,该笔费用不退还。调解阶段,若纠纷标的少于 10 万港元,则在 4 小时调解时间内,投资者缴纳 1 000 港元,证券公司承担 5 000 港元,若超时,双方每小时各额外支付相同的 750 港元;若纠纷标的在 10 万港元以上 50 万港元以下,所有费用翻倍收取。书面审理的仲裁阶段,投资者缴纳 5 000 港元,证券公司承担 2 万港元,若确有必要到场审理,双方均须额外缴纳费用。④ 可见,整体上投资者所需承担的费用比证券公司要少,也远低于采用诉讼方式解决纠纷所需要的支出。FDRC 机制的做法在一定程度上防止了投资者滥用 FDRC 机制,从而使其能为真正需要救济的投资者服务。

2. 我国台湾地区证券市场纠纷非诉调解机制

"证券暨期货管理委员会"作为我国台湾地区的证券主管部门,负责证券行业的监督指导工作,但并不直接参与证券调处。"证券暨期货管理委员会"通过在证交所等证券机构中

---

① 何敏:"证券纠纷的非诉讼解决机制——调解制度探析",载《中国证券期货》2012 年第 10 期,第 42 页。
② 胡春冬:"香港金融纠纷调解机制运作情况与启示",载《西部金融》2013 年第 9 期,第 22 页。
③ 席滔:"金融纠纷非诉解决机制研究——以中国香港'金融纠纷调解中心'运作为例",载《金融与法律》2013 年第 9 期,第 64 页。
④ 杨东,文诚公:"香港金融纠纷解决机制的新发展及其对内地的启示",载《首都师范大学学报(学会科学版)》2013 年第 3 期,第 74 页。

设立"保护机构"①，由"保护机构"设立调处委员会，直接负责调处工作。② 通过三级机构各司其职，我国台湾地区的"证券纠纷调处"摆脱了浓厚的行政色彩，其角色定位为财团法人。与其他国家和地区相比，我国台湾地区的证券纠纷调处的适用范围较大，其中一方当事人为投资者，而另一方不限于证券公司，还包括证交所、结算机构等一切与投资者有募集、发行、买卖纠纷的组织。③ 如此宽泛的适用范围，可在最大程度上保护投资者在各方面的合法权益。在调处程序中，如果双方当事人达成一致，则调处成功，双方应签订调处书；否则，"调处委员会"会依职权主动提出调处方案，并在规定期限内引导双方当事人同意，而如果在规定期限内双方均未表达异议，则调处视为成功。④ 然而，与我国境内相似，我国台湾地区的调处书并无直接的终局约束力。调处成功后，"保护机构"应在七日内提请法院审核，法院认可后，才与诉讼判决具有同等效力。⑤

总体上看，我国台湾地区证券调处机制具有如下特点：一是"调处委员会"的主动性。尤其是调处难以达成时，"调处委员会"将依职权主动提出调处方案，并引导双方当事人同意。此举可提高调处效率，最大限度地增加双方当事人达成一致的可能性。同时，"调处委员会"也考虑到双方当事人的意愿，允许当事人对提出的调处方案提出异议，避免了强迫当事人接受调处情形的发生，从而保证了当事人的合法权益不受侵犯。⑥ 二是司法确认的连贯性。虽然在调处成功后，调处书需要经法院审核，才能确认与诉讼判决具有同等效力。但是，上述程序并不需要由当事人申请，而是由"保护机构"直接提交给相应的管辖法院，这保证了调处能够及时生效，确立了"保护机构"调处的权威性，也加速了调处书的履行。⑦

四、完善我国证券市场纠纷非诉调解机制的建议

（一）调解机构间的合作共建

第一，各调解机构间应积极开展业务交流、共享调解经验。鉴于各调解机构开展调解工作的时间不同，适用的调解程序亦不尽相同，各调解机构位处不同区域，所受理的证券期货纠纷形式及数量均存在显著差异，若能积极开展调解业务交流活动、分享彼此经验，对在全国范围内开展证券纠纷非诉调解工作将具有显著的意义。

第二，调解机构间可共享调解员名册、注重提升调解人员的专业性。调解员的专业性是证券纠纷调解工作取得成功的关键因素之一。当前，因调解机构众多、调解力量分散，各机构均设立了自己的调解员名册，从而导致市场对调解员的需求较大。为有效利用调解员这一关键的人力资源，各调解机构可考虑共享调解员名册，并根据自身情况进行双向选择，充分发挥每一位调解员的作用。对于调解员任职要求，可借鉴美国的做法，事前严格遴选、事后

---

① 我国台湾地区"证券投资人及期货交易人保护法"第7条规定：主管机关可指定证券交易所、期货交易所、财团法人、证券集中保管事业、证券商业同业公会、证券投资信托暨顾问商业同业公会等机构设立保护机构。

②③ 我国台湾地区"证券投资人及期货交易人保护法"第22条。

④ 我国台湾地区"证券投资人及期货交易人保护法"第25条。

⑤ 我国台湾地区"证券投资人及期货交易人保护法"第26条。

⑥⑦ 候怡墨："我国大陆与台湾地区证券纠纷调解机制比较研究"，载《创新与发展：中国证券业2012年论文集》，第1041页。

系统培训。而且，调解员不仅应拥有极佳的专业知识背景，同时还应从制度上确保其做到中立公正，严格保守当事人的秘密。尤其应防止调解人员利益冲突，即一旦担任某个纠纷案件的调解员，其在未来不得担任与该案相关的仲裁或诉讼中的裁判人员，不得将此前获得的信息用于上述法律程序。

（二）调解流程的完善

1. 调解申请阶段的完善

目前，有的调解机构规定，调解申请可由当事人单方向调解中心提出，调解中心将在5个工作日内审核决定是否受理，也有调解机构规定，当收到单方提出的调解申请时，调解中心会在2个工作日内询问对方当事人的意见，双方同意则进入调解程序，否则将不予受理。可见，前者最终保留了是否受理调解申请的决定权，后者是否受理则取决于当事人的合意。两者的做法各有利弊。

比较法上，英国FOS机制的管辖分为强制性和自愿性两类，列入强制性管辖范围的证券公司将强制接受FOS的管辖，日本FINMAC机制中也有类似做法，从而使受约束的主体对证券调解绝对服从。

考虑到我国的国情，首先应加强对中小投资者的倾斜保护，同时尽量体现当事人的意思自治原则。因此，当投资者与证券公司发生纠纷时，允许投资者单方面提出调解申请，证券公司必须强制接受调解；当证券公司之间发生纠纷时，则应由双方共同提出调解申请，或一方提出后另一方当事人同意，方可开始调解程序。①

2. 调解员的选择

有调解机构规定，若当事人不同意调解员人选，则视为不同意调解，调解程序终结，该规定似乎缺乏应变性，不利于当事人的权益受到及时保护，也有调解机构规定此时会指定调解员，并不直接终结调解程序。证券市场纠纷调解中，调解机构应充分保护当事人的意思自治，同时考虑调解的成功率与效率，并在两者之间做出平衡。

对此，可借鉴美国的做法和投服中心现行规定，在双方当事人无法达成一致时，调解机构可直接指定调解员。当然，为使纠纷当事人能有针对性选择调解员，可借鉴境外的做法，调解机构应同时提供调解人员的职业、教育背景、专业背景、担任调解员的经验、培训情况以及资质证书等信息，以便当事人选择合适的调解员。

3. 开庭调解阶段的完善

目前，对开庭调解阶段的具体流程规定得较笼统，未就如何调解、用何种调解方式提供指引。美国FINRA机制的调解程序结合了"面对面"模式和"背靠背"模式，我国台湾地区证券调处机制中调处委员会则主动提出调处方案以供当事人参考，从而增加双方达成一致的可能性，这些方式都可以在完善我国开庭调解阶段的具体流程时加以借鉴。例如：第一，鉴于调解纠纷双方当事人，尤其是投资者一方可能对调解程序并不熟悉，调解员在开庭时应首先详细说明调解程序，使双方当事人明确己方所有权利义务，在法律法规允许的范围内充分参与到调解中来；第二，调解中应加入举证质证程序，通过对证据的列举，使调解员和双

---

① 薛博：《论我国的证券纠纷调解机制》，山西财经大学硕士学位论文2016年，第32页。

方当事人对案件事实有进一步的了解,能够及时评估自己所处的局面,为调解的成功打下基础;① 第三,调解程序可结合"面对面"模式和"背靠背"模式,在双方会面的调解中穿插与双方当事人的单独会晤,切实了解当事人的真实想法与诉求,寻找双方的利益共同点,主动提出调解方案,努力帮助双方达成一致。

4. 小额速调模式的优化

在探索完善我国证券市场纠纷调解机制的过程中,应继续推进小额速调机制的发展,从而推动多元化纠纷解决机制的完善。

第一,明确"小额"的具体数额标准。当前,小额速调机制刚刚在全国推广试点,各行政区域对"小额"的范围也有不同规定。各证券市场纠纷非诉调解机构应综合考虑各辖区内证券市场的发展情况与当地实际经济水平,对"小额"的额度做出适当界定。

第二,体现出小额速调机制效率性。小额速调机制应表现出迅捷性、高效性,使其明显区别于普通程序。例如,日本证券市场纠纷调解机制采用由一位斡旋委员独任调解的制度,在小额速调程序中由一位调解员主持调解,既节约了人事资源,也提高了调解员的积极性,使纠纷可以快速解决。

第三,应对中小投资者倾斜保护。一般认为,在信息获取、权利救济等方面,中小投资者处于明显的弱势地位。如何完善对中小投资者保护,是非诉调解机构慎重考虑的因素之一。建议调解机构可与证券经营机构签订强制性义务合约,使其在"小额"范围内强制接受全国性调解中心的调解,同时,给予投资者单边的确定权——若其对调解结果满意,则证券经营机构就应履行调解结果;若投资者不接受调解结果,其仍可通过仲裁、诉讼等方式寻求救济。

(三) 证券纠纷非诉调解机制保障体系的建设

1. 非诉调解与其他程序的对接与协调

总体上,我国证券市场纠纷非诉调解仍处于起步阶段,未来应继续加强与诉讼、仲裁等其他纠纷解决机制的对接,促进功能互补,更好地保护中小投资者。② 同时,还应确保调解协议便于获得司法确认,增强其可执行性。具体而言,可从以下三点着手。

第一,调解机构应与人民法院诉调中心合作,促进非诉调解与诉讼程序的对接。证券纠纷调解机构可派员入驻法院诉调中心,与法院工作人员共同负责诉调对接工作。调解机构可告知当事人将调解不成功的纠纷诉至法院,交由法院实施诉讼调解或进入诉讼程序。当事人向法院正式起诉前,可即时委托调解,并规定在一定期限内完成。如果调解不成功,法院应及时受理案件,恢复诉讼程序,依法裁判。双方的工作人员要明确合作分工内容,确认受案范围,细化工作流程,以便将具体工作落到实处。③ 同时,双方也可定期开展交流学习会,交换心得,提高工作能力。

---

① 薛博:《论我国的证券纠纷调解机制》,山西财经大学硕士学位论文2016年,第33页。
② 中国证券业协会证券调解专业委员会:"建立证券行业纠纷解决对接机制",载《中国证券报》2013年12月18日第12版。
③ 官勇华,谈志琦,顾秀娟:"证券纠纷调解机制调研报告",载《创新与发展:中国证券业2015年论文集》,中国财政经济出版社2016年版,第237页。

第二，调解机构与仲裁机构展开合作，促进调解与仲裁程序的对接。仲裁机构在处理金融纠纷方面具有多年的丰富经验，证券市场纠纷调解机构可本着合作共赢的原则，通过交流培训的方式，引进仲裁机构先进的案件管理经验，提高调解员的工作水平和效率。同时，通过修订《证券法》《仲裁法》等法律和相关法规，明确证券市场纠纷仲裁和调解程序的衔接，使当事人在调解程序中或调解没有成功时，可以快速转入仲裁程序及时裁决。① 实际上，境外一些将调解与仲裁协同一体的做法值得借鉴。例如，英国的 FOS 就是一个"仲调一体"的模式，调解与仲裁能无缝衔接；我国香港地区 FDRC 采用"先调解、后仲裁"的一站式纠纷处理程序，调解未成功的案件直接进入仲裁程序。

第三，调解协议司法确认的制度化、法治化。美国 FINRA 纠纷调解机制中，双方当事人一旦达成一致，则视为对诉讼程序的放弃，调解协议无须另行司法确认。而我国台湾地区，证券调处的司法确认具有连贯性，调解成功后由"保护机构"直接提交给法院，无须当事人另行申请。我们认为，我国台湾地区的做法值得借鉴，即简化当前的司法确认程序，允许调解成功后直接向法院提交申请或向公证机关申请公证为可强制执行文书。此外，在进行司法确认时，法院应根据意思自治原则和法无禁止皆可行的精神，只要调解协议中并无法定的无效事由，原则上皆应确认其效力，法院不应对调解协议的具体内容过多干涉。② 调解协议一经法院司法确认，即成为具有强制执行力的文书。

2. 非诉调解机制的宣传与案例"指导"

证券市场纠纷非诉调解是一种迅捷、高效、低成本的纠纷解决机制，但至今尚未形成一种常态化的模式，一旦涉及纠纷，公投资者首先想到的可能是信访或诉讼。产生这一现象的原因有非诉调解自身的不完善导致投资者信任感不高，以及投资者对这一纠纷解决机制的陌生。为此，加强证券纠纷非诉调解工作及调解机构的宣传引导实属必要。

关于非诉调解的公众知晓度问题，我们认为，证券纠纷非诉调解机构可通过新闻媒体、官方微博、微信、官方网站等渠道增加曝光度，扩大知名度，积极宣传证券市场纠纷非诉调解的优势和各调解机构的运行模式、政策法规、工作动态和维权路径。同时，通过对典型案例的报道展示③，增强投资者对非诉调解的熟悉度与信任感，使其知悉自身权利义务以及救济方式，继而营造出一个良好的调解氛围。这可使投资者改变传统的惯性观念，增加其运用调解方式解决证券纠纷的可能性。④

关于非诉调解的案例指导，目前多数调解机构尚未形成制度化的做法。仅部分机构公布了案例，例如广东中证投资者服务与纠纷调解中心在其官网的显要位置设置了纠纷调解案例介绍的入口，并按照证券纠纷调解案例、期货纠纷调解案例、基金纠纷调解案例、投资者咨询纠纷案例分类汇总。⑤其中，证券纠纷调解案例每季度公布一次，在每个案例中，介绍了案情、调解过程和结果以及案件评析和启示，对未来的调解工作具有教育引导意义。发挥证

---

① 张末然：《论我国证券纠纷调解制度之完善》，华东政法大学硕士学位论文 2016 年，第 59 页。
② 祖传夫，叶茂，陈世清："证券纠纷行业调解与多元化解决机制的衔接问题探析"，载《创新与发展：中国证券业 2012 年论文集》，中国财政经济出版社 2013 年版，第 1029 页。
③ 考虑到调解的保密性，调解案例的公布应获得当事人的许可，并隐去当事人隐私信息和商业秘密。
④ 官勇华，谈志琦，顾秀娟："证券纠纷调解机制调研报告"，载《创新与发展：中国证券业 2015 年论文集》，中国财政经济出版社 2016 年版，第 236 页。
⑤ http://www.gdism.org/WebSite/19/diaojieanli/p_1.html，最后访问日期：2017 年 9 月 15 日。

券调解案例的指导作用，对完善证券调解教育指导机制具有积极的意义，具体可从案例的选择和推介两方面着手。

第一，案例的选择。有学者认为，若期待选择的案例能够对类似案件起到一定指导作用，那么就必须确保其具有典型性。[①] 因此，具有指导意义的案例通常应是一些疑难的、涉众的或新型的纠纷案件。经非诉调解成功的案例的结果通常具有一定的警示与教育意义。需要注意的是，备选的案例应具有确定性效力，调解结果应已经过人民法院司法确认并实际履行，避免效力未定的案例干扰未来的调解工作，影响调解人员的判断。此外，要加强管理案例选择的报送机制，严格管理推荐、遴选、审查、选用的具体流程，保证指导案例的准确性和权威性。

第二，案例的推介。选用的案例应定期发布到证券市场纠纷非诉调解机构官网的显要位置，公布的案例应包括案情介绍、调解过程和结果以及案件评析和启示等内容。另外，随着证券市场的不断演化、发展，部分案例可能因政策法规、市场状况的变化而不再具有指导价值，因此，案例发布后，调解机构还应定期清理，重新汇编。如有可能，还可定期编纂出版，扩大调解典型案例的影响。如此，不仅可使公众投资者更多地了解非诉调解实践与效用，增强对非诉调解的信心，亦有助于证券经营机构在合规管理中进行对标，并在经营活动中避免类似事件发生。

---

① 王利明："我国案例指导制度若干问题研究"，载《法学》2012年第1期，第75页。

进一步完善我国证券纠纷调解机制的思考
——来自地方协会工作的思考

郑晓满　金　昊　郝建熙　何海涛　冯传奇*

一、完善证券纠纷调解机制的意义与中国现状

（一）完善证券纠纷调解机制的意义

近年来，中国资本市场繁荣发展的同时也伴随着证券纠纷数量的快速增加，公平、高效的证券纠纷化解机制有助于保护投资者利益，维护资本市场健康稳定。中国证券纠纷化解机制尚不完善，呈现出"以诉讼渠道为主，以非诉渠道为辅"的特点。然而，证券纠纷具有涉及人员多、专业性强、类型多样、不同主体利益诉求差异大、公众关注度高等特点，这些因素决定了仅依靠单一诉讼制度难以有效满足投资者需求。事实上，在众多发达经济国家和地区，证券纠纷化解非诉机制不仅是诉讼机制的有益补充，还起着重要作用。在众多纠纷化解非诉机制中，证券纠纷调解机制是最为重要的一种，这主要得益于其自身特点。首先，调解作为非对抗性纠纷化解机制，能最大限度地尊重纠纷双方意思自治，缓和纠纷双方矛盾，协调不同主体利益诉求间差异；其次，调解程序灵活简便，对于强调时效性的证券纠纷来说，调解更能及时保护投资者利益；最后，调解费用较低，部分公益性调解甚至对中小投资者免费，这有利于投资者能更好地维护自身权益。上述优势使得证券纠纷调解机制一问世就受到各国投资者青睐。美国金融监管局（FINRA）调解制度、英国金融申诉专员（FOS）制度以及日本证券及金融商品斡旋咨询中心（FINMAC）调解制度都是证券纠纷调解制度的成功代表，是所在国家投资者处理证券纠纷、维护自身权益的最主要途径。由此可见，完善证券纠纷调解机制既是对国外先进经验的借鉴，也是当下中国资本市场发展的现实需求，对强

---

* 作者单位：四川省证券期货业协会。原载于《中国证券》2018年第10期。

化投资者保护、健全资本市场法制基础具有重要意义。

（二）中国证券纠纷调解制度的现状

中国证券纠纷调解制度起步较晚，早期调解制度主要以人民法院调解委员会调解和证券监督管理机构调解为主，而这两类主体调解均存在一定局限性。证券行业协会具有专业能力突出、独立性强以及与资本市场各类主体联系紧密等优势，成为调解证券纠纷最理想的主体，发达国家资本市场也多以行业协会调解模式占主体。为更好地践行《证券法》赋予证券业协会"调解会员之间、会员与客户之间证券业务纠纷"的职责，中国证券业协会（以下简称中证协）于2011年、2012年相继成立了证券调解专业委员会和调解中心，正式建立了行业协会证券纠纷调解机制（见图1）。经过几年发展，我国建立起中证协主导、地方协会协作配合、会员单位积极参与的"三位一体"证券纠纷行业调解机制（见表1）。①

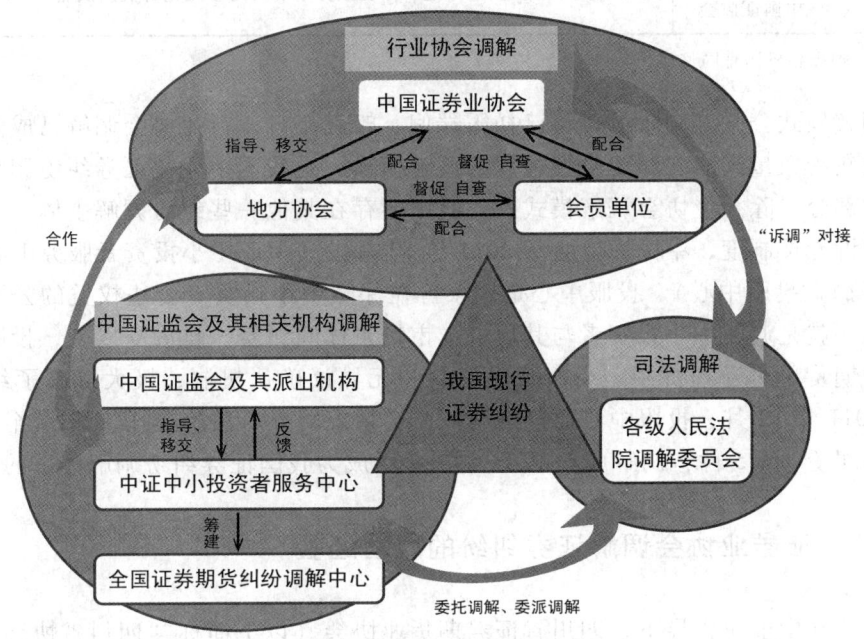

图1 我国现行多层次证券纠纷调解体系

资料来源：根据各机构官网整理。

表1　　　　　　　　　我国多层次证券纠纷调解体系构建

时间	机构	事件
2011年9月	中证协	成立中国证券业协会证券调解专业委员会
2012年2月	中证协	成立中国证券业协会证券纠纷调解中心
2012年6月	中证协	发布《中国证券业协会证券纠纷调解工作管理办法（试行）》《中国证券业协会调解员管理办法（试行）》《中国证券业协会调解工作管理办法（试行）》

---

① "证券业协会推进证券纠纷多元化解机制建设"，搜狐网，2017年9月22日，网址：http://www.sohu.com/a/193783995_162522，最后访问日期：2018年8月14日。

续表

时间	机构	事件
2012 年 7 月	中证协	协会官网设立证券纠纷调解专区
2012 年 8 月	中证协	聘任首批 111 名证券纠纷调解员
2013 年 6 月	中证协	与北京市中院签署了诉调对接合作协议
2013 年 9 月	中国证监会	开通"12 386"证券投诉服务热线
2013 年 12 月	国务院办公厅	发布《关于进一步加强资本市场中小投资者合法权益保护工作的意见》
2014 年 12 月	中国证监会	成立中证中小投资者服务中心有限责任公司
2016 年 1 月	中证协	修订并发布《中国证券业协会纠纷工作管理办法》《中国证券业协会纠纷调解规则》
2016 年 5 月	最高法、中国证监会	发布《关于在全国部分地区开展证券期货纠纷多元化解机制试点工作的通知》

资料来源：根据各机构官网整理。

行业调解模式公平、高效的优势已初露端倪。时至今日，行业协会调解已成为各类主体调解中涉及纠纷数量最多、纠纷类型最广的调解模式，是我国多元化证券纠纷调解体系中最重要的组成部分。除行业协会调解模式外，我国还存在其他一些纠纷调解主体。例如，借鉴英国金融申诉专员制度，中国证监会于 2014 年 12 月设立中证中小投资者服务中心有限责任公司（以下简称投服中心）。投服中心是一家旨在保障中小投资者合法权益的公益机构，其重要职能之一就是调解中小投资者与其他资本市场主体间纠纷。自成立以来，投服中心创造性引入证券期货单边受理机制、小额裁决机制和无异议确认机制，极大提高了纠纷调解效率。截至 2017 年 12 月，投服中心通过中国证监会系统转办、法院委托、纠纷当事人申请等方式共受理纠纷 3 325 件，调解成功 2 262 件①，已成为我国证券纠纷调解体系的有益补充。

二、地方证券业协会调解证券纠纷的成功经验

近年来，在中证协指导下，四川省证券期货业协会（以下简称"四川省协会"）针对我国证券纠纷调解机制存在的多项不足之处展开针对性工作，在取得阶段性成果的同时也总结出一些值得推广的成功经验。但仍需指出的是，协会纠纷调解工作仍面临诸多现实困境，未来需要通过更多工作予以完善。

（一）推动"诉调"对接机制，增强纠纷调解效力

确保纠纷调解协议具备强制执行力，是保障证券纠纷调解机制发挥作用的重要制度基础。然而从法律效力看，行业协会主导下达成的调解协议相当于一般民事合同，调解协议双方不具备强制履约义务。实践工作中常出现调解协议达成后某一方违约，双方不得不重新寻求其他纠纷解决机制的情况。究其原因主要是"诉调""仲调"对接机制不畅。以往纠纷调

---

① 参见"'纠纷调解'新机制成投资者权益保护有效途径"，新华网，2018 - 3 - 19，网址：http：//www.xinhuanet.com/2018 - 03/19/c_1122559221.htm，最后访问日期：2018 年 8 月 14 日。

解工作中，调解双方为确保调解协议能得到执行，通常还需以公证、仲裁、诉讼等方式予以司法确认，然而这一环节却存在诸多现实难题。为加强证券纠纷调解机制与其他纠纷化解机制的衔接，增强纠纷调解效力，2016年6月最高法和中国证监会联合出台《关于在全国部分地区开展证券期货纠纷多元化解机制试点工作的通知》，明确提出在试点地区"健全诉调对接工作机制"。中证协和投服中心均被确定为试点调解组织，36个省会城市或计划单列市被确定为试点地区。2017年7月，四川省协会与投服中心达成委托协议，规定四川省协会配合投服中心设立中证中小投资者服务中心四川调解工作站（以下简称"四川调解工作站"）。同月，四川省协会在四川证监局与投服中心的指导下，与成都市中级人民法院（以下简称"成都市中院"）达成诉调对接相关工作事宜，当诉讼案件征得双方当事人同意时，成都市中院将所受理案件率先委托四川调解工作站开展调解工作。一旦案件双方达成调解协议书，法院将迅速依据调解协议书内容制作民事调解书，确保调解协议内容能得到有效执行。委托调解协议的达成不仅充分发挥了地方协会、投服中心在证券纠纷调解方面的专业性，也节约了司法资源、降低了投资者诉讼成本。这一举措的实施极大改善了以往"诉调"对接不畅的局面，提高了证券纠纷调解工作效率。截至2018年6月，四川调解站已受理证券诉讼纠纷200例，凡达成调解协议的纠纷均由成都市中院出具民事调解书，相应的民事赔偿责任也得到履行（见表2）。

表2　　　　　　　　　　四川调解工作站接受调解的证券纠纷的部分案例

企业名称	诉讼事由	调解结果
A上市公司	虚假信息披露致投资者损失	达成和解协议，成都市中院出具民事调解书。A上市公司赔偿投资者经济损失，投资者撤销对上市公司起诉
B上市公司	虚假信息披露致投资者损失	B上市公司拒绝接受调解，案件退回成都市中院继续审理
C上市公司	虚假信息披露致投资者损失	经调解未达成和解

资料来源：根据四川省证券期货业协会提供资料整理。

（二）贯彻"无强制力"调解理念，树立协会调解权威

投服中心与法院"诉调"衔接的试点固然带来了调解协议效力的提升，然而这一模式存在适用范围较窄的缺陷。究其原因主要是法院受理投资者诉讼案件的门槛较高。投资者提起证券纠纷诉讼的前提是证券监督管理机构对被告方出具行政处罚决定书，或是行业自律组织做出相应处罚（比如交易所公开谴责），而这一类型纠纷通常具有涉案范围广、金额大、案情复杂等特点，在数量众多的证券纠纷中只占较少一部分。大量纠纷程度较轻的纠纷调解仍依靠行业协会的直接受理。鉴于行业协会调解缺乏强制执行力，四川省协会在纠纷调解过程中更注重贯彻"无强制力"调解理念，这既是基于现实的妥协，更是发挥调解人员主观能动性、突破制度限制的实践。所谓"无强制力"调解，即是在缺乏强制执行力前提下，调解协议内容仍被双方履行。要想成功贯彻"无强制力"调解理念，需要依靠调解机构的权威性。为提升协会调解的权威性，调解人在调解过程中十分关注双方诉求，力争兼顾双方需求。一方面，对于投资者而言，协会在调解过程中充分尊重投资者知情权、表达权，对于投资者疑问给予耐心细致的解释。协会不仅关注解决投资者当下面临的纠纷，更注重培养投资者未来应对证券纠纷、保护自身权益的能力。通过一次次纠纷调解的积累，协会在投资者

心目中逐步树立起公平、公正调解的形象，调解协议权威性得以不断增强。另一方面，对于证券机构而言，协会通过督促证券机构主动参与纠纷化解工作，对证券机构健康发展也有直接作用。若证券机构确实存在违约或侵权责任，通过纠纷调解工作有助于证券机构将问题消弭于萌芽阶段，以避免未来相关问题持续加剧，进而遭受证券监管机构的行政处罚；若证券机构不存在相关责任，通过纠纷调解工作也能帮助证券机构自查自省，进一步健全内部控制机制。因此，证券机构对于四川省协会纠纷调解也积极配合。2017年，四川省协会共受理纠纷923起（包括12386热线、中证协、中期协转办和地方协会自行受理），2018年上半年共受理纠纷228件，涉及纠纷类型包括：（1）转销户、佣金、交易系统等客户服务；（2）融资融券、代客理财、新三板、配资等高风险业务；（3）投资咨询夸大宣传。面对数量众多、类型各异的纠纷，双方达成调解协议并认真履约的比例极高。每一次纠纷调解的成功都增强了协会调解的权威性，而调解权威性的提升又反过来促进了"无强制力"调解理念的贯彻。这种良性循环不仅有效解决了协会调解的难题，也将调解机制缓和矛盾、促进社会和谐的功能发挥到最大化。

（三）细化调解具体流程，提高纠纷调解效率

中证协2016年8月出台的《中国证券业协会纠纷调解规则》（以下简称《调解规则》）是各级行业协会处理证券纠纷的指导性文件，然而《调解规则》在实际调解工作中还不够具体。对此，四川省协会对《调解规则》的具体流程从以下四方面进行细化。

1. 在受理纠纷方面

《调解规则》规定："调解组织应当根据双方当事人的申请并视案情复杂程度，决定适用简易调解或普通调解程序。"这样规定目的之一在于赋予地方协会部分自由裁量权，因此仅依赖《调解规则》在实际工作中缺乏可操作性。四川省协会充分考虑本地区经济发展状况，初步规定："涉及金额不超过5 000元的纠纷适用简易调解程序。"与此同时，协会还补充规定："若纠纷事实清楚，或者以往已成功调解类似纠纷，也可以适当放宽上述金额限制。"这些规定的出台明确了简易调解程序与普通调解程序的适用情形，提高了协会纠纷受理环节的工作效率，也为后续工作的顺利开展打了基础。

2. 在调解流程方面

四川省协会完善了以下三环节的流程：在双方协商环节，协会充分赋予双方当事人就纠纷事实合理表述的权利，尤其关注投资者的表述权利；在举证质证环节，协会贯彻《证券期货投资者适当性管理办法》中举证责任倒置原则[①]，要求证券机构先提供证据证明已合法履行相关义务，减轻投资者举证责任、缓解投资者"举证难"问题；在达成调解协议环节，协会要求双方再次就协调内容达成确认后方可签署协议。

3. 在调解人员方面

协会尽力保障投资者选择调解人权利，而这一权利的行使离不开以下两方面：一是中证协不断完善调解人员名单，强化调解人员的专业性与客观性。2012年8月中证协公布的第

[①] 参见《证券期货投资者适当性管理办法》："证券机构与普通投资者发生纠纷的，经营机构应当提供相关资料证明，证明其已向投资者履行相关义务"，中国证监会官网，网址：http//www.csrc.gov.cn，最后访问时间：2018年8月14日。

一期调解人员名单中,有70%调解员来自证券公司,而来自其他独立第三方的调解员很少,极易给投资者造成调解机构偏袒会员单位的印象。最近一期调解人员名单中,来自高校科研机构、律师事务所、法院(退休法官)的调解员人数合计80人,占比达28%,而来自证券公司的调解人员人数下降至122人,占比仅42%。① 调解人员组成的多样化增强了调解员公信力,为投资者充分行使选择权创造了条件。二是在适用具体调解员时,四川省协会给予纠纷双方当事人自主选择调解员的权利。部分投资者没有积极行使选择调解员权利,但对于协会指派的调解员适当性提出疑虑时,协会尽可能指派新的调解员,以确保调解工作继续展开。②

4. 在调解方式方面

四川省协会除继续加强传统的现场调解方式,也不断推进其他调解方式建设,已开通证券纠纷投诉热线,并安排专人负责电话调解事宜。目前,电话调解已成为重要的调解方式之一。此外,正在寻求与中证协、成都市中院的合作,力争尽快推出网上调解,进一步完善各类证券调解方式、丰富投资者纠纷投诉渠道。

三、地方证券业协会调解证券纠纷的现实困境及政策建议

(一)部分投资者滥用投诉权利,造成公共资源浪费

近年来四川省协会证券纠纷调解工作面临的一大难题是如何处理恶意纠纷投诉。诚然,相比证券机构、上市公司等法人,投资者在资金、信息获取等诸多方面处于明显劣势,纠纷调解工作在客观公正的立场下适度向投资者利益倾斜具有内在合理性。然而"最大限度保护投资者"原则并不应当被无限放大,保护投资者权益也必须是保护"合法"的投资者权益。实践中,四川省协会发现部分投资者对自身"不合法"利益反复多次进行投诉,每次均要求地方协会作出书面答复。即使在协会和证券机构工作人员多次解释后仍胡搅蛮缠,甚至出现言语辱骂。还有部分投资者采取"碰瓷"行为,编造虚假开户、交易事实后投诉。尽管现行的《中国证券业协会证券纠纷调解工作管理办法》(以下简称《管理办法》)规定了可"不予调解受理范围",但投资者向地方协会提出申请时,地方协会仍需尽到合理调查义务才能做出是否受理的决定,即使投资者只是简单的口头投诉。一旦协会处理纠纷投诉的精力过多被此类投资者牵制,协会正常纠纷调解工作便难以开展,"合法"诉求部分的投资者利益也难以得到保障,造成公共资源的不必要浪费。

产生这一现象的原因主要包括以下两点:一是行业协会纠纷调解工作对普通投资者免费。依据《管理办法》,行业协会主导的"调解工作对当事人不收取任何费用",这一规定的初衷旨在降低投资者维权费用、最大限度保障投资者权益,但实际工作中却产生了严重道德风险。二是行业协会缺乏对投资者滥用投诉权利行为的惩罚能力。当前,中国证监会

---

① 参见《调解员名册》,中国证券业协会官网,2017年11月29日,网址:http://www.sac.net.cn/hyfw/zqjftj/tjymc/,最后访问时间:2018年8月14日。
② 参见《中国证券业协会证券纠纷调解规则》:"当事人不同意调解组织指定或代为选定的调解员的,视为不同意调解,调解程序终结",中国证券业协会官网,2016年2月1日,网址:http://www.sac.net.cn/hyfw/zqjftj/tjgz/201602/t20160201_127044.html,最后访问时间:2018年8月14日。

"证券期货市场失信记录查询平台"可查询的违法违规失信信息主要包括：中国证监会及派出机构作出的行政处罚、市场禁入决定，证券期货交易所及行业自律组织实施的纪律处分措施和法律、行政法规、规章规定的管理措施。[①] 个人投资者滥用投诉权利的行为尚未纳入该失信记录查询平台，缺乏对投资者威慑的外部制度。

为进一步解决这一难题，四川省协会着手从以下两方面开展工作：一是参考法院"失信被执行人名单"，建立"滥用证券纠纷投诉人名单"。四川省协会已初步开展此项工作，将证券纠纷调解中接触的滥用投诉人纳入内部名单，并依据滥用投诉权利次数和性质对投资者作出严重程度划分。未来将加大与中证协及其他地方协会的信息共享，力争由中证协牵头完成全国性"滥用证券纠纷投诉人名单"，并纳入"证券期货市场失信记录查询平台"，完善威慑滥用投诉权利人的外部制度。二是加大投资者宣传教育工作力度，培养投资者合理利用证券纠纷投诉的观念。通过定期与投教基地合作、网络宣传等多种方式加强投资者教育，培养投资者识别自身"合法"权益的能力，并通过反面案例的讲解警示投资者，使行业协会调解机制真正发挥保障投资者"合法"权益的作用。

（二）证券调解主体单一化，难以满足市场需求

近年来中国证券纠纷调解体系建设取得长足进步，然而面临资本市场快速增长的纠纷调解数量，现有调解体系仍不能有效满足投资者需求。四川省协会将化解纠纷调解机制作为履行投资者保护的重点工作，但实际工作中仍存在一定的调解能力"缺口"。对比发达国家经验，"除以行业协会调解机制占主导地位外，还需多种调解机制共同发挥作用"。由此可见，增加多元化调解主体、提高纠纷调解能力，是健全证券纠纷体系的重要工作。投服中心的成立已经为多元化调解主体的尝试作出成功表率，但未来调解体系仍需吸纳更多主体参与相关工作。结合我国目前实际，两类市场主体有望加入证券纠纷调解主体。第一类市场主体是证券交易所。作为重要的行业自律组织，证券交易所与上市公司、证券机构、证券监督管理机构以及投资者关系紧密，且交易所具备法律、金融等方面专业人才。赋予证券交易所证券纠纷调解职能，有利于充分调动稀缺的证券纠纷调解资源。此外，交易所长期担任证券纠纷仲裁者角色，也不乏调解交易所会员纠纷的先例，这些都将成为交易所调解证券纠纷得天独厚的优势。第二类市场机构是中国证券投资者保护基金公司（以下简称投保基金）。投保基金成立的目的是保障投资者权益，而调解纠纷则是其中关键一环。事实上，早在2016年12月，投保基金就已成立纠纷调解中心，制定证券纠纷调解工作制度，聘用纠纷调解员，开展"当事人一对一"和"当事人一对多"两种模式调解工作。[②] 然而交易所和投保基金面临的共同核心问题是缺乏法律明确授权，这也直接造成了当前局面：交易所证券纠纷调解工作涉及范围狭窄；投保基金更关注"投资者先行赔偿"制度建设，而证券纠纷调解职能发挥不多。

为改变当前困境，未来可从以下两方面着手改变：一是推动立法层面改革，以法律法规

[①] 参见"证券期货市场失信记录查询平台"，中国证券监督管理委员会官网，2014年6月，网址：http://shixin.csrc.gov.cn/honestypub/，最后访问日期：2018年8月14日。

[②] 参见"投保基金证券纠纷调解中心挂牌成立"，东方财富网，2016年12月17日，网址：http://finance.eastmoney.com/news/1353,20161217694608082.html，最后访问日期：2018年8月14日。

形式明确赋予交易所和投保基金证券纠纷调解职能。一旦在法律层面赋予证券纠纷调解职能后，交易所和投保基金就更能"顺理成章"地搭建内部职能部门，完善人才队伍建设，逐步扩大证券纠纷调解职能，发挥多元化调解机制的应有作用。二是在加快多元化纠纷调解体系建设的同时还应注意各调解主体间的协调工作。应当由一家机构统一（比如中国证监会）负责调解体系的顶层设计，结合各调解主体特点，合理划分不同主体调解范围。划分纠纷事由时应秉持"宁可有重叠，也应无空白"的原则，避免不同主体间互相推诿、投资者投诉无门现象的产生。此外，定期组织调解主体间交流、学习，博采众长，以弥补各自调解工作中的不足。

参考文献

[1] 陈明克. 我国证券纠纷调解机制研究 [J]. 武汉金融，2017（4）：61—65.

[2] 何敏. 证券纠纷的非诉讼解决机制——调解制度探析 [J]. 中国证券期货，2012（10）：41—42.

[3] 薛博. 论我国的证券纠纷调解机制 [D]. 山西财经大学硕士论文，2017.

[4] 张未然. 论我国证券纠纷调解制度完善——以域外制度经验为视角 [D]. 华东政法大学硕士论文，2017.

[5] 梁平，陈焘. 调解：证券纠纷解决机制构建的一种可行路径 [J]. 理论界，2013（11）：64—66.

[6] 徐阳，尹苑生. 证券纠纷多元化解机制的意义——完善证券纠纷多元化解机制的建议 [J]. 法制博览，2017（11）：1—5.

股东积极主义的创新发展——"投服中心"及其实践

黄 凯[*]

2014年12月成立的中证中小投资者服务中心有限责任公司(以下简称"投服中心"),在理论创新和实践创新的推动下,为中小投资者行使股东权利、维护其合法权益提供了新思路、新方式,取得的成效广受好评,创立了被投资者称为"投服模式"的工作机制。"投服模式"作为股东积极主义的创新发展,将持股行权、纠纷解决、诉讼这三种方式有机结合,贯穿于业务的全过程。

一、股东积极主义的概念界定、发展历程和制度基础

股东积极主义最早兴起于美国,伴随着资本市场的全球化,股东积极主义从美国走向了世界各地,从最开始参与公司投票、提案到目前董事高管的选任、公司内部治理的完善,都表明股东积极主义已从公司治理的外部监督深入到内部决策中。

(一)股东积极主义

中小股东主要包括机构投资者和个人投资者,其持股数量相对较少,一般少于5%,和大股东一样,中小股东虽然作为公司的所有者,但他们普遍对公司经营的情况和业务较为"冷漠",怠于行使自己作为股东的基本权利,导致对公司管理层和大股东的监督较弱。吉林大学法学院王彦明教授认为股东积极主义是股东为了改善公司的管理水平,通过各种方式实施干预行为,以实现公司的营业目标。[①] 股东积极主义是相对股东消极主义而言的。由于"搭便车"行为的普遍存在,以及中小投资者普遍欠缺公司治理的知识,且参与上市公司的治理需要耗费一定的精力,从而导致投资者在传统上不参与公司的治理。当公司经营遇到问

---

[*] 作者单位:中国证券登记结算有限责任公司。原载于《中国证券》2018年第10期。
[①] 王彦明:"股东积极主义:股东积极行为的公司法界限",载《行政与法》2009年第8期,第98页。

题时，中小股东喜欢"用脚投票"。只有行为收益超过行为成本时，一个理性的股东才会花费更多的精力去收集信息并据此做出决定。于是，基于考虑到所能得到的期待利益，股东估计只会花费相对较少的精力用于考虑公司事务。[①] 当他们投资的公司股票市值提高时，则保留股票；反之亦然。在股权分散的公司，股东积极主义可以有效保证董事高管克尽勤勉忠实义务，维护股东最佳利益；在股权集中的公司，股东积极主义可以有效地限制大股东的权力，保障小股东的利益不会因大股东的压迫而减损。

（二）股东积极主义的成熟实践

股东积极主义理论基础最早源自伯利和米恩斯的经典著作《现代公司与私有产权》，其中提到了当公司所有权和管理权分离后所产生的冲突。美国股东积极主义显著流行于20世纪80年代后，大量机构投资者涌入资本市场，利用上市公司股权分散这一特性，参与公司治理，积极行使股东权利，其发展成熟主要经历了以下几个阶段：

第一阶段：20世纪80年代起，美国股东积极主义进入大众的视野。这一阶段，伴随着美国资本市场和机构投资者蓬勃发展，众多养老基金和公共基金积极参与公司治理。这其中，以美国加州公共雇员退休基金（CalPERS）参与 Texaco 公司治理最为典型。

第二阶段：从1992年到2008年金融危机，美国股东积极主义蓬勃发展。1992年美国证券交易委员会规定，在强化机构投资者作用下，对所有者采取的具有约束力的公司治理方式予以许可，放松股东之间相互联系的披露要求，降低机构投资者参与公司治理的成本。[②] 而此之前，公司的股东如果要获得公司控制权，就需要展开对代理投票权的争夺，从而实现控制公司的目的。

第三阶段：2008年金融危机之后，美国股东积极主义进入规范发展阶段。2010年7月21日，美国时任总统奥巴马签署了《多德-弗兰克法案》（Dodd-Frank Wall Street Reform and Consumer Protection Act），该法案是美国有史以来最全面的金融监管改革法案，旨在防范系统性金融风险，其中采纳"沃克尔规则"，对大金融机构的投机性交易予以限制。从这时起，股东积极主义在某种程度上成为投资者利益保护的更合理有效的方式之一。

（三）股东积极主义在我国的发展

我国股东积极主义伴随着机构投资者的发展而逐渐兴盛。1997年，国务院证券委员会为了改变我国资本市场投资者失衡的情况，发挥证券投资基金对于市场的稳定和促进作用，颁布了《证券投资基金管理暂行办法》。之后，从1998年4月起，金泰、开元、兴华、安信、裕阳5家证券投资基金相继公开发行上市，掀起了我国机构投资者发展的新浪潮。我国机构投资者参与公司治理的第一起案例为2000年广州通百惠和山东胜邦就胜利股份的股权之争；在此之后，华宝基金反对重庆百货股票增发方案、格力电器董事提名案等一系列的案例，将我国股东积极主义从幕后推向台前。

2005年修订的《公司法》，开始正视股东积极主义的作用，在条文设计中，体现出鼓励

[①] ［美］斯蒂芬·M.贝恩布里奇著，赵渊译：《理论与实践中的新公司治理模式》，中国法制出版社2012年11月版，第131页。

[②] 李凯："美国上市公司治理制度的百年变迁及其启示"，载《管理学家》2009年第5期，第49页。

股东积极主义发展的趋势。如规定股东的知情权、建议权和质询权，明确股东参与公司治理的权利以及其他的诉讼权利。沪、深两大证券交易所专门发布《网络投票细则》，鼓励股东采取网络投票的形式参与公司表决。2014年，中国证监会顺应投资者保护的趋势，批准设立投服中心，作为公益性的金融机构，开展投资者保护、教育、行权维权、调解等一系列业务。

（四）股东积极主义的制度基础

现代公司治理最主要的特点就是所有权和管理权的分离，在此背景下，机构投资者参与公司治理，背后所蕴含着两种理论学说——"产权理论"和"双重委托代理理论"，以此理论为基础，股东积极主义在英美迅速发展。

产权理论认为，契约的不完备会导致剩余索取权和剩余控制权的出现，只有两者统一，才能对所有者产生足够的激励。[①] 此时，公司的所有权者的地位由机构投资者享有，他们若想获取公司剩余的控制权，督促管理层，提高公司的经营水平，在实务中通常采取参与公司重大事项的表决、征集表决权等方式。机构投资者利用自己的优势取得控制权后，将对公司的大股东起到监督制衡的作用，防止大股东以权谋私，滥用其对公司享有的控制权，损害公司利益和其他权利人的利益。

所有权和控制权分离是现代企业管理模式的最主要的特点，在一般的公司，所有权人与实际经营者之间产生"委托代理"关系，但机构投资者在参与上市公司治理中，存在着"双重委托代理"关系。当机构投资者作为公司的股东时，管理层则是股东的代理人，代替股东行使公司的管理权限，两者之间存在着委托代理关系。[②] 与此同时，机构投资者根据合同约定，对个人投资者的资金进行投资管理，在上述两者之间也产生代理关系。由于在代理关系中，个人投资者与机构投资者之间信息不对称，由此可能会产生代理人的道德风险。为解决此类问题，可采取正面激励和反向规制的方式。以反向规制为例，机构投资者参与治理是对公司经营者的一种外部监督。机构投资者与广大的个人投资者相比，在管理能力和持股数量上具有明显的优势，他们愿意在自己能力范围内为公司的治理出谋划策，对公司进行一系列的监督；而个人投资者在充分考量参与成本后，最终选择利用其他投资者的行为为自己谋取利益。机构投资者作为个人投资者的受托人，基于个人投资者利益保护的需求，对机构投资者的行为予以约束和限制，这有助于改善信息不对称的局面。

二、"投服中心"的宗旨及实践

投服中心作为全国性的投资者保护机构，其宗旨是为广大中小投资者提供投资保护，维护他们的合理权益不受侵害。投服中心利用传统股东积极主义的各种制度形式，创新工作模式，改变了我国以往对于中小投资者保护不足的局面，用官方的渠道加强我国中小投资者保护的力度，改善我国资本市场的法治建设欠缺和市场改革动力不足的局面。

美国机构股东服务有限公司（Institutional Shareholder Services Inc，以下简称"ISS"）在

[①] 张清平："论剩余索取权和剩余控制权的分配"，载《湖北社会科学》2002年第9期，第84页。
[②] 李建伟：《公司法学》，中国人民大学出版社2011年9月版，第283—284页。

业务范围和功能上,与投服中心有着类似之处。作为首家具有全球影响力的治理咨询公司,其为全球资本市场的参与者提供专业的咨询与公司治理服务。

(一)境外投资者服务机构实践评述

纵观世界,与投服中心功能和定位类似的有 ISS,其成立于 1985 年,主要为资本市场的参与者提供各类咨询和公司治理方案。其业务份额占据全球 60% 的市场,设有 19 个全球办事处,有 25 种工作语言,业务范围覆盖全球 115 个资本市场,从监管和商业结构的独特视角为机构投资者提供完善的建议。① ISS 提供的服务主要有目标公司治理的研究和建议、责任投资数据分析及研究、点对点的代理投票及分配解决方案、证券集体诉讼索赔管理等。ISS 通过自己业务上的优势,鼓动或游说股东支持或反对公司治理或并购提案,具有十分重要而权威的影响力。②

在过去的 30 多年中,ISS 重新定义了公司治理和代理投票,明确代理投票作为投资和风险管理的重要合规因素。ISS 将专用数据和继承平台结合,为客户代理投票、研究和提供报告。ISS 代理投票解决方案允许客户控制他们的投票决策和最终投票决定,同时将代理过程的处理和管理部分外包给可靠的合作伙伴。ISS 每年为全球 117 个资本市场提供超过 4 万个代理投票分析。

ISS 的治理咨询服务与其代理投票服务一同进行,以确保完整控制投票决策。30 多年来,ISS 一直是机构投资者治理研究的领先供应商,每年为全球 115 个资本市场提供 39 000 次治理咨询服务。通过领先的公司治理解决方案,加强股东和公司之间的互动,帮助股东管理风险并提升价值。ISS 拥有一套涵盖全球的治理咨询的基准政策,包括美国基准政策、欧洲基准政策、NAPE 政策(英国)、国际基准政策、社会责任政策、信仰基础政策、可持续发展政策等。ISS 通过多年的公司治理经验和专业知识,制定专业政策,为机构客户提供专业优质的服务。

证券集体诉讼服务作为 ISS 的优势项目,为客户提供从诉讼研究到索赔申请一系列完整的解决方案,涵盖所有市场中的股票和固定收益证券。截止到 2018 年 4 月,ISS 代理的证券集体诉讼金额已达到 100 亿美元,通过专业的服务,为投资者最大限度地提高资金回收率,并最大限度地降低成本。近几年,ISS 几乎是每个证券和解协议中最大的单一申报者。如雅虎因用户数据泄露,导致公司股价大幅下跌,ISS 代表广大投资者向雅虎申请 8 000 万美元的索赔金额。

ISS 能够精确定位,通过积累经验,吸引专业人才的加入,为全球机构投资者提供各类服务和支持,促进世界资本市场的融合发展,其业务和运营模式值得投服中心借鉴。

(二)投服中心:实践创新

投服中心与一般投资者参与股票交易不同,其持有沪深两大证券交易所所有上市公司的

---

① ISS 简介,ISS 官网,网址:https://www.issgovernance.com/about/about-iss/,最后访问日期:2018 年 8 月 12 日。

② 董登新:"中证投服中心:超越美国版 ISS",金融界网站,2016 年 9 月 2 日,网址:http://opinion.jrj.com.cn/2016/09/02092821405442.shtml,最后访问日期:2018 年 7 月 29 日。

股票（通常是 100 股）后，不再买卖，通过持股行权，激发我国广大中小投资者的行权维权意识，引导他们理性投资，合法维权。截至 2017 年 8 月底投服中心共计行权 618 次，其中行使质询权 163 次、建议权 357 次、表决权 58 次、查阅权 33 次、诉讼权 7 次；共参加了 58 家上市公司的股东大会，26 家上市公司重大资产重组媒体说明会，3 家上市公司投资者说明会，赴 33 家上市公司现场查阅，向上市公司发送股东建议函 255 件，公开发声 11 次。投服中心主要通过参加股东大会，发送股东建议函、质询函，参加重大资产重组说明会、投资者说明会，现场查阅，公开发声，提起诉讼等形式行使股东权利。①

1. 参加股东大会

2017 年 6 月 1 日，投服中心以股东身份参加了中海油田服务股份有限公司的股东大会。由于中海油服的油田服务市场复苏缓慢、2017 年第一季度亏损、管理层不稳定，投服中心对持续盈利能力提出质询，请求公司对上述情况予以说明，并希望公司提出减损的措施。

2. 发送建议函

投服中心向上市公司国光电器发出建议函。国光电器《公司章程》规定，投资者及其一致行动人在公司拥有股份达到或超过 5%时，应向上市公司董事会提交一系列报告。② 此项规定，以不合理的方式增加了股东的义务，《证券法》对于股东持股超过 5%时的报告事项作了详细规定，股东仅需向中国证监会和交易所作出书面报告，并通知上市公司，履行其法定义务，并不需向董事会报告。国光公司的章程中还规定，如果投资者违反上述规定，投资者应放弃表决权，同时，其他股东有权向其追究经济赔偿。此项规定，直接剥夺了股东最核心的表决权，严重侵害了股东的权利。根据投服中心建议函的内容，国光公司于 2017 年 8 月 2 日召开第八届第二十三次会议，就投服中心提出的建议以及其他关于公司治理的问题予以表决，修订了公司章程中的部分内容。

3. 公开发声

投服中心就宝万之争、格力电器收购银隆新能源事件等涉及中小投资者核心利益的热点事件，公开发声，督促上市公司规范公司治理，倡导中小投资者积极行使股东权利。如投服中心就格力电器购买银隆新能源股权一事公开发声，就重组方案的必要性、交易估值的合理性、重组标的的持续盈利性、股东大会各项议案的有效性以及收购方案是否听取中小投资者的意见这五大项内容公开发声，呼吁格力电器在收购前应与广大中小投资者进行充分沟通，考虑中小投资者的权益，通过提供完整的信息，寻找最优的解决方案，实现共赢。③

4. 小额速调机制

证券期货纠纷小额速调机制作为投服中心保护中小投资者合法权益的一大创新实践，为中小投资者维权提供了快速便捷通道。证券期货小额速调机制，即针对诉求金额较少的证券期货纠纷，调解机构可依据有关法律法规、行业惯例等得出调解结果。如果投资者接受该调解结果，争议双方均须自觉履行调解协议；如果投资者不同意调解结果，则调解结果对争议

---

① 朱宝琛：《努力打造中小投资者保护'投服'模式》，载《证券日报》2017 年 10 月 12 日。
② 赵一蕙：《投服中心连发建议函 剑指〈公司章程〉三类不当条款》，和讯，2017 年 2 月 6 日，网址：http://stock.hexun.com/2017-02-06/188003473.html，最后访问日期：2018 年 4 月 5 日。
③ 周松林：《投服中心公开发声 五问格力电器依法行使股东知情权和建议权》，中证网，2016 年 11 月 6 日，网址：http://www.cs.com.cn/sylm/jsbd/201611/t20161106_5088192.html，最后访问日期：2018 年 4 月 5 日。

双方均无约束力，投资者可寻求其他救济途径。[①] 投服中心是最高法、中国证监会共同确定的全国证券期货试点调解组织，投服中心小额速调机制在借鉴境外成熟资本市场金融纠纷解决机制后，结合我国国情，创建了具有中国特色的投资者保护机制。此种新型调解机制，已在9个省份成功试点推广，24家证券期货法人机构、2家基金公司、600余家证券期货营业分支机构加入了该机制，调解金额也已上升到5万元内。小额速调机制作为我国多元纠纷解决机制创新实践的一种形式，可以大幅提高纠纷化解的效率，减轻法院和监管部门的压力；裁决结果经过公证或是司法机关的确认，赋予其法律强制效力，增强了调解的公信力。投服中心的小额速调机制，充分体现了对中小投资者的倾斜保护，通过免费、快速的调解机制，减轻了中小投资者维权的经济和时间成本，改变了中小投资者在资本市场中的弱势地位。

投服中心持股行权是符合中国国情的股东积极主义的创新实践。投服中心以股东身份参加公司治理和证券市场的活动，通过《公司法》赋予股东的各项权利，监督上市公司活动，促使上市公司完善信息披露工作，保护中小股东合法利益。持股行权也加强了大股东与中小股东的沟通，是保证双方合作共赢的重要形式，完善了公司治理结构。投服中心通过参加股东大会、发送建议函、公开发声等方式，对于中小股东参与公司治理起到了示范引领作用，为广大中小股东树立了信心，激发他们利用股东积极主义行权维权，实现资本市场的良性发展。

三、"投服中心"参与公司治理存在的问题

就现状来看，投服中心作为我国股东积极创新实践的代表，在行权过程中，也出现部分问题。

第一，投服中心工作范围广，人员数量有限，以至于不能充分发挥股东积极主义的效果。根据投服中心官网的介绍，投服中心现阶段主要面向中小投资者开展公益性宣传和教育；为中小投资者自主维权提供法律、信息、技术服务；公益性持有证券等品种，以股东身份行权和维权；受中小投资者委托，提供调解、和解服务；代表中小投资者，向政府机构、监管部门反映诉求；以及中国证监会委托的其他业务。[②] 投服中心现有行权事务部、维权事务部、纠纷调解部、投资教育部、法律部、调查监测部六大事务性部门，由于投服中心持有沪、深两大证券交易所每一家上市公司的股票，故每家上市公司的各类经营活动都需要关注，工作人员有限以及我国上市公司自身治理水平有限，导致投服中心不能有效地发挥其职能。投服中心可以借鉴美国ISS，借用研究机构或金融机构的专业人才，组建专家库，弥补专业人员的不足，提高投服中心的工作效率。

第二，投服中心作为我国股东积极主义的创新实践，开创了我国中小投资者保护的新天地。我国A股市场主要以散户投资者为主，不同于美国以机构投资者为主的资本市场，投

[①] 参见"投服中心纠纷调解案例 证券期货纠纷小额速调机制 为中小投资者维权提供便捷通道"，投服中心网站，时间：2017年5月17日，http://www.isc.com.cn/mediate/201705/t20170517_171508.shtml，最后访问日期：2018年6月4日。

[②] 参见"投服中心公司介绍"，投服中心网站，http://www.isc.com.cn/about_us/，最后访问日期：2018年3月25日。

资者教育是我国当前资本市场投资者保护的一大短板。目前,国内各家金融机构都在利用自己的业务优势对投资者开展各种类型的培训教育,以提高投资者的投资能力。投服中心现通过编印"权益360"投资者教育系列丛书、开展投资者讲堂、在投服中心微信公众号开设"权益360"专栏、承建中国投资者网等措施,积极开展投资者教育。从2017年以来,已开展二十余场投资者讲堂、座谈会,与5 000余名投资者面对面交流,答疑解惑,宣传资本市场投资者保护政策。这一系列的措施,旨在唤醒投资者的股东权利意识,引导投资者依法行权、维权。① 投服中心持股行权在理论上和实践上尚无成功蓝本可循,还处于碰撞、探索的阶段,需要我国进行制度顶层设计并辅以执行,需要立足实际,发挥我国资本市场的优势,解决广大中小股东所面临的问题,提高中小股东参与公司治理的积极性,促进股东积极主义的发展。

四、完善"投服中心"股东积极主义模式的建议

在资本市场中处于弱势地位的中小投资者,需要利用创新手段更加全面地保护其合法权益,可从如下方面进行完善:

(一)立足特殊股东地位,发挥股东积极主义效果

投服中心作为中国证监会直接管理的证券公益机构,其角色定位应是中小投资者利益的代表者和维护者,在行权维权的过程中,其政府背景减少了不必要的障碍,解决了普通中小股东难以完成的难题。投服中心公益性的角色定位,有助于实现其目标宗旨,保障个体投资者的权利。截止到2018年3月31日,我国A股共有3 522家上市公司,投服中心持有每家公司100股的股票,这对于投服中心既是挑战,又是机遇。投服中心应按照《公司法》《证券法》《上市公司股东大会规则》《扩大持股行权试点方案》等法律规范,行使股东权利,利用合理的渠道,反映中小股东的诉求。投服中心作为上市公司的小股东之一,在试点的基础上,充分利用股东身份,利用好建议、表决、诉讼等股东权利的行使方式,实现股东积极主义的创新发展。

(二)注重示范效应,激发中小股东权利意识

投服中心作为我国股东积极主义的创新实践,在持股行权维权方面具有鲜明的优势和特点,通过公益化和市场化的方式,以股东身份参与上市公司治理。在充分分析资本市场的运作模式后,运用法律手段,通过行使各项股东权利来监督公司活动,提高社会公信力。在维护普通股东正常合法权益的基础上,应选取社会影响力较大、具有普遍性的案例进行行权维权,通过积极、合格、示范的角色,引起中小股东的共鸣,唤醒他们的权利意识,指导中小股东积极行使权利。由于我国现阶段《公司法》《证券法》中没有规定征集表决权的主体,建议在将来修订相关法律时,赋予投服中心这类代表中小股东权益的公益性金融机构征集主体的资格,解决中小股东在征集过程中因为专业能力、经费承担等因素而怠于行权的问题,

---

① 周松林:"投服中心:投资者教育帮助'股民'变'股东'",中证网,2018年3月16日,网址: http://www.cs.com.cn/sylm/jsbd/201803/t20180316_5747910.html,最后访问日期2018年7月12日。

进而引导、激发中小股东参与公司治理的热情，维护其合法权益。

投服中心是我国股东积极主义的创新发展，其持股行权的模式改变了我国以往对于中小投资者保护不足的局面，充分发挥投服中心持股行权、维权的作用，有助于深化股东权利意识，引领普通股东积极行权，创新我国股东积极主义的模式。

参考文献

[1] 张巍. 资本的规则 [M]. 中国法制出版社，2017.

[2] 邓峰. 代议制的公司——中国公司治理中的权力和责任 [M]. 北京大学出版社，2015.

[3] 朱大明译. 日本金融商品交易法 [M]. 法律出版社，2015.

[4] 施天涛. 公司法论 [M]. 法律出版社，2014.

[5] 朱慈蕴. 公司法原论 [M]. 清华大学出版社，2011.

[6] 黄辉. 现代公司法比较研究——国际经验及对中国的启示 [M]. 清华大学出版社，2011.

[7] 邓峰. 普通公司法 [M]. 中国人民大学出版社，2009.

[8] 冯果，李安安. 投资者革命、股东积极主义与公司法的结构性变革 [J]. 法律科学，2012（2）：112—121.

[9] 王彦明. 股东积极主义——股东积极行为的公司法界限 [J]. 行政与法，2009（8）：98—101.

[10] 陈建. 中证中小投资者服务中心总经理徐明：用创新手段保护中小投资者 [N]. 上海金融报，2017-5-23日. A07版.

投资者民事赔偿制度完善研究

刘春松[*]

深圳证券交易所和上海证券交易所分别于 1991 年和 1990 年正式成立,标志着中国证券市场及证券投资正式诞生,但法律建设相对滞后,直到 1999 年 7 月 1 日《中华人民共和国证券法》(简称《证券法》)才正式施行。我国《证券法》中对投资者的保护更注重处罚刑事责任和行政责任两个方面,而对民事赔偿责任的划分不够完善。虽然投资风险不可避免,但因各类不当行为,如欺诈等产生的民事赔偿责任,是挽回投资者投资损失的一个重要途径,同时也是保障证券市场有序良性运行的基础。

一、民事赔偿责任制度的基本结构

(一)责任主体

1. 民事赔偿原告的认定

投资者在投资期间,因证券欺诈行为产生经济损失,与案件有利害关系且享有诉权的投资者具有原告资格。但投资者的经济损失是否因证券欺诈行为发生,是判断投资者是否具有民事赔偿原告资格的关键。在证券市场,投资者之间不是面对面交易,而且证券的买进与卖出转换频率非常快,因此投资者是否具有民事赔偿原告资格至关重要。

投资者在虚假陈述实施后买入或卖出,在揭露存在虚假陈述后持有或卖出的,具有民事赔偿原告资格并享有诉权。但在虚假陈述实施后买入且在揭露虚假陈述行为前已抛出或投资者持续持有至虚假陈述行为揭露后的两类投资者,是否具有申请民事赔偿的原告资格享有诉权,法律没有明文规定,而学术界观点不同,尚存争议。笔者认为,上述两类投资者均应当享有诉权,但其投资行为是否因虚假陈述导致投资损失,投资者是否享有胜诉权,这些均应经法院审理查明事实真相后才能够确认。

---

[*] 作者单位:岚峰投资管理(上海)有限公司。原载于《中国证券》2018 年第 10 期。

内幕交易的受害人应包括被剥夺证券交易机会的投资者；高价买入、低价抛出且其行为与内幕交易方向相同的投资者；被诱使从事不利的证券交易且其行为与内幕交易方向相反的投资者。但上述内幕交易的受害人是否有资格作为民事赔偿诉讼的原告，我国尚未有明确的法律法规规定，司法解释也仅是对内幕交易、泄露内幕信息刑事案件的具体应用方面和尚未针对民事赔偿方面给出相关解释。另外，还存在一些交易时以其他人姓名代为交易的隐形投资者，因此在证券交易中没有用其真实姓名。证券交易的无因性和结果有效性，决定了上述交易是有效的，上述真实投资者具有原告资格的，若能够提供必要的诉讼证据，有管辖权的法院就应当受理。

2. 民事赔偿被告的认定

证券民事赔偿责任被告是弥补投资者损失，维护投资者合法权益的关键。2003年最高人民法院发布的《关于审理证券市场因虚假陈述引发的民事侵权纠纷案件有关问题的若干规定》（以下简称《若干规定》）对证券市场中因虚假陈述产生的民事赔偿责任的义务主体范围作了较为全面的规定，主要包括发行人、实际控制人、上市公司、证券上市推荐人、证券承销商及其负有责任的高级管理人员；律师事务所、会计师事务所、资产评估机构等中介服务机构；其他作出虚假陈述的自然人、机构等。但随着证券市场的参与度越来越高，内幕交易、操纵市场、虚假陈述以及其他欺诈投资者的侵权行为案件频发，证券民事赔偿案件类型越来越多，除了《证券法》《若干规定》中对一部分责任主体认定外，其他类型的证券民事赔偿案件的主体尚不够明确，存在一定的争议。比如内幕交易案件中，公司属于侵权责任人，应与泄露内幕人员一并连带承担赔偿责任，还是公司亦属于被侵权人，应由泄露内幕人员承担侵权责任，并同时赔偿公司损失，这在学术界有不同的声音。

笔者认为，我国《证券法》中对内幕交易等其他证券民事赔偿案件的责任主体认定应当根据侵权行为的构成要件加以分析，再依据不同案由，分别制定法律法规加以详细规定，补充证券市场民事赔偿责任制度中责任主体的认定不足。

（二）责任性质及因果关系

1. 责任性质

在证券民事赔偿责任制度中，我国学术界对其规则原则存在法定责任说、违约责任说以及侵权责任说三种不同的观点，但在司法实践中，侵权责任说是主流观点，受到广泛认可。

法定责任说是以侵权责任法中规定的规则原则为基础，通过立法明确规定证券市场中证券欺诈行为的民事赔偿责任。

违约责任说是基于证券买卖的行为，在交易双方中存在契约关系，证券欺诈行为属于违反合同约定的义务，应承担违约责任带来的不利后果。

侵权责任说不以契约关系为必要条件，没有合同相对性的约束，而是对证券交易中可能与投资者存在法律义务的人员进行划分，扩大了承担投资者投资损失的责任主体，在一定程度上起到了打击证券欺诈行为、保护投资者合法权益的作用。

目前，我国《侵权责任法》《证券法》等法律法规中，未对证券侵权行为作专门的规定，投资者在投资过程中因侵权遭受的损失，只能依据《侵权责任法》中一般的条款寻求司法救济。且我国在司法实践中因证券欺诈提起的民事赔偿诉讼案件一般采用过错推定原则为主，无过错责任原则为辅，但过错推定原则及无过错原则两种特殊的归责原则均有对应的具体侵权行为类型。因此，这样就造成受害投资者在确认行为类型时无法对应的困惑，以致请求权基础缺乏。

2. 因果关系

侵权责任认定中，赔偿责任构成要件的基础是因果关系，如果不能确定原告与被告之间存在因果关系，则投资者提起的民事赔偿诉讼就得不到应有的赔偿判决，投资者的证券民事赔偿也无从谈起。美国证券法采用"事实因果关系说"，即因果关系的判断不在于交易的性质，而是取决于被告是否违反其应尽的义务。大陆法系的"法规目的说"要求依据侵权行为法的目的判定侵权损害赔偿，在被告违反了有关对普通投资者的应尽义务造成投资者利益损失时，则应当断定证券欺诈行为与投资者的利益损害结果之间存在因果关系。但笔者认为该种学说并不适用于复杂多变的证券市场，因为证明被告对投资者负有应尽的义务这个关键点可能会以各种理由被证实存在，对投资者的利益保护起不到应有的作用。

在我国，一般而言，因果关系包括因果关系是否存在及因果关系存在与否的责任承担两个方面。在因证券欺诈引起的侵权行为中，侵权人实施了证券欺诈行为，该行为取得了投资者的信任并依据该信任做出决定，正是因该决定造成投资者损失。因此，上述信任是违反应尽义务与损害结果之间因果关系的一部分，如何证明上述信任的存在，是合理分配双方之间举证责任的关键，同时直接影响到投资者合法权益的保护程度。

在我国法律法规中，尚未对区分事实因果关系和法律因果关系明确判断标准，仅在《若干规定》中对事实因果关系方面采用推定的方式将各抗辩事由笼统列出。这种规定在司法实践中需要法官自由裁量，把握侵权行为与损害结果间因果关系的准确性，容易损害当事人的利益。因此，我国因果关系的判定模式应加以修正完善，构建二元结构模式，对维护证券市场稳定、打击证券市场欺诈行为、保护投资人的利益具有至关重要的意义。

（三）损害赔偿范围的界定

在原告、被告适格，原告的损失与被告的行为之间存在因果关系等因素确定后，证券民事赔偿制度的目的也是案件诉讼请求之所在，即如何确定民事赔偿范围以及损害赔偿的计算方法。只有确定一个统一的标准，才能确保同案同判，使投资者的合法权益得到应有的保障，否则，将会加重被告的赔偿负担，影响证券市场的健康有序发展。

1. 界定赔偿范围的原则

投资者民事赔偿案件的目的在于保障投资者的利益，除证券市场应有的风险外，保护投资者的利益不受非法侵害，维护证券市场的有序运行。故投资者民事赔偿的范围应本着恢复受害者的财产权利为目的，将受损害的投资者所受的直接或间接的利益损失以及可期待的利益损失全部计算在民事赔偿范围内。

因操纵市场造成投资者损失，在计算投资者实际损失时，应把操纵市场的行为作为一个连续的活动考虑在内。投资者的实际损失包括其在股价操纵中这段时间高价买入低价卖出的差价损失部分，以及差价损失部分的利息、印花税、佣金损失等；在这期间操纵连续买卖时按照先进先出法则扣除盈利后的亏损；在判决前未卖出股票时以判决前一日平均卖出的股价计算的差价损失。同时，该类案件还要考虑到被告通过操纵市场所获得的非法利益数额作为判定赔偿的依据。另外，依据普遍认为的操纵市场的危害性远大于内幕交易行为的危害性这一观点，很多学者认为，对因操纵市场的民事案件的赔偿要高于原告的实际损失或被告所得。笔者对这一观点持反对态度。在我国目前法律体系中,民事赔偿诉讼的目的是恢复被侵害的利益,而非带有惩罚性的意味,并且在我国该类案件被告一般会牵涉刑事案件或行政案件,在刑事案件或行政案件中会对被告判处罚金。如在民事案件中对被告因同一行为重复收取惩罚性的金额,且受害的投资者一般为多人时,则会加重被告的赔偿负担,这对于被告也是不公平的行为。

证券市场中的侵权案件导致的民事赔偿,不同于一般的经济案件。这类案件涉案人数众多,加之证券市场的系统性风险也不可预估,因此,若因证券欺诈侵权行为受害的投资者全部提起民事赔偿诉讼,要求赔偿其所受的直接或间接的投资损失,则赔偿金额无法想象,被告也无法承担,将会造成在执行阶段的执行困难,缺乏执行的可操作性。参考发达国家和地区的证券市场,其证券市场相对已较为成熟,投资者因证券欺诈侵权行为发生的民事赔偿的范围均限定在一个可确定的、可操作的范围内。美国证券法中就规定,提起民事赔偿诉讼的个人所获得的赔偿数额不能超过因侵权行为而遭受的经济损失。

因此,我国在审理因证券欺诈侵权行为提起的民事赔偿诉讼确定赔偿范围时,也应采取更具有实际操作意义的方法确定赔偿范围,从原告或者被告角度确定,尽可能不超过被告所获的非法利益,以赔偿原告的经济损失。这种赔偿范围的确定在实际操作中更加具有可操作性,能够在弥补投资者损失的同时,打击各种证券欺诈侵权行为,彰显法律的公平正义。

2. 损害赔偿的计算方法

在美国司法实践中,损害赔偿的实际损失计算方法大约有以下四种:净差额赔偿法、净差额修正法、吐出非法利润法、毛损益法。在中国台湾地区,更有情节严重者原告可以提出三倍赔偿的制度。计算损害赔偿的方法众多,计算得出的结果也存在一定的差异,每种方法也有各自的优缺点。没有一种损害赔偿方法是绝对的公平公正,只是在尽可能减小投资者所受的损失。上述几种计算方法的根本差别在于正常情况下投资者所做出的选择,在交易时不同的选择适用不同的方法,因此,法院要根据具体案件适用不同的计算方法。

我国《证券法》对因虚假陈述、操纵市场、内幕交易等证券欺诈侵权行为给投资者造成损失的民事赔偿责任的短线交易、归入权行使做出了规定。《若干规定》中按照投资者在卖出或者持有证券的时间点不同,分别规定了不同的投资差额损失的计算方法:第一,对投资者在基准日及以前和在基准日之后卖出证券的情况分别作了规定。投资者在基准日及以前卖出证券的投资差额损失,以"买入证券平均价格"与"实际卖出证券平均价格"之差与投资人所持证券数量的乘积计算。但是,根据《若干规定》第十九条前两款规定,"被告举证证明原告具有以下情形的,人民法院应当认定虚假陈述与损害结果之间不存在因果关系:(一)在虚假陈述揭露日或者更正日之前已经卖出证券;(二)在虚假陈述揭露日或者更正日及以后进行的投资……",在这些情形下则无法获得赔偿。第二,投资者卖出或者仍持有证券的,投资者的投资差额损失,以买入证券平均价格与虚假陈述揭露日或者更正日起至基准日期间每个交易日收盘价的平均价格之差,与投资人所持证券数量的乘积赔偿投资者投资损失。第三,对于已经除权的证券,计算投资差额损失时,应以证券价格和证券数量复权计算。第四,不适用侵权法中一般损益相抵原则,即对于投资者持股期间因股东地位取得的收益,包括投资者持股期间出资购买的配股、增发股和转配股,及红股、红利、公积金转增所得的股份,不能够冲抵被告应赔偿的金额。

根据《若干规定》中第三十三条对基准日的确定,笔者认为倘若仅以证券欺诈行为公布之日证券价格作为计算投资者损失的基准,对于投资者来说不能完全补偿其所受的损失,且证券欺诈行为人亦有可能存在收益。因此,应在证券欺诈行为披露日后留出一段合理的后续期间,以每个交易日的平均收盘价格作为计算损失依据更为恰当。

综上所述,不能简单以一般侵权责任法的损害赔偿理论作为确定被告赔偿责任的范围,同时也应对投资者的损害限制赔偿责任。在保护投资者的同时,也要防止巨额的赔偿,超出威慑的目的,防止对社会产生负面的影响。另外,确定损害赔偿范围不应包括精神损害,排除交易中的期待利益等间接损失。

二、完善投资者民事赔偿制度的必要性

自证券市场成立二十多年来,我国证券市场飞速发展,同时产生了一系列新的问题,多年来因虚假陈述、内幕交易、操纵市场、信息披露不全面等证券欺诈行为产生投资损失的案例较多。但相关法律法规的发展却落后很多,证券欺诈侵权行为产生的民事赔偿诉讼案件也越来越多,因此完善投资者民事赔偿制度意义重大。

(一)健全民事赔偿制度是证券市场健康发展的需要

证券市场讲求公开、公平、公正,健全的民事赔偿制度是该原则的充分体现,能够降低证券市场中违反法律法规行为的发生,弥补投资者的损失。我国证券市场中欺诈案件频繁发生且数量巨大,究其原因,很大程度上在于以低廉的违法成本能获取巨大的经济利益。完善投资者民事赔偿制度,预防证券欺诈行为的发生,以民事赔偿挽回投资者的损失,加以严厉的刑事责任及行政处罚,使违法违规成本增加,在很大程度上能够有效遏制证券欺诈案件的发生。

(二)完善投资者民事赔偿制度是保障投资者合法权益的护城河

我国早已在刑事和行政责任方面对证券市场的欺诈行为进行惩罚,但未对投资者损失的经济利益做出弥补,而民事赔偿责任恰恰能够弥补这一不足。受损的投资者多为处于劣势地位的中小投资者,如果其利益一再受到损害且无法补偿,对证券市场的信心将会受到严重打击,降低参与度。因此,完善投资者民事赔偿制度在我国证券市场良性发展中起到重要作用,有利于监督证券市场有序运营,也是保障投资者合法权益的最后一道屏障。

(三)完善投资者民事赔偿制度有利于提高证券市场的监管效力

投资者的利益得到有效保护,侧面体现了证券市场运行成熟,上市公司运作良好,从而降低投资风险;投资者民事赔偿制度的完善,反映了政府监管严格,司法规则健全,完善的投资者民事赔偿制度反过来提高了证券市场的监管效力;完善投资者民事赔偿制度能够让广大投资者积极主动关注自身利益,对发行证券的公司及其高级管理人员、中介服务机构等有关自然人、组织机构起到自发的社会监督作用。当投资者发现因证券欺诈行为使投资遭受损害时,投资者能够自行收集证据,并向有关部门举报,利用法律武器行使救济权,维护自身权益。这在一定程度上能够减轻政府机构监管市场在人力、物力方面的压力,提高政府机构的行政效率。由此可见,完善的投资者民事赔偿制度,也是提高证券市场监管效力的一

部分。

三、完善投资者民事赔偿制度的建议

完善的投资者民事赔偿制度是维护证券市场稳定的基本保障，也是证券市场法制建设的必要一环，因此，完善证券市场中投资者民事赔偿制度，避免广大投资者的利益被不法侵夺，改善我国投资环境势在必行。

程序的正义是实体正义的前提，投资者民事赔偿制度中投资者请求损害赔偿的诉讼程序是开启维权之路的第一步，因此，完善投资者民事赔偿中有关程序的规则不容忽视。

（一）取消民事赔偿诉讼前置程序

2002年，最高人民法院发布的《关于受理证券市场因虚假陈述引发的民事侵权纠纷案件有关问题的通知》及《若干规定》中，均以中国证监会做出的行政处罚和司法机关做出的刑事判决作为投资者向有管辖权的法院提起民事赔偿损失的前置程序。对于投资者因除虚假陈述以外的违法违规行为引发的民事诉讼虽没有明确的司法解释，但2007年最高人民法院院长在会议中明确指出，证券内幕交易案件、操纵市场案件的民事赔偿诉讼也应参照因虚假陈述产生的民事赔偿诉讼规定中前置程序的要求受理。

笔者认为前置程序在证券民事赔偿诉讼施行初期有其存在的必要，能够起到过渡作用，但就目前而言，该前置程序存在诸多缺陷，已不适应现今的投资者民事赔偿制度：第一，司法机关做出刑事判决或者中国证监会做出行政处罚，均要经过较长时间的审理，刑事案件也会因被告不服判决提起上诉，造成案件审理时间可能长达几年。前置程序的拖沓，严重影响民事赔偿诉讼提起的进程，限制利益遭受损害的自然人、法人的诉权，投资者的合法权益将无法及时挽回。第二，该前置程序的出发点是为了减轻原告的举证责任，同时避免司法资源的浪费及专业能力的不足，减轻法院的审判压力。但该举措同时破坏了法院的独立行使审判权，干扰了司法公正，存在一定的"有罪推定"嫌疑。第三，前置程序的设立，使得法院以刑事判决及行政处罚作为审判依据，变相剥夺了被告在民事赔偿诉讼中的抗辩权利，对被告处于不公平、不公正的地位。

因此，在讲求司法公平公正的当今社会，投资者民事赔偿诉讼的前置程序背离了司法改革去行政化的要求，限制了双方当事人的正当权利，其存在的必要性有待商榷。

（二）设立证券专门法院或审判庭

早在2014年8月31日，第十二届全国人大常委会第十次会议上表决通过了在我国北京、上海、广州设立专门知识产权法院的决定。设立知识产权法院是由于知识产权具有特殊性与专业性，证券类诉讼案件的专业性不亚于知识产权领域。探索设立证券专门法院或审判庭的可行性，将对规范我国证券市场的运作、保护投资者的利益起到重要作用。在我国证券市场发展过程中，司法保护尤其是民事赔偿诉讼机制的保护，一直处于辅助地位，主要依靠行政管理监督证券市场的运营。随着我国证券市场法制环境的逐渐完善，证券市场层次增多，证券投资产品愈发多样化，法院审理证券类案件更需要精通证券业务、专业化审理水平较高的法官，同时应对证券民事纠纷案件订立管辖级别限制或设立专门的证券法院、审判庭。

证券类案件具有相当的专业性、复杂性和特殊性,对审理该类案件的法官要求也较高,因此笔者认为,在深圳证券交易所及上海证券交易所的所在地深圳和上海设立专门的证券法院或审判庭,审理证券民事赔偿诉讼案件,保证案件的公平、公正。专门法院设立在证券交易所所在地也有利于法院调查案件的详情,有利于控辩双方的调查取证,避免被告受到地方保护。另外,投资者民事赔偿诉讼案件在管辖权方面经常会有异议,设立专门证券法院也能够解决这一问题,有利于维护投资者追讨受损的利益。

(三)设立证券民事赔偿基金保障体系

尽管《证券法》中已明确规定民事赔偿先于行政和刑事罚款,但因缺乏相关的保障机制,投资者在提起民事赔偿诉讼后,即使胜诉也未必能够获得应有的赔偿。建立证券民事赔偿基金保障体系,能够解决责任主体的赔偿能力问题,切实保护投资者的合法权益。目前,我国在建立民事赔偿基金保障体系中缺乏对其筹资来源及赔付能力的研究,这是一个较大的独立课题。在美国、德国、英国、加拿大等发达国家已有较为成熟的相关赔付保障体系,并配套相关保护的专门法律规定。反观我国证券民事赔偿基金制度的现状,主要表现在相关法律法规不健全、制度运作成本高且难以实现、在民事赔偿方面不重视、经验不足等。

笔者认为,建立健全证券民事赔偿基金保障体系,首先,应制定并完善配套的法律法规,建立财产保证和实现制度。其次,对上市公司应建立法律、财务危机预警系统,同时建立纠错机制以及时纠正错误,由会计师事务所或券商与公司内部财务部门同时管理。最后,针对投资者的损失,由律师事务所及会计师事务所分别就专业领域给予鉴定,法院可以依据上述结论审理案件,以减轻法官审理案件的压力。

四、结语

证券市场在繁荣发展的同时,证券欺诈等不法行为导致的侵权案件数量亦在每年增加,严重影响了证券市场的正常秩序,降低了证券市场整体信誉,甚至引发信托责任危机。在投资者维权过程中,证券民事赔偿制度的不足之处不断暴露,使得投资者无法挽回损失,侵权责任主体获得不应有的利益却得不到应有惩罚。长此以往,证券市场的活跃度将会受到极大损害。一个成熟市场的建立与完善,非一朝一夕之功,需要各方面共同努力,充分认识自身缺陷并加以完善。

目前看来,投资者民事赔偿制度的完善,应从立法层面重新考量,结合我国基本国情及特点,借鉴成熟证券市场的经验,总结我国证券市场历程,让侵权责任人赔偿投资者经济利益损失,切实使投资者的合法权益得到有效保障。

最后,引用华尔街一句名言:"保护中小投资者的利益,就是保护所有投资者利益。"

我国内幕交易民事赔偿制度的完善研究

纪巧慧[*]

一、前言

自我国证券市场建立以来，内幕交易行为也随之产生。目前我国内幕交易案件大多以刑事责任和行政责任进行判罚，民事责任则较少涉及，这主要是由于我国内幕交易民事赔偿制度的不完善造成的。本文通过对我国内幕交易民事赔偿制度的立法现状和司法现状的梳理，结合其他国家和地区内幕交易民事赔偿制度的相关规定指出当前我国内幕交易民事赔偿制度存在的问题，并针对现行制度中的内幕交易主体的适格性、内幕交易前置程序的设置、内幕交易因果关系的确定以及内幕交易民事赔偿金额的确定四个方面进行了完善建议，希望能够使内幕交易民事赔偿制度更加完善。

二、我国内幕交易民事赔偿现状

（一）我国内幕交易民事赔偿制度的立法现状

1999年7月1日实施的《中华人民共和国证券法》（以下简称《证券法》）在第183条规定了内幕交易行为人应承担刑事和行政责任，未涉及民事责任；2006年1月1日新的《证券法》实施，从责任划分上增加了民事赔偿责任，完善了内幕交易的法律体系，但缺乏具体操作标准，有待完善细化。表1通过梳理我国有关内幕交易责任认定的有关条款，明确我国现行内幕交易民事赔偿制度的内容，为下文完善我国内幕交易民事赔偿制度提供依据。

---

[*] 作者单位：申万宏源证券上海奉贤区人民中路证券营业部。原载于《中国证券》2018年第10期。

表 1　　　　　　　　《证券法》中涉及的内幕交易责任认定条款

	法律条款	责任认定
1999 年版	《证券法》第 183 条	该条款指出针对内幕交易行为人而言，可处以行政和刑事责任处罚
2006 年版	《证券法》第 76 条	该条款指出内幕交易行为人应对其行为给投资者造成的损失进行赔偿
2006 年版	《证券法》第 202 条	相比于 1999 年版《证券法》第 183 条，细化了内幕交易行为人的分类及相关责任认定

（二）我国内幕交易民事赔偿制度的司法现状

截至 2018 年 7 月底，中国证监会处罚的内幕交易案件已达 200 多件，其中仅有 4 件案件涉及民事赔偿。这 4 件涉及民事赔偿的内幕交易案件分别为：2008 年"陈宁丰诉天山股份陈建良案"、2009 年"陈祖灵诉大唐电信潘海深案"、2012 年"中关村股民诉黄光裕、杜鹃案"、2015 年"光大证券内幕交易民事赔偿案"，其中"光大证券内幕交易民事赔偿案"是我国资本市场史上第一起内幕交易投资者民事赔偿获胜的案件（见表 2）。

表 2　　　　　　　　　　　　内幕交易民事赔偿案件

案件日期	2008 年	2009 年	2012 年	2015 年
内幕交易日期	2004 年 6 月 10 日	2007 年 4 月 16 日	2007 年 8 月 13 日	2013 年 8 月 16 日
案件名称	陈宁丰诉天山股份陈建良案	陈祖灵诉大唐电信潘海深案	中关村股民诉黄光裕、杜鹃案	光大证券内幕交易民事赔偿案
处理要点		1. 赔偿的因果关系认定：内幕交易行为未引起操纵股价的结果；内幕交易行为未对原告产生负面影响 2. 原告的适格性	1. 赔偿的因果关系认定：内幕交易期间，原告与被告进行同方向操作；损失产生时间不属于内幕交易时间	1. 在因果关系认定上，将实际交易与内幕信息直接关联的证券、证券衍生产品或期货合约，且为相反方向并最终遭受损失的认定为与内幕交易存在因果关系 2. 在处理赔偿金额方面，将内幕交易后 10 个交易日的平均收盘价作为股票的基准价格，这也是内幕交易首次涉及赔偿金额计算的问题 3. 不支持赔偿交易产生的相关税费的请求
处理结果	原告撤回起诉	原告诉讼请求予以驳回	原告诉讼请求予以驳回	原告符合条件的内幕交易获赔
来源	详见南京市中级人民法院（2008）宁民二巧字第 136 号裁定书	详见北京市第一中级人民法院（2009）——中民初字第 8 217 号民事判决书	详见北京市高级人民法院（2014）高民申字第 02751 号民事裁定书	详见上海市高级人民法院（2016）沪民终 158 号

我国内幕交易案在责任认定上以刑事责任和行政责任为主,运用民事责任处理的案例比较少。在涉及民事责任的这4个案件处理上,关于原告适格性、内幕交易的因果判定、前置程序的使用以及赔偿内容和金额确定几个方面仍然存在很大争议。同时我们也看到在对"光大证券内幕交易民事赔偿案"的处理上有几方面取得了实质性的进步:在确定内幕交易因果关系时,法官考虑到了投资者举证的不易,借鉴了虚假欺诈因果关系判定方法;在赔偿金额确定方面,以内幕交易后10个交易日的平均收盘价作为股票的基准价格进行损失计算等。这些案例为进一步完善内幕交易民事赔偿制度提供了很好的借鉴。

三、其他国家和地区内幕交易民事赔偿制度概述

由于我国只在2006年版《证券法》第76条原则性地涉及了内幕交易的民事赔偿规定,缺乏具体操作条款,故本文在对内幕交易民事赔偿制度提出完善建议之前首先对其他国家和地区内幕交易民事赔偿制度进行了梳理,借鉴其优良之处。以下将以美国、日本以及我国台湾地区的内幕交易制度为主,比较梳理各种制度的特点和适用范围。

由表3我们可以看到在关于内幕交易民事赔偿请求权人认定方面,我国台湾的善意相反原则包含日本的实际交易原则,和美国的同时交易原则有重叠部分,但美国更规定了"同时"的概念;在因果关系认定上,美国规定如能预见内幕交易将会给投资带来损失即可,日本要根据侵权行为的损害赔偿条款进行认定,而我国台湾则规定只要"同时"交易即认定存在因果关系;在诉讼制度方面,美国采用集团诉讼制度,日本和我国台湾采用选定当事人诉讼制度;在赔偿标准方面,美国分为按照原告实际受到的损失来确定赔偿数额和按照内幕交易非法所得来确定赔偿数额两种方式,日本没有相关规定,而我国台湾则更加具体,规定了基准价的计算方法并且实施了惩罚性赔偿制度(见表3)。

表3　　　　　　　　　其他国家和地区内幕交易民事赔偿制度

	美国	日本	中国台湾
请求权人认定	同时交易规则:是指只有与证券交易内幕信息的行为人从事相反操作证券买卖的并且同时受损害投资者才有权请求内幕交易人赔偿损失	实际交易原则:即有权提起赔偿诉讼的人限定在和内幕交易人是直接交易者	善意相反原则:必须是不知内幕信息而进行实际从事相反买卖的人员
因果认定	只要原告能够证明被告在实施操纵行为时就能预见到原告会遭受损失,即可认定存在损失因果关系	日本内幕交易因果关系主要参照《日本民法典》中关于侵权行为的损害赔偿条款进行认定	原告无须证明因果关系,只要原告属于和内幕交易的同时交易者,法律就确认其与内幕交易行为之间存在因果关系

续表

	美国	日本	中国台湾
诉讼方式	集团诉讼：指诉讼当事人数较多无法同时参加诉讼，但却有着相同的诉讼问题，所以将这些人作为一个整体，选出一个或多个代表替集团进行诉讼，法院的判决适用于所有集团成员	选定当事人诉讼 在日本，选定当事人诉讼是另外一种解决群体性诉讼的方式，有其自身独特性。日本的选定当事人诉讼属于共同诉讼，指的是权利人以合意的形式将其拥有的诉权依法赋予一个或多个当事人的制度	选定当事人诉讼
赔偿标准	（一）按照原告实际受到的损失来确定赔偿数额 1. 实际损失法，即原告可要求被告对其遭受的实际损失加以赔偿 2. 操纵获利法，即赔偿数额以操纵行为人通过操纵行为所获非法利益为准 3. 实际诱因法，只针对内幕交易这个原因给投资者造成的损失进行赔偿，不考虑其他诱因 （二）按照内幕交易非法所得来确定赔偿数额 民事赔偿金额总额以内幕非法所得为限	并未规定计算赔偿额的具体算法	合适时间计算法： 1. 主要规定了赔偿金额的基准，计算标准为消息公开后10个交易日收盘均价和内幕交易行为发生时买卖价格的差额 2. 同时引入了惩罚性制度，法院可以根据案件情节进行判断，根据案件由轻微到严重，可处以减轻惩罚到三倍惩罚等不同力度

四、我国内幕交易民事赔偿制度的完善建议

通过对内幕交易民事赔偿制度现状分析及其他国家和地区内幕交易民事赔偿制度研究可知我国内幕交易民事赔偿制度还存在以下不完善之处：请求权人的确定、前置程序设定、因果关系认定以及赔偿金额的计算，这也是我国在内幕交易民事赔偿案件的审理中争议点较大的几个内容，本文将从这四个方面对我国现行的内幕交易民事赔偿制度提供完善建议。

（一）内幕交易民事赔偿制度请求权人的认定完善建议

我国《证券法》中没有对内幕交易民事赔偿诉讼有权提起诉讼的人员给予确定的认定标准，只是简单规定了如果内幕交易给投资者造成了损失，那么相关人员可以寻求赔偿。日本认为有权提起赔偿诉讼的人限定在和内幕交易人直接进行交易的投资者；美国采用同时交易规则，规定只有同时与证券交易内幕信息的行为人从事相反操作证券买卖并且遭受损失的投资者才有权请求赔偿损失；我国台湾规定有权提起内幕交易民事赔偿诉讼的投资者必须是从事与内幕交易者相反操作的实际买卖证券的投资者，且其出发点必须是善意的。随着网络的普及和交易系统的升级，现代证券交易市场都采用公开集中的无纸化交易，由电脑将买卖

双方进行撮合，所以很难确定内幕交易人的相对方；加之股价的影响因素众多，内幕交易发生后产生的影响时间范围很难界定，所以本文认为结合其他国家、地区的规定，内幕交易受害人应该是善意之人且从事相反操作实际买卖证券受损失的投资者，同时应对上述投资者的操作时间范围给予规定，在充分考虑内幕交易对股价的影响时间情况下把时间范围尽量缩短，以减少不必要的诉讼占用司法资源。对于具体时间范围的确定，应结合我国证券市场具体情况进行规定。另外，由于"善意"很难确定，本文认为确定投资者是否善意的举证责任应由内幕交易行为人负责。

（二）内幕交易民事赔偿制度的前置程序

有关内幕交易民事赔偿的前置程序问题，最高院在《关于审理证券市场因虚假陈述引发的民事赔偿案件的若干规定》第6条作出了规定。前置程序设置的优点如下：首先，由于中国证券监督管理机构的专业性强，由中国证监会对内幕交易案件进行判决更有针对性；其次，一旦中国证监会作出对内幕交易案的判决，那么投资者就有了依据提请民事赔偿，减轻了投资者的举证难度；再次，由于前置程序的设置，使得投资者能够有针对性地对内幕交易人提请诉讼，避免了滥诉的情况，合理配置司法资源；最后，由于中国证监会和法院审理案件的出发点和审判方式有所区别，如造成同案不同判的情况将会影响股民对法律公正性的怀疑，也不利于保护投资者的权益。

同时，也有学者认为不应该设置前置程序，由于内幕交易行为比较多，我国证券监督管理机构设置安排不足以提供足够的资源解决每一起内幕交易案件，很多金额涉及较少、影响范围较小的案件不能得到有效的重视和解决，这样就造成一些给投资者造成损失的内幕交易案件因为影响范围不够大而没有办法判罚的情况，一旦设置前置程序就会影响这些投资者对自身权益的诉求，受害者不能得到有效的司法救济。正是由于存在上述情况，很多投资者没有办法对没有判决的内幕交易案件要求民事赔偿，所以会影响投资者对证券市场进行监督的热情。证券市场的健康发展仅仅依靠中国证监会的执法还不够，需要广大投资者共同监督，如果没有设置前置程序，那么就会有更多的投资者对损害自身利益的情况进行监督举报；相反，如果只有依据中国证监会的判决才能对内幕交易民事赔偿提起相应的诉讼，那么就会造成投资者被动等待判决结果再提起民事赔偿诉讼，降低广大投资者对于证券市场内幕交易的监督作用。

本文认为前置程序的设置合理，只要设置有效的投诉途径，即投诉无前置，那么前置程序的设置就不会影响投资者对市场的监督；相反，中国证监会可以根据投资者对内幕交易的投诉而进行审查，这样能够有效防止诉讼资源的浪费，所以此设置是合理的。

（三）内幕交易民事赔偿制度因果关系的确定

根据普通民事诉讼的举证要求，原告的损失与内幕交易行为人之间的因果关系证据应该由原告进行提供。通过之前的仅有的几项案例分析，我们也可以看到内幕交易的因果关系认定是民事赔偿历来的争议点，具体表现在：首先，证券市场中影响证券价格的因素很多，想要让投资者提供其损失是由内幕交易造成的而不是由证券市场其他因素造成的并非易事。证券市场的波动是由多种因素互相影响造成的，一个因素的变化会引起蝴蝶效应，从而共同影响证券市场股票价格变动。其次，随着网络交易的发展以及证券市场交易制度的完善，目前我国的证券交易主要是由交易所通过公开竞价的方式进行的，投资者和内幕交易行为人并不能进行当面交易，也就是说我们无法判定两者之间的因果关系。最后，从我国现有的内幕交易民事赔偿案例来看，法院不能有效判定投资者的损失是由内幕交易行为造成的还是由投资者自身的判断失误造成的，在判定时容易产生争议。目前，内幕交易民事赔偿案的判定方法逐渐在完善，在光大证券内幕交易案的判定上，法官采用了虚假欺诈因果关系判定的方法对案件进行了审理，避免了由投资者举证的难度，维护了投资者的权益，使得内幕交易民事赔偿的因果关系确定有了进步。

美国法院在因果关系的确定上，通常只要能够认定被告持有具有重大性的信息并且没有履行信息披露义务，就可以认定被告的内幕交易行为与原告的损失之间存在因果关系。本文认为，证券市场的波动影响因素是方方面面的，因果关系的认定非常困难。因此，从充分保护投资者的角度出发，构建健康的市场环境，我国可参考美国的方式，可以把"被告持有具有重大性的信息并且没有履行信息披露义务"作为认定因果关系的依据，除非被告能够举证证明原告与内幕交易不存在因果关系，否则则认为因果关系存在。

（四）内幕交易民事赔偿制度损害赔偿数额的确定

如何确定内幕交易民事赔偿交易金额也是内幕交易案件处理的又一争议点，主要涉及内幕交易行为人和受害者之间利益的平衡以及是否采用惩罚性赔偿方法等问题。美国内幕交易民事赔偿金额确定的方法有两种：一种是以投资者受损失的金额为基准确定赔偿金额；另一种是以内幕交易行为人的非法所得为限确定内幕交易民事赔偿金额。有时候内幕交易产生的影响范围比较大，造成多个投资者遭受损失，其金额有可能远远大于内幕交易行为人获得的金额，所以应该以内幕交易行为人的非法所得为限确定内幕交易民事赔偿金额。因为不管其内幕交易行为人违法所得多或少，也都是由于内幕交易行为人的所作所为而给投资者造成了损失。除此之外，本文还认为在进行损失赔偿时不应单单考虑内幕交易行为这一项造成的损失，还要考虑到投资者的弱势地位，把律师费用、误工以及精神损失等费用考虑在内，但赔偿金额不宜过多，避免造成滥诉的情况。至于证券交易佣金费用，由于投资者在内幕交易后仍持有相关股票，是投资者正常交易费用，故本文认为赔偿金额不应考虑交易佣金费用。

参考文献

[1] 耿立航. 证券内幕交易民事责任功能质疑 [J]. 法学研究，2010（6），77—93.

[2] 缪因知. 内幕交易和操纵市场赔偿责任制度的欲速不达：《证券法修订草案》相关条款批判 [C]. 2014：55—72.

[3] 王格. 内幕交易民事诉讼"适格原告"范围的界定——以美国和我国台湾地区为例 [J]. 公民与法，2014（3），57—60.

[4] 王林清，内幕交易侵权责任因果关系的司法观察 [J]. 中外法学，2015（3）：772.

[5] 吴俐. 群体诉讼制度研究 [D]. 四川，四川大学，2008.

[6] 杨严炎. 共同诉讼抑或群体诉讼——评我国代表人制度的性质 [J]. 现代法学，2007，29（2），99—104.

［7］张斌. 陈宁丰诉陈建良证券内幕交易民事赔偿案［J］. 人民司法. 案例，2008（22），93—95.

［8］张宠. 论内幕交易违法所得的认定［D］. 北京：北京交通大学，2016.

［9］赵旭东. 内幕交易民事责任的价值平衡与规则互补——以美国为研究范本［J］. 比较法研究，2014（2），46—58.

［10］赵旭东. 内幕交易民事责任的司法政策与导向［J］. 法律适用，2013（6）：50—54.

［11］中国社会科学院课题组，证券法律责任制度完善研究［J］. 证券法苑，2014（10），481—516.

内幕交易若干案例分析及法理探讨

黄江东[*]

内幕交易是一种主要的证券违法行为类型,内幕交易行为违反市场"三公"原则,侵害一般投资者正当权益,是证券市场难以根治的毒瘤。对内幕交易的规制,我国现行法律虽然相对较为完备,但仍存在体系矛盾、不尽合理以及诸多理解适用上的争议。本文从案例出发,对相关问题进行了初步的探讨。

一、关于内幕信息公开标准的探讨

(一)案例

案例一:A 上市公司董事长赵某在员工大会报告中提到,国外的大项目一旦正式启动,将给公司业绩带来根本性提升,但未说明具体项目名称。内幕信息知情人员钱某在赵某讲话以后至公司公告并停牌的时间段买入该公司股票,股票复牌后陆续卖出,获得数百万元。

问:A 上市公司董事长赵某的讲话是否视为已将内幕信息公开?钱某的行为是否构成内幕交易?

案例二:B 上市公司于某日上午突发错单交易,几十亿元金额的错单使得大盘指数大幅急升。中午休盘时,某著名财经网站及股吧等公众平台上均可见到 B 公司发生"乌龙指"事件的报道及讨论。下午开盘后,B 公司股票停牌,大盘逐步回落。B 公司为了对冲巨量股票持仓风险,买入相应的沪深 300 股指期货空单。

问:市场关于 B 公司"乌龙指"的传闻及报道是否可视为内幕消息已公开?B 公司买入股指期货空单的行为是否构成内幕交易?

案例三:C 上市公司筹划重大资产重组,相关方案于 2 月 1 日下午 5 时在交易所和公司网站公布,2 月 2 日在三大证券报刊登公告,该日公司股票复牌交易,该公司副总经理孙某

---

[*] 作者单位:中国证监会上海专员办。原载于《中国证券》2018 年第 10 期。

开盘后立即买入数十万股,三天后卖出获利巨大。

问:孙某的行为是否构成内幕交易?

(二) 观点之争论

上述三个案例,实际均涉及内幕信息公开标准问题。内幕信息之所以被称为内幕信息,最根本的原因在于这种信息具有隐蔽、秘密、非公开的特征。在国际证券管理委员会组织(IOSCO)编写的《如何规制内幕交易》的报告中,其根据对41个成员国内幕交易立法的调查,得出结论:"界定内幕信息要把握两个要件:第一是秘密性,第二是重大性。"可见,秘密性(也称非公开性)是判断内幕交易嫌疑人所利用的信息是否为内幕信息的首要条件。一旦公开,内幕信息将不成其为内幕,相应的交易也应是合法的,而关键的问题是内幕信息公开的标准应当如何确定。对此,理论和境外立法例上主要有形式公开标准、实质公开标准、形式公开或实质公开标准、形式公开兼实质公开标准四种观点。①

1. 形式公开标准

形式公开标准是指信息只要按照法律规定的要求向社会公开即可,通常表现为在法律规定的网站、报刊、交易所信息披露系统等渠道公开。形式公开标准简洁明确,便于操作。我国香港地区《证券及期货条例》对于信息公开主要采用形式公开标准,即只要信息在联交所电子登载系统披露即可,并无在披露后还需等待投资者消化吸收的要求。

2. 实质公开标准

实质公开标准要求信息必须有效公开,即不仅要求按照法律规定向社会公开,还要求信息最终为公众所知悉和占有,强调信息披露的实质效果。2003年欧盟《反内幕交易和市场操纵(市场滥用指令)的指令》针对"非公开性"着重强调了信息传播的质量,要求信息必须"有效传播",即必须有足够渠道保证普通投资公众可以有效率地了解和消化这些信息,并且应严禁内部人利用"内幕信息"披露前的时间差,从事"领跑"性投机行为。②

3. 形式公开或实质公开标准

该标准较为宽松,只要满足形式公开或实质公开标准之一,即视为已公开。典型的是英国规制内幕交易的1993年《刑事审判法》第58条列举了信息"公开"的方式,规定信息"公开"包括但不限于以下形式:(1)信息的公开符合官方市场有关告知投资者和职业咨询者的规定;(2)信息的所有内容已经被记录,可以供公众查询;(3)信息可以被可能与信息本身相关或者与证券发行人的信息相关的证券交易人获取;(4)信息是从已经公开的信息中取得的。此外,如果通过以下渠道掌握信息,也被视为"公开":(1)只可能被谨慎从事者或专家获得;(2)只能被某一层面的公众获得;(3)只有通过观察才可以获得;(4)只有付费后才可以获得;(5)在英国范围外公布。

4. 形式公开兼实质公开标准

该标准最为严格,既要满足形式上的信息披露要求,还要求该信息实质上能够为一般投资者所获得、理解、消化,真正达到信息披露的效果。美国是采用这一标准的典型,根据美国《公平披露规则》,内幕信息的公开包括两种方式:一是发行人拟具表格8-K向证监会

---

① 吕晖,肖伟:"关于内幕信息公开标准的探讨",载《证券市场导报》2013年5月号。
② 《反内幕交易和市场操纵(市场滥用指令)的指令》序言第19段。

申报披露信息；二是发行人可以借由其他方式或兼采数种方式，只要达成对一般大众广泛、不排外的披露时，就可以不依照前款规定拟具表格8-K。同时，该规则补充说明只要透过全国性或当地社区的主流媒体向社会大众发布信息，即可视为公开。但根据美国判例法，内幕信息在通过前述指定方式披露的情形下还要等待一段时间，待信息被市场吸收和消化后，才能构成法律上的公开。此即等待期，有关等待期的规定即为实质公开标准的体现。因此美国法上的信息公开标准为形式公开结合实质公开标准。至于等待期的长短，美国证券交易委员会（SEC）不主张制定一个统一的时间，认为应当把判断的任务留给行政程序和司法程序根据个案决定。

（三）我国现行相关法规及其问题

1. 我国现行相关规定

（1）《证券法》及配套规定。《证券法》第七十条规定："依法必须披露的信息应当在国务院证券监督管理机构指定的媒体发布，同时将其置备于公司住所、证券交易所，供社会公众查阅。"与此相配套的《上市公司信息披露管理办法》第六条也规定："上市公司及其他信息披露义务人依法披露信息，应当将公告文稿和相关备查文件报送证券交易所登记，并在中国证券监督管理委员会指定的媒体发布。信息披露义务人在公司网站及其他媒体发布信息的时间不得先于指定媒体，不得以新闻发布或者答记者问等任何形式代替应当履行的报告、公告义务，不得以定期报告形式代替应当履行的临时报告义务。"可见，我国信息披露制度下的内幕信息公开采取形式公开标准，只有在指定媒体上发布信息才能被认定为公开，即便内幕信息通过其他非指定的全国性媒体公布也不能视为公开。

需注意的是，《证券法》第四十五条第二款规定："为上市公司出具审计报告、资产评估报告或者法律意见书等文件的证券服务机构和人员，自接受上市公司委托之日起至上述文件公开后五日内，不得买卖该种股票。"根据该款，上述中介机构服务人员需在相关文件公开后，经过五日的等待期，方可买卖该种股票。显然，这里部分使用了实质公开标准。

（2）《内幕交易司法解释》。2012年6月1日起施行的《最高人民法院、最高人民检察院关于办理内幕交易、泄露内幕信息刑事案件具体应用法律若干问题的解释》（以下简称《内幕交易司法解释》）第五条第四款规定，"内幕信息的公开，是指内幕信息在国务院证券、期货监督管理机构指定的报刊、网站等媒体披露"，是采用形式公开标准。但在第四条第四款又把"交易具有其他正当理由或者正当信息来源"规定为内幕交易的免责事由。本文认为这里的"正当信息来源"应当包括虽未在指定媒体上披露但已在其他媒体公开出现且一定程度上被公众投资者广泛获知的情形。因此，《内幕交易司法解释》实际上也部分采取了实质公开标准。

（3）中国证监会《内幕交易认定指引》。中国证监会2007年出台的《证券市场内幕交易行为认定指引》（以下简称《指引》）首次对内幕信息公开作了界定。《指引》第十一条规定："本指引所称的内幕信息公开，是指内幕信息在中国证监会指定的报刊、网站等媒体披露，或者被一般投资者能够接触到的全国性报刊、网站等媒体披露，或者被一般投资者广泛知悉和理解。"很明显，《指引》中"或者"一词表明了并列关系，使用的是形式公开或实质公开标准。

2. 存在的问题

（1）相关规则体系内在矛盾。从上述可见，我国现行关于内幕信息公开标准的规定是有内在矛盾的。《证券法》上是形式公开标准，对于相关中介服务人员则采用了实质公开标准。但《证券法》第四十五条第二款仅针对中介服务人员，对上市公司董事、监事及高管人员未纳入此范围，实际上公司董监高等内部人具有更大的信息优势，因此该条款仅对中介服务人员适用而对公司董监高人员不适用是不合理的，逻辑上是不连贯的。《内幕交易司法解释》原则上仍坚持形式公开标准，但实际上通过免责条款部分采取了实质公开标准。《指引》则很明显使用的是形式公开或实质公开标准。可见，当前关于内幕信息公开标准的规定体系是不统一的，存在内在矛盾。

（2）《指引》规定虽有突破，但法律效力不足。《指引》明显使用了形式公开或实质公开标准，这是有重大突破的，理论上很有意义，实践中也很必要，但问题在于《指引》仅为中国证监会内部规范性文件，未正式对外发布，不具有法律约束力。尽管司法机关对中国证监会的内部规范性文件一般仍较为尊重，但不可否认的是，《指引》的法律效力经常受到质疑。

（3）形式公开标准若不辅以"等待期"规定则不尽合理。在形式公开标准下，只要求在指定媒体上披露即为公开，而不论该信息是否为一般投资者所知悉理解。这样可能造成掌握内幕信息的人在信息公开披露后趁市场一般投资者尚未广泛知悉理解时，第一时间抢先交易，实际上仍属利用信息优势，不符合《证券法》公平原则。相反，如果以形式公开为原则，辅之以"等待期"规定，则掌握信息优势的人必须等待一定时间后，方可合法进行交易，此时该信息已为市场一般投资者所广泛知悉理解，这才符合《证券法》公平原则。

（四）相关改进完善建议

综上所述，本文建议我国《证券法》应在借鉴境外立法例的基础上，立足我国实践，优化现行规则体系，将内幕信息公开标准定为以形式公开兼实质公开标准为原则，辅之以实质公开标准。即规定，应当在中国证监会指定媒体披露，且须经过一定等待期后内幕信息知情人方可交易；若信息虽未在指定媒体披露，但确已被一般投资者广泛知悉理解的，视为已公开，理由如下：

1. 单一形式公开标准不尽合理

上文已述，此处不赘。

2. 单一实质公开标准也不可取

实质公开标准虽然具有实质合理性，但过于主观、不便操作，需以高度发达的证券市场和成熟的监管者、司法者为条件，目前我国证券市场尚处于新兴加转轨的阶段，显然欠缺上述条件；同时考虑到国内证券市场目前采用的公开措施都与形式公开相联系，如果废除形式公开改采实质公开的单一标准，会让现有的信息公开主体无所适从，有违法律的安定性，且修改制度成本巨大。因此可以在现有形式公开的标准上补充规定实质公开标准，这样既符合通行做法，又最大限度地维持了法律的稳定。

3. 形式公开兼实质公开标准较为合理，但亦有不足

形式公开兼实质公开标准较为合理，与我国证券市场实际较为适应，但不足之处在于：若信息经过报纸和网络报道，但并未在指定媒体上发布，此时按形式公开兼实质公开标准则不能认定信息已公开，在此情形下进行交易仍构成内幕交易，但是此时相关信息已被广泛传

播,实际上已不具备秘密性,此时还认定为内幕交易则对行为人恐不公平。因此,为平衡各方利益,在行为人能够举证证明相关信息经过报纸和网络报道,已被一般投资者广泛知悉理解的情况下,应当认定内幕信息已公开,行为人免于内幕交易的法律责任。

至于等待期的具体时间,日本规定为 12 个小时,我国台湾地区规定为 18 个小时,美国未明确具体时间。本文认为,综合各方面因素,我国规定为 1 个交易日较为适宜。① 此外,本文认为,《证券法》第四十五条第二款针对中介服务人员的 5 日的等待期规定没有必要,法律上只要求内幕信息知情人统一遵守 1 个交易日的等待期即可。

二、泄露内幕信息是否可以推定及相关问题探讨

(一) 案例

赵某为 A 上市公司副总经理,参与筹划了该公司重大资产重组事项,在内幕信息敏感期内赵某之妻钱某买入了大量 A 公司股票,买入金额较以前交易明显放大。内幕信息公告且该公司股票复牌后,钱某将所买入的 A 公司股票卖出,获利逾百万元。经查,钱某证券账户一般由钱某本人操作,赵某较少过问,钱某买卖股票的资金系赵某与钱某的家庭共同财产。没有直接证据证明钱某知悉 A 公司重大资产重组的内幕信息,也没有直接证据证明赵某曾将该内幕信息泄露给钱某。

问:钱某是否构成内幕交易?赵某是否构成泄露内幕交易?

(二) 观点之争论

第一种观点认为,本案钱某构成内幕交易,赵某不构成泄露内幕交易。本案赵某为内幕信息知情人,钱某作为内幕知情人的配偶且其交易行为与该内幕信息基本吻合,根据最高人民法院《关于审理证券行政处罚案件证据若干问题的座谈会纪要》(以下简称《座谈会纪要》)"五、关于内幕交易行为的认定问题"中第二项的规定,在当事人不能作出合理说明,不能提供证据排除其利用内幕信息从事证券交易的情况下,应当认定钱某构成内幕交易。实际上这属于推定,但是对于泄露内幕信息则不能按此逻辑推定,理由如下:

一是推定加重了行为人举证义务,必须在有法律法规、司法解释或类司法解释文件有明确规定时方可进行。本案钱某作为内幕信息知情人之配偶,推定其内幕交易成立,《座谈会纪要》有明确规定,但对于内幕信息知情人之泄露行为则并未规定可以推定。

二是从逻辑上看,钱某所知的内幕信息固然很有可能来自赵某,但也有可能来自其他知情人,因此从后端的内幕交易倒推前端的泄露内幕信息存在较大的或然性,后端的内幕交易本身就是推定的,再倒推前端的泄露内幕交易,存在二次推定问题,应当慎重为妥。

第二种观点认为,本案钱某构成内幕交易,赵某构成泄露内幕交易,理由如下:

一是从立法本意上看,法律之所以规定内幕信息知情人的配偶、父母、子女以及其他有密切关系的人,在其证券交易活动与该内幕信息基本吻合且行为人不能作出合理说明或者提供证据排除其利用内幕信息的情况下,推定其构成内幕交易,其法理基础正在于行为人与内

---

① 吕晖、肖伟:"关于内幕信息公开标准的探讨",载《证券市场导报》2013 年 5 月号。

幕信息知情人的密切关系,因此与其说是推定了内幕交易再倒推知情人的泄露行为,还不如说是基于行为人与知情人的密切关系顺推了行为人的内幕交易,实际上暗含了行为人泄露内幕信息这个前提。

二是从逻辑上看,如果不推定知情人泄露内幕信息,那行为人的内幕信息从何而来(实践中往往没有其他证据证明其内幕信息来源)?如果不能合理说明行为人内幕信息的来源,那其内幕交易就成了空中楼阁,这在逻辑上是不连贯、不完整的。

三是从打击内幕交易违法行为的需要来看,泄露内幕信息的人虽然没有直接从事内幕交易,但他是内幕信息的散布者、传播者,且往往以此作为利益交换的手段,从危害程度上看,不亚于直接从事内幕交易;此外,如果放松对泄露内幕信息行为的打击,则知情人完全可以此作为规避手段,逃避法律责任。

第三种观点较为折中,认为既不能一概认为在推定内幕交易的情况下可以推定前端泄露内幕信息,也不能一概认为不能推定,推定应严格限定在配偶、父母、子女范围内,其他关系密切的人或与知情人联络、接触的人,不论存在何种情形,均不应推定知情人泄露行为。其理由是,虽然法律本意上暗含了知情人泄露这个前提,但毕竟没有明示,因此应当较为谨慎,只有知情人与行为人是配偶、父母、子女这种特定的直系亲属关系时,从盖然性看知情人泄露的可能性更大一些,故可以推定;当事人之间属于直系亲属关系以外的其他关系的,均不应推定知情人泄露内幕信息,以免误判误罚。

(三) 本文之观点

本文赞同以上第二种观点,理由如下:

1. 行政执法要在充分理解法律本意的情况下积极执法

社会生活变化万千,而法律法规终归有限,因此要求执法者(也包括司法者)要根据现实需要,遵循立法本意,积极灵活地在自由裁量权范围内对法律法规字面含义进行解释,而不是完全拘泥于法律字面,以达到最佳的执法(也包括司法)效果。本案中,反对推定泄露内幕信息的最主要理由就是法无明文规定不得推定,但若深入考量《座谈会纪要》关于推定内幕交易的规定,则可发现上述理解过于机械,不符合规定的立法本意和内在逻辑。《座谈会纪要》关于推定内幕交易的主要是两种情形:《证券法》第七十四条规定的内幕信息知情人的配偶、父母、子女以及其他有密切关系的人,其证券交易活动与该内幕信息基本吻合;内幕信息公开前与内幕信息知情人或知晓该内幕信息的人联络、接触,其证券交易活动与内幕信息高度吻合。之所以规定此两种情形下可以推定内幕交易,其内在法理依据在于:行为人与知情人的密切关系以及行为人与知情人、知晓内幕信息的人联络接触(对推定的具体要求有所不同)。在这种密切关系和联络接触的基础上,即使没有直接证据证明行为人知悉了内幕信息,也可以推定其内幕交易成立(允许其提供反证进行辩解)。其暗含的前提是,这种密切关系和联络接触就是行为人内幕信息的来源。因此可以说,法律在规定上述情况下可推定内幕交易之时,已经暗含了相关知情人有泄露内幕信息行为;否则,推定内幕交易在逻辑上将无法成立。综上,虽然字面上没有推定泄露内幕信息的规定,但从立法本意出发积极执法,在推定内幕交易的同时,应当推定相关知情人或知晓内幕信息的人构成泄露内幕信息。

2. 行政处罚与刑事处罚的证明标准有区别

上文第一种观点认为，在推定内幕交易的情况下，行为人的内幕信息在逻辑上并不一定来自该知情人，理论上有可能来自他处，若推定该知情人泄露内幕信息，存在误伤的可能。该观点有一定道理，但要看到，行政处罚的证明标准并非要求排除一切疑点、构成必然的逻辑关系，只需要达到明显优势证明标准即可，这与刑事上排除一切合理怀疑的证明标准存在重大不同。因此，在内幕交易行政处罚案件中，若能够推定构成内幕交易，则从逻辑上即应认为相应知情人已构成泄露内幕信息；但在相关刑事案件中，则应严格按照法律法规及相关司法解释，即使能够推定内幕交易罪成立，也不得同时推定相关知情人构成泄露内幕信息罪。

3. 第三种观点偏于狭隘

上文第三种观点认为应将推定泄露内幕信息的范围限于配偶、父母、子女等直系亲属关系。本文认为该观点其合理之处是有利于避免误伤，但其逻辑并不严密。前文已述，《座谈会纪要》在规定两种推定内幕交易情形的同时，已经暗含了相关知情人有泄露内幕信息行为，因此从逻辑上推导，只要能够推定相关行为人内幕交易成立，就能够同时推定相关知情人泄露内幕信息，而无论当事人之间是直系亲属关系、其他密切关系还是联系接触关系；反过来看，如果认为不足以推定知情人构成泄露内幕信息，则也不应推定相关行为人构成内幕交易。因此本文认为，第三种观点与其主张对推定泄露内幕交易从严认定，不如主张在推定内幕交易时要证据充分、逻辑严谨。

综上，本文赞同上述第二种观点，本案钱某构成内幕交易，赵某构成泄露内幕交易。

三、对《证券法》内幕信息知情人条款的理解及其意义

（一）案例

张某持有 A 上市公司 10% 股份，且系该公司董事长的哥哥，但未参与该公司的经营管理。在 A 公司推出大比例分红派息的利润分配方案前，监控发现该公司股价有明显异动，相关账户有内幕交易嫌疑。经调查，未发现张某账户在内幕信息敏感期买入 A 公司股票，但存在通过大宗交易减持的行为。

问：张某是否为内幕信息知情人？

（二）观点之争论

一种观点认为，张某虽持有 A 公司 5% 以上股份，在《证券法》第七十四条规定的内幕信息知情人范围内，但未参与该公司的经营管理，没有证据证明张某知悉 A 公司利润分配方案的内幕信息，因此，张某不是内幕信息知情人。

另一种观点认为，持有公司 5% 以上股份的股东属于《证券法》第七十四条第二项明确规定的知情人，即属法定知情人，当然应认定为内幕信息知情人，而不需监管部门举证证明当事人已事实上知悉内幕信息。若当事人主张事实上不知情，应当举证证明。

（三）对《证券法》内幕信息知情人条款立法本意的理解

《证券法》第七十四条规定："证券交易内幕信息的知情人包括：（一）发行人的董事、监事、高级管理人员；（二）持续有公司百分之五以上股份的股东及其董事、监事、高级管

理人员，公司的实际控制人及其董事、监事、高级管理人员……（七）国务院证券监督管理机构规定的其他人。"最高人民法院《座谈会纪要》"五、关于内幕交易行为的认定问题"中，更进一步明确指出，"监管机构提供的证据能够证明以下情形之一，且被处罚人不能作出合理说明或者提供证据排除其存在利用内幕信息从事相关证券交易活动的，人民法院可以确认被诉处罚决定认定的内幕交易行为成立：（一）证券法第七十四条规定的证券交易内幕信息知情人，进行了与该内幕信息有关的证券交易活动……"。从上述规定可见，属于《证券法》第七十四条范围内的即是法定内幕信息知情人，只要其在敏感期内实施了相关交易行为，即可认定其构成内幕交易，但当事人可以提供反证证明其不知情或未利用内幕信息交易。笔者认为，上述规定是从法律效率原则出发，对当事人举证义务进行的重新分配，有利于提高执法效率和实现公平正义。

在一般证据规则中，"谁主张谁举证"是举证责任分配的一般原则，而举证责任倒置则是这一原则的例外。所谓举证责任倒置，指基于法律规定，将提出主张的一方当事人（一般是原告）就某种事由不负担举证责任，而由他方当事人（一般是被告）就某种事实存在或不存在承担举证责任，如果该方当事人不能就此举证证明，则推定原告的事实主张成立的一种举证责任分配制度。

举证责任倒置理论产生于德国19世纪末20世纪初的工业革命时期，在这一时期出现了大规模的环境污染问题、医疗事故引起的伤害赔偿问题等案件，对此如果沿用传统的举证责任分配原则，对受害者显失公平。因此，法官们在法律没有规定的情况下，根据司法实践中的新情况，借助法律赋予的司法自由裁量权，将举证责任转移给加害人承担。德国法院对于专门职业者违反执业义务的案件，经常利用举证责任转换的方法，使加害人对其行为无故意、过失的事实及其行为与损害之间无因果关系的事实负举证责任。我国《最高人民法院关于适用〈中华人民共和国民事诉讼法〉若干问题的意见》第七十四条规定了几种典型的举证责任倒置的情形，如危险作业、环境污染致人损害等。

从理论上看，影响举证责任分配的主要因素有：

1. 证据距离

证据距离是指在有可能负担举证责任的双方当事人之间，哪一方距离证据的源泉更近一些。距离证据近，就说明他更容易提供该证据。让更容易举证的一方负举证责任，不仅公平，而且还更加有效率，更节省举证成本，举证不能的概率也大大减少。比如，一方主张另一方借款，主张借款方对借款事实的证据便更接近一点，因为他理应拥有借据。所以，主张借款的人应负举证责任。

2. 盖然性标准

盖然性就是可能性。按照统计学原理，根据对某种事件或某种现象发生的比率高低来确定举证责任的配置。比如，在某一地段发生了交通事故，但受害人只知道是出租车而不知是哪个出租公司的汽车。然而有一个盖然性数字已经表明，该路段的出租车80%都是某出租公司的，基于此，受害人即可状告该出租车公司，并由该出租车公司证明肇事汽车非属其所有的事实。否则，即推定是该出租公司的汽车为肇事汽车，由其承担赔偿责任。在这种情形下，盖然性便成为实行举证责任倒置的依据。

3. 举证能力的强弱

举证能力是指收集证据、调查证据、利用证据的能力。不同的当事人，其所具有的举证能力是不一样的，比如，重复诉讼者较之偶然涉诉者举证能力一般强一些，单位的举证能力比个人一般强一些，有专业知识者较之无专业知识者举证能力一般强一些。正因如此，《最高人民法院关于民事诉讼证据的若干规定》第七条规定："人民法院可以根据公平原则和诚实信用原则综合当事人举证能力等因素确定举证责任的承担。"可见，举证能力往往与证据距离有密切联系。接近证据的一方本身就具有举证方面的优势，举证能力相对而言要强。

回到内幕信息知情人问题上，对于《证券法》第七十四条规定的人，如公司的"董监高"人员、持有公司5%以上股份的股东及其"董监高"人员、提供相关中介服务的人员等，他们与公司的关系十分紧密，距离相关内幕信息更近；从盖然性角度分析，其知悉内幕信息的可能性也很大；从举证能力角度看，这些人要么是公司高层，要么是专业人士，要么是具有特定地位的人，具有较强的举证能力。因此，由其承担部分举证义务而减轻监管机构的部分举证义务，即由行为人举证证明其不知悉或未利用内幕信息，有利于提高证券监管执法效率和实现公平正义，是符合法理的。正是在这个意义上，《证券法》实际上把内幕交易行为人分为法定知情人和一般行为人。对于法定知情人，监管机构承担较少的证明义务；而对于一般行为人，监管机构需严格证明其知悉或推定知悉相关内幕信息并利用该内幕信息实施了证券买卖行为，方可成立内幕交易。反过来，倘若对于法定知情人，监管机构也要证明其事实上知情，那就与一般行为人没有区别，《证券法》规定法定知情人就失去了其意义。

（四）对证券稽查执法实践的意义

《证券法》关于法定内幕信息人的规定对于执法实践最大的意义就在于减轻了监管机构的举证义务。监管机构只要证明行为人属于法定内幕信息知情人且在敏感期内实施了证券交易行为，即可提起相应行政处罚，不知悉或未利用内幕信息的证据则应由行为人自行提供，若不能提供的，则将认定内幕交易行为成立。

在稽查实践中，调查人员往往不仅搜集证明行为人属于法定内幕信息知情人的证据，还搜集证明行为人事实上知悉内幕信息的证据，如证明了行为人属于公司"董监高"人员，还通过相关会议记录、谈话记录、通信信息等证明行为人事实上知悉内幕信息。本文认为，从夯实证据的角度这种做法是可取的。因为行为人可能会提出相关反证，以求不受行政处罚。若调查人员不搜集行为人事实上知悉内幕信息的证据，则很可能难以反驳行为人提出的证据及所作的辩解，在行政处罚程序中陷于被动。

在实务上，虽然可以将所有法定内幕信息知情人列为知情人，但由于有的法定知情人与案件并没有关联，因此没有必要在调查报告中将所有法定知情人一一列明，只需列出与案件相关的知情人即可。

综上，回到本案，张某毫无疑问属于《证券法》明文规定的内幕信息知情人，但他事实上并不知悉A公司利润分配的内幕信息，因此，张某可以反证证明其事实上不知情，即使他有买卖相关证券的行为，内幕交易也不应成立。前文所述第一种观点混淆了法定的内幕信息知情人和事实的内幕信息知情人的概念，没有准确理解《证券法》第七十四条的立法本意，是不可取的。因此本文赞同第二种观点。

基于深度学习构建个人投资者画像探讨

李嘉宝*

一、投资者画像与用户画像

"投资者画像"这一概念的提出可以追溯到"用户画像"。交互设计之父 Alan Cooper 最早提出了"用户画像"（Persona）的概念，他认为，用户画像是对产品或服务的目标用户的具体表示，即对目标用户做出的特征刻画。它是真实用户的虚拟代表，是通过对用户多方面信息的了解，基于用户群的真实信息构建的用户标签体系，是建立在这一系列真实数据之上的用户模型。

用户画像目前主要应用于商业领域，即通过构建用户标签体系的方式使计算机通过算法、模型等推测出用户的不同属性。基于对目标用户属性的准确刻画，大数据精准营销就能够得以实现。

与之类似，我们可以将投资者画像定义为：对金融产品或服务的目标用户的特征做出的准确刻画，基于此可以对投资者进行精准营销。

二、证券公司构建个人投资者画像的意义

从证券市场来看，投资人可以分为机构投资者和个人投资者。相比于机构投资者，个人投资者对产品信息、产品知识的掌握和拥有的投资经验等更加参差不齐，导致其对自身风险承受能力的认知程度千差万别。因此，为了保护中小投资者的利益，监管机构、行业组织等对投资者适当性问题做出了各种硬性规定及原则性指引。

根据国际清算银行、国际证监会组织、国际保险监督协会于 2008 年联合发布的《金融

---

* 作者单位：首创证券有限公司。原载于《中国证券》2018 年第 10 期。

产品和服务零售领域的客户适当性》中的定义，适当性是指"金融中介机构所提供的金融产品或服务与客户的财务状况、投资目标、风险承受水平、财务需求、知识和经验之间的契合程度"。根据国际证监会组织于2012年发布的《复杂金融产品销售适当性顾问报告》中的定义，适当性是指"金融产品销售过程中中介机构应遵守的用于评估所销售的产品是否契合客户的财务状况和需求的任何标准或要求"。综合上述定义，我们可以将投资者适当性理解为：投资者应匹配于其购买的产品。

本着投资者适当性原则以及对投资者负责的态度，证券公司应对投资者风险承受力、知识和经验等状况进行精细的评估，以便于后期开展投资者教育，以及为投资者匹配适当的金融产品及服务。这就需要对投资者的特征进行精细刻画，尤其是随着技术的发展，智能投顾、智能财富管理等创新型业务对投资者特征的构建要求更加精细。

因此，基于千人千面的个人投资者画像，证券公司可以更好地服务于个人投资者。这也是券商加入智能化浪潮，开展创新型业务的第一步。

三、个人投资者画像的构建流程

类似于用户画像的构建流程，我们可以将投资者画像的构建用以下流程简要描述：（一）数据采集；（二）原始数据的分析与处理；（三）投资者标签建模；（四）投资者画像基本成型、完善与更新。下面对每一步进行具体说明：

（一）数据采集

投资者状况可主要分为客观实力和主观风险偏好两方面。客观实力方面，应了解投资者的基本信息（包括性别、年龄、教育程度、地域等）、资产状况、信息获取方法、投资行为（包括投资策略、投资风格、交易习惯等）、消费行为等；主观风险偏好方面，应考察投资者的投资规划、投资经验、风险认知水平、风险敏感度等。从技术上看，这些信息可分为基本信息、行为信息、偏好信息三大类。对于投资者基本信息的采集可以通过投资者的注册信息、上传的包含个人信息的文件、在线填写问卷等方式来获得；投资者的行为信息可以通过模拟投资比赛、实盘操作记录、在其他平台的网上行为等来获得；偏好信息可以从投资者的浏览记录、交易记录、订阅记录、定制标签等来获得。

（二）原始数据的分析与处理

通过以上多种途径直接采集到的数据称为原始数据，它们往往很不规范，还可能存在缺失值、异常值、格式不一致等问题。此时需要先将原始的数据进行分析与处理，包括缺失值处理、异常值检测和处理、数据标准化、相关性分析等，经过分析处理的数据才能直接用来建模。

（三）投资者标签建模

将经过分析处理的数据进行建模，抽象出投资者的标签，从而可以预测出投资者的潜在行为及偏好标签。此阶段往往需要根据业务和数据的不同而选择合适的算法模型来实现，如决策树算法、神经网络算法、深度学习算法等。通过不同算法模型的预测结果来优选最佳的模型，甚至有时需要用多个算法融合的模型来提高预测的精度。

（四）投资者画像基本成型、完善与更新

首先通过投资者的基本信息、行为信息和偏好信息等对投资者进行标签化，还可以根据业务需求将标签进行分层，使投资者画像基本成型，再补充上一阶段中预测的新标签，从而实现对投资者画像的完善与更新。

根据构建投资者画像的标准流程可以看到，足够的数据量以及先进分析技术的逐渐成熟是实现真正意义上的投资者画像的先决条件。

四、证券公司构建个人投资者画像的传统方法及其局限性

在当前的实践当中，大多数证券公司通常采用客户调查问卷的形式来构建个人投资者画像。这种方法节约人力、资金、时间等资源，操作简便，结果便于统计及处理，但是也存在着明显的局限性。这里我们着重列举其在数据采集环节和用户标签建模环节的局限性。

（一）数据采集环节

第一，通过问卷的方式只能采集到基本信息，而行为和偏好信息的个体差异可能很大，为问卷的设计带来了极高的要求，如果问题较多容易引发投资者的抵触情绪。这些经常导致调查得到的信息较少，同时调查结果广而不深。第二，投资者信息可能随着时间产生显著的变化，而问卷调查无法及时捕捉到这些动态。第三，很多隐性的信息无法用量化的问题获取，从而可能以开放性问题的形式出现，加大了分析和统计工作的难度。第四，投资者对于自己的情况，尤其是需要借助于主观判断的，可能缺乏准确的认知。第五，投资者参与调查时的态度、心理状态等也无法被保障。这些因素都将导致调查结果的质量无法得到保证。

（二）用户标签建模环节

与问卷调查相关联的传统的统计和分析方法无法深入挖掘特征之间的关系，从而也无法准确预测投资者的潜在行为及偏好标签。

事实上，以问卷调查形式得到的结果与其叫作投资者画像，不如叫作个人档案信息。这些信息对个体的区分度较弱，从而导致可用性不强。因此，从业务对投资者画像不断提高的需求看，我们有必要探索能够对投资者画像进行更加全面、准确的构建方法。

随着数字社会的不断深化，各行各业的数据量呈现指数型的增长，可以捕捉到的投资者行为的数据也越来越多，大数据等先进技术也不断发展。这些都为我们构建真正意义上的投资者画像提供了基础条件。

如果能够对这些真实、客观地反映个人投资者动态情况的数据进行及时捕捉，对多维度的信息进行聚合分析，我们就有希望得到更加精确的投资者画像。这是对替代性方法进行探索时的一个可行的角度。

五、深度学习的优势及原理

个人投资者的各类数据往往呈现大规模、多样化、稀疏性的特点，在对这样的数据集进行分析并描述其反映出的复杂特征方面时，深度学习有着显著的优越性。

深度学习起源于人工智能和机器学习研究。20世纪80年代，机器学习逐渐成为人工智能研究领域的主流方向。用于人工神经网络的反向传播算法（Back Propagation）的发明掀起了机器学习的热潮，各种机器学习算法在90年代大量涌现，其中包括卷积神经网络等深度学习的雏形。进入21世纪后，随着互联网的高速发展，人们对大数据的智能化分析和预测产生了巨大的需求，浅层学习模型在互联网应用，如网页搜索排序、垃圾邮件过滤、内容推荐等方面取得了巨大的成功，而由于训练速度比较慢、容易过拟合等原因，神经网络模型基本处于被冷落的状态。2006年，Geoffrey Hinton等人提出：具有多个隐含层的人工神经网络具有优异的特征学习能力，能够更本质地对数据进行刻画，并且训练难度可以通过基于无监督学习的"逐层初始化（Layer－wise pre－Training）"来降低。这篇论文开启了深度学习的大量理论研究。

深度学习是一种特征学习方法，其本质是通过构建接近于人类大脑神经元结构的、具有多个隐含层的机器学习模型来对海量的训练数据的复杂特征进行学习，从而对数据，如图像、音频、文本等进行解释（见图1）。模型的深度即隐含层的层数，通常有5层、6层或10层以上。通过逐层的特征变换，样本在原空间的特征表示被变换到一个新的特征空间，从而使分类或预测更加容易。与人工设计相比，利用大数据本身进行学习能够更全面、准确地刻画数据的丰富内在特征。

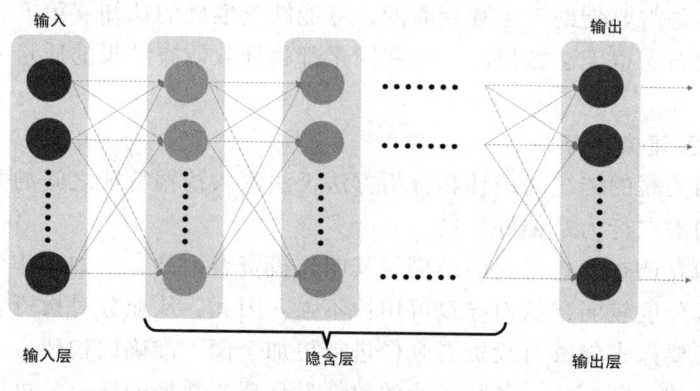

图1 深度学习模型示意图

资料来源：首创证券。

深度学习的训练过程可以分为两步：第一步是自底向上的无监督学习，这一步也可以看作是特征学习过程。具体地，用无标定的数据对最底层进行训练，即对这一层的参数进行学习。由于模型容量限制以及稀疏性约束，模型能够学习到数据本身的结构，得到比输入更具有表示能力的特征。学习得到第n－1层的特征后，将这一层的输出作为第n层的输入，从而对第n层进行训练。依此类推，自底向上地分别得到各层的参数。通过这样的方法得到的初始值可以接近全局最优，决定了深度学习的良好效果。第二步是自顶向下的监督学习。基于第一步产生的初始值对模型进行自顶向下的、有监督的训练,从而进一步对整个模型的各层参数进行微调。

实现深度学习的常用模型或方法有:自动编码器(Auto Encoder)、稀疏编码(Sparse Coding)、限制性玻尔兹曼机(Restricted Boltzmann Machine)、深度信念网络(Deep Belief Networks)、卷积神经网络(Convolutional Neural Networks)等。

深度学习已经在工业界焕发出勃勃生机,很多应用已经很广泛。2011 年以来,微软研究院的研究人员利用深度学习将语音识别错误率降低了 20%—30%;2013 年,深度学习在图像识别领域突飞猛进,在 ImageNet 大赛上名列前茅;2016—2017 年,AlphaGo 的卷积神经网络从 12 层增加到了 40 层,分别战胜了李世石和柯洁。

随着互联网技术进入第三阶段,深度学习已经在赋能很多行业,助力各行各业提升效能、降低成本、创造新的业务模式等,金融行业也不例外。人们已经在利用深度学习预测股票有效挂单报价,预测金融资产价格变动,预测标普 500 指数波动性,解释市场中的现象,优化投资组合等。因此,在构建个人投资者画像时,在标签建模的过程中引入深度学习等先进算法将成为该业务的发展方向。

六、相关的实践尝试与存在的问题

个人投资者画像的构建往往和很多创新型金融业务结合在一起,在此着重探讨智能投顾领域的实践尝试。

智能投顾(Robo - Advisor)业务有着金融投资领域的 AlphaGo 之称。智能投顾是指根据个人投资者的风险承受水平、收益目标以及风险偏好等状况,运用大数据等智能算法,基于投资组合优化等理论模型,为投资者提供投资参考,并为资产配置再平衡提供建议。

智能投顾源于美国,近年涌现出 Betterment、Vangaurd、Personal Capital 等多个知名的智能投顾平台。但是国外和国内的投资场景不尽相同。国外券商主要建立在被动 ETF 基金上,重视运用智能贝塔策略;而国内投资者的主流投资品种却是股票,追求阿尔法收益。因此,在学习国外的先进经验、技术的同时,国内金融机构本着投资者适当性原则,扎根中国市场,从我国投资者的需求出发,做出了很多有益的尝试。

互联网金融公司对将新科技应用在业务中的热情比较高,通常是探索新业务模式的急先锋。在这一领域,平安集团旗下的陆金所上线了投资者适当性管理体系(KYC 2.0),实现了对投资者画像的描绘。[①] 在 KYC 1.0 系统中,投资者仅被分为五大类型——保守、稳健、平衡、成长、进取。KYC 2.0 在上一代的基础上对投资者的风险承受能力进行量化,通过基于问卷调查的主观维度和基于平安集团大平台、陆金所自身、第三方数据以及大数据技术的客观维度对投资者的风险承受能力进行综合测评,从而能够做到实时地将合适的产品与合适的投资者相匹配。

蚂蚁金服旗下的蚂蚁聚宝根据用户的资产情况、自选基金、风险偏好、浏览记录等信

[①] 陆金所实现投资者"精准画像",同花顺财经,2016 年 11 月 8 日,网址:http://news.10jqka.com.cn/20 161 108/c594 883 893.shtml,最后访问日期:2018 年 8 月 15 日。

息,结合市场热点、基金披露信息等,基于大数据技术为用户做出智能化等的基金推荐。[①] 此外,作为一款综合理财工具,用户只需要使用自己的支付宝账号就可以使用余额宝、招财宝、存金宝、基金等理财服务。这不仅可以应对理财场景的日益多元化,满足投资者多样化的理财需求,同时还可以将投资者的各类行为数据拉通,获得维度更多元的个性化数据,实现动态的资产配置建议。

虽然互联网金融公司在探索新业务模式方面较为积极,但有时会触及风险红线,如在未取得基金销售业务资格的情况下就开展基金销售服务等。相比之下,券商对新业务模式的尝试则显得更加稳健。

2017 年,长江证券的智能财富管理系统 "iVatarGo" 上线。[②] 为了实现投资者画像的描绘,长江证券提取了 5 年内所有正常交易客户的共计 86.7 亿条交易数据,利用机器学习等算法以及每小时百万级的分布式处理能力,将投资者的行为从资产规模、流动性需求、风险偏好、投资偏好、投资策略等维度进行分析,在此基础上构建了投资者画像。与此同时,iVatarGo 对金融产品也进行精细的评级。基于投资者画像和标签化的金融产品,iVatarGo 可以为每位投资者提供与之匹配的资讯、产品及服务。在投资者的后续使用中,iVatarGo 持续对其资产状况、投资行为等进行跟踪,从而即时调整投资者画像,以期实现投资者与产品、服务之间的实时匹配。

2016 年,平安证券上线智能资产配置系统。[③] 其基于集团旗下寿险、产险、养老险、银行、信用卡、财富宝、陆金所、普惠、好医生和科技等平台的超过 3.5 亿条用户信息,经数据脱敏后,利用大数据算法实现多维度的投资者画像。在此基础上,该系统为投资者提供个性化的智能辅助决策工具,并能够对实际持仓、收益情况、交易数据等进行跟踪回测、深度分析等,以此来优化辅助决策模型。

2017 年,广发证券的智能投顾产品 "贝塔牛" 上线[④],专注于帮助中小投资者理解行业轮动的内在规律,实现较为理性的资产配置。贝塔牛可以根据市场的情况调整资产比例,配置当下表现强势的行业,灵活调仓,定期再平衡。贝塔牛未来有两个主要的发展方向:第一是形成精准的投资者画像;第二是将核心算法平台化,对接机构系统和客户,此举不仅可以助力行业的发展,还可以获取更大规模、更多维度的行为数据,有助于更好地对其中蕴含的投资者行为特征进行理解。

虽然国内券商正在从不同角度对智能投顾等创新型业务以及个人投资者画像领域进行着有益的尝试,但总体可以看到,对于个人投资者画像的构建还处于较为原始的阶段,存在许多问题有待进一步解决。

从技术来看,深度学习等较为先进的算法在构建个人投资者画像领域应用尚浅。在算法

---

① 蚂蚁聚宝,百度百科,2017 年 6 月 26 日,网址:https://baike.baidu.com/item/%E8%9A%82%E8%9A%81%E8%81%9A%E5%AE%9D/18424947?fr=aladdin,最后访问日期:2018 年 8 月 15 日。
② 长江证券 iVatarGo 背后的科技推手是谁,CSDN,2017 年 4 月 13 日,网址:https://www.csdn.net/article/a/2016-04-14/4746,最后访问日期:2018 年 8 月 15 日。
③ 资产管理行业面临人工智能重大挑战 平安证券抢先布局 AI 平台,和讯网,2017 年 6 月 30 日,网址:http://news.hexun.com/2017-06-30/189855051.html,最后访问日期:2018 年 8 月 15 日。
④ 广发证券 "贝塔牛" 智能投顾技术解构,搜狐科技,2017 年 1 月 9 日,网址:http://www.sohu.com/a/123482133_557550,最后访问日期:2018 年 8 月 15 日。

本身方面，深度学习的理论已经较为成熟，但使理论真正得以实现的基础条件形成较晚，以至于其在很多领域的具体应用乃至商用尚有较大的发展空间。此外，深度学习需要海量的训练数据和强大的并行处理算力，这也在某种程度上提高了该技术的应用门槛。

从投资者来看，国内个人投资者的理念中往往是投机大于投资，追求短期收益，追涨杀跌。如果不能转变理念，完全基于投资者画像提供产品和服务可能会助长整个市场追涨杀跌的情绪，最终导致产品及服务失效。此外，个人投资者的很多特征是会随着时间变化的，构建投资者画像时需要对时间维度的数据以及关键的转折点作更多的分析，这加大了技术难度。最后，券商掌握的数据包含大量与投资者隐私有关的信息，确保隐私数据的安全性为管理带来了压力。

从监管来看，监管主体对于平衡投资者隐私和投资者信息商业应用，对个人金融信息的收集、使用、披露等行为建立规章制度等方面仍处在探索阶段。关于如何在保护投资者隐私的基础上规范地开展业务，许多机构的认知还不够清晰，以至于在初始阶段极易行走于灰色地带。

综合来看，虽然国内券商等金融机构已在此领域开展了有益的尝试，但该领域的发展仍任重道远，许多问题的解决还有赖于监管机构与金融机构的共同努力。

参考文献

[1] ALAN COOPER. 交互设计之路［M］. 电子工业出版社，2006.

[2] 徐倩. 投资者适当性制度研究综述［J］. 合作经济与科技，2016（20）：110—111.

[3] 兰秋军，周妹璇. 基于深度学习的用户画像研究［DB/OL］. 中国高校人文社会科学信息网，2018.

[4] Hecht – Nielsen. Theory of the backpropagation neural network［C］// International 1989 Joint Conference on Neural Networks. IEEE, 2002: 445—445.

[5] Hinton G E, Salakhutdinov R R. Reducing the dimensionality of data with neural networks.［J］. Science, 2006, 313 (5786): 504—507.

[6] Aharon M, Elad M, Bruckstein A. – SVD: An Algorithm for Designing Overcomplete Dictionaries for Sparse Representation［J］. IEEE Transactions on Signal Processing, 2006, 54 (11): 4311—4322.

[7] Nair V, Hinton G E. Rectified linear units improve restricted boltzmann machines［C］// International Conference on International Conference on Machine Learning. Omnipress, 2010: 807—814.

[8] Mohamed A, Dahl G E, Hinton G. Acoustic Modeling Using Deep Belief Networks［J］. IEEE Transactions on Audio Speech & Language Processing, 2011, 20 (1): 14—22.

[9] Krizhevsky A, Sutskever I, Hinton G E. ImageNet classification with deep convolutional neural networks［C］// International Conference on Neural Information Processing Systems. Curran Associates Inc. 2012: 1097—1105.

完善私募基金托管机制保障投资者合法权益

邓 维[*]

一、私募基金投资者权益受损原因分析

（一）私募基金法律与监管体系不健全

我国暂无一部针对私募基金的法律，而《基金法》缺少对私募基金的实质性定义，全行业关于私募基金本质属性和治理规范的共识尚未形成，导致行政监管和行业自律规则无法将基金治理要求落到实处，大量"募投管退"活动与基金本质发生偏离，保护投资者利益仍面临巨大挑战。[①]

（二）私募基金管理人治理不善和道德风险

私募基金的有效运作离不开完善的内部治理机制，包括募集管理制度、投资管理制度、风险控制机制和公平交易制度等。但是，目前不少私募基金管理人治理机制不完善或落实不到位，抵御风险能力较差，发生风险概率较高。此外，私募募集方式具有特殊性、投资范围广泛、投资具有隐蔽性、投资运作自由度高，管理人在运作基金过程中可能会做出损害投资者的行为，即"道德风险"。

（三）投资者自身原因

一方面，不同的投资者防范和抵御风险的能力不一样，对资本市场熟悉程度或法律法规

---

[*] 作者单位：长江证券股份有限公司。原载于《中国证券》2018年第10期。本文仅代表作者个人观点，与供职机构立场无关。

[①] 中国证券投资基金业协会微信公众号："将私募基金行业自律推向更高水平——洪磊会长在'2018青岛·中国财富论坛'上的发言"，2018年7月7日。

了解程度参差不齐。据统计，只有约 40% 的投资者比较熟悉基金产品或对投资较为专业，而超过 50% 的投资者不看或看不懂基金招募说明书。另一方面，投资者可能怠于行使权利。不管是契约型基金中的持有人大会还是公司型基金中的股东大会都存在实际效果不佳的问题，其内在原因就是美国经济学家奥尔森提出的集体行动"悖论"，即投资者"搭便车"和"理性冷漠"行为。

二、基金托管业务发展与投资者保护现状

不同托管机制下的金融风险具有巨大差异。目前大资管领域存在三种不同的托管机制①：

一是"强托管"模式。在公募基金、全国社保基金、企业年金及保险资产管理等产品托管业务中，托管人承担共同受托职责，对投资过程的资金流、信息流进行实质性监控与监督，这类产品是大资管行业最健康的部分。

二是"弱托管"（或"保管"）模式。在信托、银行理财及券商资管和私募基金等产品托管业务中，托管人虽然开立托管专户保管现金资产，但无法全流程监督资金流转情况。由于没有类似《基金法》的强制约束，托管人的第三方监督职能往往无法有效发挥。

三是"无托管"模式。在部分私募股权投资基金、P2P 借贷等互联网金融领域，尚未引入托管机制，风险较大。"e 租宝"等事件的爆发，其中一个重要原因是缺乏资产托管机制。

（一）私募基金托管现状与风险分析

《基金法》规定：除基金合同另有约定外，非公开募集基金应当由基金托管人托管。《私募投资基金监督管理暂行办法》规定：除基金合同另有约定外，私募基金应当由基金托管人托管。因此，私募基金为非强制托管。截至 2017 年 8 月底，私募基金管理人自主发行的私募基金数量为 55 417 只，其中 72.4% 引入了托管机制，其中证券公司占比 65.0%，商业银行占比 35.0%。而不同类型的私募基金在托管机制的安排和托管机构的选择方面也有着较为明显的差异。对于私募证券投资基金，引入托管机制的占比为 84.1%，其中证券公司托管占比高达 90.1%，商业银行仅占 9.9%；对于私募股权/创业投资基金，整体托管比率为 62.4%，其中证券公司份额占比为 23.6%，商业银行份额占比达到 76.4%；对于私募其他投资基金的整体托管比率为 85.0%，证券公司和商业银行的占比分别为 41.1%、58.9%。从私募基金托管领域来看，证券公司更加侧重私募证券投资基金。

在实践中，某些私募基金管理人存在运作不规范、不符合监管要求等问题，损害了投资者的合法权益，扰乱了私募市场环境。2017 年中国证监会随机抽取 328 家私募机构进行现

---

① "做投资者权益的守护者——中国工商银行托管部总经理李勇在第八届北外滩财富与文化论坛暨中国基金业 20 周年纪念活动上的演讲"，网址：http://chuansong.me/n/2262568252258，最后访问日期：2018 年 8 月 15 日。

场检查，高达29%私募机构存在违规违法行为[1]，问题集中在私募基金登记备案阶段、基金募集阶段、投资运作阶段和管理人内部治理与风险控制方面。通过对违法违规案例和私募基金募集、投资、管理、退出四个主要阶段关键环节风险点进行分析（见表1），私募基金行业违法违规、侵害投资者权益的事件主要集中于基金托管机构和外包服务机构未介入的环节。如在私募基金直销环节，由于管理人自行开立账户募集资金而无人监管，易出现基金募集期间资金被挪用的风险；在合同管理及签约环节，由于没有专业机构进行监督，易出现私募管理人篡改基金合同侵害投资者利益的风险。

表1 私募基金运作关键环节风险点分析

阶段	私募基金运作关键环节	是否有托管机构制约	是否有其他服务机构制约	相关机构制约能力	现有风险敞口
登记备案	管理人登记、基金备案	×	×	无	高
募集	基金募集资金管理	×	√	强	低
募集	基金合同管理及签约	×	×	无	高
募集	基金直销适当性管理	×	×	无	高
投资	基金投资运作管理	√	×	弱	中
投资	基金场内投资资产保管	√	×	强	低
投资	基金场外投资资产保管	√	×	弱	高
管理	基金估值核算	√	√	强	低
管理	基金份额登记及结算	×	√	强	低
管理	基金资金清算	√	√	强	低
管理	基金收益分配计算及支付	√	√	强	低
管理	基金费用计算及支付	√	√	强	低
管理	基金信披报告编纂	√	√	强	低
管理	基金信披报告披露	×	×	无	高
管理	基金管理人内部治理	×	×	无	高
退出	基金清盘	√	√	强	低

（二）基金托管人存在监督不力问题

虽然基金托管机制是规范资管行业发展、保护投资者权益的重要措施，但是从客观环境来看，我国的托管制度还处在需要不断完善的阶段，尤其是在私募基金领域存在托管人监督

---

[1] 中国证监会通报2017年私募基金专项检查执法情况。网址：http://www.csrc.gov.cn/pub/shanxi/xxfw/sxgzjx/201709/t20170913_323650.html，最后访问日期：2018年8月15日。

无力现象。

1. 托管人难以独立监督

基金托管人的职责是独立保管基金财产，各国法律都强调托管人的独立性。但在实践中，我国基金设立时是基金持有人选择基金管理人，而基金管理人通常是基金发起人，有权选择基金托管人。托管人虽与管理人同属于受托人，但明显处于从属地位。基金托管人缺乏独立性地位必然导致其对管理人约束力和监督的软弱，使其难以真正发挥出基金治理结构所设定的作用。

2. 托管人缺乏监督动力

基金托管人按照固定比例收取托管费，其是否尽力监管管理人与其托管收入没有必然联系，加之托管业务行业集中程度比较高，缺乏有效竞争，也会在一定程度上导致托管人缺少对管理人监督的激励机制。此外，基金托管业务是商业银行和证券公司的一项重要机构业务和利润增长点。基金托管人为获得稳定的托管收入和抢占市场份额，从"理性经济人"角度，托管人难以对管理人进行实质性监督和控制。甚至，管理人和托管人的利润均来自基金这块"蛋糕"，管理人和托管人在把"蛋糕"做得越大越好这一目标上是一致的。

3. 托管人缺乏法规约束

《基金法》中仅规定了基金托管人保管基金财产和监督基金管理人的义务，缺乏对托管人在监督过程中的权利、义务和责任，以及对监督的原则、标准和程序明确规定，由此导致实践中基金托管人往往"重保管、轻监督"。而且，在立法中并未对消极不作为的行为责任作出相应的规定，如托管人未履行职责应承担什么责任，托管人因失职行为造成基金持有人损失是否应承担损害赔偿责任，管理人失联后托管人应采取哪些措施保障投资者权益等，这些从现行法规及基金契约中均未明确。

4. 托管人缺乏监督手段

基金托管人的资产保管与监督工作受到一些客观条件的限制。例如，在投资管理环节，私募基金管理人通常选择"券商结算模式"，即使用经纪商提供的交易系统，受制于系统功能或数据传输方面的限制，私募基金在交易下单的事中风控能力方面较公募基金有着先天的劣势，而事后监督往往是滞后的，效果不明显。基金管理人同时管理若干只不同的基金，而每只基金又由不同的托管人托管，造成托管人难以对管理人进行有效的全面监督。当基金发生场外投资时，托管人只能根据私募基金管理人的相关投资材料进行表面真实性审核，无法对交易真实性、合理性、公平性、关联性进行判断。在资产保管环节，由于私募基金受托财产中的部分资产品种的权属缺乏统一的登记机制，客观上导致基金托管人难以履行"安全保管"的职责（见表2）。

表2　　　　　　　　资产权利登记与安全保管风险点分析

私募基金可投资资产类型	所有权登记机构	质押权登记机构	资产安全保管能力	安全保管的风险敞口
沪、深交易所股票	中国证券登记结算公司	中国证券登记结算公司	强	无
股份转让系统挂牌的股权	中国证券登记结算公司	中国证券登记结算公司	强	
银行间市场债券	中央国债登记结算公司	中央国债登记结算公司	强	

续表

私募基金可投资资产类型	所有权登记机构	质押权登记机构	资产安全保管能力	安全保管的风险敞口
公开募集证券投资基金	中国证券登记结算公司或基金公司	无	中	1. 相关投资的所有权登记机构分散，托管人定期核对权益归属较难 2. 相关投资的质押权无统一登记，托管人无法监督相关资产的质押行为
信托计划份额	中国信托登记公司或信托公司	无	中	
银行理财产品份额	商业银行	无	中	
保险理财产品份额	保险公司	无	中	
基金专户	基金公司	无	中	
基金子公司专项计划份额	基金公司或份额登记服务机构	无	中	
券商集合计划份额	证券公司或份额登记服务机构	无	中	
期货资产管理计划份额	期货公司或份额登记服务机构	无	中	
私募基金份额	私募基金公司或份额登记服务机构	无	中	
未上市股权	当地股权交易中心或当地工商机关	无	弱	相关投资无登记机构，托管人无法验证资产的权益归属
非标准化债权	投资协议	无	弱	
场外衍生品	投资协议	无	弱	

三、境外私募基金托管与投资者权益保护机制

（一）私募基金管理制度

美国对私募基金投资者的保护通过一系列制度实现，包括投资者准入资格、投资者人数限制、信息披露规定、募集形式限制、收益分配机制和风险共担机制等。在2008年金融危机后，为了保护投资者利益，规范私募市场，各国均加强了对私募基金的监管。健全的监管规则、严密的事中检查体系、严格的执法追责是美国私募基金管理制度的重要组成部分。美国《2010年私募基金投资顾问登记法案》要求所有私募基金必须登记，资产规模超过1亿美元的管理人到美国证监会登记，不足1亿美元的到州政府的监管部门登记。而且，无论公募还是私募管理人，都需要适用相同的法律标准，遵循美国证监会同样的监管要求，包括配备首席合规官，报送并定期更新管理人登记数据表以及接受美国证监会的现场检查（抽检率10%左右）等。对于私募基金产品，美国证监会和美国金融稳定监管理事会制定了一整套私募基金监测报表，要求私募基金管理人定期报送。

(二) 私募基金强制托管与豁免制度

美国要求私募基金以强制托管为原则,同时对豁免托管情形进行了明确而严格的规定。例如,当私募基金投资于其他实体或非上市公司的股权且在初始投资后的 5 年内基金不能被赎时,可豁免托管。同时,为了进一步避免此类私募在豁免托管时蕴含的风险,比如客户难以辨别是否真实持有该证券、客户需要极度依赖管理人提供的信息,美国证监会要求这些私募管理人必须接受公共注册会计师对其所保管的客户的资金及证券进行突击检查。而欧盟《另类投资基金经理指令》要求所有另类投资基金均应指定一个单独的托管人,不过其另类投资基金是指在欧洲范围内从事资金管理且规模大于 5 亿欧元的基金。

(三) 基金托管人独立性与职责

从欧美经验看,私募基金几乎参照公募基金的托管制度施行。关于托管人独立性,国际证监会组织《集合投资计划监管原则》要求托管人业务上应当独立于基金管理人,并且按照投资人的最大利益行事。大部分国家(地区)要求基金托管人与管理人是不同的机构,彼此相互独立,而且通常排除利益相关方担任托管人。

关于托管人的选任,多由发起人选任,而为避免发起人与管理人存在利益关联,德国和日本契约型基金中托管人的选任就必须分别得到德国联邦银行委员会和日本大藏省的批准、认可。而英国《金融服务(受规制的计划)章程》规定,投资人委托托管人选择管理人,即托管人由投资人选任。类似地,美国证监会规定,承担托管人职能的分别是承担保管职能的保管人和承担监督职能的非利益相关人,虽然前者由管理人选择并存在管理人自任保管人的情形,但是承担托管人核心职能的非利益相关人,则由投资人独立选择。而且,各国关于托管人的更换、退任具有明确的条件,如一定比例的基金持有人通过持有人大会等方式决议解任。虽然基金管理人可以提议更换托管人,但必须理由充分。为了保证基金托管人不受制于管理人,通常要求托管人的更换需经过监管机构的批准,如中国香港《单位信托及互惠基金守则》规定:"除非选出新的受托人/代管人,而且有关人选事先获得监察委员会的批准,否则现有的受托人/代管人不能退任。"

关于托管人的法定职能和约束机制,不同国家对不同组织形式的基金进行了明确规定(见表3)。

表 3 　　　　　　　　　　　不同组织形式基金托管制度

组织形式	典型国家	托管人法律地位	托管人法定职能	托管人约束机制
契约型	英国(契约型基金发源地)	单位信托是共同受托人模式,托管人与投资者是受托人与受益人关系,托管人与管理人地位平等且相互制衡,设立单位信托须由管理人和托管人共同向金融服务管理局提出	托管人负责保管资产和监督管理人投资运作,有权取得经营有关的信息,一旦发现管理人违规必须马上通知金融服务管理局,有权免除和更换在任管理人职务	托管人及其关联方不能与基金进行交易,托管人需向投资者履行信息披露义务,基金托管费需报送金融服务监管局并对社会公开

续表

组织形式	典型国家	托管人法律地位	托管人法定职能	托管人约束机制
公司型	美国（独立董事制度最完备）	共同基金是股东、董事会和投资顾问、基金保管人三层治理结构，基金保管人与基金是代理人和委托人的关系，董事会与投资顾问是监督和被监督的关系	保管人只保管资产。董事会是最重要约束机制：监督投资顾问、选择会计师和组成审计委员会、选择和提名独立董事候选人，且董事至少要有75%的独立董事	董事具有全面而详细的信息披露义务，独立董事记录至少保存6年备查
合伙型	美国（私募基金多采用有限合伙制）	至少一名承担无限连带责任的GP管理基金，至少一名以出资额为限承担有限责任LP，GP自行管理资产或委托给银行保管	托管人只起到安全保管资金作用，管理人的运作监督职能通过GP跟投1%—10%、LP投票表决权、专家咨询会/投决会/风控委员会实现	—

四、完善私募基金托管机制保障投资者权益的建议

（一）出台私募基金专项上位法，强制私募基金独立托管

一方面，建议我国尽快出台《私募基金管理条例》，厘清私募基金本质与边界，明确契约型、合伙型、公司型基金的信托义务，规范指导各类私募基金治理；另一方面，欧美私募基金均以强制托管为原则，并明确了严格的豁免托管情形，建议我国私募基金施行强制托管，或者明确豁免托管的例外情形。例如，我国可依据契约型、公司型和合伙型不同组织形式的基金分别制定强制托管要求和可豁免的条件。

（二）明确托管人法定权利义务，完善托管人激励约束机制

从法律层面明确管理人和托管人是共同受托人，细化监督职能的原则、标准和程序，明确托管人制止管理人违规行为的有效途径和上报中国证监会的形式、路径、频率。同时，立法上明确基金托管人在监督过程中的义务和责任，如明确托管人消极履职的责任、托管人失职造成损失的责任、管理人失联时托管人的义务和责任等。此外，通过市场化行为对托管人进行激励和约束，将托管人的报酬和损失与托管职能效用相联系，收取浮动绩效报酬或计提阶梯式风险准备金。

（三）增强基金托管机构独立性，发挥基金持有人大会职能

参考英美托管制度，建议由基金持有人选任管理人和托管人，或者由管理人与托管人一同去监管机构申请设立基金，同时赋予托管人更换管理人的提议权，形成托管人对管理人的有效制衡。此外，通过引入大股东制度、委托投票代理制度和降低召集持有人大会条件等方式，改善投资者"搭便车"和"理性冷漠"行为，充分发挥基金持有人大会制度，使其可便捷高效地决议基金运作决策，包括决议管理人和托管人的去留，从而维护自身利益。

(四) 完善信息共享与披露机制，鼓励托管机构提供配套服务

为及时有效进行事前、事中、事后的监督，建议赋予基金托管人获取各类信息的权利和方式。同时，公开是防范违规的最佳办法，通过监管规定或自律规则的形式，进一步明确管理人和托管人需要向投资者进行披露的重大事项的种类、规范。为消除托管人与管理人合作时的信息不对称问题，可建立私募基金的违规违约信息共享平台，加强信息互通和共享，提高私募管理人违约违规成本。为规范资产保管和场外投资监督，建议国家层面逐步建立各类金融资产统一的资产权益登记服务机构，将私募基金受托财产中的各类资产的所有权、质押权、收益权纳入统一登记，并向托管人定向开放信息查询入口。此外，建议托管人通过专业服务和配套设施，保护投资者、匡正管理人。例如，电子合同服务推进私募基金合同的闭环管理，基金直销适当性管理系统服务控制适当性管理风险，投资者服务平台解决信息不对称，投后管理报告服务解决投后管理的焦点冲突等。

参考文献

［1］中国证券投资基金业协会．中国证券投资基金业年报（2016）［M］．中国财政经济出版社，2016．

［2］石长江．证券投资基金治理及基金投资者利益保护问题研究［D］．复旦大学，2004．

［3］张嫒嫒．证券投资基金托管人制度研究［D］．厦门大学，2008．

［4］中国证券业协会托管结算专业委员会（邓维参）．证券公司开展资产托管与基金服务业务现状问题及相关建议［J］．中国证券业协会《传导》，2017（43）．

［5］张扬，谭嫒．美国证监会对私募基金管理人的监管规定［J］．中国证券投资基金业协会《声音》，2016（13）．

［6］梁清华．论我国私募基金托管人制度的重构［J］．暨南学报（哲学社会科学版），2014，36（9）：52—59．

［7］许春英．私募基金托管人准入制度的比较研究［D］．对外经济贸易大学，2013．

［8］王文．论我国契约型基金托管人法律制度的完善［D］．西南政法大学，2009．

［9］戴洪锐．契约型证券投资基金托管人制度研究［D］．西南政法大学，2010．

证券行业文化建设

贯彻习近平总书记扶贫开发战略思想 探索资本市场扶贫新路径
——证券公司"一司一县"精准扶贫实践与思考

中国证券业协会行业扶贫工作课题组*

到 2020 年实现现行标准下农村贫困人口全部脱贫、贫困县全部摘帽，打赢脱贫攻坚战，是我们党向全国人民、向全世界做出的庄严承诺。在这样的背景下，党中央把脱贫攻坚纳入"五位一体"总体布局和"四个全面"战略布局进行决策部署，在全国范围内进一步加大了脱贫攻坚支持力度。习近平总书记反复强调脱贫攻坚的重要性、紧迫性、艰巨性和复杂性，提出一系列新理念、新思想、新战略，为打赢脱贫攻坚战注入了强大的思想动力，提供了根本的路径。

---

* 课题组成员：张冀华，何玲，马敏。原载于《中国证券》2018 年第 6 期。

一、习近平总书记扶贫开发战略思想的深刻内涵

党的十八大以来,以习近平同志为核心的党中央把打赢脱贫攻坚战提升到事关全面建成小康社会奋斗目标的新高度,吹响了打赢脱贫攻坚战的冲锋号。习近平总书记从全局和战略的高度,多次对脱贫攻坚做出重要指示,提出了一系列新思想、新观点,做出了一系列新决策、新部署,形成了习近平扶贫开发战略思想,其深刻内涵主要体现在以下五个方面。

(一)发挥政治优势、制度优势,层层落实责任,建立脱贫攻坚体制机制

党的十八大以来,脱贫攻坚进入攻坚拔寨时期,越往后难度越大,因为面临的是贫中之贫、困中之困。消除贫困、改善民生、实现共同富裕,是社会主义的本质要求,是我们党的重要使命。党的十九大报告指出,让贫困人口和贫困地区同全国一道进入全面小康社会是我们党的庄严承诺。要确保到2020年我国现行标准下农村贫困人口实现脱贫,贫困县全部摘帽,解决区域性整体贫困,做到脱真贫、真脱贫。我国是中国共产党领导的社会主义国家,具有政治优势和制度优势,要根据总体目标要求,按照"中央统筹、省负总责、市县抓落实"的工作机制,加强组织领导,构建各负其责、各司其职的责任体系,层层签订脱贫攻坚责任书,逐级落实脱贫责任,确保党中央决策部署落到实处。

(二)实施精准扶贫、精准脱贫方略,完善扶贫工作体系,切实提高脱贫成效

习近平总书记强调,扶贫开发推进到今天这样的程度,贵在精准,重在精准,成败之举在于精准。习近平扶贫开发战略思想的根本要求是实施精准扶贫、精准脱贫方略,要因地制宜、因人因户因村施策,围绕精准扶贫发力,通过发展生产脱贫一批、异地搬迁脱贫一批、生态补偿脱贫一批、发展教育脱贫一批、社会保障兜底一批,做到扶持对象精准、项目安排精准、资金使用精准、措施到户精准、因村派人精准、脱贫成效精准,解决扶持谁、谁来扶、怎么扶、如何退的问题。

(三)坚持专项扶贫、行业扶贫、社会扶贫,形成合力攻坚大格局

习近平总书记指出,脱贫攻坚必须坚持问题导向,以改革为动力,以构建科学的体制机制为突破口,充分调动各方面积极因素,用心、用情、用力开展工作。在习近平扶贫开发战略思想的指导下,国家各部门循因施策,系统梳理贫困地区致贫原因,分析扶贫工作面临的问题和困难,聚焦深度贫困地区在经济、社会、文化、生态、民生、基础设施和公共服务等方面存在的短板,出台了一系列超常规政策措施,不断加强交通扶贫、健康扶贫、金融扶贫、教育扶贫、水利扶贫等扶贫行动,打出政策"组合拳"。同时,加大政策落实力度,提高扶贫协作能力,动员各方力量合力攻坚,坚持专项扶贫、行业扶贫、社会扶贫等多方力量、多种举措有机结合和互为支撑的大扶贫格局,形成跨地区、跨部门、全社会共同参与的社会扶贫体系。

(四)引导贫困群众树立主体意识,激发贫困群众内生发展动力

"小康不小康,关键看老乡",能否实现精准扶贫、精准脱贫,激发贫困群众内生动力

是关键。要改进工作方式方法，推广运用参与式扶贫方式，增强贫困群众对帮扶项目的支持力度，促使其在项目实施和管理过程中接受市场理念、转变发展观念。培育致富带头人，树立脱贫致富的榜样，做好宣传发动工作，充分发挥示范作用，建立正向激励引导机制，尊重贫困群众扶贫脱贫的主体地位，调动贫困群众的积极性、主动性、创造性，坚持"输血"与"造血"相结合，激发贫困群众内生动力和自我发展能力，变"要我脱贫"为"我要脱贫"。

（五）建立考核评估体系，确保贫困人口科学有序合理退出

"扶真贫、真扶贫、真脱贫"的要求贯穿习近平扶贫开发战略思想的始终。习近平总书记要求："扶贫工作必须务实，脱贫过程必须扎实，脱贫结果必须真实"。为确保扶贫工作出实效，中央出台省级党委和政府扶贫开发工作成效考核办法，建立脱贫攻坚考核评估体系，建立贫困退出机制，明确贫困县、贫困人口的退出标准，对贫困退出开展考核评估、督查巡查，防止数字脱贫、虚假脱贫，克服形式主义，确保脱贫质量。

习近平扶贫开发战略思想是长期实践、不断创新的结果，内涵丰富、意义深邃，是治国理政的重要组成部分，具有重要的理论和实践指导意义，是中国特色扶贫开发理论的最新成果，也是做好当前和今后一个时期扶贫开发工作的科学指南。

二、资本市场扶贫的制度设计

金融是现代经济的核心，金融活则经济活，金融稳则经济稳。在国家新一轮扶贫开发工作中，随着脱贫攻坚进入攻坚拔寨、啃硬骨头的阶段，金融扶贫成为打赢脱贫攻坚战的关键支撑，是助力精准扶贫的重要力量。金融扶贫在推动资本、人才、技术、管理等优质生产要素流向贫困地区、促进贫困户增产增收等方面发挥着重要作用，可以为贫困地区扶贫开发和经济发展提供全方位的支持。

（一）准确把握金融扶贫战略部署

党中央、国务院把金融扶贫作为政策"组合拳"的重头戏。2015年6月18日，习近平总书记在贵州视察时强调："增加金融资金对扶贫开发的投放，吸引社会资金参与扶贫开发，要积极开辟扶贫开发新的资金渠道，多渠道增加扶贫开发资金。"2015年11月27—28日召开的中央扶贫开发工作会议上，习近平总书记指出："要做好金融扶贫这篇文章"。2015年11月29日，中共中央、国务院出台《中共中央 国务院关于打赢脱贫攻坚战的决定》，提出20条金融支持脱贫攻坚的行动举措，为金融助推脱贫攻坚提供了有力抓手。

2017年2月21日，习近平总书记在中央政治局第39次集体学习时强调，突出产业扶贫，提高组织化程度，培育带动贫困人口脱贫的经济实体。2017年6月23日，习近平总书记在深度贫困地区脱贫攻坚座谈会上特别强调，发挥金融资金的引导和协同作用，增加金融投入对深度贫困地区的支持，资本市场要注意对深度贫困地区的上市企业安排。2017年7月，习近平总书记在全国金融工作会议上再次强调，金融是实体经济的血脉，为实体经济服务是金融的天职，是金融的宗旨，也是防范金融风险的根本举措。要把更多金融资源配置到经济社会发展的重点领域和薄弱环节，建设普惠金融体系，加强对小微企业、"三农"和偏

远地区的金融服务，推进金融精准扶贫，鼓励发展绿色金融。

习近平总书记的系列重要指示，指明了当前金融扶贫工作的方向，为发挥资本市场作用、利用市场化机制服务国家脱贫攻坚战略提供了行动指南。

（二）完善资本市场扶贫政策体系

根据习近平扶贫开发战略思想和金融扶贫战略部署，2016年3月，中国证监会会同中国人民银行等七部委出台了《关于金融助推脱贫攻坚的实施意见》，提出要充分发挥各类金融机构助推脱贫攻坚主体作用，加强融资辅导和培育，拓宽贫困地区企业融资渠道，做出支持贫困地区企业通过多层次资本市场融资和资本市场服务脱贫攻坚战略的规划。

2016年9月，《中国证监会关于发挥资本市场作用服务国家脱贫攻坚战略的意见》（以下简称《意见》）发布，从加强政策引导、着力机制建设、引导行业力量、推进定点扶贫等方面制定了全面的帮扶措施，标志着中国证监会全行业、全系统参与脱贫攻坚的合力进一步形成，资本市场助推脱贫攻坚工作进入新的发展阶段，迈上新的台阶。

《意见》对贫困地区企业在首次公开发行股票并上市、全国中小企业股份转让系统挂牌、发行公司债券、发行资产支持证券、并购重组时，提出在严把质量关的基础上，要加快审核，"即报即审、审过即发"。为强化东西部在产业层面的扶贫协作，对于主动到贫困地区发展的企业，同样予以政策支持，推动东部地区优质资源要素进入贫困地区。同时，中国证监会系统各单位、各部门也相继出台了配套文件或实施方案，明确了更具体的行动任务。这些举措涵盖了证券交易所、全国中小企业股份转让系统、区域性股权交易市场、私募融资等多层次资本市场，涵盖了首次公开发行股票并上市、新三板挂牌、发行公司债、发行资产支持证券等各类融资渠道，充分体现了支持脱贫攻坚措施的力度之大之全。

（三）引导市场主体履行脱贫攻坚社会责任

为深入贯彻习近平扶贫开发战略思想，认真落实党中央、国务院有关脱贫攻坚的决策部署，进一步做好金融扶贫工作，作为证券行业自律组织，中国证券业协会（以下简称"协会"）认真落实中国证监会党委的扶贫工作要求，发挥行业协会的引导作用，充分调动市场主体的积极性，凝聚行业力量，以利用资本市场为贫困地区融资、支持贫困地区产业发展、创新扶贫开发模式为重点，不断细化实化政策举措，服务脱贫攻坚取得明显进展。

2016年8月，协会发起"一司一县"结对帮扶行动倡议，号召每家证券公司至少结对帮扶一个国家级贫困县。这一行动由证券公司与贫困县结成帮扶关系，充分利用证券公司的专业优势、人才优势，通过加大服务脱贫攻坚力度，积极支持贫困地区经济建设，解决贫困地区普遍存在的"资本下不来、留不住、不活跃"等问题，利用资本市场发行上市、并购重组等市场化机制，促进贫困地区经济社会发展，增强贫困地区产业"造血"功能，推动贫困地区产业转型升级。

证券公司积极响应协会号召，脱贫攻坚成为各公司的思想共识和行动自觉，精准扶贫、精准脱贫思想深入人心。截至2018年4月，已有98家证券公司结对帮扶247个国家级贫困县，其中，65家证券公司结对帮扶的贫困县不止一个。"一司一县"结对帮扶行动为国家脱贫攻坚增添了新的力量，为贫困地区经济发展增添了新的动力，全行业促攻坚的良好态势已经形成。

由此可见，在助推证券行业参与脱贫攻坚的战略部署中，既有党中央、国务院对金融扶贫的顶层设计，又有相关部门构建的金融扶贫政策体系；同时，也有自律组织的积极引导。据此，建立了多层次资本市场扶贫协作机制，逐步形成了合力攻坚的新局面，使资本市场扶贫工作稳步推进。

三、证券行业扶贫的新形势

脱贫攻坚的冲锋号已经吹响，在这场只能胜利的战役中，具有促进资本形成、优化资源配置功能的资本市场是一支不可或缺的力量。

（一）证券行业参与脱贫攻坚的充足保障

十八大以来，在以习近平同志为核心的党中央坚强领导下，证券行业在资本实力、发展理念、服务质量、规范水平、市场竞争力等方面均取得了显著提升和改善。目前，全行业共有证券公司131家，包括综合类证券公司99家，专业经纪子公司3家，专业投行子公司16家，专业资产管理子公司13家。截至2017年底，131家证券公司总资产6.14万亿元，净资产1.85万亿元，净资本1.58万亿元。仅2017年，证券公司服务419家企业完成IPO，融资2 186亿元；新三板市场新增挂牌公司1 467家，股票发行融资1 336亿元；上市公司完成再融资8 002亿元，完成并购重组1.87万亿元；在交易所市场承销公司债券2 433只，融资3.91万亿元。这些数字反映出证券行业综合实力发生了可喜的变化，证券公司基础功能得以恢复，服务实体经济能力明显提升，参与国家脱贫攻坚战略的资本更加充足。

作为资本市场建设和国民经济发展的参与者、推动者、受益者，证券公司准确把握新形势下脱贫攻坚的新任务，认真落实习近平总书记精准扶贫、精准脱贫战略要求，深刻认识到参与脱贫攻坚义不容辞、责无旁贷。此外，脱贫攻坚顶层设计基本形成，责任体系、政策体系、动员体系、考核体系基本建立，这些均为证券公司参与资本市场扶贫工作提供了健全的组织保障。

（二）新形势下脱贫攻坚的现实需求

与此同时，新形势下中国脱贫攻坚任务依然艰巨。一是贫困人口总量大。截至2017年底，我国仍有3 046万名农村贫困人口，到2020年如期实现脱贫目标，平均每年需减少贫困人口1 000余万人，并且越往后脱贫成本越高、难度越大。二是致贫原因复杂多样。贫困地区大多自然环境恶劣、经济基础薄弱、交通设施不便、公共服务缺口大，贫困人口主要是残疾人、孤寡老人、长期患病者、教育文化水平低且缺乏技能的群众。三是深度贫困地区脱贫攻坚任务重。脱贫攻坚的难点主要分布在老、少、边等深度贫困地区，是贫中之贫、困中之困、坚中之坚，脱贫攻坚任务艰巨。四是金融产品及金融服务供给相对匮乏。贫困地区尤其是深度贫困地区受经济发展水平滞后、教育普及程度低、人均可支配收入水平低、自然条件恶劣等因素影响，资本市场发育程度较低，证券公司在贫困地区设立的分支机构覆盖率不高，贫困群众对资本市场发展理念的了解程度较低，贫困地区金融生态环境欠佳。

习近平总书记在深度贫困地区脱贫攻坚座谈会上指出，脱贫攻坚本来就是一场硬仗，而深度贫困地区脱贫攻坚是这场硬仗中的硬仗。因此，务必深刻认识深度贫困地区如期完成脱贫攻坚任务的艰巨性、重要性、紧迫性，必须给予更加集中的支持，采取更加有效的举措，开展更加有力的工作，扎实推进深度贫困地区脱贫攻坚。

四、证券行业服务脱贫攻坚的实践与探索

作为金融市场的重要组成部分，资本市场是服务脱贫攻坚的有力支撑。自中国证监会出台《意见》、协会发起"一司一县"结对帮扶行动倡议以来，证券公司发挥专业优势，综合运用承销保荐、并购重组、投资融资、财务顾问等手段，争做有责任、有担当的投资银行，有效拉动结对帮扶县共同发展、脱贫致富，积极履行社会责任，服务国家脱贫攻坚战略，取得了可喜的成果。

（一）发挥专业优势，利用多层次资本市场为贫困地区融资

作为金融市场的重要组成部分，资本市场使资本从资金剩余者流向资金需求者，为资金不足者筹集资金，具有强大的直接融资功能，有利于促进贫困地区产业结构调整和社会资源优化配置，是全面建成小康社会的战略选择。

1. 证券行业积极对接贫困地区融资需求

证券公司以资本市场服务产业扶贫为重点，优先支持贫困地区企业利用资本市场资源，通过加强对贫困地区企业的上市辅导培育和孵化力度，帮助更多企业通过主板、创业板、中小板、全国中小企业股份转让系统、区域性股权交易市场等进行直接融资，帮助贫困地区上市公司和非上市公众公司通过增发、配股、发行公司债及可转债等方式拓宽直接融资渠道，提高融资效率，降低融资成本，不断增强贫困地区自我发展能力。由此可见，在优化资源配置、提高资源配置效率、促进产业结构转型升级、更广泛地动员社会资金参与贫困地区资本形成、助力脱贫攻坚等方面，资本市场具有不可替代的作用。

据统计，2016 年度，证券公司帮助贫困地区融资金额达 828.92 亿元。其中，在贫困地区承销保荐 IPO 项目 4 个，融资 16.45 亿元；帮助贫困地区上市公司非公开发行股票融资项目 5 个，融资 37.19 亿元；在贫困地区完成并购重组项目 6 个，融资 174.87 亿元；通过新三板股权融资项目 47 个，融资 35.10 亿元；为贫困地区发行债券融资项目 68 个，融资 536.32 亿元；开展私募股权融资项目 6 个，融资 1.49 亿元；设立贫困地区产业基金 6 个，募集资金 27.50 亿元。此外，中国证监会 IPO "绿色通道"效果显现，截至 2018 年 4 月，已有 12 家贫困地区企业通过"绿色通道"发行上市。

2. 国开证券、华西证券首创"易地扶贫搬迁项目收益债"

叙永、古蔺两县是国家贫困开发工作重点县，地处四川盆地边缘，自然条件差，基础设施落后。囿于经济、社会、文化、传统习俗等因素的限制，相当一部分群众还居住在深山、荒漠等生存环境恶劣、不具备基本发展条件的地区，就地发展难度大、投入高，易地搬迁成为彻底铲除"穷根"的治本之策。而易地搬迁最大的困境在于巨额的资金需求，国开证券、华西证券发挥债券业务优势，利用市场化机制为老区易地搬迁探索出融资新路。

2016 年 9 月，国开证券联合华西证券成功发行第一期"泸州市易地扶贫搬迁项目收益债"，首期发行 5 亿元。2017 年 3 月，第二期成功发行，募集资金 5 亿元。项目还款来源为项目建设单位通过向政府购买服务获得收入和财政补贴收入，政府支付服务资金主要来源于

土地指标流转收益、财政性专项补助收益和财政补贴收入。根据国家发改委的批复，所募资金将全部用于泸州市易地扶贫搬迁项目，涉及农业项目开发、保障房和市政基础设施建设。该债券的成功发行创新了易地搬迁融资模式，用市场化机制创新金融产品，为老区易地搬迁引入社会资金，开创了以债券形式支持扶贫开发的先例。

3. 海通证券承销保荐贫困地区企业IPO项目

贫困地区虽然整体经济实力较弱，但独特的自然资源优势和产业政策优势，也孕育了一批要素禀赋较好、盈利能力较强、具有IPO潜力的企业。2017年7月，由海通证券担任保荐人和主承销商的宁夏嘉泽新能源股份有限公司（以下简称"嘉泽新能"）在上海证券交易所主板上市，成为宁夏回族自治区时隔14年后，首家再次登陆资本市场的企业。嘉泽新能是一家致力于绿色能源开发的民营发电企业，此次公开发行募集资金总额2.44亿元，所募资金将全部投向贫困地区的项目，以带动贫困地区经济发展，帮助更多贫困群众走向富裕。

4. 东方花旗证券承销国内首单扶贫专项公司债券

为拓宽贫困地区企业融资渠道，缓解"融资难、融资贵"问题，证券公司遵循市场化原则，发挥债券融资优势，积极引导金融资源向贫困地区流动。2017年11月，由东方花旗证券承销的国内首单扶贫专项公司债券——宜昌长乐投资集团有限公司非公开发行社会责任债券（扶贫）在上海证券交易所挂牌。该债券首期发行规模3亿元，募集资金将全部用于湖北省五峰土家族自治县的精准扶贫项目，主要包括易地扶贫搬迁安置点房屋、配套设施及产业扶贫基地的建设，将直接惠及五峰县4 125户、12 132名建档立卡贫困人口。该债券的发行丰富了金融扶贫模式，实现了扶贫资金由国家"输血"向地方"造血"的转变，具有良好的社会效益和很强的示范效果。

（二）支持贫困地区特色产业及龙头企业发展，精准对接特色产业金融服务需求，实现产业化扶贫

产业扶贫是实现扶贫方式由"输血"救济到"造血"自救的根本性转变，是贫困地区彻底摆脱贫困的根本举措，也是增强贫困地区和贫困群众自我发展能力的重要途径。

1. 证券行业精准对接特色产业服务需求

证券公司立足贫困地区资源禀赋、产业特色，精准对接贫困地区特色产业发展规划，大力支持能吸收贫困人口就业、带动贫困人口增收的种养业、林业产业、旅游业、休闲农业等特色产业发展，提高贫困地区和贫困人口的自我发展能力，实现就地脱贫。此外，证券公司深入调研，找准路子，通过培育特色产业、推广特色产品、设立产业基金等方式，有效对接特色产业的金融服务需求，有效满足贫困地区产业资金需求，帮助贫困地区走上产业发展之路。

通过一年多的实践，越来越多的贫困地区认识到资本市场扶贫的巨大经济效应和社会效应，通过一家好企业带活一方经济的理念日益深入人心。

2. 华龙证券着力打造"藏乡荞麦"

甘肃省舟曲县果耶乡位于高山阴湿地带，海拔2 250米左右，山大沟深，道路崎岖，自然资源匮乏，人均耕地不足一亩。根据当地农户的土地特性、种植习惯，华龙证券经反复调研，发现在当地半山地区比较适合荞麦种植，且当地部分村民已在种植并已形成了一定的规模。华龙证券从原粮收购、运输物流、精细加工、设计包装、销售渠道等环节全程介入，充

分挖掘藏乡纯天然绿色高原荞麦特色，打造了健康绿色品牌"藏乡荞麦"，开辟产业帮扶之路。

在荞麦原粮收购环节，华龙证券依照优先收购、溢价收购、现金收购三原则开展工作。优先收购，即对建档立卡贫困户以及孤寡老人、残疾智障、"三留守"人员等特殊困难户原粮予以优先收购；溢价收购，即以高于当地荞麦平均收购价50%以上溢价收购，在收购环节给予农户高额补贴，引导和鼓励农户的种植积极性；现金收购，即在原粮过磅交付后，工作人员现场现金付款，不打白条，款项第一时间到农户手里。自"藏乡荞麦"专项对口帮扶项目启动以来，累计收购原粮近10万斤，帮扶农户400余户。

3. 东方证券建立菇娘产业扶贫基地

在结对帮扶内蒙古自治区莫力达瓦达斡尔族自治旗（以下简称"莫旗"）后，东方证券将菇娘产业作为产业扶贫的重点，探索了"遴选贫困县特色产业＋携手优秀合作方＋选择贫困县龙头企业＋发挥金融企业品牌优势"的扶贫模式。针对莫旗菇娘产业商品化程度低，缺乏种植面积规划、科学种植管理及产品分级标准的现状，东方证券在莫旗建立了1 100亩的菇娘产业扶贫基地，与菇娘深加工龙头企业蒙源食品有限责任公司开展合作，并携手国内生鲜电商本来生活网，从菇娘的种植、仓储、品控到推广，打造"东方菇娘"品牌，旨在增强贫困地区产业"造血"功能，推动贫困地区产业转型升级。目前，"东方菇娘"已全面推向市场，并且反馈良好，有效解决了当地群众就业难题，帮助莫旗建档立卡贫困户脱贫，并为当地脱贫攻坚培育了坚实有力的经济后盾。

（三）坚持因地制宜，突出问题导向，探索资本市场扶贫新模式

《中共中央 国务院关于打赢脱贫攻坚战的决定》中指出："实现到2020年让7 000多万农村贫困人口摆脱贫困的既定目标，时间十分紧迫、任务相当繁重。必须在现有基础上不断创新扶贫开发思路和方法，坚决打赢这场攻坚战。"

1. 证券行业主动探索扶贫新模式

证券行业在开展精准扶贫实践中，聚焦投资银行本源，利用专业优势、行业特点开展精准扶贫。坚持以问题为导向，创新扶贫开发模式和扶贫资源使用模式，充分利用易地扶贫搬迁债、扶贫社会效益债、扶贫产业投资基金、资产支持证券、PPP（政府与社会资本合作）计划等多种融资工具，积极开展金融产品和服务方式创新，探索"证券+"扶贫模式。

证券公司通过差异化、精准化、组团化的服务，为贫困地区基础设施建设、公共服务项目建设和民生工程建设解决融资难题，推动扶贫工作向纵深发展。促使扶贫开发工作在由偏重"输血"向注重"造血"转变的基础上，进一步发挥金融工具的作用，为服务脱贫攻坚提供强有力的资本市场支撑，并探索出诸多可推广、可复制、可借鉴的扶贫模式。

2. 山西证券打造"证券+保险"扶贫模式

房屋是农村贫困户的安身之所，一旦因自然灾害、意外事故受损，农户往往陷入"边脱贫、边返贫"的困境。针对这一情况，山西证券携手山西省汾西县政府、人保财险汾西支公司，打造"证券+保险"扶贫模式，发挥商业保险机制减灾救灾作用和扶危济困功能，推出贫困户住房保险扶贫项目，为当地贫困户投保住房保险。住房保险受益者为汾西县建档立卡贫困户，由人保财险汾西支公司提供特惠的住房保险产品进行承保、理赔。

山西证券按照结对帮扶政策，落实贫困户住房保险资金。住房保险采取统保方式，保险

责任覆盖火灾、风灾、暴雨、洪水、雹灾等多种风险因素，共为汾西县 9 625 户贫困户投保，保险费为每年每户 20 元，保险金额为每户 4 万元。贫困户因意外事故或自然灾害造成房屋受损，最高将获得 4 万元赔款，基本解决了农户因自然灾害、意外事故返贫的后顾之忧。

3. 光大证券构建"证券＋期货＋保险"扶贫模式

光大证券与宁夏回族自治区西吉县签署"证券＋期货＋保险"帮扶合作框架协议，该模式是光大证券"证券＋"综合金融扶贫模式的重要实践，期望通过与地方政府和农业服务公司深入合作，借助期权、保险等专业化工具，在西吉这片沃土上播下希望的种子，为农民和企业托好"金融底"，为地方经济护好"金融航"。

"证券＋期货＋保险"的金融扶贫模式，旨在立足服务"三农"，结合县域实际，组织专业团队，借助期权、保险等专业化工具，设计精准扶贫方案，为农民和企业做好服务。光大证券通过设计基于农产品价格的保险及期权产品，实现农业经营风险的承接、转移和对冲，为建档立卡贫困户解决实际难题，为西吉县打赢脱贫攻坚战贡献力量。

五、存在的难点与问题

随着时间的推移，参与"一司一县"结对帮扶的证券公司越来越多，参与的程度越来越深。伴随着资本市场参与脱贫攻坚的不断深入，一些难点与问题也不断显现，主要体现在以下三个方面。

一是资本市场服务脱贫攻坚的力度仍需加强。贫困地区要想脱贫，借助资本市场的力量是实实在在的好办法。但在实际工作中，对资本市场扶贫政策的宣传力度还不够，一些地方政府对资本市场服务脱贫攻坚政策掌握不全，对资本市场的认识较为单一。善于向财政要钱，不善于向市场融资，对资本市场资源配置、直接融资功能了解较少，对金融工具、金融产品与扶贫政策的统筹、协调、结合不熟悉，对利用资本市场开展精准扶贫的理念和行动较为滞后。

二是参与精准扶贫的行动和政策还不够协调。对于发展中国家来说，贫困问题是制约经济社会发展的重要方面，既要把脱贫攻坚纳入国家统一的发展规划中，又要有针对性、具体性地制定扶贫规划和政策措施。在扶贫行动和政策制定中，两方面需要互相配合，协调一致，明确分工。而在实际执行过程中，统一协调机制尚不完善，一定程度上影响了扶贫政策、扶贫资金的实际效果。

三是部分证券公司结对帮扶的措施比较单一。在"一司一县"结对帮扶实践中，部分证券公司结合贫困地区的资源禀赋、产业状况、融资需求、发展规划等，帮助贫困县招商引资，提供企业改制上市、并购重组、资本市场教育培训等服务，但还有一些证券公司与贫困县结对帮扶后，仍处于前期调研阶段，对如何发挥中介机构专业优势，帮助贫困地区因地制宜制订精准扶贫方案，还缺乏行之有效的措施。

总之，资本市场扶贫工作必须坚持问题导向，充分调动各方力量，形成合力，围绕精准扶贫、精准脱贫，探索建立更加广泛参与的扶贫工作机制，鼓励和引导更多证券公司履行脱贫攻坚社会责任，持续推进资本市场扶贫工作。

六、进一步做好证券行业扶贫工作的建议

2018年是全面贯彻党的十九大精神的开局之年,也是决胜脱贫攻坚、全面建成小康社会的关键之年。面对新形势新任务,党中央和国务院对证券行业履行社会责任、服务实体经济提出了更高的要求。到2020年如期实现脱贫攻坚目标,时间紧张、任务艰巨、难度重大。要打赢这场脱贫攻坚战,必须坚持以习近平总书记扶贫开发重要战略思想为指导,深入贯彻党中央、国务院对脱贫攻坚的战略部署,认真落实精准扶贫、精准脱贫基本方略,推动各项工作落到实处。

(一) 深刻理解参与脱贫攻坚的重大意义,认真落实金融扶贫的安排部署,确保如期完成任务

证券公司应从政治和战略全局出发,认真学习贯彻习近平总书记系列重要讲话精神,进一步深刻认识新形势下打赢脱贫攻坚战的极端重要性和紧迫性,增强责任感、使命感。要围绕"到2020年,现行标准下贫困人口实现脱贫,贫困县全部摘帽,解决区域性整体贫困"的总目标,将扶贫工作纳入公司日常经营工作范围,落实责任人和负责部门,完善精准扶贫工作机制;加强贫困地区的沟通联系和实地调研,定期召开工作经验交流会,长期携手,建立长效帮扶机制;因地制宜、循因施策,把各方资源集合起来打好"组合拳",在产业扶贫上下足"绣花"功夫,积极探索在市场经济条件下发挥资本市场作用服务国家脱贫攻坚战略的更多机制、更多举措,确保贫困人口科学合理有序退出。

(二) 深化资本市场扶贫功能,增强服务实体经济能力,实现经济效益和社会效益的统一

精准扶贫、精准脱贫能够让我们直接面对贫困地区,从而更深入地思考和实践资本市场如何为贫困地区服务,如何增强资本市场服务实体经济的能力,这也是多层次资本市场建设的应有之义。各证券公司在做优做强的同时,应立足服务实体经济的根本宗旨,发挥自身资源优势和专业特长,在防范金融风险的基础上,进一步加大对精准扶贫、精准脱贫的支持力度。支持贫困地区企业IPO融资、新三板挂牌和并购重组,有针对性地加强辅导培育重点企业,帮助拟上市企业提高公司治理水平,为贫困地区引入市场化的经营理念,促进区域产业集群,推动更多的资源优化配置到实体经济最需要的领域,实现经济效益和社会效益的统一。

(三) 建立脱贫攻坚考核评价体系,激励市场主体加大扶贫投入力度,形成精准扶贫长效机制

为确保脱贫攻坚取得真实的、经得起历史考验和实践检验的成果,监管机构和行业组织将不断完善脱贫攻坚成效考核评价体系,制定合理的考核指标,定期对行业机构服务脱贫攻坚工作进展及成效进行评价,建立正向激励机制。同时,倒逼各方落实脱贫攻坚责任,推动政策措施落地,使其加大对贫困地区尤其是深度贫困地区的金融扶贫供给,有效满足贫困地区、贫困人口的金融服务需求,确保脱贫攻坚取得实效。

（四）进一步创新证券行业扶贫方式，探索更多可推广、可复制的模式，提升精准扶贫实效

贫困地区政府财力弱，资源禀赋差距大，当地企业普遍离上市要求有一定差距，市场化融资能力低，必须结合实际，创新扶贫方式。近年来，不少证券公司探索了利用市场化机制创新金融产品、帮扶特色产业带动群众脱贫的范例。未来，要继续鼓励证券公司在贫困地区开发易地扶贫搬迁债、扶贫社会效益债等项目，鼓励证券公司设立或参与市场化运作的贫困地区产业投资基金和扶贫公益基金，积极为贫困地区募集资金。同时，贫困地区实际条件千差万别，证券公司要舍得在调研上下功夫。因此，仍需精准定位，创新差异化扶贫方式，切实提升精准扶贫实效。

（五）加大对扶贫工作的总结宣传，加强参与主体之间的沟通交流，为服务脱贫攻坚营造良好氛围

协会将认真总结脱贫攻坚工作中的典型经验，及时梳理精准扶贫成功案例和先进人物，充分利用新闻媒体、各大刊物大力宣传资本市场精准扶贫的做法和成效，充分发挥舆论导向作用，讲好证券行业扶贫故事，加强宣传推介，形成示范引领，努力营造资本市场服务国家脱贫攻坚战略的良好氛围，激励行业机构更加关注、支持和参与脱贫攻坚。

确保到2020年贫困人口实现脱贫，是我们党的庄严承诺和重要使命，也是全面建成小康社会最艰巨的任务。我们清醒地认识到，打赢脱贫攻坚战不可能一蹴而就，越往后难度越大。未来，证券行业将认真学习贯彻习近平总书记扶贫开发战略思想，更加自觉地贯彻落实党中央、国务院关于扶贫开发工作的决策部署，坚定信心、知难而进，发挥专业优势，为服务实体经济、打赢脱贫攻坚战增添新动力，为全面建成小康社会提供有力的资本市场支撑。

媒体融合背景下券商企业文化建设的路径
——德邦证券在"三问"中探寻企业文化建设挖潜之策

吴清梅　刘海琴　高啸吟*

企业文化是企业最重要的无形资产,对企业的发展壮大有着不可或缺的作用。证券行业有其独特属性,证券公司加强企业文化建设,不仅有利于集聚人才、稳定队伍,也有利于防范风险和提升券商的品牌价值。企业文化的构建和传播离不开文化载体这个介质,当前新旧媒体的融合对券商推进企业文化建设而言,是不是一个需要抓住的风口?怎样去抓?其中有哪些问题需要注意?本文以德邦证券为例,从这"三问"出发,列举了德邦证券的一些做法,结合以往对业内其他券商所做的专题调研一并作了梳理,在此基础上进行一些探索,试图为行业和业内其他单位提供借鉴。

一、媒体融合,券商要不要抓住风口

传统媒体和新媒体在券商企业文化建设中具有不同的作用,通过相关分析和我们的调研,传统媒体和新媒体在传播载体、应用特点、受众群体等方面存在明显差异。

从表1可以看出,新媒体和传统媒体呈现出明显的差异性和互补性。新媒体改变了传统媒体单向、单调的传播形态,变成了图文并茂的传播形式,基本实现了"新"的信息传播,为企业文化建设提供了更为宽广的发展空间;然而,新媒体手段如果运用不当,无形中也会影响企业职工的思想稳定。因而,券商推进企业文化建设贵在新旧结合、取长补短、"制造"媒体融合的风口。

---

* 作者单位:德邦证券股份有限公司。原载于《中国证券》2018年第6期。

表1　　　　　　　　　　　　传统媒体和新媒体对比分析

媒体 \ 对比项	传播载体	受众群体	应用特点	预期作用
传统媒体	企业内刊、内部电视台、宣传栏、板报等	在35周岁以上员工中受欢迎	优点： 发展成熟、可信度高、读者群稳定、易于保存 缺点： 1. 传播单向、落地形式单一 2. 权威有余、亲和不足	1. 品牌形象宣传的窗口 2. 弘扬核心价值的载体 3. 传播管理理念的桥梁 4. 提升员工文化素质的平台
新媒体	企业内网、微信、微博、QQ群等	在35周岁以下员工中受欢迎	优点： 信息传播的开放性、多元性、实时性、交互性和直观感较强 缺点： 1. 不能强制接收，受众群体不稳定 2. 双向互动，增加了企业文化建设的复杂性 3. 易产生和传播失实信息、负面信息	

二、知易行难，什么样的路径才合适

与实体企业相比，券商等金融企业具有资金密集、人才密集等鲜明的行业特点，券商人才队伍具有高学历、高流动性、高激励，价值取向多元、诱惑多、风险点多等"三高三多"的明显特征。与之相对应，券商企业文化的建设讲究"三重"：一是重人才培育。例如，广发证券的经营理念是"知识图强、求实奉献"，坚信只有依靠一流的人才，才能创造一流的公司；招商证券、东北证券等券商也都在企业发展中重人才、爱人才。二是重合规文化。在行业监管政策的推动下，各家券商都将合规文化、"红线"文化作为企业文化的重要组成部分，致力于构建良好的内控环境、推动合规运作的流程化和标准化、培养全员风险意识。三是重社会责任。努力在精准扶贫、社会公益和缓解就业压力等方面贡献力量。例如，在中国证监会、中国证券业协会的倡导下，截至2018年4月，98家证券公司结对帮扶247个国家级贫困县。

因而，券商运用媒体融合推进企业文化建设，必须将行业特点、企业特点、媒体特点充分结合，寻找合适的路径。以德邦证券为例，媒体融合背景下的券商企业文化建设可以从以下三个方面进行挖潜。

（一）深挖新旧媒体在传播企业文化、促进人才培育中的作用，打造宣传的新阵地

德邦证券坚持把线上、线下两方面渠道结合起来，实现企业文化传播和员工培养培训的互动互促。

在企业文化传播上，既保留了《汇聚德邦》季刊等传统宣传渠道，也建立了包括"德

邦证券 Tebon""小时代大资管""Tebon Bonds""德邦 Tebon 科技助手"等 12 个公众号在内的微信矩阵，全方位、多角度覆盖了 1 000 余名员工以及一批核心客户。

在员工培养培训上，一是将微信群管理、大数据分析等方法引入传统的新员工招聘工作，在精准分析用人部门和新员工两方面诉求基础上，打造了"活力成长"校园招聘品牌项目；二是将"互联网+"的手段引入日常人事工作中，建立了 E-HR 一站式人事管理平台；三是将手机客户端的软件功能引入全员培训工作中，在"知鸟"APP 上搭建了"德邦金融学院"，推进线上培训和持续学习。

在线上线下同步推进过程中，企业文化通过新员工培养、各类专题培训以及微信矩阵得到了广泛传播，渗透到员工日常工作中；员工的成长历程通过 E-HR 系统、手机 APP、微信公众号得到了记录，并汇聚成企业文化的一部分。员工成长和企业文化的传播在新旧媒体的共同作用下，实现了"文化传播-渗透行为-成长记录-文化传播"的良性闭环。

（二）深挖新旧媒体在传导经营理念、塑造企业"主人翁"中的作用，搭建沟通的新渠道

德邦证券积极运用新旧媒体，搭建企业和员工的双向沟通渠道，不仅将整体经营理念传导到每位员工，更积极将员工塑造成企业的主人翁。

1. 搭建宣讲平台，让员工不只当"听众"

德邦证券坚持用好晨会这个传统的宣讲平台，每周一早晨以"现场+视频转播"的方式召开晨会，一方面让员工当"听众"，传导企业经营理念和公司发展战略，另一方面积极让员工走上"舞台"，担任"主讲"。具体做法是：业务、合规、IT、财务、人力等前、中、后台各部门提前梳理近期工作上取得的新突破、监管部门出台的新规和需要重点落实的工作，按照"谁负责、谁宣讲"的原则，在晨会上向全体员工进行介绍，并在晨会上设置"每周新入职员工介绍"作为固定环节，为员工搭建一个展现自我、展示工作的平台，营造开放包容、有活力的企业文化氛围。为增强晨会的效果，德邦证券还结合新媒体手段，将晨会内容上传到"德邦金融学院"微信公众号等线上平台，对晨会内容进行再宣传。

2. 改进沟通渠道，让员工不只当"执行者"

为营造平等、高效的工作氛围，增强企业"专业进取、创新变革"的能力，德邦证券在 OA 系统、电子邮件等传统沟通渠道之外，大力推广使用"钉钉（Ding Talk）"应用平台。在钉钉上，德邦证券统一建立了企业通讯录，囊括了全体员工的职务、电话、邮箱等信息；建立了企业群，覆盖到与股东单位关系密切的相关企业；在此基础上，由员工根据工作需要组建群组、创建钉盘、发起视频或电话会议。通过大力推广"钉钉"，不仅使内部沟通更加安全、便捷，更重要的是，为员工主动联系和推动工作、更好地扛起企业"主人翁"的职责搭建了一个平台。

（三）深挖新旧媒体在扩大品牌影响、提升社会公民形象中的作用，完善传播的新手段

德邦证券积极运用新媒体"成本低、扩散快、影响大"的信息传播特点，改进品牌传播工作，提升企业形象。

1. 创新品牌传播方式

近几年，德邦证券运用新媒体手段，在品牌传播上进行了一系列探索，例如，2014 年，在上海豫园商城策划开展了一次展示太极文化、传播企业品牌的"快闪"活动，并拍摄、制作了"快闪"视频，通过互联网等多种渠道进行传播；2016年，与旗下德邦基金子公司共同与支付宝合作，参与了猴年春晚红包互动活动，通过支付宝"咻一咻"派发红包的模式，提升品牌知名度。此外，德邦证券还不断推进这方面的经验学习和人才培养工作。2016年底，德邦证券股东单位复星集团举办了"微信创意大赛"，德邦证券积极组织员工参加，夺得了快速响应奖并学习了大赛的组织经验。2017年7月起，复星集团联合第三方专业机构，用4个周末的时间举办"新媒体训练营"专题培训班，德邦证券积极派员参与。

2. 创新精准扶贫工作

为响应中国证监会、中国证券业协会关于服务国家精准扶贫战略的号召，德邦证券结合企业特点，借助"互联网+"的力量，在慈善拍卖、员工捐赠、捐建"梦想教室"等传统手段之外，努力探寻多样化的扶贫方法。2016年，德邦证券联合中州期货和上海真爱梦想慈善基金会，共同开展"用我们的脚步为梦想加油——筑梦莲花山区梦想教室"绿色捐步活动，取得了25万余人次的支持，筹集了301 495.41万步，转化成30万元的慈善捐款，在员工和客户中反响热烈。未来，德邦证券还将进一步撬动股东单位复星集团的资源，在对接"微医"平台、参与"乡村医生"项目等方面进行更多探索，进一步提升企业的社会形象。

综上，德邦证券在发挥新旧媒体作用、推进企业文化建设上走的是一条根据行业和企业实际因地制宜、在传承传统方式基础上大胆加以创新的道路（见图1）。受限于投入规模等，德邦证券所做的这些探索对外影响尚显不足，但从内部来看，不失为一条"小而美"的企业文化建设新路径。

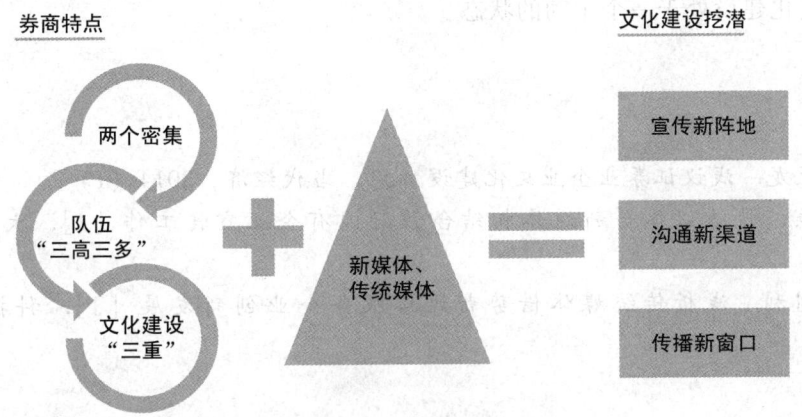

图1 券商运用媒体融合推进企业文化建设的探索方向

三、且行且思，角落里是否还藏着问题

在全面思考和探索媒体融合对企业文化建设的影响时，在媒体融合时代还有一些需要注意的问题。

（一）谨防将传统的企业文化建设简单迁移至新媒体平台

在企业文化建设中，新媒体和传统媒体的关系是互补而非替代的关系。传统媒体在企业文化传播中的高权威性、受众稳定等特点仍具有重要意义；而且，简单将传统的企业文化建设迁移到新媒体平台上有"削足适履"之嫌。因此，建议在用熟用好传统手段的同时，开发新媒体功能，使之成为传统媒体的重要补充，以便企业更加全面、灵活地开展企业文化建设。

（二）谨防因强化媒体渠道建设而弱化员工面对面的交流

在新旧媒体融合的过程中，员工相互之间、上下级之间、不同企业之间的交流更加高效、灵活，而且企业借助新媒体能够以更加轻松、有趣的形式向员工宣传企业文化和发展理念，更好地获取反馈。然而，基于媒体特别是新媒体的交流，或多或少具有虚拟、主观的特点，难以准确、真实地反映人的真实想法，加之信息传播链条环环相扣，虚假信息、有误信息更易被放大。因此，企业在借助媒体工具对员工进行价值观念、职业道德等方面教育、引导的同时，还要坚持推动员工进行面对面的沟通，加强对员工的人文关怀，定期组织集体活动，避免企业文化建设脱"实"向"虚"。

（三）谨防因新媒体的使用引起信息安全问题和"负能量"的传播

新媒体信息安全和虚假信息扩散的问题早已引起相关部门的重视，然而新媒体融合、交互的能力远超传统媒体，进而构筑起十分复杂的生态系统，监管难度较大。在此背景下，企业应当从普及新媒体特性、提升信息风险防范意识等方面加大宣传力度，并尽可能掌握好运用新媒体的"度"，将线上线下两方面工作结合起来，让员工切实体会到企业文化的温暖，从而使企业文化建设处于一个主动的状态。

参考文献

[1] 吴巨龙. 浅议证券业企业文化建设 [J]. 当代经济, 2014 (1).

[2] 刘滨. 传统媒体与新媒体相结合做好国有企业宣传工作 [J]. 大庆社会科学, 2014 (6).

[3] 闫剑利. 浅析传统媒体借势新媒体服务企业创新发展 [J]. 科技传播, 2014 (2).

证券公司培育践行社会主义核心价值观研究

——以万联证券为例

王耀南　李　莉　陈赞坚*

引言

党的十八大以来,中央高度重视培育践行社会主义核心价值观,在十八大报告中提出:"倡导富强、民主、文明、和谐,倡导自由、平等、公正、法治,倡导爱国、敬业、诚信、友善,积极培育社会主义核心价值观。"分别从国家、社会、公民三个层面,提出了反映现阶段全国人民"最大公约数"的社会主义核心价值观,为培育践行核心价值观奠定了基础。培育践行社会主义核心价值观,是推进中国特色社会主义伟大事业、实现中华民族伟大复兴中国梦的战略任务。

本文结合证券行业与证券公司的特点,以万联证券培育践行社会主义核心价值观的具体实践为案例,综合采用案例分析、问卷调查、个别访谈等多种方式,分析万联证券在培育践行社会主义核心价值观过程中存在的问题并剖析产生问题的原因,总结经验与教训,提出对策与措施,为证券公司培育践行社会主义核心价值观提出行之有效的意见与建议。

一、绪论

(一)背景

万联证券成立于2001年8月。自成立以来,公司十分重视企业文化建设和员工思想道德建设,强调"敬业"的企业精神,倡导"诚信"的经营理念,这与社会主义核心价值观

---

* 作者单位:万联证券股份有限公司。原载于《中国证券》2018年第6期。

的要求不谋而合。十八大以来，公司积极响应党和习近平总书记的号召，通过企业文化建设、社会实践活动、培训、评优评先、党员活动等多种方式，着力在公司全体员工范围内培育践行社会主义核心价值观，取得了一定的成效，同时也总结出一些经验与教训。本文试图以万联证券培育践行社会主义核心价值观的具体实践为例，结合证券行业与证券公司的特点，分析证券公司培育践行社会主义核心价值观的影响因素，并就证券公司培育践行社会主义核心价值观进行探索，提出行之有效的建议。

（二）意义

党的十八大以来，加快转变金融发展方式，建设金融强国成为我国金融行业首要任务。证券公司作为金融行业转型发展的践行者，承担着转型发展的艰巨任务。保障我国金融健康转型发展，必须解决一个问题，那就是金融发展的灵魂问题，即创建有中国特色的优秀金融文化。文化引导思想，思想决定行动，企业文化是公司管理的灵魂，是公司持续健康发展的根源。证券公司肩负着经济责任、政治责任和社会责任，这决定了证券公司企业文化建设和思想政治工作必然要以社会主义核心价值观为指导，把培育践行社会主义核心价值观作为今后相当长一段时间内的工作重心。

然而，由于证券行业竞争高度激烈，证券公司人员构成复杂、机构分布分散等因素的影响，证券行业培育践行社会主义核心价值观的整体情况仍不尽如人意，与中央的要求仍存在一定差距。因此，结合行业特点研究证券公司培育践行社会主义核心价值观的具体实践并提出可行性建议，对于证券公司乃至整个证券行业培育践行社会主义核心价值观而言意义重大。

（三）研究方法

本文以案例分析和问卷调查为主要研究方法，以万联证券培育践行社会主义核心价值观的具体实践为案例，一方面通过问卷调查万联证券员工对于社会主义核心价值观的认知程度，并分析其影响因素；另一方面以万联证券培育践行社会主义核心价值观的各项具体措施为案例，通过问卷调查、个别访谈等方式分析各项措施的实际效果，总结其培育践行社会主义核心价值观的经验和教训。

其中，问卷调查选取了万联证券在职员工作为调查样本，以在线电子问卷的方式开展调查，共收到有效问卷434份。为保证问卷调查的信度与效度，本次调查对象涵盖了万联证券各层级员工，性别、政治面貌、岗位分布等较为均衡，具体情况如表1所示。

表1　　　　　　　　　　　有效问卷情况统计表

	分类	人数	百分比（%）
性别	男	254	58.53
	女	180	41.47
年龄	20岁及以下	2	0.46
	21—30岁	218	50.23
	31—40岁	158	36.41
	41—50岁	48	11.06
	51—60岁	8	1.84

续表

分类		人数	百分比（%）
学历层次	硕士研究生	102	23.50
	大学本科	244	56.22
	大学专科	86	19.82
	高中、中专及以下	2	0.46
政治面貌	中共党员（含预备党员）	192	44.24
	共青团员	92	21.20
	民主党派人士	2	0.46
	群众	148	34.10
岗位分布	公司高管	4	0.92
	业务部门员工	146	33.64
	后台职能部门员工	60	13.82
	分支机构员工	224	51.61

二、社会主义核心价值观的基本概述

社会主义核心价值观是社会主义核心价值体系的内核，体现社会主义核心价值体系的根本性质和基本特征，反映社会主义核心价值体系的丰富内涵和实践要求，是社会主义核心价值体系的高度凝练和集中表达。十八大报告中提出的"富强、民主、文明、和谐"是国家层面的价值目标，"自由、平等、公正、法治"是社会层面的价值取向，"爱国、敬业、诚信、友善"是公民个人层面的价值准则，这24个字是社会主义核心价值观的基本内容。

社会主义核心价值观由国家、社会、个人三个层面的价值观构成，三者一脉相承、不可分离。国家层面的价值目标培育共同理想，为共有精神家园提供有力支撑；社会层面的价值取向引领改革实践，给共有精神家园增添时代内涵；个人层面的价值准则规范道德行为，让共有精神家园凝聚社会正能量。

三、万联证券员工对社会主义核心价值观认知状况调查

（一）社会主义核心价值观整体认知情况

调查显示，万联证券99.08%的员工表示对社会主义核心价值观有所了解，仅0.92%的员工表示完全不了解其定义。其中，16.59%的员工表示准确知道社会主义核心价值观的全部内容，36.41%的员工表示知道其大部分内容，36.87%的员工表示知道其部分内容，9.22%的员工表示知之甚少，具体情况如图1所示。

（二）对社会主义核心价值观内涵的了解程度

本问卷从社会主义核心价值观的起源、具体内容、层次划分等角度来调查万联证券员工对社会主义核心价值观内涵的了解程度。

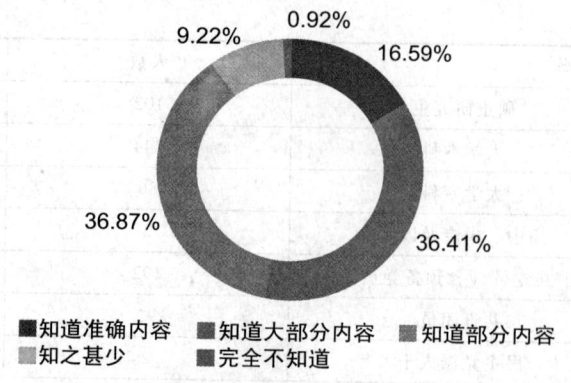

图 1 对社会主义核心价值观的整体认知

1. 对社会主义核心价值观起源的了解程度

调查显示，64.52%的员工能准确回答社会主义核心价值观起源于党的十八大，35.48%选择了错误的答案，具体如图 2 所示。

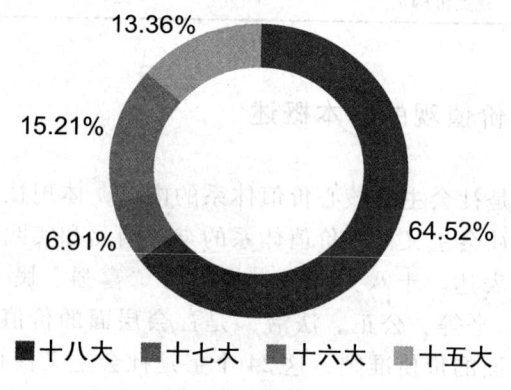

图 2 社会主义核心价值观起源问题回答情况

2. 对社会主义核心价值观具体内容的了解程度

调查显示，63.13%的员工能准确回答社会主义核心价值观包含 12 个因素，分为国家、社会、个人三个层次；36.87%选择了错误的答案，具体如图 3 所示。

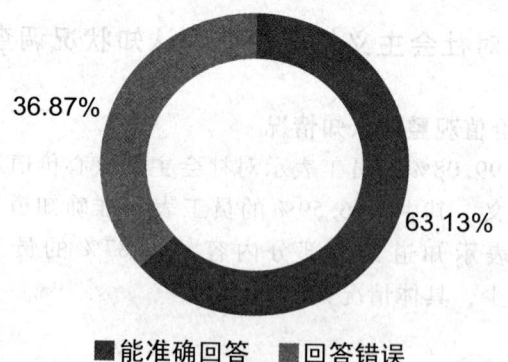

图 3 对社会主义核心价值观具体内容的了解程度

（三）调查效度分析

根据问卷调查结果，万联证券员工普遍对社会主义核心价值观有所了解，大部分员工对其定义及内核有较为深入的了解，但仍有少部分员工对其认知仍停留在表象层面，未能深刻领会其内涵。

本次调查从员工主观认知和实际了解程度两个角度进行调查。从员工主观认知的角度，53%的员工认为自己了解（或十分了解）社会主义核心价值观的具体内容，另有36.87%的员工认为自己对社会主义核心价值观有所了解；而实际了解程度调查显示，63.13%的员工能准确回答社会主义核心价值观的具体内容及层次划分。由此可见，本次调查的结果与要考察的内容较为吻合，具有较高的效度。

四、万联证券培育践行社会主义核心价值观实践研究

（一）万联证券培育践行社会主义核心价值观的具体实践

自成立以来，万联证券历来十分重视企业文化建设与思想政治工作，倡导"诚信"的经营理念，坚持"敬业"的企业精神，这与社会主义核心价值观的要求不谋而合。党的十八大以来，公司积极响应党和习近平总书记的号召，通过企业文化教育、社会实践活动、培训、评优评先、党员活动等多种方式，着力培育践行社会主义核心价值观，采取了一些行之有效的措施。

1. 坚持党管国企、国企姓党，充分发挥党组织的作用

作为国有企业，万联证券始终坚持党对国有企业的领导不动摇，充分发挥党组织的政治核心作用，以社会主义核心价值观作为企业经营管理的指导原则，将培育践行社会主义核心价值观与公司的各项工作有机结合、融为一体、相互促进。此外，公司党委切实负起政治责任与领导责任，各级党组织积极配合，严格落实"三会一课"制度，切实加强思想道德教育，深入推进党风廉政建设，充分发挥党员干部的先锋模范作用，将培育践行社会主义核心价值观与思想政治建设有机结合起来（见图4）。

图4 万联证券党委开展"两学一做"学习教育专题交流

2. 企业经营管理与社会主义核心价值观相融合

以社会主义核心价值观作为公司制定战略目标和日常经营管理活动的指导原则，确保企业经营管理活动与社会主义核心价值观的要求相契合。一是确保公司战略、发展目标、未来愿景遵循社会主义核心价值观的各项要求，坚持经济行为与价值导向相统一，经济效益与社会效益相统一，积极践行社会主义核心价值观，以强烈的责任意识和担当精神，推动企业改革发展，为经济社会发展贡献力量。二是倡导"诚信"的经营理念，争创诚信经营的表率。公司自成立之初便将"诚信"的经营理念纳入企业文化中，致力于建立诚信机制，创造诚信的经营环境和公平的竞争环境。三是坚持依法治企原则，加强合规管理，建立行之有效的企业规章制度，推进公司法治文化建设，确保合规守法经营。四是通过培育践行社会主义核心价值观来建设和谐文化、构建和谐企业，充分发挥员工的主体作用，创新有效预防和化解矛盾机制，全力维护公司和谐稳定局面，争创和谐企业（见图5）。

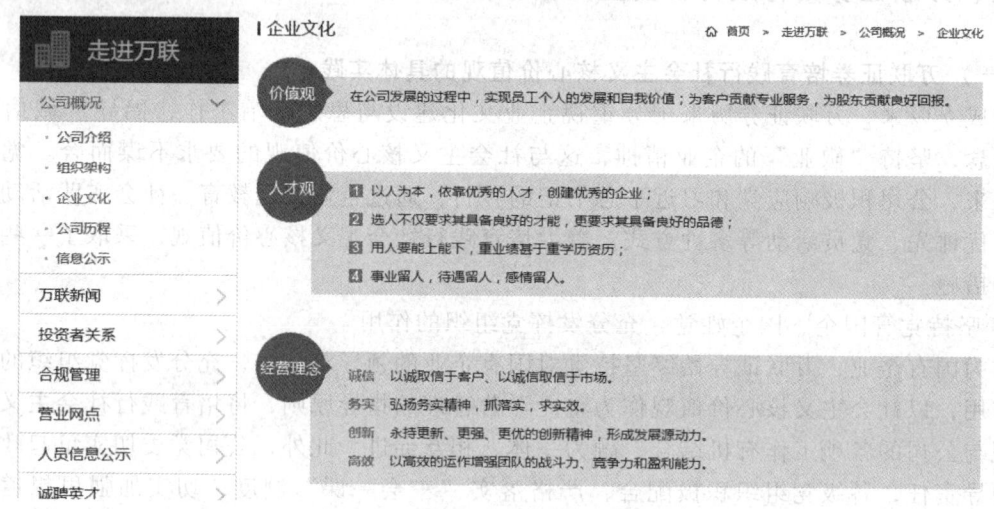

图 5　万联证券企业文化

3. 通过企业文化建设来培育践行社会主义核心价值观

万联证券倡导"在公司发展的过程中，实现员工个人的发展和自我价值；为客户贡献专业服务，为股东贡献良好回报"的价值观，倡导"诚信、务实、创新、高效"的经营理念，坚持"团结、敬业、创新、发展"的企业精神，与社会主义核心价值观的核心内涵相契合。在日常经营管理过程中，公司十分重视企业文化建设与思想政治工作，一是通过《企业文化手册》《企业发展大事记画册》、企业文化橱窗宣传栏等多种载体，加强企业文化宣导；二是通过举办司庆活动（见图6）、员工生日会、文娱体育比赛等各类活动，将企业文化潜移默化地融入公司的每一位员工心中；三是通过微信公众号与订阅号、网络互动平台、网络直播平台等新媒体技术，推进企业文化"互联网+"建设，创新企业文化建设方式，提升青年员工对企业文化的认同度。

图 6　万联证券 15 周年司庆投票活动

4. 组织开展社会主义核心价值观培训教育活动

一是强化宣传教育，提高员工对社会主义核心价值观的认知度和认同感。以学习贯彻习近平总书记重要讲话精神为指导，深入学习社会主义核心价值观的内涵，综合运用专题学习会、在线学习系统（见图 7）、微信学习平台等多种载体，增进全体员工培育践行社会主义核心价值观的自觉性与认同感。二是通过新员工企业文化培训、党员专题培训、万联大讲堂、网络培训等多种方式，分层次、有针对性地开展培训，提高员工对社会主义核心价值观的认知度和认同感。

图 7　万联证券在线学习系统党课资源

5. 组织开展社会主义核心价值观专题实践活动

除了培训教育活动以外，万联证券还通过大量的专题实践活动来培育践行社会主义核心价值观。一是组织各类爱心行动，包括教育扶贫活动、志愿者活动、捐款捐物活动，让员工通过献爱心、帮助他人等行动来培育践行社会主义核心价值观。二是举办社会主义核心价值观专题活动，如社会主义核心价值观征文活动、摄影沙龙等，以提高社会主义核心价值观的宣传效果，进而带动公司全体员工培育践行社会主义核心价值观。三是举办各类党员活动，如参观革命纪念博物馆、党员志愿者活动等，充分发挥共产党员的先锋模范作用，触动并提升广大员工群众培育践行社会主义核心价值观的主动性与积极性（见图8）。

图8　万联证券党委开展国情教育及扶危济贫活动

6. 发挥先锋模范带动作用与评价激励作用

一是组织评优评先活动，在公司范围内评选和表彰践行社会主义核心价值观的先进典型，激励全体员工培育践行社会主义核心价值观（见图9）。二是加强对先锋模范事迹的宣传报道，通过公司内网、微信公众号等多种媒体对先锋模范事迹进行广泛宣传报道，带动员工培育践行社会主义核心价值观。

图9　万联证券开展2016年度评优评先活动

(二) 万联证券培育践行社会主义核心价值观实践效能研究

1. 问卷调查

（1）培育践行社会主义核心价值观影响因素调查。调查显示，员工认为"坚持党的领导""公司发展战略、经营方式等""公司内部工作氛围"3项因素对于公司培育践行社会主义核心价值观的影响最大；而"考核评价""理论学习""评优评先"3项因素得票率最低，具体情况如图10所示。

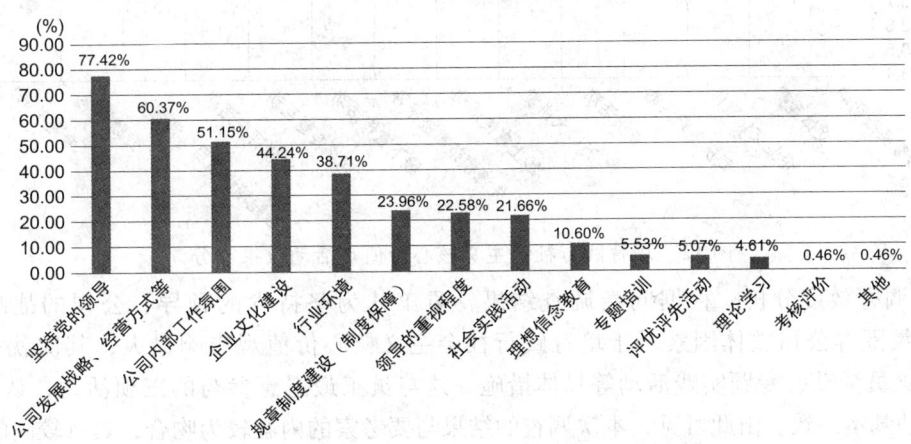

图10 培育践行社会主义核心价值观影响因素分析

（2）培育践行社会主义核心价值观具体措施效果评估。调查选取了万联证券近年来培育践行社会主义核心价值观的各项措施，从"员工最愿意参与""员工认为最有效"的角度分析各项措施的实际效果。

调查显示，员工最愿意参与的前三项活动为"企业文化宣传""党员活动""司庆主题活动"，得票最低的三项活动则为"专题考试""评优评先活动""网络专题互动"，具体情况如图11所示。

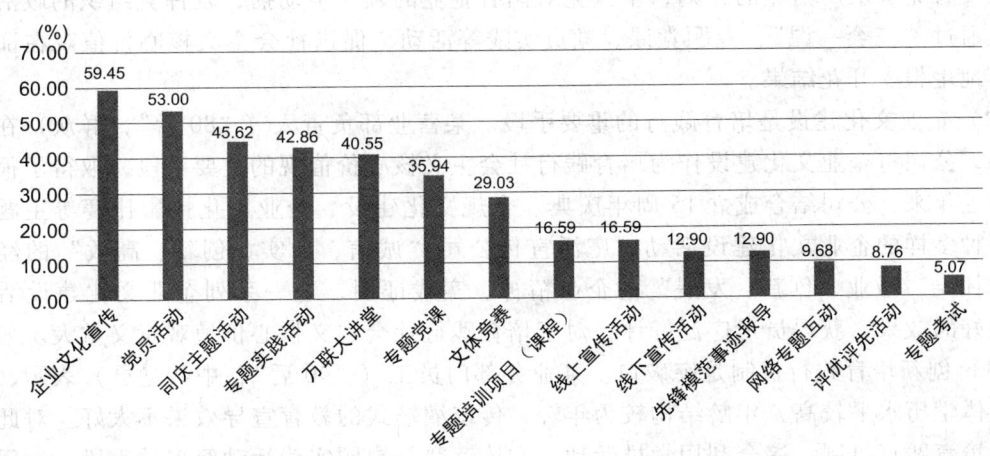

图11 培育践行社会主义核心价值观活动参与意愿情况

员工认为最有效的三项活动为"专题实践活动""文体竞赛""企业文化宣传"，而效果最不理想的三项活动则为"专题考试""专题党课""专题培训项目（课程）"，具体情况如图12所示。

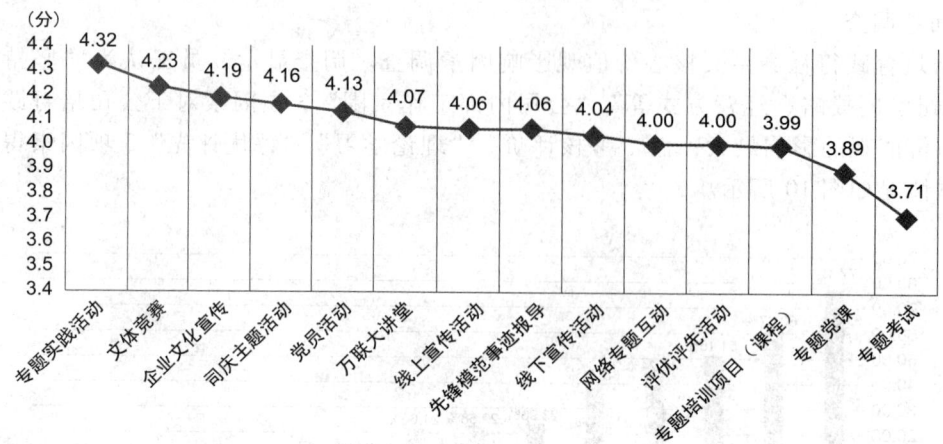

图12　培育践行社会主义核心价值观活动效果得分

（3）调查效度分析。根据问卷调查结果，员工认为坚持党的领导、公司的战略目标与内部工作氛围等公司整体因素对于培育践行社会主义核心价值观影响最大，其次就是企业文化宣传、党员活动、专题实践活动等具体措施，这与员工最愿意参与的三项活动、认为最有效的三项活动基本一致。由此可见，本次调查的结果与要考察的内容较为吻合，具有较高的效度。

2. 个别访谈

在问卷调查的基础上，为了更深入调查万联证券培育践行社会主义核心价值观的实践效能，本次调研还选取了不同年龄段、不同岗位序列的员工进行访谈。访谈的主要内容包括万联证券培育践行社会主义核心价值观的措施与效果、改进建议等。

（1）坚持党的领导是培育践行的关键举措与亮点。某部门负责人（"70后"，中共党员）在访谈中表示，坚持党对国有企业的领导不动摇是公司培育践行社会主义核心价值观的关键举措，同时也是一大亮点。新时期下，证券公司培育践行社会主义核心价值观要始终坚持党要管党、从严治党的原则，坚持党对国有企业的领导不动摇，发挥党组织的政治核心作用，通过"三会一课"、专题党课、党员实践等活动，促进社会主义核心价值观在证券公司中落地生根、开花结果。

（2）企业文化建设是培育践行的重要手段。某营业部负责人（"80后"，群众）在访谈中提到，公司将企业文化建设作为培育践行社会主义核心价值观的重要手段，取得了很好的效果。近年来，公司结合成立15周年庆典、合规文化建设、企业文化摄影比赛等主题，举办了多种多样的企业文化建设活动，广泛宣传公司"诚信、务实、创新、高效"的经营理念和"团结、敬业、创新、发展"的企业精神。实践证明，这一系列企业文化建设活动取得了很好的效果，获得员工广泛好评，对于培育践行社会主义核心价值观意义重大。

（3）创新培育践行机制是突破口。某业务部门员工（"90后"，中共党员）表示，公司员工整体学历水平较高，年龄结构较为年轻，传统灌输式的教育宣导效果不太好。对此，公司创新培育践行机制，综合利用党员活动、文体竞赛、专题实践活动等多种手段，运用微信公众号、网络学习平台、直播平台等多媒体资源，使之成为培育践行社会主义核心价值观的一个突破口，深受员工欢迎。

（4）加强思想政治工作人才与师资队伍建设。某职能部门员工（"80后"，中共党员）表示，总体而言，受行业特点等因素影响，目前公司对于思想政治工作的重视程度仍有欠缺，思想政治工作人才与师资队伍建设较为滞后。在今后的工作中，应重点加强思想政治工作人才与师资队伍建设，为思想政治工作配备专职工作人员，在公司内外挖掘培育践行社会主义核心价值观的师资力量，为公司培育践行社会主义核心价值观提供人才保障。

五、证券公司培育践行社会主义核心价值观的对策建议

本文立足于证券公司培育践行社会主义核心价值观的影响因素，以万联证券培育践行社会主义核心价值观的具体实践为案例，并总结其中的经验与教训，结合证券行业与证券公司的特点，就证券公司培育践行社会主义核心价值观提出如下对策建议。

（一）培育践行社会主义核心价值观的四个保障

1. 党的领导保障

当前，绝大多数证券公司都是国有企业或具有国资背景。坚持党的领导、加强党的建设，既是国有企业的"根"和"魂"，也是国有企业的独特优势。新时期下，证券公司培育践行社会主义核心价值观必须坚持党的领导、加强党的建设，充分发挥各级组织的政治核心作用，把培育践行社会主义核心价值观贯穿到企业经营发展的全过程当中。一是加强组织领导。各级党组织应加强认识，把培育践行社会主义核心价值观作为当前核心重点工作来抓，把社会主义核心价值观要求体现到企业经营管理的各个领域，推动培育践行社会主义核心价值观与日常经营管理工作融为一体、相互促进。同时要在实际工作中发挥领导作用，负起政治责任。二是发挥党员干部的先锋模范作用。培育践行社会主义核心价值观，必须抓好党员干部这个重点，发挥好党员干部的引领带动作用。坚定党员干部的理想信念，加强党员干部作风建设，加强对党员干部的监督管理，充分发挥党员干部的引领带动作用，引导职工群众紧密跟上培育践行社会主义核心价值观的步伐。三是抓好基层党建工作。把培育践行社会主义核心价值观与党的思想、组织、作风、制度建设有机结合，融入基层党建的各个方面，通过深化学习、加强组织建设与党员队伍建设、丰富党员活动等方式促进社会主义核心价值观在基层党组织落地生根、开花结果。

2. 企业管理保障

证券公司培育践行社会主义核心价值观，必须与企业管理相结合，将社会主义核心价值观融入公司日常经营管理活动中。一是确保公司的经营战略、发展目标和未来愿景遵循社会主义核心价值观的各项要求。二是将培育践行社会主义核心价值观提升到公司重点工作的高度，提高领导班子对培育践行社会主义核心价值观的关注程度和重视程度。三是把公司的企业文化建设与培育践行社会主义核心价值观有机结合，通过企业文化建设工作倡导广大员工培育践行社会主义核心价值观。

3. 制度保障

证券公司培育践行社会主义核心价值观，还要有完善的规章制度作保障，这有利于培育践行社会主义核心价值观的各项措施得以长期、有效执行。一是要确立公司守法经营的制度，确保员工的基本权利不受侵犯，合理分配利益，在公司内部营造权利平等、机会平等、

规则平等的内部环境,让社会主义核心价值观深入人心。二是以制度的方式把社会主义核心价值观宣传教育工作固化下来,明确公司培育践行社会主义核心价值观的各项工作要求及责任划分,通过制度来保障社会主义核心价值观的培育践行。

4. 人力资源保障

充足的人力资源保障是证券公司培育践行社会主义核心价值观的必要条件,主要包括充足的思想政治工作人才和师资力量两个方面。思想政治工作人才是证券公司培育践行社会主义核心价值观的实施者与推动者,直接决定着培育践行工作的落实效果。证券公司必须重视思想政治工作人才队伍建设,加强思想政治工作人力资源配置,为培育践行社会主义核心价值观提供坚强有力的人才保障。鉴于目前证券行业社会主义核心价值观师资力量普遍较为薄弱的现状,证券公司必须加强师资队伍建设,加大培训教育力度,通过提高师资队伍质量来提高培育践行社会主义核心价值观工作效果。

(二) 培育践行社会主义核心价值观的六条路径

1. 企业文化路径

一方面,社会主义核心价值观集中体现了中华民族的优秀传统文化、以改革创新为核心的时代精神以及以爱国主义为核心的民族精神,与中国特色社会主义发展要求相契合,与中华民族优秀传统文化和人类文明优秀成果相承接。证券公司的企业文化应与社会主义核心价值观的内涵相符,体现社会主义核心价值观在公司内部的传承落地。另一方面,企业文化建设形式多样、内容丰富,既可采取宣传栏、网站、微信等方式宣传推广,也可以通过会议、培训、集体活动等方式引导塑造,容易得到员工的接纳与认同。问卷调查结果显示,企业文化宣传是最受证券公司员工欢迎的活动之一。因此,证券公司应着力加强企业文化建设,将培育践行社会主义核心价值观与企业文化建设工作有机结合起来,开辟一条通过企业文化建设来培育践行社会主义核心价值观的有效路径。

2. 工作实践路径

培育践行社会主义核心价值观强调知行合一,培育是践行的前提,践行是培育的目的。对于证券公司员工而言,将培育践行社会主义核心价值观与实际工作结合起来,在工作中培育社会主义核心价值观,以实际工作行动来践行社会主义核心价值观的各项要求,是培育践行社会主义核心价值观最直接、最有效的手段之一。一方面应鼓励员工不断加强自身建设,充分领会社会主义核心价值观的内涵与精髓,以社会主义核心价值观的各项要求来指导实际工作的开展;另一方面要在日常工作中落实社会主义核心价值观要求,把践行核心价值观的战略任务落实到具体工作任务上来,以工作促践行。

3. 活动渗透路径

问卷调查显示,党员活动、社会实践活动是最受证券公司员工欢迎的活动形式。以活动渗透的方式培育社会主义核心价值观的关键在于建立活动转化机制,通过举办党员志愿者活动、户外拓展活动、文体竞赛、微信互动等各类活动,组织广大员工积极参与到活动当中,在参加活动的过程中潜移默化地接纳社会主义核心价值观理念,深化对社会主义核心价值观内涵的理解,从而自觉地践行社会主义核心价值观的各项要求。

4. 宣传引导路径

证券公司培育践行社会主义核心价值观离不开广泛的宣传引导,通过宣传引导让员工了解、认同并接纳社会主义核心价值观的内涵,是培育践行社会主义核心价值观的前提。目前证券公司员工整体素质较高、年龄结构较为年轻,青年员工受社会上多元化的思想潮流影响,加上移动终端网络技术的广泛应用,单一的理论灌输不适用于证券公司员工培育社会主义核心价值观,这决定了在证券公司培育践行社会主义核心价值观必须创新宣传引导手段。结合证券公司员工特点和移动终端网络技术,采用案例教学、情景教学、互动交流等方式,借助微信公众号、网络学习平台等技术手段,调动员工的主观能动性,将培育践行社会主义核心价值观融入员工日常工作、学习、生活当中,是较为理想的宣传引导路径。

5. 营造氛围路径

问卷调查结果显示,51.15%的员工认为公司内部工作氛围是证券公司培育践行社会主义核心价值观的最重要影响因素之一。良好的工作氛围有助于增强人际关系的融洽,提高群体内的心理相融程度,从而产生巨大的心理效应,激发员工培育践行社会主义核心价值观的积极性。证券公司应充分利用公司内外部各类媒体加大宣传力度,党员领导干部率先垂范,鼓励广大员工积极学习社会主义核心价值观的价值内涵,在日常工作中积极践行社会主义核心价值观的各项要求,为培育践行社会主义核心价值观营造良好的工作氛围。

6. 模范典型路径

模范带动和塑造典型也是证券公司培育践行社会主义核心价值观的有效路径之一。一是充分发挥党员领导干部的先锋模范作用,党员领导干部身体力行,用实际行动作表率、立标杆,成为其他员工的榜样,影响和带动周围的员工群众共同培育践行社会主义核心价值观。二是通过生动的先进典型和模范事例来引导和带动其他员工,从而产生强烈的道德共鸣与价值认同。在公司内部广泛开展评优评先和先进表彰工作,在广大员工群体中树立先进典型人物,同时加大对先进典型人物及其事迹的宣传,从而达到感化和带动员工培育践行社会主义核心价值观的目的。

六、结束语

新时期下,培育践行社会主义核心价值观将成为证券公司今后相当长一段时期内企业文化建设与思想政治工作的重中之重。本次调研以万联证券培育践行社会主义核心价值观的具体实践为案例,通过问卷调查、个别访谈等方法,探索了证券公司培育践行社会主义核心价值观的影响因素,并有针对性地提出了培育践行社会主义核心价值观的四个保障与六条路径,希望能够为证券行业相关人员提供参考。

参考文献

[1] 王洪坤. 国有企业践行社会主义核心价值观的对策 [D]. 吉林大学, 2015.

[2] 赵果. 创新大学生社会主义核心价值观培育机制的路径探析 [J]. 思想教育研究, 2013 (11): 67—70.

[3] 张会军. 大学生践行社会主义核心价值观的路径探讨 [J]. 青春岁月, 2013 (22): 64—66.

[4] 刘峥. 大学生认同与践行社会主义核心价值观研究 [D]. 中南大学, 2012.

证券公司推进雷锋精神时代化与学雷锋活动常态化路径研究

——以万联证券为研究对象

张建军 王 青 韦 怡[*]

引言

50余年来，雷锋精神鼓舞了广大中国人民为了祖国的崛起而拼搏奉献，它是实现中华民族伟大复兴和中国梦的重要推动力量。作为特定时代的文化产物，雷锋精神所承载的深刻内涵具有与时俱进的现实意义。然而随着时代的发展，社会环境和人民生活都发生了翻天覆地的变化，雷锋精神于新生代而言逐渐固化为象征性的时代符号，对青年一代的指导意义有所弱化，因而如何推进雷锋精神的时代化与学雷锋活动常态化也成为近年来的热议话题。

证券公司作为金融中介机构，在引导直接投资和服务实体经济方面发挥着重要的作用。作为社会主义市场经济的参与主体，证券公司具有从业人员年轻化、工作内容专业化、创新发展多元化、经营发展市场化等特点，如何在证券公司推进雷锋精神建设成为证券公司更好地发挥服务实体经济发展作用的内生需求。

本文从雷锋精神的时代内涵在证券公司的具体体现出发，以万联证券股份有限公司为例，通过问卷调查并结合个人访谈的方式，深入了解证券公司员工对雷锋精神时代化的认知及践行情况，进而探索在证券公司推进雷锋精神时代化和学雷锋活动常态化的有效路径。

---

[*] 作者单位：万联证券股份有限公司。原载于《中国证券》2018年第6期。

一、绪论

（一）选题背景

雷锋精神产生于20世纪60年代，带有时代特有的革命化特征。然而，自改革开放以来，我国的社会环境发生了翻天覆地的变化，社会主义市场经济在稳步推进的过程中不可避免带来了一系列矛盾，同时在全球化背景下，西方的自由主义、商品主义思潮也对国民精神领地形成持续冲击，在这样的背景下，全社会呼唤雷锋精神的回归。2012年，中共中央办公厅印发《关于深入开展学雷锋活动的意见》，明确指出"深入开展学雷锋活动，推进学雷锋活动常态化"，在社会上掀起了学习雷锋精神时代化和常态化的热潮。

而新的时代形势对雷锋精神的建设工作也提出了新的要求：应该在保持雷锋精神本质不变的前提下，根据当今时代的特点，调整其内涵和外延，使其能在当下更好地引导人们的思想，被更多的人接受和认可，促进学雷锋活动的常态化，从而使其在社会主义核心价值观的建设过程中发挥更为重要的作用。

在全社会深入学习雷锋文化的浪潮中，证券公司作为国民经济特别是实体经济发展的重要推手理当做出表率，积极主动地将雷锋精神与企业文化和企业特质相结合，包括：将雷锋精神中对党和社会主义事业的崇高信仰与证券公司助力供给侧结构性改革相结合；无私奉献精神与证券公司注重团队协作、工作强度高的特点相结合；爱岗敬业精神与证券公司的工作专业性强、注重风险管理的特点相结合；学习钻研精神与证券公司的知识密集型、学习型组织的特点相结合；艰苦奋斗精神与证券公司从业人员年轻化、工作目标物质导向强的特点相结合；开拓创新精神与证券公司创新发展多元化、行业竞争发展的趋势相结合。通过雷锋精神与企业文化的有机融合，证券公司可以构建有效机制，让公司员工充分学习和理解雷锋精神的时代化内涵，并将其融会贯通，形成在工作中、生活中学雷锋的常态机制。

（二）雷锋精神的时代化内涵

雷锋精神的时代化内涵是雷锋精神在不断演化、适应时代特点的过程中发展出的新的内容和含义。具体而言，可以解读为以下几个方面：

1. **热爱党、热爱社会主义的崇高信念**

对于中国共产党和社会主义的坚定信仰是雷锋精神的本质。在全面推进现代化建设、实现中国梦的当今时代，这种崇高的信念体现为对中国共产党领导地位的拥护，坚持走中国特色社会主义的决心。证券公司应当坚定社会主义崇高信仰，适应新时代的变化，切实加强企业党建工作。同时，证券公司员工也应当主动提高思想高度，以雷锋同志为榜样，积极向党组织靠拢，培养崇高的责任感，以促进我国金融市场发展、社会生产力和人民生活水平为自身使命。

2. **无私奉献精神**

无私奉献、全心全意为人民服务是雷锋精神的核心、主要体现为先人后己的集体主义观念、助人为乐的友善作风。作为提供专业化服务的金融企业，为客户提供优质服务是证券公司经营的落脚点，证券公司员工都应该坚持无私奉献精神，摆正个人利益与集体利益、客户利益的关系，坚持将公司、客户的利益摆在首位，团结协作，充分发挥团队协同效用，为客户提供优质服务,为公司创造价值。

3. 爱岗敬业精神

对于工作的重视,"干一行爱一行"是雷锋精神的精华,主要体现为甘居平凡岗位、勤勉敬业、热爱本职工作的"螺丝钉精神"。证券公司各项业务的高专业度、各业务条线之间存在的专业壁垒,使得证券公司员工在同一个工作领域进行深耕细作成为常态。同时,由于证券业务的高风险特征,基层员工的工作责任心对于各项业务的健康发展发挥着非常重要的作用,这就需要证券公司员工能够践行爱岗敬业精神,恪尽职守,在平凡的岗位上精益求精,不断提升服务水平。

4. 艰苦奋斗精神

勤俭节约、发愤图强是雷锋精神的关键要素。在过去国家经济不发达的情况下,以雷锋为代表的革命先驱们,正是本着这种精神,克服了物质条件匮乏的困难。证券行业属于"朝阳行业",从业人员普遍较为年轻,大多没有经历过国家经济困难的时代,对勤俭节约的认识不够深刻,加之证券工作与金钱货币的原生性联系,青年员工容易受到享乐主义影响,养成过度消费的习惯。根据中国证券业协会《2016年证券行业人力资源管理研究报告》,证券行业35岁以下(含)从业人员占比由2014年的60.96%提升至2016年的65.53%。因此,证券公司员工更应学习、弘扬艰苦奋斗的创业精神,在工作中廉洁奉公,生活中克勤克俭,抵制挥霍奢侈。

5. 学习钻研精神

对于学习的珍视和刻苦钻研是雷锋精神的延伸,在革命年代,雷锋同志秉承"钉子精神"苦练革命本领。而在当今这个知识经济时代,终身学习已经成为每个人适应社会发展的需要,也是每个人应当树立的观念。证券行业是知识密集型行业,专业性强,知识迭代快,对于从业人员的知识水平和专业技能有着较高的要求,因此,证券公司应当在公司内营造良好的学习氛围,为员工提供充分的学习机会,而证券公司员工也应当把握并主动创造学习机会,积极学习相关知识,并在工作中总结提炼经验,更新升级知识储备。

6. 创新进取精神

志存高远、勇于创新是雷锋精神在新时代的体现。如今是一个大发展、大变革的时代,党和国家提出了建设创新型国家的宏伟目标,把增强自主创新能力作为国家发展的战略基点。近年来,证券行业逐渐由规模驱动向创新驱动转型,行业竞争加剧,产品创新、经营模式创新和组织创新都成为行业内的焦点。各项创新业务的发展在为各证券公司提供新的利润增长点的同时,也要求证券公司员工能够秉承开拓进取精神,打破固有思想牢笼,锐意进取,以创新发展的眼光对待自己的工作,优化工作流程,改进工作模式,以创新加快自身的进步。

二、调查方法

本次调研的主要调查方法为问卷调查法和个别访谈法。选取了万联证券员工为调查样本,以在线电子问卷的方式调查他们对雷锋精神时代化的认知、践行情况以及参与学雷锋活动的常态化情况。此次调查共收到有效问卷374份。从回收的问卷来看,本次调查对象的年龄、性别、学历等特征分布较为均衡。性别方面,男性员工占比为52.94%,女性员工为

47.06%；年龄方面，20—30岁（含30岁）占比为57.22%，30—40岁（含40岁）占比为24.87%，40岁以上占比为17.65%；学历方面，硕士及以上学历占比为23.8%，本科学历占比为62.03%，大专及以下学历占比为14.17%。

三、调查结果分析

（一）证券公司员工对雷锋精神及其时代化的认知情况分析

1. 证券公司员工对于雷锋精神的了解情况分析

调查结果显示，证券公司员工对于雷锋精神较为了解。从对雷锋及雷锋精神的了解程度来看，选择"非常了解"和"比较了解"的占比分别达到了14.40%和55.73%（见图1）。从对学雷锋日及毛主席为雷锋同志题词的验证性问题来看，也分别有77.27%和73.36%的调查对象选择了正确答案。

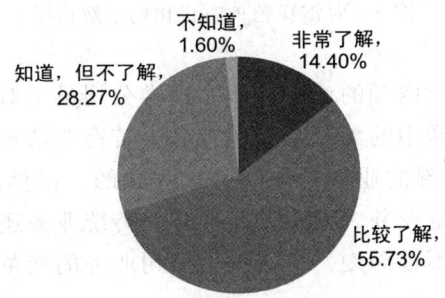

图1 对雷锋精神了解情况

结合年龄因素来看，40岁以上的员工对雷锋精神了解程度最高，其次是30—40岁（含40岁）的员工，而20—30岁（含30岁）的员工对于雷锋精神的了解程度最低（见图2）。这说明在近几十年社会的发展历程中，雷锋精神的宣传力度有所减弱，造成人们对于雷锋精神的关注和了解有所降低，因此，证券公司雷锋精神建设工作应该更加关注对于青年员工的教育培养。

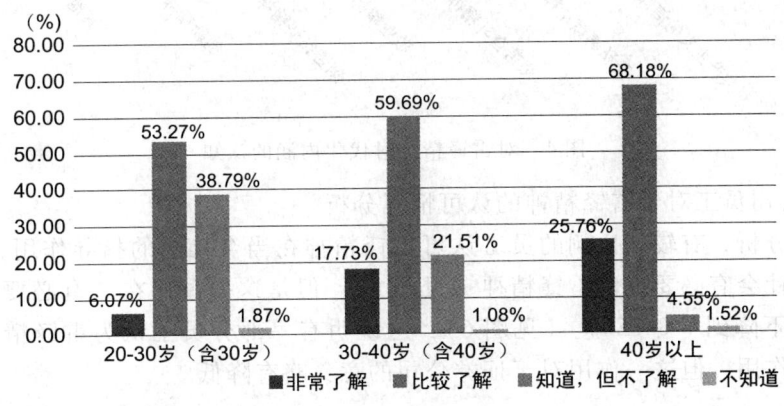

图2 年龄段与对雷锋精神了解程度交叉分析

2. 证券公司员工对于雷锋精神时代化了解情况分析

对于雷锋精神时代化，证券公司员工的了解程度不甚理想，选择"非常了解"和"比较了解"的占比为10.13%和45.87%，而选择"知道，但不了解"的占比达到了39.73%（见图3）。

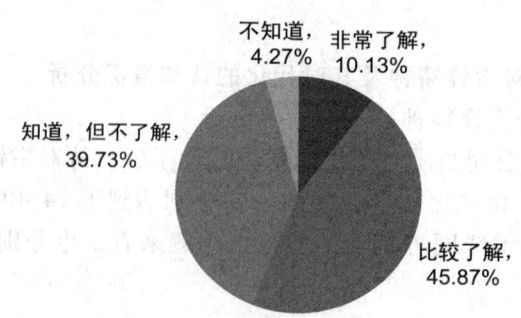

图3 对雷锋精神时代化的了解情况

从员工对雷锋精神时代化内涵的认知来看，证券公司员工对其的理解不够全面，他们更多地关注雷锋精神时代化内涵中的无私奉献精神和艰苦奋斗精神，对开拓创新精神的关注度不够（见图4）。这与万联证券的业务发展路径是一致的，虽然近年来万联证券加快了业务创新的步伐，但总体来看经纪业务、投资银行业务等传统业务还是占据主要地位。因此，员工们对于创新精神的感受还不够深刻，可以说，公司业务的变革创新以及员工创新意识的培养，仍然有很长的路要走。

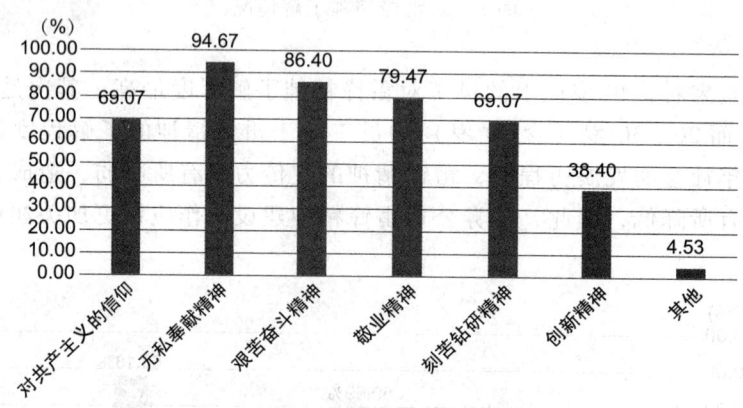

图4 对雷锋精神时代化内涵的认知

3. 证券公司员工对于雷锋精神的认可情况分析

根据统计分析，有较高比例的员工认可雷锋精神在当今社会的指导作用，91.73%的员工认为在当今社会有必要提倡雷锋精神（见图5）。但是这一占比在"有必要在证券公司提倡雷锋精神"下降到了84.80%（见图6），这说明有一部分员工认为雷锋精神对于社会起着重要的指导作用，但这一作用对于证券公司的意义略有降低。

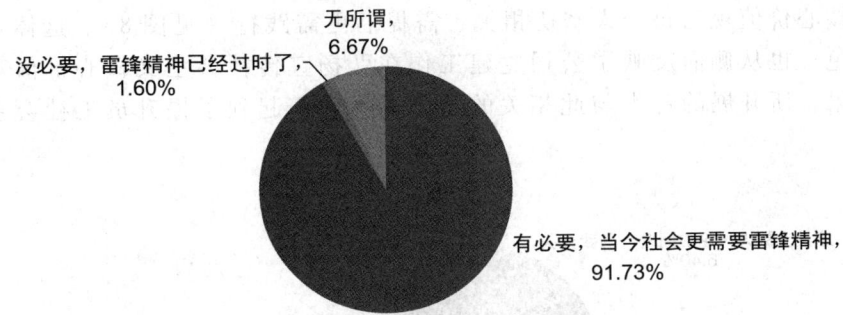

图 5　对在当今社会提倡雷锋精神的看法

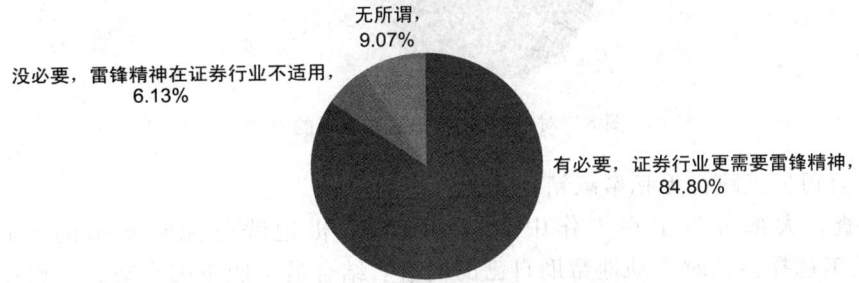

图 6　对在证券公司提倡雷锋精神的看法

4. 证券公司员工对雷锋精神时代化认可情况分析

具体到证券公司应该弘扬雷锋精神时代化的哪方面内涵，员工们最认可的是敬业精神，选择占比达到了86.93%，反映了员工对于敬业精神在工作中起到的促进作用持明显的肯定态度；其次是艰苦奋斗精神，选择占比为62.4%；而占比最低的是创新精神，为45.07%，进一步印证了创新精神在公司员工中尚未引起足够的重视（见图7）。

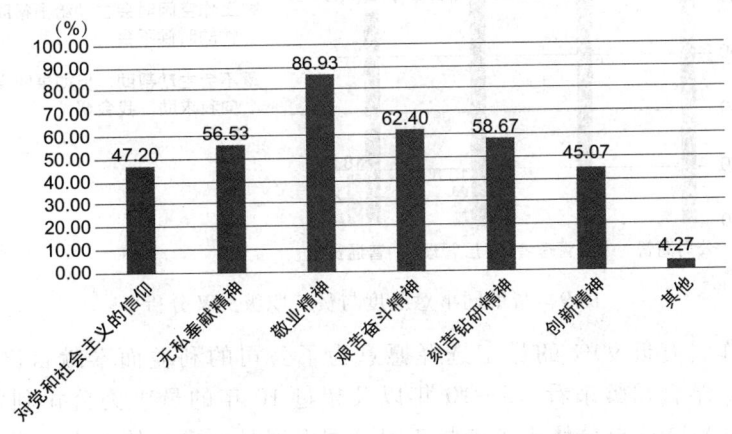

图 7　证券公司应该弘扬的雷锋精神时代化内涵

（二）证券公司员工践行雷锋精神时代化情况分析

1. 证券公司员工对党和社会主义信仰的情况分析

调查显示，有较高比例的公司员工对于党和社会主义有坚定的信仰，90.4%员工认为社会主义核心价值观与每个人密切相关，需提倡更需践行（见图 8）。这体现了万联证券的国企特色，也从侧面反映了公司党建工作在弘扬宣传社会主义核心价值观方面取得了显著的效果，所开展的各类与此相关的党建活动确实起到了提升员工社会主义理想信念的作用。

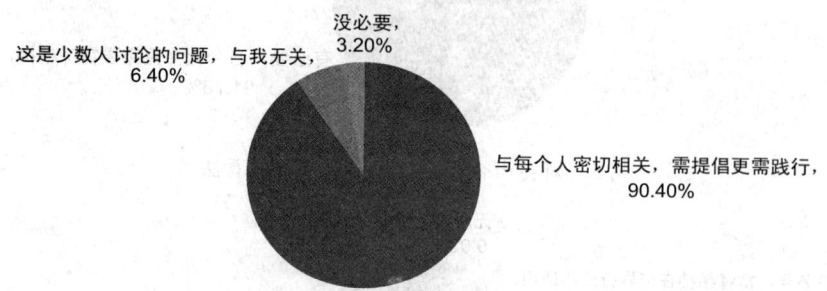

图 8　对社会主义核心价值观的看法

2. 证券公司员工践行无私奉献精神情况分析

根据调查，大部分员工在工作中能较为主动积极地践行无私奉献的雷锋精神，有 78.67% 的员工选择会及时主动地帮助自己的同事。结合员工职级因素来看，相较普通员工，管理层员工有更强的意愿主动给予同事帮助（见图 9），这体现了管理层具有较强的职业素养，能够乐于分享，为下属员工的发展提供指导。

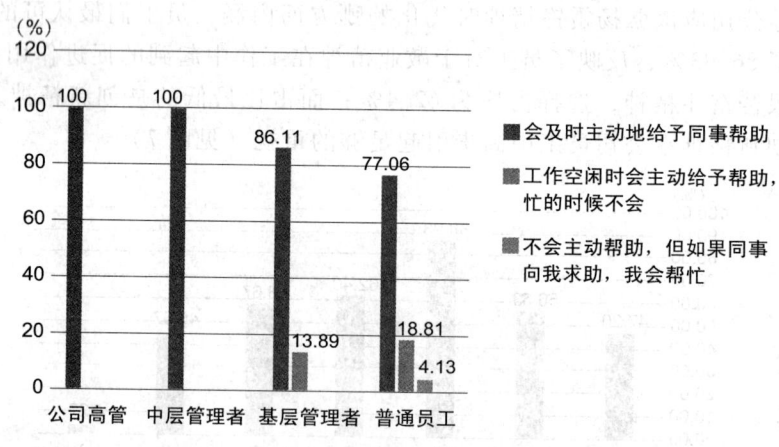

图 9　帮助同事意愿度与员工职级交叉分析

对于额外工作，有近 90% 的员工选择愿意为了公司的利益而奉献自己的时间和精力，承担额外的劳动。结合司龄来看，5—10 年以及超过 10 年的员工为公司利益付出劳动的意愿度最高（见图 10），这充分体现了老员工对公司发展具有更强的主人翁意识。

3. 证券公司员工践行爱岗敬业精神情况分析

在工作中，公司员工对于本职工作有较强的责任心和较高的投入度，多数员工（61.60%）仅在非常紧急的情况下占用工作时间处理个人事务，从不在工作时间处理个人事务的员工也达到了 24.80%（见图 11）。这也从侧面反映了公司员工日常的工作强度较大，需要集中精力投入岗位工作。

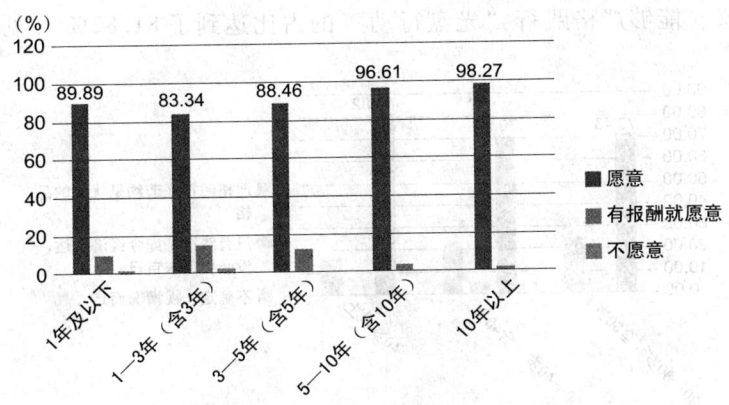

图10　额外劳动意愿度与司龄的交叉分析

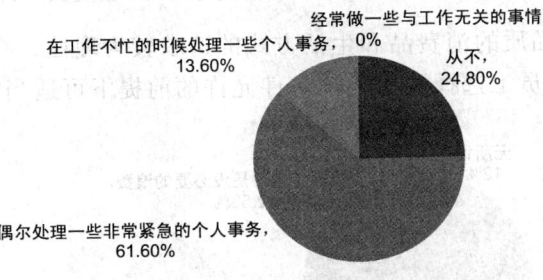

图11　在工作期间处理个人事务的情况

虽然公司员工对自身的工作有着较强的责任心，但是在对工作本身的兴趣方面，员工中的主流态度是较为中立的，65.33%的员工认为自己的工作不算有趣，但也不算枯燥。

在面对重复的工作时，选择发挥主观能动性、优化工作流程、争取做出新成绩的员工占了73.33%，而22.13%的员工选择任劳任怨地工作，不出工作纰漏。结合员工年龄因素分析，30—40岁的员工有着最强的意愿主动改善工作流程，取得工作成绩，反映了这群处在职业生涯黄金期的员工强烈的成就动机。而40岁以上的员工，受传统工作理念的影响，更倾向于兢兢业业地做好手头的本职工作（见图12）。

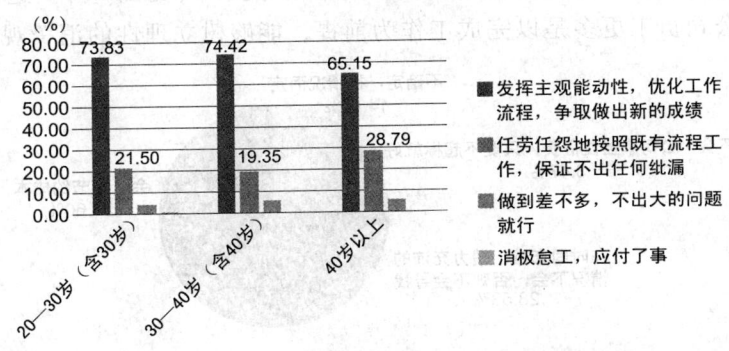

图12　面对枯燥工作的态度与员工年龄交叉分析

4. 证券公司员工践行艰苦奋斗精神情况分析

公司员工在生活中大多能弘扬艰苦奋斗的精神，避免无谓的浪费。调查显示，有73.87%的员工能严格践行"光盘行动"。结合年龄因素来看，40岁以上的员工更能理解勤俭节约的重要意义，能够严格践行"光盘行动"的占比达到了81.82%（见图13）。

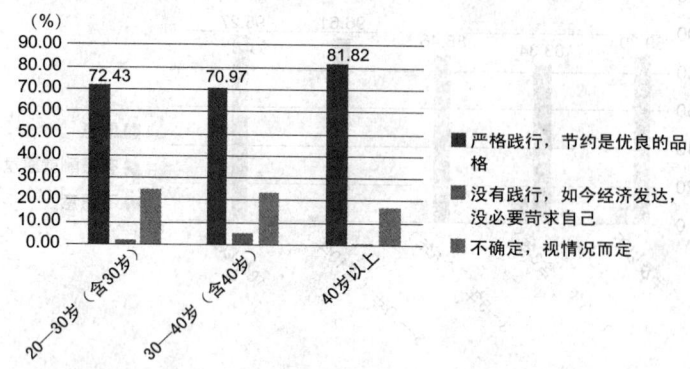

图13　践行"光盘行动"情况与员工年龄交叉分析

证券公司员工对高品质的消费品和生活方式的追求较为理性，在对名牌服饰、奢侈品的态度调查中，73.33%的员工选择了在经济条件允许的前提下可适当追求（见图14）。

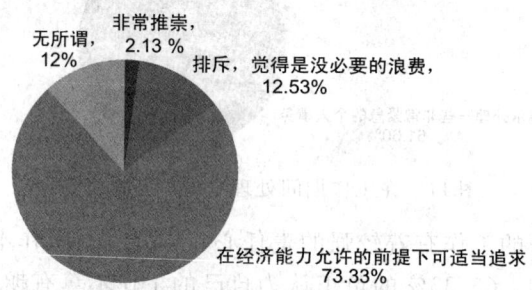

图14　对名牌服饰、奢侈品的态度

在工作中，员工们也愿意在条件允许的情况下尽量为公司节省成本，减少开支。在问题"您在外地出差时，在其他条件相似的前提下，您会主动寻找价格较低的酒店入住吗？"的调查结果中，53.60%的员工选择了"是，可以为公司节省成本。"但也有28.53%的员工选择了"在时间充裕，精力充沛的情况下会，否则不会寻找"（见图15）。这说明在艰苦奋斗精神的践行上，公司员工更多是以完成工作为前提，能够树立理性的消费观念。

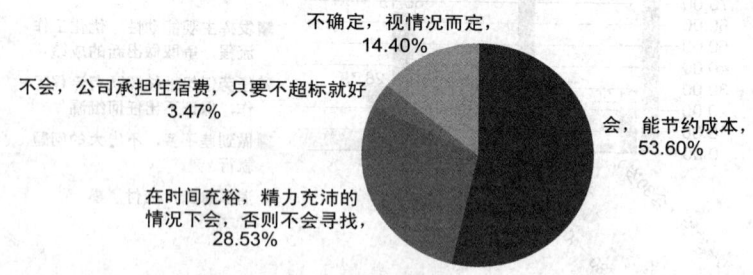

图15　在外地出差时是否会寻找价格较低的酒店入住

5. 证券公司员工践行学习钻研精神情况分析

在对于学习的态度方面，有95.45%的员工认为学习在工作和生活中非常重要，这也验证了知识储备在证券行业的重要性。

在学习的方式上，能够做到"主动寻找学习资源，如阅读书籍、主动参加培训"的员工数量占比为86.67%，还有13.33%的员工选择了"按照公司安排参加与工作相关的、必要的培训就好"。结合员工学历情况分析，学历越高的员工学习主动性越强，而学历越低的员工越强调学习与工作的关联性和必要性（见图16）。这与员工的职位特点有关，在证券公司，硕士及以上学历多集中在证券公司总部，所从事的工作往往需要应用到综合性知识；而大专等学历的员工多数从事营销等一线工作，工作内容以接触客户为主，知识储备范围和晋升发展渠道较为单一，因此他们更倾向于获取能直接有益于本职工作的知识，以提高工作效率。

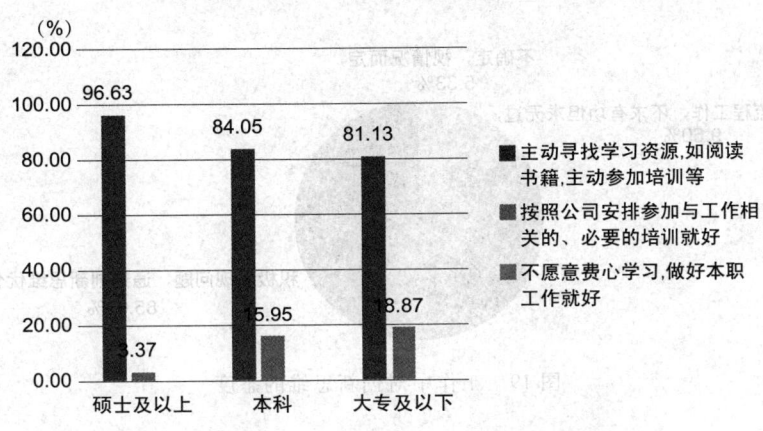

图16 学习方式与员工学历交叉分析

而在调查公司培训情况中，有65.78%的员工认为公司的培训力度足够（见图17）。在对选择"勉强可以"和"不满意"的员工进行访谈后发现，其不满意的原因主要集中在培训内容与工作不够贴近、形式乏味上（见图18）。

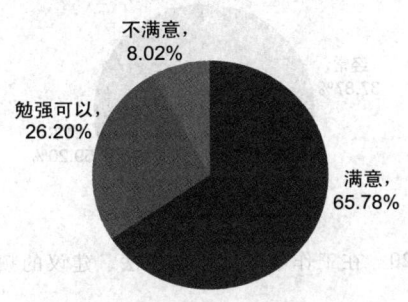

图17 对公司培训的满意度

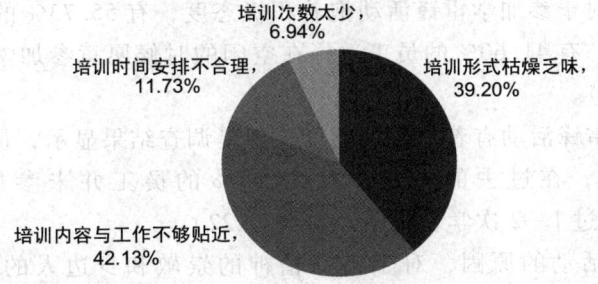

图18 对培训不满意的原因

结合时间来看,万联证券每年组织的内外部培训达到300余场,涵盖公司各业务条线和职能管理条线,辅以在线课程培训,培训的覆盖范围和频率能够满足员工的现有需求。而在培训形式上,公司各类培训仍以讲师授课为主,培训的互动性和参与性不够,培训形式相对单一,不能有效满足员工的多样化需求。

6. 证券公司员工践行开拓创新精神情况分析

在创新精神方面,调查显示,有85.07%的员工在工作中能够积极运用创新思维,优化工作流程(见图19)。

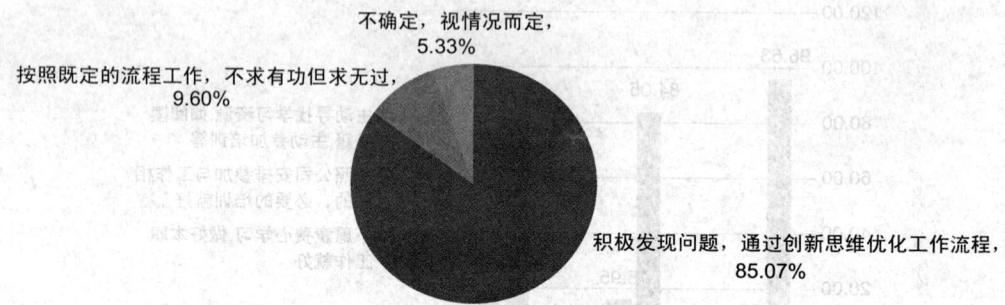

图19 工作中对创新思维的态度

但是,员工对于创新成果的主动表达意愿上却有所欠缺,仅有37.87%的员工能够做到经常主动向领导和同事提出创新的想法和建议,而59.20%的员工只能做到偶尔向领导和同事表达创新想法和建议(见图20)。

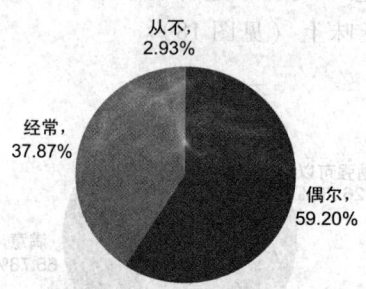

图20 在工作中表达创新想法、建议的频率

(三)证券公司员工参加学雷锋活动的常态化情况分析

调查显示,员工对于参加学雷锋活动抱着积极态度,有55.73%的员工认为学雷锋活动很有意义,愿意参加,有41.60%的员工选择在空闲的时候愿意参加学雷锋活动,忙的时候不愿意参加(见图21)。

虽然对于参加学雷锋活动有着积极的态度,但是调查结果显示,员工实际参与学雷锋活动的情况却不甚理想,在过去的一年,有51.47%的员工并未参加过学雷锋活动,有40.53%的员工仅参加过1—2次学雷锋活动(见图22)。

关于参加学雷锋活动的原因,对于雷锋精神的崇敬和身边人的带动占比最高,达到67.47%以及54.93%,而公司的大力倡导占比仅为39.73%(见图23)。可以看出,雷锋精

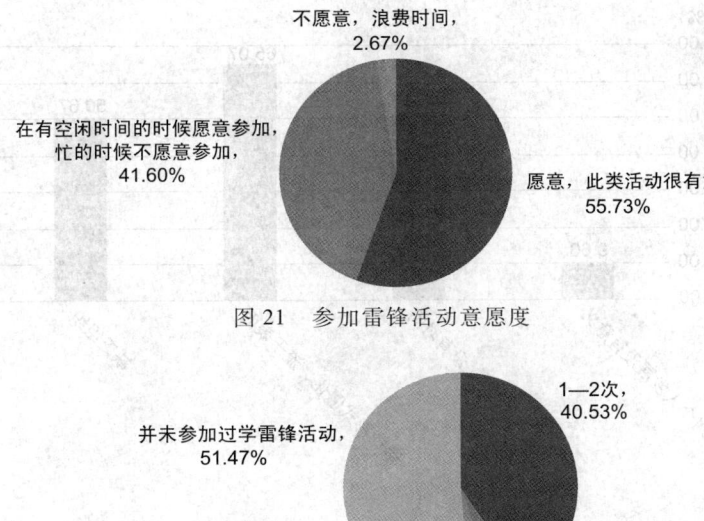

图21 参加雷锋活动意愿度

图22 过去一年参加学雷锋活动情况

神本身的魅力和榜样带动作用在吸引大家参加雷锋活动中起着重要的作用。

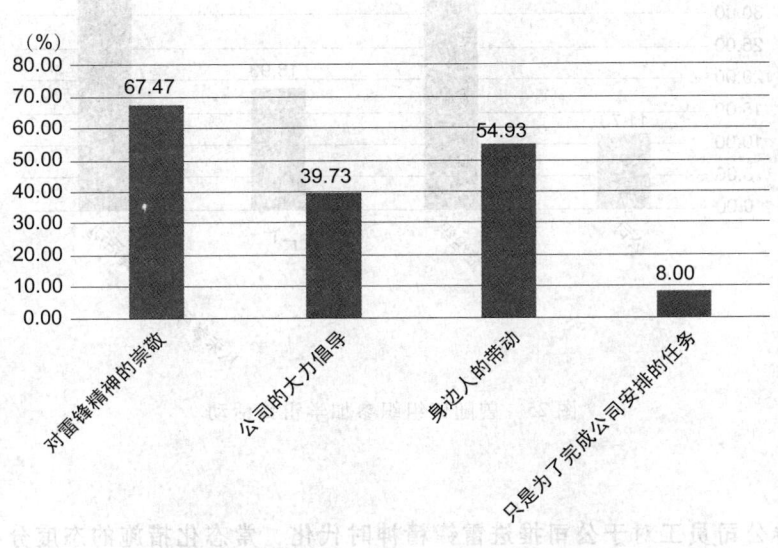

图23 参加学雷锋活动的原因（多选）

而从制约员工参加学雷锋活动的因素来看，影响最大的是活动形式僵化、流于表面，占比达到了65.07%（见图24），这也反映了如今学雷锋活动亟待创新形式，以增强吸引力。

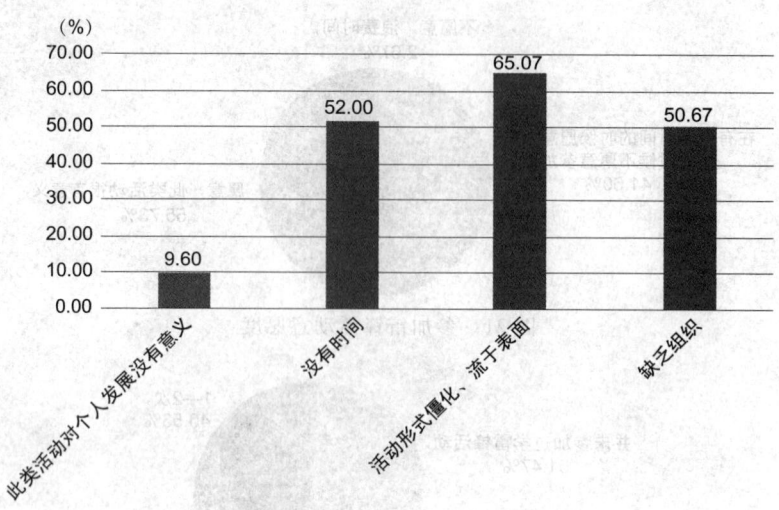

图 24　制约参加学雷锋活动的因素（多选）

而在"曾随何种组织参加学雷锋活动"的调查中，选择"公司"的员工仅为 11.73%（见图 25），反映了公司在组织学雷锋活动中的引导作用还有待进一步加强的现状。

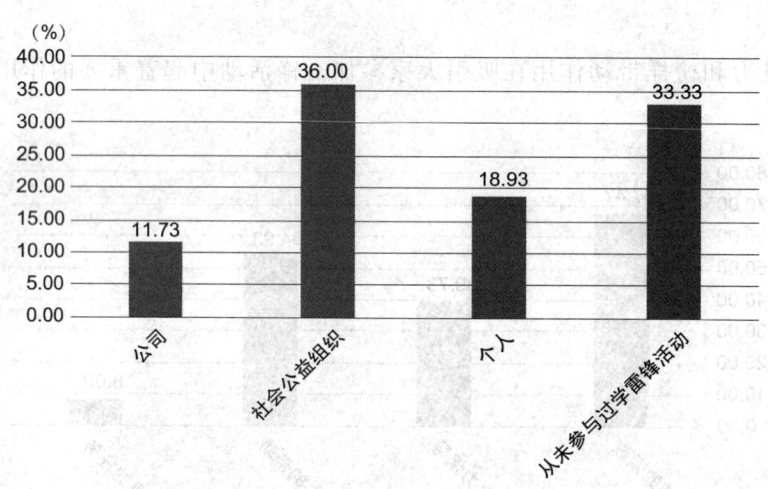

图 25　曾随何组织参加学雷锋活动

（四）证券公司员工对于公司推进雷锋精神时代化、常态化措施的态度分析

调查显示，对于证券公司雷锋精神时代化、学雷锋活动常态化建设，员工们大多持理性的支持态度，52.8%的员工认为应当在做好本职工作的前提下予以关注，而能够旗帜鲜明地支持公司推进雷锋精神时代化的员工占比达到了 44%（见图 26）。

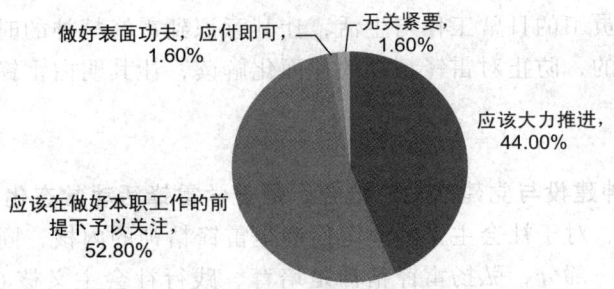

图26　对公司推进雷锋精神时代化、常态化的态度

而具体到各项推进措施，员工最认可的是将雷锋精神与党建活动相结合，强化员工社会主义信仰，选择占比达到了60.27%；其次，员工较为注重宣传机制的建立、主题培训的教育作用以及先进榜样的示范作用，选择通过新媒体宣传、通过宣传栏宣传、通过公司内部文章宣传、树立先进典型、开展主题培训等措施的比例都超过了50%；另外，员工们也希望公司能够提供践行雷锋精神时代化的环境和条件，选择鼓励员工创新、广泛开展公益活动的员工占比都超过了40%；而对于举办雷锋精神座谈会此类互动性较低的措施，员工的认可度较低，选择占比不超过20%（见图27）。可以看出，证券公司员工更注重雷锋精神时代化建设与工作生活的有机融合，对于形式化的推进措施接受度较低。

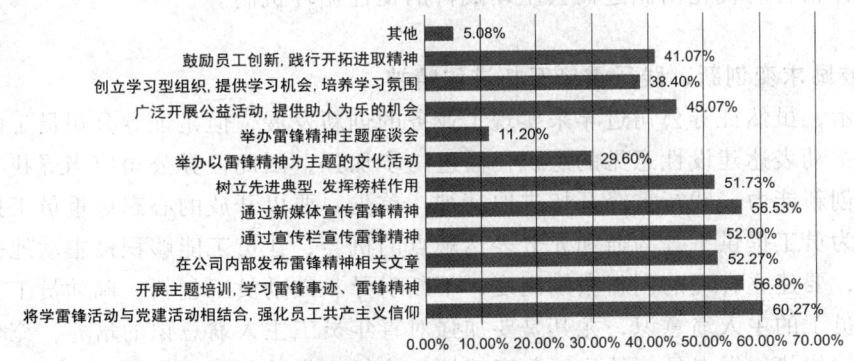

图27　对于推进雷锋精神时代化、常态化具体措施的认可度（多选）

四、对策建议

（一）充分利用各类宣传渠道，引导员工正确认识雷锋精神的时代化内涵

思想是行动的先导，对于雷锋精神时代化的正确认识是践行雷锋精神时代化、推进学雷锋活动常态化的重要前提。然而，调查发现，证券公司员工对于雷锋精神时代化内涵了解不够全面、深入，对证券公司应该弘扬的雷锋精神更多集中在无私奉献精神、爱岗敬业精神和艰苦奋斗精神。因此，证券公司应该开展雷锋精神时代化内涵主题培训，加强宣传教育，提升全体员工的雷锋精神丰富内涵的全面认知。

同时，针对调查中体现的青年员工对雷锋精神认知不足的问题，证券公司应特别注重对于青年员工的培训教育，结合青年员工重视自身价值诉求、注重参与体验的思想特点，利用微博、微信公众号等现代化媒介宣传雷锋精神，抢占网络舆论阵地，将雷锋精神时代化、常态化的主题融入公司员工的日常工作与生活，让其意识到雷锋精神的时代化内涵是和我们的工作与生活密切相关的，防止对雷锋精神的片面化解读，让其明白雷锋精神历久弥新、永不过时的魅力之所在。

（二）将雷锋精神建设与党建活动相结合，提升学雷锋活动常态化的参与体验

对于中国共产党、对于社会主义的坚定信仰是雷锋精神的内核，同时，雷锋精神也是中国共产党伟大精神的一部分，弘扬雷锋精神是培育、践行社会主义核心价值观的重要途径，二者相辅相成。因此，在目前企业加强党建工作，坚持发挥企业党组织领导核心和政治核心的背景下，应当将雷锋精神时代化建设与企业党建工作有机结合，把雷锋精神建设活动与证券公司基层党组织创先争优活动、创建学习型党组织活动、党员结对帮扶活动等党建活动相结合，以此强化公司员工对于党和社会主义的信仰，提升对雷锋精神的认知和认同。

调查显示，学雷锋活动内容僵化、流于表面是目前学雷锋活动普遍存在的问题，也是目前阻碍证券公司员工参加学雷锋活动的重要原因。因此，证券公司应当结合自身特点，优化学雷锋活动的形式，提升活动的参与体验，一方面能够让员工更好地理解雷锋精神的时代化内涵，让雷锋精神真正成为员工积极发挥专业优势，进而为公司稳健发展和提升客户服务水平积极贡献力量的精神支柱；另一方面，也能够让学雷锋活动成为具有吸引力的实践体验，形成理解雷锋精神时代化内涵进而去主动践行的良性循环机制。

（三）鼓励求变创新，践行雷锋开拓进取精神

调查显示，虽然证券公司近年来实现了业务的创新发展，但是证券公司员工的主动创新意识尤其是主动表达建设性意见的意识仍需进一步加强，因此证券公司应当寻找有效方法以培养员工的创新能力，践行雷锋开拓进取精神。首先，要以开放的心态尊重员工提出的新想法和建议，为员工提供平等沟通和充分表达观点的机会，让员工能够积极主动地去表达个人意见；其次，要建立合理的创新激励制度，不断引导、鼓励员工创新，调动员工积极性；再次，要强化员工的主人翁意识，尤其是要加强对青年员工主人翁意识的培养，充分发挥员工队伍年轻化的优势，以老员工的乐于分享精神为依托，带动公司内部形成更具活力的学习型氛围，让员工的锐意进取精神和证券行业的创新发展有机结合，提升证券公司的专业化服务水平。

五、结束语

推进雷锋精神的时代化与学习的常态化，不仅是证券公司顺应时代潮流的重要举措，也是证券公司提升自身综合竞争实力的客观需求。本文以万联证券为例，通过问卷调查，结合个人访谈，探索了证券公司推进雷锋精神时代化、学雷锋活动常态化的有效机制，希望能够为雷锋精神历久弥新提供参考。

参考文献

[1] 中共中央办公厅：关于深入开展学雷锋活动的意见 [J]. 思想政治工作研究，

2012 (3).

[2] 黄中平. 雷锋精神时代化与学雷锋活动常态化 [J]. 求是, 2012 (11).

[3] 中宣部、中央文明办负责同志就"弘扬雷锋精神, 开展志愿服务"答记者问 [J]. 思想政治工作研究, 2012 (3).

[4] 唐凤云, 张溁麟: 论雷锋精神与社会主义核心价值体系建设 [J]. 社会主义研究, 2012 (4).

[5] 雷锋精神的时代意义和践行路径 [J]. 道德与文明, 2012 (2).

坚持正统正规正道　推动发展行稳致远
——南京证券精心打造"三正"企业文化品牌

步国旬　李剑锋　陈　晏　王浩然[*]

南京证券，1990年12月与共和国证券市场同年同月生，是中国第一批专业证券经营机构。成立27年来，在市场的潮起潮落和行业的跌宕起伏中，一路栉风沐雨，稳步向上，逐步形成正统、正规、正道的企业文化体系，具体包括：打造"规模适度、平台高效、业绩显著、特色鲜明"的一流现代金融企业的愿景，"报效祖国、回报股东、厚待员工、奉献社会"的核心价值观，"稳健、规范、勤俭、和睦"的企业精神，"以人为本、以心为桥、以诚为基、以德兴业"的经营宗旨，"实事求是、艰苦朴素、雷厉风行、逢旗必夺"的团队作风，"特别能吃苦、特别能战斗、特别能奉献"的团队精神等。并将之贯穿到企业经营管理和改革发展的各方面、全过程，在潜移默化、耳濡目染中使广大员工"入眼、入脑、入心、入行"，形成了独特的企业核心竞争力，推动公司创造了全国证券行业唯一一家成立27年来持续盈利、从未亏损、稳定回报的良好经营业绩，成为行业首家获得"全国文明单位""全国五一劳动奖状"的证券公司，获得"全国企业文化优秀奖""全国金融系统企业文化建设标兵单位"，连续17年获得"江苏省文明单位"，连续18年获得"南京市文明单位"，先后获得江苏省和南京市"国有企业创建'四好'领导班子先进集体""先进基层党组织"等荣誉称号。

一、建设"三正"企业文化的主要背景

一是面对中国资本市场的持续发展，行业的思想灵魂与发展步伐脱节，迫切需要我们塑造"灵魂"，加强思想建设。作为中国资本市场的重要组成部分，伴随着中国资本市场的建

---

[*] 作者单位：南京证券股份有限公司。原载于《中国证券》2018年第6期。

设和发展，证券行业用短短的 20 余年时间走过了发达国家 100 多年的建设历程，发展速度之快，取得成就之大，前所未有。近年来，虽然证券行业改革力度越来越大，法律法规越来越健全，监管也越来越严格，但还是存在"行业跑得太快、思想跟不上发展步伐"的问题，违规违法现象依然存在，大案要案也时有发生，经营风险和道德风险始终挥之不去。其中原因是多方面的，但从长远看，构建正统、正规、正道的企业文化，依法合规审慎经营，义利兼顾，以义为先，无疑是破解这一难题的重要途径之一。

二是面对证券行业的自身特点，先天优势与先天不足并存，迫切需要我们塑造"形象"，加强行业自身建设。众所周知，我国证券行业是一个"新型+转轨"的朝阳行业，与国外成熟市场的券商相比还不成熟；是一个年轻人居多的"黑发"行业，充满活力、朝气蓬勃，但"阅历少、社会经验缺乏"；是一个高学历、高智商群聚的"智本"行业，可塑性强，需要正确引导和教育；是一个高投入、高回报、高风险的金融子行业，蕴涵着较高的经营风险和道德风险；是一个十分敏感的金融服务中介行业，与千家万户和亿万投资者的切身利益密切相关。这些行业特点要求我们通过建设正统、正规、正道的企业文化塑造证券行业良好形象，引导从业人员规范执业，树立良好的职业道德，形成企业无形的核心竞争力，在防范经营风险的同时防范道德风险，确保企业基业长青。

三是面对国有企业的历史使命，保持"国企为国""国企为民"本色，迫切需要我们始终坚持党的领导，加强政治工作。南京证券作为一家国资占比高达 81.84% 的国有控股企业，坚持党的领导、加强党的建设，历来是公司的光荣传统。近年来，南京证券紧贴行业实际，坚定不移地强化公司党委的领导核心和政治核心作用，加强基层党组织建设，重视发挥思想政治工作这个"传家宝"优势，不断把党的政治优势内化为企业的核心竞争力，始终走在证券行业又好又快发展的前列。实践充分表明，在我国金融业全面开放渐行渐近的激烈竞争态势下，只有坚持正统、正规、正道的企业文化，把党的建设、思想政治工作同企业经营发展相结合，不断保持国有企业的传统优势，才能在激烈的市场竞争中站稳脚跟、做强做优做大。

二、"三正"企业文化的基本内涵

正统就是坚持党的领导、加强党的建设，始终保持国企本色。中国特色社会主义最本质的特征是中国共产党的领导，中国特色社会主义制度的最大优势是中国共产党的领导。国有企业作为中国共产党执政兴国的重要支柱和依靠力量，理所当然要坚持党的领导，持续加强和改进党的建设，始终保持这一独特优势。因此，南京证券始终牢记国有企业姓"国"、核心在"党"，把坚持党的领导、加强党的建设作为国有企业的优良传统和政治本色，把企业党建作为在波涛汹涌的资本市场扬帆远航的"定海神针"，做到不管面临什么艰难险阻、不管遇到什么大风大浪，都始终坚持党的领导，自觉加强党的建设，坚决贯彻落实党中央决策部署，努力服务于国家发展战略，切实维护金融稳定和国家金融安全，保护投资者合法权益，逐步形成了"报效祖国、回报股东、厚待员工、奉献社会"的企业核心价值观。

正规就是依法合规、审慎稳健，经营管理规范有序。改革开放以来，无数成功和失败的案例告诉我们：任何企业想要有长足的发展，都必须在国家的法律法规和政策框架下遵纪守法、诚信经营、依法纳税、保护职工合法权益，这是社会对每一个企业最基本的要求。而对于年轻的中国证券市场来说,企业走正规经营的路子、坚持依法合规审慎经营,显得尤为重要。可以说,面对资本市场的风云变幻,依法经营、合规诚信是证券行业的生命线。因此,我们始终坚持走正规发展的道路,确立了"稳健、规范、勤俭、和睦"的企业精神,时刻将合规、稳健和控制风险放在第一位,坚持"小心驶得万年船"经营理念,违法违规的事情坚决不做、风险收益不相称的事情坚决不做、不明朗不确定的事情坚决不做。

正道就是义利兼顾、大道直行,积极履行社会责任。"大道之行也,天下为公"。一个公开公平公正、民主法治和谐的社会是企业生存和发展的必要条件。在社会主义市场经济条件下,企业作为自主经营、自负盈亏的市场主体,有着自己正当的权益和利益诉求,但必须始终牢记企业是社会中的企业,社会为企业提供了存在的空间,企业必须不断满足社会的需求,在为社会提供自己的服务中追求利润、实现价值。因此,在企业经营发展中,我们始终坚持走与社会共生共荣、融合发展的康庄大道,坚持义利兼顾、正道直行,既努力创造阳光利润,又大力推动社会进步,主动肩负起"为客户提供满意服务、为员工提供发展空间、为股东提供稳定回报、为社会做出应有贡献"的历史责任。

三、"三正"企业文化建设的具体实践

一直以来,南京证券党委坚持把正统、正规、正道的企业文化作为支撑企业发展的"利剑",作为打造百年老店的灵魂,作为团结、凝聚和激励员工与企业共命运的强大精神支柱,紧密结合行业特点和企业实际,组织成立企业文化建设领导小组,党委书记、董事长亲自抓,领导班子成员齐上阵,各单位负责人抓落实,不断在产品中蕴藏"三正"文化,在服务中凝聚"三正"文化,在管理中浸透"三正"文化,在实践中传承"三正"文化,努力推动公司持续健康发展。

(一)抓党建、强基础,不断发挥党的政治优势

一是充分发挥党组织的核心作用。完善公司党委会议事规则和"三重一大"决策程序,明确公司党委研究讨论是董事会、经理层决策重大问题的前置程序,重大经营管理事项须经公司党委研究讨论后,再由董事会、经理层研究决定。同时,通过优化组织设置、修订公司章程等方式,进一步明确公司党委和各分支机构党组织在决策、执行、监督等各环节的权责和工作方式,依法依规确立了党组织在公司治理中的法定地位和有效实现形式,与公司其他治理主体实现无缝衔接,形成各司其职、各负其责、协调运作、有效制衡的治理机制。在托管西北证券、收购金龙期货、股权规范清理、股份制改造、新三板上市、A股IPO等重大工作中,公司党委始终发挥把关定向作用,推动各项工作有效开展。

二是始终坚持支部建在营业部。公司党委面对业务规模成倍放大、业务范围与日俱增、管理区域遍及全国等诸多因素,充分学习借鉴我党我军"支部建在连上"这一基本原则,确定了把党支部建在营业部的工作思路,在筹建营业部的同时考虑筹建党支部,从一开始就注重发挥党支部在推动营业部发展中的政治核心作用,不断推动党的路线方针政策在基层党组织中得到有效贯彻,公司战略发展目标和各项工作措施在基层得到坚决落实。同时,坚持随着公司经营业务的拓展、分支机构的增加,同步延伸基层党组织,确保"公司业务发展到哪里、党组织就覆盖到哪里"。公司党委由成立之初的3个党支部发展到目前下辖9个党

总支、76 个党支部、667 名党员，积极推动党的工作和党的组织在基层单位的全面覆盖、有效覆盖。

三是切实推动一岗双责交叉任职。公司党委始终坚持"党管干部、党管人才"原则，积极推行基层单位主要负责人和党组织书记一岗双责、交叉任职，在选任分支机构主要负责人时，把是否为党员、是否具有担任基层党支部书记工作能力作为重要考量，把党支部书记岗位作为培养锻炼干部的重要平台。坚持把思想品德好、群众威信高、组织管理经验实、业务能力强的干部，选拔到基层党支部书记岗位上。坚持将经营发展和支部工作同布置、同检查、同考核，推动基层党支部书记切实履行"一岗双责"，推动党建与业务两手抓、两融合、两促进。目前，公司有党支部书记81名，基层党支部符合条件的均实行总经理、支部书记党政"一肩挑"，各党（总）支部书记能够结合各自实际，积极将党建工作融入经营管理工作中，坚持书记引领、党员带头，吃苦在前、冲锋在前，有力推动了基层组织建设，提升了经营管理水平，充分发挥了基层党组织战斗堡垒作用，实现了党建和经营双提升。

（二）抓合规、防风险，不断强化稳健经营理念

一是加强正面引导。公司党委把思想政治工作由"事后灭火型"向"超前防范型"转变，充分挖掘"三正"企业文化内涵，形成《南京证券企业文化手册》，加强对新入职员工企业文化培训。长期坚持将深入开展"遵纪守法、爱岗敬业"专题教育作为全体员工的必修课，教育引导全体员工牢固树立守法、合规的经营理念。公司自成立以来，期间无论是重组南京国投、南京信托 7 家证券营业部，还是托管收购西北证券 27 家证券营业部；无论是收购控股湖北金龙期货公司，还是发起设立富安达基金管理公司、南京巨石创投公司、宁夏股权托管交易中心，每次都对新员工开展合规、风控专题教育，倡导"用最高道德标准和价值准则实现人人、事事、处处、主动、百分百合规"，教育大家不抱违规可以谋利取巧的侥幸心理，不做有违国法、党纪、行规、人格的事情，让"合规人人有责"的经营理念入脑入心入行动，推动全员牢固树立"合规有理、合规有德、合规光荣"，"违规无理、违规有害、违规可耻"的合规文化理念。

二是强化思想教育。公司党委扎实开展党内教育活动，深入开展争创"四强"党支部、争做"四优"共产党员活动，评选表彰先进基层党组织、优秀共产党员和优秀党务工作者，让广大员工学有榜样、做有标杆。每年举办两期中层干部培训班，把分布在全国各地的党员干部集中到南京学习，以习近平总书记系列重要讲话精神等党的最新理论成果武装头脑、指导实践、推动工作。同时，组织召开领导干部警示教育专题视频会议、全体干部员工反腐倡廉警示教育会议等，组织学习《党内政治生活若干准则》《党内监督条例》和《证券从业人员执业行为准则》等法律法规，观看《居安思危》《贪途末路》《警钟长鸣》等反腐倡廉和警示教育片，充分利用橱窗展板、《扬帆》内刊、网站微信等平台，营造风清气正的良好氛围，做到警钟长鸣，筑牢反腐堤坝。

三是健全监督体系。成立由公司党委书记任组长的落实党风廉政建设责任制和惩防体系建设工作领导小组，每年年初召开作风建设大会，专门部署党风廉政建设，与各部门单位、各党（总）支部负责人签订《党风廉政建设责任书》，建立起"用责任制管住责任人、用责任人带动一班人"的监督机制。建立健全五级风险控制体系，即董事会风险控制委员会、公司风险控制委员会、各业务条线专门风险控制委员会、各业务部门风险控制小组、营业部

风险控制专岗。严格遵守证券从业人员"遵纪守法、勤勉尽责、廉洁自律、文明服务"的行为操守和"八要十不准"行为准则,修订完善并严格执行"经纪业务七条禁律""投资银行业务十条禁律""资产管理业务六条禁律""商品采购、车辆维修和工程项目八条禁律"等防范风险、合规经营的规定,确保公司在瞬息万变的证券市场守法合规、长盛不衰。

四是推动稳健发展。2001年开始,中国证券市场历经了一波大熊市。随着证券市场的结构性调整和持续低迷,2003年底至2004年上半年,以南方、闽发、"德隆系"等证券公司的问题充分暴露为标志,证券行业多年累积的风险呈现集中爆发状态,证券公司面临行业建立以来第一次行业性危机。2004年8月,中国证监会启动券商三年综合治理。在这期间,南京证券凭借着稳健的经营理念,在危机中把握住了机遇,2005年9月,成为第一批规范类券商;2005年12月,受中国证监会委托托管注册资本大于自己的西北证券,成为全国第一批托管风险券商的规范类证券公司;2007年6月,率先实现客户资金第三方存管全面上线;2007年7月,顺利通过创新试点类证券公司评审;2008年,在短短几个月时间完成100多万名客户账户清理规范工作;近几年,更是保持了营业网点不断扩张、资本实力逐步增强的良好发展势头。同时,公司内部还始终讲求员工关系和谐,坚持"五必访五必谈",即员工生病住院、婚丧嫁娶、本人或家庭发生意外变故、家庭有纠纷、女员工生育必访;工作变动、考核任务未完成、员工之间有纠纷、受到批评和处罚、思想情绪发生较大波动必谈,让广大员工充分感受到南京证券这个大家庭的温暖和关爱,让企业始终保持和谐融洽、团结向上的氛围,公司还荣获南京市"劳动关系和谐企业"称号。

(三)抓服务、强责任,不断彰显企业社会价值

一是为客户提供满意服务。积极贯彻"了解你的客户"的监管要求,坚持客户利益至上原则,从实行客户服务分类分级、丰富产品服务种类、提高客户专业服务能力等方面,不断提升服务水平。在客户账户清理规范过程中,公司上下加班加点,坚持"5+2""白加黑",想方设法通知不规范账户客户,检查几十万个客户账户档案袋,创造了自2007年1月1日后有交易的证券账户100%规范、比对资料100%一致、开立账户100%合格的良好成绩,得到了监管部门和公司广大客户的充分认可。2017年,按照中国证监会《证券期货投资者适当性管理办法》,南京证券从管理制度、技术准备、人员配备等各个层面做好工作,进一步加大适当性管理和投资者教育工作,建成宁夏地区首个省级投资者教育基地,充分发挥好市场"守门人"作用。一直以来积极为客户提供特色服务,设立70个党员集体岗,188个党员示范岗,49支党员24小时服务队,针对特殊人群需求,推出"四项特色"服务,为距离较远、行动不便的投资者提供"上门服务";为体弱多病的老人提供"亲情服务";为证券交易时间尚未办完手续的投资者提供"延时开户服务";为证券市场知识贫乏和进入市场时间不长的投资者提供"一对一服务"。

二是为员工提供发展空间。以尊重个人知识才能和工作价值为基础,修订完善《员工职级晋升管理办法》,形成管理和技术双序列晋升通道,有效激发员工的聪明才智和创新潜能。全力创建学习型企业,多渠道提供员工在职学习与再教育机会,定期举办职工读书节、书法摄影展,通过先进典型带动、创建活动启动、业务竞赛推动、主题活动联动、检查考核促动等"五动工程",推动员工切实加强学习,不断提升精神境界,实现自我超越。创新举办分支机构"总经理论坛",通过经营工作特色突出、成效显著的营业部负责人现身说法,

真正使员工成才、骨干成长、干部成功。扎实推进总部部门及分支机构定岗定编工作，不断强化业绩考核力度，出台更加科学的薪酬激励约束方案，实施企业年金和补充医疗保险制度，有效调动工作积极性，不断提升员工获得感和企业归属感。

三是为股东提供稳定回报。坚持以为股东创造稳定回报为企业发展己任，竭力扩大市场份额，全力增加投资利润，确保年年回报公司股东。南京证券成立27年来，员工从13人发展到目前2 000余人，分支机构从1家发展为涵盖全国各大主要中心区域的101家，注册资本从成立初期的1 000万元增加到24.7亿元，业务范围从单一的国债交易扩大到创新类证券公司的各种业务，并拥有南证期货、巨石创投、宁夏股权托管交易中心、富安达基金等控股或参股子公司，形成了较为完整的证券金融产业链，公司已发展成为总部在南京的全国性、全牌照、综合类证券公司。截至2017年6月，公司总资产212.5亿元，净资产91.73亿元，在中国证监会2016年分类评价中被评为A类证券公司，创造了自成立27年来从未亏损、持续盈利、稳定回报的良好业绩。

四是为社会做出应有贡献。南京证券公司党委和分支机构党组织经常性开展扶贫帮困、捐资助学、无偿献血、义务植树、慰问部队等活动，积极投身社会公益、扶贫攻坚。2016年，为贯彻党中央国务院打赢脱贫攻坚战精神，落实中国证监会扶贫工作要求和中国证券业协会"一司一县"倡议，公司与国家级贫困县宁夏回族自治区同心县签署脱贫攻坚合作协议，设立同心县"百万助学基金"，资助困难大学生；设立"百万扶贫产业基金"，定点帮扶贫困村群众；设立"金融扶贫工作站"和同心证券营业部，助推地方资本市场发展；选派公司骨干担任同心县兴隆乡李堡村"第一书记"，受到全体村民一致认可；先后引进香港新华集团、江苏汇金控股集团等10多家优质企业到同心投资，其中，香港新华集团投资的葡萄酒特色小镇项目，总投资达60亿元。同时，公司党委还积极开展"万名党员干部帮万户、百企挂钩帮百村""走千企入万户、助发展促富民"大走访等活动，结对帮扶南京六合区龙袍街道、江宁区横溪街道困难群众；组织向南京见义勇为基金、南京好人基金等社会公益组织捐款，近三年，公司累计捐款捐物达1 500余万元，树立了良好的企业形象。

四、"三正"企业文化建设的品牌力量

一是引领方向，有效推动公司实施发展战略。正统、正规、正道的企业文化引领我们始终按照法律法规、市场规律和社会认可的价值取向开展工作，在各项工作中注重追求内外和谐、长远发展，让公司逐步确立了"规模适度、平台高效、业绩显著、特色鲜明"的发展战略，并在此基础上，形成了规范管理、稳健经营的发展理念。在公司做出具体决策时，能够坚持在依法合规经营的前提下，从自身实际出发做出科学合理的决策，确保公司稳步前行、持续发展。

二是厚植优势，有效推动公司承担历史责任。正统、正规、正道的企业文化指引公司真正承担起"为客户提供满意服务、为员工提供发展空间、为股东提供稳定回报、为社会做出应有贡献"的历史责任，从客户、员工、股东、社会四个维度，担负起公司的职责使命，形成了内外兼顾、和谐共生的良好局面。近年来，公司党建和企业文化建设成果先后4次被中央创先争优简报、全国基层组织建设工作情况通报刊发，《中国证券报》《上海证券报》《证券时报》等报刊也先后进行了相关报道。

三是凝心聚力,有效推动公司形成优良作风。正统、正规、正道的企业文化推动公司广大党员干部员工形成了"实事求是、艰苦朴素、雷厉风行、逢旗必夺"的团队作风,铸就了"特别能吃苦、特别能战斗、特别能奉献"的团队精神。在公司发展历程中,无论是托管高风险券商,还是客户资金第三存管工作;无论是客户账户规范,还是投资者适当性管理工作,公司和广大员工按照要求坚决落实,每次都能快速高效、保质保量、不折不扣完成任务。

五、"三正"企业文化的时代价值

正统——契合全面从严治党要求。党的十八大以来,以习近平同志为核心的党中央以前所未有的力度,大力推进全面从严治党,坚持思想建党和制度治党相结合,集中整饬党风,严厉惩治腐败,净化党内政治生态。习近平总书记先后在全国国有企业党建工作会议、"7·26"重要讲话和党的十九大报告中,对加强国企党建和全面从严治党工作做出全面部署,为把党的政治优势、组织优势厚植为国有企业竞争和发展优势指明了方向,提供了遵循。南京证券始终坚持党的领导,加强和改进党的建设,努力保持国有企业本色,走正统的发展道路,贴合时代主题,契合全面从严治党要求,可以说是恰逢其时、正当其时。

正规——顺应证券行业监管趋势。2018年以来,中国证监会认真贯彻落实中央经济工作会议和全国金融工作会议精神,把防范和控制金融风险放在更加突出的位置,大力推进依法监管、从严监管、全面监管,让处罚的力度更大了、违规的成本更高了、市场的规矩更严了,有力维护了公开、公平、公正的市场环境,极大震慑了违法违规经营的金融机构,有效保护了投资者合法权益。南京证券坚持依法合规审慎经营,确保守住底线、不碰红线,坚持走正规的发展道路,适应依法从严全面监管的新形势,符合监管要求。

正道——紧跟经济社会发展步伐。到2020年全面建成小康社会,实现第一个百年奋斗目标,是我们党向人民、向历史做出的庄严承诺。作为一个负责任的国有企业,南京证券始终坚持走正道,积极履行企业的社会责任,努力服务于国家创新驱动战略和供给侧结构性改革,推动更多的资源优化配置到实体经济最需要的领域;积极聚焦富民,充分发挥财富管理优势,坚持以客户为中心,不断创新服务模式,有力推动客户财富增加;积极投身脱贫攻坚主战场,挂钩帮扶宁夏同心县,推动地方脱贫致富;积极开展社会公益活动,有力促进地方经济社会和谐发展。

"日出江花红胜火,春来江水绿如蓝"。正统、正规、正道的企业文化,在南京证券真正起到了统一思想、凝聚人心、推动发展的作用,使公司始终保持团结向上、奋发有为的蓬勃朝气、昂扬锐气、浩然正气,成为公司持续健康稳定发展的力量源泉。下一步,我们将更加紧密地团结在以习近平同志为核心的党中央周围,坚持以习近平新时代中国特色社会主义思想为指导,充分发挥"三正"企业文化品牌的号召力、影响力、凝聚力,以公司上市为新的起点,切实防范金融风险,努力回归本源,服务实体经济,努力打造"国内一流、亚洲领先"的现代金融企业,为中国经济社会发展和中国资本市场建设做出应有贡献,为实现中华民族伟大复兴的中国梦而努力奋斗!

证券公司青年员工职业发展关怀研究

中国证券业协会人力资源管理委员会行业文化课题组*

一、证券公司青年员工职业发展概况

人才资源是第一资源。近几年,证券行业发展速度加快,人才队伍建设取得重要进展,初步形成了"人才高地"的示范效应。青年员工[①]已成为证券公司的中坚力量,在证券行业发展中发挥着主力军和突击队作用。他们充满活力,为开拓业务、创新产品和提升服务努力奉献,在实际工作中做出了相当的成绩,同时也发现,部分青年员工在职业发展中显现出一些不足和问题。在证券行业深化改革与转型创新的大趋势下,培育专业化、高素质青年人才成为证券行业永葆生机、持续发展的关键所在。

(一) 人力资源整体现状

1. 从业人员年轻化趋势明显[②]

2014—2016年,证券行业迅速发展,人员引进数量较多,行业从业人员数量保持着较快的增长速度。2015年、2016年证券行业从业人员总人数保持两位数的增长速度,青年从业人员增长率分别达到29.57%和14.44%,超过行业总人数增长速度。大批青年员工的流入,使得行业从业人员的年龄结构呈现出年轻化趋势。截至2016年末,证券行业总人数超过34万,青年从业人员占比达到65.53%,青年人才的不断流入成为证券行业持续创新与发展的动力(见表1)。

---

* 课题组成员:中泰证券股份有限公司,胡增永、陈栋、卞继飞。原载于《中国证券》2018年第6期。
① 本文所指青年员工,依据中共中央、国务院印发《中长期青年发展规划(2016—2025年)》划定的年龄范围为35周岁以下(含)。
② 数据基于中国证券业协会从业人员管理系统数据库统计的注册从业人员信息,统计范围仅包括证券公司,不包括证券资产管理公司、证券投资咨询机构、证券市场资信评级机构。

表1　　　　　　　　　　2014—2016年证券行业人员情况

时间	35周岁以下（含）（人）	增长率（%）	总人数（人）	增长率（%）
2014年	145 231		253 301	
2015年	188 183	29.57	310 288	22.50
2016年	215 364	14.44	348 085	12.18

资料来源：中国证券业协会从业人员管理系统数据库。

2. 从业人员学历结构不断优化

证券行业发展趋势良好，不断吸引着高学历人员进入，2014—2016年从业人员学历结构呈现低学历人员占比下降、高学历人员占比上升的趋势。数据表明，硕士研究生及以上人员占比由2014年的14.82%上升到2016年的17.27%；本科及以上人员占比由2014年的67.83%增至2016年的71.17%；大专及以下人员占比由2014年的32.16%下降到2016年的27.31%（见图1）。

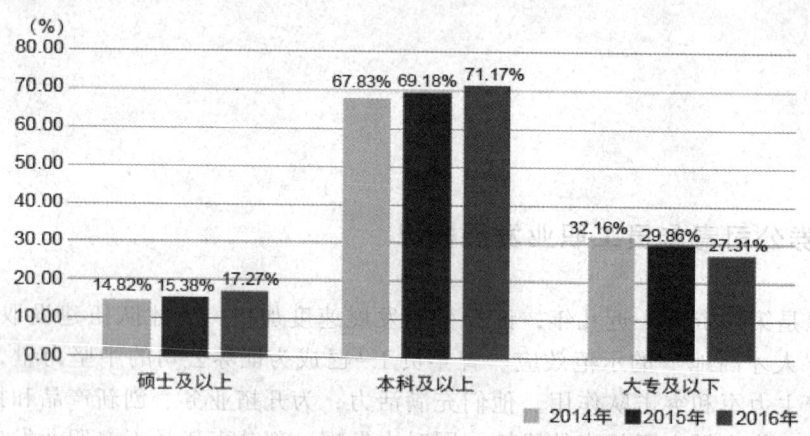

图1　2014—2016年证券行业不同学历人员占比情况

资料来源：中国证券业协会从业人员管理系统数据库。

3. 从业人员专业背景以经管类为主①

行业从业人员知识背景基本保持稳定，财会、经济、金融专业背景的从业人员占比最高，达到40%以上，企业管理、工商管理或公共管理等专业从业人员次之，占比约14%。近年来随着投行和投研业务发展，数学、统计和法律类专业背景从业人员占比逐渐上升（见表2）。

表2　　　　　　　　　2014—2016年证券行业从业人员知识背景结构

年份	财会、经济、金融类	数学、统计类	法律类	企业管理、工商管理或公共管理等	IT类	其他
2014年（%）	42.76	2.90	4.38	14.07	9.20	26.69
2015年（%）	44.30	2.85	4.58	13.89	9.30	25.08
2016年（%）	45.70	3.03	4.81	14.24	9.19	23.03

资料来源：2016年中国证券业协会证券行业人力资源问卷。

---

① 数据来自2016年中国证券业协会证券行业人力资源问卷调查中的整体调研问卷部分。此次调研共发放128份调查问卷，收回105份问卷，包含115家证券公司信息。根据统计结果，共有85家证券公司对该问题进行了有效反馈。

4. 国际化人才储备水平持续上升①

具备海外工作经验与留学经历人员占比逐年上升，从业人员队伍的国际化水平进一步提升。随着我国证券市场的发展，行业对海外金融从业人员的吸引力不断提升，越来越多具有国外工作或留学经历的人员加入。2014—2016年，具有境外工作经验人员占比由1.62%提升至1.82%（见图2），具有海外留学背景人员占比由10.57%提升至13.59%（见图3）。

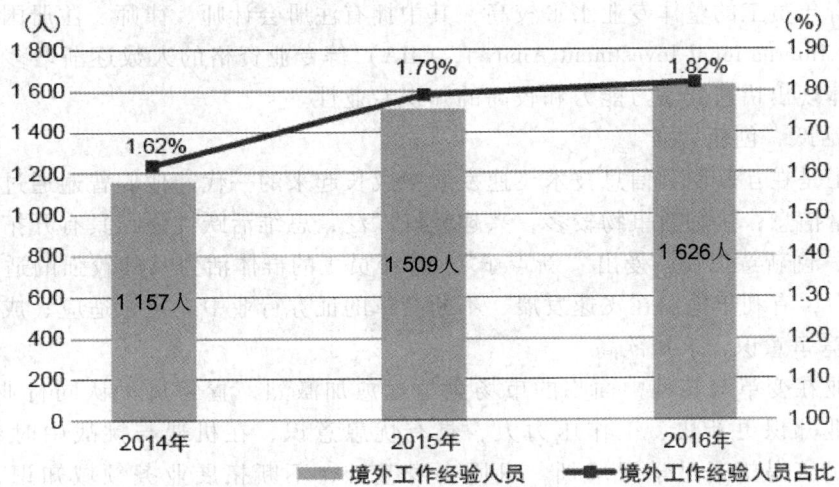

图2 2014—2016年证券行业境外工作经验人员储备情况

资料来源：2016年中国证券业协会证券行业人力资源问卷。

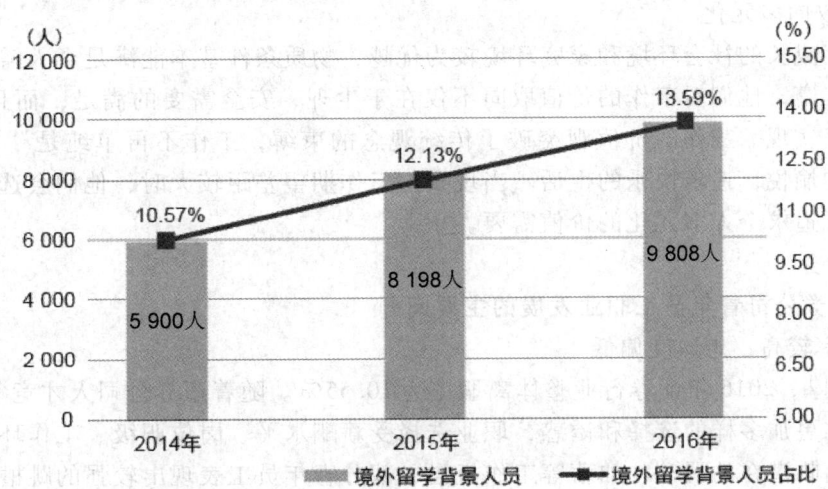

图3 2014—2016年证券行业境外留学背景人员储备情况

资料来源：2016年中国证券业协会证券行业人力资源问卷。

---

① 数据来自2016年中国证券业协会证券行业人力资源问卷调查中的整体调研问卷部分。此次调研共发放128份调查问卷，收回105份问卷，包含115家证券公司信息。根据统计结果，共有85家证券公司对该问题进行了有效反馈。

(二) 青年员工职业行为特点

1. 学历高、专业化水平高

近年来,证券公司新入职员工基本都具有大学本科及以上学历,而在证券公司总部单位就职的青年员工绝大多数具备硕士研究生及以上学历,且青年员工中海外留学归来人员占比逐年增长。青年员工的整体专业水平较高,其中拥有注册会计师、律师、注册国际投资分析师(Certified International Investment Analyst,CIIA)等专业资格的人数逐渐增多,在实际工作岗位中,体现出快速的学习能力和较高的知识专业性。

2. 思维活跃,创新力强

青年员工是在互联网和信息技术飞速发展中成长起来的一代,他们普遍通过互联网获取和处理着大量信息,接触新事物较多,兴趣爱好广泛,思维活跃性强,具有开拓精神,喜欢"打破常规",创新意识强,爱出"新点子"。青年员工的群体活力及其较强的适应性和接受新事物的能力,有利于他们在飞速发展、不断变革的证券行业中立足、适应、成长。

3. 具有竞争意识,求知欲高

证券行业在变革与转型中面临的市场竞争也愈加激烈,青年员工认同行业发展前景,也意识到行业知识更新快、工作压力大,具有忧患意识,在机遇与挑战中时刻为竞争做准备。青年员工渴望通过学习培训,巩固自身基础,不断拓展业务领域知识,提高客户服务能力,以适应证券行业的发展需求,对在职学历教育、公司内外部培训显现出较高的参与热情。

4. 价值取向多元化

当代青年成长的社会环境和家庭环境较为优越,物质条件基本能满足个人需求,精神文化生活较为丰富,他们对工作的价值取向不仅在于生理、安全需要的满足,而且追求归属、尊重以及自我实现。工作的价值观突破了传统观念的束缚,工作不再单纯是"养家糊口",更看重精神的愉悦,追求快乐的生活。当现实与工作期望差距较大时,他们会选择跳槽、辞职创业等方式追求个人多元化的价值需要。

(三) 证券公司青年员工职业发展的主要问题

1. 离职率较高,忠诚度偏低

数据表明[①],2016年证券行业整体离职率为10.55%。随着证券公司人才竞争愈演愈烈,青年员工面临更加多样的选择和诱惑,职业选择受薪酬水平、岗位职级、工作环境等因素影响较大。若面临潜在的晋升、加薪等工作机会,部分青年员工表现出较强的跳槽意愿,特别是业务条线的青年员工离职现象更为普遍。青年员工在职业发展中需要不断增强"主人翁"意识,努力将个人职业发展与公司发展相融合。

2. 风险防范意识不足,敬业精神有待加强

证券行业高风险的特征要求从业人员做好风险控制、坚守合规底线。青年员工从业年限短,工作经验不足,容易忽视职业安全,风控、合规意识不强,个别青年员工存在"不违

---

① 数据来2016年中国证券业协会证券行业人力资源问卷调查中的整体调研问卷部分。此次调研有85家证券公司对本部分所涉问题进行了有效反馈,本部分基于85份有效问卷进行整理分析。

法，违点规不要紧"的侥幸心理，甚至出现"踩红线"的违法操作行为。证券行业业务更新快，从业人员需要面对较大的工作量和工作压力，部分青年员工不能正确对待加班、出差等岗位要求，面对工作困难易产生负面情绪，敬业、奉献、钻研、吃苦精神不足。

3. 存在短期行为，职业路径迷茫

证券公司业务条线多，岗位种类丰富，加之行业发展日新月异，青年员工受资历、经验限制，普遍对自身职业发展预见性不足。存在前台青年员工专注于完成业绩指标，中后台青年员工满足于完成日常工作的现象。这种短期行为以追求短期收益为主，缺少长远的目标规划。清晰的职业发展路径和岗位"导师"成为目前证券公司青年员工迫切的职业发展诉求。

4. 晋升通道狭窄，岗位流动困难

青年员工在进行初次岗位选择时，一般带有较大盲目性。在工作一段时间之后，部分青年员工发现对岗位不适应，希望调整岗位，以便更好地发挥特长，岗位的流动和轮换成为部分青年员工的职业诉求。虽然大多数证券公司具备内部选聘制度，但由于存在内部招聘岗位名额少、"领导不放人"等问题，导致证券公司对于岗位的调换不够灵活，人才流动机制不健全，使得青年员工普遍缺少对职业发展进行二次选择的机会。

（四）原因分析

1. 成长环境塑造了鲜明的性格特征，优点与缺点兼备

当代青年均为"80后""90后"，赶上了独生子女政策和高校扩招浪潮，经历着网络信息技术发展与普及、市场经济深化等一系列社会变迁。青年员工充满朝气、知识面广、思维活跃等优点突出，但同时独生子女较多，在家庭中处于核心位置，成长中依赖心理较强，部分青年员工缺乏吃苦精神，抗压能力较弱。伴随互联网多元文化的冲击，青年世界观、人生观、价值观受到深刻影响，走向工作岗位后，他们工作价值取向呈现多元化，存在集体观念弱、敬业精神不足、工作作风不严谨等问题。

2. 证券市场竞争激烈，社会、家庭、工作压力大

当代青年员工面临激烈的社会竞争，证券行业、公司和投资者对证券从业人员的思想意识、工作能力、工作效率提出了更高的要求。同时，部分青年员工既是公司的骨干员工，也是家庭的"顶梁柱"，多重身份使他们面临来自家庭、工作的压力日渐增加，在复杂的利益矛盾面前，青年员工的安全意识、责任意识等有所松懈。

3. 党团等企业各级组织对青年员工的关怀力度不够

行业内一定程度上存在"重招聘轻开发，重使用轻培养"的思想。虽然多数单位在关爱和培养青年员工工作方面下了很大功夫，但是投入力度有待加强。针对青年员工制定的人才培养政策或职业生涯规划在实际操作中多流于形式，效果不佳。企业内党团组织的作用发挥有限，部分基层管理者对青年员工不够重视、缺乏指导，不利于青年员工坚定理想信念和增强职业使命感。

二、证券公司青年员工职业发展关怀现状与不足

(一) 证券公司青年员工职业发展关怀现状①

1. 政治关怀方面

思想政治工作是我们党的优良传统和政治优势,是经济工作和其他一切工作的生命线。在全面从严治党的形势下,证券行业各单位在青年员工的思想政治工作方面做了一些有益实践和探索。

(1) 注重政治学习,培育党性品质。行业内,多数证券公司注重政治思想教育,坚持政治引领和思想引领,以党支部、团支部为单位扎实开展"两学一做"教育,深入学习党的十八大及十八届三中、四中、五中、六中全会精神及习近平总书记重要系列讲话精神,引导党员、团员青年坚定道路自信、理论自信、制度自信、文化自信。部分证券公司积极组织优秀青年员工赴革命老区参观学习,开展"重走长征路"红色教育,强化党史教育,帮助青年员工了解党的创业史、奋斗史,鼓励团员青年积极向党组织靠拢,为他们创造条件加入党组织。

(2) 评选先进典型,深化榜样教育。行业内广泛开展评先树优活动,通过开展"五四表彰"活动,评选一批优秀共产党员、优秀共青团员等青年典型,鼓励青年员工学习先进人物,人人争当楷模。部分公司积极推荐优秀青年员工申报省市级荣誉,并深入开展先进事迹宣传活动,通过座谈会、事迹报告会方式,在青年员工中传播积极向上的正能量。

(3) 开展公益活动,弘扬奉献精神。证券行业监管层修订《证券公司分类监管规定》,积极推动证券公司履行社会责任,行业内"金融扶贫""精准扶贫"开展得如火如荼。部分证券公司通过开展"一司一县"对口帮扶贫困县、组织捐款、成立慈善基金、赴山区支教等方式,为青年员工做表率,强化青年员工感恩、奉献等思想观念。

2. 岗位关怀方面

目前,证券行业通过积极的外部学习与内部探索,在职业发展通道和培训体系方面为青年员工的岗位持续成长提供了有力支持。

(1) 职级体系有所创新,丰富职业发展渠道。伴随着我国证券行业飞速发展,市场化机制不断完善,职级体系也逐渐与国际投行接轨。近年来国内证券公司普遍引进业务序列职衔管理体系(Managing Director, MD)。数据表明,目前超过70%的证券公司已经推行了业务序列职衔管理体系,大部分证券公司业务序列职衔管理体系集中在分支机构和个别业务条线。这种以业绩和能力为核心的职级体系建设,为青年员工提供了畅通的晋升渠道和可持续发展空间,激发了青年员工工作积极性。

(2) 贯彻终身学习要求,不断完善培训体系。"青年人正处于学习的黄金时期,应该把

---

① 本部分数据来自2016年中国证券业协会证券行业人力资源问卷调查中的人力资源管理专项问卷部分,基于102—105份问卷数据进行整理分析。

学习作为首要任务，作为一种责任、一种精神追求、一种生活方式"。① 教育培训的重要性已被证券行业普遍认同，目前各证券公司人力资源部是培训的主要组织单位，也有18%的证券公司设立了专门的培训中心，设立专门的培训学院或培训中心已成为证券行业的新趋势。培训体系建设逐渐完善，"新员工入职培训""青年骨干员工培训"和"后备人才培训"等内部项目，已成为推动青年员工职业发展的关键项目；中证协、上交所、深交所等外部机构的多层次培训项目，丰富了岗位学习来源。行业内 E – Learning 网络培训、微课程培训等新兴培训形式方兴未艾，这种灵活、方便的培训方式，突破时间和空间限制，提供了碎片化学习的机会，在青年员工群体中广受欢迎。

3. 人文关怀方面

企业文化是企业发展的软实力，文化建设与群团活动相结合，为青年员工职业发展提供了人文关怀保障。

（1）公司管理层重视文化建设。企业文化建设的专业化、职业化是大势所趋，目前多数证券公司认识到企业文化建设对提升企业核心竞争力的重要性，不断健全企业文化工作的组织与运作机制。数据表明，有71%以上的公司设立专门部门开展企业文化工作，明确了预算投入和责任人；66%的证券公司通过定期的企业文化活动机制开展工作。

（2）群团组织发挥了一定效用。群团组织是党直接领导的群众组织，群团事业是党的事业的重要组成部分。行业内群团组织积极发挥人文关怀的作用，整合行业内外资源，组织了丰富多彩的文体活动，展示了青年员工的精神风貌，缓解了青年员工的工作压力。通过搭建学习、交流平台，为青年员工的交流创造了条件，丰富了青年员工的业余生活，一定程度上凝聚了青年群体，增强了青年员工对企业的认同感。

（二）证券公司青年员工职业发展关怀的不足

1. 人才培养高度不够

习近平总书记指出，"青年是国家的未来、民族的希望"。虽然各单位都强调重视青年人才培养并开展了许多工作，但实际操作中，企业的生产经营和经济效益才是首要任务，青年人才培养停留在服务企业的层面。整体上依然存在重业务培养、轻思想政治工作的问题，没有把青年员工培养上升到政治高度，未将青年员工职业关怀融入党和国家事业中，各级党委、党组织在青年员工职业关怀中发挥的力量有待加强。同时，青年员工职业关怀和青年人才的培养是一个长期过程，短时间内不容易显现工作效果，造成了企业对青年员工的思想政治工作和培养工作有所忽视，产生懈怠，长期经营中不自觉地淡化对青年员工的教育和培养工作。

2. 群团组织凝聚力有待加强

在社会环境大背景下，青年员工的价值取向、生活方式和思想观念发生着深刻变化，但群团组织工作的开展停留在传统的方式方法上，工作的开展没有做到与时俱进，没有找准企业和青年员工凝聚的最佳切入点，服务青年员工的能力有限。群团干部重选拔和配置，但缺少相应培训，工作经验缺乏，并且多数群团干部为兼职，缺少时间和精力去打造精品活动。

---

① 参见《习近平：在同各界优秀青年代表座谈时的讲话》，中央政府门户网站，时间：2013—05—05，http：//www.gov.cn/ldhd/2013 – 05/05/content_ 2395892. htm，最后访问日期：2018 年 5 月 8 日。

特别是群团工作内容以"上传下达"为主,缺乏党中央要求的政治性、先进性、群众性,创造力和活力有待加强;加之工作经费缺乏、基层组织队伍力量不足等问题普遍存在,导致青年员工对群团组织的认知、信任和需要逐渐弱化。

3. 思想政治工作缺乏活力

对青年员工的思想政治工作多沿袭传统的"灌输型"模式,传达社会主义核心价值观、党的理论、路线、方针、政策等文件精神的方式不够灵活,未有效结合企业实际开展教育工作。说教式教育方式、理论内容抽象,造成企业多数青年员工对思想政治工作不够重视,工作效果不显著,未能在青年员工群体中形成持久的影响力和感召力。教育内容缺乏针对性,思想政治工作未有效深入青年群体,不能准确了解青年员工的思想动态,对关系青年员工切身利益的工作、考核、晋升等问题缺乏针对性引导,不能有效解决青年员工职业发展中的矛盾与困惑,从而使思想政治教育缺乏说服力和感染力。

4. 企业文化推广方式生硬

企业文化建设的目的是将以制度为核心的硬性管理转换为以人为核心的柔性管理。证券公司与银行等金融机构相比,企业文化顶层设计和基层实践方面相对滞后,特别是在企业文化落地生根方面缺少深层次探索,多流于形式,满足于提出几句标语口号、开展一些文体活动,未能真实反映公司的价值取向,未能得到青年员工广泛认同,精神文化激励效果、化育功能微乎其微。文化特征不等于规章制度,部分证券公司在推广企业文化过程中措施不当,采取严格的企业文化要求,强制规定行为准则,压制了青年员工的活力,易引发青年员工反感、抵制等负面情绪。

5. 培养体系应用性不足

人才培养项目普遍是根据公司的发展规划,以公司的人才需求数量和素质为出发点,没有结合员工自身的职业规划和发展定位,不少项目的参训员工为组织安排,青年员工主动性不够。部分公司把青年员工人才培养工作简单等同于培训,行业内人才培养体系以原始的内外课堂培训为主,内容针对性不强,形式有效性欠缺。人才应用跟进慢,培养的青年员工难以落地使用,公司的培养投入不能及时转化为生产力,降低了青年员工的积极性,也造成了公司的经济损失。

三、加强青年员工职业发展关怀的建议

(一)职业发展关怀的原则

1. 坚持党管青年的原则

2017 年中共中央、国务院制定的《中长期青年发展规划(2016—2025 年)》是新中国历史上第一个青年发展规划,是党和国家青年工作的行动纲领,提出了"坚持党管青年原则",体现了党对青年群体的高度重视。证券行业各单位必须把坚持党管青年原则落实到青年员工政治关怀、岗位关怀、人文关怀的各方面,教育引导广大青年员工树立共产主义远大理想和中国特色社会主义共同理想,坚定中国特色社会主义道路自信、理论自信、制度自信、文化自信,积极践行社会主义核心价值观,更好地成长为党和国家事业的合格建设者和可靠接班人。

2. 坚持多方协作的原则

青年员工职业发展关怀是一项长期复杂的系统性工作,需要形成党组织、群团组织、企业和行业组织等各方面协同施策的工作合力。各级党组织和党员干部要把青年员工职业发展关怀工作摆到重要位置,做青年员工的知心人、青年工作的热心人、青年群众的引路人。共青团作为党的青年工作的重要承担者,要肩负起青年员工职业发展关怀的协调、督促职责,充分发挥好党联系青年的桥梁纽带作用,协调各方力量切实把党的关怀送到青年中去。各单位要根据实际情况制定青年员工职业发展规划,逐步建立健全青年员工发展规划体系,形成公司、行业和全社会关心、支持青年员工发展的良好氛围。

3. 坚持全面发展的原则

习近平总书记强调,要大力培养、选拔、使用政治过硬、作风优良、业务精通的金融人才,特别是要注意培养金融高端人才,努力建设一支宏大的德才兼备的高素质金融人才队伍。职业发展关怀要坚持促进青年员工全面发展,不但要关注青年员工的岗位成长,培养其掌握岗位技能、提升业务水平,更要注重对青年员工理想信念的引领和思想道德教育。青年员工的价值取向决定了整个行业的价值取向,要教育青年员工树立金融工作的使命感和责任感,紧密围绕服务实体经济、发展绿色金融,在实践中增长才干。青年员工需求日益多样,要充分回应和关注青年员工在健康、婚恋、文化、社会融入等多个领域的切实利益,为青年全面发展提供保障。

(二)职业发展关怀的方向

1. 注重信念引领,培养政治过硬、理想坚定的金融人才

青年人才是证券公司的核心竞争力,更是国家的希望、社会的未来。未来企业需要培养充满社会责任感、勇于担当民族使命、具有坚定的社会主义理想信念的青年人才。引领青年员工坚定政治信念,拥护党、热爱党、跟党走,既要自觉接受证券公司企业价值观的引导,更要将社会主义核心价值观内化于心、外化于行,引导青年员工发挥爱国主义精神,积极投身于民族复兴和社会主义国家建设大潮中。

2. 突出职业使命,培育作风优良、道德高尚的金融人才

在全国经济"脱虚向实"的宏观趋势下,证券公司要不唯业绩指标及利润论,充分发挥服务实体、服务社会的功能。证券公司需要培养的不仅是公司业务精英,更是行业领袖,社会栋梁。要引导青年员工树立职业使命感,强化"主人翁"意识,帮助其树立良好的社会公德、职业道德、家庭美德,使其自觉抵制拜金主义、唯利是图、贪图享乐等错误作风,深入挖掘内在驱动力,引导青年员工忠于职守、弘扬正气、敬业奉献。

3. 强调终身学习,造就业务精通、面向国际的金融人才

适应资本市场快速发展的需要,证券行业国际化趋势不可阻挡,培育专业化服务能力和专业化人才是行业的主流趋势,未来青年员工应当具备敏感把握证券市场环境变化并时刻结合自身工作主动调整的专业能力。引领青年员工坚持不懈学习,提高业务本领,牢固树立国际意识,注重加强国际视野的培养,既要学好运用好国际监管规则,结合国情推进本土化,又要学会用国际语言、国际思维讲好中国故事,推动我国证券行业的国际化进程。

(三)职业发展关怀的措施

1. 各级党委做好大局谋划,引领政治方向

习近平总书记指出，全党要关注青年、关心青年、关爱青年，做青年朋友的知心人、青年工作的热心人、青年群众的引路人。因此，各级党委必须领会贯彻中央精神，从巩固党执政的阶级基础和群众基础的政治高度，教育引导青年员工"扣好人生的第一粒扣子"，自觉听党话跟党走。

（1）依靠群体力量，组建党建队伍。抓好党建工作是帮助青年员工树立正确的世界观、人生观、价值观的有效途径，证券公司要发挥党团群体力量，建立一支专兼职相结合的党建专员队伍。其一，采取"现场观摩"形式，加强理论培训和实践指导，不断提高党建工作者的思想修养和工作能力；其二，建立人才选拔和人才储备制度，将业务能力强、思想觉悟高的优秀青年党员吸纳到工作队伍中来。保持党建工作持续性，实现"一群人影响和带动另一群人"的良性循环效果，带动青年员工自我学习、自我提升。

（2）结合经营管理，落实党建效果。党建工作与日常经营管理相结合，把思想政治教育渗透到管理中，要在管理行为中对青年员工进行经常性的爱国主义教育、职业道德教育、法制教育等，提升党建工作的有效性。将党建工作的导向性作用体现在公司规章制度和人员管理中，一方面，采用"把企业骨干培养成党员，把党员培养成企业骨干"的思路，积极选拔优秀青年人才担当基层党组织干部，积极提拔在基层党组织担任领导职务的青年骨干，并将思想政治考核纳入人才选聘、晋级环节；另一方面，坚持党建工作与企业文化建设结合，将思想、观念、精神层面的内容与企业文化的有效载体相融合，促进党建工作贴近实际、增强实效。

2. 青年党员做好服务工作，发挥先锋作用

十八大以来，以习近平同志为核心的党中央将青年的发展与中国特色社会主义事业的发展紧密相连，强调要竭诚服务青年发展，重点解决青年在成长成才、身心健康等方面的实际困难。

（1）树立党员模范，引领文化建设。文化建设的方向性至关重要，积极的企业文化能发挥巨大的引导和激励作用。证券公司要坚持把党建与企业文化建设相结合，青年员工中不乏优秀共产党员，要发挥他们的先锋队作用，以"党内政治文化自信"为核心引领思想文化建设，引领青年员工牢固树立诚信、服务、合规的证券行业价值观。鼓励青年党员"亮身份，亮承诺"，充分发挥先锋模范作用，在全公司范围内培养典型、树立榜样，引领青年员工将科学发展的价值观内化到自身的岗位工作和业务流程中，以合规、自律展现个人价值。

（2）深入青年群体，切实排忧解难。青年员工行为特征鲜明，优点和缺点都比较明显。一方面，应以宽容开放的文化氛围接纳、包容青年员工群体特征，尊重个性，扬长避短，创造先进的企业文化理念，为青年员工职业发展提供宽阔舞台；另一方面，发挥党团组织的桥梁和纽带作用，贯彻"以人民为中心的发展思想"，不仅要通过组织文体娱乐活动，丰富业余文化生活，更要关注青年员工最直接、最现实的利益问题，深入了解青年员工在工作、学习、生活上的实际困难，为其排忧解难，拉近员工与企业的距离，增进青年员工对企业的归属感、认同感，激发其成长成才、回报企业、贡献青春。

3. 企业组织做好平台搭建，落实培养效果

做好青年员工职业发展关怀，必须以建立和完善科学有效的培养机制作为保障，不断激发青年员工成才的内在动力，努力打造青年人才脱颖而出的成长平台。

（1）创新培训形式，用业绩衡量效果。青年员工思维活跃，对新知识、新事物具备较快的接受能力。一方面，证券公司应在培训形式上力争做到新颖、多样，提高青年员工参加培训的主动性，将被动接受培训转换为主动申请培训，提升培训内容的针对性、适用性；另一方面，青年员工都是知识型人才，普遍理论扎实、综合素质高，为满足其职业能力提升的需求，培训工作要基于胜任力提升开展需求分析，为每一位青年员工建立培训档案，了解员工现状，探寻员工期望；同时，应将个人绩效和组织绩效关联到培训体系中，建立与绩效考核相挂钩的培训评估体系，培训不能是简单的上课，要有绩效、有考核，"能者上、庸者下"，保障培训效果落实到业务实践中。

（2）落实梯队建设，以用为本育人才。青年员工的培养要关注培养后的应用，将员工培养与人才的使用贯通，既能确保培养的投入转化为实实在在的效益，又能提高青年员工参加培训项目的积极性、主动性。从青年员工中选拔、培养、储备关键岗位人才，如 IBM 公司著名的"板凳计划"中，要求每个管理岗位上的现任者提供一份岗位候选继任人名单，一旦岗位出现空缺时，名单上的人马上可以接任。证券公司应重点实施"员工继任计划""后备人才梯队建设"等项目，将培养与使用紧密结合，人力资源部门积极推动业务部门使用青年后备人才；对于没有空缺岗位的，同样提供"挂职"锻炼的机会，确保人才培养工作有的放矢。

4. 共青团履行好协调责任，强化凝聚效用

共青团是党的助手和后备军，是党的青年工作的重要承担者，要明确自身职能定位，主动作为，既推动已有的青年发展政策落到实处，又要不断完善和丰富发展政策体系。

（1）强化组织建设，凝聚青年群体。首先，共青团作为党的青年组织，在证券行业中要树立"在经济领域为党工作"的理念，要以从严治党的标准管团治团，既要做到组织覆盖，更要做好工作覆盖、理念渗透。其次，重视团干部队伍建设，把生活作风好、业务能力强、综合素质高的优秀青年员工选拔到团的领导和工作岗位上来。加大团干部培训学习，切实提高团干部的工作能力。同时，共青团应积极主动与各类青年社会组织建立联系，并通过组建各类青年协会、联合会等合理方式与其形成互动机制，对青年员工组织开展的各类活动施加必要影响，要确保这类组织及其成员在共青团掌控下发挥积极正能量作用。

（2）聆听基层声音，满足职业诉求。发挥共青团组织贴近青年且亲和力强的优势，及时向青年员工传递信息和资源，发挥好沟通和桥梁作用，帮助青年员工认清自己、理解企业。其一，通过开通"微博""微信公众号"等网络渠道收集青年员工诉求，针对性解决青年员工职业发展中的困惑。其二，通过主动沟通和开展"职业素质测评"，对青年员工的专业技能、素质水平做出明确判断，发现青年员工中的核心人才和高潜力人才，制定切合业务实际的职业发展规划以及青年人才培养方案。其三，通过调研、访谈、"开门纳谏"方式，协助管理者建立多维度的职级体系和评价标准，适度增加创新贡献度、共青团工作贡献度等评价指标。为青年员工提供广阔、可持续的职业发展空间，有利于激发青年员工勤奋敬业、突破创新的积极性、主动性。

中型证券公司加强员工队伍建设的对策研究

赵夏夏　郗　斐*

一、引言

过去30年,随着国民经济快速发展和居民收入水平稳步提高,我国证券行业取得了长足的发展。证券市场逐步走向成熟的同时,证券行业的竞争也愈发激烈。人力资源是第一资源。人才作为知识和技术的载体,逐渐成为国家、行业、公司发展的核心竞争力,而证券行业作为人才密集型行业,证券业务的拓展与创新、服务的提升与优化全都离不开人才的投入。因此,证券市场的竞争,归根到底更趋向于行业人才的竞争。

2012年3月22日,中国证监会发布了我国资本市场第一个中长期人才发展规划:《中国证券期货行业人才队伍建设发展规划(2011—2020)》。规划提出,到2020年,我国证券期货行业人才队伍建设、基本接近发达国家或地区成熟资本市场水平,各支队伍中都能涌现出一批在国内外金融领域有较高知名度和影响力的领军人才,并在人才规划设计、选拔培养、使用激励等关键环节形成完善的政策制度体系。

目前各证券公司纷纷谋求规模扩张,随着市场主体增加,人才的竞争越发激烈。在新的历史机遇和挑战下,中型证券公司为谋求发展,必须具备一批高素质、创新型、专业化的行业人才,打造优秀的员工队伍,以提供全面多元的金融支持和金融服务,提高公司竞争力。

基于上述背景,本文聚焦于中型证券公司,深入研究近几年来中型证券公司员工队伍建设情况及存在的问题,并根据实际情况,提出相应的员工队伍建设发展建议,以期为中小型证券公司员工队伍建设水平提高提供参考。

---

* 作者单位:中山证券有限责任公司。原载于《中国证券》2018年第6期。

二、中型证券公司员工队伍建设现状及问题

根据国家统计局发布的《关于印发中小企业划型标准规定的通知》，参考其相关指标，并结合证券行业实际情况，本文将中型证券公司定义为总资产在100亿—200亿元，员工人数在500—2 000人之间的证券公司。

为提升样本代表性，在综合考虑公司所有制形式、地区分布、成立时间及业务重点等因素的基础上，本文最终选取10家中型证券公司作为样本，分别为华林证券、首创证券、金元证券、华鑫证券、国融证券、九州证券、中航证券、中山证券、东方财富证券、宏信证券。通过对这10家证券公司近三年的员工队伍建设情况进行数据汇总与分析，发现中型证券公司员工队伍建设现状存在一些共性现象与问题。

（一）中型证券公司员工队伍建设现状

1. 员工总量呈增长趋势

近年来，证券业务不断创新，证券公司的盈利水平也在稳步提升。证券公司的快速发展，吸引了更多就业人员加入，中型证券公司总部员工总量逐年增加。

本文选取的10家证券公司2014—2016年总部员工数量，除中航证券、东方财富证券员工数量有所减少外，其余8家证券公司的员工数量都呈现出不同程度的增长趋势（见图1），其中员工数量增长较快的九州证券、国融证券、宏信证券，员工数量年增长率超过20%。这些证券公司人员数量迅速增加，很大程度上与近年来大举布局筹建分支机构有关，营业网点的增多必然需要更多的人员队伍补给。

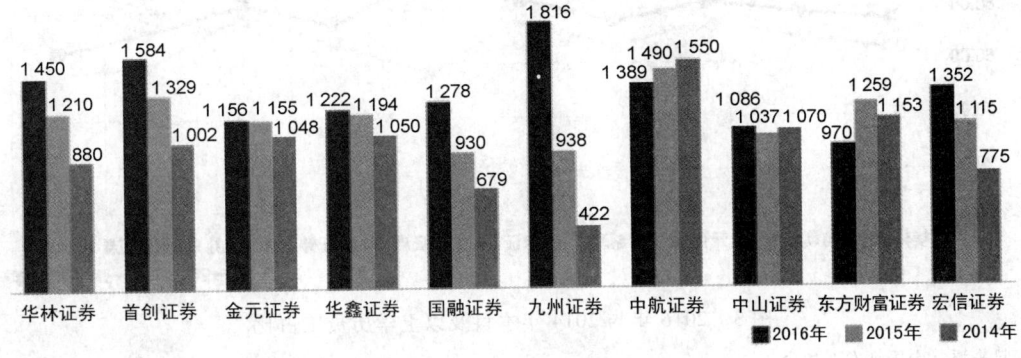

图1 样本证券公司员工数量（单位：人）

资料来源：中国证券业协会。

2. 员工年龄结构呈年轻化趋势

随着证券市场的不断发展成熟，越来越多的青年员工对证券行业的发展前景表示认可，有意愿投身于证券行业，行业员工队伍呈现一定的年轻化趋势，而这一变化在中型证券公司中表现得较为明显。

宏信证券、东方财富证券、国融证券、华鑫证券、金元证券、首创证券其30岁以下员工数据见图2，通过数据分析可以看出，近年来除金元证券外，其余5家证券公司30岁以

下员工数量占比均有所提高，而这 6 家证券公司 30 岁以下员工数量平均占比从 2014 年的 34.54% 提升至 2016 年的 40.31%，员工年龄结构逐渐年轻化。

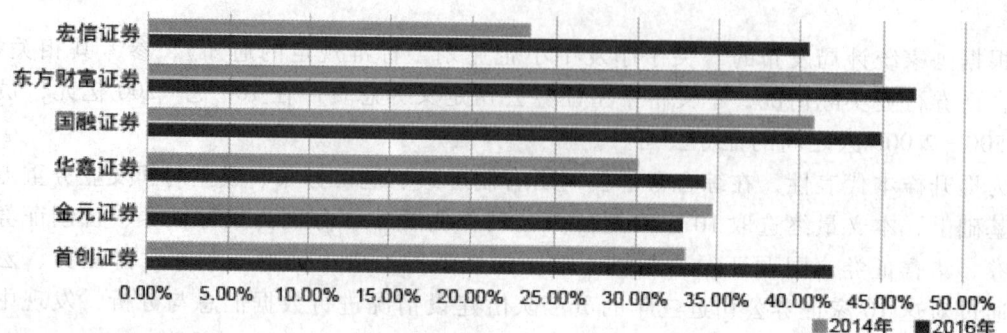

图 2　证券员工队伍年龄结构分布（30 岁以下员工数量占比）

资料来源：中国证券业协会。

3. 员工学历结构呈优化趋势

证券行业良好的发展趋势，不断吸引着高学历员工进入，本科及以上学历人员成为行业的主力军，硕士及以上学历人员占比逐年提高。中型证券公司也在选人用人上不断严格标准，吸收行业内外优秀人才加入。从图 3 可见，10 家样本证券公司 2016 年本科及以上学历员工的占比较 2014 年均有所提高，在增员的同时保持增质，不断优化员工学历结构，确保公司发展所需的人才储备。

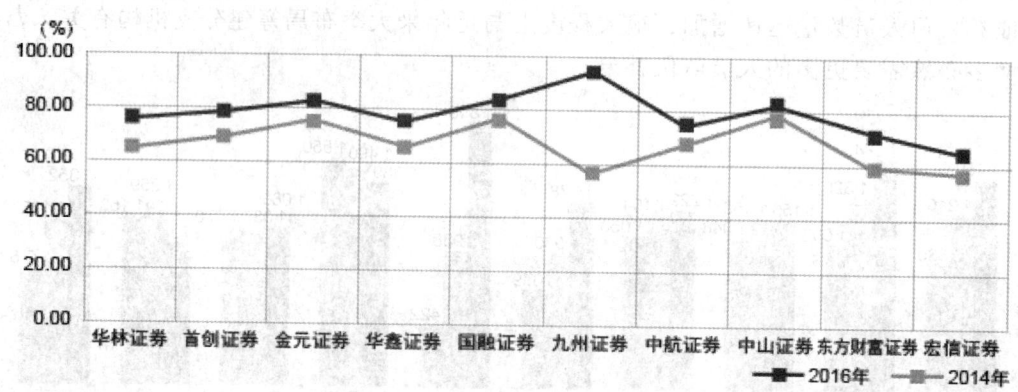

图 3　2016 年与 2014 年本科及以上学历员工占比

资料来源：中国证券业协会。

4. 经纪业务条线人员占比始终最大

分析 2014—2016 年 10 家证券公司的人员构成发现，虽然每家证券公司的人员专业结构各不相同，变化趋势也有所差别，但经纪业务条线人员数量占比始终最大。

10 家证券公司中，除中山证券、东方财富证券（数据缺失），其余 8 家证券公司经纪业务人员数量占比均超过 50%；其次人员数量占比较高的是投行业务类、信息技术类等。

（二）中型证券公司员工队伍建设存在的问题

1. 员工队伍的快速扩张增加了人力资源管理压力

据中国证券业协会数据统计，2016年证券行业从业人员32.86万人，较2015年增长了12.27%，而10家样本证券公司2016年员工总量较2015年增长了16.87%，增幅高于行业平均水平；另一方面，2016年证券公司营业部数量较上一年增长了14.87%，而2016年10家样本证券公司营业网点数量平均增长率为37.88%，远超行业平均增速水平。

无论是员工数量还是营业网点数量，10家样本证券公司的增长速度均高于行业平均水平，这在无形之中增加了公司人力资源管理的压力。一方面，中型证券公司大规模的快速扩张，必然面临着人力资源需求与供给平衡的问题，员工队伍扩张的速度需与营业网点增长速度相协调才能维持公司稳定持续发展；另一方面，员工队伍不能盲目扩张，需匹配营业网点的人才需要，确保扩容后的员工队伍素质维持在平均甚至更好的层次。

2. 员工队伍专业结构不尽合理

快速发展的证券行业不仅需要数量充足的员工队伍作为基础保障，同时需要队伍有合理的专业结构提供支持。本文通过对10家样本证券公司当前不同资格从业人员在全部同类资格从业人员中的占比进行对比分析发现，10家证券公司员工数量之和在行业内占比为7.8%，证券投资顾问、证券投资分析师人员数量的行业占比分别为2.91%和2.40%，而证券经纪人数量在行业内占比为14.84%，两者占比反差较大（见图4）。

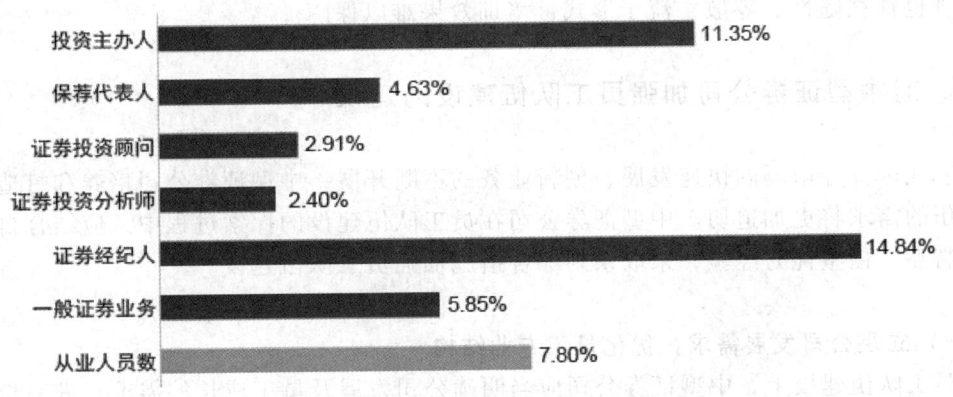

图4　样本证券公司不同类别员工占比

资料来源：中国证券业协会。

以上数据在一定程度上说明中型证券公司在投资研究方面的人员投入不足，经纪业务大多还停留在传统阶段，学历门槛较低、专业背景及综合素质参差不齐的证券经纪人数量较多。

但随着经纪业务进入转型期，营业网点的业务日趋复杂，产品日益丰富，合规风控等要求越来越高，对经纪业务人员的业务水平和专业能力要求也随之提高。营业网点作为证券公司线下获客的直接渠道，面对的是大量的高净值个人、机构投资者，这些优质的客户资源及其综合化、多元化金融服务的需求，要求证券公司优化人员专业结构配置，提升投研能力，提高服务水平。

3. 高素质、专业化人才队伍建设有待加强

证券行业是知识密集型行业，其专业化服务水平从根本上取决于从业者的能力和素质，因此人才队伍的建设显得尤为重要。一方面，随着中型证券公司内部青年员工的占比不断上

升,一定程度上影响了员工队伍从业年限结构的变化,具有丰富经验、多岗位工作经历的员工数量占比有所减少;另一方面,随着证券业务不断创新化,系统复杂化,监管严格化,证券公司在某些重点专业领域亟须扩建一支具有丰富专业背景、良好职业道德、较强创新精神的复合型高素质人才队伍。伴随各大小证券公司加入对行内人才的抢夺,大型证券公司依据自身的软硬实力更容易获得充足的人才资源,而中型证券公司如何在有限的资源下吸引优秀人才,保障所需人才输入将成为亟待解决的重大问题。

4. 员工培养投入不足,培训机制有待完善

证券行业培训起步较晚,近几年虽有部分大型证券公司成立了培训中心或学院,构建了较为完善的培训体系,而大部分中型证券公司对于员工培养与培训重视度不够,缺乏长远的规划,投入略显不足。

据某专业咨询公司的一项调查显示,市场中仅有 21.9% 的证券公司设置了培训一级部门,有 67.2% 的证券公司培训职能包含在人力资源部中。而对 10 家样本证券公司随机抽样调查发现,中型证券公司在人力资源部设立的培训岗多为兼岗,没有设置培训岗或没有招聘到专职培训人员的情况均存在。

部分中型证券公司除参加中国证券业协会开展的培训外,极少举办公司内部培训,即使开展培训也往往随性、零散、流于形式,培训效果难以保障。

三、对中型证券公司加强员工队伍建设的建议

随着我国证券市场的快速发展、创新业务的不断开展,中型证券公司培养和打造高素质员工队伍的需求将更加迫切。中型证券公司在员工队伍建设的探索过程中,应结合自身需求及发展特点,借鉴优秀经验,采取系列综合措施加强员工队伍建设。

(一) 立足公司发展需求,优化员工专业结构

在员工队伍建设上,中型证券公司应当明确公司发展及员工成长的需求,进一步优化员工专业结构。通过多渠道招募优秀人才,在保障公司总部人才供给充足的同时,可将更多优秀人才资源向分支机构倾斜,逐渐提高营业网点基层岗位员工整体素质。

通过轮岗、见习等方式让新员工在基层一线接受锻炼,在实践中找到适合自己的岗位,确保人尽其才,同时也为员工提供了丰富工作经验的机会,帮助员工拓展全方面、多领域的专业知识和技能。以平安银行为例,公司为优秀应届毕业生设计为期 18 个月的"综合金融管理培训生计划",综合金融管理培训生历经"集中培训、支行实习、基层轮岗、总分行轮训"四个培养阶段,在银行内部不同岗位上接受全面轮训,为管培生提供更多的发展空间和自我实现机会;与此同时,也为各部门提供直接接触、深入了解管培生的机会,便于各部门通过实训甄别出最符合自身发展需要的人才。

此外,中型证券公司可积极从公司内部筛选提拔人才,鼓励和辅助公司优秀员工获取更高层次的任职资格、申请政府人才相关认证。员工实现了自我提升,公司也以较低的成本收获了高级人才,实现了组织内员工结构的优化。

（二）完善绩效考核体系与激励机制，促进员工职业发展

建立科学合理的薪酬机制和公平透明的绩效考核体系，能够有效激励员工的工作积极性，挽留优秀员工，保持队伍的稳定性，促进中型证券公司各项工作顺利展开。针对不同岗位类型员工设置不同考核办法，确保公平合理，让员工充分了解绩效考核规则，增加员工对薪酬考核机制的认同，对自身的能力与薪酬有心理预估，避免考核过程中因信息不对称产生负面影响。同时，有效利用考核办法帮助员工制定有效可行的绩效目标和职业发展规划，激发员工主动性，化被动考核为主动进取，从而打造一支奋进、有目标的员工队伍。

另外，中型证券公司更应该重视培养员工自主规划职业发展的主动性，为员工架设职业生涯进步的阶梯。建立合理规范的职级制度，开放晋升通道，将职级晋升的依据尽可能量化，帮助员工明确自身职级晋升方向和实现途径，为员工更好地搭建展现自我、发挥自身价值的平台，从而打造有目标、敢于挑战与争取、积极向上的员工队伍。

（三）完善培训体系，促进员工与公司共同成长

培训不仅仅是获得某种知识或能力的手段，从更深层次的意义来说，是为公司输送符合特定要求人才、划分不同员工梯队、储备管理队伍的一种培养机制。中型证券公司应当有效整合利用各方资源，建立多层次、全方位的员工培训体系。根据公司发展目标和员工梯队建设规划，确定合适的后备人才比重，有计划、有目的地开展培训工作，储备一批高素质、专业化的复合型人才，并通过优秀员工的辐射和影响，实现人才复制和培养，促进员工队伍整体能力的提升。

在传统面授培训之外，利用线上或移动模式打造新型学习平台，借助新媒体开展微课、直播等员工容易接受的学习方式，帮助员工提高自主学习的意识，实现自我增值。

（四）加强人文关怀，促进员工对公司归属感的提升

工作之余应当关注员工思想状态，加强人文关怀，通过主题活动、专项培训等，丰富员工业余文化生活，增强员工对公司的归属感，通过心理疏导，提升员工的心理资本和工作绩效，促进员工与企业同步成长。

此外，中型证券公司可以定期开展优秀员工评选及表彰活动，提高优秀员工的责任感、荣誉感。例如兴业证券在创业20周年之际，通过多年的企业文化建设品牌活动"光荣与梦想"对优秀员工代表进行表彰宣传，邀请政府、媒体、股东、客户等多方代表共同见证，为在公司各项事业发展中做出贡献的优秀人员颁奖，以此来激励员工，凝聚人心。通过举办员工代表座谈会，开放沟通交流渠道，帮助公司了解员工的思想状态，同时也使员工支持和理解企业的决策；以互动性、头脑风暴的方式让员工为公司的发展出谋划策，在员工队伍中形成一种有责任有担当的主人翁文化。中型证券公司也可通过对优秀员工事迹及优秀经验进行宣导，树立榜样力量，激励更多员工学习优秀、争当先进，提高员工的归属感、认同感，加强员工队伍的思想建设。

参考文献

[1] 中国证券业协会. 中国证券业发展报告 (2016) [M]. 北京：中国财政经济出版社, 2016.

[2] 兴业证券股份有限公司文化部. 证券公司企业文化建设案例研究——以兴业证券创业 20 周年为例 [J]. 中国证券, 2014 (12): 65—76.

[3] 姜松. 加强人文关怀和心理疏导 培育敬业奉献、能征善战的员工队伍 [J]. 管理方略, 2014 (12): 52—54.

2017年证券行业人力资源管理研究报告

中国证券业协会人力资源管理委员会专题研究小组*

证券行业作为现代金融服务业的支柱之一，在国民经济建设和发展中发挥着重要作用。随着金融体制改革的深化，证券行业对从业人员的综合素质与专业化程度提出了更高的要求。同时，在新的宏观经济环境和监管环境下，证券行业与证券公司面临着新的挑战和机遇，人才越来越成为影响核心竞争力的关键因素。

本报告基于中国证券业协会从业人员管理系统数据（简称"中证协数据"）与2017年证券行业人力资源管理调研问卷数据（简称"调研数据"），对2017年我国证券行业人力资源发展的现状与问题进行总结，为行业人力资源发展提供参考。中证协数据为行业全口径数据，覆盖131家券商。行业调研共收回104份问卷，剔除无效问卷后，各分项指标有效反馈问卷数为90—100份，约覆盖70%的券商；根据调研数据统计的从业人员数为23.39万人，占行业注册人员总数35.07万人[①]的68.35%；在从业人员增长率及个别具备可比口径业务线人员配置上，调研数据均与中证协数据具备较好的拟合度。

一、2017年证券行业人力资源发展概况

2017年，在监管机构的推动和行业自身的探索下，证券行业发展呈现稳中有进的趋势，人力资源发展环境有所优化，行业从业人员队伍建设呈现出新的特点。

---

* 研究小组成员：中泰证券股份有限公司：胡增永、陈栋、崔凯；兴业证券股份有限公司：孙国雄、陈德强、袁汀；华西证券股份有限公司：胡岚；渤海证券股份有限公司：张文才；开源证券股份有限公司：刘云。

① 数据来自中国证券业协会从业人员管理系统统计的注册从业人员信息，统计范围仅包括证券公司，不包括证券资产管理公司、证券投资咨询机构、证券市场资信评级机构。

（一）2015—2017 年证券行业人才资源概况

1. 人员总量呈增长趋势，2017 年增幅进一步下降①

近几年，证券行业从业人员总人数、已注册人数②呈逐年增长态势，但增幅有所下降。2015—2017 年，行业总人数增长 19.84%，已注册人员总数增长 19.80%，其中 2015 年从业人员总数、注册人员总数增长较快；2016 年整体增速略有下降，但仍保持两位数增长率；2017 年增速进一步下降，整体增速降至 7% 以下（见表 1）。

表1　　　　　　　　　　2015—2017 年证券行业人员情况

类别	2015 年末		2016 年末		2017 年末	
	人数（人）	增长率（%）	人数（人）	增长率（%）	人数（人）	增长率（%）
行业总人数	310 288	22.50	348 085	12.18	371 853	6.83
已注册人数	292 680	21.80	328 627	12.28	350 652	6.70

资料来源：中国证券业协会从业人员管理系统。

2. 青年员工占比维持在较高水平③

近年来，证券行业一直保持对青年人才较高的吸引力④，青年从业人员占比维持在较高水平且趋于稳定。2015—2017 年，证券公司从业人员整体增长 18.06%，其中，35 岁以下（含）从业人员增长 20.08%，青年人员增速高于行业整体；近三年 35 岁以下（含）从业人员占比分别为 64.92%、66.54%、66.03%，占比趋于稳定（见表 2）。

表2　　　　　2015—2017 年证券行业从业人员各年龄段人数　　　　　（单位：人）

时间	18—25 岁	26—35 岁	36—45 岁	46—55 岁	56—59 岁	60 岁以上	其他	合计
2015 年	42 518	145 665	74 493	25 090	1 469	428	198	289 861
2016 年	47 171	168 193	75 902	30 037	1 619	705	21	323 648
2017 年	45 189	180 791	78 694	34 971	1 739	817	19	342 220

资料来源：中国证券业协会从业人员管理系统。

3. 从业人员学历结构不断优化

近年来，证券行业保持对高学历人员的吸引力。2017 年，硕士研究生及以上人员占比持续上升，占比达 19.06%，本科及以上人员合计占比达到 74.03%；大专及以下学历人员绝对数与占比均出现下降趋势（见表 3）。

---

① 本部分数据来自中国证券业协会从业人员管理系统统计的全行业人员信息和注册从业人员信息。
② 已注册人员总数是指在中国证券业协会从业人员管理系统中提交申请、注册成功并取得执业证书的人数。
③ 本部分第 2、第 3 点数据基于中国证券业协会从业人员管理系统统计的注册从业人员信息，统计范围仅包括证券公司，不包括证券资产管理公司、证券投资咨询机构、证券市场资信评级机构。
④ 本文所指青年员工，依据中共中央、国务院印发《中长期青年发展规划（2016—2025 年）》划定的年龄范围为 35 周岁以下（含）。

表3　2015—2017年证券行业从业人员学历情况

时间	大专及以下		本科		硕士研究生		博士研究生	
	人数（人）	占比（%）	人数（人）	占比（%）	人数（人）	占比（%）	人数（人）	占比（%）
2015年	87 371	29.85	157 457	53.80	43 024	14.70	2 004	0.68
2016年	89 745	27.31	177 133	53.90	54 495	16.58	2 272	0.69
2017年	88 887	25.97	188 111	54.97	62 825	18.36	2 394	0.70

资料来源：中国证券业协会从业人员管理系统。

4. 从业人员专业化水平稳步提升

证券行业作为知识密集型行业，投行、风控、合规等业务对从业人员专业资质要求较高。2015—2017年，行业内具备注册会计师、律师等专业资格的人数不断增长，占比不断提高。根据调研数据统计，2015—2017年注册会计师、律师、保荐代表人等专业资质人员在公司人员占比呈稳定增长趋势，行业对专业人才的需求和吸引力持续增强（见表4）。

表4　2015—2017年证券行业从业人员专业资质占比情况

时间	统计范围	注册会计师（%）	律师（%）	保荐代表人（%）
2015年	公司整体人数	1.94	1.35	1.41
2016年		2.28	1.62	1.42
2017年		2.59	1.81	1.43

资料来源：2017年中国证券业协会证券行业人力资源问卷调研，共有96家券商就从业人员专业资质情况进行了有效反馈。

5. 从业人员国际化程度有待进一步提升

近年来，随着我国证券市场的发展，行业对海外金融人才的吸引力不断提升。2015—2017年券商总部具有境外留学背景人员占比逐年增长，2017年占比接近17%，具备境外留学背景的人员已成为证券从业人员的重要组成部分；具有境外工作经验人员占比基本稳定在2%，2017年略有下降（见表5）。行业内具备境外工作背景的成熟人才仍较少，国际化程度有待进一步提升。

表5　2015—2017年证券行业国际化人员储备情况

时间	统计范围	具备2年及以上境外工作经验人员占比	具备境外留学背景人员占比
2015年	公司总部	2.27%	14.26%
2016年		2.37%	15.67%
2017年		2.13%	16.78%

资料来源：2017年中国证券业协会证券行业人力资源管理问卷调研，共96家券商有效反馈了国际化人员储备情况。

（二）证券公司人员引进与人才培养

1. 新聘员工中社会招聘的信息技术、互联网等人员增加

随着证券市场发展趋于平稳，2015—2017年券商新聘员工数量有所下降。按照证券公司整体口径统计，2017年券商整体新聘员工总数基本保持平稳，但新聘员工数占年末公司

整体人数比例逐年下降（见表6）。

表6 2015—2017年证券行业新招聘员工数量及占比

统计项目	2015年	2016年	2017年
券商整体新聘员工总数（人）	48 458	46 687	46 770
券商整体新聘员工数占当年年末公司整体人数比（%）	23.61	20.87	19.91
券商总部新聘员工总数（人）	16 996	18 213	17 088
券商总部新聘员工数占当年年末公司总部人数比（%）	28.65	25.90	21.73

资料来源：2017年中国证券业协会证券行业人力资源管理问卷调研，共101家券商有效反馈了2015—2017年新招聘员工情况。

在社会招聘来源上，2015—2017年券商、银行、会计师及律师事务所一直是证券行业社会招聘人员来源最多的三大行业；2017年，信息技术、互联网、保险、基金、信托等成为社会招聘人员来源较多的行业。

2. 从业人员司龄结构呈现一定的分化趋势

2015—2017年，证券公司司龄较低人员与司龄较高人员占比变化呈现分化趋势。随着证券行业持续的人才引进，同时行业内人员流动速度较快，券商5年以下司龄人员占比较高，2017年，券商整体口径占比58.77%，总部口径占比69.48%。随着行业对高级经营管理人才及专业人才竞争的加剧，司龄11—20年人员占比持续下降；在公司总部口径，司龄6—10年及20年以上人员占比也呈下降趋势（见表7）。

表7 2015—2017年证券行业入司年限情况

时间	统计范围	1年以下（%）	1—5年（%）	6—10年（%）	11—20年（%）	20年以上（%）
2015年	公司整体	21.72	37.39	21.59	13.52	5.45
2016年		19.28	39.55	23.01	12.02	5.93
2017年		18.46	40.31	23.09	10.98	6.20
2015年	公司总部	23.67	39.36	18.81	12.83	4.72
2016年		23.28	43.83	17.53	10.66	4.54
2017年		20.26	49.22	17.20	9.84	4.45

资料来源：2017年中国证券业协会证券行业人力资源管理问卷调研，共100家券商有效反馈了2015—2017年员工司龄结构情况。

3. 人员队伍整体稳定性有所下降

随着证券行业整体经营业绩的下滑[1]，证券行业员工离职人数与员工离职率均呈上升趋势。根据中证协数据统计，2015—2017年，行业年度离职人数增长3.3倍，2017年行业离职率增至13.07%（见表8）。根据调研数据统计，投行业务（股权、债券等）、经纪业务（分支机构）、资管业务、研究业务（卖方研究）等条线人员具有较高的流动性，离职率较高。在离职原因分析中，职业发展、薪酬水平、不适应行业岗位、职业发展前景有限是最主要的原因，公司考核压力大也是人员离职的重要原因。

---

[1] "证券公司2017年经营情况分析"，《传导》2018年第3期。

表 8   2015—2017 年证券行业人员离职率

时间 类别	2015 年	2016 年	2017 年
行业离职人数（人）	14 216	34 597	47 049
行业离职率（%）	5.04	10.50	13.07

资料来源：中国证券业协会从业人员管理系统。

离职率计算公式：离职率 = 期间内行业离职人数/［（期初行业总人数 + 期末行业总人数）/2］×100%

4. 培训投入与力度稳中有增

近年来，随着行业从业人员数量的增长以及新业务的开展，证券公司逐渐加大培训的投入力度，年度培训总费用与年度培训总人次均呈上升趋势。2015—2017 年，行业整体培训总费用增长 15.92%，年度培训总人次增长 14.64%，年度人均培训费用支出基本保持稳定。

二、2017 年证券公司各业务线人员构成变化

（一）总部、分支机构、子公司人员情况概述

1. 总部人数占比增长，分支机构人数占比仍较高

2015—2017 年在券商传统经纪业务转型以及大力发展投行、资管、托管等业务背景下，总部人数增速明显高于分支机构；分支机构人数占母公司人数的比重逐年下降，总部人数占比逐年上升。同时，分支机构人数占母公司整体人数比重仍保持在 60% 以上（见表 9）。

表 9   2015—2017 年券商母公司、总部、分支机构人员构成情况

时间	母公司整体人数（人）	总部整体			分支机构整体		
		人数（人）	占比（%）	增速（%）	人数（人）	占比（%）	增速（%）
2015 年	200 765	61 584	30.67	—	139 518	69.49	—
2016 年	220 627	72 775	32.99	18.17	147 852	67.01	5.97
2017 年	233 893	82 027	35.07	12.71	151 866	64.93	2.71

资料来源：2017 年中国证券业协会证券行业人力资源管理问卷调研，共有 98 家券商有效反馈母公司、总部、分支机构人员构成情况。母公司口径含投行、资管子公司，总部人员含投行、资管子公司，分支机构人员不含经纪人。

2. 中国香港子公司人数相对较多，直投子公司人数增速相对较快

随着证券市场整体发展趋于平稳，子公司从业人数增速出现下降。直投子公司人数增长相对较快，且随着直投子公司整改为私募基金子公司。未来券商在私募股权投资领域有望更加专业。另类投资子公司人数增速较为缓慢，2017 年出现人员零增长（见表 10）。中国香港子公司人数相对较多，根据调研数据统计，2017 年共有 25 家券商设立中国香港子公司，其中 4 家人数在 300 人以上，3 家人数在 200—300 人，8 家人数在 100—200 人，10 家人数在 100 人以下。

表 10　　　　　　　　　　2015—2017 年券商子公司人员情况

时间	直投子公司		另类子公司		中国香港子公司		子公司合计	
	人数（人）	增速（%）	人数（人）	增速（%）	人数（人）	增速（%）	人数（人）	增速（%）
2015 年	1 242	—	1 140	—	5 028	—	7 410	—
2016 年	1 836	47.83%	1 222	7.19%	5 432	8.04%	8 490	14.57%
2017 年	2 215	20.64%	1 222	0.00%	5 518	1.58%	8 955	5.48%

资料来源：2017 年中国证券业协会证券行业人力资源管理问卷调研，共有 73 家券商有效反馈了子公司人员构成情况。子公司统计仅包括直投子公司、另类子公司、中国香港子公司，未统计其他类型子公司。

（二）各业务线人员情况概述

2017 年，适应行业新的发展趋势与监管形势，券商各业务线人员增速呈现不同的增长趋势，其中总部各业务线保持较快增长，分支机构整体增速较慢（见表 11）。

表 11　　　　　　　2017 年证券行业各业务线人员构成与增长率

业务线	总人数（人）	人员分布占比（%）	人员增长率（%）
党建群团（党群、工会、团委、纪检等）	568	0.24	24.02
投资银行业务	25 729	11.00	13.23
资产管理业务	6 303	2.69	17.88
自营投资业务	3 854	1.65	11.61
卖方研究及销售业务	5 569	2.38	16.14
资产托管业务	1 541	0.66	33.42
内控（合规、风控、审计、法务等）	4 420	1.89	27.27
信息技术	7 584	3.24	18.91
分支机构人员	151 866	64.93	2.71

资料来源：2017 年中国证券业协会证券行业人力资源管理问卷调研，共有 98 家券商有效反馈了 2017 年各业务线人员构成情况。

根据调研数据统计[①]，资产托管业务逐渐为行业所重视，资产托管人员增速最快，增幅超过 30%；在全面从严治党和加强监管形势下，党建群团（党群、工会、团委、纪检等）、内控（合规、风控、审计、法务等）人员增幅介于 20%—30%；投行、经纪、资管、自营等作为券商重要的主营业务，人员数量保持较快增长，增幅介于 10%—20%；随着金融科技逐渐成为行业重要的创新方向之一，信息技术人员数增幅高达 18.91%；分支机构人数保持缓慢增长，2017 年增速为 2.41%，与 2016 年相比进一步降低。

（三）各业务线人员构成情况

1. 落实党中央加强党建工作要求，强化党建群团人员配置

---

① 共有 98 家券商有效反馈了各业务线人员构成情况，未能覆盖行业所有券商；根据调研结果，2017 年行业总人数为 23.39 万人，少于中证协数据库口径统计数；人员增长率为 6.01%，略高于中证协数据库口径（仅含证券公司）的 5.74%，但差距不大。

2016年10月，习近平在全国国有企业党的建设工作会议上指出，加强和改进国有企业党的建设工作，重点是要解决国有企业党的建设弱化、淡化、虚化、边缘化问题，实现党的领导和完善公司治理相融合统一。2017年7月，习近平在全国金融工作会议上强调，要扎扎实实抓好企业党的建设，加强理想信念教育，加强党性教育，加强纪律教育，加强党风廉政建设。证券行业作为现代金融服务业的支柱之一，是确保国家金融安全的重要一环，行业内国有控股企业占比达59%。① 在此背景下，近年来，证券行业从严从实落实党中央加强党建工作要求，在体制、机制、组织上全面强化党对企业的领导。在人员配置上，加强党建群团（党务、纪检、团委、工会）工作人员配置，人数占比持续上升，人数增长率连续两年超过20%，2017年，平均每家券商配置人数超过7人（见表12）。

表12　　　　　　　　　　2015—2017年党建群团人员配置情况

时间	人员总数（人）	人数占比（%）	人数增长率（%）
2015年	364	0.18	—
2016年	458	0.21	25.82
2017年	568	0.24	24.02

资料来源：2017年中国证券业协会证券行业人力资源管理问卷调研。共有77家券商有效反馈了2017年党建群团人员配置情况。

2. 投行团队增长以股权、债券融资业务及质控、合规人员为主，新三板业务人员出现下降趋势

2017年，投行业务收入及承销规模较2016年同期有所下降，证券公司实现投行业务收入510.30亿元，同比减少25.43%，其中，承销与保荐收入降幅为26.11%。② 在投行业务中，股权融资和债券融资是最主要的业务单元，两项业务人员合计占比近70%。2017年投行业务虽然整体规模出现下滑，但作为主要业务之一，券商依然增加了投行承销与保荐人员配置，以加强业务布局、增强竞争力。可以预见，未来投行业务将面临更加激烈的竞争。随着新三板二级市场活跃度下降，新增挂牌家数出现下降，2017年，挂牌家数净增1467家，大幅少于2016年的5034家。③ 随着新三板市场业务规模的下降，新三板业务人员数量出现萎缩，减少4.02%。近年来，券商投行业务出现若干风险事件，部分券商内控体系的缺陷逐渐暴露，随着《证券公司投资银行类业务内部控制指引》的下发，加强投行业务内控体系建设成为监管层与券商的共识。2017年，投行质控、合规等人数增幅14.65%，保持较快增速（见表13）。

表13　　　　　　　　　　2017年投资银行业务人员构成与增长率

统计项目＼业务单元	股权融资	债券融资	新三板融资	质量控制合规风控	资本市场	综合管理（运营、人事、财务、行政）
人员数（人）	12 510	4 667	3 896	1 213	1 175	1 100
人员构成占比（%）	50.93	19.00	15.86	4.94	4.78	4.48

---

① 根据调研问卷结果，共有100家券商有效反馈了公司控股主体性质问题，其中59家券商为国有控股企业。
② 证券公司2017年经营情况分析，《传导》2018年第3期。
③ 数据来自全国中小企业股份转让系统官方网站"统计数据"专栏。

续表

统计项目 \ 业务单元	股权融资	债券融资	新三板融资	质量控制合规风控	资本市场	综合管理（运营、人事、财务、行政）
人员增长率（%）	17.55	18.78	-4.02	14.65	0.34	0.64

资料来源：2017年中国证券业协会证券行业人力资源管理问卷调研，共有99家券商有效反馈了2017年投资银行业务人员构成情况。

3. 资产管理业务市场环境发生变化，资管人员配置保持增长

2017年，在资管业务"去通道""降杠杆"的政策环境下，证券公司通道类资管业务受到限制，整体资管规模出现下降，但资管收入仍然维持正增长趋势。2017年资产管理业务净收入310.21亿元，增幅为4.64%；资管业务收入占整体收入贡献度逐渐提高，2016年为9.04%，2017年为10%①，资管业务对整体经营业绩的支持以及对经纪业务转型的重要性逐渐为行业所认可。因此，资管业务虽然面临监管环境的变化，但券商依然增加资管人员配置，加强业务布局，提高主动管理能力，支持经纪业务向财富管理转型，2017年人员增幅略有下降，但依然保持两位数增长（见表14）。

表14　　　　　　2015—2017年资管业务人员配置情况

时间	人员总数（人）	人数占比（%）	人数增长率（%）
2015年	4 128	2.01	—
2016年	5 347	2.43	29.53
2017年	6 303	2.69	17.88

资料来源：2017年中国证券业协会证券行业人力资源管理问卷调研，共有98家券商有效反馈了2015—2017年资管业务人员配置情况。

4. 自营业务收入增幅较大，自营团队人员数增长明显

2017年，证券公司投资业务收入860.98亿元，同比增幅51.45%；自营业务收入占整体营收比为27.65%，超过经纪业务，贡献最高。② 在人员配置上，2017年行业整体自营人员数保持两位数增长（见表15）；7家券商自营人员配置超过100人，17家券商在50—100人，26家券商在30—50人，40家券商在30人以下。

表15　　　　　　2017年自营投资业务人员构成与增长率

统计项目 \ 业务单元	权益投资	债券投资	量化投资	衍生品投资	新三板做市
人员数（人）	851	1 331	329	563	574
人员构成占比（%）	22.08	34.54	8.54	14.61	14.89
人员增长率（%）	10.23	13.37	17.92	15.37	-0.86

资料来源：2017年中国证券业协会证券行业人力资源管理问卷调研，共有90家券商有效反馈了2017年自营投资业务人员构成情况。

---

① "证券公司2017年经营情况分析"，《传导》2018年第3期；"证券公司2016年经营情况分析"，《传导》2017年第6期。

② "证券公司2017年经营情况分析"，《传导》2018年第3期。

债券与股票是最主要的自营投资品种，人员构成也以债券类和权益类为主，合计占比超过50%，2017年人员增速均超过10%；逐步探索多元化投资方式，量化投资和衍生品投资人员保持较高增速。2017年，新三板市场活跃度下降，做市家数较2016年底净减少311家①，行业新三板做市人员数量出现下降。

5. 卖方研究人员增速较快，研究与销售人员配比基本保持稳定

研究能力作为券商核心能力之一，研究团队建设一直为券商所重视，但行业高素质分析师与研究报告长期处于短缺状态（见表16）。2017年研究业务从业人员整体增长16.14%，其中，卖方研究人员增速远快于机构销售人员增速，二者配比约为2.8∶1。在人员配置上，2017年，13家券商研究与销售人员数超过150人，8家券商在100—150人，14家券商在50—100人，11家券商在30—50人，22家在30人以下。

表16　　　　2017年卖方研究及销售人员构成与增长率

统计项目 \ 业务单元	卖方研究	机构销售
人员数（人）	3 971	1 438
人员构成占比（%）	71.19	25.78
人员增长率（%）	21.07	5.19

资料来源：2017年中国证券业协会证券行业人力资源管理问卷调研，共有71家券商有效反馈了2017年卖方研究及销售人员构成情况。卖方研究人员包含分析师及研究助理。

6. 资产托管业务逐渐为行业重视，托管业务人员增长迅速

托管功能是证券公司的基础功能之一，是获取机构客户的重要途径。近年来，资产托管业务拓宽收入来源、促进经纪业务转型、改善收入结构的作用逐渐为券商重视。截至2017年10月，取得基金托管业务资格的券商共14家。② 2017年，行业加强了托管业务人员配置与储备，积极布局托管业务，虽然托管人员在行业总体人员分布中占比仍然较低，但托管人员增长率位居第一（见表17）。

表17　　　　2015—2017年托管业务人员配置情况

时间	人员总数（人）	人数占比（%）	人数增长率（%）
2015年	815	0.41	—
2016年	1 155	0.53	41.72
2017年	1 541	0.66	33.42

资料来源：2017年中国证券业协会证券行业人力资源管理问卷调研。

7. 根据监管及自律规范要求，行业加强内控人员配置

近年来，加强风控合规体系与能力建设逐渐成为监管层与证券公司的共识。根据中国证券业协会发布的《证券公司全面风险管理规范》的要求，证券公司风险管理部门具备3年以上的证券、金融、会计、信息技术等有关领域工作经历的人员占公司总部员工比例应不低

---

① 数据来自全国中小企业股份转让系统官方网站"统计数据"专栏。
② 证券公司开展资产托管与基金服务业务现状问题及相关建议，《传导》2017年第43期。

于 2%;《证券公司合规管理实施指引》要求,证券公司总部合规部门中具备 3 年以上证券、金融、法律、会计、信息技术等有关领域工作经历的合规管理人员数量占公司总部工作人员比例应当不低于 1.5%,且不得少于 5 人。2017 年,券商强化合规风控专业队伍建设,合规风控人员增长率均超过 30%(见表 18);行业合规人员数占公司总部人员比例为 1.89%,达到监管要求(见表 19);风控人员数占公司总部人员比例为 1.95%(见表 20),基本达到监管要求(距占比 2% 有微小差距,不排除因为统计误差原因造成)。

表 18   2017 年内控人员配置情况

统计项目\业务单元	合规	风控	审计	法务
人员数(人)	1 551	1 603	989	319
人员构成占比(%)	35.09	36.27	22.38	7.22
人员增长率(%)	38.24	37.36	8.80	7.41

资料来源:2017 年中国证券业协会证券行业人力资源管理问卷调研。共有 97 家券商有效反馈了 2017 年内控人员配置情况。

表 19   2015—2017 年合规人员配置情况

时间	人员总数	人数占比(%)(总部口径)	人数增长率(%)
2015 年	1 014	1.65	—
2016 年	1 122	1.54	10.65
2017 年	1 551	1.89	38.24

资料来源:2017 年中国证券业协会证券行业人力资源管理问卷调研,共有 97 家券商有效反馈了 2015—2017 年合规人员配置情况。

表 20   2015—2017 年风控人员配置情况

时间	人员总数(人)	人数占比(%)(总部口径)	人数增长率(%)
2015 年	1 019	1.65	—
2016 年	1 167	1.60	14.52
2017 年	1 603	1.95	37.36

资料来源:2017 年中国证券业协会证券行业人力资源管理问卷调研,共有 97 家券商有效反馈了 2015—2017 年风控人员配置情况。

8. 适应行业金融科技发展趋势,信息技术人员数量增速较快

随着大数据、云计算、人工智能、生物识别等一系列技术和理论的创新发展,科技正加速全面应用于金融领域,金融科技发展成为证券行业竞争的新重点。国内外知名券商已把发展金融科技作为提升自身核心竞争力的重大战略,同时十分注重信息技术团队建设,部分券商信息技术团队配置已超过 300 人。近年来,行业整体信息技术人员配置增速较快,2017 年增速略有下降,仍接近 20%(见表 21)。在人员配置上,2017 年,2 家券商信息技术人员数超过 300 人,6 家券商在 200—300 人,15 家券商在 100—200 人,22 家券商在 50—100 人,26 家券商在 30—50 人,23 家券商在 30 人以下。行业整体信息技术人员绝对数仍较少,距国际先进投行有较大差距。

表 21　　　　　　　　2015—2017 年信息技术人员配置情况

时间	人员总数（人）	人数占比（％）	人数增长率（％）
2015 年	5 315	2.65	—
2016 年	6 378	2.90	20.00
2017 年	7 584	3.24	18.91

资料来源：2017 年中国证券业协会证券行业人力资源管理问卷调研，共有 94 家券商有效反馈了 2015—2017 年信息技术人员配置情况。

9. 分支机构零售业务人数出现下降，经营管理人员和机构业务人员保持增长

在分支机构人员构成中，零售业务人员为主要构成部分，占比高达 56.89%（见表 22），随着佣金率持续下滑、互联网金融的发展与传统零售业务转型，零售业务人员数量出现下降；机构业务作为分支机构转型方向之一，业务人员数量保持增长。券商营业部网点保持高速增长，截至 2017 年末，券商营业部网点数达到 10 402 个，同比增加 18.5%[①]，因此分支机构经营管理人员保持较快增长。中后台人员依然保持增长，但随着各大券商分支机构集中运营的推行，预计未来营业网点中后台人员数量将出现下降趋势。

表 22　　　　　　　　2017 年分支机构人员配置情况

统计项目＼业务单元	经营管理人员	零售业务人员	机构业务人员	中后台人员
人员数（人）	12 878	79 674	9 283	38 208
人员构成占比（％）	9.20	56.89	6.63	27.28
人员增长率（％）	13.60	-0.80	8.70	5.97

资料来源：2017 年中国证券业协会证券行业人力资源管理问卷调研，共有 91 家券商有效反馈了 2017 年分支机构人员配置情况。

三、2017 年证券行业人力资源管理实践

（一）人力资源管理人员规模概述

证券行业作为人力资本密集型行业，人才是券商的核心竞争力。证券行业良好的发展前景对高素质、高学历人才保持了较高的吸引力，同时健全的市场化机制与激烈的竞争使得人才具有较强的流动性，因此，能否对人力资源进行有效的管理，实现人才引得来、留得住，直接关系到券商的经营绩效与发展前景。

近年来，随着证券业内外部环境的变化，行业的人力资源工作面临诸多变化和挑战；证券从业人员数的增加，专职人力资源管理人员随之增加。根据中证协数据库统计，2015—2017 年，人力资源管理人员绝对数与人数占比均呈上升趋势，2017 年人数增速超过行业整体增速（见表 23）。

---

① 此处营业部数量取自监管报表中已批准设立的证券公司营业部数量，见"证券公司 2017 年经营情况分析"，《传导》2018 年第 3 期。

表 23　　　　　　　　　2015—2017 年人力资源管理人员配置情况

时间	人员总数（人）	人数占比（%）	人数增长率（%）
2015 年	1 117	0.32	10.81
2016 年	1 285	0.39	15.04
2017 年	1 431	0.49	11.36

资料来源：中国证券业协会从业人员管理系统。

在人员配置上，根据调研数据统计[①]，2017 年，7 家券商人力资源管理人员超过 30 人，7 家券商在 20—30 人，16 家券商在 15—20 人，23 家券商在 10—15 人，39 家券商在 5—10 人，6 家券商在 5 人以下。在内部各单元人员配置上，人力资源各主要基础模块人员配置相对较为均衡，其中薪酬福利模块占比最高，达到 16.97%，培训模块占比 15.24%，人事及员工关系管理模块占比 14.69%，招聘模块占比 14.38%，这表明招聘、薪酬、培训等是行业人力资源的基础职能（见表 24）。

表 24　　　　　　　　　2017 年专职人力资源管理人员配置情况

统计项目＼业务单元	组织发展模块	招聘模块	干部管理模块	薪酬福利模块	绩效考核模块	培训模块	人事及员工关系模块
人员数（人）	124	183	94	216	121	194	187
人员构成占比（%）	9.74	14.38	7.38	16.97	9.51	15.24	14.69

资料来源：2017 年中国证券业协会证券行业人力资源管理问卷调研，共有 101 家券商有效反馈了 2017 年专职人力资源管理人员配置情况。

此外，组织发展模块人员占比 9.74%，绩效考核模块占比 9.51%，干部管理模块占比 7.38%，表明组织发展、绩效考核、干部管理等职能在行业人力资源管理中的作用被券商所重视。

（二）人力资源管理机制建设现状

1. 行业普遍重视人力资源规划的制定

人力资源规划是一个对企业人员流动进行动态预测和决策的过程，在人力资源管理中具有统领与协调作用。2017 年，大部分券商制订了人力资源规划。根据调研数据统计，共有 99 家券商就人力资源规划与提升进行了有效反馈，在人力资源规划方面，共有 83 家券商制订了人力资源规划，占比 83.84%，其中 73 家由人力资源部自行制订规划，占比 73.74%，10 家由外部咨询机构协助制订规划，占比 10.3%；仅 16 家券商未制订规划。在人力资源管理优化提升方面，30 家券商已聘请外部机构帮助进行人力资源管理优化提升，69 家券商未聘请外部机构。

2. MD 职级体系在业内得到广泛认可

MD（Managing Director）职级体系是国际投行中比较流行的一种职级管理机制，其核心

[①]　共有 98 家券商就人力资源管理人员配置进行了有效反馈，统计反馈结果，人力资源管理人员数为 1 273 人，按调研口径计算，占行业总人数的 0.54%，与中证协数据接近。

在于充分贯彻以人的能力为核心的人力资源管理体系，摒弃传统的以职位为核心的管理方式。近年来，国内证券公司开始逐步引进、推行该体系，但具体实施方式存在差异。根据调研数据统计，在 99 份有效问卷反馈中，78 家实施了全员 MD 或部分 MD，其中 21 家券商实行了全员 MD，57 家券商部分实施了 MD 体系。

3. 人才发展政策趋于多元化

随着行业从业人员数量的增长，如何通过制度有效地实现人才发展，提高员工的素质、知识、技能，激发其积极性和创造性，成为关系券商人才队伍建设的关键因素之一。根据调研数据统计[①]，券商的人才发展政策趋于多元化，其中 78 家采用了 MD 职级，占比 78.79%；63 家采用了人才梯队建设，占比 63.64%；59 家采用 360 度考核，占比 59.60%；此外，轮岗（占比 44.44%）、导师制（占比 39.39%）、核心人才识别与激励（占比 33.33%）也被较多券商选择。对于未来拟计划实施的人才发展项目和政策，53 家券商选择核心人才识别与激励，占比 53.54%；38 家券商选择继任人计划，占比 38.38%；37 家券商选择人才梯队建设，占比 37.37%。

4. HRBP 制度逐渐在业内推广

HRBP（Human Resources Business Partner）制度，是伴随着人力资源部门职能分化和升级而出现的一种管理模式。近年来，越来越多的券商实施 HRBP 制度，以加强人力资源工作对业务的支持。根据调研数据统计，在 97 份有效反馈中，共有 38 家券商实施了 HRBP 制度，占比 39.18%，其中 27 家券商 HRBP 隶属于人力资源部，派驻业务部门，人力资源部决定薪酬、考核；11 家券商 HRBP 隶属于业务部门，向人力资源部双线汇报。59 家券商未实施 HRBP 制度，占比 60.82%。在 HRBP 的角色定位上，70 家有效反馈的券商中，36 家认为应以服务支持为主，帮助业务部门解决人力资源部管理问题，不干预业务部门人力资源问题的决策；13 家认为应以管理督导为主，贯彻公司人力资源政策，规范业务部门的人力资源管理，具有一定的决策权限。在 HRBP 主要参与业务部门的工作内容上，66 家券商的有效反馈中，74.24% 认为应包括岗位设置、编制管理、人员招聘，51.52% 认为应包括薪酬及绩效考核和培训的组织管理，45.45% 认为应包括挖掘高潜专业人才，42.42% 认为应参加业务部门内部管理会议。

（三）薪酬、激励与考核情况

1. 部分券商对高管薪酬进行限制

2015 年以来，随着中央管理企业负责人薪酬制度改革方案的实施，部分地区券商的主管部门对高管薪酬做出一定限制。根据 2017 年调研数据统计，在 89 份有效反馈中，有 20 家券商实施高管全面限薪，占比 22.47%；14 家券商对部分高管限薪，占比 15.73%；55 家券商未限薪，占比 61.80%。在券商主管部门确定的高管薪酬构成中[②]，58.89% 的券商包括"基本年薪 + 绩效年薪"，41.11% 的券商包括"基本年薪 + 绩效年薪 + 任期激励收入"。

2. 合规风控部门与业务部门合规风控人员薪酬趋于接近

根据证券业协会发布的《证券公司全面风险管理规范》的要求，风险管理部门人员工

---

① 共有 99 家券商就人力发展政策方面（多选题）进行了有效反馈。
② 共有 90 家券商对高管人员薪酬构成情况进行了有效反馈。

作称职的，其薪酬收入总额应当不低于公司总部业务及业务管理部门同职级人员的平均水平；《证券公司合规管理实施指引》规定了券商年度合规报告中应当重点强调合规负责人及合规管理人员薪酬保障落实情况等。在此背景下，券商不同部门的合规风控人员的薪酬趋于接近。根据调研数据统计①，在薪酬水平上，58.16%券商的合规风控部门与业务部门合规风控人员薪酬水平保持一致，41.83%的券商不一致；在薪酬管理模式上，64.29%券商的合规风控部门人员与业务条线内部合规风控人员的薪酬结构与奖金发放时间节奏均一致，21.43%的券商薪酬结构一致，奖金发放时间节奏不一致，14.29%的券商薪酬结构与奖金发放的时间节奏均不一致；2017年，43.88%的券商对合规风控人员薪酬管理进行调整。

3. 员工薪酬激励手段较为多元，但长期激励方式单一

证券行业作为市场化程度较高的行业，激励对发挥员工积极性、改善企业经营绩效发挥着重要作用。根据调研数据统计②，大部分券商实施了一种以上的员工激励措施，其中96.91%的券商将奖金跟业绩挂钩，54.64%将固薪调整跟业绩挂钩，78.35%将职级调整与业绩挂钩，78.35%实施了员工评优计划；在员工长期激励上，2017年行业突破较少，共有6家券商实施了核心员工股权激励或持股计划，6家券商未实施股权激励，但实施了核心员工长期激励计划（例如虚拟股权、奖金银行等），合计占比12.37%，87.63%的券商未实施核心员工长期激励计划。

4. 实行递延奖金制度进行风险控制和人才约束

目前，大部分券商均实行了递延奖金制度，以满足监管要求及实现风险控制与人才约束。根据调研数据统计③，21.21%的券商实施了全员奖金递延制度，76.77%实施了部分岗位奖金递延制度，仅有2家券商未实行奖金递延，占比2.02%；在奖金递延模式上，54.55%根据不同业务模式，设置了不同递延比例和年限，30.3%按统一比例和年限递延，16.16%根据不同职级，设置不同递延比例和年限。在实施递延奖金的目的作用方面，90.72%的券商认为具有风险控制作用，56.70%认为具有留才作用；在离职人员递延奖金兑付方面，3.09%的券商不考虑风险，进行全员或部分兑付，65.98%的券商待风险释放后，全员或部分兑现，21.65%的券商不兑付；对于递延的奖金，92.78%的券商并未设置增值计划。④

5. 绩效考核制度逐步完善

目前，证券公司的绩效考核方式主要有三种：一是采用以量化指标为主，且基于平衡计分的全面考核；二是360度评估的方式；三是以财务指标为主的考核。根据调研数据统计⑤，大部分券商采用了一种以上的绩效考核方式，62.89%的券商考核方式中包括以量化指标为主，且基于平衡计分的全面考核；43.30%包括360度评估；39.18%包括以财务指标为主的考核；26.80%包括以非量化为主的目标管理考核。

---

① 共有98家券商对合规风控人员薪酬问题进行了有效反馈。
② 共有97家券商对员工激励措施（多选题）与长期激励措施进行了反馈。
③ 共有99家券商对递延奖金情况进行了有效反馈。
④ 递延奖金的目的、离职兑付、增值计划部分共有97家券商进行了有效反馈。
⑤ 共有97家券商对绩效考核制度进行了有效反馈（双选题）。

（四）员工培训发展概况

培训职能作为人力资源工作基础职能之一，在企业人才的积累中发挥着重要作用。证券行业作为人才密集型行业，通过培训来打造高素质的人才队伍是券商人力资源管理的核心能力。目前，大多数券商重视员工培训工作，培训部门设置、培训体系建设、师资力量来源情况各有不同。在培训部门设置上[1]，17.53%的券商设立了专门的培训中心负责人才培训，82.47%的券商将该职能保留在人力资源部门。在培训体系建设上[2]，98.98%的券商培训职能包括新员工入职培训，88.78%包括通用人才培训和核心骨干人才培训，87.76%包括中高层管理人员培训，68.37%包括分公司、营业部总经理培训。在培训的师资队伍建设上[3]，大部分券商选择内外结合的方式打造培训师队伍，87.76%的券商建设了内部讲师队伍，82.65%的券商会选择外部培训机构，77.55%的券商选择同业间培训（含协会培训），36.73%的券商选择外部独立培训讲师。

四、2017年证券行业组织变革情况

（一）2017年证券公司组织变革概况

1. 调整组织架构适应业务模式变化

近年来，在新的监管形势与市场环境下，证券公司组织架构调整相对频繁，以适应监管要求与业务发展的需要。根据调研数据统计[4]，49.48%的券商每2—3年调整1次组织架构；36.08%的券商组织架构的调整频率在1年及以内；19.59%的券商调整组织架构的频率在4年以上。2017年，共有87家券商进行了组织架构调整，占比89.69%。

2. 组织架构调整以投行业务、经纪业务、风控合规为主

经纪业务与投行业务为证券公司重要的业务线，也是行业竞争最激烈的业务板块，为适应较快的人员流动率与业务创新，组织架构调整较为频繁；为更好地满足监管要求，部分券商对风控、合规实现分开设置。根据调研数据统计，在2017年进行过组织架构调整的87家券商中，47家对投行业务板块进行了调整，占比54.02%；31家对经纪业务板块进行了调整，占比35.63%；30家对风控合规板块进行调整，占比34.48%；此外，还有27.59%的券商对资管业务板块进行调整，18.39%的券商对自营业务板块进行调整，13.79%的券商对研究业务板块进行调整。

3. 探索矩阵式管理/项目制运作为主的组织架构变革

部分券商开始尝试按照以客户为中心进行组织变革，实现组织设置的灵活、高效，调整方式以组织架构矩阵式管理模式或项目制运作模式为主。根据调研数据统计[5]，截至2017年末，共有65家券商实施了矩阵式管理/项目制运作模式，占比65.66%，其中12家券商全

---

[1] 共有97家券商对培训部门设置进行了有效反馈。
[2] 共有98家券商对培训体系建设进行了有效反馈。
[3] 共有98家券商对培训师资队伍建设进行了有效反馈。
[4] 共有97家券商对组织架构调整进行了有效反馈。
[5] 共有99家券商对该部分进行了有效反馈。

面实施,占比 12.12%;26 家券商主要在业务板块实施,占比 26.26%;7 家券商主要在职能板块实施,占比 7.07%;20 家券商仅小范围试点实施,占比 20.2%。34 家券商还未实施矩阵式管理方式/项目制运作机制,占比 34.34%。

(二) 2017 年证券公司组织设置情况分析

1. 券商总部按照 KYC 法则进行部门调整与设置

(1) 投资银行部门根据证券公司规模和发展阶段采用不同的组织架构模式。根据调研数据统计①,在投行业务的组织架构模式中,采用"职能+业务+团队分工"模式的券商占比最大,占比达 40.63%;其次是"职能+业务+地区分工"模式,占比达 26.04%。此外,"职能+团队分工"模式占比 16.67%,"业务+地区分工"模式占比 10.42%。在战略客户部门设置上,22 家券商设置了公司层面的战略客户部,定位一级部;74 家券商未设置公司层面的战略客户部。在新三板做市业务部门设置上,34 家券商该业务隶属于场外业务部门,31 家券商该业务设置单独一级部门,14 家券商该业务隶属自营部门。

(2) 研究能力是券商的基础能力和核心能力。近年来,研究部门对内、对外的服务能力逐渐为券商所重视。在研究所定位方面②,35.71% 的券商将研究所定位为综合研究机构,31.63% 定位为卖方研究机构,18.37% 定位为买方研究机构。在部门设置方面③,87.88% 的券商选择将研究业务部门设置为总部一级部门,个别券商将研究业务部门设置为分公司或全资子公司,此外还有个别券商将研究业务定位为总二级部门或隶属于机构业务委员会。

(3) 互联网金融业务作为金融科技影响最为直接的业务,目前券商普遍开展此项业务,但在组织架构模式上有所不同。在互联网部门定位方面④,42.86% 的券商将互联网金融部门定位为业务部门,40.66% 定位为业务管理部门,14.29% 定位为职能部门。在互联网部门设置方面⑤,56.25% 的券商设置为单独一级部门,31.25% 的券商采取经纪业务二级部门或团队的形式,此外,有个别券商设置为独立子公司、分公司,或定位为信息技术二级部门、团队。在互联网金融部门管理模式方面⑥,93.26% 的券商与现有部门管理模式相同,5.62% 的券商参照互联网公司的管理模式。

(4) 行业整体信息技术开发仍以外包为主。近年来,随着部分大型综合类券商信息技术人员配置的加强,在信息技术能力建设上逐渐由外包开发向自主研发过渡。但行业整体在信息技术系统与产品开发方式上仍以外包开发为主。根据调研数据统计⑦,60.61% 的券商以外包开发为主,仅 23.23% 的券商以自主开发为主。此外,有 14.14% 的券商采用外包开发与自主研发相结合的方式。

(5) 在新的监管形势下,合规、风控职能相分离成为主要模式。根据调研数据统计⑧,

---

① 共有 96 家券商对投资银行部门设置情况进行了有效反馈。
② 共有 98 家券商对研究所只能定位情况进行了有效反馈。
③ 共有 99 家券商对研究所部门设置进行了有效反馈。
④ 共有 91 家券商对互联网部门定位情况进行了有效反馈。
⑤ 共有 96 家券商对互联网部门设置情况进行了有效反馈。
⑥ 共有 89 家券商对互联网金融部门管理模式情况进行了有效反馈。
⑦ 共有 99 家券商对信息技术开发情况进行了有效反馈。
⑧ 共有 99 家券商对合规风控部门设置情况进行了有效反馈。

合规、风控部门设置方面,84.85%的券商设置了独立的合规、风控部门,13.13%的券商仍设置整合的风控合规部门。在总部业务线风控合规人员隶属方面,69.7%的券商总部业务线风控合规人员隶属于业务部门,接受风控、合规部门的业务指导,风控合规部门有一定考核权,20.2%的券商隶属于风控合规部门,由风控合规部门派驻业务线。

2. 分支机构适应行业转型发展方向进行组织架构设置

(1) 总部与分公司、分公司与辖属营业部管理关系与证券公司战略和业务模式紧密相关。根据调研数据统计[①],47.87%的券商分公司作为独立经营单位,隶属公司总部直接管理;37.23%的券商分公司隶属总部零售经纪业务部门管理;另有部分券商根据不同分公司的业务性质制定了个性化的管理关系。在目前分公司与辖属营业部的管理关系上,64.52%券商营业部隶属于分公司的关系明确,分公司承接公司总部的业务及管理要求,结合自身的实际情况实施区域业务拓展与管理;17.2%的券商辖属营业部隶属于分公司的关系较模糊,分公司对辖属营业部的业务指导与管理能力较弱、权限较小,辖属营业部更多地接受公司总部的指导与管理。

(2) 分支机构后台职能集中成为券商分支机构组织发展的重要方向。集中的职能选择方面,在95家有效反馈(多选)的券商中,84家进行了财务集中,占比88.42%;70家进行了信息技术集中,占比73.68%;52家进行了合规风控集中,占比54.74%;50家进行了运营集中,占比52.63%;43家进行了人力资源管理集中,占比45.26%。后台职能集中为提高运营效率、支持传统业务转型奠定了良好基础。

(3) 分公司建设在2017年处于稳步发展的阶段。在有效反馈的97家券商中,12家券商设置30家(含)以上分公司,13家券商分公司数量在20—30家,21家券商分公司数量在10—20家,42家券商分公司数量在1—10家,9家券商没有设置分公司。在新设分公司数量上,2017年,7家券商新设分公司数量超过10家,13家券商新设数量在5—10家,30家券商新设数量在5家以下,41家券商没有新设。

(4) 营业部数量稳步增长,轻型化和低成本策略成为趋势。在有效反馈的94家券商中,5家券商拥有300家(含)以上营业部,16家券商拥有200—300家营业部,10家券商拥有100—200家营业部,35家券商拥有50—100家营业部,26家券商拥有50家以下营业部,另有2家券商没有营业部。在新设营业部方面,2017年,共有64家券商新设了营业部,其中13家券商新设超过30家,21家券商新设家数在10—30家。在营业部轻型化方面,根据调研数据统计,2017年共新设1 103家营业部[②],其中轻型营业部数量为956家,占比86.67%。

3. 业务类子公司成为券商业务板块的重要组成部分

在子公司设置上,在有效反馈的90家券商中,80家券商设置了子公司,其中22家券商设置了5家以上子公司,46家券商拥有2—5家子公司,12家券商设置1家子公司。在子公司业务种类上,80家设置子公司的券商中,61家设置了期货子公司,48家设置了私募子公司,30家设置了基金子公司,24家设置了国际子公司。在子公司管理上,33家券商总部

[①] 共有94家券商对该部分进行了有效反馈。

[②] 根据"证券公司2017年经营情况分析"(《传导》2018年第3期)数据,2017年已批准设立的证券公司营业部数量为10 402家,较2016年新增1 624家。

对全资子公司和合资子公司都参与管理,30家券商总部仅对全资子公司参与管理。

五、2017年证券行业人才发展和管理存在的问题与建议

(一)证券行业人才发展和管理存在的问题

1. 证券行业人才队伍规模仍相对较小

作为现代金融服务业的支柱之一,我国证券行业近年来获得了较快发展,但中国作为新兴市场国家,证券业起步晚、底子薄,发展面临较大的内外部压力,在资产总额、客户数量、员工数量等方面与银行业、保险业等有着巨大差距。行业的人才培养体系不够成熟,从业人员队伍规模仍较小,人员规模远低于银行业、保险业,甚至低于私募基金业。① 据统计,截至2016年末,证券行业从业人数仅相当于银行业的8.5%,保险业的5.2%。未来数年,随着证券行业的创新发展,证券行业对金融专业人才的需求与存量人才数量之间仍存在缺口(见表25)。

表25　　　　　银行业、保险业、证券业从业人员数　　　　　(单位:万人)

时间 行业	2013年	2014年	2015年	2016年
银行业	355.04	376.34	380.34	409.00
保险业	377.42	420.31	578.65	660.40
证券业	24.59	25.33	31.03	34.81

资料来源:银行业数据来自2013—2016年《中国银行业监督管理委员会年报》;保险业数据来自2014—2017年《中国保险年鉴》;证券业数据来自中国证券业协会提供行业总人数统计。

2. 金融科技人才队伍建设与国际先进投行存在差距

目前,金融科技成为证券行业竞争的新焦点。国内外知名券商已把发展金融科技作为提升自身核心竞争力的重大战略,出台政策和规划,围绕技术研发、人才引入、基础设施等重点环节强化布局,力图掌握新一轮行业竞争主动权。在人员配置上,2017年行业信息技术人员数为11 686人,较2016年增长1 056人,占行业注册人员数的3.33%②;个别券商的IT团队已超过300人。但与国际先进投行相比,国内券商在信息技术人员配置数量与占比仍存在较大差距。以高盛集团为例,其3万余员工中,工程师与程序员数量超过9 000人,占比超过四分之一。③

3. 风控合规人才队伍建设有待进一步加强

总结近年来国内外金融市场的经验教训,风险的防控能力决定着金融机构发展与存亡,防控风险、严守底线逐渐成为行业的共识。在合规风控团队建设上,风控合规人员数量增速较快,但绝对数量仍较少,占比仍然不高。根据中证协数据统计,截至2017年末,法律合

---

① 根据中国证券投资基金业年报(2015)披露,截至2015年末,私募投资基金从业人员达到42.67万人。
② 数据来自中国证券业协会从业人员管理系统。
③ Jonathan Marino. Goldman Sachs is a tech company. http://www.businessinsider.com/goldman‐sachs‐has‐more‐engineers‐than‐facebook‐2015‐4.

规、风险管理、审计稽核人员合计 5 031 人，较 2016 年增长 812 人，但绝对数量仍较少，占行业注册人员数的 1.43%，人才队伍建设有待进一步加强。在合规风控机制建设上，部分券商仍存在内控理念不清晰、合规风控定位不明确及话语权不足等现象。

4. 国际化、高层次、复合型专业人才较为缺乏

随着金融市场的逐步开放，证券行业面临较为激烈的内外部竞争，但我国券商的竞争力与国际知名投行存在较大差距，证券行业中具有国际投行工作经验并熟悉中国证券市场的专业人才较少，不利于券商吸收国外投行先进经验并提升自身竞争力，制约了国内券商"走出去"的步伐。行业内高层次、复合型金融科技人才稀缺，一定程度上制约了行业创新业务的开展，同时，高端专业人才的稀缺导致人才向大型券商聚集的现象，使得中小型券商难以找到满足发展需求的专业人才，制约了中小型券商的发展。

5. 长期激励约束手段尚未广泛推行

券商对各业务线业绩考核仍普遍以短期激励为主，长期激励机制近年来缺乏创新与突破。根据问卷统计，87.63% 的券商未实施长期激励计划。短期激励容易导致投行、研究等业务线的过度激励，增加人员的无序流动，抬高券商的人力成本；短期激励容易导致短期行为，一方面不利于券商内部跨部门合作，阻碍业务创新，另一方面增加了风控合规的难度。长期激励机制的发展滞后，无法更好地满足公司管理层与核心员工的价值需求，阻碍了员工利益与公司长远利益的结合。

6. 行业高级专业人才职业资格认证体系有待完善

目前，证券行业的从业资格考试体系、保荐代表人考试体系等在一定程度上满足了证券从业人员的培养与选拔，但现有体系覆盖的广度与深度有待完善。证券行业作为知识密集型行业，高学历、高素质人才聚集，但证券行业高级人才的专业技能的提高多通过其他行业专业资格认证，如注册会计师（CPA）、金融风险管理证书（FRM）、特许金融分析师（CFA）等，适应中国证券行业特点的高端专业人才（如财富管理、投资经理、风控合规、金融科技等）的培养、选拔、认证考试体系仍有待完善。

7. 行业人力资源管理的创新与变革不足

根据调研数据统计，目前 MD 职级体系、人才梯队建设等人才发展政策得到了大部分券商的认可并实施，而在人力资源管理模式上，大部分券商仍沿用传统的劳动人事管理架构。传统的劳动人事管理架构往往将人力资源部定位为后台部门，导致人力资源管理人员"远离战场、听不见炮声"，不熟悉业务，日常工作趋于流程化、事务化、被动化，对业务部门的招聘、薪酬、考核等专业支持能力下降。2017 年，约 39% 的券商实施了 HRBP 制度，约 8% 的券商建设了人力资源共享中心（SSC）。在行业创新发展与竞争加剧的大背景下，大部分券商尚未主动地对人力资源管理模式进行创新与变革，人力资源工作对业务的支撑形式有待进一步探索。

（二）提升证券行业人才发展和管理的建议

1. 优化人才发展环境，脚踏实地做强主业

习近平曾指出，做好金融工作要把握好的第一项重要原则就是回归本源，服从服务于经济社会发展。证券行业作为现代服务业的支柱之一，人才的培养是重中之重。近年来，监管层通过制定、修订一系列制度与规范，对券商合规风控、信息技术人员的配置等做出了规

定;对债券交易人员薪酬递延规则、证券分析师参评新财富条件等进行了指导,一定程度上规范了行业人才培养导向。下一步,监管层与券商应加强沟通互动,通过一定的制度规范,合力解决投行团队的"过度激励"问题,研究团队的"重引进、轻培养"问题等,引导整个行业扎扎实实做好人才工作,做好人才选用育留的每个环节,切实优化行业人才发展环境,促进行业人才有序流动,打造一支高素质的金融人才队伍,为证券公司的长远发展提供坚实的人才基础。

2. 对标国际先进投行,打造金融科技人才团队

近年来,随着大数据、AI 等技术在理论与应用方面的发展,金融科技成为金融领域最重要的创新方向之一,国际先进投行近年来逐渐加大金融科技方面的投入。现任高盛集团 CEO 甚至总结道:"其实我们是一家科技公司。"国内科技企业如蚂蚁金服、腾讯也在加强金融科技的布局。在此背景下,证券行业要充分发挥体制、机制优势,加强引进金融科技人才;加强券商 IT 人才团队与国际先进投行、互联网企业、研究机构等合作互动,不断提升专业能力,加强信息技术能力建设,抓住金融科技发展机遇。

3. 加强风控合规人才队伍建设,提高风险防控能力

2017 年是证券行业的"监管年",监管层制定、修订多项制度,依法对违法违规行为严肃处置,旨在规范市场主体行为,重塑资本市场生态。在此背景下,券商作为资本市场重要参与者,应将合规风控意识贯彻到经营、管理的每个环节,切实引进、培养一批专业的高质量风控合规人才,明确合规风控的定位与目标,理顺内部风控合规机制,提升风控合规能力,在保证自身稳健经营的同时为保障国家金融安全、防范系统性金融风险发挥应有的作用。

4. 加强投行、资管、投研专业人才团队建设

投资银行、资产管理、自营投资三项业务是券商重要的主营业务,体现了券商作为为实体经济提供金融解决方案、满足投资者多元化服务需求、资本市场重要参与者的角色与能力。2017 年,上述三项业务收入占到证券行业总营业收入的 53.98%。[①] 在习近平关于金融回归本源、服从服务于经济社会发展的要求下,证券行业应专注于做强主业,提升防范金融风险、服务实体经济的能力。投资银行团队建设应改变旧模式,成立行业组,深耕细分产业,培养行业专家型投行人才,提升为实体经济提供金融解决方案能力;资产管理业务应立足主动管理业务,培养主动管理型人才,满足投资者多元化、高附加值金融产品和服务的需求;自营投资业务应对标国际先进投行,全面加强投资研究、衍生品、风险对冲等专业人才培养,降低业务风险,提升专业投资能力。

5. 实施"走出去"战略,引进国际化人才

目前,中国已是世界第二大经济体、第一大贸易国、第一制造业大国,国际影响力和国际地位不断提升,中国企业纷纷"走出去"参与国际竞争并在一些领域取得突破。在此背景下,证券行业也应拓宽国际视野,积极"走出去",参与国际金融市场竞争。近年来,证券业的国际化战略已取得部分突破,中资投行在中国香港市场已经有了一定市场竞争力,下一步,中国券商应该放眼更广阔的世界,吸取国际先进投行经验,引进国际化专业人才,积

---

① 数据引自"证券公司 2017 年经营情况分析"(《传导》2018 年第 3 期),其中证券承销及保荐净收入占比 12.34%,财务顾问业务净收入占比 4.03%,资产管理业务净收入占比 9.96%,证券投资业务收入占比 27.65%。

极服务国家"一带一路"战略,为中国企业"走出去"提供金融服务,全面提升中国在国际金融市场的影响力与话语权。

6. 积极探索并实施长期激励约束手段

证券行业作为充分市场化的行业,人员流动率较高,在竞争加剧与普遍重视短期激励的大背景下,高级专业人才成为行业竞相争取的对象。纵观国际先进投行的经验,有效的长期激励约束机制是人才队伍建设重要保障之一。券商亟须探讨建立长期激励约束机制,倡导公司与员工共同持续发展的理念,有效调动管理层和骨干员工的经营能动性,促进公司长期、持续、健康发展。在长期激励方式上,事业合伙人制度、期权股权激励等作为国际先进投行长期激励的成功经验,国内部分券商应在做好合规风控的前提下,探讨长期激励措施与中国证券业实际相结合的路径。

7. 构建全覆盖、分层次的职业资格认证体系

扩大行业现有职业资格体系覆盖的广度与深度,建立涵盖财富管理、自营投资、风控合规等各业务线考试体系,同时针对不同经验、专业、学历的人员建立分层次的认证体系,建立行业师资库,聘请行业内业务领域专家及跨行业专家进入师资库。建立证券公司间业务发展分享机制,加强业务交流学习。积极与知名高校及外部培训机构建立联系,建立行业人才培训基地。

8. 探索人力资源管理模式变革与创新

强化人力资源管理团队建设,积极探索人力资源管理模式创新,如实现 HRBP 制度,建立共享服务中心(SSC)等,有效支持业务发展需求。HRBP 制度作为人力资源管理"三支柱"模型的重要一环,是人力资源管理模式创新的重要方向之一,比传统的按职能划分的人力资源管理架构更加贴近业务,反应更加迅速;共享服务中心(SSC)作为"三支柱"模型的另外一环,在行业分工不断细化、人力资源业务支持能力要求不断提高的背景下,成为与 HRBP 制度重要的配套措施之一。证券行业业务领域的不断拓宽、创新业务层出不穷,人力资源管理模式也应顺势而变,及时了解、跟进和服务业务变革的需求,同时,随着信息技术在各业务领域的渗透,金融科技将给证券行业带来深刻变革,人力资源管理也应探索使用金融科技进行管理模式的创新,提高管理效率。

基于协同管理理念的国有企业责任追究协同模式研究

陈 琴*

十八大以来,习近平总书记在讲话中反复强调崇尚实干、狠抓落实。如果不沉下心来抓落实,再好的目标、再好的蓝图,也只是镜中花、水中月。近年来,国有企业重大风险事件时有发生,在很大程度上影响了国有企业的发展。为了保证国有企业的健康、高效运行,除了适应外部环境的要求,还需要健全有效的内部控制体系,才能践行真抓实干。国有企业在主动适应时代发展需求的同时,应提高应对不确定性的能力,让组织功能从管控变成赋能。北大管理学教授陈春花认为,在现代,管控的事都可以数字化、信息化和公开化,都可以通过技术手段解决,企业的管理效率应该来自协同而不是分工,比如很多优秀的企业都更强调组织内部的链接、企业成员的共生以及更强大的柔性网络,这些协同给企业带来了更高的效率。国有企业责任追究机制的完善,不失为"抓落实"的重要举措之一,也应努力实现管理的协同效应。

一、协同管理的内涵

协同管理是一个企业基于所面临的复合系统的结构功能特征,运用协同学原理,根据实现可持续发展的期望目标,通过相互协作,充分利用组织资源,依靠团队共同的力量实现有效管理,创造出一种比单个战略业务单元收益简单加总更大的收益,从而实现系统协调并产生协同效应。

企业作为一个复杂的系统,人、财、物、信息和流程等构成了企业运行的基本要素。协同管理将企业的资源和要素整合在统一的系统中,并通过网状信息和关联业务的协同环境将它们紧密联系在一起。同时各种资源和要素能够随企业的需要而及时响应并突破各种障碍,实现一致性协作,打破人与人之间的屏障,打破部门与部门之间的屏障,使管理价值和效能

---

* 作者单位:西南证券股份有限公司。原载于《中国证券》2018年第6期。

不是企业系统内各部门职能的简单相加，也不是各要素的简单相加，而是以期实现"1+1>2"，即实现管理协同效应。

二、责任追究协同效应的驱动力

为了进一步提高工作效率、转变作风，增强企业员工责任意识，确保领导班子和领导干部、领导干部和员工团结协作，各负其责，各尽其职，企业需要建立责任追究制，形成一级抓一级、层层抓落实的责任网络。按照法律法规及企业内部规定，由于工作不负责任或不按程序办事，造成严重后果、重大损失或恶劣影响的，按有关规定进行责任追究。

责任追究是为了强化责任的落实，是全面从严治党的重要措施，也是企业内部从严管理、提高管理效能的重要措施。从企业的维度，一是责任追究是企业管理的一个重要环节，责任追究制让员工的行为有规可依、有章可循，把纪律和规矩放在前面，防范的同时更是为了正向引领，从而降低企业运营的风险；二是责任追究可以提供逆向思考问题的角度来查找和解决问题，并起到警醒和教育作用。"动员千遍，不如问责一次"，就是为了达到问责一个、警醒一片的效果，通过真抓、严管、促实干。从员工的维度，通过责任追究营造"不贵于无过，而贵于能改"的文化氛围，引导员工不掩饰缺点、不回避问题，努力改正自身存在的缺点、问题，敢于负责、敢于担当，长期坚持做到不断自我净化、自我完善、自我革新、自我提高，展现出企业人的实干品质。

三、国有企业实现责任追究的困境

（一）责任追究的依据不足

国有企业存在缺乏健全的责任追究体系的情况；存在现有责任追究的相关规定不科学，内容笼统，缺乏程序性、惩戒性规定，执行主体不明确，监督惩戒机制不完善等问题，导致执行困难；也存在有制度未执行的情况等。这些导致了国有企业责任追究认识不足、经验不足以及问责依据不足。

（二）责任追究的权责不清

在责任追究的过程中，始终存在信息不对称现象：一是信息的获取自下而上，上报的信息内容具有选择性，信息内容有可能存在就轻避重、趋利避害、推诿责任的现象；二是责任追究是事后追究，获得的信息具有滞后性，不够准确、不够全面，从而导致在责任追究过程中权责的认定不够准确。

（三）责任追究的执行消极

由于责任追究体系建立的不完善，导致问责主体由于信息获取不畅、责任主体认定不清、责任追究执行困难、担心得罪同事等原因而存在一定的消极情绪。同时，责任主体在责任追究的过程中由于参照依据不清晰，没有明确的心理预期，心理上存在消极和对抗情绪，导致消极应对责任追究。

四、国有企业实现责任追究协同效应的路径

(一) 责任追究的基础在于建立严密的责任体系

国有企业要加强责任追究,首先要建立既有重心又全面覆盖的严密的责任体系。一是既要明确不同层级的责任人,又要明确每一责任人的责任范围,使管理责任能够落地生根;二是既要有清晰的部门职责,又要有明确的岗位职责,使岗位责任有章可循,有规可依;三是既要重追责,又要重表彰,使功过有别、奖惩分明。责任体系的构建除了具有较强的可操作性外,还应有利于形成正确的激励导向,有利于防止领导干部、员工的不作为,有利于调动开展工作的积极性和主动性。

(二) 责任追究的执行需要进行跨部门协作

国有企业的现有管理模式更多是以分工为基础、以各司其职和层级节制为特征的传统条块式管理,这种管理模式日益增强了前台业务部门之间、中台业务部门之间、后台管理服务部门之间,以及前、中、后台部门之间等各行政层级之间的分割,形成了"碎片化"的分割管理模式。随着网络化、信息化的快速发展,现代企业应以元素服从集合、部分服从整体的系统论为核心理念,以业务协同和资源共享为特征,以目标、机构、资源、业务、服务及其提供途径等要素的整合为内容,以网络信息技术为支撑,进行跨部门协作。

(三) 责任追究的公正基于程序的公正合规

严格、规范的程序是确保责任追究公平、公正、具有可操作性的保障,它直接关系着责任追究的实施及责任追究预期效果的实现。因此在责任追究体系的构建中,应完善严格、规范的责任追究程序,并在执行过程中严格程序、规范问责,避免因为问责程序上的瑕疵,影响责任追究结果。同时,加强对责任追究程序的监督,明确监督主体、监督内容以及实现监督的方式方法等,以确保责任追究结果的公正。

(四) 责任追究的价值取向在于营造合规企业文化

合规管理是企业全面风险管理的重要组成部分,建立企业内部合规检查与监督机制,建立企业责任追究机制塑造合规文化,将有助于企业规范经营和持续发展。健全企业责任追究机制就是要健全合规制度及组织体系,通过流程再造完善责任体系,建立有效的绩效考核机制等,营造跨部门的有效互动、有效协作的合规文化。合规文化在潜移默化中将会影响员工的思维、决策及行为倾向,通过合规文化的建设,使合规行为成为企业员工的自觉意识。

(五) 责任追究的效果取决于科学的容错机制

党的十八大以来,习近平总书记多次强调"三个区分",即把干部在推进改革中因缺乏经验、先行先试出现的失误和错误,同明知故犯的违纪违法行为区分开来;把上级尚无明确限制的探索性实验中的失误和错误,同上级明令禁止后依然我行我素的违纪违法行为区分开来;把为推动改革的无意过失与为谋取私利的故意行为区分开来。总书记提出的"三个区分"既保护了敢作敢当、敢于创新的党员干部,又充分调动了党员干部干事创业的积极性和创造性。这

不仅适用于党员干部，也适用于企业的所有员工。国有企业要适应国家改革发展要求，需要在改革创新的道路上，让愿干事、敢干事、能干成事的企业员工没有后顾之忧。因此在责任追究的过程中一定要做到"三个区分"，建立科学的容错机制，使责任追究达到问责一个、警醒一片作用的同时，能保护广大员工进行开创性工作的积极性和主动性。

五、国有企业责任追究协同模式的构建

责任追究是"抓落实"的重要措施，通过"环境优先—三位一体—闭环运行—协同推进"责任追究模式的构建，有助于实现责任追究对企业管理的反哺，即通过正向和逆向思维相结合进一步优化业务流程、协作机制等以实现企业自我变革和企业生命活力的提升。

（一）环境优先

国有企业能不能主动适应国家改革发展的需要，能不能主动适应市场发展的需要，要看国有企业是不是具有自驱动的变革文化，要看有没有危机意识，要看能不能不断地超越自己、变革自己。企业的组织架构、业务条线、运营机制、协作机制、企业文化等构成了企业的内部环境和企业价值取向。环境优先作为责任追究的价值取向，就是要营造合规企业文化，使企业的管控行为内化为企业员工的自觉行为。

（二）三位一体

以责任体系、重点领域和关键节点"三位一体"为责任追究的重点突破领域，通过问责主体、责任主体、协作主体等"三位一体"多元主体的共同参与，实施责任追究的协同策略。首先，建立健全制度化、规范化、程序化的责任制，努力形成职责明确、奖惩分明、务实管用的责任体系，着重在增强文件可操作性上下功夫。其次，梳理重点领域和关键节点，不断优化重点领域和关键节点的业务流程，特别关注重点领域和关键节点与其他业务和环节的协作要点。

（三）闭环运行

责任追究体系贯穿管理的前端和后端，并以闭环形式不断运行，具有规范性、程序性、透明性、反馈性、跟踪性等特点，是一个闭环反馈控制系统。完善的制度体系是企业运行的规范，责任追究是制度的落实，责任追究的反馈是优化管理的依据，责任追究的跟踪使优化过程制度化。责任追究的重心不仅仅在责任追究结果的公正，还应重视责任追究结果对管理的反哺作用和责任追究的协同效应。

（四）协同推进

责任追究由问责主体、责任主体、协作主体等多元主体共同参与，在责任追究的过程中应重视企业的整体利益，涉及的相关部门及人员应该建立相互信赖的关系，主动支持与配合，协同推进，并积极反馈优化的结果。责任追究涉及不同层级、不同领域，不同的责任追究问责主体、责任主体、协作主体会不一样，甚至会互换角色，因此，在责任追究的过程中应该分工合作，避免时间、空间、不同部门等带来的问题，协作完成责任追究任务，自然形成不同主体的统一认识，实现协同效应。